西南财经大学“211工程”三期建设项目资助

陳豹隱全集

第二卷 1

理论经济学

西南财经大学马克思主义经济学研究院
西南财经大学经济学院
编

西南财经大学出版社

图书在版编目(CIP)数据

陈豹隐全集.第二卷/西南财经大学马克思主义经济学研究院,西南财经大学经济学院编.—成都:西南财经大学出版社,2013.4
ISBN 978-7-5504-1011-4

Ⅰ.①陈… Ⅱ.①西…②西… Ⅲ.①陈豹隐(1886~1960)—全集
Ⅳ.①Z427

中国版本图书馆 CIP 数据核字(2013)第 066463 号

陈豹隐全集.第二卷

西南财经大学马克思主义经济学研究院
西南财经大学经济学院 编

责任编辑:张 岚 张明星 李特军 刘佳庆 谢廖斌 杨 琳
助理编辑:李 才 孙志鹏
封面设计:杨红鹰
责任印制:封俊川

出版发行	西南财经大学出版社(四川省成都市光华村街55号)
网 址	http://www.bookcj.com
电子邮件	bookcj@foxmail.com
邮政编码	610074
电 话	028-87353785 87352368
照 排	四川胜翔数码印务设计有限公司
印 刷	四川森林印务有限责任公司
成品尺寸	165mm×235mm
印 张	130.75
插 页	30 页
字 数	1505 千字
版 次	2013 年 4 月第 1 版
印 次	2013 年 4 月第 1 次印刷
书 号	ISBN 978-7-5504-1011-4
定 价	368.00 元(全五册)

1924年7月15日于德国柏林
（陈豹隐在两侧题字寄赠唐惟俶）

陈氏祠堂
（20世纪20年代末陈品全主持修建，位于中江县悦来镇杨家湾）

陈豹隐藏《经济学大纲》
（1950年7月11日李惠国赠，
图为河上肇像）

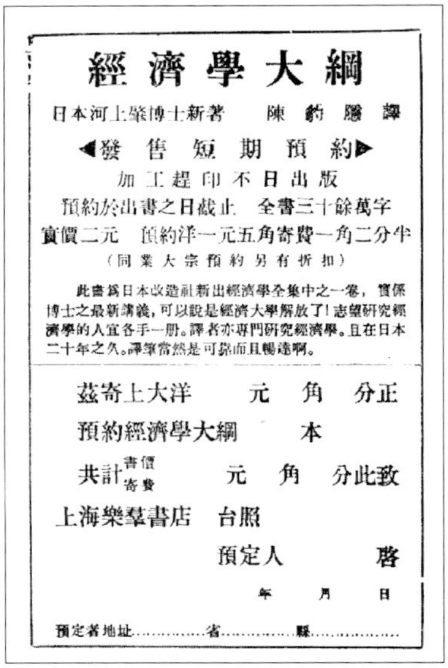

經濟學大綱

日本河上肇博士新著　陳豹隱譯

◀發售短期預約▶

加工趕印不日出版

預約於出書之日截止　全書三十餘萬字

實價二元　預約洋一元五角寄費一角二分半

（同業大宗預約另有折扣）

此書爲日本改造社新出經濟學全集中之一卷，實係博士之最新講義，可以說是經濟大學解放了！志望研究經濟學的人宜各手一册。譯者亦專門研究經濟學。且在日本二十年之久。譯筆當然是可靠而且暢達啊。

茲寄上大洋　元　角　分正
預約經濟學大綱　本
共計書價寄費　元　角　分此致
上海樂羣書店　台照
預定人　啓
年　月　日
預定者地址…………省…………縣…………

《经济学大纲》预约广告
（《乐群月刊》1929年4月1日
第1卷第4期）

编者按

《经济学大纲》，（日）河上肇著，陈豹隐译，1929年1月付梓，1929年4月由上海乐群书店出版发行，1929年5月再版，1931年5月三版，本次所选底本为初版。

河上肇原书分“资本家社会的解剖”和“资本家的经济学的发展”两部分，其中“资本家社会的解剖”是修改1927年的京都帝国大学讲稿而成，“资本家的经济学的发展”是修改1923年出版的《资本主义经济学史的发展》而成。① 陈豹隐只翻译了上半部分即《资本家社会的解剖》，他说：“我所译的是上半部，下半部有郭沫若的译本②，上半部是说经济学，下半部是经济思想史；当然下半部也是其研究的精华，但是脱稿较上半部早三五年，所以其中含有心理派等非马克思主义的思想，他也曾声明过。这种思想的存在就是我不全译的主要理由。”③

该书长期是学习研究马克思主义经济学的入门书。据介绍，陈

---

① （日）宫川实：《告本书读者》，（日）河上肇著，仲民译：《经济学大纲》，北京：生活·读书·新知三联书店，1965年，第2页。

② 疑指：（日）河上肇著，林植夫译：《资本主义经济学之史的发展》，上海：商务印书馆，1928年。

③ 陈豹隐口讲，马玉璞等记：《导言》，《经济学讲话》，北平：好望书店，1937年第3版，第11页。收入全集第一卷第一册。

译《经济学大纲》，“毛主席生前读过多遍，不但写下了许多的批注文字，而且把书中错误的标点符号一一改正过来。”[①] 李慎之称：解放前，他“在上海的旧书摊上买到过一本日本学者河上肇著、陈豹隐译的《经济学入门》[②] ……这是1938年王亚南、郭大力的《资本论》全译本出版以前，中国关于马克思主义最高深的著作，大概是比我大十岁以至二十岁一代人的启蒙读物甚或是高级读物了。”[③] 林林称：1930年他在北平中国大学读书，“教授陈启修，他采用的课本，是他翻译的河上肇的著作《经济学大纲》，学生们都愿听他讲这门课”。[④]

其后不断有学者试图重译该书，如三联书店1949年版（译者不详）[⑤] 和三联书店1965年版（仲民译）等。据常裕如称：“1956年，人民出版社曾要求原译者修订后再版，陈豹隐当时已卧病，未

---

① 《更改〈经济学大纲〉等书中的错误标点符号》，孙宝义、刘春增：《毛泽东谈读书学习》，北京：中央文献出版社，2008年，第488页。

② 当为《经济学大纲》之误。

③ 李慎之：《序》，笑蜀编：《历史的先声》，香港：博思出版集团，2002年，第21—22页。

④ 林林：《扶桑杂记》，天津：百花文艺出版社，1982年，第84页。

⑤ 但从其内容看应该是根据陈豹隐译本稍作删减而成。

能完稿。”①

河上肇（1879—1946），日本东京帝国大学法科大学毕业，历任东京帝大农科大学和京都帝大经济学教授，代表作有《近世经济思想史论》、《经济学大纲》、《资本论入门》等，其“1928年10月出版的《经济学大纲》是河上肇博士转到马克思主义经济学的立场上来的里程碑”。②

相关介评，另可参看：黄自平《读陈豹隐译的河上肇〈经济学大纲〉》、汪水滔《〈经济学大纲〉》、乐群书店《关于〈经济学大纲〉的启事》等，收入全集第六卷。

① 常裕如：《一生坎坷的早期经济学家陈启修》，孙连成、林圃主编：《中国当代著名经济学家（第一集）》，成都：四川人民出版社，1985年，第306页。收入全集第七卷。常裕如解放后曾任陈豹隐秘书，故这一说法当有一定依据。

② 朱绍文：《河上肇博士的经济思想与科学精神——纪念河上肇博士诞生一百周年》，《经济研究》1979年第10期，第70页。

目录

经济学大纲

［日］河上肇著　陈豹隐译

序

本书上篇“资本家社会的解剖”，是我由一九二七年四月起至一九二八年三月止，共一学年间在京都帝国大学经济学部，讲授了的经济原论的讲义稿本。我在这个大学任教授的职务，任了二十个年头，每年都从新把讲义稿改写一次，成了习惯。哪怕内容上毫无变化的部分，我也得改写一遍，因为，如果稿本上的墨水痕迹不新鲜，我就不能够提起精神对学生讲授。不过，到最近的时候，内容上可改变的地方非常减少了，所以我正暗暗的忧虑着：难道以后每年都要忍着痛苦，去宣读同样的讲义吗？正在这时候，我被当局的人，给了一个辞职的机会。我欢欢喜喜的抓住这个机会，由大学的研究室，退回到自己住宅的书斋了。这样一来，我倒免得负一种义务，年年都去改订同一个题目的稿本了。我想利用这个机会，划一个时期，把我此后的研究，扩张到经济学以外的范围去。我决心，在进行这种新的研究以前，先把我的讲义的最后稿本整理起来，印成一本书。本书上篇，就是这个决心的结果。不过，因为改造社

《经济学全集》的计划的实行期间的关系，我未能得着充足的时间，去做补订工作。所以我打算在不远的将来，还要从新加一次笔。

关于这个稿本的公布，我还得做一点报告和说明。第一，这个稿本虽然称为经济原论的讲义，但是，只要看一看，谁也知道，他在实质上，几乎是和马克思《资本论》的解释一样的东西。也许有一些人，觉得这很奇怪，却是，由我看来，因为马克思《资本论》是顶好的经济原论，所以我在自己去讲授经济原论这个科目的时候，就不能不全然依据《资本论》。也许还有人说，纵然《资本论》是顶好的经济原论，如果照这种办法，不会太过于偏向马克思吗？却是，据我的意见说来，真理这东西本不会有两个的，所以，如果马克思的学说抓住了真理，我们当学究的，无论如何，除了把自己的研究放在他所建设的基础之上，实在别无办法。并且，照马克思的研究法和叙述法说来，《资本论》第一卷的内容，应该专是关于资本的生产进程的考察（所以，在第一卷里面，关于流通进程的考察，是暂时丢开不管的），第二卷的内容，应该专是关于资本的流通进程的考察（所以，在这里，生产进程是丢开不管的），第三卷内容，也应该是关于总进程的考察，就是说，把生产进程和流通的进程二者统一起来时的整个进程考察。（进程是日文“过程”二字的翻译，就是进行的程序的意思。也有人译成“行程”，我却嫌他和“形成”的音相混，所以用“进程”——陈）再进一步，单拿第一卷说，也是一样，在这一卷里的叙述的进行，必定非采用商品——货币——资本的顺序不可。如果有人以为，可以随便把这些顺序抽换颠倒起来，这一定就是还没有懂得马克思的方法的人。因为上面说的这些缘故，所以，我的讲义的构成，也就不能不一一依靠

《资本论》的构成了。不消说，在有产者经济学的阵营里面，各学者的著作的体系，从目前实况看来，是极不一致的，动不动就是甲某某的经济原论，乙某某的经济原论，在内容上和叙述的顺序上，都是相差得很远的。因为这个关系，所以那些学者都觉得，如果自己的书的篇别，和别人的书没有什么标新立异的地方，就会成为学者的耻辱似的。但是，这完全是无聊的摆架子。要知道，无论什么学问，只要他是一种值得叫作科学的东西，各学者对于这学问的研究，就应该被统一在一个体系之内。因为，只有这样，诸学者在研究上才有协力的可能，也只有这样，那个科学的发展，才可以实现。关于这个道理，只要读者诸君看一看理科或医科的学问的实况，就会明白的。在马克思学术的阵营内，一切研究，都是被统一在马克思所安放的基础之上的。并且这个基础工作，建筑得又有秩序，又很巩固，用不着有很大的修改。我这部说明经济学的基础部分的讲义，所以会变得和一本《资本论》解说一样，根本的理由，就在这里。

其次，我的讲义是限定每星期讲六点钟，于一个学年之内讲完的。所以我那时不得不把这个有限的钟点，分配到各种问题上去，总想把各种研究对象随着他的重要程度的高低，或多或少，分配起来，才免得问题轻重和讲义时间多少之间，发生不相称的毛病。因为这个缘故，所以，哪怕在俗流经济学派（这句话是指正统学派以外的，那些只图用一些通俗的叙述或无谓的议论，去敷衍门面，故意把价值和劳动的关系，隐藏不说的经济学派，如像历史学派或心理学派就是其中顶著名的——陈）的著作里面，照例是要费许多页数去说明的题目。如果他真是不大重要，或只不过一种常识，我也只得把他弃而不顾了。并且还有一层，我在京都帝国大学里面，是要遵照学校的规定，每隔一年，轮流去担任讲授经济原论和经济学史的。和我轮流换着担任这两个科目的田岛教授，后来虽然辞了职，教授会却仍然决定叫我照常隔年轮流担任原论和学史。所以，凡是可以放在经济学史的讲义上去说的，如像关于诸学派的某一些批评等等，我都可以在原论的讲义上省略不提，并且为时间的关系，也不得不省略。在我的原论的讲义上，关于诸学派的批评很少，就是因为这个缘故。

我的最后的讲义，即现在刊行的这本讲义，虽然差不多是始终祖述马克思学，却是，在最初时候，我的讲义并不是这样。比这份最后讲义前一学年的讲义，以及比这前一年的讲义更前一年的讲义，却被学生们为节省笔记的劳力，印成活字版，违背我的意志，擅自拿去当作非卖品贩卖过。在目前，还可以找得出这种印刷品；从这些学生私印的东西（日本官立大学法科政治科经济科的教授们的讲义，照例被学生们私自偷印贩卖，曾经屡次发生诉讼问题，始终还是禁不住——陈）看来，也可以证明，我的讲义，越到近年，越和马克思学的解说相接近。这件事，正足以表明，我并非起头就是盲信马克思学的人。老实说来，我的讲义，宁肯说是从非马克思派的经济学，即现今我们把他叫作有产者的经济或俗流经济学，排斥着的东西，出发了的。举例说，如像一九一六年到一九一七年的关于分配论的讲义——题目叫作经济学上的特殊问题——里面，我就只介绍了，贲巴卫（Böhm—Bawerk），陶西格（Taussig），克拉克（Clark），加福尔（Carver），斐雪（Fisher），戡满日（Commons）等人的学说，几乎一点也没有说到马克思的学说。再看看一九一三年到一九一四年份的经济原论的讲义案，序论是由“什么是经济学?”和“什么是富?”两节合成；本论是由第一篇生产论，第二篇交换论，第三篇分配论而成的；再看一看第一篇的内容，又是由第一章生产和劳动，第二章劳动的社会化，第三章生产手段，第四章再生产，第五章生产力和社会组织，等等合成的。无论是谁，只消看看这些篇别，也就可以推测出，那时候的讲义，和现在刊行的这本讲义比较起来，在体系和内容上都大不相同，离马克思是离得很远的了。总而言之，我最初是从有产者经济学出发去研究，在许多年间，想求一个心安意得之地，不觉的一步一步，走近马克思，到最后，竟转化到一个和最初出发点完全正相反对的地方去了。我为完成这个转化，竟在京都大学，花费了二十年的岁月。这个事实，在一方面，固足以证明我的愚鲁迟钝，却是，在另一方面，恐怕对于世上那些不了解我的人所说的，什么我是无批判的马克思学盲信家一类的批评，也可以成一个抗辩罢。回顾起来，我向着马克思说的推移，实在经了多年的踌躇和折衷的态度之后，才能够实现出来，虽然有点惭愧，然而唯其因为是经了许久的思索研究才得到的结果，所以，在今日我倒觉得，纵然有人照中世纪的野蛮习惯，拿烈火烧身之刑来吓唬我，我也不能够把我在学问上的所信，丢了去的。

本书下篇“资本家的经济学的发展”，是把我在一九一三年八月所刊行的《资本主义经济学的史的发展》一书，加了若干的修改而成的。(我近来，已经不使用资本主义的生产及资本主义的社会一类的话，都改用资本家的生产或资本家的社会，等等字样了。因为这个缘故，所以我把“资本主义经济学”，新改为“资本家的经济学”。又，我改“史的发展”为“发展”，没有别的理由，只不过要想他和上篇的题目字数相称罢了。）关于文字上的小小修改，差不多各页都有，也有一部分改得很多的地方，如像关于亚当·斯密斯（Adam Smith）的天然的自由的说明一条，就是一个例子。不过顶重要的变化，是这些：在开头加了序说数节，在第二章和第三章加了斯密斯和李嘉朵（Ricardo）的劳动价值说。

这本书，是我把我在刊行以前若干年之间，关于经济学史，以英国经济学者为中心，搜集得来的材料，整理而成的一本书，也就是我当时在京都大学所讲授的经济学史的稿本之一部分。和这个讲义同时代的经济原论的讲义，是离马克思离得很远的。这件事，前面已经说过，所以，和经济原论恰相关联的这个著作，若从马克思学看来，也是有很大的缺憾的。当这回从新付印的时候，我也曾努力试行尽量的修改，希望把他引到我现今的立场上来，但是，这种办法，犹如不能把已经画成功的中国南画加以修改一样，几几乎是不可能的。勉强加以修改，反觉得，会把旧来那个形成着一个统一体的著作的面目，损伤了似的。——请让我暂时对于原来这个著作，说几句话罢。

我从一八九三年起，到一九〇二年止，当了东京帝国大学的学生。在这个期间中，我开始读了那耶稣基督教的《圣经》，看见其中所说的一种可以叫作绝对的无我主义的东西，心里大为感动。从那时起，利己主义和利他主义的问题，就常在我的心里萦绕着。我在大学毕业后的第三年，即一九〇五年的十二月，把一切职务都抛了去，跑到当时提倡着“无我爱”的伊藤证信氏的无我苑去，就是因为要想把这个积年抱着的问题，求一个根本的解决，并非因为偶然一时兴会所至，才那样做的。从那时起，更经过三年，到了一九〇八年的秋天，我才开始在京都帝国大学供职，一直到本年春天为止，差不多整整在职二十个年头。我在这个期间的研究，从今日回顾起来，单拿经济思想史的范围说，在最初约莫十年之间，仍然还是以从前的那个积年的问题，即利己主义和利他主义的关系的问题为中心的。因为这个缘故，所以旧著《资本主义经济学的史的发展》，才会由德维尔（Mandeville）的承认利己心的主张起头着笔，到拉斯近（Ruskin）的否认利己心的主张止，就搁了笔。因此，那本书，不像一本经济学史，倒反好像一本反映在经济范围内的道德思想史一样了。那样一本书，到底是好是坏，姑且不管，总之，我觉得，好像他总算成了一个统一的东西。这次重印时所追加的部分，如斯密斯的价值说，或李嘉朵的价值说，等等东西，在旧著里面省略未载，从当时那本书的计划说来，当然是应该的。这回把这些部分追加进去，我倒反觉得，有点破坏了全体一贯的脉络呢。

旧著是叙述着承认利己的活动的，思想的，历史变迁的，把这种思想的成立，发展，死亡，以及替代这种改良的东西并这种替代的历史进程，等等东西，都叙述得很明白。这样一本旧著，也许还能够有若干的价值罢。那书上所谓利己的活动的承认，在本质上，就是等于资本家的利己的活动的承认。当从前由封建社会过渡到资本家的社会的推移期间——就是说，当封建社会崩坏了去，资本家的社会在崩了的废墟之上成立着的期间，有产者正站在一种特殊的立场上，去代表人类劳动的生产力（即人类劳动能力在社会关系上创造一种使用价值时的称呼——陈）的发展的。有产者在那时候，带着一种革命的使命，历史为要使他们这种使命能够实现出来，就不能不给他们一种不受任何拘束的活动的自由。“私恶就是公利”这种主张（即承认利己的活动的主张——陈），所以会发生起来，去反抗封建的道德思想，只不过因为那时在人类生活的物质条件上所起的变革，反映到人类的“观念形态”Ideologie（这个字有时又常常被人译成“意识”或“意识形态”，他的意思，是指习惯，心理，道德，思想，学艺等等而言的——陈）去的缘故罢了。这种思想，当时随着资本家的生产的发展而发展过，现今又要随着资本家的生产的崩坏期的到来而崩坏了。所以，我那本旧著，作为表示这样变化的进程的东西，也许能够有若干的价值罢。

如今世界正当着第二的变革之期，世界无产者正要替代有产者，站到一种特殊的立场上，去代表人类劳动的生产的发展。社会形态变革的历史使命已由世界有产者，转移到世界无产者身上去了。然而世界无产者的一切活动，不管是在身体外部或是在精神上，却都受着全般的拘束。就单拿道德的范围来说，什么罢工，怠工，以及其他世界无产者所企图的一切的阶级斗争，无论哪一种，都被世人非难，认为无道德。但是，从道理上说来，世界人类现今所住的社会里面，也应该像在一千七百年代（就是说，一七〇〇到一七九九年之间——陈）的初叶，发生了“私恶就是公利”的思想一样，发生一种“劳动者阶级为自己阶级利益的奋斗，就是为人类全体的利益的奋斗”的思想了，并且事实上已经正在发生着。因为，在阶级社会里面，一切公益的实现，必定是要拿私益的实现为媒介的。

总而言之，本书下篇是叙述有产者经济学的历史的发展的大要的，本书上篇是说明那个继承这种历史的无产者经济学的大要的。

把上下两篇合起来，称为《经济学大纲》，虽然好像有点僭越，但是，从实际上说来，在微力所能达到的范围之内，我自己的确觉得已经抓住大纲了。（关于这篇原序，译者还有一个顶重要的意见，因为太长不便夹在小注里面叙述，所以放在译者所跋的跋文里面去了。如果读者急于要知道那是一个什么样的意见，就请读完了这篇序之后，接着就看看书末的跋文——陈）

一九二八年八月三十一日　河上肇

译者注（一）　在序文后面的追记之后，原书接着就是一例言，说明附注的地方和插画的目次。现在本书照乐群所刊行图书的通例，改为横行，排列已经变了，并且，因为减少读者负担的关系，已决定略去插画，所以这个例言，当然也不须翻译了。

上篇　资本家社会的解剖

序　说

Raise the veil boldly；face the light. “大胆的揭开帷帐啊！要和光明见面啊!”——无产者经济学的任务，只在曝露真相，不在隐藏真相。就拿有产者经济学说，当阶级斗争尚未发展的时代，哪怕程度不深，的确他也曾经好好的曝露过真相。但是，一旦阶级斗争用一种胁迫的姿势，出现于社会表面之上，“经济学就带着有产者的性质，即是说，他就不把资本制的秩序，看成在历史进程上的一个发展阶段，倒把他认为社会生产的绝对的并且安全的形态”，所以他已经不成为一个科学了。有产者经济学的崩坏进程，就是这样开始的。同时，无产者经济学也就发生起来，要想毫无顾忌的，用曝露现代社会的内部联络（原文是“内的联络”，指种种现象的内部关系而言，如像忠君的思想随着民权思想的发达而消失了。这件事，只是两件表面现象，其实忠君思想后面的封建领土经济，变为自由竞争的资本经济，那件事，才是真正的内部关系。这就是一个例。——陈）的方法，去真实的尽他科学的任务。不消说，这种经济学，是从马克思开始的。

关于有产者经济学的大体，我都把他叙述在本书下篇“资本家的经济学的发展”里面。目前在这上篇当中，我的任务只在实行“资本家社会的解剖”，这种解剖，自然是以无产者经济学的基础部分的解说为内容的。这种解说，虽然只不过是对于马克思说的祖述，却是，我现在仍然是拿我自己本身的责任去主张的。

让我先述一点序说罢。

第一节　经济学的研究对象及出发点

经济学的研究对象（对象是指被研究的东西——陈），就是在人类社会的基础生活进程上，即是说，在物质的生活进程上，结合于人类和人类相互之间的生产诸关系。

马克思在他致库格曼（Kugelmann）的信里面，曾经说过：“不说一年，哪怕就是在几个星期中，如果劳动停止了，无论什么国民，都会死了去的——这是三岁小孩子都知道的事。”这个劳动，就是人类和天然之间“物质代谢”（Stoffwechsel）的一般的条件，也就是人类生活的永久的天然条件。所以，虽然人类和人类之间，形成了社会现象，其间的相互作用实在繁复得了不得，然而，成为这些相互作用的永续性条件的东西——就是说，成为一种，少了他，别的东西就不能够继续维持下去的东西，一种社会连络的基础的东西——就是人类有意识的或无意识的为相互的物质生活而做了的社会的劳动，拿别的话说，就是在社会的物质生产进程上，结合于人类和人类之间的种种劳动连络或生产关系。现在，如果把这些生产关系总计起来，那末，所得的总计，就是“社会的经济构造”(Die Ökonomische Struktur der Gesellschaft)，这个经济构造，就是形成全社会的物质基础的东西，我们现在研究的学问，就是以这个社会的经济构造为研究的对象。

所以，从我们的研究说来，“现实的出发点”（Der wirkliche Ausgangspunkt)，第一就是正在社会上从事生产的人们的生产，所以，也可以说是那些已经在社会关系上被规定了的人们的生产。这就是一个确定了的前提，也就是我们的观念（原文观念二字作表象，意思是一样的，都是指外界事物反映在人类意识上的形象说的。——陈）的出发点。

因为，人类这个东西，是不能够离开社会去生存的。一切人类的生存，都是在社会内的生存。并不是先有了个个的个人，然后这些个人才为谋自己们生活的便利，去造成社会。人类生下地来就在社会当中存在着，犹如人类之中无论何人都是生下地来就是有双亲一样。所以，那种假定着社会以外还有孤立的个人的生存的说法，完全是一个空想，犹如认定着，没有共同生活，共同说话的个人，就可以有言语的发达一样，是绝对不合事实的。我们研究学问，不应该从这种空想出发，在经济上主张所谓限界效用说的心理学派——后面还要说到——就是想由孤立的个人的心理出发，去说明价格现象，所以可以说，他在出发点上，就犯着根本的谬误了。

我们要想把学问安放在现实的基础上面，第一就是得把研究的最初的出发点，放在那些最根本的事实——不经无论什么样的理论的构成，不受无论什么样的思想的加工的事实上面。一切理论的思想，在某种程度以内，必定是偏于一方面的，必定是由真正的具体的现实，行了若干的抽象的。我们的研究不应该拿这种从思想产生出来的抽象物为出发点的，因为，从根本上说，理论这个东西是不应该从理论出发的。如果理论是从另一个理论出发的，这个被当作出发点的理论，又将成为问题了。像这样，问题之中引出问题，决不是一种从根本上确立理论的办法。因此，可以当作为我们研究的有用的出发点的，不是内部的理念，只是外部的现象。现在，如果我们把这种外部现象，照他的原样子接受着，拿别的话说，如果我们看一看外界事物怎样反映在我们意识之上，我们就可以看见，直接反映在人类意识上而生出来的表象（前面已经说过，这字和观念是一个意思，都是指反映在意识上的形象而言，都是德文 Vorstellung 的翻译。表象这个新名词，是值得输入中国的，因为他在有些地方，比观念更容易使人明了真意。——陈）。常常总是受着种种规定（即是说，受着特定的时间和空间上的限制，因为一切外部现象都存在特定的时间和空间上。——陈）的某一个具象物（“具象”二字完全和个体的意思相同，日本思想家近来惯用这二字，因为这名词和“抽象”恰恰对立，比较好懂些。我认为这两字也有输入的必要。——陈）。这种具象物，在我们没有理论以前，就预先横卧在那里，所以他并不是理论所生的结果，倒是理论最初当作材料接受的前提。所以，从这种意义说来，我们的研究的现实的出发点，不单是**在社会的关系上被规定了**的生产，并且同时还是**在历史的关系上被规定了**的生产。因为，一切社会的经济构成——人类全靠他去行物质的生产的社会经济构造——都是有历史的，过渡的性质，并没有一种什么可以永远不变的经济组织。所以，在社会关系上被规定了的某种生产，同时也就变成了在历史的发达阶段上的某种生产了。关于这一点，有一件特别应该注意的事：种种具有互不相同的经济构造的社会，都是一个特殊的有机体，关于他的成立，发展，以及走向更高级的形态的推移，等等，都各有他的特殊的法则。所以，某个社会形态和另一个比较更为发展的高级社会形态间的差异，打个比方说，并非父亲和儿子之间的差异，倒是猴子和人类之间的差异。猴子和人类的全体的生理构造，是各不相同的，所以虽然在外观上同是具有约莫相同的，如像手啊，足啊，种种的器官，但是，这些器官的机能，却是遵循着完全不同的法则的。所以，总起来说，我们研究的现实的出发点，就是在社会关系上及历史关系上被规定了的，某种特殊的具象的生产。

在目前这个讲义上成为问题的，特殊的具象的生产，就是现代社会的生产，因此，这个现代社会的生产，就是我们这研究的现实的出发点。只要稍微看看现实，谁也会知道，现代社会的生产虽是种种要素（指种种不同的生产——陈）成立的，但是，在这种种要素之中，占着压倒一切号令一切的地位（即统率的地位——陈）的要素，就是所谓“资本家的生产”（Kapitalistische Produktion）。所以，我们的研究，就专就这个资本家的生产去做。不消说，纯粹只行资本家的生产的社会——纯粹的资本家社会——那种东西，在现实上，是不存在的。这种东西，只不过在思想上的一个抽象罢了。我们不过是从摆在我们面前的现实当中，把这种资本家的生产，当作一个占着最统率的地位的一方面，抽象出来（即提拔出来。抽象二字是舍象二字的反语；从具象物当中抽出几个要紧的成分，叫作抽象，把抽象后剩下的不要紧的成分，舍了不要，叫作舍象。——陈）罢了。但是，因为这种资本家的生产，在现代社会是一种统率的生产，所以，如果能够说明他那种种统率现代社会的法则，换句别的话详细说，就是那种种统率资本家社会的成立，发展以及走向较高级社会形态的推移，等等的法则，那末，我们利用那种说明，也同时就知道现代诸社会的运命的根本路途了。这就是我们的研究的界限和意义。

所以，我们研究的目的，就在阐明在资本家的生产上面特有的种种法则。自然，种种不同的诸社会形态，也会含着一些共通的规定，我们可以用我们的抽象力，把他们抽拔出来。在这些被抽象出来的东西当中，他们的共通性的程度，是不一致：也许有一些东西，是只属于两三种社会形态的，也许其他一些东西却对于一切社会形态都是共通的。这些在一切社会形态中通通都存在的规定，就是一种少他不得，少了他，无论什么生产都不可能的东西，就是关于人类的物质生产的永久的天然条件。这种天然条件的发生，自然是由人类的物质生产的特质而来的。因为所谓物质生产，无论在什么时候，结果总不外乎以人类为生产的主体，以天然为生产的客体（主体指做行为的东西，客体指受这种行为的作用的东西。——陈），所以因此便发生了天然条件。不管这些有共通性的规定，是属于两三种社会形态的，或是属于一切社会形态的，总之，在我们研究某种特殊社会形态的特别法则的时候，也都是必须知道的。换别的话说，就是，我们为要阐明特殊性，就不得不同时阐明这样的一般性。世上有一种人，硬说我们研究着的原论只是一种特殊的东西（指专研究资本家社会的生产——陈），拿这个理由来加非难；像这样的人，真是还没有理解着特殊常以一般为前提这个道理的人。要知道，我们研究着的原论当中，当然含着那些只以一般目标的人们所发见的东西在内。不过，应该注意，这种东西虽然被含我们的研究当中，却并不是我们所要发见的目的。我们研究的目的，只在阐明资本家的生产——在我们现今住着的社会里面，正占着统率地位的资本家的生产——的特殊性。我们若不能把这种特殊性阐明出来，我们就不能够理解我们现今住着的这个社会。我们所以会把一般生产上种种共通条件，当作问题研究，只不过因为他们是我们这种现代生产的特殊性的研究阐明的一个前提罢了。这一层，在经济学的研究上，有特别注意的必要。不然就会弄出种种弊病。举例说，在现今的差不多一切教科书里面，都写着，劳动和生产手段是必不可少的生产要素。老实说来，所谓两种要素，不过是前面说的生产的一般的条件罢了。但是，在许多教科书上，却都于不知不觉之间，偷天换日，把那个单单属于一般条件生产的手段，改为现代的资本。换句话说，他们把一个重要问题——这种生产手段应该在什么样的特殊的社会关系之下，才会变成现代所谓资本的问题——完全不看在眼里，装做不知道那末一回事，所以他们不但不能真正的理解现代的经济组织，并且还扮演着一种反动大家，要妄想把现代的经济组织，化为永远的组织。

第二节　研究方法

我们在思想的路程上面，是由是简单的俦类（这是 Categorie 的翻译，日本人译成范畴，意思和种类差不多，哲学上照例上都用俦类，不用种类。——陈）出发，慢慢进到比较复杂的俦类去，最后才达到那种由最复杂的诸规定综合而成的最具象的俦类。

前面已经说过，我们研究的现实的出发点，就是现代社会。这个现代社会，是由极复杂的种种规定综合而成的，所以乍看起来的时候，这些规定的内部联络当然是不会明白的，所谓现代社会，结果恐怕不过是浮在我们脑筋里的一个混沌的表象罢了。所以，如果我们不先阐明这种种的规定，突然就把现代社会这个东西抬出来，举例说，如果我们不把构成现代社会的阶级，即资本家阶级，劳动者阶级，等等东西，弄个明白，那末，所谓全体社会那种东西，就变成一句抽象的空话了。同样，这些资本家阶级，劳动者阶级，等等东西，如果不先把他们的物质的基础，如像资本，雇用劳动（就是说，用代价买来供自己使用的劳动，从卖的人说，也就是被雇劳动。——陈），等等要素弄清楚，结局也会变一种空空洞洞的东西。再进一层说，就是这些资本，雇用劳动，等等东西，也还要拿种种东西做他的前提，如像资本，就是非有商品，货币，雇用劳动，等等东西做前提，就不能成立的。设如照俗流经济派所说，以为，凡是过去的生产物可以供将来的生产之用的，都是资本，那末，资本这种东西，结局就会变成“一个抽象，一句空话”（eine Abstraktion，ein leeres Wort）了，因为这种过去的生产物，就是所谓生产的一般的天然条件，就是所谓生产手段，自人类生存在这个地球上起，直到现今，并且从今日起，到以后人类最后生存在这地球上那一天为止，在无论什么样的社会的形态里面，都常常是必要的。我们的研究，当然是决不会用这种空语为基础，去建设出来的。所以，像贲巴卫那样，在他著的《资本及资本的利息》（Böhm—Bawerk，Kapital und Kapitalzins）里面，把一切绕道的生产（贲巴卫把人类的生产分为两种：直接的生产和绕道的生产。凡是空手直接对目标去行劳动时，这种生产叫作直接的生产，如像野蛮人用空手挖土捞鱼，就是一例。凡是先做出一种手段，再用这个生产手段去行劳动，如像野蛮人先做一种石扠，再去扠鱼，或先做一根木棒，再去挖土的时候，这种生产就叫绕道的生产。绕道的生产上面的中间的东西，如像石扠和木棒，就叫作中间生产物。他认为直接的生产是非资本的生产，只有绕道的生产，才是资本家的生产。——陈），当作资本的生产，并且把绕道的生产上面所用的一切中间生产物，都认为资本。站在一种空洞的出发点上去开始研究，那就一定不会真正抓住现代社会的现实状况的。

总之，放在我们研究面前的现实的前提，就是现代社会，这个现代社会，又是由种种规定（等于种种关系——陈）综合而成的，所以，在这些规定尚未弄明白以前，反映在我们意识上的现代社会，不过是“对于社会全体的一个混沌的表象”（eine Chaotische Vorstellung des Ganzen）罢了（表象的注解见前——陈）。我们的理论工作职责，就在把这个混沌的表象，整理起来，使他成一个明白的概念。要达这个目的，应该用下述的方法。

第一，我们应该先在那直接放在我们面前的具象物里面，看定一个最富于舍象性的方面（就是说，被舍象的部分顶多，被抽象的部分顶少的方面。关于抽象舍象的解释已见前。——陈），抽了出来。最初被抽取出来的这一方面，既是把一切烦杂的规定都舍了去的方面，当然同时也就是最简单的一面。我们最初由这种顶简单顶被舍象的侍类出发，在思想路程上，慢慢加上种种的规定，种种的方面，渐渐的进到比较复杂，比较具象的侍类去，最后，就会把我们认为目标的现代社会，从新现出于我们脑筋里面了。简单说，我们是由最简单的一方面出发，轮流去研究种种方面，到最后，才把已经研究明白了的各方面，综合起来，当作一个多面性的统一物，去理解我们的研究对象的。用这样的方法得来的现代社会，和最初直接放在我们面前的那个混沌的表象是不同的，因为他既然当作一种由种种规定，由已经研究明白的种种方面，综合得来的统一物，被我们理解着，所以他映在我们脑筋里的时候，是一种从理论上加以整理而后被构成的东西。要知道，一切的具象物，都是因为他是种种规定的总括的缘故（就是说，是种种的内容的综合的缘故。——陈）才成为具象的物的。所以，上面说的那种方法，是真正去理解具象物的唯一的科学方法；只有用这个方法，才能够把具象物当成具象物理解清楚。

在这里，我们应该注意：我们虽然以最简单最被舍象的俦类，为思想的出发点，但是，这个变成出发点的被舍象的俦类，却决不是由我们的思想产生出来的。我们在前面已经说过，把我们思想上产生出来的东西当作我们研究的出发点，是不对的。因为，如果那样，就等于靠思想去研究思想，结果就会就变成一种没有止境的循环论理。所以，我们拿来当作思想的出发点的东西，应该是，**无论是谁**，都可以对现实的现象，**在经验上**实行知道的东西。现在我们拿我们研究的经济学来说罢。现代社会这个现实的具象物，固然摆在我们面前，然而同时也有一种顶简单顶被舍象的社会关系，即商品交换关系，当作这极复杂的具象物的一方面，摆在我们的面前。所以，在思想的路程上，我们虽然是由最被舍象的俦类出发，慢慢挨次进到具象的俦类，最后才达到研究目标的现代社会，但是，在这里，最初出发点上最被舍象的东西，实在就是最后的到达点上的最具象的东西一方面，就是由这个具体的东西所具有的多方面的当中，抽拔出来（抽象出来——陈）的一方面。所以，这个抽象，并不是单由思想上得来的抽象。这抽象，实在就是生在那社会里面的人们，在他们的实际生活上，在他们的实践上，早已现现实实的实行着的抽象。所以，那个出发点上的被舍象的俦类，虽然带着被舍象的性质，同时却又是具体的和现实的。这样看来，我们的研究方法，在一方面，因为是用最简单最被舍象的俦类为研究的出发点，所以能够满足一切科学研究上的共通要求（等于共通条件——陈）。同时，在另一方面，又因为我们是把那种最被舍象的俦类，向那种在经验上可以实行知道的研究的对象本身上——即向现实的出发点里面——求得来的。所以并不是靠思想去研究思想，不会有循环论理的毛病。这也就是唯物辩证法（唯物辩证法是社会科学研究上不可少的一种科学的方法——陈）的根本特征之一。

这样看来，我们所用的叙述方法，和我们所用的研究方法，**在形式上**，是不相同的。在研究上，我们的出发点，是那种最丰富的种种规定综合而成的具象的东西。在叙述上，却和这个相反，我们倒拿那种最被舍象的俦类——即是说，一切复杂的规定，都舍去不顾，只留着最简单的规定的俦类——为我们的出发点。为什么会有这个差别？只因为，我们的叙述，结局不过是表现一种思想的进程，想把具体物从新在精神上再生产出来一次罢了。因此，叙述这东西，决不能够成为具体物本己[①]的发展进程。举例说，如像商品，是一个最简单的俦类，他就是要拿已经行着分业的社会——拿一种

① 原文为“本已”根据文意并参考其他译本改。下同。——编者

比较具象的东西——做他存立的前提的，并且，商品的最完全的发展，还是以一种以叫作资本家社会的最具象的东西为前提的。前面已经说过，在我们思想路程上的出发点，就是他的到达点上的最具象的东西的一个方面，所以，我们的叙述虽然是从最简单的俦类的商品出发，然而，在出发时，我们在表象上，已经不能不常常预先浮着一个现代资本家的社会，作为他的前提了。不消说，商品在货币以前，货币在资本以前，即是说，在资本家的社会以前，都可存在的，并且历史上也都曾经存在过。因为凡是属于同一系统的俦类的东西，从历史上说来，比较简单的东西会在比较复杂的东西以前存在，这件事，本是自然的顺序。所以，在这样的关系上，我们使思想的进程，由最简单的东西出发，上进到复杂的东西的上面去，这种办法，实在是和具体物本己的现实的历史发展进程，相适应的；同时，在已经发展的社会里面被舍象的俦类，自然对于比较尚未发展的社会，也是可以适用有效的。因为这个缘故，所以，在叙述的进程里面，最初发见出来的，必然一定是对于一切或两三个社会形态可以共通适用的俦类。如像在我们的叙述里面的商品及货币，就是一个实例。因为商品在货币以前，即在各种商品的流通以前，货币在资本以前，即在资本家的生产以前，都早已出现，同时他们又是一切的商品生产社会——不管他是单纯的商品生产社会，或是资本家的商品生产社会——所共有的俦类。

由最单纯的东西起，慢慢上进到复杂的东西去，这个道理，在生物学上说来，是依据 Omnis cellula e cellula（细胞由细胞生出来）的原则，自动的行着的。在我们的研究上，商品的自动的发展，也和这个原则一样，是当作一个自己运动发见出来的。我们第一就不得不先把这个叫作商品的统一物——即是一种可以看作资本家的社会的细胞东西——分解出来，去认识他所含着的种种矛盾的构成分子。但是，因为一切矛盾都是运动的母亲，所以，如果商品是统一着各种互相矛盾的对立物而成的，那末，商品这个东西，在他本身上，就非有运动不可。这种运动，就是商品的自己运动，并且在这样的运动当中，资本家社会的成立，发展，没落（即是说，向着较高级的社会形态走去的推移），等等的进程，也被表示出来。这种运动，既然是自己运动，所以他的动力，就在他本身当中。所以这种运动，是不依靠其他无论什么东西的。因为他是不依靠其他无论什么东西的，所以可以从根本上被我们懂得。如果他是依靠其他什么东西——举例说，如像依靠神的意志，人类的精神，等等东西——的，那末，我们就非更进一步去说明他所依靠的那个别的东西不可。如果那样，恐怕我们在这里又会陷入没有止境的循环论了。因为这个缘故，所以一切事情和物件，都只有在他自己运动的洪流上，才可以从根本上被我们懂得。这样去理解事情和物件，也就是辩证法的根本的特征之一。

第一篇　商品及货币

第一章　商品

第一节　当作商品的构成分子看的使用价值及价值

在资本家的生产占着统率地位的诸社会中，最简单的，因为最简单所以最一般的，最多量的，最日常的，因为最日常所以也就是最基础的，关系，就是商品交换关系。换别的话说，那样的社会里面的财富（这是 Reichtum 的翻译，日本人普通把他译成富，另一个 Güter 那个字，却译成财，或财货，从意义上说来，Reichtum 是指富的全体，Güter 是指富的各部分。我为要译成双音，便于念诵的缘故，把前者译成财富，后者译成财货。——陈）的细胞形态，就是商品。这个商品，就是当作我们研究对象——前面已经说过，我们的研究对象摆在我们面前的现代社会——的最被舍象的一个方面，在经验上，摆在我们面前的东西。但凡是生活在现代社会的人，无论是谁，都知道，在人和人之间的最日常最简单的关系，就是商品交换关系，并且无论是谁，也知道，在社会关系上被生产出来的财富，几乎全部都是当作商品被生产着。简单一句话说完，商品是我们研究对象即现代社会的最被舍象的俦类，这件事，是一种经验的事实，在我们的研究以前就摆在那里的，所以也用不着再去论证。因为这个关系，所以，从采用那种由简单渐次进到复杂去的研究方法的我们看来，商品（简单的商品）就会第一成为分析的对象。

据说，构成一个人类身体的细胞总数，在刚生下地的小孩身上，就大约有 26,500,000,000,000 个，在大人身上，约莫有 400,000,000,000,000 个。构成现代社会的经济构造的细胞，就是商品交换关系。这种关系的总数，也和人体细胞一样，非常多数，不知道有好几万万兆亿。其次，在构成生物的组织里面，有两种部分：一是由细胞分化而成的部分，一是由细胞质所分泌（这是医学上的术语，有漫漫浸出来的意思。——陈）的物质而成的部分。在资本家的社会里面，也恰和生物组织相似，可以有两种类东西：一是由商品分化出来的东西，如像货币啊，资本啊，一类的东西；一是由单纯的商品交换关系分泌出来的东西，如像货币贷借关系，资本信用关系，等等的关系，就是例子。这两种类东西，都是要在我们这个研究当中，一步一步的慢慢被解释出来的问题。

商品这个东西，是由使用价值及价值两种对立物，统一而成的。从我们的研究全体说来，根本问题，就在阐明商品的这种矛盾（这种对立的矛盾——陈）。

第一，我们要知道，商品就是使用价值。（商品并不是像人类有官衔，有帽子一样，具有使用价值。商品离开使用价值，就不存在了，商品就是使用价值。）这就是说，他是人类的某一种欲望的对象（对象指被人欲望的东西——陈），是最广义的人类“生活资料”（Lebensmittel）。不管人类在什么样的社会关系下面生活，商品都是人类生存不能缺少的东西。因为这个缘故，所以，哪怕各种商品，在事实上，当作社会的欲望（就是说，一般人的欲望。——陈）的对象，相互的被结合在社会的联络之内（指社会的关系，如像所有权关系。——陈），他们的使用价值本身，却并不因此就会表现什么样的社会关系。某一个劳动生产物要想成为商品，自然他本身不得不是一个使用价值，但是，这个劳动生产物究竟采取商品形态不采取，这件事，从使用价值说来，是毫不相干的，无论采取不采取都可以的。所以，当作使用价值看的使用价值，是以经济学研究范围之外的。不过，要注意一层：在我们所要研究的社会组织（即资本家的社会组织——陈）下面，那样的使用价值，是成为交换价值的“物质基础”（die stoffliche Basis）的。所以我们不得不接着在下面把交换价值考察考察。

既然叫作商品，他必定是可以互相被交换的，并且，就因互相交换的缘故，一个商品的某种确定分量的交换价值，才会变成和他相交换的那个别的商品的某种分量，发见出来的。这就是说，交换价值这个东西，第一，是在某种类使用价值和别种类使用价值互相交换的关系上，当成一种分量的比率，发见出来的。举例说，一升米的交换价值，是用两升麦，五合（日本量液体的一种名称——陈）酒，十二两牛肉，十个鸡蛋，一顶帽子，等等东西，表现出来的。像这样，一升米的交换价值，可以用其他许多使用价值不相同的种种商品确定分量，随便用哪一种表示出来，这件事实的里面，当然就含着下面这么一个意思：这种种商品，当作交换价值看起来，都是可以互相掉换的，就是说，他们的交换价值是相同的。更用简单明了的话说罢：在商品生产发展已极的社会里面，一切商品的交换价值，尽都可以用货币表现出来，所以，无论怎样高贵的物品，无论怎样卑贱的物品，都可以把他的交换价值，归约（这是Reduce的翻译，就是把甲种东西归成或约成乙种东西的意思，日本文上普通都译成还元或换算。有时候，这两种译法，虽可沿用，但是从一般说来，还是译成归约为是。——陈）到一种只有分量之差，并无品质之别的东西——一称单位——上面去，所以，一切商品，只要保存着确定的分量的比率，尽都可以在社会的关系上受平等的待遇。这是如今在我们眼前实行着的事实。这个事实的里面，当然不得不含着下面这么一个意思：一定有某一种在现实的社会的实践上当作品质相同看待的东西，共通的存在这些商品之中。

试拿两种商品，譬如米和小麦，研究看看，不管两种东西的交换比例是怎么样，（在经验关系上摆动着的商品，无论在什么时候，都是有分量上的规定的（都是分量计算的——陈）），总之，和某种分量的米——假定是一升米——相交换的小麦的分量，仍然是某种确定的分量——假定是二升——并不是其他随意的分量，如像三升，四升，等等。在这件事实当中，明明包含着下面这么一件事：一升米和二升小麦在某种关系（到底这是一种什么关系，那是别一问题，姑且不管）上，是被认为相等的。更简单的说，就是，在

xAW：yBW（A商品的x量对B商品的y量）（W表示商品——陈）的比例当中，含着下面一种方程式：

$x\mathrm{AV}_1 = y\mathrm{BVm}$（V是表示某种共通物件的）

就是说，A和B单位当中，都含有某种共通的东西V，因为这种V

在A单位里面，含有1量，B单位里面含有m量，所以用x去乘A，其结果恰恰和用y量去乘B时所得的结果相等。（请参看《经济论丛》第二四卷第二号，一九二七年二月，蜷川虎三氏著的《物价指数的意义》通卷三九八页）（《经济论丛》是京都帝国大学出的经济专门杂志——陈）某一个使用价值，只有在他对于别的使用价值，发生了这样的关系的时候，才能成为商品。所以，xAW＝yBW这个方程式，是关于商品的一切经验存在的事实（这虽然不是经验的事实本身，却是，他的确是存于一切可能的经验事实当中的关系）（就是说，这种方程式在商品的经验关系看来，是一种事实。——陈），若把他当成一种使用价值变成商品时的“形式”（Form）看来，他就是构成商品的“本质”（Wesen）的东西，和我们此后的研究是有根本的关系的。

经了上面的一段的研究，我们已经知道，两个可以互相交换的商品A和B当中，都不能不含有一个共通有的第三者了。那末，这个第三的东西到底是什么呢？我们下面一段的问题，就在阐明这个东西。为达这个目的，我们不得不先研究研究，到底有一些什么东西，在各种商品当中，都是共通的。

第一，我们知道，一切商品，在他们都是某一种使用价值的关系上，是有共通的性质的。——使用价值虽不必尽是商品，但是，因为不是使用价值的东西，决不能够成为商品，所以一切商品都是某种使用价值，这件事，就是各种商品的共通的事实。——但是，这个共通的事实，决不能够是我们现在所求的，那个品质相同的共通物。何以呢？因为，各种商品都是品质互异的使用价值，这件事，本是一种不可少的条件，有了这个条件，这些使用价值才能当作为商品互被交换，才能变成交换价值，所以，纵然各种商品，在被看成交换价值的时候，是当作一种品质的东西，受着无差别的平等的待遇，但是，在被看成使用价值的时候，却决不会那样；这个道理，更从别的方面说，可以这样说：因为种种在使用价值的关系上品质互异的商品，向着社会的全体，依照某一种的比例，去行供给，这件事，是社会的生产上不可少的条件，所以，种种商品的使用价值，在社会的实践上，决不能够有被看成品质相同的东西的道理，他倒反应该被看成品量不同的东西。

第二，我们看见，一切商品当中，尽都共通的包含有某种的劳动。换别的话说，一切商品，在他们都是劳动的生产物的关系上，是有共通的性质的。（在如今的社会上，不是劳动生产物的东西——如像天然的土地——也有商品形态。但是，因为我们的问题，是在阐明人类和人类在社会生产上的劳动连络，所以我们先把劳动生产物的交换，拿来观察。劳动生产物以外的东西，怎样也会采取商品形态，这种事项，到了我们研究的后段，自有说明。）我们就在这种劳动里面，可以发见我们所求的东西——可以发见那个在社会实践上，被看成品质相同的商品共通物。不消说，含有某种劳动，这件事，不但对于一切商品是共通的事，并且对于一切财富和财货——人类在一切时代，一切社会形态下面所生产的一切财富和财货——都是共通的事。无论在什么时候和什么地方，站在人类界和天然界之间，去做物质交换的媒介的，常常都是人类的劳动。人类只有把他的劳动，加于存在天然界的物质之上，才能够生产财富出来。所以，在生产出来的一切财富里面，一面固然都共通的存着某种天然的性质，可以满足人类欲望的东西，同时却又共通的含着生产这些财富时所花费的某种劳动。这种劳动虽然本是一些具体的劳动，要看他所生产的财富的种类如何，变更劳动本身的形态的，但是，因为当他用在商品生产上的时候，他一方面固然是具体的劳动，同时却得着了一种无差别的被舍象的劳动的性质，所以可以归约到一种品质相同的单位去。不消说，这种用来生产某一种使用价值的劳动，如果单独搁在那里，不被牵入交换关系里面去，那自然只是一种具有特殊形态的，具体的个人的劳动。然而，如果用这种劳动生产得来的生产物，一旦变成商品，走进交换关系里面去，和种种的商品，依照某种特定的比例，相互均等起来（就是说，和种种的商品交换起来。——陈），那末，用在这些商品的生产上的劳动，也就会随着这种均等，依照某种特定的比例，互相均等起来的（就是说，相互掉换起来，如像上面说的 x 量的 V_1 等于 y 量的 Vm，自然这里假定 V 等于劳动。——陈），因此，**在这一种方面上**，他的具体性就被舍象了去（被抛弃了——陈），而获得一种单叫作人类劳动的一般性质了。所以，溶化在生产物里面去了的劳动，具有当作被舍象的人类劳动看的一般性，这件事，是只有在那种一切生产物尽都走进流通进程（尽都被交换着——陈）的社会，就是说，只有在商品生产发达极了的资本家的社会里面，才能够在实践上变为真实的东西。在这样的社会里面，各个人的劳动，尽都用在供别人——即是说，供社会——需要的商品的生产里面，因为这个缘故，所以，各个人的劳动，也可以随着社会的需要如何，用在无论什么种类的使用价值的生产上面去。所以，如果总起来说，就可以说，用在社会的生产上面的全体社会的总计，**在他这种社会的方面**，是具有无差别的平等性质的，就是说，他随着社会的需要如何，可以用在无论什么种类的使用价值的生产上面，也可以成为无论什么种类的具体的劳动。所以，从这方面看起来，用在商品生产世界里面的全体社会劳动，虽然在事实上变形为人类的脑筋啊，筋肉啊，神经啊，等等东西的物理力的支出，然而，因为他会溶化和结晶到个个的商品里面去的缘故，他就变成了那些商品的价值——即商品价值——并且，也就是我们现在所求的，那个在一切商品里面尽都共通具有的共通物。这样说来，我们已经知道，商品价值的实体，就是溶化到商品里面去了的社会劳动（被舍象的人类劳动），并且，商品的交换价值那个东西，结局，只不过是这种商品价值的现象形态（现在外面的形态——陈）罢了。

无论在什么样的社会里面，社会劳动（用在社会的生产上的劳动）都是由个人的劳动成立的。但是，在个人劳动不用媒介就直接的形成社会劳动的时候（如像在共产制的社会里），个人的劳动，以及个人劳动的生产物，却都是从最初就被否认他们可以成为私的劳动或私的所有物的，共同社会在生产以前就被认定为前提的，所以，那里的生产物从最初起，就是社会的生产物。商品生产社会，却和这个不同，他是一种个人主义制的社会。在这社会里，个个的个人，各各私有着生产手段，所以也各各私有着生产出来的生产物。从这方面看来，一切生产物，最初都是私的生产物，并不是社会的生产物。不过，要知道，哪怕是采用个人主义制度，既然在那里成立了社会，各个人在生产上就不得不保持某种的社会的连络，他们总不能不用某种方法，进到社会的劳动组织当中去。交换这件事，就是一种必然的媒介，专为去把“分散着的个个人的劳动”（Arbeit des Vereinzelten Einzelnen），变形为“社会的劳动”（Gesellschaftliche Arbeit）的东西。因为这种媒介的缘故，个人的劳动就被否定他是个人的劳动，被弄成平等的东西，被承认为社会的劳动，最后，就确立了他的社会的价值。反过来说，因为个人的劳动被认为一种社会的劳动，并具有社会的价值，所以他的生产物，才可以变成能够和其他无论什么种类的生产物都相交换的东西——即变成商品。个人的劳动变形到社会的劳动去的时候，必须经过这种媒介，这件事，就是商品社会的特征。这个道理，从我们的研究上说来，是根本的重要东西，非明白的懂得他不可。

我们觉得，依照以上的解释，已经把商品价值的品质，弄明白了。所以，现在打算在下面述一述他的分量的规定。价值（就是指商品价值——陈）的分量，是用交换价值表现出来的。不过，关于这样的价值现象形态的话，且留在次节去说，目前在这里，姑且暂时离开那种形态，专就价值量的本身考察考察。前面已经说过，某一种商品所以能有价值，就是因为这个商品里面，溶化着有一般的被舍象的劳动的缘故。所以，这个商品的价值的大小，是由被含在这商品里面的这种劳动的分量而定的。如果那样，那末，劳动的分量，又怎么样去测定呢？答道：劳动是运动的一种，因为运动的量的存在是时间（就是说，运动的量的多少，是用运动时间测出来的。——陈），所以劳动的量的存在，就是劳动时间。如果劳动的品质是确定的，那末，劳动的继续时间的差异，就是劳动所能够有的唯一的差异。在这个意义上，可以说，劳动这个东西，**在他自身的当中，有一个固有的天然的尺标**。（尺标指测量的标准——陈）

说到这里，也许有人会想着：如果说，商品的价值量是由被含在商品里面的劳动量而定的，劳动量又是依劳动时间测定的，那末，从理论说来，劳动者越懒惰，或是越不熟练，他在某种特定的商品的生产上面，就应该越多花费时间，所以他所生产的同一种类的别的商品，就会比别的比较勤勉比较熟练的劳动者所生产的商品，多有些价值了。但是，这种想法是错的，那样的事，决不会发生的。前面已经说过，在商品的生产世界里面，可以用在社会的生产上面的社会全体劳动，一方面具有无差别的平等劳动的性质，并且，那些溶化和结晶到商品里面去了的劳动，又只是在具有那样性质的时候，才可以形成价值（商品价值——陈）。所以，决定某种特定商品的价值的大小的，只是在那种时候（那特定商品存在的时候——陈）的社会一般的通常的技术条件，以及在那种时候的平均程度的劳动熟练和劳动强度（指勤惰言——陈）的下面，对于那个商品的生产，不能不要的劳动时间罢了，用最简单的话说，不过是在社会关系上不能不要的平均劳动时间罢了。因为这个缘故，所以，哪怕个个商品的生产上面所用的劳动时间分量，在事实上怎样差得远，只要他是同一种类的商品，他在商品上的价值的大小，都完全是一样的。并且，就是种类不同的商品，哪怕他们的使用价值怎样不同，只要在这些商品的生产上面，从社会关系看来，所不得不要的劳动时间是相同的，那末，他们价值的大小，也是相同的。

还有一层，在某种特定商品的生产上面，从社会关系看来，所不能不要的劳动分量，是会随着劳动的生产力的变动而变化的。劳动的生产力越大，这种社会关系上必要的劳动分量就越小，反过来说，劳动的生产力越小，这种必要的劳动分量就越大。所以，可以说，商品的价值，是和实现了的（被溶化到商品里的——陈）劳动分量为正比例的，和劳动的生产力为反比例的。

商品价值的变动，就是社会关系的变动。举例说，劳动力这种商品的价值的变动，就等于劳动者的所得即工资额的变动，所以，也就是劳动者阶级和资本家阶级之间的社会的生产物的分配比例上变动——这两个阶级的相对的社会位置的变动。但是，刚才已经说过，商品价值是随劳动的生产力的变动而变动的。所以，归根结底，劳动的生产力的变动，是会对于生产关系上面，发生一种和这变动的相适应的（相照应——陈）的变动的。这件事，从一般说来，一方面暗示着，**生产关系是和生产力相适应的**，他方面又暗示着，**资本家社会的运动法则当中的基本的法则，就是价值法则**。这些问题，随着我们这个研究的进行，都会轮次被解释出来的。

使用价值的分量的增加，常常是等于物质的财富的增加的，但是，要知道，他同时可以伴着价值大小的减少（价值的减少——陈）。使用价值和价值两种东西所以能够行这样的对立的运动，是由那种溶化到商品里面去了的劳动的对立的规定而来的。什么叫作劳动的生产力？劳动的生产力，就是用在价值的生产上面的，有用的，具体的劳动的生产力，并且是由那种在指定的时间内所生产使用价值的分量，测定的。所以，他和那种被舍弃了各种具体的形态的劳动本身（即上面说的那种测定商品价值大小的社会劳动——陈），是全然不能发生关系的。因为这个缘故，所以，在劳动的生产力增加了的时候，哪怕在特定的时间内，能够生产比较多的劳动——却常常形成着同一大小的价值（同量的价值——陈），比较少量的劳动，却形成着比较小的价值。所以，使用价值的分量，纵然比从前增加，如果因为劳动的生产力发展了的关系，在这种作用价值的生产上面，所不得不要的劳动的分量，反转减少了，那末，增加了的分量的使用价值，在他的价值的大小上面（即在这种使用价值的商品关系的价值间——陈）就反转减少了（即是说，当作商品的看的时候的价值反转减了。——陈）。

照上面所述的看来，商品里面，并没有含着两个不同种类的劳动，不过是一个同一的劳动，看他是被看成和他所生产的使用价值有关联吗，还是被看成和商品价值有关联，随着有关联的东西不同，而受着互相差异的对立的规定罢了。因此，可以知道，无论什么东西，如果他不是使用价值，他就不能够是价值。这就是说，如果他是无用的，那末，在他的生产上面所用的劳动，也就是无用的，不能够在社会关系中被算作有用的劳动，所以也不会构成价值。要使某一种的劳动构成价值，必要的条件就是：由这种劳动生产出来的东西，是一种在社会关系上被需要着的使用价值。“价值这东西，是用使用价值表示自己的。使用价值就是价值创造的一个条件。”（《资本论》，第三卷，第二分册，德国版，三五二页）

第二节　价值形态（当作价值的现象形态看的交换价值）

我们在第一节里面，已经指摘了，各商品都是可以从使用价值及交换价值两种观点上发见出来的东西，接着，我们又观察了交换价值，要在交换价值里面，去追求隐藏着的价值实体，结果发见了，价值实体就是被舍象的一般的劳动。如今在本节里面，我们从新回到价值的现象形态去，要看一看，价值这个东西，怎样会有交换价值这种现象形态。就是说，我们前面的出发点，虽然是现象，目前在这里，却把这种现象和本质间的连络关系，当成问题了。

前面已经说过，因为商品的使用价值是根据商品体（商品本身——陈）的天然性质而来的东西，所以当作使用价值看的商品的形态，是一种可以用眼看见，可以用手拿住的天然的形态。但是，在另一方面，那种形成商品价值实体的东西，因为是含在那商品里面的，被舍象的一般的劳动，所以，我们纵然把那商品拿在手里，怎样反复摩莎去看，要想看当作“价值物”（Wertding）的商品（即是说，看见商品价值的形态。——陈），也不能够看出来的。价值这个东西，并不是劳动生产物所固有的天然性质。他只不过是，当人类和人类的生产关系——劳动关系——靠他们所生产的东西为媒介，互相结合起来的时候，因为那种生产关系反射在生产物的上面，所以恰好像一种生产物本身的性质一样，被我们意识着罢了（就是说，价值是由生产关系反映出来的东西。——陈）。所以，商品的价值这种东西，只有在一个商品所有人和另一个商品所有人间所成立的社会关系上，才能够把自己显示出来。更具体的说，一个商品的价值，只有当成交换价值——即是说，用别种商品的使用价值上的天然形态，被表现出来的交换价值——看，才可以具有一种物质的形态，可以用眼去看，可以用手去摩。这种具有物质形态的商品价值，就是所谓当作价值的现象形态看的交换价值。由此说来，一个商品的交换价值，必定是以当作商品看的别的使用价值，为他的“物质的基础”（Die Stoffliche Basis）的。

大家都知道，在现今的社会上，各个商品，一方面是使用价值，同时他又有货币价值（用货币表现出来的价值）。这种货币价值，就是关于价值的现象形态的顶发展的阶段的东西。要完全懂得这个道理，我们应该从最简单的价值的分析，出发研究。

（Ⅰ）简单的价值形态（Einfache Wertform）

我们在前面已经屡次注意说过，商品这东西，是不能够孤立存在的，既是一个商品，必定就是和别的商品有交换关系的。所以，

xAW＝yBW

即是说，某种一定量的商品和分量不同的别种商品，被放在交换关系上面，所以 xAW（A 商品的 x 量）的交换价值，被表现为 yBW（B 商品的 y 量），这件事，当作商品存在的方法看来，就是人类所能想到的最简单的形态，在这时候，A 和 B 两个商品的价值关系，从 A 商品的立场说来，是对于他的价值显出最简单的形态的。但是，要知道，一切价值形态的秘密，都被包含在这个最简单的形态当中。这个最简单的形态，打个比方，就是商品世界的“细胞形态”（Zellenform），若用黑格尔（Hegel）的话来说，就是“货币的本体”（An sich des Geldes）——马克思在《资本论》第一版的脚注（对于头注而言——陈）上，曾经这样说着。我们在前面已经说过，在如今的社会里面，几千万兆亿个多种多样的商品，尽都用一种共通单位即金几元，银几元的方法，表现着他们的价值。这是一件可以惊异的事实，所谓“货币谜子”（Das Geldrätsel），也就藏在这个事实里面。这谜子只有用追寻细胞形态的发展痕迹的方法，才可以被解释出来。所以，在这样的意义上，这个细胞形态，是在他本身的当中，含着货币形态的萌芽的。我们应该在这种萌芽的自动的发展和自己运动当中，去抓住（去理解——陈）货币形态的成立状况的。不过，马克思在《资本论》第一版的序文里面，早

已说过，这种细胞的研究，实在比大个子的身体的研究，还要更加困难些。并且，因为在我们的研究里面，不能够使用显微镜或其他仪器，所以我们不得不用我们的抽象力，去把这个细胞形态，分解成为带着许多矛盾的构成分子；这样一来，更增加困难了。

在 xAW=yBW 的方程式里面，A 和 B，虽然同是商品，但是，他们的作用（原文作“机能”，也可以沿用。——陈）却全然不同。这就是说，在这个关系里面，因为只是 A 的价值被表现着，B 这东西，却只不过当作一种用来表现 A 的价值的材料，所以，A 是演着主动的脚色（占着主动的地位——陈）的，B 却只演着被动的脚色（只占着被动的地位——陈）。无论什么样的商品，都是决不能够用自己本身去表现自己的价值的。这种情形，恰恰和我们不用镜子就不能够看见我们自己的面孔一样。所以，商品 A，只有靠着别的商品 B，才能够把自己的价值，在相对的关系上，表现出来。像这样，在价值关系的内部被放在这样地位的东西，马克思把他叫作采取“相对价值形态”（Relative Wertform）的商品。商品 B 却和这个不同，他在这个关系里面，把自己的价值，一点也没有表现出来。但只不过供给着一种物质的基础，当作一种等价物（同价的东西——陈），去表现 A 的价值罢了。马克思把这种商品，叫作站在“等价形态”（Aequivalentform）上的商品。无论是 A，无论是 B，虽然从商品关系上说，同是一个商品，然而一旦走进特定的社会关系下面去，却会这样各各得着不同的作用——社会的作用——这件事，就是我们的主要的问题，非把他研究明白不可。“成为问题的，并不是那种种事物都被包括在里面的定义。在特定的俦类里面被表现出来的特定的种种作用（特定的种种机能——陈），才是这里的问题”。马克思在《资本论》第二卷（德国版一九七页）里面，曾经这样说着。他这两句话，也可以有效的适用于我现在讨论的这个问题。

相对价值形态和等价值形态两个东西，是被包含在一个商品价值表现——一种统一物——当中的对立物。这两种东西虽然是两个互为条件的，不可分离的契机（或要素，都是 Moment 那个字的译翻，是指可以决定某事件的方向的一种根据而言的。——陈），然而同时却又是互相排斥的两个对立的极（尽头——陈）。这两种东西的状况，恰恰像原子（化学原子——陈）里面的阳电气和阴电气的关系一样。为什么说，这两种形态是不可分离的呢？答道：因为无论什么样的商品，也不能够用自己本身去表现自己的价值。一个特定的商品，要把自己的价值表现出来，必定不能不和别的商品发生关系，恰恰和我们要看自己的面孔必须用镜子一样。只有在和别的商品发生关系的时候，那种统一在一个商品里面的两个对立物——即商品构成分子的使用价值和价值——才会在外观上（就是说，当作一种现象）分裂起来，使他的价值，能够用别的商品的使用价值表现出来，而形成一种别的独立的形态，在现象关系上和他本身的使用价值完全成为一个别的东西（就是说，形成一种和他的使用价值分离独立了的形态。——陈）。那末，为什么说，这两种形态是对立的呢？答道：同一的商品，不能够同时用双方的形态（用两种形态——陈）发见出来。不是 $x\text{AW}=y\text{BW}$，就是 $y\text{BW}=x\text{AW}$，一边站在相对价值形态上，另外一边就必定站在等价形态上，若另外一边站在等价形态上，原来的一边必定站在相对价值形态上。所以，在这样的意义上面，他们就是互相排斥着的对立的两极。

因为商品的价值关系上的一切矛盾，尽都不外乎是含在上面所说的细胞形态里面的矛盾的展开，所以，我们还得要详细的把他观察观察。

第一，先把站在相对价值形态上的商品 A 观察看看。形成商品 A 的价值的东西，是积蓄（溶化——陈）在这商品上面的被舍象的一般的劳动。但是，劳动本身却不是价值。这劳动只有凝结溶化在一种物质上之后，才变为价值。所以，如果我们要想把商品 A 的价值，表现到一种可以抓得住的形态里面去，我们就不得不拿一种别的物体——一种含着有和 A 所含的被舍象的一般的劳动同性质同分量的东西的物体——就是说，拿商品 B，把他放到一种和 A 同价值的特别关系——一种当作价值看时和 A 相同的关系——上去。既然 A 把 B 认为在价值上是和自己相同的东西，和他生了关系，所以，这件事，同时就变成，A 和他自己本身，在价值上（即是说，和当作价值看的时候的自己本身。——陈），也发生了关系。（既然认定 B 是在价值上和 A 相同的，所以，A 和 B 发生关系，就是 A 对 A 自己发生关系。）所以，A 用这种方法，一方面和他自己在价值上发生关系，同时就是在使用价值的关系上，和自己划出区别（使商品的自己和当作使用价值看的自己发生区别——陈）。这样一来，就弄成，A 的价值，在 B 的上面，具有一种和 A 的直接的存在有区别的价值形态了。在这时候，B 这东西，虽然也和 A 一样，是某一种的使用价值，然而他在上面说的那样的价值关系的内部里面，却只当成一种和含在 A 里面的东西相同的，被舍象的一般的劳动的凝结物，就是说，只当成一种价值，发见出来。他这种情形，和天平上的铜码，不以铜或铁的资格，只以简单的重量的资格，把一切物质所共有的那种不可眼见的重量，当成一种可眼见的形态，表现出来——和那种情形，多少是相同的。自然，如果使铜码离开他和别的物体的关系，单是铜码拿在手里来看，他仍然不过是块简单的铜铁罢了。商品 B 也和铜码一样，如果离开了他和商品 A 的关系，他就会和 A 的本身一样，只不过是具有某种使用价值的物体，任由人怎样把他打得粉碎，也不能够在这物体本身当中，找出什么价值物——一种够得上说这就是价值的物件——出来的。这件事，是表示着，商品 B 这个东西，在他和 A 发生价值关系的时候，比起不发生这种价值关系的时候（原文是，在他穿着和 A 发生价值关系的衣服的时候，比起裸体的时候。——陈），还格外有重大意义些。

哪怕是一个平凡的人，如果把他放在贵族或国王的地位，叫他穿上和地位相称的金线盘成的制服，他就会比赤身裸体的时候，格外获得重大的意义，对社会上发生重大的作用。被放在等价值形态上的商品，也恰恰和这个人一样。这种被放在等价形态上的商品，逐渐发展起来，最后就会采用货币形态；发达到了采用货币形态的时候，就会发挥一种重大的作用，使无论什么人都能够懂得他的重要程度。举例说，现在如果我有一块钱的货币，我就可以把他付给黄包车夫，叫车夫拉着我坐着的车，跑某种距离的路。像这样，一块小小银子或金子，居然能够具有叫人拼命跑走的伟力，这件事，实在是件可惊的事实，但是，如果推究起来，结局，也不过因为这一点银子或金子对于一切商品，站在等价形态上面，成为货币的缘故罢了。然而，还要知道，这银子或金子所以能够成为货币，还是因为他和一切商品，结着价值关系的缘故，如果脱离了这种关系，这银子或金子也不过是一块简单的金属罢了。货币所以能够成为货币，只是因为他成着了某种特定社会关系的物的表现（因为他表现着某种社会关系——陈）。所以，如果一旦离开了那种社会关系，哪怕货币本身的天然形态还是仍旧和从前一样，他就会绝对的失去货币的性质的。哪怕一个人有几千万亿元的货币，如果他漂流到一个无人的孤岛上去了，他那些货币就成不得货币了。因为货币这个东西，是只发生于商品交换的社会内的东西，是一种使那些私有财产和分业所分解，直分解到最后单位去了的个人，从新结合成为社会的手段，是充当着社会关系——那些无意识的被结合了社会关系——的纽带的东西，所以，货币这个东西的性质，不容易被人们从最初起就明了的懂得，他往往当作一种神秘的东西，出现到我们的面前来。经济学在科学上的任务，就在曝露这种神秘性。

这样看来，B 商品的天然形态，是依靠价值关系的媒介，成为 A 商品的价值的现象形态的，换别的话说，就是，B 商品的身体，依靠价值关系的媒介，变成商品的价值的镜子了。但是，B 商品本身，在这时候，若当作价值看来，却一点表现也没有感受着。他只不过是因为 A 商品的价值是用 B 商品的使用价值被表现着的缘故，在对于 A 的关系上，站在等价形态上面罢了。

其次，关于相对价值的量的规定，应该说几句话。前面已经说过，在 A 和 B 的关系上，成为他的基础的，就是 A=B。在 A 和 B 的里面，含着一种可以归约成为同一单位的品质相同的东西，这件事，就是一个基本的事实。只有把这个事实当作前提，才可以发生 xA=yB 那种量的关系（对质的关系而言——陈）。在这种量的关系里面，不单是A的价值被表现出来，并且，因为这种价值是用某种特定的大小（即特定的分量——陈）被表现出来的的缘故，所以他又成为所谓交换价值了。那些被现象形态夺去了全副精神的俗流经济学者（意义已见序文的注释——陈），因为只把这个现在表面上的量的关系，放在眼里，不能够看出藏在这表面底下的A＝B的缘故，所以，他们认不出价值和交换价值的区别，又因为认不出区别的缘故，所以只把价值看成一种单纯的“比率”（Ratio）。但是，在事实上，交换价值只不过是价值的现象形态罢了。我们关于A商品的交换价值的变动，要在下面，把他的主要的例子列举出来，这样，或者可以进一步把这价值和交换价值的关系，更弄明白些。

Ⅰ．A商品的交换价值，在B商品的价值没有什么变化的范围内，总是和A商品本身的价值的变化为正比例而行变化的。

Ⅱ．同时，在A商品的价值没有什么变化的范围内，A商品的交换价值，是和B商品的价值的变化为反比例而行变化的。所以，在Ⅰ的时候和在Ⅱ的时候，都可以由全然不同的原因，发生交换价值上的同程度的变动。举例说，A的价值虽然加了一倍，如果在B的价值没有变化，那末，靠着B才被表现出来的A的交换价值，就可以增加一倍，同时，哪怕在A的价值上并没有变化，如果B的价值减了一半，那末，靠着B才被表现出来的A的交换价值，他仍然可以增加一倍。

Ⅲ．在A及B的生产上面照所必要的劳动分量，如果同时，向着同一的方向，用同样的比例，发生了变化，那末，哪怕A及B的价值，都一齐发生了变化，但是，靠着B才被表现出来的A的交换价值，却一点变化也不发生。

Ⅳ. 在 A 及 B 的生产上面所必要的劳动分量，如果同时向着不同的方向（即是说一个向着增的方面，一个向着减的方面。——陈），或是虽向着同一的方向，但是，用着不同的比例，发生了变化，那末，A 的交换价值，也会随着这个变化而有变动。

由以上列举着的例子看来，哪怕一个商品价值毫不变化，他的交换价值（相对的价值）也是可以变化的。又，哪怕他的价值发生了变化，他的交换价值，也可以一点不变的。并且，纵然在价值和交换价值两方面，都发生了变化，他们的变化也不必一定是一致的。

那些被现象形态夺去了全副精神的俗流经济学者们，硬把价值的现象形态即交换价值本身，作为价值，所以，从他们看来，价值只不过是一个比率罢了。采用这样的见解的学者，在很久以前，有贝黎（Bailey）和其他的人，在比较近的时候，如像哲望日（Jevons）的《经济学理论》里面，就有下面一段主张：（原著上在这里引用着一长段英文，英文后面，再加上日本文的译文。著者的用意大概是在表示无征不信的意思，但是，译者却认为没有列上英文的必要，所以略去了。——陈）

> “价值的真实意义，就是一个关系。……如果经济学的研究者，会把价值这个东西，看成一个物件或一个对象，或是看成存于一个物件或一个对象当中的某种东西，那末，他关于这个学问，无论怎样，都是没有可以得着正确明了的观念的希望的。……价值这句话，如果被用得正当不错，实在不过是表现着，一个物件对于别一个物件，在某种确定的比率上，被交换

着的情形罢了。……

“纵然在市场上，一吨生铁和一翁士的金子，被交换着，但是，铁和金子却并不是价值，也并不是在铁和金子里面，有一个价值。价值的观念，只是同一物和另一物相交换那种事实或情形，发生关系。……

“交换价值这句话，只是表现着比率，他只能被用在这一个意思上面，不应该用来表示别的无论什么样的意思。单说什么一翁士金子，这种说法的不合道理，犹如单说十七这个数的比率一样。什么是十七这个数的比率？这个问题是我们无从答复的。因为，要想作成一个比率，除了指定的一个数之外，还应该要提出一个别的数，比率就是要顺着这个提出的数的多少而有变化的。但是，如果问：铁的价值，比起金子的价值是多少？这个质问却是合理的。只消把这两种东西的交换的分量的比率说出来，就得着所求的答复了。”（The Theory of Political Economy，1911 版，pp. 77，78）

在他这个说明当中也含着一个真理（就是指，价值一定是把他的交换价值作为必然的现象形态，那件事），但因为他不是目前在这里应该评论的，所以姑且不说。这里应该注意的事，就是：如果照他所说，只把价值看成一个比率，那末，社会全体的物件的价值，一般的腾贵（涨价——陈）起来，或一般的跌落下去，那样的事，就绝对不会有的了。这个道理，从古时起，就始终当成一个经济学上的原理，被许多人说着，举例说，如像在姜・斯徒阿・弥勒（J. S. Mill）的《经济学原理》里面，就说着下面一段话：（这里也引着一段英文，我把他略去了。——陈）

“价值的一般的腾贵，那种事情，是不能够有的。因为这是一个言语上的矛盾。A只有在他和B和C的比较大的分量相交换的时候，才可以抬高他的（A的——陈）价值。在这时候，B及C就非和A的比较小的分量交换不可。决不能够有一切东西全都相对的腾贵起来的事。如果在市场上的全部货物的一半，都把交换价值抬高了，那末，这件抬高交换价值的事实本身，就含着有，下余的一半货物的交换价值都跌落了的意思。同样，一半的跌落，也就含着有下余一半的腾贵的意思。相互被交换着东西的全部不能够尽都跌落或腾贵，这件事，恰恰和一打的赛跑人不能个个都是占胜利的人，以及一百根树子不能够根根都比别根高，是同一的道理。”（J. S. Mill，Principles，Bk III，Ch. 1，§4. Askley's ed，439）

如果把交换价值本身看成价值，如果从那样错误的观点上看来，当然应该发生他们这种见解的。如果从我们的观点，把价值的实体，看成被溶化了的劳动，那末，结论当然会和上面说的不同，诸商品的价值总量，是可以在全体的关系上，或是减少，或是增加的。

总之，A商品本身虽然就是使用价值和价值，但是，因为他的价值，只有当作一个靠着B商品表现出来的交换价值的时候，才变成一个可以用眼看出来的，感觉上的东西，所以，正确的说起来，也可以说，各商品一面是使用价值，同时又是用别的商品当作交换价值表现出来的价值。

以上的考察，是以相对价值形态为主的。现在我们若更进一步去考察等价形态，我们就发见着下面四个特征（特色——陈）：

第一，在等价形态里面中，使用价值（等价形态上的商品的使用价值——陈）成为他的反对物（在商品当中，使用价值是和价值反对的，所以这里指的是价值。——陈）即价值的观象形态。

前面已经说过，在 xAW＝yBW 这种价值表现的关系里面，因为 A 的价值是靠 B 的使用价值表现着的，所以，若是把这件事情，从 B 的方面说起来，他的使用价值就成为价值的现象形态了。在这时候，因为 B 可以完全当成价值本身看，所以当作使用价值看的 B 的分量本身，就成为表示 A 的价值大小的东西了。像这样，在现象形态上面，价值反变成他的反对物，发见出来，这件事，也可以作为例证，去证明，现象形态是种往往会把事物的本末弄颠倒起来的东西。

第二，在等价形态里面，具体的劳动变为他的反对物即被舍象的一般的劳动的现象形态。不消说，B 商品这个东西，也是某种具体的劳动的生产物。但是，当他表现 A 商品的价值的时候，含在 B 里面的劳动，并不是当作某种特定的使用价值的生产上所用的劳动，就是说，并不是当作具有特定的具体的形态的劳动，他只不过在他是人类劳动力的支出那一个性质上面，就是说，只不过当作一个已经把一切具体的诸形态都被舍象了去的东西，发见出来罢了。这种事情，更向前发展一步，就会变成，货币那东西一点什么使用价值也没有，那件事的。

第三，在等价形态里面，私的劳动（Privatarbeit）变成一种和他相反对的形态的劳动，就是说，一种直接具有社会的形态的劳动。因为，在生产手段被人私有，一切使用对象物（可供使用的物件——陈）因此也都当成互相独立经营着的私的劳动的生产物，发见出来的社会里面，前面已经说过，这些劳动生产物，只有经过交换价值的媒介，换句话说，只有变形为商品之后，才可以变成社会的生产物。自然，如果这些私的劳动变成“自然长成的”（Naturwüchsig）社会分业的关节（关节骨——陈），因此，他的生产物，为满足社会全体种种欲望的缘故，也是用适当的比例，由种种不同的种类的使用对象物成立着的，那末，这些私的劳动的社会的联络，“在物材的关系上面”（Stofflich），就是已经存在的。不过，这样的联络纵然这样存在着，也还得要经过这些生产物的交换的媒介，才可以实现出来。所以，私的劳动的生产物，只有在他的天然形态同时对于别的商品采取当作价值看的形态的时候，就是说，只有在他具有能够和别的商品相交换形态的时候，才直接的具有社会的形态。但是，要知道，这件事，只有关于站在等价形态上的生产物，才会发生。因为站在等价形态上的 B，恰恰和铜码只表现被称量着的物件的重量一样，只表现着价值，所以他当作价值看来，是和 A 相同的，是被放在可以和 A 互相掉换的地位的。就是说，含在他（B——陈）里面的特定的具体劳动，被看成是和含在别的商品里面的劳动有同样的形态。但是，因为溶化在种种商品内的劳动的具体形态，是互不相同的，所以，这些形态，只有在当作人类的劳动力的支出看的资格上，那是说，只有在当作人类的一般劳动看的资格上，才能够被看成是相等的东西。这样看来，我们可以看见，含在等价物内的特定具体劳动，是变成被舍象的人类劳动的“现实化了的形态”（Verwircklichungsform）或“现象形态”（Erscheinnungsform）的，因为这个缘故，所以他虽然和含在别的种种商品内的劳动一样，同是一个私的劳动，然而却可以变成直接的具有社会形态的劳动。

这件事，在后段还要说明，也是会一直发展下去，到了站在一般的（普遍的）等价形态的货币，就发展到极度了。在商品生产社会里面所生产的一切生产物，都是种类互不相同的种种具体的使用价值。但是，无论什么样的生产人，尽都同样是把他们当成价值去生产着。换句话说，所生产的东西，不是因为生产人本身要拿去供自己使用才被生产，倒是因为要拿去和社会上生产着的无数种类的生产物当中的随便某种东西相交换，才被生产出来。只因为这个缘故，所以才会发生一种矛盾：所生产的本是一些品质互不相同的使用价值，然而同时却能变成品质全然相同的价值。这种矛盾，是可以用货币去解决的，就是说，因为货币这个东西，对于一切种类的商品，都独占着等价形态，所以这个矛盾可以解决，但是，那样一来，生产货币材料即金属时所用的具体劳动，又变成直接的具有社会劳动的形态了。

第四，马克思所谓“商品形态的物神崇拜的性质”（Der Fetischcharakter der Warenform），在等价形态上，比起在相对价值形态上，格外显著，这件事，也是可当作等价形态的特征举出来的。这里所谓商品的物神崇拜的性质，就是马克思在《资本论》第一卷第一章第四节所详论的，也就是他在别的地方（《资本论》第三卷第二分册，德国版，四一七页），叫作“社会的生产规定的物件化及生产的物质基础的主体化”（Die Verdinglichung der Gesellschaftlichen Produktionsbestimmungen und die Versudjektiverung der materiellen Grundlagen der Produktion）的东西。在这里，事物的本质和他的现象形态，也是互相颠倒着，并且，这种颠倒情形，到了当作资本的生产物看的商品上，越更显著，最后，就成了资本家的生产全体的特征。

在前面已经屡次说过，种种有使用价值的劳动生产物所以会具有商品形态，以及这些生产物的使用价值所以同时会是价值，这两件事，是和这些东西具有重量那件事，不相同的，决不是因为他们的天然性质的关系才变成那样的。只因为这些东西被他们的所有人拿去互相交换着，换句话说，就是只因为他们被放在特定的社会关系下面，所以他们才成为商品，具有价值形态。因为这样，所以，xAW＝yBW 那个方程式就含着下面这几件事的意思：在 A 及 B 的生产上所必要的甲的劳动及乙的劳动，都作为人类的劳动，看成相等的东西一件事，以及甲和乙因为交换着他的劳动生产物的缘故，结着特定的社会关系，一件事，等等。但是，在这时候，甲及乙这种人和人的关系，是变成 A 及 B 那种物和物的关系，发见出来的。就是说，甲的劳动和乙的劳动是相等的，这件事，是用 A 商品和 B 商品的价值是相等的，那种形式，表现出来的，因此，甲和乙的社会关系就当作 A 和 B 两个商品的价值关系，发见出来了。所以，一旦在物和物之间，造出了这种关系之后，哪怕他是人类自己造出来的东西，这种关系却会当作物件本身的关系，从人类独立起来，变得和人类相对立着。（Die Ökonomie handelt nicht von Dingen，sondern von Verhältnissen zwischen Pesonen und in letzter Instanz zwischen Klassen，diese Verhältnisse sind aber stets *an Dinge gebunden* und *erscheinen als Dinge*——Neue Zeit. 39 Jahrgang，I Bd. S. 420）就是说，社会关系，在他的本质上，本是一种以物件为媒介的人和人的关系，但是，在他的直接性里面，却变得具有一种物和物的关系的现象形态，或具有物件本身的天然性质的现象形态了。

这种事情，关于站在等价形态上的商品的时候，特别显著。因为，在当作等价物看的商品里面，他的天然的形态，是照天然的样子，对于别的商品，采取着当作价值看的形态的，因此，所以他的确就变成了一个“同时又是感觉的又是超感觉的物体”（Sinnlich übersinnliches Ding）了。世上有一种谬想，以为，金子是因为他是金子才成为货币。这样的谬想，就是从上面说的这个关系发生出来的。

以上所说的种种特征，总而言之，可以归约在一句话里面去：价值的现象形态变成一种恰恰把他的本质颠倒着的东西。我们要在下面，说明，为什么会发生这种颠倒。

在波多野博士的《哲学史要》里面（二六三页以下），这样说着：“从前哥白尼（Copernicus）曾用‘地并非世界的不动的中心’那种主张。对于常识给了一个大打击，同时说明了何以地会露出不动的样子。现在康德（Kant）用‘天然并非从主观独立了的实在’那种主张，对于常识给了一个根本的大打击，同时说明了何以天然会被人在意识上认为实在。康德曾经自拟为哲学界的哥白尼，那并非没有道理的事。”在目前看来，无产者经济学，在经济学所及的范围之内，也正要做着哥白尼及康德做过的那种工作呢。因为，如果不说明常识的谬误为什么会发生，怎样发生，那末，就算不得已把那样的谬误抛弃（抛弃 Aufheben 的翻译，这个德国字，日本人通常都翻成“止扬”，特殊的人翻成“扬弃”，好像是不能沿用的。我想还是翻成“抛弃”妥当些。——陈）了。

在前面已经说过，如果把一切劳动都停止了，莫说一年，恐怕在几个星期之中，无论什么国民都会死亡的。并且同时，社会全体的劳动这种东西，无论在什么样的社会形态下面，都不得不照某种特定的比例，分配到种种生产部门（即门类，如像矿业，林业之类。——陈）里面去，以便适应种种的欲望（国民的欲望——陈）。这件事，因为是一种天然法则，所以是无论如何，都废除不了的东西，只有这种法则所寄托的形态，可以随着社会形态的变动，随时发生变化罢了。在共产主义的社会里面，这个天然法则，直接的出现在现象之上，一般个人的劳动，不必经过什么媒介，就直接的采用着社会的形态。在非共产的私有社会里面，情形却不相同：在这里，一切的生产物都当作个人的私有物，发见出来，所以这些私有物，不能不用某种类的方法，变形为社会物。但是，这种变形，除了利用这些生产物的私的交换以外，并无别的办法。比方，从个人的立场说起来，他所生产的东西，并不是拿来供他自己的用途的，从他个人的使用上看来，完全是无用的东西。所以，他不得不有一种可能，去在一般社会上生产出来的种种生产物当中，随意选择一些他自己所需要的东西，拿来和他自己生产的生产物相交换。这件事情就含着下面列举的几件事的意思：他所生产的使用价值，不能不是价值，他所行的个人的具体的劳动，不能不是一般的被舍象的劳动的一个构成分子，这种劳动，虽然是他的私的劳动，然而在社会关系上，却不能不是具有社会劳动的一个构成分子的资格的东西，种种的事。他把这种种的事，虽然都在交换进程上，即是说，在市场上，得到手，但是，要知道，这并不是预先替他保证过（保证他必能得到——陈）的事，倒是要在他把生产物送到市场上之后才能够知道的事。如果在市场上他的生产物被人否认了，那末，他的生产就算归于失败，因此，他的生产物也要被社会排除了。这样看来，社会劳动的联络及他的比例分配，虽然是照上面说的这样，被实现着的，但是，因为这件事本来不过是独立的个人和个人之间的物件和物件的私的交换所招致的一种无意识的结果，所以各人间的社会劳动的联络，就会不被当事人（行劳动的人——陈）所意识，不直接的被他们看见，他（指社会劳动的联络——陈）的本质，反为和他相反对的现象形态所掩蔽，他们本身的社会的运动，对于他们倒采取了物的运动的形态，他们不但不能制御这个运动，倒反被这个运动所制御了。

因为上面说的这个缘故，所以现象形态，是必然的会和他的本质相反的。不过，从住在商品世界的人们看来，因为这样的现象就是他们意识上的表象，所以结果弄成，商品世界的社会意识，因为要被他们的社会存在所规定的缘故，必然的是一种把本质弄颠倒了的东西。所以，所谓俗流经济学者——那些只把种种现象所限定了的俗人的常识，弄成统系的俗流经济学者——会把价值，货币，资本，等等东西，一切都归在天然的性质上面去，这样一来，同时就把资本家的社会，在观念上，化为永远的东西了。在所谓正统派经济学（即斯密斯以下许多英国学者的经济学——陈）里面，却和这个不同，正统派的学者能够在现象的底子上，去抓潜伏着的本质，因此，他们对于价值的说明，也就能够采用了劳动价值说——这就是他们功绩所在的地方。但是，因为他们相信着，资本家的社会是一个永久的天然秩序（天然道理——陈），（虽然他们因为相信这种道理的缘故，才能够毫无恐怖忌惮的把资本家的社会的内部联络，曝露出来）所以他们只把社会劳动的联络以及他的比例分配是以交换价值那种形态为媒介而实行着的，那件事，看成天然的东西，因此就不能够把那件事看成是一个在那样社会里面特有的历史现象，因此也就不肯把何以发生那样特种形式的问题，当成一个问题。这就是有产者经济学——即是说，把有产者的社会秩序，信为有永久性的学派——的根本缺陷所在的地方。

以上，我们用分析的方法，把在最简单的价值形态上的 A 及 B 两商品的各各的作用（机能——陈），述说过了。现在到最后，再综合起来说说。像这样，作用各不相同的 A 及 B 两个商品有了关系之后，A 的天然形态才会当成使用价值，B 的天然形态才会当成价值的现象形态交换价值，各各发见出来，有了这个发见，然后含在 A 商品里面的使用价值和价值的“内部对立”（Innere Gegensatz），才会靠着 A 及 B 两个商品的关系，当作“外部对立”（Aussere Gegensatz）表现出来，然后 A 才“在现实上”（Wirklich）变为商品，同时，商品这个“概念”（Begriff）才可以因此变化为客观的东西（客观化（Objektivieren）——陈）。因为，含在 A 里面的价值实体，原只是一种当作人类劳动力的支出看的被舍象的劳动，所以若使他能够明白的被规定出来，被我们眼见，就非当作某种特定的具体劳动，溶化到外界的材料里面去不可，因此，所以 A 的价值，至少都得用别的一种商品 B 来作材料，才能够成为我们的现象，否则 A 的价值，便不能为我们所看见了。但是，同时要知道，A 的价值，不必一定要靠着 B，如果 B 以外，还有 C，D，E，等等商品，那末，就靠这些商品，也应该同样被表现出来。因为什么？因为 A 这个东西，在当作价值看的时候，不得不和其他一切商品都是同一物。所以，价值形态的发展——商品概念的客观化的发展——是伴着商品交换的发展的。所以，A 的价值，靠着 B，C，D，E，种种的商品，行着种种的表现，价值形态，也就由简单的形态，发展到扩大了的形态了。

（Ⅱ）扩大了的价值形态（Entfaltete Wertform）

上面第一项所说的价值形态，在实际上，只是在商品交换的最初时代，换句话说，只是在生产物因偶然的交换，例外的，并且一时的，成为商品的时代，才会发见出来。所以，他一方面是简单的价值形态，同时又是区别的或偶然的价值形态。生产物交换的开始，是始于自足经济（和交换经济相对立的东西，就是说自己生产的东西，由自己消费，不靠别人的生产物为生活的时代的经济。——陈）里面偶然发生的生产的剩余生产品（即自己用剩下的生产品——陈）的交换。在这时候，生产物并不是当作商品被人生产，他只不过当作使用对象（即被使用的东西——陈）被人生产出来罢了。然而，如果遇着某种特定生产物被生产得过多，用了之后还有剩余的时候（生产过多这件事，当然也就表示着，劳动生产力已经发展到某种程度之上），这种生产物对于生产人本身，就会失掉了使用价值的作用。他既然失掉了使用价值的作用，不成为使用价值了，所以，在他的所有人看来，就变成一种只是当作可以和别人的生产物交换的物件看，才有价值的东西了。简单说，就是，这种生产，因为被舍弃了使用价值的缘故，变形成为价值了。这就是黑格尔（Hegel）所谓由量变质（量的增减，到了一种定限，就会变质。——陈）的一个实例，这样一来，生产物才成为商品。就是说，生产物并不当作商品被人生产出来的，倒是因为被人拿去交换，才变为商品的。不过，要知道，因为他在被交换后，又被人拿去供消费之用（供人使用——陈），所以，他又即刻失掉了商品的性质。因为这个关系，所以，在这种时候的商品的存在，只算得是例外，同时还是一时的，他的交换的比例，也是依照当事人的主观的个人的情形，偶然被决定的。在这时候，劳动这个东西，还只是偶然的行着社会化（化为社会的劳动——陈），因此，社会的劳动，在他的舍象性上面（即被舍象的关系上面——陈），形成商品的实质，那样的事，也还没有在现实上实行着。所以，前面关于第一的价值形态所说的理论，只有在我们把 A 及 B 的交换关系，当作最发达的商品生产社会的一个“成分”（Element）来考察的时候，才能完全适用有效。现在，如果某种生产物，能够不是例外的，倒是习惯的，和别的种种生产物互相交换，那末，情形就会渐渐发生变化，同时，价值形态也会发展起来，变成采用下面那种扩大了的或是伸张了的形态：

zWA＝uWB＝vWC＝wWD＝xWE＝yWF＝u. s. w. （其他——陈）

我在这里引用一段记事，作为扩大了的价值形态的一个实例。伊望日（Evans）在他的“波尔诺的原始民族”（Among Primitive Peoples in Borneo，1922）那本书的第十五章起首，关于所谓猎头族（Head hunter）的波尔诺（南洋的一个岛——陈）土民当中的最优胜的久山族（Dusun），有下面一段记载：

> “久山民族的财富，至少到极近时代为止，都几乎全部是由财产成立的（这里所谓财产，是指那种没有货币价值的，因此也就只有个人的使用价值的财产而言）。要想得着货币，非经最大的困难不可。就是在今日，对于财产（指除开货币以外

的财产）的爱执心，在他们中间还是种得非常之深，久山的男女们的唯一希望，就在把他们的储蓄弄成货物搁着，因此，在那地方各村落间贮藏着的硬货（金属货币——陈），恐怕也不多罢。

他们所欢迎的主要的财产形态，是黄铜做的旧铜锣，——他们对于这种东西年代和声音的鉴识，是顶内行的——其他黄铜什件做的旧器皿（比方，他们叫作哲拉帕的一种槟榔木大箱子），水牛，牛，中国人铺子里卖着的黑蓝色的布，等等东西。又，在土亚阑（Tuaran）及帕帕尔（Papar）地方，旧的中国瓶子，被看成一种神圣的东西，每年要用牺牲去祭他。

在从前，黄铜做的小枪啊，克利司（Kris，一种武器的名称）啊，矛子啊，等等东西，也曾经被看成可喜欢的财产。但是，这种东西的使用逐渐被废弃了，在今日已经没有用处，所以也不大受他们欢迎了。……

因为上面所举的这些东西，都特别被这地方的人们需要，并且又因为从前的交易全都是用物物交换（拿物件和物件交换——陈）的方法行着的，所以，比较贵的东西，都是拿他对于比较贱的东西的倍数，表示出来，如像说，一个铜锣值得几匹水牛，一个瓶子值得几斤黄铜子弹，一个克利司值得几邱牙（Kuya，一匹布的称呼）的布，等等。他们用这种方法表现贵贱，渐渐就形成了一种价值标准。这就是说，因为上面列举的东西都是谁都愿意接受的，打个比方说，都好像一种‘法货’（Legal tender）（法律上定着的货币——陈），所以别的货物就可以拿他当作基本标准，被表示出来（关于这一点，事实的解释弄颠倒了），这样一来，一种粗大的通货（通用的货币——陈）制度，就被树立了。”（《我等》第七卷第一号，一九二五年一月，所载拙稿《价值论断片》）

据我想，上面这段记事，虽然未必正确，但是，我们据此总可以知道，铜锣啊，瓶子啊，克利司啊，等等东西，都互相排列着，形成一种扩大了的价值形态，他们自己在这个排列当中，都是站在相对价值形态的地位上面的。

在这种时候，因为商品的价值，是用B，C，D，E，F，等等，使用价值各不相同的种种商品，被表现出来的，所以，站在等价形态上的诸价值的特定的使用价值，在A的价值的表现上面，完全不成问题，这件事，才明白的发见到表面来，因此，形成A商品的价值的，只是一种无差别的一般的人类劳动，这件事，也才明白发见出来了。从这一层说来，这种形态，比较前面所说的个别的价值形态，自然是比较进步些。但是，他仍还是不能够成为商品世界内的完全的并且统一的价值表现的形态。为什么呢？因为，第一，站在等价形态上的商品，既然是可以随着新的商品的发生，引伸出去，成为无限的排列的，所以，站在相对价值形态上的商品的价值表现，在这时候，决不能算是完全的东西。（这和黑格尔的论理学上所谓“恶的无限”Schlech Unendlichkeit 相当——Encyclopädie der Philosophischen Wissenschaften，S. 115）第二，因为他是由互不相同的种种价值表现的混合，成立的。第三，因为，如果要在A以外把B，C，D，等等其他的商品的价值，也用和这个同样的形态表示出来，那末，这些商品就不得不和A一样，轮流站在相对的形态上去，并且他的价值形态就不得不由相异的无限排列成立起来。不但相对价值形态方面，有上面这样的缺陷，并且等价形态也和这种的缺陷相呼应着，不能够成为一个完全的。为什么呢？因为等价形态不是被某种特殊的商品独占着，倒反是由许多种类的商品占领着，要这许多东西集合起来，才能够变成一个被舍象的人类劳动的现象形态。（因为这个缘故，所以马克思才把这样的价值形态，又叫作 Totale Werteform（合计的价值形态）。因为，在这种形态里面，只有在全体的关系上，价值——被舍象的人类劳动——才被表现出来，如果只取一个商品看，无论哪一个商品也都没有成为被舍象的人类劳动的完全的现象形态。价值表面所具有的这种不完全，同时就暗示着，价值表现还得向前发展。

由这个第二个价值形态，过渡到下项所说的第三种价值形态去的径路，是这样的：第二种价值形态，真正说来，原是由下面列举着的第一种价值形态的合计成立的东西：

$z\mathrm{WA}=u\mathrm{WB}$

$z\mathrm{WA}=v\mathrm{WC}$

$z\mathrm{WA}=w\mathrm{WD}$

…………

但是，因为这件事，就是等于说：A 商品的所有人，和 B，C，D，等等商品的所有人结着交换关系，所以，这件事，当然就会含着，B，C，D，等等商品的所有人，拿这些商品和 A 商品交换，一层意思。因此，这些 B，C，D，等等商品的价值，尽都不得不由 A 表现出来。因为这个缘故，所以在前面那个方程式当中，已经在“他本身里面”（An Sich），“暗暗的”（Impligite）含着下面这样的反关系：

uWB＝zWA

vWC＝zWA

wWD＝zWA

…………

但是，如果把这个反关系，用统一的方法，表示起来，就可以发生下面所载的一般的价值形态。

（Ⅲ）　一般的价值形态（Allgmeine Wertform）

$$\left.\begin{array}{l} u\text{WB}= \\ v\text{WC}= \\ w\text{WD}= \\ x\text{WE}= \\ y\text{WF}= \\ \text{其他}= \end{array}\right\} z\text{WA}$$

在交换的初期，人们都是把自己用不着的生产物，拿来和自己用得着的别人的生产物，行直接的交换。这就是所谓“物物交换”(Barter)。但是，这种交换，因为当事人的要求不能一致的缘故(即是说，甲所不要的，未必就是乙所需要的。——陈)，是随伴着一种很大的不方便的。因为这样，所以，到了交换行得很宽的时候，自自然然的，那种能够被一般人所需要，并且能够长久的被保存着的物件，必定会当成交换行为上的一方面的等价物，被人们使用起来。这就是说，人们自然会先拿自己的生产物，和这种一般的等价物——就是那种谁也愿意接受的特定的生产物——交换起来，把这种等价物弄到手之后，再拿这东西出去，和自己所需用的生产物交换。这样一来，直接生产物的交换，就变成卖买——卖和买两件行为的统一——了（中国人一般都说买卖，日人却说卖买。本来没有差别，所以我这里仍照着原用法。——陈），同时，商品的价值形态，也就采取着上面载着的第三种的一般的价值形态了。只要他采取着一般的价值形态，等价形态就会被特定的生产物独占着，这种生产物也就会获得一般等价物的作用（机能——陈）。

一般的价值形态的特征，在这一层：诸商品的价值表现，尽都简单的并且共通的实行着，因此，他的价值形态是带有一般性的。在前面所述的第一种简单个别的价值形态里面，举例说，因为一升米的价值被看为和五合酒相等，或一件衣服的价值被看为和一匹布相等，所以米的价值是由一种和米本身的使用价值不同的酒表现出来，同样衣服的价值是由一种和衣服本身的使用价值不同的布匹表现出来的，然而酒和布匹之间，却缺着共通的价值的表现。又，在第二种的扩大的价值形态里面，因为一升米的价值，或等于五合酒，或等于一件衣服，或等于一匹布，可以用种种不同的使用价值表现出来，所以米的价值，在这里面，比起在第一种形态里面，算是能够比较更完全的，用一种和本己的使用价值不相同的形态，表现出来。不过，因为在酒或衣服的等等的价值被表现的时候，还有其他一切的商品也出来在等价形态里面，所以，在这时候，还是依然缺着可以对诸商品共通适用的价值表现。到了现在所研究的一般的价值形态里面，因为那些由种种不同的使用价值成立的一切的商品的价值，尽都只用一种不在那些商品之内的某种特定的商品 A，表现出来，所以他是“单一的”（einfach），同时，又因为一切商品的价值，尽都由同一的商品 A 表现出来的，所以他又是“统一的”（einheitlich）。这样一来，商品 A 这东西，就对于别的一切种类的商品，变成他们的共通的统一的价值的形态了。因为这样，所以，某一个商品——如像商品B——的价值，用A表现出来的时候，这个B的价值，不但是和自己本身的使用价值发生区别，并且，也和一切使用价值发生区别，对于一切的商品，都当作价值，和他们发生着关系。（在第一第二种价值形态里面，只有站在等价形态上的商品一种东西，当作价值，和站在相对价值形态上面的商品，发生关系，去表现这种站在相对价值形态上的商品的交换价值。在第三种价值形态里面却不然，一切商品，好像是一同照着同一面镜子的东西一样，大家都在那镜子当中相互发生着关系。）所以，B这商品，只有在这种价值形态上，才会一般的具有社会的形态，诸商品的全面的（等于全部——陈）交换，也只有这样，才有可能。

这样看来，价值形态这个东西，一直发展到了这个阶段，才成为一种可以和价值概念相适应的东西。因为，价值形态本应该一种特别形态——一种使种种商品都当成一个无差别的平等的人类劳动的凝结物，发见出来（Erscheinen）的形态——现在，诸商品却果然因为已经都被认为和商品A相等的缘故，在品质上已经都被认为相互都是相等的东西了。并且，同时他们在分量上，还互相比较着，当作一种特定的价值分量，互相表现出来。这就是说，uWB＝zWA，vWC＝zWA，等等的事，同时就是表现着，uWB＝vWC等等的事。不过，要知道，B，C，D，E，等等东西，并不是站在可以直接的互相交换的形态上的，站在可以一般的直接的被交换的形态上的东西，只有A这一个东西，别的商品都只有靠这个A为媒介，才能够互相交换。所以，含在商品里面的使用价值和价值的对立，必然的会现到价值形态的对立面来的。这就是说，“价值的实体”（Wertsubstanz）及“价值的大小”（Wertgrösse）和“价值形态”（Wertform）之间，是存有一种内部的必然的联络的。

我们可以举出布匹，家畜，谷类，等等东西，作为在特定的范围内曾经成了一般的等价物商品的实例。也就是作为某种程度上曾经被当作交换媒介物使用了的商品的实例。在中国，占着这种地位的商品，是贝（指贝的甲壳——陈）和布，我觉得，好像贝这种东西，是曾经在很宽的范围内，被当作一般的等价物通用过的。这个，只消看，所谓货币或货物这个货字的是从贝旁的，一件事，就可以推测出来。像这样的例，此外还多得很。举例说，含有付出物件的意义的卖字，含着收入物件的意思的买字，含着以卖买为业的意思的贾字，其他，如像价，贩，贸，质，赁，费，贮，资，赐，赍，赏，偿，赎，贿，赂，赠，赢，贼，赛，赈，财，宝，等等，许多和经济有关系的字，都从贝旁。并且，这些字，也和在英语里面，本来含有财货的意义的Goods，后来会含有善的意义，本来含有许多的意义的Estseem，后来会转为尊敬的意义，一样，到后来，由有形态推到无形上去，就依据贝字，分别贵贱，并造成了贫，贤，等等的字。这些例子，都是拿贝来表示价值的例子。

其次，布这个字，从广义说来，有衣类的意思。布这东西曾经在相当宽大的范围内，被当成一般的等价物通用过，这件事，只看货币的币字是从巾旁一件事，就可知道。此外如像市字及帑字，也都从巾旁，这种情形可以说是和买字及财字从贝旁有同样的意义。

大概，被用作交换媒介的东西，应该是一种为一般人所需要，同时又没有腐败的忧虑，可以在许多人的手里辗转授受的东西。因此，这种东西，是随着气候，及其他地理的情形，文明的程度，生活的状况，等等条件，发生变动的，不必到处都是一样。

从大体说来，在寒冷地方，多半用毛皮类为交换的媒介。举例说，住在铿塔溪（Kentucky）山上的土民，就是在现今，也还是用浣熊（Coon），兔，栗鼠，等等东西的毛皮，为交换的媒介。（J. L. Langhlin，the Principles of Money，1903. p. 11）在另一方面，在温带或热带地方，因为穿衣的必要较少一点，所以多发见用贝及其他装饰品为交换的媒介的例子。在中国，贝和布两种东西都被当作交换媒物使用过，这件事，据我想，大概因为一个是起于南方，一个是起于北方，两者的起源恐怕是各不相同呢。

日本在世界大战后占领了的南洋雅卜（Jap）岛上，也因为这岛的位置在热带上的缘故，没有用毛皮的必要，从来仍是用贝类为交换的媒介的。不过，从一般说来，古人当作交换的媒介用的贝类，大抵都是一些小小的普通贝（原文是“所谓子安贝或宝贝”——陈），唯独这岛上，却用着一种叫作蝶贝的很大的珍珠贝。现在让我把山崎直方博士所记述的，抄录在下面：（参看山崎直方博士的《雅卜岛的石币及贝币》，《东洋学艺杂志》，第三十二卷，第四百八号——并参照 Furness，The Island of Stone Money 1910. pp. 92—106）

“现今在雅卜岛所用的，是一种叫作蝶贝的珍珠贝。这是一种直径达到三四寸至六七寸的大的扁平的元形二枚贝。这又可分两种，一叫作白蝶贝，一叫作黑蝶贝，这些称呼都是由贝类表现的颜色而来的。这两种东西的价格，那依他本身的大小如何而被决定，从黑蝶贝的上下二枚贝壳相交的地方起，向着开口的方面，张开大指和食指，（也有人说是张开大指和中指），把二指间的距离作为价值的单位，以后每加一指，价值就加一倍，顺序加为二倍，三倍，四倍，等等。每一个单位的价值定为约莫十个马克。无论那一个贝，都是左右两边（即是在两枚贝壳相交处的上端和下端，所以，也可以说是上下两端。——陈）被削，贝壳相交的方面和开口的方面，却存着天然的状态。普通比较小的黑蝶贝……都是每五六个一起，用椰子包皮搓成的绳子，一挂一挂的穿着，每一挂叫作‘博塔阿亚’（Bothaayar），当作货币使用。他的价钱，顶贱的约莫值得半马克。白蝶贝比黑蝶贝贵些，不须把几个连在一起，都是一个一个的当作货币使用。在他上下两枚贝类相交处，系着椰子绳，以便携带。这叫作‘雅尔·努伯齐勒克’（Yar-nu-betchrek）……这种东西，至少每个可以值三马克，云云。”

这个第三个的价值形态，如果只从上面那个方程式看来，他不过只是一些把第二种形态上的项目弄颠倒过来的东西，在数学的意义上，可以说是和第二种的式子完全相同的。但是，从经济的意义说来，两者却不相同。在第三种形态里面，是某种特定的商品独占着等价形态，在第二种形态里面，却是种种的生产物轮流的站在等价形态的上面。因此，所以，在第三种形态里面，无论生产物的种类怎样增加，也只是站在相对价值形态上的商品有了增加，这些商品都会被综合到同一的等价里面去；在第二种形态里面却不是这样，在这里，无论生产物的种类怎样增加，如果所增加的种类不是那种在习惯上被交换着的东西，那末，就只是站在等价形态上的商品有了无限的增加，就在相对价值形态上的生产物的数，还是要按照那些在习惯上的被交换着的生产物的种类而定的。但是，到了在习惯上被交换着，这件事，已经成为许多生产物的性质的时候，那末，自自然然的，会发生独占着等价形态的生产物出来，他的价值形态，也就会移到第三种形态去了。

（Ⅳ）　货币形态（Geldform）

$$\left.\begin{array}{l} u\mathrm{WB}= \\ v\mathrm{WC}= \\ x\mathrm{WE}= \\ y\mathrm{WF}= \\ z\mathrm{WA}= \end{array}\right\}\text{分金}$$

由第一种形态起，经过第二种形态，移行到第三种形态去——在这个范围之中，虽然量的变化常常惹起了质的变化，但是，在第三种的一般的价值形态和现在研究着的货币形态之间，却没有那样的本质上的差异。不过是，到了一般的等价形态，因为社会习惯的缘故，最后变得固定在某种特定的商品上面，不再移动的时候，这个特定的商品——即是说，独占着等价形态的商品——就变成了货币，同时，由这种商品表现出来的价值形态，也变形为货币形态罢了。

某一个商品的相对的价值，若用一种具有货币作用的商品，表现出来，换句话说，用货币表现出来的某种商品的“简单的”（einfach）相对价值表现，就是“价格形态”（Preisform）。举例说，米的价格形态是：

二升米＝二分金

如果二分金当成铸成的货币看的时候，有一种“一元”的名

称，他就变成

二升米＝一元金

了。（这样一来，问题就变得难懂了。福田德三博士在他的《流通经济讲话》里面说过：“货币所表示的价值，货币所具有的价值，那种东西，到底是和别的一般商品所具有的价值，全然相同的吗？还是一种全然不同的特别的东西？如果是一种特别的东西，到底是怎样特别呢？这就是所谓货币价值的问题，实在是学问上的一个难问题”。）

这样看来，只要我们一旦懂得了一般的等价形态，那末，理解货币形态那件事，倒不算得一回什么事了。某种特定的商品，若独占着一般的等价形态，那就是一种货币形态了。不过，要知道，一般的等价形态，是含在第三种的形态即一般的价值形态当中的东西，这个第三种形态本身又是第二种形态颠倒过来的东西，这个第三种形态本身又是第二种形态颠倒过来的东西，并且，这个第二种形态的构成要素，结果是归纳在第一种形态

$x\mathrm{WA}=\mathrm{yWB}$

当中的。这个形式，就是商品这东西要想当作商品发见出来的时候——就是说，要想当作使用价值和价值两种对立物的一个统一物发见出来的时候——所能有的最简单的方式。这样一来，我们就知道，商品的货币形态——价格形态——就是商品要想当作商品发见出来的时候的一种必然的发展形态了。

第三节　诸商品的交换进程

我们在第一节里面，分析了商品，阐明了，他是由使用价值及价值两个对立物构成的。在第二节里面，又说明了，含在商品当中的这种对立物，采取什么样的“形态”（Form），去变为外部的现象。现在我们还应该更进一步，把当作这些商品的运动进程看的交换进程，加以说明。因为，商品这个东西，只有被人当成一种行着这种运动的东西看，才可以在现实的关系上成为商品。

不消说，商品这东西，并不是自己跑到市场，自己去行着相互的交换的。A商品和B商品的交换，这件事，是含着下面这么一个意思：A商品的所有人和B商品的所有人，相互的把这两种东西，当作商品交换起来。这就是说，他们并不是依靠腕力去相互夺取，倒是相互认为商品的所有人，有了双方意志的一致，才相互把他们的所有物交换起来的。因为是这样的，所以才在那里成立了一种法律关系——一种叫作契约的意志关系。但是，要知道，这个法律关系，只不过是经济关系的反映，他的内容，还是由经济关系本身构成的。所以，从形式的主观的方面看来，他虽然是由契约当事人（即结契约的人——陈）的自由意志结成的，却是，若从内容的客观的方面看来，他实在是离开了契约当事人，由一种和社会劳动的生产力的发展程度相呼应的经济关系，决定了的。所以，所谓商品所有人那种东西，结果不过是一种人格化（即化成具有人格的东西——陈）了的商品罢了。这就是“生产的物质基础的人格化”（Versubjektivierung der Materiellen Grundlagen der Produktion）

的一个例子。

商品的运动，就是自己本身上布满了矛盾的商品的自己运动。前面已经屡次说过，包藏在商品本身内部的矛盾那东西，所以会存在，只因商品一面是个人的生产物，同时却又成为社会的生产物的缘故。就是因为这个缘故，所以商品才不得不经过交换进程。然而，如果他想走进交换进程里面去，他就不得不碰着一个矛盾。我们在下面，要把这个矛盾如何在交换进程上展开，用如何方法去被解决，种种问题，弄明白。

无论什么样的商品，从他的所有人看来，都不是使用价值。如果从他的所有人看来，是一个使用价值，可以成为一种满足这商品所有人本己的欲望的直接手段，那末，这商品一定不会被他的所有人拿到市场上去充交换之用，因此，这个东西也一定就会不能够行一种可以当作商品运动看的运动了。所以，无论什么样的商品，从他的所有人看来，在直接的关系上，只不过有一种当作和别的商品交换时的手段看的意义罢了（价值及使用价值的相互的排他性）。但是，同时要知道，对于无论什么人都没有使用价值的东西，当然也成不了商品。这就是说，商品这东西，纵然对于他的所有人，不是使用价值，但对别的人却不能不是使用价值。并且，只因为他对于别人是使用价值，他的所有人才拿他去和别人所有的商品交换。因为，像这样，一切商品都只对于他的非所有人（即他的所有人以外的人——陈）才是使用价值，所以，他非“长成”（Werden）为使用价值（由非使用价值的地位，长到使用的地位。——陈）不可，要想长成为使用价值，一切商品又非依靠相互的交换，全般的变更他们的所有人不可。在另一方面，一切商品要想相互交换，各种商品就须得预先相互的当作价值看待，保持某种特定的关系。这就是说，一切商品在他们可以当成使用价值实现出来以前，须得预先有一种当作价值看待的资格。但是，一切商品能够具有当作价值看待的资格，都只限于溶化在商品内的劳动，在当初是拿一种别人有用处的形式被支付出来的（运用出来——陈）的时候，并且，要想证明，这种劳动果然在当初是拿一种对别人有用处的形式被支付出来的不是，更进一步说，要想证明，这种劳动结果的生产物果然对别人是一种使用价值不是，又非靠交换进程本身不可。这样看来，商品这东西，在一方面，是因为当作价值被实现着的缘故，才能够成为使用价值，在另一方面，他却又是因为当作使用价值被保证着的缘故，才能够成为价值。像这样，各一方面的解决，都相互的要拿另一方面的解决为前提，所以只会把问题弄成一个循环问题，到底还是得不着解决。

这种矛盾，也可以从别的方面，说明出来。每个商品所有人虽然拿自己的商品和别人的商品交换，但是，他所愿意得着的别人的商品，并不是一个单纯的别人的商品——并不是不管什么种类，只要是别人的就行了的商品——倒是别人商品当中那些具有可以满足自己的欲望的使用价值的商品，他只愿意和这种商品交换。同时，他在选择对手方（即和他交换商品的人——陈）的时候，他并不管自己的商品对于对手方是不是使用价值，倒只是想凭着自己的自由选择，去找着一个对手方，把自己的商品拿来和对手方的商品交换。但是，因为这样的要求，在各个商品所有人方面，都同样是有的，所以，结果便自然弄得互相矛盾起来了。换别句话说，因为各个商品所有人，都有一种要求，想使自己的商品，对于其他一切的商品成为“一般的等价物”（Allgemeine Aequivalnt），所以结果弄得，无论什么商品都不够具有一般的相对价值形态，因此，一切商品都不能够具有一般的相对价值形态，更因此，使这些商品都不能够被看成在价值上是性质相同的东西，不能够互相比较他们的价值的大小。这就是含在商品的全面的交换里头的矛盾。

如果采取着商品形态的劳动生产物的种类，越发加多，当然也就是，如果诸商品的交换进程，越加发展，这种矛盾也就会跟着越发展开。何以呢？因为，如果生产物种类越加多，交换进程越发展，那末，各商品所有人在商品交换关系上可以自由选择对手的范围也就越发加宽了，不过要知道，这种矛盾的开展，同时又是伴随着这种矛盾的解决的。因为，前面已经说过，商品交换越发展，一切商品的所有人就会使自己的商品，和别的某种可以当作一般的等价物的商品，发生关系，结果，在商品价值的表现关系上，就会促成一般的价值形态——当然接着就是货币形态——的成立。这就是说，一切的商品都会为着表现他本身的价值的缘故，选定某种特定的商品，把他当作一般的等价物，叫他脱离普通商品的关系，使他成为货币，这样一来，就会把先前的矛盾解决了。像这样的事，自然，非到了走进交换进程去的商品的数及种类已经非常增加的时候，是不会发生的。不过，同时要知道，生产物的直接交换渐渐变得困难，这件事，也是非到了走进交换进程的商品的数及种类已经非常增加的时候，不会发生的。所以，**这问题是和他的解决的手段同时发生出来的**。这个道理，在这种意义上，又称为，**人类只把他所能解决的问题作为问题**。

那末，货币的成立，为什么能够成为上面说的那种矛盾的解决呢？要懂得这个道理，应该先阐明，某种特定的商品，举例说，如像金子，只因成为货币的缘故，才变为“唯一的现实的商品”（die einzig Wirkliche Ware），这件事。（Kritik der Politischen Ockonomie，S，120）。金子这东西，和其他种种商品一样，可以作为特殊的使用价值，供美术品及别种东西的材料之用。不过，如果他一旦变成了货币，他就会成为一般的，社会的，所以同时也就是形式的，使用价值。为什么会这样？只因为别的种种商品在交换进程里面，对于金子身上，都是全面的（全体的——陈）发生作用，因此，金子这东西，就扮演着一种特殊的脚色（任务——陈），成为一切商品的镜子了。本来种种商品的使用价值，若当作特别欲望的对象看，他的意义是会随着他的所有人的差别，发生变化的，换句话说，他在交付人（卖者——陈）的手里的时候和在接受人的手里的时候，意义是不相同的。但是，那种被看成一般的等价物的特别商品——如像金子——却变为由交换关系本身发生出来的一般欲望的对象，对于无论什么人，都会当作一般的交换手段，具有同一的使用价值，因为这样，所以，他无论对于什么人，都不成为他们的特殊欲望的对象了。这样一来，变形为货币的商品，因为可以拿“他自己是价值”这件事，当作他的使用价值（就是说，他的使用价值，就在乎他自己是价值。——陈）的缘故，所以就把那个矛盾的统一——他一面是价值，同时又是使用价值，那个矛盾的统一——用他本已的身体，解决了。所以，可以说，**商品这东西，因为成了货币的缘故，才现现实实的成为商品**。

这样看来，一切商品现现实实的“长成”（Werden）为商品，这件事，结局就等于，他现现实实的变形为货币这件事了。他的进程的说明是这样：若是，变成货币的金子，会当成特殊的使用价值，或是当成一般的使用价值，去保持二重的存在，自然，一切商品，也会和他相呼应，或是在实在的关系上当成使用价值，或是在观念的关系上当成被货币表现出来的价值——即是说，在金几元（日本是金本位国，所以说金几元。——陈）的价格上——去保有二重的存在。因为这个关系，所以各种商品，都在金子这种形态的里面，相互的当作交换价值——即是说，当成可以相互的被掉换的东西——发见出来。但是，要知道，二升米，等于一元金，这件事，是一种只有在交换进程里面才可以被证明出来的事。米变成一种和别的无论什么商品都可以互相掉换的东西，这件事，是他已经变形为金子以后的事。因为这个缘故，所以不行那 W—W′（商品和商品的交换）的直接交换，倒须先得行 W—G（商品和货币的交换）的贩卖，一切商品只有依靠这种贩卖，才会现实的变形为商品，因此，这些一切商品的全面的交换，也才会变成可能的事。现在我们考察考察这种 W—G 的贩卖。这种贩卖是和接着就会发生 G—W（货币和商品的交换）的购买，有同样的情形，他在里面，虽然有两个当作使用价值和价值的统一体看的商品对立着，但，在普通的商品里面，他的价值只是当作价格，在观念的关系上存在着，在当作货币看的商品里面却不然，哪怕他本身也是一个现实的使用价值，然而在这时候，却只是当作一种形式的使用价值——当作一个价值的体现者，这就是说，当作一个和无论什么现实的个人的欲望都无关系的东西——存在着罢了。这就是说，使用价值和价值的对立，向着 W—G（商品—货币）或 G—W（货币一商品）的两极（两端——陈），带着互相排挤的性质，分立着，在一方面，商品这东西，当作一种特殊的使用价值——一种不得不把他的观念的价值在货币里面实现出来的使用价值——和货币对立着，在另一方面，货币那东西，又当作一种特别的价值——一种不得不把他的形式的使用价值，在商品里面实行物体化出来的价值——和商品对立着。这件事，含着下面这么一个意思：商品的世界，分裂成为商品和货币的对立，并且，含在商品里面的对立物（使用价值及价值——陈）在商品及货币的两方面，都分裂成为对立的关系，即互相排挤的关系，——这就是说，那种在一方面在只在观念上存在着的东西，到另一方面上却现现实实的存在着，同时，那种在一方面现现实实的存在着的东西，到另一方面上，却只在观念上存在着，这样一种互相排挤关系。总而言之，这件事，结局就是含在商品里面的矛盾的开展。因为这样，所以我们说，含在商品里面的矛盾的开展，同时就是那种矛盾的解决。（这件事，若拿社会形态的运动，一般的说起来，就是这样：在特定的社会形态下面的生产力和生产关系的矛盾，是含着有生产力某种程度以上的发展的意思的，所以，同时又是含着有新形态的生产关系——新的社会形态——的成立可能的意思的。）

以上所说的，若更从别方面说来，就是这样：各个商品所有人，因为要想达到，拿自己商品，和别人的无论什么商品，自由的去交换的目的，所以共同一致的实行着一种和他们的目的恰恰正相反对的事情，即是说，他们反先把那种可以和自己的商品相互交换的商品，限定在某种特定的商品上面。这样一来，那个由一般商品脱离开了的特定商品，就变成一般的等价物，其他一切的商品，都要靠着这个特定商品为媒介，才能够在全面的关系上被交换着了。

据上面所说的看来，货币这东西，就是那种交换进程——那种把各种劳动生产物在事实上看作性质相同，也就是在事实上看作变形成为商品的进程——的**必然的产物**。生产物被当作商品去交换的范围越发扩张，那含在商品性质里面的使用价值和价值的对立，也就越发有向外部表现出来的必要，这样一来，跟着生产物的商品化，同时就发生特定的商品的货币化，到后来，商品界就分裂为普通商品和货币两种东西了。这样说起来，我们就能够懂得，特定的商品为什么会变成货币，怎样变成货币，以及为什么货币是商品，为什么不得不是商品，种种道理了。（打个比方，货币这东西，可以说是一种从商品世界当中，用一切商品的总投票，选出来的特种的商品。他是一个商品，并不单是一个“象征”（Symbol）（一个符号——陈）并且，可以知道，为什么阐明他的成立条件，这件事，同时就可以阐明他的存续条件并废灭条件了。货币这东西，因为本是那个被含在商品内部的使用价值及价值的对立的必然的外部表现，所以他就是一种在发达的商品生产世界当中必不能不存在的东西，然而又因为他只能够存在于他和商品的对立的当中，所以他又是一种能不随着商品生产的灭亡而灭亡的东西。

那种当作社会改良论看的货币废止论——以商品生产社会为前提的货币废止论——如何不通，只看上面的说明，就可以明白了。然而，在事实上，这种不通之论，现今被人再生产着。——如像川岛清治郎著的《货币废止论》，就是一例。（这书的英译叫作 The Abolition of Money as basis of human peace and quality，1920）

商品生产社会——现代的资本家的生产——若被废除，货币当然就没有了。但是，在商品生产社会里面，货币这东西，却是必然的会存在的。商品生产社会的矛盾性，并不是由货币惹起来的，宁肯说，货币倒反是这种矛盾的一个解决。所以，纵然把货币消灭了去，商品世界的矛盾，也不会因此消灭的。这和纵然杀尽医生，烧完医院，病人也不会从此绝迹，那件事，是同样的道理。

当某种特定的商品成为货币的时候，这件商品，因为他是一种一方面具有某种特定的使用价值，同时，在另一方面又具有一般的使用价值的东西，所以，他在这一层上面，就会具有一种和别的种种商品可以发生区别的特征。普通的商品，从使用价值的观点看来，是可以分为享乐财货和生产财货（拿来直接使用的东西，和拿来当作材料去生产别的用品的东西。——陈）两个种类的。货币却不然，他具有一种特别的使用价值——一种享乐财货和生产财货都没具有的一般的使用价值；这个一般的使用价值，就是他的特征。不消说，所谓享乐财货，就是指那些可以直接供我们享用的财货说的，所谓生产财货，就是指那些当作材料拿去生产别的东西的财货说的。不过，要知道，无论这两种财货当中的那一种，他的使用价值，都是要在被消费于享乐目的上或生产目的上的时候，才可以实现出来。固然，这些财货既然当作商品生产出来，那末，在他被生产了之后，也一定会走进流通界去（流通于市场——陈），常常变更着他们的主人（所有人——陈）的，然而，到了最后，必定还是要到了他留在某一个人的手里，或是为着享乐，或是为着生产，被消费或被使用的时候，才可以把他们的使用价值实现出来，并且，还会因为实现了他们使用价值的缘故，就消姿灭形，永远的丢掉流通世界的。简单说来，这些财货都是早晚要脱离流通界的，并且，他们的使用价值，是只有在流通界之外，才可以实现出来的。货币这东西，却不是这样。货币这东西的使命，本在充当诸商品的价值的镜子，由这面镜子，去做诸商品间的相互媒介，所以，他的使用价值就不得不专在流通界里面发挥出来。自然，货币这东西，若从他的普通商品的资格上看来，仍然不能不是一个特定的使用价值，并且这个特定的使用价值，也仍然非在流通界以外实现出来不可。举例说，在现今的文明国当中，金子虽然成了货币，然而当作金条看（当作原料看——陈）的金子，或是用来作奢侈的装饰，或是用来医治牙齿，还有种种的用途，所以，他在这一层上面，和普通的商品，是一点区别都没有的。但是，这些使用价值，并不是金子这种商品在货币的资格上所有的使用价值。金子这东西，在他当作货币存在世上的范围内，始终是会游行于流通界之中，负着一种由一个人的手里，转到第二个人手里的运命，断不会停在某一个人的手中，或为着享乐，或为着生产，被他完全消费了去的。这种情形恰恰和马琴（日本从前的一个有名的小说家——陈）所说的：

“什么我的你的，名称虽有，
金钱这东西，却从不久留，
像客栈的客人，有来有走，
又有船入口，又有船出口。”

完全是相同的。简单说来，当作货币看的金子，是必须永久留在流通界里面的，他的使用价值，是专只在流通界的内部，被实现出来的，这件事，含着下面一个意思：金子这东西，在他当中货币存在世上的范围内，一点也不会把他在享乐目的或生产目的上的那种特殊的并且具体的使用价值，发挥出来的。这就是说，当作货币看的货币，是脱离了一切具体的特殊的使用价值的。但是，要知道，唯其这样，所以，他才能够当作被舍象的一般的人类劳动的结晶物，即是说，才能够当作价值，充当着一般的等价物，去表现一切商品的价值。同时，也唯其这样，他才能够在物件交换之际，当作物件的对价（和代价二字意义相同——陈），被一切的人们领受着，才能够具有“一般的授受性”（General Acceptability）或“一般的购买力”（General Purchasing Power），作为一般的交换的媒介物，去供一切商品的流通之用。诚然，是普通商品，只要能够被他本身的所有人以外的所需要，只要他能够被拿去当作一种手段，掉换别的商品进来，也是在这种程度之内，具有特定的购买力的，但是，他这个购买力，却不能成为一般的购买力。因为，只要特定的商品是某一种特殊的具体的使用价值，他就免不了会被某一个人认为无用，会在社会的某一个角上失去了他的融通性（流通性——陈）的。成了货币的商品却不然，他原是因为已经把关于享乐上或生产上的特定的使用价值的痕迹，完全失掉了的缘故，才能够变成具有一般赎买力的流通的财货（供流通之用的财货，即货币。——陈）的。并且，这东西，又只因为他已经具有一般购买力，具有能够和无论什么样的商品相交换的性质，所以他才能够代表商品界所存在的无数商品所有的一切特殊的具体的使用价值，才能够用他自己本身，只体现出（用身体去表现——陈）一种完全普遍的被舍象的价值。这就是说，当作货币看的金子，虽然不发挥什么特殊的使用价值，然而他却把体现出价值本身，那件事，作为他的一般的使用价值了。这样一来，金子这种商品，就会一方面有一种当作金条看的特殊的使用价值，同时，另一方面又有一种当作货币看的一般的使用价值了。

据以上所述的看来，自然就可以明白，为什么当作货币用的商品，渐渐会变成只限于贵金属了。因为，照前面所说，形成货币的东西，本是一种并无品质之差，只有分量之别的，被舍象的人类劳动，所以，能够适于表现这种劳动的材料，当然仍然应该是一种品质相同，只有分量上的差别的东西，并且，还应该是一种可以不必损坏他的使用价值，就拿他去任意分割，或任意合并的东西。还有一层，因为货币是不能不永远留在流通界的东西，所以，充当货币材料的东西，又不能不是具有耐得永久保存的性质的东西。恰恰，贵金属的天然的性质，最能够具有这些条件，所以，货币形态自然就变成被贵金属所独占了。

贵金属这东西，又为通用的便宜起见，特别被制成一种特定的货币形式。这样一来，贵金属当作货币时的形态和当作材料时的形态之间，就有区别了。到了已经发生了可以和材料形态区别的货币的时候，商品的世界，就明白的分化为商品和货币两种东西，**明明白白的映在我们的眼里了**。含在商品性质里面的使用价值和价值的对立在这里，就完全现到外部来，商品的价值，也就离开一切使用价值，去保持一种独立的形态了。这就是说，商品这个细胞，就明白的分裂成为两个，保着商品形态和货币形态，同时，价值形态的发展，也就达到极顶了。

第二章　货币

我们在前章最后一节里面已经说过，商品和商品的交换 W—W′这东西，必然的会发展起来，变形为诸商品的全面的流通 W—G—W′（一个商品—货币—另一个商品）。这种 W—G—W′的形式，就是商品流通的形式，所以同时也就是货币的运动形式。但是，这种运动形式，若更进一步，发展起来，就会变形为他的反对物即 G—W—G′（货币—商品—较多的货币）的形式。到了这样的时候，他就算是变形为当作资本看的运动了，因此，在这种运动里面行着运动的商品和货币，也就不是单纯的商品或单纯的货币，倒是一种除了受着商品资格上或货币资本上的规定之外，还受着资本资格上的规定的，比较具象的商品或货币了。现在我们在本章要论述的，却只限于由单纯的商品交换进程**直接发生出来的原封原样的货币**（就是说，只限于单纯的货币，不提那种当作资本看的货币。——陈）。不消说，在这种限定的范围之内，成为问题的，只是货币当作货币看的时候的诸作用（或诸种机能——陈）罢了。

又，以下为便利起见，姑假定一切充当货币的商品，都是金子(Gold)。

第一节　价值的尺标 (Mass der Werte, Measure of Value)

金子的第一作用（或机能——陈），就在向商品的世界，供给一般的价值表现的材料。这就是说，他的第一作用，在他能够把种种商品的价值，当作品质完全相同，只有分量之差的东西，即当作可以相互作比较他们的大小的东西，表现出来。因为这样，所以金子就具有当作价值的尺标的看的作用，也因为这样，所以金子就变成了货币。

我们在前面考察价值形态的发展的时候，已经说过，在最简单的价值形态

$x\mathrm{WA}=y\mathrm{WB}$

里面，B对于A是具有充当价值的尺标的作用的，并且我们还指摘过，在那种关系里面，已经有了货币的萌芽。到现在，这种萌芽，果然发展起来，金子这东西（即上面那形态里面的B——陈）不单是对于A这种商品，并且对于一切商品，都成了一般的价值尺标，因此，果然变成货币了。

前面已经说过，货币这句话，是含着商品流通的意思的。但是，要知道，想要有商品的流通，须得先有一种为这流通而行的准备进程——一种对于商品的现实的流通而行的观念的准备进程。这就是说，那种种当作使用价值存在着的商品，第一先要为在观念的关系上当作交换价值，发见出来的缘故，去创造一种形态。这件事，从货币的方面说来，就等于说，货币先要具有对于诸商品充当价值尺标的机能。因为这样，所以，我们的考察，就应先从货币的这种机能入手。好在，这个机能恰是我们在前一章最末尾的地方所发见的那种货币已经具有了的机能（前面已屡次注明，“机能”二字的意思和“作用”二字相同的。——陈），所以，我们现在的研究，算是直接的接续着前一章的。

诸商品并不是因为货币发生出来了的缘故，才变成可以用同一的尺标来测量的东西。一切的商品，都因为他们被当作价值看的时候，都是溶化到具体物里面的平等的社会劳动，并且还是品质相同的东西，所以才可以拿一个同一的共通的特种商品去测量他们的价值。因此，才可以把这个特种商品当作价值的共通尺标，换句话说，拿来当作货币。形成商品价值的实体的劳动的大小，是可以由劳动时间测量出来的，所以从这一层看来，劳动这东西，本是在他本身的里面，包含着一种尺标的。但是，要知道——这是在前章末已经说过的——商品的价值，必定非由别的某种特定分量表现出来不可的，所以在这一层意义上，又可以说，货币就是藏在商品里面的那种当作尺标的劳动时间的必然的现象形态。

为什么，货币这东西，不能够是一种直接表示劳动时间本身的东西？换句话说，何以那种单单记载着若干时间的劳动纸片，不能成为货币？

这件事，在商品生产的基础上——这是就社会劳动都当作私的劳动行着的那种社会里面说的——是应该和何以劳动生产物不得不采用商品形态，那个问题，归成一个问题的。为什么？因为，如果以商品交换为前提，那末，某种商品变形为货币，这件事，当然就是他的必然的结果。货币是价值的尺标，这句话，和尺子是测量物件长短的尺标，那句话，完全不同趣的。为什么呢？因为商品的价格这东西——就是说，由货币表现出来的商品价值的形态——原来和这商品本身的物质的存在完全不同，原只是一个观念的存在，因此，所谓特定量的商品价值等于特定量的金子这件事，打个比方说，也只是脑筋里的作用，只消有观念上的金子就行了，并不须抬出现实的金子来的。(在测量某种特定面积的土地的时候，虽然不能不用种种器具，但是，在测量他的价值的时候，却用不着一点金子。)

所以，当作价值尺标的货币，只不过是保有假想(假定的想象的——陈)的存在罢了。但是，要知道，商品的价格却全然是依靠现实的货币材料的。举例说，一斗米的价格所以认为等于一钱金子即五元金，就只因为含在一斗米里面的社会的劳动的分量，恰恰等于含在一钱金子里面的社会劳动的分量的缘故。所以，如果假定商品的价值是用金子和银子两种东西表现出来的，那末，他就会有两样的价格即金价格及银价格，并且这两种金价格和银价格的比率，也会随着金和银的关系(比价)的变动而有变动，所以，在那时，诸商品的价值的统一的表现，就会紊乱。所以，一个特定的商品，只有在他独占着一般的等价形态的时候，才可以成为货币，才可以成为价值的一般的尺标。就是在采用所谓金银两本位制的地方，在实际上，也因为随着金银市场比价的变动，总有金和银当中的一个法定价格比实际价格较高，结果这个较高的金属就会轮流成为事实上的本位的缘故，还是会变成事实上的“交替本位制”(Alternating Standard System)或“跛行本位制”(Limping Standard System)(跛行，指事实上只有金或银的一方面当作本位行着，另一方面，只是有名无实。——陈)。这件事也就足够以证明，两种商品同时具有货币形态，那种事，是和货币的本质相矛盾的了。

在货币的价值没有变化的范围内，一般物价是和诸商品的价值的变动为比例而变动的。又，在诸商品的价值没有变化的范围内，一般物价是以货币价值的变动为比例而变动的。所以，货币价值的变动，不必常常是相伴着一种和他成比例的一般物质的变动的。反过来说，一般物价的变动，就是货币的相对价值的变动。因为这个缘故，所以诸商品价格的一般变动的原因，即是说货币的相对的价值的变动的原因，可以分为两种：一是由货币方面发生的，一是由商品方面发生的。

许多学者都以为，货币价值这句话，就是指他的相对的价值说的，因此，他们就都认为，货币价值的变动，就是一般物价的变动。但是，如像泰罗（F. M. Taylor）那样，（Some Chapters on Money，1906. pp. 179，182）把货币的相对价值的变动，分为“真正的或绝对的变动”（Real or Absolute Change）及“皮相的或相对的变动”（Apparent or Relative Change），自然就应该承认货币价值本身的独立的变动了。

某种特定商品对于其他无数商品所有的价值关系，是包含在一个单一的方程式当中——即那个特定商品的价值等于特定分量的金子，那种方程式当中——的，他的价值形态，和前章所说的第一种的最简单的价值形态，在外形上，是相同的。为什么会这样？因为金子这东西独占着一般的等价形态，因此，其他一切商品的价值，都用金子表现着的缘故。金子这种商品却不然，因为他是把无限的种种商品的种种分量，拿来当他的等价形态的，所以，他的相对价值会现在第二的等价形态，即扩大了的价值形态的无限的排列之中。平常一般的物价表，在事实上，就代表这种东西。这就是说，如果我们把物价表先从金若干起，颠倒的读过去，我们就可以看见，那里发见出来充当着货币的金子相对的价值了。

种种商品的价格，是用种种分量的金子表现出来的。因此，要想更进一步测量这种种金子的分量，就不得不拿特定分量的金子，定为单位。这个单位，更被分割为细小的部分的时候，就会变化为分量测定的本位。但是，要知道，金属这东西，在他被化为货币以前，就有一种用来测量他自己本身的单位，并且这单位也是被分割为细小的部分的。因为这种关系，所以，在行着所谓“秤量货币”（Currency by Weight）的时代，不消说了，就是在铸造货币（指铸成定式定量的铜钱，银元，金币，等等。——陈）盛行了以后，金属重量和普通名称，也还仍旧当着货币的名称使用着。不过，到最后，因为有种种的理由，这两种名称才分而为二。某种确定分量的金属，才当作价格的本位，具有法定的名称。举例说，如像日本的现行货币法，规定着，以纯金的重量二分，作为价格的单位，叫作一元，就是一个例。这样一来，货币这东西，除了当作价值的尺标看的机能之外，又具有第二种的机能即当作价值本位看的机能了。这两种机能，应该明白的区别出来。这就是说，货币这东西，当作价值尺标看的时候，是把种种商品的价值，用确定分量的金子，表现出来，但是，若当价格的本位看，他却只是测定这些金子的分量。所以，把二分金的名称定为一元，这件事，和确定二分金的价值，那件事，是一点关系也没有的。金子的价值是时时刻刻变动的。这不是可以用法律确定着的事。但是，无论金子的价值怎样变动，他的重量却是没有变动的。因此，如果规定着，把金子的重量的单位定为二分，称这单位为元，那末，这个元的单位，就可以当作一种测量金子的分量时候的不变的尺标，拿去使用。（这种关系，打个比方，犹如织物（如绸缎布匹——陈）的价值虽然常常变动，然而织物的长短，却总是用尺子做单位去测量他，一样。）

在金属独占着一般的等价形态以前，贝，布，家畜，以及其他种种东西，也会随着各地方的情形，在某种程度内，在一般的等价形态上站过。这件事，是前面已经说过的。现在，我们把测量金属分量的单位的起源，考察考察，觉得他和那些在金属以前站在等价形态上的东西，好像一种联络似的。据李缉卫（Ridgeway）所记载（The Origin of Metallic Currency and Weight Standard，1892. p. 153)，从古代希腊数起，好像在一切所谓牧畜民族之间，家畜——特别是牛——都比金属先站在一般的等价形态上面。试看，在目前和货币有关系的字当中，很有一些是由牛这个字来的。举例说，拉丁话的 Pecunia（在现今的英语当中，转为 Pecuniary，意思是指“金钱上的”）这个字，就是由 Pecus（牛）这个字发生出来的。英国话里面那个 Fee（使用料金的意思）是由 Feoh（牛）这字转来的。又，印度的 Rupee（卢比，货币单位）是由梵文的 Rupa（牛）转来的。后来时代进步，商品交换向前发展，站在等价形态上的商品虽由家畜变成金属，然而据今日所知道的最老的铜码——这些铜码想来一定是用来秤那些当作货币用的金属的——看来，他们都具有一种牛或羊的形式。这件事，是一件很有兴趣的事。又，据李缉卫（pp. 387—388）所说，希腊的 talent（塔伦特，这是希腊，罗马，阿西利亚等处的古代的重量和计算货币的单位）恐怕也是一种和一匹牛的价值相当的金子的分量。因为，在普遍称为贺默（Homer）做的绮丽亚德（Iliad XXⅢ，750—Gardner，A Histony of Ancient Coinage . 1918. p. 22所引用）诗里面，曾记载着，阿其勒斯（Acllilles）悬了赛跑的赏品：

第一等赏是 A Vessel of Silver（一壶银子），

第二等赏是 An Ox（一匹牛），

第三等赏是 A Half－talent of Gold（半两金）。

如果三等赏等于二等赏的一半，那末，一 Talent 的金子，就恐怕恰恰和一匹牛的价值相当了。并且，希腊最老的货币上面，还刻着有牛的像，这件事，也是一个有力的证据。又，据李缉卫所说，人类最初正确的秤量物件的重量，是从金子起头的，并且，在这种秤量里面所用的手段（秤码——陈）是一些天然存在的植物种子。(在英国话里面，Grain 这个字，一方面是重量的单位，一方面又有谷粒的意思，也许和这种说法有关系)。总之，如果上面的说法是对的，那末，至少在某种地方上，最初被使用的金属的重量单位，大的是和家畜一匹的价值相当的分量，小的是和植物的种子的重量相当，也未可知。

即在金属成为货币之后，最初发生的，还是所谓“秤量货币”(Currency by Weight)，每交换一次，就要把这种货币秤量一次。基督教圣经创世记里面（Genesis XXⅢ，16）说：“阿不拉罕(Abraham）秤银子给埃福隆（Ephron），那银子的重量，当着许多黑斯（Heth）人面前，报了出来，一共是四百雪克尔（Shekel），”就是一个证据。因为这个缘故，所以，哪怕到了使用铸币的时代，在最初时期，原本用秤量金属重量的名称，还依然当作货币的名称用着。如像：

英国——磅（Pound） 称量＝12Ounce＝12×20Penny Weight
货币＝20Shilling＝20×12Penny

法国——佛郎（Franc）

德国——马克（Mark）

意国——利拉（Lira）

日本——钱（Mome），分等等……

希腊——雪克尔（Shekel）

等等，都是由秤量的单位来的。

第二节　流通手段 (Zirkulations mittel, Means of Circulation)

货币这东西，若把他当作商品流通的媒介人看，他又有充当流通手段的机能。要理解这种机能，我们先把商品的流通观察观察。

前面在第一章第三节已经述过，商品当中，虽然本来含有矛盾的要求，但是，因为商品交换进程的发展，已把商品的世界，分裂成为商品和货币，使一切商品的价值表现在价格里面了，所以，同时就能够使商品里面含着的矛盾的要求，也被解决，使一切的商品都得全般的通过交换进程。因此，在这种交换关系的两极上，一边是站着商品，一方是站着货币。在这时候，商品是当作现实的使用价值存在着，货币是当作现实的价值存在着。这就是说，普通的商品和当作货币看的商品，虽然都不能不是使用价值及货币的统一体，然而，在这个时候，这种使用价值和价值——这种虽然互相排斥，然而同时又不能够断然脱离的，存于商品本身内部的使用价值和价值——的对立，却在交换关系的两极之上，表现出来，成为表面的对立。诸商品的全般的交换过程，却是在这样的对立的形态之下，实行着的。

现在，如果假定，我们到市场上，看见了 A 商品的所有人，那末，我们一定会发见他在那里，用所有的商品 W 和 B 所有的货币 G 相交换的。但是，问题还不止此。这就是说，我们所注目的那个 A 的所有人，一旦把 C 弄到手之后，不久又会跑到市场上去，拿 G 和 C 所有的商品 W′，相交换。如果我们继续的跟着 A，离开交换的世界，转回到消费的世界去，那末，我们第一看见的，就是，先前被 A 所有的 W（特定的商品）的地位，现在是被 W′替代着了。这就是说，W 和 W′相互交换了，所以，若从结果说来，这和原来有 W 的 A 和原来 W′的 C 两个人直接的行了交换（物物交换）时候，完全是相同的。然而，在实际上，诸商品的全般的交换，依据前述的理由。必定要靠货币为媒介，才能够实行起来的。这就是说：第一，W 那种生产物，虽然原本对 A 并非使用价值，单只有当作商品看（当作可以和别的使用价值相交换的东西看）的意义，但是，一旦和货币相交换之后，他就采取着当作价值物看的形态，这一件事。第二，反过来说货币原来是一般等价物，却和 W′这种生产物——这种对 A 是使用价值，因此，一旦归 A 之后，就会失掉他的商品性质的生产物——相交换，这一件事；要依这两个互相反对的然而同时又是互相补充的变形，商品的流通才能够完成。但是，前面已经屡次说过，商品的运动的意思，本是指商品所有人的行为说的。所以，上面说的商品的变形若当作商品所有人的行为看来，就会变成卖出去这件事和买进来这件事，变成这两件相对立的统一，换句话说，变成为**购买而行的贩卖**，发见出来。总之，诸商品的流通，是依

W—G—W′

的形态变化而行着，他的实质的内容就是 W—W′，就是说，诸商

品的全般的交换。(实质虽然是 W—W′，但是，在商品生产社会里面，必定是要在 W—G—W′的形式下面实行的。)

我们现在的问题，在阐明这种商品流通的形式。我们先把第一段进程 W—G（商品—货币）观察观察罢。这是某种特定分量的商品（具有特定的分量的商品的价值）变形到和他在价格上预想着的（和他那种用货币表现出来的价值的相当的）特定分量的金子的进程。不过，这些金子，却在一个没有商品的人 B 的荷包里。因为这个关系，所以，如果要想使 A 所有的 W（商品）和 B 所有的 G（货币）相互交换，这一个 W 就应该对于 B 是一种使用价值。又，W 应该和多少分量的 G 相交换，应该是看里面所含有的，社会关系上所必要的劳动量而决的。但是，因为当生产 W 的时候，在社会上认为必要的劳动量，又是由 A 以外的其余无数的同样生产着 W 的生产人同均生产条件而决的，所以，他和 A 自己生产 W 的时候所费的个人的劳动的分量，是可以常常不相同的，并且，在社会关系上所必要的劳动本身也是在 A 所没有意识（这是动词，等于知觉。——陈）着的范围内，常常有变动的。所以，A 对于自己的商品 W 的价值，会常常算错。最后还有一层，即使存在市场上的 W 这种商品的各单位，恰恰正含着在社会关系上所必要的劳动量，然而，如果这种商品的全体的供给量，多到那时所必要的程度以上，那末，在 W 商品这种商品的生产部门（等于这门生产范围——陈）内，从社会的需要上看来，就变成费了比必要的分量还多的社会劳动了，因此，弄得费在那里的劳动，也就不能够说他全体是社会关系上所必要的劳动了。在这种时候，这种商品全体的价格，应该还是和那商品的供给及需要恰恰一致的时候的全体价格相同，所以，如果从那些常常受着平均的待遇的各单位商品看来，那只不过用一种比需要供给得着平衡时应该有的价值稍低一点的价格，卖了出去罢了。所以，哪怕是在A本人一点也没有算错的时候，有时也可以依着一些和他的意志全然无关的社会事情的缘故，不能够把他所预想的价格实现出来。这种种事情，合起来，就会含着下面这一个意思：生产物常作商品生产出来了之后，他就脱离了生产者本身的制御，独立起来，反转变成了一种制御生产人的力量。在生产为自己的消费而行着的范围内，生产物完全被生产人制御着的。在这时，生产人很能知道，他的生产物的将来是怎么样的东西。但是，一旦若把这个生产物，当作商品，放进流通世界里面去了之后，那末，连生产人本人自己也都会不知道他所生产的生产物的运命到底如何，那时，生产物到底可以用什么样的价格贩卖出去，这件事，在他看来，也就全然好像变成偶然的东西了。但是，在实际上，在这种偶然的反对点上，却有一种必然性活动着，这种必然性发见出来，成为一种离开个人的意志和企图而独立着的平均法则，反把这些一切个人都制御着。因为这个缘故，所以，虽然商品这个东西决不是在一切时候都按照他在现实上含着的劳动量的比例而被交换着，但是，因为这们现在想要在商品交换的纯粹的姿态上去考察他的缘故——即是说，想要把一切偶然的附随的种种事情都舍了去的缘故——我们特特假定着，在W—G—W′（商品—货币—别的商品）的进程之间，只行着价值形态的变化。

这种价值形态的变化，由A说来，虽然是把W（商品）变成G（货币），然而同时从B看来，却是把G（货币）变成W（商品），G变成W，这件事，就等于说，在货币上面预想着的观念的使用价值，实现出来，成为一种具有特殊形态的使用价值。这样看来，商品因为被贩卖的缘故，把他价格上预想着的观念的价值实现出来，这个进程，实在就是，商品因为被人用货币购买的缘故，把货币上预想着的观念的使用价值实现出来，那个进程了。本来，卖买是双方的行为，所以被卖了这件事，结果也就是被买了这件事，所以W—G同时又是G—W，所以表面单一的进程实在是二重的进程。

卖买这个行为，并不是继起的，并不是先有了“卖”，然后再有“买”。从一边的极点看来的“卖”，从反对的方面的极点看来，就变成“买”了。单单有“卖”，这种事，是不能够有的。正确的说来，不是卖买两者相继起，倒是两者相重叠。所以，在这个例里面，对立物也变成同一物了。

其实，我们再把商品变形的第二段进程G—W′观察观察。在这里，从A说来虽是购买，然而从W′的所有人C说来，却同时又是贩卖。这就是说，从W商品的立场看起来的，含在W商品里面的价值的最后阶段上的变形，同时又是W′这个别的商品的最初的变形。但是，要知道，在商品生产的社会里面，各生产人虽然因天然发达出来的分业的缘故，各人只生产着特定的生产物，然而他所消费的生产物的种类，却和他自己所生产的生产物的种类受着限制，那件事，恰恰成一个反比例，无限的增加着。所以，举例说，如像A这个人，他并不是把他贩卖W的时候所得的货币，全部都拿去购买W′这一个种类的商品，在实际上，他倒是用来购买种种的种类的商品的。所以，一个商品的最后的变形，是由下面所举的无数的别的商品的最初的变形的总计成立着的。

$$W—G—W'\begin{cases}W_1\\W_2\\W_3\\W_4\\\vdots\end{cases}$$

最后，我们把一个商品的变形的全体，总起来看一看，我们就知道，他在最简单的形态里面，都要像下面所列的一样，必须有四个极点和三个登场人物：

“第一极点”W＝（A）第一的商品所有人（最初的卖者）

│

“第二极点”G＝（B）第一的货币所有人

⋮

“第三极点”G＝（A）第二的货币所有人（第一的商品所有人改扮装束从新登场）

│

“第四极点”W′＝（C）第二的商品所有人

这样看来，一个商品的变形的全体，是由两个站在相反的形态内的商品的变形——即是说，W—G 的贩卖和 G—W 的购买两种变形——互相对立，互相补助而成立的。（W—G 和 G—W 已经是由对立的极点成立的。这就是说，一边的极点若是商品，另一边的极点就是货币，若一边的极点是货币，另一边的极点就是商品。但是 W—G 和 G—W 两者却因为一个是由商品出发，一个是由货币出发，所以相互的行着反对的路。这种种对立也是商品当中含着的统一了的使用价值和价值的对立的发见。）在第一段上面，特定的价值脱离了商品的形态采用货币形态，在第二段里面，寄在货币形态里面的价值，又从新复归到商品形态里面去，这样一来，结果就完成了一个循环。但是，还要知道，完成着一个商品（就是说 W）的循环的这个两种变形，同时又常常把另外两个商品（就是说 W′及 W″）的循环进程的一半，形成着。

为什么呢？因为那种从 A 看来，形成着 W 商品的第一段变形的 W—G，若从 B 看来，却是 G—W。并且这个 B，只要他不是金子的生产人，那末，他现在所有的 G 应该是他从前所有的某种商品，举例说，如像 W″，贩卖得来时（即说，由 W″—G 的进程得来）的东西。这样看来，从 A 看起来的 W—G 这东西，从 B 看起来，就是 G—W，同时这个 G—W，又是形成 W″商品的循环进程（即是说 W″—G—W）的后一半的了。同样，那种从 A 看来，形成着 W 商品的第二段的变形的 G—W′，若 W′的所有人 C 看来，却是 W′—G。这就是说，从 C 看来，他是形成着 W′商品的第一段的变形的东西，不久还是应该由另一种 G—W‴的变形，补足起来的。不但这样就完了，并且照前面所说，G—W′这东西，实在常常是由 g—w，g′—w′，g″—w″等等，无数的变形成立起来的。因此，所以他同时又是形成着 w，w′，w″，……诸商品的第一段的变形，即是说，形成着 w—g，w′—g′，w″—g″，……等等的，并且不久还是应该更由 g—w^a，g—w^b，g—w^c，……等等的变形补足起来的。

像这样，描画着某一个商品的变形的循环，是和其他多数商品的循环，成为不可离的关系，相互纠缠的，所以一个商品的运动，会引起别的无数商品运动，这样一来，这些商品的全体进程，就发见出来，成为商品世界里面的诸商品的流通了。

这只是商品的流通。到后面几章去，我们就可以看见，单纯的商品这东西，在资本家的社会里面，可以变为资本家的商品，变形成为资本，因此，商品的流通，也会同时作为资本的流通——除了当作简单的商品流通看的规定之外，还有一种当作资本的流通看的规定加上去，所以他是一种比简单的商品流通还要具象的东西——发见出来。这是应该在第三篇的资本的流通进程那里详细说明的东西。

商品流通和资本流通的差别，到后面再说。在这里却不能不把商品流通和商品流通以前的物物交换的差别，说个明白。

我们看一看 W—G—W′这种商品的变形，明明看见，货币就是媒介着 W 商品和 W′商品的交换的东西。所以，如果从表面观察起来，就会想到：依货币的媒介行着的商品的流通，从实质上说来，也和 W 及 W′的直接交换即 Barter（物物交换）是相同的，不同之点，只是两者之间有无货币这种东西来作媒介，这一件形式的事情。但是，这种想法是错的，因为商品流通这东西，不但在形式上，并且在实质上，也是和 Barter（物物交换）大不相同的。举例说，假定 B 这个人，把酒卖给某一个另外的人，拿所得的代价（代金——陈），向 A 买了布匹。并且，A 又把卖布所得的代价，买了 C 的米。在这时，从 A 看来，他的布匹明明变成米了。但是，他的布匹，并不是米的所有人 C 买了的，倒是 B 买了的。如果 C 拿他卖米给 A 所得的代价，买了 C 所有的商品，比方一顶帽子，那末，从 C 看来，米又变成了帽子了。所以，在这时候，C 所有的米虽然归了 A，然而 A 所有的布匹，却归了和 C 无关系的 B 这个人的所有，因此，A 的商品布匹和 C 的商品米，并不是在 A 和 C 之间相互交换，因此，他们的关系，和物物交换的时候比起来，在实质上是完全不同的。这就是说，A 虽把布匹卖给了 B，但是，他并不向 B 买什么东西，倒向 C 去买米。又，C 虽然把米卖给了 A，然而他并不向 A 买什么东西，倒向 D 买帽子。这样看来，商品流通这东西，第一就把那种和物物交换相伴着的，对于生产物交换的个人的及地方的限制，打破了。（要使交换行得很宽，无论如何，都有货币的必要。却是，在另一方面，因为商品本是为交换的缘故才被生产出来的东西，所以，商品生产越发展，商品交换也就必然的会行得越宽。因为这个缘故，所以商品生产必然的会发展到靠货币为媒介的商品流通上来的。）第二，商品流通又打破了生产物的时间的限制。在生产物的交换直接行着的时候，举例说，如像在 A 和 B 把布匹和米直接交换着的时候，A 所有的布匹被付给于 B，这件事，和 B 所有的米被付给于 A，这件事，必定是同时发生的。但是，在以货币为媒介的商品流通的时候，情形却不是这样，A 虽卖了布匹，得着某种定量的货币，却不必一定拿这货币，直接就去买米。前面已经说过，A 卖了布匹这件事，同时就是 B 买了布匹那件事，所以，从一层看来，贩卖就是购买，贩卖和购买必定是同时发生的。但是，如果当成一个商品的变形看，就是说，如果当成一个人的行为看，却总是在第一段先行了贩卖，到第二段才去行购买，因此，在这样的两个相对立的行为之间，不管是长是短，总可以有确定的某种时间的间隔的。这就是说，商品流通这东西，把物物交换上所有的时间上的一致——把自己的生产物放出手，这件事，和把别人的生产物拿到手，这件事，这两件事之间的时间的一致——分裂成为时间相异的贩卖和购买的对立（这也是存于商品内部矛盾的一个展开）。所以，不但是生产物交换的个人的及地方的限制，就是时间的限制，也都打破了。最后，到了生产物的交换范围因此照上面所述，撤废了个人的，地方的，时间的，等等限制的缘故，越发越扩张起来，形成着商品流通的时候，同时，各个人也就被卷入在一个自己绝对不能够左右他的社会关系当中，并且关系极为密切。往往在一个地方发生的差池，就会波及全体。试看上面的例，只因为B卖了酒，A才能够卖布匹，又，只因为A卖了布匹，C才能够卖米，更进一步，只因为C卖了米，D才卖得成帽子。像这样的例，就足以证明，一切的人们，在无意识之间，都是一般的互相连络着的。（这件事，恰恰和商品的价值形态，在行着物物交换的时候，虽然是采用个别的价值形态，然而在行着商品流通的时候，因为诸商品的相对的价值形态，一切都是用货币表现出来的缘故，尽都相互的当作价值，被连络起来，那件事，是正相呼应的。）这件事，当然就含着这第一个意思：在商品流通的世界里面，已经伏着有恐慌的可能性了。商品流通虽然只是一种两个对立运动统一起来的进程——就是说，生产物的交换，分裂成为贩卖和购买两个相对立的运动，同时这两个对立的运动又互相补充起来，成为统一的东西，那种进程——但是，既然一个进程已经这样分裂成为两个对立的进程，那末，哪怕他们是互相补充的，同时也就会有这两个进程互相独立起来，破坏那种统一的可能性了。普通说，商品流通虽然没有恐慌（就是说，经济上的突然停摆和破绽。——陈）也可以实行，恐慌却非有商品流通不能够发生，就是因为这个缘故。

含在统一物里面的对立物一旦分裂之后，对立物当中的一个，对于另一个，就会独立起来。但是，完全的独立却是不被许可的。所以，他的独立的倾向达到某种程度之后，就会强制的被统一起来，生产力和生产关系，经济的基础和政治这种上部盖造，物质的生活进程和精神的生活进程，这种种东西的关系，都是这样。商品的运动，分裂成为两个对立的运动，即是说，成为W—G及G—W。因此，全运动的一部分，可以离开全体，去独立的自主的运动着。可以破坏统一的可能性，就是这样发生的。但是，因为统一的完全破坏，是不能够被许可的，所以就会发生恐慌，用强制力，使他仍然归于统一。

又，这里说的恐慌的可能性，和他的必然性是不相同的。恐慌变成必然的东西，这件事，是在商品运动当作资本运动以后的事，我们在第三篇资本的流通进程的最末尾的地方还要详述的。

我们在上面，已经把商品流通到底是什么东西，这个问题，观察过了。现在我们要再说货币的机能。货币这东西，就是当作上面所述的那种商品流通的媒介人，具有充当流通手段的机能的东西，并且，如果把他当作发挥这种机能的东西看的时候，货币又是以永远留在流通界，这件事，为他的特征的。换句话说，货币就是因为商品流通的缘故被牺牲了的财富。

在生产物直接被交换着的时候，某种特定的使用价值，和别的使用价值相互换了所有人之后，这些东西，便都走进消费界去，他们在交换世界上，一点什么也没有留着。货币却不是这样，哪怕在一个商品的变形已经完了之后，他自己本身，还是依然留在流通界，永远的继续他的流通。举例说，如果B从A买了布匹，那末，那布匹，从非使用价值的地方，被移到一种他变成为使用价值的地方，同时，他也就出了流通界，走入了消费界。但是，在这时候，货币那东西，哪怕是由B的手里，移到了A的手里，他却决没有走到消费界去。因为，后来 A 拿他去向 C 买米，他又移到 C 的手里去了。并且，如果 A 向 C 买了米，那种米，也仍然是从非使用价值的地方，被移到一种他变为使用价值的地方，同时便和流通界绝缘，走进消费界去了。但是，要知道，只管布匹，米，等等的商品，像这样相继由流通界被移到消费界去，货币本身却始终是占着商品被移去后的空位子，决不走到消费界去。照上面的例看，货币由 B 到 A，由 A 到 C，如果 C 更拿他买帽子，他更会由 C 到 D。像这样，货币这东西，一方面是永远留在流通界中，同时却又是和**他最初出发点的距离，越离越远的**。前面已经说过，商品的流通，是一种循环运动。这就是说，原来在 A 手里的织物那种里面所含的价值，变形成为米这种商品，从新回到 A 的手里来了。不过，为这种商品流通而发生的货币运动，虽然就是所谓货币的流通那种东西，但是，他的形态，却是正和上面商品的循环运动相反，他是由最初的出发点，越离越远，采取着一种直线的形态的。所以，在那地方，一切事情，都恰恰正相反对的反映着。就是说，在那个地方，运动的连续性，落在货币方面，因此，货币的直线运动，代替了商品的循环运动，又，哪怕货币运动本是商品流通的结果，在那地方，反转显得好像商品流通倒是货币运动的结果似的。

商品变形的循环的性质，因为货币介在其间的缘故，反转被掩盖了。W—G 及 G—W′这两个相反对的运动，无论那一个，都显得好像是两个具有 W—G 及 W′—G（或 G—W 及 G—W′）的同样形态的独立的东西。因此，W 和 W′本互相交换的东西，那种本质的关系，就全然不能在表面上看见了。就是说，W—G—W′这样的连续的形态——本质的关系就含在这个形态当中——被看落了。因此，这种形态，就在中途切断，成为 W—G，就被看成为和 W—W′，即物物交换的形态是相同的东西，所以，W 这东西从重复为 W″这种关系，就看不见了。这样一来，商品循环的运动，就不能呈在我们的眼里，因此，运动的连续性，就落在货币的直线运动上面去了。用图表示出来，就是下面那样：

这种循环被看落了

Ⓐ　$\overbrace{W—G—W^{1}}$

↓

Ⓑ　$W^{1}—G—W^{2}$

↓

Ⓒ　$W^{2}—G—W^{3}$

↓

Ⓓ　$W^{3}—G—W^{4}$

↓

运动的连续性从这里发见出来。

诸商品（从上面的说来，就是 W，W^{1}，W^{2}，W^{3}，W^{4}，等等）在货币 G 的上面，都加了一种上述的作用，所以，货币才能够当作手段，运动起来。所以，事实上，货币运动只不过是商品流通靠着货币发生出来的表现罢了。然而，在表面上，却显得好像充当流通手段的货币的机能，那种东西先已存在，有了这种货币的机能，然后商品才被移到运动里面去似的。动力的本源倒反显出颠倒着的状况了。

在商业里面，商品的变形，就是货币的变形，所以不是 W—G—W，倒成为 G—W—G 了。因此，就弄得货币复归到他的出发点去了。这种情形，是可以无限的反复进行的。（关于这些，后面还要详述。）但是，在 W—G—W 里面，货币那东西，却是一去不复回的。要想从新把货币弄到手，就非从新拿到一种新的 W 到流通界去不可。

上面已经说过，当作流通手段看的货币，始终是会在流通界的。因此，就发生了一个问题：留在流通界的货币的分量，换句话说，就是那些为商品流通的缘故不能不被牺牲的金子的分量，到底是怎样被决定呢?

照前面所说，商品的流通，一切尽都是在商品及货币的对立的形态之下行着的。这就是说，一个商品的变形，哪怕他在事实上被分为贩卖和购买两种相反对的进程，但是，在他的贩卖上和购买上，仍然总是同样的，在一边的极点站着商品，在另一边的极点，站着货币，他（商品的变形——陈）总是靠这两种东西的交换而行的。因为这个缘故，所以，如果假定拿 q 表示商品的分量，拿 p 表示商品的价格，拿 g 表示和商品交换的货币，那末，在某种社会（如像日本），某种特定期间（如像一年间）构成商品流通的个个的卖买，就可以用下面载的无数的方程式，表现出来：

$q \times p = g$

$q' \times p' = g'$

$q'' \times p'' = g''$

…………

如果把这些方程式合计拢来，来可以成下面那样一个方程式：

$(q \times p) + (q' \times p') + (q'' \times p'') + \cdots\cdots = g + g' + g'' + \cdots\cdots$

这个方程式的右边 $g + g' + g'' + \cdots\cdots$ 是表示一切用在商品购买上面的货币的总数的。但是，决不是说，有这样多的货币存在流通界。为什么呢？因为，在我们现今研究着的简单的商品的流通里面，虽然假定着，每个商品只把他的所有主（商品的主人——陈）变更一回，（到了为贩卖的缘故而行购买的时候，货币就会变形成为资本，因此，流通也不只是简单的流通，会变成当作资本看的流通了。）然而每个货币却不是这样，他和某种特定商品交换了之后，依然还留在流通界，还可以和其他别种商品，交换无数的次数。

所以，如果我们现在把某种确定期间（譬如说一年）里面，同一个货币在卖买的媒介上的回数，即“流通速度”（Velocity of Circulation，Umlaufsgeschwindigkeit）的平均，用 V 表示着，把流通货币数量（即数目的分量——陈），用 G 表示着，更用 Q 表示被卖买的商品的单位数，用 P 表示每一单位的商品的平均价格，那末，前面记的那个方程式，就可以改为下面这样的形式：

$$QP=GV$$

故$\frac{QP}{V}=G$

因为上面那个 QP 是用元（日本货币单位——陈）表示出来的，所以，用 V 除他所得着的商数，也是一种以元为单位的数量。这个数量，就是用元计算出来的流通货币的数量。

如果我们只把问题放在目前讨论着的阶段里面来说，这个方程式，就可以当作一个表示特定的社会上所必要的流通货币的数量的东西，对于一般，适用有效。这就是说，如果 QP 没有变化，G 就是和货币流通速度的迟速为反比例而增减的。又，如果 V 和 P 是没有变化的，G 就是和投入市场的诸商品的分量的增减为正比例而增减的。其次，如果 V 和 Q 没有变化，G 就是和诸商品的价格的涨跌为正比例而增减的。不消说，这是不必要一切的商品都同时涨跌的。在有一些时候，只要有一些主要产物的价格发生变动，可以和货币交换的商品的总价格，就可以增减，因此他们所必要的的流通货币的分量也同时就有增减。

但是，要知道，上面那个方程式，也和本书上其他许多的方程式一样，他的意义是和数学上的方程式不同的。这就是说，他不过只把主动的原因集在左边项上，把那些原因的结果集在右边顶上罢了。所以，决不可能认为，他们的因果是可以颠倒过来的东西。如像说，只要Q和V没有变化，一般物价就是随着流通货币的增减而涨跌的。这种说法，是所谓货币数量说——一种很久以前就行着，到现今，还被斐雪（Fisher）的 The Purchasing Power of Money，1911（高城仙次郎日译，《货币和物价》，1913）所代表着的学说——那种东西的谬见。因为在实际上，虽然是由于诸商品价格腾贵的缘故，流通货币的数量才增加起来，然而当他反映在我们的脑筋里的时候，却仿佛觉得是，因为货币数量增加了的缘故，诸商品的价格才腾贵起来一样，现象形态和事物的本质完全弄颠倒了，因此，也就发生出货币数量说那种谬见了。不消说，诸商品价格的变动，也有由货币材料方面的变化的原因而来的时候。举例说，只要诸商品的价值没有变化，那末，他的价格，就会随着货币材料的价值的跌落而腾贵，并随着他的腾贵而跌落的。并且，在这时候，既然诸商品的价格有了变动，那末，如果别的事情没有变化，流通货币的数量，自然也会不得不变动的。因此，就发生了一种现象，好像流通货币的增减，惹起了诸商品价格的涨跌似的。其实，这时候的流通货币的增减的原因，在乎当作价值尺标看的货币的机能，并不在乎当作流通手段看的货币的机能。这就是说，因为充当货币材料的金子的价值先有了变动，所以诸商品的价格也和这种变动成为反比例，而生变动，随后才更以这些商品价格的变动为媒介，而发生一种和商品价格变动为正例的流通货币的分量增减。并不是因为流通货币的分量增减，所以诸商品的价格才发生涨跌。

最后，还有一件应该注意的事：以上所说的那种关于流通货币的数量的法则，只是充当“货币商品”（Geldware）（即成为货币材料的商品——陈）的金子本身，担任着流通手段的时候即最简单的时候的法则。所以，这种法则，随着货币的符标（代表——陈）或信用货币的成立，还会变形为更复杂的东西。并且，这个最简单的法则，从比较复杂的法则看来，也还是和其他简单法则一样，都是常常成为比较复杂的法则的“要素”（Element）和“基础”（Grundlage）的。

我们在上面，已经说明了，商品的流通是如何进行的，以及流通货币的数量是如何决定的种种问题了。其次要说的问题，就是金子这东西，当作流通手段看的时候，具有什么样的形式的问题。

金子这东西，当作流通手段看的时候，就会具有一种叫作“铸币”（Coin，Münze）（铸币就是铸成货币的略称——陈）的特别的形式。不消说，这种铸币是按照价格的本位制造出来的。前面已经说过，规定价格本位，这件事，举例说，如像规定纯金重二分为一元，这样的事，是属于国家的权限内的事，在现今的社会里面，造币——就是说，使金子采用铸币的形式——这件事，也和规定价格本位那件事一样，是属于国家权限内的事。因为这个缘故，所以货币只在一国之内，才采用铸币的形式。（他还具有一种限于一国内的名称——如像磅，佛郎，元，等等——并且还有互不相同的模型，当作铸币看的通用的也有一种国民的限制。）他一旦走进国际市场的时候，他就会脱离了当作铸币看的形式，只成为一个单纯的金条。

在允许着自由造币和自由镕解的范围内，当作金条看的金子和当作铸币看的金子，本来没有多大差别，所差的，不过前者是用天平来称，后者用元数来计算罢了，在事实上，金子是可以不断的由一种形态变到另一种形态上去的。不过，要知道，纵然把那些偷削的事暂时作为没有，至少，也会因为随着他的流通，受着一种自然磨损的缘故，渐渐把他的分量减轻。这就是说，他被当作铸币看，具有一种完全的形式，这件事，也就同时是失去他那种完全形式的第一步。因此，铸币上面记着的名义上的内容，必然的渐渐会和他的实际的内容的不同的。这样一来，当作流通手段看的金子，也就会不是商品的现实的等价物——就是说，那种靠金子去实现他的价格的商品的等价物——了。如果放任着不去管他，那末，当作流通手段看的金子，就一定会和当作价格本位看的金子，完全绝缘了。因为要免除这种绝缘的毛病，所以，在诸国的货币法上，才会定着有最轻通用分量的规定（过了这个最轻通用分量的货币，就失掉通用的资格由国家收回另铸。——陈）。但是，纵然用这种方法，铸币的名义上的内容和实际上的内容不能一致，这件事，却始终是免不了的。在这件事的里面，必然的就含着一种可能性——就是说，当作流通手段看的铸币，可以拿别的东西，别的用充当着价值尺标的货币材料以外的东西造出来的符标（Symbol）（原书用的是“章标”二字，我觉得太生，所以改译为符标，意思是银币，白铜币，黄铜币，等等补助货币及纸币。——陈)，来代理他，那种可能性。这就是说，货币变形到他的符标去，这件事，本来就是包含在货币变成流通手段，那件事的本身的里面的。

还有一层，因为要用金子去铸造用在小量交换上的铸币，本是一种技术上的困难，所以，那些用比金子价值较少的金属，如像银，镍，铜，等等东西为材料制出来的，所谓补助货币那种东西，就发生了。这件事，若从历史上说来，本是下级的金属最初具有当作价值尺标看的机能，因此，也就是下级的金属最初当作货币流通于世。不过，到后来，因为当作价值尺标的机能，虽然渐渐由铜移到银，由银到金，然而铜币及银币还依然继续着发挥他那种充当着流通手段的机能，所以，他们就自自然然的具有充当补助货币的性质了。在目前，不消说，这些补助货币的名义上的价值，当然是和他们的实际的价值完全独立的（不一致的——陈)。像这样，当作流通手段的看的货币的机能，独立起来，到最后，就弄得，几乎在本身上毫无价值的一张简单纸片，也会代表铸币，具有充当流通手段的机能了。

像这样，价值很少的东西，可以代替金子，去具有充当流通手段的机能，这件事，决不是不可思议的事。因为，当作货币看的金子，除了当作流通手段看的机能以外，虽然还有种种的机能，然而，在货币当作流通手段，在流通界流通着的时候，他那个当作流通手段看的机能，却由别的种种机能，独立起来，成为孤立起来的东西，他还不过只具有当作流通手段看的机能罢了。因为这个缘故，所以，只要有一种东西可以代替金子去充当流通手段，金子这东西，随时都可以把他自己站着的地位，让给他的。详细说来，在

W—G—W′的进程上，当作流通手段看的货币的机能，只不过在A所有的W变形为B所有的W′的期间，暂时体现着他的价值罢了。所以，只要B肯把他（货币——陈）当成W′的对价，接受起来，那末，从A看来，无论这货币是一种什么货币，A都是可以毫不关心的。同样的道理，也可以适用于B，C，D，E等等别的商品的交换人。因为这个缘故，所以，如果国家认定纸币或补助货币是一种法币（在法律强制使用的效力的货币——陈），给他们一种强制通用力，那末，这种东西，就因为他们当作商品的对价通用，这件事，已经被国家保证着的缘故，所以他们（在这种强制力可以发生效力的一国领土之内）是完全可以变为当作流通手段看的金子的代理人的。

但是，要知道，像这样的“符标”（Symbol）所表示的价值，常常都是由他所代理的金子的价值，决定的。诚然，到了这样的符标代理金子的时候，在W—G—W′的进程上，这些会显得好像直接表示商品的价值的东西，在外观上好像他和金子的价值毫无关系，只是表示着那些当作价格表现出来的商品价值一样，因此就会叫人想到：以货币为媒介的商品流通，在他的实质上，是和在全般商品世界里面行着的物物交换相同的东西。但是，在实际上，这些符标直接的还是金子的符标，只不过间接的才变成商品价值的符标罢了。

金子当作流通手段看的时候所必要的金子的分量是由怎样的事情决定的？关于这个问题，前面已经述过。目前我们说着的，一张简单的纸片可以完全代理金子，这件事，因为只限于金子仅仅具有当作流通手段看的机能的时候的事，所以他的范围，是要受当作流通手段看的时候金子的数量的限定的。举例说，如果金子这种数量是一亿（万万——陈）元，若有一亿张的一元纸币或一千万张的十元纸币，就可以完全把金子代理了。在这样的时候，纸币所代理的价值，也和金子的价值的涨跌为正比例而有涨落。但是，哪怕是在这事实上在流通手段的资格上所必要的货币的数量本是一亿元，国家却可以用他的权力，发行十亿元的纸币。不过，要知道，国家所能做到的，只限于此。因为，一旦这些纸币走进了流通界这后，每个纸币所代理的价值，就会受一种藏在他本身里面，和无论什么人的意志都不相干的法则的决定。这就是说，这些具有十亿元的名称的纸币中，在事实上，不过只能够代理着一亿元的金子罢了。所以，像这样，把十亿元的纸币投入流通界去，这件事，从他的结果说来，和改了价格本位的名称，是相同的，就是说，一般商品的价格就变为这种现象所囿才发生出来的。

据以上所说的看来，拿金子当作流通手段在实际上流通着的时候和像纸币那样的符标在实际上流通着的时候比较起来，在两种时候所行的一切法则都是相反的。金子是因为他是价值，才会流通，金子的符标却不然，他是因为被国家认他为法币，当作金子的代理者去流通，才能够代理金子的价值的。不过，在外观上，这些符标却显得好像是直接代理着商品的价值。其次，当作流通手段看的金子的分量，是随着商品价格的涨落而为增减的，在纸币流通的时候却不然，商品价格倒显得是随流通纸币的增加而涨落的。又，商品流通所能吸收的当作流通手段看的金子的分量，在确定的条件下面，都是一定的。纸币却不然，他在表面上，显得是无论多少，都可以投入流通界去。还有，如果流通商品的总价格是确定着的，那末，当作流通手段看的时候所必要的金子的分量，就是靠金本身的价值如何来决定的。纸币却不然，因为他只有在充当金子的符标的时候，才能代理价值，所以个个纸币所代理的价值，倒是靠被投入流通界的纸币本身的数量多少来决定的（不是这东西的分量，由这东西本身的价值决定着，倒是他代理的价值反由这东西的分量决定着）。这样一来，不但一切法则都变成相反的东西，发见出来，并且，如果金子的符标的数量，恰恰代替着符标上所记的数目的金子，在流通界流通着，那末，关于金子的流通的法则，又可以全然原封原样的，适用在这些符标上面去。因此，这些符标只在对于金子的代理关系上所具有的特殊法则，在这时候，也会完全消失了去，所以，如果我们只从金子的符标方面去观察货币流通的现象，我们无论如何，也不会把当作流通手段看的金子的机能，弄明白的。

第三节　当作价值物本身看的货币

我们在本章第一节，已经说明了，金子具有充当价值尺标的机能。要使金子发挥这样的机能，只要他（金子——陈）当作观念的货币存在着，就够了，不必一定要像用来测量物件的长短的尺子一样，每把价值秤量一次，就把现实的货币抬出来一次。所以，充当着货币的金子，并不须为着那种机能的缘故，就变成了个人的欲望的目的物。又，在第二节里面，我们说明了，金子还有一个充当流通手段的机能。金子因为充当流通手段的缘故，自然，就无论对于什么人，也不会成为个人的欲望的对象了。所以，哪怕是一张简单的纸币，只要他靠着国家的保证流通着，他就可当作金子的代理者，充当着流通手段。现在本节所要说的，却和上面两节所说的不同。这里是要就那种当作一般等价物看的货币本身，变成个人的欲望对象的时候，说的。

A. **储财手段**

货币这东西，因为是对于一切商品都站在等价形态上的东西，因为是可以和无论什么种类的商品都行交换的东西，所以，可以说，他就是一切财富的代理者。因为这个缘故，所以，随着商品交换的发展，人们都会把他们的剩余生产物，换成货币的形态，贮藏起来。这样一来，充当蓄财手段去贮藏价值，这件事，就变为货币的新机能了。货币被当成蓄财手段，这件事，非到了商品流通的发展，已达到某种程度，只要拿着货币，就可以把所想要的东西的大部分弄到手里的时候之后，是不会实行的，并且又是只要到那种时候就必然的会实行起来的。

《读日本记》（日本的史书——陈）和铜四年五月巳未的记事（据《大日本货币史》本篇，三货部，20 页）里说："同日诏曰：'夫钱之为用，所以通财货，易有无也。当今百姓，尚迷习俗，未解其理，虽仅卖买，尚无蓄钱者。应随其多少，节级授位。其从六位以下，蓄钱有十贯以上者，进叙位一阶。二十贯以上者，进叙二阶。初位以下者，每五贯进叙一阶……'"

以上的记事，就足以证明，当时的商品生产，还很幼稚。

充当流通手段的货币，变形为价值贮藏物的契机，原是必然的会被含在货币流通本身里面的东西。（货币的诸机能的发展，像这样，都是当作必然的东西，被理解着的。）为什么呢？因为，商品流通即 W—G—W′虽然是两件事——把 W′商品贩卖出去，换进货币，一件事，和把收进的货币拿去购买别的商品 W′一件事——的进程成立的，然而这两个进程，在事实上，决不是可以同时进行的，因此，在这两个进程的中间，或长或短，总会在某种的期间之中，具有充当价值贮藏物的性质。并且，还不但是这样。前面在第二节里面已经说过，举例说，A 在贩卖了 W 的时候所得的货币，并不是在一个时候完全的拿去购买别种商品 W′。在事实上，倒反常常是拿去购买种种不同种类的商品，并且还可以随着他自己的需要，把这种种商品，慢慢的一件一件的按某种的分量购买进来。（这样的事情，若在资本运转的时候，就会使资本的一部分必然的被放在运动休止的状况之中，结果就会变成一种促进资本信用的发达的事情。）所以，流通货币的一部分，都是难免会轮流的被放在休止的状况下面的，所以，从一层看来，货币这东西，就是在他当作流通手段被使用着的时候，也还是必然的会并有着充当价值的贮藏物的机能的。

不过，当货币当作流通手段被使用着的时候，依上述的理由，被放在暂时休止的状况下面，这件事，止是一个货币的流通速度有关系的问题，并不是他对于货币从新给与一种新的机能。货币所以会当作价值的贮藏物，具有独立的机能，实在是因为商品的贩卖人，有意识的，把当作流通手段看货币的机能，妨害起来，好使商品的变形只在第一段上面就中止着的缘故。这就是说，到了由贩卖和购买两种对立的进程统一而成的一个商品进程，分裂成为两个各不相联的孤立的进程，发生了一种没有伴着购买的贩卖的时候，到了这时候，货币才会变为一种以当作价值物看的存在本身为目的的东西。

当作剩余看的财富的最初的形态，就是由那种被放在麻痹状态（休止状况——陈）上的当作流通手段看的货币成立的。在商品流通的初期，就是说，在自己生产（自己为自己的消费所行的生产——陈）还盛行着的阶段上，拿供交换之用的生产物的多数，虽然都是剩余生产物，然而到了那种以货币为媒介的商品流通已经代替直接生产物的交换，盛行起来的时候，这些剩余的生产物，就会和货币互相交换，并且即用货币的形态，被贮藏着，因此，在这种时候的货币就是代表那种当作剩余看的财富——在这时，这种财富是当作被舍象的，社会的财富而贮藏的——的最初的形态的。到后来，商品生产更加发达起来，人们的生活，也随着这种发达，越发靠着购买别人所有的商品为生活了，所以，在这时候，如果要确谋生活的安定，就渐渐的越发不得不用货币的形式，去常常保持特定量的财富了。因此，只是卖，毫不买，这种事，换句话说，就是“蓄财”（Schatzbildung，Hoarding）（“蓄财”二字等于储财——陈）这件事，就越发盛行了。但是，要知道，只是卖，毫不买，这件事的反面，就同时一定有什么人只是买，毫不卖，才合道理。这个只买不卖的人，就是生产金子的人（在银子成为货币材料的地方，自然就是生产银子的人）。这样看来，金子这东西，由他的产地流出去了之后，每碰着只卖不买的人，就会中止他那一部分的流通，变为价值的贮藏物了。

蓄财的冲动（念头——陈），从他性质上说来，是无限的。因为货币既是和无论什么种类商品都可以直接交换的东西，所以他就成财富的一般的代表者，从品质上说来，是无界限的东西。然而在另一方面，现实的货币，却具有某种确定的分量，并且，也因此才只能购买某种特定分量的财富。这样一来，货币的分量上的限制，就和货币本身的品质，相矛盾起来了。因为有这种矛盾的缘故，所以，蓄藏货币的欲求（这两个字，在日本是用来翻译英语的 Desire 的，至于英语的 Want，他们却翻成“欲望”，我认为在经济学上，这种翻译方法，我们可以沿用。——陈），必然的会相伴着增加他的分量的欲求。然而分量增加这种东西，却是没有限度的。因此，无论是谁，如果他想把这个一般的社会的价值物，作为自己的私有物的时候，他自身就会陷进大大的矛盾之中，若只从单纯的商品流通的立场说来，蓄财的条件就是那种只贩卖不购买的事情的反复进行。要把这种只卖不买的事，反复进行，从积极方面说来，就得勤勉，从消极的方面说来，就得节俭，合起来说，就得勤俭。因此，所以凡是蓄财家，都变成，为要满足这个无限的欲望的缘故，实行节约一切的欲望。

解决这种矛盾的东西（我们将来要在第二节里面详述）就是资本家的生产。在资本家的生产制度下面，资本家可以不须节约自己的消费，就把资本的增殖，实现出来。但是，还要知道，并不是说，有了资本家的生产之后，商品世界里面的一切矛盾，就全都被撤废了。宁肯说，实际的现象，恰是这句话的反对。因为，在一方面矛盾虽然被解决了，然而在另一方面却越发加大了。

各个人照上面所述贮藏在自己手里的货币，随着银行业的发达，被银行吸收了去，变为银行的准备金了。这样一来，这种被贮藏的货币的性质也就变了。关于这件事，我们在以后还要详加考察。

B. **支付手段**（Zahlungsmittel，means of payment）

我们在本章第一节里面，已经述过，在货币当作流通的手段，发生机能的时候，商品的变形是采取 W—G—W′（商品—货币—别的商品）的形式的，并且，在这时候，第一，W 商品的所有人 A，一旦把 W 商品放手，同时就从 B 接受 G，第二，A 把他一旦拿到手的 G 又交给 C，同时又由 C 接受 W′。这第一的进程和第二的进程，自然不是同时进行的，但是，我们在前面，都假定了，在第一进程和第二进程上的商品及货币的受授，一切都是同时进行的东西。所以，要知道，随着商品流通的发展，商品和货币这样的受授进程，也会分裂起来。所以，一方面在商品所有人相互之间，发生了新的关系，同时，和这种新关系相呼应着，在充当着商品所有人相互的社会关系物质的结晶的货币上面，也发生了新的机能。举例说，如果 W 商品的所有人 A，把 W，在事实上，让给 B，B 对 A 却只约定，在某种确定期日之后，才把和 W 的价格相当的货币支付与 A，那末，在货币还没有出现于舞台以前，商品的一方面的移转，就已经实行着，在有些时候，甚至于在那商品已被消费，失了形体以后，到了约定的日期，才把某种确定分量的货币，由 B 交给 A。像这样，在这种时候，如果货币和商品的受授，不同时实行着，贩卖人和购买人便结了一种新的关系——一种债权人和债务人的关系。同时，货币也和这种关系相呼应着，由当着流通手段看的货币，变形为当作支付手段看的货币了。

Ⓑ　W″—G—W

　Ⓐ　W—G—W′

　　Ⓒ　W′—G—W‴

在货币当作流通手段，媒介着商品变形的时候，上面记着的三个交易，是顺着时间的顺序，发生起来的。但是，在货币当作支付手段使着的时候，却是先由 C 把丝卖给 A，A 把这丝织成绸子之后，再卖给 B，这时才由 B 接受某种定量的货币，把这货币再转给 C。所以，他的顺序，是可以和货币当作流通手段的时候相反的。并且，在这时候，某种分量的货币由 B 到 A，由 A 到 C，顺次转手，这件事，本是和以前所行的卖买相伴而来的必然结果。这种事情，都是因为商品所有人的关系，除了卖买关系之外，更相伴着信用关系的缘故，才发生出来的，所以他表示着，商品所有人已经走进一种比货币当作流通手段的时候还要更复杂的关系去了。

我们若把这时候的 W—G 的交易，观察观察，我们就知道，现实存在的东西，只是在一方面的极点上的商品，另一方面的极点上的货币，却不过是当作价值的尺标，有一种观念的存在罢了。但是，要知道，只管是一种观念的存在，却因为他可以把他贩卖的商品的价值，在价格上表现出来，所以同时他可以测量债务人应负的债务的数目。并且，他还可以当作在观念上的购买手段，发生作用。由 B 交给 A 的东西，只不是一张约定将来支付某种定量的货币的凭证（就是说，将来应该交付的货币的反射物）。这种凭证，和第二节里面，所说的金子的符标（Symbol）不同，并不是一种在国家保证的下面具有强制的通用力的东西，他只不过表示着一个私人的保证——一种将来一定支付某定量的货币的保证——罢了。因为这样，所以这个凭证，只有依据当事人之所结的私人的契约，于贩卖的信用关系之外，更成立着债权人和债务人的信用关系的时候，才变成购买的手段。自然，这种契约是受着法律的保护的。因此，万一到了日期，B不履行那种约定的债务，就可以拿他的所有物，来行强制卖却。这就是说，他贩卖他所有的商品，这件事，也和货币当作流通手段活动的时候一样，并不是出于他本身的个人的必要，倒是一种在社会关系上的必要事件，所以结局不能不当作这样的一宗社会的事件，去受法律的强制。因为当作支付手段看的货币，原是一种在终结货币的活动开始以前所形成的社会关系时所必要的东西。这就是说，这种货币，是在商品卖买已经实行，甚至于那个商品已经被消费了之后，才当作一种溶化着价值在里面的东西。由商品的购买人B，交给他的贩卖人A，这样一来，A才能够把他的商品的变形的第二段G—W，完成起来。这样看来，以前那种单纯的进程W—G，现在在时间关系上，分裂成为下面两个构成部分了：

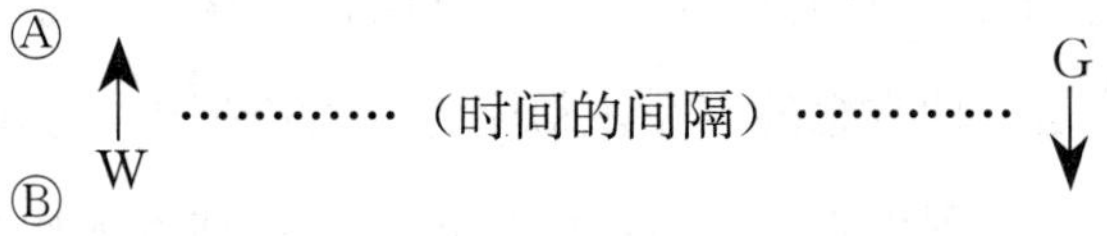

在确定的期间内所必需的当作支付手段看的货币的数量，是要依照在那个期间当中应该满期的债务——因商品的转卖而生的债务——的总金额，来决定的。但是，要知道，这种数量，可以因下面所举的两件事情的缘故，变为比这种总金额还格外微少的数目。第一件事，就是同一货币可以在同期间内充当无数次的支付手段，这件事；换句话说，就是和支付手段的流通速度相联的问题。这个流通速度，又是由两种东西决定的：第一是债务人的相互关系的繁简——因为A一方面对B是债权人，在另一方面对C又是债务人，所以债权人和债务人的关系极其紧切，如果到了期限，B能够对A支付，A就可以到期对C支付，否则两方都会到期不能支付。第二是这些种种支付期间相距的时间长短。

第二件事情，就是多数的支付可以同时并行，这件事。多数的卖买同时并行，这件事，虽然对于用货币的流通速度，去补助当作流通手段看的时候必要的货币的数量，那件事，是一种限制（这就是说，如果多数卖买同时并行，那末，流通速度的作用就减少了，仍然非用多数的货币不可。详细的说明已经见前节。——陈），然而在目前说的这个问题里面，情形却不相同，如果多数的支付同时并行，那末，因为相互的债权债务可以抵消的缘故，所以只须把清算的结果，用现金支付，就够了。举例说，假定着：A从C买了价格五百元的W′，C从B用上六百元买了W″，同时B又从A用四百元买了W，并且假定和这些金额相当的债务，都是同时满期的。那末，拿C说，他虽然不能不对B支付六百元，然而同时他对A却站在收受五百元的地位。因此，他只对B支付百元，其余的债务五百元，他都拨到A的身上去，叫A直接去付给B。但是，因为A对于B又是站在收受四百元的地位上的人，所以相抵下来，他对B只支付百元就行了。这样一来，总计一千五百元的支付数目，因为互相清算抵消的缘故，只消有二百元的货币的授受，就完结了。像这样，因为当作支付手段看的时候所必要的货币的数量，可以利用集中支付同于一地方的方法，把所需的数目，大加节约，所以，对于这样的清算的设备，在信用制度还未发达的时代，就早已行着了。

因为当作支付手段看的时候所必需的货币的数量，是照上面所述的方法决定的，所以在特定期间内当作流通手段并当作支付手段看的时候所必要的货币的数量，是一种和下面所列各种计算所得的结果相等的东西：先把应该在那个期间用现金卖买的诸商品的价格，总计起来，其次，对于这个总计，加上应该在那个期间当中的各种支付的总计，再其次，从这个总计当中，减除相互被抵消诸种支付的总额，更其次，用当作流通手段看并当作支付手段看的货币的流通速度，去除那种用上述加减算法得来的结果，最后，才由所除得的商数，减去那种因为同一货币时而当作流通手段看，时而当作支付手段看，轮流活动的缘故，应该抵消的金额；这样，就得了所求的数。我们如果把问题限定在商品流通的世界里面说，哪怕是在货币已经当作支付手段被使用了之后，这些种种支付，也因为他们是在商品的转让的关系上所生的结果的缘故，对于所谓必要的货币数量是依诸商品的总价决定的，那件事，仍然是没有变动的。不过，在特定期间中——如像一天——的中间所流通的诸商品的价格的总计，和同期中流通着货币数量，却变成不一致了。为什么呢？因为在一方面，行着有应该到将来才支付代价的商品的转让，在另一方面，又支付着一种和在过去转让了的商品的代价相当的分量的货币。

因为商品的转让和他的代金的支付不是同时并行的缘故，所以一旦货币得了上面说的那种充当支付手段的机能的时候，当然就会从那地方发生“信用货币”（Kreditgeld，credit money）这种东西出来。我们刚才在前面，虽然假定着，在 A 把他的商品由信用关系卖给 B 的时候，A 以后非由 B 收到货币的支付，他就不能够把他的商品变形的第二段，完成起来，然而，如果信用货币一旦发生了，那末，和这种事情相伴而来的不便，也就可以除去了。因为，如果由A买了商品的B，交了一种特别凭证——上面记载着一个假定，说明可以在某种特定期间当中，支付代价的凭证——给A，那末，这种凭证，照前面所述，虽然并不是一种受着国家保证，担保他可以当作货币流通的东西，倒只不过是具有某个私人的保证，担保他可以受某种特定额的货币的支付的东西。然而，在特定的人们的范围当中，这个私人的保证，却被认为安全可靠，因此他在这些特定的人们之间，就会当作流通手段或支付手段，流通起来。这样一来，他就变成信用货币了，因此，A这个人，也就可以不等B所约定的支付日期的到来，就把他的商品的第二的变形，弄完成了。这种信用货币的性质，是和具有强制通用力的国家纸币的性质，根本上不相同的。信用货币，是把当作支付手段的货币的地位，拿信用关系换得来的东西，他是以一种私人的保证——担保将来支付特定分量的货币的保证——为基础的东西，所以，如果他一旦没有换成为货币的希望，他就会完全失掉了他的价值。纸币却不然，他本是一种代替当支付手段看的货币的东西，所以，哪怕他就是一种不兑换纸币，只要他的数量能够和当作流通手段看的时候所必要的数量一致，他仍然可以照他表面上所记的金额，通用着。又如果纸币的数量超过那种必要的数量，那末，他的价值，虽然会和这种超过情形相呼应着，跌落下去，然而，国家纸币的总计，却常常成为一个统一体的东西，在这统一体里面的每张纸币，对于别的纸币，都是负着连带责任的。因此，纸币这东西，只有在当作全体看的时候，才能发生价值的涨落。这种价值的涨落，对于每张纸币都发生同一的影响。在信用货币方面却不然，他的价值不是被他的分量所左右的，倒是为他的兑换（这就是说，变形为表面记着的额数的货币）的确实程度所左右的。因此，每张信用证券（即信用货币——陈）的价值，都是依照他的兑换的确实程度，互不相同的。

以上所述的，都是限于在商品的贩卖人和购买人同时结着债权人和债务人的关系的时候的信用。但是，要知道，在今天的资本家的社会里面，除开这种信用之外，还有一种相伴着资本的运转而发生出来的信用。不过，因为这是一个我们到后面还要详加研究的问题，所以现在可以暂且不管。我们现在研究的，只是一种简单的商品流通的世界。

哪怕就在简单的商品流通的世界里面，到了商品生产和商品流通发展了的时候，那种随着商品的卖买发生出来的信用关系，也会变得复杂，因此，由信用关系的破绽发生出来**“货币恐慌”**（Geld-krise）也会渐渐的增加他的发生的可能性。因为，如果在那些靠信用关系维系着的人们当中，有什么人陷于无力支付的境遇里面，那末，别的许多人，也就会受着牵引，同样陷入无力支付的状况之中，因此，信用证券也会失掉他的信用，不能当作货币通用。当作支付手段看的货币，也会立刻脱离了他那种空气一样的空洞的，计算货币的形式，变为当作现金看的货币。因为这样，所以，被信用关系维系着的人数越多，或是债权互相抵消的范围越宽，那末，这种空洞的计算货币突然变成现金，这件事，对于全体的交易上面，就会引起一大混乱。在平常无事的时候，一切商品显得好像都是货币似的，因此，好像货币这东西，在商品流通关系上是一种无用的东西。但是，一到了恐慌的时候，货币这东西，若当作特别的商品看起来，是诸商品流通关系上不可缺少的东西，这件事，就会变成眼面前的事实，明白的发见出来了。

信用货币发达了的时候，当作信用货币的机关的银行也会发达起来。因为，商品所有人相互间的债权债务越集中在一个地方，那种可以互相抵消的金额也就越会增加。不过，无论如何，相互清算之后，剩下的数目，却仍然非用现金支付不可。因此，又发生了积蓄那些当作支付手段看的货币的必要。这种必要的货币额，虽然是会随着交易的增加而增加，然而，却因为原来当作蓄财，贮藏在每个个人手里的货币，在这时已经集中到银行去了的缘故，这种必要的货币额，可以很容易的由银行供给出来。所谓“银行的支付准备金”（Reserve fonds），就是供这种用途的。前面已经说过，当作储财看的货币，因为中断着商品的变形的缘故，本是一种会退出流通世界之外，具有充当价值的贮藏物的机能的东西。然而，如果他一旦变为银行的准备金，他就会当作一种在商品流通关系上所必要的货币的蓄积，变形成为一种具有充当支付手段的机能的东西。

又，随着商品生产的发达，往往会发生一种倾向，想把特定的使用价值的一方面的移转，变形为货币交付。举例说，如像现物税（即实物税，如纳米谷布帛之类。——陈）变为货币税（如像折粮为钱——陈），纳谷米的田赋，变为纳银两的田赋，对于官吏的实物给养（如古时每个官吏定为食禄多少石——陈）变为货币薪俸，等等，就是例子。这样一来，当作支付手段看的机能，就蔓延到商品流通的区域以外去了。

C. **世界货币**

我们在上面，把当作蓄财手段当作支付手段的货币，说明白了。在这些时候，货币这东西，不必一定采用现金的形式发见出来，他是可以代替物代理着的。但是，一到了金子超出国内流通的圈子，对于商品世界的全体，都发挥他那充当一般的等价物的机能的时候，他就具有充当世界货币的资格了。在这时候，金子这东西，是绝对的不能不用现实的金子资格，发见出来的。

金子这东西，到了成为世界货币的时候，就算到了他当作简单的货币看的时候的发达的极点了。因为，金子成为世界货币，这件事，本就含着有，他是一种可以和全世界上所有一切的商品相交换的东西的意思。因为，只有变成这样的东西，他才能够真正的当作一般被舍象的劳动的结晶物，成为一个纯粹的价值的金子。但是，要知道，充当着世界货币的金子，一舍弃了国内市场的时候，同时就会把他们在国内的交换进程的发展上得着的特殊形态，都脱去了。回复到他那种当作金条看的本来的形式上。前面已经说过，因为金子这东西，在国内市场里面，是成为价格的本位的，所以，金子的分量，都是以货币的名称，被称呼的。举例说，如像在日本，就是用一种先于二分金子的元的名目被称呼着。并且，金子在国内市场里面，为要完成他那充当流通手段的机能的缘故，又常常由特定的国家，获得特定的形态和刻印，变成铸币行使。但是，一到了金子被输出国外的时候，这些特殊的形态就会完全失掉意义，依然回到他那当作秤量货币看的最初的形态上去。（所以，金子的运动的形态，是画着螺线形的循环的。）

世界货币的主要机能，在他可以当作支付手段，拿去供国际贸易上的差额的清算之用。此外，在想把一国的财富，移转到另一国去，又苦于不能用商品的形态去实行移转的时候，世界货币也可以当作溶化着价值在内的物体，发生作用。

各国对于世界市场，也和他们对于国内市场一样，必须要有一种准备金。诸国的中央银行的正币准备那种东西，一部分虽是为着使货币去发挥他当作国内流通手段并支付手段看的机能，被认为必要的东西，一部分却又是为着发挥他当作世界货币看的机能的缘故，才被认为必要的，并且后一层目的，近来越发变得重要了。

第二篇　资本的生产进程

我们在第一篇所考察的商品和货币，若只当作商品和货币看，就还算不得是资本。商品和货币，看后面的说明就可以明白，虽然都是成为资本的现象形态的东西，但是，在第一篇的范围之内，他们却是已经把当作资本看的种种机能，被舍象了去（因此，所以他们在那范围内是属于比资本还更带有被舍象性的侪类的东西）（就是说，他们暂时把当作资本看的机能，置诸不管不问之列，因此，他们的性质，就比资本还简单。——陈），所以他当作资本看的机能，在那里，一点也没有发见出来。因为这个关系，所以，上面所述的，只要是在多多少少行着商品生产和商品流通的范围内，对于那范围内的过去社会的诸形态的一切，都是能够适用有效的。（举例说，哪怕是在封建社会里面，只要在封建社会的一角上，行着商品的生产，并且因此行着有商品的流通，那末，上篇所述的理论，就可以对他适用有效。我们把几句当作前提，从以下起，我们要开始研究资本的本身——那个形成了现代社会（资本家的生产社会）的历史的特征的资本本身。

从已经有了充分的发展的现代社会看来最被舍象的（最富于舍象性的）侪类，可以因他是一个舍象的东西的缘故，有效的适用到多多少少还欠发展的社会里面去。并且，在这种适用的范围之内，我们的叙述的进行，也就会变成一种和现实的历史的发展和相对应的东西。这件事，和由生殖细胞起，顺次叙述着站在生物进化的极顶的人类的一生的时候，同时自然就可以发见出一种以单细胞为出发点的生物进化史的缩图，那件事，是一样的。若照这种关系说来，可以说，本书第一篇是和母体的胎儿的成育史相当，第二篇以下，是和由母体生出来以后的人类的成育史相当的。

第三章　货币变形为资本

第一节　资本运动的一般形式

由我们看来，第一成为问题的，就是资本的运动的一般的形式。前篇里面，已经说过，商品是运动的东西，所谓商品流通，就是他的运动。这样的商品运动，必然的会产生货币。这个货币，又因为充当这些商品运动的媒介的缘故，自己也运动起来，成为货币的流通。因此，所以行着 W—G—W′的运动，就是说，行着以货币为媒介的商品交换。这个商品交换就是目前摆在我们面前的前提。现在我们看看：资本这东西怎样会从这样的前提发生呢？换句话说，在这种商品的世界当中，我们可以看见一种什么样的和单纯的商品流通不同的现象形态呢？这就是我们第一的问题。（我们的研究，要从那些可以在经验上知道的外的现象的分析入手。）

资本的出发点是商品流通的世界，他的最初的现象形态，就是货币。他只是在商品生产及商品流通的发展已经达到某种确定程度的地方才能够发生的东西，并且，当他发生之际，最初具有的形态就是货币形态。他所采取的运动形式，是 G—W—G（货币—商品—货币）。在这一层上面，他是和单纯的流通 W—G—W′的现象形态，不相同的。

我们应该先把这样的流通形式的差别，加以分析（我们的研究法，是要先抓住现象，再从现象入手，进到本质里面去的。）

我们把这两种循环（运动形式——陈）比较比较，就可以发见：第一，他是分成贩卖和购买两个对立的阶级的东西，一件事；第二，无论是在两个阶级的哪一个上面，都是在一方面的极点上面，站着货币，在另一方面的极点上站着商品，一件事；第三，在依靠这些相反对的阶级的统一才能行着的全体交易上面，有三个当事人发见着，三个人当中，B 只是买商品，C 只是买商品，唯有 A 是又卖又买，一件事——关于这三件事，在两种运动形式里面都是相同的。他们之间，不相同的，明明就是贩卖和购买两个阶级所占的前后的顺序。单纯的商品流通是始于贩卖，终于购买的，当作资本看的货币的流通却不然，他是始于购买终于贩卖的。这就是说，在单纯的商品流通里面，商品是成为循环的起点及终点的东西，货币是媒介这个循环的东西，所以，同一货币可以两次变更他的所有人。在当作资本看的货币流通里面却不然，货币倒变成了循环的起点及终点，做这个循环的媒介的，不是货币倒是商品，所以，变成同一商品反要两次变更他的所有人了。

如果更进一步，把这种形式上的差异，加以研究，我们更可以发见，这种形式的差异里面，还含着某种重大的实质上的差别。在第一的循环里面（即简单的商品流通里面——陈），因为货币媒介着商品的流通的缘故，在曾经有过某种商品的人的手里，现在留存着一种和原有商品的使用价值不同的别种商品。这就是说，在品质关系上互不相同的使用价值的位置变换，形成着那种运动的内容。因此，哪怕这些商品的价值在分量上是相同的，然而他们的使用价值，在品质关系上总是相异的，因为这样，所以全体的交易才有意义。在第二种的循环里面（即当作资本看的货币的流通——陈）却不然，因为商品把货币当作资本，使他流通起来（即商品媒介货币——陈）的缘故，在原来有货币的人的手里，依然还存留着同一的货币，因此，所以他的运动，乍看起来，仿佛是无内容的。要使这种运动具有确定的内容，货币这东西回到原主人的手里的时候，就应该比原先离他手里的时候，增加分量才行。这就是说，这种进程的内容，不在乎他的两极点上的品质的差别，倒在乎这两极点上的分量的差别。这样看来，G—W—G 这种循环，实在就是 G—W—G+g（G′）了。现在，我们把这个增加了的价值，叫作剩余价值（Mehrwert，Surplus Value）（所以，从性质上说，译成“超过价值”，反易理解些，不过“剩余价值”这名词已经用开了，所以只得沿用。——陈）。

前面在第二章第二节里面，已经说过，在第一的流通形式（即第一种循环——陈）里面，货币那种东西是具有一种渐渐由他的出发点越离越远的运命的，决不是可以从新回到他的原来所有人的手里的东西。诚然，在从新把商品卖出去的时候，也还可以收进他的代价即特定分量的货币到手，但是，要知道，这已经不算得是当作最初交易的结果收得的，宁肯说是从新做了一回交易的结果，所以在最初交易的时候所付出的货币，可以说是永远不回来了。因为这样，所以普通说他是当作一种“收入”（Revenue）被“消费”（Spend）了。在第二种流通形式（即第二种循环——陈）里面却不然，货币在那里被支出之后，不但他会在流通界里保存着他自己本身的价值，并且，他还要把价值增殖起来，对于他原有的价值，加上一种剩余价值之后，再回到原来的所有人的手里。这就是说，他变形为产生剩余价值的资本了。因为这样，所以通常都说他是当作资本，被预付（Vorschiessen，advance）了，或被投资（放资）了。

为避免误会起见，还要说明几句：哪怕是在W—G—W′那种循环里面，在他两方面的极点上的W和W′的价值的大小，也可以是不相同的。但是，要知道，那样的事，从这个流通形式的本身的看来，纯然只算得是一件偶然的事，并不是形成他的本质的东西。为什么呢？因为商品流通本是商品本身的必然的运动，并且，这个运动的必然的内容，又只在一个使用价值和另一个使用价值的掉换的缘故。然而，在G—W—G′（G＋g）这种循环里面却不然，在他两个极点上面的价值是不能不相异。这个事，原是这个流通形式本身所要求的东西。

到了G—W—G′的运动已经行着的时候，在那里，就会开始一种在他的性质上简直没有边际的价值自己运动。W—G—W′虽是一种当作商品生产出来的使用价值的自己运动，在G—W—G′里面却不然，价值在那里是行着一种独立的自己运动，并且，在他的性质上，还是无际限的。因为，那些为购买而行的贩卖，第一，因为他不过是一种对于摆在这个进程外面的终局目的——即是说，个人的消费——的手段，并且，因为他所认为目的的生活上的欲望的满足，又自然有一定的限度的缘故。第二，因为为他而被支出的货币，不能从新回到原来的所有人手里的缘故，所以这种贩卖不是具有可以无限的扩大出去的性质的东西。至于为贩卖而行的购买却不然，他的目的，就在增加价值本身的所有分量。但是，价值量的增加这种东西，本来就是没有边际的。举例说，哪怕百万元增加为二百万元，这个二百万元仍然是一种有限定的分量的价值，所以仍然是当作一种可以更行增加的分量的价值，留在那里。因此，所以，一旦说到价值量的增殖的问题，同一的欲望，无论是对于一百万元，或是对于二百万元，都是同样可以发生的。并且，如果这二百万元不能开始新的循环，他即刻就会失掉了当作被增殖的价值看的性质的。因此，所以，当作被增殖的价值看的资本，只有在这样的进程的继续不断的更新的当中，才能够存在。所以，当作资本看的货币的流通自己本身，就是他的目的，资本这东西，只要是当作资本存在着，他的运动就是无际限的。这样看来，价值这东西，就因为在他本身当中，包含着一个不能够解决的大矛盾——就是说，他一方面明知那种增殖本身的目的是一个永远不能够完全实现的目的，然而同时他却又不能不继续不断的去为实现这个目的的缘故而努力，这样一种大矛盾——的缘故，才成为“那种实行着自己运动的进程的主体”（sich selbst bewegende Substanz）。也因为这样，商品及货币才变成一种东西——一种只充当着那种自己增殖的价值在他的生涯循环运动里面，轮流采用着的现象形态的东西。（从现象形态说来，资本就是商品，也就是货币。商品和货币这两种对立物，在这种意义上完全是相同的。）

现在我们更进一步看看。资本家是什么？资本家就是当作这样运动的意识“主持人”（Träger，原文译成“担手”，在中文上是不妥的，所以改译为“主持人”。——陈）看的货币所有人。我们在前面已经说过，到了当作蓄财手段看的货币发生出来了的时候，同时才在人类的世界当中，生出一种绝对的“致富的冲动”（Bereicherungstrieb），代表这种冲动的人就是蓄财家。这种蓄财家，现在随着资本变形为货币，这种事的发生，也就变成资本家，出现于世了。蓄财家和资本家，在他们都抱着一种对于价值的无限的蓄积的欲求这一层上面，完全是相同的。所不同的，不过蓄财家只是想把当作流通手段看的货币的流通，中断起来，把他留在自己手中。换句话说，只想用只贩卖不购买的方法，只想极端的限制他自己生活上的消费，去达他的目的；资本家却不然，他只须把货币当作资本，投放到流通界去，并不须节约他自己生活上的消费，就可实现他的目的。

以上所说的 $G—W—G'$ 这种形式，在表面上好像只是商业资本——资本当中的一种——所特有的形式似的。但是，看到后面就可以知道，在实际上，就是在产业资本里面，他也行着

G	——	W	……	P	……	W′	——	G
（货币）		（商品）		（生产资本）		（商品）		（货币）

那样形式的循环的。因此，所以，就是在这时候，先由货币变形为商品，其次再由商品的贩卖，去收回比原先还多货币，那种事，也还是一样的。又，拿生利资本来说，他虽然是行着

$$G—G'$$

形的循环的，然而在资本家的社会里面，他的真正的形态，看后面就可以知道，仍然还不过是一种把商业资本或产业资本的循环形式

的中间关节，省略去了的东西罢了。因此，我们可以说，资本直接的**出现在流通界的**一般形式，就是

G—W—G′

了。

第二节　剩余价值的源泉

在第一节里面说明了的资本运动的一般形式即G—W—G′这个东西，是和我们在第一篇说明了的关于商品及货币的种种法则相矛盾的，这件事，随便看看就可以知道的。

我们在前面，已经注意说过，哪怕是在单纯的商品流通W—G—W′当中，始点上的W和终点上的W′两种东西的价值的大小，是可以不相等的。但是，要知道，这样的价值量的变化，并不是这个流通形式本身所要求的东西。如果从这种流通形式的纯粹形态看来，换句话说，就是，如果把附随着这种形式的一切偶然的事情都舍了去，只就这种流通形式本身的必然的内容看看，他实在只不过是两个使用价值不同的具有相等的价值的东西的交换罢了。现在我们当作问题的G—W—G′这东西，若从他的形式说来，虽然只不过是和W—G—W′，有一点排列顺序上的区别，这就是说，虽然不过只有前者由贩卖和购买而成，后者由购买和贩卖的区别，然而要知道，在后者里面，他的始点上的G和他终点上的G′两者的价值应该不同，这件事，是构成这种形式本身的必然的内容的。如果没有这件事，全体的运动就会变成无意义了。那末，为什么只把贩卖和购买的顺序颠到起来，就能够发生这样的差异呢？换别句话说，就

是难道若以价值相等的东西为前提的时候，剩余价值的成立就会变成不可能吗？再换别的话说，就是，在商品法则的基础上面，资本的成立如何可能呢？这都是我们应该答复的问题。

在这些问题的说明当中，唱得最早，并且就在今日也还行着的说明，就是那种把使用价值和价值混在一起的说明。举例说，如像说：如果A和B拿布匹和谷米互相交换，那就是因为A可以把那种对自己很少使用价值的布匹，拿去换一种对自己有比较大的使用价值的谷米，同时又因为B也可以把自己很少使用价值的谷米，去换一种对自己有比较大的使用价值的布匹。所以交换这东西，是对当事人双方都有利益的事。据我们想来，如果把使用价值当作问题，那末，不消说，对于当事人双方，自然会发生这样利益的。不但是这样的利益，并且，若拿有交换的时候和A及B都各各自己去生产布匹和谷米两种东西的时候比较起来，恐怕由这种交易而生的分业，当然也一定会使A及B在同一劳动时间当中，得着比较多的使用价值的分量罢。但是，要知道，如果这些东西的价值量，是由他的生产时所必要的劳动的分量决定的，那末，单单靠着这些东西的所有权的移转的时候，决不会成立什么新的价值，这件事，也同样是不消说的。

把使用价值和价值混在一起的学说的例子，是很多的，老的例子，我们可以举出孔季亚（Condillac，Lecommerce et la Gouvernement，《商业和政府》，1776）。近的例子，我们可以由福田德三博士的《流通经济讲话》（1925版），引用下面一节："若问流通的实行，即是说，价值移转的实行，是怎样发生的，我们可以答道：因为在实行着价值移转的时候，可以更把价值增大起来。可以增大价值，这件事，就是等于得着剩余价值，那件事。若不能够得着剩余价值，照普通的例，也就会没有价值的移转了。（前记书，884页）

“这件获得剩余价值的事，若举一个实例说，如像在这里甲有一匹马，乙有一匹牛，甲乙两人互相交换的时候，就照下面的例行着的：

马对于甲的主观的**使用价值**　8

甲：
- 有一匹马＝认为马的利用为　8
- 和乙的一匹马交换＝认定牛的利用为　10

所以，得着 10－8＝2 的差数

牛对乙的主观的**使用价值**　8

乙：
- 有一匹牛＝认定牛的利用为　8
- 和甲的一匹马交换＝认定马的利用为　10

所以，得着 10－8＝2 的差数

这即是说，甲把有八的**使用价值**的马，当作费用，给与乙，由乙换得一匹牛。这匹牛对于自己的利用是十。所以，由十除八，剩得的二，就是甲当作**剩余价值**得来的东西。因为乙也同样是投了八的费用，得着十的利用，所以也同样得着二的剩余”（同书，888，889 页）。

甲和乙在交换马和牛的时候所得的利益，本只是试使用价值说的。但是，福田博士却把关于这种使用价值的利得（所得的利益——陈），当作剩余价值。他这种办法，从我们看来，可以说是，完全把使用价值和价值混成一个东西了。

此外也还有商品的价值以下的购买和价值以上的贩卖（即是说，买得比价值贱，卖得比价值贵。——陈），去说明剩余价值的成立的。这样的说明，也是不能够解决目前的问题的。为什么呢？

因为，我们所说的问题上的剩余价值，本是一种以价值相等的东西的交换为前提的剩余价值，所以，像刚才那样的说明，就明明不成为我所说的剩余价值的成立的说明了。诚然，从古以来，商人们就是用贱买贵卖的方法，得着利益的，因此，货币这东西，才能够在资本家的生产没有实行的很久以前，就在这些商人的手中，成了商业资本。在古代，斐尼西亚（Phoenicia），希腊，加尔塔（Carthage），罗马等等，到后来，威尼斯（Venice），葡萄牙，荷兰等等的商业，就是属于这样的资本家的生产以前的商业，这些商业都以那种特别事情——就是说，购买和贩卖两个进程不是等价物的交换，那件事（即贱买贵卖那件事——陈）——为条件而成立的东西。在这种条件下面的商业的生命，只在由交换的对手，尽量取得极多的价值，同时对于交换的对手，尽量给他一种比自己所收得价值还少的，越少越妙的价值，所以，这种商业的本质，无论怎么说，都只在欺骗别人。（举例说，如像英国话里面 Monger 这个字，现在的意思是指商人，然而这个字在他语源上，在古代阿连（Aryan）话里面，却有欺骗的意思。又，在德国话里面，交换叫作 Tauschen，这和欺骗即 Täuschen 那个字是有同一的语源的。这些事，都足以证明古代商业的本质。）这就是说，在这种时候的商业资本里面所生的剩余价值，是把别人所有的价值，换句话说，把溶化在别人的生产里面的劳动，用一种不须代偿的方法，取得了他的某一部分，才成立出来的东西，并且还是只为那部分商业资本才成立出来的东西。（元弘建武（日本天皇的年号，元弘从 1331 年起和元文宗至顺二年相当。——陈）以来，侵略了高丽和中国沿海的所谓倭寇，就是一种用强制的方法占领这样的无代偿的劳动的人。）

所以，在这里，无论是在资本已经把商品的购买和贩卖终结了之后，或是在还没有终结以前，换别句话说，就是，无论资本是在他的循环的起点上，或是已经达到他的终点上，存在资本上面的价值的总量，都是一点变化也没有的。有了变化的，只不过是存在商人以外的人的手里的价值的一部分，用无代偿的方法，换句话说，就是，不须用什么等价物去和他交换，就流进了商人的手里罢了。所以，从全体说来，并没有发生什么新的剩余价值出来。

我在从前，也曾想用自由竞争的限制，去说明这个问题（1918年7月发行的《经济论丛》第七卷，第一号，《关于剩余价值的不成立及当作不劳所得看的资本利息的发生原因的一个考察》）。我那时想着：只要实行着自由竞争，那末，诸商品的价格就应该是在他的生产费里面被决定的。然而，因为在资本家的社会里面，生产手段是被资本家阶级独占着的，所以，在那地方，虽然在资本家相互之间，行着竞争，然而由包括着一切的社会全体看来，却并没有行着完全的自由竞争，一切企业（这是 Enterprise 的翻译，有人译成“经营”，虽然可通，但因为经营在中文上意义太泛，所以我还是沿用日文的“企业”。企业就是“企图经营着的资本家的事业”的略语。——陈）倒是资本家阶级所独占。因为这缘故，所以，资本家的商品，尽都可以获得独占的价格。换句话说，就是，在这种商品里面，必然的可以发生生产以上的剩余。因为这种剩余是因为资本家阶级独占着生产手段才发生出来。所以，他就当然应该是归资本家阶级所得的东西。这就是我那时曾经尝试过的说明。这种说明自然是不能够解决目前我们说的这个问题的。为什么呢？因为，归根结底，他仍然是拿一种价值不相等的东西的交换，去说明问题，所以他的缺点，和前面所说的关于商业资本的说明，完全是相同的。

这个问题的最后的解决，只有在《资本论》里面，才找得着。如果我们在当作资本看的货币的循环 G—W—G′（货币—商品—较多的货币）里面，已经以等价物的交换为前提，那末，他第一阶段 G—W 固然是等价物的交换，他第二阶段的 W—G′也还是等价物的交换。所以，如果最后的 G′变成了 G+g，那末，最初用 G 买进来的 W，在后来被卖出去的时候，就应该变成了别种商品 W′，并且这个 W′，从他价值的大小说来，还应该是 W+w（原来的商品+新加上的某种东西——陈）。因此，所以 G—W—G′的循环，实在应该是：

G—W…W′—G

换别句话说，在最初用 G 买进来的商品当中，应该含着一种特别的商品。因为有了这种特别商品的作用，所以，在一方面，W 不能不被人叫他变化为 W′，同时，从他的价值的大小说来，也就不能不被叫他变化为 W+w 了。那末，这个特种的商品，到底是什么东西呢？这就是当作商品看的人类的劳动力！看出这个秘密的伟大功劳，属于马克思。

人类的劳动力，当作商品，出现于市场，这件事，和那种，举例说，如像随着商品交换的发展，特种商品必然的变形为货币，一类的现象是不相同的，他并不是由商品交换本身流出来的东西。因为这个缘故，所以，关于为什么会发生这种商品出来的问题，且留到别种研究里面去说（因为这个问题是社会进化史和社会学上的问题——陈）。我在这里，只把劳动力变为商品时所必要的条件，举出来就算了罢。

第一，劳动力这东西，虽然是因为他的所有人本人拿他当作商品贩卖着的缘故，才成为商品的，但是，要知道，无论什么东西，如果他不是自己的完全的所有物，一个人就绝没有把这东西卖给别人的道理，所以，劳动力若要成为商品，他必定先要从他的所有人即劳动者说来，是一种完全成为自由处分权的目的物的东西，才行。这就是说，在贩卖人是自己的劳动力的自由所有人，同时也就是自己的人格的自由所有人，这一层上面，劳动力的贩卖人是和不自由的劳动者即奴隶，农奴，等等有区别的，所以他被人叫作自由劳动者。（“自由劳动者”这句话，有时又是指那种不在工场做工的劳动者说的。这里自然不是用在那种意义上。——陈）（奴隶这东西，他本身就是一个商品。）

第二，某种确定的使用价值所以成为商品，只因为从他的所有人看来，他不是一个使用价值。因此，要想劳动力成为商品，也必定要对他的所有人是一种非使用价值（不是使用价值——陈）才行。这就是说，因为劳动者自己不能够利用他的劳动力，所以他才把他当作商品，卖给别人。他们因为自己没有生产手段，因此不能够把他们的劳动，蓄积到某种特定的生产物上面去，把他当作有形的商品，拿去出卖，所以他们只好把劳动力本身，当作他们可以出卖的唯一的商品，拿到市场上去。

要想使货币变形为资本，非先叫货币所有人在商品市场上能够发见当作商品看的劳动力——即是上面所述的那种自由劳动者所出卖的劳动力——不可。换句话说，货币所有人所以能够在等价物互相交换的条件下面，成为资本家，就是因为他和所谓雇用劳动者结了雇用契约的缘故。更拿别的话说，就是到了资本家和雇用劳动者

（即被人雇用的劳动者——陈）两个阶级——即是说，在上面所述的单纯的商品流通的范围内，从未遇见过的两个阶级——互相对立的时候，那种成为现代社会的特色的产业资本，才成立起来。从古以来就存在着商业资本，虽然能够购买一切的商品，然而劳动力这东西，却因为那时并没有把他当作商品出卖的自由劳动者的缘故，不能够被他购买，因此，这些商业资本在那时也就许久还未能变形成为产业资本。

那末，劳动力这种商品，被资本家买了去之后，怎样就会替资本家产出剩余价值呢？关于这个问题，我们且改章讨论罢。

第四章　剩余价值的生产

第一节　劳动进程（Arbeitsprozess，Labour Process）

前章里面，已经说过，本章的问题就是：剩余价值怎样在以种种等价物的交换为前提的时候，也能够发生出来？我们现在且把这问题考察考察。如果我们既然假定，在

$$G—W\cdots W'—G'$$

这个进程当中，行于流通界的 G—W 和 W′—G′ 都是等价物的交换，那末，我们就非在行于生产界的 W……W′ 的里面，这就是说，非在一个由 W 表示着他的价值的商品，变形为应该由 W′（或 W＋w）表示他的价值的商品的进程里面，去求剩余价值的成立不可。就是说，我们在以下，没有别的法子，只有专门走进生产进程当

中去，看一看在那里对于资本家及雇用劳动者到底发生着一些什么事情。

以上各章所说的，都是限于流通界的东西，不过只是对于生产进程——就是说，资本产出剩余价值的进程——的一些前提罢了。所以，单纯的商品流通，若从资本家的生产看来就是他的论理的并历史的前提。为什么说他是论理的前提呢？因为，资本家的生产的秘密（利用资本去产出剩余价值的秘密），只有以商品法则（以等价物和等价物的交换为本质的价值法则）为前提，才可以被暴露出来，并且，因为，商品的价值如何被规定，这个问题的解决，同时就可以成为当作商品看的劳动力的价值如何被规定，那个问题的解决。为什么说他是历史的前提呢？因为，资本家的生产，只有在商品生产及商品流通已经发达到某种高程度的地方，才会变成一个可能的东西。资本家的商品的生产，比起单纯的商品生产，无论是多是少，总是要比较规模大些，并且，他的成立的第一必要条件，就是商品流通上的确定的市场（销场——陈）。不消说，这种前提，又会变成结果。因为，资本家的生产一旦成立了并发展了之后，商品流通就会更往前发展。

不消说，劳动力的消费是要变成劳动本身，发见出来的。这就是说，资本家所以由劳动者购买劳动力，只为的是想使用这个劳动力，换句话说，想叫劳动者在实际行劳动，去生产某种商品。然而，要想生产商品，当然就不得不生产某种的使用价值。却是，要知道，只要人类生存这个世上，这个使用价值的生产，无论在什么样的社会形态的下面，都是必然的会行着的。所以，我们要想阐明资本家的生产方法的特征，就不能不先把特定的生产方法丢开，暂就生产本身的一般的性质（就是说，先把当作生产进程的最被舍象的形式看的单纯劳动进程）加以考察。

人类要想生产某种使用价值，就非把他自己的劳动加在外界的物质上去不可。这就是说，劳动这东西，就是人类和天然之间的“物质代谢”（Stoffwechsel）——人类用他自己的行为媒介着并“制御”（Control）着的一种存于人类和天然间的物质代谢——的自然的必然进程。人类一方面用他自己的肉体的运动，向天然去工作，把天然的物质，运动起来，把他的形态，加以变更，（当作进程看的运动——当作结果看的天然物质的形态变化）同时在另一方面，他又变更了他自己本身。这样一来，当作斗争进程——人类和天然两种对立物的斗争进程——看的，为人类而存在的世界的无限发展，才可以在这里实现出来。

这样看来，劳动进程这种东西，是要把人类和天然两种东西合起来才可以实行的，因此，所谓生产的要素也就是由充当着人的要素的劳动和充当着物的要素的劳动条件两种东西成立的。劳动条件更可以分为**劳动对象**及**劳动手段**两种东西。这里所说的劳动对象，是指那些被劳动的动作所加的对象（被人工作的东西——陈）说的。这种劳动对象当中，虽然也有只是一种第一次劳动的对象，单由天然全体切离某种东西的劳动的对象的，（举例说，如像可以在水中捕获的天然生成的鱼类，由地中挖出来的矿石，由天然森林采伐出来的木材，等等。）然而其中有一部分，却是一种已经生成劳动生产物的东西；这样的劳动对象，特别叫作原料（Rohmaterial）。其次，所谓劳动手段，是指劳动者拿来放在自己本身和劳动对象之间，好叫自己的劳动传达到劳动对象上面去的物件或物件的集合体说的。这个劳动手段，自己本身差不多全部都是劳动的生产物。（生产这种劳动手段的，差不多是只限于人类。因为这个缘故，所以福兰克林（Franklin）才说人类就是 Tool-making animal“制造工具的动物”。）

人类靠着特定的劳动手段的帮助，把他的劳动，加在特定的劳动对象之上，结果，人类这种劳动就凝结在对象的上面，一种使用价值，也就在那里生产出来了。所以，那种原先在劳动者方面具有流动的运动形态的劳动，到了生产物方面，却采用了一种固定的休止形态，因此，活着的劳动也就变成被积蓄在物件上面去了。这就是劳动进程。现在，如果把这个全进程，从他的结果的生产物的立场看来，劳动手段和劳动对象就会当作**生产手段**（Produktionsmittel），发见出来，劳动也会当作**生产的劳动**（Produktive Arbeit），发见出来。

无论是劳动手段或劳动对象，虽然他们的大部分都是劳动的生产物，都是劳动的结果，然而，因为在过去的劳动进程的结果，都是新的劳动进程的前提，所以，由这种观点看来，他们不是生产的结果，倒当作生产的手段发见出来。这就是说，某种特定的使用价值，依照他在劳动进程上所占的时时刻刻的地位——机能——如何，也可以成为生产手段，也可以成为生产物。并且，这样的机能的差别，也就是我们现在应该研究的问题。同样，劳动这东西，虽然就是人类的生活本身，然而，如果从他的劳动的结果即生产物的立场看来，却会当作一种充当那种生产物的生产手段的劳动（生产的劳动），发见出来。但是，还要知道，这里所说的，只是那些最被舍象的单纯的劳动进程的立场看起来的生产的劳动。如果从资本家的生产的立场看来，那末，因为资本家的生产和目的，原在剩余价值的生产，所以，就会变得那些生产出剩余价值的劳动才成为生产的劳动了。

在普通的教科书上面，都说明着，从上所述的那种最被舍象的简单劳动进程的立场看来，那些应该被看成他的条件的生产物，就是资本。著这些教科书的人们，虽满口都在嗤笑重商主义（Mercantilism）（近代资本主义刚刚发生的时代的一种经济学说——陈）误解了货币的性质，却没有想到，那种货币一旦变形为具象的资本之后，对于这些学者们自己，也具有一种马克思所谓物神崇拜性，（见第一章第二节（Ⅰ）简单的价值形态——陈）发见出来，人类和人类的社会关系，也被他们误解成物件的天然的性质了。这样一来，资本这东西，就被认为是一种可以充当生产手段的生产物，同时也就化成一种自然的永久的俦类——一种自从人类生在这个地球上那一天起就存在着，并且此后也还要永远存在着的，自然的永久的俦类——了。

在劳动进程上，劳动力被消费的时候，生产手段也同时被消费着。所以，若从这一方面看来，劳动进程就是消费进程，生产就是消费。不过，因为在这时候，还有一种新的生产物，当用消费的结果，生产出来，所以，这种消费，又称为生产的消费，免得他和个人的消费相混。但是，要知道，就在个人的消费的时候，物体虽然被消费了，人的生命却被生产出来了（就是说，人的生命赖这种消费去维持着。——陈）。所以，这两种消费的区别，不过只在生产的消费的结果是一种可以和消费人相区别的生产物，个人的消费的生产物却是消费人自己本身罢了。

总而言之，劳动进程这个东西，如果在他的单纯的被舍象的契机（等于要素——陈）上看来，实在只不过人类为满足他们的欲望的缘故，所行的一种“有目的的活动”（Zweckmässige Tätigkeit）——一种占有天然，对天然去加工的有目的的活动——罢了。但是，要知道，因为这样的活动，照前面所述，本是人类和天然之间的“物质代谢”（Stoffwechsel）的一般条件，是人类生活上的永久的自然的条件，所以，只要人类存在这个地球上一天，不管人类相互的关系怎样变动，换句话说，不管人类的社会形态怎样变迁，那都是和这样的活动没有关系的。因为这个缘故，所以我们在以上的范围里面，可以把人类和人类的关系，全然舍弃不管，只考察了人类和天然的对立。现在我们还得更进一步，去阐明资本家的生产的特征。（顺便让我附带说几句话罢。在普通教科书上所谓生产论里面，所说的东西，大部分都是关于这种生产的一般条件的话。不过，要知道，说明这样的一般条件，这件事，虽然在理解现代社会的特殊的历史性，一件事上面，是一个要紧的前提，然而，要想单靠那件事自己本身，去理解现代的特殊性，那却是不可能的。）

第二节　价值增殖进程（Verwertungs Process）

以上所说的，只是劳动进程的一般的性质，所以，哪怕是在劳动者不为自己行劳动，倒为资本家行劳动的时候，上面所说的道理，还是一点不变的。因为，在那种时候，所不同的只不过是资本家把生产手段和劳动力，当作商品，买了进去，叫劳动者去生产某种特定的生产物罢了。又，就是拿劳动的方法来说，他也不会因新发生了一个资本家介在劳动进程之间的缘故，在开始的时候，就受着什么样的变化。（这件事，在论理上固然是那样，在历史上，也还是那样。）

但是，在这时候（劳动者替资本家行劳动的时候——陈）最先发生的，就是下面两个特征：

（1）劳动者变成在资本家的管理的下面，去行劳动。一切人类的劳动，自从他和那些本能的无目的的活动（游戏）分化了之后，原来都是应该要受“合目的的意志”（Zweckgemässe Wille）的制御的。但是，到了这种时候，这样的意志的中心，却脱离了劳动者本身，移到资本家方面去了。这就是说，生产管理之权，离开了实行生产的劳动者，变成属于不实行劳动的资本家了。

（2）同时，由那种劳动进程里面生产出来的生产物，也变成不归劳动者所有，倒归资本家所有了。劳动者在这时候虽然取得一种当作他的劳动力的代价看的工资，然而，劳动力的使用价值却因此归于资本家了。从原则上说来，商品的购买人，对于所买得的商品是有完全的所有权的。因此，资本家对于所买得的劳动力，也有自由的去使用他的权力。所以，如果从资本家的立场看来，劳动进程这个东西，结局，只不过是他所买进去的劳动力那种商品的消费进程罢了。但是，前面已经说过，因为如果要劳动力消费到生产上面上，就得有特定的生产手段的缘故，所以，资本一面买进劳动力，同时又买进特定的生产手段，把所买的这两种东西，都投进生产进程里面去。因为所买的这两种商品都完全是资本家的所有物，所以，由这两种商品结合生产出来的生产物，也就全部归了资本家所有。

以上，不过只是把资本的生产进程，当作一种只生产使用价值的进程，简单说，当作一种单纯的劳动进程，观察了一回罢了。但是要知道，资本所以去生产特定的使用价值，并不是为要拿来充自己的消费，倒只是为把他贩卖出去，换成货币进来。换句话说，资本的生产进程，并不只是生产着一种生产物，倒是把这个生产物当作商品生产着。却是，前面第一章已经说过，商品这种东西，本是使用价值和价值两种对立物的统一体，所以，这样性质商品的生产进程，当然也不得不是当作使用价值的生产进程看的劳动进程及价值形成的进程，这两种对立的进程的统一体。因为这个缘故，所以我们还得更进一步，把资本的生产进程，再从价值形成的方面，考察考察。现在，我们若从这个方面考察生产进程，我们就知道，成为问题的，并不是费在那里的劳动的品质的问题，倒专只是他的分量的问题。

我们第一应该考察的，就是资本家为进行生产的缘故，所买进的各种商品的价值。在这种价值当中，关于那些当作生产手段用的劳动生产物的价值，我们已经在第一章里面说过了。目前在这里新成为问题的，只是那些当作资本家的生产的前提才发见出来的特种商品的价值，换句话说，只是劳动力的价值。

不消说，劳动力这个东西，若从劳动生产物的固有的意义说来，是算不得一种劳动生产物的。不过，要知道，他也并不是像土地一样的天然物，因为人类的生活本是自己生产着的东西，所以人类的劳动力也还是人类所生产的东西。因此，到了劳动力一旦采用商品的形态的时候，前面第一章里面所说的种种理论，就可以照样对于劳动力也适用有效。这就是说，劳动力这东西，只要他是一种价值，那末，在那范围内，他也和其他一般商品一样，是表示着当他被生产的时候在社会关系上所必要的劳动的分量的。换句话说，当作商品看的劳动力价值，是和在维持劳动者本身及其家族的生活上面所必要的生产资料的价值，相等的。

在布帛生产上面所必要的生产手段的价值，会原封原样移转到布帛当中去。同样，劳动力的价值，也和在劳动力的生产上面所必需的生活资料的价值相等。

要想劳动力成为商品，第一先要拿活着的人类为前提，既以活着的人类为前提，那末，劳动力的生产，就只有在维持着那个人类的生活的时候，才能够实行了。然而，要想维持他的生活，却非有特定分量的生活资料不可。因为这样，所以在劳动力的生产上面所必需的劳动时间，成为一个东西了。

劳动者的生活程度，可以因时代和地方的种种不同，发生差别。这里所说的"在生活维持上在所必需的"这句话，并不是指在生理上所必需的绝对的最小限的东西。

又，劳动者是一个人类，所以他达到某种年龄的时候，一定会死。因为这个缘故，所以，如果要想劳动力的生产继续的实行下去，那末，不但现在的劳动者的生活资料是不可少的，就是他的家族的生活上所必要的生活资料，也是不可少的。换句话说，就是，劳动者的生存并他的生殖上面所必需的生活资料，都是不可少的。

照我们的假定说来，资本家是把生产手段并劳动力，按他们的原有价值买了进来。（在现实的事实上，未必一定能够按原有的价值买进来。这里所以这样假定，无非是想要表明，哪怕是照原有价值买了进来，也仍然可以产出剩余价值，那件事，罢了。）现在假定这里生产了十磅棉纱，并假定这种生产上所必需的生产手段，是由含着二十时间劳动的棉花和含着四时间劳动的纺锤两种东西代表着的。（纺纱机器并不是行了一回生产就全部消耗完了的。所以在这里特特假定，拿一个纺锤去代表被消耗了的劳动手段）。如果假定以纯金二分为一元，这二分纯金的生产上面所必要的劳动时间为二时间，那末，这些生产手段的价值，就变成和金子十二元相当了。因为这些生产手段是在十磅的棉纱的生产上面所必要的东西，所以，在这些生产手段的生产上面所必需的劳动时间，同时也就是这些棉纱的生产上面所必需的劳动时间，因此，这些生产手段的价值，就原封原样的移转到所生产的生产物即棉纱上面去了。（生产手段的价值，无论在什么时候，都是原封原样的移转到生产物上面去的。因为所谓生产手段既然认为是在生产物的生产下面所必需的东西，所以，在生产手段的生产上面所必要的劳动时间，就原封原样的变成了在生产物的生产上面所必要的劳动时间。）其次，如果假定在劳动者每天的生活资料的生产上面所必需的劳动时间是六时间，那末，每一天的劳动力的价值就变为和金三元相当。又，假定，在利用上面说的生产手段，去生产十磅棉纱的时候，所必要的劳动时间是六时间。现在总起来说，如果在上面种种假定的下面，一个资本家去买进上述的生产手段和劳动力，把他们结合起来，生产了十磅棉纱，那末，他所得的生产物的价值就和下列的数目相等：

Pm（生产手段）＋A（劳动力）＝20 时间＋4 时间＋6 时间

＝10 元＋2 元＋3 元＝15 元

但是，如果单是这样，那末，因为资本家投了十五元的资，仍得着十五元的生产物，所以，剩余价值一点也没有生产出来，因此，他最初所支出的货币，在实际上也不算得变成了资本。我们把这些只限于这样程度的生产进程，叫作“单纯的价值形成的进程”（Einfacher Wertbildungsprozess）。

那末，资本家的生产进程怎样会不单是成这样一个单纯的价值形成的进程，还要更进一步，变成价值增殖的进程（Verwertungsprozess）呢？答道：这只是因为劳动力那种商品的特别的性质的缘故。因为含在劳动力里面的过去的劳动和劳动力所能够发挥出来的活着的劳动，两种东西的大小，完全是不同的。举例说，哪怕在劳动者每天的生活资料——在一天当中养活劳动者生命的资料——的生产上面所必需的劳动时间，仅仅只是六时间，那个劳动者本身在每天当中却可以从事于十二时间的劳动。前者（六时间——陈）规定着劳动力的价值，后者（十二时间——陈）形成着劳动力的使用价值。所以，如果照我们上面那个假定说，资本家就是用劳动力的价值，买进了劳动力的使用价值。照一般原则说，商品的购买人，对于他所买得的商品，是有一种随意自由利用的权力的。这就是说，商品的贩卖人一旦把他的商品卖出去了以后，无论他所卖的商品被购买了的人怎样虐待酷使，他关于他自己的已经卖出的商品，也是不能够有什么抗议的。所以，一旦把劳动力买得了之后的资本家，就会不按上面所说的假定，只叫劳动者行六时间的劳动，倒会叫他多行劳动，如像叫他行十二时间的劳动。但是，如果劳动的分量变成加倍，那末，只要别的事情（别的条件——陈）没有变化，那种应该吸收这种劳动的生产手段的分量，当然也就不能不变成加倍。这样一来，比起上面所举的例，所生产的棉纱就变成加了两倍，他的价值也就变成了三十元。但是，资本家为行这种生产的缘故，所支出的价值，却不过只有二十七元。因此，三十和二十七相减时剩下来的三元，就当作剩余价值，被生产出来了。

劳动对象	20 元	比上面的例加二倍
劳动手段	4 元	和上面的例一样
工　　资	3 元	
合　　计	27 元	

这样一来，问题就全被解决，毫无遗憾了。原来给在我们面前的问题，虽然只是这样一个问题：在以价值相等的东西的交换为前提的时候，剩余价值的成立，怎么也会变成可能的东西？现在我们已经看见，这个问题，只有在劳动力这种特殊商品——这就是说，一种在被消费于生产上面的时候，可以发生比他自身价值还多的价值的商品——出现在市场之后，才会被解决出来。充当着劳动力的贩卖人的雇用劳动者和充当劳动力的购买人的货币所有者，两种人，哪怕在流通的进程里面当作是完全平等的人格者，互相对立，互相行着等价物的交换，但是，在生产进程里面，那些没有付过等价的——即是说，在实际上毫无代偿的——剩余价值，却可以由劳动者送付给货币所有者的方面去。这样一来，原先的平等关系，就变化成为他的反对物即榨取关系了。如果照上面所述的看来，这种变化完全是由量变到质的变化，这件事，倒是很明白的。前面已经说过，价值增殖进程，换句话说，剩余价值被形成的进程，不过是

那种单纯的价值形成的进程被延长到某特定地点以上的东西罢了。详细说来，就是，只有在那些用资本支付了代价的劳动力的价值，被延长到为新发生的等价物所补充的某一个地点以上的时候（就是说，新发生的价值比原先支付过的资本的价值更多的时候——陈），那种简单的进程，才会变化成为价值增殖的进程。因为这样，所以，劳动时间延长到某种限度以上，这件事，就是资本家的生产的成立那件事的必要条件。

这样看来，通过生产进程的资本的运动，可以用下面的形式，把他表示出来：

G（货币）——W（商品）{A（劳动力）
Pm（生产手段）} ……P（生产资本）……W′（具有较多价值的商品）——G′（较多的货币）

我们将来到了第三篇的时候，还有关于这种形式的详细的说明。

我们在以上，已经把生产进程，先从当作**使用价值**的生产进程看，换句话说，就是当作劳动进程看的方面，加以观察，其次又从当作**价值**形成的进程看的方面，加以观察，说明了，生产进程这东西可以有单纯的价值形成的进程和价值增殖进程的区别，这件事了。要知道，因为商品这东西原是使用价值和价值的统一体，因此，在商品的生产上面所用的劳动，也会一方面生产使用价值，同时在另一方面生产价值。所以，一切商品的生产进程都不能不是上面所述的那种意义上的劳动进程和价值形成进程的统一。特别是，如像资本家的生产进程那种东西，更必不能不是劳动进程及价值增殖进程两种对立物的统一。所以，**资本家的生产的发展，只不过是**

那种对立物的斗争进程罢了。并且，一方面当作负有打破那种对于劳动生产力的发展的桎梏的历史的使命的人看的劳动者阶级，就正代表着当作使用价值的生产进程看的劳动进程的利益；另一方面，当作维持现存的生产关系的人看的资本家阶级，就正代表着价值增殖进程的利益。因为这两种代表关系的缘故，藏在资本家商品生产的方法当中的生产力关系的矛盾，也就发见于社会的表面，成为劳动者阶级和资本家阶级间的阶级斗争了。因为这个缘故，所以，我们所要研究的资本家的生产的发展进程的问题，同时也就是下面两个问题：第一，在那样的特殊的生产方法下面，**生产力和生产关系的矛盾**，怎样会慢慢的加大，并且怎样会把这个矛盾的解决上面所必需的物质的诸条件，生产出来，一个问题；第二，劳动者阶级和资本家阶级间的**阶级斗争**，怎样会渐渐越变越激烈，怎样到后来这种阶级斗争会被抛弃消灭，一个问题。

第三节　不变资本及可变资本 (Konstantes Kapital und Variables Kapital)

不变资本和可变资本的区别，是形成着资本家生产的理解上面的一个重要俦类的东西（是一种重要的东西——陈），所以我们不得不在下面说一说。前面已经说过，充当着劳动进程的人的要素的劳动力和充当劳动进程的物的要素的生产手段，两种东西，对于生产物的价值形成，是有不同的关系的。这就是说，后者（生产手段——陈）虽然把他的价值原封原样的移转到生产物上面去，前者却不然，他在劳动对象的上面，附加着一种新的价值。但是，要知道，这种旧价值的移转和新价值的附加，在劳动进程上，是和劳动正把生产手段变形为生产物的那个时候，同时行着的。因为用在商品的生产上面的劳动，在一方面是用来生产特定的使用价值的具体的有用劳动，同时在另一方面又是形成着价值的被舍象的劳动。因为他有这种二重的性质的缘故，所以，劳动的结果也会二重的发见出来。详细说，就是，劳动者虽然因为他对于劳动对象附加了特定分量的劳动的缘故，在那劳动对象上添了新的价值，但是，如果要想使他的劳动发生这样的效果，那末，他那种特定分量的劳动，就非是一种可以生产特定的使用价值的劳动不可。举例说，如果他是纺织工人，他说只有用“纺纱”这种具体的有用劳动，才可以对于那个劳动对象，添加新的价值。在他已经行了这种“纺纱”的劳动的时候，充当着他的劳动对象的棉花，虽然和充当着劳动手段的纺锤，同时消失了旧的形态，然而这两种东西，却同时在另一方面采取着棉纱这种使用价值的新形态，发见出来。不过，要记得，从前我们已经说明过，某一个使用价值如果适当的被消费在别一个新的使用价值的生产上面，那个被消费的旧使用价值的生产上所必要的劳动时间，一定就会原封原样的形成着新的使用价值的生产上所必需的劳动时间。因为这个缘故，所以，在劳动者行了那种“纺纱”的特定的具体的有用劳动之后，已经发生一种结果，使生产手段的价值原封原样的被转到新的生产物的上面去了。并且，这种具体的特定的有用劳动，只要他是在社会关系上，为特定分量的棉纱的生产上面所必需的分量的劳动，那末，不管他的品质如何，也就可以当作被舍象的人类劳动的特定分量——换句话说，不因为那种劳动具有特种的有用性质的缘故，倒因为他在特定时间中继续着行使了的缘故——把特定的分量的价值，加添到生产手段的价值上面去的。所以我们特特说明过，从价值形成的进程看来，成为问题的，并不是劳动的品质，倒只是劳动的分量。

生产手段的价值，虽然照上面所述，原封原样的移转到生产物的上面去，但是，他的价值的移转样式，却有种种的不同。因为，虽然生产物从生产手段摄取了的价值，只是生产手段在劳动进程上所消失的价值的分量，却可以依生产手段的种类的相异，发生种种区别。固定资本和流通资本的区别，就是由这里发生的。

举例说，如像当作原料看的煤炭这种东西，就是消失得不留痕迹的。又，如像染料那样东西，虽然同样会失去他的独立的存在，但是，他还可以把他的痕迹留在生产物的里面。其次，原料这种东西，虽然是形成生产物的实体的，然而他的形态却会变更。以上所说的种种原料和助成材料，无论是那一种都是会把他们在当作使用价值走进劳动进程的时候所具的独立的形态，失了去的，因此，这些东西的价值，都是全部移转到生产物上面去。至于机器，建筑物（如工场，仓库，等等。——陈），等等劳动手段，情形却不相同，他们都是一面维持着现状，一面反复的供无数次的劳动进程之用。因为这样，所以，他们在每一次的劳动进程上所失的使用价值，只不过是他的使用价值的一部分，因此，每一次从这种生产手段移转到生产物上去了的价值，也只不过是这些生产手段的价值的一部分罢了。（人类这东西，是每天每二十四点钟，死下去的。今天一天活着，做了工作，这件事，就是和今天一天又死了去，那件事，是相同的。因为，活了来，这件事，就是死了去，那件事。因为生产就是消费。机器和建筑物也和这个道理一样，都是一天一天死下去的。不过，他本身虽然死了，他本身的价值却一点一点的移转到生产物上面去了。）现在我们再说：特定的劳动手段，到底可以供多少回的劳动进程之用，这件事，是可以由经验知道的事。（人类的平均的寿命，大抵都是有约莫一定的岁数的，人寿保险公司，就靠这种平均寿命作为他们营业的基础。机器等等东西，也和人类一样，可以确定出一种平均的寿命出来。）我们依据这种由经验得来的计算，就可以算出某种机器的价值，每天到底移转了几百分之几或几千分之几到生产物上面去。前面已经屡次说过，生产手段把他的价值移到生产物上面去，这件事，本来就是等于把在那种生产手段的生产上面所必要的劳动时间，算入在那种生产物的生产上面所必要的劳动时间里面去，那件事，所以，生产手段这个东西，决不能够把一种比他失去的价值——他在劳动进程上，因为失掉了他的使用价值的缘故而失去的价值——以上的东西，移到生产物的上面去。因为这个缘故，所以，如果那种生产手段，是一种可以不须加什么人类的劳动，只由天然供给出来的东西，那末，哪怕他怎样对于使用价值的生产有大大的用处，他对于价值的形成，也是无关系的。因为这个缘故，所以像机器那种东西，当作使用价值看的时候，虽然拿他的本身全体，一齐走进各个劳动进程，然而他走进价值形成的进程的时候，却是一点一点的走进去的。

这样看来，生产手段的价值移转的样式，虽然确有种种的不同，然而总起来说，结局，所谓生产手段在劳动进程上被消费，这件事，总是就他的使用价值的关系上说的，并且因为他的使用价值被消费之后，就可以同时发生一种新的使用价值出来。所以生产手段本身的价值也才会跟着他的使用价值的消费，同时移转到新的生产物上面去。换句话说，只就和生产手段有关系的范围内来说，价值的再生产——即是说，旧价值的消费及新价值的生产——决不会在劳动进程上实行着的。

劳动力在这一层上面，却和生产手段大不相同。因为生产商品的劳动，原来具有二重的性质——一面造出使用价值，同时另一方面又形成价值，这两重的性质——的缘故，所以，在一方面，生产手段靠这种劳动转形到生产物上面去，因此，旧价值也由生产手段移转到生产物上面去。同时，在另一方面，这种劳动的本身，又按照他的分量的多少，对于他的劳动对象，加添上一种新的价值。不消说，要得劳动力，当然要有特定的分量的生活资料被劳动者消费了去。并且，如果照我们前面的假定说来，因为和这种生活资料相当的价值，是当作工资，由资本家支付给劳动者的，所以，如果劳动者只把一种和他自己的劳动力的价值相当的等价物生产出来，拿前面的例说，就是说，如果他只做了六时间的劳动，以后就停止劳动，那末，他的劳动的结果就只不过把一种和资本家当作工资支付给他的那种分量相当的价值，恢复转来（从新生产出来——陈）罢了。但是，因为在劳动者方面的生活资料的消费，是在生产外部行着的所谓个人的消费，因此，生活资料的价值，也应该随着生活资料的消费，一同消失了，所以，这种和生活资料相当的价值，算是依靠这种劳动，又新被再生产出来了。然而，要知道，在资本家的生产下面，劳动时间并不能够只是六时间就完了的，他一定还在延长到六时间以上去。因此，这种劳动力被消费在生产上面之后，所得结果，不但是会把劳动力本身的价值，再生产出来，并且还会生产一些在这种价值以外的剩余价值。因为这个缘故，所以我们把变形到劳动力里面去了的那一部分的资本，叫作“可变资本”（Variables Kapital），和这个可变资本**相对立的东西**，就是那种变形到生产手段里面去了的一部分资本，我们把他叫作“不变资本”（Konstantes Kapital）。这样一来，从劳动进程的立场，当作生产手段和劳动力，区别出来的东西，现在从价值增殖的进程看来，却又当作不变资本和可变资本，区别出来了。

人类和天然的对立，生出生产手段和劳动力的对立。这种生产手段和劳动力的对立，又生出不变资本和可变资本的对立。并且，社会的全体资本，都常常是由这样的不变资本和可变资本两种对立的要素，构成着的。但是，要知道，即使没有人类，天然还是可以有的。在人类和天然的斗争当中，比较强的，还是天然。不过，如果一旦以人类的历史——人类的生存——为前提，那末，人类的劳动就是人类生存上的不可缺少的条件，所以劳动者的生存也变成人类生存上的不可缺少的条件了。但是在资本家的社会里面，在劳动者方面所必要的生存资料，却当成可变资本，在资本家方面发见出来。这样一来，在不变资本和可变资本的斗争里面，可变资本渐渐被不变资本所压迫，这件事，就不能不在社会关系上，招致重大的结果了。关于这些事，我们说到后面去，就可以明白的。

第四节　剩余价值率

如果把前一节里面所说的不变资本用 C 表示着，可变资本用 V 表示着，剩余价值用 M 表示着，那末，我们就可以把价值增殖的进程（即是说，把产业资本的循环运动），用下面的式子，表现出来（又，以 G 表示货币，以 W 表示商品，以 A 表示劳动力，以 Pm 表示生产手段，以——线表示流通，以……线表示流通的中断。）：

$$G-W\left\{\begin{matrix}A=V\\ Pm=C\end{matrix}\right\}\cdots W'\left\{\begin{matrix}V+M\\ C\end{matrix}\right\}-G'\ (C+V+M)$$

因为这样，所以要行进程的纯粹的分析，就得暂时把不变资本 C 作为没有，只先就 V 和 M 的关系，加以考察（为什么呢？因为 C 这东西，无论是在 W 里面，是在 W′里面，是在 G′里面，都同样被包含着的缘故）。自然，M 对于资本总额即是说对于 C＋V 的关系，从资本家方面说来，是有非常重要的东西，是具有决定力的东西，并且，他在社会的表面上，是采取利润率的现象形态的东西。关于这些我们到后篇，还要详加讨论。不过不变资本那个东西，若从价值增殖上说来，实现他那种价值增殖的机能，虽然不能不依照劳动进程上的特定的技术的性质，用适当的比例，把不变资本和可变资本配合起来，然而，能够增大自己本身的价值的，却只限于可变资本。打个比方说，要想烧开水，我们虽然不能不先把冷水放在锅里，然后对这个锅去加热力，然而，在这时候，使冷水变成开水的原因，却只在所加的热力，所以，如果要想纯纯粹粹的去考察冷水变成开水的进程，我们就不把水的容器（即锅——陈）放在我们的考察范围内，也是不相干的。不变资本的情形，就恰恰和这个水的容器一样。现在，我们且把 V 和 M 的关系看一看。V 和 M 的比，这就是说可变资本和在他上面所生产的剩余价值之比，叫作**剩余价值率**。这个率，是表示着已付价的劳动（这就是说，那种用来再生产一种和工资——劳动由资本家领受的工资——相当的价值的劳动）及不付价的劳动（这就是说，劳动者在实际上并未接受资本家的无论什么样的代价，只白白的对资本家卖了气力的劳动）两种劳动之间的比率的东西。这就是说，他就是劳动者被资本家所榨取的程度的正确表现。又，如果我们把劳动力的再生产上面所必要的劳动或劳动时间，叫作必要劳动或必要劳动时间，那末，剩余价值率就等于这种必要劳动或必要劳动时间和劳动者在必要的劳动或必要的劳动时间以外所贡献给资本家的所谓剩余劳动或剩余劳动时间两种东西之间的比率。

因为实行着社会的分业的缘故，雇用劳动者并没有直接的生产着他们所需要的生活资料。举例说，如像纺织工人，如果他每天做十二时间的劳动，并且假定其中的六时间是必要劳动，其余的六时间是剩余劳动，那末，他是不是把他那六时间的必要劳动，都拿去生产他的生活上所必要的消费资料呢？当然决不会有那样的事。他只把他的必要的劳动，拿去生产一种和他的剩余劳动所生产的生产物相同的东西，换句话说，就是生产棉纱。又，他是不是把他用必要劳动生产出来的棉纱，当作工资，由资本家领受着呢？当然这决不是的。他只把他对于必要劳动的报酬，用货币的形式，领受着，再拿所得的货币，到市场上（由那些除他直接雇主以外的种种资本家），购买他所需要的生活资料。这样一来，因为有货币夹杂在中间的关系，问题就稍稍变复杂了。因为这个缘故，所以那些俗流经济学者，关于这一层，弄得对于马克思说，连理解都理解不来了。我可以举土方成美教授，作为一个例子。这位教授好像以为，哪怕是在同一社会，同一时期当中，必要劳动在那些劳动的生产力已经发达着的生产部门里面，都可以比那些劳动的生产力尚不发达的部门，少用一点也就行了似的。关于这件事的详细说明，请看拙著《社会问题研究》第八十六册（一九二八年七月发行）。

又，那些由资本家付了对价的部分的劳动，虽然在实际上限于必要劳动范围，但是，由资本家付给劳动者的工资，在外观上看来，却好像是对于全部的支付似的。这就是说，在这里，事物的本质和他的现象，也是完全颠倒着的。因为这个缘故，所以，把剩余价值，当作剩余劳动的凝结物去理解他，这件事，从剩余价值的认识上说来，是非常重要的事，他那种决定的重要程度，是和在一般价值的认识上面，把价值当作劳动的凝结物去理解他，那件事，所具有的重要程度，完全是一样的。

剩余劳动的结果归于不劳动的人所有，这件事，并非资本家的社会特征。宁肯反过来说，这样的剩余劳动，用什么样的形式，被人由劳动者手里夺了去，这件事，倒是一种区别到今日为止的诸种经济的社会构成的标准。不消说，如果劳动者为着生产他本身自己和他的家族所必需的生活资料的缘故，非把他的时间全部用去不可，那末，自然就不会有剩余的时间，去替第三者行无代偿的劳动了。因为这个缘故，所以，剩余劳动的成立，必定是以劳动生产力有了某种程度以上的发展为前提的。也因为这样，所以，在生产力极为幼稚的时代，连那种奴隶制度的成立，也是不可能的。

不用报酬就取得剩余劳动的结果的人，在奴隶制下面，就是奴隶的主人，在封建制下面，就是土地的领主，在资本制下面，就是资本家，若更到了共产制下面，就应该是限于小孩，病人，不具和废疾人，及老人，等等劳动不能者，以及一些从事物质生产以外的有用的劳动的人们。

在奴隶制下面，在外观上，好像奴隶劳动的结果，一切都归于奴隶的主人似的。其实，因为奴隶也非继续生活不可的缘故，由他的劳动生产出来的东西的一部分，必定是要归他自己消费的，因此，他的劳动，在实际上，也是分为必要劳动和剩余劳动两部分的。在农奴的劳动下面，农奴为他自己所行的劳动和为他的领主所行的劳动两种东西的区别，无论在时间或在地点上，都是在外观上分得极明白的。但是，到了雇用劳动者的时候，前面已经述过，他的劳动在外观上却好像全部已经被支付过对价似的。

第五章　绝对剩余价值的生产

第一节　劳动时间的延长

归资本家阶级所得的剩余价值，照前章所述，是由雇用劳动者的剩余劳动生出来的。因为资本家的生产是专以这种剩余价值的获得为目的的，所以资本家的努力，总是在设法由劳动者尽量的榨取比较多的剩余价值。我们在本章以下，要把他们这种榨取方法当中几个主要的，加以考察。

第一应该说的，就是劳动时间的延长。前面已经说过，剩余价值的生产，原是要以劳动者从事于必要劳动以上的劳动那件事为前提的，所以，劳动者的劳动时间延长到一种和必要劳动相当的劳动时间以上去，这件事，从资本家的生产说来，是一种绝对必要的事，因此，他从资本家的生产开始成立的最初一天起，就实行着，并且还是永远要成为资本家生产的一般的基础的。由这种方法发生出来的剩余价值，并不须对于劳动的方法上面，加添什么质的变化，只须把劳动时间延长，就可以得着。自然，在资本家生产的成立初期的时候，资本家的主力，都是用在这种方法上面的。不消说，随着资本家的生产的发达，劳动方法也会发生重大的变化，同时也就可以成为剩余价值的生产的有力的原因（关于这一层，我们要在次章详论），但是，目前我们为要把问题拿来行一种分析的观察的缘故，特特先把劳动的方法——因此，劳动的生产力，他的能率，等等东西，都放在一起——假定为确定不变的东西，只把那种由劳动时间的延长发生出来的剩余价值，当作问题。因为这种剩余价值的发生，就是一般剩余价值的生产的理论的出发点，同时还是他的历史的出发点。

关于日本明治三十年代（即一八九七以后的十年之间——陈）的日本织物工场的事情，看一看一九〇三年日本农商务部所刊布的《织物职工事情》，就可以知道一斑。举例说，如像在浅野工场（美浓地方的），森嘉七工场（尾张地方），山本工场（尾张），山森工场（米泽），香野机业场（川又），等等工场里面，就是由早晨五点钟上工，晚上十点钟下工，在实际上竟强制的行着十七时间的劳动。哪怕织物方法本身还是行于手工业时代的旧式的东西，如果强行了那样长时间的劳动，当然也还是可以替资本家生产剩余价值出来的。（那些本来是一种单纯的商品生产的手工业，便由这种劳动时间的延长，变化为资本家的商品生产了。）并且，工作的方法越是旧式，资本家为生产剩余价值的缘故，对于劳动者，越有尽量的叫他行长时间的劳动的必要。

一九〇二年八月五日，日本琦玉县知事木下周一对于当时的农商务部大臣平田东助所上的《机织工女虐待事件报告书》，以及东京控诉院在一九〇三年三月十四日对于这报告书里面所载的机业者金子初五郎以下三人所下的判决文，作为日本资本家的生产初期的劳动者虐待的事例，恐怕也许有历史的价值罢。试把判决文的理由书抄录一部分看看：

“被告初五郎是一个从事机业的人，在他宅子里，有两栋工场，使役着二十七八名工女。他那工场的周围，都设着**坚牢的栅栏**，栅栏上虽设有正门和后门，但是，无昼无夜，常常都是锁着的，一点也不准工女外出，并且还不使外部窥到工场的模样。他使役工女极为苛刻，每天要叫女工们织成一种**太过于长了的特定尺寸**。他和被告阿万，指挥着当佣人的被告诚治，宇吉，并元次郎，周三郎，等等，叫他们监视工场。对于那些不能织出特定尺寸的工女，哪怕到了**夜半深更，也要强迫她们继续做工**，并且，或减她们的食料，或完全不给东西吃，或剥去她们的衣服，或在寒天把她们弄成裸体来殴打，或淋冷水，或捆绑起来，加以殴打并剥去衣服，等等的事，极其残酷。在一九〇〇年以后，曾在他自己的家里，做了下列的行为：

第一，因为工女藤泽加野没有织够特定尺寸的缘故，（一）在一九〇〇年中……被告初五郎自己把加野捆起来，和被告周三郎一同去殴打她。（二）在一九〇一年正月，被告初五郎叫被告元次郎把加野赤身捆起，在下雪的当中，拖在家里到处跑。（三）由一九〇〇年十二月到一九〇一年八月之间，被告初五郎和周三郎商量好，把加野赤着身体，用绳子从腿到肩膀绑起来，把她吊在屋梁上殴打。

第二，工女冈田阿关（一）不堪虐待逃跑了，但是，她所逃的地方后来被发觉了，所以在一九〇〇年十二月又被初五郎带了回去。初五郎到家后，和阿万，周三郎同谋，把阿关赤着身子，在她两股间搁上一个架子，用绳子绑起两只脚，……殴打阿关的屁股。又，因为阿关没有织足所定尺寸的缘故，（二）在一九〇一年中，……把她裸着身体，由腿到肩膀绑起来，吊在屋梁上，吊了数十分钟。（三）同年当中……把阿关裸起来，把她的一只脚，绑在另一工女的脚上，中间放一块板子，叫阿关在板子的外边站起来，阿关如果不堪痛苦，要想弯腰，他们就用扫帚去殴打屁股。

第三，工女横田阿高因为没有织足定尺的缘故，由一九〇一年四月，到一九〇二年六月之间，被初五郎和阿万，裸体殴打了。

第四，工女田端阿艳（一）因为不堪虐待的缘故，逃走了去，后来她所藏避的地方被发觉了，仍然被被告初五郎于一九〇一年十二月带了回去。一到工场，初五郎，阿万，宇吉，等人就商量起来，把阿艳赤身捆起来，共同去殴打了一顿。又，因为阿艳没有织足定尺的缘故。（二）一九〇二年中，……把阿艳赤身绑起来，把她仰面朝天的推倒在地下，用棍子插进阴户，用力捣搅。（三）由一九〇二年正月到四月间……在地窑里面，把阿艳绑起来，加以殴打，云云……（以下还有第五，工女冈田阿菊，第六，工女佐野阿清，第七，工女姬野美代，第八，工女掘下阿并，第九，工女高神阿里，第十，工女柿本阿房，第十一，工女铃木阿稻，等等人的记事，因为太累赘，所以略去了）。”

以上所说的，是一种成了裁判问题的东西，所以不见得就可以拿来看作那时候的一般的事态，但是至少总可以作为当资本家的生产刚刚开始时期的资本家对于劳动时间延长的一种吸血鬼的渴望的象征看罢。

就是在资本家的生产已经非常发达的今天，资本家也是常常窥伺着延长劳动时间的机会的，只要有延长的可能，他们一定会去延长。死了的细井和喜藏所著的《女工哀史》的110—111页，就是一个例子，请参看。

在中国也是一样，随着资本家的生产的勃兴，工场内的劳动者的虐待，也正现着一种悲惨的状况。我可以引用道尔孙（Dolsen）所著的Awakening of China《中国的觉醒》1926（我所据的是蓬台恒治的日译《中国走到何处去?》）的一两句，作为例证：

“因为诸工场的幼年劳动状态的问题，屡次酿成继续的议论的缘故，上海工部局在一九二三年设立了一个调查委员会。……这委员会行了一个宽泛的调查。结局把所调查的成绩和劝告，提出于一九二四年四月的工部局总会了。……上海调查委员会知道了，在上海市工业区域里面的二百七十四个工场内，有二万二千人的十二岁以下小孩做着工。劳动的时间是从早上八点钟起到午后六点钟止，或是从午后六点钟起到早上六点钟止，普通却是一天做十二点钟的工，委员会看见了，终日终夜**‘都有好像已满六岁又像未满六岁的小孩们许多许多做着工’**。上海市外国人租界的幼年劳动调查委员会报告着，**‘往往小孩**

子到了五岁就被雇用’。……或许是因为白天或晚上的十二时间的劳动还以为未足的缘故，‘小孩们往往**成天成夜的**继续的劳动着’……”

“上面的报告虽只是关于上海方面的报告，实则中国全国产业区域的状况，都是差不多的。基督教青年会国际书记爱迪（Sherwood Eddy）在一九二三年曾经把中国的劳动状况详细研究过，他把他所知道的事情，做了下面这样的报告。……他所访问的四个工场，‘都是使用着原始的手织机的中国织布工业’。中国旧有的手工业，本来经营就非常困难了，到了近年，因为又非和近代的工场竞争不可的缘故，经营状况越发弄坏了，从来靠包工制维持着残喘的大多数的手工业，都崩坏了。据爱迪说，在他去访的时候（一九二三年），‘用那种手织机做着工的都市幼年人，约有一万五千人’。‘在平时本有二万五千多人，现在却有许多人都失了业。’大人的工资平均每月九元或每日三角。劳动者**平均每天做十八时间的工，由上午五点钟起，到晚上十一点钟止**，每星期做七天的工。有许多幼年，都是一些只给饭吃，不给一点工资的徒弟……”（据蓬台氏日译本，67—77页。）

我们这个讨论，原是由“劳动力是照他所有的价值被买卖着的”那个假定出发的。所以，如果假定必要劳动时间是六时间，那末，剩余劳动时间就是简简单单的和一天的劳动时间在这六时间以外所延长的程度为正比例的。这就是就，如果在下面三个例子里面，拿 ab 表示必要劳动时间，ac 表示一天的劳动时间（每一劳动日的长短），那末，剩余劳动时间这东西，在第一例里面就是一时间，在第二例里面，就是三时间，在第三例里面，就是六时间：

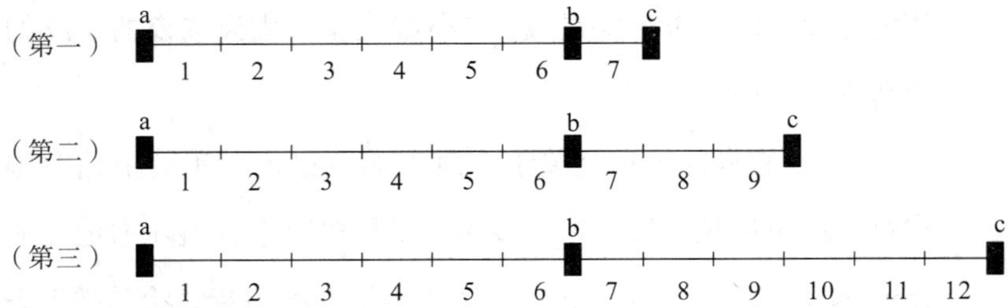

一天的劳动时间，决不是有固定的长短的东西。从一方面说，他的最高限度（顶长的劳动时间——陈）是依下面的事情，受着两重的规定的。第一，是生理的界限。因为，一天当中虽然有二十四时间，但是，要想在一年四季当中，常常继续不休的，在这二十四时间里面去劳动，这件事，在生理上，是不可能的。第二，是道德的界限。因为，劳动者这东西，并不是只要当作动物生活下去就行了的，他们也还有种种的精神的并社会的欲望——虽然这种欲望的程度和范围要看一般文化的状态如何，才能决定——他们也必须要特定的时间去满足这些欲望。从另一方面，一天的劳动时间的最低限度，在资本家的生产下面，是等于在必要劳动时间上更加若干时间的东西。因为一天的劳动时间是被决定在这两种最高和最低的限度里面的东西，所以，他具有一种非常 elastic（有伸缩性的）的性质，因此，劳资双方之间的很大的争论的余地，也就存于其间了。

现在我们把实际争论的状况，拿来看看。资本家是支付了劳动力的价值，才把劳动力这种商品购买得来的。他这种购买情形，完全和他把一顶帽子，照他所有的价值，用两块钱买到手，那件事，是一模一样的。商品的购买人，照原则说来，应该把所购买的商品的使用价值，完全据为己有。那种使用价值既然成为自己的东西，那末，当然的，无论我怎样去利用他，也决不会侵害着别人的权利。这恰和罗马的法律谚语所谓“行使自己的权利的人，无论对谁都不是行着不法的事的人”，那个道理，是完全相同的。因为这样，所以，资本家可以在商品购买人的权利上面，主张着，他能够使他的劳动者尽量的替资本家从事于长时间的劳动。但是，在另一方面，劳动者却也同样站在商品交换的法则上，要求劳动时间的短缩。因为，劳动力这种特殊商品，和其他商品性质不同，他是一种活着的人类身上的力量，所以，如果用得过度，过了某一种限度，就会害着劳动者的性命。举例说，如果因为这个缘故，原本可以劳动二十年间的人，现要变成只能够行十年间的劳动，那末，从结果方面说来，就变成资本家在外观上虽然支付了一天的劳动力的价值，实则他已经使用了和两天的劳动力相当的劳动力了。因为这个缘故，所以，劳动者也站在他充当着商品的贩卖人的立场上，主张着，他们可以有权力，把他们的劳动力放在特定的“顺常的”（Normal）的长短上面，以为限制。这样一来，就变成，发生着一种对抗——一种同是以商品交换的法则为理由的权力和权力的对抗——了。照原则上说，在平等的权力和权力间的冲突，只有靠力量才可以裁决下来。因为这样，所以，在资本家的生产的历史上，劳动时间的标准的决定，必然的会变成劳动者阶级和资本家阶级之间的斗争，发见出来。在这种斗争的进程当中，资本家要想把劳动时间尽量的延长下去的热望，是表现得最不客气的，最不肯让步的。这样一来，资本家的剩余价值是由劳动者所献上的剩余劳动成立的，这件事，也就明白得和可以眼见一样了。换句话说，剩余价值的本质，就露出在现象形态的上面来了。

因为在这个阶级上面的劳动者的斗争只是一种立脚于商品交换法则上面的斗争，所以，他在商品世界——资本家的社会——里面，可以获得合法性（被法律允许——陈）。但是，要知道，因为他只不过是一种对于现存社会的结果的“游戏战斗”（Juerrilla），所以，如果劳动只把自己限定在这样的斗争（经济斗争）里面，“不同时设法去改变现存的制度（商品生产制度的本身），不同时把他们的被组织了的力量，当作一根对于劳动者阶级的最后解放，这就是说，对于雇用劳动制度的终极废止的杠杆（起重的杠子——陈）拿去使用，那末，他们一定会全般失败的。”（马克思的《工资，价格及利润》的结语）关于这件事，我们到后章，还要说明。

劳动力一旦采取了商品的形态之后，这种商品的贩卖人和购买人之间的平等关系，必然的会变化为劳动者被资本家榨取的关系。同时，在当作劳动力这种商品的贩卖人看的劳动者，及当作他的购买人看的资本家之间，也发生一种斗争，并且还是一个决死的斗争。试由这里，看一看所谓劳资协调论的狡猾罢！那种东西，结局不过是一种要想使劳动者顺从资本家的榨取的东西罢了。

上面所说的劳动者和资本家之间的斗争，是一种斗争当事人双方都同样立脚于商品交换法则上的斗争。所以，资本家方面因为要抬出现行法制，来主张自己的立场的正常性的缘故，就把劳动者说得好像不法已极的东西一样，那样的事，完全是错误的。在这时候，双方都是在法律上维持着他的正当性的。两者的斗争是一种具有特殊性质——具有商品社会的根本原则所不能解决的性质——的斗争。

劳动时间的无限的延长，是资本家的要求。他们虽然有这种要求，然而在今日的资本家的社会里面，却行着一种根据工场法而来的劳动时间的限制。这种工场法，在十九世纪的前半期里面，虽然只不过是当作一种例外的立法，发见出来，然而，后来的立法却慢慢的不得不脱弃这种例外的性质了。为什么会这样？只因为，限制个个的资本家的贪欲，使劳动阶级能够维持顺常的生存，这种事情，是于资本家阶级本身全体都有利益的，这件事，已经被大家懂得了的缘故。资本这东西，离开了雇用劳动，就不能生存。这和没有臣下就没有君主，没有奴隶就不会有奴隶主人，等等的事，完全是一样的。既然是这样，所以，在某种程度之内，去保护劳动者，这件事，倒是资本家阶级的利益。世上那些为保护劳动者设着的一切社会政策，都是有这样的意义和这样的限度的。

在日本，不等到被劳动阶级的抗争所逼，已经早就发生了工场法制定不制定的问题。这也是因为西欧诸国的经验，已经证明，某种相当程度的劳动者保护是于资本家阶级自己有利益的缘故。但是，要知道，纵然有这样好的教训摆在那里，日本工场法的制定，还是非常延缓了之后才成功的，并且，这种工场法的内容，到了今天，都还是极不充分。

这种工场法本是所谓社会政策的最初的立法，所以，这种工场法的制定就含着下面这么一个意思：资本家的社会已经开始认识了，所谓依据商品法则而成的形式上的平等和自由，到了劳动力当作商品出现于市场的时候，就会变化为不平等和不自由，这一件事实。

第二节　工资的低减

资本家为增大剩余价值起见，所用的第二的方法，是工资的低减。我们在以上各章里面所认为问题的，只是一件事：怎么在假定资本家是照原有价值买进劳动力的时候，也能够发生剩余价值出来？因此，所以在上面我们都假定着，在流通界里面，常常是价值相等的东西互相交换着，并把剩余价值，作为只是在生产界才能够发生的东西。但是，在实际上，劳动力这东西，往往会被人在他原有的价值以下买了进去，因此，资本家就在劳动力的买卖本身上面，也可以攫取特定的剩余价值。不消说，因为价值本身不是在一个单纯的卖买当中能够生产出来的东西，所以在这方面被吸收了的剩余价值，并不是新进生产出来的东西。因此，若严格的说，这个剩余价值本是不能够编入剩余价值的生产这一项下的东西。这样的剩余价值，只有在资本家破坏了商品法则的时候，才会归资本家所有，所以，单从这一层看来，他和那些在资本家的生产以前的商业资本所吸收的剩余价值，是有同一的性质的。如果从他的本源说来，就是一种属于所谓本源的蓄积（基本的蓄积——陈）的东西。

实际的工资，动不动就会低落到劳动力的价值以下，这件事，是由下面两个理由发生出来的：第一，人类的劳动力这个东西，在流通界里面，虽然不过受着一种当作商品看的待遇，然而，因为人类本身和其他别的诸商品不同，并不是由资本家，为营利的目的，生产出来的东西，所以，劳动力的供给也不像普通商品那样，能够很锐敏的受需要供给的关系的影响。看到了后章就可以知道，特别是因为资本家的生产，依据种种理由，具有一种永远继续的造出产业预备军的必然性的缘故，所以，全体劳动当中的某一部分必然常常会卖不出去，剩在那里。这件事，就成了一个有力的原因，始终要想使工资的水准（平均线——陈）跌落到劳动力的价值以下去。（因为有一部分卖不出去的劳动力，所以就发生了贱卖的现象——陈）第二，当作商品看的劳动的价值，也和其他商品的价值一样，是由那些当他生产时在社会关系上所必要的劳动分量，决定着的。但是，这个在社会关系上所必要，和在生理关系上所必要，当然是两件不相同的事。因此，他的范围（必要的范围——陈）是随劳动者的生活程度的向上而有变动的（试把英美两国的劳动者和中国的苦力比较看看!）他是没有确定的界限的。这种情形，恰恰和劳动时间的长短没有确定的界限，那件事，是相同的。因为这个缘故，所以，工资就具有一种倾向，始终要想向着劳动力的价值以下，跌落下去。

因为这个缘故，所以，劳动力照他所有的价值被人卖买，这件事本身，（这就是说，我们从上面起直到目前这地方止所假定着的那个事实本身）也是和关于上述的劳动时间的最高限（原文是“劳动时间的标准化”——陈）问题一样，是要有了资本家阶级和劳动者阶级之间的斗争——为这斗争的缘故所设的阶级的组织——之后，才可以实现出来的。**劳动时间和工资**两种东西，所以常常成为资本家和劳动者之间的斗争的主要题目，就是由于这种关系。但是，要知道，因为劳动者阶级主张要把他的劳动力照按原有价值贩卖出去，这件事，本只是一种站在商品贩卖人——依据商品交换的法则而来的商品贩卖人——的资格上的权利的主张，所以并不是想颠覆资本家的本身的东西。因此，所以，这种斗争也可以在资本家社会里面，获得合法性。

总而言之，我们在第一节和第二节里面，已经说得很清楚，资本家的生产这种东西，就是一种在本来应该平平和和的行下去的商品和商品的交换本身当中，包藏着一个难于解决的，激烈的，决死的阶级斗争性的东西。

第六章　相对剩余价值的生产

第一节　相对剩余价值的意义

当资本家的生产最初发生的时候，各国的历史已经明白的告诉我们，由劳动时间的延长而来的剩余价值的生产是行得极其残酷的。但是，到后来，因为一方面有劳动者团结起来实行反抗，另一方面又有关于工场的立法，慢慢的把劳动时间的限制，在原则上实行起来的缘故，用这种方法（延长时间的方法——陈）去榨取剩余价值，这件事，也渐渐受着限制了。到这时候，资本家就不能不想一种别的方法，去增大他们的剩余价值。

那末，剩余价值这个东西，怎样才可以不须延长劳动时间就增大起来呢？

假如把每一天的劳动时间的长短，作为十二时间，其中十时间是必要劳动时间，二时间是剩余劳动时间，那末，哪怕全体的劳动时间上没有变化，只要能够把必要劳动时间缩短一点，剩余劳动时间就会随着缩短的比例增加起来。现在我们把由这种原因生出来的剩余价值，叫作相对剩余价值。这是因为必要劳动变化为剩余劳动的缘故，才生出来的东西。那末，现在要问，必要劳动时间怎样才会缩短呢？这个缩短，照前章第二节所述的方法——这就是说，把支付给劳动者的工资，减少到劳动者劳动力的价值以下去，那种方法——也可以得着的。但是，前面已经说过，这种减少工资的方法，是一种立脚于商品法则的破坏上面的东西，严密说来，是不能算入剩余价值的生产这个项目下面的。我们现在要考察的，只是：站在商品法则的基础上面，相对的剩余价值怎样可以生产出来？如果站在这种前提下面看来，我们立刻可以看出，必要劳动时间的缩短，这件事，只有在劳动力的价值本身减少了的时候，才能够实现出来。但是，要想减少劳动力的价值，当然就只有把用在劳动者生活资料上的生产上面的劳动分量，减少起来。举例说，只有把那些在以前要用十时间的劳动，才生产得出来的生活资料——劳动者所必需的生活资料——用比较少量的劳动，如像用八时间的劳动，生产出来，一个方法。却是，很明白的，这种方法是要以劳动的生产力的增加为前提的。因为，所谓劳动的生产力的增加，就是靠特定分量的劳动造出来的——换句话说，就是，在特定的劳动时间里面造出来的——使用价值的分量的增加，同时，当他表现在外面来的时候，也就是在特定的使用价值的生产上面所必要的劳动量的减少。不过，要知道，像这样的生产力的增加，除了或是在劳动者所用的劳动手段上面，或是在他们的劳动方法上面，或是在这两种东西上面，都发生了某种变化之外，决不会很有力的实现出来的。因为这个缘故，所以，虽然关于在前面所观察的形态上的剩余价值的生产，我们曾把劳动进程假定为一种确定不变的东西，然而，关于现在所说的这种由必要劳动变化到剩余劳动去的时候所发生的剩余价值的生产，若只拿什么资本把劳动进程，在由历史传下来的固有形态上面（就是说，不改变历史传下来的方法。——陈），征服了，不过一面又把劳动的继续时间延长了，等等的话，作为理由，那却是不够的。因为，要想加高劳动的生产力，使劳动力的价值因这个生产力的加高而减少，使在这种劳动力的价值的再生产上面所必需的劳动时间因此能够短缩，必定非把劳动进程的技术的及社会的条件，加以变革不可。这样一来，相对的剩余价值这东西，就变得非在同时具有形式的条件——即是说，资本家制御劳动者，那种条件——及实质的条件——即是说，资本家在劳动进程本身之上，加添一种实质的变化，那种条件——的时候，就不能够实现了。

以下我们且把那些资本家的生产的方法下面所有的劳动的生产力的发展阶段，检出其中主要的部分，考察考察。

第二节　简单的协业 (Einfache Kooperation, Simple Cooperation)

我们在前章考察绝对的剩余价值的生产的时候，我们把劳动的质的变化，全然没有放在眼里。我们所以要那样，只是为我们想在顶纯粹的形态上，去观察那些由劳动时间的延长或工资的低减而来的剩余价值的生产。但是，在实际上，哪怕是在他们以这两种方法——延长时间和减少工资两种方法——为主，去实行着剩余价值的生产的增加的时候，同时，他们也一定在某种相当的程度内，实行着劳动的生产力的增加。因为这个缘故，所以，我们关于劳动生产力的发展的考察，就不得不先从那种简单的协业——那种无论从历史上或是从理论上考察起，都是形成着资本家的生产的出发点的简单协业——开始进行。

这里所谓协业，是指多数劳动者在同一的生产进程里面，或是在一些虽然种类不同，然而互有联络的生产诸进程里面，按照特定计划，互相并行，一同劳动着的那种劳动形态，说的。这种协业会由简单的形态变化到复杂的形态。采用着复杂的形态的协业，就是在后段要说明的分业。目前在这里且先把简单的协业考察考察。

又，我们现在在这里想考察的协业这种东西本身，决不是资本家的生产上面特有的东西。因为，就是在人类文化刚刚开始的时期的共产制里面，这种协业，也已经占着了有力的地位。并且，就是在古代的阿西利亚，巴比伦，埃及，等等地方，也是因为有了这样的协业，才造出了那些巨大的建筑物——他的遗物，到了今日还可以使我们惊倒的那些巨大建筑物。但是，要知道，因为在前者里面，（即古代共产制——陈）是生产手段的共有，在后者里面，是奴隶，是这两种东西造成这些协业的基础，所以，他们和现今那些以生产手段的私有及雇用劳动制为基础的资本家的协业，性质上是不相同的。总之，资本家的协业，不过是协业当中的一个特殊的历史的形态罢了。不过，因为从历史上说来，他是和农民经济及独立的手工业相对抗着，发展出来的东西，所以协业这东西本身，就显得好像是资本家的生产上面所固有的历史的形态一样了。（试把日本的蚕丝工场及日本式袜子制造工场的成立进程考虑考虑!）

资本家的协业的最简单的例子是这样：一个资本家，雇用多数的劳动者，为生产同一种类的商品的缘故，叫他们在同一个时候，在同一个地方，去实行劳动。只要仅仅有这几件事被实现着，就算有了简单的协业。这就是关于资本家的生产的成立在理论上所能想得到的最简单的例子，并且在事实上也是资本家的生产的最初的形态。这就是说，他一方面充当着资本家的生产的现实的出发点，同时，因为他对于最发达的资本家生产，举例说，如像把初期的“工场手工业”（Manufacture）拿来和“帮行”（Zunft）（即 Gild 或 Guild，是封建经济下的一种特别经济组织，或译成“行会”，也可以用。日本人照例译成“同业组合”。——陈）手工业比较起来，关于劳动方法的本身，差不多是一点区别也没有的。然而，只靠着多数的劳动者协力去生产同一种类的商品，这一点点的关系，已经可以在劳动进程之上，自然的发生某种变化（由量变质的变化），这种变化就可以相当的加高劳动的生产力。现在且把这种变化当中的最主要的事情，述在下面：

第一，哪怕劳动的方法是和从前一样，只要比较多数的劳动者同时去从事于同一的工作，一定就会发生两种利益：第一，因为生产手段的一部分共同的被劳动者利用的缘故，所以可以把这种生产手段的使用价值，比较充分的利用到。第二，因为生产手段集中在一处的缘故，所以在生产规模扩张的时候，所增加的生产手段，应该只须一种具有比较生产规模的扩张的比例还要小些的价值的生产手段，就行了（一座预备五个工人去织五台织机的工场的建筑费，比起一座预备五十个工人去织五十台织机的工场的建筑费，必定会超出后者的十分之一以上。）

第二，集合着多数的力的时候，就可以发生一个和各个力的合计不相同的新的力出来。在这时候，全体等于他的各部分的合计，这个道理就不能适用了。举例说，如像在我们想移动一块大石头的时候，一个人的力推他不动，加成两个人，两个人推不动，加成三人，顺次加到九个人，还推不动他，最后再加一人，合起十人的力去推他，那个原来一丝也不动的石头，才变得会被推动起来。动和不动，原是两件全然相反对的事。然而只在合力的人数增加起来，换句话说，只在单靠分量的增加，就可以得到这样的反对的结果，对于力的机能是发生品质上的差异。所以，在这时候，也实现着一种由量到质的变化——分量的增加成为品质的变化——了。十个人的力的机能加成十倍的东西，全体决不是等于各部分的合计。

第三，多数的人协同起来，同时去做同一的或同一种类的事的时候，只靠这种关系，各个人的劳动就可以获得充当全体的劳动的一部分的性质，可以对同一的劳动对象，从种种不同的方面，同时去发生作用，所以，在结果上，就可以大大的增高劳动的生产力。（如果行着协业的各劳动者各各去做不同的工作，从结果上看来，仿佛就好像是行着一种分业似的。但是，在实际上他并不是当作分业而结合起来的，因为在那里缺少了当作分业看的固定性。）

第四，在许多的生产部门里面，举例说，如像在农产物的收获里面，都含着一种不能不在特定期间内去完成特定的工作的危机。若论这种工作本身，虽然他也是一个劳动者，可以多费日数，慢慢的做完的东西，但是在他的性质上，有时却决不容一个人多费日子慢慢的去做完。

除开以上所举的诸种事情之外，也还有别的种种事情。可以结合了的劳动，哪怕所需的劳动时间全然是相同的（如像同是一百天的劳动），也可以比较各人单独去行个人的劳动的时候，生产较大分量的使用价值，同时当然也就可以减少生产物的各单位的价值。

前面已经说过，协业并不是资本家的生产所特有的东西，所以他可以在种种条件的下面实行起来。不过，现在我们在这里当作问题的资本家的协业，却是要以拥有特定额的资本的资本家的存在为前提条件的。由生产手段的所有权隔离开了的雇用劳动者，决不能够自己随便集合起来，去做协业。他们只有在同一个时期被同一个资本家买收了他们的劳动力的时候，才可以集合在同一的地方，把他们的劳动结合起来。同时，要知道，多数雇用劳动者结合在一个特定的地方，这件事，又是资本家的生产的——因此，也就是资本这东西成为资本，这件事上面的——前提条件。因为这个缘故，所以协业的成立和资本的成立是同时的，因此，所以，资本的成立就是一种表示着历史的必然——在劳动进程变形为一个社会的进程，这件事上面的历史的必然——的东西。

某一个货币所有人，要想变成资本家，他必须预先准备着特定分量的货币——一种可以足够拿去对那些来做协业工作的劳动者支付工资的货币额。来做协业工作的劳动者人数，以及协业的范围即生产的规模，都是先要靠这种资本的大小来决定的。又，当资本家的人，不单是对劳动者支付工资就够了。他于支付工资之外，还得按照他所雇用的劳动者人数，供给特定分量的生产手段——建筑物，原料，劳动手段，等等，所以他因此又必须更有特定分量的货币。最后，为上面所说的这些目的所准备的货币额，也还有一个最小限度。因为，必定要在那些同时被雇用的劳动者的人数和所生产出来的剩余价值的大小，能够使这些劳动者的雇主，不必从事于肉体的劳动，就可以过相当的生活的时候，那些手工业的师傅或主人才能够变成产业资本家。并且，因为在最初的资本家的协业里面，照前面所述，几乎是不会在劳动进程上发生无论什么样的变化的，所以，资本家的生产的出发点，可以纯然的看成是一种由量的增加——详细说来，在一方面有那种集在一个人手里的货币的增加，在另一方面，又有集合在一个同一地方的劳动者的人数的增加，这两种量的增加——唤起了质的变化的东西。

第三节　分业（Arbeitsteilung，　division of labour）

前节所述的那种简单的协业是资本家的生产的出发形态，到了工场手工业的初期，才渐渐和一种可以算为那时代的特征的形态相接近。并且，就是在工场手工业的初期以后，这种协业在那些未曾盛行分业或机器工作，仍只靠大资本去行大规模的活动的生产部门——举例说，如像某种农业——当中，也还仍然维持着和上面所说的，约莫相近的形态。但是，从一般的大势说起来，协业这东西，慢慢发展起来之后，就渐渐采取复杂的姿态，因此，所谓简单的协业，也就变成了协业当中的一个特殊的形态。不过，要知道，就是在这种时候，协业这东西本身，却还依然是资本家的生产的“基本形态”（Grundform）。因为，多数劳动者在同一个时候，在同一个地方，同在一个资本的命令的下面活动着，这件事，无论他采取的是简单的形态，或是复杂的形态，总之，但凡在行着资本家的生产的地方，都必定是非行不可的。所以，若只就这个范围来说，前一节里面所述的，实在是对于一切的资本家的生产，都可以适用的。

采取着复杂的形态的协业，叫作“以分业为基础的协业”（die auf Teilung der Arbeit Beruhende Kooperation）或分业。这种分业，在欧罗巴洲，是由十六世纪的中叶起到十八世纪的七十年代止，在那种 Manufacture（工场手工业）时期的全期当中，当作资本家的生产的特征的形态，在经济界占了很久的优势的东西。（斯密斯的《诸国民的富》第一章“关于分业”里面所引用的“别针”（Pin）制造业的实例，就属于这种工场手工业。）

这种工场手工业（即是说，包含着这种分业的工场手工业。——陈）的发生，是走两种道路来的。在从前，在想完成一个生产物的生产，必须由一些各自独立的种类不同的手工业劳动者，各做种种工作，顺次的经过这些人的手里。现在，如果有一个资本家跑了出来，把这些种类不同的工作，统一在一个企业之中，把这些工作上所必要的劳动者，集合在一个工作场内，那末，这里就成立一个工场手工业了。这就是关于工场手工业的发生的两条路当中的一条。（举例说，如像四轮马车的工场手工业就是把（一）原先制着车的手工业者，（二）原先制着马具的手工业者，（三）原先以裁缝为业的手工业者，（四）原先专门制锁件的手工业者，（五）原先专门制革带的手工业者，（六）造旋盘的工人，（七）装饰缘边的工人，（八）玻璃工人，（九）画工，（十）油漆工人，（十一）镀金工人，等等，集合到一个工场里面而成的东西。）不过，如果只是从前各自独立着做工的工人们，聚集在一个工场之内，仍然还是照从前那样去做工，那就只不过是一个前一节内所述的简单的协业罢了。但是，要知道，在事实上，他们一旦聚集在一起之后，在劳动进程上就自自然然的会发生某一种本质的变化出来。这就是说，在这时候，也会由量的增加，变为质的变化。怎样会发生这样的变化呢？举例说罢。拿马车的制造说，这些和马车的制造有关系的种种手工业者，在他们还没有结合到马车的工场手工业去以前，都是在他们自己的专门的范围之中，不但关于马车的工作，并且还承做着其他种种的工作。却是，一旦他们被结合到马车的工场手工业里面之后，他们就变成只做关于马车的工作了。因此，他们就会把从前在他们所专门的手工的全范围内做工的习惯，丧失了去，渐渐随着习惯，那种能力也失掉了，但是，同时在另一方面，他们被限制着活动，却在被缩小了的工作范围之中，变得能够采取最适当的形态了。因为这个缘故，所以，马车的工场手工业，在最初，当作一种独立着的种种手工业的结合，发见出来，但是，到了后来，马车的生产变形成为一种分割为种种特殊的工作的东西。这些一个一个的特殊工作又结晶在各个劳动者的专门的机能里面，这些劳动者就变成了对于马车的生产的“部分劳动者”（Teilarbeit）。马车生产的全体的工作，也就变形为这些部分劳动者的劳动结合了。简单说来，简单的协业就变形成为以分业为基础的协业，资本对于劳动进程的制御，也就不仅止在形式上为然，并且还达到实质上去了。这就是以分业为基础的工场手工业的发生进程的一个。

但是，在另一方面，如果做着同一的工作或同种类的工作的多数手工业者，同时在同一的资本家的下面，在同一的工作场里实行劳动着，那末，情形虽然和刚才上面说的那种例子不同，却也可以发生工场的手工业。自然，如果只是像这样实行劳动着，他的形态当然就比上段述的那种例子还要更加简单，也就是属于协业当中的最简单的形态。但是，要知道，只要多数劳动者这样聚集在一起实行劳动着，在这里，也自自然然的会行着一种由量变质的变化，因此，这种简单的协业，不久就会变形成为以分业为基础的协业。举例说，我们拿“别针”（Pin）的工场手工业看看，在最初，集在一个工场里面的各个手工劳动者，都是靠着一两个助手帮着忙，把别针制造上的全部工作——由切断铁线起，到做成一个别针止，其间的全部工作——都担任着。所以，在那时候，劳动的方法，和从来的手工业，完全是一样的。但是，既然有多数劳动者集在一个地方从事同一种劳动，这种事实存在着，当然就难免不发生什么的事情，使他们利用这种事实到别的事情上去。举例说，如像万一因为来定货的人太多的缘故，发生了不能不在短时期当中，供给多量的生产物的必要的时候，自然会使一工场里面的每个工人，暂时各自分途赶着去做一部分的工作。如果这种一时的分业，屡次实行起来，当然就会发生变化，他们就会渐渐感觉分业的利益，所以，到后来就自自然然的会结合在一种有统系的分业当中去了。这样一来，在这种时候，简单的协业也就会不久就变形成为以分业为基础的协业了。又，这种工作，得着种种经验之后，不消说，也更会被分割起来，把所分割的一小部分一小部分的工作，弄成每个劳动者的专门的工作。

日本的蚕丝工场，即在今日，也还属于这种工场手工业的阶段。在这些工场里面，次节所述的机器那种东西，还没有演着主要的角色。早川直濑氏的《制丝经济论》（1913 年版）里面，这样叙述着：

“所谓制丝机器，并非机器，宁肯说他是一种器具，较为适当……缫丝工程上最要紧的‘寻丝头’和‘接丝头’等等工作，都全是依赖人力的东西，完全以技术为主。所谓制丝机器，只有发动机一种，工作机却是完全没有的。”（八九页）。

“在现今的制丝工业上，可以当作关于工作机的劳动的分化的，只有煮缫分业。此外好像并无更进一步，在‘寻丝头’或‘接丝头’的上面，发生分业的希望。……”（九〇页）

看看这个记事，就可以知道，在那时的器械制丝工业上，只有煮茧和缫丝两件事行着分业，好像更进一步的分业是没有希望的。但是，要知道，劳动的更进一步的分业，必定会自自然然的实行出来的。所以，在今日，有一些工场已经把“寻丝头”这件事，归一种劳动者专门去分担了。据德岛地方的实例说，因为行了这种“寻丝头”的专门劳动的缘故，一个女工每天的生产量原本是十二两的，现在已加到约莫二十两了。

关于日本式袜子的制造，虽然在今日是用着种种机器的，但是，哪怕是大的工场，在实质上，他的工作也还是属于工场手工业的阶级。关于福助日本式袜子制造公司的现状，请参照本多芳太郎著的《日本式袜子的制造工程》（《经济论丛》第二十三卷，1916年刊，第一号至第三号）。特别应注意看他的第五节“日本式袜子的工场手工性”。在这个福助公司里面，分业分为约莫五十五段。因为分业的缘故，生产量大增，在手工业时代的熟练工人，每人每天只能生产十双，在目前，平均说来，每人每天可以生产七十双以上。

这样看来，哪怕在手工业长成为工场手工业之后，他的工作基础，依然还是靠着手艺的。但是，在工场手工业里面新成立的分业，却依下面的理由，可以惹起劳动的生产力的增加并劳动能率的增进：

第一，纵然劳动的方法是和从前一样，然而因为个个劳动者终生都做着同一的单纯的工作的缘故，所以可以增加他们的劳动的熟练，因此，他们就可以在较少量的时间当中，生产较多的东西出来。

第二，并且，劳动的方法本身，也可以在那里改良。因为劳动者既然始终做着全生产进程当中的同一部分的工作，就免不了会集中注意到这一部分工作上去，久而久之，集多了经验，自然就会想出一种方法用最少量的力的支出，去达到他们所认为的效果。（达到他们的目的——陈）

第三，一个手工业者如果须得把一个生产物的完成上面所必需的种种工作，都由自己一个人去做，那末，当他每变更工作一次的时候，都不得不或变更地点，或变更工具，很费时间。在工场手工业里面却不然，因为行着分业的缘故，这种变更地点或工具的必要，自然会大大的减少。因为这样，所以，在一方面，可以因劳动力的不生产的消费减少了的缘故，把劳动的生产力加高，在另一方面，又可以因劳动时间当中的空隙都被填满了的缘故，把劳动能率，增大起来。

第四，劳动的生产力，不单依靠劳动的方法去决定，并且还是要依靠劳动手段去决定的。不消说，在工场手工业时代的主要的劳动手段，就是工具。工具这种东西，从他的性质上说，同一种类的东西可以用在种种的劳动进程上面。（举例说，如像“铁槌”（Hammer）在建筑上，在造船上，在采矿上，在冶金上，甚至于在造椅子，造桌子，造文房具，装订书本子，以及其他种种的生产物的生产进程上，都可以使用，到了今日，连外科医生，都用起铁槌来了。）并且，同一的工具，在单一的劳动进程上面，可以供种种目的之用。（举例说，如像小刀子，也可以裁纸，也可以削铅笔。）但是，如果一个劳动进程上的种种工作互相分离起来，并且，这些一部分的工作，都在部分劳动者的手里，结晶成为一个适当的特殊形态，那末，在先前可以用于好几个目的上的工具上面，必然的会发生某种变化出来。这种变化的方向，是依那种在工具不变化的时候，所经验的种种困难而决定的。（举例说，试看看切东西的刀。用来杀人的刀剑，当作文房用具看的小刀子，剃子，菜刀，等等，他的种类是无数的。并且，在这些种类当中，就单拿厨房里用的菜刀来说，切肉的菜刀和切菜的菜刀，形态就不相同；更进一步说，哪怕同是切肉的菜刀，切鱼肉用的刀和切兽肉用的刀也不相同；再进一步说，同是切鱼肉用的刀，其中也还有切生鱼片（日本人生吃的鱼片——陈）的刀，斫鱼骨的刀，剃鱼鳞的刀，种种的区别，他们的形态都不相同。）工场手工业的时代，因为他把一切劳动手段，都弄得专门适应于个个的部分劳动者的特定工作的缘故，所以，他就以劳动手段的单一化，他的改良，他的种类改多，等等事情，为这时代的特征。这样一来，结果，这个时代就同时造出下节说的那种机器——由单一的工具结合而成立的那种机器——的物质条件之一了。

在工场手工业的工作里面，依然还是以手工为基础。因此，无论他的生产进程怎样被分解着，他的各阶段上的工作，却依然是由手工构成的。这种工作，全是依靠劳动者在运用工具时候的腕力，熟练，迅速，确实，种种东西来决定的。所以，生产进程的科学的分析，在这里是不能够实行的。这件事，在想正当的理解工场手工业的分业的时候，是一件不能不确实的认清的事。

“本来，制丝这件事，和机器相同的范围，是极狭的，他的大部分，都非有待于工女的伎俩不可。因此，他的工作的效果，与其向机器的精良上面去寻找，倒不如注重求之于技术的巧妙，反为好些。试把各工场的工女的技术，调查看看。技术优秀的工女，一天可以缫制十五两以上的丝，技术拙劣的工女，有时每天竟会制不出三两的丝。如果假定这里有一个专用技术优秀的工女去缫丝的甲工场，和一个专用技术拙劣的工女去缫丝的乙工场，那末，这两个工场在特定期间的生产费虽然相差不远，然而因为甲工场的生产额，比乙工场高出四倍（等于乙工场的五倍——陈）的缘故，他制出的丝的特定分量上的生产费，比起乙工场来，应该仅仅有五分之一就够了。何况技术优秀的工女，还不会减少丝量，同时又能增高蚕丝的品位，种种利益还多着呢！由此看来，也可以知道，技术优劣之差，对于斯业的经济，对于工场的信用，有如何的关系了。”

“然而回头看一看斯业的现状，从事于此的工女，不但大概都缺乏教育，并且，教养又未得其宜，所以，要想使她们懂得方法，熟练技术，实要是一件极困难的事。因此，技术的修练常常须长久的岁月，弄得颇有徒使工女老大之叹。并且，制丝工女，又多半是妙龄女子，所以刚刚到了她们技术圆熟之期，往往会因婚嫁或其他家事上的关系，废止缫丝的职业，因此弄得制丝业几乎有全然被半成未熟的工女们经营着的样子。斯业的不振，恐怕这也是其中的一个原因罢。”（三谷彻的《制

丝学》中卷5，6页）

又，他这书关于工场里的“寻丝头”（在缫丝的途中，丝缕忽然断了的时候，就应该在失了丝头的茧子上，寻出丝头来，这种事，叫作“寻丝头”），有下面的记述：

“日本现今一般行着的方法，可以叫作普通流。他的方法是这样：先把落了的茧子，丢在滚着的开水当中去，泡过三十秒钟至一分钟之后，再停止蒸汽冲出来，等到茧子浮在开水上面……再用寻头箒子，寻找丝头。……这种寻头箒子的使用法是这样：用右手的拇指，食指，中指，三个指头，轻轻拿住箒子，把箒子的尖端和茧子相接触着，务必要又轻又柔，像摸像搔一样，用一种独特的妙技，由右向左，在锅里打搅，去寻找锅的周围的茧子的丝头。这样一来，在锅当中的茧子，因为容易触着箒子的缘故，就不寻他，他的丝头也自然会出来了。在这时，顶要注意的，是不要动着茧子，要使他们长长停在一处，决不要使开水上面发生波浪。因为，如果茧又随着箒子发生动摇，那末，那种已经把丝头附在箒子上的茧子，就会只抽出好的丝出来，结果，就会大大的减轻丝量。并且，那种还没有找出丝头的茧子，就会被别的茧子推着在水面上乱跑，不易触着箒子，所以结果就会把寻丝头的工作，弄得越发困难。又，如果开水上面发生波浪的时候，就会使茧子在水中浮沉不定，因此弄得极难寻出丝头，结果就弄得一踏胡涂，不但会只把好丝，当作丝头，抽了出来，并且有时甚至于会把茧层冲破。……”（同书，中卷，343，344页。）

第四节　机器

福兰克林（Benjamin Franklin）曾经说得不错，人类就是 A tool-making animal（制造工具的动物）。制造广义的工具即所谓劳动手段的能力，实在只是人类所独有的能力，别的无论什么动物都从没有具着这种能力。若据我个人的意见，我以为，这就是使人类和别的动物的生产的活动上面发生本质的差别的唯一的物质的原因。

在一切的动物之中，只有人类变得会造成工具，这件事，是由人类因为直立着的缘故，可以把他的前脚变成了手，这件事，而来的，简单说，就是由于手这种新的器官的发生而来的。到了人类一旦造出了工具之后，人类固有的生理的器官的不备，更可以用外界的天然物补充起来，这样一来，人类的劳动的生产力，就从他的生理的器官的束缚，被解放出来了。Animal man（当作动物看的人类）变成了 human man（当作人类看的人类），也就是在这一瞬间发生的。从此以后，决定着一般生物的进化的历史条件，和决定着人类社会的历史条件，这两种条件之间，便发生了根本上的性质的差异，人类历史的第一页也才开始了。一般生物的进化的历史，都是表现在他的个体的生理的构造的进化上面，在人类社会的历史里面却不然，最根本的划时期的东西，倒是劳动手段的发展。

人类是制造工具的动物，这句话，是最能够把那些在生产的活动里面的人类的特征，简单表示出来的话。有了这种工具的制造，人类才由当作动物看的人类，变成当作人类看的人类。

关于这一层，考茨基（Karl Kautsky）在《伦理及唯物史观》（Ethik und materialistische Geschtsauffassung）那本书上，把生产手段的生产是人类特有的能力，一件事，和这能力的发展所以会在人类的经济发展上面，发生伟大的影响的理由，等等，都说得很详细。（这本书的日译，是成于堺利彦之手的东西，题作《社会主义伦理学》，在一九一九年发行了订正版。）但是，考茨基所说的，“因为有了生产手段的生产，当作动物看的人类，才变成当作人类看的人类”，这句话，却有点不正确。为什么呢？因为，像许多蚂蚁都为获得自己的食料的缘故，养成着蚜虫及其他昆虫，那样的事，以及像切叶蚁（Leaf-cutting ant）为生产一种可供他的食料的菌的缘故，特特去搜集木叶，那样的事，都可以被包含在生产手段的生产之中啊。因为这个缘故，所以，我不用“生产手段”几个字，只用“劳动手段”几个字，同时把“劳动手段的制造”几个字，代替了“生产手段的生产”的几个字。渥彭海麦（F. Oppenheimer）在他和《纯正经济学的理论》（Theorie der reinen und politischen Oekonomie，1910，S. 26）当中，虽然也说着，“动物只不过为使用和消费的目的的缘故，制出一种需要劳力的物体罢了；只有人类，才于这动物体之外，更为想要制出别种的需要劳力的物体的缘故，去制造需要劳力的物体”，但是，他这几句话，当然也同是不正确的。

为什么在一切动物当中，只有人类才会变得去造出工具？这件事的原因，不能不归到人类的生理的构造上面去。人类变化得用两只脚直立着，这件事，本是人类和四足兽发生区别的主要的生理的特征，但是，要知道，他同时却又是使人类的身体非常的不安定的东西，所以，在这一层上面，他倒使人类产生很大的不便。然而，在另一方面，足以偿这种不便而有余的事情，却也有两种：第一，就是脑髓可以位置在身体的中央部分，因此，所以脑髓就可以得着充分的发达，一件事。第二，两只手空了起来，因此就可利用他去供步行以外的目的之用，一件事。这两件事的利益，当然是很大的。

人类言语的发达，虽然就是意识的发达——哪怕是在今日，像有学问研究这种精神的生产里面，语学这东西还是一种不可缺少的精神的工具。这并不是说，能通语学，就能够研究学问。不过，如果不通语学，那就和用不完全的工具去造物一样，一定会受着很大的不利益——但是，要知道，对于这种言语的发达，那种所谓"打手式的言语"（Gesture language），却是与有大力的。哪怕是在今日，如果我们到外国去旅行，遇着言语不大通的时候，我们还可以常常经验着，这种打手式的言语对于我们的精神的交通有很大的帮助。但是，这个打手式的言语本身，就是靠着我们的手的使用的东西。

因为这些缘故，所以人类能够直立起来了以来，一方面可以使认识的发达实现出来，在另一方面，又可以充分的利用自己的手，所以，结果，便靠着脑筋和手的活动，造出了工具这种人类所独有的生产物了。

因为有了手这件事，对于人类的发达，是这样重大的事，所以，到了今日，在代表人类的时候，还往往用手去代表。在大学里面，也有助手，副手的名称。好的医生，又叫作国手。又，具有力量的人，也称为敏腕家，辣手的人。听众本来是用耳朵听的，普通却叫作“观手”，（听手和观手两种用法，似乎中国是没有的，所以无从翻译。——陈）。甚至于在运动会里面赛跑的人，叫作选手，退了职的官吏，叫作老手（中国话的老行家的意思——陈），都是明显的例。

那末，劳动手段的制造，这件事，依什么样的理由，会成为一个有力的原因，去增加人类的劳动的生产力呢？那是这样的：一切东西的生产，都是要对于外界的物体加以某种运动，才能成立的。人类要想引起这种运动，除了使用那些属于他的肉体的某种器官之外，并无别的法子。然而他这些器官，无论是在他们数目上，或是在他们的作用上，都有一种特定的先天的限制，不是人力可以忽然改变得的。自然，这些器官，也会渐渐的进化发展，但是，这样的生理的变化，到底不免行得太过于缓慢，并且他的范围也免不了有一个大体的特定限制。因此，如果人类只依靠着他的器官，那末，他的劳动力的发展，一定就会是极其迟迟的。好在人类自己制造出来的劳动手段，可以由人工方面，补足这种天然的器官的不备，结果，就可以或是增加他的种类，或是增大他的作用。（举例说，哪怕是像打一口铁钉在木板上这种小事，如果没有铁槌子这种工具，也是很不容易办的。何况要想把钉在木板上的一口钉子拔出来的时候，如果没有拔钉子的工具，那就更难办了。所以，如果人类手里拿着了钉槌子或钉拔子，那就等于把手这种人类器官的作用加大了。同时，只有人类的手，能够时而拿钉槌，时而拿钉拔子，或是时而拿弓箭，时而拿刀剑，等等的东西。那末，哪怕人类的手虽然同是那一只手，在结果上，却能够等于把他的手变成钉槌，钉拔子，弓箭，刀剑，等等的器官了。）然而，因为这些劳动手段，都是对于无生物加了一种工作生产出来的制造品，所以，他的改良进步，一点也不受生物学上的法则的制御，倒是只有靠人类关于物理学上的法则的智识的进步，才能够无际限的实现出来。（家畜当中的那种所谓役畜——如像拿来供拖车用的牛马之类——虽然也是劳动手段的一种，不过他们和工具并机器等却不相同，因为他们不是无生物，倒是生物。因为这样，所以，关于役畜的改良，是受着生物学上的法则的制御的，无论如何，都不能够急速实现起来。人类所使用的劳动手段，不以这种生物为主，他的大部分都是由无生物成立的，这件事，从这一层说来，是有很大意义的事。）因为这种缘故，所以，劳动手段的制造能力的发生，这件事，结局，从他能够把人类固有的生理的器官，向天然界延长出去，把人类的劳动的生产力，从他的生理的器官的束缚，解放出来，这一种关系上看来，的确可以算得是变成了一种在增高他的生产力那件事上面的直接有力的原因。

又，因为由无生物成立的劳动手段发见出来了的缘故，竟使人类的劳动力能够从他生理的器官的束缚，解放出来，这件事，自然也就是左右着一般生物进化的历史的条件，及左右着人类历史的进行的条件，这两种条件在根本上弄得不同性质，那件事的原因。一般生物的进化的历史，是在他们的生理的构造的进化上面，发见着的。人类的进化的历史却不然，他是在他们的劳动手段的发达上面，发见出来的。举例说，如像有史以前的时代，就是被分为石器时代，铜器时代，铁器时代，等等时代的。这就是说，恰和马克思在《资本论》上所说的一样，“划分人类社会的种种经济时代的东西，并不是什么东西被造出来，那件事，倒是那些东西用如何的劳动手段怎样被造出来，这件事。劳动手段这东西，不单是人类的劳动力的发展的测度器，并且还是社会诸关系——劳动就在这些关系里面行着——的指示器”。（河上，宫川共译，《岩波文库》，三一四页。）

工具当中最简单的，就是所谓石器。这只是一种把天然存在的石片，多少加了一点工作的东西，所以是极简单的工具。但是，无论工具如何简单，总之，既已发生了工具之后，人类的活动，便可以得伟大的发展。就拿日本的石器时代的住民的遗迹看来，我们既然可以发见那种在日本原本不会存在的大陆产的矿物类（如朱砂及硬玉等等），那也就可以想见他们当时曾和大陆地方互相交通着了。（《东京人类学杂志》第二二三号所载，莳田枪次郎著的《日本石器时代人民的交通》及《京都法学会杂志》第四卷第三号所载，拙稿《关于日本太古的货物流通的一个原因》两篇东西，可供参考。）住在日本这个岛上的住民，既然和大陆地方相交通着，那末，当时自然是已经造出航行大洋的船只了。这种船只到底怎样造成的，以及到底是怎样一种船只，种种的事，现在虽然无从知道，但是，在某种书里面，曾把那些除了石器外什么也还没有的野蛮人的造船的方法，这样记述着：在造船的时候所利用的主要的东西，就是火。这就是说，在采伐大树木的时候，也是先用火烧树木的齐根的地方。凡是不可烧去的地方，都先用水打湿，只把某一种地方极力用火去烧，这样烧倒大木之后，更用同一方法，把他烧成几段。其次再用火烧空这一截树木的一边。最后才用贝壳或石器加以打磨。这样就造成了一个挖空的独木船了。这种独木船，因为太轻的缘故，在有大浪的时候，很易颠覆。然而又因为很轻的缘故，所以，只在有两人同坐一个船，哪怕翻了船，也可以由两个人一面游泳着，一面合力把他扶正。扶正之后，再舀出船中的水，就仍然可以继续航行了。这样一来，哪怕是石器时代的人类，他们也可以航行于大洋了。单由这个例子看来，也可以知道，工具的制造，这件事——哪怕就是一种顶简单的石器——对人类的活动的发展上面有如何大的贡献了。

又，这种劳动手段，在他对于协业和分业，供给着一种物质的条件，这一层关系上，更成了一种增加劳动的生产力的有力的间接原因。因为，照前面所述，人类所固有的天然的器官，在数目上和作用上都有特定的限制，所以，如果只利用这种天然的器官，那末，多数的人去结合他们的劳动力，那件事，在有些时候，也许是全然不可能的，却是劳动手段这种东西，却恰恰可以对这种不可能，供给着一种不可缺少的物质的基础。（举例说，如像在搬运大而且重的石头的时候，如果有多数的人合力去搬，那就算是一种最简单的协业。然而，要知道，哪怕就是这种最简单的协业，如果没有什么工具——如像多数人用来合力去拖石头的绳子，一类的东西——到底也还是不能够实现的。）又，人类在先天上所具有的天然的器官，从构造上看来，无论在什么人身上，大抵都是约莫相同的，其间的差异非常细微。但是，劳动手段的发展，却可以在各人所使用的人为的器官之上，发生无数的差别，因此，所以他就供给着一种物质的条件，去把各人的劳动，化为无限的特别的东西。因为这样，所以，照前面所说的那样，分业一旦发展了的时候，工具的分化也一定会随着实现出来的。

因为最简单的协力在实行上已经须得有一种什么工具的缘故，

所以在复杂的分业的实行上面，必须有工具的存在，这件事，自然是不待言的。要想分业实行到某种程度以上去，他那些部分劳动者所有的劳动手段，一定须得和他所担任的工作的种类相呼应着，各各具有特别的特色。因为有这样的道理，所以我们才会看见，在动物社会当中那些分业最发达的蜂或蚁的社会里面，也在他们所有的器官之上，行着种种的特殊化（“化为特殊的东西”，那种事实。——陈）。举例说，在蚁的社会里面，有雌蚁，雄蚁，兵蚁，工蚁，四个种类，并且，这四个东西都是生来就是各有不同的生理的构造的。详细说，兵蚁和工蚁的生殖器全然退化，变成没有能力，但是雌蚁即所谓女王那种蚂蚁，却有时竟具有每一分钟约产六十个蚁卵的生产能力。又，兵蚁那种东西，比起工蚁来，特别生得头又大，下颚又长而且锐。由此看来，就可以知道，在蚁类的社会里面，具有相互不同的生理的器官，这件事，倒是分业的前提。所以，他们那里的一切社会关系，都是在生理上，当然也就是在先天的关系上，就决定着的。从这一层看来，他们的社会和人类这种所谓“王侯将相，岂有种乎?”的社会，比较起来，情形是大不相同的。在人类社会里面，真正像斯密斯所说的一样，各人的能力的差异，与其说他是分业的原因，宁肯说他是分业的结果，倒反能够和许多实例适合。总之，在动物社会里面，分业的发展，是靠着生理的器官的特殊化而决定的。然而，因为这些生理的器官的特殊化，当然不免有一定限度，所以，他的分业的发展，也就不免受着特定的限制了。

但是，上面所述的那种劳动手段，到了十八世纪之末，突然一跃而行了急激的发展，单纯的工具就变化成为机器了。因为这种变化的缘故，劳动的生产力也随着一跃而行了异常的发展，结果，就渐渐的准备好了一种物质的条件，预备拿去造出一个空前的大“时代”（epoch）——一种自有人类发生在地球上以来，未曾有过的大时代——了。因为有了这种准备的缘故，所以人类才会期待着下面一件事：到了人类的社会关系能够和这种伟大的生产力相适应的时候，换句话说，就是，到了将要到来的新社会秩序确然立定了的时候，人类社会的“前史”（Vorgeschichte）就会告终，真正的人类历史的第一页也才会开始了。

前节里面所述的工场手工业，随着机器的发明，也就变化成为今日的“大工业”（Grosse industrie）了。以下我们所要考察的，就是关于这种当作资本家的生产的主要阶段看的大工业。

机器的特征，只在他于工具之外，还加有一种为操纵他的工具而设着的装置。机器这东西，打个比方说，可以说是工具的工具。机器这种东西所以能够在劳动的生产力的发展上面，发生伟大的效果，他的主要原因也就在这里。因为，人类虽然靠着工具的制造，可以补充他的生理的器官的不备，然而他所造出的工具，仍然非得用那种不完全的人类的生理的器官去操纵不可，所以，在这一层上面看来，工具的利用，在当时还是很受着限制的。现在，机器这种东西，却更进一步，把工具的操纵，这件事的本身，也从人类的生理的器官的束缚解放出来，并且他还是以这种解放为主要的目的东西。这里一来，所生的利益，除了某种特定的工具可以比较敏捷的，并且比较有规则的，被人利用，这件事之外，（举例说，如像缝衣机器，就是一个好例）还有一种大利益——能够在一个时候利用多数的工具，使他的结果变成了，在机器工作上的一个劳动者的活动，可以和普通工作上的数十人，数百人的劳动者的活动相当，这件事的大利益。

因为是这样，所以，单纯的工具和机器这两种东西的本质上的区别，并不在他的动力。自然，因为机器本是一种同时操纵多数工具的装置，所以随着他的渐渐发展成为巨大的东西的时候，当然照后面所述，也应该有一种特别的装置，去供给一种可以运动这个机器的能力，这件事，到底还是有力的工作机已经成功了以后的事。现今日本的制丝工业虽然已经利用着种种的机器装置，然而在本质上还依然脱不了工场手工业阶段，就是因为在这种工业的劳动对象，还只是用一些直接的靠手去使用的工具，加工制造着的缘故。

像“缝衣机器”（Sewing Machine）那样东西，与其说是他在增加了可以被操纵的工具的数目，那件事上面，宁肯说他在增加了可以拿去操纵特定的工具的速度及确度，这件事上面，发挥了他的效果。举例说，如像胜家公司的缝衣机器，就是在一分钟间，可以缝五千针，就是说，几乎在一秒钟当中可以缝一百五十针。像这样，可以迅速的并且正确的使用缝针，这件事，如果靠人类的手去做，无论如何，也是不可能的。但是，要知道，就拿这种缝衣机器来说，装置一个机器内的工具的数目，也慢慢增加起来，到今日，已经可以有同时使用十二根缝针的装置了。并且，因为这十二根缝针还是由不同的线团，供给着所用的线的，所以，如果把线的颜色混合起来，简直可以同时用十二种颜色的线去缝衣了。（Talbot, All about Invention and Discoveries. 1916. p. 375）

但是，像这样的缝衣机器，即在今日，也还大半都靠着人类的力为他的动力。从这件事看来，也可以知道，动力如何这件事，并不是工具和机器两种东西的区别的要点了。学者当中，也有一些人主张着：工具和机器两种东西的差别，只在动力的差异，工具是以人类的力为动力的，机器是以除开人类的力以外的水力，风力，蒸气力等等东西为动力的。如果照这种说法说来，那末，同一种的东西，就应该看所用的动力的种类如何，有的成为工具，有的成为机器了。举例说，犁头这种东西，如果用牛或马去拖他，就会变成机器，如果用人类的力去拖他，却又变成工具了。所以，这样的说明不能够抓住工具和机器两种东西的本质上的区别，这件事，是不待多言的。

以上所述的，若拿来和那些在十八世纪末叶的英国，成为产业革命的起源的，种种关于纺织和织物的机器的发明，对照起来看一看，就会更加明白。因为，这些机器，无论是那一种，都是以利用一种动力去同时操纵多数的工具那件事，为他的主要的目的的。

操纵工具一件事，和供给这种工具的操纵上面所需的动力，一件事，这两件事，在多数的例子里面，在从前虽然都是连在一起，由一个劳动者去实行着，（举例说，如像用锯子锯木板的时候，就是那样。）然而，在有一些时候，纵然这两件事是明白的分化着的，但在实行上，却还有一个劳动者同时行着这两种已经分化的两样工作。换句话说，就是，有时候，一个劳动者在一方面单供给着动力，同时在另一方面去又从事于固有的意义上的工作。举例说，如像拿日本古来用的纺棉花的纺车（制陶器时所用的辘轳也是一样，就是今日一般用的缝衣机器，也是同一原理）来说，利用这个纺车的劳动者，一面用右手转车，供给动力，同时又用左手向着纱绽子（即纱锤——陈）纺纱，就是一个例。蚕丝业里面的胴缲，手挽，坐缫等等工作，也和纺纱是同一个道理。三谷彻的《制丝学》中卷，一〇页以下，关于这种工作，照下面一样叙述着：

“胴缫在日本是行得最老的方法，现今却只有东北地方的僻乡才使用他。如像奥州的铁炮丝，就是用这种方法制成的。

第一，胴缫器。用于胴缫器的器具的构造是这样：用杨木或桐木那种质轻而面滑的东西，造成一种直径约四五寸，宽约二三寸的圆胴木头，在他的径的中心，穿一根棒子，把这东西挂在一个高七八寸的框台上。

第二，胴缫的方法。胴缫方法如下：先把茧子适当的煮好，找出丝头，依然把他搁在煮锅里面，按照所要织成的丝的纤度（丝的粗细——陈）集合几条茧丝，合为一束，把他卷在胴缫器的圆胴上，然后用左手提着茧丝束，时时用腕伸缩加以整理。在这时，右手却像招人一样，平伸手掌，轻轻的拍着圆胴，使他回转，去缫丝。因为这个缘故，所以俗话又叫作招丝，拍丝，转丝等等。……”

这样看来，哪怕是只用工具的地方，若详细的分析起来，也可以把劳动者的工作分为固有的意义上的工作和动力的供给两种东西。这二种东西中的第一种即固有的意义上的工作方面利用着机器这件事，就是在劳动的生产力的发展的上面，具有根本的意义的事。

在英国酿成了产业革命的十八世纪的机器的发明，都是一些以能够用一个动力同时操纵多数的工具那件事为目的的工作机的发明。

举例说，如像哈格黎物斯（James Hargreaves）发明一种“多轴纺织机”（Spinning jenny），在一七七〇年六月二十二日得着了专利特许权。最初装在他这种纺织机上的锭子（即纺锤——陈）的数，约有十个内外。James，History of the Woreester Manufacture，1857，p. 345. Walton，The Story of Textiles，1912，p. 78. Gibson，Wonders of Modern Manufactures. 1915，p. 40. 等等书里面，都说这种多轴纺织机所装置的锭子数是十个，Baines，History of the Cotton Manufacture. 1835，p. 155. 里面，却说是十一个，又，马克思的《资本论》的第一卷（据考茨基版 318 页，更说是十二个到十八个。不管他到底是多少个，总之，正确的个数如何这件事，并不是这里的问题。）这就是说，十个内外的锭子可以用一个动力去被利用这件事，就是哈格黎物斯的发明的要点。后来，随时改良起来，这种纺机的锤数，不久就变为二十个，三十个，一直加到一百个以上去了。

又，阿克莱特（Richard Arkwright）在一七六九年七月十五日（据前揭 Baines 的书。Walton 的书里面，却说是七月三日。）得着了专利特许权的纺织机器，也是以四个锭子装置在一个机器上面，靠一个动力就可以同时利用那件事为特征的。这种机器，到后来不久也改良起来，把他所装置的锤数增加了。

克龙卜顿（Crompton）在一七七九年完成了纺织机器，是把上面所说的哈格黎物斯的机器和阿克莱特的机器两种纺机的长处集合起来造成的东西。在他这种纺织机器里面，最初装置的锤数，是十二个到三十个。但是，后来不久，也依种种的改良，变成在一个机器上面，可以装设百个纺锤了。

纺织机器被发明了之后，所纺的纱大大的增加起来这件事，自然又会促进织物机器的发明。加特莱特（Cartwright）在1778年八月一日，发明了织物机器得着专利特许权。其后，他为实行使用这个发明起见，曾经自己设了一个工场。在这工场里面最初的动力，还是牛的力。

总之，十八世纪末的种种发明，都是关于工作机的发明。

但是，前面已经稍微说过，如果机器渐渐改良起来，装置在一个机器内的工具的数，达到某种程度以上的时候，那末，机器的本身就会变得很大，要想运转他，就不得不需要特别的动力了。所以，供给动力的机器即所谓动力机，才为适应这种必要发明出来，结果，就变得机器本身也被别的机器运动着了。这样一来，劳动的生产力就变得更加一段的发展了。前面已经说过，机器这种东西，本来就因为他可以把数十个，数百个工具用同一的动力同时操纵着的缘故，把劳动的生产力加高了数十倍数百倍，现在因为发动机（即动力机——陈）这东西，更当作机器的一种发明了出来，使许许多多的机器，可以用同一个动力被操纵着，所以劳动的生产力，更重加了数十倍，数百倍了。

试把英国产业革命的实际情形考察一下，就会得着证明。举例说，阿克莱特的纺织机器，最初本是用马力运动着的，后来改变为用水力，一直继续下去，行了许久。他的纺机所以会得着Water-twist（卷水机）的名称，就是因为这个缘故。又，加特莱特的织物机器，最初本是用牛力为动力的。但是，要知道，用动物的力为动力这件事，不消说是很不方便的，就是改用水力，也还是有种种的不方便。水力这东西，不能够随人意思自由增加，并且，在一年之中，随着地方的性质（非在有水的地方不可——陈）；这种种的事，都是水力的短处。最初能够把这些不便一扫而空，对于一切机器都供给着一个有力的动力的东西，就是那有名的瓦特（Watt）所发明的蒸气机关。他得到他的最后的专利特许权，虽然是在 1784 年四月，但是，这种机关一般的应用在纺织业上这件事，却是第十九世纪的三十年代以后的事。

这种可以运转机器的动力机的发明，可以说是把机器的效果弄完成了。因为有了这种有力的动力去运转机器的时候，不但工具会离开人类的手，去构成机器的装置的一部分，并且连那种运动机器本身的动力，也就全然从人类的腕力或既存的天然力的限制中被解放出来了。不消说，除开人类以外的东西的力，如像动物的力，风力，水力等等东西，从古以来，也曾被人类拿来当作一种动力使用过。并且，就是蒸气机关本身，关于某种特定方面的工作，在十七世纪之末，也曾被利用过。但是，像这样的单纯的动力方面的改良，对于产业上却未能发生一点革命的影响（重大的影响——陈）。动力这东西纵然发达起来，如果容受这种动力的东西只是单纯的工具，那末，在劳动的生产力的发展上面，自然就不会发生什么巨大的影响的。现在，瓦特这个发明（他的最初的发明，只是用在“吸水机”（Pump）的运转上面，他的用途是有限制的，但是，他在 1784 年得专利权的那种蒸气机关却和他从前的发明不同。这里说的，是指他最后的发明）却是具有一种可以利用在一切机器的运转上面的性质的东西。因为这种缘故，那些由工具发展起来，已经变得构成着机器的一部分的种种工作机，到了这时，才得着了有力的动力的供给。到了这种有力的动力被利用在工作机的运转的时候，他才在劳动的生产力的发展上面，发出了一种革命的影响。克拉克的《独占问题》那本书（J. B. Clark. The Problem of Monopoly. 1904. pp. 21，22.）太把瓦特的蒸气机关一个东西的效果看大了。我们决不要把单纯的动力的革命不能成为革命这件事看落了才行。

又，到了一个动力机所能够同时运转的机器的数目越发增加的时候，动力机本身自然就会变成巨大的装置，同时那种把动力机所供给的动力传到个个机械上面去的传力机，也就渐渐发达起来。这样一来，在现代的大工场里面，多数的工作机，传力机，动力机等等东西，就会被统一在有机的连络下面，组织成功一个大大的机器。这种大机器就是现代的工场里面的形态。由此看来，现代大工业里面的劳动的生产力会有可以令人惊异的发展这件事，当然也是不足怪的了。

马克思把机器的构成部分，分为 Werkzeug（工具），Transmissionsmechanismus（传力机），Bewegungsmachine（动力机）三种东西。这样的见解，随着机器本身的发展，在十九世纪的三十年代，已经现出来了。巴倍亟（Babbage）在他的 On the Economy of Machinery and Manufactures，1882，p. 15（《机器及工场手工业经济》）一书里面曾这样说：

> There exists a natural，although，in point of number，a very unequal division amongst machines：they may be classed as；1st. Those which are employed to produce power；and as，2ndly. Those which are intended merely to transmit force and execute work.

这就是说，他把机器分为“生产力的时候所用的机器”及“单是用来传达动力和实行工作的机器”两种。又，尤阿（Ure）在他的《工场手工业哲学》（The Philosophy of Manufactures. 1835. 3rd. ed. 1861，p. 27.）里面，有下面所载的一段叙述：

Machines are of three kinds：——

1. Machines concerned in the production of power.

2. Machines concerned in the transmission and regulation of power.

3. Machines concerned in the application of power，to modify the various forms of matter into objects of commerce.

这就是说，他把机器分为三种：第一，“和动力的生产有关系的机器”；第二，“和动力的传达并整理有关系的机器”；第三，“当动力的应用把种种形态的物质变形为商品的时候，和这种动力应用有关系的机器”。

在这三种机器中，所谓传力机，就是由动力机接受动力，把所接受的动力的运动形态加以整理，随着特定的需要，变更动力的运动形态——如像把直线运动变为圆形运动——把他用适当的比例，分配起来，再把他传达到个个的工作机的上面去，做这种种任务的东西。举例说，他是由“整速轮”（fly-wheel），“轴”（shafting），“齿轮”（tooth-wheels）等等东西成立的。并且，种种工具如果是由这些传力机独立着的，那末，这种种工具就会被包容在特定的机器的装置的里面，构成一个工作机。这个工作机的机能，就在由传力机接受着种种已经被整顿了的动力，利用着这种动力，直接的在劳动对象的上面发生作用，使这些劳动对象生出这些工作所认为目的的形态变化。（举例说，如像把棉的形态变为棉纱。）这样一来，从来所有的工具，举例说，如像纺织机器里面的锭子，缝衣机器里面的针一类的东西，就变成了只是形成着宏大的机器的装置的一部分的东西；人类的劳动，在这时候，不但不直接的在劳动对象之上，发生作用，并且对于工具之上，也不能再去直接的活动了。因为这样，所以，在利用着近代的机器的地方，劳动者对于劳动对象的活动，是站在下列的关系上面的：

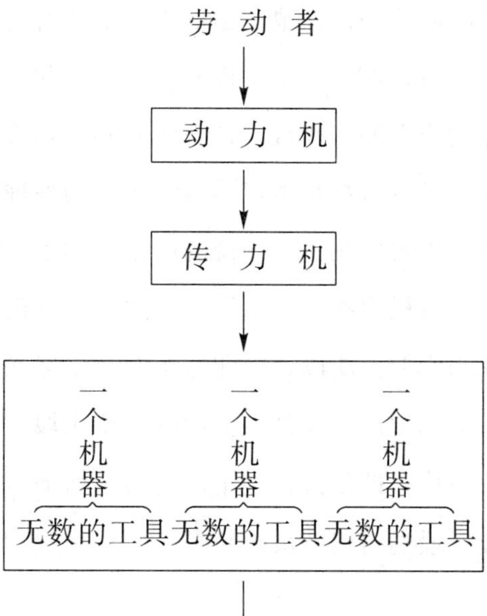

总而言之，近代的机器的设备的要点，就在他，只须消费比较少的力，就可以在同一的时候利用极多的工具那件事上面。人类的劳动的生产力所以能够行了异常的发展，就全然是由这个关系来的。举例说，现今的刺绣机器，每一台可以操纵四百根缝针，在一天的当中，可以缝数百万针，但是，这种机器的操纵，却只须用一个职工和一个助手就行了。又，如像编物机器，每一架可以操纵六百根编针，在一分钟中间，可以编四百万针（请参看 Gibson，Wanders of Modern Manufactures. 1915，ch. Ⅵ，Ⅶ.）。像这样的事，在只靠人类的手去使用工具的时候，到底是无从想象的事。

最后再说两句。我们先前在第一段说到简单的协业的时候，已经特别注意说过，简单的协业是资本家的生产的一切方法上所共通的一个 Element（要素）。现在我们还要说，在第二段里面所说的分业，也和简单的协业一样，也还是形成着本节所述的大工业的一个要素的东西。试看，那些和动力机并传力机一起，被统一在一个有机的连络下面的许多的工作机，在有些时候，随着工场的性质如何，往往会连他自己本身都是由机能各不相同的种种机器综合而成的。只看这件事，也可以明白上面说的话是对的了。在我们的分析的研究里面，前一段里面的考察结果，当然是应该被综合在后一段的考察的诸结果当中的。所以，分业这东西，虽然在工场手工业时代是一种加高劳动的生产力那件事上面的主要手段，然而，却并不因为到了大工业时代，即是说，到了以机器为增加劳动的生产力这件事上面的主要手段的时代就被废止了。

第五节　相对工资的递减

我们据上节所述，已经知道了劳动的生产力这种东西。最初在工场手工业的形态下面，大半靠着分业的应用，后来在大工业的形态下面，大半靠着机器的应用，怎样会拿急激的速度，去实行增加了。他这种增加的程度，到底如何？这件事，虽然无从正确的计算出来，但是，我们看一看下述的实例。总可以推见一斑。斯密斯在

1776年所刊行的《诸国民之富》（即中国所谓《原富》——陈）里面，为表示当时的工场手工业的利益的缘故，曾述着下面一段事情。据他所亲自看见的某个工场的例，十个工人在特定分业组织下面，从事于别针（Pin）的生产，每日共生产四万八千个。这就是说，每一个工人，平均每日生产四千八百个的别针。但是，如果他们大家都相互独立起来，各自分别去生产别针，并且，如果他们对于这种工作又没有特殊的素养（平素的修养——陈），那末要想每人每天生产二十个别针，都是必不可的事，也许他们当中有人连一个别针都会造不出来。因为这个缘故，所以他们的劳动的生产力可以说是因为行着分业的缘故，增加少则二百四十倍，多则四千八百倍了。但是，自斯密斯引用这样的事实，说了分业的利益之后，约莫经过九十年，马克思又在他所著的《资本论》（第一段是1867年刊行）里面，又这样叙述着：在今日，一个机器在每天十一时间当中，生产着十四万五千个别针，并且一个工女或一个未成年的工女平均说来可以担任着四台这种造别针的机器。所以，每一个工女，每日约生产着六十万别针（第一卷，考茨基版，403页）。把这种数目，拿来和斯密斯所引用的工人的生产额比较起来，又加了约莫一百三十倍了。但是，比《资本论》更后三十多年出版的色黎格曼（Seligman）的《经济学原论》（Principles of Economics. 1905，p. 294.）却载着：每一个工人每天所生产的别针的生产额，约有一千五百万个。这样看来，比马克思所举的例里面的工人的劳动生产力又增加二十五倍了。

在今日的造针工场里面，工作机可以分为下面所列的几种。（Gibson，The wonders of Modern Manufactures. Ch. Ⅺ. The automatic needle-maker）我在前面曾经说过，随着工场的种类如何，工作机本身也可以形成一个分业。下面所说的，就是那种事情的一个例子。

1. 实行着引伸铁线，同时把他切成一英寸长短的东西等等工作的机器。

2. 在被切断了的铁线上挖沟的机器。

3. 磨尖被切断了的铁线的一头的机器。

4. 在被切断了的铁线的另一头上（和针尖相对的头上——陈）安置针头的机器。

5. 在针头的附近打一针孔的机器。

6. 把做成的针插在纸上的机器。

7. 制造以上诸种机器的机器。

上面所说的劳动的生产力的这种增加，只要他是在资本家的生产的方法之下实现出来的东西，他就决不会是以减轻劳动者本身的痛苦那件事为目的而实行着的，他倒是以增加资本家所得的剩余价值那件事为唯一的目的而实行着的。所以，如果和他的这种目的不合，那末，劳动的生产力的增加就往往会故意的被资本家妨害起来。并且，从实际的历史上说，这些增加都是牺牲了劳动者阶级的肉体的及精神的发达而后实现出来的。不过因为关于这种种问题的讨论，太费时间，我们的时间又有定限，所以目前在这里只把其中最重要的问题，就是说，劳动的生产力的这样增加对于劳动者阶级的所得上面到底必然的会发生一些什么影响这个问题，作为我们的考察的范围。

劳动的生产力的增加，并不是会在各种的生产部门里面都以同样的程度实行起来的。不过，要知道，在某种相当程度以内的劳动生产力的增加，却也的确在各种生产部门里面，都同样实现过。并且，在这种时候，各种生产部门的生产物，都把各单位的价值减少了。因为照前面所述，商品的价值原是靠这种商品的生产上面必需的社会劳动的分量或劳动时间来决定的，所以如果变成可以用同一分量的劳动生产较多的生产物出来，那末，这些生产物每个单位里面所含的劳动的分量，换句话说，就是他的价值，当然就会随着这种生产物的增加，倒反低减下来。自然，同时还应得注意下面这件事：因为在过去数十年之间，随着这些商品的价值的下落，金子的价值也跌得非常之多，所以，诸商品价值的下落不能够原封原样的一直表现在价格的上面来。

像这样的商品的价格的下落，对于工资到底会发生什么样的影响呢？我们为要把这个问题放在他的纯粹的形态下面去加考察的缘故，姑且把这种工资假定是按照劳动力的价值大小被决定着的东西。但是，照前面所述，这个劳动力的价值的大小又是靠劳动者生活上所必要的消费资料的价值的大小来决定的，因此，可以左右劳动力的价值的大小的条件有两个：第一是这些消费资料的分量，第二是这些消费资料的每一单位的价值的大小。不消说，劳动者的生活程度渐渐的加高起来了。因此，他们的生活上所必需的消费资料的分量也渐渐增加起来了。因为这个缘故，所以绝对的工资（就是说，单从工资本身看起来的时候的工资。——陈）这种东西，不但在实质上渐渐的增高起来，并且，在那种货币材料（即金子——陈）的价值的下落比一般商品的价值的下落还大的时候，这种实质的工资的增加，还会当作一种名目的工资（即名义上叫作工资的工资——陈）的增加发见出来。但是，我们应该注意：哪怕归劳动者所得的消费资料的分量多多少少有了增加，他的各单位的价值还会同时用一种比那个分量增加还要急激的速度跌落下去。因为这件事的缘故，所以劳动力本身的价值在大体上也会随着诸商品的价值下落，渐渐的跌落下去。所以，哪怕绝对的工资多少有一些增加，然而，同时，相对的工资（就是说，拿来和所生产的剩余相比较时的工资。——陈）却不能不大大的减少。详细说，如果假定每天的劳动时间没有变化，那末，因为在全部劳动时间当中，那些为劳动力的价值的再生产所必需的劳动时间渐渐减少，并且剩余劳动时间随着这个减少的比例，渐渐延长起来，所以结果就会变成在所生产的价值当中，应该归劳动所得的比例渐渐减少，同时，那些应该归资本家所得的比例，倒反渐渐加大了。这样看来，劳动的生产力的增进这件事在资本家的生产的方法下面，必然的在一方面会变成相对的工资的递减发见出来，同时在另一方面又变成相对的剩余价值的递增发见出来。

但是，劳动的生产力的增加这件事是随着生产部门的不同而变更他的增加的速度的，并且，哪怕他的增加速度相同。如果他的生产物的种类有了区别，那就不见得他一定会对于劳动力的价值发生同一程度的影响。在那些生产种种和劳动者生活直接的并间接的都无交涉商品的部门里面，无论劳动的生产力如何加高，当然也无论那些商品的价值如何下落，他对于劳动力本身的价值，却仍是不发生影响的。要想发生上面说的那种影响，一定要那些在劳动的生产力增高了的生产部门里面所生产的商品，或者是劳动者的生活资料。或者是一种在劳动者的生活资料的生产上面所必需的生产手段，必定要以这两件事当中的一种为要件。又，哪怕同是劳动者所用的生活资料，但是他的价值的低落对于劳动力的价值的影响程度，也是要看这些商品和劳动力的再生产的关系的缓急疏密而有变化的。不过，劳动的生产力的增加在实际上已经实行了的范围，大概都是和那些需要范围最宽的商品的生产有关，因此，也就大概都是那些占着人口的大多数的劳动者的生活资料的生产部门，这件事，自然是不待言的。

又，从个个的资本家说来，他所以不断的努力，去增高他所制御着的劳动的生产力，要想由这种方法，减少他自己所生产的商品的生产费，也无非是因为这种办法可以替他产出“特别的”（extra）利润的缘故。（这种特别的利润，看到后面，就可以知道，是由个别的价值和社会的价值相较的差额，发生出来的。）决不是把劳动力本身的价值的低落，以及由这种低落而生的那种在一切生产部门上的必要劳动时间的短缩等等的事，当作他的意识上的目的的。在这种时候，我们应该把那毫无意识的社会的结果——个个资本家为要在相互的竞争中制胜的缘故，必然会行着的种种活动对于全体上面所引起的毫无意识的社会结果——和个个资本家所意识着的个人的目的这两种东西明白的区别开。历史的进行，在这个例子里面，也是由个人的意识，意计，意欲等等东西，独立着的。

总而言之，劳动的生产力的增加这件事——只要他和劳动者的生活资料的生产有关系——常常是和劳动者的生活维持上所必要的劳动的分量的减少相伴着的。这件事，就表示着这么一个意思：资本家的生产这种东西，如果不减少劳动者对于社会的生产物所应得的分配额，哪怕就是一步，也是不能够往前进行的。这就是说，劳动者在特定的时间当中越生产较多的生产物（这件事，当然就含着劳动的生产力的增加的意思），他越发会因为他增加了生产物的缘故，把他们对于社会的生产物的分配额减少下去——这样的一个矛盾，是包藏在资本家的生产的组织本身里面的。这并不是一种依靠个个资本家的意识如何而有变动的事情。他只是藏在资本家及劳动者的背后，潜伏在资本家的生产的机构（构造和机能——陈）本身里面的一种眼看不见的力的作用。因为这个缘故，所以，如果劳动者只站在商品法则的基础上面，他无论如何，也是没有什么手段可以拿去和这种力的作用对抗的。更因为这个缘故，所以对于相对的工资的下落的反抗，就会变成劳动力的商品性的否认，因此，也就是变成资本家的生产的全体的撤废发见出来。无产者的经济的斗争，在他最后的阶级段上，**必然的不得不变化为政治的革命**，就是因为这个缘故。

我在我所著的《马克思主义经济学》里面，关于这一层，曾经照下面那样述过。虽然有点重复之嫌，但因为可供参考，所以把他采录在这里。

> “相对的剩余价值的生产增加，含着这样一件事的意思：在劳动者所贡献出来的全部劳动之中，被资本家榨取的部分，渐渐变得占着较多的部分了。这件事，自自然然的会表现于资本家阶级和劳动者阶级二者间的贫富的悬隔年甚一年的那种现象之上。所以，劳动者阶级的生活渐渐越变越不堪这种情形并不是由于他们的劳动的生产力（他们的劳动能够造出有用物的力量）低减了的缘故。宁肯说，反是因为他们的劳动的生产力增加，因此弄得他们的特定的劳动分量越发会生产较多的生产

物的缘故，他们对于社会的全部生产物的分配额，才会随着生产物增加的比例，反而减少，他们的社会的地位，也才会在相对的关系上（在比例上——陈）越发不堪。一句话说完，就是，社会全体的生产物对于资本家阶级并劳动者阶级的分配比例，是按照着劳动的生产力的发展程度被规定着的，并且这个规定又是不断的把劳动者阶级的社会的存在变化为可怜的存在的。

贫富的悬隔越变越厉害这件事，并不是说，穷人的生活会绝对的越变越不堪。这句话的意思，只不过是说，和有钱的人比较起来，在相对的关系上，会越变越不堪罢了。假定把资本家阶级当作天，把劳动者阶级当作地，那末，可以说，无论是天，无论是地，都增高了。不过，表示着劳动者阶级的生活的地，高得极其缓慢，表示着资本家阶级的天，却踊踊上升罢了。所以，天和地的悬隔，一年一年的，越变越远。

譬如，据 1928 年二月发行的日本《无产者政治必揣》看来，每天获着一千元以上的收入的有钱人，只拿东京和横滨之间为说，已经有三十人。在这当中，因为岩崎久弥氏的所得每年是四百三十万元，所以，他每天的所得在一万元以上。三井一家（三井八郎右卫门，源右卫门等等）的所得，每年合计约一千二百万元，所以每天应该是三万四千八百元。拿这个和每天只有一元的所得的人比起来，就是三万倍，就和每天三元的所得的人相比，也在一万倍以上。贫富的悬隔，就是在日本，也已经达到这种程度了。

从我们看来，成为问题的，只是同一的社会内的这种悬隔。'房子无论是大的，无论是小的，如果围绕着这房子的别的许多房子，都是和他一样大小，那末，哪怕这房子在实际上是很小的，他也可以满足住居上的一切的社会的要求。然而，如果在小小的房子的旁边，建筑了一个宫殿，把那个小房子，衬得好像一个小棚子一样，那末，这个小房子就恰恰足以证明，住在里面的人是一个什么权利也不能主张的人或是一个只得主张极少的权利的人这件事了。并且，哪怕这个小房子会随着文明的进步，变得怎样高大，如果和他邻近的那些宫殿，也照同样的程度或比这小房子加高的程度还更大的程度，变得更加高大起来，那末，住在这比较小的房子里面的人，当然更会常常的在他那四壁之内越发不快，越发不满，越发感着不兴顺罢。（拙译《雇用劳动和资本》，岩波文库版，六二页。）不平和不满，就是这样渐渐积蓄到社会的下层去的。

和生产力的发展相伴而生的相对的剩余价值的递次的增大，同时也就发生了相对的工资——'工资对于资本家所得的利润的关系，即是说，关系的并相对的工资'（前揭书，六六页）——的递次的减少。这样的结果，不消说，不是根据劳动者的意计而来的，并且也还不是根据资本家的意计而来的。照前面所述，个个的资本家只是因为要想在竞争场里制胜，才努力去谋劳动的生产力的增加的。所以，这些个个的资本家各人各自的种种活动的全部的结果，替资本家阶级变成一个相对的剩余价值的增大发见出来这件事，完全是由一种和他们的意计及意识不相干的事实的必然的连锁而来的事。在以资本家的生产为前提的范围内，生产力的发展定会招致这样的结果这件事，就是“资本家的生产的天然的法则”——“用铁一样的必然性作用着并把自己贯彻着”的“资本家的生产的天然的法则”。因为这个缘故，所以，若不把资本家的生产本身抛弃了去，这件事也就决不能够被抛弃的。**立脚于商品生产的法则上的**——所以，也就是，那些从商品世界的法律看来，完全**合法的——改良主义的诸运动的界限**，就是这样发生的。那种要想把劳动力照他原来的价值出卖的努力，碰见了劳动力的价值本身的递次减少这种事实，就变成毫无用处了。在甲乙两人相互斗争，甲想把乙拉到东边去，乙想把甲拉到西边去的时候，如果甲和乙都坐在同一的火车上面，并且这列火车本身，完全和甲及乙的意计不相干涉，只是独立的用自己的快急速度，向着东方飞跑着，那末，只要不拿共同的地盘本身作为问题，甲的失败自然是极明白的。因为这个缘故，所以，阶级斗争这东西，一旦突破了第一期的界限之后，自然就不得不有质的变化。在这时，方在商品法则的基础上面的斗争，就会变化为关于商品法则那东西本身的斗争——不合法的，革命的斗争——了。

马克思曾经说过：‘劳动组合（即工人协会——陈）这种东西，若当作一种对于资本家的蚕食的抗争的中心看，是可以发生很大的作用的。自然，他们因为不会巧妙的使用他们的力量的缘故，有时在部分的关系上是有失败的。（然而）如果他们只把自己限定在这种对于制度的结果的游击战斗，（把这种充当着现存制度的资本主义制仍旧拦着不管，只去对于那些必然的由这种制度发生出来的结果，行一种小小的前哨战争，只把他们的活动限于这种事），不同时设法去改变现存制度，不同时把他们的被组织了的力量，当作一根对于劳动阶极的**最后解放，这就是说，对于雇用劳动制度（把劳动力当作商品卖买的制度——资本主义制本身）的终极废止**的杠杆，拿去使用，那末，他们一定会**全般失败的**。’（拙译《工资，价格及利润》，岩波文库版，109 页）一面挂着一块为无产者谋利益的招牌，一面却把自已的运动限定在改良主义的范围之内的人，从这种道理说来，就是计划着“全般的失败”的人，就是想永久的阻止‘劳动阶级的最后解放’的人，就是劳动阶级的——人类的——最恶的敌人。

‘在资本家的生产诸关系的范围内发展了的生产力，变得和那个怀孕过他的母胎不能两立了。这些诸关系，由生产诸力的种种发展形态，变化为生产诸力的桎梏。到了这时，社会革命的时代就到来了。’（《经济学批判》德国本，前文 55 页）”

大家都知道，在《经济学批判》的序文中的唯物史观的公式里面，马克思曾经说过，“人类这东西，在他们的生活的社会的生产上，把特定的，必然的，由他们的意思独立着的诸关系，把那些和他们的物质的生产诸力的特定的发展阶段相适应着的生产诸关系，看做摆在他们面前的东西，领受起来。”这件事，在现今我们说着的这个例子上，可以极其正确的对于资本家的社会适用有效。为什么呢？因为，照前面所述，在社会的全部生产物当中，对于资本家阶级的分配及对于劳动者阶级的分配两种分配的比例——这种分配的比例，就是规定着资本家阶级和劳动者阶级的相对的社会地位的东西，结局也就是规定**这两大阶级**的**生产关系**的东西——原是依靠劳动力的价值来决定的，而这个劳动力的价值却又是**和劳动的生产力**的（**因此也就是生产诸力**的）**发展程度相适应**的东西的缘故。

又，**价值法则是在资本家的社会的运动法则当中的最基础的东西**这件事，当然应该已经惹起我们的注意了。为什么呢？因为资本家阶级和劳动者阶级的相对的社会地位的变动，大半都是依靠劳动力这种商品的价值的变动来决定的缘故。

又，马克思在上述的唯物史观的公式里面，曾说着："人类这东西，常常总是只拿他们所能解决的问题为问题。为什么呢？因为，如果精确的观察起来，问题本身，只有在这种问题的解决的物质的诸条件或是已经存在或是至少已在他们的生长的过程当中的时候，才能够发生出来。在资本家的社会里面占着最大多数的人口的劳动阶级，一年一年的陷入穷地这件事，是一个必须要解决的问题。但是，要知道，这样的问题，是因为劳动的生产力的（属于社会所有的物质的生产诸力的）发展而起的，并且同时，这种生产力的某种的程度以上的发展，又是一种充当着社会形态变动上——社会由一个形态变到别的较高级的形态去的变动上——的前提的物质条件。因为这样，所以可以说，这问题是和他的解决的物质条件同时发生的。

我们在下面几章，恐怕还有好几次的机会，去想起上面说的那个根本命题罢。

第七章　资本的积蓄进程　(Akkumulationsprozess)

以上我们在第三章到第六章之间，虽然已经把资本的生产进程考察了一个大概，但是，问题还没有说完。因为，在前面关于商品交换啊，分业啊，种种东西发生的时候，我们也曾指摘过，同一运动的反复进行，一定会在那进程的本身上引起某种质的变化的，因此，凡是那些当我们只把连续着的运动的一个关节看在眼里，把他当作一个孤立的东西，看得他和别的关节不相连续的时候，所看不见的种种变化如果被我们从他的连续关系上观察起来，就会明白的被我们看见。所以，本章的主线，就在把资本的直接的生产进程在那种从时间的连续的立场看起来的全体性上面加以观察，去曝露更多的秘密出来。

无论是在什么样的社会里面，都决不能停止消费，同时也不能停止生产。因为这个缘故，所以无论生产的社会形态是一种什么样的形态，他总非连续不绝的被更新着不可。因此，如果在这种更新的连络上去看他，一切“生产”（Produktion）的进程，同时就是“再生产”（Reproduktion）。但是，看到后面就可以明白，资本的再生产进程，结局就是资本的积蓄进程。所以，以前的各章的中心问题，虽是资本这东西如何**去行生产**的问题，本章的中心问题，却只是资本本身如何**被生产出来**的问题。

我们第一要考察资本积蓄的进程，就是他的“简单的基础形态(einfuche grundform)”。因此，我们为要把积蓄进程拿来行纯粹的分析的缘故，就不得不把那些一切可以遮蔽着积蓄进程的机构的内部作用的现象，都暂时舍弃不管。因为这样，所以我们先谈下面两个假定：

第一，资本的循环，照前面所述，是采用着下面这种

G	——	W	……	P	……	W′	——	P′
货币		商品		生产资本		商品		货币

的形式的。所以，要想继续的反复的实行这种循环。资本这东西就非川流不断的在流通界流通着不可。举例说，因为在生产进程里面产生了特定的剩余价值的缘故，哪怕 W′这种商品会变成一种比较最初买进来的商品 W 价值还要大些的东西被生产出来，但是，如果他不照他所有的价值被贩卖出去，他就不能够变形为 G′。然而。要知道，这个 W′变形为 G′这件事，却是一个流通进程的问题。因此，所以在现实的资本的再生产过程里面，必然的会有一个流通过程存于其间。但是，这个流通进程，却是我们要在第三篇详加考察的，并且那种当作生产进程和流通进程的统一体看的资本总进程，又是我们要在第四篇里面考察的。所以，目前在这里只好假定着流通进程是在“顺常的”（Normal）的状况下面进行着的，那些生产着商品的资本家是照商品所有的价值贩卖着的。因此，换句话说，就是，假定着在流通方面只有等价物和等价物的交换那种简单的商品流通实行着的。

第二，到下面第四篇就可以看见，生产剩余价值的资本家，并不是这种剩余价值的最后的领受人。他非把所领受的剩余价值更和别的资本家及地主们一同分配不可。但是，目前在这里，我们却假

定着所生产的剩余价值全部都是归于那个生产了这种剩余价值的资本家的手里的东西。

因为我们在这个阶段上的研究，是在上面两个假定之下的研究。所以他是一种带有很大舍象的性质的东西；他的更具象的诸形态，都详述在以后诸篇里面。

第一节　简单的再生产　(einfache Reproduktion)

如果一切事情都是在顺常的状况下面进行着，那末，在实际上，被生产出来的剩余价值必不是全部都被资本家消失了去，其中的一部分必定会化为资本，因此，原来的资本，也就会加大，所以资本家的生产也就会把他的规模逐渐的扩大出去。如果用方程式把这个道理表示出来，就可得下面一个式子：

(本年份) $G—W\cdots P\cdots W'—G'(G+\underbrace{g}_{r+p})$

(被消费的部分)r+p(化为资本的部分)

(次年份) $(G+p)—W_2\cdots P_2\cdots W_2'—(G+p)+(g+g_2)$

但是，要知道，简单的再生产，无论在什么时候，都会当作一个“要素”(Element)，被包含在扩大了的再生产之中。因为这个缘故，所以我们为分析起见，要先把这种简单的再生产，当作一个较为舍象的俦类考察考察。

现在，如果假定把这种简单的再生产里面的诸关系，从全体社会的观点上，用一个式子表示出来，就可以得下面这样的例子：(用 c 表示不变资本，用 v 表示可变资本。用 M 表示剩余价值，用数字表示价值量)

Ⅰ. 4000c＋1000v＋1000M＝6000 生产手段 ⎫
　　　　　　　　　　　　　　　　　　　　⎬生产物
Ⅱ. 2000c＋500v＋500M＝3000消费手段 ⎭

现在，我们先把在第一部门里面生产出来的生产手段加以考察罢。斯密斯在《诸国民的富》里面的开头第一句话就是：

> “各国民的年年的劳动就是一种基本——一种从本源上供给着各国民年年所消费一切必需品及便利品（娱乐品——陈）的基本”。(The annual labour of every nation is the fund which originally supplies it with all the necessaries and conveniencies of life which it annually consumes，……)

但是，要知道，他这句话里面，是把各国民年年消费于生产行为上面的生产手段，完全放在问题之外的。照前面所述，无论在什么样的社会形态下面，要想行生产，总得有当作物的要素看的生产手段和当作人的要素看的人类的劳动力两种东西。并且，因为这样的生产条件同时也是再生产的生产条件的缘故。所以，要想生产这东西能够继续反复的行下去，就应该把这些再生产上的必要条件当作生产本身的结果在每次生产当中生产出来。所以，如果先拿生产手段来说，无论在什么样的社会里面，要想维持同一规模的生产，就非把一种和特定期间如像一年间所消费了的分量相同的生产手段在那同一的期间内生产出来不可。但是，同时要知道，这样的生产物并非落到个人的消费的范围内去的东西，他们都会从新回到生产进程上面去的。如果假定别的一切事情没有变化，那末，我们根据上面的表达式，就可以推定这种生产手段的价值量每年是 6000 单位。

从全部生产物当中，把上面刚说过的生产手段扣除了去，所剩下的就是消费资料，也就是斯密斯所说的，各国民年年所消费的必需品及便利品。在前面的表上，这种东西的价值量被推定为3000单位。照前章所述，在生产进程上所消费的生产手段的价值，是原封原样的移转到生产物上面去的，新的价值的创造只有靠着生产进程上的劳动力的消费才会发生。因为这样，所以，从价值的观点说来，这3000单位的消费资料，就是表示着新被生产出来的价值的。其中1500单位，当作剩余价值归资本家所有。并且，因为在这时候行着的只是一种简单的再生产的缘故，和这种剩余价值恰恰相当的消费资料（即是说把这种剩余价值溶化到自已本身上的消费资料——陈）的全部，都供给了资本家阶级的个人的消费。所以，也不会发生什么资本的增值。剩下来的另外的1500单位的价值，溶化到另一部分的消费资料表面，供了劳动者阶级的个人的消费，却可以在被消费之后，变为充当着一种生产的人的要素的劳动力再被生产出来。

以上所述的进程，如果是年年都继续反复的进行着的，那末，这种反复进行出结果可以在那种进程的本身上发生什么样的质的变化呢?

我们先从工资看看罢。从表面乍看起来，工资这东西好像是资本家从他原来所有的资本当中支付出来的东西似的，但是，如果我们在再生产的进程上去观察，我们就可以明白，工资这东西结局仍然还是劳动者自已所生产出来的生产物的一部分。他们在必要劳动时间内的劳动，如果从价值的观点看来，正是为再生产那种资本家所支出的可变资本的价值而行着的劳动；由这种劳动从新生产出来的可变资本，在其次一个生产进程里面，又从新更当作工资支付出去。这样继续下去，就变成劳动者本身始终不绝的再生产（再生产三个字在这种时候当动词用，以下相同。——陈）着那种资本家拿来供雇用他们之用的工资了。如果更从使用价值的观点看来，劳动者用他们得着的工资买进去的消费资料那种东西，实在也就是他们自己造出来的生产物的一部分。自然不消说，这句话并不是说：个个的劳动者各人都接受着自己造出来的生产物。这样的事虽然也有，不过总算是偶然的例外。一切生产物都是要当作商品流到流通界去一次，在那里变形为货币的。在这种流通界当中，劳动者也还是和别人一样，拿着他们由资本家当作工资接受了的货币，变作一个货币所有人发见出来，并且照我们上面的假定，他们还是当作一种和资本家完全相等的人格者，在那里和资本家对立着，行一种价值相等的东西的交换，去购买他们所需要的消费资料的。在这时候，如果从个个的劳动者看来，他所购买进去的东西，大半都不是他自己生产出来的。但是，要知道像这种由工资的货币形态所造出来的“错觉”（Illusion），只要我们就资本家阶级及劳动者阶级两个阶级的全体观察观察，就会立刻消减了去。到那时，我们就看见在个个的例子里面看见的偶然的东西，在全体上看来都恰恰相反，变成必然的了。劳动者不得不生产他们自身的生活资料这件事，对于无论什么样的社会形态都是共通的。不同的地方，只在这种事态的现象形态。在过去的各种阶级社会里面，劳动者是用一种人的关系和他们的榨取者直接的联系着的。在资本家的社会里面却不然，因为榨取者和被榨取者的关系是以物和物的交换关系为媒介，扩大在全体上面的缘故，所以，若不是在他的连续性及全体性上面去观察他，就决不能够看出事态的真相。罗马的奴隶们，是用铁链子拴着的，雇用劳动者却只用一种眼看不见的丝线拴着。

又，资本的再生产进程，不但是对于可变资本的部分为然，并且对于资本全体之上，也引起某种特殊的变化。这不是别的，就是资本全体变化为剩余价值的积蓄这件事。不消说，因为剩余价值是由资本生产出来的东西的缘故，所以他采取一种特别现象形态——一种充当着由资本这根树上按期长出来的果实的现象形态，因此，在外面就不能不显得好像资本家所消费的东西只是这种果实，原来的资本好像仍然长久维持着并未动弹。（这种情形，和湖里的水显得好像是长久不变的东西那件事，完全是一样的。在实际上，湖水这东西，因为一方面不断的向天空蒸发着，同时在另一方面又有雨水不断的流进湖去，所以在特定年限之后，原来的水因着新陈代谢的关系，就会变得一滴也没有。）不过，照前面所载的例说来，因为资本家实在年年消费了 1500 单位，所以在五年之中，他明明曾消费了一种和他最初所有的资本总额相当的价值。然而在事实上，他现在却依然保有着和原来的资本总额相当的资本。由此，就可见得，他这时候所有的资本的全部，结局都不过是一些变形成为了资本的剩余价值，也因为这样，所以他的资本的本身也就变质成一种不支付等价（对价——陈）而得着的价值——一种无偿取得的别人的劳动的结果——了。

从这一层看来，劳动者不单是造出了剩余价值，也不单是再生着可变资本，并且**还是用他们自己所生产的剩余价值，不断的再生产着资本全体了**。这件事，就含着下面这么一个意思：劳动者自己不断的把资本家的生产关系本身再生产着，因此所以也就是不断的在一方面把资本家，在另一方面把当作雇用劳动者看的他们自己，再生产着。这样一来，资本家的生产发达到某种阶段的，就会变得能够**立脚于他自己本身**上面了。

第二节　扩大出去的再生产（erweiterte Reproduktion）

前节所述，只是就资本家把所得的剩余价值全部拿去充个人的消费的时候说的。如果只是继续的行着那种事情，资本的增殖这件事就一点也不会发生的。但是，在事实上，除开特殊的例外不计，从一般说来，因为剩余价值的一部分都是要当作资本拿去使用的，所以就常常行着剩余价值向着资本去的回转运动。换句话说，就是常常行着“资本的积蓄”（Akkumulation）。

在这种时候的社会总关系，可以准照前面的例子表示如下：

Ⅰ．$4000c+1000v+1000_{m}=6000Pm$ 生产手段

Ⅱ．$1500c+750v+750_{m}=3000Km$（消费资料）

这种式子里面所表现的相对的关系，在下面两点：

Ⅰ．6000＞Ⅰ．4000c＋Ⅱ．1500c

Ⅱ．3000＜（Ⅰ．1000v＋Ⅱ．750v）＋（Ⅰ．1000_{m}＋Ⅱ．750_{m}）

因为，要想使剩余价值积蓄起来成为资本，必定非先经过

G（货币）——W（商品）$\begin{cases}\text{A（劳动力）}\\ \text{Pm（生产手段）}\end{cases}$

的进程不可。并且，如果要想使这种积蓄进程不仅限于一个资本家，并且还要在社会的全体关系上实现出来，当然就得使那些可以在本年份从新添买的 A（劳动力）及 Pm（生产手段）（因为添了资本，所以应该新添 A 及 Pm。——陈）在事实上于他们在上年份原

有的分量之外追加的（就是另外的——陈）存在着不可。在这两种应该另外存在着的追加部分的当中，第一种劳动力是可以由劳动者阶级的自然的人口增加供给出来的。第二种手段却只有由上年份的生产的结果里面供给出来。因为这个缘故，所以就不得不需要上面说的6000>Ⅰ. 4000c+Ⅱ. 1500c的关系（即是说在生产物里面的生产手段应该比生产这种生产物的时候所用于不变资本（即生产手段）上的合计的价值量大些才行；如不大些，那就不能供给如上面所说的追加部分的生产手段了。——陈）。同时，归入资本家手里的剩余价值，因为并不是全部都拿去充个人的消费之用的，所以更不得不需要上面说的3000<（Ⅰ. 1000v+Ⅱ. 750v）+（Ⅰ. 1000_m+Ⅱ. 750_m）的关系（就是说，生产出来的全体的消费资料，应该比生产这种全生产物时所生的剩余价值及用在可变资本上的价值两种东西的合计小些，才行。否则就不会有剩下的部分的剩余价值变成资本了。——陈）。无论是从那一种关系说，总之，若从社会全体具体的观察起来，生产的规模是会随着资本的积蓄，而渐渐扩大出去的；资本的积蓄就是依靠着扩大出去的再生产的。

我们在前一节已经看见了，哪怕是在行着简单的再生产的时候，特定的资本也会不论原来的来历如何，到了特定期间之后，就全部变化为一种“化成了资本的剩余价值”（Kapitalisierter Mehrwert）。现在，我们假定就让一步，把这种简单的再生产不放在眼里，只论扩大了出去的再生产，我们也可以明白的知道，只要继续的行着这种由剩余价值的积蓄而来的资本增殖，最初的资本过了某种特定年限之后，拿来和积蓄下来的资本比较，差不多会不得不和零数相近。所以，在这种时候，资本家所有的资本是由剩余价值本身成立的这件事，是顶明白的。

钟渊纺织会社（日本有名的纺纱公司——陈）的已缴资本，在1921年末是15,88,000元[①]，但是，在同年来，他的各种积存金却有32,226,000元。除此之外每年的红利，合计起来还有莫大的数目——这些红利，如果不被股东全部拿去供个个的消费之用，当然也更会在某种事业里面化为资本。

这样看来，哪怕资本家所有的资本是他自己的劳动的生产物，然而由这种资本的运用而获得的剩余价值，却是一些来付价的别人的劳动，并且这种剩余价值更可变成新的资本，再去生产剩余价值。像这样，同一的进程会渐渐的用越扩大的规模，一直反复进行下去。所以，资本家的生产这种东西，结果就是**一种积蓄进程——一种拿无偿取得的别人的劳动为基本，无限制约的更去积蓄无偿的别人的劳动的进程**。这样一来，我们就可以看见，我们在第一篇所说的那个以商品生产及商品变换为基础的领有的法则（即所有的法则——陈），到现在，**全然变化为他的反对物了**。商品所有人和商品所有人的交换关系，平均的看起来，实在是一种价值相等的商品与商品的变换，换句话说，就是所含劳动量相等的东西的交换。所以，无论从交换人的那一方面说，都并没有行着那种不出代偿就领有别人的劳动的事。同时，选样的交换关系，全然是一时的关系，购买人和贩卖人这种脚色，并没有固定着专由某种特定的人们常去扮演。即使同一的关系会在同一的当事人之间反复行着，那也只不过是新的契约的结果，决不是和从前的交易有必然的连络的东西。

① 底本如此，据文意似是“15,888,000元”之误，当有脱字。——编者

因为这样，**所以这种单纯的商品的交换关系，也才不能成为社会的经济的构造的经久的基础**。但是，一旦到了劳动力当作商品被卖买了的时候，纵然这种劳动力还是按照他原有价值被卖买着，他的交换也会照第三章以下到第六章之间的所说的道理发生一种结果，使资本家能够不须支付等价就领有着别人的劳动；并且，照本章所说，就是发生着这样的结果的资本（资本家用来的买劳动力的资本——陈）本身归根结底也还尽都是不支付对价就取得了的别人的劳动。因为这个缘故，所以资本家和劳动者之间的交换，从他的形态说来，虽然依然还是商品和商品的交换，但是他的内容却已变化为一方面的交换人不断的从另一方面的交换人获得无偿的劳动的关系了。不但这样，并且**他在他本身当中，还含着一种力量，会把同一的关系用更加扩大了的规模再生产下去**。因此，资本家和劳动者的关系，也就不能不和单纯的商品购买人的关系发生区别，也就不能不化为结晶的东西（固定的东西——陈）了。也因为这样，所以资本家和劳动者的关系才变成一种构成着**现代社会的经济构造的基础的东西**。

据以上所述的看来，就可以知道，哪怕资本家的奢侈的浪费一天一天的增大，他的资本的积蓄还是非常容易的了。我们在第二章第二节（a）[①] 里面曾经说过，蓄财的条件就是一些不伴随着购买的贩卖的反复进行，因此，蓄财家反得要为满足自己无限的蓄财欲望的缘故，去抑制他自己的一切享乐欲望了。现在，在这种资本家的扩大的再生产里面，情形却不相同了。资本家的奢侈和他的积蓄，

① 底本如此，但第二章第二节没有 a，疑指第二章第三节“A. 储财手段”。——编者

并不须用一方面去限制另一方面了，他们已经把那种不须互相限制就能够越发增大的条件弄完备起来了。

关于现代社会的，财富的集中和奢侈的浪费的增大的实例，请参照拙著《社会问题研究》第二十七册。

阶级斗争一天一天的激烈起来，所以那种资本及他的剩余价值辩护的必要也跟着越要紧起来，但是，同时却又弄得越发难于替他们辩护起来。因为要想把这越发难于辩护的东西，硬要毅然站起来辩护的缘故，所以那些辩论就不得不越发化成滑稽的东西了。并且，这种滑稽化的历史，就形成了自阶级斗争出现于社会表面以后的经济学史。

第三节　资本积蓄对于劳动力的需要的影响

从这个问题的研究上看来，最重要的 Faktor（要因）（又可以译成因子，因素，即某种东西的构成分子的意思。——陈），就是资本的构成在积蓄进程的进行中所受的变化。

“资本的构成”（die Zusammensetzung des Kapitals）这句话有两重意思。第一是从价值的观点看来的资本构成，即所谓资本的价值的构成，这是随着全体资本被分为不变资本及可变资本的时候的比例（即生产手段的价值及劳动力的价值两种东西的比例——陈）如何而决定的。第二是从“物材”（Stoff）（或材料——陈）——资本在生产进程上行着实际的活动的时候的物材——方面看来的资本构成，即所谓资本的技术构成，这是依靠所利用的生产手段及在这种生产的利用上所必要的劳动力两种东西的比例如何而决定的。这两种意义上的资本构成之间虽然有密接的关系，但是，两种东西却并不是同样变化的东西。因为，在有的时候，因着劳动的生产力增加了的缘故，弄得在一方面那些能够被特定分量的劳动所消化的生产手段虽然增加，然而，在另一方面，在这些生产手段的生产上面所费用的劳动却变得只须极少的分量。因此，把他的价值也大大的减少了。现在我们认为问题的资本构成，只是以这种技术的构成的变化反映在价值构成之上的时候为限。

劳动的生产力是随着资本家的生产的发展，用异常的速度增加起来的东西，这件事，已经在第五章说过了。这件事，在大体上，都是变成生产手段——那种应该和特定的劳动力相配合的生产手段——的增加表现出来。为什么呢？因为，在一方面，成为劳动的生产力的增加的主要条件的东西，就是机器及其他物质的设备的增大，在另一方面，劳动的生产力的增加本身，从结果上看来，又可以把特定分量的劳动所能够消化的原料，增加起来的缘故。因为这样，所以我们可以看见，随着资本的积蓄，不但他的物材的诸要素都会增加分量，并且，因为这些诸要素之间之比例有了变化的缘故，资本上面也会发生质的变化。这种事情又反映在资本的价值构成上面去，从全体的比例说来，就变成，牺牲他的可变部分去增加他的不变部分了。

现在成为我们的问题的，只是这种资本构成的变化对于劳动力的需要上面所加的影响如何一件事。如果假定着，资本的构成，原本是不变资本一对可变资本一的比例，现在这种一对一的比例已经变为五对一了。在这时候，要想使对于劳动力的需要变成原来的需要的两倍，若单把全体的资本用由二加到四的比例（即是说，加倍。——陈）增加上去是不中用的，应该照着由二到十二的比例（即是说，加五倍。举例说，如像资本总额是六千元，在一对一的比例的时候，可变资本是三千元；如果要把他加为两倍，只消把总资本加为12,000元就行了。然而如果不是一对一的比例，而是五对一的比例，那末在原来的资本当中，可变资本只占有1000元。想要把他变成一对一时候的两倍即6000元，就非把资本加到三万六千元不可。——陈）增加上去才行。从这里看来，就可以知道随着资本家生产的发展，**人口的过剩数目也一定不得不越发加多**，这件事，是极明显的事了。这就是说，若照拿上面这个例说来，如果劳动者的人口增加了两倍，那末，要想使这些增加的人口不会有过剩的现象，就得把资本加为六倍。但是，在事实上，因为这种事情是会随资本的积蓄程度和劳动的生产力的增加程度两种东西的向前增加的比例而越发加甚的，所以，到后来，就弄得哪怕是吸收极少的追加劳动者（新添加的人口——陈），也非得把全体的资本大大的增加起来不可。因此，尽管资本的增殖会用非常的速度继续行着，然而这些资本所不能够雇用的过剩人口却依然会发生出来。这就是**资本家的生产走到尽头的一个现象**。这种过剩人口本来虽然只是对于资本的需要关系上的相对的过剩人口，然而，因为往往会被人把他离开他和资本的连络关系，从一方面单独的去观察他，所以在表面上就会显得一种绝对的过剩人口。马尔萨斯（Malthus）的人口论，也就是这种现象形态发生出来的东西。

日本人一般关于人口问题的见解，是非常带有俗学的性质的。关于这件事，请参看拙著《人口问题批判》。

第三篇　资本的流通进程

Zirkulationsprozess，der an und für sich zugleich Reproduktionsprozess，——Theorien，Ⅱ，2. S. 286

我们在第二篇里面已经把资本的生产进程考察完了。现在试总结起来看一看这种生产进程的结果，我们就看见，在那里生产出来的只是商品，因为是商品，所以又不能不流通。这就是说，我们在第一篇里面当作资本家的生产的前提研究过的商品并商品流通，现在又当作资本家生产的结果，从新出现在我们的面前，所以我们恰恰又被这问题引回到最初的出发点上去了。但是，要知道，商品若到了当作资本家的生产进程的产物发见以来的时候，他已经不是简单的商品，倒是资本家的商品，同时他的流通也不是简单的商品流通，倒是一种当作资本看的流通了。因为这个缘故，所以这些商品，为要当作资本去流通的缘故，更具有新的机能，受着新的规定，变为更具象的东西了。目前在这里成为问题的，就是在这种范围内的这些商品。

这样一来，我们的研究就一步一步的走近现实的资本家的商品的形态了。

前面已经屡次注意说过，简单的俦类原是复杂的俦类的一个Element（要素）。因为这个缘故，所以，在我们这种研究法——由最简单的范畴出发，渐渐向着复杂的范畴走去的研究法——上面，前面的东西（如像第一篇的研究）是被包含在后面的东西（如像第三篇）里面的。

第八章　资本的变态（Metamorphose）及循环

第一节　货币资本的循环

据我们在第二篇所研究的看来，资本这东西，常常是最初由货币出发，经过下面那个式子上的三种阶级，再回复到原来的出发点的货币形态上去，回来之后更从新出发，行着同一的变形，像这样周而复始的，连续不绝的行着下面那式子所表示的循环的东西。

G	—	W	…	P	…	W′	—	G
货币		商品		生产资本		商品		货币

详细说来，在第一段里面，货币的所有人当作购买人出现到固有的意义上的商品市场及劳动市场上来，他在那里，把他所有的货币，拿去购买那些可以充当生产手段的种种商品及劳动力。这样一来，G—W 的流通就完结了。

在第二段里面，被资本家所买的种种商品，都被消费在生产关系上面去了。这就是说，资本家常作资本的生产者，活动起来，他的资本，从流通界逃了出来，走进工作场即生产界来了。因为这种活动的缘故，所以就生产出来一种新的商品，这种新商品的价值，比原先那些被消费在生产关系上的诸商品的价值的合计还要大些。换句话说，就是，这种新商品当中含着有剩余价值。但是，因为资本家生产这些商品本不是为着供自已的消费，倒只是为要想拿去贩卖给人，赚得利润回来，所以他不能不更走到第三段去，当作他那新生产了的商品的贩卖人，从新出现到市场上。他的新生产出来的商品，在那里，又走出生产界，进入流通界，和货币去行交换。这样一来，W′—G′的变形就完结了。如果已经把这种变形弄完结了，那末，因为资本已经从新回到原来的货币形态的缘故，所以，就可以算得是他已终结过一回的循环了。既把一回的循环终结，所以他又从新开始做同样的第二次循环。说样看来，资本这东西，结局就是一种在生产界及流通界两者之间不断的行着自己运动的价值了。他走到流通界去，就由货币形态变为商品形态，或由商品形态变为货币形态；一到生产界中，虽然把他的流通中止了，同时却又增大了自己本身的价值。不过，因为我们在第二篇所研究的，只限于资本在生产进程上的种种机能，所以我们在考察积蓄进程的时候，也只假定着，流通进程是照“顺常的”状况进行着的东西罢了。

目前，本篇的研究的目的，是想更进一步，把资本在流通进程上的种种机能阐明出来，所以那种包括着资本的生产进程及流通进程两种东西的资本循环运动，就成了我们的直接的研究对象，因此，在那种资本循环之际所行的形态的变化也同样成了我们的直接的研究对象。现在，为要把这种形态的变化，放在他的纯粹的姿态上面去加观察和研究的缘故，我们不单是假定着，一切商品都是照他所有的价值被卖买着的，并且，凡是那些由外部的事情发生出来的价值的变动，我们也暂时放在问题之外。以下我们且在这种假定的下面，把货币资本所应该通过的三个阶段，稍加考虑。

第一段 G—W（货币——商品）

这一段，在形式上，和单纯的商品流通的终点（即 W—G—W′的第二阶段的 G—W′）是相同的。所以，决不能因为用特定的货币买了商品，就说那货币即刻会变成资本。这件事是很明显的。货币这东西，只有成了生产着剩余价值的东西的时候，才会变形为资本。G—W 所以会同时变成资本的流通，只不过因为用货币买进来的商品的实质（W{A. 劳动力; Pm 生产手段}）是一种具有不久就可以发生剩余价值的性质的东西的缘故罢了。那种货币，只有在这样的连络上，才会当作一种能够怀孕着剩余价值的东西，变成资本。换句话说，资本这东西，最初是在这样的连络之下，采用着一种货币形态，就是说，当成一种“货币资本”（Geldkapital），发见出来的。

如果资本家拿他的货币，买进了 A（劳动力）及 Pm（生产手段），那末，同时，他原来那些具有货币形态的资本，就会具备另外一种可以拿去供新的生产物的生产之用的具体的形态。我们把那些在这种形态下面暂时停留在生产进程中的资本，叫作“生产资本”（Produktives Kapital）。这就是说，货币资本的第一段的变态，就是由货币资本的形态到生产资本的形态去的变化。这种变化和蛹子变成蛾子那种变化是相同的，所以我们就照生物学上的术语，把他叫作“变态”。

这第一段的变态，从他自己本身说来，只是资本价值的单纯的存在形态的变化，并不会因为这种变化的缘故，在价值本身的上面发生什么样的增减。（这件事，在资本家的簿记上面也明明的反映着）一切购入的商品，都是照他的购买价值，记在账上。如果照那些主张限界效用说的学者说，单是由这种单纯的卖买本身，就已经不得不产出剩余价值出来了。（那种说法自然是错的——陈）这种变态，虽然不能不算是货币变形为资本那件事上面的第一步，但是，货币本身，在这个阶级上，却只**单单发挥着他那当作货币看的机能**，不过同时还因他全体的进程有一种连络的缘故，所以变成同时发挥着他那当作资本看的机能罢了。因为这个缘故，所以，**货币本身**，在行完了这个流通的时候，可以同时就失去当作资本看的性质，变成单单具有当作货币看的性质的东西。至少，那些拿去充购买劳动力之用的部分的货币，总可以说是常常是这样的。那末，这种劳动力的卖买——这种只不过一个简单的商品流通进程的劳动力卖买——为什么对于资本家会同时变成一个资本运动的进程呢？答道：只因为这个资本家具有一种特别的资格——一种充当着那些在结合这个劳动力去行新商品的生产一件事上面所必要的物质的生产手段的所有人的资格（这就是说，因为这个资本家是那些在新生产上所必要的生产手段的所有人。——陈）。换句话说，在卖买未行以前就已经存在着的阶级关系那种东西，替资本家把单纯的货币的机能弄成同时变成资本的机能了。这并不是由货币的本身的性质发生出来的事，倒是由购买人及贩卖人的社会关系生出来的。因为这个缘故，所以，哪怕是同一的劳动力，在贩卖人的劳动者手里，只不过是一个单纯的商品，到了被资本家买进去以后，他却会变成他的生产资本的构成分子。

在G—A（货币—劳动力）的交易上面，货币所以能够替资本家具有充当资本的机能，只因为货币是在G—W…P…W′—G′这种全进程里面的一个 Element（要素）的缘故。但是，如果从劳动者的立场看来，他只不过是 W—G—W′（商品—货币—别的商品）那个进程的一部分罢了。他把他的商品即劳动力卖了出去，换成货币，（W—G 或 A—G），然后再拿货币去购买他所必需的种种商品（行着 G—W′的交易）。因为这个缘故，所以，哪怕那资本家拿来购买劳动者的劳动力的货币，替那资本家具有一种充当资本的机能，因此可以于增大了他的价值之后，再回到那资本家的手里来，然而他（货币——陈）在贩卖了自己的劳动力的劳动者手里，却只不过具有单纯的货币的机能罢了。因为这样，所以这货币一旦被劳动者拿去购买他所必需的生活资料的时候，他就同时永远的离开了这个劳动者，不再回到他的手里来了。前面在货币一章里面，已经说过，金子或银子这种东西，并不是因为他是金子或银子的缘故就成了货币，他只有被搁在特定的关系下面，才会具有当作货币看的机能。这种情形，和目前货币变成资本的情形，是相同的。特定的货币，也并不是因为他是货币的缘故就变成资本，他只有在被放在特定关系的下面，才会变成资本。因为这样，所以，那种离开了关系，只是从一般的和抽象的方面去讨论货币是不是资本的问题一类的事，其实这种事是普通教科书上常常看见的，有时甚至于会把这种事拿来当作考试问题——只不过表示着对于经济学的毫无知识罢了。

第二段　…P…

第二段是资本发挥他那当作生产资本者的机能的阶段。在这阶段上，把前阶段里面所买进去的商品 W（劳动力及生产手段即 A 及 Pm），消费到生产关系上去，生产出另一个和 W 的使用价值不同并且价值也比 W 大些的商品 W′。这就是说，在这阶段上所行的事情，并不单是资本价值的形态上的变化，并且还是价值本身的大小的变化。在这里，不单是行着一种以所有权的移转为内容的物的交换，并且在物的本身上面，还起了一种物理的变化。这样一来，最初被购买了的 W，通过了生产进程之后，就变成 W′了。若从价值的大小说起来，W′＝W＋w，这个 w 就是体现着所生产的剩余价值的。

第三段　W′—G′

资本有了 W′的形态之后他就变成“商品资本”（Warenkapital）了。这是一种采取了商品形态的资本，他在这个形态上就可以发挥他那充当商品的机能。这就是说，他可以靠着被贩卖出去的缘故，从新变形为货币。现在，假定他是照他所有的价值贩卖出去的，那末，由这种贩卖得来的货币 G′就不能不是 G＋g。这就是说，G 是资本的收回，g 是剩余价值被实现出来的东西。

W′—G′这东西，在他的形式上，和简单的商品流通的起点（即 W—G—W′进程里面的 W—G 是相同的。他所以会变成资本的流通，只因为这里被卖去了的商品是一种在被卖以前的生产进程上已经把他的价值增大了的东西的缘故。并不是因为商品的价值绝对的大小的缘故，倒只因为他的价值的构成上发生的变动的缘故。换句话说，因为这些商品一面虽是商品，一面却又是资本为着膨胀自己的缘故暂时改变了他的形态的东西，所以他就成为具有商品形态的资本，就是说变成商品资本。

这个商品资本有两样机能：第一，他使最初投下的资本复归到原来的货币形态上去。有了这种复归的时候，最初的资本就算终结过他的一次的循环了。第二，他使那种在生产进程上所生的剩余价值，实现到货币形态上去。剩余价值有了这种实现之后，就走出他流过的第一段（w—g……）。如果这种剩余价值在变形为货币之后，并不消费到不生产的关系上，倒是更进一步变为资本，那末，这一部分剩余价值，也就会开始他当作资本看的循环运动。结果，就会弄得资本的增殖进行起来，生产规模的扩大——即扩大的再生产——也就会实行着了。

以上所说的关系可以用图表示如下：

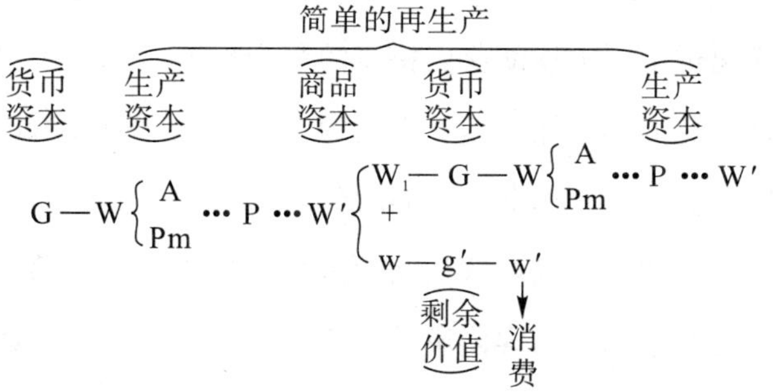

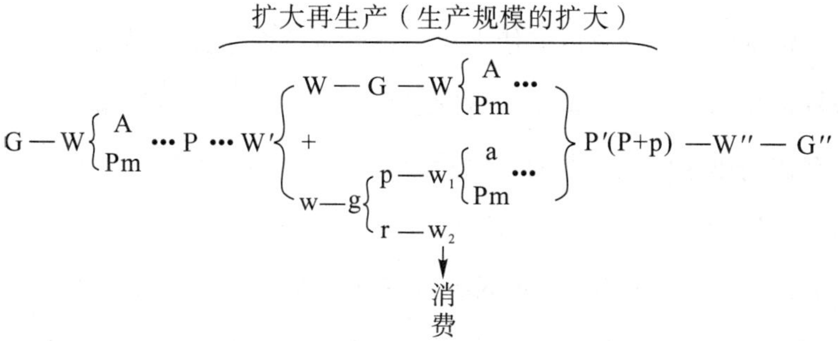

据以上所述的看来，资本这东西，为膨胀自己本身的缘故，依照货币资本，生产资本，商品资本的顺序，发见出来，在每一个阶段上都各演着特别的脚色（任务——陈）。不过，还应该注意这件

事：这些货币资本，生产资本，商品资本的区别是根据那些属于同于所有人的同一资本的形态之差而来的区别，并不是构成着那种属于各自不同的独立事业的资本的种类别的东西。因为，在资本家的生产社会里面，既然在资本家的机能之上行着分业，那末资本上面也就当然可以发生种种类别。因此，属于某个资本家的资本，若从这资本的立场看来，却不必一定能够照上述的进程，实行去膨胀自己的。因为这个缘故，所以，为要和这些不经过上述膨胀进程的资本发生区别的关系，特特把那些经过上述膨胀进程的资本叫作**“产业资本”**（industrielles Kapital）。如果有一种资本可以不须像产业资本一样通过生产进程就获得特定的剩余价值，那只不过因为他担任着那种产业资本当然不能不进行的进程的一部分，所以他可以把那些当作产业资本看的资本上面所生的剩余价值的一部分分为己有罢了。因为这样，所以，这些问题都暂时搁下，等到第四篇说到剩余价值的分裂形态的时候再说。在这里，我们姑且把一切都看成经过上述的进程的东西，去强进行我们的研究。

资本的运动如果能够使上述的各种阶段都毫无停滞的相互推移进行，那末，他就算得是顺常的进行着；并且，各种货币及商品也只有在当作这样运动着的东西看的时候，才能成为资本。所以马克思说：Es（das Kapital）Kann nur als Bewegung，nicht als ruhendes Ding begriffen werden.（资本这东西，决不能当作一种静止的东西被人理解出来，他倒只有在当作运动着的时候，才能够被人理解。——陈）。资本如果停止着他的运动，他就不能够发挥他当作资本看的机能。因为这个缘故，所以，无论什么资本家，都步步留心着，生怕他们的资本睡下不动。如果资本是在第一阶段的

G—W 上面停滞着，那末，他就只不过是一种简单的货币的蓄藏罢了。如果他是在第二段的 P 上面停滞着，他就当作闭锁着的工场，休止着的机器等等东西，摆在那里，同时把他当作资本着的机能，也就会中止着了。又，如果他在第三段的 W′—G′上面停滞着，生产出来的商品就会卖不出去，积在仓里。如果他已决定，将来永远都会卖不出去，那末，他就会全然失去他充当资本的资格。这样一来，这种卖不出去的东西所表示的价值，就只不过表示资本的损失额罢了。这件事就是恐慌的发生的一个原因。

第二节　生产资本的循环

我们在第一节里面，已经把货币资本的循环观察过了。因为资本的运动是由这种循环的不断的反复进行而成立的，所以，在货币资本的循环当中，同时也含着生产资本的循环并商品资本的循环。这件事，可以用式子表示如下：

货币资本的循环　　货币资本的循环　　货币资本的循环

G—W…P…W′—G′　G—W…P…W′—G′　G—W…P…W′—G′

生产资本的循环　　生产资本的循环

商品资本的循环　　商品资本的循环

这三种循环，在事业的表面上，是用特定的人和地点为他们的象征的。货币资本的循环，由会计主任监视着，是以金库为中心的。生产资本的循环是由工场主任监视着的，他的中心地点是工场。商品资本的循环，归商务主任所监督，他的中心地点是仓库。这些东西，虽然都只是把同一资本的循环由种种不同的立场看起来的结果。然而，因为立场不相同的缘故，所以也自然会发见各不相同的事情出来。因为这个缘故。所以我们还得更把生产资本并商品资本的循环分别的加以考察。先从生产资本的循环说罢。

一、简单的再生产（die einfache Reproduktion）

生产资本的循环的一般的形式是：

$$P\cdots W'—G'.\ G—W\cdots P$$

这是表示着，生产资本把他的机能弄完成了之后，就从新恢复他原有的形态。换句话说，用这种形式行着的生产过程，是含着这样一个意思：他并不是一回就完了的东西，倒是一种反复继续的去生产着剩余个体的再生产的进程。但是，如果我们既然不以货币资本为中心，倒以生产资本为中心去观察资本的运动，（就是说，如果我们再进到工场里面去）那末，现到表面上来的，自然就不会是价值增殖的进程，倒会变成是生产上的技术的进程（使用价值的生产进程）了。（如像，把这件事拿纺织业上的实例来说，纺锤数，工人数，棉花的消费量等等东西，在这里变成了主要的问题。）因为这个缘故，所以我们且先把价值增殖的问题舍弃不顾（舍象了去——陈），单把简单的再生产观察一回。简单的再生产的式子是下面这样：

$$\underbrace{\overbrace{\text{生产资本}}}_{P}\ \cdots\ \underbrace{\overbrace{\text{商品资本}}}_{W'}\ —\ \underbrace{\overbrace{\text{货币资本}}}_{G'}.\ \underbrace{\overbrace{\text{货币资本}}}_{G}\ —\ \underbrace{\overbrace{\text{商品资本}}}_{W}\ \cdots\ \underbrace{\overbrace{\text{生产资本}}}_{P}$$

这就是说，他的两极是 P 和 P，两极之间，夹着一个流通进程的 W′—G′—W。这当中，W′—G′ 是表现着商品资本（或 W′—G′，

G—W）的机能的，我们已经在货币资本的变态的第三段里面，把他考察过了。（但是，在那种考察的时候，他是形成着 G—W…P…W′—G′的循环进程的最后的阶段的，并且，G 既然经过了若干的进程，变成了 G′，那末，那个 G′当然就可以和最初的 G 一样，从新当作货币资本，去开始第二次的循环。所以，在那时，对于这个 G′里面所含着的 G 及 g 两个东西的结果——因为他们到底会走同一的路还是会走不同的路，那件事的决定如何能够发生的不同的结果——只是随便说了一句，未加深的考察。）现在，因为他被夹在再生产的全进程中间的缘故，所以还须得进一步说明 G′这东西在他裂成为 G 及 g 之后，到底走了什么道路。如果把 G 及 g 的轨道分别看起来，W′—G′—W 实在就是下面这样：

$$W'\begin{cases} W\text{—} \\ + \\ w\text{—} \end{cases} \quad G'\begin{cases} G\text{—}W\begin{cases} A \\ Pm \end{cases} \\ + \\ g\text{—}w \end{cases}$$

在这当中，G—W 是那些应该从新构成生产资本的实质的诸商品的被购买的进程，所以在这里没有再述的必要。在这里成为问题的，只是 g—w 这种交易。因为那些在这种交易上新被资本家购买了的 w，不久就会用在不生产的消费上面去的缘故，所以这个 w 就会从此消灭。不消说，买 w 的时候所用的 g 仍然还存在流通界。不过，他已经走出了现在所说的这个资本循环之外，不会再从新回到最初的所有人的手里了。但是，要知道，g 本是代表着剩余价值的，所以，哪怕走出了资本的循环之外，生产进程的本身，却不会因此受着什么影响，他仍然还是会用一种和以前相同的规模，一直继续下去的。这就是说，哪怕在那里不断的生产着并完全的消费者“不劳所得”（arbeitsloses Einkommen 即不劳收入——陈），但是，生产进程的本身却仍然还是照常的继续下去。

这样看来，行着简单的再生产的时候的生产资本的循环，如果详细表示出来，就是下面这样：

$$P\cdots W'\left\{\begin{array}{l}W-\\+\\w-\end{array}\right. G'\left\{\begin{array}{l}G-W\left\{\begin{array}{l}A\\Pm\end{array}\right.\cdots P\\+\\g-w\downarrow\end{array}\right.$$

现在我们把全体观察观察，在 P 和 P 之间虽然夹着 W—G—W 及 w—g—w 两个流通，但是，因为这些流通，如果离开他和别的东西的连络关系，只从他本身的形式看起，却只是一种单纯的流通，所以出现在流通上面的商品和货币，也动不动就会被人误解，误认为只是简单的商品和简单的货币。因此，所以那些专从生产资本的立场去观察资本的人，也就会看不起资本家的商品生产和简单的商品生产的区别，并且会以为，资本是单指着生产手段而言的东西。（这和那些只从货币资本的立场去观察资本的人们会把资本限定在货币资本的范围内那件事，是一样的。）

其次，我们再就以上的循环形式，看一看他和消费的关系。我们可以看见消费这来西，只有在他是一种生产的消费（为生产的缘故，去消费 A 或 Pm）的时候，才会被包含在资本的循环里面。这件事，自然就表示着，这样的生产的消费，可以不和他以后所生产的商品的终极的消费（即个人的消费，完全的消费。——陈）发生无论什么样的关系就实行着，这又是一个成为**恐慌**发生的原因的东西。理由是这样，上面那个式子里头的 W′（由 P 产出来的新商品）一旦被卖出去，变形为货币之后，即刻就会从新变形为生产诸要素，继续他那种当作资本看的循环。举例说，棉纱一旦被卖出去的时候，投在棉纱里面的资本，就可以不管他由最后的消费人买了去吗，或是先由一种商人买了去，然后再由这商人卖给最后的消费人；可以不管这些事情到底如何，从新开始他的循环。这就是说，那些从生产进程流出去的商品，只要他会被一个无论什么样的人购买了去，哪怕就是在现实上他是没有归个人的消费或生产的消费的时候，他的生产进程**也可以在某种限度内**，用同一的或较大的规模继续下去。但是，如果这种生产进程达到了某种限度以上，那末，在先显得仿佛已经被消费了的商品的大部分在实际上还停滞在市场上这件事，就会变得明了起来。这样一来，销路的停滞也发生了，支付也变成不能实行了，最后，恐慌就突然袭来了。我们前面在第一篇第二章的第二，第三两节里面，已经指摘过，就是在简单的商品流通当中，也已经潜伏着恐慌的可能性。到了行着资本家的生产的时候，因为商品的流通越发会在被扩大了的规模上实行起来的缘故，所以存在简单的商品流通里面的恐慌的原因，在资本家的社会里面，必然的会扩大起来。但是，要知道，这里所说的恐慌，却是由一种新的事情——资本的生产进程到了某种程度的时候，就能够从他的生产物的消费独立起来，这种新的事情——发生起来的东西，是和后面第四篇所述的商人资本有密接的关系的。

二、扩大出去的再生产（die erweiterte Reproduktion）

以上所述的，都是假定着全部剩余价值尽被消费在不生产的用途上面的时候的话。但是，在实际上情形却不是这样。前面已经说过，剩余价值变形为资本——资本的增殖——这件事，是始终行着的，因此，在扩大了的规模上的再生产也是始终行着的。如果假定，剩余价值 g 当中的$\frac{1}{X}$化为资本，其余的别的部分都充了资本家的个人的消费之用，那末，他的全体的关系就应该像下面的式子一样：

$$P\cdots W'\begin{cases}W-\\+\\w-\end{cases}-G'\begin{cases}G-W\\+\\g\begin{cases}\frac{g}{x}-w_1\\ \left(g-\frac{g}{x}\right)——w_2\cdots o\end{cases}\end{cases}\cdots P'\ (P+p)$$

不过，要知道，在剩余价值当中新变成资本的那一部分，就是说，$\frac{g}{x}$那种东西，却不必一定要照式子上面所表示的那样，和旧有的资本价值 G 合为一体，偕同他，去形成同一个资本的循环。他也可以被投放于和第一个事业相并立的第二个独立事业上面。在这种时候，这部分剩余价值的大小，应该达到一个最低限度——一个在从新开办另一独立事业这件事上面所必要的最低限度——自然是不待言的。不但这样，就是在他和旧有资本合为一体的时候，他也仍然还是有一个确定的最低限度。（拿日本的现况说，一万锤以下的纺织工场，是不能够成立的。又，因为每一个纺锤所需要的资本额是七十元以上，所以，哪怕是增加一台具有一百九十二个纺锤的纺机，也得要花费约一万三千余元的资本。）因为这个缘故，所以，在剩余价值当中新变成资本的那一部分（上记式子里面的$\frac{g}{x}$），在他的价值还没有达到这种必需的最低限度的时候，就只得原封原样的被蓄藏起来。在那样的时候，他就只能充当着蓄藏货币（即第一篇第二章第三节的 a），被放在一种不能够在现实上发挥他那当作资本看的机能的状况下面了。然而，他和第一篇所述的那种简单的蓄藏货币却有区别，在这时候的货币是具有充当“潜在的资本”（latentes oder potenzielles Geldkapital）性质的。他虽然还没有成为资本，然而却已被决定着一种成为资本的运命了。（像这样的游资，如果依靠资本信用，移植到别的资本的循环进程的当中去，他就可以走到活动状态里面去。关于这种事，我们在后面还要考察。）

第三节　商品资本的循环

我们在上面所说的，打个比方，可以说是第一从会计课的立场，第二从工务课的立场，把资本的循环观察过了。现在，我们第三还得要贩卖课或商务课的立场，加以观察才行。如从这个立场观察起来，资本的循环就可以用下面的形式被表现着：

$$W'—G'—W\cdots P\cdots W'\ (W'')$$

又，如果在行着扩大的再生产的时候，最后的 W′就不得不常常会变成一种价值比最初的 W′还大的东西发见出来，所以，在实际上，他还是应该要用 W″表现出来的。

贩卖课的任务，只在把生产出来的商品变形为货币。被增殖以来的资本，只有靠着回复到原有的货币形态的方法，才能够把他所增殖的程度在数量上确定起来。又，要想贩卖所生产的商品出去——因为，单单说贩卖的时候，常常都是带着有一种用一个可以尽量的多获利得的价格贩卖出去的意思的——就不得不顾虑到那些生产物的生产费。因为这个缘故，所以就是站在商品资本的立场的时候，那商品所通过的生产进程那种东西，也会成为问题。

不但这样，贩卖课的任务，并不能够说，只要把生产物卖出去了一次就算完了。在那里，还得要继续反复不绝的营着同样的机能。如果一旦卖出了商品，就得从新更去获得可以拿去卖出的商品。如果要获得这种商品，当然就不能不使这种可以卖的商品在生产进程当中被生产起来。因为这个缘故，所以，如果卖了 W′，得着了 G′，那就应该更拿这个 G′去购买那些在新的商品的生产上面所必需的种种商品即 Pm（生产手段）及 A（劳动力）。还有一层，我们虽然假定着，在我们讨论着的这种资本循环进程之间并没有发生什么特别的价值变动——种种根据一些和这进程无关的外部的事情而来的价值变动，然而，实际上这样的价值变动，却是常常发生的。举例说，如果 Pm（生产手段）和 A（劳动力）两方面都比前一期涨贵了，那末，要想继续进行一种和从前同样大小的规模的生产，就非得从所卖得代金（代价——陈）当中，支出一种和 Pm＋pm 及 A＋a 相等的东西。因为这个缘故，所以就弄得贩卖课除了对于过去的生产进程之外，并且对于将来的生产进程，也得注目。这只因为资本的运转不是行一回就完事，倒是要继续反复进行的缘故，因为生产这东西常常都同时是再生产的缘故。这样看来，可见得，就是站在贩卖课的立场上说，也仍还是以资本的循环的全部为问题了。无论站在哪一种立场，资本都当作一种行着循环运动的东西发见出来，不过，问题的中心却可以随着立场的不同而有变化，因此，弄得循环的形式也就不同起来罢了。

商品资本的循环形式，和前面述过的两种东西，比较起来具有种种的特色。

第一，这个循环的出发点是 W′，因此，若从价值的观点说来，就是 W＋w。这是已经增殖了的资本价值，当中包含着资本价值和剩余价值两种东西。不消说，就是在第一或第二的循环形式里面，只要他是反复继续的行着的，他那终点上的 G′或 P′也可以成为新循环的始点。然而，纵然 G′（G＋g）开始这种新的循环，他也不过当作一种此后可以被人把他价值增大的资本价值。换句话说，不过当作一个 G，去发挥他的机能罢了。他所以能够具有充当资本的机能，前面在货币资本的地方已经说过，只不过因为在他变形为生产要素之后所继续行着的生产进程的缘故罢了。这件事情，对 P′说来，道理也是相同的。他不过只是当作可以生产剩余价值的资本价值，即是说，不过只是当作一个 P，去发挥他的机能罢了。又，就是在货币资本的循环的第一阶段上的 G—W 里面，那个商品也只不过当作一个 W 发见出来罢了。自然，在这个 W 里面，如果拿那种关于 Pm（生产手段）的部分来说，只要这部分的贩卖人是一个资本家的生产者，那末，从这个贩卖人看来，同一的进程就会是一个 W′—G′（由资本产出来的商品变形成为货币），商品也就不会是 W（单纯的商品），倒是 W′（资本家的商品）了。但是，要知道，这只不过是从贩卖人的立场，就是说，只是从别的资本家的立场看来，才会那样。如果从我们现在说着的货币资本的所有人的立场看来，那商品也就只不过是别人所有的一个商品，恰恰和那个在劳动者手里的 A（劳动力）是一样的情形。因此，这些东西，若从我们说着的货币资本的立场看来，都不能够当作一个 W′发见出来。但是，现在回到本问题上来看，如果就那些站在商品资本的循环的始点上的商品来说，他并不是 W，倒必不能不是 W′。因为，照前面在货币资本的地方所述，在 W′—G′的进程里面，W′所以能够具有充当资本的机能，只因为他含抱着剩余价值的缘故。如果他不是这样，那末，商品就不能是一个当作资本看的商品，倒只是一个简单的商品。因此，贩卖这种商品的进程也就只会是一个单纯的贩卖，不能成为资本循环的一个阶段了。因为这个缘故，所以，商品资本的循环——以 W′—G′的进程开始着的循环——的始点，决不能够是 W，他必不能不是 W′。这件事，是一种对于这种循环进程的全体上面，都有极重大的影响的东西。

其次，我们在商品资本的循环的"通过点"（Durchgangspunkt（对于终点和始点而言，指二者之间的地点。——陈）上，也可以从新看见，W（商品）这东西，是站在这种商品资本的循环进程之外的一个前提。但是，如果我们假定着，一切生产物都是在资本家的生产的方法下面生产着的，那末，这种当作前提的 W，只要从他身上把劳动力除了去，他在他的贩卖人手里，也都是带有 W′的性质的东西。如果用式子表示出来，就是下面这样：

$$
W'\begin{cases} W— \\ + \qquad G' \\ W— \end{cases} \overset{W'}{\boxed{\begin{cases} G—\begin{cases} Pm \\ A\ (Km_1) \end{cases} \\ g—R\ (Km_2) \end{cases}}} \cdots P \cdots W'
$$

上面这个式子，只是表示着行着简单的再生产的时候的诸关系。假定以 W′表示社会总资本生产物，始点上的 W′就会变形成为货币，变而为 G′（G＋g）。如更进一步，假定 G′的一部分（和剩余价值相当的部分）g 会被资本家消费在不生产的用途上（就是说，假定把这个 g 当作他的收入——Revenue——拿去充当个人的消费），那末，这个 g 就会被拿去充当购买资本家所用的消费资料——在社会总生产物中的消费资料——之用。我们假定把这种消费资料用 Km_2 表示着。其次，G 这东西是拿来供购买生产手段（Pm）之用的。并且，那部分用来购买劳动力的货币，一到了劳动者的手里的时候，同时就会由劳动者拿他去购买他们生活上的必要的消费资料（我们把这种消费资料用 Km_1 表示着）。这样看来，原先的 G′结局都变形成为生产手段（Pm），劳动者所用的消费资料（Km_1），资本家所用的消费资料（Km_2）三种东西。所以，现在如果假定着一切生产物都是资本家的商品，那末，这些 Pm，Km_1，Km_2 三种东西的合计，就是社会总资本的的生产物 W′了。这样一来，我们就看见，在商品资本的循环里面，无论是他的始点，他的通过点，他的终点，都是 W′了。因为这个缘故，所以，如果我们站在这个商品资本的观点上，去观察社会总资本的运动，那就不但被生产出来的商品的全部的消费，常常是当作资本循环那个东西本身的“顺常的”（Normal）条件，被搁在循环的前提上，并且，因为全部生产物在流通的第一阶段上变化为货币之后，又被分为资本运动和收入运动的缘故，所以，全部生产物的分配，也就被含在那种资本运动之中，因此，**社会总资本的运动，结局也就采用着商品生产物全体的运动那种形态了**。我们的研究，是从第一篇第一章的商品出发的。到了现在这个研究阶段，我们却看见了社会总资本的运动归根结底就是那种用资本家的生产方法生产出来的社会全体的商品的运动。这样一来，我们就可以知道，从我们这种以商品的分析为出发点的研究看来，要想正常的理解社会总资本的运动，唯有站在商品资本的立场上的观察，才是一种最适当的立场。因为这个缘故，所以，我们将来在后面观察社会总资本的运动（社会总资本的再生产进程）的时候，也是同样要从商品资本的立场去行观察的。

以上，我们已经把货币资本，生产资本，并商品资本的循环，述过了。我们应该记得，我们在前面已经注意说过，这三种循环的区别，并不是各各属于不同的事业的各各独立的不同种类的资本的循环区别，他只不过是一种把同一的资本从各种不同的立场观察而得的区别罢了。因为是这样，所以，如果我们把个个产业资本的现实的循环，从他的连续上看起来，那末，无论在什么时候，他也是一个把这三种循环的一切尽都统一着的东西，一个资本必定会分三样形态，并且还同时通过这三种循环。（Das Nebeneinander ist selbst nur Resultat des Nacheinander. Das Kapital，Ⅱ，S. 75.）因为这个缘故，所以，如果要想叫特定的资本发挥他那当作资本看的机能，不但，照前面所述，先要使他的分量的大小达到一个特定的最低限度，并且，还应该按照各种不同的生产部门的技术上的必要，用种种特定的不同的比例，把他分裂成货币资本，生产资本，商品资本三种形态，叫他们不断的反复进行着循环运动。

循环既然是有不断的连续性的东西，循环的各关节也必定会同时存在着。举例说，如果海里的水蒸发起来变而为云，云又变为雨，雨又落下地，流而为河，河又流到海里去，在这时，他就是一种循环运动。要使这种循环能够不断的实行着，就不能够使一切水分，尽都采取一种形态，举例说，如像尽都采取云的形态。应该好好的把水分分在各个关节上，使地球上无论在什么瞬间，都是也有云，也有雨，也有河，也有海，才行。黎明—白昼—夕暮—夜里—黎明，这种循环，也是有同样的道理的。在地球上，如果某一部分变成夜里，同时在另一部分上，就非有白昼不行。

关于资本大小的最低限度，我可以举出下面一段关于纺织业的事实（井上洁氏讲演，《关于日本的纺织业》，神户高等商业学校商业研究所刊，1925 年印刷，114 页以下）作为适切的例子。

> “工场的大小这个问题，就是从技术上说来，也是有特定的程度的东西。在日本，从来就有许多一万锤的工场。这种一万锤工场成了一个单位，比一万锤还小的纺纱工场是不多见的。为什么会这样呢？因为有一种纺纱机器叫作‘Exhaust Opener’的，每一台的“能力”（Capacity）恰恰足以供给一万锤的纺织。因为这个缘故，所以决不能够在一个五千锤的工场里，把这机器转一半，空着一半。若把他全部的能力都设法运转起来，那就变成一个一万锤的纺纱工场了。因此，若把这样的机器安设两台，就成为两万种的工场，安设三台，就成为三万锤的工场。又，在织布的方面，因为上浆的机器是很大的，能力也相当巨大，若把这种机器安设一台，使他的全部能力可以运转起来，那就是织物工场的最小限度了。像这样，一切工场的大小都可以从技术上加以考察。从大体说来，在一般工场当中，没有别的工场比得上纺纱工场这样经济。这件事，只要

到纺纱工场去看一看就立刻可以明白。在那里，没有一样机器是停着不运转的。如有停着的，必定他不是正在修理中，就是正在修缮中。从普通的状况说来，一切机器，都是全部运转着的。……试到川崎造船所那种地方去看一看，也有一些机器从朝到晚一回也不运转的，也有每天只运转一点钟，其余的时间中完全不动的。又如那种叫作‘Gauntry Crane’的起重大机器，简直可以说是在他下面搁着有船的时候是很少的。造船事业不比别的事业，并不是说，今天造好一只船进了水，明天即刻又可以开始建造另外一只船。所以他的机器空着的时候很多。纺纱工场却不然，他的机器全部都是运转着的，很少有空着的。固然纺纱这件事里面，由棉花起，变成棉纱，一直到造成纱捆子为止，其间要经过许多的工程，然而各阶段的机能，都是在设计上恰恰配合得很好，刚刚能够使全部机器运转合宜，不会有过不及之弊的。更具体的说来，就是，先把各阶段里面的各种机器的‘能力’（Capacity）的最小公倍数求出来，拿他作为这个工场的‘能力’。因为这个缘故，所以无论哪一个阶段上的无论哪一个机器，都能够全部运转，从全体看起来，决不会有过不及之弊……”

由此看来，就可以知道，只拿生产资本当中的机器来说，那种种不同形态的机器，也非得互相保持特定的比例，同时存在着不可了。此外，如像充当原料的棉花——在日本，从印度孟买输到日本，费两个月的时间——也非常常保存着够三个月间使用的分量不可。并且，除了这些生产之外，还得有特定的资本同时保持着货币形态及商品形态不可。这件事，是上面已经说过的。

第九章　资本的周转

一个资本家投放在特定企业里面的全体资本，虽然是照前章所述，行着一种循环运动，可以回复到他的出发形态的，但是，如果企业是继续行下去的，那末，他于回到出发点之后，就还应该再开始同一的循环运动。因为这个缘故，所以一回的循环，只不过算得是资本的生涯当中的一个关节罢了。这种循环是要反复的继续进行的，资本是会不断的周转着的。这就是说，如果把资本的循环，不当作一些一个一个不相连接的事件去看，倒当作一种行着周期的反复运动的东西看，在他的连续上去观察他，那末，资本的循环就变成“资本的周转”（der Umschlag des Kapitals）发见出来了。

本章的问题，就是关于这种周转的研究。这就是说，我们在前章，虽然已经先把资本的运动在他行着一回的循环运动的范围内观察过了，但是，我们在本章里面，却还要更进一步，把那样的循环运动在他的连续上，从全体的观点，加以观察，以便考察那些关于资本运动的别的种种规定。

照前面所述，资本这东西，在他行着一回的循环的时候，是把他的时间，一部分费在生产界，一部分费在流通界的。前者叫作**“生产时间“**（Produktionszeit），后者叫作**“流通时间”**（Umlaufszeit oder Zirkulationszeit）。把这两种时间合起来的东西，就是所谓资本的**“周转时间”**（Umschlagszeit）。

资本的周转速度的测定，是以一年间为单位的。举例说，如果某种资本的周转时间是三个月，这就叫作每一年间周转四回；如果他的周转时间是十八个月，这就叫作每一年间只周转三分之二。所以从资本家说来，他的资本的周转速度越快，他在特定的期间内，越可以获得较多的剩余价值。我们以下所要考察的，就是从这种周转方面看起来的资本的运动。在那里，资本这东西，会变成一种比在前一章里面还多带有运动的性质的东西发见出来。

第一节　固定资本及流动资本（fixes Kapital, fixed capital. Zirkulierendes Kapital, circulating Capital.）

前面已经说过，资本的周转时间是由生产时间及流通时间两个东西成立的。因为这样，所以，那些左右着这个周转时间的事情，也自然是分成在生产进程上具有原因的东西和在流通进程上具有原因的东西两种东西。我们且先把在生产资本当中的固定资本所占的比例及流动资本所占的比例的差异，当作一个属于第一种类的事情考察考察。

我们在前一章里面考察资本的循环的时候，我们常常是假定了生产手段通过一次生产进程之后，就都把他的价值全部移转到生产物的上面去。但是，照第二篇第三章第三节所述，在生产手段之中，固然也有一些通过了一回生产进程之后，即刻把他的使用价值失了去，并把他的价值移转到生产物上去的东西；然而，在另一方面，也还有一些可以反复继续的供无数次的生产进程之用，因此，只是一部分一部分的把他的价值移转到生产物上面去的东西。前者就是流通资本，后者就是固定资本。

这里所说的“流动资本”（Zirkulierendes Kapital），不能够和“流通资本”（Zirkulatins kapital）相混，要特别注意才行。有许多学者都还没有感觉到这种区别，并且，甚至于有把马克思所说“Zirkulierendes Kapital”及“Zirkulations kapital”混在一起都译成流通资本的人。

生产资本这东西，是从那些拿来供A（劳动力）的购买之用的可变资本及那些拿来供Pm（生产手段）的购买之用的不变资本两种东西成立的。在这种不变资本的一部分当中包含着固定资本。和这部分固定资本相独立的部分，即那种非固定资本的一部分不变资本（及可变资本），就叫作流动资本。流通资本却不然，他是和生产资本对立的东西。停在生产界的资本，就是生产资本，停在流通界的资本，就是流通资本。流通资本这东西，不消说，是由商品资本及货币资本成立的。只把资本从生产资本的立场去观察的人，就会看落了这种流通资本的存在，就会把他和流动资本弄得混同起来。

不消说，在固定资本刚刚周转一次的时间当中，流动资本可以周转无数的次数。因此，拿被投放的资本的收回来说，关于固定资本的部分和关于流动资本的部分两种东西的收回是大不相同的。投放在固定资本的部分，在投放的时候，固然是要把整个的全部分向着长长的期间投放下去，同时，在收回的时候，却是要一点一点的收回来。他的价值的一部分，虽然在每一次的生产进程终了的时候，都会移转到生产物的上面去，并且随着那生产物的贩卖，回到货币形态上面来，但是到了这时候，那一部分的周转却会暂时停滞着。照这样，固定资本的每一部分都会一点一点的从全部离开，陆陆续续的周转到货币形态上来，暂时采用着货币的形态，聚在一起，等着后面的部分陆续到来。当他们在这样的范围内的时候，他们就只是和前章第二节最末尾地方所述的剩余价值的蓄藏一样，只具有一种充当“潜在的资本”（Latentes oder potenzielles Kapital）的性质。（这样一来，在这里也就发生着资本信用的第二的 Element“要素”了。）

照上面所述，生产资本的固定部分和流动部分，固然是用不同的方法，在不同的时间当中，行着一次周转的东西，然而，还要知道，在同一事业里面的固定资本的种种构成部分，也同样是随着那些东西本身的寿命期间的差异，因此，也就是随他们的再生产的期间的差异，而具有种种不相同的周转期间的东西。（举例说，建筑物和机器两种东西的寿命就不相同。铁路是一种需要顶多的固定资本的东西，他的轨道大概约有四十年的寿命；但是在车站附近，交通最频激的部分，却只有约莫二十年的寿命。枕木的寿命约有十二年到十五年，客车货车的寿命约有十一年余，机关车头的寿命约有十年。）

被投放的资本全体的周转速度，就是他的种种构成部分的周转速度的平均数。举例说，哪怕同是五万元的资本，只因为照下表所载 A 和 B 的构成部分的周转速度各不相同的缘故，所以弄得前者（A）的平均周转速度是一年和百分之五十二，后者（B）却只有零年和百分之八十。

	构成部分	周转速度	一年的周转量
A 50，000	1）12，500圆	50年	250圆
	2）12，500	10	1，250
	3）12，500	2	6，250
	4）12，500	1/2	25，000
			32，750

50，000：32，750＝1.52

	构成部分	周转速度	一年的周转量
B 50，000	1）12，500圆	10年	1，250圆
	2）12，500	1	12，500
	3）25，000	1/2	50，000
			63，750

50，000：68，750＝0.80

这样一来，被投放的资本全体的价值问题周转，就变成和他的构成部分的现实的再生产期问题相分离了。拿上面所举的B例来说，他第一的构成部分要十年才能行完一次的周转，要第十年才能够被再生产出来，但是被投放的资本全体的价值却只须约莫到了第二百九十日可就可以做完一次周转了。因为这个缘故，所以，某种特定的固定资本（譬如机器）的一个寿命期间里面，是包含着被投放的资本全体的无数次的价值周转的。我们把种特定的固定资本的一个寿命期间，叫作那资本本身的“寿命周期”（Lebenscyklus）。

这种寿命周期，是和**市况的循环**有密切的关系的。因为，如果把那些资本家的生产已经发达的社会里面的主要产业的固定资本看一看，就可以知道，除了建筑物之外，一般的机器的平均寿命期间，在一方面虽然是随着机器的发达而变长了；然而，在另一方面，因为技术上的进步不断的进行着的缘故，只要经过特定的年数之后，哪怕机器的本身还在可以被人继续使用的状况下面，也会因为已经变成了不合时宜的的旧式的东西的关系，不能不拿去和新式的东西掉换。因此，从今日看来，宁肯说，机器的寿命期间反转有缩短的倾向了。无论是变长了或缩短了，总之，这种关于资本周转的周期，就是所谓周期的恐慌——这是今日的社会里面的特有现象——的物质的基础。

在资本家的社会里面，从很久以前起，就有一种约莫以十年为一期的市况的循环，就是说，在好市况之后，接着就有恐慌，恐慌以后，便进了坏市况的期间，随后才从新回到好市况期间来，不久又接上恐慌，照样的循环下去。关于这种市况的循环，虽然在古时有哲望日（Jevons）的太阳斑点说，在近时，有姆亚（Moore）的雨量说，想向天然界去求这现象的原因，但是，我们却不然，我们要把这种现象的主要原因归在资本周转的事情上面。在好市况的时候，新机器的安设，是难实行的。因为要想供应切迫的需要的缘故，与其从新安设机器，宁肯继续的虐待旧机器，倒反有利益些。因此，所以在好市况期间的极顶上的时候，往往各工场的机器都会同时不期然而然的，临着他的寿命的末期。主要产业上的机器的寿命周期往往会碰在一起，就是因为这种事情的缘故。但是，要知道，如果固定资本的再生产都集中在同中个时候，那末，就会把各年份上的固定资本的再生产的平均分布，加以妨害，弄得在社会总资本的圆滑的流通上面，也发生出障碍起来。这样一来，我们就可以在那里看出恐慌的一个 Element“要素”了。关于这一层，我们在后面还有说明。

哪怕是同一种类的机器，他的周转速度，也会因每天的劳动时间的长短的不同，发生差异。据 1919 年八月的状况说，纺机运转时间，在英国是每天八时间至九时间，在美国是十时间，在日本却是二十二时间。并且，纺机的回转数，在美国每分钟只有一三二，在日本却每分钟有一七五。因为这种事情的缘故，所以，在日本的纺绩业的固定资本的周转速度，比起在英国，要快得多。但是，看到后面就可以知道，资本的周转速度是和资本的价值增殖有密切的关系的。所以，日本纺织业在算盘上的一个强处，也就在这里。这件事，结局只不过表示着劳动对于资本的蚕食，太过于没有抵抗力罢了。

第二节　工作期间及生产时间

其次，在那些可以左右着资本周转的速度的事情之中，第二个在生产进程上具有原因的事情，就是“工作期间”（Arbeitszeit oder Arbeitsperiode），我们应该对他稍加说明。这里所谓工作期间，是指那些在某种生产部门里面，为完成生产物的缘故所必要的劳动日数的合计说的。无论在什么样的事业之中，总会在一个工作期间当中行着多多少少的中断。哪怕在行着夜间工作的时候，这种情形还是免不了的。所以，个个的劳动日本来是各有分开不相连续的东西。不过，若从那些应该在这些劳动日里面被完成起来的生产物的立场说来，这些劳动日却可以归约成为一个工作期间。要知道，哪怕每一天当中的劳动时间是相同的，又，哪怕固定资本和流动资本的比例也是相同的，这种工作期间的长短却可以使种种的资本周转之间发生差异。（我们在前一节是以生产手段的消耗的迟速为问题的，现今在这里成为问题的，却是生产物的完成的迟速。）

工作期间的长短所能发生的主要的影响，都是在流动资本的周转方面，不在固定资本的周转方面。为什么呢？因为，拿那些被投在某种固定资本里面的资本，举例说如像拿投在机器里面的资本来说，如果假定那个机器可以供生产之用的期间是十年，哪怕利用这个机器而被生产出来的生产物的工作期间是极短的，或是极长的，只要机器本身的寿命比起这些工作期间较为长些，那末，工作期间的长短对于固定资本的全部完全被收回的时期上面，应该不会发生什么影响。因此，对于他的周转速度，也应该不会发生什么影响了。流动资本却和固定资本不同，他的周转是会随着工作期间的长短，受着很大的影响的。举例说，在纺纱业里面，因为工作期间极短的缘故，那些拿去供购买劳动力，原料，助成材料等等东西之用的资本，就假定每两星期才可以周转一回，拿来和机器制造业比较，却也差得很远。因为，在机器制造业方面，如果假定一个机器的制造要费五个月的时间，那末，投在这种事业上的流动资本就至少须得要经过五个月以上的期间才能够周转一次。自然，那些被投在工资，原料，助成材料种种东西里面的资本的价值并那些在生产进程上所生的剩余价值两种东西，都会不断的继续向未完成的生产物上面移动着。但是，因为这生产物不经过五个月就不能够采用完成了的商品的形态的缘故，所以，这生产物还不能够去行流通。因此，那些被移转到这种未完成的生产物里面的价值，也就非得继续的被束缚在生产资本的形态里面不可。

以上所述的工作期间，常常是“生产时间”（Produktionszeit），就是说，常常都是指那种资本被束缚在生产进程上的期间中的时间说的。不过，要知道，并不能够反转过来说，资本停在生产过程上的期间中的一切时间却同时就是工作期间。因为，有些时候，还有在劳动进程的前后或中间，依技术上的必要，暂时对劳动对象不加劳动，只任他摆在那里的例子。举例说，如像把染物类，陶器类，洋碱等等东西，为使他们干燥的缘故，暂时把他们晾晒的时间；或是为想获得好的葡萄酒的缘故，特特把酒贮藏起来的时间；又如在农业上，从下种之后直到收获为止的时间；在林业上，从植树秧起直到把长成了的大树伐为木材之日起的时间；在这种种时间当中，劳动进程都是中止着的，所以这些时间都是属于工作期间以外出的生产时间。这种生产时间对于资本周转速度上有很大的影响这件事自然是不待言的。这就是说，工作期间虽短，如果这种生产时间是极长的，那末，资本的周转也会因此变得非常缓慢的。

第三节　流通时间及流通费用

以上在第一节和第二节里面所述的，都是在那些可以左右着资本的周转速度的事情当中的，和生产进程有关系的东西。但是，因为资本的周转时间原是等于他的生产时间和流通时间的合计，所以我们还得更进一步去考察考察流通时间的长短。

流通时间可以更分为“贩卖时间”（Verkaufszeit）和“购买时间”（Kanfszeit）二者。其中最重要而有决定力的，是贩卖时间。这是由资本停在商品状态当中的时期成立的。

对于种种的资本的贩卖时间上面，可以发生很大的作用，使他现出显著的差异的原因，就是商品的生产所（即工场）和他的贩卖所（即市场）两种东西的距离。资本这东西，在商品由生产的地方移到市场去的期间全部当中，都是受着商品资本的形态的束缚的。这样的状态，若在生产是用定做成预约的方法行着的时候，是会一直继续到商品过付之日为止的。若在不用这定做或预约的方法行着生产的时候，这样的状态就更要加长了。因为除了上述由生产地到市场的期间之外，还得加上商品停滞在市场上去等待购买人到来的期间内。

井上洁的《关于日本的纺织业》的110页里面，这样说着："工场的位置选定的第二要件，就是便于商品的运输这件事。这就是说，如果就日本国内的消费品说，因为大阪，名古屋，和歌山种种地方都是内地的棉纱消费的中心地，所以最好是在这个地方的附近去设工场。其他如像泉州，关东的足利，四国的伊豫德岛，种种地方，也是很适宜的。如就输出的棉纱来说，这和原料棉花的输入商港是一样的，还是东京，神户，大阪，门司，名古屋，四日市，横滨等等地方，较为便利。"为什么这些地方较为便利呢？因为有了缩短贩卖时间的关系之后，就可以把资本的周转的速度弄快一点的缘故。

商品的过付和代价的支付，并不是一定要同时实行的。但是，如果代价的支付不同时实行，那末，哪怕已经把商品卖了出去，却仍然不能够拿所卖商品的代价，去购买新的商品（劳动力 A 及生产手段 Pm）。因此，就会把后面所述的购买时间，即使 G—W 的进程完结的时间，延长下去。

交通机关的发达，对于贩卖时间（并后面要述的购买时间）上面有重大的关系这件事，自然是不待言的。生产中心地会随着交通机关的变化而有变动，这种事情的原因之一，也就在这里。又，交通机关的发达这件事，不单是会把商品由生产的地方移到市场去那件事上面所需要的绝对的速度弄快起来，并且，火车和轮船的开行和到着回数的增加，因为可以把商品一点一点的继续不断的发送出去的缘故，也会把资本的周转期间更加弄快起来。从另一方面说，交通机关的发达这件事，越发会把那些以远距离的市场为目的的生产弄成可能的东西，因此，也就会把些社会总资本当中用一种商品资本的形态停在流通时间内的部分，无论在相对的关系上或是在绝对的关系上，都弄增加起来。

生产人如果把他的商品卖了出去，资本的周转就算是从他的贩卖时间走进**购买时间**里面去了。这个购买时间是指生产者把他的商品脱手之后直到换进一种当作这商品的代价看的货币入手的时候为止的时间，及从拿到货币进手之后直到把他变形为生产的诸要素搬到生产的地方的时候为止的时间，是指这两种时间说的。这就是说，在贩卖时间里面，资本虽是被商品资本的形态所束缚，但是到了购买时间里面，他却被货币资本的形态所束缚了。生产的诸要素，在已经被买进了以后，虽然还不是即刻就走进生产进程里面去，但是，只要他是当作一种 Potential 的“潜在的”生产手段存在着，他就不应该加入购买时间之中，他只不过是属于前面所说的生产时间当中的非工作时间罢了。

商品的过付和代价的支付若不同时行着，购买时间就会被延长下去。因为要想减轻这种损害的缘故，所以才行着所谓“期票的贴水”，这是大家周知的事情。举例说，如像外国商人在对日本的生产人或生产人的代理人定购某种商品的时候，那个外国定购商人，从他所住的那个地方的经营外国汇兑的银行取得一种信用状，把他送给日本的商品贩卖人，去定购他的商品。日本的商品贩卖人，一面把所定购的商品装上轮船，同时在另一方面又从轮船取得一种载货证券，把这证券当作担保发出一种对于外国定货的“货物保证期票”（原文是“荷为替手形”——陈），于这种期票之外，附加上述的银行信用状并其他有关系的文件拿到日本的经营外国汇兑的银行去请他贴水，把期票换成现款。这样一来，日本的生产人或商人，就变得一面装载商品上船，一面领受着代金了。

以上所述的，是就资本为流通的缘故所牺牲的时间说的。但是，要知道，在实际上，除了时间之外，还必须要为流通的缘故，花费特定的费用。因此，我们顺便且把流通费用考察考察罢。这些费用的第一种，是纯粹的流通费用，这是包含着关于卖买的交易，簿记，以及其他的计算等等的费用。不消说，卖买的交易上必定是要花费特定的时间和劳力的，并且，如果资本家因为卖买的缘故，雇用了特种的劳动者，设置了建筑物并其他的设备，他就还得支出特定的追加资本。这件事，就是在发生了独立的商业资本家，专门替多数的产业资本家去做商品的卖买的时候，也还是相同的。（关于这事，次篇还要详述。）不过，要知道，单为所有权的移转的缘故所花费的费用，全然是属于“空费”（faux frais，dead expense，Unkost）的东西，为这个缘故所花费的劳动，并不能够把一点什么价值附加到商品上去。诚然，被资本家雇用着的劳动者在这时候替资本家贡献了特定的剩余劳动。然而，在实际上那只不过替资本家减少流通费用罢了。并且，要知道，一切的费用都是由剩余价值支付着的，因此，一切费用结局都是会减少资本家的利得的。（换句话说，如果没有这样的空费，那末，在空费上所必需的资本，本应该发挥他那充当生产资本的机能的，现在却因为空费的缘故，把这个机能的发挥妨害了。）

其次，除了卖买本身之外，还得需用关于簿记及其他金钱出纳上的费用。这也是属于纯然的空费的。不消说，社会的生产越发向前发达，簿记这东西，从生产进程的管理上看来，就会越发变得重要。所以，哪怕将来世界上实现了共产主义的社会，那些关于簿记及统计的工作，也决不会变成没有，恐怕倒还要越发变得重要。不过，为这些工作的缘故所花费的劳动，会把那些应该用在使用价值的生产上面的劳动分量减少下去这件事，却是在无论什么样的社会形态下面也不会有变化的。

又，除了上述的费用之外，那些被固定在货币形态上的商品（金子），在资本家的社会里面，也是一种构成着纯然的流通费用的东西。我们在第一篇第二章已经述过，那些具有当作货币看的机能的商品，因为是一种不能够拿去供个人的消费或生产的消费之用的东西，所以也就是为流通进程的缘故被牺牲了的社会的财富的一部分。但是，在生产物没有采取商品形态的必要的社会里面，这样的空费自然是可以省去的。

以上所述的，只是就那种纯粹费用——价值为仅仅变化他的形态的缘故所必需的纯粹流通费用，因此，他也就是一种不会加进商品的价值里面去的东西。以下要叙述的，关于商品的贮藏及运搬的费用，性质却和上面所说的费用不同。

先就商品贮藏的费用说，特定的生产物从他当作生产物被完成了以后起，到他走进消费进程为止，在这个期间当中，无论在什么样的社会形态下面，总必定会存在于下述的四个阶级当中的一个上面。第一，他可以当作生产人的在库品，即当作生产物，存在着。第二，他可以当作一种正由生产人的手里移转到消费人手里的东西，若就商品生产的社会说来，就是当作市场上的存货，存在着。第三，他可以当作供消费之用的贮藏品，存在着。第四，他可以当作供生产之用的贮藏品，即是说，当作生产手段存在着。因为这样的缘故，所以，某种程度的生产物的贮藏这件事，无论在什么样的社会形态下面，都是再生产上面所必要而不可缺少的条件。（举例说，米谷这东西，照通例说，每年只能有一次的收成，所以，米谷一生产出来之后，同时就立刻被消费了去这件事，无论在什么样的社会形态下面，都是不可能的。）拿这样的必要不可缺的生产物的贮藏来说，只要他是当作商品的贮藏发见出来，他的贮藏上面所必要的费用就不算得是空费，倒是“实费“（Echte Kosten）。为这种实费所花费的劳动，因为他是行着一种保存生产物的使用价值的作用，至少都是行着一种防止使用价值的减少的作用的东西的缘故，所以，在那种范围内，他就进到商品的价值里面去了。（这种情形，恰和棉花的飞屑要算进商品价值的里面去那件事，是一样的。）但是，如果商品的贮藏并不是当作一种川流不息的商品贩卖的条件，倒只是当作一种商品贩卖不出去的结果发生出来，那末，在那时候所发生的费用，就只不过是价值实现上的损害罢了。（这种损害就变成资本的损失，并不会把商品的价值增高。）

其次，商品的搬运上所要的费用那种东西，还是行着生产的机能，不过这种生产机能被流通形态掩盖着罢了。因此，被投放在这种费用里面的资本，还是生产资本的一种。因为这个缘故，所以，那些为搬运商品的关系所生的实费，是可以增高商品的价值的。生产物因为有了这种搬运，去实行地点上的移转的缘故，就增加了他的使用价值，并且，必定要到他进了最后的消费人的手里之后，他才能够把他的使用价值实现出来。

第四节　市面情况的浮沉和资本的周转速度

从以上所述的看来，资本的周转速度这个东西，可以随着生产部门（举例说，如像农业和工业）的不同而有变化，并且，就是在同样的生产部门之中，也可以随事业经营上的事情的不同（举例说，如像工场位置的不同）而发生差异。这件事，前面已经屡次暗示过，对于资本的价值增殖率上面，因此也就是对于资本的利润率，都是有密切的关系的。对于这一层，次章里面，还要详述。目前在本节所要说的，是市面情况的浮沉（好坏——陈）对于资本的周转速度所加的一般的影响这件事。在好市况的期间，不消说，资本的周转速度是会大大增加的。为什么呢？因为，第一，既然依靠着休业日的废止，劳动时间的延长，劳动者人数的增加，机器运转速度的增进等等的关系，把机器的利用弄得成为非常 Intensive（深密的，是对 Extensive 说的，普通都把前者译成“深约的“，后者译成“疏放的”。他们本来的意思，前者是狭而密且深，后者是宽而疏且浅。所以我想还是译成深密和疏浅，倒容易懂些。——陈）的东西，因此，也就可以把资本停在工作期间的时间，弄得非常之短了。第二，在好市况期间，因为一切制品都会即刻卖掉，就是还没有生产出来的商品也已经用预约的方法，决定着他的购买人的缘故，所以，贩卖时间那种东西动不动就会变成等于零。既然像这样的，在好市况期间，可以把资本的周转速度大大的缩短，所以，就单从这一层看来，利润率也就不得不涨高了。（在好市况期间的制品价格腾贵的一个实例——二十手棉纱的价格，在欧洲大战前是一百四十元至一百六十元。但是到了 1917 年正月末，却涨成一百八十一元。到同年十二月，更涨成三百三十九元。到了 1920 年二月竟涨到了七百二十五元。）（二十手那个“手”字，是英语的 Count 的翻译，日本人普通都把他译成“番手”，略称为“手”。这是棉纱的粗细的个单位。手数越多的纱越是细纱，手数越少的纱越是粗纱。——陈）

不过，还应当注意这件事：在那样的好市况期间本身里面，已经怀孕着种种使资本的周转速度迟缓起来的事情。这些事情，跟着好市况期间的进行，渐渐的会抬起头来。因为，在好市况期间，会缺乏劳动者，特别是缺乏熟练的劳动者。又，劳动争议也会频频发生，结果，弄得工场的工作发生停滞。加之机器的本身也因为被不熟练的劳动者使用这件事，把他的运转速力弄得过度这件事，没有时间去好好修缮这件事，因为这种种的事件的缘故，渐渐把他的损伤的程度也积大了。这些种种事情都是使工作期间越发延长起来的原因。在另一方面，资本的流通时间，也会因为附近的国内销场已经饱满，制品化为资本金的速度已经变缓等等事情的缘故，不得不渐渐延长起来。这些种种事情，都是含着价值增殖率的下落的意义的。因为这个缘故，所以，就是单从资本的周转速度上看来，也可以懂得，好市况那种东西就是准备着（造成——陈）将来的坏市况的东西了。这就是说，那种被看成资本家的社会的特征的周期的恐慌的一个原因，也就伏在这里了。

第十章　资本周转和价值增殖的关系

我们在本章里面，想把资本的周转速度对于他的价值增殖的关系详细观察观察，看看那是一种什么样的关系。资本家所获得的剩余价值（这种剩余价值怎样变形成为利润？这是第四篇的问题）是由生产进程里面的劳动者的剩余劳动成立的这个事实，会随着另一个事实——资本的周转速度，对于靠资本实现出来的剩余价值上面，发生着一种有力的影响那种事实——显出别种的外观出来（因此，就会把事态的本质掩藏起来）。所以关于这个问题的考察，特别是必要不可少的。

我们先从一般的关系上把流动资本的周转时期加以考察，其次再说可变资本的周转时间罢。第一个问题是关于在实现特定的剩余价值的时候所必要的资本额的大小的问题，第二的问题是关于被特定额的资本所实现的剩余价值的大小的问题。

第一节　周转时间（特别是流通时间）对于投资额的大小的影响

在要想继续的维持着特定规模的生产的时候，流通时间越长，就越发需要多额的资本这件事，以及要想维持那种特定规模的生产，就得常常有特定额的资本在货币形态的下面存在着这件事，(具有货币形态的流通资本一旦缺乏，事业的经营就会停滞)，这两件事，就是我们在本节所要说明的事。我们为考察这个问题的缘故，姑且把固定资本不放在观察范围之中，假定着一切生产资本都是由流动资本成立的。因为，照前面所述，在固定资本的一个寿命期间之中，可以包含着无数次的流动资本的周转，所以，如果把这些问题也放在观察范围之内，就徒徒会把问题弄复杂起来。又，我们把那些在生产进程上添加在生产物上面的剩余价值，也不放在观察范围之内。因为这问题是我们要在第二节里面去考察的问题。在这种前提的下面，生产物的价值就会变得和在这种生产物被生产时所用过的流通资本的价值相等。现在，假定着某种生产物的生产时间是九星期，并且假定着在这个期间当中每一星期平均必须各有千元的投资。其次，我们假定着流通时间是三星期。这样一来，全部的周转时间，就应该像下图所示，合计成为十二星期。

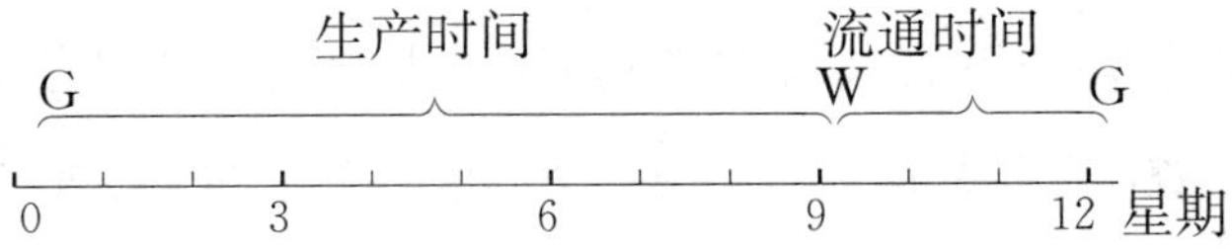

在这种假定的下面，最初的九星期间，照每星期投资千元的比例，合计有九千元的资本被投放在生产进程里面。到了九星期的末尾，所投的九千元就变成了九千元的商品资本，走进流通界去。在这种商品停滞在流通界的三星期中间，是用不着从新投放资本的。这样看来，到了十二星期的末尾，九千元的商品资本又全部整个的回到货币资本上面来，可以从新去经营生产事业了。

在这种时候，应该注意的是这件事：流通时间越长，生产进程的中断也就会变得越长。但是，前面已经屡次说过，生产这东西是不能不继续不断的行下去的。所以，如果要想把前述的生产规模原封原样的维持下去，就非得更增加三千元的资本，合成一万二千元的资本，去开始生产不可。如果这样做，那末，在最初的生产进程完了之后，在九千元的资本当作商品资本停滞在流通界的那三星期之间，就可以拿剩下的三千元去着手第二的生产进程，以便防止这三星期间的生产中断。但是，我们在这里要注意，就是和这种追加资本的数目相当的三千元的资本，同时就会变得常常被束缚在货币形态下面去这件事。为什么呢？是这样：这三千元的追加资本因为只是到了生产时间已完，流通时间开始的时候，才用得着的缘故，所以，在最初的九星期当中，就不得不只是保存着货币形态，摆在那里，一点作用也不会发生。又，到了三星期的流通时间完了之后，九千元的商品资本虽然回到货币形态来了，但是，因为在这时候第二的生产时间已经过了三星期的缘故，这时所必要的，只是对于剩下的六星期的资本，即是说，只是六千元的资本。因此，九千元当中的其余三千元，也就不得不同样的继续摆在睡眠的状态下面。这样看来，只要是在生产必须不间断的继续行着的范围内（在农业等等里面，从技术上说，生产是必然的会中断的），并且只要是在资本周转时间的当中含着特定流通时间，在事实上能够被拘束在生产进程里面的东西，常常都只不过是产业资本的一部分，这一部分只有在特定条件下面——别的部分采用着货币资本的形态，从原来的生产里面退了出来这种条件的下面——才能够实行他那当作生产资本看的活动了。事业的经营，动不动就会因为缺乏了在货币形态下面的流通资本的缘故，弄得陷于困难之境，就是由于这样的关系。

照以上所述，可以知道，在要想继续的维持着特定规模的生产的时候，流通时间越长，就越发需要多量的追加资本，并且常常须得把一种和这个追加资本相当的分量的资本放在货币形态下面了。不过，要知道，除此之外，也还有其他的事情可以使特定的资本常常被束缚在货币形态的下面。如果据前例来说，在九星期的生产期间里面，合计要用九千元的资本，现在假定其中三分之一是拿来购买劳动力的。剩下的三分之二是拿来购买生产手段的。大家知道，工资这东西常常是得要在每日或每星期支付的。如果假定他是每星期支付出去的，那末，在三千元当中，除开每星期所支付的九分之一以外，所余的资本就应该常常保持着货币的形态，睡在睡眠的状态中了。又，就是拿那些充购买生产手段之用的六千元来说，如果他不必一定要在生产进程开始以前，把全部整整的同时拿去购买，那末，这六千元当中的某一部分也还是应该保持着货币形态，睡在睡眠状态中的。像这样的事情，只要那种投资和收回的情形——在一方面，资本的投放是继续不断的一部分一部分行着的，在另一方面，他的收回却又是在一个时候全部整个的实行着的那种情形——没有变更，都是常常存在着的，并且工作期间越长，这样的事情也会变得越强。

我们在第八章第二节的末尾，已经把那种和剩余价值的积蓄相伴而来的货币的积蓄，指摘出来，在第九章第一节里面，又把那种固定资本的收回相伴而生的货币蓄藏述说过了。现在，在本章里面，我们又看见了，资本不能不保持着货币资本的形态，停在睡眠状态当中的事情，又增加了两个。不过，前面已经屡次说过，资本这东西，如果中止着他的运动，同时也就会变得不能够发挥他那当作资本看的机能。因此，就发生了一种计划，想把这种资本运动的中止，缩到最小限度。这种计划实行起来的时候，就变成资本信用那种东西的机能。因为，哪怕这些货币资本对于特定的资本家是暂时不得不停在睡眠状态中的东西，如果能够用信用关系，把他移到别的资本家的手里，那就可以导他进到别的资本的循环进程里面去，叫他在那里从现实上发挥他那当作资本看的机能。由这种关系发生出来的信用，我们把他叫作**“资本信用”**（Kapitalkredit），拿来和（我们在第一篇第二章第三节所说的）那种和商品的卖买相伴而生的所谓**“流通信用”**（Zirkulationskredit）相区别。由这种资本信用的机能，更可以生出一种叫作“生利资本”（Zinstragendes Kapital，Interest-bearing Capital）的新的资本。不过，因为关于资本的种类区别的事，都是第四篇的问题，所以这里可以不必细说。

在以上，我们已经把那些因资本的流通时间的延长而生的结果，也就是那些因他的周转时间的延长而生的结果说明过了。现在反过来看，如果资本的流通时间缩短了，举例说，如像由三星期缩为两星期，那末，那些必要的总资本的分量，就会减少一千元下去。这种被减少的资本，就会走出原来那个资本的循环进程之外，变成一种从新去求投放地方的独立资本，成为金融市场上的货币资本的供给的一个新成分。这一千元，虽然在从前也是在特定期间中反复的睡在睡眠状态中的东西，不过，因为他那时还是对于生产进程的不断的继续那件事上面的必要条件，所以，他还不能够自由。现在，因为他已经不成这种必要条件的缘故，所以他就会不是变成新的货币资本的供给，出现到金融市场上去，就是被用在生产规模的扩张上面去了。总之，在继续的维持特定规模的生产的时候所必要的资本的分量，是依靠资本的流通时间的长短而决定的，因此当然也就是依靠资本的周转时间的长短而决定的。（在坏市况期间，这种流通时间会延长，因此也就会需要较多的流通资本。）

又，在终结本节的时候，还想要附带说的就是价格的变动对于所要资本额的大小的影响这件事。我们到这里为止，都是把那些随着特定的资本的循环进程以外的事情而生的价值的变动，放在观察范围之外的。现在如果把这种的价值变动都放在考虑之中，问题就会变得更复杂了。价格的变动这个东西，可以分为生产手段的价格变动和生产物的价格变动两种。生产手段的价格如果跌落，就会发生一种恰恰和资本的流通时间缩短了的时候相同的结果，那些必要的总资本的分量会减少起来，所减少的部分会变成一种从新去求投放地方的独立的资本。反过来说，如果生产手段的价格涨高了，那末，结果就会恰恰和资本的流通时间被延长了的时效相同，那些必要的总资本的分量就会增加起来。拿生产物的价格变动来说，结果也是一样的。这样看来，要想继续的维持着特定规模的生产下去，不单是准备着一些可以拿去应付流通时间的变动的货币资本，并且也还不得不具有一种可以拿去对付价格的激变的资力了。

第二节　可变资本的周转时间对于剩余价值的年率的影响

在第四章第三节里面已经说过，那部分变形为生产手段的资本即不变资本，虽然在生产进程当中并不变更他的价值，但是，那部分变形为劳动力的资本即可变资本，却是在生产进程当中继续不断的变更着他的价值，从特定的分量陆续变化为比较更大的分量。又，在同章第四节里面，也曾经说过，所谓剩余价值率，就是可变资本的价值和他在每一次的生产进程里面所生产的剩余价值之比。不过，要知道，在资本家方面成为问题的，并不是剩余价值率，倒是剩余价值的年率。这里所谓“剩余价值的年率”（Jahresrate des Mehrwerts），就是可变资本的价值和他在一年当中所生产的剩余价值的总量之比。但是，如果剩余价值率是确定不变的，这种年率就是依靠着可变资本在一年当中所反复继续的通过了生产进程的回数而决定的，即是说，依靠着他的周转速度而决定的。举例说，假定有一个资本家 A 和一个资本家 B，都为支付工资的缘故，在每一星期当中，投放了千元的资本。如果假定资本的活动时间在每一年间是五十星期，那末，A 和 B 两个人每年间所支付的工资的总额，都应该是五万元。假定剩余价值率是百分之百，那末，在一年之间所生产的剩余价值也都各是五万元。但是，如果 A 的可变资本是每五星期间周转一次，B 的可变资本要一年才周转一次，那末，A 所不能不准备的可变资本有五千元就够了，B 所不能不准备的可变资本却非有五万元不可。这就是说，哪怕在一年之间所生产的剩余价值的总量，在 A 和在 B 都是相同的，然而只因资本的周转速度各不相同的缘故，在生产那种同分量的剩余价值的时候所必要的资本的分量，在 B 方面却要比在 A 方面多到十倍。因为这个缘故，所以显出一种错误的外观，好像剩余价值这东西不是由劳动造出来的，倒是由资本周转的巧拙造出来的一样。

第十一章　社会总资本的流通和再生产

我们在以上诸章里面，已经把资本的流通，从那种放在个个的资本家手里的各个资本的立场观察过了。现在，如果我们更进一步，把社会总资本的运动，从他的全体上观察起来，我们就更可以认识一些新的法则，一些从个别资本的立场看来无论如何都认识不出来的，因此也就是不能够出现在个个的资本家的意识上的，并且还是对于个别资本的运动具有决定的（重要的，有决定方向的力量的。——陈）关系的法则。本章的问题，就在说明这些法则。

个别资本的循环，如果用元形表示出来，就好比是○，他的周转，好比是◎。社会总资本就是行着这种运动的个别资本的总计，所以社会总资本的运动，也就可以用无数的那种螺线形表示出来。

我们在第八章第三节里面已经指摘过，在观察社会总资本的循环的时候最适当的东西，莫过于那种以 W' 为起点的商品资本的循环形式。因为，这种循环既是以 W'（资本家的生产进程的产物）为始点，当然，从开头起，就是以资本家的生产为前提的东西，因此，也就是在再生产的进程上去理解资本家的生产的东西。因为这个缘故，所以，如果我们拿这种循环形式去表示社会总资本的运动，那末，自然就会变成，他的始点和终点都表示着被生产出来的资本家的商品的全体。因此，不但社会总资本的流通会变成那些用资本家生产的方法生产出来的商品全体的流通发见出来，并且在这种流通的通过点（已见前——陈）上面，也包含着有这些商品的分配和消费。因此，就会变成，资本的流通并简单的商品的流通，一切东西，都被包括在这里，结果我们就可以在那里把社会上所有一切的商品（马克思所谓非常庞大的商品集成）的总运动都看在眼里了。

照第八章第三节所揭的式子说，商品资本的运动是下面这样：

$$W'\left\{\begin{array}{l} W- \\ \quad G' \\ W- \end{array}\right. \overset{W'}{\boxed{\left\{\begin{array}{l} G-\left\{\begin{array}{l} Pm \\ A\ (Km_1) \end{array}\right. \\ g-R\ (Km_2) \end{array}\right.}} \cdots P \cdots W'$$

在这式子当中，A 虽是表示 G 里面拿去供购买劳动力之用的一部分的，但是，这种货币，结局还是要被劳动者拿去购买那种供他个人的消费之用的商品的。因为这个缘故，如果从劳动者的立场看来，全体的交易，就是卖了劳动力，换成货币，随后更拿货币去购买别的商品，所以，结局只不过是一个简单的商品的流通罢了。又，如果剩余价值 g 只是拿去供了资本家的个人的消费之用，那末，那一部分的交易也就只是把那些体现着剩余价值的商品卖了出去，换成货币进来，然后更拿所得的货币去购买别的商品，所以结局也只不过是十个简单的商品的流通罢了。我们所以说简单的商品流通会被包括在社会总资本的流通的当中，就是因为这个缘故。

我们为便利计，分成两段说：第一先拿那种行着简单的再生产的时候来考察，以后再拿那种行着扩大的再生产的时候来说。

第一节　简单的再生产

一切个别资本的生产物的价值，都是由不变资本的价值，可变资本的价值，剩余价值三种东西成立的。因为这个缘故，所以，如果我们用 c 表示不变资本，用 v 表示可变资本，用 m 表示剩余价值，那末，总应该是 $W'=c+v+m$。但是，因为个别资本的生产物都是由同一种类的东西成立着的缘故，在他的使用价值上面，决没有什么区别可以拿来分出 c，v，m，等等的成分，所以，所谓 $W'=c+v+m$ 这件事，只不过表示着他的价值的构成关系罢了。但是，如果我们拿 W' 去表示在社会全体上所生产的资本家的商品的全体，那末，$c+v+m$ 这个东西，就不单只是表示着总生产物的价值的构成关系，并且会变得更进一步表示着诸商品——那些构成着总生产物的实材的诸商品——的使用价值的关系起来。

商品资本的循环进程的前半，在行着简单的再生产的时候，是下面这样：

$$W'—G'\left\{\begin{array}{l} G—\left\{\begin{array}{l} Pm \\ A\ (Km_1) \end{array}\right. \\ g—R\ (Km_2) \end{array}\right\}W'$$

如果把这个式子，应用在一年间的社会总生产物里面看看，就可以懂得，结局，社会的总生产物，若从使用价值的观点看来，非由应该充当生产手段（Pm）的东西和应该充当消费资料的东西（就是说，归劳动者的个人的消费的消费资料 Km_1 和充资本家的个

人的消费的消费资料 Km_2）两种东西成立不可。并且，这些使用价值，若从他们的价值说来，

Pm 就和 c（不变资本）相当，

由 A 买了去的商品 Km_1 就和 v（可变资本）相当，资本家为个人的消费买了去的商品 Km_2 就和 m（剩余价值）相当。

这样一来就不得不成为 $W'=c+v+m$ 了。这就是说，社会总资本的运动，不单是价值的再生产，并且还不能不行种种实材的再生产了，因此，也就变成，他不但为社会总生产物的价值构成部分的相互关系所规定（所左右或所决定——陈），并且还会由那种当作使用价值看的相互关系所规定了。现在，如果把这些比例的关系，简单的表示出来，举例说，就不能不是下面这样：

Ⅰ.	4000c	+	1000v	+	1000m	=	6000Pm.
Ⅱ.	2000c	+	500v	+	500m	=	3000Km.
	Pm		A（Km_1）		R（Km_2）		W'

这里所表示的数目字的单位，哪怕是一万元也好，百万元也好，那是没有关系的，总之，只要他们都是表示某种价值的东西就行了。假定把生产部门分为两大部门，第一部门为生产手段的生产部门，第二部门为消费资料的生产部门。前者用符号Ⅰ去表示，后者用符号Ⅱ去表示。在第一部门里面，被投放了四千单位的不变资本，一千单位的可变资本，剩余价值率为百分之百。所以，第一部门的剩余价值就是一千单位。第一部门的生产物，从使用价值的观点看来，应该是一些充当生产手段的东西；从价值的观点看来，合计一共是有六千单位的价值量的东西。其次，在第二部门内，被投放了二千单位的不变资本和五百单位的可变资本。假定剩余价值率

也和第一部门一样是百分之百。所以在这部门里面所生产的剩余价值是五百单位。这部门的生产物，从使用价值的观点看来，是充当着消费资料的东西，从价值的观点看来，是有合计一共三千单位的价值量的东西。

以上是那个表式的意义。在这时候，我们把那些和目前的问题的研究没有直接关系，徒然会发生阻碍的种种事情，都暂时抛弃不管。这就是说，假定着，一切生产物都是照他原有的价值被交换着的；并假定着，劳动的生产力并剩余价值率都是年年相同的。因此，不变资本和可变资本的比例，以及生产物的价值等等东西也是年年相同的。又，暂时把固定资本的问题并关于货币流通的问题，也都舍了去。这样去观察上面那个式子里头的生产物的交换，我们就可以发见，在那里有下面三个大大的交易道路：

1. 第一部门的 1000v 和 1000m 虽然都是要拿去充购买消费资料之用的东西，但是，因为第一部门的生产物都是由生产手段成立的缘故，所以，这些消费资料都非由第二部门买来不可。所以，在第二部门里面代表着 2000c 的两千单位的消费资料，就被第一部门的劳动者并资本家买收，不过，第二部门的资本家却又由第一部分的生产物买进两千单位的生产手段，拿去填补那些已经被消费了的生产手段。

2. 第二部门的 500v 及 500m 是应该拿去充购买消费资料之用的，因此，他们就会在这个部门里面，和这个部门的生产物相交换。这样一来，就变成，在第二部门的生产物里面只有一千单位的东西，被拿去供那些和这部门有关系的资本家和劳动者的个人的消费了。

3. 这样一来，剩下来的就只有第一部门的生产物四千单位了。这四千单位，因为是一些不能不拿来填补在第一部门本身里面所消费了的生产手段的东西，所以他们就会被第一部门里面的资本家们买收了去。

这样看来，要想使这些交易能够元滑进行，那末，关于各种生产部门的比例关系，就非成立下面这样的三个方程式不可：

Ⅰ.（1000v＋1000m）＝Ⅱ. 2000c

Ⅰ. 4000c＋Ⅱ. 2000c＝6000Pm

Ⅰ.（1000v＋1000m）＋Ⅱ.（500v＋500m）＝3000Km

在这当中，最基本的关系就是第一的方程式。第二和第三的方程式都是跟着第一的方程式而成立的。但是，要知道，在资本家的社会里面，并没有一种什么有意设立的机关，特特按照特定计划，去维持上面各种生产部门间的比例的关系。各资本家，对于自己的工场内的生产进程，虽然各有一种专制的支配力（统御力——陈），然而，对于流通界——他们工场里所生产的商品流出到那里去的那个流通界，却是无论什么人也没有支配力。因此，商品流通的世界也全然成为无政府的东西；这种情形就是资本家的社会的特征。因为这个缘故，所以前记的比例关系总是继续不断的被搅乱着。这种搅乱就是一种成为资本家的社会所特有的恐慌发生的一般的条件的东西。

像以上所述的那样的，在各种生产部门间的比例的关系，只要是从使用价值的立场看来，的确是一种技术上的根本条件，对于那些在一切形态的社会组织下面的简单的再生产，都可以同样适用的。但是，因为在资本家的社会里面，一切生产物都是当作商品生产出来，那些商品的交换都是在特定的价值关系上面靠货币的媒介去行着，所以，在这时候，我们就不得不把先前舍去不顾的那个货币流通的问题，从新加入考虑的范围当中，如果用式子表示出来，我们现在新成为问题的，就是下面那个 G′（G+g）：

$$W'（9000）—G'\begin{cases}G—\begin{cases}Pm（6000Pm）\\A（1500Km）\end{cases}\\g—R（1500Km）\end{cases}$$

前面已经稍微说过，在社会总资本的流通里面，也混合着有简单的商品的流通。详细说来，如像关于劳动者的工资的支付并对于他们的商品贩卖这两种事，从资本家看起来，虽然是资本流通上的一个关节，由劳动者看来，却只不过是一种简单的商品流通。同样，如像资本家在用他的剩余价值去做不生产的消费（个人的消费——陈）的时候所行的商品购买，从实行这种消费的资本家说来，虽是只是一种简单的商品流通，然而，如从贩卖那个商品的资本家看来，却又变成资本流通的一个关节了。我们在第一篇第一章第三节里面已经说过，哪怕是简单的商品流通，也必须要有货币；后来我们在第三篇第九章第三节并第十章里面，又曾说过，要使特定的资本运动起来，必定要使他当中的一部分用一种货币的形态在实际上存在着。这些种种的事情都表示着这么一个意思：社会总资本的流通是一种常常需要特定额的货币的东西。因为这个缘故，所以，资本家的生产的方法只有在那些资本流通上面所必要的充分的货币分量已经存在国内的时候，才能够在很大的范围之内发展起来。在西欧的历史上所以要说，第十六世纪以下的贵金属的输入增加，成了资本家的生产的发展史上的一个主要的条件，也就是因为这个缘故。所以，现在成为问题的就是，社会总资本的流通上所必要的货币，到底会行什么样的流通这件事。我们可以答复说：这种货币，不管他是当作资本被投放着，或是当作一种简单的货币，为不生产的消费的缘故被支出着，总而言之，他总是以资本家阶级为他第一次的出发点的东西，同时又总是要复归于资本家阶级手里的东西。为什么呢？第一，那种当作资本被投放着的货币，不消说，是以资本家为第一次的出发点的；并且，同时因为这些货币本是当作资本被投放了的东西，所以他们会回归到原来的出发点上去这件事，自然也是不消说的。诚然，支出货币的，并不限于资本家，就是劳动者，也可以支出特定额的货币。但是，因为劳动者所支出的货币本来就是他们当作工资从资本家手里领受得来的东西，所以，不但这种货币的第一次的出点还是资本家，并且他还是一种会继续不断的和劳动者的生活上所必要的消费资料相互掉换，继续不断的被资本家阶级收回了去的东西。第二，资本家为不生产的消费的缘故所支出的货币，自然是以资本家为出发点的。并且，只要他这种不生产的消费是和那种由他的资本生产出来的剩余价值相当的东西，他这种货币当然也会继续不断的当作一种由他所生产的剩余价值的货币形态从新回到他手里来的。像这样，乍看起来，虽然好像是矛盾的，其实还不过是资本家阶级拿他那种自己投入于流通界的货币，把自己的剩余价值化为货币罢了。总而言之，社会总资本的流通上所必要的一切货币，都是由资本家阶级出发，从新回到资本家阶级的手里的。所以，如果就那种行着简单的再生产的时候说来，资本家阶级虽是一面原封原样的把他最初原来所有的货币维持下去，一面消费着年年的剩余生产物；同时，劳动者却是继续不绝的把他弄到手的货币花费着，去维持他的生活。资本家阶级和雇用劳动者阶级就是这样继续不断的被再生产下去的。换句话说，资本关系就是这样继续下去的。

试把第一部门的 1000v＋1000m 这种东西和第二部门的 2000c 相交换的关系拿来看看。货币流通的第一的道路，是和Ⅰ.1000v 与Ⅱ.1000c 两者的交换相关系照下面这样行着的：第一部门的资本家从他所有的货币资本当中，取出一个和 1000v 相当的分量（千单位的货币），作为工资，支付给劳动者。这个劳动者拿所得的工资从第二部门的资本家购买消费资料。这样一来，千单位的货币就移到第二部门的资本家的手里了。但是，第二部门的资本家，又会拿这种货币去向第一部门的资本家购买千单位的生产手段。这样一来，就变成，千单位的货币最初由第一部门的资本家出发，最后仍然回到同一的第一部门的资本家的手里了。

货币流通的第二的道路是和Ⅰ.1000v 与Ⅱ.1000c 两种东西的交换相关系，照下面这样行着的：假定，在这种交易上所必需的货币，是由第一部门及第二部门的资本家两方面各各供给一半的。这就是说，假定最初是由第二部门的资本家为购买生产手段的缘故，从他所有的货币当中，支出了五百单位。这样一来，第一部门的资本家的商品资本当中的五百单位就回到货币形态了。所以，就变成，五百单位的货币由第二部门的资本家的手里走出来，走到第一部门的资本家的手里去了。其次，假定着，第一部门的资本家为购买消费资料的缘故，从他那些预备拿去供个人的消费之用的货币当中，支出了五百单位。这样一来，从第二部门的资本家看来，就有五百单位的商品资本回到货币形态内来了。这就是说，这时的情形恰恰和刚才说的那种情形相反，变成为五百单位的货币由第一部门的资本家的手里走出来，走到第二部门的资本家的手里了。

其次，我们不能考察的问题就是那种当作消费资料生产出来的生产物的内部的比例关系。因为，照上面所述，已经可以看见，在年年的总生产物当中具有充当生产手段的性质的东西，本是和那在同年份内为总生产物的生产的缘故所消费了的生产手段相当的东西；所以，只要生产是按照同一规模反复继续的实行着，那末，那种充当生产手段的东西就会一方面是各年份里面的生产的结果，同时又是那种生产的前提。因此，只管他每年会被生产出来，却决不是一种走入个人的消费的圈内的东西，他只是过去的扩大再生产的结果所积蓄而成的东西，他只不过是当作那种溶化到物质去了的过去的劳动所形成的社会的遗产，会年复一年的被维持下去的东西罢了。在资本家的社会里面，他会变成资本的维持发见出来。这样看来，在年年的总生产物当中，拿去充个人的消费之用的，实在只不过是那种和在那一年内新被花费的活着的劳动的生产物相当的部分罢了。这个部分，会变成消费资料发见出来。斯密斯在他著的《诸国民之富》的开头所说的，“各国民年年的劳动就是一种基本——一种从本源上供给着各国民年年所消费的一切必需品及便利品的基本”，这句话，结局，可以说是一种只把年年的生产物当中属于消费资料的部分观察而得的话，但是，要知道，因为这种消费资料更可从大体上分为生活必需品和奢侈品两种东西的缘故，所以我们还得更进一步去考察考察这两种东西的比例的关系。

消费资料这东西，从大体分来，可以分为生活必需品及奢侈品两种。被劳动者消费了的消费资料只是生活必需品。被资本家消费了的消费资料却不然，他是由生活必需品及奢侈品两种东西成立的。这就是说，那种只能被资本家阶级消费不能被劳动者阶级消费，如果劳动者阶级要想勉强去消费，就非得牺牲他的生活必需品不可的消费资料，就是奢侈品。这样看来，消费资料的生产部门又可以细分为生活资料的生产部门和奢侈品的生产部门两种东西了。现在如果为便宜起见，拿Ⅱa 和Ⅱb 表示这两种东西，并且把前者作为和后者的四倍相当，那末，第二部门（即消费资料——陈）的内容就应该是下面这样：（用 NKm 表示当作生活必需品看的消费资料，用 LKm 表示当作奢侈品看的消费资料）

Ⅱa——1600c＋400v＋400m＝2400NKm

Ⅱb——400c＋100v＋100m＝600LKm

现在，假定着资本家把他所得的剩余价值都一律的照五分之二和五分之三的比例，用在奢侈品和生活必需品上面去。又，因为在一共三千单位的消费资料当中，有两千单位是用在第二部门的资本家和劳动者的需要上面去的东西的缘故，所以可以把这两千单位暂时置而不问，单说用在第二部门的一千单位。这种为第二部门的资本家及劳动者所需要的一千单位的消费资料，是照下面的比例存在着的：

Ⅱa——400v＋400m＝800Nkm

Ⅱb——100v＋100m＝200LKm

又，其中为资本家所需要的，是下面这样的比例：

Ⅱa——400m…240NKm＋160LKm

Ⅱb——100m…60NKm＋40LKm

所以，Ⅱa 和Ⅱb 的交易关系就是下面这样：

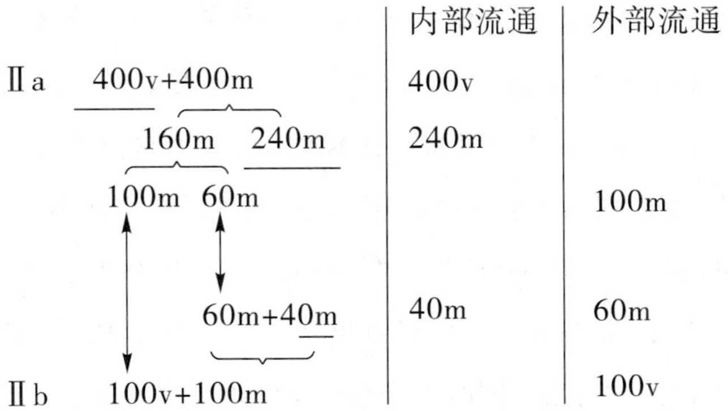

这就是说，在Ⅱa的部门里面，资本家对于劳动者当作工资支付了的货币（400v），因为劳动者后来又拿他去购买他们所要的生活必需品的缘故，直接的就回到Ⅱa的资本家的手里了。（他们所购买的消费资料虽然在实际上就是他们自己用自己的劳动生产出来的东西，但是，因为他们由资本家取得特定的工资把他们的劳动力卖给资本家，因此失掉了他们对于那种生产物的所有权的缘故，所以，他们不得不更把他们所领受的货币从新支出，去向资本家买回他们自己所生产的生产物的一部分。他们做了这种买回之后，那种最初由Ⅱa的资本家所投放的可变资本，就从新具有货币资本的形态，回到资本家的手里来了。因为这个缘故，所以，这时候的交易是在同一的生产部门的内部就完结了的，如果那个生产部门是被统一在一个企业下面的，那末，就会变得，资本家对劳动者的交易，可以只用简单的劳动券就实行起来。）

从Ⅱa的生产物当中，把前面刚说过的四百单位减去所剩得的，虽然还是四百单位，但是，其中的240m是由Ⅱa本身当中的资本家们互相买了去。同样，在Ⅱb里面，在他的生产物的奢侈品当中，有40m是由Ⅱb本身当中的资本家们互相买了去。（这都因为

上面假定资本家一律的把他们所得的剩余价值，照五分之三和五分之二的比例，用在生活必需品和奢侈品上的缘故。——陈）

其次，在Ⅱb的部门里面，资本家对劳动者常作工资支付了的货币（100v），是会更被劳动者拿去供购买生活资料之用的。因此，在Ⅱa里面所剩下的160m（刚才所说的400m减去240m所剩下的——陈）当中的100m，就可以有出路了。这种和100m相当的必需品有了出路的时候，同时那个百单位的货币也就进了Ⅱa资本家的手里。他拿这百单位的货币去买一种Ⅱb的100v相当的奢侈品。这样一来，最初由Ⅱb的资本家拿来购买劳动力的百单位的资本，就从新具有货币形态，回到原来的资本家的手里了。最后，在Ⅱa里面剩下的60m和在Ⅱb里面的60m更相互的交换起来时，全部的交易就可以告终结了。

在以上的式子里面的数字，和以前所用的种种数目字一样，都是为要保持平衡的缘故，随便造出来的东西。他不过是拿来证明，在个个的生产部门之间不能不保持着特定的比例关系那件事罢了。但是，我们据上面的式子看来，就可以发见下面这样的关系：第二部门的内部的a和b的比例的关系，是要看资本家阶级所拿来充奢侈品的购买之用的剩余价值的分量程度如何而决定的。资本家阶级的奢侈的消费越加多，就越发会有较多数的劳动者被吸收到奢侈品的生产部门里面去，越发会有较多数劳动者的生活依靠着资本家阶级的奢侈。因此，从事于这种生产部门的劳动者就会有一种特殊的观念的倾向（思想的倾向——陈），以为他们自已的幸福不幸福，都是靠着他们的雇主的发财不发财而决定。（因此，他们决不会愿意站在阶级斗争的第一线上去。）

在那种接着恐慌期而来的坏市况期间，奢侈品的消费常常总是会表示着一时的减退。因此，奢侈品的销路就会停滞起来，那一部分的劳动者就会失业，生活必需品也必会随着这种事情，发生减少需要的现象。反过来说，在好市况的时期，特别是当着他的绝顶的时候，产业预备军（即求职业的劳动者——陈）必定会被召集起来，工资也会涨高，因此，生活必需品的需要会大大的增加起来，结果会变得，就是在劳动者阶级当中，也有一部分人可以参与奢侈品的消费了。但是，要知道，这种工资的涨高，往往会成为利润率低落的原因。这种原因，更会和第十章第四节所述的各种原因一样，成为一个准备着（造成着——陈）将来的恐慌的东西。因为这个缘故，所以，我们可以说，那种想拿劳动者阶级的消费不足那件事，换句话说，拿劳动者阶级的工资只不过是他的生产物的一部分那件事，去直接的（不用媒介）说明恐慌这种现象的人们，实在犯着一个错误；宁肯说，劳动者阶级的消费力的膨胀，倒反常常是恐慌的一个前兆。

看到后面，就可以知道，我们是把劳动者阶级的消费不足，认为资本家的生产走到尽头那件事的终极原因的。但是，要知道，这个根本原因并不会不用一点什么媒介，就直接变成恐慌发见出来。

最后应该说的是关于固定资本的补充的问题。我们在前面那些式子上，都是暂时把固定资本放在观察范围之外的。现在，如果把他放进观察范围之内，那末，问题就会变得更复杂一些。因此，在再生产的元滑的进行上所必要的条件，也会增加起来。第一要注意的就是这件事：在生产手段当中，具有固定资本的性质的东西越多，那种年年被生产出来的商品的价值总量和那种为生产这些东西的缘故所投放的资本的价值总量，这两种东西，就会越发不能够一致符合起来这件事。为什么会发生这样的事呢？只因为生产手段当中的属于固定资本的部分只会把他的价值的一部移转到生产物的上面去的缘故。

举例说，在前面所载的那个式子：

Ⅱ．4000c＋1000v＋1000m＝6000Pm

Ⅱ．2000c＋500v＋500m＝3000Pm

里面的六千单位的不变资本（4000c＋2000c＝6000c）当中，假定着四千五百单位表示着流动资本的价值，一千五百单位表示着固定资本的价值。如果假定那种固定资本的年年的消耗率是他的总价值的百分之十，那末，现在使用着的固定资本的总价值就是这个数的十倍即一万五千单位的价值量的东西。因此，所以现在使用着的不变资本的总额就是一万九千五百单位的价值量（4500＋15 000＝19 500）。但是，在上面那个式子上，他却只当作一个六千单位的东西发见出来。第二，生产着生产手段的第一部门的生产物，用一种适当的比例被分为应该充当固定资本的东西和应该充当流动资本的东西两个种类这件事，在这里当作再生产的条件看，又变成必要了。这种关系，恰恰和第二部门的生产物在适当的比例上被分为生活必需品和奢侈品这件事变成必要的事，那种关系，是一样的。（因为是一样的，所以在这里我们不重复的把他当成问题了。一步一步的只去阐明新的关系。这种办法，才是算研究的顺序。）第三，年年有更新的必要的固定资本的分量，和目前现被利用着的固定资本的分量，非保持着特定的比例不可（在前面那个假定的下面是15 000：1500 的比例）。因为这个第三问题稍为复杂一点，所以还得稍加说明。试把第二部门的2000c拿来看看。这两千单位的不变资本变形成为两千单位的消费资料。在这种消费资料的价值当中，应该包含着若干在生产进程上消耗了的固定资本的价值。现在我们假定这种价值是和二百单位相当的东西。又，因为固定资本没有年年更新的必要的缘故，所以可以假定着，这二百单位的价值在变形为货币之后，在本年内是采用着的货币的形态被蓄藏着的东西。这样一来时，先前所述的根据那个Ⅰ.（1000v＋1000m）＝Ⅱ.2000c方程式而生的交易的平衡就会破裂，第一部门的劳动者和资本家虽然由第二部门买了两个千位的消费资料，第二部门的资本家却变成只向第一部门购买一千八百单位的生产手段，第一部门的生产物当中的二百单位就会卖不出去存在那里了。但是，在实际上，无论是在那一年内，总有存于社会全体的固定资本当中的若干的部分会终结他的寿命，不得不靠新的东西来填补，因此，属于第二部门的某个资本家总会把他年年积下来，积蓄到那时为止的货币（和每年消耗了的固定资本的价值相当的货币——陈）整个的在一时间支出去。如果这个资本家所一时支出的总额恰恰达到两百个单位，那末，先前说的那种平衡就变得依然可以保持下去了。这样看来，要想简单的再生产能够毫无故障的实行下去，当然就非得使固定资本——那种一面维持着他那当作使用价值看的原来的形态，一面继续的在生产进程上被使用着的固定资本——年年移转在生产物上面的价值量和半年必须要更新的固定资本的价值量这两种东西完全符合一致不可了。（举例说，在一个值得十万元的机器，每年消耗一万元，并且使用着这种机器的工场共有十个的时候，必定同时要有一个机器制造工场每年能生产一个那样的机器，然后生产的平衡才可以保持下去。为什么呢？因为，在这种时候，每年必得要更新的机器是每年一个，同时每年可以从新被生产出来的机器也是每年一个的缘故。

如果这样的条件不能具备，再生产的元滑的进行必定会受妨碍。举例说，假定着在第二部门的固定资本当中必须要更新的部分在某一年间，比上一年变得较多了。在这时候，第一部门里面的生产物当中就应该有比较多的部分是不能不拿去充当第二部的固定资本的东西（因为第一部门所生产的尽是生产手段，第二部门所生产的尽是消费资料，所以第二部门内须要更新的固定资本是应该向第一部门来领取。——陈）。如果这样，那末，只要第一部门的生产总量是一定不变的，第一部门的生产物里面那些本来应该拿去构成第二部门的流动资本的实材的部分，在比例上就不得不减少了。因此，第二部门的生产量当然也就不得不减少了。因此，也就不能够维持那种和上一年份规模相同的生产了。如果想要避免这种结果，就应该增加第一部门的生产总额，使他一方面生产出来一些比上一年还要多量的，可以充当固定资本的实材的东西，同时在另一方面还得生产着一些和上一年分量相同的，可以充当流通资本的实材的东西才行。这就是说，简单的再生产的维持，是决不可能的了。这样看来，那些须得更新固定资本的分量的年年的变动，自然是会妨害简单的再生产的元滑进行的东西了。

但是，要知道，像这样的比例，只管在道理上不得不维持，在事实上却又无法去维持这件事，并不是限于资本家的社会的事。无论在什么样的社会形态下面，生产手段的需要分量，在某一年会增加，在另一年又会减少。这件事，本是一件不能够避免的事情，因此，无论在什么样的社会形态下面，都会不断的实行着一种相对的过剩生产，去防备由那种事情发生出来的再生产上的故障，结局也就因此，在一方面不能不存留着比直接的必要还多些的生产好了的固定的生产手段；在另一方面，又生产着一些比直接的必要还更多些的原料并其他的东西。这种结果，在资本家的社会里面，在一方面，当作商品贮藏发见出来，在另一方面又是当作货币贮藏发见出来的。但是，要知道，在资本家的社会里面的这种贮藏，全然是在无政府的状态下面，毫无计划的实行着的。并且，随着好市况的期间的到来，还会渐渐减少下去。因为这个缘故，所以，万一在好市况期间的绝顶上面，一旦爆发了恐慌的时候，就不得不陷入于非常混乱的当中了。

第二节　扩大的再生产

以上所述的，都是资本家把他所得的剩余价值的全部都消费在不生产的方面的时候的话。如果那样的简单的再生产继续的一直行下去，资本的积蓄或增殖就会一点不能够实行。但是，在资本家的社会里面，从原则上说来，剩余价值的一部分却常常会被积蓄起来，成为资本。因此，资本就会年年增殖，生产的规模也是会一年一年的扩张出去的。如果这样的资本的积蓄——因此当然也就是说，这样的扩大再生产——变为不可能，那末，结局就会是资本家的社会的尽头了。这样看来，我们在前一节上面所以先去考察简单的再生产，也只不过因为他是形成着扩大再生产的一个 Element（要素）的缘故罢了。我们在本节里面，自然不能不更进一步，拿以上的考察为基础，去考察扩大再生产的诸条件。

我们为便于考察这个问题的缘故，可以在和前一节相同的种种假定下面，用下面一个式子，把社会总生产物的相互关系，表示出来：

Ⅰ. 4000c＋1000v＋1000m＝6000Pm

Ⅱ. 1500c＋750v＋750m＝3000Km

这个式子里面所表示的数字的相互关系，是下面这两个式子：

Ⅰ. 6000＞Ⅰ. 4000c＋Ⅱ. 1500c

Ⅱ. 3000＜（Ⅰ. 1000v＋Ⅱ. 750v）＋（Ⅰ. 1000m＋Ⅱ. 750m）

因为，要想使扩大的再生产能够实行，就不得不预先在本年内生产一些比本年内所消费的还要多的分量的生产手段出来，好拿去供来年的生产之用。因此，所以就必须得有第一的关系。这就是说，在这时候，在社会全体上面所生的剩余价值的一部分，不能不变形成为一种可以充当生产手段的形态。这件事同时又含着社会全体上所生的剩余价值的全部不能够都变形到消费资料的形态里面去这种意思。因此，所以就必须得有第二的关系。来年份的生产，只有在这两种关系被维持着的时候，才能够扩大他的规模。这就是说，如果本年内所使用的生产手段本是5500单位，到来年却增加了500单位，合起来共成为6000单位。同时，劳动者所用的消费资料也和生产手段相适应着，把本年内所消费的1750单位，在来年增加若干上去。那末，有了这种增加之后，来年份的扩大再生产就变成一种可以实现的事了。

但是，要想扩大的再生产能够圆滑的进行，除了关于简单的再生产所述过的诸条件之外，却还得更增加许多复杂的条件。

假定在前面那个式子所表示的状态之下，第一部门的资本家把他所得着的1000m的一半积蓄起来，那就会变成其中的500单位是拿去供购买消费资料之用的，剩下的单位是拿去供购买生产上所必需的种种商品之用的了。如果用m′表示前者，用m″表示后者，那末，第一部门的剩余价值价值m就会分而为500m′＋500m″。但是，根据以前的假定来说，如果生产规模虽然扩大，劳动的生产却还是确定不变，那末，因为500m″这种东西对于不变资本和可变资本两方面所分配的比例，原是4∶1之比，所以500″就应当更分为400c＋100v。这样一来，在第二年份里面的第一部门的资本就变成4400c＋1100v＝5500了。

但是，如果在第一部门里面已经行着了这样的资本的积蓄，那末，第二部门里面的资本的积蓄，也就只有成为150单位。为什么呢？是这样：在第一部门里面所生产了的生产手段虽然是合计6000单位，但是，因为其中4400单位是拿去充当第一部门本身的生产手段的东西，所以，剩下来的东西只有1600单位（可供第二部门之用——陈）。但是，因为在第二部门里面，本年内已经利用着1500单位的缘故，所以在这里的分量上所能够增加的范围，就限于100单位。自然，如果增加100单位的生产手段，同时就应该连带着增加劳动者的人数才行。如果照从前的假定，并且如果在这时候劳动的生产力也还没有变动，那末，因为不变资本对于可变资本的比例原是2∶1之比的缘故，所以，那种可以和100单位的生产手段相配合的劳动力，就应该是50单位。这样一来，第二部门的剩余价值（m）就分而为600m′＋150m″，并且这个150m″又会更分而为100c＋50v了。所以，结局，第二年份里面的第二部门的资本，就变成 1600＋800v＝2400 了。

现在，如果把第二年份里面的剩余价值率，也照第一年份里面一样，还是定为百分之百，那末，第二年份的生产状态，和第一年份比较起来，就应该是下面这样：

$$
\begin{array}{rl}
\text{第一年度 I.} & 4000c+1000v+1000m=6000Pm \\
\text{II.} & 1500c+750v+750m=3000Km \\
\hline
 & \underbrace{5500c+1750v}_{7250}+1750m=9000 \\
\text{第二年度 I.} & 4400c+1100v+1100m=6600Pm \\
\text{II.} & 1600c+800v+800m=3200Km \\
\hline
 & \underbrace{6000c+1900v}_{7900}+1900m=9800
\end{array}
$$

这即是说，在第一和第二两个部门里面，都增加了资本额（在第一部门内，由 5000 增加到 5500；在第二部门里面，由 2250 增加到 2400；两部门合计起来，就是由 7250 增加 7900）因此，所生产的剩余价值并生产物的价值总量也都增加了（剩余价值由 1750 增加到 1900，生产物总量由 900 增加到 9800），简单说来，就是资本的积蓄及生产规模的扩大都实现出来了。并且，因为在第二年份里面的两部门的比例的关系还是保着和在第一年内相同的关系的缘故，所以他还是具备着一种新的物质的条件，可以把资本的积蓄并生产规模的扩大两种东西更继续进行下去。这样一来，扩大再生产就能够年年继续不断的行着了。

现在若根据上面所述的，把第一年份的生产物全体的分配用式子表示出来就是这样：

$$\begin{array}{l}\text{I}.\\ \text{II}.\end{array}\boxed{\begin{array}{l}4000c+\boxed{1000v+500m'}\\ \boxed{1500c}+750v+600m'\end{array}}\begin{array}{l}+400c+\boxed{100v}=6000Pm\\ +\boxed{100c}+50v=3000Km\end{array}$$

在上面式子内，用大长方形的线围着的部分，就是当作扩大再生产的一个 Element（要素），被包在扩大再生产里面的，那些伴随着简单的再生产的诸关系。这个部份是由下面三种东西成立的：

1） Ⅰ. $1000v+500m'=$ Ⅱ. $1500c$

2） Ⅰ. $4000c+$ Ⅱ. $1500c=5500Pm$

3） Ⅰ.（$1000c+500m'$）＋Ⅱ.（$750v+600m'$）＝$2850Km$

在这里新成为问题的，只是那些在这个长方形以外的部分。这就是说：

Ⅰ. $400c+\boxed{100v}=500m''$

Ⅱ. $\boxed{100c}+50v=150m''$

这两个东西，为圆滑的进行扩大再生产的缘故所必要的诸种新条件，都是由这个范围内的诸关系发生出来的。现在把这些条件的主要几个述在下面：

第一，如果第一部门的积蓄已经先决定了，那末，第二部门内的积蓄的程度，就要全然靠着第一部门的积蓄来决定，没有别的办法。反过来说，如果第二部门的积蓄已经先决定了，结果也是一样，在那时，第一部门的积蓄就得靠第二部门的积蓄为定。举例说，如果照前面的假定，第一部门里面的剩余价值一半（$500m''$）被积蓄了，那末，在第二部门里面的剩余价值，就只能把他的五分之一（150m″）积蓄起来。这虽然结局只不过被Ⅰ．100v＝Ⅱ．100c的关系所规定，但是，随着这个关系，却又发生下面这件事：那些生产物——在一部门里面体现着（表现着——陈）那种已经化成资本的价值的生产物——的天然形态，总不得不是一种特定的使用价值——一种可以把他的五分之四，当作第一部门的生产手段，把他的五分之一，当作第二部门的生产手段，拿去使用的使用价值。这些事，总而言之，不外乎是说，各种生产部门里面的资本的积蓄是互相依靠关联的。因此，无论那种特殊部门里面的资本的积蓄，都决不是可以和别的资本毫无关系就能够实行的。

第二，是关于那种伴随着资本积蓄而来的货币蓄藏的条件。我们前面在观察个别资本的循环的时候，在第八章第二节的末尾已经说过，剩余价值的资本化（变化为资本——陈）这件事，必然是会使特定的货币蓄藏起来。现在，拿社会总资本来看，情形也是一样。要想在社会总资本的上面，行着扩大的再生产，也仍然必须要在社会全体之上有这样的货币蓄藏。不过，因为这种时候的货币，并不是具有第二章第二节里面所述的那种当作流通手段看的机能的东西，倒只是一种具有同章第二节所述的当作价值物体本身看（当作体现着价值的东西——陈）的机能的东西，所以，结果也和行着简单的再生产的时候不同，在每年继续的行着扩大再生产的时候，非一年一年的越发有较多量的金属货币不可。因为这个缘故，所以，如果单就某一个特定国家来说，他这国家越向着资本主义的方面发展，他就绝对的越发须得用增加国内的金子的生产的分量的方法，或是用一种增加那些从外国输入进来的金子的分量的方法，把他国内的金子的存在量增加起来。但是，在这里成为问题的却只是这样一件事：剩余生产物被卖出去，变形为货币之后，如果到他化为资本的那个时候为止，都得要暂时采用着货币的形态被蓄藏着，那末，结果就会变成只在一方面行着贩卖，并没有在另一方面行着和贩卖相对应的购买，因此就恐怕不能不发生贩卖的停滞了。要想避免这种贩卖的停滞，在这时候，也非得具有一种和前面关于固定资本的补充所述的条件相同的条件不可。这就是说，非设法变成下面这样不可：在一方面，那些把他们的剩余价值每年用货币形态蓄藏下去的资本家，每年都从流通界拾起特定额的货币；同时，在另一方面，那些已经把他们的货币的蓄藏额加到了最小限度（说见前——陈）的资本家，为扩张生产的缘故，却把他们的货币当作资本投放下去。

第三节　资本家的生产的尽头

以上我们在第一节观察了那种实行简单的再生产的时候所必要的诸条件。在第二节，又把那种实行扩大的再生产的时候所必要的诸条件，观察过了。但是，因为简单的再生产结局不过是扩大再生产的一个 Element 的缘故，所以，总起来说，以上两节里面所指摘的，都是为圆滑的实行扩大再生产下去的缘故所必要的条件。现在，要知道，这样的复杂的诸条件，在无政府的资本家的社会下面，自然不会有充分的被维持下去的道理。因此，**每每随着这些条件当中的某一个条件被破坏一次**，就会招致经济界的混乱一次这件事，是我们已经反复说了好些次数的。不过，我们还没有说到那种可以招致资本家的生产的必然的尽头（无路可走的尽头——陈）的原因。这就是说，只要我们在上面所述的诸条件能够被维持着，资本家的生产就会在渐渐的逐次扩大了的规模之下继续不断的实行下去假定根据第二节所载的式子来说，从基本年份（第一年份——陈）起以后各年份的生产应该如下：

	基本年份	Ⅰ. 4000c＋1000v＋1000m＝Pm 6000 Ⅱ. 1500c＋750v＋750m＝Km 3000	计 9000
年年的生产扩张	第一年份	Ⅰ. 4400c＋1100v＋1100m＝Pm 6600 Ⅱ. 1600c＋800v＋800m＝Km 3200	计 9800
	第二年份	Ⅰ. 4840c＋1210v＋1210m＝Pm 7260 Ⅱ. 1760c＋880v＋880m＝Km 3520	计 10 780
	第三年份	Ⅰ. 5324c＋1331v＋1331m＝Pm 7986 Ⅱ. 1936c＋968v＋968m＝Km 3872	计 11 858
	第四年份	Ⅰ. 5856c＋1464v＋1464m＝Pm 8784 Ⅱ. 2129c＋1060v＋1060m＝Km 4249	计 13 033
	第五年份	Ⅰ. 6442c＋1610v＋1610m＝Pm 9662 Ⅱ. 2342c＋1172v＋1172m＝Km 4686	计 14 348

因此，就发生一种学说，拿上面这个表为基础，去说明资本家的生产那种东西只要能够维持着特定的条件，就会永久扩张下去，决不是一种可以走到尽头的东西。[在俄罗斯有图干·巴拉诺夫斯基(Tugan Baranovsky)，在日本有福田德三博士（请参看他的《社会政策及阶级斗争》的第二章第三章)，都是这种学说的代表者。]

但是，我们在这里不能不注意的一件事，就是照我们在本章开关的地方所述，我们在上面的考察里面，是把**劳动的生产力发展**舍弃不顾的。因此，也就是把他当作一个确定不变的东西看的这件事。因为这个缘故，所以在前面那个式子里面，第一部门的C和V之比，这就是说，他的资本的构成，才会年年都是4∶1，第二部门里面的资本的构成也才会年年都是2∶1。并且，两部门里面的V和M之比，换句话说，就是剩余价值率，也才会年年都是百分之百。像这样的事情，都是要有了“一切的劳动的生产力都是确定不变的”那个条件，才能够实现出来的。但是，在事实上，照我们在第二篇所述的详细的说明看来，劳动的生产力的发展这个东西，在资本家的社会里面，却是用非常大的速度正在实现着的东西。因为这样，所以我们在最后就不得不把先前舍弃不顾的那个劳动的生产力的问题从新加入考虑之内。只要我们一旦把他们加入考虑范围内的时候，资本家的**生产关系**无论如何都永久的不能和这样的**生产力**发展两成立，这件事会变得很明白的。

因为，如果我们把劳动的生产力的增加放在考虑之内，结局，C和V的比例就会一年一年的渐渐减小，同时V和M的比例也会一年一年的渐渐增大。在这时，如果我们不随着这种倾向剩余价值当中那种被资本家用在不生产的消费上面的部分的比例也渐渐的加大起来，那末，我们就会不能够维持着上面那个式子里面那样的各种生产部门的比例的关系（理由详上章第一节各段——陈）。但是，要知道，剩余价值当中用在不生产的消费上面去的部分的比例渐渐增加这件事，原本就含一种“资本的积蓄渐渐行不下去了”的意思。所以，这件事结局，就只不过表示着资本家的生产自己本身的自杀的意思罢了。

总而言之，劳动的生产力的增进这种事，因此也就是说V的相对的减少（在社会总资本当中那些拿去供支付工资之用的可变资本所占的比例的减少）这件事，必然的会把前面式子上所说的那种生产两部门的比例的关系打破的。因为这个缘故，所以，**劳动阶级的消费不足和生产诸部门的比例的关系的破坏这两件事，并不是各自独立着的两个不相连属的问题。前者若从恐慌——那种充当着资本家的生产关系和在这种生产关系下面发展了的生产力两个东西的冲突的具体的表现的恐慌——的方面看来，倒是一种靠着后者为媒介，变成了恐慌的根本原因的东西**。我们前面在第二篇的末尾已经看见过，随着劳动的生产力的发展，必然的会发生一种过剩人口的增大的现象并大众的生活相对的穷乏的增进。到现在，在这里，我们又发见了那个同一的劳动的生产力的发展必然的会打破生产的均衡，成为资本积蓄这件事的根本的障碍。列宁（Lenin）所以在他的《帝国主义论》里面说“发展的不平均和大众处在饿死的状态下面这两件事，正是资本家的生产的方法的本质的并不可避的条件和前提”，也就是因为这个缘故。

在世界上最初行了资本家的生产的发展的是英国。这个英国，在行着自由贸易的十九世纪的中叶，简直是一个替全世界做工的制造工场；他专门替别的种种外国供给制造品。这些外国，一面由英国获得种种制造品，同时在另一方面却拿原料供给英国，以为交换。简单说来，英国是靠着输入 Pm（生产手段），输出 Km（消费资料）两种方法，去维持他的生产诸部门的平衡的。这件事发见出来，就变为**英国商品对于其他各国的输出**。但是，到后来，因为诸外国渐渐各用保护关税的方法图谋自己的工业的发展，也都变成了独立的资本主义的国家的缘故，英国的这种独占情形，在十九世纪的最后二十五年之间完全被推翻了。从那时起，在资本主义的诸先进国里面，就变得发生出所谓**过剩资本**来了。这里所谓过剩资本，和第二卷的末尾所说的过剩人口不相类似，并没有那里所说的那种绝对的意义，只不过是就这种资本所得的利润的多少那种相对的关系来说的东西罢了。在后进国里面，因为资本稀少工资廉贱，原料也较便利的缘故，所以由资本生出来的利润率要比较高些。同时，这些地方的国家，又因为渐渐被拖进世界资本主义的圈内的缘故，关于铁路的建筑，矿山的开采等等事情，都不能不时常需要许多应该被固定到这些事业上面去的资本。

这样一来，在后进国里面，**资本输入**的可能性就成熟了；同时，在先进国里面，**资本输出**的必然性也成熟了。所以，在先进国里面所生产的 Pm（生产手段），特别是那些具有充当固定资本的性质的生产手段（固定资本应该需要很多时间才能变形为消费资料，因此，社会总资本当中的很大部分的比例都化为固定资本这件事，是可以在相当的期间之中防范消费资料的过剩生产的）当作资本，输出到后进国去。资本家的诸国家间的世界瓜分，就是被这种事情促进了的。这样一来，商品的输出就变形为资本的输出，由棉花代表着的和平时代就变化为由铁代表着的战争时代，资本主义也就达到那个充当着他的最后阶段的**帝国主义**了。在这个阶段上面，资本家的生产诸关系，已经变得不能够去包容那种在他的下面发出来的生产诸力了。那种曾经充当过生产诸力的发展形态的“资本家的生产诸关系，到现在却变为他的反对物，变形为生产诸力的桎梏了。这些生产诸关系和生产诸力的矛盾——已经一直被包含在商品里面的矛盾——就在社会表面之上，在一方面变成恐慌在另一方面变成战争爆发出来了。目前，就拿日本来说，也可以看见，自从 1920

年的恐慌以来，大众的生活一天一天的增加穷困起来；在另一方面，又可以看见，在中国，帝国主义的诸国家的利害冲突一天一天的正在酿成一种可以勃然发生第二的世界大战的地步。并且，这些恐慌和战争所招致的灾害，都是会最峻烈无比的落到无产阶级的头上来的。同时，“被资本家的生产进程本身的机构所训练，所结合，所组织的劳动阶级的反抗也就越发增大起来”。这个阶级就是负着那种改革资本家社会的历史使命的阶级。社会的生产形态的革命的主体的条件就成熟了。“资本家的私有财产的丧钟就响了。”（《资本论》第一卷第二十四章节结语中之语）。

第四篇　资本的总进程

我们在第二篇，已经研究了资本的生产进程，说明了那些会变成资本家阶级的所得剩余的价值都是在生产进程里面被形成的东西，但是，这个直接的生产进程并不就是资本的履历的全体。他在现实的世界里面，这会被流通进程所补充着。这就是说，在生产进程形成了的剩余价值，更不得不在流通进程里面被实现起来，具有一种货币形态。因为这个缘故，所以我们在第三篇里面研究了资本的流通进程，说明了资本家的生产进程那种东西，若当成一个整个的全体看起来，就是生产进程和流通进程两种东西的统一那件事。

但是，在以上的诸研究里面，我们总是把社会全体的资本当成一个整个的东西观察着，就是在分析他的时候，也总是以平均的“要素”（Element）作为研究的对象（这就是说，只是以那种当作社会一般的平均的要素看的资本为研究的对象，并不是以社会上的特定的种种不同种类的资本为研究的对象。——陈）。因此，所以，在那里一切资本都当作产业资本发见出来，一切资本的运动也当作一种跨在生产进程并流通进程的两方面的东西，发见出来。但是，在资本的现实的运动上，情形却不是这样；在那里，因为在社会总资本上面行着分业的缘故，所以发生着资本的种类区别，并且那些种类不同的资本，都各各具有一种各不相同的形态互相对峙着。诚然，事情的本质，并不会因为有了这种区别和对峙就发生什么变化出来，然而阐明这些具体的诸形态这件事，却决不能不是我们目前的一个新的问题。又同时，就是那些在生产进程里面产生了的剩余价值，也会分裂为种种的具体形态，被分配在种种的资本之上。并且，商品那东西，也会随着这些事情的进展，变得必然的要用一种和他的价值不能符合一致的价格被交易起来。（自然，商品的买卖这件事，照前面所述，本不过是一种单纯的所有权的移转，因此，A把他的商品卖给了B这件事，也本来不过是一种简单的价值形态的变化——就是说，本来属A所有的价值由商品形态变形为货币形态，同时，本来属B所有的价值却由货币形态变形为商品形态这么一种形态变化，所以，纵然这种买卖没有照原有的价值实行起来，结果也不过使一方面的“赚得”（plus）变为另一方面的“损失”（Minus）罢了，价值的总量，并不会因此有一点什么增减的。因为这个缘故，所以，我们在前面第二篇和第三篇里面，研究着社会全体上所生的价值怎样被生产出来和怎样被实现出来那个问题的时候，曾经假定了商品这东西是一般的照他的原有的价值买卖着的。不过，因为既然商品在现实世界的表面上是拿一种和他价值不一致的价格被交易着的东西，所以我们当然也就不能不更一步去研究他）。这个第四篇，就是想要靠这种问题的考察，一步一步的去和那些发见在社会表面上来了种种资本的具体的形态相接近的一篇东西。

我们在这一篇里面，才开始研究生产价格，利润，利息，地租，创办人利益等等东西。这样一来，从第一篇的开头起，由那种充当着资本社会的最简单最被舍象的俦类的商品出发的我们，现在就达到了我们的最后阶段——一个可以理解那些由种种规定综合而成的，最复杂的，比较具象的侍类的阶段了。因为这些侍类是比较具象的东西的缘故，所以他们一步一步的和现实社会表面上的现象形态相接近，因此也就是和资本家们的意议形态相接近，更因此会和俗流经济者们一开关就突然拿来当成问题的诸现象相接近了。所以，举例说，如果第二篇的剩余价值——不属于资本家们的意识形态的东西，到这里，也变成利润，利息，地租等等东西发见出来了。

第十二章　利润及利润率

第一节　剩余价值变形为利润

我们在第二篇所研究的剩余价值，无论是在社会的表面上，或是在资本家的意识当中，都不会照他原来的模样发见出来的；他必定会采用一些和资本家的生产方法相适应的现象形态及意议形态的。这就是说，剩余价值这东西，在那里，是用一种利润的形态发见出来，因此，剩余价值率也就变成利润率发见出来。这种情形，和商品的价值只有当成交换价值看才具有一种可以触着我们的现代一般“作”眼帘的形态那种情形是一样的。因为这个缘故，所以，我们当现在想要进到资本的——当然也就是剩余价值的——具体的形态的研究的时候，应该有先把那种充当着剩余价值的第一次现象形态的利润加以考察的必要。

利润这东西，就是剩余价值的资本家的意识形态（就是资本家的意识上所反映的剩余价值。意议形态几个字是 ideologie 的翻译，已在前面说明过。——陈）。他是依靠着那种由资本家的立场看起来的商品的生产费的内容而决定的。不消说，这里所谓由资本家的立场看起来的商品生产费的内容，和商品的现实的劳动费用的内容，是不相同的。现实的费用，就是那种为生产商品的缘故所花费的劳动。这种劳动，在大体上又可以分为两种：一种是那些在过去用在生产手段的生产上面，在现今积蓄在生产手段里面的劳动，一种是那些新被添加在这些生产手段上面的活着的劳动。这些费用，哪怕是在同一种类的商品里面，也可以随着生产人的相异而有不同。不过，商品价值，却还是依靠那种在社会关系上被平均了劳动费用的多少为决定的。这件事，是我们在前面已经屡次反复说明过的。目前所说的由资本家的立场看起来的商品的生产费，却和这些现实的费用不同，他是由那种为买收那些充当着生产要素的生产手段和劳动力的缘故所支出了的资本成立的。换句话说，就是由不变资本费及可变资本两种东西成立的。但是，因为劳动力这东西，具有一种特征，哪怕是照他的价值购买了的，也可以在生产进程里面产出比他自己本身的价值还要多些的价值。所以，可变资本费并不是表示着那种为生产商品的缘故所花费的活着的劳动的全部的东西，他只不过表示着他的一部分罢了。因为那些当作工资支付给劳动者的价值，比那些劳动者所贡献的劳动生产出来的价值要少些的缘故，所以就有一种恰和这两种价值的差额相当的价值，当作一种由商品的价值减去了他的生产费之后所剩下的剩余价值留在资本家的手里。因为是这样，所以，若从资本家的立场看来，就会显得好像在商品的价值当中，只有那种和他为这商品的生产的缘故所支出了的资本价值相当的部分才是商品的生产费似的。（因为资本家的生产是一种以剩余价值的获得为目的的东西，所以商品的生产费也会随着这种情形，呈出一种虚伪的外观。）现在，我们把这种东西，叫作商品的“费用价格”（Kostpreis）。

在这种费用价格当中，包含着有两个要素，两个在构成关系上性质全然不同的商品价值的要素。为什么呢？是这样：那种和不变资本费相当的部分，虽然只不过是那些旧价值——在这个商品被生产出来以前被包含在生产手段里面的旧价值——移转到生产物上面去了的东西，但是，那些和可获得资本相当的部分却不然，他只是一些新价值，因为在这个商品的生产进程上费了活着的劳动的缘故，才从新产生出来的新价值，代替了可变资本的价值，出现到生产物上面的东西。这就是说，他并不是那些原来当作投放资本的一部分存在着的旧价值原封原样的移转到生产物上面去了的东西。（举例说，一个领受了一百元的工资的劳动者，在生产进程里面，造出了二百元的价值。这时，资本家认为，必须把这些新价值的一半，拿去填补原先被投放的可变资本一百元，所以就会觉得这一百元就是构成费用价格的一部分的东西。但是，在实际上原先被投放了的可变资本，并没有把自己本身的价值移转到生产物上面去，他在变形为劳动者的生活资料之后，已被劳动者所消费，而丧失他的价值了。不过旧价值虽然丧失，却又有一种新被劳动者造出来的新价值，从新发见在生产物的上面罢了。）然而，从资本家的立场看来，却显得好像这种和可变资本费相当的部分，就是那些原先当作可变资本被投放了的价值，被移转到生产物的上面的东西似的。这样一来，不变资本和可变资本之间的区别就会完全消失，同时就变得只有固定资本和流动资本的区别发见在那里了。如果从这种固定的或流动的区别的标准说，那些当作工资支付出去了的资本，自然也就会和那些为原料，助成材料等等东西的缘故所支出的资本，和一些与他自己的性质全然不同的资本，一同被包括在流动资本的俦类之中，变成和另外那些为机器，建筑物等等东西的缘故所支付的资本互相对立。到这时，可变资本和不变资本的本质的区别，就会埋没在那些现于社会表面的种种现象的底下，因此，资本的价值增殖进程也就会完全化为神秘的东西了。

如果商品的生产那种东西，从资本家的立场看来，已经变得会被他们认为上述那样的意义的费用价格，那末，剩余价值这种东西，在资本家意识的上面，也就会同时被他们大大的曲解误认了去。为什么呢？是这样：第一，剩余价值这东西原是当作一个商品价值对于同商品的费用价格的超过额，即是说，当作一个商品价值对于那种为生产这商品的缘故所支出的资本价值的超过额发见出来的。但是，这种超过部分的价值，因为他是一种在生产进程以前本不存在，在生产进程以后才发出来的东西，并且，他还是一种会被资本家从他们的立场把他的生产进程完全认为是靠资本经营着的东西——从资本家的立场看来，自然会被认为是资本的产物。因此，剩余价值也就只会被认为是由那些被支出了的资本的全部平均的发生出来的东西了。这说是说，生产物的价值 c＋v＋m，在事实上本来是 c＋（v＋m），从他们看来，却只会变成（c＋v）＋m 了。不但这样，既然已经把剩余价值看成资本的产物，那末，他不单只是会被看成一种在那些为生产商品的缘故在生产进程内失掉了他们的价值的资本上面所生的价值增量，并且，倒会被看成一种在那些为生产商品的缘故被投放了的总资本上面所生产的价值增量。详细说，本来，在全体的资本当中，固定的部分越多的时候，为生产商品的缘故所消费的资本价值和使用在这种商品生产上面的资本价值两种东西的大小，就会差得越远，所以，在这时，从资本家们看来，就会觉得，前者只是形成着商品费用价格的东西，剩余价值却是由被使用了的资本的全体不管他是走进到商品的费用价格去的部分也好，不走进到商品的费用价格去的部分也好（因为，在被使用了资本当中的那些用在固定资本上的部分，并不是全部都形成着费用价格，倒只是其中被消费了的部分。举例说，如像机器的被磨减了的部分，才会走进到所生产的商品的费用价格内去。——陈），是由这些东西的全体，平均的发生出来的东西。这样一来，剩余价值的源泉就会被他们由可变成资本掉换到全体的资本，因此，剩余价值率就变形为利润率，剩余价值也就变形为利润了。

所谓剩余价值率，照前面第四章第四节所述，本只是剩余价值对于被投放的资本全体当中的可变资本那一部分之比，因此，也就是未付的劳动对那已付的劳动之比。更因此，可以说他是一种能够把劳动者的被搾的程度，原封原样的表示出来的东西。利润率却不然，他是剩余价值对于被投放的全体的资本之比。举例说，现在假定，为某种商品的生产的缘故所投放的资本总额是100万元，其中机器，建筑物等等固定资本是60万元，原料，助成材料等等流动资本是30万元，当作工资支付出去的是10万元；并且，假定着在每一次的生产期里面所消耗的固定资本的价值量是6万元，剩余价值率是百分之百。这样一来时，被生产出来的商品的价值就是56

万元（36c＋10v＋10m＝56），利润率就是十万元对一百分万元之比，就是等于百分之十，他只不过变成剩余价值率的十分之一发见出来罢了。（这样一来，劳动者被搾取的程度，就会弄得极暖昧了。）由此看来，剩余价值率和利润率两种东西的差异，不过只是一种用不同的标测量同一的东西的时候所生的差异罢了。剩余价值也就只是由这样计算上的差异，才变形成为利润的。不消说，那些被特定的资本生产出来的剩余价值，并不是原封原样的就变形成为那个资本的利润。看到后面就可以知道，他还要经过一回分配的。这就是说，在一方面，因为各种生产部门之间的利润率会平均起来的缘故，生产在社会全体上的剩余价值会和资本的大小为比例平均的分配起来；在另一方面，又因为在资本全体上面行着分配的缘故，那些被产业资本所生产出来的剩余价值，会变为商业利润，利息等等东西，被分配到这种产业资本以外的资本上面去。不过，如果在目前暂时只把社会全体的资本当作整个的东西拿来观察，或是只把他的平均的 Element（要素）作为研究的对象，那末，利润和剩余价值两种东西，就会常常是大小相同的数量，只不过利润率和剩余价值率两种东西在数量关系上会变成大小不同的东西罢了。换句话说，利润和利润率，只不过是剩余价值和剩余价值率变形来的东西。所以，归根结底，这些东西都只不过是同一件事物所具有的不同的表现形态罢了。如果我们要想不会被剩余价值所具有的种种现象形态，以及和这些现象形态相伴而来的种种错觉的意识等等东西所迷，那末，明确的理解着上面所述的理论这件事，实在是在根本上最为必要的事。

商业资本里面，也生着有利润，因此，就显得好像剩余价值也会从流通进程里面出来似的。又，商业利润是当作贩卖价格对于购买价格的超过额发见出来的。因此，也就显得好像购买价格就是商品的价值，利润就是因为把商品用一种在他所具有的价值以上的价格卖去的缘故才发生出来的东西似的。

第二节　种种利润率变形为平均利润率

哪怕是在剩余价值率对于一切的个别资本上面都是均一相同的时候，利润率也可以随着那些个别资本的构成的不同而有差异。所谓“资本的构成”（dio Zusa m mensetzung des Kapitals），有两重意义。其一是由价值方面看起来的资本的构成，即价值构成，这是随着全体资本当中的不变资本和可变资本两种东西所占的比例而决的。其二是由资本在生产进程上行着实际的活动的时候所有的实材方面看起来的资本的构成，即资本的技术的构成，这是随着总资本当中的用在生产手段的部分和用在劳动力的部分这两部分的比例如何而决的。这两种意义上的资本构成之间固然有密接的关系，但是这两种构成却不限定会在无论什么时候都能同样变化。为什么呢？因为，在劳动的生产力增加了的时候，固然那种能够被特定的劳动分量所消化的生产手段的分量会和劳动的生产力的增加为正比例实行增加起来。因此，资本的技术的构成也会照正比例变成较高级的东西，但是，在另一方面，却因为劳动的生产力增加了的缘故，弄得在生产手段本身的生产时候所需要的劳动的分量变得较为减少，因此弄得那种生产手段的价值跌落下去。所以，结果，资本的价值的构成变为高级的程度，就不必一定会和劳动的生产力的发展相比例了。我们现今在这里认为是问题的，只是以那种在反映着资本的技术的构成的范围内的价值构成为限。

现在要问：照上述意义看来的资本构成，与利润率到底是什么样的关系呢？我们为要说明这个关系的缘故，姑假定着，以下面五种资本构成各不相同的生产部门，代表着社会全体的生产诸部门；并且，为要把说明弄简单起来的缘故，姑假定着，剩余价值率在各部门里面都是相同的，又，被投放的资本的全体都是每一年间只周转一次的东西。这样一来，只要生产物是照他的价值被贩卖着的，各种生产部门里面的利润率就应该是出现第一表所表示的各种差异。但是，在现实的社会上，事实却完全和这个表上所表示的正相反对。这就是说，在事实上，在各种生产部门之间却存有一种利润率的平均的倾向。因此，从我们看来，怎样发生这样的平均的利润率，怎样会不能不发生这样的平均利润率，种种事情就都成为问题了。

第一表

	资本	剩余价值率	剩余价值	生产物的价值	利润
Ⅰ.	60c＋40v	100％	40	140	40％
Ⅱ.	70c＋30v	100％	30	130	30％
Ⅲ.	80c＋20v	100％	20	120	20％
Ⅳ.	85c＋15v	100％	15	115	15％
Ⅴ.	95c＋5v	100％	5	105	5％
合计	390c＋110v＝500		110	610	—
平均	78c＋22v		22	—	22％

现在且把这问题，用顶简单的方法叙述出来。平均利润率这东

西，照第二表所示，是因为各种部门的生产物都一样的用一种特定价格——一种等于在他费用价格上添加了剩余价值的平均额的价格——即是说，用122的价格，被贩卖出去的缘故。更详细说来，就是，第一，第二部门的生产物用他们的价值以下的价格，其他部门的生产物用他们的价值以上的价格，被贩卖出去的缘故，才实现出来的。

第二表

	生产物的价值	贩卖价格	价值和价格的比较
Ⅰ.	140	122	－18
Ⅱ.	130	122	－8
Ⅲ.	120	122	＋2
Ⅳ.	115	122	＋7
Ⅴ.	105	122	＋17
	610	610	＋26－26

这就是说，某种类的资本家不断的从流通界不用对价就拾起特定的剩余价值，同时另外的某种类的资本家却又不断的向着流通界不求对价就投进特定的剩余价值，因此，所以在流通界内就行着剩余价值的平均分配了。不消说，这件事是一种没有被个个的资本家意识着的事。他们所意识着的，只不过他们可以获得平均利润率，那件事罢了。那末，为什么在这种方法上面，利润率的平均就会被实现出来呢？答道：只因为各种生产部门之间行着竞争的缘故。我们在下一段里面就要说明这个道理。

竞争这东西，关系利润率的平均，在某种意义上可以说是招致着两种互相反对的结果。第一，同一生产部门里面的竞争，对于同一部门内的具有不同的生产条件的资本，可以招致不均等的利润率。种种生产部门（不同的生产部门——陈）相互之间的竞争却不然，他对于种种部门的资本，倒会招致均等的利润率。

不消说，因为同一生产部门内的种种生产人所具有的生产条件是互不相同的东西的缘故，所以他们所生产出来的商品，哪怕是同种类，同品质的东西，在这些商品被生产的时候所花费了的劳动的分量，也还是互不相同的。但是，因为这些生产者们都是向着同一的市场供给他们的生产物的缘故，所以，只要在他们相互之间是行着自由竞争的，那就会实现出那种“在一个市场只有一个价格”（One price in a market）的原则起来，使他们所有的那些劳动费用互不相同的东西，都一样的用同一的市场价格被卖出去。

这种市场价格，不消说，是会随着需要供给的关系的变动不断的变动着的。这种变动情形，可以用下面那样的图表示出来：

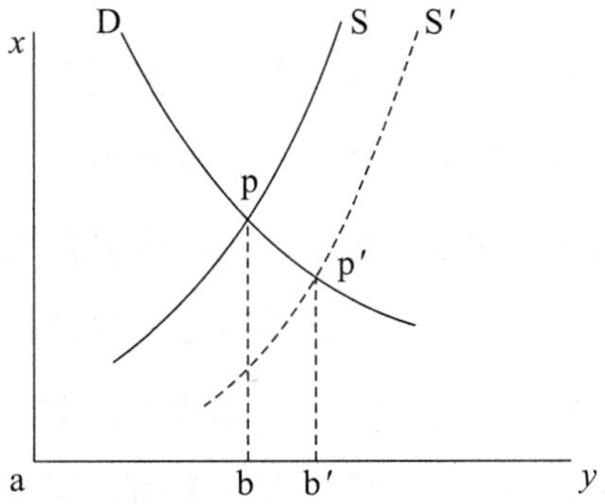

这就是说，如果拿 ax 线表示特定商品的价格的高低，拿 ay 线表示那商品被需要着或被供给的分量，那末，我们就可以用 D 那根曲线表示那商品在种种价格下面被需要着的分量；用 S 那根曲线表示那商品在种种价格下面被供给着分量。这样一来，那商品的价格

就可以依靠D那根需要曲线和S那根供给曲线两根曲线的交叉点的高低，即是说，用pb的长短决定出来。但是，如果在供给者方面的事情有了什么变动，因此叫供给曲线由S变到S′，那末，价格也就会跌落到p′b′上面去。（关于这个图，我的旧著《经济原论》上面有详细的说明。）

市场价格就是像这样随着需要供给的关系的变化，继续不断的变化着的。不过，成为他的变动的中心点的，却是市场价值；并且，如果需要和供给能够保持着平衡，这就是说，如果把那个因需要供给的变动而生的价格变动，舍弃不管，市场价格就常常是和市场价值相符合一致的。这个市场价值这种东西，就是表现着那种在平均的生产条件的下面，为把特定的商品的特定量供给市场去的缘故，所必需的社会劳动的平均量的东西。所以，结局，他就是第一篇第一章节所述的商品价值。我们在那章节里面曾经说过，商品价值的大小是由这商品的生产的时候在社会关系上所必定需要的劳动的分量而决定的，并且说过，“在社会的关系上所必定需要的”这句话，实在含着有两种意义。第一是从技术方面看起来，在一个商品单位里面所含着的劳动量在社会关系上是必要的分量那种意义。第二是从社会的需要方面看起来，被生产出来的商品的总量在社会关系上是必要的分量那种意义。（哪怕被包含在十个单位里面的劳动量是在社会有关系上的必要分量，如果被生产出来的商品的总量是必要以上的分量，那末，如果从全体社会上面看来，结局就变成在社会的关系上所必要的分量以上的劳动，为生产那个商品的缘故被消费了。在那种范围内的那些过剩分量的劳动是不会构成价值的。）只有当着那些生产特定商品的特定量的缘故所花费的劳动的总量恰恰和这里所说的第二意义的社会的必要符合一致的时候，那种商品的需要和供给才可以保持平衡，并且，在原则上，我们也常常只是以这种时候为问题的。因为，纵然在需要超过供给的时候，市场价格会升到市场价值以上去，因此商品也会用价值以上的价格被卖出去，纵然在那种情形相反的时候，会发生和这种现象相反的现象，但是我们始终还是以那种拾弃了偶然之后的平均的现象为研究的对象的。因此，我们在这里的问题，还是只在这种价格变动的中心点到底在什么地方这一层上面。

如果特定的生产部门里面的商品的市场价格，不是依靠着个个的生产品叫他的特定的生产花费了的劳动的分量（个别的价值）来决定的，倒是靠着这个特定部门的商品总量上面所必要的劳动的平均量来决定的，那末，那些能够把同一的商品在一种比起平均的条件还有利益的条件的下面实行生产着的资本家，自然会获得平均以上的利益，同时和这样情形相反的资本家，自然也只能够得着平均以下的利益了。这就是说，在同一生产部门内的竞争，因为他可以把种种个别的价值，变形为一个市场价值的缘故，所以对于那些具有不同的生产条件的同一部门的资本，就会招致不均等的利润率。

试把 1925 年上半期的日本纺织界的状态表示出来，就是下面这样：

（1）30 万锤以上的…………五公司 ⎫ 红利 10%—38%
（2）30 万锤以下 10 万锤以上的…五公司 ⎭ 平均 25%
（3）10 万锤以下 5 万锤以上的…………九公司

红利10%以上的…………五公司
红利8%以上的…………二公司
红利5%以上的（几乎无织机的）…一公司
全然无红利的（全然无织机的）…一公司
（以上）平均9.4%

（4）5万锤以下1万锤以上的…………三七公司

（a）用本公司的棉纱全部织布的……十二公司

红利18%—28%的…………三公司
红利10%—12%的…………四公司
红利6%—8%的……………三公司
不明的……………………二公司
（以上）平均13.5%

（b）用本公司的棉纱的一部分织布，其余的部分都当作棉纱出卖的……二十公司

红利10%以上的 ……………四公司
红利5%以上7%以下的 ………五公司
无红利有亏空的…………………六公司
不明的……………………………四公司
例外的（在上海有大工场的）…一公司
（以上）平均4%

（c）只纺纱不兼营织布的…………五公司

红利5%以上6%以下的…………三公司
无红利的 …………………………一公司
不明的 ……………………………一公司
（以上）平均4%

（5）1万锤以下的（七公司之中有三公司休业）……七公司

红利5%的……………一公司
无红利的……………五公司
不明的………………四公司

从这种材料看来，就可以知道，哪怕同是投放在纺织业里面的资本，他所获得的利润却是很不一致的。这就是说，那些红利最高的，竟至达到三成八分，但是在另一方面却又有只有五分六分的红利的，并且甚至于有毫于红利的。这件事，如果用一般的话表示出来，就是等于说：在同一部门内的资本的相互间的竞争，对于那些具有不同的生产条件的资本，可以招致不均等的利润率。

但是，到了资本家的生产发展起来，在种类全然不同的生产诸部门的资本相互之间行着竞争的时候，诸商品就不会照他的价值被卖出去，倒只会照他的生产价格被卖出去。

这里所谓“生产价格”（Produktionspreis）就是一种在费用价格上添加了平均利润的东西。详细说，种种生产部门里面的种种利润率被平均起来得着的结果，就是平均利润率；在商品的费用价格上面，加上了那些在一年间的平均利润——为生产这种商品的缘故所投放的资本全体上面的一年间的平均利润——当中按照资本全体的周转条件计算应归到每一个周转期间的部分所得着的结果，就是生产价格。举例说，假定这里有500资本，其中100是固定资本，剩下的400是流动的不变资本及可变资本。在这400每六个月周转一次的期间当中，固定资本100可以消耗了他的价值的百分之十。在这时候，如果一年间的平均利润率是百分之二十，那末，被生产出来的商品的费用价格就是410（10＋400＝410），他的生产价格就是等于在这个费用价格上面，加上500的百分之二十即50的东西；这就是说，等于460。这个生产价格就是和从前斯密斯所谓“自然价格”（natural price），李嘉朵所谓“生产价格”（Price of production），姜·司徒阿·弥勒仿照“重农学派”（Physiocrat）称为“必要价格”（Necessary price）的东西，近代学者一般称为“顺常价格”（或“正常价格”——陈）（Normal price）的东西——和这种种东西相同的。

因为资本家的生产下面的商品生产，是一种以利润的获得为目的的东西的缘故，所以，纵然在某种特定时候的商品的市场价格不能不被时时刻刻变动着的需要和供给的关系所规定，但是，如果这样被规定了的价格，不是一种除了填补为这种生产的缘故所投放的资本价值之外，还可以获得对于投放资本全体的平均的利润的东西，那末，那种商品就当然决不会有继续生产下去的道理。因此，商品的价值是照上述的意义的生产价格规定着这件事，就是那种商品继续的被再生产下去那件事的条件。所以在这种意义上，这种和平价格规定变成了资本家的生产方法下面的“自然价格”或“必要价格”或“顺常价格”了。

那末，这种生产价格怎样实现出来呢？答道：他是靠着各种生产部门之间的资本的移出和移入——因资本家相互竞争的缘故而实行的资本的移出和移入——而实现出来的。因为，照前面所述，诸商品如果照他的价值被卖出去，那末，随着那些被投放在种种生产部门的资本总量的价值构成的不同，自然会成立着一些相差得很远的利润率。这就是说，不变资本在总资本里面所占的比例越大，那一部门的利润率就会越低。但是，如果这些种种生产部门之间行着了竞争，这种不均等的利润率就决不会有继续的维持下去的道理。为什么呢？因为，只要竞争是自由的，资本这东西，自然就会被人从利润率极低的部门收拾起来，移到别的可以发生较高的利润率的部门里面去。但是，要知道这件事，因为减少了前一部门（即原来利润率极低的部门——陈）的生产物的供给的缘故，所以可把他的生产物的市场价格抬高到他的价值以上去，同时又因为增加了后一部门的生产物的供给的缘故，把他的生产物的市场价格落跌到他的价值以下去。这样的资本的移出入一直继续下去，直到一切部门里面的生产物的价格，都确定在他的生产价格点上——在那种恰恰和他的费用价格加上平均利润的合计相等的价格上面——才会归于平静。这样一来，各部门的生产物的供给，就变得也不会有增加的倾向，也不会有减少的倾向，只是被放在全然安定的状态下面，诸商品的需要和供给也恰恰保持着他的平衡，社会全体的劳动也会恰恰按照社会的必要，用适当的比例，分配到各种生产部门之间去了。这就是说，为诸商品的生产的缘故所费的劳动，完全当作价值实现出来，不过，只因为要使剩余价值对于一切的资本平平均均的被分配出去的缘故，所以诸商品不照他的价值出卖，倒按照他的生产价格出卖罢了。

第三节　一般利润率的下落倾向的法则

一般的平均利润率（把一切生产部门通算起来的利润的平均率）这个东西，会随着资本家的生产的发展，具有一种渐渐的跌落下去的倾向这件事，是现今一切资本家们所意识着的事实，也是从很久以前起就被学者们所注意到的东西。举例说，如斯密斯的《诸国民之富》（1776 年刊）第一篇第九章，李嘉朵的《经济学原理》第四篇第四章，姜·司徒阿·弥勒的《经济学原理》第四篇（“关于向着最低限走着的利润的倾向”）等等，尽都是讨论这个问题的东西。但是，关于为什么会必然的发生这种现象，这个问题的根本原因，却一直达到马克思跑出来之日为止，谁也没有充分的说明白过。到了现在，我们却可以依照马克思的学说，把这种根本原因，明白的指示出来了。

简单说来，一般的平均利润率所以会有渐渐下落的倾向，只不过因为资本的价值构成会随着那种在资本家的生产下面的劳动的生产力的发展（这是那些归属社会所有的一切生产能力的发展的必然的表现）渐渐进到高级的构成去的缘故罢了。因为，如果资本的价值构成渐渐进到高级去，那末，纵然可变资本的分量及剩余价值率（可变资本和可变资本生出来的剩余价值两种东西之比）没有变化，但是那些和可变资本配合着的不变资本的大小，却会发生变动。因此，因为全部资本的大小也发生变动的缘故，那种利润，那种原本是剩余价值对于全部资本的比的利润，当然就不得不渐渐下落了。举例说，如果把剩余价值率假定为百分之百，那末，哪怕可变资本的大小始终是100，如果全部资本是200，利润率就会变成百分之五十；如果全部资本是400，利润率就会变成百分之二十五；如果全部资本是500，利润率就会变成百分之二十。和下表所载的一样：

v	m	c	C（v+c）	$\frac{m}{c+v}=P$
可变资本	剩余价值	不变资本	总资本	利润率
100	100	100	200	50%
100	100	300	400	25%
100	100	400	500	20%

那末，为什么资本的构成会随着资本家的生产发展，越发进到

高级的构成去呢？这只不过因为劳动的生产力渐渐增加了的缘故罢了。因为，劳动的生产力的增加句话，本来就不过是说，可以用同一分量的劳动生产出较多的分量的使用价值出来这件事。但是，这件事，结局却又不过是说，可以用同一分量的劳动把较多的生产材料消费在生产关系上去那件事罢了。举例说，如果纺织劳动的生产力增加了，那末，一个劳动者在特定的时间内用棉花纺成了的棉纱的分量，也应该随着增加起来。如果把生产材料的浪费的减少——随着技术改良而来的那种生产材料的浪费的减少——这一层除开不计，就可以说，同一种类及同一品质的生产物的生产增加，是会用一种正比例，同时伴随着生产材料在生产关系上的消费的增加的。这件事，当然就是含着这第一个意思：那些应该和特定分量的劳动相配合的生产手段的分量会随着劳动的生产力的增加而增加，换句话说，就是资本的技术的构成的高级化（化为更高级的东西——陈）。但是，这种资本的技术的构成高级化，在一方面虽是劳动的生产力的增加的结果，然而，在另一方面，却又是他的条件。为什么呢？因为，劳动的生产力本是会随着越加越大的大规模的劳动手段的利用而越发增加的，但是，这种越加越大的大规模的劳动手段的利用，实在也就是资本的技术的构成的高级化。不过，要知道，像以上所述的那种资本的技术的构成的高级化，却不必一定会在他的价值构成的上面引起一种和他互相比例的变化。为什么呢？因为前面曾经述过，生产手段本身的价值也会随着劳动的生产力的增加而减少的缘故。但是，同时，消费资料的价值也和生产手段本身的价值的减少一样，会随着劳动的生产力的增加而减少下去，因此，劳动力的价值也就会随着减少下去。

所以，结果就是这样：那种应该被投放在生产手段里而成的不变资本量的相对的减少——就是说，根据那种随着劳动的生产力的增加才发生出来的生产手段的价值减少而来的相对的减少——是伴随着那种应该为购买劳动力的缘故被支出去的可变资本量的相对减少——就是说，根据那种随着劳动的生产力的增加才发生出来的劳动者用生活资料（即应该被劳动者消费的生活资料——陈）的价值减少而来的相对的减少——的。这两种相对的减少，可以互相抵消到什么样的程度这件事，是要看劳动的生产力的增加是以何种生产部门为中心被实现了出来那件事的情形才能决定的。但是，无论他是怎样，总而言之，社会总资本的技术的构成若平均的化为高级的东西，他的价值构成，纵然不能按照同样的比例，至少也不免在相当的程度里面，随着化为高级的构成的。

不消说，在资本家的生产的方法下面，资本的积蓄会一天一天的越发盛行，社会总资本的分量也会一天一天的越发增大。不过，同时，劳动的生产力也会越发增加，社会总资本价值构成也会越发化为高级的构成。简单一句话说来，就是，资本的量的增大，若不和他的质的变化相伴，就决不能够实行。因为是这样，所以，资本的生产关系，将来恐怕就不得不以这种资本的变化为媒介，由于生产力的发展形态，变形为一种束缚着生产力的桎梏了。并且，像这样的生产关系和生产力的冲突，对于资本家社会的全体的命运之上，这就是说，对于劳动者阶级及资本家阶级之上，也必定不能不给与一些决定的（重要的——陈）影响。

第一种影响是我们在第二篇的末尾已经指摘过的。在那里我们曾经说过，要使一切的劳动者能够找得着职业，就非得使社会总资本的增加率比起劳动者阶级的人口增加率还要特别大些，特别超时些不可，并且这种超过的程度，还非得随着资本家的生产的发展越发用加速度大大的增加起来不可。但是，不消说，在事实上，这种条件的实现，越发变得困难了，因此，失业者的人数也越发增加起来了。并且，像这样的失业者的增加，因为他会强迫着把人类的劳动力消耗到无益的地方去的缘故，结局就会等于压抑着生产诸力的增加。

第二种影响，就是刚才说过的那种对于社会总资本的一般的平均利润率的渐渐下落一件事。这件事，不消说，是对于资本家的生产的发展本身——那种以利润的获得为他唯一的动力的资本家的生产的发展本身——的一个“制动杈”（Brake）（一种停止机器运转的东西——陈）。不过，要知道这件事对于种种的个别资本的影响，决不是同样的，从一般说来，大抵小资本总不得不甘受平均率以下的利润，大资本却可以获得平均率以上的利润。同时，哪怕对于特定额的资本的利润减少了，那些把自己本身用急速的速度增加着的大资本，却仍然可以把他所获得的利润总量的绝对的数目（不和从前的增加比例比较，只就所增加的数目本身看时的数目。——陈）渐渐增大起来。因为这个缘故，所以单从这一层看来（关于其他的诸原因，说到后面还要详述），也可以看见，随着资本家的生产的发展，小资本会一天一天的越发没落，向着大资本走的集中却会一天一天的越盛行了。这样一来，自由竞争就必然的会变化成为他的反对物，即成为独占了。（关于这层，后面还要详述。）

第十三章　商业资本及商业利润

第一节　商交易资本　(Kommerzielles Kapital)

我们在前章已经把剩余价值变形为利润那件事说明白了，所以我们从本章起，在以下各章里面，应该更进一步，把剩余价值的分裂诸形态加以说明。本章要述的，就是充当着这些分裂诸形态当中的一种的商业利润。

商业利润是一种被分配给商业资本的利润的形态。商业资本可以分为：

1. “商交易资本”（Kommerzielles Kapital）或“商品经理资本”（或商品交易资本——陈）（Waren－handlungskapital）。

2. “货币经理资本”（或货币交易资本——陈）（Geldhandlungskapital）。

本节里面，先就第一种说罢。

前面已经说过，产业资本的循环运动是照下面的形式行着的：

〔流通资本〕　　〔生产资本〕〔流通资本〕

G（货币）— W（商品）< A（劳动力） / Pm（生产手段） … P … W′（商品）— G′（货币）

但是，因为这样的运动常常是继续不断的行着的东西的缘故，所以如果从特定的时点（时间上的某一点——陈）看来，在社会全体的资本当中，总有一部分常常停在生产进程的里面，采取着P（生产资本）的形态，另外又有一部分常常停在流通进程里面，采取着当作流通资本看的存在形态。这就是说，停在市场的内部，或是采取着W（商品）的形态，或是采取着G（货币）的形态，总常常有这两部分互相并立着，去发挥各自的机能。现在，如果这部分停在市场里面的资本独立起来，成为特殊种类的资本，采取着G—W—G′的形态的时候，我们就把这部分资本叫作商交易资本。自然，在现实社会里面的商交易资本的机能，却不必一定是只限于那种为资本形态的变化的缘故而行着的商交易本身的东西。在有些时候，就是那些属于商品的加工，运送，保存并配给等等事情的机能，也会和商交易本来的机能相运结起来。

举例说，日本的棉花商店，就是照下面所述，具有自己的工场的："……棉花商店，大半都在大阪；试翻棉花商联合会的名簿看看，就可以看见有那里一百几十家商店。但是，其中最大的三个棉花行，被俗人称为三公司的，却差不多把输入棉花的七成左右都经理着。……这三公司各在棉花的产地设着有支店或临时办事处，在产地上直接向地方百姓购买。举例说，如果是印度孟买棉花，就以孟买为根据地，派遣收买人到印度内地各处去。到了上市的时候，把地方百姓拿到市场上来的棉花加以检查，买收进来，送到自己的工场去，除去棉花子，压榨成为棉花捆子。就是说，日本的棉花商店，在印度内地各处，都设着有榨棉工场。"（井上洁的《关于日本的纺织业》，1925年刊，45，46页。）

但是，因为我们目前的目的，只在说明商交易资本这种特殊的资本的特征，所以，不消说，我们在这里，也要用舍象的方法，把这种资本所固有的特殊机能以外的东西，一切都拾弃不顾，以便在他的纯粹的形态下面去观察他。

我们把那种关于这样的商交易资本上面所生的利润的泉源的考察姑且留在后面再说，这里先把这个特殊资本本身的运动形态，拿来行一种更进一步的观察罢。

前面已经说过，商交易资本的运动，就是 G—W—G′这种东西，他和产业资本的运动会被生产进程中断着，那种情形，是不相同的，他只是完全限于流通界的内部。但是，这里却有一件应该预先注意的事。这件事不是别的，就是这些商人的工作，结局，还是那些产业资本家为把他们的商业资本变形为货币的缘故所万不能不做的工作一件事。换句话说，就是，那种 W′—G′的运动——那种从产业资本家说来，只不过是他的资本在一种当作商品资本看的一时的形态下面所具有的一个机能的 W′—G′的运动，在对于商人的关系上，却当作 G—W—G′发见出来。换句话说，就是当作一种行着特殊运动——和产业资本不同的形态的特殊运动——的特殊种类的资本的机能发见出来这件事。因为，如果机器的制造业者（以制造机器为业的人——陈）A 把他所生产的纺纱机器卖给商人 B，从 A 看起来的 W′—G′，也就是从 B 看起来的 G—W。但是，如果 B 又把他所买得的纺纱卖给了纺纱业者 C，那末，从 B 的立场看起来，虽然是 W—G′，然而从 C 的立场看起来，却又是 G—W 了。因为这个缘故，所以乍看起来的时候，好像并不能够说从商交易资本上看来和 G—W—G′相当的东西常常都是那种产业资本上看来和 W—G′相当的东西似的。但是，在实际上，机器制造业者所生产的纺纱机器的最后最终的被卖，还是限于他被卖与纺纱业者的时候从纺纱机器本身说来，纵然他有时会从生产人手里被卖给商人，也还算不得是交到了消费人的手里。因为这个缘故，所以，从商人看起来的 G—W—G′，结局还就是从 A 看起来的 W′—G′了。自然，从 A 看起来的 W′—G′，同时也是从 C 看起来的 G—W，还是不管有没有商人介在 A 和 C 之间，常常都是一样的。不过，在目前因为有了商人介在其间的缘故，所以从 A 看起来的 W′—G′才先变成从 B 看起来的 G—W，更变成从 B 看起来的 W—G′，这个 W—G′更变成从 C 看起来的 G—W。这样一来，结局，就弄得那个最初本应该是在 A 方面用 W′—G′的形式行着的交易，现在因为经过商人的手的缘故，就采取了 G—W—G′的形式罢了。又，如果 A 把贩卖机器所得的价值的一部分，从商人买进了铁，那件事从 A 看来，虽是 G—W，但是，从商人看来，却是和 G—W—G′的第二段相当的东西。并且，这个从商人看来的 G—W—G′，如果从铁的生产人 D 看来，结局也就不过是由他的 W′—G′变形而成的东西罢了。如果用图形把上面所述的关系简单的表示出来，就是下面这样：

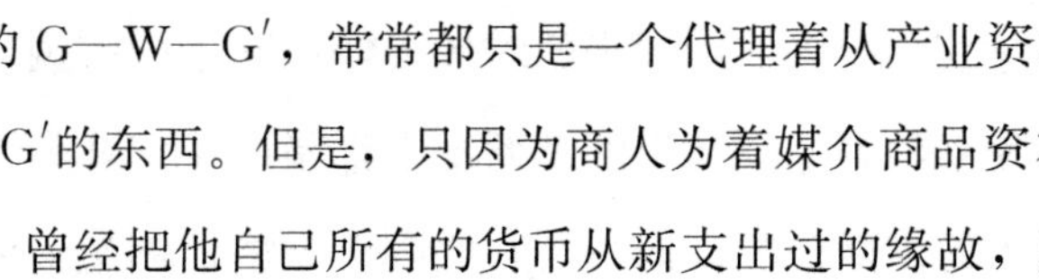

总而言之，无论商人是从产业资本家购买，或是贩卖给产业资本家，他的 G—W—G′，常常都只是一个代理着从产业资本家看起来的 W′—G′的东西。但是，只因为商人为着媒介商品资本的这种变形起见，曾经把他自己所有的货币从新支出过的缘故，所以那种从产业资本家看来，不过单是他的商品资本的一种变形的 W′—G′

那种东西，一到了商人的手里，却采取一种G—W—G′的独立运动形态发见出来。因此，这个商人所支出的货币资本，也就变形成为一个叫作商交易资本的独立的资本了。

照上面所说，商人为着商交易的缘故，是曾经从新支出过特定的资本的。但是，如果从社会的关系看起来，决不会因为有商交易的缘故就特别需要格外添加资本。宁肯说，因为有了商交易的缘故，倒反可以把那些不能不停在流通界的资本（流通资本）的分量节约起来。因此，就可以把那些发挥着生产的机能的资本的分量，增加起来，间接的可以对于剩余价值的生产增加有所贡献。为什么呢？理由是这样的：如果没有商人，那末，产业资本家在那种从他生产了生产物之后起到这种生产物达到最后的消费人的手里之日止的期间当中，就不得不暂时中止着他的生产。如果他不想他的生产有这样的中断，他就不能不照前面第十章节第一节所述那样，在他开始生产的时候，从他的货币资本当中只拿出比以前所支出的还要少些的部分去购买生产手段和劳动力，倒拿出比以前所支出的还要多些的部分（这里所谓以前，自然是指他还没有打算不叫他的生产中断的时候说的。——陈），保存着货币形态，留在手边。因此，他也就不能不把他的生产的规模比以前还要缩小下去了。因为这个缘故，所以，哪怕从新发生了一种商人，为实行商交易的缘故，去从新支出特定额的资本，从社会的关系看来，却也决不会因为有了商交易的缘故就特别须得格外添加资本。不但这样，并且，因为同一的商交易资本不单只是媒介着一个产业资本的周转，倒还是媒介着同一生产部门内的许多产业资本的周转的东西，并且还更进一步去媒介那些属于种种不同的生产部门的许多产业资本的周转；所以，在有了商交易资本的时候，比起资本家自己去把那些和他的事业有关的商人的工作一件一件的分别经营起来的时候，商人们倒反能够用较少量的资本，比较更迅速的去把商品资本的变形实现出来。因此，若从社会总资本上看来，商交易资本这种东西，倒反可以增大那种直接的被使用在生产上面的部分的资本，可以缩短资本的流通时间，因此也间接的可以对于剩余价值的生产增加有所贡献了。

下面引的实例可以证明，同一的商交易资本可以媒介着同一生产部门内的多数的产业资本的周转这件事。（据井上洁的《关于日本的纺织业》，63，64 页）

> “纺纱公司用什么样的方法卖出他所制成的棉纱呢？他并不是直接的卖给需要人，倒只是卖给大阪，东京，名古屋等处的棉纱行。这是为什么呢？理由是极简单的。直接的卖给需要人不更有利益吗？这样的质问，是我常常接着的。但是，这种办法决不会是有利的办法。只要把电话交换和期票交换所那种东西发达起来的道理想一想，立刻就可以懂得直接贩卖的不利。一个纺纱公司，要对全国无数的一切需要人，都结一个交易关系，并且常常保持那种关系下去。这件事，从营业上说来，决不是一件容易的事。与其那样，不如卖给大阪或东京的纱行，倒反可以很容易的就普遍的转卖到全国无数织布人的手里去。所以直接贩卖这件事的不划算，是很明显的。打个比方，拿电话来说，如果从此处直接安设一付电话到对面那家卖文房具的店里去，那当然会不及经过电话局的手那种办法的便利。只消看一看，在实际上敢是行着办法，就可以知道其中的道理了……”

又，下面的实例可以证明，同一的商交易资本可以把属于种种不同的生产部门的许多产业资本的周转都媒介着那件事。（据同书52，53页）

“……所谓棉花的市场，所谓棉纱的市场，所谓棉布的市场，三者虽然各有不同的名称，但是决不是各各独立着的东西。就把三者当成一个完全同一的市场看，也都是可以的。理由是这样的：棉花商店的主要的，就是前面所说的三公司，这三公司同时却又兼着棉纱和棉布的买卖。就是说，他们把棉花，棉纱和棉布，一切东西都经理着。又，我在前面虽会说过，主要的棉纱商店，在大阪有十五六家，在东京和名古屋有五六家，却是，这些棉纱商店也大半都兼办着棉布的买卖。结局，无论是棉纱，是棉布，都由一个商店一手经营着。因此，关于这些东西的交易状态完全是相同的。所以，那些和纺纱公司有关系的商店，只看顾主的情形如何去做买卖。如果纺织公司要买棉花，如果纺织公司要卖棉纱，他就买绵纱，如果纺织公司卖棉布，他就买棉布。所以，结局，什么纺织公司，棉花商店，棉纱商店，棉布商店等等东西，都是当成一体，同样发达出来的东西。”

在资本家的生产没有成立以前，一切商品虽然都只是当作一种简单的商品（非资本家的商品）被生产着的，但是，既已有了商品的存在，自然就可以有商人去媒介这些商品的买卖，并从中取得特定的利润。但是，要知道，这些利润，都是用那种把商品在他的价值以下买了进来，或是在他的价值以上卖了出去的方法，得来的东西。所以，如果以等价物和等价物的交换为前提，这些利润就无论如何也不会成立。换句话说，古代的商业，从他的本质说来，结局只不过是一种诈欺或掠夺，他只有站在价值法则的破坏（等价物和等价物交换的法则的破坏——陈）上面，才能够成立起来。但是，一旦到了劳动力变成商品，被资本收买起来，也就获得行着资本家的生产的时候，就会照前面第二篇所详述的那样，哪怕是以等价物和等价物的交换为前提，也仍然可以因着资本本身在他的生产进程上产出剩余价值的缘故获得利润；同时，又因为资本家的生产已经变成一种有压倒一切，制御一切的势力的东西的缘故，所以差不多一切的商品都当作资本家的商品发见出来。因此，这些商品的贩卖也就必然的变成一种只充当着产业资本循环上的一个关节的东西了。（由第十七世纪末起到第十八世纪初期为止的期间的荷兰的衰亡和英吉利的勃兴，就是由于这种缘故。）

目前摆在我们面前成为问题的，就是这种商交易资本，这种当作由产业资本循环上的一个关节独立化了的东西看的商交易资本。因此，由这种资本上生出来的利润，并不是可以用那种把商品在他的价值以上贩卖出去的说法来说明的。现在应该说明的，倒是这么一个问题：虽然把商品照他的价值贩卖出去，却仍还可以获得特定的利润这件事，到底怎样变成可能的？

照我们前面的假定，如果在这时候去观察纯粹的商交易，我们就可以发见，在这里，并没有行着什么使用价值的生产，因此也就不会有什么价值被生产出来。自然，我们在第三篇第九章第三节里面，已经说过，商交易这种东西，是必定需要特定的时间和劳力的；并且，如果资本家为着商交易的缘故，雇用了特定的劳动者，或设置了建筑物及其他种种的设想，那末，他就会和产业资本家一样，用 $G—W\begin{cases}A\\Pm\end{cases}$ 的形式，支出特定的资本。但是，如果商交易是一种纯粹的东西，如果只是那种单以所有权的移转为内容的东西（这种东西的最好的模型，就是不动产的买卖。在这时候，当然没有伴随着运搬，保存等等的附随的行为）。那末，为这种商交易的缘故所花费的一切费用，就应该都是属于纯粹的空费的东西，为这种商交易的缘故所费的劳动，当然也就不会对于商品添加一点什么价值。

这样看来，只要是以商品全体对于他的最后的消费人都是照他们所有的价值被贩卖着那件事为前提，那些种种的具体的形态上的剩余价值——应该归属于社会资本上面去的剩余价值——的源泉，结局仍还是产业资本自己在生产进程上所生产得来的剩余价值，结局还不过是这种剩余用种种的形态被分配在别的种类的资本上面的东西罢了。这种分配，在产业资本家和商人之间是照下面这样行着的：因为如果产业资本家只是把他的生产物卖给商人，那就还算不得资本把那些在实现剩余价值这件事上面所必要的工作已经全部做完，所以，产业资本家在卖生产物给商人的时候，总是用一种比他卖给最后的消费人的时候所能实现的生产价格（参看第十二章第三节）还要低些的价格卖了出去。（这样一来，从产业资本家的观点看起来的生产价格，就变更内容了。他就变成一种在生产上面添加着一个单以产业资本的计算的基础的平均利润的东西了。——这就是随着商业资本的独立化而来的生产价格的内容的变化。）商人又把所买得的生产物，用一种和生产价格相当的价格如果从社会总资本的观点平均的观察起来，也就是用一种和商品的价值相当的价格，卖给最后的消费人。在这里，暂时把发行，零卖种种阶段置诸不问之列——这样一来时，他就可以把那种原来在产业资本家所生产的商品当中已经被包含着的剩余价值，就是说，把那种在这些依商交易资本而生的流通进程以前的生产进程里面已经生产着，不过还没有实现出来的剩余价值，用他自己的活动实现出来，因此，他就可以把这种被实现了的剩余价值当作对于他的资本的利润收为已有了。简单说来，那些当作一种由产业资本分裂出来的东西看的商交易资本的利润，换句话说，那些当作一个被资本家的生产所产出的剩余价值的分裂形态看的商交易利润，并不是靠着把资本家的商品在他的价值以上贩卖出去那件事才发生出来的；他倒是只靠着把资本的商品，一面是照他的价值贩卖出去，同时却又是用一种比他的赎买价格还高的价格贩卖出去这件事才发生出来的。

又，只要各种资本家之间行着自由竞争，对于各种资本的利润当然就不能不平均。因此，无论产业资本的利润，或是商交易资本的利润，一切都有一种可以保持着同一的平均的倾向这件事，自然不是待言的。

现在试拿数目字把以上所述的例证起来看看。假定产业资本当中的不变资本是 720，可变资本是 180，合计成为产业资本的总额 900（720＋180＝900）。在这时候的数字的单位，本是假定的东西，所以哪怕是千万元也好，一亿元也好，那在我们的说明上是无关系的。在这时候，如果假定剩余价值率是百分之百，那末，生产物的总价值就是

$$\overset{c}{720}+\overset{v}{180}+\overset{m}{180}=\overset{w'}{1080}$$

1080，在这生产物全体里面所含有的剩余价值的总量就是 180。

这样一来，平均利润率就会成百分之二十（180∶900＝20％）。现在，假定着，在这些产业资本之外，更有100的商交易资本。这样一来时，社会总资本额就变成了1000（900＋100＝1000）。但是，由这些社会总资本额所生的剩余价值（因为商交易资本并未参与生产的缘故）却依然还是180。因为商交易资本是全体资本的十分之一，所以他可以把$\frac{180}{10}=18$的数目当作利润领受着。（这就是说，他的利润率是百分之十八）。剩下来的162（180－18＝162）就成了产业资本的利润。这样一来，产业资本的平均利润率也成了同样的百分之十八（162∶900＝18％）了。所以，平均利润率的意义就变化了。在除了产业资本之外，还存在着一种独立化了的商业资本的时候，那些由产业资本生产出来的剩余价值，不单是不能不对于各种生产部门的资本平等的被分配出去，并且对于那些被投放在生产业以外的资本（在我们讨论着的这个例子里面，虽然还只是说着商交易资本，其实此外还有种种资本），也是不能不平等的被分配出去的。

所以，当产业资本家卖出他的商品的时候的总价值，就是（如果拿p表示利润）：

720c＋180v＋162p＝1062

1062，这就是说，他是一种比商品的总价值

720c＋180v＋180m＝1080

的1080还要低些的价格。我们在前面已经说过，商品的生产价格的总计，等于他的总价值，因此，平均的说起来，生产价格就是等于价值的东西。到现今的这个阶段上，我们却看见，随着平均

利润率本身的变化，那种由资本家的立场看起来的生产价格那种东西，也把他的意义变化了。我们的研究是由比较简单的东西，进到比较复杂的东西上面去的。因为这个缘故，所以，特定的俦类如果受着新的规定变成较为具象的东西，那末，这个俦类的意义也就会随着而有变动。教授土方成美博士在批判马克思学说的时候，并没有感觉到他有理解这样的研究方法的必要。所以，他的解释变成这样的解释：好像《资本论》的里面，到处都有前后说明互相矛盾的地方似的。

产业资本家把他所生产的商品卖给商人的时候的价格，照前面所述，是

720c＋180v＋162p＝1062

1062，是价值以下的价格。买了这种商品的商人新把他卖给最后的消费人的时候的价格，是

1062＋18＝1080

1080，是和价值一致算合的。这样一来，就变得，并不必要把商品在他的价值以上贩卖出去，就能够在产业资本和商交易资本两种东西上面同样的发生利润了。这件事，如果从商交易资本看来，上面所载的式子当中的1062就是G，1080就是G′。这就是说，他的资本，因为买卖着产业资本家所生产的商品的缘故，所以可以一面反复继续的行着G—W—G′的运动，一面得着特定的利润。

顺便有一句话须得说明。我们在以上的说明里面，是把资本周转速度的差异暂时舍弃不顾的。但是，即使把资本周转速度的差异放在考虑的范围之内，结果也还是相同的，不过在那时问题会变得更复杂些罢了。

总而言之，商业资本这东西，是和生产进程没有一点关系的东西，因此，也就不是一种用榨取劳动者的方法直接生产剩余价值的东西。但是，那些归属于这种资本上面的利润，却是一些以生产进程里面所榨取的剩余劳动为他们的唯一的源泉的东西。然而，要知道，俗流经济学的特征，就在他只用全副精神注意表面的现象形态这一层。所以，一旦到了商交易资本成为独立的资本的时候，在俗流经济学者之间，关于剩余价值的源泉，必然的就会行着一种表面的并且本末颠倒的见解。为什么呢？因为，从外观看来，商交易的利润原本显得好像单是由那件把商品的价格抬高起来的事情发生出来的东西似的。这就是说，好像一切的商人都是拿那种在商品价值之上添加了特定的利润的东西为他们的商品贩卖价格，用这种方法，把他们的商品的价格抬高到他价值以上，去获得他们的利润似的。因为这个缘故，所以那些被这样的现象迷了眼的人们，关于价值的本质，同时当然也就是关于剩余价值的源泉，就都必然的不得不陷进混乱已极的见解当中去了。

我们对于 G—W…P…W′—G′那种产业资本的运动和 G—W—G′这种商交易资本的运动，应该有一种在他们的相互的连络上去行观察的必要。如果只把 G′—W—G′孤立起来，只就他的本身，去行观察，那就会从那里发生幻想出来。商品的价值可以靠着交换涨高起来这种思想，除开价值概念的不正确这件事，及不能够拿 G—W—G′的交易行纯粹的观察这件事（这就是说，因为欠缺分析工夫的缘故，不能够把商人的生产活动舍弃不顾）之外，（关于这两层已经各在适当的机会上述说过了），也可以因为误把这个 G—W—G′的运动从产业资本的运动中截然分离，在孤立的状态下面去观察他的缘故发生出来。

附带着还得声明一句：我们虽是先说明了关于产业资本的平均利润率的形式，其次才去叙述产业资本和商业资本两处东西所共有的平均利润的形式，但是，要知道，在历史上的发展的路程上，却是恰恰和这种科学分析的路程完全相反的。关于这层，请看恩格斯（Engels）的《对于《资本论》第三卷的补遗》（Neuo Zeit，XIV，1，S. 39，44。——拙著《社会问题研究》第六十七册，通册 2323 页以下）。

第二节　货币交易资本（或货币经理资本——陈）(Geldhandlungskapital)

前面已经说过，商业资本可以分为商交易资本及货币经理资本两种。本节里面，要说几句关于货币经理资本的话。

产业资本家及商人，都继续不断的把货币支付给许许多多的人们，同时也都继续不断的从许许多多的人们接受货币的支付。又，资本的一部分，照第八章第二节，第九章第一节，第十一章第一节等节所述，是会被逼得不能不在货币形态的状况下面，睡到睡眠状态里面的。这件事，自然会于收入，支付，记账等等工作之外，更添加蓄藏货币的必要。要想行这些货币的出纳并保管，当然必得用特定的劳动。这些劳动不能造出什么价值出来这件事，自然是不待言的。但是，如果这种种事情从产业资本家及商人的手里分离起来，集中到一个专门替资本家阶级全体经营着这些事情的独立事业里面去了，并且还有一部分独立资本从新为这种事业被投放了的时候，如果到了这样的时候，那些新被投放的资本就是货币经理资本了。

从历史上说来，货币交易这东西，最初是从国际贸易发展起来的。前面在第二章第三节C项里面已经说过，世界货币就是金条本身（货币材料本身——陈）。因为这个缘故，所以，只要有种种的国民的铸币存在世上，那些从事于对外国的贸易的商人们，就不能不把本国的铸币换成别国的铸币，或是把别国的铸币换成本国的铸币，或是把种种的铸币换成金条。因此，所以就发生了兑换货币的营业，这种兑换业是和金条的交易有很密接的关系的。所谓交易所那种东西，最初也就是以这样的货币交易为他的主要的业务（营业事务——陈）的东西（请参看林要译的《金融资本论》243页以下）。为这种货币经理（货币交易——陈）的缘故所投放的资本是行着G—G′的循环运动的。在这时候，因为被货币交易业者（以货币交易为业的人——陈）所经理的东西，实在不过只是一些已经实现出来了的价值，所以他们的利润也不过是由那种在生产进程里面为产业资本所生产了的剩余价值扣除来的东西，这件事，自然是不待言的。

第十四章　生利资本及利息

第一节　“生利资本”的（Zinstragendes Kapital）的运动形态

生利资本这东西，和前章所述的商业资本一样，是一种起源甚早的东西。他在资本家的生产还没有成立的以前很久很久的时期，从古代社会起，就以与资本家的生产毫不相干的采取一种“放高利的资本”（Wucherkapital）的形态独立的存在着了。这自然是因为一个人把金钱借给别人，对于这种借出取得一种利息这件事，本是一种可以和资本家的生产不发生无论什么样的关系就实行起来的事情的缘故。但是，我们现在所要研究的，却不是这种从古以来就有过的生利资本和利息，倒是近代的生利资本并那种当作在资本家的生产方法下被生产出来的剩余价值的特殊形态看的利息。

放高利这件事，在近代的社会发生以前，无论在什么地方，都曾经被摈斥着。他被摈斥的理由，全然和商交易资本因为只是一种全靠价值法则的破坏才能够成立的东西的缘故，在旧社会里面到处都被摈斥那种事情的理由，是一样的。在欧洲的中世纪全部当中被否认着的利息，所以从来会在英国首先被休姆（Hume）认为正当的东西（参看下篇《资本家的经济学的发展》第一章第四节），只是因为生利资本在英国随着资本家的生产的成立和发展，已经把自己的本质变更了的缘故。这就是社会的意识会随着生产关系的变动而变动那件事的一个例子。近代的利息和古代的利息到底在本质上有什么地方不同？这件事，正是我们在下段要说明的事，看到下段，就知道了。

生利资本的所有人，和前面说的产业资本家及商业资本家是不相同的；他和下一章里面要说的地主一样，都是一种不必要关心资本的再生产过程就可以得着剩余价值的分配的。这就是说，我们在本章以下的研究，就是关于剩余价值的一种特殊形态——除开了当作所谓“企业人”（Unternehmer）的利润看的东西以外的一种特殊形态——的研究。

照前面各章所述，特定的价值，不管他是直接的在货币形态的下面存在着的时候也好，或是在变形为商品的时候也好，总之，他总是可以靠着被人当作产业资本或是当作商业资本拿去利用的缘故而变为一种继续不断的膨胀下去的价值的。因为这个缘故，所以他才能够在那种当作单纯的货币或商品看的使用价值之外，更当作一种能够生产利润出来的资本去发生作用，他才能够因此变成一种具有别种使用价值的特殊商品。换句话说，就是这资本才能够以资本的资格而变成商品。一个资本如果是拿一种具有当作资本看的使用价值的商品的资格贩卖出去，那末，这种贩卖的形式就变成了借出，那资本也就变成了生利资本。对于这种资本的使用所给的报酬就会变成利息发见出来。

举例说，假定着某个公司里面的利润的平均率是每年二成，在这时候，拥着一万元的资金（资本金——陈）的人，当然就具有着一种在一年之内把这一万元变为一万二千元的力量。换别句话说，就是具有产生二成的利润的力量。但是，如果这个人自己不去使用这一万元，倒只是把他借给别人一个人使用，那末，结局就等于他把那种产出利润的资本力，即是说，把资本的使用价值让给那个人了。如果那个被人让给了这种力量的人，把所得的那一万元资金，现现实实的当作资本拿去使用，到了一年之后，赚得两千元进来，从两千元当中拨出五百元，支付给这种资本的所有人，那末，这五百元就是对于生利资本的利息，那利息的利率就变成年利五分了。

我们先把生利资本的运动形态观察观察罢。为图说明的简单，我们且把生利资本的长期借出除去不说，因此，那种应该定期继续

支付的付利，当然也除去不说。生利资本的运动形态是这样：他最初由 A 转到 B 的手里去，然后在 B 的手里，行着

G—W…P…W′—G′

或 G—W—G′

的运动，最后才变成 G′—P 或 G＋z（P 表示利润，z 表示利息），由 B 的手里回到 A 的手里。所以，生利资本由最初离他的所有人的时候起，到最后仍然回到原来的所有人的手里时为止，所经过的全体运动，是下面这样：

G→G—W…P…W′—G′→G’－P（或 G＋z）

或 G→G—W—G′→G－P（或 G＋z）

成为这个循环的特征的东西，就是下面两件事：第一，因为无论是在这循环的始点上或终点上，同一的货币都要把他的所有主人变更两次的缘故，所以，结局弄得同一的货币资本要投放两次，收回两次。第二，货币资本的投放和收回虽然是这样重复的行着，但是两种当中各有一个是一点也不和资本的实质的变形相伴随的。为什么说这些事是特征呢？理由是这样。在前章所述的商交易资本的循环 G—W—G′里面，虽然同一的商品也把他的所有主人变更了两次，但是，在那时候，因为资本的形态靠着这样的商品卖买由货币形态变形到了商品形态，更由商品形态变形到了货币形态的缘故，所以，在实际上是行着了资本的变形的。又，在简单的商品流通 W—G—W′里面，虽然同一的货币变更了两次主人，但是，在这时候，商品的变形也靠着这种货币所有主人的变更而完成起来，弄得最初有 W 的那个人手里，现在有了一种和 W 的使用价值完全不同的别的商品 W′了。我们现在研究着的生利资本循环却和这些不同。

第一，在这循环的始点上，货币资本的所有人由A变成B这件事，并没有含着商品变形的意思，并且也没有含着资本的再生产进程上的一个阶段的意思。这种资本实行这样意义的实质的变形，实在是这种资本由A转到B的手里，更由B用他的产业资本家或商业资本家的资格拿这种资本去活用（运用——陈）了之后的事。同样，在这种循环的终点上面，原先被投放了的资本变成了G′（G+g），先回到B的手里，再进一步回A的手里，所以资本的收回是重复的行着的。但是，要知道，资本的变形那件事的本身，在原先的货币资本G变成了G′，回到B的手里的时候，早已完结了，这个G′更由B转到A是由那种资本的原来的主人，那个所有关系而来的简单的法律的效果罢了。

在生利资本的全体的循环进程当中，他的始点和终点并不伴随着什么实质上的资本变形。这件事，当然就含着下面这么一个意思：生产资本的所有人那种人，只是一种对于生产，对于流通，都毫无关系的“无机能的资本家”（funktionslose Kapitalisten）。（因为这个缘故，所以从理论上说来，可以假设一个没有放利资本家的资本主义社会。）他所以一面只管是一个无机能的资本家，一面却又能够使他所有的货币对他变成资本，只不过因为他原先借出的东西只是一个G，到后来回到他手里的时候却变成了G+z的缘故罢了。不消说，从G′减去G，剩下的结果不就是等于z（并不是G′－G=z——陈）。详细说，在G所增加了的那部分的价值里面，即在g里面，p（利润）是留存在B的手里的，只不过g－p=z（利息）的部分归到A的手里罢了。虽然只是这一部分归到A的手里，然而那个同一的G却因为这个缘故，对于A及B两方面，都同时当作一种生产着特定的剩余价值的资本发生机能了。这样一来，由B获得产业利润或商业利润的一部分就分裂起来，变成一种叫作“利息”（Zins，interest）的剩余价值的特殊形态了。

这样看来，生利资本这东西，就是一种在他充当着资本的资格上变成商品的东西了。利息这东西，就只不过是那种当作商品看的资本在特定期间当中的使用价值的代价罢了。在这里还有一件应该注意的事。这不是别的，就是资本自己本身变成商品一件事和资本在某一个时候采取着商品的形态一件事，这两件事的区别。拿别的话说，就是，我们应该注意到，这种在上述的意义里面成了一个商品的生利资本，和那种特定资本在当作产业资本或商业资本看的循环进程里面被当作一时的形态看的时候的商品资本或货币资本，这两种东西的性质完全是不相同的。在后一个例子里面，不过是资本偶然出现于商品或货币的形态上罢了，在这时候的商品或货币并不是一种当作资本本身看的商品或货币。举例说，试拿商品资本看一看，他只是因为他是某种特定的价值为要当作资本去行运动的缘故所通过的一种形态。换别句话说，就是，他只是因为在那种商品当中含着有剩余价值，所以他才会在他和全体运动的连络关系上面，变得具有充当资本的性质。因此，所以他只是当作商品被卖出去，并不是当作资本被贩卖着。也因此，所以如果有什么人为着个人的消费的缘故把他买了的时候，他就会只对于贩卖他的资本家是一个的确具有充当资本的机能的东西，对于这个赎买人却只成为一个简单的商品。又，再拿货币资本来看看，结果也还是一样。这就是说，他原只不过是一个可以当作简单的货币去供赎买商品之用的东西；他所以能够同时具有当作资本看的机能，只不过是因为他形成着产业资本或商业资本的循环运动上的一个关节的缘故罢了。因为这个关系，所以，哪怕是同一的货币，一旦到了充当劳动力的贩卖人的劳动者的手里的时候，他就会变成只是一个简单的货币。总而言之，资本这东西当作资本存在着只是在生产进程——那种充当着劳动力的榨取的生产进程——里面的事，在流通界里面，他却不是当作资本走进去的。因此，他对于流通上的对手人（对手方——陈），却只不过是一种简单的商品或简单的货币罢了。（《资本论》第三卷，德国版第一册，327 页）。至于生利资本，却不是这样。这东西本身就变成了一种当作资本看的商品，当作资本本身，发见在流通界里。因为他本身已经是资本的缘故，所以在他由 A 的手里移到 B 的手里去时候，他可以一面对 B 是资本，同时对 A 也还是资本。因为这个缘故，所以他可以在 B 的手里变成一种获得特定的剩余价值的手段，同时这种剩余价值的一部分又可以变成利息，和本钱一起，回到 A 的手里来。这样一来，就弄得生产资本这东西从 A 的立场看来，变成一种只靠着 G—G′那样简单的循环进程，就会无限的把自己膨胀出去的东西了。

第二节　生利资本的物神崇拜性

因为生利资本的运动是采取着 G—G′这种简单的形态的东西的缘故，所以就发生了下面所述的种种结果：

第一，G—G′这种循环形态是一种无内容的形态。从他的两极点看来，虽然和其他各种的资本的循环相同，但是，从他的两极点之间看来，却和其他一切的资本循环运动都不相同；因为在两极点之间并没有夹着什么生产进程或流通进程。这样看来，在这时候的资本已经从一切社会关系——一切使资本成为资本的社会关系——脱离了去，只当作一种物件发见出来了。因此，总进程的结果也不得不当作物件自己本身的属性发见出来了。就是说，因为人和人的社会关系完全消失，只剩下 G 和 G′的关系，即货币对于货币本身的关系，出现到表面上来的缘故，就会变成把资本上面发生利息，看得和果实因为天然力的作用的缘故年年在果树上发生出来一样，以为利息的发生只是一种根据物件的天然的属性——从社会关系完全独立的，因此，不是有历史性的，只是带永远性的天然的属性——而来的事情了。这样一来，由人和人的关系——这自然是人类自己造出来的东西——生出来的结果，倒反向着人类，当作一种和人类的行为完全无关的，独立存在着的物件的天然属性发见出来，在这时候就达到了他的极点了；换别句话说，就是，马克思的所谓商品世界的物神崇拜的性质就发挥到他的极点了。我们在本书第一篇第一章里面，已经看见了，米这种商品——如是拿米为例——并不是因为他是米的缘故就成为商品，倒是因为他被放在特定的社会关系的下面才变为商品。同样，我们又看见了，某种商品所以会变形而为货币也是因为特定的社会关系的缘故，如像拿金子来说，金子并不是因为他是金子的缘故就成了货币。我们从前由商品出发，说明了商品的性质，其次，说明了某种商品变形为货币，更后，说明了货币变形资本。到了现在所说的生利资本上面，我们却看见，资本自己本身又变成那种充当了我们最初的出发点的商品了。这样一来，商品里面的社会关系的物的表现，就变得采取着他的最神秘的姿态了。

又，因为资本这东西，照上面所述，会被人看成是一种和生产进程并流通过程都毫无关系，只靠他自己就可以生出利息的东西的缘故，那些拿自己的资本经营着产业或商业的企业人，也变得会把他在企业上所生的利润，分为利息及“企业者利得”（Unternehmersgewinn）两种俦类，认前者为资本的原来的果实，后者为一种根据企业而来的追加利得。换句话说，他就会把前者看成是他在资本的简单的所有人的资格上当然应该得着的东西，把后者看成一种和那种资本的所有权毫无关系，只是充当着酬劳——对于那种企业经营的劳动的报酬——的东西。这就是说，在资本家的意识上面，剩余价值的量的分割，竟变成质的分割了。这样一来，那种在使用劳动者的人和劳动者本身之间的对立的社会关系，就会消减，因此，剩余价值的源泉也会完全被隐藏着了。在那样，从外观上看起来，好像并不是劳动力的使用价值——劳动——把价值生产出来，倒是资本的当作资本看的使用价值把价值生产着了。同时，那种生产进程里面的榨取关系——人和人的社会关系——也会在生利资本上面，当成一种货币这种东西对于物件本身的关系——物和物的关系——发生出来，并且会发生一种错误观念，以为在这种形态里面的资本的所得（收入——陈）就是资本的 typical fruit“典型的果实”（模范的东西——陈），因此，就会变得，一说到资本，就会联想到利息，同时，为什么在资本上面会发生这样的利息一件事也就成为经济学上关于资本的顶重要的问题了。并且，因为在这时候所谓资本已经被看成了是一种简单的物件的缘故，由资本生出来的利息，也就不得不照前面所述，被人看成是一种根据资本——那种当作一个靠着单纯的时间经过的关系就自然的会产出那样的果实的物件看的资本——的简单的所有权关系而来的利得（得着的利益——陈）了。

我们现在可以举出贲巴卫（Böhm－Bawerk）的《资本及资本利息》（Kapital und Kapitalzins. 1888）作为那些能够把上面刚说的现象形态并由同一的现象形态发生出来的意识形态的两种东西，在表面上，加以一种理论的说明的著作当中的代表。这本书曾经被费特（Fetter）称赞为是一种“在经济思想上划一个新时期”（marks a new era in economic thought）的东西（The quarterly Journal of Economics vol. XVII，p. 163），在最近三四十年前，的确在俗流经济学者之间占有一种压倒一切的势力。我们只消看一看这本书的书名，就可以看出这本书的一个特征出来。刚才我们说过，从现象形态上看来，当然也就是说，从俗人的学识看来，好像利息就是生在资本上面的一种典型的果实一样，因此，就会变得，一说到资本就联想到利息。现在我们看看贲巴卫的著书，第一，在书名上，他就把那种俗人的学识，原封原样的采用着了。（马克思的主要著作名叫 das Kapital《资本论》，乍看起来，好像和贲巴卫的著书的名称《资本及资本利息》有点相似，实则是从根本上就相异的。）

又，贲巴卫这本书，分为两部分，第一部分叫“资本利息的诸理论的历史及批判”（Geschichte und Kritik der Kapitalzinstheorion.），第二部分叫作“资本利息的积极的理论”，这也可以越发明白的表示着，在他看来资本和利息全然是不可分的东西，这一件事了。

其次，我们试把他所谓资本的本质那种东西（I Buch，IAbschnitt. Das Wesen des Kapitals）看一看。他把资本这句话，看成那些一切可以当作生产手段发生用处的“中间生产物”（Zwischenprodukte）（说明已见第一篇——陈）的总称，并且他把一切使用着这种意义的资本的生产，都叫作“资本制的生产”（Kapitalistische Produktion）。这固然是今日最多数的学者所采用着的普通的见解，但是，要知道，这样一来，那种能够使资本成为资本的社会关系，已经完全被拔了出去，所谓资本已经被弄成一种单纯的物件了。（米并不是因为他是米的缘故就成为商品，金子也不是因为他是金子的缘故就成为货币，同样，机器这东西也并不是因为他是机器的缘故就变成了资本。但是，在上面说的变通见解里面，这种道理却完全被看落了）。所以，结局就把资本的历史的性质全然弄得看不见了。要知道，无论是怎样幼稚的人类，也从没有完全不知道利用生产手段的。在另一方面，即使我们的生产方法将来会怎样变得厉害，恐怕也决不能够有不利用生产手段就可以实行生产的那一天。所以，如果照这种普通见解说，结局，那就会变得，资本这东西无论在什么时代都存在着，因此，资本制的生产也就变成一种在一切时代都应该实行，都不得不实行的东西了。这样一来，原本属于一种历史的俦类的资本及资本制的生产，就变化成为一个天然的俦类——一个对于人类历史的一切时代都可以适用有效的天然俦类——了。所以，现代的资本和资本制的生产也就在观念上化为永远的东西了。这样一来，就会发生一种奇怪的结论：哪怕是在社会主义的社会里面，那种可以在资本上面发生利息的原因，还是“依然存在着”（noch immer da sind）。（请看贲巴卫那本书的“社会主义国家里面的利息”一节。）

那末，资本的利息到底是怎样生出来的呢？照贲巴卫看来，“现在的财货”（Gegen wärtige Güter），从一般说来，比起同种类及同数量的“将来的财货”（künftige Güter）具有较多的价值这件事，就是他的利息说的“中心点”（Keru-und Mittelpunkt）。他的利息学说所以会被称为“价值时差说”就是因为这个缘故。他对于这种价值的发生原因的说明（这是站在一种和他的价值论上的限界效用说完全相同的根据上的说明），目前在这里可以略去不说。总而言之，照他说来，一切形式下面的资本的利得，都只不过是这样的价值时差的产物罢了。举例说，产业资本家所以会于那种在产业计划人或指导人的资格上所得的报酬之外，得着一种约莫和他所投放的资本额为比例的利得，就是因为这种价值时差的缘故。因为，照他说，凡是具有充当生产手段的性质的东西，哪怕在物理的关系上明明是现今存在着的东西，如果从他的经济的性质说来，也是一个将来的财货。这些财货是不能够在他们现在的状态下面，拿去供享乐之用的东西。要想拿他们去供享乐之用，就非先把他们变形为享乐的财货不可，但是，因为要使他们变形又必定非需要特定的时间不可，所以，结局，这些生产手段就等于是一些隔着特定的时间的将来的享乐的财货。因此，所以说他们也是一种将来的财货。因为这个缘故，所以，纵然生产手段的价值是等于那种由这个生产手段生产出来的享乐财货的价值，也因为那个享乐财货要到将来才能够被生产出来，所以，如果他们的价值改算为现在的价值，那末，所得的价值必定不能不比那种可以在将来享受着的价值还要小些。但是，因为资本家是把这样的生产手段，在仅仅具有缺少的价值的现时买了进去的，所以，到了这些生产手段随着生产的进行渐渐变成现在的财货，和时间相比例着，增加了他的价值的时候，资本家就可以把所增加的价值，当作资本利得，收归自己的手里。

以上所说，就是所谓价值时差说的大要。我们在前面曾经说过，如果只看生利资本那种现象形态，那末，在生利资本上面所生的利息，就会显得好像只是一种单靠时间的经过就自然可以发生出来的简单的所有权的产物一样。到现在，我们果然看见了责巴卫这种资本利息说，看见了可以拿去附会起来，作为那种错觉的现象形态的表面的理论的代表的东西了。

从前在美国曾经风靡了一时的克拉克（Clark）的生产力说那种东西，结局也只不过是一个和责巴卫的利息说同种类的东西罢了。因此，我们在这里可以略去不说。

第三节　利息率　(Zinsfuss，　rate of interest)

照前面所述，利息这东西，本是一种由产业资本或商业资本上所生的利润当中被支付出来的东西，所以，如果除开恐慌期间不计，只拿顺常的状态来说，特定资本的利息，总是要这以外资本上面所生的利润为他的最高限度的。并且，这个关系还是利润和利息的唯一的关系，至于利润当中应该有多少成分变为利息的那种事情，却毫没有什么决定的标准，因此，在利息的最低限方面也没有什么限度。为什么会这样呢？理由是这样。劳动者脱离了生产手段的所有权关系这件事，本是资本家的社会的特征，所以在利润和利息的关系上面也发生了影响。从这种资本家的社会的特征看来，生利资本上面所生的利息，实在只不过因为某种偶然的事实——就是说，企业经营上所必要的资本不是全部都是企业人的所有物，同时，恰恰某一个资本家的手里面也恰有一种资本毫没有被运动着，只是空在那里，这种偶然的事实——的缘故发生出来的东西，所以关于这种利息，就不会有一种什么可以从资本的社会的本质上必然的发生出来的自然的比率（所谓“natural rate of interest”）存在那里。这就是利息所以没有最低限度的理由，同时也就是像前面所述，生利资本家那种东西所以是一种“无机能的”（funktionslos）的资本家的理由。

利息在上面的所述的那个最高限度以内的高低，是靠着生利资本的需求和供给的关系如何来决定的。关于那些可以左右这个需求供给关系的原因的考察，我们在这里可以省略不说。这里面要附带说明的，就是下面这句话：单拿我们上面已经讨论过的范围来说，我们在第八章，第九章，第十章等章里面已经看见过，有许多资本都是被逼得不能不用货币形态睡在睡眠状态之中的东西；不消说，他们都是可以拿来当作生利资本去运用的。

如果关于供求关系的种种事情是一定的，那末，利息率（或利率）就是和利润率为正比例的。但是，因为这个利润率，照前章的说明，是会随着那种和资本家的生产的发达相伴而来的劳动的生产力的发展，具有跌落的倾向的东西。所以，从一般说来，在资本家的生产越幼稚的国家里面，利率也就越高，如果这国家的资本家的生产越向上发达起来，利率同时也就会有越发跌落的倾向。

第十五章　土地所有权及地租

第一节　超过利润变形为地租

我们在前章里面曾经说过，放利的资本家，虽然对于生产和流通都不关预，却仍然可以当作一个无机能的资本家，去分配那些被资本榨取出来的剩余价值。但是，要知道，还有一种叫作土地所有人（即地主——陈）的人，也是用一种和上面所述的相同的关系，分配着剩余价值。本章的问题，就在说明，这样的土地所有人的所得是怎样发生出来的这件事。

详细说来，照前几章所述，在一方面那种被产业资本在他的生产进程上生产出来的剩余价值的一部分，会因着那种担任了流通进程的商业资本化为独立的东西的缘故，采取一种商业利润的形态，被分配给那种已经独立了的商业资本。在另一方面，如果这些产业及商业是靠着从别人借进来的资本被经营着的，那末，在这些资本上面所生的利润的一部分，就会采用一种利息的形态，分配给这些生利资本。但是，如果这些企业是在一种从别人借进来的土地上被经营着的，那末，在这里所生的利润的另一部分，就不得不更采用一种地租的形态，分配给土地所有人。现在本章所要研究的，就是在这种意义上的资本制的地租（当作那种被资本榨取出来的剩余价值的一个分裂形态看的地租）。

因为这样，所以我们所要说的，都是资本制下的地租。举例说，如果说农业地租，我们总是以生产那种地租的农业是一种资本家的农业，一件事，为前提的。详细说，只有在从事于实际的土地耕作的劳动者是被某一个资本家的方法经营着农业的产业资本家所雇用，是一种从那个资本家领受着特定的工资的劳动者的时候，只有在这个雇佣着劳动者的产业资本家同时还是在别人所有的土地上面，投了特定的资本去经营着农业，并且，因此他还为着获得这片土地的利用的许可的缘故，对于那土地的所有人支付着特定的地租的时候，那种地租才是带有资本制的地租的性质的东西，并且只有在这种时候才能够成为本章的研究的题目。因为这个缘故，所以，如果资本这东西还没有把农业部门的生产进程克服下去，因此，资本这东西也还没有变得会靠着农业的经营去生产特定的剩余价值，那末，哪怕土地所有人在实际上用着地租的名义，实行收得一种所得，那也算不得是近代的资本制的地租，倒只不过是一种古代的并封建的地租罢了，所以他并不能属于我们现在所要研究的这个题目之内。在资本家的生产下面，资本家所榨取的劳动，都是先当作一种经营着这样生产的资本的剩余价值发见出来，然后才把其中的一部或是对于担任流通进程的商业资本家，当作商业利润分配出去，或是对于简单的资本所有人，当作利息，分配出去。在这样的情形下面，简单的土地所有人并不是和那种从事于土地耕作的实际的劳动者，直接的对立着，去直接的从那种劳动者身上榨取剩余价值的人；在这些劳动者和土地所有人之间，还站着一种产业资本家，因此，直接的向劳动者对立着的人，倒是产业资本家，所以必定要等这些产业资本家所榨取的剩余价值变形之后，土地所有人才能够得着地租。所以，到了资本家的生产，连农业部门都克服了的时候，那些从古以来用地租的名义存在着的土地所有人的所得，就会完全变更他的形态。

当社会的生产力还没有发展，劳动者的大部分还不能不从事于农业的劳动的时代，只有土地是唯一的主要的生产手段，所以那些独占着土地的人们就可以用种种的形式，直接向土地的实际的耕作人，榨取他们的剩余劳动。在那样的情形下面，地租这东西，就会像日本德川时代的年贡一样，用一种封建的地租的资格，成为剩余生产物的社会的形态，并且也差不多就是表现着剩余劳动的唯一的形态。因此，并不像在资本家的社会里面一样是一种剩余的剩余，倒只是剩余生产物的代表物。

在今日的日本里面，资本这东西，还没有把农业部门完全克服。因此，像上面所述的那种当作剩余劳动的直接的榨取形态看的——不以资本的生产进程里面的机能为媒介的——封建的地租，在日本还是到处都有。但是，我们却须得明白的记忆着，这些东西都是属于我们在本章里面的研究题目以外的东西，这件事。

资本制的地租，结局不过是一种由产业资本（或商业资本）的超过利润变形而成的东西罢了。这种地租，更可以分成两个俦类。我们在以下分成两节把这两种东西考察考察罢。

第二节　等差地租（Differentialrente, differential rent）

从李嘉朵（Ricardo）以来，凡是拿地租的名义被讨论着的东西，都是以这种等差地租为限的。但是，从实际上说来，在地租里面，除了这种等差地租以外，还有一种和他完全不同侔类的绝对地租。虽然这两种地租都不外乎是产业资本及商业资本（即机能的资本）（有机能的资本——陈）的“超过利润”（Uberprofit）变形而成的东西，但是，因为在这两种东西里面的超过利润本身条件是不相同的，所以就发生这样的区别。要想说明这种区别，我们先得要看一看竞争和利润的关系。关于这一层，我们在第十二章第二节里面曾经这样说过：

竞争这东西，关于利润率的平均，在某种意义上可以说是招致着两种互相反对的结果。第一，同一生产部门里面的竞争，对于同一部门内的具有不同的生产条件的资本，可以招致不均等的利润。种种不同的生产部门相互之间的竞争却不然，他对于种种部门的资本，倒会招致均等的平均利润率。

目前我们在这里说着的等差地租的发生原因，只是那种在面所说的第一例里面的不均等的利润率，所以我们应得先把同一生产部门的内部里面的竞争考察考察。

前面在第十二章里面已经说过，同一生产部门的内部的种种生产人所具有的生产条件是互不相同的。所以，他们所生产出来的商品，哪怕是同种类同性质的东西，在这些商品被生产的时候所花费了的劳动的分量也还是互不相同的。这就是说，如果把那种从个个的生产人看起来的商品的费用价格，假定叫作“个别的价值”，那末，哪怕是在同一生产部门里面所生产的同种同质的商品，在原则上，他们也还是会有互不相同的个别的价值的。但是，哪怕他们的个别的价值是互不相同的。只要这些生产人之间行着竞争，并且，这些互相竞争的生产人是向着同一的市场贡献着他们的生产物，那末，这些商品的市场价格也会尽都是一样的。这种市场价格，照前面所述，固然会继续不断的随着需求供给的关系而有变动，但是，如果需求和供给能够保持着平衡，并且如果把各种不同的生产部门之间的竞争也置于度外，那末，他就会恰恰和充当着这些生产物的社会价值的市场价值符合一致。并且，这个价值，照前面所述，还是一个“表现着那种在平均的生产条件下面，为把特定的商品的特定分量供给到市场上去的缘故所必需的社会劳动的平均量的”东西。简单说，就是，市场价值这东西是由个别价值的平均成立的。但是，要知道，照前面所述，无论在什么样的生产部门的内部里面，个个的资本家的生产条件决不会是一样的。因此，每一个生产部门里面的诸资本，必然的会被分为三个阶级，即是说，属于第一的阶级的资本是在中间的条件下面，属于第二的阶级的是在比较好的条件下面，属于第三的阶级的是在比较坏的条件下面，各各生产着的。并且，如果第一的资本的数量上占着优胜的地位，可以和第二及第三两种东西的合计互相匹敌，那末，由第一的资本所生产出来的生产物的个别的价值，就会规定着市场价值。反过来说，如果第二或第三的资本在数量上占了优势，那末，当然也会和这种情形相呼应着，变得由第二或第三的资本的个别的价值在**大体**上去规定市场价值。从这种情形发生出来的重要的结果，就是这件事：那些具有一种比平均的生产条件还要格外有利一点的条件的资本家，无论在什么时候，都常常会获得一种超出那种部门的平均利润率以上的超过利润。

这样的超过利润，无论在农工商等等的那一个部门里面，都是可以发生的。（直接和生产进程没有关系的商业资本，应该暂时舍弃不管，那倒反便利些。为什么呢？因为，纵然我们把他放进考察范围之内，对于问题的本质，也不会发生什么变化，只不过徒把说明弄得复杂罢了。因为这个缘故，所以我们在以下只限于生产诸部门的资本的讨论。）但是，只要这些超过利润是归资本所得的东西，他们结局就得变成平均利润的构成分子。关于这种平均利润的构成，前面已经在第十二章里面述过，所以在这里可以不须重述。但是，如果这种超过利润是根据某种和土地相附随的天然条件而来的东西，并且，如果这种天然条件又不是可以用资本的力量创造出来的，在这时候，就会从新发生一种不同的情形出来。这就是说，由这种特殊原因生出来的利润的超过部分，并不会归为那个资本家或其他的资本家所有，倒会流到一切资本家阶级以外的地方去，当作一种对于土地——那种离开资本，具有独占的性质的土地——的使用的报酬，归为地主所得。换句话说，他不变成对于资本的平均利润的构成分子，倒变形成利润以外的地租了。我们现在要先研究的，就是这种当作同一的生产部门里面的超过利润的变形物看的地租。

我们既然把超过利润当中变成平均利润的构成分子的一部分，放在问题之外，所以本章的研究是以平均利润为前提的。这就是说，我们的出发点是下面这么一个假定：那种发生的地租的生产物——就是说，含在他身上的剩余价值的一部分变成地租，因此，他的全体价格的一部分也变成地租的，那种生产物——也是和其他一切的商品一样，是拿他的生产价格（一种等于在费用价格上添加了平均利润的东西的价格），被贩卖着的。

超过利润变形地租这件事，不仅限于农业矿山业等等所谓原始产业里面，并且在普通工业里面，也会发生。举例说，假定着，在一国内的工场的大多数都是由蒸气机得着动力的时候，唯独某几个少数的例外的工场利用着天然的水力。又，假定着，在这样的生产部门里面，普通说来，消费了100资本之后所生产得来的商品的生产价格是110，因此，平均利润是百分之十，但是在那些利用水力的工场里，同样的商品却只须消费90的资本就可以被生产出来，因此，这些水力工场就得约莫百分二十二的利润；即是说，得着约莫百分之十二的超过利润。这样一来，这些超过利润，就会不归工场主人本已所得，倒会对于那些土地——那些具有可以利用这样的水力的条件的土地——的所有主人，当作地租，被支付出去。在这时候，特别具有较好的条件的资本家获得了特定的超过利润一件事，并不是一种新的问题。问题只不过是，那样的较好的条件不是根据资本的力量而来的这件事罢了。因为像这样的超过利润，从一般说来，无论在那种生产部门里面，都会根据资本本身的力量继续不绝的发生着的。举例说，如像那些特别运用着非常多额的资本，具有平均以上的生产规模的人，以及那些靠着一种特别有利的生产方法，能够把特定额的资本特别利用得发生较好的生产结果的人，等等的人，就是在一切的生产部门里面，常常继续不断的获得这样的超过利润的。但是，这种时候的超过利润，是由资本本身而来的，详细说，就是由于所利用的资本的大小的差异或资本的较为巧妙的有计划的利用而来的，因此，在这时候，并没有什么原因可以去妨害那些在同一生产部门内一切资本也被投放在同一的样式之下去。宁肯说，在这种时候，资本相互的竞争倒反有一种可以使一切的资本的生产条件都继续不绝的归于平均的倾向，并且，只要他一旦归于平均，商品的价值就会跌落，因此，一部分资本家原来得着的超过利润也就会随着消减了去。简单说来，这种时候的超过利润，因为是一种根据资本家本身而来的东西，所以他没有被分配到资本家以外的人手里去的必要。同时，无论从那一种资本家说来，这样性质的超过利润，在他的本质上，都不免带有一时的及动摇的性质。但是，前面所述的根据水力的利用而来的超过利润，却和这种东西不同。如果那个水力是靠特定的地势上的水的落下而生的，是一种不能够用劳动去造出来的天然力，那末，他就和那种能够把水变为蒸气的煤炭不同，他并不是劳动的生产物。诚然，那些利用着蒸气机关的资本家，也是时时靠着利用天然力。举例说，如像利用蒸气的弹力性，去增高劳动的生产力，生产相对的剩余价值的。但是，像这样的天然力的利用，因为是一般资本所能够共通利用的东西的缘故，所以纵然他可以增高平均利润率，却也决不是一种可以替某个特定资本家继续的保证着超过利润的东西。至于那种当作天然的动力看的水力，那种只是限定在某一个特定地点上才可以被发见出来的水力，却和上面所说的情形不同，他不是可以用资本的力量造出来的东西。因为这个缘故，所以那些独占着这种天然的力的人，具有一种力量，可以妨害一般的资本都来利用这个天然力。因此，当一个资本家向他请求这个天然力的利用的许可的时候，打个比方说，他就是站在可以抽一种特税的地位的人；因为这个缘故，所以，哪怕由这种天然力的利用而生的超过利润是资本的生产进程当中被生产出来的，他也不能够归资本家所有，倒会归地主所有，这样一来，利润的一部分就变形成为地租了。在这时候，土地所有权那个东西，对于价值的增殖及超过利润的成立，都是没有一点直接的关系的。不管在那片土地上面有没有所有主，总而言之，利用着那片土地的资本家，是可以获得特定的超过利润的。土地所有权那种东西，只不过是一种法律上的权利，一种靠着把这种超过利润由资本家手里移到地主手里一件事，使他变形为地租的权利罢了。那种天然的自然土地本身，并不是由劳动造出来的东西，所以，无论他有怎样大的效用，他都是没有价值的。因此，这样的土地，无论他对于商品的生产有怎样大的功用，也决不会因为他有了功用的缘故就能够移转一点什么价值到商品上面去。土地所以能够具有特定的价格，只不过因为土地租变化成为资本（地租的资本化——陈）的缘故罢了。从这一层说来，土地的价格是一种和我们在次章要说的虚拟资本的性质相同的东西。

凡是照上面所述的事情，在同一的生产部门内成立了不均等的利润率，结局，弄得在某种资本上面发生了超过利润，并且，这种超过利润（的全部或一部分）变形成为地租的时候，我们就把这种地租叫作等差地租。

我们前面在第十二章第二节里面，曾经把日本国内的纺织诸公司的分红表，当作同一生产部门里面的种种个别资本所获得的不均等利润的一个实例揭载过了。现在我们再拿那个表看看。第一我们一眼就可以看见的，就是在大体上，生产规模越大的越可以获得大的利益一件事，及兼营着织布业的公司比起不兼营的公司会得较大的利益一件事，一共两件事。这两件事情，因为都是和资本本身相关的事情，所以，他们断不能够有什么原因可以保证他们去妨害别的在同一的生产部门内的一切资本也用同样的方式被投放在生产事业上去。宁肯说，资本相互的竞争，倒反有一种倾向继续不断的想把根据这种事由而来的生产条件的差异消减了去。简单说来，这种生产上的长处，只是一种可以用资本的力量生产出来的东西罢了。因为是这样，所以由那种长处发生出来的较多的利润，也会归资本家所得。至于上面设立着有工场的土地的位置那种东西，情形却不相同；他原是一个难于变动的天然的条件。纺织工场的位置，第一要以便于原料棉花的输送一件事为条件，从这一层说来，在日本，神户，大阪，名古屋等等输入商港是有这种长处的。第二，要以便于制成品的输送一件事为条件，所以，如果那种制成品是预备在日本国内的，那末，大阪，名古屋和歌山等等棉纱消费的中心地附近一带就具有这种长处。第三，便于获得动力的土地也是有一种特殊的长处的。如像钟渊纺织公司的三池工场，就因为他是建筑在煤矿矿层上面的缘故，在这方面占着一种理想的地点。总之，在工业上，虽然情形和在农业上不同，是不以土地丰饶的程度如何一件事为问题的，然而，工业所在的土地的位置如何一件事，在生产物的生产工费上面，却可以发生不少的影响，因此，对于那事业所能够获得的利得的上面，也可以生出不少的影响。但是，因为土地的位置如何，这种事，本是一种不能够用资本的力量创造出来的天然的条件，所以，那部分由这种条件生出来的超过利得，也就不归资本家所得，倒走进地主的怀中；因此，只要是在公司本身没有土地的范围内，这部分的超过利得就不应该被包含在前面揭载的红利表上的利润当中了。

前面已经说过，超过利润变形为地租，这件事，是在一切的生产部门里面都可以发生的。但是，这件事最被置重，还是在农业里面。为什么呢？因为，土地这东西在农业里面是一种最主要的生产要素的缘故。举例说，哪怕同是投放一百万元的资本，拿农业比起工业时，这种资本所必需的土地的面积却是要特别多些的。因为这种理由，所以我们在下面所述，都是以农业为主。

等差地租这东西，第一就是由那种生产物的差额——一种靠着那些在同一面积的不同的土地上面的同一分量的资本的使用而来的生产物的差额——成立的。所以，就农业上说，他就是因为同一农业部门内的劳动的生产力上面有了相对的差异的缘故才生出来的，因此，他和劳动的生产力的绝对的增减是毫无关系的。举例说，如果劳动的生产力一般的增加起来，那就会变得，可以一般的用同一分量的劳动，一般的生产出较多的生产物出来，所以，结局只不过会使那种生产物的价值跌落下去罢了。等差地租的发生，只限于下面这样的时候：一部分的资本家所利用着的某种有利的天然的条件，本是附随在特定的土地的上面的，并且，又因为归了这个特定的土地的所有人的缘故，现在不能够被普及到同业者（同一部门内的资本家——陈）去的时候。李嘉朵所以把土地所具有的天然的条件的差异，作为地租发生的第一条件，就是因为这个缘故。

用在同一面积的种种不同的土地上面的同一分量的资本，为什么会发生不同的结果呢？若抛开资本的关系不计，只就其他的关系来说，那末，独立的一般的原因，就是土地的富饶程度（肥度——陈）及位置两种东西。但是，这两种原因却不必一定是常常并行着的东西。就是说，可以发生这种事：某种土地虽然占着极便利的位置，然而土性却极瘦瘠，在另一方面，别的土地占着极不便利的位置，然而地皮却极肥饶。因为这个缘故，所以土地的开垦，决不是一定会按着先垦肥地，后开瘦地的顺序，去进行的。不仅这样，就是位置的便否，这件事，也是因种种关系，举例说，如像随着交通机关的发达，而有变化的。同样，土地的丰饶程度，也可随着那些被种植的植物的种类的变化或耕作技术上的变化而有变动的。因为这个缘故，所以，土地的丰饶程度和位置这两件事，虽然是土地的客观的性质，然而在经济上的土地的等级那种东西，却不是纯然由这两个原因决定着的，他除此之外还被种种的社会的事情所影响。

现在我们且把土地的位置问题放下不管，专就土地的丰饶程度和等差地租的关系，考察考察罢。在这时候，我们假定着，有个摆在我们面前的农业上的发达阶段，并且假定着，土地的等级就是在这个发达阶段上被决定着的。现在，在这种假定之下，如果同一面积的（举例说，如像一亩的）的五种土地 A，B，C，D，E 上面，各被投放了五十元的资本，这五种土地上面的收成是 10 石，12 石，14 石，16 石，18 石等等不同的分量。又，如果平均利润率是百分之二十，因此，和五十元资本加上十元的利润相等的数目 60，也成了最劣等地 A 上面的总生产物 10 石的生产价格，那末，每一石的生产价格就是六元。在这样的情形下面，在 A 这种土地上面，虽然不会发生无论什么种类的地租，但是，在 B，C，D，E 等等上面，却会发生一种随着土地的优良程度而增加着的地租。土地越好，所生的地租也越多，这种地租额，在这时候，就是 12 元，24 元，36 元，48 元等等。

我们在前面已经注意说过，我们的研究是以对于一切资本的平均利润为前提的，因此，也就是假定着，一切生产物都是照生产价格被贩卖着的。这件事，我们要始终记在心上才行。在现实上，哪怕同是投放在最劣等的土地 A 上面的资本，也可以随着他们的生产条件的不同——被利用的土地，同是最劣的土地 A，所以在关于土地本身的范围内，他们在生产条件，原是相同的，但是其他的生产条件，如像生产规模的大小，等等东西，却可以发生许多的差异——得着种种不同的利润的。因此，就是在这些同是用在最劣等的土地 A 上面的资本当中，也有可以得着平均率以上的利润的，也有只能得着平均以下的利润的。但是，因为我们现在只是拿关于土地的生产条件的差异为问题，所以我们把其他一切生产条件上的差异，都舍弃不管。我们在这里所认为研究对象的东西，除了关于土地这一层以外，全然是以那种具有平均的生产条件的资本为限的。换句话说，在目前，只有平均利润以上的超过利润，才成为我们的问题。

我们的研究，无论前后，始终都是用这种分析方法的。不过，因为关于地租的考察，这种方法所具有重大意义往往会被人看落了去，所以我们特特的在这里附带着从新提起来说。

像这样，由同一面积的不同的土地上面的同量资本的使用而得的收益的差额，便构成一种地租。这种地租，我们叫作等差地租的第一形态，拿来和后面所述的等差地租的第二形态相区别，这就是说，和那种由新加资本——渐次追加的新被投放在同一土地上面的新加资本——的收益的差异而来的地租相区别。

关于上述的等差地租的第一形态，从来就有一种说法，不但是李嘉朵并其他学者所主张，并且还是现今许多人所赞同的。这不是别的，就是，土地的利用是一天一天的向着越发劣等的土地扩张着的，因此，在农业里面的劳动的生产力是继续不断的逐渐递减下去的，一件事。但是，在事实上，土地利用的顺序，并不照这种说法一样，有一定的顺序的。有时还可以有和这种说法恰相反对的事实。试再拿前面所举的那个例子来说罢。举例说，在最初只有A种土地被利用着的时候，如果需求超过了供给，那末，每一石生产物的价格就会涨到六元以上去。但是，如果新有B种土地被利用起来，并且，因为这种新利用的缘故，使需求和供给仍然回复到可以保持着平衡的状态上面去，那末，价格当然也就会回到顺常的状态，仍然变成照前一样，每石六元了。然而，在B这方面，因为照前面的假定，他本是拿50元的资本生产12石的土地，所以在B上面就会发生12元的超过利润，这个利润就会变形为地租了。这种情形，在C，D，E等等种类的土地被利用了的时候，也还是一样的。这样的现象，在土地利用的范围被扩张了的时候，在那种因着偶然的关系，比较丰饶的土地被开垦了的时候，常常都是会发生出来的。这就是说，无论是在优等地先被利用，后来随着需要的增加，劣等地才被利用的时候，或是在劣等地先被利用优等地要等到需要增加了之后才被利用的时候，都可以同样的适用等差地租的理论，并不会在这个理论上发生什么变化。因为，只要在劣等地A上面所生产的东西是必须拿去供全体的需要的东西，市场价格就决没有常常跌落到每石六元以下的道理，所以耕作扩张的顺序也就不能够对于等差地租的上面，发生影响了。不过，如果一种比A还好的土地，如像C种土地变成了生产价格的计算的标准，如果以C这种土地为标准，被计算出来的生产价格（一种等于在那土地的费用价格上面添加了平均利润的东西）规定着市场价格，那末，在C以下的等级的土地，就是说，在B及A两种土地里面，就会得不着平均利润（我们在前已经说过，我们在这里的研究，常常是以平均利润为前提的），所以原来被投在A和B里面的资本就会被提出去，因此，C这种土地也就不会特别发生利润了。但是，在这时候，如果那种比C还更优等的土地D是和C同时被耕作着的，那末，D的上面却可以发生特定的等差地租。从以上的说明看来，我们就可以知道，第一形态的等差地租这种东西，是不管土地利用范围的扩张的样式如何，无论是在生产物的价格没有变化的时候，或是在生产物价格跌落的时候，或是在生产物价格涨高的时候，都同样可以成立的了。所以，那种把地租的发生，认为必定是和生产物的价格的腾贵相伴的东西的说法，完全是一个误解。总而言之，这样的地租的成立条件，结局只不过是那种被投放在同面积不同种类的土地上面的同一分量的资本所招致的收益上的差异罢了。有了这种差异的时候，只要优等土地的面积不是无制限的，只要因此能够使劣等土地上的生产价格制御着市场价格，那末，优等土地的超过利润就一定会变形为地租。因为这个缘故，所以凡是在有了等差地租的时候，生产物的市场价格的总计，总常常是超过他的个别的生产价格的总计的。这就是那种在资本家的生产上基础上面行着的竞争对于价值实现一件事上面所招致的主要的modification（变化）之一。

李嘉朵曾经在他把土地所具的天然的条件的差异作为土租发生的第一条件之后，更把收益递减的法则，作为地租发生这件事的第二条件。理由是这样：一个农业经营人，在他增加他所使用的资本的分量的时候，并不必一定要同时把他所使用的土地的面积扩张起来，只要他能够单把他投放在同一面积的土地上面的资本的分量增加起来，也就可以把他的生产物的分量增加下去的。不过，因为一切土地上面，都行着有“收益递减的法则”（law of decreasing returns），所以，无论是怎样优良的土地，从他上面所生的收获，也不限定是可以随着用在他上面的资本的增加的比例而增加的。换句话说，那种靠着用追加的形式被投放到同一面积的土地上面的“新加资本”而得的“新加收获”，一旦达到某种程度之后，和资本的分量的增加比较起来，在相对的关系上，倒反会渐渐的减少下去。（在一切物件配合的比例关系上面，都存着有某种理想的标准，因此，如果只把那两种应该被配合的东西当中的一方面增加上去，他的结果就会变得，随着这种一方面的增加，和比例关系理想的标准越发离开，所以，所预期的效果也会在相对的关系上减少进来。这个道理，是一种叫作 law of proportionality（比例法）的一般的法则。我们现在说着的收益递减的法则，就是这种一般的法则的一个特殊的适用。）因为这个缘故，所以李嘉朵就把那个由这种原因生出来的收益的递减——靠着同量的资本的使用而得的收益的递减——当成地租发生的第二原因。

我们在前面，曾经假定过，在面积各一亩的五种土地 A，B，C，D，E 的上面，各被投放着 50 元的资本，他们的收获是 10 石，12 石，14 石，16 石，18 石。在这时候所生的这样的收获的差额，只是在一种特定的前提——就是说，A，B，C 等等土地的丰饶的程度虽不相同，但是，在他们上面却都是只被投放着同一分量的资本（50 元），那种前提——之下所生的差额。但是，在实际上，土地越是丰饶，在他上面越会多被投放着一些资本。不过，只要土地上面行着有收益递减法则，那土地上面的收获，就决不和被投放的资本的增加而实行增加的。举例说，纵然把最优的土地上面所投放的资本，加上一倍——即是说，纵然于先前的五十元之外，更加上50元——他的新添加出来的收获，也决不会和先前的收获一样，同是18石，倒恐怕不过是16石罢了。又，如果更进一步，再顺次的添加上去，每一回添加50元，那末，由这些顺次添加的资本而生的新添的收获，恐怕会只是14石，12石，10石等等数目罢了。在这样的时候，那种最后被投放下去的资本，哪怕是被使用在优等地上面的，也决不会负担什么地租。但是第一的资本，却会变成发生了8石的地租，第二的资本6石，第三的资本4石，第四的资本2石，各各发生了地租，这些地租就是我们所说的第二形态的等差地租。这样一来，E这种最良的土地的地租，就会变成20石（8+6+4+2）了。

现在，我们把那些在这样的条件下面生出来的地租（就是说，那种根据同一土地上的逐次新添的资本所生的收益的差异而来的地租），叫作等差地租的第二形态。等差地租这东西，无论他是属于第一形态的或是属于第二形态的，总之，在他们都是根据那种被投放在同一面积的土地上面的同一分量的资本的收益之差而来的东西，这件事上面，却完全是相同的。不过，因为一切地租都是在土地的租赁契约成立的时候被确定出来的东西，所以那些到后来才从新添加下去的新添资本所招致的超过利润，在原先的契约继续有效的范围内，总是不归地主所有，倒只归到那种充当着土地利用人的资本家手里去。所以，从这一层看来，由第二的原因生出来的超过利润要想变形为地租，比起由第一的原因生来的超过利润，要格外困难些。这就是等差地租的两种形态上的差异。

李嘉朵关于这个第二形态的地租，只承认了收益随着资本的增加而递减下去的时候的地租，并且，他对于第一形态和第二形态之间的关系的说明，也是一种极其简单的东西。但是，在事实上，不但新添资本的收益不限定必会减少，并且等差地租的两种形态之间的互相关系，又是极其复杂的。因此，我们认为，关于这件事，至少总得分成下面种种区别：第一，新添加的资本被投放了，这件事的结果，可以分为生产价格跌落下去的时候，涨高上来的时候及毫不变更的时候，三种。第二，无论在这三种时候的那一种里面，第二次的投资的收益，如果和第一次的投资的收益比较起来，也不能不更分成减少了的时候，增加了的时候和不变的时候，三种。关于这些一切的可能的时候的结果，马克思在《资本论》里面，考究得很详细，现在我们且略去不说罢。如果只把他的考究的结论，简单的约为几句要紧的话（只要除开下面这种时候——因为对于土地的投资增加了的缘故，比较优良的土地上的投资增加，把市场价格弄低了，那些最劣等的土地 A 受不住这种市场价格的压迫，竟被驱逐到竞争圈外去，因此那种比优良的土地如像土地 B，就从新起来借替着 A 的地位，因此，土地 B 上面也就变得不发生地租，这种时候——来说），就是这样：从一般说来，被投放在土地上面的资本越大，每一个特定面积上的地租并一切土地上所生的地租的总额，两种东西，也会越发加大，资本家阶级所不能不当作超过利润的变形物，交付给地主阶级的地租，当然也是会越发增大的。

第三节　绝对地租　(Absolute Grundrente)

我们在以上考察等差地租的时候，是拿被利用着的最劣等的土地常常都是不发生什么地租的土地一件事为前提的。但是，要知道，像这样的前提，在资本家的社会里面，无论如何，也是不能够被实现出来的。为什么呢？因为那些把土地据为私有的地主们，决不肯不索代价就答应别人去使用他们的土地（除开了土地的继续利用可以增加或维持土地的生产力，这一种理由不说外）。但是，如果就是那些现被利用着的土地当中最劣等的土地，在事实上，为使用他的缘故，也不能不支付特定的价值，那末，生产物的价格，就不得不是一种等于在最劣等的土地上面的生产价格之上加上了那种土地的地租的东西了。这件事，虽然会和我们在前节所说的假定——即是说，生产物的市场价格是被最劣等的土地上面的生产价格所规定的，那种假定——相冲突，但是，这个冲突对于等差地租的原理本身，却不会发生什么变化。为什么呢？因为，如果在最不利益的条件下面生产出来的生产物的价格，涨高到了一种等于在他的生产价格上面添加了特定的地租的东西的价格，那末，那个涨高了的价格就会规定着一般市场的价格，所以那些在较好的条件下而生产出来的生产物的价格也会随着涨高起来，因此，那种根据土地的生产条件的差异而来的超过利润的等差，也就会变成和前节所说的相同了。因为这个缘故，所以当我们为分析的便利起见，先把等差地租考察的时候，纵然把最劣等的土地的地租暂时不管，也不妨事。不过，要知道，这件事，同时就是表示着，除了上节所述的等差地租之外，还有一种属于和他毫无关系的侍类的地租存在着。我们把这一种地租叫作绝对地租。

绝对地租这东西，并不是一切生产部门当中都可以成立的。他的成立只限于农业部门。不消说，无论什么土地，若不出代价，就不能够随便拿来供我们的使用，这件事，并不限于农业部门，就是在工业部门里面也是一样的。不过，在工业部门里面，资本可以被累积在同一面积的土地之上，可以累积到一个非常的程度——直到最后添加上去的资本不负担一点地租的程度。因为这个缘故，所以虽然不会有一个毫不发生地租的土地，但是，这些地租，却会靠着变形成为第二形态的等差地租的缘故，对于最后添加的资本，叫他免除地租的负担，因此，也就可以他的生产物的价格，停在生产价格（在费用价格上面加上平均利润的东西）的限度里面。这时候的地租，是由那种在比较优良的条件——比起最后添加的部分的资本的生产物还优良些的条件——下面生产出来的生产物负担着的。在农业部门里面，情形却不是这样。我们在下段就要说明他。

我们在前一节的开头地方，曾经特别提起了竞争和利润率的关系，曾说明过，在同一生产部门内部的竞争和在种种不同的生产部门之间的竞争，两种东西的结果是不相同的。现在我们正要说明的绝对地租，就是和在种种不同的生产部门之间的竞争有关系的问题。

前面已经说过，只要各种生产部门间行着竞争，因此，只要资本能够自由的由一个部门移出或移入到另一个部门去，资本就应该继续不断的离开利润低的部门，移到利润高的部门里去，所以在某种特定生产部门里面所投放的诸资本的平均利润，决不能够继续的升到一种比别的部门的平均利润还高的高率里面去。（一个生产部门内部的个别资本，虽然是会随他们的生产条件的不同，或是获得平均以上的利润，或是只获得平均以下的利润，但是，把这些个别资本的利润率平均起来的东西，即一个生产部门内的平均利润率那种东西，却不得不和别的种种生产部门内的平均率相等。）这样一来，一切生产部门的生产物就都不能不以他的生产价格（即等于在资本费用上添加了一般的平均利润的东西）为市场价格了。

但是，唯独在农业部门里面，情形却不相同。农产物的市场价格的高低是会跟着那种等于最劣等的生产价格上添加了某种物件（即绝对地租）的东西的高度而决定的。这件事情就是含着下面这么一个意思的：社会总资本的全般的竞争，现今正依某种的理由，被农业部门限制着。因为有了这件事情的缘故，所以，在农业部门里面，情形和在其他的生产部门里面不同，在这里会生产出一些比一般的平均利润还高的特殊的剩余价值来，并且，这些剩余价值还不会混合在一般的平均利润的构成分子里面去，倒只是停在农业部门本身的内部里面，因此就变形成为当作地主的所得看的地租了。那末，现在要问，这样的事怎样会可能呢?

理由是这样。在农业部门里面的资本的构成，比起工业部门里面，要较低级些，在全部的资本当中，可变资本部分（那些拿来供购买劳动力即支付工资的部分）在相对的关系上占着较多的比例（成数），所以在他对于全部的资本额（可变资本和不变资本的合计）的比例上，在农业部门里面就会生产着比较多的剩余价值出来。（因为剩余价值只是从雇用劳动者的剩余劳动出来，因此，也就是只生产在那种拿来供赎买劳动之用的部分的资本上面。）这是第一的事情。但是一切劳动的生产力的增加，都是含着有生产手段——那种被特定的劳动弄得变形成为生产物的生产手段——的分量的增加的意思的，因此，也都是会把资本的构成弄高级起来的（换别句话说，就是，会把全部资本当中的那些拿去供赎买生产手段之用的部分即不变资本的比例，加多起来，把那些拿去供赎买劳动力之用的部分即可变资本的比例，减少下去）。所以，上面所说的在农业部门里面的资本的平均构成较为低级，这件事，就等于说，在农业部门里面的劳动的生产力的发展，比起在其余的生产部门里面，要比较落后一点了。

但是，纵然假定在农业部门里面被生产出来的剩余价值，依据上述的理由，会是一种在平均的剩余价值率以上的东西，然而，只要资本对于各生产部门间的移出和移入是完全自由的，那样的超出平均率以上的剩余价值从道理上说来，也还是应该被平均到一切的生产诸部门里面去，应该混合到一般的平均利润的构成分子当中去的，就只因为有一种东西妨害着他的混合。这东西不是别的，就是土地的所有权。这种土地所有权就变成绝对地租的发生这件事的第二的条件。因为在土地上面有了这样的所有权的缘故，在这种对于同一分量的资本需要比较多量的土地面积的农业部门里面（我们不要把农业的这种技术的特征看掉才行），就会防止着某种程序以上的资本的自由移入，因此，也就会同时防止着他的生产物的价格跌落到最劣等土地上面的生产价格去，结局就会在农业部门的全体里面，保留着一种一般的超过利得——一种不根据土地种类的等差及新添资本所生收益的等差两种当中的无论那一种等差而来的超过利得，换句话说，就是不属于等差地租的超过利得——这种超过利得就会变形成为绝对地租。

在这时候我们要特别注意的，是这件事：当着使用同额的资本时候，在农业里面，比起工业，一定要多需用一些土地面积，一件事。在工业里面，土地这东西，只不过供给一种地盘，一种为实行生产的缘故而存在着的地盘罢了。因此，在那种资本构成其高级的工业部门（举例说，如像造船业）里面，只须在仅少的面积的土地上面，就可以行着莫大的资本的运用。在农业里面却不然，因为，在这里的土地，是当作一种生产要素，扮演着顶重大的角色（任务——陈）的东西的缘故。所以，如果要想增加那些被运用的资本的分量，就不得不用一种比在工业里面还要特别加急的速度，把土地的面积扩大起来。所谓收益递减的法则，虽是对于无论那一种生产部门都实行着的东西，但是，因为土地和其余的生产要素之间的理想的比例——这种比例一旦破坏了时候，收益就递减下去——是随生产部门的不同而有变动的，所以，在农业里面，土地这东西就会要求着最多的比例。因为这个缘故，所以，那些被投放在同一面积上的资本额，在农业里面，比起在工业里面，要特别的少得多。土地所有权所以特特会对于农业部门，妨害自由的投资，就是根据这样的理由而来的。不消说，对于工业上的投资，土地所有权这东西，也还是行着一种妨害的。在资本家的社会里面，并没有一片无主的土地，无论是经营农业，无论是经营工业，都决不会有不须报酬就能够使用土地的例子的。但是，要知道，到了已经支付了地租把土地租进手来之后，那就无论在土地上面投放多少分量的资本，租进土地的人也应该是有他的自由的。不过，在农业上，却因为一种技术上的关系，不能够把一种和在工业里面相等的程度的资本，投放在特定的面积的土地上去。因为这个缘故，所以，在工业里面，那些新添加的资本的最后部分可以不负担地租（换句话说，就是，可以对于同一面积的土地上面，投放多量的资本，一直投放到新添资本的最后的部分全然不负担地租的程度为止）。在农业部门里面却不然，一切资本的部分，至少都非负担绝对地租不可。

这样一来，农产物的市场价格，就会因为农业部门里面的资本的构成比起社会总资本的构成要低级一点的缘故——换句话说，因为在对于资本的相对的关系上虽然在这里可以生产较多的剩余价值，但是，这种剩余价值却又因着资本相互的竞争的关系，不能不对于其他的诸部门的资本，平等的分配出去，这件事的缘故——会在价值以下被决定着。但是，这种市场价格同时又因为不能不负担绝对地租的缘故——换句话说，因为在农业部门所生产的剩余价值的超过部分的一部分，不被分配给其他生产部门的资本家，倒不能不献给地主阶级的缘故——会在生产价格以上被决定着。

李嘉朵全然把绝对地租看落了。因为这个缘故，所以他那种极有名的命题里面，虽然含着有“谷价的涨高并不是因为支付了地租的缘故，倒反是因为谷价涨高了所以才支付地租；纵然地主把他们应得的地租的全部都抛弃不收，谷物的价格也决不会因此就跌落了下去的”，这样一个意思，但是，这种意思却只能对于等差地租适用有效。至于绝对地租，情形却不相同，他的存在——这就是说，土地所有权这种防壁的存在——却是形成着一种把农产物的市场价格抬高到最劣等的土地上的生产价格以上去的原因。

第十六章　金融资本　(Finanzkapital)

第一节　股份公司的勃兴

我们在以上各章里面，常常都是以自由竞争为前提。但是，自由竞争这东西，到了资本家的生产的最高的发展阶段上，却会变化为他的反对物，即变为独占。同时，又会发生一种叫作金融资本的新种类的资本出来，变得使这种新资本在经济界占着支配的势力（压倒一切，制御一切的势力。——陈）。我们在本章所要研究的，就是在这样的资本主义的最后阶段上的种种情势。

在一些和金融资本有不可离的关系的东西当中，我们应该特别注意的，是股份公司的组织和当作信用机关看的银行，两种东西。我们先就前一个东西说罢。

股份公司的组织一般的被采用了，这件事，就是在资本家的生产的先进国英吉利里面，也还是 1862 年有限责任制（当股东的只负担特定的有限责任的制度——陈）被采用了以后的事。但是，到了今天，这个组织的压倒一切的势力，却已变成资本家的诸国家里面所共具有的现象之一了。举例说，照美国 1914 年的 Census（国情调查，日本普通都把这个写译成“国势调查”，似乎也可以使用。这个字是指一国内的关于全国的政治经济及社会情势的统计调查，说的。——陈）看来，被雇用劳动者总数的百分之八十零二（80.2%）都是被股份公司雇用着。又，股份公司的生产物，拿矿产物说，占了全体的矿产物的 91.4%，拿工产物说，占了全体的 81.9%，拿银行说，他的资力的 99%也都是在股份公司手里。（据上田贞次郎的《股份公司对于现代社会生活所加的影响》一书的引用。）在日本，因为资本家的生产的发展所受的国际情形的影响，比所受的国内的事情的影响还要多些的缘故，所以股份公司的组织，也是在一千八百七十年代的明治开国维新之际，就从外国输入到国内来了。不过，股份公司的最显著的发达，仍然还是到了近年以来的事。在 1923 年，股份公司的总数，达到了 20,726 个，这些股份公司已经缴纳的资本金共计达到百亿（百万万——陈）元以上。（据日本银行（日本的中央银行——陈）的调查）。

股份公司这东西，有两个大特征：第一的特征就是他把事业的经营和资本的属有这两件东西，分解起来，把那个当作"资本的使用人"（the employer of capital）看的企业资本家变成一个和当作"单纯的资本所有人"（the mere owner of capital）或无机能的资本家看的放利资本家相接近的人，一件事。那种分给股份公司的股东的红利，现今虽普通的被认为是企业人利得的一种，但是，在实际上，所谓股东这种人，完全是和普通的"企业资本家"（fungierendes Kapitalist）不同性质的，他们只不过供给着资本罢了，事业的经营完全任由所谓董事们及高级使用人去做，他们并没有自己干着。诚然，他们既然为企业经营的缘故，把自己的资本，供给出去，他们当然就是负担着那种和企业经营相伴而来的危险的人。所以，从这一层看来，他们和那些放利资本家——那些可以用预先定下契约约定利率的方法，把将来所应该得的利益，预先决定着的放利资本家——在性质上是完全不相同的。但是，要知道，他们和放利资本家之间的这种差别，却已因为股份公司在现今有了那种叫作“资本的动员”或“资本的动化”（Mobilisierung des Kapitals）的特征的缘故，更加减少了。这里所谓资本的动员，是指着资本采取着一种叫作股票的有价票据的形态，这种股票的卖买已离开企业的本身独立的实行着，因此，股东的资本，也具有一种可以和被投放在企业里面的资本的周转毫不相干，并可以随时被收回来的性质，一件事，说的。普通的企业人却不然，只要他继续行着企业，他就不能够把他已经固定在那企业里面的资本，随时任意收回去的。举例说，产业资本虽是采用着

$$G—W\begin{cases}Pm\\A\end{cases}\cdots P\cdots W'—G'$$

的循环进程的东西，但是，那种在生产进程上现被利用着的生产手段当中具有固定资本的性质部分，因为是可以供许多次的生产进程之用的东西的缘故，所以，只有这部分资本当中的一小部分的价值才会从上面所说那种一次的循环被收回来，其余的大部分的价值却是要很久很久的被固定在生产界中，不能动弹的。因为这个缘故，所以那些一旦把资本固定到这样状态下的资本家，除了把他们的企业全体整个的卖出去一个方法之外，断然没有别的法子可以很快的把他们的资本的全部收回来。不消说，这种情形在企业采用着股份公司的形态的时候也是一样的。但是，若从每个股东的立场说来，情形却不相同，因为他可以用一种把股票献给别人的方法，随时收回他自己的资本。这件事，就是股份公司的股东在他几乎丧失完了当作企业资本家看的实力以后，所受着的特种的便利，所以他可以说是损益互相抵偿的东西。因为，他在设立公司的时候所投放的倾

向资本，虽已经变形成为生产资本，构成着那些属于公司所有的建筑物，机器，原料等等东西的某种可除部分，但是，他对于这些部分当中的无论那一部分，却也不能够用一种主张自己的所有权的方法，去行自由的处分。这样一来，某一个股东所供给的资本，都因为和其他一切的股东所供给的资本合成一体的缘故，变成了当作一个法人——一个和这些股东们分离主成为独立的人格的法人——看的公司的财产。因此，这些股东，就变得，在事实上失掉了对于他们自己所供给的资本的所有权，同时，却又作为这种丧失的代价，取得一种新的权利——一种对于公司的事业上面所生的利润，要求他按照他们自己所有股份的多少，实行比例的分红的权利——了。在这时，他们所能够自由处分的东西，只不过那种靠他们的股票被表示着的收益权罢了。因为这个缘故，所以，股票的卖买这件事，就变得可以和那些实行担当着种种现实的机能的公司资本本身毫不相干的，被实行着，因此，也就是可以任由股东的意思，无论在什么时候，都被实行着了。

到了股份公司的组织行得很普遍的时候，就是小有资本的人们，如像被人雇用的劳动者，也可以用努力节省积蓄的方法，购买特定的股票，当一个股东。因为是这样，所以，有一些只看表面现象的人们，就把股东公司的组织，看成一种可以使一切的人都有获得资本家的地位——充当产业资本家或商业资本家的地位——的可能性的东西。但是，在实际上却不是那样；宁肯说，股份公司的组织这东西，只不过是在社会关系上集中一切资本的时候所用的一个有力的方法，一种靠他去把各个产业资本家手里的资本的所有权，在事实上剥夺了去，把各个产业资本家的资本集合起来成为更大分量的资本的方法，罢了。在从前，劳动者们随着资本家的生产的成立，被产业资本夺去了他们对于生产手段的所有权，到现在，那个同一的进程的连续发展的结果，却又弄得连产业资本家本身，也随股份公司的组织的普及，被股份公司把他们对于资本的实际的所有权也同样剥夺去了。“这就是资本家的生产方法本身的界限内的那种当作私有财产看的资本的自己抛弃。”（《资本论》第三卷，德国版，第一册，423页）总之，这不过就是那种被包含在资本主义的发展本身当中的资本主义的自坏作用之一，并且是表示着“他向着一个新的形态走的推移点”（Uebergangspunkt zueiner neuen Produktionsform）的东西。（请参看拙著《社会问题研究》第四十册所载“关于生产手段的所有权的睡眠，当作资本主义的自坏作用之一看的，被包含在资本家的企业的内部的社会主义制的发展”。）

不消说，要想使股票的卖买能够自由的实行，就必须得要拿股票市场的存在这件事为必须的前提。这就是说，有一种股票交易所的存在，各种股票的市价每天都在那里被决定着，因此，股票的所有人，无论何时，只要他需要现款的时候，就可以不必经过讲定价钱等等繁重的程序，很容易的，就拿适当的价格把自己的股票卖出去——使股票交易所在这样的情形这之下存在着，一件事，就是那种和股份公司的组织相伴随着的资本动员的条件。因为这个缘故，所以，股份公司的发达一定都同时相伴着股票交易所的发达。

既然这种对于股票的投资，依据上述的理由，变得差不多和那种当作生利资本看的投资具有同一的性质，所以那些生利资本——那些原本当作一种用特定的利率被借出去的资本，相互的竞争着投资的生利资本——虽然一面还是依然保持着他当作生利资本看的性质，然而同时却又于原来那种借出之外，被利用到对于股票的投资上面去了。简单说，那些具有生利资本的性质的东西，变得能够在对于股票的投资上面，行一种竞争了。这种竞争的结果自然会把股票的价格，弄得和一种把他的红利当成利息来做基础，把他本身换算为放利资本的时候的价格相接近，因此，也就会把那种对于股份公司的股东的“红利”（Dividende，dividend），从他对于股票的价格的关系上说来，弄得跌落到差不多和生利资本的利息相等的比率上了。这样一来，股份公司的组织越发普及，换句话说，产业资本及商业资本越发股份公司（化为股份公司的组织——陈），那末，企业人利得（所得的利益——陈）的性质也就会越发和利息相接近。我们现在把这件事叫作“随着股份公司的发展而来的企业人们利得的利息化的倾向”。

利润和利息的关系，自资本家的生产成立以来，可以看成约莫经了三段的变化。在第一期里面，因为经营产业的人常常都同时是供给资本的人的缘故。企业人利润和利息两种东西还没有明白区分出来。这就是旧派经济学所以常常把“利润”（profit）和“利息”（interest）看成同一样东西的理由。但是，到了第二期的时候，因为资本信用发达起来了的缘故，那些经营产业的人们，从普通说都不但使用自己的资本，并且还向别人借入资本，由自己负担责任拿去利用。因为这个缘故，所以如像破黎（Pohle）（堀经夫译的《资本主义及社会主义》，5 页）那样的人，竟至于拿利用别人的资本一件事，为企业的一个特征。但是，到了这种事情变为一般普通的状况的时候，企业人利润和利息就会变得互相对立起来，所以不但所谓利润和利息两种东西有了区别，并且还可以用各不相同的事情去说明两种东西的渊源了。这就是今日的经济学教科书上面普遍行着的观点。不过，照上段所述，一旦到了第三期的资本家的生产的最高的发展期时候，又因为股份公司这种企业组织的缘故，正把利润和利息弄成同一的东西了。至少总可以说，dividend（股份公司的红利）这个字，已经常常和 interest（利息）那个字毫无区别的互相换用着了。（Reeve，Modern Economy Tendencies，1921. p. 192.）

第二节　资本信用及银行

和金融资本有不可离开的关系的第二件东西，就是当作产业资本的供给人看的银行。我们在第四篇里面研究资本家的生产的总进程的时候，到以上各章为止，都是常常从个别资本的立场，去行了观察。换句话说，我们在本篇以上各章里面，都是说明了，个个的资本家怎样利用他们所有的资本，使剩余价值采用着种种的分裂形态，归为他们所得，一件事，因此，在那里，个个的资本家所得是以他们本已所有的资本的产物为限的。但是，信用的发达，渐渐的竟会可以把支配别人所有的资本这件事，弄成可能的事。到了资本主义的最后的阶段上面，这种信用的利用，竟扮演着极重要的脚色了。因为这个缘故，所以我们在这里应得把上面暂时舍弃不顾的信用问题，从新放进考虑范围之内。

那种根据自己的劳动而来的价值的蓄积，不是一种可以迅速实行起来的东西。价值的急速的积蓄，只有靠着榨取那种由许许多多的数目构成的别人的劳动，一件事，才会变成可能，也只有在这样的时候，资本才可以成立。但是，到现在，信用这东西，却更进一步，把那种可以拿去榨取别人的劳动的别人的资本的利用，也弄成可能了。

关于信用的自然发生的基础，我们在第一篇以下，已经在种种的地方随时发见过了。其中，最初发见出来的，是第二章第三节的b。我们在那里，已经看见，因为货币变成了支付手段的缘故，在商品贩卖人和商品赎买人之间，除了商品的买卖关系之外，成立了一种当作新的关系看的信用关系。因为这时候的信用是伴随着商品的流通而发生的东西，所以我们把他叫作“流通信用”（Zirkulationskredit）或商品信用。但是，到了资本家的生产已经盛行的时候，商品的买卖就会在社会全部上面化为一般的东西，因此，在资本家相互之间，那种根据商品的买卖而来的信用关系，也就会次第发展起来。诚然，这种信用，和后面所述的资本信用不同，并不是可以从新增加那些被运用的资本的分量的东西，但是，他在可以使资本家们相互之间的现金的使用大加节省，这一层上面，却是和金融上有不少的关系的。理由是这样，前面已经说过，产业资本是行下面这样形式的循环的：

$$G—W\begin{cases}A\\Pm\end{cases}\cdots P\cdots W'—G'$$

现在，我们把这种循环的第一段的G—W拿来看看，他是被分为G—A（货币—劳动力）及G—A（货币—生产手段）两种东西的；其中，关于G—A，虽然在工资的支付定为每星期支付一次的关系上，会使资本家和劳动者之间成立一种信用关系，但是，要知道，到了支付期日的工资的支付，常常总是要用现款的。这只因为劳动者无论如何，都不能不把他们的劳动力卖出去，换成货币，更拿这种货币，去购买他们在维持日常生活那件事上面所必需的生活资料的缘故罢了。至于G—Pm（货币—生产手段），情形却全然不是这样。为什么呢？因为，被买进来的生产手段，和劳动力不同，他只是别的资本家所生产的商品，所以，在这时候的交易里面，相互对立的人们，只是资本家和资本家。并且，这些生产手段，是具有这一种命运的：他们在被买了之后，即刻要可以走进生产进程去，在那里，靠着吸收活着的劳动的关系，变成一种具有比起以前还要大些的价值的商品W′，随即变而为G′（G+g）——即一种于本钱之外加上剩余价值的东西，仍然回到最初投放了资本的那个资本家的手里去。因为这个缘故，所以那个买了这些生产手段的资本家A，纵然对这些生产手段的卖主B，不即刻支付代价，只定一种到日后再行支付的契约，也不能不说这种契约的履行是比较很确实的东西。因此，所以在资本家A和资本家B之间就成立一种特定的信用关系了。现在我们进一步看看，如果这样的信用关系只限于A和B之间，那末，资本家B就变得不能不特特准备着一种恰恰和借给了A的那个数目相等的分量的货币，所以，从全体说来，就变成，货币这东西并不会因为有了这种信用的缘故，而有一点什么节省不用的好处。但是。如果A的契约能够被第三的资本家C同样的信任着，那末，B就可以把他对于A的货币请求权，让给C去，拿这种权利，从C赎买特定的商品。这时，如果C本身对于A又负有一种支付若干金额的倾向的债务，并拿这个债务和他新得着的债权相抵消，那末，A和B，B和C，C和A，三者之间的商品的买卖，就变得可以不用一点货币的媒介就实行起来了。像这样，流通于买卖着商品的人们之间的信用，就是所谓流通信用；这种信用的授受，明明是可以节省货币的使用的东西，所以在这样的范围内，信用就变成货币的代用物了。这就是说，这样的时候的信用，完全好像私人拿他的商品为担保，特特发行出来的一种倾向一样，所以信用又称为是一种可以使人把财产铸造为支付手段的东西（It is credit which enables men to coin property into means of payment. ——Loughlin，money，p. 79）。

流通信用当作货币的代用物流通着的范围越宽，他所能够抵消的债权债务的分量越多，因此，在互相抵消之后所需要的现款越少的时候，前面所述的流通信用那种机能，也就会越发显著。当作资本家阶级的共同的信用机关的银行的第一职分（职责——陈）就在使这种流通信用的机能越发加大起来，银行为要尽这种职分的缘故所采取的手段，就是大大的买收信用票据（原文系信用证券——陈）。银行靠着这种手段，第一，可以把信用票据集中在自己的手里，使他们去互相抵消。不消说，这种互相抵消的信用的分量越多，就越会可以使资本家阶级节省货币的使用。第二，银行一面从个个的资本家买收信用票据，同时又可以在另一方面，对资本家，授给自己的信用，藉此去增加信用的确实性。不消说，信用这东西是会随着他的确实性的增加而扩张他的流通的范围的，并且，随着信用的流通范围的扩张，那种货币的符标可以代替货币去行使的范围，也就会扩张起来。试看，中央银行的兑换券在本质虽然只不过是一个信用证券，然而到今日在许多的例子里面，都具有和金币同样的通用力，一件事，就可以知道上面说的道理是不错的。

银行靠着大大买收信用票据一件事，去增加信用的确实性，并扩张信用的互相抵消的范围，这件事，是照下面这样的方法实行着的：举例说，假定这里有一个拿着一千元的期票的人，这张期票的满期日是在两个月以后，并且他的利率是六分的时候，如果银行答应替这张期票贴现，那末，银行就可以扣除了两个月之间的利息，即是说，扣除十元，把那张期票买了进来。在这时候，如果那张期票的所有人即刻受了九百九十元，那就变成了这个人和银行之间行了一种期票和货币的交换。如果他不即刻领取现款，只是把这笔款项当作活期存款仍旧存在银行里面，这人就获得一种随时可以向银行取出这笔款子的权利。这样一来时，银行的存款就会变得，毫不增加一点现款的存放就增加了九百九十元的数目了。今日的活期存款的极大部分，都是用这种方法增加起来的。（东京，大阪，神户，京都，名古屋，横滨六个都市的加入银行交换所公会的银行里面所收受的现款和期票的比例，照拙著《金及信用和物价》那本书的附录里面所载的详细表看来，约莫是三成与七成之比。在美国纽约地方，现款存款，从很久以前，就只有总额的一分多一点了。）这就是说，所谓银行的存款，结局也只不过是银行所给的一种约定，承认他可以支付货币罢了，所以，这种银行存款也还是银行的信用。又，所谓借款人，也同样只不过是把一种私人的约定——一种承认支付自己或他人的信用即货币的私人的约定——用特定的贴现的折扣，拿去和银行的信用即银行的存款相交换罢了。这样一来，银行就因为把一个私人的信用拿来和银行的存款相交换的缘故，把信用的确实性弄强了。拿刚才举出的那个例来说，所谓借款人（即向银行请求贴现的人——陈），就因为要想利用九百九十元的金额的银行的信用的缘故，支付了十元的货币，以为使用料（使用的代价

——陈)。因为是这样，所以银行这东西，不单是把货币由有余裕的地方借了来，放给感觉不足的地方，并且还是以出卖自己的信用为他的主要的营业之一的。

今日的银行的活期存款，大抵都是由银行的放款而来的，这件事，已经在上面说过。现在我们进一步看看，所谓支票的情形如何。所谓支票，多半都是由那些在银行有这样的存款的人们对于银行发出的一种命令书，用来要求银行对于某一个特定的人支付特定的金额的东西。像这样的支票以及和支票相类似的“信用证券”(Cashier's check，bank draft，等等)，都是把他的信用基础放在银行存款上面的东西，所以，银行的信用所及势力范围越宽，这种东西也就越发会大大的当作一种支付手段，去代替货币之用。因为这个缘故，所以普通才会把他叫作“存款通用货币”(Deposit currency)。但是，在这里，银行的活动，不单是照上面所述，靠着增加的确实性的办法，去扩张信用的流通范围，并且也还会把信用的相互之间的抵消范围也扩张起来。理由是这样：前面所述的支票一类的东西，不单是会当一种支付手段，在各人的手里辗转流通，并且就是最后的时期，银行也很少有对这种支票支付现款的事。举例说，在A，B，C三人都在同一的银行有存款的时候，假定着，A对于B有千元的债务，B对于C有二千元的债务，C对于A有三千元的债务。如果在这时候，A，B，C三人都各用支票去支付他们的债务，并且各把他们所接受了的支票，存到同一的银行里面去，那末，银行就只须在A的存款账簿上加上两千元，B和C的存款账簿上各扣除一千元，就可以把一切的支付弄得清楚，并不必要支出一点现款了。又，即使这些支票各被存放在不同的银行去了，结果也还是一样的，并不须有现款的授受。因为在这时候，种种银行也可以恰恰和A，B，C，等等的个人在同一的银行发生存款关系一样，大家积合起来，造成一种他们在银行业务上所必要的特有机关即“期票交换所”（Clearing house）那种东西，经过这种机关，去把他们各银行相互之间的债务互相抵消了去，只把剩下来的账尾，用货币结算清楚，就行了。

以上所述的那种信用形态，前面已经说过，只是以商品流通前提的，还并不是一种以资本家的生产为前提的东西。但是，因为，如果资本家的生产发展起来，商品的生产和流通也就会随着发展起来，所以，这种信用也还是会随着渐渐发展起来，因此也就会变成一般资本家所利用的东西。不过，要知道，因为这种信用本是以商品的流通为基础的东西的缘故，所以利用他的人大抵都是商业资本家，因此，和这种信用直接发生关系的，也只限于“流通资本”（Zirkulationska cpital）。

但是，资本家的生产本身的发展，又会促成另外一种信用——和上面所述的完全不同俦类的另外一种信用——的成立。关于这种新发生的信用，我们前面在各章中，特别是在第三篇的种种地方，已经发见了他的自然发生的基础。这基础就是那种逼使货币资本要在他的所有主人的手边睡在睡眠状态当中的事情。其中最重要的是下面这几个：

1. 产业资本的生产物要当作商品在某种特定的时间当中停在流通界里面，这件事实，是可以成为一种使生产进程中断的原因的东西，所以，如果要想使生产进程不至于中断，产业资本家就得特别多预备一些资本放在那里。但是，这样一来，同时就变得常常使特定的资本不能不睡在睡眠状态中了。这是在第十章第一节曾经指摘过的。

2. 在产业资本家拿他的货币资本买进生产上面所必要的诸商品的时候，如果他不是一次就把所需的东西，整个的买完，那末，就会变得，其中有一部分仍然还是用货币的形态，睡在那里。这是第八章第一节，第九章第三节等处曾经略略说过的。

3. 固定资本的回收，是要在无数次的生产进程中，一部分一部分的收回来的，所以那些已经被收回了的部分，常常会用货币的形态，睡在那里，直到他的全部分都被收回之时为止。这是第九章第一节所指摘过的。

4. 和第三件事同样的事情，在利润的资本化——就是说，资本的积蓄——上面，亦会发生起来。这是第八章第二节里面曾经说过的。

那些因上面种种事情的缘故不能不用货币的形态睡在那里的资本，都会变成一种当成所谓 latenteskapital（潜在的资本），暂时不在现实关系上面发挥他那充当资本的机能的东西，所以自然就会发生一种计划出来，想把这种潜在的资本极力缩到最小限去，并且这种计划也就变成了信用那种东西的一个特别的职分。因为，哪怕是那些从某一个特定资本家看来，不能不睡在睡眠状态下的货币资本，也可以靠着信用关系，把他们移到别的资本家手里去，引他们到别的资本的循环进程当中，使他们在那里从实际上发挥他们的当作资本看的机能。我们把这种由上述关系而来的信用叫作“资本信用”（Kapitalkredit），拿来和前面所说的随着商品的买卖而生的所谓“流通信用”（Zirkulationakredit）相区别。

前面在第三章述说货币经理资本的时候，也曾说过，那些由上面所举的种种事情而生的，睡在睡眠状态下的资本，在最初的时候，都是被集中到交易所去，在那里寻找适当的投放地方，但是，到后来，经理这种资本的工作，大部分都被银行夺去了。这样一来，银行的第二的职分就发生了。这就是说，由上种种事情生出来的睡眠资本，变得渐渐被集中到银行里去，同时，随着银行的发展，从别的方面，也有许多种类的资本流到银行里来。第一，放利资本家，换句话说，那些原来靠着自己本身把货币资本借给别人使用，从中取得利息的人们，现在变成，把货币资本存入银行，让银行去办出借资本的事了。第二，不单是资本家，并且一切阶级的人们，但凡手边存着暂时用不着的货币的人们，都变得会把这种货币存入银行。本来，小额的货币，从他的本身说来，是不能够发挥当作资本看的机能的，但是，到现在，他被集中到银行去了之后，他却会开始具有充当资本的性质了（《资本论》第三卷，德国版，第一册，388，389页。）这样一来，银行这东西，就会在一方面把一切可以被借出去的货币资本，都大量的集中到自己的手边，当作一切资金供给人的代理人，和产业资本家，商业资本家及地主相对立，在另一方面，又把对于这些资本的需要，集中到自己的手里了。

银行这东西，从他放款取利一层看来，好像是一种和第十四章所述的放利资本家的性质相同的东西似的，但是，在实际上，他却完全是属于另一侪类的。照前面所述，放利资本家在仅仅出借了一次的资金之后，在仅仅行了这种一面的行为之后，就专让产业资本家或商人去运用他借出去的那些资金，他只不过对于由那种运用而得的利润的一部分，有一种法律上的权利罢了。因为这个缘故，所以放利资本家，对于生产及流通，都是站在毫无机能的地位上面的。至于银行，情形却不相同，他是做着出借资金和借进资金两件事，即是说，做着两面的行为的，并且，他还是以这种信用的交换为他的平常的机能的。这就是说，银行资本是一个**新种类的资本**，是一个自己本身就营着流通机能的新种类的资本。

资本的出借（放出——陈）这件事，就“流通资本”（Zirkulations kapital）和“流动资本”（Zirkulierendes kapital）来说，还不算得困难，但是，到了他为着创办一种事业的缘故被供给出去的时候——特别是在那种被创办的事业的经营很置重固定资本的时候——却会伴随着许多困难，越是所借资金的用途是一种长久的固定着的东西，这类困难也就越大。不过，这些困难（看到后面，就可以知道），却可以利用股份公司的组织挨次被排除了去。

以上所述的那种资本信用，可以使那些利用着他的资本家们，超出他们自己所有的资本之上，去利用别人所有的资本，到后来，结局就会把他们弄成一些充当着社会资本的统治者（支配者——陈）的人们。关于这些事，我们且留在下一节再说罢。

第三节　股份公司和资本集中

第一节里面所述的股份公司的特征，和第二节所述的银行的发展，合起力量，就可以激成一种很厉害的“资本集中”（Zentralisation）之势，因此就会发生一种决定的作用，使自由竞争变为他的反对物的独占。

从一般说来，能够发生独占的东西，第一就是竞争的本身。因为，竞争这东西，原是要靠着商品的生产费的减少一件事才能够实行的，但是，如果别的一切事情都是相同的，那末，生产费的减少这件事，又是只有靠着生产规模的扩大才可以被实现出来的，然而，这个生产规模的扩大又只是大资本才能够做得到的事。因为这个缘故，所以，从原则上说来，比较大的资本，在竞争上，都一般的会击退比较小的资本。

加以，资本的构成，随着劳动的生产力的发展，会渐渐变为较高级的东西，使不变资本，特别是其中的固定资本，在绝对数上和相对数上都渐渐在总资本中占着较多的部分，结局就弄得资本的移动越发困难起来了。这种情形又是一种可以使大资本在竞争上越发占得便利的事。理由是这样，那些被用在固定资本上面的费用（即是说那种可以在数年数十年之间接连的被使用下去的机器，和建筑物等等的费用），只要结局在数年或数十年之中有收回转来的希望，本是一种可以随着事情的需要对某种特定期间内所生产贩卖的商品，特别不让他分担的东西。在同业者之间的竞争变得非常激烈的时候，商品可以用一种不包含固定资本费在内的价格出现到竞争场里，就是由于这个缘故。所以，关于固定资本费，从时间的关系上说，是可以适用“结合生产费”（Joint Cost）（请看下面说明——陈）的理论的。但是，在这样的不包含固定资本费的价格下面继续的供给商品，这件事，却又只是那种利用着巨大的固定资本的人只限于某种期间或某种地方内（全体的消场的一部分）才能够实行的事。因为这个缘故，所以，同业者间所行着竞争的结果，不是先把那些资力薄弱的及资本的构成比较低级的人打败下去，驱逐出事业界，就是那些资力约莫相同的竞争者联合或合同起来，去避免相互的竞争。所以，从结局说来，仍然还不过是小资本被大资本驱逐，以及和这种驱逐相伴而来的由自由竞争变到独占的发生，罢了。(由自由竞争变到独占，这件事，在一方面会使生产价格变形为独占价格，在另一方面，又可以紊乱社会总利润对于种种个别资本的——在独占克征了一个生产部门的全体的时候，就是社会总利润对于种种生产部门的——均等的分配。关于这引起的问题，在这里不详细说了。)

关于结合生产费的问题，拙著《社会问题研究》第三十六册所载“资本集积的必然的倾向”当中，论得稍为详细一点。现在且把他的一部分（有些地方照原样，有些地方，只改写了一些要领）转载在下面，以供读者参考。

> 结合生产费的问题，从很久以前，就惹起了学者们的注意。普通所谓结合生产费，是指两种以上的货物的生产费互相结合着一件事，说的。这就是说，在两种以上的货物具有能够同时从特定的工作当中被生产出来的关系的时候，因为不能够把他们的生产费分别计算出来的缘故，所以这些货物的生产费就变得不可分解的被结合在特定金额里面。像这样的生产费，普遍就叫作结合生产费。从很久以前引起了学者们的注意的，也就是这种意义的结合生产费。不过，我个人却想把这种理论扩张到比从来还要宽泛的范围里面去。现在为说明的便利起见，姑且先从普通所谓结合生产费说起。
>
> 二种以上的货物站在一种可以用同一的工作同时被生产出来的关系上面的例子，在实际上是很多的。举例说，如像牛

肉，牛皮和牛角，如像羊肉和羊毛，如像从同一的矿山产出金，银，铜等等东西的时候，如像煤气，“焦炭”（Coke），安摩尼亚，“炭脂”（Coal-tar），如像豆油和豆油滓，如像豆腐和豆腐皮，如像这种种东西，都是在结合生产下面生产出来的。

这种结合生产费，又可以分为全部完全被结合着的时候和只是一部分不完全的被结合着的时候，两种区别。我们可以举出棉花和棉子作为全部结合的实例。因为，要想生产棉子，同时就不能不生产棉花，并且要想精制棉花，同时又必不可不压搾棉子。所以，结局是，从最初开始种棉的时候起到最后压搾棉子的时候为止的生产进程全部上面所花费的一切费用，必然的会对于棉子和棉花两种东西结合成为一起，不可分解。在这种时候，被生产出来的种种不同种类的货物的价格和那些结成一体的结合生产费到底有什么样的关系呢？是这样：如果关于这个生产，充分的行着自由竞争，那末，被生产出来的两种以上的货物的价格的合计，就应该恰恰和那种在结合生产费上面添加了平均利润的东西（这就是这时候的生产价格）相等，并且，在这种时候，这个结合生产费当作两种以上的货物的价格被分配出去的比例，还是要和那种对于这些货物的需要的强弱为比例的。据陶西格（Taussig）的《经济学原理》（参照长谷部文雄的日译本，第十六章，337 页）所记述，每收获一磅棉花，就可以同时收获两磅棉子，在 1903 起到 1908 止的期间当中的平均价格是棉花每磅两角，棉子每磅一分）（所以两磅就是两分）。如果假定着棉花的生产是在自由竞争的下在行着的，那末，由上面引用的这件事，就是表示着棉花一磅及棉子两磅的生产价格）（等于在结合生产费上添加了平均利润的东西）是和约莫二角二分的数目相当，一件事了。这就是说，虽然棉花一磅和棉子两磅，在结合生产费的下面同时被生产出来，但是，因为对于棉花的需要比较强些的缘故，所以那种结合生产费的大部分都被棉花的价格所吸收了。

以上所说，只是就结合生产费（或结合生产价格）的最完全因此也是最简单的时候说的。但是，此外有许多时候，都是须得向各生产物，于结合生产费之外各各使用特别的生产费，因此，生产费的结合，也只变成了一部分的结合。举例说，牛肉和牛皮的生产费，虽然大部分都是被结合着的，但是，在肉和皮分离之后，拿肉说，还不能不有一种特别的整理，在装成罐头的时候，更须花费特别的劳动；拿皮说，也是一样，还得把他弄柔，并须得斟酌他的用途如何，各各加以一种特别工作。在这样的种种工作里所必需的劳动就是构成特别生产费——不包含在结合生产费当中的特别生产费——的东西。并且这些特别生产费都是那些需用这种生产费的种种生产物，无论如何都不能不负担在他的价格里面的东西，所以，这种特别生产费就成了各生产物的最低价格的界限。各生产物价格决不能够比这个特别生产费还价廉。如果生产物的价格还不能够填补这种特别生产费，生产人就会把这生产物的原料丢了去，不会因为要把他弄成一个商品的缘故，再去花费特别的费用。那末，各生产物的价格，在这个最低价格上面，可以达到什么地点呢？答道：这是要看生产物是用什么样的比例，分担着结合生产费，那件事的情形而定的，所以这一层，是和前面说的简单的结合生产费的时候全然相同的。

以上所述，就是普通的经济书上，当作结合生产费的理论，说着的东西。这本是一个两种以上的商品靠同一的工作同时被生产出来的时候的问题，所以，乍看起来，好像他的适用范围是很狭隘的似的。但是，我们却可以发见，这个同一的理念在某种程度上面实在可以被适用到今日的产业界的全般里面去。为什么呢？理由是这样。无论什么事业，都决没有不使用固定资本的，并且同时这个资本在总资本当中所占的重要关系，还随着资本家的生产的发展，越发增加起来。却是，这些固定资本（举例说，如像建筑物，机器等等）的特征，都在他们能够反复继续的供无数次的生产进程之用，一件事上面，所以，那些为固定资本的缘故所花费了的资本费用，也就不能不被看成一种形成着一个不可分的结合生产费——一个对于数次或数十次的生产进程里面所生产的商品的结合生产费——的东西。在这时候，因为并不是异种类的商品靠着特定的生产费，同时被生产出来，倒是**同种类的**商品靠着特定的生产费在**不同的时候**被生产出来，所以这时候的结合生产费自然和普通所谓结余生产费异趣，但是，我却以为，就是在这种时候也是可以适用同样的理论的。

我们可举出铁路的经营作为一个需要最大的分量的固定资本的事业的实例。拿日本说，在日本的铁路投资总额，在1919年，达到14亿（万万——陈）这种巨额投资的结果，就是：约长一万英里的轨道，火车头约三千一百辆，客车约七千五百辆，货车约五万一千辆，以及其他车站，仓库等等的杂财产。这些东西都是占有固定资本的性质的东西，特别是那种具着这些财产当中的主要部分的轨道，带有最固定的性质。既然这些东西都带有固定的性质，可以供很长久的期间的使用，所以那种为这些东西的缘故所必需的资本费用，也就带着一种延长在无数次的营业期间的结合生产费的性质。如像轨道的建设费那种东西，实在是一种需用巨额投资的东西。举例说，如像台湾铁路上的困难工事的部分等等，差不多每轨道一尺就花费了四百元。但是，纵然花费了这样的费用，在算盘上，也还是划算得过，还是可以得着平均利润。这不是别的缘故，只不过因为被投了资的对象物可以在很长的期间供人使用的缘故罢了。如果每一尺长就花费了四百元的建筑费的轨道，只能供一次的使用，那末，铁路的运价就自然会变得非常昂贵，铁路这东西也就很难供一般人的使用了。但是，在事实上，固定资本的特征恰恰和这种情形相反，因为哪怕铁路在开始建筑的时候要花费如何巨大的经费，只要一旦筑成功了时候，却可以在很久很久的期间经得起使用，所以，那些在铁路建筑上所要需要的资本费用便可以使这期间中的被搬运的客人和货物分担了去。结局，坐火车旅行这件事，倒反比起坐胶皮车旅行还要廉价得多了。但是，要知道，这还不过只是就铁路的建筑费说罢了，换句话说，只不过是说，在最初安设轨道的时候所需的种种费用，对于那些在很长久的期间当中被搬运的客人和货物，形成着一个结合生产费，罢了。真正说来，这还只算得是铁路的结合生产费的半面，因为在铁路这种事业上面，不单他的创设费具有这样的性质，并且连他的营业费也还是有同样的性质的。铁路的营业费，普通都分为总管理费，保线费，车辆修缮费，运输费四个项目，其中的大部分也都是造成着一个不可分的结合生产费的东西。举例说，在车辆修缮费当中那些为火车头的缘故所花费的费用——只要同一的火车头是可以拿去拖客车和货车的——的大部分，就无论如何，不是能够对于客人和货物，一个一个的去计算清楚的东西。这种情形，在别种营业费上面虽然有程度的不同，大致地仍然是相差不远的。这就是说，只有其中的一小部分的费用，可以当作一种为客人或货物的缘故而生的特别的费用，一件一件的分别计算出来，并且这种特别费当中，也更是只有一小部分才可以当作一种为某种货物或某某客人而生的特别费，被分别出来。据英国的阿克渥斯（Acworth）的《铁路论》（The Elements of Railway Economy）里面所记述的看来，在特定的时点上面，铁路的全体的费用当中，约有三分之二是 Constant（不变）的，其余的三分之一是依 traffic（被搬运了的货物或客人）的多少而有增减的。又，如果从长期间计算起来，就有总费用当中的约莫二分之一是不变的，剩下的二分之一是随 traffic 的多少而有增减的。只有这种随着 traffic 的多少而有增减的部分的费用，才形成为所谓特别运送费。如果把这种情形拿来和上面所述的牛肉和牛皮的例对照起来看，这些特别运送费就是和在那里所谓特别生产费——在牛肉和牛皮分离以后为整理这两种东西的缘故所花费了的特别生产费——相当的东西。

因为铁路的费用的大部分都是像这样具有不可分的性质的东西的缘故，所以，各种货物或客人的运价就可以拿他的特别费为最低限度，只有在这个限度以上的高低才靠着所谓“应能主张”（The principle of charging what the traffic will bear）来行决定。这就是说，对于负担能力低薄的东西，虽然只定一种程度极低的运价，一种刚刚可以和那些为这种搬运的缘故所花费了的费用约莫相当的运价，但是，对于负担能力很大的东西却不然，倒对他定一种比较很贵的运价，再想藉此在收回特别搬运费之外，更把一般营业费的大部分也收回来。因为铁道的运价实行着这样的主义，所以，哪怕是同一重量的东西，经过同一距离的搬运，他们的运价，也会随着货物的种类的不同而有很大的悬隔。举例说，如像木材，石块，煤炭，等等东西的运价，就和宝石类，龟甲，珊瑚，象牙，绸缎等等东西比较起来，便易得多。同是当作旅客的行李，委托铁路搬运的时候，照日本现行运价说来，第一种贵重品的运价就比普通行李贵一倍，第二种贵重物品的运价更贵，比普通行李要贵两倍。不消说，这些现象，都和前面说的棉子和棉花虽然是用一种不可分的生产费被生产出来，棉子的价格却只是棉花的价格的二十分之一，那种现象完全是相同的。换句话说，这些现象只不过是前面所述的结合生产费的理论的一个适用罢了。

在交通机关的例子里面，因为他所搬运的东西里面有客人和货物的区别，并且那种货物又特别的具有许多的种类，所以，结合生产费的理论可以在那里适用起来这件事，是比较容易明了的。至于一般的工业，这种有关系却不十分明了。不过，照前面所述，在那种需要巨额的固定资本的事实里面，所需的固定资本额越大，结合生产费的理论，就越可以被适用到他所生产的商品里面去。因为固定资本的特征，就在他能在很长久期间供无次的生产进程之用，一件事上面。举例说，如像机器，如像建筑物，种种东西，都是可以在数年或数十年之间被使用的东西，因此，为赎买这些东西或建设这些东西所需的费用，也都是可以被看成一种对于数年或数十年之间的那些靠着利用这些机器或建筑物才生产出来的无数的商品，形成着结合生产费的东西。因为这个缘故，所以，我在前面说明结合生产费的时候，虽然只是把二种以上的商品同时被生产出来的例子，述说过了，其实，对于同种类的商品在不同的时候被生产出来的例子，问题的性质也还是约莫相同的。所不同的只是这一层：在第一个例子里面，因为是用结合生产费把不同种类的商品生产出来，所以，结合生产物当中的某一种类，随着需要的状况如何，是可以只用一种刚刚可以补偿他的特别生产费的价格，永久继续着被生产下去的；在第二个例子却不然，因为本是只生产着同种类的商品，所以，那种商品的价格只停在一个可以补偿特别生产费的价格上面，一件事，是不能够永久的被继续下去的。

那种由固定资本的使用而生的生产费结合的关系，所以能够使小资本对大资本的竞争变为不可能，就是因为上面说的这种事情的缘故。理由是这样：那些被用在固定资本上面的费用（即是说，那种可以在数年或数十年之间接走的被使用下去的机器和建筑物等的费用），只要结局在数年或数十年之中有收回转来的希望，本是一种可以随着事情的需要，对某种特定期间内所生产贩卖的商品，特别不让他分担的东西。因为这个缘故，所以，只要在那种应该变成这些商品的最低价格的标准的生产费当中，含着有那种根据流动资本的使用而来的生产费在内，那末，当然就可以暂时把那种根据固定资本而来的生产费，扣除了去。换句话说，这些商品的最低价格，是一种可以随着事情的需要，只拿结合生产费以外的特别生产费为他的标准的东西。因为这个缘故，所以，到了关于这些商品的生产发生激烈的竞争的时候，竞争人就可以争着把这些商品的价格，跌落下去，只拿一种差不多和特别生产费相近的价格，去供给这些商品。要知道，在那种为着同时生产着异种类的商品的缘故所引起来的结合生产费的时候，结合生产物当中的某一种类所以能够全然不分担结合生产费，倒只用一种几乎和特别生产费相近的价格，继续的被供给着。只不过因为结合生产物当中的某一种类，把结合生产物全体所必要的结合生产费的全部，都继续的在他的价格当中负担着的缘故罢了，所以并不是结合生产物的一切，都一样的用一种又只能够填补特别生产费的价格，继续的被供给着。同样，在那种为着同一种类的商品在不同的时期由同一的固定资本被生产出来的缘故所引起来的结合生产费的时候，他的生产物所以能够在某个期间当中，用一种几乎和特别生产费相接近的价格被供给着，倒把那种为全体生产物的缘故而生的结合生产费放在问题之外，也只不过因为那种在别的期间里面被生产出来的生产物，可以希望在他的价格当中，把一切期间当中的结合生产费都负担着的缘故，罢了。

因为是这样，所以那种被弄来跌到和特别生产费相近的程度的价格，到底不能够成为这种生产物的顺常的价格。然而在事实上，这种不顺常的价格却会常常发见出来，并且，同业者间的竞争越激烈，这种发见也会越频繁。这就是说，在这种生产物里面，他的顺常价格和竞争，两种东西，倒是站在不能两立的关系上的。

不过，要知道，在这种不顺常的价格下面继续不断的去供给商品，这种事情，只是限于那些拥有大资本的人站在某种特定期间或特定地方的时候才能够实行起来；哪怕资本怎样雄厚，要想在一切地方在长久的期间继续这样的状态，那也到底是不可能的。因为这个缘故，所以，同业者间所行着竞争的结果，不是先把那些资力薄弱的人打败下去，驱逐出事业界，就是那些资力约莫相同的竞争者共同起来，去行企业上的联合或合同，去避免相互的竞争。这样一来，在那种需要巨大的固定资本去经营的事业里面，竞争就会必然的引到竞争的废止一条路上去了。这就是说，在这种事业里面，并不是合同这件事成为防止竞争的**原因**，倒是因为有了竞争的缘故，才当作竞争本身**的结果**，必然的发生出来。

又，在前揭《社会问题研究》第三十六册，通册1258页以下，还引用着悉泰因麦次（Steinmetz）的 America and the New Epoch（1916）当中的设例，用数目字去说明工业上的生产费结合的关系，这里却略去了。

其次应该注意的，就是，随着资本家的生产的发展，那种在靠着顺常的条件经营某种事业的时候所必需的资本的最低限度，也会渐渐抬高起来，一件事，因为这种事情的缘故，所以弄得小资本都争着跑到那种不必需要大资本的若干生产部门里面去，在那里惹起激烈的竞争。这样一来，就变成，竞争的压迫倒反和资本的大小为反比例，因此，越发把资本集中的势子助长起来了。我们在前面述说一般的平均利润率的下落的倾向的法则的时候，只不过就社会总资本的全体，说他有一种平均的下落倾向罢了。到现在（在前面虽然也会提到），我们可以知道，利润率下落可以对于小资本给一个最大的致命的打击了。

以上所说的种种事情，更会随着信用的发展，越发被助长起来。为什么呢？只不过因为资本越大的人越可以多享着那种靠信用去利用别人的资本的便利的缘故罢了。本来，到了行着“资本的积蓄”（Akkumulation）的时候，属于个个的资本家的资本就会随着加大，因此，被集积在个个的资本家的手里的生产手段的分量，也会增大。但是，像这样的增加，却只是所谓“简单的集积”（einfache Konzontration）。这种意义上的集积是要被蓄积的绝对的界限即资本增加的绝对的界限所限制的。至于固有意义上面的“集中”（Zentralisation）却不然，他是可以用一种把许多的人的手里所存着的既成资本，集合到一个地方去的方法，实现出来的，并且，信用这种东西，就是一种替大资本把这种意义的集中进程弄容易起来的东西。

此外还有一件应该注意的事：信用发达到某种程度之后，利用信用这件事，从企业人看来就会变成竞争上面的一件必然的事。为什么呢？因为，信用的利用，这件事，从个个的资本家看来，原是等于增高他的个别的利润那件事的缘故。举例说，如果平均利润率是百分之二十，利率是百分之五，那末，从一百万元的资本里面，就可以得着二十万元的利润，其中十五万是企业人利得，其余五万是当作对于那个企业人的资本的利息被计算着的。但是，如果这个企业人靠着信用，更利用了别人的一百万元，那末，也从总额二百万元的资本里面，就可以得着四十万元的利润。现在，从这个数目的利润当中，把那种对他自己资本的利息和对借入资本的利息的会计扣除了去，剩下的三十万元就是他在企业人的资格上的所得。因此，他的企业人所得，从他所有的资本的关系上看来，在没有靠信用借款以前，只有百分之十五，到了靠信用借进一百万元之后，却变成百分之三十了。并且，如果更把那种靠着生产规模的扩张而来的生产费的减少，也加上去，他的利润就更加多了。又，在市场的景况变成不良的时候，信用的利用这件事的利益，更可以用别的方法，发见出来。理由是这样：那种利用着别人的资本的企业人，从他和他所借进的资本的关系上说来，哪怕他把他的商品的价格，跌到一种比费用价格上添加了平均利润的东西还要低些的价格上面去，只要这种被跌落的价格不是一种比费用价格上添加了利息的东西还低些的价格，那末，他对于自己的资本就仍然可以得着平均的利润（因为照上面的举例，他没有弄跌价格以前本是得着比平均利润加一倍的利润的人，所以这时纵然把那种由借款得来的利润全然抛弃，他仍可以获着平均的利润。——陈），所以，结局，他就可以把那种由别人借炒的款项发生出来的利润，牺牲了去，用一种比那些没有利用着信用的企业人的商品价格还要低些的价格，去行竞争了。（因为这个缘故，所以，在信用已经发达了的阶段上，企业的成功，与其说是靠着赎卖商品，宁肯说是靠着利用信用。企业上所置重的，与其说是在商品交易上面，宁肯说是在信用的交易上面。）这种关系，和前面所述的，固定资本费在竞争上有必要的时候，可以暂时牺牲了去，舍弃不管，那种情形，完全是一样的。这样一来，信用这东西就会一面直接的实现着资本的集中，同时在另一方面，又会因着他能够使那种利用着信用的资本家在竞争上变得越发有力的缘故，越发促进着资本的集中了。

现在，我们把上面所说的种种事情放在念头上，再去看一看股份公司的组织，我们就可以很明白的知道，他在竞争上及信用的利用上都具有着最多的长处。

第一，采用股份公司的组织的时候，可以越过个个人的手里的积蓄的界限，去实现资本的集中，因此，很容易的就可以筹得他所需要的大资本。近代的生产规模的跃进的扩大，就全然是靠这个关系而来的。打个比方说，如果我们（指日本人——陈）非等待那种靠着简单的积集而来的个别资本的增大，恐怕建设铁路这种事，一直到二十世纪，也还没有实现出来罢。但是，在事实上却因为有了股份公司的组织的缘故，在转瞬之间，就把铁路的建筑弄成功了。所以，股份公司的组织这件事，不但是把那种不能够靠个人组织去办的生产部门都占领了，并且，就是在此外的生产部门里面，也可以靠着发行股票的办法，对于事业的创设和扩张，都具有着一种特别的长处——一种常常可以容易的筹出资本的长处。

第二，依上面第一节所述的理由看来，股份公司的红利，在他对于股票的市价的利益盘算关系上已经变成一种约莫和利息率相近的东西。这件事，当然就含着这么一个意思：哪怕是一种不能获得平均利润的企业，如果他的利润是在利息率以上，那末，他只要采取股份公司的组织，也就是可以安然成立的（《资本论》第三卷，德国版，第一册，424 页）。所以，结局，股份公司这种东西，就可以被看成信用机制的一个特殊的发展，他的资本的全部，实在都可以和那种由信用关系借进来的资本的性质，完全相同的。因为这个缘故，所以，股份组织的企业，在竞争上，比起个人组织的企业，腰杆要格外强些，并且，就是对于那只靠个人组织就不能够收支相偿的方面，他也可以扩张他的事业。

第三，股份组织的企业，就是在固有的意义的信用的利用上面，也是站在特别有利的地位上的。在个人企业里面，关于利用信用这件事上面所能达到的最高限度，只限于他的流通资本的范围内，至多也只不过能够限于他的流动资本的范围内罢了。如果有了一种超出这个范围的借款，那末，那些供给资本的人，在事实上就变成冒着一种充当着企业家的危险，所以，那种资本的借用力，除了一些很清楚的知道那种事业的地方的小金融家之外，是谁也不能够做的。但是，在股份公司里面却不然，银行可以把他的代表人弄成公司的董事，送进公司里去，所以事业上的监督的实行是很容易的；并且，纵然公司竟把所借进来的资本，弄固定起来，也不妨事，因为在市况良好的时候，他可以用发行新股的办法，把资本“动员”（mobilisieren）起来，再拿去偿还银行的债务。这些事情，都是足以使股份公司在信用的利用上，当然也就是在竞争上，特别占便宜的事情。

由以上所述的看来，可以知道，股份公司在竞争上逐渐占着有力的地位，现今已经支配着（统御着——陈）企业界的大部分，一件事，以及资本集中的势子也随着被激成起来了，一件事，这两件事是很明白的了。

第四节　虚拟资本（Fiktives Kapital）和创办人利益（Gründergewinn）

我们在第一节里面已经说过，股份公司的股东，可以随时用出卖股票的办法，把他所投放的资本收转回来，并且，这种股票的买卖，还可以一点也不须动弹那些被使用在共同事业的经营上的产业资本（或商业资本）本身，就实行起来。这件事，是含着下面这个意思的：那些被股票表示着的资本，和固定在公司事业上面的资本，完全是两种各不相同的东西。

下面这种见解是错误的：“从来所谓物件的买卖那种东西，虽然尽都是商品的买卖，但是，自从有了这种财产的证券化（化为证券——陈）之后，就变得可以行一种企业的买卖了。现今在股票市场里面，所谓某公司的股票价格若干，结局就只不过是那公司的事业的几万分之一的买卖的评价，罢了……”（上田贞次郎著的《股份公司对于现代经济生活所加的影响》，17 页）。

那末，这种不同种类的资本是怎样成立起来的呢？是这样：这种资本，只不过因为在股东对于公司的收益的权利被弄得资本化（化为资本，就是说，从利率还原为资本。——陈）了之后，可以用特定的价格被买卖着的缘故，所以仿佛就觉得股票本身就成为一种具有和特定价格相当的价值的资本罢了。因为这个缘故，所以我们把他们叫作虚拟资本。（举例说，土地本身是毫无价值的东西，然而，那些发生着特定额的地租的土地，却可以用一种和这个地租被资本化了的（就是说，把地租看成资本的利息，照当时利率换算为资本。——陈）时候相当的价格，被买卖着，因此，就会觉得仿佛土地是一种具有和他的价格相当的价值的东西，那种情形和这里说的虚拟资本的情形就是相同的。这就是说，由股票代表着的东西，本只不过是一种对于公司的收益的权利。一切虚拟资本，都是以对于那种收益的法律上的权利为基础。所以，如果把那种法律上的保证撤了去，那些资本就会即刻成空。那些靠军事公债的发行，募集得来的资金，如果拿去充了战时费用，那些被使用的资本也会全然成空，至于那些买着公债的人年年所得的利息，那只不过是靠国家的权力把别人所有价值，移归给他的结果罢了。公债本身虽然用特定的价格被买卖着，然而他自己却并没有价值，他只不过表示着一种权利——一种可以取得别人所有的价值的权利罢了。

这些虚拟资本的虚拟的价值，和那种现属于公司的财产的资本，即那种现正发挥着他的机能的资本的现实的价值，是一点直接的关系也没有的。股票的价格所表现的东西，只是由产业资本或商业资本生出来的收益，并不是那种资本的本身的价值。因为这个缘故，所以，股票的价格，除开那种由投机的关系而来的变动之外，都是靠着对于那种股票的红利率及市场的利率两种东西来决定的。因此，只要公司的红利率是在市场的利率以上，股票的价格也就会随着这种状况，常常保持着他那票上所载的金额以上的价格。举例说，假定着，在市场的利率是五分的时候，对于某种股票的红利是每年十三元。如果在这时候，假定那种为预防事业上所伴随的危险而被扣存的加成是两分，含起市场一般的利率五分，共成为七分，拿他去把每年红利十三元还元过来，化为资本，那末，所得的结果，就应该是约莫百八十五元。所以，在这种时候，那张股票上所记载的金额虽是一百元，他的买卖价格却变成一百八十五元余了。

因为这个缘故，所以，在公司创立的时候所投放的货币资格的总额和那种把一些被资本化了的（被还原为资本的——陈）收益权的价格合计起来的东西的总额，即是说，和所谓“股份资本”（Aktienkapital）的总额，决不是能够一致符合的东西。举例说，假定这里有一个用一百万元的资本被创立起来了的股份公司。如果那种当作公司的利益分配给股东的东西，和前面那个例子相同，是年利一成三分，那末，这种红利的总额就应该是合计十三万元。在这时候，如果假定市场的利率还是五分，并且那种为预防事业上所伴随的危险而被扣存的加成也还是二分，那末，这十三万元被资本化了以后（被还原成为资本以后——陈）所得的结果，就是一百八十五万七千一百四十三元。这就是把公司的股票的市价合算而得的东西，比起公司的资本额来，就差不多要多出九十万元。这种多出来的东西，就是形成着所谓创办人利益那种东西的。

所以，那种被股票表示着的虚拟资本的流通，和那种现为公司事业的经营的缘故所投放着的资本的循环，两种东西，是照下面这样，各在互无关系的领域里面实行着的。（A 表示股票——陈）

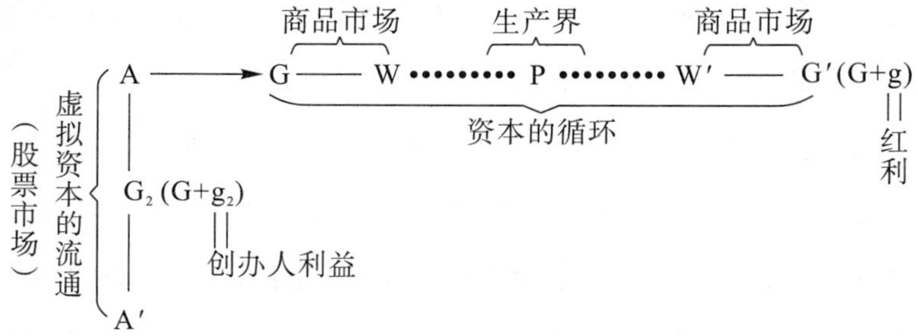

照上面所述，因为把现实的资本化为证券的缘故，就可以得着一种创办人利益，这件事，更可以成为一个原因，使银行业务上面，更添加一种叫作“证券发行业务”（Emissionsgeschäft）的东西。我们可以把这个业务，看成银行的一个**新的职份**。

实现创办人利益的方法，是随着各国的情形而有变化的，并不一定要限于靠银行去实行一个办法。这种方法当中的最简单的，就是由公司的发起人一旦先把股票的全部或大部分承认起来［其中更有“简单的认股”（Subscnption）和“记名认股”（Underwriting）两种方法，请参看松崎寿的《工业金融论》140，141 页］，到了事业有了相当的成绩之后，或是到事业很有希望一件事已经被一般承认了之后，才把股票拿到市场上贩卖，去获得上面所述的创办时的货币总额和股份资本的总额之间的差益。但是，在这时候，如果银行把这些股票一手承销起来，到后，再拿到市场，去获得特定的差益，那末，创办人利益的大部分，就会归为银行所有了。证券发行业务从银行方面看来所以能够成为一个新的机能，就是因为这种事情的缘故。

这样一来时，照前面所述，本来，银行这东西，第一，当作流通信用的机关，靠着拿银行信用代替个人信用的办法，已经具有一种可以使资本家阶级节省货币的使用的机能；第二，当资本使用的机关，靠着把那些睡在睡眠状态下的资本，导进活动运用的状态中去的办法，又具有一种可以把产业资本家或商业资本家所能够利用的资本的分量，增加起来的机能；到现在，他更当作第三的机能，可以靠着 G—A—G′（货币—股票—较多的货币）的买卖，把创办人的利益，取为己有了。

银行靠着这种证券发行的业务所得的利益，和他靠着归结信用关系得来的利息，是完全不同性质的。在这时候，银行并没有归结无论什么样的信用关系，因此，他并没有获得什么利息，他只不过靠着那种把固定在特定事业上的资本弄到虚拟资本的形态去的办法，把那些将来可以由事业的经营上得着的年年的利润当中的一部分——超出利率的一部分——在一个时候，整个的获得进来罢了。所以这种利益，就是和那种当作剩余价值的一个分裂形态看的利息，完全不同俦类的创办人利益。

照上面的方法得来的创办人利益那种东西，可以大大的招致托拉斯（Trust）（企业家的合作——陈）的勃兴，这件事，自然是一定的道理。为什么呢？理由是这样：在那种把若干的公司合并起来成为一个大的公司的时候，因为资本的增大及生产规模扩张的缘故，可以招致一种比资本增加的比例还要大些的利润增加，特别是在这种新设公司能够因为有了合并的缘故占有独占的势力的时候，这种利润增加更会越发加多，越发确实可靠。在美国里面的托拉斯的普通股，就差不多尽都是表示着由这种方法而得的利润的东西。

前面已经说过，实现创办人利益的方法，并不止一种。除了刚才所说的那种最易懂得的方法之外，一般行得顶宽的方法，是下面这种方法：公司的发起人先用一种特殊办法，不出一点代价，就把特定的股票，取为己有，更利用这些股票，去把创办人利益弄到自己手里。这种办法是和托拉斯的发达有很大的关系的，所以我们应该把他的大体说明白。像美国的托拉斯的普通股（所谓“混水股”，watered stock），和英国的发起人股（founders’ share），就是显著的例子。又，德国所谓“利益享有证”（Genussschein）虽然不采用股票的形态，只是一种直接的表示着对于创办人利益的权利的东西，然而，在实质上，也还是和上述英美两国的那种股票相同的。

试把美国的“股票混水”（stock watering）的情形说一说，就是下面这样：前面已经说过，如果那种靠着某种事业的经营而得的利润，涨到市场的一般利率以上，那就可以用股份公司的组织，把这个事业，经营起来。因为这个缘故，所以，在美国，从很久以前起，就发生了所谓混水股票那种东西。这就是说，关于铁路，煤气公司等等，在相当程度内带有天然的独占性质的东西，或是靠官庭的特许，带有某种程度的法律的独占性质的东西，那些创办人，往往都因为那事业的确有获得相当的利润的缘故，从最初起，就把这些铁路或工场的创设上所必需的资本的全部，从别人借进来，拿去设立公司。但是，如果这些事业是一种能够于负担这种负债的利息以外还获得利润的东西，那末，在那里当然就应该发生特定的剩余。这种公司的创办人，就是以这种剩余的获得为目的的，所以，他们常常为达到这种目的的缘故，特特去发行一种和他们的负债额相等的股票。换句话说，就是发行一种和公司的设立上所必需的全部资本金额相当的股票，作为自己的所有物。这就是所谓水股（混水股票——陈）的起源。现在我们看看，和这种水股相当的金额虽然全部都变成公司债务（社债——陈），但是，只要公司的事业能够获得一种比这些债务的利息还多一点的利润，那末，对于那些水股，就可以把那种从全体利润当中除去了公司债务的利息以外所剩下的一切利润，当作红利，分给那些水股。并且，既然有了确定的红利，那些水股也就能够用一种恰恰和所分红利被资本化了的时候（被还原为资本的时候——陈）的价值相当的价格，被买卖着。这样一来，创办人就可以把这些股票的红利，或是把卖了这些股票以后所得的代价，收为他们的利得了。

“从美国的法律上说来，在一个公司不能对他所负的债务支付利息的时候，这公司就会被看成一种破了产的东西，公司的事业就会为着债权人的利益的缘故，被移转到这些债权人的代表人的手里去。因为这种缘故，所以，一个事业如果稍微带有投机的性质，如果他的利润，是很容易被世上的市况好坏所影响的东西，那末，在市况不佳的情形继续很久的时候，他就会有不能够支付所负债务的危险，因此，事业本身也就有被别人拿去的危险。现在，为要防备这种危险，他们又发明了一种新方法，他们不去为公司借债，倒去发行一种特别的‘优先股’（preferred stock）。这里所谓优先股，是指那种具有优先的取得公司的红利之权利的股份，说的。大抵都先把他们的红利为特定的率，举例说，如像定为七分，在公司获得特定的利益的时候，要先对于优先股票七分利分给红利之后，才把剩下的利益，分给普通的股份，如在没有充分的利益可以对优先股及普通股都分给红利的时候，就拿利益的全部分给优先股。一个公司如不去借债，倒只发行这种优先股，那末，纵然在公司可以获得相当的利益去支付他的负债的利息的时候，没有什么不同的结果，然而，在为着事业不振，不能获得一种可以拿去支付负债的利息的时候，结果却大不相同。这就是说，在这种时候，公司可以免得破产，因此，那个事业也就仍然还可以被拿在创办人的手里。又，在有的时候，所谓优先股，还可以被公司给与一种比上面述的还优些的权利。这就是说，在公司对于某一个年份或几个年份不能支付规定的红利（如像七分利）的时候，公司可以用一种在其后各年份里面停止普通股的分红利直到把优先股在以前年份内应得的红利补满为止的办法，去保证优先股的权利。所谓优先股这种东西，就是为着对付上面述的种种需要的缘故，才发生的东西。前面已经述过，那些新设立的公司的实际的资本，往往只是靠这种优先股的发行而得的资本，其余的普通股却全部都是当作对于公司的发起人的报酬，不须代价就被发行出来的东西。现在我们且把创办人利益的显著的实例，举几个出来看看罢。——在 1901 年合并了约莫九十五个公司而成立的‘美国罐头公司’（The American Can Company）对于 promoter‘创办人’所给的利益，竟有一千九百万美金。又，在 1901 年二月成立“合众国钢铁公司”

(United States Sorporation)，是美国的顶大的托拉斯当中的一个，所以当他成立的时候所给的创业人利益也是一个顶大的利益的例子。但是，还要知道，这个公司本是把从前已经合并了好几次的几个公司更行合并而成的东西，所以每逢合并一次，就已经实现了不少的创办人利益。举例说，这次被合并的公司当中的一个是‘国民铁管公司’(National Tube Company)，这就是在1899年六月，把好几个公司合并而成的东西。在那时候发行股票八千万美金当中，有二千万美金，都当作创办人利益给了发起人。又，这次被合并的公司当中有一个是‘美国钢环公司’(American Steel Hoop Company)，这也是在同年四月合并了九个公司而成立的东西。那时合并的发起人，曾经得了五百万美金的报酬，即一种和在新公司所发行的股票总数的一成五分有余的数目相当的报酬。像这样，已经合并而又合并的几个公司，最后更合并起来，去组织前述的合众国钢铁公司，听说，在这时候，发起人所得的利益，实到了六千五百万美金之多。" (Jones, The Trust, Problem in the United States, ch. V, Promoters' Profits in the Establishment of Trust, 1922.)

又，关于promoter(创办人)及financier(金融资本家)的关系，上田贞次郎的《股份公司对于现代经济生活所加的影响》的108，110页里面，载着有下面的叙述：

"在美国，行着设立业务的人，共有两种。第一叫作promoter(创办人)。这是一种事业家，他去发见事业，设立计划。另外一种人就是financier(金融资本家)，他是供给资金的人。……financier 到底是一种什么样的人呢？简单说，就是一种好像摩尔根（Morgan）那样的人。摩尔根就是造成了合众国钢铁公司的人。他是一种被称为 private banker（私下的银行家）的人。为什么叫作“私下的”（private）呢？因为他自己虽不直接替别人存款，然而他对于存款的银行，却有势力。他自己也是银行的股东，并且，他把他自己指定的人，放到银行的董事里面去。在另一方面，他对于托拉斯公司，也有自己的势力，对于人寿保险公司也有势力。在人寿保险公司里面，收受别人的保险费，得着非常多的金额，所以当然也不能不想一个投放资本的地方。并且，因为本是人寿保险，所以可以行长期的投资。因为这个缘故，所以摩尔根对于这种东西，也布置着势力。他又常常对于报纸，扶植着势力，因为必定这样办，他才可以在出卖股票的时候，利用报纸去替他鼓吹。像这样私下的银行家，都和创业人干在一起。……摩尔根在造成刚才说过的那个钢铁公司的时候，他的办法真也伟大，因为他在事实上对于全国当中许多握有金融财源的公司，或是有连络，或是具有支配的势力，所以他可以差不多叫全美国当中的银行总动员起来……把二亿美金的股票，在一个时候，卖了出去。”

为要证明摩尔根——金融资本家的代表的人物——所具有势力的伟大，我可以把北泽新次郎的《当作社会批评家看的阿卜顿·辛克雷》（Upton Sinclair）的一段（从 4 页到 6 页）引在下面，作为一个例子：

“在今日的美国的经济界里面握着压倒一切，统御一切的势力的，是五个大公司，这五个公司互相连结起来，造成美国的财阀。这五大公司就是在纽约的 J. P. Morgan and Company，First National Bank，National City Bank 三大银行，和在他们支配下的 Guaranty 及 Equitable 两个大信托公司。这些公司，把全国当中的一百二十个中枢的商事公司的财政（金融）的事项，都管理着，并指定他的政策，所以，结局就变得他们能够左右一切产业的及财政（金融）的生活的机能。摩尔根就是这个财阀王国的领袖，发挥着绝大的势力，一些在他的部下关于特种权限受着委托的管理人，都互相连络起来，去处理一切的事项。但是，（从他们的意见说来）财阀是不朽的，人类却是会死的。所以就发生了一种为供财阀的使用的缘故而去训练现代的人们的必要。所以，在这里，财阀管理人就须得有教育制度，并且，现今已经完全把这种必要的教育制度供给着。……”

“在美国的纽约，有一个有力的大学，目前摩尔根自己当着这大学的终身董事，他的养子，他的代办人以及他的银行家，一共几个人都当着董事。这个大学的校长就是摩尔根的人寿保险公司的一个董事，并且，他还和摩尔根的牧师，摩尔根的医生，摩尔根的报纸，等等东西，互相结托着。如果这位大学校长著了一本书，去教导美国国民，劝他们成为财阀的善良而又温顺的被雇用的人。那末，这本书就一定会由摩尔根本已或他的代理人当着监理人的那种出版商店刊行出来，那种用来印书的纸也一定会由摩尔根当着一个董事的那个国际纸公司被购买去。如果有人能够到那种纸被制造的都市看一看，一定就会看见，这都市的学校监督部的部长，就是那地方的银行的一个董事。并且，那个银行会把他的基金低利存到摩尔根的Guaranty（担保）信托公司，摩尔根却把他所存的基金用高利放给别人。地方上的学校的视学，就是摩尔根大学的毕业生，他是由摩尔根大学的师范部的推写而得到这个位置的。学校监督部员，部长，视学等人，都加入在摩尔根大学校长正当着董事的那个人寿保险公司；学校的教科书，也是采用摩尔根大学的师范部长所著的书。并且，这些书，还会被摩尔根大学总长所创设的教育杂志并摩尔根的报纸称赞着。……如果摩尔根当着理事的那个共和党，把他的大学的校长当作副大统领的候补人，推写出来，摩尔根的牧师就会替他祝福，摩尔根的新闻就会支付他，摩尔根的学校视学，就会为着听那种权着了摩尔根的候补人的学说的留声机器片子的缘故，特特开一个学校学生的游乐会，去喝那种由大学校长当着董事的人寿保险公司的基金里面支付了代价的柠檬水。”

“这就是相互有连络的管理人的组织，这就是财阀王国的一个部门。这个东西，就叫作美国教育。”

总而言之，从一方面说来，固然是因为有了股份公司的组织的缘故，大资本集中才变为可能，但是，从另一方面说来，那种靠着分成了股份的资本的动员而生的利益的本身，又可以变成一种促进大资本集中的动力。这样一来，资本的集中，就变得没有止境了。

但是，如果只照我们在最初的时候所述，银行这东西只在一个时候去媒介着股票（或公司债票）的发行，那末，银行自己也还算不得是经营着产业的本身，因此，银行资本和产业资本的关系，也还不算得十分密切，然而，试看一看近年的发展，就可以知道，产业资本（或商业资本）当中，那种不属于运用这些资本的人们所有的部分，一天一天的越发加多起来，并且，这些部分的资本又都是经过银行的手才得着的东西，所以，在这时候，银行资本家和产业资本家的关系，就变得非常密切起来。银行在一方面越发把他的资本的更大的部分固定到产业上去，同时在另一方面，就因此越发具有充当着产业资本家的实质了。这就是说，现今的银行，已经变得，自己去指挥那种已经固定着有他的资金的事业公司的本身；关于那种事业的经营，也渐渐树立了支配权了。在 1903 年，德国的六大银行使他自己的董事或盟事去当别的事业公司的监事的数目，已经达到七百五十一之多（向井庐松的《证券市场组织》，128 页）。这样看来，银行的社会经济的机能，到了近年，已经有根本上的变化了。这就是说：银行这东西，在实质上已经又是金融业者又是事业经营家，他的资本也同时具有充当着银行资本并产业及商业资本的实质了。这就是希法丁（Hilfording）所谓的“金融资本”(Finanzkapital)。所以，我们最初由产业资本出发，看见他逐次分化起来，成为商业资本，放利资本，等等东西，到现今，在最后的阶段上，我们又看见这些东西都从新再被放在金融资本的统制的下面了。

我们在前面已经说过，一切种类的资本都正用着一种非常的势子被集中着。这件事，单就银行资本看起来，当然也是一样的。在一方面，固然社会全体的资本——哪怕是劳动者的零碎的资金，也在其内——都由社会的一切边角上，通过那些和金融有关系的种种机关，被集中到中央来，然而同时，在另一方面，这样集中得来的巨大的资本，却又属于极少数的金融资本家的支配，由这种支配得来的巨大的财富就越发会把少数人的资力弄巨大起来，那些大多数的一般人倒只领受和利息率相等的红利。这样看来，也可以知道，那种把伴着股份公司的勃兴而来的证券的民众化（被民众一般赎买——陈）一件事，看成和企业的民主化（一般都当企业资本家——陈）一件事完全相同的人们，怎样错误得厉害了。

某种事业的经营上所必要的资金是从各方面吸收来的，这件事，决没有含着，各方面的人们都参加着那个事业的经营，那种意思在内。自然，股份公司里面，是有股东大会的机关的，但是，要知道，这完全是一种无力的东西。举例说，如像上田贞次郎就在前面说的那本书的 26 页里面，说着下面这种话：

> “从法律上说，股份公司的经营的最高机关，就是股东大会。但是，谁也知道，股东大会这种东西，是一个极无力量的东西。在股东大会里面讨议营业的方针，那种事，几乎是没有的。不但没有，并且连股东大会这个东西，也决不是一种在实际上聚集了股东的会。实在只是聚集了股东的委任状的会。并且，那还并不是个个的股东把他所特别信任的人委任为代理人。在事实上只要把印在来回明信片的空白委任状集合起来，就算开成股东大会了。在那里，只不过极少数的人集合起来，在十五分钟至三十分钟之间，做一些形式的报告，弄一些决议，就算股东大会终结了。”

像这样的状况，无论在那一国里都是相同的。小股东所以不出席股东大会，并不单只是因为他们没有什么势力。这些股东都是散处国中各地方的，甚至有时候还有住在国外的，他们决不能够为投三两张的票的缘故，特特不远手里的旅行来到大会出席。因为这个缘故，所以，他们不此席大会，倒成了原则，如果他们都来出席，实在也就没有地方可以容纳这许多人来开会。因为这种理由，所以股份公司的实权就会被委任在极少数的大资本家的手里。他们或是自己亲自去选任公司的董事，或是经过他们的代理人去选任，总之，都是可以任随自己的意思去选定的。

股东大会的决议都是用过半数的方法来决定的，所以，如果要想自由的操纵大会的决议，就不能不保有全体的半数以上的股票。但是，这还只是理论上的话。如果从经验上看来，实在只消保有百分之四十或百分之三十的全体股票就行了。因为这个缘故，所以，那些拥有一千元的资本的人，在事实上，就可以任随自己的意思，去支配数千元的资本。单从这一层说来，大资本家也就可以支配着比自己的投资额大过好凡倍的资本了。

大股东所具有的这种实际势力，更可以使他们在股票的投机上面，站在极有利的地位上面。在公司的利润显得有增加的希望的时候，他们可以买进多数的股票，去获利益，在显着利润减少的预料的时候，他们却又可以很敏捷的把那些股票卖了出去。靠着这种办法，把价格的跌落所生的一切结果，转嫁给别人。并且，那些被转嫁着这种不利益的对手，就是多数的小股东。

总而言之，股份公司的组织这种东西，实在就是一种在一切股份尽都平等的形式（现象形态）下面，包容着极少的大股东的压倒一切的实益的东西。

股份公司的组织这种东西，担任着一种从社会上的一切方角上吸收资本，集中到一处的任务，这件事，会变成每一个股份公司的股东的分散，那种事实，发见出来。关于这种股东的分散，上面说的上田贞次即那本书里面（21，22页）有下面这样一段记述：

“从最近统计材料，检出一点东西看看罢。日本的大阪商船股份公司共有三万八百人的股东，这是股东的分散的程度最大的公司。其次是日本邮船公司，共有股东二万四千四百人。其次是东京电灯公司，共有二万二千一百人。第四是日本炼油公司，共二万二百人。第五是大同电力公司，共有一万七千三百人。拿外国的例来说，世界上最大的股份公司算是美国的United States Steel Corporation（合众国钢铁公司），在1915年，他的股东人数，普通股方面有五万三千人，优先股方面有八万五千人，合起来，共十三万八千人。自然不消说，纵然开股东大会，也不会有这样大的房子去容纳这样多的股东都来出席。在英国，冲克斯（Vickers）公司的股东，听说共有六万人。”

又，藤本票据经理银行（Bill Broker Bank）的谷村行长于1926年二月中，登在《大阪每日》报纸上的那篇《产业的基础在民众》的文章，会把现今日本国内的资本集中的状况，具体的从各方面，说明着。他在开头的地方，这样说着：

“今日是大资本主义的经济时代。什么叫作大资本主义？这并不是说，产业是靠少数的大资本家维持着。在今日，企业的所有人并不限于单单一部分的或少数的大资本家，倒是把成千成万的一切阶级的小资本家都网罗在里面了。像这样把多数的小资本家纠合起来，使他们都参加到企业的成立一件事上面去，这种方法，真算得是近代产业的特色，也就是受了那种靠着代替的有价证券而行起来的资本流通之赐。所以，大资本主义经济时代的特色，就是那种靠着小资本的纠合来实行的大经营。要想知道今日的产业资金如何被构成着，只消看一看下面所述，就可以明白了。”

其次，他列举着种种的数字。

“先从**银行存款**看看，他的存款人数之多及每一个人平均的存款之少，都很明白的可以证明我在上面说的那句话。（数字只抄录要紧的——河上）

普通银行（1923 年 12 月末）

	件数或人数	每件或每人平均存款数
定期存款	3,345,320	2,925.00 元

储蓄银行（同上）

普通存款	7,213,183	43.87 元

邮政储金（1925 年末）

邮政储金	31,249,174	36.95 元

又，**人寿保险公司**也是和银行一样，是一面在供给产炒资金，一面又当作投资机关，被人利用的东西，所以我们其次就应该看一看保险公司契约的金额，契约的件数，及每件的平均金额。照 1924 年末的统计说，就是下面这样：（数字只抄要紧的——河上）

	件数	每件平均金额
普通人寿保险	4,191,587	967 元
简易人寿保险	6,527,000	136 元

再看看保险公司的资金运用状况：（据财政部调查 1922 年）

银行存款	187,757 千元
放　　款	139,725 千元

保存着的有价证券	333,473千元
共　　计	660，956千元

“据前面两表看来，就可以知道，人寿保险公司的资金是由多数民众的怀中吸收着的，并可以知道那些资金如何当作产业资金被流用着了。”

再拿**股票**看看，察一察已缴股份的金额。股东人数，并每人平均缴纳金额等等情形到底如何。关于全国的主要银行公司二百七十个的数字（数字只抄要紧的——河上）如下：(1924年末)

	股东人数	每人平均已缴股金
交易所（10个）	48,892	1,863元
纺织公司（35个）	41,659	3,354元
制糖公司（11个）	59,960	2,860元
制粉公司（3个）	5,335	2,770元
皮酒公司（4个）	8,119	5,526元
船舶公司（5个）	36,953	2,594元
铁路及轨道公司（24个）	58,007	9,383元
保险公司（16个）	18,052	1,184元
（以下省略——河上）		
合计	872,506	4,482元

“看上面的表就可以知道，每人平均已缴股金额最大的是铁路及轨道公司里面的9,383元，最小的是保险公司的1,184元。

又，拿债票看看，关于他的所有人的数目和每人平均的金额，虽然没有可供考证的材料，然而，若从 1923 年十二月末的有价证券分期交款贩卖业看来，二十二个公司所经手的分期交款贩卖契约的金额共有三千八百二十四万余元，契约件数有三十六万三千一百七十六件（据四十八银行公报），所以每件平均额就是和一百零五元相当。但是，因为日本今日的一切债券总额的内容是国债五十亿，公债及公司债八十二亿，所以如果照上面的每人平均额计算起来，那末，买着有债票的人数之多，也就可以想见了。

由此看来，今日的产业资金，并不是由一个或少数的大资本家的出资而成的，这件事，换句话说，今日的产业是一种以那些抱有小资本的多数民众为背景，去维持他的存在的东西，这件事，的确是很明白的了。”

谷村根据上述的事实，就下了一个论断，认为一切阶级的民众都变成能够参加企业了，所以随着便极口去赞美这种情形。这个论断自然是错误的。他所以引用的事实。在资本上到底含有什么意义，这件事，我已经在正文里面说过，所以在这里可以不用说了。

到了金融资本握着产业界的霸权的时候，资本家的生产就达到他的发展的绝顶了。但是，同时，藏在资本内部的矛盾也就到了极巅。我们在第二篇的末尾，已经把劳动的生产力的发展和资本的累进的积蓄两种现象怎样会必然的在大众生活之上招致不可忍受的困厄，一件事，说过了；又，在第三篇的末尾，也会把这些同样的劳动的生产力的发展和资本的累进的积蓄两种现象在另一方面怎样会必然的招致资本家的生产的尽头，一件事，说明过。现在我们要说，这些困难到了金融资本的时代就正正走到绝顶了。资本家的生产的尽头，在经济上会惹起恐慌，在政治上，会变成战争爆发出来。恐慌和战争，这两种东西就是资本家的诸社会里面的不可避免的灾厄。这东西一旦若在金融资本的时代勃发起来，他的灾厄就会像瘟疫一样，在世界的大规模上蔓延起来。**世界战争和世界恐慌**，这两种东西就是世界不安的原因。

那末，这种世界的不安，怎样才能够被救济呢？这正是现在的世界被逼得不能不去解决的一个问题。

但是，要知道，人类常常都是以他自己所能够解决的总量为问题的。解决的手段，是会随着问题的成熟而成熟的。

金融资本时代，表示着资本家的生产的发展的极致。在这时代，人类的劳动正在以一种世界的大规模上被行着社会化，同时，一切的生产手段又正在被集中于极少数的巨大的金融资本家手里。这件事当然就含着这么一个意思：多数的人们对于生产手段的私有权剥夺了。这种在资本家的生产的限度内的私有权的剥夺，到了极点的时候，就会弄得只剩着一些极少数的拥着巨大亿资本的大金融资本家存在在社会上。到那时候，生产这东西，在实质上已经完全被社会化了。只不过在法律的所有权关系上面，那些巨大的利息归于极少数的若干私人的支配罢了。一种物质的基础——那种由私的生产走到直接的社会生产去的推移，以及由商品生产走到社会主义的生产去的推移上面所必要的物质的基础——已经逐年的渐渐具备着了。在这里就拥有着社会的生产的形态变化的物质的条件。这样一来，“那种把这样的变革进程的一切利益都霸占独揽着的资本大家的数就会不断的减少”。在另一方面，“那些困窘，压制，隶属，堕落，榨取等等东西的分量却会越发增加，并且，那些不断的膨胀着，而且随着资本家的生产进程本身的机构，被训练被组织着的劳动者阶级的反抗，也会越发加大”。这个阶级就是负着一个历史的使命——一种把资本家的社会，改造起来的历史的使命——的阶级。这个阶级的训练和组织的成熟，当然也就是那种社会的生产形态的变化上所必要的主体的条件的成熟。所谓经济国难，思想国难等等东西，也就必然的会变成对于一切资本家的社会的威协（经济国难指社会民众生活的艰难不堪，思想国难指新的社会思想的旺盛。——陈）。“这样一来，资本的独占就变成了那种生产方法——那种从前会和独占一起开花繁荣过的资本家的生产方法——的桎梏了。生产手段的集中和劳动的社会化，最后就变成和资本家的外壳不能两立的东西了。这样一来，他的外壳就会破裂。资本家的私有财产的丧钟就会响起来。掠夺者就会被掠夺。”（《资本论》第一卷第二十四章结语中之句）这样一来，就会像人类的一生，以死终结一样，那种商品的自己运动的终结点上，也就只看见商品本身的被抛弃了。

我们觉得，靠以上一切的说明，已经把资本家的社会的运动法则——即是说，那种支配着资本家的社会的发生，存立，发展，死亡，以及变到别的较高级的社会有机体去的推移，等等东西的特殊法则——解说明白了。但是，要知道，我们在本书的开始的时候，已经说过，我们的研究是在纯粹的形态上去观察了资本家的社会的，然而，纯粹的资本家的社会这种东西，在事实上却是从来未曾存在过的，并且也是不能够存在的，所以，在我们考察现代的日本——封建的遗制还存留得极多的现代日本——的时候，还应该于上述的一般理论之外，详细的把各般特殊的事实加入考虑之内，这件事，自然是不待言的。不过，同时还要知道，照我们在本书最初的地方所述，要想明白特殊情形，首先就还得明白一般情形，才行。因为这个缘故，所以，上面所说诸理论——指示着资本家的社会的运动的根本道路的诸理论——是可以成为我们的更进一步的研究的基础的东西，并且也是不能不成为更进一步的研究的基础的东西。

又，因为我们的研究只是关于经济学的基础的部分的东西，所以，凡于关于国家权力的种种现象，我们都舍弃不管。我们在以上的研究里面，那种构成着资本家的社会的阶级就是资本家阶级，被雇用劳动者阶级，及地主阶级三种东西。这三个阶级在现实的状况下面，都是被包括在国家当中。三种阶级当中的支配阶级，会经过国家的一切机关，去拥护自己的阶级的利益。拿那种直接的和物质的利害有关的范围来说，他们总是用租税或其他的强制的手段，去吸集别的阶级的资力，并且设法要想把所吸集得来的资力，务必多用在和他们自己的阶级利益的用途上去。这些事情，不消说，都是用国家全体的利益的名义行着的，不过，当作科学看的经济学的使命，却在把睡在这些现象形态下面的本质，暴露出来。这些问题，是应该在财政学及其他所谓经济政策学里面去讲述的。又，因为我们已经把关于国家的诸现象拾弃不管，所以关于各国家相互之间的诸问题（国际的诸问题），也全然略了去。这些问题是应该在殖民政策，国际经济，世界经济等等的讲义里面去讲授的。因此，所以我就拿以上所述的不十分完全的东西，终结这个讲义了。（一九二九年二月八日讲完）

关于参考书的话

关于本书上篇所论述的诸问题，如果想更进一步去研究，可以看下列各种日本文的参考书。

第一的参考书，当然就是《资本论》。这部书，前面已经述过，大部分都是祖述《资本论》的。所以我这书对于那些想就《资本论》去研究的人们，可以供他们之用。《资本论》的解说书，从来行得最宽的，算是考茨基的《资本论解说》，但是，可惜那部书几乎完全以《资本论》第一卷的内容为主，关于第二卷第三卷，却只不过有一点追加的说明。我这本书是把《资本论》的全三卷的内容，都平均的介绍着的，并且还极力尊重原书的研究和叙述法，所以，不管书的价值怎么样，我觉得，总算是全世界上还没有和我这本书相类似的书呢。

（以下原著者还有十七项，列着十七种日文参考书。既是日文，当然于中国的读者没有用处，并且又不像上列这一项一样，能够说明本书的地位，所以都略去不译。——陈）

下篇　资本家的经济学的发展（略）

译　者　跋

这本书的著者是日本最负盛名，最有真实学问的学者，这本书又是他在大学讲坛上的二十年间的结晶，所以这本书当作大学的经济原理的科学书看来，实在可以说是世上第一的良书，不但日本的当中，此外更没有可以和他比并的书，并且恐怕就是在英法德俄几国文字的书中，也没有一本书赶得上他。这是译者亲自体验得来的话，并非信口瞎说，因为译者不但是专门研究经济学，在这五国的文字的经济学书上用过功，并且也在大学教了不少的年数的书，深知此道的内幕。现在如果把这本书当作一本大学程度的经济原理的教科书看，去说他的好处，至少可以举了下列几个要点：

第一，他带有纯科学的性质。既无掩饰，又无遗漏，恰恰满足了科学上所谓“必要而且充分的条件”。在普通的大学经济原理的教科书上，往往堆着一些掩饰门面的东西。如像所谓生产条件论，消费论，欲望论，种种东西，就是完全拿来掩饰门面的。（这些东西只是一些经济现象上的常识，所以只应该在粗浅的经济概论说说，不应该在这种经济现象的解剖为主要题目的经济原理上铺陈。）但是，在一方面只管有这些堆砌粉饰，在另一方面，却又把要紧的关节，完全不理，如像于利润，利息，工资各种分配物的相互的联络，生产和流通的内部关系，等等东西，照例都是不说到的，所以弄得到处是漏缝，只构成一个“一盘散沙”式的知识。这本书却无这种毛病。

第二，他是纯然根据科学的研究法和科学的叙述法的。只看他的章节的大体布置就可以明白。他由商品到货币，由货币到资本，由资本的成立，到资本的积蓄，更进而到资本的集中，真是可以说得上，他的研究方法如剥笋壳一样，越剥越到好处，同时，他的叙述方法，又好像画家画像一样，一笔一笔的加上去，结局画成一个谁也理解得到的整个的人。此外书中像这样的例，还多得很。所以，这本书不单一是一本经济原理的教科书，并且还是一本很好的社会科学的研究方法论。这一层自然是普通的经济原理的教科书上所绝无的。

第三，他注重动的观点。普通经济原理的教科书上，都只是从静止的方面，把一些现象排列着，并不肯从动的方面去观察各种现形的变化，所以往往把真理埋没了。举例说，如像资本这东西，本是时时变更姿态的；他时而变成货币，时而变成生产手段和原料，时而变成新商品；并且从他的机能上说，他还会时而变成潜伏资本，时而变作产业资本，时而变为商业资本，银行资本以及金融资本，种种东西。所以如果不从变化的观点上去看他，就会永远懂不得资本的真意。一般经济原理上面都忽视了这一层，所以会叫读者把许多经济上的真相都看掉了。这本书却没有这种毛病。

第四，他所引用的实例，都切近东方人的心理。在普通的经济原理上所引用的材料，往往是西洋的材料，所以容易使人发生隔膜之感。这本书上的实例却不然，大抵都是东洋的实例，所以能够使东方读者格外容易领悟。

这本书若当作大学的经济原理的教科书看，虽是好极了，然而作为一种通俗的入门书看，却未免过于高深一点。所以读这本书的人，应该先具有一些粗浅的经济常识，知道什么是生产，什么是流通，一类的东西才行。如果还没有具有这种常识，最好请买一本拙著《经济现象的体系》[①] 看看。我这本小书，大概可以和《经济学大纲》同时出版。（我这本小书是两年以前我在国立某学校所讲授的经济概要的一部分。我那讲义分为上下两篇，上篇是“经济现象的体系”，下篇是“经济现象的解剖”。下篇当中包含三部分：（一）商品价值的形成，（二）剩余价值的分配，（三）资本经济的将来。这个下篇，在有了河上博士的《经济学大纲》之后，自然没有即行出版的必要了。至于上篇，本是分为（一）序说，（二）资本经济的意义，（三）经济现象的基础，（四）企业的形式，（五）生产部门的区别，（六）资本经济下的市场，（七）生产和消费的关系，（八）分配现象及社会问题，（九）国际经济和帝国主义，等等，一共九部分的。其中所述，尽是有关于现象的粗浅的说明，毫不提到现象的解剖，所以不但不和《经济学大纲》重复，并且还可以作他的一个准备，因此，在《经济学大纲》出版以后，不但没有不出版必要，并且还更须赶快出版了。）

---

① 收入全集第一卷第二册。——编者

研究经济学的人必得要同时留心现时的经济情况，才能拿事实和学理互相映证，养成一种理论和实际都能通晓的实力，所以我很希望读者兼看傅子东先生所译的《大战以来的欧洲经济概况》，去扩大眼界。

读了《经济学大纲》以后，更想进一步研究的人们，自然就非得研究经济史和经济思想史不可。关于经济史的最有用处的书，莫过于日本改造社新出版的《经济新史》。这书分三部分：第一部分“资本主义以前经济史”，第二部分“资本主义的成立及其后的经济的发展”，第三部分“社会主义经济的发展”。这是山川均，早滨知行，河野密几个有名的学者合著的。译者想把他于本年内译成中文。关于经济学史，现在实在没有顶好的。Gide and Rist，Haney，Spann 等等的书，只是几个杂货店，固不用说，就是《剩余价值学说史》也没有包及近代，况且又太繁重。河上博士的“资本家的经济学的发展”，也是上无重农学派，后无历史派及心理学派，当然算不得完全。写到这里，我要对读者声明，在前面河上博士原序的注释里，我所说的重大的声明，就是指的这件事。因为一则这个“资本家的经济学的发展”并不完全；二则这个“资本家的经济学的发展”原来就是他的旧著《资本主义经济学的史的发展》，而这旧著却已于两年前，被上海大学一班学人译成了中文刊行，现在不必重复；三则经济原理和经济学史本来是两种性质不同程度复异的东西，混在一起反于读者不便，所以我译的这本《经济学大纲》断然把他割了去。我想，如果读书界感觉要一本稍稍完全的经济学史，我可以把（一）《剩余价值学说史》的关于重农学派的部分，（二）河上博士的“资本家的经济学的发展”，（三）Buharin 的《吃利的人的经济学》合译起来，成为一本《经济学新史》。那书的内容，大致就是这样：（一）“重农学派的经济思想”，内分：（1）William Petty，（2）Ch. d'Avenant，（3）Dudley North and John Locke，（4）David Hume and Massie，（5）James Steuart，（6）重农学派的一般性质，（7）Turgot，（8）F. Paoletti and Pietro Verri，（9）重农学派对于斯密斯的见解，（10）Schmalz and Graf de Buat，（11）一个英国的重农学者，（12）Necker，（18）Linguet，（14）Quesnay 的《经济表》。（二）“资本家的经济学的发展”，内分：（1）序说，（2）Adam Smith 的先驱者，（3）Adam Smith，（4）Malthus及 Ricards，（5）Bentham 及 James Mill，（6）John Stuart Mill。（三）“吃利的人的经济学”，内分：（1）Marx 以后的国民经济学，（2）限界效用说，（3）价值论，（4）利润论，（5）结论。这样一来，就可以得着一本较好的经济学史了。

不消说，经济学的研究，是和哲学及社会学都有关系的。所以读《经济学大纲》的人还得涉猎关于哲学和社会学的大体的书，才能悠然自得。为达这个目的，请参观拙译《科学的宇宙观》[①] 及拙著《科学的社会观》[②]。前书恐怕会在《经济学大纲》以前出版呢。

这本书的翻译，是很用过心的，自信是一点错误也没有。（原书上的误印的地方有十几处，我都给他改正了。）译法不但注重达意，并且注重传达原著人的口气，所以全文都是一种讲义口气。这固然在一方面未免觉得过于谆谆不倦，但是，从另一方面说，也许

① 收入全集第二卷第四册。——编者

② 此书编者暂未觅见，见全集“凡例”后所附的“第一卷待查证书目”。——编者

因为这个缘故，反转弄得易于理解，也未可知。我所加的注释，都另用一种括弧括着。这些注释都是放在我认为在一般人所应该感觉困难的地方。也许此外还有应该注释的地方，且等第二版时再添上（这书至少还有十年的运命罢）。[①]

原书末尾还附着有河上博士的年谱和著作年表，我认为没有翻译的必要，所以没有译。

① 在编校时，我们参考了陈豹隐译《经济学大纲》的第三版，第三版和第一版在内容上基本无任何变动。——编者

西南财经大学“211工程”三期建设项目资助

陈豹隐全集

第二卷 文学

5

西南财经大学马克思主义经济学研究院
西南财经大学经济学院
编

西南财经大学出版社

1930年5月8日上午陈豹隐（右）、唐惟俶（左）摄于日本本州岛热海口岸

20世纪40年代末陈豹隐（左）、李若斯（中）、陈若豹（右）合影（重庆大学住所三合院内）

20世纪40年代初陈若豹儿时照

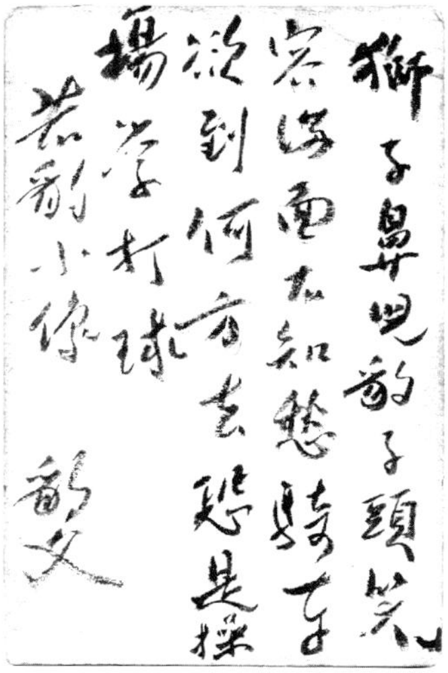

陈若豹儿时照背面的陈豹隐题诗

编者按

一、《日本新写实派代表杰作集》

《日本新写实派代表杰作集》，（日）平林泰子等著，陈豹隐译，1929年6月由上海乐群书店出版发行，本次所选底本为初版。

该书收录了7个日本作家的7篇小说和1篇戏剧。其中《佃户的狗和地主的狗》首刊于《乐群月刊》1929年1月1日第1卷第1期；《殴打》首刊于《乐群月刊》1929年2月1日第1卷第2期；《序》首刊于《乐群月刊》1929年3月1日第1卷第3期，题为《论新写实主义》。

平林泰子（1905—1972），日本女作家，早期倾向于无政府主义，后加入工农艺术家联盟。代表作有《嘲笑》、《在免费病室》、《这样的女人》、《沙漠之花》等，死后遵其遗嘱设立了平林泰子文学奖。[1]

该书《序》曾引发广泛讨论。相关争鸣文章，均收入全集第六卷“《论新写实主义》之争”专题。

二、《高尔基的回忆琐记》

《高尔基的回忆琐记》，（苏）高尔基著，陈豹隐译，1929年10

① 参考“维基百科”之“平林たい子”条：http：//ja. wikipedia. org/wiki/平林たい子。

月 1 日付排，1929 年 11 月 15 日由上海乐群书店出版发行。

该书曾连载于《乐群半月刊》第 3～4 期、《乐群月刊》第 1 卷第 1～4 期和第 6 期。其中陈豹隐所译的《布格罗夫》一文，曾先后收入黄源编《高尔基代表作》（前锋书店，1933 年）；周天民、张彦夫编《高尔基选集　第四卷》（世界文化研究社，1936 年）等多部选集。

该书由法文转译，在当年产生了较广泛的影响。如胡风称，1938 年他“看了一本《高尔基的回忆琐记》，写得很亲切有趣”①。1982 年，陈荒煤在信中还向严平推荐此书：“我想起一本书来（你到图书馆查查，看能否找到），是三十年代在上海出版的陈勺水翻译的《高尔基的回忆琐记》。详细的内容我自然不可能都记得，但有一个总的印象，高尔基写的大都是他在生活中接触到的各种各样的人物的回忆片段，有的写得很生动，简直是人物的肖像画。再如高尔基写的《回忆列宁》，给我的印象也很深。我是喜欢这些作品的。我早期写作的某些作品，情调固然有些不健康的地方，但始终还是注意写人物；着意刻画人物的性格特征和内心世界的，恐怕多

① 胡风：《胡风回忆录》，北京：人民文学出版社，1993 年，第 121 页。

少也受了高尔基作品的一些影响。”[①] 其实陈豹隐也同样受到了高尔基的这种影响。

除本书外，陈豹隐另译有高尔基《论无产作家》等单篇文章，收入全集第四卷第一册。

① 陈荒煤：《荒煤选集：第二卷（散文·文论）》，成都：四川文艺出版社，1990年，第430页。

目录

日本新写实派代表杰作集

[日] 平林泰子等著　陈豹隐译

序

上

一

新写实主义的主张，当欧战终结以后，早已在发生了大变动的欧洲各国，如德，俄，奥，匈，捷克等国，用种种的名称，发见出来（参看《乐群月刊》一卷三期）。“现代的世界左派文坛”只有在万事落后的东亚，直迟到一九二八年，才介绍到日本和中国来，好像中国的新写实主义的主张，一部分还是由日本重译而来的。

作者是一个穷文人，没有钱多买国内杂志，所以还不知道国内文坛对于新写实主义的讨论，以及新写实派的作品，到底在什么状况之下。若只据我所知道的一点材料，由《小说月报》和《太阳》杂志看得的材料，看来，好像国内文坛对于新写实主义还没有确切的认识，同时，新写实派的作品好像也不甚多似的。所以，在这时

候，介绍一点新写实派的理论和作品，不能说是没有意义的。

二

新写实主义这个名称，有时又叫做无产的写实主义，或无产写实主义，特别是在日本文坛上，一般人惯用无产写实主义这个名称。

把新写实主义叫做无产写实主义，自然也有相当的理由。文艺上一切主义都是有它一定的社会背景的。有了十八世纪的自由竞争经济的新社会，才发生了近世文艺上的浪漫主义的大潮流，有了十九世纪的资本集中的大工业经济社会，然后才有近代的自然主义文艺，同样，也是因为有廿世纪的帝国主义经济和随着这种经济而来的无产者社会运动的抬头，然后才有这种新写实主义的发生。新发生的写实主义，自然和一切主义一样，都是负着描写当时社会上最重大，最主要，最使人感激，最关多数人利害的事件的，却是，在廿世纪里面，社会上最重大，最主要，最使人感激，最关多数人利害的事件，实在就是无产者在帝国主义经济下面的被压，抵抗，抬头，失败以及受难，等等的事件，所以，如果把廿世纪新发生的写实主义叫做无产写实主义，实在可以说是有相当的理由。

但是，从另一方面观察，这种称呼却有两种不妥的地方：

第一，在帝国主义经济下面被压迫而起来抗争受难的，除了先进国的无产者以外，还有落后国的无产者和有产者的全体即所谓被压迫民族。关于这种被压迫民族的事件，也是和无产社会运动事件相关联的，有时，它的可惊可泣的重大程度，并不亚于无产者运动的事件，所以当然也是这种写实主义的对象之一。如果把这种写实

主义称为无产写实主义，就会有不能包含被压迫民族的写实在内的弊病。

第二，无产者三字，在普通的用法上，都是和有产者三字对待而言的，所以无产写实主义这句话，往往会使人发生两种误解：（一）以为无产写实主义是专写无产者的生活的。其实，在整个的社会生活上，无产者和有产者的生活，完全是互相关联的，如果完全离开了有产者的关系，就决不能描写出无产者生活实况来。何况描写有产者的组织和心机，如像辛克雷的著作等等的例，还是新写实派的重要的手法呢？（二）以为无产写实主义之外，还有一个有产写实主义。其实断没有这回事。从前虽有一个写实主义，却断不能称为有产写实主义，因为这一派人所写的，还是以无产者生活为主要题材，在观点上，也并未替有产者张目，从前的写实主义和如今的写实主义的不同之点，实在只在对于无产者的觉点上和文艺主题的采择上面，所以，只能说它们有前后新旧的区别，决不能说它们一个是有产写实主义，一个是无产写实主义。

因为这样，所以我认为无产写实主义的名称是不妥的，应该称为新写实主义。

三

新写实主义的内容到底是什么？

要想真正彻底答复这个问题，自然非从写实主义的历史，从文艺思想史说起不可。可惜，这种考据事业，我实在没有工夫去做。所以我想用一种最简便的方法说明它：把一切主张错了或偏了的见解，先列出来，加以指摘，然后再把现今多数人认为应该包含在新

写实主义内的性质，加以解释。我以为这样一来，或者比较容易得着一个明白的观念。

第一种顶错误的见解，就是那些单把无产者对于有产者的怨恨和反抗的描写，认为新写实派的描写。这种见解的立场，是完全站在温情主义，抑强扶弱的个人英雄主义上面的，纵然描写得怎样活灵活现，也只不过能够满足一些少年人的浪漫的心理，成一种煽动青年的宣传物罢了。一般受难的大众，决不会受着如何的感激，得着怎样的慰安，发见怎样的光明，因为人生决不是一种单以爱憎的感情为内容的东西。这样的描写，纵然它所根据的材料竟是一种事实，它在作品上的地位，也只算得是写实的浪漫主义，不能称为新写实主义。

其次，专描写无产者生活的悲惨，痛苦，暗黑，丑恶等等方面的作品，也往往被人认为新写实派的作品。这当然是错误的，如果这算得是新写实派，那末，新写实派早已发生于十九世纪了，因为，像左拉等自然主义者所描写的穷苦人的暗黑面，实已达到了极高妙的程度！这种专描写无产者受难的作品，只是带着一种被动的性质，太过于悲观绝望，在事实上，和廿世纪的无产大众的性格并不相符，所以也只能算是一种空想的作品，不能说是新写实派的作品。

第三，有一种作品，专门描写一种自称无产者，在作品当中，把它的主人公看成一个模范的无产人物，说模范无产者的话，做模范无产者的行动，穿戴模范无产者的衣履，总而言之，描写着一个理想的无产者。这种乐观的作品，也许在提起无产者的兴致和暗示无产者的应有性格上面，可以有一点用处，但是，却无论如何，不

能称为新写实派的作品，因为它明明太梦想了，太乐观了，也和廿世纪的无产大众的性格不符，大概只能称为广告派的作品罢。

第四，有一种作家，专把无产运动理论上的公式，编入作品之内，举例说，如果他描写一个工人，他就生怕不能够把关于工人运动的理论全部放入作品当中，如果他描写一个外国资本家，他就生怕不能够把一切骂倒帝国主义的名言妙论，都抬到这几篇小说上去。这样的作品，往往也僭称为新写实派的作品，许多不明白的人也跟着称这样作品为新写实派的杰作，其实离新写实派，不知还有多远呢。这种作品，已经有一个很好的名称，叫做宣传的文学，或传单式的作品。这种宣传的文学，从效果上说来，不敢说它毫无力量，但是，总不应僭称新写实派的名义。

第五，有一种作家，专门努力去暴露现社会的丑恶，特别注重去暴露帝国主义者，大银行家，统治机关，军事机关，等等的内幕，这种作品比起上面说的第二种作品，当然进了一步，因为它不单描写无产者及被压迫者的痛苦，并且还去描写这些痛苦的来历，它的描写的性质是有主动性和社会性的。不过，单是这样，还算不得新写实派的作品，因为它还不能够抓住时代的精神，使一般大众发生异常的感激，由感激当中发生情热，由情热发生活力。

四

真正的新写实主义的作品，应该含蓄下面几个性质：

（1）新写实派的作品，应该站在社会的及集团的观点上去描写，而不应该采用个人的及英雄的观点。因为只有这样，才能与现今的大众集团时代的实情相符合，才能够获得现实社会的真相，才

能够抓住大众的心理。自然，这里说的是观点，并不是说材料。在材料上，当然还得描写个个的人和个个的东西。

(2) 新写实派的作品，不单是描写环境，并且一定要描写意志，因为廿世纪的无产大众已经由被动的被环境征服的状况，进到主动的起来转变环境的地步了。那些单单描写环境，不管意志的作品，自然是抓不着大众的心理的，当然也就算不得是新写实派的作品了。新写实派在这一点上面，是和旧写实派大不相同的。

(3) 新写实派的作品，不单描写性格，还要由性格当中描写出社会的活力。换句话说，不是把个人性格当做个人的东西描写，倒是把它看做凑成活力的一个分子。这一点是和自然主义的个人性格的描写，大不相同的地方。新写实派的作品当中可以没有一个确定的主人公，也就是因为这个缘故。

(4) 新写实派的作品，应该是富于情热的，引得起大众的美感的。自然，这里所谓美，不是指美学上所谓美，或从来美术家艺术家所谓美，因为这种美是一种固定的美，是一部分人的美，是大众所不能领略的美。这里所谓美，是指那些能够引起现今社会上一般大众的热情的美。一种作品，如果只是平平的写一些日常生活事件，或罗列一些统计材料和报告文章，一点也引不起大众的热情，那末，哪怕它言言是真，句句是实，也只能算得一种纪实的报告书，一点也够不上说是写实派的艺术品。真正的新写实派作品所以和宣传的文学不同的地方，就在这里。

(5) 新写实派作品所描写的，应该是真实的，纵然有时万不得已，要利用一些想象力，那种想象，也应该是根据事实的想象。自然，这里所谓真实，是指题材的真实说的，不是说，作品上的情节

和语句都要是真的，如果那样，那就用不着艺术的天才创造作品了。新写实派的作品在这一点上面，是和广告派梦想派文学大不相同的。

(6) 新写实派作品应该是有目的意识的，用别的话说，就是，应该是有教训的目的的。更详细说，就是，新写实派的作品，在上面几个条件俱已满足之后，还要看它合不合一定的目的，合一定目的才描写，不合一定目的的，只好丢下。这个一定目的，到底是什么，很难一言而决，统笼说来，应该是和廿世纪的无产大众应有的人生观社会观相符合的东西，应该是一种光明的东西。在这一层上面，新写实派的主张，是和极端的暴露文学家不同的。高尔基说得好，描写的东西，固然要真实，然而真实的东西，却不必尽可以描写，对于人生无益有害的东西，非弃去不可，不弃去就等于做坏事。新写实派的态度，也是如此。

五

一个作品能够包含上面所说的几种性质，就可以算得是完全的新写实派的作品了。这样的完全作品，一定是能够教训大众的观点，暗示大众的出路，鼓舞大众的勇气，安慰大众的痛苦，满足大众的需要的。

不过，在事实上，这种完全的作品，当然很不容易得着，从目前的现状看来，在全世界上还非常缺乏。各国的无产文坛作家所以继续不断的努力，就为的是想创造这种完全的作品，同时各国无产文坛的批评家所以谆谆致辩，也不过是想用批评的力量，诱导一些真的完全的新写实派的作品罢了。

在目前没有完全的新写实派作品的状况下面，若就具体而微的作品来说，又可以依据各作品偏向的程度，在所谓新写实作品中分为：(1) 目的意识作品，即偏重宣传目的的作品，(2) 暴露作品，即偏重暴露现实的作品，(3) 艺术作品，即偏重艺术本身价值的作品，(4) 大众作品，即偏重投合多数大众嗜好的作品。这些不完全的作品的发生，自然是过渡期间免不了的事。要免除这些弊病，还是只有靠作家继续创作和批评家继续指摘诱导。

下

一

一九二八年的日本文坛，若依照他们的惯例，把所谓通俗小说及大众小说除开不计（所谓通俗小说是指评书，侦探滑稽等极低级的小说及少年少女妇人小说等等而言，大众小说是指比通俗小说程度稍高，不单注重读者兴味，还兼带一点艺术性的东西而言，如像各报纸登载的长篇小说，就是一个例子）。日本文坛照例不把这两种小说当成文艺，但是一九二八年的情形却稍有变化了。一方面因为几个文艺杂志，如《太阳》，《新小说》，《早稻田文学》，《女性》，《苦乐》都因没有销路而停止出版，使所谓文艺作品的艺术家，减少卖稿的地方；一方面又因为发生了几个新的大众杂志，如《富士》，《平凡》，《朝日》，增加了所谓通俗小说和大众小说作家的需要，所以，所谓文坛艺术家也渐渐改行去做大众小说，因此大众小说到底算不算文艺，也成了问题。关于这一层，且等将来有机会时

再详细介绍。总之，若把大众小说也看成文艺，一九二八年的确是大众小说打倒艺术文艺的一年，上面说的杂志的停刊和新刊，已经是一个显例，再拿两种杂志卖出的部数，看来，相差更不成问题，据说纯文艺杂志《新潮》出卖部数还不满三万，通俗杂志最销行的《国王》（King），却号称销到一百二三十万部，《平凡》也号称销到六十万部。这的确是无产文学战胜了旧来的资产文学。因为，第一，从数量上说，各文艺杂志所发表的作品，还是无产作家的东西占多数。第二，一般的批评，对于发表的作品，也都赞成无产作家的东西占优胜。第三，有许多既成的有产作家，都照无产作家的主张，改变了观点，或一直变无产作家，或变成中间作家，即他们所谓社会民主主义的作家，即是说，一种赞成社会主义的理论，而不实行参加社会运动的作家。第四，另外一些既成作家，简直做不出作品，偶然做出来，也没有人读，所以很多的人都搁了笔。

二

日本无产作家在一九二八年虽然打败了既成有产作家，但是，万不能因此就即刻断定，他们的作品已达于完成之域。因为，在事实上，他们的战胜的原因，还是由于既成作家太和时代隔绝的关系者居多，由于他们作品特别优秀的关系者倒少。试把他们的作品，拿来和上面说的完全的新写实派作品对照一看，就可以明白的。在事实上，可以说大半部是所谓目的意识作品或宣传作品，至于暴露作品和艺术作品已经是不可多得的了。

这种情形，自然是过渡时代应有的事，不但不足为日本作家之羞，倒反足以表示他们的努力猛进，因为，一九二八年的作品，比

起以前的作品，确已进步许多，确已向着新写实主义进行，不像从前乱碰了。

在这些未完全的新写实派作品当中，去选代表杰作，自然是极困难的事，因为，若照上面说的标准看来，实在都不免有若干缺点。

我用了十几天的工夫，把一九二八年日本无产文坛作品中被大家推为杰作的东西，从新看一遍，第一，依照我上面说的完全的新写实派作品的标准，第二，依据题材的种类（如像妇人小说，兵士小说之类），选出了八篇东西，当做代表的杰作。我所以不拿作家做本位去选择的原因，是很明白的，因为新写实派作品正在勇猛进步之中，若以人为本位去行选择，一定得不着真正的杰作。

三

第一篇是无产妇女小说《殴打》，许多批评家都认为这是一九二八年日本无产文坛作品的压卷之作——固然也有人批评这篇东西的社会性太少的。我据上面所说的标准，也认为是第一的作品。因为这篇东西在上述六个条件之中，只是第一个社会观点的条件差一点，其他都很过得去。这篇东西的作者是平林泰子——一个受过苦难的女人。她今年印了一本短篇集，叫做《在施医院》，号称为今年无产作家当中最有收成的书。

第二篇是一篇农民小说《泛滥》，是很富于情热的东西，可惜在第一的社会性和第二的意志表现两个条件上面，不大充实。但是，在许多描写农民的作品当中，实在可算得第一之作。作者是黑岛传治。这人在无产作家当中的资格，是很老的。他写的小说，多半是关于西

伯利亚军事的小说。他于一九二八年，也出了一本短篇集，叫做《橇》。

第三篇是一篇海员小说《船狗“迦茵”》。这篇东西，在结构上，在第一，第二，第三几个条件上面，比前两篇都差一点，不过，在第四个条件上，手法却非常高妙。作者是叶山嘉树，是日本无产文坛上的老大家。张资平先生曾翻译了他一些作品。从描写技术上说来，算是数一数二的作家。

第四篇是一篇日本兵士的小说《豪雨》。这可以说是所谓暴露作品的代表。本来是小品文章，所以难得说它可以满足第一，第二，第三几个条件。不过在这一类（兵士）的许多小说当中，总算是最好的。作者是立野信之，是一个新出风头的人。

第五篇是一篇矿工小说《发端》。这篇东西在第一，第二，第三几个条件上都很好，只可惜第四的技巧方面太差一点，不能引人入胜。作者桥本英吉，也是一九二八年新出头的名人。

第六篇是一篇革命的知识分子小说《跨过死尸》。这篇东西稍微缺乏一点第五的真实性，第四条件也不充分，但是，奇怪得很，作中的意志和社会力却显得非常清楚。关于这类小说，此外也找不出更好的，所以选了这篇。作者是太田千鹤夫，是一个不知名的人，也许是什么人的笔名。

第七篇是一篇社会运动家小说《佃户的狗和地主的狗》。这也是叶山做的，手法是高妙极了。可惜是一篇尚未写完的东西。我在别的关于社会运动家小说当中，选择了许久，都选不出适当的，它们差不多尽是所谓广告作品，距新写实的意义太远，所以结果还只有用了这一篇。

第八篇是一篇社会主义者戏曲《第一声》。作者是一个不大出名的人，青柳信雄。这篇东西的技巧是很好的，但是，似乎太过于含蓄不尽，在第一个条件上，也很不充足。但是也因此外关于这一类的东西，更不适当，所以选上了。

四

一九二八年日本无产文坛上，此外也还有许多被人称赞为杰作的作品，如像藤森成吉的《草间中尉》，林房雄的《密侦》，岩藤雪夫的《时时准备着》，小林多喜二的《一九二八·三·一五》之类，但是，如照我上面所说的条件看来，实在都是一些广告文学和暴露文学，恐怕不见得真有多大的文艺价值罢。

五

中国是一个被帝国主义压迫的国，所以，照我上面所说的理论，最适于中国大众的需要的文学，也应该是新写实派的作品。固然中国有中国的特殊地位，中国的新写实派文学，应该和日本稍有不同，应该是偏重帝国主义的描写的，然而在大体上，方向总是一样的。所以日本新写实派代表的杰作，很可以供中国文坛的参考。这是我集译这书的第一理由。

第二理由，是要沟通中日两国文坛间的现实空气，这是在《新的历史戏曲集》① 序里说过的，现在不赘说了。

①收入全集第二卷第四册。——编者

殴　打

平林泰子

一

正是日俄战争刚要开始的时候。

过了十月，房上的稻草上面，就下雪了。白桦树的白干，越发显得白椏椏的。从它的小枝子上，落下盐一样的雪粉，好像萨拉萨拉响着，从树上滑了下来似的。半空中一带，尽是灰色的雪，落了下来，将近地面的时候，才变成落盐的样子。屋檐被雪重重的压着。雪从通气板当中，露着云母一样的光，被风吹进屋子里来。

在这种被雪重压着的屋顶下面，有一个火气销沉的大火笼。房里的人，指甲里装满了黑垢，时时刻刻焦心着，恐怕马铃薯被冻坏了，一面却不能不围着大火笼过冬。

披着稻草尖子的雪靴，乱杂杂的脱在层檐下面。大的有四只，小的有六只。有一只倒在雪里，有一只抛在老糠堆子上面。糠堆上面有一些冻了的雪，硬僵僵的积着。

这家人的父亲，头发已经秃到顶上了，在那里喝酒。红色的皮肤，像红土崖一样，从额头上，一直吊到脸上来。名字叫做松造。他坐在冷的廊檐上，弯着腰，用手省了一把清鼻涕，摔在雪里。回头向着小孩子们，鼓了一下黑眼睛。意思是不准小孩子们到他旁边去。小孩子们故意闹着玩，一面嘴嚼着晒干的饭巴，一面把身体扭了几扭。三个小孩子都知道这样顽皮的办法。他们的几双指甲长长

了的脚，伸在盖大火笼的棉被下面，相互触着玩。

饭巴是夏天在堆什物的房间面前，晒干了保存下来的，所以现在还带一些鸡屎的气味。当中还杂着一些被红枫叶一样的鸡脚带来的小泥块。如把黑砂糖和饭巴一起嚼起来，也就辨不出来什么是糖，什么是泥块了。

父亲用右手，嘎萨嘎萨的，分开廊檐地面下面的稻草。他一个手指曾经在劈柴的时候，被斧子斫去了一节，从那斫断了地方，长出指甲来，长得好像一个钩子一样。

在廊檐地板下面，也吹进了一些碎雪。拨开雪，就看得见自己造的酒的坛盖子，破着在那里。

他从鼻孔当中，吐出白烟一样的鼻息。他把藏着的酒坛，从下面提到廊檐板上来。酒这东西，若是买来吃，价钱就太高了。如果到卖酒曲的店里，只说是要做甜酒，拿米谷去换一些酒曲子来，稍为劳点神，就可以自己造成美味的酒，被酒的专卖官查出来，这种事是不容易有的，私造一千回酒，也没有听见被查出一回呢。在下雪的时候，酒的必要，比大米饭还要紧些。

小孩子们，把几本从学校拿回家的书，铺在大火笼的棉被上面，用铅笔在书壳上乱画，嘴里嚼着的干饭巴，落了许多在棉被上。父亲把那冰冷的酒罐子，提到大火笼旁边来了。他立刻又走到廊檐边去，省了一把水一样的鼻涕，摔在雪里。

小孩子们玩得什么都不晓得了，一直到他们的黑砂糖已经吃完了的时候，才晓得照例的事情又发生了。

那只有钩子样的手爪的手，打在母亲的耳朵边了。在害着冻疮的皮肤上面，被父亲的厚皮的手使劲打下去，打出一种干脆的响

声。接连着响了好几下。

母亲的瘦腰里，系着一条已经露出带芯的腰带。母亲只是懒懒散散的把狭小的肩背转动着，以避松造的身体。她好像正用一种忘了表情的面孔，望着父亲的赤土崖一样的额头。又好像是望着吊在房中间的，生了锈的洋灯托子一样。父亲把他醉了的眼睛，直呆呆的，对着母亲的下眼皮。他看见女的那样子，好像并没有把他自己看成问题，倒只是侧着耳朵，听外边鸡笼房上面的落雪的声音似的。他把像团扇一样伸着的手掌，握起来了。他举起拳头，向女的打去。他觉得，打着的东西软答答的，并没有他用老木槌在堤上打木桩子的时候那样的快感。他觉得不满意了。母亲一倒在席子上，小孩子们就哭起来了。张开糊了一嘴黑砂糖的口，大声号着。父亲拿起一个缺了口的茶杯，向小孩子们掷去。一些变成了酒，泡胀了的酒曲子块子，倒在席子上，好像一些蛆虫一样。小孩们连忙从大火笼棉被里逃出来，更哭得厉害了。但是，最小的那个刚刚四岁的女孩子，却没有哭。她长着一个又小又低的鼻子，两只眼睛的眼角，离鼻子好像离得很远。她用两个小眼睛，含着一种厌恶的神情，从下面，仰头望着父亲的鼻子洞。望了一会，忽然跑到父亲面前去，咬着父亲的脚。

闹了一阵，父亲松造才感觉得他的手是冰冷的。他拾起缺口的茶杯来，又开始在坛里舀酒喝。雪还是萨拉萨拉的下着。小孩子们的哭声，充满了一屋子。刚刚两个男孩子停住不哭的时候，顶小的女孩子，又好像打破了水瓶子一样，忽然哇的一声，哭起来了。

两个男小孩子，害怕父亲。都想着，怎么能够叫这种非聚在房间里，一起过活不可的冬天，赶快完了，才好。在屋子里没有席子

设备的平地上面，一天到晚，都听着用手省鼻涕和编草荐的稻草声音。小孩子们，只在听不见省鼻涕声音的后门口边玩着。他们躲在装豆酱的桶的旁边，从廊檐上射着黄色的细丝的小便，到雪里去，觉得非常有趣。热的小便，立刻把雪染成黄色，打成一个深洞。

顶小的女孩子，头上吊着一蓬火一样的红头发。小小的鼻梁，几几乎是和脸一样平的。从脸旁边看过去，只看见两个上眼皮，肿起来，突出在平平的面孔之外。她和两个哥哥平排坐着，一面眼也不眨的望着父亲，一面拼命吃饭。她手里抱着饭碗，胸口面前放射着一片光亮。父亲对于这个红头发的女孩子的眼睛，也好像常常不放心似的。这个小孩子，在那时，的确也不怕父亲。父亲因此总觉得有点讨厌她。

报纸上已经登载着，战争快开始了。兵船的像片，也登出来了。在这村中，订买报纸看的人家，只有几家。但是，因为村里曾被征兵，进过军队的人们，都奉到了不准出门的命令，所以村里的人，知道开仗了。

雪一溶化起来，田埂上的草就急忙忙的长出来了。田埂在冬天冻透了，如今雪一溶化，便崩坏了。田埂上爬着一些可怜的鸡肠草。家中的生活，移到田埂边去了。鸡肠草的青青的嫩蔓，向四处发展起来了，向前伸长。伸长一点，即刻又落一点根子在地里。落了根之后，又往前伸长。

母亲恐怕小孩子走路为难，所以拿了丈夫的一根腰带，背了小孩子去。小女孩子，红着满头的头发，用手去抓泥土玩。泥土有一种像腐了的稻草一样的气味。松造又在田埂上打母亲。他举起手来的时候，已经忘记堤上堰上都有许多人在那里做工了。他用那只有

钩子手爪的手，殴打母亲。她正在磨镰刀。干了的泥土，随着父亲的手，薄落薄落的，吊下来了。小女孩子想着：为什么母亲不哭呢？母亲只用那双带着黑晕子的眼睛，微微的笑着，她顺手把落在地下的小梳子捡了起来。

女孩子拾起一块土，突然的向父亲方面掷去。被掷去的土块，却错了方向，只落在母亲磨着镰刀的那个小小水荡子当中。父亲用红额头下面的眼睛，盯了小孩子几眼。用手省了一把鼻涕，摔在田里的草上。

他好像正在等着胸里的怒气腾上来的样子。过一会子，父亲的面孔，好像因为怒气冲上来了的关系，蓬蓬勃勃的胀大起来了一样。父亲走到女孩子身边来，举起拳头打了下去。她只记得这一点，以后怎么样，她却不知道了。

白的梨花谢了之后，芋头的花又开了。在那有皱纹的叶子下面藏着，开了一些星子一样的白花。很长的梅雨期到了。家里一点钱也没有，也没有米卖了。小孩子们没钱买纸，只好把旧报纸切成一片一片的，钉成习字的本子。就是这些报纸，自己家里也是没有的。父亲喝着已经变得有点酸味的酒，喝着浮着许多蛆一样的酒曲的酒。他也不耐烦拿稻草去掩酒坛子的盖子了。盖子上生了白霉。母亲到田里去看水，一身打得渍湿，跑了回来。父亲好像正等着她回来似的，看见她，就哝哝叽叽的说了几句话。母亲正想换衣服，脱下湿衣，父亲捉住她，打了几下，白白的皮肤下面，突然露出红色了。

战争越发打得激烈了。村里的被征去当兵的，一个人去，两个人去，都是用日章的旗子，被送去坐火车。这些事和自己们的生活

有什么关系，是村里的人谁也不知道的。但是，他们想到送到战地去的许多青年的性命，他们仍然也希望打胜仗。从战地寄回来的信，什么战事也没有写着。写着的，只是想饱吃一回粢巴啊，害了脚气病，站不起来啊，一类的话。战地上面，并没有新闻里面所说的那种勇敢的事，这一层，大家却都知道了。

到了八月，还是下雨，梨子连着长的蒂子落下地来。稻的穗子上浮着白白的粉了，那是稻苗开的花。但是，在这种顶需要干风吹来的时候，却还是漓漓淅淅的下雨。到了九月，还是下雨。小孩子们的雨伞，纸都烂破了。伞骨子上也生了黑霉。从屋檐上，落着脓一样的雨点，好像当中杂着有房顶木板的腐朽了的混浊水滴一样。地下的草，好像簪把子一样，越伸越长。草的尖上，长出瘦的穗子来了。

附近一带土地，都是街上一间叫做大坂尾的酒坊的产业，大家商议，在没有下镰刀割稻以前，请大坂屋来预先看看收成的状况，以备将来请他减少佃租。因为，如果在割了稻之后，再请他减少，他一定是不听的。决定，派一个当救火队小头目的男子，和一个年高望重的老头子前去办交涉。老头子穿上新的蓑衣。小头目披上冬天的披风。松造的家门口，有一条泥泞泞的新路。路的两旁都是稻田。稻的轻飘的穗子，向着下雨的天空，长得很茂盛。两人手指着稻穗说话，露出精神兴奋的样子。他们踏着泥泞去了。到了断黑，他们还不见回来。新路的稻田上面，已经下了雾，暂时雨也停了。天已完全黑了。

到了夜里，两个醉人才回到村里来。披风上面，尽是泥土。老头子一面走，一面很顽皮的，拔下田里的稻穗，卷在手指上玩着，

一步一颠的走。在公众集会所的屋子里面，只是洋灯的油壶下面有一团影子，是不大明亮的。大家都集在那里等着。他两个人开始说，他们忘记了赶快回来报告重大的事，在路上顺便逛窑子去来。说了一会，又跑到厨房里去，拿起水勺呼呼的喝水。又跑到便所去，撒尿太忙，没有对准尿罐，把尿水都撒在地板上了。说来说去，才明白他们并没有把被付托的任务达到。他们被大坂屋用少少一点酒，就买收去了。

松造第二天早晨，在院子里，听着这个话。平常他是不爱说话的，这回却自己说他想去办这件事。母亲看了一看父亲的脸色，好像父亲的心，已经摆在脸上似的。父亲对于女人家的细微的感情，一点也还不觉得。只用手省鼻涕，摔在瓜棚下面去。瓜的叶子，大得像手掌一样，上面现出了茶色的星点子；每下一次雨，这些茶色星点子，就长大一点。吊着的尖子上，雨水一滴一滴的落下来。可以用大碗，尽量的大喝黄色的好酒，这一定是父亲想去办交涉的第一理由。简直是和去被买收一样。头上红的秃斑，放着不高妙的油光。在稻穗轻浮，大家都望着叹气的时候，自己的丈夫徒徒为想喝酒，自告奋勇去充代表，所办交涉，一定是不会成功的。母亲虽这样想着，但是，仍照平常一样，一句话也没说出来。父亲自己有心病，母亲不说话的样子，对他发生感觉了。他突然的，举起筋肉隆起的手腕，使劲打在母亲的背上。在屋子里面，小孩子们正在争夺什么东西，打着架。

地主结局没有来看。青色的稻，本应该变成黄色的，都变成了灰色。稻根子已经开始腐朽了。大家开始收获了。那些把年轻人都被征到战地去了的人家，人手不够，只好去找雇工绍介店，雇用外

来的人帮忙。在雨歇天晴的时候，看见都会式的漂亮的工人衣服，印着青地白字，在稻丛之间，非常打眼。

母亲背上背着女孩子，手里提着水壶，也到田里去。父亲腰里悬着一块磨刀石，嘴里只是叱骂小孩子。

回家的时候，父亲手里提着一大把新稻草。新的酒曲，已经生着黄色的，像羊毛一样分裂着的细毛了。向酒坛里看一看，一种发热的酵母的香气，冲人鼻子。他向已经要断黑的四周突出秃头，好像闻香一样，看了一看。在放什物的房子后面，好像有一个戴着斗笠的人，站在那里。他连忙向着和酒坛反对的方面，背过脸去，做出要在腰里取烟盒子的样子。但是，腰里却没有烟盒子，他已经把它放在廊檐上了。他露着害怕的神气，回头向后一看，那人还站在那里，并且还是同一的姿势。松造走近那人旁边去看，原来是他自己挂在那里的运土的竹兜子。酒坛上面，盖上新的稻草了，是一种短短的灰色稻草。

谷子的收成太少，连还佃租，都还不够。用中国风箱把谷子车起来时，那些轻抛抛的谷粒，都跟着谷渣一起飞出来了。院子里的栽独活①的地上，堆满了糠麸子。

十月一到，又开始下雪了。大块的雪，一面破裂，一面落下地来，刚到地上，就溶得看不见了。白桦树的枝快要剥落了，越发显得它的白干，非常打眼。雪刚一停住，又从蓼科山上，吹起大寒风了。天气太不好，连运谷子到市上卖换点零用钱来使的机会，都没有了。父亲只是站在廊檐上面，眼睁睁的望着家门口新路上被风卷

① 中药名。——编者

起的尘沙。时时用手省鼻涕，摔在尘土当中。

二

那个小小的丑女孩子，知道自己是一个叫做吟子的女人了。

她成天看见细腰的母亲被父亲打骂着，不知不觉的，自己也长大了。她的右眼和左眼之间，越长越平，右眼的左眼角和左眼的右眼角之间，也越长越离得远。耳朵下面的腮骨，长得突出来了。对本来不害怕的父亲，也知道害怕了。她疑心，恐怕男人是为打女人生在世上的，女人是为挨男人的打生出来的。

她看见了，世上的人是显然分成两部分的，好像她父亲的博多腰带，分成黑白两色的柳条，对衬得非常明显。那种好像用白线被织成白柳条的人们，坐在家里只是笑眯眯的，用秤去称别人送来当佃租的谷子。遇着分量不足的谷子包的时候，只是站在廊檐上面，随随便便的，把它丢在地下席子上面去。自己却弯着腰，生怕膝头上沾着什么稻草灰子，用纤细的手指，轻轻拂拭膝头。女人也只消站在男人的后面，端出红豆饭（日本遇有喜庆时，照例煮红豆饭吃。——译者）来，就行了。她们在两颊的皮肤上面，故意做出一种薄薄的皱纹，表示笑容。至于穿着做工时穿的青色窄裤，站在廊檐下面的地面上的，就是那些好像用黑线被织成黑条子的人们。她们对于这些人们，自然只须给一点冷风一样的微笑就行了。吟子已经知道了，自己家里人就是这一种像织成黑柳条的人。她晓得了，像白柳条的人们和像黑柳条的人们的关系，犹如有太阳地方和阴凉地方的关系一样。这就是地主和佃户的关系。她想着，不知道这两种柳条要并行到什么时候，才能消灭呢。她知道一种像在大树的树

阴底下一样的忧郁了。她上小学校去的时候，在阴沉沉的走廊里面，拾着一支铅笔。她回了家之后，就把这支铅笔给了她那烂眼睛的小弟弟，一同玩耍。

有一年，河堤破了，大水冲到田土上面来了。一些白色的，有斑纹的小石头子，夹着暗绿色的泥土，由蓼科山的谷里，流到田里来。大水消了之后，田土都变成一片铺满花岗石的小石子的河坝了。被水浸过，生了霉的谷子，都堆在谷子房的暗角上。黑的蟋蟀在谷包下面唧唧的叫。不久，官里派人来替地主押收谷子了。那时，无力缴纳租谷的，不止一家人。村里一切人家里，都有官里人来押收谷子。拍卖被押收的谷子的日期也确定了。

天未亮以前，下了霜，铺得满地都白冷冷的。正是晚上有好月色的时候。公众集会所的院子里面，一些柳树上的剩得的叶子，终夜萨拉萨拉的落。那是一种好像秋叶鱼一样的狭长形叶子。在枝头上被风吹干了，所以会萨拉萨拉的落下来。在院子后面的桑园里面，也有冷风把落下的柳叶吹来。桑枝是用稻草包着的。每三条桑枝，包成一把，好像梳子的齿齿一样，立在那里。法庭和行政机关的下级官吏，都坐自行车来了。在村里的人看来，自行车是稀奇的东西。全村是沿着新路，在很远的斜坡上，建筑一些房屋的。松造把挂在廊檐边的工作裤，拿来穿上。母亲伏在大火笼边，拼命的咳嗽。

跑到村里来买谷子的马夫，牵着马，从门口的村路过去了。一匹驮东西的马，长着红鬃毛，在冷空气当中，把马耳直立起来。马粪落在干硬的地面上，裂成几块了。马的鼻息，从鼻孔里向天上伸着。

母亲把去年生的孩子，背在背上，走到公众集会所去。吟子也穿上袜子，跟着母亲去。公众集会所里面，透出喊谷价的声音，跟着又有答应的声音。

母亲因为要想妨害他们拍卖，把背上小孩子的屁股，拧了一把。吟子从下面看见了母亲的手，在拧弟弟的嫩屁股。忽然哇的一声，大家回过头来，看见一个头发蓬乱的女人背上，有一个男小孩子哭着，他们都生气了。他们即刻又依然回头去注意官吏的喊价的声音。但是，男小孩子又被母亲拧了一把，从新叫唤起来。官吏咳了一声，把喉咙里一把痰吐在地下。

吟子留心看着拼命妨害拍卖的母亲的额头。额头上凸出两条线纹。谷子被人拿走了的自己们，现在变成一种用漆黑的线织成的黑柳条了。

吟子又想着，难道这两种黑白的柳条，是要永远并行着的吗？吟子想到这里，也从旁边，用牙齿咬着小弟弟的嫩屁股，把嘴巴扭了几扭。

母亲知道妨害拍卖，只是一种姑息的手段，一点也不中用，不觉得惭愧起来，背着小孩子走开了。

拖着谷子的马，滑了一跤。马夫因为做了很值钱的买卖，心里傲慢起来，直是用绳子打马。那马因为没有拖惯像今天的谷子这样重的东西，还是拖不动。每被殴一次，就露出可怜的样子，撒出马尿来，汐汐的撒在地下，可怜极了。

吟子想着，她小弟弟那个长着一颗紫痣的嫩屁股，一定变成紫黑色，肿起来了。她流了一点眼泪。

她那两个像赘疣一样的奶头，忽然发起烧来了，痒起来了，痛

起来了。像桃花一样，红起来了，肿起来了。

她渐渐发胖了。好像衣裳下面，胎着棉花一类的东西似的。她和年轻男人对面走过的时候，渐渐闻着一种好像毛毯一类的气味了。但是，她觉得，男人是为打女人，才生在世上的。

又到白云很多的七月了。栗子树的长长的花，也渐渐落了。母亲又怀了孕。

母亲的腰围，长得很大，腰带时常往下面吊。

瓜棚底下，父亲摔着鼻涕的地方，吐了一口浓痰。小孩子们模仿着哥哥的办法，用菜刀把报纸切成小块，钉成写字的本子。谷价虽然涨高了，百姓却是很苦。涨高了谷价，好像三伏天的海波一样，很高的浪头，一旦碰着什么东西的时候，一定还要变成很高的物价，打了回来。

栗树的花，从高的枝子上面，好像拖着白尾巴一样，落了下来。在只是蒸热，一点风也没有的空气当中，只看见毫无生气的人们的面孔，显得贾白①。正是这样一个七月天。

山的旁边，忽然有放枪的声音。这声音反响在红色的山崖上面，透过轻疏的空气，一直横响出去。在梨树园里面，有一个穿着工作裤子的男子，放开步跑着。

女人们也好像母鸡一样，摇着身体飞跑。在看守横过铁路的十字口的人所住的铅板小屋上面，出着白烟。烟散了之后，还听得见反响在山边的回音。

这是因为米谷骚扰的乱子，也闹到这山上的小火车站来了。在

① 原文如此，疑指惨白、煞白。——编者

铁路线上挖石头的工人的一群，截住了由火车站上运米谷来的装货马车。那些工人们赤身露体的做工，还免不掉受米价过高的痛苦，所以愤恨起来，截住米谷行的运米马车，用锄头去挖米口袋。附近正是尘芥烧毁场，住的尽是穷人们，也跟着跑来拿米了。他们把米口袋由马车上拖下了来。马跳起来了，露出大的牙齿生气。米谷行的少老板，天天看见报纸上说，日本各处都有夺米谷的骚扰，存了一种害怕的心，所以慌了手脚，跑上家里仓库的楼去，取出墙上挂着的猎枪，就放起枪来。买不起米，这件事，是和人命有关系的。两台拖货马车所载的米的收入，从少老板的支出上看来，到底够不够在过盂兰节时，替那小地方的每个妓女，买一分金纱缎的包袱送她们，实在还是一个问题。却是，他已经狼狈的跑上仓库的楼去放枪了。枪弹飞进云吞店的门口挂的灯笼里面去了。黄色的大灯笼，好像搁在波浪上面一样，大大的摇起来了。马拖着减轻了的车，乱蹦乱跳。插在米口袋的锄头洞子上，漏出米来了。袋里的糙米，好像沙子落地的声音一样，萨拉萨拉的漏了出来。女人们虽然狼狈不堪，却也不能够忘记，在被大家的脚步踏坏以前，把落下的米拾了去。吟子也连着尘土，用手掌舀起一些米来，兜在围腰布里面。但是，她即刻又感觉得又蠢笨又可悲了。她想，她家里的人数，多得像麻雀儿一样，只靠她围腰去装米，即使尽量装满，又能够供几天的吃食呢。她想，即使把两车米都夺了去，也恐怕不能供她家里一年的吃食呢。她想，夺得的这些米吃完之后，还不是依旧要像指南针一定要向南北方指着一样，回到原来的穷乏上面去。

铁路工人们，被巡警押出保路事务所里面的洋铁皮造的矮棚子了，只留下他们家里的小孩子在那里。街上和村里，都从新变安静

了。栗树的花好像拖着白尾巴一样，从小枝上落下地来。住在尘芥烧毁场附近的，捡垃圾的穷人家的家长们，也随后被警察拖走了。正赤着身子，去埋秽水管子的土工，也更后一点，被拉走了。米谷行的仓库的门口，是向着西边开的。因为要使所藏米谷能通空气的缘故，特特把两扇像厚的嘴唇一样的门，向外面开着。仓库安安静静的，吸着初夏的空气。打磨得光亮的猎枪，可以从外面看见它挂在楼上。仓库旁边的空地上面，由火车站，用马车拖来一些新的材木。听说是，因为米谷行做米生意做厌烦了，要在铁路旁边的草坪子上，建筑制丝工场。但是，到了要断黑的时候，还是有米谷用马车拖了来。

调来弹压的，到迟了的军队，在狭隘的街市的当中，架起炮车，为示威的缘故，开始操演了。冒了一股白烟之后，听见枪声由山上回响转来了。在村外田埂上听起来的时候，觉得这响声震得胸口都快活起来了。但是，过了一会，依然到处都是忧郁。他们仍还是从前一样的苦百姓，是一种好像落在深的井眼里，眼望着高不可及的天空一样的凄凉的百姓。兵队夹带着臭汗气和牛皮气，走到村里来了。

一切仍然被搁在从前一样的轨道当中了。一切仍然蠕蠕的动着。在田埂上，鸡肠草的蔓条上，开着米一样的白花。这草越往前长，随时都生下新根。母亲一面吐黏口水，一面被父亲殴打。父亲把那个沾满了泥土的钩子一样的指头，握在掌心，举起拳头来打母亲。

吟子走过土地庙的树林下面，跑到新设立的制丝工场去做工。无数的可怜的女孩儿们，都细声合唱着一种小歌，用手接连的理丝

框子。她们自己虽然在制丝，却是穿不了用丝织成的衣服。她们只是把身上穿的棉布衣服的袖子，弄得湫湿的，在那里缫丝。吟子的袖口也因理丝弄湿了。她进这工场时，预先支了三十块钱。其中五块钱送给助母亲生产的产婆，二十块钱还了旧账。从剩下的五块钱当中，买了一个新的洋灯罩子。新罩子又破裂了。在洋灯的下面，有六张旧席子铺着。在六铺席子正中间，吊着洋灯，灯的正下面，因为油壶的关系，现出一团淡淡的阴影。吟子晚上从工场回家的时候，看见破了的席子上，圆圆的灯影正摇动着。站起来动了一动洋灯的父亲，跑到廊檐上面去，一面嚼酒曲子，一面喝坛里的酒。酒通过硬化了的喉头核的时候，还有一种咕噜的响声。

油壶的阴影，一直摇到母亲的油气臭的产褥上面去，摇了去又摇了回来。索性跑到东京去罢，吟子一面注视着席子，忽然这样想起来了。吟子到邻家去借了报纸来，把上面登的连载小说，念给母亲听。但是，她自己对于连载小说，却没有趣味。在都会里面，有勇敢的劳动争议。一切都会人的生活，都是又直率又勇敢的。吟子念着报纸，向自己家里四围看了一看，这样想着。但是，这种话，是对谁也不能够说出来的。她想着：好罢，到了春天，设法到东京去罢。

过了十月，房上的稻草上面，就下雪了。好像沙盐一样的雪，从白桦树的枝子上，萨拉萨拉的滑下来了。到了三月，盐一样的雪，变成又沉重又大块的淡雪了。家里养的鸡，用脚爪爬开稻草屑，去啄缩在地面上的青草的芽子了。吟子一面通过树林，天天到工场去，一面等着雪的溶化。但凡有地主的地方，必定有佃户。有资本家的都会里面，必定有劳动者。这还是太阳地里和阴影地方的

关系，也是用白线和黑线织成的腰带的黑白柳条的界限。穷人所在的地方，必定可以发起穷人的运动。——但是，刚刚十八岁的吟子，却以为，不到东京去，就得不着光明的生活。

三

东京的街被尘埃包着，带着红色。春风在这种街上吹着，吹到人的皮肤上，叫人觉得好像被什么布触着一样。风过了之后，空气好像温热水一样，停着不动。在停住的空气当中，电车载着灰尘飞跑。跑了去，又跑回来。摩托车好像滑了一跤似的，一直滑上山坡去。它走过人旁边的时候，吹着破裂了一样的喇叭声音。车走过的所在，卷起尘埃。尘埃杂在风里，像布一样，触着走路人的皮肤。

吟子低低的结着一条腰带，离开公共电话的木棚子。她拿出洗脸手巾，把颈项边擦了一擦，把包袱换一只手提着。在公共电话棚子旁边，竖着一块牌子，上面写着：募集电话接线人，学习期间不长，初任时月薪二十一元，有升充委任官的希望。这块板子是用白油漆油过的，亮晃晃的，被太阳照成银色。吟子好像蜗牛一样，一字一字的念下去，一直到脚边的公共电话棚的阴影里为止。她感觉得心都放宽舒了。初任月薪二十一元！委任官好像是审判厅的官吏的名称呢。她这样想着，坐上电车去了。但是，总觉得有点不安心。她想着，什么地方有客栈呢！向四围一看，看见了一个警岗。她是瞒着家里人跑上东京来的。

做着挖建筑物地基工事的男人们，跑到自来水管旁边去，响着鼻子喝水。喝完了之后，又露着红的背脊，从新跑到土坑里去了。拌灰泥的机器，拌着洋灰和石子，一面转，一面发出打雷一样的声

音。在地下挖洞的人，往头上听一听，只听见机器转动的声音，别的什么声音，都没有了。在空气里面，已经没有容纳别的声音的余地了。工人们觉得，好像耳朵里已经被涂得漆黑一样。那情形，差不多是和无音响的真空里相同的。他们用光亮亮的铲子，凿起泥土，向头上抛出去。看见落下来的铲子尖尖的光亮，又从新凿土，又向头上抛出去。——失掉了听觉的土工们，觉得他们的手脚，真像一块一块的机器似的。只有觉得口渴的时候，才听得见在街那边飞跑着的摩托车的喇叭声音，好像潮声一样的叫着。只有土块飞进眼睛里的时候，才感觉得很高很高的房子上的天空的颜色是青的，感着房子窗里的接电话线的女人们了。女人们满脸撇青，胸前挂着黑色的电话机器。刚刚想到，这些女人的颜色青白啊，即刻又低头凿土，仍然变成一块一块的机器了。只觉得拌灰泥的机器，好像一点声音也没有，默然在那里回转着似的。因为它回转的声音太大了，大得和打雷的声音一样。

土工矶吉，年纪已过三十，身材短得特别令人注目。他用铲子往上面抛土，抬头的时候，忽然看见坑上面有女人的眼珠子。他第二次凿土往上抛的时候，看见这女人两个腮骨在耳朵下面，像岩石一样突出着了。吟子脸上红红的，问他，到中央电话局去的路怎么走。他头一次听不清楚，反问了一句，两眼角离得很远的眼睛，眨了几眨，他结结巴巴的，答应她，用手指那个大建筑物。他满脸涨得通红，红得像鸡冠一样。他现在才觉得，在坑上面飘飘的翻着的女人衣服，是粗布衣服。这女人一定是乡下人。他感觉到拌灰泥机器像雷一样吵闹了。在那时候，女的已经道了一声谢，往前走开了。他站在那里，还是感觉得，他的身材太短，拌灰泥机器的回转

声音太闹。

吟子袜子上面积满了灰尘，从局里跑了出来。她两眼周围，有一道睡眠不足的黑框。她走近他旁边，看见了他的时候，脸上发红，黑框也消了。他等女的走开之后，把一件印着字的工作衣服，搭在肩上，飞跑着追去。女的正在等面前电车横着通过的时候，他追上她了。他虽然因此放弃了半天的劳动，他也不失悔……

第二天早晨，下谷万年町的浅草杯面前，一间卖粗杂糖饼的小店子楼上的窗户，比平常晏开了三十分钟。女的向着墙壁，叠军队毛毯，男的正在换裤子，露出知道他背后有一个女人的样子。好像很客气，不肯把身体向着女的方面的样子。吟子和矶吉已经变成夫妇了。他们嘲笑着世上一切结婚的习惯和麻烦，而变成夫妇了。窗户把下面卖饭铺子的煤烟，慢慢的像吸气一样，吸了进来。吐出去的，是毛毯上面的尘埃气味和男人的衣类的蒸热一样的臭气。窗户还吸进来一些铁工场的铁锤声音和电车走着的响声。吟子用手搔着头，想买一根带着挖耳子的簪子。她已经有这样的心思了。她还想顺便买一双男袜子回来。昨天的事，仿佛已经是十天以前的事似的。前天坐在火车里面的事，好像是一个月以前的事了。男人是为殴打女人生下地的，这个道理，她想着，仿佛只是可以适用于被重重青山围着的山里的人们了。她觉得，在一夜之中，她的皮肤都变白了。

生活开始了。她把新的茶色小火炉，放在窗户外面，用红柿色的粗团扇，扇着火。柔软的樱炭，从下面燃出火花来了。用一毛钱买来的引火细木柴的纸包上面，写着“火的母”三字。火的母这句话说得真好啊……我自己会不会变成母亲呢？她这样想着。她又

想：或许已经做着母亲呢。她用湿的手，拿了火的母之后，又去拿白的抹桌布的时候，抹桌布上面沾上一些讨厌的红印子了。

矾吉储蓄了五天的工钱，去买了一匹做裙子的布来。托下面糖店老板娘拿到附近裁缝铺去做好了来。她穿上腰里试试看。她打开了一个小小的怀镜。她拿着镜子一部分一部分的照着身体看。她高兴起来，笑了一笑，在她家乡里，如有穿裙子的女人过路，她还常常由家里跑出门去瞧呢。她现在有点感觉到，她那小小的平鼻梁和眼角离得太远的两只眼睛，太不漂亮了。

像布一样，触着人的皮肤的春风，吹得厉害。吟子穿起裙子，跑到电话局去上工。男的想，如果被人知道她的丈夫是一个土工，未免叫她太难过了。所以趁电车还没有停着以前，就从电车跳下来，跑进他的工作场去了。拌灰泥的机器，像打雷一样的，轰轰的回转着。吟子在窗户当中，学着挂胸前电话机。记着了通话器具的名称了。要求接线的信号灯，叫做“派洛特灯”。她花了三天工夫，才把这派洛特三个字记清。接上线去叫所要的号数，叫做“渥大”。因为她乡下也有渥大（小田的意思）这句话，所以即刻就记得了。接线的女人们，都讨厌电池臭。她们在接线台面前，用嘴唇皮轻轻说话。到换班的时候，就走到有很高的白天花板的地方，去休息。

到了休息室，外面拌灰泥机器的响声，可以听得见了。那休息室好像医院一样的光景，并且是肺痨症医院的光景。女人们都做出务必不动身体，努力忘记电池的臭气的样子。肥胖的皮肤，失了宝光，全然和死了的桃花鱼一样。

电话局长，从欧洲美洲考察回来了。他买得电气钟来了。他在换班室，把休息的女人们召集回来。他胸口上交叉着一根白金的表

练子。他说，要把欧洲盛行的电气钟安在接线台上。只要一个大钟的针一动，其他的小钟，都会跟着动的。他把这些话，说得很像母燕衔了好的东西回巢来给燕儿似的，神气非常亲热。女人们听见说的话和她们自己的事情无关，都把脚横着支出去，随便动着。到了春天，接线台下面，开着一些白的蜉蝣花，她们有些人就觉得要害脚气病的样子。就有不害脚气病的人，在地板上坐那样久，本来也太为难人了。局长看见听演说的人身体摇动，注意不集中了，又极力称赞钟的正确的好处，想叫她们从新聚合精神。但是，在事实上，那些女人当中，并没有一个人够得上说，是为自己打电话而接着电话线的。

他们要为他们打电话的利益，安设好钟，自然是他们可以任意做的事。这事是和接线的女子们的利益，一点也不相关的。局长稍为带着焦躁的样子，把领带摸了一摸。他说，现在要对新来的雇员，说一两句训话。他说：世上的人正闹着什么女子参政权啊，一类的话，其实，诸位在这里，早已和男子同样的，正正当当参与着行政；诸位在行政机关里面，做着正大的事，这就是实质的女子参政权啊。他这段话，好像是在摩托车里面，先预备好了的话。但是，他说这些话的时候，女人们的白脸，还是散漫的动着。他心里头，好像在说，“这真是难济度的女人们！”一样，抿了抿嘴巴。

她回家的时候，从她丈夫的工作场面前通过。她裙子和袜子之间，稍微露着一点足来。这种情形，无论如何，是和女学生不同的。无论怎么样，都显得是一个电话局接线的女人。接线女人们当中，也有特为要装成一个女学生的缘故，穿着皮靴的。她们觉得，如果小步的走，好像会被人看破她们不是真的女学生，所以她们特

特大踏步的走着。但是，听话机的铜夹子夹过她们的头的印子，还依然波浪一样，印在她们耳朵旁边的头发上呢。只要有那个印子，世上的人，都知道她们是电话局做事的人了。也有一些女人，恐怕电车上的人知道她是从电话局出来的，特特多跑一站电车路，到其次的一个电车站上，去搭车的。也有故意把评书本子包在包袱里，单把一本《现代》杂志，拿在手里，以表示高尚的。到了其次一个电车停站的时候，那里站着许多真正的女学生候电车。她忙忙的跑进女学生的丛中去。她仍然感觉得她和她们有许多不同的地方。她看了一看自己的裙带的结法，看了看头发梳的样式，她觉得，好像生在稻子丛里面的稗子一样，到底还有一点不同的地方。

又经过三个月了。在乡下，已经应该是白的栗树花落地的时候了。在东京，只看见，大家人户的高墙当中，开着白木莲花了。到电话局的道路，白亮亮的干燥起来了。她看见她租的楼房的窗子下面，晒着许多小孩尿布，像旗子一样吊在那里。正是四月天气。白的云，从陆地方面，向着月岛方面的海边，飞了去。她还是一个学习员。她穿着白的制服，挂上胸前电话机，用手指，把信号机的管子头，向里面按。红灯是叫电话号数的。蓝灯是通知电话说完了的。刚刚看见一切红灯都灭了，忽然又有一个管子的红灯点上了。她做的事，已经完全和普通的人一样了。初任月薪二十一块钱，却是要等有了信任命令之后才行。学习期间，只领得到十三块钱的津贴。来回电车钱，一个月要花五块。木鞋，袜子，雪花膏等等，每月要花六块。剩得的两块钱之中，一块是要存入共济会去的。另外一块，连休息时间吃糖饼子的费用却还不够。吟子一个人想了许久，她在晚间地摊子上，买了一本附着日本字音的小册子回来。书

上面，把劳动者和资本家的关系，写得剀切明白。她觉得，怀抱了许久的疑惑，都完全消失了。她喜欢极了。她又去买了一本。她读了之后，觉得更加明白了。

在换班室中，有一个放制服和脱下的衣服的橱子。两个候补女主事，肩上挂着候补主事的紫色肩章，一面在那里整理每日上工簿子，一面卖糖饼。她们用的是换班室监督的名义，很不客气的，在那里看守着衣橱里面的衣服。

吟子避开换班室，跑到便所的镜子面前去站着。上着班的女人，也装做上便所的样子，跑到镜子面前来。她把听话机从头上取下来，用手去抚摩头发上印出的痕迹。她往镜子里看了一看，从怀中取出粉白纸来擦脸。吟子走到旁边去，和她说话。说起学习期间太过于长了。那女人在镜子里面，看着吟子，点头表示很赞成的意思。但是，她听着吟子说，何不大家联合起来，上一个呈文，请求加津贴，她就默然不作声了。她只把脸越发挨拢镜子，尖着嘴唇，去涂擦嘴的胭脂。这样的女人很多。

但是，吟子并不灰心。新闻通话到了下午三点钟就完了。交易所行情的电话，到了午后四点钟，也就没有了。红的灯都灭了，只留下管子，像赘疣一样，排在那里。吟子拿起像触角一样的橡皮棒子，去叫记录台。她看见那里有一个学习员也露出无聊的样子，在削铅笔，所以她对她送了一个红信号。那女子也拿起了橡皮棒。她侧身看了一眼监督台方面，才回头向着吟子，露出顽皮的样子，笑了一笑。吟子把嘴唇挨着胸口电话机的口子，对那女人说，学习期间太长了。那女人答说，是的。吟子又说，想个法子表示表示好不好。那女人用蚂蚁一样的声音答应着。她觉得很满意了，生怕监督

看见，所以即刻把橡皮棒抽下来了。但是，她们的话，还是被监督台听着了。监督台是造设得很巧妙的，只要插上橡皮棒，可以从台上听见一切接线人的说话。用这种装设，才可以监督她们和外面男子谈话，并监视她们相互间的谈天。那个肩上挂候补主事肩章的女人，把手背在腰里，拖着草履，走了过来。一面走，一面张开口打呵欠。随后又歪着一张嘴，用一只手在头发里搔着痒，走到吟子面前来。吟子被改派到夜班去了。

早晨，下工之后，眼睛露出睡眠不足的样子，把裙子缘边，拖在堆满尘埃的梯子上，走下楼来。已经是拌灰泥机器开始像打雷一样回转运动的时候了。砂砾通过金属装的漏斗，发着一种忧郁的声音。她胛窝下面夹着的纽姆的空饭盒子里面，有筷子响的声音。到了断黑的时候，又坐电车，通过充满尘土的街，到局里来。刚刚转过建筑物的角，就碰见许多男子，背着士敏土①口袋走过去。他们弯着腰，通过那个防备铁片落下的铁线网。穿着破烂的工作衣服，露出很疲倦的样子的，就是吟子的丈夫。他身材顶矮。

夫妇两人，好像太阳和月亮一样，老是碰不着头。她早晨回到家里楼上，只看见烟灰碟子上面，堆着一些吸过的纸烟头子。露着他玩弄过粉盒子的痕迹，白粉撒在席子上。她到处跑着去找她丈夫。她丈夫特特牺牲一天不做工，专门去找晚上的工作。但是，还是没有结果的跑回家来，只把木屐的绊子走断了，钱口袋也失落了。那正是断黑的时候，浅草林上面，放着烟火。男的打着赤膊，寻找团扇。他在凹凸的席子上，乱走着。他问正在穿裙子的女人，团扇在哪

① 指水泥。——编者

里。女人因为等丈夫回家，已经把上工的时间弄迟了！所以只随便答应了几个字。他突然跑到女人旁边去，光着身子，殴打女人。

女的把身体扭转过来。她想起腰子很瘦的母亲了。她想要和矮男人动手对抗，但是，她忽然又停住了。

夫妇继续着过太阳和月亮一样的，碰不着头的生活。两人想要会一次面，总得有一个人，告一回假。到了九月，街上的树叶，已经伸到无可再伸的地步，沉静的风，从早到晚，习习的吹着。她还是一个学习员。因为告假的日子多，所以十三块钱里面，又得扣出和告假日数相当的钱。她劝人去读那本已经读了多少遍，被手汗翻脏了的小册子。凡是一晚上就把这本书看完的人，大概都懂得她说的话。这样的人都对于太长的学习期间，怀抱不平，赞成去邀同志。那种常常站在便所镜子面前照镜子的人，却是一点希望也没有。她只说了一句“呃！谢谢你”，就站在洗面场旁，把粉盒放在洗面台上，用刷子刷衣服。临走的时候，她只把粉盒夹在腰带里，却把刷子忘记了。这个刷子，后来经过候补主事的手，伴着不好的感情，才回到这女人的手里。有一天，吟子忽然被辞退了。她被局里人逼她写一张“我因为家庭的关系……”一类的东西。她领了十三张一块钱一张的钞票。

在她收拾衣橱里自己放东西的地方的时候，候补主事装做无事的样子，走近她旁边来。在电话局方面，照从来的习惯，凡是被辞退的，都认为是有偷盗癖的人。在那里换班的女人们，也不知不觉的，睡在席子上，只管拿眼睛看着吟子。那是一天早晨。她买了一包煮好的小干鱼，提着裙子边，走上自己住的楼去。男的正抱着一个装一升酒的大酒瓶的瓶底，向饭碗里斟冷酒。酒从饭碗里溢了出

来，流在席子上。男的喝醉了，皮肤的毛孔都张开了。抬起头来，卷着舌头说，他不要晚上不回家的老婆。他醉得，只管用小小的红眼睛，望着女人的面孔，一点也不放松。女的穿着裙子，站在那里，已经被辞退的话，一时也说不出口。男人的小身体，举着拳头，像一条狼一样，扑到女的身上来。女的想起父亲了。她胸口上，不觉生出一团火了。她把买来的小干鱼包子，丢在男子膝头旁边的席子上。她闭着眼睛，和男子对打。男的背上的皮肤，浮着板油，她觉得，这些油脂和她手掌密接着。

女的利用十三块钱，买了一钵夜合花，又在浅草区，替男的买了一件衣料。到了九月末，铅板盖的屋顶上，已经下露了。大大的月亮照着充满尘埃的天空，从铅板盖的屋顶上，升上来了。月亮越往上升，就越变小了。夜合花的花苞，被叶子扭着，在夜里，尖得和笔一样了。到了早晨，开了一朵像喇叭一样的紫色的弱花，到了正午，花谢了，到了太阳落地的时候，落花了。男的在还有残暑的天空底下劳动，把板油都当汗流出去了。回家的时候，疲倦得像稻草一样。他坐在窗户上，用手掌抚摩膝头，只是想喝酒。女的觉得：他那手掌和膝头，都干燥得很，露出寒萨寒萨的声音。他如果告了一天假，就有一天吃不成饭。只有生活这个东西，像车轮一样，正确的在房间里面转着。女的又不能不想到那种只爱向南北方面指着的指南针了。

一睡到被卧里去，男的即刻睡着了。因为白昼疲劳极了，所以睡得和全身都溶化了一样。但是，女的却只是在席子上打翻身，弄得席子啐啐喳喳的叫。

女的跑到电话局去看了看。请听差的叫出她要会面的接线女人

出来，在装木屐箱子的旁边，和她说话。年轻的接线女人，身上透出一种好像浸进什么地方去了一样的电池臭气，一面说话，一面只管回头望墙角边的走廊。因为主事的房间正在那里。“大家听见你被辞退，都生了气，因此不平的人反转加多了。”年轻的女人这样说，摇着胸前电话机，把手搭在吟子的肩上。吟子满意了。她从工作场旁边通过，跑了回去。打铁桩的声音，在将在天黑的空中响着。男的一回家，就想喝酒。他把生了霉的一升大酒瓶，从橱子里拿出来，看见有苍蝇落在里面，大不高兴。苍蝇满身湿透了，黑成一团胶在那里。

早晨，女的在楼下用引火的柴生炉火的时候，男的提着洗澡帕，出来了。等到她摆饭碗的时候，忽然听见有踩滑了楼梯的声音。是他喝醉上楼来了。早饭前的早酒，顶易醉人，他好像一块木头一样，塔的一声，倒在席子上睡下了。女的唧唧哝哝的说了两三句。男的大声吼起来，睡在席子上把钱包向着女的掷去。油垢沾满了的钱包，像纸一样，落在席子上。

男的爬起来，睁开眼睛，突然去打女的。把打下去的手，举了起来，又打下去。女的觉得，好像男人的食指尖被切断了，短了一节似的。好像那个切断的地方，长出一个钩子一样的白色指甲似的。自己的身体，也好像柔弱的母亲的身体一样。腰带紧紧的缠进腰子，好像腰子有点疼痛。

女的跑出家了。她跑到浅草区的混杂的人丛中，走了一阵，坐电车，到宫城面前下车，由那里步行到电话局。秋风吹着，街树都摇动着。

工事场的进门地方，有许多打赤膊的男子，聚在一起。女的远

远的，向人丛中，找寻矶吉的面孔。她找那个身材刚刚到平常人肩膀的男子。她的确知道那里没有她丈夫之后，她才慢慢的走近旁边去。打铁桩进土的响声，在她头上轰轰的响着。她走到旁边一看，才知道这些男人当中，围着一个穿合领洋服的工事监督。监督动着满脸的胡子，正在大声说什么话骂人。在他面前站着，被骂得垂头丧气的，就是她的丈夫。工事监督的衣袋里，露出青色的设计图。手里拿着英尺，穿着半裁裤脚的洋裤，裤脚上面罩着长的洋袜子。他把一双脚，踏在旁边的一根木料上面。工事监督，提起一种由丹田出来的声音，大声骂着。一阵子后，他用英尺殴打她丈夫的脸。

监督更用一种从上临下的眼光，望着矶吉，拿那只没有拿英尺的手掌，打了矶吉一个耳巴子。挨打的丈夫，站不住脚，身体往旁边窜了一下，碰着了旁边人，才站住了。那完全是人类的一种卑屈的姿势。吟子突然用力分开前面的人，大声对监督吼了一声。她错踩了旁人一脚，一直走去，代替她那卑屈的丈夫，站在监督面前，向他胸口扣子的地方，大声吼着，连她自己，也不知道吼的是些什么。监督倒不晓得要怎么办了。

只是一瞬间的事。

向着监督方面，缩头降服的卑屈的丈夫的面孔，忽然向着女的方面，像红的洋菊花一样，扩大起来。她丈夫骂了一两句什么话。她丈夫举起拳头，向女的打下来。

那是一种看惯了的拳头。那拳头用出全力，向下面打下去。女的被摔倒在湿了的士敏土的地面上了。她放声哭起来，哭来像打破了水瓶子一样。打铁桩进土的声音，还是在头上响着。丈夫在呆呆站着的监督面前，殴打了老婆。

泛 滥

黑岛传治

一

到了晚上，村里的许多人都跑到大寺前面的空地上去。老婆子手里拿着团扇，身上穿着白布蓝花的好看的浴衣。年轻女孩们三五成群的，嘻嘻哈哈的笑着，抬着小的梲片，急忙忙的由田边穿过。手里戴着绿色的掌套（一种只有拇指分开，其余指头都联合在一起的手套）。

“喔吧！八重姑！今晚和我舞蹈罢！——你要等阿安，怎样等，他也不会来呢。”

“讨厌！”

“什么！……如果不愿意，我用力拉，都得把你拉去。”

在年轻的女孩儿们后面，追着一群年轻男子，都打着赤膊，头上缠着蓝白布的洗澡帕。

“讨厌的东西！——阿十这蠢东西！”

女孩儿回头往后面看了一看，这样对十吉说。走在最尾后的一个小姑娘，忽然被一个青年在腋下掏了一把，故意的大声叫起来。

“怎么样了？”那个下手掏女人的青年也故意装做不懂。

在后面的人，不知是谁，忽然高声哈哈的笑起来。八月天的夜晚，又爽快，又透明，渐渐沉静的带着夜起来了。在远远的山顶上，扯着闪电。大寺前面的空地上已经聚积许多红色灯笼，燃着敬

神的大火团。火粉从火把上巴齐巴齐的爆着。在这片空地的燃火团的这个角上，仿佛失了火似的，把天空照得通红。

人们踏着草履，在大空地附近走来走去。地面上的灰尘，映着火团的火光，像黄色的粉末一样，飞腾起来。大寺的打扫夫，担着水桶使劲的向地下泼水，想把灰尘压下去。女人们避着水沫。嘎呀嘎呀的乱叫着，向没有洒水的方角上挤去。

“啊！真正不晓得爱惜东西！”在角边上一个老年人，哝哝唧唧的说着，“哪怕一担水，倒在田里，干得要命的稻，也可以出一口气，却把它洒在空地上！”

大鼓和三弦都搬上那个四根柱上都挂着灯笼的戏台上去了。弄乐器的人们，提着水瓶，从梯子边爬上去了。

乱碰乱挤的男男女女，都一群一群的围在戏台的下面了。

沿着海边，有一排松树林，这松树林的那边，有一片坟地。在坟地上，点着一星一星的灯火，静沉沉的，好像灯火也睡着了一样。启助在坟上点燃灯火，插上线香，正沿着田边的小路，向家里走，忽然碰着了几江。青稻的香气在田畔飘着。稻田正把它在白天吸收了的热力，慢慢的向空中吐出去。

“我先前就觉得，一定会在这里碰着你。”几江露出她的白色的暴牙齿，笑着说。

“我也觉得会碰着你。”

启助跟着几江，从新又向坟地方面走下去。海里的波浪声音沿着稻田上面传来，听得很清楚。海岸上人影很少，露出寂寞的景色。到坟地烧香点灯的人们，事情一完，都立刻跑到大寺前面的空

地上去了。微风动着，送来稻田的香气，觉得更香得厉害，带着一些干燥的味儿。在松树林外面，苍白的银色波浪，排成一根直线，直向砂岸冲来，碎散得不见了。八月的波浪，因为夜光虫的缘故，特别带着青白的光辉。

几江点上灯火，烧了线香，从坟石当中跑了出来。他两人沿着小河边，向大寺走上去，稻田的夜色，又透明，又黑静。

“月亮若不出来，简直不像过中元节。”几江说。

“不到十二点钟，月亮不会升上来的。因为这是新历的中元。”

“是那样?”

启助在暗中，一面看几江的欢喜的面孔的侧面，一面想起了，他两人最初携着手舞蹈了一个通夜的那一晚的事情。那还是过着旧历中元的时候。那时，一个大月亮，在大家舞蹈的期间，不知不觉的由山卡里涌出来了。月亮被薄雾包着，渐渐降到空地的顶上了。月亮离地面很近，好像可以从戏台上伸手抓住她一样。从那一夜起，又过了几多年呢。——那时他刚刚上二十岁。几江比他小四岁。

她跑到镇上的卫生衣织造工场，去做年工。只有在过中元和正月，才能够告假回村里来。她每和启助见面一次，她年纪也就大一点，渐渐露出憔悴的样子了。她最初和他携手舞蹈的时候，她满身都充满着处女的生气。一种像切开的青苹果一样的香气，从她的嘴里直迸出来。

“你的年工期限几时才完呢?”

“今年十月底。”她脸上涨了血涨，露出喜悦的样子。她心里涌上了一种欢喜。“不过，也许今年一个整年，都得在工场里。”

“为什么呢?”

“因为我想至少得弄一件莫斯林的上衣穿穿……穿着出嫁呢。”她勉强抑止着笑声和喜气。

“嫁到哪里去?”启助在暗中的声音，也笑起来。

“那，那是……”她有意的现出开玩笑的神气，好像打一样，用手按着男子的肩，“在这里。”

有一根大樟树，比村边的别的树都大些，像伞一样，把浓密的树叶罩在地下。那片浓密树叶的里面，就是她的家。每逢有舞蹈的晚上，他都躲在她家农具室的阴影里，等她拿扇子出来。他等不及完全断黑。到了傍晚，刚刚黄昏的时候，他就跑到那里去站着等。成群的蚊子，从放农具的屋子里，嗡嗡的叫着，涌了出来。蚊子拼命的咬他的手和脚。

几江露着白白的暴牙齿，悄悄的偷着从仓房的小缝子边走出来。

“等了许久?”

“没有。”

“从那林子的阴影里，绕道去，好不好?”

两人生怕家里的人听出来，特特轻轻的踏着草履走，从她家的后面，走到人少的树林子旁边去。她的家已经当出去了。有抵当权的债主，要想实行把房屋接收。几江跑到卫生衣织造工场去做工的原因，也就在这笔债务。

启助每逢中元节一过，就一心等着第二年的中元。到了第二年的中元一过，他又一心等其次的中元和几江的回村。他等了几多个中元呢？他现在二十七岁了，几江二十三岁了。然而现在还是不能

不等中元。

启助想起，他已经有三年间把佃租延缓未交了。现在还刚刚是西瓜上市的夏天。但是，百姓们却已经没有可吃的米了。他两人要结婚，先得要米的收获很好才行。

二

火团上面，加了木柴燃得越发起劲，好像烟火一样，直是向周围发散着火花。火团的周围，充满着一种不愉快的热气。

舞蹈的人们，围成一个圈子。圈子外面，有一些不加入舞蹈的老人和中年人，都在地上铺着草席，坐着看热闹。大鼓开始响了。一个不大高明的三弦声音，也和着鼓声响起来。舞蹈的人们，打开画着日章的扇子，挥动着。很漂亮的水色浴衣和有花纹的长衬衫，随着她们手脚的动转，在灯笼和火团的光线下面，飘飘荡的翻飞着。

"阿几！舞蹈罢！"

"继续舞蹈下去，一直到发出洗澡手帕的时候为止罢，呃?"几江看了看启助，笑着说，"你不舞蹈?"

"唔。我今年算了罢。懒得舞蹈。——你另外找得出一个适当的对手?"

几江用手分开看热闹的人，到处找舞蹈的对手。启助不是一个会嫉妒她和别人舞蹈的男子。但是，她自己却有意识的选择对手。她不愿意和什么正和启助年辈相当的人携手。

大鼓的声音，震荡着空地上面的空气。那些担任发声指挥舞蹈的人，虽然被连日的田边的工作弄得皮肤焦黑满身汗污，声音却还

起劲。因为他们利用这个中元节的放假，白天在家里睡了一天，一直睡到傍晚才起来，精神休养得很充足。舞蹈的人们，轻轻的踏着脚步，在看热闹的人们面前走着。

几江把她的徒弟，一个十一岁的小孩子，带来了。她用小绳子挂在肩上，把长衣裳往上卷着。

“阿仙！舞蹈起来罢！”

“我舞蹈得不好啊。”

“不要紧的，一会儿就完了。”

仙吉的皮肤被潮风吹得变成了黑色，筋肉倒很发达。他被几江拉着手，从观览人的中间，用快步跑了出来。她在舞蹈人的圈子当中，找着一个缝子，好像一个被摔出来的石头一样，用全速力，加进圈子里去。

启助的面前，有无数男女，拿着扇子，时而携着手，时而分开，团团的转着身体，往前进行。好像一对对的宫仔，安着发条，很有规则的轮转着一样。有时也有一两对舞蹈人，好像发条不灵了一样，舞蹈的动作，和发声指挥者的拍子不一致的。也有老婆子故意夹杂在年轻人里面，做出种滑稽动作取笑的。老人们一面舞蹈，一面和他们左右的年轻人开玩笑的。启助在那里看见了许多到镇上去做工的年轻男女。有一些是到纺织工场去来的。有一些是当过女仆回来的。有一些是从洋碱工场转来的。他又看见杂货行的少老板喜作。他忽然感着厌忌和不快，把脸转过一边去了。喜作穿着女人的服装，装出扭扭捏捏的样子，在舞蹈圈子里面进行着。喜作是一个连龟鹤算法都弄不清楚的人，但是，因为他父亲有势力，所以常常在村里小学校，考着第一。后来，靠着金钱的威力，居然在镇上

的学校里面也卒了业。启助到现在，还忘不了那时的羡望和反感。但是，他所以把脸转过一边去，还并不只因为那一件事。

喜作一面舞蹈着，一面也不怕家人注目，用手抱着一个女人的腰。那女人穿着薄薄的浴衣，她的肉体的温度和柔软的皮肤的感触，好像可以直接从她那充分发育过的香喷喷的腰里感觉出来一样。那女人一点也不反抗喜作，倒好像一个被抛弃了的恋人，在求喜作的怜悯。那女人保着一身健全纯洁的血，在火团的光线下面，她脸上带着红色，精神奋兴，发着光彩。她那双富有弹力的手腕，用很强的速力，像磁石一样，吸着对手的肉体。两个人变成一个人了。他们好像安着发条一样，用脚跳上跳下，从看热闹人的面前经过。喜作故意做出东倒西歪的样子，那女人把他要倒的身体支持着。那女人就是启助的妹子阿清。

“做出什么怪样子!”启助的心里很不好过，同时又感着气往上冲。

他两人离开了，摇着扇子打转身。但是，在几秒钟之后，他们又从新携起手来，结成一个好像有尾巴的阿弥巴一样，结得非常紧凑。启助很想跑进舞蹈人当中去，把阿清拉出来。他觉得他自己的脸上有点热起来了。她妹子那种丑态，在许多舞蹈人当中特别触目。他对于许多看热闹的人，感着羞耻了。喜作和他的父亲一样，决不是一个认真肯和佃户的女儿结婚的人。但是，阿清对于喜作却柔顺得很，什么事都听他。

大鼓忽然停止了。一些热心回转着的舞蹈人，都好像得着一种号令一样，停住了脚。在坐着看热闹的人们中间，有五六个老婆子站了起来，很快的跑到舞蹈人方面去。

在大寺的廊下，搁着一张桌子，搬了一些红布的洗澡手帕放在上面。大家都注意那红手帕。又有五六个人从看热闹的地方，站起来了。舞蹈的人们，乱了顺序，直向廊下的红手帕方面流走。

“等着罢！等着罢！先要列成一排！不要慌，大家都有一份的。”

杂货行的男佣人和阿作站在桌子旁边。阿作迷迷的满脸堆着笑容。她的年纪虽然只不过五十岁上下，但是，头发却已经雪白了。佣人先取了一条手帕，缠在头上，向一般舞蹈人叫着：

“喔咆！喔咆！要排得顺序！顺序！一人一条手帕，谁也是有份的。”

在空地上面，黄色的土烟，又从新映着火团，飞腾起来了。

在村子的当中，有一间新建筑好的楼房，大门正临着新开了的道路。凡是村里必需的东西，无论什么，都在那里摆着贩卖。干果，农具，杂货，酒，酱油，锄头，肥料，治伤风的药，肝油。这就是杂货行半次郎的店铺。

在店子里面，坐着主人的侄女新子，放出一种带酸味的声音，有说有笑的闹着。新子年纪刚过三十，但是，仍还是独身。爱说坏话的青年们，做出一种猥亵的表现——他们很以那种表现自鸣得意——说这个女人，有一个天生成的性的缺憾。

半次郎一面还兼着充当佃出田亩的看管人。地主节田社在这村的附近，没有事务所。半次郎因此就兼着当节田社的伙计。他是很精细的人，他决不会忘记把佃户交到的租谷，丢进嘴里，去试谷子的干燥程度。把谷粒放在掌上，撮嘴一吹，如果有空谷，就会随着

吹气的力量，吹下地去。他发见了那种租谷的时候，他就要求把谷包上秤。节田社的社长，是一个男爵。半次郎每年从这个男爵领受一套衣料，他很以此为荣，所以他决心替男爵尽忠。

此外，他对于放高利，屯谷米，买卖木材，但凡可以赚钱的生意，他都去染指。

他店里的货，品质粗恶，价钱又贵。酱油简直和盐水一样。酒里面，混着有药料和水。他放出去的钱的利息，高得和专门放高利的人的利息一样。农人们始终对他诉苦。但是，半次郎反转矶哩咕噜的骂他们："你不中意，就请别来我这店里打麻烦!"

新子看见村里只有他这一间杂货店，以为奇货可居，特别愚弄佃户们，随着她自己的好恶，任意抬高或减低货价。

她对于有现钱的男子，把掺了水的酒，尽量强逼的卖给他们，不计多少。对于没有现钱的男子，却一滴也不出卖。到了过年过节结账的时候，她对于那些付不起账的人家，毫不客气，无论是谷米也好，柴火也好，锄头也好，凡是放在那里的东西，她都当做金钱的代用品，叫人搬走。

半次郎的妻，只一心信佛，生意上的事，一点也不管。她的名字叫做阿作。她常常邀着附近的老年人们，跑到邻村的佛教真言宗的寺里去参拜。但凡要到什么地方去拜的时候，阿作总是跑到店里去，拿走一些干果子并其他一切可以供佛的东西。

新子好像生气似的，胀着一副面孔，也不说话，只是斜眼睨着叔母的行为。

"拿走东西之后，要好好的盖上柜子啊!"

新子的吝惜和不服气的样子，只能采用这样的表现。她把叔母

刚刚带上的门扇，巴达的用力一推推开，慌忙的跑上楼去。

“叔母又拿走店里的东西呢!”

半次郎正在楼上翻账簿计算利息。

“唔。”他把眼镜取下来，低头想着。

“拿出煎饼二十五个，线香三把……”

“唔，好罢！任她拿去罢!”

“任随她拿多少！不知拿到几时，才会拿够不再拿呢!”新子的尖声越说越高，在田边扯草的农人们都听见了。

“不要紧的。用在信仰上面的东西，是有利益的，用了去，将来自然会转来呢。不要紧。不要紧。”半次郎露着一种心满意足的微笑。

在参拜的来回路上，阿作嘴里始终都嚼着什么东西。她把煎饼分给老人们吃。

她的信仰和供佛，把村人的心，稍微缓和了一点。就是那些对半次郎和新子抱着反感的人，一想到他们家里有一个诚心信佛的阿作，也就觉得可以饶恕他们了。恰恰像宗教可以把民众的斗争力弄迟钝一样，阿作的信心，也对农人的火燃一样的反抗心，成了一个安全瓣。

阿作每年中元节，都照例送舞蹈人的洗澡帕。农人们若不把他们费好几个月的劳力造出来的谷米卖出去，就会连一个铜板都弄不到手。并且，他们如果不把那样的辛苦钱花了去，他们就会连一张纸都不能白白的得到手。阿作的洗澡帕，可以使他们欢喜，可以解他们愤怒。人们只是为着不花钱就可以得着一条洗澡手帕的缘故，才集聚到空地上来。

小姑娘们领到了手帕，立刻打开，包在头上。她们用手帕遮着头和脸去舞蹈。阿作在灯笼的光线下面，看见那些欢喜的老婆子，年轻人，姑娘们，自己也觉得欢喜起来了。

店里的佣人，把那些从旁边跑到桌子面前的人，用力推开，嘴里只是叫着：要挨着次序，要挨着次序。

舞蹈的人们，好像学校里面的学生去领奖赏一样。戏台上的打大鼓的和弹三弦的，也爬下来了。看热闹的人，也从席子上站起来了。他们也在舞蹈人的后面，造成一排，往前推走。

“什么！给我们这样的坏手帕！”有一个人在列中生气的喊着。

“卖了水一样的酒给我们，还想拿这样的坏手帕骗人，谁受你的骗?”

“不错啊！是的！”有人这样和着。

阿作仍然眯眯的笑着。

“定五郎！”她对店里佣人说，“再给阿庄一条手帕罢！”

定五郎向着发嚷的男子方面，从新丢了一块手帕。人们蠕蠕的摇动着，只是忙于领手帕。被定五郎推开的男子，又故意反动的向前推着。

廊下柱子上的灯笼，朦胧的把周围照着。在寺里的佛坛上，点着一盏暗淡的油灯。在那里半明半暗的露出可怕的光景，香火的香味在空气中漂着。喜作突然的从那暗黑当中，把叠折的手帕，抱了一大抱，抱在手里，出现到廊下来。他仍然蠢笑着，仍然做出东倒西歪的样子；走出廊下之后，他的两腕上忽然失了劲。所抱的手帕，都一齐落在廊下了。

‘看罢！我丢手帕!’

他忽然使劲这样喊着。人们都睁眼望他。喜作抓起手帕，只是接二连三的向群众头上丢。手帕虽然是叠着的，却也不能丢到很远的地方去。

人们动摇起来了。排列乱了。喜作一面大声喊着，一面随手抓起手帕，只是向空地方面丢去。

火团的光变得很微弱了，暗起来了。群集看见从暗中飞来的手帕，只是争着向那方面伸手去抢。

三

在稻田的上面，罩着一层一层的雾。一些已经坏了屋顶的农家，只在乳色的雾中，微微的吐着烟子。东边红起来了，太阳升起来了。白色的清爽的天明，不知不觉的变成灼热烧人的日中了。一些昨夜舞蹈到半夜才罢手的人们，又跑去汲水，向稻田里运了。稻田里的泥浆，被太阳洒成要滚热的样子，只是放散着恶臭。

接连几十天的旱天，太阳把田里的水都晒干了，许多地方，已经晒成龟裂。因为中元节那天大家休息没有汲水灌田的缘故，稻子的发育，也受了影响，稻叶越发缩起来了。近海的田里面，混杂了盐气。原本那些青的直条条的稻叶，都渐渐变铁锈色了。

启助和他父亲启太郎两人去汲池子里的水。他们在休息了一天之后，总得特别加两倍加三倍的去工作，才能够把休息了没有做的工作补完。农人虽然休息一天，太阳却一点也不休息，仍然照常蒸发水分，使稻叶变枯。杂草也毫不休息的只向稻根瞎缠，越长越多。

太阳透过人们穿着薄汗衣，像打烙铁一样，烧着皮肤。拉了几

百回重的汲水瓶之后，腰子旁边只觉得筋肉胀痛。启助对于当农人一件事，厌烦起来了。如果把稻子照目前的状态，放着不管，再过四五天，恐怕会完全枯了去。到那时，岂不是从春天做下来的一切劳力，肥料，种子，等等东西，都成了空?

从镇上做工回来的人们，把正月以来穿脏了穿破了的衣服，都洗好缝好，装进箱子，爬上村背后的小丘，再向镇上去做工。几江也爬上小丘了。妹子阿清也上去了。此外，如像与吉，浪次，呈子，俊次，等等的人，也都跑上去。

启助一面拉着汲水瓶打水，一面用眼睛望他们出发。他在二十岁以前，也曾经在酱油工场做过工人。他觉得，在工场里做工，比在田里做庄稼容易得多。做工的时间——哪怕是一天十点钟——总算是有限定的。只说这一层，已经比田里的工作好得多了。田里做工，却不能够那样。他目前，实在做着十三点钟甚至于十五点钟的工。这样努力，仍然还做不清，只觉得应做的工作不断的相逼而来。

在小丘的上面，有一个松林。过了松林，就是平坦的小路，一直接下去。年轻的人们正在那里走着。走过七八里地，就走到火车站了。

他们在镇上做工都得了相当的钱回村里来。阿清得来的工钱是拿充家里的生活费和负债的利息的。她从干洁光明的镇上跑回家来，只看自己家里又丑又脏，到处都闻得着小便的臭气。好像家里停着有什么毒气一样。她不觉的害怕起来，连坐都不敢坐。她觉得父母和兄妹们在灰尘当中过生活，简直像动物一样。——启助知道自己的妹子有这种感觉。

单靠阿清挣来的工钱，还不够支付对于半次郎的节账。不够的部分，没有钱，只好运麦子给他相抵。启助从仓房把装在草包里的麦子拖出来，累在手车上。这样的事，并不只他家才有。许多农人们，都是把自己的儿子或女儿送到镇上工场里去做工，靠挣得的工钱全部去还他们对于半次郎的借债的利息，肥料代价，日常用品的赊欠，等等东西。如果还有不足，就只得把他们自己当做食粮用的麦子，运去抵消。

他们运粮食到半次郎那里去，都不是无故的。他们运给半次郎的东西，是佃租，是肥料代价，是酒，酱油及其他一切日常用品的代价。但是半次郎所要求的这些代价，数目却不很小，要想支付清楚，就非家族全体在一年当中或在村里，或在镇上，流汗削骨，把所挣得的全部东西，都给半次郎不可。

他们如果想把自己的空肚子，也塞一点东西下去，以免饿死，他们就非把和他们所吃的米恰恰相当的部分的佃租，缓期交纳不可。因此，佃租就延滞一年未能交纳。他们要求把佃租由一石六斗减为一石一斗。他们的要求没有被容纳。佃租就延滞了两年未交……

他们因为想不交麦子给半次郎，只交现款的缘故，都打算弄一点金钱到手。启太郎造浆糊，种蜜柑树，栽除虫菊，想出了种种的方法。但是，这些东西，也不足以补救生活的穷乏。

农人们把他们喝的酒，由八两减成四两了。馒头的馅子，也由砂糖馅子变成盐馅子了。有的人，把顶爱喝的酒也戒绝了。有的人把五碗的麦饭，勉强减成四碗了。勉强抱着空肚子挨饿了。

启助用手车运去的麦子，麦粒小了一点，被半次郎还加了种种

刁难。他不得已，只得眼睁睁的看着半次郎把麦价比市价减低了八角。因为这种关系，所以农人们才不愿意交麦子，只愿意交现钱。他在中元的前一天的傍晚，心里怪不快活的，好像受了十块钱的损失一样，闷沉沉的拖了空车回家。

“买了麦条来吗?”

“唔，赊了两块钱的麦条来。”

“砂糖呢?”

他母亲千代，从搁家具的房间里走了出来，满脸苍白，乱着一头的头发，这样问他。

“那东西把我们逼得真厉害，尽量的逼!”启助好像没有听见母亲的话一样，自言自语的说，“真令人生气!”

洋灯很暗，房间里面阴惨惨的。打算跑回自己家里来休养一会的阿清，暗暗的想着雇她做女仆的那个医院院长家里的光明清洁……

村里的年轻人约莫有四十几个人，都跑到镇上去了。村里好像忽然变空虚了一样，到处都感觉很寂寞。剩着一些走路走不稳的，手脚不灵活的老年人们。此外就是各家的长子，那些预备继承家业，特特留在村里学习做庄稼的长子。被留下的人们面前，一点希望也没有，只有饥饿和过劳。

启太郎父子两人，从正午起开始汲着的水，灌到晚上，还没有把几亩田通通浸到。

“或者螃蟹又在打洞，也未可知呢。”启太郎一面用脚尖向田面上到处试着，一面说。

在田里，住得有许多由海岸爬上来的黑螃蟹，一种叫做强盗蟹

的东西。这东西专向田底和田坎边挖很深的洞。这螃蟹又会用嘴啄稻叶，又会把肥料引到它的洞中去。农人遇见了这种螃蟹，总是立刻把它打成蟹饼。这种螃蟹的洞，真像鳄鱼的嘴一样，会把田里的水，吞干了去。

"畜牲！真正又挖着洞呢！"启太郎在田坎那边，大发脾气似的喊着。

启助神气都沮丧了，忽然觉得特别增加了疲劳。他想：这都因为半次郎完全不肯把田坎修缮的缘故。

四周渐渐黑暗起来了。在农人们家里，老年人已经烧起驱蚊火来了。蓬草的烟子，从稻田上面，放散着香气，慢慢流着。

启助忽然觉得他手里拿着的汲水瓶上的竹竿不见了。他手里只感觉得汲水瓶到了越汲越深的水面。但是，他看不见池子的砌石，也看不见稻，也看不见田坎。他用稀脏的手指在单衣上拭了一拭，再拿到眼睛边去拭拭眼睛。眼睛还是开着的，并没有破裂。但是，眼里却看不见东西。

"爹爹！我，眼睛看不见了呢。"他很悲愁似的发出一种带着哭声的声音，"好像变成青光瞎呢。"

"怎么样了？"

"我眼睛看不见什么东西了。恐怕是瞎了！"

"半次郎的楼上，点着电灯，你看得见吗？"

"不，看不见。"

他请他父亲拉着他的手，免得落下田去，引他一步一步的慢慢走上小路。

在很远的地方，有念佛的声音和钟声，悠扬的传来。

“那是什么地方的声音。”

“那声音吗？那是半次郎的楼上。阿作聚集许多人在念佛呢。”

“唔。不错。”

“你看不见那电灯吗?”启太郎很悲叹似的从新又问一遍，“那里点着五十烛光的电灯呢。”

父子两人，慢慢的循着小路，走回家去。

启太郎暂时停住脚听了一听那种悠扬的念佛声音。他心里悲愁起来，不觉惨然的想着：

“中元节也就这样完了吗!”

四

九月过去，十月来了。柔软的北风，由陆地向海里吹着，把稻的穗子吹得直是转。蝗虫从稻叶上跳来跳去。田里到处列着有惊走虫鸟的发响木桩。

“半次郎说的，在收获以前，要先把去年的佃租交清呢。”一天晚上，家里人刚刚要吃晚饭的时候，不知道是谁，忽然在门口这样说。除了这句话之外，还细声的说了一些话，过一会儿，说话的人走了。

启太郎颜色苍白的走进家里来，嘴唇只在打颤。

“刚才说话的是谁?”阿鹿在厨房洗着锅，这样问，“别让他们胡说八道！说什么在收获以前交纳去年的地租，现在莫说是白米，连糙米也没有呢。米谷不是要收获了之后，才能够到手吗?”

拿着筷子的荣枝的小手，也发抖了。

“听说，如果不交清去年的地租，半次郎就要请官里人来村里，

不准我们收获呢。”

启太郎说着话的时候，声音发颤了。好像有什么眼看不见的恶鬼到了家里来打扰似的。

“什么?”老婆子露着两个门牙叫着，“如果那样，我们一家人，怎么样办呢?现在一升米也没有，拿什么去交地租?”

“他们有意想把在田里的稻子查封呢。”启助正在嵌镰刀把子，接着这样说。

“像我们这样年纪大的人，真不懂得现今的人干的什么事。”老婆婆阿鹿露着一副要哭的面孔说，“人家天天流汗水，一点也不敢休息，做出来的稻子，他们好便宜，就想随便拿走，想把人家饿死吗?好不古怪?”

在地面上的狗，忽然惊叫起来了。

“怎么样了?”

生病睡着的千代，从放什物的房里爬了出来。她生产了荣枝之后，未满三十天，就跑去栽秧子，因此得了血道的病。她从那时起，就始终病恹恹的。黑血始终不停，全身的筋肉都好像变了样。她病来病去，到现今已病了七八年。

“唔!没，没有什么的。等我去打听打听来。”启助急忙爬了几口茶泡饭，跑到外面去了。

家里面，只点着一盏暗沉沉的顶小的洋灯。灯罩子上漆黑的尽结着是煤烟。罩子上部还缺了一个口。在油壶里面，积满了灰尘。灯心吉吉吉的放出不吉的响声。

“一根秧子也没有栽过的人，倒不准别人收获，亏他说得出这样无理的话!”阿鹿哝哝唧唧的说，“谁把河治好了，把沟也挖成

了？不念别人的功劳，倒想禁止别人收获！哼！……你有田！砂一样的田，没有人去耕，都会长稻子吗?”

“今年，麦子也卖完了。”启太郎叹息的说，“如果不能够收获稻子，拿什么吃着过活呢？只吃芋头和萝卜吗?”

洋灯的心仍然继续的吉吉吉的响着。响了一会，不知什么缘故，忽然熄了。

家里完全沉在黑暗当中。

“洋油完了吗?”母亲千代问着。

“油罐子里一滴也没有了。”荣枝答着。

“不要乱动，乱动起来，把洋灯打坏了，又要花钱!”阿鹿忙着骂孙女，“你好好的坐着罢!”

生病的母亲，只是叹气。

动着的小孩儿，把身体缩成一团，把两手放在胁下。谁也不动一动。过一会儿，荣枝悄悄的，不叫祖母听见，爬到厨房洗东西地方的旁边床上去睡觉。

五

启太郎张着勺子一样的大手，一回抓住两株稻子，拉到镰刀口上去。荣枝也照样学着，弯着手颈，想勉强用手一回抓住两株稻子。她的手太小了，抓不住。稻子只向湿渍渍的粘土上乱倒。

“别瞎闹!”阿鹿头上盖着一条已经被煤烟熏黑了的洗澡帕，和她孙女并排着割稻子。她接连弯着腰割稻，只觉得腰子疼痛，但是，她仍然忍耐着。“把倒了的拾起来，好好的顺好!”

千代和她婆婆并排着割稻。她勉强忍耐着她的血道病的头痛。

她割得比众人慢。

“妈妈！这个，不是还没长熟吗?”荣枝一面在地面上拾起倒了的穗子，一面把谷粒放在手指中间挤，只挤出一些白色的乳浆来，“还没有变成米啊!”

“还没有十分成熟呢。”千代也忍不住有点腰痛了。她腰里的筋，一根一根的扯痛。她一面割着稻和女儿说话，一面又侧头偷看了一下婆婆，才伸了一回腰子。

“什么没有长熟！赶快割罢!”阿鹿好像生气似的露着两个门牙叫着，“搬回家去，倒吊起来晾着，就结成米粒了。”

祖母的心里，另外有一种打算。她想“在今天一天当中，至少把这一块田割完。明天从清早起，再割别一块田的稻。午饭以后就把割下的稻，搬回家去。第一要紧的，是赶快割”。千代也跟着婆婆，努力割稻。阿鹿生怕媳妇和孙女为伸腰的缘故，站着偷懒，特特自己领头往前，直是不停手的割稻。

麻雀在他们的附近游戏着，一面叫，一面用嘴啄稻穗。未成熟的带白浆的稻粒，是麻雀顶喜欢吃的。麻雀看见人们没有功夫去撵它们打，它们索性大起胆子，飞到已经顺好了的稻穗上面，乱爬乱啄。它们还一面叫，一面打架。

“叱！叱！滚开!”荣枝举起手去追麻雀。麻雀仿佛是看不起小孩儿似的，一点也不理她。

荣枝又举起手来。祖母和母亲只是一心竞争着多割稻子。她们平常的心里的不和睦，在这种时候表现出来了。她两人在行割稻速度的比赛。

“叱！叱!”

荣枝拾起土块，想向着麻雀投去。正是那时候，她忽然狼狈起来，只是闭着口呆呆的站着。

已经割到那边田坎的父亲，也把稻子放在地下，呆呆的站在那里不动。因为一个官带四五个巡警，一个书记，和一些佚子，由松林方面下坡，跑向田里走来了。

“喂！不准割！赶快住手！不行!”

那个官睁着眼睛，把已经割了四分之一的这块田，到处望了一望，用很粗的有力量的声音，继续叫着：

“喔呃！不许割！赶快走出田去!”

阿鹿和千代一心割稻，还没有听着那个官的叫声。那个官又把他有力的声音再三说了几遍。身体很结实的巡警，故意把他们佩着的刀在刀练子上摇着响，走进田里来了。

“喂！听不见吗?”巡警恐怕把他们的皮靴沾了粘土，只选着割了的稻根地方走，雄纠纠的弄着刀鞘响。他们本是来防备农人们的暴力的。但是，他们却忘记了本来的目的，无意识的去抓可怜的老婆子。

阿鹿突然站了起来。她眨着眼睛，向田里四处望，好像不懂得发生了什么事情似的。

“什么贵干呢?”

“走出田去!”

“割稻都是坏事吗?”

“赶快走出去！不准割!”

“这些稻是我们自己栽的，割自己的稻，怎么不行呢?”

“赶快滚出去!”

千代疲倦了，脸上一点血色也没有。她现在不必赛着割稻了。她抖了一口气。她拖着沾满了粘土的草履，走出稻田的时候，觉得害怕起来，心脏直是突突的跳着：到底预期着的事情还是到来了！

“如果不割这些稻子，弄成米粒，家里就一点可吃的东西也没有了。”老婆子还重重复复的说着，“只有一点芋头，麦子也没有，家里六个人没有吃的，就会饿死呢。长官！”

“告诉你，赶快走出田去啊！”

阿鹿的衣领被巡警抓住了。巡警身材高大，他的肩膀还在她的缠着黑手帕的头的上面。

阿鹿的衣领被强有力的手抓住了。她吃了惊，发出一种又像哭，又像反抗的，非常可怕的叫声。她把她两只沾满了烂泥的皮包骨头的手，转到后面去，握着巡警的手，使劲想把那只有力的手推开。但是，那只有力而肥胖的手，还是不离她的衣领。她被抓着拖出稻田去了。阿鹿还想在屁股上用劲，坐到田里去，以表示她的反抗。她拼命的叫出咒骂的话。她的腰带松了，衣服也好像要脱离她的身体了。

那个官带着伕子，在田坎上到处插着长方形小牌子。在田的四角上，钉下木桩。沿着田坎，扯起他们带来的绳子。伕子拿着绳子卷，沿着田坎跑。一会儿田的周围都有绳子围着了。那些已经被割下来，排列在田坎边的稻穗，被伕子们毫不爱惜的踩扁了。

“你们没有插过一根秧子，灌过一勺水的人，倒说不准我们割我们自己田里的稻，真会欺人哪！”阿鹿头发也乱了，仿佛要从肩上落下地去的衣服，也不理一理，只是拼命诅咒那些来人，“你们吃了什么人种的米倒跑来做这样的事！你们好好记着罢！不久一定

有报应的!”

她向那个官和巡警们，恨了几眼。

“好好记着罢!”在离她很远的巡警方面，不知是谁，忽然学着她的口气，笑起来了。

“你们这些东西，连秧子也没有插过一根……畜牲！一定要遭天罚的!”

“好好的记着罢”！这回是佚子方面有人学着她的口音笑起来了。

从小丘的下面起，一直到海岸为止，尽是一片稻田，好像铺着一块一块的席子一样，在那里摆着。在那些地方，农人们在人家和小树林之间，时隐时现的，都在忙着割稻。

“来了啊!”也不知道是谁，好像被下了山的猛兽追来了似的，带着悲声，这样喊着。

“来了啊!”

无论在哪一块田里，稻子都还没有十分长熟。但是，他们仍然不得不先割一点稻子，来济目前无米煮饭之急。他们都私的打算着：趁官里人没有来封田以前，先下手割一点好。老年人和小孩子们的心也紧张起来了。

“来了啊!”

农人们好像打仗一样，突然的在田里乱跑起来了。年轻的人们，把割下的稻穗把子，穿在六七尺长的尖头棒上，担起向家里的藏米室飞跑。老人们把割下来的稻穗，忙忙捆成把子。女人们把稻把装进背笼，背着在田坎边跑着。

这种喧嚷，响到杂货行方面去了。半次郎从店里走出来，东倒

西歪的在路上探着。新子手里拿着一个红色胶皮管，跑出店来，因为她正想向酒里掺水。她听说佃户们任意割稻，生气极了，她把平常只掺八升水的酒桶，掺上一斗五升的水。

“啊！这样，我心里才快活！”她像蛇一样，伸出舌头，欢欢喜喜的笑着。她舌头上还有酒气，“到底官里人来帮我们了。这样，我心里才快活！”

“唔！”半次郎一个人自言自语的说，“这样就好了。这样就好了！”

半次郎欢欢喜喜的喘着气，跑到那官里人正在叫伕子扯绳子的田边去，恭恭敬敬的对官里人叩了几个头。

“在绳子里面的稻子，哪怕已经被割下了，也不准你们染指。”启太郎这样被官里人当面吩咐了。他一面听着，一面只觉得两脚发抖。“如果染指，就要触犯刑律呢！”精神充足，身体强健的官里人，当然不会忘记用话威吓启太郎。

“真辛苦了官长们！”半次郎把两眼的周围都聚满了许多皱纹，笑着说，“真正辛苦了！”

在远远的田里，佃户正在拚命的活动着。“赶快割！”“不要失脚掉下田去！”“干吗这样慢腾腾的？”只听见这样叫骂激励的声音。

“先生，只把已经割下来的稻子，搬回家去，都不行吗？”阿鹿这样问。

“唔，不行！”半次郎答应，“凡是在绳子里面的稻子，都是官家的呢。一根稻也不许你们拿走的。”

“浑蛋！瞎扯些什么！”阿鹿露出两个门牙说，“你们这些连一根秧子也没有插过的人，也配说这样的话？谁爱听你们瞎说！”

六

稻粒胀满了浆，秋天已经深了。

农人们播种，栽秧，车水，拔草，经过许多层工作，种成的稻子，已在他们的面前，露出黄黄的颜色，吊着成熟的穗子了。但是，他们却不能伸手去割摆在他们面前的这些稻子。无论在哪一块田里面，都插着有禁止收获的牌子，并且还在田边围着绳子。

他们烦躁极了，没有事情做，只是空着手，过闲日子。他们从春天起，费了许多的劳力，选择种子，添加肥料，无非是为的秋天的收获。现在，这个努力又归于乌有了。佃户们开讨议会了。憎恶，愤怒和反抗，种种感情，充满了他们的心胸。他们如果不收获这些稻子，他们在将来的一年间就会没有米吃，就非饿死不行。他们懂得了，稻子虽被封禁，却还没有完全被地主拿走。凡是被封禁的东西，必定还要公开拍卖的。

“我们想法子把这些稻子，用顶贱的价钱买回来罢。这样才是一个很痛快的报仇。只要我们大家齐心团结，跑到拍卖场去拥挤着，一定可以办到的。”一个像一支笔一样，生得又瘦又高的人，名字叫做笔次的，在会场上这样说。

“怎么做得到呢?”

“到了在大寺里拍卖那一天，大家都跑到寺里去，团团围住。不准半次郎或别的地主们进去。他们要勉强进去，我们就开打。撵走了他们，我们就可以用顶贱的价值买回稻子了。”

“那样的事，做得到吗?”

“还管它做得到做不到。我们无论怎么样勉强都非得这样做不

可。不这样做，岂不大家都要白白饿死?”

他们把一切准备好了，只等拍卖日期到来。拍卖日，定的是星期四。他们在这一天，从早晨起，就争着挤到大寺的空地上去。十点钟过了。十二点钟到了。他们只等着官里人到来。两点钟过了。三点钟又到了。他们仍然还是在大寺的廊下，东坐坐，西走走，呆呆的等着。大寺的正殿空空洞洞的，好不清静。在空地上只有一些落了的枯松叶和松子。中元节那种舞蹈的热闹，完全看不见了。全村中都静悄悄的。到了四点钟，才有一个人来告诉他们，他听半次郎说，拍卖的事展期了。

“什么！这样，为什么不早来通知我们呢?”他们对于那个来报信的短小男子，反有点生气。

“为什么展期呢？我们去追问理由罢！真正把我们不看在眼里!”

他们虽然一天都没有做工，却觉得非常疲倦。他们心里都好像受了一种很大的损失似的。他们气冲冲的，各自分散了。

稻子已经熟过头了。带青黄色的稻叶，已经变成枯灰色了。许多稻秆都被重的穗子压得倒下地了。

约莫又过了一星期，才是第二个星期日。星期日当然不会有官里人下乡来的。启助很无聊的，在自己家门口，坐在石头上，望着松林。只看见三个人，三个好像有点面熟的男子，急忙忙的走下坡子来。原来是三个在镇上做工的男子，是俊次，阿仲和福松。阿仲和福松听说在盐田上做工的。俊次是做码头工的。三个人进村以后，大声的说着什么事。他们的说话，引起人们的注意了。

比他们三人迟了一次火车到来的，还有许多年轻人，都踏着尘

土飞扬的山路，忙忙的跑着。其中也有跑到镇上工场做工回来的儿子，也有年纪已到中年的老三（日本家产只传长子，所以行三的人是很要受苦的。——译者）。还有两三个姑娘，穿着桃红色的浴衣，把衣裳的下段反卷在腰的周围，杂在男子们当中走着。姑娘们气喘吁吁的跟着男子们跑路，好像生怕赶不上男子们似的。

“我啊，我和工头儿打了一架，打破了饭碗。正是那时候，我碰着一个叫做龟太的。他也刚刚失了业。那家伙真眼明手快，他说他已经被西条半次郎雇去割稻子呢。”俊次被许多人围着。他在半途很夸耀的大声说话，并没有一直回他自己的家里。“那时我想，西条这东西，不是我们村里的吗？雇人割稻！为什么！这有点古怪呢。一定有什么把戏在里面，所以，我就假说我是播州的人，跑去问他们肯不肯雇我割稻。跑去一问，什么都明白了。他们说，半次郎已经由官里得着了被查封的稻子的任意处分权。他想趁大家不注意一口气把稻子割完，所以才募集许多佚子呢。”

“听说，半次郎只花四百块钱把这些稻子完全买了呢。”阿仲摇着鳝鱼一样的头，补上俊次没有说到的话。他虽然是一个生在村里，长在村里的人，但是，他的家早已离散，他现在只是一个流浪的人。

“不过，稻子是应该要拍卖的啊。”有一个人这样说，“到底是什么时候，不通知我们大家，就偷偷的卖了呢？”

“那种事情，是怎么干的，我却不清楚。总之，据说，这些稻子全部”，阿仲说到这里，张开两只手，向胸前抱了一抱，“只拿四百块钱就卖了。好便宜的价钱！简直等于白白送他！要照普通市价发卖，还怕不值得四千块钱！”

“可恶的东西！官里人和半次郎串通一气，弄的好诡计！”群集当中，发出叹声，“好可恶的东西！要想把我们全都饿死！好好记着罢！”

“我晓得这个消息之后，即刻到处跑去报告了在镇上的同村人呢。”俊次接着续说，“‘镇上的工且放下不要做罢！回村去罢！把半次郎干了再说！’我这样对他们说。”

听的人越积越多了。他们立刻懂得，为什么第一次的拍卖日会延期了。他们懂得，半次郎在暗中干了什么把戏了。跟着启助跑来听闹热的荣枝，不懂得有什么事情，只是发抖。正吉连忙到处跑着邀人开会。

“好可恶的东西！官里人也串通半次郎，暗中弄鬼！”叹声变成愤怒了，“要想把我们活活的饿死！……谁还坐着听他们摆布？好好的记着罢！我要做给你看！”

有一个人特特飞跑的上坡子路，到邻村去邀安右衛门来本村里参加开会。

七

启助走捷路，由柑子园里横走过去，忙忙的向山上跑。山上有一个破祠。他们为避免奸细起见，特特选这破祠为集会所。重沉沉的墨色的云，涂满天空。他刚刚走出柑子园，就听见他刚才经过的半次郎的杂货店面前的群众，大声发起喊来。他看见有一个十五六岁的年轻人，由田里掷石头到半次郎的楼上去。楼上栏干里面的房门，已经闭上了。石头拍拍的打在瓦上，向屋檐边落下去了。店门口的喊声越喊越大。

集在站门口的人，大半是老年人和中年人。

“把半次郎抓出来!”他们只是喊叫，“狗东西，吃了我们好多年的血了，现在报应到了呢！抓出来！抓出来!”

阿丑手里拿着一根木棒子，头上缠着一条洗澡手帕，领头撞进阴沉沉的店里去。有三四个人跟着他进去。只听见他们在里面乱跳乱蹦的叫喊。

“半次郎，滚出来罢！……给我们滚出来啊?”群众高声叫着，“想把我们流着汗水，种出来的稻子，随随便便就拿了去！可恶的放高利家伙！滚出来罢！出来答话啊!”

群集哄的一声挤进店里了。有一个年轻人，用一只沾着泥土的手，抓着干果子吃着，拼命的从里面挤出来。里面的群集，争着把搁在店里的煎饼，花生，香蕉，等等东西，随手乱抓，放进怀里。酒桶下面的放酒口，也打开了。他们尽量的贪喝冷酒。下面的瞬间，他们忽然想起了，在平常来买酒的时候，总有新子在旁边等着，如不给现钱，哪怕是一块煎饼，一滴酒，也是得不到手的。他们想着，新子这狗东西，惯把掺水的酒卖给他们，干果子也都卖得非常的贵，把他们剥削得太久太苦了。他们想，为什么他们能够忍受剥削忍受得这样久呢。他们觉得又痛快，又失悔。可恶的新子！……

“怕什么？要干就干个爽快！干罢！不怕的。”

柜台和空桶在地下乱踏着，顷刻间，所有的东西，都成为碎粉了。

“南无阿弥陀佛！南无阿弥陀佛!”阿作在楼上，只是念着佛号，发着颤，求如来的救援。门是关着的，她不知道外面有什么

举动。

“南无阿弥陀佛！南无阿弥陀佛！”

她正在一心念佛求救，忽然矇眬的看见，有一个全身溃湿的人，从厨房边的小楼梯，爬上楼来，悄悄的走向她身边爬。

“谁啊？”阿作觉得全身都冷了。

“是我！”来的是新子。她一面说话，一面打寒战，上下牙齿轧轧的响着。

“呃？你怎么了？”

“该死的乡下人！记着罢！土虫！”她继续的打颤，“他们把我推到河里灌水！喝了酒不给一个钱也罢了，还……”

新子忽然大声哭起来了。

“喜作怎么样了？”半次郎从楼上的放铺盖的小橱里面，发出细声问着，“喜作怎么样了？他想来逃出危险了罢！”

“已经很晚了，已经决定办法了吗？”在破祠的面前，许多青年围住庄作随便坐着。当中也有头上缠手帕，打绷带的老年人。启助坐到正吉的旁边去，这样问他。

“什么也干不得，只好自认晦气。”

“什么？”

“安右卫门反对用暴力呢。”正吉轻轻的说。

安右卫门老者在破祠的轩下，耸着两个瘦的肩膀，像乌龟一样，缩着头坐着。他是从邻村来的。他年纪本来只有四十岁，从外面看来，却好像六十岁以上的人。他反对用暴力。他说，一用了暴力，结果总是失败的。

“叫官里人从新拍卖一回，不好吗？”歪身站着的良助这样说。

“那不行的。”

“为什么不行？”

安右卫门慢慢的替他们说明，凡是已经卖了的东西，哪怕是任意处分权，也是不能够随便取消的。要想取消只有要求损害赔偿一个方法。

启助听着老者的说明，觉得有点不痛快。

“什么？那样老耄的老头儿，懂得什么？”正吉在旁边细声说。大家都知道，安右卫门是在附近农村当中，最先干佃户团结运动的人，所以他们都因此不好意思去反对安右卫门。他们只是用不安的眼光，去看安右卫门故意抬高起来的肩膀和破祠的破房顶。他们感觉得无聊。他们的耳朵里，一点什么什么话也听不着。他们的脑筋，只想着别的事。

启助把他对于安右卫门的轻蔑，用眼睛表现出来，对着庄作，眨了两下眼。庄作正坐老者的旁边。庄作常常是一个领头把他们所抱着的意思表现出来的人。但是，在这时候，也不知道是故意的吗，还是偶然的，他把启助的眨眼，只当做没有看见，只把头掉到别一方面去了。

在这集会里面，也没有激烈的讨论，也没有很亲热的空气。决议已经决过了。大家都下山去。大家心里都忍耐着不满和愤怒。在他们身体当中，暗暗卷着一种热烈的狂暴的东西。

“今天晚上才会睡不着呢！”启易走在后面，对庄作说，“我，我要干！要干起来！”

庄作以为，应该守着决议，不应该乱干。他也感着了大家胸中

所酿成的狂暴的情热。这是一种不向外面迸发不止的人类的力量。这种紧张得要爆出来的感情，不单是年轻人的胸中存在着，就是村里的老者，中年人，女人，小孩子们，等等人的胸中，也都充满了。他很知道这种情形。

从破祠走下去，穿过杉林，就是圆栗山，站在山上，可以望见全村。群众喊叫的声音，从稻田上传来，像水波一样，打到山边，又折回去。在一点多钟以前还严肃的立在田边的“禁止割稻”的牌示，打成碎粉了，围着田坎的绳子也被切断了。人们拿着镰刀，乱跑乱吼的，只是打倒稻根，切断穗子。

在山上走着的年轻人的身上的感情，忽然抑制不住，都迸发出去了。走在前面的小石子的小路上的人，大声喊着，喜悦的声音飞跑的跑下山去。在后面的人们，也跟着且喊且闹的飞跑。他们眼里，看见他们的妹妹弟弟都拿着镰刀跑下田了。背上背着小孩儿的母亲们，也拼命勒稻穗，把谷粒装进手提笼子里。

“原来是打算这样干的！原来是打算这样干的！”他们一面跑下山，一面这样想着。他们觉得，他们的周围都放着光辉，天日都格外光明起来了。

“干罢！干罢！干到底！”

安右卫门站住脚，只是呆呆的望着那些在他眼前像电影片子一样跑着的年轻人们。年轻人们，跑得太急，撞着这个驼背的老者了。安右卫门为免得他们撞倒的缘故，特特站在路旁的山上去。他用眼睛到处找庄作。他想，庄作一定是赞成他的意见的。

庄作也从后面忙忙的跑，生怕落后。

“喂，我问你，到底怎么样了？”安右卫门用很快的口调问着，

好像恐怕他的话进不了庄作的耳朵似的。

庄作好像没有听见老者的话，看也不看他一眼，就跑过老者的身边了。

年轻人们仍然发着欣喜的喊声，向山下飞跑。他们之间的间隔，渐渐离得宽了。

“怎么样了！怎么样了！”安右卫门站在山上，低头望下面的村子。他连动也不动一动。年轻人们跑下了山之后，好像火药的分散一样，很迅速的各各分散到田里去。

农人们一齐涌进稻田里之后，他们的呼声喊声，越发激烈起来，好像怒涛一般响着。骂声，叫声，充满了憎恶和愤激的声音，好像在空中卷成了一个大大的龙卷。拼命割稻勒稻的，也有老者，也有小女孩子，也有戴着运动帽的小小学生。年轻人们在这些老弱之间跑着。

安右卫门看了一阵，不知不觉的被农人们的蠢动情形所牵引，觉得自己的心也热起来了。

“这的确是壮观！是壮观！”他忘记了他自己只是一个人站在那里，他向左右回顾着，这样赞叹。他也跑下山了。

八

一队巡警，骑着自行车，丁丁丁的响着车铃，牵成一根直线，飞跑来了。这些车走过松林之后，就像瀑布一样，由坡子路上，一直流下来。

骑在自行车上面的，也有鼻子扁平的汉子，也有留着上须的人，也有眼窝里面发着怪光的，可怕的怪物。——他们都好像到前

线打仗的人一样，杀气腾腾，精神紧张。

这是特派来镇压的巡警队。

过了三十分钟之后，又来了一队，也和头一队一样，争着在自行车上赛跑突进。再过二十分钟，更添加了一队。他们也不怕妨害交通，都把自行车排列在道路的两边。他们左手提起铁皮子一样的刀鞘，挨在左脚边，像飞着似的散到田里去了。

淡墨色的云，越发增加了黑的程度，很沉重苦闷似的，压在村子的顶上空中。太阳完全被整块的黑云包着，一点夕阳也露不出来，就沉没不见了。村子黑暗起来了。在稻田里面，已经看不出什么东西了。农人们依然还在田里乱跑乱叫。

“什么？巡警来了？”他们只是发着冷笑。

“巡警！谁怕他？我们自己种成的稻子，自己去收获，不是应该的吗？”

他们觉得俯着头割稻，这种手段，还太温和了。巡警们是来帮助半次郎夺取他们的稻子的，是来压灭他们的反抗力的。他们觉得，到了现在，除开把稻子归于乌有，使半次郎也落一个空，除开这样发泄自己胸里涨满了的愤怒和憎恶的一部分之外，并无别的办法。这是一种万不得已的报仇法。他们的愤激和憎恶，使他们越发狂乱放肆起来了。

他们用最高度的能率，挥着镰刀。穗子被镰刀从穗颈子边割断了，只是向左右乱跳下地。小孩们用脚蹂着稻子，在田里乱跑。小女子也跟着乱跑。她们的头发和衣服上，都刺满了断穗和稻粒，吊着摇动。

巡警们的皮靴，陷进了稻田的粘泥里面。他们的刀上也缠着稻

草，好像稻草故意绊着巡警们不叫他动作一样，巡警们的怀中电灯，好像放了手枪一样，发散着青色的光线。小孩们望见这个光线，就分开稻丛逃跑。

启助正走在河堤上。在他面前，有一个男孩子，把两手伸在面前，只是拼命的跑。一个身材高大的巡警，手里举着佩刀，向小孩子追着。

“妈妈！妈妈！”小孩子只是哀叫。

巡警追上去，用佩刀带鞘向小孩子的背上刺去！小孩子突然好像倒了一根火柴一样，倒下地了。

“妈妈！妈妈！”小孩把两只手向天拱着，好像拜求一样，嘴里只喊“妈妈！”

启助还听见佩刀的铁鞘打小孩的头的声音。小孩子的受着恐怖和疼痛，哇的一声，哭出来了。

那打小孩的巡警，抬起头来，忽然向着启助，像老虎一样，扑了上去。启助的脸上，被一种冰冷的金属，重重的打了一下，痛得像刀割一样。脑筋昏乱了，耳朵里的鼓膜，好像已经破了一样。他觉得他的背后，又另外有一只手，抓住他的衣领。一个拳头，从那个和刚才的刀鞘恰相反对的方面，在他耳根上重重的打了一拳。他使出全身的力量，想逃出抓他的那四只手。这回又挨了一拳头，从下面向上，打在鼻梁上。他的眼睛什么也看不见了。他只觉得一股热东西，从鼻孔里冒出来，经过嘴唇，直向地下滴着。

“喂！跟着来啊！”四只手拖着他，“叫你来啊！”

他后面那个挨打的小孩子，还在又喊又哭，叫着“妈妈！”

雨点子从苦闷的，毫无星子的空中，零零碎碎的落下来了。

每一点钟或一点半钟通过一次火车，必定有许多在镇上做工回来的人，从车箱内跑出来。他们都穿着轻装，把衣服的下段卷起扎在腰里，忙忙的向村里跑。

那是一个黑沉沉的，什么也看不清楚的，浑浊的晚上。空气带着温湿，蒸得走路的人出气都很困难。路又窄又弯。在宫仔装造店做工的辨吉，领头走着。

“我对工头扯了一个谎，说我母亲生了急病呢。”

在辨吉后面跟着走的君江，好像被人在腋下掏了一下似的，只是狂笑。

“有什么可笑？我还不是撒了谎！”辨吉回头望她一望，带着怒气说。

“说了真话，工头还肯放你走吗！蠢才！”

“我也是骗了他们告假回来的。”几江在后面轻轻的对阿清说。因为阿清是启助的胞妹，她紧挨着阿清走，简直觉得阿清是她的骨肉至亲。

“我还不是撒了谎。”

他们经过白石，走到了北方地藏庙面前。他们走疲倦，大家都上气不接下气。下起细雨来了。只为一家人快要没饭吃，大家正在拼命挽回家运的缘故，把自己的结婚，长久的耽搁下去。这件事虽是几江不愿想的，但是这时候却跑到她心上来了。也许还得要更在那个充满了肺病结核菌的卫生衣制造工场，再做一年工，去养活弟弟和妹妹。

“查禁了稻子，那些长在田里的稻，怎样办呢？”她问阿清。阿清却正想着：喜作不会有意外罢！

“田里的稻吗?”阿清还没有答话，一个爱放浪生活的老人，就抢着说，“那非走回村里看看，不会明白的。”

由北方地藏庙走到大江岭的时候，一队穿着雨具的年轻人，也赶上他们了。这些年轻人们，都用手帕盖着头，免得在路上有人认识他们的面孔。腰间紧紧的捆着绳子腰带。

“你们不是橘村的人吗?”老人回过头去问他们。

“是的。西条怎么样了?”一个很大的声音问着。

“不清楚。我们也是刚由镇上回来。”老人答着，“……说是把田里长着的稻子，都查封了。你们想，将来怎么办?像我们这样老古板的人，做梦也没有想到这种怪事。”

年轻人的一队共有二十多个人。他们是橘村农民协会派来的应援队。过了大江岭，沿着一条直路，走到松林边了。只看松林的树梢，像墨一样，在黑暗当中立着。

“啊！听得见！听得见闹声了!”辨吉一面走，一面张着耳朵听。村里的叫喊声音，透过松林边来了。

他们的脚打颤了，走的速力也更快了，心脏只是突突的跳着。刚刚想走进松林，突然，听见一种威吓的声音，从暗中射出来。

“站住!”在松树的下面，有四五把佩刀，嘎拉嘎拉的响着。一个戴着帽子，穿着皮靴的强壮的男子，站在他们的面前，挡着路口。

“喂！不准往前走！你们从哪里来的?”

青色的怀中电灯，像杀人光线一样，射着女人们的面孔。

那是躲在松林中的巡警队。那松林是一个紧要关口。邻村跑来的应援队，从火车上下来的做工回村的人们，全部都在那里被

擒了。

“我们一点坏事也不想做啊！请准我们回村去看看罢!”老人只向巡警们哀求。

“不行！等着罢!”

女人们打颤了。

“我们都是女人，老人和小孩儿们，哪里会做不好的事？真的，请准我们通过这里罢。”老人继续的哀求，“我许久许久没有回村了，不晓得我的孙子怎么样了。真正，请准我通过这里!”

“都到这里来!”

一个巡警长，下着命令。老人，姑娘们，橘村的青年们，都被带到黑暗暗的，三尺以外看不见什么东西的松林里去了。他们都被拘在那里。

大的雨点落下来了。他们连一同回村的人现在怎么样了，都不知道。几江为家里的人担心。阿清拼命的努力去想象喜作的面孔。这面孔，随着佩刀的声音，从她的脑里破坏了消灭了。她想到冷石一样的牢狱，只觉得满身发抖。

那些在村里被拘的百姓们，从坡下，像俘虏一样，一群一群的走上来了。

九

河水涨出了堤防，发着一种可怕的声音，到处流着。大雨接连下了好几天，一点也不肯停。气温也下降了。潮水也涨上来了。谁也不去关闭河口的水门。潮水向河里逆着流上来了。大水埋了沟，没了田，淹了稻。昨天还是带着黄金色的成熟的稻子，都断了，被

踏了，失了穗子，倒着死了。

被带到镇上去的人们，也不回村来。家家里面，只有女人和小孩们在寒气和恐怖当中打颤，饿着肚皮。村里好像火灭了一样，冷清清的。小路上的土被雨冲走了，只露出一些小石子，摆在地面上。在一条那样的小路旁边，有一间茅房。茅房前面蒸着一堆被雨浸湿了的肥堆，发散着白蒸气。茅屋里面，有一个老婆子，时断时续的，呻吟着。雨水透过破了的正房的屋顶，勃勃勃的只滴到房里的席子上。这些雨滴，通过屋顶的煤烟板子，都染成了黑色。千代和荣枝，在放什物的房里，把前天拼命勒下来的谷粒，偷偷的努力向不易被人看见的地方收藏。谷粒的当中，混着一些尘土，都是从穗颈子上勒下来的。她们非把这些谷粒立刻剥了壳拿去煮，就没有东西可吃了。

当中有三把稻，是在慌忙当中，从稻根割下来的。母亲叫荣枝先把稻粒选出来，自己用碓石去捶。那种新稻的香气，引起她年轻时的回想了。青的稻叶，真是又年轻又喷香。

“喔——！喔——！喔！”老婆子露出很苦的声音呻唤着，“喔——！喔！谁来替我揉一揉！痛得很，忍受不住了！喔！”

千代把磨碎的芥菜子，调在水里，端进放什物的房里去。

“喔——！喔！喔——！”老婆子还是呻吟着，“想个法子罢！痛得不得了！早点死了罢！喔——！喔！”

阿鹿那天因为想弄点米吃着才免得饿死，特别拼命去割稻。她一生当中，都为着免得饿死的缘故——被饿死的观念压迫着，始终不断的强迫儿子和媳妇去做工。她那天和夺去她的镰刀的巡警反抗。她伸出枯枝一样的手爪，去抓巡警的手和面孔。她的手上，脚

上和颈上，都重重的挨了几下。她那干枯枯的起皱的皮肤上，到处都印着打扑伤。那些伤一条一条的黑紫起来，带着了死色。

“啊！痛啊！痛……！痛得不得了！”

“替你揉一揉罢！”

千代的手刚刚触到老婆子的手腕，老婆子就像杀猪一样，大声喊起来。她的手不过刚刚触着她罢了。但是，那已经惹起了老婆子的肉体上的不能忍受的疼痛。千代好像自己太莽撞了一样，吃着惊，连忙把手缩回去。老婆子连打翻身也打不了。她简直被殴得遍体是伤。

千代把芥末敷在荣枝在学校习字的纸的后面，小心翼翼的把字纸贴在老婆子的身体上。

“痛啊！痛啊！替我想想法！痛！”

在房子外面，半次郎带着佚子，在浸了水的小路上走着，向各处的茅屋里面乱钻。佚子用一根长棒子，挑着一个大笼子。他是一个很强壮结实的大汉子。在佚子后面，有一个佩着刀的男子，好像生怕把长靴子弄脏了一样，一步一步的走着。他们从屋檐边，向着人家放什物的房间走。刚走进门，半次郎就大声喊着什么。过一会儿，只看见佚子的笼里，装了许多谷粒，挑出人家的门。

“被夺去了的东西，还得夺回来，这是当然的。是当然的！”半次郎咻咻唧唧的骂着。

“只要有明白的证据，证明谷粒是你所有的，当然你可以收回去的。”巡警跟着他打和声。

“是的啊！这些谷粒，都是我出钱买来的。哪有一粒谷子是属于这些土虫的？”

“唔哼！”

半次郎从一个人家的放什物的房走出来，立刻又走到第二家的房里去。一家一家的挨次走。一会儿，他走到门口堆着肥堆的这家人的门口了。从家里面，透出了老婆子濒死的呻吟。

“喔吧！有什么人在家？”他突然的大声喊着。

“来了！”千代露出苍白的，一点血气也没有的嘴唇，跑了出来。

“那间房门口放着三把稻草，那上面长着的谷粒，藏到哪里去了？”

“放在房里。”

“赶快拿出来！”

半次郎也不管他的木屐上沾着有泥没有，毫不客气的跑进房间去了！他用脚随便乱踏席子，把空的稻草包，一脚踢开。木屐上的泥土，散在满席子上都是，他的脚，好像在报前天别人拥进他家里，那件事的仇一样，非常残酷而且执拗。

斗里面，约莫装着有半斗的谷粒。

“只有这样多？”

“是的。”

“还藏着有罢？”

“没有的。”

“扯谎！”他伸起腰，用手向风车里面一挨，“你看！这里不是藏着有吗？你想骗我？我立刻会看穿的。”

“喔呵！刚才那家人，也藏在那样地方。”站在门口的巡警，好像很快活似的，笑着说，“唔哼！那样地方，一定藏着有呢！”

“是的。农人们本是其蠢如牛的。”

“唔哼哼哼……!”巡警还继续着笑了一会。

千代只是低下眼睛，望着破木屐的泥土弄脏了的新席子。她没有抬起头来的勇气了。她一面感着一种不能忍的，对于半次郎和巡警的愤怒，一面又悲痛着，自己一家人辛辛苦苦的在很长久期间种成了的谷子，到头一粒也弄不到手，就被人拿走了。

半次郎好像十分享着侵入别人家里的权利似的，不管是正房也好，放什物的房也好，仓房也好，无论什么角角继继他都要搜到，把一些东西，爬得满处散乱着。他把提笼里的最后一粒的谷子，都装进佚子挑来的大笼里去。到了他觉得再没地方藏着有谷子的时候，他才很性急的催着佚子走路。他对于千代，也不说一句话，也不点一个头，就大模大样的走出去了。

对于半次郎和巡警的反感和愤怒，一直从千代的胸里涌上来。她很尽量的骂倒那个厚脸的贪狗半次郎，和那个不管穷人的死活，只听半次郎嗾使的冷面无情的巡警。但是，她还没有骂出来，两个冷酷的人，已经走近路，从仓房旁边的小路，到邻家去了。她只觉得，自己一家人都被别人踩在脚底下。

她走到暗沉沉的放什物的房内角上去。可吃的东西，一点也没有剩下了。特特和女儿选而又选，捶而又捶的谷粒，也完全白白费了力。她不觉得呜呜咽咽的哭起来了。她把脸向着壁头，拼命的把哭声押下肚子里去。

“怎么样了？谷粒不见了吗?”阿鹿露出疼痛的面孔，一面呻唤着，不知在什么时候，从床上爬出来了。在暗沉沉的房里，也看得见她脸上被殴打了的伤，变成紫黑色，胀得很高，现着可怕的

样子。

“不是有半次郎和巡警的声音吗？他们干什么来的？”

千代狼狈起来。她忽然又想着：总不应该使临死的祖母知道家里一粒谷子也没有了这件事。

“谷粒没有被他们拿走吗？”

“没有。”

“你藏着几升呢？”

“……”

千代不敢叫祖母看见她的脸。她胸中又涌出一种很厉害的，把喉咙都要堵闭了似的呜咽了。

船狗　“迦茵”

叶山嘉树

我们的船上有一匹狗，一匹母狗，是船长带来的。

船长叫这匹狗，叫做“迦茵”。“迦茵”是什么意思？这是水手和火夫们不懂得的。恐怕是别的什么名字，叫讹了的罢。

迦茵被船员的一半爱惜着，同时又被另外的一半讨厌着。迦茵自己，对于无论什么人，都是很肯去爱慕纠缠的。迦茵并不知道有什么叫做人类的阶级。但是，那些被船长讨厌的人们和没有好好的添加工资的人们，却拿着迦茵出气。

迦茵的耳朵，非常的长，眼睛的裂痕也是很细长的，脸上的毛溜光，白毛当中带着一种茶色的斑纹，恰恰和现今时髦女人在擦满了白粉的脸上点一颗黑痣一样，特别使她的面孔出色。无论怎么样说，这匹狗，总算是美狗，富有魅力——这是谁也不能够反对的。

因为是生活在火船上面，所以她身上绝对不会有泥土或其他的脏东西。她的食物，是照船长的命令，把厨子特别烧出很好的牛排分给她。她的床，是一张席子，搁在由船长室上舵桥去的那个升降口旁边。这张席子上，除了迦茵自己的脱毛以外，不准放无论什么样的东西。

迦茵从幼年时代，长到思春期的时候，她变成了一个可惊异的很美的女性。

“你变成了很好的女性了呢，你这东西！”西泽这样说。水手们

在吃了午饭之后，躲在从舵桥上看不见的大船顶板上，挨着煤炭库的出入口，和迦茵开玩笑。

“留神啊！迦茵！西泽是危险人物呢。”木工笑着说。水手们也笑起来了。

火船正在日本本土和佐渡岛之间航行，是回北海道的小樽地方去的。从右舷上可以望见日本海沿岸的令人感动的景色。

“浑蛋！我的恋爱，照例是不成功的啊！迦茵，是不是?”

西泽这样说着，把脸和迦茵的脸并排着，拿她的长耳朵擦他的颊。

“算了罢！被船长看见，又要叫你滚蛋!”

“好啊。我就对他说：‘何必吃醋呢?’”

“蠢东西！你这真是变态性欲?”

“你这话，对船长说去罢!”

“你这东西，真算得好色之徒！简直超过了人类的常识。”

“常识！背上背着常识？我生下娘胎，还没有做过哪样坏事。”

“见鬼！真是畜牲说的话!”

木工和小仓和西泽三人，说着这样无聊的话。

仙台满眼放着光辉，只望着迦茵。

在船上，秋天的寂寞，比在陆地上还来得早些。由温暖的商港向着寒冷的商港航行的时候，特别觉得更来得早些，因为，不比在陆地坐着等秋天来，倒是迎头接上去。

“船长太太迦茵!”仙台一面这样叫着，突然的一脚把迦茵踢开。

迦茵大声叫着，飞一样的跑上上层顶板去了。

“叱！仙台这蠢子！真正吃起醋来了吗?”西泽愤愤的说。

“我讨厌她!”仙台循着迦茵逃走的那个梯子，向舵桥上望着说。

“喔咆！三上！不行呢。你不是和水手头是那件事的共犯吗?没有在直江津被撵下船去，已经是天恩高厚。如果再去踢迦茵，恐怕到了山樽，你会吃下亏呢。”

小仓这样说。他这话完全是对的。三上曾经有两次替水手头推舢板，帮助他偷偷的上岸。他的罪完全和水手头是共犯。但是，一切人类，决不是抱着同样的神经和思想的。三上（仙台是他的假名字）自然有三上的独得的思想。三上那种怪的思想，不是常人可以揣想得出的。

号钟响了，这是午后工作开始的信号。水手们都站起来了。三等运转士，从外面走来，命令他们去磨船舷的锈，并加上油漆。水手们都去取油漆罐。

在这时候，火船忽然开始变了方向。船尾的水脉，开始弯曲了。

值时的一等运转士，从舵桥上跑下来，对于三等运转士，说了几句话。

“迦茵落下海了。大家往海里看！有赏格呢！第一看见迦茵在海里什么地方的，赏十块钱!”三等运转士这样喊着。

“好的!”第一答话的，是仙台。他忙忙跑去仓库里，拿起绳子，立刻爬上前桅。他全然像猴子一样敏捷。他脑筋虽然差，却是天生成一副顶好的筋骨。关于这一点，在满船上，没有一个人赶得上他的。他恐怕已经忘记了，用脚踢迦茵的人就是他呢。许是那句

“赏十块钱”的话，使他的思想力都集中到钱的方面去了的缘故，也未可知。

到了小仓和值时的舵手交替，跑上舵桥的时候，仙台已经爬在桅杆的顶上，像一匹山鸠站在一根独木松的顶上一样，只把头向海面各处转着眺望。因为船转了方向的缘故，北风从后面吹来，把一些黑烟吹到三上的桅顶上去。

小仓一面把着舵，一面看见三上只是擦着眼睛，打喷嚏。他不禁要失笑起来，竭力抑制才止住笑。

船长本不是值时，却也站在舵桥上，肥着一个身体，也像仙台一样，用望远镜向海面到处望。所以，小仓想着：“如果船长不热心去找迦茵，而看见了小仓在冷笑，那还了得!”

波田跑到放舢板的顶板上，躲在从舵桥上看不见的地方，伏在板上躺着，只是默想。他从“怎么迦茵会落下海”那件事想起，想到了狗的种类，狗的境遇。因为想到了狗的境遇的缘故，他倒把现实的迦茵的淹死这件事，看得一点也不重要，也不用脑筋去想方法，也不用眼力去找迦茵了。

“迦茵至少总比我们还幸福一点。迦茵有人去搜寻！如果我们当中的哪一个落下水去……”

波田停一停，又继续想：“被玩弄的东西，在许许多多的时候，却比必要的东西，要被看得要紧些。一把生了锈的，什么某人某人的旧的短刀，比我这把小刀价钱贵得多呢。畜牲！但是，要知道，我们的当中纵然死了个把，等着替代我们的人还多着呢。”

他想起了，在山多的地方，那些被绑在洋车和货车的车心上的狗。这种狗，伸出一个长舌头，一出一进的，像火船机器的活塞一

样伸缩着；张着一个大口，仿佛要咬主人的脚。但是，它颈上有绳子，绳子上面又有重东西压着。怎样努力，也追不到主人。只有时时汪汪的叫喊，想从车的下面爬出来。但是，它的两旁，都有车轮转着！两旁都有车轮转着！难道向转着的车轮下面，伸出头去！不是往前拉着车走，就是往后退！后面又有鞭子！有棍棒！

他一面想细数顶板的木理，一面感着他身体表面上虽然不动，里面却有一种说不出的紧急。他又焦躁，又愤恨；他觉得他就是一条被绑在走上坡路的车面前的狗。

他从顶板的木材上面，举起眼睛一望，只见舢板缝子之间露着桅杆，仙台正走那桅顶上非常匆忙的转着头。

“这家伙真好精力！”他细声说。他也从船旁，露出头去，伏着向海波上面望。

火船往后退走了约莫一点钟。每点钟的速力是十海里。

每点钟，如果继续烧火炉子，到底要花多少木炭？不是那样的东西。去问问飞行船罢。

——迦茵真幸福！——不，不，船长真幸福！

——波田这样胡思乱想着，只觉得眼睛下面的海波，咕噜咕噜的回转着。他又觉得是自己的眼睛在回转。

突然，三上在桅顶上大声说：“看见了！”

“右舷船首！”接着是这样的声音。

船长把传令机的把手移在“缓行”的字上。船渐渐慢起来了。

仙台的肉眼比船长的望远镜还看得远。他看右舷有灰尘大小的一点东西，他就拼命喊叫，生怕失掉“十块钱”的赏格一样。

立刻停止的命令也下了。机器停着不动了。小艇子放下海了。

那真是悠然的情景。一只大船泛泛然的浮在日本海，并不是要卸货，也不是要修理什么地方。它只像一个运动家感着疲劳，暂时少息[①]一样。这是和经济上的生产无关系的一点钟。水手们过了一辈子的海上生活，还没有碰见这样的事。这好像在海上过年过节一样，他们一点也不必顾到船长的高兴，不高兴，只是悠然的休息着。这种不剥削他们的劳力的时间，从本能关系上，把他们解放了。

迦茵拼命的游泳。

一个三千吨的火船，正离她约莫一英里的地方，高高的浮在海面上，她却一点也没有看见，只向船相反对的方向，拼命的游泳。三上和小仓摇着的小艇子，自然是很容易就追上她。她能够游泳了两点钟，已经是出人意外的事。所以，在他们追着她的时候，她已不能前进，只不过是为浮身的缘故，拼命动着四只脚罢了。

小仓抓住迦茵的颈圈，提出水来的时候，她把头摇了两摇。但是，她并不照着平常一般的狗离水上陆的时候的习惯，蹲下四只脚，去摇身摔水。她颈皮松松的吊在船板上，咬紧牙关，不省人事（?）[②]。

船长看见迦茵被提到小艇上，立刻拉了一拉汽筒的绳子，汽筒不不不的响了几声。好像是说："迦茵！提起精神啊！"

小艇到了火船边，茶房连忙跑去从梯子上把迦茵接过来。

船长在汽罐室的门口等着。

① 意为稍稍休息。——编者
② "（?）"为原文所有。——编者

火船又动起来了。小艇也绞上了火船了。

在汽罐室上面，一面可以替迦茵取暖，一面又可以烤干她的毛。

茶房端来一个盘子，上面搁着威士忌和葡萄酒各一瓶。

船长把两种酒等分的倒了一杯，灌进迦茵的口中。

茶房拿酒瓶回去的时候，半途上被仙台抓住了。

“给一杯罢！一杯！只要一杯！”

茶房刚说出“不行”的话，仙台已经把威士忌瓶子抢在手里，跑到汽罐室和住室中间的走廊内去了。

“浑蛋！还对着瓶口喝呢！”茶房高声喊着。

“浑蛋！”仙台学着嘴，“这是我的命根呢。”

“给我！”

茶房由仙台手里，接过瓶子一看，里面只剩得两滴酒。

“碰着鬼！”

茶房咒骂着，走进厅房去了。仙台高高兴兴的从走廊下走出来，他心里好过极了。下级海员在航海中，哪有喝酒的希望？虽然船上并不禁止带酒上船，但是，他们哪里会有余裕去预先买许多酒存着备喝？纵然有这个余裕，“船上哪会有幸福呢”？所以，他们照例是在航海中戒酒，一到上岸，就拼命大喝。一喝起来，就把许多天不喝的部分都补喝了去，并且喝一些预先存着。不过，在他们自己，虽然以为是多喝一些酒存在那里，其实，酒的成分是很容易被吸收的。所以他们对于酒精的抵抗力是非常微弱的。

仙台心里好过起来。

火船也渐渐的恢复了十海里的速力，在青青的，好像将枯的秋

草坪一样的青色波纹上，滑着走。

如果海是草坪，当然就应该听着虫声。波声在船舷啧咕啧咕的响。波的响声比秋虫还要凄凉。秋虫决不会忽然换气，愤然作声。波浪却会突然露着牙齿乱吼。以前的啧咕啧咕的声音，不过是一种偶然高兴的抚摩罢了。

迦茵苏醒过来了，一定是酒精的大功效。她最初恢复了嗅觉，随后，听觉和视力也同时恢复。

船长蹲在地下，用手翻着迦茵的两个像天鹅绒一样的耳朵，下细的检查。

“因为耳朵没有进水，所以有了救。”船长说。

“呃？水进了耳朵，就不能够活命吗？呃？”厨子敲着边鼓。

迦茵听着他们说话。她耳朵被触着，似乎心里很舒服的样子。她偏着头去舐船长的手颈。

“喝！精神出来了呢！”

迦茵舐着船长的手。她学着小时的样子，轻轻的咬了一口，在被咬的手上，露出齿痕。

“唔。不要紧了。好的！好的！站起来看看！走走看！”

船长这样说着，叫迦茵站起来。迦茵果然站起来了。她把身体擦着船长。船长从衣口袋里掏出小手巾，替迦茵拭嘴。

迦茵受着爱抚，仍然坐了下去。

“唔。是的吗？仍然是疲倦了呢。真了不起！居然游泳了两点钟。真会游泳！靠这个救了命！不过，以后不准再胡闹了！听着了吗？海里的罪已经受够了罢？”

船长用一种比对船中什么人都还亲热些的口调，使着满腔的爱情，和迦茵说话。

船长叫茶房用温水替迦茵洗身，然后用洗澡帕擦干。他把迦茵带进了船长室。

“不要乱撒屎尿啊！听着了吗？”

船长这样一个人说着，闭了舱门，走到厅房里来。

“小仓，去叫三上来！”

“知道了。”

小仓走到外面寻找时，只见仙台因为喝了迦茵剩了的威士忌的余沥，喝得醉醺醺的，像放假日一样，正倒在他的窝里睡觉。

三上走到船长面前去，两只眼睛红得像白兔子的眼睛一样，身体也歪歪倒倒，好像暴风雨当中的船桅一样。

“三上来了吗？辛苦你了。我就吩咐水手头，叫他在发工钱的时候，给你十块钱。”船长说。

“吓！”仙台把头点了一点。那时他忽然想起“没有头”的事情了。他的面孔上露出一种像揉成一团以后又伸开了的解手纸一样的表情。

“船长，我愿意领现钱。”

“为什么？船上没有现钱啊。”

“吓！因为不领现钱，水手头就要扣了去。”

“扣了去？为什么扣了去？”

小仓在旁边，替三上着急。心里想：“浑蛋！不好好说话，恐怕连本带利都会丢了呢。”

“吓！因为我是‘没有头’（这是一句船上的惯用语，意思是说

工资已经早借支完了，没有可领的工资了）。”

“喔！是那样吗？好罢，我对他说，叫他不扣你这十块钱得了。啊哈哈哈！”

船长很高兴。

小仓心里惴惴不安。他走出厅房之后，把三上的肩膀推了一下，说：“别傻了。那样的事，别对船长说啊！”

“怕什么？”

“不过，今天的船长好像是很高兴的。不是吗？如果救活了一条人命，恐怕他不会那样高兴呢。”

仙台也跟着船长，高高兴兴的走到下面去了。

在船上，一个铁制滑车，比一个水手还要紧些。一个副汽罐，比一个火夫还要被珍重些。

迦茵被救了。船长的爱越发加在迦茵的身上了。如果后来迦茵不遭意外的横死，那一定还是迦茵的一个不幸。为什么呢！因为狗比人类要容易老些。她的毛色，会失掉了光泽，周身的皮肤，也会像老废的漆器一样，到处剥落起来。就是脸上的表情，决不会长久保持着娇态，如果仍像从前一样去向船长亲热，恐怕船长一定会一脚踢开她呢。

下面的情形是发生在冬天的一天。

好像火船是决心准备着翻船一样。风，怒涛，雪，种种东西，好像都决心从海面上把火船驱逐开一样。

完全是乱糟糟的。如果船体某一处的板子，松了一块，就会“万事休矣”，一切东西都会终结了。真正，如果水手当中只要有一

个人是哲学者，一定就会弄出终结来。为什么他们要那样努力，去准备再叫别人“进一步剥削”他们呢？不过，在那个时候，都没有一个人想到这里。

暴风雪到了晚上，越发发挥它的威力起来。

海水和风雪一起叫唤着。船的一切部分，都放出悲声。

“这个浑蛋！还不沉吗？”好像暴风的一团，这样叫着，拼命打到船上来。船上的舢板，也从船板上吹飞起来了。

桅杆好像将要卒倒的病人，伸着两只手东漾西漾着一样，只是向左右摇摆着。桅杆上部的木头做的部分被浪的血潮打断了。

怒涛把火船玩弄着，恰恰像舢板玩弄着小波，若无所感觉一样。怒涛用它的又暴又大的脚步，从船面上跨过。船板全面都被波浪盖着。第一次的波浪还没有从船面消灭，第二次的大浪又乒的打进船来。

如果在这时候，有人在海上从外面看我们的船，他一定只看得见一座四角的舱房。舱房以外的部分，全都没在水里了。

汽筒不断的叫着，毫无气力的叫着。因为不断的叫了许久，所以到现在已经没有大叫的气力，只得如咽如诉的叫。为什么？因为蒸汽也不充分的涨上来了。

木工要想免得从新再有在直江津时那样的失败——他的职业意识在这种时候，还是很强的——窥伺着波浪退下的一瞬间一瞬间，在船板上到处张看。他的依靠只有手里的一个铁槌。

水手火夫，都聚集在中央的厅房船板上。这里和水手室之间的大船板，时时被激浪掩盖着，已在交通断绝的状态当中。光景非常惨淡。

这船，是一只什么样的船呢？

也没有发电机，也没有无线电。虽然是一只三千吨的大船，并且贪载着许多货物，又节省了支柱，货舱里的压上机也不发生效力，简直和气球的内部一样。还有一层，它是欧战时趋着世上需要船只，急忙忙的赶着造成功的，推进机的轴，也好像空心萝卜一样，中间空着有许多洞孔。并且还是一个像团扇一样的圆形的船。汽罐是一个旧货，临时拿来凑数的。汽笛好像害了动脉硬化症，就在平时，吹汽也还吹得不好呢。

食粮品只载着够五天用的东西。丰富有余的，只有煤炭。送到战地去的煤炭，载满了一船，连水手们的床下，都堆着煤炭。

如果有无线电，就可以把 SOS 的信号，从发信线上打出去。如果有发电机，也可以使用发火信号。至少总可以在暗沉沉的电灯下面，相互看着面孔。

唯一可以令人心里稍稍舒展的，就是包船的铁板是新的，一件事。如果造船厂没有弄手脚！

暴风雪彻夜的行着强行军，恰恰和在海的那一方面，在欧洲的大陆上，兵队正拼着死命，行着强行军一样。

船员们因为紧张的缘故，内里是很热的，但是，外部的身体，却只好在没有防寒设备的厅房船板上面，过了一个冰冷的夜。汽罐室旁边，有少数的幸福者占领着。

“好强顽的暴风雪！”

有一个人细声说这样的话，好像生怕说大声了，会被暴风雪听了去似的。

人类这东西，真是可怕的东西。暴风雨一点也没有减小，人类

却因为和暴风雪抵抗了一晚的缘故，觉得平静得多了。因为习惯了！在起初，人类觉得，海迫近他的身边了。因为船顶板被波浪掩盖了。完全在海水当中！看！打上船顶板来了！又跨过船顶板了！但是，弄到后来，恰恰像海水不打到船顶板，他们就不觉得身在海中一样，他们结局把船顶板被波浪掩盖着一件事也看惯了。

“船还没有破，也许可以有救呢。”

我们知道，我们的船怎样十分忍耐艰苦，和波涛奋斗过，并且知道它能够受得住波浪的打击了。

断了的桅杆，断了的铁绳，被风吹成碎粉的舢板的遗迹，我们看见这些东西的时候，不觉得发生一种感激，一种和对于全身负着重伤去勇敢奋斗的同志的感激。

船还在继续奋斗着。

“看哪！又打上来了。真是一个不知厌倦的暴风雪！”

“好不讨厌！”

这在平常的时候，一定有人说“不愿意，就请上岸去”的奚落话，但是，现在却没有一个人答话。

无论哪一个人的心里，都潜藏着一种好像失悔一样的忧愁。许多海员们在选定海上生活的职业的时候，大概都是受了年轻时代的梦想的影响。在我们船上的人，差不多全都是这样。

小仓和西泽，是因为想到美国去，才上船当水手。他们想象中的美国，恰恰和从前马高博洛的想象中的日本一样。以为在那里，一切建筑物，都是黄金做成的；街上的路也是黄金铺成的；河里的小石头，也都是黄金。那里简直是极乐世界，无论是谁，都欢欢喜喜的劳动着。他们的船到了旧金山了。他们看见的是什么？拿着手

枪来监视他们的巡警！在码头上蠢动着的失业的群众！被机器碾坏一只脚，在街上讨饭的工人！他们哪里能够上岸。他们倒被关在船舱里，被人用锁从外面锁着，完全像囚犯一样。

波田是打算当维多利亚船厂的工人的。但是，在事实上，他并没有走到英国的维多利亚工场去，倒只在日本的近海，像海里的鲸鱼一样，跟着火船的周围跑。

三上只不过“想穿着西装做工”就当了船员。

在暴风雪刚起的时候，他们并没有想到这种事。只是到了暴风雨已经把顶厉害的时期经过了以后，他们才像一个人到了晚年总爱回想着过去时代唠唠诉说一样，把他们没有当船员以前的事情，放在心里乱想。西泽开始谈起，“纺织公司是如何好做工的地方”了。他好像只是要想伙计们发生羡慕之念的缘故，才说起这段话似的。他决不讲“被滚水烫了，烫成煮熟了鲤鱼一样的女工”和“被机器把头发完全扯去了的他的爱人”，种种的故事。

所以，仙台想着：“如果有机会，我也到纺织工场去罢。”

怒涛达到它的绝顶了。达到绝顶这句话，就是说，它从此以后，就要渐渐平息了。但是，在海面上爬着的低云，还混着雪粉，向桅杆上乱碰。剩下来的半截桅杆，还放着悲声。

天渐渐亮起来了。不过，因为只是冬天的暴风雪天的拂晓，所以，与其说是天明的曙色，宁肯说它好像天要断黑时的阴惨惨的暮色。

因为要使机器的中部不受浪打的缘故，并因为要免得风位夺了船的方向的缘故，特特用极缓的速度，继续把机器运转着。并且，纵然能够用快速力走，在这暴风雪当中，也不会用快速力走，决不

会有那样昏乱的船长。如果那样办，推进器就会一半打空气，一半打浪，恐怕那两片铁叶，就会保存不了。

但是，刚才已经说过，人类这东西，专会和种种事情惯习下去的。船长也是一个人。他知道天亮了。他把天亮了这件事太注意了，精神异常紧张，所以误认为暴风雨已经平静许多了。

他对机关室下命令，开全速力。

恰恰在这时候，木工窥伺着波浪流下船顶板去的空隙，在检查掩着舱面的油布。

那时，正是船沿着大波浪上坡的时候，所以火船的暗车，还有效的推着船。速力也加大了。在其次的一个瞬间，船跟着大波浪下坡了。好像滑走一样，只往下跑。船头钻进波里去了，同时船的全体也振动起来了，摇摆起来了。船的左舷吃了一大口水，立刻由右舷吐了出去。

木工一定在那时大声喊了什么话。但是，别的人却听不着。只看见他很慌乱的举起铁槌，当着波浪流进船顶板上的一瞬间，在拂晓的微光当中，晃了一晃。在其次的一个瞬间，船顶板上已经没有木工的影子了。

船顶板吐出了波浪之后，不见木工，只看一些吐着白沫的余波，嘎呀嘎呀的响着。

“啊!”

船长叫了一声，立刻发出停止的信号。然而，从两重意义上说来，都太迟了：第一，暗车已经落掉了一块铁叶，各束各束，叽谷叽谷的极不爽快的震动，立刻钻进了一切船员的脑筋里。

木工从船舷被波浪吐出去之后，用全身游泳着。船还是摇着头

向前进行。

机器停止运转了。因为转了舵的缘故，风从船的旁边吹来了。船的动摇，越发厉害。因此，其次一个怒涛，用尽全力，从右舷打进船顶板上来了。

这个怒涛当中，浮着有木工。木工好像那些在波浪头上看得见的鱼一样，从新乘着波浪，被打进船来了。

那个大浪，把第四号辘辘机，也打断了。

木工恰恰像量着尺寸做好的一截机器一样，正正的嵌在那个打断了的辘辘机里面。

但是，这件事，并没有立刻被发见出来。纵然立刻被发见出来，也不见得能够救活性命。纵然在别的船上曾经有救活的先例，在这时候，也不会即刻想到这种先例的。

因为木工被浪打去了，所以立刻丢了浮圈下水。但是，这个浮圈却并不是表示木工的所在。船员们只是拼命的努力寻找浮圈所在。

船认为救助不可能，所以又打算把船头改个方面，背着风走，只是腾着两片残废的脚——两片铁叶推进器，拼命的努力。

浮圈已经离得很远了，变得和浪头没有区别了。

汽筒悲声的叫着，好像是说“我疲倦了”一样。

在掉转方向的时候，峻锐的波浪，又打进后部船顶板两三次。

木工的身体，好像夹在什么缝子当中的海月虫一样，只是糊在断了的辘辘机各部分中间。

那真是一个悲惨的死尸。但是，决不是一个稀脏的死尸。海水已经充分的洗了伤口，把血都流干净了。一些折断了的，突出来的

骨，完全变成和波浪的水泡的颜色一样，一点也不惹人注目。

这时，雪并没有十分下得盛大。它好像哭了许久的小孩儿的眼泪一样，渐渐有中止之势。在这个眼泪的下面，木工变了姿势，变得到处分散，不像一个木工了。

“如果和水手头一齐在直江津离了船，倒也救着一条性命！”这句话虽然没有什么人说出口，大家心里，却都感着这个意思。真是，纵然水手头被撵下船那件事，对于水手头虽然未必就“救了”水手头的性命，然而，如果木工和水手头一齐被撵下船去，倒不会被波浪打走了。

“总算运气好！我前月刚离了M号船呢！听说，它在犬吠岬口坐了礁，怎么也没有救呢。你看！”

水手们这样说着，争着抢报纸看的时候，脸上同时堆满了喜悦和悲哀。他算逃了命。但是，那些在一个月以前，一同吃饭做工的伙计们，却在报纸上变成了几个活字。这一个个的活字，不知要引起他多少的感慨？——水手们心里都这样感着。

目前，这个M号船，好像正在铸活字的炉子当中走跛足路。这种跛足路，使水手们的脑筋非常的不安。突然的，好像有一种拖着断脚走路的不愉快的疼痛，压着水手们的胸口。

我前面说过，这只船是一只新造船。或者有人要责备我说：“新造船为什么会把暗车的铁叶折断呢？”不过，这并不是我随便把它写成这样。它不但折断铁叶，到后来的一次航海，它还把暗车柱子都折断了呢。那样大的圆径几尺长的暗车柱子！不过这都是下一次航海的事。

总之，木工太可怜了。他常常挥着铁槌，一面削板子，一

面唱：

不要哭啊！也不要叹！

三月里，要回家一遍。

至迟，也要把樱花看！

四月不回，到五月半，

再不然，且等六月天！

他常常唱着这个歌。六月，七月，八月，一直推下去，推到了十二月，又回到正月来。到最后，一定做一个像下面一样的自暴自弃的结尾：

到那时，若还不回转，

只好，在鱼腹中见面！

木工虽然幸免钻进鱼腹，但是，嵌在辘轳机上面的形状，却也是怪难看的。谁也还没有看出他在辘轳机上。

船变成自暴自弃了。它只是慢慢的走着，好像是说：“随你去罢！爱怎样就怎样好了！”

“真不是好家伙！像这样不中用的船，倒不如毁了去，当造船材料卖，反转聪明些。”船员们心里这样想着。

但是，不要讲笑！在船需要甚急的时候，我们这个M号船，对于大日本帝国的富力，所贡献的地方，实在不少呢。哪怕那些富力断然分润不到我们船员伙计们身上来。

“真讨厌！这船啧轧啧轧的摆着。”波田说。

“好像仙台害横痃病的时候的走法一样呢。”西泽答应。

“唔唔！”仙台露出独特的怪声，答应着，“我看很像你害骨痛疼时的步法。”

暴风雨渐渐平了。

船员们因为木工被淘，和推进器被折，心里本来都不快活。但是，随着海面的平静，人心也渐缓起来了。并且，明明知道折断了的推进器的修理，一定非进船渠不可，他们料着又可以偷闲几天了。

怒涛渐渐不上船顶板上来了。

因为要知道船在多少深度的地方航行着的缘故，特特用铅托行着测量。

二等运转士现出一种好像装满了纸烟头的烟灰盘子一样的面孔，在舵桥大声喊着："放下测深器!"

船员们的腰子，都重得很。他们虽然站起来，仍是飘飘荡荡的。他们正要走到船尾楼的时候，西泽忽然在楼梯边大声叫着。

他飞跑的跳过楼梯。他在第四号辘辘机的面前，举起两只手，好像是要除去一种盖到他头上去的席子一样。

"是木工!"

木工的工作衣的破片，缠在辘辘机的齿轮上，肢体到处分散着。好像，纵然收集起来，也凑不成一个人形。好像只有右手和身子连着。他身体嵌在机器和铁管之间，恰恰和夹在两块石头之间的附石介壳一样。

船员们好像这时忽然觉感得冬天来了，全身都冷起来，只是呆呆的站在船板上。

二等运转士从楼梯上下来，一面喊着："测深器没放在那地方啊!"

"还说测深器！笨贼!"波田轻轻的说着。他侧眼恨着二等运转士，好像木工是被二等运转士杀死的一样。

“木工被波浪打上船来，死在这里呢。”西泽说。

“什么?”

“是，是，是木工!”仙台接着说。

二等运转士也看见了。

“西泽！去告诉船长罢。”

“好的。”西泽跑上梯子去了。

船员们大家都神气沮丧。刚才还同自己们一起和怒涛奋斗着的伙计，看见他被浪淘去了，大家心里不快活了好一阵。他现在又回到船上来了。却是，用这种惨样子回来！好像木工的死尸正这样说着：

“一个人孤单单的在海当中漂流着，未免太孤寂了!”

木工的头已经切断了，但是一只右手却还和身体连着，这件事，也好像是说：

“我就是靠这只手生活了多少年呢。”

铁皮包的船板已经冻了。死尸好像露着很冷的样子。船员们的脚上的温度，都被铁皮吸收了，他们的脚冻得连一点感觉也没有了。寒气从脚到腰，从腰到头，忽然走遍了全身。

场面非常严重[①]，大家都不说什么话，像死一样的沉默！只有一些声音说着“是的！是的!”

寒气很大，他们似乎非得用脚踏着船板走踏步，和寒气抵抗不可，但是，他们还仍然站在那里，寂然不动。脚痛得太厉害的时候，他们只是轻轻的把脚提起来。在那种时候，只听着有一种冻结了东西，巴的一声分开了的尖音响。大家都向响声方面看，做出一

① 原文如此，意为严肃庄重。后文中同类用法，不再另注。——编者

种眼光，表示着："别做声啊"。

他们都觉得，不能不把木工这种奇怪的死法，拿到自己身上去，对照着想。并不因为这只是木工的死，就看得特别冷淡。

在船顶板上面，有许多种类的传说。多半是很奇怪的，不像会实在发生的事。他们常常谈这些事：在冬天就围着火炉，在夏天，就躲在避太阳的帐篷下面，其中也有很凄惨的话，也有可以令人喷饭的话。

现在，又有一个新的传说，用现实的姿势，陈在他们的面前了。这就是被浪淘去了的木工，又从新回到船上来的故事。试看，这故事不是用活生生的肉块，摆在他们面前吗？

木工从来爱用一种美声，说他的爱妻的事情。他们平素一面听着，一面总是感着嫉妒。到现在，他们又想起他那些话了。

从汽罐方面吹来的煤烟的臭气，带着一种火葬场的联想，送进他们的鼻官了。

"行水葬算了罢？"

那未免太悲惨了。他不是特特不怕碎骨粉身，跑回船上来了吗？怎么能够把他又抛到冻得像刀割一样的荒海里去！

那都行吗？

不是在我们眼前的木工，曾经这样说过吗？"做木工比较是安逸的。工作很洁净，倒很合我的意。不过，做水葬时的棺木的时候，却有点不愿意！"说这样话的他，现在也得要一块一块的放进棺木里去吗？

船长来了。这时候，连船长也没有带着一种故意卖弄威严的表情了。我们看见他抛弃那种表情，现在还是第一次。

船长说："我们 M 号的木工勅使河原芳道殉职了，我不胜哀悼。到现在，没有别的，只有厚葬故人之灵一个方法罢了。诸君(他把船员这样叫着，船员都吃了一惊)，应该好好的去收拾故人的死体，谨表悼意。"

这时候，忽然发生了一件古怪的事。

船长正在述悼辞，迦茵忽然从他背后跑了出来。她在缠着布的汽管下面，用鼻子嗅了几下，伸出爪子，去爬。她爬出一件东西。那是被切断了的木工的左腕！她用口衔着，好像衔着一个被猎枪子弹打倒了的兔子一样。她摇着尾巴，表示矜夸之意。

船员们大家吃了一惊，好像自己的手腕被衔着了一样。

"啊！畜牲!"仙台大声的喊。

迦茵衔着手腕，仍然很夸耀的，向船顶板上逃着乱跑。水手们满脸现着怒气，跟着她追。他们心里想着："不管什么是船长的狗不是!"

船长嘴里只是叫着："迦茵！迦茵!"

迦茵在船顶板上自由的到处飞跑着。她逃脱了水手们的追赶，跑到船长站的地方去。

"蠢东西!"船长大声骂着，把迦茵的头，打了一下。

迦茵因为不被褒奖，倒被主人殴打，神气忽然沮丧了，只是夹着尾巴，蹲在船长的脚边。

波田用起全力，把迦茵踢了一脚。

迦茵被踢到约莫三尺多远的地方去了。

"波田，干吗?"船长叫着。

"什么干吗不干吗？我要踢死她!"波田一面叫着，一面像发狂

一样，从新向迦茵扑去。

“喂！住手！”船长叫着。他一面抓住波田的手腕，“她是畜牲啊！懂得了吗？”

“讨厌！”波田叫着，只把船长所抓住的手，一面转身，一面用力一拖。

船顶板是冻着的，船长滑倒下去了。

迦茵靠着她的动物的本能，感着了危险，慌忙跑上楼梯，藏到厅房里去了。

船仍然跛行着。天气还很危险，谁也不敢保证，船全体不会碰着木工所碰的那样的运命。

迦茵的死，船长的死，M 号的沉没，这种种事情，属于另外一篇小说。

一九二七，一〇，一二

豪　雨

立野信之

一

在我们那一队兵卒中间，有这么一个人。

一个在T河的小火轮上当火夫的。他虽然连字也认不得几个，然而做事非常忠实，只要是拿身体做得了的事，他都可以认真去做。——他的姓名叫做并木伊平。老实说，在我们队里，像并木这样的人，实在多得很。

在刚刚入队的时候，我们那一队真正好像一些临时的乌合。从乡下来的农人们，脸上还带着磨灭不了的泥土和肥料的颜色。从海里来的海员，满身都透着潮水和太阳的气味。从工场里来的人，惯爱翻着眼珠，从他们的青白色的额头上，去看上官。店员们身上还附着有化妆品的香气，并且，讨厌得很，专爱用商人的口吻，对答上官的质问。因为这样，所以军队第一就从言语和动作的矫正入手，去训练新兵，好使个个的兵卒变成军队组织的新分子。（日本行的是征兵制，无论是哪种职业的人，只要身体强壮，检查合格，就得被召入营当兵。——译者）

早晨，在营盘里的四方的院子里面，布满霉一样的霜。

我们被叫到院子里去。监视人是一个少尉（教官），五个下士，十个上等兵。我们团团的转着。我们好像木偶一样，提起很高的脚，学走正步，并且只在同一线上走。这是走路的练习。从旁边看

起来，恐怕可以联想到囚犯的运动。为什么呢？因为我们团团转着的人的心里，真正是和囚犯一样，觉得非常无聊而可怜……

忽然，同着走步法的人，一个一个的被叫出队伍来。那个兵士出身的少尉，用一种非常减缩的口调，对那个被叫的人，下着号令：

“开步……跑！”

那被叫着的新兵，握起拳头，拿到自己的胸口面前，拼命的留着神，生怕错了左右脚似的，提起左脚，开步向前跑去。跑了约莫二十几米远，停在离教官面前八步的地方。那个新兵因为停得太急，不觉的身子向前趄了一趄。忽然又听着新的号令，像石头子一样，迅速的从教官身边放出来。

“从新跑过！回到原地方去！”

那个新兵满脸通红，仍从原地方，像拉洋车的空跑一样，跑起来，仍然到离教官面前八步的地方，才站住……放下手……敬礼……忽然，教官又嚷起来：

“放下手的姿势不对，再放过！”

其次：

“敬礼的姿势不好，从新再行过！”

其次：

“眨了眼睛，不行！再做过！”

“出了一口气，不行！还得再做！”

——像这样，做了许多回之后，才自己呼自己的职位和姓名。要用全副的声音，呼得像动作一样，合乎节奏。

一个兵做到这时候，已经把精力消耗完了。脚上的筋，转起筋

来。眼睛也昏花起来了，看东西都看不清楚。并且，满肚子里，都感着是屈辱："浑蛋!"但是，还得要大声呼喊：

"陆……军……步，步……"

"从新说一遍!"

"陆军……步……兵……"

"不行!"

"……陆军步兵，兵……"

"不行，不行!"

少尉这时才摇着手，叫那兵士回到原来的位置去。

并木伊平的跑步姿势却坏得很。他下着腰，弯着脚，好像在船舷上滑走一样，跑着……教官想出一个很好的名词了：

"猴子!"

真正，并木的姿势，好像猴子用两只后脚跑着一样。他嘟着两个像火达磨一样的红颊，嘴里尝着由帽子的缘边流下去的汗水，只是拼命的跑。跑了无数回，称呼了无数回之后，好容易才把他自己职位和姓名全部呼出来。他大声的喊：

"陆军步兵……二等卒……并木……伊平!"可惜他这时又不该把这个呼得较好的姓名下面，加上一个"就自"。

教官倒也不笑……只是鼓着怒眼：

"再说一遍!"

并木又用一种极大的声音，喊着：

"陆军步兵……二等卒……并木……伊平!"

教官咬着短短的上须，挥手叫并木回到原来的位置去了。

我们站在铁练子一样的队伍当中，虽然心里不愿意，却也只好

立起头，挺着胸，把眼睛对准走前面的人的后颈窝，勉强抑制着感情，提高脚走正步。一些下士们，站在我们新兵的周围，像田边吓鸟的草人一样，监视着我们的正步。他们忍不住笑，慌忙的把手拿到嘴巴边去。只听见他们的白手之间，透出“卜扶扶扶……”的声音。

忽然，一个下士，做出很正经的表情，向队伍喊着：

“要好好的按着步调摔着手走！”

我们新兵们，一面走，一面使着横眼，恨着那些掩着嘴笑我们走得不好的下士：“有什么可笑？你们没有戴上下士的背章以前，还不是和我们现在一样？蠢才！”

并木虽然动作又笨，说话也是结结巴巴的，但是，他也有一些好处：他对万事都肯认真去笨做。因此，那些过军队生活过得厌烦了的二年兵，下士，甚至于将校，等等的人，都拿他来开心。那些二年兵，无论在什么地方，都学着下士的办法，叫着并木。

“并木，来这里！”

并木不知道下士有什么吩咐，只得说了一个“自”字走近旁边去。

“你是你母亲的儿子吗？”

“呃？”并木眨着起白泡的眼睛，吃了一惊，随后答应，“自的……”

另外一个二年兵叫着他，问他：

“并木，你是拉车的吗？”

并木把眼睛眨了几眨，露出一种为难的表情，答应：

“……自火船上的火夫！”

“什么？说明白一点！”

“自小火轮船上的火夫！”

“真的吗？”

“自真的！”

如果从我们的连里，派出风纪卫兵，一年兵就应该替当卫兵的兵，搬运饭食。这是一个顶讨厌的勤务。因为凡是充当这种卫兵的，大概都是二年兵当中的无赖汉，所以搬饭食的一年兵不能不受他们的气。并木班里二年兵常常被派去当卫兵，因此并木也就始终吃着搬运饭食的苦。

为什么并木班里的二年兵常常会派去当卫兵呢？理由很简单。这个二年兵是个爱喝酒的人。他是一个木工兵，平常专爱在木工场里午觉，到了星期日，穿起一身载着新肩章的第二套军衣裤，往外面去闲逛，总是到了晚饭喇叭响的时候，才从营门内的坡底下，慌忙的跑回营。

军队的教育上虽然说“勤务是神圣的，是最有名誉的事”，但是，种种勤务，如像饭厅，机关库，连本部，营本部，以及其他地方的轮班勤务，当卫兵，在仓库服务，当土工，等等的勤务，在实际上，都是当做一种惩罚的手段，施行着。特别是充当风纪卫兵，最为辛苦，所以也就特别是一种有效的惩罚手段。所谓勤务兵，结局都是一种有名誉的惩罚兵。他们感着屈辱，因此，他们的感情都是不正当的。他们专爱折磨一年兵，借此消他们自己的愤懑。

并木常常当着这种被磨折的材料。他脾气太好，别的人都利用这种好脾气，叫他去做笨事。

“并木……你替我拿拿罢，好不好？”

并木把别人托他拿的二三分饭盒，提在手里，走下营门内的坡子。卫兵房在管门的旁边。他刚走进去，二年兵突然用一种威吓的口调，喊着："敬礼"。这二年兵把并木当做将校，开玩笑似的，立正行了一个敬礼。

并木慌了手脚，他不知道要怎么办。他正想把提着饭盒的右手勉强举到军帽旁边去，那二年兵看见并木这种狼狈情形，又得了一个嘲笑的机会。

"好蠢的一年兵！在这时候，应该用左手行敬礼呢。用左手……喂！懂得了吗？"那个脸上有伤疤的二年兵这样骗他。

并木把饭盒移到左手，再补行一个敬礼，正经的说：

"濑沼旧兵总爷和林上等兵总爷的饭盒，拿来了！"

"濑沼？"一个小面孔，红嘴唇的身材矮小的兵说，"他站在茅厕边，送去罢！"

并木正要送去，忽然一个在旁边用手按着子弹盒默然旁观的上等兵，抬手指着门口，大声喊：

"蠢东西！送进房间去啊！"

在有的时候，他们还说他的敬礼的姿势不好，罚他采取直立不动的姿势。一个人喊着口令："立……正！向右……转！"

并木挺着腰，突着屁股，好像在行各个教练一样，按着调子动作着。

"开步……走！"

并木按着步调，向前走去。他那双松垮垮的营内靴，差不多要从脚上脱出来了。他拼命的努力使靴子不致和脚脱离关系，抬高脚步，一步一步的走正步上坡子！这可以说是他们所开玩笑当中最厉

害的。并木正走着，后面又追加了一个口令：“快步……跑!”

并木拼着命跑，一口气跑上了坡子。

二

第一期的检阅，已经完了。

我们是新的兵卒阶级。屈辱和耳巴和枪把子，把我们组织成一个兵卒阶级了。我们现在，只要给实在子弹与我们，就可以在距离六百米远近的地方，很正确的射击着人类的胸脯，可以在很暗的密林当中，悄悄的前进，去侦察敌人前哨的位置，更可以在探得了之后像狗一样，不迷失道路，回到自己营盘里来了。

虽然这样，我们仍然还是站在一种比牛马还不如的可悲的位置上。教官真会说出种种道理：

“你们是军队里面的最下阶级。所以，你们以外的一切的士兵将校，都是你们的上官!”

因为这样，所以我们无论到什么地方，都是敬礼！敬礼！敬礼！……二年兵也是上官。我们从入营的第三天起，就不得不替二年兵——他们不过刚刚是我们的一个分身罢了——洗食器，把他们穿脏了的衬衣裤，放在自己的床底下，预备替他们洗。在“起床”号的一点钟以前，就得轻轻的拿起毛布，用尽气力，轻轻的去打磨两条枪，生怕把老兵们的清睡惊醒。推到一年兵身上的事情太多了，我们只有缩短我们的睡眠时间去做。如果说，这样的状态，是一年兵应该受的，那还有什么说的？……

渐渐的从我们当中，又抽拔一些号称优秀的分子来，叫做候补上等兵。

在每班里面，二年兵把大概的情形都说出来：

“我们这班里，约莫要挑出五个候补上等兵。……也许要挑出六个人。去年挑了六个呢。……”

又说：

“那个东西太傲慢了。但是，头脑倒聪明。”

说话的二年兵是一个喇叭手，职业是打鱼的。

那些二年兵随便下一些批评，说得津津有味。他们虽然从不说出姓名，但是，所谓“那个东西”到底指的是什么人，大家听他们说了之后，立刻可以猜出来的。但是，那些二年兵却故意见神见鬼的装做有很大的秘密似的，在那里自慰自乐。他们装模作样的说：“懂得的！那件事。”

过了一会，他们又抓住一些谁也知道他决不会挑入候补上等兵的蠢人，用一种安慰的言辞，自慰自乐的对他瞎说：

“实在，当一般兵，倒反安闲些呢！”

这样一来，被抓的一年兵，忽然脸红起来，悄悄的跑开。

有一天，有一个二年兵，拿着一个好像晴天的霹雳一样的消息来了。他从连事务室飞跑过来，大声喊叫：

“号外！号外！号外啊！重大的事啊！”

在床上睡着的上等兵及一等率的二年兵，都爬起来问：

“什么事？”

他们当中两个人跑去抓那个乱跑乱跳的号外兵，把他按在床上，对他说：

“狗东西！还不快说出来？”

那个小小的二年兵，被四只强有力的手腕压着，只是呻唤。他

只得喘着气，用很快的口调说：

“并木……伊平……变成了……候补……上等兵!”

押他的手放松了之后，他好像皮球一样，从床上弹了起来。他跑到枪架的旁边去擦着弄乱了眼睫毛，一面喘着气。

一个短头项的二年兵，从床上抬起头来，轻轻的说：

“并木？呃！电信杆子也会开花吗？哼!”

并木伊平本人，目前却不知道跑到什么地方去了。班里到处都没有看见他的影子。他从点名完了之后，被连值日兵叫到特务曹长室去了。特务长那天在当士官的勤务。卖号外的二年兵就是特务长的值日卒。他为擦皮鞋和理毛毯的缘故，走进特务长的房间去，只看见并木垂头站在打赤膊的特务长的面前。并木听见特务长教训他，在当了候补上等兵之后，还要更进一步努力，似乎非常着急。暂时只是打颤，连话也不会说了。他连吞了几包口水，才结结巴巴的说：

“……并木办不了!”

特务长好像专等着他这句话一样，突然爆发起来：

“蠢才！什么叫办不了！你这东西不是军人吗?”

“自的，自军人!”

“那末，有什么办不了的事!”

“报告特务长，并木认不得字!”

“认不得字?”特务长暂时也觉得出乎意外。但是，他喝了的酒，帮助他下了一个裁判!“行的。不认识字也行。只要能够打仗!第一要紧的，是要常常抱着‘万事做到底’的军人精神!”

并木在那里站了一会，眼睛望着地下只是动转，舌头只在嘴唇上舐来舐去，用搁在大腿外边的手指头，弄着军裤的破缝。过了一

会，才结巴的说：

“那末……并木……试试看！”

并木说了之后，满脸变得通红了。

那个擦着皮鞋，在旁边看着的号外兵，忍不住要笑，连忙飞跑出来。他从衣口袋里取出特务长私用的鞋刷子，高举在头上，大声喊着！

“……试……试试看！”

并木慌得一身是汗，懵懵懂懂的跑回班里。

“回来了！”在房角里的人说，“把他身上抛起来罢！”

那些爬在床上乱滚的海兽们，一齐跳下床去，奔向并木。并木在乱棒子一样的手腕当中，被抛到空中了。抛了两三回之后，他们大声喊着：

“并木上等兵……万岁！……”

并木被摔在床上了，铁的床也凹下了两三寸。并木在潮水一样的拍手和哄笑的当中，一脸羞得通红，夹着尾巴似的逃出去了。

我们站在自己的床边，看见这种光景，觉得要笑也笑不出了。

我们记得很清楚——并木单单因为在洗面场洗了他的战友的食器的缘故，被值日上等兵重重的踢了一脚，踢得并木走路都跛了。因为没有把战友的衬衣的脏污洗干净（实在是怎么样洗，也洗不掉的污脏），就交出去修补的缘故，被缝工卒突然打了两个耳巴子，并且还把并木的头套进那件衬衣的破洞里面，要他连手带脚，在地下爬着，向各班游行。以及……算了罢。虽然记得许多事，如果一件一件的写出来，恐怕写一百张稿纸，还写不完呢。……这些私刑，不单是对于并木，对于我们一年兵全体，都是一样。——真

是，我断然不能够说我不是一个并木。——我们都是被辱的兵卒。

在消灯后，我在黑暗的散步地上面，会着了并木。我们是打算稍微享受一点秘密之乐。并木邀我去吃在点名以前买好了的饼子。我另外也藏了一点酒和盐饼子在岩石下面。秘密的地方被我们用手摸出来了。

我们蹲在板栗树的根上，吃饼子下酒。地面上透出一些虫子气。并木急急的说：

“我实在不想进候补班去……但是，如果不进去，恐怕更要受苦……呃?”

我感觉得并木全身全神都被恐怖包着，我心里很难过。我觉得，应该说两句话，去安慰他。但是，又觉得，说了又有什么益处！不说也罢了，所以我结局只是默默的站在那里。我在洗面场喝水的时候，并木也喝了。两个人各从不同的梯子，走上楼去，钻进各人的房里去了。

三

候补班编成了，特别教育开始了。他们在“起床”的号声一点钟以前，就得跑出床来，洗衣服，刷四双皮鞋，打磨两枝枪。在早晨点名的时候，应得携带着枪刺术的防具去。由点名到吃早饭喇叭响为止，都要和笨重的防具和木枪纠缠，弄得全身疲倦。课完了，才嘎达嘎达的跑上楼梯，去吃已经硬了一半的饭。但是，过激的劳动，在身体里面种下发烧的种子。发了烧，就不想吃无滋味的饭。只好掺水在饭碗里，勉强把饭粒流下肚子去。还得把乱放在桌上的饭桶，剩饭的提桶，都飞忙的搬到炊事场去。炊事场有值日的上等兵监

视着，哪怕有苍蝇粪那样大的不洁净，也会被他挑剔出来。被挑剔的，非从新洗过不行。再不干净，还得再洗，直到洗干净为止。

一身打得渍湿的，刚跑回房里，又喊“排队”了。如果稍迟一点，就会被叫去在联队的周围，受跑步的罚。在演习的当中，不断的喊着：“候补班集合!”“你这东西！那样，还想当上等兵吗?”

并木的枪刺术，比什么科目都要笨些。他把脚弯曲着，放下腰干，发着奇声，歪歪倒倒的向前刺击。当教官的那个伍长，倒提着木枪，吓着他：

“要拼命的突进！拼命的！……”

随即指着自己的左胸，拍一拍，对并木说：

“向这里突击。突……击!”

“杀啊!”并木喊着，拼命的突击进去。但是，木枪总是触不着致命地方，只斜斜的向肩上偏了去。再突击一次，仍然突偏了。三次，四次，五次，六次……十次……并木的喊声也接不上来了，从他戴着的面具上的铁条边露出来的面孔，完全发青了。一次比一次失了气力，好像要倒下地去似的。

“蠢东西！你干吗?”

伍长把并木用歪歪倒倒的姿势突击进来的木枪的尖子，轻容易的拨开了。并木的身体被进攻的惰力推着，直往前趋，有点站不住脚。忽然，听着木枪的枪把子，呼呼的打着并木的腰干。并木四脚爬地的倒下去了。他那沉重的面具，触在三合混凝土的硬地上了。

“看啊!”和我搬运着一个重饭桶的兵，轻轻的对我说。

“太残刻了!”

我们正站在搬运饭桶的队伍当中，路过那里，看见并木倒地。

并木还没有爬起来。大概是没有气力爬起来罢。但是，我们当然也不能够去扶他起来。不但不能去扶，并且还不能够站着看。

我们跑上楼了。我们从窗子上去见并木到底站起来没有。二年兵嘴里吐着憎恶的话：

“那东西是一条毒蛇呢，惹着他还了得?”

我相信，并木是打断了腰骨。再不然，就是因把头碰在硬地上的缘故，起了脑震荡。并且暗暗的希望是那样。为什么呢？因为，如果是那样，伍长就得被处罚了。我想：这真是惩戒那家伙的顶好的机会!？……

但是，这个消极的思想，立刻就要消灭了。因为并木经了长长的努力之后，已经开始站起来了。但是，我这时也不能不把我的眼睛，离开并木了。有一个二年兵，突然扯着我的耳朵跑。

“你这印度鬼！看什么?”

吃了早饭之后，我因为想逃脱那种讨厌的洗饭桶的工作，特特跑到便所去。慢慢的出恭，是一种快事。我蹲在坑上蹲了许久。但是，要想逃脱洗饭桶的工作，总得还要更长的时间。所以，我就在便所当中开始读墙上的妙文。

“特务曹长，记着罢！——在稻草的假人上面，钉个五寸钉！——”

“宫地中尉是好色的人。常常窥伺着值日兵的××。要注意啊!”

“呜呼！心思只对于在家乡的父母……”

“军队就是强盗养成所!!”

“逃营吗？——死吗?”

这些便所文章，多半是用铅笔，或指甲写成的。我不知不觉的忽然放声读起来了。

“高木!”只听得隔壁的坑上有人叫着。

我吓了一大跳，连忙咽住自己的声音，连身子也不敢动一动。侧耳听时，又听见：

“不是高木吗……?”

我放心了。我听出那说话的人是并木。我向着稀脏的板壁说：

“狗东西！吓我一大跳，你怎么了?”

“挨打了……腰子疼得厉害……高木，这边也写着有呢……念给你听……我把那家伙杀了，再自杀……”

我觉得，那一定是并木自己写的。过了几天之后，偶然走进那间便所去看了一看，只看见，这句话的字，写得非常幼稚。到现在，我还觉得那是并木的手笔。

如果是他写的，并木难道想到了杀死伍长吗？或者想到了。不，不，他一定不能不想到罢。但是，在事实上，也没有杀死伍长，倒被杀死了。

那一天，并木在上演习场以前，跑到事务室去。他站在特务长面前。他哀求特务长，说他无论如何，都办不了候补上等兵的任务，请准他退班。特务长把眼睛鼓了几鼓，问他：

“你这东西，身体上有什么地方不好吗?”

“吓……?”并木暧昧的答着，“……没有什么地方不好。”

“那末，有什么干不了!”

“因为学不上格刺术……所以……”

他不说了。忽然一下，特务长的白手，伸到他胸口边了。

“出去！讨厌!”

他胸口被推了一下，只是打趄趄。他没有别的法子了。他走出事务室。

那一天的下午，刚刚从演习场浴着太阳和尘土回来，伍长又宣告：

“候补班在晚饭后，要集合起来加操格刺术!”

候补班一听见这个宣告，越发忙得要命。他们好像老鼠子一样，只是东奔西跑，一件事刚完，又得去做第二件事。

我问并木：

“出场吗?”

“恐怕不能不出场罢？……”并木暧昧的答着。

他抱着沉重旧破的面具，下楼去了。过一会儿，我被叫去干特别使役，去扫营门坂的道路。我做完这工作回房，已经是点灯的时候了。候补班仍然还在用木枪突击，只听见枪的相碰声和呐喊声。

“呀！呀！呀!”

在连部进门的地方，一个一年兵告诉我：

“并木快要死了呢。”

我飞忙的跑上那些包着铁皮的楼梯。在床前围站着许多兵。我走近旁边去，从他们的肩膀上看。一种像悲呼一样的呻吟，把我心脏都冻硬了。并木睡在床上，手脚都被按着，只是拼命的摇动着身体。

“啊！痛！痛……！痛死……!”

一个圆脸的二年兵，做出一种呆的表情，暧昧的说：

“他说肚子痛，跑上楼的，呃?”

军医来了。到这时候，才把缠在身上的防具取下。那时，并木

已经弱得不成样子了。他的红脸上，现出苍色斑点了。

军医用白手摸着肚子，一面问M伍长：

“他怎么样了?”

伍长抬起变苍白了的脸，半晌，好像在想：不是因为我的缘故?……他答：

“不知道。他正在操演的时候，忽然说，肚子痛起来。”

“蠢才！那样疏忽，还配当教官?肚子被突击了。打着了肚子!”

军医吩咐连上的看护卒，即刻用担架把并木送到病院去之后，走出去了。刚走出门，他指着营内院子的鸟群，故意和伍长开玩笑：

“那里有人守着吗?”

“哈!”伍长连忙跑向军医前面去了。

并木被抬到担架上以后，越发苦恼起来。但是，那苦恼却并没有继续许久。他已经失掉一切气力了，好像渐渐连气也没有了似的。

病人被抬着从院子里过去。

到了病院，行了腹部切开的手术。当副院长的三等军医正执刀。

并木的战友，一脸撇青的跑了回来。大家都围着他问情形。他抖着苍白的嘴唇，说：

“肠子上，穿了两个像只铜元那样大的洞。那洞口还粘着一些在晚饭时吃下去的芋头皮。这是看护告诉我的。”

战友拿起公用证，去打电报。

消灯后，二年兵的喇叭卒，走近我身边来，悄悄的说：

“并木那东西，救不了命……？”

“哪里救得了？”

我说这话之后，又害怕起来。我向着二年兵，用一种对同辈人的口吻答了话。……

在我们伙计之间，谁是加害者，这件事，成了问题。和并木对手，操演的有三四个人。但是，他们都主张，自己并没有向下面突击过。在事实上，一年兵没有本事，也不容易击着对手的下部。最有力的说法，是M伍长在操演的半途中，对并木的操法蠢笨，大发脾气时，突击了并木的腹部，一种说法。但是，大家都害怕连累，谁也不肯出来明白主张。

四

从那一天起，在九天之间，并木还活着。在这期间，他的父亲，一个中了风，走路都东倒西歪的父亲，坐在椅子上，守着失了意识的病人。

第四天，我到并木的病室去。特务曹长命令我去叫并木的父亲。我说了上官命令之后，父亲用一种昏浊的眼光，看了病人一眼，一声也不做的，站了起来。他不能够十分站稳，所以把他那皮包骨的手掌，搭在我的肩上。

“我中了一点风……”父亲用一种无气力的声气说，“自己的脚，也不能够随自己的意思，自由动转……咳。”

父亲憔悴极了。身体虽然很高，骨架也大，但是包着骨头的皮肤，却又丑又松。

我很讨厌特务长的官僚的态度。——为什么他把这样的一个病人，叫进连里来呢？父亲做了什么坏事吗？但是，我嘴却只对这个不幸的父亲，说别的话：

“……真是意外的事……！”

父亲也不说话，只是点点头，缩了一缩鼻涕。

到第五天晚上，父亲接着一封电报。父亲认不得字，所以看护卒读给他听。电报上写的是这样：

“生了小孩。不好。告诉……”

看护卒问：“谁生了小孩？”

父亲颤着嘴唇答应：“是……是我的老婆……！”

看护卒悄悄的走出去，走进兵房，推起一个伙计，对他说：

“去替我看护看护罢。我实在不忍在那里久待。”

替代的伙计，懵懵懂懂的走进病室的时候，父亲坐在床上，垂着头。

看护卒用一种没有睡醒的鼻音，问他：“听说来了电报。”

父亲吃了一惊，抬起头来。但是，即刻又把眼睛转到别处去了。过了一会，父亲叹了一口气，零零碎碎的说：

“小孩……死了也……不要紧。只要这个大的有了救……把大的丢开，叫我跑回去……那是做不到的呢。”

到天亮的时候，来了第二次的电报。小孩子死了。父亲默默的点了一点头。

并木在吊着的冰囊下面，舐着干极了的嘴唇，时时刻刻打着谵语。有时清醒了，他对看护卒说：

“赶快好一点，我想住外面去呢！”

从第七天起，病人的样子，渐渐变坏了。在夜里，他发出大声，使父亲吃惊。

“石头……石头……重得很……畜牲!”

他继续不断的呻吟。

到了早晨，他睁眼望着父亲，说：

“叫我……受这样的难……我知道呢……替我报仇！……那东西……!”

刚说了几句话，他的意识又朦胧起来了。到正午的时候，他睁开落了坑的眼睛，把细而脏的手腕，拿到眼睛边去，动了几动，轻轻的说：

“什么……也……看不见。”

到下一天早晨，全联队都出去做耐热行军。我们连里只留下十二人。其中也有我，也有并木的战友。那天早晨，并木的战友在班里大声喊着，眼睛含着眼泪：

“战友快要死了……还叫人出去演习……混蛋!”

特务长走过来，告诉他：他可以留在连里。他只在班里默默的走着。过一会，他披上外套，邀我一同到病院去。

外面下着豪雨，好像要成暴风雨似的。

在四方的院子里，站满了背上背着背囊，披着外套的兵卒。号令被雨声妨碍着，听不十分清楚。但是，喇叭一响的时候，像一串铁练子一样的兵卒，发着沉重脚步声，开始行进了：

“轧慈！轧慈！轧慈！……”

这种铁练子的声音刚刚从营门外消灭的时候，并木伊平死了。

（一九二八，九）

发　端

桥本英吉

一

在省境上，那一带像背脊一样的山脉，向西方走着，画成十数里的鲜明的斜线。这线的一端是一个除四五株枯松以外，一点装饰也没有的天然的红土小丘。和这小丘相对的地方，也有红土起伏着。小丘受着盛夏天的太阳的光辉，好像被烤着一样，只是放光。在小丘和小丘之间，夹着一块低地，地上突出着好像笔一样的两个大烟通。煤烟被风吹着，从赤土上飘荡过去，把小丘都染黑了。烟通以外，还有扎好的像骸骨一样的望楼，发电所的白房顶，像锯齿形一样的工人住房的密积，起货载货的台子，等等东西，都可以从小丘上看见一部分。

载着他们的内国移民火车，长长的叫了几声，停在烧焦了一样的稻田当中了。

“看见了！那烟通的所在，就是炭坑！呃！看见了罢？”

这是雇工绍介人的话。但是，听着了这些话的人，除了千吉以外，一个人也没有。大家都喝啤酒喝醉了，把香蕉皮擦在脸上，完全像蛮人的酋长一样，东倒西歪的睡在那里。这些人都是由春到秋，只穿着裤子，向各处矿山里找工作的矿工。

“像你这样的伶俐的年轻人，对于这种炭坑是最相宜的。想挣钱，几多钱也挣得到手的地方，只有煤坑呢。怎样？中意不中意？

……”

雇工绍介人是一个四十多岁的人，病奄奄的露着青白的面孔。他看见千吉也不答话，也不向炭坑方面看，他突然在额上暴出青筋，继续说：

“还是不中意？但是，稍微迟了一点呢！要不愿意，应该早说啊！……喔唈！大家都起来！不清醒点去，就会挨骂呢！喂！喂！起来吸根烟舒腾舒腾罢！”

他一面说，一面从衣袋里拿出一把下等纸烟，对每个人丢一根去。这种无益的费用，都是作为矿工的借支，由绍介人预先垫出来，到了他带领矿工进矿场的时候，再由矿场支给他。一盒最下等的金蝙蝠牌香烟，也得卖一毛五分钱以上。此外，每一个工人要出二三十元钱的绍介料，那当然是不消说的。

火车被稻田边的蒸热的缓风，轻轻吹着，又向前进行了。他们坐着的车箱，不是为装客人用的，那只是一种为载车长的缘故，常常附在货车的后面的车箱。不过，如果想坐，谁也可以不花钱就坐上去。车长有时甚至于可以在铁桥的旁桥，停着火车，和火车头上的人们，下河去洗澡。炭坑虽然可以望得见，火车却慢慢的走着，好像害怕走到那里去似的。

雇工绍介人，把最后的西瓜破了。车长分得一点西瓜，从车窗上伸手出去，把西瓜块给火车头上的人们看。火车头上的管机器的，特特放慢火车的速度，跑到车长这边来。

二

雇工绍介人把他们引到一间贴着“矿工志愿者休憩所”的纸条

子的房里，自己却走进人事课的事务室去了。这间房，除他们以外，没有一个别的人。他们五个人，连坐的椅子也没有，只得各靠到通风的窗户边去。混着油臭的蒸气，被不规则的风吹着，时时落到窗口上来。因此，这间没有铺席子的房里，越发蒸得厉害。

过了一点多钟之后，雇工绍介人才来叫他们。从他那被汗流湿了的青额起，一脸一手，都浮着很大的静动脉。

“你一个人的事最麻烦呢。不过，乡下的农人，无论到什么地方，都容易被人信用的。你只要说实在话，就行了，懂得了罢？随我来！”

千吉默然的跟着他走。三个人事课的人，正向着他们坐着。

“去洗过手过来！”

他刚进去，坐在正中的那个有白头发的人，这样命令他。这个人是主任。他专爱把新来的矿工叫来像鉴赏花瓶一样，慢慢考查体格，经历和心理。

“你是吉野千古？唔。好一个体格强健的年轻人。应过征兵的召集了罢？……炮兵？哈哈哈……那好极了。伸出手来看看。”

主任拿起一个大的扩大镜，去照千吉的手掌。他可以靠掌上所现的线纹，判断出那人是农人吗，兵士吗，矿工吗，土方吗，去行种种的区别。他并且晓得利用其间的问答，去施心理解剖之术。

主任好像是，因为他的扩大镜下面映着的千吉的手掌，是一个农人的手掌，特别表示欢喜满意。

“你想在一天当中挣多少钱呢？呃？像你这样的好身体，一定可以挣不少的钱……”

他把扩大镜收起来，用手把他自己的左耳朵尖，扯了一扯，好

像量沙金一样，非常用心的，问着千吉。但是，在千吉方面，却全然不晓得，他在炭坑到底一天可以拿多少工资，也不晓得别人到底挣多少钱。但是，他想起雇工绍介人的话了。——进了煤矿场之后，每天随便玩着，也可以挣两元。——所以，他想，如果努力去做工，四元左右总是可以拿到手的。

“我想挣四块钱。”

“每一天？那自然是好的。就想挣十元，也可以给你！——”

主任的话里，稍微含着怒气了。他勉强抑着操纵着别人时的欣喜，开始窥伺千吉的颜色。

“——但是，你也应该把我们这方面的事情想一想啊！你问问那边坐着的雇工绍介人，你知道你借支了多少钱吗？借支的钱都由我们偿还呢。只要能够把那些借支，即刻当面还清，我还要向你道谢呢。”

主任的话，一时非常厉害，一时又很温和。他用一种巧妙的抑扬，操纵着千吉。

“自然还的。做了工，即刻交还。”

“蠢才！”

他想把千吉的意气，劈头斫倒，特特大声喊着，由椅子上站了起来。他很生气似的，打开抽屉，抓出一个装着五角银元的袋子。

“你不是一个不懂事的人，就是一个大蠢子。像你这样的人，哼！连一个这样的银货，也不值得呢！”

一串银元，像一些由笼里抛出来的鱼一样，在打磨得很光的桌子上，巴拉巴拉的跳着。过一瞬间之后，房间里忽然寂静起来，盛夏天的炭矿场里面的烧焦了一样在吵闹，也钻不进众人的耳朵了。

这是主任操纵工人的手段。千吉脸上红起来了，只是皱着眉不说话，眼皮微微的动着。他耳朵眼睛里，别的什么也不清楚了；暴气，机器的响声，主任的得意的脸色，坐在那边用手弄腰带上金练子玩的绍介人的脸色，都没有了。只有像刀一样发着光的银元的刺戟[①]和一种像在铁板上钻洞眼时的尖而悠长的音响，把受了触动的千吉围绕着。他自己不知不觉的变成反抗的态度了。他耸起右肩，脸色越变越青，向前突出去的下巴，表示着轻蔑的意思。

“好不识好歹！”

主任离开座位，向他走来。千吉也立刻整顿姿势，表示着：“你敢动手动足，请来试试”的态度。

雇工绍介人站起来，用一种极驯熟的手法，轻轻的在主任的胸前，用手挡了一下，侧身过来，又拼命把千吉推了一掌。他把千吉带出去，对他说：

“什么？你这人真太老实了！不要紧的，别多说话，站在这里等等罢。我进去赔一个礼。这样一来，你就可以多添一个朋友了。自然要忍点气才行……”

千吉的很强的自尊心，像这样的，一点一点被打掉了。但是，他这一回总算是能够抑制住了他常常发生的那种自暴自弃的感情。他在这地方，一切事情都不清楚。他们怎样收拾新来的矿工，叫他们归依服法？对于上面的人的反抗，会发生什么结果！他都不清楚。他固然不知道自己的周围有什么人监视着，但是，他的确感觉得，有一些流氓在他的背后蠢动着。如果只是一个人对一个人，他

① 今作“刺激”。下同。——编者

断然不会忍受这样的侮辱的。

三

工人的住房是随便乱杂杂的建筑着的。这里的高崖上一间，那里的崖下又一间。如果下起雨来，到处的崖都会变成瀑布，随便冲着路旁的便所，或是在卖蔬菜店的门口卷着漩涡。

千吉的住房，是六张席子的房（约莫一丈二尺见方。——译者），里面有十二个人同住。接着这六张席子的房，是一个四张席子宽的房，住房头的家庭，住在那里。煮饭也在那里，整理工具，也在那里。那间小房间并且还是炭坑事务所的临时办公处。

十二个人分成两组，六个人一组，分着昼夜上工。千吉是昼组，但是，夜里的住房，却并不能休息已经疲劳的身体。焦热的红土的温度，不到晚上两点钟，不会冷的。跳蚤的苦，比热还厉害些。不管是席子是垫子，到处都是跳蚤；就在走着的时候，还会有几个跳蚤，跳上脚去。千吉不能和别的伙计一样，在夜里向外面跑着玩。他下工回来时，身体已经软得像棉花团一样。并且，因为工作没有做惯，还负着一些伤，满身疼痛。

在坑里面，“独眼龙阿市”是六人组的首领。他是一个小而胖的人，那只看得见的眼睛，像鸟眼一样，又小又锐。那只瞎了的眼，好像是被烟硝冲了，眼皮周围，还露着一些青色的斑点。他关于工作上，是很严的，不但对于别的矿工的过失，一点也不肯放过，就是对于他自己的怠惰，和自己的过失，也是不放松的。独眼龙挖炭，另外两个人装炭上篓子，千吉和其余两个人把炭篓运到手推铁车边去。这种工作，好像无论是谁，只要肯稍微卖点气力，都

能够做到的。但是，在四尺高的洞里工作，这件事，若不做惯，倒是一件困难的事。千吉的头，常常负着伤。只靠微弱的安全灯，走路时很不方便。在他受伤着恼的时候，五个伙计，为要增加工作的能率，只得大声骂他，有时还掷石头到他身边，去鼓励他。

这样一来，千吉受了反抗心的鼓动，红起两颊，也不管苦痛不苦痛，只是鞭打自己的肉体。但是，在他怒气勃发的时候，也决没有忘记观察着伙计们工作的状态：他们都把腰子弯成四十五度，勾着头，同时警戒着头上和脚下，急急的跑着。炭篓子有一百斤重。洞里有的地方只有三尺来高。要在这地方利用着安全灯，很巧妙的急急跑过。这种事，无论千吉怎样努力模仿伙计们，都学不好。他觉得自己简直没有学成功的希望了。他在那地方，不知道连同炭篓子，摔了多少交子。

在两个月后，住房头对他报告了工作的结果，两个月——实在是四十三天——当中，挣得的工钱，一共五十一元。扣除了火食，工具消耗料，日用品借支，等等之外，剩下来的，只是一元二十钱。从雇工绍介人让给了炭矿场的借支四十六元，还一点没有动，仍然记在他的账上。

“你的负债还算是少的呢。当矿工的，负债越多，才越是有手艺的人呢。”

他已经听见说，借支制度是制服矿工的有力政策之一，这种议论了。所以，他也决不想到怎样设法去还清他对炭矿场所负的这些债务。

如果有谁为想偿清负债的缘故，戒断了酒，也不向婊子家里跑，那末炭矿场一定会把他改派到不好工作的工作场去。唯一的出

路，就是把所借的数目汇到自己父母的家里，或是偷偷的藏着。这样办，就等于一面自己的负债增加，一面却随着有了储蓄。如果有勇气，预备最后逃走，这种方法倒也不是顶困难的。不过，从千吉说来，他并没有父亲①，所以他也不能够借款向家里汇。他在十七岁就失了母亲，只在乡下做农业劳动者，到处漂流。

他也和别的矿工一样，借着钱往外面跑。一个叫做吉田的矿工，先前还一个人在饭台上独酌，现在看见千吉跑出去，也跟了出来。他在这住房里的位置，是独眼龙之次的人，是另外一组的头领。在他颚边，现着一块青的伤痕。从坡上走下去，有一间饮食店，混在矿工住房之间。女人们正在流着大汗，削冰块。一个耳朵里夹着一角钱的人和一个红嘴唇的工人，正在和一个女人闹，他们想上楼去，女人不让他们上去。脸上涂着白粉的女人，追着吃醉了的丈夫跑。千吉和吉田走过装货台，到了铁路线上。两人都脱下衣服，拭着汗，沿着线路走。

"阿千，你看，那边堤上有个缺口不是，好像被水冲坏了的地方，那里面有房屋的遗迹。前回的米谷暴动，就在那里呢。"

"这地方在那时也有暴动吗?"

"有过啊，一个大大的暴动。我那时的住房头②，因为常常被炭矿场压迫的缘故，气他不过，趁那机会，站在众人的前面，发号令呢。大家挤进那堤上的事务室，拼命丢线路上的石子打进去。那时候，事务室是在堤上的。事情发生在晚半天。到夜里，派有军队来

① 原文为"并有父亲"，据文意改。——编者
② 原文为"住房里"，据文意改。——编者

了。那晚上，有人在事务室放上了炸药，但是，我的住房头却被军队一枪打死了。暴动平息以后，抓去四五十个人，到现在，还没有一个人回来。”

“都运到监狱去了罢?”

“唔。那却不清楚……”

千吉觉得生了一个恶感。附近的矿工住房都开着门，矿工们都坐在窗户上，煽团扇。但是，千吉却觉得，那些住房都是无人迹的洞窟。他觉得一切都是虚无。

他们走进一家饮食店去。睡在屋檐边的女人，慢慢爬起来，嘴里说：“请进来!”

他们歇了两天，又去上工。在休假的时候常常会发生的爆破发生了。只听得萨拉萨的声音。上层的滑落的响声，从远远的地方，像爆发一样，传到耳里。独眼龙飞一样的跑到挖炭的地方去。他到处飞跑，用锄头的把子，敲着顶上的炭土，去试验爆裂的位置。从顶上炭土的裂缝里时时落下一些炭屑。他的身体被炭屑掩着，只能够从安全灯的微光里，看见他在走动。

“已经三十分钟了，快去搬撑柱来。”

他跑出大家站着的地方来，这样下命令。在那时候，仿佛有一种大树木破裂的声音，只看见一块约莫有两吨重的炭块，从顶上落下来。到处散着炭灰，大家的面孔也看不见了。

“喔咆！早点去办啊！千吉，你去拿锯子和斧头来罢。”

四个人即刻脱了衣服，跑到放撑柱的地方去了。千吉却站着不动。他自然也知道他是一个新来的人。但是，他自己却相信他自己

在四人当中是最优秀的矿工。所以，他以为，像拿锯子和斧头，那样的杂事，不应该叫他去做，应该叫别人去做。独眼龙不愧是指挥者，即刻悟出这个道理了。不过，独眼龙却也有独眼龙的理由。

“你能够从那样窄的地方搬运撑柱吗？如果不能够，就赶快去拿锯子斧头罢！”

“不愿意！”

“不愿意！好罢！”

独眼龙那个小眼睛发起光来了。千吉本来没有斗志，所以正想要往右边一让。哪知道独眼龙却误认为千吉有意躲在他看不见的方面去，有意奚落他，不觉像打架狗一样，突然大怒起来。他把他手里提着的约莫有四斤重的安全灯，向他丢去。千吉连忙用左腕接住。安全灯落下地，玻璃打得粉碎。在其次一个瞬间，千吉的身体，已经像棒子一样，在地下滚着。

两个安全灯都灭了。千吉在暗中，把独眼龙打来的两只手，用全身的力量压着。如果放开一只手，他在黑暗当中就会看不见对手的攻击方向。如果对手真动起锄头或棒子来，他就无从防御。被千吉的力量压着的独眼龙的手，一点也动不了。独眼龙自己，也和千吉一样，感着同样的不安。

别的伙计运撑柱来了。两人被他们拉开了。千吉的手腕，破了约莫两寸长的伤口。

“那末，你去运撑柱试试罢！有一百三四十斤重呢！”

独眼龙的白嘴唇，在暗中发着颤。他借了一个安全灯，跑下放撑柱的地方去了。运撑柱是要一种特别的熟练的。但是，千吉却以为那算不了一回事。哪怕有一百三四十斤，从他的气力说来，仿佛

是很容易搬运的。但是，通路只有三尺来高，大的身体反转受着妨碍，并且在腕上还滴着血呢。自然，扛在肩上走，是做不到的。他照着别人的办法，把前半截抱在右腋下，后半截搭在屁股上，把身体向前弯着，左手拿着安全灯，向前走。走不几步，撑柱慢慢的就从他的被汗打湿了的腰边滑下去。并且，他的右手关节触着上面的炭土，又破了一些皮。撑柱从腰边滑下无数次之后，皮肤被擦得像用锯子拖过一样了。他着急起来。伙计们嘲笑他的神气，好像摆在他的眼前。自己搬运到了的时候，不会用不着撑柱了罢？他解下腰带，在地面拖了一拖。但是，还没有拖走一尺远近，腰带就断了。他全身的汗，流得像水一样。喉咙也干得像嚼着砂子一样。他发生了一种凶暴的，鞭打自己身体的感情。他猛然的又把撑柱夹在腋下，向前跑了两三尺。右腕的关节碰着锯齿一样顶上炭土，只听得萨拉萨拉的响。但是，他已经不想躲避了。肉片一块一块的擦落下来粘在炭土上，撑柱上浸满了汗和血。

他搬到了工作场的时候，独眼龙张口要说什么话，但是，结局没有说出来。独眼龙正等着他。

“把撑柱竖起来看看？”

独眼龙一面感着千吉的强固的意志，一面又像打败仗的狗一样，这样乱吠着。他叫千吉一个人把那块大撑柱立起来。千吉把撑柱先抱到胸口边，再咬着嘴，拼命挣了一声，居然竖起来了。另外四个伙计，暂时也对他开不了口。只有独眼龙一个人，为要掩饰自己的败北，仍然不让千吉休息，只是继续叫他做工。

人类这东西，无论是什么性格的人，大概多少都会和别人妥协让步的。如不能够这样，他就会不能够生活。但是千吉和独眼龙之

间的关系，却绝对的没有妥协的性质。千吉一天一天的熟习了矿工的技术，同时也一天一天的特别出色起来。独眼龙活了四十年，其中二十五年都是在炭脉当中过了的。自从一只眼睛被爆发炸坏之后，完全过的是孤独生活。他所以肯去发挥他的优秀的技俩，完全为免得被同事的伙计们轻蔑他的缘故，他想借此忘去世上一切的安慰。

四

有一天，风很强，煤烟杂着那些从选炭机里面飞出来的炭灰，在工人住房上面流着，好像黑雾一样。红土的洼地里面，也积满了炭灰。

千吉们吃了午饭之后，又钻进铺盖里睡觉。没睡上一个钟头，吉田那一组，已经跑回来了。他们都哝哝唧唧的说着什么话，一面跑去洗脚。住房头跑出来了。

“吉田，你们是拿着证明跑出坑的罢?”

照规矩，在四点钟以前离炭坑的时候，必须拿证明给坑底的守卫看，才可以坐进升降箱。

“没有拿证明。我告诉大哥罢，今天不拿证明出坑的，不止我们这一组呢。片盘全部二十八人都是一样。”

原因是这样：

运搬干线，由坑底起，用七度的倾斜度走着，约莫有二英里长。在干线的两旁，好像整齐的街道一样，都分列着许多支线，和干线成为直角。和支线成直角的地方，就是采掘场。干线是复线，靠两根铁索造成的。一根线挂着装炭出去的吊车，另外一根线上，挂着空的吊车，任它自己落下坑底。

吉田那一组，是在支线的最里边的采炭场里面。除他们一组以外，还有七组采炭矿工。他们把分配得的空车装满了炭之后，运到特定的地方。再由马拉到干线上去。那天他们把头一次被分配的空车两车装满了之后，就趁着等空车转来的时间，吃午饭。因为工作是有竞争性的，所以无论是谁，也都拼命去做。但是，支线的车路只有一条，万一装迟了，就会被站在里头的各组，骂得不成样子。大家吃完饭，等了一会，空车还没有回来。矿工们渐渐聚在一处，坐在轨道的上面或地上，闲谈起来。他们等得不耐烦了，正想派人去打听，忽然马夫来了。

“铁索断了，好像刀斫了一样的断了。听说，要到三点钟才修缮得好。”

铁索的断绝，本是常有的事。到今日为止，每断铁索一次，他们就得受一次损害，好像他们应该对铁索的断绝负责一样。其实，铁索断绝，都因为用得太久了的缘故，也因为每次断了再接的时候接得不坚固的缘故，铁索一断，所挂着的几十辆空车，都会倒走下去，把装着的煤炭，全都倒在地面上。他们得从新收拾起来。炭矿场方面对他们却不给一个钱。所以，这一次，他们商量起来，要每组出一个代表，共出七个代表，去和炭矿场交涉，要求对每人支付和两车炭相当的工钱。

“我们这组，我去当了代表呢。”吉田眼睛里放出鞭子一样的光辉，说着，“你猜那个炭场小管事怎么说。他说：‘我想，也应该把倒下去的部分的工钱，支给你们，不过，万事都有旧例，我不能做主，还得和上面人商量。如果你们要想今天就得着回答，就请到上面人那里去罢。’问他，上面人现今在什么地方，他说，目前正在

查看采矿场。我们七个人分头去找上面人，哪里找得着。后来好好打听，才晓得他今天并未来坑。你看，那小管事撒谎！岂不可恶已极？大家生气，所以收拾工具跑上坑了。”

“这也罢了。不过，守卫一定会来责备的。哼！恐怕还不单是责备罢。你们懂得罢？”

“唔。自然懂得。生米已经煮成熟饭，只好卷起衣服，拿屁股给他们打罢。恐怕他们也不会不愿我们所负的债务，把我们都打死罢。”

吉田很沉着的骂着，脸色却也变了。独眼龙和千吉都起来了。尘土萨拉萨拉的在矿工住房的前面吹着。到了五点钟的时候，千吉这一组正准备去上工，果然不出大家所料，来了一群流氓。有一个人跑进住房头的房间去了。其余的人，嘴里叫着“喔唈！吉田，滚出来”，脚已踏到席子上了。吉田正要起身，一个来人一脚把吉田踢倒，口里骂着：“看你还敢弄鬼！”吉田以为总不会被他们拉去拷问，所以只忍耐着，倒在那里不动。那个人忽然拉着吉田的右手，拉了起来，劈脸打了一个大耳巴。吉田以为那人要叫他站起来，正想站着，忽然又被那人用一个背躬势子，翻筋斗摔倒在墙边。本来不做声的吉田，到这时才呻吟起来。吉田同组的那些人凭在壁上呆呆的望着。别的流氓嘴里喊着：“你们也和他一样不是！”随便抓人乱打。到后来，他们正想把吉田抓出门去，住房头跑了出来，殷勤的谢罪。好容易，那群流氓才放开吉田。吉田并不是受了一点殴打就会投降的人，他从那天起，一星期中无论住房头怎样说，都不肯上工。吉田一个人抱着大大的不平，不肯上工的时候，住房全体的矿工，都好像害胃病的人一样，非常忧郁，只是说不平的话。

五

千吉和独眼龙之间的意志斗争，越发强烈的继续起来了。在平常，独眼龙无论什么时候，只要一开始做工，都是非常活泼的。但是，现在却不然了。他忽然忧郁起来，好像老耄了一样，甚至于会手里拿着铁锄呆呆的在炭层面前冲瞌睡。他已经失去了他的夸耀，他那一个有光彩的小眼睛，也渐渐衰下去了。

有一晚上，他们走到了工作场一看，看见一个比前一次还宽几倍的危险到来了。撑柱旁边的框架，都起了裂痕。独眼龙和千吉走了进去，因为这是他两人的任务。两人都知道，只靠那里的框架和撑柱，是防止不住坠落了。这是一个在好几天之间慢慢落下来的爆破。除了用撑柱把空洞的大部分都填满之外，并无别的办法。所以，他们把工作用具都搬到安全地点之后，跑上坑来，到事务所领搬运撑柱的许可证。

他们出坑以后，分路向装货台方面走着，去找一架搬运车。后来，独眼龙和千吉和另外一个年轻矿工，一共三个人，由炭坑口一同下降到铁路线上去。有四五辆载着撑柱的货车，摆在撑柱存置场上。撑柱的皮积得有四五寸厚，放着一种像酒精的香气。在栅栏那面，有女人说话的声音。

在那地方，只有一根高柱上点着一个弧光灯，光线所不到的地方，是非常黑暗的。

三人站在那堆累积得很高的撑柱堆子的上面，望着从铁路线那边流来的雾气：他们在等搬运车到来。弧光灯的旁边，有小小的水滴流着。天气冷起来了。过了一会，搬运车从雾底慢慢近前了。千

吉向那堆撑柱的堆子的顶上走。因为，如果从下面取撑柱，上面的撑柱就会像砂堆的顶一样，滚了下来，那是很危险的。千古答应从上面去弄撑柱叫它往下滚。下面一来是弧光灯的正下面，黑暗得很，二来还有雾气，所以他一点也看不清他的伙计。他把六尺长的松木，举得高高的，往下丢，他以为这样才免得松木在半途停住。下面有五个人把撑柱装上车。独眼龙露出很不高兴的样子，不大肯工作。他颜色苍白，嘴里哝哝唧唧的说着，只在那里东跑西跑。过了一会，他偷偷的走近他们旁边，想在堆子的下面抽去了一根松木。大家都在暗中做工，谁也没有注意到他这种动作。但是，他所抽的一根木头还没抽得一半的时候，千吉所投下的一根木头，已经滚下来了。独眼龙连忙抽身退走。只抽了一半的木头，受了上面滚来的木头的冲击，也随着滚出去了。下面的人们正想叫喊的时候，千吉又丢下一根松木，这样一来，下面相邻一根木头也动起来，那全堆的木头，就好像一根软皮带一样，滑动起来了。下面的人们连忙后退。千吉倒在撑柱的上面，动手腾足，想站起来。撑柱落下的速度，次第增加起来，千吉好像被筛着一样，只是浮在溶下的木头上面转动。但是木头的奔流碰到了运搬车的时候，那些循着顺序滚下来的木头，忽然乱了次序，相互行着激烈的冲突，发了一种可怕的响声。千吉的身体，忽然看不见了。

千吉被伙计们用担架抬着，搬到镇上的炭矿指定的医院了。到医院的时候，已经夜深了。看护妇把千吉放上手术台，用刀子像剥皮一样，割开衬衣。身上只现着一种打扑伤，好像并没有什么十分厉害的伤痕。不过，一动他的手腕，他就叫痛。看护妇把自己的指头，放在他的左手里，叫他捏。

“用力捏着看看！”看护妇催他捏。但是，他用不出力。他的上膊骨折断了。

六

后来有一天，吉田听见千吉对他说用铜箍接腕的话，顺便对千吉说，他的负伤是出于独眼龙的阴谋。独眼龙那时恰恰上工去了，没有在家。如果他也在家，恐怕千吉要用铁锄挖出他那只剩下的单眼；因为千吉听见这个消息之后，非常生气，把脸都气得通红，眼里冒着眼泪，切齿痛恨。

吉田也不敢多说什么话，只得劝千吉。

“呃，呃！那样的人，惩戒一下固然也好，不过，就不必理他，他还不是会自灭的。你如果动他的手，你自己还不是要吃亏？总之，我看，这是等待将来有好机会的时候再说罢。……”

“畜牲！我饶他不得！我自己怎样被处分，也不要紧的！”

千吉一面喊着，一面在席子上滚，好像受不了感情的激动似的。但是，在那一天，因为有伙计们劝他，千吉还算没有别的什么举动。

七

千吉退出医院的时候，已经是秋天。一些没有负债的矿工，在天气很好的早晨，穿着轻便的装束，好像要去游山一样，走出了炭坑。千吉左上膊里面断了的骨，起初第一回行手术的时候，总不能接合，所以又第二次把肉割开，用铜箍扎着骨头。这一回却发生了好结果，好像是受了外科名医的手术一样。只要每两天到炭坑医院

换一回药布，涂上一点碘酒就行了。矿工们对千吉加上了一个“铜箍千”的绰号，他的左腕上显得好像有两个关节一样。有这样手腕的人，只有他一个，所以立刻就出了名。

冬天渐渐走近了。白天做工的人，要想看见太阳，就非拼着受罚不可了。

换班的时候，是六点钟左右。在那时候，聚在坑口面前的矿工差不多要列到小半里路长。升降箱里面载上二十个人，后面挤上来的人提着的安全灯和铁锄，只是丁丁丁的像摇着铁练子一样响着。这个升降箱的构造，和汲井水的双桶索一样：一箱上来，同时就有一箱下去。上来的是黑漆漆的退班的，下去的是上工的。为要免得这两个升降箱在半中间——全体的深度是九百尺，所以半途就是离坑底四百五十尺的地方——冲突的缘故，特特在竖坑的中间吊着两根大索子。如果其中的一根忽然断了，那会发生什么事件呢。要明白这个，只消想一想井眼里的双桶索，就行了。从上面用急速度下降的升降箱，一定会翻箱的。升降箱像电车一样，两边都有出口，附着有格子。它的速力是在三十秒钟之间降下九百尺。在交代时间中，速力还要大些。所以，如果半途突然发生故障，非等到那故障的结果已经发生之后，是不能够停住的。

千吉跟在独眼龙的后面，跳进了升降箱。后面还挤上一些人；规定是装十五人，在事实上却装到二十人以上。

“再挤上一两个人罢！只消忍耐三十秒钟就行了！”守卫在外面这样喊着。

“蠢话！安全灯不会烧脚吗？”里面人这样答。

格子门关上了。把停止器一抽，升降箱便许的一声下降了。其

后的几秒钟，降得更快，似乎分不出是降是升了。避冲突的索子当中的一根，从前一天起就断了。断了的索子挂在上升箱的顶上，绕成大圈子，伸出在空中，可以阻止正向反对方面进行的另一个升降箱的进路。索子的直径是两寸。运转手看见升降箱和索子的动摇，想要搬停止器，已经来不及了。缠在断索上面的升降箱，被反对的升降箱押上了一两丈之后，忽然作了一个九十度的倾斜。站在当中的矿工们，站不住脚，只有逆落下去。他们碰着壁头的声音，哨哨的响着，那竖坑中全体发生反响，好像奏着乐器一样。

千吉集中全体精力，用手抓住铁棒，暂时之间，他什么感觉也没有了。渐渐的才觉得他吊在空中。后来才觉得他救得性命了。随后他才明白，他吊在那个倾仄了的升降箱的横棒上，才明白他们的升降箱塞着有断索的尖子。反对方面的升降箱，他虽看不见，然而明明白白听着一些喊救命的声音。千吉觉得前事皆空，也没有想着自己的性命有危险没有。但是，他却用了非常的努力，爬到了倾仄了的升降箱去，得着一点支脚的地方。他解下腰带，把身体捆在升降箱的铁棒上。过了一会，从坑口放来了探照灯的光线。他才大声呼救。靠着探照灯的光线，一切都看明白了。他看见乱动的索子上面，还挂着两个人。那两个人被那像瀑布一样流着的地下水冲着，只显得像两团烂布。他发见着，独眼龙好像在落下时负了伤，把右腕深深的挂在索子上面，全身吊着。千吉叫了一声“喔吧!”独眼龙抬眼看了一看，看见是千吉，一声也不做，就低下眼光了。千吉觉得有一种冲动，想踢独眼龙下去。但是，因为独眼龙并不向他求救的缘故，千吉倒决心着，无论如何，总得把独眼龙救起来，好把独眼龙的坚固如石的自尊心压服下去。

千吉心里感觉着一点快活，他开始工作了。他脱下湿了的衣服，解下当裤子用的围下部的腰带，把他们接在本来的腰带上面。他一面在升降箱和索子之间试着搁脚的地方，往下降了三四尺。他用右手握着升降箱的缘边，用左手把衣服吊到独眼龙的眼面前。在那一瞬间，升降箱忽然摇动起来了。一看时，吊在独眼龙下面的索子上的女人，轰的一声，落下去了。

八

他两人一直到那天的傍晚，才被救上来。他们被地下水几乎接连着冲了十二个钟头。两人被伙计们送回住房的时候，许多矿工们都高声喊着，聚到他们旁边来。他两人手腕，一直等到行了一点钟以上的摩擦以后，才能够运动。

炭坑口聚满了人：都是那些进了坑就永不出来的矿工们的家族。升降箱还是不能运转。谁人死了？谁人活着？谁也不知道。只是知道，在坑底拾起来的断手断脚，装了四五桶。老人们在矿工住房和坑口，来回的跑。女人们抓住管事人直是哭。到了晚上，矿工们都从住房聚到坑口了。炭矿场养着备用的流氓和守卫，想要撵散群集。兴奋了的年轻人和流氓之间，发生了冲突。结局，到了深夜的时候，群集都散走了。

到了其次的一天，入坑的矿工，全部都救出来了。炭矿场为修理升降箱的缘故，临时休业两天。对于遗族，到底采用什么安慰的方法，也没有听见公表出来，只露着一种“等着罢！将来自有办法”的空气。

九

到从新上工那天的早晨了。五点钟的汽筒已经响了。吉田和千吉，把小刀藏在怀中，手帕卷在头上，穿着轻装出去。手里杖着新安上榆木把子的铁锄，在矿工住房的背面，偷偷的转过去了。天空虽然像绿炎一样透明，他们的姿态却朦胧得好像影子一样。下了坡，只见选炭机地方的建筑物，静寂得和森林一样。在暗黑的机关室里面，已经有十几个矿工默默的蠢动着。五点半钟的汽筒又明朗的叫起来了。约定的二十几个人，靠着这汽筒做信号，从机关室跳了出来，一同跑到坑口去。

在临时休业的两天中，照例到处都是乱吃乱喝，但是，结局，这种吃喝却变成一个对于炭矿场的爆发。被煤气烧伤脸面的人，被装在士敏土桶里的老人，只有三个指头的年轻人，种种的人，对炭矿场都怀着敌意，只不过都没有自己当先出来发难的勇气罢了。一切矿工都感觉着有敌人，但是，在他们当中，也有具有真率的性格的，也有向敌人内通的。

吉田从一个曾经在几年以前干过大事的朋友，听着计划：把坑口占领三十分钟，决定行同盟罢工，组织协会。他听着的时候，从一种直觉关系，感觉得不安。他怀着疑惑只恐怕会失败。因为这种实行方法，和前一次失败了的事件的方法完全是一样的。因为他觉得，最初的暴力行为，结局会失掉干部，分散矿工的团结力，徒徒的叫官宪和流氓来蹂躏。但是，既然有应援的协会帮忙，总不会使全场的矿工都变成迷羊罢。他和千吉谈起计划，千吉立刻赞成了。

坑口列着许多矿工，凭着栅栏，专等升降机关门。忽然现出了一队矿工。

“同盟罢工！大家都回去！回去!”

“在尘土堆积场上集合！到尘土堆积场去!”

矿工们一面嘎呀嘎呀的喊着，狼狈着，一面向那片空地走。有人向汽罐场的窗户掷石头，有人故意推倒手堆铁车。大家欢呼喝彩。炭场办事人从事务室走出来，远远的叫着：

“你们何必这样乱来?”

矿工们越发意气扬扬的瞎闹，有人用铁锄去挖建筑物的墙。群集的一半还没有走到那片空地的时候，被召集的流氓队已经来袭击了。群集一半逃到空地，一半被驱回坑口。流氓们用日本刀和竹刀乱舞。被驱回坑口的矿工，走到坑口，又被罢工团的年轻人骂得向后倒退。流氓们却不让他们退。他们好像被闸断了的河水一样，只逃向汽罐的面前去。他们像兔子一样一跳一跳的通过烧热了的铁板，从后门跑上山去。在汽罐前蒸出满身流汗的火夫们，也混在矿工里面，跑上后面的秃山。

流氓队和罢业团的年轻人，夹着大铁管对峙着。一旦逃走了的矿工，又开始从汽罐室掷线路上用的铁钉。流氓们往后退了一阵。但是，过一会子，忽然听见安全灯室的窗户里面，向外响了一声手枪的发射声音。在那时候，千吉觉得耳朵仿佛有一种像受了火伤时一样的疼痛。但是，因为在那时候，大家都跳过了大铁管，所以他也跟着跳过去。左边是汽罐室，右边是安全灯室和选炭机的建筑物，像两山夹一谷一样，中间还是暗沉沉的。他好像是被耳朵的伤

所驱使一样，一直扑进敌人的队伍当中去。日本刀到了额上的时候，他抬起左手腕去挡。同时用右手拿起小刀向前刺去。好像和他对打的那个人吼了一声，立刻歪身要倒地似的。这时也没有手枪声了。他耳朵里，只听见群集的叫声，一种好像旗帜被大风吹得拍拉拍拉叫的声音。他的小刀已卷在敌人的衬衣里面去了，他只得徒手奋斗。他觉得人数渐渐少了，他不知道大家都跑到哪里去了，他变成最后的一个人。快要天亮了，汽罐室的天空已经被旭日熏红了。他坐在那块被高尾围着的洼地当中，那里还倒着四五个男人。他眼睛渐渐看不见了，他脑筋里仍然听见群集的叫声。他坐在地下，用沾满了血的手，向四周乱摸。他忽然倒在地下了。过了一分钟之后，他用两手撑着地，又抬起半身，好像在想什么事似的。他立刻又倒下地了。

跨过死尸

太田千鹤夫

——为着炳然的真理，死尸也会开路——

一

一直走到街角上暗黑的地点，他们两人才停住脚步，呆呆的对望着，细声说了两句话，笑起来了。

天色已经完全黑了，街上的闹热声音，透到街角上来，叫人听着，好像怪不安心似的。特别是郊外电车的警笛，远远的传着悲愁的声音到来，更觉得令人不堪。

“刚才真臭够了呢。”

“到现在还觉得臭气纷纷的从身上发出来呀！”

“这也难怪，我们关在公共便所里面，差不多有两个多钟头呢。”

“臭虽臭得利害[①]，总算很巧妙的骗过他们了。”

“唔。不过，真正要紧的，还是此后的事呢。”

“真的，恐怕他们已经到处下了网罟。啊！想起刚刚逃出拘留室的时候，心里好不着急，真正除了拼命跟着你跑之外，什么都不晓得了……”

女的刚说到这里，忽然觉得珪太把她的衣袖扯了一下，她会

① 今作“厉害”。下同。——编者

意，连忙不说了。

她抬起头来一看，原来有一个男子从对面走来。这男子只是随便望了他们一眼，就急忙忙的从他们身边擦过，走到他们后面去了。

——他们两人是刚从公共便所跑出来的。因为珪太在两个多钟头以前，从拘留室放走这女人的时候，一心想带她逃出虎口，慌慌张张的，选定了公共便所，作为两个人藏身的地方。

珪太是警察局的书记。他从中学毕业之后，就任了这个职务，到现在已经四年了。他所以肯这样放走这女人，和她一同逃出来，实在是因为他感觉得一种欢喜，一种比害怕心还大的欢喜。

自然，他并不是没有想到这样逃走会发生什么样的结果的。他反倒是极明白痛切的感觉着，这是一个人生的重大冒险。

但是，同时他觉得心里有一种好像大冲动一样的东西，驱使他这样做，他没有法子能够抵抗。

总之，也是机缘碰得真巧，因为那天午前，他曾被警察局长叫去，当面说他整理事务太不努力，他抱着一肚子的闷气，回到楼上。

他办事的房间里面，除他之外，还有管电报的人。他房间对面，正是警务主任室。

他虽然为吃饭的关系，勉强就了这个不值钱的职务，但是心里却常常诅咒自己的不长进。他平素就有这种感触，今天受了局长的面斥更觉得又气又岔了。

他每天早晨七点钟以前，就要老远的跑路，跑到局里，把困倦的身体，磴在这间阴沉沉的房间里，像一个机械一样，去做无聊的事务——有时一面做事，一面真想痛哭。

他做的事务，是编造什么杀人啊，窃盗啊，强奸啊，种种所谓

社会暗黑面的事件的统计。他编造得无聊的时候，也常想到，这些事情没有一件不是和贫穷有关系的。他自己又是一个贫穷人，并且考了三四次文官考试，都没有考及格，心里带有几分失望，他越发觉得这个职位是不能忍受的了。他虽然东想西想，想要早日脱离这个不安的境遇，却是，一想到，辞职之后，进学校继续求学是经济上做不到的事，另找更好的饭碗，更是万无希望，就不由得他不踌躇了。一面踌躇，一面却又慢慢的痛恨自己的不长进。这样的心理一天一天的长大加强起来，到后来，甚至于会想到，他自己也许会像他统计着那些人们一样，会因贫穷的缘故，偶然去犯一种大罪。他这样想着，不知不觉的，不但被忧郁压迫着，对于他的职务没有一点精神去干，并且有时还觉得，这样奄奄无生气的被压迫着，倒反有种不可思议的兴味似的。

他家里只有一个老娘。

他想着：娘老了，结局不久会死的，何必使老人家不安心？不如现在得过且过，到了娘死了之后，只剩得自己一个人的时候，再说罢。

他磨来磨去，连反抗的气力都没有了。

他那天早晨被局长斥责的时候，虽然一时感着非常的耻辱，但是，过了一阵，也就不知不觉的，快要打算把这事当做无事了。

在这时候，他耳朵里，忽然听见警务主任房间里有女人说话的声音。这种事虽是在平常见惯了的，到底年轻人还是免不了有好奇的心，所以他特特走到廊下去，拿出纸烟，点上火，一面抽烟，一面偷听。

“你这女人，好大的胆子!”主任的声音很响亮的由房间里透

出来。

“好罢，看我来收拾你!”

“不知道的事，我是不能够说的啊。哪怕你把我的身体一片一片的割下来，我也不能够诬陷同志呢。像我们这样的人，随便在什么地方，还不是总有苦吃……”

他在无意中，听见“同志”两个字的声音，不觉得心脏跳了一跳，连忙打起精神，侧着耳朵去听。他巅起脚来，站在足尖上，从那房门口的矮屏风上面，向内部瞅了一眼，他看见那女人好像是一个女工人。

“你们不是也要尽忠你们的职务吗？像我们当女工的人，也是和你们一样，要尽忠于我们的同盟罢工，哪怕丢了性命，也是不吝惜的。你说为什么？因为我们贫穷的人们，除此之外，没有别的办法啊。”

这女人的话，一句一句都刺到珪太的心里，使他不知不觉的低下头来，几乎弄得他要发声长叹了。因为他接着这样有劲的话，碰着这样纯洁的魂，这还是头一次呢。起初他只以为这女人是一个照例的不良少女，存了一种好奇心，现在倒反因为事实和他所预期的完全相反的缘故，他的被感动的程度，越发加大了。

接着，主任用手推女工一掌的声音，和叱咤的声音，突然高起来了。

珪太实在不忍再听下去了。他连忙跑下楼去，走进练习柔道的大厅里，蹲在席子上，两只手抱着头，只是发呆。席子是很旧的，一种霉臭的气，杂着一些汗臭的气，飘满了一厅。

“只要是应该做的事……”他想了许久，最后想到了这里，他

才感觉得，好像做梦做醒了一样，他全身的精神都活泼起来了。

他极力把他兴奋着的精神，向里面压着，装做一点事情也没有的样子，走到看守女拘留室的巡警那里去。

那看守的巡警，骤然看见一个人大踏步走进来，仿佛吃了一惊似的。一转瞬间，他看清了来的人是珪太，才对他做出笑容。

“近来如何?”

“天天都有来的，真正麻烦。”

看守的巡警，一面这样答应他，一面向拘留室努一努嘴巴。

“有一个年轻的?”

“唔。怪可怜的，这东西，听说要送检察厅呢。年纪轻轻的，倒了不得，主任也对她无办法呢。啊！十四那一天晚上，临时全体出马，闹了一晚上，真苦极了!”（他所说的是指三月十五日前一天的十四晚。——译者）

珪太寻了一些闲话，和他说着，心里头只打算盘，想造出一个什么机会来。

——约莫过了半点钟之后，看守的巡警果然托珪太暂时在几分钟当中替代他看看门。珪太就利用这个机会，把这个一定免不了处刑的女人，带着逃走了。

他那时好像害瘟症发热的人一样，什么也不顾的，只是从局里后面院子的小门逃出去，拼命走快步。那女人在后面跟着他，满脸撇青，几乎没有说话的工夫。

“我……”她刚刚开口说了这么一个字，忽然身子往前一栽，差不多要跌倒在珪太的身上了。

正是那时候，他们的眼前，忽然露着一个公共便所。

——所以他们就躲在那便所里面，躲了约莫两个钟头。

在这两点多钟之间，她慢慢告诉他：她是一个纺织工场的女工，她因为同盟罢工的关系，怎样被擒到警察局里去，她怎样被拷问诱惑，她怎样感谢他的救援，以及她此后如果再被擒去，一定会受怎样加重的刑罚，等等的事。她说着的时候，时而愤怒，时而忧郁，时而满眼含着眼泪，时而满脸露着感谢的表示。珪太的心，完全被她抓住了。

眼看着，天色已经黑定了，正好逃影藏形。但是，他们还得谨慎，非避开挂着红电灯的警岗和人多的闹热街不可。

珪太想着：他母亲因为煮好饭等他，老不见他回来，一定会愁容满面的一个人在电灯底下坐着担心呢。也许巡警已经跑到他家里去搜查，他母亲正惊慌得要命。

珪太在决定做这回冒险的事以前，虽然在心里发了一个坚定的誓，但是，把事情做到半途的时候，总不免时时有一种不安定的恐怖，飘上他的心里。他只得咬紧牙巴，痛斥自己的不长进，想要用这样的方法，把这种恐怖驱走。

他两人通过一大片长着许多杂草的空地上的时候，忽然萨的一声，有一个什么活东西，跑到他们脚边来。他们两人，都不由得大吃一惊，满身发着抖，向后面退了几步。定着眼睛一看，原来是一匹瘦极了的丧家猫，正露着两只圆眼睛喵喵的叫着。

他们看见是一匹猫，虽然安了心，同时都生了一点薄薄的怒气，鼓眼恨了那猫一下。那猫忽然更进一步，跳到珪太脚边，一面用身体擦珪太的脚，一面继续叫着。

“是匹猫，饿着叫呢。”

“好像冷着了的样子。”

“我们没带着有什么可给它吃的东西罢?”

“它错走到荒地上来，到处都有草丛，迷了路呢。好像不久就要死了。”

“好罢，把它带到有人家的附近去罢。”

珪太一面说，一面伸手抓住了猫的颈项。他觉得手指上传着一种很古怪的感觉，好像要叫他发抖似的。

两人走近珪太家的附近，越发留心前后左右，一步步的慢慢走去。

珪太心里想着：只要今晚上能够设法和母亲见一面，把事情说清楚，纵然他母亲免不了要吃一回大惊，然而总不至于怎么样十分失神丧气，因为他母亲素来是性质刚健的女人。

他们居然平安的走到珪太家的门口了。他们正想从厨房门边，窥伺窥伺家中的动静。

忽然从房子里发出一种叫声。他乍听见这种叫声，不觉倒退了几步。

这个声音明明是他母亲的声音。

他即刻又突然的连皮靴也不脱，就跑进房子里去了。一进去，就看见一种愕然的光景。

一个强盗一样的男子，正站在母亲的房里门边，手里拿着一把短刀，母亲已经倒在地下了。看那样子，好像在母亲发叫声以前，那像强盗的人已经在房间搜了一阵东西似的。

他连忙蹲下地去看母亲时，母亲已经没有气了。

那个像强盗的人，在这时候，已把短刀插进鞘里，只管睁着眼

睛望他和死人。（到底这个像强盗的人是一个什么人，原文没有明说，大概是有所顾忌罢。译者当然也不便擅为解释，还请读者自己揣想揣想。——译者）

珪太对那个像强盗的人说：

“请你出去罢，赶快走罢。你的罪已经犯成功了，没有法子挽救了，所以我也不想去告发你。”

那个像强盗的人，似乎也觉得珪太说的话完全出乎他的意外的样子，一时找不出什么话来答应，只是眼睁睁的望着珪太。珪太又加上两句：

“我并不以为你就是一个恶人，你一定还没有达到极恶的地步。不过你太没有忍耐性罢了……”

珪太的声音发颤了，身体也抖起来了。这两句话刚刚勉强说完，那个像强盗的人，已经突然离开他，走大门出去了。那人走了以后，珪太才望着母亲的尸，呜呜的哭起来。

他忽然觉得有人拍他的肩膀。他又吃了一惊，不由得不歪着上半身，回头一看。原来是他带来的那个女人。

“如果刚才在这里的这个人，是一个便衣巡警，那怎么办呢？是不是呢？不要踌躇了罢。应该跨过尸身，向前走路呀！”

他听见那女人说的这几句话，立刻猛然的站起来了。

二

他两个人，到现在，已经不能够后退了，除了向前奋斗之外，没有第二条路可走了。

这个刚刚上二十岁的年轻女人，极力鞭策珪太，两个人一同勇

敢的携手奋斗。

最初他们逃身的地方，是〇市的一个郊外。住了几天之后，两人都到那里的纺织工场里，当纺织工人。

无论在什么地方，只要是工场，就充满了劳动的疲劳，穷苦，悲惨和反抗。这个工场当然不会是一个例外。

年轻的女工们，被工场监督的锐利眼光威压着，完全像一种倒霉的兽类一样，只敢专心一意，努力纺织。工场中的空气混浊得非常利害，简直到了不是人类所能忍受的程度，纵然挂上一种呼吸罩子，掩住口鼻，到底也难防止病症的发生。

珪太在那工场任的工作，是对机器灌油的工作。

“我背上好像有什么东西扯着，疼得怪不好过。”那女人在有一天早晨——恰恰前夜做了夜工的早晨，露出颧骨很高，脸皮瘦削，颜色青白的样子，这样对珪太说。那时女的正穿着白的工作服，所以对衬起来，越发显得她那脸色的白，不是普通的白色，倒是带有淡黑色的白色，是一种没有宝光的青白色。

珪太听见她这样说，也不知不觉的，好像发见着，女人的喉颈部分忽然变瘦小了似的。

他们那时是站在工场后面院子里的树阴里说话。

“应该去找工场的医生看一看啊。不过，要知道，这是一点也用不着害怕的。如果实在身体不好，还可以要求医生批准，跑到工场医院去住几天呢。”

“恐怕已经种上了肺结核的病菌，没有办法呢。”女的指着她自己的胸口这样说。

“总怪工场的卫生状态太坏，所以弄出病来。不过，纵然跑进

工场医院去，也不见得有多大益处，因为工场医院的医生，专门替工场节省费用，不肯真正出力医治啊。与其进工场医院，倒不如到大学附属医院去受施医的治疗，或许要好一些呢。你不知道，这里工场的医生，对待病人，毛手毛脚的，真正叫人受不得。”

“但是，如果受了施疗，还是没有希望，结果不是要这样吗？”女的一面说，一面用手指从头上到腰围边，划了一根直线，表示要被解剖尸体的样子。她同时忽然想到解剖的刀子，不禁满身战栗起来。

“不要说那样的不吉利的怪话。纵然被解剖，还不是为着医学的进步吗？怕什么？”

“纵然医学进步，难道我们当工人的还想沾它一点光吗？呃？……”

他两人说到这里，只好把声音放低，笑了一笑。

过了两三天之后，女的和珪太经了许多麻烦的程序和规则，才得蒙工场医生的诊视。医生替她看了一回，忽然笑起来，对她说：

“啊！什么也没有！不要紧的。用不着进医院住。并且医院的病房，现在也是住满了的。别害怕！只要吃一点滋养品，自然就会好的。”

“我吐了血啊！吐血啊！”

女的这句话，不但对医生是新鲜的，就是珪太也从没有听她说过。珪太当时听着这话，心里头也不禁跳了几跳。

“什么！吐了血，不见得一定就是肺结核的痨症。或许是生了一些济斯托马虫罢。”

他两人听着医生这样的答复，不觉得放了一半的心，也找不出

什么适当的话，再和医生去说，所以只好走了。他两人仍然照旧到工场去做工。到了第三天早晨，女的忽然吐了许多黑色的血。

“大概是因为没有吃着什么滋养品罢。”珪太一面替女的抹着背，一面笑着这样说，“总之，还是到大学附属医院去看看罢。”

“工场医生到底是不行的。你要知道，他们原是替资本家谋利益的御用医生呢。”

“这话说得不错……”

——第二天，替女的看了病的大学医生，悄悄对珪太说，女的病是很危险的。

当珪太送女的进大学医院的时候，工场里面，已经暗中露着一种不安的空气了。

“喂！好像他们要干起来的样子呢。”珪太一面看护病人，一面悄悄的对她这样说。这几天，女人的发烧程度，已经很高，心里很难过，然而听着他的报告，却也不禁把身子抬起来一下，对他说了一个“唔”字。停一会，她忽然说：

“我也许会死呢。”

“不好！别说那样的话啊！”

“真奇怪，居然会劳你看护我，直到死的时候为止！”

“嗯？你说这话是想会一会什么人吗？”

“想和丢了我不管的家里的人们……”

女的说到这里，忽然伤心起来，抽抽咽咽的啼哭，好像小孩子一样。

“别这样！哪里就说到死的话？放心罢！不要紧的！你想要什么东西不要？我替你买来送你。”

“我，我不是戴着一个戒指吗，你看，在这只手上!”

当他替女的揩擦脸上泪痕的时候，女的轻轻的把一只手伸出来，这样对他说。

“这戒指，听说很好呢。这是死了的母亲给我的。如果我死了，结果还不是全身剥得光光的，被丢在缚马林药水当中去罢了。这个戒指，哪里能够带到土里去？所以请你取了下来，把它拿去卖了罢。”

“唔！卖来充当作战资金罢。”

珪太以为，顺着女人的口气，去安慰她，或许对于她的病症，反有益处，所以断然的这样答复了她：

“怎么？你说你一定会死吗?”

“是的啊！啊啊！但是，我还想活着呢！这样死了，岂不是一钱不值？如果能够活着，再，再做一回同盟罢工……”

“别胡思乱想，徒伤脑筋啊!”

——但是，她不到一星期，还是离开这个世界了。她到这个工场，一点真正的工作也还没有开始，就饮恨而殁了。

真也奇怪，在她死的时候，只有在警察局偶然遇着的珪太，替她送终!

珪太在短期间中，经过了母亲的死，爱人的死，看见了种种阶级战争上的可惊的事情，不由得不发生一种很深的感慨和考虑。他现在真正感觉到世上正在混战的当中了。

珪太回到了工场的时候，工场里的空气，已经一变，到处都飘着同盟罢工的空气了。

他虽然因看护病人的关系，非常疲倦，却努力打起精神，仍去做对机器灌油的工作。在那一天正午的时候，工场当中，已经有含着

特别意思的会话，到处说着，显然有一种暴风雨将要到来的样子。

工场的人，东跑西跑，好像忙得非常似的。一些满脸露着气愤的人，这里两三个，那里四五个，聚在一堆，叽哩古鲁的谈着话。在那时候，一般女工们，虽然露出很不安心的神气，却依然继续着做她们的工作。

随着时间慢慢的经过，这几群聚着说话的人，越聚越多了。

珪太也不知不觉的停止对机器灌油的工作，跑到群集当中去了。

“喂！大家都停着罢!”这样的声音，忽然在工场的各处，都时断时续的叫起来了。

工场的监督们，早已知道事情不妙，很狼狈的拼命在工场里面跑来跑去，叱骂工人们，要他们上工，但是一点效果也没有，倒反惹起女工们也渐渐离开工作场了。

时候已经快到断黑了。

不知道是谁，忽然叫着：

“也许××团要跑来威吓我们呢。”

这个××团是一种暴力团，是工场主人养来专门用腕力对付同盟罢工的。

工厂当中，渐渐露出一种波涛汹湧一样的声音起来了。

珪太在这时候，忽然想到，如果那女人还是活着的，在这种时候，她必定会去领导女工们干的。他想到这里，不觉得他那疲倦的头脑，忽然发起烧来，眼泪也好像要涌上来了。

“喂！谁去把电力的表扭断罢!”在怒涛一样的喧声当中，忽然听见一种尖锐声音这样叫着。在实际上说来，如果这时不把电表扭

断，一部分的女工，的确很难离开她们的工作场。

“对的，都到楼下去罢！”

群众当中，有人这样说。随即听见脚步声音，冬冬冬冬的，一齐向楼下响起来了。

这时，珪太想着，扭断电力表，的确是第一件要紧的事，所以也杂在群众当中，跑下楼来。

他这时站在群众的前线了。

他们跑到电表附近的地方，才看见，已经有许多暴力团的人，手里拿着武器，在电表周围守着。

“想扭电表吗？哼！来试试罢！不要命的，只管来送死！”

“糟糕，被他们占了先！”

罢工的群众，看见电表被暴力团守着，一时没有别的法子可想，只得这样对吼着。

珪太这时忽然离开了群众，向着院子里的电柱跑去。

他又勇敢又巧妙的，盘上了电柱子。刚到了顶上，即刻用手里拿着的小刀子，去割电线。

那时，真果是电光石火一样！他啊的叫一声，还没有叫完，同时电柱上拔的发射着火花，全工场里古鲁古鲁的回转着的一切发动机，也全部忽然放缓了速度，转瞬之间，完全停住不转了。

珪太的计划，果然成功了。好像他的确也听见了周围哄然欢呼的喊声。

那时，喊声还未停止的时候，他的身体，已经变成一块枯黑的焦炭，爬打一声，从电柱上落到地下了。

（译《先驱文艺》十二月号）

佃户的狗和地主的狗

叶山嘉树

从东京上野火车站坐东北本线的车向北方去，约莫走两个半钟头，就可以看见一个牧场。

小松田光一郎坐在车上，西服口袋里，装着一封电报，仿佛这电报是带有重大的消息似的，心里本来怪不安静，但是，一看见这个美丽的牧场，也不禁心里暗暗赞赏起来了。

牧场的牧草，长得像生下地来还没满月的小孩子的头上胎发一样，又柔滑，又润美，沿着铁路，好几里路之间，连绵不绝的，尽是一望青绿。

但是，在牧草上面，却没有看见什么牛啊，马啊，或其他靠牧草为生的家畜，一片平地上面，尽铺的是绿油油的青草，和有钱人家的别墅里面栽来玩的青草坪一样。

牧草和牧草之间，多少长着一些丛树林，从车上望起来，整个丛树林好像板栗的毛球一样，凸出许多针尖来。有的地方，间或看得见标识路程远近的柱子。

在一根那样的标柱上面，歇着一个老鸦。这老鸦好像一个惯爱侧头想什么事情的人一样，把一个乌头，时而向左，时而向右的偏着。

火车走到老鸦歇着的那根标柱旁边去的时候，老鸦把腰伸了一伸，张起两只大翅膀，不经意的，嘎的叫了一声，飞到其次的一个

标柱上去了。

“蠢东西！你这蛇一样的东西，身体只管大，真笨得可以呢。”

老鸦好像正这样想着，故意要和火车开玩笑似的，在火车前面，随着火车的前进，由一根标柱飞到其次一根标柱，毫不厌烦的飞向前去。看它那种情景，真悠闲极了，真好像在说：“到这里来罢”一样。

不多一会儿，胎发一样的青草，忽然变成短硬胡子一样的麦田了。

老鸦要想飞到麦田去，正向地面飞下的时候，不晓得为什么缘故，忽然慌忙的把翅膀巴达巴达的扇了两扇，急急忙忙的，嘎嘎嘎的叫了几声，飞向和铁路成直角的方面的丛树林去了。

定睛一看，原来离老鸦约莫四五尺远的后面，有一条狗，一面汪汪的叫着，飞跑的追着老鸦呢。

老鸦歇在丛树林的顶上，看着下面狂叫的狗，只是把乌头往左右摆着。

小松田光一郎看见这个情景，心里想着：

“那条狗是地主的狗呢，还是佃户的狗？”

在普通的人想来，也许以为，不应该由上面说的那种极自然的情景，联想到地主对佃户的问题。也许他们会说：单只把那样情景，毫无容心的看在眼睛里，怡然自乐，不就行了吗？但是，道理虽是这样，无如小松田光一郎在那时，的确联想到，那条狗的主人到底是地主还是佃户。

小松田光一郎会联想到这里，自然也有他的理由。

小松田光一郎是接着大屋采石场的同志的电报，坐车到采石场

去的。关于电报的事，且到后段再说。总之，目前他坐的火车正走着的地点，恰是离大屋采石场约莫隔着三十里的地方。

这个地方，在外观上，虽然好像一片乐土似的丰饶的平原，然而在实际上，地主对小农的斗争却是很激烈的。这种阶级的对立，已经由人类蔓延到狗类去了。

好像“狗有阶级意识”这件事，是万不会有的，但是，地主所有的一群狗和佃户所有的一群狗，常常互相对峙，行着斗争，却是一件事实。

地主养狗，是为防守他们的广大的住宅。地主房子是多的，院子也宽，池子也深，房间周围的篱笆和竹树，又高而且茂。院子里面的山石花木，也勾心斗角，配置得很好。

但是，这些东西，都不是狗可以吃的。不但不能吃，并且，万一碰倒了花盆，在花坛旁边用爪子挖土去寻土老鼠的时候，还要留神会被地主用棒子乱打呢。

地主的狗当中，有许多种类。当做守夜狗用的，是土佐狗，或是布尔狗和布尔特利亚狗。这些狗都是非常强壮有力的。

当做猎狗用的，有彭塔狗和赛塔狗等等。这都是顶聪明顶敏捷的狗。

此外，还有养着玩的哈叭狗儿等等。

佃户们生活困难，连养人都难养活，所以没有能力，像地主们一样，出高价钱向东京或外国去定买纯种的狗。但是，在地主和佃户还没有成对立状况以前，地主家里原来也有些本地狗。不消说，这些狗的传种，是谁也不去管它的，所以它每生一回狗仔，少则两三匹，多的时候，竟会多到十五匹。哪怕地主是生活安逸的人，他

到底不能够像把米谷藏在仓里一样，把这些狗仔都蓄起来。

所以，土佐狗和桦太狗之间的杂种狗，布尔特利亚狗和彭塔狗之间的杂种狗，以及其他种种狗类之间的杂种狗，在佃户家里也渐渐有一两匹了。

后来，时代越往前进行，这村里的小农之间，也开始发生阶级的思想了。

佃户已经不能单靠田土的收入，去过生活了，他们除耕田之外，还得开始做一些副业。他们为营利而养起猪，鸡，鸭，等等东西来了。

佃户喂的鸡鸭，常常被地主的狗偷吃了去，他们给猪吃的鱼肠子等等东西，也动不动就会被地主的狗掠夺。

佃户也曾跑到地主家里去讲理，但是，地主总是不理他们。地主说：

“有什么证据？拿证据来罢。并且，纵然是我家的狗吃了的，难道我还能够跟着狗的屁股后头，到处跑去监视它们吗？顶要紧的，还是你们自己弄一种不会被狗偷吃的设备才好啊。况且，你们家里也不是没有狗。谁晓得，到底是我的狗偷吃的，还是你们自己的狗偷吃的呢？在我家里，哪怕是狗，也从没叫它们饿过肚子呢。”

地主最后的这句话，完全是对的。在佃户家里，的确是人和狗都挨着饿呢。地主家里的狗的气色，实在比佃户家里的老婆儿子的气色还好啊。

佃户们起初想用竹枪和棍棒撵走地主的狗，但是，毫无结果。因为，做人的，在夜里非睡觉不可，当狗的却是一夜不睡觉也可以，并且狗比起人来，还有一个夜里可以看见一切东西的特长呢。

“敌人有飞机，我们也应该有飞机，敌人有机关枪队，我们也应该有机关枪队，无论敌人有什么武器，我们都应该照样备置才行。”这个道理，佃户虽然是乡下人，倒是知道的。

所以，佃户也节省自己吃的粮食，认真养起狗来了。

他们养的狗，只是一些杂种狗，也不纯然像布尔狗，或布尔特利亚狗，或彭塔狗，或日本狗，或狐狸，却也不纯然不像它们，总而言之，是杂种狗罢了。

佃户们虽然费了多大的牺牲，抱着满腔的希望，但佃户狗和地主狗的战争，却总是地主的狗获着胜利。

地主养的土佐狗，大得像一条小牛儿一样，叫也不叫一声，只是摆着大架子，庞然跑来的时候，佃户的狗，虽然有三匹，却都退却到房檐下面来，只是屏着气息望着它。

直到佃户生气，拿出竹枪或矛子来的时候，这两三匹狗才汪汪的叫几声。如果土佐狗呜的吼一声，它们又默然不敢做声了。

“人不该跑出来瞎闹啊！狗和狗的打架，应该让狗类自己去解决啊！好讨厌的人！”土佐狗鼓起两只眼，仿佛是说着这样的话似的，不慌不忙，仍然摆着大架子，昂着头，也不斜眼看佃户一眼，就一直回去了。看它那样子，好像在说：

“你如果敢从我后面突我一竹枪，我要一口把你的喉咙咬断呢！哼！”

“畜牲！我开枪打死你！”

佃户在土佐狗的后面这样咒骂着。但是，在事实上可以打死的猎枪，只是地主才有，佃户所有的，不过是吓雀子的火绳枪罢了。

因为这种道理，所以佃户们信赖自己的狗的心，也渐渐减了。

谁料自然这个东西却又给了佃户一种好的计策。

在地主方面，并不是一定要养许许多多狗的，所以他养的狗多半是公狗。

在佃户方面，是说不上选择公母的，所以结果是母狗占了多数。并且他们本来也存有一种以多见胜的心。

过了三四年，佃租争议固然增加得厉害，佃户的狗却也同样增加起来，当中渐渐有又像土佐狗又像布尔狗的杂种狗了。

纵然佃户的狗种改良了，若一匹一匹的斗起来，还是打不过地主的狗的。

有一天，在地主的狗和佃户的狗之间，发生一个极有趣的争议。

地主那匹小牛儿一样大的土佐狗，照例跑到土屋家里来抢食物。土屋是那地方农民协会的支部长，也是一个要兼靠饲养猪鸭鸡等等的收入才能吃得饱的佃户。

土屋家里，有五匹狗。当中有一匹，个子虽然小，面貌却带有一点布尔狗的样子。

土屋正在房檐底下和农民协会的人们，商量柴木被扣的问题。

“哼！又来掠夺了啦!”土屋这样说。

农民协会的人也发狠的说：

“是秋原家里的土佐狗呢！畜牲!”

土屋的五匹狗都开始退却了。

“‘同志!’去罢！咬鼻子!”土屋用尖声音这样喊着。

“同志”就是那匹有点像布尔狗的小狗的名字。它听见土屋这样叫，立刻回转身向着土佐狗，把肚子匍在地下。

秋原的土佐狗，露出一种毫不在意的态度——也不急，也不慢，只是一种悠然的无神经的态度——走了过来。它用这种态度走，一直走到距“同志”约莫两丈多远的地点为止。它看见“同志”仍然不动，它显出自尊心被伤的样子了。

“呜——！”土佐狗这样吼了一声，好像是说：“在没有负伤以前，我先给你一个警告罢。”

土佐狗一面吼，一面仍然不慌不忙的向前进行。它和“同志”的距离，只有一丈多远了。

“同志”好像要逃走似的，把两只后脚站了起来。

“呜——！”土佐狗又发了一次警告。

距离已经缩到一丈以内了。

“同志”把它四只脚都聚在屁股的方向去，身子向后缩着，拿人来打比譬说，正好像人要向后面直倒下地的时候的样子。

“咬啊！‘同志’。”土屋在房檐下这样叫着。

那时，两匹狗之间的距离，已经缩得只剩五尺多远了。

土佐狗气愤起来了。

“这个蠢猪似的小狗子！你看我咬下你的头！”土佐好像这样想着一样，正预备要架势开咬，把脚步稍微停了一停，就在那一瞬间，“同志”把全身的力都集在四只脚上，突然跳了起来。它刚才是在等着它自己可以跳过的距离呢。

“同志”以外的四匹狗，好像在做兵船的教练一样，分成两匹一队，排在土佐狗的两边，两只夹着它的左右前脚，两只排在它的左右后脚的后面，极有规则的排列着，等候战斗的开始。

在“同志”跳向土佐狗去的时候约莫半秒钟之前，背后两条

狗，高声的叫起来了。好像是说：

“属于农民协会的狗都集合起来啊!”

土佐狗原来是一种斗争狗。

它是向着强狠善斗的一方面，被教养着的。并且它不是一种暴虎冯河，惘不畏死的强勇，它还知道打胜仗的巧妙的战术。所以，在那时，土佐狗不得不把佃户的狗军的队形稍微观测观测。

它停住了脚步，好像正在想，还是望望后面好呢，还是一直咬前面的“同志”好。

正是那时候，“同志”已经咬着土佐狗的喉头了。

土佐狗当然是预料着的。它想着：

“我的皮厚得很，毛也是很长的。只要一摔，就把你摔掉了，那时再用手按着你罢。”

土佐照着它预定的计划，刚一被咬着，即刻使劲摔它自己的颈项。

“同志”把全身的力量都聚在嘴巴上，只是拼命咬着不放。

然而，如果“同志”无论如何都摔不掉，土佐狗一定会另用一种战术，会坐下去，用两只前脚来压“同志”的。

刚刚土佐摔了两摔的时候，在它两只前脚左右的两匹狗，都咬着它的前脚了。

背后两匹狗当中的一匹，咬着土佐一只后脚，只向前脚方面拖。另外一匹狗，从后面跳过土佐的背心，连土佐的左耳和左眼，一口咬着，吊在那里，好像淘河沙的船只的机器一样。

土佐狗虽然受着这样猛烈的袭击，仍然还在摔头，好像在说：

“你喜欢咬，就奉送一点肉给你罢。但是，要出代价才行，我

要你的命呢!”

因为力和力相冲突发生了一种运动的关系，从背后跳来衔着眼睛和耳朵的狗，结局咬落耳朵和眼睛的一半，并一些脸上的肉，被摔掉了。

跟着“同志”也咬落了一些喉头皮和喉头肉，被摔脱了。

“同志”刚被摔落，即时又窥伺着土佐剩下的右眼，要想开咬。

“同志”是土屋把它当做牺牲狗养驯了的。无论在什么困难的时候，“同志”都带有从正面打冲锋的任务。

土佐狗因为已经把颈项上的障害摔脱了去，所以想处置衔着它前脚的狗，正把头低下去，在那一瞬间，“同志”和衔着眼睛的狗，又从新咬向土佐的颈项去了。

“同志”的牙齿，恰好咬进土佐的颈动脉了。

另外的那一只狗，却瞄得不准，误咬着土佐狗的下颚。

土佐狗使劲把上下两颚一合起来，可怜，这个敏捷的奇袭家，这匹长毛狗的上颚完全被咬掉了。同时，土佐狗的颈动脉，也被“同志”咬掉了。

长毛狗自然是即刻死了。它像一个重东西落地一样，噗的落在土佐的脚边，动也不动一动。

养鸡场面前的宽敞院子里，流了许多血。

土佐狗虽然还在斗争，然而它剩下的那只眼睛，也渐渐的看不见东西了。

土佐狗因为出了许多血，没有力量去使劲摔它的头了。这时倒是“同志”摔起头来了。它在想咬断土佐的肉呢。

其余三匹狗[①]，正用全力把土佐的脚，朝远心的方向拖着走。

到了土佐气力将尽，不能摔头的时候，“同志”把土佐的颈肉咬落，更去袭击它的眼睛。

这时，一匹狗也没有放出叫声。

在旁边看见狗类认真的斗争的土屋和农民协会的人，也都受着一种悲壮的感慨，只是呆呆的站在那里，望着凄惨的场面。

“同志”刚一咬着了土佐狗的右眼的时候，土佐狗好像死了已经很久的兔子被人丢下地一样，突的一声，倒在地下了。

这时，“同志”们才高抬起狗头来，开始狂叫，好像同时奏着沉痛的凯歌和对被牺牲的同志的哀词。

土屋把地主请来，叫他看看，他的狗如何欺负佃户的家畜。

因为地主的狗是死在养鸡场的面前的，所以他说：

“好大一个损失呢！你把一匹野狗和一匹土佐狗交换着杀了去！”

土屋答应他：“最后还是团结的力占胜利啊！”

一九二八，一〇，一

作者注：这篇文章是一个长篇小说《青年前卫队》的冒头。本来想再写多一点，才发表出来，但是，因为我太忙的缘故，这一次恕我不能多写了。

① 前文讲有匹长毛狗已死，因而此处当为“其余两匹狗”。——编者

第一声

青柳信雄

人

父亲	五十六岁
女儿（良子）	二十三岁
共同大屋的管理人	四十五岁
喝醉了的青年	二十五岁
送信的男子	二十三岁

时

夜里

舞台

一座粗糙共同大屋的一个房间。

席子上面放着一些不整齐的桌椅。

正面有一个大玻璃窗户，临着街。房间的左右两边，各有一扇门。墙上又挂着有电影明星的像片，又插着一些已经谢了的草花，全体的印象非常俗气，又不调和。右边那扇门之外，有一个通着大门的走廊。

——开幕——

第一场

（父亲和管理人坐在椅子上说话）

父亲　（很为难的样子）算了，算了。何必说那样话！不说不行吗？

管理人　嗯！我非说不可！一定要说。房租呢，欠了两个月了，外带还有刚才说的那个话。你看，像这一向，不是每天晚上都那样闹着吗？

父亲　不，不，不是的。那是没有的事。

管理人　那末，一定是你先生还不知道呢。不错，也许还没有闹到家里来，但是，说到每天夜里在大门口那种闹法，真正不成样子啊。

父亲　如果真是那样，我可以好好的教训她的。你当房东的，怎样连这些事都……

管理人　嗯！我一定要说的。你先生要记得，这房子是我的啊。呃？又不是专租给你一家人住——你先生也许还不知道，但是，隔户邻家都在说闲话呢。说你那女儿的……自然，无论你家女儿衔着什么东西回家，无论你们被别人怎样弹驳，那原是和我不相干的。却有一层，万一因为这个关系，爱体面的人都不能够安心住在这里的时候——是不是呢？请你先生想一想罢。夜里十二点钟是什么时候？在我们这条街上，已经算得是夜深人静了。单单选着那样的时候，成群结队的坐着摩托车，跑到大门口瞎闹……

父亲　啊！算了罢，别再说那种话了！

管理人　你先生真也太大意了。你还不知道你家女儿干着什么事情罢？——我告诉你，咖啡店的女招待那种东西……

父亲　呃！不，不，不要说了！我懂得了，我懂得很清楚了！

管理人　你只管嘴里说，懂得了，懂得了，我看你一点都不懂

得呢。老是说，懂得了，懂得了……那末，这个怎么办呢？呃？这个东西……（一面说，一面用拇指和食指做出一个圆圈）

父亲　（用两只手，挡住管理人的话）不要说了，不要说了！请你再不要说什么了——所以，我刚才对你说了好几遍，我已经懂得了呢。你说的话，我完全懂得了。所以，所以，现在，我想请你也懂得我一句说话……

管理人　（张嘴想说什么）……

父亲　不，不，不……那末，是的，是的，就是这句话啊！唔，唔……这，这有点为难……那末，这样说罢，等我三天。是不是？三天？不是，五天罢，什么！三天五天都是一样的。三天行了。就说是三天罢。请你等我三天罢。是不是？什么！我虽然窘迫得这样，难道我就……是不是？如果过了三天，还拿不出来，那时候……到那时候……

管理人　到了那时候再打商量？

父亲　嗯！什么话！到了那时候（一点气力也没有似的），我们自然搬出去啊。

管理人　再过三天？

父亲　过三天——我告诉你，我不愿意把这样的事说给我女儿知道呢。

管理人　那末，我就再等你三天罢。但是，如果三天没有，可不能再延长下去了啊。刚才，是你先生自己说的，“搬出去”！

父亲　（站起来在房间里来回走着）但是……但是……我不愿意把这样的事情说给我女儿知道呢。我说不出口啊。

家里的事，她什么也不知道。赚钱回家，只交给我收着。哪有

许多钱？要知道，她不过当一个小小咖啡店的女招待呢。……但是……她拿回家的钱……单靠那一点钱，哪里会够家用？房租欠着了……啊！我怎么能够对她这样说呢？我是说不出口的。

（管理人在这种说话之间，已走出去了。父亲却还不觉得。他渐渐走到舞台的前面来，向着看戏的说）

所以我，我每天跑着找职业。我虽然是这样零落的样子（他用手拍着胸脯，但是，即刻又神气萎缩着），不过，找着的职业，都不中我女儿的意。她不肯答应让我去做。她说，那太不体面了。说不体面……但是，不丢面子的职业，到底有我的份没有呢？

昨天找着的，是卖广告的职业。是背上背广告牌在街上游行。是当什么 Sandwich-man——据我想，那就行了……在大晴的秋天，这样背上广告牌，慢慢的在街上走着……（他走向舞台里边去，忽然觉得管理人已经不在那里了）

什——么……那东西已经走了吗？（使劲坐到椅子上去，叹了一口长气）啊，啊——！（低头想什么事的样子。过一会，忽然抬起头来）我记得，良太郎常常说，什么生活，生活，什么虚伪的生活，错误的生活……我想，只要不是错误的生活，就行了。只要我做的事，不会被良太郎在回家时候臭骂，就行了。

（外面有摩托车停止的声音。有闹热的人声，有脚步声音。在右边那扇门外，有人说话）

女儿的声音 行了啊，真的行了，谢谢你。就是走廊尽头的那间房呢。

青年的声音 （露出喝醉了的口调）不要紧的。我说不要紧啊！横竖已经走到这里了。

女儿的声音 是啊，劳你送到家了。所以，请你就此回去罢。已经送到家，还想什么？

青年的声音 已经来到这里了，进房间去坐一坐不行吗？

女儿的声音 什么……又说那样的话！

青年的声音 呃？怎么？难道你房间里有什么见不得我的人吗？

女儿的声音 呃——！是的啊，我好为难呢。你看，已经过了十二点钟，是不是？不懂得我的话吗？

青年的声音 呃？呃？什么？有看见我就会使为难的人？浑蛋！（他用脚踢开门）好罢，让我会会这个叫你为难的人罢！（他和父亲对看着。父亲露出不高兴的面孔）

女儿 骗你的呢，没有什么为难我的人。

（女儿露出为难极了的神气，走进房间里来。父亲轻轻的说了几句话，回过头去，望着青年）

那末，请进来罢——老是站在那里干吗？

青年 进去没有妨害吗？不会使你为难吗？（他走进房来）

女儿 不要紧的，不过，要好好的坐在这里，不再瞎闹，才行呢。（她拖一把椅子让青年坐，自己也坐下）

青年 （望着父亲，对女儿说）这，这位老先生是谁？

女儿 我的父亲。

青年 父亲？唔！那末，就当做父亲罢。让我和他说话吗？呃？

女儿 任随尊便。

父亲 （很不高兴的样子）随便坐，不要客气。

青年　呃！老先生言重了。我才冒昧得很呢。（青年一面说，一面做出滑稽的样子，向父亲行鞠躬礼）

女儿　不要客气呢——我去沏茶来，喝杯茶之后，就好好儿回去，是不是，懂得了罢？

青年　（点头）

女儿　（正想站起来）

青年　喂，不要跑，我不喝茶呢。茶已喝够了。

女儿　不喝？那末，就这样好好的回去？

青年　喂！不要那样回去回去的尽说啊！不是刚才走进你的门吗？嗯？

女儿　可是……（她看见父亲站在那里）爹啊！怎么不坐下？

父亲　（露着张皇的样子）不，不，我不要坐呢。我……出去走走来罢？（他好像是问他自己的样子）

青年　好啊！真懂事！真是好父亲！知道疼惜女儿——那末，就请随尊意……

父亲　（露出忿恨的神气，听着青年的话）嗯！我还是在家里坐坐算了。

青年　什，什么？还是在家里坐坐！

女儿　你这人！叫你别多说话，还在瞎说！——爹！你又在那里叽叽咕咕的说些什么？

父亲　算了罢，算了罢。我，我还是在此地坐一坐。（他坐到椅子上去）

女儿　真正……（她和青年对望着）

青年　是的。我有一句话对老先生说。令小姐这个人呢，好不

顽固，老不肯对我说一个“唔”字呢。她说，恐怕被父亲责骂呢。几时看见戏本子上有“恐怕父亲责骂”的道白啊？真正可笑极了，是不是？行不行呢？行罢？

父亲　什么行不行？

青年　你还不懂得我说的什么？还要问我？这可太不行了！连这种事都不懂得……

父亲　我不懂得，我是不懂得的。

青年　啊哈！这就难了！只有我和你在这里，你直是说不懂不懂，你叫我到什么地方去请教呢？

女儿　（一面用手推青年）闭着嘴，别多说了！瞎说些什么？

青年　瞎说？我在和他谈判啊。

女儿　……所以，你这人，我真讨厌你喝酒，喝醉了时，满口瞎说。

青年　你又来！不是你说的，要问过你父亲才……怎么样吗？

父亲　啊！我不懂得，我不懂得！

女儿　爹啊！我叫着爹啊！没听见？

父亲　——

女儿　叫你别多说话啊！

青年　你这人，直是叫着“别多说话，别多说话”。现在又不多守死尸过通夜，怎么能够老是三个人在一起，坐着装哑巴呢？

女儿　谁和你拌嘴？这样好好儿坐着，别多说话！——暂时大家不说话——

父亲　我说，良儿啊——我想了半天，这样好像不行呢。

女儿　什么不行？

父亲　我想了许久，如果良太郎回家，这样事情，恐怕要被他骂呢。

青年　喔呵！还有一个骂人的人？

（三个人暂时不说话）

青年　良太郎？什么人呢？那是……呃？那是谁啊？

父亲　是我的儿子。

青年　喔！儿子？儿子？

女儿　是我哥哥啊。

青年　哥哥？有哥哥吗？哥哥……哼！这是常常有的东西呢。哥哥，哥哥。

父亲　我说，良儿啊，我觉得，良太郎正睁着一双大眼睛望着我们呢。他脸上露着可怕的神气……

女儿　爹！你又在说那些怪话！

青年　你哥哥在什么地方？

女儿　——

青年　听见没有？我问你，你哥哥如今在什么地方啊？

女儿　不晓得他到什么地方去了。

青年　唔！是失踪了吗？

女儿　他如果从藏身的地方跑出来，即刻会被捉去。他是一个社会主义者的首领啊。

青年　喔——！

女儿　他说，他为主义而逃走呢。

（暂时大家没有话）

父亲　我说，良儿啊，我想了又想，还是想试干干那件事。

女儿 干什么事？

父亲 昨天对你说过的那件事啊。

女儿 不行哟。

青年 什么？呃？

女儿 没有什么。

青年 请老先生告诉我罢。什么呢？

父亲 ——

女儿 真正没有什么。你这人真爱管闲事，样样事情，都要寻根问底。

父亲 （突然的）年轻人，我告诉你，我要想去当卖广告的人呢。

女儿 叫你别多说话啊！

父亲 ——

女儿 昨天不对你说过吗？长到这么大的年纪，什么本事也没学着，到这时才想去干这样，干那样，根本上你就错了呢。……吃饭的问题，不是有我替你包办着吗？还要动不动东说西说的，跑来妨害我的……

父亲 你别想错了，我并不是想妨害你什么……

女儿 嗯！爹啊，你自己不觉得，你或者还以为你是为着我的利益……但是，从结果上说来，总是妨害着我的终身幸福呢。

父亲 （很害怕的样子）不，不是的，我，我……

女儿 别插嘴，听我说罢。我的行动，也许稍微有点任性。但是，总要请你老人家照着“老则从子”的俗话，宽恕宽恕罢。也许你老人家心里很不好过，还是要请你忍耐忍耐，不要东戳西戳，是

不是？请你老人家原谅我罢。

青年　那不行啊。那不成。老年人还是弄点事情干为是。你想，成天坐着吃饭，岂不可惜？

父亲　是的啊！我正是这样想呢。所以，我，我想干那 Sandwich-man 的事，

青年　Sandwich-man？那种背广告游街的？

父亲　是的，是的，就是那种职业。我想，那件事对我合式[①]得很。

青年　啊哈哈哈……啊哈哈哈……那真好呢！的确好！啊哈哈……（父亲吃了一惊，站了起来。女儿露着厌弃的样子，把头低着。青年还是继续的笑。父亲把两个人的脸比着看了几眼，用一种带着怜悯神情的泪声）

父亲　很好笑吗？哈哈哈哈。我想，这事一点也不可笑呢。

青年　还不可笑？啊！真正愉快！愉快得了不得！——父亲是背广告的……是不是？真像电影戏上的事呢。好不愉快！

女儿　算了罢，别说了。

青年　（看了一看女儿，忽然装做大吃一惊的样子，用手掩着嘴）老先生，那是不行的啊。如果你干那样的事，那就未免过于侮辱令爱了。

女儿　叫你别说了！

青年　什么别说别说，也要看事情的轻重啊！真的，这是罪恶呢。

---

① 意为契合、投合。——编者

女儿 （她好像变成希新特里病者一样，动起气来）讨厌！真讨厌！好了，请回去罢！（她站了起来）

青年 呃？“请回去罢”这句话，未免太重了罢。

女儿 什么重不重，别多说了。请回去罢。请请请（她一面说，一面走到门边，把门打开）

青年 嗯！再坐一坐！——不是还早吗？……呃？（他说着，走到女儿旁边去了）

女儿 不行（摆着头），请罢！刚才约过的，是即刻回去呢。

青年 但是，不是刚来不久吗？嗯？

女儿 真正的，今天已经很久了，请回去罢。

青年 （暂时不做声）那末，握手告别罢。

女儿 （向父亲方面瞟了一眼）

父亲 （连忙把眼睛转到别的方面去）

青年 （一面握手）好罢，明天见罢。是不是？

女儿 （轻轻的点头）

青年 老先生请了。（青年走出房去。父亲呆呆的站着。女儿关上门，暂时用背靠在门上，好像想什么事情似的。青年吹的口笛，越响越远了，父亲在房间里来回的走着）

——暂时无言——

父亲 我错了。是的，是我错了。

女儿 不，不是那样说。

父亲 你在哭吗？

女儿 我没有哭。我哭什么？（她跑回椅子坐着）

父亲 真的？但是……我看，那男子不行啊！唔！我反对他。

我不喜欢他。

女儿　我也不是怎么十分喜欢他呢。

父亲　（忽然欢喜起来）真的？是真话吗？这就好了。我刚才想着，如果你喜欢他，我不知道要怎样办才好呢……真的不喜欢他？

女儿　——你这样讨厌他？

父亲　讨厌他。那样信口开河的人，我顶讨厌。

女儿　他刚喝了许多酒来，喝醉了呢。

父亲　哪怕喝得泥醉，一个人的诚实不诚实还是可以看出来的呢。他人是不行的。（他一面哝哝唧唧的说着另外一些听不清楚的话，一面走着）

女儿　（好像独白一样，慢不经意的说）我并不是喜欢他，不过……也不怎么十分讨厌他。

——暂时沉默——

父亲　那时候，我不该说出那样的话呀。还是我错了。

女儿　——

父亲　在那人面前，说出我想干的职业，那种话，那是我错了。……对不住。

女儿　没有什么错不错。

父亲　但是，我总觉得，似乎做错了。

女儿　事情已经过了，没有什么说的……

父亲　不过……不过……你得再好生想一想罢……我心里始终还是想干那件事呢。

女儿　那不行的。怎么讲，我也不愿意你去做。

父亲　真的吗？你以为，现在的生活，真正那样好吗？呃？索性说了罢。就是这个房间的房租，也欠了两个月没交呢。

女儿　是的吗？你怎么不早对我说？

父亲　（目不转睛的望着女儿）早说了，你可以设法？怎么样去设法？你有什么法子可想？

女儿　（吃了一惊。但是，仍极力装出镇静的态度）我可以向店里借钱。

父亲　别扯谎了！我什么都知道呢……所以，我才不能够对你说拖欠房租的话……你认为这种生活是好的吗？是正常的生活方法吗？——（指着桌子）摆着这种东西，住着这种——我告诉你，这种房间，对于我们实在太漂亮了！并且……并且……老实说，又没有交房租的能力。我不愿意。我真不愿意。

女儿　不要紧的！我明天一定去设法把房租弄来。

父亲　（坐到桌子上）嗯！我并不单指房租说呢。我说，这种生活方法不对呀。懂得了罢？所以，我说，你得让我去弄个职业做做。并且，你也应该更加正正经经的过一过生活。背招牌是一个光明正大的职业，有什么可耻呢！

女儿　不，不行。无论你老人家怎样说，我都不愿意你去做。

父亲　先前你说，什么妨害你终身幸福，你的意思，以为你有了爱人的时候，如果我去当背广告的，你那爱人就会看不起你，是不是？哼！如果是那种男子，如果那种男子……

女儿　不是的，不是那个意思。不是那样简单的话。——我怎么样也不愿意你老人家去干那种职业。不行。反对。如果你老人家怎样都讨厌这个房间，讨厌这种生活方法……那也没有法子。那就

只好请你老人家出去罢。

父亲　（大吃一惊）你说，要我出去？

女儿　除此之外，还有什么办法！……你老人家和哥哥一样，都是太过于任性了。

父亲　任性？你说我太过于任性？

——暂时沉默——

女儿　……但是，算了，不说了罢。你老人家也不要再想了罢。无论怎样想来想去，难道还想得出什么方法，让我们真正过幸福的日子吗？……明明知道不会有那回事，倒不如不想，反可以免得劳神。这倒是聪明的办法呢！任你怎样想还想得出什么法子？

父亲　那不对。既然知道是坏事，就不应该仍然继续去做。

女儿　你老人家听我说罢。就是我自己，我也并没有把我现在做着的事情，认为是漂亮的事正经的事。但是……同时我也并没有像你老人家一样，认为是那样的坏事。这算得什么！我告诉你老人家，世人还有许许多多的坏事，你老人家所不知道的坏事呢。——你老人家知道什么？

父亲　我说的话是良太郎说过的啊！良太郎也那样说过啊。但是……那样的坏事，你为什么还要……

女儿　别，别，别说什么坏事坏事了罢——动不动开口就是什么别干啊别干啊。……我要请问一声，如果不干这种职业，怎么样办呢？我们怎么样办呢？

父亲　我也去劳动。你也去找一个比较正经的职业。总要不辱没了你哥哥的名誉才好。你要记得，你哥哥是一个有名誉的志士啊！如果这志士不在家的时候，那家里干出这样的事来……我就会

对良太郎不住。如果良太郎回家来，我怎……

女儿 算了算了，别再说哥哥的事了。……我听着哥哥的名字，心里就怪不自在呢……我对于哥哥本身，并不讨厌，我很喜欢他。因为我只有一个哥哥……但是……但是……哥哥做的事情，我一想到这里，真要气破肚皮。——喔！喔！我懂得了！你老人家近来常常说出一些称赞哥哥的话，我正觉得好笑，原来都不是出于你老人家的本心呢。原来都是为着哥哥的缘故才对我说的呢。怪不得要说什么有名誉的志士，什么志士不在家，一类的话……如果是那样，我更不愿意你老人家去干那种事了。我反对。我赌气也要反对。

父亲 为你哥哥的缘故——不错的，这话是真的。但是，并不单为着你哥哥，并不单只是那样啊！我从来就很讨厌坏事和不正行为。

女儿 （焦躁起来）任随怎么讨厌，要想在世上过活，总得将就将就。除非不想过活……

父亲 所以，我自己也……你真有点胡闹。真了不得。哼！真是一个不肖的妹妹。你扫了你哥哥的脸！真是一个不肖的……

女儿 不肖也好，什么也好，爱说只管说罢。如果真讨厌我，那就请你老人家自便罢。

父亲 你的意思是叫我滚蛋吗？好的，我走罢，我自然走的。

女儿 真正的。无论是父亲，是哥哥，都太不替我想一想了。——开口闭口都是什么为社会的缘故，为人类的缘故，说一些很冠冕堂皇的话——自从哥哥干那种什么实行运动之后，我不知道，到底在世界有一个人因此增进了幸福没有……有一个人受过实惠没有。（激昂起来）你老人家在那里做了二十多年的事的公司里

面的饭碗也丢掉了，都是为哥哥的缘故啊。母亲病了，病得今天不晓得明天怎么样的时候，也没有钱去请医生，去买药吃。不是吗？并且……并且……母亲不是一面替哥哥担心，一面死了去的吗？……这……这也是为哥哥的缘故啊！（哭起来）

父亲　你哥哥在那时候不是很伤心的痛哭了一场吗？你哥哥那时苦到什么程度，你哪里知道？谁叫你母亲死了？谁叫你哥哥那样？为什么你一点都不懂得呢？啊！我真可惜我没有方法使你懂得这个道理。——你哥哥从开头起，就把他自己舍掉了啊！关于自己的事情，他是一点也没有想着的啊！

女儿　舍掉了自己？自己舍掉了自己，那自然是可以随各人的意思去干的。……但是，哥哥不是因为把自己舍掉了的缘故，弄得连我们……把我们所有的东西都一齐舍掉了吗？……他把母亲夺走了，把所有一切亲戚都舍掉了。谁也不愿意和我们父子们来往了。我们哪怕到了明天没有米煮饭的时候，也没有什么人来理会我们。不是吗？哥哥呢……他却装做完全不懂得的样子，仍然还是在那里说什么为主义奋斗，高高兴兴的做梦——是的，真是那样。只是被人说他是什么志士，什么了不起的能干人，就高高兴兴的到处瞎跑。我们的事情，他是一点也不管的。——到后来，只苦了我，使我受着世上人的一切骂詈谗谤，把身子卖到那地方去——那还不是等于卖身吗？——我的身子弄得这样，还不是为哥哥的缘故！——（哭）并且，现在还要把剩下来的一个唯一的父亲，都要从我手里夺了去。不行，不行。你老人家走出去，是不行的啊！（哭）——嗯！不要紧的，不要紧的！只管走罢！一切都走开罢！（站起来）剩下我一个人，倒反好些。你看，我要一个人去反抗那种夺走我宝

贝的力量。——哥哥！哥哥！——不，不是哥哥！那不是我的哥哥！那不是我的哥哥啊！

（这时忽然听见有人重重的打门。两人都吃一惊，暂时沉默。父亲站起来，打开右边的门，进来一个男子）

男人　这是高岛良太郎的家里吗？

父亲　是的。

男人　亏我找了许久，才找到这里。我是协会的送信人。（他由衣袋里，取出一封信，交给父亲。父亲手打着颤拆开信封，颜色突然变了。念完之后，用力把信捏成一团，捏在手里）

父亲　良太郎被杀了……说良太郎被杀了吗？谁杀了他？

女儿　哥哥被？……呃？哥哥？（她跑到送信的人旁边去，用力抓住他的肩膀，一面带着哭声）

女儿　我哥哥被杀了？被谁杀了？怎样被杀的？呃？

（送信的男子，细声的说了两三句话，女儿渐渐变了颜色）

父亲　谁杀了他？

送信的男人　现在还一点也不明白。

女儿　我从前不知道哥哥的为人。我真没有知道哥哥的为人！……哥哥！哥哥！（一面哭，一面由左边的门跑出去）

父亲　谁把他杀了？——啊啊！谁把他杀了！谁把他杀了！

——暗转——

第二场

舞台和第一场相同。

时间在第一场之后三四点钟。

桌子被挪到房间角上去了，椅子胡乱的倒着。房间当中，一切都零乱无章。

开幕的时候，父亲站在舞台的右边前面。从头上到胸前，挂着一块大的硬纸。上面写着“退给我！退给我！是谁啊?”父亲的身边，集中着光线。左边门旁，站着女儿，眼睛里面泪汪汪的。

除了父亲的附近，舞台全体，都是很暗的。

两个人站在那里，动也不一动的，站了许久。

父亲　（用一种毫无气力的声音）退给我！……还给我！……喂！……

女儿　爹爹！爹爹啊！

父亲　——

女儿　——哥哥也被杀了……母亲也被杀了……——爹爹！爹爹！

父亲　吼胡胡……

女儿　（害怕起来）啊啊！现在该轮到我了。现在该轮到我了。但是……但是……我是不让人的呢。我一定要反抗起来，反抗到底！

（从正面的窗上，透出一线光明，照着她的脸的侧面）

父亲　退给我！退给我！

女儿　谁杀了母亲呢?

父亲　啊哈哈哈哈……

——闭幕——

高尔基的回忆琐记

［苏］高尔基著　陈豹隐译

译者小引

这本回忆琐记，是法译的 Maxime Gorki 的 Notes et Souvenirs 的全部重译。这本书一共包括二十三个琐话，都是一九二三年以后高尔基侨居意大利时候的著作。

高尔基在俄罗斯文学史上并世界文学史上的地位如何？这是谁也知道的，我在这里觉得没有絮说的必要。至于他最近几年的作品有什么特色，比起从前的作品，到底有什么进境没有，种种问题，恐怕知道的人还很少，自然应该由译者在贡献这本书以前，作一个简而得要的报告。为达这个目的，我想只消引用日本现今文学大师升曙梦，在本年六月号《改造》杂志上所做的《最近的高尔基》一篇文章当中的一段，就够了。

“高尔基最近的作品，差不多全部都是一种回想录。我从数年前起，在《红的处女地》杂志上，载了许多自叙传的作品，到后来，由柏林俄文书社集成一本书，题为《我的大学》。……其后，他接连着发表了《巫女》，《火灾》，《布格罗夫》，《牧者》，《监视

人》，《立法者》等等作品，其中大部分都和《我的大学》一样，是站在很高的艺术水准上的。”

“高尔基的回想，和卢梭的《忏悔录》并苟德的《空想和事实》两种有名的回想，是不同的。卢梭和苟德的回想……都是以自己为中心，想把自己内面发达的路径，全部写出来；高尔基的回想却不这样，他把自己的个性，放在第二位，倒把他所碰见的各色各种人的特独的相貌，放在第一位。所以苟德的自叙传，可以改换一个题目，叫做《天才怎样在适当的环境当中发达起来》，高尔基的回想录却不然，决不能改题为《天才怎样在不利的环境当中发达起来》，我们只能改题为《看看罢，我周围有多少有趣的人啊!》。他的回想录好像要这样说似的：‘我接近了几十个几百个人，他们真有独特的，各不相似的色彩啊！他们当中有的好酒贪杯，有的放荡成性，有的偷盗，有的贪赃，有的虐待女人小孩，有的杀人放火。但是，他们何其富于天才的能力呀！他们何其富于取汲不尽的潜势力呀!’”

“捷霍夫作品中的人物，都是幽郁的人物。高尔基作品中的人物，都是有独创性的人物。……高尔基作品当中，涨满了乐天的空气，和自己开拓自己运命的精神。……高尔基的回想的作品不但在艺术上有很大的价值，就拿它当作近代俄罗斯的文化史料看，也有很重大的意义的。……”

上面这几句话，已经足够说明高尔基的回忆琐记的性质和特色了。因为升曙梦所举的《牧者》，《布格罗夫》，《立法者》等篇，都包含在这本书中。

译　者

一、 几句代替序文的话

“原题为《几句代替跋语的话》，放在原书最末尾一段。但译者认为在翻译成中文时，把这一段当作序文还更妥当些，所以改题如下，并移到最前方来。——译者”

各人的意见，往往会不期然而然的，符合得非常之巧。在一九〇一年，俄国阿杂玛地方的传教神父乌拉第曾经这样说：“每个人民，都抱着有一种精神的幻想——关于生活目的的幻想。有些思想家，把这种幻想叫做‘国民的本能’。但是，据我看来，这种说法是错的。因为人类的本能所要求的，实在只是他们‘怎样生活’，而现在说的幻想，却是一个‘为什么生活’的问题，当中还混合着理智。现在，拿俄罗斯人说，诚然我们文化发达的程度还低，我们生活目的的幻想因此也极不发达，够不上说什么去发见人类历史命令我们向着前去的目标，然而我想，我们俄罗斯人的确生来就特别的都被这个‘为什么生活’的问题所恼。我们一面等着我们生活目的的到来，一面犹如瞎子一样，乱摸索乱叫唤的生活着，实在可怜得很；但是，纵然可怜，我们已经是有一点结果的人民，有一点‘积极东西’的人民了。”

过了五年之后，在美国的波士顿，著名实用哲学家詹姆士曾说：“目前在俄罗斯发生的种种事件，虽然使我不能增加许多对于这地方的研究兴趣，但是，我依然还是不能了解他们。我每每读着俄国著作家的作品，就感觉得这些著作家仿佛站在我面前一样，使

我感动得了不得，但是，我仍然不敢说，我已经懂得了他们。我在欧洲和美洲，常常看见一些人都能够在干了一点事情之后，就利用他们既得的结果，努力在物质上和精神上去增加作用。俄国的人们却不相同。他们种种行动，使我觉得他们不懂得现实状况的义务性，不懂得他的合法性，他们有时甚至仇视现实状况。我看见俄国人的理性是爱热心做分析工夫的，是爱研究的，是爱反叛的。但是，我仍然不懂得他们的分析工夫的目的在什么地方，也不了解他们在现实的现象下面，到底想研求些什么东西。我们也许可以说，俄国人自信为负有一种使命，专门去研求，发见，并确定不愉快的东西和消极的东西。有两本俄国书，曾经使我吃惊：一本是托尔斯泰的《复活》，一本是杜斯托叶夫斯基的《加拉玛佐夫兄弟》。我觉得他们在这两本书上，只描写了一些别一个行星（地球）上面的，全然和这地球上不同的好人。我觉得好像这些好人偶然来到我们这地球上，被地球上的现实状况激怒了，甚至于被侮辱了似的。在俄罗斯人当中有一种幼稚质朴的地方，令人觉得他们都好像一种老实的炼金术士，非常热烈的去相信他们自己能够发见‘一切原因的唯一原因’似的。俄罗斯人是很有趣的人们。但是，我总觉得他们虽然努力，总好像一台机器白白运动着，不发生一点结果似的。或许他们真正负有一种使命，要做出什么意外的事情来，使全世界吃惊，也未可知罢。”

他两人说的话是不错的。我自己就在他们所描写的那样俄国人当中，活了半世纪。

我盼望这本书在事实上能够很干净的，把我所愿意写出来的真实情形描写出来。不过，我还要声明一句，据我个人的意见，真实

情形的全部，不见得对于人类都是必要的。所以，但凡我觉得某种真实情形只足以很残刻的给人以精神上的打击，并不能给一个教训，但凡我觉得它只足以无缘无故的侮辱人类，我就自然的把这种真实情形，都丢了去，一点也不描写。

因为，在事实上，的确有许多真实情形，都应该早点被我们忘记了去才好。这种应该忘记的真实情形，都是从虚言伪语发生出来的，它含着种种虚伪的毒素，能够使我们相互的关系腐化，结果，会把人的生活变成一个稀脏而不合理的活地狱。这种真实情形，早应该从这地球消失了去，还回忆它干什么呢？一个人若惯爱去搜集并记录人生的丑恶，我们就可以说他是干着不好的事的人。

我本来很想把这本书的书名，叫做《这就是过去的俄罗斯人们》。

但是，我现在发见着，这个书名太吹得厉害了，并且我现在也还不十分明白的感觉着，我到底希望这种人变更不希望。固然我和国家主义，爱国主义，以及其他各种偏重精神观点的毛病，离得很远，然而我总觉得，好像俄罗斯人民有一种特别奇怪的，自出心裁的天赋才能似的。在俄罗斯，哪怕是蠢子，他们也有一种独特的，自己创造的蠢法。至于说到懒惰的人，他们更有一种积极的懒惰天才。我看见我们俄罗斯人有那样的奇思怪想，有那样的不识机诈，能够那样的善于粉饰他们的思想和感情，我真相信，俄罗斯人对于一个艺术家，可以供给极丰富的材料。

我想着，如果这个可惊异的国民，能够完全不受压迫的痛苦，如果能够真正开始觉悟着他们的工作在人类文明上的重大意义，努力去做工，他们将来就一定会过一种英雄的生活，并且一定会对于这个被罪恶充满了的世界，给一些好教训罢。

二、 蜘蛛

马可福是一个年老的古董商人，生得又高又瘦，直挺挺的站着时，好像一种指示道路的木桩一般。他走起路来，活像一个兵在走正步，把两只大眼睛，呆呆的一直望着前面，两个牛眼珠，露着一点浊光，现出灰青色，表示他的性质带有一点幽郁和迟钝。我起初遇见他的时候，就觉得他是一个蠢子，后来发见了他性情的一个古怪方面，我越确信我最初的见解不错。他拿来了一个装文房具的盒子，一个旧杯子，一块古钱，要卖给我，争持价钱争了许久，才让了价，说定了价钱，但是，他忽然发生一种好像坟墓里透出来的悲惨声音，对我说：

“不，我不想卖了。”

“为什么呢？”

“我不愿意卖它。”

“你刚才争论价钱，差不多闹了一个钟头，那是为什么呢？”

他闭着嘴一声不响，把几宗物件，用手拿住，揣到他那已经没有底的衣口袋中，叹了一口长气，也不向我说一声再见，就跑走了，好像一个非常气恼的人一样。但是，到第二天（到后来他和我往来频繁了的时候，也常常这样，但有时甚至于在一个钟头之后），他忽然又跑了来，把要卖的几样东西，搁在桌子上，说：

“拿去罢。”

“为什么你上一次不卖给我？”

“那时我不愿意卖它。”

可也奇怪，他并无贪财性质。他对于乞丐，很大方，对于自己本身，却不大留心保养。无冬无夏，都只穿着一件旧棉衣，戴着一顶皱破不堪的便帽，踏着一双穿了洞的长皮靴。他没有一定的住址，只是从一个城市随时流浪到另一个城市去，譬如由尼悉尼到姆兰，由姆兰到苏斯达，由苏斯达到洛斯托，到鸦罗，然后再到尼悉尼，轮流的流浪着。他到尼悉尼的时候，在布薄诺街租一个房间住着。这条街上的房间都是很脏的，住的只是一些卖小鸟的，卖帽子的，替警察署当密探的，以及其他种种失掉职业，到处流落，睡在破椅子上，在煤烟当中过夜的人们。在这些人类的渣滓当中，马可福倒很被尊敬，因为走了许多地方，知道许多事情，并且又是一个很会说故事的人。他顶喜欢说的，是那些绅士大户人家的倾家败产的故事。他说到这种故事的时候，动不动会发出一种沉重幽郁的激昂来，极力痛骂那些有钱人家的轻佻浮薄。

“他们滚球。他们顶爱的，是用木槌打球，叫球满地乱滚。这是他们一种开心的玩意儿。只是他们玩来玩去，连他们自己也变成球一样了。他们在地面上，这里滚滚，那里滚滚，滚来滚去，滚成一些浑蛋了。”

有一个秋天降雾的晚上，我坐船往加山去，在船上碰着了马可福。这条船虽是火轮船，车轮却转得很吃劲似的。因为雾下得大，船须得慢走，所以它只是细心的在雾中摸索着向下流滑下去。船上的种种火光，都消失在灰白色水中和灰白色的雾里。船烟筒上安着的报警汽笛，只是很沉闷的，不断的，叫着。大家在这种环境下面，好像着了睡魔似的，只觉得闷闷的，连呼吸都困难得很。马可

福一个人坐在船尾的舱板上，好像正要准备睡觉。我走去和他攀谈起来，他对我说了下面一段话：

“我从二十三年前起，就始终在一种没有间断的恐怖当中过日子，我心里没有一天能够安然休息过呢。先生，这个恐怖不是寻常的害怕。因为我的身体被一个别的灵魂寄居着。先生别诧异，听我说出道理来。我在三十几岁的时候，一时荒唐，和一个女人相好起来。这女人一定是一个会使法术的巫女罢。她丈夫和我也是朋友，是一个很勇敢的人，只可惜身体多病，病得要死不活。在她丈夫死的晚上，我正睡着觉，这个可恶的冤家女人，乘这机会，把我的灵魂，从我身体撵出去，把她丈夫的灵魂，关在我的身体里面来了。这个坏女人干这件事，自有她的道理，因为她知道她的丈夫对她，比我对她温柔得多哩！她丈夫虽是死了，却是同时我也发见着，我已经不是从前的那个我了。我老实对先生说罢，我最初的时候，对这女人，本来一点也不爱她，我只是很简单的和她闹着取取乐罢了。但是，到了这时候，她丈夫死了的时候，我开始觉得我的灵魂被什么东西牵向这女人方面去了。什么缘故呢？为什么会发生这种变化？我已经讨厌这女人了。但是，要想脱离她的关系，那是绝对不可能的！那时，我的一切好性质都像烟子一样，消灭得不知向哪里去了。我被一种从来未曾有过的悲惨压迫着。我对着这女人，越变越胆小。我觉得在我的周围，一切都是灰色的，好像都盖上了一层灰末一样。——但是，这坏女人，却是好像一团火似的，越发红光满面！到了晚上，她逼我和她一同犯罪。简直是把我玩弄了。在这时，我才知道：她已经把我的灵魂换掉了。我虽然活着，却只是和别人的灵魂一起活着。至于我的灵魂，我的真灵魂，上帝给了我

的那个真灵魂，它到底跑到什么地方去了呢？我恐怕是……”

这时，那讨厌的报警汽笛，越发呜呜的叫起来，它那似嚎似吼的沉重声音，在浓雾中，自相冲突着，越发振动得杂乱无章，格外讨厌。船也好像被四围烟雾夹得很紧似的，只是摆着船尾巴，向前滑着进行。在船尾巴底下，水的颜色，黑沉沉的，带着油气，犹如一河沥青一样，嗒嗒嗒嗒的，打着船尾巴响。马可福老头儿凭在轮船的房舱壁上，把他那双穿着很笨重的长靴子的脚，动来动去，好像在他的周围摸索什么东西似的，一面低声的说：

“我那时有一种害怕……我跑到屋顶室去，我用绳子结了一个活结子，把它悬在屋梁上，我伸着颈项上吊。这时一个洗衣的女人突然看见了我，喊叫众人上来，把我从绳结子上解下来了。从那天以后，就有一个奇丑的东西——一个六脚蜘蛛跟着我，它有一匹小山羊那样大，长着胡须，有两只角，胸脯上有两个女人奶子，生着三只眼：两只在头上，一只在腰上，眼睁睁的望着我在地下走的脚印。无论我到什么地方，这蜘蛛总是用六只毛脚，一步一步的跟着我走。真好像我在月亮下面的影子跟着我跑一样。但是，这蜘蛛，只有我自己看得见它，别人是看不见的，目前它正在那里，你先生恐怕看不见它罢。那不是一个六脚蜘蛛吗！”

马可福把一只手向左边伸着，在距船板约莫一尺多高的地方，摸抚一会子，仿佛摸抚什么东西似的。随后把他这只手放在他膝头上揩擦，口里说：

“它被水打湿了！”

“这样说来，你在这二十年间，都和一个蜘蛛，一块生活着吗？”我这样问他。

“已经二十三年了。你先生以为我发狂了吗？但是我的蜘蛛，我的守护人，它现是的的确确在那里啦。”

“你没有找医生瞧一瞧你的身体吗？”

“先生这话差了。对于这样的事，医生瞧一瞧，中什么用呢？这并不比得是一个什么疔疮疡子，是不能够用刀子割去的，也不是敷一点膏药，涂一点药水就可以散去的。医生，他看不见它——看不见蜘蛛。”

“蜘蛛会对你说话不会呢？”

马可福露出很吃惊的神气，望着我，说道：

“先生和我开玩笑吗？一个蜘蛛怎么会说话呢。这个蜘蛛跟着我，它的目的只在使我害怕，使我不能安心，使我不能把附在我身上的别人的灵魂丢开啊。你先生已知道，我目前虽然有一个灵魂在我身上，却是并非我自己的灵魂，它只是一个所谓偷得来的灵魂。在这十几年当中，我常常想跳水死了去。我也曾从小船上跳下水去过，但是这蜘蛛始终把它的几只脚紧紧的钩在船边，把我拖住，不准我下水去。所以我只是悬在船边，跳不下水，仿佛我单是因为偶不留心，失脚要落下水似的。后来船上水手告诉我说，我的衣服绊住了，所以没有一直落下水去。你看，这就是那件衣服，它那时绊住了我，不叫我落下水去……”

老头儿说到这里，又伸手在空中慢慢的摸抚起来。

我知道，他虽然不是一个全然的疯子，但是他已经和他想象上的一个怪物，一同生活着，我和他说话，简直是无益的，所以我也懒得和他讨论了。

“许久许久，我就想和你先生谈一谈这桩事。”他用一种教堂里

祈祷的口调，很柔和的向我说，“你先生对于无论什么事，都敢大胆说话。我很相信你。我现在恳求你，请你对我说明，这个蜘蛛到底是上帝送来给我的呢？还是恶魔叫它来害我的？”

“我不知道。”

“你现在若不知道，就应该替我想一想啊！……据我自己看来，这是上帝特特送它到我这里来，叫它监视并看守别人的灵魂的。上帝不愿意派一个天使到我这里来，因为我没有这样大的德行，不值得天使降临。但是，一匹蜘蛛，却还和我相称。要知道，蜘蛛这东西，是很聪明的呢，并且它又是可以令人害怕的东西。从它来了之后，我有许多时候，都战战兢兢的害怕着它，很不惯和它同在一起呢。”

马可福说到这里，把他的便帽脱下来，用手画了一个十字架，低声的对我热心说道：

“我们的主，真是伟大仁慈，我们的主人，理性的父亲，我们灵魂的教父……”

……过了几个月之后，在一个月色很好的晚上，我在尼悉尼的一条寂寞的街上又碰见了马可福。他在游人散步的路上走着，向着有墙的那方面，侧着身子，好像对什么人让路似的。

“你好吗？蜘蛛怎么样了，它仍然跟着你在一起吗？”

老头儿笑了一笑，低下头，把一只手伸在空中，露出很亲热的神气，说道：

“自然的，那不是蜘蛛吗？”

再过三年之后，我才知道他在一九〇五年，在巴拉纳附近的一个地方，被贼人打劫了财产，并且性命也被贼人杀掉了。

三、 挖坟坑的

波德亚是一个看守坟地的人，酷好拉手风琴，许久许久就盼望弄一个手风琴到手。当我送他一个手风琴的时候，这个蓬着头发的独眼龙先生，把我的手紧紧的抓住，搁在他的胸口上，满脸现着欢喜的表情，闭着他那只孤寂而有情谊——虽然有时也令人害怕——的眼睛，对我说：

“呃……”

他感动极了，连他想要说的话，也继续不下去了。他把他的秃头摇了几摇，才提了一口气，说道：

“将来你死了，麻克西米先生，我一定要特别照料你!”

这个手风琴，他时常带在身边，就在替人去挖坟坑的时候，也是要带着走的。他做工做得困倦了，就柔柔和和的，聚起精神，奏一回波兰跳舞的音乐。他只懂得这一个曲子，此外什么也不会拉。

有一天，正当教堂神父在离他不远的地方，替死者祈福的时候，波德亚忽然拉起手风琴来了。神父做完了祈福仪式之后，把波德亚叫了去，大声叱着，对他说：

“你这禽兽，你侮辱了死者啊!”

波德亚跑来对我告诉他的满腹不平：

“自然是我错了，我不该在那样时候拉手风琴。但是，纵然我错拉手风琴，他怎样能够知道拉了手风琴就侮辱了死者呢?”

波德亚相信，地狱这种东西，是没有的。好人的灵魂，在死了

以后，会向干净的天国飞去。恶人的灵魂，在死后，仍然藏在尸体里面，和尸体一起住在坟墓当中，一直到尸体腐朽完了为止。尸体腐朽完了之后，灵魂就从土里蒸发出去，一遇着风，就会被吹散，变成无感觉的灰尘。

有一次，我很喜爱的一个六岁的女孩子死了，大家把她的小小尸体葬在坟里之后，都回去了，只剩下我和波德亚还在坟边。波德亚用锄头，平整着小小的坟堆，对我说：

“好朋友，你别伤心了！也许他们在别的世界正说着别的话，比我们还说得更好更愉快呢！也许他们什么话也不说，只是在那里拉着大四弦琴玩呢。”

他爱音乐真爱得异常，简直到了一种滑稽忘己的程度。他只要听见远处有音乐的声音，不管是军乐声也好，风琴声也好，钢琴声也好，他的全副精神就会集中到这声音上面，向着乐声所在地的方向，伸着颈项，把两只手叉在背上，身子一点也不动弹，只是睁开那只阴沉沉的大眼睛，好像是靠这只眼睛去听音乐一样。他这种情形，有时免不得会在大街上发生。有两次，他曾因这种关系，被街上的马踏到了。那时，他虽然被马夫打了许多皮鞭，但是，他被音乐迷着，忘其所以，依然站在那里不动，也没有听见骂声，也没有感着危险。

他对人解释，说道：

“我一听见音乐，我就觉得好像我沉到河水下面去了似的。”

他常常跟着坟地上的一个女叫花子跑。这女人叫做梭罗勤，是一个好酒贪杯的人，波德亚年纪已经四十几岁了，这女人的年纪，却还要比他大十四五岁。

“你为什么和这女人一起跑着呢?”我曾这样问过他。

“谁还去安慰这女人呢?除我之外,一个人也没有。我这个人是爱去安慰那些最被世上遗弃的人们。我自己没有什么忧愁,所以我只得去分担别人的忧愁。”

我和他谈的这些话,是在六月天的骤雨倾盆大下的时间,我两人一同站在一棵白桦树下面躲雨时候说的。那时,波德亚的瘦骨峥嵘的额头,被雨点打着,哔哔波波的响,他却毫不在意,只是细声的对我说:

“如果我所说的一些话,能够擦干别人的眼泪,我是最喜欢不过的啊。”

后来,波德亚得了一个胃癌症,满嘴里面发出一种死尸的臭气。他不能吃东西下去,只是想作呕。但是,他仍然很热心做工,在坟地上面,大步的跑来跑去,一点也不悲伤。当他死的时候,他还正和另一个人看守坟墓的人玩着骨牌呢。

四、 刽子手

尼悉尼市的宪兵队长叶涅,是一个诗人。他的诗曾在保守派杂志上发表过。

我还记得几句他的诗:

> 烦恼这东西,惯从壁炉后边跑出来,
>
> 什么蓬门绣户,都由着它任意徘徊;
>
> 它纵然是,会把你的精神越弄越坏,

同它一起生活着，却也格外的畅快。

没有烦恼，我就会感着孤独的悲哀，

像在那，也没人类也没兽类的世界。

他在一个高贵妇人的纪念册上，曾题了一首情诗：

在房子外边，大门口那里，

站着个，六七岁的小泼皮。

怎么说呢？你和他很熟悉？

这泼皮就是我啊！碰着鬼！

他的诗是很爱用对比和譬喻的。

叶涅后来被一个十九岁的少年杀死了。这少年是倪其福的儿子，倪其福却是当时有名的翻译家，并且是一个托尔斯泰主义的信徒。倪其福的运命很奇怪：他有四个儿子，一个一个的都死得很惨。他的大儿子是一个社会民主党员，屡次受了下狱和流刑的痛苦，结果是害心脏病死了。第二个儿子，活活的投身在煤油当中，把自己烧死了。第三个儿子服毒自杀了。第四个儿子叫做沙霞，因为杀了叶涅的缘故，问了绞罪，被绞死了。他杀叶涅是白昼在宪兵营的门口杀的。那时叶涅正挽着一个妇人的手走路，沙霞跑到他身边去，大声喊着说："呃！宪兵队长！"

叶涅刚回过头去，沙霞就对他面上和胸口接连放了两枪。沙霞即刻被逮捕了，并被判成死罪。可巧，在这时候，尼悉尼的狱中，虽然有许多被拘留着的人犯，竟没有一个人肯出来担任这种不吉利的刽子手的工作。那时当警察局巡官的，叫做巴勒，原来是某总督的一个厨子，惯好喝酒吹牛。他花了二十五块钱，买收一个玩雀子的人，叫做季西加的，叫他去绞死沙霞。

季西加也是一个酒徒，年纪有三十来岁，身材很高，虽然瘦得可以，然而满身筋肉却显着非常发达。一部暗黑色的胡须绕着他马脸样的长下巴边。他的眼睫毛很浓厚，但是，两只眼睛却始终是半开半闭，露着一种做梦一样的眼光。季西加绞杀了倪沙霞之后，特特买了一条红色领巾，拿来围住他的颈项，把他那个大的喉头核遮着。他并且连酒也不喝了，倒反时时刻刻，咳着一种特别沉重的，带着鼻音的咳嗽。他的伙计们问他：

“季西加，你为什么做出这种怪样子来？”

他答应：

“我正干着一件秘密的事，和国家的利益都有关系呢！”

后来他偶不经意，把他充当刽子手的事，泄漏给他伙计们知道了，伙计们把他打了一场，都不和他干在一起了。季西加气不过，跑去找着宪兵队长裘地，请宪兵营特准他穿一件土耳其式的红上衣，并配一条盘着红布条子的裤子。他说：

“这样才能够使一般市民知道我是做什么的，免得他们无故来惹我这消灭恶人的人。”

裘地后来还买收季西加去再做了一回刽子手。季西加这一次居然旅行到莫斯科去，绞了几个人才回来。从此以后，季西加越发自命不凡了。但是，他刚回到尼悉尼，就跑去找斯米诺眼科医生，说他胸口的皮肤下面，有一个胀满了空气的皮球，时时刻刻想把他身体从地面向天空抬上去，请医生给他医治。

“这个皮球用很大的力量把我往天上扯着，我几乎在地面上站都站不住了：我应该把我身体拴在什么东西上面，才免得我身体时常飞跃起来，使人笑话我。这种情形是在我绞了一个坏人之后发生

的。这个坏蛋飞起来，钻到我胸口里面去，慢慢的就膨胀起来……你看！现在我已经不能够睡觉了。无论我怎样设法，到了晚间，这皮球总是把我向天花板上扯。我曾把我所有的一切衣服，都盖在我的身上，甚至于放一些砖头在我的袖子和衣口袋里面，却是，仍然没有一点用处！我也曾试着把一张桌子，搁在我胸口和肚子上，把我两只脚拴在床上，可惜还是不中用，那气球仍然把我往天上扯着。我诚心恳求先生，把我胸口的皮肤割开，放出里面的空气来。若不这样，恐怕我即刻就要完全不能够在地面上走路了。”

眼科医生劝他到精神病院去看看病，季西加却用俏皮的话拒绝医生。他说：

“这个病是从胸口来的，并不是从脑筋来的呀……”

后来不久，季西加从屋顶上落下地来，跌断了脊梁骨，头也跌破了。在将死的时候，他对多古罗医生说：

“在埋我的时候，会不会有音乐队呢?”

在他断气以前的几分钟，他叹了一口气，轻轻的说：

“你看！我飞起来了……”

五、研究家

（一）

在色陀罗海滨，有一个在澡堂替人擦背的老头儿，名叫勃罗斯特，年纪有六十多岁了，身体还很强壮，显着一个令人敬重的面

貌，两只磁器色的眼睛，像摆在头上一样，带着异样的光，好像那里燃着一盏鲜明的，很枯寂的，但同时又是多情的，很可令人亲近的灯火一样。勃罗斯特无论对于什么人，好像都能够发见一点可表同情的东西。他那种对世上一般人的态度，很显出他自命不凡，好像他自己是他们当中最聪明的人一样。他的一切动作，都是很谨慎的。他说话的时候，声音很低，似乎他认为他周围的人们都是睡得正浓，生怕声音大了会惊醒他们。他做工做得极勤，不露一点厌倦的神气。别人有事托他，他总是甘心尽力去做。这个海滨的疗养院里的办事人等，偶尔请他干什么事情，他总是立刻用一种安慰的口气，很简捷的忙着答应说：

“好的，好的，我去做，老朋友，放心罢!”

他替别人做事，又极诚恳，并非信口答应敷衍了事。他做别人的事的态度，好像是对于懒惰的人施一种恩惠一样。

在闲着没事的时候，他总是离开众人，一个人孤独的呆着。我从没有看见他在闲暇时候和他的同事谈笑过。许多同事对他的态度，也没有定准，不过仿佛都把他看成有点蠢气。有一次说到勃罗斯特，我问他们：

“这是一个什么样的人?”

他们回答我：

“就是那样……一个寻常的人……”

只是一个茶房，回想了一阵子，对我说：

“是一个自负不凡的老头子，是一个洁白的人。”

有一天晚上，我邀勃罗斯特到我房间里喝茶。我的房间，好像一间放东西的厅房，又宽又空洞，有两个威尼司式的窗子，对着公

园开着。我房间还有共同汽管通着，每晚到九点钟一定有汽管子悉悉的叫。在这样的时候，我往往发生一种怪印象，觉得有一个阴沉沉的低声问着我：

“你想不想吃鱼?”

老头儿到我房间来了。他特别打扮过。他穿着一条印度玫瑰色的裤子，一件灰色上衣，一双新的毡靴。他的灰色大胡子，梳得很光顺。头发擦了一些油脂，非常放光，但是同时却放出一种不愉快的香气，刺人鼻子。他一面郑重的喝着茶，兼带着喝红葡萄酒送干果子，一面用平易流畅的话，低声对我谈他的历史：

“你的观察非常的对：我是一个好人。但是，我生下地来，过了半世，都和平常人一样过活，并不爱管别人的事。我变成一个好人，是在我失掉了对于神的信仰之后。我为什么会失掉了对于神的信仰呢? 因为我一辈子的运气，接二连三的太好了的缘故。从我生下地那一天起，成功就始终追着我走，一点也不离开我。我父亲是蒙村的一个锁匠，他常常说：‘斯特这小孩子生来就是带着好运气的’，因为生我的那一年，他发了一笔财，开了一个小小工场。我小时无论干什么玩意，运气都好极了，所以我也乐得去学种种的东西。我从没有生过病，也从不知道什么叫做烦闷。我在小学校毕业之后，即刻就被送到一个大地主庄子上去当管事伙计，和许多体面人一起住。我的主人很喜欢我，主妇常常对我说：‘斯特，你真有才干，好好的办事罢，将来还有好日子过呢。’主妇的话一点也不错，我的确有许多本事，连我自己都不知道它们是从哪里来的。甚至于我会随便用药治马的病，治得很好，实则我并不晓得那些马到底害的是什么病。那时我还会叫无论什么样的狗，只用两只后腿站

起来，并不必用鞭子吓它，也不须用什么食用逗它。我对于女人，运气也非常之好。凡是我所喜欢的女人，没有不跑来找我的，一点也不会有差池。在二十六岁的时候，我当了事务所的主要管事。的确，如果不是我自己不愿意，我一定还当了庄子上的监督呢。有一位先生叫做马奇，也和你一样，是著书过活的，曾经对我发了一种惊叹：‘勃罗是一个真正的俄罗斯人，他的血统是很纯粹的。’我不知道什么叫做纯粹的血统，但是，马奇先生是不说笑话的，他的称赞不是不值一钱的呢！那时我自负得了不起，一切事情也进行得很顺利。我已经找着一个年轻的姑娘，很中我的意，正想和她结合，不料我忽然感着了人生的危险。连我自己也莫名其妙，何以会有那样的感觉。一种非常古怪的好奇心，钻进我的脑筋里：为什么我无论干什么事情都会成功？为什么呢？这种好奇心越燃越旺，到后来我晚上简直连觉也睡不着了。纵然我那时在白天做了许多工作，疲倦得像拖车的马一样，但是，一到晚间倒在床上去睡觉，我却只是睁开眼睛，想着：‘为什么我有好运气？自然，很明显的，我有许多本事，又很信神，又不是蠢子，又很温和有节制。但是，我也常常看见许多人关于这几点比我还好，然而他们却并没有了不得的好运气。这是很明白的。’那时我想着，是的，我在那时想着：‘神啊，你为什么要把我放在这样的地位？我的生活太甜了，真像一个糖果子，不晓得将来要被谁人吃了去呢。’这样的思想，始终和我脑筋纠缠，一刻不离。那时我只觉得在我这幸福的生活当中，好像藏着什么恶意，仿佛有什么人特特那样安排着，拿我开心似的。——但是，为什么拿我开心呢？我在思想上问着：‘神啊！你要把我引到什么地方去呢？’可是神这位先生，始终不说话……不

给我一个回答。”

“所以，最后我就下了一个决心：我要试着过一过不正当的生活，看看他会对我发生什么结果，看看我还能够有好运气不能。我从钱柜里面，偷了四百二十块钱，因为我知道，照那时的法律说，偷窃钱物过了三百块钱，就得受地方审判厅的审判。不错，我把这个数目偷走了。不消说得，他们一清账，即刻就发见着被偷了。那时当监督的，叫做甲罗，是一个顶好的人。他问我：‘银子到什么地方去了呢?’‘我不知道。’我虽这样答应，同时我已经安排好了，使他们要专对我怀疑，不会疑别的人。那时我看见甲罗非常烦闷，终日愁眉不展，我自己问我自己：‘为什么要使一个公正的好人受苦?’所以我就对他说：‘银子是我偷了。’甲罗不肯相信。‘你别讲笑!’他这样叫着。但是后来他结局相信了我的话，把前后的事实，都告诉了主妇。主妇听见了，大吃一惊。她说：‘斯特，你疯了吗?碰见鬼了吗?’我只对她说：‘请你把我送官罢!’她听了之后，大发脾气，满脸涨得绯红，使劲扯她衣服的花边，扯得一片一片的掉下地去：‘我不想把你送官，但是你也太不要脸了……你将来自有自作自受的那一天。’……我承认了她的主张，离开了他们。我随即到莫斯科去，我从邮政局把银子汇去，但用的却是另一个假名字。”

我问这老头儿：

“你为什么干那样的事?难道你愿意受苦吗?”

老头儿把他的又浓又乱的眼睫毛往上翻起来，露出惊异的样子，在他那大胡子里面，微微笑了一笑，随即用他那洗得很干净的手，轻轻的弹着他的卷毛胡子，勉强止住笑。他说：

“不，不是的。为什么我想受苦？我很爱过安逸的日子呢。不是，不是想受苦。我那时有一个很强的好奇心：为什么我有好运气？我完全单是被这个好奇心所驱使，才做出这样的事来。也许这种行动的原因，是在过于小心谨慎：我那时极想试验试验，看我的好运气能够走到什么程度呀！但是，这都是由于年纪太轻的缘故。啊！啊！一个人总是惯拿自己开玩笑！不过，到底不单是开玩笑，不纯粹是想开开心。要知道，我那时过的，全然是一个异常的生活：我在奢华和宠爱的当中过日子，恰恰像一条富贵人家养着的哈叭狗儿一样。我周围的人，都皱着眉头，发着叹声，唯独我一个人，被神罚我来过安逸的日子，从那时情形看起来，仿佛要过一辈子的同样的日子呢。在别的人，都有种种的受苦受难，唯独在我一点苦难也没有，好像别的一般人都可以享得到的事情，我独没有资格去享受似的。这就是我那种行动的原因的全部，据我想……”

“那且不说。现在我在莫斯科了，住在客栈里，一个人在房间当中，自己对自己说：‘别的人，偷了一块钱，就许会被送到官里去，我偷了四百多块，却一点事也没有！’想到这里，我不觉得自己好笑起来：你看，这就是我的背霉运啊！当时我想着：‘这不算得倒霉。斯特，你等着罢！’我把我的周围观察一下：一个很坏的客栈，许多形迹可疑的人，赌棍，戏子，流浪的女人。在这些人当中，有一个人自称是一个厨子，其实是一个贼。我和他认识了。我问他：‘你怎么过活？’他说：‘不过那末一回事，有时多，有时少，有时一点也没有。’我和他渐渐深谈起来，他对我说：‘我现在计划着一件小小的事。我须得有一个好工具，可惜这工具价钱很贵，我没有钱买它。’我当时想着：‘哼，哼——！不错，就是那个玩意儿

了。’我问他：‘你不会伤害别人的性命罢？’这句话惹出他的气来。他盛气对我说：‘你说什么！我难道不要我的脑袋！’我放了心，我把钱给他买工具，好叫他为表示谢意起见，领我一同去做贼。他起初很不愿意领我去，做出种种支吾的样子，但是，结局他还是领我一同去了。他那种干法，一点也不中我的意：那种办法恰像一个人跑去拜会朋友，碰着主人不在家一样。一个颜色很黑的女孩子，一定是他的一个相识的，开门引我们进去。进去后，他立刻很熟练的把这女孩子的手脚捆起来，然后去开衣柜。他这时一面工作，一面轻轻的吹着口笛，露出很快活的样子。简单极了！我们出去的时候，也和进门的时候一样，一点不安定的心理也没有。这个人自做这回贼之后，就离开了莫斯科，我自己一个人却还依然过着愚蠢的生活。我自己问自己：还不仍然是好运气吗？那时想到这里，我不禁一个人冷笑了一会。我对于一切，都抱着一种愤怒了。我恨我自己，并恨天上的神，恨他眼看着我做的事，还要戏弄我。我抱着满腔愤怒，跑到戏院子里去听戏。我坐在包厢里面隔着两个座位那边，坐着上面说的那个黑色女孩子。她很热心看台上的戏，并用手帕擦眼泪。在幕间休息的时候，我走到她身边去，对她说：‘好像我们是在什么地方见过面的。’但是，她对我默然不答一句话。我不得已，只好对她提起那一天的几件小小事情。她听见了，才对我说：‘啊！请你低声说罢！’我问她：‘为什么你流泪呢？’‘我可怜那个王子。’因为这时台上正演着一个王子逃难受苦。看完戏之后，我和她到酒场喝酒，喝完之后，我带她到我住的客栈的房间里去，我两人照那时爱人间的说话，实行起共同生活来。她以为我是一个真正以做贼为职业的。她问我：‘怎么，你不去做工作吗？’‘不，

我现在没有什么工作。’‘好罢，我绍介你去会几个朋友。’她果然给我绍介了几个做贼的朋友。虽然做贼，他们却都是很好的少年。其中有一个人，叫做巴哈哥的，尤其特别出众，可算得是天然状态下面的可惊异的产物：好一个又透明又快活的脑筋！我和他两人，成了很好的朋友。我对他说：‘老实说起来，我并不需要什么，不是因为要得东西才玩这个把戏。我做贼，完全是出于好奇心。’他回答我：‘我也和你一样。我做贼，是因为想借此活泼活泼我的精神。世界原是好的，生活也是愉快的。有时我很想跑街上去，大声喊叫：兄弟们，把我捉起来罢，我是一个贼呢！’这小伙子真正有趣，可惜后来不久，他从进行着的火车上跳下来，折断了一只臂膊，随后又得了肺痨症，跑到南方喝马乳去了。我和这个贼团——一共有三个人——共了十四个月的事。我们总是到住家大楼及火车上，或偷或劫。每做一回贼，我总满心期望着第二天有什么异常的可怕的事件发生出来。但是，我的期望始终没有实现，我做了许多回贼，竟没有受一点损害。贼团体的首领，叫做白乐科，是一个很受敬重的非常聪明的人。他有一天对我说：‘斯特，这是从你加入我们团体之后，我们才走这样的好运呢。’他几句话，把我提醒，使我从新回到我的理性上来。我虽然过着淫乐的生活，我却不能不反省。我自己想：‘我现在还有什么事情没有做过？杀一个人吗？’这个杀人的观念，好像一根木刺一样，插在我心里，在那里长隐了根，长久留在那里，要成一个溃疡。有一天夜里，我坐在床上，两只手放在膝头上，我默想着：‘神啊，我知道了，依你的意思，随我过什么样的生活，在你都是一样的呢。不是吗？现在我准备去杀一个人，杀一个和我同类的东西。我可以很简单的杀了他。看着

罢!’但是，神在这时候，还是依然不说话。”

说到这里，老头儿深深的叹了一口长气，用他的小匙子，把果酱摊在面包上。

我对他说：“你是一个很骄傲的人呢!”

他从新把他那乱杂的眼睫毛抬了一抬，鼓起两只磁器色的眼睛，盯着我，我觉得那眼睛这时特别空虚透明，十分悲惨。他又留心把他的胡子理了一回，似乎他怕他被果酱弄脏似的。他回答我：

“不，不是的。为什么骄傲? 据我想，人类这个东西，实在没有一点什么可以自夸自骄的。”

他一面把小块小块的面包，丢进他那被毛包着的嘴里去，一面继续用低声谈他的故事，犹如谈别的不大值得同情的人的故事一样。

“是的啊，那时，神对我实在一句话也没说过。过后不久，果然遇着一个诱我杀人的机会。有一夜，我们偷进了一个别庄，正试着我们的本事，忽然在黑暗当中，从一个什么地方，发出一种小声音，一种刚刚睡醒，毫无一丝气力的声音：‘叔叔是你吗?’我的同伴这时逃到露台上去了，我自己还没逃走，只是留心察看情形。我看见那边有一个门，门背后有什么东西动摇着。我把那扇门开了一半，我看见在那角上睡着一个约莫十二三岁的小孩子，正用手搔他的长头发。他重复问了一句：‘是叔叔吗?’我眼睁睁的望着他。我两只手和两只脚都发起颤来。我的心脏好像也停止不跳了，只是对我说：‘你看，机会到了呢! 斯特，干罢，干罢!’但是，我立刻又打断这个念头，我想着：‘不行，不行，我不干。神啊，不行罢，恐怕你未必给我这样多的好运气，叫我去犯这个罪罢? 去暗杀一个

无辜罢？你引我走了这许多小路，结局是向着这沟里走吗？不是的，不是的……'这个观念，使我忽然羞怒得了不得，我脑筋昏乱了，我也不知道我怎样出了那个别庄，跑到树林子当中去了。"

"我现在坐在树子下面；我的同伴坐在我的旁边抽纸烟，一面低声抱怨我。那时雨也下起来了，我们浑身都湿透了。树林萨喇萨喇的响。我在黑暗之中，仿佛还看见那个半醒半睡的小孩子，躺在我眼前，任我去屠杀似的。我想着：'只要一分钟，这个小孩子就不在这世界上了！啊……'这种思想使我意气全然消沉起来。我受不住了。我觉得我自己就是那个躺着任人屠杀的小孩子。你想想看：你一个人坐在那里，你并不知道我在转眼之间要干什么，我也不知道你在一瞬间要干什么。可怕极了！"

"人家不晓得你脑筋里想着什么……忽然的我把你……也许是你把我……这种不能够防范的事情，好不令人着迷！归根结底，到底是谁指引着我们呢？这就是我当时的想法……"

"第二天早晨，我跑到城里去，一直上检察厅，对检事说：'请你把我拘捕起来罢，官老爷，我是一个贼呢。'这检事是一个好人，人很诚恳，长得极瘦，好像带着一点傻气。他问我：'你为什么要来自首，你一定是和你的同伙闹翻了，他们不肯分赃给你。是不是?'我回答他说：'我没有同伙，我只是一个人下手。'我那时很蠢笨的，照我现在对你说的这一番话，一五一十把我走入迷途的历史说给他听，并告诉他，神怎样玩弄我。"

我打断老头儿的话头，问他：

"斯特，为什么一定是神玩弄你呢？也许是恶魔戏弄你啊！"

老头儿用一种平稳安详的口调，对我解释：

“世上没有什么恶魔呵！恶魔这句话，不过是我们爱弄玩意的理性创造出来的啊。人们造出恶魔这句话的目的，无非是一面要掩饰自己的丑恶，一面要借以替神开脱责任，免得神受人责难罢了。不但这样，就是那些类似恶魔的人们，如像开茵，犹大，恶皇伊望等等，也一样是人们故意造出来的话，他们要想创造这样的单独的个人，去负担大多数人的罪恶和丑行呢。我的话是真的，你可以相信……啊！我们这些卑劣的人们真昏迷，真胡闹。我们总想造出一些比我们还坏的东西，来安慰自己：什么恶魔啊，等等东西……都跟着来了。我们是不好的，但是，不是顶不好的，还有比我们坏的……”

“这不必管他，且说我和检事罢。检事房间的墙上，挂着一些画块。犯罪嫌疑人住的房间很舒服。从外表看起来，是很好的。但是，好的外观有什么用处呢？要知道世人惯会用好看的招牌，卖劣等的商品啊。我和检事说话的时候，有什么人在楼上按钢琴。我听着那种轻佻的声音，非常不愉快。我当时想着：‘啊！神啊！你怎么把一切事情弄得这样坏！’我说话说了很久的时间，检事默默的听我述说，好像老女人在教堂里听牧师说教一样。但是，他并没有听懂我的话，一点也不懂得。他说：‘论道理，一定是要把你付审判的。不过，我敢担保，如果你把刚才说的这些话，一切都对判事说，他们一定会把你开释的。他们不会把你放进监狱，倒会送你到修道院去呢。’我那时很觉得为难。我回答他：‘你一点也不懂得我的意思，我不愿意和你再说上去了。’好了，他送我到警察局去了。在局里，我被侦探们这样拷问：‘我们很知道，你自首的许多盗案，不只是你一个人干的。告诉我们，你的同伙在哪里。如果那样，你

也就可以和我们一起，同干侦探的事。’当然，我拒绝了他们的要求。他们打我，并且不给我饭吃。那时候，我的确算得受着一点苦了。后来开庭审判了。我讨厌审判，不愿意说话。因此，判事们生了气，把我重重的判了罪。现在我坐在牢狱里了。周围的人，都是等于虫子和兽类的东西。他们把我看成首领。我对我自己说：‘啊！我的神！这些事都是坏的，是顶坏的。’我反省了一些时候，自己想着：‘你真是一个小好人呀！随你怎么样掉换过日子的方法，那指导你的生活方向的，还不是只有你自己吗？’说到牢狱那个东西，它真好比一个赘疣，可说是一点好处也没有的。我刑期满了，出了监牢。我周围看看，左也不好，右也不是。我在到处流浪了一些时。后来我进一个熔铁厂做工，又觉得倦怠不堪，那里太热了。并且我不欢喜铁，熔炉，以及一切金属。生活上的一切劳苦，艰辛，脏污，毛病，都是从金属来的呢。没有金属，人类或许要比现在简单些，他的生活也许比现在容易得多呢。我曾经试做过许多种类的职业，我连扫便所的职业都干过——我应该对你说老实话，我曾经对于最脏的工作，感着绝大的兴味呢。到后来，结局找着我所找的职业了：我变成一个澡堂擦背的了。到现在算起来，我已经替人擦了十七年的背，我始终努力替他们好好洗澡，不叫他们担忧呢。人生在世上，忧愁是没有多大意思的。认真的说来，也可以说它是一点意思也没有的。我现在过着无神的生活。我常常可怜那些人们，帮他们的忙，因为我觉得他们是被别人丢掉了的，并且因为我觉得人生是多少带有一点倦怠的……”

（二）

检事华独清，在他死的约莫两个月之前，曾经对我谈了一段故事：

“我在三十年之间，经手审问了许多杀人凶手，只有那车夫麦古罗，引起了我一种害怕人类和替人类害怕的感情。从普通的情形说来，杀人凶手总是一个蠢得无法医治的东西，一个不知道他犯罪的轻重的，精神上无能力的低能儿，或是一个狡猾的恶徒，一个被关在笼子里狂叫的狐狸，再不然，就一定是一个被种种苦恼压坏了的绝无希望的可怜人。但是，自从麦古罗站在我的眼前，我就即刻觉得世上的事还有特别可惊的例外。”

华独清说到这里，闭着眼睛，极力去搜索当时的印象。

“麦古罗是一个乡下大汉子，肩膀极宽，年纪约莫有五十多岁，长着一瘦而好看的面孔——就是世人叫做希腊圣像式的面孔。一灰长胡须。蜷毛头发，也是灰色的。前面头发从太阳穴就秃起，但是在额头正中，又剩着一把头发，吊在额上，好像一只角一样。角下面衬着两只很聪明的灰色眼睛，深深的位置在眼眶里，露出一种温和而富于同情的眼光。”

华独清检事说到这里，很苦闷的从口里吐出一种死尸臭气来——因为这检事是害胃疡病死的——显出神经过敏的样子，把他那土色的苦脸，皱了几皱。

“我那时最感觉痛苦的，就是麦古罗这双眼光里面的慈悲表情：这表情是从什么地方来的呢？我平常办职务上的事的时候，总是很冷静自若的。这一次却不同了，冷静不晓得跑到哪里去了，倒发生

了一种很不放心的好奇心。这种好奇心，在我固然是很新鲜的，却同时又是很不愉快的。”

“麦古罗答我的询问的时候，发出一种很沉重的迟钝的声音，仿佛是一个没说惯长话或不愿意说长话的人的口音一样。他的回答，又简单，又正确。很明显的，他是准备老老实实招一个真实口供的。我对他问了几句我从来没向别的凶犯问过的话：‘麦古罗，你的相貌很好，你不像一个杀人凶手呵！’”

“他那时候，听见了我的问话，特特取过一张椅子，坐下去，仿佛他是往人家拜会一样。他坐在椅子上，把两只手放在膝头上，说起话来，带着一种神气好像他——这虽然是一个很蠢的比譬——正在吹笛琴一样：笛琴是一种凑合几根横笛似的管子而成的口风琴。”

“‘官老爷，你以为，若是我杀了人，我就是一匹野兽吗？不是的，我不是一匹野兽啊。你既然感着我不像凶犯，我就索性对你把我一生的历史说了罢。’”

“他说他自己历史的时候，又冷静，又有觉悟，一种态度真是从来的凶犯所未曾有的。他并不替己辩护，也不努力要想使我对他发生怜悯之情。”

华检事这时候说话说得很低，并且很慢。他的嘴唇，有许多小皱，还带着一些灰色的麟甲一样的东西，说话的时候，动得非常吃力。他时常用黑灰色的舌头，去舐嘴唇，眼睛却是闭着的。

“我很愿意想出他自己的话来。他的话有一种特别的重量，是一种打人心坎的话。他那慈悲的眼光，也同样把我压迫得很厉害。你要懂我的真意思：我不是说他的眼光可以叫别人怜悯他，是说他

在怜悯别人。不是我可怜他，是他可怜我啊！却是要知道，在那时候，我还很壮健呢……”

“他第一次杀人，是在下面说的一种情况之下：一个秋天的晚上，他从码头上运了一车装有砂糖块子的糖口袋，到街上去。他半途上忽然看见一个人走在他的车后面，割开一个口袋，从里面挖出糖块来，往衣口袋和衬衫里面塞。麦古罗慌忙上前去抓这个人，在他太阳筋上打了一下，这个人就倒下地了。”

“麦古罗说：‘我还用脚把他往旁边推，免得碍着车。我一面把破了的糖口袋收拾好。这个人却仍还睡在地下挨近我的脚边，面孔向上，两个眼睛怪模怪样的睁着，嘴也是开着的。我有点害怕起来了。我蹲下去，扶他的脑袋：他脑袋重得像一块石头一样，只是在我的手里打转。他的眼睛好像眨了几眨。血从他的鼻子里直流出来，污了我满手都是血。我忽然丢下他的头，站了起来，不知不觉的叫着：啊！我把他打死了！’”

“麦古罗被拘到警察局去了。随后又被放在监狱里去了。”

“‘我现在到监狱里了，周围尽是一些罪人。我那时觉得，我看见的一切东西，都好像在雾里一样。我什么也不懂得了。我只害怕。我睡不着觉，也吃不下面包。我只是始终对我自己说到底有了什么鬼怪呢？一个人走在街上，我给他一拳头，这个人就死了去！这岂不古怪？他的灵魂在哪里呢？他不是一匹羊子，也不是一条小牛。他也是信神的。固然也许他的性格和我不同，但是他到底和我一样，同是一个人。却是我居然能够轻易要了他的性命，我打死了他真像打死一个兽类一样。这样说来，我自己当然也会被别人轻轻一击就送了命呢！这种思想缠着我的脑筋，每夜里使我害怕，提心

吊胆的，居然叫我能够听见我头上的头发生长的声音。’”

“麦古罗一面说，一面用眼睛盯住我。他那双透明的眼睛虽然一点也不动，但是我却觉得能够在他那灰色的瞳仁里面，看出他在黑夜里的恐怖的闪光。他那两只手交叉着，插在两个膝头的当中，使劲把它们夹住。他那无意识的杀人，在法律上，只给了他一个轻轻的刑罚。他后来由拘留所被送到修道院去做赎罪的工夫。”

“麦古罗说：‘在修道院里面，他们特特叫一位牧师和我一起住着，要他教我过生活的方法。他是一个很温厚的老头儿，他说神的存在，说得真好，比什么人都说得好。他对我真像一个真的父亲一样，他时常叫着我：我的孩子，我的孩子。我自然多半只听他说，但有时我也问他：好的，万事都有神管着！只是，如果真是那样，为什么人类生得那样不结实呢？保罗神父，你是很信神的人，神也一定是很爱你的。然而我的确可以给你一拳，把你打死，和打死一只苍蝇一样，容易得很。那时候你那十分可亲爱的灵魂，到底会跑到哪里去呢？在这个例子里面，要紧的所在，不是你的灵魂如何的问题，倒是我的坏思想如何的问题。我所说的我的坏思想，就是：我能够在无论什么时候，把你打死。并且我这思想也不见得一定就是坏的，因为我还可以用很亲爱的方法，把你打死，甚至于我可以先做一回祈祷，然后再打死你！请你把这个道理替我解释解释罢。但是，他并不能替我解释明白这个疑问。他始终只是说着同样的话：这是恶魔把你弄蠢了，是恶魔使你这样担忧。我对他说：不管他是谁使我担忧，那倒于我无大关系。请你告诉我，怎样才能够使我不会被别人叫我担忧。我并不是一个兽一样的蠢子，我身体里面，并无一点兽的野性。不过，我的灵魂却很害怕这个兽性。他对

我说：你只管极力祈祷罢。我照他的话，尽力祈祷，把我精力都用尽了。我的太阳筋边的头发，开始变成灰白色了，但是，在实际上那时候我还刚只有廿八岁呢。怎样用力祈祷，结果还是灭不了我的恐怖念头。我一面祈祷，一面继续想着：我的主啊！到底怎么样呢？我可以立刻叫无论什么样的人丧命，无论什么样的人，只要他愿意，也可以立刻要我的命。我一睡着，也许有人拿小刀子来割我的喉管，或是用一块石头或木棒，打碎我的脑袋，再不然，就是用重东西压死我，或其他别的方法都行！'"

"'这种思想，妨害我睡觉，因为我害怕。起初，我是同修道的人们一起睡的。在夜里，只要他们当中有一个人动弹，我即刻会跳下床来，大声吼着：谁动了？要安静些！什么东西！因此同睡的人，都害怕了我。同时我也害怕他们。后来，大家可怜我睡不着觉，竟至把我送到马房里去，和马一起睡。在马房里，我觉得比较安静一点：因为马是一个没有灵魂的畜牲。但是，纵然在马房里，也不过略睡一刻罢了。我还是害怕。'"

"麦古罗在赎罪期满之后，被放出来，仍然过他的车夫生活。他寄住在城外一个种菜园子的人的家里，过着很有节制的孤独生活。他说：

'我那时好像在梦里过日子一样，成天默默的不多说话，极力躲避，怕和别人接近。一些同行的车夫们问我：伊望，你为什么过日子过得这样凄惨呢？你是准备着进修道院去的吗？我去修道院送终！修道院也是有许多人的。凡是有许多人的地方，也就有恐怖呢。我一面把世人一般人观察着，一面对自己说：希望神保佑你们啊！你们的性命是很不结实的啊！你们对于我并没有设着什么防

备，我对于你们，也同样没有设防呢。——官老爷，你试想想，我灵魂上放着这样重的一个负担，我的生活有什么乐趣呢？'"

华检事叹了一口气，把一顶黑色的丝做的球形小帽，放在他的光头上去。他的头虽然是光得没有一根头发，却是一点油光也没有，好像一块很老的腐蚀了的骨头一样。

"麦古罗一面说，一面微笑，他这种不注意的，不适当的古怪的微笑，把他那好看的面貌，都弄丑了。那时候，我忽然想着：'不错的，这是一个兽类。他杀人的时候，也一定就是用这种微笑呢。'我正感觉得很不舒服，他却用一种忿怒的语调，继续的说：

'我在众人当中走过的时候，真好像一只股上夹着一个腐坏了的蛋的母鸡一样，这是我那时知道很清楚的。这个腐坏了的蛋，快要在我身上破裂了：一旦破裂，我应该怎么样办呢？我那时不知道要怎么办，也并没有去详细想象它，却是我的确懂得破裂的结果是很可怕的。'"

"我那时问麦古罗想到自杀没有。"

"他沉默了一下子，把眉毛动了几动，回答我：'我记不清楚了。我相信我一回也没有想到自杀。'"

"他立刻又反问我，露出很吃惊，同时又很郑重的神气：'为什么那时我没有想到自杀？我吓得……'"

"他用手在膝头上拍了一拍，两只眼睛盯住房间角上，嘴里露出不平的声音，仿佛很为难似的。"

"'你知道……是这样，因为我不愿意解放我的灵魂……那时我太被它那种对于人类的好奇心所苦，太被它那种使人着恼的卑劣行为所苦，所以不愿意放它走。那时候，我把我自己都忘记了。无时

无候的，都只有我的灵魂在那里打算：如果把那人杀了，会有什么结果发生呢？不错，它始终是这样打算着……’”

“过了两年之后，麦古罗又把种菜园的人的半傻女儿杀死了。他对我谈这回杀人事件的时候，所用的话，比较不大明了。自然是因为他自己也不懂得这回杀人的动机。据他说的，这个被杀的女孩子，是一个傻子。他说：

‘她真是一个性格不完全的人！她往往忽然把她做着的花坛边的工作，或扯草的工作，停止不做，跑走了，谁也不知道她到底跑到什么地方去。在这样的时候，她两只眼睛很古怪的睁开，笑容满面，仿佛有什么无形的人叫她去似的。她不管是树子也好，篱笆也好，墙也好，她总是一直冲去，仿佛想通过这些东西似的。有一天，她在铁耙上走路，把两只脚穿了许多窟窿，血直是流，但是她仍然继续走路，一点感觉也没有，连眉毛也不皱一皱。这是一个又粗又丑的女孩儿，然而因为傻的关系，却被人引诱得非常放荡。她跟着一些男子跑，这些男子当然也利用她的傻气。她也常常追着我，可惜我心里别有注意，不曾理她。真也奇怪，那使我害怕的事，在她却一点也不要紧：无论她怎样跌到沟里，或从屋顶上落下地来，她总是一点事也没有。若是别人，一定不是折臂，就是断骨了，在她却没有一钱的事。她好像不是在地面上走路的样子。自然，她身体虽然也满处都是青印子和擦破伤痕，然而从全体说来，却是非常结实的。差不多大家都要说，这傻女子是特别被神造得坚固呢………我是在众人的面前，把她打死的。有一个礼拜天，我正坐在大门口一个凳子上，她走到我旁边来，和我开不适当的玩笑，我就顺手拿起一块柴，打了她一下。她跌下地了。我留心一看时，

她已经死了。我不觉得蹲下地去，挨着她坐着。我自己也哭了起来：神啊！这又怎样了？为什么这样不结实呢？果真被神弃得这样容易！’”

“麦古罗关于人的身体的不结实，用很沉重的话，絮絮叨叨的，说得很长，好像是发谵语一样。在他眼光里面，燃着一种不吉的恐怖。当他对我低声说下面几句话的时候，他那副节欲人的无表情的面孔，也露出忧郁来了：

‘官老爷，你想想，就是在此刻，我也能够忽然把你打死。是不是呢？你只消想到这一层！谁防备我，不任我那样做？哪里有什么禁止呢？无论什么地方，也没有禁止，什么也没有……’”

“打死这个小女孩子的行为，使麦古罗坐了三年的监狱。据他说，他感受的痛苦，比较很轻，因为他的律师很能替他辩护。但是，他对于他的律师，却一点也看不起：

‘这是一个信口乱说话的年轻人。他时常大声喊着：谁能说这男子有恶意呢？当场的见证人，谁也不说一句这样的话罢。并且被牺牲的，又是一个傻而放荡的女人。他替我辩护过错，简直是纵容我。在我自己想来，我既然一旦犯了罪，一旦杀了人，我并没有一点辩护自己的必要。在我被拘的期间你要把我管住才行。因为，如果我一旦跑走了，你就不能够再捉住我了。如果我开始跑走，我一定会跑到跌在地下的时候为止。是的……就是牢狱，也算得是一种纵容，一个软弱，一种放荡呢。我出了牢狱之后，我仿佛是睡着了似的，我什么也不懂得了。一般的人，走去走来，或步行，或坐车。他们旅行。他们盖房子。唯独我，始终还只是想着一件事：我可以杀死无论什么的人，无论什么人也可以杀死我。我害怕。我觉

得我的臂膊一天一天的越长越粗了。我自己都不认识我的臂膊了。我也曾经学着喝酒解闷，但是还是喝不惯，因为见了酒我就发恶心想呕。’

‘有一次我勉强喝了酒，我不觉得哭起来。我跑到最黑的房间角上去哭：我已经不是一个人，我只是一个傻子。这已经不是什么生活了。我纵然勉强喝了酒，我也不觉得什么醉。但是，如果我不喝酒，我比一个醉人还苦得厉害呢。我自己对自己忿恨起来了。我对一般人都恨怒狂骂起来了。我要叫他们逃避我。我害怕他们。我常常对自己说着：是他杀死我吗？还是我杀死他呢？我走在地面上，犹如一只苍蝇爬在一个玻璃杯上一样。玻璃杯子一旦爆发了的时候，我自己不知道要滚到什么地方去呢。’

‘我那主人，我杀了他也是出于同样的理由，由于好奇心。这是一个快活的人，一个善良的人，并且是一个异常有胆量的人。有一天，在我们的隔壁，发生了火灾，他的行动，简直像不朽的英雄的行动一样。他一直跑进火里头去，寻找乳母。后来因为乳母被救出来之后，还哭着要一口箱子，他又从新跑进房里去找箱子。’

‘这是一个幸福的人，神帮着他的灵魂呢！不过，从愿意使他受苦的人看来，我却在实际上使他受了苦呢。我从前两次杀人，都是打一下就打死了。这次对于这个人，我却使他受了一点苦：因为我那时极想知道他到底害怕不害怕。可惜，他也太不结实了，他很快的就闭气闭死了。众人听见叫声，都跑了来，把我捉住，用绳子绑起。我对他们说：蠢东西！应该绑的，不是臂膊，是灵魂呢！’”

“麦古罗说完他的历史之后，用他一只手，去擦他满脸的汗。他并且很冷静的对我给一个忠告：

‘请把我严重处罚罢。官老爷，请处我死刑罢。否则我……就是在徒刑场中，我也是不能够和众人一起生活的。压在我灵魂上的东西太多了，使我不愉快。我自己也害怕我还要去做残刻的事。如果那样，又使别人受苦呢。官老爷，你把我消灭了罢……’”

华检事把他那双要死了的眼睛，眨了几眨，对我说：

“他自己消灭自己了。他自己绞死了。他绞死得非常特别，用自己的练子把自己绞死的！只有鬼才知道他怎么样做得到呢！我并没有亲眼看见他自己绞死后的样子。我是听验尸的检事说的。据他说，要用那样受苦，那样不方便的方法自杀，实在应该有绝大的决心愿意才行呢。就是他所说的那个不方便的……”

说到这里，华检事闭着眼，停了一停。随即轻轻的对我说：

“这个自杀的念头，的确是我输入到麦古罗的脑筋去的呢……好朋友，你懂得了罢，一个简单的老百姓居然……你懂得我的意思吗……是的……”

六、 失败的著作家

有一天晚上，我到一个酒馆里去。满屋子都是一些寻快乐的半醉半醒的人，闹得烟雾沉沉。我碰见一个青年，年纪很轻，但是满脸露出被生活压迫得不堪的样子。他对我说：

“就是电报生麻拉新误了我的事。”

他一面说，一面低下他那戴着一顶破皱得不堪的便帽的头，两眼只望着桌子下面，用两只手抱着那只有病的脚，往上面抬了一

抬，叹了一口又长又嘎的气：

“是的，正是麻拉新误了我的事。麻拉新身材很短小轻快，市上的姑娘们都叫他做小麻。他生得两个脸墩子红红的，和玫瑰色一样，眼睛带着褐色，眉毛浓黑，两只纤纤的女人手；市上的姑娘们都说他的手美得像雕刻一样。小麻性质又很快活，无论对谁都很热情，所以他在我们那个小小市上——一个只有三千五百多人悠悠的从事平常职业的市上，倒很出风头，谁都欢喜和他交往。在我正上二十岁的那一年，我的生活上的烦闷，几乎达到极点，使我的精神颓坏得不成样子，连诉都不敢向人诉了。市上人的平和的扰攘，使我极端感生焦躁，几乎把我气死了。我不懂他们生活的意义在哪里，我越看他们的生活，我越增加我自己的惶惑。有一天，我被一种感情所冲动，提起笔来，写了一个短篇小说，题目叫做《人们怎样生活》。我写好了之后，把稿子送到一个杂志社去。抱着一种惴惴不安的心，等着这篇文章的揭晓，等了八天不见动静。再等下去，一个月，两个月，还没有消息。到后来，我只好断了念头，也不等它，也不想它了。我那时已经觉悟着：这些做文章的事不是我们可以干的！”

“过了三个月之后，也许还更迟一点罢，我偶然碰见了上面说的小麻。他对我说：‘我这里替你收着一张明信片。’他一面说，一面取出这张明信片来给我。明信片上面说：

‘你那短篇没有多大精彩，算不得一篇成功的创作。但是，我们觉得，好像你富于创作的才能似的。请你另送一篇别的东西给我们罢。’”

“我那时真欢喜极了。小麻很亲热的对我说明，这张明信片到

他手里已经三天了。他说：‘我偶然在局里看见这张明信片，特特的把它取来放在身上，预备转交给你，哪知道我老是把它忘记了，所以耽搁这几天。这样说，你在做小说吗？你看见了托尔斯泰伯爵？’”

“我和小麻都笑起来了。我们随即分手，各回家去。但是，当天晚上，我刚要走进我住的那座房子的时候，教堂的副干事，坐在他的窗子边，向我叫喊：‘呃！假充的著作家，我要把你……’他一面说着，一面举起拳头威吓我。我当时正在欢喜得了不得的时候，对于副干事的行动，并没留一点神去想想。我平常就知道这人是有古怪脾气的。他年轻的时候，想进歌剧场去唱戏，但是他和教区音乐队长感情非常不好，所以不能够在他生长的那个县里安身谋事。他那时为着他有一点自由行动的倾向，受了不少的苦。他爱喝酒。喝醉了的时候，惯爱和人打赌，用他的额头去碰核桃。他能够用额头碰碎一斤核桃，额头上的皮肤并不破皮。他衣口袋里常常放着一个小小洋铁盒子，盖子上钻着许多窟窿，盒子里面，夏天的时候，装着青虾蟆，冬天的时候，装着老鼠。他若遇着了好机会，他惯把盒子里的小动物，放在女人的颈项上去。他虽然这样开恶劣的玩笑，大家却都原谅他，因为他为人很快活，并且知道鱼的性质，知道得很清楚，令人惊叹。他是一个著名的钓鱼家。但是他自己并不吃鱼：他害怕鱼骨头刺在喉咙上会要他的命。他把所钓的鱼都送给朋友，所以朋友们也都欢喜他，对他有很大的同情。”

“总之，我那时得到这个明信片，心里十分满足。在那时候，我还是一个谦逊的少年，虽然性质稍微有点忧郁，体格也不甚好。”

青年说到这里，用他的嘴唇，把他那稀少而又无光泽的上须，

扭了一扭，半闭着两只又黄又白的忧郁眼睛，用一只发颤的手，很留神似的，自己斟了一杯白干酒。我当时看见他这个风采，我想着，在他二十岁的时候，他一定是一个瘦骨头露在脸上的笨拙人，他这时的乱杂的灰色头发，在那时一定是褐色的。这时毫无神光的眼睛，在那时一定是蓝色的。也许在那时他脸上还长着有许多雀斑。在目前，他那松弛的两颊上，布满了许多小静脉管构成的红条子。他的鼻子中了酒毒，变成板栗色，露着凄惨的样子，垂在上须上面。白干酒这时也不足以使他提起精神了。他说话声音很低，很费力，仿佛他是在半睡状态中说话的样子。他说：

“我那时自己觉得非常幸福，我相信自己是一个重要的人物。我不是平庸的人：我有一些稀有的才能！我的精神好像一只云雀一样，欢唱起来了。我决心刻苦努力去做文章。我整夜不睡觉的去做，好句子如像流水一样，从我的钢笔头流出来。啊！好不快活！我觉得市上的人已经开始用一种特别的注意，来看我了。好啊！好啊！那时我这样想着。”

“小麻设法叫税务监督官请我到他家里吃饭。监督官有一个女儿，一个很漂亮的小姐。除我之外，还有许多别的少年同在那里宴会。大家都注意周旋我。他们问我：‘是的吗？你写小说？请喝杯茶罢，好不好？放不放糖？’——‘喔！对不住啊！放一块糖也行！’我这样答应他们。我用小匙子把茶搅了一回，喝了一大口。——喔呀！怎么样了？这茶很脏，味道也是苦的。吃了下去，叫人作呕。但是，因为要想表示我的稳重，我仍然继续喝下去。忽然一下，他们大家哄堂大笑起来。小麻自己勉强止住笑，对我说：

‘这是什么道理呢？一个著作家，应该能够分别各种事情才行。

你却奇怪，你连糖和盐都分别不出来呢。这是什么道理啊？’”

“那时我觉得狼狈万分，我什么兴致和意气都没有了。我对他说：‘这自然是你们开的一个玩笑……’”

“他们痛痛快快的哄笑了一场。随后他们又请我念诗。因为我那时也在尝试做诗。这是小麻知道的。他们对我说：‘你要知道，凡是诗人，在他们去拜访别人的时候，照例应该念他们自己的诗。所以你也应该念诗给我们听。’”

“但是，市长的儿子——一个两颊胖嘟嘟的少年，却反对他们。他说：‘你们要知道，只有武官，才写得出好诗呢。’”

“许多小姐们又起来抗议，想证明他的话的错误。我自己却慎重的不多说话，跑走了。”

“从这一天起，全市的人，都开始撵我，好像撵一只无家狗一样。在那天以后的第一个星期日，我碰见了教堂的副干事。他正拿着钓竿走路，脚步踏得非常笨重，好像一匹大象走路一样。他喊着：

‘站住！蠢东西！你也做文章，你看我，我曾经准备了三年，想进歌剧场呢。从那一点说来，你配得上和我比较？你，你是一个什么东西？一个苍蝇！像你这样的苍蝇，只不过会把文学的镜面弄脏罢了！小流氓！……’”

“他侮辱我真侮辱到极点了。我当时想着：我到底做了什么坏事呢？”

“过了几时，我的伯母——我是一个孤儿，我寄住在我一个伯母家里——对我说：‘他们说，你在做文章，真的吗？你应该不干那个才好，因为现在是要替你讨老婆的时候呢……’”

“我努力对我伯母解释，说明做文章并不是一件什么可以受人指摘的事，并且一些伯爵亲王也都在做文章，从一般说来，这倒是一个光明正大的职业。但是，她听了我的解释，哭起来了，她大声喊着：‘啊！天啦！浑小子！什么恶魔吃了你的魂魄呢？’”

“至于小麻，他一在街上碰见我，就大声喊叫：‘早啊！缺少四分之一的托尔斯泰伯爵！’”

“小麻编了一个愚弄我的小歌，市上的年轻人们，一看见我，就唱起来。这个歌是这样：

小鸟儿，唱得真可怜，
一对对，喉咙溜溜转，
虽然是，没有人称赞，
虽然是，没有人丢钱……

“我那时自己对自己说：‘管他的！你看，一个虫子已经跌在马蹄底下了。’”

“他们嘲笑我，到了极端的程度，到后来，我简直不敢往街上去了。嘲笑我顶厉害的，要算是那副干事。他的嘲笑，到了凶暴残忍的程度，我那时还时时刻刻准备着被他殴打呢。他常常怒吼着：‘我，准备了三年……你，你这小流氓……’”

“有一天晚上，我坐在河岸上，自己反省着：‘有什么原因呢？为什么？’”

“在那条河的下游，有一个清静孤寂的地方，一个小山，由岸上突出在河中，山上长着榛树林。我走到上面去坐着，两眼望着河水，我觉得，这一河漆黑的水，从市中经过之后流出来，直从我的灵魂当中通过，留下一些苦恼的渣滓在我灵魂里头。”

“我那时认识一个年轻女孩子。她是一个绣金线花的。我老老实实的去求她的爱情，我觉得我也实在能得她的欢心。但是连她也开始露出不高兴的颜色了。她慎重的问我：

‘真的吗？你写了一些关于我们，关于这个市的文章寄到报馆去？’

‘谁告诉你？’

过了一会，她做出一些娇态，对我说：

‘你写的东西，都在小麻的手里。他拿去到处念给人听。大家都嘲笑你。大家准备着惩戒你，因为你去会了托尔斯泰伯爵。为什么他把文章交给小麻呢？’”

“我那时觉得我脚底下的大地都动摇起来了。在这个文章里面，我毫不客气的，写了税务监督官，副干事，以及其他的人的事。自然，我从没有把我不幸的文章给与小麻。这是他从邮政局把我的文章截留下来了。我刚想到这里的时候，我那小爱人又更给我一点苦吃。她说：

‘我的朋友都嘲笑我，因为我和你一起散步。我不知道我应该怎么样办呢。’”

“我心里只是自己问自己：‘呃！呃？’”

“我跑到小麻家里去，对他说：‘请你退回我的文章！’”

“他回答我：‘已经被人拒绝不要了的文章，你拿回去干什么？’”

“他始终不肯把文章退给我。这个人使我欢喜：我曾注意到，一些无用的物件会比有用的物件，还要多惹人爱些，同样一个有害于你的人，有时也会使你欢喜。这里还有一个例：世上没有一个劳

动的马会比骑的马的价值还贵的，但是人类的生活却只靠着劳动的马，并不靠骑的马。”

“不久耶稣圣诞日到了。小麻请我去，把我装扮起来，扮成一个魔鬼。他们要我穿一件皮外套，把皮毛反穿在外面，头上戴上两个牛角，脸上挂着一个面具。大家跳舞起来，闹着种种的玩意儿玩。我热得发汗了，我觉得脸上生疼，忍受不住了，忽然有三个覆面的人跑到我的面前，大声喊：‘喔呀！魔鬼！打倒他！’”

“我拼命想逃走。不消说，他们追着我了。他们没有重重的打我，但是我觉得脸上发烧——我哭起来了！到底是怎么一回事呢？到第二天早晨，我走到镜子旁边，才看见我面孔红得可笑，鼻子也肿了，眼睛也胀了，眼泪汪汪，仿佛要流出来似的。我自己对我自己说：‘好了，你看，容貌也被他们毁了！’他们在面具当中涂了一些什么有腐蚀性的药品，因为我发了汗，所以这些药品就把皮肤拔起来了。我养了五个星期的伤，我只以为我的眼睛都要瞎了呢。但是，还算好，还没有发生那样不幸的事。”

“到这时我才想到我不能够再住在这个市上了。我一句话也不多说，就离开了那个市。从那时起，我就到处流浪，到现在已经十三年了。”

他打了一个呵欠，闭着眼睛，露出困倦极了的样子。他那时的样子，好像他的年纪已经在五十岁上下了。

我问他：“你现在怎么样生活呢？”

“我现在当着跑马厅的马夫，我对于一个报馆访事，供给着许多关于马的材料。”

他一面慢慢的笑着一种善意的笑，一面对我说：

“马这种东西真是一种高贵的动物啊！没有什么东西，可以比得上马。你看！我这只腿就是被一匹马踢坏了的。”

他叹了一口气，斯斯文文的加上一句话，好像他在念诗似的：

“我最爱的还是马啊……”

七、 兽医

在我一生当中，我会见了许多崇拜人民的人们。其中特别留在我记忆上的，是兽医白特伦科。

他长得又高大，又拱背，穿着一件又窄又长的麻布外衣，从肩上一直拖到脚跟上去，更显得他身材特别高大。他那副剃光了的面孔下面，装饰着一部浓厚胡子，一直拖到胸口上，非常好看。在极粗密的眼睫毛下面，有一双明晃晃的眼睛，放着光辉，显得他为人有决心而肯认真。他那凸起来的额头，起了许多深的褶皱。他的头上长着一大丛乱杂杂的灰色头发，上面盖着一顶帽子，帽缘已经向地面软答答的吊着了。他这顶吊在他颈窝边的帽子，给了这老头儿一种勇敢好战的神气。

我是一九〇三年在塞力子的骆麻士家里，认识白特伦科的，白特伦科愿意把他的“终生的著作”讲给我听。他没有结婚，是一个独身者，所以他只在一个赶马车的犹太人家，赁了一间稀脏的木房子住着。在他这间凄惨的小房间的窗子外面，屹然严重的，立着塞力子监狱的坚硬红墙。

我和兽医到他家里去。他把两只长臂膊，犹如两只桨一样，胡

乱的动着，请我坐在桌子面前，一面用一种低而重的声音，一个字一个字的吼着：

“苏拉！去买皮酒来。要买两瓶。”

他把他的帽子扔在床上，在房间的房角子上，打开一个黄色的小抽屉，从里面拿出一个布面的笔记簿，唔唔的哼了几声，才开始说：

“看罢！我这著作的名称叫做《关于阶级不同的人所吃食物的消化作用问题的几个考察——一个社会的并经济的研究》。”

他时而说话，时而念书，一直逼我听他讲解他的著作，听了一个钟头以上。他这部著作的基础是放在人类排泄物的化学分析上面的。他的结论是，利用很长的数字表，确确实实的去主张，一个人在社会生活上的地位越高，他的消化力就越坏，同时他身体不能吸收，只好从肠子排泄出去的贵重物质的量，也就越大。在这个关系上，罪恶最大的，莫过于做官的和当法律著述家的。一个法律著述家的胃，只能消化他所吃食物的百分之五十。他把其余的部分都白白的排泄了出去，对于他自己，一点益处也没有，徒使国民经济上受一种明白的损失。白特伦科仿佛打了胜仗似的，狂叫着：

“一种坐在家里，老不出门的生活！胆汁腺都发生了病的作用，所以一切做官的都是胆汁质的人。”

他说到这里，非常高兴起来。他用他那只大手——手指头的背面长着许多灰色汗毛的大手，把笔记簿拍了一拍，口里喊着：

“请看这个计算：每天四斤，每个月一百二十斤，每年一千四百四十斤。每一个做官的，每年要白白浪费约莫八百五六十斤呢。现在我假定平均他们每一个人一辈子吃三十年的饭，吓！你想想！”

说到这里，他把他说话声音，低到极低的程度，很狂乱可怕的吼着：

“特权阶级！吓！所以大家把他们叫做特权阶级。他们白白无益的浪费了食物，吓！每年浪费了几万万斤重！吓！好无赖的东西！”

随后，他用一种能辩驳的方法证明了，只有乡下人的胃，才能最理想的吸收食物的滋养分。在乡下人肠子所排泄的东西里面，差不多发见不出一点未被消化的东西。他说：

“农人把一切都吸收了，完完全全的，吸收到了只剩得零度！”

他从椅子上站了起来，把两只手只是放在头上乱动，嘴里和猫一样狂叫着：

“要看数目字！从表面上看来，好像乡下人只是饭桶，哪知道他倒有顶深的科学上的意义！数目字的证明是对于乡下人有利的。数目字已经明白证明了！谁能反对数目字呢？真理是常常在数目字里面的啊！数目字是一切精确的科学的基础啊！”

当他说到数目字的时候，他的胡子，也好像打了胜仗似的翘起来了。他从新坐下去，在他胡须上面，喝了一杯皮酒，扯起他的外衣的下面部分，擦了一下嘴，又继续说下去，仍然用粗指头拍了笔记簿一下：

“从这些数目字里面，可以想出一个方法，去急激的解决俄罗斯人民的合理的食粮问题。你懂得我的话吗？吓！吓！我们或是减少农民的工作的百分之五十，或是供给食物去养活全世界，无论哪一条路都是可以走得通的。只随我们的选择。因为农人排泄得很公正。他公公道道的把他所吃的东西消化了，吓！农民才是一切社会

分子的最初的物质啊，吓！农民是神圣的。一切东西都是他的肉，都是他的血，吓!”

他从新离开椅子跳了起来，用拳头对着墙上捶了两下。立刻在半开着的门边，现出三个小人头来，现出三个稀脏的脸来。当中有一个头，用很尖锐的声音，说着我听不懂的犹太话，问了几句话。兽医不晓得从什么地方取出一张皱成一团的钞票，用四个指头，指给小孩们看，并命令他们：

“四瓶。不要摇啊!”

一个蜷毛头发的顽皮小孩，约莫有八岁光景，跑上前来，夺过了钞票，一面向地下吐口水，一面用心把钞票放在掌里，想要把它弄平。

老头儿叫了一声：“叱!”但是小孩子们并未害怕他叱。

我问他：

“你读过一篇关于理想和偶像的论文吗?”

“我记不清楚了。没读过。是一篇马克思主义的论文吗?”

他说到这里，眼睛也睁大了，鼻子也红了，眉毛上面，也现出了几条红印子。

“我不喜欢马克思。我讨厌马克思主义家。他们是人民的仇敌!那是一个犹太人的学说。我是一个犹太人排斥主义者，吓！犹太人都是寄生虫，因为他们不像别的国民一样肯做农业。耶稣教是犹太人定的一个诡谋。尼采说得有道理：基督就是毒药啊！他使人衰弱。要知道，人类的祖国，就是土地。人类就是农人。什么东西都从农人来。什么东西都是由农人供给的，吓！你看，这就是我的宗教！托尔斯泰着了迷呢。信仰是什么？就是简单，就是简单和明

了。你认识游佐夫吗？你读过贾白利慈吗？那是一个公正的思想家。我认识他，在我年轻的时候。他是一个聪明人。他又仁爱，又博学，又有信仰。”

我问他：

“你没有设法去发表你的著作吗？”

“没有呢。我太穷了。我曾经把我的著作送到杂志社去，他们不肯采用它。这是可以理解的：他们都是知识分子啊！他们受了的，是寄生虫的教育啊！一句话，在他们理性的根柢上，有一种仇视农人的心啊！他们把农人只看成一个物理的力量，看成一个器具。这就是他们的全体。他们还梦想着，利用农人的力量去夺取权力呢，吓！骗子！”

他说到这里，用拳头拍了桌子一下，拍得桌上玻璃杯子都相碰起来。

“农人也知道他们的计谋了，所以农人也不跟着知识分子走了。农人有他自己应该走的路。有他自己的理性。一切不合农人理性的东西，对于农人，都是多余的。农人已经知道这个道理了，吓！”

小孩子跑回来了。大的拿着两瓶，两个小的各拿着一瓶。老头儿一面笑着，一面轻轻的，带着慈爱的口气说：

“小毛，我不是对你说过，叫你不要摇吗？”

他用手摸抚了小孩子的褐色蜷毛头发之后，他给了几个小钱在小孩子的手里。小孩子们一面叫着，一面跳着，跑出去了。兽医带着一种长长的笑容，望着他们出去，一面对我说：

“我喜欢他们。他们消化得很好。犹太人的小孩子真是顶逗人爱的，吓！”

“但是，你不是犹太人排斥主义者吗?”

他摇着头轻轻的笑了一笑：

“在理论上，一个犹太人排斥主义者。自然，犹太人是一点价值也没有的。他们过的生活，真正丑恶极了。但是，如果大家能够把田土给他们……”

他说到这里，把胸口靠着桌子，用一种恳求的神气望着我，两只眼睛里，放出一种希望的光辉。他问我：

“给土地罢！对什么人都给土地。把一切土地都分给人。不消给别的，只给土地就行了。有了土地，其他别的东西自然会增加起来的。人类生活原来是由农人开始的啊！只有农人才能够把生活引到理想的目的上去，吓！城市的建设是一个错误。历史也是一个错误。应该把一切从新再开头干一次……”

他用一种突然的姿势，抓住酒瓶，斟了一杯冷淡多泡的皮酒，然后更安安静静的说：

“那并不要紧。农人会把一切填补改正起来……”

随后他又从新说食物的合理的吸收，对我讲了一些马肚子牛肚子如何聪明能够消化东西的话，讲得极长。他说到羊肚子，尤其欢喜得了不得。他用下面这种富于热情的表示，终结他的说教：

“精神的力量，是肚子和肠子的工作的结果啊！并无别的原因！只有这一个原因，吓!”

当我离开他家的时候，他对我说：

“应该好好的消化啊！一切都靠着这个消化，吓！吓！吓！农人已经证明这个道理了，吓！吓！怎么样!”

八、牧者

卫胜奇村的牧者丁泰·博作夫，不是一个寻常的人。他带有一点巫师和神秘的性质。他知道医马，有时并且还替人看病。他是一个“家事调停人”。照他自己常常笑着说的话，他又是一个“编筐子的教习”。他善于用麦秆编小小的篋子，纸烟盒子，箱子，筐子，等等东西，他编好了之后，还用颜色纸片或金箔，加以装饰。

乡下老实的百姓常常郑重的这样说他：

“这是一个灵魂圆满的人，这是我们的教师呢！”

年轻人害怕他，叫他做“丁叔”。

从大体说来，全村的人，都很敬重博作夫，因为他又聪明，又正直，又过着有节制的生活，为人又很快活。在一切村人的集会里面，他总是第一个人物，但是他总是最后说话的，因为他要听众人吼来吼去都说完了之后，才开口。

当他还只是一个辅助牧者的时候，他被公牛在腰上给了他一角；在年轻被征去当兵的时候，又折断了他几根肋骨。因此，博作夫走路的时候，露出一种奇怪的样子，常常一面走，一面努力把持他那巨大身体的重心。如果不知道的人看见他那样子，也许会要说，他想向右边睡下地去，把耳朵贴在地面上，去听什么秘密，但是地面拒绝了他，把他推开了，所以才露出那个样子。

他已经有六十多岁了，但是身体还是肥壮，一个宽的胸口，一个铜色的面皮。他的牙齿又白又密，还是完全的，头发半褐半灰，

有几束褐色头发间杂在灰色的头发当中。乍看起来，好像他的头发不是渐渐变灰白了，倒是渐渐变成褐色了似的。他的头发是非常紧密浓厚的，就在冬天极冷的时候，他也可以不戴帽子。他对小牧夫和兽类说话的时候，他的声音是强大有力的。但是，对别的人说话的时候，他的声音却是慢慢的，并且好像是故意放得极低，好使听的人格外注意去听似的。

但是，他的最大特色，还是这一层：他是一个哲学家。因为他时常跑到城里去卖他编成的手工品，所以他看见了许多事情。他对于一切事情都肯用心去考虑。

从早到晚，他坐在一个小山上的地面上，或是躲在一棵孤单单的白桦树的树荫下面，或是挨着大森林的边上，用粗豪的声音，叱咤着小牧夫们。他的多毛的手指却一刻不停的编着麦秆：在他身边，放着一大捆麦秆。

"为什么人类要分开各过各的生活呢?"他自己这样疑问着。过了一刻，他又自己回答：

"因为教育的关系。自从人类发明了这些文章，这些书籍，这些法律，这些规则之后，他们就分开各干各的生活去了。你看，不是吗？你要命令我，但是我却不能理解你，因为我没有受过教育。比方，如果照你们的说话，你是一个兽医；我自己也懂得医兽类的病，然而我和你却不能够互相理解，因为教育把我和你隔着，阻止我们去相互理解。是的。"

我一面听他说，一面看他那灰褐两色的大胡须。胡须当中，盘踞着一个猴子鼻一样的大鼻子，鼻子上面射出两道青的眼光，仿佛带着恶意的虾蟆眼睛一样。至于他的嘴，却谁也看不见。当博作夫

说话的时候，我们只能看出有什么东西在他胡须里面动着，只看见一排白牙齿的冷光，在灰褐毛堆当中透出来。他继续说：

“你到了我面前，犹如一个只会讲外国话，如像只会讲德国话的人。警察局的巡查或别的官吏也是这种兽医一样。如果他骂我侮辱我，我倒也懂得他，但是，一旦他开始做出博学的样子，说起话来，我和他的中间就发生一条深沟了。我站在沟的这面，他站在那一面，我们相互都不能了解。再说，比方教堂的牧师：到底有什么人懂得他在教堂里喊些什么呢？一个人在教堂里，恰和在梦里一样。他觉得在那里很舒服，但是，他要想懂得一点什么东西，那却是不可能的。教员还不是一样的！大家把小孩儿叫到一个地方集会起来，在好几年之间，教他们一些烦恼。小孩子们如果能够在长成人的时代，忘记了从前所受的教育，那是最幸福不过的事。要知道，如果不忘记教育，乡下老百姓也就会不能互相理解呢。你该懂得了罢，最能够使人类当中发生毛病的东西，就是教育呢。”

我听了之后，曾经努力对他说明他的意见的错误，但是结局还是没有成功，不能使他折服。他把他那双狡猾的小眼睛，半开半闭，默默的听我说话，同时露出极不高兴的脸色，板起面孔。他的上须，都从他那部大胡须当中暴了出来，卷成一团乱毛。他露出一种愚蠢的神气，摇着那石头槌子一样的头，用一种怜悯的口调，对我说：

“天啦！怎么办呢？我真不懂得！我不但不懂得你的思想，并且也不懂得你的话。我举几个例子给你看罢，呃？你说教人，我却听成一个蜘蛛，并且立刻我就把你看成一个蜘蛛，正在我的旁边结网，好像把我当成一个苍蝇似的。你又说应该使一切的人都受教

育。这不是发疯吗？怎样能够对于一切的人都给以教育呢？世上不会有这样多的教育！犹如世上不会有许多食物，去给一切的人使他满足一样！只是空口说，要有教育，要有教育。你看这就是教育普及的下场呢！”

自然我懂得这个牧者是在嘲笑我，但是我自己也很顽固，总想战胜“丁叔”的顽固。不消说，这种办法是可以叫他乐意的。所以他越发愿意和我和平的谈话了。

但是，在某一次这样的谈话之后，我结局远远的离开了博作夫，好像一个球被一根棒子打了一棒打飞了去一样。

一天晚上，太阳已经落地了，他坐在他家门口的一张板凳上面。在他面前，有一个池塘，满盛着绿沉沉的带着油的水。虾蟆正在咕咕的叫着。蚊子在我们头上嗡嗡的哼。博作夫在他的麦秆捆子当中，捡出了几根麦草，随随便便的对我开始了他的哲学讲义：

“好了，我们调和一致起来罢：现在应该需要许多好人呢。但是，什么样的人才是一个好人呢？我们这样说罢，一个好人，就是一个不偷东西，肯施舍并且热心去劳动的人——看罢，这就是顶好的人。他知道守法：莫取不属于你的物品，要留心你自己的财产，不要把饭吃光了，应该留一点给狗吃，要穿得暖暖和和的，要相信上帝——你看这就是好人知道的事。这就是好人顶需要的教育。就是这种好人能够使我们国民联合起来，使我们的国民成为世界各国国民的主人。这个土地的保持人供给着世界的粮食，一切国民都向着他走：德国人，法国人，土耳其人，都到他那里去。你知道的，他们这些国民有好几次，都想征服我们。他们带着他们顶好的军队，向着莫斯科进行。这个好人，只是很聪明的等着他们。等他们

到了的时候，等他们十一国以上的军队到了的时候，这好人忽然站了起来，发一声喊！一切侵入军都散成灰土了——什么事也没有了！连一点痕迹都没有剩得。年代一天一天往前进行着，这些侵入的人们一天一天的减少，我们却一天一天的加多了。他们已经不知道怎么对付我们了。你看！”

“如果照你说，一个好人，就只是一个很简单的没有什么幸福的人，也可以说是一个说话带着一半傻气的人。你说的这种好人，他干什么？我们只看见他什么也不做。这种人拿来有什么用处呢？他无缘无故的吼着一些不应该说的事情，大家倒因为这个关系，把他放在牢狱里去——你看，这就是你所说的好人的下场头！”

“我也曾经认识过这样的好人：我认识许多行商人呢。有好几次，贵族依卜拉曾经亲自对我说：‘博作夫，你知道许多事情，你有一个聪明的头脑呢。’自然，我很恭恭敬敬的对他行礼，但是，我自己却知道他是一个愚懦的人。从七年以前起，他的太太的腿就风瘫了，他对于他太太仿佛一条吃饱了的狗对于一个死尸一样。他太太死的那一年，他也因为所谓悲哀过度的关系，跟着死了。世上的人，都传说，连他这样也是一个好人。但是，据我的意见，在这个人身上，只有一件好东西：他的马。我曾经医过这匹马。这是一匹种马，长得结实极了，好像它是铜打的一样。”

“顶可笑的好人，是我们地主杜伯乐的儿子。杜伯乐是一个很坏的女人，她的丈夫抛弃了她，逃到外国去了。她是一个活泼的女人，一个尖鼻子女人。她戴着一副眼镜，用黑线挂在耳朵上。她说她是一个女医生。她替别人治病。有一次村里发了火灾的时候，她被别人弄折断了一条腿。从那时起，她的气焰才平静了。”

“她的儿子叫做弥嘉，是我的朋友。当我们年纪还小的时候，我和他始终玩在一起。随后，他走到别处读书去了，好几年之间，没有人看见他。突然有一天，他出来了——真好像他是从烂泥沼里钻出来的一样——那时我已经当了牧者。有一天，我正坐在大森林的沿边上削一个笛子，他忽然跑到我们面前来。他问我：‘你认识我吗?’他已经变成又高又瘦，头发已经秃了，也像他母亲一样，戴着一副眼镜。他手里拿着一根棍子并一顶有花条子的帽子。他肩上挂着一根皮带子，上面系着一个铁盒子。他的腿是细而且长的——完全是一个演滑稽戏的人打扮！他在捉蝴蝶，采集金龟虫和草叶，好像一个巫师一样。他对我说话，仍然用旧时的口吻，用顽皮小孩子的口吻：‘你记不记得？你记不记得?’我看出了，他已经被教育弄成一个愚人了。我当时有点害怕记起从前事情的心：因为在那时候，我已结了婚。我问他：‘你在干什么，弥嘉?’——‘我正在写一本关于虫子生活的书。’——‘喔！那是一种愉快的职业。’”

“我观察他之后，我知道他是一个好得像醉人一样的好人，他什么也不在意了。乡下百姓们都去敲他的竹杠：这个要求一下，那个拉他一把。连我自己也加入里面。我那时得着一顶麦编草帽，是一顶很好的草帽。我就是从他学得用麦草编打种种小物件。不消说，因为友谊的关系，我也得了他的钱。我还得着一把顶漂亮的小刀子。”

“他的知识太多，多得简直像老鼠一样。他被教育得完全失了理性。他好几次说过：‘蚊子会散布热病。你要留心蚊子才行。’自然，我是不笑的。我装作相信他的样子，并质问他：‘为什么会散布热病?’于是乎他开始向我说教，天啦！说了好几千句话！但是

这些话的意思并不见得会比一个雀儿的叫声还大呢。有时候，他说到老百姓的事：老百姓的生活是艰难的。在那时候，你就可以把你所希望的事，向他要求：既然生活艰难，你帮助帮助我们罢。他也许会给你一百块钱呢。他真仁慈，像女人一般的仁慈。我看着他，我心里想着：你有两重眼光，还是不行啊！你真白白的过着生活！你缺乏了什么？你踏着好鞋子，穿着好衣服，吃着好东西，你把土地租给别人，你有的是钱。蠢东西！你还更要求些什么？我这样想着，我抱怨他。”

“他去捉小禽兽，他向到处跑。我却把他引到顶坏的地方去，引到烂泥沼里去。在那里，土山和土山之间，有许多很深的泥井，应该特别留心它。如果小牧夫不留心，或是一条牛，一匹羊，跑到那里去，那就完了。你可以替他戴孝了。因为他们一定会被泥井吞了去的。不消说，弥嘉也陷进这地方了，他陷到烂泥里去了，他只是发喊呼救。”

这时，牧者皱了一皱眉毛，用指头理着胡子，带着一种明白的忧愤，更低声的继续他的说话：

“有一次，他被陷到颈项边了。我们把他救了出来。他脱了他的衣服，挂在小丛林上去晒干。我那时对小牧夫说：‘小尼，去把少爷的裤子藏起来罢。’这种玩笑，自然是顽皮小孩子喜欢做的。他果然去把里外两条裤子都藏起来了。太阳已经要落地了，我叫小牧夫们赶着牛羊回家里去，少爷没有办法，只得不穿裤子在那里徘徊散步。这天是一个节气日子，到处都有妇人姑娘们——她们笑得不得开交！但是，这件事的结果对我却不好。小尼说出来了。弥嘉知道是我叫小尼闹的玩笑了。他听见了我这种发明之后，立刻跑到

我家里来，对我演说了无数的话。他说的时候，脸上涨得绯红，差不多要哭出来了。他说：‘我替你，这样那样，做了好些事，你，你却……’从这一天起，我和他的交情就破裂了。他不肯认识我了。并且，他不久就害一场大病，到了春天，他在城里害肺病，病死了……”

“看罢！这又是一个你所说的好人，但是他到底有什好处呢？这样人，应该把他放到什么地方去？叫他干什么职业呢？在我看来，他不过是手指当中的一根小小木刺罢了。在教员当中，我也常常看见和他同样的人。大家都说：一个教员，如果不是一个畜牲，就一定是一个蠢子，是一条牛。我们村里曾经有一个教员，叫做亚历山多维。这个东西，利用他教员的地位，去对小孩子们说，皇帝就是一切苦难的原因。也不知道皇帝对他做了什么对不起他的事，他这样恨皇帝，现今在邑里当长老的沙文，那时主张要跑到城里去告警察。大家凑了一块价值七块半钱的金钱，交给沙文上城里去了。后来，有一天晚上，城里巡警来村里把这教员带走了。是的，有那样一回事！”

“我再说一遍罢：受过教育的人们，都是有疯癫性的人，脑筋昏乱的人。我对于他们，从来实在找不出一点好处，只发见许多坏处。这好像你一样：你身体很强健，你对人很简单，你懂得一点事。但是，虽然这样，你身上还是有一点危险的东西，我还不能够懂得你。你缺乏的是什么呢？比方，拿我说，我很想得一个皮做的烟口袋。我知道，如果我向你要求，你会买一个给我。但是，这只是因为在你看来，银子不大值钱的缘故。你们这些受过教育的人所以能够有那样的慈善心，都因为银子对你们不大值钱的缘故，你们

太容易弄银子到手了。至于你所缺乏的，恐怕连你自己都不知道罢。在我家里，一切却都是明白的，好像在蜡烛下面一样明白。我走的路，是一条世上人所谓的直路，你却东转西转，爱向横路转弯。”

牧者说到这里，闭起眼睛，仰起头，把他的喉头骨向前面突出去。一种奇怪的吼声从他的大胡须里面钻了出来，这是他的一种特别笑法。他用手指头擦了一擦眼睛，又继续说下去：

“有一天，你曾经对我说了一句不对的话：地球是回转着的。在你对我说这话以前，我已经听人说过，地球是回转着的。因为教育把你们一切受教育的人的头脑都转过了啊！脑筋转了，所以你们都喊着：地球是回转着的！喔！它是回转着的！你说谎话。地球不敢回转呢。因为，如果它回转起来，人类就会受不住啊。”

博作夫的眼睛放出一种光辉，好像他打了胜仗似的。他抬头望着天上月亮的红色盘子，又低头看看月亮映在池塘油晃晃的水里面的反射。他说：

“你不知道明天是一个什么样的天气。我却知道：明天的天气是不好的。谁告诉我这个？你一点都不懂得，我也不告诉你。”

他一面卷着一根纸烟，一面用自满的态度，加上一句：

“一个牧者总是常常感觉天气的好坏的……”

这晚上，博作夫令我觉得讨厌他了。我不想见他的面了。其后有好几个月，我和他都没有碰过头。

但是，有一天晴天，我知道——我忘记是谁告诉我的——这牧者有两个无父无母的外甥，都在念书，并且还是牧者出的费用，一个在加山的兽医学校，一个在乌拉第的中学校。

有一天，我在卖筐子的店里，碰见博作夫，我埋怨他：

“丁叔，你为什么对我说谎？你痛骂着教育，你却叫他们把教育给你两个外甥？好教育啊！”

他皱了一皱他那虾蟆眼睛，动了一动胡子，回答我说：

“谁能逼我对你说真话呢。并且，凡是说真话的，都要吃亏。”

他一面歪着身体求他的重心，一面笑了一种动物的笑，把眼睛眨了几眨，很低声的对我说：

“我的外甥和我有血统关系。你只是一个外人，好像世人所说，一个过路的叫花子。所以我照着一切精神健全的人的办法，为我自己的利益而行动。我愿意我的人受教育，却不愿意别人去受……你懂得了罢？这就是……”

他把他一个沉重的爪子，搁在我的肩上，露出又严肃又宽大的样子，加上几句话：

“大家都这样说：不管你愿意不愿意，亲属总还是亲属。所以我为自己的亲属，利用我自己去帮他们。你难道相信，我不想看见他们变成些有体面的先生吗？好罢，吸纸烟罢！”

我和他吸起纸烟来。我用一种赞成的口调，对他说：

“丁叔，你骗了我啊！你很会演唱滑稽戏。”

这句话惹起他的不高兴了。他哝哝唧唧的说：

“你看，又是一句使人不懂的话。吓！你这人真古怪！难道你真正不能够照普通一般人一样，用俄国话，说我是一个真正的爱开玩笑的人吗？你们这些受过教育的人的行动，完全像一个猴子一样……”

九、 多拉

有八个害肺痨症的人——都是感情顶易变动的人：只要他们的体温长高了一度的十分之二三，他们就害怕得要命似的，觉得又悲愁，又凶恶。

肺痨症的病菌，有一种特别俏皮的性质：它一面杀人，一面还要叫被杀的人发生求活的渴望。试看害肺病的人同时一定会害一种色情增进的病，就可以证明这句话的不错。也因为这个关系，所以许多害肺痨的人，在他将死的时候，还相信他们自己的病正向痊愈的方向走呢。我记得病理学大家徐吞伯曾把这种状况，叫做“肺病患者的希望”。

我刚才说的八个害肺病的人，都是同住在克里米亚的一个养病公寓里面，只有一个女仆叫做多拉的，服侍他们。多拉是一个民族不明的女孩子：她有时自称为爱士多尼亚人，有时又自称为加黎宁人。但是，她说话的口音，却很像一个托立巅人，有时夹杂鞑靼人的声调，有时带着阿尔米尼亚人的声调。

她生得又粗又大，但是，走路的脚步倒也轻快，举动也很灵巧。她天生的一个马脸。她的红嘴唇，因为常常带着一种痴肥的微笑的缘故，好像特别伸长了。并且她这种微笑的油腻，还浸到她那两只带着奇怪的淡紫色的大眼睛里面去了。当她想着什么事情的时候，她这双带着蠢气的眼睛，一点神光也没有了，她的眼光就有点像铅块一样。

她又无知识，又蠢又憨，特别是在她想用计策骗人的时候，蠢得出奇。几个病人也是不大忠厚的，所以不叫她做“多拉”，只叫她做“都拉”（“都拉”是蠢子的意思）。

但是，这种称呼，并不足以叫这个粗女孩子生气，她依然还是时时刻刻带着她的微笑。

多拉对病人们，非常有耐性。她待他们，犹如一个母亲待自己的小孩子一样。如果害肺痨的病人们，要用他们被汗水浸湿了的灰白色的手，来抓她的装满了热血的健康身体，她总是平平和和的用她的红色的大手，推开这些要死的人的汗手，对他们说：

“放下你的尊爪罢，这样乱抓是对你的病有妨害的呢。”

有许多正经人都热心追随她，想得她的欢心：商人们，当经纪的人们，并且还有一个死了老婆的粗鲁结实的渔夫。他们都爱她的粗放的美，爱她的豪气，爱她那一心做工，毫不困倦的精神，爱她的坦白近人的性格。他们都想得着这个又沉静又温和的，穿着人皮的动物，好替他们做一辈子的工。但是多拉对待这些男人，把自己身份拿得很稳，犹如自己是一个自由的有钱人，很知道她应该在什么时候，应该怎么样用最好的方法去使用她的资本一样。她拿出她那对付病人的变化无常的要求和推开无耻汗手的本事来，用一种虽然暧昧，然而带有安慰性的微笑，把这些求爱的人都拒绝了。

她时常都是很热的。哪怕北风吹得呼呼的响，哪怕大雾用一种讨厌的湿气，包着了公寓——这公寓是一个在山上的小房子——哪怕病人们蜷缩在他们的大衣当中咒骂天气，多拉也是一点不觉得冷的。到晚上，等我们都睡了之后，她才在她的头上盖上一条坏的黑领巾，一条在四角上印着红玫瑰花的领巾，往露台上去。她到那里

之后，跪下地去，做长时间的祈祷，两眼望着天，在我的窗户下面，叹着气说：

“喔——！圣母啊！耶稣啊！我们的主啊……还有你，圣尼古拉司啊……”

多拉对于抒情诗，对于其他的诗，都没有特别的嗜好。她不爱花，她觉得花草可以把房间弄脏。有一天晚上，有一个害肺病病得要死的年轻女人，看见天空的美丽和群星的灿烂，非常赞美起来，多拉却用下面一句话，把这病女人的情热完全消灭了。

“天好像一块炒熟的鸡蛋饼一样……”

后来，到了一个第九个病人。他费了许多的气力，才气喘吁吁的走上露台的楼梯，用手扶着栏杆，对多拉说：

“我好舒服啊！我面色很好，不是呢?”

他说这话的时候，带着一种又像哀诉，又像快活的声调。他笑眯眯的看着这个粗大女人，特别注意着她胸口上像包子一样的奶子。

“喔！你身体真强壮啊！你一定会治好我呢，是不是?”他这样一面说，一面很快的喘着气。

多拉卷着舌头用阿尔米尼亚人常有的声调，回答他：

“那是自然的呀!”

这个新来的病人，面孔好像猫头鹰一样，一双圆溜溜的猫儿眼，一个向下面弯的钩鼻子，一部小小的黑胡子，露出一种不怀好意，爱开玩笑的神气。

从这一天起，多拉好像中了什么魔法似的，陡然对我们别的病人变了态度，我们大家都因此受了大大的损失。她把我们叫她做的

事情，动不动就忘记了去。收拾房间的时候，也变成毫不经心，只图赶快完事的样子了。我们如果对她抱怨，或责备她，她会用一种生气的哮声对答我们。在她那双马眼睛里面，现出一种喝醉了一样的情热。她好像变得又聋又瞎，始终带着一个忧愁的面孔，低下头，往露台上看。在露台上躺着那菲利伯：这个小个子学生又喘气又咳嗽，缩在一堆，真好像一个猫头鸟一样。只要多拉有一点儿闲工夫，她即刻就会跑到这学生旁边去。太阳一落地的时候，她又跟着学生到他房间里去，很不容易叫她出来。

这个学生，后来病死了。他虽然病得要死，然而态度却很新鲜：他始终笑着，开着玩笑，努力想用口笛吹出一个小调，虽然他的咳嗽不能使他接续吹下去。这人常常带着一些做作和无耻，甚至于还有一点虚伪，不过照例他总是做出说笑的样子。

他有一次眨着他那双猫儿眼，问我：

“朋友，你对于这些小小的不合理的事情，有什么感想？你觉得这一切东西怎么样。白天，夜里，诞生，爱情，知识，死，呃？有趣罢？不是吗？这对于一个廿四岁的人，是特别有趣的。我说的是我呢……多拉！”

这时有杯盘的声音响，也许是移动家具的声音。果然多拉走来了，鼓着两只眼睛，一句话也不说，只是呆呆的等着菲利伯的吩咐。他很快活的对她说：

“我的很好的象娃娃，你替我拿点葡萄来罢。”

他吩咐完之后，又对我说：

“这是一个顶无知识，顶迟钝的东西呢。”这个学生讨厌同住的一切病人，常常用极辛辣的话，嘲笑他们，一个一个都嘲笑到了。

他自己当然也是被大家讨厌的。他嗜好文学，所以他和我还算讲得来。这种嗜好对于我和他的接近，大有关系。

他用他那根带着灰色的舌头，在嘴唇上舐了几舐，对我说：

“文学是人类一切发明当中的顶好的东西。它越是离生活离得远，它越好……”

据我想，好像他的死不单是由于肺痨，他灵魂上受的什么打击，恐怕还是主要的原因呢。

他死在公寓生活的第六十九天。死的时候，嘴里说着谵语：

“斐玛！我一辈子……你一个人……我爱你……永远的啊！我的小斐玛……”

我那时坐在他的床上，挨着他的脚坐着。多拉带着悲愁的样子，站在他的枕头边。她一面呜呜咽咽的哭，一面用她一只大手，抚摸着死人的干枯头发。她一只臂膊夹着一个小小包袱。她带着不安的样子，伸起头来问我：

“他说什么？斐玛这是谁呢？”

“一定是一个女孩子，或是一个妇人，他曾经爱过的，他现今还爱着的。”

多拉似乎吃了一惊，又高声问我：

“爱她？爱这个斐玛？不是的。他爱的就是我呢。从他到这里的那一天起，他就爱上我了……”

但是她继续听菲利伯说了一阵谵语之后，她把她那带着白色的眉毛，皱了一皱，一手提起围腰，把脸上的汗擦了一擦，把手拐子上夹着的小包袱丢在我的膝头边，一面说：

“这是替他预备的死后的穿着：一条裤，一件衬衣，一双

布靴。”

她和和气气的跑开了。

约莫过了二十几分钟之后，学生菲利伯才停止说谵语。他用很正经的态度，望了一望白墙上面的黑的窗户框子，叹了一口气。据我想来，好像是要说什么话似的，但是，话还没有说出，就断了气。他那小身体，瘦得只剩一把骨头的小身体，慢慢的伸直了。

我跑去找多拉。她那时正站在露台上，向山下眺望，山底下天的颜色和海水的颜色，混成一片，都显得非常阴沉。她回过头来，把她那副大脸向着我。我看见她那不愉快的脸，不由得心里吃了一惊。我对她说：

“他死了。多拉，去替他穿起衣服罢。”

“我不愿意。”

她一面说着，一面拖起脚在地下擦了一回，仿佛是在踏灭一口痰唾似的。她继续说：

“我不愿意。像那样一个东西，我连再看他一面也不愿意呢。你看他还像一个人！他曾对我说，他爱我，但是到他……”

“但是，他已经死了呢？你没看见吗？……”

“死了又怎么样？自然我看见他死了。难道我瞎了眼不成？我还拿我自己的钱，替他预备了死衣呢。从他到这里的那一天起，我就看见他要死了。我曾对我自己说：啊，他一步一步向着那路走呢。什么人都有一死。为什么他对我说谎呢？他对我说，他从没有爱过年轻的姑娘。我对他说：‘你看，这里一个年轻姑娘，等着你呢……’只管死罢，但是，不要说谎……”

她说这话时，声音不大高，好像她心里想着的，并不是她嘴里

说着的东西似的。她忽然呜呜咽咽的露出苦痛的神气，哭起来了。照她苦痛的样子看来，不知道的人，还以为她一口气喝了一大杯热东西，胃里烫得发疼呢。

“去罢！多拉啊！”

“你去罢。你如果对他要好，你就自己去替他穿上衣服罢。我吗？我是不愿意的。他是我的什么人呢？一个消遣品吗？”

“我不懂得替死人穿衣啊……”

“为什么要我去穿呢？我对他只是一个路旁人啊！”

“但是，他既已死了……”

“死了，又怎么样？请你不要费心来说服我罢。我不愿意看那样的东西了。一个人总要不说谎……”

她始终拒绝替死人穿衣，只是在露台站着。

我正在替学生菲利伯穿死衣的时候，忽然听见一种悲号的声音，虽然很低，但是很刺人耳朵。我连忙跳到露台上去。

在人类身上，藏有一种像泉一般的滔滔的眼泪。多拉那时流的泪，就是这一种眼泪。她跪在地板上，用头碰着栏杆，绷绷的响。她一面痛哭，一面用一种伤心的声音，号着一些不合理的古怪的话：

“我的丑男子……我的孩子……我的永远不能忘记的儿子……”

十、 独处的时候的人们

今天，我看见一个女人，身材短小，穿着乳色的袜子，金色头

发，面孔好像是一个还没有成人的小女孩子似的，站在托洛伊茨基桥上，用她那戴着灰色手套的手，扶着栏杆，好像正预备要跳下内华河里去一样，同时还把她那又尖又红的小舌头，向着月亮伸出去。天上的老而狡猾的母狐狸（月亮）正穿过一块稀脏的灰色的云，慢慢的滑走着；她这时显得很大，她的面孔红得像喝醉了酒的人一样。桥上的女人，用一种庄重的神气——据我想来，不但庄重，恐怕还带着报仇的神气呢——用这么一种神气，嘲笑着天上的母狐狸。

这女人的行动，引起了我脑筋里记着的几件常常叫我忘不了的怪事。每当我观察着，一个人在独处的时候怎么行动，我只有承认他是蠢子，找不出别的话去形容他。

我第一次得着这种观察，还是我当小孩子的时候。有一个英国人，叫做兰多尔，是在马戏园唱丑脚的。他有一次穿过马戏场的又寂寞又阴黑的廊下，从一面镜子面前经过，他把戴着的黑缎子的高帽子，脱了下来，恭恭敬敬的向着他自己的像，行了一个礼。那时，除他之外，走廊下并没有一个别的人。我那时坐在他头上的水槽里面，他是不能看见我的。就是我自己，本没有听着他走了来，只是我偶然从水桶里伸出头来的时候，才看见他对他自己行礼。他那种行动把我弄得呆了好一阵子，心里一点也不明白，十分难过。后来，我只好这样解释：一个唱丑脚的，并且还是一个英国人，当然应该有一种古怪的行动，才能维持他的职业，或造成他的艺术。

但是，我有一天，看见捷霍夫，坐在他的花园里，用他的帽子，去捉太阳光线，屡次尝试想把太阳光线，连同他的帽子，一齐戴上头去，只是始终不能成功。我看见他屡次的失败，使这个捉太阳光线的人生了气：他的面孔越变越变得难看了。最后，他露出一

种粗暴的姿势，把他的帽子在膝头上使劲打了一下，打得扁平，然后才套上头去，同时抬起脚把他的狗，开玩笑似的，踢了一脚，随后眯着一只眼睛，斜斜的望了天上一眼，才向他家里走去。他看见我站在台阶上，便露出一种奇怪的笑容，对我说：

“天气好啊。你应该在巴尔孟那本书里面，念过‘太阳的香气像青草一样’罢。这话真是瞎说。在俄国的加山，太阳的气味，好像洋碱一样；在这地方，在克里米亚，太阳的气味好像鞑靼人的汗臭一样……”

有一次我还看见，他费了许久的工夫，想了许多的方法，想把一根粗大的红铅笔，塞进一个小药瓶子口子里去。他的希望明明是想破坏物理学上的公例。他认真的抱着这个希望，用一种物理试验人的顽强的热心干去。

大托尔斯泰曾经谦和的问着一个蜴蜥：

“你，你好罢？”

那个蜴蜥正在低尔伯大道边的荆棘当中一块石头上晒太阳。托尔斯泰站在它面前，用手摸了摸他自己的皮腰带。后来，他向周围看了一看，这个大伟人才对着蜴蜥说出真话：

“我，我却不舒服呢。”

梯合文教授是一个化学家，有一次在饭厅里面坐着，看见他自己的像反射在一块铜皮子上，他对自己的像说：

“呃？老朋友，你身体好罢？”

他的像不答应他。梯教授叹了一口长气，十分用心的拿手掌擦

灭了他的像，皱了一皱眉毛，同时把他那个像喇叭口子一样的鼻子，动了几动，好像他心里很不快活似的。

有人告诉我，有一天，他看见立司可夫热心的做下面的行动：坐在他桌子上，高高的举起一块棉花，丢到他面前的一个磁碗里面去，随即张着耳朵听：棉花跌落在磁碗上是不是有响声呢?

神父乌拉地有一次把自己的靴子放在面前，用一种严重的口吻，对它说：

“去罢，开步走罢!”

随后他又问一句：

“你不能够走吗?”

他露出高傲的神气，好像打了胜仗似的，做一个结论：

“不是吗? 如果没有我，你一步也走不了呢。”

“老神父，你干什么?”我一面走进房间，一面这样问他。

他留心望了我一眼，随即对我解释：

“没有什么。我说这只靴子啊：它的后跟已经磨得没有了，如今的世界，连靴子都做得坏透了。”

我常常看见，人类在独处的时候，会自哭自笑起来。有一次，一个文学家，只喝了一点酒，醉是一点没有醉，却是一面哭着，一面用嘴唇吹着巴巴利风琴的调子：

“我孤单单一个人，走在路上……”

他的口笛吹得极坏，因为他正在像一个妇人一样呜呜咽咽的

哭，他的嘴唇也打着颤。眼泪从他眼睛里慢慢的流出来，浸入他上下胡须的暗黑的毛丛里。他这样坐在一个旅馆的房间里痛哭，把背靠着窗子，两只臂膊向旁边伸着，好像一个游水的人一样。但是，决不是为要做体操才伸出来，因为他的动作又迟缓，又无力，并且没有含着律动。

总之，这些事情还不算得顶奇怪的事：哭和笑原本是一种可以理解的精神状况的表现，所以不会使我们狼狈的。有些人在黑夜里，孤独的跪在野外，或是树林中，或是高原上，或是海边，去行祈祷，也同样不足使我们吃惊。只有那些实行手淫的人们，的确会给我们一种愚蠢的印象。虽然手淫也是一种自然的行动，但是看见它的时候，总会觉得叫人讨厌，有时还觉得滑稽可鄙，甚至于可怕。

我知道一个学医的女学生。她是一个叫人看了很不愉快的女人，又骄傲，又爱装体面。她爱读尼哲的书，差不多爱到愚蠢的程度。她常常旁若无人的夸她自己是无神论者。但是，有一次，我发见她一个人站在克兰斯基所画的《荒野里的基督》那张名画的照片面前，露出温和而又憔悴的神气，一面叹气，一面说：

“啊！来罢！亲爱的啊！来罢！我的可怜的！来罢！”

这女学生后来嫁了有钱的商人，替他生了两个小孩子，到底最后还是弃了商人，跟着马戏园的一个弄拳棒的跑了。

有一个时候，我隔壁房间里面，住着一个华罗尼地方的地主。他有一次断了一天的饮食，偶然走错了路，衣服也只穿得一半，就跑到我的房间来了。那时我正睡在床上，洋灯已经灭了，不过月光从窗户透进来，满房却是明亮的。我从帐子里面，眼睛看见我邻居

那副带着微笑的枯寂的脸，耳朵里却听见一个人自问自答的低声说着下面的对话：

“是谁?”

“是我啊!”

“这不是你的房间呢。”

“错了吗？对不住啊!”

“什么话！不要紧的。”

说到这里，他停了一停。他用眼把全房间审视一遍，用手整理一回胡须，站在镜子面前去望他自己的像，嘴里轻轻的唱着：

“我错了啊！错了！错了！

我怎么这样稿？稿？稿?”①

他这样唱了之后，仿佛应该走了。但是，在事实上，他却在桌上拿起一本书，把它立在桌子上，一面用眼望着街上，嘴里用一种埋怨人的腔调，高声的说：

“现在亮得真像白天一样，但是白天却又是阴阴沉沉的，天气坏极了——啊！怎么把这事弄得这样不好呢!”

他说这话之后，即刻用脚尖走着地板，向门边退出去，两只手向左右伸着，一上一下的取着重心，出门之后，很留心的倒拉着门关上，一点声响也没有露出来。

如果一个小孩子想用他的手指把书上某张画片撕下来，那倒一点也不稀奇。但是，我们如若看见一个学者——一个教授，一心想

① 原文如此，“稿”疑为“槁”或“搞”。——编者

撕下一张画片，把眼睛只是往四围瞭望，耳朵也张起来留神细听，露出生怕有人到来的样子，那就未免有点古怪了。在事实上，我却看见了这么一个教授。

这教授仿佛是认为，大家都可以从纸片上撕去印成的图画，把它藏在衣口袋里似的。有一两次，他的确做成功了：他从书上撕下一个什么东西，把它当成一块洋钱一样，夹在两个指头中间，想塞进他的西装背心的口袋里去。但是，他看见了他的指头的时候，他忽然皱起眉毛，把书上的那张画拿到光线好的地方去审视，并从新用手去爬搔所印的图画。但是他并没有成功，不曾爬下来。随后他丢下了书，匆匆忙忙的走了出去，用脚尖踏着地，露出滑稽的样子。

我跑去找着他撕的那本书，用心把页数翻了一翻。这是一本工学书，上面载有许多电气发动机的照片。上面只有一个用浆糊粘着的图不见了。至于其他印在书上的图画，仍然还存在书上，因为这些图画是不能用指头爬下来，放进衣口袋里去的。大概这教授也因为知道这个道理，才放手走了呢——虽然他只是一个人道主义者，并不是什么工学家。

女人们在占牙牌数的时候，或是在化妆打扮的时候，往往会自言自语的应酬自己。但是我曾在五分钟当中看见一个怪事。我看见一个有知识的女人，一个人坐着吃朱古来做的糖条子，一面用一个铗子夹着糖，一面对每一条糖说：

“我啊，我要吃你呢!”

她说了之后，一口把它吃了。吃了之后，又问一句：

“这不是，我把你吃了吗?”

她随后又拿一根糖，又说：

“我啊，我要吃你呢！”

“这不是，我把你吃了吗？”

她坐在挨窗户边的一张椅子上，热心吃朱古来糖。这是一个夏天的晚半天，约莫在五点钟左右。从街上透进一种大都会生活的迷乱的喧声到房间里来。这女人当时的脸色是很严重的。她那双灰蓝色的眼光，全部都集中在她膝头上搁着的盒子上面。

在一个戏园的游廊里面，有一个长着褐色头发的美貌女人，到得迟了，在一个镜子面前整理头发，用一种极认真的神气，高声问着：

“那末应该死吗？”

那时，游廊里面，没有一个人，只有我，也是来迟了，刚到那里，但是褐色头发的女人，的确没有看见我。我想，如果她看见了我，恐怕不会向我提出这种有点不方便的问题呢。

这种“古怪”的事情，我看得不少。

有一次，白洛克站在“一般文学”社的楼梯上，在一本书的缘边上写字。他忽然对着扶手栏杆，侧身让开路，仿佛是恭恭敬敬的让什么人过身似的。但是，我并没有看见什么人走过。我那时站在他上面的阶梯上，当白洛克的带着微笑的眼光，随着他所敬让的那个人往上面看，碰着了我的眼睛——大概是一种吃惊的眼睛——的时候，他把他的铅笔落下地去，随即弯腰去拾起来，一面问我：

“我来迟了罢？”

十一、 滑稽的事件

……在战争的时候，也常常发生有趣的事情。举例说罢：有一天，我们一共五个人，走到森林当中去弄柴火，忽然一下，嘣的一声！一个德国兵放的开花炮弹打在我们头上来了。我被炮弹的压力冲到一个盖着泥土和石块的洞眼里去了。不知道过了多少时候，我才恢复了我的知觉。我仍睡着不动，心里只是想：这一回糟了，西蒙啊，你死了呢！过了一阵，我精神完全复原了。我擦了擦眼睛，向周围望了一望。一个伙计都没有了！树木的枝叶，有的烧枯了，有的还剩得一点破碎的青绿色。有许多肠子挂在断折的树枝上！我笑起来了！人的肠子挂树枝上，这的确是太滑稽了！但是，过一会儿之后，我又感觉得有点难过。我这些伙计，不也是人类吗？完全和我是同一样的人类呢。谁晓得，嘣的一声，就没有人了，就好像他们没有在世上生存过一样了！不过，在最初的时候，我的确笑了一场呢！

有一次，我们走到一个小小的村庄里：总共只有三家人户，要容我们一个连的兵。在一家人的旁边，坐着一个老女人，有一条母黄牛在她近旁吃着草。我们对老女人说：“老太太，这畜牲是谁的呢？是你的吗？”老女人听见这话，立刻哭起来，嘴里乱号，跪在地下，做出种种乞怜的样子。她说：“我有好几个小孩子，躲在那边地窖里呢。如果拿了我的牛去，难道叫他们活活饿死吗！”我们

对她说："不要瞎哭瞎号了！不要紧的，我们替你写一张告示贴在你房子边罢。"那时，我们那一连里，有一个顶顽皮的人，叫做科士托：他是一个专爱拿走别人的东西的人。他听见大家这样说，立刻写了一张告示："这个老女人，已经活了九十岁了。她还打算再活九十岁。但是，恐怕她不会成功罢。"这个小狗东西并且还在告示末尾署了"我们的天主上帝"几个字。我们把这告示给与老女人，我们仍然牵了她的母黄牛，我们起身离开这小村子了。那时大家哄然大笑，笑得几乎不能走路。大家只得歇在路上，索性尽情的痛痛快快的大笑起来，大家的眼睛里面，都笑得含着一包眼泪呢！

十二、 一个英雄

……下面一段文字，是我在一张一九一五年六月十四号的《新时代报》的破报纸上看见的：

"我举起战壕测量镜往前面望了一望，我看见麦田的麦子正摇着麦浪，当中还夹杂有许多野菊花的蓝青点子。再远一点，有一条大路，路旁栽有树木。穿过那条路去，是一片荒田，上面满列着黄泥堆做成的矮洞子。那就是德国军队的战壕。德国兵就在那里埋伏着。我们和德国兵不过隔着一百多步罢了。

我问：

'我们可以从这里面看见那斜坡顶上的德国兵的帽子吗？'

'是的。不过极少看见，在白天尤其少。在我们这方面，也是很留心不叫他们看见的。谁肯随便开玩笑，徒徒让敌人打死？敌人

的随便举动，我们也随时留心着的。我们有一些专门家去做这些事呢。’

军官这样说着，一面用手指着一个专门家给我看。这是一个矮小的兵，面孔很逗人喜欢，但是，神气好像困倦已极，一点感觉都没有了似的。他一丝不动的坐在战壕的一个突出部后面，前面围着一块钢板做的盾，敌人的枪子是打不着他的。他坐在那里，眼睁睁的从盾缝里往前面张望。他成天在这样的姿势下面过日子，并没有谁人指定他去干这个任务，也没有人强逼他去做。他只是简单的甘心爱干这件事罢了。这也有点原因，因为只有从这个突出部分，才恰恰可以看见一条敌人从那里去汲水的小沟。敌人在小沟里，自然是弯着腰走的，但是，如果他们伸腰稍微伸早了一点，我们就可以看见他们。那时，自然‘叭’的一声，就要奉送他们一枪！枪是放在他身边的。什么都准备着好好的：瞄准和扳枪机，只消两秒钟工夫就够了。他差不多是百发百中的。

军官对我说：

‘据擒来的俘虏所说的话，敌人方面，把那条汲水的小路叫做死的路呢。在过去几个星期当中，在那里被打死的人，差不多有四十个人了。如果我们想到，这都是这位先生一个人的功劳……’

这位先生虽然听见我们的会话，却仍然是毫不关心的样子，好像我们说的话是和他没有关系似的。他的眼睛差不多像睡着了一样，一点感觉的神气也没有露出来，只是死板板的望着钢板的缝子。”

这位先生一样的人们，可以算得是机械的杀人专家了。我看见

了这篇破残文字，我又想起另外一位先生，和刚才这位先生的老实程度，不相上下。

有一次，我坐火车，车到渥尔合车站时，车箱里面，已经有六个人了。忽然新来一位旅客，弯着腰进车箱来——他是一个矮胖的兵，肩膀宽大，背上背着一个大包袱。他把包袱放在我旁边坐的一个客人的膝头上，自己腾出手来，把胸口前挂着的圣乔治的铁十字，弄端正了，然后动着嘴唇，留心把我们看了一番。他说：

“六个人了。这是照规矩的人数。但是，还是请你们挤一挤罢。”

我旁边坐的是一个收税的官吏，有点生气了。他露出不平的样子，嘴里说：

“为什么你想要我们在这里挤一挤？”

“大家可以为一个英雄挤一挤，让这位英雄也坐坐啊！因为一个英雄是应该有座位的。”

这位英雄先推开了那官吏的膝头，随即勉强挤进我们坐的那条长凳上来，用他的大屁股，把我们分开。他说：

“你看，还不是坐得下！”

他的粗糙面孔，虽然像是用刀刮过的，但是，已经露出撇青的颜色，和他那坑坑坡坡的头一样了。他的眉毛是黑色的，然而很稀疏，好像是用过脱毛药似的。眉毛下面，一双小小的鱼眼睛，圆溜溜的凸出来，凝结着。

火车摇摆得厉害。我们几个人和邻座人随便细声说了几句话之后，大家都沉默起来了。这个兵做出一种好像元帅似的神气，点上一根纸烟抽着。我自己冲着瞌睡，在迷迷糊糊当中，听见他和坐在

我对面的一个褐色头发的人谈天。

那个有胡子的人说：

“这一次的大战争，对于一切的人，都是非常有趣的呢。”

兵士把鼻孔“轰”的响了一声，向地下吐了一口大痰，答应他说：

“这话是对的。”

“战争的好处，就在它能够提起人类生活的精神……”

“先生这话是不错的。”

“自然，从表面上看来，战争是伴随着许多死亡的……”

“死亡吗……这算什么？人类死的机会多着呢……”

在这几句序言说完了之后，就只听见兵士的嗄了的声音，在车轮的音响当中，大唱其独脚戏了：

“你看我，我原也和一般人一样，同你一样，是一个平常的百姓。我在河里撑木排，撑了五年，一点出息也没有。但是，现在你看我，我听说军官团有很多的缺额，我正去赶那进军官团的考试呢。我考及格了之后，就是一个下级军官了。考试的科目，我是在受伤以后，睡在病床的时候学的。我在军队里很出名呢。因为我一来性格严格公正，二来我有一个极正确的眼力。我的眼力真是天生成的，特别不同，原先我也不知道，后来知道了之后，连我自己都吃了一惊呢。你不懂得我的意思吗？那些军官们都是放枪放得顶好的人，他们都来称赞我的枪放得非常有准头呢。在我第一次受伤之前，我曾经枪杀了二十九个德国兵。这个数目是一点也不错的：并不是我自己去数被杀的人数。我知道，有许多人自己去数被杀的人数，动不动把一些放差了，没有打准的枪，也算在杀敌的数目当中

呢。我想，恐怕有许多打猎的人，在他一辈子当中放枪打死的兔子的数目，还没有我一年当中放枪放死的敌人的数目那样多罢。自然，一个人是比一个兔子，或是一个野鸭子，目标要大些，但是，你要知道，在实际上，真能够瞄准人的身体，却是很少见的事啊！要放枪打人，顶要紧的，是瞄准他的头，在他的头冒出了战壕，或是在战壕里转弯的时候。你要知道，我自己是躲在一条小壕沟里面，躲在一个突出部背后，去活动的。在我的小壕沟面前，有一个小小水沼子，不大宽，只有百来步宽。过了这水沼子之后，就是德国人所在的地方。真正说起来，那个地点对他们是很不方便的呢。有一次，我在那地方，一天之中，打死了他们八个人。”

兵士说到这里，忽然吃吃的笑起来，好像同时在打饱嗝的样子。随后他又使劲的叹了一口气：

“我真正连我自己都不知道，我怎么会建这许多功劳呢！”

我这时特特看了他一眼。在秋天的晚半天的红光当中，这位英雄的又圆又光的面孔，放着漆一样的光辉，真像一块肥嘟嘟的板油，一团骄傲的肉饼。他那双鱼眼睛，露着幸福的微笑。

后来，我把这段车上的故事，说给我一个相识的神父听，他回答我：

“为什么要为他生气呢？如果我们相信，我们所做的事是不可避免的，我们就应该尽我们的力量，向好的方面做去。万一我们的天主给我一个可怕的战争的惩罚，我们自然应该把这个恩惠，当做神的法律去接受呢。如果这果然是一个神的法律——那末——请你饶恕我罢！——上帝决不会比我们还残忍的——所以我们就应该驯服安静的去执行神的意思，所以我要重说一句，我们应该尽我们的

力量……”

这神父是一个小而且瘦的人。他的眼光极明亮，好像小孩子的眼睛一样，但是，这时却带着一种悲愁的神气。他把眼睛低向地下去，更加上一句：

“上帝决不会比我们还残忍……”

十三、 战争和革命

一个在莫斯科街上赶马车的马车夫，面孔上的毛非常之多，多得差不多看不见他的眼睛在哪里。他那匹马，驯良极了，好像是骆驼和绵羊生的杂种一样。这马车夫戴着一顶又皱又破的帽子，穿着一件土耳其式的蓝色大衣，两只袖子已经破了。他穿的那双长毡靴当中，有一只已经穿了一个洞，洞口吊出——也可以说是好像开口笑着——一块稀脏的烂布。大家相信，他穿着这样不堪的破烂衣装，是故意要显得他是穷人，好像在告诉人：“你看，我真穷极了啊!”

他常常斜斜的坐在马屁股后面的座位上。每走到教堂面前，他必定要画一个十字，表示敬虔的意思。他嘴里常常随便说着生活变贵了，但是他从不抱怨叹息，他只是用一种稍微带嗄的声音，随便说着。

我问他对于这回的大战争，有什么感想。他回答：

“我们不必想到战争啊！我们皇帝要打仗，所以战争的事，是应该他去想的。”

“你念报不念?”

“我们这样的人尽都认不得字啊！有好几次，我在茶店里面，听见他们说：一时前进了，后来又后退了。报纸！这到底是一种什么性质的东西？在我们村里，如果发见一个小孩子，爱说谎话，我们就把他叫做报纸啦!”

他用他手里拿着马鞭的把子，在肘拐子上搔了一回痒，随后问我：

“德国人打败了我们?”

“是的。”

“论起人数来，是哪一边多？是他们多，还是我们多呢?”

“我们多。”

他用他的鞭子，在毛都皱了的马屁股上面，晃了几晃，用一种哲学家的冷静态度，对我说：

“知道，油决不会沉没在水里的。当然的啊……”

一个理发匠，一面替一位穿着绿衣服的税务官刮脸，一面用极有把握的态度，主张着：

“德国人从前常常打败了我们，所以很明显的他们这一次也会击破我们的军队。”

税务官驳他：

“你这话错了。我们也曾经打败过他们。譬如，在爱里查白女帝的时候，我们还占领了柏林呢。”

“我没有听见人说过这件事。侥幸我自己也是一个当过兵的人，我却没有听人说过这件事呢。”

理发匠这样答着。随后他又加上一个推测：

“也许是他们故意造出这个故事，来安慰我们的，好叫我们从新振起勇气，是的吗?”

但是，在一年以前，在刚刚对德宣战以后，这个同一的理发匠，曾对我说过，他曾经跪在冬宫面前，流着眼泪，唱“皇帝万岁”呢！他说：

“在这个欢喜的时候，灵魂都欢唱起来……”

有一次，在“人民院”面前公园里面，有一堆各种不同的人，围着一个小小的兵士，听他说他冒险的历史。他头上还缠着绷带，一双明亮的眼睛，放着光辉，露出十分感动的样子。他以为别人都热心听着他，所以越发说得起劲。他抓住了在旁边听他演说的一个人的手，提高声音，说出下面几句话来：

“在实际上，我们的确比德国人力量强些。不过在别的方面，我们都不能够和他们对抗。德国人会计算战争，会节省兵士。在我们这方面，啊！那有什么说的！一次就把锅里的好麦粉都……”

有一个又大又结实的乡下人穿着破烂的布衣服，用低而重的声音，接着他的话说：

“在我们这里谢谢上帝，我们还不知道应该把人安放到什么地方去呢。在我们这里，是另外一种计算：怎样多打死几个人，好腾出生活资料来养活别的人。”

他一面说，一面打了一个安逸的呵欠。大家觉得他这话里一定含有说反话的意义，但是，他的面孔却和石头一样，眼睛也是和和平平的，带着瞌睡的神气。有一个小身材的人，穿着破皱的灰色衣

服，附和他的这种说法：

“你这话是不错的。战争就是为这样的事发生的：或是为夺取别人的土地，或是为要减少一点人口。”

但是，演说的兵士仍然接着说：

“后来，我们做错了一件事：我们把波兰退还给波兰人。这些波兰人却逃走了，一些逃到德国人那方面去，一些逃到我们这方面来。这样一来，他们简直还不知道他们到底是属于哪一方面呢：但凡一个人，都不爱拿自己的手打自己的胸口的……”

这时，那个身材高大的百姓，又用一种平稳的得胜的口调，接着说：

“如果我们强制他们去打仗，他们一定去打的。只消有一个什么人去执行强制：说要去打仗，他们就去打仗了。人民原本是爱冲突的……”

从大体上看来，一般居民都把这种可鄙可耻的杀戮，绝对当做外国人的事情一样说着开心。他们说起战争的时候，往往是一种旁观者的态度，甚至于有时还带着不好的欣喜。但是我却不懂得这种不好的欣喜到底有什么意思，到底是对于谁人而发的欣喜。一般人并没有对于“权力”多加批评，但是对于它的态度，却一天一天变得不好了。一种小资产阶级的，可怕的无政府主义，渐渐发展起来了。

拿一般居民和工人们的意见比较起来，我们可以明白的看出，工人们较为懂得时局的悲哀和严重，并且国家感情——换句更适切的话来说，就是人道的感情——在他们当中，也比一般居民较为发

达些。这句话可以适用于工党的工人，是不消说的了，就是在那些所谓“非组织”工人当中，也是可以适用的。举实例说，譬如斯嘉乐这个工人在几天以前，他就曾经对我说过：

“从阶级的观点看来，遇着政府军事失败的时候，我们会占便宜，这是不消说的，并且也是必要的。但是，道理虽是这样，我们的精神上却仍然感受苦痛。他们那样打仗，我真觉得可耻。我对于一般人民的同情，直达到一个说都说不出来的程度！你只想想，一切顶强壮的人都在战场挡炮弹枪子死了，但是明天却等着他们，靠他们去工作呢！要知道，革命是需要顶强壮的……难道我们的顶强壮的人多得很吗？”

他很懂得文化的价值。他说：

“有人说文化是有产阶级的东西，对于工人阶级是一种危险——这简直是胡说八道！文化这个东西，是我们人类大家的所有物，是我们人类大家的工作品，是我们人类大家的合法的遗产。我们可以自己去把文化当中的无益的和有害的东西，挑选出来，把这一部分丢了去不要就行了。我们不要信口乱说，我们应该先看一看每个东西所具有的价值。除了我们自己之外，没有人有权利能够命令我们呢。前不几时，在工场里，有一个老好人极力诽谤文化，差不多说了半点多钟。那时我想着：这位先生想对我证明，一双木鞋比一双皮鞋还好呢。你看，这就是所谓指导的先生们啊！应该叫工人们不听这些先生们的话才行……”

Z 教授——一个研究细菌学的学者——曾对我说了下面这段逸事：

“有一天，我在B将军的面前，说我很愿得着一些猴子，来供我实验之用。那位将军作古正经的问我：

‘不能将就拿犹班对付使用吗？我这里现在有许多犹班，你不懂得吗？犹班就是敌人放来的奸细啊。我捉着有许多种类的奸细。回头我叫人把他们吊起来，请你随便使用罢……’”

“他不等我回答，就命令一个副官去调查应该上绞首台的奸细的人数。我连忙对他说明，人类对于我的实验，是不合用的。但是，他仍然不理解我的话，睁着一双怪眼睛，对我说：

‘但是，无论如何，人类总比猴子聪明点罢。你如果注射什么毒药到人的身体里面去，他一定会把所感觉的，告诉给你。如果用猴子，就没有这种便利了。’”

“副官回来报告，在犯了当奸细的嫌疑的俘虏当中，一个犹太人也没有，他们尽都是齐干人或罗马尼亚人。B将军对我说：

‘齐干人不济你的事吗？可惜……’”

大家一想到犹太人，就会感觉得不名誉。

自然，从我个人说来，我一生涯当中，对于这个非常有抵抗性的种族的个人，从没有加过什么祸害。但是，我每每遇见一个犹太人，我即刻会想到我那些非常痛恨，发了狂似的痛恨犹太人的亲属，同时我也感觉到对于我同种人的愚顽的责任。

我曾经认真留心的读了许多主张反犹太人主义的书籍。这些书籍都是故意写出来糟蹋并毁坏一个民族——一个整个的民族——的名誉的，所以读起来的时候，是叫人很痛苦的，有时甚至于打恶心。读这样的书，真是一个出人意外的工作。在这些书里面，除了

道德的无知，发狂一样的乱叫，兽类一般的狂吼，表示嫉妒的切齿声，等等之外，我一点什么别的道理，也找不出来。如果照那样的方法去著书，大家也可以同样著几本书出来，证明斯拉夫人或其他别的无论什么民族，都是和犹太民族一样，是一种腐败到不可救药的程度的民族。

你们厌恶犹太人，不是因为在许多混血民族当中，犹太民族比较其他别的民族，多有一点肉体和精神上的纯洁吗？犹太人难道和其他别的非犹太人，不同是一“人”吗？

那些编造并述说反犹太人故事的人们，对于那件可耻的工作——把反犹太人主义宣传到民众当中去的工作，的确有了不少的贡献。

最妙的，在这些编造家和宣传家当中，常常会碰见犹太人。或者这是因为这些犹太人想借此表示犹太民族的滑稽悲哀之美……想借此唤起犹太民族的仇敌的同情心罢？也许是别的宣传家，想用这样的方法，叫一个犹太人在这种滑稽的状态下面出丑，借此去使一般愚人相信，犹太人并不是可怕的民族罢？总之，在这些宣传家中，有许多堕落分子和流氓，却是一件事实。

我觉得，这种反犹太人故事的宣传家，在一八八〇年左右，人数特别多些。在这些人当中，宛伯普希金是顶著名的。当时的人又叫他做宛伯弟弟，或“塘波的海涅”，因为他翻译了德国诗人海涅的诗，翻译得很好。这位宛伯普希金，曾经叫人印了一两本反犹太人故事集，又叫做《犹太人生活的舞台》，这是一些又无条理，又无文才的书。那时我极爱听宛伯普希金说故事，因为他说得极好。我走到加山的巴纳叶公园里去，宛伯普希金就在那公园的演台上大

出风头。在那个时代，我的职业是做面包的。

有一天晚上，我陪伴着一个叫做格莱曼的学生，一同到公园去。这学生对人很好，后来不久自杀了。宛伯普希金的笑话真说得好，我那时正好笑得了不得，忽然听见我旁边发出一种怪声，好像一个人被人勒着喉咙的时候发出的又喘又嗄的声音。我回过头去，只看见格莱曼的面孔，被月亮和演台上的红灯笼的光线照着，露出一种异常的神气：带着灰绿色，显得非常之长，面孔全部都发着颤。他牙齿也好像在打颤，嘴是开着的，两只眼睛湿湿的，好像注射进去了一些血似的。格莱曼用带嗄的声音喊着：

"小——流——氓！小——流——氓！"

他一面说，一面伸出一只臂膊，慢慢举起一个小拳头，仿佛这拳头有好几十斤重的样子。

我这时也不笑了。格莱曼扭转了半边身子，低着头，好像在用角触倒听演说的群众一样，走出去了。我即刻也不听了。我虽然走出去，却没有跟他走。我反故意的避开他。我在街上散步了许久的时间，看见他的面孔，好像一个被拷问的面孔，露出难过极了的样子，那时我良心上感觉得：这个拷问的刑罚，我也不知不觉的参加了呢。

固然，我也知道，人类和人类之间，是有许多种类的相互虐待的，但是，我决不因此就不把反犹太人主义看成最可耻的事。

地方审判厅的房屋，烧起来了。房顶已经倒了下来，火焰在墙那面轰轰的叫着，他拿红黄色的棉袄，从窗户洞里跑了出来，把案卷纸灰的碎黑片子，向着天上射出去。大家站着看火烧房子，并不

想一点方法去救灭。

约莫有三十多个人站在那里，称赞火的威怒。他们好像戏火的乌鸦一样，有的站在兵工厂博物馆的旧炮旁边，有的坐在旧炮的长管上面。这些炮管露出一点蠢笨古怪的神气：它们都是炮口向着国会摆列着，在国会那里，正是人声沸腾，他们正把刚捕获着的将军和总长，用摩托车，或是步行，带到一起，此外还有一群一群的黑成一片的人，慌慌张张的跑来跑去呢。

这时，有一个年轻的带鼻音的口音喊着：

“同志们！谁把这块面包丢在地下了？”

在大炮的旁边，有一个人，好像步哨一样，翻来覆去的走着。这人身材极高，有点驼背，戴着一顶羊皮的厚帽子。他穿着的皮外套的衣领很高，差不多把他的脸都盖完了。他停住了脚，用一种沉重的口调，问一个旁边人：

“那末，大家已经决定废止裁判了吗？以后没有刑罚了吗？”

谁也不答他的话。那晚上的天气是寒冷的。那些居民的皱了的脸的半边影子，动也不动，呆呆的好像失了魂一样，只管望着墙和石头中间的大火炉。这火把一些灰色的面孔都照明亮了，并且还又射到他们死板板的眼睛里去。在旧大炮旁边的这些人，好像在今天这个重要的夜里，都变腐朽了，一点也不中用了似的，因为今天晚上俄罗斯正走上一条更困难更英雄的道路呢。

“我问你，那末，犯罪的人怎么办呢？以后永远不会有什么审判厅了吗？”

有一个人，用很低的声音，带着反话的口调，答应他：

“别操心！他们不会忘记你的！他们一定会处治你的！”

这些黑暗里的不中用的人们所谈的奇怪的会话，仍然无精打采的继续下去：

“将来还是有审判官。”

“这火是谁放的?”

“一定是有罪的人们罢。是盗贼。”

“他们想趁此……”

“像那样的人们，配……”

带皮帽子的人，用严正的态度和高朗的声音说：

“我也不是罪人，也不是盗贼，我是这审判厅的一个看守。没有一个人在厅里！我自己却也在这里!”

他说着，吐了一口痰在他脚边，随后用他那沉重的胶皮套鞋，留心去踏地上的痰，踏了许久，才继续的说：

“如果大家真决定要饶恕一切的人，那实在未免过早，时机还没有到呢。第一，先要把一切犯罪都废了去才行。放火去烧案卷，烧房子，岂不是蠢事！应该先把犯罪的人都弄断了根。不然的时候，大家一定还要从新造案卷，修审判厅和监狱呢。我告诉你们：应该把一切罪恶，从根本上铲了去，一切过去，都……”

他把头摆了几摆，加上一句：

“我要去对他们说他们应该做的……”

他说到这里，忽然扭转半边身子，向着国会，从徐叭赖街走了去。其余的人们，用一种暧昧的，带着嘲笑的喧嚷，跟着他去。其中也有什么人笑着，且笑声中间，还夹带着用沙喉咙咳嗽的声音。

这个人是第一个肯断然决然的——虽然只是本能的，并不是出于推理的——说出这个标语的人：

“应该把一切祸根铲绝。”

现在，已经是夏天了，关于这个题目的议论，越发有势力，越发频繁起来了。昨天，在“人民院”开会的时候，有一个蓄着胡子的兵，用一种激昂的态度，在约莫五十多个人的面前，结结巴巴，半吞半吐的，说出下面的理论：

“他们说的什么话？都是一些废话，都是和从前叫我们受罪的东西一样的话。朋友啊！那不行呢。我们把什么都给他们罢。用罢，喝罢，吃罢，讨论罢，这些都可以的，但是一层，你们总不要妨害我们呢，不要妨害我们人民啊！老实说，我们已经决定拔去一切坏草了。我们愿意从根本上断绝一切根子，一切芽子。这就是我的意见……对不对呢？”

有十来个声音赞成他：

“这是不错的。”

“好罢。应该干脆的对他们说：‘先生们，请走开罢，不要捣乱我们的事，不要妨害我们；你们只管去吃去喝，却是别动弹我们呢。’他们现在说：‘从新开步走啊！从新打仗！’好朋友们，你们听这是什么话啊！这是不对的。我们从前不已经大家开步走到各人的肚皮上去了吗？还没有走够吗？好朋友们，我这话对不对？”

在场的人，差不多一致赞成的说：

“对的，对的。”

完全的社会革命的必要！这种呼声一天一天的得着势力了，并且这些呼声，都是从群众里面发出来的。在群众里面，发生着一种自己来干，自己来过积极生活的共通意思了。这个共通意思，自然

会把群众组织起来，给他们一个聪明的策略。

大家都不相信既成的首领们了。有一天，在近代马戏场附近，有一个年轻人，大概是一个驾摩托车的车夫，用巧妙的话，嘲笑“领导”这两个字——那时差不多有两百多人，都热心听着他，并且用他们的笑声，表示了赞成他的意思。

一天一天的，生活越带着更严重更惨刻的性质了。无论在什么地方，大家都觉得武力将要……

十四、园丁

一九一七年，二月

一些摩托车，呼呼呼的叫着，在街上乱跑，毫不顾忌的对于墙壁和行人，溅着泥浆。车上爬满了闹喧喧的陆军和水兵，车的上部露着步枪的刺刀和刺猬的毛一样：不知道的人，还以为这是一些被激动了的刺猬在那里横行呢。有时听见枪尖相碰的尖声。这就是革命。俄国人民动摇起来了，他们围着自由，团团的转着，好像他们认为可以在他们自己本身之外去追求并寻找自由那个东西似的。在亚历山大公园当中，有一个孤独的园丁做着工作。这是一个五十多的人，生得又矮小，又迟钝；他静静的扫着公园路上并广场上的落叶，纸屑，溶化了的残雪，种种东西。周围的骚闹，好像一点也惹不起他的兴味似的。如果只从他的外观看来，也许世人会说，他听不着那些报警的号声，喧叫声，歌声，枪声，他看不见各处的红旗呢。我观察着他，我总想等到他抬头看那些在他面前跑着的群众和

武装的车辆。但是，他却只是弯着腰做工，好像一条蚯蚓一样，好像眼睛也和蚯蚓一样瞎。

三月

在街上，在公园内的路上，走着成百成千的穿灰色军服的兵士，他们慢慢的向“人民的大屋”走着，当中也有用一根绳子，拖着机关枪，好像拖着一条铁猪一样，拖着走的。这是从渥拉年堡姆回来的无数的机关枪联队。因为他们不知道怎样行动才好，所以他们从清早起，就往城里跑，想找房屋住。市民很害怕他们——兵士们又疲倦，又肚饿，又凶横。

有一些兵士，跑到公园的圆形草坪上，放下机关枪，脱下背囊，丢下步枪，胡乱的坐下或睡下。园丁不慌不忙的手里拿着扫把走近兵士们旁边去，咴咴唧唧的吼着对兵士们说：

“你们在这里瞎干些什么？这是公园内的篮形花坛啊！我们不久就要在这草地上种花的啊。难道你们看不明白吗？起来！走出去！”

那些恼怒了的武装的人们柔顺的离开了圆形草坪。

七月六日

戴着铁盔的兵士，从前线被召回来，把皮叶和保罗炮台包围起来了。他们拖着机关枪，懒懒散散的提着步枪，慢慢的在街上，公园的路上，随便走着。有时可以听见几个兵士用一种纯朴的声音，向市民叫着：

“走开啊！要开火了呢！”

市民们很希望看他们打一回仗。他们也不做声，只是像一群狐狸一样，跟着兵士们的后面，藏在树子背后，伸着头，向他们的前方窥探。

在亚历山大公园里，各种花儿正在花坛上开得旺盛，园丁在公园路上跑着。他穿着一条干净的围腰，手里拿着一把锄头，他跑来叱唤兵士和观战的市民，好像他正在叱唤一群羊子似的：

“喂！跑哪里去？在草上跑些什么？这样宽的路，你们难道还不够用吗？”

一个满脸胡须的农夫，头上戴着铁盔，身上穿着军服，腋下夹着一枝枪，对园丁说：

“留心啊！提防炮台上面放枪打你呢……”

“那末，你赶快走开罢。放枪的……”

“我们在打仗呢，我的老人家……”

“好罢，你打你的仗罢；我呢，我有我的工作啊。”

“你说得不错。你有烟没有？”

园丁一面从他衣口袋里拿出烟包，一面大声吼着：

“你们在不应该走路的地方走路，真……”

“这是打仗呢！”

“打仗又怎么样？打仗自然不算是坏事，你们打仗，我呢，我要一个人留在这里！你应该擦好你的枪，它已经到处生锈了，这枝枪……”

叫子声音响起来了，那个兵也没有抽烟的时间，连忙跑到树木中间去，但是，园丁却吐了一口痰，嘴里叫着：

“你这东西，往哪里跑啊？难道没有路给你走吗？”

秋天

园丁在公园的路上走着，肩上背着一个梯子，手里拿着剪刀，他去修剪树枝。他又瘦，又皱，他的衣服吊在他的身上，好像一付风帆在无风的时候，吊在长桅子上一样。剪刀剪着无叶的枝干，嘎嘎的响，响得噪耳可恶。

我一面看他，一面想着：恐怕无论什么地震，无论什么大洪水，也不能阻止这个人做他的工作罢。如果，在最后的审判的那一天，那位宣告世界末日到了的天使长所用的喇叭，不甚十分擦得光亮，这个人，一定会正正经经的诘问天使长：

“你应该好好擦光你那些喇叭啊……”

十五、 立法者

在一九一七年三月的一个阴湿的早晨，有一个身材矮小的人来访我。这人年纪约莫有四十多岁，穿着一件陈旧而干净的上衣，扣子扣得很整齐。他坐在一张椅子上，用小手巾擦脸，一面喘气，一面露出一种责备的神气对我说话：

“你住在这样高的地方，一个自由的人民，要爬上第五层楼，未免太苦一点了！”

他那双暗黑色的手，黑得像鸟类的爪子一样；在他的玻璃似的严酷的眼睛当中，露着一种顽固的，不易信用人的光辉；一个鼻子，黄得和白嘴鸦的鼻子一样，突出在他那个又瘦削又淡黄的面孔

上。他很谨慎的用鼻子闻着周围的气味，看了我一会，又去观察我的书架，问我：

“真的吗？你就是拍悉霍诺夫先生吗？”（拍悉霍诺夫是社会人民党的党员，在临时政府下面，当过了粮食部大臣）

“不……我是拍悉可夫。”

“这不是一样的吗？”

“完全不一样。”

他叹了一口气，随后又观察了我一会，才承认：

“不错的：你们不大相像，另外那一个人长着胡子呢。这样说，我不幸误会了。”

他悲惨惨的摇着头：“真是一个复杂极了的时代！”

我告诉他，或者他可以在精华电影院找着拍悉霍诺夫，许多人正在那里组织着彼得堡区的委员会。

“你有什么事情找他呢？你可以告诉我吗？”

那人哄哄哄的省了一阵鼻涕，露出毫不关心的样子，随后，在桌上拿起一本书，看了一看书的背脊，才答复我：

“因为要想尽我这个自由市民应尽的义务。我想向他建议，请他在墙上贴一张小小的法律……”

我预料着一定有什么稀奇的事情，所以特特追问他，到底他想干什么事。

“你看罢！”他把一只手放在他的胸口上，从胸前抽出一张叠成四折的纸，打开给我看。在那张纸上，用粗的，活字版形的字体，写着下面的字：

义务条款

本条款的目的，在对于一般的反叛，严格的保护自由。所以应该即刻的：

第一条，将一切批评着事变和自由的人们，一切用斯可卜得式的态度，继续行着旧来的资产阶级的生活样式的人们，加以逮捕。

第二条，内开一个在新村开妓楼的人的妻雅可夫的妻——安娜·巴戈莎娃，浑名叫做华纳悉加。

第三条，备考一——这个华纳悉加对于拍悉霍诺夫市民大人，曾经加过恶骂，说他不该不带徽章，不该只穿普通的衣服，说他在向别人借用空的酒桶的时候，被别人合法的拒绝了。

第四条，备考二——她同样毁谤着他的胡须并他的一切外观。她并且说过，自由那东西，好像一个天真烂漫的少女一样，有很贵的价值：世人一切都不应该去诱惑她。

第五条，所以，应该不管她说什么遁辞，立刻把她逮捕起来。

正确的立法人：雅可夫

我读了这个法律之后，我向立法人要求请他准我抄写一份。

他眨了眨眼睛，问我：

“抄来干什么？”

“当做一个纪念。”

他仔细的叠着那张纸，一面答应我：

“等到这法律被公布的时候，你在街上的墙上扯下一张，

行了。”

但是，那时我继续向他请求，他想了一想，从新把那张纸递给我。

当我抄写的时候，他缩着鼻涕，注意看我书桌上的书籍的标题。他叹了一口气，摇着头，哝哝唧唧的说：

“从此以后，许多书籍都应该被禁止呢。关于这件事，也应该立一个法律。必须的。”

我抄完之后，问他：

“那末，照你的意思，是应该逮捕那一切……”

“必须那样做。那一切照着斯可卜得式的方法（Scoptiquement）……”

“你的意思是说‘怀疑的’（Sceptquement）？”

他严重的答复我：

“我说的是斯可卜得宗派（Skoptsis）啊！

说的是那些信奉斯可卜得宗派（这是俄国的一种实行着去势法的宗派）的教义的人们啊！言语可以任人改变，真理却不是可以永远被蒙蔽的啊。斯可卜得宗派，就是那些不承认我的生殖器的宗派。”

我看见那种情形，知道很难和他谈别的话，所以我只问他，从前干了什么事。

“就是这件事！”他用一种夸张的神气，把他的法律案举在空中。

“但是，在立这个法律以前，干了什么呢？”

他从椅子上站起身来，整了一整上衣，对我说：

“我沉思默想。”

他站着，用一种不相信人的调子，对我说：

“那末，拍悉霍诺夫先生和文学家高尔基先生并不是一个人了？”

“不是。”

“这真令人难解了。”他眨着眼睛，做出沉思的样子，“你说他们只有两个人，他们却有三个名字。但是，你如果把他们算成三个人，却又只有两个人。政府不应该立一个法律禁止人违反算术的理法吗？”

“到现今为止，还没有什么政府权力做那……”

“有的呢……真有的！从领护照的规则看来，无论什么人，都不得领两个护照。这不是法律吗？”（在俄国，无论什么人都得向政府领取一个护照。——译者）

他摇着头，表示一种不赞成的意思，向门口走去。但是，走在半途，他忽然和什么东西相碰了一下，他扭转头对我说：

“对不住，我碰着一个误会了。我现在被我的思想把脑筋弄昏了，虽然，大家知道在平时我的头脑是很明晰的。但是，在这样一个时代，你知道……”

他在门背后穿他的胶皮套鞋的时候，还轻轻的说着：

“这里，就是俾士马克自己也……谁知道他们是两个人或是三个人。……”

十六、 一个帝政党员

约莫在一八八〇年代的时候，有一个小孩子，两眼炯炯放光，胸前挂着一个行商卖物的盒子，在尼悉尼街上跑着叫卖东西。他的声音又高又带着质问的调子，特别令人讨厌：

“小小的十字架，头发别针，别针？”

我因为常常碰见这小孩子的缘故，看出了他的特别的性质，他爱开不好的玩笑：他往往选定一个过路的人，追到他背后，跟着他走，寸步不离的跟着，嘴里始终唱着一种讨人厌的调子：

“随身携带的小十字架，圣像？”

过路人有时用一种滑稽的态度驱逐他，有时还痛骂他，但是，这个小商人却会很敏捷的超出过路人的前面，回身迎着他，用沉着的态度，眼睁睁的望着生气的过路人，从新把小十字架拿出来请他购买。我当时想着，这个小孩正寻闹呢，他希望别人踢他，打他呢；同时，我自己想象着：做生意决不是这小孩子应该做的事，他一定能够找着别的更有趣，更带有危险性的职业呢。

后来，我发见他不做行商，倒把他卖物盒安放在那条顶闹热的洛悉笛大街的教堂墙壁的凹处，卖起历本和福音书来了。我觉得我从前对他的观察有点错误了。后来不久，他的地摊子渐渐扩大起来，竟变成一间叫做“布列武书店”的铺子了。

后来，在尼悉尼市上，发见了一种玫瑰色的不良的书籍，书名叫做《顾自迷老人的生活》。这本书的书皮上，印着一个秃头大胡

子老人的像，在书皮下面印着“布列武书店出版”几个字。

我知道，这本书是在下述的状态下面产生出来的：在“白嘴鸦”酒店里面，有一个巡礼的老人，替大家说西伯利亚的隐士的神秘故事。布列武立刻用几块钱雇了一个叫做铁林伋的穷光蛋，一个曾经充当过小学教员的人，替他写那个老人的生活。铁林伋本来稍稍认识顾自迷老人，居然编成一部很有趣的自传小说。布列武在泥尔及渥下河一带地方，把这部书卖了好几万部，赚了不少的钱。

当我发表我的第一短篇小说集的时候，布列武跑来看我：他穿得还朴素，但同时又显得很舒服；身上穿一件起毛的布的蓝上衣，在背心的口袋上挂着一个大银表，胸前横着一根沉重的镀金表练子，脚上穿着新靴子，走路时发出嘎嘎的响声。他身上发出一种由很强的纸烟和香卤混合而成的气味。他露着笑容，用一种故意要使人注意的低音，对我说：

“请你让我把我心里想着的梦境，解释给你听罢！为要使我们这老都市增光，为要尽我的全力去在国家的历史上做一点贡献，我正在计划，想刊行一种关于我们的有名的同乡人的书籍，如像关于米宁，尼洪，阿华坎，库里宾，巴拉奇，博波利金，多布罗，拍捷斯基，以及尼悉尼市的其他有名的人们的书籍。你愿意对于我这个事业，尽一点文学上的协力吗？……”

他用低音，用一种使人相信的调子，用一种流畅整齐的话，说着；他的全身都动摇着：他摇着腿，弄着一条旧手巾，用手拍我的膝头，到后，突然的把两只手放在他的衣口袋里，在里面弄着什么好像马具上的铜什件一样的东西响着；其后，他又用他的两个手掌，好像回教人祈祷一样，擦着他的脸面。看见他那样子，使人疑

心他有一种皮肤病，以为他全身正在发痒。

在他的身上，我总觉得有一种什么惊慌的，滑稽的，但同时又是很愉快的东西——一种对于无论什么事都肯去做的，俄国式的勇气。

他那个颧骨突出着的脸面，在下巴上，装饰着一丛含糊的，没有颜色的毛。这丛毛无气无力的吊在颈上，好像要把那丛毛的尖子种在喉头骨上似的。他的上须也和下胡一样，直直的立在那里，好像立着一些麦穗上的麦针一样；他的眉毛却不是那样粗糙繁密的。我望着布列武，我想着：

“这就是那种被他们叫做‘刺猬头’的人们。”

他的眼睛是很奇怪的：又圆，又突出，带着绿色，含着一种感激的光辉，放射着闪闪的小光线。用更正确的话说，也可以说是，放射着一团很细的火花。好像他的眼睛正在燃烧着，将来只会剩着两个黑窟窿似的。

当我对他拒绝了我的“文学上的协力”的时候，他重重揩了一把鼻涕，叹了一口气，仍然继续的说，一点也不减少他的高兴的态度：

“那末，让我向你做一个别的提议罢，这个新提议一定是比较容易接受的。”

他站了起来，立刻说：

“你的生活的特别情形，就是需要现款。如果你肯接受五十块钱，把你的自传写出来，那末，你看：我就是你的书的出版人。”

我同样拒绝了他这个新提议，但是，我的拒绝却不能够阻止布列武去印行一本蠢笨的小书，那书不知道是谁写的，在大体上有点

类似我的自传。我跑去吓他，对他说，如果他不把这书毁版，就要诉诸法律的手段。

“请你相信，在那书里面有一种爱乡心呢。”布列武一面很滑稽的跳跃着，一面替他自己辩护，“我并不是想借此赚钱——钱算得什么呢？实在，只有我的爱乡的感情，使我决了心，要打破你的谦逊。”

我在一九〇五年，知道布列武被选为“俄国人民联合会”的尼悉尼支部的会长。这个会的目的，在极力和叛乱对抗，极力替专制政治巩固势力。

后来，我记得，在一九一〇年，我在加卜里接着他一封信。布列武在这封信里面，极力称赞俄皇尼哥拉司的仁慈宽大，要求我向俄皇悔过，请求俄皇准我归俄国。那信写得太滑稽，所以我看见之后，也并不生气。我并且写信答复布列武，告诉他，我并没有把我自己看成一个被政府驱逐出国的人，只要我愿意，我随时都可以回到俄国，用不着请求什么当局者的许可；我还加上一段关于专制政治的说明。我的答复，在我未同意以前，用一个《一封给一个帝政党员的信》的题目，被人发表在《满捷斯特日报》上。

在一九一四年，我回到俄国，知道布列武已经离开了尼悉尼。在一九一七年，在五月中的气候变动得很厉害的一天，被人叫去听电话。在电话口上，我听见一种很可以令人感动的声音：

“我是布列武。尼悉尼的布列武和你打电话，你还记得吗？尼悉尼市的那个梦想家。”

过了一点钟之后，他局屈在我面前的一张椅子上面，从种种方面，吐出许多话——许多和二十五年以前同样快速，同样齐整，同

样有趣的话。不过，他那些刺猬式的毛却变得较柔软了，失去那种刚性了；他剃掉了他那无力的下胡和令人吃惊的上须。只是，他的眉毛，还使我记起那条小鱼的鳍子。他的眼睛，也还和从前一样，闪着一种活泼年轻的光辉，放射出一团尖细的火花。他穿着一身油烟色的厚布衣服，一个钻石在他的领结上灿然放光，在他的左手的一个指头上戴着一个金戒指，戒指上面嵌着一个卢璧宝石；但是，从全体看来，这还是那个好像被皮肤病所苦的矮小的人。

他动着两只臂膊，把两只手，忙忙的插进他的裤子的口袋里面去，插进上衣口袋里去，更插到背心的口袋里去，从各个口袋里，掏出许多小小的矿物块子出来。他一面把这些矿物块子扔在桌上动转着，一面说：

“含金的矿石！Wolpranm！性质最好的石版用石屑！无名的金属，谁也不能正确的知道它是什么矿石！这都属我所有！权利已经取得了。我今天是把你看做一个同乡人，特来找你，请你帮我实现这个计划，因为你和新上任的农矿部总长是很好的朋友。”

我拒绝了他关于这种计划的请求，但是我的拒绝，一点也没有使他灰心。他只是稍微吃了一点惊，立刻就说：

“这是你第四次拒绝我呢……”

“但是，我一点也不懂得这样的事！”

他耸了一下肩膀：

“关于金子的事，有什么懂得不懂得？很简单的，只消把金子挖出矿来就行了。如果要使我们的生活都变成金色……”

他半闭着眼睛，摇着头，露出抒情的神气，继续的说：

“如果你知道西伯利亚的超天然的富源！那并不是一片土地，

倒只是一群可以榨牛乳的牛，这话我可以对天赌咒的。请你来榨取牛乳罢！在那里，没有一个人去榨取呢。我们俄国人不知道榨取。唯一知道榨取的，就是列娜河畔的英国人……”

我问他，是不是已经在西伯利亚住得很久。

“三年了！三年！自从这次的不合理的战争开始之后，我就到了那里。我诚心诚意的想把我的特殊的经历，告诉你听；我相信，像你这样的一个尼悉尼市的人，一定爱听你的一个同乡人的成功谈。除了你之外，还有谁配得上说认识一个俄国人的可惊异的生涯呢？因为，除了你是一个地方的名人之外，你还是一个关于俄国的优秀人民的合法的记录人；你从你的运命上说，就带着一种特别的使命，去替我们建筑一些言语上的纪念碑，替我们这些居住在尼悉尼老都市的人们建筑，因为，在三百年以前，俄国全体都靠着这个都市，免掉了一个时机不成熟的损失……”

在他临走的时候，他问我：

“我听说，他们也曾经请你去当一个总长，真的吗？不真？可惜了！我们，尼悉尼的同乡们，都很希望亲眼看我们的许多总长当中的一个呢。”

他用一种怀疑的眼光，望着我，加了一句：

“不是教育总长吗？如果你肯去干的时候。”

第二天的晚上，布列武坐在我家里，露出很受感动的神气，流着汗水，竖着他的浅褐色的毛，把两只手好像搓面粉一样，继续的动着，对我说：

“我生活上的危机，是从日俄战争那几个可耻的年间开始的。在这个时期以前，我简单的靠着我对于我们那个美丽的城市的热爱

而过生活，我从没有想到政治；我那时有许多别的梦想，我甚至于在清醒的时候也看见我的梦。我梦想着：我要扩张我的事业，我要发财致富，我要在尼悉尼市建筑一个顶美丽的大房子，好叫别人惊叹，不单是叫我们的同乡人同国人惊叹，并且还要叫外国人惊异。好叫世界上的人，从伦敦和巴黎，都来看布列武的房子！好叫他们在报纸上写着：在俄国，恰恰在一个省内的城市里面，建筑了一些大房屋，这是别国所无的事！”

这时，我们听见从楼下发了一阵喧嚷，摩托车吹着号筒，满脸胡须的兵士们，集成一种灰色的群集，向前走着，他们那种沉重的脚步，把大地都弄得震动了；喊声起来了——俄罗斯国动摇起来了，倒下地了。

他继续的说：

“我不是一个蠢子，我知道怎样去利用我的力量的方法。但是，如果我布列武，这个生长在俄罗斯土地上的油虫，也还能够对于这个大耻大辱——一个无名的小国民加在我们这个祖国上，加在这个产生了许多天才的母国上的耻辱——拖着大大的决死的气愤——如果这个耻辱对于我这个最下等的心，尚且苦得不可忍受，那末，它对于那些比我更伟大，比我更聪明的别的俄国人，又当怎样呢？因为这个关系，所以我对于知识分子，对于受过教育的人们所抱的愤怒和反感，才开始发生了；因为，我在他们里面，只能够发见他们的心情和精神，对于俄罗斯帝国的运命的一种不可解的冷淡。但是，你知道，愤怒原是政治的源泉；至少，我对于政治，是这样解释的：政治是用愤怒做成的。”

“我反省：怎么会那样呢？我们的国民，我们的军队被别人打

败了，你们对于这些事，却一点也不焦心，这是我不能理解的。没有一个人对于人民表同情，人民自己也不知道可怜他们自己，这是我知道很清楚的。请恕我无礼，但是，在实际上，我却以为：从一般说来，并没有人民，并没有人民的存在，只要看，他们并不把人们集在一起，他们并不向人们宣传，他们并不设法使人们害怕，他们并不命令人们，只要看这些事实，就可以知道，实在并没有人民的存在。并没有一个靠着一种共通的利益，结合起来的人民！人民是什么？只不过是一些沙子，一些粘土罢了。如果要使他们真正能够适于国家的建设，就应该把他们提成一团，在长久的时间中，放在火上烤熟，才行。”

“这样说来，你们对于人民没有什么同情不是？好的，就姑且这样认定罢。但是，对于梦想呢？难道你们对于梦想也没有同情吗？人类只有靠着梦想，才能生活；人类除此之外，并无别的生活方法。无论我们当中的哪一个，都很固执的盼望着更大的美；就是靠这件事把人类推着前进呢。人们梦想着一个伟大的国家，一个最好的，从没有在世界上存在过的国家。一切的人都有一个关于国家的梦想，不消说，要除开犹太人不计，因为犹太人自失掉了他们的祖国之后，只能够有一个关于贪欲的梦想了。关于共同生活的美化的梦想，也是犹太人所不能够有的；这犹如齐干人和其他的游牧民族不能够有这种梦想一样。我知道，你们的意见一定不是这样；你们对于犹太人，有一种谁也不能够懂得的忠诚，但是，请恕我，我想，在这里，一定藏着有一种灵魂上的不具，一种疾病。不过，关于这个问题，我且不多说罢。”

“我们回到一九〇五年去罢。从全世界上传来了一个大大的动

乱：一切的人都要行革命，哪怕是一些不知道自己把纽扣缝在他自己的裤子上的人们，也要革命。大家都露着一种过年过节的样子，在街上跑着，但是，也有一些人，并且是多数人抱着一种丧礼时候的心情。梦想燃烧起来了：在三百年以前，尼悉尼的城市，曾经救了俄罗斯的灭亡，难道这还不是应该使大家知道这个功绩的绝好时机吗？什么是革命？我店里那时用着一个伙计，名字叫做雷尼加，他是一个很伶俐的小伙子，他也跑去参加革命，变成一个革命党，每天在街上乱跑。我问他：'好的，你可以去做革命，雷尼加，但是，革命之后，你要干什么事呢？'——'我吗？'他说，'一旦革命完成，一切都上了新的轨道，我打算种香菌去；我要着手种植香菌，并制造腌香菌；我知道一种方法，可以得着百分之四十的收成。'——'蠢才！'我对他说，'难道应该为种香菌的缘故，去推翻一个国家吗？'到处都发见同样的事实：大家都向大家询问革命的目的，但是，归根结底，大家都只能找出一些顶浅薄的东西，如像种香菌之类。好的！请恕我直说罢，我们那时有好几百个赤心的人，对于你们那种蠢笨的行为，曾经做了一个反抗运动。我们并且殴打了几个人，我老实说罢，有一些人是冤枉的，像你的朋友，韩策药剂师，就是一个例子。怎么办呢？在一个拼命的斗争里面，谁还顾得到头发呢？公道越少，魔鬼就越欢喜。"

"我们照这样的方法，去对付乱党，得到了胜利之后，不消说，我们欢喜极了，我们从新开始一种巩固生活的计划。顶重要的日期也渐渐接近了：一九一二年和一九一三年，两个大纪念祭——一个百年祭，一个三百年祭——快到了（一八一二年俄国打败了拿破仑，一六一三年罗玛诺夫皇家建设了俄罗斯帝国。——译者）。我

开始准备……”

“我对你老实说罢——因为只有因着那件事的关系，我们才能够从新聚在一起，把一切事情弄个周到——我对你老实说罢，你给我的那封回信的内容的大胆，真正使我狂喜！你们看，尼悉尼市的人的文章写得真好！不过，我那时却不能承认你那种思想方法，就是在今天，我也还是不能赞同，哪怕俄帝国的那些明白可睹的法度已经倒地，哪怕皇帝已经被他的臣下提了去。我们想到俄国和法国结了可欢的同盟，那件事，对于俄国人思想上的影响之大，真正令人气破肚子——你看，我们也学着法国，把帝座推翻了！”

“是的，我和你的意见是不能够一致的。我认识人民。坐在皇位上的人是谁，这件事对于他们，是毫不相干的；哪怕是一个鞑靼人也好，是一个纪季司人也好，只要有一个人坐在那里，只要梦想有所寄托，就行了。人民全靠着梦想过活，应该给他们一个巨大的想象力，好使他们忍耐的屈从着他们的生活，因为他们的生活，在许多许多的世纪以来，就是同样的生活……”

我听到这里，打断了布列武的谈话，因为我对他指明，我们今天又从新过着革命的日子了。他站起来，满脸堆着激昂的表情。他用一个不流畅痛快的声音，说：

“革命？自由？好罢，干去罢！从明天起，会有人站起来，喊起来：‘一切都好！……我要教你们学学生活方法！……’他们会往前进行，他会领导他们，但是，他们结局会走到他们的出发点。老乡亲，你相信我的话罢：对于人民，只有想象的自由才是真正的自由。从他们说来，现在的生活并不是一个幸福，将来也决不会变成一个幸福；常常的，无论是今天也好，明天也好，生活只是一种

幸福的等待。人民需要一个英雄，一个圣人——如像斯科伯列夫，库自米其，可怕的伊望等人，不论是哪一个都行！英雄越离得远，越渺茫，越不能接近，想象就越自由，生活也就越容易。应该有一个什么英雄存在着，生活着！应该有一个故事。所需要的，不是在天上的上帝，倒是栖息在我们这个地球上的，一个具有绝大的聪明和巨大的力量的英雄。这英雄应该能做一切，他肯做一切——这样一来，一切的人就会变得幸福了：你看，这就是我们应该想象的人！”

“所以，照这样看来，对人民指出罗玛诺夫一族是由外国来的，如像说是由德国民族来的，这件事，是完全无益的。纵然罗玛诺夫一族是莫尔端民族，又有什么关系呢？我告诉你，真的，我认识人民。他们并不需要民治政治，不需要英国式的国会；他们不爱机关，机器，他们只爱神秘。他们需要一个大的东西的权力，哪怕这个大东西是一大大的零点，也是行的；如果这是一个零点，他们就会发挥他们自己的想象的力量，填满这个零的空洞；是的，是的！”

“等我把你那封回信的话，说完罢。我叫人把那封信抄了五六份，我把它分送给我们的同乡要人，至于那封原信，我却送它到贺福斯托夫总督那里去，对他说：‘请看，这就是高尔基写的信。’为什么我要这样做呢？因为应该使你的意思被多数的尼悉尼人知道——虽然你那些意见都是带有破坏性的。我是一个爱做好事的同乡人；你虽然离了我们的群，你到底还是我们的树林当中的一个果实。至于说到总督，那只不过因为我想免得别人向他控告我传布了那封信的缘故，才把原信呈给他看，罢了。”

“我那时很想你回到祖国来，和我一同去庆祝我们的可惊异的

大帝国的两个大纪念：一九一二年和一九一三年。”

布列武用手掌蒙着他的耳朵；他摇头，眨着尖锐的眼睛，轻轻的说：

“这种颠倒的数法，先数一三，再数一二，再数一四，这种数法，使我的意思纷乱了，这些数目字的顺序是不规则的！如果罗玛诺夫家的被选为俄国皇帝，那件事是在一一年，十二国联军的败退是在一二年，照原来的数字一样，那末，也许一九一四年会不能存在呢……”

他放下手，叹了一口气，然后才忙忙的说：

“我们一些相信专制政治和法律的人们，建议要庆祝我们在欧洲大陆上的纷扰的终结和胜利，要使全世界听见我们，看见我们，要举行一种最富于印象的盛大仪式，好借此下一个暗示：你看，对于全欧洲的国民战争，巴黎入城，这一切的事，到底怎么来的？只因为在三百年以前，和罗玛诺夫家的幸福的手携了手。你懂得罢？这个小小的计划，发生于我脑筋里，我并且觉得我当时好像一个怀孕的女人一样，被许多反省所累。应该组织这件事，好使欢喜的火花在人民的记忆当中，在对日战争的痛苦的失败当中，在那种被僧正甲颇其加开始做了的不名誉的蠢事当中，总而言之，在过去的种种不幸的事件当中，迸发出来；应该把我们那种历史上的光荣日子从新放起大大的光明。”

他突然从他的座位上跳了起来，好像有什么东西刺了他一下一样。他把两只手搁在椅子的靠背上，向前弯着腰。一种绿色的润湿现在他的眼睛里，他那张又红又汗的面孔，变成了土色，并且扩大了，他的颧骨上的筋也胀起来，他的鼻孔也张开了。他动着他的喉

头骨，好像他吞什么东西吞不下去似的。约莫在一分钟之间，他不能够制止他的感情；后来，他用一种回转的姿势，擦去他两颊上流着的眼泪；他暧昧的叹了一口气，继续说，仍然是很热心的，用着低音，好像在对人说悄悄话：

“忽然一下，有人对我说：‘布列武，我们和法国结着的友谊的同盟，是不准我们说到一八一三年的国民战争的啊！如若不然，我们的同盟关系就会变冷淡呢。’是的，他们这样说过。我驳他们：‘请恕我！如果我的面孔不惹我的同伴的欢喜，那末，我就应该戴上一个傻子的面具吗?’真的，我们戴这种傻子的面具，已经戴了许久；他们那些说笑话的人们，不是毫无道理的。他们笑着说：‘如果一个专制国和一个共和国在一起跳舞，就可以断定，这个专制国的头脑有点异常。’我们的头脑早已异常了：你看，在我们国里也产生了国会，并且米留科夫先生还极力运动着，想当国会议长呢。”

“你一定知道，这个俄法同盟是被俄国人民联合会看成一个不幸的错误，被看成一种鹰和熊的交情的：一个在天上过生活，一个在森林里过生活，两个当中的无论哪一个，对于另一个，都是不中用的。真的，我们所想的倒反有道理：和德国人联盟，反于我们俄国有益。我们可以和德国人结成一种石头的，铁的交谊，一个盛大的，不能够毁坏的交谊!”

“一句话说完，那个富有教训意义的，对于国民战争的纪念祭的计划，结局没有成功。在一九一二年，只有一些人在公共地方，一处一处的，玩了一回柴可夫斯基的音乐，就喝醉一睡完事。”

“我只专心努力准备着罗玛诺夫家充当俄皇的三百年纪念大祭。

我把美术学校的学生们叫来，对他们说：‘孩子们，你们替我画一些关于一六一三年的尼悉尼市的生活画片罢，赶快的替我装饰米宁的墓罢！’他们很勤快，在事实上，他们绘了许多优美的画，后来，我把些画印成画信片，卖了好几万张。我租了一只小船，在船上组织了一个绘画展览会，叫人把这只船溯着渥尔加河，撑到各处去巡游。你看，你们人民，到底能够干什么事呢？人民们成群的跑来看展览会，看热闹……呃！人民！人民，这就是一种铅条！……”

他把臂膊向后方弯着，把指头交叉在颈骨窝里，把面孔对着天花板，闭着眼睛，许久许久不说话。

“这是我的生涯当中的最高兴的日子，我真高兴极了。在渥尔加河流边的各城市，都有了祭日，祭礼，音乐，连钟；也可以说，突然一下，我们的贫苦的生活，忽然变形成为帝室的歌舞剧了。真是一些最好的日子！”

他从桌上取了一个茶匙，仔细的审察了一会，慢慢的露出一种梦想家的神气，把茶匙放在手指当中，用力弄弯曲起来，才把它放在桌上。他叹了一口气，用舌头舔了一下嘴唇：

“那时我正陶醉在我的感情当中，不料忽然受了一个大大的打击。他们把我引去见皇帝尼哥拉司二世。他很仁慈，给了我这个嵌着卢璧宝石的戒指。但是，尼其丁那个有名马戏场的主人却当着我面前，夸耀着，说他自己也从皇帝得了一个戒指……”

“说到皇帝的事，你看，这就是我当时的感想：你相信着一个不能令你接近的人，你以为这个人一定是把种种可能的性质，把俄罗斯的一切力量，智慧，健康，都聚在他的一身，以为他是精神的中轴——可以穿透一切的中轴，以为他是人民生活的车轴。但是，

突然一下，依着那种不负责任的运命的意思，你和这个人面和面对着，你用一种痛苦，一种惊诧，明白了，在事实上不是那样！这不是那个可以使你生活着的东西，这不符合你的梦想。在他的周围，虽然金碧辉煌的发着光彩，虽然有外界的美丽，但是，可惜都是一些镀金的纸装的东西！像这样，我在我的面前，并没有看见我想象中的皇帝，并没有看见我的梦想的主人，甚至于并没有看见一个伟大人物，倒只看见一个两腿生得寻常的小绅士。他不见得比我聪明，比我这个从小时起就做着自己的领导人的布列武聪明。他是一个寻常的人格者。不消说，他是很亲和的，很仁慈的，但是，这就是他的全体。”

布列武站起来，直直的站着，用手做了一种姿势，用一种又温和又可怕的愤怒，继续说：

“俄国皇帝应该是可怕的，残忍的！不但在他的性质上应该是可怕的，并且在他的外貌上也应该是可怕的。不管他是一个小说式的美男子，或是一个小说式的恶魔，总而言之，俄国皇帝应该是可怕的和残忍的……”

他擦着喉管，走到窗户旁边去，重重的哼了一声，向着喧嚷的街上吐了一口痰；随后，用沉重的声音问我：

“你看过华斯诺佐夫所绘的《可怕的伊望》的肖像吗？你看！这就是俄国人民所需要的皇帝。你应记得，他的一个眼睛，有一点眇？那，那就是皇帝的眼睛。一个可以望见一切的眼睛。像那样的皇帝，就可以看见一切，可以不相信一个人。他！在他的每根指头里面，也有一个他！你到了他的面前，自然会整齐你的姿势，你自然会向你身边到处揣度：扣子是不是都扣得好好的？那才是皇中之

皇，帝中之帝……”

布列武又坐下去，把手拐子靠在桌上，比较更加沉静的，继续说：

“把这些事说得太长的时候，未免有点令人生厌。我那时觉得我狼狈起来了。我本来和一般人同样生活着，和一般人同样戴着一顶帽子。但是，这一天，我开了眼：我缺乏的，还是脑筋！”

“这时，一九一四年忽然到来了，那个可诅咒的战争爆发了。我对我自己说：‘走罢！俄罗斯的末日到了，应该躲在什么顶深的窟窿里去，躲到最后的时候为止。’我决心跑到西伯利亚去，我沾着顾自迷老头儿的光，从前曾经从那里得着我的一切繁劳。我们当中的许多人，在那时都想着，德国人一定会把我们撵到乌拉尔山后去。我认识人民：他们只有受苦的能力，并无抵抗的能力。在西伯利亚还有别的东西吸引了我：我看上了一个少女，一个西伯利亚人，她在加山读书。我在加山，曾经有我的房屋，我的书铺，我的家族。他们说，爱情是不计年龄的。我们相爱起来，虽然我那时有五十岁，她却只有二十岁。所以我就对我的老婆和小孩子们说：‘我替你们劳动了一生，现在算是够了！我要为我自己过生活了。我只拿五万块钱走。其余剩在此地和尼悉尼的财产，都归作你们所有罢！好好生活啊！再见！’我走了。”

“我在西伯利亚，偶然碰见了一个知道地内的财富的人，我占有了许多矿山。应该建筑一点东西，我不惯用空闲的脚踏着大地。我的梦想，我已经失掉了。俄罗斯呢，我看见他正在发酵，正在精神错乱，请恕我直说！我的人民呢，现在我不认识他们了。很显然的，我不相信他们能够在很长的期间去继续做发狂似的事情，多贪

吃葵瓜子……他们将来一定会把人民按倒在地面上的。”

布列武此时说话说得毫无精神，他显然想着别的事情了。他的小小的绿眼睛眨着，放着光，我从新又在他的暗黑的瞳仁当中看见很细的火花了。他像一条鱼一样，大开着口，很敏捷的，用舌头舐着他那个又黑又燥的嘴唇。突然一下，好像他吞吃了一句整句话似的，动着一只手，停止了说话；他站了起来，靠到椅子的靠背上面去。明明的有一个思想突然发生出来，激动了他。他眨着眼睛，他眉毛上的尖毛动摇起来。他干咳了一声，从新轻轻的说着：

“我对你说过，人类是靠着梦想过活的。要想使他把生活当成一个好东西，要想使他无怨恨，无抵抗，简单的把生活当做一种应该由理性去加工的材料，欣然接受，那就得给他许多的想象。因为这个缘故，所以……”

他开始咳嗽起来，他抚着胸口，他的眼睛越发放光了：

“应该知道利用人类灵魂上的这种倾向。你如果知道在人们的面前，放出一种可以被他们懂得的美丽，他们就会跟你到处跑，就是下海，他们也可以跟去！他们会宽恕一切，会忘记一切罪恶和过失。因此，所以……”

他把我的手握在他的两只手里面，重重的握着：

“你也是，你也是一个有梦想的人！而现在，正好一个高贵的工作被人贡献给你啊！靠着你的才能，一定可以在一点钟之内，恢复……”

他好像在说谵语，好像全身都发着抖，好像带着狂人的气味。但是，到他缩回了手，轻轻的在我耳朵边说下面的话的时候，我却并不大吃惊了：

“你要问我为什么吗？很简单的。目前在人民当中行着一种流言：那个突如其来的顾自迷老人，就是亚历山大白尼；拉思普琴就是俄国皇帝和一个简单的乡下女人的儿子；皇太子阿力克西斯就是拉思普琴的儿子，亚历山大白尼的孙子，皇太子是人民的血脉！你懂得了：赎罪！过去一切的罪过，一切的过错，都被真正的俄国的血，真正的人民的血洗着。皇帝的血是由一个乡下人来的，啊？”

“如果这些话不真，那更坏了！这不是真的，但是，请你相信我！并不必须要真实！应该有梦想；谁也不能够把一个国家建筑在赤裸裸的真实上面；那样的国家是不存在的！你看，如果靠着你的才能，你愿意做一个‘梦想的复活’的大事业，把那些真正是俄罗斯的，真正是人民的梦想……”

他举起臂膊，好像他要到天上去似的，用一种发狂的哄笑——也可以说是幼稚的哄笑——用嗄了的声音，一面吞着字眼，一面叫：

“这样，你想想看！我布列武到底要变成怎么样的……呢？”

“我是靠着顾自迷老人的神秘的力量，开始了我的生活的；但是，顾自迷就是白尼，就是密加尔的父亲！所以我一定会把我的名声越抬越高的，抬上去，以终结了我的生涯的，啊！是一个故事，啊？”

在楼下的街上，俄国人民正在一个可怕的喧嚷当中激动着，正在打碎，打破他的铁笼子，那个叫做国家的，存在了千年以上的铁笼子……

十七、 彼得堡式

在那个春天，自从溶雪天气开始的第一天起，就有一些非常古怪的人们，出现在彼得堡的街上。到那时为止，他们在什么地方过活，并且靠什么过活呢？有人以为，在某一个低洼的地方，有一个又大又破的房子，专门收容这些受了生活的压迫和虐待的人们。我们看见他们，就会发生一种令人痛心的观念：好像这些人们忘记了什么东西，正想慢慢的在城市上走着，以便把所忘的东西记忆起来似的。

他们脏极了，穿着一身的褴褛，在外观上现出饥饿极了的样子，但是，他们的神气却并不像叫花子，在实际上他们也并未向人乞怜。他们默默的，露出很谨慎的样子，在街上走着，用一种带着轻视心的好奇心，注视着普通的市民。他们停在店铺的玻璃窗外面，观察物品，从他们那时的眼光看来，好像正在猜想或正在回忆这些东西的用处似的。摩托车使他们发生恐怖，恰恰好像在二十几年以前摩托车使乡下人发生了恐怖时的情形一样。

一个长身的老头子，满脸暗黑，眼睛已经坑了，斜着一个鼻子，蓬着满嘴的带绿色的胡子，很恭敬的脱着他那皱得不堪的，帽顶已经穿了洞眼的帽子，伸出长长的臂膊向着摩托车，问一个过路的人：

“是用电气吗？是的吗？……谢谢你。”

他向前进行，挺着胸口，很骄傲的抬着头，好像无论对于什么人都不肯退让一步似的；他那双微微含着皱纹的眼睛，对于过路的人们，放出一种看不起他们的眼光。他是赤着脚的，当他走到街旁的步道的时候，他把他的手指屈起来，好像他要试试石头的硬度似的。

一个快活伶俐的年轻人问他：

“你是谁?”

“恐怕是一个人罢。”

“是一个俄国人?”

“从几天以前起，才是俄国人!”

“是一个军人?”

“也许是的。”

他把年轻人观察了一会，也回问年轻人：

“你们革过命吗?”

“我们已经革过命了。”

“那末……”

老头子回转身去，把他的胡子拿在他的左手里，开始去观察一个旧书铺的玻璃窗。那年轻人跟着也转到他的面前去，更问他几句话，但是，老头子看也不看他一眼，只是很沉静的，轻轻的说：

“请走开罢!”

在色米诺街上，有一个年纪约莫四十多岁的女人，紧紧的凭在教堂的围墙上。她脸色又黄又肿，眼睛差不多完全看不见东西了，嘴巴也半开着，好像一个闭气死了的人的嘴似的。她的脚沉在一双

巨大的靴子里面，靴子上面沾满了厚层的干泥。她穿着一件男子用的室内便服，她的两只臂膊交叉在胸前，她头上戴着一顶草帽，帽上还有一些压扁的樱叶和樱桃的装饰；在从前似乎还是一贯樱桃，现在却只剩得一个樱桃——一个带着光干子，露着一条光亮的裂痕的樱桃了。她把她的厚眉毛皱成一条优美的曲线，注意看着那些互相推挤，争着上电车，从车台上跳上跳下向各方面飞跑的人们。她的嘴唇动着，好像是在数那些人的人数似的。但是，也许她正在等一个什么人，正在温习几句应该在会见那人时说出的话呢。在她那肿了的眼睛的又窄又红的裂缝当中，闪着一种带恶意的，干燥的，锐利的光辉。她露着讨厌他们的样子，把那些卖纸烟的小孩子或小女子避开；有三两次，她还用屁股或肘子推走他们。

有人用低声问她：

“你大概是需要人帮助罢?”

她用生气的眼光把问话的人，看了一眼，也用低音答复：

“你怎么知道的?”

“恕我冒昧!”

在她的旁边，有一个穿得很洁净的老女人，头戴一顶花边的帽子，正在卖面包——一种好像粘土一样的面包。老女人问她：

“你是贵族吗?”

“不是，是商人。”

“啊！……在这个城内，有多少住民呢?”

“我不知道。想来是很多的。”

“多得厉害呀!”

“你不是此地人?”

“我吗？是的，我是本地人。”

她向着老女人，点了一个滑稽的头，从马戏院那边，把她那双又脏又赤的脚，连同沉重的靴子，拖在地面上，走开了。

……她坐在马戏院后面的公园的凳子上，在她旁边有一个笨重的老女人靠在一根棍子上喘气。这个老女人的脸色冷淡得和石头一样，戴着一副圆形玻璃的黑眼镜，穿着一件破坏了的皮大衣，镶着一些绸缎的破片和灰色的毛皮。

在走过她们面前的时候，我听见一种嗄了的声音，说出几句坚决的话：

“这城市的最干净的人，已经在十九年前死了……”

老女人像聋子一样叫着：

“我刚才去看过，审判厅也被烧掉了，只剩得一些墙壁。审判厅烧掉了。上帝处罚了……”

穿大靴的女人，向她的耳边说：

“我们一家人都在牢狱里。一切都在那里。”

我相信，我听见她们发笑。

一个多毛的矮小的人，露着一个猴子面孔，低鼻子，用小小的快步，在街上走着，简直可以说是跑着。他那暗蓝色的眼睛，被不安的念头胀大了，正被一种好像用蛋白石做成的东西，围绕着。他穿着一件麻布的外套，外套下面的绿边并不整齐，只一块一块的吊着，好像有什么人把他的外套撕成那样似的。他穿的是一双毡靴，后跟已经踏平了。他没戴帽子，一束一束的灰色头发，散在头上。他的胡子很厚，带着灰白色，无条理的蜷在他的眼睛下面和颧骨下

面，并且还从耳朵背后钻出来。他露出忧虑的样子，动着臂膊，常常使劲交叉着指头，向前跑走。

在邻近“人民的大屋”的大街上，他对兵士们说：

“你们要好好的懂得，你们应该特别的好好懂得：一个人只有在他记得他不是一个能够长久生存的人，只有在他能够听天安命的时候，他才是幸福的……”

他用一种尖锐的声音，温温和和的说着，但是，如果从他的外部判断起来，也许可以说他正在怒吼着呢。他站在他两只腿上，一只手靠着心脏，一只手合着说话的拍子——他的手也长着许多毛，在指头上也生着一小团一小团的毛。在他的面前，有三个兵士坐在一条板凳上，吃着葵瓜子，只把葵瓜子壳向这个矮小人的肚皮上和脚上吐出去。第四个兵，脸上有一个红色的窟窿，正在抽烟；他努力想把他自己嘴里吐出的烟，吹到这个矮子演说家的鼻子并嘴里去。

“我主张，我们人类怀抱一种过更好的生活的希望，那件事，是无益的；不但无益，并且还是非人道的，有罪的；因为，那件事徒徒叫人忧虑……”

抽烟的兵，已经把他的烟抽到尽头了。他吐了一把口水，用指头把烟头弹到空中把脚伸了一下，问演说人：

“你替谁干事？”

“怎样？你说我吗？”

“我问你，你替谁干事？”

“干事？那是什么意思？”

“这就是说，你是不是替资产家演说？”

那个演说家狼狈起来了，他只默默的笑着。另外三个兵士不经意似的和那个质问的兵士商量：

“对他肚子上赏他一个飞脚罢。”

“他连肚子都没有呢……”质问的兵答复着。

矮小的人退了一步，把手插进衣袋里去，随即从衣袋里拿出手来，紧紧捏成拳头：

“我只是说我思想着的意思。我并不替人说话，不替无论什么样的人。我自己，我从前也知道默想，知道念书，我有过我的信念。但是，到现今，我知道这个道理了：人类不会长久存在的，一切东西都会毁灭，人类也……”

那个脸上有窟窿的兵，忽然凶暴的叫起来：

“闭嘴!”

矮小的人逃走了，他的毡靴挑起了许多灰尘。那个兵却对他的战友说：

“那家伙，想叫我们发生恐怖呢。他以为我们一点也不懂，其实我们懂得一切呢……”

在同一天的傍晚，这个矮小的人坐在托洛茨基桥边的一张板凳上高谈阔论：

“你们要把这个道理懂清楚啊：归根结底，大多数的人，简单的人，那些被我们看成蠢子的人，才正是生活的真正的领导者呢。大多数的人都是蠢的……”

他的听众是这样的人：一个满脸麻子，两腿弯曲的大汉子水兵，一个国民兵，一个穿蓝衣的肥女人，三个穿灰色衣的人，显然是三个工人，一个全身穿着黑皮衣服的犹太青年。这个青年兴奋起

来了，他露着阴险的样子，发问：

“大概无产阶级也是一些蠢才罢？呢?”

“我说的，只是那些不大需要物品的人们，就是说，只是那些不愿意别人妨害他们照自己所知道的生活方法去生活的人们……”

“这就是资产阶级呢，不是吗?”

“等一等，同志!”水兵用重重的口气说，“让他说下去罢。”

演说人向水兵方面摆了一下头：

“我谢谢你。”

“那有什么谢的!”

“人类这东西，只有从我们这种书本上的观点看来，才是蠢子；如果从人类看来，他对于他所有的那些由先天得来的理性，却是很满意的，并且，他也很会利用那些理性……”

“对啊！说下去罢!”水兵狂叫着。

“充当着人类，这件事，并不是可以长久继续的。人类知道这个道理，所以他决不因为他终有一天要进坟墓去的缘故，就自己烦恼起来。……”

“我们大家都要死的，这是不错的。”水兵向矮小的演说家眨了一眨眼睛，接着说。他大笑起来，看那样子，好像他坚决的相信他的个体的不死性似的。

但是，那位多毛的演说家却仍然用低低的声音和一种很奇怪的调子说话。他似乎正在要求并哀恳别人相信他：

“人类不希求一个充满了希望的，不安心的生活；一个平和的生活——像在晚上的星光下面慢慢走着的平和的生活，就可以使他满意了。我敢这样断言：对于普通大抵都不能长久存在的人类，唤

起种种不能实现的希望，这件事，只不过徒增人类惑乱罢了。共产主义能够给人们以什么东西呢?”

“啊！啊!”水兵叫起来了，他把两手放在膝头上，把身子向前弯了一下，随即站起来。

“我们去罢！跟我来罢!”

“到哪里去?”矮小的多毛的人一面问，一面往后退缩。

“我知道往什么地方去啊！同志们，我请你们也跟我来，你们大家……”

“啊！算了罢，饶了他罢!”年轻的犹太人露出一种不愉快的神气，接着说。

“我请你们跟我来。”水兵说着，声音虽变小了，但是他那麻脸却带着令人生畏的色气，他的眼睛眨得很严重。

“我并不害怕。”多毛的人把肩膀耸了一耸。

那女人向空中画了一个十字，跑开了；国民兵也甩手指按着他的步枪的枪机，离开去了；三个像工人样的人也跟着站了起来，他们三个人的行动，非常一致，好像他们三人在事实上只有一个意志似的。

水兵和年轻人引着他们的俘虏向皮叶和保罗炮台去，但是，有两个过路人，却追上他们，希望劝他们释放这个哲学家。

“不行!”水兵说，“这匹毛狗，应该对他证明，人类的生命是不能长久存在的……”

“我并不害怕。”多毛的人眼睛望着脚下，温和的说着，“但是，我真没有料到，你们懂得这样的少……”

他突然的转了半边身子，向空坪上跑去。

“你看，他逃走呢!”水兵吃着惊，用低声说，“他逃走呢！呃！你往哪里跑?”

“算了罢，让他去罢，同志！你们看得很清楚，他神经有点不健全呢……”

水兵向多毛的矮人方面，气了一下叫子，皱着眉头，说：

“这鬼东西逃得真无声无响！狗东西，倒也勇敢，他完全是狂人……”

在“人民的大屋”的附近，有一个老头儿，两眼炯炯放光，戴着一顶圆顶的褐色帽子，穿着一件呢做的长上衣，结着软领，在人丛中跑来跑去。他差不多走到无论哪一群人的旁边，都要停住脚，侧着头，用他那根镶着骨球的手杖拨着地皮，用心听人们说话。他那张小脸又红又圆，好像一朵玫瑰花一样。他的眼睛是圆的，时时刻刻像夜里的鸟一样，不断的眨着。他的上须已经变成灰色，突出在一个鹰钩鼻子下面，在他的下巴上，长着一团浅黑色的毛。他常常用他左手的三个指头，做出一种很快的运动，去扭下须，把它放进嘴里，咬了一会，又把它吐出来，做出一种好像“卜飞”二个字的声音。

他用肩膀努力挤进人丛当中去，好像要躲进里面去似的。他挤进去了之后，大家可以听见他用激昂的声调，说出很快干净的话：

“我知道哪几种阶级是顶有害的阶级，应该把那几种阶级完全消灭了去，使他们的骨头都变成了灰烬……”

兵士们，工人们，佣人们，快活的小女孩子们，都热心的听他演说，眼睁睁的望着他的嘴巴，好像他们正在他嘴上吸取激烈的话

似的。他一面说，一面拿着他的手杖，从他身体上横扫过去，即刻又把手杖转到他的指头下面去：他好像正在玩一枝笛子一样。

“第一，就是一切的大小官吏，你们自己知道，官吏们对于我们是怎样大的一个灾害罢；还有什么东西比官吏还坏呢？审判厅，监狱，事务所，一切东西，都在他们的手里。你们对他们有什么意见？他们恰好像一些变戏法的人一样，他们手里拿着各种的秘密宝箱呢。第一，就应该把他们镇压下去……”

一个年轻的玫瑰色的少女，想来是一个当女仆的，做出滑稽的样子，问他：

“你自己呢？你是谁啊？也许你也是一个官吏罢？”

他连忙用一种忿怒的声音，向她抗议：

“我从没有被人雇用，去反对过穷人啊！我自己也从没有做过反对穷人们的事。我是信神的，我是传教的，我知道未来的生活……”

有人趁这时候请他预言将来。

“这是一件秘密的事，不能够当着大众说啊！”

又有人问：“我们将来会变成怎么样？”

他低下眼睛答复：

“那一定变得不好，如果我们在开始了一件事情之后，不一鼓作气的把它弄完成起来，那就一定变得不好呢！应该斩草除根哪！官吏那种东西，应该从根子上铲除了去。这好像博学的人们所说的一样：‘别想弄瞎我们的理智啊！不要把一个铜板当成一块银元使用哪！’是的！我们都是博学的，应该听信我们，我们要去替你们判定法律！那时，他们会把这个法律写下来，到处贴着：不要喝没

有开过的水！恩？基，基，基……”

当他用那张圆嘴，说着“基，基，基”的时候，大家也不知道他是在嘻笑，还是在叹息。

他把他的小面孔收缩起来，用一种得胜的态度，问着：

“现在看看我们自己，我们到底做着什么事？我们喝着不开的水没有呢？”

听演说的人的许多张嘴，都笑着答应：“喝的。”

“我们喝了之后，还活着没有呢？”

“恐怕是活着的。”

“对啦！你看，这些法律，看清楚了吗？所以应该斩草除根！……”

这人似乎相信他自己已经完成了他的工作，所以他走出人丛，提着手杖，离开了那一群人，另去激动别一群人。

“两个阶级，有两个特别阶级，对于我们特别是一种瘟疫，一个病苦，一个灾害……”

“不消说，这个老头子本已一定是一个在社会的暗黑的角上，过了一生，在长期间受惯了孤独，困苦，恐怖，怨恨，等等的感情，刚刚跑到光明路上来的人。”

鼓动群众去反对知识分子，那种事，是很多的。好像行着这种鼓动的人们，大抵都是看门的，仆人，厨子——大半都是在家里服务的人。

有一次在“现代马戏院”开会完了之后，一个红脸的肥女人，对兵士们谈“主人们如何生活”的问题。她谈得非常虚缈，差不多

十个字当中有七个字都是别人不知道写的。兵士们一面听一面狂笑起来，特别是听到医生如何治妇人病，犹太人的牙医生如何行动，当戏子的如何教育他的学生，一类的事的时候，他们直喜笑得口沫直流。

“应该把这些废物全然铲除了去!”一个穿着黑衣服，腮上缠着绷带的伤兵，严重的宣言着，“应该把他们铲除到最后一个为止。”

在另一群人当中，一个四十多岁的跛子，脸上和宦官一样，光得连一根毛也没有，大声叫着：

“我啊，我在马房里面过了一辈子，睡在喂马的草料上面。他们怎么样呢？他们倒和小狗子在软和的沙发椅子上面玩耍！不行的。他们够了！现在应该轮到我来玩小狗子了。你们吗？你们滚到马房里去罢！是的，为什么不那样办呢？为什么？”

一个瞟眼的年轻女人，面孔被硫酸烧坏了的女人，用一种可怕的，不可缓和的态度，说着：

“你们看看《圣经》罢，里面写着有主人们没有呢？在《圣经》里面，并没有什么叫做主人的人：在那里，只有国王，裁判官，预言家，但是并没有什么主人！上帝自己曾经下命令，要灭尽这种人，连他们的女人们，小孩们，都不准存在，并且连奴仆也不准他们当呢。为什么？因为，自从有了主人们之后，被雇的人也变坏了，已经变得不是人了！不是人啊!”

“给她一个终结罢!”在人丛中有人这样叫着。

但是，她把高高的手叉在腰上，用一种又粗又响的声音，叫着：

“我当了十一年的女仆，我看见了……”

她看见了许多的事情——许多，当弥尔波写他的"Journald'uue Faemme de chambre"（《一个女仆的日记》）的时候，还不知道的事情。她把她看见的事情说完了之后，一般听众并不发笑，只是沉寂忧郁的听着。

一直到她说得满脸通红，汗水直流，离开了那地方的时候，才有一个矮小的兵士，用眼睛跟着她望去，这样说：

"她吃了许多亏，怪不得她的嘴变得那样堕落。"

被侮辱了的人类，一旦感觉到他的复仇的权利，并且在事实上也能够自由去实行复仇的时候，是最可怕的东西。

一切社会改良家和一切政治领袖们，第一应该想到的，就是这种被侮辱了的人们。

十八、 一个梦

"歌尔可夫同志，我想对你说一个关于我自己的很滑稽可笑的故事。我那时最希望享有的事，就是找一个无论什么样的伯爵夫人，和她睡觉。我找她找了许久，我甚至于在梦里看见她：一个身材高大而强壮的女人，皮肤雪白，眼睛含着娇态。

在我们的扎营地附近，地主婆也有，贵族也有，不但有，并且多得很，任你要多少，就找得出多少，唯独没有伯爵夫人。不消说，我的同僚常常嘲笑我这种希望，但是我自己想：'我着了迷吗？我一定要找出一个来。'最后，我到底找得一个伯爵夫人了。有人把她送到我们营里来，他们自然是用反革命的名义逮捕她。一个爱

说滑稽话的同僚跑来找我，嘴里叫着：

‘爱皮伐涅夫，快来啊！你看，他们替你找着一位伯爵夫人了！’

我跑了去：她，那个卖淫的女子，总有五十来岁了，生着一个大鼻子，一张麻面皮。我生起气来：

‘为什么你长成这个样子呢？……为什么这样……为什么那样……’

她答复我：

‘蠢东西，快滚开罢！你不知道，我是被上帝这样造成的吗？’

我在她身上轻轻打了一下，对她说：

‘好罢，是上帝这样造成你……我，我却不要你！’

我终竟不敢和她亲近。关于她的可笑的地方，不消说，我尽量哄笑过了，但是，说到我从来的那个希望，我的确没有挨过她。从那时起，我生了这样一个念头：现在我可以和无论什么女人睡觉了，我不再等什么伯爵夫人了；不应该再需要她了。但是，后来我常常对我自己说：

‘这一切东西，我们的一切的感动，到底会把我们引到什么地方去呢？因为，从实际上说，无论你怎么生活，无论你怎样行动，你结局是要死去的，是不是？’”

十九、空虚的蒸气

……窗上玻璃变成青蓝色了，和我谈话的那个人的多骨的面

孔，也越变越暗了，有一些特别深厚的阴影，伸到他眼睛下面的深深的皱纹里面。我觉得，他那种讨人厌的责难，越带着沉重的调子，他的被激动了的嗄声音，越缓和起来，他那分散不定的眼光，就越发集中起来，越发显得深沉。他一面残酷的用手指捻着他那几根稀稀的无色的胡须——想来一定捻得发痛罢——一面说：

“人民庆祝自由，这件事，在十几年以前，我就在梦里看见过呢！我那时坐在渥洛夫的监狱里面，一九〇五年的印象还是很新鲜的。你知道他们用什么样的残虐方法在渥洛夫监狱里随便杀人罢？是的，我的梦是从一个梦魇开始的：有一小群人——当中也有我那充当印刷匠的学生博里索夫——手里都拿着大棒子，打进一个穿着褴褛的身体里面去。我问博里索夫：

‘你们为什么虐打这个人呢？’

‘这是一个敌人！’

‘但是，敌人还不是一个人吗？’

‘什么？’博里索夫叫起来，他举起手里的棍子，向我打来。棍子打下来了！但是，那棍子忽然从他手里落下地了。他伸着手，欢欢喜喜的一面跳舞，一面细声说：

‘你看！那不是他们？他们来了。完了！他们来了！’”

“一大群不知多少人数的愤激的群众，向前进行着，我看见成千成万的眼睛，好像星子一样，放射着超自然的光辉。我恰恰在这些眼睛里面感着了要紧的东西——人民苏生起来了！你懂得罢？苏生，这就是说，用一种精神的力量，变形复活起来。我一看见他们，我也立刻消灭到他们当中去了，好像我自己燃烧着自己，突然把全身都烧完了似的。”

我的客拿他的铅笔在桌子边上敲了一下，侧耳听那枯燥的声音，从新又敲了一下：

“现在我看见人民在实际上占着胜利了，但是，我在他们当中，总觉得自己有点和他们生疏。他们胜利了，但是，我在他们身上找不出我在梦里看见的那种新奇——那种包含着许多意义的新奇：我找不出一点变形。他们胜利了，我为着准备这个胜利，也用尽了我最后的力量，但是，我现在却觉得和他们生分起来。这是很奇怪的……”

他从窗户看了一看外面，侧耳听着：有人很谨慎的摇着开始晚课的铃；在皮叶和保罗炮台方面，有机关枪开枪的发音：兵士们和工人们正在学习防御自由的方法。

“也许是因为我也和许多别的人一样，不知道享受胜利的缘故罢。精神已经消耗在斗争当中了，欲望和享受所有权的才能，已经被杀死了。简单说，或者精力完全消耗罄尽了。但是，在事实上，我只见着了许多恶事，怨恨，至于欢喜，那种可以使人变形的欢喜，我却一点也没有看见……就是在那种最后胜利的信念当中，我也还是看不见什么欢喜。”

他站起来，把他的周围看了一看，好像瞎子一样把眼睛眨了几眨，伸出手来，握着我的手，说：

“我觉得有点不好过。这恰恰好像哥伦布最后达到了美洲的海岸，而美洲却十分令他生厌一样。”

他走开了。

在今日，有许多人都和那个人有同一的感觉。他好像一只守夜

狗到了他的生活的最后的日期一样：他从少年时起，就正直忠实的叫着吠着，用一种不可拔的信念，相信他的使命是神圣的，同时所接受的恩赏，却只限于主人的脚踢。到现在，突然一下，他看见他没有什么可守了，看见没有什么人拿饭给他吃了。为什么他在那个“义务”的阴暗的窠里过了一生呢？为什么在“责任”的链子上过了一辈子呢？所以，那些忠实的老狗就会烦恼起来，恼得快要发狂……

有一个同一种类的人，曾经对我谈过革命：

“我们正用一种浪漫式的情爱，崇拜着革命，但是，一个粗暴的不相识的人，突然跑了出来，用蛮力把我们（我们和革命）间的爱情破坏了。”

隔壁的车震动着，车轴很单调的轧着：

“Riga－igo－igo，riga－igo－igo……”

同时，列车的轮子却只管像唤“Com－pa－gnon，com－pa－gnon……”一样叫着。

Compagnon（伙伴）是一个毫不着颜色的人，哪怕在大太阳下面去看他，恐怕也看他不出。或许有人说，他是用雾气和影子做成的；他的面孔是一个又饥饿又无特色的面孔，两只眼睛用沉重的眼皮盖着，两颊好像一团破布一样。他的胡须，好像匆匆忙忙的混合了许多烂布片进去似的。他那顶灰色的，皱了的便帽，更加重了这烂布片似的色调。他有一种臭水的气味。他弯着腿，坐在室内角上的一张板凳上，用一根洋火擦指甲。他用一种枯嘎的声音，轻轻的说：

“真理，这就是被信仰的感情浸透了的判断。”

“只是判断?”

“当然的，只是判断……”

“Igo—igo—riga”

在玻璃窗外面，树木已经在秋天的清早的曙光里面，摇着它的黑枝子，树叶和火星子，一点一点的，向地下落着。

“预言家哲黎米曾说过：‘如果父亲吃了不熟的青果子，儿子一定就会生着不好的牙齿。’我们的孩子们的真理，就是这个牙齿变坏。我们靠着分析化学上的葡萄酸，养活我们自己，而他们却把不信神和否认，两件事，看做真理。”

他把他的瘦膝头，包在他的布围腰的褶子当中去，他一面热心的用火柴挑指甲缝，一面继续说：

“我的儿子在他到红军去当兵以前，曾对我说：‘你是一个正直的人，所以，你应该睁开眼睛看一看：在理论上，生活的一切基础，都被你们那个时代的很长的，很完全的批评毁坏无余了。那末，你到底想拥护些什么呢?’我的儿子不是聪明的人，他依照书本子，很拙劣的造成他自己的理想，但是，他的确是一个正直的小孩子。自从列宁的文章发表了之后，他就变成了波尔雪维克。我的儿子是不错的，因为他对于否认的力量和破坏的力量，抱着一种信仰。我也是一样，我在道理上，对于波尔雪维克，也很满意，不过，在感情上，我却不能够接受他。这是我被他们当做反革命捉去的时候，对政治警察局的审判官，当面说过的话。那审判官是一个很漂亮的年轻人，显然是一个法律家，他很熟练巧妙的审问我。他知道我的儿子在前线和悠得尼其打仗被打死了的时候，他露出很亲

切的样子。但是，我那时却感觉着，我宁愿请他把我枪决了去。当我说着我的理性和感情之间的冲突的时候，那个空想家，他忽然用手拍着他的文件，对我说：‘你那种思想，我们已经从你给你儿子的那封信上知道了。但是，那决不能减轻你的罪状啊！’‘你要枪毙我？’我问他。他答：‘也许会那样，如果你不愿意帮助我们，在这种麻烦的事情当中，找出一个头绪。’他答复我的时候，一点也不着恼，倒反带着微笑，似乎请我恕他。我相信，我那时也笑了。他那种懂得尽他的职务的行动，使我发生了好感。到他更进一步，简单的说着极寻常的事情的时候，他更使我欢喜他了。他说：‘也许从你的境遇说来，你宁愿死了去，是不是？因为，像你在过去过着的那种生活，那种不调和的生活，实在是一种苦痛，是不是呢？’随后，他替我道歉：‘请恕我，这个问题和我们的案情并无关系。’”

“Igo—igo—riga，igo—igo……”车轴还是叫着。

那人打了一个呵欠，伸了一个懒腰，从窗户上向外边望了一望，雨线沿着玻璃，直向下流。

我问他：“他居然把你释放了吗？”

“自然的啊！你看，我还活在这里。你应该看见……”

他把那张布片一样的面皮，转向着我，用一种说反语时的轻蔑的口调，说：

“我帮他处理了一些关于审判的事情……”

“Com—pa—gnon，com—pa—gnon……”列车的轮子还是一面在轨道上转，一面继续的唱着。雨越下越大了。车轴的挤轧的声音，越发噪耳：

“I—gon，i—gos'i—gon—ri—ga……”

二十、风习

在一个玻璃似的天色当中，七月天的正午的太阳光，残刻的照着。城市被灼热闭了气，变成了哑子，寂寂的静默着，只是偶然听得见一些混杂的声响和无联络的谈话。

有一个尖锐的，带着鼻音的，凄凉的声音，唱着小调：

我随着银色的小溪，

望着黄金色的沙粒，

寻找那少女的脚迹……

一个粗糙难听的声音问着：

“今天天亮的时候，他们带你到哪里去?”

“带去枪决人。”

“被枪决的人很多吗?”

“有三个人。”

“他们都喊叫了吗?”

“为什么喊叫?”

“那末，一点都没喊叫?”

“他们是不做那种怪样子的。他们饱受了他们自己的训练呢。谁打坏了玻璃杯，谁去赔偿。”

“是一些先生们?”

“他们说不是的。他们画过十字呢。”

“那末，一定是人民了。”

过了约莫一分钟之后，那个尖锐的声音又唱起来：

“明月啊！指示我一回……”

“你开了枪？”

“当然的……”

“她到底走向了哪里？……”

那个粗的声音又带着讥讽的调子说：

“你唱着小孩子的歌，可惜你裤子烂了，还得自己去补……”

“等着罢，总会找着一个小姑娘。一个顶好的……”

“柔软的风，请告诉我！她刚才想着些什么？”

大厅的柱子是用红布和白桦树的青柔带叶枝子装饰着的。在枝叶中间，闪出一些金字，构成几个字：

“无产……万岁……”

春天的新鲜的气息，从大开着的窗户钻了进来。人们可以看见窗外的黑树，树子的上面，还有星光。

在大厅的一个角上，有一个穿黑衣的人，弯着疲削的颈项，用他的两只长手，敲着钢琴的键。在地板上，挨挨挤挤的走着许多水兵和工人，手里抱着各色各种的年轻女子，闹喧喧的踏着跳舞的脚步。一个地狱式的喧嚣，一个狂了的快乐。

“大轮舞哪！”一个身材高大，头发漆黑的年轻人，穿着白靴子，蓝布上衣，额上和颊上现着瘢痕，张开口大声叫着，“停住罢！这不是大轮舞哪。你们怎么了？你们先携着手，摆成一个大圈子，往前走！”

一个喧嚷的大轮舞形成着了。一阵五花八门的旋风，急急的旋

转着，地板在脚跟底下，发着悲叹的声音，那个巨大的电灯也发出了不安的色彩。

在柱子的后面，有一对男女坐在大红色的旗子的皱褶底下，这一对人刚刚跳舞完了，特特躲在那里休息：这是一个水兵，一个身材很长，肩膀很宽，面孔焦黑，光着胸口的水兵，和一个穿蓝衣的，卷头发的姑娘。男子的灰色眼睛发着惊异的光辉，这个蠢东西一定今天是第一次在她面前屈服，用圆圆的善良的眼睛，望着她的瓷器一样的小脸呢。她拿一条小手巾，当作扇子扇着，时时眨着眼睛。我们显然可以看见她同时又感着恐怖，又感着快乐。

“斯特帕诺，让我再孝敬你一回宗教的感情罢!”

“喔！等一等罢！热得很呢……”

“真的热得很！我倒不怕热！好罢，我们可以承认这个：上帝。但是，上帝这东西，只是一件想象上的事情，至于我，我却是一个实在的事实；虽然这样，他们恐怕要说，我并不是为你而存在的呢。”

“但是，你一点也不是为我而存在的!”

“请恕我的冒昧！那也并不足以使我焦心。不是吗？一个想象上的物件，会把你引到未知的空虚里面去，引到混乱里面去，而一方面却有一个人站在你面前，准备替你的温和的心情，做一切的……”

“大家都到自己陪跳女人旁边去!”一个大汉子用一种可怕的声音，向头上举着手，这样命令，“八个人围着柱子跳舞!”

“来罢！斯特帕诺。”

他用力抓住他的陪跳的女人，用力过猛，几乎使她那只小脚脱

离了地板，飞到空中。他和她飞跑到跳舞的漩涡当中去。

过了一会，她坐在窗户的旁边喘气，他站在她的面前，用一种游说的态度，细细的说话：

“一定的，我们都是有新道德的，正直的人们，不过，无论怎样说，我们总不是禽兽，也不是魔鬼。”

“难道我就没有同样的话可以拿出来说吗？不，不，没有什么同样的话……”

“请你恕我！如果你一定要在教会里面结婚，那也不算什么一回事，真的；不过，同志们却要拿那件事来嘲笑我呢……”

“无论对什么人，你也不要告诉他这件事啊……”

“秘密的？为着你温和的心情的缘故。就是这种违反无神主义的行为，我也是可以同意的，不过还有一层，斯特帕诺，我们真正值得使我们和无神主义相近呢！应该过着无神主义的正当的生活啊！斯特帕诺，别害怕；从一般说，我们从前的生活，太过于害怕了。现在不应该害怕无论什么样的人，除了自己之外。同志，你有什么？你真正要的是什么？恐怕是这个罢？”

一个大拳头慢慢的举在空中，论那拳头的重量，恐怕有好几斤呢。

在大厅的当中，那个大汉子，指挥着跳舞，像一个着了魔的人一样，大声喊着：

“放开小姐们，向后退两步！敬礼！一，二！小姐们各各选择她们欢迎的男子，不要害羞……”

二十一、 密卡·帕扶罗夫

我的同乡密卡·帕扶罗夫是梭莫夫市的一个工人，死在爱尔慈附近的什么地方。

在一九〇五年，当莫斯科革命的时候，他从彼得堡带了一大箱水银炸弹的铜管来，并且还有约莫十四五公尺的毕克福得的引线，缠在他的胸口上。不知道是因为汗水浸胀了引线吗，或是引线太把腰干缠太紧了的缘故？总之，在密卡刚刚走进我房间的时候，他就倒在地下了。他的面孔变成蓝色，他的眼睛从他的脑倒突出来，好像闭气闭死了的人的眼睛一样。

“密卡，你真变傻了吗？你也许会晕倒在路上呢。如果倒在路上，你想想，结果多么重大？”

他一面喘息，露出一种有罪的人的面孔，答我：

“如果那样，引线就会失掉，铜管也同时……”

铁希文斯基替他揉着胸口，也责备着密卡。密卡眨了一眨眼睛，问着：

“那可以做多少个炸弹呢？我们会被他们打败吗？拉卜列斯那炮台还守着吗？”

随后，他躺在一个长椅子上，指着眼睛给铁希文斯基看，用低声问他：

“是他在这里做炸弹吗？是一个大学教授？一个老工人？真的吗？”

突然一下，他用不放心的态度，问着：

“他不会使你失掉位置吗?”

但是，关于他自己，关于他刚才靠着奇迹逃脱了的危险——他却一句话也不提到。

二十二、 亚历山大·布罗克

……有时我觉得，俄国的思想害着一种对着自己害怕的毛病：它勉强努力想逃到理性去，实则它并不爱理性，它倒怀疑理性。

最狡猾的恶魔，罗乍诺夫（V. Rozanov）在他的《孤立》里面，曾经带着忧愁，这样叹过：

“喔！我的悲惨的经验啊！为什么我从前希望知道一切呢？到现在，我虽然希望安安静静的死去，我也不能够了。”

托尔斯泰在他的《少年时的日志》里面，在一八五一年五月四号，严格的宣言着：

“知识就是人类可以达到的最大的恶道德。”

杜斯托叶夫斯基也说着同样的话：

“……知道太多了，这件事，是一个疾病，一个真正的，完全的疾病……许多的知识，甚至于一切的知识，都是一个疾病……”

写实主义者皮沁斯基，在他致墨尔尼可夫的一封信里面，曾发出这样的叫声：

“是什么魔鬼把这个思想的习惯搬来的呢？这个灵魂的癖疥?”

安得列夫曾说过：

“理性这东西，带着有侦探的性质，带着有检察官的性质。”

他曾经推测过：

“恐怕理性就一定是这个戴着假面的老巫婆——良心。”

在俄国的文学家的作品当中，我们可以找出好几十个像上面所说的格言——一种用很简单的方法证明他们不相信理性的威力的格言。这件事，对于这个地方的人们，是有极大的意义的，因为这地方的人们的生活太不建筑在合理的基础上面了。

最奇怪的，是《积极的进步》那本书的著者尼科来叶夫。这人似乎是不应该和上述的那种风气相接近的，但是，在事实上，他在一九〇六年，也写了一封信给我：

“知识可以增加需要，需要又可以引起不满意，不满意的人是不幸福的人，因此，所以他会在社会关系上是可以敬重的人，而在个人关系上却是一个可以令人对他表同情的人。”

这完全是一种绝对不能使人理解的，佛教的思想。

并且，孟塔涅也曾经叹息过空漠的知识的无益，他说，无知和不好奇的心，两种东西，对于良好的头脑，是一种柔软的枕头。

他把野蛮人的长寿的原因，认为在他们对于科学和宗教的无知，认为他们只知道那些存在原始状态下面的一切事情。快乐派的孟塔涅原本生活在宗教战争的时代。他宣传了一种笑的教训，他把那时的宗教裁判所的刑罚，看成比野蛮人的食人的习惯，还更可怕。

过了三百年之后，托尔斯泰却说他：“孟塔涅只是一个世俗的人。”

托尔斯泰的思想，无论在形式上或是在根本上，都是带有宗教

的性质的。我不相信，他会认“定理主义”（Dogmatisme）为一种愉快的东西；我又很怀疑，思想的进步未必能够给他一种快乐——那种被许多哲学家如像叔本浩在称赞他们的思想的展开时所承认的快乐。依我的意见，思想这个东西，从托尔斯泰看来，实只不过一种可加诅咒的义务。我觉得，托尔斯泰好像常常都记着特梯连的几句话——几句表示着一个具有狂热的信仰的人被疑念打动了的时候的绝望的话：“思想是不好的东西”。

从抱着“定理主义”的人们看来，他们对于思想的恐怖的原因，以及对于思想的厌恶的原因，不是都可以在《圣经》当中找出来吗：

“果然，亚杂则尔教人们做剑和刀，他教他们做种种的技术……对他们解释星子和月亮的进程。因此，在地上就有一个大不敬神的人和放逸，人类的道路也就造歪了……”

以上的感想，都是在我那一天偶然和亚历山大·布罗克谈话之后，发生出来的东西。那时我和他一同从文科大学出来，他问我，我对于他的“人道主义的破产”有什么感想。

在几天以前，他曾经做了一个关于这个问题的报告，我对于他那个报告，不甚清楚，但是，总觉得似乎含着许多悲剧的预想。布罗克在做报告的时候，使我想起了仙女故事中的一个小孩子，在林中迷了路，觉得那些藏在树林里的妖怪快要出来了的时候，特别结结巴巴的念着咒语，希望借此吓走妖怪。他翻着他的论文的页数的时候，手指直是打颤。我那时不能懂得，到底人道主义的颓废，这件事，曾使他悲愁过吗，还是使他快活过。他的散文，好像比不上

他的韵文，似乎含着较少的柔美和才华，不过我觉得仍是一种很深刻的文章。总而言之，这是一个颓废期的人（L'homme de la decadence）。布罗克的信念，据我看来，似乎是很混杂的；他的话不能钻进他的思想——那种把他自己连同一切被他叫做“人道主义”的东西，都打破了去的思想——的深奥地方去。

我对于这篇论文当中的几个思想，觉得有反省的价值。如像：

“使群众文明化，这件事，是不可能的，并且是无益的。”

“发见对于发明，退让一步了。”

如果十九世纪和二十世纪非常富于发明，那正因为在这个时期的科学上的发见变成更丰富更伟大的东西的缘故呢。至于说到使俄国人民成为文明的人，那件事的不可能和无益，那更是一种明白的“西特人主义”（Scythisme），我在那里看见了他对于俄国民众的有机的反国家主义的让步。但是，布罗克对于“西特人主义”有什么需要呢？

我尽量的谨慎着和他说话。和他谈话，是一件困难的事。我觉得，他好像轻视着一切不懂他的理想世界的人们；但是，他那世界，对于我自己，却是一种无从理解的东西。在那时候，我伴着他出席于文科大学的出版委员会，每星期两次，我们常常从俄国话的精神的观点上，讨论着各种翻译的不完全。那种议论，并不能使我们作进一步的接近。他也和那委员会的其他各委员一样，对于工作是冷淡极了的。

他说，他看见我解脱了那种为许多知识分子所常有的习惯——那种想要解决社会生活问题的习惯——他很欢喜。他说：

“我觉得那种事情并不是常常从你的心底上发出来的，在《涯

库洛夫的小城市》里面，大家已经可以看出，那些幼稚的问题——最深奥最可怕的问题——使你着恼。”

他这话自然是错的，但是，我当时却并没有和他辩驳。如果那件事，或是合他的意，或是对他是必要的，他自然就会那样想的。

“为什么你写关于这问题的文章呢?”他固执的问我。

我答应他，一切关于生活，死，爱情，等等东西的意义的问题，都是极严格的个人的问题，是心底上的问题，是我不能不管的问题。我说，我并不想把这些问题搬到大街上去，如果有时不由得我不搬到街上去，那时我常常总是做得非常拙劣蠢笨。

“一个人自己述说自己，这是一个很巧妙的技术，我还没有这种技术呢。”

我们走进了夏季公园，我们坐到一条板凳上去。布罗克的眼睛差不多露着发狂的神气。在他的眼光里面，在他的又冷酷又痛苦的面孔的颤动里面，我都看见他有一种想说话，想质问的热望。他用脚踏着地面上的太阳的阴影，向我责备：

“你藏着你自己呢，你把你关于灵魂，关于真理的思想，都掩藏着呢。为什么?”

我还没有向他答复，他就用一种很令人讨厌的，非难别人的话，骂着俄国的知识分子。这些话，在革命后，我觉得，比从前还要格外不妥。

我对他说，依我的意思看，这种对于知识分子的怨恨，正是一个纯粹的知识分子的态度。这种怨恨，决不会跑到农人们的灵魂里去，因为农人们只有在地方公共协会的克己的医生，或神圣的教员身上，看见知识分子；同时，这种怨恨，也决不会跑到工人们的脑

筋里去，因为工人们的政治教育是靠知识分子给他们的。这种态度足以毁坏知识阶级对于他们自己的自尊心，足以毁坏他们的历史的并文化的工作，所以是很错误的，很有害的态度。无论在什么时代，在今天也好，在从前也好，俄国的知识分子，都曾当着，现正当着，将来也一定会当着一个负担着历史使命的牛马。靠着他们的不断的努力，他们把无产阶级养成一个革命的分子了；如果我们想到革命所希望即刻解决的种种问题的范围之宽和程度之深，我们一定就可以知道，他们所造成的革命是一个空前的革命。

他好像并没有听着我的话，他似乎只用一种忧愁的态度，望着地面，但是，当我说完的时候，他又从新对我诉说俄国知识分子对于波尔雪维克主义的态度的不定；他在种种说话之中，特别重重的说这几句话：

“既然从黑暗当中，唤出了破坏的魔鬼，还说什么‘这事不是我们干的，倒是魔鬼们干的’，那种说法是无耻的说法啊！波尔雪维克主义，就是知识分子在教育机关上，在报纸上，在秘密运动上，所做的种种工作的不可避免的结果啊！……”

一个生得很足令人感觉愉快的女人，恭恭敬敬的向他行了一个礼，但是，她看见他的态度过于冷淡——差不多带有厌恶的神气，她冷笑了一下，跑开去了。布罗克一面用眼睛随着她的小脚的移步看去，一面问我：

“关于不死的问题，关于不死的可能性，你有什么意见？”

他很固执的诘问我关于这个问题的意见，他的眼睛动也不动一动的望着我。我对他说，或者拉扪涅的话是对的。如果假定，在宇宙里面，物质的性质是有限的，那末，我们就应该承认，物质的每

种结合，在无限的时间当中，会反复无数的次数，从这个观点看来，也许在几百万年之间，当着一个春天的灰白色的晚上，布罗克和高尔基两人，从新在彼得堡，坐在夏季公园的一条板凳上，讨论关于不死的问题。

他问我：

“你在说正经话吗？”

他那种执拗的态度，吓了我一跳，使我稍稍感觉不快，并且，我感觉着，他并不是单为好奇心的缘故而问我，是为着想把某种不安的痛苦的思想，推开了去的缘故。

“关于这个问题，我当然没有一丝一毫的理由特别去尊重一切别的人的意见，而独独看轻拉扪涅的意见。”

“但是，从你个人的见解说，你怎么想呢？”

到那时为止，他对我还存着点客气，不多说话，现在他却不客气了，他居然要打我的脚了。

“我自己嘛，从我个人说，我宁愿把我们人类看成一个机器——一种可以把所谓‘死的物质’变形为精神的活力的机器——我宁愿想象着，总有一天，在一个很远很远的将来，这个机器会把全宇宙变形成为纯粹的精神。”

“我不懂你的话。那末，你说的是万有精神论吗？”

“不是的。因为，除了思想之外，恐怕将来会什么也不存在呢，一切消灭了，一切变形为纯粹思想；只有思想存留到最后，把一切的人类知识，从人类的最初的闪光起，到思想的最后的爆发止的期间内的一切人类知识，都变形成为思想。”

“我不懂得你的说话。”布罗克摇着头说。

我对他说明，世界这东西，实在不过是物质的分解的不断的进程。物质在离解的时候，常常的产生各种各样的形式的物力（energie)，如像火，电磁气，电波，等等东西……不消说，无线电的活动，也是靠着物质的分解的。思想就是脑髓的原子的分解的结果，脑髓是用实在的物质，无机的物质，造成的：在人类的脑里，这种物质时常不断的变形成为精神的物力。我以为可以这样想：将来一定有一天，一切被人类吸收了去的物质，都靠着他的脑髓，变形成为一个单一的活力，一个单一的精神的活力。那时，那个活力会在他的本身上找着调和，会停滞在他自己的沉思上面，会停滞在那种关于他身上的无限的创造的可能性的沉思上面。

“可悲的妄想!”布罗克一面说，一面带着一种含有相反的意思的微笑，“应该愉快的想到，物质不灭的法则，是和你所说的理论相反的呢。”

“但是从我看来，又应该同时愉快的想到，那些在实验室里面造出来的法则，并不是常常和宇宙上那些还未被我们认知的法则相符合的。我相信，如果我们能够时时把我们这颗行星称一称，我们一定可承认，它的重量是递减下去的。”

“你那种话，都是无聊的话。”布罗克摇着头说，“事情比你所说的简单得多。实际的情形是这样：我们变太聪明了，聪明到不能够相信上帝的程度，同时魄力又太薄弱了，薄弱得没有充分的力量去单独的相信我们自己。关于生活和信仰的根据，除了上帝和我们自己，还有什么呢？人道？但是，也许人们会在这次的大战之后，在另外一些不可避免的，更加残忍的战争的前夜，相信人道的理性罢？不，不是的。你的空想太令人可怕了！不过，我想，你未必说

着正经话罢。”

他叹了一口气。

“如果我们能够完全停止思想，哪怕是只停十年间……消灭这种骗人的鬼火——这种常常引我们越发跑到世界的黑夜去的鬼火——用我们自己的心，去听全宇宙的谐和。脑髓，脑髓……这是一个不大确实的机关，一个非常粗大，非常发达的机关！胀得好像一个喉上的肿疡……”

他停住了话，咬了一会牙齿，才继续用低声说：

“我希望，人们能够停止运动，废弃时间……”

“如果人们能够对于一切运动的形式，给与一个单一的同一的速度，运动就会停止的。”

布罗克斜着眼睛皱起眉毛望着我，他用一种骂詈的话，很快的，很混乱的说起来；我也停止那理解他的话的努力了。他给我一种古怪的印象：不知道的人们也许要说，他正想脱却那褴褛衣服的系累呢。

他突然的站起来，向我伸了一下手，立刻向电车旁边走去。他的脚步，乍看起来，似乎是很稳定的，但是，如果细心的看一看，一定可以看见他在不稳定的腿上打转。他虽然穿得很整齐，人们总觉得想看他穿一种另外和别人不同的衣服。像顾美列夫那种人，纵然穿上拉朋或爱斯基摩人的毛衣，也还显得他和别人穿得相同；但是，布罗克却穿得一种特别不同的衣服。

当我正在笔记着我和布罗克的谈话的时候，有一个波罗的海舰队的水兵跑来找“有趣的书籍”。他很爱科学，希望从科学上寻出“一切的生活上的复杂”的解决方法，他说着科学的时候，总是笼

着一种热情和信念。今天，他对我报告了一个惊人的新闻。

“你知道吗？他们说，一个美国的学者新近发明了一个顶简单的小小机器：一个管子，一个轮子，一个把手。如果人们转动那个把手，人们就可以看见一切：分析，三角，批评，以及一般的关于生活的一切历史的意义。这个小机器会把一切东西指示给你看，它会开始发出尖锐的叫声。”

“在这个小机器里面，最足以使我欢喜的，就是它能够发出尖锐声音的那件事。”

在“布朗歇”饭店里面，一个涅夫斯基大街上的不正经女人对我说了下面的故事：

“你拿着的这本小书，是那个有名的布罗克著的吗？我，我也认识他，至少认识了他一次。那是一个秋天的晚上，很晚了，你知道，一个有了泥土和雾气的晚上。照国会的大钟看来，已经约莫是晚间十二点钟，我很疲倦，正预备要回家去。忽然，在意大利街的角上，我被一个穿得很好，样子很高傲的人叫住了。我还以为他是一个外国人呢。我们步行到离这里不远的一个地方去，到加拉洼街的第十号，在那里可以找得着密会的房子。我一面走一面说话，他却一句话也不说。那是很不愉快的事，那不合一般的习惯。我不喜欢不懂礼仪的人们。我们到了目的地，我要求喝茶，他按了铃，但是，茶房却不进来，他那时只得亲自走到走廊里面去。你知道，我那时觉得很冷，所以我不觉的在长椅子上睡着了。后来，突然的，我被惊醒了：我看见他坐在我的面前，两只手抱着头，肘拐子放在桌上，他用一种可怕的眼光，露出严肃的样子，死死的盯着我！但

是，我，我自己却并不害怕，我只觉有点害臊。我一个人想着：‘啊！上帝，那应该是一个音乐家呢！’他长着一头的卷毛。我对他说：‘对不住！我即刻就脱衣服。’他露着一种恭敬的微笑，答应我：‘不必脱衣服了，不要费事。’他坐在长椅子上，把我抱到他的膝上去，摸着我的头发，对我说：‘好罢，我们就这样的再睡一会儿罢。’你想，我还能够再睡得着吗？好不令人难过；自然，我知道这种办法是不好的，但是，在那时，我能够有什么别的办法呢？他抱着我，轻轻的摇着，我觉得很舒服……我睁开了眼睛，我对他笑，他也对我笑。我相信，我的确睡着一会，但是，他不久就轻轻的推我醒来，对我说：‘再见罢！我应该回去的时候到了。’他取出二十块的钞票，搁在桌上。我对他说：‘你听我说！为什么要这样多钱？’自然，我觉得我很为难，我请他恕我。那一切的经过，都是很滑稽，很特别的。他温温和和的笑着，和我握了手，和我接过吻。他走了，在我离开那里的时候，茶房对我说：‘你知道你和谁睡了觉吗？这是布罗克，一个诗人。你看。’他把一个杂志当中的像片，指给我看：真的，就是他。‘上帝！这真蠢啊！’我自己对我自己说。”

在实际上，我看见她的扁平的无耻的脸上，在她那个好像无家的小狗的眼睛一样的，带着恶意的眼光里面，的确带着一种诚实的悲哀和忧郁的反映。

我把我当时带着的所有的钱，都给了这个女子，从那时起，我觉得布罗克是一个可以被我理解的人，是一个可以和我接近的人了。

我喜欢他那严肃的面孔并他那个文艺复兴时的佛罗伦人式的头。

二十三、 布格罗夫

译者注：这篇东西是原书的第三节，我因为它太长，且并带有地方色彩，所以把它移到最末尾。

在一九〇九年，当我出狱的时候，当局为要预防并镇压犯罪，曾对我使用一种滑稽的手段：家里拘禁。他们在我家里，安置了两个巡警，一个安在厨房里，一个安在客厅里；非和两个巡警当中的一个一起，我就不能出门。

厨房里的监视人，帮着女厨子搬柴火，择菜，洗杯碟；客厅里的监视人，替我开门招呼来客，接挂来客的大衣，并且，当他看见我的来客走了的时候，还把他的古板的面孔，靠在大门的小窗口边，用一种像女人一样的口调，对我说："高尔基先生，对不住，让我……"他向我问许多顶奇怪顶不合理的质问。

这个警兵的面孔上，有许多小麻子，一个好像一团海绵一样的鼻子，鼻子下面长着一小丛漆黑的毛；他的左耳朵，已经裂成两块，他的左眼睛，向左耳朵方向斜视着。

"我喜欢读那些殉教的圣徒的传记；我们在那样书里面，可以找得着许多非常特别的语句。"他张着一种细长的声音，用忧郁的调子（谁也不知道他为什么会忧郁），对我说。

他露着很胆小的样子，问我：

"啊？请你告诉我，'纯洁'这两个字是不是有'没被人征服过'的意思？举例说，如像说'纯洁的处女'，那是什么意思呢？"

我简单的对他说明了“亵渎”（即不纯洁）和“鞭挞”两种东西的区别之后，我求他：

“我请你不要妨害我的工作罢。”

他做出很宽大的样子，回答我：

“好的。你可以做你的文章……”

但是，刚刚过了五六分钟，又有一种令人不快的小声音，从新进我的耳朵：

“对不住让我问你……”

一天早晨，约莫在七点钟的时候，他的声音把我惊醒了：

“他还睡着觉。他到天要亮的时候才上床睡了的呢。”

“你在夜里也监视着他吗?”另外一个声音问着。

“自然哪！因为种种怪事都常常在夜里……”

“去叫醒他罢！对他说，查鲁宾来了!”

过了约莫一刻钟之后，查鲁宾老头儿，一面咳嗽，一面喘着气，坐在我的面前。他直是摇着他那沉重的脑袋，他用一块方格子花纹的小手巾揩胡子，他用他那褪了颜色的眼睛，注视着我，用一种嗄了的声音和我说话：

“我特特来和你做朋友的。我原先就很愿意到狱里去看你，不过那时典狱官却不准我这样一个和你不相识的人进狱里去。”

“你为什么想看我呢?”

他带着狡诈的神气，把眼睛眨了一眨：

“应该使这些太守们，使我们的主人们发生不安啊！他们显得好像谁也不敢反抗他们的凶暴似的。所以，我呢，我要向他们表示：他们所想的想错了，人们是敢于抵抗的。”

他那两只半开半闭的眼睛，红得像兔子眼睛一样，只是在房内东张西望：

“你的生活很不富裕，你过着窘迫的生活啊。但是，许多人却说着，外国人因为你写了那本《歌尔笛夫》，把我们国内商人的丑态暴露了的缘故，给了你不少的钱呢。不过，论那本书，的确可以算得是一本值得注意的书；那真创造得好，里面含着许多真理。他们读那本书的时候，他们都赞成你的主张呢。他们说：‘写得好，我们的实际情形真是那样。’巴哈其罗夫还以为，那本书里面的马雅金就是他：‘马雅金的描写是拿我做模型的，你看我这话对不对?’布格罗夫也念了那本书，他说：‘实在，这本书太挖苦我们了。’我今天到这里来，也可以说是代表他们来看你的：这自然是你的光荣啊！他想和你当面谈谈。你穿起衣服，我们一同到他们家喝茶去罢!”

我那时拒绝他的要求，不肯到布格罗夫家里去。老头儿因此很生气。他无精打采的从椅子上站了起来，摇着头，溅着口沫：

“真是愚笨的骄傲！布格罗夫并不是一个比你这样的人还坏的人。你现在不是被法律限制着，不和巡警一起，就不能够出门一步吗？要知道，他，布格罗夫却能够从法律上左右这些限制呢。”

老头儿也不和我说一声“再见”，就气冲冲的拖着沉重的脚，跑走了。巡警碰见他的时候，问他：

“你的交涉办妥了吗?”

查鲁宾大声叱答：

“你，你闭着尊嘴罢!”

布格罗夫富有百万家资，又是麦子发行商人，又是蒸气制粉工场的主人，又是十多只轮船的主人，又是一大队帆船的主人。他在尼悉尼市和尼悉尼省，却占着一个和封建诸侯相等的地位。

他是所谓“无牧师派”的“老信徒”，他叫人在离尼悉尼市约莫六里的地方的野外，建设一个墓地，四围用很高的烧砖墙围着。在这个墓地上，有一个教堂和一间秘密修道院，虽然在那时的刑律第一〇三条上面规定着，如果农人们在他们家院里设立了秘密说教的处所，就应被处一年间的监禁之刑。布格罗夫又叫人在破破夫加村里建筑了一座大的房屋，以便里面收容“老信徒”。一般人都知道，布格罗夫那时正在这个养育院里面，叫人教育着一些博学的信徒。布格罗夫并且还公然的在克新森林当中和依尔几斯湖边，保护着一些秘密的修道院。他不单是积极的拥护各种宗派，并且他还是一根坚固的支柱，所有渥尔加河，乌拉尔，西伯利亚的一部分，等等地方的旧信仰，都靠这根支柱维持着。

公认教堂管理局局长破璧叶，那个卑劣的虚无主义者，曾经——据我想是在一九〇一年——对皇帝上了一报告书，报告布格罗夫的反宗教的行动。但是那种报告并不足以阻止这个富豪去继续他的事业。他对于那个古怪的省长巴拉诺夫说话的时候也还是用平辈的称呼。我在一九〇六年的全俄展览会上，看见他用很友爱的态度，在财政大臣魏特的肚子上拍了一掌，并且还顿着脚叱骂那时的宫内大臣渥龙佐夫。

他是一个宽大的慈善家。他叫人在尼悉尼建筑了一个很好的无费住宿所，一间可以容纳三百个寡妇孤儿的大房子，他在那里组织了一个学校；他寄赠了一笔大款替尼悉尼市建设自来水管；他替同

市的人们开了一个市政公所；他赠送地方团体许多木材，叫他们去建筑学校。总而言之，他对于公益事件是一点也不吝惜金钱的。

我的祖父曾对我说过："布格罗夫的父亲是靠私铸货币发财致富的。但是不消说，那时城内一切大商人都是货币私铸人，都是窃贼和暗杀犯。他们这种属性，并不足以妨碍一般人对他们表示尊敬和赞美。"从他这种故事的叙述，可以抽出一个结论：如果犯罪没有好好的做完全周到，这犯罪就会变成一个应该惩罚的过恶；反过来说，如果犯罪做得很巧妙，没被人发见出来，这个犯罪就变成一个值得赏赞的成功。他们说，到了布格罗夫手里，在一八八〇年萨马拉发生饥馑的时候，他又把他父亲的几百万块钱，加了一个倍。

布格罗夫常常是由他自己一个人亲自去指挥他的广大的事业，支票和文据，常常都带在他外套的口袋里面。有人劝他设一个办事处雇一个管账的人。他答应了：他租了一所房子，铺设了许多美丽结实的家具，从莫斯科雇入了一个管账员。但是，他也不把事务移到事务室去办，也不把文件送到事务室去。事务员对他提议，愿意替他装一份财产目录，他用手爪抓着下腮，想了一想，才对事务员说：

"这是一件麻烦的事呢。我有那样多财产，一一去计算，未免太费工夫了。"

事务员在空洞洞的事务室里面，过了三个月的闲日子之后，对布格罗夫宣言，他不能够不做一点事而白纳薪俸，所以他愿意到别处去。

"对不住啊！老朋友！"布格罗夫回答着，"我没有时间去管理事务室。那种事对我是无益的。我的事务室都在这里。"他说着，

用手拍了一拍额头和衣口袋。

我常常在城内的商人街上碰见这个人。他生得又高又大，穿着一件很长的通常礼服，两只皮靴用靴油擦得很光，戴着一顶呢便帽。他走路的时候，把两只手插在衣口袋里，冷淡的向人丛中走去，好像他并没有看见那地方有人一样。大家都对他让路，不单是用一种敬礼，并且还带着恐怖。在他的带着红色的下腮上，生着一撮薄薄的灰色的莫端式下须。那下须的毛又直又稀，也遮不住枯瘦的小耳朵根子，也掩不住两颊和颈上的皱纹，只把他的下巴衬得越发长瘦可笑。他脸上的轮廓不大分明，也不完整，我们不能够在那里找出一种可以使我们记在脑筋里的特色。这种无眼睛的，不可捉摸的，扁平得好像图画一样的面孔，我们本是可以在上渥尔加并中渥尔加地方的人们当中常常看见的。这些人们，靠着这种令人不能正确认识的面具，很巧妙的把他们的狡猾的精神，他们的见识，他们那种古怪的不可思议的残忍，等等东西，都藏盖起来。

我每碰见布格罗夫一次，我就感觉一种二重性的怪感情：一种强烈的好奇心和一种本能的敌对心即刻结合起来。虽然差不多我常常都勉强叫我自己想起这个人所做的“公益事业”，然而同时也常常发生这么一种感想。真也奇怪，在同一城内，在这样一块像带子一样的狭窄土地上面，居然会碰着两个极端不相同的人——两个像我和这家伙的人。

他们对我说，当布格罗夫读了我的《歌尔笛夫》的时候，曾经这样称赞我：

“这是一个有恶意的作家，他的书是专门写来反对我们这个阶级的。像那样的人，应该送他到西伯利亚去……到世界的尽头去

……”

但是，我对于布格罗夫的恶意，却发生得比他对我下的这个判断，还早几年。我为什么对他发生敌对心呢？是这样：这人常常把穷人家的女儿叫去和他同栖，直到他厌烦她的时候为止。到了厌烦的时候，他就把她嫁给他部下的无数佣人或工人当中的一个人，送她一份约莫3000到5000块余的嫁资，并且一定叫人替新夫妇建筑一所小小的房屋——一个有三个窗户，油漆着鲜明的色彩，盖着铁铅板的房屋。布格罗夫那时在塞姆地方有一座巨大的蒸气纺织工场，同时，他在那地方各条街上都有许多这样的小房子。这些房子，又新，又有舒服的样子，在窗户上摆着花草，挂着莫斯科的窗帘，外面带着蓝色或绿色的百叶窗——这种房子的强烈的色彩和有意做成的单调的形式，真可以叫人着恼。据我想，大概因为这些小房子可以戟刺空想和贪欲，所以对于处女的肉的卖买，可以大大的给与一种帮助呢。

这个富豪的这种享乐，是大家都知道的。在市的近郊和村里，女孩子和男孩子们都唱着这个阴惨的童谣：

你爱的，一定是布格罗夫先生，

你一定是给了他罢，你那颗心。

但总有一天，老布要把你抛掷。

只有我一个人，为你苦得要命。

我朋友当中，有一个技师，是一个年纪刚三十岁的鳏夫。他专爱打鸟，曾经写了一本关于鸷鸟的书，写得很好，在《天然和打猎》杂志上发表过。这个人就是一个和这种已经被尝试过的女子之一结婚的人。

这个正直温良的人，曾经把这种结婚的动机，照下面这样解释过：

“我对于这个年轻女子，很表同情；她虽然被凌辱了，但是，她的确是一个良好的少女。我知道她有 4000 块的嫁资和一座小房子。她的嫁资使我决了心和她结婚。我很安静的生活着，我开始研究，我着手著书……”

过了几个月之后，这个人开始喝酒了，他在食肉祭期间，被一群醉人打了一顿，不久就死了。在他死后的前几天，曾经送了一份新闻原稿——一份关于森林中狐狸捉拿鸟类的计策的俄文原稿——送给我。我还记得，那个新闻原稿是这样下笔的：

“秋天的森林，从新穿起它的过年过节用的装饰品了，但是，它的呼吸却是很悲愁的，很腐败的……”

有一天，一个女人跑来看我，露出非常激动，差不多要变成狂人的样子：她对我说，她的好朋友在邻近北极圈的流刑地内害了重病。她说，她应该立刻去看她的好朋友，所以她得需用金钱做路费。我知道她所说的那个人是一个有价值的人，但是，我那时手边没有充分的钱去供给她的旅行费用。

我跑去找陆嘉魏，一个稍微有点精神病的财主：这个驼背人的生活，恰恰和奚斯曼的小说的主人翁爱山特一样，只是一个矫揉造作的生活，但是他自己却以为他的生活是很美很雅致的。他在早晨睡觉，在天黑的时候起床；他在晚间接待朋友：如像中学校长，贵族幼女学校的教授，皇产管理局的一个官吏，等等的人。他们在全晚当中，又吃，又喝，又赌骨牌，有时甚至招待“自由生活”团体

的地方美人，组织一个小小的宴会。

驼背人在一间阴沉沉的，布满了用牡牛角做成的家具的小房当中，坐在一个很深的椅子上，两腿用小毛毡盖着，脸上露出沉湎放纵的神气。他用暗淡的眼光，好像害怕似的，直直的望着我，一句话也不说，只是听我叙述关于借钱的要求。他默然的递了一张二十五块钱的钞票给我。我还得需要四倍的数。我默然的离了他的家。

在三天当中，我为找钱的缘故，把城内都跑遍了。我偶然碰见了查鲁宾，我问他可不可以帮助我。

“去找布格罗夫帮忙罢！他一定借钱给你呢！我们去看他罢，他这时正在交易所里面。”

我们一同去找布格罗夫。我在闹吵吵的商人群众当中，立刻发见了布格罗夫的强健的面孔的侧面。他正站着，他的背靠在墙上；一群很激动的群众正围着他一齐向他大声喊叫，他却只是一会儿一会儿的，用一种安静而不关心的声音，说：

“不行。”

这句寻常的话，到了他的嘴里，好像特别有力，令人想起那种可以令狂吠的狗群忽然沉默起来的叱声，“不准叫!”

“这就是高尔基!”查鲁宾毫不客气的，用力分开商人们之后，这样叫着。

从他那种被年龄消蚀了的面孔，从两只很疲倦的小眼睛，对着我射出一种不信任的眼光；一只眼睛的眼皮已经失了弹力，向下面吊着，现出眼白上面的一些红丝；离着鼻子不远的地方，从一个眼角上，一直的流着一线眼泪。他的瞳仁在最初好像露着为难的样子，但是，忽然一下，有一种小小的绿光在那里燃烧起来，在一瞬

间，这个莫端式的面孔上现出了一种柔和的微笑。他用又肥又强的手，握着我的手，对我说：

“我们全市的光荣……你愿意和我一同去喝杯茶不?”

我们到了交易所饭店。在那里，一切的人看见了布格罗夫，都鞠躬到地，连窗户上的笼里的云雀，也恭恭敬敬的停止了喧叫。布格罗夫对茶房说：

“兄弟，你可以替我们拿茶来吗?”

他很沉重的坐到一个椅子上去。

查鲁宾被一个高大身材，红鼻子，蓄着军队式胡须的人拦住说了几句话。这老头儿哝哝唧唧的说：

“你害怕巡警，但是，你的良心并不害怕他，不是吗?”

“老头子始终用他那不倦的舌头和人争斗呢。”布格罗夫笑着说。他用一条蓝手巾擦他的眼泪，他的眼睛忽然用一种尖锐的光线射着我。他问：

“我听说，你是靠着自己的独学，学成了你的职业，并没有进过小学和中学，真的吗？那末……这真是我们这市的名誉……你知道许多穷困。你曾经在我那无费住宿所过了夜?”

我告诉他，当我做小孩子的时候，在一个星期三，还到他的院子里去过：在那一天，他为追悼他的父亲的缘故，曾经对于每一个乞食的人，给予两斤白面包，一角钱。

“那种办法一点成效也没有呢。”他把他的灰色眼睫毛动了几动，答应我，“因为有一角钱的缘故，别人本来不穷的人，也为贪心所驱使，跑来领钱了。但是，你能够在无费住宿所生活出来，真出我的意外。我常常想着，那个住宿所好比一个深关，只有入路，

没有出路呢。”

“人类是很结实的啊!”

“对的，对的，不过，我们还应该加一句：如果人类知道他所希望的是什么。你看我这话对不对?”

他说话的口调很沉着，和他那样地位的人很相适合。他很用心选择着语句，大概就是因为这种用心的缘故，才把他的说话弄成一种又沉重又复杂的东西。他的牙齿很小，密密的挤着，凑成一根黄色的骨头。他的下嘴唇很厚，跷了起来，好像黑种人的嘴唇一样。

“你在什么地方和商人们认识的呢?”他问我，在得着我的答复之后，他接续说：

“在你的书里面，不见得一切都是真的，你常常太过于认真了。但是，马雅金却是一个可尊重的人物。你从那时起，还看见过一个和马雅金同样的人没有？我在我的周围，从没有看见什么和他类似的人，但是，据我想，那样的人，应该存在着才对呢。马雅金真是一个完全的俄国人，一个具有精神和灵魂的俄国人。他有政治的精神……”

他笑了一笑，然后很快活的加上一句：

“你对商人们所暗示的生活方法和思想方法，都是含有很好的教训的意义的，很……”

查鲁宾走来了，他做一种滑稽的样子，一屁股坐在一张椅子上，也不知道是问布格罗夫，还是问我，只信口的问：

“银子怎么样了？他给了?”

他这个质问非常使我为难，我几乎要骂了出来。布格罗夫看见了我的作难情形，立刻用一种快活的口调问着：

“谁给谁的银子?”

我简单的向他说明我的需要，但是查鲁宾立刻又打断了我的话，他说：

“他并不是因为他自己的缘故来找银子，他的生活过得很贫穷……”

“那末，为谁呢？可以告诉人吗?”布格罗夫问我。

我那时心里已经焦躁起来，并且也不愿意造假话。所以我对他说了真话，以为一定含着一个拒绝的答复。

但是，这个富豪只用手抓着腮，一面揩着眼泪，很注意的听我说，他取出他的皮夹，计算了钞票，问我：

“但是，这个数目就够了吗？路途是很远的，也许途中遇着种种为难的意外事故……”

我向他道了谢，写了一张收据给他。他露出很亲热的样子，笑着说：

“如果我收了这个收据，那也只不过是因为我喜欢看你笔迹……”

他看了一看收据，又说：

“你用神圣的字体写字，好像老信徒一样，每个字母都是分离着的。真是一个奇怪的书体……”

“我是从一本圣诗集学来的……”

“这是看得出来的。但是，我请你还是收回你这收条罢。”

我拒绝他，我急忙把钞票放好之后，立刻告辞。他用一种非常亲热的样子，握住我的手，对我说：

“我们做朋友罢！让我时时打发车去接你来，好不好？——你

住得很远。来看我罢，我诚恳的要你……”

过了几天之后，约莫在早晨八点钟左右，他叫了一个车来接我。过了一会，我和布格罗夫对坐在一个小房间当中，这房的窗户临着一个院子，这院子被一个石头铺占着，里面杂乱堆着许多锚，废铁，菩提树皮，灰面口袋，等等东西。在桌子上正滚沸的烧着一把俄国式茶壶，旁边放着热面包，一瓶鱼子，一个装满了各色各种的小糖块和粗糖的糖瓶。

“我不使用那种精制过的糖。”布格罗夫笑着对我说，“这并不是因为大家说这种糖是用狗血洗过的缘故，是用种种……Mapulations，我忘记这个字了，有学问的人们怎么称呼这个字?”

“是 Manipulation（手工）罢?”

“大概是那样一个字罢……不是因为那种缘故。我只是因为粗糖的味道好过精糖，比精糖爽口些……”

这间房间差不多可以说是并没有陈设的家具：两个被我们坐着的椅子，一张工场用的小桌子，在房角上还有一张小桌子，挨近窗户地方，有一张椅子。墙上贴着一些淡蓝色的廉价的纸；在门旁边，挂着一个玻璃框子，里边嵌着客船的时间表。新近被油漆过的褐色地板，放着光亮；一切都发光，一切都带着一种讨人厌烦的清洁，令人看了只会觉得发生一股冷气，和无人居住的印象。空气浸饱了教会的烧香的香气和洋灯的油气；有一个蓝色大苍蝇，发着一种讨厌的叫声，到处飞着。在房角上，有一个圣女的圣像，周围绕着真珠，像上的圆光边，装饰着三个红宝石；圣像的面前，有一盏蓝色玻璃灯。蓝色的光线，惨淡的摇动着，好像有无数滴的汗水或

眼泪从圣像上面流下来似的。有时苍蝇停在圣像的衣服上，伏在那里，构成一个黑点。

布格罗夫穿着一件细呢的常礼服。这件常礼服很长，严密的扣着扣子，一直扣到颈项，结果，倒好像一件宗教上的长服一样。布格罗夫一面尝试那个发着香气的茶，一面问我：

“是不是，你曾经在无费住宿所过了夜？”

他的声音带着怜悯的调子，好像他正说着一种可以致死的，被我侥幸逃脱了一死的病似的。

“这很难令人相信。”他继续说着，一面快活的擦着他颊上的眼泪，“我们俄国的流浪人，好像秋天的树叶。简直比树叶还无用处，因为树叶还可以当做肥料肥地……”

他和苍蝇的叫声，奏着合奏曲，对我说：

“在这地方的码头上，有一个企业家，养着一队码头搬运夫子。他的名字叫做苏马洛，他是一个名家的后裔，在俄皇加特林的时候，他的祖父曾经做过高官，但是，这个孙子却是一个粗野的人，是一个无赖，专和他的工人们一起瞎闹，并且隐藏他们的赃品。你看，这就是俄国流浪者的运命！至于你，你的行为却和他们完全相反。到底一个人的运命应该放在什么样的天平上去称，这真是很难理解的……请再用一点鱼子罢。”

他不慌不忙的咬着他的面包，一面溜着眼光望我：

“我不读书，但是，你的著作，我却读过。有朋友劝我读它。你碰见了许多可以令人惊异的人呢。比方：马雅金走着一个奇怪的方向，你的‘流浪人’却又走着另一个方向……那个流浪人叫做什么名字？”

“叫做卜龙托夫。”

“是的，是的。一些人一点也不惜费神费力，专为俄罗斯，为我们帝国的人们行着劳动；另外一些人却用他的毒舌，用他的小灵魂里面的稀脏的皮针，破坏一切……至于你，你对于这两种人，都同样写着……我不知道这句话应该怎么讲……好像从你看来，这些人只是一些外国人，并不是俄国人似的，但是，同时，人们看见你的书的时候，一定要说，这些人是你的亲族呢，呃！我不十分懂得……”

我问他，他读过我那本叫做《我的同伴》的小说没有。

“读过。很有趣。”

他把身子往后一倒，凭在他的椅子的背上，用一条有颜色花边的大手巾擦他脸上的汗，随后他举着手巾摇动，好像摇着一个旗玩耍似的：

“那个人，那自然是一个野蛮人，不是一个俄国人。这个‘流浪人’，他真有其人吗？至于马雅金，你说他完全不是一个实在的人？”

他摇着他那个被灰黄色头发紧粘着头盖的头，用低声对我说：

“危险就存在那地方。他们说，我们的国家好像一间需要修理的房屋，照俗话说，就是应该把它翻修一回。对的，但是，拿什么力量去翻修呢？照你的意见说来，这个力量在哪里？在这种时候，有许多人咬着自由，好像在野外的家畜咬草一样，一点也不想到别的事，我们怎么可以把他们枷起来，叫他们担任这个工作呢？又如马雅金，他是一个主人？他不惜费心费力，把他的全力量，全良心，都牺牲到公共的事业上面去，但是，别的人都轻蔑他，这怎么

讲呢?”

这个严重的谈话，被那个苍蝇打断了；那苍蝇盲目的向着洋灯的微弱的光线上飞去，呻吟了几声，跌到油里去了。布格罗夫站了起来，跑到门背后去，叫了一声“呃!”

一个满面娇态的年轻女子，好像一个教会的人一样，穿着一身黑衣服，跑了出来，把她的双手向肚子上放了一放，表示着她对我们的敬礼，向桌上放下几封电报，默默的开始整理洋灯。过一会，她行了一个同样的敬礼，眼也不抬的，走开去了，只看见她用手指捻着那副悬在她腰间的皮念珠。

“对不住，这是我的生意上的事务。”布格罗夫说着，他的眼光已经溜到那几封电报上去了。他从衣口袋里，掏出一截铅笔，皱着鼻子，在电报纸上签字。随后他随随便便的把电报丢在桌上，对我说：

“我们从这里过去罢。”

他引我到一个大厅里面去，这大厅的窗户临着渥尔加河，在画着有种种模样的地板上，摊着一些用未漂白的布做成的路线，椅子都挨墙边放着。在一扇墙的附近，有一张皮做的长椅子。到处都是那种令人生厌的空虚，和那种教会的洋灯的臭气。但是，在窗户的玻璃外边，却不断的听着一种工程上的，暴烈的金属的喧声，在河面上，过往船只响着汽笛……

“美不美，这张小画?”布格罗夫一面问我，一面用手指着墙上。那里挂着苏里科夫画的一幅《摩洛作夫》，在另外一扇墙上悬着一张很美的旧布，布的上面，画着一些极细致，极高贵的花草。下面有一个小小铜牌子，写着字，说明这是博涅尔的作品。

“那个东西更中你的意吗?”老头儿笑着问我。

“那是我从巴黎买回来的。有一天，我从一条街上过路，我看见一家商店的窗子里面，有一张价值一万块的画。‘这是什么画?’我那时自己问自己。我走近一看：只是一些花草，并未画着别的东西。画得不错，但是，价钱却是价钱：换成俄国钱，要值三万块钱！我叫一个朋友去问，为什么那画的价钱那样贵。他跑去问，卖画的人说，那是一件稀有的画。我从新回到画铺里去看画。我对我自己说：‘不买它，那是吹牛的!’但是，到了第二天，我却对我的朋友说：‘去买它回来罢!’”

他笑起来了。

“明明的，这是一种轻率的举动，但是，它那时太使我欢喜，欢喜得叫我不能不买它……”

在我们的周围，一切东西，都发出一种冷酷的，寂寞的光辉，可以使人感觉到一个愁苦的，孤独的存在……

“请恕我，现在我非到交易所去不可了。”布格罗夫对我说，“我们不能够终结我们这个有趣的谈话，我很抱歉。请准我再吵扰你一次罢……再见!”

后来他常常打发车子来接我，我也愿意到他那里去喝茶，用鱼子和粗糖白面包。我喜欢听他那种谨慎的，试探对谈人的心的话；我喜欢随着他那聪明的，锐利的眼光去看；我喜欢调查他于他的生意之外，还干什么样的生活，调查他于金钱之外，还有什么样的力量。

我觉得好像他想从我的身上找出一点什么东西，他常常问我一

些话，但是，明明的，他不知道怎样去达他的目的，他自己还不明白的懂得他所希望的是什么东西。

他常常回到他那个讨厌的质问：

“你在走上了危险的道路，那种致命的道路之后，居然能够从新归回正当的劳力的路上来，那是怎么做到的呢?”

这个质问，使我不快活。我对他谈斯列普希金，苏理科夫，库里宾，并其他许多独学成功的俄国人。

“有这样多吗！天哪！”他惊叹的说着，一面用一种空想家的态度，搔着手巾玩，并且拼命的努力眨他那个病了的眼睛。他闭着那只健全的眼睛，顽固的问我：

“因为一个没有根据的生活，一个不和无论什么样的职业相联系的生活，一定会有许多诱惑。不是吗? 那末，你怎么会没有堕落呢? 你怎么会固定在一个职业里面呢?”

但是，他最后还是抓住了那个使他不快活的思想：

“你看见了罢，最有趣的事，就是我们这一些人富裕的生活着，而在我们的底下，却又有一些想颠覆我们的生活的人们一件事。那是一些恶人，一些不足令人怜惜的人们，恰恰和你的著作内所描写的恶人们一样。所以，如果这些恶人从下面推挤上来，我们的一切生活恐怕都要滚转到下面去呢。”

他虽然含笑说着，但是他那双已经变成绿色的眼睛却对我放射了一个干燥锐利的光线。我知道我对他说话是无益的，所以我只简单对他说，一切生活都全然是不公平的，因为不公平的，所以同时也是很易变化的；所以或迟或早，将来总有一天发生生活上的大变动，在那时，人类不但会变更他们的相互关系的形式，并且还会变

更他们的相互关系的基础。

"'容易变化的'"，他只跟着我说了这一个字，仿佛他完全没有听见"不公平的"那个字似的，"不错的——是容易变化的。容易变化的征候，已经越弄越明显了。"

他不说话了。我更坐了约莫一两分钟之后，向他告辞，我以为，我们的关系已经告终了，我不会再到布格罗夫的家里去喝茶吃热面包和鱼子了。他冷冷淡淡的，握着我的手，一句话也不说，但是，到了客厅外的前室里面的时候，他又开始轻轻的努力用低音说话，两只眼睛望着房间的一角——一个阴影特别浓厚的房间角。

"人类这东西，真是一个可以使人害怕的东西！喔！令人可怕！他有时振作起来，热心去干当时的那些可惊可感的事，突然一下，他的灵魂动摇起来了，他不说话，只是想了！喔！上帝！果然能够使一切的人，至少也是使多数的人都生活在那种暗云——像你所经过的那种暗云——里面吗？生活的旋风能够像推你一样，把他们推着走吗？人们一想到，一个过路的人，一个不相干的外国人，可以钻进你的灵魂里面去，懂得你的烦恼，人们就会战栗起来……"

他用一种唱歌的口音说着，他这种自白使我觉得非常奇怪。

"人类好像一粒被压在磨子下面的谷粒，每颗谷粒都想逃避它的运命——这就是大家所以发生烦闷的理由，就是这种东西形成着生活的旋风……"

他不说了，他苦笑起来，在那时，我对他开始说了第一句从我灵魂里迸出来的话：

"你抱着那种思想去生活，一定是一件很艰苦的事呢。"

他响了一下嘴唇，对我说：

“一个人坐上了船，就得随着船长所引的路走去，顺流也好，逆流也好，都是船长的事……”

过了不久的时候，他又打发车子来接我去。我和他谈话的时候，我觉得，他并不想从我这方面获得什么东西，他只不过是一个自己很烦闷，希望和一些环境不同，思想相异的人们接谈，以图慰安的人罢了。他和我越谈越减少了虚礼，到后来，他居然使用一种父执辈的口调，对我说话。他知道我曾经坐过监狱，特别对我说：

“那种事，那是无益的！你的事业，只是写文章，不是‘解决’。”

“你所谓‘解决’，是什么意义？”

“解决就是做革命事业。革命就是把那些逼迫人们去做工作的法律的结子，解开了去。或是你当审判官，或是你被判决……”

当我对他说，无论如何都难免有一个宪法的时候，他大笑着对我答辩：

“如果有一个宪法，恐怕我们这些商人的，相对于你们这些不安静的人们，还要更加紧紧的抱着锥子呢。”

但是，他说到政治的时候，却只表示一种惋惜和嫌厌的态度，恰恰好像一个爱玩的人说着象棋的游戏的时候的态度一样。

“很明显的，每个卒子都希望变成女王，只因这个缘故，所以才会失掉许多别的卒子。完全是一些儿戏！在象棋里面，游戏的根本，就是使国王失败。”

他曾经和皇帝尼哥拉司见了几次面。

“那个小炭团，并不甚热。在他所说十句话当中，总有七句话是无益的，剩下的三句话却又不是他自己的。他的父亲并不是十分

有恶意的人，但是，到底是一个结实的乡下人，具有强烈的臭气，是一个主人！这个人却只会表示亲昵，露着一双女人的眼睛……”

他加上一句淫猥的话，他叹了一口气，说：

“他们那些当帝王的，并不是在地面上走着，他们不知道人们怎样在街上过活。他们在宫殿里过生活，恰恰好像小鸟在笼子里过生活一样，但是，他们还不及小鸟，因为他们连捉蚊虫的事都办不了，他们只会开始提倡时髦。他们已经不能使别人害怕了。但是，要知道，一个国王，只有在他能够使别人害怕他的时候，才能够是一个主人。”

他用一个倦怠的声调和一些无气力的语句，说着上面的话，一面用一个匙子，努力想舀一匙子茶到他的茶杯里面去，舀了一阵，都没有成功。

但是，忽然一下，他扔下匙子，皱着眉头，把他那双菜绿的眼睛，大大的睁着：

“高尔基先生，你看，这是一件值得反省的事：如果失掉了恐怖，我们要靠什么去生活呢？人民对于皇帝的恐怖，已经消失了。当尼哥拉司的父亲到尼悉尼来看我们的时候，人们因为幸得瞻仰了皇帝的天颜的缘故，还大大的举行谢恩的祭典。是的，但是，到了小尼哥拉司在一八九六年来看博览会的时候，我的门房密雪尔却对我说：‘他并不高大，我们这个少皇帝！他的风采不好，他的身材配不上这样大的一个帝国呢。外国的人们看见了他的时候，也许会说：怎么大俄国会有一个那样虚弱的皇帝呢？’这就是尼哥拉司的实在的样子。并且密雪尔还是在皇帝的禁卫军里面服过务的人！在那时候，没有一个人喜欢皇帝的来临，好像一切的人都想着同样的

事：他并不高大，我们这个少皇帝！”

他向房间角上望着那盏洋灯的将灭的蓝光，他站起来，他走近门边去，开了门，叫着：

“来把洋灯弄好啊！”

那个穿暗色衣服的小女孩子，照平常一样，轻轻的跑进房来，对我们行了一个敬礼，爬在一张椅子上面，去整理洋灯。布格罗夫眼睛睁睁的望着她那双瘦削的，穿着黑袜子的腿，轻轻的说：

“为什么在这间房里洋灯总是燃得不好呢？”

小女孩子走开了，她好像一块黑色的云片一样，轻轻的在地板滑走了去。

“关于皇帝的事，恰恰和关于上帝的事一样。”布格罗夫继续说，“在我们这里，我们虽然比在你们那里，比在尼科尼人之间要格外敬上帝，爱上帝一点，但是，就是拿我们这里说，拿行着森林生活的我们说，上帝的尊敬也渐渐动摇起来了。他们说，上帝的威严渐渐减少了。大家对于上帝，已经没有情爱了，大家虽然还说着他，但是，只不过当做一个还没有忘记的故事说说罢了。上帝已经离开了人类，到处都是计谋策略。人们常常使用策略，去掩盖上帝所创造的生活上的奇迹。你听我说一说这个历史罢……”

他用一种又沉又重的反省的辞句，把一件故事说给我听。在渥尔加的森林当中的一个孤村里，有一个小学教员带了一副留声机器去。在一个过节的日子，他把这个留声机器安放在学校里，唱给乡下人听。当那个被放在桌上的小盒子发出一种人声，唱着一个被大家唱熟了的小调的时候，乡下人却皱着眉头，露出一种不稳定的神气，站了起来。一个被村里尊敬的老头儿大声喊着：

“关上那个东西！神圣的……”

小学教员停止了留声机器。乡下人们把小盒子和圆筒子仔细的调查了一回，最后决定：

“这种恶魔干的玩意，应该烧毁了去！”

但是，那小学教员早已料到这一层，曾经带来两个装着教会的赞美歌的筒子。他费了许多力，要求他们继续听一听。现在那木盒子唱起神圣的赞美歌来了！听众惊吓得要命。那个老人呢？他拿起帽子，离开学校，好像一个瞎子一样，用手乱推着众人。在老人的后面，默默的跟着一群乡下人，好像牧人的后面跟着一群羊子一样。

“这个老人”，布格罗夫鼓着他那双紧缩了的眼睛，用严肃的眼光望着我，继续说，“那个老人回到他家里去，对他家里人说：‘前事都完了。替我准备罢，我要死了。’他穿起他的死衣，睡在圣像下面，到第八天果然死了。他是故意不吃东西饿死的。从那个时候起，在那村里，就发生了一些发狂的人们。他们狂叫着世界的末日到了，狂叫着反基督教的行动，狂叫着那个木盒子里面的魔鬼。许多人都开始喝酒。”

他用他的肥大的指头，拍了一下桌子，用一种又苦涩又不安静的声音，继续的说：

“上帝本来是拿马给人类，叫马替人类做工的，但是，你看，现在满街上却都是车辆跑着。这些车子被什么东西推动呢？谁知道！我曾经问了一个博学家：‘到底什么叫做电气？’谁也不知道，博学家也不知道。那末，乡下人怎么能够懂得呢？大家不能够对他说，这是上帝在街上推着车子走路。这些不从上帝那边发出来的东

西，到底是从哪里来的呢？问题就在这里。关于电话和别的东西，也可以发生同一的问题。我这里有一个工头，一个知道念书的聪明的小伙子，他每次走到电话旁边去，他必定要画十字，在他说完了电话的时候，他一定用洋碱洗手。你看，这就是实际的情形。到处都是方法策略。这些东西自然是森林里面的人们，怎么能够懂得这些东西呢？他们很懂得家畜，鱼类，鸟类，蜜蜂，但是，如果一个木盒子会唱圣歌，那末，那些教会，牧师，以及别的种种东西，还有什么用处呢？恐怕将来大家会没有教会的需要罢。关于这些事，上帝到底抱着什么意见，做了些什么工夫呢？难道是上帝自己放了一个天使在那个小木盒子里面吗？大家很想知道这件事。"

他嚼着一小片粗糖，大大的喝了一口茶，揩了一揩胡子；他仍用一种要想说服别人时的口调，低声的说：

"我们生在一个危险的时期，一个含着大大的不安的时期。你们说，革命就是地球上的一切力量的反叛。一些什么力量呢？那些力量是什么？人民并不懂得这个。你们走得太往前，常常都是太往前走，常常走得太远，乡下人一天一天的越发落在后面了。你看，就是因为这个缘故，所以才应该思想……"

突然一下，他用一种很快活的态度，对我做一个提议：

"同我到布嘎德去玩玩，好把这些不愉快的观念驱走，好不好？"

每个人，都好像地球被空气围绕着一样，常常被他的"物力"（energie）的无形的蒸发并他那种时时燃烧着的灵魂的无形的煤烟，两种东西围绕着。

布格罗夫常常被一种社会的烦闷围绕着，不过，这个烦闷有时又会变形为一种黑暗暗的不安心的旋风，一种为期很长的旋风。他在他那些空洞的房间里，来回的旋转着，好像一个久被无聊所征服的，被关在槛里的野兽一样。他有时停在博涅尔的画的面前，用又大又黄的手指，触着画布，对我说：

“我觉得，在地面上，在园子里，好像都没有生长着同样完全的花草。这些花草真好。我从没有看见像这样的好花……”

如果只看他的样子，也许有人要说，他好像这样一个人：一个因为懒于观看世界的缘故，弄得眼睛都瞎了的人。但是，在有些时候，他的周围忽然有一种新的光线发生着光明，在那一瞬间，这老人又变得非常的有兴趣。

“你说，马雅金是一个想象上的人物。但是，巴哈其罗夫却断然主张着，马雅金就是他。他说假话，他是有恶意的人，但是，他没有那样聪明。所以他们说，发明一种花草是可能的，发明一个人却是不可能的。人类可以自己发明自己，不过，那种发明是可以使他享受不幸的。但是，你无论如何也不能够发明一个人。你只看见过许多人，许多似马雅金的人。在人类的生活上有许多类似他的人，这是不错的。”

他常常回到这个问题上面来。

“在戏园里，他们常常扮演着商人，认为是一些实有其人的商人，拿来开玩笑。这是蠢事。你曾经把马雅金当做一个值得注意的人，正正经经的描写他。这种办法可以使你感觉幸福。”

他时不时问我：

“这样说，你真在无费住宿所过了夜？这真是一件不可相信

的事!”

有一天，他问我：

“你在人和人之间看得出一种差异吗？比方说，在我和海关巡艇的船夫之间?”

“差异不大。”

“我也是这样想着。你对于人和人之间，不大行什么区别。那是对的吗？照我的意思，我觉得应该好好的区别着每个人所有的特色。应该把人类的个人的特色和身外的特色，明白的指示出来。你们决定人，好像征兵检查会议一样，只决定着：有能力，无能力。那末，我要问，他对于什么事情有能力呢？对于打仗吗?”

他用手掌拍着桌子，加上一句：

“在人类当中，只有一个能力：做工作的能力。他恋爱，他知道工作：这就是有能力。如果他不知道，任他死了去罢！你看这就是一切的贤明。只要有这个东西，此外更用不着什么宪法了。”

“如果他们给我以权力”，他把那只眯得好像一片刀口一样的健康的眼睛，眨了一眨，对我说，“我一定要使我们的人民恢复元气，德国人和英国人一定要因此惊慌起来呢。我要把铁十字勋章和种种宝章给与木匠，机器匠，给与人民，给与劳动者。你们在你的手里面[①]，成了功吗？如果成了功，那末，光荣和幸福就是你们的了！你们要继续用功做去。纵然你们因此不得不在别人的头上走路，那

① 此句在《高尔基代表作》（黄源编，前锋书店，1933 年，第 307－308 页）和《高尔基选集　第四卷》（周天民、张彦夫编，世界文化研究社，1936 年，第 63 页）均作“你在你们的手艺里面”。可参考。——编者

也是不妨事的。我们并不是在一个沙漠里生活着：如果我们不自己挤上去，我们就会过不去。到了我们把一切土地都使用了，把一切土地都工作了的时候，那时，我们的生活就一定会比较安适些。在我们国里，人民是善良的。有了这样善良的人民，我们真可以推翻山岳，填平高加索，但是，这里有一件不应该忘记的事：在他的肉体发生要求的时候，你不引领你的儿子到娼妇家里去，是不是？对于人民，也是一样的，我们不能够突然一下，把他拿起来，头向上脚朝上的，挤到我们的运动当中去。如果那样，他就会断气，会在我们的辛辣的煤烟当中，气绝身死。我们应该非常谨慎的煽动他。从乡下人说来，理智那种东西，完全和一个娼妇一样：她知道方法和策略，但是，她决不能安慰你的灵魂。乡下人还是以森林的神并灶神为邻居的。但是，我们跑去拿着电话，打破了他们的头！你不要忽视这一层：把那些被发明出来的东西和那些在实际上存在的东西，分别清楚，这件事，是很困难的。那些发明和假造，离我们越远，越近古代，他们就会越发具有力量的，和实际相同的力量。所以，那些森林神和灶神也许比我们这个时代的方法——电话——还要真实些……”

他站起来，向窗户外面看了一看，露出不平的声音：

“真是一些蠢子！”

他用拳头打了一下玻璃格子，随后，摇着头，露出一种不欢喜的神气，用手指威吓着什么人……

他那两只手放在衣口袋里，站在窗子面前，对我提议：

“如果你愿意听，我可以说一个故事给你听，那故事或许对你有用处。在姆罗木地方，曾经有一个非常美丽的少女，美得可以打

动人的灵魂的少女。她是一个孤儿，她和她的叔父一起住。她叔父是一个码头工，一个盗贼，一个贪鄙的人，一个养着许多小孩子的鳏夫。他的侄女当了他的婢女，煮饭婆，看家人。她已经有二十岁了，因为她生得很美，所以她常常被许多人找来求婚，当中也有很富的求婚人。但是，她的叔父却不愿意使她结婚：因为她的结婚，从他说来，就是等于丧失一个毫不花工钱的女劳动者。一个官吏爱上了她，因为失恋的缘故，大喝其酒，竟因此丧命。世人说，继续这个官吏去爱她的，是一个牧师，他很想弄她到手，但是，结局也只是得着一些损害和痛苦。她很富于信仰心，她的唯一的欢喜，就是到教会去和念圣书，她爱花草，她种了许多花草在园子里和房子里。她很谦逊，温柔得像一个修道的女人，她的眼睛露着一种令人感动的柔光。”

他弄着手巾，把那只健康的眼睛，用古怪的方法，眨了一眨，继续着说：

“像那样的眼睛，凡是说故事的人，都爱把它特别叙述一番的。她叔父的主人是一个老商人，曾经过了一辈子的淫荡生活。这老人看见了她，他对她着了迷，发了狂。在一个冬季当中，他都跟在她的身边：她并不让步，并且还没有露出一点懂得他的意思的样子。无论用什么手段，费什么力量，都不能够诱惑她。最后，他设了一个方法，叫他的叔父送她到莫斯科去办事；到了那里的时候，他居然说服了她，带她到雅尔家里一起居住。她一到了那种堕落的环境之中，看见了她的周围的人的生活，好像世界和她自己都变了样子，好像世界和她自己都是赤裸裸的了。她对老头儿说：‘我现在懂得，你对我要求着的那个东西了。我一切都可以答应，但是，你

应该让我也过一过华丽的生活，哪怕是一个月也好。’老头儿听见她这种话，不消说是很欢喜的。他供给了她所要求的一切东西，立刻提议，要她跟着他去洗澡。她答他：‘现在，我却不愿意，因为明天是星期六，我要到教会上晚堂去。请你明天在晚堂以后来找我罢。’这个老头儿后来不到五年死了，这个女人现在却是莫斯科的最可亲爱的女孩儿……”

他慢慢的离开墙，坐向椅子上去，用一种低而沉重的口音说：

“不消说，像这样的事，也并不算得是一件异常的事，如果我们忘记了这个年轻女孩儿是一个什么样的孩儿。但是，试看看，那一切的方法策略具有何等重大的诱惑力呀！请你把刚才我们说的这个故事仔细考察考察，试想一想：灵魂本来生活在一种大烦闷的黑狱之中，现在如果突然的对他显示一些物件……你看！这就是天国：不过，在实际上，这并不是天国，倒只是尘埃。这并不是对于一生涯的东西，倒只是对于一时间的东西。但是，从这些方法和策略，回到森林神和灶神方面去，这件事，却是人们不愿意的，那是不可能的。你看，这就是，一个灵魂被埋在地球上的尘埃的当中了！”

关于这种埋没，他知道许多的材料。这些材料都是单调的。他懒懒散散的述说这些材料，好像他是一面述说，一面想着别的更重要更深奥的事件似的。他从窗户往外边看。窗户玻璃上沾着许多由火船的烟筒飞来的煤灰；透过玻璃的混浊的表面，可以看见渥尔加河的暗黑的水，水边的码头和艇子。在河岸上，到处都堆着山一般的商品，箱子，桶子，包子，机器，等等东西。轮船叫着飞跑；由煤烟形成的云，在空中飞翔着；在码头的石板上，飞着一堆一堆的

灰尘和渣滓；人们可以听见响声：铁块相碰声，人类的喊声，车辆的轧声，生活的不断的行进声，工作上的顶大的喧嚷声。

一个曾经在一生涯当中，创造过这种蚂蚁式的喧嚷生活的人，一个在他生涯当中，年复一年的，把这种喧嚷生活的浓度，越发加大，越发加深的人，用一种毫不相关的人的冷淡眼光，透过稀脏的玻璃，注视他自己的事业。他露出沉思的神气，继续说：

“不是在同一个时候……也不是突然的……”

他屡次用一种有趣的态度说到劳动，并且常常带着一种宗教的，狂热的音调去说。我觉得，他好像用非常敬虔的态度，敬重着劳动，好像他对于劳动，具有一个坚确的信念，相信劳动有一种内在的力量——一种可以随着时间的进行，把一切人类结合成一个不可目睹的一体，结合成一个统一的并有意识的物力（energie），以便把我们的可怜的世界变成乐园的力量。

他这种想法，和我原来那种对于劳动的想法，是一致的。从我看来，劳动只是一个特别的领土——一种不能由我的想象去找出它的边界的领土；我相信，一切神秘，我们生活上的一切悲剧，都只有靠着劳动，才可以被解决，只有劳动才可以实现那种人类平等，生活平衡的好梦——那个可以惑人的好梦。

但是，过了不久，我却知道了，布格罗夫毫不是一个“热心行动”的人。他说到劳动的时候，只是用一种独断的理论的方式。他那种态度，恰恰好像一个需要设法满足他的生活上的深大的空虚，需要设法饱足他的精神上的烦恼的缺憾的人一样。他太过于有价值了，太过于壮健了，所以他不能够做喝酒博弈的事；说到淫逸和放

荡，他的年纪又未免太大了；虽然这些事情常常是那些和他同种类的人们拿来填补他们的空虚的道德的深的事情。

有一天，我到莫斯科去，偶然在火车上和一个车长接谈。这个车长对我说，布格罗夫请我到他的车箱里面去。我那时恰恰也有见他的面的必要，所以我跑去找他。

他披着一件不扣扣子的常礼服，头靠在背后，坐在车里，两只眼睛只望着车箱天花板上的通气洞。

“你好啊！你为流浪人的事件，曾经写信给我，我却全然忘记了……”

梭罗金，一个相信奥大利派的老船主（后来他变成了牧师），那时充当着尼悉尼市的市长，发行着杂志《教会》。这是一个又聪明，又有野心，又爱积极活动，又有宽大的精神的人。他写信给我，提议要替本地的失业者组织一个日间收容所。要想保护失业的人们，使他们不受酒店主人的剥削，的确有做这个事业的必要。在冬天，无费住宿所的客人们，都是一到早晨六点钟，就被驱逐到门外去，但是，在事实上，那时天还未亮，他们在街上没有什么事情可做。这些流浪人和失业者必不可免的会跑到深可痛恨的酒店里面，被热茶和火酒所诱惑，在一个冬季，吃喝价值六七十块钱的东西。到了春天，当他们开始在泥卡并渥尔加河上做工的时候，酒店主人就利用他们冬天所欠的债务，自由的处分这些工人们的劳动力。我们租了一间房子，叫失业者到里面去取暖；我们卖一点热茶和面包给他们，每份只卖两个铜板；我们组织了一个小小的图书室，安放了一个钢琴；在过节的日子里面，我们还替他们开音乐会，举行讲演。我们这间收容所是设在一间有圆柱的大屋里面的，

所以又被人叫做“圆柱房”。圆柱房从早到晚都装满了流浪人和工人，他们感觉得他们是这间房的真正的主人，所以他们自己也很严格的注意着秩序和清洁。

这个事业自然要花许多钱，所以我非得向布格罗夫募捐不可。

“那都是无益的事。”他一面叹着气，一面宣言，“那些人有一点什么好处呢？都是没有一点用处的怠惰的人们。他们甚至于连享受一架钟的能力都没有……”

“一架钟？”

“在无费住宿所里面，他们没有钟，他们不知道时间。一架钟被他们打坏了……”

“那末，叫人修整起来，或是另买一个别的……”

布格罗夫生气了，他哝哝唧唧的说：

“常常都是我的事。他们呢，他们不能去做吗？……”

我对他说，那些没有钱买裤子，有时甚至于连一个买面包的铜板都没有的人们，如果能够挨着饿，节约几个钱去买一架钟，那未免太怪了。

这话使他大笑起来。他开着口，闭着眼睛，一面呜咽，一面用手按着膝头，身体抖了几分钟。最后，他平静了，他很快活的对我说：

“我说了些什么蠢话！但是，你要知道，那种愚蠢情形却是事实！突然的我觉得我变穷了，我变成节俭家，吝啬家了。在我们当中，有一种人虚伪的把穷人看成是一些具有最容易的生活和最自由的灵魂的人。人们和上帝，对于穷的人们，却比较没有多大的要求。但是，在我自己，我却不是那样：我的确忘记了我是有钱人，

忘记了我有轮船，有制粉工场，有银子，我忘记了运命已经把我驾在一辆大车子上面。在我的灵魂的深奥地方，我并不贪财，我并不受银子的诱惑。有人问我要银子，我就给他……”

他使劲用手巾擦他那只湿了的眼睛，露出梦想家的样子，继续说：

“但是，在有的时候，我很希望跑到那种脏秽不堪的酒店去喝茶，吃黑面包和种种小吃食。如果我曾经过了贫穷的生活，那种念头还可以说明清楚，但是，我生下地就是有钱人。我是有钱人，同时我很愿意向人告化，很想靠亲自的经验，知道贫穷人的生活怎样艰苦。我不懂得他们的苦楚，恐怕你也未必知道罢。我曾经听人说过，这种情形是会发生于怀孕的女人们……”

他往后倒在椅子的靠背上，闭着眼，用低声轻轻的说：

“奇怪！人类是容易变化的！你看，捷诺夫抛弃了他的一切财产，一切事业，躲到修道院里面去，更进一步，跑到阿陀山上去。那个富于信仰心的期里洛夫，很贤明的活到六十多岁，被人称为又谦和，又博学，却会开始要去结婚，像一个放荡少年一样，东跑西跑，对人们增加了许多话柄：他们说，一切都是虚伪的，不公正的；他们说，富者都是猛兽，贫者都是蠢子；他们说，皇帝是一个作恶的人；他们说，正直只能存在克己的当中。是的。查鲁宾还不是那样。又如莫洛佐夫，那个极聪明的人，并拍尔姆的墨悉科夫，那两个和你们这些革命家亲近的人。此外还有许多！好像这些人都是在他们走了一生涯的错路之后，突然的看明白了：那条才是正路。但是，到底这条路会走到什么地方去呢？”

他深深的叹了一口气，不说话了。在玻璃窗外面，在月影当

中，树枝很忙碌的隐现着。列车的金属相碰声，打破着野外的静寂，不知把村庄上的破屋驱逐到哪里去了。月亮带着恐怖的神气，慢慢的运行着，时而藏进树林当中，时而突然的悬挂在田野的上边，露出倦怠的样子，在田野的茫茫暗海上，慢慢的航行着。

布格罗夫画了一个十字，用一种悲愁的态度，对我说：

“我们俄国人，我们有一种特别的良心：它是一个忿激了的良心。它害怕，它狂热，它躲进森林里面去，躲到洼处去，躲到洞里去，它藏在那里。人类跟着它的路走去，突然一下，它好像野兽一样，跳在人类上面去：碰着了头！它在那个地方！一切生活都变为灰尘而消失了！……什么好的，什么恶的，一切都在同一的火葬场里面！……”

他从新闭着眼睛画十字。我向他告辞。

“谢谢你来看我，告诉我，你明天一点钟能够到特斯托家里来吗？大家要在那里吃午饭。请请莫洛佐夫罢。行不行？”

我和莫洛佐夫到了特斯托家里的时候，布格罗夫已经坐在一间房里面，挨近一张摆设好了的桌子坐着。两个穿着一身像死人穿的葬服一样的雪白的衣服的少年仆人，很恭敬沉默的，忙着摆设照例的饭食的杯盘。布格罗夫对其中的一个人说：

“你回头替我斟莱茵河的酒罢，那酒已经……”

“知道了……”

“早啊！俄罗斯！”他和我们行礼，莫洛佐夫握着他的手，对他说：

“布格罗夫，你越长越胖了，照这样胖下去，恐怕不久就要

死呢。”

“那不会很迟的……”

“你应该写遗嘱，送我百万的……”

“这倒要看情形……”

“我要利用它去做一个投资事业……”

布格罗夫点着头答应：

“野心家，你一定做得成的。好罢，请坐罢。”

莫洛佐夫是一个神经质的人，很易生气；他把他那副鞑靼人的聪明面孔，斜对着他的碟子上面，急忙忙的，用一种零零碎碎的话，用一些生硬的语句，报告着下面的事：一个阿斯特拉勘的实业家曾经对他说，在加斯频的鲱鱼工业制造场里面，他们常常把多余的鲱鱼，成千成万的埋到沙子里面去。

“人们可以利用去制造一种极好的肥料，把鱼鳞也变形为胶水……”

“你什么都懂得!”布格罗夫叹着气说。

“像你一类的人们，自然只知道把自己当做一尊偶像，坐在自己的百万资产上面称王，哪里还想知道地方上的需要——虽然他们在实际上是以吸取这地方上的膏血为业。我们的化学工业太不发达，我们没有一个人肯去专门干这种事业；我们应该设立一个化学研究所，我们应该有一个关于化学的特科大学……而你，你们野蛮人……”

“请看这个爱吵嘴的人!”布格罗夫用一种和睦的，富于友情的声音说，“吃罢，吃饱了，你也许变得好些……”

“我们已经学会了吃东西，我们什么时候学习做工呢?”

布格罗夫尝着酒，响了一响嘴唇，眼睛看着玻璃杯子，说：

“你向别人要求的东西太多了，莫洛佐夫，别人却没有向你要求这样多的东西呢。如果你任由他们自己去生活……”

“如果我们让他们自由去生活，他们恐怕还在用四脚爬着走呢……”

“你说的话，我一点也不懂得！”布格罗夫露着忧郁的样子，大叫起来，“一些闲人讨论着，人类是哪里来的。他们决定着：人类是从猴子变来。他们还以此自喜呢。”

他用一种惊讶和忧闷的态度，问着：

“难道你能够信这种蠢话吗？但是，纵然这是一个真实，也应该瞒着这个事实，不拿它去告诉世人，才对。”

莫洛佐夫半闭着眼睛，注视着他，并不答话。

“依照我的意见，我以为，在鼓动人类的时候，不应该对他说他从前是一个动物，倒应该对他说他从前比现在还好……”

莫洛佐夫突然的冷笑起来，答应他：

“难道一个老年的女人只因为你对她说她曾经是一个少女的缘故，就可以变年轻吗？”

我们吃得不大起劲，我们喝酒也喝得不多，莫洛佐夫的沉郁的怒气，把我们压坏了。到了喝咖啡的时候，布格罗夫用一种同情的态度问他：

“莫洛佐夫，你怎么样了？你没有什么烦恼吗？工场里有不如意的事吗？”

莫洛佐夫突然转身向着他，用一种年长者的口气，对他说：

“在我们那里，没有一件事情顺利：在工场里，在磨房里，特

别是在脑筋里!”

他开始述说乡下地主的有害的顽固保守，说银行的贪欲，说那些不懂得自己的使命的实业家们的教养的缺乏，说工人们的要求的合法，说革命的不可避免。

“革命一定会等不到成熟就爆发起来，它一定不会有力量去尽它的任务，一定会弄出一个大大的困难出来!”

“我不知道将来会发生什么事。”布格罗夫露出沉思的样子，说，“前不久，尼悉尼市的警察厅长，那个小小的蠢才，也曾经使我吃了一惊。他说，在梭尔漠，在我这里，在塞姆，工人们都发生了骚动。但是，你自己却主张，说这是合法的。我们且说说真实情形罢：在我们这里，工人们是很不幸的，但是，他们却都是善良的工人。”

“不会到那个程度罢。”莫洛佐夫低声说。

“但是，在事实上，却是那样。我们的人民是善良的。他的灵魂里面是有光明的。谁也不能够轻易买收他，谁也不能够拿琐事去诱惑他……老朋友，他对于正直的生活和真理，抱有一种纯洁的梦。不要笑，是的，纯洁的梦。我在我们塞姆这地方，在年节的晚间时常和他们接谈。我问他们：‘孩子们，生活很艰难罢?’——‘是的，很艰难。’——‘照你们想来，怎样才能够把生活弄得较容易些呢?’我对你说罢，他们很懂得生活。也许他们的见解并不是从心坎里发出来的，但是，他们的确读了小册子，念过一些从梭尔漠拿去的种种书类……高尔基很知道这种事情。他为这种书籍的缘故，请我帮款。我给他一些钱……”

“你自己替自己吹牛。”莫洛佐夫说。

“一点也不是吹牛。”老头儿静静的答复着。

“他们做的事是反对我的，但是，我仍然给他们钱。自然只是一点子钱，但是，如果这点点小数目居然能在这些事情里面，发生作用，如果变成我和你对于那些事业投了资本，那末，将有什么样的结果呢？……”

“好罢，投资罢……”

“为什么不投资？这是很有望的事业。这是一种困难的事，但是，你要知道，凡是困难的事件都带有几分的希望呢。”

他用拳头打了莫洛佐夫的膝头一下，因为那时莫洛佐夫斜靠在椅子上好像要跳起来似的。他继续说：

“很明显的，纵然人们奋不顾身的去干，这件事也是一件困难的事，这是我懂得的。但是，人们去干的时候，他们会以为这种事是正当的，神圣的事业呢。我认识一些那样的人。也许我还羡慕这些人的愚蠢的行为。据我想，就是这个高尔基先生也曾经述过，连那个充当亲王的克罗巴特金也……排除困难，这件事，到底算不算是一种有希望的事呢？……”

“都是些蠢话，那些话！”莫洛佐夫说。

我留心观察布格罗夫。他喝了不多的酒，就有点醉意了，其实他只喝了一杯酒。但是，他的面孔却肿得非常难看，他那双带着池沼色的小眼睛，变成了浅绿色，又发光，又有活气。他急急忙忙的说，好像他正苦于呼吸困难似的：

“从古以来，人类就常常只感觉着生活是容易变动的，从很久以前起，有钱的人们就变成了一个例外。你自己应该知道，富裕这个东西并不是一个愉快；老实说，宁肯说它是一个负担和一个牢

狱。我们大家都是我们的事业的奴隶。我为要在每一天当中赚得三千块钱的缘故，用尽了我的心灵，而工人们却能够以三角钱自满。机器慢慢把我们变成粉末，一直到死为止。一切的人都在工作。为什么呢？为谁呢？你看，这就是我们不能理解的事：我们为谁工作？我很爱做工，但是，有时却会像夜里燃着的火柴一样，突然在我心里发生一种思想：劳动的意义到底是什么呢？是的，我是有钱的人。谢谢上帝。但是，后来怎么样呢？纵然有钱，也难免具有一个令人讨厌的灵魂……"

他叹了一口气，用另外一句话，重复说：

"令人生厌的灵魂……"

莫洛佐夫站了起来，一面说着一种讥讽的反语，一面走向窗户边去：

"我已经听见过你这番议论了，从你自己，并且从别的人们……"

"神圣也许只是一种弱柔，但是，它对于灵魂却是很柔和的……"

困难的会话中止了，两个人都不说话了。这个谈话使我发生了种异样的感情：好像有人对于我的嘴和我的脑筋，灌了一些蜜糖。我虽然毫无一点根据，去疑惑布格罗夫的不诚意，但是，同时我却并没有等着去听出他心里真正想说的话。是的，他在这一天以前，早已对我显出他是这样一个人：他的生活缺乏内面的意义，只是不愉快的跟着一条暗黑的路上走，常常被外部的忧愁和习惯的势力所压迫。虽然是这样说，我仍然觉得，这位尼悉尼市的领主却能感觉并赞赏人类劳动的价值。

真是怪事：我们一面知道这个人全靠成千成万的人的劳动去继续他自己的生活，同时在另一方面却听他自己说，这些劳动在他的眼睛里是一些无益的，无意义的东西。

我那时曾这样想：

“恐怕只有俄国人才会同时行这样的生活，并具有这样的感觉……”

有一天，我在渥尔加流域的森林中的一个小村里又碰见了他。我那时本是到季特日湖去的，因为路远，特特在那小村里过夜。我知道他们正在那里等布格罗夫，因为他那时到一个秘密的修道院去了。我坐在一张靠近最末尾的房子的板凳上；已经是傍晚了，家畜的群集已经回家，从院子里面透出一些刚刚挤出的牛乳的香气。在天上，绕着西方，慢慢的生出一片的蓝色的暗云，那些云的形式，恰恰好像一根连根拔出来的树子一样……在村子的上边，在卵石色的天空当中，飞着两个秃头鹰；从树林里面发出一种针叶树和菌子的香气；在我的面前，绕着一根白桦树，有许多甲壳虫叫着。一些疲倦了的人们，慢慢的在街上和院子当中走着做事。这些人的生活本来被森林的沉寂弄得半睡半醒，非常奇怪，但是，到这黄昏时候，这些不相识的人们的半睡式的生活也消灭了。

到了天色完全黑定的时候，一辆驾着两匹黑马的小车，进到街上；布格罗夫躺在车上，身边放着包袱和箱子。

“你在这里干什么？”他问我。

他立刻向我提议：

“同我一起来罢。你可以看见许多善良的少女呢。离这里不远，

有一座修道院，一个收容孤女的地方，许多少女都在那里学习刺绣。……”

车夫牵马到井边去喝水，我们向前出发，后面伴随着农人们的无言的敬礼。他们鞠躬鞠得很低，低得和在教堂里对着最被尊敬的圣像行礼时一样。老汉们和老女人们都轻轻的说：

“保护人……给饭吃的人……希望上帝保佑你！……”

就是母牛的叫声，也好像充满了感谢的柔情。

我们的马，跑着快步，过了几个村落之后，慢慢的转进一个林子当中，在一条又暗黑又不平坦的路上走着；一面发散着它们的汗臭，和树枝及花草的香气，混成一片。

“在这个地方，树林很好，它们很干燥，没有很多的蚊虫。”布格罗夫用手巾扇着他的脸，很高兴的说着，“你是一个古怪的人：你看，你到今天为止，走到了一些什么地方。到了你年纪大的时候，你一定有许多的回忆；目前你知道的事，已经和一个老年人所知的差不多了。至于我们，我们却只知道一件事：向哪里出卖，拿什么出卖，要卖多少钱……”

他非常高兴，他和车夫讲笑，他把森林中的村庄的生活，讲给我听。

我们进到一个树木比较稀少的地方了。有两扇松木做的墙，交叉着成为一角，在这一个角里，仿佛柔软的，天鹅绒一样的黑暗的底子上，蜷伏着一间具有五个窗户的房子；在这房子旁边，用新的木板做的栅栏，围成一个圈子。

房子的窗户上，照着一片黄色的粗的光线，好像里面的人正烧一个大火盆似的。在马车进出门的附近，站着一个身材高大的乡下

人；他手里拿着一根好像矛子一样的棍子，露出惊愕的神气。这一切景象，都完全好像一个故事里面所述的一样。许多狗的叫声，像一齐射击似的，闹得噪耳；有一个女人的声音大声喝着：

"伊望，喝住狗啊！我的上帝！……"

"你看，她忙着跑出来了！"布格罗夫皱着眉头，细声的说，"她还没有忘记她的主人们。对于主人的畏敬，在人民当中还很旺盛呢……"

一个矮小的老女人，突然像抽筋一样，弯腰鞠躬，继续的摇着头，站在门旁边；她嘴里说着几句话，伸手想和布格罗夫握手：

"老伯父……天使们把你带来了……"

天使们跳跃着，用蹄子踢着柔软的地面，把它们的辔头等等东西，摔得叮叮当当的响着。

在门口的台阶上，站出来一个强壮的，穿着长衣的女人。她把两手放在腰里，深深的行了一个礼；在她的后面，排列着一群小女孩子，像印度人一样，又笑又闹的噪着。

"好罢，你们就唱起来罢，蠢东西！"那女人用粗重的声音喊着。

小女孩儿们密密的集中在一处，开始唱歌，唱的声音很不整齐：

"天上的蛾眉月，好光明！"

"够了！"布格罗夫挥着手说，"爱菲密亚，我不是对你说过，我不喜欢那个吗？晚安啊，我的女孩儿们！"

一个欢喜的叫声的合奏，应着他这几句话，约莫有十来个小女孩子，突然的由台阶上向布格罗夫的肚子边滚来。

那女人说了几句不知什么样的话，他却用手摸着小孩们的头，嘴里说：

“行的，行的，安静些，我的小老鼠们！我带来许多糖果……好，好的……你们别把我压坏了！……你们看，这是我一个朋友。他将来要把你们写到书里去，要述说你们的淘气……”

他轻轻的推着他面前的女孩子们，走上了台阶，那女人一面叫着：

“对你们说，要安静些啊！”

突然一下，那个老女人很奇怪的摇着双手，吹起叫子来；小女孩子们都立刻不说话了，她们保持着很好的秩序，一点声响也没有似的，走向房子里面去。

我们走进去的那个大房间，被两个靠墙边放着的洋灯照着；第三个洋灯，盖着一个红纸做的反射盖子，被搁在一张长桌子上面，桌上还有茶杯茶碟，装满了蜂蜜的碟子，森林的鲜杨梅，点心，种种东西。我们在门边被一个身材高大，又年轻又美丽的姑娘接待着，她手里有一个装满了水的铜锅；另外一个好像姐姐的姑娘，伸出两只臂膊，那臂膊上面悬着一条很长的绣花手巾。

布格罗夫一面快快活活的东说西说，一面洗手，用湿了的手巾擦脸。放下两个金币到铜锅，走到那扇挂着六七个刺绣的手工品的墙边去，对着一个小小的镜子，梳头发和胡子；他对墙角上看了一看圣像前的洋灯的灯光，把头向背后反伸着，很使劲的画了三个十字。

“再说一遍罢，你们好啊！”

小女孩子们很快活的用高声答应他；不一会儿，在门框子边，

出现一个老女人，打着颤，摇着一个蛇一样的头，但是，立刻她又跑开了，她的来去好像一个影子一样。

"来罢孩子们，我问你，娜塔利还是常常干着蠢事吗?"布格罗夫一面坐向圣像下面那张桌子的尊位上去，一面问。小女孩子们挤着要到他身边去，她们行动很大胆，对他毫无畏忌。她们脸上都带着桃红色，身体很壮健，脸面差不多都是优美的。不过，那个刚才提水桶的女孩子却特别令人注目，因为她的身材特别高，她的焦褐色的面孔特别带着严肃的美。她的眼睛也特别美丽，眼睛上面，弯弯的悬着两道长眉，好像两个美翼，立刻会飞起来似的。

"你看!"布格罗夫指着她对我说，"这就是顶调皮的女孩子，一个令人不能忍受的女顽童。我要把她送到顶深的森林当中的修道院去，到那种只有鹿子成群结队的游行着的地方去。"

但是，他叹了一口气之后，又摇着手巾，露出深思的样子，这样说：

"应该送她到莫斯科，叫她受教育；她有一个特别好的声音。不过，她的父亲，一个鳏了的领港人，却不肯答应。他说：'我不能够把我的小孩子送给尼科尼人取乐。'"

一个又高大又多毛的乡下人，胀着两颊，走着沉重的脚步，端来一个打磨得非常光彩的俄国大茶壶，使劲的放在桌子上，劲使太大了，把一切杯碟都弄得跳起来，相碰作响；他吃了一惊，圆睁着眼睛，把手伸到褐色颈发当中乱抓，把头向下低了一低，好像有什么人强迫他那样做似的。

爱菲密亚出来了。她的奶子突出在胸前，好像两个西瓜一样；她两手拿着糖果盒子，一面用她的两重下巴按着盒子的上部；她的

后面，有三个小女孩子，手里都捧着干饼和核桃碟子。

当布格罗夫注视着小女孩子的时候，他的面孔都光亮了，他变年轻了，他用小声对我说：

“你看，最好的是这个。这个短鼻子，蓝眼睛的女孩儿，真正有趣得很。她生得一副快活的面孔，但是，在事实上，她却非常敬神信教，并且是一个稀有的女工人，她在一面旗子上用丝线绣了一个天使和一株棕栏树。绣得真好，令人看见要流眼泪……她是拿一幅圣像画做样子的，不过，颜色却是她自己配合的。”

照这样的，差不多他把他的每个小女孩儿都拿来说了一遍，在每个的身上都找出某种某种的珍贵的性质。小女孩们都自由的，欢欢喜喜的围在那里。大家一看，就知道，布格罗夫的来临，对于她们，算得是一个节期，在这时候，那个有福的爱菲密亚是不会威吓她们的。爱菲密亚坐在长桌子的一头，用一种聚精会神的样子，不断的吃着糖饼和干果；随后，她深深的叹了一口气，斟了一杯茶，一声也不做的，慢慢的去开始吃杨梅和蜂蜜；她已经把杨梅和蜂蜜，放在碟子里调成浆糊一样的东西了；她也不注意小女孩子们，也不留心客人，她明明的没有顾到什么事，没有候着什么人，她的注意完全被她的目前的职务吸收了。小女孩子们越闹越闹得厉害；但是，每逢那个暗黑色老女人——那个因为抽筋的缘故，把形貌都弄变的老女人——出现在门口的时候，在这个热闹的房间里面的一切的人，都变成沉默的人，大家都觉得身上有点子寒颤。

喝完茶之后，美丽的娜塔利取出赞美歌，唱着：

“小孩耶稣他那时有一个花园……”

她唱得不正确，她只仿照教会的悲愁的调子唱，并不知道那个

写在这些语句上面的音乐。她对于这些语句都加上一个阴暗的性质，差不多加上一个仇恨的性质。她唱的时候，眼光注视在房间的一角，一种光滑的光辉从她那双弯弯的眼睛流露出来。不过，她那又宽又低的声音，的确是很美的，很富于变化的。她唱时的态度很有趣：在唱高音的时候，她在她的椅子上扬着头，到了唱低音的时候，她低下头，把她的脚藏在椅子下面去。乐器并未调整得好，但是，唱歌人好像也并不感觉到乐器的错误，她那双褐色的手很鲁莽的使劲的弹着琴弦。

布格罗夫动也不动一下的坐在那里，开着嘴巴听。他那个失掉了弹力的眼皮，吊得更厉害了，他那眼睛的眼泪，流成一根不断的线了。他注视着一个窗户上的黑玻璃；那窗户在夜色暗黑的当中，互相冲击着；这个窗户也和另外两个窗户一样，用绣花的窗帘装饰着；一切窗户都好像一些搁着被烟熏黑了的圣像的框子一样。如果我们注意在长时间当中看着这个黑暗，我们就会看见那里发生一些没有眼睛的巨大的脸。

房内的空气变得很污浊了。那些用圆木头垒成的墙壁，也发出一些洋碱气和烂布气，而在桌子上面，却放散着蜂蜜，杨梅的细致的香味和油饼的浓厚的气味。小女孩子们都不说话了，她们被丰富的食物醉倒了；她们的同僚唱的歌，好像摇篮一样，把她们摇着。她们当中的一个，已经睡着了，很快乐似的轻轻的发出鼾声，把头靠在一个朋友的肩上。爱菲密亚好像一座纪念碑一样，坐在那里不动；她的两颊好像擦过油一样，放着光泽，她那露到肘子边的两条圆肥的手臂的黄色皮肤，也同样发着光。

但是，那个唱歌的少女，仍然固执的望着房角，弹着琴弦，用

一种恼恨的声音，唱着又柔和又凄凉的句子：

爱人给我的，那一只戒指，

我丢它到海里，任它遗失……

“谢谢你！”布格罗夫突然高声的用一种不安的调子这样说。

老女人站在门边，把身体向左右摇动着，吹了一下叫子：

“睡觉！”

“我的小女儿们，睡觉去罢！晚安！爱菲密亚，请你把她们的工作成绩给我们看看。”

在小女孩子们临走的时候，他一个一个的在她们的头上亲嘴；娜塔利走近他身边的时候，他用手按住她的头发，对她说：

“你唱得好……你越唱越唱得好。你虽有一个不好的性格，但是，好在你有一个灵魂……望上帝保佑你……”

她笑起来，她的眉毛都摇动了，她用一种又谐和又轻快的态度，走向门边去；在那时候，老头儿却弄着手巾，用一种抱怨和不平的声调，说着：

“你看她那样子……是的……”

爱菲密亚抱来了一抱被叠得很好的布，把它摊在洋灯底下的机器上和桌子上。

“你愿意看看吗？”布格罗夫对我提议，两眼却只望着门口。

我把那些垫子，拖鞋，旗子，手巾，等等刺绣品，看了一回。这些东西都很生动，很细致，模仿着古书的手帕和插画上面的花样，其中也有绣着肖像的。但是，有一张刺绣的模样的活泼和古怪却使我吃了一惊：在一块灰色的绸子上很巧妙的绣着一朵小玫瑰花和一个黑蜘蛛。

“这是一个已经死了的女孩子，绣成了这块东西。”爱菲密亚很蠢笨的用一种不大关心的口调说着。

“这是华里亚的工作……”

“啊！是的……她已经死了！她是一个矮子。肺病送了她的命。她看见过鬼，她并且把鬼绣在一块麻布上面，那块绣花后来被人烧毁了。她是一个孤儿。她的父亲失踪不见了，据人说，是溺死了。好罢，爱菲密亚，引我们去睡觉罢。”

他们安置我们在那间房子的窗户下面的空处睡觉——布格罗夫在一个铺了许多稻草的车子里面，我在一块摊在草地上的厚毡子上面。

“爱菲密亚那个女人是很笨的，但是除她以外实在找不出更聪明的人。应该请一个真正的，受过教育的女教员，但是孩子们的父亲母亲却不愿意。他们以为那种教员一定是一个尼科尼人，是一个异教徒。我们的信仰心还不能够和理性好好的调和起来，上帝会恕我的。这个老女人也……她不愿意死。她超过了一切的期限，是一个不好的老女人。她在这里，只不过给一些恐怖与小孩们罢了。或许也因为我不好的声名的缘故……呃……”

他跪下地，望着星子，动着嘴唇，画了一个很强的十字，把手臂大大的动了几下，把他的指头重重的对着额头，胸口，肩膀等处，按了几按。他叹出了一口长气。随后，他很沉重似的向侧边转了一个身，钻到他的铺盖里面去，嘴里对我说：

“他们是好的。如果他们能够稍微向着享乐的方面过一过生活。呃！你，你不祈祷上帝吗？那个，我不能够懂得。我所不懂得的，就是那种思想对于我是不存在的一件事；所以我想，你自己也一定

有你自己的一种上帝，不会有别的办法的。如若不然，人类就找不着什么可以依靠的东西了。好罢，睡罢……”

在晚上的绝对的寂静当中，时时发出几声悲愁的，空洞的猫头鹰的叫声。森林矗立在那里，好像形成着一扇黑的严密的墙一样，好像黑暗就是从那扇墙边流出来的。透过稍带湿气的雾气，从我们的头上，在狭窄阴暗的天上，露出了一星一星的金色的星子。

“是的。”布格罗夫又继续的说，“这些女孩儿将来长大了的时候，是要腌咸菜的，是要做黄瓜和菌子的咸菜的——刺绣对她们有什么用处呢？在这件事里面，藏着一种侮辱别人的蠢事。在我们的生活里，有许多的蠢事，是不是？呃?”

“有很多。”

“你看！你听见别人说过，我奸淫了许多的年轻女人吗?”

“听见过。”

“你相信吗?”

“那应该是真的……”

“我以后不隐瞒了。从前的确有过那种事……关于这种事，人类实在比一个动物还要蠢些，比动物还要贪欲。这话你以为如何?”

我答应他，据我的意思，在我们俄国，关于两性的关系，实在存在着许多不合理的见解。性欲生活被教会看成一种罪过，一个过恶。那种在女人生产后四十六日行着的清洁祈祷，简直是对于女人们的一个侮辱，但是，女人们却一点也不理解。我引了一个例：有一天，我听见我一朋友的太太，一个又聪明又娇媚的女人，对她的丈夫说，“斯特旁，你要敬畏上帝啊！你刚才摸了我的腰子，手也不洗就去画十字……”

“喔！这样的事情多着呢!”布格罗夫很愁惨的答应我，“他们常常打女人们，因为她们在星期三和星期五两天，两个断肉的日子，答应她们的丈夫和她们亲近。这是一个罪恶！我有一个古怪的朋友，他每逢星期四和星期六，必定用皮鞭打他的老婆，为什么？只因为她在前夜曾经诱惑他犯了罪！但是，要知道，这是一个强壮的男人，和他的女人同睡在一个床上。她怎么能够阻止他呢？……是的，我们的生活是蠢的。”

他不说话了。周围只听见黑夜生活的响声：枯枝相碰着发出折断的声音，针叶发着抖声，好像有什么人很慎重的叹着气似的。从那种形状看来，真好像，我们的周围都滑动着一种眼看不见的生物似的。

“你睡着了？”

“没有。”

“生活是蠢的。看见它的内容复杂，真正使人害怕，它的意义是暧昧的……但是，它还是很美的？呃？”

“是的。”

“很美。只有一层，就是，应该死。”

过了一两分钟之后，他加上：

“不久……死……”

他不说话了。不消说，他睡着了。

第二天早晨，我出发到季特日湖去，我向他告别；以后我没有再看见布格罗夫。

我相信，他死在一九一〇年，用一种壮大的仪式安葬在他的家乡的城内——这自然是他最愿意的。

西南财经大学“211工程”三期建设项目资助

陈豹隐全集

第二卷 ④

哲学与文学

西南财经大学马克思主义经济学研究院
西南财经大学经济学院
编

西南财经大学出版社

1922年陈豹隐与家人在北京家中花园假山旁合影
（左起：陈庚辛、唐惟俶、陈寅星【演辛】、陈豹隐）

《白鼻福尔摩斯》书影

《科学的宇宙观》书影

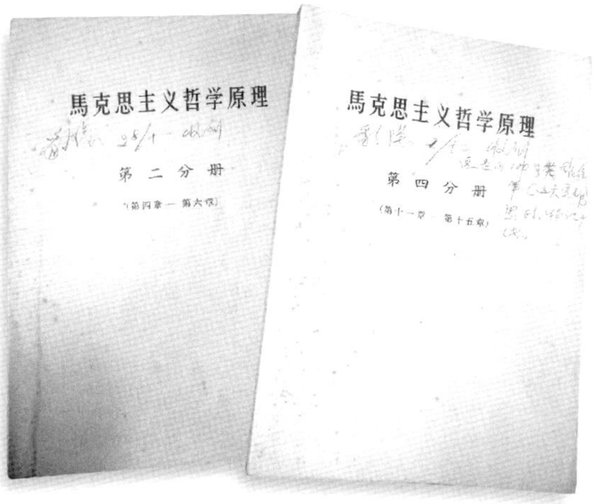

陈豹隐藏《马克思主义哲学原理》（四川财经学院讲义）

编者按

一、《科学的宇宙观》

《科学的宇宙观》，（英）爱里渥德著，陈豹隐译，1928 年 9 月 1 日付排，1929 年 3 月 15 日付印，由上海乐群书店出版发行，本次所选底本为 1929 年 5 月 15 日第二版。

据《民国时期总书目》介绍："本书的原名为《近代科学和唯物论》，1919 年曾有中译本出版"①，然编者未能觅见。实际上按陈豹隐在《序》里的说法，爱里渥德此书 1919 年才由格林书店出版，之后出现了山川均的日译本（白扬社，1924 年。陈豹隐翻译时曾参考此书）。

爱里渥德（Hugh Samuel Roger Elliot，1881—1930），英国哲学家，著有《Modern science and the illusions of Professor Bergson》(1912)（中译本为：额略第著，陈正谟、刘奇译：《近代科学与柏格森之迷妄》，上海：商务印书馆，1931 年）、《Makers of the nineteenth century：Herbert Spencer》（1917）、《Modern science and materialism》(1919)（陈豹隐所译即该书）、《Human character》(1922) 等。

① 北京图书馆编：《民国时期总书目 1911—1949 哲学·心理学》，北京：北京图书馆出版社，1991 年，第 11 页。

相关介评，可参看：健素《评〈科学的宇宙观〉》等，收入全集第六卷。

据陈豹隐在《序》里称：他计划“连译带著，写一大部有系统的民众教科书，总名叫做《科学的生活指导原理》，内分六个小部分：(一)科学的宇宙观，(二)科学的社会观，(三)科学的伦理观，(四)科学的中国民族观，(五)科学的中国革命观，(六)科学的中国未来观。”然而后五部分均未见出版。

二、《新的历史戏曲集》

《新的历史戏曲集》，(日)前田河广一郎著，陈勺水译，1928年11月由上海乐群书店出版发行，本次所选底本为初版。其中《〈新的历史戏曲集〉序》首刊于《乐群半月刊》1928年11月1日第1卷第3期。

前田河广一郎(1888—1957)，日本小说家，1907年移民美国，回国后从事文学翻译及小说创作，代表作有：《三等船客》(1922)、《大暴风雨时代》(1924)、《芦花传》(1938)、《青春的自画像》（1958）等。[1]

相关介评：可参看：阿英《前田河广一郎的戏剧——读了〈新的历史戏曲集〉以后》等，收入全集第六卷。

三、《白鼻福尔摩斯》

《白鼻福尔摩斯》，（法）嘉密著，罗江译，1928 年 12 月 20 日付排，1929 年 1 月 30 日由上海乐群书店出版发行，本次所选底本为初版。

陶行知在著名的《行是知之始》[2]一文中，曾征引《白鼻福尔摩斯》中《白墙上的红手》之血手印一案，来证明“说知”是安根在“亲知”里面，但目前各版本的陶行知全集、选集均将《白鼻福尔摩斯》误注为“指英国作家柯南道尔所著侦探小说《福尔摩斯探案》”[3]。实际上，陈豹隐在本书《序》中特别强调了嘉密、柯南道尔（陈豹隐译作“道依尔”）、莫里斯·勒布朗（陈豹隐译作“鲁布

① 刘崇稜、刘玫瑛：《日本现代文学欣赏》，台北：五南图书出版公司，2006 年，第 275 页；“デジタル版日本人名大辞典”之“前田河広一郎”条：http：//kotobank. jp/word/前田河広一郎。

② 《乡教丛讯》1929 年 7 月 30 日第 3 卷第 12 期。

③ 如：陶行知：《行是知之始》，华中师范学院教育科学研究所主编：《陶行知全集　第二卷》，长沙：湖南教育出版社，1985 年，第 153—154 页。

朗”）三者风格之不同。

嘉密（Pierre Henri Cami，1884—1958），法国喜剧演员、作家。嘉密的 Loufock Holmès 系列分《Loufock Holmès，le détective idiot》（1908）、《Les Aventures de Loufock—Holmès》（1926 年由巴黎 Flammarion 出版社出版，陈豹隐所译即该书）两部。当时在日本一度流行。

目录

科学的宇宙观

[英] 爱里渥德 著　陈豹隐 译

序

我从去年十二月起，就决了心，要连译带著，写一大部有系统的民众教科书，总名叫做《科学的生活指导原理》，内分六个小部分：（一）科学的宇宙观，（二）科学的社会观，（三）科学的伦理观，（四）科学的中国民族观，（五）科学的中国革命观，（六）科学的中国未来观。这六个小部分，虽然是按着应有的层次，互相关联着的，但是，因为它们各有特别的研究材料，各具一个独自的体系，所以不妨各成一小本独立的书。我打算把这六本小书依次写下去，一部一部的作为单行本出版，到全部写完之后，再把它们合起来，就可以成一部有系统的大书。现在写完了的这一小本书，就是六个部分当中的头一部分。

这本《科学的宇宙观》，是爱其·爱里渥德所著的《近代科学和唯物论》一书的全译。爱里渥德是英国的现代述作家，他于本书之外，还著有《近代科学和柏格森教授的幻想》，《十九世纪的创造者斯宾塞》，《拉马克的动物哲学》等书。他这部《近代科学和唯物论》是在一九一九年由格林书店出版的，从这一类的书看来，比较还算是新书。我现在把他这部书的名称，改为《科学的宇宙观》，并不单因为我想这样才能嵌入我所计划的民众教科书，实则也因为他这本书原来就是一个科学的宇宙观。关于这一层，读者读完这本书的时候，就可以知道我说得不错。

他这本书里面包含着天文学，物理学，化学，生物学，生理学，实验心理学，哲学等等学问的精华，却又能运用巧思，把它们贯串得紧密如同天衣无缝一样，毫无生拉活扯的毛病，并且他还能用轻快的语句，把它们述得又流畅，又有趣味，直同有趣的小说一般。现今在各国，有类似性质的书，也还有几部，如黑克尔的《宇宙谜》和《生命的惊异》，丹特克的《从人到科学》，德尔柏的《科学和实在》，就是其中比较著名的。只是，据我的鉴赏，他们那些著作，都比不上爱里渥德这本书的包括无遗，又富于兴趣，又有重大意义。

我这个翻译，是从英文原著译出的，遇着有疑难的时候，还参考了日文山川均的译本。我自信译得非常忠实而且正确。但是，因中国科学名词尚未十分统一确定，我自己对于化学和实验心理学又涉猎得太浅，所以难免有许多生硬的术语。况且原书是为教育程度较中国人为高的英人写的，对于许多用语，如像相对性原理，实证论，热力学函数，双曲线等等，都当作一般人所熟知的，不加解释就用下去。所以从中国的一般读者说来，也许有时觉得这些字句过于面目生疏。我对于这两点，本该负一种推敲注释的义务，但是，可惜我近来穷病交加，没有充分的时间，并且我还觉得，与其把六部分当中的一部分弄得非常之好，而把其他部分缺着，不如集中精力，赶快把六部分都写出来，后来再加以修订琢磨，倒反于实际有益，所以关于这些字句的注释解说，只好留待将来再做。

我对于原书的主张，在大体上是赞成的，但是有一些枝节问题，如像最后一两页的议论，却抱有不同的意见，本来也应注明出来，现在也因上述的理由，暂置不管了。

一九二八，八，十五

陈豹隐写于东京

目录[①]

① 因为此目录大致相当于提要，故我们全部予以保留。——编者

和高级动物上的差异——高级精神和低级精神间的差异——有机体的意识生活也受物理原则的管理——机械说并不是宿命论

第五章　唯物论

人类哲学思想发生的经过——科学的范围和哲学的范围——科学的哲学和其他哲学不同——我所谓唯物论的意义——三个主要的原则——法则的一律——目的论的否认——目的论发生的经过——纯精神存在物的否认——近代科神学的唯物论和古代生硬的唯物论的差别——物质就是经验的联合——原因结果的意义——客观的原因和主观的原因——“怎样”和“为什么”的问题的意义——不知的合目的性——这目的完全是主观的——有知的合目的性——意志并不是自由的——意志的生理学的说明——有知的合目的性也是因天然淘汰而实行着的——二元论错误——唯物论科学方法只有观察和实验——直观法或本能法是错误的——演绎法的使用要特别谨慎——唯物论的教育价值——唯物论的建设的功用

第六章　唯心论

唯物论是不是绝对真理的讨论——抛弃二元论的先入之见的必要——从婴儿经验入手——物质的概念最初发生的经过——正当的唯心论的意义和通常的唯心论——心内物外的议论是错的——内和外的真意义——实体和现象的区别是无意义的——人格的真意和唯我论的谬误——存在会随感觉的消灭而消灭的谬说——存在的真意义——精神和物质的分化的起源——感觉联合成立的经过——肉体和精神的关系真相——精神的真意义——伴随现象说的根本谬误——无机界的火和有机界的精神的比较——一元论和精神的统一——一元论和意识的起源——痛苦的真意义——下等动物和感觉

——存在不存在问题的解决方法——“实在”的意义和“本体”——精神生活起源的要素——科学和物质的关系——灵魂信仰的荒谬——心灵的迷信也离不开物质——精神论是绝对荒谬的——关于唯物论的种种批评的错误——绝对一元论——哲学学说和人类行为的关系

绪论

自人类文明开始以来，直到今日，各时代中研求真理的人们的心思，都被几个根本问题萦扰着。这些问题，比我们日常生活上许多零星事件，更要重大些。我们人类是什么？我们从前从哪里来的？我们现在向什么路上进行着？宇宙曾经有过什么目的？假如宇宙也有终局，宇宙的将来是什么？——像这样的问题，曾经恼坏了历史上一切顶大的思想家；除了那些眼光短浅，只顾目前物质欲望的人们以外，差不多一切人类，都因这样的问题，多多少少发生了烦闷。

人类文明的发生，已经过两千多年了，这些问题却一个也还没有解决，也未向着解决方面有一些儿进步。在历史上诚然有过许多思想或学说，一时相信已经解决了问题，诚然有无数的神话学说，宗教体系，哲学体系并其他幼稚不完全的，连体系二字都够不上的种种迷信，发生于各种时代的各种地方，被某种部落，国民，以及种族所尊崇信仰；但是，都只能盛于一时，不久即归衰灭，只成为考古家及历史家的材料罢了。所以古往今来，虽然有许多伟大博学的思想家用尽一生心思，想解决这些问题，也没得着什么结果，依然要被这些问题所苦。不过这些问题对于人类非常重要，却是一般人所承认的。试看宗教在人类生活上占领很高的地位，被人们看得和其他事情特别不同，就可以知道人类心思对于存在的根本神秘有如何深刻的印象了。

人类的天性虽然极愿获得关于这种问题的知识，但是，从来的种种尝试，都归于失败了。所以这种问题之非人类智力所能解决，本来就是很明显的。如果人类智力能够解决它，在今日以前确应该被解决了，何至于现在还未解决呢？哲学对于这些根本问题是无能为力的。哲学这个学问，不过仅能一方面指明何种研究是人类智力所能做的，一方面把我们既得的知识加以有系统的整理，聊以满足我们渴望的好奇心罢了。详细说来，哲学的能力不过如下：明定人类智力所能解决的范围和它不能解决的范围的界限，搜集现今人类已经得着的知识当中的各种主要原理，这样极力做去，以期能够多认识人类在宇宙间的地位，并多懂得宇宙的大体。

从前的人对于这种大问题的解决的努力，何以都失败了呢？何以都不能不继续的失败呢？第一，就是因为事实上一切知识都根据于感觉的印象而来，因此一切知识总不能超出感觉所能达到的范围。人类的感觉，仅仅不过有五种或六种，且实际上这五六种感觉又皆以一个原始的触觉为基础。这五六种感觉当中，对于知识的累积，最重要的是视觉，听觉和触觉。我们能够探索外界万物的形色，音响，体质种种性质，全靠这三种感觉。假如我们现有的感觉，不是五种而是千种，那时，我们的宇宙观，恐怕和现在的会大大的不相同罢。我们决不能因我们只有五种感觉就说宇宙只有五种性质。我们反应该假定为宇宙有无限的性质，我们所有的感觉越多，我们越能够多发见这些性质。

我们的感觉，不但为数甚少，而且能力亦甚有限。视觉只能感得以太（Aether）的波动。一切光线和色彩的感觉，只不过是用种种不同的强度和速度，荡在眼网膜上的以太波动罢了。并且可以引起视觉的，只限于特殊的以太波动，其余大部分以太波动，对于眼网膜，一点也不生感觉。可以引起视觉的波动，只是那种速度在每秒四百万万至七百万万之间的波动。[①] 以太的波动若比这个速度还低，它就只能引起热的感觉，却决不能引起光的感觉。若比这个速度还高（譬如在紫外线的时候），它就什么感觉也引不起来。

音的感觉，也同样是由空气的振动而生。但是，若空气的振动超过一定的速度即约莫每秒三万八千[②]，就什么也听不见了。触觉也是一样，接触太轻，就什么也不感觉，接触太重，触觉又被它压倒，不能发生了。一切感觉，都像这样只能在非常狭隘的范围内活动。就是我们依靠它最甚的视觉，也不过告诉我们说世上有一种以太波动，依一定时间的间隔，陆续发生的而已。像这样的断片知识，算得什么，如何能够靠它去理解生命和宇宙存在的终极真相?

这样说来，我们关于宇宙的一切知识，都是根据感觉的印象而来的了，在感觉所能达到的范围以外，我们是不能够想像或认识无论什么东西的了。实则我们用推理力，还知道许多事情，都是感觉所不能达到的。譬如说，地球形状是一个球形，这是谁也没有亲眼看见的，然而我们可以推定它是那样。空间的以太，对于我们的感

① 原文无单位，不便妄加。——编者

② 同上。——编者

觉，一点也不发生印象，就是它的振动，若到了高速度，我们也无从认识。然而我们很容易知道以太的存在，因为在我们的“心眼”上，我们可以看见肉眼看不见的紫外光线。在这里，我们虽然使用视觉方面的言语，却是借用的；它所指的，只是想像的视觉，并不是实际的视觉。这个道理，也可以适用于我们想像力最高妙的活动。譬如拿关于来生的宗教观念来说，如果我们想像着来生，这个想像，必定依着感觉的印象而成的，如若不然，这想像就等于没有。因为我们如果除去感觉的印象，剩下的就只是完全黑暗，完全沉默，完全麻醉，在那里，也没有味，也没有香，也没有压力，也没有运动。但是，实际上人们想像着的来生，纵然不大明确，却都是有光明，音响和运动的来生，决不会把自己当作瞎子，聋子和中了风的人，去作来生的想像。这样看来，我们的想像，结局总是要被我们现有的感觉所限制的。

若是照这样一切知识和想像都是根据感觉的印象而来，我们的宇宙观念，当然也就会永远是一个极不完全的观念。假定我们于现有的感觉外，还多有几个感觉，恐怕世上一切都另有一种大不相同的印象罢！假定我们现有的感觉外，更多有一百个一千个感觉，宇宙万物又应该呈现一种怎样不可思议的状况呢？在那时候，我们人类现有的哲学，也会成一个原始的幼稚品了。那种多有千百个感觉的人的理解力，比较我们现有的理解力，一定格外高妙，恐怕要远甚过我们和那随波上下，只靠小小触手去勾取偶然漂在附近的食物的珊瑚虫间的理解力的相差罢。但是，即令他有那样高妙的理解力，他的智力，从解决宇宙存在的根本神秘上面看来，恐怕和我们比较，也不过五十步百步之差罢了。因为宇宙的根本固然不会被仅仅知道五六个宇宙活动样式的人懂得，却也不见得一定就会被知道千百个宇宙活动样式的人完全懂得。更进一步说，就是假定有一百万感觉，也只不过较仅有千百感觉的为优罢了，要想解决宇宙终极的问题，还是不够的。要理解宇宙的根本，岂止需用千百个感觉，百万感觉，岂止需用有限数的感觉？实在是需用无限的感觉！因为，如若没有无限数的感觉，那无穷尽的宇宙全体里面，就始终会有一部分是有限的感觉所不能发见的。这样看来，我们没有解决宇宙根本神秘的能力，是很浅显的。关于这些问题的一切努力和尝试，都由于误会这些问题的性质，也是很明白的。所以我们从出发点起，就不能不采用不可知论的立场。

在这里，我们应该把不可知论这句话的意义，先弄明白，因为这个名称，从来很被一般争论的人滥用，弄得它在通俗使用上的意义暧昧不明了。在十九世纪中，不可知论这句话，大抵都用来和有神论对峙。那时有一派人起来反对那些主张神的存在的人们，自称为不可知论者，因为他们并不否认神的存在，单只说神的存在不存在是不能断言的。这一派人，后来更进一步主张，说不可知论就是哲学的最终目标，因此并说达到不可知论以后更无议论可发。像这样的不可知论，和我们主张的不可知论，是差得非常之远的。第一，这派的不可知论，范围是比较很狭小的。神的存在不存在，只是一个单独的小问题，我们的新不可知论，对它很少注意，甚至于完全不认它为一个问题。因为它并不是一个不能解答的问题。也许可以说它是一个比较容易解答的问题。旧不可知论者也常常用默示的方法，解答这个问题，因为他们的一般态度，总是时常暗示他们不相信神的存在。新不可知论者却不管这样特别的问题，他们只是主张：无论用什么学说，要想解决宇宙终极的神秘，总是不可能的。

至于拿不可知论看做哲学的最终的目标，更是大误而特误。不可知论岂止不是知识的终局，并且实在还是起头。我们应该把不可知论当作公理，由这个公理出发，去从事研究。我们应该先把这公理好好研究，等待把它的涵义十分理解了之后，再继续进行，在这个新不可知论的界限当中，去从新建设我们的哲学。不可知论的发见——就是说对于我们的无知的发见——虽然不是哲学的终局，却不失为哲学史上一个最重要的路程远近标。在这个发见以前，人类不单只是无知，并且连自己的无知也不晓得。他们和我们现在一样，关于宇宙的根本起源和运命，并不知道什么，他们自己却以为已经知道了。他们的自信力非常的强，若有人对他们的不正确的知识，加以疑惑，他们便以残虐的手段处治他。所以自己觉得自己的无知，确算得是人类文明的一大进步。人类在原始时代，对于非常暴戾不合理的事，也很相信不疑。他们对于来生，盲信得非常，甚至于妇人们为要在死后立刻跟着丈夫一起走，自己投身自杀于火葬他们丈夫的大火之中，放债的人只令借债人写一个来世偿还的字据，就把钱借给别人。后来文明程度渐进，不合理的信念渐渐衰微，合理的信念才随着增加起来。知识进步了，虚充假冒的知识也逐渐减少了，人类对于自己信仰的根柢，渐渐怀疑起来了，最后遂造成不可知论的学说，把一切虚假知识或迷信的最后剩下的渣滓，都破坏无余了。所以，不可知论好比一把扫帚，它把那由过去传到现在，常被我们不健全的心思保存着的精神上的废物，都一扫而空了。这种不可知论出现的时代，正表示哲学史的进行，已经到了一个地点，人类的心思要在那里大加洗涤，以备容纳真正的知识。这样说来，人类的精神的进步，既不是由确信而进到怀疑，也不是由怀疑而走到确信。在进步之始和进步之终，都有一种很强烈的确信，不过在进步之始的时候这种确信只是偏信和迷信，在进步之终的时候，这种确信却是科学的确信。在进步之始和进步之终这两点之间，必须通过一座不可知论的桥梁；换别的话来说，就是人类必须发见他在无限的复杂环境之中差不多是毫无所知的。

这本书的目的不在拥护不可知论的立场，这种拥护，已被十九世纪的著作家充足的做过了，并且我在拙著《近代科学和柏格森教授的幻想》一书里面，已经把那一切必须用来打破形而上学的虚假知识的话，都一一说过了。目前写的这本书的目的，不是破坏的，倒是建设的。我们的研究虽由不可知论出发，我们的用意，却只在使我们的研究能立脚于自由精神上面，而不为迷信所拘束。一切科学的研究，都不可不从不可知的立场出发，所以我们也从此点出发。从此点起，第一步发生的问题，就是我们在不可知论的学说范围之内，到底能够建设何种哲学，换句话说，就是我们若以现今人类具有的知识为基础，到底能够建设什么样的哲学。不消说，这种哲学自然是希望不大，比不上那不脚踏实地，只凭想像力任意飞翔的人们的形而上学。我们这种哲学，恰和他们相反，是要严格的立脚于事实之上的，并且是要能够拿直接的观察或实验来证明的。因此，这种哲学的进步，是随着一时代一时代的知识程度如何而决的。知识越增加，真实的哲学的范围也越扩大。在无识无知的时代，真实的哲学的存在，自然是不可能的。拿人类现有的知识来说，固然够不上拿它去企图理解万物的终极性质，并且我们已明明的把这种企图放弃了，但是，若拿它去建设若干具有重大的哲学意义的根本原理，人类现有的知识却是足足有余的。这本书的目的，就在搜集这种根本原理，说明它们的内容，并指出它们一方面可以构成一个唯物的体系，一方面又可以构成一个唯心的体系，全看我们的观点如何，以及我们所用的方法是客观的还是主观的而决。

我们的哲学既然不能不建筑在事实的上面，即在现今人类所有的知识的上面，本书第一的任务当然就在检阅这种知识，自然不必怎样十分详密的去检阅，只须明示这种人类知识即哲学所依为基础的事实的性质和它大体的范围，就够了。哲学上的原理不单是包含着非常多的事实，并且它和事实关系甚切，只要发见一个和这原理相矛盾的事实，它就立刻会被推翻。当然也有许多大原理，譬如引力法则①和热力学上开头两个法则，都是建筑在极稳固的基础上面的，不见得能够发见和他们相矛盾的事实，若有人自称发见了和这些大原理相矛盾的事实。恐怕也只会被别人当作这个自称发见人的谬误或幻想罢。所以这些大原理，真可称为哲学的原理，它们的基础，比那单个的事实，更为稳固，因为这些原理都是根据长时间的普遍的经验而来的。并且恰因这种经验的关系，这些大原理都获得人类所能达到的最高度确实性了。

现今人类的知识，都在科学这个名义之下统一起来，组成系统，所以我们不得不把科学看成哲学的基础。但是，科学的全体又分成若干独立的科学，各被各不相同的科举家分别研究。这种科学的分类，只是依研究上的便宜做成的，不一定就和实际的天然现象

① 这并不是看不起相对性原理。牛顿的引力法则是事实的绝对最终的表示不是？这是另一问题，这里不必讨论它。

的区分恰相符合。天然原是一个整个的，并未分裂破碎成为许多独立的部分。因此，我们要想得到现代知识的真正概念，我们就应该不顾特殊科学的的界限，把天然当成整个的东西，去研究它。只有这样，我们才能够知道现代知识在解决哲学上种种大问题上面对我们有何种程度的贡献。

要做这种整个的研究，我们的态度，和普通一般人的态度是不相同的。普通一般人对于他的周围，只看见和他有直接利害关系的东西。我们却不能够是这样，我们应该把我们的个性收藏起来，把那种我们俨然就是天然的中心的态度丢开，使我们照着各种科学研究出来的结果所表示，照样去观察天然。我们应该站在毫无利害关系的局外人的立场上，拿一种极高明的眼光，去观察天然。哲学的眼光，就是极高明的，因为它一方面具有天文学上最强度的望远镜，一方面又具有现代科学上最有力的显微镜。这样一来，我们所看见的，已经不限于肉眼所能看见的了。我们的眼界大加扩张，我们这时候所看见的，和普通人全靠自己肉眼在自己的周围所看见的，是大不相同的。

我们若照这样用哲学的眼光去看天然，我们看见的，到底是什么东西呢？我们应该看见：宇宙是由许多巨大的物质集合体构成的，这些物质集合体，向各种方面不断的运动，放射光和热出来，并现出其他种种物理的现象；映在我们眼里的东西，没有一个是停止不动的。没有一个物质分子，在我们看见它的时候，对于其他物质是站在同一位置的。就是在那形成种种星球和星云的巨大物质集合体当中，哪怕就是一瞬间里头，也没有一些物质是完全停在它原有的地位的。换句话说，我们看见，一切万物都是在变化或流动的状况之中，无论何物，无时不变，哪怕就是一秒钟的工夫，也没有不变化的。我们应该研究的对象，就是这样一个时时刻刻运动着变化着的宇宙。

其次，我们所看见的一切东西，在第一步，可以分为两个或三个侍类（Categories）。第一（虽然还可做更详细的分析），就是我们叫它做物质的一种东西。这类当中，包含着我们能够识别的一切对象。其次就是运动，热，光，音，电等等一类东西。这些东西，虽不是物质，却是彼此互相关联，构成一种根本现象。我们把这现象叫做物力（Energy）。更进一步观察观察，我们应当觉得还有第三类的现象，也不属于物质，也不属于物力。我们把这第三类的现象叫做生命和心灵（精神）。生命这件东西，我们目前只能在很小一部分物质上面，即地球上面看见它。这个地球以外，他处是否也有生命，我们还不知道，因为我们的眼睛还未充分发达到直接观察地球以外其他各处的程度。关于心的现象，我们更受制限，所知道的更少了，因为我们直接知道的，仅仅只有寄托在自己身上的这个心灵，至于自己以外的精神现象的认识，结局不过是一种推测罢了。

现在若把第三类的生命和精神姑且放在一边，我们就可以发见得，宇宙是由那常在不断的变化状况中的物质和物力做成的。并且我们还可以知道，这些变化的进行不是偶然的，倒是遵照一定的顺序的，我们把这顺序叫做法则，它的反复连续是极有定准的。因此，就是拿现有程度的知识去考察，也可以把许多未来的事件，预言得很确实，假如我们的知识是无限的，我们便可以把一切的未来事件，都预言得很确中的。

人类一切知识，都是由观察和实验发生出来的。把这样得来的知识，整顿铺排起来，使它有系统，便成为种种科学。所以这些知识就是筑成一个科学学说大殿堂的各个烧砖。这些事实若单是个个孤立着，自然没有什么哲学的意义。但是，如若把它们整顿铺排起来，使它们形成种种广大的概括，所概括的范围越大，它们越会带上更深的哲学意义的。所以只有科学能够供给材料于哲学。但凡可以真正称为有哲学的意义的知识，必定都是由种种科学研究上得来的知识。故此，要想探求哲学的原理，第一件应该做的事，就是涉猎各种特殊科学，向它们当中去采集与我们目的相合的知识。

普通在哲学的名义下面包括着的各问题，虽然说法有种种的不同，却都是些对于人类具有莫大兴味的问题。例如：人类在宇宙间的地位如何？在物质和物力的永久流动当中有没有什么超然的目的？等等。要得着对于这些根本问题的解答——假如解答是可能的——自然是应该把我们关于宇宙的既得知识，集合整顿起来。原始人类关于现实的事实晓得太少了，所以在这点子基础上面，建筑了一个庞大无比的神话或实体论的殿堂。后来人类比较进步了，对于现实的事实也比较晓得多了，所以他们在这比较宽阔的基础上面，建筑了一个比较不甚夸大的哲学殿堂。现在的我们要想晓得存在和宇宙的深切的关系，我们应该先晓得关于这些终极事实的一切既得知识。这步工作单靠一个人的力量，固然是谁也做不到的。不过，若是我们缩小范围，只努力去建设两三个普遍的原理，我们却能够应用自然科学上的各种门类的研究结果，去试验这些原理。所以我们第一，应该先把现代自然科学的知识，检阅一番。当然不是打算做一个完全的检阅，因为我们只要把那和我们打算建设的原理有关系的一切知识，都搜集出来就够了。本书起头四章，就专做的是这步工夫，到最后二章，才努力根据前四章里面这种研究所得的结果，去提示哲学的结论。

本书第一章说明宇宙的物质上的构造，这自然是要根据强度望远镜的观测结果和由这种结果得着的推论的。我们说明宇宙，应该从我们能够想像到的最大规模的宇宙上面的物质一般分布状况入手。

第二章说明物质本身的构造，并叙述几个关于物质和物力的法则。在这章里面，我们应述说的，是那无限的小的——小得梦想不到的——东西。在这两章里面，我们已经得着比较广阔的基础，可以在上面建筑哲学上的概括。因为第一章说明了大到最大可能的，想像也想不到的大东西，第二章说明了小到不能够用言语形容的小东西。

第三章说明生命和意识。这两件东西的大小，是我们在日常生活上大家知道的。但是，在这里，除了形象大小的问题之外，也需要一种极紧张的想像力，差不多和在天文学或物理上一样。在这里使我们感生困难的，已不是形象大小的问题，乃是复杂纷淆和变化多端的问题。因为有机物和无机物之间，并没有判然的区别，生活着的植物动物，也不过是含有潜在物力的物质的一种，从原则上说，和无机的复合体并无差异，动植物的特色，只在它的构造复杂到不可想像的程度一点而已。所以在这里我们遇着第三种困难，即使有最大最富的想像力，对于这种天然真理，也是无从捉摸的。上面说的三种困难当中，何种最使我们为难？无限大的问题吗？无限小的问题吗？还是无限复杂的问题吗？这是很难断定的。

困难只管困难，却是我们对于天然的眼界，已经大大的扩张了。我们已经知道，真正的宇宙是和我们日常过的平凡生活的小宇宙，大不相同的了。无论我们向哪方面观察，我们都会立刻感觉到一种异常事件，使我们的想像力无能为力。但是这也无妨，不管我们向什么方面观察，也不管我们的观察能够进行到什么程度，只要我们能够发见同一原理到处都同样实行着，那末，我们就不妨正正堂堂的断定这些原理就是哲学真理的要素。我们不能发见比这些原理更好的了，因为这些原理就是现今人类知识的极限。

第四章说明意识和神经系统的关系，这章对于第六章所述的精神和物质关系的一般议论，是一个序论。我们平常总把一切思想和一切智力，看成一种精神的构造，拿来和那一切具有物质的构造，做一个显然的对峙。实则有机体里面的意识生活的进程，完全是依据有机体脑髓和神经系统里面的物质的变动而决的。故此，但凡要想讨论精神的性质，第一应该做的，就是把生理学上关于藏在意识下面的神经现象的主要性质的一切知识，都搜集拢来。这种知识虽然目前非常的不完全，却是其中也可以找出几个大的真理，对于我们的目的，已经足足够用了。今日的生理学，已经得到许多对于哲学有重大意义的成绩了。当我们踏进形而上学那块稀泥地的时候，我们应该留心把着这一座坚固的岩石，即生理学上这些成绩。这样，我们就不会沉没在这片稀泥浆里面了。这些问题，在从前是任由形而上学（玄学）拿去胡说瞎扯，现在好了，生理学已替我们建筑一座坚固的岩石了。若是我们牢牢的把住这座岩石，并接受它对我们所做的一切结论，固然我们还会遇见许多可怪的，从未见过的东西——许多可以使惯常的心思因此扰乱的事——但是我们结局总得着一个实证的结论，可以用它去把从前种种不合理的说法，一扫而空；只要我们生理的基础是健全的，这个结论就不能不是一个真理。因为，纵然在形而上学上面有许多陈旧问题都是不能解决的，精神和物质的关系这个问题却断不是不能解决的。我敢相信，这个问题的解决，就在此后生理学的更进一步的发达上头。

第五章和第六章，依据前几章里面所检阅的科学的结论，说明唯物论的主要原理。这些结论，据我的意见，也可以引到一个毫不妥协的彻底的唯物论，也可以引到一个同样毫不妥协的唯心论上去。换句话说，就是旧来那个唯物论和唯心论的对立，会要完全消灭的。唯物论和唯心论在这个意义上，已不是两个相反的学说，不过是从不同的方面观察，并用不同的言语表示出来的同一个学说罢了。但是，在实际上，二元论的迷信——即认精神和物质是两宗绝不相同的东西的信仰——在人类心理上已经种了很深的毒，这个迷信一天不改，这两个相反的哲学学说的对立，恐怕也就会一天继续存在下去罢。如果站在一元论的立场上，这个对立即刻就会消灭的。因为这样一来，根本就没有两种性质绝不相同的事实的存在，当然也就不会再有关于事实的性质的两个相反的哲学学说了。

我是从唯物论的观点说明这个问题的，这并不是因为我以为唯物论比唯心论近乎真理，倒是因为这样的立场实比较便于观察事实。唯心论只表示一个单个的真理，不能更往前进行，有所开发，也不能于这单个真理的说明以外更有所添加。唯物论固然只是用不同的言语，表示同一的真理，却是唯物论的这个真理，只是一个起头，它还可以向前发展，引到很远的去处。在实际上它可以引到人类智力所能到的一切地方；在科学的根底，历史的根底，以及人类种种活动的根底下面，都少不得有它在那里。

第六章里面的学说，和罗素单用纯粹论理的方法得着的见解，相近得很。我在罗素的著作中，常常发见他那些结论和我们由生理学上的原理归纳得来的结论，完全符合一致，却是他用的材料完全不同，而且是只靠着推理力去研究，真正令人吃惊。但关于其他各点，这本书里的种种结论，和罗素的结论是差得很远的。

我的学说，和詹姆士的彻底的经验论，尤其相符。不过詹姆士的学说也是只用形而上学的方法得来的。并且他以为他的彻底的经验论是赞成非定命论，有神论等等，而反对不可知论，科学的自然主义或实证主义的。他这种见解实在令人费解，岂知我所以相信他的彻底经验论，反是因为这个经验是一个和生理学的机械论相一致的唯一的学说呢！自从副象论的二元学说一旦被人抛弃——今日各方面都把它抛弃了——之后，我们除了接受彻底的一元论之外，已没有第二条可走的路了。诚然，我们还可以接受活力论的学说，但可惜这个活力论是完全和生理学上的原理相反的。所以在实际上，就是詹姆士自己，虽然十分不愿意，也不能不承认他的学说带有唯物论的色彩。他曾说：“我很痛惜我的学说被许多人听成唯物论的学说”。他的学说所以被人听成唯物论，自然是因为它本是一个明白的唯物论，我所不解的，只是为什么詹姆士对此要深加痛惜。请看他的学说的精华：世上并没有心灵和物质两种全不相同的东西，却只有一个“纯粹经验”，这个纯粹经验，看它联合的方法如何，也可以有心理学的形态，也可以有物理学的形态。这个学说，在詹姆士，虽认为认识论上的学说，在我却以为是生理学的心理学上的学说。他写着说：“哲学者曾经造出一个实在，称它为意识。但是这个实在是虚构的……具体的思想的构成材料，是和物件的构成材料相同的。”思想和物件的材料是相同的！无论什么唯物论者，恐怕也不能抱有比这个更大的希望罢。然而这正是自柏克黎以来一般唯心论者所常说的！所以我说旧来物和心的对立完全消灭了。

这本书是在“改造”之声叫得最响的时候刊行的。产业上的改造固然要紧，思想上的改造却更加要紧。我们应该改造我们的观念，使它能和外界的天然的真理完全一致。只要一旦我们有了正确的思想的习惯，其余的事便会迎刃而解，用不着特别费力了。在如今的世上，最显然错误的，莫过于统辖着文明全体的思想体系了。教会从两千年前以来一直就管理着思想，但是，我们看看，到底有什么成绩呢？假如人类真能够从经验中去学习，他一定要很快步的跑到最极端的唯物论去。因为现今世上事物的表里极不一致，有许多外观很好的东西在实际上都是不好的。基督教的教理能够令人期望世界的博爱大同，在实际上却没有那末一回事。唯物论虽被许多论敌故意反对，并预期着种种可忧虑的结果，在实际上，却也还未发生什么不祥。

世上有许多人，自以不要什么哲学，也可以安然过活。实则所谓哲学，不过是对世界的一般见解的别名，无论是谁，不管他自己觉得不觉得，他总是抱有某一种的哲学的。人类所有的一切观念，都是被他思想的一般方式即一般见解，时时刻刻节制着，领导着的，因此，一个人若真没有哲学，他便是头脑当中毫无观念的人了。我们应该依照在外界的天然上面所得的知识，去造成我们的思想，使天然和思想能够一致；我们不应该照着无论什么不自然的体系，去造成我们的思想——这就是这本书里面主张最力，要求最切的。我们要大胆的，依照实在的原样，去观察物件。我们要停止那种全依自己的希望，去制造信仰的习惯，我们要单单的信仰那种我们所确认为真实的东西。一个人若不把他所爱留的丢开，把他所愿意拒绝的接受着，这个人便不能够有真正的哲学。真理的当中，常常是伴随着苦恼的。不知道这个道理的人，就还是一个训练未足的人，他的哲学，也准是虚假的。因为天然这个东西的中间，原本包有苦恼，而真理这个东西，却又随处发见，毫不管我们苦与不苦，和愿意与不愿意的。我们的哲学当中，含有错误一天，我们的行动也自然会继续错误一天。既然苦恼的存在是不可避免的，与其在行动的时候去尝苦恼，何如在思想的时候去尝试它？因为一旦我们若在思想时候的苦恼当中，得到了运用思想的正确习惯，我们对于苦恼的争斗就可告终结，我们的行为和活动的真正样式，自然会从这正确习惯当中，发见出来的。

第一章　当作整个看来的宇宙

在众星明朗的夜里，遥望天空，我们往往情不自禁的，就要想及星世界的性质的问题。我们虽也是这个星的世界的一部分，却不过是极其微小的一部分罢了。我们知道这些星和星之间的距离到底有多远？这些星的上面的状况是怎么样的？在这些星上面，也有像我们现在知道的那样的生命吗？再进一步想，这些星是离离落落的接续着罗列下去，直到空间的极远的所在吗？还是这个星世界只是在无限的虚空当中的一个孤岛吗？

这些问题，在不多年以前，是被暗黑的神秘包裹着的，谁也不知道它们的真相，却是近世星体天文学的研究，对于这些问题当中的一部分，已开始说明该如何去解答它们了。同时这些解答，大半还不能十分精密，也是事实，并且这些解答还常常是建设在很易错误的凭空思索的上面的。本来，科学是最忌凭空思索的。科学的材料，原只是限于那种由辛苦的观察并实验得来的事实，和那些由这种事实得来的若干演绎结论——这些演绎结论很易错误，只有充分受过训练的科学家，才配去尝试它。这样说来，天文学上的这些解答，似乎不中用了。其实不然，在这没有更好的材料的时候，我们不但可以，并且必须把这些近世的发见提出来，评定它们的价值，去决定它们到底倾向于什么样的宇宙观。因此，我们的结论当中，势必包含许多凭空思索，所以我们的结论，也不见得是真能够照宇宙实际的构造，去叙述的。但我们的叙述的宇宙观，是根据近代科学研究的，所以到底比其他的宇宙观要确实可信些。我们这些结论，在大体上，一定是正确的，只是关于许多微末之点，还需要随着我们知识的进步，加以订正罢了。

自然，也还有一些问题，仿佛必然的是我们永远不能解答的。譬如说，在空间的最后的极限地方，有没有星？这个问题如何能被解决？这样的质问，根本上就是不能问的，这个发问的本身就错误了。何以呢？因为我们不能够想到空间会有什么极限。但凡我们想到某一种界限，必定要同时能够想到，在界限的那一边，不管它是一里，或是百里，甚至或是绝对的虚空，总有或宽或窄的一个地带才行。既然没有合理的发问，当然就不会有合理的答复。这样一来，我们很快的就到了绝地，我们人类的这点知识——以及知识的可能性——对于无限的和不可知的东西，一点办法也是没有的。我们的科学，好比是点在这无限的黑暗当中的一支蜡烛，要靠它去看那一百万英里以外的物件，当然是靠不住的。就是我们能够把一支烛的光加大到一百万倍，我们仍旧还是看不见一千万万英里以外的远方，对于无限距离问题或空间的极限问题，也还是依然无从解决。

话虽是这样说，但最近科学的研究，确已说明我们夜间拿肉眼看得见的星，以及那些用强度的望远镜才看得见的无数的星，在无限的空间当中，构成着一个海岛一样的星的世界。假如众星果是离离落落的接续着罗列在空间全体的，那末，随着望远镜的能力的往前发达，我们就应该可以希望新发见一批光力比较微弱的星，并且这些光力较弱的星的数目，和旧来我们已经知道的光力较强的星比例起来，应该是非常之多的。在事实上，这一批光力较弱的星，的确被发见了不在少数，却是并没有照我们预期着的比例那样多。并且观察的结果告诉我们，似乎星的数目，在某种距离之外，反转逐渐减少，最后竟至于达到无星的区域。

这样看来，我们应该把我们的这个宇宙，看成一个由许多星和星云构成的孤立的体系。现在要问，假如我们能够站在这个体系外面，去观测它，这个体系应当现一个什么形状呢？许多人或以为它是一个球形，其实不是的。它和地球一样，是一个扁圆形，不过它扁圆的程度，比地球较高一点。换别的话来说，我们这个星体世界，好像上面下面都被碾平了的一个扁圆形，那些星的位置虽有聚于一个平面的倾向，却是在这平面的各侧面上，也罗列着不少的星，所以全体分布的形状就现出一个球形了。

我们若在有星的夜里仰望天空，我们一定看见一个由发光物质做成的一根大带子，横断太空。这带子就是银河。它围绕着整个的星体系的外侧，造成一个完全的环子，它的位置，比属于这个星体系的星，还要远得多。所以我们应该把我们这个宇宙，看成一个被一个环子围着的，上下都压平了的球形，并且这个环子的位置约莫是和星体系在同一压平了的平面之上。这个构成银河的环子，不要把它看成是和环里面的星体系毫无关系的：这两样东西的关系，往后再说罢。

说到这里，我们对于我们自己的这个星系的大小，也必须知道一个大概。只是，我们在这里应该述说的距离，大得出奇，不便用英里去计算它，我们必须另用一种比英里远大得多的单位。这种单位，最便利的，恐怕就是“光年”——光年即是每一年间光线所通过的距离。这个光年的每一单位，等于五，八七五，二二六，八一〇，〇〇〇英里。光线进行的速度，是每一秒钟一八六，〇〇〇英里强。由太阳发出的光线，达到地球上来，须用约莫八分钟，太阳和地球间的距离，就是用光线的速度计算出来的。但是，太阳系统里面的距离，若和其他恒星对地球的距离比起来，真正短得毫不足道。举例来说，距地球最近的恒星，是属于人马座（a Cenlari）的一个光度很强的星，只在南半球才能够望见它。这个最近的恒星上面发出的光线，要达到地球，须用四年零三个月。八分钟和四年零三个月，相差得多少远？

最近地球的恒星尚有这样大的距离，那更远的是不必说的了，它对地球的距离远到不能想像。前面说过的围绕我们星体系的那条银河，距地球到底有多少远，曾经许多人计算过，各人所主张的结果，各不相同。其中把这距离算得最短的，都有四千光年，换别句话说，从银河最近地球的部分发出来的光线，以每秒钟进行一八六，〇〇〇英里以上的不断的速度，往地球上射来，需要四千年的时间才能够达到地球。这还是最小的计算，此外还有许多比这个更大的计算，其中甚至有把这距离算作须用一万六千光年的。

据上述这些数目考察起来，我们就该知道：我们现在在地球上看见的银河，并不是同一现在时间中在他所在的地方的银河，反倒是几千年以前的银河。反过来说，假定在银河那边也有太阳和行星，并且这行星上也有类似我们的人类居住着，他们若是现在向地球上看，他们所看见的，应该不是现在我们所看见的这样的地球，反倒是石器时代的人类用燧石取火，或是为避大冰河时代的严寒，穴居在土洞的地球。

像这样的假定的说明，我们不要把它看成空想，说它是荒唐无稽。人类常情，总是容易被狭隘的观念并他狭隘的生活上的利害所束缚，对于一切稍稍超过他自己经验范围的东西，往往不能够理解，所以对于上面的假定，觉得奇怪。其实，除地球外，星体系的别的部分上也有生命，这个假定，一点也不是空想，也并不是荒唐无稽。这种假定，反转比那说除地球外别处并无生命的假定，还能够和我们现有的实际材料符合些。火星上面有无类似人类的生命居住着的议论，在很久以前，已被世人感着很大的兴趣。主张火星上有生命居住着的人，往往举火星表面上有好像人类有意造成的运河一类东西的事实，为他议论的根据。其实，在这个特别的情形下面，这些运河不能说就一定是生命存在的有力的证据。因为现今我们知道的无论什么生命，都必须在某种物质的环境下面，才能存在。譬如，没有某种相当的温度，生命就不能够生存，没有充足的可以构成有机物的种种必要元素（如炭素，酸素[①]，窒素[②]，水素[③]等）的地方，也不能够有生命。现在我们只拿特种天体，譬如火星，来考察考察，我们就知道火星上并未具备那些生命存在所必需的物质条件。但是，如果我们想到天空中有无限的星，难保当中少数的是不具备这些物质条件，从宇宙全体上加以考察，我们就懂得，地球以外地方的生命存在的可能性，是会非常增加，差不多可以达到确实的程度的。我们用现今的望远镜，就可以发见几百万的星，如果望远镜的能力越往前增进，当然我们会跟随着更发见几千百万的星。这还是只拿有光体说的话。若加上无光体，数目更大了，因为我们不知道的无光体，还非常的多，恐怕要多过有光体的数目，这是毫无可疑的。这样看来，我们可以说，在这几千百万不可计数的星当中，只有一个——我们所知道的这一个——上面有生命吗？再则，一切恒星和一切行星，都是要经过同样的进化阶段的。它们最初都各是一个体积庞大，有光有热的气体，后来逐渐收缩起来，硬化起来，失掉了光和热，最后竟变成一个暗黑的死体，在它上面，没有什么运动，只被空间温度——完全的绝对零度——笼照着。我们这个地球，现今已走到这个进化路途上的某种阶级了。一切较旧的恒星并附随它的行星，都是已经走过了这进化阶段的。一切比较新的星，都是正要渐渐走近这个阶段的。在这广漠的宇宙之间，一定还有无数正和地球走在同一的进化阶段的星。并且

① 酸素　指氧元素（化学符号 O）。——编者

② 窒素　指氮元素（化学符号 N），因生物放入其中会窒息而死，故意译为“窒素”。——编者

③ 水素　指氢元素（化学符号 H）。——编者

分光器已经证明其他的星也都是用那种和地球相同的物质构成的。所以在这宇宙内许多星体上面，和我们这地球差得非常之远的物质条件，是不能够有的。这样看来，我们能够说，只有在我们这地球上才有生命的存在吗？我们知道：同样的原因必然会生同样的结果。既然在我们熟知的这一个天体的上面，已经有生命的存在，我们依概然性的法则（the Law of Probability），不能不相信，在我们观察所不能及的其他天体的上面，也同样不能不有生命的存在。

在地球以外的某种天体上虽有生命的存在，却是这些生命，不必一定和我们在地球看见的生命，恰恰正是同种类的。在地球上生活着的有机体，大体虽分为动物和植物两大类，但是我们断不能够就下一推测，说别种类的生物不能编入动植物的分类去的，在别的某种星球上绝对不会存在。固然，在物质的条件和地球非常相似的地方，我们可以预期着，生命的形态也会和在地球上的，差不很远，却是，在物质的条件差得很远的地方，万一发见出种种生物，或种种进化阶段上的过渡物，不能分到动植物的分类里面去，我们也用不着大惊小怪。别的某种星球上的生物主要形态，和地球上生物形态相差的程度，也许恰和地球上动物和植物相差的程度一样。

生物学家在大体上都一致承认生命是物理的和化学的条件的产物。如果某一组特别的条件在地球产出了生命这个东西，那末，同一组条件若在宇宙的别处也同样组合起来，当然在那里也必会产出生命这个东西。如若在那里的那一组条件完全和地球上的相同，由这条件产出的生命的形态，也一定会和地球上生命完全相同。无如绝对的完全相同这件事，无论在什么地方，也是不会实现的。只拿世上绝无绝对相同的位置——因为其他物体站在宇宙上的另一部分

——这一件事来说，即刻就可以发见各个物体的不同。并且邻近的许多物体对于各个物体所加的力量，以及宇宙重力的中心对于这物体所加的力量，自然也有少许的差异。不管这个差异怎么样少，它定能够对于将在那里发见的生命的性质，给一个深刻的影响。因为我们已经知道很清楚，物种对于环境的适应是非常微妙的，环境上的极小的变化，也能够对于处在这环境里面的物种，发生（与其说是直接的，宁可说是间接的）一种相照应的变化。地球上的有机体的进化，大概从来就是被无数的外部原因——这些原因，若一个一个看起来，是极小极小的——所左右。这些原因里面有一点子不同的地方，在各物种的进化上，就一定会发生深刻的影响。既然我们不能断定，在宇宙上其他各处，哪怕就是在那和地球最相似的地方，那些可以左右生物进化的原因，和在地球上由从前起直到现在还左右着我们的原因，是很不相同的；所以我们就不能不推想，在宇宙上其他各处的物种也和地球上的物种是不相同的。

因此，假如有人问，现在地球上所有的某一物种，譬如人种，是否在其他的星球上也有，对于这个质问的答复倒是比较带有凭空思索的性质，是较难解答的。这个质问的答复，要看那些能够左右这个物种的进化的原因，是多是少，是普通的是特别的，才能决定。如果这些原因很多，又很特别，这个物种在别处也同样产生出来的可能性，就应该随着原因的比例而减少了。现在拿人种来考察考察，我们觉得人种的发生，是由于很多而且很特别的原因集中于一处的结果，并且这些原因特别得非常厉害，只要它们稍有变动，立刻在这个种的构成上，当然也就是在这个种的机能上，就会发生相照应的变化。因为人类这种有机体是很精密的由无数的部分组织成功的。人体里面具有种种的组织，集有种种不同的器官，并且相互间又有密切的关系，只要惹动当中的一个，就会牵动全体的。人体的多样和复杂，恰和最原始生物的形态的纯一和简单，成一深切的对照。因此，那些曾经促使人类进化的历史的原因，想来一定是非常多样而且复杂的，所以这些原因不见得在宇宙的别的部分上也能同样的配合起来。我们不难相信，在宇宙的许多部分上面，都一定曾经发生了单纯的原形质（Protoplasm）的细片即生命的萌芽。我们也不难假定这些细片，犹如在地球上的经过情形一样，会向种种不同的方面，发达进化起来。但是进化的路向是要被地方的条件所节制的；我们既然不能不承认各地方的条件各不相同，同样我们就不能不承认由进化产生的物种也是各有差异的。所以我们不能不想见，其他星球上的物种和地球上物种比较起来，只是大体上是相同的，种种小处却是相异的。

其次跟着起来的，自然是宇宙的别的部分上有无智力的发达的问题。地球以外也会有我们所说的知识吗？也会有对于物理上的真理的理解吗？也会有故意使环境变更的智力，像我们现在得着了一点的那样的东西吗？这些问题又须看那促进知识进化的原因是非常特别的不是，才能答复，并且是一个生物学家不能答复的问题，这种促进知识进化的原因，的确是很多而且复杂的，比世人常爱说的什么人类姆指的对掌性或人类语言能力的原因，还要更加厉害。但是，同时我们也要知道，一种极初步智力的存在，是地球上动物进化的各种方向的特色。昆虫，甲壳类动物，鱼类等，虽不会有比得上我们的智力，但这一种极初步的智力，它们一定是有的。像这样的智力的原料，很普遍的分配在地球上的许多物种之中，因此，我们不妨认定，产出这些智力原料的物理原因，不是很多样而且复杂的。所以我们也不妨推定，在很远的星球上面，也有类似的物理条件，足以发生类似我们叫做智力的那种东西。如果智力的原料是广布在宇宙各处的，我们就可以大胆的说，广布在宇宙各处的智力原料，料想也像在地球上一样，已经大开其知识之花了。不过这种地球外的智力和我们的智力相比，也许有很大的差异。也许它发见在一种和我们绝对不同的有机体上面。也许它是根据一组完全和我们不同的感觉而成，不必一定和我们一样，要拿视觉，触觉，听觉等等感觉为基础。也许这种智力劣于我们的智力，同时也许比我们的智力更加优秀。也许每夜在我们头上灿烂着的众星里面，住着具有这样一些优秀智力的生物，在我们说这些话的时候，正眼巴巴的望着我们人类的动作。也许在这一瞬间，他们知道我在写关于他们的文章，以及诸君正在阅读关于他们的书。

我们时常有一种恶癖，动不动把我们人类自己看成创造的主人翁。我们忘记我们只是住在一个小的行星上面，这个行星也只是绕着一个小的恒星回转着。我们忘记地球的小，小得可怜，它从放光的气体变到死的暗黑的固体的全期间，非常之短，和较大的一个星的生命比起来，也不过仅仅抵得它的一天罢了。假如在这样一个大星的上面，一旦开始了有机物的进化，这种进化可以利用的时间，应该是非常悠久，非我们在地球上所能想到的。在地球上可以一天做完的进化，若在这样大星上面，变成了可以有一百万年的时间去做，那时候的进化岂不要格外的非常的做得完全吗？所以在很远的大星上面也许有可以比得上我们的智力。也许在那里的智力高过我们的智力，二者相差的程度恰和我们的智力与蝴蝶的智力间的相差一样。

我们把这种可能性牢牢记在心上之后，再用望远镜去窥天空，看一看到底能不能够发见什么人为痕迹，可以破坏天然的规则性的统一的东西。在最近地球的一个行星上面有一些征候，被许多人主张说这就是有意识的生物的工作。可惜这种主张所依为根据的证据，太过于薄弱，不但不能够把这个问题弄明白，并且连概然性的有无也不能够有所说明。至于宇宙的其他部分上面，现在我们还不能够发见什么稍稍脱离盲目的自然法的东西。我们看见许多恒星行星，都绝对的，依着运动和重力的法则规规矩矩的回转着。在几千百万的若明若灭暗淡寂寥的众星当中，没有一个能够表示一点生命作用的征候。好像只有我们孤独的生存在无限的，默默的，无生气的空间当中。

但是我们要知道这些观察是没有多大的决定力的。第一，假令星球上面真果有人造的工程，除非这些工程规模非常之大，大到消灭太阳的强烈光线或大大的改变太阳的轨道，才能够被我们发见，否则只用现在的观察方法，当然无从把它们看出来。我们人类用尽智力，也不过仅仅在地球表面的极小一部分，对于天然，做了一点极小的变动。我们的成绩只好比那山老鼠把大山旁的泥土扒了几爪。这几爪的痕迹，只有走到泥土旁边才能看见，站在远处的观察人永远也不会看见它。要想叫站在远处的观察人能够看出山的什么变动，就应该使全山运动，并且要使这种运动能够明白显出它是和天然的进程不一致的。这样说来，我们断不能够偏重那个观察——星界没显出什么生命征候的观察——我们同时还应该置重这个事实，这就是：除非星界的生命具有一种比我们的智力还更大的，大得不可想像的智力，否则纵然实际上有什么征候，我们也决不会看见。诚然我们并未看见星界智力的大规模的征候，却是断不能因此就断定星界有无生命的问题。要讨论这个问题，我们现在除用类推法之外，别无他法。但用类推法所能够断定的，在最大限度，也只不过说，星界的生命也许能够对于星的表面加以改变，和我们人类现今只能够小小的改变地球表面一样而已。只是，像这样的改变，纵然规模很大，也到底非我们现在最有力的科学机械所能发见的。

既然观察的方法失了作用，我们只有回头去用类推法，类推法在这里变成一个唯一的论理的武器了。我们固然十分承认这个武器有些短处，我们还是不能不靠它去推定，在宇宙的其他各处也有生命分布着，恐怕这些生命还过的是比我们还高的智的生活。

现在我们假定离地球约二千光年远的星体系的某部分上面，有上述的那样生命住着，并假定这种有机体也和我们一样，能够感受以太的波动。若是他们现在用望远镜窥测地球，他们眼睛里映着的，是什么东西呢？他们看见的，应当不是现在的地球，而是基督还活着的时代的地球。设若他们的望远镜是非常有力的，他们在这一瞬间也许正注视着基督在十字架上的受难和他死体的埋葬罢。再不然，也许他们正看见凯撒指挥哥卢战争，并看见英国方面在诺曼人征服以前千余年的独鲁意僧侣，正在斯登亨治寺里行着礼拜罢。至于我们现今在地球上做的行动，恐怕他们现在一点也不知道，一直到两千年之后才能够看见罢。他们对我们目击着的现在是我们的过去，同样，我们向他们看见的现在也应该是他们的过去。他们居住的那个星球也许已被卧加斯答士时代的一种大激变冲坏了，然而从我们方面看来，它现在还依然夜夜在我们的头上安然放射着若明若灭的微光。目前我们所认为存在的，只是它的某种过去，至于比这个过去还迟的时候的它，我们一点也不能够知道，犹如我们不能预言我们自己的将来一样。我们常常看见，太空中忽然发见一个新星，在暂时之间放射着灿烂的光线，只是一转眼间忽然又消灭不见了。其实在这时候我们所看见的，只是很久很久以前在很远的空间发生的大冲突或大激变罢了。所以我们应试把现在这个观念加以修正。我们眼睛里所看的空间范围越宽越远，同时我们也就会越发回溯到越古的过去时代去。我们眼光向很远的空间的旅行，同时也就是向过去很久的时间的回走。

有一些人曾提起了一个想像论，比上面所述的还更大胆些。我们曾经说过，光这个东西，是用每秒钟一八六，〇〇〇英里的速度进行的。所以若站在离地球一八六，〇〇〇英里的地点上，恰恰可以看见一秒钟以前的地球。再向空间推进到离地球更远的地点，当然也可看见一点前的地球，一天以前的地球，一年以前的地球。若无限制的更往前推进，就可以看见无限的古昔的地球。依科学的公理说，无论什么运动，若无别的原因，都是永久不消灭的。所以光的以太波动，若不被吸收，也是应该永久不断的向空间进行的。因此，假如要想知道过去某种时代的地球的状况，我们只要离开地球，走到那个时代所发的光现正达到的地点，去看一看，就行了。因为地球的全部历史应该是随着所发射的光线的到达区域，写在那无限的空间的，一切曾经在地球上发生过的个个事件，现今都在空间的某种地点上，对以太发生作用。我们若在历史上回溯上去，无论溯到怎样远的古代，我们总能够在空间的某种地点，发见这个古代的历史依然当作现在的事件在那里记录着，并且记得非常明显，无论拿何种善于感光的照片去，都可以把这事件的印象摄取下来。

所以有人主张过，我们地球上的历史，将来也许被其他星球的智的生物用一种方法给我们反射回来，也许被我们自己想出一方法收了回来，都未可知。如果这种空想居然成为事实，如果我们的机械能够精巧到不可限量，恐怕我们将来能够亲眼见基督在十字架受难的现状，或是亲自把它照下相片来罢。到那时候，那种会把基督受难看成现在事件的星球，到底属于空间的哪一部分的质问，也就不难弄明白了。

生命的问题，说到这里为止，我们还是回到星体世界的既知的构造问题去罢。前面已经说过，宇宙的形状，好像一个上下两方都被压平了的球，又好似一种扁圆形面包，并且在约莫同一的平面上被银河的环子围绕着。关于星体系上各部分间的距离，我们也已说了一个大概。现在应该继续说明另一个事实。一切星体都是在运动中的，固然因星体离地球太远，我们看不见动，却实在是动着的，并不是固定着的。各星体的运动方向虽有种种的不同，但是，随着其中某几种方向运动的星，要比较多些。各星体的运动的速度也各自相差得很远。到今日为止既知的星当中，运动得最快的，要数拉郎德（Lande）一九六六号星，它每秒钟要在空间飞转约二百英里。其次高速度的星，是编号 C. Z. 5h. 243 号星，它约莫有每秒钟飞走一百五十英里的速度。它的运动方向是和地球的方向相反的，这也许算得一种幸事罢。这个星显得这样快的速度，也许是由于地球背着它向反对方向运动的缘故。因为我们应该记着，无论在何处，天然之中绝不会有静止和运动的绝对标准。我们所能够知道的，只是各物体的相对的运动。我们可以确知两个物体是互相接近着或是互相背离着，并可以算定这种相对的运动的分量，却是决不能够断定说，两物体的某一个运动着，某一个静止着，或是两个物体都运动着。除非在这两个物体以外有一点比较的标准，我们才能够下一断定。但是，在我们研究宇宙的时候，自然不会有什么站在宇宙以外的标准。所以我们所能看见的，只不过是一群的星或一体系的星各自持续不断的变更自己的相对的位置罢了。

星的普通速度，比前面举的那个特例，低得很多。我们的太阳系的运动速度只有每秒钟约十三英里。如果本书的读者把这一章书读得很精细，他也许能想到，他目前身体所在的空间地点，离着他刚起头读本章书时所在的空间地点，已经有五千英里了，就从他读这整句时算起，他也在空间旅行四五十英里了。从大体看来，一般星云的运动都比星还要快。这倒稀奇。星云是由发光物质的云或无光物质的云构成的，在空间占着非常广大的部分。这些星云到底有多少大？这个问题的说明没有什么用处，且不必管它，我们只须知道，拿太阳系全体所占的空间地位和星云比较，简直不成比较，就够了。这些星云，体质只管稀薄，体积只管庞大无比，却是它们在空间的运动速度平均竟在每秒钟十五英里以上，许多发光的星反而不能达到这个速度的四分之一。一般的星的运动方向并不是完全出于偶然。我们看见空间到处都有一群一群的星，用同样的速力向同一方面运动，我们常常推定它们是有共通的起源的。这些星的速度纵然相差，也不能差到每秒钟几码以上，因为如果差得更大，它们早应该离开，不能成为一群了。在冬季黄昏时候现于南方地平线上的昴宿和牡牛座群星就是这样星群的一个很好的例子。世人熟知的大熊座诸星的大部分，也是一群这样的星，不过这一群星所包的范围很大，连狼星那样远的星，据天文学的测定，也属于这一群。除了这样一群一群里面的星是向同一方向运动着之外，就是全星体系的星的运动也是向着两个主要方向进行着。这就是说，固然众星之中有许多是各自有自己的运动方向的，并且有许多好像是全然不运动的，却是我们现有证据，能够证明星体系统的众星受着某一种力量的影响，大体被分成两个星的洪流，向着恰相反对的方向，互相交错，互相独立的进行着。这个事实等到后段再加说明。

其次，我们要把星的运动和距离的测量方法加以考察。星的距离的测量方法，大体是和测量地球上的远隔物件的方法相同的。我们先要严密的测定一根基底线，其次站在这根的两端，去测定远隔目的物的正确的角度方位。若是远隔目的物离得越远，并且这根基底线越短，由基线两端所看见的远隔目的物角度方位的相差，当然也就会越小了。在天文学上的观测上面，目的物都是在非常远的地方，所以从基底线两端对目的物看见的方位的角度之差是极小极小的。因此，必须极力设法把这基底线弄长。为满足这个需要，有时我们采用一根由地球表面上正相反对的二点连结起来的直线，当作基底线。这根穿过地球中心的直线的距离，约有八千英里。拿这根直线作基底线，论道理我们就可以从它的两端，算出对于目的物的位置的视差或方位差。不过在实际上这样的基底线还是太短，因为八千英里的直线，在天文学上的距离计算上面小得如同一个小点，拿它作基底线去行计算，是不会有什么结果的。

故此，普通用作基底线的，倒是地球轨道的直径。我们在某个时期，精确的把在远处的星的方位测量后，搁下，到六个月后再精确的把这星的方位测量一次。因为这时候地球恰恰运行到太阳那一边和六个月前正相反对的一点，所以我们可以用六个月前和六个月后的这两点，当作一根比较很长的基底线上的两端，去实行测量。但是，这根基底线也是太短，它只能够拿来测量最近地球的星，并且还须靠着极精巧细致的测量仪器。要想得着更长的基底线，只有利用相隔几年的两个测量的结果，当作基底线的两端，因为在这几年之间地球和太阳系全体都运行了非常长的距离，我们可以拿这距离作为基底线。不过这个基底线的距离，还不能够精确知道，所以靠它算出来的结果也越发不能够精确。

各种星的运动当中，有一部分，也是用同样的原理测定的，星的运动分为两种：一种是横切我们视线的运动，叫做真运动，一种是一直向着观察人来或背着观察人去的运动，叫做放射运动。每个星的运动都是由这两种运动构成的。

真运动的测算，在原理上虽很简单，但是在实际上却极为困难。因为星的真运动的表现，自然就是这星在空中的位置的变更。但是，因距离太远的缘故，我们看得见的位置变更，是很细微的。并且对于星的正确的观测，又是从比较新近的时代才有人实行的。假使现今我们保有自两三千年前以来的关于星的正确观测记录，能够拿来和星的现在位置做一种比较，我们对于许多许多的星，就会明确的知道它们的真运动了。不过在实际上，可信赖的观测，还没有老到约莫一百五十年以上的。

星的放射运动的测算，乍看起来，好像更为困难，其实倒比真运动的测算更容易。在数十年以前，测算星的放射运动的问题，不但被认为难于解决，并且还被认为必然永久的非人类智力所能解决。因为，但凡一个星，映在我们眼里的时候，不过是一点光，不管它是向着观察人来或是背着观察人去，总之，在外观上是不会有变化的。恒星不比行星（我们单说星的时候，所指的都是恒星），它决不现出一个圆板形，我们用望远镜去窥木星，我们可以看见一个圆板形，它并不止是一个发光点。我们若用显微镜去窥测一个恒星，它在我们眼睛里，始终只现出是一个光点；无论用怎样有力的强度望远镜，也依然只是一个光点。它在视线上的运动，我们如何算得出？

这个问题结局是被分光镜解决了。分光镜这个东西，我们不但靠它可以知道星的放射运动，并且连构成这个星的化学成分，也可以知道。星向着我们进行的时候，由这星发出的光波，是被压缩着的，所以光波重重叠叠互相积压着，进行得非常之快。反过来，若是星背着我们进行的时候，以太波动就很舒展，进行的速度也就比较慢些。分光器是能够计算一定时间内到来的光波的波数的，所以可以依此算出和视线同方向的发光体的运动。拿这样算出来的运动和观察得来的真运动合起来，就可以发见一个星的运动的实际方向和分量。

其次关于星体系的起源和发达，也应该说几句话。通常的说法是这样：空间漂着有极广大无比的稀薄的云块，这就是星云，各种的星都是由这种星云发达出来的。这样的星云现今在有名的卧里翁星座近旁，可以看得见。我们相信，许多新星都由星云的一部分当中，不断的形成着，星云本身，也和近旁的，由它发生出来的星，用同样的速度在空间运行着。星云在实际上是用什么成分组成的？这问题虽然至今还争论未定，多数学者却都把星云认为一种时时刻刻不断的互相冲突的陨石碎块的集合体。不管这问题到底如何决定，总之，星这个东西是可以看成由星云的点滴落下来凝结而成的。在凝结的第一期，这些点滴虽增加它的热和光，后来却渐渐把热和光向空中放射出去，结果就渐渐变成无热无光，收缩起来，形成一个固定的球体。在这个变化的程途当中，星球往往会分裂起来，形成和地球系统一样的行星系统。星当中差不多半数，都是所谓联星，即是由一个原有的星分裂出来的，大小约莫相等的双星。这样分裂出来的两个星，被一种神秘的引力紧紧的束缚着，不断的围着共同的引力重心回转，犹如一对跳舞人一样。这一对星随着时间的经过，渐渐老了，失掉热和光，变成又冷又暗，它们的距离也次第增加了。种种的力，最可注意的是潮力，又妨害它们的运动，到了最后这两个死球就离得非常之远，慢慢的相向回转。

在刚被形成的时候，星的运动好像一般都是很缓慢的，但是，渐渐增加了热和光，它的速力也增加起来，大抵一个死星的直线运动，恐怕要比一个活星快得多。卧里翁星座当中的明亮的星，比较年纪还轻，所以运动速度还慢，但是，经过年代一多，它的速力恐怕要加两三倍罢。又，新星的发生，好像大抵都在银河的平面上。新星随着年纪的增加，才渐由这个平面漂泊到别处去，比较平均的罗列在天空中。

星运动的原因，现今还不十分晓得。星和星的距离太大，它们相互的引力，自然很微弱的。离太阳最近的星，是人马座星座的阿尔法星。只管相距很近，却是太阳对它所加的一年间的引力，还不够使它增加每点钟半英寸的速度，这样说来，星和星的运动似乎是互相独立的。只是它们却都不能不受全体系的一般引力的作用。一切的星，因受了这种一般引力的作用的缘故，好像一个钟摆一样，由宇宙的一边向反对的一边，一前一后的轮流摇摆着。所以在宇宙的边围上的时候，星的运动比较缓慢，但是到了宇宙的中心的时候，星的运动增加了力量，就比较要快些。若果众星真是在星体系当中一前一后的摆来摆去，每一摆所需的时间，就应该推测为三〇〇，〇〇〇，〇〇〇年以上，星体系的总年龄，自然要算做几千万万亿年了。

我们在本章最初曾提出问题：不知众星是罗列在空间的一切处所吗？还是只聚在无限的虚空中的某一处形成一个体系吗？对于这问题，我们还没有答复。照前面所说，我们可以相信，凡我们所能观测到的宇宙，的确是集结在一处形成一个体系的。但是也有一种星体，很不容易断定它是否属于这个体系。譬如小马格兰星云，就是一个例子，因为它隔得很远，从它发射的光，要经过三万年，才能达到地球上来。此外还有其他星体远到不可测算，也似乎是不在我们星体系之中的。这样的星体当中，最特著的，是螺状星云——一种天空中最美丽的东西。这种星云的正中，有一个密集的心核，星云的周围，却有一种云状的物质围绕着，形成一个螺旋状。有人主张说，这种螺状星云就是另一个星体系，它的性质构造和前段所说的星体系是相同的。如果我们的星体系在实际上也是一个螺状星云，并且如果我们太阳的位置恰在这星云的核心附近，那末，盘成螺旋状态，围绕着这星云的云状物质，一定会出现在我们看着的银河形状罢。并且前面说的两个主要的星的洪流，也就应该是由这星云的核心到螺状云的和由螺状云到心核的两条物质的河流罢。

这样，我们可以得到下面的结论。一切我们看得见的星，虽然结合成一个宇宙（星体系），但是，在我们这个宇宙之外，和我们隔着无限的空间，仍然还有无数的别的宇宙（星体系），这也是极其可能的事。也许这样的宇宙在无限的空间中，无限制的罗列着，因为我们的想像力对于这些宇宙的数目和它们相互间的距离，原是无穷限的。同样，我们也并没有一点根据可以去否认这样的宇宙间的生命存在的可能性。空间的星体越多，越不见得只有我们地球上才有生命。谁能保得，在目前这一瞬间，我们一定不会被其他星体或其他宇宙上有智识的生命监视着呢？我们所能断言的，只有一件事。这就是：假如他们除了光线以外，并无别的观察方法，他们关于我们现在的情状，一定一点也不会知道的。他们或者正看着人类进化以前的地球，在他们的望远镜里面，现在也许正映着老早在古代死完了的恐龙和奇怪的爬虫罢。不过要知道，他们不靠光线而另具别的感觉——譬如根据引力而生的感觉——也是可能的事。引力这个东西，恐怕不是像光线那样传播的，而是那时通过空间发生作用的，所以物质分配的变化，也许可以即时对空间全体的无远无近的处所，发生作用。

我们这个星体系里面，是有统一的，只看前面所说的星群和星的运动，具有相当程度的同一性，就可以明白了。因为在实际上各星群之间并无多大的差异，而且众星的运动也都是同一种类的。但在其他和我们宇宙无关系无接触的星体系里面，运动的种类却可以是很多样而复杂的。因为静止和运动原本是一个相对的观念，既然假定其他星体系和我们的宇宙毫无关系，那末，那里的运动速力，和我们的比较起来，也许会差到不可想像的程度。的确，这好像是很靠得住的推测。现在试假定那里的运动速力并不是和我们这里的速力完全不能比较的，而只是一个我们宇宙速力和光线速力相比较的时候的相差，那末，如果他们的宇宙是向着我们运动着的，他们那里的观测人就一定会把我们地球上数百年间的事件，看成一个被压缩到几分钟的事件罢。这恰和电影把植物的出生长大映成几分钟的事情，是一样的景况[1]。反过来说，如果那里的观测人是用光线的速度，离开我们的宇宙向后退走着的，我们地球上几分钟的事件，也一定会被他们看成延长到几百年的事件。如果他们后退的速力越发增加，地球的事件就会被看成好像是静止不动的，地球上一切活动都好像突然停止凝结在那里一样罢。如果他们后退的速力更加大些，就更会发见一种稀奇现象，地球上一切事件都会被看成一种倒退的事件，地球的历史会渐渐由最近到古代，被看成一部倒叙史，并且他们在这时候不是向着地球去看它的历史，倒是向着和地球所在恰相反对的方向看。因为当初在地球上关于这些历史所发的光，正在空中无限的放射着，而现在所说的那个宇宙上的观测人却是从这些光线后面追上去的，所以若站在他们球体的恰和我们地球正相反对那方面的边上，就恰恰可以和这些光线直接的接触了。

上面述的这种思索，现已被所谓相对性原理稍微驳倒一点了。据相对性原理说——这原理本身也是很有凭空思索的性质的——说来，一切物体向空中运动的时候，都会依着运动的方向，渐渐变成扁平的东西，因为运动在实际上可以改变运动物体的形状。如果一个物体的运动的速度变成将和光速一样，这物体就差不多会变成无限的扁平。如果再进一步，它的速度竟和光速一样，这物体就会变成一个向着运动方面，没有厚薄的东西。就变成没有厚，长，宽的

① 自然不是用肉眼去看，而是用一种可以看见以太并使它变形的器械看。

三次元，只剩有长和宽的二次元的东西。所以据这个理由，断定说，无论什么物质的物体，决不能够运动得和光速一样快。相对性原理虽然还算不得是已经确立的原理，但是的确可以算得最珍奇的说法。

我们关于星体系一般形态的学说，固然很带有凭空思索的性质，却是至少总足以告诉我们一件很有哲学的重大意味的事。这就是：人类在天然体系当中，实在是渺小极了。人类最初的思索，是建筑在“人为万物的中心，万物为人而被造成”的独断上面的。这种思索，是幼年时期的特色，不但人类全体的长成要经过凭空思索的时期，就是现今每个人，在他长成路程中，也是必须通过这样时期的。但是，随着我们知识和智力的进步，我们的眼界就会逐渐扩大，不把人类看成宇宙万物的中心了。到那时，才看清人类只是一个微琐的东西，除对他自己外，并无什么本质的重要意义。人类只住在一个围着太阳回转的行星上面过活。此外，在同一太阳的周围，还有七个体积很大的行星回转着，至于那些小的行星——从直径约四百八十五英里的起，到直径十五或廿英里的止——据现今所知道的，就差不多有一千，都是些在空中飞翔的岩石，是我们在望远镜里所能看见的最小的东西。大的行星的周围，更有它的卫星围绕着它走。这样由太阳和它的行星等所构成的太阳系全体，实在不过是我们这星体系上无数太阳系当中的一个单位。同时我们这个星体系（宇宙）也许只是无数的星体系当中的一个单位。我们的思索，只说到这里为止罢。这并不是因为更进一步就没有思索的余地了，倒是因为我们思索到这里，已经完全一点也抓不住我们的科学仪器所能供给的证据了。从这里再往前去，就只有绝对的黑暗了。我们由以上许多的话，如果没有知道别的什么确实的东西，至少总知道了这一件事：我们越往前进行，我们人类越发显得无知和渺小。同时我们明白了三个要点——关于这三点，我们在后段还要说起。第一，无论是在我们所住的小世界，或是在广大无边的大宇宙里面，都一样有绝对的自然法则的存在。第二，无论用怎样精巧有力的望远镜去观察，我们在所发见的广大无边的宇宙里面，也寻不出“目的”那样的东西。第三，在这广大的经验的领土当中，我们没有发见一点精神的存在物的痕迹。我们所发见的，只有无限的空间和无穷的时间，以及在这空间时间中有无数的物体，随着一定法则，向着一个偶然的并且和人类的要求并利害毫无关系的目标，不断的运动着而已。

第二章　物质和物力

我们如果向周围看看，看宇宙到底是拿什么物件或什么现象构成的，立刻我们就可以三种不同的东西，我们经验上一切事实，都不能够逃出这三种东西的范围。第一种东西，我们把它叫做物质，这个物质又有固体，液体，气体三种形态。第二种东西里面，包含着热，光，音，电，运动等等性质不同的事实，这种东西的现象，虽然和第一种的物质全然不同，两者之间却也有互相共通的地方，因这一点关系，我们可以把两种东西放在一起，叫做外的现象。第三种东西，和上面两种都不相同，从大体上说，可以叫做生命和意识。乍看起来，第三种的生命现象及精神现象，似乎和前面两种现象并没有什么共通之点，好像第三种现象是在我们身体内部发生的，是主观的，第一种和第二种现象却是在我们身体以外发生的，所以是客观的。一切人类所经验的事实，都被包含在这三个基本的俦类当中。

实则这样把经验上的事实分为三种的办法，只不过是临时的办法，换句话说，只不过是在问到宇宙构成分子如何的时候，偶然一时兴到，想出来的分类罢了。如若更详密的考察一番，我们就可以发见，这三种现象间的差别，只是外观上的差别，并不是实际的差别。若是我们把三种现象的构成实状，仔细研究起来，这个差别就会消灭，并使我们相信，宇宙不是三种不同的材料构成的，它的构成材料实在只有一种，不过这一种东西从三样不同的观点被我们看见罢了。关于生命和意识，待下一章再述，本章且先将第一种和第二种东西详细的分析分析。

拿第一种的物质说，它的根本特质，是一种叫做“惯性”的性质。这就是说：无论什么物质，如果它是静止着的，非对它加以若干外部的力量，它就决不能开始运动。反过来说，如果它已经是运动着的，同样非对它加以外部的力量，它也决不能变更它的速度或运动的方向，这种对于静止或运动状态的变更的抵抗性，就是物质的根本特性。

属于第二种的热，光，电等等东西。普通有一种总名称，叫做“物力”。物力恰和物质有惯性的特质一样，也有一种特质，这就是做“工程”（Work）的能力。换句话说，物力具有能力，可以克服物质的惯性，使本来静止的物件发生运动起来。

物理学的第一法则，对于物质和物力，都能适用。这个法则说，物质和物力，都同是不灭的，并且是不能够创造的。我们眼睛里看见的种种生灭，只是形态的变化，其实它们的绝对分量，在这变化当中，仍然是全部保存着，毫无增减的。我们试拿一块炭烧了去，仿佛这炭的物质是灭了。但是，如果我们把烧剩下来的灰，在燃烧当中放射出去的种种气体或固体，如烟，煤灰，等等东西，都全部收集起来，称一称它们的重量，我们一定会发见，这些东西的总重量，和未烧以前的炭的重量，完全是同一的。在物力方面，也是一样，我们若从一个高处，把一块石头，丢下地来，这块石头的运动的物力，仿佛是到了地面就忽然没有了。但是，如果我们精密的计算一下，我们可以发见，在石头的运动刚刚停止的瞬间，忽然发生了种种新形态的物力，这些新形态物力的总量，恰恰和已经消灭了的运动的分量相当。这种新形态物力，有好几种。其中的大部分是热，这是在石头打到地面的时候发见出来的。此外，一部分变成空气振动的形态，发为音响，一部分发而为光，也许更有一部分变为电力或磁力，也许其间还有极小部分的物力采取许多许多不同的形态，发生出来。如果把这些新形态物力，改算为共通的单位，合计起来，它的总量，一定是和在石头运动停止的时候消灭了的运动物力的分量，完全符合的。

这样，我们可以得到下面的概念：无论物质的存在采用何种形态，也无论物力的存在采用何种方式，总之，在人类的经验范围内，绝不会有物质的创造或消灭，也不会有物力的创造和消灭。有时物质在表面上好像消灭了，其实不过由容易看见的形态，变到较难看见的形态罢了。有时物力也似乎会消失，其实也只不过转到一种比较不易立刻被我们的感觉感着的形态而已。

所以我们可以达到下面的结论：物质和物力二者不但是宇宙的

构成原料，并且二者各自所有的分量也是确定不变的。宇宙就是由这一定不变分量的物质和物力构成的，宇宙当中所发见一切现象，也只不过是这些物质和物力的形态变化罢了。从最宽的见地看起来，宇宙只是一个绝大的物质物力的储蓄，所储蓄的物质物力，在分量上虽是确定不变的，在形态上却可以随着时间的经过，由一种形态转到别种的形态去。一个活的宇宙——如像我们住着的宇宙——上的变化，从根本上看来，就是物质和物力的分布的变化。换句话说，就是它们的重新分布。这当中也有偶然特别引起我们兴味的分布，我们特别把它叫做事件。宇宙的一切原料，都寄托在一定分量的物质和物力上面，宇宙里面一切变化和事件，都是物质和物力的一个一个的形态变化。现在我们应把这两种根本现象，分别加以研究。且先从物质的构成入手罢。

我们在前一章说明了大到不可想像的大东西，现在我们应得述说那小到不可思议的小东西了。我们虽然由无限的大转到了无限的小，却是我们所需要的想像力，并不因此减小，转而更加增大。因为，在无限大的时候，我们只研究那些可以用强有力的望远镜发见出来的东西，而在无限小的时候，我们研究得特别深些，连那不能用最高度的显微镜去发见的东西，也要去研究。在大的方面，我们不能够很远的超过望远镜所能发见的范围，去推论物体存在不存在，在小的方面，我们却可以确实的推论到最强的显微镜所远不能达到的地方，去决定极小的物体的存在与否。简单一句话，我们在下面述说的物质的微小构成分子，哪怕就是当中的最大的，也是到底不能够用显微镜看得见的。

拿肉眼看来，好像物质都是连续成一片的，特别是在物质的固体或液体形态的时候，更加有这种感觉。其实这都只是因为我们视觉的程度比较不高的缘故。在实际上，一切物质都是由无数的极小东西构成的，并且这小东西还时时刻刻行着种种不同的急速运动。这种小东西，叫做分子。同一物质当中的各构成分子，在形态上，在重量上，以及在构造上，都是完全相同的。分子是物质的基本形态，它的直径在一英寸的一万万分之一以下。在固体物里面，似乎分子结合得很紧，没有相互运动的余地，其实各个分子依然还是有它自己的震动运动。在液体里面，分子的结合固然也紧，但是并没有紧到使各分子不能互相前后运动的地步。所以在液体里面，除了各分子的自己震动运动之外，各分子还可以彼此游动，并不固定在一处。在气体里面，各分子的运动可能范围更大了，并且分子与分子之间的距离也大得可以。拿空气说，在普通的温度和气压下面，空气的分子的运动速度，平均约每点钟一千英里，这和步枪子弹的速度差不多是一样快，音响在空中传播的速力，还不及它。分子的运动是向一切方向进行的，所以分子和分子之间常常有不断的互相冲突，因此，每个分子的运动方向都是时常变动的。平均说来，每个分子，只须运动了一英寸的百万分之三的路程，就得和别的分子冲突。分子的速力既然很快，所以每一个分子的冲突数，平均每一秒钟约莫有六千四。每一立方英寸的空气中的分子总数，约有四四〇，〇〇〇，〇〇〇，〇〇〇，〇〇〇，〇〇〇，〇〇〇个。此外还有分子的容量或重量，这也是很小的东西，各物质的分子容量，自然也是各不相同的。普通空气的容积当中，四分之三都是窒素。这窒素的每个分子重量，等于一翁司的一，〇〇〇，〇〇〇，〇〇〇，〇〇〇，〇〇〇，〇〇〇，〇〇〇，〇〇〇分之一。水素的分子的重量，比这个更轻。

分子不单是由一个地方向另一地方运动，并且往往以自己的轴为中心，用非常快的速度回转着。虽然有一些分子，譬如亚共（Argon）的分子（其中只含有一个原子），我们相信它并无这样的回转运动，但是大多数的分子，都是有这个的。譬如水素的分子，每秒钟就有五，〇〇〇，〇〇〇，〇〇〇，〇〇〇回的回转运动。一般分子的回转运动大抵在一秒的千分之一的时间中，约有一百万回以上。

上面举的数字，过于微小，很难得着它的真正的概念。要想得着这个概念，除了用比喻外，没有别的办法——固然比喻也是很不完全的东西。假如我们拿一点可以装满小的顶针指套里面的水，把它扩张到地球这样大，那时我们就可以用肉眼看见水的分子有我们踢的脚球那样大了。这些脚球虽然没有相互接触，却是都相隔不远。其次，假如我们把这个指套装满空气那样的气体，也把它扩张到地球这么大，那时这些大如脚球的分子，就会彼此远隔十英尺到十二英尺之远了。假如被扩大的分子的运动物力也照同样的比例扩大起来，那末，它的速力自然是依旧不变的，仍然运动得非常之快，连看也看不清，我们就只觉得这些球变成了一根线，在每秒钟和其他的球不知冲突多少次。并且这些脚球除了由一处移到第二处的运动之外，还有以自己的轴为中心的轮转运动。即令在这回转运动里面所需要的运动物力也随着容积的扩大，依同样的比例扩大起来，它的回转速度，却也要随着直径的增加，照反比例减少起来。所以这些脚球的回转速度，也不过在每秒钟一两回至几千回之间罢了。

这样的比喻固然非常困难而且不完全，却是到底可以表示，物质的实在状况，和我们在偶然看见物质时所抱的想像，是大不相同的。物质决不是连续着成为一片的，它是由许多极小的东西构成的，这些极小东西，一面自己回转得非常之快，一面又拿不可想像的速度向前后横冲直撞着。并且这些具有不可入性的小东西，不过充满物质所占的空间之一部分，这些小东西和东西的中间，还有很多的空隙，所占着的空间，比小东西们所占的空间，还要宽得多。因为这些小东西即分子本身已经不是一个像脚球一样的无空隙的物体，而是一个由许多空隙和一些比分子更小的浮游物构成的物体。简单说，拿冷的固体做一个例子，真正被它的构成分子的物质占着的空间，只有这固体在外观上所占的空间全体的一百万分之一还不足一点。所以，就是一块铁，也是由许多成了空隙的空间构成的，在这些空隙当中有无数的分子，隔着比较很远的距离，相互飞转着。以上的考察，势必会引我们到物质分析上的第二问题——分子内部构造问题——去。

达尔登的原子说，在最初约莫一世纪间，虽被看成一个假定的说法，后来却被认为有实用的真确价值了。据这个学说看，物质的分子，一般都是更由几个比它更小的粒子构成的。这种粒子，叫做原子。一个分子当中的原子们，虽然互相隔着若干的距离，却是彼此之间有一种非常强大的牵引力，使它们相互不能超过这个距离，走到更远的地方去。阿共，索久姆（Sodium），水银，气体亚铅等等的分子，都是由一个原子构成的，所以它们的分子和原子是同一的东西；酸素，水素，窒素，盐酸，食盐等的分子，是由两个原子构成的，二酸化炭素和水的分子是由三个原子，安摩尼亚是由四个，硝酸是由五个，硫酸是由七个构成的。从大体上说，无机物的特征，就在它分子里包着的原子个数较少，有机物的分子，却是由较多的原子构成的。如像普通的砂糖，就是包含四十五个原子的分子构成的，酒精的每个分子含着九个原子，淀粉分子含着二十个原子，吗啡的分子含着五十个原子。黑连辛染料的每分子，也有三十六个原子，却是它们是和补助的水的分子联合在一起的。多数有机物的分子，含着比上面的例还更多的原子，因为太多的关系，简直不能拿它来行精密的化学分析。黑摩格罗宾是一种能够使血液变赤的有机物，它的每一分子所含的原子数，据某学者的计算，在人血的时候，多到一千九百个，其中只有六百个是炭素。

上面所说，只是关于分子的一般性质的说话，还没有顾虑到分子也和物质可以分类一样，有许多的种类。各种物质的分子所以要分类，不单是因为它所含着的原子的不同，并且也因为这些原子的种类本就不同。据今日的公认，原子的种类，总共有九十二个。其中也有存在世上极少的，也有还至今完全没有被我们发见过的。但是，依种种的考察，我们可以知道，原子的种类，从水素起到乌拉纽姆①止，共有九十二个②。此些原子的最主要的差异，固然在它们的重量，却是它们的化学的性质也是很不相同。分子只由一种类的原子构成的时候，我们叫它做元素。分子由二种以上的原子构成的时候，就叫做化合物。这样，水素，窒素，酸素等等都是由两个同种类的原子构成的，所以都是元素。倭总（Ozone）是由同种类

① 乌拉纽姆　指铀元素（化学符号U）。——编者

② 这九十二种原子，也不是九十二种纯一的有个性的物件，倒只是原子的九十二种相异的模型。现今并知道这些不同模型里面，更有几个不同的小区别或“依索托卜”（Isotopes）。

的三个原子——和酸素的原子是同种类的——构成的，砒素和硫黄是各由四个同种类的原子构成的，所以也都是元素。

在另一方面，水是酸素的一原子和水素的二原子成立的，所以是化合物。食盐是索久姆的一原子和盐素的一原子成立的，所以也是化合物。安摩尼亚是窒素一原子和水素二原子的化合物，硫酸是水素二原子和硫黄一原子并酸素四原子等等的化合物。一切有机物都一定是化合物，并且其中至少都含有一个炭素原子。所以，在一切形态下面的物质，不管它是固体，是液体，或是气体，都是由九十二种类的原子当中的一部分构造而成的。物质的相异，是由于它的分子的不同，分子的相异，又是因为一则所含的原子的种类和个数不同，二则这些原子在分子里面占的位置相异。

现在我们要进一步，把原子更加详细的考察，期望对于它于性质和大小，能够获得若干的观念。第一，很明白的，就是那种把原子结在分子内的力量，应该是非常之强的力量。前面已经说过，水素的分子是用每秒钟五，〇〇〇，〇〇〇，〇〇〇，〇〇〇回的速度，绕着它自己的轴心，回转着的。所以它会发生一种很强大的远心力，时常想把原子分离开去，因此，原子之间便有一种很强的互相离散的倾向。事实上能够抵抗这种远心力，使原子不会分离的，必定是一种结合力，这种力的强度，至少应比钢的韧力强过一千倍。有时，为要分离某种原子的结合，恐怕每一平方英寸要费好几吨的压力。原子的直径，和前面说的水素分子的直径，约略相同。由两个原子构成的分子，应该具有好似哑铃一样的形状，所不同的，就是两个原子之间，不比哑铃的两球中间有条物质的横棒结合着，却只有一种很强的附着力把它们结合着。一个原子和其他原子的主要差异，前面已经说过，在它们的重量的不同。最轻的原子是水素的原子。窒素的分子是两个原子构成的，它的重量是一翁司的一，〇〇〇，〇〇〇，〇〇〇，〇〇〇，〇〇〇，〇〇〇，〇〇〇，〇〇〇分之一，所以它的原子的重量应该是这数目的二分之一。水素的原子的重量却只有窒素原子的十四分之一，真轻得可以。最重的原子是乌拉纽姆，它比水素原子，差不多要重二百四十倍。其他九十种原子的重量，都依它轻重的顺序，在水素和乌拉纽姆之间，排成一个有规则的阶段。在很久以前，门德列夫和迈雅两个学者，就分别的发见了原子——也可以说是元素——不但依着它的重量，并且就依它的化学的性质，也可以排成有规则的顺序。在那时候，还有许多元素未被发见出来，甚至于连它的存在也没有被人想到，所以门德列夫的分类上面，还有许多空隙。但是他已预言，这些空隙终有一日会被新发见的元素，填满起来。门德列夫在一八七一年就预言了金属加流姆[①]的存在，直到一八七五年，这个元素才实际上被发见了。门德列夫不但把这个原子的重量，预言得很的确，并且把它的溶解性，比重及其他化学的性质，也预言得很中。关于斯勘久姆（于一八七九年被发见）和格尔曼纽姆（于一八八六年被发见）两个元素的存在和性质，也同样在事前就被预言过。元素黑流姆[②]虽然那时已载在原子表上，在地球上却还没有发见过，但是，很奇怪的，居然用分光镜，在太阳里发现出来了。这个元素，一直等到一八九五年，才在地球上被发见了。

① 加流姆　指镓元素（化学符号 Ga）。——编者

② 黑流姆　指氦元素（化学符号 He）。——编者

5

在全第十九世纪中，都信为原子就是物质的最小的粒子，并且是不能再加分割的。固然这种信念，通常是包含在原子说的叙述里面的，但是，这决不是原子说的重要部分，当时既未根据这一点，去做什么结论，也并未由这一点去发什么议论（除非那些形而上的议论）。当时叙述这一点的时候并未认它为确立的定理，不过把它当作一种凭空思索的假设，留待后来的研究去决定它的正当与否罢了。实则就是在十九世纪之初，也有许多学者相信，种种模型的原子都是由某一种本原的物质构成的，到了二十世纪，这种信仰果然完全被证明了。二十世纪的研究，在分子和原子的存在论上，已把原子说的地位，由假定的说法的地位，抬高到确定的学说的地位，同时在另一方面，它又很明白的说明了原子既不是不可分割的，也不是物质的终局的基础。原子本身，恰和分子是由几个原子构成的一样，也是由几个更微小的东西构成的。这种小东西，真正小得不可想像，我们细细把它研究起来时，结局我们会知道那些表面上似乎是固体的有抵抗性的物质，在实际上都会全然消失，归于乌有。所以我们要进一步研究原子的内部构造。

从前的旧概念，是把原子看成一种坚固的不可分的物质小粒，现在这样的概念不行了。新的概念，是把原子看成一种包有几个粒子的空洞的空间球，球当中的这些粒子小得直无叙述的可能。这种粒子，叫做电子。电子的直径，现今认为约莫是水素原子的直径的六万五千分之一。这就是说，如果把一个原子扩大起来，使它变成一个和普通房屋里面的大房间一样大的东西，那末，电子也随着扩大，变成一个个刚刚可拿肉眼勉强看见的东西，若万一不谨慎，失掉电子当中的一个，恐怕就再没有找着的希望了。电子的重量，也非常之小，据最近的研究结果，它是等于水素原子的重量的约一八五〇分之一。电子和酸素原子的重量的比较，恰等于一翁司和一吨。这样看来，重量的相差虽也不小，却到底还比不上容积的相差之大。

无论哪一种物质的电子，都是完全相同的。电子和电子之间，没有像在原子间的种类那样的差别。但是，原子却是电子构成的，因此，我们可以明明知道，原子的种类的不同，就是因它所含的电子的数各有不同而发生的。我们若把依重量顺序排列着的九十二种原子，由轻的到重的，一个一个的考察考察，我们就可以相信，无论哪一种原子，都是比恰恰列在它头前那一个原子，多含着一个电子。元素当中最轻的是水素，它是由仅仅含着一个电子的原子构成的。最重的元素是乌拉纽姆，它的原子应该含有九十二个电子。窒子在原子表上占第七位，所以它每一原子当中有七个电子。酸素位在窒素之次，所以它每一原子就含有八个电子。总之，所含电子之数越多，原子就越复杂。这样，构成一切物质形态的元素，实在只是由一种单位积合起来构成的，种种原子的区别，不过是这种单位的积合数的或多或少的区别罢了。

但是，电子的最重要的性质，我们还没有说到。电子最重要的性质，是它充有非常强的阴电气。前面所说的物质的种种小粒，如分子原子等，从电气上说来，都是中性。只有电子，虽然是顶小的粒子，但是，若照它的大小比例起来，它却充有极大的电气，在人类的经验范围内，无论什么东西，所充的电也没有那样大。如果我们能够使某种可以用肉眼看见的小东西，照大小的比例，也充上和电子所充的程度相当的电，并且使两个这样的小东西，搁在邻近，那末，这两个小东西之间的反拨力，就应该达到不知几千百万吨。

电子虽各充有那样大的电气，却仍是一起被结合在原子的当中。因此，可以推定，在原子的中心，有一种带着阳电气的中心核，所带的阳电气的总量，恰和各电子所充有的阴电气的总量相当。这个中心核的直径，一定比电子的直径还要小得多，关于这个的理由，且到后段再说。这个直径是科学所知道的最小的直径，在许多地方，都可以把它简单看成几何学上的点。电子大概是绕着中心核的周围，在一个圆形轨道上回转着。这样说来，原子就好像一个小小的太阳系，各电子绕着中心核的运动，就好像各行星绕着中心引力的运行了。如果真是这样，那末，无限大的东西和无限小的东西，都全然变成出于同一计划了。把上面所说到的种种物质概念总合起来，我们便知道，物质这个东西，把它分析到最后，结果只是由中心核和电子的小小太阳系即原子，构造出来的。九十二种的原子，又是由电子数的不同，当然同时也就是由中心核的电量的差异而生的。把这些原子，种种混合起来，就可以得着分子，更把这些分子利用起来，就造成种种不同的一切物质。

所以，最后我们达到一个地步，可以答复物质究竟是什么的问题了。物质是什么的问题，结果就是电子是什么和中心核是什么的问题。在前面起头的时候，我们曾下了一个定义，说物质就是有惯性的东西，这就是说，它有一种对于静止或运动的变更的抵抗性。距今四十年前，汤姆生曾经指出，带着电气的球体，应该比没有带着电气的同样大的物体，多有几分惯性。这种惯性多少的差异，在普通大小的物件上，是很细微，差不多用最精密的器具也查不出来的。这个差异虽小，但是，惯性不依物的大小，倒依物的电量如何而定，这个重量原理却因此确定了。在实际上物体的重量，在带着电气的时候，也比它属在电气上的中性的时候要大些。物体在低速度运动的时候，电气惯性虽极微弱，但如果它的速度增加，惯性也会加强。若物体的速度加到和光线速度相近，电气惯性就会占据物体惯性全体的大部分。

普通大小的物体的速度，无论怎样增加，也不能加到和光线的速度相近的。只是，电子并不普通大小的物体，不但它小得不可想像，并且还充有多到不可想像的程度的电气，此外更得加上它运动着的速度，也是时常快得不可想像的。拉久姆①并其他放射性元素的主要特质，就是它的原子是时时刻刻分解着的，所分解的电子是向四围的空间放射着的。这些电子的放射速度，往往高到每秒钟十五万英里以上。所以电子这个东西，无论在大小上，在充电上，在速度上，都和日常普通的物体，根本不同。现在的问题是：究竟电子的惯性由于质量的多少而来的有若干，由于电量的多少而来的又有若干？这个问题，现已被解决了。这就是，电子的惯性全部，都是由充电而来的，完全和它的质量无关。但是，依前面说的，惯性原是物质的质量的主要特质，所以，如果电子的惯性是和它的质量毫无关系，结局就等于说，电子全无质量，并非物质，只是一个装好了电的电积，悬在空中，虽然有一定的极小直径和容积，却是其中并无物体。

带有阳电气的原子中心核，是否也有和电子一样的性质，现在还没有明白的证明，不过它也好像只是一个装好了电的电积，其中并无物体。如果真是这样，中心核的直径，就应该只是电子直径的几分之几，原子的质量一定是差不多全部都由中心核而来，所以中

① 拉久姆　指镭元素（化学符号 Ra）。——编者

心核的重量差不多要比电子的重量大过二千倍。中心核所充的电量，必定和附着它的各电子的电量总数相等。每一原子当中的电子数，是很少的，和原子的重量极不相称。所以原子的重量，若全由中心核而来，中心核上面充电的程度，就应该比电子的充量，还要集中得利害些。因此，中心核的实际的容积，也该按照比例，比电子的实际容积，要较小些。因为中心核和电子所充的电量既然相同，所以要使电气能够凝集在中心核，就势必应该减少中心核的直径。

现在我们关于物质的分析快完毕了，且再回到前面说的比喻上去，把顶针指套扩张到地球那样大，就是说，把物质扩大到十万万倍，看它呈一个什么状况罢。却是，就扩大到这个程度，我们也还不会能够拿肉眼看见电子。这样小的电子的一团，绕着中心核，在极小极小的肉眼不能看见的轨道上运行着，就构成了原子。这些原子集合起来，就构成了分子。这些分子，在这时候，如果能够被我们看见，恐怕就会显着有脚球那样大罢。在这里，第一令人吃惊的，就是差不多物质的构造全部，都是由电子和电子间的空隙构成的，这件怪事。我们看见的那些连续一片的物质，在实际上差不多只是一片空间，不过其间还有肉眼不能看见的一些电子，疏疏落落的散在那里，用非常快的速力，运动着而已。所以爱克司光线能够通过物体，现到物体的那边去，也不足为怪了。小小的电子，怎能阻碍它的通路呢？又如拉久姆所放射的电子，能够通过阿尔弥纽姆的板子，也就是当然的了，因为若从电子看来，阿尔弥纽姆的板子和空洞的空间，实在没有多大区别。所以，如果指套大小的物体被扩张到地球那样大，很奇怪的，我们就会连什么也看不见，因为就是那样扩大，电子也仍然是太小，不能看见，电子和电子间的空隙，却在比较上大得非常，可以把我们的眼界全部遮住。这样，物质的真相，和平常人所看见所理会的，很不相同，可是很明白的了。

自然也还有许多人不相信物质分析到最后只是一个没有物体的电积，因为这个学说本来和常识离得太远，不易被人理解。所以我们主张这个学说的时候，好像已经踏过了物理学的界限，走到了形而上学的领域，不注重事实而偏向僻论和魔术似的。但是，无论物理学的结论如何难于令常人理解，我们总是应该接受物理学上的实验和推论的结果的。我们决不要被狭隘的常识的制限所妨害，因为常识到底只是因和我们熟知的世界相接触而生的东西，对于我们想去探险的新世界——无限小的东西的世界——完全是不能通用的。我们若靠常识去探这个新世界，它一定会把我们引入迷途。所以我们在这种探险的开头的一步，就应该清除一切偏见，因为它们都只是关于日常的世界的先入之见。我们要把它们丢在脑后，只靠物理学的导光前进，哪怕会进到一切可惊异的神秘世界，也是应该的。如果到了结末，走到了什么我们做梦也没想到的奇怪世界，我们与其很蠢笨的去疑惑这个世界的实际的存在，不如只怪我们从前的想像力太不行了，反聪明得多。这个奇怪世界一定是存在的，至少也是物理学断定它是可以存在的。如果信不过它，那就只怪我们的想像能力不行就得了，犯不着去疑惑它不存在。

但是，如若我们把想像力稍稍扩张起来，并使它脱离了一切严格的因袭常惯，上面说的那些事实，也不见得是不能想像的罢。我们应该清除的主要难题，就是物质会变成无物质的电积这件事。据今日为止的经验，电气这个东西可以看作物质的一种特殊状态。如果没有带电气的物质，我们就很难想像到电气的充积，好像恰和没有运动的物体就不能说到实际的运动一样。但是，在我们的日常生活经验中，确有种种现象，呈现一种很完全的类似。电气本是物力的一种形态，物力的种种别的形态，却并没有什么物质的基体，这是我们熟知的。譬如光，就是这些物力形态的一种，它虽通过空间对我们的感官发生作用，却没有什么物质的基体。光是物力的一种形态，虽和电子一样占领空间，却全然是非物质的东西。光有惯性没有——就是说，光是否和电子一样，也有重量——现今尚未确定。这个问题好像会被最近的日蚀的观测所解决，不过在本书起草时，结果还不明白。

并且放射热也同样没有物质的基础。光和热，都是由太阳发出来达到地球的，它通过空间的速度，快得非常，如果有什么物质的小粒，哪怕是最小的，附随着它一起，它一定不能走得那样快。怪不得今日的学说把放射热和光，都认为波动。但是，如果没有波动的东西，也就不会有波动，所以现在认为在宇宙之间，到处都充满了一种叫做以太的东西，这以太的性质非常强韧，它的弹力性，比空气要大七十万倍。这种以太，无论如何，总不会是一种物质，因为以太具有种种必须有的性质，即以太所依以被认为存在世上的种种性质，是和物质的性质不能两立的。举例说，以太是非有数倍于钢铁的硬度不可的，也非有比铅还多几百万倍的密度不可的，但是，同时又是非极稀薄不可的，因为必定它非常稀薄，才能够令无数恒星行星用极快的速力飞行在以太的当中而不感着什么涩滞和摩擦。像这样种种性质的混合，和我们的物质观念，自然是决不能够相容的。这样看来，放射物力的存在，的确是没有物质的基础的。放射物力既然毫无疑义的可以不须物质的基础而存在着，为什么电气物力就不能也用电子的形态存在着?

从心理学上说起来，也同样是用不着什么惊怪的。物质这个东西，照后段的详细说明，原本不是我们意识的直接材料，倒只是一个由推论得来的东西。我们不用推论，直接就知道的东西，只有我们感觉印象而已。除了感觉印象而外，一切知识，都不过是由概括和演绎得来的知识。我们现在知道，光和热的感觉印象可以单由物力发生，不必靠着物质。既然某几种感觉印象可以不用物质就发生出来，就不难想见，一切感觉也许都可以不靠物质就发生出来了。谚语说得好:“只有头一步最有价值”。只要起了头，其余都跟着来了。无论哪个物理学家，都承认有一种惯性是由电气的原因而起的。这样一起头，就变成承认非物质的惯性的存在了。在论理上，就毫无理由可以反对那种主张一切惯性都由这种电气原因而起的想像了。电流的普通诱导作用，也足以帮着证明这种想像的适当。

所以近时的物理学的倾向，就在消灭物质和物力间的区别。宇宙从近时物理上看来，已经不是由两个根本不相同的东西造成的了。宇宙只是电子的座位，这种电子，发见为种种的形态，造成了我们叫做物质和物力的东西。诚然在一切现象的根本上我们还有一种二元论，自然不是物质和物力的二元论，而是阳电气和阴电气的二元论。但是这两个东西的对峙，和物质物力的对峙不同，是很容易搭上一座桥的，因为阳电气和阴电气这两个东西，原是属于同一的种类，同一的自然法则，对它们两者都可以适用。并且两者对于中性环境的作用，无论在什么时候，也都是相同的。从来哲学的目标，都在知识的完全统一，现在我们依这个电子的学说，快要达到这目标了。

物质的考察，说到这里就够了，现在把在通常一般公认形态下的物力，考察考察罢。物力的最根本的法则，前面已经说到，就是永久性的法则。物力和物质一样，既不能被消灭，也不能被创造。我们只能够变更它的形态。光可以变为热，热可以变为电气，电气可以变为运动，物力的形态只管可以这样的一直变下去，但它的总量，却是依然不变的。因为某种形态下的物力的消灭，同时就伴随着另一种新形态下的物力的同一分量的发生。物力的形态虽可分有种种，结局都可以归纳于某种运动。举例说，热就是分子的运动。热的物体和冷的物体的差异，只在热的物体的分子比冷的物体的分子震动得比较急速罢了。所以，如果运动物力——即物体因运动的关系所保有的物力——变成了热，结局，在实际上，不过是这物体的全体的运动，忽然变成了这物体的各个组成分子的运动罢了。同样，所谓电流，也不过是电子的运动，换句话说，就是无数的电子，用非常强的速力，运动着，成为一道电子的洪流，拿普通的十六烛光的电灯来说，每秒钟通过电球织条的电子的数目，非常之多，假如叫伦敦市全体的人口都去数这个数目，每秒钟各数两个，昼夜不停的尽力去数，也要一万年才数得完。

音响也是运动，因为它不过就是它所通过的空气或其他物质的分子的振动。光也只不过是在以太当中发生的同性质的振动的运动。总之，各种形态的物力，都可以看做运动。所以物理学上的一切现象，也可以拿物质和运动两个名词表示出来。不过还应该附一个条件。因为上面说的种种物力形态，都是动的形态，就是说，它们都含一个某种东西正在运动着的意义在里面。但是，物力当中，还有一种叫做潜在物力的东西，在这种东西里面，并没有什么物件动着，也没有什么事件发生。举例说，如果一块石头被投到空中，再落下来，落在刚才由那里掷出去的那同一平面之上，那末，在这块石头达到地面的时候，运动忽然中止，照前面说的，就应该发生热，音响，光等等的物力，它们的总量，恰恰和失去的运动的总量相等。但是，如果这块石块不重复落到地面上来，如果它刚在空中升到最高点，正要下落的时候忽然被山上的岩角挡住了，不能落下来，在这里不比落在地面，自然不会发见很显著的新物力出来。这块石头升到最高点时，它的运动物力已经消失了，它至多不过发出一点子热或发出一点其他各种的物力，就会静止在岩角上了。这时，在最高点消失了的运动物力，到底跑到哪里去了呢？

若从事实上看看，具有某种现实形态的物力的确已经消失了，却是在石头上还剩下一种潜在的力量，无论何时，它都可以重新发出一种物力，并且这个新物力的总量还要和已经消失了的运动物力的总量相同。这块石头，也许会永久的静止在岩角上，但如果有一日岩角有了移动，这块石头，在它重新落到地面的时候，它一定会发生一批物力，分量恰恰和当初投石的人给它的那种运动物力的总量相同。从投石的人看来，这块石头静止在岩角上的时候，运动物力是消灭了。却是从不知几世纪后的移动这岩角的人看来，忽然发生一种运动物力，是等于从无生有了。所以，但凡我们说到物力的永久不灭性和创造性的时候，我们不但指着那能够在实际上发生什么动作的运动物力说，并且是包含着潜在物力说的。潜在物力固然在目前不会发生什么运动，但是，若放在某种状况之下，它也能够发生实际的物力，并且新发生的物力的总量，也是可以预言的。在这种时候，物力并非消灭，只不过是潜藏着罢了。所以也可以叫做贮藏物力或闭锁物力，只要用适当的方法，还依然可以把它再变成现实的物力。

潜在物力，除了上面说的由位置而来的物力之外，还有许多形态。举例说，压缩了的螺旋状的发条，就有潜在物力。同样，被压榨了的气体，和被拉紧了的弹力性物质，都有潜在物力。化学上的亲和力，也是潜在物力的一种。在数百年前，由太阳射到地球上的放射热和光，在当时被植物吸收了去，靠它把单纯的无机体的分子，变成复杂的有机体的有机的分子。这些放射的物力，就被贮藏在有机体的分子里面。后来这些植物又变成煤炭，被我们发掘出来，拿去当燃料烧，贮藏了许久的物力，才发见出来，依旧变成光和热。

物力这个东西，虽然可以永久存在，可以精密的计算它的分量，并且可以为商业上的目的，按照一定价值，拿它去买卖，却是决不把它看一个现实存在的东西，即是说看成一个物。物力和物，固然有许多类似点，但物力决不是物。因为物力可以忽然失了存在，除了将来还得复元的力量之外，一点儿痕迹也不留下。我们若把物力分析到最后的地方去，也许可以下一个定义，说它是在某种状况之下，可以引起我们的感觉印象的东西。我们要知道，把一切现象归到感觉印象去这件事，就是科学的努力的绝顶。

物力这个东西，一般都把它看成是由两个要素即扩大要素和强度要素构成的。如像，运动物力是由那物体的运动分量和运动速度构成的。把这两个东西合起来，就发生一种运动物力。电气物力是由电气的分量和电位构成的。热是由“热力学函数”和温度构成的。像这样的两种要素的存在，就是在潜在物力当中也是一样，譬如拿位置物力说，它就是由那物体的重量和位置的高下结合而成的。只是，像这样把物力看成一个由两种要素构成的产物，似乎并不能发生什么特别有兴趣的结果。但是下面一个结果，却是唯一可能的例外，这就是：在目前看来，好像全宇宙中，现有物力的强度要素逐渐减少，它的扩大要素，倒反随着减少的比例，增加起来的一般倾向。这个状况，可以引导我们到哲学的物理上最深奥最重要的一个法则去。

前面已经说过，宇宙上的物质和物力的总量，是永久不变的。宇宙间所发生的一切现象，都不过是物质和物力的分布上的变化，却只是它们各种形态间的彼此变化，和它们的实际的存在分量是无关系的。在这里产生一个问题，这就是：物质和物力的变形，是任意向各种方向都可以立刻发生吗？还是在大体上有向着一个特定的目标发生起来的倾向吗？如果物质和物力的变形，无论向哪方面，全都可以转变，并且同样容易的发生起来，那末，宇宙就可以被看作一个在形态上多多少少总和现在相同的永远存在物。这样一来，当然也没有余地，去发生像宇宙有没有始，或有不有终那样的问题了。反过来说，如果宇宙的变化——更简单说，就是宇宙上发生的事件——在大体上是向着某一个特定的方向的，那末，若是这个变化的进行继续下去，最后必定达到一点，使我们现今熟知的宇宙告终。自然，依同样的理由，我们现今熟知的宇宙，在时间的某一点上，必定曾经起过头。

物理学的进步，已把这问题解释得很明白了。宇宙上所发生的种种变形，并不是向着各方面都能够同样很容易的起来的。这些变形，明明白白的，是向着所谓物质和物力的退化而进行着的。宇宙正在一天一天的衰颓着，并且至少在理论上，我们可以想像，宇宙变成静止的无生气的时期，终有一天要到来的。关于物力，此个事实早已被发见了。关于物质，这种倾向的发见，却只是最近的事。我们先就物力说明罢。

物力若从一种形态，变到另一种形态去，每次的变形，无论何时，都会有热发生出来。运动物力变为电气的时候，电气物力变为运动物力的时候，以及电气物力变为光，光变为化学物力的时候，在每次变化当中，都有若干物力，依热的形态，浪费了去。在我们实际生活的一切物力变化的时候，也是一样，在变化途程当中，必定有热的走漏。举例说，我们使电气变成光，拿它照亮房间的时候，不管电灯的装置怎样完全，所得的光的总量比起所用的电气物力的总量，无论何时，一定是要比较少些。这个理由，就在电气物力的一部分一定会变为热，所以不能够全部都变成光。并且无论什么物力变化，都是要伴随着所谓摩擦的，所以原有的物力的一部分，不能不变成热而被消耗了去，只剩下其余的部分供我们利用。热的走漏量的多寡，是随着机器的精巧程度如何而有很大的差异的。举例说，普通蒸气机关，是一种变化学物力为运动物力的机器，化学物力是包含在这机关所用的燃料之中的。把燃料烧起来，化学物力就变成热，这个热又变成蒸气的压力，这个蒸气的压力更变成运动物力或物体的运动。却是这种由蒸气机关得来的运动总量，比起所供给的燃料里面含着的原有化学物力的量，是非常之少的。在变形的程途中，原有的化学物力，至少有八成是变成热，白白放射了去，只有二成是用于蒸气机关的目的上的。其他机关，如像发电机，也有可以把所损失的热的浪费量，减少到原有物力的一成以下的，但是，无论是什么机器，也无论是什么天然的物力变形，在变形的时候，总有几分原有的物力要变成热的。这并不是因为在物力的变形程途上有什么不完全，倒是因为这就是一个最根本的自然法则。物力变成热而放散了去，是自然进程中的一个重要的要素，和惯性及摩擦一样。热这个东西，可以说是物力的最低级的形态，其他形态都有渐次落到它那里去的倾向。

前面已经说过，无论什么形态的物力，都含有强度要素和扩大要素。热的强度要素，就是我们所谓温度。热的扩大要素，叫做“热力学上的函数”，这只是一个抽象名词，并不代表什么现实的客观现象。凡是有高温度的物体，都有把热移到低温度物体去的倾向，同时，凡是低温度的物体，无论在什么时候，都不能把热移到高温度物体上去，所以一切温度都有逐渐的普遍的变成平均温度的倾向。因此，热的总量的增加，多发见于扩大要素的热力学函数方面，而少见于强度要素的温度方面。这个意思，用另一句话表示出来，就等于说：宇宙进行的最终目标，就是热力学函数达到最高限的状况。更简明的说，各种物力，都渐次的退化着，渐变为热，而这样得着的热，又逐渐的向全宇宙中扩散，去造成一种平均温度。所以照这样进行下去，宇宙终有一天达到某一个点，在那里，已经没有一点可供使用的物力了，也没有温度的不同了，所有的只是一种比较静止的，无生气的，无活力的物质的冷块罢了。

我们知道了物力是向着宇宙的最终退化状况进行的东西之后，当然就会想到，是不是在物质方面也有和这个恰相照应的进行。物质也是和物力一样，在宇宙全体中，有向着无生气的平等进行的倾向吗？关于这一点，我们应当考察的，是物质的原子，不是分子。

在目前的地球上，恐怕分子的复杂多样一定是和从前一样的。但是，最复杂的分子是活着的有机体的分子，所以同时又是有一时的性质的。因为这些复杂分子，迟早在相当年数之后，必定要重复分解为单纯的分子，并不是有安定性和永久性的。人类所谓数年或数十年，从宇宙的悠久期间看来，实不过等于无限的时间进行上的一瞬间罢了。至于无机物的分子，同样也只不过是有一个比较的安定性。在普通化学实验室中，我们可以把它们一切都分解为构成它们的种种元素。所以物质的永久性的问题，结局只是构成一切物质的九十二种原子的永远性问题。

到最近为止，都以为原子的特质，就在它有完全的永久性和安定性。但近时关于放射作用的研究，却把这个信念完全打破了。现在确已发见，种种原子是时时刻刻在崩坏的状态当中的。前段已经说过，一切原子都是由种种个数不等的电子构成的。我们拿正在崩坏中的原子考察考察，我们就可以发见着，这个原子所含的各个电子，都向空间放射着，所以经过某时期的放射后剩下来的原子，比本来的原子，重量也变轻了，构造也变简单了。现在我们所知道的正在崩坏的原子，都是些在九十二种原子中最大而且最重的原子。最大的原子——乌拉纽姆的原子——现今正在慢慢的崩坏着，变为较小较轻的原子，即拉久姆的原子。它的崩坏的速度，无论在什么状况之下，都是不变的，无论使用何种人力，也不能使这种速度发生一点变化或影响。所以宇宙上的乌拉纽姆的总量，是一天比一天慢慢的减少着的。这就是说，一切元素中最复杂的元素，虽说是慢慢的，却是不可挽回的，正在从地球上消灭着。拉久姆自己也是一种重的原子，它也正在崩坏着，并且比乌拉纽姆还更快。所以，如果拉久姆没有新被形成，那末，现今地球上所有的拉久姆的总量，在不到两千年之中，就要减少一半。拉久姆在它崩坏的当中，常常发生种种很不安定的新东西。这些新东西，都带有一时的性质，它们的平均生命少则几分钟，多也不过几年。这些新东西也慢慢的一个一个的崩坏了之后，最后剩下的变单纯了的原子，就是铅的原子。铅的原子，比它的祖先即原来乌拉纽姆，要轻百分之十三分半。

这个令人惊奇的发见，从普通一般人看来，最有兴趣的地方，是它证明了元素在实际上是时刻变形的东西，并且这种时常的变形，是自然而然的真正炼金术，非人力所能促进或阻止的。只是，从我们的研究上看来，这种发见的主要兴趣，倒在它指明了地球上物质是逐渐的越变越单纯的一个要点。在现今知道的元素当中，一切比铅重的元素，都正在崩坏着（唯独苍铅是一个例外，它和铅约莫轻重相同）。地球表面上和地球内部的这些元素，都依不可抗的法则，渐渐减少着。并且像这样的物质退化作用，也不能够断定它单起于重量很大的原子之间，不过在重的原子里面，最容易看出这种作用罢了。现今在波塔修姆和鲁比久姆那样轻的原子里面，也发见着它们也有微弱的放射作用了。最近并发见了连窒素也在分解着并在造成水素的原子。所以不能不令人疑惑，我们所知的一切原子，未必不都在分解成为较它单纯的原子。当拉久姆分解的时候，不但由拉久姆的原子里面，放出电子，并且还放出些完全的黑流姆原子即水素以外的最轻的原子。每一翁司的拉久姆，在每秒钟，可以放射十万万以上的黑流姆原子，并且放射的速度快得非常，时常在每秒钟一万英里以上，被射出的原子要飞行两三英寸，才得停住。这种黑流姆被放射的时候，拉久姆原子内部的爆发，猛烈得不可想像，万万非人工做成的爆发物所能及得的。单单一翁司的拉久姆，在它全部变成其他形态的路途当中，所发出的热，是和十四吨煤炭被燃烧时所发的热量相等的。有这样巨大的力，无怪乎不能用我们实验室的方法去驾驭它了。

放射作用的现象的研究，目前还止限于地球上的物质。所以我们不能因为在地球上物质逐渐变成简单并且种类减少，就说宇宙的其他部分也有同样作用的进行。事实恐怕会恰恰相反，因为在压力和热非常丰富的许多星球的中心，也许种种原子正在生长，和地球上的现象正相反对。不过这样的星也是向空间放射着它们的热的，在非常长久的期间经过当中，它们也会慢慢变冷，逐渐达到现今地球的状态，一直继续进行下去，必定要到一个死灭冰冷的境界。所以我们的确可以想像，它们那里将来也会发生物质退化作用，和地球上一样。热越向空间放射，物质越发退化。到最后，宇宙上一切物力都降成一个平等无生气的热的时候，那时的物质形态，恐怕和现今的形态会大不相同罢。

这样，关于一切天然进行的最后目标的研究，的确是非常有兴味的事。但是，我们却也没有理由去相信，这个目标将来一定会达到。因为我们的观察还只限于空间和时间的一小部分，这一小部的时间和空间，拿来和宇宙生命的时间和空间比较，实在渺小得很，等于无限的小。并且也许还有许多要素正在为变更或逆转我们现今看见的种种倾向而活动着，都未可知。所以，一方面我们承认，预言宇宙的终局，实在是超过人类的能力的事，在另一方面却不见得就不能够去指出，一切在我们现有知识和有限观察的范围的物件，都好像向着一个终点走着。因为在实际上一切物件好像是向着一个目标走着，同时宇宙又不是随便向着某个方向都可以转换的，它不能够和前进一样容易的去违背。所以到了物质和物力都退化到最终阶段的时候，好像宇宙也将近它的终点了。将近终点，并没有含着在实际上一定会达到终点的意义。因为，这好像双曲线虽然渐渐可以和渐近线接近，却终近不能相接触一样，宇宙的终点，结果只是一个可渐近而不可以达到的终点。最终的目标这件东西，是决不能够达到的。因为，要想达到它那里，所需用的时间实在太大，大得连天文学上的标准，也不能够拿去供它的用。一句话，它需用无限的时间。

所以这个目标，未必是一个真正目标，即使它是真实的目标，也是一个绝对不能达到的目标，它不过表示一个状态，即物质和物力都达到它们退化的最后阶段的状态罢了。在那时候，物力恐怕会用没有温度差别的热的形态，绝对平等的分布在宇宙的全体，四面八方，无所不到。物质的形态恐怕只有像水素和黑流姆那样最单纯原子的一种了。既然热这种东西只有一种分子的运动，所以那时的宇宙，恐怕只是由这种在振动状况的原始的原子构成的了。但是，就拿这种最原始的原子来说，我们能够假定它们是永久安定的吗？这样原子常常都是由一种阴电气的电积构成的，这种阴电气的电积，是绕着一种同量的阳电气的电积的周围，用非常大的速力回转着的。设如在无限的年月之间，带有阴电气的电子的速力，如同绕着太阳的行星渐渐回转得慢了一样，渐渐变迟慢了，那时又将发生什么现象呢？在太阳系发生这样逐渐迟慢的时候，行星慢到最后，是会向着中心引力，落了下去的。所以，若照同样的推理，电子回转渐慢，结局也会落在阳电气的中心核上去，那时，一定物质也不存在了，物力也没有了，什么痕迹也看不见了。因为，在那时候，构成电子的阴电气的电积，会和形成阳电气的电积的中心核，很适合的中和起来，一切电气的现象，都会立刻消失，物质和物力都会死灭了。剩下来的，只是一点空虚，空得好像在那里从前并未曾有什么物质和物力存在过似的。同时，一切空间和时间的关系也会消灭了。宇宙也会完完全全的，比我们日常使用的消灭的意义，还要更加完全的，消灭了。不留一片空间可以拿去说这里曾经有宇宙存在过，也不留一段时间可以拿去说在这期间中曾有实物的宇宙存在过。

现在应该对于近代科学上的物质的见解和哲学的唯物论的关系，说几句话。近代科学的见解，不论大处小处都能够和唯物论一致。同时它们也不论大处小处，都和唯心论的说明不能相容。自原子构造的秘密被发见了之后，在我们面前，骤然展开了一个从前做梦也没有梦见的广大的新的现象世界，这些新现象，和我们从前熟知的种种现象，差得非常之远。却是，唯物论的公理，在这个新领域中，依旧成为不容怀疑的公理。电子和带着阳电气的中心核，还是有它们一定不移的法则，反倒对于原因结果的不可侵犯的关系，加了一种新的例证。我们已经渐渐走近存在的根柢了，但是我们在这个宇宙的根柢上面，也和在别处一样，并未发见什么征兆可以推想到一种“目的”的存在。诚然，在宇宙的根柢上，也有调和，也有秩序，但是，这只不过是由自然法则的普遍性而来的调和和秩序，实在和宇宙上其他大的物质里面存在的调和和秩序，是有同一性质的。就是宇宙向着最后的死灭的运命运行着，也不能够说在那里有什么目的的存在。一只表，也是向着最后的静止的运命进行着，但是决不是预先就有什么意向，有什么目的，才那样进行着。最后，应该说明，在这个新发见的世界当中，无论什么种类的精神要素，也没有存在的余地。我们现在已经知道，什么是物质的根本了。物质的根本不是精神，倒是物力。这个物力在性质上是一种客观的东西，它是站在唯物论的地面上的，并不是站在唯心论的地面上的。也许有人说，物力不是眼看得见，手触得到的东西，所以把一切物质分解成为物力的学说，不能叫做唯物论。但是这种议论是不能成立的。科学的唯物论并没有把物质看成一个和直接眼看手触着的完全相同的东西。哪怕把物质分析成为无论什么样的要素，只要我们可以认得它，它依旧还是不失为物质的。由分子振动构成的热，仍然不失其为热，为空中电磁气所表现的光，仍不失其为光。所以不管它变成物力也好，不管它变成无也好，物质也一样仍旧不失其为物质。它仍旧是这一类现象的模型，所以唯物论这个名称，依然可以拿来称呼那种包含这个模型的哲学。

此外，还有一件事是确实的。无论物质的分解分成怎样最后的东西，它决不能分解成为精神。无论怎样敢于大胆思索的科学家，也未曾提到那样的可能性。唯物论这个名称，只有拿来和它竞争的精神论相对峙的时候，才有意义。我们拿它来和精神论提出的说明比较，我们就可以看见唯物论说明的周到丰富，实在可为惊叹。精神论往往采用日常生活上的平凡经验，随便拿到新领域去做说明的基础。如果一旦遇着什么困难，它就立刻抬出精神的原因，去帮它说明。一切物件，都被它看成一种非常扩大了的准人类的智力的产物，认为或是用准人类的动机有时或是全然用人类的动机造出来的。精神论在感着说明的必要的时候，无论何时，总是把这一个思想，千篇一律的翻来翻去的说。唯物论的哲学方面却不是这样，因为在这里未经人道过的新的观念真像水流泉涌一般，继续发见。种种神学的开辟说上的惊异和奇迹，拿来和唯物论的实际事实的叙述比较，也会变成平凡无聊的。但是，认真说，精神论早已从无机物的领域被赶出去了。它最后的避难所，就是生命和意识的范围，所以我们应该转到这方面去。

第三章　生命和意识

我们已经把在常识上被认为形成宇宙的三种根本现象当中的两种，研究过了。我们已发见这两种东西——物质和物力——结局是可以归而为一的。现在我们且研究第三种现象，看它和前两种有不有差别，如有差别，到底差到什么程度。乍看起来，好像生命和意识的现象和前面说的两种现象不同，完全属于另外一种俦类。但是，实际和外观这两种东西，本是差得很远的。我们已经发见了，物质和物力的真相，并没有普通无教育的人所想像的根本大差别，所以同样在我们研究生命和意识的时候，我们也得准备着，去发见它们也可以被分析成为种种预想不到的要素。不幸，关于这方面的先入的偏见，比在前面两种的时候更加普遍，许多人——事实上是大部分人——都彻头彻尾的相信，生命和物质在根本上就必然的是不相同的东西。他们在未起首研究以前，先就抱着这种信念，并且抱得非常顽固，对于一切和这个信念相反的证据，都是闭着眼睛不看的。如果读本书的诸位也有决心要抱这种信念的人，就只管请去抱罢，不过同时却可以不必费神去研究了。对于他们已经决了心的事情，实在没有再叫他提出问题的必要。反过来说，如果读者诸位真是想知物件的真理的，就请屏除一切偏见，真正虚心的去着手研究，并要始终记得，科学是和普通无教育的所随便造成的结论，很少能一致的。

我们在前章已经发见，地球上有九十二种类的原子，把这些原子，种种组合起来，就会发生地球上种种不同的物质。我们也晓得，无机物就是一些由比较少数的原子构成的各分子的集合，有机物和这相反，大概都是一些由比较更多数的原子构成的各分子的集合，并且还有一特色，就是有机物这些原子当中必定含着有炭素的原子。因此，有机化学，在事实上就是炭素化合物的化学。这些有炭素特色的极复杂的化合物，恰因化合复杂的缘故，比较其他化合物，性质也更为复杂。

在一切炭素化合物当中，最复杂的，是一群叫做原形质的化合物。属于这一类的东西，因性质过于复杂，直到今日，连一个正确的化学式也还没有发见。现今所知道的，只是这一层：它不是单一的固定的化合物，倒是一些构造稍微不同的物质的集合。组成这个集合的元素，主要的就是炭素，酸素，水素，窒素，硫黄，燐，索久姆，勃塔修姆，盐素，加修姆，玛格涅修姆和铁等等。这些元素都是它和无机物世界所共有的，无机物里面没含着的元素，一个也没有。原形质的构成部分当中，最要紧并且决不会缺的，就是蛋白质。蛋白质的分子非常复杂，是由几百到几千的原子构成的。并且这些蛋白质分子的每个好像又是一种由更小的分子互相结成的体系。这样一来，恐怕原形质的物理化学单位，也许就是和炭水化合物或脂肪结合了的蛋白质分子的体系罢。原形质并不是一个物质的名称，它只是一群物质的总称呼罢了。这一群物质所以能够引起特别兴味，就因为一切动植物的生命的组织都是由它构成的。

原形质这种东西，现今只在地球表面或其附近，才能够被发见着。它的构造非常复杂，所以它一遇着热，就会分解成为它的各种构成分子。并且它的形成是仅限于在极狭隘的某种条件之下的。原形质的化学的构造既然这样复杂，所以它的物理的和化学的反应，也跟着一样是很复杂的。但凡活着的有机体的一切表现，简单说来，都不过是这种原形质的化学反应的表现。这一群非常复杂而多样的化合物，在地球上发见出来的模型，是极其复杂互不相同的。这种模型，就是所谓“种”的基础。现在我们把这个种拿来考察考察罢。

无论是动物也好，植物也好，决没有两个个体能完全相同的。但是，从另一方面说，也决没有一个个体和其他多数个体，没有很相近的类似点的。我们根据这些类似点，就可以得着动物或植物的“分类”。这种分类的单位就是种。同种里面所包含的各个体，在重要的地方，互相类似，在微小的地方，却有一种可借以识别这个体的特色。博物学家在事实上还立着比种还详细的分类，把种分为亚种或变种，不过，这样的详细分类，我们这里是用不着管它的。我们若把动物全体分成几类，就可以发见，有几种东西间的互相类似的程度，要比它们和它们以外的种之间的类似程度，还更大些。所以若把这些比较更类似的东西集合起来，就可以分成“属”。依同样的方法，更可由属分成科，由科分成门，这样一来，就可以把植物和动物的世界，分成比较少数的门，把一切活着的有机体都包含在里面。

只是要知道：生物的这样的种种分类，若当作客观的东西看来，并不是都有实际的存在的。这些分类虽然都足以表示生物的亲属关系，当中有一个特别的分类却不单是代表亲属关系。这就是其中的种，它并不止是一个分类的单位，它还是一个现实的物体，在天然物当中，表示着一个真实的有个性的东西。种这一个字，在普通生物学的用语上，是表示地球上一切互相类似，可以杂种繁殖的，各个体的总计的。但是在实际上，它的意义比这个还要深些。所谓种，就是一种特别的胚质——或可称为原形质的特别模型——这种胚质，在地球的表面上，到处都蔓延着，并且按所谓级数的相同（Serial homology）的作用，发生无数的类似个体的萌芽出来。我们应该集中我们的注意力的，不是个体，倒是这胚质。原形质当中，可以有许多种类，犹如地球上的物质可以有许多种类一样。原形质的每个种类，在生物学上，都成为一个种，包含在这个种里面的无数独立的部分，依物理的作用，会定期发生交通，这在生物学上，就叫做性的生殖。

要说明这个，我们应得把外士曼的胚质说，介绍出来。无论是什么有个性的有机体，它最初的生命，都只是一个细胞或一个蛋。这种细胞，在显微镜下看来，只是一个小点子。在原始的生命形态里面，这个细胞，始终只是一个单一细胞，不会发展。若在高级的生命形态里面，这一个单一细胞就会非常迅速的增殖起来，形成一种由许多细胞结合而成的殖民地或国家。这个结合成功的东西，就是我们所谓个体。细胞增殖的情形，据它很明显的各点看来，时常都是一样的。最初绕在细胞的周围，发生一个沟，慢慢的由这个沟就分裂成为两个细胞。分裂成的这两个儿细胞，很快的就长到原有的母细胞那样大。到那时这两个儿细胞又重新自己分裂各成为两个孙细胞。像这样的分裂而又加以分裂，不久就可以相互结合起来，成为细胞的集团。并且细胞不但会增殖它的个数，而且会分化成为性质不同的细胞，某种细胞得着筋肉细胞的特质，其他某种细胞又得着神经细胞的特质，各不相同。一个有机体在进化阶段上的程度越高，组成这个有机体的各构成部分的分化也越完全。但是，无论进化到怎样高的程度的有机体，在它的体中，总有几个细胞，保存着最初的细胞所有的原始的原形质的特色，不随着其余的细胞的行动去进行分化。新的个体就是由这种不分化的细胞产出来的。这种不分化的细胞，就是胚种细胞，外士曼把它叫做胚质。其余分化成为异种的细胞，叫做身体细胞，它们把产出其他细胞的力量，大大的失掉了，因为它们只能产出一种和自己同性质的细胞。

所以，一切多细胞的动物和植物，从生物学上看来，都是胚质和身体细胞两个主要部分成立的。在这两部分当中，身体细胞占了较大的部分，它是有可以死灭的性质的，因为它经过某种期间之后，迟早总是要崩解死灭的。胚质却和它不同，不是一定要照它一样方法死去的。胚质是有一种相对的不死的性质。因为新的胚质，一代一代的从母胚质发生出来，在实际上，一根肉体的连续线，由最初的进化起，直到现今为止，把各代的胚质的全体，都结成一气了。所以每个个体的胚质，都和它几千年以前甚至几百万年以前的祖先所有的胚质，完全是同一个东西。这个胚质，在长期间中，固然不断的由一个分为两个，所分出的部分，或者成为身体，或者全然被抛弃散失了。但是，每个个体所从出的那个胚种细胞，到底还是构成以前的——恐怕是几万万年以前的——祖先的原始动物身体的那个胚种细胞的实际的一部分，不过因它是经了不知若干年代的淘洗，剩来下的一个生命，不免在这期间中受了巨大的变化罢了。这样说来，一个种的生命，就是它的胚种细胞的生命，只有它的胚种细胞死灭时，这个种才会灭亡。所以种的存在这句话，不单是分类上的术语里面的一个符号，并且指一个现实的活着的胚质即原形质的一个模型而言，换别的话说，就是指一种现存在地球上的并且有一定的化学性质的物质而言。这个物质存在一天，它所代表的种也会继续存在一天。

所以，种这个东西，是一个比属和科都更加实在些的分类单位。属和科并不代表存在地球上的什么客观的东西，它们只不过表示客观物件之间的类似罢了。如果我们想对着生命的根本的事实，得着一个观念，我们就不应该从个体的观点去观察，我们只应该从种的观点去观察。因为个体实只不过是生在一片胚质上的一个结果，它是为保护并帮助藏在它里面的胚质的存续而存在的附属品，是一个很容易消灭的东西。只有胚质才是种本身的主要事实。不幸的是我们都是个体，所以我们最初的见解自然是站在个体的观点上的。但是，只要我们认为一切事实都应该用正确的眼光去看，我们就须得把这种以人类为中心的见解弃掉。

这样，我们的出发点是站在下面这个事实的基础上面的，这事实就是：地球上不但存在着多种多样的无机物，并且那种分子极复杂的炭素化合物即所谓有机物的存在数量，也是极大的。炭素这种东西，在许许多多的化合物当中，都含着有它，以致炭素化合物的研究，竟成了化学上最重要的部分。在炭素化合物当中，最复杂的，就是具有无数模型的原形质。从化学家看来，原形质和其他物质的差异，只在原形质分子里面所含的原子的数，多得非常，因此，就弄得原形质成为化学家所研究的物质当中最复杂的物质。生物学家把这种原形质的各种模型，就叫做动物或植物的种。原形质的种种化学性质很复杂，并且复杂程度，是依它构造如何为比例的。生物学家认为原形质所有的这些复杂的化学性质，在动植物的机能上，在它们的生长和生殖的样式上，在它们的本能上，智力上，感情上，意志上，在这种种方面，都是存在的。

因此，我们应该先把原形质几个较为奇特的性质研究研究。原形质的存在形态是细胞，这种细胞是依内吸收的作用而长大的。虽然我们发见无机物也同有机的细胞一样，也形成一种具有特殊构造的集团即结晶物，却是这种结晶物只是依外部的添加而变大的。原形质的增长有向着一种特别形态走去的倾向，这也是原形质的独特的特色。无论何种原形质的胚质上面，都会像发芽一般，生出无数同形的附属物，彼此非常相似，犹如同一株树上的树叶一样。这些附属物，就是个体。把这些个体总合在一起，从人类看来，叫做种，只是，胚质这个东西，是会慢慢的变更它的组织的，即是说，它是受着“趋异”的作用的。趋异这个东西，到底是从哪里来的，现在还不知道，却是，它的结果是看得见的，因为生在胚质上面的附属物慢慢的会发生种种不同的模型。这样的性质变化，在长久的时间经过当中，可以发生一种很远大的结果。举例说，在不可计算的顶古的时代，现今人类的胚质，并未发生一种附属物，像现在我们叫做人类的这种东西，它那时所生的，反是一种更像猴子的生物。在更往前更古的时代，这种胚质所生的，还曾经是和鱼一样游泳水中的生物。并且这种性质的痕迹，虽在今日，也还没有完全失掉，因为人类的胎儿，现今在母腹内的发育时期的某种阶段上，也还有鱼鳃一样的裂痕，有时甚至这种裂痕一直维持到胎儿生产的时候。若更往前溯上去，人类现今的胚质上面，曾长出一种和现今更不相同的东西。若一直回溯到生命起源时期的附近，这个胚质在那时还一点也没有发生附属物的能力，它只不过是一个能够自由独立的生活的单细胞而已。那样远的时代的痕迹，现今也还剩得有一些。海水当中索久姆，勃塔修姆和加修姆依翁的比例和它们在血液里头的比例，差不多是同一的，不过它们全体的浓度，在海水里面的时候要比在血液中时较高一点，因为现今的海水里面含着的盐分，已经比海水当年在人类老祖先的体内循环的时候，更加多了。这样，胚质在很长久的期间，把它的组织变化了。不过，虽然它的化学的和物理学的性质有了变化，从物质上说来，它的胚质却还是从前那一个同一的胚质。这样的现象，在生物学上，就叫做进化。但是我们在这里应该注意，原形质构造上的这种慢慢的变化，和无机物构造上的慢慢变化，是并行着的。我们在前章已经说过，复杂的原子正在种种不同的环境的条件下面慢慢的形成着，或是正在慢慢的分解着。同样，复杂的分子，现在虽和从前相同，生存在地球面上某种状态的下面，却是它们已把从前在别一种状态下的时候它们所有的构造，加以变更了。所以，原形质的性质和无机物的性质的差异，只不过是它们的化学的并物理的构造的差异罢了。

原形质最稀奇的特色，是它和地球上其他一切物质差得很远的一个特色，就是它有生物学上所谓生殖作用。生殖作用是各种胚质保存生命永续的一种方法。无论某一个种的胚质，通常都是分裂成许多许多的分立的部分。这些分立的部分中每一部分，在某种期间中，和其他另一个分立的部分合体起来，这就是生殖作用。某一个种的胚质全体，全靠这生殖作用，才能维持它的物质的统一，因为那一个分立的部分，若是它对别的分立的部分完全孤立起来，就是说，若是它不参加生殖作用，它就不能保持它的生命到某种相当的期间以外。生殖作用的根本事实，就是两个胚种细胞的融合为一，这两个细胞，通常都是由两个不同的个体发出来的。要想知道这种生殖作用的进行，即是说，隔一定期间，使各个孤立的断片混入共同的根基里面去一次的这种方法，在完全种的统一上面，如何有效，只消看一看关于人类的一个比喻，就够了。

无论何人，都有一父一母，有四个祖父母，有八个曾祖父母，照这样一直算下去，如果当中没有离婚，每人的祖先，一定是按照几何级数增加上去的。回溯到了第十代，每一个人就有一千二百四十个祖先，回溯到第二十一代，并且也还假定其间并无离婚，每人只是在那一代的祖先，就要超过二百万人。假定每一代算做三十年，我们就得着一个结论：在六百年以前活着的人当中，对于现在我们一个个体的产生，曾尽过力的人的总数，在二百万人以上。但是，在约莫还不到六百年前，当黑死病扰害英国全土的时候，英国的总人口恐怕也还未超过二百万罢。所以，假定从那时起，并无离婚，也没有混入外国的血统，我们在每人自己的身体里面，就该代表着六世纪以前英国人口全体的胚质和特色了！六世纪这个数目，从个体的生活标准看来，固然是一个长期间，若从胚质的生活即种的历史说来，简直可以说是小得等于无。却是在这仅仅几世纪之间，全人口的胚质，已经完全配合，致使今日生的每个英国人，都因在很久的以前的胚质的物质的连续的缘故，对于其他每个英国人，结着亲属的关系了。

我们若不向过去回溯转去，而向着未来去推测，道理也仍是一样的。如果假定人口总数没有增减，其他条件别无变化，某一个人的子孙，在六百年后，就会超过二百万人。我们依这两个实例，就知道胚质在永远不断的分散和复合的进行。在第一例里面，散在各处的二百万人的胚质结合起来，产生出一个人来。在第二例里面，一个人的胚质分散出去，传到二百万人的身上。所以在今天若有人指着几世纪以前的某一个人，说是他的祖先，那真不过是一个幻想罢了。今日的众人，全体都是从前的众人的子孙。就是遗传性，也都分散混淆了。所以，如果回溯到几世纪以前去，恐怕寻找一个曾经是我们祖先的人，比起寻找一个不是我们祖先的人，还要容易得多。但是，那些子孙已经灭绝的人们，当然不在我们所寻找的范围之内。

这样，我们就得着一个关于种的新概念。胚质，即种的物质的基础，是和地球上其他物质一样，一片一片的分散在各处的。它和别的物质不同之处，就是它虽各自分散在各处，却不是绝对的断绝关系，因为各个分离了的断片，还时时会混入共同的根基里面去。无论那一样的种，都有它自己的统一和个性，设个比喻，好像编成的网一样。每一个网结子，可以代表一个身体，即由胚质生出来的个体。每一个网结子，是由两股不同的线结成的，这个被结成的结子，又伸出两股不同的线出去，更造成新的结子。这个比喻自然是很不完全的，因是网结子是空间的存在物，而我们所说的种，却是时间的存在物。比喻不完全，却是可以帮着说明，在事实上一个种的里面的各个个体之间，都有着或曾经有过直接的物质的联络。无论我们回溯到怎样远的时代去，我们依着两股线的完全连接，可以由一个结子，推到另一个无论什么结子。所以一个种里面的各个体间，必定有一个原形质的连锁，无论到怎样远的地方都不会断绝的。所以原形质和比较单纯的物质之间的差异，就是下面这一点：地球上的原形质的种种模型，一面代表着各个不同的种，在另一面，每个模型又形成一个可以包含一切分散的断片的有机的统一。

原形质的这种装置的理由或效果，是很明白的。原形质的构造，本是会时时刻刻不断的变化的。它们这种构造的变化，依着那种对于共同根基的不断的混入，都混合到全体胚质里面去了。它们把自己享着的变化，贡献给种的全体的变化了。但是，除非多数个体都受某一个个体的变化的影响，或是它这变化是非常安定优强，这一个个体的变化才会长久继续存在，否则它只是有一时的性质的。在个体变化能够长久继续下去的时候，它的影响很大，可以使胚质全体的性质发生变化。反过来，那些只发生于几个个体上面的大变化，是会陶溶在全体当中，消灭了去的。简单说，原形质这种装置的效果，就在限制原形质的可变性。依着生殖的作用，种的全体才可以保存共通的构造。这个构造，只有在种全体都变的时代，才能够变化，单单一两个孤立的个体的变化，纵然一时发生，也是不久就归消灭的。设如原形质没有这样的装置，动植物就不能像现在一样，分成种种分立的门类了，因为那时每个动物或植物都会各有一个自己本身的独立的构造。如果是那样，种就不会是生命的基础，个体倒变成生命的基础；并且我们就不能照今日一样，得着一个细分为门，科，属，种等等的比较明显的分类；在生物学的全分野里面，关于构造机能各方面，一定也就会有一种纷然杂呈，多到不可想像的差别，同时无论怎样的天然的分类，也就不会有了。

关于趋异的种种原因，现在还不知道。我们只晓得，原形质的构造不大确定，易受变化。至于这些变化的实际的原因，犹如前章说的原子构造的变化的原因一样，谁也不晓得。好像星界的进化上某种时期，特别可以促进某种形态的物质的发达，这时期一过，这个物质也会消灭似的。如果那样，原形质即生命的发达，就是星界进化上某种时期促成的，但是，因为原形质比其他物质更复杂些，更有较多的应化可能性，所以它的复杂的化学的并物理学的构造，很易受外界变化的影响，比起较单纯的无机物，是特别不安定的。

我们把趋异的事实看看，觉得种的起源，越发分明了。少数个体把它们的新的趋异，送到胚质共同根基里面去的时候，如果这个新的趋异是非常有力而且安定的，它一定不容易就被溶消，倒会逐渐把它自己影响到种全体去。也许这样就成了一个种的起源罢。有时种的一部分，依地理的或其他的原因，也许会和种的其他部分完全隔绝。在这时候，胚质就会分为两个支派，各不相关的向自己的方面去发达。如像英国斑的麻色鹳鸰和欧洲大陆的白鹳鸰间的很小的差异，以及英国的斑鼠雀和爱尔兰的斑鼠雀间的差异，就是因为隔离了的胚质的两支派间，停止了相互生殖作用，各自独立进化而成的。也许这样又成了一个种的起源罢。

原形质存在的形态，是细胞。细胞是一种形似哲利糖的小球。这样的单细胞，把它所接触的营养物质吸收了去，就渐渐长大。长到了某种一定的程度，就会停止成长，正中的一部分渐渐紧缩起来，好像被捆着一样，最后就分成两个细胞了。这样生下来的儿细胞，也照样长到原来的母细胞那样大，也各分而为二，照这样，一直无限的分裂下去。所以最原始的生命的形态，只是单细胞。在单细胞时候，还没有身体细胞的存在，生殖作用全靠两个有机体全部合而为一。到后来渐渐进化，情形就不同了。细胞虽也像从前一样，时时分而为二，却是，分出来的儿细胞，并不完全分立，仍有一点粘着，到后来，分裂而加以分裂，这些粘着的细胞，就结成一个全体互相维系在一起的细胞团。和这种新的现象同时发生的，还有细胞机能的分化，就是是，各个细胞，已经不是完全同一的东西了，它的构造和机能，都相互不同了。有种细胞变成专去收取漂在附近的食物，有种细胞变得专去消化这个食物，有种细胞专做柔嫩筋肉的工作，有种细胞专营神经的作用，细胞的大部分都受了某种变化。把它们集合起来看，就成了身体或个体的体。但是，此时也还有极少数的细胞，依然保存着原始的性质，这就是胚质。

最初的有机体的单细胞，在它一身之内，具有营养，生长，生殖，消化，排泄，等等生存上所必需的一切机能。这种单细胞，在极初步的形态下面，具有筋肉，神经，感官，血液循环等等性质。但是，到后来，细胞分裂后相互粘着，成为一团即一个殖民地的时候，某种细胞一面变成某种机能专门的细胞，一面就把担任其他机能的能力失掉了。就是说，它的特种机能的增加，是随伴着它所有的其余机能的损失的。所以细胞的发达这句话，含有两面意思，一面是某种性质的获得，一面是其他各种性质的丧失。所丧失的性质当中，那种产生和自己不同的细胞的能力，也被包含在内。通常，凡是已经化成专门的细胞，只能产生和自己相同的细胞，所以这些专门化了的细胞，除了若干例外之外，都已不是代表胚质的全性质的东西了。这样，才发生了殖民地全体的相互依赖的关系，所谓自然的死的现象，也才发见了。不过，无论在这时候，或是在全进化的程途当中，自然的死的现象，却只是已经专门化了的身体细胞的性质。诚然，生殖细胞也会死去，却是它并无必然的死去的倾向。因为它的生命就是种的生命。专门化和相互依赖的程度，是随着进化的程度而进的。所以进化越高，专门化和相互依赖，也越发要变成绝对的。一直进到了高等脊椎动物时候，它身体的一切部分，都和这动物的特殊要求非常适合，只是这动物的生存，却全靠在无数的种种不同的专门化了的器官和组织的密接相互关系上了。

其次，从我们人类的狭隘的观点看来，在动植物上一个最重要的事实，就是我们叫做合目的性的那个东西。这个东西，好像是可以制驭动植的全组织。无论是动物，是植物，它的构造，都好像是一个极复杂的机器，专为特种目的即个体保存的目的而造出来的。并且这个目的——个体保存的目的——又好像专为另外一个更大目的即种的保存的目的而存在的。有机体的差不多全部分，无论哪一种部分，都很能够适合于全体生命的成长。自然不是全部分都这样，因为也还有一极小部分的构造和机能，现在是毫无用处，在从前也不曾有过用处的。这种构造和机能，只算是进化途程上的偶然事件，偶然产物。但是，从全体看来，有机体确是一个极合目的装置，差不多它的每一部分都是很明白的顺应着一定的目的，并且这些顺应总计，也仍是很明白的顺应着一定的目的。那种巧妙的程度，非常瞩目，差不多可以称它为奇迹。所以从往古起，一直到近时为止，简直把它看成一种实际的奇迹的发见，也是无足深怪的。从前的人，曾以为每个个体都是某一个有无限的力量和智慧的主体特别创造出来的。没有教育的人们，遇着难说明的现象，照例是请出一位神来，说这现象是神造的。这样的神，长远的生在人类的想像之中，直到这些现象已经可以拿天然的原因来说明的时候，还依然存在着。人类固持着这种信仰的程度深浅，可以拿去测量他们在这个信仰外能不能有另外的思想的能力。但是，单单拿除此之外不能够想出别的说法的理由，并不足以证明他那一种说法就是对的。尤其是在现在研究的这样复杂问题上面，那样的理由，对于他所主张的说法是一点也不中用的。有机体为什么有那样巧妙的顺应？对于这个问题，恐怕我们只有答应说，不知道。除此以外，是难有别的答复的，因为我们的研究越往前进行，我们越会发见我们知识的渺小，恐怕我们人类知识的最高发达依然是苏格拉第的所说的“我们不知道什么”罢。但是，要知道我们这种表示自己无知的告白，却只是一个很深的研究的产物。原始的人类，并这个也不知道。他们的研究和兴趣的范围，实在极其狭小，在这狭小范围之中，遇着什么不能说明的漏洞，他们就拿神去搪塞。他们也发一些疑问，他们所问的，他们都常常能够答复，因为他们在找不着自然的原因的时候，他们能够平然无慊于心的把一切都归于超自然的原因，即归在神的上面去，他们的事情就算完了。他们并不知道什么叫做无知。

在文明人当中，疑问的范围，比野蛮人大得多。却是在这里也是一样，许多人都不感觉着自己的无知。他们知识上的漏洞，也是拿种种的神，或唯一的神去搪塞。他们几乎对于有哲学意义的重要问题，都准备给它一个解答。如果他们对于无论某种现象，知道一个自然的原因，他们固然愿意采用它，但是，若是他们找不着什么自然原因，他们便不肯作进步的努力，动不动就把问题推到神身上去，好像神就是其次的解决困难的最好方法一样。像这样的神学的思想方式，都错在它根据着一个假定，以为人类应该知道一切前事。科学的思想方式，恰和这个相反，它是由人类不知道什么的前提出发的。固然这里那里，他也多少知道解答某种问题。但是，这只不过是对于不知道什么的原则的一个例外罢了。我们疑问的范围越宽，我们不能解决的问题也就越更加多，致使能够解决的一个两个问题，变成了很稀少的例外了。我们越研究，越会被我们的无知的重量压倒。那些爱拿神去填他们知识的漏洞的人们，只管去填罢。但是他们却应该有一种觉悟，应该知道，总有一天这些漏洞不须用超自然的说明，只用自然的说明，就可以填补起来，到那时候，他们的神必会被驱逐出去，要变到无家可归，到处漂流的。像这样，种种的神已渐渐由他们自认为自己范围的领土被逐出去了。这样的事实，真算得全历史上最有兴味的教训的一个，它对于今日神学思想的信仰的失坠，是有最大的功劳的。

总而言之，那种主张种是特别被创造的东西的学说，在前世纪，已经被达尔文的天然淘汰说打破了。达尔文的天然淘汰说，是建筑在遗传，趋异，生存竞争三根柱子上的。达尔文以为种这个东西，有一种趋向，无论朝哪方面，都同样会发生趋异。不过其中某种趋异虽对于个体的生活很有利益，另一种趋异却对它反有不利或对它毫无关系。达尔文又以为，各个种的内部，有很激烈的生存竞争，所以结果弄得属于各代的个体的大部分都不待自然的死而早死了。在这个生存竞争中那些偶然具有便利的趋异的个体，会比其余个体占得较有利益的地位，所以，平均说来，把它们的生命延长到生殖年龄的机会，也就较多些。所以，其次各代的各个体，越发有从这种具有便于保存生命的趋异的个体当中，发生出来的倾向。这种趋异，依着遗传的作用，一代一代的传了下去，最后就成这个种的全体的特色。这就是天然（自然）淘汰说，若用斯宾塞的话，就是适者生存。

自然淘汰这个东西，很明显的，是和生存竞争的严酷有关系的。下面一个例，就可以表示生存竞争的作用如何严酷。普通的蝇，每下蛋一次，约有一百二十到一百五十个蛋。普通在一生涯间，每一个蝇要下五六回蛋。在极热的时候，蝇的一代，约莫有三星期，这就是说，新生下来的蝇蛋，在三星期之内，可以变成大蝇更去下蛋。现在假定所下的蛋都完全变成蝇，并且其中一半是公蝇，一半是母蝇，每个母蝇都照普通的数下蛋，并且假定每一个夏天，蝇可以发展六代，那末，在每个夏天的末尾，每一对蝇的子孙的数，就会达到一个很可惊异的数目，假如能够把这些蝇子孙压榨成为一个固体的蝇块，每一立方英寸里面，压有二十万蝇，全体的蝇块的体积就会达到二十五万立方英尺。但是，在实际上并不见得蝇的数目是一天一天增加着。因此，就可以想到，在这无数的可能的虫子当中，能够活到下次的繁殖期的，平均只不过两个，其余的全部遭着“不自然的死”了。据达尔文的学说说来，利于生命保存的趋异，就是从无数的蝇当中，决定那两个蝇应该活到来年的原因。但是，关于这一点，很难令人完全相信。就上例说，生存竞争，非常激烈，差不多一切可能的个体都因此倒毙。个个虫子决非环境的敌手，环境的压倒的力量是非常优势的。在这种状况下面，小小的趋异（因为达尔文原假定趋异是小的）果然能够在这样决死的竞争当中，决定生死的差异吗？我们不如照达尔文以后的生物学家所说，假定所谓偶然趋异（Mutation）即较大的遗传性的趋异才真是自然淘汰的基础，反能够容易说明自然淘汰的作用。所以我们且举一个实例说一说。

在小水动物之中，有一种叫做桡脚类。这种动物的雄的，都有一种变成长鞭形的前方触手，这是在母的逃走之际，当作索子，投在母的动物的颈上去捉拿它的。这种触手的构造，对于生存，明明是有利的。最善于捕拿母动物的雄，自然可以多生具有父母特质的子孙，没有这种触手的雄，却只有很少的子孙，不久就怕要完全灭亡。在这个例里面，哪怕是一个小小的触手的改良，只因它能使捕拿母动物的工作易于奏效，所以也能够对于有这种触手的雄，比没有这个的雄，多给一些生殖的机会。这是很易理解的。这样看来，哪怕很小的趋异，也许变成固定的趋异，渐渐依遗传的作用而越发增加。

自然淘汰说不能完全说明有机体的进化，在今日已成很有力的意见了。生命这个东西复杂得令人惊叹不可想像，它的构造和机能二者的调和相辅，也是微妙精巧得非常的。所以拿自然淘汰说的单纯明白，和这学说所自认为能够说明的事实比较起来，我们觉得它很不相称。此外，自然淘汰说当中也还有许多困难。自然淘汰说又假定说，每个有机体的构造，对于那有机体的生命保存，都有若干价值。但是，举例说，就是单拿一个哺乳动物来看，它的专门化了的部分，非常之多，如果这些部分一个一个都是由自然淘汰发达出来的，那末，它所要的进化的时间，就会大到地质学上所不能允许的那样大。况且有机体的一切构造，也并不是都有生命保存的价值。例如拿两种非常相似的鸟，即山莺和庭莺来比较比较看，两种东西，都是莺属的鸟，它的构造和习性都非常类似，就是它所发叫声，也类似得不易听出来。所不同的，只是它们当中，一个在头上有一黑冠，一个没有。如果自然淘汰可以包含一切构造，这个黑冠也就应该有一个存留下来的价值，没有这黑冠的个体，也应该随这个价值的存在而死绝了。若把自然淘汰说，彻底主张起来，上面说的应该是对的。但是，如果黑冠对于山莺，是一个有致命的必要的东西，那些从头起到身体全部止，都具有同样的灰色，只是没有黑冠的庭莺，何以会那样繁殖起来呢？我们或者应该想像，庭莺还有某种我们所不知道的顺应作用，所以虽无黑冠，也能生存吗？或许是那样，也未可知。不过要知道，除了拿去拥护达尔文的学说的唯一目的之外，那样的想法，是一点根据也没有的。并且还有一层，雌的山莺何以没有黑冠，倒有红冠？而且在孵卵期中，这冠的黑红二色，还会互易。这样看来，头上的冠的颜色如何，好像对于个体本身，是没有什么重要关系的。简单说，上面这个实例虽还没有把自然淘汰说打破，却已证明，自然淘汰说太过于夸张事实，超过我们在实际上所观察的范围了。在此外的许多实例里面，也是一样，要想维持自然淘汰说，就不能不夸张事实，以致把这个学说，越发陷入很深的怀疑之中。弄到最后，竟不免要家克罗布出来指示，有种种动物的性质，都对于有机体毫无用处。

为纠正自然淘汰说的这种矛盾，曾经有种种修正说提了出来。有人说：一种构造，也许现在可以对于个体毫无价值；因为也许这构造就是一种曾经有过价值的构成的存留物，它现在已经失了它的用处，正在消灭的途中。如像鲸鱼或蛇的不完备的脚，住在土洞里的甲壳类的眼，就是一个例子。再不然，也许是这样：一种构造，也许在现今和过去的无论什么时候，都不曾有什么价值，而只是和某种在现在或过去确有价值的构造，有必然的关联。但是，如果采用上面这样的说法，我们就已经离开自然淘汰说的万能范围了。况且，除了拿去维持自然淘汰说之外，我们毫无理由去想像那种必然的关联，所以这种说法，只不过一个纯粹的假设而已。这种说法也许在事实上是对的，真能和它所预期的完全一致，但是，现在还没有详细的证据，所以我们不能够断定它是对的不是。我们越把自然淘汰说详细研究，我们越会遇着许多没经证明的假设，到最后，这些寄生的假设的过重分量，动不动就会把他们所想拥护的中心学说，沉没到水底下去。

总而言之，自然淘汰说的伟大而永久的价值，多多少少已被一些拥护人的夸大的要求，弄暗淡了。在十九世纪半中间，一般通俗的信仰，都以为有机体的一切部分，都有某种的效用。达尔文对于这个假定，毫不研究，就把它接受了，并且在这个基础上面，建筑了他的学说。他的学说，在许多方面都和一般通俗的意见相差，因此，很受了猛烈的攻击。但是，大家知道，达尔文所说的是对的，因为达尔文学说的错误，并不在它和一般通俗见解不同的部分，倒在它和一般通俗见解一致的部分，即那些因此未受攻击批评的部分。通俗的见解，从头到尾，都是错的。自然淘汰说确是第一的渐近真理的东西，却不幸，被他的学徒们，把它当作全部的真理，喝彩起来了。自然淘汰说的论敌，虽曾拿神话学的根据，对它大加攻击，却是，不但没有攻破它，倒反弄强了它。

所以，纵然自然淘汰算不得促进有机体有用的构造的发达的唯一原因，自然淘汰说到底是很可佩服的。这个学说的真正价值，不在它表示进化的原因，倒在它说明了动植物的构造何以能够那样有合目的性。因为自然淘汰说指出了，动植物的构造是必然的不能不有合目的性的。即使假定趋异这个东西全然是偶然的，一切确实不利于生存的趋异，自然也会消灭。因为，很明显的，具有这种不利的趋异的有机体，是不能够生存的。其次那些也不利于生存，也不碍于生存的中性的趋异，也有相当程度的消灭倾向。因为无用器官的保持，在生存竞争上，必然的会多一层累赘。一则它需要摄取营养分，二则需要带着它满处跑，在有机体看来，只是一种负担，毫无相偿的利益。不过，这种无用的器官，常常也会像山莺的黑冠一样，对于有机体，并不加以特别重的负担，在一切这样的时候，自然淘汰当然是没有活动的。这样，自然淘汰确能明示，一切动物植物的组织何以都会立于合目的性的基础之上。假如它们不是那样组织成的，恐怕它们决不能进化罢。自然淘汰并不是进化的原因，倒只是进化的一个条件。自然淘汰，在大体上，是限制进化，使它专向我们叫做合目的性的结果的一方面去的。它把进化的其余方面的可能的发展，完全遮断，只留着这个方向，一切不向这个留下了的方面发达的有机物，只有死灭。自然淘汰指明了，合目的性的组织只是由盲目的物理的法则做成功的。这一点也是很有哲学的意义的。动物植物的组织所以有合目的性，只因它们不能不有合目的性。它们若不照那样组织，它们早就绝灭了。

进化的真正原因，和趋异的原因一样，现在还不知道。关于进化的原因，曾经有种种的说法，其中常被人信服的，是这样说：身体的变化可以被遗传，并且凡是直接对身体发生影响的环境，可以使胚质变化。但是，这个说法现在已被一般人抛弃了。就目前的状况论，关于进化的原因，实在已经被我们知道的，是非常之少的。我们在目前还不得不只以进化的事实自满。

生命最初是怎样发生于地球上的？这是被许多人议论过的。最通俗的学说当中的一个是这样说：天空中时常不断的有许多陨石落到地球上来，活着的胚质就是由这种陨石带来的。这个学说碰着许多困难，所以阿礼牛提出了一个修正说。他说，胚质不是附随着陨石来的，乃是由光的放射压力所逼，通过空中而来的。胚质本来是极小的东西，所以乘着光波的翼而飞了来，也不是绝对不能想像的事。

但是，这样性质的说明，到底没有一个是满足的。不消说，这样的说明纯粹只是一个推测，并且关于生命起源的思索，本不能更比这样的推测，再进一步。不过，就当作一个推测看，它也是一个很不满足的推测。因为它并未把提出生命起源问题的解答，只不过说明生命如何来到地球上的方法。这只等于把问题由眼面前移往更远一步的地方去，即是说，它不过把问题由地球上移到宇宙上的未知部分去罢了。我们现在且放胆把这问题研究一回。

在我们这个宇宙当中，隔着很远的距离，到处虚悬着的组成体——我们叫做行星恒星的星体——是在无限的时间之中，由星云发生出来的。这是现今一般人相信的。但是，这种进化是怎样进行了的？有怎样的物理的原因使这样进化进行？关于这些问题的解释，却有种种不同的思索。现在我们要考察的，不是这些问题，只是由这样进化生出的产物，就是说，保有非常的高热度的星体的发见。这些高热度的星体，虽然到后来会慢慢变冷，变到和它周围的空间有同样的温度，但是在最初却热得非常。最高热度的星到底高到什么程度，现在还不明白，有人说，恐怕有摄氏寒暖表三万度（华氏五万四千度）。同这个比算起来，我们太阳热度，就应该有摄氏八千度（华氏一万五千度）以上。这固然只不过是一个推测，但是，它的确可以表示，在进化开始时的物质条件，比起今日的物质条件，有非常大的差异。在这些非常高热度的星体中，物质的形态一定和今日我们所看见的，差得非常之远。据分光器的分析，在这些星上面，像现今地球上所有的各种元素，只有仅少的几种，并且大抵都是单纯的轻的元素。加以它们的形态好像又大抵只是一种半长成的胚芽形态，我们把它们叫做原生水素，原生铁，等等。我们相信这些半成元素，也是电子构成的，但是，不见得这些电子的结合，都只是和地球上的结合一样，就只结成和地球上原子相同的原子。在事实上我们已知道，在进化初期的星上面的原始的原子，比地球上最单纯的原子即水素原子，还要单纯。同时我们也不必断定，构成这些星的物质一定是有固体，液体，气体三个形态。因为那里的原子既可和地球上原子相异，由原子构成的物质，也许能够具有我们所未经验过的第四种形态。

进化往前进行，星渐渐变冷，原子的种类和数目，也随着增加起来。铁和金属也形成了，物质的种类渐渐加多了。到了星变成和地球温度相同的时候，就会有和我们所知的极相类似的种种的物质，极丰富的发见出来了。总之，星的分光的研究已经表示着，最初是最原始的原子被形成，其次是稍重的原子被形成，最后像乌拉纽姆，托流姆，拉久姆等那样重的原子才被形成。这些原子，随着条件的继续变化，也会像在今日地球上一样，开始分解。简单说，一种真正的自然淘汰，在原子世界，也是和在有机体世界一样实行着的。也许无论哪种原子都可以被形成，但是，适合环境的，却只有少数原子，只有这些少数适合环境的原子，才能继续存在。在某种时期中，环境对于某种新原子的存在，虽是有利，但是在其后的时期中，若环境变化了，不利于这种原子的存在，这种原子就只有绝灭。地球上的乌拉纽姆现今正走着恐龙曾经走过的道路，将来也会像这个已经绝种的爬虫类一样，完全绝灭，并且在大体上是依着哲学的物理学上的同一理由。假定我们人类不是由原形质而是由乌拉纽姆构成的，恐怕我们就会把“合目的的”这句话，不用在有机物质的反应上，倒用在乌拉纽姆的化学的性质上去了。

这些星经过一定期间的进化以后，就会达到一个恰和我们太阳的进化相当的阶段。那时，这些星也和我们太阳一样，是一个由物质和物力构成的狂暴的漩团，有灼炽的热，有极强的光，虽隔一万万英里，也难睁眼去看它——在它的表面上，时时有气体的大喷出，在每十秒间，可以达到三十万英里的高度。在这样的一个地方，当然不会有生命的存在。

现在我们再注意到地球罢。随着冷化作用的增加，内部和外部分化起来，就现出一个外壳。这外壳，在最初是极薄的，只浮在气体的大洋上面，时时还被戳破。后来，一些由水蒸气凝成的浓云，把太阳的光线遮了，狂暴的飓风在地球表面上吹着摇着，同时酸性的热的雨也不断的降下来，成为洪流，后来积在一起，就成了地球上的大洋。更后一些时，地壳就变硬了。但是，在地壳下面不远的地方，一切还是在溶解的状态中。在这溶解时代，金属等重的物质，大部分都沉到更深的内部去了，在表面浮着而凝结的，只是那些石英或长石一类的轻的物质，便造成了广大的花岗石的原野，在这原野上面，时常有水流着，聚到低处去。

生命的起源这个东西，就应该在这个时代去搜寻了。这时候，空气已失掉了水蒸气的大部分，浓云被拨开了。太阳才开始照着新形成的地球外壳。地壳的温度，已经下降，比沸腾点低得多了。这样，一种新物质——我们叫做原形质的物质——的组成条件就已经成立了。我们又何必向宇宙的到处去搜求生命的起源呢？无论生命是在什么地方发生的，它的生存条件必定是和现在地球上存在的条件，没有多大差别的。我们何必用那种外来的假定或地球外的起源呢？我们一方面知道地球是适于生命的发达的，我们一方面又没有观测上的证据，可以证明在宇宙的别部分也曾经有过适于生命发达的地方。现在我们为要主张生命外来说的缘故，却第一不能不假定宇宙上其他部分，也有适于生命发达的地方，第二不能不假定胚质是通过空间，输送到地球上来的。这样的假定对于问题的解决，并无丝毫用处，却只附带着许多困难，我们何苦去采用它们呢？不如认地球上的生命是在地球上发生的，倒反比较简单，又用不着那样多的假定，并且比生命是在地球以外发生的那种说法，更易理解，又没有附随着许多不能解决的，如像生命如何横断空间到地球来那种困难。

主张生命外来说的人的真正理由，只不过希图利用生命从无限的过去时代起即已在某处发生这种假定，去回避生命起源问题的困难罢了。实则生命这个东西，原不过是对于原形质的物理化学的性质的总计，所加的一个名称。原形质这个东西，在一切物质中，算是最不安定，最易死灭的，我们怎么可以想像它能够由无限的古昔起就开始存在了呢？比原形质简单得多的许多物质，尚且要随着环境的变化，时而形成，时而分解。难道原形质独独抵抗着宇宙进化上的一切事变，存留到现在吗？如果是那样，比原形质还简单的无机物，就应该更是那样，由古昔存留到如今的了。这个宇宙，在无限的远代和在今日应该相差不远了。假如宇宙上有一个生命原理，有一个生命的本质，那末，也许生命能够是从远古以来就永远存在的，因为那样的生命也许含着一个无所不能的特性。但是，如果生命这个东西只不过是原形质的表现，生命永远存在的说法，就变为荒唐无稽了。

现今我们找不出一点证据，可以拿来证明，目前还有某种新的生命从无机体里面新发生出来，这是毫无可疑的。在事实上差不多的的确确，在地球上新的某种生命，至少某种用显微镜看得见的形态的生命，是并未发生着的。但是，这个事实并不能够拿来决定，在古昔地球表面和今日完全不同的时候，在那种完全不同的条件之下，有无新的生命的发源。因为这两件事，是毫无关系的。总之，对于这件事，既无一点什么证据，那末，最简单最富于概然性的假定，当然就应该是有机物的形成和无机物的形成是按照同一原理的这个假定了。在星体进化的初期，存在的物质，种类既少，性质又粗浅。稍后一点，物质种类才加多，性质才变复杂。到了炭素化合物被组成的时候，才发生了蛋白质，它的性质，比从来所有一切物质，都较富于变化，都较复杂些。这种极复杂的炭素化合物，谁也不能够认它为一种用特别和其他元素化合物不同的方法形成出来的东西。除非抱有极端的神话学的偏见的人，才这样推想罢。

当那地球表面刚刚变成可以维持生命的时候，那些初步的原形有机体，应该比今日看见的最单纯的有机体，还要单纯得多，这是很可以相信的。在一切简单的动物当中，最为简单的，是低级的阿米巴，但是，就是这种阿米巴，它也具有一定的构造和固定的生理。它有一个核，一个伸缩胞，它的内部和外部已经分化，营养和排泄的机能也很精巧很专门化。这样的阿米巴，比起它祖先的无机物，已经进化了不少的路程。它一定是长期间进化的产物，不过它从前进化的状况，现在已经全然灭绝，无从考察，再不然，就是太过于细微，不能用显微镜去观察出来。我们可以很合理的这样推想：生命的起源就是原形质的原始的微点，它是很小很小的，它的构造上还看不出什么分化的痕迹；要从它发达成一个像阿米巴那样大小的并像阿米巴那样具有专门化的性质的动物，恐怕要经过许久许久的时代。实在说，就是今日的地球上还有新的某种生命的发生，要想靠显微镜去看它，恐怕未免希望太奢罢。

生命的萌芽一旦发生之后，在动物和植物的生命中间，不久就发生了很大的差别。动物和植物是不是就算生命的两个唯一可能的形态？在地球以外的行星或宇宙的其他部分上，是不是还有形态全然不同的生命的发达？这是我们不能够下断语的。在宇宙的其他部分，也许还有其他形态全然相异的生命的种。总之我们所确知的，就是在这个特定的行星上，只有两个主要的生命的形态，我们把它们叫做动植物。动物和植物的进化记录，现今还在化石的形态下面被保存着。这种记录的开始，不算顶早，它是在动物体中分泌石灰的习惯累积起来，发生了能够经几个地质学的时代之久的坚硬骨格以后，才开始记录的。到那时候为止，主要的无脊椎动物虽早已存在，但是，它们进化的历史，已葬送在悠久的过去的神秘当中，无从考察了。脊椎动物却和这个相反，它们这时刚刚开始它们的生涯。据今日一般承认的学说说来，脊椎动物不是在海里发生的，倒是在陆地的流水当中发生的。不管怎样，总之，它们那时的呼吸，是靠着鳃的。它们后来由水中生活移到了陆上生活，这种生活的变动，一定曾经是它们发达路程上的一个重大的危机。这种变动恐怕是因为遇着一种非常干燥的时期而发生的。这样的干燥时期对于那些能够离水中而生活的动物进化，一定给了一种很强大的刺激。现今所知道的最初有肺脏的鱼，是属于地质学上所谓前期德蕴纪的时代的。这样的鱼，怎样会离水上陆居住，现在不能精确知道，只成为凭空思索的题目。但是，它们失掉了鳃，生出了肺，就开始呼吸空气，跑到无水的陆上来，这却完全是事实。

到那时代为止，还没有发见什么陆上的脊椎动物的痕迹。到了后期德蕴纪的时候，才在岩石的上面，发见它们的足印。这就是我们知道的最古的足印。照这脚印看来，那时的动物至少有四个足指，第一指和第二指是非常大的。到了干燥期后的润湿期，这些动物，繁殖得很迅速，池沼地，丛林，以及在几百万年之后对我们供给煤炭的那种当时的大森林，都成了它们的栖息的地方。它们具有像铠甲一样的防身具，它们的形状好像一个巨大钝重的蝾螈。它们和水中的旧巢，并未完全断绝关系，在生子的时候，还是跑到水里去，所生的子仍然有鳃。

但是，新干燥期又到来了，河水开始干枯了，两栖动物越发难于寻找到充分的水去达它生产的目的了。它们被这样状况所迫，不得已就渐渐和水隔绝，完全行陆上生活了。爬虫类恐怕就是这样发生出来的。爬虫类可以分为两个主要部门。一个部门成为恐龙和鸟类，另一个部门成为哺乳类，最后更进为人类。爬虫类的这两个部门（恐龙或者是例外），大概到了前期二叠纪的冰河时代，才有热血。它们被这个热血的保护，才抵住了当时严寒至极的气候。在最初时候，哺乳类并没有一点征兆，可以预先表示它们后来的伟大，因为它们只是一种很小的动物并且胆子很小，看见食肉性的爬虫类，就要慌忙逃走的。在中世代的很长时期中，恐龙（多半都不是食肉性动物）都曾经是地球上的王。它们身体庞大，并且具有高级的器官，所以能够完全管辖地球的表面。我们的祖先哺乳类，看见了恐龙，就忙忙向附近的羊齿或苏铁等茂丛中逃避，这是我们可以想见的。当这个时代，设若有其他行星上的住民，来看看当时的地球，并且设若他偏爱目的论的说明，他一定以为那种拿两只后脚走着的大恐龙就是万物之灵长了。他一定会说明，那个时代完全是恐龙的时代，其他种种小的，生着毛的，用四只脚逃跑，还是很易被擒的动物，都是全知全能的造物主为维持恐龙的生活，特地创造的了。他一定不会相信文明人的那种目的论的学说——那学说主张着，地球，爬虫类，其他一切形态的生命，甚至于太阳，月，星等等，实际上都是为这些生毛的四足兽当中的某一种，即是说为将来偶然变成人类祖先的某一种的利益，并专为这个目的而被创造的。

从那时代起，更经过几百万年，中世代也完了，爬虫类衰微起来，失掉了它们的势力，才给哺乳类时代留下一个活动的自由的余地。爬虫类的西诺董一属怎样就进化成为哺乳类，现在还不知道。但是，就是在这种进化起了以后，哺乳类也因受了爬虫类的压迫，照前面所说，在进化程途上有了一个长期间的停顿。这种太古的哺乳类的第一时代，直到地质学上所谓第三纪始新世的时代，受着稍微近代化了的哺乳类的侵入，才告终结。其后也有好几次的侵入，好像都是从北亚细亚来的，至少也是从北极圈附近地方来的。从那时起它们由北向发展，再经过一两次的侵入之后，就到了猿的全盛时代，接着，更来了一种将来要进化成为人类的动物。这种动物大概是在中央亚细亚，由吉朋猴那样的树上猿进化出来的。总之，这种动物的出现，从地质学上说来，还是一个极近时的事件，大概是在最后的冰河时代的初期发生的，所以大概是发生在约莫十万年前。关于地球的年龄或地质学上各时代的年数，列举出数字来，本是无益的事，因为我们关于这种东西只有一种推测，还没有得着真正的知识。但是，为要得着种种事件的比例上的大体观念，推测这个东西也不见得毫无用处，只要我们不把假定的数字，看成对于事实的真正的指数，就不会出大毛病了。从这种观点看来，我们可以照地质学上的办法，把地球的年龄，推定为十万万年。如果假定地球年龄为十万万年，爬虫类时代就应该定为从约二万万年以前开始，共继续了一万万年以上。假定哺乳类的时代是从五千万年以前开始，那末，无论我们的数目怎样不正确，由猿到人类的进化只是极近代的事这一点，却是极确实的。

说到这里，考古学的记录，就要取地质学的记录的地位而代之了。第一原始的石器被发见了，这是一片具有奇怪形状的燧石，到底是人类造成的不是，还不知道。其次是古代石器时代的石器，这是一个粗糙的燧石器具，明明是人类造出来的。在这时代，欧罗巴洲的表面，和现在大不相同。英国是沿着它的东境和南境，和欧洲大陆连接着的。现在的北海，在那时只是一个大谷，莱茵沿着这谷流着。和它的支流先姆士河合流之后，增加了水量，在离法罗群岛不远的地方，才流入海。今日的英国海峡，在那时也只是一个谷，赛因河贯通这个谷之间，流入了大西洋。那时的地中海当中，有一条地峡横着，贯通西西利，把欧罗巴和非洲联结着。恐怕欧罗巴还是依着贯通爱斯兰和法罗群岛的一线地方，和格林兰联结着。大冰河时代一告完结，掩着欧罗巴全洲的冰，都一时消退，剩下的地面，就变成温和的气候了。在那时的英国，到处都有象和犀徬彷着，河马常在先姆士河里洗澡游戏，野牛，野鸟，鹿，以及具有剑齿的虎等等，都是很普通的动物。

但是，冰又慢慢跑来了。河马和其他住在温暖地方的住民，都敛形匿迹，叫做曼莫士的大象，却替代它们繁殖起来了。其他像驯鹿，麝牛，穴熊，北极狐，旅鼠等，也很繁殖。人类最初的穴居，大概也是因为天候渐渐变坏，冷气逐次加增的缘故。他们在洞穴，描着很可惊叹的画，现今还可以看见。在法国皮勒内山脉的尼卧山的洞窟里面，还有人类的足印留在沙上，不晓得是几千几万年以前留下的。但是，好像那时候的优胜的人类，却不是美术的。据他们留下的骸骨看来，好像他们的鼻大得非常，上嘴唇是突出的。他们的眼睛上面特别的高，他们的额却是往后退缩着的。他们的颚，大而且厚，尤其是下颚，因为他们没有下巴的关系，更形容得是那样。智牙在今日的人类虽是臼牙当中的最小的，那时的人的智牙，却是最大的。

这些原始人当中的某一部分，好像还具有很大的脑髓，比现在欧罗巴人的脑髓还要大些。他们为要保护自己，免受大冰河时代的严寒的蹧踏，一定也需要那样大的脑髓。火是什么时候发见的？从什么时候起，开始用言语交换思想？现在都还不知道。但是，无论如何，美术的古石器时代的狩猎种族，至少总在七千年以前，被新石器时代的种族驱逐了。这些新兴的种族，耕了土地，养了家畜，并建筑了近代的家屋。有时还像格拉斯登伯利的湖上住民一样，把一些柱子插在水里，在上面建筑了家屋。他们的器具，虽然也还是燧石或绿石做成的，却是已经常常打磨得很好，出现了很高级的技术。这时，冰河时代已过，气候变温和了，欧罗巴洲那时是一个很丰厚的，水气很多的牧草地，到处还带着有泥炭地和森林地带。

铁的使用法最初被人类发见，大概是在北非洲。年代虽还有可疑，恐怕是在六千年以前罢。铜器时代起而代替石器时代，恐怕就是在那个时候，也许是稍迟一点，在斯登亨治的大石被立的时候。在被罗马人征服的时代，古代不列颠人已经在铜器时代了。罗马人自己却已经于数世纪前，由铜器时代移到铁器时代了。从这时起，考古学的任务就被历史学替代了。书写计算的技术，已被发明出来，人类的美术的天才，突然开为希腊文明之花了。希腊的文明发见得固然很快，却是经过很短的生命之后，消灭得也很快。从希腊文明当中，发生了哲学，并且发达到了一个可惊的程度，可惜，在一千多年之间，重被野蛮和宗教压坏了。但是近世史一旦开始，光明又辉煌起来了。印刷术被发明了。哲学，科学和艺术，都慢慢发达起来，最后就到了今日的状况。科学的进步是有累积性的。科学的天才，是不死的，不像艺术的天才会随人消灭。这种科学的天才，是一切人类所有物，所以各个时代的人，可以站在比前一时代较高的地面上，去进行工作。

因此，我们就得着这样的结论：生命就是一个对于原形质的若干性质的名称，生物学就是说明这种极复杂的物质的物理化学的反应的科学。原形质是和其他较单纯的物质一样，受着进化的作用的。原形质的种种变幻不可思议的形态，只不过是在它内部的奇妙已极的分子所具的复杂性质的向外表现。我们已经把生命研究过了，却还没有研究到意识。意识这个东西，在它的构造上，好像和其他一切种类的现象，都大不相同似的。关于物质和精神的实际的关系，且等到后面各章再述，现在不能不讨议的问题，只是意识这个东西到底是在宇宙进化到了什么程度的时候才开始发见出来的问题。

意识所在的地方，必有生命，但生命所在的地方，不必定有意识，这就是那好像最有道理的信仰。实则我们看见，这生命和意识两种东西，在机能上的关系，比在构造上的关系，更加密切。因为无论哪一个原形质的单位，如果在它里面的物理化学的作用全然停止着，它便是死的，不是活的了。种子和芽胞，在表面上好像并没有什么变化，其实它们也是始终在变化的途程当中。不过变化很慢，所以它们可以保存到几年之久而不失掉发芽生长的能力。世人常常传说，同埃及的古时的木乃伊一起保存着的种子，还依然有发芽的能力，这种话在今日，大家都知道它只是一个神话了。因为，无论在表面上怎样现出无活气的东西，如果它是活的，它必是有某种生理的作用进行着，如果把种子的发芽阻止，搁起来，不到几年，它就会完全失掉生活力而死去的，生命的征候，就是不断的生理的变化。造成生命的，不是构造，倒是机能。这个真理也可适用于意识上面去。意识不是物，倒是作用或作用的集团。

生命就是对于原形质所特有的物理化学的反应的名称，如果这些反应没有了，生命也就完了。不消说，无论在什么时候，机能当然是根据构造而来的，一切机能的下面，都有构造存在着，并且反应的停止，也就是说原形质内的分子有了变化。既然生命的概念和意识的概念在大体上相类似的，难道我们就不能够推论到生命和意识的起源，也必定是相类似的？我们既然把生命结合在原形质的反应上去，难道我们就不能把意识也结合到某种特别物质的反应上面去吗？自然是可以的。近代的心理学家，无论是谁，都一致承认，意识是和神经系统有特别的关系的。我们叫做意识的那个东西，在客观上看来，只是脑髓当中某一部分的活动。神经组织的特殊的物理化学的反应，是和一切形态的意识相伴随的。这些特殊的反应在实际上就是意识，恰和原形质的特殊反应就是生命一样（关于这些，我们在后面还要详说）。总之，无论生命也好，意识也好，决不是于这些反应之外另有一个独立的存在物或独立的实体。不过我们的见解过于拿自己作中心，太被利害关系所拘束，所以不易理解这个根本的一致罢了。

关于这种根本的一致说的正式的论证，且待后面第六章再说，现在这里不过因为要说明意识在进化途程上的发生时期，我们特附带说一说。意识这个东西，是和神经系统同时发见的。但是，就是原始的阿米巴，在它身体的各部分，也未尝没有原始的神经机能，所以我们不能不推定，意识的起源，是从动物生命的最初时期起的。在实际上，除了这个假定之外，也很难找出别的假定去替代它。进化好比是由前原生动物起直到人类止，连接下来的一条完全的铁链子。在这个全期间中，胚质都是保持着它的个体的物质的连续的。并且在这进化的全期间中，也未尝有过一种新的胚质发生出来，只不过旧的胚质时常变化着它的化学的构造罢了。无论在进化的哪一个时期，我们都不能够发见过完全新的东西的来临。所以意识的萌芽或意识的可能性，是从进化的最初就有了的。

前二章的结论，可以缩约如下：在我们所知的范围内，存在物的最后的不能够再变化的单位，是电子。电子也不是物质，也不是物力，但是，物质和物力却都是由电子生出来的。电子可以用种种不同的方式结合起来，随着它结合方式的差异，就可以得着种种不同的原子。由这些原子结合起来，就得着种种分子。这些分子当中，有一部分含着非常多数的原子。这种复杂的分子结合起来，就形成一种更复杂精巧的物质，叫做蛋白质。这些蛋白质的分子结合起来，成为体系，这些体系更结合起来，就得着一种新的物质即原形质。这种原形质的化学构造，极其复杂精巧，和普通实验室里面看见的单纯反应，一点也不相像。这些反应的总计，现在还不是我们化学的分析所能处置的，我们只好把它们笼统的合起来，给它们一个名称，叫做生命。这还不算完事。原形质的分子，很复杂精巧的结合起来，还可以发生另一种不同的反应，这也是一种可以麻痹人类智力的怪物，人类对它，也没有办法，只好给它一个新的名称，叫做意识。

生命和意识的不可思议，是不是还要大过天文学上或物理学上所发见的不可思议？这是很难说的。但是，这一件事却是很明白的。这就是，无论在三方面——天文学，物理学并生命和意识——的哪一方面，我们只要走进它的范围，头一步就会碰见许多事实，都是和日常生活上所见的差得非常之远，可以拿我们宇宙上的极大，宇宙上的极小，并宇宙的极端复杂，来把我们的想像力压倒的。无论在哪一方面，我们的惊叹力，都要即刻感觉得不够用。我们只感觉着，无论在哪一方面，单靠有限的想像力，总是不足以完全描写出一切事实来的。要想把这些事实，都照它的真相，完完全全知道，我们就不得不变成全能的神，甚至于不得不变成神以上的东西。所以我们只得接受这样的结论：不但只是我们不能理解一切这些东西，并且无论在什么地方，也决没有完全能够理解它们的那回事。

第四章　生命机械说和活力说①

目前在精神论和唯物论之间所行的斗争，最猛烈的，要算在生理学方面的斗争。在前世纪里面，二者的斗争在大体上只是限于植物学和动物学的范围。在那时候，唯物论被人看成和进化论是同一的东西，特别是被看成和那主张人类和下等动物同出一源的学说相同。所以当时的精神论和唯物论的哲学的争论，只限于关于事实如何的一个重要问题，并且这一个问题，又是在单单一个科学的范围内就可以得着确实的答复的。那时许多主张造化论的论客，虽然一定也感着了他们的议论含着更大的哲学的意义，却是并没有明白承认出来。造化论主张者确是唯物的思想样式的历史的代表人，种的进化说和种的一定不变说的论争，只不过是从来常常存在的那种可以表示人类最大的意见不合的论争的一个一时的变相。这个道理在今日虽没有一个人怀疑，在当时，却也还没有被他们公然承认。倒是唯心论主张者，反能把种的进化说和种的不变说的分歧的真性

① 原题为活力说的错误。

质，看得清楚，因为他们已经能够一致团结的攻击新学说，硬给加上一个唯物论和无神论的帽子，去毁它。

但是，像这样把这个大论争的范围缩小，使它限于一个科学之内，也是很可欢迎的事，并且是有益的事。因为这样就变成一个事实问题，很容易抓着明白的论点，并且因为凡是事实问题都能够被一些只重事实的科学研究家拿去决定，不会被他们由事实拉扯到他们所决定的东西的更大的哲学意义上去。这些公平的非常练达的观察人，既抱着一切和论点有关系的知识，又不易为那些常常引起无识的一般人的偏见的枝节争点所动摇，所以能够有效的单独的把问题解决。所以生物学家一决定了进化说是真理，问题就终结了。唯物论在这里大奏凯歌而去，唯心论却只随着垂头丧气。

最近几年间，哲学上的大论争，又集中在一个问题上，这个问题也是可以在单单一个科学之中解决的。这一个科学就是生理学，这一个问题就是机械说对活力说的问题。这个问题自然不算得一个新问题，因为它至少也和进化说的论争，有同样大的年纪。这两个问题的根柢，已种在好几世纪以前，就是古代哲学，也曾有几分的注意到它们身上。但是，这两个问题在人类心理上所据的地位，却随着唯物论的进步状况如何而有变动，有时足以唤起一世人心。有时又被人不置可否。在前世纪，进化说达到世人兴趣的绝顶，一经决定之后便永久不成问题。现在的活力说的议论，也好像当日的进化说一样，纵然未惹起世人一般的兴趣，至少却引起一般生理学家和心理学家的注意了。恐怕机械说所主张的说法不久也会被一般人接受的。到那时候，唯物论的最终的胜利恐怕更要大大的被促进了。

从这本书的目的看来，我们应该注意的生理的部门只是神经系统的生理学，因为，无论活力说的什么渣滓，它目前只有在这一部门才能够依然生存着。从前曾有一个时代，把身体的一切机能的原因，都归到一种超自然力量或指挥上去。如像关于动物热的学说，就是一个例，直到一七八〇年，拉瓦雪和拉卜拉士才说明了动物热是由酸化作用而来的。这样一来，大家才知道，动物热的发生全然是物理化学的作用，和无机界所发生的热，完全精确的是同一性质的东西。不过，在近时，对于机械说的真理的怀疑，却只限于神经系统的最高机能——节制人类的思想和行动的机能——一方面。

机械说是这样一种学说：它认为有机体就是一个非常复杂的机械，这机械是完全由物理化学的法则统制着，毫不受物理学和化学的观念上面所不容的无论何种力量的无论何种的作用或指导的。活力说的主张和机械说恰相反对，以为凡是活着的有机体当中，都有一种非物质的，同时当然也就是科学所不知道的，指导的力量。这个力量，叫做活力，认为这就是节制有机体的活动的一部分或全体的。只因生物有这个活力，所以它才能够不单单为物理力的作用所节制，而获得一种和别的物质全然不同的本来的特质。照活力说的假定说来，活着的有机体并不单是在物质和运动的普遍的再分布（重新配合）途中发生的一个偶然产物，它还高过这个，它的活动的一部分，是一种崭新的力量的产物，这些新力量也许是一个心灵，灵魂或其他精神的实在物的表现。这本书的目的，一部分也就在否认这精神的实在物的存在。所以我们应该在生理学的领域之中，说明这些被认为精神实在物的表现的活动，实在仍只是由物理化学的原因而来的。因此，我们应得考察的，不是他们所主张的那些实在物的本身，而是他们所主张的那种被精神实在物加在有机体身上的力量。

在有机体的内部，并没有物力的创造或破坏，这是生理学上已经确定的事实。从有机体，时常发出着种种形态的物力，如机械的作用，热，化学的产物等等，这些被发出的物力的总量，和有机体依种种形态如食物当中的化学物力，光，热，等等所吸取的物力的总量，完全的精确的恰恰相等，这也是现在谁都不能够怀疑的。一切进入有机体的物质的总量，若把物质当中用在有机体的生长的分量以及因有机体体重的减少而失掉了的分量都除开去，所剩下的，是和有机体的排出物的总量，精确的相等，这也是毫无可疑的。所以我们议论的出发点是站在下面这个很坚固的基础上面的：从有机体的外面，全部的观察起来，有机体完全是遵从物理学的根本法则的。有机体所排出的物质和物力的分量，完全和曾经供给于它的物质物力的分量相等，在这一点上，有机体和蒸气机关并其他被人类造成的无论什么机器都相类似。

主张活力说的人，虽然十分不愿意，却又无法不承认上面所说的事实，所以他们不得已只好把他们的精神统治的学说，缩小适用的范围。他们说，精神的统治的适用，只限于有机体内部所行的再分布的普通进行，受了异常的干涉的时候，因为这种干涉虽然对于物力的分量并不发生什么影响，却是可以变更物力的方向，使它向着一个恰和物理学的法则所决定的相反对的方向进展。他们又说，“活力”在有机体内部，能够一面和物理力协同动作，同时对于物力的排出又并不发生影响。这种说法，虽然找不出一点事实去证明它的正确，却是，到底总算是和物力不变的法则还能够两立，所以比起旧时的活力说，总算高明得多。但是，如果加以分析，我们就可以发见它还是和其他同样重要的基本的物理法则相矛盾。

力是什么？力是对于某种影响的名称。但凡某部分的物质若对其他部分的物质给与一种影响，被给的这部分物质，就会变更自己的运动方向。这种影响，就叫做力。如果物质和物力的分量已经的确完全知道，那末，所有活动着的力也同时可以知道的。换句话说，一切机械的力的存在，都是由于物质和物力在某一瞬间的分布而来的，若是在那一瞬间的这种分布已经的确知道，一切在那一瞬间活动着的力也一定可以正确的计算出来。如果有一种未包在分布内的新的力出现，这就等于说，现有一种新的物质或新的物力出现，再不然，就是等于说，从来存在的旧的物质或物力现被破坏了。因此，如果活力说要想照前面说的修正，变成和物力保存的法则能够两立的东西，结果仍只有在暗默之中，抛弃了物质保存的法则才行。现在我们且把这样抽象的考察搁下，去做具体的考察罢。

我们应该推定，脑髓的作用，若用化学分析一直把它分到最后的地步，也一定和其他一切化学的作用一样，可以归到原子运动上去。脑髓的实质是由各个极复杂的原子的集团构成的，脑髓的机能，就是这种原子的运动在生理学上的对照物。所以，一切脑的现象，结局都是由原子运动构成的，一切神经的活动，无论哪一种，都是由于脑髓中的原子的种种不同的运动而生的这种原子运动，在机械说上面，是和物理的法则一致的，在活力说上面，却是和物理的法则相矛盾的。如果一切的物质都可以还原成为原子，一切物力都可以归为运动着的物质，那末，我们就可以把运动着的原子，看做一切物理现象的单位。如果我们承认牛登的第一法则——一切运动的方向，不从外部加以力量，就永远不能变更的法则——原子运动的方向，就是应该受邻接的许多原子的影响的节制的。现在主张活力说的人，却假定着，除了邻接原子的影响以外，还有一种新的影响，并且这种新的影响还和邻接原子的影响协合起来，产出一种有新方向的运动，这运动的新方向和单靠自然力的时候的方向是不同的。但是，前面已经说过，力这个东西只不过是表示原子间的相互影响的一个名称，如果说有新的力，同时这句话就含着有新的物质的存在的意义。试看现今最通俗的物质定义："物质就是加力或受力的东西"[1]，就可以明白了。还有一层，如果新的力的存在的主张，不含着新的物质的存在的意义，这个主张就会变成绝对的无意味。试问，新活力论者，撇开其他一切学说，所极力主张的根本事实，到底是什么？他们主张，运动中的原子，不须有物质的原因，就可以变更运动的方向。这样，就试再问问，他们有什么权利可以利用"力"这个字，去表示他们所主张的运动的变化呢？他们所主张的，本来只是运动变了方向这一点。他们现在却说，"活力"就是这种方向变更的原因。除非假定"活力"这个东西也有物质的起源，否则他们那样的说话，对于方向变更的说明是一点用处也没有的。他们对于"力"这个字的用法，全然是不正当的，这样的用法，仿佛像是把"力"这个字的内容扩大了，其实都因为他们故意回避着"力"这个字的内容意义的考察，才弄得成了那样的结果。他们那样的说明，只是言语上的说明，在实际上，一点也没有说明什么。如果可以证明，原子真能照他们所主张的方法变更运动的方

① 这是克温和泰特在他们的自然哲学的论文上所下的定义。

向，那末，这件事就应该被确认为一个终极的事实，成为牛登法则的一个例外。这样的事实，简直是和一个在空间飞射着的炮弹，不须什么物质的力，不须无论什么样的原因，突然把方向变了一个直角大的角度一样。如果真能那样，我们也许能够伴着新活力论者，把这种变化，归在“天上的力”上面去，我们也许可以称它为奇迹。我们也许可以说，这是神做的，或天使做的。那时我们只管可以说我们爱说的无论什么话，但是，对于运动变了方向，我们的力学已不能够适用，这两件事实，我们却无可奈何。由此，我们得着下面这个结论：如果脑髓的作用含着有什么比单纯的机械的相互作用还高的东西，我们就不能不从下面两个物件当中选择一个：或是主张原子可以不须外面的原因就变更它的运动的速度，或是主张原子可以不须外的原因就变更运动的方向。如采用前一个，我们就犯了物力保存的法则，如采用第二件事，我们又会和牛登的法则并物质保存的法则相抵触。

自然，我们并没有先天的理由，去说明何以牛登的法则是不准抵触的。即使这个法则能够适用于今日所研究的自然现象的一切方面，也许它就只单单不能够适用于神经系统，都未可知。但是，在这里我们应该知道，所谓不能够适用，在实际上到底是个什么意思。这是很重要的。我们为使人容易理解起见，用一个比喻来说。

关于神经兴奋的性质，虽然现今还未精密的知道，却是，无论如何，我们总不能够假定着，在神经兴奋的时候，有一种细微的物质，沿着神经，被传达到各处去。神经组织的实质，一定是以某种类的生理学的单位为基础而被构成的。这个单位是一种极复杂的分子吗？还是这种分子的一定的集团或集合体吗？关于这个，现在还不知道。不管它到底是怎么样，总之，神经组织的特殊性质，是由于构成这组织的，同时也就是形成生理学上的单位的那些单分子或复合分子的特殊模型而生的。这种单位，被构造得很妙，一受机能上的刺激，即刻就可以把所引起的化学的或超化学的变化，传达给邻接的分子知道。各个单位的作用是只有瞬间的性质的，过了这一瞬间，即刻就恢复原状，返到平衡的状态上去。但是它的作用却传到邻接的单位，邻接单位更立刻传到其次一个邻接单位，自己却迅速的恢复了元状，顺次照这样一直传下去。这种化学的，电气的，或超化学的变化，传着神经下去，毫不留什么永久的痕迹，只有达到神经终点的时候，才把它的终局的结果记录下来。到了神经终点以后，兴奋就传到神经组织的灰白色物质里面去。到了这里，进行的状况就稍有不同了。在通过灰白色物质的时候，兴奋会很明显的留下较大的痕迹。它的进行也变缓了，这恐怕是因为不得不跳过神经和神经间的许多接合点的缘故。此外也还有种种的不同的地方（到后面再说）。但是，兴奋通过灰白物质时的传达样式，和它通过单一神经时的传达样式，在根本上却是相同的。这是毫不容疑的。

这种传达的样式，可以拿来和台球球杆的冲击力沿着互相接触的一列的球，一直传下去的状况相比。如果我们把这样列着的一列球的边上一个球，向着邻接的球的中心，一杆打去，这一杆的冲击一定逐次传遍列中的各球，达到最末尾的一个球。这个最末尾的球，一定会比例着我们最初所加的冲击力的大小，向前方飞转。在这时候其他各球，最初被打的和列在中间的，却都静止不动。现在我们若把神经的生理的单位，比成这个例里面的球，我们一定会发见两者之间进行的样式是非常类似的。无论是神经单位或是球，总之，对于一端所加的冲动，立刻起一个波，这个波沿线传去，到了最末端，才现出它的结果来。在中间的球或生理单位，虽然依次都要作一瞬间的活动，只是立刻就要恢复原来的静止状态。

兴奋通过脊髓和脑髓的灰白色物质的状况，也可以同样用更复杂的球的排列，表示出来。如果照前面说的，兴奋传达的样式，无论是通过灰白物质，或是通过神经，在根本上都是相同的。那末，这种全部的传达样式，也可以同样用机械物力通过一种互相接触的台球的系统的方法表示出来。

现在机械说断定着，在神经系统里面所起的一切的波流，都是依着自然的物理化学的法则而进行的。活力说恰和这个相反，它断定着，精神的力和普通的力协作起来，就可以发生新的结果，这新结果是和单靠物理力时所生的结果，大不相同的。若拿台球来作比喻，机械说主张着，由一个球到另一个球的传达，是依力学的法则（已经发见的和还未发见的一切法则）而行的。活力说和这个相反，它主张着，这里发生着和力学的法则相背驰的事件。这些和力学背驰的事可以列举许多出来。譬如说，一个球冲到另一个球的时候，并没有使这个被冲的球发生什么运动，同时自己的运动却也停止了。又譬如说，一个球既没有被别的球打着，也没有受无论什么外部力量的作用，倒突然的自己运动起来。又譬如说，一个球被另一个球打在它的中心，它不向被打的方向动，倒向其他的方向运动，如像向着恰和被打的方向成直角的方向运动。这些都是可以想得到的例子。

像这样的表面上的异常事件，在我们日常实际生活中发生出来的时候，我们可以拿球台或球的不完全，摩擦，或其他被一般公认的自然的原因，去说明它。所以这些异常事件，只算得是表面的异常，在实际上，球的进行还是照着必然的机械的进路的。这个进路所以不能和我们所预期的相符合，就只因为我们把某种实际存在那里的机械的原因看落了，不曾把它放入考虑之中。但是，活力说主张者却决不承认我们自己方面的看落了原因的过失。他们的确定的公理就是：球照着一种和力学抵触的样式运动着。这就是机械说和活力说的差别的全体。活力说的主张，实在和认球台的球不须什么物质的原因，就可以照一定的速度和方向运动起来的主张，是毫无差异的。

我采用上面说的台球的比喻的目的，只在利用它去明白的指出活力说立场的根本错误荒谬。现在我要进一步努力去答复他们对于机械说所提出的特别反对。他们说，人类的行为和道德，变化无穷，万分复杂，怎能说它只是一种全然站在物理化学的基础上的构造发生出来的？他们以为，在理论上，也许无论什么结果都可以由一个机械产生出来，但是，在实际上要想用一个机械发生人类的行为和道德，这个机械必须复杂到不可想像的程度，所以机械说的理想的实际性是很难令人相信的。他们只顾说别人的说法难被信用，却忘记了，他们自己的主张更要求着别人相信一种更不可相信的事。他们要求我们相信，飞在空中的一个炮弹可以不须外部的物质力的帮助就可以自己变更运动的方向。像这样的要求，真是达到不可相信的最高程度了。

但是，再进一步说罢。试假定着，活力这个东西并不是一个全然不可想像的东西，而是一个实际有可能性的原因。我们为进行议论的便利起见，姑且承认它，看看它可以帮助我们到何种程度。神经系统供给我们的材料，若好好的整理起来，可以表示如下：一个相当复杂的刺激，对于感官或输入神经的末端，发生影响时，这个刺激就会从那里被运送到神经组织的中心部分去。经过一定的相当时间，更从中心部分，沿着输出神经，流了出来，同时并发生着一种相当复杂的筋肉运动。但是，在有种时候，比方伦理的或审美的判断被形成的时候，这神经的中用作用非常复杂，据主张活力说的看来，简直复杂得不可以用机械说的原理去形容解释。

现在我们再回到那个列有好几组球的球台去罢。神经的兴奋，在这里可以看成一个新加入这个球系统的球。新加入的球刚进来的时候，可以使全系统的球都发生一种动摇。到最后，它的结果，就被记录在这系统的最末端的两三个球上面。这两三个球就运动起来，把那最初由刺激发生出来的物力，放了出去。所以，我们的研究材料，就是由关于这加入的球的知识（它的质量，速力，方向）和关于退出的球的知识成立的。我们的问题就是要确知，加入的球怎样使退出的球运动起来。前面已说过，若照机械说的说明说，这个最终的结果，就认为是由于受了加入的球所引起的冲击而自然的机械的发生的。但是，活力说的说明却不是这样，它虽承认机械的冲突是连续而起的，但始终否认这个机械的冲突可以当然的发生最终的结果。它主张着，这个最终结果的发生是因为系统中间的某一个球或某几个球行了一种它们自己的超自然的运动。这种超自然运动，和那种机械的运动合起来，就会产生出最终的结果。

这种说法，不是比纯粹机械说的说法还要难于理解吗？我们想想，要测定他们绍介的超自然的运动，应该有如何精奇微妙的计算？况且还不单是这个超自然的运动，就能产生最终的结果，它还得要把普通的已经很复杂的机械的运动，依某种方法变更一番，才能发生最终的结果。这个超自然的运动，不是随便运动着，一定有一个力节制着它。这个节制着超自然运动的力又须计算所期的结果，又须计算现存的机械的运动和这运动在照旧继续进行时应该有的结果，又非决定那种加在机械的运动上去的变更的程度。现在我们假定着，球台上面有两个球摆在两对面的地方，并且我们须得用球杆对一个球一杆打去，使这个球用一定的速度和方向，和另一个球相冲突。在这样二球冲突的时候，若据机械说的主张，它认为这一杆本来就打对了。若照活力说的主张，它却认为这一杆本来是打得不正确的，因此球的前进的方向和速力也本来是不对的，但是，在半途中，有一种活力跑来和这个被打而前进着的球接触，很巧妙的，给这个球一种运动的变更，使这个球恰恰能够用正确的角度和预定的速度，和另一个球相碰。这事岂不是比一杆就打得恰使二球相碰，还要格外可惊吗？

今日种种反对机械说的议论，差不多全部都站在同一的基础上面。这基础就是：我不能理解，如此如此的事件，怎能用机械的方法产生出来。所以，我在头一步就把这种议论提出来说，证明它对于活力说，比起对于机械说，更是一个大大的致命的打击。所以我第一就努力去说明，活力说这个观念包含着比在机械说里面的无论什么困难都还要深刻的困难。第二我努力去说明，即令活力这东西是能够存在的并且是一个真实的活动着东西，它的实际的动作，也就会比现今既知的机械力的单纯动作，格外要来得复杂精巧，所以同时也就会含着更大的不可理解。活力这个东西，不但从它性质上说来，就是一个不能想像的东西，纵令它是一个可以想像的东西，我们采用这观念后所得的唯一的效果，也不过只是把问题越发弄得纠纷困难罢了。所以，我们应该承认，活力说所说的困难，并不是属于机械说的说明的困难，倒是属于事实本身的困难。真正可惊的事，不是别的，就是在事实上果真有这些事件的发生。如果我们在一生涯中绝未亲眼看见这些事件，我们也一定会疑惑它。但是，如果一旦有了事实，我们用机械的方法去说明它们，倒没有什么更进一步的困难了。若是我们要想去尝试，把这些事实用超自然的方法说明出来，我们就只不过努力着捏进不可理解的学说，去掩饰困难的事实罢了。

主张活力说的人，动不动就以为，举出证据的责任是在机械说方面，并且还以为，没有到机械说能用实验的方法确被建设的那一天，活力说还是有效的。不消说，这个问题明明不是专靠观察或实验的手段就可以立刻被解决的。如果可以那样容易解决，这个问题也就自然没有被议论的余地了。所以，以上所述的议论，无非要想指出，如果我们应得考察先天的概然性，种种困难或不可想像的事就会起来遮断那条走到活力说的信仰的路罢了。但是，此外仍还可以提出更有力的考察，拿来证明，机械说是科学上的顺当的自然的学说，活力说却正相反，就把它当作一个假设，也是科学上所不许可的。

我在前面已经说过，人类心理有一种倾向，爱把一切事件，从唯物论和唯心论二个相反的见地去说明。我也曾指出，在原始时代精神论的说明很占优势，唯物论的说明却只限于在它的适用极其明白不可否认的时候，才被人引用。后来，随着科学和文化的进步，可以拿机械的原理来说明的各种事件，也越发增加了，从前惯拿来说明这些事件的唯心论的原理，自然也被废弃了。唯物论的进步，虽然常常不被世人一般喝彩，却常常是成功的，每个时代的唯物论的优势，都变成那个时代的文化程度的最确实的指数了。当古代希腊文化到了它的绝顶的时候，唯物论也走到了最高点，从那时起，就随着中世纪初的基督的勃兴而衰弱了。在全中世纪的黑暗时代，唯物论几乎全然消灭了——消灭到我们今日绝不能想像得到的程度。但是，后来它又和科学及哲学的复兴同时复活起来了。从那时以后，唯物论虽也常常受了宗教的憎恶和压迫，却慢慢进步了。到了二十世纪，唯物论的发达，竟到了一个世界历史上从未见过的极高程度。在从前，精神论的方法，在自然界的各方面，都有统治的势力。后来，无机界的世界渐渐从这方法被解放了，到现在，一切带有无机性质的事件，都万人一致的，被世人用机械说的方法说明着。唯物论的勃兴，在很长期间，都未曾侵入有机物的世界去。后来，有机的作用，也渐渐归在唯物论的说明的领域了。斯帕兰杂尼的议论，打破了生殖作用的精神的说明。拉瓦雪证明了体温是由酸化作用而生的。到这时为止，关于生命的种种精神的学说，差不多没有被谁怀疑过，却是，从这时以后，活力说和机械说两个反派，就大大的激烈争论起来了。后来，各种有机的作用，渐渐一个一个的都适用唯物论的原理起来，末尾，连有机体全体都被证明它是受着物理学的大原则的管辖的了。物质在有机体的内部，也没有被创造，也没有被消灭。由有机体排出的物力的分量，和有机体曾经被供给的物力的分量，是同一的。像尿素那样的有机体的产物，可以在实验室中制造出来了。最后，大家已公认了，凡是在今日以前曾经适用过实验的方法的有机体的作用全部，都是有种种机械的力的基础的。只有神经系统这个东西，还剩下在那里，未被唯物论带了去，因为它从很久以前，就被看成是一个过于复杂，不便实验的东西，因此，并被人说它才是精神的活动的真正范围。但是，不久之后，这个神圣而困难的地域，也被唯物论开始侵入了。最初被研究的，是反射作用。不久即发见了，反射作用完全是具有机械的性质的东西。随后研究更进了一步，才发见了，神经系统好像是全然建设在反射原则的上面的事实。神经系统是由无数的复杂的反射弧的集团构成的，这些反射弧具有种种不同的形态和位置，互相结合并互相累积着。这就是这个问题在今日的实际形势。目前的机械说，关于脑髓的最复杂致密的部分，还没有被实际的观察所证明，这是事实，但是，凡在人类现有的最完全的机械所能允许的范围内，机械说已经肉搏着这个最复杂精密的要塞，却也是事实。机械说已经征服了神经的最单纯的活动形态了，并且已经说明了，其他一切复杂的活动形态只是由这些单纯的活动构成的。只拿这一个简单的论证，已经可以下一个很有利于机械论的推定，同时还须记得，这一个论证不过只是许多可以发生同一结论的论证当中的一个。所以，只要是一个真正无偏无私的研究者，他一定会把活力说看成一种架空的假定，如果没有极有力的证据，恐怕提也不提到它罢。若是这个研究者更进一步，知道这个活力说不但没有含着什么可以拿去维持它的证据，并且它的思想全体，若彻底研究起来，还含着人类做梦也未梦到的最大的不可能，恐怕这个研究者一定会把活力说所提出的回避举证的主张，看成人类的谬误迷信史当中最僭越最可叹的事件罢。

但是，相信活力说的人（这虽是不待言），不是没有偏见的。人类这个东西很古怪，他不管有理由没有，总有一种很强的偏见，常爱赞成无论什么种类的神灵的信仰。我这里并不是指各种宗教信仰的普及而言。实在这些宗教的信仰，大抵都是谬误的东西，这差不多是一切的人都承认的，甚至于连信这宗教的人也都承认的。何以这样说？因为，无论我们属于哪一个宗派或哪一个宗教，拿来和世界上其他的一切宗教的总数比较起来，我们总是少数，如果我们把我们的宗教认为真实的宗教，我们在事实上就是相信人类大多数的信仰都是错误的了。我说的人类对于神灵的信仰的偏见，并不是指这种事实。我所指的，只是唯物论在它每次进步时所遇着的教会的反对，人民的反对，有时甚至于政府的反对的事实。唯物论的科学的进步史，就是一部迫害史。不管我们怎样去说明它的理由，总之，在事实上，普通的人类对于唯物论确有一种很强的嫌恶，换句话说，他们对于精神的学说，确有一种偏向。活力说的信用，虽然早被科学和论理打破了，它现今却依然还能存在，这没有别的理由，完全是因为有上面说的这种偏向维持着它的缘故。

在另一方面看来，凡是关于事实的知识最为丰富的地方，对于活力说的信仰，都是最少的。活力学和机械说的问题，是一个生理学上的问题，所以在社会上各种阶级的人们当中最不相信活力说的人，也就是生理学家。更进一步说，活力说和机械说的问题，在本质上，实是一个神经系统生理学上的问题，所以我们不惜断言，在一切特别注意研究神经系统的生理学家当中，百分之九十九以上的人，都是极端信仰机械说的人。每一个社会阶级中信仰机械说的人的数目，是和那个阶级里面所流行的关于事实的知识的多少，为正比例的。所以那些对于生理学有专门知识的人们，虽然本来和别人一样也曾抱着偏见，后来居然不为这种偏见所左右，来向社会供给关于事实的知识，这件事的确是对于机械说的证据的扩张，极有利益的事。

这样的偏见的发生原因，明明的有一部分是由于他们想维持意志的自由，道德的责任，或其他被他们珍重着的信念，因为眼光短浅的论理学往往以为机械的定准论会影响到他们所珍重的这些东西。关于这个问题，后面还要详说。许多人都以为他们是自由的，可以为所欲为。所以偶然发见他们自己在某种特别状况的下面不能预先测定别人所要做的事情，他们便宣言，在人类活动的源泉之中，有一种特殊的无定准的要素，不是人类所能预知的，也不是可以放在恒久的科学公式的范围内的。这种思想，又是和事实恰相反对。固然，拿一个人说，我们不能够知道他在特定状况下面将有何种的行动，也是事实。因为脑髓这个东西，复杂得利害，我们断不能在无论什么时候都预言某种一定的刺激会要发生什么样的筋肉收缩运动。但是，这个事实并不能构成什么证据可以拿去证明无定准的要素的存在，它只不过能够作为机械极为复杂的证据罢了。并且还有一层，我们和某一个人相交得越亲密，我们就会越发能够正确的预言他的行动。我们知道他在过去常爱做的活动的种类，我们就可以用归纳的方法，关于他在某种特定状况之下所要做的事，形成一个大致不差的意见。所以单拿这个事实，也可以把那个无定准的要素的观念，驱逐了去。

如果我们不研究一个人，而把人类当成一个集团去研究，这个真理，就还要更加明白。我们现在在事实上常常能够精密的预言着，一般公众在某种特定状况之下会要做什么样的事。我们能够很精确的预知着，一年之间将有若干的自杀者，会有若干的结婚者。并且还可以预言着，谷粮的价格的高下对于自杀者和结婚者的数目，将要发生什么影响。我们的知识越正确，我们越发能够确实的预言。

像这样的一切事实，都是和那种无定准的要素在人类行为中潜藏着的观念，很相冲突的。那样的信仰，实在只有和人类的茫昧无知才能调和。如果无定准论是一个真理，我们就会不能够像现在一样，把人类的行为，归结起来成为种种法则了，也不能用公式或几何学的曲线，把它表示出来了，统计的数目字也不能成为什么依过去以论将来的根据了。但是，在事实上，我们越努力研究，越热心搜集统计，越深刻的分析动机和要素，我们就越发能够正确的预先知道集团人的行动。人类在古时，没有这种热心累积出来的知识，所以他们当然就不得不相信无定准的要素的存在。因为在那时，无论什么事情也不能够预知，一切万事实在都和天空的风的方向一般，变幻无常一点儿定准也是没有的。但是，随着知识的增加，这种变幻无常也消失了，人类的行为，也和其他自然的事件一样，可以放在一个公认的有规则体系中去了。按照我们关于过去的知识和分析的比例，我们可以预言将来了。我们以后如果还是永远不能获得绝对的正确预言，那末，并没有别的理由，就只因为我们对于这些事犹如对于空中的风一样，既永远不能够把一切要素的全部都整顿起来，又永远不能够把过去的知识完全获得的缘故。

如果一切动物（包含人类说）的一切活动都是根据物理化学的力而来的，并且如果因为这个关系，每一个动物都是极复杂的机械，那末，意识和这些机械的关系如何就成了一个极重要的问题。我们已经习惯把意识不看成物质的表现，而看成精神的表现。我们由种种直接的经验，知道了意识的努力可以发生肉体的动作，就是说，一个精神的先行条件可以发生一个物质的继起结果。所以我们遇着一个在表面很不合理的困难，这就是：我们在一方面依我们直接的内观，知道心的运用可以引起肉体的运动，但是在另一方面却又知道一切肉体的运动都是由一些不能够用精神的要素去变更的纯物质的或物理的力，配合而成的。为解除这个困难，曾经提出了许多种类的所谓精神脑髓并行说。在这些学说当中，最被欢迎的，最好像有道理的，要算黑胥黎的随伴现象说。照这学说看来，精神的作用就是一些必须伴着某种脑髓作用而起，却又没有自动能力的随伴物。对于每一个精神状态——如像想做某种事的志愿——都有一个恰相照应的脑髓状态，这两种状态的变化是绝对并行着的。所以，凡是某一个行为被实行的时候，必定一方面先有一个想要做这个行为的主观志愿。这个主观的志愿若单靠着自己，虽是一点能力也没有的，但是它却一定会被一种和它相照的脑髓状态伴随着，这个脑髓状态就依着物理化学的必然法则，发生行为。精神的主观的影子，对于这个行为，并未给与无论什么样的有因果关系的影响。它全然是一个赘物。这种主观的随伴物有也好，没有也好，这个行为总是一样会被实行的。并且一个精神状态也没引起第二个精神状态的能力。但是，被某种精神状态所伴随的脑髓作用，却能够引起另一个被新的精神状态所伴随的脑髓作用。这样，在表面上，似乎某个精神状态可以引起另一个精神状态，实则真正的原因结果的关系，只是脑髓中的看不见的物质的变化。至于精神状态上的并行的变化，那不过是这种物质的变化的伴随物罢了。

我打算到下面第六章再去详细说明，这个随伴现象说虽然是一个在二元论所能够得着的最好像有道理的学说，到底还是站不住脚的东西。我们说到精神，总说得好像它是一个物一样，但是，因为精神并不是一个有物质的物，所以我们就把精神看成一个具有心灵的成体的东西。如果我们能够大大的努力一番，把这个顽固的偏见——一个被全康德哲学弄得很强顽很精炼的偏见——摔开去，我们就会很容易的理解，我们并不知道有什么精神那种的东西，我们所知道的只是一种时时刻刻和百色眼镜一样变化着的特别意识状态。什么叫做意识状况？未受科学训练的人，自然会立刻就会把它化成实在的东西，叫它做一个“物”。但是我们只把它叫做作用罢。我们不要把它看成一种随伴着某种脑髓作用的不明显的影子，我们应该大胆的断定它和这种脑髓作用是全然同一的东西。这样一来，一切困难都立刻消失了。列位主张，列位可以拿一种意志的力量，运动列位的手腕。我主张，列位是用一种脑髓的作用，运动列位的手腕。列位和我都没有错，因为意志的力量就是脑髓的作用本身。

关于这个学说的说明，现在姑且到此为止，我在本书最后一章还要论证它。现在这里不能不承认的，只是下面这一层：在精神作用和脑髓作用之间，必有某种直接的不变的相互对照关系，这个关系非常密切，无论某一种精神状态，都必然的暗暗含着别有一个特特和它相照应的脑髓状态的存在的意思。这种关系到底被我们看成二物同一的关系吗，还是看成二物并行的关系？这个问题在这里不算是重大的问题。不管这问题怎样解决，总之，相互关系的法则是这样主张着：心理方面应该服从生理方面，如果脑髓和神经系统的生理已经完全被我们理解，精神状态的同时并存和异时继起的关系，也就会明白的。并且，就拿目前生理学的状态来说，也有许多许多精神状态在纯粹心理学上很难解决的，拿到生理学上来，便可迎刃而解。我现在把本章剩下的部分，完全拿去充精神的生理方面的说明之用。

心理学者分精神作用为三个主要部类：智力，感情，意志。要下这三部类的定义，是很不容易的。感情的根本特质，好像就是它具有强度。感情这个东西，照通例说，都是伴着快乐和痛苦，不过也不必一定要有这种关系。某种极强的感情——比方，吃惊——是毫不带着苦乐的色彩的。感情在本质上是一种强烈神经状态，从生理学上说来，我们可以说，它的特质就是极迅速的分子变化。或是它所关系的某部分的神经系统的强烈的作用。

智力和感情相反，它的主要特质是它有扩充性。智的作用是依观念的联合而发生的。我们应该假定，在脑髓里面有一种专做联合作用的网，恰和智力作用相照应着。这就是说，有无数的神经细胞，依交通线或依结节上的抵抗的压抑，互相结合在一起，去行一种共同的作用。但这些交通线并不是一些很显大的物质联络，不可把它看成一些很广阔的容易通过的通路，可以有当作单个的单位去行作用的余地的。

意志这种东西，也是和脑髓的作用相照应的。随着这种和意志相照应的脑髓作用，在某种复杂情形之下，便可以有筋肉活动的发生。以上所说的主要的精神作用，都只是高等动物的特质。这三种高级的精神作用，都是由一个共同的起源发达分化而来的。在最原始的生命形态下面，一个有机体只不过是一个小小的物力贮藏所，并没有什么神经系统，却是原形质全体倒带有极原始的神经的性质。所以和这神经性质相照应的极原始的意识，也同一般高等动物不同，不和某种特殊化了的组织的作用相关联，倒和这个动物的全身相关联。在最初，这些原始的动物，若受着由外部来的什么刺戟[①]，它立刻就会全身收缩起来。这种收缩，不单是应该把它看成一切神经活动的最原始的模型，并且也应该看成一切意识的起源。到后来稍稍进化之后，外来的刺戟就会先被传到中央的交换部，再由这里传送到身体的其他部分去，这时就只有被送传来的部分才会收缩。在这种作用上，我们可以看见至少有五个阶段：第一是刺戟，第二是把刺戟传到中枢的输入传达，第三是神经中心的作用，第四是由中心到身体特定部分的输出传达，第五是被传达部分的收缩。人类的高级意识就是这样由原始的作用最后进化出来的。

从大体上说，意识的种种形态的分化，都是因为神经中枢作用非常精巧的缘故。刺戟若在达到中央神经节的时候，在那一片境界不大分明的地方引起极强烈的作用，就会发生一种叫做感情的东西出来。若是它引起一个界限比较分明，范围极广大的作用，就会发生智力作用或理解出来。若是它很迅速的通过中枢，并不引起什么异常的活动，就会发生所谓反射作用或自动的行动出来。关于神经活动的重要事实，始终就只是这些刺戟，刺戟的输入传达，中枢上的作用，输出传达，筋肉或腺的运动。在单纯的动物里面，这些种种要素虽相当的明显，在复杂的动物里面，却不大著明。因为它们的中枢作用过于复杂精巧，常常会把事件的主要的前因后果弄得全不分明，常常令人不能够说出哪个是最初的刺戟或哪个是最后的行动。神经系统的活动是极高度的被集中在中枢部分的。脑髓的半球把神经系统的力的大部分都吸收了去，因此，包含在各事件的前后关系中的其他各要素，就相形见绌，完全看不见了。

---

① 今多作“刺激”。下同。——编者

所以，神经系统的进化和随着它而来的意识的进化，无论进到什么程度，原有的计划，即由外刺戟，而输入传达，而中心作用，而输出传达，而最后行动，那种依次进行的计划，却不会有什么变更的。在原始的神经系统和发达的神经系统之间，所有的主要差异，只不过如下：在原始的神经系统里面，它的中枢作用比较不大重要，在发达的神经系统里面，它的中枢作用却把其余的作用全部压倒，常常变成一个唯一可以被我们看得见的作用。所以，拿发生感情的时候说，外来的刺戟会在中枢部分引起极强烈的分子的变化，拿发生智力的时候说，中枢作用虽没有那样强，却是比较更为确定精准，并且引起范围较宽的分子变化。只有在发生反射作用和单纯的神经活动的时候，刺戟可以通过中枢而不发生特别的大动摇，和在原始的动物里面一样。原始的动物只能有一种意识，这一种意识又只能发生极少的变化，因为它的中枢作用很少变化，既没有深到可以构成感情的程度，又没有宽到构成智力的地位。

为要使上面所说的种种题目更得一个实体的证明，我要用两组的比较。第一，我要比较简单的神经的传达作用和反射弧的传达作用。第二，我要比较原始的意识作用和进步的意识作用。神经线和反射弧之间的主要差异，只在前者没有中枢的灰白物质，而后者却是有它。反射弧的这种灰白物质在理论上至少是应该有一个结节的。再进一层说，既然神经系统全体是由无数的反射原则的合成物构成的，所以我们当然可以假定，最高级的神经作用和反射弧作用的差异，就等于用反射弧得来的兴奋传达和用神经线得来的兴奋传达间的差异。在最高级的神经作用的时候，灰白物质非常的多，兴奋的传达，不得不经过无数的结节。因此，可以断定，这些高级的神经作用和神经线的传达作用间的差异，若同反射弧的传达作用和神经线的传达作用间的差异比起来，完全是同一种类的，不过各个相差的程度，有高有低罢了。如果精神作用和脑髓作用，真照前面说过一样，是精密的互相照应着的，那末，高级的精神和低级的精神作用间的差异，也一定不得不恰恰同反射弧的传达作用和神经线的传达作用之间的差异，相照应着。现在我们且研究研究，这个推定是不是果真符合于事实。我想依据谢灵登教授著的《神经系统的合成作用》那部书里面所举的，把反射弧的传达作用和神经线的传达作用之间的十一个显著的差异点，一个一个的寻味一番。我的大体的目的，就在明白指出神经活动和精神活动之间所存的照应关系。谢灵登教授所举的，是高级形态的神经活动和低级形态的神经活动的差异。这只是一个神经方面的差异。我现在对于他所举的十一个差异点，每一个都加上精神方面的差异，以便明白显示，精神的复杂状况和神经的复杂状况是绝对相伴随着的。

	神经作用（谢灵登教授所揭示的）	精神作用
（一）	反射弧的传达作用比神经线的传达作用慢。	高级的精神作用比单纯的精神作用来得较慢。智力比本能慢，有意的行动比自动的行动慢。
（二）	在反射弧的时候，刺戟停止的瞬间和最终结果停止的时间，没有像在神经线的时候那样精密符合，在刺戟停止之后都还有结果的继续。	较高级的精神作用的发见，是超出它和引起这作用的刺戟及最终效果的一切关系的。智力的作用可以被很久以前受了的刺戟的一个或一组引起来，它可以在受刺戟后经过了很长期间才发为行动。在较低级的精神作用里面，刺戟和反应之间的时间上的照应，却比在高级精神作用时要格外密接些。

	神经作用 （谢灵登教授所揭示的）	精神作用
（三）	在反射弧的时候，刺戟的旋律和最终结果间的照应，要比在神经线时少密接些。	精神作用关于这一点的类似，已在上面说过的。
（四）	在反射弧的时候，刺戟的强度和最终结果的强度间的照应。没有像在神经线时那样密接。	刺戟强度和最终结果强度间的照应较不密接，就是较高级意识的最显著的特色。往往只是一句话或一个字轻轻的触到听神经，就可以引起最激烈的精神的反应，但是，有时哪怕是一个最近边的极大的爆发，如果是可以预期着的，它反只能引起极小的结果。在较低级的精神作用里面，却不会有这种刺戟和反应间的不一致。
（五）	拿反射弧和神经线比起来，反射弧对于一个一个的神经兴奋的通过的一种抵抗是比较很强的。不过这种抵抗力很容易被继续不断发生的一联兴奋所征服。	在精神作用方面，也有和这个相照应的关系，在接受教育的高级精神能力发见着。反复这种东西就是在学习上的最主要的要求。但是，它在本能上，却只有比较微小的效果。
（六）	在反射弧的时候，刺戟的方向是不能够逆行的。在神经线的时候，它却是有可逆性的。	这个特色也可以适用于意识作用，是很明显的。
（七）	反射弧很易疲倦，神经线却比较不易疲倦。	理解作用和感情，越是高级的，越发容易枯竭，比起低级的意识作用，格外容易疲劳。
（八）	在反射弧的时候，感受刺戟的范围，比起在神经线的时候，要格外宽些。	高级精神作用的感受性，也同样是非常之宽的，它可以从大到不可以忍耐的大刺戟起，到小得不可测量的小刺戟（如像视觉的刺戟）止，被很宽的范围内的刺戟引起来。
（九）	不感受刺戟的时期，抑止，开放，冲击等等都是反射弧特有的。	这些性质，一切都是在高级精神作用里面独有的特质。抑止和开放（开放是抑止的反面）是一种叫做注意的高级精神的主要特质，在感情和智力方面，也含得不少。

	神经作用（谢灵登教授所揭示的）	精神作用
（十）	反射弧比起神经线来，被血液循环和酸素分量等等东西所左右的事，要较多些。	一切较高级的精神作用，也是常常被些条件所左右。血量一减少，维持感情和智力作用的力量，也会随着减少。
（十一）	反射弧比起神经线来，更容易感受像麻醉药那样的种种药材的力量。	酒精必定暂时先把高级精神作用破坏了去，然后才能够进一步破坏低级精神作用。克罗傅姆可以把高级精神生活全然消灭，只留下低级的反射作用，不动撼它。

我们依以上十一点的比较，已经看见，高级精神作用和低级精神作用的差异，正确的等于反射弧和神经线的差异。高级精神作用是和在脑髓中的灰白物质的发达相伴随的，至少也是和那成为灰白物质的特色的神经细胞及结节的复杂相伴随的。这样，在生理的方面，机能的各种单位，由神经线起，其次反射弧，再次神经中枢组织，是一步一步的增加着复杂的程度的。在精神的方面，亦是一样，各种单位，由自动的行动起，其次本能，再次完全发达的智力作用或感情，一步一步的和生理方面照应着，增加它们的复杂的程度。无论在精神方面或生理方面，表示增加着的复杂程度的征候，都是相同的。所以神经的发达和精神的发达两个东西是正确的并行着的。

本章的主要目的，在极力说明，高级的意识生活并未含着什么新的原因，也未含着什么和其他自然物里面的原理毫不相同的原理。凡是有机体，无论它是动物也好，植物也好，总不外乎是形成物质及物力的分布和变化的不断的长流中的，一个小小旋涡。人类所以必须照他们现在实行着的那样，去思想，感觉，并行动，就是因为他们的生理的构造上特别是神经的构造上的结果使他们必然的不能不那样。这些构造是由遗传决定的，出生以后的经验只能够对他们加以极少的变更。不过生后所加的变更虽然极少，却是对于人类的行为是最重要的。人类的行为和动物的行动譬如蛙或发光鱼的行动比较起来，在一切本质上是毫无差异的。人类的行为在世界上无论何处，在根本上都是相同的，因为人类身体的构造都是相同的——因为人类是一个种，换句话说，是原形质的一种模型。只有在我们单单认定主要的遗传基础，把我们的注意力全部放在表面的差异的时候，人类间的行为的差异，才现得非常之大。有机体是一种机械，这种机械的机能，就是物力变形的机能。对于这机械的表面所加的刺戟，可以引起内部的变化，这种内部的变化，又发而为行为。这就是说，从外面吸收了的物力，按照物理学和化学的一般法则，变更形态，而成为别种的物力了。这种变形的精密的状况，是要依这个有机体的构造如何而决的。

加以，有机体的体内，贮藏着多量的被凝集的物力。因为这个缘故，在高级有机体的时候，吸收进去的物力和放散出来的物力之间，就失掉了一切直接的关系。物力可以依食物同化的作用，在一定的期间，储蓄在体内，所储蓄的分量比放散出去的分量，还要超过许多。所以一个极小的从外部来的刺戟，也可以同落在火药上的火花一样，引起非常的作用，贮藏在体内的物力可以依分解的作用，很快的放出去，比它在被吸收时还要快些。这种情形也是要依有机体的构造如何而决定的。

有许多人，拿着很不适当的论据，对于机械说的学说，加以非难。他们说：如果人类的行为是全然依构造和环境而被决定的，那末，道德的责任和意志的自由，岂不是都没有了吗？我们岂不是变成宿命论者了吗？对于这种质问，有两个答复：第一，我们所研求的，只是关于这种事件的真理，至于这种事件对于人类所加的道德的影响如何，那全然是另一问题，不能把它放在一起。如果生理学的真理是危害道德的责任的东西，这也只能够构成一个镇压生理学或防止生理学在人类当中传播的论据，而决不能成为一个否定真理本身的论据罢。如果道德的责任这句话是一个迷信，同样也决不能因为它是一种极有利于人类的迷信，就说它不是一个迷信罢。

第二，生理学的真理，不但不危害道德的责任和意志的自由，并且它还对于这两种东西，给以从来未曾有过的扶助。那些相信生理学的机械说不得不成为宿命论的人，实在没有真正完全懂得这个学说。幸得关于一个用直接的观察去决定的问题，没有什么可以议论的余地。在过去历史上，唯物论从未和宿命论结合过，并且无论哪一个机械说的主张者，也从没有同时是一个宿命论者的例子。宿命论却只不过是东方种种民族间的极端的精神的宗教的特色罢了。而且，连基督教会的预定说，实在比无论何种生理学或论理学的学说，也都应该多受变成宿命论的非难。

有许多人，很不欢喜接受这种认定动物从物理学的观点看来能够类似着一个机械的学说，并且，很奇怪的，这样的人，多半是抱着那种认动物为一个全能的神所创造的意见的人。但是，就照他们所抱的这种意见推论起来，如果连人类尚且能够造出像蒸气机关那样的简单的机械，拿去使物力变形，什么一个全能的神反不能够造出那种叫做动物的极复杂的机械呢？机械和动物，在原理上是一样的，并不是两种东西，所不同的，只有复杂的程度如何罢了。拿他们的理论推起来，我们能够限制全能的创造者所造的机械的复杂程度吗？如果说机械不像动物，那就等于说，蜡烛的光不像太阳了。老实说，我们现在也只不过用我们想像力所能理会的简单的标本，研究着无限复杂的东西罢了。我们在当作整个看来的宇宙里面，研究了无限大的东西，在物质的构造里面，碰见了无限小的东西，在意识的生活里面，现在又发见着无限精巧复杂的东西。但是，在一切这些东西里面，都有一个同一的一元的原理实行着。无论在宇宙的什么部分，没有一处没有物理的法则的实行。无论在宇宙的什么部分，也没有一处可以发见一种什么目标或目的——被一切物件向着它进行的目标或目的，并且无论在宇宙的什么部分，也没有一处有什么可以左右自然力所具的盲目的相互作用的心灵要素。

第五章　唯物论

我们在前面四章里面，已经把那一切和建设的哲学有关系的科学知识的现状，考察一遍了。我们已经尽量的把一些可以成为哲学的材料的事实和学说，从各种科学上，抽集出来了。哲学的根柢，必然的是种在科学上的，但是，要知道，这并不是说，一切科学上的学说都必须有若干哲学的意义。因为这些学说当中的许多部分，都只是多多少少带有孤立性的真理，并不会有什么超出表面以上的特别的深意义。不过，在另一方面，在这些学说当中，也有许多部分是含有一种比这学说所述的事实还深奥的意义的，我们在前几章努力对读者说明的学说，就是属于这一类的。这一类的学说，虽也和前一类的一样，是关于自然的知识的一个项目，但是，同时他又是一种可以当作烧砖，拿去建筑大房屋的项目。这类学说可以帮助我们推广眼界去看自然的全景，它虽然不是助我们去解决什么最终的秘密——就是说，形而上学和神学的想像国，却是可以助我们去说明几个应用很宽的普遍的法则，这些法则，也许可以很正当的称为哲学的法则。从科学的学说，去行哲学原则的归纳，这件事在目前只是在极狭的范围内，可以实行。却是，哪怕范围极小，所得的结论，倒是一种戳破生命和存在的神秘的唯一的头绪，也是我们头一次得着的头绪。这些结论诚然是很细微的，但是，除它们以外却只有一片黑暗了。

从无经验无教育的个人或社会看来，仿佛这个世界只是一个由许多对象和无数事件构成的乱杂杂的混合物。许多对象千差万别，又没有类别，又没有意义。无数事件只不过是毫无节制的种种势力的冲突，也无从说明它们的原因，也无从推研它们的将来。在这种发达阶段的时候，人类和其他动物一样，只是在现在生活着，他们实在也不知道有过去，也不知道有未来。从抱有这样心境的人看来，精神的全内容，宇宙的全体，也都只是被包含在他们一瞬间一瞬间所意识着的种种对象和事件之中罢了。

这种原始的精神状况，虽然在文明社会的个人间也是要经过的，却是只限于最幼年的时代。孩童的精神开发的第一特征，就是他能寻问，他是怎样来到这个世界的，他在未生以前，曾在什么地方。当这时候，只限于现在意识的生命已经开始消灭了。不久种种新的问题更发生起来，孩童知道死的事实了，他开始思索死后是怎么样了。孩童越长越大，渐渐知自己也是会死的，到这里，他自己死后的运命如何，就成了一个极有兴味的问题，会把他生前经历如何的问题，差不多完全掩了去。随着精神的发达，种种新问题，更不断的发生出来。我们的生涯，只是无尽的时间上面的一弹指间的岁月。我们的世界，只是悬在无穷的空间当中的一个物质的大球。我们在一瞬间，可以在想像上由这一个星球飞到另一个星球去。我们由现今我们坐着这间房里，把我们的思想移到卧里翁大星云去，并不消一秒钟。但是，我们虽然能够像这样的在想像之中通过莫大的距离，却是，无论我们用什么样的想像力，我们也到底不能挨着空间的边界，也无从接近时间的起头和煞尾。

哲学这个东西就是从这样的思索发生出来的。因为种种思考的结果，照例是旧的种种问题还未被解决或处置，新的种种问题又在智的水平线上发见出来，所以慢慢的就搜罗得一大团和人类关系甚重的考察和思索，我们就把它叫做哲学。在原始时代，这种问题只要一发生出来，差不多即刻就被那时的人给以解答，因为原始时代的人，不能忍受不可知的态度，他们非有一种解答不可。他们又没有什么论理的规则去限制他们的方法，所以无论怎样不合理的东西，只要他们可以借此逃避不愉快的犹疑和无智的告白，他们就不惜拿来当作真理，他们却不知道，这些不愉快的犹疑和无智的告白，就是更有教养的人，也都逼不得已，非忍受不可的。因此，神话学也就同很滑稽的形而下学及形而上学的体系，发生出来了。这些东西，不管它和真理差得多大，也不管它和证明的可能离得多远，到底总算救了那些未受教养的人，使他们免得受问题虚悬不决的闷苦。

这样，文明这种东西，不但从过去接受无数的哲学上的问题，并且同时还接受了很多的答解，多得比相照应的问题的数目还多。这些问题的多数到底是能够解决的不是？关于这一点现在且不管它，那些被提出的原始时代的解答，却的的确确是错误的，甚至是无意义的。所以，科学训练的第一步的结果，就是不可知论或怀疑论的立场的获得。无教养的人在日常生活上，动不动爱作种种无聊的干涉，却是在实际生活上种种重大的局面里头，无聊的干涉往往不但无益，反会坏事，在这样的时候，必须有高级的知识和精神的能力，才能够不胡乱去干涉而静静站住。在哲学方面，也正和这个一样，若从种种方面，匆匆忙忙随便去采用那些很寻常的解答，一定会坏事，在这时候，也必须有较高级的精神的发达，才能够不胡乱采用，而诚实承认自己没有说明这种问题的资格。所以，随着教养的进步，能够给一个解答的问题的范围，就大大的缩小了。科学上的问题和科学外的问题之间的分化，也越发增加了。在从前，这两种问题，一个一个都曾被答解过，只是这些答解多半是不正确的或谬误的。纠正谬误原是极困难的事，并且常常是不被人欢迎的。今日科学问题所接受的解答，大抵都是非常正确并且有永久性的。科学外的问题却和这个相反，大抵都被看成为不能解决的问题。这样，古代人所研究的舞台，已经被近代人分为两个独立的地域了。在一个地域上面，已经有了许多答解，在理由充足上和正确程度上，都大大的胜过古代人的解答。但是，在另一个地域上面，却只有少数的解答——在这里还是怀疑主义管辖着，和过去那种盛大的思索，恰恰成一显著的对照。

多数哲学者都主张，除了自然科学的方法以外，还有其他求得知识的方法，他们对于形而上学的方法的信仰，始终还未丢掉。但是，如果拿科学地面的丰饶和形而上学在过去两三千年间的瘠苦不毛，比较起来，我们实在不能够发见一点顶小的理由，拿去承认他们那种把形而上学也认为发见真理的方法的要求。形而上学好像一座建筑在沙上的房屋，每出现一个新的建筑工头一次，它的基础就要被移动一次。科学好比一个建筑在岩石上的房屋，它的基础非常坚固，可以使一个一个时代的工人都在这房屋的上面加筑一层楼。所以我们决不能把形而上学看成一个可以和科学对抗的方法，我们只把它看成是一种和神学同种类并同效力的研究。只有用科学的方法，才可以得着知识，科学以外的其他无论什么观点，都是不但无益而且有害的，因为它不向知识引导，倒向虚假知识引导。要想得到一个真正的建设的哲学，唯一的希望就在把科学研上所得着的种种大原理，集合起来，加以整顿。

我很充分的知道，现在世上有一种偏见，专门反对无论什么种类的建设的努力，哪怕有许多和我一样不相信在科学方法以外还有其他求得真理的方法的人们，都抱着这样的努力，他也还是要反对。但是，我敢相信，越是形而上学和神学的要求过于夸大，极端的不可知论的地位，越会趁着对于世人这些夸大的要求的反感，也有日益夸张过甚的倾向。本来，这些久失信用的形而上学的旧方法，曾经好几次侵入了哲学的范围，并无什么结果，所以一般的人都因此推定着，哲学的问题是不会有什么具体的结果的。其实，这个问题，结局，在大体上是一个依哲学的定义如何而决的问题。我在这里并不打算下一个正式的定义，因为本书的内容本身，就构成了一个我所谓哲学的最好的定义。据我看来，哲学和科学之间，并没有很明确的界限。哲学这个名词，是可以适用在像天然淘汰说

——一个很宽的学说，许多孤立的事实都依这学说而被结合起来，并相当被“说明”着——那样的范围很宽的学说上面的。只是把孤立的无意义的种种事实集合起来，那还算不得是哲学。把这些事实，用一般法则和原理的公式，排列起来，并解释起来，这才是哲学。我们现在已有一个历史的哲学，照样我们也就可以有一个科学的哲学。拿历史说，它的原料只是一些干燥无味的事实——年月，事件，战争，国王的名姓等等——这些事实从无学的人看来，只是一个编年的记事，除了一些平凡的事实的叙述之外，好像毫未告诉给我们什么别的东西。但是，一经哲学的历史家，如像塔西塔司或义朋那样的人，整顿起来，便可以从这些事实当中，找出原因，推求结果，使整个的题目都带上生命和热气。他们由这种研究所学得的许多东西，都是在他们所用材料的表面上所没有的。他们对于过去的知识，在现今是很有价值的，因为即使这种知识不能够实际的拿去预言未来，至少它也可以拿去决定，从种种的社会制度上大概发生了何种结果。

科学也恰和上面说的历史的例子一样，它所有的一些干骨头，都因注入了哲学的精神的关系，带着生气了。我们不能因为形而上学努力去说明宇宙，毫未得着结果，就断定一切种类的哲学的学说都一定是错的。因为，如果那样断定，那就等于因不信用柏拉图的缘故就论定引力的法则也是假的了。我在前面已经说过，这个问题，的确毫无疑义的，是要依哲学的定义如何而决的。如果把哲学看成一种对于宇宙起源的考究，那末，哲学这个东西，是断不可不弃去的。但是，我所谓哲学，却是指着一切具有广大的关系，并且可以适用自然科学上现行着的方法的研究而言的。哲学这个东西，并不是在科学以外真正别有一个范围，它和科学在范围上的关系，完全是同历史和历史哲学的范围关系一样。无论对于历史也好，对于科学也好，总之，哲学并不是一个另外的主题，倒只是同一个主题的另一种处理样式。我用哲学这个字的时候. 是指着那种在所需事实已被搜集之“后”才去处理的工作样式而言的。无论是学科，是哲学，我们都应该先从简单的事实搜集入手，并且在暂时之间，应该守着哲学的不可知论的立场。到了我们已经得着事实的原料的时候，我们就能够开始整顿并类分这些原料了，这就是说，我们可以采用哲学的方法了。如果没有像这样的哲学的处理，一切事实就会依然是一些无益而且干燥[①]无味的事实，科学也就无从供人类的利用，真正的知识的进步，更是不可能的了。譬如听见说本章第五百二十四字是一个“意”字，谁能感着什么兴趣呢？这只是（或也许只是）一个毫无哲学意义的干燥无味的事实罢了，把这样的事实积累起来，也决不能够构成一个真正的知识。我们的原料，也和历史及技术材料一样，在未被我们用适当的方法，加工整顿以前，对于我们是毫无用处的。我们应该应用综合和分析的手段，因为这种手段能够把科学家得来的种种事实，照得非常鲜明，给它们一个生命和意义，并可以暗示种种研究方针去发见种种和已得事实相助的或相反的其他事实。

本书的主要目的是在拥护唯物论。只是，这个唯物论是和古代的唯物论大不相同的，因为我所拥护的唯物论，一面对于不可知论行着一个大大的让步，一面对于唯心论，简直把知识的全根抵，都

① 原文如此，意为枯燥。下同。——编者

让给它了。虽是这样，它仍然还不失其为唯物论，因为凡人类所能够利用的实证的知识的全体，都可以被包含在一个唯一的唯物论的体系的界限以内；关于这一点，我要在下面努力把他指示出来。这个新体系的轮廓，并不是新的，它的主要特色，实在是和过去几世纪间的科学的进步明明相结合的。凡一个科学的时代，必然的就是一个唯物论的时代。现代是一个科学的时代，所以也许可以毫不怀疑说，我们大家现在都是唯物论者。我所要极力说明的主要原则，就是下面三个。

（一）法则的一律　在原始的时代，一切事件都好像是偶然的。并且好像是不可加以说明的。就是在今日，如果我们只注意于每瞬间的经过，一切事件也好像还是那样。但是，随着科学的进步，自然的进行程途上的一律，竟被发见了。无论在什么时候，如果这个时候的条件，精确的和其以前的某一个时候的条件完全相同，由这两个时候的条件产出来的结果，也一定会是完全相同的。举例说，我们发见着，某种特定质量的物体，可以隔着一定的距离，用一定强度的力，把另外一个具有某种质量的物体牵引着。我们又发见着，如果质量，距离，以及其他条件都和上面所说的相同，那末，物体和物体之间的互相牵引，也一定常常是正确相同的。我们更发见着，如果两个物体间的距离增加起来，它们相互间的牵引力就会随着一定的比例，减少下去，并且我们发见着，无论两个物体放在什么距离之间，这个道理都是可以适用的。再说，牵引力的大小，也是随着物体的质量的大小，按照一定不变的种种不同的此例，随时变化的。从这种种的发见，我们就得着一个引力的法则，我们根据这个法则，无论是什么物体，只要知道两个物体的质量和距离，就可以精确的算出它的引力来。这样，一律的法则就被确立了。这个一律，在人类经验的范围内，是一个绝对的东西，因此，在同一范围内，一切好像完全出于偶然的事件，已经被发见着，它们只不过在外观上是偶然的了。此外还有许多和引力法则相类似的法则，都渐渐的被发见出来，在各种类的事件之间，建立了一种联系。若把酸素和水素，照八与一的重量的比例，混合在一起，用一种电流通过这个混合物，就可造出水来，并且无论在什么时候，只要同一的条件能够精确的被实现出来，就一定会精确的发生同一的结果。这个真理就是实验的方法的基础。如果同样的条件在种种不同的时候可以发生不同样的结果出来，那末，实验这个东西，对于知识的进步，就会一点用处亦没有了。

这个因果关系的一律，使我们获得预言的能力，我们越知道自然现象的联系，我们所具有的预言未来事件的能力也就越更增加。在今日，凡是材料或条件极其少数而简单，便于计算的一切知识部门里面，如像在天文学上的许多问题上头，都有这种预言，并且预言得很中。在材料多数而复杂的部门里面，现在也实行着这种预言，不过预言得不大确实。我们可以预言在某日某时某分钟有日蚀发生，同样我们也可以预言银行利息的提高，在正常的状况下面，会引起金的流入，却是不能够正确的预言金的流入到底有若干。如果我们关于种种条件的知识，比现在还更丰富，我们对于金的流入额，就可以立一个相差不远的预想。如果我们真能绝对的知道一切有关系的条件，我们就一定能够正确的预言，银行利率的某种程度的提高可以诱引若干公司的金流入这一国来，不消说，像这样的知识是永远得不到的，因为有关系的要素，多到不可计数，并且又是非常细微的，即令我们真能把这些要素都收集起来，但是，要想对它们适用数学的分析，恐怕也决非我们人类的能力所能做到的。话虽是这样说，我们在理论上却仍然不能不采用拉卜拉士所说的下面这几句话：如果我们精确知道在某一瞬间存在宇宙上的一切物质和物力的配置，如果我们精确知道一切运动着的物体的运动方向，如果我们是用一种具有无限能力的数学把我们自己武装着的，我们就一定能够正确的预言，在未来的无论什么时候，宇宙的物质和物力会有什么样的分布。如果有一个主体，在几万万年以前，就具有这样的能力，并且关于产生我们太阳系的星云的某一瞬间的状态，具有绝对的知识，那末，他一定能够预言，在几万万年以后的今日现在的瞬间，有像我这样的人类存在着，并且还在写像我的笔所写的这样的话。他一定还能够预言，稍迟一些时，还有别的像列位读者那样的人类，正在读所写的文字，他并且还知道列位读这些文字的时候引起了如何的情绪。换别的话说，自然的一律无差和法则的至上无类，是有普遍性的，是没有例外的。

（二）目的论的否认　科学的唯物论，绝对的不承认，在宇宙上有什么像目的那样的东西，也决不承认，一切事件有什么外部的动机或目标被他们追求着。科学的唯物论主张着，一切事件的发生都是由于物质和运动的相互作用，这种相互作用又是因物质和运动依照我们叫做法则的一种一定不变的前后关系，盲目的并且必然的活动着而生的。这一个主张就是古代希腊的唯物论和近世科学的唯物论之间的一条重要的纽带。在教养很差的人民当中，存有一种热情信仰。以为不但宇宙全体是依照某种预定的计划或目的运行着，并且宇宙的一部分一部分，也是为成就这个计划，行着某种特定的必要的任务。不消说，这个目的常常被看成和人类的福利是相关联的。宇宙这个东西的全体，哪怕是它的极小的部分，都被原始的迷信看成了是为人类的特殊利益而存在的。一直到十九世纪，还有柏纳鼎得三撇出来主张，西瓜里面的筋是因为某几个家庭共同去吃的便利而被造成的。由这一件事，也可以知道上面说的那种见解，如何被人捧到极端了。

这样的原始的目的论的发生理由，是极明白的。人类无论是谁，都从自己中心的立场，去观测宇宙。从主观上说来，我们大家本来在实际上是站在宇宙的中心的。我们关于宇宙的一切经验，都是限于宇宙在实际上直接影响着我们的范围内的经验，因为，如果宇宙不直接的影响着我们，我们就只能间接的知道它，并且在幼年的时候我们简直一点也不知道它。随着我们的教育给我们一种较宽的见解和一种较广的知识，我们才懂得，客观的宇宙和我们自己一个人的主观的宇宙是相差很远的。第一，我们发见着，我们每个人，并不是像不正确的经验所告诉我们的一样，是一个什么宇宙的中心，我们倒发见着，我们只是那种构成国民或社会的别的许多有同样身份的人当中的一个。到了这里，恐怕我们就要把我们的社会看成宇宙的中心，这是许多原始的人民间常见的事，如像古代罗马人和近世的中国人就是例子。或许我们会像许多回教人民一样，把自己的性看成宇宙所造成的一种有目的的产物。许多回教人民都以为，妇女和男子不一样，是没有灵魂的，又以为，妇女只是为男子的利益或使用而存在，犹如家畜只是为被人类食用而存在，或西瓜的筋为便于分配而存在一样。

到后来，教养更进一步，人类全体才被看为宇宙上一切事件的中心及目的。这就是现今文明下面的一般民众所达到的阶段。其实，一个特殊的个人的存在，并不像这一个人动辄妄想那样，有什么世界的或宇宙的意义。某一个特定种族或社会的存在，也并不像这个种族或社会通常想像的那样，有什么很深的历史的意义。同样，人类全体，也并不像一般民众常常相信的那样，是宇宙本身及宇宙中的大大小小的物件所以被创造的什么唯一目的。人类实在只是物质和物力的普遍再分布的程途中所发生的一个事件，所以人类的存在，并没有一点宇宙的意义。从生物学上看来，人类只是一个极近代的产物。无论从人类的总数的多寡说，或从他存在的历史的远近说，人类和住在地球上其他无数的动物的种之间，都简直不成比较，人类哪里赶得上它们？地球本身只是绕住一个比较不算顶大的恒星而回转着的一个行星。地球比起太阳系全体固然是琐屑得不足道，但太阳本身，却又是一个可怜小得很的体系，和其他的发光体或体系比较起来，无论是在大小上面，是在光力上面，或是在其他常被我们赞美的性质上面，都跟不上它们，相差还不知有多少倍。

如果主张宇宙是有目的的，同时就不能不假定着，人类和这个目的有很密切的关联。如果没有这个假定，谁也不会感觉什么兴味去主张目的论，除非他是一个最有超越性的哲学家。所以，人类中心的学说一倒，目的论的学说，也不能不随着倒了去。总之，这就是科学家并一切唯物论所取的立场，我希望我可以在下面几页里面，很容易的加以辩护。这个真理虽是很明白的，却是在另一方面我们也应该承认，要想使这个真理被多数人信服，还得对于多数人的见解，加以深刻的变更，因为现今大多数的人，还未脱离从来的旧习惯，始终拿自己本身或自己的家族，国民，种类，认为宇宙的中心。

（三）除了物理学和化学所考察的存在物——就是说，具有某种可以感触的物质的特色和性质的存在物——之外，不承认还有别种形态的存在物。这就近代唯物论和古代唯物论开始分手的地方，反对者的主要批评，似乎也就是向着这一点集中着。近代的唯物论常常从正面反对那些承认无论何种的心灵存在物的信仰。这种信仰所漠然承认的心灵存在物当中，不仅包含着鬼灵，神灵，灵魂，以及其他相类似的东西，因为这些东西早已从进步的思想家的信仰中被驱逐了。在今日，除了这些陈旧的东西之外，还包含着那些我们叫做心灵，意识等等的想像里面的存在物，并这些想像存在的细别如像智力，意志，感情等等，只要它们被认为一种和物质的存在物及物质的作用完全不同的独立的东西，都包含在内。

我所要提出的事，乍看起来，好像是和柏克黎的唯心论的原来的定式一样，不大合理，但是，我要请求列位读者，不要在还未完全正确理解我的提说以前，就轻易提出驳斥的议论。从寻常一般的观察人看来，好像所谓意识的活动和物质的物体，是相差得很远的。意识的活动或精神的作用是一种我们可以直接的确实的知道的东西，这我也承认。至于相信，意识的活动或精神的作用是和物质的作用全然不同的——就是说，和物质并物力的普通的变形全然不同的——东西，对这种信仰，我却不能不断然反对。关于这事，我要在最后一章详细申辩。现在我在这里提出的命题是这样：发生在宇宙上的一切事件，连精神的作用及人类的其他一切行动并行为也包含在内，笼统的都可以拿纯然的物质和运动的名目表示出来。如果我们推定，在发生太阳系的最初的星云里面，除了物质和物力或运动的要素以外，并无别的什么要素，我们就可以照前段所说，从理论上演绎出现存的宇宙——包含精神和意识——来，并不须引入无论什么样的新的要素。现存的宇宙和存在蛇当中的一切物体并事件，在理论上，都可以被表示为一种依照物理学化学的普通法则，不断的行着再分布的物质和物力。既然在我们经验范围内一切现象，都可照科学家相信已久的办法，这样被表示出来，我们为什么还要引入一个新的要素，即一个具有精神的性质的心灵来呢？即使引它进来，也不会有戏给它扮演，它对于因果关系上是一点影响也没有的。照黑胥黎的学说说来，精神这个东西，只是如影随形一样，跟着某种物理的作用走，并没有力，也没有理由，也没有用处，如像这种无用的东西就是世界上没有它，这个世界也还是会和现在的状况一样，这也是黑胥黎和其他多数生理学家所断言的。古来有这样一个理论格言："不要把物件增加到必要的数以上"，这个格言，从大体说，在今日还是一个真理。我们应把这格言看成一把"威廉沃桑"的剃刀，拿它去剔除我们学说上的一切与说明不相干的赘物。当作独立的物体看的心灵或精神，就是这样的一个赘物。精神是由经验得来的直接的材料，这件事，我不但不否认，并且还乐于主张，但是，要知道，并没有一种经验上的直接材料是和某特定种类的脑髓作用相异的。没有教养的人的经验也许要否认这两种东西的同一性，只是他们的否认是站在一种错误的推理或演绎上面的。这种推理的错误，和对于柏克黎主张的物质就是感官的印象的那种学说，所加的否认的错误，是一样的。现在我想顺便把近代科学的唯物论和古代生硬的唯物论之间的差异，指摘出来。二者都宣言法则的一律，这是相一致的。二者都否认目的论的说法，这也是相一致的。并且二者还一致的承认，一切的存在物都是具有物质的性质的。但是，说到所谓精神的看不见的世界的处理方法，二者却变成不一致了。古代唯物论主张者，在某种相当程度内，还相信有一个看不见的世界，甚至于还相信灵魂的存在。他们所以还能够维持他们的唯物论，只因为他们还算主张着，这些看不见的物体仍然是有物质的性质的东西。德谟克利塔士曾以为，灵魂是很小的滑而且圆的物体构成的。今日的科学的唯物论主张者决不相信这种东西会有单独的存在。他把那种叫做灵魂或精神的东西，完全看成一个起于物质的脑髓当中的某种物理的作用。这种作用，不但是古代希腊人所绝不知道的，并且，就是在今日，不是得着了若干物理学的知识的人，也是绝不知道的。

唯物论是一切科学的基础，这个论断，即使不是大多数哲学家，至少也是许多哲学家容易承认的。但是，若说唯物论是一切知识的基础，这个论断所包含的内容较宽，一定会被多数的哲学家否认。其实，如果我们真正承认，除了用自然科学的普通方法得来的知识以外，就不能够有什么知识，第二个较宽的论断，原是必然的会从第一个论断发生出来的。若极端的分析到底，就是唯物论者，也许承认，或不能不承认，“感觉”或某种意识状态就是我们一切经验的基本材料。并且唯物论者还应该更进一步承认，物质不比感觉，并非经验的基本材料，倒只是由许多不变的意识要素的联合构成的。简单说，照柏克黎所说，物质是由感觉构成的，这就是说，物质只是凝结了的意识，它是由一种和时间或空间完全同种类的既得经验派生出来的。它可照时间和空间的样，被看成一种思维形态。它合起时间和空间就是那一大堆观念联合并相互关系的基础。这一大块东西，我们把它叫做知识，若能更进一步把它好好组织起来，我们就叫它做科学。我虽这样说，我却一点也没有替形而上学的唯物论辩护。如果我主张物质就是终极的事实，不能更化为较低的或较深奥的要素，那时我才变成替形而上学的唯物论辩护了。不，不，我决不是那样，因为现今唯心论固然还在死守着阵地，但是科学的唯物论并不像生硬的唯物论那样，去和它斗争。各组恒久的观念联合，是从幼孩的未成熟的无意识的经验，渐渐进化出来的，后来随着时间的推进，渐渐长大，就形成每个个人所有的知识的总计。这种一组一组的观念联合的基础，原是极初步的观念的联合，在它的当中，有视觉，触觉并其他各种感觉联结起来，去造成一个叫做“物质”的一般概念。对于这些说法，谁也是可以同意的。唯物论的特色，只在主张着：要得新的知识，没有别的方法，只有使新的经验，联合到那个已经在物质，时间，空间等的基础上面被建筑了的观念联合的大范围去之一法。因为全然不和主要部分的知识相联合的些少孤立知识，绝对是不能够有的。这个道理，犹如在一个动物里面，绝对不能够有一个不集中于神经系统的单独的原始的反射弧一样。这两种的比较，不只是一个单纯的比喻，此外还含着有更深的意义。但是，在目前，我不能不姑且把这个难问题搁着。

所以，我所主张的唯物论，是拿法则的一律，目的的排除，一元论的主张，这三个显著的特色为中心的。所谓一元论的主张，就是主张着，宇宙上绝没有一种和物质的构成性质不同的精神的实体或心灵的实在。

以上三个特色的第一个，又叫做普遍的因果律，它主张着，无论什么事件决不会无故发生，并且同一条件下面的同一原因，无论在什么时候，必定会生同一的结果。要真正懂得这个法则，必须先把“原因”和“结果”两个字的意义以及二者间的联络的性质，弄明确才行。我们所依为出发点的宇宙概念是这样：宇宙就是物质和运动的一大体系，这些物质的运动，都依着一定的前后关系——拿科学上的用语说来，就是一定的法则——行着再分布。物质是不断的由一个形态到另一个形态，变化着的。物力也是和物质照应着，时时刻刻，变化分布和形态的。原因两个字的正确定义，只有从这种根本概念出发才可以得着，若从其他的立场出发，差不多是永远不能够明白的。照弥尔的定义说，若是我们发见某一事件，在我们经验上，必然的被另一个事件跟着起来，在这时，我们就把第一事件叫做原因，第二事件叫做结果。但是，弥尔这个意见解[①]，只须被人反问他一问，他是把昼看成夜的原因不是，就即刻要被推翻，因为昼夜这种前后关系，在我们的经验上，也是一定不变的，却并没有原因结果关系。但是，如果我们应用分析方法，这种困难即刻就会消失。假如我们把一切事件都看成物质和运动的再分布途程上的某一个阶段，那末，所谓原因，当然就是指刚刚在这个阶段以前的物质和运动的分布状况而言的。举例说，如果天空中忽然现出一个新的恒星，这个星出现的原因是什么呢？假定在这个出现以前，恰有两个已死的太阳忽然迅速的互相接近，发生冲突，我们就可以叙述这些事实，看它们为一种可能的真原因。这第二个事件或结果，因为是被认为由两个物体在结合成一体的时候所发出的许多热和光而生的，所以可以说完全是物质和运动的一种表现。我们若把惹起第二事件的一切相关的物质和运动在以前分布状况，叙述出

① 原文如此，疑为“意见”或“见解”。——编者

来，这就是举出第二事件的原因了。在上面这个例子里面，和第二事件有关系的物质，就是两个互相迅速缩短距离的固形物体，和第二事件有关系的物力，就是它们的运动量及速力的乘积的一半。含在这两个固体内的物质，因冲突的关系，发生再分布，变形而为气体，他的分子的多数也同时分解了，换另一句话说，就是把它的原子的新安置分配了。同时，从前含在这些固体里面的运动物力，也变形为光和热了。所以，要想说明一种忽然发见的光，指出它的原因是什么，我们只消把那些引起这事件的相关物质和物力在以前的分布状况，叙述出来，就够了。

现在我们再拿一个比较更复杂的例子，比方拿某种特殊细菌成为结核病的原因的例来说。结核病的原因是什么？这个病的特色是身体各部分上所发生的特别障害。所以，它的结果——即是说结核病的病状——可以拿来分成物质和物力的特殊配置，固然这种配置，和构成健全的有机体的配置，是极相类似的，却是，在一处一处的物质和物力的配置，也有相当的差异，所以才能形成结核病的状态。

在未感染这病以前，有机体内的物质和物力，是配置得顺顺当当的。一到感染这病的瞬间，就会增加一种别的极少量的物质和物力，分布在一种我们叫做细菌的小物体上面。这种新加的物质和物力，同原有的健全有机体的物质和物力结合起来，更受一种重新分布，所分得的结果，就是这种结核病的特质。一切这些工作，都是依着种种必然的法则而行的，这种种必然的法则，也就是那种种统治着宇宙上一切部分的物质和运动的不断的再分布的同一样的法则。所以只要我们叙述了现在构成某种现象的物质和物力的以前的分布状况，我们就找出这个现象的原因了。

但是，在实际上，我们普通动不动对于构成某种现象的许多要素，只注意它当中的某一个，特别对它发生兴味。从客观的立场看来，这一个要素，虽也常常是极重要的要素，不过，我们到底不能够专把这一个重要要素叫做原因。在上面所引的实例中，结核性肺脏的客观原因或绝对原因，本只是构成这肺脏的物质和物力，并构成细菌的物质和物力的元有的或以前的分布状态，却是我们动不动惯把肺脏置而不问，专把细菌举为结核病的原因。这种习惯的发生缘由，是因为健全的肺脏的物质和物力的变形状态，通常是一律而且有规则的。这健全的肺脏行着一种健全的新陈代谢，不断的从外面摄取物质和物力，拿去替代那些已经使用过的旧的物质和物力。我们遇着这种通常的一律状态一旦破坏，发生新的分布的时候，就特别的单单注意它。所以，只管新物质和新物力的不断的充分供给，对于病的肺脏存续，是和对于健全肺一样根本重要的，只管这种供给在客观上是结核病肺的生长的主要的要素，我们却不说它是结核性肺脏的一个原因，因为我们把它看成一个一定不动的东西，不理会它，而专去注意那些新的异常的要素。若从别的观点看来，也许我们只因注意的方面不同的缘故，还会把同样经过的同样事实，正确的归在别的完全不同的——自然不是相抵触——原因上去。比方，假如我们关于人类或关于动物，一点什么事也不知道，只是全然埋头于细菌的生活和历史的考究，并假如我们对于一小团细菌，注视着它们在它们的一代一代之间，在牛奶里面过着平稳无事的生活，或在灰尘当中干得要命，等等的事。我们的注意，既然集中在它们身上，所以万一看见细菌忽然非常的繁殖起来，我们一定会大吃一惊。细菌偶然被移到有利的环境——即富于感受性的肺脏——里去，一定肥大起来，壮健起来，同时并增加无数的儿孙起来。这样一来，肺脏的现状，会变成布满着细菌的状况了。这样的状况的原因是什么？我们现在一定会拿肺脏所供给的有利的细菌营养状况为原因，因为现在我们已把注意集中到细菌忽然繁昌这件事上了。若从细菌的立场看来，那种我们叫做结核性肺脏的物质和物力的分布状态，只是由于有一种营养物不断的通过染病的有机体的血液，供给进来的关系。所以，从人类看来，结核病的原因，是细菌进了肺脏。而从细菌看来，这病的原因却在肺脏富于滋养分。这两个原因都是真实而且要紧的原因，但是在事实上我们只把无数的要素当中的一个，叫做原因，对于其余的要素，我们只称为条件。在肺脏充满了结核细菌发生了新的物质和物力的配合的时候，人类把营着新陈代谢的肺脏看成既定的东西，置之不理，只拿外来细菌的侵入为结核病的原因，但是，在细菌方面，却把自己看成既定的事实，毫不过问，只拿不断的向肺脏去着的食物供给为结核病的原因。

所以，原因这个观念之中，含有两种要素：一是客观的要素，一是主观的要素。从客观说，一个现象的原因，就是和这现象有关的物质和物力刚刚在现象发生以前的分布状态。照这个观点看来，很明显的，无论在什么瞬间的宇宙现状的有效原因，都是那个刚刚在这个瞬间以前的状态。若从主观说，我们却只对于构成这种现象的物质和物力的某一部分的进化，感生兴味，我们习惯只在这一部分进化的种种要素当中，提出一个特别惹起我们注意的要素，把它叫做原因，剩下的其他种种要素，我们只叫做条件。

上面所说的原因的定义，也可以立刻拿去解决“怎样”和“为什么”二者之间的差异的问题。许多科学家都跟着马哈和加尔皮雅逊的主张，以为科学只能说明事件是怎样起来的，决不能较这个更进一步有所说明，至于为什么某事件会发生的问题，那科学是永远管不着的。关于第二点——为什么这一点人类非永久自认无知不可。这样，他们在“怎样”和“为什么”之间，设立了一个很深的根本的区别。只是，这个区别经不得分析，略经分析，它就非立刻消灭不可。我现在不得不恳求读者，再把这个宇宙看成是由一些行着再分布的物质和物力的一定的总量构成的东西。我们且把普通叫做事件的东西，即是说，那些在进化途程上的某种有限的瞬间状态考察考察，看看我们应该怎样去答复下面两个问题：这事件是怎样发生的和这事件为什么发生。若是我们把那些和这事件有关的一切物质和物力的刚刚在事件以前的历史，完全叙述出来，一点也不脱漏，那末，那就明明是叙述了这事件的怎样发生。这个“怎样”的问题，和前面说的纯粹客观的原因的定义，恰相照应着。其次我们问一问，这件事为什么发生了。我们要答复这个问题，不应该叙述一切有关的物质和运动的刚刚在事件发生以前的历史，我们只叙述那些引起我们兴味的一部分的物质和运动的历史，就够了。所以这个为什么发生的问题，恰和前面说的原因的主观的定义相照应，在这个主观的定义里面，客观的要素和主观的要素两种都被包含着。在实际上“为什么”的问题，只不过是变简单了的“怎样”的问题，它所占的范围，要比较狭窄一点，它所要求的，不是有关的物质和运动的全部的历史，倒只是其中偶然引起了我们兴趣的一部分的历史。

我们可以从上面所说的理论，得着下面的结论：对于一个事件怎么发生的问题，只能有一个完全的答复，对于这件事为什么发生的问题，却可以有许多答复，并且都是真确的答复。因为在答复“怎样”的问题的时候，我们不得不把一切和这事件有关的物质和物力的历史，全部都叙述出来，而在答复“为什么”的问题的时候，只须叙述这全部历史当中特别选定的某一部分历史，就可以得着完全的答复，并且我们还可以任意选出许多要素，一个一个的叙述出来，拿去满足质问人的要求，所以对于同一问题，可以提出许多虽然相异，却都是真实的答复。要答复“怎样”的问题，必须举出那些产生这事件的一切条件。要答复“为什么”的问题，只须举出这些条件当中的一个，这一个偶然被我们特别注意的条件，就叫做原因。如果我们另外感着不同的利害关系，我们就会选择别一个条件，在这时候这个别的条件当然又变成原因了。上面说的这个理论，只要举几个实例出来，立刻就可以弄得很明了。

假定，有一个已经和列车联结着的机关车，停在停车场，忽然开始运动，并假定，有人发出一个质问，问机关车为什么运动了。在这时候，可以答出许多不同的答复，并且都是真实的。如果我们不知道质问人对于什么地方有特殊的兴趣，我们就很为难，不知应该怎样答复他才好。我们可以答复他说，因为规定是在这个时刻发车，所以机关车开始运动起来了。我们也可以答复他说，因为信号手已经摇了旗，因为客人已经都上完了车，因为开车的信号已经落下来了，因为机关驾驶人已经拉下了开车棒，因为在圆筒里发生的急激的压力已经把活塞向前押动了，因为车轮和铁轨的摩擦力，已经胜过了抵抗这摩擦力的惰性，因为到那时为止一直妨碍着进行的机械障碍已经修理好了。总而言之，我们可以随便在以上这些答复中选择一个去答复他。在这个列车停在其次的一个停车场的时候，我们对于“为什么”停车的问题，也可以同样分析出来，答应他说，因为要使客人下车，或是说因为机关驾驶人拉下了停车棒，或是作其他种种答复。无论在开车或停车哪一个例当中，如果我们不知道质问人的质问的动机，我们就很难晓得在这许多答复中间应该用哪一个。因为这些答复的每一个都说着一个关于列车运动的先行条件，我们既然不知道质问人的质问的用意，我们当然也就不能够知道哪一个先行条件可以满足“为什么”的质问。若是我们既不知道质问人的动机，又须顾到一切的可能性，那末，我们就非把一切先行条件，全部罗列出来不可。这些先行条件又都是种根在很远的过去的，因此，我们越向着过去回溯上去，这些先行条件的数目就越会加增。拿这种事例，也可以证明下面这个真理：宇宙上一切的物都是由一个不可解开的结子互相结合着的，每一个事件，决不是一两个孤立的原因的产物，倒是这事件以前各时期中全宇宙的物质和物力的一般分布的产物。

这个问题是极重要的，所以我再举一个实例出来。假定有人问：“为什么今晚的月是满月？”如果我们不知道质问人对于这件事的特别兴趣是什么，我们就可以提出种种不同的答复。因为月球隔着地球，恰在和太阳相反对的方面，所以月是圆的。因为月球的表面射着光线，所以成了满月。因为距上一次的满月恰恰一个月，所以今天是满月。因为月球正在离开太阳和地球的直线不达的地方，所以月圆了。因为太阳恰恰照着月球向着地球的那个半球面，所以月就团圆了。因为光线可以通过空中，所以有满月。照这样的答复，还可以举出许多来。我们对于小孩的答复，自然会和对于天文学家的答复不同，因为，哪怕是同一作用，小孩和天文学家对这作用所抱的兴趣，是不会相同的。至于对于满月是怎样发生的质问，要想作一个完全的答复，那就非把这些要素一个一个列举出来不可。某种现象的“为什么”，结果只是这现象的“怎样”的一个特别情形，所以，要想对于某种现象为什么发生的一切问题，去作答复，唯一的方法，就是说明这个现象怎样发生，此外别无答复的方法。“为什么”这个疑问之中，除此以外也更无人类所能想像的其他意义。所以，在说明为什么发生某种现象的时候，我们只须极力运用我们的选择的眼光，去在那些和这现象有关的许多要素当中，择定一个最足满足质问人的好奇心的，就行了。这些要素，一经分析起来，都可以归到那些有关系的一切物质和物力所受的不断的变化的描写或叙述上面去。

“怎样”和“为什么”之间，不但没有加尔皮雅逊所说的那种显明的区别，并且在日常生活上的随随便便不大完全的用语上面，这两句话的意义也是相互交叉着不大明了，有时甚至用得毫无差别。他怎样成了肺病的质问和他为什么成了肺病的质问之间，如果有差别，这差别也是极细微的。不过，在别的时候，比方说，他怎样旅行到伦敦的质问，和他为什么旅行到伦敦的质问二者之间，差异就要较大一点。第一个质问可以看成一个关于有关系物质的比较明白易于感触的再分布的质问，所以只须答复说，他是坐火车旅行去的就得了。第二个质问是关于他的旅行的动机的质问，换别的话说，就是关于在旅行作用以前的某一特别要素，即特别引起兴味的要素的质问。

说到这里，我们就进到我要说明的第二个问题——目的论的问题——来了。在以上各节，我已经努力把一切形而上学的超越主义除开，纯粹用唯物论的用语，说明了原因结果的观念。现在我要用同样的努力去说明目的论的观念，特别是人类目的论的观念，以便指出，所谓合目的性这句话，若用唯物论的机械说的用语翻译出来，到底是怎么一回事，换一句话说，就是以便指出，这个合目的性也可以被解释成为那种在确定不变的法则下的物质和运动的再分布的一个顺当的阶段。

在开始这个研究之前，我们应该指出，目的这句话，和其他在通俗会话上常用的一切用语一样，意义是极含混不明的。大抵，凡是一个通俗用语，若不先下定义，把它的意义精确限制起来，它就很难适于哲学的议论的使用。拿目的这句话说，它通常的用法，至少有两个大不相同的意义，这种意义上的二元，往往引入“目的论”，“究竟论”，“终极”等等派生的观念上的二元，常常惹起混乱和谬误。目的这句话的两个意义，约略可以分成有知的合目的性和不知的合目的性。要想把这两个意义各拿唯物论的用语翻译出来，应该有两种不同的分析。我先从不知的合目的性说明罢。

在不知的合目的性的时候，目的这句话是指一种有机的反应而言的，这种反应，和发生反应的有机体的需要，是有明白的关系的。水中的阿米巴，把它的许多假足，任意的向着各方面伸出去。这些假足当中的一个，触着了什么可以当作食物的东西，原形质就即刻流出去，把这些东西包围了去，这样，这些东西，就和阿米巴合成一体，而被消化。这样的反应，是含着一列复杂的运动的，阿米巴的生命就靠这种运动去保存，若从这一个意义说来，这种反应就是有合目的性的。

较高级的动物如像海口袋，也是和阿米巴一样，把它的触手任意伸在海里面。一遇着什么可以成为食物的东西，它的触手就把这东西卷着，收缩起来，拖到海口袋的体内去。这种作用，从它能够继续海口袋的生命一点看来，也是有合目的性的。在一切动物里面，所有的普通运动和反应作用，大抵都是具有这样合目的性的模型的。设如某种东西，忽然现在和我们眼睛很近的地方，我们一定就会立刻无意识的把眼闭着。这种反应作用，是拿来保护眼睛的。所以明明有合目的性的。

凡是这样一类的本能的行动，在它的性质上，虽是有合目的性的，但是，都只是盲目的必然的向着它的结论进行，所以毫无疑义的只算得一种具有反射作用的东西。拿前例说，一旦触着海口袋的触手，所加的刺戟，就全然会依机械的动作，惹起有机的作用，这个作用又必然引起触手的收缩来。拿人类看来，也是一样，忽然接近眼睛边的物件可以惹起一个冲动，这冲动就传到视神经去，视神经就立刻的并机械的把它的结果传给输出神经，这输出神经又把它传到负闭眼责任的筋肉去。像这种性质的反应作用，在植物界，也是植物机能的特色。如像花向着光线所在的方向开，一切吸集作用，发散作用等等，都是一面帮助植物的生存和繁荣，同时在另一方面，又是对于一切刺戟的盲目的机械的反应作用。

既然像这样，同一个作用同时可以又是有合目的性的，又是机械的，当然在这两个性质之间，不能够有什么矛盾，所以合目的论和盲目的机械论之间的差异，并不是由什么具有客观性质的差异而来的，只不过是由我们的观点的差异而来的罢了。具有合目的性的反应作用，和机械的反应作用并无差异，它同是机械的反应作用的一种。一切机械的反应作用，虽不必尽都有合目的性，但是一切有合目的性的反应作用都尽是机械的，所剩下来待决定的，只是何种机械的反应作用可以被看成有合目的性的，何种机械的反应作用可以单被看成盲目的无意义的东西而已。

这样的区别，全然是一种因果上的区别。我曾说明过，一切事件都是在确定不变的机械的法则下面行着的物质和物力的再分布。在这种再分布途程中的某一特定阶段——正在发展中的物质和物力的某种特别配置的状态——偶然从我们方面看来发生了特别兴味，我们就特别注意去监视那种惹起这个特别配置状态的物质发展和先行条件。在这种特别配置之中，最眩惑动人的，就是一种活的平衡的维持，换一句话说，就是有机体的生命的维持。这种活的平衡，是由于陆陆续续不断的发生着的外部的刺戟和有机体对于这些刺戟所顺应的反应作用而维持着的。在一切普遍的机械作用当中，我们只对于这种顺应的有机的反应作用，才给它一个合目的性的名称。

一切合目的性的反应作用的物质的起源，都可以用天然淘汰说，充足的把它说明。我们应该假定着，当生命起源的时候，有机物质的原始的细片，一定会随时对于外部来的种种毫无定准的刺戟，都有反应。这些有机体或原始的有机物质，无论在什么时候，都会因它们的原形质的化学构造或物质构造的关系，发生一种盲目的反应。若从寻常的机会法则说来，这些反应的大多数，也许不是可以保存生命的，倒是立刻可以破坏生命的。但是，同样也许它依着机会法则，在有种时候，对于外来的刺戟，可以行某种有利于生命保存的反应作用。一切原始有机体当中，凡是它的原形质的化学构造的模型便于行这种有利的反应作用的，当然会繁荣发达起来，其他别种模型的原始生命，势必会完全绝灭。这样存留下来的原始有机体的反应作用，就是我们叫做“合目的性”的东西。所以，从这个意思说来，我们所谓目的，不过是指那种偶然有利于有机物质的存续的有机物质反应作用而言的。许多有机物质，都因为它不能行合目的性的反应作用——就是说，它的反应作用不能够有利于他的生命的存续——依着天然淘汰的法则，绝灭了去，结果，剩下的一切动物的活动全部或大部分，都带着合目的的性质了。所以，凡具有伟大的目的论的力量的东西，第一就要数天然淘汰。把以上的分析总结起来说，目的这句话是指某种物质的现象而言的，凡一种现象，可以满足某种任意选定的条件的，这现象就叫做目的。反过来说，若一种现象不能够满足所选定的那种条件，这现象就不能够叫做目的。这种选定的条件，最普通的，就是生命的保全维持，生命的保全这个条件当中，也有许多要素，普通选择的要素，却只是有机的活动一种。所有一切的这种有机的活动，因此都被称为是有合目的性的。

我们应该特别注意，目的这个东西，完全是任意的和主观的东西，它在外面的自然界里面，并不会和无论什么东西相照应，所谓合目的性的行动，在客观上，和无目的性的任意行动，也并有一点差别。只要我们选定了一些应被满足的新条件或新标准，我们就可以把无论什么种类的机械的事件，弄成合目的的事件。举例说，假定着，我们选定的条件，就是这个：太阳系的种种行星应该沿着他们所行的轨道，绕着太阳周转；又假定着，我们对于这些行星的这样周转，抱有很大的兴趣，因此，我们对于那些在原始星云内，好像可以引起这样周转的种种物质的发展，极热心的注视着；又假定着，我们能够站到这样的宇宙观点上去，那时，我们一定会断定说，引力是有合目的性的，恰恰和我们今日说天然淘汰是有合目的性的东西一样。引力是造成太阳系的活的平衡的东西，天然淘汰是造成有机体的活的平衡的。如果引力消灭了，行星便胡乱运动起来，太阳系也就会不能够存续罢。如果天然淘汰消灭了，有机体胡乱的行起种种反应作用来，这些有机体也就同样不会存续罢。这两种东西的类似，是极完全的，我们既可以把动物的运动称为合目的的运动，当然就决没有什么先天的理由，去反对我们把行星的运动叫做合目的性的运动。前一个是顺应着生命表现的继续存在的，后一个是顺应着太阳系的存续的。我们所以不把宇宙的表现叫做合目的性的东西，只把生命的表现拿来这样称呼，并无别的理由，只因为我们对于后一个感着非常强烈的兴趣，而对于前一个却只有很少的兴味。对于生命的存续，要求的满足，等等东西，我们觉得非常重要，所以对于和它们有关的种种主要的要素，非给一个特别的名称不可，至于太阳系的存续，行星决不脱离它的现行轨道等等事件，在我们方面却觉得没有那样重要，即使我们不给它一个特别名称，亦无关系，因为这些东西在日常生活上很少被我们说到。所以，一个合目的性的运动，就只是物质和物质的再分布上的一个普通的东西。这只是物质和物力被配置到活的有机体的构造的时候所用的名称，专门适用于有机体所行的那些有利于本身的存续的活动的。

现在我们来说第二类的有知的合目的性罢。在有知的合目的性的时候，目的这句话是适用于一切和一种可以用意识及智力预先知道的目的有关的种种活动的，这就是说，它是适用于一切由人类的有意识的意志所引起的行动的。这些活动通常都被看成有很高程度的合目的性，远甚过上面所说的不知的合目的性的反应作用，并且使用目的这句话的时候，所指的内容，大概都限于未来事件的有心的预期以及因这些预期而被遂行了的种种活动。从这个意思说来，目的是和意志相伴随的，一个有合目的性的行动，多多少少，是和由自由意志而生的任意行动，有同一意义的。所以，在这里的问题就是下面这一个：意志可不可以被包含在那种管理着其他一切自然现象的唯物的组织计划当中吗？还是意志是一个独立于这种计划之外，不受无论什么种类的法则的管辖，自然也就不能成为科学的议论对象的东西吗？这个问题，随着我们对它所取的立场如何，就可以成为自由意志论和定准论的问题，活力说和机械说的问题，以及精神论和唯物论的问题。

意志这个东西，应该从一切唯物的法则当中驱逐出去，这是已经依各种的考察被说破了的，并且从各种不同的观点，如像从生物学上，从生理学上，从心理学上，甚至于只从论理学上，都可以一样的很容易的被说破的。无论从这些科学当中的哪一个，都可以举出很有力的反证，去打破意志自由的假定。设若这个假定不是像现在这样，同一般群众的无知的偏见和迷信，非常一致符合，它早已不值哲学家的一顾了，无奈它在事实上是同这些偏见和迷信，非常一致的，所以只管时时被人说破，它依然还是继续的要人注意它。

我们在第四章，已经指出了，在单纯的反射作用和那只有在发达的神经系统才可以看见的最高级最复杂的反应作用之间，并无性质上的相异。在最下级的动物里面，神经系统的顺应是很简单的，它只从身体的外部，把种种冲动传达到神经的中心，更由中心，把一种新的冲动，沿着别的神经，传达到周边去，使它在那里发生一种收缩或其他的运动。它这种进行，完全是机械的。但是，要知道，我们所知的最发达的神经系统，也是由这种幼稚的形态，依进化的作用，一步一步的，经过许多发达的阶段而长成的。它的发达的样式，是一种反射作用的复合。从单纯的反射弧，生出无数的别的反射弧，这些反射弧结合起来，就成为一大神经系统。到这时，已经不是一个唯一的神经由周边走到中心而是许多神经同时走着了。由中心走到周边的神经当然也跟着增加了。神经的中心本己，也增加了精巧和复杂的程度，令人不能窥知它的底细了。神经中心分为几个组成部分，用一丛神经纤维把它们联系着，这样，就成了一个高级神经中心，它从下级的中心接受兴奋，并向下级的中心，送回兴奋。但是，在这时候，简单的反射弧，依然还是机能上的活动单位，依然也是构造形态上的单位。无论发达了的神经系统怎样变得无限的复杂，它依然还是建筑简单的反射弧上面的，它依然还是由无数的反射弧所结成的种种复合体构成的。但是，反射弧的机能，是机械的，所以发达了的神经系统的机能，也是机械的。在这个由单纯的反射弧起到复杂的神经系统止的发达阶段中，并没有一点裂痕破洞，可以容我们想像，从那里引进什么新的非机械的要素来。

人类所有的高级的复杂神经系统和其他幼稚反射弧之间的关系，是同现在论着的有知的合目的性和前面所说的不知的合目的性之间的关系，恰相照应着的。所以现在我不得不考察考察，在神经系统的反应作用当中，哪一些是应该叫做合目的性的，哪一些是应该看成随意发生并无目的的。

发达的神经系统，若和原始的神经系统比较起来，它最显著的特色，就是每个刺戟不能立刻惹起一个行动。在极下等的动物里面，有了刺戟，立刻就有一个收缩。在发达到极高级的动物里面，往往一个刺戟可以并不发生什么外部的影响，只在神经系统上留着效果。但是，在这样的时候，也并非永远不发生外部效果，因为神经系统既因这个刺戟受了相当的影响，将来到某一个时期，一定会发生一种行动出来，这行动的性质是和未受这影响时所应发生的行动的性质，大不相同的。这样一来，神经系统也可以不须无论什么样的先行的外部的刺戟，就发生某种的行动了。因为，在这里，神经系统不像在原始的动物里面那样，随着一个单纯的刺戟，即刻就发生反应，倒只把所受的刺戟，印在那里，把它的效果贮藏着。这种效果被埋没了，在复杂的神经组织的迷途当中，忽然失踪了，但是，它在神经组织的上面，都给了一种变化，这个变化，对于将来的刺戟的反应是可以发生影响的。因此，刺戟和反应之间的前后因果关系，就弄得很不平白了。在发达已到顶高程度的神经系统的时候，常常进来的刺戟和不断的发生着的反应之间，并没有无论什么种类的直接关系。脑髓只成了神经组织的一个大的仓库并成了一个神经兴奋交换室，所以，进来的种种印象和出去的种种兴奋之间，失掉了大部分的直接联络。进来的流水一般的刺戟，都为脑髓里面的物质和物力的某种新配置而被花费了。出去的流水一般的兴奋，大抵都是因脑髓内物质和物力的配置的变化而生的，它们不是某一个外来刺戟的产物，倒是许多内部要素和外部要素的共同产物。这种产物，从外部的观察人看来，仿佛就是脑髓里面某种创始的力量所创造的，从心理学家看来，就变成了什么选择，意志等等一类的活动。

现在我们可以考察那些叫做有知的合目的性的行动的真意义了。这种有知的合目的性的行动，是一种经过思虑和推理的活动，所以它们和那种对于外来刺戟立刻发生反应的单纯反射作用，是大不相同的。这种行动，不是由外来的刺戟发生的，倒只是由脑髓本身当中所起的刺戟发生出来的。这种脑髓本身里面所起的刺戟，应该被看成一种含在脑髓中的神经物的物质和物力的配置变动。脑髓这个东西，在意识存在的期间，永远是不能静止着的。他这种不断的活动，不但对于合目的性的行动，就是对于一切含有智力性质的行动，都供给着刺戟。这种脑髓的不断的活动，可以分为种种绝不同的模型，如像心理学上叫做记忆，想像，推理，等等的东西。现今神经生理学还未十分进步，所以还不能够说明，在脑髓当中，和这些心理作用相照着的物质作用，到底有一些什么种类。但是，这种心理学上的区别，一定是以脑髓当中同它们相照应着的那些不断的活动的实际区别为基础的，这是毫无疑义的。在这些脑髓作用当中，有一种作用，在心理学上，叫做对于外界物的欲望或对于事件的欲望，这是以惹起外界某种现象为终点或目的的脑髓作用。这样的欲望作用到输送神经上去，就可以发生那种我们叫做合目的性的活动。合目的性的行动的精华，以及它和其余行动相区别的标准，就是下面这一点：这种行动的终点已经预先被描写在行动人的脑髓当中，成为这行动的刺戟。我在前面已经说过，从许多从前接受了的基本刺戟的结合物当中，可以发生复合的刺戟。这种复合的刺戟，由心理学上说来，是由很薄弱的感觉的描写成立的，这种薄弱的描写，实现成为什么外界的事件的时候，就会鲜明的被描写出来。如果这个薄弱的描写在实际上变成一个刺戟，使筋肉活动起来，依着筋肉的收缩，把从前所描写的外界事件现了出来，这时，我们就有了一个所谓有知的合目的性的行动了。

从这一点以后的分析，是和不知的合目的性的说明所用的分析，大抵相同的。唯一的差异，就是，在不知的合目的性的时候，刺戟只是由单纯的外来接触成立的，而在有知的合目的性的时候，这种刺戟被一种在脑髓内的复杂的模型代替了，这个模型的基础，就是从前接受了的无数的刺戟，并且模型本身也是这些刺戟产生的。现在要问问：一种欲望的心理的（或脑髓的）薄弱描写，要用什么样的方法，才能够引起复杂的筋肉的活动，去实现这种欲望？对于这个质问的答复也是和不知的合目的性的时候的答复一样的。在那里，我们的质问是这样：那种因和可以成为食物的物质相接触而生的刺戟，怎样会恰恰引起一种合式的筋肉收缩，恰恰会把这个食物吸收到有机体的实质里面？我们的答复，就是天然淘汰。但凡复杂的脑髓的刺戟所引起的筋肉活动，若不适于所希望的目的，这个有机体就会绝灭，剩下来的有机体，只是那少数能够引起适宜的筋肉活动的有机体。不过还有一层，我们不要忘记，在这里已经引进了一个新的要素。这新要素就是脑髓的特性。脑髓这个东西，从它的机能上看来（所以，在相当程度内，也可以说从组织学上看来）是极富于柔韧性的东西，它的高级的发达，和下级的有机体的神经装置比较起来，是格外容易多受教育及环境的影响的。因为有这种关系，所以自然淘汰的规律，在这里，要比较缓和些。那使有机体发生什么过错，也不见得它立刻就会灭亡，它只不过受一些痛苦，或只不过得不到所希望的目的罢了。并且这些痛苦和损失，可以构成一个刺戟，和从前已经在脑髓的模型当中的其他种种要素，结合起来，去防止这种有害的筋肉活动在以后重新发生。所以，随着动物所受的教育程度的比例，天然淘汰的严酷的结果，就会缓和下来。从前那样的艰难和痛苦的作用虽然仍在继续，但是，它已经不是一个立刻和生死有关的作用了。因为自己所受的教育，即是说，由他人的知识和经验所得的消息，大大的供给着许多可以成为合目的性的活动的刺戟的要素，于那个复杂的脑髓的模型。

所以，有知的目的，和不知的目的一样，只是一个名称，用来指示一种有特殊性的事件的。这种特殊事件就是在盲目的机械的法则下面行着的物质物力的永远再分布当中的一种。有知的目的，和唯物论的计划，完全是一致的，它可以用纯粹的机械说的话，表示出来。物质和运动既然是受着片刻不停的再分布的，所以我们对于这些再分布的某一方面，势必发生特别的兴趣。我们对于时时刻刻进化着的这些事件当中的某一种类，特别关心，时常顾到它的上面去，所以不由得就给它一个特别名称——合目的性的名称。我们用这个名称的时候，所指的，就是那些由一团叫做有机体的物质和物力发生出来的再分布的大部分，特别是那些可以巩固这有机体的存续的要素。

我已经把普遍的原因结果的法则和目的论说明了。剩下要说的，只是关于唯物论的第三个主要根据——一元论的主张，即是说，只有一种存在，并没有物质的存在和心灵的存在二种根本不同的存在的主张——的几句序论的话，因为这个一元论是下一章的主题，到那里还要细说。为使议论简明起见，第一我们就应该先把一切被宗教信仰家所想像的各种类的心灵存在物，从我们的考虑中驱逐出去。关于这个问题凡是应该说的差不多都被维多利亚时代的著者说尽了，今日可以值得注意的，只是他们所剩下来，未能解决的物质和精神的问题。所以，我打算把我的努力，只限于二元论的最后的这个城寨的攻击。就是说，我要说明身体和精神的关系，要说明，精神的表现和肉体的表现，并不是像一般人所想像的那样，各不相同的两种东西，它们只不过是同一东西在两个方面的表现罢了。除心灵（精神）以外，其他所有一切的非物质的存在物，我都不打算去说明，因为，如果我们能够证明精神和物质是一个东西，其他一切非物质的实在物，哪怕它是被叙述在宗教体系里面的东西，也就都不能不自然消灭了。

知识的进步这件事，含有脱离各种二元论，趋向一元论的倾向，这是常常被我们观察着的。古时的哲学家，爱设种种根本的对立，如像湿的同干的，热同冷，光明同黑暗，男性同女性，等等，有机同无机，动物同植物，在当时也曾同样被看成是一种根本反对的东西。像这样的两极的学说，在近代科学里面，已经全部被一元的观念代替了。同样的进化，在我们的物力观念里面，物质观念里面，也都曾经发生过。热，光，音响，运动，等等，在从前虽曾被看成是许多各自独立的现象，到现在，却已知道这些东西在根本上都是一个东西了。无论什么种类的物力，现在至少在理论上，都可以使它变形成为另一种种类的物力了。关于物质，也是一样。从前被看成一个一个各不相同的各种化学元素，在今日却被认出，它们都是从一个共同的模型发达出来的东西了。所以，从前在精神和物质之间所画的那个严峻的界线，到底不能维持，这两种在表面上好像相反的现象，结局也不能不被看成具有同一的基础，这种种事实，的确是和我们在知识进步的理论上所期待的，完全一致的。我们承认了这个真理之后，一切种类的现象之间，就会成立一个完全的连续的一律。不会再有发生议论的余地，那时，哲学上的议论，只有向着下面这一点去：我们应该接受什么种类的一元论？关于这一点，我们且留到下章再说。

现在我们已经说明了，原因结果的法则和目的的观念在本质上都是唯物论的现象。目前关于原因结果的关系的问题，发生着许多混淆，这都是因为误把主观的方法，弄进纯粹客观的问题去了的缘故。“怎样”和“为什么”之间，并没有什么不可逾越的差异。在我们说某种事件为什么发生的时候，我们不过是在这件事怎样发生了的全历史当中，只把一个要素——一个在那一瞬间惹起我们注意的要素——拿来说明罢了。既然把宇宙间一切进行，都认做物质和物力的再分布，那末，所谓某种事件的原因，就只不过是指着在这事件发生以前的瞬间一切有关系的物质和物力的再分布状态而言的。但是，在实际生活上，我们常常只把这些全部原因当中的一部分，指为原因，在那时候，原因这句话，就只有一种被我们的一时利害所限制了的狭隘意义。

同样，关于目的论的困难，也是由于主观的观点和客观的观点的混淆不清所致。我们从物质和物力的不断的流动当中，选出一些和我们的生存有特别关系的项目，把它们叫做合目的的。但是，如果采用天然淘汰的说明，即刻就可以发见它们只是一些纯然机械的东西。并且要说明这个道理，也不必一定使用天然淘汰的说明。合目的性的结果，也许可以用天然淘汰以外的其他唯物的方法，被我们得着，我们在上面的讨论中所以使用达尔文的学说，只不过拿它当作一个很便利的实例，去表示目的这东西可以用机械说上的用语解释出来而已。

关于人类所抱的有知的目的，也可以适用同一的原理。在这里，某种希望中的目的，是靠着明确的意志的活动，才被我们得着。所以物质的因果关系大体上是在行为人的脑髓里面。在最终的结果发生以前，必定先发生着一种特别的脑髓状态，这种特别脑髓状态，就叫做欲望和意志。这些特别脑髓状态在某一种阶级上所参加的一切因果关系，就被称为有知的合目的性，这些特别脑髓状态所未参加的一切因果关系，却被看成是机械的。但是，这二者之间，实在并无客观的差异。二者间的差异，只是纯然的主观的差异，是对着我们自己的相对的差异。一切的混乱，都是由从前那个旧的人类中心的谬误而生的，详细说，就是由于我们太不对自己采取一种完全第三者的客观的态度而生的。野蛮人总以为，全宇宙都是特为他自身或特为他的种族而被创造的。稍稍开化了的人总以为，宇宙是为供人类的使用而存在的。不幸关于哲学上最奥妙的问题，我们的议论，也和他们一模一样的，动不动就有被主观的要素所浸入污损的倾向，结果，弄得我们把我们心里的人类的利害关系并利己的习惯，都硬送到外界的自然里面去了。

私且说几句关于唯物论所主张的科学方法的话，就把它当作本章的结论罢。唯物论所主张的科学方法，就是观察和实验，这两个东西其实是同一的东西。所谓实验，不过是一个在人工的条件下面的观察罢了。当我们观察某种在天然的条件下面的现象的时候，我们的方法就是观察的方法。在另一方面，如果我们观察某种在我们故意造成的条件下面的现象，那时，我们的方法就是实验的方法。实验优于单纯观察的地方有二：第一，我们可以把我们所需要的现象，随时随地，随着我们的便利，发生出来。第二，我们可以更精确的知道某种现象的发生条件。实验就是一个分析的进行。因为我们先要选定某种的条件，并除去其他的条件，然后再去看看发生了什么东西。如果我们的实验被妨害了，同时我们的分析也就被妨害了，结果，常常弄得我们要等待很长的期间，才能够等到我们所希望看见的特别现象的实例被自然送来。

承认了观察和实验是同一东西的两种变化之后，我们在实际上依然还看见，至少有两个和它们竞争的方法时常被使用着。这两个当中的一个就是生来的知识的方法（直观法）。有许多人都主张，关于种种纷纠复杂的现象的知识，是由自然或神植在我们身上的，它和那些用观察，实验或教育得来的经验，完全是不相干的。但凡拿信仰来反对科学的人，都是有这种见解的。那些把本能拿来和智力对峙，把它也看成一种获得知识的方法的人们，如像柏格森一类的人，也抱有这种见解。关于这种迷信，我已经在我从前著的《近代科学和柏格森教授的幻想》那本书里面说过了，所以关于这种同科学和唯物论完全不同调的学说，在这里不再说了。

同观察和实验的方法，立于更严重的竞争地位的另一个方法，就是演绎法。它是比较更严重的，因为它是一个真正的真实的方法，这演绎法，不但常常是一个可信赖的方法，并且还常常是一个在发见真理上面的绝对确实的方法，是唯一可以发见某种真理的方法。所以演绎法和上面说的那种无论在什么时候无论在什么地方都没有不错误的本能方法，是有天渊之别的。正因为演绎法在某种条件的下面是这样一个有力的东西，所以它才变成观察和实验的一个非常危险的敌人。因为这个方法被一般人应用得太宽，太超过它应该被应用的固有范围。在数学上和在物理学的大部分上，演绎法是一个优秀的方法。至于像地质学，生物学并生理学等，尚未脱离归纳的阶段的科学，却不能随便应用演绎法，万一用它时，一定须得加以最大的注意和慎重。何以要这样？因为，在事实上，在这些归纳科学里面被观察的现象，通常都是由极多数的要素的相互作用而生的。所以演绎法只能适用于那种因果的要素非常少数而且单纯的现象，如像数学里的现象，就是一个很好的例子。现在我从政治的论争中拿一个例子来看看。

一些社会主义者主张着，贫民窟的住民，住着不卫生的屋，吃着不良的食物，所以他们的体质就变坏了，他们又把变坏了的体质遗传给他们的小孩子们，并且他们生的小孩子又非常之多，所以结果会把全种族的体质都弄坏了去。这种演绎明明是错误的。第一，就假定贫民窟住民的体质真变坏了，不见得这种体质的变坏就一定会遗传给他们的小孩罢。从生物学上说来，和这种主张相反的见解，倒反占着优势。其次，即使这种体质变坏遗传给了小孩们，也不见得全种族的体质就会因此变坏。恐怕结果不是这样，倒是体弱的系统的人们的绝灭罢。关于这一点，我不知道是不是这样，但是我的确知道，在他们的论议当中，演绎法屡次超出它可以适用的范围，所以弄得他们的结论和真理不发生一点什么关系。在另一方面，有人主张着，过了几世纪间的贫民窟生活的国民，在实际上体质并未变低。如果这种观察是正确的，它的价值就比那许多演绎高得多。

但是，反社会主义者的议论也同样是演绎的。斯宾塞关于社会问题的著述所以多半没有价值，也就是由于这个理由。他说，若是向全国民加税，把所得的税金去补助国民中的贫民部分，结果就一定会弄成全国的破灭，因为从一般说来，贫穷的部分就是社会上最弱的部分，所以诸位抽那样的税，就等于夺强者的金钱给与弱者，诸位就会使强者反难于生存，使弱者倒易于存活。所以下一时代的国民，就会比现在还弱。并且诸位对于也没有金钱也没有货物的人们，给以金钱和货物，也会沮丧勤俭储蓄之心，结果会使全体国民变穷。

我们在这里也发见着，演绎法适用于它本不能适用的范围了。无论是人种体质的变低或是国民一般的穷困，它们所包含的原因应该是非常之多的，斯宾塞只从这无数的原因当中，抽出两个他所注意的原因，却忘记了这两个少数的原因的结果，可以完全沉没在其他多数原因的结果当中，不但可以沉没，并且一定会沉没。当初英国开始设立强制国民保险制度的时候，曾有人预言过，药店药品的售卖数目一定会大大的减少，因为他们以为，如果不出钱就可以领药，很明显的，人民一定不会出高价去买那些比他们不出钱领来的药还坏的药品。这个理由他们认为是非常明白的，所以当时英国财政部长在预算上也把卖药印花税的收入预计数目大大的减少了。但是，到了强制国民保险法施行之后，药店药品的售卖数目在实际上倒反大大的增加了。当时认为绝对确实必然的演绎，居然完全被事实证明出它的虚假来了。

关于演绎法误用的例证，多得非常，要举起来，简直举不胜举。政治界全体，也就是因为这样的误用，弄得混乱非常。不过在目前我只指出下面一件事，就行了。这就是，在生物学上以及在一切和生物学有关的科学上，都有一种太过于大胆使用演绎法的倾向。

从另一方面说，演绎法这个方法，就是在这些科学当中，也是必要而不可缺的。试看下面的断定：一切具有蓝眼睛的白的雄猫都是聋的。这个断定完全是具有经验性的。这个断定虽是很有兴趣，但是，如果不拿来和生物学上其他事实联结起来，它就只有一种极有限的价值。只把这一点事实，搁在那里，就得不着多大的教训。不过，我们看见这种事实，即刻可以碰着一个问题：为什么这样的雄猫都是聋的？要想答复这个问题，无论如何，我们都得求救于演绎法和概括，用演绎和概括，也许可以不犯着陷于误谬的危险，就获得一个解答。如果不用演绎，生物学恐怕就会不值一钱了。练达的生物学家和未熟的生物学研究学生间的最根本的差别，就在前一个能够依据他们的经验，知道在什么时候可以安全的使用演绎法，而后一个却毫不知道。但是，也要知道，即使他是一个最好的生物学家，他也难免时时陷于谬误。知道许多的详细事实，反不及不知道那样多的事实而具有一种被相当的事实所支持着的哲学的见解，也是往往有的事。专门家丘惑所造的种的观念，还不及哲学家苟德所造的好，就是一个明白例子。

简单说，这个问题的全体是一个极端困难的问题。我们所以难于理解演绎的正当用法，只因关于生物的科学分了许多的思想派别，并且这些派别之间又发见不出什么一致点。要想关于这个问题，造出什么使用演绎法的规定出来，那恐怕是断不能够实行的。我的目的只在指出，一般读者或专门外的学者，若不预先细心警戒，一定会有过用演绎法的毛病。所以，我们应得竭力主张使用观察和实验。倍根的方法，差不多常常都是非常费力非常花钱的困难方法，并且还往往有不能够适用它的时候。只管是这样，但是，它到底是安全探求真理的唯一的方法。至于演绎法，只消坐在安乐椅子上，花费几分钟去作冥想，就可以实行起来，所以是很容易而并不花费的方法，因此，大家动不动就有使用它的倾向。实则，无论在科学上或哲学上，凡是不大费力量就得着的解决，大抵都仅有极微的价值，同时，许多为我们所急欲知道的事件，多半不是随便用一点努力就可以得到的。

剩下来的还未说到的事，只有唯物论的教育的价值一件事。世上许多人都以为，建设什么这种那种种种的哲学，是一件无益的事。其实，这些哲学能够关于科学上的种种问题，造成一种大体的见解，或大体的观点，对于将来的进步是最有价值并最有效果的。我们从健全的唯物论的哲学得到的，不单是一些单纯的事实，并且还有那种大自然互相结合的方法的种类。当我们遇着一个新的科学问题的时候，我们的哲学立刻就会告诉我们，这个问题的解决可以专从某某方面的考察就得到手，其他种种方面的考察，可以弃置不顾。比方在研究所谓千里眼的时候，我们的哲学就会告诉我们，不必管那些关于这个问题的无聊的通俗的见解，专从实例去考察。在研究行为和思想的问题的时候，我们的哲学也一定告诉我们，只应该从物理化学的机械论的观点去研究，我们也许这样就可以获得很重要的结论——一种在没有哲学的一般见解的时候决得不到的结论——也未可知。在道德和政治方面，我们若用同样的方法，就会理解人类的动机——一种别的不用这方法的人决不能理解的动机。如果我们是有博爱心的，我们就因此一定会获着一种无限的做苦差事的能力。简单说，唯物论对于我们是一种考察上的导引，研究上的出发点，无论在研究上或在行为上，都可以给我们一种异常的力量。

所以，我把唯物论的哲学的树立，看成一种最高的功用的完成，因为在一方面这种树立可以打破一切的迷信，在另一个更重要的方面，它可以养成一种特殊的精神的方针，使它成为一个科学进步上的有力的动力。唯物论的哲学的树立，结局就等于对于自然的一般健全见解的获得，误谬的扫除，以及真正的方法的胜利。

但是，对于那些抱有偏见，动辄爱否认这个不受人类欢迎的哲学——唯物论的哲学——的效用的人们，我还可以站在更高的立场，去答复他们。我的答复是这样：这个哲学到底有用没有用，那是不成问题的。真理这个东西，只是一个为它本身的缘故值得去追求的理想，本是和它效用如何无关的。哲学家及科学家，不比商人。商人处理他们的商品，只为的是那些商品的效用或一般人对于那些商品的一般的要求。我们的目的和商人的目的不同。我们所供给的货物，不必一定要有无论什么样的实际上的效用，我们不但不肯顺应世人的要求，并且即使我们的货物会惹起世人一般的极端嫌恶，我们也还是要继续供给我们的货物。我们所处理的，是真理，不是价值。最大的效用往往是从那些在表面上好像最超然最无效用性的种种考察发生出来的，这是无可怀疑的。最高的文明，一定常常是以那些和效用离得最远的种种研究或种种思索为特色的，这也同样是无可致疑的。我们并不想设法，从效用的考察，去证明我们所行的路途的正当不差。现在也并不值得去着手证明，人类的幸福和进步，靠着学者的超然的研究的地方，比靠着商人的实利主义的地方，还大得多。我们只须拿伟大的真理的发见为我们努力的目标，就够了。哪怕我们的研究真正错误了，我们只要知道我们对于人类的启发曾经尽了我们最善的努力，就行了。我们的标语，就是巴士加给我们的那句话：“努力工作”。我们不要管外部的目的，只管继续工作罢。我们不管它可以引领我们到无论什么样的目标去，只继续我们那种追求知识的劳力罢。

第六章　唯心论

我们现在到了科学的唯物论的哲学的最后阶段了。前面几章已经说明了，除开唯物论的立场以外，无论从哪一种立场，对于宇宙的种种事件，都不能够加以有道理的解释。天文学家或物理学家所处理的研究材料当中，没有存留什么“心灵”的余地。生物学也是纯然建筑在唯物论的基础上面的。就拿生理学来说，那种主张在生理作用当中行着一种精神的干涉的活力说，也已经被攻击得体无完肤了，这种活力说，从今日的状态看来，在实际上已被一切的生物学家弃而不顾，在理论上也已被大多数的生物学家所放弃了。所以，无论如何，我们必然的会达到这样一个结论上去：一切种类的事件的因果关系，都是一个纯然的唯物论的关系。我们在我们的研究途程上，还没有碰着过可以和物质的性质相对峙的，具有精神性的，无论什么种类的因果关系。宇宙全体都是被物质的物理的法则管辖着的，哪怕是像人类的精神那样最微妙最复杂的作用，也逃不出这个管辖。

这样，我们是不是可以推定，唯物论就是唯一的真正的哲学？单单拿以上所考察过的证据来说，这种推定还没有被无论什么证据证明它是一个正当的推定。现在我们有权利可以行的唯一的推定，只是唯物论是自然科学的基础这一个推定。科学这个东西，必然的是要拿唯物论做根柢的。科学建筑在唯物论上面，恰和化学建筑在原子说上面一样。但是，化学家曾经在很久的期间，单把原子说看成一个在实际研究上很方便的假设，并不忘却自己的判断，去盲信这个原子说是一个绝对的真理。我们现在恰站在和他们当时相同的地位上，所以也得照他们的样，我们暂时姑且不问唯物论是不是一个绝对的真理，只把它看成一个在实际研究上很便利的唯一的假设。唯物论是不是绝对的真理这个问题，到底是能够解决的问题不是？如果是可以解决的问题，到底应该给它一个什么样的解决？这就是我们现在要从事研究的题目。

在一般寻常受过教育的已成年的人们当中，常常有一种不经意的所谓常识的见解，以为精神和物质是两个性质全然不同的存在。所以，结果弄得像斯宾塞那样的所谓常识哲学家也出来主张说，精神（心）和物质间的差异，比一切在我们意识所能及的范围内的无论什么差异，都更要大些。无论是谁，他研究哲学的时候，都是这样以二元论者的资格向前出发，并且许多哲学上的问题，都是由两个被假想着的不同的存在物的相互关系而发生出来的。

但是为什么我们一定要这样从一个成年人的预定的印象出发呢？我们如果这样出发去研究，我们就会变成从半中腰跳进哲学的研究去了。因为当我们这样去接近研究的题目的时候，我们已经带了二元的结论去，实则这个二元的结论，即令它是一个正确的结论，也只能在一个哲学研究的结末才可以得着，不应该在一个哲学研究的开始就有的。所以，我打算把我这个研究，不从受过教育的成年人的经验入手，倒从一个刚生下地来婴儿的经验入手，尽量把婴儿的经验收集起来，开始研究，慢慢的从这里渐次研究到成年人的更发达的见解去。

拿婴儿的经验说，我们立刻可观察到，它不是一个可以产生二元论的经验，倒只是一个可以产生一元论的经验。婴儿并没有两种全然不同的模型的经验，他只有一种经验，这一种经验的形态，只是一些强度和种类都不同的种种感觉的连续。婴儿并没关于物质或距离的本能的知识。他眼睛里所接受的印象，只是一种由色彩和阴影杂然混合而成的印象。那种对于成年的人可以构成桌子的概念的视觉印象，在婴儿方面看来，却只是一团或明或暗种种不同的色彩，并不能给他一个体积，坚硬，距离，以及其他无论什么可以表示物质的属性的观念。

触觉这个东西，从婴儿说来，也同样只是一些孤立的感觉的连续。如果拿针尖去刺他的身体，他只是起一种感觉，并不会想到有什么外界，也不会联结到什么物质的观念上头去。这个针尖丝毫也没有被婴儿认识出来，它只是一种毫无意义，茫然不知所在的感觉。

从婴儿方面说来，感动也是属于那种和感觉相同的侪类的东西，它只是一些在感觉的连续当中的单位，恐怕只从它的强度较大的一点，和感觉有一点儿区别，但是这区别却也没有什么意义。还有一层，婴儿不但完全不知道有什么外界，并且连他自己的身体，他也是不知道的。总而言之，婴儿的经验的全部都是带有心理的性质的东西。他全然不知道物质。假如婴儿那时具有造立哲学上的学说的能力，他一定不会把宇宙分成精神和物质罢，恐怕他只不过认识一种类的存在——成年人叫做心理的存在那种东西——罢了。

我们研究的第二步，应该考察物质的概念在最初是怎样发生的。幸喜得关于这个问题，有很明白的事实。

种种感觉，在其后不久，就停止它们的孤立单位的状态而互相联合起来。某种特别的视觉，常常随伴着某种特别的触觉。如像茶色的视觉，就是和坚硬，抵抗，平滑，等等触觉上并筋肉上的感觉相联合的。同时一切触觉都是一般和视觉结合着的，如刺痛那样特别的触觉的感觉，就是和锐利的针尖的特殊视觉相结合的。总之，当这时候，在杂然混乱没有联络的种种感觉当中，渐渐开始出现一种秩序了。这些感觉已经不是随便出现，随便消灭的全然流动的东西了，它们开始凝固起来了。一个感觉上了意识，就会很有规则的接连发生第二个别的感觉的意识了。种种感觉结合起来或联合起来，就成为种种的部类，这些部类随着时间的前进，越长越大。到后来，一个感觉的到来，不但可以暗示别一个感觉，并且可以暗示好几个别的感觉。这些小小的感觉联合的部类，在最初一定是好像是浮在原始的感觉的大洋当中的孤岛一样的东西。这些东西虽然是在发言力没有发生以前很久就出现了，但是它们仍不失其为被成年人叫做“物质”的东西的根柢。我们可以假定，物质的概念最初是依某种色的感觉和抵抗的感觉的联合而发生的。到后不久，其他种种感觉也附加了上去。像这样构成某种感觉联合部类的各个感觉，就是那些成年人叫做“物质的性质”的东西。

在这种种性质当中，有一个是占有空间的性质。这性质不是发生得很早的性质。极幼的小孩完全不知道测计物体的距离，哪怕是近在眼前的东西，他去捉它的时候，也会发生错误。对于在远处的东西，就更困难了。小孩长到几个月大的时候，他会伸手捉月。这是因为那一团发生距离观念的感觉已经稍稍变复杂了的缘故。在那里，第一，有物体本身的光明和阴影，有它的色彩的鲜明和暗淡。第二，有一种伴着光轴的某种凑合度数而来的感觉。第三，有一种伴着专司调节眼球凸度的筋肉的收缩而来的特殊感觉。此外还有种种不大重要的感觉。① 要想构成距离或体积的观念，一切这些感觉，都得互相联合起来，同时还得和为达到对象的缘故所须的筋肉的努力的感觉联合起来。若在成年人的时候，可以用人工造出一个构成体积观念的感觉，使他能够把图画那样扁平的东西，看成一个立体的东西。如像双眼实体镜，就是一个例子。这样，我们发见着，小孩的精神生活当中最初发生的事件，就是这些许多孤立着的意识要素，结合而成为部类。感觉的大海渐渐从全然流动的状态，开始凝结起来。种种感觉已经不是任随自己的自由胡乱的运动着的状态了。它们中间的许多部分，都凝集起来，固定起来，这样就渐渐被小孩承认为物质了。

随着知识的增加，这些一小丛一小丛的感觉，渐渐变大起来，物质的种种新的性质，也就被发见出来，这样一直进行下去，最后，就达到了物理学家所有的知识。物理学家所有的物质概念，是和无数的物质性质相联合着的，这种性质之多，多到小孩所未曾梦见的程度。在小孩的心理，物质这个东西，恐怕起初只是色彩和抵

① 眼的筋肉的调节，对于空间和物质的知觉，是极其重要的。明白了这个道理，就可以用生物学上的说明，去解释十二头盖神经当中至少有三个是具有运动眼球的机能的那种事实了。

抗两个性质，只有这两个性质很松缓的结合着。在物理学家的心里所映的物质的性质，却是多得无比的。因为这些物质被分为分子原子，这些分子和原子小得非常，无论用什么样的显微镜，都看不见它们。并且这些分子原子，还要被分成更小的东西。所以物理学家所叫做物质的那个东西，是由无数的感觉或无数的可能的感觉结合而成的东西，和它在进化的出发点的时代即小孩时代的样子，是完全不同的。

像这样的把物质观念的成立经过考察起来，我们觉得，哲学的唯心论在相当的范围内，也未尝没有道理。唯心论主张，成年人的知识和经验的全部，在事实上，都是和在幼孩的时候一样，完全无疑的是一种有心理的性质的东西。成年人关于物质的知识，也和小孩的知识一样，是仅仅由感觉的印象以及从这些印象抽出来的知觉和推论等等得来的。关于这种印象的分量和种类，成年人时代和小孩时代之间，并无多大变化。成年人的比较进步的神经组织，也许可以使他比较多看见几种的色彩，多听得几种的音响，多感触得几种触觉上的印象。但是，他的精神组织的进步却大得很，和单个的意识单位的增加数目比较起来，简直要大得不成比例，他所以能够有这样的大进步，就是因为意识的种种单位现在在事实上已各有一个意义，不像从前那样带有百色镜的性质和随生随灭的性质了。某一组特别的视觉，在小孩的时候，只是一种单纯的色彩感觉，并无别的意义的东西，现在却生出一种桌子存在的知识了。这些感觉暗示着一部分的物质，某种的距离，某种的大小，形式，用途，硬度，以及别的无数的性质。这种状况，恰恰同中国的九连环在未解开前和已解开后的状况一样。在未被解开以前，每一个环子都是无意义的随随便便的，但是，在被解开后，每一个环子都是用一种特殊方法结合着的，都是有一个实在意义的。

但是，如果我们采用唯心论，这个被采用的唯心论，和通常一般所理解的唯心论，当然是差得非常之远的。前面已经说过，普通的成年人，对于这个问题，始终有一种先入之见，把物质和精神看成两个根本不同的实在。所以，从他们看来，一说到唯心论，自然一定就会把它看成一个否认物质存在的学说，或看成一个认物质为想像的产物的学说，或看成一个认定精神胜过物质的学说。实则一切这些说法，都是一些空话，都是因为完全误解了全问题的意义而来的。照我在前面说过的说来，唯心论这个东西，并不是否认物质的存在或物质的实在的学说。它只不过是用意识上用语，述说物质到底是什么东西罢了。它把物质的一部分，下一定义说物质就是感觉联合的一个核心。这些感觉联合和它们所从出的那些未联合的种种感觉，同样是实在的东西。但是，一知半解的先生们，听见这些话，一定要说，物质完全不是这样。感觉是我们的里面的，物质是在我们外面的，那些被物质引起的感觉消灭了以后，物质还是依然存在的。

这样的批评虽是一个无益的批评，我却也承认它是一个一定会被提出来的批评。要答复这个批评，并无别的困难，唯一的困难，只在难做一个简单明了易于理解的说明，关于这点，恐怕有一些读者也已经觉得了。要答复这个问题，我须得和那个根子种得极深的二元论——物质和精神的二元论——的先入之见，斗争起来。这种先入之见，在我们全生涯中，都不断的恼着我们，就是今日哲学者不能不用的言语，也都是这种先入之见造成的，所以可以说它是根深蒂固的。所要答复的问题的本身，本来没有什么困难，但是，只因我们所能够使用的差不多全部的言语，都含着有我们所不想说的意义，所以要想做一个容易懂得的说明，去传达我们所想说的真实的意义，这倒差不多是一个不能排除的困难。①

现在仍回到提出了的那个批评上去罢。物质是在我们外面的，是永久的，感觉是在我们里面的，是流动的，既是这样，这两个东西怎样能够是同一的东西呢？在答复的时候，我先要问问，什么是内，什么是外，这种话到底含着什么意义。内和外也只是一种感觉，和其他一切感觉，完全是同种类的东西。我在前面已经举出几个形成距离的观念的感觉，这里说着的那些构成外部的观念的感觉，在性质上，就是和它们相同的。但是构成内部的观念的感觉，却别有一种模型。前面说过，物质就是一丛的感觉，同样，我们特别看成在我们外面的物质，也是那一丛同一的感觉，不过还附带着某种在那时特别可以注意的构成分子罢了。说到这里，唯心论者一定会继续向我质问："这样说来，物质在我们外部这件事，你认为只是一种幻想吗？你认为物质在实际上只在我们的内部吗？"我要回答他说，我毫未这样主张。因在内的这个观念，也同在外的那个观念一样，只是一个感觉。如果我们把我们的研究一直往下掘到根柢上去，只把种种感觉当作意识的单位研究起来，那时，就没有什么叫做外，没有什么叫做内了。什么内，什么外，结局还是和其他

① 詹姆士关于他的彻底的经验论，也说着同样的话："这学说和常识也有许多异点，和我们哲学用语上所谓唯心论，也有许多异点，所以说明这学说的困难和想出这学说的困难，差不多是相等的"。

一切东西一样，只是一些感觉。若是视力调节，及其他等等的感觉，加入在某一丛已经联合的感觉去，那时，我们就说，这东西是在我们的外部。若是所加入的，不是这些视力调节等等的感觉，而是另外某种东西，这时，我们就说，经验是在我们的内部。简单说，一切物质，连着它的种种性质如空间及其他等等，都可以被分析成为种种感觉的部类。这些感觉，在小孩的时候虽然是各个孤立的无秩序的东西，但是到了成年人的时候，却都结成一种密接的部类了。

说到这里，我们就可以懂得，那些在多年之间苦恼了形而上学的学者们的问题当中，许多都是毫无用处的问题了。第一，如像那种实体和现象之间的区别，就是极无道理的。像这样认定除了我们看见的物体之外，还有一种和现出在外面的不同的物体本身（即实体），这可以说完全是一种观念的混淆。如若从上面我约略说了的唯心的一元论看来，一切的物质结局都可以被分析为一种感觉的，所以凡是那种追问物质的背后还有什么东西没有的问题，简直是毫无意义的问题。物质本来只是种种感觉的一丛，所以这个质问结局等于问，感觉的背后还有什么东西没有。这种质问不但是无益的，并且还是无意义的。因为感觉就是一切知识的起头和煞尾，如果有那种在它背后的东西，或使它发生的东西，这种东西的观念本身，也不外乎是一个感觉，并不能够于此之外，更有别物。我们所应该争论的唯一的实在，只有感觉这种东西，若我们去质问，感觉的背后还有什么比它更实在的东西没有，这就和我们去质问，字母之外还有比字母更带有字母的性质的东西没有，是相同的。这明明是不合理的质问。所以一切感觉都是实在的，都是照“实在的”这句话所能包含的那个唯一的意义那样，实在的。感觉既然是实在的，所以物质也是实在的。现在我铺着纸写着字的这张的坚硬的固体的桌，和我们现在当写字的时候所有的紧张和注意的感觉，同样是实在的。

此外还可以发生许多问题，都应该照上面说的理论，去处理他们。这些问题当中，最重要的如下：所谓精神和物质的二元论的起源的研究，心（精神）和脑髓的关系，人格的观念，唯我论的谬误等等，最后还有一个问题即唯物论的解释和它对于科学及知识进步的意义的问题。我且先从人格观念的起源说起。普通反对唯心论的批评，往往说，唯心论可以引我们到唯我论，就是说，那种认定只有我才是真正的实在，其他的人格都不过只是一些想像的东西的信仰——上去。批评家说：你既然说一切物质，连人类也包含在内的一切物质，都不过只是你的感觉联合的种种样式，这岂不是等于说，它们没有一种和你并你的感觉同种类的实在的存在？但是，我敢说，这种批评，和其他对于唯心论的种种批评一样，都是由于误解了所攻击的学说而生的。可叹这种误解，不知道在这样的批评当中翻来覆去的发生多少次。第一，“我”这个观念和“你”这个观念或其他无论什么人格者的观念，都同是一种推论的产物，和我所定义的唯心论，是毫无关系的。我在上面屡次说过，我们的讨论是由孤立的种种感觉出发的，这就是说我们把这种种孤立的感觉，认为唯一的材料，并把它们相互间的联合，认为唯一可以在它们中间发生的变化。这种种感觉在一处一处结合起来，就凝结成为物质的物体。在这些感觉的丛集之中，有许多丛集是代表或叫做男人和女人的，当中更有一个特别分出来的感觉联合，叫做“我”。所以，相信别的人格存在的根据，和相信我们自己人格的真实的存在的根据，完全是同列同格的。只是在实际的发达程途上面，对于别的人格的信仰或知识，发达在前。婴儿在还不知道他自己是一个人格之前，就已经知道他母亲是一个人格。后来过了几时，他才把他自己当作客观的东西看待，不拿“我”称呼自己，倒拿自己的名字，称呼自己，甚至于有给饼干糖食与他自己的足一类的事。

但是，在这里，批评家一定还要抗议。他说：照你所说，你诚然已经打破难关，说明了你并未把我的存在的真实性看得比你的存在的真实性格外轻少。不过还有一层，你虽说明你未把我看成是“你的”感觉，你实在还是把我看成“一个”感觉。你若死了，这个感觉自然也会消灭。到那时候，可以说，随着你的死去，我也不存在了吗？

这个特别问题含着的谬误，全在存在这句话的意义上面。我且先把这句话的意义，照我们所谓唯心论的用语，限定起来。比方，这里有某种物质的物件，这就是说，这里有某种感觉的丛集。我们把这件物件点火烧起来，它就不存在了。这时候，在感觉的连续关系当中，那个特殊的部类也不能够再被经验了。但是这并不是这问题的终结。再比方，自从我最后一次在开卜塘那个地方以来，已经有很多的年月了。我所叫做开卜塘的那个特别的感觉的丛集，在目前已经决不进到我的感觉的连续关系当中来了。这样，我可以推定说开卜塘已经不存在了吗？断然不能那样。因为，即使开卜塘这种特别的感觉，现在并没有发生，却是这种感觉现在正和其他别的感觉相联合着，而这些别个感觉又可以引我到一个确信，使我相信感觉的连续关系将来可以转到一种重新发生开卜塘的特别感觉的方面。在物件被烧的例子当中，却不是这样。在那里，同样的感觉的联合只表示着，无论感觉的连续关系将来怎样发生，那已被烧的某种物质的感觉丛集，也不会构成将来的连续关系的一部分。这样说来，存在这个东西，并不是意识的原始的材料，它只不是存在感觉当中的某种联合形态的名称而已。现在我且回到批评者的质问上去罢。他说：你把我定义为一个感觉的丛集。你若死了，这个感觉就会消灭。这样我也会跟你的死去就不存在了吗？

我的答复，是否定的。我死了的时候，你决不会因此就不存在，恰恰和我在伦敦的时候开卜塘决不会失其存在一样。诚然，我死了的时候，这种感觉的流动就会停止，但是，那种和你的感觉丛集相结合着的感觉联合，却引我到一个确信，使我相信，如果因某种奇迹，这种感觉的流动重新发生起来，并且如果它的流向也正在这个方面，那末，那种关系于你的感觉丛集，一定可以重新进入我的经验一次。真正的存在这个问题，并不是感觉的流动在实际上向着这个方向或那个方向流着不流着的问题。它只是一个，如果这流动是向着那正常方向的时候，它是不是可以经验那问题中的感觉丛集。如果我死了，我的感觉的流动一定不会向着你的方向流去——实则无论向哪方面它都不能够流动了——但是，假如我的感觉的流动居然能够向着你的方向流了去，它一定会重新看见你的。

但是，批评家还是不满意。他说：你说我是一个感觉，并说感觉是会消灭的，同时却又说我依然还存在着。这果然是可能的事吗？

我现在不得不重新注重存在这句话的意义。存在这个东西，只不过是一种在构成某个丛集的种种感觉间的关系的模型或联合的模型罢了。在我说这个东西存在着或你存在着的时候，我所谓存在的意义，只是指着，那些构成这东西的感觉部类或那些构成你的感觉部类是和某种特定感觉——我们叫做存在的观念的感觉——联合着而言的。若是这个东西不存在了，构成这东西的种种感觉就变成和存在的观念脱离了联合关系，这种种联合的当中就起了一种分解作用。在这时候，不单是这个东西已经不出现到意识来——因为前面已经说过，出现到意识上来这件事就是许多存在物的特色——并且这个东西原来对于存在的观念的种种不同的联合，也解体了，倒是种种对于不存在的观念或破灭的观念的新联合反形成了。批评家你现在问我，如果我的意识的流动停止了，你会不会停止存在。我答复说，你不会停止存在，因为那种把你抑留在感觉的连续关系当中的种种感觉联合，还没有发生什么解体的事。“你的存在”这句话，是指着存于这种感觉连续关系中的某一组的关系而言的。如果你死了，这组关系就会变动，我也就不会把你看成一个存在的东西了。但是，如果你还存活着，哪怕意识毫不向你的方面走，哪怕意识忽然消灭了，这组关系也仍然是不变的。

我们若把精神和物质的分化的起源考察考察，上面说的这个道理更容易明白。如果精神和物质只是感觉的两个种类——如果它们真像詹姆士所说一样，是由同一的材料构成的——为什么人类始终会把它们看成两个非常相异的东西呢？要讨论这个问题，我们势必就得讨论灵魂，鬼灵，心灵等等观念的起源。

在物质的主要属性当中，可以使它和精神相区别的，第一就是它的坚硬性和它对于接触或压迫的抵抗性（这虽然不是一切形态的物质的特色），第二就是它占有一定的空间。不存在于某种特别的空间的物质，是我们所不能想像的。关于构成空间这个观念的感觉联合的部类，我们在前面已经指出它几个要素出来。这样，所谓物质的物体，结局就是一种感觉的结合，在这结合当中，空间的感觉也成了它的一个构成部分。但是，前面也已经说过，物质的主要特色，就在构成这物质的种种性质之间，存有一种紧密难解的结合，所以我现在打算去说明，这种难解的结合就是物质和精神之间并客观和主观的唯一的分歧点。

但是，也许有人对我说，物质和精神之间，一定还有比上面所说的更加深刻的差别。物质是永久性的，精神是有一时性的。照弥尔所下的定义，物质是一种可以引起感觉的永久的可能性。精神只是一种毫无什么永久性的感觉的连续。这是不错的，但是这个道理已经被包含在我那个物质就是密切联合着感觉的定义当中了。比方，我看见我面前的一张桌子。我所经验的明白的种种感觉，只不过是色彩和阴影的视觉上的配列。如果这些视觉上的印象就只那样，并不更引起别的无论什么种类的观念，我们一定会说，这个经验是主观的。却是，在实际上，那种色彩和阴影的配列，必然的会暗示着体积，距离，硬度，抵抗性，效用，桌子的名称，以及其他无数的性质。视觉上的印象和这些性质联结得非常紧密，紧密得使我们不能够想像它们是会各自分开的东西。我决不能够想像着，设使我走到那张桌子边去敲它一敲时我也不会发见我的指关节感着什么抵抗。但是，如果真能够只有视觉的印象，并不更引起别种观念，我们一定立刻就会把我们的视觉印象，认成一种精神的错觉。这两种经验的差异只是这样：在一方面，视觉上的印象在经验上是和其他种种感觉联合着的（这时，我们把这种印象叫做物质），在另一方面，视觉上的印象却并不是和其他种种感觉联合着的，它只是自由而无所依属的（这时，我们把它叫做精神）。物质的永久性，结果只是下面说的这个意思：在一个感觉，发生出来，可去唤起另一个已经和其他种种感觉联合着的以前的感觉的时候，这个新发生的感觉，也同样会和这些其他的感觉互相联合起来。我们依旧回到桌子问题去罢。在我下一次看见它的时候，我的视觉上的印象，会是一种可以引起目前的并从前的种种视觉印象的印象。这些目前并从前的种种视觉印象是和硬度，体积，及其他种种感觉相联合着的。所以我下一次对于桌子的视觉上的印象，也同样是和这些感觉相联合着的。这样，就暗示出物质和永久性的关系了。

这些种种联合是怎样成立了的呢？假定着，在最初，人类的精神的发达是从一张白纸的状况出发的，或者更可以这样说，假定着，感觉的经验是从一种完全孤立，彼此不相联系的流动状况出发的，其后渐渐就开始结晶，形成种种互相联合的合成体。某种特定的视觉，常常和某种特定的触觉相伴随着，因此，到后来，这些视觉的感觉一定会自己唤起那些触觉感觉的朦胧的形状。还有一点应该注意的，就是，某种模型的感觉，常常要比其他某种模型的感觉，难于加入联合关系里面去。从大体说来，如像那种叫做感动的强烈的感觉，只有仅少的形成联合的力量。试拿一只将要跳扑的老虎的例来说，在这时候我们所经验的感觉，第一就是视觉上的感觉，如像黄白相间的老虎颜色，露牙暴齿的老虎下巴等等。这些视觉上的感觉，必然的会暗示着体积和其他种种的属性，暗示着老虎这个名称，此外并还要唤起其他种种的感觉，其中恐怕会含着我们叫做恐怖的感动的那种东西。但是，这种恐怖的感动却不一定要加入这时候所发生的种种联合关系里面去。在这时候也许毫不发生恐怖，我们的注意也许全然被消费在怎样避开老虎或怎样扑杀老虎的手段上面去了。并且这个遇着老虎的人，也许是一个厌倦人生的人，反去欢迎老虎，把它看成一种脱离生活痛苦的方便手段，这在理论上，也不是不可能的。总之，我所要说的，就是，感动的要素，对于那些暗示着某种物质的感觉部类，关系是极松缓的，它只不过随便悬在这些部类上面罢了。视觉上的印象，虽是必然的会产生一个物质的物体的观念，却不一定就产生一个同样安固，同样有不可避免性的感动。在这种时候所惹起的感动，随着这个人的主观状态如何，可以有很大的差异，有时甚至于完全不引起什么感动出来。因此，我们说话的时候，就说得好像感动是心（精神）的表现，黄白相间的颜色等等是物的表现了。实则它们在经验上的基础完全是相同的，两者都是经验上的事件，两者都是脑髓的神经官能。只因在事实上一个造成很紧密的结合，一个不造成这种结合，所以我们就把前一个叫做客观的，后一个叫做主观的了。从一般说来，感动是有不易联合的性质的，在这一点上面，它和感觉的印象差得很远，所以在严格的心理学上的用语上面，只有后一个才被称为感觉。

这样，我们已经达到了精神（或心灵）和物质的差别了。前一个是经验当中的自由的无一定归属的部分，后一个却是联合了的或结成丛集的部分。前一个是经验开始发生的基础，后一个却是知识或学识的产物。如若某种常和其他别种感觉相联合的感觉，忽然不和这些别种惯常同行的感觉相伴就发生起来，这时，我们就得鬼灵的观念。举例说，如果只有一个关于人类形体的视觉上的感觉发生，并没有和这种感觉相照应的体积感觉或抵抗的感觉随着起来，那时，第一的冲动就会断定说，我们看见了灵魂。又比方，如果某种可以暗示着一张桌子或一个人的种种视觉上的感觉，如像色彩等等之类，现在忽然不和它们从前时常相伴随着的不透明性的感觉，联合在一起，这时，我们就得着鬼灵的通常概念：鬼灵是一种可以暗示物质的存在的形，但只是一个透明的形，是一种在实际上这种特别物质决不能够有的透明的形。再比方，如果一种像铁链子的萨拉萨拉那样的音响，从一个视觉的印象所未经验的地点发生出来，我们也就主张说在那地方灵魂出现了。因为音响这个东西在平常经验上，专门是和那些可以引起视觉上及触觉上的印象的物质的物相联合的，所以一旦发见音响的发生没有伴随着它平常相伴的感觉，我们就以为发生了精神的存在物了。这就是说，那些构成感觉丛集或构成物质的物的要素，一旦解了体，并单独的发见出来，它们即刻就会被主张为只有心理的性质的东西。所以物质的存在完全是联合的产物。

现在我们到了我们的主题当中最困难的部分了。这个部分也是最令普通人着恼的部分。这部分就是肉体和心灵的关系的问题，拿我们用的新用语说，就是，联合着的感觉的体系对于这些体系所从出的那种自由而无归属的感觉的贮藏所的关系的问题。婴儿在生后几个月之间，对于种种物质的物体，可以得着许多经验。在这物质的物体当中，单单有一个物体渐渐会开始变成具有特别普遍的性质的东西起来。别的种种物质的物体是忽来忽去的，唯独这一个物体，是和一切经验相关联着，无论在什么时候，都不完全离开的。并且这个特殊的物体，还现出一种和感觉的一般连续完全平行着的变化。简单说，在这时候，我们开始发见着，无论是哪种的感觉，总之每个感觉，都好像要对于这个特别物体，留下某种的活动。这个特别物体，是模仿着感觉的连续关系的，因为，但凡经验上的感觉一有变动，一定就有和这些变动相照应的某种变化，也发见在这个特别物体的各部分相互的关系上来。这个特别物体，也和其他物体一样，随着教养的进步，就会和某一个名称结合起来。这样一来，婴儿就知道“他本身的肉体”，比较其他无论什么物体，都要格外和感觉的流动联合得紧密些，都要反射出它的变动格外反射得格外正确些。

这种肉体的发见，又引出许多新的种类物种的联合来。到此时为止，每一个感觉，只能引起别种和这个感觉直接的或客观的联合着的种种感觉。到了现在，它却一面可以仍旧引起这些感觉，一面又可以引起那些在这个特别带有普遍性的物体的相关作用的种种感觉。举例说，那种从前可以引起关于桌子的硬度等等感觉的视觉，现在不但仍然可以引起这些感觉，并且还可引起一些和原来感觉相并行的种种肉体的变化，如像眼的调节等等。简单说，对于每个经验，现在都开着有两条可能的联合的道路。每一个感觉现在都有一个二元的结合：一方面同一切和它联在一起而被经验的种种感觉，相结合着，在另一方面，又和那个现在特别比其他感觉丛集站在格外出群的地位的丛集，相结合着。第一种结合是客观的联合，第二种结合是主观的联合，在该问题中那个特别感觉丛，就成了代名词的“我”所指着的那个东西。

科学的研究，很迅速的给与了我们许多关于肉体的性质的知识，就是说，它把那些代表这个特别丛集的感觉的数目，增加了许多。拿我们普通用的唯物论的用语来说，第一，我们发见了，感觉不是肉体全部的产物，倒只是神经系统的产物。第二，我们发见了，它还并不是神经系统全部的产物，倒只是脑髓外层的某种部分的产物。我们并发见了，某种感觉都必然的要伴随着在脑外层某部分上发生着的某种物理化学的作用。这作用是什么，现在还不知道。现在对于这种作用和伴随这作用的种种感觉本身的关系，正发生着问题。

从我们目前的观点看来，这个问题已经开始自己解决着。如果生理学的进步，达到最高的程度，能够说明某种感觉，如像红色这种感觉，是和在某种某种的神经细胞里面所发生的某种某种的物理化学作用相结合着，那时，我们对于感觉的主观方面，也就一定可以知道一切可能被我们知道的事实了。在客观的方面，我们关于红色这个东西，已经知道物理学所告诉我们的一切事实，知道它只是一种特定长度的以太波动，及其他等等的事。我们说这句话的时候，我们的意思就是：红色的感觉，从有教养人看来，已经依科学的研究结果的关系，和那种由以太波动的想像而来的感觉，结合到一个不能分离的程度了。所以，从某种意义上说，也可以说红色就是具有某种波长的波动。

同样，在主观的方面，生理学到底也对于有教养的人，在红色的感觉和那些因受着某种特别的神经活动而生的种种感觉之间，建设一个不能分开的联合了。所以，同前面在客观方面时一样，可以从某种意义上，说红色的感觉“就是”某种神经活动的感觉。但是，在这里，恐怕还是避开“就是”这样的表示同一性的字句为妙，因为这样的字句总含着语言上的暧昧不明。现在所有的事实如下：（一）被看成第一事实的红色的感觉。（二）由某种特定波长的以太波动（如果它能够被扩大，或用其他方法被变成为一种可被认识的东西）而生的种种感觉。（三）由那种在特殊细胞内行着的神经活动（如果这样的神经活动可以被弄成一个可被认识的东西），的特别模型而生的感觉。（一）对于（二）的关系，完全是和（一）对于（三）的关系一样的。物理学家主张着，红色是和某种物理的事件结合着很紧密，紧到不能离开的程度，他甚至于可以说，两者完全是同一个东西。生理学家主张着，红色是和某种神经的活动有一种不可分离的结合的，他可以主张说，两者是完全相同的。但是，无论是照物理学家的说法，或是照生理学家的说法，总之，我们的知识的总计都是这句话：某种感觉在某种既知的范围内，是相互联合着的。

照这一章里面所说的以上种种说明看来，好像我们已经达到了一个绝对的唯心论的立场，和前几章里面所说的依种种科学研究而得着的唯物论，恰相反对似的。其实，我们的立场完全是和极端的唯物论相合的。世上有一种谬见，专门跟着唯心论跑，差不多寸步不离。这种谬见总以为，唯心论是否认物质的实在的学说，或是拿精神的用语去表示物质的学说。所以，我得重新说一遍，我在上面约略述说了的那个学说，如果能照它的真意说，的确是一点也没有减少唯物论的真实性的信仰的，并且真能采用这个学说的人，一定和那些最随便的常识家所想像的一样，对于认物质是一个坚硬的，有抵抗性的，有体积的实在物，那种见解，并没有多大异论的。我所说的只是下面这一个意思：物质是某种的经验，硬度，抵抗性，体积等等就是构成经验的要素——这是谁也不否认的。但是还要注意，我所说的，物质就是经验，以及物质的种种性质就是经验的基本单位，等等的话，和他们所说的物质不是实在的东西，那样的话，是差得非常之远的。经验是真实的，所以物质也是真实的。我所做的事是和普通唯心论者所做的事大不相同的，我并未把物质这个东西，拿精神的用语去表示它，因为如果那样表示，那就等于说，物质的种种性质只是心理的影像，是由一种具有不可思议的性质的外界的实在物所引起的了。这样的说话，完全是精神论的学说，倒是我所不能不极力反对的。那样的见解，和我的信仰相离得太远，我现在还正打算完全否认那一切离开神经作用的心理的实体——精神——的存在哩，主张这种心理的实在物的存在的人们，总以为神经作用只是这样的实体的伴随物，不消说，这和我的主张，完全是相反的。我且在下面论一论，唯一可以给与“精神”这个名称的意义，就是那些物质的神经作用的总和，这些神经作用决没有附随着一种像现今心理学上的议论所假定的那样，毫无意义的毫无能力的幻影一般的实体。

我们在前一章，已经得到这样一个结论：肉体的有机体只是一个复杂的机械。我们并且发见了，有机体的一切作用和活动，恰和在无机体界所公认的一样，完全是依物理化学的力而来的。我们已经知道，并没有什么活力或其他的精神上的东西，去干涉着正常的物理的前后因果关系。所以，假如真有一个什么精神，它也不过是一种无益的，无气力的，只跟某种神经要素的活动跑的机能罢了。如果这样让步，那就是随伴现象论的学说，也是一切接受物心二元论的人们所能说的最后的一句话。可惜这学说的面上连一点可以令人首肯的影子也没有。那样毫无气力的幻影一般的实体到底拿来有什么用处呢？像那样的毫无意义的赘物的存在，还能在自然界当中，寻出一个类似的例子吗？并且到底有一种什么机构（不管他是可以理解的或是不可理解的）能够使这种赘物，如影随形的，跟着一种根本上就假定为和它无关的神经作用跑呢？如果这样的一个精神状态，真是其次一个精神状态的原因，头一个精神状态怎样可以引起第二个精神状态，使它恰恰必然的能够和一瞬间一瞬间的实际的神经活动相伴随呢？所以，伴随现象说，结果仍只是一个预定的一致说，这是和二十世纪的科学精神，相反得很厉害的。但是，要注意，这个问题到底还不是一个必须拿先天的概然性的理由去讨论的问题。伴随现象说只是一个可以严密的被人驳倒的学说，所以我且来从事这个工作。

照伴随现象说的一部分理论说来，不管人类具有伴随现象的精神也好，没有也好，有，他在外观上，是一点也没有差异的。人类就是全然没有精神和意识，他的行为，动作，表情等等，也是毫不受影响的，因为这些东西，完全是依着物质的前后连续关系而决的。人类只是一种木偶或一种自动装置，我们所以相信人类有精神，只因我们自己有一个精神，只因我们由自己推到他们，此外别无其他的根据。但是，据我看，类推的议论，是非常不确实的，所以，若替伴随现象论者的类推说来，好像某一部分人类或除开自己以外的人类，都只是一些没有精神的物质的综合，一类的事也应该是有可能性的了。并且笛卡儿关于下等动物，在实际上也曾这样主张过。

现在我们姑且假定，真正有这样的一个人；或假定，物理化学非常进步，真正可以在实验室里面，把原形质所依为构成要素的炭素窒素等等的元素，综合起来，造出一个人类来；总之，假定着，有这样一个综合的人类，他虽没有精神，却是依着伴随现象说的假定，在其他各点是和那些具有精神并具有同一的物质构造的人类，毫无区别。试向这个综合的人类质问，问他有精神没有。他会怎样答复呢？他必然的会答复说，他有精神。因为他一定会说和那种具有精神的同样构造的人所要说的话，完全同一的话。如果不是这样，就会变成同一质问，对于这两种人的神经系统，发生不同的反应了，从伴随现象说的假定看来，这是完全不可能的。“你有精神没有?”这句话的音响，传入这个综合的人类的耳中，一定会起一种复杂的脑髓的联合作用（我们把这个叫做理解这句话的意义），这种复杂的联合作用，在少时之后，一定会集中起来，成为神经的流动，向着舌，唇，喉等处流去，这些器官也一定会动作起来，发出一种可以使我们耳朵听得懂的聪明的答复。这个答复，无论是在具有精神的人的时候，或是在没有精神的人的时候，都应该是一样的，因为他们的神经系统本来是一样的。如果对于同一的刺戟，发生了两样的言语的答复，在那时候，在两个人中的一个里面，必定有什么外来的东西，对于物理化学的作用，加了干涉，即是说，精神把物理化学的因果关系的铁链子打破了。但是，这却又是和伴随现象说的假定相矛盾的。

对于这些议论，伴随现象论者能够有什么话说？要说，这个没有精神的人在说他自己有精神的时候撒了谎吗？但是，这样的说话实不成话，因为，如果两个人在客观上是完全相同的，那就不能够一个人说谎，另一个人却不说谎，不能够一个人在骗人，一个人却说真话。所以，在这时候，伴随现象论者只有回转头去行种种假定。他说，这个没有精神的人，做了一个错误，他以为他有精神，其实并没有精神，他的神经的构造，恰恰会使他相信他有一个他并不曾有的精神，使他说关于心理现象的话及关于心理现象和物质之间的差别的话，并使他在大体上去做种种行为，恰恰好像他知道关于精神和物质的一切的事似的，好像他曾经考察过物质和精神的关系以及其他等等似的。

并且，这个实例并明示着，“知道有精神”这种状态，是一个可以严格的用唯物论的用语叙述出来的状态。在伴随现象者自身主张自己有精神的时候，他用来实行做这个声明的声带的运动，照他的学说说来，是纯粹由物质的前后连续关系而来的。即使他并没有什么精神，他一定也会做同样的声明的。所以，他那一个自己有精神的主张，对于真正的问题——他实际上到底有不有精神的问题——是全然不中一点用的。真正在实际上使他说他有精神的那些主动原因，并不是他在实际上具有精神这件事，倒是那些横在意识状态下（这是照伴随现象论者所使用的用语说的）的脑髓作用。使他说话的，只是这些脑髓作用，所以他的声明，他对于一个精神的信仰，只能成为一种证据，证明脑髓作用的存在。如果精神这个东西，真能够起一个信仰心，真能够声明自己的存在，那只有打破物质的肉体的连续关系的铁链子，才有可能，但是如果这样，这又变成已被生理学所驱逐的活力说的假设了。对于精神的存在的信仰，只是脑髓的一种状态，这种状态，不是因为实际上有一个精神而生的，倒是因为在同一的物质的平面上，已经先有特定的脑髓状态而生的。

据以上的议论，我已把伴随现象说驳倒了，除此以外，恐怕也不会有更有力的驳论罢。只是，我们要知道，它虽被驳倒，到底算得是一个可以和生理学的机械说两立的，唯一的可注意的二元论的学说。现在我且把在我们面前的事实，重新略说一遍，再去建设一个精神和肉体的关系的学说。

生理学已经证明了，一切种类的肉体的活动，都是纯粹物质的连续关系的产物，在这种连续关系的途程上，并没有无论什么种类的心灵的要素的拦入。这种道理，若从二元论的学说看来，是极难理解的。从诸位自己想来，诸位是由一种有意识的行动，或是由一种好像是非物质的原因，运动诸位的手腕。实则在学理上已经确实的证明了，手腕的运动，是由于脑髓当中起了某种物质的变化而生的，这种变化又是依着一种最有定准的方法，被物理化学上的确定的种种法则引起来的。现在我们既已紧紧抓住这个事实，我们就可以去讨论精神的位置的问题了。但凡有一个精神的状态，就有某一种脑髓状态和它相照应着。这两者间的精密的照应关系，哪怕是在我们所能发见的最小的部分里面，也是存在着的。所以，如果站在二元论的立场上，那就只有一个唯一的可能的假定，这就是伴随现象说的说法。这个说法，称它为假定，还不算正确，因为，纵然真有精神和物质两种东西，伴随现象说也不过把生理学上和心理学上所建设的事实，重新叙述一遍罢了。因此，凡是相信二元论生理学家，事实上都不能不接受这个学说。但是，如果好好的考虑一番，就可以知道，这个学说恰和我在上面所指出的一样，是一个全然不能维持的学说。

所以我们现在只有在下面两个可能选择物之中，选择一个，（一）或是抛弃机械说，（二）或是抛弃二元论，但是，机械说的确是一个已经被证明了的生理学上的学说。所以，不管它对于我们所抱着的形而上学的先入之见，会给我们一个无论怎样大的损失，我们也得死死的抓住它不放手。这样一来，剩下来的唯一的选择，就是抛弃二元论了。我们应该主张，事实上并没有像伴随现象论者所说的那样一个薄弱的影子跟着脑髓作用跑，也没有精神和物质两种根本不同的东西。简单说，我们应该主张，精神就是脑髓作用本身，并不是伴随着脑髓作用的想像中的伴随物。我们应该注意，这个见解是和我们在本章最初所行的种种推论的结果完全一致的。只要我们记得，物质只是经验的一种形态，精神的表现也同样只是经验的另一种形态；只要我们记得，原始的经验可以结合成为种种部类，我们一定会一点困难也不感着，就懂得一个感觉和一个脑髓作用可以完全是一个同一的东西，犹如某种感觉，如像红色和硬度等等，和一个物质物的性质，可以完全是一个同一的东西一样。

我曾经说过，精神并不是一个独立的个别存在物，倒只是一种用来指某种类神经作用或脑髓作用的总和而言的名称，所以它应该被看成是一种和物质的现象同样的东西。这个断定虽很难理解，但是这种理解的困难，可以由无机界的一种事实，大大的缓和起来。在无机界，有一种现象，和有机界的这种奇妙的产物（精神）很相类似。我说的这个现象，就是火的现象。古代的希腊哲学，曾经相信，宇宙是由地，空气，火，水四种东西成立的。在这当中，火这个东西，特别被看成是一个比其他三种东西还要不同的实体。现今我们却已知道，火并不是无论什么种类的物体，倒只是特定的化学作用——如像炭素的酸化作用——的表现，在这作用的经过当中，炭素物质会发出光和热来。在火焰当中，除了那些受着化学的变化的分子之外，无论什么别的东西也是没有的。但是，从无教养的人的眼里看来，火焰好像就是一个特别的实体，同一种仅有化学活动力的物质小片的聚合，大不相同似的。

我们可以精确的照这种说明的方法，去解释精神存在的意义。真正存在的，只有那些构成神经系统的实质的物质小片。在这些物质小片开始某种化学的活动的时候，所显出的效果，好像是暗示着有一种什么新的非物质的不可捉摸的实体——精神——的存在似的。其实，这种在想像中的实体，也和火一样，并没有真实的存在。无论是在精神的时候，无论是在火的时候，总之，除了受着分解作用或结合作用的种种分子以外，实在并没有别的东西。只靠这些化学的活动，本就可以说明由这活动的中心流出的全体现象了。要想在这种活动之外，另去相信什么附加着的独立的实体，那真是一个大大的荒谬。这个荒谬本身，也可以用物理化学的用语，表示并解释出来。火的焰子，忽然很迅速的向一切方面闪出去，忽然又归消灭，这样忽明忽灭，不断的行着同样的反复。个人的观念或活动，也和火一样，在它们向新的位置移动的时候，它们可以暂时打开精神的道路，过后忽又塞住。无论是火或是精神，它们现出的这样的形态变动，都是因为化学的活动范围有一种不断的变化而生的。火可以在一个很短的期间，保持着一个比较不变的形态和大小。同样，个人的精神的内容，也有一种倾向，可以在暂时之间，保存着约莫相同的强度，附着同一的注意对象。火有时燃得很低，有时燃得很强且旺。精神也是这样。像这样的正确类似的发生，都由于两种现象是建筑在同一的基础上面的东西，不过一个是从无机物质发生的表现，另一个却是从有机物质发生的表现，所以在它的化学作用上，来得格外更复杂些。

我们一旦懂得了，为什么一元论要对那些有二元论的思想的人们加以迎头的痛击，我们就可以发见，大多数的形而上学的困难都消灭了。比方，我做有意志的动作，举起我的手腕，普通的人都说我的意志使我的手腕举起了。生理学家却知道，是我脑髓里的物理化学作用使我的手腕举起了。这两样说法，动不动会使我们左右为难，难于决定真假，但是，到了哲学家出来指明，意志就是物理化学的作用，两样话所指的完全是同一的东西，一切困难才会全部都被解决。自由意志论和意志定准论的争论全部也可以被解决了，因为现在已发见，两边说的都是同样的事，所差的只是用语上的差异。伴随现象论者的困难也同样被解决了。伴随现象论者自以为他有一个精神，哪知道，叫他说这样话的，并不是一种高妙的具有精神的知识，倒只是某一种的脑髓状态。我们如果断定，这个知识和这个脑髓完全是同一个东西，那时，一切困难都会消灭了。精神本就脑髓状态的总计。他现在说他有一个精神。这正是这种脑髓状态的存在使他这样说的。因为他有这种脑髓状态，所以他才说他有一个精神。只有站在这个精神就是脑髓状态的假设上面，他说的话才是又真实又聪明的话。

一元论的建设，更可以打破那种关于精神的统一和人格的困难。我们自己感觉着，我们的意识不是由断片的种种要素的连续造成的，我们觉得这些要素反是当作一种单一的实体——精神或灵魂——的性质，被结合在一起的。我们可以在神经系统上面发见关于这种意识的统一的精确的照应。我在前面已经指摘过神经活动无论在什么瞬间，都有集中于神经系统的某特定部分的倾向。这个活动集中的焦点虽然会由神经系统的某一部分移动到别的部分去，但是，照普通说来，无论在什么瞬间，这个活动都不会扩大到神经系统的大部分上去。这种由机能活动所照耀着的神经系统上的区域，是和时时刻刻被经验着的意识状态相照应的。神经活动的焦点虽能时时刻刻在神经系统内自由移动，但是总不能移动到神经系统之外去。意识状态也和这情形相同，只能在一个人的精神的界限内，一个一个的发生出来。无论什么意识状态，如果它不是某一个人的精神的一部分，它就决不能被人经验了去。

一元论又可以解决生物学上关于意识起源的大困难。照生物学上关于生命起源的学说说来，生命和有机的物质是由无生命的无机的物质进化发达出来的。人类由单细胞逐渐进化到今日的状况，也是一个事实。这种人类祖先的单细胞，又是渐渐由无机的物质进化发达出来的，这也是没有丝毫可以怀疑的。现在二元论者却说，我们有一个精神。如果这话是真的，那末，不是无机的物质也伴随着一种心理的伴随物，就是在进化的路途上曾经有过一种忽然的飞跃，就是说，精神这个东西是在人类过去历史的某个时期中，突然侵入来的。但是，这两种说法当中，无论哪一个，都难令人容纳，甚至于在实际上简直是不能够想像的。若照一元论的说法，主张宇宙之间，终极的东西并无两个，只有一个，这种困难就可以消灭了。因为这样一来，就没有引入新的实体到有机体进化程途上无论哪一个时期来的必要了。照我们的学说说，意识状态就是一种特别的神经作用。如果在神经要素由无机物进化来的那条路上，并没有什么中途断绝，那末，在意识的进化程度上，当然也就不会有什么中断了。

讨论到这里，我们又不能不说到，怎样去答复“蛇有感觉没有?”那样的问题了。现今世上有一种毫无理由的普通的迷信，以为凉血动物没有感觉。我们若知道下等动物有何种程度的感觉，我们就可以测度人类种种行为对它们加了若干的痛苦，所以这问题也不见得毫不重要。在目前，我们对这个问只能笼统的答复说，它们的感觉的分量要依神经系统的发达程度如何而定。将来生理的心理学能够更往前进步，我们一定能够作更精密的答复。我们到今日为止，刚刚才知道了这样一个事实：苦痛是神经机能的一种样式。至于这是一种怎样的机能样式，由我们现今的进步程度说来，还一点也不知道。苦痛全然是某一种特别的物理化学的作用，这是我们毫不怀疑的。如果我们精确的知道那种作用的性质，并且又精确的知道一个动物的生理化学的构造，那时，我们就能够依着我们的观察，精确的说出这个动物能够感受若干程度的痛苦，并说明在无论某一个瞬间它在实际上到底感着多少痛苦了。因为我们知道了正在活动中的物理化学的作用，我们同时就可以知道痛苦的本身。这个学说，在表面上仿佛是很不合理的，其实它不但只是有道理的，并且还是一个可以拿去解释种种事实的唯一有道理的学说。我且在下面重新说一遍罢。

痛苦这种经验是我们种种经验当中的一个，并且不幸还是极普通的一个。当精神发达起来，种种经验的要素开始结合在一起而成为联合的时候，我们就有了物质这个概念，或物质本身。物理学又不断的把种种的要素，增加到这个已经联合的部类上来。我现在看见在我面前的这个绿盒子，照物理学家说，是由一大堆正在振动着的无数的个个的分子构成的。这无数的分子又是由无数的正在振动着的原子构成的。这些原子，更可以被分为更小的单位。如果我们真能看这些无数的个个的小东西，我们所得的种种感觉应该是很奇怪的。但是在事实上我现在所看见的绿色盒子的外观，并没有一点和我们应该感着的种种感觉相同的地方。一个是连续着的，另一个是断绝了的。一个是静止着的，另一个是全体都迅速运动着的。此外还有种种差异，但是，只因由头一个引起的感觉，是和那些可以从另一个发生出来的可能的种种感觉，相联合着的，所以我们就毫不迟疑的断言，两种东西是同一的感觉。同样，在痛苦的感觉和那些为神经细胞内行着的物理化学的作用的观察所引起的种种感觉（包含现实的感觉和可能的感觉而言）之间，在表面上好像并无相似的地方，实则这两种类的感觉联合得非常紧密，使我们也不得同样断定，这两种东西也是同一的东西。

所以，感觉可以被怎样下等的动物所经验这个问题，结局可以归到一个比较更明了的问题，这就是，被我们看成和感觉完全相同的那种物理化学的作用，到底可以存在怎样下等的动物身上？这个问题只有在这些物理化学的作用已经被正确的理解之后，才能有确定的答复。但是在目前，却可以姑且做一种带思索性的答案。在这里，最能令人注意的思索，好像就是下面这样的思索：感觉是和组织同时发生的；物理化学的作用虽然在神经系统里面达到了它们最高的活动，但是，就是在那些还没有被分化的原形质本身里面，它们还是存在的，不过它们存在的状态比较幼稚罢了。

说到这里，我们就可以把我们所获得的哲学上的结果和神经系统的构造，比较比较，这或许不是徒劳无益罢。我们已从那些可以用相当的紧密程度结合在一起的原始的种种感觉，建筑了精神生活的全体。在我们所关系的范围之内，只有感觉才是唯一的根本的实在，只有联合才是唯一的根本的作用。其他一切抽象的观念，如像“存在”的观念一类的东西，都是一些互相关系的种种感觉，用相当的紧密的程度的联合，所结成的复合物。拿“存在”来说，一般所谓存在，只是某种物体的一个性质——一种在某种条件下面，有引起某种感觉的倾向的性质。“存在”这个东西，结局可以归到种种可能的感觉如像视觉上的感觉，触觉上的感觉并其他感觉等等预期上去。除了把它用感觉的用语表示出来之外，存在这句话是无论什么意义也没有的。我这里所以说“一般”，没有别的理由，只因为“存在”这句话和其日常用语一样，在意义上没有明白的限制，常被用在种种不同的意义上面。它的意义虽多，但是，在目前我们的议论上可以发生兴趣的，却只有上面我所采用的那一个意义。

从来有许多形而上的学者，因为不懂得这样的状况的缘故，常常拼命去想解决种种错误的不实在的问题，如像：物质存在不存在？别人存在不存在？一类的问题，弄出了一些稀奇古怪毫无充足理由的答复，如像笛卡儿的“我思想，所以我存在”的答复，就是一个模型。实则，如果种种感觉的某一个特别部类当中，含有带着存在意义的种种感觉，那时这个物体便存在了（但是幻觉却属于例外，在幻觉的时候，构成幻觉的种种感觉是行着某种异常的联合的）。并且，真实的存在这个话，在形而上学上面，实属不成问题，因为，若照形而上学的用语说来，存在这个观念全体，就是一个现象的观念，并非一个本体的观念。因为这个观念是要看种种感觉间的联合如何而决的。但是，除此之外，他们还有一个更危险的谬误，这就是那种由唯心论演绎出物质的“非实在”的谬误。“实在”

这个东西，和存在一样，并不是他们所谓“本体”的一个性质。我们是把物质和精神都包括在经验这个同一项目之下的。这样办法对于精神的各种重要性质，固然没有损害，即对于物质的实在，体积，外在性等等，也同样是没有什么损伤的。物质的实在是最实在的，是仅“实在的”这句话所能包含的最广的意义那样实在的。物质的实在并不须什么基础或“本体”去帮助它，它并不是因为在它下面有什么基础或本体而后变化成实在的。它是和我们所能理解的一切无论什么东西一样是实在的。在我们主张“存在就是知觉”的时候，我一点也没有减少物质（存在）的实在性，犹如我说“热就是运动”的时候，我并没有减少一点热的实在性一样。

精神是由那些依种种的紧密程度互相结合着的简单要素构成的。这样的情形，在神经系统的构造上面，它有它的精密的照应。因为神经系统，一方面是由中枢神经细胞，一方面又是由传达组织，由这两方面构成的，并且这些传达组织又是通过许多结节，和中枢神经细胞保着联合关系的。我们应该假定着，当初在那种从理论上说最为原始的状态下面，各种感觉还没有联合起来的时候，这些在外层细胞间走着的传达组织，还未十分发达，否则必定是那些结节还带着不可通过的性质。感官所受的刺戟，在和感官相照应的外层细胞上，引起一种活动，这种活动，就是感觉。一种视官的刺戟，可以在脑髓的某部分上，引起色彩的感觉。一种接触的刺戟可以在脑髓的某一部分上，引起压迫的感觉。但是在这两部分之间，却没有什么联合的大路。色彩的感觉还不会引起触觉的预想，所以这时也就还没有物质的概念。后来渐渐发达进步，联合的道路一旦完成，脑髓的很宽的区域，就都开始当作一个独立的联合单位，去发生作用了。这就是物质观念从脑髓方面说来的起源。但凡一个物质对象的观念里面，必定含有两部分：（一）对象本身，（二）因这个对象在感官上所加的刺戟而生的脑髓活动。前者是那些称为对象性质的种种感觉的合起来的总计，后者就是关于对象的意识。这两种东西，可以代表心理的东西和物理的东西之间的差异。

现在我们可以懂得，科学为什么是站在唯物论的基础上面的，以及唯物论为什么是关于生命的唯一可能的有力的说法了。心理学上的感觉联合说说明了，一切智力活动（包含一切科学的学说在内）却是依照一个特定的方法而行的。这特定方法，就是把从前孤立的两个要素，放在相互关系里面去。我拿一个曾在别一部拙著上用过的例来说。牛登看见了苹果落到地面上。他在这事以前，曾经沉思默想着，到底有什么原因使行星按着它们的轨道运行。他所看见的和他所思想着的两件事忽然相互联合发生关系起来，被看成是同一个原理的两种例证的时侯，就成就一个引力法则的发见了。所以观察和整顿就是科学的两个终极的要素。对象的新的性质可以由观察的方法被记录着。加以整顿，这些新的性质就可以被概括，被分类，被放在一种和从前已得的知识体系有联系的关系内。说到这里，我们就懂得我们所熟知的精神生活的起源的要素了。新的种种感觉被拖入注意圈内，这是和观察恰相照应的。这些新的种种感觉又同从前已经联合着的既知的种种感觉互相联合起来，造成新的联合，这是和整顿恰相照应的。无论是怎样最奥最妙的科学的概念，它的发生方法都是和婴儿精神中的物质的概念的发生方法，完全相同的。复合了的感觉，就是物质的基础。无论是一个什么样的科学学说，它也不过只是那些结合成千成万的孤立观察而成的极精巧的联合的记述罢了。物质的发见，就是科学的根柢，并且是知识创造的第一步。感觉原本是自由无羁的，后来渐渐开始结合，成为种种的小小部类，到这里我们就得着物质了。这些小小部类又互相团结起来，成为较大的种种部类，到这里，我们就发见科学的起头了。这些较大的部类，更互相联合起来，我们就得着科学的最大的概括了。还有一些人发生着一个梦想，以为将来必有一天，这些较大的部类，复合而又复合，一层一层的复合起来，结局必定会使一切可以被我们感觉的现象全体都要被放在一个简单的概括之内。就是说，他们梦想着一个全部知识的大统一。

不管这样的梦是可以实现的梦不是，总之，我们的结论却是这样：科学就是那些存于种种经验项目当中的最复杂最精巧的种种联合的记述。物质可以代表种种经验项目中的最幼稚最简单的联合。科学这个东西，必然的应该是以物质为基础的。科学的单位应该就是那些叫做物质的物件的小小的感觉部类。科学和物质的关系，恰恰和代数学和它的方程式里面的 X，Y，Z，等等记号的关系一样。X，Y，Z，等等代表着某种特定的算术上的数量，恰恰和某种物质的物件，如像“桌子”，代表着某种特定的原始的感觉一样。如果我们从科学当中把它的物质的基础除开去，使它专从原始的感觉出发研究，那时，这种科学必定会和一种不准用代数记号和计算法，只能够用算术的数字进行工作的数学一样。

如有人质问，是不是能够有一种不以唯物论为基础或和唯物论相矛盾的科学，我们可以答复他：不能够有。科学是一种关于一切物质的唯物论的组织的产物，它必须靠着物质，犹如物理学必须靠着物力的保存一样。像这样的唯物论，并没有什么可以害怕的地方，因为它只是一个指着种种感觉互相联合的方法而言的名称。知识就是联合。唯物论只不过是一个对于那种代表一切知识的大大的感觉联合组织的名称罢了。到今日为止，那些自由不羁尚未联合着的感觉或感动，还站在唯物论的组织之外，只被看成一个无论什么内容都还未被我们知道的原始的事实。现今关于精神状态的知识的唯一希望，就是把这些事实放进唯物论的组织里面去这件事。所幸，这件事现今已快要完成了。我们发见了精神状态和脑髓状态是同一的东西之后，我们立刻可以把这些状态送到物质的法则，物理学，生理学等等的范围里面去。这些科学当中所确立着种种概括和原理，现今可以被利用起来，去探索关于精神状态间的共存关系和连续关系的消息了。在今日，唯物论已把物理现象及心理现象的一切部门，都包含在它的里面，不留一物了。因此，一切科学家，生理学家，甚至于连心理学家，都取着一种态度，好像他们都不承认除了物质以外更有无论什么东西的存在了。因此，那种离开物质而独立着的精神，也已经从无论何种因果关系上或科学的说明上被驱逐跑了。因此，心理学家也已经能够站在只有物质没有精神的假定上，去分析人类的动机并预人类行为了。

我们关于唯物论既然得着上面说的那样的结论，我们对于那些一时代一时代被建设起来的种种哲学和神学的体系，现在应该下一个什么样的判断呢？从大体说，这些体系都是想用虚拟的实体的存在，去破除种种困难而提出某种解决方法的。关于宗教，是谁也知道的，不必举出什么例证了。一切神学体系的出发点，都是站在一位或几位完全具有非物质性的神的存在的臆断上面的。无论是关于精神和肉体的关系的困难，或是关于其他哲学上的种种问题，它们都惯把这种神的存在抬出来，去做一些弥缝一时的说明。现在自然不必再去把科学和宗教在十九世纪中间所发生的大论争，重新引起来了。因为，到了今日这种问题已经惹不起什么兴味了。大多数的思想家，已经把无论什么种类的关于神学的说明的尝试，都搁下了。神学已经被放在天平上称了一称，并且已被发见着它的分量太不够了。

但是，在实际上，现在也还有一种信仰，相信世界上有种种心灵的存在物。这种信仰散布得很宽，不过没有从前那样坚固罢了。如像对于灵魂信仰，就是一个例子。灵魂信仰，散布得很宽，连马克多葛博士那样的科学拥护者，也都相信它。在中世纪的时候，灵魂这东西，被那时的人看成是一种物质的东西，看得差不多是和灵魂所附着的肉体一样。举例说，在十二世纪的绘画里面，就曾经把灵魂画成一种约莫和人类形态相同的东西。他们相信，灵魂也有重量，可以放到天平上去秤。他们以为，灵魂也同肉体一样，可以依那种令肉体感受痛苦的原因，如像火一类的东西，感受痛苦，并且就在肉体死后，这痛苦也还依然会继续存在。像这像的信仰，在现今的原始的人民之间，也还可以找得出来。他们把一些食物，放在死人的墓边，以便死人的灵魂去享受。他们在死人的坟上开一些洞孔，以便死人灵魂的出入，或是在坟上堆成一个小小土山，以便压着灵魂，使它不能够跑出来。在那些教养比较进步的人民中，所主张的灵魂的物质性，却渐渐减少了。这时，灵魂会被看成一种约莫和气息相同的东西。因此就发生了士披里得这个名称，因为在拉丁话里面士披里得就是气息的意思。到后来教养更进一步，灵魂就更把它的种种物质性失掉了。但是，在很长久的期间，灵魂占住空间的物质性却还被保存着，因此，便发生了许多关于灵魂所在的思索。

此外，还有许多形而上学的学说，在同一方面出现着。如像杜里舒就是一个著明的例。他曾提倡，用一种叫做恩特勒基的神秘的东西，更辅以叫做赛可依德的更奇怪的东西，去说明有机物的发达。其他的人们，为达同样的目的，也曾抬出什么“生命物力”（Biotic energy）来。“实体”和“绝对”等等的话，都是这大派的有力的形而上学者所造成的最得意的创造物。从一般说来，我们可以说，像这样想像上的实在物的创造，实是一个最有诱惑力的方法，恐怕它还要在很久期间继续引那些无思虑的人们入迷途罢。

我们要注意到，一切这些精神的实在物都有一种特色，这就是，只有给它们一种物质的性质的时候，它们才可以被人认识，一旦它们完全失掉了这些物质的性质，它们自己以及对于它们的信仰都会立刻消灭了去。因为，照我在本章里面屡次所说，信仰这种东西，也和其他精神状态一样，完全是感觉和联合的产物。无论是真实的感觉，或是想像上的感觉，总之，没有什么感觉的地方，也就没有什么信仰。如心灵这种东西，也不是可以看见的，也不是可以触着的，也不是可以分割的，也没有占着空间上的什么位置，也没有其他无论什么种类的性质，那末，它就完全等于无了。要认识心灵，或要相信它，就必定要在相当的程度内，使它物质化。所以心灵常被想像成为或是一种占有空间的位置的东西，或是一种具有球形的漠然的总括形态，或是一种具有可以发光，发音，移动物体的力量的东西，或是一种纯然具备物质性的东西。简单说，心灵若离开物质的平面，就不能够被人认识。心灵这个名称，不是毫无意义，就是具有物质的性质，两者当中，它是必居其一的。心灵这种东西是存在的，这句话本身，已经对于心灵给了一种纯粹物质的特色了。只要它具有一种物质的特色，它就被编入在天然事件的唯物论的组织计划当中了。

所以，精神论这个东西，应该说是由头到尾无处不错的东西。我说这样话去攻击精神论的时候，我的意思是把那一切通常不大和精神论站在一起的种种别的信仰，也包含在精神论这句话里面，打算连同一起，把它们送葬了去。举例说，我是打算把古代希腊的形而上学的唯物论，也包含在内的。因为他们的唯物论，和我们的唯物论差得极远。他们允许灵魂的存在，他们和精神论者不同的地方，只有一个，这就是，他们主张灵魂是由物质构成的那一件事。但是，从哲学上看来，他们比较他们同时代的那些精神论者，的确进步得多，因为他们的唯物论的见解，已经很著明的预期着近代的唯物论的见解的发生。在实际上，今日的唯物论也还保存着他们那时的大体的观点，只不过把他们形而上学除了去罢了。拿我们和德谟克利塔士比较起来看。他主张，如果具有一个第二的实体和肉体关联着，这实体必然的是物质的东西。关于这一层，我们和他是一致的，但是，除此之外，我们还更进一步，不管这实体是物质的东西或是其他无论什么性质的东西，总之，是绝对否认这种实体的存在的。

关于灵魂，心灵，等等观念的起源问题，曾经有许多人从心理的方面及社会学的方面，加以研究，也提出了许多的学说。这个题目是非常富于争论性的，目前在这里面没有研究它的必要。我们所关心的，不是这些东西起源如何那个问题，倒是这些观念只是一个迷信这种事实。一切种类的存在，都是构成物理学所提出的唯物论的组织计划的一部分的，所以那种认为在这组织计划以外还有存在的主张，简直是不可理解的说话，因为这只是空话，在观念世界之中，并未发生什么相关的东西。这句话只有暗暗的把它在言语上所否认的物质的属性承认起来，才能够发生意义。

唯物论的批评家常常这样说：唯物论只是对于天然的一个“狭隘”而“不满人意”的解释，它只顾把一切东西都放在一个机械的体系内去，却把要紧的灵魂，都从生命和天然当中赶跑了。这样的批评是和本书的目的无关系的，所以我并没有多大兴趣，去和它做详细的答复。我从前面起所一意努力的，只是要说明唯物论是真的学说，以外并无用意，所以这个学说到底狭隘不狭隘，能满人意不能，在我是毫无关系的。完全是另一种性质的问题，并且还是应该用另一种完全不同的原则去讨论的。何况我对于这个学说，实在连一点儿的正确性，也发见不出来呢？我们知道什么是生活，连同它的艺术，它的道德，它的美，它的丑，它的善，它的恶，我们都一切知道。无论我们怎样去对于这些东西建设无论什么种类的学说，一切这些东西，在事实上还依然是同一的东西，决不会因此有什么变化。我们对于天然，无论建设唯物论也好，唯心论也好，天然还是同样的天然，也不会因此就有什么变更。我们的目的，不在满足人类的感情，倒在叙述真理。有许多人总以为，若说人类是猴子进化而来，人类的品性就会因此变低。为什么他们会这样想？从具有哲学的见解的人们看来，这真是不可理解的，因为人类的天性，不管我们的学说是一种什么学说，在事实上，应该还是那种天性。不管他的祖先是猴子也好，或是神也好，人类还正确是那种同一的人类。同样，天然这个东西，也决不会因为它被发见是编入唯物论的组织计划中的东西，就有什么丝毫的变动。

还有一部分人听见唯物论就感着苦恼，因为唯物论不能够给他们一个来生的希望。但是，如果没有来生真是一件可恼的事，那也只是天然的罪过，用不着去怪那些记述天然的哲学家。假如一个人能够冷静的观察事实，似乎他决不会因为没有来生就觉着那样可怕。人类对于死的恐怖的或情，是由天然淘汰发达出来的。因为若没有死的恐怖的感情，进步了的种就不会继续生存。结局，到最后，人类的死，总会把一切感情，连怕死的感情一起都消灭了去。但是，在事实上，从我们生下地那一天起，我们的一部分就是继续死着的。我说一部分是死着的，这话并不是单指着我们身体的构成物质是继续变化着的，使我们身体构成分子在一年两年之后完全变成一种不同的物质，那件事实说的。我所指的主要的意义倒是精神变化方面的事实。我们在两三岁的时候所有的精神，已经死了，变成过去了。一个十七岁的人的精神，与其说是像他在三岁时候的精神，宁可说它类似另一个十七岁人的精神。这样，精神是从根本上变更了，肉体也全然不同了。所以从前那个小孩，在实际上是和他真正死去了一样，完全成为过去了。圣奥古士丁曾说过：“请看，我的小孩时代已经死了，我还活着。”这样看来，我们为什么不照我们悲伤老年时候的预期着的死一样，或更加重程度，去悲伤我们幼年时代的精神的死呢？无论拿什么标准去考察，青春的失去，实在都要比那老衰耄废的精神和肉体的损失，多可悲伤些。从大体说来，青春被消费在追求快乐上面，老龄被消费在回避痛苦上面，也是一个事实。却也奇怪，人类恐怖他生命最后的消灭，比他恐怖老龄的到来，还要利害些。这件事的理由是很明白的。天然淘汰这个东西使人类发达一种感情，受着感情的驱使，人类便不惜花费无论怎样大的代价，去继续他们的生命，因为这个事对于种的存续上是必要的。天然淘汰对于幼年时代的精神的灭亡，却没有使人类发达什么苦恼的感情，因为那样的感情，对于种的保存，是不必要的赘物。至于最后的死灭是不是很可乐观的东西，这类的问题，当然在本书范围之外，用不着去讨论。

现在剩下来要说的话，只是本章的述略了。感觉是我们可以得到的唯一的根本的实在，在这个实在上所能发生的唯一的变化，只是那种由基本的感觉的联合或感觉部类的联合而生的变化。我们的宇宙概念就是由这些感觉和它的联合成立的。感觉联合最初的产物就是物质，物质就是一种包合着许多通常已经联合了的种种感觉的概括。在物质产生以后的感觉联合的产物就是种种科学的理论和原则。精神是一个名称，用来指一种在神经系统内发生着的特种的基本的及联合的作用的，一切在天然当中实行着的作用和事件，都可以钳入那种以物理学及化学的法则为基础的唯物论的组织计划去。换别的话来说，就是，只有在这个意义上的唯物论才是真正的哲学。宇宙之间并没有什么和物质不同性质的心灵物的存在。精神和物质同是实在的，并不是由相异的材料造成的。精神是神经的活动，物质是联合着的感觉。这就是说，它们都是经验的产物，都是经验的模型。所以精神和物质都是真实的。精神和物质就是精神和物质，在它们的下面，并有比它们还更实在的其他的东西。只有形而上学的幻想，才会那样想着精神和物质以外的存在物。所以我们达到的结论，就是实在论和唯物论。但是，因为普通的人动不动爱把唯物论这句话，当作唯心论的反对看待，并且里面还暗含着一种二元论的信仰，所以我们这个学说，不如叫做绝对一元论，反而较为正确。

哲学的学说，对于人类的行为，到底能够发生什么种类的效果呢？关于这个，我也得用最简单的几句话，说一说。在十九世纪的前半，有一种最被哲学家赏爱的学说，主张利己心就是人类行为上的最主要的动机。这种学说是在那时代的国民经济学的种种著作的大多数里面，都可找以得出来的。像这样的意见，哪怕是暂时之间也是不能够被我们容纳的。驱使人类的，并不是智力，倒只是热情。领导人类的，并不是理解，倒只是信服。历史上从第一次十字军东征起，到最近的欧洲大战止，所有一切骚乱，都可以拿来作为例证。像这样的事，也许可以说是应该的，因为，如果人类完全被个人的利己心的打算驱使着，这个世界在表面上诚然或能有繁荣的样子，却是在内部就不免要死板板的没有生气了。所以拿一切过去的哲学的学说看，如果它们能够触动人类的感情，它们真成了人类活动的有力的源泉，比什么国王或国会的法令的力量，还更有力。只想想，基督教的哲学在过去的两千年之间，怎样统制了人类的活动，就够了。世俗的权力只能管住人类的肉体，哲学的信服却能节制人类的精神。在这个宽大的意义上，哲学真是人类一切努力的基础，并且可以鼓舞人类一切的努力。它在人类天性里面，埋得非常之深，深得常常不能够从表面看见它。看虽看不见，它却慢慢的用一种潜默的不可抵抗的力量，对人类主张着它那种绝对的，无所不包的大权威。因为哲学的学说管理人类的热情，而人类的行为却又是从人类热情流出来的。

我们大家知道，如果政府的政治里面有了什么错误，一定就会发生弊端出来。如果我们自己的思想，感情，行动种种东西的基础上面，有了什么错误，那岂不更加要非常可悲叹吗？我们的精神对于各种生活问题现在所采取的方向，都是错误的。什么事都没有走上它应该走的路，在各方面部可以碰见弊病，贪暴的种种毒龙都乱糟糟的起来了，也没有方法去屠掉它们。因为原因种得太深，不能够看出来。这都是因为我们缺乏勇敢和气力，不能够绝灭我们的哲学上的错误的缘故。人类的确是不能不忍受许多由天然交给他的艰难的，却是，这些由天然而来的艰难，若拿去和他为他自己，因他自己的错用了的热情自己造成的那些艰难比较起来，真是小得不算一回什么事。所以我们应该注意，应该比什么都要多注意下面这件事：我们的生活哲学是不是对的。热情就是主人翁。永远节制人类行为的，并不是理解，倒只是信服。我们自己造成的弊病，只有在一种真正的信服所具有的精妙的无所不包的影响之下，才能解除。

新的历史戏曲集

[日]前田河广一郎著　陈勺水译

序

这本《新的历史戏曲集》，是译者集日本前田河广一郎的三篇戏曲而成的。

前田河广一郎是日本现今有数的新的作家（小说家兼戏曲家），他常常用深刻的现代人生观，剖析社会各阶级的感情的实相，拿痛快淋漓，酸甜都有的笔致，把它描写出来，所以他的著作很受日本一般新人的欢迎，许多日本人称他为日本的辛克雷。

其实称前田河广一郎为日本的辛克雷，还是表面的观察，因为他的著作不单是有很浓厚的民生主义的色彩，并且差不多每一篇都带有东方思想和西方思想的对照与斗争的意义——这一点可以说是他胜过辛克雷的地方，也就是他胜过日本现今一般作家的地方。他这种特色是他的境遇造成的。他在还未成年的时候，就跑到美国去，想一面做苦工，一面求学问。但是，在事实上他只进了两年的大学，其余的四五年，都消耗在种种劳动上面。他在劳动生活里面，受了不少的痛苦——阶级的，人种的，国民的，性的，种种痛苦，所以后来就造成他的创作的特色。

前田河广一郎初回日本的时候，是以外国的情调的小说著名。但是，他在两三年中的活动，已经证明他的才情不限于这种特别情调的小说，并且不单限于小说。他的戏曲，在日本所谓新方面的作家当中，已占了一个很高的地位，和藤森成吉两人成为新方面戏曲家的双璧了。藤森成吉的戏曲，善于用新的笔法，描写现社会的悲剧和喜剧。前田河广一郎的戏曲却善运用丰富的思想和流利的笔致，描写历史的事件。

前田河广一郎的历史戏曲，和其他一般作家的戏曲比来，可以在两种意义上，算得是新的戏曲。第一在主题上是完全站在新社会观上面的，如像本集所收的《土耳其最后的国王》那篇戏曲，就完全是以新旧社会的抵触斗争并解决为中心，断不是其他普通作家所能望其肩背的。第二在描写和布置的手法上面，完全打破了旧来的因袭，不但不承认什么三一律，就连自易卜生以来的现代戏曲的种种不文律，也打得粉碎了。

前田河广一郎的著作单行本有《新选前田河广一郎集》和戏曲集《祈祷》。他的历史戏曲共有四篇。第一是《莫索里尼》，第二是《拉思浦琴的死》，第三是《土耳其最后的国王》，第四是《克罗帕特拉》。前二者已载入他戏曲集，后二者是最近一个月刚才在《改造》和《中央公论》两杂志上发表的。译者原打算把这四篇杰作都集到一起，但是后来觉得《莫索里尼》这一篇，在我们中国还受不平等条约束缚的时候，未必有发表的可能，所以虽然译成，却不敢把它加入集中。

中国的文坛，差不多是和世界文坛隔绝的。不消说，中国现今没有伟大的作家，可以影响到各国文坛去。可怜就是各国的现实文坛空气，也不容易影响到中国文坛来！从根本上说来，自然是因为中国经济状况及其他法律政治社会制度种种东西比世界各国较为落后的关系，才有这种结果，但是无人尽力绍介，却也不能不是一个补助的原因。即如拿日本文坛——和中国文坛最易声气相通的日本文坛对中国的影响来说，就是很少而且很小的。近两年虽然有了芥川龙之助，谷崎润一郎，武者小路实笃几个人的几篇著作的翻译，但是这些人，以人论，已成了过去的人，以著作论，也只是一些文章的著作，实在说不上代表日本文坛的现实空气，更说不上代表新的空气。这实在是一件憾事。本集的翻译的目的，就在弥补这种遗憾于万一。自然一面希望大家来做这步工作。

译者侥幸在日本文方面是一个二十余年的老资格，所以译文的正确是有绝对的自信的。

一九二八年九月卅日

陈勺水

克罗帕特拉

时

古代，约在西历前三四十年间。

地

大抵都在埃及首都亚历山大市内，惟第二幕第二场，第三幕，第四幕等，是在别的地方。

人

克罗帕特拉（埃及国女王）

麻克·安东尼（罗马国的三执政官之一）

亚颇（托勒弥王家的宰相）

嘉茗（克罗帕特拉的侍女）

雄伟的黑人

一群黑奴

阿里亚（国库官）

多斯（侍医）

君达·德流斯（安多尼的特任使臣）

爱罗斯（安多尼的宠臣）

绮拉（克罗帕特拉的侍女）

西利亚（安多尼的武将）

麻尔色（同上）

富豪坡里德

船夫头

宦官（多数）

侍女　爱鸟

侍女　梅丽

管狱人

多斯的弟子

罗马兵（多数）

祭官

一群溃散的兵

盗贼（五个）

侍臣，从仆，农民等（多数）

（大概都是努力根据历史的记录写的，但是有些地方也有自出心裁的，请读者原谅罢。作者。）

第一幕

克罗帕特拉的卧室。

舞台的正面里边，有一道雪白的大理石的墙，上面雕着希腊式的凸出的画。天花板很高。

这墙到舞台的左角上，转了一个弯，变成一段胸口高的矮墙，矮墙外露着一个花园，种着许多波斯蔷薇花，开得很盛。花园的那边，远远露出建筑在尼罗河口，俯瞰着亚历山大湾的宫殿。宫殿的连柱大厅的一部分和雪白的雕刻，在早晨的阳光中照耀着。

舞台左角上的放着一架很低的床，四只床脚是用象牙雕成豹子形的。床前有一张大理石的长桌，上面散乱的放着用过的食器和瓶子等等。

右边角上，正中的墙转弯的地方，有一个大窗户。窗户上用大理石造成花草模样的格子。黄色的晨光，由格子透进房来，照着睡在床上的克罗帕特拉的雪白的身体，映豹子皮的斑纹。

窗户的左边有一个门，门上挂着波斯绒毯做的帐幕，这门是通着隔壁雪花石大厅的。这门的左边，更有一扇很窄的小门，和墙是一样的颜色，侍女们都从这小门出入。绒帐的那面，有两个努边黑奴武装守卫着，但是这两个黑奴并不露面。

不远的地方，有喷水的声音。更远一点，有鸟鸣的声音。并隐隐的听得见幽诺司船厂里面的工人和船夫们做工的许邪之声。在这许邪声停着的时候，又时时听着一些悲惨无聊的呻吟从窗口反响进来，好像有许多受伤的动物列起长队通过窗前似的。随着这幕戏越往前进，鸟声，水声，船厂的声音，渐都消灭，只听见聚集在布拉甲宫殿墙壁和望楼前的群众的吵闹声音，越变越利害。

侍女爱鸟把右角的小门推开一点，看看房内的样子。她看见女王还熟睡着，就闭了门。

克罗帕特拉忽然把两只手伸开，好像拥抱什么东西似的。随后，用一种着了梦魇时的声音，叫喊着："瞎说！我何曾拿毒药给他吃！——不是我毒杀他的呀！"喊完之后，连连用双手向空中支撑，好像和人格斗的样子，这时偶然把一只脚吊下床去，随着全身都滚在石头地上。

克罗帕特拉　（睁开眼）啊——好痛！——喔呀！出了这样多汗！（用手揉膝头，一面向地下团团寻找。没有把所找的东西找着，正要拍手叫人，忽然又中止了。站起来坐在床边）狗星一现，尼罗河就要涨大水。我就——我的病又该发起来了。（屈指数一数日子）真正，再没有比人类还奇怪的东西。无论是谁，还没有成一个人，就先得是一个男子或一个女子！但是，像我这样的女人，果真算得是一个女人吗？——西西亚的李嘉尔所养成的斯巴达女人们，虽然强健，却只是一些强健的女人。她们和我不同。她们和我差得远哩。我的心胸里头，又有造成德哀艺术宫殿的哈婕女王的优美，又有荒废这个宫殿的多多麦三世的粗野，优美和粗野时时刻刻斗争着哩。我每每对于弱者，会变成男子，对于强者，都变成女人。到底哪一个我是真的我呢？——两个都好像真的。（又懒散的睡在床上）并且我是女王！（站起来）

侍女爱鸟　侍女梅丽　（都从小门进来）女王陛下睡醒了吗?

克罗帕特拉　今早我不想洗身了。——

侍女们不说话，跪下去朝拜后，立刻向地下铺上垫子，把克罗帕特拉抱起，放在垫子上面坐着。这时，另有两个黑女，恭恭敬敬的抬出一面银的镜子来，斜斜的捧在女王的面前。侍女绮拉拿着纯白的罗衣登场，忙忙替女王把寝衣换下来。侍女嘉茗很慌忙的分开绒帐的门走进来。

嘉茗　女王陛下，亚颇宰相今朝很早就来了，说要谒见陛下。因为陛下那时还睡着，所以叫他在会议室等候着。——他好像是很紧急的事件似的。他平素总是笑容满面的，今天却全然是一种严肃的神气。

这时，最先进来的两个侍女正收拾床边的食桌，又抬出一张矮台，上面放着化妆用的种种东西。上面有十二三种梳篦，五色瓶子，盛着药脂的小壶，海绵，铅白，一个鳖甲的盘子，上面放着种种的头发夹子。克罗帕特拉热心的照着镜子。

克罗帕特拉　（向着绮拉）今早要好好的篦一篦。我觉得我的每根头发都变成麦久沙的蛇一样了。——嘉茗，亚颇来得这样早?不要紧的，去对他说，如果那老头儿不怕劳苦，就请到这里来罢。（嘉茗出去。绮拉拿起鳖甲的梳子梳长头发。克罗帕特拉觉着窗外吵闹的声音了）——是什么呢?那样喧嚷。

绮拉　女王陛下，那是很奇怪的游行。饥饿的人们，正沿着尼罗河岸下来，继续的由大街走到科特方面去。

克罗帕特拉　饥饿的人们的游行?

绮罗　是的。并且害着近来流行的瘟疫的人们，也参加在里面。——不知道是什么缘故，大概是因为他们以为到了陛下所在的首都，病就会好罢——从昨天晚上起，他们就一刻不停留的游行着。苏麻宫前面的空地上面，现在已经被人挤满了。

克罗帕特拉 这是怎么干的？多斯侍医和官吏们现在干什么呢？

绮拉 侍医昨晚觉也没睡，拼命把那些人撵到西波院去，倒很努力。兵队也派出警戒着了。不过对手并不比得阿梯拉的军队。他们只是一些饿着肚皮的人和害着危险的病的人，派兵出来，也好难处置呢。

克罗帕特拉 听听那个声音！那是将要饿死的人的声音吗？

绮拉 真正的，就是去年围城的时候，敌人的大弩，石砲，石箭，种种东西，围着这城攻打，也还没有这样吵闹呢。并且听说那瘟疫好不可怕！无论是宫殿深处也罢，围里长廊也罢，连屋顶和三角金字的地洞里面，都会毫不客气的跑来呢……

克罗帕特拉 绮拉——！我有一句话，你听了可别对别人说。我常常想着，就是那些官吏们和嘉茗，对我也不大忠实唷。你时常到各处跑，一定知道许多世界上的事情，比我还知道多些罢？你知道一些我和官吏们都不知道的事情？

绮拉 女王陛下，绮拉受陛下的鸿恩，从耶路撒冷到这里伺候陛下，还不曾有三个年头，所以亚历山大的事情，知道的还不很多。

克罗帕特拉 日子虽浅，可是你时常到街到去，街上的人们，困苦不困苦，难道看不见？乡下的百姓们有东西吃没有，难道也没听人说过？——再结紧一点！照平常结的希腊式卷好！不要弄得我头发当中疼痛。

绮拉　不瞒女王陛下说，就是像侍女们这样的人，一到街上去，街上人看见是伺候宫廷的来了，就把他们说着的话立刻都停止着，闭着口，什么也不说了。不过，昨晚这场纷闹，的确可以从院子看里看得见，比法罗灯台还看得明白呢。——

这时嘉茗把亚颇领了进来。宰相亚领是一个希腊人，是一个煽动家，学者。在他之前的宰相叫做贺德，女王听他的谗言，把自己哥哥托勒弥第十四充军到西碑的时候，亚颇乘机替女王和罗马的该撒拉皮条，因此得了女王的信任，升了宰相。为人非常狡猾，富有野心，外面却很温和，是一个阴险的老头子。

克罗帕特拉　喔！亚颇。这里尽都是女人，随便得很，好在是你，不要见怪罢。有什么事告诉我？不是香料船由印度回来了，载来很多熏香，要我提防把我的头都熏痛吗？再不然，是从罗马来了急使——

在这个说话的当中，嘉茗连忙叫侍女们把椅子睡椅等安排好，把克罗帕特拉的衣服拿来叫她们服侍穿上。把一顶轻的金冠，替女王戴上。绮拉等侍女都退出去，只留下嘉茗。嘉茗拿起红色的羽毛扇，替坐在长椅上的女王打扇。

亚颇　女王陛下，臣要报告的是一国的危机。

克罗帕特拉　（并不十分惊骇）哼！你们只要见着我的面，一定就要唻唻叽叽的说什么一国危机！我如果每天早晨听见这些照例的话，都会吃惊，也就算不得是该撒的寡妻了。——你说罢，今天早晨是什么样的危机？——

亚颇　——呃呃——犹太国王妃马利亚派人送信来，借口过去的旧事，说女王陛下当初听见侍女绮拉是一个很会替人妆扮的波斯女孩子，曾经令香料商人，用麻醉药把绮拉从耶路撒冷拐带出来，叫绮拉进宫服伺，她现在想乘着警备亚历山大的罗马兵力的稀薄，派兵来攻，所以来使说的话是带一种挑战的态度的。——但这件事现在已不成问题了，臣等已商量好，把来使撵回去了。

克罗帕特拉 什么？那个红毛狗似的马利亚，派了人来挑战？——好罢，我就照从前爱比法王的例，把住居埃及的犹太人，一个一个，尽都绑在镀了银的战车上面，牵到尼罗河沿岸三千都市上去示众罢！好大的狗胆子！

亚颇 ——不，不是的，那件事倒算不得是什么一国的危机。臣要奏明的危机，是指着饥馑说的。饥馑之外，又碰着瘟疫也发生了。这些事已许久了，却还没有奏明陛下，因为臣等当初觉得这并不算一回希罕的事，不敢烦渎圣听，反转怕陛下担忧官吏们没有能力，干不了事，所以就没有特别奏明了。

克罗帕特拉 这些事我早知道了。苏麻宫面前的空地上，挤满了人民不是？多斯正在红着眼睛，跪来跪去，想想把人民撵到西波院去不是？兵队虽也出来警备着，却是人民依然游行着，从大街上向着拉科特方面去，亚历山大的满街上，人民犹如潮水一般涌着，比尼罗河涨大水时的情形，还要利害。是不是这样的情形呢？

亚颇两眼看着嘉茗发怔，急速的用手巾拭汗。

亚颇 天，天，天纵聪明的陛下，把什么事全都知道了。这，这或者是哪一位别的参议官已经来奏明过了？是那国库官阿里亚来奏明过？

克罗帕特拉 管它是谁来说的！女人虽比不上你这天文学家，却也还能够探出自己本命的星宿哩！这且不管它。我最不可解的，只是在这样丰饶的大埃及国里面，为什么会有饿死的人。你看，不是各种外国船都集在这两个商港里，如同蚂蚁一般，来经营生意吗？称为世界学府的冥王宫里，不是有许多富豪子弟成天成夜的在研究机器，热心读书吗？不是曾由国库支出不少的经费，去修缮并扩张这冥王宫学府，现在还在动工吗？你看，院子里的蔷薇还并未凋谢。只要蔷薇不凋，尼罗河的沿岸的谷物是断不会没有收成的。我听说，前不几天，那卖香水发了财的坡里德，还招待了你们并一些贵族和妇女，开了七天的庆贺宴会，是不是呢？——为什么有这样丰饶的财富的埃及，还会在首都发生饥馑的恐慌呢？——亚颇，我今朝和往常不同，总觉得想要详细的知道世上一切事情的真意思，想深深的知道事情的里面的里面！

亚颇　陛下的下问是非常之对的。——实在，一国的盛衰的原因复杂得很。况且，像近来这样，远的有西边的西班牙，高卢，罗马，近的有雅典，雅克罗，还有西利亚，犹太，期卜拉，等等的地方，都和埃及通商得很旺盛，即如女王陛下使用的颜料，就是从非尼西来的，又如臣爱喝的酒，带玫瑰香的非尼西酒，带太阳光的滋味的西班牙酒，滋味匀润好像吞着无数珍珠一样的高卢酒，期卜拉产出的黄金色葡萄酒，真是种类甚多，一时也说不尽。——第一，还是要数和外国的战争！这是对于国家有顶大的影响的。其次是内乱。像斯巴达加斯那样暴徒所起的革命，损伤可真不小。自从那个狂奴的格斗士嗾使高卢人反叛罗马以后，刚刚两年之间，已经不知道花了多少金钱，死了多少万兵卒。好在这样狂暴的东西，在埃及是一个也不会有的，请女王陛下放心罢。再其次，第三的是……呃——奢华。自然，这句话是指在下的新发了财的人们说的。奢侈的原因，据实说来，就在过于安心大意。男的女的，说什么爱情哪，快乐哪，好像孔雀开屏一样，穿起金碧耀目的衣饰，擦着贵价的香水，用着外国的飘带。这样一来，埃及的金钱，就只向外国跑出去，不会由外国跑进来了。……

克罗帕特拉　（突然大笑起来）嘉茗，亚颇老头儿，今朝也是恐怕我感觉无聊，特为讲故事儿，跑到卧室里来的呢。你以后别再受他的一国的危机的骗了！（忽然听到窗外的呻吟）——唔！听了你的许多说明，我对于那些在街上呻吟的人民的穷状，还是一点也不明白！

嘉茗　亚颇宰相说话照例是婉曲悠长的呀。

克罗帕特拉　你且说说，为什么人民饿了，害了瘟疫，挤到街上来游行。快说快说！

嘉茗　女王陛下，这是因为死在道路上的太多，亚历山大市的棺材店，周转不过来……

亚颇　（咳嗽）不，不是的。这些事已经办好了，不要紧，有多斯侍医在那里担任着，谅来是不妨事的。就是瘟疫，也是每年都有的，用不着焦心，它还够不上收获时的蝗虫那样利害呢。——此外，现有一件最重大的国家不幸之事。这不是别的事，却是和女王陛下一身有关的事。——这和别的事不同，很不便从老臣口里面说出来。大胆的说，现在，女王陛下，照着托勒弥王家的王室法令，应该是和王弟殿下结为夫妇的。但是，这只是表面上的话，其实，女王陛下从罗马回朝的时候，已经替该撒执政官养了儿子，就是那美丽的该撒梁殿下。可惜，不幸罗马的大执政官惨遭暗杀，接连着就是加夏斯，布鲁塔斯，安多尼，渥库塔，李皮达斯，五个人的自相残杀的战争。他们两方面也曾屡次来请救兵，却是臣等参议官商议过，都以为还看不清罗马的形势到底于哪方面有利，所以搁了下来，总共六十只兵船当中，一直到现在，连六只也没有派去。但是昨夜无意中忽然知道罗马的形势了。

克罗帕特拉　什么？罗马的形势？——怎么说？我丈夫的仇敌已被打败了吗？还是懦弱的渥库塔和声名不好的安多尼打败了吗？埃及和罗马的最后的连锁，因为共和政府得了胜仗，就打断了吗？我和我丈夫久利亚斯同心协力，费了多少精神，才做成了的两国的提携，也眼望着就成为水泡了吗？这个号称世界的粮食库，这个葡萄和棕榈的国，奥其大神所镇守的这个埃及国，结果变成罗马的属国了吗？——

亚颇　不，不是的。女王陛下，请宽心！倒是一个很大的吉报。昨夜，巡察港口的兵，捉住了一些由那古索逃来的海贼。据这些海贼说，加夏斯和布鲁塔斯所率领的叛军，在菲立皮平原，和安多尼及渥库塔两部分军队，开了一个最后的决战，加夏斯和布鲁塔斯都打了败仗，自杀了。这个消息，是从各海贼口里分别讯问得来的，恐怕不会是假的罢。罗马的内讧，经过两年之久，好像居然也就要从此终息了。——

克罗帕特拉　啊啊！听见这个，我的心就安静了！你怎么不早一点对我说？嘉茗也不对！——你们老是在隔壁房里悄悄的打了商量，才来和我说话。

亚颇　——所以，女王陛下，老臣的忧虑，就是从这个形势来的。一旦把敌军消灭了之后，安多尼和渥库塔两将军变成了凯旋将军，要回罗马献功，自然立刻会叫被打败的地方献纳赔款，那是不待说的。并且还一定会趁这机会，叫地中海沿岸所属领土的诸侯即刻都到罗马去参拜的。这当中，如像安得渥，西志马，巴礼门，黑洛得，铁托拉，铁斯那，诸王侯，一定会争先恐后的到罗马奉承两位将军的颜色。到了那时候，埃及怎样去对付安多尼呢？他屡次来请派援兵，来请托勒弥全国兵船的援助，埃及都没有理他，现在却怎么办呢？臣等九个人，昨夜对这件事，商量了许久，也没有想出什么良策。

克罗帕特拉　这事你不用焦心罢。我和久利亚斯虽然未曾行过正式的结婚礼，难道不是世界公认了的恋爱的结合？

亚颇　老臣不是这个意思。女王陛下所说的，诚然一点也没有错。——但是，女王陛下也知道，罗马这个地方，有什么元老院，贵族，市民等等东西，他们行的是共和政体，很难保得住他们不吹毛求疵。女王陛下也曾屡次说过，真正痛心得很，他们对于该撒执政官的遗业，动不动有蔑视的倾向。现在还不知道是怎样呢。

克罗帕特拉　这样说来，知道埃及结局非同罗马开战不行吗？

亚颇　到万不得已的时候，恐怕势必会有罗马兵到来，和当年该撒执政官带兵到亚历山大一样。老臣实在忧虑得很。

克罗帕特拉　谁带兵来？——渥库塔吗？

亚颇　不，不见得。该撒执政官的这个外甥，到底身体多病，并且好像也没有这样的霸气。——来的一定是安多尼将军。

克罗帕特拉　安多尼——……那个面貌好像酒神一样，曾经和娼妇奚择俚姘在一起的男子吗！亚颇，如果是那个人，我是知道的呢。不错，就是久利亚斯和多黎波，在梯伯河岸边宫殿里，讨论要不要和委员会商量的时候。那时门扇忽然开了，走进来一个大汉子，脸上被太阳晒得漆黑，神气好像一个小孩子，他望着我满脸堆下笑来。他那放光的金发，好像葡萄藤子一样，盘在很漂亮的额上。……那个男子，曾经瞒着嫉妒心最大的利亚斯，在我的颈上接过吻哩！

亚颇　（喜欢起来）真正的，女王陛下真是天纵聪明，无论什么事，凡是老臣想要说的，都早在洞鉴之中，这真正是平常人及不到的。埃及在这样疲惫的状态下面，如果不愿和罗马的猛将打仗，女王陛下，那就只有一条路。——这条路，陛下已经洞察着，就是叫那个面貌好像酒神，不，不但这样，简直可以说，那个好像年轻的黑库黎斯神雄的强壮青年，从新在女王陛下的美丽的颈上，接一次吻。让老臣说一句失礼的话，好在现今机会极好，并没有该撒执政官暗暗的推开那壮大厅房的帷幕，来窥视了。

克罗帕特拉　（忽然站起来，向着绒毯的帷幕走去）亚颇！你别忘记了我是托勒弥·渥黎斯王的女儿，他曾经一面吹着笛子，一面笑着，看了三百谋叛人的死刑啊！（愤然走出门去）

亚颇　（向着嘉茗）哼！可惜这个吹笛子的国王，就是在托勒弥家当中最不敬埃及的诸神，首先和罗马内通的人！（嘉茗不答话，跟着克罗帕特拉往门外去）

在帷幕的那边，有一种闹喧喧的盘问的声音。亚颇走近帷幕去窥视。国库官阿里亚嘴里哝哝叽叽的说着，走了进来。

阿里亚　这些努边人真正是些强横的奴隶！——耶——！怎么样了？你叫我们等了很久！大家都等得不耐烦了。……到底怎么样？有防止战争的希望吗？

亚颇　哼！女人这种东西，和男子是恰相反对的哪。

阿里亚 ——这话怎讲?

亚颇 女王陛下已经答应和安多尼会面了!

阿里亚愕然发怔。

这时,克罗帕特拉又用快步走进房来。后面有嘉茗和四个黑人侍女跟着。

克罗帕特拉 阿里亚!从今天起,可以在亚历山大市,做三大冥王神的大祭典!每条街上,都要烧起篝火。每一个家都要悬挂五色玻璃的灯。宫殿面前空地上的喷水管,要把酒仓里所有的酒,尽量装上喷出去。从院子起到厨房止,要准备四重五重的食桌,好叫埃及国家里面饥渴的人民到那里去自由的饮食!

阿里亚 这样一来,所需的莫大的费用如何…………?

亚颇 呃!你那种照例的吝啬,不要又拿出来搪塞罢。今天是什么日子呀!

克罗帕特拉 财源吗?目前暂由国库垫出来。随后即刻就要召集全国的祭官,好商量一个办法,把一切三角金字塔下面所藏着的王棺里面的黄宝玉,都挖了出来,拿去充这笔用费。埃及从今日起,不得不养人民了。——我是决了心要和罗马争斗的!在没有征服罗马,使世界都成为克罗帕特拉的国以前,我是不惜把国库里的最后一文钱都用去的!

嘉茗,亚颇,阿里亚三个人听呆了,不觉的身体都摇晃起来。

——幕——

第二幕

(第一场)

舞台是贵宾室的一部分,其中没有玉座。时期约在第一幕事件后两个月。

在室的中央，稍稍向左边斜着，很高的设着一个玉座。后面立着一根大圆柱，微微露出由天窗上落下来的光线。圆柱上嵌着象形文字并描着神像。

玉座的背后，露着帷帐的一部分，上面绣着种种花鸟模样。

克罗帕特拉戴着乌流斯的王冠，手里拿着象牙做的王笏，穿着用金银细线织成的长袍，坐在玉座上面。侍女嘉茗穿着白衣服，和两旁边拿着美丽的羽毛大扇替女王打扇的黑衣宦官们，对衬起来，非常打眼。侍卫的文官，武官，僧侣，学者，等等，都彷佛远远的在薄弱的光线之中站着，但只微微露出一些放光的武器和帽子等，以暗示他们的存在。

安多尼的特使，君达，德流斯，把左手放在右肩的甲胄上面，用右手把拔出来的长剑的尖锋，落向地板上。往旁边斜斜的指着地板，站着向女王行敬礼。甲胄上面穿着一件紫色小披风。他是一个短小精悍的贵族式的武士。说话的时候，常常带着魅惑对手的微笑。

暂时无言。德流斯只顾瞻仰克罗帕特拉的颜貌。女王一点也不动，好像埃及的斯芬克司像一样。

德流斯　伟大的女王陛下，敝主人麻克·安多尼，正遥祝着女王陛下的荣誉，幸福和鸿运。

克罗帕特拉　请对贵主人说，我也同样在这里祝他的好运气。好像贵主人的胜利，已经得着很好的结果了。是的吗?

德流斯　陛下的这句话，恕臣不能赞同。实在说，敝主人的幸福，只有候女王陛下枉驾到那边去的时节，才能圆满完成呀!

克罗帕物拉 喔呀！贵主人对于这埃及国，这样关心吗？

德流斯 敝主人屡次对使臣说，他是一个武将，不娴文事，只靠书简传达意思，恐怕难免有许多得罪之处，但是，他的心，的确日夜都在尼罗河畔徘徊罢。——

暂时停一停。

克罗帕特拉 （露出决了心的样子）你们大家都暂时到隔壁房里待着罢。

除侍女嘉茗外，其余侍臣侍女都由左边角上退出去。

克罗帕特拉 贵使臣，请向这边，走近一点！——呃——贵主人的话，就只有那一点儿吗？——你用不着隐瞒。我很想确切的知道，贵主人安多尼将军这样恳求我埃及国王到塔拉斯去，到底抱着一个什么样的目的呢？

德流斯 这个女王陛下明鉴万里，这自然是因为敝主人的婆心，要想免除世界东方和西方的无谓的战争。

克罗帕特拉 听说贵主人安多尼将军已经做了罗马三头政治的首领，这样说来，难道罗马共和政府又从新有了统一世界的意思吗？

德流斯 哪里，哪里的话！只是一层，地中海邻近的诸国国王，都已为亲善修好的缘故，特特移尊到塔拉斯去了，唯独女王陛下，不肯枉驾。这在对诸王侯的应付上面，以及在罗马国的面子上面，总是很不好办的哪。

克罗帕特拉 ——这样说，如果我一定不去，你打算怎么对贵主人回复呢？

德流斯 呃——到那时节，只怪我当使臣的没有本事，使臣只好在埃及老等着，等到女王陛下改变主意的时候为止罢。

克罗帕特拉　如果我还是不肯去呢？——

德流斯　使臣大胆说一句话，敝主人麻克·安多尼，绝不是那样度量狭小的人。如果女王陛下一定不肯赏驾，使臣想，那也只好罢了罢。

克罗帕特拉　向埃及进兵吗？

嘉茗　女王陛下……！

克罗帕特拉　不是你晓得的事！别插嘴！

德流斯　哪里有的事！什么战争！罗马自从孟买战争以来，和各方面构争多年，已经受不了，又加上这两年间的内争，兵力疲惫，国帑缺乏，那样非常手段，岂是随便乱用的？

克罗帕特拉　你是说罗马不能战争吗？

德流斯　使臣不是说不能战争，只是觉得元老院很不容易同意战争。

稍停一停。

克罗帕特拉　那且不说罢。我听说，贵主人安多尼将军旁边，已经聚着许多美丽的女王们，他也不希罕来观看这个被罗马市民暗中骂为“尼罗河的蛇”的人了。是的吗？

德流斯　（很快活的笑着）是说那格拉菲和幽多罗两位女王吗？——那两位女王，说起来，真是所谓不依靠罗马就会失掉王位的人们，和女王陛下比起来，还怕她们不和奥其大神祭坛上乱碰乱窜的白老鼠一样吗！

克罗帕特拉　（稍为焦燥起来的的样子）呃——算了罢，别用那种夸张的比喻了！我想要听的，只是贵主人安多尼将军的真意如何。——如果他没有别的真意，那末……我不晓得要怎样说才好……德流斯，听说贵主人安多尼将军在贵妇人中间声望很好——？

德流斯 （忽然露出完全懂得了的样子）呃！敝主人现今恰恰上了四十岁，正所谓过着人生的小阳春，况且又是一个富于情热的多血质的伟男子。使臣觉得他正处于一个危险时期呢。他过去的半生，都过的是武将生活，也没有碰着什么浪漫的机会，并且他那夫人傅拉韦，又是那样一个古板的性质。敝主人正当气力旺盛，所谓男性的开花的时候，如若遇着什么可以开眼的爱情，恐怕一定会不顾身的向前猛进，哪怕是六头狮子拖着战车，他也会跑上去的啊！

克罗帕特拉 你很远的来到这里，辛苦了！——对于你主人安多尼将军的回信，我在十天之内，可以交给你。嘉茗，告诉他们，今天晚上要弄盛筵款待使节！……还有一句话。德流斯特使，你也曾做过该撒敌人加夏斯的朋友，到加夏斯丧命之后，就和渥库塔干在一起，现在又充了安多尼的使节，到这里来和我会面。这样看来，如果我也相信你的风向看得准，舵把拿得稳，跟着你，去做麻克·安多尼将军的朋友，也许是于我无损的呀！——（德流斯好像被匕首刺了一样，现出退缩不安的样子）

——幕——

（第二场）

舞台表示鸡柘州的旷野。正在所谓第三金字塔即藏着门高王的木乃伊的金字塔的下面。

在舞台正中最里面一带地方，露着黑石砌成的金字塔的基础，有一人多高，还有一半埋在河里。基础的上面，堆着大理石的石块，好像是砌成一个大三角形的斜面，一直砌上去耸在空中的样子。石块上都刻有象形文字。石块和石块的接缝上，现出阴郁的皱纹。基础石缺着一个口，成为一些走上塔身的阶段。上到段尽处，有一条小路，其宽可以容二个人自由对着通过。

在舞台正面中央，稍稍倾向右边一点的地方，有一块石头，好像是特别从什么地方取下来的一样，横在那里，露出一尺左右的通路。这就是可以自动开闭的石门，要想到三角塔内部去，除此之外，并无别的出入口。舞台前部及左右，除了一些磊磊的零碎石块之外，尽是荒旷的沙漠。起头开幕时，由舞台的左前边，向着塔身，射着一线的月光，好像大的锯齿一样冷清清的浸着石头。后来慢慢的，随着戏剧的进行，月光一步一步的向右照去，到最后，舞台全体都被月光照着。这是表示邻近的加敷拉王金字塔即第二金字塔所投的影子渐渐移动着。

开幕时正听见远处有许多人踏着沙走近来的脚音并金属的相碰的声音。时断时续的有一种用鼻音说话的声音。

舞台上暂时空无一人。不一会见，有一群逃兵，穿着乱着的武装，很疲倦的，边走边喘，从右边登场，要想走到左端去，暂时停在中央。

走在最后的兵　喔吧！赶快走罢！我觉得满沙漠都是脚步声音，心里好不着急。

走在第一的兵　倒是你自己要赶快走罢。你落在最后，还催别人！但是，既到了这里，就不碍事了。

兵卒三　这附近有水没有呢？

走到第一兵　水？你这东西，真是和猪一样。从先前起，只是闹着喝水。别丢了性命罢。

兵卒四　水是有的。在那狮身像的那边，应该有条运河的。

最后的兵　不错，运河的那边，就是尼罗河，要喝只管喝罢。

兵卒五　我们到底往哪里去呢?

兵卒六　哪里?只要逃得脱，就好了啊?依我的想法，我们并不是逃走，倒是前进。我不相信，不肯打仗，也都算得是胆小吗?原本我们不都是种田的百姓吗?我们虽然是被他们强制来当兵，难道生下地来，就是预备单为这些僧侣和地主的争城夺地，来牺牲贵重的性命的吗?

第一的兵卒　不错的!打仗的玩意儿，任由罗马人去干罢。看着罢!那样成年成月的打仗，罗马政府一定会因属领地的叛乱，不久就倒了去的。

兵卒三　啊!怎么弄一口水喝喝才好!这是什么山?

兵卒四　蠢才!这不是山，是金字塔。是鸡柘州的三大金塔的一个。我从前在这附近当过船夫，这地方的情形，我都知道。你看!这条路就是古时国王造来，专门从尼罗河运石头的。用了十万人夫，造了十年，才造成一条三丈多宽的大路。这塔就是一个叫做门高的国王的坟墓，听说用了十万的人夫，造了十二年才造成呢。

最后的兵卒　这些不相干的事，倒晓得这样详细。你该不是会曾这充当过带路的罢?

兵卒五　古时的国王真也会闹奢华。造成这种东西干什么?多造些水管，岂不更好!

兵卒三　我赞成水管。

兵卒六　我看见这些东西，就生气。我觉得，什么狮身像啊，什么方尖碑啊，这些古怪东西，简直是造起来侮辱我们穷百姓的。在那时代，我们做百姓的，真也太驯良了。

第一的兵卒　喂！大家赶路罢。追兵到了，我们大家的头就保不住了！

最后的兵卒　不好！那边有人来了！也许是一队巡夜的兵。（大家跷起脚向左边看）骑骆驼的，骑马的，余下都是步行的。——三个，四个，五个人！

兵卒三　什么！不是兵队。可也得防备他们。万一动起手来，我们的人可比他们多。

兵卒五　并且我们也有刀……

第一的兵卒　嘻！别做声！

大家向左边走开。稍停一会后，有脚步声音响着。

突然间，盗贼甲从左边现出来，伏在基础石上，犹如壁虎一样。好像是一个剽悍的亚剌伯人。向着他后面，打手式。

盗贼甲　骆驼和马，有他们两个在那边看守着。进塔去，有三个人足够了。

盗贼乙　（和盗贼丙登场）是什么人，刚才那群东西？

盗贼丙　许是那个黑人的一伙罢。

盗贼甲　近来那黑人好像横行得了不得！前几天，不是说在门菲司大地主那里，有三百个奴隶联成一气，逃走了吗？——逃走的奴隶一定是都变成那黑人的帮手的。

盗贼乙　到现今为止，国王的威风也足够了，恐怕此后难免变成那些弃了国王逃走的奴隶们的天下呢。

盗贼丙　像这样，世上闹得一塌胡涂，我们做贼的，也就难出风头了。

盗贼甲 喔唈！弟兄们，慢慢动手罢。

盗贼乙 你很懂得推门的方法罢？

盗贼甲 哼！只有这种工作，还是非像区区这样懂得象文字的人来干不可啊！刚才杀那僧侣的时候，我已经把羊皮上写的记录弄到手里了。点上手灯罢！（盗贼甲慢慢的爬上去，盗贼丙从下面递上手灯。盗贼乙跟着甲）

盗贼甲 呃——。门是开着的！

盗贼乙和丙 什么？门开着的？

一只蝙蝠由洞里飞出来，在甲乙二人头上盘旋，好像在闻嗅似的。盘旋一下子，即刻向月光的方面飞了去，看不见了。

盗贼乙 禽兽！吓人一大跳！许是门高王的木乃伊的魂变的罢。

盗贼甲 浑蛋！怎样也说起刚才那边遭着血光灾的僧侣所说的话来了？（此时另外飞来一只蝙蝠向着盗贼丙方面盘旋下去）国王的魂会接二连三的跑出来，那还了得？

盗贼乙 听说，国王和王妃埋在一起的哩。

盗贼甲 不要瞎担忧，这算不得什么。倒是我很害怕有人从洞当中跑出来。

盗贼丙 唔！好像真有脚步响着。

盗贼甲 可恶的东西！我们想尽方法，才想到金字塔里的木乃伊和坟堆里必定有香料和宝物，刚刚跑来动手，倒被他先下了手！喂！弟兄们，这样一来，我们连一碗贼饭都要吃不成了。

盗贼乙 嘻！别管这么多。我们把跑出来的人，捉来杀了，把所偷的东西，原封原样的拿过来，不好吗？

盗贼甲　好办法！——我刚才可没想到！好罢，我们总共三个人，你躲在下面，我两人这样站在两旁。懂得了罢？（拔出刀来。甲和乙把身子挨着石门两旁边，等着。暂时无事）

有脚声步音。——接着有石头崩坏的声音。忽然有人头大的一个石头，从洞的上边，现了出来。盗贼甲和乙，同时合起势子举刀斫下去。刀下得猛，冒出火花来了。

雄伟的黑人　谁啊？（两个盗贼的面前，露出全身，威吓他们。他浑身漆黑，头上戴着一个红的止汗头巾，上半身赤裸裸的，下穿红白色相间的花裤，带着长剑，脚下穿着一双希腊草鞋）

盗贼甲　你是什么人？（两人跳下去）

雄伟的黑人　我吗？我是奴隶的朋友，弱者的朋友——并且是罗马的敌人！（悠然从基础的踏脚阶段走下来）你们就是近来到处偷盗神殿和祠社的小贼吗？

盗贼丙　黑奴！

这时，从洞内走许多黑人，也有赭脸的外国人，碧眼的高卢人夹在里面，都武装着。

盗贼甲乙丙　（渐渐被逼退到左边里面角上去）饶命呀！

雄伟的黑人　懂得了。这就行了。一个人还晓得爱惜性命，就还是一个真正的人。——怎样？想不想入我们的伙，和我们一同干更大的事？像你们跑到这样木乃伊的坟前，牵着骆马[①]，也不想到坟里面还有人在开会，也不知道骆马的脚步声音会被人觉得——就

① 指骆驼和马。——编者

一团高兴，想去杀生，真正无聊极了！何如把这全埃及的奴隶解放出来，大家努力从新造出一个纯然的自由国来？你们想不想试试看？今晚集在这里的，虽然只有不多的人数，却是在犹太，西利亚，阿剌伯，马基多尼等处，我们还有无数的同志哩。

盗贼甲　不错，这些事情，我们也曾经听人说过。不过是，我人几个人现在还没有处在奴隶的境遇当中，所以……

雄伟的黑人　蠢东西！专趁着别人的不留意，去偷摸东西过活的人，还有什么自由！——你们今晚上既然发见了我们集会的地方，我们就非请你们入伙不可。如何？没有勇气和我们打在一起，去同罗马军队以及托勒弥的卖淫女王的军队，斗一斗试试吗？我们同志当中，也没有什么叫做首领，什么叫做部下。我不过代替各位同志说话罢了。这里现在廿五位同志。我就用这廿五位的力量，挽留你们。入伙吗？——死吗？快说！

盗贼们　（都蹲在地下）请准我们入伙罢！

雄伟的黑人　唔！跟着我们走，慢慢的就会懂得我们干的什么事的。要知道，世上的事并不单靠空口说白话。好罢，同志们，趁没有天明以前，渡过尼罗河去罢。（向着盗贼们）你们可以随意，或是骑马，或是骑骆驼，都行。别做声！脚步要放轻！我们要沿着我们祖先挨着皮鞭，搬运石头的那条大路，按上首都去！

大家严肃的由左边退场。

脚步声慢慢听不见了。月光越发明亮。

穿着白衣的祭官，引着国库官阿里亚并两个侍臣，轻轻的由右边登场。阿里亚手里拿着一个点着火的手灯。

祭官　（渐渐升到石门旁边去）喔呀！诸位上官，这里也有许多人的脚印！

阿里亚　（蹲在地下查看脚迹）看看石门怎么样呢？

祭官　（正在往里面看，忽然有一只大蝙蝠飞出来，从脸边擦过）吓——这是古王的使者！塔，塔当中是空无所有了。

阿里亚　这些偷盗埃及王朝历代陵庙的贼，真正可恶极了！啊，啊，到了这步田地，女王陛下除了卖国以外，真也没有其他东西可以出卖了！

——幕——

第三幕

舞台是小亚细亚的塔拉斯市的希多那河口。一只巨大的帆船，用花环装饰着，露出一部分，高耸在河下的夜景里面。岸上有无数的篝火和松香火。火面前有一群罗马兵和一群摇船的黑奴在那里喧嚷着。

船的式样是游艇式。已经收下一半的锦帆，露出埃及的花纹的模样，懒懒的在黄昏时候的无风时间中低垂着。船首有一种金属的装饰，雕着奇怪的鸟形。船内流出种种乐器的音调，足使听的人引起异样的情绪。张着黄幔的船室，只从弯曲的船舷边，露出一半来。在棕榈树的后面，时时露出一点舞妓的裸体美。

舞台的左边岸上有许多系船的木桩，散漫的插着，上面结着系船的大绳。开幕的时候，正听见一坐半东洋式的热闹喧天的声音。

黑奴一　喂，跳舞起来罢！

黑奴二　摔一回交子，好不好？

黑奴三　摔交子好玩些。来罢！（黑奴一和黑奴二格斗起来。一个克罗帕特拉的侍女，走出船边来，手里拿着一把花，看着黑奴

格斗。群众听见黑奴们的么喝声音，都渐渐的集到右边来。罗马兵感着兴趣，也出来声援。音乐也越嘈杂。船内冒着一缕苍烟）

黑奴二 （被摔得很重）我闻着喷香的烧牛肉的味以后，肚子上就提不起劲了。（大家哄笑）

侍女一 看啦！这把花送勇士罢！（把花束拿给黑奴一，黑奴欢喜得了不得）

罗马兵一 同我摔一回罢？（向黑奴挑战。两个摔起来。罗马兵很容易的就被摔倒了，露出很丧气的样子。大家哄笑。罗马兵二又出来挑战。黑奴用强力把罗马兵摔下去，对手由岸上滑下去。大家赶快拉上来。大家哄笑）

罗马兵三 我来…………（跑上去，把黑奴摔倒）来罢！有本事，只管上来和我拼！（花束被扔下来）

船上又增加了两三个侍女，接着奖励黑奴。罗马兵很不服气。黑奴三和罗马兵三交起手来。两方势力相当，胜负不易决定。罗马兵大家起来声援。这时候，克罗帕特拉穿着美丽的装束，从船室的走出来。看见下面那样闹热，不觉的也把手中的孔雀团扇举起来。

克罗帕特拉 埃及打胜吗？还是罗马打胜？谁打胜了，我把团扇给他！

看的人先前围着热心格斗的两人，到这时，把对着女王的方面留出一点空子来，依然呐喊着。黑奴三鼓起劲，正要把罗马兵三摔倒，旁边看的罗马兵四，忽然装做什么也不懂得的样子，用剑尖向黑奴三肚皮上戳。黑奴三一害怕，腰上劲便松了，蹲下地去。罗马兵三举起两手来要团扇。克罗帕特拉正要丢扇给他。船上的摇船的工头（黑奴）忽然从人从中走出来，手指着罗马兵四。

工头 喂！别那样卑劣罢！

罗马兵四 什么！胆敢开口骂罗马兵卑劣罢！

工头忽然把罗马兵四，推了一掌，兵站不住脚，只往后边到。看的人大家慌起来。

罗马兵一 这些不要命奴隶！好大的狗胆！（拔剑出来）

黑奴一 要打吗！（顺手拿起船上的桡，突然跳进罗马兵当中去）

这时舞台上的人，分成两半，站在左右两边，各黑奴和各罗马兵在当中开始争斗。克罗帕特拉拍着手笑，指着胸前饰着的珍珠。

克罗帕特拉 哪一边打胜了，我把这珍珠给他！

这时，克罗帕特拉的背后，现出了安多尼，穿着甲胄，上面披着土耳其大衣。现出和牛一样强壮的身体，从全体看来，是顶好的好男子。但是容貌却很迟钝，有点像哭着的小孩子的面孔，只表示抛掷性和破灭的勇气——赌钱时候的大胆。头上戴着一个黄金色的盔。后面跟着宠臣爱罗斯。安多尼几次都想用手拍克罗帕特拉的肩，却踌躇未决。

安多尼 呃——劳驾了等许久罢！（克罗帕特拉没听见）

安多尼 埃及的女王！（克罗帕特拉仍没有听见）

安多尼 大驾来得真好呀！（用处女一样的极尖而柔的声音说话。但克罗帕特拉还是听不见。场上的胜负，好像是黑人方面打败了的样子，罗马兵举起剑向前冲锋，有两个黑人都被撵落到水中去了）

安多尼 （大声的从船旁制止罗马兵）不准闹！干什么这样瞎吵！（大家都低头不敢动）

克罗帕特拉 （很不高兴的回过头来）谁呀？刚刚打得有趣的

时候！

安多尼 就是麻克·安多尼本人。（船内音乐又开始奏起来）

克罗帕特拉 喔，是将军！实在等了许久呢——等将军。（保着女王的威严，把身子转过来）

安多尼 （恭恭敬敬的打了一恭，接着女王的右手，行了一个轻轻的吻手礼）到底大驾还是来了！（暂时不放手，克罗帕特拉暂时无言，只管睁着眼望安多尼。安多尼好几次想说话，却说不出，只做出要说话的样子，把身子往前推着。克罗帕特拉慢慢向船室方面后退。这时，在第二幕第二场的盗贼甲乙丙丁戊五人，穿着罗马兵的服装，偷偷的混到人从中看热闹）

安多尼 （好像着了魔似的，向船左边走一转，对着已经半身走进船室内的克罗帕特拉）越发的——比起那时，何止美了一倍呢？

这时，盗贼甲乙两人，跳上船来，拿短刀想从甲胄右胁的空处，戳进去。爱罗斯忙捉住盗贼甲的手腕。

安多尼 什么东西！（回转身来，抓着盗贼乙，从船边向罗马兵摔出去。爱罗斯也把盗贼甲从船的边推到水里去）士兵们！去叫亚利亚，告诉他要更严重的警戒着！万一女王身边有什么事故发生，那还了得！（罗马兵押着盗贼乙退场）

克罗帕特拉 （只把上半身由帷幕里露出来）不要紧的。请进来罢。今晚是我做主人，请将军别管那些事，随意的谈谈，休息休息罢。（黑奴们由船身中间的一个洞里接着许多食物，围成一个圆圈，坐着大吃）

安多尼 我是一个武的，不会说话，舌头不能够像剑一样回转

如意……（走到帷幕当中去）

爱罗斯把两只手交叉在胸上抱着，在船板上走来走去。听见音乐的声音。安多尼和克罗帕特拉的影子映在帷幕上面。安多尼好像在说什么，手和肩都频频的动着。克罗帕特拉手里拿着酒杯，静静的对着安多尼。帷幕上时时露出扯风扇的手，并斟酒的侍女宦官的影子。下面的黑奴时时回头望着帷幕，或是用手肘推旁边的人。

黑奴五　混账！蚊子咬人！

船工头　你也会被蚊子咬吗？

黑奴六　别讲笑！谁不是肉体人身？

黑奴七　我刚才也被蚊子咬了眼，好难过！（指着帷幕方面）

黑奴三　蚊子这个东西，专门爱吃生物的血呢——

黑奴二　并且来的时候还叫得怪难听。听着蚊子叫，大家就得留心它。它不来罢了，来就总要得点东西才去。

黑奴一　也许将来不久，人也可以像蚊子一样，在空中飞着，去杀别国的兵队罢。

爱罗斯　（从船上）喔！吧！你们太吵得利害！滚到那边去罢！

船工头　那边有罗马兵，又要打起架来。

爱罗斯　那末，往这边不好吗？

黑奴一　这边，没有钱是去不成的。——是窑子街。

黑奴二　有钱的都逛窑子去了。我们没有钱才蹬在这里呢。军官老爷，赌钱赢了的，刚才都跑到这边街上去了。

船工头　一则也因为害怕有万一的事故发生，所以特特的在这里看守着。若嫌他们吵闹，请给他们一点钱罢。他们跑了去，该回来的时候，自然会跑回来。

爱罗斯 你们不是女王这只船的推桡的吗？怎么尽都是一些下流东西！真正凑得齐！

黑奴四 自然是下流——一个人睡了起来，就该工作的，工作起来，肚皮就会饿的，肚皮饿了，就会叫起来的，撑船的到了口岸，就会想逛窑子的——并且罗马的大将看见了下流的东西，就会赏钱的。这是一定的，没得多说的。

黑奴五 好在本来是不费什么力，从别的国抢来的钱。

黑奴五 女人家无论怎样长得好看，免不得要养孩子。男子家无论怎样装得正经，总还是要跟着女人屁股飞跑。不同的就只是穿的衣服和做的事情罢了——以外都是下流哪！

爱罗斯 （丢下三个金币）好罢，逛去罢！好一个爱拌嘴的绮西边人！

船工头 爱拌嘴也是应该的。身体当了一辈子的奴隶，只有这张嘴里说出来的话，还没被主人买了去哩！（往右边下场）

安多尼站起来，把克罗帕特拉紧抱着。

克罗帕特拉 热极了，啊！真热得可怕！把帷幕打开一点罢！喔伙！月亮出来了！（宦官卷起帷幕。和帷幕相对的方面，出着团圞月）

安多尼 女王忘记了那时候的情形吗？我头一次拜见玉容，正是我从西班牙的门达战争凯旋回来的时候！那时候，多黎波正时时出入贵宫殿呢，并且还有赖皮，鲁发，以及考古学家的阿特加——罗马的学者，不受女王的半埃及式的感化的，恐怕一个人也没有罢。连齐策罗好像也到过女王宫里两次啊。

克罗帕特拉　谁把那个人齐策罗杀了呢？

安多尼　恩！那样凄惨的事，不说也罢。历史家索拉斯，爱说俏皮话的颇里罗——还记得起罢？这些人都被女王的美吸在一处，好像那些星宿围聚在这个月亮的周围一样。啊啊！那是该撒的全盛的时代呀！有一天，只有女王和我两个人在一起……

克罗帕特拉　害！继承该撒遗业的英雄，难道竟不能出现了吗？

安多尼　有的！女王！只要女王现在把那时在那宫里给我的那个半边接吻，弄成一个完全的，这英雄就会在这里立刻出现！

克罗帕特拉　将军就是……？

安多尼　我没有女王的帮助，可成不了一个英雄！

这时，雄壮的黑人，由舞台右边现出来，蹲在船下，张着耳朵听。

克罗帕特拉　帮助将军的，恐怕是夫人傅拉韦罢。——不然就是美貌的西赛礼罢。再不然就一定是那红毛的犹太女人。再不然就是顾拉菲……

安多尼　克罗帕特拉！你想不想要罗马呢？想不想要罗马的属国？要不要罗马这个统一的大帝国！罗马还要变大。我但凡把剑麾一次，罗马的国境，就要随着扩张一次的——这样一个罗马，只要你肯说一句话，就会像被宰的牛一样，蹲在你的脚边！

克罗帕特拉　——但是，我有我的想法哩。罗马人只是会打胜仗，别的工作一点也不做，是不是呢？这和埃及的国民是不同的。在打胜仗，扩疆土，抢夺别国的财富的时候，诚然很好，可惜这只是一时半刻的荣华！打个比方，好像一个最爱勾引许多美人的男子，一个专爱掠夺那些多情女人的心脏的男子。男的女的，都热烈的相爱着，过几天快活日子之后，男的忽然跑了，另去和别的女人讲爱情。这样干下去，还怕没有无数的女人被这个男子所迷！但是由爱情生出来的小孩子们怎样办呢！但凡和这男子恋爱过的女人都要生小孩，要生出无数的小孩来。——这个男子到后来到底如何结局呢？这就是罗马。这就是罗马的开疆拓士！就是你自己也……

安多尼 女王，请准我说罢！男子爱女人的时候，是拿全心肝全性命去爱的。男子的恋爱，好比两个打仗的武士，两人当中必定要打死了一个，才得完事。他是决死的，他没有时间去想别的事。一点无益的动作，他也不会做的。气息的呼吸，心脏的鼓动，眼珠的转动方向，一进一退都是和性命的安全不安全相关的。所以是认真的。——我不晓得要怎样说才对，总之，他是很深入的，虽然是一瞬间，却是须得奋然进去，深深的给敌人一个致命打击。他没有时候去想敌人被打倒以后的结果。他第一是要打倒敌人，这是他的动作的全副精神所在。

克罗帕特拉 这是将军的恋爱。——可是久利亚并不是这样。

安多尼 女王，你还想着该撒吗？（握手）

克罗帕特拉 还想着该撒所建的大帝国……

安多尼 该撒很欢喜我。恐怕在他的部下当中，能够被那度量狭小的该撒所心许的，只有我一个人呢。——现在，该撒已不在了。克帕罗特拉，你肯爱我安多尼吗？错了！我说的什么话？——我觉得在这世界上，除了你以外，并没有女人了！我爱着你。我好几次写了那样不体面的信给你之后，总是后悔得了不得！我为盼望着你挂起紫帆到此地来，不知叹了多少回闷气！我每夜都被你的幻影缠着，睡得枕头刚刚一热，就觉得我骑着纯白的阿剌伯马，在荒郊旷野当中乱跑。马也和我一样，感觉极其锐敏，一跑起劲来，就血管膨涨，从朱红的鼻子里，吐出火来。我心里烦燥得很，也不要辔头，骑在马上，和箭一样，跳过瀑布和溪涧。——马也很知道我的心事。它总是向同一条路上跳去，转眼就到了海边。马和我望着东海，高声嘶叫。但是，总不见你到来。可是，今晚上你结局到来了！克罗帕特拉，请察一察我这苦闷不堪心胸罢。我打胜仗——那并不是因为我对于战争感觉什么兴味，也不是因为想敌人怎么样，实在只为我要遣除心里的苦闷，才不得已而做破坏的行为。我的剑一击一刺，都只不过是一步一步的开道，预备走向你的心里边去罢了。我曾打算送你一件顶大的礼物。我把小亚细亚平定了，来到这依降海，手拿着世界上顶大的花束，等你到来。但是，我的薄情的女王总不见到。花束在我手里，已经快要凋谢了。然而，是呀，然而今你结局到来了。我好不欢喜！我从来没有像今晚这样大大的欢喜过！只要你说什么，哪怕是那天上的月亮，我也取下来，双手送给你！（想要接吻）

克罗帕特拉　还，还不要——安多尼！我也……（忽然止住，转开话题）我有一个国，待我去治理。我不能像一个随便的歌女一样，像轻佻的阿尔玛一样，遇着头一个壮汉，就把身子许他。——再说罢，我到这里来，第一，原为的是求罗马的统治者的审判。

安多尼　那样的事，怎样办都行！我爱着你！如果我的爱不能浸透你的心，能够把这口剑射出来的血潮，染红你的座船的板手也好罢。（拔短剑）

克罗帕特拉　（冷静的制止他）安多尼！你真肯这样热烈的想

着埃及吗？

安多尼　我可以向奥林拔山的诸神发誓！

克罗帕特拉　——这样，这样罢，在两人以心相许之前，你能够依我一件事吗？

安多尼　什么事都能够依，只要是为女王出力！

克罗帕特拉　我妹子阿西诺，是一个坏女人。她嫉妒我登了王位，唆使种种叛逆之徒，企图在埃及革起命来。——阿西诺目前住在爱菲莎市。

安多尼　爱菲莎！

克罗帕特拉　为什么这样惊诧！

安多尼　不是别的。正预期着从爱菲莎市最近收纳二十万塔伦的赔款呢。

克罗帕特拉　爱菲莎市有一个戴亚娜寺院，那寺院的僧侣麦加比，把我妹子藏着。安多尼！把我妹子杀了罢！顺便把那僧侣，也按他藏匿我妹子的罪名，砍了头罢——如果那样，我就可以当你的爱人了！

安多尼　（独自言语）那个美貌的柯黎利亚的爱菲莎！

克罗帕特拉　你说什么？

安多尼　这是呀！我说那戴亚娜神有三个奶子啊！

克罗帕特拉　罗马曾玩过那三个奶子罢！（发怒）

这时，雄伟的黑人偷偷的由右边退场。

安多尼　我杀他们！我一定杀给你看！（把克罗帕特拉的身体，像抱弓一样，紧紧抱着。两人的上半身，被孔雀团扇遮住）

——幕——

第四幕

第一场

舞台表示亚历山大市的斗技场的一部分。时期约在前幕的后三年。舞台由右边起，到正中央的里边为止，都被一带弓形的观客座位占住。在这一段高似一段的观客座位半中间，设有绯红的幕，这是贵宾的座位。安多尼和克罗帕特拉两人热心向左边斜斜的望着斗技圈。两人的右边有一条通路。围着两人的，还有许多贵族，贵妇人，侍女，侍从，宦官，安多尼的武将，王室的官吏，都一样的热心往下面看。稍微隔远一点，坐着富豪坡里德。全斗技场中，好像有几千观客似的，在决了一个胜负的时候，打雷一样的喝采声和斗技人的叫声，从下面响上来。

富豪坡里德　（向着罗马武将）这一回那斗牛人很强壮。你看，他那筋骨！

武将一　牛也好像是很猛烈的哪。

坡里德　斗技圈好像盆子一样，设在下面很低的地方，倒很放心。若在平地相斗，可当不起。——危险得很呢。

贵妇人　我却觉得要感着更危险点的东西才舒服。

安多尼　有趣的胜负一回也没有。走了罢？谁能把这样使人热血沸腾的美人——克罗帕特拉！由我看来，你才是一种勇猛的斗牛啊！

克罗帕特拉　（做出妖艳的样子）忘记着尊夫人？——回罗马去，是不行的啊！——

安多尼　依我想，恋爱和对禽兽的斗争，两种东西，一点区别也是没有的。（接吻）人类的一切事情，总不过是力量的比赛罢了！

克罗帕特拉 要争强呀！要强！——不，不，不是说打仗。要对我有一种的爱，强到遍身都麻木了的程度！（用力紧握男子的手）——啊！安多尼！算起来，和你第二次会面之后，已经三年了。好快的三个年头！我们两人，还不觉得战车的车轮子转了一转没有，就过了三年了。

安多尼 哪怕是三千年，我们两人的爱情也还是不会变的。

克罗帕特拉 我头一次会着你的时候，东想西想，想了许多的事。到现在，我可什么也不想了。女人会这样蠢笨呢——（两个宦官拿酒杯来，替两人斟酒）我现在已经完全变成你的俘虏了。什么我自己的思想，一点也没有了。我所想的，我所看的，我的一举一动，都离不开安多尼的心肠了。我看东西的时候，是用你那可爱的武将的雁鹰眼看。你和波斯人的打仗，立刻会影响到我的心房来。

安多尼 就是我，现在又何曾是在斗技场看着奴隶和牛的争斗呢？我现在，已经不像在第二次和你会面的时候那样，漠然的对该撒感着嫉妒了！我的心里，什么不洁的东西都揩除干净了，变成最清洁的心了。——什么罗马，我也不想管它了。随渥库塔怎样去干，我都不要紧。凭元老院怎样决议，我也不焦心——我老婆，实在我想称她做渥库塔的妹子，我也忘了。这种舒服，拿什么来比譬它！就是驾一千匹天马拉着车，在云中飞跑，恐怕也未必比得上我这样舒服呢！克罗帕特拉！

克罗帕特拉 安多尼！

两人周围的绯红的幕，慢慢的落下来。

下面有猛牛叫声。有观客喊声。德流斯拿着蜡封的书信，由楼下上来。武将西利亚不说话，只用手指着绯红幕。嘉茗走到幕中去传达。

德流斯　安多尼将军，元老院的索夏斯有紧急书信到来。送信使者还在港口快船上等着。

安多尼　（很懒散的揭开幕）又是那件论争吗？（接书信读下去）——什么？……一天当中，讨论了十二时间。渥库塔说阁下违背三头政治的原则，推倒了李皮达斯，占了他的领地，又占领非洲，并吞了武器军队，更把彭皮亚退回的西西利岛随便滥费取乐，不问资格的高低，任意把意大利本土分给自己部下的武将兵卒。这些事情，都是蔑视罗马政府的事件，渥库塔列举出来，要想对于阁下的进退，做一个议决，看见形势不对，又改变了政策，主张撤废三头政治。议员阿里诺为要立刻对阁下当面告急，已经起程向贵处去了。我认为我应该在阿里诺出发以前，先把议会的形势报告阁下，所以特派急使送封信……这样吗？——君达，知道了。没有回信。要好好款待来使，呼他回去。（德流斯由通路走下楼去）好个小胆的渥库塔那东西！好罢，我不认你是舅子了！已经没有郎舅关系了！

克罗帕特拉　（由幕中伸出头来）又是从罗马来的？罗马真是你一个忌讳呢！一定又是夫人变方法玩把戏来叫你了！

安多尼　（做出瞑想的样子）这件事，干得不好时，也许还得要和我舅子打一仗哩。

克罗帕特拉　怎样都好哇！打仗也好，离婚也好，虐杀也好——无论怎么样，总应该把那样爱管闲事的人们葬送了去啊！真正说来，世界的罗马本来是在这里的——是不是？你和我这样一块儿住着的地方就是罗马呀！

楼下群众相骂的喧声。其次有牛的悲叫声，倒地声。一时，忽然异常静寂起来，斗技场全体空气，和洒了水一样镇静极了。稍停一下。

听见有什么人在斗技圈演说的声音。

演说声 同志诸君，和我一路来罢！我们当奴隶的，从今天起，不要再跑在这斗技场来摊死尸了！时候到了。同志们起来！诸君！我们的目标的仇敌，就是那个玉座！把女王克罗帕特拉和浪子麻克·安多尼，拖下楼来，让他们和牛斗斗罢！冲上去！

斗技场全体的人都站起身发慌吵闹起来。刚觉得许多人一槽一槽的倒下，雄伟的黑人已经举起长剑，逼近安多尼的帷幕。武将们各拔剑出来交手防御。一群一群的黑奴，陆续的现出来，和罗马兵及将校们纷纷的对打。女人们左往右奔的，慌得无处逃身。克罗帕特拉被嘉茗在后面庇护着，仍然站在自己的坐位上，神气自若的看热闹。安多尼笑着拔出剑来，和雄伟的黑人交手。武将西利亚，麻尔色两人，一声也不做，跑到雄伟的黑人背后，搬起他的腿，黑人倒下地。他倒的时候，他的长剑，恰把在旁边躲来躲去的富豪坡里德斫倒。黑奴们争着来抢雄伟的黑奴。罗马兵防御着。两个武将冲上去，把雄伟的黑人绑起来。

西利亚 就是他！将军，一定就是这个黑人。——本地人的头子！

麻尔色 这不是先前杀死牛的那汉子吗！

西利亚 他就是叛徒的头目呀！

安多尼 好罢，牵到院子当中去，宰了罢！

克罗帕特拉 有这样的人住在埃及，我一点也不曾知道！请你把那汉子给我处置罢。——

安多尼　干么呢？很危险啊！

克罗帕特拉　算什么？我自有我处死刑的方法。（向着埃及的武官们）你们去，把这汉子丢在照例的那个地窖里！

雄伟的黑人咬着牙巴，被拖到左边角上去了。其余的黑奴也一步一步的被逼到下面去，在下面斗技圈的方面，有刀剑相碰的声音和悲呼声。客座已经完全空了，远远的听见屋外边有群众挤着逃命的声音。

克罗帕特拉　啊哈！这比斗牛有趣得多呢！（女王的笑声大作，带着一些空洞洞的余音）

——幕——

第二场

舞台上有一个很小的农家，时候和前场差不多。

农家的门口是泥土造成的，当中有的地方间杂着几块石头。一条稀脏的路，从门前经过。一株枯了的棕榈树被风吹着，哗喇哗喇的响。

开幕时，有五个罗马兵围着屋门口，细声的说话。隔一会子，一个兵藏在门外边，做出使里面看不见的样子，向屋里叫。

罗马兵一　喔吧！没有人在家吗？

农民一　（在屋里）有人。有什么事？

罗马兵一　送无花果来了。——

农民一　什么！无花果？今年无花果结得很少，这倒希罕！（走出来）

罗马兵一　赶快捆起来！（四个罗马兵把农民背剪起来用绳子

捆着）

农民一 （一面抵抗）我没有做什么坏事啊！

罗马兵一 到家里去搜查罢！（两个罗马兵进屋里去）是坏事是好事，我可不知道。想要女王陛下的性命的，都是这样的下场呢。

农民一 我哪里晓得那些事！我只是一个安分做庄稼的百姓。

罗马兵一 我们特特的来捉你，不消说是有人去告密来啊！闭着狗嘴跟我走罢！

两个罗马兵 （从里面拿出长剑和强弓来）你看！

罗马兵一 好了好了。如今到那边村里去罢。（由左边下场）

两三个农民从右边露出害怕的样子，走近屋来，看出屋内是空的，用很细的声音说着什么话。当中有一个，顿脚大哭。农民的数渐渐增加。人家不说话，向着左边，用力的伸出拳头。

——幕——

第三场

舞台是安多尼的营盘。在西里亚海岸，时候比前一场经过许多时候了。舞台右面时里，摆着一个奢华的睡椅子。种种武器在附近或立着或挂着。把帐篷打开，可以由正面望见海，海上有几十只游览船式的战船停泊着。

安多尼用手搔着灰白的头发，伏在正当中的桌边坐着。西利亚，麻尔色，德流斯等人正一齐高声的议论着。其中一个人，手里拿着地图，指来指去。开幕的时候，波声和人声很噪杂。

德流斯 海战是不行的！

西利亚 但是，有这样多战船！二百只！

麻尔色　我们老帅打海战，总一定是打败仗！

德流斯　渥库塔已经打惯了海战！

西利亚　但是，埃及的海军是很强的啊！

麻尔色　他们靠不住。认真肯打仗的，只有我们罗马兵呀！

德流斯　不错——海战我是反对的。

麻尔色　喔吧！安多尼！决心把它舍了罢！这场海战一定是打败的！我们大家一同要求你，务必请你至少把这海战中止了罢！

德流斯　安多尼！……我想说什么呀？……喔！是的，昨天你看见在指挥船上有燕子做巢，是不是？你看见这个吉兆，照一般罗马人的习惯，一时欢喜得了不得。可是今天又来了另一群燕子，把原有的燕子撵走了呢！

克罗帕特拉　（悄悄的进帐内来）那群燕子又被撵走了吗？（叹气）

德流斯　它们暂时争斗了一些时间，结局是被撵走了。

安多尼　啊——！真吵得讨厌！诸君，请暂时到外面去走走！大家都去罢。暂时使我也休息休息，好生想一想啊！我的脑筋好样挤干了的海绵一样了！真正支持不住！——

大家相望着，静悄悄的走开了。只有克罗帕特拉留着。

克罗帕特拉　真可怜，真正可怜——（抚着安多尼的头发）但是，安多尼，总算好了啊。总算来到海边来得好啊！我想这场海战一定会打胜仗。——我的战船有二百只呢。德流斯真不该多嘴，说什么燕子的话。本来罗马人迷信太深，实在不好。动不动说什么要先穿左边的靴，什么不要在黑暗地里说活，什么听着老鼠叫就该从会合席上逃走，真正蠢得可以！像我这样，身体里传着马基多尼人的血统，无论遇着什么怪事，我可一点也不迷信害怕，你看是不是呢？

安多尼 （睁着大服睛）克罗帕特拉，拿酒来喝罢！我想喝一个大醉呢！我同老婆离了婚，现在还得和罗马对敌打仗——现在我可以依靠的，只有你和酒了！……酒和爱情！（克罗帕特拉点头出去）

帐篷外面忽然喧嚷起来，几百人的脚步声音，好像跑到什么地方去了似的，踱踱的响着，德流斯现着忧郁的颜色，悄悄的走进来。

德流斯 安多尼！断然舍了罢！把那个尼罗河的蛇。要舍她，只有趁现在才来得及！军队都向敌人方面逃着呢。你看看，那不正在逃走！——把克罗帕特拉送走罢！

安多尼 不能够！一个英雄好汉能够做那样的事吗！我爱着她哩！

德流斯 英雄好汉——在这种地方逞英雄好汉！英雄不英雄且不管它！我问你，你到底爱不爱你的部下呢？那些从高卢战争，菲立皮战以来，做你的盾，充你的矛，拼命跟着你打仗的部下，你现在一点也不爱他们了吗？你听听！那样的声音——又逃走了一些。我真想大哭！安多尼！只要你今天舍了那个妖妇，明天罗马就会仍然到你的手里呀！

安多尼 不行！不行，不行，不行！——我不能够舍了那个女人！

德流斯 就是把罗马的精锐，鏖杀十六军团，你也还要迷着那个爱情吗？

安多尼　我心里头，什么罗马，什么罗马的精锐，早已失掉了（提起精神来）但是，这场战争是会打胜仗的！

德流斯　这场海战？

安多尼　我要在这个一生一世的大海战里面，把渥库塔打成地中海的海藻！我准要打他。

德流斯　不行的！军队就是因为讨厌海战，才逃走呢！女人家哪晓得打仗的方法！哪里晓得你的本事是什么！

安多尼　海战！海战！——无论如何，都要照预定的计划，去行海战！我只有走这条路，才会得胜唷！

德流斯　麻克·安多尼！你也——和该撒一样！你两人都要成那女人的牺牲品吗！

安多尼　你别说克罗帕特拉的坏话！我可不答应你！

德流斯　你的幕僚和参谋，一个一个都离开你往别处跑。昨天阿里诺已经回罗马去了。刚才还在这里的那个麻尔色，恐怕也走了……

安多尼　什么？麻尔色也——？

德流斯　如果你一定要主张战到底，我自己恐怕除了抽身而去，也没有别的路可走！

安多尼　（暂时张着耳朵，听德流斯的声音的发响，然后慢慢的说）君达·德流斯，你这个话真的吗？

德流斯　抽身而去，固然可悲，但是，在海面上打仗，我的确干不来！

安多尼　好罢！去罢！我也不说什么气话。我也不挽留你！我安多尼，哪怕只剩得我最后一个人，我也要和我那势不两立的敌人渥库塔争斗的！去罢！——（忍着哭的声音，勉强装成快活的笑容）喔吔！爱罗斯，拿酒来！（德流斯摆着头走出去。帐篷外面有许多脚步声音，往远处走去。安多尼耸起耳朵听着。眼泪一滴一滴的落在手背上）

克罗帕特拉 （拿着酒瓶出来。揭起帐篷的一边，露出海来）你看看！是不是很壮大的战船？——有了这些战船，我们两人可以征服全世界啊！

安多尼 克罗帕特拉！我爱你！我爱你！我爱你……（呜呜咽咽哭起来）

——幕——

第四场

舞台表示战船安多尼亚号的船顶上。时候是在海战后的第三日旁晚，有风声，波涛的响声。船正摇动着。在船具，大绳，石炮等之间，搁着一把椅子。椅子那边，有栏杆，栏杆下面有海。安多尼头发乱蓬蓬的，好像一尊石像一样，坐住椅子上。克罗帕特拉被爱罗斯牵着手，从右边，要进不进的，向着安多尼走去。嘉茗和侍女爱乌，梅丽跟着。安多尼和他们之间，好像有无限的距离似的。

爱罗斯 大家要静静的！他那样坐着。坐了三天，也不说一句话，也不吃，也不喝，老是坐着。

克罗帕特拉 安多尼！——安多尼！我特来赔罪的！我活了一辈子，从没有向人认过错，现在特为赔罪来了！

爱罗斯 阁下！阁下！（安多尼不说话，只把大家看了一遍。嘉茗跑近旁边，摇他的肩。他懒散的把脸转向旁边去。嘉茗回转眼睛望着克罗帕特拉，哭起来）

克罗帕特拉　（推开嘉茗，把身体倒在安多尼的膝边）我错了！是我做错了！请你把我处治罢！随便你爱怎样处治，只管尽量处治罢！你无论怎么样责备我，我都愿受，只要能消你的气！——请拿鞭子打我罢。请拿那根绳子把我绑着，丢下海罢。这里有一把随身带着的短刀，请你拿它随便戳进我胸里去罢。安多尼！你要怎么样，随便说一句话罢！女人家最害怕的，就是沉默。安多尼！请你骂我罢，骂我畜生也好，尼罗河的蛇也好。吸血鬼，女魔——什么都好。你请骂我一句罢！（哭起来）真是，为什么我那一天独独会逃走呢……？是战争的残暴太把我神经扰乱了的缘故吗？我看见两边的舰队互相接近起来。那正是黎明的时候。喇叭吹起来了。两方面的战船，推起挠，各向敌人直闯进去，踏着波浪，尖着身子，好像是两列猛兽一样，互相搏斗起来。看着看着，这些猛兽口里，喷出无数的炮弹，石箭，火箭，铅棒，铁箭，等等东西。刚刚看见一个兵举起手来，他忽然已经满面流血，倒了下去。我不忍看下去了，我受不住了。我也没有时候仔细顾虑我的行动，我立刻叫船夫把船摇到海外面去了。……你那时，你认得我的船，你那时想要忠实的保护我——忠实的！（哭）这样一来，就把一切都失掉了！什么东西都失完了！我两人，我两人……（哭）

安多尼　（茫然的站起来）爱罗斯，拿起剑！（爱罗斯依照命令拿着剑）除了鞘，好好的拿着。让我照布鲁塔斯一样，寻一个自尽罢！（大家跑近旁边去）

克罗帕特拉　（用力止住安多尼）还有还有，安多尼，还有埃及！我们两个还有埃及！在夕阳的那一边，还有我和你两人的埃及存留着呢……

安多尼　（露出一种特别表情，仿佛是从非常高的地方，俯视着克罗帕特拉的样子）埃及吗？——埃及只是一个坟墓的国啊！

克罗帕特拉　是一个大大的坟墓很多的国家……（听见波涛的声音，夕阳越发红起来）

——幕——

第五幕

舞台表示亚历山大市的一个地窖室里面。时候是比前一场约迟一个月。

许多根大圆柱，上面雕刻奇形怪状的狗头人，鹧鸪头的神像，狮子头的女王像等等，在这阴惨惨的窖室里面，到处耸立着，颜色是红黄白三色，但是因光线不好的关系，圆柱的存在极为朦胧。光线从左角通地上的石梯边透进来。从右边的狱房也曲折的透进一些光线。舞台右边前面，搁着一张长方形的大理石台子，当作椅子用。此外没有别的物件。只望见在漩涡模样的石头地板上面，露着很大的铁环，好像巨人的耳环一样。

在石头台子上铺着虎皮，克罗帕特拉露出沉思的表情，靠着一个扶手台。旁边蹲着嘉茗，倚拉和一个宦官。安多尼穿着铠甲。好像什么也没看见似的睁着眼睛，站在室中央。头上没有戴盔，露出变得已经很白的头发，胡须蓬蓬的长着，在他动作上显出一个落魄将军的神气来。

在室的右边，有微微的带着鼻音的歌声和铁链子声。时时有铁链子的响声，似乎是隔几重壁也可以听见的一种沉闷的声音。

开幕后，暂时一切都静止不动。只有侍女们的团扇，慢慢的摇着。从右边狱房，明白的听出女人的歌声。歌着的是：

"……走近地狱小河边，

虾蟆来敬我的酒——

端到口边尝一尝——

原来血腥泥水臭……"

歌完时，屋外远远的有喇叭声音。

安多尼　（忽然醒了似的）只要再打一仗就行了！——克罗帕特拉，我打仗去就回来！昨天打了胜仗。今天一定要追上去，把敌人杀个痛快，总要把罗马兵最后一个人都从亚历山大市替你撵了出去！（屈膝和女王接吻，女王无言，闭着了眼。嘉茗欷歔的哭）

克罗帕特拉　我不想叫你去！不想叫你去！——再留一会儿，把你的脸挨着我的胸！——啊！啊安多尼！……一定要去吗？

突然从监狱里的一间房里发出很高的笑声，好像狂人的声音一样。

爱罗斯捧着安多尼的头盔，和西利亚一同由石梯梯子跑下来。屋外有石炮的声音。

爱罗斯　阁下，出阵的准备，已经弄好了。

安多尼　好的。马呢？

西利亚　马也好像梦着从前的远征时代，在廊下好欢喜的用蹄子搔地呢。

安多尼　唔！我骑着叫它跑回它故乡西里亚罢？——真是好马！去罢！

克罗帕特拉　等我说一句话。安多尼！（走近身边）你没有生着气？你已经不恨我了罢？被你那双水一样的冷眼看着时候，我真觉得变成一个寂寞的，没有依靠的，孤独的，好坏好坏的女人了

——你肯决心高高兴兴爽爽快快的攻上前去，直打到罗马去吗？

安多尼　（勉强做出快活的笑）好的，一直打到罗马去……先祝贺我起程罢？嘉茗，拿酒怀来！

宦官低下头，从左边出去。

西利亚　今天女王为什么移驾到这样惨惨的地方来？——好地方不多得很吗！

克罗帕特拉　今天来我这里亲自执行死刑！

西利亚　呃！死刑？

克罗帕特拉　我想把前一会子医生制造的新毒药试一试呢。——这里真暗得利害，嘉茗，叫拿灯来罢。

嘉茗　（拍手！管狱人由右边登场）拿灯火来。（管狱人行一礼而去）

西利亚　为什么又把毒药等等东西——？

嘉茗　女王陛下自从那次海战以来，已经不是原来的女王陛下了。——亏我从中阻止，才把梦神和女王之间的亲热关系离开着哩。

管狱的拿火把来。

管狱人　还有什么吩咐！

嘉茗　后来再说罢。（管狱人出去）

安多尼　我近来渐渐懂得埃及这个国的精神了。——女王克罗帕特拉到底还是和埃及拉都拉不开的一个燃着的火，一团光，一团可以把一切东西烧烂的强大的力！女王就是太阳神呀！

宦官，多数男女，宰相亚颇，阿里亚，侍从等出场来。侍女们把台上的酒杯分到各人面前去。嘉茗替大家斟酒。

亚颇　安多尼将军，恭喜昨天打了胜仗。那时我在宫殿的望楼上，一直拜见着呢。地方很远，别的看不顶清楚，但是阁下骑的白马倒很明显。真正武勇盖世呢。上回，阁下说，高寿已经五十了，我真想不到，上了五十岁的人，还能有那样堂堂的大将威风。——

阿里亚　说到五十岁，我自己也曾经过这个年纪。怎么，我看见阁下和女王陛下两人这样一块儿……恕我说句失礼的话，这样亲热的样子，真好像还完全是他两位暗暗的跑到拉科特的妓女街去游玩时候的样子呢。（大家站起来，举起杯）

安多尼　祝女王克罗帕特拉无限幸福和永久美丽！（大家干杯）

克罗帕特拉　祝我丈夫安多尼的武勇胜利和向罗马进攻的出兵！（大家干杯）

亚颇　好啊！这真是吉利的出阵！

阿里亚　还有一层，西利亚将军。目前暂时不愁没有钱用——散给兵士们用的钱哪。实在，因为昨天打了胜仗，本地方的犹太人当中有钱的，非常高兴起来，已经来说，几多款项都可以替我们垫出呢。

西利亚　花钱买——大概是因为外国人太多的关系罢，埃及的兵！罗马军人可不是这样！

亚颇　不过，目前世界变了，什么事都非钱不行了。据我想，埃及国也似乎不必专重农业，做点手工艺品起来，倒反好些……

安多尼和其他武将们将要走开。克罗帕特拉追到石梯的下面，凭着安多尼，交换了一个很长的离别的接吻。武将们走开。安多尼故意做出快活的样子，拔出剑飞跑出去。

阿里亚　（低声说）好像今天的战争——不大靠得住。

亚颇　总之，在星子（用手指着石台椅子）不亮的时候呢。哪怕是勇士，精力也是有限的呀……！

阿里亚 啊！我一点也不能闲着。我还得赶快去算账。——唔！照这样干下去。单是军费一层，不久就自把全埃及变成沙漠呢。

克罗帕特拉 他走了。——恐怕永远不能再见一面了——我总觉得有这样感觉。

亚颇 女王陛下，近来脸上血色好起来了。还是用着绮拉女官的那个擦脸蜜吗？——听说那是玫瑰髓，百合粉，水蜡树，等等东西造成的，应该是很合女王陛下的皮肤的。那是侍医多斯向着绮及司神发誓炼成的拿手药呢。

克罗帕特拉 亚颇，我今年多少岁了呢？

亚颇 还是很年轻。只要年轻得忘记自己的年纪，总是顶好的。——呃——现在到夏季的头一个月了——正是三十九岁。

克罗帕特拉 三十九岁。——看了许许多多的事情。在这好长的三十九年当中。你在这三十九年当中总是跟着我的。只有你还是一点都没有变啦……

阿里亚 女王陛下今天和平日不同，真正意气消沉得很。不如到望楼上去看看战争，换一换空气，怎么样呢？

克罗帕特拉 （不管阿里亚的话）亚颇，女人家在一生中，把她想做的事，就连万分之一，也做不成。……不错，在年轻的时候，我也做过男人们所做的梦。从久利亚斯死了之后，我就抱着一个空想，想把罗马帝国从新再建起来。从那时起，我好像都被这个梦牵挂着，一直拖到现在。——男人也有了，仗也打过了，恋爱也做过了，小孩子也养过了。现在剩下来还在我掌中的，是什么东西呢？……只是燃尽了的热情，成了灰的野心，为我丢了性命的无数的人，爱人。……是不是？亚颇。我有时候心里烦闷不堪，由窗子里伸出头去，望一望尼罗河的流域——那时，我就看见埃及的天空依然如故，尼罗河的流水，依然混混的流着，好像对于我们人类的忙碌懊恼，一点关系也没有似的。在天然的当中，莫不是潜伏着一种自然生长下去的力量，也没有烦恼，也没有勉强，也无利心，也无肉欲，只是自然生活着？假如人类的生活就是那样平和，匀整，安静，自然，生活力，我们应该何等幸福呢？——

亚颇　不是那样，女王陛下。那只是陛下由窗户口伸出头去的时候的天然观罢了。——不是那样。天然界也是有许多烦闷和争斗，并不是那平和安静的。昨天的尼罗河的岸，和今天的尼罗河岸就不相同。菲丽的佳树现在也渐渐枯了。近来的沙漠不是荒得很厉害吗？什么东西，都是变化着的。举一个最简单的例子，昨天洗玉体的浴室的水，和今天的水就是不同的。昨天晚上陛下喝的玛西加酒，决不能再喝一回的。就是天上的星子，也还是有变化的。——一切都在变化的当中。

这时侍医多斯，叫他弟子捧着黄金色的药盒子，进来。向大家招呼，轻轻的把药盒放在女王的面前。克罗帕特拉向嘉茗轻轻的说了几句话。嘉茗把话传给一个宦官。这宦官往右边去。

嘉茗　列位。女王想暂时在这里一个人坐一坐——请列位到上面去。

绮拉对侍女们和黑女们，小声说话。她们从左边退去。

亚颇　啊！臣总是人老话长，请恕臣老耄！（恭恭敬敬的叩头，随着阿里亚退场）

多斯　（举起一个萤玉石的小瓶）这是西塞利的苹果精，每天用一点，真是少了它就不能过活的药。若还一天不用，就会倒床——可算得是男女间宜于适当吃吃的东西。（取出一个玛瑙小瓶）这是柏蜡冬钠的精。（举起玳瑁小瓶）这是女王曾试用过的柚拔斯水的果子。（举起黑瓶）这是从非洲的纳加毒蛇摄取的大毒药，吃了之后，立刻就死，并且颜色面貌一点也不会变——使人笑着死去的药。

克罗帕特拉 （忽然紧张起来，眼睛瞳人发光）把蛇毒试试看！嘉茗，拿杯子来。满满的斟上一杯酒！（滴下一滴药）

管狱的带领狂女来。狂女唱着歌，唱的是：

“……黑略多黎啊！流点眼泪罢！

向着贵妇人，把辣泪洒洒啊！”

管狱人 别吵闹！要晓得女王在这里啊！

克罗帕特拉 好的，好的。把这个喝了去罢！你真是可怜的人。喝了这杯酒，一定可以很幸福的睡觉。

狂女 是女王？——女王就是我啊！你不是我从门菲司首都的时候起就用过的女仆吗？（吞酒）

大家静静的望着狂女。狂女不说话就蹲下地下石板上去。侍医忙去看脉。

多期 （向着弟子）把尸身收拾！（弟手和宦官把狂女搬走）

克罗帕特拉 那样就行了吗？

多斯 即刻死，死得和睡着一样。

克罗帕特拉 还应该有一个男人在那里，我可以拿来试试的。把那奴隶带上来！（管狱的出去）

屋外有呐喊的声音，喇叭的声音。

克罗帕特拉 那是罗马的军队吗？

嘉茗　不是的，女王陛下。

克罗帕特拉　（很心痛的样子）安多尼！

管狱的把雄伟的黑人带来。把铁链子牢牢的结在地面铁环上。黑人很憔悴，只是眼光仍然是炯炯的。

克罗帕特拉　亏你能够忍耐这样久。——我时常想着，要叫你来当面问一次。你不是那时曾在斗技场袭击了我们吗？那是为什么？你对于我或安多尼，有什么深仇大恨吗？你或者是哪一国派来的奸细吗？裁判官虽然已经把你那一伙的人，都问成谋叛的罪名，断了他们一个死刑，唯独对于你，我却想当面审问审问。你是想谋夺我的王位，想在这埃及，再建黑人的王国吗？

雄伟的黑人　女王，别张着那个涂得怪难看的红嘴唇，瞎说瞎扯。既叫我到这里来，赶快把你要达的目的，做完算了罢！——像你这样埃及顶蠢的女人，我真不愿意和你多说话！

克罗帕特拉　什么？说我是埃及顶……？（笑起来）说得真狠。我克罗帕特拉生为托勒弥的女儿，出了娘胎，从没有被人这样当面骂过，今天才是头一次。你是头一次。你说这话有什么理由？

雄伟的黑人　赶快把毒药给我吃罢！

克罗帕特拉　不能够就给你。你不说出理由，我得要你受活罪。

雄伟的黑人　你想把我十年二十年的关在牢里，等着被我骂你为蠢女人吗？——这不是蠢子是什么！不是愚妇是什么！

克罗帕特拉　我问你一句话。——我统治埃及，有二十几年了。国内并没有不平，也没有起内乱。有什么事情会使你成为造反的人呢？

外面又有兵马的声音，急忙忙的脚步声。

雄伟的黑人　听听那声音！那也算你治好了国吗？埃及的什么地方有平和的日子过？蠢东西！——我虽然坐在牢里，我耳朵可能听见种种的东西，我的眼睛把你的五脏六腑部看透了。别装模作样，虚张声势！埃及快要亡了！

克罗帕特拉　好一个有趣的男人。谁是最初把这男子买做奴隶的呢？——这样说，我再问你，你现在被铁链子锁在我们的绝对权力的当中，你认为打胜了我们吗？还是爽爽快快的自认打败了吗？

雄伟的黑人　要我和你斗智吗？——你还说着这样的话，就可见你是蠢子。像你只晓得听信臣下的报告，相信报告都是真的，只晓看世上的表面？你这样的人自然除开胜了败了之外，就什么也没有了。这样无能，埃及一国还能治理起来吗？埃及未曾治好的证据就是站在那里的你！你的心脏已经腐烂了！你的虚荣心已经到了根子上了！你把这毒药给我们无辜的人试试——你是打算此后在万一的时候也好吃毒药自杀不是？你自杀是有理由的。应该有很深的理由的。你只问问你自己的心就得了呀！——你一定要我答复你的询问，我就告诉你罢。克罗帕特拉，你打败了，我打胜仗了！

克罗帕特拉　像你这样手足都被人绑着，也许就在牢狱里被人毒死的人——打了胜仗？

雄伟的黑人　哼！我不是一个人啊！此外还有无数的我，正在盼望这托勒弥王室像白尼宫殿一样，被历史埋没了去，另建一个新的国家呀。现在的我，死也罢，活着也罢，这个道理是一点也不会不灵的。赶快把我杀了！把毒药给我吃！

这时，西利亚从左边，好像滚下来一样，慌忙跑进来。满身负伤，喘气不已。长剑像锯子一样，缺了许多口。

西利亚　女，女王陛下！——

嘉茗　什么事，西利亚将军？

西利亚　真是憾事！渥库塔占着亚历山大的都门了。

克罗帕特拉　这，这，这样，安多尼呢？

西利亚　自，自杀着，还没有断气……

听着很激烈的炮声。

克罗帕特拉　自杀着……喔——真可怜，安多尼！——多斯，呆呆的站着干么？赶快跑到城门边去，替安多尼治伤呀，快去，大家都不要糊糊涂涂的站着！（除了嘉茗和管狱人之外，都出去了）

克罗帕特拉　我，我，啊！我以为囚着别人，哪晓得还是被人囚着了。我想征服罗马，反被罗马征服了。……安多尼，我的小孩们，嘉茗——心里好不难过！

城壁崩坏的声音。克罗帕特拉颜色青白，突然倒在地下。

雄伟的黑人　那就是埃及国崩坏的声音啊！（放声大笑）

接着有铁链子响。

——幕——

土耳其最后的国王

"这戏曲并不是一种现代史剧，要想描写克玛儿·拔霞出现以前的土耳其帝国的实况。作者只不过依据若干的史料，加以大部分的自己的空想，写出这篇东西出来，以表示自己在文学上对于亡灭着的制度，暴政，文物等等的态度而已。"

时

欧洲大战的时候

地

土耳其军宫殿

人

国王

王后

陆军大臣（大汉子）

财政大臣（小身材）

警察总监

军人（多数）

臣下甲（扮着国王的阿黎）

臣下乙（扮着国王的阿孟）

保管哈伦后宫钥匙的妇人

美貌的外国妇人

外国妇人的丈夫

宦官五人

外国公使

暗杀人

闯入的群众

宠妃，扈从，黑人，讨饭的，等等多数

第一场

舞台是对着宫殿正门的一间房。

时候是午后。

臣下甲和臣下乙，都扮着国王，在窗底下下相棋。在什么远的地方，有很热闹的喧闹声。

一个金色鸟笼吊在房间的一角，笼中的鹦鹉，时时展着翅膀响。

臣下甲　你看，我下这一着，你的女王就被我捉了。你的国不就亡了吗？

臣下乙　别讲笑！——我的国是靠国王的！没有女王也不要紧。

臣下甲　那末，我就跳过行，斫你那武将的头！

臣下乙　你试试！你若那样，我就这样把你的国旗倒了去，你不害怕吗？

臣下甲　国旗那种东西，有不有都不打紧，只要国王和王后两陛下都强健的存在着，我的国就是平安无事的啊！

臣一乙　阿黎！你几时看见没有国旗的国！

臣下甲　别拌嘴！你好好留心守着你的国王罢！——你看！要斫头了！

臣下乙　还未曾，还未曾！你那一着算什么！我可以这样弄个替死鬼来，脱身的方法，多得很呢！

臣下甲　这样，就对不住，只好把这个像你的替死鬼，括捉了去再说。

臣下乙　我刚才把像你的替死鬼，早已这样拿在手里了，我也不算吃亏！

臣下甲　没有女王的国王——我看你第二步怎样走？阿孟，输了就老实的说输了，开城投降罢！

臣下乙 浑蛋！别瞎说！不过比你差一着罢了！你自己才是一个没有国旗的国！国亡了！你看这丑样子！

臣下甲 到底仗是我打胜了啊！

这时，国王从正面的帐幕，露出上半身来，他面貌和臣下甲臣下乙非常相像。

臣下乙 国旗都被人夺了去，还可以打仗吗？

臣下甲 国王的头被人斫了，还算有国吗？

臣下乙 纵然没有国王，也不妨事，不是有许多什么共和政体吗？

臣下甲 旗还不是一样，旧的拿走了，要新的，无论几多都造得出来。

臣下乙 这个混蛋！真爱嚼牙！真像我们的国王，你说右，他偏要说左！

国王 （大大的咳嗽一声）喔吔！你们这些东西，许久就闹起，闹得我连午觉都睡不成。满口说的，还尽是骂我的话！仔细要你们的脑袋！

臣下甲和臣下乙忽然恐慌起来，忙跪在地下叩头，做出乞怜的样子。

笼中的鹦鹉高兴的叫起来。

鹦鹉 喔吔！有女人过路啊！

国王 浑蛋，还不赶快打开窗户看看！如果是个美人，别让她跑了，哪怕出一军团的兵，也得把她押来。听见了吗？（臣下从窗户住下面看）

国王 怎么样？

臣下甲　她那颈项，真和母鹿的柔美的颈项一样。——好像是一个外国人。

臣下乙　好一个美貌女人，就是波斯的玫瑰花，恐怕也配不上她。

臣下甲　恐怕是大王陛下的诚心感动了她，她向这边上面，望着笑呢。

臣下乙　她那双光澄澄的好看的眼睛，恐怕奥斯曼大帝国的天空中所有的星子，没有一个比得上她。

国王　（打一个大呵欠）是外国女人吗？——好罢，好罢！阿黎，去叫他们暗暗的跟着她，看她住在什么地方！

臣下甲　（恭恭敬敬行一个礼）臣下去叫宦官阿德照办。

国王　要记得，不要使王后知道啊！（臣下甲出去）——亚孟，如今把今朝未念完的侦探小说，接着念给我听。

国王坐向房间当中的睡椅子上。臣下乙从怀中取出一本侦探小说，开始朗诵。

臣下乙　（朗诵）……奇怪的门，一点声响也没有，就自己开了，好像恶魔的口一样，把美人全身，吞了进去。剩下来的，只是黄昏的沉默，充满了走廊。那青年一只手抓着侦探杜黎基的一只手腕，一只手举起手枪，正要对着那扇怪门开枪打去，侦探按着他的手，止住他，细声的说："等一等！开枪还早呢！"一面说，一面蹑手蹑脚的走近门边去。两人的耳朵，自然而然的都凑到那门的钥匙洞边去。那时，忽听得一种悲惨的声音，从门内发出来，好像是叫人救命似的。那青年以为有不得了的事情发生，就……

国王　没有趣。像这样的侦探，算得什么！我想的比他好得多。近来，做小说的，渐渐的越做越笨了。为保护一个女子，要什么爱人和侦探局的全体局员跑出来闹个不了，真正没有常识。他们闹得好像世间上爱人这个东西，只能够有一个人似的。我倒很想把这样笨的小说家，关在我的哈伦后宫过一夜！使他见识见识。这样一来，他们的著作的风气，一定会大变起来。——我忘记了这篇小说是什么地方的小说家做的？

臣下乙 是美国人。

国王 怪不得做得这样笨。

臣下乙 他们在这样的通俗小说当中，都要极力鼓吹基督教的一夫一妇主义，大王陛下，他们实在笨得可以呢！

国王 同是住在一样的美洲，那摩尔门宗的人们，倒可以令人佩服！他们一定是传受了我们尊贵的穆罕默德教的灵旨罢。一夫多妻主义能够使人类……

这时，鹦鹉又叫起来。

鹦鹉 有女人过路啊！

臣下乙 怎样！又过路吗！今天真是世上女人受灾难的日子呀！

国王 什么？——

臣下乙 臣下说滑了口，没有什么呢。（走到窗下去）大王陛下，又是一个美人！是外国人。

国王 唔！这可经不起啦！国际关系一天一天频繁起来，我的身体也自然就忙起来了呢！做国王也是顶不舒服的事呀！——好罢！叫他们把这美人也打进后宫去！听懂了罢？送到那池子边新添造的女人房里啊！

臣下乙 懂得了。（行敬礼，慌忙跑去）

国王 （大声说）没有人在那里吗？——喔咀，没有人在那里吗？（拍着手）……没有人……？糟了！在这种时候，就专会有恶人来要我的性命！啊啊！谁也使得的，赶快来一个人罢！

因为孤独的在那里，感着了恐怖，拔出腰中带着的大刀，战战兢兢的在房内走来走去。忽然，在中央的帐幕边，好像有什么东西触动着似的。他一面害怕着，走上去揭开帐幕一看，只见阿黎胸口被人用刀刺得很深，满腹都是鲜血流着，向房内倒进来。国王大吃一惊，慌忙退开。鹦鹉又叫起来。

鹦鹉 喔咀！有女人过路啊！

国王 呃——！吵得真讨厌！还闹什么？刚才我差一点破人暗杀了呢！——啊啊！没有人在那里吗？来一个人啊！呃——！这样待着可不行啦！但是，动一动也危险——怎样办才好呢………（国王发起抖来，睁眼向周围观看）……蠢才！我真是。我这样的丑态是干什么！我不是教祖穆罕默德的后人，奥斯曼大帝国的大王哈密德吗？起来！起来！怕什么暗杀！我是国王！我是大王？是奥斯曼帝国的大王陛下！（大声喊）喔咀！阿喇神唷！（跪在地下拜着向神求救）

——幕——

第二场

舞台在地窖室。

时候在前一场的夜里。

墙上挂着各种拷问的刑具。正面是出入口，出入口的更里边一点有石梯。

宦官四人围着一个外国妇人，吵吵闹闹的骂着。妇人的手被绑着。一盏东洋式的洋灯半明半暗的点着。

宦官一　不要老是那样倔强的拗着，好好答应了不好吗？

宦官二　越拗，你越要吃亏的。

宦官三　那是一点也不错的。但凡被带到这哈伦后宫来的女人，随她怎样拗，也逃跑不了的。除非是她往死那一条路上走。

宦官四　你还要说不愿意吗？要知道国王是很残酷的，恐怕还要想出种种别的新方法来处治你呢。

宦官二　刚才你到这里的时候，半路上渡过了一个小池子不是？——你以为那是什么？那池子里面装满了的，就是像你这样，不肯听随国王的外国女人的骨头啊！

外国妇人发起抖来。宦官一焦燥起来。从墙上取下长鞭子。

宦官一　再不答应，就只好请你皮肤受苦罢！喂！你们好好的把这女人拉着！（举起鞭向室中一扬，鞭子呼呼的叫）怎么样，你听听这个残忍的音乐？这鞭子一会儿会像响箭离弦一样，呼的一声，飞到你追美丽的颈骨上去啊！恩！还不肯答应吗？（正要打下去）

宦官五急忙忙的跑上场来。

宦官五　等一等，等一等！

宦官们一齐　阿德，为什么止住我们？

宦官五　（到外国妇人面前，恭恭敬敬的行一个礼）国王陛下即刻要来和你会面谈谈呢。——你们来把她的绳子解开罢。

宦官一　——但是……

宦官五　这是大王的命令。（解开绳子）

军人们，扈从，管后宫钥匙的女人等等，跟着国王登场。宦官们跪在左边。

国王　女人家！抬起头来看看！

外国妇人　请国王准我和丈夫见面呀！

国王　什么？你丈夫——？

外国妇人　是的。今天我们是特来瞻仰这个城池的。我和我丈夫一起离了客栈，走到这城门外边，小偷忽然把我的手提包偷去了。不远的地方站着一个巡查，我丈夫就跑去请他捉拿小偷。——正是那时候，这个男人（指着宦官五）忽然来对我说："你失了的手提包在那边搁着哩！"说着，就把我引进城来了。进城以来——

国王　只是一个丈夫，你就能够心满意足了吗？

外国妇人　喔！好一个——你还想对我更加一层侮辱吗？

国王　不是啊。我真想听听你的意见呢。我们并不是说假话的人。

外国妇人　不是说假话的，是禽兽罢！

国王　人类和禽兽隔得多远——这也难说呢。

外国妇人　是野蛮人！你们都是的！

国王　是也好，不是也好，你别管这个。我问你，你真心满足，把终身只托给一个男子吗？

外国妇人　那样不合基督教道理的质问，我不能够答复！

国王　怎么，西洋人这个东西，会生得这样虚假呢！……妇人家，你还不懂得我的真心吗？听着罢！人类这东西，你刚才自己也说过，本来一半就和禽兽一样。无论是谁，他始终先要想着吃饭。其次就想着生儿养女。就是你们，也还不是一样吗？

外国妇人 我们还有一种精神生活呢。人类如果没有精神生活，就和动物没有一点区别了。唯其这样，所以我们须得把精神生活弄高尚，弄丰富起来。

国王 什么叫做精神生活？——它是离得开肉体的生活的吗？

外国妇人 统驭肉体生活的东西，节制肉体生活的东西，给肉体生活一个较高尚的品位的力量，就是精神生活啊。

国王 不，不，我问的不是这一层。我问你的，只是“不行肉体生活时，精种生活也可以依然存在不可以？”一层呢。

外国妇人 这……

国王 你看！什么精神生活！那不过是隶属于肉体生活的一部分罢了。拿眼前的例说，现在如果我要斫你的头，难道你甘心被我斫头，都还要主张你的精神生活吗？

外国妇人 ……

国王 我真不懂得，为什么到今日为止，许许多多的外国女人，都说着你刚才说的那种虚假的话，结局变成池底的枯骨。——如果那样喜欢主张精神生活，为什么你们西洋人专爱占领别人的领土，努力做种种物质上的发明，去改良穿衣吃饭住房子的方法呢？我首先要问你，为什么你打扮得那样美丽，跑到我城下来卖弄姿首呢？

外国妇人 你这人真是倒栽葱的站着的呀！你的思想，全然是动物的想法。我们的思想，和你的恰恰正相反对。肉体只不过是一种补助品，拿来装人类的精神活动的。耶稣基督纵然四十天断绝饮食……

国王 那些废话，不必说罢，我早知道了。就是基督自己，他一旦被钉死在十字架上，他的精神生活不是也就完了吗？那样骗人的基督教理，算了罢，不要理它。我如今要问你，你纵然从头顶到脚板心，都装满了虚伪和假话，难道你心里头一点矛盾也不感觉吗？——只要遇着心爱的人，就多偷上几个人，要什么紧呢？那和英国一批一批的增加殖民地，有什么区别呢？男人还不是一样，只要爱上了的女人，哪怕千方百计，用尽方法，去对她讲爱情，又有什么不可呢？那和美国拿金钱把这半岛的煤油，一批一批的买了出去，又有什么区别呢？

外国妇人　你这人完全没有一点道德的性质。你简直和动物一样，毫无道德。

国王　哼！到我们国里来的外国人，特别是西洋人，比我们还无道德呀！他们极端相信，只要花钱，无论什么东西，凡是自己爱的，都自由的弄得到手里。如果对手人不给他，他就用管退炮，钢甲船，潜水艇，近来还用什么飞行机，种种家伙，强制的夺去！我爱着了外国女人，倒给她些宝石，以为代价，并且还把后宫，给她居住，使她一生可以安稳的渡日子，这和他们有什么区别呢？如果有区别，我倒比他们还有道德一点啊。

外国妇人　女人的贞操这个东西，是……

国王　那不过还未养小孩时的芳香罢了。我花园里面，有许多种类的花，纷纷的乱开着。难道这些一朵一朵的花，都要很麻烦的主张，说它非某一个蜂就不叫它做花粉的媒介，说它只爱这个蜜蜂，不爱那个蝴蝶吗？——好蠢笨的女人啊！单拿你这种无知和顽迷论起来，已十足的值得给你一个死刑了。要知道真理这个东西，锋利得很，比断头台上的刀还要锋利呢。东洋的真理和西洋的真理，都是同一的真理，真理不会有两个的。人类是动物——这就是千古不变的真理啦！（向着管后宫钥匙的女人）听着！把这女人，引到单身房去，好好的款待她！叫她再好生考虑两三天，她就懂得我说的话了。（管后宫钥匙的女人正要把外国妇人带走）

外国妇人　我在世界上无论什么国家，都旅行过，也谒见了许多国王共主。土耳其国王，我却从没有看见像你这样实在可怜悯可同情的疲窿残疾人。你只爱那些趋炎附势的臣下的奉承，只晓得抱着他们给你的一厢情愿的思想，像安哥拉猫一样，只晓得守在他们给你的热窠，不敢走出范围一步。我大胆的敢说一个预言。——你的王国，在极近的将来，一定会溃灭的！到那时，不管你愿意不愿意，恐怕你总得被人从你那个用自己脱下的毛温暖着的窠里，抓了出去呢！……

国王　（向着宦官）这女人太爱胡说八道了。还是依照帝国的风俗，叫一切来谒见我的女人们，都戴上面具好些！带下去！（大家恐惧拜伏）

外国妇人　你别大胆想动掸我的身体！土耳其国王，你敢用一根指头触我一触，我就要叫你这个好像宰羊场似的王国，立刻被大军踏为平地呀！（出去）

国王　啊啊！不料会同这种蠢女人斗嘴！刚才晚餐时候喝了几杯酒，醉醺醺的一场高兴，也被她撵走了！喂！谁去叫阿孟来罢！——叫他们把楼上的大房间，点上灯，要照得白天一样。我要和阿孟痛痛快快的喝一回酒呢！把女人们都叫来啊！

——幕——

第三场

舞台是一间大房，里面设有玉座。

正面墙上很高的地方，有两口偃月刀交叉着。刀的前面，设着很高的玉座。

时候是第二场的第二天午前。

土耳其国王坐在玉座上。在旁边相当的地方，有陆军大臣，警察总监和扮着国王的阿孟，各各坐在自己的座位上。在很远的地方，站着有宦官五名，武装的军人和扈从等等。在正面顶里边的门口，站着两个体格强伟的半裸体的黑人，拔出长剑警卫着。他们站在门口，好像两根黑耀石的柱子一样。两边窗户的一边，有日光射进来。国王的水烟筒里，冒着烟丝的烟子。

房间一边角上，放着一张桌子，上面有一大册《可兰经》。

国王　（用一种带着猜疑心的眼光，把众人看一遍，随便乱吐烟丝的烟子）都来齐了吗？——总理大臣怎样没有来？

警察总监　病了请假。

国王　财政大臣呢？

陆军大臣　那个矮子，在这样国家多事之秋，还在调查什么煤油公司的股份呢。对于我担任的陆军方面，如果不继续的多筹拨些军费，库多，叶尔，阿麻喇的战线，就危险得很！因为那方面的英国军队是陶生特将军指挥着，战斗力很强呢。

警察总监　并且，听说俄国军队也七拉八扯，已经来到离莫斯尔，巴格达线约莫百英里的地方了，是真的吗？

陆军大臣　那方面到底是山地，就是在波斯方面，也还没有露出什么多大的危险，倒不要紧。——总之，目前成问题的，就只英国军队方面。前几天臣下会着德国的哥尔慈将军，也曾详细谈过。如果这时候我们不努力一番，大王陛下，恐怕陛下昔日统治土耳其，摩洛哥，埃及三大帝国的名誉，难得恢复转来呢。

国王 英国这东西，真正可恶已极！从我手里，夺去埃及的，就是这些姜布儿！我从一千九百十四年起，到今日为止，就想着要和俄国讲和，哪怕定一个屈辱的条约都好，总要把英国干一干才甘心。真正可恨，那俄国现在又和英法两国打在一起，结着三国同盟！

臣下乙 幸得德国和奥国帮着陛下，好像情形倒也不坏。

国王 啊啊！怎么设法能够打倒英国才好啊！我的国，从许久以前起，就挂着红得像英国人的血一样的红国旗啊！我的称号“苏丹”简单说来，就是“人类的刽子手”的意思啊！

陆军大臣 （站起来，在旁近走来走去）无论怎么样，总得赶快把那矮子财政大臣叫来，才可以商量一切。谁到财政部去走一趟?

臣下乙 （对着宦官一）那末，就烦你向那里跑一趟罢。（宦官一退场）

国王 （对着陆军大臣）别在那里走来走去罢！——自从阿黎那东西被人暗杀以后，我的神经弄得非常过敏，夜里也睡不着觉呢。

臣下乙 请大王陛下放宽心罢。大王陛下，那时，全然是鹦鹉乱叫叫坏了事。此后，臣下阿孟要格外努力，把死了的阿黎的任务，也担任起来给陛下看看呢。

陆军大臣 （在舞台左边站着不动，只把两只手抱住自己的胸，向大家来回看）不要紧的，大王陛下。陛下对于国事，倒不必那样焦心，只消慢慢的和美貌女人讲究土耳其人种改良的方法，就行了。一切国事，自然有我们当臣下的，替陛下尽力去做呢。不错，听说昨天跑来了一个极美貌的女人，是真的吗？

国王　你已经知道了吗？耳朵真快。——美虽美，可是性子执拗得很！

臣下乙　那不是英国人罢？如果是英国人，在目前这种特别的时候，对于陛下，可有点危险呢。

国王　不会罢！明明知道这种战时状态，哪会有蠢头蠢脑，自己跑来送死的？并且国境的官吏，也不会随便准她进国罢。——即使是英国人，又有什么要紧！如果是英国的女人，那更好，更可以挑发我的征服的欲望呀！至少对于这种英国女人，总可以不假德国军队的力量，就很漂亮的征服她，给你们看看。

陆军大臣　只是陛下的背后，还有王后的嫉妒埋伏着，这恰和前面有尼季孙将军在波斯湾带兵上了岸，后面又有哥萨克马队在高加索集中的时候——我军那种腹背受敌的情形一样啊！哈哈哈——

警察总监　但是，陛下传着奥斯曼王族历代的血统，哪里会把这点子战争，看在眼里呢！

国王　——那个女人真也奇怪。别的事我都不打紧，只是昨晚上那女人瞎说了一些话，叫我好生放心不下呢。那个蠢女人，也不看看是谁，偏会信口胡骂，说我，我这哈密德是世界上唯一的立着倒栽葱的人！你们看看，我真像是倒立着一样吗？

宦官们　（一齐说）倒栽葱的立着——哪有的事！

警察总监　只有我们臣下，才是倒立着的啊。才是倒立着的啊。[1]

---

① 原文如此，疑有重复。——编者

国王 我也那样想着呢。又并不见得这个奥斯曼帝国，在今天明天之内，就会灭亡。做官的大家也高兴的做着官，心满意足的收着贿赂。兵队们也很高兴打仗，恨不得要去多虐杀一个希腊人或阿尔麦尼人。我的特别列车恐怕不久也要在柏林，巴格达特间铁路上联结起来了。并且在西部战线上，中央同盟军又正把联合国的军队，追击下去，势如破竹。这样一桩一桩的数起来，我的土耳其帝国，一定还要同着回回教，越发膨胀发达起来呢。但是，昨晚又有阿黎的被人暗杀，又碰着那蠢女人胡说八道，却也叫我不能不有一点儿忧虑。……我问你们，你们到底觉得帝王君主政治在此后世界上的寿命，还有很长吗？还是很短呢？

警察总监 听大王陛下的话，臣下觉得大王陛下近来好像没有读着什么好的侦探小说似的。臣下以为，但凡一个国王的精神，要想安静，不在乎要读什么好的书，倒只在乎不要读什么不好的书。即如臣下，因为所任的是警察方面的职务，有时候也免不得要去检阅人犯，在那种时候，越去检阅，自己的性质就不知不觉的越变得古怪，总想拿别人的漏眼，无论看见什么人，即刻就会疑心他是一个犯罪人。所以还是眼不见为妙，心不劳为佳。大王陛下还是应该大放宽心，把心放得和地中海一样宽，悠然自适的，去爱美貌女人。万一碰见了英国人和非回回教徒，就一手拿着《可兰经》，一手握着剑，猛然的站起来，指挥奥斯曼帝国的二千万民众，和他们争斗。大王陛下要有这样的勇气和决心才对呀！

国王 唔！你的口才，近来也越发漂亮起来。既说到这里，就顺便试一试罢。把《可兰经》拿来我看看。（宦官二由房间角上把《可兰经》取来。国王闭着眼睛，用一只手，插进书中，指着当中的某一页的某一行，对着宦官二说）这是我对着神占的课。念来我听！

宦官二　（踌躇不敢念出来）……

国王　叫你念就念啊！

宦官二　呃！——“魔鬼们！赶快走开罢！”

国王　（睁着大眼睛）蠢东西！（再闭着眼睛，把手指插进别的一页）再念一回罢！

宦官二　“应该回到神那里去！”

国王　不拘是谁，快来把这不吉利的蠢才，拖出院子当中去，给我斫下头来！

这时，一个扈从慌慌张张的登场。一面被黑人卫兵挡着路，一面说。

扈从　报告！——刚才，某个通信社的人传出来的消息，俄罗斯现在发生了革命，俄皇尼哥拉斯已经被剥夺了王位。

大家　（一齐叫起来）在俄罗斯，有革命——？

国王　俄皇把王位……？

暂时大家无言。

国王　（抱着头）我真不懂得？（对扈从）只有这几句话？没有更详细的报告？

扈从　电文极其简单，除这几句话以外，没有别的话。（出去）

陆军大臣　是革命吗？——在俄罗斯？（停一会）唔！大王陛下，这是吉报啊！有了这个革命，臣下在库多，叶尔，阿麻喇战线上，一定要替陛下打胜仗了！俄罗斯本国既已发生内乱，在波斯方面的俄国军队一定会撤退的。好罢，臣下就赶快去发一个命令给阿丹娜将军罢。

财政大臣，同着宦官一，慌慌张张的登场。宦官一的背上背着一本厚账簿。

陆军大臣 哼！来了吗？卑劣的东西。今天开御前会议，你来得这样迟的理由，我是看得清清楚楚的！

财政大臣 （向着国王，恭恭敬敬的行一个敬礼之后）大王陛下，世上的猛兽，本来不只一种，也有纵然杀了禽兽，也不吃肉的。搜杀禽兽是一种任务，收拾被杀的禽兽，也是一种任务。不见得只有相杀才算得是战争的本事罢。刚才陆军大臣虽说了些讥讽的话，其实臣下又何尝忘了国家大事。从昨天起，某国使节暗暗的来找臣下，来商量巴格达特，莫斯尔间的丰富的煤油田开采问题，他想不和德国系的阿娜托连铁路发生关系，另作一个独立的交涉。臣下昨晚觉也没睡，连夜去调查一九〇四年以来的政府许可权和技师的报告，等等东西。不瞒陛下说，历代财政太臣，差不多都是把一只手伸到钱口袋里乱掏乱抓，到了今天，国家财政已经紊乱得不成一个样子了。——但是，某方面的大臣，还要随着一己的意思，编成预算，时常跑来陛下面前请求。仿佛是，即使国家财政破产，也要一直把战争继续打下去似的，实在荒唐已极……

陆军大臣 喔咆！你是管着一国的财政吗？还是专为向陛下谗谤别人才活在世上呢？——要闹，我们就赌着名誉，在陛下御前把是非曲直弄个明白罢！

国王 好了，好了，两人都别说了。我看，你们都是因为过于热心参与国事，才发生意见的冲突。——我有一句可笑的话，我把我们奥斯曼帝国的现状，比你们看得更带小说性质一点。一个大臣所代表的国家，是不顾一切，只图积极侵略的，是抱着武断主义的。另一个大臣所代表的方面，却只是细心打算盘，时常把国家的原动力放在眼里，对于列强的交涉，也很巧诈的和他们周旋敷衍——我想你们两人的体格就表示着这两个倾向呢。自然财政方面是很瘦的，恰和财政大臣的体格一样，仿佛令人心焦。不过，现在既然很瘦，将来就得要努力把它弄肥才行。——总之，你两个别只争论下去，还是好好的同心协力替我办事罢。

王后带着扈从们登场。后面跟着管后宫钥匙的女人。走到国王面前行礼。臣下们大家站起来行敬礼。王后向国王旁边坐下。

王后　是会议吗？但是，好像不是那照例的议政会呢。

国王　打仗的时候，总得是这样时时开会啊！人都齐了吗？

王后　打仗的时代，种种的会合自然是很多的罢。——外国的不要脸的，连覆面纱也不带的古怪女人们，自然也是有的罢。

国王　喂！你说什么？我们现在正商量着国家的大事，别来打岔呀！

王后　国家的大事是……那个红鬈毛鬼子，在后宫的窗户下面，吊颈死了呢！

国王　吊颈死了？——那个外国女人？

王后　你也吃了一惊罢。我可得声明！这回的事，并不是我叫他们弄的手脚。你昨天既然劝了她半天，就是今朝她死了，谅想你也没有遗憾罢。只是一层，对于来历不明的外国女人，别太胡乱动手了，万一有了差错，那才是国家的大事呢。（对着管后宫钥匙的女人）把刚才那封遗书给我。（接着写在一页纸片上的遗书）等得闲时慢慢念罢。一定很有趣的。

国王 你也真爱瞎猜瞎扯。怎么说的话简直和街上的鞑靼女人们骂街一样！（念遗书）——唔！果然是那女人的刻毒话。（把纸片递给警察总监）

警察总监 喔喔！是美国人呢？——这倒有点不妥，是一个银行家的太太！如果是这个男子，最近我倒也和他会过面。这有点不好办呢。——因为当中有国际关系。

国王 （一面揩汗）都是鹦鹉不好！阿孟，去把鹦鸮杀了罢！

臣下乙 但是，大王陛下，如果没有鹦鹉的时候——那，那就有种种的不方便呢。

国王 你这句话也不错。

财政大臣 请恕臣下多嘴说一句话。好像陛下对这事很为难似的。不过，如果是那美国的银行家，请让臣下去试试如何，大体总可望了结呢。

陆军大臣 不错。不错。关于这种事情，你的手腕，应该比犹太人还强呢。

财政大臣 又想加侮辱？请免开尊口罢。——现在，把战局熟考一下看看，在目前，虽然联合军和中央同盟军交着干戈，美国也和我国站在敌对的关系上面，但是，照愚见看来，这个战争恐怕不久就要突然终结的。本来，美国这个国家的参战，完全是因摩尔干系的银行团对于联合军借出了莫大的金钱，才实现出来的，什么为保障德谟拉西主义而战的话，全然是敷衍面子的假话，其实是为想发财，才跑来参加的。总之，战争一完，美国必定要比欧洲列强先一步跑到巴尔干方面，来扩张通商和利权的范围。幸喜得在我奥斯曼帝国里面，有许多许多的实物，都是美国人历来百方设法想一手包办了去的东西。所以如果把这种关系稍微露一点影子，使他们知道这方面的意思，大王陛下，这个克尔曼夏老头儿，一定要在本事件没有扩大以前，替大王陛下圆满解决下来的。关于这个妇人的行踪，只要警察总监对那外国银行家预先安个伙线，说这君士但丁堡有许多不好的白杜温和阿尔麦尼人，惯做坏事，不易破获，只答应他去极力搜查，恐怕这件事也不见得会怎样扩大罢。

警察总监　到底还是财政大臣有见识。这样一来，我的责任也就变轻了。

王后　不变轻的，只是我胸里这块石头啊！——你这种胡乱行为，若不收拾起来，我告诉你，我是要时时来搅乱你这御前会议的。别高兴罢！

国王　这是什么话！奥斯曼帝国历代国王的权利……

臣下乙　王后陛下，这种事情的大部分责任，是在臣下身上的。陛下明鉴，臣下和大王面孔非常相像，臣下虽然有时做出些使陛下生气的事，那却也只是为要保持后宫的威严，干着玩儿的呀！

王后　你以为大王陛下有这样忠心无二的臣下，心里头会诚心感谢吗？恐怕心里头倒会暗暗伸出大舌头来呢。——啊啊，我真受不得了！看罢，我不久要把那个淫卖窟的哈伦后宫，放把火烧了去呢！我要把在那里墙上做着窠的毒虫，一只一只的杀个干净，我才甘心！哪怕土耳其军队怎样征服外国，就把波斯和印度都收为属国，如果还有那个国宝的漏洞存在着，奥斯曼帝国也不会安稳下去的！大王陛下，到这淫窟消灭之日为止，我和你，照现今时兴的话说来，是断绝国交的啊！

国王　说什么瞎话！——连你也学着西洋人，想要蹂躏人类的本能吗！连你也跟着那个外国蠢女人学样，要想勉强出卖基督教的伪善文明吗！我敢向历代国王的传统发一个誓——女人家，滚开罢！除了服从当你主人的那个男子之外，你没有别个本分啊！美貌的奴隶啊！你要永远继续着你们的美貌，却是一时片刻，也不要忘记你是奴隶啊！好罢，站起来罢！今天的会议，就算这样完了罢！

王后愤然把戴着的覆面网，扯个粉碎，站了起来。扈从的一部分和管后宫钥匙的女人，大家起来劝她息怒，一面退场。其他的人都慑伏在大发虎威的国王面前，叩着头。

——幕——

第四场

舞台是后宫当中院子的一部，里面竖着圆柱。时候是在第三场的约一个月之后。满院子的月光。

有一花坛，花坛的背景是一些棕榈树。花坛前面左边，有一个用大理石砌成的罗马式的泉水，露出一部分。

舞台的右边，远远望见宫殿的一部分，点着阿剌伯式的灯，显着很柔和的光彩陆离的光景。流在石头上面的月光，随着时间的进行，渐渐把影子移动着。

有夜莺的声音。

在开幕时，扮着国王的臣下乙，穿着白衣，坐在泉水边大理石的台阶上，正在默想什么似的。

两个黑人侍卫，采取不动的姿势，在后面分左右站着。

暂时一切都不动。

臣下乙　（叹一口长气）……啊——！讨厌！讨厌死了！这样古怪的生活，我真过得讨厌起来了！——世界上几时曾见有这样不自然的生活？蠢极了！像近来这样，从朝到晚，扮着替死鬼，连自己的妻子亲眷的面，也见不着，简直像奴隶一样，成天关在宫里，我真不晓得哪里有做人的生趣！这如果是真为国家来当一个替死鬼，倒也罢了，我自己也是土耳其国民的一分子，自然是应该的。只是，像如今这样，每日每晚，别的一样事情也没有，只是挨着那醋劲最大的王后的叱骂，真正有点受不住呢！（轻轻的站起来，来回的走着）并且，一出一进，都有这两个黑东西，像恶魔一样，跟着我的脚后跟走！（向着黑人侍卫）喂！你们可以暂时不要管我的事，到那边去休息休息罢！至少，在吃这一袋烟的时间，总得请你们别把秃头老鹰样的眼睛，老是盯着我呀！（两个黑人侍卫把双手向前伸出去，低着头退场）

远远的有宴会的闹热声音。

臣下乙　（继续着）不错的。如果有什么特别事变发生，那倒可以混着过日子。老是这样过着同样的生活，真正无聊极了。——我这样提心吊胆的装扮那个家伙，你看他可干些什么。他只是每天叫人拐带一个新的女人进后宫来，整天整夜的饮酒取乐！——这种好事，他却不叫我阿孟去替代他，好不令人生气啊！叫我出去替他的，总是些无聊的事，总是和那矮子克尔曼夏啊，野牛样的陆军大臣啊，同什么外国鬼子，开四角会谈的时候！那时候，也只不过叫我到场，哪里有一点机会容我说话。还不是由着那个嚼舌根的财政大臣像埃及鹦鹉一样，皮里拔刺的说，我只是接连点头，把帽子都要点掉一样，点了一阵头，就算完了事！——蠢极了！不错，我想起来了。阿黎那东西还活着的时候，我两人轮流干着这个古怪把戏，倒也有说有笑，很有意思。如今一个人从朝到晚，都干这个玩意儿，真比看坟墓的人，还无聊呢！

暂时无言。

臣下乙　仔细想起来，我真觉得一切事情都好像错得非常似的。前一向，那个吊死了的外国女人也曾说过，世人的人都是正正当当的站着，只有国王一个人是倒栽葱的倒立着。我自己代理了一阵子国王，觉得这句话实在不错呢。在面子上，和外国打起仗来，打一次仗，就要向国民榨取一次膏血，什么铁路唷，运河唷，弄一些好名目，出一些布告搁在那里，闹得好听，其实，这些钱都滥用在筹办王宫的酒宴和供养哈伦后宫两千三千的女人上面去了。国王这样昏，大臣和做官的，当然没有好东西。动不动就捏造些什么名义出来，把国民的税金，落到自己腰包去，还装做为国为公的样子。他们那种奢华生活的样子还了得吗！却是，一到了国王的面前，开口闭口，总说的是什么奥斯曼帝国的隆运如何啊，国家的基础啊，国民的赤诚啊，忠节啊，满口说的都是些假话！——啊啊！真令人气闷。像这样干下去，恐怕土耳其王国真正难得长久继续下去呢！（暂时呆呆的默想，忽然把吕宋烟扔下地去，站了起来）不错，我只有两条路可走！或是仍然照旧装扮着国王，苟且偷生下去，或是从这座宫殿逃出去——须得在这两条路中择一条路！逃出去，这是很不容易的事呢。——那末，索性变成国王……啊！我在胡思乱想些什么！那样的事情都做得的吗！不说做，只是心里头想想，也就违背了为臣子的本分呀！是大逆罪呀！

国王穿着和臣下乙同样的服装，由舞台的里边慢步走出来。暂时安静的站着，睁眼看阿孟的样子。暂时无言。

国王　阿孟，一个人在那里唧唧咕咕说些什么？

臣下乙　（大吃一惊）啊！是陛下吗？——今晚的月色真好呢！越看越爱，不由得信步就跑到院子当中来了……

国王　我来问你，这一向，王后的心里高兴不高兴呢？

臣下乙　王后近来还不大生气。臣下把偶然听得的政治上的事情啊，西部战线的消息啊，新闻啊，种种的话，说与王后听，她都很爱听呢。至于大王陛下的事，她近来却没有多说什么坏话了。

国王　得你这样高妙的手腕，把它操纵起来，那样利害的王后恐怕也得投降军门罢！

臣下乙　陛下开玩笑！

国王　不是啊。我近来把这方面的事，一切都托付给你，我倒安逸，但是我也是一个人，是一个心高气傲的男子——有时对你也不能不感着嫉妒呢。——总之，阿盂，你近来的确尽忠替我做事。自从阿黎遭了惨死之后，你越发忠勤了。哪怕那些聪明的臣下们，听说近来也不容易即刻分出我和你谁是真正的国王了呢！

臣下乙　如果他们容易分得出来，大王陛下，臣下这样替陛下尽忠奉公，也就没有意义了。

国王　这话是不错的。——但是，人类这个东西是非常古怪的呢。看见和自己面貌相像的人，就会疑虑到这个人和自己，到底像到什么程度——疑着自己的坏性质啊，缺点啊，暗黑方面啊，种种东西，那个人也是有的。况且你担任的事情又是很特别的，你担任替我去劝王后，最近时时出入深宫，这样一来时——哈哈哈。

臣下乙　大王陛下拿奴隶开玩笑，想助一助春夜的醉后清兴呢。——像臣下这样丑的男子，算得什么，还是和那今天新添进来的波斯美人，闹着玩玩，不更有兴致吗？

国王 你的面貌和我一模一样——你说你是丑男子，这话恐怕有点不妥罢。

臣下乙 这，这，这句话说错了！但是，大王陛下，臣下还得辩明。臣下原本是大王陛下的一个马夫，把这假发脱下去，脑袋当中还有这样多的被马踢了的伤痕呢——臣下只是一个下贱的奴隶。

国王 行了，行了。不用辩明。但是，你面貌像我了，如果更能替我分担精神上的劳苦，那就更好了。

臣下乙 陛下这句话是说……？

国王 这就是真的王和假的王的区别啊！你哪里懂得我的精神上的劳苦？听着罢。帝王君主的政治，已渐渐走到尽头了。下等的人已经渐渐在世界上站起来了。时势慢慢变着，不知不觉的变成土民啊，商人啊，工人啊，淘檐沟的啊，挑土的啊，种种下流东西出来逞威风的时代了。——为什么会这样变化，我真有点不能了解啊！

臣下乙 不是惯常说的什么思想的力量作怪吗？

国王 思想——这就是那眼睛看不见，只在脑袋里藏着的东西呀！那种东西，算不得什么。这又是崇拜西洋的话了。世上最有力量的，只是兵力，金钱，性的力量！在俄罗斯发生的革命那种东西，恐怕也一定是这三种力量驱使人民去干的呢！

臣下乙 但是，大王陛下没有想到过谋反人的心理吗？

国王 谋反人？——那也和什么一夫一妇制度一样，是一个不自然的事罢？我决不能够想像，圣苏菲亚的塔会倒转过来立着呢。即令果真倒转过来，那也即刻就会溃坏得干干净净罢。但凡一切的东西，哪能够倒转过来放在下面！那从学理上说也是做不到的事。

臣下乙　大王陛下——陛下真不懂得思想的力量这个东西吗?

国王　到底你这家伙，还够不上学真正的国王的样呢。

臣下乙　不是的，大王陛下实在被种种的奸臣们欺骗着了。

两个宦官登场。

宦官　御驾出门的准备，已经弄妥了。

国王　恩——！弄妥了吗？好罢，即刻就出门罢。——阿孟，今天晚上，我哈密德，要借你的身体和姓名，微行到街下去逛一逛。我许久没到酒场和游戏场去，心里好难过呢。

臣下乙　大王陛下，这，这个计划，务必请陛下止住才好！——在这打仗的时候，首都里面，还不晓得有些什么样的坏人，埋伏着，要取陛下的性命呢。听说前回那个外国女人的丈夫，也还在京城徘徊着。并且暗杀阿黎的犯人，也还没有被警厅拿获呢，万一陛下的玉体有什么一差二错，我们做臣下的，大家……

国王　算了，别多说了！我的身体里面，还充满着年轻时候专爱冒险的血。危险越多，冒过这个危险时候的胜利的兴致，越发特别不同呢。

王后偷偷的来在花坛的旁边，站着窃听。

臣下乙　并且听说，敌人的飞行机，近来没有一点音声就来到首都的空中。

国王　若是会被飞行机上投下来的炸弹炸死，好像第一这座宫殿就应该最先着火呢。无论在什么地方死，人类的死还不是一样吗？——别多说了，我去了！

臣下乙　陛下固然自有陛下的道理——这样罢，万一有什么事情发生，可了不得，请陛下把去的地方告诉一声罢。

国王 今晚打算和陆军大臣；跑到各处痛喝一转，所以并没有一个确定的地方，大概在夜深以前，总在大街上的酒场罢。喂！你自己才别跑到外面去啊！听着了吗？万事托你了！（和宦官们出去）

臣下乙 像那样拼命的彻底放荡，真也不是寻常人干得了的。——但是，可怜却也可怜呢，是一个残疾人呢，我充当着这残疾人的替死鬼，糊里糊涂的穿着同样的服装，可不就更有点丧心病狂了吗！

这时，王后慢慢从花坛走出来，轻轻拍拍臣下乙肩膀。阿孟大吃一惊，夜莺叫得更利害。

王后 大王陛下，月色真好罢？被这样柔和圆满的月色照着，谁能老闭在深宫里面，不出来领略领略呢！——陛下请看，这朵花的花瓣圈儿，不是像喝醉了春夜的香酒，抬不起肩儿了吗？陛下请听一听，那夜莺的令人懊恼的声音，简直像是无数的精灵，在血腥四起的无聊的世上，奏着美妙的瑶琴的曲子一样。——我们到那厢散散走走好不好呢。

臣下乙 这可不行！——王后陛下，错认了人啦，臣，臣，臣下决不是……

王后 陛下又开玩笑吗？你为什么这样害怕别人！连你的妻室的我，也要躲躲藏藏起来呢！一个当土耳其大帝国国王的人，就是再放心一点，大摇大摆的散散步，也不要紧罢？——

臣下乙 这，这话，王后陛下，想来是不幸在迷迷糊糊的月光下面，陛下认不清楚罢——臣下只不过是大王陛下的替身罢了。大王陛下刚才……那，那个摩托车的喇叭声音才正是出城门外去的大王陛下座车的音声呢。请陛下松手罢。臣下其惶恐得了不得！

王后　呵，呵，呵呵——别管开玩笑罢！陛下安心训练着阿孟，叫他特特到布满了外国侦探和暗杀人的街上去乱跑，要使他们晓得土耳其国王一点也不害怕他们。陛下这个用意，我早知道了。——那样的事，且别管它，这院子当中，并无别人，我今晚又换了新的春装，我们何不暂时恢复从前相爱的心情，一块儿乐一乐，使那些唱着和睦调的鸟儿也羡慕羡慕我们呢！

臣下乙　啊啊！国王陛下如今正在城外酒场上，聚着许多歌姬美妓……

王后　正在和我这样挽着手儿，细声说爱情的话罢！（王后把臣下乙拥抱起来接吻）

臣下乙　王后陛下——这可担当不起！臣，臣下，万一被谁看见了这个，那才不得了呢。

王后　什么不得了，不过是土耳其国王和王后和和睦睦的，突破了院子里花香凝集的空气，在各样树底下逍遥了阵子罢了。——啊啊！真快活！许久没享这样的福，今晚好像年纪都轻了几岁似的。我从前那种少女时代的心，又被你刚才的香吻挑拨着，好像新发芽的春草一样，突然怒长起来了。

臣下乙　王后陛下，陛下还是明知道臣下阿孟是国王的一个替身，故意拿阿孟取笑吗？

王后　你还不把那种玩笑收起吗？——我是知道很清楚的。无论那阿孟怎样装扮得巧妙，他根本是一个下贱人，总有点地方露出下贱的马脚，比不上你英姿凛凛。陛下假装阿孟，无论怎样装得巧，到底掩不住陛下的高贵的气概呢。

这时，一个暗杀者，满身穿着黑衣服，从黑影子里，蹑手蹑脚的走近旁边来，要向臣下乙的背后肉抟过去。刀光刚刚一闪，王后即刻把臣下乙向前边一拖，倒在地下，没有被刺着。暗杀者的一只手被王后捉住。

暗杀者 别破坏我的事啊！

王后 （低声说）糊涂东西，血迷了心窍吗！这不是哈密德王啊！这是臣下阿孟，装着国王衣服替国王当替身的啊！如果要想取国王的性命——如果你真是忧虑奥斯曼帝国前途的志士，喔唱，走近旁边来！（王后向暗杀者耳朵边细声说话）懂得了罢？——赶快去罢！

暗杀者飞跑出去，好像一条影子一样。王后慢慢把阿孟抱起来。

王后 阿孟啊！阿孟！——从今晚起，土耳其不会有两个国王了！我丈夫的淫乱，我已看得够了，我已经有了坚固的决心！听清楚罢，从今晚起，你就代他做奥斯曼帝国的国王啊！

臣下乙 呃！这的我——做了那个大王陛下，大王陛下的……！

王后 别高声！……你只要不说话，照着平常样子，做下去，就行了！

臣下乙东倒西歪，全身感着苦闷。

——幕——

第五场

舞台是宫殿的正门。

在舞台正面，立着笨重的圆柱，门楼，短墙等等。有两扇铁的大门，向左右开着，有可以看见里面的空坪子。大门外有吊桥。但是桥是放下来的，自由公开着，谁也可以通过。

桥下面有绿黝黝的濠沟。濠旁栽着树。时候比第四场约莫经过了两年。是春天的午后。

有闹热的人声，马铃铛声，并一些很鄙俗的阿剌伯式的音乐声。

一群一群的黑人和讨饭的，都列在濠边，噪噪杂杂的说话。

讨饭的一　你看，近来国王的兴致真好！

讨饭的二　可不是吗！听说以今天为止，国王的哈伦后宫，也要全部开放了呢。

讨饭的三　在几十年之间，拐了多少女人去，关在那里——想来有很多美貌的女人呢？

讨饭的四　真不容易的事呵。说要把土耳其历代国王做的哈伦后宫，完全废止了去！

黑人一　听说许多奴隶也被解放出来啊。

黑人二　真正有趣呢。

讨饭的一　打仗虽终打败了，到底奥斯曼国王还是有许多胜过别人的地方啦。

黑人三　但是，他们传说，敌人方面的什么将军快要攻到君士但丁堡来了，是真的吗？

黑人四　还说什么攻来不攻来。应该早已到来了。为什么到来又不打仗呢？听说是因为国王已经决定完全开城投降的缘故唷。

讨饭的三　那是真的吗？

黑人四　自然是真的。过一会儿他们那些人也快到了。

美貌的外国死女人的丈夫和某国公使同在一起，微服登场，悄悄的混进群众当中看热闹。一群军人也加在群众当中。

一群闯入的群集，由舞台左边出来，气势汹汹的，闯进城门去。他们手里虽然拿着武器，但是并未表示战斗的行为。他们前头，打着一面旗，旗上写着，“我们要求平和”几个字。

一般群众喧喧嚷嚷的喝着采，看他们游行进城。

历代国王的宠妃们，随便穿着各人爱的美丽的衣服，由管后宫钥匙的女人率领着，慢慢的从城内走出来。拨开了旧式的覆面网，个个人露出很欢喜的面容，向群众微笑着。当中也有几个宠妃，好像害羞似的，躲着众人的眼睛，向左边逃了去的。但是大部分的，都杂在群众之中，看着城门方面。

一群宫里的宦官，侍卫，扈从，等等，绑着手，光着头，用绳子前后相联结着，如像一串数珠似的，被闯入者的代表牵出城门来，由左边退场。

外国妇人的丈夫　只有这些人吗？（向旁边的女人问）——还有女人出来吗？

女　不清楚，恐怕只有这样多的人罢。

某外国公使　你别痴心妄想了罢。错来到这样的国里，也是没有法子的。——据我想，恐怕尊夫人在失踪的当时，已经被杀了呢。

外国妇人的丈夫　我不晓得我此时怎样才能够生活下去！

某外国公使　国家也看着就变成共和国了，我们在这个国里也已经没有什么事情可图了，是不是呢？

外国妇人的丈夫　啊啊！这个城门真可痛恨！

国王（阿孟）和王后，穿着普通市民的装束，走出来。闯入群众的一部分，把他两人护卫着。

群众当中，涌起了欢呼的声音。国王把黑毡帽高高的举在头上乱摇，以答群众的呼声。

有一个人不知是谁高呼“市民国王万岁”，大家高声传和起来。

国王被群众心理所感动，跑上比平地高一点的台阶上去。

国王　市民诸君！——亲爱的君士但丁堡的同胞诸君！现在，我们夫妇两人，把这住惯了的宫殿，让出来，将要隐退到乡的的寺院去，我实在觉得有无量的感概。——在这里，有一件事，是不能不对诸君告白的，这件事是诸位当中谁也不曾知道的，一种关于土耳其宫殿的秘密。（往旁边看王后，王后努一努嘴，表示叫他说）我要在此地把这秘密清清楚楚的告白出来。这不是别的事，就是——这个我，并不是奥斯曼帝国（现在已经是土耳其共和国）的国王！

群众之间现出惊愕之声。大家都往桥边挤上去。

国王　我实在只是一个假冒的国王，在过去两年间，欺瞒了土耳其王国全国民的人。诸君，请静肃一点，听我说明这个理由。（国王指着头顶上的创痕）诸位请看，我的头上，布满了旧的瘢痕。这些瘢痕在过去了哈密德王头上，应该是断然没有的。这些瘢痕是被马蹄子踢伤的，过了的哈密德王既没有当过马夫，就不应该有这样的伤痕。为什么呢？——因为哈密德王才是真正的土耳其国王。而僭称着土耳其国王的我，却只是原先被他使用的一个马夫！

群众的惊愕和怀疑的声音渐渐高起来。

国王　诸位觉得这话太奇怪了吗？乍听这话，自然是应该觉得奇怪的。——过了的哈密德王，大家都知道的，是一个很聪明的人。不过，无论怎样聪明的国王，如果他的臣下只是一些佞幸奸臣，他的聪明才智也就会闭塞起来，不能大放光明的。——因为受了这种奸佞蒙蔽的关系，哈密德王自己虽不愿意，却也无法，只得被王室的传统束缚着，日夜淫荡，沉迷于酒宴当中，躲在九重深宫，没有知道国民疾苦的机会。那些奸佞巧诈的文武大臣，就乘这个漏空，花言巧语，多方设法，壅蔽国王的聪明，以便共同把持朝政，贪赃枉法，卖国通敌，只顾自已的权势财富，却忘记了土耳其全国民的安宁幸福，倒叫国王暗地里变成了一个怨矢之的！并且土耳其王国历代都害着一个不治之病，这就是哈伦后宫的存在！他们把国中的妇女们买收进宫，给她们受一种目不忍睹的虐待。以上说的种种境遇，能够不使国王的精神发生影响吗？自然会发生的。国王的性情渐渐越变越偏执古怪，到后竟变成一个玛尼亚症——一个侦探狂人。

群众悲叹声。

国王 但凡害着这种狂病的人，总觉得他身边有什么人窥伺着，要取他的性命。所以国王就发明一种古怪出奇的对付方法。这方法不是别的，就是叫我和另外一个，现在已经不在了的军人阿黎，因为我两人偶然和国王的相貌体格都很相似，要我们当他的替身，做他的影子，穿着同样的服装，留着同样的胡须，穿起同样的靴子，始终在王宫里面，一同居住。——我自己本是一个马夫，承蒙国王的大恩，一旦居然升到一个假扮国王的地位，自然感恩图报。认为这种装扮国王的事也是一个尽忠之道，所以极力模仿哈密德国王，甚至于连他的癖气谈吐，都想一一的学到。

群众之间发生哄笑。

国王　但是，在这个期间当中，国王的行为越发荒淫无度起来，他的性情变得和野兽一样，见着无论什么妇人，就要把她拐到宫中，不达到他发挥野兽欲的目的不止。因为这种暴行的缘故，曾经有一次把一个某国银行家的年轻的妻室，逼得吊颈死在后宫的铁窗上。这种悲剧，几乎成为国际的问题，全亏那富于奸巧智谋的财政大臣设法，想割了国家权利的一部分——就是说，把诸君的土地的一部分卖给某国，当作赔偿，去了结这宗事件。土耳其的王宫本来是腐败已极，对于这种卖国计划，谁还去反对呢？但是，大家要想一想。这个某国，实则就是当时我们奥斯曼帝国全体陆军和它立在敌对关系上的美国。一方面加入德奥的中央同盟，一方又暗地里和敌人私通，打算把某种权利卖给敌人，这种心地，实在太不光明正大。——在那时候，愤然起来抗议的，就是站在这里的王后。王后到那时候为止，常被土耳其王室的传统压着，未尝出来干预过国王的行动，但是卖国的问题发生的时候，忍无可忍，在会议席上和过了的哈密德王，猛然斗争起来。从此以后，在涂白了的，像坟墓一样的宫里，国王和王后分成两派，就无日无夜纷争起来了。有一晚上，月色非常澄明。哈密德王和几个扈从并陆军大臣一起，到街上渔色去了。那时候，这是我应该坦然告白的，我因为太同情于可怜的王后，我两个竟成了爱人。那时我想着，虽然哈密德王养着两千宫女，淫荡无节，沉湎失度，但是我自己到底是一个臣下，如何敢恋爱国王的正室，我自觉罪咎太深，非常烦闷。——但是，这时候，突然有一个刺客，认我是真的国王，想把我刺死，那时亏得王后庇护着我，未曾遭刺客的毒手！那刺客的计划失败了之后，又到市上酒场中到处寻觅，竟在大街上的酒场上，把国王刺杀了。

群众吵闹起来。

国王 哈密德王的被杀，因有种种关系，竟绝对付诸秘密，未曾发表。这是因为本来现今世上的政治和外交，根本上就带有秘密的性质，所以这次才弄出这样一个可耻的秘不发丧的结果。在这种秘密当中，欧洲大战也七打八打，快要打到终局了。我不幸生得和哈密德王一模一样，所以得了诸大臣并王后的默认，依然当成哈密德王，自己去执掌国政，倒造成一种谣言，说在酒场被刺死的，实在是国王的替身。自从我自己执掌国政以后，对市民诸君所给的印象，是大家知道的，我自己在这里不多说了。——总之，这种虚伪不能够长久继续，是我早知道很清楚的。王后在心里头也屡次屡次的后悔，不该以假作真，总想得着什么机会，两个人共同的在青天白日之下，把全事件的始末，告白出来，请国人去审判。今天这机会到了，世界上革命的风潮，越卷越高，竟卷到土耳其帝国来了，在土耳其王国，几百年间行着暴君政治的朝廷，结局也不能不被时代的风潮推倒，同其他一切帝王政治一样，变成历史上的事迹了。现在土耳其民众，已经在这里毅然起来，在土耳其的旧基础之上，建筑了一个新共和政体了。——这在土耳其，自然算得是一个大大的革命。并且这个革命的发生，并不须流多少的血，却好像瓜熟蒂落一样，自然而然，就成功了。此后怎样去运用这个共和政体的土耳其，就只看诸位市民的决心如何而定，不是我们这种想从多年的宫中悲惨生活，退隐到寺院去的人，所能插嘴。——但是，如果准我这样永远从这城门出去了的人，对诸君尽一个忠告，我就希望诸君从此以后，决不要再把奥斯曼帝国时代的做恶梦一般的暴君政治，从新戴在诸君的头上呀！——以上所说的，就是我们二人在过去所犯的罪。如今都明明白白的告白出来，如果诸君听了之后，还允许我两个市民夫妻，出了这座门，向大路走去，我们两人自然要很欣幸的谢谢你们准我们通过这条路的。

群众　说得对！通过去罢！通过去罢！

国王　那末，我们两人就笑着在这春光荡漾的当中，继续走到地平线的那边去了！（大大的行一个敬礼）

欢呼的声音大起。

——幕——

拉思浦琴的死

时

俄罗斯革命前，由一九一六年十二月十六日夜深起，到次日黎明时止。

地

圣彼得堡（那时的）市，临着莫依加运河的幽思勃夫公爵邸内。

人

濮里悉　国会议员。中年男子，身体微胖，大胡子。一个保守派兼皇室中心主义者。

他衣口袋里时常带着一本霍例思（罗马诗人）[1] 的诗集，当作

[1] 今译贺拉斯。——编者

《圣经》一样，动不动拿来引用。穿着普通的夜会服。

菲立司·幽思勃夫公爵　二十九岁的青年贵族，是一种富于感激性，容易被诗的空想所驱使，并不十分了解自己的行为的意义，就跑去做大悲剧的原动力的人，即所谓普希金式的人。穿着常服。他是俄皇的外甥。

德眯特里大公　二十八岁，没有多大思虑的青年贵族，是幽思勃夫的从弟。一个著名惯会勾引女人的人。漂亮家。

苏荷登　德眯特里的朋友，穿着军服。

拉沙瓦博士　濮里悉所创办的红十字火车的附属军医，穿柿色军服。

年轻的伯爵夫人　（不出场）

格黎哥里·拉思浦琴　西伯利亚农民出身，学得香漫派的催眠术，因为曾在修道院居住，所以巴结了修道院长多发的绍介，得进皇宫。一个渔色汉。长头发，长胡子，两眼炯炯放光。穿着一件农民爱穿的绣着花的绸衬衫，一条天鹅绒的洋裤，一双长统靴。有一种动不动就把两只怪模怪样的大手向着对谈的人舞弄的习惯。

卫兵甲

卫兵乙

巡警

舞台

以富豪著名的幽思勃夫公爵邸中的一栋大屋的一大房间。

这间房分为三部分。第一部分在左边，是接着外门口的前房。第二部分是饭厅，在中间，用一扇推得开的门和前房隔着。第三部分在右边，是一间很舒服似的客房，用一种罗马式的幕和饭厅隔着。

在左边外门口之外，有几磴石阶段，像是通着积了雪的院子似的。由人的脚步声，可以知道积雪冻得很坚硬。

在外门口里面的前房，有一个细长的走廊，在走廊的尽头，搁着一架挂帽子和大衣的架子，架上嵌着镜子。地下铺着老古式的土耳其绒毯。旁边放着一大盆棕榈树。

由前房通到楼上去的大理石的梯子，现出五梯，并附有栏杆，好像是上了这五梯，就会碰着一个大理石的壁头，所以梯子忽然转了方向，旋着往上面去似的。在转弯的地方，也有一盆棕榈，棕榈的背后，露出一个留声机器的大喇叭口。那里也有红绒毯。

中央的饭厅很小巧精致，像是一种专为夜深从戏园回来时的晚餐而设的小饭厅。在这厅的中央，放着一张硬木的大食桌，食桌上面，搁着银制的俄国茶壶。壁上挂着两三张打猎的画和风景画。桌的周围，散漫的搁着磁器台，肖像架和椅子等等。在食桌的洁白的桌布之上，放着一些盘子，杯子和银的食器。有三个大盘子里面，各盛着桃红色奶油的点心，朱古力点心，水果。地下也铺着土耳其绒毯。

右边的客房有两个窗子，正面的顶里边，有一座大壁炉，正烧着几块大木柴。天花板上挂着一种颜色很净扮的天幕，正中的下面悬着镂刻成为红，青，黄，绿，紫各色假水晶灯式的电灯。在右边的两个窗上，都很宽的挂着窗帘。窗下面搁着很精致的小桌，桌上放着四个特别式样的酒瓶，装着麝香甜葡萄酒，玛地拉酒，樱桃白兰地，葡萄酒四种酒。酒瓶的前面，放着些着色的杯子，玻璃杯和吸烟用具等等。壁炉的盛物台上，放着一些细小的古董和贵重品。旁边壁上，挂着一个用象牙雕成的耶稣基督在十字架被难的像。在这房的右边前方，放着一张很宽的，可以容两人坐的沙发椅，椅旁边的壁上，有一花瓶，插着花。房的中央地下的白熊皮，当作绒毯用。

这几间房内的装饰，总要表示着，俄国少年漂亮贵族的趣味，虽近代化，而尚未完全，并表示他们滥用富力。并且一切陈设都须要带有柔和的色调，以表示当天晚上是准备招待年轻的贵妇人的。地砖的颜色，要能把出场人物的一举一动都敏速的反射着，使这些动作浮出来才好。

时候已经差不多是十二点钟，邸内的狗狂叫着。

开幕时，幽思勃夫公爵，德眯特里大公，濮里悉，苏荷登中尉，博士等五个人正在中央的饭厅，各用适当的姿势，游动着。

狗的叫声越叫越紧。

幽思勃夫公爵　（离开其余四个人，在房内走来走去，露出神经质的性子）独独今天晚上，这些狗叫得真讨人厌！（走向右边房间的窗子边去，把窗帘稍微揭开一点子）喂！濮里悉，（向着饭厅方面）霍例思的诗集上，说着有什么狗和毒杀的话没有呢？（含着一种冷静的微笑，偷偷的看了一看手枪）

濮里悉　（慌忙从衣口袋里把一本皮壳的书取出来）唔——狗的话，这本书上是没有写着。但是，请听听，有这样一句话："如果所找寻的，是一种犯罪行为，就不要问上天给我和你多少的年月！"——归根结柢，总是一个忍耐性的问题罢。（幽思勃夫回到饭厅来）

德眯特里大公　忍耐性？足下虐杀犹太人时那种忍耐性？

濮里悉　（向着德眯特里）阁下，这句话太重了。请改为"创设红十字火车时那种忍耐性"罢。

幽思勃夫　还得加上“在国会弹劾怪物时那种忍耐性”罢。……总之，这回的事，我们完全算是被你怂恿才出来干的。

濮里悉　这个我可受不起了。实在这回事，全是公爵要想使我这个老顽固，在老死以前，再出一回风头，才这样吩咐我们进行的。不过，在目前，问题已经进行到这个地步，我们五个人，除了向前走之外，并无另外的路可走了。啊！这像这样的任务，也的确是很令人不快的！我从来做梦也没有想到，今天要亲自动手去杀人。从前虽然有两万犹太人在我手下被枪毙了，究竟不是我直接动手去杀的，并且那种枪杀，又是为清洗我们斯拉夫民族的血统而施行的！今天晚上，我是到底不能不拿怪物的血，染红我的手了……我有这股勇气吗？为什么这只手会打颤？（从衣口袋里，取出一根橡皮做的棍子来）

苏荷登中尉　但是，足下那天那场演说，的确冠冕堂皇极了。

德眯特里大公　这话不错，我生下地来，从没有听过那样的雄辩。那场演说，真可以算得弹劾演说的模范了。

濮里悉　也不见得怎样好，不过恰恰趁着了好时机罢了。时机如果恰当，哪怕是一匹驴子，也会雄辩起来。这是霍例思曾经说过的……（又从衣口袋里取出《霍例思诗集》来）

幽思勃夫公爵　得了罢！你那霍例思，已经听饱了。诸位。我们再把大家担当的任务演习一遍罢。呃！糟糕！我怎么提不起头来？我今天晚上精神真有点子怎么样了。这样罢，我们先喝杯茶。大家都坐下罢。博士，你今晚的任务顶重大，所以且把精神放沉静些，吃一点什么东西，好不好？（从俄国茶壶，放出开水来，一面倒在茶杯里，一面传送到各人面前）点心怎么样？（把碟子分到各

人面前，劝各人用点心）

博士 我真不行。我巴不得我有一种恶魔的勇气来吃这些点心，我巴不得我有这样的无神经。这没有起头做手脚，我的神经已经昏起来，觉得这些奶油当中都含着有可怕的毒药。其实，毒药还在这里，还藏在我这衣口袋当中。喔呀！毒药不见了？——奇怪！啊！有了，有了！真是，一个人干着这样的事，不消半天，就会变成疯子！（从衣口袋里取出手巾，揩额上的汗）

苏荷登中尉 你那青酸加里那种东西，究竟有怎样的效力呢？

博士 （用手指敲着衣口袋）一钱重的青酸加里可以立刻把十个人毒死！

德眯特里大公 只消一钱重！

暂时大家无言。

濮里悉 一切恶的东西，都有绝大的魔力呀！我每每碰着大恶人，凶险的武器，危险的毒药，淫荡的妇人，等等的时候，总觉得会被他吸了进去，觉得这种恶的东西当中，有一种什么汹涌的强大魔力，会把我盼望安定和平的常识夺了去似的。我们从高楼往下看时．不是常常有一种想从上面落下去的特别感吗？恶的魔力所引起的感觉，恰和这个一样！

博士 大半是因为视觉的关系，才有那样的事罢。不过，毒药可稍微有一点不同。

苏荷登中尉 喂！德眯特里！因视觉的关系，从高地方，落到柔而低的地方去，这可不是你最得意的把戏吗？

幽思勃夫公爵 只有一点不同，在那时候，德眯特里恐怕未必有什么“恶”的意识罢。（极力笑起来）

濮里悉　（取来表来看看）是时候了，我们慢慢做起来罢。——

大家暂时互相望着不发一言，都勉强站了起来，好像一种非常疲劳的人的举动似的，独濮里悉在房里跑来跑去，显出很有把握的样子。

濮里悉　苏荷登中尉！把你坐过的那张椅子稍微横起搁一点，好不好。这样搁起来，才像有一个年轻女人突然离开椅子，急急忙忙的跑上楼去的样子。公爵，请把阁下那桌子上边，弄得更凌乱些。不错，把我吃剩下的点心，搁在那里罢。博士，你茶喝够了吗？可以把那玻璃杯斟上半杯，搁着。那张拭嘴纸，也要稍微弄皱一点。不要弄得太皱，只要露出它刚刚轻轻的拭过了嘴唇的样子，就得了。

幽思勃夫公爵　这老头子，倒很会扮戏啦。我真正佩服你。德眯特里，请你上楼梯去，把照例的那个留声机器盘子安上。

德眯特里　好罢——照例的那一个盘子？……

苏荷登中尉　不是有一个最闹热的美国军乐队盘子吗？

德眯特里大公出了饭厅，走到楼梯上棕榈盆子的后面去。同时，楼下的四个人都不说话，只在食桌的周围做种种动作，露出他们正在努力要布置出几个来客刚吃了随便的晚餐离开饭厅以后的样子。留声机器盘子回转起来了，唱出一种不大紧张的悲调。

幽思勃夫公爵　喂！那个盘子不行哪！（由推门口向楼梯上叫）德眯特里！不要唱那样阴惨的盘子。

德眯特里　（只说话不露面）但是，这是喇库麻的《死岛》曲。我想它恰和今晚要出人命的情景相合哩。

幽思勃夫公爵 那不有美国的音乐，苏莎军乐队的进行曲吗？那个戛呀戛啊非常聒耳的盘子。唱那个盘子，准可以显出有许多来客在楼上说话的样子出来。（再回到饭厅来）

苏莎军乐开始唱起来。

濮里悉 现在，假定我是那个怪物，这样进房里来（由门口，装出拉思浦琴的模样），阁下看见我，即刻就让我坐椅子。来罢，试一试看。——美人在什么地方？菲立司，赶快叫她来和我会面罢！——啊！我对于怪物的模仿，太不高明了。

幽思勃夫公爵 （笑着）好的，真正完全像格黎哥里那个怪物。现在该轮到我了——别忙，先唱一杯茶罢。还有谁也没有动过叉子的点心。路上冷得很罢。到那边房间去，暖和暖和，喝杯玛地拉酒，好不好？——是应该这样说的吗？

濮里悉 喝杯酒好不好这句话太弱了。还是应该端着点心碟子，一直往里边房间去——叫怪物走在前面。第一要紧的还是酒，因为怪物肯不肯吃点心，还不一定。不叫他喝酒是不行的！呃？博士！——酒的发作要快些，是罢？

博士 （一面带上手套）论力量，酒是很确实的。

幽思勃夫公爵和濮里悉到隔壁房间去。

德眯特里 （急急由楼梯下来）可是，你不要自己把替拉思浦琴预备着的点心和酒吃了去。那可了不得！想不出方法弄一种什么记号吗？

濮里悉 （进隔壁房）放心！幽思勃夫公爵脑筋很好，并且毅力是很强的！

博士从衣口袋中，掏出毒药，把一个桃红色的点心，分成两半，涂上毒药。德眯特里露出精神很紧张的样子，在旁边看着。

博士　别挨着它！啊！点心是这样就行了！还有玻璃酒杯。（进隔壁房去）

隔壁房的两个人看见博士忽然进来，不由的大吃一惊。

濮里悉　是博士吗？进来的时候，要先给一个信才好。

幽思勃夫公爵　唔！今晚上好像大家都有点子神经兴奋过度。

博士　请不要挨着毒药。就是我，不带手套，也还不能够安心去弄它呢。（把桌上的玻璃杯拿在手里，向杯里面敷毒药）公爵请记着，搁在樱桃白兰地酒前面的，就是敷了毒药的杯子。我且把它比别的杯子稍微放远一点罢。好了，不要再把位置弄乱了。你们二位的话，大概说妥了，也请出来罢。

在饭厅的两个人，从衣口袋里，拿出手枪，一面相对望着，一面点头。

濮里悉　（一面由隔壁房间走出来）准备是完了。那怪物总会跑来罢？今晚的事，万一发觉了，我们大家都准是没有性命的呢。

幽思勃夫　（取出时表看着）前天我同他约得很明白的。那怪物的性子，只要听说有女人，哪怕是毒药当中，他也要跳进去的。何况我还对他说，这女人就是那怪物屡次调情都没弄到手的伯爵夫人？

德眯特里　要知道，一个美人越发冷酷，越会叫男子着迷。

苏荷登中尉　德眯特里这句话，想来是经验有得之言罢。

幽思勃夫　（向着隔壁房）喂！博士，我们去罢！已经是时候了。（向着濮里悉）劳驾从楼上把博士的大衣和帽子拿下来。顺便把开摩托车的人用的眼镜也带来。（濮里悉上楼去）

德眯特里　从这里到郭鲁波，还算不得很近呢。

幽思勃夫　恩！远什么？坐摩托车去，即刻就到的。可是，务必要留心不要碰着守卫们才好。

博士　（把手套投进火炉后，才从隔壁房出来）从后门出来，不会被卫兵看见的，摩托车已经弄妥搁在那里了。

濮里悉从楼上把开车人用的帽子，皮大衣，眼镜等等拿下来。幽思勃夫公爵从前房的帽架上取下大衣和帽子穿戴着。同时隔壁房火炉里的手套正半燃着。

幽思勃夫　好罢，我去去就来。你们也请照着我说好的计划，把留声机器盘子唱起来。

大家无言，一面点头，一面紧紧的握手。

远远的有狗叫的声音。

幽思勃夫　还在乱叫。这就是所谓动物的预感吗？

濮里悉　阁下，请放沉着些！

幽思勃夫　晓得的！（两人出去）

剩下的三个人，各向椅子上坐下，似乎怕挨着饭厅的桌子的样子。暂时都没有话。远远听见摩托车飞跑的声音。

苏荷登中尉　好臭！好像在火炉里烧着什么东西。

德眯特里　什么东西呢？

濮里悉　（走进去往火炉边看）啊！冒着烟——好像是因为附着毒药的缘故，手套烧都烧不完。

苏何登　（跟着跑进去）开窗户罢！

德眯特里　了不得！提防毒气把大家闭死了去。喔！留声机器已经停止了——我到楼上去，请你们二位把火炉弄好罢。

两人打开窗户，放出满屋的烟气。德眯特里把留声机器盘子又安上了。

苏荷登　今晚上好冷啦！

濮里悉　你看，这些像珐琅质一样的冰！万物都冻得要死，这个小小的声音是什么！喔呀，好冷！

苏荷登　已经可以闭上窗户了罢。（两人闭窗）这时候，他们恐怕正通过冬宫前面呢——怪物到底会不会来？我心不自主的，总觉得，那个怪物有一种神力，会把我们的计划完全看透了！（两人都走到饭厅，和德眯特里会在一起，三人都仍旧坐到原来坐的椅子上去。暂时无言。各自瞑想一会，抬起头来，大家的目光恰恰相碰）

濮里悉　哪怕他怎样滑头奸巧，恐怕也未必想得到我们的计划上来罢？——

苏荷登　我总觉得，好像拉思浦琴早已来到这房里，把我们所说的话，所计划的运作，都完全听去了似的。

德眯特里　总之，那怪物好不利害！听说他曾经由老远的西伯利亚，打电报到圣彼德堡来，把这边的事预先说得很准。

苏荷登　啊——我支不住了！心里想作呕了！

濮里悉　好不讨厌的音乐！——那样闹纷纷的，真好像“扶奥司特”的恶魔正在嘲笑我们的计划一样。啊！这音乐真可恨，真无耻，真胡闹，简直不成一种音乐！

德眯特里　美国人真奇怪，好像他们特别爱听这种音乐似的。请听，这种单调不是恰恰像把许多洋钱放在一个箱子里，从楼上倒下地来的洋钱声音的吗？

苏荷登　（取出表来看着）还没到时候吗？——我很想抽一支烟。

濮里悉　那可不行。因为原假定今晚是贵妇人们的集会，不应该有烟气的。

德眯特里　（拿出纸烟来）在这种时候，只有香烟才能够提起人的勇气。酒才是应该禁止的。——但是能够有一杯强烈的酒，一口气喝下去，也不见得不好罢。

濮里悉　什么话！大家谁也不许到隔壁房里去罢。我这里虽然带着有吕宋烟……呃！每人各抽一支，好不好？

德眯特里　本来，就是妇人们，也不见得就不抽烟。

苏荷登　不错的。凡事，太过于注意计划，也会反转使对手因这种注意而觉悟起来，这是常有的。

濮里悉　我若是拉思浦琴，在没有进这房间以前，我就会看出这点心的当中包着青酸加里！

暂时大家无言。三人同时吸起烟来。

德眯特里　真正阴惨得可怕！喔呀！那是什么声音？

苏荷登　没有什么奇怪。那是水的声音。

濮里悉　是水的声音。

德眯特里　是水吗？——是冰，一定是冰。我刚才以为是有什么人在隔壁房里，把玻璃杯子碰着响呢。真是水！

濮里悉　啊——那个讨厌的留声机器到底也停着了。

德眯特里　停着了？还得即刻把它安上。

苏荷登　我去做——

濮里悉　中尉，请稍微等一等！哪怕是一分钟也好，务必请稍微把那种地狱里面的吵闹停一停罢！如果再即刻接下去，我真不晓得我会怎样难过。喔！不错的，我怎么把《霍例思诗集》忘记了呢?（再从衣口袋里打算取出《霍例思诗集》，但是，取出来的，并不是书，而是手枪，他自己暂时却还不觉得）

德眯特里　那是最新版的《霍例思诗集》吗?

濮里悉　（觉得了）手枪。我万不料我会兴奋到这个程度。

苏荷登　手枪拿出来搁着也可以，因为立刻就会用着它………

德眯特里　好，我们都到楼上去罢。我看过了这种桃红色的点心，此后但凡遇见桃红色的东西，恐怕就要感觉恐怖罢。

濮里悉　桃红色——不错，桃红色是顶凶险的颜色。这是红色将死的时候的颓退的颜色。

苏荷登　算了罢，算了罢，已经听够了。那样的话，如果再说下去，难保大家不会伸手去抓这点心吃。那可使不得！我们上楼罢。

德眯特里　（站起来）这样，濮里悉，我担当的任务，是应该在自己的房间里做的吗?

濮里悉　（也该站起来）计划上是那样定着的，不过要知道，看事情怎样发展，还得有临机应变的办法才行。

苏荷登　（刚伸手要指示一件东西，忽然因太慌忙的缘故，把饭厅的玻璃杯子，打落了一个。三人都大吃一惊，露出你望着我，我望着你的样子）糟了！（把玻璃杯的碎片拾起来，放入衣口袋里）。

德眯特里　不晓得从楼上听不听得见下面?濮里悉，对不起你，我要去把留声机器安上了。请你在楼下，随便说几句什么话。

学那怪物说话也好——你先前学得很好不是。

苏荷登和德眯特里上楼梯去。留声机器盘子从新唱起来。濮里悉露出害怕的样子，向隔壁房里窥视，站在五色灯的下面。

濮里悉　（学着拉思浦琴的口吻）你们这些东西，用美人把我钓到这里来，好大胆子，胆敢拿毒药毒我！你们知道我是谁？我是罗玛罗夫家倚为柱石的神，我不过借着拉思浦琴的身体罢了！纵然有一百万叛贼拿毒药毒我，对于神，哪会有一点效验？哈哈……这些蠢东西！

德眯特里　不行，不行！那样的话是不中用的。还要说得更快活些才对。

濮里悉　太利害了吗？那末，这样说好不说？——我亲爱的皇后，请你看在上帝的份上，把斯志玛和卜罗多两人，任命为国务大臣罢！他两人是上帝特为罗玛罗夫家的光荣而指定的天使呀！

苏荷登　（从楼梯上说）学得真好！

濮里悉　（继续着）其次，大元帅尼古拉斯大公要看在神的分上，离开战线才对。

德眯特里　够了，不用说了。请上楼来罢。

濮里悉　啊——真正讨厌的房间！我愿意永远不再走下这房里来。（做出很害怕的样子，一面向周围观看，一面上楼）

舞台上暂时空虚，看不见人。只有留声机器还唱着噪杂的声音。时时看见棕榈树的叶子动掸，表示着有人在那旁边用手转机器。

在远处有摩托车的声响。

狗又叫起来。

濮里悉　来了！真来了！

苏荷登　躲起来罢！（三人都上了楼）

左边的门忽然开了。穿着毛皮大衣的公爵走了进来。跟着，拉思浦琴也穿着毛皮大衣，稍微躬着腰，走进来。最后是博士，装做开车的，也走进来。

暂时无言。三人脱了大衣，挂在帽架上。

拉思浦琴　哈哈，今天大请其客了吗？——房间都还是热烘烘的。

幽思勃夫　嘻——别大声！贵妇人们还在楼上，说话太大声了，会被她们晓得的。（拉思浦琴和公爵走进饭厅。博士于两人走开之后，轻轻的提起脚步，想上楼去，忽又变计，先开开外门，再用力关上，发出关门的声音。最后才拿着大衣，帽子，眼镜等等，悄悄的上楼去）

幽思勃夫　（用平素没有的特别紧张的声音说）请啦，格黎哥里·拉思浦琴教父，请喝一杯茶罢！（一面指着饭厅里面的一张椅子）

拉思浦琴　呃？菲立司，怎么样了？你今晚上有好旺的肝火的样子？又碰了太太的钉子吗？——不要对太太发展得太利害了！你和我是有点不同啦。哈哈哈……

幽思勃夫　到隔壁房去罢。饭厅弄得这样乱糟糟的。这盘点心——还没有被人动过，拿到那边去，一面烤火，一面喝杯玛地拉酒罢。（端起点心盘子，把两个小碟子和银的食器等等放在另一个盘子上，做出要到隔壁房去的样子。拉思浦琴捻着胡须，露出诧异的样子，向饭厅到处观看，又侧着耳朵听楼上的留声机器的声音。听

了一会儿后，才微笑着，伸着一只手，跟公爵到隔壁房去）

拉思浦琴　你听那个，那个音乐真好！世上一切坏的东西，都是上帝特别造出来，以便表示好的东西的！就是女人，也还不是一样吗——（坐向沙发椅上）世上的美妇人若不犯罪，只是自己一个人看着处女的雪白的皮肤，什么上帝的大德宏爱，就都无从使人类知道了。犯罪原是为赎罪而存在的，先要犯罪，然后才见得赎罪的价值呀！女人们，罪是应该犯的，只管尽量去犯罢！你们不犯罪的时候，上帝就会离开你们萎谢的身体了！唔——哈哈哈……这就是我的教理！

幽思勃夫　你的话无论在什么时候都是痛快的。喝玛地拉酒吗？还是旁通葡萄酒？点心也切好了。请罢！

拉思浦琴　恩——酒可不想喝。点心好像很好呢，给我一块。（从点心盘子取点心，把叉子丢开。用手抓点心吃）稍微有点苦。这点心不害事罢。

濮里悉从楼上躬着腰下楼来，张着耳朵偷听房里的动静。

幽思勃夫　有点苦！不会罢。我先前吃的时候，只不过觉得稍微有一点杏仁味儿罢了。那……那一定是舌子的关系。从冷的地方，忽然跑进暖和的房间来，还怕神经上不会有这一点变动？开瓶酒罢？还是非酒不行。

拉思浦琴　不，不必，酒可不想喝。好罢，我再吃一块点心看看罢？是因为我的舌头的缘故？——可惜这房间里没有一位什么贵妇人！我这手指头上奶油恨不得叫一位贵妇用舌头舔了去！菲立司，你总挑给我那样的，那不行哪。（尝尝手指头上的奶油）还是有点苦！算了罢。喂——上次拜托你设法的那个女人，怎么样了？

幽思勃夫　想来一定是因为她和别的女人们在一起，还不便脱身——等我到楼上去看看罢。

拉思浦琴　赶快去！你悄悄的告诉她，我这样深更半夜跑来传教，也是很不容易的唷。

幽思勃夫　那女人敢于屡次拒绝教父的命令，的确是不好缠的。我为着向她设法疏通，到今天为止，也不知道用了多少心呢。

拉思浦琴　承你费心，谢谢你！啊！我心里有点难过起来！这是为什么？我口里只是冒水！

幽思勃夫　（慌忙往楼上跑，在楼梯半中间遇着濮里悉，打着手势，做出吃毒药后，流出馋口水的样子。濮里悉问他有手枪没有。苏荷登和德眯特里也悄悄的走出来，问下面的动静。幽思勃夫把自己的手枪，比给他们看。在这时候，拉思浦琴在楼下一面抹着胸口，一面用手捡起点心看。楼梯上的四人做出推着幽思勃夫要他仍下楼来的样子。幽思勃夫进房里去）她立刻就下来。你怎么样了？心里不好过吗？

拉思浦琴　呃！这点心有点不对唷！你弄了什么手脚吗？

幽思勃夫　（勉强制止着发颤）别，别开玩笑！可真奇怪！这样罢，你喝杯白兰地酒，提提气罢！（那刻用开酒瓶的拔子，把白兰地酒开了，斟向玻璃杯里。不说什么话，先为自己斟上一杯，随后斟上离别的杯子稍远的玻璃杯，用很不自然的态度，让拉思浦琴喝）

拉思浦琴　白兰地吗？——我只不大爱喝白兰地。既斟上了，

姑且喝一杯壮壮气罢！（喝酒）

幽思勃夫 不爱喝吗？开一瓶玛地拉酒好不好？

拉思浦琴 玛地拉？那倒比白兰地合我的口味。啊！我如今也择起口味来，真也变成一个很奢侈的人了。（把幽思勃夫所斟上的酒喝了一口）

幽思勃夫 怎么样？合口味不合？我可以担保它是很老的酒。——

幽思勃夫这时很留心察看拉思浦琴的样子。他望见拉思浦琴并未发生毒药的结果出来，意气很消沉。他露出很惊惶的表情。这时留声机器忽然停了。幽思勃夫露出忽然焦燥极了的样子，要想向饭厅方向跑出去。

幽思勃夫 她还不下来，到底做什么呢？我再去看一看。（推开到饭厅去的隔幕的半边，把它围着自己的身体，向拉思浦琴放一手枪）

拉思浦琴中了枪弹，晃着身体，站起来，走到五色电灯的下面，向上面张开两只手，好像要抓什么东西似的，发了一个怪声，就倒下了。倒在白熊皮上，暂时闷了气。

幽思勃夫 喂！你们来罢！打倒了！完了事！怪物现倒在地板上呢！

楼上四个人各跑下楼来。幽思勃夫把手里的手枪，慢慢的放在衣口袋里，用手指着在熊皮上滚动的拉思浦琴。

濮里悉 那样不行！要赶快把尸体从熊皮拖开！

博士 要出了血，就费事了！

苏荷登 死了吗？——真不中用的东西！这就是吃斯拉夫民族

内脏的血液的毒虫哪！（用足踢死尸）

濮里悉　喔呾！博士，拖到地板上去罢。要立刻把他衣服剥了去。好一个令人害怕的怪物！不想这样一个平常的满脸稀脏的乡下人，居然会闹乱了全俄国！你们看！怪物的面孔真丑！（两人合力把死尸拖到地板上）

苏荷登　赶快剥他的衣服罢。（大家剥拉思浦琴的衣服。只留一条小衣，然后用一幅大布把死尸裹起来）

博士　很对不起诸位。我怎么样也受不住这样兴奋的状态了，头也痛了！眼也花了！我身上的筋肉，好像都跑到了我喉咙边，要叫我把五脏六腑都吐了出来！啊——心里真苦得不好受！（忽然推开门一直跑到门外去）

幽思勃夫　我不晓得我刚才到底干了什么事！我只觉得好像永远不断的时间忽然停止了似的！我只记得在真空的世界当中，那怪物最后看了我一眼，那双像可怕的禽兽一样的苍白透明的大眼睛，那双眼睛就是使俄国国民全体腐败的眼睛啊！

濮里悉　公爵，事情还没有完哩。但是，公爵总算替我们做了一件伟大的事业！多谢你！我（感动已极，露出哭声）替俄国，替斯拉夫民族，多谢你啦！（拉着公爵的手接吻）

苏荷登　（把尸体当作一块木块一样的，滚来滚去）德眯特里，现在是我们两人的任务了。我们借菲立司的摩托车，把这宗物件先运到郊外去，然后再坐你的摩托车，跑到你府上去，这样才免得被人晓得。

德眯特里　不过一层，若不绑上什么重东西，恐怕这怪物不会沉下水去罢。

幽思勃夫　重东西早已预备好了。现放在进门口的帽架的屉子里面呢。

濮里悉　等一等。先要把衣服处置好。像这样沾着血的衣服——除了送到博士的红十字火车上去，恐怕没有别的办法。其次是怪物的大衣，请哪一位顺便穿了出去罢。时候已经不早了，大家分头先把衣服处置了罢。

这时博士又从门外走进来。

博士　好了，我心里好过一点了。还是呼吸室外的新鲜空气要紧。（和大家合在一起）现在，如有什么到外面去干的事，我可以包办。

濮里悉　好罢，就请你和德眯特里大公和苏荷登中尉三个人把衣服处置好。我和公爵两人在这里看守着死尸，请放心罢，不要紧的。

三人　（同时答应）好的！就这样办！（各抱着拉思浦琴的衣服出去）

幽思勃夫和濮里悉看了拉思浦琴的尸首一眼，出到饭厅去。幽思勃夫连说头痛，倒在饭厅的椅上。濮里悉连忙去看护他，远远的有狗叫的声音。

幽思勃夫　（突然站了起来。好像从梦中惊醒似的）狗，非把那匹狗杀了不可！可恶的东西，今天晚上整晚的咬着我的神经！

这时，被布裹着的拉思浦琴，慢慢的挣扎起来，把周围看了一遍，拖着布，向饭厅走出去。

拉思浦琴　菲立司，菲立司，菲立司！

濮里悉　喔——鬼来了！

幽思勃夫一面掏出了手枪，一面却倒在桌子上旁。濮里悉只是眼睁睁的望着拉思浦琴一颠一晃的走出去。拉思浦琴散着头发，走出饭厅，走出外门口的镜台旁，照了一照自己的样子。随后，用一只手指着天上，好像呼唤神鬼似的，推开门，走了出去。

濮里悉急忙忙的往隔壁看了一看，做出惊惶的样子，掏出手枪，跟着拉思浦琴追出去。

幽思勃夫　是狗！是那匹可恶的狗！

门外，手枪响了三响。接着几个人叫唤的声音。幽思勃夫也向门外跑出去，好像着了魔的人一样。房间里暂时没有人。

濮里悉　（叫守卫甲和守卫乙扛着拉思浦琴的死尸）我们是替罗玛罗夫家宰了这个大恶人呀！听清楚了吗？决不要向别人说啊！

守卫甲　这算什么？本是我们应该做的事，不过你们替我们做了罢了！

濮里悉　真正，这个坏东西真也熬得！吃了毒药，中了枪弹，中了一，二，三，四个枪弹，他还是这样。真是世上少有！你们看，他还在蠢动，好像一条毒蛇一样！

守卫甲　好不令人害怕的东西呀！

幽思勃夫，颜色苍白，从门外走进来。

濮里悉　公爵这会子怎么样了？

幽思勃夫　我去杀了狗来。两匹都打死了！

巡警忽然推门进来。濮里悉大为狼狈，连忙把拉思浦琴的尸身盖着。

巡警　有了什么事？不是接连发生了一阵枪声吗？

幽思勃夫　枪声吗？巡警，那不是别的，是我用手枪打死两匹狗。这几天我这里养着两匹猎狗都发起癫来，每天晚间，乱哮乱叫，我一点觉也睡不着。死狗现在还搁在前面院子里，请你去检查检查罢。

巡警　的确是狗——吗？

濮里悉　是狗，的确是狗！

巡警　那就行了！（走出去）

濮里悉　可真是一匹叫人害怕的狗呢！

守卫甲　（向着守卫乙）喔唔，依万诺夫，这是什么意思，你懂得了吗？大家还要努力才行。俄罗斯国从此以后就走运了！

濮里悉　这话不错。弟兄们，罗玛罗夫家此后要从新放出正义的光辉，再把西部战线整顿起来的！俄罗斯从新进攻，联合国必定会得最后的胜利！我们已经亲手把这个德国奸细杀掉了！

守卫乙　（很冷静的，只把头向左右摆）……像你们这样大政治家说的道理，我不懂得的。不过，我可知道，俄国军队是三个人共同一条枪。一个人拿枪，其余两个人只拿着棍子！俄罗斯已经腐败到根子上了！现在只杀了一个拉思浦琴，恐怕还不中用，还要杀一些更叫人害怕的拉思浦琴才行罢！

守卫乙走到楼梯旁去，耸耸肩膀，坐了下去。

濮里悉　什么？你是什么样的人？是社会主义者吗？（向着守卫甲）这个人常常说这样的话吗？

守卫甲　喔——我可不晓得他不是不社会主义者。不过，近来在我们弟兄们当中，这样的说法是很时兴的哪。

守卫乙　你们打算拿社会主义者的罪名，把我绑去吗？——恐怕你们不把俄国人全体的一半以上，都处以死刑，终久还是无效的

哩！（嘲笑）

幽思勃夫和濮里悉，露出垂头丧气的样子，眼睁睁的互相望着。

这时候，中了四个枪弹的拉思浦琴，忽又呻吟起来，把身子微微动着。

濮里悉　弟兄们，且先把这个大坏蛋处置了罢。用绳子捆上！

——幕——

白鼻福尔摩斯

[法]嘉密著　罗江译

一、假秃头　二、科学兼文学强盗

三、白墙上的红手　四、骨骼失踪——

译者注：这是我译的《白鼻福尔摩斯》那本书的起头几段短剧。请让我把那本书的序，转载在这里，以当绍介罢。

序

（1）这本书是法国嘉密（Cami）著的 Les Aventures de Loufock-Holmès 的全译。全书分两篇：

第一篇叫做《白鼻福尔摩斯的成功（他打败众人）》，第二篇叫做《白鼻福尔摩斯的失败（玻璃鬼打败他）》。一共含着三十四个短幕侦探谐剧。

（2）这些短幕侦探谐剧，一面带有侦探兴味，一面又带着幽默滑稽，另一方面，还含着有最近科学的趣味，实在可以算得是一种新式的，又有兴趣，又含教训的高级大众读物。

（3）侦探的著作，从来大致有两种：一是纯文学的侦探谈，如像剖（Poe）的作品。一是通俗的大众读物，如像道依尔（Conan

—Doyle）的《福尔摩斯侦探谈》和鲁布朗（Maurice Leblanc）的《卢班侦探谈》。嘉密的作品，和这两种都不相同：它和第一种的著作大有区别，是不待言的，就和第二种也大不相同。卢班和福尔摩斯是悲观的，沉郁的，白鼻福尔摩斯是乐观的快活的。道依尔和鲁布朗的著作好像是在劝人受苦作恶似的，嘉密的作品，却好像在劝人行善享乐一样。道鲁两位的著作，还带有封建遗物的种种色彩，嘉密的著作，却完全是现代最进步的文化的色彩。嘉密的作品常常露出笑话侦探的，替侦探出丑的场面，从表面看来，差不多会叫读者疑心他在讥诮道鲁两人。大概这些差别都是由于时代的不同而来的罢。

（4）嘉密的侦探作品的文体，也是非常出奇的。他一句一段一章一节，都是像走马灯一样，繁音促节，快得非常。好像诗坛上的表现派的诗，乐坛上的新流行的交响乐（Jazz—Band），演艺界的电影一样。据说贾波林很称赞嘉密，大概嘉密文体的现代风格也是一个主要原因罢。

（5）关于嘉密的传记和他在文坛上的地位，日本水谷准，曾经有一篇文章，题目叫做《嘉密的〈还是处女〉》，载在一九二八年日本《新青年》的新春增刊号，我如今把它译在下面贡献给大家看看罢：

> 日本《新青年》译载的法国小说，多半是一些开心话，怪异谈之类的短篇，侦探小说却是很少登载，所以叫人觉得在法国侦探小说不大时兴似的。其实过细考察考察，法国到底不愧为产生过加波利卧和鲁布朗的国，目前仍然还有许多侦探的著作。目前译法文书的人很少，我自己法文不大纯熟，又很懒

散，所以动不动只是翻译一点开心话塞责，真有点对不起法国的侦探作家呢。法国人的理智和感情号称比无论哪一国人都发得较为匀整，岂有做不出侦探的杰作的？我看见拉鲁的《文学史》，上面关于曾来过日本的布诺华，果然有这样几句话。他初期的珍怪长篇如 Konigmark 和 L'atlantide 就比鲁布朗或勒鲁等的著作，有过之无不及，这不是一个明白的证据吗？关于这些优秀作品，将来自然慢慢要译出来，同时还让我先写几句关于畸形作家嘉密的事。

他是一八八四年生的，今年刚三十四岁。起初学唱戏，后来进报馆去，一面办事，一面著述，直到大战时为止。在法国本国的文坛上，却只站得第二流的地位。

他好像有侦探的趣味，他的短篇大抵都以杀人，报仇，冒险为主题，再加上他自己独特的手法，所以他所描写的场面，都有一流奇妙的风味。

听说，贾波林非常称赞并敬重嘉密。这是应该的。因为贾波林的电影固然有他独殊的人生观，嘉密也有他独特的人生批评。不过贾波林的人生观，如像《黄金狂时代》里面所表现的，都是很显露的，而嘉密的人生批评，却只是轻描淡写。所以也许可以说，贾波林的人生观是独断的，嘉密的人生观却是漫画的。

我最近读了嘉密的两个中篇小说，都是很不容易译成日本文的。其中的一篇，我打算把它译登《侦探趣味》杂志上面去。另外一篇，就是下面略述的《还是处女》。

一个博士和他女儿过着很和睦的日子。不料有一晚上，博士走到研究室去，忽然发见失了盗，把比他女儿的命还重要的东西失掉了。

博士的专门研究，是人体接木，就是说，把人体的一部分切开，放在别处去养活着。在欧洲大战后，女人的贞操濒于非常的危险，所以博士断然把他女儿的处女膜切开，放在一个小箱子里，保管着。以为只要这样办，不管他女儿到结婚之日为止，怎样胡闹，不管她身体上有什么要求，不管她有不有爱人。他女儿总算是一个绝对的处女。这就是嘉密的现代观。

但是，不幸这个取下来的处女膜被偷了。博士认为犯人就是最近博士解雇了的那个恶助手。

他女儿的爱人，是一个青年演剧家，听见这消息，连忙跑来了。博士原来因为看不起演戏的人，不许他两人结婚。到这时却对青年说，如果他能够把被偷的处女膜找回来，就可以许他。因此青年也大卖起气力，请白鼻福尔摩斯出阵。不幸这个白鼻福尔摩斯，轻容易的被恶人的摩托车载走，被他们监禁起来，并且被恶人用他从博士学得的人体接木术，接上一些狗皮在身上，在表面上变成一条狗了。

这时，博士女儿却于青年戏子之外，受着三个强壮的情人的保护。这三个人只是为满足博士女儿的情欲而存在的，并无一丝爱情，所以他们三人都能一致努力，保护着她。这种纯恋爱和肉欲要求的区别，从日本的现代观看来，是很有趣的。

恶人想把青年戏子杀掉，所以在青年应该出演的一幕戏里的冰桶上面，接上一个杀人犯的心脏，想用这冰桶的盖子，把青年夹死。谁料青年因为喝了酒，到迟了，反而逃了性命，代替他的戏子却被杀了。这样一来，发生大闹热了。这个恶心的冰桶，在巴黎市中到处乱跑，碰见人就夹死，很有几场巧妙的场面。最后还是白鼻福尔摩斯逃了出来，把恶人捉住了。他那书的最后一句结语，是一句非常愉快的话，可惜在这里不便译出来！

这本书之所以难译，就是因为它带有一种好像春画一样的主题。如果读原文，却因为有一种嘉密式的手法，一种似蠢非蠢的神韵，所以并不觉得有什么下劣的感觉，倒只觉得带着一种上品的清洁的微笑呢。

这样说来，仿佛嘉密是了不起的文豪了，有点像吹牛。其实他的文章和情节上那种破格的步调，实在对于日本文章学上，可以给一点新的暗示呢？

（6）嘉密的著作，除了我译的这本书之外，还有：

1. La Vendetta
2. Les Amours de Mathusalem
3. Vierge quand Même（即《还是处女》）
4. L'Homme *à* la Tête d'Épingle
5. Dupanloup
6. Les Mysteres de la Forêt－Noire
7. Pour lire sour la Douche
8. Le Chevalier de Moulin Rouge
9. Cami－Voyageur
10. Scaphandrier de la Tour Eiffel

此中第九书，是英国旅行记，日本文已有译文，叫做《嘉密赤毛布》。

（7）我所以翻译这本书，因为嘉密有值得绍介到中国来的价值，至少从他乐天的现代的人生观看来，应该比道依尔和鲁布朗值得绍介些。以后还打算继续翻译他一些新东西。

罗江

第一篇　白鼻福尔摩斯的成功

（他打败众人）

一　假秃头

第一场　古怪的犯罪（舞台是一件古怪的犯罪的房间）

有名的警官　（向着白鼻福尔摩斯）请看，这就是犯罪发生的房间。今天早晨有人发见，住在这房间的老头子，坐在他顶心爱的椅子上，已经死了。从身体检查起来，好像是一种天然的死，但是死人脸上有一种惊怖的表情，使我怀疑。请看罢，这就是死尸，这是原来发见的时候的状况，一点也没有动弹呢。你可以自由去检查检查罢。

白鼻福尔摩斯　这老头儿是很有钱财的吗？

有名的警官　是的。他原来是国家音乐队的修琴匠，后来赚了钱，才退出队来享清福呢。

白鼻福尔摩斯　（一面察看死尸）唔！我只看一眼，就看出修琴匠是戴着假发的人。

有名的警官　是的。因为这老头儿年纪虽高，头发却还茂盛得很，长得漆黑，所以他平常不得不戴一副半边秃头的假发，以免别人笑话他老年不老成。

白鼻福尔摩斯 快叫人立刻到巴黎全市理发铺去查明，谁替修琴匠做的这副假发立刻叫他到这里来！要紧要紧！

——幕——

第二场 泄漏秘密的灰尘（舞台和第一场相同）

有名的警官 替死者做这副假发的理发匠来了呢。（手指着理发匠）

白鼻福尔摩斯 （对理发匠）请你想一想。你还记得，你用多少根头发，编成这股半边秃头假发吗？

理发匠 我记得的，是四万根。

白鼻福尔摩斯 好的。就请你过细把这假发检查检查，看它还够数不够数。这不是讲笑，是很重要的事呢。

理发匠 （在数完头发之后）缺少了一根头发。

白鼻福尔摩斯 你没有数错罢？

理发匠 不会数错。我数了两遍呢。

白鼻福尔摩斯 那就好极了。（对着警官）我推想这一根缺少的头发，一定是绊在凶器上面去了。

有名的警官 喔呀！好伟大的推想！但是，你打算怎么办呢，老先生？

白鼻福尔摩斯 我刚才在地板上，撮起一把灰尘，用显微镜查了一查，又闻了一闻，我推想。这个犯人，一定是一个在教堂里管祭器的。

有名的警官 喔呵，好聪明的推想！在实际上，死者的侄儿，就是在隔壁教堂管祭器的人呢。

白鼻福尔摩斯 那末，越快越好。我们赶快去搜查死者的侄儿的家里罢！一同去罢！

——幕——

第三场　管祭器的人的犯罪（舞台是管祭器人住的房间）

有名的警官　到了，这就是管祭器人的房间。但是，老先生，你怎么能够发见了他的犯罪的踪迹呢？

白鼻福尔摩斯　我告诉你，我对于世界上无数种类的灰尘，已经研究了好几十年。这些灰尘，都各有各的特色，我已把它们做成一个大的分类表了。到现在，我认识灰尘的本事很大。只要看见顶小一把灰尘，我就能断定它的来历。刚才在死者房里看见的那把灰尘，我认识它是藏祭器的房间的灰尘。这种灰尘是带有烧的香的气味的，所以很容易认识。你看，这不是很简单吗？

喂！你看，这是什么东西？

有名的警官　这吗？这叫做灭烛棒，是拿来消灭教堂里的大蜡烛的。

白鼻福尔摩斯　（用显微镜细看灭烛棒）啊哈！你看，好奇怪啊！

有名的警官　你看见了什么？

白鼻福尔摩斯　头发啊！你来看！死者假发上缺着的那根头发，正挂在灭烛棒的里面呢。死者的侄子还在前房被押着吗？赶快叫他进来罢。（警官出去，随即带着管祭器的进来）

管祭器的　别冤枉我！我没犯什么罪啊！

白鼻福尔摩斯　冤枉你！你看看这灭烛棒和这根头发罢。难道你还想狡辩吗？

管祭器的　喔！算了罢！听我对你们说实话。杀死修琴匠的，就是我。

白鼻福尔摩斯 我老早就是那样想呢。

管祭器的 是的，我杀了我的叔叔，因为我想早一天继承他那份大家当。自从十七岁的时候起，我就羡慕他的财产，想继承他。我叔叔常常用极温和的话对我说："我是活不久的人了，你不会再等许久的了。你看我这样老迈，好像蜡烛一样，慢慢儿一点一点的快消完了。你忍耐着罢。我的小宝贝！"

有名的警官 （擦着眼泪）真好一个老头儿呢。

管祭器的 这样一年一年过去了，我叔叔还依然说的是那句话："忍耐着罢，我的孩子！我好像蜡烛一样，一点一点的消着呢。"简单说，那一天，我等得不耐烦了，我决心不再空等了：我知道我叔叔睡在他那心爱的椅子上，所以我蹑着脚步，走到他椅子的后面，把我的灭烛棒对着老头子的头顶，轻轻一下，就把他灭掉了！这就是我的实话。

——幕——

二　科学兼文学强盗

第一幕　古怪的游水人（舞台是在巴黎市的一座高洋楼的房顶上）

白鼻福尔摩斯 我们就在这个烟通后面埋伏着罢。那些梦游病的强盗，一定要从这里经过，我们这回把他们一网打尽，也好叫巴黎市民安心呢。

他的徒弟 听说这些强盗奉着一个首领，绰号叫做"科学兼文学强盗”，这人本事真了不得，他曾在好几个大学毕过业，脑筋非常之好，所以才能组织成这个梦游病的团体。这话是真的吗？

白鼻福尔摩斯　真的呢。亏他聪明，想出这个方法，利用有梦游病的伙计，叫他们在屋顶上跑来跑去——这确是一个好主意呢。你还不懂得吗？因为有梦游病的人，惯上房顶游走，所以这伙强盗利用这个性质，在房顶上跑来跑去一点也不怕头昏眼花啊。

警察局巡官　（爬看上场来）白鼻先生，你叫我在这房顶的烟通后面等你，你倒先到了。梦游病强盗团快要上房顶了。你的作战计划怎么样呢？

白鼻福尔摩斯　放心，只要他们到来，我即刻就对我徒弟用催眠术。我徒弟入了被催眠状况之后，就可以一点不怕头晕的，也在房顶上走着，去追踪他们。只要他探着他们的巢穴，我们就有办法了。

警察局巡官　叱！你看隔壁房顶上！

白鼻福尔摩斯　是他们出现了！他们在房檐上跑着呢。赶快动手罢。（注视着他徒弟）睡罢！我叫你睡啊！握着拳头睡啊！

警察局巡官　握着拳头？

白鼻福尔摩斯　握着拳头比较安全些。因为万一他被他们攻击，他可以用拳头防御自己呢。（向着徒弟）现在，你大胆向前走罢，不要害怕头晕！你不是在一个房顶上，你是在一只木船上啊！

警察官巡官　在一只木船上？你疯了吗？

白鼻福尔摩斯　什么话！我给他一个在木船上的暗示，是别有用意的。等一会儿，我再告诉你。

警察局巡官　可恶的强盗们走得快极了。

白鼻福尔摩斯　我徒弟藏在避雷针后面，跟着他们走呢。

警察局巡官 你看！不好了！科举兼文学强盗发见你的徒弟了。喔呀！他攻击你的徒弟，把他向街上推下房项去了！

白鼻福尔摩斯 我徒弟倒在空中了。

警察局巡官 他一定会落在地下，跌成肉酱！

白鼻福尔摩斯 不会的。你看罢。

警察局巡官 （伸头往下望）呃！真奇怪！他跌下去，居然没有受伤。你看你看，他干什么？他趴在街当中，手脚做着游水的动作。

白鼻福尔摩斯 是的。我早预料着他会被强盗推下屋顶去，所以我刚才特地给他一个暗示，叫他相信他自已在一只木船上。所以，他现在以为他跌在水里头呢。你看，他在马路上使劲游水，想达到旁边的步行路上去呢。我们去捞他起来罢。（他们下去了）

科学兼文学强盗 白鼻福尔摩斯啊！我猜透你的秘密了！看罢，你下一次再碰见我，你的徒弟一定逃不出我毒手呢？我有一个主意了。（他从房顶上走了）

——幕——

第二幕 催眠术的秘密（舞台是在威尼司[①]市的一座大洋楼的房顶上）

徒弟 哪怕梦游病强盗团会从巴黎逃跑，我们还是在威尼司追着他们了。

白鼻福尔摩斯 我们就在这威尼司的房顶上埋伏着等他们来罢。我已经安下了一千五百个闹钟。一切都准备好了呢。

① 后文又译为“威尼斯”。——编者

徒弟　老师，为什么你安置了一千五百个闹钟在房顶上呢?

白鼻福尔摩斯　为要闹醒害梦游病的强盗们啊!我安着的一千五百个闹钟，到了时候，一定会同时闹起来。放出大大的铃声响，把梦游病的强盗们惊醒呢。

徒弟　我懂得了。如果我们忽然把害梦游的惊醒，他们在房顶上一定会感着头晕，立刻都跌到下面呢。

白鼻福尔摩斯　就是这个道理。强盗们一定会跌到下面河街里去，我已经嘱咐威尼司的警察局派装囚人的船在下面等着呢。

徒弟　你看，强盗们出现了!

白鼻福尔摩斯　闹钟快要响了。

徒弟　已经响起来了。

白鼻福尔摩斯　好大的响声啊!

徒弟　梦游病的强盗都忽然一下惊醒了。

白鼻福尔摩斯　他们都感觉头晕了。你看。他们都跌下河里去了!

徒弟　威尼司巡警正用打渔网捞着他们呢。

白摩福尔摩斯　还剩着有一个强盗，在房顶上呢。

徒弟　这是科学兼文学强盗啊!等我跑去捉他。(他向这强盗扑去)

白鼻福尔摩斯　真好的徒弟啊!呃!什么?我看见什么?科学兼文学强盗把我徒弟上催眠术了。喔呀!他把徒弟推下屋顶去了!

科学兼文学强盗　(露出得胜的样子)白鼻福尔摩斯!看罢!伸起头往下看看罢!

白鼻福尔摩斯　(伸头望下面)可怜啊!我徒弟的头，碰在河里的水面上，好像一个冬瓜碰在石头地一样，碰得粉碎了！

科学兼文学强盗 白鼻福尔摩斯，这就是我的报仇啊！我刚才叫你徒弟进到催眠状态去，我给他一个暗示，说他是从爱费尔塔顶上落下地去呢。他相信他是落在地面上，所以他的头碰在河街的水面上就碰得粉碎了。（他笑着由房顶上跑走了）

——幕——

第三幕 意外的捕获（舞台是科学兼文学强盗的家里一个房间）

白鼻福尔摩斯 （和巡警走进房来）我到底找到科学兼文学强盗的巢穴里来了。我非替我死了的徒弟报仇不可。为要免得有响声，我一步一步留心了我的脚步呢。（他走到强盗睡的床边去来）我好好留心，在强盗的脸上，盖上了一个面具。盖好了之后，我就走出那个房间，在门背后等，一直要等到天亮。

第一个性急的巡警 为什么你不即刻把强盗抓住呢。他不是已经入了我们掌握之中吗？

白鼻福尔摩斯 我不即刻抓他，我的报仇还没完全呢，你看着罢，强盗要自己绑着手脚，自来送死呢。

第二个性急的巡警 为什么？

白鼻福尔摩斯 我们即刻就可以看见的。天已经亮了。强盗恐怕也要起身了。我们听罢。

科学兼文学的强盗 （在里间房里面说话）喔呵！好可恶的强盗！我如今捉住你了。投降了罢！你还想逃走吗？我要绑起你呢！

白鼻福尔摩斯 我们进去罢！

第一个性急的巡警 他这话是什么意思呢？科学兼文学强盗会

自己把自己绑起来！

白鼻福尔摩斯　是的。当他睡着的时候。我在他脸上挂上了一个面具，这面具上面画着的是警察局巡官的面孔。当他睡醒的时候，他觉得面上不舒服，自然跑到镜子面前去照。这时他看见他戴的面具，忽然中了常常有的所谓自己暗示，他以为他自己是警察局巡官呢。一个巡官是很忠心于自己的职务的，所以他立刻跳起来抓住自己的喉咙管，把自己捉住，并且用绳子把自己绑起来了呢。你看，那不是吗？

——幕——

三　白墙上的红手

第一幕　血手印（舞台是一座大洋楼）

白鼻福尔摩斯　（对看门的说）请你告诉我，发生了命案的房间在哪里？

看门的　（随便懒散的答应）在四层楼，右边第一个门那栋房间。（忽然感觉得他自己的不留心了）喔！是白鼻先生们吗？对不住！是我请你们来的呢。因为有许多住客，今天早晨都来对我说，他们昨晚听见一种可怕的叫声从四层楼上发出来呢。是的，在那里住的是一个放高利的。

警察局巡官　列位，我们上楼去看看罢。（他们上去了）

看门的　请看，这就是四楼。

警察局巡官　我们进去罢。（他一个走在前头）喔呀！好不可怕！看……那白粉墙上……一个红印子！

白鼻福尔摩斯 这是一个血手的印子！但是……这有点奇怪！……这只手好奇怪，大得很呢！

警察局巡官 （量手印的大小）这只手从手腕到中指尖，有二尺八寸长呢。

警察局的法医官 被杀的放高利的人的两个颊骨已经碎了。我验得，在碎了的颊骨上面，有顶大的手指印子，一只大血手的指印子。

警察局巡官 这真不可思议呢！这个罪一定是一个妖怪犯的。白鼻先生，你以为如何呢？

白鼻福尔摩斯 我想凶手一定是两只手已经废了的人。

——幕——

第二幕 夜里的两句话（舞台是命案发生的那排房子）

警察局巡官 （对着死者的隔壁邻家说）我要问问你们听得的证据。在发生命案那夜里，你听见什么声响呢？

邻家 我隔着壁头，听见几句奇怪的话。一个很生的声音说："你要记得那长着平头发的科尔斯人啊！"

白鼻福尔摩斯 我现在懂得了。第二句怪话怎么样呢？

邻家 第二句怪话是被杀的放高利的人说的。他说："饶了我罢！不！不！不要用那会打死人的耳巴子呀！"这句话刚说完，就见一声凄惨可怕的悲叫。随后，什么也没有听见了！我耳朵里听见的，就只这样多。

白鼻福尔摩斯 （在一张桌子的抽屉里搜寻）我找着一张账单，放高利的放出去的账，都记在上面呢。你看！这笔账好奇怪！你念念！

警察局巡官　（念着）“今天是十月七号，我给了一个长着平头发的科尔斯人一个耳巴子。这科尔斯对我宣言，说他要还我一个一百倍重的耳巴子。这笔放账倒发算得来呢。”

白鼻福尔摩斯　这末尾一句话，不已经把一切说得很明白了吗？凶手是一个科尔斯人。两只手都是残废的。

警察局巡官　但是，那只手，那只大手？……我一点也不懂得！

白鼻福尔摩斯　请你拨两名巡警帮我。明天下午，准三点钟，我到你局里去，叫凶手自己供出他的犯罪情形罢……除非是……

警察局巡官　除非是什么？

白鼻福尔摩斯　除非是这只大手把我们都打死了！再见！（他走出去了）

——幕——

第三幕　杀人的耳巴子！（舞台是警察局巡官的房间）

白鼻福尔摩斯　（走进来）三点钟了。我到了。

警察局巡官　凶手呢？

白鼻福尔摩斯　已经捉住了。果然不出我所料，他是一个科尔斯人，并且两手都是残废的。（他叫人把长着平头发的科尔斯人带进房来）

警察局巡官　说罢。你为什么要杀死那四层楼上的放高利的人呢？

科尔斯人　听我说。在十年以前，有一次，这个放高利的不肯借钱给我。我骂他是守钱奴。他给了我一个重重的耳巴子，推我出门，我那时一面走出他的门，一面高声对他喊着：“我赌一个，我总有一天要还你一个一百倍重的耳巴子呢！”从那时起，我一心一意只想报仇。过了十个年头，都还未得着报仇的机会。有一天，我偶然在一个卖手套的铺子的楼上，租了一个房间。我头一次打开我新租房间的窗户，就不由得有一种愉快的叫声，从我胸口直迸出来。因为，在我面前，刚刚我的手可以达到的地方，挂着一个大铁手呢。这只手原来是卖手套的铺子的招牌。

警察局巡官 以后的话，我猜着了。你就是拿这个招牌，这只铁手，去犯了罪，是不是呢？

科尔斯人 是的。我的计划，不久就实行了。有一天晚上，我费了许多的力，我才用我这只没有手掌的手，取下了这只大铁手。好在它里面却是空的。我把我的右手装在这个大手的空筒子里面去，披上一件大外套，走到放高利人的家里去。我对他说："你要记得那长着平头发的科尔斯人呀！"我说话的时候，故意做出可怕的音声，把我的大外套向背后脱了去，露出我那只大铁手来。我还加上一句："这只手要给你一个杀人的耳巴子呢。"

警察局巡官 就是在这时候，放高利的叫出那句被邻家听见的话："饶了我罢！不！不！不要用那会打死人的耳巴子呀！"是不是？

科尔斯人 是呀！那时，我却一点怜悯他的心也没有发生，我举起我那只装着大铁手的右臂，接连在放高利人的脸上打了几下。打出血来了。他的头也打烂了。他跌倒在地下死了。我的仇却报成了。这个耳巴子果然加上一百倍的利息还给他了。在出他房间以前，我忽然想起应该设法使警察走入迷途，所以我在白粉墙上印下了一个大的血手印。啊——哈！哪晓得，我的计策，对于有名的白鼻福尔摩斯的天才，一点也不中用呢！

警察局巡官　但是，白鼻先生，我还不懂得，你怎么样会猜出这样暗黑的历史呢?

白鼻福尔摩斯　这简单得很啊！我一看见这只异常的手的血印子，印在墙上，我立刻就推定这只血手一定是一只人造的手。从这一点推想出去，我断定，除了卖手套铺子的招牌以外，不会有这样大的大手。这样断定了之后，其余的事，当然是很容易的了。因为除了一个两手残废的人之外，决不会特特用一个做招牌的手去杀人，所以我只消在手套铺子的附近去找凶手就行了。我先跑到一切卖手套的铺子里去，一个一个的调查，果然得着了我所预料的结果。有一家铺子告诉我，他的同居的，就是一个双手残废的科尔斯人。所以在两分钟之后，凶手就被擒了。

警察局巡官　喔！呵！白鼻先生，你真算得是侦探界的皇帝呢！

科尔斯人　（不知不觉的叫起来）皇帝万岁！

——幕——

四　骨骼失踪

第一幕　空前的偷盗（舞台是一间睡房）

骨骼被偷的人　（睡在床上对白鼻福尔摩斯说）白鼻先生，我的事件，很简单的，两句话就说完了：昨天夜里，有人把我全身的骨骼偷走了。

白鼻福尔摩斯　你怎么能够知道你的骨骼不见了呢?

骨骼被偷的人　我每晚上都要到孟马特街或别的地方去游玩，

回家的时候，我都得留心用依克司光线照照我自己。

白鼻福尔摩斯 为什么呢?

骨骼被偷的人 因为要借此看看，我身体当中是不是有强盗给我的手枪子弹或小刀子。你知道，近来街上强盗横行呢。但是昨晚回家时，我却忘记了照依克司光线，就跑去睡了。睡不许久，我惊醒了，忽然想起我还没有行照例的光线检查，所以我立刻起来拿起依克司光线器具，把光线放射到我身上来。喔呀！可了不得！我发见我的全身骨骼都失踪了。我所以请你先生来，就是想烦你替我找出这个偷骨骼的贼来。

白鼻福尔摩斯 这事的确是非常古怪的。让我回家去推想推想罢。先生，再见。

——幕——

第二幕 推想（舞台是白鼻福尔摩斯的推想室）

白鼻福尔摩斯 （对他的徒弟）我现在想仔细的推想一件事，我要到我的推想室，照例拴着两只脚，把身体倒挂在天花板上去。

徒弟 老师你为什么常常用这个奇怪的姿势，去想事情呢？我始终不明白这个道理。

白鼻福尔摩斯 这是顶简单的事。如果把我脚向上，头朝下的，倒挂起来，我全身血液就会集中到脑筋里来，给脑筋一种必要的活动力去解决一些不可思议的问题啊！（他说完话，即刻走进一个特别的器具里面去，倒挂在天花板上）

徒弟 老师，你今天是想解决骨骼被偷的秘密吗?

白鼻福尔摩斯 是的，但是，我却不相信是一种偷盗。

徒弟 为什么？老师。

白鼻福尔摩斯　从理论上说来，无论什么人，把别人骨骼偷去，是一点用处也没有的，除非是拿去当解剖材料。因为只有当作解剖材料，才可以向医院或博物馆卖几块钱。但是，目前这次骨骼失踪的问题，当然不能看成解剖现象的问题，因为骨骼被偷的人还活着，并不是一个死尸呢。既然偷活人的骨骼是没有一点用处的，所以我敢断定这不是偷盗案。

徒弟　那末，依老师的揣测，那人的骨骼到底怎么样了呢？

白鼻福尔摩斯　你且别管我怎样揣测，赶快替我到骨骼被偷的人那里去，问他是不是在打寒战，问他睡觉的时候，是不是开着口睡的。问清楚了，赶快来报告给我听。快去罢！（徒弟出去）

——幕——

第三幕　恶寒的骨骼（舞台和第二幕相同）

徒弟　（走进来）老师，你猜中了呢。骨骼被偷的人果然身体恶寒发颤，正开着口睡觉呢。

白鼻福尔摩斯　那末，一切问题就解决了。这不是一个偷盗，只是一个骨骼逃走。你留心看见骨骼被偷的人的枯瘦没有。

徒弟　是的，老师。他瘦得不成样子呢。

白鼻福尔摩斯　你听我告诉你，我怎么推想这件事。这个人的骨骼是一个恶寒的骨骼。他因为除了骨头上面的一层薄皮之外，什么也没有，所以他很怕寒冷。骨骼被偷的瘦人的寒战，就明白的证明我这推想的正确。

徒弟　喔！老师，你真有异常的推想能力啊！

白鼻福尔摩斯　（继续推想）那骨骼看见天气一天一天冷起来了，它所依托的那个瘦人，又不肯吸取充分的脂肪，去和不顺的天气抵抗，所以那骨骼就决心逃走了。

徒弟 逃走了？怎么样逃走呢？

白鼻福尔摩斯 那骨骼知道这个人睡觉是要开着口的，所以他就利用这个开着的口，在这个人的睡梦时候，逃出去了。

徒弟 好新鲜的推想啊！这道理真正和青天白日一样明白！

白鼻福尔摩斯 所以应该到一个热地方去找寻逃走的骨骼。我想它一定是躲在大百货店的谈话室，或急行通车的车箱中呢。我现在要去找那个被骨骼摔掉了的人，把我推想的结果告诉他呢。（他走出去了）

——幕——

第四幕 谜底（舞台和第一幕相同）

白鼻福尔摩斯 （走进房去）我已经猜着这个隐谜的底子了，特来告诉你。

骨骼被偷的人 （仍然睡在床上）我也找着了。

白鼻福尔摩斯 你也找着了？

骨骼被偷的人 是的。现在我想起了，昨晚我回来的时候，我完全吃醉了。所以当我行光线检查的时候，没有真正把依克司光线器具拿看，只是顺手拿了一件东西。那东西是一个盛牛奶饼的盒子。你先生应该懂得。拿这样一个盒子当依克司光线放射器，怎么会看得见骨骼呢？所以那时我胡里胡涂的，就相信我的骨骼被偷了。但是，目前我已经清醒了。我刚才照了一回依克司光线，我看见我的骨骼还依然在那里呢。这就好了。我昨晚真害怕得了不得呢。白鼻先生，请恕我搅扰你一回罢！请你晚安。（他说完又睡着了）

——幕——

五　威尼斯的潜水贼

第一幕　穿了洞的河船（舞台是威尼斯公安局长室）

威尼斯公安局长　（对白鼻福尔摩斯）是的，先生。这两个月以来，威尼斯完全被一个水底贼闹得天翻地覆了。这贼利用一把绞柄锥，去钻河船的船板，从所钻的洞里，把坐船的倒霉人，拖到水底去抢劫财物。

白鼻福尔摩斯　你没有设法试叫几个潜水警察潜入水中去抓他吗？

威尼斯公安局长　叫他们试过的！但是毫无效果！并且我还叫他们安上一个大鱼罩了，里面放着一千块钱的钞票，当作香饵呢。谁晓得，这个计策也被潜水贼看破了，他留心极了，不肯钻进鱼罩子里去。我已经束手没有办法了，所以才来请教你。

白鼻福尔摩斯　你派到水里的潜水警察，当他们下水的时候，看见或听见了什么特别情形没有？

威尼斯公安局长　他们什么也没有看见。他们只听见了一种声音，好像铃铛响一样。

白鼻福尔摩斯　我早猜着是那样呢？那贼是骑着一架自行车，在水底跑的。他那自行车上安着一铃子，这铃子的响声，就是他用来警醒鱼类，叫它们让路的呢！他全靠着这架自行车在水底飞跑，才能够逃得那样快，叫你的水中侦探看不见他啊！

威尼斯公安局长　好聪明的推想！佩服佩服！

白鼻福尔摩斯　好罢，从明天起，我就和我那忠实的徒弟下水，到威尼斯河街的顶深的地方去罢。我已有把握，一定擒住这个潜水自行车杀人凶手。

——幕——

第二幕　潜水以前（舞台是威尼斯河街岸上）

威尼斯公安局长　先生，你想乘一架两人坐的自行车到水里去不是？我想你这主意太过于冒险罢。

白鼻福尔摩斯　别担忧！我是和我那忠实的徒弟一同下水去的。如果我们想追去捕获潜水自行车凶手，两人坐的自行车，确是必要不可少的东西呢。

忠实的徒弟　老师，如果有必要时，我可以同你到离地面两万里的水底去呢！

白鼻福尔摩斯　从昨天起，我就练习着下水呢。我戴上一个潜水的面具，先练习把我的头浸在一大脸盘盐水里面。随后，慢慢的，把我半截身子浸在一个半身浴盆里，其次浸在一个装满半桶盐水的酒桶里。最后，才浸在一个装满了盐水的顶大酒桶里。我已经完全准备好了。喂！老弟，你准备好了传信的鸽子笼没有？

忠实的徒弟　老师请看！这不是吗？

威尼斯公安局长　传信的鸽子？

白鼻福尔摩斯　是的！到了你们应该准备迎接潜水贼的时候，我就从水里把鸽子放上来呢。

威尼斯公安局长　我还不大懂得。

白鼻福尔摩斯　等一会儿你就会懂得了。你只管简单的等着信号罢，如果看见潜水贼露出水面，你们要立刻抓住他，才行啊。现在，我们利用这个梯子，降到威尼斯河街的河底下去罢。（他和他

的忠实的徒弟，带着两人坐的自行车和传信鸽子笼，沉入水里去了）

——幕——

第三幕　不幸碰见鳍白鱼（舞台是水底）

忠实的徒弟　老师！你听见船歌没有？

白鼻福尔摩斯　不消说，这一定是他！

忠实的徒弟　老师，你看那贼人！他已经看见我们了。他骑上自行车了，他忙忙的逃走了。

白鼻福尔摩斯　快坐上来罢！一刻也迟不得的！赶快追去！（他们坐上两人坐的自行车，用全力踏着车轮子追去）

忠实的徒弟　快要追上了！

白鼻福尔摩斯　喔呀！碰着鬼！一大群鳍白鱼钻进我们的车轮里面来了！留心！车要倒了！（他们和车倒下去）

忠实的徒弟　鳍鱼通过我们的车轮子的时候，把车轮的钢丝都碰断了！糟了！不能够继续追去了！

白鼻福尔摩斯　潜水贼一定会逃出我们的掌握的。

忠实的徒弟　留心啊！老师！来了一个好大的墨鱼！

白鼻福尔摩斯　一个大墨鱼？那就好了，我们有救星了！（他说着，一脚踢到墨鱼肚子上面去，把这怪物踢死了）你看，已经踢死了。有了这个死墨鱼，我们就可以继续追贼了。

忠实的徒弟　老师，我不懂得你的意思。

白鼻福尔摩斯　（一面说，一面打手式）你看！这大墨鱼尸身，不是已经变得很硬了吗？它的身子，好像一个车轴，它身子旁边的无数触脚已经变成结实坚硬的钢丝了。

忠实的徒弟 我如今有点懂得了。

白鼻福尔摩斯 （一面说，一面做手式）你看，我要好好的把这临时的钢丝，装进前轮槽子里去。现在修理好了。继续，追去罢。（他们忙忙的跑走了）

——幕——

第四幕 水底的放枪（舞台同前一幕）

忠实的徒弟 我们现在已经把耽搁的时间追回来了。潜水贼这回是一定逃不了的。

白鼻福尔摩斯 他已经在我手枪弹达得到的距离内了。我要放枪了。

忠实的徒弟 放枪？在水里头？

白鼻福尔摩斯 是的。这是一支不浸水的手枪呢。（他照着贼人放了几枪）

忠实的徒弟 你看！不是已经放了十八枪吗？潜水贼还是好像一点也不感觉似的。

白鼻幅尔摩斯 别性急啊！你即刻会明白的！（他又重新装上子弹，开枪射击）

忠实的徒弟 你看，新放了三十三枪，还是不能阻止贼人继续走路。

白鼻福尔摩斯 叫你不要着急啊！（他又重新装上子弹）

忠实的徒弟 喔呀！你看！贼人逃脱了！他丢了自行车，一直向水面浮上去了。

白鼻福尔摩斯 我就是要他浮上去呢。快把传信鸽子放了罢！（徒弟放鸽子出笼，鸽子欢欢喜喜的飞上去了）现在我放心了。只要贼人浮到水面，威尼斯的警察们一定会捉住他的。我们回到梯子旁边，也上水面去罢。

忠实的徒弟　我们的两人用自行车切开海水，跑得真快。

白鼻福尔摩斯　糟糕！水底切出来的风把我潜水帽子吹掉了！如果我在两秒钟间找不出一个办法，我就会被水淹死呢。喔！幸喜得！有办法了！（他用一只手，使劲抓住他的舌头，做出一种有韵律的缩进和牵出）

忠实的的徒弟　老师，你那是在干什么呢？

白鼻福尔摩斯　靠这种有韵律的伸缩，我就可以发生一种人工呼吸啊！（他们走到梯子边，忙忙的上去了）

——幕——

第五幕　一切都明白了（舞台是威尼斯公安局长的房间）

威尼斯公安局长　先生，恭喜恭喜！真正手到擒拿呢！我们一看见传信鸽子飞出水面来，我们即刻跳上囚船上去。只消推上几浆，我们就追着潜水凶犯了。他那时好像一根救命带一样，浮在那里呢。

忠实的徒弟　我不懂得，为什么潜水自行车凶手肯自己浮上水面去，等在那里被警察们轻轻的捉去。

白鼻福尔摩斯　你不是明明知道，我在水底给了他许多枪弹吗？

忠实的徒弟　知道啊，老师！那怎么了？

白鼻福尔摩斯　我的枪弹本是无害于他性命的。但是如果他中枪中够了数，这些枪弹就会逼着他不得已的浮到水面来呢。

忠实的徒弟　那是什么道理？

白鼻福尔摩斯 因为我手枪的子弹是用做瓶塞子的软木做的啊！

——幕——

六 小小的血手印

第一幕 额上的两个小手印（舞台是一个荒僻地方）

地方的公安局长 （对白鼻福尔摩斯）先生，有一个警官被人暗杀，倒在这荒地上。你看那就是找着尸身的地方。尸身还在那里，没有动弹。我们一同去检验罢。

法医 据我所验的伤，这警官是被人用一种打扑器具，打死了的。

白鼻福尔摩斯 喔！你看，那岂不奇怪！

公安局长 什么？先生看见什么？

白鼻福尔摩斯 你还没看见？请看这里，在尸者的额上，有两个顶小的印子。

公安局长 喔呀！额头上有两个小手印！两个顶小的红手印！呃！先生请看！地下有脚印，有顶大的脚印。不消说，警官是被什么神秘的妖怪暗杀了呢。

白鼻福尔摩斯 （从地下捡起一件东西）你看，你看，这真奇怪！如果不是这个，连我也会摸不着一点头绪呢。唔！现在我却懂得了。完全懂得了。犯人已经在我们掌握之中了。（露出高兴的样子）你看，如果我所想的没有错误，这个犯罪真算得是，我所知道的顶新鲜，顶特别的犯罪呢。

——幕——

第二幕　为的是报仇！（舞台是公安局长的办事房）

白鼻福尔摩斯　（走进来）暗杀警官的凶手，已被擒了。我的推想，一点也没有错。事情果然是和我想像的一样。

公安局长　凶手是一个小手大脚的，可怕的怪物吗？

白鼻福尔摩斯　不是的。凶手还是一个寻常的人。一会儿你就会懂得这个谜子的谜底的。凶手现在外面，让他自己对你叙述他的犯罪经过罢。（他推开门）把玩木偶戏的人带进来啊！

公安局长　玩木偶戏的，说罢。

玩木偶戏的　我的历史是一个可悲的历史。从前我有一个老婆，我爱她极了，在那时候，我可以算得是，在许多玩木偶戏的人当中一个顶幸福的人。我们欢欢喜喜的，从一个村庄到第二个村庄，由这个城市到那个城市，无论到什么地方，小孩子们都热心满意的欢迎我们的“木偶戏园”。我叫我的种种木偶做各种顶快活的戏，我老婆在台下招待小孩子们的看客。到了夜里，唱完戏之后，我和她住在我们那个小小的戏马车里，好不幸福！我用一支用惯了的毛笔，去替我的木头名角画面孔，我可爱的老婆，在旁边替它们做新衣服。这真是幸福。啊！可惜不长久啊！因为有一天，我老婆让一个漂亮的年轻人拐走了。这个年轻人，因为要想向我的老婆打主意，特特跑来看我们演戏。也怪我自己不留心。我看见一个戴一只眼镜的年轻人坐在一群小孩子当中，本就应该起疑心呢。但是，在事实上，我用全副精力集中在我的艺术上，啊！可惜，我却一点也没有关心到他。当我正快快活活的运转木偶的时候，他同我的老婆跑走了。我从布幔的窟窿里，明明看见他们急忙忙的离开我，但是，我却不能够立刻去追他们：因为我演的那出戏刚刚起头呢。我仍继续演下去，特别费了顶大的努力，要想免得我的木偶纪妞儿（纪妞儿是法国木偶戏中的主角——译者）在演唱快活戏的时候，露出悲哀的声调来。勉勉强强，总算无事的闭了幕！我赶快跑去追他们。已经太迟了！可恶的东西们，已经不知跑到哪里去了！从这个悲哀的日子起——到现在已经十个年头了——我只孤单单的和我那些可怜的木偶，同过日子。但是，我的心里，对于那个夺我幸福的男子，却始终抱着一个顶大的怨恨。我要报仇！这就是我从那天以后的生存的目的！到底碰见他了！我利用我的“木偶戏园”，穿村过市，我这个人，找了十年，偶然找着了这个害了我一辈子的人。打听出来，他现今当着警官。我决心去邀他决斗。但是，我总应该有一个武器。我又没有手枪，又没有短刀。并且，纵然我把这样的武器弄到手，我能够巧妙使用它们吗？我疑惑了一阵。我想起，我使得顶纯熟的武器，只有一种：那根棍子，我常常叫木偶纪妞儿操纵的那根小棍子。忽然间，我脑筋里生了一个极妙的主意：“我想起了！木偶戏里面的纪妞儿，不是常常打警官吗？那末，简单极了！我拿着纪妞儿去挑警官，和他决斗。”我这样向自己叫着。

公安局长　用木偶去决斗？

玩木偶戏的　是的。我把我一只手套进木偶纪妞儿里面去，好像演木偶戏的时候的样子。木偶的两只手膀，被我的指头推着，拿着一根照例的小棍子。我把木偶藏在我披风下面，走去找警官。

公安局长　难道你以为不用一个木偶，就不能拿棍子打你的仇人吗？

玩木偶戏的　不能够的啊：要知道，习惯的力量是非常之大的。如果我指头尖上没有我的纪妞儿，我就不能够巧妙熟练的使用棍子。所以我总得拿着它到处跑。因为有了它，我就觉得一定会打胜仗，它不是常常在戏台上打胜警官码？我计算得顶周到。要想会着我的仇人，我只消在那片空地上等他，就行了，因为他每天须得从那里走过。我埋伏在那里。我骤然跑到他面前去，对他说："我是玩木偶戏的，就是你曾经拐走他老婆的那个人。我来报仇呢。""你想暗杀我吗?"他脸色撇青的，这样叫起来。"不，不是的。谁暗杀你？我来邀你行一个公平合理的决斗啊!"

我说这几句话的时候，已经脱了披风，露出我那个拿着棍子的纪妞儿。"你，你，你那是干什么?"警官结结巴巴的问我。"干什么？叫你拿起这根棍子，防御你自己啊。"我一面说，一面递了一根和纪纽儿拿的完全相同的棍子给他。

"这太滑稽！我，要我和一个纪妞儿决斗！我！我是一个警官啊!"警官这样吼着。

"喂，留心啊！动手了!"我这样叫着。

我为要挑他应战，我叫我的纪妞儿，向仇人的头上，重重的打了一棍子。这第一棍果然激怒了我的仇人。他也举起他的棍子向我打来了。但是，我的纪妞儿真敏捷，只消一下，把警官的棍子一挡，他那棍子就飞到十多步以外去了。这样一来，一阵棍子的雨，就落在我仇人的头上了。啊！这个勇敢的纪妞儿，真正得力！我那时觉得，并不是我在打人呢。或者可以说是，纪妞儿的灵魂，使我的手腕特别起劲呢。纪妞儿打而又打！纪妞儿打着一个有肉有骨的活的警官，一个不比平常打的木头做的警官，它好像特别高兴自豪似的。突然的，警官倒下地了。我赶忙逃走了。我报过仇了。不幸，在那决斗的地方，我失落了一个洋铁的叫子，那是我在平常演纪妞儿打警官的戏的时候，用来学警官的警笛的。这个简单的器具，加上纪妞儿的小手的血印，就叫大侦探白鼻福尔摩斯，在几秒钟当中，参透我的秘密，把我擒来了。但是，我一点也不失悔。我的木偶是我唯一的朋友。（他说到这里露出感动极了的样子。从衣口袋里，取出纪妞儿来）请你让我保存我这好朋友罢。行不行？

——幕——

七　奇怪的自杀

第一幕　说话的死人（舞台是白鼻福尔摩斯的会谈室）

不认识的来客　（走进房来）我今天特来奉访，要借重你的天赋的侦探的才能，替我解决这个神秘的不可了解的地位：从十年以前，我就充当着沙丁鱼的刽子手……

白鼻福尔摩斯　沙丁鱼的刽子手？

不认识的来客　是的。我在一家大的罐头公司里面当刽子手。我的任务是在装进罐头以前，砍沙丁鱼的头。因为看见被砍的头落地，看得太多了的缘故，我得了一个神经衰弱的病。我决了心要自杀。且慢，在继续我这陈述以前，让我发一个质问罢。我现在是不是可以被肉眼看得见？

白鼻福尔摩斯　完全看得见。并且，这是很自然的啊。

不认识的来客　哼！如果你知道，我是在差不多两点钟以前，已经死了的人，你就不会说，这是很自然的了。

白鼻福尔摩斯　你说什么？

不认识的来客　我说，今天早晨，我已经实行了我那原来的自杀计划。我拿了一根结实的绳子，我把我吊死了，吊在通备萨路第七号房子里面我的饭厅的天花板下面。

白鼻福尔摩斯　什么话？这是不可能的。你不是在这里活活的站着吗？

不认识的来客　但是，我说的话的确是真的。在现今这一瞬间，我又吊在我家里的天花板下面，同时又在这里呢。

白鼻福尔摩斯　这就太奇怪了。我要到你家里去，亲自看看，是不是你真正吊在你家的饭厅的天花板下面。在目前，据我推想，你一定是害着一个幻觉病呢。请你在这里等一等，我叫我徒弟陪着你。

——幕——

第二幕　放心的自杀（舞台和前一幕相同）

白鼻福尔摩斯　（回家来）先生。你说的话是不错的。真正，你的身体现今还吊在你家的饭厅的天花板下面。

不认识的来客　（兴奋起来）那末，我是谁呢？谁是我呢？

白鼻福尔摩斯　请放心罢。我在路上，已经推想出来了。你一定就是你家里吊着的那个身体的灵魂。在你刚刚自杀之后，你的灵魂又重新物质化了。并且，你所待着的面孔和衣服，也和你刚刚脱离的身体，是一样的。不过，只有一点小地方，使我注了意。

不认识的来客　（露出不安心的样子）什么小地方？

白鼻福尔摩斯　你现在穿着黑的皮鞋，吊在你家里的身体，却穿着黄的皮鞋。

不认识的来客　黄的？你刚才说黄的皮鞋吗？

白鼻福尔摩斯　是的。黄的。所以我从这一点，推想着……

不认识的来客 还说什么你的推想？碰见鬼！现在，一切我都懂得了！我是一个杀人的凶手！

白鼻福尔摩斯 一个凶手？

不认识的来客 是的。我和我一个双生的兄弟同住着。我和他真正像得非常，除了鞋子颜色之外，简直什么都是相同的。所以，这是顶简单的：我上吊的时候，弄错了，我没有把我自己的颈项吊在绳子上，倒把……

白鼻福尔摩斯 把你兄弟的颈项吊上了。

不认识的来客 是的。我把我和我兄弟掉错了。我只以为我自己上了吊，哪知道我把我兄弟吊死了。但是，还是一样的。我总算放了心！

——幕——

八 地球仪里面的淹死

第一幕 是被杀或是自杀？（舞台是一座洋楼当中的院子）

看洋楼门的 （对地方公安局长和白鼻福尔摩撕）诸位先生到了。是我刚才叫人去请诸位先生赶快来这里的呢。六层楼上住的秃头女人老马戏子，从她住房的窗户上，跳下地死了，也许是被人推下来的。请看，这就是她的死尸，硬僵僵的躺在院子里。

地方公安局长 你看，这好奇怪！她的头完全钻到一个地球仪里面！

看门的 是的。真正碰得奇巧。刚刚在这不幸的女人跳下来或是被人推下来的时候，恰恰有一个年轻人，想来是送一个地球仪到一楼的研究所去，从院子里通过。秃头的马戏子，倒栽葱的从空中落下来，恰恰把她的头盖骨碰在这个大地球仪上面，她的头就钻进地球仪的大西洋里面去了。

法医 （把老女人的头从地球仪拉出来，相验一阵）喔——！这好奇怪！从尸身验起来，她还是淹死的呢。

公安局长 瞎说！一个人跌在地球仪上的大西洋里面，却会淹死。

白鼻福尔摩斯 （把地球仪考察了一遍）可以的。如果把地球仪的里面，像这样装满了水的时候。这件事明明是一种预先巧妙的计划了的犯罪。我们且到演马戏的老女人房间里去看看罢，我觉得，我已经懂得一点头绪了。

——幕——

第二幕 扯破了的纸片（舞台是演马戏的老女人的房间）

看门的 请看，这就是那老女戏子的房间。她从前在巴黎马戏团里面，曾经大大的出过风头，现在老了，却穷得不成样子。她只和她所爱的那匹马，那靠窗户边的已经制成标本的马（用手指着马），一起住着。听说这匹马，就是她年轻行时的时候，骑着演技的爱马呢。

公安局长 窗户是关着的，但是，缺了一块玻璃。凶手一定就是从这缺玻璃的地方，把老女人丢下院子去的呢。

看门的 许是那样。这块玻璃，很久以前，就缺着了。老女人偶然不经意，把玻璃打坏了，但是，因为她太穷，没有钱买一块新的补上，所以她只用一张纸当作玻璃，糊在那个缺口上。

白鼻福尔摩斯 （检察撒在地板上的，扯破了的纸片）喔！

喔！我刚才推想的果然不错！我完全懂得了！喔！这人的诡谋巧计，真可佩服！谁也没有把老女人推出窗户呀！是她自己一个人跳到空中去的呢！因为有一种东西引诱她，她不能够抵抗这种东西啊！

——幕——

第三幕　两重报仇（舞台是公安局长的办公室）

一个巡警　（走进来，向白鼻福尔摩斯说）有两个年轻人，口称他们对于演马戏的老女人的死，应该负责，特来自首。

公安局长　叫他们进来罢。（两个年轻人进房来）

白鼻福尔摩斯　我老早等着你们呢。我的推想，已经把一切事情都弄明白了。拘捕你们，只不过是一个时间的问题罢了。但是，我们的公安局长，没有像我一样的侦探天才，还不知道这件事的原委，你们好好的把这个悲剧的历史，说给他听听罢。

第一个报仇青年　历史是顶简单的。请听罢。约莫有三十年以前，我们的父亲爱上一个演马戏的美貌女人，爱得发狂。这女戏子和我们父亲是在同一个马团里面演技的。这女人残忍极了，她常常玩着一些把戏，要叫我们不幸的父亲受罪。有一天，她的把戏，越弄越残刻了。她把我们父亲给她的情书，结成一个大箍子，从这箍当中跳来跳去的对客人演技。我们的父亲，失望极了，当天晚上，就从一个窗户上跳下楼去自杀了。他死了以后，只光光剩下一个寡妇，两个小孩子。过了几个月之后，我们的母亲，也因忧郁过度，跑到大西洋岸边，投水自杀了。父母都死了，只剩得孤单单的我们弟兄两个。我们立誓，总有一天要对这个残忍的女人，替父母报仇。我们并不想用杀死她的方法报仇。不，不是的。我们并不是杀人的凶手呢！哪怕她怎样残忍厉害，我们总想设法逼她自杀，逼她用一种和我们父母的自杀完全相同的方法，自杀。有一天晚上，我们巧妙的掷了一个小石头子，把老女戏子的房间窗户玻璃，打碎了一块。老女人穷得厉害，没有钱买新的玻璃来补上，所以她只在没有了玻璃的那个洞口，贴上一大张方纸。从那天起，我们的报仇，就有把握了。我们料定老女人一定会从窗户自己跳下来自杀，只要到了我们决定叫她自杀的时候。

公安局长　为什么？

第一个报仇青年　因为老女戏子成天喝得半醉半醒，想借此忘记她的零落。因为她每天晚上，喝得大醉的时候，都是拼命的使劲爬上她房间窗户边搁着的，制成标本的爱马，手里拿着皮鞭子，怪可怜的在马背上跳来跳去，想要借此唤起从前荣华时代的回想。这是顶简单的。当她不在家的时候，我偷进她的房间，在她贴着的那张纸玻璃上面，画了一个演马戏的丑角，手里拿着一个大箍子。你该懂得了罢，这样一来，这个老女人，一来受着习惯力的影响，二来又正是半醉半醒当中，想着过去的荣华，所以一看见画着的那个丑角手里拿着的箍子，她就忍不住不照马戏场的习惯，从马背上，一个筋斗，跳下去钻这箍子了。

白鼻福尔摩斯　我就是在捡起扯破了纸片，重新构成这个致命的图画的时候，才立刻把事件全部懂得了的。

公安局长　唔！好的。但是，为什么你的兄弟，手里拿着一个地球仪，站在院子里，等着老女人跳下来呢？

第二个报仇青年　这是要替我们那个不幸的母亲报仇啊！刚才不是说过？我们母亲，因为失望的缘故，跳在大西洋里淹死了。我那个凿空了的地球仪里面，装满了盐水，装满了大西洋的水呢。一个眼睛赔一个眼睛！一颗牙齿抵一颗牙齿！我们的两重报仇，完全成功了！是不是？

——幕——

九　一副猎狗的嗅神经

第一幕　侦探的牺牲（舞台是著名的外科医生家里）

白鼻福尔摩斯　亲爱的先生，我特来请你替我施一个手术：对不住，我要烦劳你把我的鼻子割下来。

著名的外科医生　恩？……

白鼻福尔摩斯　不错的。要劳驾替我割鼻子。现在，我的名誉，快要保不住了。无论如何牺牲，我都非得找出那个被砍成两截的女人的上半截身子不可。你想，我已经搜查了两个月，还是白跑。一点结果也没得着。现在是应该用非常手段的时候了，所以，请你把我的鼻子割下来，接上一个猎狗鼻子。这样一来，我一定可以继承着一个真正的猎狗的嗅神经。有了这样新的才能，加上我原有的天生的侦探性质，我一定可以发见这个案件的罪人了。

著名的外科医生　（露出感叹的样子）原来是这样！天才侦探，我当然没有理由去拒绝你的要求呢。好罢，到我的手术室去罢。

——幕——

第二幕　人体接木术的伟力（舞台还是著名外科医生家里，时间在头一幕事情的后几天）

著名的外科医生　好啊，我的亲爱的侦探！行了人体接木术的手术之后，怎么样了？你已经靠它捉住了凶手么？

白鼻福尔摩斯　捉是捉住了，却是出了许多的力呢。凶手是一个理发匠。他把那女人的上半截身子，连头一起，都擦满了香油，敷上蜡粉，戴上假发，搁在他店门口的玻璃窗子里面，和其他真正用蜡做的女人们，一起排列着。你知道，无论在什么理发店的窗户里面，都有这种当招牌的蜡做的女人，所以谁也不疑心到那里去。并且这凶手的本事又真好，把其正的人扮得和蜡人完全一样。如果没有我这个狗鼻子，我一定连一点影儿也发见不出来呢。

著名的外科医生　那末，你很满意不是？从此以后，你就永远具有这种富于同情心的兽类的高妙嗅觉了。

白鼻福尔摩斯　是的。但是，只有一层，不大方便。

著名的外科医生　什么不方便？

白鼻福尔摩斯　我满腔侦探的热情，使我换了鼻子。这种牺牲，可真不小，我现在不能够再看见狗，因为一看见狗，我就不能不走到它旁边去，闻它的屁股后面的气味呢。

——幕——

十　悲剧强盗团

这出戏，从内容上看来，应该是合在下一出《飞空的小艇》一起的。但是，原文却把它分为两出，译者只好从它——译者。

第一幕　可怕的计划（舞台是悲剧强盗的巢穴）

第一悲剧强盗　自从我们用捏破脱肠的方法杀人之后，从没有破过案，真正安全极了。

第二悲剧强盗　因为医生都以为，我们杀死的人，是因脱肠病的变化致死的。

第三悲剧强盗 我们的方法，安全诚然是安全，但是，我们非得向有脱肠病的人们当中去找生意不可，未免烦难呢。

第二悲剧强盗 因此，常常要费许多时间和劳力，去行预备的调查。

第一悲剧强盗 这在时间上损失太大，太不划算了。

第二悲剧强盗 并且，这样专门化了的杀人，也未免太过于限制我们行动的自由。只要想想，并非世上人个个皆害脱肠病，就可以知道，我们失去的发财机会之多了。

第三悲剧强盗 应该想出一个另外的方法，一个没有危险的发财方法才好。

第一悲剧强盗 唔！这方法，我在许久以前，就极力想过，我相信我已想出来了！

第二和第三悲剧强盗 快说出来罢！你这强盗头子。

第一悲剧强盗 现在还不能告诉你们！到今晚上，你就会知道我的新办法了。我们这栋大楼里面，有一件顶好的买卖呢。

第二和第三悲剧强盗 什么好买卖？

第一悲剧强盗 有一个吝啬的老头子，收藏着许多鸡蛋杯子，用来吃半熟的整个鸡蛋的杯子。

第二和第三悲剧强盗 呸！吃半熟鸡蛋的杯子！别瞎闹了！

第一悲剧强盗 别着急啊！你们要知道，他这许多杯子，都是缠着真的金线的杯子哩。

第二和第三悲剧强盗 （高兴起来）好买卖！

第一悲剧强盗 所以，就决定今晚去干他罢！我领你们到他家里去。

第二和第三悲剧强盗　就在今晚上！用不用带包袱去装吃鸡蛋的杯子？

第一悲剧强盗　哪会用得着！我们要吃鸡蛋的杯子干吗？多累赘！我们只取了缠着的金线走路就行了。好罢，晚上见！

——幕——

第二幕　巧妙的诡计（舞台是收藏吃鸡蛋的杯子的人的房间里）

第三悲剧强盗　好了。收藏鸡蛋杯的老头儿，已经被我们绑了手脚，用布团塞住了口，躺在地板上了。你现在快对我们说罢，怎样才可以把这老头儿消灭了去，不留一点痕迹？

第一悲剧强盗　容易得很！要消灭我们犯罪的一切证据，只靠我带来的那两个手提包。

第二和第三悲剧强盗　拿手提包来，怎么样办呢？

第一悲剧强盗　简单极了！先打开这一个手提包罢。你看，里面装着有四百六十八条蚂蝗。我要一条一条的取出来，轻轻的搁在我们那个不幸的牺牲者的身上去（一面说，一面取蚂蝗出来）。你看，就是这个办法。等着看罢。

第二和第三悲剧强盗　（看看他们的表）喂！你看，四百六十八条蚂蝗放在他身上，已经二十分钟了。我们还是不懂，越弄越不懂了。

第一悲剧强盗　你们即刻会懂得的！现在我把这些蚂蝗，都从这人身体上取下来。你看，这个收藏家的血管，一滴血液也没有了。

第二和第三悲剧强盗 我们懂得了！现在我们用短刀杀他，就不怕有血液射出来了呢。

第一悲剧强盗 你们猜得对。我们动手开刀罢。（他们用短刀杀收藏家）是不是？一滴血液，也没有流出来。这妙极了！

第三悲剧强盗 不错，这是妙极了，但是，尸身怎么处置呢？你打算怎样消灭它呢？

第一悲剧强盗 容易！另外一个手提包里面，装的是一条大的波亚蛇。（他打开第二个手提包，放出波亚蛇来。他用手指头对蛇指着尸身）吃罢，宛塞！

第二和第三悲剧强盗 宛塞？

第一悲剧强盗 是的。这是我那爱蛇的名字。

第二悲剧强盗 波亚蛇已经把尸身完全吃尽了。但是，蛇的本己，不就变成了我们犯罪的证据吗？你看，蛇的身体，已经胀得不成样子。这一定会惹别人注意的。像这样子，我们如何能够把它带走？

第一悲剧强盗 我早已想到这一层了。你看，我外套口袋里面，有一个兔子头。我要把它拴在蛇尾巴上。（他拴上）

第二和第三悲剧强盗 为什么？

第一悲剧强盗 你们还不懂得为什么？看着罢。我的蛇开始打兔子头的主意了。它慢慢爬到它自己尾巴上拴着的兔子头旁边去了。它张开大口了。它上了我的当，吞吃它自己起来了，它还以为是吃着兔子呢。

第三悲剧强盗 这真特别。它已经把自己吃了一半呢。它只剩得一点儿了，只形成一个小小的花冠……堆在犯罪的房间地板上呢。

第一悲剧强盗　你看，它完全吞吃了。也没有死尸了，也没有波亚蛇了，也没有血，也没有犯罪的痕迹。我们可以毫无顾忌的去夺取吃鸡蛋的杯子上面的金线了。（他们忙忙的撬起杯上的金线，走出房间，向黑暗当中跑去了）

——幕——

十一　飞空的小艇

第一幕　被包围了！（舞台是一个小山上的一座塔下面）

地方公安局长　那三个悲剧强盗，用秘密的方法，消灭了收藏吃鸡蛋的杯子的老人，偷走金线之后，结局还是被我们包围在这个古塔上面了。

公安局副局长　我们许久以前就叫骑自行车的巡警，每天到自行车竞技场练习两个钟头，好使他们惯于追逐强盗。他们的嗅神经，现在已经非常发达了。

公安局长　我们一切防备，都安置好了。无论如何，悲剧强盗是逃走不了的。

副局长　著名的私侦探白鼻福尔摩斯正睁着一只嫉妒的眼睛，望着我们这种周到的准备呢。

公安局长　这一次，他总不能够夸口，还说什么私侦探强过官侦探了。

副局长　当然不能够。今天，捉贼的功劳，一定完全是属于我们的。

公安局长 是的。捉贼的功劳，全部都应该是我的。我们提起精神干去罢。我的巡警都武装着新的装甲雨伞了吗？

副局长 每一个巡警，都武装着新的装甲雨伞了。

公安局长 那末，我就要发我的第一次命令了。（他大声喊）打开雨伞！（一切巡警都打开了他们的装甲雨伞）我现在要发进攻的信号了。

副局长 局长啊！局长！请看！这太怪了！上了当呢！请看！

公安局长 看见什么了？副局长。

副局长 请看上面！看塔顶上：悲剧强盗们坐上一只小艇，在空气当中荡桡，离开塔顶了！

公安局长 这可了不得！他们会逃出我们的掌握了！你看，这小艇凭空悬着，并没有什么东西支着它！

副局长 但是，它被桡片推着前进，完全好像是在一种看不见的波涛上一样呢。真正见鬼！

公安局长 小艇已经去得很远了。悲剧强盗们使劲荡着桡片呢。怎么办？怎么办？

副局长 （露出谄媚的神气）或者，白鼻福尔摩斯能够想……

公安局长 是的。我们去和白鼻福尔摩斯商量商量罢。也许他可以用他的推想，打破我们这个困难。

副局长 快去罢！时间宝贵得很！去和白鼻福尔摩斯商量！

——幕——

第二幕　意外的航空（舞台同前）

白鼻福尔摩斯 我可以拿我私侦探的资格发誓，我真正从没有碰见比这个问题还难解决的机会。

公安局长　劳你的驾，请你快点设法罢！

副局长　三个悲剧强盗，正在空中拼命荡小艇的桡片呢。他们飞快的逃走着。

白鼻福尔摩斯　（露出神气沮丧的样子）我的推想，也不中用，解决不了这个谜子。我想不出办法。

公安局长　或者应该打通电出去，告诉各处，说悲剧强盗们逃走了。

副局长　正是，恰恰离这里不远，有一座无线电台。

白鼻福尔摩斯　（跳起来）你刚才说，附近有一个无线电台？

副局长　是的。

白鼻福尔摩斯　是离这里很近的吗？

副局长　是的。

白鼻福尔摩斯　那末，一切秘密，我都懂得了！

一切警官　说来听听！请说罢！

白鼻福尔摩斯　悲剧强盗们把一切情形都预先调查清楚了！他们知道，无线电波是通过古塔上面的，所以他们把一只小艇放在这电波上面。他们是在这种黑慈式电波上航行的，所以毫不感觉危险。

公安局长　我应该早想到这一层啊。但是，现在已经迟了。悲剧的强盗一定逃出我们的掌握了。

白鼻福尔摩斯　不，不会呢。我有一个主意。我们赶快跑到离这里不远的无线电台去罢。大家跑去罢！

公安局长　跑步去罢！

——幕——

第三幕　白鼻福尔摩斯的主意（舞台是无线电台）

白鼻福尔摩斯　我在这里打电报，请你们留心看着悲剧强盗们的行踪，不要弄得看不见他们才行啊！

公安局长　放心罢！我这里有望眼镜，我看他们看得很清楚的。但是，你对谁打电报呢？

白鼻福尔摩斯　过一会儿，你自然会知道。（他拍电报）

公安局长　啊！这就奇怪了！

副局长　悲剧强盗们的小艇大大的摇簸起来了。

公安局长　真的。悲剧强盗们的面孔上都露出不安的样子了。

副局长　喔！小艇摇动得非常利害，好像在大洋里碰见大风浪似的。

公安局长　妙极了！悲剧强盗们都吓得要命！他们想努力推桡，却还是白白费力。小艇子摇得好像一根稻草一样呢。

副局长　啊！好不奇怪！小艇被什么力量重重的抛出黑慈式电波之外了。它往下落了，连同悲剧强盗们一起！他们落下地面来了。

公安局长　到底为什么会有这样的好结果呢？

白鼻福尔摩斯　因为我刚才在黑慈式电波当中，弄起一阵电波的暴风雨，去阻止强盗们的逃走啊！

公安局长　一阵暴风雨？你怎么做得到呢？

白鼻福尔摩斯　因为我用电波拍出了“波涛”两个字，拍了许多出去。

公安局长　“波涛”两个字？

白鼻福尔摩斯　是的，“波涛”两个字。这许多“波涛”两个字的电波，和着在半空中吹着的大风，就起一种像在大洋里发生暴风雨时候的波浪呀！这些波浪，一槽一槽的，打到黑慈式无线电波上去，那悲剧强盗们的小船就停不住了，所以发生了致命的悲剧。

公安局长　（向着旁边对自己独白，露出嫉妒的神气）怎么我那时没有想出这个主意呢？况且是这样简单的道理！

——幕——

十二　爱情戏

第一幕　不走路的脚（舞台是一片荒地）

地方公安局长　（对白鼻福尔摩斯）摆在地面上这只脚，是今早晨被人在这片荒地上发见的。

白鼻福尔摩斯　（拿起那只脚来，用扩大镜察看）这是只漂亮男人的脚，他鞋袜穿得很体面。（忽然脸色变青白了）喔！喔！这才奇怪！

公安局长　先生，看见什么了？

白鼻福尔摩斯　你看，在鞋尖上有这样一个古怪的印子。

公安局长　（一面看，一面发抖）喔！好像是一个什么怪物的牙齿咬成的牙印子呢！

白鼻福尔摩斯　是的。咬了死人的脚的，并不是人类的牙齿啊！好像可以说是……（他用扩大镜审视怪印子）喔！我懂得一点了！

眉毛很接近的男子　（推开看热闹的群众）大侦探，请不要费神再去搜查罢！我就是凶手呀。

白鼻福尔摩斯　唔！我正是那样想着。这个人两道眉毛离得很近，是一个富有醋性的表征。我看见他这两道眉毛，我立刻就推想着，我们面前有一出爱情戏，一出吃醋的好戏呢。

眉毛很接近的男子　（高兴起来）真高明的推想！只有大侦探白鼻福尔摩斯，才能够猜出我嫉妒的灵魂里面的秘密呢。是的，这是一出吃醋的好戏。我现在对你们，把我这个“不走路的脚”的悲史，说一说罢。

公安局长　我们还是赶快先回到我局里去罢。要说听故事，还是那里好些呢。

——幕——

第二幕　一出桌子下面的戏（舞台是公安局长的办公室）

公安局长　说罢，眉毛凑在一起的人。好好的把你那秘密的杀人历史，对我们述说一遍罢。

眉毛很接近的男子　我的话是很简单的。我从前有一个我心爱极了的老婆。我们过日子过得极幸福的。只怪我，有一天，我自己不谨慎，不该把一个在路上碰见的旧日同学引到我家里来。从他第一次拜访我们家里，我就感觉到，他这东西在调戏我老婆了。啊。可惜！可惜我那不幸的，性格太弱的老婆，居然任他送了一些佟玄的地狱里的秋波！[①] 我那时已经懂得，我名誉的破裂，不过是时间迟早和机会好坏的问题罢了。啊！想起那种可怕的晚餐！在那种可怕的会食的时间当中，我虽然歪着嘴巴，做出骗人的笑容，实则我想到桌子下面的把戏，我真比那些受难的使徒，还觉得要多痛苦些呢！因为在桌子下面，也许靠着桌布的遮掩，我那位同学的脚，正

① 陈豹隐译有戏剧《地狱的佟玄》，收入全集第四卷第二册。佟玄，今译为唐璜，西班牙传说人物，多用于指情圣。——编者

压着我老婆的脚，表示爱情呢。这种疑惑，这种可怕的疑惑，把我的脑筋的全部都占领了。我觉得，我渐渐的向着顶利害的精神错乱症方向走了。

我千方百计设法，想在吃饭的中间，突然弯身向桌子底下望一望，想这样去拿住他们的脚的现行犯。我陆陆续续的，故意把我的叉子，我的刀子，我的饭单，我的汤勺，等等东西，落到桌子下去，我很快的低头去捡东西，希望揭穿桌子下面的黑幕。但是，没有一回成功。总是常常白费力！那时候，忽然从我那狂热了的脑筋里头，发生一种魔鬼的主意：我叫人替我做一副捉狼的夹子，一副带着钢齿的，用来捉小狼的夹子。

白鼻福尔摩斯　（对自己独白）正和我先前猜的一样。

眉毛很接近的男子　我拿到捉小狼的钢夹子之后，我结结实实的，把它绑在我老婆的一只鞋子上面，很巧妙的藏在那鞋尖上的蝴蝶结子里面。

公安局长　但是，难道你老婆一点都不觉得吗？……

眉毛很接近的男子　她不觉得。她是一个近视眼呢。并且，替她穿鞋子的女仆，又是和我沟通了的。在那一天，我请我的我同学来家吃晚饭。他坐在我老婆的旁边，露出高兴极了的样子，对她送着一种虚伪的秋波。忽然一下，我听见一个干脆的声音响，明明是捉狼的钢夹子触动发条，夹着什么东西了。我那同学大吼了一声，露出痛苦极了的样子。我的老婆，已经猜着一切的情形，也突然晕过去了。那时我叫着：

“啊！啊！赛佟玄先生，你也上了当罢！啊！背叛朋友的东西！你也像贪吃的狼一样，被狼夹子捉住了罢！被爱情夹子捉住了！”

可怜的被捉人，极力想设法退脱那个钢夹子。我在旁边，细细玩味了我的报仇行为。最后，自然应该有一个结束，我取出我的手枪，依照世上的习惯，开枪把我老婆的情人打死了。随后，我把爱情夹子的钢齿松开，我把他那只脚，齐着足颈子，砍了下来。那时，我老婆已经醒转来了。我恭恭敬敬的对她说：

“太太，今天打猎的成绩很好，让我送一只脚给你罢。”我一面这样说，一面把我那同学的脚，递给她。

我老婆看见，又重新晕过去了。我那时提起了死人的一只脚，跑出门去，把它扔在空地上面。我的意思，是打算这样慢慢的，把我同学的尸身，一块一块的消灭了去。但是，刚刚从空地上丢那个断脚回来的时候，我忽然反省起来，我才知道我的犯罪是一种爱情犯罪。那时，我忽然大笑起来了，我连忙跑来自首。因为我知道我一定会被宣告无罪的，一定会被释放的。

——幕——

十三　火车强盗

第一幕　抬起手啊！（舞台是公安局长的办公室）

公安局长　（对私侦探白鼻福尔摩斯）白鼻先生，我特特叫人赶快请你来这里，为的是有一件事，要请教请教。刚才我接到电话，说是第十一次火车，在一点钟以前，就是说，在刚刚正午的时候，被一群狼抢了。

白鼻福尔摩斯　被一群狼？

公安局长　自然是被一群强盗，扮成狼群的抢了啊。强盗趁客人在饭车吃早饭的时候，冲了进去。这伙强盗大胆极了，他们进饭厅之后，用手枪指着各位坐在椅子的客人，叫了一声“抬起手啊!”即刻迅速的把吓呆了的客人都抢了。在这个空前的白昼打劫中间，有一个不幸的饭厅茶房，把脑子都烫坏了呢。

白鼻福尔摩斯　因为强盗们对他放了枪的缘故吗?

公安局长　不是的。强盗们并未对他放枪。当强盗们冲进门来，叫一声“抬起手来!”的时候，这茶房正端着一盘滚热的面汤给一位客人。他听着强盗叫喊，慌慌张张的，照强盗的命令，突然把手往上一抬，他手里那盘热汤，就泼了他一秃头，因此把脑子烫坏了。强盗们干完他们的劫掠工作之后，他们把火车上的紧急信号铃，拉了一下，火车的速度，自然立刻缓下来，强盗们就趁这时候，跳到地面上去，一会儿就不见了!

地方上的警察们，也曾向铁路附近的田边搜寻了一阵，把那些种田的啊，看鹅群的啊，看牛的啊，种种的人，都问了一遍，却仍然毫无结果。

白鼻福尔摩斯　（忽然的）喔！喔！我懂得一点了。（把火车时间表看一看）快点！我们赶快去罢！已经是午后一点钟了。在二十分钟之内，有一次急行火车，要从第十一次火车所经过的那条同样的线上经过呢。我们赶快去罢!

公安局长　白鼻先生，但是，人如果坐摩托车去，我们……

白鼻福尔摩斯　那不行的。我一定非和那急行车走同一的路不可呢！要想发见这个悲剧的踪迹——请你务必照我的话行事，这是顶重要的话啊！——因为绝对的应该知道，是不是那些牛常常望着火车经过……

公安局长 （很不放心似的）白鼻先生……怎么？……天气太热了，使你有点……恩？……

白鼻福尔摩斯 什么话！我并没有发癫呢。我们赶快去罢！如果我的推想不错，那些牛的眼睛，一定会告诉我这个谜子的谜底呢。走罢！（他们出发了）

——幕——

第二幕　白鼻福尔摩斯的胜利（舞台是一等车的一间车室里）

白鼻福尔摩斯 我刚才已经告诉管车的，这火车带着警察上的重要任务，叫他们慢慢开走，并且，一听我的信号，就得停车。

公安局长 我们快到那些强盗下车的地点附近了。

白鼻福尔摩斯 别做声！等我对准我的眼睛，看一看那个附近地点。喔！喔！好奇怪！……

公安局长 有什么事？白鼻先生。

白鼻福尔摩斯 我的推想，一点也没有错！有几条牛，并不看火车的经过。

公安局长 呃！先生，你还不对我说明这个……？

白鼻福尔摩斯 我现在完全懂得了！啊！那些强盗可真扮得巧妙呢！我要发信号叫他们停车了！我们去把强盗捉住罢！（火车立刻停了。白鼻福尔摩斯手里拿手枪，跳下火车，后面跟着公安局长，警官等等的人）

公安局长 侦探先生真有点发狂呢！他把我们带到铁路旁边的草坪子上来，但是，在那地方，却只有一个安分的乡下人，放着他一群和平的牛！

白鼻福尔摩斯　（对警察们说）围住那些牛啊！（向着放牛的人说）抬起手啊！

放牛的人　（对自己独白）是白鼻福尔摩斯！一切都完了！（他任由警察捆绑）

白鼻福尔摩斯　（走近一条牛旁边去）抵抗是不中用的啊！出来罢！不出来我就放枪哟！（突然的，牛的肚子自己打开了。有一个强盗。从那秘密的藏身地方，害羞似的，跳了出来，警察把他捉住）

公安局长　（狼狈起来）这原来是一条中间空的假牛，夹在许多真牛里面！

白鼻福尔摩斯　假的不止一条呢。还有别的假牛，藏着第二个强盗。（他走到第二条假牛旁边去）投降罢！出来啊！

一条假牛　（用一种很沉重的声音）送你到牛当中去死罢！（刚说着，就听见从牛肚子里面，放了一枪从大侦探的脸上掠过。白鼻福尔摩斯随即放枪把牛肚当中的强盗打死了）

公安局长　啊！白鼻先生，这样看来，你真把一切事情，都猜中了呢！

白鼻福尔摩斯　什么话！我一点也没有猜啊！只有我那强有力的推想，使我发见了空肚假牛的把戏啊。一切的牛尽都睁眼看着我们火车过身，唯独当中两匹牛不看我们，只是把眼睛向着地面。看见这种情形，只消两秒钟，我就可以推想出这匹牛是假的了。知道他们是假的，以后的事，自然不消说了，是不是？

公安局长　好高明的推想！但是，我想起了！也许还有别的强盗躲在假牛里面罢？

白鼻福尔摩斯　（断然的说）只有两条假牛。

公安局长　但是，这条站着不动的牛，也可疑啊！（他用拳头打牛肚子）出来罢！我拿法律的权力，叫你出来啊！（牛一个转身，把公安局长一推，推在几尺以外地下，像牛一样打滚）

白鼻福尔摩斯　呃？你信不信我的话？

公安局长　（一面站起来，一面揉腰子）你说得有理！白鼻先生！那一条是真牛呢！

——幕——

十四　聋聋聋！

第一幕　二重坠落的谜子（舞台是圣达街）

地方公安局长　（向着白鼻福尔摩斯）白鼻先生，你好啊。我派人请你赶快跑来，不为别的，因为这条和平的圣达街，出了一件顶神祕的事件，街上人大家惊慌得很呢。今天早晨起来，街上的人发见两个尸身，一男一女，烂得像肉酱一样，倒在这条街的人走的步行路上。请看，这两个尸身，就是发见的时候的原样子，我曾禁止他们移动，专等你来检视呢。

白鼻福尔摩斯　（用扩大镜细看死尸）我看头一眼，就可以断定这两个死尸只是穿着里衣裤，并且，我同时还可以推想他们是从我们面前立着的这个高大房屋上面落下来的。

公安局长　好伟大的推想！白鼻先生，在事实上，这个穿着里衣的老先生，就是这座大房子的主要的住客，跌在他旁边跌死了的年轻女人，是他雇的管家女仆呢。

白鼻福尔摩斯　还有什么可以特别注意的小事情没有呢?

公安局长　喔!是的，还有一点应当说明的小事，不过，太不关紧要了。街上人今早晨发见这两尸身的时候，这位老先生，还没有完全断气；他在将死未死的喘气声音当中，还哼着这样的几句时兴的小调：

小宝贝儿啊，气冲冲，

聋聋聋，小小帕他翡，

小宝贝儿啊，气冲冲，

啊！杀了她的小猫公。

随后，他就断了气，没有力量说“聋聋”了。

白鼻福尔摩斯　什么?说“聋聋”?

公安局长　是的。因为，如果要唱完这个小调，应该是这样：

啊！杀了她的小猫公，聋聋!

所以，白鼻先生，你由此可以看见这种小事的不关重要了。

白鼻福尔摩斯　我的意思，却和你不同。这件小事，对于我，大有用处，好像我们周围的黑暗世界当中的一线光明呢。我有点懂得了!

公安局长　怎么!……白鼻先生……你懂……

白鼻福尔摩斯　是的。现在我差不多已经能够断定，这两个人都是从屋顶上落下来的了。女仆应该是睡在屋顶下面的房间内的。等我去问一问她那屋顶房的邻居们罢。我们一同进看门人的房间去罢。(他们进看门人的房间)

尖舌头的看门人　啊！先生们到了！好可怕的不幸啊！但是，我早说过，他们一定会有这样的下场呢！从不久以前起，我这位主要的住客，就精神错乱了。他，也不想想他是什么年纪的人，也不管同一般习惯合不合，成天只是想和人跳舞！前几天，他那倒霉的女仆，还对我说过："我的东家，真是一个老讨厌，他成天跟着我的脚后跟跑。我很担心，恐怕他在某一天晚上，会大着胆子，跑到第六层楼上我的睡房里，来麻烦我呢。我得向他辞工啊！"

住在屋顶房的邻居们，都聚齐在这里了。公安局长先生，请问问他们罢。

白鼻福尔摩斯 （向着房顶房的邻居们）你们昨晚上听见女仆房里，发生什么异常事件没有？

第一的男邻居 先生们请听，我正在房间里制造火车头，忽然……

白鼻福尔摩斯 你在你房间里制造火车头？

第一的男邻居 是的。自然是制造小孩们玩的火车的火车头啊。昨晚上，我做完了一列火车，正想试验试验，刚叫火车离开停车场，就听得在死了的女仆房里，有说话的声音。我打算把我火车停一停，以便好好的听一听。那时我那火车刚走到山洞里面，所以我就把它止住，侧耳一听。只听一个声音，是女仆的声音，带着生气的口调，喊着"放下爪子！"（A bas les pattes!）随后就听见一个椅子倒地的声音，一种闭着气的叫声，后来就什么也没有听见了……只是沉寂。

白鼻福尔摩斯 你为什么不跑出去看一看有什么事发生呢？

第一个男邻居 因为我没有时间。那时我的火车已经迟刻了，我还得要制造火车站长呢。

第二个女邻居 我，我也听见，女仆喊着："放下爪子！"但是，因为她平素常常埋怨着，说她的主人差不多专把蒸饼和粉条给她吃，所以我那时只以为她喊着："饼子算了罢!"（A bas les pâtes）（这些"放下爪子!""饼子算了罢!""别要那样骄傲!""打倒牧夫!"等等的说话，在法国话里面，发音都是差不多的，所以著者借此讲笑话——译者）

第三个女邻居　我也是听着女仆人叫了一声，吃了一惊。我平常就知道，她和这座大楼里另外一家的一个女仆，感情非常恶劣。她常常骂这女仆偷着女主人化妆品，向她卖弄风姿。所以，那时我听见叫着："放下爪子!"我只以为她和另外那个女仆对骂着，骂她"别要那样骄傲!"（A bas l'epate!）呢。

白鼻福尔摩斯　你们说的这些话，对于案情，一点也没有用处。还有你，你这位最后的邻居，你听见了什么?

最后的女邻居　我虽然耳朵有点聋，我却也听见那句话，我的邻居们都听见的那句话。不过，对于那句话的意义，我当时却想得和他们不同。

白鼻福尔摩斯　喔!你也有你的特别解释!这真像害着传染病呢。

最后的女邻居　是的，我有我的解释。那女仆曾经对我诉说她的秘密。她说，她未来巴黎以前，有一个情人，是她乡下的牧夫。后来她被这个情人无故的抛弃了。啊!所以，昨晚上，我只以为这个可怜的女孩子想起了这个无情的情人，拍着胸口，叫了一声"打倒牧夫!"（A bas les pâtres!）聊以自慰呢。

白鼻福尔摩斯　这些话都是废话!叫死者的男仆人来问问罢。男仆人，来这里罢。你觉得有什么可疑的情形，须得对我们说明的没有？

男仆人 是，有的，先生们。我须得说明，我主人本是一个品行最好的人。一直到他异想天开的，去找一位外科医生，受什么返老还童的手术之日为止，都是顶好的品行，但是，从那天起……

白鼻福尔摩斯 啊！我果然想对了！那外科医生住在什么地方？快说！（男仆写了一个住址给他）

公安局长 让我叫人立刻把他叫到我办公室去罢。

白鼻福尔摩斯 好的。因为，如果我的推想不错，只有这个医生，才能够说明圣达街的秘密。

——幕——

第二幕 外科医生的犯罪（舞台是公安局长的办公室）

大胡子书记 局长，接木还童术的外科医生传到了。

公安局长 叫他们带进来罢！

白鼻福尔摩斯 （从衣口袋里拿出一个小小盒子）在这小盒里面，我放着一个证据，医生看见这东西，就会不打自招的。你让我对付他罢。你看，他来了！

公安局长 请坐罢，接木还童术的外科医生。

白鼻福尔摩斯 （打开小盒子，突然拿到外科医生的眼前去）你这忍心的人！你认得这个吗？你看见这个睪丸腺，还敢抵赖吗？

接木还童术的外科医生 （脸上撇青）喔！睪丸腺！睪丸腺！这是我把它接木在圣达街的老头儿身上的东西！完了！发觉了！我还是把一切说出来罢！但是，劳驾，请你把盒子关上！我不愿意看这睪丸腺了，它好像在毁谤我的名誉呢！

白鼻福尔摩斯 说罢！

接木还童术的外科医生　诸位先生，我的话是很简单的。请听我说。圣达街那个不幸的老头儿，有一天来找我，要我替他，用著名的猴肾接木的方法，接上一个猴子的睾丸腺，使他变年轻。

不幸，那时候——这就是叫我犯罪的根本原因——我赌钱赌输了，手里没有钱，绝对的无法去买一匹公猴子，为这老人行手术。但是，这种手术的手术料[①]，是很贵的，我不愿意这笔利益落在别人手里，所以，碰见鬼，我就想出一个可怕的主意来。我并没有十分想到结果怎么样，我就替老头儿接木，接上一个普通的公猫的睾子。老头儿一点也不疑心我会欺骗他，欢欢喜喜的回家去了。但是，到了第三天，他的性质突然变了。他被这个猫睾子的势力所左右，渐渐得到一种猫的精神状态了。每天刚一断黑，他就怪可怜的，苗苗的叫着。他周围的人，还以为他故意淘气呢。他嘴里常常唱着那个猫和情人的小调，成天都在“聋聋聋，小小帕他翫”的闹着。成天演说着他那“高底鞋的猫”的演说。有一晚上，他到戏园去看戏，走到后台去，看见一个跳舞的女人扮成老鼠的样子，他跳上前去，使劲用嘴咬她的屁股大闹了一场，后来大家看见他是那戏园的定期的老主顾，才把这个乱子压下去了。不过，这些事情，比起我所想像的昨晚的怪戏来，总还算是小事。据我想，他的猫公心理，一天一天在他的脑筋里，膨涨起来了。他晚间偷进女仆的房间，用什么东西塞住女仆的嘴之后，从天窗上，把女仆带到屋顶上去，要想照叫春期的猫子一样，在屋顶上讲爱情呢！

不幸的女仆，想逃出“老猫公”的拥抱，却是，在她挣扎的时

① 日语中的用法，意为手术费。——编者

候，站滑了脚，跌下空中去了，顺便把她的主人也拖带下去，一同落地。诸位先生，所以，我说，这个悲剧，完全是因为我做了那个错事，才发生出来的呢。

白鼻福尔摩斯 可怜的老头儿！如果猫罩子的力量能够更进一步，使他像猫一样，落下地来，还可以站在脚爪，一点也不受伤，那岂不更好些！

接木还童术的外科医生 你看，我把全部秘密都自白了。我从那时起，就悔恨得了不得。现在我真好像在《打铁匠的刑场》那本书里一样，要说："我请你送我到断头台上去，谢谢你！"

——幕——

十五 两面人

第一幕 以前以后（舞台是一个房间）

公安局长 （对白鼻福尔摩斯）白鼻先生，我叫人赶快请你来，因为这个房间的住客被人用短刀戳了一刀，倒在地下，凶手却毫无踪影。

白鼻福尔摩斯 （察看倒地的被杀人）好奇怪的相貌！这相貌我是常看见的啊！我在哪里看见过？碰着鬼？

公安局长 在一切报纸里面啊！白鼻先生。这个被杀的人，是以出卖人身广告为职业的。你看，他的头发和胡须，都是半边雪白，半边染得漆黑的。这个相貌，是全世界的人都知道的呢。他是替一个大的颜料工场充广告的。他见天在街上走，身上背着两块牌子，上面写着一句成语："以前以后！"如果你赞成，我们把这个房间

的楼上的邻居叫来问问，看他知道什么消息不知道。（他叫邻居进来）

白鼻福尔摩斯　楼上的邻居，有什么话告诉我们没有？

楼上的邻居　那时我正从外面回家，我刚刚动手打我的老婆，忽然听见一片喊声，从下面的邻居房间里透出来，使我吃了一惊。我就对我老婆说："梅拉尼，你听！好像'以前以后'老头儿家里有人闹架呢。"刚刚说完，我们就听得，人身广告的老头儿，生着气，说出这么几句话："不行！你这人好不惫赖！你别再叫我这白胡子丢脸了！"后来，好像我的邻居，和他来客之间，发生一场可怕的斗殴。忽然的，我们听见叫了一声可怕的声音，立刻又跟着一种身体倒地的响声，我和我老婆都吓得抖起来了。我立刻跑到楼梯上去，看见有许多别的同住的人们，也都跑来聚在那里。我们用力把发生惨事的房门推开，跑进房去。但是，那神秘的凶手已经不见了！

白鼻福尔摩斯　从窗户上逃走的，一定是……

楼上的邻居　不会的。窗户还关得很严。并且这间房也并没有壁炉的烟通。

白鼻福尔摩斯　唔！这就太奇怪了！

法医　（察看被杀的人）伤虽是很重，我相信，这不是一个致命的伤。等我赶快把这"以前以后"老头儿，送到医院去罢。

白鼻福尔摩斯　（用扩大镜察看地板之后）喔！喔！我懂得了！

——幕——

第二幕　亲爱的仇人！（舞台是一个医院的一间病房）

公安局长　"以前以后"老头儿，今天已经脱离危险期间了。我想他一定会对我们说出谁是杀他的凶手呢。

白鼻福尔摩斯　我靠着我在地板上发见的指印，我已经知道凶手的姓名了。但是，人身广告的老头儿，既然清醒过来，他一定会自己说出这件案子的秘密罢。呃？是不是？

“以前以后”老头儿 不……不……我不愿意说。……我不能够告发这个凶手……这事太过于讨厌了！……

白鼻福尔摩斯 说罢！我什么都知道了呢！（他走到老头儿耳朵旁，说了几句话）

“以前以后”老头儿 恩！是这样吗？好！我说罢……既然你已经知道了我的生活的秘密，我就通通就出来罢！啊！想起来，那天真正是一个不好的日子！我答应颜色工场的要求，拿我的头去替他做广告的那天！

那时候，我只是随随便便的，就把我的白头发和白胡须的半边，染成漆黑的颜色，却一点也没有想着，这样一来，就把我自己弄到一个顶奇怪顶悲惨的，人格两破的境遇里去了！

公安局长 人格两破？

“以前以后”老头儿 是的。自从我把头上的毛的左边一半，都染成黑色之后，不上两星期——难道这就是所谓自己暗示作用？——我就觉得，好像我有两个灵魂了！一个年轻人的灵魂和一个老头儿的灵魂！我清清楚楚的感觉得，无论是在精神上或是在肉体上，我的一切存在，都显然被分成两部分了！我的脑筋的一半，只是想着恋爱和发狂似的情热，但是，另外一半，却保持着一种老年人的冷静和安稳。从那时起，一个片时也不间断的斗争，就在我这两个“我”的中间，发生起来了。我的左眼（年轻的半边）看见一个女人，就舍不得不向她送一种含着热情的秋波。纵然我“右边的老头儿”极力抵抗，这个下等的“左边的年轻人”，总是追着年轻女人们的屁股跑，并且还拖着我那二重人格的合理的半边，到处瞎跑！

白鼻福尔摩斯　我的推想，真正一点也没有错呢。

“以前以后”老头儿　啊！啊！后来不久，因为我的力量，比年轻的一边，较小一点的关系，结果，还是只得勉强跟着我那“年轻的半边”，跑到夜里的酒场去，做种种放纵的吃喝！有一天，我的“年轻的一边”，可恨，真正和一个下等女人要起好来了。这女人好可恶！她给我许多侮辱，她把我当成一个“老而不死的妖精”，她还说，因为我在场的缘故，减损了他两人的爱情呢！

简单说罢。这样一天一天的堕落下去，我那不名誉的“年轻的一半”，有一晚上，居然向我宣言，他不愿意做工了，因为他的黑胡须可以使他找一个堕落的妇人，去养活他。我听见他这种下贱的说话，我就大叫起来：“不行！你别想再叫我这白胡子去丢脸了！”我想阻碍他出去会他的情人，就是在那时候，这个惫赖的年轻人，气得要命，拿着一把短刀，就戮进我这正大的一边身上了！

先生们，这就是我的秘密啊！什么话我都对你们说了。我还要求你们帮我一个忙，请你们在出这房间以前，把我的左手绑在床桌旁边。我猜准了，这个可恶的黑胡须美男子，和我睡在一个枕头上，一足会黑着良心，总是打主意，想把我勒死呢！

——幕——

十六　孤独的别庄

第一幕　人筛子（舞台是一个孤独的别庄）

地方公安局长　（对白鼻福尔摩斯）白鼻先生，今天早晨他们在这孤独的别庄里发现的尸身，就是这两个。请检视检视罢。一个男的，一个女的，他们的身上，都像筛子和漏勺子一样，被打着无数的枪弹洞子呢。

法医 刚才，我仔细数了一遍，每个死尸上面有四百八十个洞子，所以，合起来，应该是共总九百六十个洞子。

白鼻福尔摩斯 喔呀！这好奇怪！唔！我一看见这许多枪弹洞子，我立刻就猜着了，这个犯罪是一群真正的杀人团干的。喔！是了！局长，并且，我在花园里面，还看出了许多土耳其人的脚步印子……

公安局长 土耳其人的脚步？

白鼻福尔摩斯 是的。从许久许久以前起，我就热心研究着脚步的问题，我可以一眼就认识世界上各国人的不同脚步。要想利用种种印子，去认人，最有用的，就是脚步印子。我分得出罗兰地方人的脚步，送葬的人的脚步，军人的脚步，等等的区别。军人的脚步是加倍快的，所以最易认识。总之，我刚才只到花园子里用扩大镜察看一回，我就立刻认得土耳其人的脚步印子了。所以，从论理说来，我可以断定，这次犯罪是土耳其人干的。

公安局长 好伟大的推想！

一个巡警 （走进来）先生，有一人亲耳听见几句话的耳证人，要求和先生说话。

白鼻福尔摩斯 耳证人？好罢，叫他进来罢。（耳证人被人带进来了）

公安局长 你听见了什么话，耳证人？说罢。

耳证人 先生请听。我生下地来，就害着月亮病（Lunatique，这个法国字，普通是发狂病的意思——译者)。这个厉害的病，弄得我，在进了我的上下弦的时候，只能够在晚间出门。

公安局长　进了你的上下弦的时候?

耳证人　是的。我和其他害这种悲惨的病的人们一样，我受着月亮的影响，发生一些不幸的现象。我的头，会随着天上的月亮是满月或是弦月，时时变动，有时圆得像一个盘子一样，有时又变成一瓣橘子一样。

白鼻福尔摩斯　好奇怪的病!

耳证人　因为今天是满月，所以，诸位先生，我可以大胆的白天跑出外面来。但是，自从上弦起，到今天满月为止，我真正不能出来见人，只能在夜里到外面来。所以，昨天晚上，我在这个孤独的别庄面前，徘徊了许久，一直到今天早晨两点钟时候为止。我痛痛快快的，吹了一阵口笛，因为我想着离下弦还有许久，并且下弦过了，又有新月来到，我便觉得心里痛快极了。

白鼻福尔摩斯　好了，快说你听见的话罢。

耳证人　简单说，那时我突然听见人说几句外国话，是用一种呼吸迫促的声音吼着。

白鼻福尔摩斯　几句什么外国话?

耳证人　“阿路亚！庶讶！八尔加!”　(Arrouah! Chouya! Barca!) 随后，差不多是同时，忽然听见一排枪声，从别庄里响出来。吓得我满半弦头都是汗珠子，我连忙提起双脚，飞跑走了。这就是我听着的一切。

白鼻福尔摩斯　耳证人和月亮证人，你可以出去了。

公安局长　他这种说明，虽然是满月里说的，却是对于这件案子的黑暗沉沉，仍然没有发见一点光明呢！

白鼻福尔摩斯　我的意见，却不是那样。喔！我开始懂得了！等我一个人单独的去探访罢。明天，我一定到你的办公房去，把这件九百六十个枪弹孔子的尸身案子，揭穿出来！

——幕——

第二幕　孟马特街的宦官（舞台是公安局长的房间）

白鼻福尔摩斯　（走进来）我的搜查，已经完全成功了！亏我在花园里沙地上发现了土耳其人的脚迹，我加上我干惯了的手腕，我迅速的，把这件奇怪事件的纷纠的秘密解释明白了。

公安局长　擒住了凶手吗？白鼻先生。

白鼻福尔摩斯　是的。八十个凶手都被看管着了。

公安局长　八十个凶手？

白鼻福尔摩斯　是的。但是，关于这出怪戏的原委，与其要我对你说，不如让那个热心的宦官对你陈述罢。

公安局长　热心的宦官???

白鼻福尔摩斯　这是本案的主要证人呢。（对巡警）把热心的宦官带进来罢。（宦官进来）

公安局长　在陈述之前，先说你的名字罢。

热心的宦官　（用一种过放纵生活过惯了的人的态度，答应着）他们把我叫做谜谜儿，为什么？我可不知道……

公安局长　住在什么地方？

热心的宦官　孟马特街。

公安局长　什么职业？

热心的宦官　宦官。

公安局长 在孟马特街当宦官？你在开玩笑吗？恩？

热心的宦官 一点也不是开玩笑。等我替你解释罢。在几个月以前，我偶然碰见了一个少年时代的旧友。他邀请我去喝一杯啤酒。我答应了。我们随便谈心。他对我说，他刚从土耳其回来，并且是发了财回来，带回来一座土耳其宫殿，里面有八十个女人。

“八十个女人？”我这样问他。他答应：

“是的。我把我这宫殿，搁在巴黎附近的我一个庄子上呢。”

“如果你缺少一个宦官，我倒可以替你效劳。目前我正苦于没有职业呢。”我这样向他说笑话。他也好像闹着玩似的，答应我：

“好罢，我雇定你了。”

到第二天，我穿起一套真正的宦官服装，开始干我新的职业了。

公安局长 但是，我不懂得，你这奇怪的职业，和我们面前的这个奇案，到底有什么关系？

热心的宦官 怎么！没有关系？你要知道，那个被杀的男人，就是我这朋友，这个宫殿的主人啊！

公安局长 啊！就是他？

热心的宦官 是的。这个冤枉鬼，本来和他的宫殿太要好了。我早就预料到着要发生这种结果呢。他叫他的八十个女人都照欧洲的生活样式生活着。这个不幸的人又不该准他的女人们看报纸。这件事就是前晚上那个惨剧的出发点。这些野蛮的女人们，每天早晨，在报纸上，看见许多爱情犯罪的故事，如像老婆枪杀丈夫，或是被欺骗的丈夫杀死老婆一类的事，不知不觉的，在很短期间，就受了种种不健全的影响。她们以为，把一个欺骗老婆的丈夫杀死，是欧洲的一种习惯。有一天，她们知道了，她们那个共同的丈夫，在巴黎近郊的一个孤独的别庄里面，和一个美貌的巴黎美人密会。所以，她们想要模仿欧洲人的例子，这八十个土耳其女人就立誓要向她们这个不忠实的丈夫报仇。她们走到一个枪炮店去，买了八十支宝宁手枪……

公安局长　但是，你这人，你这当宦官的，应该阻拦……

热心的宦官　不幸，在犯罪的晚上，我并没有在宫殿里。诸位先生，我天生成一个富于爱情的体质，我……

公安局长　那些话，略去不说罢。

热心的宦官　简单的说，那时候，我正在孟马特街我一个小小女朋友的旁边，因为我这宦官的职业，给了我许多和女人们周旋的机会。我第二天回到宫殿去，才晓得发生了惨剧。那八十个嫉妒的女人，因她们的行动已经比得上欧洲人，所以对我把全部的悲剧都说出来了。她们曾经雇了二十架摩托车，每车坐四个人，跟着她们丈夫去会情人的那条路追上去。以后情形，你们可以想见了：一对奸夫奸妇被八十个合法的老婆袭击。八十支宝宁枪，每支放了十二个子弹，所以合起来，就在两个情人身上，穿了九百六十个洞眼。我那可怜的朋友，看见走头前的三个女人，闯进别庄去，大声喊起来："阿路亚！庶呀！八尔加！"这是三个女人的名字。此外也还有叫做法特马，徐他涅塔，等等名字的。但是，不幸的丈夫，没有得着充分的时间，去念她们的名字，就被他的太太们的枪弹，穿进身上，把身体弄成一个漏勺，倒在地下了。

先生，这就是这件古怪的爱情犯罪的全体！但是，怎么样去处置这八十个女人呢？因为如果照法律上的规定，只有一个女人就够抵罪了呀！这八十个女人现在还是一点失悔的心也没有。她们说，她们是会被开释的，犹如一切因嫉妒杀死丈夫的女人都被开释一样。她们正在公开的欢喜，说她们结局变成了真正的文明女人呢！

——幕——

十七　隔世冤仇

第一幕　鸡蛋杯子堆上的一个死尸（舞台是一家卖彩票的洋铁皮做的移动小房）

公安局长　（对白鼻福尔摩斯）急忙忙的催你来，真对不住。实在，因为有一桩疑案呢。昨天晚上，一个人，好像是被什么神秘的力量摔来的一样，跌在这个卖彩票的移动小屋上面，犹如陨石一样，穿过屋顶的天花板，一直摔到房里的一个磁器堆上面，把一些当作彩票奖品的磁器，都打成碎粉了。我们于惨事发生后，即刻跑来察看，却一点也不明白，难道我们能够说，这个不知姓名的死者，是从天上落下来的吗？

彩票店主人　（用一种失意的声音）啊！诸位先生！我因此破产了！我所有的，缠着金线的鸡蛋杯子！都被打破了！

白鼻福尔摩斯　（考察躺在破碎的鸡蛋杯子上面的死尸）好奇怪的服装！他头上还有一个王冠！

公安局长　这是因为，昨天恰是半四旬祭，这个人扮过梅罗文金王呢。

彩票店主人　（歔欷的哭）诸位先生，顶不幸的，就是，对于这个破坏杯子的负责人，我想告发他，也都不晓得从哪里告发起呢！

白鼻福尔摩斯 （察看扮着国王的死尸）喔！喔！好奇怪！死尸的弯曲的手指上，拿着什么东西？（他低头去看）你看！一把毛！（他从死尸手里取下这把毛）

公安局长 唔！一把又长又黑的毛。

白鼻福尔摩斯 （用扩大镜察看那把毛）一共有五十四根毛。这是木马的尾巴啊。

公安局长 木马的尾巴毛？

白鼻福尔摩斯 是的。你试拿扩大镜看看。每根毛的根子上，都沾着一层很干的胶水痕迹呢。我的推想是对的！（对一个巡警）即刻去叫一家做木马尾巴的工厂主人来罢。（巡警答应着出去了）

公安局长 做木马尾巴的工场主人？

白鼻福尔摩斯 是的。因为我需要一种技术的知识。得了这种知识之后，我们就可以到木马运动场去做我们的搜索了。你看，广场那边不是有一个木马运动场吗？如果我的推想不错，我们一定可以在那地方，揭穿这个秘密的内幕的。

巡警 （同一个人从外面回来）先生，找着一个做木马尾巴的人来了。

白鼻福尔摩斯 （向木马尾巴工场主人）工场主人，你能对我说明，木马运动场里面的木马的每个尾巴，是用多少根毛做成的吗？

木马尾巴工场主人 这是要看木马身材的大小，有多有少的。木马越大，尾巴的毛也越多。拿我们的标本木马说，从顶多的三千二百五十根毛起，到顶少的二十三根毛止，有许许多多的种类。

白鼻福尔摩斯 （指着广场那边的木马运动场说）比方，像那木马运动场的木马尾巴，是用多少根毛做成的？

木马尾巴工场主人　那是一千五百十七根，顶上等的毛，光泽极好。亚刺伯种，是顶新式的。

白鼻福尔摩斯　谢谢你。你可以回去了。（对巡警们说）诸位，现在你们都要扮成顽皮小孩，我们准备今天午后去进行搜查。

公安局长　我们都扮成顽皮小孩？

白鼻福尔摩斯　是的。因为这样才能够不叫木马运动场的人疑心我们。诸位，大家着手去罢！

——幕——

第二幕　木马的秘密（舞台是木马运动场）

公安局长　（穿着小孩儿的衣服，对同样穿着顽皮孩子衣服的白鼻福尔摩斯说）白鼻先生，我们和我们那十二个扮成小孩的巡警，已经跑了二十九遍木马了。我的心脏，跳得厉害呢。你看，木马运动场的女主人，已经开始疑惑我们了。我们趁这时候盘问她不好吗？

白鼻福尔摩斯　不忙。且等那几个巡警做完了我吩咐给他们的细巧任务，再说罢。

公安局长　什么任务？

白鼻福尔摩斯　一面跑木马，一面细数马尾巴的毛的数量的任务。并且，我现在也正做着同样的工作呢。你也做做试试罢。这是顶重要的工作呢。

一个扮成小孩的巡警　我和我几个同事，都得着同样的结果，和木马尾巴工场主人说的数目一样，都是一千五百十七根，一根也不多不少。

公安局长　白鼻先生，我这里却不一够一千五百十七根呢！

白鼻福尔摩斯　（欢喜得脸色都变青白了）真的吗？没有数错罢？

公安局长　绝对的不错。我刚才又九根九根的，复数了一次呢。我这里只有一千四百六十三根。

白鼻福尔摩斯　（发出一种得胜的喊声）这正是我预料着的！一千四百六十三，加上五十四，恰恰是一千五百十七根！所以，一点疑惑的余地也没有了，死尸手里的五十四根毛，就是从这条木马尾巴上扯去的。我的推想顶正确：彩票店的惨剧，是从这木马运动场发生的！（他跑到木马运动场女主人旁边去）喂！你把那个扮梅罗文金王的男人怎么样了？那个人，昨晚上，祝祭事情完了之后，曾到你这运动场，灭了灯火，跑了一回木马。你把他怎么样了？

木马运动场女主人　（脸色撇青）在我这木马运动场里，灭了灯火？我不懂得你的话！

白鼻福尔摩斯　（独白）这女流氓要弄把戏呢！我早料到了！（他突然拿出五十四根毛给她看）但是，这一把毛，你该认识罢，这一把毛？

木马运动场女主人　（装做生气的样子，大胆的说）这些不要脸的东西！你们敢和我开玩笑，拔我木马尾巴上的毛吗？我非把你们送警察不可！可恶的顽皮小孩！滚出去罢！

白鼻福尔摩斯　好不要脸的女人！

公安局长　（低声对白鼻福尔摩斯）这个狡滑的东西，笑话我们呢。我们没有证据，秘密还仍然是无从揭穿啊！

白鼻福尔摩斯　你这话是对的。诸位，我们且离开这木马运动场罢。我要一个人去设法解决这场悲剧的谜子！这五十四根毛已经给我一个大大的帮助了。我一定要把这个秘密弄明白的！（他回头向着冷笑的木马场女主人，用一种轻蔑的姿势，把五十四根毛给她看）这是我两人的秘密！你害怕这把毛！害怕这把毛啊！

——幕——

第三幕　十四个世纪间的仇恨（舞台是一个做千里眼透眼术的人的住家马车）

白鼻福尔摩斯　我的推想是顶明白的，比什么都明白。木马运动场的女主人，是犯罪的人。我相信，杀了半四旬祭的梅罗文金王的凶手，就是她。但是，可惜没有证据，不能拘捕她。我总得设法拿着她的秘密才好。等我去问问她的隔壁邻居，那个行千里眼透视术的女人罢。（他走进住家马车）你好啊！千里眼先生。

做千里眼透视术的女人　先生，你好。看大把戏？还是小把戏？还是玩骨牌？玩珈琲戏？看千里眼？

白鼻福尔摩斯　不，不是。我只是来问问你，昨夜晚，你听见你隔壁木马运动场女主人家里，有什么异常的事情没有？

做千里眼透视术的女人　但是……

白鼻福尔摩斯　你要说真话啊！应该说真话！

做千里眼透视术的女人　好的。我本不愿意使我的邻居受什么损失，不过，你既然叫我说，我也不必隐瞒了。实则，昨晚上，有一件很怪的事，叫我注了意。我正双手靠在我这住家马车的窗户上乘凉，因为天气太热，我睡不着，我忽然看见，隔壁木马运动场的木马，也不点灯，也不奏音乐，就拼命的跑起来了。

白鼻福尔摩斯　（独白）我的推想是对的。

做千里眼透视术的女人 但是，这件奇怪的事，那时并不足叫我十分惊怪，因为从很久以前，我就知道木马运动场女主人的古怪脾气。我只以为她也像我一样，热得不堪，所以把她的木马，当作风扇转着。简单说，我那时差不多没把那件事放在心上。

白鼻福尔摩斯 谢谢你，千里眼先生。你刚才说，你的邻居是一个有古怪脾气的人？

做千里眼透视术的女人 是的。真正古怪得厉害。她常常对人说——不管是谁，只要是肯去听她的话的人——说她在别一世里面，曾经是一个王后！我相信她有点脑筋昏乱……

白鼻福尔摩斯 在别一世里面？（独白）喔！我有一个主意了！或者由此可以揭穿秘密罢！我来试做一回新的经验，一个和普通警察官吏所干的方法大不相同的经验罢。怕什么？我不是一个惯开新路的名家吗？（向着千里眼女人）你的千里眼透视术，可以看见人类前世的过去情形吗？

做千里眼透视术的女人 自然可以。不过，要做这种透视，须得把我所要透视的那个人的一件随身动用的东西，放在我手里，叫我进催眠术状态去才行。

白鼻福尔摩斯 如果我想知道木马场女主人的前世情形，一定非有她随身动用的东西不行吗？

做千里眼透视术的女人 是的。不过，不要紧的，碰巧她丢下一把雨伞在我家里呢。你看，就是这把雨伞。我把它放在我的膝头上。请你用布绑上我的眼睛罢。过了几秒钟之后，如果我睡着了，你就可以随意发问。

白鼻福尔摩斯 （遮住了千里眼妇人的眼睛）你睡着了吗？

做千里眼透视术的女人　已经睡得很熟了。

白鼻福尔摩斯　你向过去走回去罢。你看见你邻居木马场女主人的三个月的小孩子时候的样子吗？

做千里眼透视术的女人　看见了。

白鼻福尔摩斯　她在做什么呢？

做千里眼透视术的女人　她衔着足指头吃呢。

白鼻福尔摩斯　再回去远一点看看她的过去！看见什么？

做千里眼透视术的女人　我看见她……黑暗极了……看见她在她母亲的肚子里……

白鼻福尔摩斯　再往前看看她的过去！

做千里眼透视术的女人　我看见她……在她无生以前……她在不可看见的无形世界当中……在灵魂的王国里面……

白鼻福尔摩斯　还在往前一点去看！你看见她？

做千里眼透视术的女人　是的，看见的……但是，很困难……我不太把她看得清楚……

白鼻福尔摩斯　好好看罢！她还是一团精神吗？

做千里眼透视术的女人　不……不……不是的。她已经重新成了一个人世上的肉体了……她的灵魂已经装在一个女人身体里面了……喔！我回去得真远呢！……我在西历五百八十五年……我看不十分明白呢……

白鼻福尔摩斯　（用一种命令的口调）要看明白了啊！

做千里眼透视术的女人　现在看得清楚了……是的，她头上戴着一顶王冠……群众说着她的名字……我不大听得清楚……

白鼻福尔摩斯　要好好的听啊！听她的名字！

做千里眼透视术的女人　群众叫着她的名字生气呢。……她叫做……白吕诺……（白吕诺 Brunehaut 是西历五三四——六一三年间的女人，嫁给奥士特拉西国的西希白做王后。为人聪明强干，但天性残忍。她和费雷德公打了许久的仗，后来被费的儿子克罗特二世擒住了。他把她的头发，一只手，一只脚，绑在三匹马的尾巴上，给了她一个三马分尸的极刑——译者）

白鼻福尔摩斯　白吕诺！怪不得这样惨案发生！

做千里眼透视术的女人　我看见……我看见……喔！好惨的景象！……刽子手围住了白吕诺，奉了克罗特二世的命令，把这个不幸的女人，拴在几匹劣马的尾巴上……喔！这好不可怕！……这些劣马跑起来了，把白吕诺的尸体扯碎了！……这可了不得！赶快把我弄醒罢！……唤醒我罢！（白鼻福尔摩斯唤醒了她）

白鼻福尔摩斯　啊！现在，我把全部秘密都懂得了！一切都明白了！白吕诺的灵魂，在现世是寄在木马场女主人这个身体里面的。她一看半四旬祭的梅罗文金王，就以为她碰见了那个残忍的刽子手克罗特二世了。所以她就利用梅罗文金王的酩酊状态，把他引在木马场上去，并用东西塞住了他的口，把他绑在一匹木马的尾巴上！喔！好可怕的报仇！吞声饮恨，过了十四个世纪！木马越转越快，那根绑着梅罗文金王的绳子，被转动力推断了。所以这可怜的假王，就被扔在空中，落到广场那边的卖彩票的店子的屋顶上，穿过屋顶，把一些缠着金线的磁器，都碰碎了！啊！白吕诺！白吕诺！有什么永世不忘的神秘能力，使你的灵魂重新装在木马场女主人的这个躯壳里面呢？

——幕——

十八　不响的钟和说话的蛋

第一幕　悲惨的复活祭（舞台是芝加哥的警察局局长办公室）

警察局侦探科科长　（向著名的私侦探白鼻福尔摩斯）白鼻先生，我急忙忙的请你来，因为有件事情，要劳驾帮忙呢。从今天早晨起，美国警察史上，发生一件空前的事件，把全芝加哥市的人民，都弄得不安了。各报纸已经发出临时号外，想来先生也看见了。你该知道，今天是耶稣基督教复活祭的日期，照我们从来的习俗，全市各教堂的钟，在今天早晨，都应该快快活活的接连合奏起来的。但是今天却没有一点钟声！

白鼻福尔摩斯　想是打钟的工人同盟罢工了罢？

侦探科科长　不是的。但是，昨天晚上，各教堂的打钟工人，都慌慌张张的向教堂报告过，他们的钟里面的钟槌子，都失踪了！

白鼻福尔摩斯　喔！这就奇怪了！

一个巡长　（气喘吁吁的跑进来）科长！……科长！……赶快来！刚才有人发现，圣杜拉教堂的打钟的被暗杀了，满头浸着兰姆酒，两只蜷曲的手里，还抓住一半边的复活祭的祭蛋。他还有气……大家正设法想使他活转来……

白鼻福尔摩斯　（沉思了一会）喔！喔！太奇怪了！……半边复活祭的祭蛋，满头浸着兰姆酒：钟槌失踪了……（突然的）我在这暗黑神秘的事件当中，开始看见一点光明了！我们赶快跑去罢！

——幕——

第二幕　由黑暗到黑暗！（舞台是圣杜拉教堂的钟楼）

法医　（对白鼻福尔摩斯说）亏我极力设法救护他，这打钟的好像会活过来似的……你看……他睁开眼睛了，嘴唇也动起来了，好像要说话的样子……

打钟的　（用一种极弱的声音，一面溜着一双受了惊恐的怪眼睛）喔呀！我害怕！我害怕！他们要转来了！……他们在那里呢！我看见他们了！……

白鼻福尔摩斯　看见谁啊？

打钟的　会说话的蛋！会杀人的蛋！

法医　（对白鼻福尔摩斯）他说谵语呢。他说话没有伦次。恐怕救不住了！

打钟的　（用一种害怕的声音）喔！这个蛋向我走来了……这个皱了蛋！……救命啊！

白鼻福尔摩斯　这个皱了的蛋？

打钟的　（用一种越说越弱的声音）是的……它杀了我呢……因为我看见了，为什么钟里面会不见了钟槌的原因！……

白鼻福尔摩斯　（弯着身子向打钟的）说罢，说罢！你看见了什么？……

打钟的　（在最后的努力当中）我看见那些……喔！不，不，不，我害怕呢！皱了的蛋！皱了的蛋！啊！啊！（他重新倒下地，死了）

白鼻福尔摩斯　倒霉！喔！但是，不要紧的！我还是一样要把这案破了！

一个巡警　（对白鼻福尔摩斯）白鼻先生，有一个没有脚的人，要求和先生立刻见面说话！他在下面，在教堂面前的街上。

白鼻福尔摩斯　我们下去罢。我们在钟楼里面，没有什么事情可干了。（大家下楼到街上去）

无脚的打钟人　（面对白鼻福尔摩斯）我是圣杜拉教堂的打钟的……

白鼻福尔摩斯　圣杜拉教堂？

无脚的打钟人　是的。就是从前那个圣鲁意教堂啊。到了好机会的时候，这教堂把它的名字，由圣鲁意改成圣杜拉（Saint-Dollar）了。这样较为富足一点啊！我和一切无脚的人一样，我手腕上的力量，非常大，所以我才当了一名打钟的。如果说到接续的打连钟，不是我自夸的话，那是谁也赶不上我的。你要知道，圣杜拉的钟是芝加哥市上顶大的钟呢。我……

白鼻福尔摩斯　别瞎扯了！说正事罢！

无脚的打钟人　好的，好的。今天早晨，我正准备去打复活祭的快活的连钟合奏，我突然看见了，我的钟还没有回家……

白鼻福尔摩斯　还没有回家？……

无脚的打钟人　是的。它还没有从罗马回家。先生想来也知道，世界上一切教堂的钟，都要从圣星期四到罗马去一趟，到复活祭前夜，才跑回来，是不是？简单说，我那个钟和别的钟一起到了罗马去了之后，现在还没有回来呢！

白鼻福尔摩斯　（露出满意的样子）是的啊！这正是我所想着的事！我的推想一点也没有错！就是这个迟刻的钟，会帮助我们，今晚上去捕捉美国顶强大的强盗团呢！

侦探科科长　恩？我，我一点也不懂得！白鼻先生，你可以对我说明这个道理吗？

白鼻福尔摩斯 请等一等，我后来再告诉你。今晚上，我们大家集会在圣杜拉的钟楼里罢。因为，如果我的推想没有错，我们在那个地方，就可以戳穿不响的钟哪，皱了的蛋哪，杀人的蛋哪，种种东西的秘密呢！

——幕——

第三幕 空前的大漏税（舞台是圣杜拉教堂的钟楼）

白鼻福尔摩斯 （对埋伏着的巡警们说）就这样等着就行了！我们要想捕获悲剧蛋的强盗团，不消做别的行动，只要等等他们就够了。

警察局长 悲剧蛋的强盗团？

白鼻福尔摩斯 是的。我迅速的调查了一遍，越发证明我的推想不错了。这些强盗，穿着一种有套帽的外套，脸上用一块朱古老色的木板遮住，上面画着复活祭的祭蛋。但是，叱！他们来了！……诸位，留心啊！（强盗们走进钟楼。每一个人头上都盖着一块木板，画着复活祭祭蛋）

白鼻福尔摩斯 抬起手来啊！浑蛋们！你们被丢下油锅了！

悲剧蛋的强盗团 我们是朱古老糖啊！（巡警们跑上去，取下他们的蛋帽子，给他们锁上手拷）

白鼻福尔摩斯 （向警察局长）我们已经把美国里面最可怕的运私货漏税的团体，擒住了。他们想出种种奇怪大胆的方法，私运被禁止的酒精到美国来。你可以叫他们把那些空前的古怪的漏税方法，对你说明罢。

悲剧蛋强盗团的首领 好罢！我对你们说罢！我们既然被擒，供不供出来还不是一样的！我们这些顶好的主意，都是从我这天才脑筋里出来的。我们前一向，早已想不出什么好办法，去私运被禁的酒精进口了。可是，在复活祭前不几个星期，我脑筋里，忽然得着一种好极了的灵感。我想："为什么我们不利用那些钟——那些由圣星期四运往罗马，到复活祭前晚上运回本地教堂的钟呢？为什么不利用它们？"我的计划立刻做成了。我们在意大利的同伙，从那些美国钟到罗马的那一天起，就把钟里面的钟槌子所占的地方——钟槌子早由我们在美国摘下来了——装满了威士忌，兰姆酒，金酒，香滨酒，以及其他种种被禁的葡萄酒火酒之类的东西。

一切进行，都极顺当。到了这些钟回到美国的那一天，我们用摩托车，由这个教堂到那个教堂，到处跑去搬运钟里面的酒箱子。只有圣杜拉教会的打钟的，比我们先到钟楼一步，发见了兰姆酒的箱子，挂在钟的里面。当我们到钟楼的时候，他已经开了一瓶酒，正准备喝呢。他向我扑来，我也反扑过去。他为防御的关系，在争斗当中，扯掉我的一股头发。这股头发恰恰挨着木板绘的复活蛋，所以他就把我的蛋面具，也抓了一半去。我当时立刻用酒瓶子给了他一下，把他打倒了。（在这时候，迟到的钟也运到了，依旧搁在这钟原来的地位上）

白鼻福尔摩斯　你们看！它装满了威士忌酒的箱子呢。像它装这样多东西在里面，无怪乎不能够在复活祭这一天回到原来的地位来了。

悲剧蛋强盗团的首领　我们意大利人的同伙，总算是量得很准的了。如果它再装上一箱，恐怕这个钟要延到三位一体节的时候，才能够回来呢！

——幕——

十九　致命的洗澡

第一幕　奇怪的死（舞台是一个温泉浴地方的小跳舞场的舞台上）

着急的跳舞场监督　啊！今晚上真悲惨！这出一幕新戏《马拉》（Marat，一个生于瑞士国的民权大家1743—1793，在法国曾做了许多残暴的虐杀。当了《人民之友》报的主笔，后来被哥尔地暗杀了——译者），我费了许多心血，把它夹在《舌头跳舞》和《时髦戏法》之间，哪晓得不能不中止了！扮马拉的这位先生，居然死在舞台上的浴池里面了，并且还死在扮着哥尔地的他老婆面前。亏我赶快叫人下了幕，才免得观客看见哥尔地的丑态，遮掩了那种抱着马拉的死尸大哭，一点也不合戏情的地方呢！

跳舞场主人　诸位不要害怕。恰好，著名的私侦探白鼻福尔摩斯，正来在我们的市上保养身体，我去求他，他已经答应即刻上台来察看，要利用他的天才，帮助本地警察来解决这个突然的秘密呢。

本地警察　（对白鼻福尔摩斯）白鼻先生，劳驾和我们一同听一听这位鼻子里塞着烟叶的人的证明罢。（白鼻福尔摩斯点头表示同意）

鼻子里塞着烟叶的人　（走进大家旁边来）啊！诸位先生，纵然我能够长命活到鹦鹉一样的年纪，我也永远不会忘记我在那个窟窿里看见的悲剧呢。那时，扮马拉的人，刚刚开始演唱浴池里的独吟，说了下面两句韵文：

澡盆水，应该不热不冷刚刚温，

才好替革命的夏科板，洗洗身！

他忽然停止不唱了，眼珠子突了出来，用一种呼吸困难的声音，说出一句秘密的话，恐怕还是一句只我一个人听见了的秘密话呢。

白鼻福尔摩斯　一句什么话？

鼻子里塞着烟叶的人　就是这句话："水啊，水啊！天哪！生了菌的脚！我活不成了！"

白鼻福尔摩斯　对啊！这正是我刚才想到的事。我开始懂得了！

地方警察　但是……我……我一点也不懂得！

白鼻福尔摩斯　到明天，你就懂得这个谜底，这个杀人的水，这个不湿的水了！

——幕——

第二幕　后台的眼睛（舞台是地方警察的办公房，时间是前一幕的第二天）

地方警察　（对白鼻福尔摩斯）我们现在等尸体解剖的结果，等得不耐烦了，白鼻先生，我依你的话，已经死者的顶亲信的朋友，那个玩时髦戏法的人，带来问话了。

法医　（走了进来，露出不高兴的样子）这不像啊！这太傻了！但是，结果的确是这样！解剖的结果，一点的疑惑也没有啊！完全是一种脑充血，因为吃饱了饭，跑去洗澡成了脑充血，因而致死！

白鼻福尔摩斯　我早知道是那样，我的推想一点也没有错！

地方警察 但是，你要知道，澡盆是空的啊！要知道，这是一个戏台上的澡盆，是用纸做的啊！

法医 这真不可思议到绝顶了！一个人会在没有水的澡盆里面，得脑充血的病！

白鼻福尔摩斯 虽然奇怪，但是，决不会就使我找不出暗杀的凶手！

地方警察 （发起抖来）暗杀的凶手？

白鼻福尔摩斯 （对巡警）把玩时髦戏法的人带进来。（大家叫这个证人进来）

白鼻福尔摩斯 你这昧良心的！我一切都知道了！

玩时髦戏法的 是白鼻福尔摩斯吗？我的事算完全失败了！（他露出绝望的样子，伸手想到袖子里拿什么东西，打算变戏法逃走，但是，白鼻福尔摩斯的手法，比他更快，阻止了他，使他变不成戏法）

白鼻福尔摩斯 说罢，你这恶人！还不把你巧妙的犯罪招出来吗？

玩时髦戏法的 呃！好罢！我就是凶手！我把一切招出来。既然碰见了这个恶侦探，要掩饰也是掩饰不来的！

从许久以前，我就嫉妒我这个演喜剧的朋友，因为他有一个美貌的太太，我很渴慕她。我知道，这是一个忠实的女人，我知道，只有我朋友的死，才能够给一个机会，用再婚的方法，去占领她。所以，我决了心，要把我这爱情的妨害人，消灭了去。我耐着性子，等候适当的机会。这个唯一的特别的机会，只有在这天夫妇两位喜剧戏子演唱《马拉》的时候，才能到来。在犯罪的那晚上，我在他们开演以前，请两位艺术大家，吃了一餐晚饭。桌上的食品，是非常丰富的。我心里头最讨厌的那个男子，拼命的吃了生了菌子的猪脚，因为这样菜是他平常顶爱吃的。这饭餐，延长到很晚的时候才完——这是我预定的计划——两位喜剧戏子，到小跳舞场的时候，刚刚剩得穿衣和上台的时间。

我伏在后台，正当台上和马拉澡盆相对的一个假窗户的后面，我一点也不动弹，只在黑暗里，等着动作时间的到来。

马拉正在朗吟他的韵文的时候，忽然他的眼光，和我的眼光，隔着假窗户，相对碰起来。我的时髦戏法，是用催眠术的，从前曾在许多机会上面，把我朋友催眠过，所以我知道，他决不抵抗我的惑人的眼光的秘密威力。那时，我所预期的，一点一点的，都实现出来了。突然一下，这位演戏的，停止了他的独吟，进入催眠状态了。我立刻给他一个暗示，告诉他，澡盆里是装满了水的。

白鼻福尔摩斯　这就是我早猜着的：不湿的水啊！

玩时髦戏法的　就是那时候，马拉喊着："水啊！水啊！"后来他忽然想起他刚刚吃了饭，所以又说："天哪！生了菌的脚！我活不成了！"随后，他就在空的澡盆里，害脑充血死了！

我的计划，完全成功了！（不知不觉的）戏法完了！（Passez muscade!）

白鼻福尔摩斯　（对巡警）把手拷给他带上罢！（Passez menottes!）

（最后这句话，在法文里面是带着滑稽味的，无法翻译，只好译意——译者）

——幕——

第二篇　白鼻福尔摩斯的失败

（玻璃鬼打败他）

二十　血箱子

第一幕　箱子，血，秘密（舞台是白鼻福尔摩斯的推想室）

徒弟　（走进来）老师！老师！你念过今天各报的特别号外吗？

白鼻福尔摩斯　特别号外？

徒弟　（把报纸递给他）请看！老师，这个题目：《箱子，血，秘密！》

白鼻福尔摩斯　（念报）……“今天早晨，约莫七点钟左右，首都各火车站，差不多在同一个时候，都报告警察厅，说他们的行李房里，都被寄存了一些箱子，发着作呕的臭气。地方公安局长，立刻坐上警察厅的摩托车，到本市各火车站，陆续去察看，在每个火车站上，都发见了五六个可疑的箱子。真正可怕！每个箱子里面，都装着血淋淋的人类身体的碎块子！今早晨在各站已经被发见的血箱子总数，一共三百二十七个！大家东揣西度，议论纷纷，但是，对于这个非常大的犯罪，依然还是摸不着一个头绪。所以我们特特印出临时号外，把这件特别诡秘惊人的事件，告诉读者。”

徒弟　老师请听！街上卖报的又在叫卖第三次号外呢！

白鼻福尔摩斯　赶快去买一张来！（徒弟跑出去）

徒弟　（回来）喔！老师！这更可怕了！请念这个！（递第三次号外）

白鼻福尔摩斯　（念）……“警察厅刚才接着报告，各地方上有好几百和平的绅士和商人家里，都收到已经付过运价的，装着人肉的箱子。在我们付印这传单的时候，总计前后在巴黎火车站和各地方得着的箱子数目，已经七百五十九个了！大家惊慌极了！地方上全体人民，都因为害怕的关系，要求著名私侦探白鼻福尔摩斯出马，希望他能够早日发见这些送血箱子的大恶人或恶人团！”

徒弟　老师，地方上全体人民都要求你的动作呢。

白鼻福尔摩斯　地方全体人民放心罢！有我呢！（他走出去）

——幕——

第二幕　变装（舞台同前——时间约在前幕十天之后）

徒弟　老师，你着手探访血箱案，已经十天了，还是无结果。

白鼻福尔摩斯　今天，我已经把七百五十九号血箱，都试验完了，还是认不出被杀的人。因为这个恶人，在杀人之后，把许多尸体都割成碎片，随便分散在七百多口箱子当中。

徒弟　他这种预防手段，自然会使侦探发生困难。在一个箱子里，可以发见十五个膝头和手指，在另外一个箱子里，却有二十八个手肘子，三块头发皮，十四个鼻子……这自然很难分清楚的。

白鼻福尔摩斯　不过，我还没有失望。我的试验，使我发见一个东西，一件怪东西……

徒弟　老师，请告诉我是什么东西。

白鼻福尔摩斯 现在不说，后来再告诉你罢。（他念报）喔喔！我刚才看报，偶然看见一个小小广告。这广告或许能够帮我们发见秘密呢……老弟，我们快点到变装室去，都装扮成卖玻璃的人出去罢。

徒弟 装成卖玻璃的？

白鼻福尔摩斯 是的。卖玻璃的。要想捉住血箱案的凶手，非这样不可。

——幕——

第三幕 拘捕（舞台是一个孤独的房子）

白鼻福尔摩斯 如果我的推想不错，我们一定可以在面前这座房子里面，发现血箱案的凶手。（他拍门）

徒弟 老师，凶手肯让我们进去吗？

白鼻福尔摩斯 肯的。因为现在我们装扮的，是卖玻璃的人。

房子里面的人 （先从门洞上看了一看，再开门）进来罢，好朋友！你们是看见报纸的广告，才跑来的吗？

白鼻福尔摩斯 赶快投降罢！你这恶人！（他向开门的人扑去，他徒弟帮着他，把那人捆起来了）

房子里面的人 糟了！让我说罢。我就是杀了那些卖玻璃的人的凶手！但是，你是怎么猜着的呢？

白鼻福尔摩斯 这简单极了。在检察血箱子的时候，我发见了，一切指头的指甲下面，都有嵌玻璃用的油灰泥。所以被杀的人，都应该是属于卖玻璃的这一行的。那时我还有点怀疑。后来我偶然在报纸里面。看见“招请嵌玻璃的，工价极优”的广告，我才知道。我的推想一点也没有错。我即刻断定，登广告的人和发送血箱子的人就是同一的人。所以我们就装扮卖玻璃的，跑来叩你的门了。但是，我还有一件事不明白。为什么你专杀卖玻璃的人呢？为什么？

房子里面的人　为夺他们的金刚钻！

白鼻福尔摩斯　什么！夺那种划玻璃的金刚钻？

房子里面的人　是的。我相信，那样做的时候，可以发财，啊！可惜！这件买卖也不大划算得来！我花了许多箱子运费呢！

——幕——

二十一　尖塔的秘密

第一幕　奇怪的逃走（舞台是地方公安局长室）

地方公安局长　（对白鼻福尔摩斯）白鼻先生，你来得好！你设法捉住的那个血箱案的犯人，刚才逃走了呢。

白鼻福尔摩斯　什么！那个杀了七百五十九个卖玻璃人的凶手已经逃跑了？你没有把他关在牢里吗？

公安局长　没有下牢。白鼻先生，这有一个缘故。因为恐怕愤怒达于极点的一般公众，对犯人发生什么意外的举动，所以我们特特把他关在警察厅，关在那个尖塔上的拘留室里面。

白鼻福尔摩斯　这塔我知道的。但是犯人怎么能够逃走呢？应该好好的守着他啊。

公安局长　我们极力防备他逃走，一切布置很周到，但是他还是逃了。我们把他关在那塔顶拘留室里。今早看守人进房一看，凶手已经不见了。铁窗子被锯断了。一根毛毯绳子，用二十条床上毛毯，连结而成的绳子，垂在尖塔的墙上。

白鼻福尔摩斯 二十条毛毯？

公安局长 是的。这真奇怪。不可思议。凶手放在塔顶这件事，还是秘密事件。外人谁也不知道的。我们并且不准任何人等和凶手会面。他怎么会得着这二十条毛毯呢？真古怪！他怎么又能够锯断铁窗格子呢？我真不懂得。

白鼻福尔摩斯 只是一个锯子，那还不为出奇：因为一把可以打折的小锯子，也许很容易的藏在凿空的牙齿里面。但是，二十条毛毯！哼！喔！是的！如果我的想法不错，那的秘密一定在这一层上面。但是，我且先不说出我的推想。请让我去留心察看尖塔顶上的拘留室罢。我们去罢。（他们出去了）

——幕——

第二幕 牙齿（舞台是尖塔顶上的拘留室）

白鼻福尔摩斯 我用扩大镜，把尖塔上的这间拘留室考察考察罢。你看！你看！这不奇怪吗？我在灰尘里，捡着一个牙齿。

公安局长 一个牙齿？

白鼻福尔摩斯 （用扩大镜察看牙齿）喔！这不是吗？我用指甲刷开法瑯质，果然发见这牙齿是用钢做的呢。

公安局长 钢做的？那是……？

白鼻福尔摩斯 就是说，凶手用这种钢牙，许多钢牙合成的锢锯，咬断了铁格子。大概这个钢牙是他在工作时候，从一排牙齿锯落了的。你看，我的第一推想可不对了吗？

公安局长 好伟大的推想！但是，毛毯呢？二十条毛毯？

白鼻福尔摩斯 我还不懂得。但是，我即刻回到我推想室去，

到明天早晨，这个秘密一定就明白了。再见。（他出去了）

第三幕　白鼻福尔摩斯第一次的失败（舞台是公安局长室。时候是前一幕的第二天）

公安局长　不晓得我们大侦探的推想。到底怎么样了。他怎么还不来把结果告诉我？想来一定是他还没有猜出尖塔顶上的谜底罢。

白鼻福尔摩斯　（走进来）啊！丢脸！惭愧！我的推想从来不会失败的。这还是头一次的不中用！我现在不能不承认我第一次失败了。（一线一线的眼泪流在侦探的颊上）

巡警　（走进来）到了一封给大侦探白鼻福尔摩斯的信。（他递信后，走出去）

白鼻福尔摩斯　（拆开信）啊，可恶的东西！是他寄来的！

公安局长　他是谁？

白鼻福尔摩斯　逃走了的凶手！他告诉我他的逃走情形呢。

公安局长　白鼻先生，念来听听罢！

白鼻福尔摩斯　（高声念）……“白鼻先生：我知道，你的侦探的天才，还不能够发见尖塔顶上的秘密，你着急得很，所以我赶快写几句话告诉你。我是怎么样逃走了的呢？这是很简单的。当我休息在尖塔顶上房间的第一夜里，我在半夜时候，被一个鬼……我所杀的卖玻璃人当中的一个鬼魂，惊醒了。这个幻影，扰我睡觉，围着我的床跑，痛骂我过去的行为。一直到拂晓的时候，他才跑了去。第二晚上，也发生同样的喜剧。第二个鬼魂来缠我。第三晚上，又来第三个鬼魂闹得我睡不成觉。我渐渐的和这些鬼魂的访问弄惯了。有一晚上，我望着鬼魂在我床边跳跃，我忽然想得了一个主意。我立刻实行起来。这些鬼魂和一切魂灵妖怪一样，都围着一条床毯。我一点也不迟疑的，跳了起来，去抓这个鬼魂。剥了他身上的毯子——卷死尸的布（欧洲人死后都用卷尸布卷身——译者）。那个鬼魂，看见我这样大胆，立刻逃走了。我也立刻拨开我房间里的一块地板——因为地板下面是空着一点的——把毯子藏在地板下面。大侦探，以后的事，不待我说。你也可以猜着的了。在二十天的晚上，我都辛辛苦苦的干这悲惨的工作，夺去卷尸毯子。到了我有了二十条毛毯的时候。我决心逃走了。靠着我嘴里镶着钢牙齿。我很容易的就把铁窗户格锯断了。后来，把二十条毛毯连接起来，我就脱离了尖塔。白鼻先生，这就是我的逃走的历史！懂得了罢？……”

——幕——

二十二 笛子洞眼

第一幕 被杀的瞎子（舞台是一条荒凉的街，时候是晚上）

公安局长 （对白鼻福尔摩斯）白鼻先生到了，好极了。这条街上，倒着一个死了的瞎子，又是玻璃鬼强盗干的。这个，先生知道吗？玻璃鬼就是那个杀了七百五十九个卖玻璃人的强盗的绰号，自从他从尖塔顶上逃走之后，世人都这样称呼他呢。

白鼻福尔摩斯 他这次犯罪的情形是怎么样的？

公安局长 据我的察看，凶手是先把死者的狗杀了，然后再去扑瞎子，塞了两个棉花塞子在他耳朵里，使他闭了气的。死了的瞎子，因为害一种特别病，受过一回特别手术，所以他的呼吸，是用耳朵的。

白鼻福尔摩斯　呃！死人旁边搁着的这座木头小桥，下面还有轮子，那是干什么的？

公安局长　那是被杀的瞎子的桥。这个职业的瞎子，比起他的同行，会做生意些。他不肯整天坐在一座真的桥边。他叫人替他做了这个安着轮子的小桥，他把这桥拖到繁华街上到处走。他坐在他的出名的桥边，面前睡着狗，并放着一个笛子。这个假瞎子这样做去，很得市人的同情呢。

白鼻福尔摩斯　假瞎子？

公安局长　是的。他虽然是假瞎子，你看，他胸口上却挂着一个牌子，上面写着："一个生下地就瞎了眼的真瞎子，一点也不虚假。"呃。他这块牌子却骗了许多人。

白鼻福尔摩斯　（看牌子）唔……

公安局长　这个犯罪的目的在什么地方？这就是秘密的焦点！我们到这里的时候，瞎子还没有死透。在断气以前，他还努力说了几句话。

白鼻福尔摩斯　什么样的话？

公安局长　他转着昏迷迷的害怕的眼睛，用一种极低的声音，说了这样的话："玻璃鬼……认识……笛子的秘密！"他刚说完，就死了。

白鼻福尔摩斯　（发狂似的）笛子！赶快拿笛子我看看。一切秘密的发见，都靠笛子啊！

公安局长　（递笛子）先生，就是这支笛子。

白鼻福尔摩斯　（看了一眼，脸色都变青白了）喔！喔！好怪的事！

公安局长 什么？

白鼻福尔摩斯 你看：笛子的第三个洞眼已经不见了！

——幕——

第二幕 白鼻福尔摩斯说话（舞台是公安局长室）

公安局长 我们已经去搜查了被杀瞎子的住房，也没有搜出什么结果来。偷窃笛子的第三洞眼！好奇怪的事！先生，你能够对我说明吗？怎么能够偷窃一个笛子的洞眼呢？

白鼻福尔摩斯 这是很简单的。这个第三洞眼是活动的，随时可以取下来的。

公安局长 但是，为什么要取下来呢？

白鼻福尔摩斯 到今天晚上我们就知道了。

公安局长 今天晚上？

白鼻福尔摩斯 今早晨，在搜索的时候，有一件小事，你们都没有注意，我却留了心，特别留了心！但是，请稍微忍耐一点罢！今晚上，我们跑到瞎子的住房里埋伏着，等到捉住了玻璃鬼，他自然会对我们说明这个秘密的。

公安局长 什么？玻璃鬼要到那地方去？真的吗？

白鼻福尔摩斯 我猜他一定去。他一定非去不可，因为死人的笛子，已经失掉了第三个洞眼！

——幕——

第三幕 笛子的秘密（舞台是死了的瞎子的住房）

白鼻福尔摩斯 我们都穿起颜色纸做的衣服和面具，我们的颜色是和地毯一样的，不怕玻璃鬼看破，所以我们只消等他到来就行了。

公安局长　（很不放心的样子）刚才已经打过十二点钟了。他真会来吗?

白鼻福尔摩斯　一定来的。叱！你听！钥匙洞里有万宝钥匙的响声了。房门轻轻的开了。你看！

公安局长　（低声的）他一只手拿着一个手灯……

白鼻福尔摩斯　另外一只手，拿着笛子的第三个洞眼。

公安局长　他一点也不疑惑的，一直向墙上挂着的一张旧画跑去。

白鼻福尔摩斯　正和我所猜的一样。留心看这张画罢。上面画着什么?

公安局长　一张油画，画着一个笛子。

白鼻福尔摩斯　是的。这就是被杀的瞎子那个笛子的宝物大写生。

公安局长　那和犯罪有什么关系呢?……

白鼻福尔摩斯　看着罢。玻璃鬼就会告诉我们的。他很安心的，把他偷得的笛子第三洞眼，放在油画的笛子的第三洞眼去。

公安局长　啊！油画忽然陷进墙去，露出了一个窟窿，装满了金圆！赶快去擒住强盗！（他们跑去捉住玻璃鬼，连忙用绳子绑起来）

白鼻福尔摩斯　玻璃鬼，这是我的报仇呢！

玻璃鬼　唔！是的。杀了瞎子的人，就是我！我忽然懂得了他的金库的秘密。我知道，他笛子的第三洞眼是活动的，只要把这个活动的第三洞眼拿去，放在油画上的笛子的第三洞眼上面，轻轻的一案，发条就会弹开，那守财奴的金库的门，也就开了。我是被擒住了。是的！但是，你们要知道，诸位先生，玻璃鬼决不会长留在狱里的！玻璃鬼随时都能够逃走呢！玻璃鬼一定要逃走！

——幕——

二十三　古怪的断头台

第一幕　被宣告死刑的人的睡醒（舞台是被宣告死刑人的牢房）

公安局长　（对白鼻福尔摩斯）我们跟着共和国的判事并其他官吏到死刑牢里来了。今天早晨这个死刑的执行，我想玻璃鬼无论如何，总是免不了的罢。

白鼻福尔摩斯　我前次靠我的有力的推想，在笛子洞眼一案后，把他捉住之后，他还夸口说要逃走，我看他现在还逃到哪里去。

公安局长　钟响了，时间已经到了。你看。共和国的判事正低头向死刑囚的床边，伸手去推玻璃鬼，唤他醒来呢。

白鼻福尔摩斯　玻璃鬼睁开眼睛了。他望着我们，露出讨厌的样子！好像很轻蔑我们似的……

玻璃鬼　（对白鼻福尔摩斯）大名鼎鼎的白鼻先生，几分钟之内，我的灵魂要飞上青天去。我预先和你约定，我不久就把旅行的详细情形报告给你呢！（他大笑起来）诸位先生，现在我准备好了，向前进行罢！

白鼻福尔摩斯　（对公安局长）这就怪了。好像玻璃鬼还存着什么逃走的希望似的。他的声音并不像一个去就死刑的人的声音呢。

公安局长　他怎么也逃不了这个死刑的。一切预防方法，都严密的布置好了。围着断头台的军队，有一个军团呢。他哪能够逃走？这时还想逃走，那真是疯子了。

玻璃鬼　（走过公安局长的身边，低声说）谁知道呀！

——幕——

第二幕　古怪的升天（舞台是法场）

等得不耐烦的群众　狱门慢慢的开了。著名的玻璃鬼强盗，带着笑容，向断头台走去了。刽子手们已经围住他了，要把他推上斫头机了。

公安局长　（对白鼻福尔摩斯）白鼻先生，你看，你不是白白焦心他逃跑吗？玻璃鬼的头快要完了。刽子手已经推他上斫头机了。他的头项已经被夹住了……他……

白鼻福尔摩斯　（跳了起来）……我们上了当呢！你看！断头台突然往上升了！玻璃鬼安安静静的睡在斫头机上，升到空中去了！

群众的叫声　喔！啊！喔啊！啊哈！喔喔啊！啊啊哈！

公安局长　碰着鬼！断头台飞得很快呢！已经离地面两百公尺了！

白鼻福尔摩斯　喔！你看！那个捉耳朵按着头的刽子手，和玻璃鬼斗着呢。

共和国的判事　他用力抓住玻璃鬼的耳朵！但是，他好像气力使尽了，他放手了！他掉下地来了！

群众　（大家脱帽）替这位为职务而牺牲的人致敬礼罢！

公安局长　飞着的断头台，飞快的做着空中的旅行呢。它小得只像水平线上的一粒盐了。你看！完全不见了！玻璃鬼又逃走了！

白鼻福尔摩斯　啊！现在我懂得，玻璃鬼为什么会用一种怪声。对我说:“在几分钟内，会向青天飞升!”了。

公安局长 并且他还说，他要把旅行的详情告诉你。我们且等他的来信罢。看见来信，就知道他如何弄巧逃走了。

白鼻福尔摩斯 （神气萧索的样子）我碰见我的老师了！我碰见我的老师了!

——幕——

第三幕 巧妙的机器（舞台是公安局长的办公室）

白鼻福尔摩斯 （走进来）玻璃鬼写信来了吗?

公安局长 还没有。先生，你对于他这回的特别逃走，还没有想出什么道理出来吗?

白鼻福尔摩斯 我想出一点道理了。我断定，那断头台决不是自然往上飞升的。一定有什么东西，在上面往上拉。不过，那时我们大家并没有看见什么气球一类的东西浮在空中。

一个巡警 （走进来）局长，街上卖报的卖着一个大报馆的号外，上面有一封玻璃鬼对白鼻福尔摩斯的公开的信呢。（他递号外，退了出去）

白鼻福尔摩斯 这可恶的东西，寄了一封公开的信到报馆去，无非是想表示我的无能力罢了。请你念，高声念出来罢!

公安局长 （念号外）……“我的大侦探:以下就是我曾经许过你的，关于我灵魂在青空中旅行的报告。但是，我的灵魂，到最后，还是不能离开我身体去旅行，这一层还得请你原谅！我的大侦探，你应该知道，我手下有一个组织得很好的团体罢。我在牢里的时候，就轻容易的和我手下的中佐，科学兼文学强盗通信，给了他一个训令。我的中佐，驾着一架无声发动机的飞机，于我应斫头的那早晨，在断头台的正空中二百公尺上面飞翔着，这是一个不能看见的飞机。为什么看不见，你立刻就会懂得的。当刽子手推我上斫头机的时候，科学兼文学强盗突然把飞机降到断头台的百公尺之上。那时，我们预料着，绑在飞机下面的大吸铁石，自然就把断头台上的铁做的斫头机好像吸一根小针一样，吸上去的。果然，万事不出我们的预料，断头台连着它的断头机，突然的离开地面，飞到天上去和磁石粘在一起了。过两分钟之后，飞行机曳着断头台，让我安安稳稳，睡在上面。就把我运到你们看不见的地方去了。我的大侦探，你一定很愿意知道，为什么你们看不见飞行机，是不是？这却简单极了，科举兼文学强盗受了我的训令，为救我出险的缘故，使用了一种办法，和你在笛子洞眼事件上捉我的时候所用的办法，完全相同。你们那时穿了一种颜色纸衣服，使你们和房内地毯的颜色混在一起。我的飞行机却染成青天一样的颜色，使它和天空颜色相混呢。这就是看不见的飞行机的秘密。玻璃鬼白。再者：那时我的一切防备都布置好了。为着碰见了有云的天气起见，我还预备了一架染成云的颜色的飞机呢。又及。”……

——幕——

二十四　大西洋的强盗

第一幕　瓶子里的秘密（舞台是地方公安局长的办公室）

白鼻福尔摩斯　咳！我追寻玻璃鬼的踪迹，追了六个月，还是一点结果也没有。

公安局长　大家差不多要忘记他的名字了。目前最使世人注意的。倒是“马士托董特”号邮船的遭难沉没事件呢。

白鼻福尔摩斯 是的。听说这只有名的邮船，在晚上航行着，忽然碰着了冰山，所以碰沉了。不过，在这个遭难的当中，有一件事情使我觉得奇怪。

公安局长 一件什么事情？

白鼻福尔摩斯 你应该知道。“马士托董特”号是专载有钱人的，并且，为防备万一起见，一切设备都很周到，即使遭难沉没，乘船客人，也应该是可以拿着他的金钱宝贝逃命的。

公安局长 这我也知道的。“马士托董特”的每间舱里，都备着有外包浮木的小金库。在万一的时候，把这些金库浮木，用皮带子捆在腰里，就可以当救命带用的。

白鼻福尔摩斯 所以，我觉得奇怪的，就是，无论怎么样搜寻，都找不着一个浮木金库，这件事。

一个巡警 （走进来）报告局长，英国警察给你送来一个瓶子。这瓶子是从大洋里漂到英国海岸去的。当中有一个秘密纸条，是“马士托董特”号船长在临死以前写的。

公安局长 （取了瓶塞，把折在瓶里的纸片拿出展开）喔！喔！这太奇怪了！

白鼻福尔摩斯 请念来听听。

公安局长 （念着）……“救命啊！冰山的背后，有人唱歌，大鲛鱼戴着蓝色眼镜！马士托董特号船长白。”

白鼻福尔摩斯 （跳起来）这正是我所想到的！回头我对你说明这个道理罢！现在我们赶快到大西洋去罢！

——幕——

第二幕　奇怪的火灾（舞台是警察厅的巡船）

公安局长　我们的警察巡船，已经飞忙的向大西洋游弋着了。白鼻先生，你那主意真不错，替我们设计，造出这只怪船——一只船顶沉在水里，船底显在空中的船。

白鼻福尔摩斯　我从许久以前，就研究明白了，一切遭难沉没的事情，都是因为船底碰着水里暗礁或其他障碍物的缘故。所以，亏了我设法发明这种新式船，船底都在水面上，以后我们这只巡船就决不会遭难沉没了。

公安局长　外面夜里的海水，黑得很呢！风吹着挂起帆的桅杆嘎嘎的响着。白鼻先生，你现在应该对我说了，我们到底在大西洋寻找什么？

白鼻福尔摩斯　找玻璃鬼啊！

公安局长　玻璃鬼？

白鼻福尔摩斯　是的。瓶子里面那张纸，已经明白的告诉了我，玻璃鬼和他的部下把“马士托董特”号客人的浮木金库，全都抢了。照我的推想说，玻璃鬼强盗团应该是跟着那悲剧冰山走过的水路，航行着的，因为这样他们才能够抢夺被冰山碰沉的船只的客人们。

英国人的领海　喔呀！可了不得！一大片白东西浮在水面，直向我们冲来！

船上的人们　（都吓着了）是冰山！是冰山！

白鼻福尔摩斯　糟了！也许玻璃鬼在那里，紧紧的挨着冰山的后面呢！

公安局长　喔！你看！洋面上忽然光亮起来了！好像是……但

是，决无这个道理！……好像是……

白鼻福尔摩斯　我看见什么了！那是什么？冰山被火包围着了！冰山着火了！

船上的人们　（都吓得喊起来）冰山失火了！冰山失火了！

——幕——

第三幕　玻璃鬼的恨事（舞台是警察巡船上面）

公安局长　我们结局知道谜子的真意了：悲剧冰山原来是一个纸糊的假冰山，周围装置着有尖角的铁骨。它的行动，是用一只大电船操纵着的。这只大电船，也用纸把全体糊着。

白鼻福尔摩斯　大西洋的强盗，住在假冰山里面。偶然的火灾，把他们的家屋烧毁了。他们没有法子，只好都跳下水去。他们都淹死了，只剩得玻璃鬼和他的大佐科学兼文学强盗两人被我们捉住，关在舱里。这就好了！

玻璃鬼　白鼻兄，我已经看见你的警察巡船了。如果不是这个忽然的火灾，我一定拿我的冰山，把你这只小船冲到海底去呢。

白鼻福尔摩斯　为什么会发生火灾？

玻璃鬼　我本来极力禁止他们抽烟，哪知道还是有一个人抽了烟，因此坏了事。一点子火星，就把这座纸做的大冰山烧掉了。

公安局长　（向白鼻福尔摩斯）白鼻先生，我还有一件事情不懂得。瓶子里面那句话："冰山的背后，有人唱歌。大鲛鱼戴着蓝色眼镜！"那是什么意思呢？

白鼻福尔摩斯　这很简单的。照我的推想，大西洋强盗们，为免得被那些受害的人认识起见，一定戴着一种面具，上面画着鲛鱼头。是不是，玻璃鬼？

玻璃鬼　对的！你的推想力倒不坏！

白鼻福尔摩斯　（继续说）科学兼文学强盗是一个很近的近视眼，一定在他的鲛鱼头面具上，戴着一副眼镜。这种戴眼镜的鲛鱼，吓得“马士托董特”号船长发了狂，所以，在他将死的时候，写下那样古怪的话。

公安局长　但是“冰山背后有人唱歌”怎么讲呢？

白鼻福尔摩斯　这容易解释：强盗们抢了遭难人的浮木金库之后，回到他们的冰山里面去，看见他们杀头事业的成绩很好，大为高兴，所以唱起歌来了。我全靠船长的纸片，才猜到这些事情。大鲛鱼是不戴眼镜的，但是，我自己对我自己说，科学兼文学强盗却是戴眼镜的。从这一点着想，我就推想着，科举兼文学强盗一定在那里扮成一个鲛鱼头。想到这里，以后的事，便迎刃而解了。是不是？

公安局长　（对玻璃鬼）可恶的强盗，你，你不失悔吗？

玻璃鬼　只有一件恨事。我只恨没有对我的冰山保一个火险！

——幕——

二十五　杀人的相棋盘

第一幕　相棋的玩意（舞台是公安局长的办公房间）

公安局长　（对白鼻福尔摩斯）世上的舆论对我们满意极了。因为我们冒了那次火烧冰山的大险，总算捉住玻璃鬼上我们警察巡船来了。

白鼻福尔摩斯　可惜他的大佐科学兼文学强盗从警察巡船逃走

了。那也只怪我们不该在汤里放奶油给他吃。这家伙真也聪明，他把奶油擦在绑他的绳子上。到了晚上，许多船老鼠闻着香气，都争着去吃奶油，就把绑科学兼文学强盗的绳子咬断了。这家伙真敏捷，看见断了绳子，立刻跳下海去。碰巧我们的船那时正挨着岸边走，他居然游水逃上岸了。可惜可惜！

公安局长 我们抓住玻璃鬼呢。这是主犯。也就行了罢。我把他仍然搁在尖塔顶上的拘留室里，叫两个看守，成天成夜的监视他。听说，他和他们整天下相棋玩，等着死刑日期的到来呢。

白鼻福尔摩斯 （皱起眉头）怎么？为什么不照一般囚人的例，把骨牌给玻璃鬼玩呢？

公安局长 因为他请求我准他下相棋。我当然没有什么正当理由可以拒绝他的要求。

白鼻福尔摩斯 这太不小心了！如果玻璃鬼特别要求下相棋，他一定有什么目的的！什么目的？我现在还不明白。但是，你要知道，玻璃鬼的一举一动，都不会没有目的的。所以，应该立刻叫人去停止他下相棋。

一队巡警 （跑进来）报告局长！两个看守死了！玻璃鬼不见了！

白鼻福尔摩斯 （跳起来）倒霉！已经迟了！就是不该下相棋！倒霉的相棋！我们跑去看看罢！

——幕——

第二幕　吃卒子不是闹着玩的（舞台是玻璃鬼住过的一间房）

公安局长 他就住在这里。天哪！你看！两个看守倒在地板上，动也不动一动！

白鼻福尔摩斯　且慢！你看那！当中有一个还没有断气！他那双吓得变大了的眼睛看着相棋盘呢！好像他要说话……他嘴唇轻轻动起来了。听听罢。

还未断气的看守　（用一种害怕的吼声）饶我罢！饶我罢！……吃卒子……不是……闹着玩的！（他倒下地死了）

白鼻福尔摩斯　下相棋！不应该下相棋！但是！喔！喔！你看，那好奇怪！（指着另一个看守的死尸）你看！

公安局长　呃！这看守的胡子被拔下了！

一队巡警　（跑进来）局长！局长！这里还有一个看守。倒在走廊里面，在地面上乱滚，发狂似的，嘴里乱叫。（他们把那倒地的看守抬来，放在地板上）

倒地的看守　（乱喊着）我眼睛痛啊！眼睛痛得要命啊！

白鼻福尔摩斯　（察看他）喔！你看，这更怪了！死了的那个看守的胡子，散在滚地发喊的看守的脸上！

公安局长　越弄越把我弄胡涂了！

一个下级警官　（走进来）我们虽然竭力追寻，还是找不着玻璃鬼一点踪迹。想来那强盗是从屋顶逃走的罢。

白鼻福尔摩斯　（很敏捷的）你们没有放警察猫儿队出去追他吗？

下级警官　放了的。不过，有一件事使我感觉奇怪：警察猫圈里，少了两匹猫呢。

白鼻福尔摩斯　啊！弄得我脑筋都昏了！古怪的话！扯下了的胡子！不见了两匹警察猫！怪极了！怪极了：我一点都不懂得！

（生气）啊！为什么你们叫玻璃鬼下相棋，他逃走的秘密，就在下相棋！

——幕——

第三幕　留声机器盘子说话（舞台是公安局长的办公室）

白鼻福尔摩斯　今早晨，那两匹警察猫倒被找着了。它们完全被踩成肉饼，丢在尖塔附近的一条小巷子里头。但是，秘密……

公安局长　秘密还依然是秘密，一点也不明白！

一个巡警　（进来）报告局长，有人送来一副留声机器给白鼻福尔摩斯大侦探。（递过来）

白鼻福尔摩斯　一副留声机器？（接着）你看！好奇怪！盘子也是好好的安着，好像是预备立刻唱的呢。什么道理？唱唱看。（他拨机器）

留声机器　……勒勒勒勒勒勒……我的亲爱的大侦探……

白鼻福尔摩斯　（大吃一惊）喔！这声音！这声音！

公安局长　是玻璃鬼！

留声机器　（继续着）有名的大侦探，让我叫这个留声机器向你述说我的最近逃走情形罢。

白鼻福尔摩斯　（生气）万恶的强盗！

留声机器　（继续着）我是靠下相棋，才逃走得了的。从早晨七点钟起，我们就开始下相棋。我的两个看守，联合起来抗我。我盘盘棋都努力下坏，务必使他们吃我的卒子，好叫他们得胜。我们不断的下棋。只有在吃中饭的时候，歇了一会。下到晚上六点钟，我已经输了一百七十七盘！到了十点钟左右，我们下到二百三十一盘了。我忽然看见他们脸色撇青，倒在地下了。我的目的达到了。

因为我故意下坏棋，使他们吃卒子，接连不断，下得太久的关系，我的两个看守完全因吃卒子，吃得精疲力尽了！（吃卒子的吃“Souffle”在法国话里的本来意思，是吹息，吐气，所以在这里，当然作者是用开双关语的玩笑——译者）我立刻夺了他们的钥匙，打开我的房门，正想走出去，忽然听见走廊里面有脚步声音到来。原来是看守长前来巡视。我急忙当中，忽然脑筋里生出一个好主意。我一点也不踌躇，立刻把晕死在地下的看守的胡子，用力拔下来，摔向看守长的眼睛里去。因为这胡子又辣又咸，所以看守长受不住，完全瞎了眼，倒在地下喊痛。我连手带脚，忙忙爬上警察猫圈里去，迅速的抓了两匹猫，跑上了屋顶。那时，我才开始实行第二步计划。我用皮鞋带子，把两匹猫绑在我的脚后跟下面。随后选了我面前一条荒凉的街，我就跳了下去。大侦探，想来你也知道，猫这东西，无论从什么地方跌下去，总是两脚先落地的。所以，我脚跟上绑了两匹猫的时候，我当然也会两脚落地了。并且猫的有弹力的体子，垫在我的脚下，也减少了我落下时的反震。不过，可怜的动物却被我踏成肉饼了！我这样就逃脱了！

白鼻福尔摩斯　啊！我找着我的老师了！啊！这个声音！（他用烦闷的样子，望着留声机器）

公安局长　（带着讥诮）他认识他先生的声音！

留声机器　（继续着）亲爱的大侦探，这就是我最近逃走的报告！下次再见罢！……勒勒勒勒……

——幕——

二十六　红孩子

第一幕　怪物（舞台是一个房间）

被吓坏了的看门人　（对白鼻福尔摩斯和警察）先生们，这可把人吓得要死！所以我即刻叫人请你们去！你看！就是这间房间，我刚才在那里被一个新生下地来的小孩子打了一顿。

白鼻福尔摩斯　被一个新生下地来的小孩子？

被吓坏了的看门人　是的。躺在床上死了的那个年轻女人，刚刚生了一个怪物，一个大孩子！

精神兴奋的医生　这大小孩子的头，比我还大，刚一看见我，他就用拳头给我一拳，把我打倒落地。我大叫一声，看门的连忙跑来了。但是，他刚刚开门，就被小孩子用头在他肚子上撞了一头。他也被撞晕了，倒在地下，新生的小孩子却从楼梯上忙忙的逃走了。

公安局长　瞎说！怎么一个女人能够生这样大的一个小孩子？

精神兴奋的医生　是的，她生了。这真可怕。但是，我相信，我已找着此中的关键了。（开窗户）你看，诸位先生，对着我们的那边墙上，贴着一个大小孩子的广告。

白鼻福尔摩斯　是的。这是到处都揭着的有名的广告——卖化妆品的广告。那有什么关系？……

精神兴奋的医生　这广告贴在这里有好几个月了。也许这个怪广告使这个年轻女人受了一种想像上的影响……

公安局长　……所以她生了一个和广告相同的小孩子！

一个巡警　（跑进来，向白鼻福尔摩斯）先生！先生！刚才发生了一件古怪的犯罪！

白鼻福尔摩斯　一个卖牛乳的被人杀了，是不是？

巡警　（狠狈着）是的。先生，但是……

白鼻福尔摩斯　啊！这真了不得！我已想到那里了！我们快去罢！（他们都跑出去）

——幕——

第二幕　巴黎的恐怖（舞台是白鼻福尔摩斯的推想室）

忠实的徒弟　（对白鼻福尔摩斯）喔！老师！从一星期前起，差不多我们每天都在烦恼当中过日子！没有一天没有听见说，有几个卖牛奶的被一个喝想奶吃的大小孩子杀了！

白鼻福尔摩斯　八天以前，我用我的有名的推想，就推出了一个卖牛奶的被人杀了，大家都称赞我了不得。我晓得这悲剧的大小孩子口渴了，所以为吃奶而杀人。

公安局长　（手里拿着一张报纸走进来）喔！白鼻先生！怎么办？巴黎的人心一刻一刻的动摇起来了！念念这个！（递报纸）

白鼻福尔摩斯　（念着）

红孩子口渴了！

又有许多卖牛奶的新被屠杀了。

国会里面有人提出弹劾案。

应该赶快把这种惨事止住！

公安局长　白鼻先生，你怎么样了？在这种悲惨的时间，你还笑吗？

白鼻福尔摩斯　是的。我笑着，因为我刚才在这张报纸里，看见一点东西，立刻使我看破了这种惨剧的秘密啊！啊！我全都懂得了！喔！好利害的阴谋！但是，红孩子不能长久跋扈了！我有了一个好主意！

——幕——

第三幕　恶事的终结（舞台是一个牛奶厂的后院子）

公安局长　（对白鼻福尔摩斯）白鼻先生，依照你的话，我已经叫人制造了这一个顶大的人体模型——一个乳母。我们和许多巡警躲在这大乳母里面，真好像古时托洛依武士躲在马肚子里一样。我们到底干什么呢？

白鼻福尔摩斯　我们快要达到目的了。你看，我们这个大奶母不是放在一个牛奶厂的后院子吗？等到红孩子一来，我们就可以捉拿他啊。叱！我听着有什么声音。你看！（大门慢慢的开了。一个大小孩子跑进来）上前！（巡警一齐向前，包围着大小孩子）抬起手来！玻璃鬼！（大家绑起红孩子）

公安局长　玻璃鬼！这是玻璃鬼！

白鼻福尔摩斯　是他。最初，我也和别人一样，相信这红孩子是天然的孩子。但是。前天晚上，我看见你给我的那张报纸上那个广告，我即刻就明白了。因为那上面写着，新开了一家牛奶厂，卖价比无论哪一家都要便宜些。我想到，这新开的牛奶厂和红孩子之间一定有密接关系，这样一想，我就完全知道这是一个什么可怕的阴谋了！我想，只有玻璃鬼，才够得设出这样的计策。所以那时我就懂得了，什么一个大小孩子的诞生的话，完全是玻璃鬼造出来的把戏，想借此去骗地方当局，一面又可以造出一个怪物小孩的传说。什么大小孩子？那全是玻璃鬼，穿起一件鞣皮衣，装扮出来的。他用这种方法，去杀卖牛奶的，偷走他的牛奶，给自己的同伙，叫他们赶快运到他们新开的牛奶店去，好贱价卖出去！

玻璃鬼　（苦笑着）这是一个很好的投机事业啊！

白鼻福尔摩斯　我在报纸上登了一条小广告，说眼前这个牛奶厂里有一个广告大乳母，里面装着一千二百斤的牛乳。果然不出我的预料，这强盗忍不住不向这个广告大乳母想法子，所以他一来，就被我们捉住了！靠着我的本事，这个恶事总算终结了！悲剧大小孩子被打败了！今晚上巴黎可以安心睡觉了！

——幕——

二十七　司芬克司的秘密

第一幕　杀人的木乃伊（舞台是一个被杀的古董商人的铺子）

公安局长　（对白鼻福尔摩斯）倒在石棺旁边的，就是那个被杀的，专做木乃伊生意的古董商人。

白鼻福尔摩斯　好奇怪！石棺里头是空的。你看，被杀的古董商人的嘴唇还在动着。且听听他说什么。

被杀的古董商人　（用一种吓着了的声音）木乃伊和司芬克司（埃及狮身女神石像）的秘密，一同跑走了。

白鼻福尔摩斯　什么秘密？

被杀的古董商　是这样的：在许久以前，我就相信了，埃及古时的祭司曾藏了许多宝贝在司芬克司里面，并且这个贮藏所的秘密，是写在一张羊皮纸上面的，又是藏在一个木乃伊的头盖里面的。我费了许多气力，前不几天果然在一个木乃伊头上找着两张羊皮纸，上面写满了象形文字。头一张羊皮纸上的文字是说明藏宝地方的方位，和进去取宝的方法的。过了几天，就是说，到了昨天晚上，我正开始翻译第二张羊皮纸上的文字，忽然有人抬了一个木乃伊来。我想，也许可以找出新的文件来，所以我立刻去揭新的木乃伊的头盖骨。谁知道，这个木乃伊忽然爬了起来，用他那冰一样的手指，卡我喉咙，把我卡断气了。

白鼻福尔摩斯 （察看古董商的颈项）喔！我应该想到这一层啊！（对公安局长）你看这个手印子！

公安局长 玻璃鬼的手！这家伙刚刚越狱之后，又干这种怪事？

白鼻福尔摩斯 一点疑惑也没有的，假扮木乃伊的就是他……

被杀的古董商 他抢了我的羊皮纸……玻璃鬼知道司芬克司的秘密了！（他倒地死了）

——幕——

第二幕 司芬克司的鼻子（舞台是司芬克司的内部）

白鼻福尔摩斯 我们从法国坐船到埃及来，追拿玻璃鬼，好不容易今天才进到司芬克司的身体里面来。

埃及地方公安局长 司芬克司外面，已有一军团的巡警包围着，无论如何，玻璃鬼是逃不了的。

白鼻福尔摩斯 现在我们已经到了司芬克司的头部，大家分头到各小部分上去搜索罢。我们进司芬克司的眼睛，鼻子，下巴和耳朵里面去，大家要格外留神，别遭人暗算！（巡警们分头去了）

巡警们的声音 鼻孔活动起来了！救命啊！

埃及地方公安局长 有人在鼻孔里面杀人！赶快救援去罢！（大家都到鼻子里去）

白鼻福尔摩斯　啊！你看！好奇怪！喊救命的巡警们不见了！也没有听见声音了！

埃及地方公安局长　叱！你听！有人在左边鼻孔里说话！

白鼻福尔摩斯　（留心听）是玻璃鬼的声音！司芬克司的鼻孔一定是双层的。

失踪的巡警们的声音　啊！鼻坑子！鼻坑子！

白鼻福尔摩斯　我们逃走罢！白白的死在这里，太不值得了。死神在这里徘徊着呢，玻璃鬼知道司芬克司的秘密。他把失踪的巡警们引到鼻坑子里去，那一定这鼻孔里面一个秘密的坑子。啊！玻璃鬼！好一个挖鼻子坑的恶人！我回头总得捉住你！（他们走出司芬克司）

——幕——

第三幕　司芬克司的秘密（舞台是司芬克司的面前，时候是第二幕的第二天）

埃及公安局长　大侦探白鼻福尔摩斯，昨夜费了一夜工夫，已经把被杀的古董商给他的第二张羊皮纸，翻译出来了。因此，大侦探已断定了，在几分钟之内，一定可以擒住玻璃鬼。我们看看他怎么办。

埃及公安局副局长　我们刚才已经细心照大侦探的吩咐，布置好了。一块大布，用十张床毯合成的，已经平挂在司芬克司鼻子下面平地上立着的四根大木桩上面了。

请听，那个什么声音？真好像这个大石像在打大喷嚏似的。

巡警们一起说　司芬克司打喷嚏！

埃及公安局长　是的。司芬克司在打喷嚏，并且她这个大喷

嚏，把玻璃鬼和他的部下，都从鼻孔里喷出来了。强盗们都跌在大布里面去了。（巡警们跑去捉住那些强盗）

白鼻福尔摩斯　（从司芬克司脑筋里走下来）打胜仗了！古时埃及的祭司们早预料到这一层了！我昨夜全靠那张羊皮纸，才懂得了，司芬克司的脑筋里面，有一个秘密机关，通着鼻孔，只要把这秘密机关一按，就可以在司芬克司鼻孔里面，发生一种“克林沁”风式的大喷嚏。

巡警们一齐说　克林沁风？

白鼻福尔摩斯　这是一种极大的风，好像法国的西南风似的。这种大风，平常贮藏在司芬克司的一个风窟里面，遇着人按动秘密机关，就会使劲的发出来，所以它刚才把走进鼻孔夹层的藏宝所的强盗们都喷出来了。好在下面预备着大布，所以他们不会跌落在司芬克司的石脚上，跌破头。并且羊皮纸同样也把鼻子坑的永远秘密揭穿了！

埃及公安局长　那末，赶快去救那些失踪的巡警罢！

白鼻福尔摩斯　是的。一面要打电报告诉法国，说玻璃鬼又被擒了！

——幕——

二十八　半夜里的蜗牛

第一幕　预先警戒（舞台是牢狱的院子里面，时间是晚上）

副局长　（对典狱官说）亏了大侦探白鼻福尔摩斯使司芬克司打了喷嚏，才捉住了玻璃鬼，丢在狱里，关了六个月。明天是重罪裁判所开庭审他的日子，我们送他去的时候，要特别留心才行。我已经和白鼻福尔摩斯商量好了，趁今晚上把玻璃鬼搬到裁判所去，免得明早许多群众围观碍事。白鼻福尔摩斯和公安局长已经在裁判所等着呢。

典狱官　好的。为防范意外起见，早已为他预备了一架特别护送车，车上有一个大篷子，上面可以叫许多巡警宪兵，拿枪看守。这样一来，无论玻璃鬼的同党怎样利害，我们也不怕他们了。

副局长　快到十二点钟了。他们把车推来，好把玻璃鬼和看守他的两个巡警一同关进去，向裁判所出发。

典狱官　你看，车来了。有二十五个巡警站在车篷上。玻璃鬼和他的两个看守也要装进车了。

副局长　（带着嘲笑，对玻璃鬼说）好罢，玻璃鬼，你今天在白鼻福尔摩斯面前，碰着师傅了！（断然的说）我们可以说：白鼻福尔摩斯真会捉人！

玻璃鬼　（用一种诡祕的冷笑）是的……但是……玻璃鬼比他更会逃走呢！（他上车）

——幕——

第二幕　装满蜗牛的囚车（舞台是公安局长的办公室）

白鼻福尔摩斯　（一面看表）已经午前两点钟了，运送玻璃鬼的囚车，还没有到。

公安局长　这有点古怪呢！怎么会这样迟到？

白鼻福尔摩斯　你听！我听见囚车轮子在院子里转着的声音了。是的。车到了。恩？为什么他们叫起来？

公安局长　什么事？他们跑上楼来了！来了！

副局长 （走进来，兴奋极了，对白鼻福尔摩斯说）啊！先生！快来！赶快来！

白鼻福尔摩斯 有什么事？说啊！

副局长 两个看守都死了。

白鼻福尔摩斯 玻璃鬼呢？呃？

副局长 玻璃鬼不见了！囚车里面，装满了一车的蜗牛！快来！快来看看！

——幕——

第三幕 夜里的蜗牛（舞台是囚车里面）

公安局长 我们进车去踏看踏看罢。

白鼻福尔摩斯 （考察两个看守的尸体）两个看守的胸口都陷下去了。我从这一层推想，我可以说，他们是被玻璃鬼用脑袋使劲冲，冲死了的。

公安局长 喔！白鼻先生！你看这车子底板上的大窟窿！玻璃鬼定然是从这窟窿逃走出。我们也算十分注意看守他了。车篷上坐着那样多军警，他还是逃走了。

白鼻福尔摩斯 （生气）傻极了！车底下也应该着人看守啊！我不对你说过吗？如果车下面也有人看着，玻璃鬼如何逃得了！

公安局长 但是，他怎么能够打成这样一个大窟窿呢？又无器具，并且还是被铁链子锁着的。

白鼻福尔摩斯 是的啊！他怎么打这个洞呢？这太古怪了！并且为什么有许多蜗牛在车里面呢？为什么？它怎么来的？

副局长 这真是一点都不懂得！不过，我想起一件偶然的事了，先生。约莫在半夜里，正是我们刚离开监狱的时候，囚车在一条僻静街上走着，曾经碰倒了一个卖蜗牛商人的蜗牛车。不过，这只是一个偶然的事故，还是不能帮助我们揭穿秘密。

白鼻福尔摩斯　（高兴起来）恩！你这话错了！这个偶然的事实已把秘密的全体说明白了！啊！我现在懂得了！这个卖蜗牛的商人，是玻璃鬼的一个同党。他故意把他的车叫囚车碰翻了，好叫蜗牛去释放玻璃鬼！

一切巡警　叫蜗牛去释放他？

白鼻福尔摩斯　是的。现在我把他的巧妙的逃走计划，全部都猜着了：玻璃鬼起初突然把他的两个看守杀了。随后，他只等蜗牛的到来。

一切巡警　蜗牛的到来？

白鼻福尔摩斯　是的。玻璃鬼同党的车是装满了一车渴极了的蜗牛的。所以，这些蜗牛刚刚被抛在地下，就看见了囚车，他们不知不觉的都跳在囚车下面，拼命咬囚车的底子，想去吃车里面的青菜（囚车这个东西，在法国话里，又叫做生菜篮子“Paniera-Salade”，所以作者特借此讲笑话——译者）。囚车底被咬穿之后，玻璃鬼要出去，自然是顶容易的事了。我的推想是一点不错的。不必再去想什么别的解决秘密的方法了。真理已经明明白白摆在那里呢。

——幕——

二十九　古怪的丑脚

第一幕　稀奇的犯罪（舞台是一个屋顶房间）

公安局长　（对白鼻福尔摩斯）这就是犯罪的屋顶室。两个被杀的老头儿，倒在地下。

白鼻福尔摩斯　情形有点古怪呢：一个老头儿穿着马戏园丑脚的衣服。他的头全然秃了，戴着一个古式的尖帽子。

公安局长　有一把短刀插进穿丑角衣服的老头儿胸口上。

白鼻福尔摩斯　喔！喔！这更古怪了！你看！穿丑角衣服的老头儿张开大口，另外那个老头儿的一只手却伸进他口里，一直伸到肘拐子边！

公安局长　这真正奇怪不可思议了！赶快把看门的盘问盘问罢。（对看门的）你认识这两个老头儿吗？

看门的　那个穿丑脚衣服的老头儿，我不认识。我不知道，他怎么样会跑到这里来。另外那一个老头儿，自然是认识的，他就是住在这间屋顶室的客人，已经住了十来年。他从来不准什么人到他房间里去。一般人都说他是一个吝啬的老头儿。他每天晚上，都要出去散步。今天晚上也照例出去一次。约莫到十点半钟时候，他回来了。他刚刚走到他的屋顶室，我就听见一种狂叫的声音，从楼梯上透下来。我慌忙跑上楼一看，就看见目前这种情形。所以我连忙打电话请你们来。我说完了。

公安局长　现在问一问屋顶室的邻居罢。（向屋顶室邻居）你那时听见什么没有？

屋顶室的邻居　我什么也没有听见。我平常有一个习惯，在上床以前，总得用棉花紧紧塞着耳朵，以免晚上打鼾，把我惊醒。（他走出去）

法医　（审察死尸）我敢断定，这个老丑脚，是因为短刀插到心脏上而致死的。（跳起来）喔！喔！屋顶室的吝啬老头儿，还没有断气呢！他的心脏还在轻轻的跳着！（他把这老头儿的手，从老丑脚嘴里拉出来）

公安局长　应该赶快把他运到医院去。应该救活他！只有他才能够说明这个秘密啊！

白鼻福尔摩斯　（深深的考虑着）为什么吝啬老头儿的手会伸到古怪的老丑脚嘴里去？为什么？

——幕——

第二幕　胃里的痕迹（舞台是白鼻福尔摩斯的推想室）

公安局长　我们等着古怪丑脚老头儿尸身解剖的结果，等了许久怎么还没有报告？

白鼻福尔摩斯　也许从这个解剖结果，可以得着一线的光明。到现在为止，我的推想，一点也不中用呢！

法医　（走进来，脸色青白）喔！真可怕！真令人吃惊！

白鼻福尔摩斯　怎么样了？

法医　我刚才把丑脚老头儿的尸体解剖了，在胃当中我看见……喔！真可怕！

白鼻福尔摩斯　看见什么了？说啊！

法医　我看见玻璃鬼的手印！

白鼻福尔摩斯　玻璃鬼！我应该想到他啊！喔！那末，我就懂得了！一切我都懂得了！

公安局长 （在电话边）白鼻先生，医院有电话来，说屋顶室老头儿的病好得多了，已经能够说话。

白鼻福尔摩斯 我们到他病床边去罢。他会自己向我们说明被杀的丑脚老头儿的秘密的。如果我们推想不错，我们一定可以听见非常奇怪的事情呢！喔！是的，非常奇怪！

——幕——

第三幕　吝啬人的主意（舞台是医院的一间病室）

公安局长 这就是那老头儿的病室。

吝啬老头儿 （用一种微弱的声音）我的财宝！他们偷了我的财宝！

白鼻福尔摩斯 我一切都知道了。说罢。

吝啬的老头儿 是的。我就对你们说：我是一个不幸的人。丑脚老头儿的死，全然是由于我的吝啬而来的。我表面上虽然贫穷，其实我很富足。我铺盖底下，积着许多金钱。有一天我去散步，看见一片宽地上有一大堆人。我走近旁边去看了一看。在看闹热的人的中间，站着一个外乡人，一个老丑脚。他说他有一个鸵鸟一样的胃，他一面说着，一面为逗看的人的欢喜，立刻吞了许多种类的东西：碎玻璃，点着火的棉花屑，裤子的纽扣，等等东西。我正看着这个丑脚做种种怪状，我忽然想到我放着金钱的那个铺盖（Paillasse这个字，在法国话里面有铺盖和丑脚两个不同的意思，所以这里说看见丑脚就想起铺盖——译者）。随后，我脑筋里面，忽然异想天开。我想着：喔！那不是我梦想着的藏财宝的地方吗？那个丑脚的胃！到了看热闹的人散了之后，我立刻去对老丑脚说，想雇他到我家里做活的金库。可怜的老头儿，听了我的话，欢欢喜喜的答应了。那一天晚上，我悄悄的把丑脚老头儿引到我屋顶室去了。

公安局长　从那时起，你就把你的金钱放在丑脚老头儿的胃里吗？

吝啬的老头儿　是的。我把我的金法郎，一块一块的丢进他的胃里了。每天晚上，我叫他跳一个钟头，给我听听他胃里金钱的好听的响声。玻璃鬼这东西，到处都放着有眼线，一定是他的党羽告诉了他，说我的丑脚的胃里藏着金钱。他趁我不在家的时候，从天窗上爬进我房间去。他杀了我的丑脚，把他的手伸进丑脚胃里，去抢我的金钱。我回家的时候，看见老头儿死了，自然动了疑，也伸手进他嘴里去，试探我的金钱的有无。啊！我的金库空了！我晕倒在他身上了！

公安局长　唔！我现在懂得了，你为什么伸手到你那不幸的老朋友嘴里去了。

吝啬的老头儿　（用一种很感动的声音）可怜我的金库！

——幕——

三十　跑马场的秘密

第一幕　谜子（舞台是跑马场）

忠实的徒弟　（白鼻福尔摩斯）老师，你现在应该可以对我说明了罢！为什么我们今天跑到跑马场来？

白鼻福尔摩斯　我告诉你罢，是这样。从几天以前起，赛马界闹得天翻地覆了。每天，那些有名的，号称从不失败的爱马，都被一些顶坏的驽马打败了。这是非常奇怪的事。因此，马匹奖励会特特委托查明这件事。我已经调查出一种古怪的事情。每逢这些驽马占了胜利，走过决胜线之后，总是立刻倒在地下，吐血而死。那些驽马的主人和骑手，都只落得一场空的胜利的欢喜。昨天，科必拉第十八居然把沙丁仔和皇家风两匹名马打败了。你想想，今天的跑马，对于我们，岂不是有很大的意义？

忠实的徒弟 跑马的钟响了。许多匹马已经出场来争五千法郎的大奖金了。你看，这些著名的马：阿滕，秋叶，斐利伯老母。后面还随着一些不大著名的马：乌拉港，冰甲，福禄特尔，百科字典等等的马。

白鼻福尔摩斯 唔！出发了。

第一个跑马狂 阿滕占着先头！

第二个跑马狂 斐利伯老母快追上它了！

许多跑马狂 一齐叫 天哪！怪事！在最后的百科字典，忽然跑向前去，和著名的马并行了！

白鼻福尔摩斯 你看！好不奇怪！快要到决胜点了，它和几匹马争得好利害！

许多马跑马狂一齐叫 倒霉！那百科字典倒先进了决胜线！它比别的马快三十几尺呢！

忠实的徒弟 喔！老师请看！百科字典刚过了决胜线，就倒下地了！

白鼻福尔摩斯 我们赶快看去！我要下细察一察这匹马！（他走近胜利马的旁边）死了！满口流着血！赶快用扩大镜看一看罢。（他用镜细看）喔！喔！好奇怪！

忠实的徒弟　看见什么？老师。

白鼻福尔摩斯　你看！他胸口上有一个针的痕迹。

忠实的徒弟　（用扩大镜看）老师，我看见了。你的推想怎么样呢？

白鼻福尔摩斯　我们赶快到相互赌赛的账房边去罢。我非好好看看那些买百科字典的票的人，带着什么望远镜不可。赶快去罢！

——幕——

第二幕　眼光（舞台是相互赌赛的账房面前）

白鼻福尔摩斯　赌百科字典的人倒不多，我们好好的看一看罢。（发起颤来）喔！这就怪了！我刚才看见那个老头儿的眼光，吓了一跳，你看，站在发奖金的窗户边，等着轮班领款的那个老头儿……呢！喔！恩！哪有的事！

忠实的徒弟　老师想着什么？说罢！老师的脸色很青白啊！

白鼻福尔摩斯　喔！那个眼光！不！我决不会错的！不会有第二个人那样的眼光！……这个老头儿的眼光，和玻璃鬼的眼光是一样的。

忠实的徒弟　（发起抖来）玻璃鬼？

白鼻福尔摩斯　是的。是他！但是，强盗已经觉得被我们发见他了。呵！他离开窗户口飞跑的逃走了。他跑到他同伙的摩托车旁边去了，他上车了。喂！我们赶快也上侦探摩托车去，赶快进去罢！

第三幕　可怕的发见（舞台是一条大路）

白鼻福尔摩斯　我们一步一步的赶上他的车了。

侦探车的运转手　喔！我头晕了！我身体突然像冰一样冷起来

了！我把不住把手了。我要死了！

白鼻福尔摩斯　（跑到车的运转把手边去）死了！这是什么道理?

忠实的徒弟　我从灰尘里面，看得见他们的车，离我们不远呢。奋勇追上前去罢！

白鼻福尔摩斯　喔！可怕的追捕！一种眼看不见的死，在我们左右徘徊着呢……这个死，一定是玻璃鬼弄的鬼……增加速度罢！

忠实的徒弟　老师，请停着罢。我也……非常不舒服起来了……啊！我要死了……

白鼻福尔摩斯　（擦眼泪）啊！勇敢忠实的徒弟！恩！这不是流泪的时候！并向前追去不可！（他还继续他的愚蠢的追捕）喔！这真奇怪！我也忽然不舒服……我的手已经不能掌运转把手了。我眼前发黑。没有法子，停车罢。（他停车）呃！什么道理？玻璃鬼也停住他的车。他和他的党羽望着我冷笑呢。啊！万恶的东西！今天你又打胜仗了。但是，你用什么鬼计，弄死了我的伙计呢?

玻璃鬼　这简单极了，大侦探。你们要想追我，不是加快了路程的速度吗?（原文是 devoré des kilomètres，直译出来就是吞了里程。这是作者故意指着下面吃灰尘里的毒药的双关语——译者）

白鼻福尔摩斯　是的。那怎么了？……

玻璃鬼　你要知道，这个路程是下了毒药的啊！

白鼻福尔摩斯　唔哼！……

玻璃鬼　我告诉你。我们这架悲剧摩托车里面，装有好几口袋的假灰尘。这些假灰尘，都是毒药灰，我们在车后面撒出去，正好迎着你们，承你们呼吸进肺里去，所以立刻在你们身上种下死的种子了。但是，白鼻兄，你不要丧气罢。你对于望远镜的推想，却是正确的呢。只有你，才够得上猜透我的巧计。是的，你猜着了。我就是用这副望远镜，叫一切不著名的马都跑赢了。我那望远镜，只是形式上的望远镜，其实是一种压榨空气的无声手枪。这个手枪望远镜，帮助我在暗中照准我赌的驽马，对它胸口射出一种针一样大的小箭。

白鼻福尔摩斯　我不懂得。

玻璃鬼　大侦探，听我对你说罢。这支小箭，浸了一种病毒。它可以立刻把一种病，传给马，使这匹马得胜，同时使我得着顶多的奖金。

白鼻福尔摩斯　是一种什么病？

玻璃鬼　是奔马痨！

——幕——

三十一　血淋淋的细菌

第一幕　楼梯上的影子（舞台是一个大旅馆的楼梯）

白鼻福尔摩斯　从一星期以前起，在这个富豪住的大旅馆里面，差不多天天照例都要发生奇怪的犯罪。每晚上，都有呼救的悲声惊动旅客。每晚上都有一两个住在这里的富豪在房里被短刀杀死，抢去财物。因此，旅馆主人特特要我早日把这些无形的强盗捉住。好在我那忠实的徒弟，上次冒了吃毒药路程的险，居然侥幸救活转来，没有死掉。我今天和他努力一起，埋伏在这楼梯边的黑暗地里，想来不会没有结果罢。

忠实的徒弟　公安局长和巡警们监视着旅馆的大小门户。只怕强盗不来，来了一定有结果的。（忽然有一种可怕的叫声什么地方发出来）喔！老师！听见了吗？

白鼻福尔摩斯　吡！不要动！还要躲在暗影里！

忠实的徒弟　电灯忽然灭了！老师！老师！你听！有人跑下楼来了！古怪的影子从我们面前经过！

白鼻福尔摩斯　放枪啊！老弟！开枪！（徒弟对着古怪的影子放了几枪）

忠实的徒弟　我听见一声叫痛的声音呢。一定打中了！

白鼻福尔摩斯　我们去看看罢。（他用手电灯照着楼梯）是的，有一个看不见的强盗受伤了。老弟，你看，这地板上不滴着血吗？跟着这条血路追去，或许可以发见这些古怪的强盗的巢穴。（他们跟着血迹走）喔！喔！这太怪了！血痕停在这里！这是第一层楼的老细菌学家住的屋子啊。并且他的门又没有打碎，显然是里面有人接应。因为强盗万不能从钥匙洞钻过的。老细菌学家怎样会窝藏强盗呢？但是，事实上，血迹却是停在这门边。我倒要看个明白。拍门罢？（他们拍门）

细菌学家在门内的声音　谁在这种时候拍门？

白鼻福尔摩斯　老先生，请你开门罢！应该有强盗进了你的房呢。开门！

老细菌学家　（开门）天哪！你说什么？强盗跑来偷我这样一个老学究？

公安局长　（跑进来）我刚才去看了来。有一个有钱的外国人被短刀杀死在他房间里，财物也被抢走了。在断气以前，他说了几句不可懂的话："怪物来了！墨鱼！喔！墨鱼！我害怕啊！"

白鼻福尔摩斯　我们且到老细菌学家的房间里面看看罢。我有点懂得了。进去罢。

——幕——

第二幕　玻璃笼子（舞台是细菌学家的房间）

老细菌学家　你看，这就是我的房间。先生，请你替我搜搜罢。我害怕强盗呢。

白鼻福尔摩斯　这间大房里，放着这个大玻璃笼子干什么呢？

公安局长　好像一个大水族馆。

老细菌学家　实在，这就是一种水族馆，不过当中没有水罢了。其中装着的，只是我正研究着的几个细菌。你看，我的细菌，可以拿肉眼看见，因为大玻璃笼子的光线曲折，把它们都扩大起来了。请看，它们已经变得和蚂蚁一样大了。笼子里面一共有六个细菌。这是新蚁酸菌，这是球菌，这是虎烈拉菌……

白鼻福尔摩斯　（止住他）但是，为什么这样大的玻璃笼只装六个细菌呢？你看这笼子高得差不多和天花板一样。真大得可以。

老细菌学家　（现出为难的样子）但是……我……

白鼻福尔摩斯　（低声向公安局长说）再有十分钟，一切杀人强盗都要被擒了。你和你的巡警，都留在这里。好好看守老细菌学家，并且要时时留心玻璃笼子。我即刻就回来。（他和他忠实的徒弟出去了）

——幕——

第三幕　被惊的细菌（舞台和上一幕相同）

白鼻福尔摩斯　我回来了。

公安局长　天哪！干什么？跟着你来的这个人，怎么只穿里衣裤？并且全身都染成蓝色。喔！可了不得！他胸口上还挂着一块牌子，上面写着：“我有虎烈拉病！”

白鼻福尔摩斯　（低声对公安局长和巡警们说）安心罢。这个人就是我的忠实的徒弟，我把他打扮成一个虎烈拉菌呢。

公安局长　为什么弄这样古怪的打扮？

白鼻福尔摩斯　这个道理，你即刻就会知道的。（他拿了一张梯子，放在玻璃笼子边）但是，你们先把这老细菌学者绑起来罢。（大家捉住老细菌学者）现在，老弟，用得着你了。（徒弟从梯子上爬到玻璃笼子顶上，跳下去，站在细菌们当中）

公安局长　喔！这是干吗？你看，六个细菌都蠢动起来，只拼命往笼子的四角上跑，好像是被假扮虎烈拉菌的，你的徒弟吓昏了似的。喔！好奇怪！你的徒弟，在这水族馆中，也变成和细菌们一样大小了！

白鼻福尔摩斯　我的推想一点也没有错！（向着老细菌学家）怎么样，玻璃鬼？（突然的，他把老细菌学家的假发和胡子都扯脱了）

玻璃鬼　是的。是我。你的推想是正确的，白鼻兄。在玻璃笼子里面的细菌，实在只是我的同伙，穿着细菌的衣服罢了。你知道，这玻璃笼子不是扩大物体的，倒是缩小物体的，所以它可以替我贮藏我的同伙。他们每次犯罪之后，都跑来这里当细菌呢。

公安局长　我现在懂得那被杀的外国人的话了！“怪物来了！墨鱼！喔！墨鱼！”那是玻璃鬼的同伙，穿起细菌装束，身上长着许多触角，所以很像一个怪物，一个墨鱼。是不是？

白鼻福尔摩斯　是的。现在我们只须在玻璃笼子里面捞起这些强盗细菌就行了。你看。我的计策，完全成功了。那些假细菌相信他们碰着了虎烈拉病菌，都吓得缩成一团呢。

——幕——

三十二　坟坑的秘密

第一幕　死人头（舞台是巴黎的坟坑）

公安局长　白鼻先生，慈善会的干事，刚才发见了一件怪事。在坟坑的墙上，有许多手印。这坟坑就是刚刚有两个游客被杀的地方。你猜是谁的手指？是玻璃鬼的手印呢！这万恶的东西，自从细菌案破获以后，不久又逃走了，你是知道的。

白鼻福尔摩斯　是玻璃鬼的手印？玻璃鬼的杀人，都是别有目的的。他所以杀死那两个游客，因为他们太走近这好几千个堆在坟坑边的死人头。因为玻璃鬼不愿人触着这些人头的头盖骨。

公安局长　为什么呢，白鼻先生？

白鼻福尔摩斯　你看罢。（他拿起一个人头，递给公安局长）

公安局长　喔！好奇怪！这不是一个人类的头……这……这是……

白鼻福尔摩斯　这是荷兰的奶饼（荷兰奶饼照例是大得和人头一样——译者）。你知道罢，这些奶饼，俗语叫做“人头”呢。

公安局长　不错的。这个人头真打扮得像真的人头。上面盖着一层白粉皮，白粉皮上面，用黑东西画成死人的眼睛鼻子嘴，画得真和死人头一样。

白鼻福尔摩斯　是的。你看堆在那边的好几千个人头．都是荷兰奶饼呢。

公安局长 但是……那是什么意思？有什么用处？

白鼻福尔摩斯 有什么用处。你不记得，好几个月以前，大家都谈着一个古怪的失窃吗？一个在荷兰国的失窃案？

公安局长 啊！是的。有十七万七千个荷兰奶饼，突然失了踪，是不是？喔！那末——我懂得了……是玻璃鬼偷了的，他把所偷的……

白鼻福尔摩斯 他为收藏这许多偷来的奶饼，就想出这么一个怪方法，把奶饼画成死人头，堆在坟坑边。这就是我的推想的结论。

公安局长 好伟大的推想！

白鼻福尔摩斯 大概那两个不幸的游客，看见一个画得不好的人头，觉得死人头的红色红得可怪，想伸手去拿来看一看。谁晓得那时玻璃鬼恰恰躲在暗中，所以对这两游客开了枪，免得他们泄漏他的秘密。

公安局长 好伟大的推想！那末，白鼻先生，玻璃鬼一定就住在坟坑当中呢！应该包围着他，他和他的同伙。在这迷宫一样的地方，跑进内部去捉他们，是很危险的。

白鼻福尔摩斯 不，不必包围。我有一个主意。

——幕——

第二幕　巡警们的骨骼（舞台同前一幕）

玻璃鬼 （从暗中跑出来）白鼻福尔摩斯和巡警们，搜索了一阵，毫无结果，他们没有法子，只好垂头丧气的离开这坟坑了。啊！我又占了一回胜利！现在我可以真和我的同伙，逃出这黑暗的避难所了。白鼻福尔摩斯已经发见了十七万七千个奶饼被偷案，但是，我们可以立刻把这些死人头搬到另外安全地方去的。（对他同伙）喂！朋友们，大家工作起来罢！我把我这盏手灯的光，向各方面照照罢。唔！只有我们在坟坑边，以外并无别人。那边堆骨场也只堆着无数的骨骼，并无一人。

强盗团的大佐　老大哥！老大哥！要留心啊！我刚才看见一副骨头移动它的肩胛关节呢。

玻璃鬼　胡说！你做梦吗？你把这些骨骼看成了巡警？

一个骨骼　（笑起来）抬起手来啊！你们被捉了！投降罢，玻璃鬼！

玻璃鬼　这是白鼻福尔摩斯的声音！（一些骨骼迅速的扑向前去，把强盗们都绑起了）

白鼻福尔摩斯　是的。是我啊，亲爱的玻璃鬼！为要捉你，我创造了一个骨骼巡警团呢。你看，我们每个人背上都背着一副爱克司光线放射器。你该知道，这个光线，在通过人体的时候，可以叫人只看见骨骼，是不是？所以我们和坟坑的真正骨骼站在一起，你们当然辨不出我们和真正骨骼的区别了。懂得了罢？玻璃鬼。你佩服白鼻福尔摩斯不佩服？

——幕——

三十三　法场上的跳舞

第一幕　睡醒以前（舞台是牢狱的办公室）

共和国的判事　我们应该立刻去唤醒玻璃鬼了。这个著名的强盗，被捉了来，判成死刑，今天早晨，结局是要向社会还他所欠的无数的债务了。

公安局长 这一回，无论如何，玻璃鬼是逃不了死刑的，我们把一切防备都布置好了。

看守长 为避免他的秘密同伙的阴谋，大侦探白鼻福尔摩斯和他的忠实徒弟，也要到牢狱里面来的。

刽子手 （看了一看表）诸位先生。时候到了！（一切人都向玻璃鬼的牢房去）

——幕——

第二幕 被强制的“汤哥”跳舞的秘密（舞台是玻璃鬼的牢房）

共和国的判事 （推醒玻璃鬼）玻璃鬼，提起精神罢，行刑的钟刚才已经响过了。

玻璃鬼 （站起来，冷笑着）不，不是行刑的钟。先生们，是有趣的“汤哥”跳舞的钟啊！（“汤哥”是一种猥亵的跳舞——译者）

共和国的判事 说什么鬼话？他疯了吗？（这时，这些官吏，虽然极力想抑制自己，都抑制不住，他们这些人，共和国的判事，刽子手，公安局长，送终牧师，看守长，以及行刑的助手们，都相互携起手，按着拍子，跳起“汤哥”跳舞来了）

公安局长 （跳着“汤哥”跳舞）这是什么道理？我虽然拼命抵抗，都仍然止不住跳舞！我被什么人强制着跳舞呢。好像有什么秘密力量强制我！（叫起来）止住我啊！止住我啊！

牧师 （喊起来）碰着鬼！“汤哥”跳舞！这是教会里禁止的啊！我怎么去跳舞它？但是，我自己止不住！我不能够！

刽子手　（失望的样子）我做“汤哥”跳舞！我！我和共和国的判事做“汤哥”跳舞！

共和国的判事　喔！可恨！玻璃鬼看着我们冷笑呢。他慢慢的走向门边去了！他要逃走了！我们却没有法子去阻拦他！我们不能够停止这种古怪的“汤哥”跳舞！

玻璃鬼　（带着讥诮的样子，望着跳舞的人们）再见罢，诸位先生！（他高兴起来）我是被你们判成死刑了。我，我玻璃鬼，我却要判你们去跳被强制的“汤哥”跳舞！再见！（他连忙出了牢房）

共和国的判事　喔！好古怪好可怕的事！我们没有法子停止！玻璃鬼已经跑远了！我们丢了脸！

公安局长　有人来了。我听见脚步声！（白鼻福尔摩斯和他徒弟走进牢房里）上帝保佑我们！是大侦探白鼻先生！只有他才能想出这个被强制的“汤哥”跳舞的秘密啊！

白鼻福尔摩斯　那是什么？他们不用音乐就跳舞着？玻璃鬼逃走了！喔！我又碰着这个万恶天才的新诡计了！（他和他的徒弟想去停止他们的跳舞）

徒弟　老师，不行啊！不能止住他们。这个秘密的“汤哥”跳舞，有什么意思呢？

白鼻福尔摩斯　我不懂得。但是，随他们跳舞去罢，我们先把牢房里面四围检视一遍要紧！（他到处搜查）喔！好奇怪！这是什么东西？我在玻璃鬼床上搜出的这个物件？

徒弟　喔！老师，这是一个土管子！

白鼻福尔摩斯　奇怪！真奇怪！（他爬在地下，用扩大镜去看地面）喔！喔！这更奇怪了!!

徒弟 看见什么了，老师？

白鼻福尔摩斯 那……那里……地面上……用扩大镜看……看……你看见什么？

徒弟 我看见……喔！这太不成话！我做梦呢！我看见两个跳蚤……两个跳着“汤哥”跳舞的跳蚤呢！

白鼻福尔摩斯 （发出一种得胜的声音）我一点都没有想错！是跳蚤们跳舞着呢！喔！那末，一切都可以立刻明白了。一个土管子！两个跳蚤！喔！喔！我开始懂得了！

——幕——

第三幕 白鼻福尔摩斯懂得一切了（舞台同前一幕）

公安局长 （仍然跳着“汤哥”跳舞）我们都困倦了，再不停止，我们都会精疲力尽，倒在地下的。（对白鼻福尔摩斯）白鼻先生，你猜出了这个谜子没有？

白鼻福尔摩斯 是的。现在我全然懂了！这个土管子和这两个跳蚤，使我发见了秘密！啊！好古怪的阴谋！玻璃鬼把一切都预料定了。他的逃走是安安稳稳的计划了的。啊！前几天不是有一个教“汤哥”跳舞的先生被人暗杀了吗？我现在知道他被杀的缘故了！

公安局长 （仍然跳舞着）白鼻先生，你以为“汤哥”跳舞先生的被杀和玻璃鬼的逃走之间，有一种关系吗？

白鼻福尔摩斯 是的。我的推想是很有道理的。简单说：“汤哥”跳舞的先生，是被玻璃鬼的同伙杀了的。这个科学的强盗，从死者的身体上，取出一种叫做“汤哥”传染病的一种病的细菌。后来，他把这种传染病菌，种在几百个跳蚤身上去，把跳蚤封在一个土管子里，秘密送给玻璃鬼。玻璃鬼一定在你们进房的几分钟以前，把这些跳蚤，撒在地面上了。所以，你们一进去，跳蚤就争着向你们身上跳，病菌一传到你们身上，你们就非拼命的行“汤哥”跳舞不可了。至于玻璃鬼自己，他一定已经从他同伙接到一种瓦克靖的血清——一种预防这毒菌传染的血清，注射在自己身上了，所以他不怕这些染毒的跳蛋。

悲惨的跳舞人一起说　那末……那末……我们……我们没有种抗毒血清的人!！我们还得跳“汤哥”跳舞……永久的……永久的！……喔！喔！玻璃鬼！玻璃鬼！……跳舞跳死了人！……喔！不！不是跳蚤跳舞！不是跳蚤跳舞！……这是死的“汤哥”在跳舞！

——幕——

三十四　被火葬的人的回家

第一幕　黑的人（舞台是公安局长的办公室）

公安局长　（对白鼻福尔摩斯）自从玻璃鬼弄跳舞计逃走之后，他的踪迹一点都没有了，世上倒清净了许多。

白鼻福尔摩新　这个恶人，天生得一个魔鬼脑筋，想来一定又在暗中计划什么新的暗黑事业罢。我预料着，不久我们就会听见他的古怪把戏呢?

一个巡警　（突然的跑进来）局长！局长！我们刚才在荒地上发见了一个晕过去的黑的人！

公安局长　一个晕过去的黑奴?

巡警　不，不是的。局长，是一个从头到脚都用墨水染黑了的人！

白鼻福尔摩斯 这太奇怪了！

巡警 这个黑的人，刚一醒转过来，就突出着眼睛，很害怕似的，叽哩咕噜的说着玻璃鬼的名字！

白鼻福尔摩斯 玻璃鬼！啊！一定是他干的！

巡警 后来，这黑的人就满口胡说起来了。他们把他抬来了不是。（两个人抬着黑的人进来）

白鼻福尔摩斯 （考察黑的人）这奇怪：真好像这个人洗了一个墨水澡。

黑的人 （用一种昏迷的声音）墨水！墨水涨起来了！喔！玻璃鬼！玻璃鬼！

白鼻福尔摩斯 我立刻可以推想出来，这个人，因为受了一种可怕的感动，已经精神错乱了。问他也是不中用的。这真是我所知道的事件当中的顶古怪的事件呢。

黑的人 饶了我罢！玻璃鬼！喔！我把一切都看见了！活死人的寡妇！……印度国王的剥制人！……秃头的安大鲁司人！……（喊出一种疯人似的狂叫）可怕的！你看！被火葬的人的回家！

白鼻福尔摩斯 这是什么意思？我一点也不懂得。（提起精神）喔！我须得探出他的意思来！须得探出来！

——幕——

第二幕 小说发见了秘密（舞台是一条大街）

白鼻福尔摩斯 （对他徒弟）我搜索黑人的秘密，搜了三个星期，还是毫无结果；一切都白费精力了。我今天又空跑了一天，真正丧气极了。

徒弟 老师，要提起精神啊！……不要失望！

白鼻福尔摩斯　（机械的看了一看一家书店的窗户）喔，那是什么？老弟，你看……这本书……它的名称！

徒弟　（一面念，一面发抖）《被火葬的人的回家》。

白鼻福尔摩斯　你忘记了吗？这就是……黑的人说的那句话啊！就是那句不可理解的蠢话！这真古怪！（对卖书的）这是一本新出版的小说？

露着悲痛样子的卖书人　呃！是的，先生。这是那部可恶的新丛书的最后一本。这部丛书只卖一角钱一本，一本一千七百页的大书，卖一角钱！因为这个关系，许多大书店，都被它衬倒了。但是，有什么办法呢？对于这样不惜贴本的竞争，真没有法子！

白鼻福尔摩斯　请你把这本丛书中已经出版的书目。给我看看。

露着悲痛样子的卖书人　请看。（递目录）

白鼻福尔摩斯　（看目录）《活死人的寡妇》，《印度国王的剥制人》，《秃头的安大鲁司人》。（独白）喔！喔！好奇怪！这三本书的书名都是黑的人所说的秘密话！（继续念）《空心辕的马车》，《结巴和吸血鬼！》《偷火车头的贼》，《阿尔及尔步兵的围腰》，《纪念日下面的廿年》，《生下地的死孩子的报仇》，《害热病的未婚妻》，《血淋淋的肥胖》。

露着悲痛样子的卖书人　怎么这种丛书的出版人能够卖得那样便宜？只卖一角钱一本？真是神秘！

白鼻福尔摩斯　（低声对他徒弟）发行书店的住址是写在书壳上面的。你赶快去公安局找一大批警察到玻璃鬼的巢穴去！

徒弟　玻璃鬼的巢穴？

白鼻福尔摩斯 是的。因为现在我可以断定，这种非常廉价书的出版，一定又是玻璃鬼的一个新主意！他用什么秘密方法，能够发行这种一角钱的大本小说？这是我们到那里即刻可以明白的！快去罢！

——幕——

第三幕 涨着的墨水（舞台是一间僻静大房子）

白鼻福尔摩斯 （对公安局长）这间印刷店已被你的部下包围了。即刻就有锁匠来开大门。这一定是玻璃鬼的巢穴，我们手里都要拿手枪扑进去才行。

公安局长 扑进去罢。（他们冲进去）

白鼻福尔摩斯 奇怪！一点声音也没有！真清静！分头去搜索罢。（他们冲开一个门，走进一间大厅）

公安局长 喔！真正一种预料不到的光景！

白鼻福尔摩斯 好不奇怪！一个巨大的玻璃墨水瓶，搁在大厅的当中。

巡警们 只有瓶底装满墨水。

白鼻福尔摩斯 呃？什么？在大墨水瓶当中，有十二个人坐着！只有上半身现在水面！他们坐在写字台面前，对我们做出发愁的样子呢！赶快！赶快把他们从大墨水瓶里捞起来！（他们用梯子和绳子，救出十二个装在墨水瓶的囚人）

墨水瓶囚人一起说 你们到迟了！玻璃鬼和他的同伙已经逃走了！

白鼻福尔摩斯 你们到底把半身浸在墨水瓶里干什么呢？

第一个墨水瓶囚人 这是玻璃鬼的坏主意啊！我们都是不行运

的穷作家，在几个月以前，被玻璃鬼的同伙拐了来，想叫我们替他们的出版事业发财呢。

白鼻福尔摩斯　但是为什么玻璃鬼把你们关在这个大墨水瓶里呢？

第一个墨水瓶囚人　是这样：当他把我们监禁在这墨水瓶的时候，墨水刚刚浸到腰子边。我们虽然浸在墨水里面，眼面前却钉着一张桌子，放着无数的纸。我们那时决了心，决不替这个可恶的强盗写一行原稿。但是，过一会子，我们忽然叫起来了。浸到我们腰旁边的墨水，慢慢的涨起来了！

那时候，玻璃鬼很冷静的对我们说："我安排着一种特别的机关，墨水一定是慢慢涨上来的。虽然涨得极慢，然而是始终不停的涨着的。你们要想墨水不涨过你们的头，只有一个方法：拿着眼前的钢笔，蘸着身边的墨水，不断的替我写一些我所需要的小说！"

我们听见他的话，都叫了起来，大生其气！但是，有什么办法？墨水是不断的涨着！……那时，为止住它涨，我们只得写，不休不停的写！为要极力多用一些墨水，我们写满了无数张的原稿纸！我们的原稿纸刚刚写完，玻璃鬼就来把写了的稿纸收去，另换新的稿纸来。像这样的，地狱里的工作，终而复始的，一直干下去，永久的……永远的……干到现在。死的忧愁，差不多把我们弄成狂人了！有一天，我们当中的一个人，正写着《被火葬的人的回家》，累死了，倒在墨水瓶里了。

白鼻福尔摩斯　啊！我懂得了！这个不幸的人，就是那个黑的人！玻璃鬼以为他死透了，所以把他丢在空地上。啊！我现在懂得了，为什么那个黑的人，发狂似的，喊着那些小说的题目。特别使劲喊那《被火葬的人的回家》了！

第一个墨水瓶囚人　喔！好一个可怕的文艺制造工场！玻璃鬼靠着我们被强制写出来的东西，赚了许多的钱，因为他把这小说，印在偷得的纸张上面，钉成书，廉价的卖了出去！好在！靠着我们的大侦探白鼻福尔摩斯，我们的受难，总算终结了！地狱的苦恼完了！墨水瓶吐出它的俘虏了！

玻璃鬼　（从黑暗地方向白鼻福尔摩斯说）好罢，请你死罢！万恶的侦探！（他突然按着机关的发条，使墨水涨起来，并想把白鼻福尔摩斯推进大墨水瓶里面去。但是大侦探手脚灵敏，把身子一歪，躲过了玻璃鬼的冲击。玻璃鬼自己倒因用力过猛，摔在大墨水瓶里，转眼间沉在黑暗的墨水当中，看不见了）

白鼻福尔摩斯　（露出严重[①]的神气）淹死在墨水里！这是这个黑灵魂的人应该受的死罪啊！

——幕——

① 原文如此，意为严肃稳重。——编者

西南财经大学“211工程”三期建设项目资助

陈豹隐全集

第二卷 财政学 3

西南财经大学马克思主义经济学研究院
西南财经大学经济学院
编

西南财经大学出版社

1938年4月13日摄于武昌
（背面题：Rose【李若斯】小姐惠存）

20世纪20年代初与同事及亲友在中央公园（今中山公园）合影
（前排左三唐惟俶、左四陈豹隐、左六王兆荣）

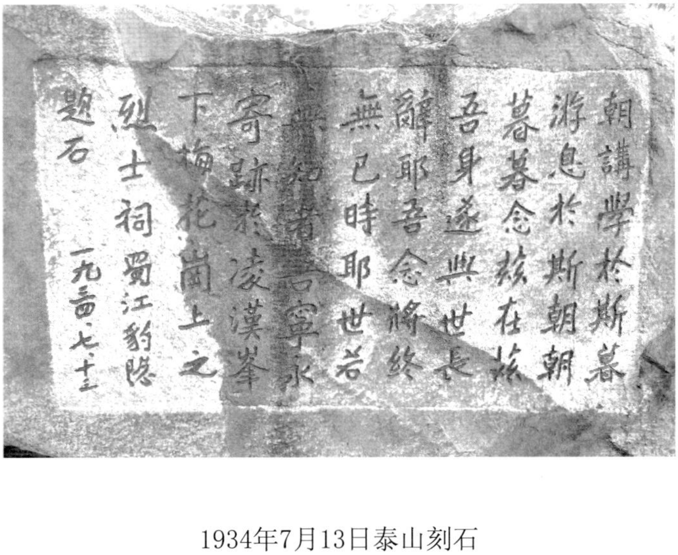

1934年7月13日泰山刻石

编者按

《财政学提要》，（日）小林丑三郎著，陈启修译，1914 年 3 月 20 日印刷于日本东京，1914 年 4 月 23 日由上海科学会编译部发行。

小林丑三郎（1866—1930），曾先后在日本东京帝国大学、明治大学和日本专修大学等讲授财政学，1907—1910 年一度出任台湾总督府民政部财务局长。其著作有多部被译介至国内，除本书外，尚有《欧洲财政史》（胡宗瀛译，上海：商务印书馆，1902 年；罗普译，上海广智书局，1902 年）、《地方财政学》（姚大中译、卢寿篯校订，上海崇文书局，1919 年）、《比较财政学》（张锡之、晏才杰、熊钟麟译，财经调查社发行，1909 年）、《比较财政学》（宋教仁译，东京经世学社，1910 年）、《经济思潮史》（高一涵译，北京大学新知书社，1921 年）、《最新经济思潮史》（邝摩汉、徐冠译，北京舆论报社，1922 年）、《各国财政史》（邹敬芳译，上海神州国光社，1930 年）、《经济思想史》（周宪文、柯瀛译，中华书局，1938 年）等。

因原书只断句无标点，一方面考虑到本书受众，另一方面也是出于慎重，除“凡例”因未断句，由编者予以现代标点外，其他一律如旧。

凡 例

近年以来，译书者日众，然佳篇盖寡。译西书者，每病字汇不丰，译东籍者，多半生吞硬凑。愚尝慨之，以为翻译科学之文，贵能明白畅达，易于通晓，使读之者如闻其声，如见其人，斯为上乘。兹译是篇，取鉴前车，欲谋后范。文字不尚高深，务求达意，期不失原著者之真。术语则择其可取者取之，不当者易之。通篇一贯，前后井然，扫除向来译界跳落累行、奇字满纸、牵强拉凑、文意莫属等积弊。虽不敢自谓独出心裁，然亦一新面目矣。顾译者以研学之身，负膺甚重，抽取寸时片暇从事于此，校正亦自任之。偶有漏误，或所不免，幸大方指摘，译者当负其责。

书中引用地名人名，间有不常见者，译者以普通语音译之。恐与他书所译有歧，特附西中对译表于下，以便参照。

Alger　阿尔及耳

Dremen　布列门

Beaulieu　波利冶

Barner　巴尔涅

Bluntchilli　布伦徐利

Brandenberg　泼兰登堡

Bastable　巴斯推布勒

Baden　巴敦

Canaye　加那

Cassel　加塞

Cossa　哥沙

Dresden　德勒斯登

Elsass　亚尔撒司

Essen　挨逊

Eheberg　耶黑伯尔

Elster　耶尔斯特

Frankfurt　佛朗克府

Erfurt　耶律府

Genoa　热那亚

Herrfuth　黑尔福德

Heckel　黑克尔

Hoffmann　何弗满

Hawaii　夏威夷

Hobbes　贺布斯

Held　赫勒德

Kolb　　哥鲁布

Konrad　　孔拉德

Köln　　可伦

Lothringen　　罗测林根

Mirabeau　　弥拉波

Mulhall　　马尔贺勒

Mecklenberg　　墨克伦堡

Nürnberg　　怒伦堡

Neumann　　诺伊满

München　　民亨

Porto Rico　　波德黎

Potsdam　　波次丹

Proudhon　　卜劳得虹

Roscher　　落歇儿

Rotteck　　罗特克

Rau　　老

Sachsen　　撒逊

Stein　　斯太因

Schäffle　雪弗勒

Steinmann　斯太因莽

Schwelin　舒为林

Schwarzberg　舒洼辞堡

Seligman　色黎格满

Schall　夏勒

Tunis　突尼斯

Transvaal　杜兰斯娃

Triest　特里斯特

Umpfenbach　温彭巴哈

Venezuela　委内瑞辣

Wagner　瓦格纳

Würtemberg　瓦腾堡

Hessen　黑逊

原书引用各国统计税制，皆从其本国之货币及度量衡，今亦从之。但各国货币及度量衡中国向无定译，亦无定值，兹附一简单换算略表，以资对照而便计算。

镑	Pound	中币约十元
美圆	Dollar	约二元
卢布	Ruble	约一元
佛罗林	Florin	约八角
先零	Shilling	约五角
马克	Mark	约四角
克	Krone	约四角
利拉	Lira	约四角
法郎	Franc	约四角
辨士	Pence	约四分
哥	Kobeke	约一分
美仙	Cent	约二分
片	Pfennig	约半分
黑勒	Heller	约四厘
桑	Centime	约四厘
圆		约一元
钱		约一分
磅	Pound	重约十二两

翁士	Ounce	约八两
基罗格（拉姆）	Kilogramme	约一斤半
贯		约六斤半
立突	Litre	一升弱
黑多立突	Hectolite	约九斗六
石		约一石七
阿尔	Are	约十六亩
哀克	Acre	约六五八亩
黑克他	Hectare	约一六二七亩
反	＝300 坪	约一五七亩
町步		约一五七二亩
基罗米突	Kilometre	约一里七
米突	Metre	三尺零
英里（哩）	Mile	二里半有余
日里		六里八零
巴烈耳	Barrel	约十六斗

原书中引用年号，半从西历半从日历。今为便利计，揭最近二十余年中西日对照年表于下：

清光绪	一七	日明治	二四	西历一八九一年
同	一八	同	二五	一八九二年
同	一九	同	二六	一八九三年
同	二〇	同	二七	一八九四年
同	二一	同	二八	一八九五年
同	二二	同	二九	一八九六年
同	二三	同	三〇	一八九七年
同	二四	同	三一	一八九八年
同	二五	同	三二	一八九九年
同	二六	同	三三	一九〇〇年
同	二七	同	三四	一九〇一年
同	二八	同	三五	一九〇二年
同	二九	同	三六	一九〇三年
同	三〇	同	三七	一九〇四年
同	三一	同	三八	一九〇五年
同	三二	同	三九	一九〇六年
同	三三	同	四〇	一九〇七年
同	三四	同	四一	一九〇八年

清宣统	元	同	四二	一九〇九年
同	二	同	四三	一九一〇年
同	三	同	四四	一九一一年
中华民国	元	日大正	元	一九一二年
同	二	同	二	一九一三年

民国二、一二、一五　译者识

目录

财政学提要

〔日〕小林丑三郎著　陈启修译

第一章　财政学之意义及其职分

第一项　财政学之意义

财政学者。关于公共团体之经济经理之学也。凡为公共团体而经理其自己之经济者。共有数种。其中形态最完全者。则国家也。国家之中。虽有联合国家、（如德意志帝国是）单独国家之分。然皆于公共团体中占最重大之位置。故通常每言财政学。概解为此等国家之经济经理即国库经济之学。然国家之下。尚有他种公共团体。如日本之府县郡市町村等地方自治团体。亦各经理其自己之经济。而人民对之负纳税之责。亦与对于国家之财政毫不相异。且自治团体财政之原则。亦多与国家财政之原则同揆、而有极密接之关系。故二者均当属于财政学之范围。至若私法上组织之共同团体。如公司组合等。虽亦以团体、经理其自己之经济。然其经理之目的、方法及原则等。皆与公共团体之经理异趣。非财政学之所得而论也。此等皆当归诸所谓私的经济学者研究之。今日尚未十分发达也。

财政 Finance 一字。源出于拉丁语之 Finare（支付）即 Financia Finatio（支款之意）。所以指货币上之支出事项。其意甚广。不仅用于公共团体之货币事项也。其用以指国家之货币及财政经理。实始于法兰西。法国谓之曰 Finance。第十六世纪以后。通用以指政府之理财。当时法国为欧洲文化之中心。文物言语。风靡全欧。此字亦同时传播于诸国。德国谓之曰 Finanzen。英国谓之曰 Finance。荷兰谓之曰 Financien。及至十九世纪。其意义扩充及乎国家以外他种公共团体之上。今日则用以指一切公共团体之经济经理。凡公共收入、公共支出及公债等。皆此字应有之义也。故财政、即公共团体之经济经理一字。各种公共团体皆用之。例如国家财政、府县财政、郡财政、市町村财政、或略而称之曰国家经济、自治团体经济等、是也。

单曰经济。与曰经济经理。若严密言之。其意不必全同。曰经济经理、即财政者。必指一经济上之人格、以自己之管理、经营其收入及支出、以成一有计划之生活、而言。若仅曰经济。则其义不如此之狭。犹言日本之经济。与言日本之财政。其意义不相同也。凡曰财政。不可忘其定义系指一由收入经济与支出经济二者而成之经济人格所行之有计划之生活而言。即令有时略而言之曰国库经济、或自治团体经济。亦当知其意固谓国库、或自治团体之经济经理也。

第二项　财政学之职分

凡经济经理之顺序。始于经济计划。而终于作成行其计划之方法、及方法之实行。经济计划者。计所要之经费及收入。而适当配定之之谓也。计划既定。乃作成行其计划之方法。方法既成。乃实行管理之焉。然若其管理不属于经济计划人。而属于他人。则其人管理之责任上、虽在计算时期经过之后。仍含有证明计算之事项。公共团体之经济经理、即财政者。亦复如是。故财政学与此等行务之有关系。可不待言。而实际上尤以研究方法之作成、即财源之搜求取得等事。为其特别重要之职分。势不得不与以优逸之位置也。

前记诸行务。非财政学所当从根本上研究。面面俱到者。盖财政学之职分。仅及于研究凡为适当之经济经理时、所必须之资料而止。其余各方面之根本研究。让诸法律学经济学及史学。而财政学则不过注意此等科学论断之结果。利用之不怠而已。虽然。理则当矣。而此等科学间明了之分界。实际上理想上均为至难之事。以国家及社会之各现象常非能犁然分存者故也。而财政学经济学及经济政策学上之关系。其分界之暧昧尤甚。

凡遂行财政学之职分。其顺序与别种科学之研究法同。第一先将其范围内所属实际上之资料。集而述之。使有系统。并依论理学之方法。分其种类。以究其原因及结果。而察其是否发达、及其发达之倾向如何。然后以之与现在之状况相比照。而求树立关于公共财政之适当经营上之原理原则。或进益之。

当实行此等职分时。须格外注意者。则于观察或判定财政事项之时。务将法律上之见解。与经济上之见解。分别清楚。勿使混同一事、是也。余意从来财政学之判断。动辄倾于行政法之一方面。而不能复归于经济学上之原理者。实由二见解混同不清之故。夫法律者重形式。以形式而判权利之正否。经济者重性质。由性质而定利害之得失。今有一事于此。在法律之形式上。纵断定其有行于国家之正当权利。若从经济上之原则观之。明知其性质实于国家有害。则财政学不得不由经济之原理判定之。且促法律之改废。盖财政学既为经济学之一部。此乃其当然之职务也。此事实本书各章中所常论及之问题。颇为重要。故预求读者注意焉。

财政学通例依其职务分类如下。

一　总论

二　公共经费论

三　公共收入论

四　公债论

五　公共财务论

本书由现所讲论之第一章起。至第五章。俱关于财政一般之事项。为本书之总论。其他各论。当由第六章以下顺次论之。第十九章以下。则属于公共财务论。

第二章　财政学之发达

财政事项之研究。其由来者虽久。然以典籍所载观之。则古代及中世之初。概乏学理上之研究。求循系统而编成之财政学。固无有也。迨及中世之后半期。间有关于财政问题而发议论者。且亦有综合之者。然其说概偏于神学或伦理学之趣味。无认为经济学上之事而研究之者也。

其稍循学理研究之、而扩张其范围者。在十六世纪之后。其所以然者。盖由实物经济衰而货币经济起。家长政体废而专制政体兴。种种政治及经济上之变迁。使货币之需要日增故耳。至十七世纪之后半期。德意志之官房财政学。始渐显著。其所说。以租税公债为过渡上之厄害。以消费税为优于直接税。及推奖官有地并王侯特权之收入等。其中虽有偏于极端者。然其关于财政问题。不惟力求实用上之研究。而其学理亦实为近世财政学之基础。其功有不可没者。至十八世纪。而法国有自然法主义一派。当是时。直接税与间接税之优劣论。颇为嚣杂。而此派多推奖直接税。尤以地租单一税论为其派之特色。至今日尚有其绪余焉。而对于斯学贡献最大者。则为英国之著名大家亚当斯密氏。氏生于十八世纪之后半期。其名著富国论。（原富、一七七六年）风靡一世。此书之第五卷帝王岁入论中。以该博之材料、及巧妙之文章。提倡财政学上崭新之原理。务使租税问题。与国民经济。及经济原理、一致不二。以求国库与民力之调和。故唱最著名之四条租税原则。然其研究之范围。以公债及租税之原理为主。而不及其他之财政事项、暨制度、立法例、统计等。尚未足使财政成独立之学问也。及至十九世纪。德国学者蔚起。如斯太因及瓦格纳等。一变从来之国家说。以为国家者。乃有历史有机之共同生活体。为人类社会之共同生存上、必要而不可缺之物。其职分范围甚广。不仅止于从来所称道之消极政策、如权利防护等。更当遵历史之发达。而行积极行政、如文化幸福之增进等。故财政学之范围。亦从而扩张。以历史、统计、制度等之研究为基础。网罗租税、公债、官有地、官业、及王侯特权、办理费等、一切财政事项。而从国民经济上及社会政策上考察之。以修补原理原则。而现代财政学之独立。于是乎成。要之、财政学者。直可谓由德国学者之力。离经济学行政学而独立。以告其完成者也。

即在英法比意诸国。至十九世纪。关于财政学独立之著作。亦相继出现。然概属模仿德国学者之作。其有显著之特色者甚少。独法人波利冶所著之财政学。颇为特出。其说与注重组织及行政之德国学派异。专依事实而论证其利害。其材料亦甚该博。世称其对德国学者、毫无逊色。斯学在日本今日。尚未能脱翻译时代。然余师田尻博士之著作。实足与德之瓦格纳及法之波利冶二氏抗衡。即如师之近作财政及金融一书。其价值实有不可移者。

财政学之参考书数种列下：

德人 Stein	著 Finanzwissenschaft. 5. Aufl. 1887.
德人 Wagner	著 Fin Lehr－und Handbuch des P. Oek. 1890.
德人 Eheberg	著 Finanzwissenschaft；4. Aufl 1895.
德人 Komad	著 Grundriss zum Studium des politischen Oek 8 J. Finanzwissenschaft 1899.
法人 Leroy Beaulien	著 Traite de la science des finances 6 éd 1899.
英人 Bastables	著 Public Finance 2 Aufl. 1825.
英人 Giffen	著 Essays in Finance. 1889.
英人 Adams	著 The Science of Finance；American Science Series 1898.

第三章　公共团体

公共团体者。合多数各个经济（个人及法人）为一体、之强制组织。因欲充足共同上之需要。而行特种职务。且营特别经济者也。

何谓强制之组织。曰、公共团体者。与私团体异。私团体仅由同业者而成。以同种之利益为目的。公共团体则不然。合各种职业之人而成。其利害各异。故公共团体之组织。不唯不以其组成分子之自由意思表示为条件。且往往虽与个体之利益意思相反。亦不能不依公共一般需要之名义组织之。故曰强制之组织。

何谓特种职务。曰、私团体之业务。常以组织分子之各个人意思为主。合各个人之意思。而执行之。公共团体则不然。其职务之目的。常与其组织分子之各个人意思、异其性质。故曰特种职务。如征兵、刑罚、警察、卫生、义务教育等。无不皆然也。

公共团体之组织及职务如此。故团体一般之共同需要。与团员各个之利益。不必常能一致。惟因虽不一致而团员亦不得自由进退。故团体为一般利益而施行其职务之时。纵其事与个人之意思及利益相反。亦不得不断行之。此所谓个人行为之强制者也。

何谓营特别经济。曰、欲行公共职务。公共团体须准备所谓经济上之三要素。即土地、资本及劳力。而此三要素者。在现今之经济制度上。则已分离而为各个人所有。苟公共团体欲移而使归于己之处分。大抵不得不出他种经济物件。（通例货币）以为代价。即有时公共团体本有土地。又或能不出代价而获得他种经济要素。然欲维持保存之。亦不得不生货币之需要。况本无一经济要素者。其需要可不待言矣。此等货币之需要。称为经费。公共团体之经费者。即前述经济经理之一面。所谓支出经济者也。对于支出经济而有收入经济。此二者、皆离却各个人经济之收支。独立而为特别经理者也。

关于收入经济。公共团体因其组织、职掌及行务之性质。而有特别原则。此财政学上最重要之问题也。此种特别原则。次章当详述之。兹先论公共团体之种类。

公共团体之最下级者为市町村。市町村为地方公共团体之原素。亦即因欲充足邻保中共同需要而组织之团体也。然公共职务。有甚重大者。其负担非此等小团体所能堪。于是不能不组织更大之公共团体。是为州县郡等。凡此等皆隶属于国家。而为地方自治团体。而形成上级下级之系统。

位于此等地方团体之上。而为社会共同生存上最高之团体者。厥为中央国家。国家者。合全国民而成。凡重大之公共职务。非地方自治团体所能负担。或须统地方团体而为之者。则国家履行之。国家分单一国家。联合国家二种。联合国家者。由种种国家结合组织之。而付以特别中央权之国家之谓也。如德意志联邦帝国、瑞士同盟国及北美合众国等、是也。

此等公共团体。既有上下级之分。则其上下级间及同级间。自有原则上一定之区分。其关系极为复杂。而各国之制度。亦有异同。原则上、凡公共职务过于重大。非下级团体所能堪者。则上级团体任之。然实际上、甚难划分。常有无数例外之事。盖国家每将其应行职务之一部。委任或指命于下级团体故也。

上下各级之公共团体。原则上、皆可为其特别之经济经理。然所当注意者。则其特别经济经理一语。与独立之财政。意义不必相同。盖一国中、惟国家为最高之公共团体。依国法上之原则。有完全独立权。若地方自治团体。则仅以国家之权力。在一定范围内。许其财政之独立而已。但国家苟非其自己之财政策将有侵害之虞。

大抵可承认地方之自治行政、及与行政相伴之财政独立。而其干涉地方经济经理之程度。亦视其行政上之主义为集权或分权而异。不一定也。

且公共团体之管辖区域、及关系人民。既有广狭多少之不同。则其财政方法。自不得不因之而异。同一之财政方法。固非能通用于上下各级之自治团体者也。然中亦未尝无共通之根本原则。如凡财政皆以一般公益为目的、是也。此点实公共团体之所以为公共团体之根本。而与私人之经济经理大异者也。

第四章　财政之特别原则

财政者。由支出经济及收入经济两面而成。而为公共团体之经济经理。故其方法。从理论上言之。大体与普通经济之方法相同。然公共团体之组织、职掌及行务等之性质。有特殊者。既已如前章所述。故财政之方法。亦不得不有特殊者。请述其概要于下。

第一　量出为入

公共团体之职分。以公共政务为主。以执行政务时所需之经济经理、即财政为从。此与私人经济之以经济经理为主者迥异。盖公共团体存立上之目的。实在彼而不在此也。然则执行职务上所需之支出。当然应占财政上最先之位置。可无容疑。故财政之方法。必须先计其支出。而后乃求财源之出处也。然此原则之实行。非俟关于公共团体之收入方法既经认定特种之原则后。不能保其有效。何则。支出者。究竟为收入之支出。收入而不确者。支出固无由可行也。

第二　依特种之收入方法

公共团体乃强制之组织。其主要职分。若从经济上之性质言之。对于各个经济之生产。实与间接生产的勤劳相当。又其行务。不问个人之意思而强制断行之。故纵知其效果能使个人经济上价值增进。亦不能预询各个人之意思。协定各个之价值。而后行其行务。势惟有对于公共关系之各个经济。行共同配分。以为共同一般之费用而已。公共团体之公课收入。实依此法。而为重要之财源者也。

第三　常以全般利益为目的

公共团体之主要职务。既在充足共同一般之需要。则其目的。自为图全体之福利。故其财政之经营方法。亦常不可与全体福利之增进相离。非如私人经济之以无限收益为目的者比也。由此原则观之。财政当守以下二方针。其一、公共团体。当其作成财政方法、即财源时。不可尽收入之最高度。其增收之度。须以履行公共政务时、所必需之数为界限。其二、公共团体者。不可徒尚岁计之剩余、积蓄。而热于财产或准备之作成。纵虑未来之需要。不得不稍为准备。而其度亦不可不以当履行职务时、能确免意外之障害为限也。

第四　有先取后来收入之方法

公共团体之职分事业。较之私人经济之事业。其经费为大。而效果为久远。当公共团体行其事业时。往往有以现有之经费、尚告不足之事。于是不可不先依公共信用而起债。以完成其事业。俟其事业收效后。乃由人民征收租税、或其他收入。以充其债之本利偿还。此即所谓公债。法律上虽与私债同。然其经济上之性质。则与私债异。盖公债者不外收入之先取而已。而大公共团体、如国家者。由其永远之存在、及其课税权之信用。往往可发行无期偿还之公债。而文明国之人民。欢迎此种公债而应募者。亦复不少。反是、若私人经济。则决不能起募类似无期公债之债也。

第五　货币变动过激之时受影响特甚

凡在私人经济。生产物品之人。每自为其物品消费之人。即不然。亦常以物品换货币。更以货币购买其欲消费之物品。故其结果终不外物品与物品之交换而已。公共团体之财政则不然。自己生产物品而贩卖之之事、绝少。万不足以其贩卖物品之代价。供其消费之全部。常须格外征收货币。以为收入。当其支出此等收入也。人员费较少。物件费常占多数。是以苟因货币变动。而物价一有高低。则财政上将受莫大影响。非私人经济之可比也。例如货币下落、物价腾贵之时。财政上收支之岁计。常生不足。货币腾贵、物价下落之时。其收支之岁计。转有剩余。设其收入之大部分、属于从量税及定额税。则其受影响尤大。因其货币之收入额无有盈缩也。而货币之变动。概有渐次下落之倾向。故由此点观之。直可谓公共团体、常在岁计不足之地位也。至若公债。则其偿还时货币之价值。当较其起募时减少。以低价之货币。偿同额之债务。似于公共团体稍为有利。然以比私人经济。则仍为不利。何则。公共团体者。与私人经济异。不能生产多数物品。高价售之。而以其代金偿还债务。其所用以偿债者。仍不外乎货币之收入。故不利也。

第五章　财政之计划

财政之顺序。先由计划始。无计划之财政。非真财政也。夫以区区个人之经济经理。尚须有相当之计划。况于公共团体之经济经理。其范围至广。而其影响于人民者至大者哉。

夫公共团体者。上有一般之经济。下有各个人之经济。其支出也、必涉于一般经济之消长。其收入也、悉关于各个人经济之利害。故其收支不可不慎详周到。且公共团体之生命。久而且远者也。其收支。又与其生命不可一日离者也。故公共团体之财政。不可不先见远虑。使永久收入、与永久支出、两两相称。设支出之日无涯。而收入之期有限。则公共财政。将有紊乱之虞。若支出之数甚微。而收入甚巨。则财源之使用一滥。民力必随之而竭。故善于财政者。必计划其收支之久暂大小。配定适当之财源。使永保其均平。此财政之原则也。凡公共团体愈大。其财源愈当注意利用勿滥。盖其所影响者大也。又现时之公共财政。常经营各种企业。须一时使用巨额之资金。故关于企业之效果、及目前之负担等。尤不可不讲究调整之方。则详慎周到之财政计划。益必要而不可缺焉。

财政计划可分二种。其一、即一般的长期计划。此为行政内部之根本计划。其效用之期极长。由此以决定长期之需要、及长期之财源。使二者适能相称。世所称为财政十年计划、或二十年计划者。即此是也。由此计划而生对于各年度之部分的短期计划。即第二种之财政计划。此乃执行第一种计划时、所必要而不可缺之特别设计也。譬之绘画。以第一计划为轮廓。则第二计划为具体之形象。盖所以明示目的。限定金额。调整收支。而兼以明经理之责任者也。通例称之曰预算、或岁计表。关于预算之制成及种类等事。下章当详论之。

第六章　预算案

预算 Budget 一字起于英国。盖由古代法国语之 Bougette 转用而讹者。原为革囊之意。至十八世纪之末。此字复由英国而传于法国。遂广播于欧洲大陆。以至今日。然其行于英国之意义。与行于欧洲大陆者少异。其在英国为开革囊之意。当一会计年度终结、政府欲求租税之承诺时。大藏大臣莅下议院之财政委员会。启所携革囊。取其中之文件读之。而为财政演说。其演说之内容。为前一年中商工业及贸易之大势。租税之成绩。岁出之状况。岁计之剩余。公债偿还之消长、及将来之预想。暨新年度岁出入预定之大体。及关于财务行政上改革之提案大旨等。此即英国所谓 Budget。而与同时提出之岁计测算书 Financial estimate 异者也。而在欧洲大陆则不然。Budget 者。意指详记新年度岁出入预定额等之浩瀚文件而言。日本之所谓预算。通例亦指此种文件也。

预算为关于财政计划各年度之整理的方式。且为财务监督之标准。凡公共团体之所以不可不有预算者。以公共之财政由机关而行故也。夫机关者。其行动非以自己之利益为目的。实以被付托之资格而负责任。故其对于付托也、自不可不设一定之制限。而预算者。即置于目的及金额上之制限也。凡缺目的之条款及全年度之金额者。非预算也。此为预算之第一职分。若在立宪制之国家。则预算尚有一职分。职分为何。则国家利用预算。以使国民代表者实行财政立法上之监督。一事、是也。前者为预算性质上之职分。后者为其政治上之职分。

预算之关系。既如此重要。故立宪国家之预算。常依宪法。以立法的方法顺序决定之。欧洲各国。概与以法律之形式。称为预算法。日本宪法上无预算须具此种形式之明文。仅以实质上之意义。称为预算。而不成法律。其他与预算相关之法律颇多。其最重要者。则会计法也。凡预算表之制成、预算之效力、及与预算关联之出纳及簿记制度等。皆由会计法规定之。

国家之预算案。先由各行政部之下级官署起。呈其管内之预算于中央行政部。中央行政部乃审查之。而制各部预算表。既成。则呈诸财政部。财政部乃编纂总预算表。以提出于国会。在两院制之立宪国。大抵先提出于下议院。经下议院决定。而后提出于上议院。然上议院对于决定案之议决权。各国制度不同。英比奥意美西丁抹普及其他德意志诸邦。其上议院皆仅有单纯可否权、即对于预算案全体之可决否决之权。而无修正权。英国最近一千九百十一年复将此制大加改革。上议院之否决权。亦被剥夺。反之、若法国及德意志之撒逊等三数小国。则上议院虽修正权亦有之。日本则依宪法及议院法之规定。下议院仅有关于预算之先议权。其外上下两院之间。权限上毫无差异。关于预算及其他财政立法。上下均有可否及修正之权。两院之议若不一致。则特设两院协议会以解决之。凡经两院决议之预算。在欧洲成为法律。在日本则仍为预算。经天皇裁可之后而公布之。谓之曰确定预算。

在欧洲各国、如德意志等。皆以为、确定预算者。形式上为法律。而实质上则行政条规也。故纵预算不能成立。财政上之收支。亦不停止。虽法律上无明文。然其财政上之收支。概以前一年度之预算额为极限。凡宪法上以预算为法律之国。无不皆然也。惟在日本。宪法上既不以预算为法律。故当以其实质上之意义为准。以为、预算者。乃财政之整理的方式。仅能限制行政官之职权。使不越一定之期限及范围而止。其关于国家对个人间之权利义务。不能发生法律上之效力。国家对于个人之正当债权债务之关系。是为岁计。此乃依法令及契约而行于国家个人间之事实也。与预算异。预算者。不过推测此事实。而计其一定之期限范围中之分量。确定而公布之。以制限行政官之收支命令权而已。故虽反于预算之收支。苟不违法令契约。法律上仍认为有效。国家不得取消之。又预算即不成立。而法令契约具在。国家不得停止岁计也。但预算不成立之时。若于法令契约外、无所以制限行政官之权限者。则财政之整理上、殊属不便。故宪法第十七条规定、凡遇此事时。行政官当以前一年度之预算为其年之预算而施行之。

确定预算。须于施行年度以前公布之。自不待言。日本自有预算以来迄今。从无迟误之例。然在欧洲诸国。领土广大。预算之内容。极其浩翰。而议会之主力。亦全倾于预算之讨论。故往往预算之确定。不能于施行年度以前终结。则延长确定期。并对施行年度之一部分。特定临时措置法。如英国之预算临时支出法。德国之预算紧急法。及意法二国之十二分之一临时预算法等。皆是。此盖特为当时必要之一月或数月分之临时议决、以应其急者也。

预算之年度。日本及诸大国。概定为一年。此其故有二。一则国家之财政。常为一般经济之反应。当与四季巡环。同其终始。二则预算之性质上、务以计数明细为宜。而时期短则易计也。惟在小国。财政甚微。即时期稍长。亦无计数困难之虞。故有以二年或三年为预算年度者。例如巴威伦、撒逊、瓦腾堡及黑逊等国、是也。

预算制成之根本原则。在使其目的及金额、明确便于通览。故统一的编成尚焉。此种统一的总合预算。通常谓之一般预算。此外关于特种事业、须特求其明确者。则有特别预算。或当编制之时。其事尚未出现。及编成后。事起而必需大款。则有追加预算。兹将三种预算逐次论之。

一般预算者。网罗全年间一切收入支出而计定之者也。日本及各国之预算。皆以此原则。载在会计法上甚明。然认定一般预算外尚有特例之国。亦复不少。

特别预算。对于预算统一之原则。实属特例。其不宜过多、以破坏预算之统一。自不待言。然关于一定基本金之特种事业、及全然隔绝之行政。若认定特别预算之制。反足以避混乱而便整理。日本会计法规定、依特别须要。得以法律设特别会计。而编特别预算。征诸欧洲各国。英国之特别预算有二种。一关于海防费及减债基本金者。由法律定之。二关于陆军工厂及造币之会计者。虽不由法律。然实际上则特别预算也。德国及普鲁士之现行制度。若严密言之。则仅德帝国之殖民地会计。属于特别预算。其他如大学、普王国海商司、普王国中央产业组合、及德帝国银行等。今皆已为自治法人。其会计宁可谓已较特别会计更进一步。不可谓之为提出议会之特别预算也。日本特别会计之数颇多。一切基本金、事业、殖民地、学校、图书馆等。凡四十余种。其经费之总额。约达一般预算之半数。斯则真可谓极端破坏预算统一主义。妨害通览者矣。

追加预算者可加于一般预算及特别预算二者。非仅对于一般预算而言也。一般预算与特别预算。同时编制。为对等之独立。其科目全然相异。追加预算对于二者。则仅以编制异时之故。不同一书册而已。其科目亦为二者之连续及补充。非能独立也。其所以需此者。盖因本预算之编成。常在其施行年度以前。设编成后忽有一重大之需要出现。则不得不有以补充之。故追加预算概出于不得已也。然其与本预算编成之巧拙。亦未尝无关系。何则。苟本预算之分科。失之过狭。或各项之估计。过于粗漏。则定章各项不能挪用。此项或能有余。他项或生不足。苟生不足。则不得不编追加预算矣。但追加预算需要之缓急。各国互异。视其有无科目款项挪用之特例、或特别预备金支出之方法、而定。

追加预算有二种。一、第一次追加预算。二、第二次追加预算。第一次追加预算者。本预算编成后、议会闭会前、提出之追加预算。与议会所讨论之本预算、同一年度者也。第二次追加预算者。本预算既已确定施行后。始编成之。俟与翌年度之本预算同时提出于议会者也。日本会计法规定、追加预算之提出。限于必要不可缺之经费或法律契约上所定之经费、顿生不足之时。然必要不可缺之经费一语。其解释甚为宽大。是以二种追加预算。几于无年不有。更观欧西各国之制度。英国二种追加预算俱有。但其第一次追加预算。经议决后。与本预算同归入预算支出法。其第二次追加预算。则与日本之预备金支出相当。为预算超过及预算外支出之要求案。（非事后承诺案）经议会讨议之上。于翌年度开始前。加入预算临时支出法中。而为翌年度预算支出法之一部。普国多用预算超过及预算外支出法。以应新出现之需要。几于毫无追加预算之实例。若法国、则因其预算编制期极早、(约在预算年度十五个月前)及无预备金制度之故。更正及追加预算等事甚多也。

预算编成之样式有二。一总计式。二纯计式。总计式者。仅计定一切经费、并一切收入之总数之式也。日本会计法及各国会计法规。皆以此为原则。此式、凡企业经营费及征税费。皆含在收入中。不特行扣除。是经费皆记入支出部。是收入皆记入收入部。一目了然。便于通览财政之实况。且利于使人注意收入方法之改善。纯计式与此相反。收入之部。扣除企业经营费、及征税费。仅记纯收入。支出之部。亦将与支出相关联之收入扣除。仅记纯支出。此虽便于遮蔽财政之膨胀。然难尽其实况。而监督收入行政上。尤觉不便。所以现时各国大概采用总计式也。特企业行政之利益金、及课税之纯收入。若不能一目而知。则财政计划上及监督上。亦殊不便。故近时普国之预算。于总计预算之外。别制纯岁入纯岁出预算。以便议会之讨论。英国之各厅补充金制度。严密言之。不得称为纯计式。仅可谓为一切收支明分两部之原则之一例外而已。各厅补充金者。以各厅行政之杂收入、充其自己经费之谓。于各厅总支出预算额之下。记明其厅之杂收入、即补充金。从总支出预算额减之。而得纯支出额。(预算表中须注明)然后要求其相当之岁入焉。

预算编成之方法。各国互有异同。日本制度与法国同。先大别之为岁入预算及岁出预算。再分岁入预算为经常部临时部。依收入之种类区别。而配列其款项。岁出预算。亦分经常部及临时部。由皇室费起。下及各部所管之经费。各依其事项而分配之。德帝国之预算编成方法。则与此异。第一、大别之为经常预算及临时预算。更将经常预算支出部。分为永久费及一时费。经常预算收入部。分为租税收入、官业收入、行政收入、废兵资金拨入、一时收入、(前年度拨入金、财产卖价）各联邦赔偿金、帝国分赋金等。而临时预算。亦分二部。一支出部。公债支办事业属之。一收入部。公债募集金、借入金属之。其经常预算支出部中所谓一时费者。盖每隔一定之时期。其需要必起。而实验上亦可以预期者之谓。即大宗之营缮费是也。然实则此费不过一种不由公债支给之工事费而已。合一时费及临时费。始与日本预算之临时费相当。考德国所以特置一时费于经常费中者。意不外以经常岁入。支付此种营缮费。以免纷扰。然普国之预算组织。则复与德帝国异。先大别之为收入预算及支出预算。更分收入预算为各收入厅收入、一般财务收入、各行政收入、及一时收入。分支出预算为经常部及临时部。经常费项下。分各收入厅事业经营费及征收费、一般财务费、并各行政费。临时费项下。则仅记各厅之一时费。而不记入公债支办事业费。以他语言之。即普国之预算中。无德国所谓临时预算者。此无他。盖普国关于公债支办之事业。必以特别法律定其计划、竣工期及经费等。可依起债法律。求其需要之财源故也。若英国之预算组织。则更奇矣。英国有总合资金计算、支给费预算、栏外计算三种。总合资金者。除海事资金、各部一定之杂收入、及属于栏外计算之收入(公债借款等共数种）等外之一切岁入之谓。即租税、邮政、皇领地、运河股票、诸公债利息、及总合资金杂收入等、其全额约达英国总岁入三分之二。国家以之支付既定费。既定费者。即永久之经常费。由永久之法律规定其目的及额数者。国债费、皇室费、年金及恩给费、俸给费、司法费、合同资金杂费、借款偿还费、地方税决算补助费等、皆属之。其额虽占总岁出三分之一。然不须议会之协赞。亦不提出议会。作为预算。仅于财政大臣之财政演说中、报告之而已。总合资金岁入。除支付既定费外。尚有余额。则以充支给费预算之财源。支给费预算。含有陆军预算、海军预算、陆军工厂预算、行政预算、及收入厅预算五部分。皆须议会之协赞。而可称为真正预算者也。然观其组织。各部分为单纯之经费要求案。无收支及经常临时之别。不过部分的经常支出预算而已。各部分费目之下。先揭其总预算额。次揭各厅之补充金、即其杂收入。由总数减之。而志其得数。以为支给费之纯预算额。此数与总合资金减去既定费之余数、对立。若二者相较。尚生不足。则制定财政法律。实行增加每年税。所谓每年税者。即所得税、茶输入税、及砂糖消费税三者是。其效力以一年为限。一面制定此财政法律。一面制定总合资金之支出法。（预算支出法）当议会闭会之际发布之。于是总合的预算表始成。总合预算表。大别为收入及支出二部。收入部列载总合资金之一切岁入。支出部列载既定费及支给费。于其栏外别附一收支计算预料表。即所谓栏外计算者是。此乃关于工事或企业之由公债及借款而经营之者之预算。盖可谓为英国之临时预算也。栏外计算之收入。含有他会计之国库贷借偿还金、财政部证券、各种事业公债、一时借款、苏彝士运河股票偿还金、中国赔款等项。其支出含有各种事业经营费、国库贷出金、财政部证券、减债支出金、一时借款偿还金等项。大抵为借贷关系之出入。故特置于普通岁出入之外。虽仍归国库管理。然依特别之法律、与总合资金分别计算者也。

因欲限定预算之目的及金额。特设多数科目。由科目之精粗。而有总预算、各部预算、及明细预算之别。通常总预算具有款及项之两科目。以为议会决议之目的。且各款项之间。依照法律。禁止挪用。反之各部预算。则于款项之外。添设节目。以明款及项之内容。仅以便议会讨议之参考。而不为其议决之目的。且法律上亦无挪用之制限。至于明细预算。则所以详细说明各节目、以示预算之基础者。止供政府内部之使用。而不提出于议会。惟普国科目制度。与此少异。其总预算为分款预算。其各部预算为分项预算。俱所以供议会决议之目的。别作明细预算。以供参考。且其各部预算之每项下。对列各厅之收支。此亦相异之点也。

议决各款及项之金额。称为预算定额。凡经费使用。例不得过定额。及滥费于其已定目的之外。然因其科目细别之程度、编成时期之早迟、及事实预料之难。不免有需用经费超过定额、及用于预定目的以外之时。故各国制度。有对此而特设预备金预算者。有不设预备金预算。但视其实际之需要。由追加预算、或其他临时处置法。而支付之者。日本与意国。皆于岁出预算经常部。设国库预备金一项。普德二国则无之。虽普国预算。于一般预备费名下。列有百二十万马克。然其用途限于补助费、慈善费等。且事后亦仅报告于下期议会而止。非求其追认也。此盖一种之机密费。非真正之预备金。其真正之预算目的外用款、及预算超过金。每年约上一亿四千七百万马克。俟翌年、与岁出入现计表同时提出议会。而求事后承认。英法二国。多利用追加预算。故本预算中无预备费。但英国各部。咸有预备金。凡遇预算外用款及预算超过之事。暂以此垫支之。然后求追加预算。以归还于各部。此种预备基金。全立于一般岁计之外。归财政部管理。其额亦不多。仅十二万镑云。

一年度预算之外。尚有数年度预算。谓之继续费预算。日本宪法及会计法上、明认此数年度预算。揭载于每年预算之别册。以求议会之协赞。所以如此者。盖对于费时数年之建设改良工事、及其他事业。欲使其无中途断续之事。以免滥费耳。然欧西各国预算。多无此制。英国预算。对于此种数年度之特别要求。无继续费之明文。概载其预算年度所需金额而止。至各种大事业。则以特别法律。定其工事种类、经费总额、完成年限、及其经费当由临时收入支出等事。而预算上则仅记载其为属于栏外计算之事业经营费而已。德国之制。凡关于小工事之经费、归入行政内部之计划中。虽于预算之备考项下。当示其大要。然不受议会之拘束。可年年要求之。至若关于大工事、如陆海军扩张。运河工事等之经费。则以特别法律。定其大体。年年经议会之协赞而支出之。若普国则尚无临时费预算。遑论继续费预算。全由特别法律。委起公债之全权于财政大臣而已。

一年度预算之外。又有须预结契约、约定将来之国库负担之事。例如与轮船公司结长久补助契约、是也。此事日本宪法上、视同公债。须经议会之协赞。在欧西各国。概以特别法律定之。关于国债之起募及借款、日本虽亦以特别法律定之。惟年年之起募金额。预算中算作收入。(但换借发行之时则不然)若在英德普诸国。则不载入预算。每年发行。充其用途。而为特别计算。不与一般预算相关。

地方自治团体之财政。亦须预定其每年度之特别财政计划。作成预算。经地方议会之承诺而确定之。然其财政计划。常受国家之干涉及监督。其预算概遵国家所规定之方式而作之。且各国多有规定、地方预算须经国家之认可、并须立于国家之修正权及强制作成权者。地方预算。以总计式及一般预算为原则。以特别预算及追加预算属例外。并有继续费及各种基金预算等。大抵与国家预算无异。惟小自治团体。以简易敏速为主旨。故其预算之科目分类。不必拘泥。有时虽经常临时之区别。亦可省去。又通例不设追加预算及预备金之制。因其预算可屡次更正也。

观日本府县制及郡制。府县郡之预算。由知事及郡长制之。附以财产表。于施行年度以前。当提出于地方议会。此预算中。含有继续费、或特别预算。由地方议会议决确定后。当报告于内务大臣、及知事。若县郡之预算中查有不适当之部分。内务大臣或知事可加以削减。或强制其加必要之费。日本之市町村制规定、关于议定预算中一定之事项。须受监督官厅或参事会之许可。监督官厅虽无减削权。然有对于义务费之强制权。又中央政府。对于市町村预算之重要部分。亦有修正权及执行命令权。若地方之预算年度。则欧西各国中。有不必与国家预算同者。论议纷纷。莫衷一是。然从地方财政之整理上言之。各地方自治团体间之预算年度。实不可不求统一。自当与国家之预算年度同也。日本地方财政及国家财政之预算年度。皆由每年四月一日起。至翌年三月三十一日止。共一年间。整齐统一。可谓完全者矣。至于地方预算之科目分类。兹弗具述。惟所当注意者。则以项目为决议之目的、虽各目间亦禁止挪用之点、与国家预算制有异、一事。是也。

第七章　财政之要素

财政为公共围体之经济经理。既属于经济。而又为行政之一。故财政之要素有二。一行政方面之形式的要素。一经济方面之实质的要素。

财政之形式的要素者。财政上之办理顺序之谓。其目的在使财政计划之整理。有条不紊。凡关于会计、金库及簿记整理之诸法规并设备。皆财政之形式的要素。所以使收支上之行政命令。动得其当。而令货币及计算之办理。确实无误者也。

财政之实质的要素者。即财政需要、及应此需要之有计划的财源之谓也。而财政需要。即所以组成财政计划之经济的内容者也。

财政需要。乃公共团体对于经济物件、对于货币之需要。其由公共职务之履行而起。自不待论。然此种货币需要。须待经济的义务之发生。而后能确定。而经济的义务。则依法令及契约发生。例如依裁判所构成法而生裁判所费。依官制及官吏俸给令而有俸给及厅费。依补助命令及契约而需补助等。是也。

此等财政需要。依货币之额而计算之。谓之经费。为经费故、而发支给货币之行政命令。谓之支出。

财源者。以充给财政需要之目的、计划而成、之货币收得之基本之谓。如公课权、公共财产、公共事业经营、及公共信用、是也。凡利用此等财源。以得货币。亦须待经济的权利之发生。而后能确定。而经济的权利。又依法令及契约而发生者也。例如依税法而生税金。依准许规则而得准许料。依公共财产之处分而有财产收入。依起债契约而收入募债金等。是也。

凡依此等权利之发生、由财源、取得之货币额。谓之收入。因收入而发行行政命令。谓之收纳或狭义之收入。

要之财政需要。依法令契约而生支出。财源之利用。亦依法令契约而生收入。支出与收入。皆实际上之财政事实。合而称之曰岁计。前章所述之预算。为岁计之假定。而决算则岁计之确定也。以预算为计划。则岁计为实行。岁计由法令契约之结果而生。预算则不过预定此结果。推算之而已。故往往因发生不能预见之事变。而经费生过不及之事。故预算与岁计。不必常相吻合。则不能不有决算以确定之。

地方自治团体财政之要素。大致与国家财政无异。惟其法令及决定。比较上、为下级者耳。例如日本。地方财政之法规的要素。为府县郡制、市町村制、府县郡会决议、市町村条例、及由内务省令而定之财务上事项等。是也。

第八章　公共经费论

第一项　经费论之必要

公共之经费。当依公共职分决定之。公共职分之当否及程度。为政治学、国法学及一般经济上之问题。非财政学所当论究。财政学者。但任财源之作成处理。以供经费。足矣。此普通之论也。然余则以为、依下记之理由。必须论财政学上经费之性质、种类及效果。

第一　收入计划须依经费之种类而异

公共经费中。有永久性者。有临时性者。对于永久之经费。须计划约略同额之永久的收入。对于临时之经费。亦须计划约略同额之临时的收入。所谓以经常收入、支付经常费、以临时收入、支付临时费、之原则者。盖为是也。此财政学上之所以必不可不有经费论者、一也。

第二　收入之选择须依经费之性质而异

公共经费。由其性质上言之。有等于生产的投资者。有类于不生产的投资者。其等于生产的投资者。其投资之结果。将来可与公共团体以特别之收益。故其收入之作成。以取公债等之信用手段为适当。而不可依赖租税等之收入。盖既可得特别之收益。尽可以作偿还之用也。反之、若对于类似不生产之投资。而又为公安上必要之经费。则除急遽不可避之时外。务须以普通收入支办之。经费性质相异。收入之选择。亦从而不得不异。有如此者。此财政学上之所以必不可不有经费论者、二也。

第三　负担之轻重依经费之效果而决定

各公课负担之轻重。虽直接依其赋课方法及各纳税者所有税源之厚薄而异。然其最后之判断。实视支出经费之效果如何。而后能确定者也。何则、譬有一负担。当课税之初。对于当时之民力。纵觉过重。而其后因行政之效果。一般经济及富力。皆已增进。遂无复过重之感。此等事实。往往有之。然则财政学上之收入论。苟不依经费论。必不能完全。断可知矣。此财政学上之所以必不可不有经费论者、三也。

第四　财政整理之一要件在经费之节约及活用

凡偶当财政之收支不相称、岁计不足之时。便欲增税、或募公债、以填补之。非正当办法也。遇此之时。须先注目于经费。力求经费节约、或延期支付之方法。然若单以节约或延期为财政整理之本义。亦非正当办法。于节约或延期之先。须力求经费各细目之挪移及活用。此乃所以增进经费之效果。开发民力。而得自然之增收。而精勤之财政家所不可忽之事项也。而经费之节约及活用。皆非属于收入论之事项。必须于经费论中讲究之。此财政学上之所以必不可不有经费论者、四也。

第二项　公共职分之范围

欲论公共经费。不可不先论其基础原因之公共职分。公共职分之内容。固不独财政学所当研究。然吾等所最要者。则讲究经费论上公共职分之范围、而定其概念、一事。是也。

总揽公共团体全体之职分者为国家。故关于国家政务范围之问题。可移作标准以定公共职分范围之概念。

然关于国家之职分范围。古来学说及制度上。有互相反对之二大系统。今述其概要如下。

自封建制度废而为中央集权之君主制也。国家万能之主义。极其旺盛。国家之职分。日益扩张。几无际限。以至于十七世纪之末。逮十八世纪。自由主义之论盛行。以个人为社会之砥柱。而国家遂仅认为维持社会秩序之要具。称之曰权利国家、或法治国主义。至其极端。乃有倡论以国家为必要不可缺之害恶者。厥后至英国之亚当斯密斯。自由主义。稍稍趋于稳健。其定国家之职分。分为三项。（一）国家独立之保障。（二）国民权利之保护。及（三）一般利益关系之施设、为少数人民所不能经营者。及至一千八百三十年。巴尔涅氏在英国主张财政改革论。其所持之经费原理。以为除（一）无其他方法可行之公营事业之经费。（二）保持社会秩序、或防御外寇上、绝对的必要之经费二者外。无论何等经费。皆在不许之列。不宁惟是。虽此二种经费。苟因之而使人民穷困。不能备其自己之缺乏者。亦在不许之列云。

然至十九世纪中叶。而形势一变。大规模之工业。蔚然兴起。都鄙人口之移动。渐以益甚。因之从来未能想到之事。叠见频起。颇有关于社会全体之利害者。又值官权主义之德国。大败民权主义之法国。于是世始知政务缩小。未必定为致富强之道。其中如德国。国权扩张论勃兴。斯太因、瓦格纳、雪弗勒、布伦徐利之徒。盛为鼓吹。尤以斯太因持论最为激进。以为国家者、最逸出最高之人格也。国家之职分。本来无有制限者也。雪弗勒、布伦徐利之说。比之稍为稳当。然尤主张、国家之职分。在发达国民全体之能力。完全国民之生活。故国务多多益善。至于瓦格纳氏之说。最为稳健。以为国家者、于权利保护之目的以外。更不可不有文化开发之目的。且主张、社会政策之实行。乃国家之职分。自时厥后。英法诸国中。主张国家职分之扩张者。相继而起。而彼等之国家、或公共团体。亦遂将交通机关之公有、普通教育之扶助、干涉、及社会政策之实行等。皆引为己任矣。

要之、上述二大系统。一则以个人之独立、为一切之本位。而国家政务。以拥护此独立为限。一则为极端之国权主义。扩张国家之职分。至无际限。而不顾个人之自存。然因时世及思潮、日有进步。二者之步调。亦渐接近。虽前者仍以抑制国权扩张为主旨。后者亦尚不免有否定国权缩小之倾向。然俱不无日近中庸之观。以余所见。则此问题当分为原理问题及事实问题而论之。从原理问题上观之。国家及公共团体之本质。原由公共一般之利益而来。所以维持公安。增进公益。故其职务、不可不有所制限。盖公共团体及个人经济。皆含在社会经济之内。公共团体。谋增共同一般之利益。私人图得各个经济之利益。两两相须相补。而后社会经济。乃能维持发达。若任意扩张国家之职分。不加限制。必致强夺私人生业之活动范围。而与公共团体存立之理由相背。原理问题上、所不许也。然此仅就原理上抽象论断之耳。若从实际问题观之。则其区别。实难明确。今试将事之关于公安公益之目的者。具体列而观之。可知其广泛无际也。

一、维持公安上绝对必要之政务

国体之维持

条约、媾和、宣战

国防

裁判及警察

二、增进公益上相对有益之政务

文化政务

（教育、宗教、卫生、救贫之事项）

经济政务

（殖产、交通、金融、劳动及殖民之事项）

上列维持公安之政务。为公共团体存立上、绝对必要之事项。断不容付之私人。此旧派之国家消极说、及新派之国家积极说、所同认者也。增进公益之政务中。关于文化行政之事项。极端之消极派、虽不承认之。而旧派中之稳健派。则以为凡私人力所不能营为之事。由公共施设之。凡私人力能经营之事。亦当受国家之干涉。至经济行政。事项虽多。然惟与私人之主要生业同范围之事项。最为公益及私益之竞争点。即在稳健说中。对此之意见。亦不一致。其倾于旧派者。主张排斥干涉。其师淑新派者。力持推奖干涉。而其所谓国家之干涉者。亦有种种方法。其程度深浅不一。有单以立法规定者。有进而以行政上之行为特加制限。奖励保护。或遂至公营之者。此等干涉程度之异。以公益对私益之关系为标准。私益对于公益。为害愈甚。则干涉之程度当愈深也。然公益私益云者。原不过对于此等经济事项、受益人民之众寡问题。其性质上。非有区别。与个人多数之利益相一致者为公益。关于人民少数之利益者。即私益耳。是以国家之干涉方法、即制限、保护、公营等。果与社会多数之利益、一致否。实属事实上之问题。苟非详究其利害所波及范围之广狭。断不得一概断定之。若单以为公益牺牲私益之语、为前提。漠然论断一切。其结论必不能正确也。必也、就各事项、并其干涉之各方法。从社会全体之经济观察之。比较社会一方之不利、及其他方之利。察其现时所生之结果、及将来远大之影响。然后加以政治上及社会上之思虑。慎重周到以考究之。而当公营之结果、夺私人生业之时。尤不可不格外审慎。即令依财政上之理由。独占民业。专卖公营。以作国库之收益。而代租税。设若因之而一般经济及一般生活上、将受广泛深刻之弊害。则是反从为主。公共团体。反因其财政手段。而没却其本来之目的也。故不可不依公同[1]一般之利益、而变通之焉。总而言之。公共政务之范围内。含有公安目的之职分、及文化目的之职分。此为一般所认定者。而关于经济行政之职分。则非先就各事项、各方法、决定公私益之事实问题。不得一概而论。特事实之调查。既经决定。则经济行政。亦可谓在公共职分之范围中耳。此余之结论也。

第三项 公共经费之意义

公共经费者。公共团体之经济的需要、由货币表示之额数、之谓。缘公共团体。当行其职分时。必需各种经济物件、（物件及劳务）故也。当公共团体之求所需之经济物件也。可依强制之方法。得直接由人民征收实物。或公共团体、自生产之、而自消费之。其理由前既已言之矣。现今文明诸国。亦尚有由人民受纳现品者。此事尤以在小自治团体为夥。以小市及村落之财政。与国家财政不同。如此办法。反为适切也。然居今日货币经济之世。凡上纳现品之义务。大都以与实物价格相当之货币额、定之。使以通货上纳。其以实物代纳者、甚罕。即公共团体自产实物之时。亦多售出之而收入货币。即不然。亦往往计其价格。算为货币。以便整理。而实物需要之大部分。皆不能不支出通币。以购买之方法、供给之。至于劳务之需要。则大部分依有给之方法。采用官吏、以供之。官吏之给与。除俸给等外。含有关于废老及死亡时、必要之给与。（恩给及扶助料等）今日几尽以通货

① 原文如此，同“共同”。——编者

支给之。虽有时亦给与实物。然其物亦以通货购得者也。劳务使用之他部分。为无给者。如公共名誉职、强制役务（除佣兵外）等、皆是。然名虽称为无给。实则公共团体。亦不能不需通货之支出。例如兵士之衣粮费、给料及教练费等。不一而足。故知实物需要及劳务需要云者。皆不外乎通货之需要而已。

此外尚有可认为特种之货币需要者。例如公债之利息、准备金、积存金、及各种补助费、是也。此等费用。虽可视为包含于其过去或将来或现在之关系事业所必要之实物及劳务需要中。然其中不必常有关系。有时并无实物或劳务之需要。单约定支出货币而止者。亦复不少。故当称之曰特种之货币需要。由此点观之。亦足以证明公共经费之不得不为货币需要也。要之、公共团体。当履行其职分时。与私人经济相等。不得不需要实物、劳务、或货币。而其实物及劳务之需要。又不得不以货币表示之。故其结果。凡公共职分之需要。皆以货币额表之。从而凡公共经费云者。皆指货币需要额而言也。

第九章　经常费及临时费

公共经费种种之分类。由种种之观察点而异。兹先从财政计划上及经济原理上观之。其最重要之分类。为经常费与临时费。

财政计划上之原则。凡长期之需要。当以长期之财源充之。短期之需要。当以短期之财源充之。此原则与经常费临时费之分类实有莫大之关系。又经济原理上、以公共经费、为等于一般经济上之共同投资。故经常临时费之分类。与一般经济上投资之分类。同其性质者也。

经常费者。每年度反复发生、若有常规、之经费之谓。盖由长期恒久之需要而来者也。此经费之性质。与经济原理上所谓流动资本的支出相当。更以他语言之。此经费者、公共团体。依之以购求流动资本。（消耗品、劳力等）每年度消费之。以履行一般经济上所必要之公共职分者也。政务费之大部分、收入费、事业经营费、公债费、修缮费、及大部分之人员费、皆属之。公共团体存在一日。此经费须支出一日。故当选择每年可以征收之永久性财源、以充之。惟选择财源云者。非每一经费各固定一财源之谓。但力求经常费之总额。与经常收入之总额相称。而得其衡平。足矣。

临时费者。限定一年度或数年度、所需要之经费也。此费之效果。有久暂之分。故其性质。亦有与经济原理上、所谓固定资本的支出相当者。有与所谓单纯资本之消费相当者。例如数年继续费中之铁路、港湾、道路、邮政、兵营、学校、官衙等之建设及改良费。因其效果之利用期甚长。可谓为固定资本的支出。反之、如战费、旧债偿还费、灾害复旧费等。虽属必要而不可避之公共需要。然其性质、为消费的投资。其效果、非能显于将来。增进利益者。故可谓为单纯投资之消费。然因二者之需要。在财政计划上。皆限于一度。故若经常财源。于支付经常费外。尚有剩余。当先以充临时费之用。设犹不足。然后求临时财源以应之。

以上乃通常之分类也。惟德国制度。颇与此异。其经常费中。复分永久经常费、及一时经常费。其临时费、则限于公债支办之事业费。其所谓一时经常费者。原非每年必需之费。惟因其隔一定之时期。需要必生。有若巡环。可以预定。故以为经常费耳。例如官衙之营缮费是。盖官衙等为积渐消耗之物。虽不需年年营缮。然隔一定之时期。必须改筑。苟公共团体一日存在。此改筑之需要。必巡环不已。严密言之。实非限于一度者。且此种经费。与其作为临时费、而依公债支办。毋宁作为经常费、而依经常收入。反为稳健之财政策。此德国立制之本意也。然临时费断无必不可不依公债支办之理。特德制以临时费为公债支办事业。以临时收入为公债借款。且将官产卖却代价、及前年度剩余金。亦算作一时的收入。而移入经常收入部。故生此穷屈之结果耳。若日本及其他欧西各国。概以营缮费为临时费。以官产卖却代价、及前年度剩余金。置入临时收入。凡如营缮费等之一时费。或依此等临时收入、或依经常收入之剩余支给之。而不依公债支办。财政方针。较为健实。且如德制。纵以二者置于经常部。而二者实皆为有一时的性质者。非可与其他永久的每年之收支、混淆者。混而一之。不免有乱经济上投资性质之嫌。故余宁信日本制度之以永久每年费为经常费、以非永久每年费之一切费为临时费、而于其中、分一时临时费及其他临时费、之合乎理而得当也。

兹有一事宜注意者。凡经常费临时费云云者。皆关系于各科目之组织。故须将各科目包括观察之。而不容就各事件、细别观察。若就每事件细别观察之。恐几无一经费非一时或短期者。例如公债费、就其全部观之。诚为永久的每年之支出。然若取其中之一某短期公债而观察之。其本利之支付。要不得不以短期终也。其他如诉讼费。如修缮费。无不皆然。要之、除将各科包括观察之、而区别永久需要及一时需要外。实无善法。而凡临时费之数。微而可预见者。务包括多数。成一科目。而以全部为经常费。方为适当也。

第十章　物件费及人员费

公共经费之分类。若从公共团体所需要之经济物件之种类、观之。可得人员费、及广义之物件费、二者。凡政费之分量。常因物价及货币变动、或行政者之任意增减。而受影响。而人员费及物件费之区别。与此种影响。关系颇大。因二者俱为财政上注意之材料也。

人员费者。凡经费、其需要之原因、在充购求劳力之用者、之谓。而财政上之意义。常以指对于常定勤务者之报酬。例如文武官吏之俸给、旅费、津贴、议员或常设委员之诸给与等、是也。此等给与之额数。由公共团体所定之给与规则规定。大抵不因物价或货币之变动而有变更。惟往往以行政者任意裁量之故。亦非无增额之虞。欲保财政上之秩序。不可不深为注意也。

财政上之人员费。如上所述。义甚狭小。仅为对于常定勤务者之报酬。故常定雇员之给与。虽包含于其中。而临时性雇员之薪水、及职工人夫之工资等、则否。此无他。盖以此等劳务者、系依临时之合意契约、而被雇用。而其薪资、又时因物价及货币之变动而增减。对于公共经费。易生直接之影响。与财政上物品需要之经费相同。有被动之性者也。

物件费者。凡经费、其需要之原因、在充购求实物之用者、之谓。如公共团体所使用之厩费、修缮费、兵器粮食被服费、及前项所言各种契约劳动者之薪水、工资等。是也，此种经费，与物价及货币之变动。有直接关系。难免时受外来之变化。故财政计划、上亦当注意弗怠。

物件费。若以广义解释之、则事业经营费。亦可含于其中。夫事业经营费。概系公共工事、制造、及交通事业等、巨费。其内容虽有实物及劳务之分。然其劳务之大半。皆有职工人夫及临时雇佣之性质。故以属于物件费。实为至当。特通常之物件费。概属个个之消耗品费。而事业经营费。则大抵与完成一定目的之事业、相关。故为财政之秩序上起见。当使其独立。不受其他之影响。此所以不能不与通常之物件费划分也。公债利息、准备金、积存及各种补助费等。与其认为实物需要之经费。宁可称为直接之货币需要。既如前述矣。然以广义言之。货币亦可算入物件之中。虽其受物价变化之影响殆少。然不得因其受影响之少。而谓其为人员费也。故此种费用。或依广义。算入物件费中。或竟与以特别之名称。二者不可不居其一也。

物件费与人员费之比例。各国互异。然狭义之人员费。与总经费相较。为数必微无疑。而物件费之巨。亦不难推测。通例、二者之比例。为一与二。由此观之。则物价及货币之变动、与公共财政上之关系之重大。亦可知矣。此所以不得不有人员费及物件费之分类也。

第十一章　必要费及自由费

从政治上之见地观之。公共经费。可分为必要费及自由费。然此区别之效用。视其关于国家政费之时、或关于地方政费之时、而异。故其名称。亦从而须少加修补。以区别之。

其关于国家政费之时。以称之为确定费及自由费、为至当。

确定费者。其需要、依宪法、法令、或契约等、所确定不移之政费。而国家对之负长久支出之义务者也。英国所谓固定基金岁出者、实确定费之标榜。其额占全国岁出三分之二。皆不须议会决议、而即可支出者也。其他欧美各国。概无类似英制之成法。惟德美二国。虽未具有成法。然常以惯例解释之。德制、凡经费其目的及额数。俱由法令契约确定者。全置于议会决议之外。目的确定、而金额不定者。须经议会之决议。若得政府之同意。可减其额。目的及金额俱不确定者。为自由费。议会可自由减削之。日本之制。载在宪法。分为绝对必要费及相对的确定费。前者为皇室费。后者为宪法第六十七条之法定费、义务费、大权费、三者。

一、皇室费

此经费载在宪法第六十六条。以现在之定额。为宪法上之确定费。除将来须增额时之外。平时支出。不要议会之协赞。其现在之定额。为四百五十万圆。认为国体维持上绝对必要之经费。

二、宪法第六十七条之确定费

此经费非宪法上直接规定之确定费。乃由法律、大权、或既存之契约、而来、之经常费也。其效力非绝对的。乃相对的。即其费虽非绝对必要。然议会若不得政府之同意。不得决议废除减削之也。盖经费之由法律确定。而政府对之负支出之义务者。纵议会出以专断。决议废减之。设不预使政府、为更变法令契约之准备。则不能实施。等诸无效故也。相对的确定费有三种。

甲　法定费　此经费亦称为由法律而来之岁出。系直接以特别法、定其必要、及其计算标准者也。惟当知其浑云法律者。系包含宪法施行前之布告类、及依法律而生之委任命令等、而言。例如帝国议会费、裁判所、会计检察院、行政裁判所等之经费。恩给、扶助料、罢役养老金、死伤优恤费、征兵费、征税费、囚徒费、邮传事业费、航路标识费、被难船费、罹灾赈救费、恩赏救助费、劝业农工银行资本补助、拓殖银行资本补助、远洋渔产奖励金、航海奖励费、造船奖励金、专卖局现业费、及特许局审查审判费等、皆属于法定费。

乙　义务费　此经费亦称为法律上属于政府义务之岁出。系政府依特别之契约或行为、定其目的及金额者也。其名义上、虽有交付金、偿还、补助、惠与、辨偿等名目。实则概属类似私法上之义务者也。例如神社费、公债本利及辨理料、各地公共工事补助、警察费连带支付金、航海、铁道、制造、殖产诸会社之特别补助、病院学校之特别补助、雇用外国人之给与、法律上之赔偿及诉讼费、诸偿还金、国库金管理费、存金利息、既约地基建筑物租金、农会补助、耕地整理补助、土木补助、实业学校补助等费、是也。

丙　大权费　此费亦称为由大权而生之既定岁出。依敕令或契约而定之必要经费。事实上、由政府单独决定者也。故特以为既定之岁出。一经议会议决后。其金额即确定。年年以为准则。不得任意增减也。例如文武官之俸给、文武官退职赐金、陆海军军事费、宪兵费、屯田兵费、外国条约或契约上之支出、动赏岁费、褒赏金、各部厅费及修缮费之类。皆属之。

以上三种政费。皆属于经常费。而为依法律敕令或契约所规定之确定费。苟非更其法令契约。则议会纵为变更经费之决议。亦不能达其目的。故议会而欲有所变更之者。不得不于决议前预先知照政府。使得有种种准备。以便实行。此所以有苟非得政府之同意、议会不得决议废除削减之、之言也。

自由费者。除皇室费及以上三确定费外、一切经费之谓。议会得以自由之决议、废除减削之者也。例如新事业之须待新法令新契约而后行者、之经费。并超过既定以上之皇室费及大权费等。皆属之。

凡继续费。当其始、作为新事业费而提出议会时。虽属自由费。及其后、每年应当支出之配分率既定。则每年虽将其配定之额。记入预算表中。然其额实非自由费。而为既定之预算。故议会不得自由废除减削之。只有照原案认许。但设若政府运用其预算编制权。变更其既定之金额。则议会可自由讨议之也。

以上皆据关于国家政费时、而言。若关于地方团体之经费。则以分为义务费及随意费之二种为当。

地方义务费者。关于国政事务、及地方本有事务之一部、之经费、之谓。国家政务。由国家之法令、或所属官厅之命令所委任。而地方本有政务。则地方团体所自以为必要者也。国政事务费。为军事、警察、教育、及国税事务、并其他特别委任事务之费用。地方政务费之一部分。为地方议会费、吏员费、公债费、继续补助费等。皆职制维持上、及契约履行上、之必要经费。故地方义务费之条目。大体与国家之确定费相似。惟其效力则少异。盖地方义务费。皆地方团体所绝对必要之费。就令地方理事者、与地方议会同意。亦不得废除减削之。何则。设理事者不将此义务费揭入地方预算。或揭入而地方议会不可决之。则国家官厅。依照监督权。有强制其编入、或命其执行原案、暨命其强制支出之权、故也。此其原因。盖由国家与地方团体相较。其独立之程度大异。地方团体。决不能如国家之独立自主耳。

地方自由费者。地方自治本务所要之经费。即用以辨理属于地方局部之公益事务者也。此与国家自由费之性质大异。不可不知。凡地方劝业、交通、卫生、议会、财产管理、公共事业费等，皆属于此。然此等事务之费用。非全部属于地方自由费。其中尚须除去前项所述之一部必要费。故其结果。地方自由费。不过包含新事业经营费、新契约事项费、及本有事务中必要费之新增额而已。至其经地方议会议决确定后之效力。各国制度。略有不同。有决定后仅报告于国家而止者。有虽在确定后、国家对之、尚保有修正权、认可权者。日本之制。概取报告主义。

第十二章　政务费及财务费

通常公共经费分类之法。先依公共职分之性质。分其经费为政务费及财务费。然后抽选其中之重要部分比较之。而得行政费国防费及公债费之比例率。此法与行政之实际适合。且因各国经费之比较。而可详其消长。又便于卜知各种职分之效果。实财政学上重要之分类法也。兹将关于国家经费之大小分类述示于左。

第一　宪法费

宪法费者。与国宪组织（国体）相伴之经费、之谓。盖国家生活根本上所必需之费用也。故关于国家最高机关之皇室或大总统之经费、及关于议会制度之经费。皆含在内。

日本皇室费。自宪法施行后。迄明治四十三年。定额为三百万圆。其后增之为年额四百五十万圆。此外皇室经济。其重要者。如御料局经理皇室财产局之收入等。为数虽亦颇巨。然从不载入国家之预算中。他国于皇室费之外。尚有由国家财源、支出特别皇族费者。各国制度不一。

英国皇室费。于一千九百十年。由固定基金、支出年额四十七万镑。此外尚有皇族费。对于各皇子孙。约支出二十万镑。故其总额、可达八十四万镑。与日本之八百四十万圆相当。德国皇室费。依特别法律。由普国财政开支。除皇室费八百万马克之外。须加皇族之世袭年金七百七十一万九千二百马克。现今（即千九百十年）之皇室费总额、为约千五百七十二万马克。与日本之七百七十万圆相当。此外、德国皇帝因行使勋章权之故。有三百万马克之自由基金。及因特别救助、并慈善目的之故。尚受种种小费目之支出。闻皇室私有财产之收入、亦颇多云。奥匈国之皇室费、为二千二百六十万克。外有内事局费十八万九千克。共与日本之约九百十二万圆相当。意国之皇室费、为千六百五万利拉。约与日银六百四十二万相当。俄国之皇室费、为一千六百八十三万四千卢布。此外百万方英里以上皇领地及西伯利亚金银矿山等之收入。闻亦颇巨。共和政体之法国。大总统每年俸给六千万法郎。旅费及交际费各三十万法郎。共一百二十万法郎。约当日银四十八万圆。美国大统领年俸美金七万五千圆。旅费二万五千圆。副统领年俸一万二千圆。共当日银二十二万四千圆。

更观议会费。日本两院议会。由三百名之贵族院议员、（由五种特别阶级选出）及三百七十九名之众议院议员、（由一般选举选出）组织而成。议长年俸各五千圆。副议长年俸各三千圆。议员岁费各二千圆。外给旅费。议会费总额实达一百五十六万四千四百八十六圆。（明治四十三年度）

英国两院。由上院议员六百三十二人、下院议员六百七十人、组织而成。千九百十年以前。议员无岁费及日费。议院之总经费为一万六千三百五十二镑。至一千九百十年。始给下院议员岁费。每人四百镑。计增加经费约二十六万镑。故两院总经费。约当日币二百七十万圆。德国帝国议会议员三百九十七人。自一千九百零七年起。每员各给岁费三千马克。其议会总经费为二百十三万马克。普国虽有两院。惟仅给下院议员四百四十三人每人日费各十五马克。议院总经费为一百七十二万马克。与日币百八十万圆相当。奥国国会。由上院一百六十五人、下院五百十六人、组织而成。下院议员每人各给日费二十克。外加旅费。议院总费为四百十六万五千零八十三克。约当日币一百零四万圆。法国国会。由元老院议员三百人、代议员五百九十七人、而成。各院议员。人给岁费一万五千法郎。并给无费乘车权。各议长别受交际费年七万二千法郎。议会费总额达一千八百八十九万四千法郎。约当日币七百五十五万圆。美国议会。由上院议员九十人、下院议员四百三十三人而成。两院议员各给年俸七千五百圆美金。文房费年额一百三十五圆。外给旅费。每英里二十仙。下院议长年俸一万二千圆美金。议会费总额达一千三百三十四万八千美金。约当日币二千六百六十万圆。故由宪法费全体观之。可知共和政体之经费、未必较君主政体之经费为多也。

第二　行政费

行政费者。遂行政务目的时、所需要之经费、之谓。依其遂行之目的而分类之。可得维持安宁之经费、（公安费）增进幸福之经费、（公益费）及与公安公益俱有关系之经费、三种。公安费为国防费、司法费、内务费、及外务费等。公益费为文教行政费、及经济行政费。而与公安公益俱有关系之经费。则枢要行政费是也。

（一）枢要行政费

此经费系关于一般高等行政者。日本之内阁、法制局、恩给局、赏勋局、枢密院等之经费属之。又便宜上、行政裁判所、官吏惩戒裁判所、及会计检察院等之经费亦属之。外国制度。尚有将权限裁判所之经费、亦含在内者。关于上列各种经费、财政学上、殆无可论者。兹故弗赘。至拓殖局、统计局、及铁道院等。日本官制上。附属于内阁。故其经费、预算上亦编入内阁所属之部。然其性质实不相同。后当论之。

（二）国防费

此经费乃对于国之内外、为维持防护国家权利上、所必需要者。如陆海军常备兵费、兵器维持费、军律、病院、学校费、战时费、及义勇兵、殖民地兵制、军人恩给、战时基金等费。皆含于其中。所谓战时费者。如军队之动员、钱物给与之增额、消耗品之补充、病院俘虏之维持、战后之撤兵费、兵备兵器之补充、城塞船舰之新造改修、战时征发之赔偿、伤兵及遗族之救养、勋章年金等费、皆是。但其中不属普通国防费而属于临时费者、颇多耳。

近时各国财政上、膨胀之最大者。厥为此国防费。而其注重海军。抑注重陆军。则因各国之形势而异。从来英国主海军。德主陆军。然观最近之状况。则英反用力于陆军。而德反置重于海军。二者俱极其膨胀。然著者信以为、如此则各国克保平和。各庆安全。经济之发达。日进月异。其兵备之负担虽重。亦不足为忧也。

此费依兵制之为常备制、或义务制、而异。即同为常备制。尚有职业的与无偿的之别。其费亦自不得不异。至于因兵员及船舰之多少、给与之厚薄、殖民地军、军人恩给、战时准备金费、及临时费等之加算如何。各国间国防费之总额。颇有相悬绝者。

英国一千九百十年之预算。陆军费为二亿七千七百六十万圆。海军费四亿万圆。合计六亿八千三百万圆。当总岁出十分之三有四。法国一千九百十年之预算。陆军费为三亿一千六百九十万圆。海军费一亿五千万圆。合计四亿六千六百五十万圆。当其总岁出十分之三。德国同年之预算。陆军费为四亿零六百七十万圆。海军费为二亿二千一百万圆。合计为六亿二千七百七十万圆。当总岁出十分之四零三。美国陆军费为一亿八千八百万圆。海军费为二亿八千一百五十万圆。合计四亿七千三百五十万圆。当总岁出十分之三零二。日本同年之预算陆军费一亿一千万圆。海军费八千三百万圆。合计一亿八千四百万圆。亦当总岁出十分之三零二。

（三）司法费

凡对于社会之秩序、及财产、身体、名誉之侵害。法律上须加事后之制裁。或强制其恢复。司法费者。即施行此等政务时所需之经费也。此费包含关于民刑事之裁判事务、刑罚组织、监狱、强制执行、人事及公证登记事务等、一切费用。归司法部掌管。但各国制度。略有不同。有缺监狱及登记事务者。有兼及其他行政事务者。而裁判事务。有于地方行政官署行之者。又或重罪则用陪审制度者。纷然莫衷一是。日本制、司法事务由司法部掌管之。以大理院为最高法院。司第二审之控诉院、全国共七所。司第二审及初审之地方裁判所、共五十。司初审之区裁判所、共三百二十。无陪审制度。亦无商事裁判所。司法部内。设刑事局、民事局、监狱局。分置监狱于各府县。全国共总监狱五十六所。分监及出张所九十七。其总经费。于明治四十三年为一千三百万圆。

英国无司法部。其中央司法处。为上议院。关于一定之特别事件。由枢密院裁判之。上议院议长为大法官。上议院即最高之上告裁判所也。其下之各州。设上等裁判所、控诉院、高等裁判所、寺院裁判所、中央刑事裁判所、巡回裁判所、及州裁判所以下之各下级裁判所等。在一八八八年以前。下级裁判所之行政事项。由治安裁判官执行。巡回裁判所及中央刑事裁判所二者、俱附有陪审官制度。而监狱费则属内务部所管。一千九百十年之司法费总额为一千七百六十万圆。法国设司法部。内分人事局、会计局、民事局、印鉴局、刑事局、恩典局、印刷局、权限裁判所、会计检查院等。地方则有控诉院二十六。重罪裁判所二十六。警察裁判所三千八十。仅重罪裁判所附有陪审制度。此外尚有商事裁判所三十七。监狱行政。属内务部。一千九百十年之司法总经费为一千五百六十五万圆。德帝国于司法部之外。别设帝国法院、及辩护士名誉裁判所。各州则有高等地方裁判所二十九。地方裁判所一百七十三。区裁判所一千九百三十三。此外定期开重罪裁判所。附设陪审官。监狱事务。属司法部。一千九百十一年帝国之司法费为一百四十五万圆。一千九百六年联邦司法费之总额为一百十九万圆。

（四）内务费

内务费者。对于公安或权利利益之侵害、及对于社会上之危险。先事预防。或事后镇压。凡执行、不属于其他各部之特别机关内之一切地方的国政时、并监督自治时所需之经费也。各国之制。凡警察、卫生、地方财务、地方政治、及济贫事务、皆含于内务中。然其他事项如土木、土地事务、宗教、地方教育、产业监督、统计事务等、亦有不属于内务部者。常因他部所管范围之大小。而此部所管事项顿生广狭。又常因其国采官治主义、或自治主义、而内务所管之范围亦大异也。

日本内务部。掌理关于地方行政、议员之选举、警察、土木、卫生、地理、社寺、出版、版权之登录、赈恤及救济等事务。指挥警视总监、北海道长官及府县知事等。监督、三府、一道、四十三县、六百二十郡、八岛、六十二市、一千一百八十五町、一万一千一百五十五村之国政事务、及自治事务。此外本部之直属机关。有造神宫使厅、土木派出所四处、卫生试验所、传染病研究所、中央卫生会、及药局调查会等。监狱行政。则移归司法部。内务部所管经费、据一千九百十年预算。为二千三百七十万圆。

英国内务行政。由内务部及地方政务局掌理。地方政务局、监督地方财务、卫生及济贫事业。分设监督处于各地方。内务部则掌警察保安、地方行政厅之监督、监狱及刑事行政、劳动保护、技术学校之监督、癫狂院、外国人归化等事务。直辖工场监督所、矿业监督所、及首府警视厅。监督六十二州、一万五千二百十九区之自治。其一千九百十年之总经费、为三千四百五十万圆。法国内务行政。由内务及宗教部管理。其范围含有地方行政、救贫及卫生、监狱行政、及宗教事务等。监督八十六州、三百六十二郡、二千八百九十七区、及三万六千一百七十七邑。采用最强之干涉主义。与英国之非官治主义。适相反对。且其对于宗教行政、依一千九百五年十二月九日之法律。使政教分离。废止从前之国教主义。当此法律实施之前。国家须年支出一千五百万圆。地方须支出三百万圆。以为补助。今则国费预算中、仅有二十二万三千圆。以为僧侣恩给及补助费。而一千九百十二年之内务部预算中。所谓宗教费者。仅十万圆之退职赐金而已。一千九百十年内务经费、为六千五百万圆。德国帝国及各邦。俱设内务部。普国内务部、掌理自治之监督、救贫户籍之监督、陆军补充事务、动员事务、食用品之取缔、警察事务、（但土木警察及营业警察之一部属于商工部）保险事务及贮金事务等。直辖伯林警视厅。其所监督之地方行政厅。有十二州、三十五县、若干郡、三十六大市、一千一百六十小市、及一万五千三百十五邑。其中州为官治自治相半之行政厅。县则非自治团体。而为中央诸部及内务部之中级官厅。设有内务课、寺院学校课、官领地森林及直接税课。以掌县之警务学务及财务。帝国内务部一千九百十一年之总经费、为四千四百五十万圆。

（五）外务费

外务费者。对于国外、代表国权、并保护国民权利利益之公使馆、领事馆、贸易事务馆之费用。及外交、条约、通商、移民、并保护居住国内外国人之权利利益、所需之一切经费。是也。日本及各国。皆以外务部掌理之。观各国现制。移民及保护国事务。虽属于外务部。殖民地及新属地经营。则多有特置机关者。日本亦然。台湾、桦太、朝鲜及关东州经营之监督。不属外务部。而归内阁所属之拓殖局主管。德国从来之制。保护领地及殖民地事务。皆归外务部掌管。然今则已设殖民部矣。但胶州湾特归海军部管理。其他各国制度。大同小异。又关于通商行政。异点亦多。故外务经费之多寡。甚相悬绝也。

日本外务部。于大臣官房之外。设政务局及通商局。以行前述之外务行政。仅直辖在各国之公使馆、领事馆、及贸易事务馆、并设于支那之专管租界经营事务所等、而止。不掌理殖民地监督之事务也。一千九百十年之外务总经费、为四百八十万圆。

殖民地事务之监督。由内阁殖民局任之。其经费仅八万五千圆。而各殖民地之会计。均为特别会计。依明治四十四年预算。朝鲜之经费、为四千八百七十万圆。其中二千四百六十万圆、系由公债及国库补充金支出。关东州之经费为五百二十五万圆。内三百二十八万圆、由国库补充金支出。桦太之经费二百十一万圆。内五十七万圆、由补充金支出。而台湾则已无须国库补助金、而能支出四千三百六十万圆之经费矣。

英国外务部。置条约局、记录局、及亚非利加保护领地局。掌理纯粹之外交事务。而与殖民事务之监督无涉。别设独立之殖民部。以管殖民事务。关于属领地印度之事务。亦特设独立之印度事务部。然英国所称为外务及殖民费者。则系包含外务部殖民部及印度事务部之经费而言也。

英国之殖民地。可分三种。第一种称为直辖殖民地。其立法及行政监督之全权。由英国皇帝掌握之。第二种殖民地、自有代议机关。经皇帝之认可、以立法。然其官吏。则由英国政府任命。第三种殖民地、自有代议机关、及责任政府。英国政府、对之仅有不认可权而已。此三种殖民地之行政。皆由英国之殖民部监督之。但印度不在三种之列。而为完全属领地。不归殖民部主管。

印度事务部。离殖民部及外务部而独立。其大臣有指挥英领印度政府之权。对于议会负关于印度之统治之责任。此部附设报告审查会。分为收入、司法、工事、政务、军事、统计、商事、及物资之八课。一千九百十年、英国外务及殖民行政费之总额、为一千八百六十万圆。其内殖民费占一千一百四十七万圆。

法国外务部及殖民部。亦属独立。外务部、于政务及保护领地局、通商及领事局之外。置仪制课、记录课、庶务会计及大臣官房。并附设各种调查委员会。殖民部设亚非利加、会计、刑事、监督等课。亦附有各种委员会及高等会议。

阿尔及耳、不属殖民部管辖。直隶于其他各部、及阿尔及耳总督之下。其经费为特别预算。不编入殖民部费中。

法国一千九百十年之外务部总经费、为七百九十九万圆。殖民费四千万圆。

德国之外务行政。归帝国之外务部主管。普国之外务部所管。则限于普国与他联邦之交涉事件。帝国外务部、设政务及人事局、通商政策局、法权局、并外交官试验委员会等。殖民部与外务部对立。监督殖民及保护领地之事务。附设殖民地会议。但中国之胶州湾、则属海军部主管。德国一千九百十一年之外务费为九百三十万圆。殖民费为一百四十四万圆。

（六）文教费

文教费者。关于教育、学问、技艺、并宗教之行政费用。所以增进无形之幸福。间接致生产的效用者也。近时文明国之财政上。此费甚为膨胀。然各国之文教制度、及国家对此之负担。迥然不能一致。言其制度。则有以特种技术学校、归于他部。而不属教育部者。言其负担。则有由私人寄附者。有由学校自有财产之收益者。有由地方费支给者。有受国家或地方费之补助者。有全由国家支给者。至于宗教、亦然。有采国教主义、而由国家为一定之补助者。有取自由教主义、国家于取缔外、虽维持费、亦不支给者。有寺领财产被国家没收者。有寺领产财原归寺之自营者。有依寺法上之特权而仅能维持者。有依个人寄附金者。故国费之多寡出入。视以上各关系之有无厚薄而定。不能一概而论。然文教行政之发达。近时益著。此则因国家之职分。由消极的安宁之维持。进而为积极的文化幸福之行政。时势之变迁。不得不尔也。

日本之文教行政。关于教育及学艺者。由教育部主之。关于寺社宗教者。由内务部主之。教育部设专门学务局、普通学务局、实业学务局图书审查局、史料编纂局等。其附属于教育部者。则有帝国图书馆、中央气象台、临时纬度观测所、临时教员养成所、高等教育会议、学校卫生顾问会议、测地学委员会、震灾预防调查、学士院、教育会、博物馆等。而地方之博物馆及测候所。亦受教育部之监督。

日本之学制。属于高等教育者。有四大学、八高等学校、八高等师范学校及特种技术专门学校。（二农林学校、四高等商业学校、八高等工业学校、六医学专门学校及美术吾乐学校等）皆属国立。归教育部所管之各特别会计项下开支。其属于中等教育者。如中学校及高等女学校等。大多数皆府县立。少数属于私立。其属于府立县立者之经费。自当由府县财政支给。不待言也。

至于初等教育。除府县立师范学校之外。有高等寻常小学校二万六千八十四。（附设补习教育）中属于市町村立者二万五千八百九十八。私立者仅一百八十六。义务教育定为六年。无料教育之施行。尚未完全。惟学费之经减一事。则一般普及矣。此外为中等技术教育机关者。有公私立实业学校、（五千六百四十八）专门学校、（六十）各种学校（二千二百四十八）等。对于以上所举各种学校之监督支持补助等。教育部所需之经费。约九百万圆。其他陆海军及交通部所管之各种专门学校。不在此内。

关于宗教行政。国库并无如何之支给。因日本为自由信教制度。仅由内务部之宗教局取缔之而已。至于神社。惟官币社及国币社受国家之交付金。而数亦甚微。要之、各宗教及神社。皆以其自已之财产及寄附金等、经营之。既无寺院课税之特权。亦不受国库及地方费之补助也。

英国之教育行政。由枢密院之教育行政部主之。其学制系统中、高等教育之大学（英十爱三苏四）及特别农业专门学。（共八）皆以独立之基金、及自有之财产收益。支持其一切经费。不受政府之补助及监督。至于中等教育。以一千九百十年之统计观之。其受教育局之补助者。英兰有九百五十。苏格兰有五十七。此外关于中等技术教育者三十七。技艺学校二百二十六。各种学校七千九百四十四。至于初等教育。则采干涉之制。教育局之监督綦严。自一千八百九十九年教育局条例颁布以来。分画学区。设地方学务委员。以励行就学强制。其经费大半由地方税支给。国库亦照每一学童四先零之率。年年补助地方团体。此种小学校。英兰有二万一千一百九十九。（公立七千八百三十一余私立）苏格兰有三千三百四十七。爱尔兰有八千三百三十七。英兰之初等教育费总额为二亿三千五百五十六万七千圆。（内一亿一千六百三十五万七千由地方税支给）英国国库支出之教育费及学术费、总额为一亿八千六百五十万圆云。关于宗教行政。特于枢密院行宗教裁判。国王有任命高僧之权。以新教为国教。与以仪式上之优遇。然财政上毫无补助。

法国之制。教育行政由教育及美术部主之。宗教行政由内务部之宗教局主之。其学制自一千八百九十六年七月十日之法律施行以来。高等教育机关之大学组织制度。确立不移。计法律大学十四、医科大学七、理科大学十六、文科大学一、皆由国家支持。此外有综合大学六、高等学校八、医药预备学校十五。亦皆由国家供给经费。其他高等专门及技术学校之属于他部、如海军部、殖民部、农商务部、商工部等者。亦复不少。中等教育。则有国立邑立私立之别。国立中学一百一十一。公立者二百三十一。私立者三百七十一。外有女子中学一百七十四。法国之初等教育。自一千八百三十三年制定法律。始课各市以设高等小学校、各邑以设小学校、各州以设师范学校之义务。及一千八百七十八年改革以来。教育日益发达。至千八百八十一年六月十六日。遂以法律、确定绝对之无料教育主义。及千八百八十六年。初等教育法。遂臻完成。即现行之法也。法国高等寻常小学校之数。总计八万二千二百十一。中属于公立者。盖至六万九千一百二十之多。千九百十年法国教育经费为一亿一千二百万圆。美术费为八百一十一万圆。

法国之宗教行政。自千九百零五年政教分离以来。宗教与国家之关系日薄。国家对于宗教之费用亦日减。前既已言之矣。德国之文教行政。不由帝国政府、而由各联邦政府主管。普国之制。设宗教教育及医事部以司之。在各地方、则设寺院及学事课于府县。以掌宗教及教育之行政。

德国学制。属于高等教育之大学。共有二十一。其经费皆由国家支给。属于中等教育者。公立中学校及实科学校共九百零九。私立中学校五十六。属于初等教育者。公立小学校六万零五百八十四。私立小学校六百一十四。此外有师范学校二百二十六。凡州立小学校之维持费。共五亿二千二百万马克。其中惟二亿五千万马克由政府负担。其余全归地方税之负担。各市邑负设立、维持、及管理之义务。且须励行无料教育。此外尚有高等技术学校十一。受联邦之补助。而各邦中所设农学、商业、矿山、技艺等学校、及海陆军部所辖之学校。为数亦复不少。一千九百六年之教育经费。由帝国支出者三百二十四万马克。由联邦支出者三亿六千六百五十万马克。合计约达日币一亿八千零四十八万圆。

德国宗教行政。以新教为国教。各州置一牧师会。由政府任命之。以行宗教制之经济。对于旧教。亦依政府与罗马法皇所结条约。其高僧之俸给。由政府支付。闻千九百零十年之经费约二百九十万圆云。

（七）经济行政费

经济行政费。概属增进有形幸福之经费。所以助长产业及经济之发达。开发民力。凡以应积极之需要为目的者也。其行政之主要事项。为农工商劝业行政、交易用具交通机关、公共工事等。称为积极行政。近世国家之财政上、殊形活动发展者也。

交易用具者。谓如货币度量衡等。交通机关。谓船舶、邮政、电信及铁路等。公共工事者。谓道路、桥梁、运河、港湾、堤防、水利防岸等、公益设备之工事。此等行政及劝业行政。皆属国家之行为。而其方法。则各国之制度上、可分三种。其一、单纯之监督保护。其二、国家之直营工事。其三、以收入为目的之国家直营事业。凡劝业行政。概属监督行政。间有进而保护之之事。且如土地森林矿山银行等。亦往往有归国有、而兼收入目的者。种种方法。因时制宜。其他于交易及交通行政、亦然。至于货币。各国之制。皆属国家经营。惟兑换券、则属国家发行者反少。要之、此处所谓经济行政。其方法虽有三种。然惟第一法及第二法、即单纯之监督保护及公益的国家直营工事、二者。其目的皆在产业及经济之开发。故其所需之经费。自不可不谓之为经济行政费。而官领地行政、邮政及铁路行政等。虽属国家经营。而其目的在收入。故论者或有称之为收入行政费。谓不宜与前项之经济行政费混同者。德国之预算。即依此分类。德之学者、谓其得当者颇众。予谓财政上之分类。理当如此。然实际上、若欲将各国预算明细书、依此法一一抽分类集之。决非易事。且观近世之倾向。即官有财产及邮政铁路等国营事业。亦渐至不仅以收入为目的。而置重公益。以求国民产业及经济之开发矣。故兹仍编之入经济行政。而以其经费属于经济行政费中。

然三种行政方法。不惟其所需经费大相悬远而财政计划上所受影响。亦实不少。故当计划一国财政时。须常置此区别于心目间也。

各国制度。经济行政费、皆不仅归一部主管。而依其事务所关联便宜上、由各部分掌之。日本及各国之多数、概归农商务部及邮传部管理。但他国亦有设独立之工部、以掌公共工务事者。

日本之经济行政费。关于劝业行政者。归农商务部。关于交通行政者。归递信部。关于公共工事者。归内务部。而财政部之理财局、印刷局、及造币局。亦分掌劝业行政之一部分。至铁路行政、则由直隶于内阁之铁道院管理也。

农商务部。以农务局、工务局、商务局、山林局、矿山局、水产局、及特许局等、组织之。凡地质调查所、制铁官业所、工业试验所、农业试验所、水产讲习所、博览会事务局、农工商高等会议。皆附属之。其他中下级之厅所。则全国有农事试验场四。生丝检查所一。种马牛牧场及种马所十。蚕业讲习所二。矿山监督署五。大林区署十。小林区署二百一十。及其他府县郡厅之劝业课、并其附属机关等。千九百十年之农商务部经费总额、为一千四百六十万圆。

递信部以通信局、经理局管船局、电气局之四局、组织之。邮政贮金局、航路标识管理所、灯台用品制造所。皆附属之。其所管属之中级下级官厅。则有递信管理局四。一等邮政局十八。邮政局七千零三十八。电话局十。电话办理所八百八十四。海事局四。海务署十八。及各地之灯台等。递信部之总经费。最近年度为七千六百万圆。

内阁铁道院、离递信部而独立。掌国有铁道之经营、建设、改良、及私设铁道之监督保护。其所管属之中下级官厅。有铁道管理局四、及各车站事务所等。明治四十三度。其作业收入为八千二百万圆其作业费为七千八百万圆。

内务部土木局者。监督内务部直辖工事、及各府县之土木工事。并掌道路、桥梁、河川、港湾之维持等事。其下附有土木监督署。其经费包含于内务部经费中。但各部普通一般之营缮。则分属于各部。不由土木局管理。

关于财政部之理财局、银行课、存款课、印刷局、及造币局等。后当分别详述之。

英国之经济行政。其属于劝业者。归通商局、农务局、及劳动事务局、主管。其属于交通者。由财政部之邮政厅主管。其属于工务者。归财政部之工务局及造币局主管。通商局及农务局。原属于枢密院。后改今制。成一由委员会组织之独立局。劳动事务局、则附于通商局。掌劳动统计、职业组合、及同盟罢工等之报告。其他真正之工业行政、如工场、化学事业、及矿山之监督等。则属于内务部。

英国财政部所属之工务局。(中央营缮局)原所以任政府之一切建筑物之建筑修缮、及其用品之供给者。然特属于例外之事。亦颇不少。例如监狱、警察署、县署、及病院等之建筑。皆属于内务部。帝国博物馆、海军官署、通商局、(港湾护岸船渠)陆军官署、内国税及关税局所之建筑工作物。皆归其所属之各部直营。铁路及灯台之营缮。则由通商局或特别委员会行之。凡此等事。皆与财政部之工务局无关。且英国之道路、轨道、桥梁、运河等之工事。大半皆属地方团体或私人之企业。此亦不可不知。

邮政亦归财政部附设之邮政厅管理。因其可视为收入事务也。邮政厅之下。于英苏爱三省。各设事务局。其下更设邮政局二万四千九十八。以任邮汇、贮金、政府年金、死时定额支给之契约、犬税征收、并收入印花之售卖等。别设电信局九千一百七十一。电话局三百一十二。其他尚有私立之地方电话交换局一千零十九。向归私立公司。然至千九百十一年十二月三十一日。终被邮政局买收。千九百十年度英国之工务局经费为三千四百五十万圆。邮政厅之经费为一亿九千八百万圆。

法国经济行政经费之属于劝业者。归农务部及商工邮电务部主管。其属于交通及公共工事者。归工部及商工邮电务部主管。

农务部由农务局、山林局、农业水利局、及牧场局、组织而成。大小之林区署、牧场种马所、各种试验所、学校、改良会、顾问会、农会等。皆附属之。

商工邮电务部、由商工务部及邮政电信厅合并而成。属于商工务部者。有由国内商工局及外国贸易局组织而成之商工业之高等会议、工场幼工高等委员会、职工学校、特许公告会、商法裁判所、（二百十六）商业会议所、（八十九）生丝羊毛绵丝检查所、（十七）工业裁判所、（百三十三）等。属于邮电厅者。有材料及工事局、事务局、由邮政通信局及会计局组成之邮政贮金局、中央监督局、邮票制造所、海底电信局、高等电信学校等。邮政局之数为一万四千十五。电信局为二万零三百零三。其中属于政府者一万六千五百九十二。其他皆属于铁路公司或私人。

工部由人事及会计局、道路、航海矿业局及铁路局而成。附设桥梁及道路会议、中央矿业会议、铁路会议、铁路军事委员会等。法国铁路，虽取国有主义。然以财政上之种种原因、亦特许私立公司建筑。由国库或省费支给补助费。以九十九年为期。届期无价收归国有。最近千九百零九年一月一日。西部铁路已归国有。盖依千九百零七年七月十三日及十二月十八日之法律也。

法国于一千九百十年。农务部经费为一千九百八十六万圆。商工务部经费为二千二百八十五万圆。工部经费为一亿零四百万圆。邮电厅经费为一亿二千六百万圆。（其收入为一亿三千八百万圆）。

德国经济行政。归各联邦政府分掌。以普国言之。则凡关于劝业行政者。由农业官有地兼山林部、及商工务部主管之。交通及印刷造币工业。归帝国之邮政厅、帝国铁路局、帝国印刷局、及造币局主管。公共工事之一部分。虽归帝国之内务部。然其大部分。则由各联邦政府之工务部施行也。

普国之农业、官有地、兼山林部。系由农务及养马局、官有地事务局、及森林狩猎局、三局组成。其附属机关中。有农事复审裁判所、农用资金贷与所、农学兽医及山林之诸学校、农事经济会议等。其下级机关。则有县厅内之官有地及森林课、及小林区署七百二十。商工务部由矿山冶金制盐局商务局及工务局组成。于商工业行政之外。主管私立银行、航海、商船、领水、及度量衡事务。其附属机关。有商业会议所、工业裁判所、航海学校、矿山大学等。其外设有高等经济评议会。以审议关于商工农林等经济利害之法令。

帝国邮政厅。以邮务、电务、经理、及人事四局组成。（无贮金事务）其下级机关。

则全国分为一市及四十管理区。各设管理局。总计帝国内共有邮政局四万八千一百十六。电信局四万零五百一十六。帝国铁路厅为帝国之总机关。以管辖帝国之铁路事业、及铁路行政。各联邦政府。于其监督之下。亦可以施行特别之铁路行政。但在普国。此种特别铁路行政。归工部管理。普国之工部。由矿山冶金采盐事务局、铁路事业局、工事事务局、及铁路监督局、组织而成。地方矿山监督署五处附属之。工事事务局掌、监视关于政府工事之建筑官吏。决定建筑之需要。制作工事之预算。指挥监督工事之施行。并管理工事警察事务。工科大学附属之。铁路事业局。所以行官设铁路之业务。其下附设铁路提理局十五处于各地方。铁路监督局。则所以行私设铁路之监督行政者。各地之铁路委员属之。德帝国铁路总长为六万一千四百三十七基罗米突。其中五万六千七百五十五基罗米突属官有铁路。官有之中。属于普国者共三万七千五百六十二基罗米突云。

帝国印刷局。由帝国邮政厅之次长兼摄之。以应政府、自治团体、及组合等之需要。造币局属于普国之财政部。但帝国政府亦设有货币所。掌理失效货币之处置、及货币制造之准备事务等。

一千九百十一年度。普国之农业官有地兼山林部之经费、为八千万圆。商工务部费为一亿四千二百万圆。工部费为十亿九千万圆。而帝国之邮政电信费为三亿二千万圆。(收入为三亿六千七百万圆)帝国之铁路费为五千一百万圆。(收入为六千四百万圆)帝国之印刷局之经费为四百三十万圆。(收入为六百三十万圆)。

第三　财务费

财务费者。凡关于政务费之算定、财源之选择、收入之制成、及收支出纳整理等、之经费之谓。此与宪法费及行政费大异。前二者为直接而且主要之费。而此则间接而立于附从之地位也。财务之内容。颇难决定。然收入费及出纳费二者、终当包含于其中。故先论之。

收入费者。凡国家因欲收得其岁入之故、所支出之必要费用之谓。如官有地、邮政、国有铁道之经营作业费、租税、办理料之征收费、专卖官业费等。皆属之。收入费之内容。各国之制。各有不同。例如英美无国有铁路及国家专卖之制。在美国即邮政亦有属民业者。故英美二国所谓收入费者。概指租税及办理料之征收费而言。（英国则含邮政在内）反之、如德法等国。不惟有官有地、专卖官业、国营之邮政铁路。而且有官矿采金所、官立银行等。故其收入费之内容。颇为丰富。吾人对于收入费。最当注意者。在知其对于收入额之比例如何。大抵租税之收入费。较办理料及印花税之收入费为多。即同在租税中。间接税之收入费。亦比直接税之收入费较多。而官有地及专卖经营之收入费。尤较各种租税之收入费为巨。然凡官有地及官业上收入之全部利益。皆入国库。以较租税之仅取个人收益之一部者。其数自相悬远。故官业之收益愈巨。则财政上愈视为有利之财源也。各收入种类间之收入费关系。概如上述。然各收入之方法。则各国情形不一。互有差异。

官有地及官营之事业费。虽应含于收入费中。但前段论劝业及工务行政时。因其与行政费相关联。便宜上已并述之。故不赘论。

出纳费者。关于预算之制成、现金之出纳、保管、及计算事务之费用。即因政务费之收支及收入费之管理而生、之费用也。此经费大半皆属财政部之经费。然精密论之。各部官厅之会计课之经费。亦应在内。又凡关于支付经费事务之费用。便宜上皆作为出纳费之一部分而加入之。当亦无不可者。

公债费果为财务费否。尚无定论。以严密之意义言之。公债费当限于公债之募集、发行及其利息支付时、所需之费用。然公债之中。有所谓本利合算之年金偿还法。且便宜上。各国之制。于利息及发行费之外。尚有加偿还本金年额者。亦复不少。公债者。依其原来之真意义。实不可称为收入。故发行之后。义务上所当支出之本利。亦实不可称为收入之制成费。唯独当欲求收益事业之固定资本、以建设其事业时、所募集之公债。其利息当作为收入制成费之一部。算入事业费中。若其他之公债。则虽利息亦不当属于收入费。况其本乎。然则当从一般之学说。以属于直接之政务费乎。曰、否。设如此。其发行费及利息。虽与政务费之现金支付时、所需之出纳费相等。可作为政务费之一部而合算之。然其本金之偿还。无论如何。实难称为政务费。且分利息支付及本银偿还为二。实际上亦殊不便。故便宜上、包括二者而称之曰公债费。使与出纳费准。属诸财务费。实为至当。顾公债费因诸种关系。常须特别调查。则唯有使离财务费而独立。以便容易区别而已。

财务费之内容如上。而主管财务费之行政厅。则因其内容之广狭而异。决不得专属于一部。然如前述。设使除其中之官业收入费。而为租税办理料之征收费、专卖费、出纳费、公债费、四种。则在日本。可决其为全属于财政部。其他各国制度。虽不一律。然亦概属于财政部也。

日本财政部之组织。分主计局、理财局、主税局、关税局、及国债局、五局。主计局设预算、决算、司计、三课。理财局设国库、银行、金融、三课。主税局设直接、间接、征收三课。关税局及国债局。各司其职分内之事务。外设造币局、专卖局。附属本部。至财政部之中下级机关。则有海港之税关五。税关支署二十一。税关监视署四十。税务监督局十二。税务署四百。专卖支局二十一。烟草制造所二十五。别有会计检查院。不属于财政部。而直隶于天皇。

千九百十年度、日本财政部所管经费、为二亿三千七百万圆。其内之重要者。则本部费二十六万零五百三十八圆。租税征收费六百七十万圆。国债整理基金拨入费一亿五千四百万圆。军舰水雷艇基金补充费一千零六十八万圆。贵族院费百五十万圆。会计检查院费二十一万圆。

英国之财政部分三部。第一部掌理租税事务、邮政及官有地事务。第二部掌理预算及经费分配事务。第三部掌理官制任用及恩给事务。其附属机关。有国债委员局、邮政厅、森林及官有地管理局、及中央营缮局等。英国之财务费。以国债费之二亿一千七百万圆、及收税费之三千三百万圆为最巨云。

法国之财务行政。分属于财政部及六监督局。六监督局者何。即租税局、印花及登录局、官有地局、关税局、消费税局、官业及专卖局、是也。但兹所谓官有地官业云云者。与森林事务及铁路邮政事务无关。财政部经费（合会计检查院经费在内）为一亿二千九百万圆。外有公债费五亿零七百万圆。

德帝国之财政部、为大宰相直辖之国库府。仅司帝国之预算出纳事务及财政立法等。其收入行政之大部分。皆委之于各联邦之官府。但帝国废兵基金、及帝国公债行政部、并帝国会计检查院。仍为帝国之财务官厅。一千九百十一年度帝国之财务费中。有财政部部费一亿圆。国债费一亿四千万圆。会计检查院费六十三万圆。及恩给基金费七千二百万圆。

地方自治团体之经费。亦可分为政务费及财务费。然其内容。则与国家之政务财务费。大异其趣。第一、国家政务费中之宪法费、国防费及外务费、可以全然除却。司法事务。在英德等国。藉助于地方自治团体者。虽复不少。然大概其关系亦极浅薄。可不列入地方经费中。故由国家政务费中、除去以上各费。即为地方政务费。而地方政务费、复可分为国政事务费及自治事务费。国政事务费者。如警察、教育、兵事、国税、征收、及社会改良等费。是也。自治事务费者。如劝业、卫生、交通、议会、公共企业、财产管理等费。是也。而二种事务之共通一般行政费。则有衙署费、吏员费、杂费等。其次、可称为财务费者。则有公债费、地方金库管理费之类。国政事务。本属关于公益之国家政务。而地方所以不能不襄助之者。一则地方团体。位居下级。区域狭、则凡事知之较审。办之较易。二则本为大公共团体之一组织分子。固不能不尽其相当之义务也。然由各自治团体一己观之。其当假手之襄助。每有与其一己之利益相冲突者。而国家亦往往强制其行之。此所以地方财政上常有强制之义务费也。

反之、自治事务费。则系关于以地方局部之公益为目的之事务费。自治团体本来之目的及性质上、所当自己施设经营者也。其中亦含有二种。一地方自治团体自以为义务上、必要不可少者。谓之自己义务费。二自己义务费之外、可随意取舍之经费。谓之随意费。前章既已论之矣。国政事务费。与国家预算上之经费、合计。为地方人民一般所当负担。而自治事务费。则与国家预算上之经费全然异类。归各地人民之特别负担者也。例如市町村之街灯费、道路扫洗费、自来水管及煤气事业费、防火事务费等。皆国费中所无也。

上下各地方团体所支出经费之种类及分量。因各国之特别法规、及经济情形、而异。素无定准。然概论之。则教育土木及劝业之经费。不论在何国。俱占重要之科目也。其他在欧美、救贫慈惠及地方企业盛行。而在日本、则甚不振。唯教育费及警察费、较各国为重。

第十三章　公共经费之膨胀

公共经费之趋势。无论何国。俱有增加而无退减。尤以十九世纪中、欧美之政费。最为膨胀。依哥鲁布氏所计算。一千七百八十六年。全欧诸国之国家岁入。仅不过二十五亿法郎者。至一千八百八十年。乃增至一百五十亿法郎。膨胀至于六倍。可谓大矣。千八百八十年之顷。既已如是。迄今数十年之间。诸国总岁出。虽无确定之计算。然试取一千八百七十年普法战役时诸重要国之岁出。以较最近之岁出。则知多则数十倍。少亦二倍。无一国不增加者。今揭表于下。以便知其梗概。

各国经费增加表

国名	1870 年	1900 年	1910 年	30 年间之膨胀
英国	61,674,776镑	143,687,068	171,995,000	2.8 倍
法国	1,173,016,000法	3,673,857,415	4,185,382,000	3.5 倍
德国	(1871年) 440,000,000马克	1,855,716,000	2,853,781,000	6.4 倍
普国	(1850年) 287,504,000马克	2,118,270,000	3,931,730,000	60 年间 13 倍
俄国	481,763,908卢	1,886,951,000	2,596,660,000	5.3 倍
美国	309,653,561圆	487,713,792	726,666,000	2.3 倍
奥国	(1873年) 38,730,000克	843,056,000	1,345,749,000	35 倍
意国	1,150,000,000利	1,730,312,500	2,462,458,000	2.1 倍

续表

国名	1870 年	1900 年	1910 年	30 年间之膨胀
日本	（1868年） 20,100,000圆	246,542,000	534,306,851	24 倍

日本之情形。原与欧洲诸国大异。然明治元年岁出。总计实不过二千零十万圆。明治十年岁出为六千零九十四万圆。明治二十年为七千九百四十五万圆。中日战役之前。即明治二十六年。岁出亦仅为八千九百零四万圆。及明治三十年。乃顿增至二亿二千三百六十七万圆。又日俄战役前、即三十六年。岁出之仅为二亿四千九百五十九万圆者。战役后之明治四十年。亦顿增至六亿零二百四十万圆。最近明治四十四年之预算总岁出。亦为五亿五千二百三十万圆。（但专卖及国有铁道费归特别会计不在此内）比之中日战役前之二十六年。实膨胀五倍余也。

今将千九百十年之各国岁出额。配分于其同年之人口总数。以视每人所负担之数。如下。

普国	每人	49 圆
法国		42 圆
英国		38 圆
奥国		38 圆
意国		32 圆
美国		16 圆余
日本		16 圆余
俄国		15 圆

普及奥之负担率。非以共同体一切之人口数、除其共同政费及

各邦政费之和。不能得确实之数。然二国对于其共同大团体之分担金。原已加入于其自己之经费中。以其国之人口除之。故虽不能十分确切。然决无多算之事。可断言也。日本之十六圆余。系除却特别会计之经费而言。若此费亦加算之。则每人实当得二十一圆也。

国家经费。如此其膨胀。其原因果何在乎。此当研究之问题也。其原因今虽不能悉知。然就已知之原因言之。则可分为一般原因及特别原因、二者。兹由一般原因论之。

第一　各国人口之增加

人口增加之趋势。各国虽略有差异。然文明诸国之平均增加率。大抵为百分之一、二。惟法国最近人口稍见减少。其他诸国。无有不增多者。人口愈众。则所以支配之之政费愈巨。国家经费之膨胀。固不可免之数也。

各国人口增加表

国名	1890 年	1900 年	1910 年	20 年间之增加
英国	37,732,922人	41,458,721人	44,902,156人	18%
法国	(1891年) 38,342,948	38,961,945	39,601,500	3%
德国	49,428,470	56,345,610	64,902,423	31%
普国	29,957,367	34,472,500	40,163,322	40%
俄国	118,014,187	129,200,297	163,778,800	38%
美国	62,947,714	75,994,575	91,972,266	46%
奥国	23,707,906	25,921,671	28,321,088	19%
意国	(1881年) 28,460,000	32,475,000	34,687,000	30年间21%
日本	40,453,461	43,760,000	50,939,137	25%

日本人口增加率。虽较欧洲中增加率最迅速之德国少逊。然人口一千每年所增之率。明治六年为五、七三。明治二十五年为七、二六。明治四十二年为一三、四二。亦可谓激增矣。

第二　国民富力之增进

人口增加。则事故愈繁。政费亦因而增长。固矣。然果人口既加。而个人之富力复增。则不惟足任政费膨胀之负担。且个人之欲望将日张。共同事务之要求亦将日繁。此亦自然之势也。今将各国富力增进之状况。表示于下。

各国富力增加表

国名	1895 年	同年每人富力	1905 年富力每 1 人
英国	1,080 亿圆	3,020圆	3,500圆
法国	969	2,520	(1906 年) 3,000
德国	805	1,560	(1909 年) 2,560
俄国	643	610	660
美国	1,635	2,340	(1904 年) 2,626
奥国	451	1,040	?
意国	316	1,010	1,200
日本	113	250	500

(备考) 表中 1895 年度之各国富力。系依英人马尔贺勒之统计。1905 年分之富力。系依德人斯泰因莽之统计。皆土地，铁路，家屋，商品，物产等之价值合计也。

富力之调查。欲求其正确。实不可期。兹仅就国内财物之价格合计之而止。故如英法等国。其资本投于外国者。至多且巨。则即其富力之近似数。恐亦不可得矣。然普通一般富力之日增。固事实也。

第三　货币价值之低落

货币之流通额日增。则其价值低落。以致物价腾贵。此经济学上自然之势也。而公共团体之财政。常为货币经济所左右。前已言之。其收入通货之价愈落。其需要之物价愈贵。故常有经费不足之感。遂不能不增加之。今将世界上商业界货币流通额历年之状况。表示于下。

世界通货增加表

年次	正货	纸币	合计	人口	每人
1860 年	2,800 百万美圆	1,650 百万美圆	4,450 百万美圆	335 百万人	13 美圆
1876 年	3,700	2,310	6,010	400	15
1883 年	4,000	3,000	7,000	430	16
1893 年	3,700	3,900	7,600	480	16
1900 年	6,000	6,000	12,000	525	23
1910 年	7,500	7,000	14,500	600	24

兹所谓世界商业者。系包含欧洲美洲及其商业殖民地等而言。乃美国人所调查者也。

更据最近之统计。观各大国国库及中央银行所有金货，及十年间金货增加之状况。如下。

各国金货增加表

国名	1900 年	1910 年	增加率
英国	35,735,000镑	37,358,000镑	13%
法国	93,600,000	131,177,000	40%
德国	24,004,000	33,052,000	37%

续表

国名	1900 年	1910 年	增加率
俄国	75,540,000	130,476,000	70%
北美	21,512,000	29,804,000	20%
奥匈	38,624,000	55,023,000	42%
意国	16,100,000	48,368,000	23%
日本	6,860,000	24,192,000	25%

货币既增物价自贵兹示最近英法德日美 5 国物价腾贵之状况于下

各国物价腾贵比例表

国名	1900 年	1905 年	1910 年
英国	100	96	104
法国	100	94	106
德国	100	103	112
美国	100	103	114
日本	100	116	120

第四　公共职分之扩张

文明日益发达、人类之欲望。日益改善增长。昔时公共团体之职分。亦因以扩张。昔时公共团体之经费。仅用于消极的范围。如权利之防护、安宁之维持等。今则不然。更用于积极的范围。以增进社会之文化及幸福。故国家、则须行开发产业、教育、改良社会之事业。地方团体。亦须为电灯、煤气、自来水、街道改良等施设。何国何地。无不皆然。故经费之种类分量。皆不得不增加矣。

第五　文化进步之程度

人口增加。文明发达。社会公益之需要。愈益增长向上。则国民之教育、卫生、慈惠、劝业等经费。自不能不膨胀。然虽膨胀而人民不以为苦者。以因经费裕余之故。民力得以开发。有纳税资格者日增。故经费虽增。而人民仍绰然能负担耳。观税高之国。多属富国。税低之国。反属贫国。其原因盖在于此。以文明发达。生活程度增高。则以多数之人口。负担多数之国费。而文化幼稚。生活程度低下。则人口虽多。有纳税资格者寡。国费之负担。尽属少数上流人士故也。然则前所表示之每人负担率。尚不可十分凭信。譬如俄国。人口虽众。其负担租税及公债费者。不过全人口中之千万人而止。则虽谓俄国之纳税者、每年须负担二千圆。亦可也。某德国学者、谓日本之情形、亦如俄国。余谓不然。俄国地跨欧亚。国之东西。文化程度悬殊。贫富迥异。日本则不然。领土既狭。贫富亦无大悬隔。且消费税占国税之大部分。凡盐煤油绵织物砂糖医油烟酒等。皆下级人民一般消费之品。故其税之负担。实普及于一般人民。德学者之言。殊不足令人钦服也。

第六　列国军备之充实

封建制度废。而兵马之权。统于国家。国家有充实之之责。然当国家备兵以镇压内乱为主之时。其经费之增进甚小。且多偏于陆军费。及至国家内部之统一。既已坚实。国富增进。资力充溢。则一以备平和之威吓。一以张富力于外国。海陆两方面之武装。始一日千里。顿然发达。尤以第十九世纪以来、战术兵器之改良、国民之自觉、及殖民政策之发展等。助长此趋势者为力最大。故各国之政费。不惟因兵员兵器之增加、而日益膨胀。且与军事关联之事、如铁路及道路之改良扩张、准备金之积蓄等。亦大受其影响。致国费不得不增。至地方自治团体之财政。虽不直接负担军备之经费。然间接亦受影响。盖国民教育之普及、交通机关之修筑、及兵事动员之准备等。凡百施设。胥有增费之必要也。

今略述各国军备之概要。表示千九百十年各国陆海军之统计如下。

各国陆军军备表

国名	正兵	经费
英国	186,000人	277,600,000圆
法国	637,755	316,962,000
德国	622,484	406,760,000
俄国	1,850,000	563,500,000
奥国	396,114	187,192,000
美国	91,783	188,421,000
意国	291,293	158,426,000
日本	225,000	110,000,000

各国海军军备表

国名	舰数	吨数	海军费
英国	战舰　66只	1,074,135吨	406,037,000圆
	装甲巡洋舰　43	594,600	
法国	同　25	373,175	150,320,000
	同　18	149,871	
德国	同　35	540,220	221,277,000
	同　13	182,180	

续表

国名	舰数	吨数	海军费
俄国	同　14	224,800	102,198,000
	同　6	66,416	
美国	同　35	1,074,135	281,530,000
	同　43	594,600	
意国	同　13	197,052	78,000,000
	同　7	61,676	
日本	同　15	171,580	83,000,000
	同　14	123,883	
奥国	同　14	154,513	27,815,000
	同　3	18,503	

（备考）上表之外。美国每年加造三万吨之战斗舰二只。德国至一九一七年。添造战斗舰九只。大巡洋舰七只。法国至一九一九添造战舰十四只。俄国以十年继续扩张费之七亿五千卢布。添造大舰数十只。奥国数年间当添造战舰二只等。皆各国已定之计划也。

兹更合计陆海军之国防费。使与其国之总岁出及人口相比较。而观其率。

各国国防费与人口及总岁入之比例表

国名	国防费	总岁出之百分率	每人
英国	683000000 圆	34	15 圆
法国	466500000	30	11
德国	627700000	43	9
俄国	665700000	25	4
美国	473000000	32	5
奥国	215000000	10	4
意国	236450000	27	6

续表

国名	国防费	总岁出之百分率	每人
日本	184000000	32	3

（备考）奥国军费包含其各邦之军费在内。故百分率乃对于共同国及各邦之总岁出而言也。

以上所述各种一般的原因。概足使国家经费。一体膨胀。特其膨胀之程度。因各国国情不同。自不免有大小之差。而其所以致膨胀有大小之差者。即所谓特别原因也。特别原因甚多。非吾人所能悉知。兹择其重要者言之。

第七　国家组织之异同

国家之中。有单一组织国家、联合组织国家之分。联合国家之帝国与各邦之间。有重复支出之弊。例如德国。由各邦征收分担金。以为帝国支出之经费。此等分担金。于帝国预算上及各邦预算上、俱算作支出。又如帝国补助各邦之金、亦然。在帝国一面。已算作支出。及联邦受而使用之。其预算上、复算作支出。故德国全体之岁计上。此等款项。遂至重复。而作统计者未尝扣除之。故数字上其经费似较其他单一组织国家为多也。德奥二国。俱有此弊。不可不知。

第八　国家及地方之分权

中央国家及地方自治团体间之政务分担。本无性质上根本上之区别。各国制度不同。有重中央集权者。有偏于地方分权者。在此国、政务之属于中央政府者。在彼国、或不免属于地方团体。政务不同。政费亦异。例如英国。以地方自治制之发达称。其公共事业多属诸地方行政。反之、若俄法二国。以中央集权名。其所以制限地方之行政者颇多。故在英国。国费与地方费略等。而俄国则地方费仅不过国费十分之一。法意奥诸国国费与地方费之比例。为七之与二。普国稍为适中。其比例为三之与一。日本则合一般会计及特别会计计之。国费与地方费之比例。为五之与一。中央集权之程度。尚在法意之上。然亦可以知集权分权之与国费膨胀、有至大之关系矣。

第九　公共企业之范围

凡公营事业之揭入岁计者。不仅其收益。兼及其支出。合事业之总费而计之。故官有地、森林事业、矿业、铁路事业、及专卖事业之数日增。则公共经费之膨胀。常出人意表。各国之间。视其官营业之有无多少。而经费膨胀之大小顿异。英美二国无官业费。俄德二国如铁路等官业之施设最多。法意亦富于专卖业。是以英美之国费较少。而其他诸国之国费甚巨。日本在中日战役以前。官业之数甚少。财政的专卖制度。殆全无有。明治二十九年始施行烟草专卖。三十六年加樟脑专卖。三十八年行盐专卖。及三十九年日俄战役之后。遂买收国内十七铁道会社、而归国有经营。因之国费自当膨胀。然日本最喜采用特别会计制度。此等经费。大半离一般岁计而独立。若仅观普通之国费计算。必不可得而知也。

第十　战争关系之各异

战争关系。如比利时瑞士等中立国。殆于绝无。其他诸国之有仲裁裁判条约者。战争关系。亦可较少。然仲裁裁判条约及海牙平和会等之势力。尚极微弱。近时各国国费之膨胀。大半皆由战争关系。盖战争关系、于各种经济上、俱有影响。其最大者为战争之经费。次则战后复旧及扩充之经费。其他如战时战后骤增之公债本利偿还之经费。皆是也。

战争费用之足以令两国之国费膨胀。较然明甚。英国当南非洲战争时。其所要临时费。依国库局发表之统计。为二亿七千一百万镑。关于此数之真伪。议论不少。然观一千八百九十八年英国之岁出仅为一亿三千六百万镑者。至一千九百零一年。依然为二亿五千二百万镑之巨额。且迄今尚维持一亿九千九百万镑之岁出。并有巨额之公债。以此推之。国库局之统计。可谓近真。美国自一千八百九十九年美西战争以后。国费骤增。迄今其额不减。一千九百五年之日俄战争。涉时二十一月。日本所费为十五亿圆。俄国所费当在二十亿卢布以上。中日战役。涉时十一月。日本之战费为二亿五十万圆。一月约费二千二百万圆。然十年后之日俄战役。则每月约费七千万圆。又日俄战役前。日本岁出之为二亿五百万圆者。战争后骤增至八亿圆。至明治四十年尚为六亿万圆。最近明治四十四年。仅减至五亿五千万圆。由此观之。则战争关系为国费膨胀之最大原动力。可以见矣。

第十一　各国公债额之增加

战争中之经费。一部分由增税新税而来。大部分实仰给于公债之发行。而战争后之经营、如军人恩给、兵器之补充扩张等。大抵亦惟公债是赖。且近时盛行之国有事业、所需资本亦巨。断难由增税求得之。此等生产的投资。学理上宁以发行公债为当。有此种种关系。故近时各国公债之额陡加。其结果遂使公债费成为巨款。兹列表于下。以明各国公债骤增之趋势。并其公债费之负担。

各国国债额增加表

国名	1900年	1905年	1910年	对人口之比例
英国	706,000,000镑	743,000,000	685,232,459	150圆

续表

国名	1900 年	1905 年	1910 年	对人口之比例
法国	30,055,000,000法	30,460,000,000	32,542,957,576	385 圆
全德	12,950,000,000马克	15,204,700,000	18,394,508,615	143 圆
全奥	13,442,000,000克	14,182,000,000	18,204,303,000	148 圆
俄国	(1901 年) 6,204,400,000卢	7,066,500,000	9,014,141,796	55 圆
美国	2,136,961,000美圆	2,274,615,000	2,652,665,838	58 圆
意国	12,645,000,000利	12,448,000,000	13,077,901,845	149 圆
日本	502,967,000圆	991,288,000	2,664,358,538	52 圆

各国国债费增加表

国名	1900 年	1910 年	对于总岁出之百分率	对于人口之比例
英国	20,218,000 镑	24,500,000	14	5 圆
法国	1,247,785,000 法	1,278,112,967	30	13 圆
全德	623,068,000 马	(1906 年) 639,232,000	9	5 圆
全奥	681,721,000 克	762,200,402	17	6 圆
俄国	302,198,000 卢	409,001,913	15	2 圆
美国	42,171,000 美	54,392,673	7	1 圆
意国	579,836,000 利	508,471,649	20	5 圆
日本	32,332,000 圆	193,937,871	31	4 圆

今更将军备费公债费及行政费之比例。总括其大要而列于下。此种分类及比例。为诸种研究之基础。不可忽也。

各国国防公债及行政费比例表

国名	总岁出	国防费	公债费	行政费
英国	100	34	14	52
法国	100	30	30	40
德国	100	43	9	48
奥国	100	10	17	73
俄国	100	25	15	60
美国	100	32	7	61
意国	100	27	20	53
日本	100	32	31	37

上列之区别。与所谓生产的经费、不生产的经费之区别同意。即国防费及公债费。等于不生产的经费。行政费等于生产的经费。而生产的经费之中。复分直接间接。公安行政及幸福行政之经费。为间接之生产的经费。有形上之幸福行政、如铁路邮政等交通费。为直接之生产的经费。然普通以保持公安之军备、及铁路公债之国债费。归于不生产的经费之中。以余观之。似不可谓为适当也。

第十二　社会政策之实行

文明日进。民费与公费。日益浩大。资本及信用。亦日益扩张、利用。然其极遂至凡利于社会阶级之一方者。转有害及他方之忧。经济上愈不平均。社会之根基、愈有动摇之征。于是国家及地方团体。有见乎此。乃不得不向此方面行防范挽救之术。此即关于细民疾病老废失业之救济、及关于食品、住居、教育、交通及慰安之施设等、所由来。而公共经费乃因以膨胀者也。

征诸欧洲诸先进国。此等施设。颇已完备。德国除于一千八百七十四年六月六日及一千八百九十四年三月十二日、以帝国法制定一般的救贫制度之外。于千八百八十三年。设职工疾病强制保险法。于千八百八十四年。定伤害强制保险法。次以千八百八十九及千八百九十九年之法律。施行劳动者老废恩给之制。此等制度中。疾病保险。系雇主及佣人之分担。伤害保险。专归雇主组合负担。政府不过监督之而已。至老废恩给制度。则除雇主及佣人之纳入金外。政府特支一恩给五十马克之补助金。以为七十岁以上老工之恩给年金。以上三制度之总支出。依一千九百八年之统计。为三亿三千万圆其中受政府补助金之老废恩给年金、总支出约九千零七十三万圆。

英国古来原有规模极大之地方救贫制度。其后仿德国之例。以一千九百十一年之条例。确立国立保险及养老恩给之制度。其制凡伤病强制保险。由雇主佣人及国库三者分担。存积基金其中国库分担费、第一年虽仅一千六百万圆。然预计至一千九百二十二年度。则将达五千八百万圆。由此基金支付之疾病救助金。第一年虽仅五千万圆。然预计至一千九百二十二年度。则将达二亿零二百万圆云。又失业保险。亦由雇主佣人及国库分担。第一年国库之分担约七百五十万。而养老给金之制。则全归国库单独负担。由邮政局支付之。凡年七十六岁以上之英国臣民。每年收入不上三十一镑十先零者。除一定之特例外。皆得与此恩给。其支给额。视其人收入之程度。分为五等。最多者一星期五先零。最少者一先零。闻千九百十一年三月末日、全英国之总支给额为约九百零七万四千六百十圆云。

法国原有一般的救贫制度。计全国共设公立慈惠局一万六千四百七十二。其后于一千九百五年。复设老贫者伤痍者废疾者之救助制度。其费用全由邑、县及国库分担。与私人无关。其国库分担费。依千九百十年之统计。为四千八百万法郎。及千九百十年四月六日。复取法英德。设劳动者养老金之制。其积存基金。由雇主及佣人分担。劳动者应受之年金额。系按照其在六十五岁以前所分担额之多寡计算。而国库则格外平均每人约加给年金六十法郎。劳动者之最高年额、为四百十一法郎云。

要之、欧洲进步诸国。既已相习成风。竞行社会政策。殆有无所底止之概。日本则地方救贫制度、既无足言者。而国家亦毫未筹及。尚无如何制度。此虽因日本特有之家族制度、及村落邻保之美风所致。然世态变迁。物质进步。已渐觉此等制度之必要。近时济生会之举。及地方慈惠资金之施设等。可谓稍有一线之曙光。余意细民食料及住居问题。不久必出现无疑也。

第十三　殖民政策之盛衰

殖民政策之势力。各国间互有盛衰。昔时西班牙葡萄牙荷兰等。颇极一时之盛。至十九世纪后诸国势力坠地。英法二国起而代之。而成雄大之殖民国。如德国及日本。则最近始加入殖民国之列耳。今将重要殖民国与殖民地面人口之比较表示于下。（一千九百零六年度）

重要殖民国势力表

殖民国	本国面积	本国人口	殖民地面积	殖民地人口
荷兰	33,079方基米	5,670千人	2,050,000方基米	37,850千人
葡国	92,575	5,420	2,090,000	7,260

续表

殖民国	本国面积	本国人口	殖民地面积	殖民地人口
英国	314,869	44,600	29,560,000	348,200
法国	536,464	39,250	5,950,000	47,960
比利时	29,455	7,200	2,380,000	19,000
德国	540,778	66,040	2,650,000	12,400
日本	24,755方里	50,254	20,211方里	16,496

据上表观之。可知除德日二国外。其他诸国之殖民地、或保护国之面积人口。无不较本国广且众者。又可以知代旧殖民国而起之英法二国势力之优胜也。

殖民地经营之经费。有采中央集权主义。全部编入本国预算中。作为本国之经营而支出之者。如西班牙葡萄牙是也。反之、使殖民地财政全然独立。视等外国者。谓之独立殖民主义。如荷兰英国之对大殖民地是也。又有殖民地之经费。虽委诸殖民地。使其自决。然于一定之范围内。本国政府得监督之。且有最高命令权者。谓之自治殖民主义。如英法二国之对其一部之殖民地是也。至于本国与殖民地之经费区分。英国大抵使殖民地负担军事费。法国则不仅军事费归本国负担。即其他之公益的殖民地事业费。亦算入本国预算中。德国则使殖民地负担殖民地之防备费。唯邮政费归本国负担。各国之制。各有不同。

日本对于台湾及其他殖民政策。皆取中央集权主义。作为特别会计。由本国之议会决定之。为本国预算之一部。由中央国库支出之。但此等殖民地。亦有所谓地方费者。得依照殖民地之一定财源。由殖民地政府、作成预算而决行之。

各国殖民地之财政。除英国之大独立殖民地、及少数法德二国之殖民地外。大抵赖本国政府之补助金维持之。日本亦然。除台湾外。各殖民地皆需巨大之国库补助金也。

地方财政上之经费膨胀。亦不让于国家财政。有日益激甚之势。然其原因。则除各国时有之灾害复旧费之外。大都不起于不生产的政务。而起于生产政务之需要。考近时地方费膨胀之大原因。端在义务教育之励行。地方交通设备之普及。都市经营之施设。地方社会政策之实行。及与此等施设相关联之地方债增额等也。

今将日本各地方团体之经费膨胀情形表示于下。

日本地方费增加表

地方	明治二十五年度	明治三十五年度	明治四十三年度	对于人口之比例
府县费	23,388,000圆	70,322,000圆	58,026,000	1.26圆
郡　费	209,000	5,184,000	8,453,000	0.20
市　费	2,447,000	25,986,000	68,121,000	8.84
町村费	21,598,000	68,413,000	101,688,000	2.31
水利组合	——	2,505,000	4,479,000	3.01
计	47,645,000	160,115,000	253,065,000	约5倍
对人口之比例	1.17圆	3.52圆	4.90圆	——

观上表。可知初十年间。约有三倍四分有余之膨胀。后八年之间。有一倍五分余之膨胀。合十八年间计之。约增五倍。其中市费乃增至三十四倍。则都市之勃兴。概可见矣。更察此等团体中何种事业用费最多。则据下表。当以教育费土木费及公债费等为最。

费目	府县	郡	市	町村	组合	总括
教育费	218	200	166	461	——	303
卫生费	37	23	61	24	——	36
劝业费	113	253	13	9	——	47
土木费	205	299	76	76	616	129
警察费	197	——	——	——	——	58
会议费	1	56	3	9	25	9
役所费	51	——	79	85	99	113
公债费	53	30	170	59	132	84
吏员费	31	38	——	——	——	10
诸税	——	——	29	67	4	35
财产蓄积	——	40	30	38	19	26
其他	94	61	373	72	105	150
计	1,000	1,000	1,000	1,000	1,000	1,000

日本地方费之膨胀。虽亦不小。然比之欧洲诸国。则日本每人所负担者仅四圆九十钱。英国乃为三十六圆五十钱。法国为十四圆五十钱。普国为十六圆七十钱。可知其相差尚远也。

各地方费重要事项比较表

国名	教育费	土木费	劝业费	救贫费
英国	4.21 圆	0.32 圆	16.03 圆	4.60 圆
法国	1.24	2.53	0.78	1.56
普国	1.49	2.58	0.03	1.15
日本	1.42	0.68	0.21	0.01

据上表。则日本之地方教育费、虽与普法等。而救贫费则远不

相及。土木费及劝业费。在外国俱属于积极之经济行政。其内容区分。不甚明确。故宁合二者计之。以相比较。方为适当。然日本地方经济设备之逊于欧洲。实无可争者。将来仿照他国。建设煤电、自来水、道路、铁路、市场、及救贫等事业、必日多。地方经费之大膨胀。可想见也。

第十四章　公共收入论

第一项　收入之意义及种类

公共收入者。一种可以充给公共经费之经济手段、之谓。即公共团体于其自已之计算上、所收入金库之一切通货总额也。以此意言之。凡国库为他人管理之保管金及寄托金等。固不得为公共收入。即物品夫役支票等之获得。亦不得为收入。此等获得。不问其为公共团体自已所生产、或由他人征取购得。苟非在公共团体以此等获得代货币之古代。决不可称为收入。盖依据货币经济时代之一般经济原则、及前述之公共经费之意义。其结论固不得不如此也。

公共收入、可分为经常及临时二种。如此分类。恰与经费分类相对待。实财政计划上最要之事也。

经常收入者。谓依财政计划上之目的。可按期收得之收入。由最初预定之财源而来者也。盖如第八章所述。公共团体有永久存续之性质。需永久继续之经费。故不可不有永久继续之收入也。

经常收入。复分二种。经济上性质绝异。不可不知。其第一种即由公共团体所有之财产或企业而来之收入。其收得之方法。系依个人经济之原则。故法律家多称之曰私法上之收入。经济家多称之曰私经济的收入。然欲求单简通俗。意莫如称为公共团体之自己收益。因从公共团体一方言之。实不外乎其自己财产或企业之收益也。而此收益之方法。复细别为二种。其一、公共团体、将其财产。不用于自己之企业。而贷与他人。仅以财产所有者之资格。由他人收受利益。此一法也。其二、公共团体、用其财产于自己之企业。以企业者之资格。依产业之价值而得利益。此又一法也。前者通称为财产上之收入。后者称为企业上之收入。夫既曰企业。则不仅公共团体之产出物品而止。举凡商工之制造、贩卖及媒介并信用交通之业务。皆当包含。不可不知也。凡公共团体之收益。不论其用前一法或后一法。一切与私人经济之收入方法无异。同受个人经济原则之支配。惟公共团体本来之目的。与私人经济不同。在致一般经济之公共幸福。故不得如个人经济之专利自己之金库。而须从公经济上著眼。力求增进共同幸福。此公共团体所以常有牺牲其金库之利益、以为大众之事也。

经常收入之第二种为公课的收入。盖公共团体政费纷繁。仅以其财产及企业之收益。常有不能支持之势。于是不得不将政费分课于共同关系之团员。或使其他共同关系之团体分担之。其所以然者。则因政费之用途。常在公共利益之维持增进。公共团体与团员同其利害。故政费与公课。具互相报偿之性质者也。公课收入之方法。视其所需政费之种类。可分为三。其一、系与一般政务所需之政费相关者。此等政务。效果广泛。普及一般。不可件件而度之。人人而量之。故用一般分赋之方法。由各共同关系之团员征收。是为租税。其二、系与因特定团员之意思行为而起、之特别政费、相关者。此等特别政务。其效果仅及于特别团员。其分赋额可以事事人人而论之。且苟非专使其特别团员负担之。转有政费分担不公平之虞。故当以此费为特别报偿。使事件关系人依特别之标准分担之。此即办理料是也。然设若其政费系用于经济设备之投资。则当视因此经济设备而受益者、所得之利益多寡。以为分赋之标准。此种分赋金。即所谓特别赋金也。以上三种公课。皆由共同团员之个人（私法人亦含在内）征求者也。此外、公共团体、尚有由其他共同关系之团体收得之收入。其由上级团体来者。谓之补助金。其由下级团体来者。谓之分赋金或纳付金。总二者而称之曰补助金。此补助金。非真正之收入。就补助者一方言之。实为一种经费。故唯就受补助者之计算言之。可称为收入而已。以上各种公课的收入。虽皆为财政上可预定之常规收入。然与前述之私经济的收入、性质大异。盖公课者。不外乎分取共同关系之政费于共同员或共同团体。其关系为团体与团员、或上级团体与下级团体之从属关系。故学者称之曰公经济的收入。公经济的收入也者。谓其收入之方法。非由互相对立间之私经济行为。而由共同从属间之公共行为者也。然公共团体之财政全体。固已具有公经济之性质。若于其中复有公经济的收入之称。用语上不可谓为妥帖。故余意不若竟呼为公课、或公课的收入。以示其为政费之分赋。反为适切也。

以上各种经常收入之外。尚有所谓临时收入者。盖由各部政治上行政上之附随事件而生。非财政计划上所能预定者。故普通称之曰偶尔收入、或杂收入。例如各部不用品物之发卖、捐附金、罚金、没收金、战时赔款、前一年度之剩余等。是也。

若以以上各种进款、归出岁计。尚入不敷出。则公共团体可用临时补填手段。临时手段之最有效者。为信用募债。称为公债。公债者。公共团体预料其将来之收入、特募巨款、以填补其现在需要、之信用手段也。由公债而得之募集金。在公共团体之计算上。作为通货。故由短期之计算言之。虽可视为收入。然因将来尚须以真正收入偿还之。故宁称为临时补填金。方为切当。

兹将以上所论公共收入之种类简明表示之如下

第一　经常的收入（财政计划上有永久之性质者）

一、收益（私经济的收入）

甲、财产上之收益

乙、企业上之收益

二、公课（公经济的收益）

△由个人征求者

甲、租税　充一般费之用

乙、办理料　充特别费之用

丙、特别赋金　充特殊私益关系之用者

△由公共团体征求者

丁、分赋金　由下级机关来者

戊、补助金　由上级机关来者

第二　临时的收入（不由财政计划偶尔收得者）

一、政治上之偶尔收入

二、行政上之偶尔收入

三、司法上之偶尔收入

第三　补填手段

一、特别资金

二、公债

专卖收益。由其方法言之。固应属于企业收益。然观其发达及目的。实不外乎课税方法之一种。且为各国税制比较之便宜上起见。似与租税并论为当。故余将于租税论中论述之。

然关于专卖收入之所属。学者议论纷纷。不一其说。兹亦不得不略言之。当中世之时。欧洲中部东部。有所谓王侯特权者。独占官业及准许料属之。今之专卖收入。盖由此特权发达而来。历史上彰彰可考。今德之各联邦及俄国。尚有以特权收入之名义、而营造币、邮政、食盐、酒精等独占官业者。然此特权之性质。学者之说。不能一致。瓦格纳氏以此特权为公经济制度之一要素。其所由生之收入。等于独占的准租税。故主张宜属于公经济的收入。反之如赫勒德及落歇儿等。则以为此特权者。当中世之公私混合时代。本属君主所有权中之私法的收益权。故其所由生之收入。无公经济的性质。当属于收益的收入。而孔拉德氏。则立于前二说之间。以为特权收入者。非私经济的收入。亦非公经济的收入。而为历史独立发达之一制度。故当使立于特别之地位云。要之、众论虽多。皆似以为专卖收入之所属。须待此特权收入之所属而后定者然耳。余意特权收入之名。若在俄德二国。或有留存之必要。至其他诸国中。则毫不足轻重。在历史上、特权收入纵如何重要。然今日其内容既已瓦解。一部分变为办理料。一部分变为消费税。其他之部分。更变为官业收益。此等收入之性质分类。依其收入之方法。既经财政学上决定。而官业者。不论其为自由设立、或独占设立。其收入既由公共团体之自己企业而来。则理论上自不可不属于收益的收入。唯其中专以财政上之目的而经营之之专卖官业。则全属消费税之变体。其收利可视为消费税征课之一方法。故余以专卖之纯益。视同租税。俟于租税论中并论之。取其便于比较各国之税制耳。

各国岁入增加表

国名	1890 年	1900 年	1910 年	人口比例
日本	106,469,354圆	295,800,000	568,902,916	11 圆
英国	89,490,000镑	108,330,000	205,606,506	45
法国	2,898,500,000法	3,814,900,000	(1911年) 4,386,690,609	44
德国	1,304,831,700马	1,998,096,000	2,873,045,550	22
普国	2,086,435,000马	2,472,266,000	(1911年) 4,085,314,749	51
俄国	1,047,370,000卢	1,736,700,000	2,829,567,175	17
美国	403,100,000美圆	567,200,000	997,586,923	21
奥国	1,163,628,000克	1,654,232,000	3,001,830,050	43
意国	1,522,700,000利	1,739,000,000	2,684,873,689	30

此外尚有各国地方自治团体之收入。其额略与前章论述之各国地方经费相等。兹不再记。

第二项　收入发达之顺序

各国公共收入之发达状况。虽变化多端。然其中亦自有共通之点。文明诸国各时代之特色。大略相同。下当述之。

欧洲文明国之公共团体。其初皆以其自己之土地财产为主要之财源者甚久。此最显著之事实也。此无他。盖当实物经济发达之初期。舍其土地财产。固无重要财源也。降及中世。欲拥护国家之支配权。不可不利用王侯之土地财产。因种种关系。而王侯之经济与国家之财政。几至无可辨别。其支持国家之财政者。即王侯之土地财产所生之收益也。

然其后土地财产之势。渐次失坠。其他财源。乃起而代之。但此惟国家财政为然。地方财政。则未必然。且即今日亦尚有重之者。

当土地财产坠其势力之时。各国财政上经济企业之新方法。渐益发达。遂至占全收入中之主要部分。例如国家大半采用邮政电信铁路企业之制。而自治团体之经营之水车业、锯工业、酿造业、石工业、灯火、自来水、煤气、及交通企业者。亦渐多。

先是当土地财产尚占优势之时。已发生一财源、与王侯制驭权、有密接之关系者。即特权收入是也。此财源由王侯土地所有权而生。如食盐之采收、矿业物之利用、河海渔权、森林野生物之获得等、种种之收入。皆属之。此等特权。皆归王侯独占。王侯自己经营之。固可获企业之收益。即不然而特许他人经营之。亦可得一定之特许料。不但此也。即司法最高权、道路高权、及护卫权、亦与王侯等以类似办理料之公课金。而地方自治团体。亦保有多种专有之特权。遂至凡关于自治团体之营造物、皆须征求办理料矣。

窃谓此等公课金或办理料、厥后变本加厉。遂成租税。盖实租税征赋之先驱也。观诸国历史。租税之起原。虽甚久远。然其初仅有临时性质。而无永久性质。于财政上、亦未占重要之位置。且国家租税之发达。较地方都市团体。尚为迟缓。而地方租税所以发达甚早。盖亦有故。其人口增加。资本力集中于狭小之区域。因之拥卫共同利益之需要转切。而货币经济、亦忽然侵入。凡此种种。实为速其发达之重大原因。而国家及国王之财政、则反是。诸种事情。发达甚迟。无常用课税权之要。故其税租之征课。亦自较地方团体为迟也。国税之普及及常征。实始于专制君主制之时代。至近世时代变迁。离君主专制制而入立宪国家制。于是租税始占公共收入中之重要地位。

自租税发达之初期即中世纪。以至于今。渐次发达完全。系统井然。其间经过时代甚长。由今日回顾之。往时税制之特色、即无主义无系统之乱杂无章。历历可睹。曰各地方之负担不均。曰租税义务被特免阶级破坏。曰贫弱阶级负担反重。曰一般之负担过重。凡此皆其最著者。而租税之形体。亦复粗陋。极不公平。纵有直接间接之区别。然前者概为成绩不佳之财产税。后者概为烦琐之物产税。算法粗漏。对于必要不可缺之需用品。课以重税。既已苛矣。而复有内地关税（人市税通过税）之制。以障碍各地方之交通。其妨害产业。较苛敛尤甚。欧洲大陆。情状尽然。唯在英国。则国境关税之制。已于此时发达。

改造租税制度。以救除各种缺陷。实在十九世纪。各国皆努力更张。进步显然。然各国间之发达。固不全然相同。且种种难题尚待解决者。虽在今日。亦复不少。故现今各国之主要财源。难免略有异同。

普俄奥匈诸国。以土地矿业交通等事业所生之收入为大宗之财源。英法则以办理料收入应财政上之需要。普奥匈诸国之直接税。居其收入之大部分。俄英法意诸国。则重间接税。日本租税制度。

在中日战役以前。原以直接税为主要之收入。然今日则以间接税之收入为优。但办理料之收入。尚无起色。企业收入则颇盛也。

地方自治团体。除特权收入外。其收入之种类。大抵与国家同。唯特别赋金及团体补助金、甚属重要。于村落等小自治团体尤然。盖企业收入之新发达。概在都市自治团体。若在村落自治团体。则往时几于全无。近虽稍有自来水、灯火、交通等企业。而亦不盛也。地方自治团体之租税。受国家立法上严密之限制。故自治团体课税之形体。亦因之更形复杂。各国间差异甚大。兹不能一一详论。但大体皆以直接税及不动产税为大宗之收入。此则所当知者耳。

第十五章　公共收益（私经济的收入）

公共收益者。公共团体因经营其财产或企业之结果、所得之收入之谓也。关于公共团体行为全体之范围。前于第八章第二项。已论其梗概。唯经济企业之公营。尚未细论。故于此章论之。以补前论之不足。

公共团体因自己收益之故。究可企图何等经济行为乎。以他语言之。即公共团体所得经营之企业范围。究竟如何。此实至难之问题。与民业之范围、有利害密切之关系者也。

对于此问题。德国学者。多谓其间本无性质上之区别。不过仅有便宜上之区分。不深置论。然公共经济与私人经济之对立。经济学上为发达经济起见。既已认为必要之事。则二者所可活动之范围。固不能不有原则上之区别。且公共团体间。因上级下级之等位、及所管区域之不同。其行为范围、尚有原则上之区分。况公共团体与私人经济之间乎。

公共团体不可夺私人事业之全部而属之己。此常论也。然则二者之间。不可无根本上区分之标准也。明矣。公共团体之职分。在维持增进团体之公安及公益。故事有不利于全体者。纵对于一部或少数人如何有利。亦不得使之为公营事业。此根本上之信条也。

以此信条为公营企业之原则。而研究其适用之方面。可细别为三。第一、凡技术上不适于大企业之事业、及须非常机敏手段之事业。不宜公营。何则。以其反阻害一般经济之发达也。例如农业及商业之大部分。即属于此。盖农业之性质。以集约的经营为利。而不利于粗笨画一之大企业。故不如委之细心周到之民业。反于一般经济有利。在村落自治团体。或可以稍稍公营。若以为巨大之公营事业。则断断乎不可也。但若不以收益为目的。以他种原因。公共团体保有一定之土地。因而利用之。或佃与他人。或自己耕作。俱无不可。不在前所言之限内。至如森林之经营。以规模宏大为有利。故适于公营。其次商业、每秘其买入原价。排斥他人而争消路。市场之变化无常。最须机敏以应之。故与光明正大、秩序井然之公营性质不相容。然商业中亦有无须机敏。且比较上、须以计算公明秩序整然为要者。例如贮金及借贷事业即是。此等事业。循其贮蓄者借资者之目的。当使贮蓄安全。利息低少。方能发展。而公营则对于此等事。反较民业容易办到。故亦不妨公营。第二、凡当使为民业、以便完全行其自由竞争、之事业。不可公营。例如工业之大部分是也。盖工业之大部分。以自由竞争之故。技术得以改良发明。且可合同资本。扩张规模。以供给多数低廉之制品于社会。既增个人之利益。复促社会之幸福。设不能自由竞争。则此等结果。将不可得。故不宜于公营。然工业当创始之际。恒需巨款。且其效果往往有涉于冒险者。未必能常有各种民业。以应社会之需要。又工业中有一种如交通业等。其性质上本非可以行自由竞争者。若放而置之。则前者足以抑止一般经济之发展。后者足以阻害公益。故公共团体先当启发民智。奖励企业而保护之。且当力矫独占之弊。设犹不能完全达其目的。则势不得不设立模范工业。或公营独占事业。但兹最宜注意者。则性质上称为独占事业者。事实上未必定为独占事业、一事。是也。例如轮船电车之对于铁路。煤油煤气之对于电灯。不惟有互相竞争之余地。且其果有独占之弊与否。须从事实上之境况决之。不可因其为固定于土地之交通机关。遂以为皆有独占之弊。遂断其宜属于公营也。第三、即财政上之专卖是也。然此亦不可单以财政之理由。遂使公营。须视其关于制品之改良、价格之均一、及生产用医药用之特惠等、果能较委诸民业、有裨益于一般经济与否、而后定。盖尝有因专卖之故。反使一般生活生莫大之苦痛者。如此之事。最宜避之。

如以上所论。一部分之公有土地、森林经营、贮金及贷借事业、及有独占性质之交通企业等。虽皆适于公营。且于一般经济上有利益。然当知偶一不慎。辄有极大弊害随之而至。例如职员之不热心。监督之易流为虚形。会计上手续之烦难等。皆根本上之缺点。与公营事业固著不解者也。然此等弊病。非由业之公私而来。乃由业之大小而来者。故虽私营事业。苟其规模弘大。则亦常不能免。公营事业所特有之弊害。吾人不可不注意者。亦有二三。第

一、事业之发展。甚形迟迟也。以常理言之。公共团体可以起募巨大之信用公债。资本充足。事业之发展。当甚迅速。而事实则有大谬不然者。公营事业之种类甚多。资本因难充足。常不及私立公司发展之速。譬如日本之铁路及电车、归公营后。其延长改良等反无起色。其实例也。第二、财产集中。则政权专横也。公营事业日增。则与有关系之商民佣工等。常不免隶从于公营当局者之威权。因而政治上亦受压迫者。其例不少。其三、公营事业既兴。则凡与相类似之民间企业。常受沮压。一股企业心。因至萎缩也。此等弊病。原非公营制度之罪。实因当局人物之适否如何而生。故国家关于此等事。不可不讲监督之方法也。

然财政学上最重要之点。尚有大于此者。则公营事业如何而可以永续。如何而可以有利等事。是也。至公营私营之根本问题。殊非财政学上所重。凡公共团体。与私人经济异趣。不必待法律上之制限。须自己注意一般经济上社会上之需要。而进退其施设。以求达其收入之目的。且事苟有益于社会全般幸福者。虽收入上之目的。亦不可不牺牲之。凡遇此等事情发现之时。其收益的设备。当变其性质而为公共幸福之设备。此实公共财政当然之运命。不足怪也。

公共收益当大别为公共财产收益及公共企业收益。前已言之。惟所谓财产收益者。大半带企业性质。二者之界限。颇难明白画分。兹从主要之财源着眼。区分其大概如下。

财产收益

一、不动产收入

二、森林收入

三、动产收入

企业收入

一、矿业收入

二、工业收入

三、商业收入

四、交通企业收入

五、造币及彩票收入

六、文化企业收入

以下当依此顺序。一一述之。兹先将各国财政上此等收入所占之地位表示于下。

各国财产及企业收入表

国名	种类	收入额	圆换算	对于总岁入之比例
日本	森林，邮电，铁路，造币，官物，印刷，分红，	74,000,000圆	74,000,000圆	13
英国	邮电，官地，分红，	26,017,000镑	260,170,000	13
法国	官地，森林，邮电，造币，铁路等	445,175,000法	178,070,000	10
德国	邮电，铁路，印刷，银行，	845,000,000马	422,500,000	29
普国	官地，森林，矿业，国铁，造币，银行，彩票，	2,804,576,000马	1,402,288,000	69
俄国	皇领，森林，矿山，邮电，国铁，造币，银行，股份，	864,366,000卢	864,366,000	30
奥国	官地，森林，矿山，国铁，邮电，等	510,362,000克	164,144,800	27

续表

国名	种类	收入额	圆换算	对于总岁入之比例
意国	财产，铁道，邮电，彩票，金鸡纳官业，	293,674,000利	117,589,600	11

（备考）表中除奥国之部分系依一千九百零六年度计算外。余俱最近年度之计数。

依上表观之。德普之财产及企业上收入最多。普国几占其总岁入十分之七。最宜注意。但以上之数。原非纯收入。其他管理及作业费。亦颇不赀。收支相较之结果。其纯益未必甚巨也。

地方团体之财政上、由财产及企业而来之收入、亦不少。尤于小自治团体为然。盖范围狭则注意周偏。情况熟悉。虽土地之耕作。亦往往能行之。而公有市街地及建筑物贷借等事业。亦易办到也。地方企业之特色。为灯火、自来水、煤气等文化企业。后当详细述之。

第一项　不动产收入

普通称为公共团体之不动产者。大抵指行政上及收益上之土地及建筑物等而言。然财政学上所谓公共团体之不动产者。仅及收益财产之土地森林、及其附属之建筑物而止。各国行政上所使用之官有地者。大半指不动产而言。惟各国之间。义有广狭。不能一致。例如德国所谓官有地。限于农耕地。法国反是。凡国有地皆称为官有地。虽财政上无所利用之行政公舍。亦包含在内。日本则除建筑物外。举国家之所有地、即国中土地之不属于民业者。皆谓之曰官有地。然此书中所谓官有地。从财政学上之意义。专指公共团体之收益不动产而言。兹述其重要之收入及其方法如下。

第一　土地收入

以欧洲历史观之。国有土地、概系由旧王侯领地传来者。往昔王侯之内廷费及一般国费。皆以土地收入充之。其后法国于一千七百九十年。普国于一千七百三十年。其他各国于十九世纪中。概将王侯领地。移为国有。其有以之分属于君有及国有者。不过二三国而已。然当十九世纪之交。多数国家。或以财产上之必要。或受财政上学说之感化。皆不复深思远虑。遂将官地买却。独德意志小国聚处。注意较周。保存之者不少。故德国各联邦中。至今日尚多以官有农耕地之收入为大宗。约占总岁入十之四五者。惟普国则不然。当时卖去土地甚多。虽其后稍稍增购之。然今日仅有官有农耕地四万四千黑克他。其预算上之收入。约一千六百六十马克。加以水车渔业葡萄园及矿泉等收入。合计仅及岁入金额百分之一。计德国诸联邦所有官有农耕地。共七十二万三千三百二十六黑克他云。但德帝国及二三小邦。盖全无之。法国为售去官有地最多之国。奥国次之。英国之官有地亦寡。财政上无足轻重。其一千九百十年之收入。不过仅五十一万八千镑。惟匈牙利及俄国。虽在今日。尚有面积极大之官有地。俄国官有地收入。最近为三千二百八十四万六千卢布。日本则农耕地之属于官有者绝无。惟有称为国有原野者。最近尚有四十万町步。然皆不宜于耕种。其收入为树皮树叶紫草菌类石土等副产代价及建筑用、道路用、耕地用、栽植用、仓库学校寺社用、牧场用、渔猎用、养鱼用等之土地租借料、而止。合计约七万圆。

地方财政。关于此事。较为注意周到。其当时售去之地甚少。

且后悟永远利用土地之为得策。遂大变方针。故旧都市大抵保有巨大之土地。以至于今日。即新都市。亦因一旦勃兴。需款至巨。以增加其收入为目的。竞相买收公有地。德之巴威伦之市町村。自一千九百一年至一千九百五年。五年间。公有之土地建筑物价值。由二亿九千五百万马克。增至二亿七千八百万马克。都市之公有地。有市内市外之别。故其收入方法亦异。市内收入、由家屋地基之租借等而来。市外收入、由林野及菜圃等之利用而得。近时公有地之扩张。概在市外一方面。即如伯林。市内地不过五百八十七町。市外之公有地则有一万五千二百八十九町之多。以是观之。若在小自治团体。则土地之农耕利用。未尝无成功之望。售去官有地之举。非策之得者也。且土地之价。随世之进步。常有腾贵之势。由财政上之见解言之。在小自治团体中。务以属诸公有、永久保存之、为是。不但此也。社会政策之需要日急。国民经济上土地投机之弊害日甚。苟深顾长虑之。宁谓公有地增加之为上策也。此吾所以谓公共团体之土地。纵不能直接供农耕之用。要不可不公共保存也。既宜公共保存之。则须讨究管理利用之之方法。期不悖乎经济原理。

凡欲以收入之目的而利用公有地。不但当期得永续性之纯益。且宜期不失与地价腾贵相伴之利益。故因欲达此目的、而种种之制度以生。其一、公共团体、以自己之机关、执行、企业、之制。其二、用小农佃种之方法。委诸他人而使经营之、之制。由第一法。公共团体享其企业全体之利益。亦负其全体之危险。居于大农之地位。此通例也。然间亦有因欲减其危险之故。特置管理者。约定其完纳年额。年额外之利益。在一定之范围内。团体尚得分受之者。例如德意志之泼兰登堡侯国。由一千六百六十年起。至一千六百八十四止。其官领地皆采此法。然成绩不佳。侯国不惟未得分受利益。且约定之完纳金。亦难完全收得。而土地腾贵之利益。亦不能享受。其后无几、此制遂废。反之若并有全部利益及危险而直接经营之之法。实为原始之制度。迄今尚有行之者。然势颇衰颓。学说上以其非特别有利之制而排斥之。盖未尝不因其执事者之常乏自己企业之利益心也。

小农佃种方法。分世袭佃种及定期佃种二种。世袭佃种者。约定每年交纳一定之佃种料。使同一佃种者、世继其业之制也。其所佃种之土地。永归其家族继续使用。故无骤尽地力、令其荒瘠之弊。然当地价腾贵时。公共团体将不得收相当之利益。此其缺点也。此制行于欧洲大陆。于第十八世纪为最盛。近时颇为衰退。惟德意志之墨克伦堡、舒为林二地方。自一千八百六十七年以来。一般施行此制。其成绩颇著。

理论及实际上之状况如此。故近时文明诸国。多弃世袭制而采定期制。且其佃种许可法。亦与专制时代之专恣偏袒者异。常依一定之标准。以公开竞价法改定之。故可随时定适当之佃种料。而使公共团体受地价腾贵之利益。佃种改定之期限愈短。则公共团体之利益愈多。然期限过短。则往往有促佃种者滥耕之弊。要当定适中之期限。使佃种者得受适当之利益。以励其经营之志。而于契约中加入随地价变动而增减佃种料之条件。则得之矣。然此等关系。极其微妙复杂。故从实际上之大势言之。则租种期限。日有缩短之倾向。即如德国。当十八世纪时。佃种期限之常在五十年至百年之间者。至十九世纪之初。短至三十六年。现今则平均不过十八年而已。

定期佃种。复分二种。其一一般佃种法。即包括一切之设备及一切之附属工作物、而定佃种契约者。其二各个佃种法。即就各土地及各附属工作物、而各附佃种契约者。一般佃种法。适于人口稀薄、农业粗笨之地。各个佃种法。则适用于欲获高贵佃种料之时。

由佃种而来之土地收入。为纯收入。现今各国之官有地。概利用佃种法。例如普国。于一千九百零八年。官有地之属于小农佃种制者。共有一千零五十七处之多。而属于国家直营之企业者。仅七处云。

第二　森林收入

公共团体领有森林而经营之。最为适当。此理论上一般所承认者也。其所以然。似不在财政上之原因。而在一般经济之需要。夫由国民经济一般公益观察之。对于治水卫生养鱼等之关系上、国内不可不有一定之森林面积、及其森林之不可不适当经营之。固不容疑者。而其经营。与其依私人之企业。宁归公营企业之为适当。亦有极大之理由在。无论何种事业。其播种至收获间。为期最久者。当无过于森林业。从而无论何种事业。其易陷于滥伐及其他之诱惑者。亦当无过于森林业。而对于此种诱惑。富有抵抗力者。以公共团体、尤以其中之国家为最。此从一般经济上观之。森林事业之所以适于公营者也。而况即从财政上观之。森林之公有公营。亦往往生莫大之收益哉。

欧洲大陆。于第十九世纪之初十年。如法普奥诸国。售去国有林甚多。然多数之国家。虽激减其农耕地、或全售之。而保有广大之森林地者尚夥。逮十九世纪之中叶。形势一变。国有森林。不惟无减。且依民林之买收。方日见其加增。今日如普国及其他德联邦国、德帝国、俄、法、奥、匈等国家。无不有巨大之森林者。德帝国在一九〇六年。国有林之面积为九十六万町步。占全国森林面积三分之一。普国巴威伦及其他德联邦之官有林。亦概占其全国森林面积三分之一至五分之二。而其中属于国家者固多。属于地方自治团体之所有及企业者、亦不少。德国之市町村所有森林之总额。在一九〇〇年。为二百二十六万町步。实当同国森林全面积之六分之一。而此市町村所有森林总额内之二分之一。盖属于亚尔撒司之市町村云。

日本之森林总面积为二千一百九十九万七千六百零三町步。(原野在外)属国有者为一千一百六十九万三千七百八十七町步。实当总面积二分之余有奇。皇室御料林为二百零二万四千九百十一町步。约当总森林面积十分之一。地方自治团体之森林。合算于八百二十七万八千町步之公私寺社所有森林之中。其区划虽不甚明。然依当事者之计算。其数为二百四十八万三千六百七十一町步。约当总森林数之十分之一。寺社及民有林约当总面积十分之二、六。(明治四十三年调查)

昔时在欧洲诸国。森林利用之财政的利益极微。此无他。因古时森林仅利用于狩猎及牧场也。及十九世纪。始以树木之种植采伐为主。而生极大之收益。据一九〇七年普国之预算。国有森林收入之中。树木植采之粗收入为一亿零四百五十万马克。由狩猎及泥炭坑所生之副收入为五百五十万马克。而此粗收入仅占普国经常岁入全额之百分之三、六七而止。其他德意志诸邦国有森林之收入。有较巨者。例如撒逊国为百分之二三、六四。舒洼辞堡为百分之四一、〇六等、是也。其他欧洲诸国。据最近之预算。英国官有地全体之收入为五十一万八千镑。法国官地森林收入为七千一百五十三万二千法郎。普国一亿九千八百二十一万四千马克。俄国七千二百十二万卢布。意国一千二百八十六万七千利拉。故普俄二国国有林之收入为最巨。

日本国有森林之收益。在明治三十一年度。仅五十一万五千圆。平均一町步仅六钱。及明治三十二年。始建国有森林特别经营之继续事业计划。于十年间。约卖去官林十分之一。以其价作为森林资金。以之于十六年间。买收民林。增植官林。同时定对于官林之施设案。行轮伐法。以谋经常收入之增进。经此次改革之后。至明治四十四年。据预算上特别经营之会计。收得林野发卖代价三百一十八万圆。以之加入森林资金中。而支出林野经营费二百七十五万圆。而一般会计之森林收入。则达一千零五十万圆之巨额。除去森林费四百五十万圆外。实得纯益六百万。此实官林（北海道官林在外）七百万町步之收入也。故每一町步约得收益八十八钱。比之普国之一町步四圆。奥之九十七钱。撒逊之二十三圆。虽不无逊色。然其将来之有大望。可无疑也。

公有森林之经营。大抵皆依公共团体之机关指挥遂行之。殆无有用佃种之制者。日本之所谓部分林。虽属佃种制之一种。然其面积仅七万七千町步。不足成重要之问题。故习惯已久。任其如故而未之改也。事实上国家直营之制。普行于各国。实缘森林事业系笨重之企业。适于大规模之计划。必待长远之施设拥护。而后能经营得当而获利也。唯同是公共团体。而地方自治团体。实力微弱。尚恐难免滥伐之弊。故国家当监督之。不宜全然放任。至启弊端也。

地方自治团体。往往有以收益之目的而经营森林事业。以获巨大之收入者。然此收益主义。一般尚未完全发挥。公营森林之利于地方人民者。实不在此。而在其他之关系。故地方自治团体之森林收入。于财政上尚未占重要之位置。旷观各国现状。地方自治团体之财政。大都由土地及家屋之借贷而得极大收益。故不动产之收入。决非鲜少。英国地方财政之不动产收入为二百二十万镑。约当地方总岁入之百分之二、四。法国为八千七百九十二万法郎。当地方总岁入百分之八。普国为五千四百七十四万马克。当地方总岁入百分之九、二。日本为五百十八万三千圆。当地方总岁入百分之二。

第二项　企业收入

第一　矿业收入

与农业之利用土地相对而有矿业。利取土地之矿质的财宝。亦公共团体自己经营事业之一也。例如国家之采矿、冶金及制盐企业等。即是。此等矿业之收入。虽半属土地之收入。然多与冶金制物之工业相伴。故与其单称之曰土地收入。宁称为工业收入。较为近当。此等事业、不适于地方自治团体。可不待言。实际上亦无其例。即现今国家。亦已不视为重要之财源。普及其他一二德国联邦、奥俄等国、今尚以为国家之企业。其粗收入虽颇巨。而纯益则微。依普国一九〇八年之预算。矿业冶金及制盐事业之粗收入为二亿六千二百万马克。（内二亿零六百万为矿物卖价。二千五百三十万为冶金物卖价。一千三百万为制盐卖价。）而其经常支出。乃至二亿四千二百万马克。其纯益仅二千万马克而已。奥国官有矿业之总收入为一千七百七十万克。其总支出为一千五百八十万。故其纯益亦不过百九十万克。

日本昔曾经营广岛矿山。以为独立之矿山官业。然损失颇巨。明治三十六年。遂废止之。现今仅官立之若松制铁所及制钢所。附属有铁山炭山。故其财政上之特别收支、亦不明了。以若松制铁所之总会计言之。此所系独立官业。创立于明治二十九年。当时之固定资本已有四千五百万圆。自明治三十四年开业后。年年损失。至明治四十四年。仅得见五十万圆之利益云。盖其所用原料之煤炭。虽甚充足。而铁则须仰给于海外。已极不便。而其技术亦不适民间之需要。其价复较输入品为昂。故今日世论以为宜使变为民业也。

普国有所谓琥珀特权者。盖古代财政之遗物。而一种原始生产之公营也。琥珀特权、源于海岸之所有权。因琥珀发现于普之海岸。而海岸属王侯之特权。故琥珀权亦遂为王侯所专有。迄一八一一年。皆由国家直接经营收益。其法由国家出仅少之报酬。使海滨住民立于官吏监督之下而采取之。然一八一一年以后。变更从来之方法。招人包采。及一八六年。复改为使海滨住民包采。至一八七七。始令一公司一手包办。其献纳金仅八十六万五千马克。于是于一八九九年。复更为国家企业。以至今日。琥珀工场之总收入为三百九十万马克。而其支出乃达二百九十二万马克。其纯收入仅百万马克而已。

验之实事。国家自营矿业。从技术及经济上言之。不能谓为绝对不适当。凡需高等技术之采矿业。大抵所需资本甚巨。其为大企业也。可不待论。由开始经营。以迄能收相当利益。其间为日颇长。其企业之要部。又非托付富于特别学识之人、不可。且欲使企业免于危险。尤不能不十分注意。故从此种关系言之。不能不以官营为有利。从经济的关系观之。亦然。矿业之中。除其工业的副产物常受经济变化之影响外。殆与商业的及投机的要素、毫无关系。若以小团体经营之。成功之难。明于观火。且恐有滥采之弊。而其所采掘之矿物。又非无尽藏可比。其采掘之度愈深。其所需企业费愈巨。而危险之度亦愈甚。故民业制度。究不可取。不若取国家企业制之为得也。国家矿业。在欧洲多数国中。大抵由王侯之矿业发达而来。特至今日。则特权独占之性质已失。皆变为自由经营。而与私人企业相竞争矣。惟煤炭及碳之探掘。由国民经济上观之。不得不以国家独占为优也。

第二　工业收入

前节所论之公共企业。属于原始生产之企业。其外工业品制产之企业。亦常有与公共团体相关联者。观第十八世纪中、各国国家、常设立机织陶器及玻璃制造场。又东洋之诸幼稚国。今尚存有制纸织物等官立工场者。可以知矣。顾此等企业、非由财政上之计划而起。实出于国民经济上之顾虑。换语言之。此等企业之目的。盖不外乎为该工业界设一模范。以教导奖励之而已。然现今文明诸工业进步。已无模范工业之必要。故诸国现存之国家工场。于为工业界模范之外。理论上实不可无收益之目的。然事实上其收入甚微。且每有反待国家之补助金者。转不如废止之为愈也。近时火药及战用品、常属于国家企业。然此等制造品、本专为国防上起见。冀确保独立之供给力。亦决非以收益为目的者也。要之、自由企业之国家工业。概属不利。可断言也。

非独占之工业的国家企业。自十五世纪以来。久已为财政学者所排斥诟病。以为不足充国家之财源。故至今日。此等企业、几于绝迹。仅有极少数之例外而已。

印刷及官报事业之经营。属于自由企业之国业中。二者为便宜计、皆附随于其他行政。其收入原不足重。然事实上常有若干之收益。故一般亦视国家财源之一。日本印刷局最近年度之纯益、仅二十六万圆。德国印刷局之纯入则甚巨。约三百四十余万马克。日本之官报、出版贩卖。皆使书肆承办。政府之收入极微。德国则官报收益年约七十万马克。由帝国及普国均分之云。

此外之国家工业、概属政府之财政的专卖业。今为便宜计。以之为课税方法之一种。后当详述之。兹且省略。

然尚有一种工业、与独占之国家工业类似者。即货币铸造事业、是也。欧洲大陆古制。货币铸造之权利。为王侯特权之一种。故学者多有以其收入为特权收入、而别论之者。然历史上、铸货之权利。不尽属于王侯之特权。往往有属于私人者。于古代之东洋诸国尤然。且即现在各国制度论之。实已不为王侯之特权。故以依照现制而定其种属为宜。

货币之铸造有二种。一、本位货币之铸造。二、补助货币之铸造。二者虽同属近代国家所独占。然本位货币之铸造。与补助货币之铸造异。以真正之意义言之。实不可称为工业。何则。凡本位货币之铸造。概由人民输送原金于政府。而托其为之铸造。为之行印证行为。政府受而铸造之。既成复交与原主。非有制品之所有权也。反之若补助货币之铸造。则办法大异。政府以自己之计算而铸造之。所得之制品为政府所有。可任意使用之。由是言之。本位货币之收入。非收益也。特官务办理料之一种耳。惟补助货币之收入、乃可称为独占企业之收益也。

补助货币铸造之收益。半由其额面价格、与实在纯分价格之差而来。然此差之起也。实补助货币对于本位货币、其性质上有不得不然者。非财政计划上欲得收益而故为之也。而此差所生之收益之不宜私诸个人。亦显而易见。故唯有归诸国家之独占而已。此补助货币之铸造之所以不得不归国家专有也。

然本位货币及补助货币、应归国铸之根本理由。尚不在此。国铸之根本理由。盖不在财政上、而在一般经济之上。夫货币者。为一般支付之要具。故不可不确保其真实不赝。而欲确保其真实。则莫若统一其铸造之技术于一处。是故国家对于货币之职分。在确保其真实。而铸造技术之一手包承。特其便宜手段而已。由此言之。国家独占货币之铸造云云者。字义颇欠妥适。宁谓国家独行对于货币之公证事务。较为得当也。此与国家印刷局之制造纸币印花及邮票等、无异。国家之所为。在制造技术之最后之点、即盖印而证其真实一事。然则货币铸造之收入。与印刷局之纸币邮票等制造收入同。称为国家工业上之收益。固未尝不可也。

造币官业之收入额。在统计上。欲区分其若者为本位货币办理料。(分析及精制办理料)若者为补助货币收益。颇属难事。观各国最近之预算。普国之造币纯益为七十一万七千九百马克。俄国为三百二十万余卢布。法国为一千七百六十六万三千法郎。日本造币局之收入为一千五百十万圆。除去经费外。得纯益约五百六十八万。但不属于一般会计。别设货币整理资金特别会计、以经理之。使供货币交换之资金之用。

其外日本之可称为官有工业者。尚有多种。其收益如下。监狱作业。其收入为约一百三十万圆。东京炮兵工厂益金二万四千五百圆。大坂炮兵工厂益金二万二千圆。千住制绒所益金三千七百七十二圆。海军采炭所益金约三万圆。海军工厂益金约三十三万圆。电信灯台用品制造所益金约三千圆。以上除监狱作业外。皆系应各行政需要之工业。故其收入、即用作其各行政之经费。非真正之收入也。

地方自治国体之中。亦颇有重大之工业的企业。虽昔时工业之属于地方团体者。概轻微不足道。然而近世。则光力水道等文明大工业。大都为自治团体所占。此种事业之发达。始于德国。今则周遍于文明诸国矣。

煤气电气及水力工业之应归自治团体经营。今已由各方面公认。而公共行政技术上之能力。依种种经验。亦已证明。更无可疑。加之此等企业所不可缺之事、如道路及公共营造物之使用、暨灯火沟渠及消防制度等之监理施行等事。皆与自治团体有极大之利害关系。故使归公共企业。实至当不易之办法也。

此等企业之设备。皆兼有获得收入之目的。从实际上考之。地方财政之受其益者。甚众且巨。此等企业之方法。普通皆由自治团体自立机关而经营之。然亦有招人承办之事。未可概论。英国地方企业之收入、占其总岁入之百分之二十四。英国之市营收入、占各市总岁入之百分之二十五。日本则此等文明企业、地方上尚未十分发达。其收入额亦微。无足言者。

第三　商业收入

商业的企业之中。凡贩卖非其自己产物之营业、即普通商人之商业。与公共团体极不相宜。事实上今日公共团体中。亦殆无采用之者。盖其势不得不然也。普国之海商司。设于一七七二年。初本为股份公司。后一八一〇年、改归国有。其始之目的。虽在营真正之商业。然其后累经变化。今则全类银行矣。要之纯粹之商人的企业。终难与公共团体适合。盖市场一日千变。攫利恒在俄顷。公共团体、实未具如此敏速之能力也。

关于信用媒介之公共企业。视纯粹之商业。较为适当。而实际上亦有以之为重要财源而行之者。然理论上、则反对此种企业之为国营者颇众。其反对之理由甚多。如谓此种企业对于国家财政、甚难独立。且遇战时、每有委其财产于敌之危险等。其最著而有力者也。

今日各国之有中央发行银行、以为纯然之国家机关者。尚复不少。例如俄国瑞典及瑞士各邦皆然。然其他多数之国。大抵特许一股份公司。办理发行事务。令其当发行兑换券之任。至关于行政。则国家保有监督之权。而其利益之分配。亦由国家任之。且国家可以均沾。如德奥法比诸。现皆采用此制。法国于发行税及无利息借款（四亿八千万佛郎）之外。国家更课其利益分配金之百分之四。奥国对于百分之七以上之利益分配金。课其半额为报效金。比国对于百分之六以上之利益分配金。课其四分之一为报效金。德国于发行税之外。对于百分之六、以上之利益。课其四分之三为报效金。据最近之预算。德国于发行税之外。实均沾利益一千五百五十九万马克。亦云巨矣。惟日本则无分受利益金之制。仅课发行税而止。

德国诸联邦中、尚有不发行纸币之、官立银行。例如一七八〇年所设之怒伦堡银行、是也。巴威伦政府由此银行取得之收入。最近年度约二百十万马克。普国之海商司、今仅营银行业。故亦当属

于此。据最近之预算。其所得纯益实达三百五十万马克。（总收入四百四十六万马克行政费约九十二万马克）

信用机关中贷款所及贮蓄金库之企业。除国立邮便贮金制度之外。罕有属于国家之企业者。（普国有王国贷款署）然其属于地方自治体、如市郡等之企业者。则颇多。如意国及比国之市立贮蓄金库。法国之邑立贮蓄银行。德国之郡市立贮蓄金库等。是其例也。此种机关。通例虽不以收益之目的而设。然实际上、所生利益匪细。往往有以此种设备之有无、而财政上大受影响者。观最近之计算。伯林市之市立贮蓄银行、共得纯收入二百三十万马克。其邦他国各市市立贮蓄银行之纯收入。亦各得百万数十万马克。不等。至贷款所之收益。则为数甚微。不足道。

第四　交通收入

公共团体企业之中、现时占最重要之位置者。为交通机关之企业。由交通机关而得之公共收入。有二种。其一、使交通营业者使用公共交通路而得、之收入。其二由公共团体直接经营有料运输而得、之收入。水陆道路之收入。概属于前者。盖与办理料相当。非兹所欲论者。故略之。属于后者者。为公共渡船事业、航海事业、邮政、电信、电话、及铁路等之企业收入。下当逐一论之。

国家的轮船企业。行于德国联邦中之巴威伦瓦腾堡诸国。巴威伦国、于一九〇六年。由此种企业。得收入六十一万七千马克。其他诸国官营轮船之收入则甚微。要之。此种企业、于国家财政上。殊无大关系也。

效力之最显著者。为邮政企业。此种交通业。源于古时王侯之邮政特权。今则依一般经济上之计划。全世界各国。几无一不以属于国家之经营者。此种企业、以价廉而事敏、务求传达信件之能普及一般、为主旨。故欲达此目的。不可不有广大之组织。若夫域限企业于狭小区域之举。乃断乎与其性质不相容者。此其所以不得不属统一的官营也。或有谓邮政必须公营之理由。盖在保守通信之秘密者。此恐不确。何以言之。盖无论其为公营、为民业。其传达之方法则一。俱不外乎雇送信夫传达之也。故邮政公营之理由。当在一般经济上之需要。

关于国家邮政企业之技术上。从未闻有唱反对之论者。而国家因邮政企业以得相当之纯益、一事。亦为一般所承认。一般所尚欲要求者。则惟国家不可以得多额收益为邮业之第一目的、之一事而已。

近世新发明之通信机关、如电信及电话之事业。在文明各国。大抵均属国家之经营。唯尚间有属诸私人企业之国。及委电话事业于市町村之公营者。至无线电信事业。为电信事务之一部。从来皆归国家掌管。而海底电线。其初本属私人企业。近则渐有移于国营之倾向。尤以短距离之线为然。一九〇三、地球上之海底电线共二千零六条。其长达四三四五四六基罗米突。其中属于各国之国有者。不过一千六百十九条。长七二〇二三基罗米突。

国家以收益之目的而经营电信电话。反对之者尤少。盖由一般人皆视其供给之利便为一定阶级之人所享。故其价之低昂如何。概视为不关痛痒。是以理论上关于此种企业收入之最高度。虽当以适足补充其费用之全部为限。然实际上各国皆取得高出于费用之收入。而论者亦莫以为不当也。

邮政电信业之收入。在各国财政上。俱占重要之位置。然其对于总岁入之比例、及其纯益对于事业总收入之比例。各国间皆互有多寡。日本邮政电信之收入。约当总岁入百分之九。远不及德国之当其总岁入百分之二十四。然试察其与纯益之比例。则日本之纯益、高至百分之四十五。较之德国之为百分之十者。不可同日而语矣。

兹将各国邮政电信收入及纯益之状况表示于下

各国邮政电信之收入及纯益表（1910 年）

国名	邮便收入	对于总岁入之百分率	纯益	对于事业收入之百分率
英国	24,260,752镑	11	4,246,655镑	17
法国	355,980,100法	8	26,240,350法	7
德国	693,226,325马	24	72,195,742马	10
俄国	95,182,220卢	3	（1909 年）32,093,561卢	34
美国	237,648,926美圆	33	230,896美圆	9
奥国	179,197,710克	7	4,312,744克	2
意国	（1911 年）141,000,000利	10	20,603,456利	14
日本	（1911 年）48,589,725圆	9	22,128,094圆	45

美国之电信事业。委诸私立公司。国家仅经营纯邮政事业。从来收支不足相偿者甚久。今则已可得微利。亦足以觇其进步矣。

次为铁路事业。铁路之适于公共企业。已久经实验上证明。可无更疑者。即从一般经济上及财政上观察之。亦以实行公营为必要而有利。尤以在大陆诸国无海运之竞争者。为不可不急谋公营。以矫独占之弊。观近时各国竞谋实行公营计划。亦可知世界大势之所趋矣。现今文明国中。惟英美二国之铁路。全属民业。其他诸国。若比利时、则夙采国有主义。德国自战胜后。力图铁路之扩张。现在其铁路全线为六一、四三七基罗米突。其中属国有者五六七五五基罗米突。民有者仅四、六八二基罗米突。而国有之中。属于普国者最多。凡二九一三二英里。普国之民有铁路。仅一八二六英里。故普国内铁路、可称为十分之九、四属于国有也。法国前取将来国有之主义。依一八四二年之法律。交付极巨之补助金。特许六大公司布设重要之线路。其特许期限、延长数次。今已定为至一九五〇或一九六〇年为最终期限。又依一九〇八年之法律。西部铁路、已于一九〇九年一月一日收归国有。然其收入尚微。未足见重。意国铁路共长一〇、六一八英里。其中八、二六二英里属于国有。俄国铁路共长四五、〇七八英里。其中属国有者七、九三九英里。属政府管理者五四四英里。

日本自明治十一年、定铁路国有之主义。计划全国之预定线路。拟由国家顺次布设。然以国家时政支绌。不能独力遂行。遂中途变更计划。以日后由国家买收为条件。姑准私立公司布设铁路。及经二十七年中日战争之后。愈知整理交通机关之为急务。于是复肆力于官有铁路之延长。官有线路与私设线路同时并进。然官路虽极力延长。犹不及民路三分之一。及至三十七年。而日俄大战役起。征诸实验。察之将来。益觉全国铁路之统一改良、不可与经济之膨相张伴。遂决计买收私有铁路。以达铁路统一之目的。当时战云尚未全收。财政方甚拮据。然知此事之不可少缓。遂于明治三十九年三月、制定铁路国有法。买收私立十七公司之内地铁路。当时日政府股为分之买收、及旧债之继承等故。约增负新债约六亿圆。现日本之国有铁路已达五七八一英里。私有铁路则仅有五一一英里。合全国线路计之。官有铁路约占十分之九。亦可谓盛矣。然当时所买收之铁路。多半废朽。不能画一。所需改良经费甚巨。且以日本本铁路之全线、与欧西诸国相较。实甚短少。此后尚不可不锐意延长。而由他方面观之。电车及自动车之竞争。渐益加激。果尚能遂行国有铁路之建设及改良否。实为财政学上颇堪研究之问题也。

各国国有铁路之收入颇巨。据最近之预算。普国国有铁路之总收入为三十三亿六千万马克。其支出经费为二十亿五千万马克。实得纯益约十三亿马克。铁路总收入约居同国经常总岁入五分之三。其他德国诸联邦之铁路收入亦颇巨。意国铁路收入为四千一百三十二万利拉。约当其总岁入百分之一。俄国最近年度之铁路收入为六亿二千五百九十一万卢布。约当同国总岁入百分之二十二。奥国最近年度之铁路收入为八亿一千一百十五万克。（支出七四九、七七六、九〇〇克）约当其总岁入百分之三十三。

日本之铁路收入。据明治四十四年之预算。为九千二百四十四万圆。其支出与公债利息合计。约八千三百十三万圆。故其纯益约可得九百万圆。而铁路之总收入、约当国家总岁入百分之十四。但铁路之收入及赢余。全属于特别会计。其赢余即以充建设及改良费。而不移作别用。然此建设及改良费、每年约需五千万圆。故于铁路赢余之外。每年尚须借款四千万圆。现在为日本财政上最大之累者。实此款也。

地方自治团体、如郡市町村等之财政。亦未尝无自营铁路之倾向。然其所营之线路。当以供其管辖区内之交通者为限。即轻便铁路及市街电车之类是也。此等交通机关。当专以自治团体人民之便益为主。设以委诸私人股份公司之经营。则难保其股东之多数不为其团体以外之人。因之其经营亦恐不免有与自治团体人民之利害相反之虞。故苟自治团体而有资力及信用者。必以自己经营为上策也。英国以一八七〇年之轨道法。早已奖励市街铁路之归公有。在一八九七年之时。英国市街一百五十九之市街铁路中。归市町村有者已有四十二条之重要路线云。法国素采特许制度。故自治团体内之小铁路。亦归民间建设。德国地方自治团体内之铁路。一般尚在幼稚时代。然自一八九五年始建市有铁路以来。陆续增设。今亦不少云。

日本之地方自治团体。较德国尤为幼稚。除明治四十四年东京市买收市街铁路之外。地方都市之营铁路者。不过寥寥二三。然轻便铁道补助法已于四十三年发布。各都市受其奖励。或渐有发达之望欤。

第五　彩票收入

国家者。以谋一般幸福之增进为目的、之模范的道德团体也。故凡破坏国民道德之物、如侥幸赌博之彩票者。万不宜由国家公营之。而德国学者乃以彩票为王侯特权之一种。此其为说。根本上既已误矣。而乃斤斤然辩护之。以为彩票之为物。若任私人经营或输入。甚属有害。反不若由国家公营之。一以防外国彩票之输入。一以限制私人经营。以严厉之条件。由国家独占之。说似甚辩。而实则无理。夫彩票者、究属旧制度之遗物。财政上可因之以骤得巨大之收益。故无能而怠于思索之财政家。每回护利用而莫悟其非。顾其性质既已不德。早晚必当完全禁绝者也。然今日德国诸联邦及奥意诸国。尚有行之而视为莫大之财源者。故摘述其要于下。

现今德奥诸国之官业彩票有二种。一为个数彩票。起于意之热那亚。一为等级彩票。起于荷兰。

个数彩票、由自一以迄九十之号数而成。每次开彩。由九十数之中。任意抽出五数。当其数者胜。赌者于未抽之前。可任意赌金若干。买一号数或数号数。若抽出之号数。恰与其所购之号数相同。则谓之当彩。获利数倍。此购彩票者之利益也。而国家之利益。则在不当彩赌者之损失。及国库对于赌金之收利额。开彩之施行愈繁。则国库之收入额愈多也。此制度涉于上下诸阶级。奖励赌博、而乱勤俭之风。阻害产业之发达。以酿成种种穷乏及罪恶者、实甚。理论上在所必禁。实际上亦稍生反对之倾向。西班牙丹抹[①]匈牙利诸国。各已于十九世纪中叶废止之。故今日尚行此制者。惟奥意二国而已。据最近预算。意国之此项彩票收入为九千五百万利拉。奥国约收入五千万克。

等级彩票者。以一定之赌博金额。分配于一定之号数。设数等阶级。以区别当彩者利益金之多少。除分配金额外、所余之数。为政府之利益。此法称为较无危险。因其分赌金及当彩者之利益金为数级。一面使细民不便购买。一面又可以绝射得巨金之侥幸也。此制于一七二六、始行于荷兰。后渐及于丹麦西班牙诸国。终盛于德联邦诸国。一九〇二年、联邦中之黑逊等。组织一彩票共同团体。一时甚盛。联邦诸国之彩票。多采用招办制。惟普国及黑逊等、则

① “丹抹”，今译为“丹麦”。——编者

采直接官业制。然自一九〇四年至一九〇七年之间。普国与联邦十九国缔结特别条约。买收彩票发行权。而支付一定之年金于诸邦。以为赔偿。此后普国以外之诸邦。约定当废止官营彩票。未经认许之开彩。当以普国特定法律处罚之。而私业彩票之认许规条。亦同时严密规定发布之。而德国之统一的彩票同盟。遂以成立。据最近调查。普国之官业彩票之纯益为九百三十万马克。撒逊为四百八十万马克云。

日本于明治四十年尝行官业彩票制于台湾。采用个数彩票制。其目的在防外国彩票之侵入。及吸取海外之赌金。然事实上则以台湾及内地之赌金为主。海外之消场极微。反至国内赌心激发。开彩频繁。弊将益甚。施行未及期年。遂全禁之。此外日本别无官业之彩票。且新刑法亦明有严禁之之意也。

第三项　收益动产收入

收益动产者。即出资股本及贮资之谓。其所有者可享定期之收益者也。而其形式则大抵为以货币表示之有价证券、及其他之收益的债权。

国家公共团体所有之出资的动产。常以分红、年纳金、或定期金之形式、而获收入。例如日本预算上所称为分红金收入者、是也。内计对于满铁会社、政府所出资本之纯益分红金三百五十万圆。鸭绿江采木公司分红七万五千六百三十五圆。及台湾银行分红金十万圆。共计三百六十七万五千六百三十五圆。（明治四十四年度）欧洲各国财政上。此种收益颇多。据最近预算。英国收入苏彝士运河股份之分红金一百二十三万四千三百五十镑。美国收入太平洋铁路之利息美金八千七百六十六圆。巴奈马铁路会社之利息美金十七万九千九百圆、及其他多数贮蓄金之利息。俄国对于私设铁路中政府之股本、收入分红金二百二十万卢布。对于帝国银行之永久寄存金、收入二百万卢布。近时各国之事业补助、皆有倾于出资的补助之势。故此种分红金之收入。当逐渐增加。此制比之单纯补助。较为得策。其效颇著也。

收益动产之第二种、为公共的贮蓄。换语言之。即各种之积存基金也。此种基金之积存。由种种原因而成。其运用之途。亦各不同。有依指定之用途而可支出本利者。有支利而存本者。有全无指定之用途。可自由运用消费之者。依种种规定之互异。而收入因有多寡。然果能总合此等贮资。注意于其运用。而适当经理之。颇能生巨额之收益也。美国基金之种类最多。英国亦有减债基金及海军工厂基金。德国于战时基金之外。有铁道改良基金等。日本基金之数亦甚多。今据明治四十四年度预算。列国库所属之基金及资本如下。

帝国铁路积存金、台湾官设铁路用品资金、财政部支付存款利息资金、特别资金、整理货币资金、事业公债及铁路公债金、军舰水雷艇之补充资金、海军工厂资金、大学及学校图书馆资金、森林资金、造币局资本、大坂炮兵工厂资本、千住制绒所资本、海军采炭所资本、制铁所资本、帝国铁路资本、朝鲜铁路资本、朝鲜森林资本、邮政局贮金周转资本、电信灯台用品制造所资本、等。总计

资金	151,692,836圆
资本	978,491,733

续表

内	
固定资本	941,627,772
运转资本	36,863,961
合计	1,130,184,569

上列之固定资本内。原有不动产或与不动产相等之收益财产。故设若将此等不动产减去。余额即一种之贮资。可称为收益动产者也。其数为一八八、五五六七九九圆。

此中军舰水雷艇之补充基金、灾害准备金及教育基金之现额。计算上应共有七千零六万七千七百九十八圆。然实际上每每移作他用。垫支消费之。其实在现额。仅军舰水雷艇之补充基金九万八千六百二十三圆。灾害准备金十九万四百九十圆。教育基金二十万八千八百十四圆。此三种基金之外。各种资金及资本。皆有必要之用途。每年反覆使用。几无贮藏利殖之余地。然其使用时期。自有长短早迟之分。未尝不可当作不定期寄存款以生利也。

以上所列资金资本之外。尚有国债整理资金。此资金由通常会计及铁路会计、年受一亿七千三百万圆之拨入金。而其受金之日。常较其应行偿还公债本利之期为早。故其间尚可以寄存于财政部之寄存金保管处以生利。财政部之寄存金保管处。除此项资金外。尚寄存有邮局贮金及供托金等。共计总额约二亿五千万有奇。其每年所收运用之纯益、约八百七十余万圆。

地方自治团体之财政上。亦有动产收入及出资所得之利益分红金。例如日本府县自治团体对于农工所分得之赢余、是也。至于地方团体之积贮资金。则英国有警察恩给基金、地方债之整理基金。法国地方团体、亦有存款于国库之寄存金保管处者。普国亦有救贫慈惠基金、贷付基金、小铁路保护基金、道路工事债之整理基金、地方火灾基金等。皆属于自治团体者。其每年收入之利息。达三百六十万七千八百七十七马克云。日本地方团体亦有此等基金。据最近之调查。有府县罹灾救助基金四千一百零三万九千七百六十九圆。府县慈惠救济资金二百三十六万二千零四十八圆。市区基本财产积贮金三千一百四十九万四千九百八十圆。町村基本财产六千四百四十五万三千五百九十圆。合计实达一亿三千九百三十五万零三百八十七圆。其中市区及町村基本财产之十分之七、五属于土地建筑物及土地产物。不能称为收益动产。然其余之约六千七百万圆。殆全属有价证券、或现金等、货币资本。故假若以五厘息运用之。每年实应生收益约三百六十万圆也。但地方预算上、皆以之合算于财产收入中。故其实在收益。不可得而知。

第十六章　公课　（公经济的收入）

公课者。谓公共团体对于共同关系者所分课之政费也。由被课者言之。即其对于共同关系之负担也。盖公共团体、于行其职分、办理公务之时。所需货币甚巨。仅以其自有之收益（财产及企业）支付之。常恐不足。于是不得不分课其不足之货币需要于团体之共同关系。此其当然之权利。而其负担亦共同员当然之义务也。盖共同团体之基础精神。不在个人差别之自利心。而在各人共同之公共心。乃组织共同团体之根本原则。无可非论者。故公共团体当其抱此精神以谋共同福利也。虽分课其共同政费于现社会资力不均之各个经济。亦固其所。但须以公正合理之方法集收之耳。为补充公共政费之故。由共同关系者之经济、收得之货币额。通例称为公课的收入、或公经济的收入。然公经济的收入一语。颇不切当。盖公共团体之经济全体、既可称为公经济。若于其收入中复有公经济私经济之分。实属无取。且其区分之标准亦纷纷莫衷一是。故不用之。但称为公课、或公课的收入。似较简明。

国家公共团体之公课收入。依其征收之方法、及政费之种类。可分为租税、办理料、及特别赋金三类。又依与其他公共团体之关系。复可分为分担金、及补助金二种。

第一、所需政费。若系用于公共团体之主要一般政务。则公共团体可不顾个人之意思或行为。径直遂行其政务。且往往虽与个人之意思或行为背驰。亦所不惜。而其断行之效用。纵对于个人之经济、有普遍长远有形无形之利益。然其价值不能就各人各事而分计之。故其费额亦不便就受政务利益者之厚薄而分课之。于是不得不依一般的报偿之理由。视各共同员负担力之所能及。平均分配而征收之。此最公平最合理之方法也。是为租税。

第二、此与第一种迥异。其政费之需要。盖由特别政务之出于个人或其他团员之意思行为者而起。其费额可以使受政务利益者分别任之。故依特别的报偿之理由。视费额多少。使与其政务有特别关系者分担之。是为办理料。

第三、系关于公共之经济的设备者。凡此等设备。以一般公众之利益为目的。自不待言。然其设备之附近一带土地、及营业等。

常享特别之利益。多得利用之之机会。故除征求租税、以为一般负担之外。对于享受特别利益之个人。准其所受之利益而特课之。亦不为过。是为特别赋金。或称为特别分担金。

以上三者。皆系与公共团体有关系之个人或私法人之负担也。此外尚有公共团体对于其他之公共团体之负担。

第四、凡上级公共团体对于下级公共团体之政务。有时为行政上便宜起见。不能不越职代行之。遇此之时。其所费金额。自当由下级团体担任。是为分担金。

第五、此恰与第四种相反。下级团体有时须代行或襄助上级团体之政务。其所费金额。可由上级团体领受。是为补助金。分担金及补助金、仅在计算上、可称为公共团体之收入。非真收入。前已详论其理矣。

观各国之预算统计。以上各种公课收入、对于总岁入之百分率。各国间颇有差异。今表示于下。

各国公课收入表（各国货）一九一〇年

国名	租税	课税专卖	办理料其他	计	对于总岁入之百分率
英国	177,013,400镑	——	2,579,873	179,993,273	87
法国	（1911年） 2,491,387,300法	566,696,400	73,452,090	3,131,535,790	71
德国	1,437,071,055马	——	303,986,700	1,740,057,955	61
普国	523,715,300马	——	243,698,827	767,414,127	18
俄国	973,199,239卢	767,032,392	19,238,013	1,759,469,644	62

续表

国名	租税	课税专卖	办理料其他	计	对于总岁入之百分率
意国	(1911 年) 1,277,869,778利	385,520,000	26,470,851	1,689,860,629	66
日本	(1911 年) 324,098,428圆	61,346,402	25,250,684	410,694,514	75

(备考)以上专卖项下。除日本外、系各国专卖总收入之数。非其纯益也。普意二国之彩票收益。亦未算入专卖收入之内。又各国办理料之统计。实不明了。兹所揭者。系兼采其预算上之诸行政收入。日本办理料项下。亦系合算预算上所谓印花收入及准许料等。

此表所示。虽不十分正确。然亦可知除普国外、各国皆以公课收入为财政上之主要财源也。普国之财政实况。非合德国及各联邦之财政而计之。不能得正确之数。然其以财产及企业上之收益为主要财源。则征以前章所述。固无可疑者也。

第十七章　租税论

第一项　租税之意义

吾人于下租税之定义之前。当先明其字义及其基础观念。租税一字。据美国博士色黎格满所调查。欧美历史上、七经变迁。盖其由来者久矣。试察近代各国现存之字义。则英美有 tax 定料、duty 义务、rate 赋率、Contribution 分担、德有 Steuer 助金、abgabe 课金。auflage 上课、法语有 īmpōt 赋金、taxe 定率、等。字形不同。

其用法亦依直接、间接、或办理料等、租税之性质而异。然其间亦未尝无共通之观念。盖不论字形如何。由政府言之。皆为赋课。由人民言之。皆为分担。此租税之字义也。

租税之字义如斯。更观对於历史上之租税一物、学者之见解如何。则可得数说如下。

第一　租税交换说（Tausch Theorie）

此说以为、租税者。乃人民对于政府所行事务、所支给之交换的代价也。此说之主唱者为贺布斯及卜劳得虹二氏。卜氏谓课税为勤劳与货币之交换。政府可供勤劳。而人民当出货币。贺氏谓租税者乃人民购买安宁之代价。依此说。则人民之支付。当与各政务之经费等额。不可逾越。此观念者。设一方使国家为一个体。他方使纳税人全体为一个体。两两对立而行交易。则亦不能谓其有误。然（第一）设如此、则将与国家之根本观念、不能相容。盖国家与组成国家之个人纳税者。本属全部对部分之共同关系。而交换即交易之观念、则非在各个非共同之经济体间、不能发生也。（第二）又设使租税之完纳。由交换主义行之。则关于政府将欲施行之事务。人民必有得拒绝之之自由。以避担任重费。（第三）若租税果为交易关系。则其纳税之程度。必不可不与其所受利益之多寡相关。是必纳税者当各计其所要求于政府之事之费用。以为纳税之比例。然而国家之行为。若国防、若警察、若行刑等主要事务。其性质皆非可使各人民容喙者。且其所生之效益。大抵普及一般。而无形可睹。不可事事物物而评定之。则交换之价值。将以何为准乎。此交换说之所以不可得而实行也。

第二　租税享益说（Genuss Theorie）

此说以为人民由国家、受生命财产上莫大之利益。租税者。即对于此等利益之报酬或报酬之预支也。一称为租税保险说。（Assekuranz Theorie）或租税利益比例说。（Quid pro quo）

昔弥拉波氏谓租税者。乃单为保护社会之秩序计、人民预付于政府之报酬金也。又近时罗特克氏谓租税义务。应随人民所享国家之安宁而定。二氏之说。皆属于租税享益说。此说与租税代价说相异之处甚微。不过前说由国家费用之点观察之。而此说则从人民受益之点立论而已。二者皆以国家与人民全体为非共同之经济主体。其失也均。今假使此根本观念正确无误。且使政府之职分、在保护人民之生命财产。则此说未必不合乎理论。何则、人民所纳租税之总额。与对于人民之生命财产之保护费相比例。实事理所当然也。然政府之职分。固不仅在保护人民之生命财产。社会日益发达。政府之职分。亦日益复杂。于警察等消极职分之外。尚有积极开发之职分。不但此也。文明愈益进步。生命财产之保护费。转有减少之倾向。故租税者。非可与生命财产之保护利益为比例者也。

孟德斯鸠主张租税保险说最力。其言曰。公共收入者。乃人民出其财产之一部分。以确保其余部分之享用者也。即其财产之保险费是也。此其意、盖以为个人所有之财产。皆其勤劳之结果。以此财产附诸保险。实为个人生产分内之事。故政府为一大保险公司。人民年年支纳保险费。以期能得对于盗难及损害之保障也。果如其说。则租税者。将不与财产或收入之额为比例。反与财产所受危险之程度为比例。吾未见如斯之租税也。且夫个人之财产。非必皆由个人之勤劳而来。因社会之进步。而财产增殖。自然受其保护者。

亦有之矣。然则主张以一部分之财产保其他部分之险之说者。将何以自圆耶。此租税保险说之所以不合乎事实也。

第三　租税牺牲说（Opfer Theorie）

此说谓租税者。乃强制的牺牲。个人之完纳租税。全无交换及报酬之观念。仅依对于国家之绝对服从义务。以自己供国家之牺牲而已。其说较前二说稍为进步。然牺牲云者。毫不受他人之利益、为他人故而捐去自己之物之谓也。故谓租税为强制的牺牲。则国家财政与个人经济间之相互密接之关系。将无以自存。而个人所享国家共同分子之利益。将蔽而不彰矣。且由人民视之。可称为牺牲者。由国家视之。必为强制。然租税者。未见其咸为对于个人意思行为之强制也。瓦格纳氏及孔拉德氏之所谓强制赋金（Zwangs beiträge）及巴斯推布勒氏等之所谓强制负担。（Compulsory Contribution）皆与此说同一观念。财政学者赞成之者甚多。今试介绍著名学者数人所下租税之定义于下。

德国学者瓦格纳曰。

租税者。国家行使其财政大权。为充共同的需用之故。由个人经济取得之强制赋金也。

德人孔拉德氏曰。

租税者。国权不自直接出相当代价、依照普通一般所定之标准、由个人经济取得之国库强制赋金也。

德人夏勒氏曰。

租税者。公共团体为充公共团体之需用之故、以公共团体之权力、依据以单意而定之方法及分量、仅以个人应有服从义务之一理由、换语言之、即公共团体并不以课金故、而与个人以特别之报酬给付、由个人经济取得货币之有形手段也。

德人休德格雷氏曰。

租税者。政府为支付一般国用之故、行使其财政大权、依照一定之标准、赋课于国民之强制赋金也。

英人巴斯推布勒氏曰。

租税者。公共团体为其共同需用之故、对于个人或团体之富、所课之强制负担金也。

细味诸说。其可采取之语句。虽亦不少。然诸说皆含有强制或绝对服从之负担之意。可谓未能脱法律上之见解者也。

第四　租税分担说（Contribuntory Theorie）

此说以租税为对于共同费用之共同负担。或有以此说为与前之牺牲说、强制负担说、有同一统系者。以余观之。此说无强制之语。且仅言分担而不言绝对之牺牲。实其特出之处。其说以为租税者。并非绝对之牺牲。实起于共同利益之一般费用。夫既曰共同利益。则其包含个人可知。何牺牲之有。且租税者。又非必常有强制之性质者也。特不过由共同体对共同团员、即全体对部分之共同关系而起、之相对的分担金耳。说甚明晰。大体与鄙见相同。其他学者赞成之者亦不少。兹绍介其二三于下。

法国人波利冶氏曰。

租税者。国家为公共费用故、对于人民之财产或劳力、所课之负担也。

意人哥沙氏曰。

租税者。乃国家及地方团体之政厅、因欲补充当谋纳税人全体利益时、所生之需要、而由人民征取之者。实私人之富之一部分也。

德人落歇儿氏曰。

租税者。由个人经济中支付之赋金。因个人对于公共团体之服从关系而生者也。

美人亚当姆斯氏曰。

租税者。人民之共同分担。所以维持政府者也。以上各说。其共通观念。皆以租税为共同团体员对于共同政费之分赋之所负担。实为得当。故余本此观念。以下租税之定义。如下。

租税者为充公共团体所需一般的政费之故依普通一般的标准分赋于共同团员之共同负担也而。此负担者。常以共同团员各自经济力所能支付之金额。表示之者也。

兹更将此定义分析之。一以明租税之观念。一以示租税与其他收入及公课收入之区别。

第一　租税者一般的政费之分赋也。

此观念不惟足以明租税之非单纯的牺牲。且亦足与办理料区别。以示其非以充特别行务之费用。盖公共团体之经费。可分二种。一为对于公共团体之主要职分上、一般的政务之费用。一为对于因各个人需要而起之特别行务之费用。而租税者。仅以充前者之用、与后者无关者也。前章所以谓租税为一般的报偿者此也。

第二　租税者。依普通一般的标准、分赋于共同团员之共同负担也。

此观念所以明租税者。乃因各个人或各法人、以共同关系员之资格。负担共同之费用、而来者也。但兹所谓共同关系员者。其意非必限于本国臣民。虽外国人或外国法人。苟住居于公共团体之范围内、而营业殖产、经济上有共同关系者。仍不可不负担政费之分赋也。又政费之分赋。须依一般的标准云者。意谓其分赋非就政务之各件、及有关系之各人、依特别之标准而课之。换语言之、即谓其与各个之政务。毫无关系。但规定各个人经济间一般普及之标准。据而分课之耳。然于此所当注意者。不可误解为举共同团员之全部、皆任同一之赋课。究其真意。实不过谓凡与所定之一般的标准适合者。皆当任之而已。

第三　租税当视各个经济力所能支付之度而课之、因其为相对的负担也。

法律上虽称租税为绝对的负担。经济上则不然。凡租税皆当依相对的量力供献之原则者也。盖法律上、除登录税关税等难于强制者外。其他皆预定纳税义务者、而强其完纳租税。故从法律上言之。租税之大部分、皆可称为绝对负担。然租税之赋课。苟不与各自经济之资力相应者。无论以如何之法律强制之。必有民力凋敝、不堪负担之一日。不得为真正之租税也。是故租税也者。必须从分配经济上之原则。视个人经济之负担力。而为相对之负担者也。若但以完纳税金之际、每为法律的关系、而非相对的供献。遂谓租税为绝对的负担。则皮相之见也。试从经济上之原理考察之。以解释其真相。当见税租之为物。一方面有一般报偿之性质。一方面与个人经济之资力相对者也。

第四　租税以金额表示之。

金额者、货币计算之数额之谓。居今日之货币经济之时代。凡与国家收支相关之权利义务。皆以货币计算表示之。故虽如夫役现品之课税、其起源与货币无关者。今亦以货币计算、定其义务。易现物及劳力、为代价及劳银。以为税额。又如印花税亦然。皆以货币计算之也。

第二项　课税之术语

凡课税上各种术语之意义。与租税之研究。最有关系。不可不先定之。如租税之源泉、租税之主体、租税之客体、租税之单位、税率、税金、及赋课法等。皆最要之用语。兹述其意义于下。

租税之源泉者。谓个人经济所有资金之根源。租税应公共之要求、所从以分配征求者也。此有税本税源之别。税本者、税源之原因的要素之谓。个人经济所有生产上之三要素、即资产、企业、劳力。是也。税源者。由税本而生之个人经济上之收益、所得、及因偶然之机会而生之利得等、一切收入之谓也。而租税者。因公共之要求。当由此税源征取者也。是故租税之出处为税源。而税本又税源之重要出处也。如是。对于税源上公共所要求之租税、及民力所需要之所得。乃得于一般经济之中、而定其间之合理的分配率焉。

租税之主体者。有个人之主体。有法人之主体。有法律上之主体。有经济上之主体。法律上之主体者。即法律上明记之纳税义务人、依法律而须行强制之完纳者也。但法律上之主体。未必皆为经济上之负担人。盖经济上之主体。为税源之所有人。即经济上及事实上之租税负担人也。故前者或称为纳税人。后者或称为负税人。以示区别。

租税之客体者。课税之目的物体之谓。若精析之。亦由课税物件及课税标准而成。课税物件者。课税之目标之谓。一种指定之物件或事实。课税人所依以推定税源之所在者也。是故课税物件之职分有二。一以示税源之存在、原因、结果之关系。一以示显著之目标。以明税源之所在。例如地租之税源、为土地之收益。其课税物件。则为生此收益之土地、或土地企业是也。然税源与课税物件。往往有同为一物之事。例如在所得税。税源及课税物件。同指个人经济之所得。二者实同一物也。课税标准者。与课税物件异。其职分不仅在为指示税源之目标。更须测量税源之厚薄者也。德国学者以课税物件及课税标准为同为一物。然日本税制则明白区别之。故今从之。课税标准者。关于课税物件之数量价格尺度等之名称之谓。与课税物件迥异。对于税源、为最近最切之标识者也。例如地租中之土地。所得税之所得。营业税之营业。酒类税之酒类等。皆为课税物件。而地租之地价。所得税之所得额。营业税之售卖量。资本额、或收入额。酒类税之酿造量等。则课税标准也。

租税之单位者。以一定之数量、表示课税物件者也、约言之、即课税标准之各一定量也。例如地租之每地价百圆、酒类税之每酒一石云云者。是也。依此可以算出关于各税之纳税额。课税者对于此单位、所赋课之金额。谓之税额。例如酒类税之每石课税二十圆。砂糖每百斤课税五圆等。是也。对于租税单位之税额。若以百分法指称之。则在狭义、谓之税率。例如关税中之石油。课其价百分之二十。地租之课地价百分之四、七。是也。然在广义。则常合税额及税率。总称之曰税率。以此税率或税额、乘各个人所有课税标准之全数。其得数谓之曰个人之纳税义务额。或单称之曰税金。

赋课法者。租税分赋之方法之谓。大体分为二种。一称为定率法。一称为配赋法。定率法者。预以法律确定课税标准及税率。直接查定各纳税者之课税物件而赋课之者也。其收入总额。实际上非在向各纳税者征收之后。不能确定。然各纳税者固可预算其自己之税金也。反之、配赋法则仅预以法律及预算、确定课税物件及收入总额、依平均的标准率、而分配之于各下级公共团体而止。实际上其对于各纳税者而赋课之。实任下级团体之所为。故公共金库、虽早已确知其收入总额。然纳税者则仅各知平均负担额而止。其一己所应负担之实在税金额。固无从而知之。须俟最下级团体向之分赋之后。始能了然也。此为法德及美国之直接税、及日本地方财政所行之府县户数分配制度。本为与归纳课税相反之演绎课税。其弊也、虽上级配赋之小不公平。渐至下级配赋。亦变为极大之不公平焉。且此制往往缺依收入现状以抑制支出之妙用。往往致经费之膨胀。故现在各国已渐废弃之矣。

第三项　租税之原则

租税之原则者。谓当立法者欲设租税之时、各方面所要求之方针。为租税立法之基础者也。抑租税立法之第一要义。在使租税制度、能副公共团体之目的。使课税之结果、能供公共经费之需要。此不待再论者。故吾人屈指租税之原则。第一当认关于课税本来目的之国库要求之方针。而称之曰关于课税目的之原则。

然此大目的。非单以赋课多额之租税而能达者。盖国家于国库要求之外。尚须遵从种种之要求也。于是第二第三等之诸原则生焉。第二之原则者。谓当国家注意于税源之选择及利用、而欲立租税之法。务使经济界不因以受莫大之损害。即经济上之要求是也。依此要求、而关于税本利用之原则以生。第三、租税者也。务当普及一般。且其分配、务须从公平之条件者也。依此要求、而关于租税分配之原则以生、第四、由以上诸原则选择分配之租税。当其征收之时。务使公共团体负仅少之行政费。使纳税义务者受极少之烦累。此为第四之要求。依此而关于收税技术之原则以生。

第一　关于课税目的之原则

此原则在狭义亦称为国库之原则。由课税本来之目的而发生者也。盖公共团体、为履一定之目的及职分故、而有自由处理经济物件之必要。既已如前所述。然此公共团体之重要经费。为性永久而额巨大。故由支给此经费之国库一方观察之。关于课税之原则云者。意必谓其立法也、当使其租税之收入、足以充经费之用、确实无缺乏之优也。而此要求者。与财政本来之特质、所谓公共财政当量出以决入者。实相一致。较其他三原则、尤为重要者也。何则。吾人因国家公共团体之存在、而得以充满社会共同生活之必要条件云者。实对于吾人经济生活一切部分之最大最高之法则故也。

关于课税目的之原则。租税立法上要求三事。

一　租税之收入须求多额

此实国库要求于租税之第一要点。课税本来之目的上、不得不然者也。故吾人当租税立法之时、最先不可不选择具有如斯性质之种类之税。而其课税物件、存于一般经济、广而且多者。如人头税、地租、家屋税、及间或一定之消费税。皆具有此种性质之税。而为各国所选择者也。此等租税中。往往有妨害国民经济之发达者。然而不能遽改变之、而以他种税补充之者。盖以其收入额常甚巨。不易别求财源以代之也。

二　租税之收入须确实可靠

凡租税者。所以应国库之永久需要者也。故纵令其收入额甚巨。设其巨额不过一时之现象。时时增减。其差甚大。或全然不能永远继续者。则仍不得认为适当之租税。如奢侈税之大部分。其收入之增减甚激。即属此种。反之、若地租及家屋税。其收入极其确实。故从此点观之。实极好之财源也。

三　租税之收入须具有发达力

国库之永久需要。固须待确实之收入以应之。然其需要、实与文明之进步并进。日益扩张。故不能仅以确实不移之收入应之。是故租税也者。一面须求收入之确实。一面又须求其有发达屈申力。能与国家之发达相副者也。所谓发达力者、有二意。第一、谓其税率不变、而收入自然日增。能与世上文明之发达相应。第二、谓其收入之源泉甚富。纵有时变更税率、以图增进收入。亦尚能无害于民业。现今租税中具有此发达力之性质者。为所得税、完全营业税及消费税等。而地租家屋税、则具此性质而征。

第二　关于税本利用之原则

由国库一面言之。凡租税须求其收入之多额确实、而又有发达力。既如上所述矣。然其结果、往往失于重税苛敛。有害税本而涸税源之虞。甚非所以充公共永久之需要也。于是而节用税本及税源之必要生焉。称之为税本之原则。亦称为国民经济上之原则。

税本之原则者。由国民经济上之要求而生。期于节用税源。使生产力不至萎缩。故其关于课税方法及租税种类之选择、立法上要求下列数事。

一　租税之负担仅可及于税源（收入）不可及于税本（资产）

凡欲使租税之收入、永续无间。则其负担之宜仅及税源也、较然明甚。税源者。各人之收入。其大半皆由资产年年发生者也。故年年必征之租税。使此收入负担之、为最佳善。顾各人之收入。为用甚广。其生活必要费、资本贮蓄、娱乐消费等。皆取诸是。故万不能举其全部、以完纳租税。从国民经济上之要求言之。亦但求能割取各人之娱乐消费之一部、以充租税。足矣。盖惟租税之负担仅止于各人收入之一部时、租税年年之收入、始得永续无间也。不然者。使租税之负担。超越税源之范围。而及于资产。以害税本。则税源之涸。可立而待。故曰。租税之负担。不可及于资产。

然有种租税。其果超越税源之范围而及于资产与否。实不易知。盖租税之中。实际上赋课于收入者固多。反之赋课于资产、职业、消费物、或一定之经济事件者亦复不少。当此之时。吾人决不能断定、谓、以资产价格为标准而赋课之之租税为及于资产。以收益或所得额为标准而赋课之之租税为仅及于税源。何则。资产价格之百分之一税。与收入额之十分之一税。其实质殆不相异故也。盖资产价格。概为以平均利率除资产所生之收益之商数。故其计算之基础。实不外以收益为标准。故设若税率之计算而精确者。资产税与所得税。殆同一物。其赋课之外面标准。虽若异甚。其对于税源之负担关系。殆无大异。要在标准之适否、及税率之重轻如何也。

二　租税之负担不可及于幼稚之产业及改良发明

幼稚之产业之富有发达之望者。实公共经济上未来税源之所从出。若于其幼稚之时而赋课之。实足以妨其发达。徒使其竞争者之他产业、独占垄断。以酿成国民经济上之不利。故凡对于改良发明及其作品不课税者。为此也。

三　租税之负担不可使及于生计品原料品及文化开发之用具

生计品所以维持个人之劳力。为一切产业之基础。故为维持生产力计。务当使其价低廉。原料品为未来产物之材料。故为得赋课于未来产物之大利计。务当廉其价格。而奖励其发达。又教育通信用具等文明之利益。实为社会万般发达进步之共通要素。故为培养将来之税源计。亦当免其现在之负担。

第三　关于租税分配之原则

租税立法上所持方针。务使租税之分担、公正无偏。此即所谓租税公正之原则。其意盖谓一国之租税、当平均公正分配于有税源之人民也。但此所谓公正者。究含何意。殊难一定。因其观念随时代国情及思潮而有异同也。然依近世普通一般之观念言之。欲期租税分配之公。正下列二要件。乃必要而不可缺者也。

一　课税须普及一般

租税者。所以供公共团体之一般费之用。故其负担、当普及一般。此言在今日似觉浅近而陈腐。然在古昔阶级制度盛时。一团体之团员。其权利义务。应均而不均。其中有种阶级。不问其经济资力如何。常特别免除纳税之义务。其结果、他种阶级乃因之不得不负担过重之租税。重敛烦征。革命以起。此历史上所明示者也。推既往以虑将来。则租税负担之当普及一般。实有重大之意义也。且苟为公共团体之共同团员。则不问其为个人及法人。其当各应其经济资力、任租税之负担、而不可有阶级上之特权也、固理之所至。租税性质上不得不然者也。然即在今日。依政治上公益上或财政及经济政策上公明之理由。亦常有以法律上之明文规定免除租税之事。但其用意与昔时之免租特权大异。不惟无害于公正。且适足以裨益之。在一般经济上。转为得策也。普通谓之曰纳税义务之一般免除。

此纳税免除之形有三种。第一为依政治上或公益上之理由而免税者。凡关于君主、公使及寺院学校等之免税属之。此种免税与后述二种异趣。实免除经济上之负担。而可称为真实上之免租者也。第二为依财政技术上之理由而免税者。凡关于官有公地、政府用品等之免税。属之。盖此等物件。本所以供公共之用。若课其税。则虽得收入于此。实增公费于彼。故为避此重复计算起见。免其课税。然究不过计算上之免税而已。第三为依财政及经济政策上之理由而免税者。凡关于小所得、小营业、开垦地、原料品之免税。属之。此种免税之目的。在辅救未熟之生产。助长产业。以便他日其成熟发达之后、能得健实丰富之财源。究其实不过一种之政策而已。故可称为名义上之免税。

要之、除却此种依特别公明之理由而免税者之外。租税之当普及一般。乃不易之原则也。

二　课税必须均等

观上述课税须普及一般之原则。租税既所以供共同生活上政费之用。其负担当使一切共同经济员分任之。已了无疑义。然吾人果当如何使各个人分任之乎。兹所谓课税均等之原则者。即解决此问题者也。凡各个所当负担之租税。当以均等之配分分配之。此所谓均等之分配云者。盖谓对于负担租税者之能力、即负担力、当使有均等配分也。其具体的方法有数端。列举于下。

甲　须使税率与负担力平均

税率者。课税标准与税额之百分比例之谓。如何而可使此税率与负担力平均。则从来之制度及学说、分而为二。其一称为比例税说。主张当准课税标准之多寡而比例之。以设均一之税率。其一称为累进税说。主张当循课税标准之多寡、而设有等差之税率。二说之可否。别章当详述之。兹不具论。但最当先注意者。则为选定课税标准之一事。凡选此课税标准。当择其于系统上能直接代表税源者而定之。不然者。纵如何设定税率。终不能使课税与负担力适相均平。何则。负担力者。本存于税源中。若课税标准而不能迳直代表税源。则课税与负担力、当相去日远也。例如营业税本以营业之收益为税源者。而日本营业税之课税标准。不取之于收益。而取诸其他不能迳直代表税源之外形的标识。此可谓忽于选定课税标准者矣。若此者。不唯不能由税率之如何而使其适当。且苟采用累进税率者。则负担之不公平。将不得不益甚也。

乙　当参酌负担力之情状

个人经济对于租税之负担力如何。可由其以收入若干纳税后、所感苦痛之多寡而决定之。负担力之强弱。常依其所得收入之厚薄而定。即凡个人经济、于其所有之收入中、除去税金之后。其所余部分之可以归其自己之自由处分者。为额尚多。则负担力强。其为额少。则负担力概属薄弱。然亦不可单以此可归自己自由处分之收入余额、决负担力之强弱。盖此额之多寡。因其额之内容、及外界之事情、未必常能与负担力为正比例也。以例言之。如资产所得与劳动所得。同为收入。而其对于租税之负担力。乃大相迳庭。由资产而生之所得。为性永续而确实。由劳动而来之所得、则不然。常与其所得人之年龄健康、有重大之关系。其性概不确实。故二者纵属同额。其负担力亦决不可谓为相同。此租税立法上所以不得不区别税源之种类、而加斟酌者也。又此可归个人经济自由处分之余额。亦常因一家之景况、而增减其负担力。例如家族之多少、子女特别收入之有无、享扶养权利之有无、灾厄之多寡等、种种景况。皆甚能限制其家收入之自由使用。故租税立法之际、要当加以斟酌也。

丙　当避重复课税

重复课税者。对于同一之税源、累课二以上之租税之谓。详言之。即已经于一租税中被课之税源、复于其他租税中、算作税源而复被课之谓也。例如原料品。当其为原料时。既被课原料品之课税。及其被制造而为成品。复被课成品税。此其最甚者也。又如于地租及营业税中。既以农工商业之收入为税源而课之。更于所得税中。复以此等收入中之所得为税源而重课之。此即所谓重复课税也。吾人苟欲避此重复课税。则对于前一例。当废止原料税、或俟后退税。对于后一例。当废地租营业税。而为一般所得税。为策方称最善。然直接税上之重复课税。各国税制上皆所不免。且亦未常为不当。苟于对于税源、算定税率之时。能明其一定之计算。使重复课税之结果、对于该企业或该资产之所得全额、能为适当之比例。则虽重复课税。与单税固无所异。且往往因多方面之周到观测。可使利害相补。而成适当之负担。例如国税与地方附加税。虽常重复。然依课税限制法、定二租之比例。于立法之时。立定计算。使其对于人民之负担上。虽并二税而不为苛。然后施行之。如此。则二者虽重复课税。亦未为不可也。地租及营业与所得税之重复亦然。要在使二税合并之税率、能明其对于同一税源。果可保持适当之比例与否而已。若毫无计算上之基础。惟任财政需要之要求、并课数税于同一税源之上。则危险实甚。不可不改正之。

一国内而有重复课税之事。不问其重复起于国税与地方税之间、或起于他种课税之间。总之其税皆属于同一主权之下。故可依课税限制、或税法之改正、以矫正之。而使其适当。若其重复起于主权不同之国际间。则无法矫正。观现今各国间、虽有重税之事、而亦无从救济之。即其例也。国际课税法之原则。谓人税概从其人之住所地之课税权。物税概从其物之所在地之课税权。行为税及消费税概从其行为地及其消费物被课税时、所在地之课税权。然亦不过一种之学说。各国法制上尚未采用之。故今日国际重复税之存在。依然甚多也。

第四　关于课税技术之原则

当租税立法时、其最后必要之原则。在谋课税技术上之便宜。此事大半皆属于租税之征收行政事务。其当论者。不一而足。而尤以下列诸项为最重要。

一　当谋征收权之安固

欲得各税法上所预期之收入。则因税法而来之国库征收权利、不可不使安固不拔。以求必达征收之目的。然对于纳税义务人之个人经济。除国库征收权之外。尚有其他公私各种之权利关系存焉。若当国库以征收权临之之时。而忽为其他各权利所妨害。或竟不得不与各种权利平分其权利。则国家当遂至于不能达最高公共团体之目的。故国家为国库计。不可不设置能先其他各种权利、实行征收权之法。谓之曰课税征收之优先权。但对于依登记而先取得担保权之权利者、则不然。因既登记则可谓国家既已认知其权利。若使国库对之主张课税之优先权。则其结果与禁止个人之交易及投资、相等。故对于如斯者、国家不得认国库之优先权也。

二　当谋纳税之简便

安固征收权之必要。多见于滞纳之时。其主旨苟纳税义务人而出于脱税滞纳之举。则不可不极力阻止。以谋征收之安固。然对于一般勤勉纳税者言。则纳税方法。不可不使简明便利。以期不妨其业务。欲达此目的。第一各税法中关于纳税义务人、税率、完纳期、免税事项、征收展限事项、及制裁等之规定。务以明确简易为主。及当征收之际。须以征收票、通告纳税人以征收之官府、交纳之金库、完纳期限、及税金额等。以备纳税产业人之遗忘。其他对于赋课查定等。苟有一定之事件发生。许其诉愿诉讼。使收税官吏带一定之职章。且制定保障法。使营业上之秘密、不致他泄。凡此皆最要之事项也。

三　当谋收税费之节省

此事由国库及纳税人两方面言之。俱同为课税技术上重要之条件。而课税之经济主义所应研究者也。亚当斯密民氏以揭于课税四原则中。亦以此耳。盖收税费为国家岁入上之生产费。故设能节省得当。则国家岁入之纯益当愈增。而国家所需要、愈得充实无乏。其结果、间接上人民之负担、因之乃见轻减矣。欲达此目的。第一、当审查收税事务应归人民承办及应归国家机关掌管二说之可否。承办企业、固可以节约国家之收税费。然纳税人之负担。不因此而有轻减之益。且种种弊害、每与承办者之利益心相伴。其结果能致国家之不利。故收税事务一般当归国家之机关掌管。方为得当。然国家机关种类甚多。有直接机关与间接机关之别。故第二、当察研收税事务当归国家直接掌管乎。抑当使下级之地方团体、与地方事务同时掌管之乎。此实今日学者所议论而未决之问题也。盖地方团体、既因地方财政之故、设有收税机关。且其机关、常与他种行政同时接近人民。其间关系。最为圆滑。故若使其机关兼管国家之收税事务。则不惟足以防官民之反目。且尤适于节省收税费之目的也。然反对此说者。则谓如斯者、实过于亲近人民。不可称为适当之方法。因征税事务当威严也。苟用此法。则如关于所得税及营业税课税事项之调查、并消费税之查定监督等事项。必不能监察周至。杜绝脱税之弊。观地方税上脱税及滞纳者之所以甚多者。概因此耳。且此方法。实亦一种之承办征收法。故国家所收之租税岁入。不免常为纯益。致使国家岁计、成为纯计式之岁计。从而使收税技术之改良上、亦多不便。又依此方法。则各地方收税方法自难统一。故各地之间、常有不均衡之弊。中如间接税。依各地方之任意。上下其手。则产业上之搅乱。尤当不少云。此现今各国税制所以原则上开于国税、采用国家直接征收之方法者欤。然各国关于重要之直接税。多有于国家监督之下。使下级地方团体办理之者。至其办理费。则由国家从岁出部、年支定额若干。发交自治体。而租税收入。则以总收入计算。揭入国家岁入部。至若关于间接税。则各国制度、大都使国家机关直接赋课之。直接征收之。

（参考）亚当斯密氏之租税大原则如下

一　国民当各应其资力、负担政府之费用。政府当随国民之岁入而课租税。

二　租税之赋课、当正确不可专恣。收税之时期、方法、及税额。当公正明白告示于一般人民。尤最当告示于纳税者。

三　租税之征收、当以纳税者所最以为便之方法、于其最以为便之时期、行之。

四　人民之完纳与国库之领收之间、于其税额及时期、当期其悬隔之最少。

第四项　税率之制度

税率者。对于课税标准之税额、或税额比例率之谓。前既已言之矣。关于税率之制定、有二种分类。其一、为比例制与累进制之区别。其二、则从价制与从量制之区别也。兹先就比例制与累进制之区别述说之。

第一　比例制及累进制

税率之比例制者。谓对于同一之课税标准、于其数量、不设差别以均一之税率行之、之制也。在此种课税。其应纳之税额、虽随课税标准之数额而异。而对于课税标准之税额比例率。则始终不变。不论对于多额少额、其比例率常均者也。例如于所得税。单云课所得额百分之五。故对于万圆之税额为五百圆。对于千圆之税额为五十圆。税额虽异。其对于各课税标准之税额比例率。则同为百分之五之均一税率也。要之、比例制、税额虽有变化。税率则常均一。而税率之累进制则反是。累进制者。谓对于同一之课税标准、于其数额之多寡、附以等级、因等级之差、而税率大异、之制也。在此种课税。不惟其应纳之税额、常有变化。即其税率、亦不一定、课税标准额多者。课以高率。其额少者。课以低率。例如于所得税。对于所得额一万圆、课百分之五。对于所得额千圆、课百分之三。是也。其结果、对于一万圆之税额为五百圆。对于千圆之税额为三十圆。故累进税不仅税额有变化。而税率亦随时不同也。是故约而言之。比例税制与累进税制之差异。在一为均一之税率。一为差别的税率。如斯而已。

累进税制有二种。一称为累减税。一称为狭义之累进税。（亦可称为累加税）累减税者。先向一定之课税标准额、定一最高税率。对于超过此额之所得额、不增税率。对于比此额较少之所得额。视其多寡。以次递减其税率。至一定之地平线而止。过此地平线以下之所得则不课税。例如日本之所得税。即属此制。反之、若狭义之累进税。则不设此税率之最高限度。仅从所得额之增加。依一定之比例。增加税率。无有限制。例如关于十万圆以上之所得。

其所得额每增若干万圆。则亦每加其所增所得额几百分之几之税率。是也。

兹又有一种累进制。对于各课税标准之全额、不累进其税率。但对于一定之超过额。逐次累加其税率而止。例如先定五百圆以下之金额为最下标准额。仅课以百分之一之税率。对于五百圆以上之超过额。课以百分之二之税率。对于千圆以上之超过额。课以百分之三之税率。对于二千圆以上之超过额。课以百分之四之税率等。是也。日本之嗣续税、即采此制。今若称普通之累进制为全额累进制。则此制当可称为超额累进制。若依此制。可缓和累进之程度。使成温和渐进之负担。此其利也。

比例制及累进制之区别。固在税率之为均一的与为差别的。惟其均一差别云者。系对间一之课税标准而言。换言之。即比例税者。对于同一之课税标准为均一的。累进税者。因同一课税标准之数额而生差别也。例如于地租。市街宅地之税率为百分之二、五。田地之税率则为百分之四、七。又如于不动产登录税。赠与不动产之税率为千分之六十。买卖不动产之税率财为千分之三十五。又如于关税。奢侈品之税率为从价百分之二十五。谷类之税率则为从价百分之十五等。若对于各税源而言。虽或可称为累进税。然其课税标率。各税互异。故在学术语上。不得称为累进税也。又如一方既就各税设如斯差别之税率。并于所得税课大所得以高率之税。而他方更于消费税课小所得以比较上甚高之税率。此等倾向。就一国课税制度之全体观之。虽亦可称为对于税源之比例税。然不惟其课税标准相异。即税种亦全然各别。故实不得称为比例税。凡课税之根本的当否。非可单就对于同一课税标准之均一或不均一而定。其必须由一国课税制度全体大观之、期对于国民全税源、能为公正之分配也、固不待多言。然观各国之现状。于每一课税标准、区别租税。就各税判定税率之当否。此外别无善法。故比例累进之名称。不得不专为对于同一标准之税率上之名称。而比例税与累进税之问题。亦不可不于此意义议论之。

关于累进税之论据。学说虽多。然近时多数学者所倡导、而吾人所认以为最有力者。厥惟以累进制为手段、可以得租税负担之公正之一说。惟其负担云者。非如旧思想之意义、指单纯之支付即牺牲而言。此语在今日、盖谓完纳租税后所余存之能力也。而此负担力者。如前段所论。虽依从税源支出租税后所余之自由所得额、而测定之。然非可有如机械、与自由所得额相比例者。在保有仅少之自由所得之人。其各所得部分。与其生活之必要、甚相切接。因之个人经济、对于各所得部分所感之紧要程度。固当甚高。然若所余存之自由所得额愈益增加。则个人经济对于增加部分所感紧要程度。当愈益下降。例如虽同一五圆货币。富者所支出之五圆、与贫者所支出之五圆。其紧要之程度。固不能同。不惟如是。即在同一之人。其投于生活必要费之五圆、与其投于奢侈费之五圆。所感紧要程度。亦必迥异。何则。若从普通之观念言之。彼固当先生活必要之支出。而后奢侈费之支出也。由此类推。则余存自由所得额小者。其对于租税之负担力薄弱。额大者其负担力乃甚大。可以知矣。换言之。即谓小税源之负担力格外弱小。大税源之负担力乃格外强大也。此即经济学上所谓最终效用之原理。实亦因所得额而设差别税率、之累进课税论之论据也。

吾人亦依此论据、学理上是认税率累进制者也。然亦不过谓累进制于学理上具有坚固之基础耳。至于其实际上、可得适用之范围及其利害。则尚有未能容易断定者。于是乎比例制之论者、乃对于累进制、发下列之非难。

一　累进制主义不公正

富者贫者。资产虽异。其受国家保护之权利则同等。从而其负担租税之义务、亦不可不同等。富者自增殖其资产及所得。贫者自减其资产及所得。而政府乃欲由人为之力。对于资产多者特加减削。此实扰乱财产及所得之分配者也。故课税累进法者。反于租税公正之原则者也。

二　税率之等级实无标准

例如于所得税三百圆以上之所得、课二分之税率。千圆以上课三分四厘。一万圆以上课七分五厘。十万圆以上课二成之税率等。果依如何标准、而定如斯之等级及差别乎。其最奇者。九百九十圆之所得、不过仅纳二分五厘之税金、即约二十五圆。而与此相差仅一圆之千圆所得、则当纳三分四厘即三十四圆之税金。其不公正亦甚矣。如是、尚得谓累进税能使贫富之负担与其能力一致相应乎。恐适足以促成漏税已耳。

三　累进之极当成没收所得全体之结果

差别税率之无标准。姑置不论。即依累进税法。试假定每一万五千圆累增一成之税率。则三万圆之所得税率当为二成。六万圆之税率当为四成。十二万圆之所得当为八成。十五万圆之所得。其税率当为十成。至此乃不得不将所得额全体充作租税。此可以证明累进课税之不公平、不得当矣。于是乎各国之制度、亦有不使税率累进无限。特于中途某额止其增进。过此以上则用比例制者。例如日本之所得税、十万圆以上之所得皆一律课二成之均一税率。是也。然此累进率之停止。亦将以何为标准而决定之乎。不可不谓为专断之甚者矣。加之、若从调和贫富负担之累进主义观之。设于此时有二十万圆之富者。因仅纳二成而不纳四成之税故。其结果可与忽得四万圆之免税相同。然则是大所得者反受轻减也。其矛盾且不公平。不亦较然可见耶。

四　累进税抑制资本之蓄积及利用。

因资产及所得之增加、而课以累进税率。则凡克勤克勉、贮蓄及集合资本、而利用经营之者。反将以较他人所获为多之故、而被征发其勤勉之结果矣。故苟非对于此等勤勉之人、任其脱税而不过问者。则累进税之阻丧贮蓄心。促资本之外出。因以抑压一国产业之发达也。必矣。

五　累进税不得适用于一切租税

累进课税之适用。似仅限于真正之对人的所得税。如注册税印花税、虽间有用类于累进之方法者。然固非真正之对人的累进制也。对于此等税、若设多级之差别税率。则有促成脱税、增产业交易上之烦累之弊。故其差别最多亦不过二三级而止。至关于不动产之课税。则即纯益税如地租者。亦不适于用累进税率。何则。各人之土地。多为小区画。散在各处。其课税事务。亦各于其土地所在之处办理。故欲集合每人之所有地而课以累进税。实匪易事。且土地又本为随时买卖转移之物。而欲以对人的累进法课之。殆不能之事也。对于土地且如此。况对于变转无极之、消费物乎。此等物品、既转移无定。则惟有随其移转。视其物而不视有其物之人。就其价格之大小。以差别其税率而已。安能随每人交易额之多少而累进之。故无论如何。消费税终不能适用累进制也。

然对于以上之非难、累进税论者亦自有其辩护之说。

一　累进税之主义最为公正

抑租税之公正云者。不可单以机械的比例数为充足。须依各人负担能力之大小而设等级。因其等级而差别其税率。必如此方为真正之公正。反对论者谓政府欲以人为之力、乱自然之理。不知比例累进、均属人为。而比例制反有增长分配不均一之弊。累进制者。即欲救其弊而保持真正之公正者也。故理论上吾人不得不认累进制为正当。

二　若谓累进税之税率为无标准则一切税率皆不得不然

比例税论者谓累进税税率之等级差别、为专断而无标准。然一切租税之税率。亦皆不得不然。例如地租之税率为地价百分之四、七。营业税之税率为卖出额百分之六。消费税之税率为从价二成等。此各税间之税率。决非有一定不动之标准者。各税间之税率既如此矣。更从一种之税观之。其依课税标准之种类区别而得之税率。亦果非专断耶。例如于地租、市街地与田地之税率有别。于营业税、物品贩卖业与金钱贷出业有别。于消费税、生活品与奢侈品、及下等品与上等品之税率、亦各有别。是也。若以累进税之对于一种课税标准、课以有等级之差别的税率、为专断不公平。则其他诸税之于一税之下、依种目而差别税率者。亦皆不得不谓之为专断而不公平矣。要之、凡决定税率必稍专断。实为一切租税共通之缺点。不独于累进税为然也。

三　累进税不必定生全夺所得额之结果

假使极端遂行累进主义。则或如此例税论者波利冶氏所说。税率达于十成。其结果遂至全夺所得额。然而租税者。不可及于资产、务须只加于税源之一部。此实租税立法上根本之原则。故欲求不违反此原则。固可于遂行累进税时、加以一定之限制也。是以现今实际制度、有累减税率及累加税率之二种。前者定一最高率于一定所得额。过此额以上、则课一率之比例税。后者视所得额之多少。每增额若干。则加课其增额之若干分之一。故二种累进税之所征赋。皆仅所得额之一部分而非全体也。论者又谓因停止税率之结果。大所得者、不啻受与最高税率及停止税率之差额相当之免税。不免有轻课大所得之感。不知此实停止税率累进当然之结果。虽有主义未能贯彻之观。然以视比例税所课于最高限以上之大所得者。已较为高率高额。固无轻课大所得之事也。要之、比例制者。单级之比例制也。累进制者。复级之比例制也。二者之争点。只在比例制之单复如何耳。而复级此诸单级。较能与负担力适应。则依最终效用之原理。固不容疑也。

四　资本不必定因累进税之故而外出

当对于贮蓄结果之巨大者、课以高率之税时。设使其他事情皆属同一、而不加处置。则可使既存之资本、因之外出。将贮蓄之资本、因之减少。从而遂可至于阻害产业之发达。此固不待论。然而累进税者。对于大所得虽课以高率。对于小所得则课以低率。甚且免税。视负担力之强弱为轻重。以求得其所定之收入者也。故一方抑制大所得之产业。一方即以同程度之力保护小产业者也。而社会上小资本家之数、恒较大资本家为多。故可以抑制小数之贮蓄及生产力。而助长多数之贮蓄及生产力。因是得以扩张一般之支付力。唤起产业之需要。增加资本之要求。安有所谓资本外出者。

五　累进税实可以鼓舞生产力之锐气

累进税可以保护多数小产业小所得。以裕其支付力。并使多数小产业对于大产业、保持平等之地位。以促一股生产之发达。既如上述。此外更有使多数小产业、为之鼓舞锐气、发达生产之效。此论之根据。与经济学上所谓人类之生产年龄、在其方劳力而未成功之时、之论相同。伟大之思想。少出于五十岁以后之人。于生产亦复如是。其清新之锐气。多出于少壮产业家。是故对既老之成功者。当稍加抑制。对现在之苦劳者。则加保护。累进税者。即所以夺老朽惰逸之资本及所得。而与少壮锐气之资本及所得以活动之余地者也。

六　加之累进税能预防恐慌改良社会上之地位

累进课税者。轻课正在劳苦中之人。而重课老朽之成功者者也。故不仅可妨碍将来产业及资本之集中。使大产业者抑制其扩张产业之心。以防生产过多之虞。且同时又可助长社会上多数之支付力。调和生产与消费。使市场上无积滞货物之事。此累进课税所以称为能预防商业上之恐慌者也。

又累进税对于商业上之成功者、加以特别之负担。对于大多数之人。则与以新成功之机会。故社会上之势力、将渐由少数之强者、而趋于多数之弱者。恰与政治上由专制政治、而趋于立宪政治。逐渐改良无异。其结果社会上之地位及势力。将日改善而趋于平也。

七　然累进税之适用不广为其缺点

抑累进税者。苟非对于课税者能预就每人集计、之课税标准。则不能适用。故此税法仅限于能就每人集计之直接税、例如所得税营业税或嗣续税等。是也。他如直接税中之地租及家屋税。在现行各国税法。皆归地方办理。为属地主义之课税。故不适于就每人集计。今若能统一现行各种之直接税。使为对人的之一般所得税。则累进税之适用范围。可更增大。至若间接税。则到底无从适用累进制。不可争也。是故吾人信以为各种税类中、除其全不能适用累进制者之外。其他苟对于比例制及累进制俱能适用者。务当采累进制。如是足矣。

第二　从价制及从量制

从价制者。以课税物件之价格为标准而定税率之制也。从量制者。以课税物件之尺、量、数等为标准而定税率之制也。日本之地租、虽以地价为标准而定税率。然其地价为昔时所定之固定价。实与今日段亩步（皆日本地积之名）之名称无异。故实际上地租不得不谓为从量税。反之、如营业税所得税及嗣续税等。则可称为真实上之从价税。注册税及印花税之一部。亦属于从价税。其他诸税、则概为从量税。要之、日本之税制。可谓大部分皆采用从量制也。从价制与从量制之利害得失。与关税有最重要之关系。故当于关税论中再详论之。兹仅就其与一般税制之共通点。述其概略而已。从价税者。随价格之变化、而收入额有伸缩。故理论上实为正当之税制。惟欲得正确之价格。甚非易易。往往有因不能得正确价格之故、而令不正纳税者蒙利、之弊。反之若从量税。则征收上官民俱便。争议甚少。惟若从负担能力主义之税制言之。则未免过于机械的。不能随时变化。除课税物件之数增加之外。纵令经济界如何发达。价格如何腾贵。而公共收入额、亦不能相随而增。将使国家财政、因之自然陷于困难之境。此其弊也。近时各国所采用者。多为折衷制。以从价主义为基础。设从量制。随经济之状况。以改正从量率之换算。例如砂糖税。以其百斤十圆之价格为基础。课以从价二成之租税。复将此从价税换算之。改为从量制定。百斤二圆之从量税。设若其后砂糖之价腾贵至百斤二十圆。则复改正之为百斤四圆之从量税。是也。如此。则征税上既甚便利。且与公共收入目的、合同一致。而又能与纳税者之负担力适应。是一举三利也。

第五项　税源及租税系统

租税之原理一而已。即应能供纳（负担能力）之主义、是也。故当察个人负担之适否。以决租税之良否。负担能力者。个人对于共同政费之国库要求、之经济能力之谓。实为相对的能力。前巳论述之矣。此负担力之主体。因各国家族组织之不同。殊不一样。惟在财政学上、则概不以个人一身为主体。而以一家经济、视为负担力之完全主体。盖由财政学上论之。个人对于租税之负担力者。即一家经济之相对的经济能力。换言之。即个人一家所有之自由所得之谓。其所从出之税源。固不外乎其一家经济之收入也。

然此税源、即一家经济之收入。果如何而能完全测知之乎。其事盖属至难。惟一家经济终不外由收入经济与支出经济二者而成、始依收入经济、取得经常的收入。次依时时之行为、一时之事件、增加临时的利得。终依支出经济、消费、此等收入。此一家经济普通一般之进路也。故今若有人于此。欲窥一家经济之表里。当先从正面扼其收入经济。以观取流入此家之一切经常收入。次从两侧面、捕捉此家临时收受之利得。最后冲其背面。按其支出经济。追究其家人暗里消费之支出。如是。庶可以完全测知个人经济之收入矣。

此收入本为税源。故当先测量之。然后课之以国库之要求。以试其负担力之轻重。是故课税者而欲使国库之要求、与个人一家之经济的负担力、相应。则第一、当先从正面、就个人经济之经常收入部、观测。第二、当就其临时利得部观测之。第三、当更从背面观测其支出部。如是。从四面观测个人一家之收支经济。由各方面、系以大小适宜之吸管。则彼个人一家之经济之负担力、于其能应公共金库要求之程度、无脱漏亦无过不及、皆将被吸引于国库矣。而此所谓大小适宜之吸管者。即各个之税名税种也。故若分而类别之。可得三大租税系统。第一由正面观测之收入课税。第二、由侧面观测之利得课税。第三、由背面观测之支出课税。而三者又不相重复、各能举其各自之职分者也。请述各系统之职分于下。

第一　收入课税之职分

收入课税者。对于各个一家经济所继续应规收得之收入、（经常收入）之课税也。换语言之。即欲由一家经常收入中、吸收国库之需要分者也。惟国库吏员、不能常立于各个人经济之屋前。以观取此税源。故不得不以其他手段、搜查生此一家经常收入之固定税本。以达其目的。幸此收入常依经济学上所谓生产三本源之资产、企业、及勤劳而生。故搜查此等收入本源之所在分量。以为课税之标准。而投税管于其一家。应其税源之厚薄。以吸收国库之要求分。此即收入课税之职分也。而其税源之发现。可分资产收入、企业收入、及勤劳收入之三种。故不可不依其性质如何、而问负担力之轻重也。

一　资产收入　此为确实永续之税源。故从其查定之数量。比之他种税源。负担力甚强。有耐高税之性质。如地租、家屋税、动产资本税等。皆有此种税源者也。学者称之曰物税。

二　企业收入　此为由资产与勤劳之结合而成之税源。虽不及纯资产收入之确实永续。而较纯勤劳收入强健。故从其查定之数量。其耐负担之力。较前者虽弱。而较后者则强。凡所谓企业税或营业税者。皆出于此种税源者也。学者亦往往称之为物税。然非纯粹物税也。

三　勤劳收入　此为由人的勤劳而生之税源。不及前二者之确实永续。恒因健康生活年龄等、变化无常。其对于国库之负担力、颇为薄弱。例如俸给税、劳银税等。皆因此者也。学者称之曰人税。

由一般之通例考察之。资产收入企业收入勤劳收入三者负担力之强弱程度。概为十、七、五、之比。此比例亦适用于查定所得额之比例。或适用于税率之等差。

第二　利得课税之职分

若一国课税制度、单课收入课税而不他及。则其结果必至凡常有资产企业勤劳之收入者、独任国费之负担。而依此等资产企业勤劳之移动、临时增其利得而益富者。反得不负国费。是甚不公平也。课税于个人经济临时利得之部分。以矫此不公平。此即利得课税之职分也。而个人经济上临时增益之利得。可分为二种。一为行为上之利得。他为不行为上之利得。

一　行为上之利得者。个人经济上、因资产、企业、勤劳上之权利或资格之得丧、移转、变更而生之利益也。即由个人经济积极的行为所生。个人经济、因得此之故、当投相当之劳费者也。日本之注册税、印花税、通行税、牙行税、兑换券税等。属之。故总称之曰行为税。其性质上比诸第二种之利得。以课较轻之税为当。

二　不行为上之利得者。个人经济并无如何积极的行为、换言之、即并不特投经济的劳费、而临时侥幸取得之增益也。故以此利得为税源之租税。通称为增富税、或增价税。例如嗣续税、土地差增税、彩票税等。皆属之。其税率以高为当。

第三　支出课税之职分

前述收入课税及利得课税二者。设果能使其税率、无过不及。亦无脱漏。完全规定而实行之。则此外个人经济似当无他税源、能应国库之要求。而课税系统上、亦可以不更设他种课税矣。惟课税上实际之技术、尚未完全发达。颇多脱漏。故事实上犹有潜伏的税源。例如所得税营业税上被免税之小所得者、或不课税者。其间不能谓无若干伏潜的税源。其他因法规、查定之不备、税率之等级缓严、及差益等、而生之漏税。亦决非鲜少。此等潜伏税源。虽不现于个人经济之正面侧面。然终不得不由背面支出、现于一家人之消费上。故探出个人经济之潜伏税源。于其出现于家人消费上之际、吸收之。使归国库。此即支出课税之职分也。惟个人经济之支出如何。非课税者家置一吏以观察之。则不能知其精详。然此实势所不能。故课税者、为课税技术上之便宜计。就个人经济消费上所需主要物件之所在。以其价或量为标准。投之以税管。以期达到个人经济上潜伏未定之税源。此种消费物件之中。可分为二种。一为日用的消费物。二为奢侈的使用物。对此二种物件而生消费及使用之二税。

一　消费税之职分。在赋课潜伏税源之出现于使用一家生活上便益上物品之际者。各种国内消费税、及关税、概行此职分者也。此种消费。在个人经济上。比诸第二种。

较为紧切。故其被课之税。亦当较轻。

二　使用税之职分。在赋课潜伏税源之出现于使用一家生活上不必要之奢侈物之际者。例如狩猎税、自动车税、犬税等。皆行此职分者也。学者亦称之曰奢侈税。个人经济上因使用生活必要品、故所支出之一圆。与因使用奢侈品、故所支出之一圆。其额虽同。然其欲得此二者之欲念。自有先后强弱之异。故其所感之必要程度。彼此亦甚相悬隔。故依最终效用之原理。生活必要品税当最轻。便益品税可稍重。奢侈品税则当最重也。

租税之系统。大略如上。各国现行之税类。皆网罗于其中矣。

地方自制体之地方税系统。亦与国税之系统分类略同。其可称为地方税之特色者。则在其课消费税也少。而课附加税也多。消费税少课之理由。后当别论之。兹先就附加税与特别税之问题论究之。附加税者。以国税为本税。而缘之为税率上之附加之税也。特别税者。为地方税故、特别设定之税也。

从一般理论上观之。第一、附加税之长处。不惟足以节省征收费。且能统一国家及自治体之全课税制度。便于通计通览。反之、如特别税。则各自治体税制互异。不惟无统一通览之便。且其税种及标准。常不依国家之查定。故各税负担之效果。每有不能确保之弊。第二、世人所以称扬附加税者。以其能使自治体与国家之租税、同其利害关系。从而当国税查定之际、当有注意周到、详尽事情之利耳。然此点亦未必可断为尽然。即如所得税。征之于各国之实验。凡地方机关之参加。往往反致查定不完全、不统一。以此之故。其不依国税之查定标准。各地任意取一标准。以定地方附加税者。乃复不少。故关于所得税之附加税。非国家严重监督之。其收实效甚难也。一部之附加税反对论者、谓苟如是。则国家及地方课税之全体。几合而为一。将使租税之改革。增其困难。然此论实不完全。何则。国家及地方团体、既以同一之租税物件为目的。则不问其地方税之外形为附加税与为特别税。租税之改革、决无偏于国税或地方税一方之理。苟云改革。则其效果关于以同一课税物件为目的之租税全体也、必矣。其他之附加税反对论者、则谓苟行附加税。则凡关于负担之一切缺点及不公平。当其始在国税时。虽觉甚微。及至于地方附加税。则当愈益增大。故附加税不可谓为完全。此论甚是。惟关于此点。其得失依税种而异。不能以一言断尽全体。即如对人税之所得税。苟非经国家的正确公明之查定。万难期负担之公正。故宁采附加于国税之制。于其最低级之税率。稍加修正。实为至当。反之、若不动产税。则与其依国家的统一查定。宁依地方的详细事情查定之。方为周至。故与其作为附加税。不如作为地方特别税。以补正国税之短。较为得当。而于国税系依陈旧册簿时。尤以采特别税制、以便就各地方、短期修订为佳。

要之、附加税与特别税、实际上互有短长。难依理论、决其得失。能将两税适度并用之。则庶近乎中矣。观各国实例。亦概如是。就中附加制最少者为英国。最多者为法国。德国似介于二国之间。惟特别税。苟能善用之。常适于应经济事情之进步、以谋改善。并有补正国税及附加税之缺点之效。故当并用二制之时。最当注意此点也。若漫不加察。名为特别税。实则其课税方法、与国税府县税之附加税相等。如日本之以户数为别之地方税者。实可谓其一则藐视附加税上之地方课税限制法。一则溺其补正税之职分也。

第六项　租税之归着

租税归着（Incidence of tax）之术语。为英美学者所使用。不问立法者之预期与否。又不论其为纳税人所负担、或为纳税人以外之负税人所负担。凡事实上负担之归着之谓也。德国学者不用租税归着之术语。而用租税转嫁之语。其中含有前转、后转、消转、各种。前转者、谓移纳税人已纳之负担于他人也。后转者、谓纳税人已纳之负担、不如立法者所预期以移转于他人、仍逆转于最初纳税人、使负担之而不变也。消转者、谓纳税人虽已完纳。然其负担不归纳税人。亦不归其他特别人。至终无特别负担人也。关于此等。后当详述之。要之、德国学者之所谓转嫁。盖专指租税转移于纳税人以外、或逆转于原纳人、或竟不归一特别负担人、而言。其纳税人、如立法者所预期、实际上自为负担、与不如立法者所预期而转嫁负担于他人者。皆不包含于内。换言之。德国学者之转嫁。视英美学者之归着。较为狭隘。不能包罗关于租税负担之一切情状也。

抑租税负担之归着。盖由国民经济上、下观察。而示实际上租税分配之如何。因以证明财政与经济间之密切关系者也。吾人于前数节。虽已论到关于租税负担之各种原则、及税率之比例累进之性质。然欲识此等原则之果当与否。固非先知租税负担之归着不可。不然者。恐不能得确定之判决也。故兹从英美学者之见解。设租税之归着一项。网罗关于事实上租税负担之一切情状而详论之。

事实上租税归着之种类。可分直接归着、前转、后转、消转之四种。请逐次说明之。

第一　直接归着（Direct incidence）

直接归着者。法律上之纳税义务者、（纳税人）事实上亦直接为经济上之租税负担者之谓也。凡租税之容易预先查定其税源所属者。多有此种归着。例如地租、营业税及所得税等。凡课于特定人之收益所得之租税。皆是也。盖此等租税之税源。即特定人利用特定之土地家屋资本劳力、所生之收益或所得。被利用之生产要素及利用人。皆能永不离动而生继续的收入。故得因之以预先查定税源及税源之所属。既如斯查定税源所属而赋课之。则被课者实为企业分配之结果。故其租税概不含生产费。既不含生产费。故不成为产物之价格、以与产物同时转嫁于他人。而法律上之纳税人、若地主、营业主、所得者等。乃不得不直接负担之。世人一般称此种租税为直接税者。此也。然此种课税之如此归着。惟于竞争自由之时为然。若或课税上有甚不均平之事。或其他与此等地主营业主所得者、有经济的关系之人、竞争力甚为薄弱。及为紧急之需要所迫。则虽此种租税。亦难保无移转于他人之事。例如地租之一部、移转于竞争力弱之佃户。营业税之一部、与卖出物同移转于消费者。资本之所得税、由利率之加增而移归需要迫切之借主负担等。是也。

第二　租税之前转（Steuer Fortwälzung）

租税之前转者。纳税人所已纳之租税、更转嫁于他人之谓。真正之租税转嫁。即此是也。

凡不经个个之经济交易、则不能查定税源所属、之租税。多有租税前转之事。例如消费税关税是也。盖此等租税。以需要货物之人之收入为税源。必待货物之交易。而后税源所属之需要者始定。故不能预先特定需要者之为何人。唯以货物为标准。而以货物之制造者贩卖者及输入者为纳税人。而完纳之。然后从货物之移转。而转嫁于不特定之税源、即事实上之负担者。除此别无善法也。故租税于货物移转之际、添加于其价格之上。与货物之移转、同时转嫁于需要者之负担。而归着于需要者消费当时所现之税源。例如酒税由造酒者完纳一次之后。因其贩卖而转嫁于零卖者。寻以及于消费者。是也。

是故租税前转之行。在于因课税而使价格腾贵。然物价腾贵。需要必减少。则价格又必低落。此不易之理也。果然。则租税似有终不能转于他人之势矣。然而不然。（第一）苟使其货物有生产独占之性质。而此外可无同种之竞争品。（第二）或使其货物有为必要品之性质。而此外可无代之之代用品。（第三）又纵有竞争品代用品。而使其亦受同率之课税。则价格上纵有与课税相称之腾贵。货物之需要。固当不因之减少。故仍可转嫁于他人也。（第四）即不然、而因价格腾贵之故、需要一旦竟有减少之倾向。然固可应其倾向。预先制限产额。且因需要减少故。产额或亦当自然减少。产额一经减少。则可以维持价格。使课税之全部或一部、转嫁于他人。此亦当然之理也。

要之、凡由课税物件之继续的利用而生之收入。其课税概为直接之归着。反之。凡因课税物件之交易而始出现之税源。其课税皆自纳税人转嫁于他人者也。

第三　租税之后转（Steuer Rückwälzung）

后转者。纳税人所已纳之租税、本欲前转其负担于他人、反归着于纳税人、又或于既已前转之后、复逆归于纳税人之谓也。故亦称为逆转。凡前转之不能依通例而行者。皆属之。又如第一次纳税人所纳之租税。既已前转。然不转嫁于最后之消费人。而反回转于第二次纳税人者。亦属之。故凡已纳之租税、由立法所预期之负担人、而逆转于前纳税人者。皆谓之后转也。

此归着之行。不在于因课税而价格腾贵。而反在价格低落。例如家屋之所有人。欲附加其已纳家屋税于家屋赁金。以转嫁于他人。然苟不能得预定之赁金。则家屋主不得不自己负担税金之一部、或全部。又例如造酒者、于既纳酒税之后。转之于零卖商人。零卖商人、以第二次纳税人之资格、负担之。更以税金算入零卖价格中。欲以转嫁于消费者。然因价格腾贵、需要减少之故。至不得不低价贩卖之。于是零卖商人亦不得不自行负担。是也。

要之后转为前转之反对。前转若因价格低落而不能行。则成为后转。故课税物件、因课税而价格腾贵、需要减少。则当见后转之现象也。至课税物件之因课税而价格腾贵、需要减少者。果为何种物件。则可由前转项下所引之例反推之。例如有低税或无税之竞争品代用品之物品、或需要程度薄弱之奢侈品等。皆是也。

第四　租税之消转（Abwälzung）

消转者。一种特别之经济的倾向之谓。即一定之税额、虽分配于纳税人、移转于一定课税物件之上、而其负担、则由一般国民所得之增加部分消散、不留负担之形于特定人、之谓也。盖依上节所述。通例生产者而新被课税、或被增税。往往昂其生产物之价格。以使其负担转嫁于消费者。反之、若因种种事情。不能久昂其价格。则其负担将逆转于生产者。总之、生产者、消费者、及介于其间之零卖者、三者之中。必有一人为事实上之特别负担人。固无所谓租税消转之事也。然当此之时。生产者若能改良生产方法。或更新生产组织。以减少生产费。则生产者既因生产费之减少、以与租税之负担相杀。可不蒙特别之负担。消费者及介于其间者。亦因生产费减少、价格低下之故。可免租税之转嫁。从而无论何人。皆将不特蒙新负担矣。例如茶砂糖酒类之课税等。常因制产方法之改良。致生产费减少、而转消租税之一部。盖累见不一之事也。凡此之时。国民经济、常将因生产费减少而增、之所得部分。由个人经济、移转于国库经济。而国民经济上种种事业、亦因得而扩张之。利莫大焉。

第七项　直接税与间接税

与租税归着之原理最有密切关系之主要问题。厥为直接税及间接税之区别。

关于区别之标准。从来学者意见分歧。其结果至有欲废此区别、而以他种区别代之者。然直税间税之名称及区别。其由来比财政学之发达犹古。直税对间税之问题。久为国民阶级间并学说及政派间、议论之争点。不惟各国现行税类之区分。亦概用此名称。即从实际上之重要关系言之。可以作判断各税负担良否之基础。可以为证明社会上租税分配异同之资料。可以充政治上参政权及公民权取得之条件。为用匪鲜。故吾人对于废止之说。不敢赞成。区别之标准。固属至难之事。然务当从大体上解决之也。

关于区别标准之意见。其多如山。而尤以欲依行政上之便宜者、与欲依经济上之性质者、为最相隔绝。各趋于极端。

置重于行政上之便宜者。欲依立法者之预期、而为区别。此老①、瓦格纳、夏勒、耶黑伯尔等大家所采之意见也。依此意见。凡立法者之预期、在直接使纳税义务者为负担租税之人。则谓其税为直接税。若立法者之预期在使纳税义务者为第一次纳税人。于其既完纳之后。更使转嫁于立法者所指定之负担租税人。则谓其税为间接税。而他如注册税、印花税等行为税。本无立法者所预期之负担租税人。故不属于直税间税。而使之与办理料等。占一特别之位置。然以余观之。立法者所预期者。果如何而可确知之乎。其将使各税法规定条文、以明示立法者之意思乎。如其然也。则立法者果将以何为标准、而就各税法明定自己之预期乎。故在财政学上。如斯之主观论。适成其为不便于实用之空谈而已。

更有以行政上最为便利之标准、莫过于租税总册之有无、欲依之而为区别者。此诺伊满、黑尔福德、马尔贺勒等之见解也。其说谓以依照事物常有之状态、预先查定之租税总册为准、而课税者。为直接税。以依照事物之动的状态、随时可以适用之定率表为准、而课税者。为间接税。此标准、于行政上、最为简明而便利。固不容疑。而尤以在依纳税力而定参政权公民权之资格时为最便益。故法国现行行政法上即采此制。惟如斯标准。未免过于机械的。不能因之以判明租税之性质。前段之立法预期说。虽近乎空论。其预期之根柢上。尚稍有判定租税性质之意。而此说乃全然依行政上之外形的区分。故其结果、纵有能使行为税为间接税之便利。然其弊也、不论租税归着之原理如何。苟课税而依总册制者。则虽消费税、亦不得不作为直接税。

①“老”即“凡例”中的 Rau，人名。——编者

例如日本之酿造税、酱油税等。皆依总册制。是亦不得不为直接税矣。如此者。实不啻从财政学之税类中、抹杀直税间税之区别。而采别个之税类。而其新区分。除行政上之便宜外。于财政学上又毫无价值。似此乖理反常之说。终不敢赞同也。

反之、其欲以经济上之性质为基础、而为直税间税之区别者。则思依租税归着之原理。以事实上之结果论断之。此温彭巴哈、黑克尔等之意见。也其所说颇不精确。试约言其主旨所在。盖不外乎谓直接归着于负担人之租税为直接税。间接归着于负担人之租税为间接税。换言之、即一为直接归着之租税。一为转嫁之租税也。后孔拉德复补修之。冠以通例二字。谓通例常如此云。此意见从经济的见地著眼。欲依负担归着之原理。而区别租税之种类。而各个租税、皆先经立法及课税后之经济的变化而始归着。亦不可掩之事实。由此事实上之结果区别之。故从判定各种之经济的性质一面言之。此种意见、实最重要。然欲因之以类分租税之系统、而附名称。则甚不便。幸使用通例二字。仅得附以推定的名称而已。

此外或依经济的见地。或以经济的见地为主。行政的见地为从。而持折衷的意见于其间者。亦甚多。吾人为避烦辞故。略记之于下。

落歇儿及何弗满谓

直接税者。对于课税物件所有之课税。而间接税者。对于其交易移转之课税也。

斯太因及加那谓

直接税者。对于个人经济之收入之课税。而间接税则对于其支出之课税也。

雪弗勒谓

直接税者负担税也。间接税者预纳之税也。

耶尔斯特谓

直接税为查定的课税。而间接税则支出的课税也。

孔拉德谓

直接税者。直接查定负担能力之租税。而间接税者。依支出而取得之租税也。

要之、学说之相异、有如此者。可谓多矣。就中立法预期说著眼于立法之当初。其区别时期。未免过早。实际上归着说著眼于负担之结果。其区别时期。又未免过迟。其他学说。介于二者之中间。欲捕捉经济上法律上具体的经过。而依之以为区别。亦皆似有不完备之处。其稍可观者。其殆孔拉德及耶尔斯德之查定税说乎。然一般所认为间接税之转嫁消费税、而经查定手续者。既属不少。即一般所认为直接税之直接归着税、而不经查定手续而集合被课者。亦未尝无之。若然。则以查定税为直接税、以支出税为间接税之说。实际上亦无多便利。故不能谓为完全也。

故欲发见一区别标准。既不缺行政上之便宜。又足以判经济上之性质。本属至难之事。然若能较立法者之预期为时稍迟。较事实上之归着为时稍早。稍用推定的方法。取一能使预期与归着、大体应合之显著要件。依之而定名称之区别。知负担之归着。则实际上必甚便利无疑。苟欲如此行之。则当观课税者对于同时为经济上之负担者兼法律上之义务者之课税客体、所取之课税方法如何。依其所取之课税方法。以为判定直税间税之标准。换语言之。即观各税之课税方法。果直接以各税之客体。即税源所有人为法律上之纳税义务者乎。抑将以其他之人为法律上之纳税义务者乎。依其事实而定前者为直接税。后者为间接税。此外无善法也。余即依此标准以区别二税。更详解之于后。

第一　直接税

直接税者。直接赋课于税源所有人之税类也。兹所谓直接赋课者。盖课税者认被课税者为法律上之纳税义务者而课之之谓。换辞言之。即直接税者。以经济上之税源所有人为法律上之纳税义务人、而赋课之、之税也。盖各税皆有为其税目的物之各种税源、及代表税源之课税物件。前既述之。故不论何税。课税者对之。可以此税源所有人为纳税义务者而赋课之。亦可以税源所有人以外之人、便宜上作为纳税义务者而赋课之。直接税者。即以税源所有人为纳税义务者而赋课之之税也。然欲以税源所有人为纳税义务者而赋课之。苟非课税物件所有人与税源所有人同为一人、则不可行也、明甚。以同时兼为课税物件所有人税源所有人之人、为法律上之纳税义务者而赋课之。其人为其课税物件所有人一日。则当负担所课于其物之租税一日。以其所获收入之若干分、完纳之。不得转嫁于他人。（但亦少有例外可类推而得惟甚罕耳）故以税源所有人为纳税义务者而直接赋课之之租税。其负担终不能不即归着于其纳税义务人也。关于此事。尚须解说。今先依上述之主旨。列记当属于直接税之税类于下。

一　收入课税之全部

二　利得课税中之二三

三　支出课税中之使用税

上收入课税中之地租、家屋税、营业税等。为狭义之收益税。以土地家屋及营业为课税物件。以由此所生之收入为税源。课税物件与税源同属于一人之所有。其人亦即为法律上之纳税义务人也。此等资产营业。不移转于他人。尝为其人所有。然利用之之方法。则有二种。一、其所有人自己用之于企业。二、自己不用。而赁之于人。在第一种。其所有人以自己为纳税义务者。以其收入为税源。而纳租税。其既纳之税金。当竟由此税源支出之。不能有更嫁之于人之机会。可不待言。反之在第二种。则虽有附加其已纳税金于赁贷金之内、以转嫁于赁借人之机会。然事实上之转嫁。殆属难能。何则。第一种之自作自营者。既无转嫁税金之机会、而不得不自己负担之。则同属一种之资产。赁贷与人者之不能特高其赁价以转嫁其税金于他人。固经济学上当然之理也。唯是若对于此等资产营业之收入课税。甚为不公不备。或税率失之过重。所有人不自堪其负担之时。又或赁贷间需要供给之势、甚相悬隔之时。则其课税亦未尝无暂时转嫁于他人之事也。至收入课税中之所得税。本以所得为课税物件。兼为税源。以所得之所有人为纳税义务者。而所得又本为不分与人之最后收入。故课于所得之税金。更无因经济的经过而转嫁于人之机会。与上述课于自营自作之土地营业等之租税。无以异也。

所谓利得课租中之二三者。即嗣续税、通行税、兵役税。是也。嗣续税以嗣续财产为课税物件。以其价格所表示之临时利得为税源。以有此课税物件及税源之嗣续人、为法律上之纳税义务者。而财产本不与物品相同。无移转于他人之性质。故税金之因嗣续财产而赋课之者。其不能附于他物之上以转嫁于他人。固了然无疑也。通行税及兵役税。亦以通行及兵役之事实为课税物件。以由此事实而得之临时便宜为税源。以有此课税物件税源之通行者及免役者（或户主）为纳税义务者。故其不能转嫁税金负担于他人。亦自然之势也。

所谓支出税中之使用税者。即奢侈用品之课税。例如自动车之所有税是也。课税物件为自动车。而税源为使用此车时、有此车者之支出。故既以有此车者为纳税义务人、而课税于其使用。则可附加税金之课税物件。本在有此车者之手。无从转移于他人。故其不得不自己负担其税。亦固其所。盖转嫁云者。必税金因经济的交易、而附加于物件价格之上。以与物件共转移于他人。而后成其意义也。

兹因征税之方法、而生一二之疑问。即关于集合课税、配赋课税、纳税组合课税等之疑问。是也。如日本所得税中之债券利息税。（第二种所得税）又如日本之通行税。即属集合课税。债券利息税、不由各债券所有人直接征收、而使支给债券利息之官厅（若其债为公债）或各种公司、由其应支之利息中、先扣除之。通行税则使发卖通行券之船车公司、附加税金于通行券价格之上。以与通行价格同时向通行人征集之。故骤见之。似此等税非直接课税。而为由中间机关转嫁于税源所有人之间接税。实则赋课仍为直接。不过征收为间接耳。何则。此时之法律上之纳税义务者。非支付利息、发卖通行券之官厅公司。而为债券主及通行人故也。然则此等官厅及公司、于课税上、果占如何之位置乎。曰、彼等不过为政府之征税机关、与纳税义务者之代纳机关而已。彼等仅由利息内扣除税金。或加课税于通行券内。其计算皆为纳税义务者之计算。彼等不过集合整理之而已。非彼等自为纳税义务者。于既纳税金之后。复新由经济的交易、以转嫁于他人也。其次如配赋课税及纳税组合课税。虽亦配赋一定之租税预算额、于下级团体或纳税组合。使分担之。然本不使此等机关预先支出。故此等机关、亦无新由经济的交易、以转嫁于他人之事。彼等仅以税金通过机关之资格、办理事务而已。对于国库、未尝居于纳税义务者之地位也。下级团体。等于税务署。纳税组合、为纳税义务者之代纳人。与纳税管理人无异。故其税金虽经此种机关。亦不妨其为税源所有人直接之课税也。若以其经由此等征收机关、代纳机关之故。而谓为间接税。则一切租税、何莫不经由收税署或纳税管理人。是一切租税皆不得不为间接税矣。如斯误解。实因混赋课与征收为一之故。余所不取也。要之、以余所见。凡租税之采直接赋课于税源之方法者。皆直接税也。

直接税之利益大概如下。

一　直接税可直接查定租税负担者之税源、及负担能力。应之以课租税。故与负担能力主义之租税本义适合。

二　直接税概可确定收入年额及纳期。故国库之收入确实无虞。

三　直接税于最初之时、所需调查费虽多。而其后之检查费及征税费则甚微少。

四　直接税概为资产及企业、并由查定上除去小所得者外之所得税。故最适于避除苛税细民之弊。

五　直接税于收税上少妨害产业交通之嫌。

第二　间接税

间接税者。以非税源所有者之人、或未定之人、为纳税义务人、而赋课之之税类也。当赋课之时。税源之所属。尚属未定。故不得不间接观望税源之所属、而赋课于课税物件也。在课税之当时。课税物件之所属。与税源之所属虽异。然依课税之技术。务以能近于税源所有者之课税物件为目标。而赋课于非税源所有者之人、或未定之人。故被课之税金。其后可依经济的法律的之变化。与课税物件之价格、同时随课税物件、移转至课税物件所止之处。始发见税源之所属。因转嫁其负担焉。

虽然。负担之直接归着。固概可称为直接税必然之结果。而负担之转嫁。则不可必称为间接税必然之结果也。特不过谓普通势理上、有如是之倾向而已。即如行为税中。原为类似办理料之杂税者。亦甚多。不能一概尽以归属于间接税。唯有依其多数、定一包括的所属而止。不能精至也。要之、凡能明白以税源所有人为纳税义务者之租税。称为直接税。其不能之税类。皆称为非直接税、即间接税。直接税为有直接之归着者。间接税为有间接之归着者、或归着不定者。如此分类。实为至当。

间接税之利益大概如下。

一　间接税概随经济行为而转嫁。故苟非生活上必要品之税。绝不压迫负担者。

二　间接以多量用品为课税物件而普课之。故其收入额颇多。且有应经济状况以为屈伸、之力。

三　间接税在代表资本之国会。其通过颇为容易。

四　间接税事实上现为各国财政之最大财源。惟普国因国体组织之关系。属于例外。

五　间接税概为随时收入。故每月可得约略同额之收入。以平均各自金库之收支。

直接税对间接税问题。为古来之宿战。不易解决。然间接税从租税之性质上言之。根本上具有缺点。终不能详慎精密。应个人之负担力、以斟酌税率。就中多量用品之间接税。大概压迫负担能力之薄弱者。其弊尤甚。往往惹起生活问题、及社会问题。其极、至使国库不得不支出巨额之救济费。此盖间接税所特有之倾向也。然事实上各国间接税之加增。极为卓著。其额之巨。远过直税。今试表示之于下。

各国直税及间税区别表（千九百十一年度）

国名	直税总额	间税总额	对于租税总额百得
英国	89,027,664镑	89,985,736镑	50
法国	595,897,429法	2,462,186,271法	80
德国	36,000,000马	1,401,071,055马	99

续表

国名	直税总额	间税总额	对于租税总额百得
普国	404,465,300马	119,250,000马	22
俄国	216,125,110卢	1,524,106,521卢	87
意国	(1911年)519,570,000圆	1,143,819,778利	68
日本	(1911年)139,925,563圆	267,683,111圆	65

（备考）德国之直接税为嗣续税。各国之间接税中。法俄意三国加入专卖总收入。日本则加入专卖益金。通行税在欧洲各国。皆作为运输税。算入间接税中。

上表中、日本之直接税为地租、营业税、嗣续税、矿业税、卖药营业税、通行税、及狩猎税等。间接税为酒税、酱油税、砂糖消费税、煤油消费税、牙行税、兑换券发行税、关税吨税等。并印花税中之注册税、印花税、骨脾税、卖药印花税、及烟盐樟脑等专卖之益金。亦合算在内。故比较上可稍称正确。至关于各国之分。则以预算上所称为直接税间接税者为主。加以租税性质之专卖总收益而止。故各计算之内容。不必皆出一律。至各国之专卖纯益。无从调查。尤为遗憾。若关于租税性专卖收入。以其总收入计算。则日本之间接税收入、可达总租税额之约百分之七十。除去德国普国国体组织及课税分配与他国大异不计外。则日本之间接税之负担。比诸他国。已不得谓为甚少。况日本间接税之增加。仅于十五年间、而膨胀若是其疾速者乎。吾人试列千八百九十六年与最近千九百十一年之比较于左。以示各国间接收入对于租税总额之比例之增进。

国名	1896 年间税	1911 年间税
英国	对于总租税额百得 81	50

续表

国名	1896 年间税	1911 年间税
法国	81	80
德国	100	99
普国	10	22
俄国	87	87
意国	67	68
日本	47	65

各国于此十五年间。其间税负担之比例，反多减少。即不然亦多维持旧状。惟日本则于十五年间。由直接税财政而变为间接税财政。间税之增加。较诸直税。颇为疾速。今试将日本国税总额、直税及间税膨胀之实数。比较于下。

税种	明治二十六年度	四十四年度	两年比较
直接税	40,000,000	139,000,000	3.4
间接税	30,000,000	267,000,000	8.9
总额	70,000,000	406,000,000	5.8

依此表、可知中日战争前与现今之比较。直接税之膨胀。仅有三、倍四。租税总额亦仅五倍八。而间接税则实有约九倍之膨胀也。

地方自治团体。本亦有直税间税之区别。然地方自治团体之课税。既甚微少。殊不适于课间接税及消费税。故通例各国之地方间接税。比诸国税。皆为数甚微。但此微数之消费税中。在法国以所称为入市税之饮料品税之收入、为最多。约占地方总收入之三成四分。普国于千八百九十九年、所谓地方间接税者。合麦酒税、财产移转税、及其他计之。亦不过地方税总额十分之一。英国之地方自治团体、其自身原无间接税。惟由国库给以免许税、及饮料税附加等之收入。作为国库之补助费。而其额亦不过地方税收入之十分之一。日本地方税中直税间税之区别如下。

税种	明治二十五年度	明治四十一年度	增进
地方直税	30,000,000	116,000,000	7.6 倍
地方间税	1,700,00	13,000,000	3.9
总地方税	31,700,000	129,000,000	4.1

日本地方税中、无欧洲各国地方税中所谓消费税者。大概皆属行为税。故其增进不如直接税之甚。与国税之状况、全然相反。而地方间接税对于地方税总额之比例。亦与英德之实例同。不过居其十分之一。

第十八章　收入课税各论

第一项　税制之组织

收入课税者。以现于个人一家收入经济上之经常的收入为税源之税类也。其定义前已述之矣。抑此一家经济上之经常的收入、依经济原理、不能不由资产、企业、及勤劳之三生产要素组织而成。换语言之。个人一家之经常的收入。若从理论上分析之。盖不外乎资产上之佃金、赁价、利息、企业上之利润、勤劳上之劳银、五种收益或所得而已。故一国之收入课税。或查定由此三种本源所生之五种收入。以为各个特别之赋税。或总合此五者、以为各人经济之全所得。而后加以赋课。二者必居一于是。若由前一法。则为特别的复税。若依后一法。则为总合的单一税。学者名之曰各个的收入税、(广义之收益税)及总合的收入税。(一般所得税)吾人征诸各国之税制。聊示此二种税制之税源及源名于下。

各国的收入税（收益税）	税源	税名
一　不动产收益		
土地收益	佃金或纯收入	地租
家屋收益	赁价	家屋税
二　动产收益	利息	动产税
三　企业收益	利润或纯收入	营业税
四　勤劳所得	劳银	俸给税
总合的收入税（一般所得税）		
五　各个经济所得	全所得	所得税

吾人于此、不可不将收入、纯收入、收益。及所得等用语、解说之。此等用语、原属经济学上之用语。故吾人先将其经济学上之意义明之。此等用语、在经济学上、盖用以说明企业及分配之关系者。因企业而收得之产物价格之总额。称为总收入。由此总收入减除企业费、即资本消耗费。(固定资本减价原料价及劳银资金)所余者称为企业之纯收入。此纯收入及劳银资金。依照契约。当分配各若干与地主资本家及劳动者。作为佃金利息及劳银。其所余之额为企业者之利润。于此之时。称其所分配之佃金、利息及劳银、曰所得。称分配后所余之利润、曰对于企业者自己之资本及勤劳之所

得。或曰剩余。吾人今表示此关系于下。

总收入			
企业费			
（一）原料用品代价		消费	
（二）固定资本维持费及减价		消费	
（三）劳银资金	劳银	劳动所得	
纯收入			
（四）土地之佃金		佃金	地主所得
（五）固定资本利息		利息	资本所得
（六）企业费利息			
借入金之利息		利息	资本所得
自己出资之利息		利润	企业所得
（七）企业管理之劳银		利润	企业所得

故纯收入者。企业之结果、尚未分配于他人之收入。换言之。即对于他人、尚负有分配的支出负担之收入也。所得者、所分配之收入。且不须更支给与他人。得此之人、可以自由处分之者也。而单云收入。则为总收入、纯收入及所得三者之共通用语。

经济学上之意义。尽于此矣。收益一语。除为纯收入之别名外。经济学上并无使用之必要。其使用此语于其他意义者。唯独财政学而已。

财政学之大成。实赖德国学者。前已述之。财政学上收益之用语。亦系德国学者所使用。其起源盖出于德国之租税制度。德国学者之财政意见。谓个人之收入。可分二种。一为负担力强健之物件的收入。一为负担力薄弱之人件的收入。前者为资产及企业上之收入。后者为劳动及人格上之收入。此二者于课税上不可不有以区别之。因欲区别二者。遂至称前者为收益。后者为所得。此收益之语所由来也。

故在财政学上、收益者、包含企业上之纯收入及资产上之分配所得而言。而所得则单指劳动分配所得之劳银、俸给并个人全经济上之人格的所得。此今日财政学上所一般惯用之意义也。

当课税甄别查定额或税率之际。分收入为物件收入及人件收入。不为无见。然因之遂至称其一为收益。称其一为所得。以区别之。则余不能不疑其果当于理否也。第一、企业上之收入。似未必可称为物件收入。何也。以此收入本为资本与勤劳之合体收入也。故不可谓其有强健之负担力、与资产收入之程度相等。第二、个人全经济上之所得。亦未必单为人件收入。何也。以其为个人所使用之产资企业及劳力之合体所得也。故不可谓负担力薄弱、与勤劳所得之程度等。第三、收益与所得之区别。不能明白划分。纵令物件所得与人件所得之区分。可以成立。然因之遂欲附以收益及所得之别名。不知其间果有何区别乎。换言之、即二者具何理由。不能均称为收益。或均称为所得乎。论者或为之区别。谓收益较所得为粗计。其中尚含有应支与他人之负担。所有人不能将全部供自己之用。反之若所得、则为由收益中已经扣除应支部分之精计。所有人可将全部归自己之自由处分者也。不知如此区别。仅于从经济学上之见地、与纯收入及分配所得同意义用之之时为可耳。从经济学以外之见地观之。岂亦可以用之乎。且苟如斯说。则虽关于企业及个人全经济之收入。尚能以收益为纯收入、以所得为分配所得。以别二者之精粗。何也。以于此时可视为与经济学上之区别相同也。然因其为物件收入之故。遂至称家屋之赁价及动产之利息为收益。则是以经济学上之分配所得为收益矣。岂非足以证明收益与所得之间。并无精粗之区别乎。学者或为之强辩曰。无论如何。总之、凡收益非由其中取出若干支纳收益税之后。则不能视为所得、而归所有人之自由处分。故收益者、必为所得及其他部分组成者也。然此亦属牵强。何则。若如此言之。则虽所得。有时亦非将所被课之所得税、支纳之后。则不能为归所有者自由处分之所得也。第以资产上之所得、尽为收益。如此之分类法。虽适用于德国税制。然其他各国税制。皆不能适用之。现日本之所得税法。亦不从此。而以公债社债之动产的利息。称为第二种所得。其他诸国。通例以资产之不使用于自己企业者之收入。称为所得。此实与经济学上之分配所得。适相一致者也。以此之故。吾人之见解。一切皆从经济学上之分类。以企业上之纯益为收益。其他则分之为资产所得、企业所得、勤劳所得、及一般所得。果课税上有必要之时。则就此区别以异其办理可耳。

以上因吾人欲得经济学与财政学之一致的解说、并欲将初学者往往难解之财政学上用语、从经济学说明之。故略述吾人关于收益及所得之私见耳。然德国式之用语。既为日本财政学上一般所惯用。若将用语新变更之。恐反增研究上之不便。故本书仍从一般之用法记载之。

其次与收益之用语相关连者。则为收益税之用语。所谓收益税者。于德国税制上、对于资产及企业上之收益之课税之意。对于收入课税。学说有二。一分收入课税为收益税、特别所得税、及一般所得税三种。一仅分为收益税及一般所得税二种。于前一说。则收益税为狭义。不包含勤劳所得之特别税。在后一说。则为广义。包含特别所得在内。二说不知孰当。惟吾人以事之简便为主旨。采广义收益课说。凡课于资产企业及勤劳之各个的收入之特别税。皆包含之。以与课于总合的全所得之一般税、为一大别。似较稳便。此吾人之所以于分类之始、记载各个的收入税（收益税）者也。

各个收入税为复税。总合收入税则为单税。一国之收入课税。用其一足矣。非必须两制之复课也。然则两制果孰佳乎。吾人请先论两制之得失。

第一　各个收入税

各个收入税者。就每个人经济之各收益及各所得、特别查定之、每个各定税率以赋课之者也。其特质及利弊。概如下述。

一　有为特别税之利及弊。　特别税者。不以个人经济所有之一切收入为一税之税源、而单依各特别之收入源、（税本）以其各个收入为税源、而设特别税法之谓。就个个特别之收入而查定之。故该特别收入之查定、虽能精密确实。然（一）不能斟酌个人经济上、人的及物的之一切负担事情。（二）单课于有同种收入源之阶级。不能普及一般人民。例如地租。不过单课及土地所有人及用益人之阶级而已。（三）即对于同种之收入源。因关于收入、各地所查定之材料相异之故。课税上不无不公平之事。（四）且对于一收入源之课税、与对于他种收入源之课税之间。尤当不免有更大之不公平。

二　有为客体税之利及弊。　不就纳税主体之个人经济之全体窥测。而仅著眼于各个之客体。以查定各个之收入源及收入。甚至如俸给税。亦仅查定其收入源、即职业之种类及俸给额。而不斟酌俸给主体之人的事情。故各个收入税者。对于客体之查定、虽有精查确实之利。然（一）其查定纯出客观。不能与其正之负担力应合。（二）从而其课税常不公平。（三）且不能完全适用累进税。

三　有为直接税之利弊。　在收入课税。于课税前。其收入源、及由收入源而生之收入。可迳直透见之。其租概赋课于收入源所有人之收入上。故课税之负担。当然归于同时兼为收入源所有人及收入所属人之一人。故收入课税、势不得不使法律上之纳税义务者即为经济上事实上之负担人也。既收入课税概有直接税之性质。则其利弊自当与直接税相同。兹不更赘。

四　有为确实财源之利。　收入课税虽有上列诸缺点。然其收入源、如土地、家屋、动产、企业、职业等。皆为确实收入之基本。其所在及分量。容易测定明确。由此所生之收入、概有固定性。故国库之进项而赖此者。必常能继续一定之量也。又国库收入果采此制。则能时时注意于课税物件及纳税人。故最无漏税之患。从而预防漏税之费用、可以大减。此种课税所以能长存于各国税制上者。此也。

第二　总合收入税

总合收入税、以个人之一家经济为纳税之主体。先由属此主体之一切收入中。减除各个取得上及维持上所必要之负担。然后合各所得而算出一家之全所得。更由此全所得中、减除一般的及人身的负担。视其所余之多寡。以课应能主义之税率。故不得不谓之为最合理的。现普奥二国所行之一般所得税。即此是也。今依此等实例以示算定之科目、如下。

一　不动产所得　　　　佃金、借料

二　企业所得　　　　　利润

三　动产所得	利息
四　勤劳所得	俸给
五　法人所得	剩益
合计	全所得
六　扣除费目	
七　最少所得免除	

唯此课税之收入。非推定之收入。而以算定现实之所得为原则。故大概不能不待纳税义务者之申报。因之或甲重乙轻。或往往不免有漏税之弊。且其所加斟酌之程度过深。故各国财政上、多不能单以此课税为已足也。

第三　两制复课税

于是有出新策者。欲加总合收入税于各个收入税之上。一由收入之原因查定之。一由所得之现有确证之。以完全测定现于个人经济收入额上之负担力。此即两制复课法也。顾欲并用二制。则重要问题有二。其一为为避复课勤劳所得故、是否当由各个收入税中、削除俸给特别税、之问题。多数学者、虽主张复课资产所得。单课勤劳所得。然一定额以上之勤劳所得。与企业所得相等。实以复课为至当。且实例上、即如奥国。现亦重课之也。第二之问题。凡在各个收入税、务求查定精详。算出各个所得。即以之利用于总合收入税之所得。以省二重之查定。总计各个所得。即可算出总合全所得。有如机械。一定不移。如此。则课税方法虽二种。其实则成一体之统一所得税。为策可谓最善也。

然实际上、各国税制、尚纷然不一致。法意及巴威伦、对于各税源。采复税单课之制。不别设总合所得税。英国则税名虽单。然对于各税源、各个查定之。且适用扣除费目。税率亦异。故实际上当称为复税单课统一制度。其外亦不别设总合收入税。至于普国。则各个式之复税制度、全然无有。但有总合所得税、及总合财产税之复税。此或当称为总合式之复税制度乎。奥国与日本。则可认为复课各个式之复税及总合所得税。而各个收入税之查定。与总合所得税之查定。殆毫无关系。非能统一者。反是、若法国最近之改革案。则既为各个所得税、与总合所得税之复课。而二者之关系。又极密合。殆可为所谓统一的所得税之模范也。吾人关于此改革案。将更加详述。以资为政者之参考。

第四　法国改革案

法国于千九百七年及九年。欲将收入课税从根本上改革之。因立一计划。欲废止现行之地租、建筑物税、人别动产税、门窗税、营业特许税、及动产资本税。而代之以各种收入税、与总合收入税、之统一的复课制度。今表示其内容及收入预测额于下。

甲	各种收入税	标准及要件	税率	收入预测（法郎）
1	宅地建筑物所得	赁贷价格	4%	96,000,000
2	非宅地所得	赁贷价格	4%	50,000,000
3	动产所得（集合征税）	利息分红	4%	124,000,000
4	商工及类似业所得	利润	3.5%	128,000,000
5	农耕所得	利润	3%	21,000,000
6	俸给给料年金	扣除直接必要费所得	3%	18,000,000
7	自由职业所得	现所得	3%	6,000,000
乙	总合收入税			
8	各种所得每户总合	5000法郎以上	5%	20,000,000
总额				559,000,000

扣除计算。于查定各种收入之际详密行之。对于总合所得额、虽不设扣除之制。然对于由五千法郎迄二万五千法郎之总合所得额。仍设四种扣折等级。过二万五千法郎以上。则对于全额、课以百分五之比例税率。于千九百七年之案。虽仿德国制、欲采三十五级之累进税。于千九百九年之案。始仿英国制、改上述之下级折扣之比例式。关于此等详细之方法。其尚须修补者甚多。惟其主义。在使各个收入税与总合所得税密切吻合。而成一统一的所得税。余以为此吾人所当效法者也。

第二项　地租

地租者。概属以土地之纯收入为税源、而课于土地之永续收益者、（普通概为地主有时亦为质权者）之特别税（各个收入税之一）也。土地之纯收入云者。即使用土地之农林企业上之纯收入。故以此点言之。可谓地租为有企业税之形式。地租之起源甚古。无论在何国。俱以官租之形而发达者。当其由官租而变为租税也。其时他种收入课税。尚未发达。财政上主要之财源。方不得不求诸土地。故取以土地之纯收入为税源而赋课之、之包括的方法。其纯收入之计算。亦精粗不一。以迄于今日。近则如英如德。因所得税之制近于完备。有关于土地之佃金及农耕所得之课税。故税源上与此重复之因袭的地租。遂于财政上渐不见重。至往往有从国税上、废止之者。然在无此种所得税之国。或有之而尚不十分发达之国。则地租于财政上尚占有重要之位置。依然保持农耕企业课税之形。以与后发达之商工业营业税鼎立。而形成农商工三业之企业税也。

耕地之纯收入者。由农耕上之总收获代价、扣除农业上企业费、即农具费、种子费、肥料费、及佣劳等、所余之企业上收入也。故此纯收入之意义。视地主所受之佃金及佃户所受之农业利润、皆较广。恰与合有二者之收益。即地主自己耕作时之收益相当。然观各国所采之课税标准及算定法。因国而异。亦有不以此意义之纯收入为税源者。英国之地租。以纯地主所受之佃金为税源。普法诸国。以自耕地主所应受之真正企业的纯收入为税源。日本之地租。则以较佃金及真正企业纯收入为义尤广、之收入为税源。因日本之地租算定法。不由总收获代价中扣除企业费之全部。单扣除其一部之种子肥料费而止。其他如农具费及佣劳费。皆存于税源中也。吾人今列表于下。以证明此关系。

<table>
<tr><th colspan="3"></th><th>日本地租</th><th>普法地租</th></tr>
<tr><td colspan="3">总收获代价</td><td></td><td></td></tr>
<tr><td colspan="2" rowspan="3">企业费</td><td>（一）种肥料代价</td><td></td><td></td></tr>
<tr><td>（二）农具修缮费</td><td>0</td><td></td></tr>
<tr><td>（三）佣劳费(劳银)</td><td>0</td><td></td></tr>
<tr><td rowspan="4">纯收入
（自耕地主
的收益）</td><td rowspan="2">地主佃金</td><td>（四）纯佃金</td><td>0</td><td>0</td></tr>
<tr><td>（五）改良资本利息</td><td>0</td><td>0</td></tr>
<tr><td rowspan="2">佃产利润</td><td>（六）企业费之利息</td><td>0</td><td>0</td></tr>
<tr><td>（七）企业管理费</td><td>0</td><td>0</td></tr>
</table>

（备考）企业费之出资。不论在地主自耕时与佃户借耕时。表中皆作为出于自己之资本。故不揭入对于借入资本之利息。

要之日本之地租税源算定。其所取范围。实为最广。日本地租之负担有过重之感。此亦其原因之一也。

地租之课税标准。本为测定其税源。即土地纯收入之适当衡器。然有直接以纯收入为课税标准者。亦有将此纯收入还原。使成资本价格。（地价）而以之为课税标准者。欧洲诸国多采前一法。日本则采后一法。从理论上言之。其间本不相径庭。然由纳税者之计算言之。则以前者为适切。前二法中、其收益或地价。皆非年年改定者。故为避烦累计。登记其价格于土地总册。定十年乃至二十年、为其有效期间。此前二法所同采之方法也。谓之总册制度。此制之利益。在节省年年之调查费、及确保一定之收入。然其弊也。课税标准、不免陈旧。与实际之价格不合。经年累月。益不公平。其极、至于税率之改正亦不可行。而各地方失其权衡。尤当加甚。且其后迟之又久。即欲改正之使合时价。而纳税者之多数、必不以为利。其所需之国费亦必不少。故改正之事。纵法律上定有一定期限。亦不能容易实行。延期而重以延期。与事实日益相远。总册上之价格。毫无意义。有单为反亩之符征之观。从价制亦变为从量制。其结果必至愈不公平。故以及早改定之为得策也。

地租之课税物件。不仅耕地。有宅地。有山林。有原野。有盐田。然此等之内。亦有无租地及免租税者。此等事项。各由各国地租法所定而决。

日本之地租。于明治六年。依地租改正条例。更改旧幕以来之地租。十七年、以布告第七号地租条例、复改正之。二十二年、以同年法律第二十二号、改正田地之地价。三十一年、复以同年法律第三十一号、修正之。三十一年、以同年法律第三十二号、增加由三十一年迄三十六年五年间之税率。更于三十七年、以同年法律第三号非常特别税法、于定率外增附加税。三十八年、以同年法律第一号非常特别税改正法、增此附加税之税率。遂于四十三年、以同年法律第二号、改正地租条例。非常特别税亦编入之。而减其税率焉。

日本现行地租、虽经如斯之改正。然其大要。固仍依明治十七年三月大政官布告地租条例之规定。以有地之种别、分为二类。第一类为田地、宅地、盐田、矿泉地。第二类为池沼山林牧场原野杂种地。其课税标准之地价。依明治六年地租改正条例。概为九年十年之交、所检查算定、登记于地租总册者。观其算定之法。由收获物代价中、折扣一成五分。作为种子肥料费。其所余之额。以检查石代（即米价）乘之。以其积为实。合地租率百分之三、（后改为百分之二、五）及地方税百分之一。加以当时市场利率百分之六。以为法、而除之。即以所得之商、为课税上之地价。而登记于土地总册之上焉。

此地价依地租条例之适用。于地目地类变换之时。加以部分的修正。又如明治二十二年及三十一年。制定特别法律。涉及多数府县。指定地区而加特别修正。然终非一般的修正、能使法定价格合于相当时价者可比。其目的不过在使与近傍类地、得其均衡而已。故修正地价。旧态依然。与其类地之旧地价相同。以至于今日也。然宅地之地价。则因都市之发达甚著。与附郭及远村宅地甚相悬隔之故。竟不能不行一般的修正。遂于明治四十三年、以同年法律第三号、发布宅地地价修正法。因之查定全国一切市街及郡村宅地之赁贷价格。然后十倍其价格而还原之。以为修正地价。若市街宅地赁贷价格之十倍、超过现在总册上地价之十八倍。及郡村宅地赁贷价格之十倍、超过现在总册地价之七倍。则止于十八倍或七倍。不计其超过之数。依此还原法。而修正地价逐定。

关于山林原野之地价算定。则依明治九年三月地租改正事务局所布之山林原野调查法细目。先分地目为山林、柴草山、薮林、萱草地等。然后因各地目所有草木之性质、数量、运输之便否、收利之多少。区为十二乃至二十之等级。年年可以收利之地、如柴草山竹林等。则以前五年平均之利益还原。算出地价。他如薪炭山使用木材山等。则认定一定期限、为材木之长成年间。由其期限内所收之材木代价中。扣除期内之费用。以其余额分配于各年期。以约略测定每年间之收利。更以年七分之利率还原之。而得地价。关于此等山林原野等之地价。从无企图其修正之事。故其不公平亦甚。

与有租地相对者。有不课税地。不课税地。复分为无租地及免租地。无租地者。从最初即属例外、不课地租之地类。如广义之官有地是也。官有地者。不属于人民及公共团体之土地之谓。包含皇宫地、御料地等者也。免租地亦分无期免租及有期免租地二种。前者为公共团体之公用地、神社地、坟墓地、污水沟地、铁路用地、保安林、道路、自来水道用地、沙防用地等、一切公益用地。后者为新开垦地、荒地、海啸被害地、种林地、水害、虫害、风害、旱害等地。

日本地租之赋课法。不采行于欧洲大陆之配赋法。而采定率制。明治三十七年。以同年法律第十二号、新设一制。就各纳税者在同一町村内所有之同一地目之地价合计额。算定税额。此制骤见之似为配赋法。实则不然。试言其真相。盖通例须就浩瀚之总册、每地每项、计算其地价及税额而征收之。极其烦难。仅为避烦之故。设一轻便之计算法。就町村名册。乘税率于人别之地价合计额。以算定每人之纳税额。而为纳税通告而已。非因此遂害及其定率税之性质也。

地租之税率。当明治十七年布告第七号地租条例实施之时。各地类皆一律为法定地价（总册上之地价）百分之二五。其后以三十一年法律第三十二号改正之。定为从三十二年起。五年间、市街宅地之地租、加征百分之二五。其他土地之地租。加征千分之八。其后复依三十七年法律第三号及三十八年法律第一号、累增非常特别税二次。至四十三年、以同年法律第二号、将非常特别税合并于地租之内。同时将田圃地地租之税率、减少八厘。宅地地租、则对于以同年法律第三号修正之地价、减为百分之二五。仍如旧时。

日本现行地租之率如下。

一	宅地	修正地价	25%
二	田圃地	地价	47%
三	其他	地价	55%

唯在北海道则除宅地外课税率如下。

一	田圃地	地价	35%
二	其他	地价	4%

征之各国之地租率。英国为收益之十分之二。法国为收益之百分之三二。奥国为收益之十分之二六。普国国家让地租收入与地方财源。其率为收益之约十分之一。日本地价与收益之关系、为十与一之比。故地价百分、可视为收益十分、然则日本对于收益之地租率。以田圃地言。当算为十分之四七。虽此收益非现时之收益。而他国之收益亦然。故日本田圃地租之负担、终不免甚重也。宅地地

价、系将现时赁贷价格十倍之者。故地价百分之二五。实等于现时赁贷价格十分之二五。由此观之。足知日本地租之不轻矣。然此所谓轻重者。但就与他国比较上而言耳。

若对于明治六年地租改正例之算则例、以现今收获额及米价关系之概算、推定比较之。则日本现行地租、视地租改正之税率、计算上有决不能谓之为重者。请比较之于下。

田一反	地租改正时之算定	现时之推算
收获米	平均一石六斗	平均一石八斗二升
米价	四圆八十钱（一石三圆）	二十七圆三十钱（一石十五圆）
内		
种肥料	七十二钱（一成五分）	五圆五十钱（二成）
二项抵消下存		
纯收入	四圆〇八钱	二十一圆八十钱
内		
国税	地价百分之三 一圆廿二钱四厘	地价百分之四、七 一圆九十一钱七厘
地方税	地价百分之一 四十钱八厘	国税百分之五十三 一圆〇五钱六厘
	（四公）计 一圆六十三钱二厘	（二公）计 二圆九十七钱三厘
再抵消外下存		
	（六民）自耕收益 二圆四十四钱八厘	（八民）十八圆八十二钱二厘

可知在旧算定法上。对于纯税入公课之负担、虽占四成之多。而依现在之收获额及十五圆之米价计算之。则因纯税入增加之故。公课之负担、仅为纯收入之二成。几减其半。即仿欧洲之例、计算

企业费。于肥料种子费之外、更扣除农具费一圆、佣劳费七圆、(平均一日三十钱、二十人分）共计八圆。然米谷之副产物、如谷草代价、屑米等收入。每田一反。不下四圆。二者抵消外、尚欠四圆。即由前记最后之自耕收益中扣除之。尚可剩纯自耕收益十四圆八十钱。以与地价平均百八十圆之时价换算之。在金利低下之今日。其收利实可约年八分也。惟原则上、地租低率者、地价必高。地租高率者、地价必低。故当论定地租轻重之际、而援用地价。其结果本不能谓为确当。兹但从通俗、试算之。以视其结果如何耳。要之、不与他税或他国比较。则日本之地租。虽合国税地方税计之。于全国平均计算上。比诸地租改正时代之算定。决不可谓为苛重。宁谓其在顺幸之境也。

然以上所述。不过从全国平均计算上观察之而然耳。若就各府县一一实检之。则有田一反之收获米同额、而法定地价迥异者。亦有法定地价同额、而收获额相距甚远者。例如山口县现时田一反之收获额、平均为一石七斗八升。而福岛县之平均收获额乃仅一石四斗九。升然在收米较少之福岛县。其田一反之平均法定地价为二十九圆六十钱。而在收米较多之山口县。则反不过为二十六圆七十八钱。以故在福县田一反之平均地租为三圆二十七钱。而在山口县则为二圆九十六钱。可谓奇观矣。然此不过各县平均上之不公平耳。至各县内各郡各町村间。其不均衡之程度。固亦不下于此。而地租低则地之现价昂。地租高则地之现价落。又为必然之结果。故各个人经济之负担。实不得不感受二重之不公平也。欲矫正此极大之不公平。非修正一般的田圃地价不可。此不公平而不见矫正者。则日本之地租。前途否塞。将永无增率之余地。当此时运进步。谷价渐腾。趋势所在。莫得巧避之时。而财政上乃存此无可进步之租税。实不可不谓为紧急之问题也。

日本地租收入额、以明治四十二年度之八千〇五十九万余圆为最高。及四十三年度因税率受八厘减少之改正。减为七千六百二十八万余圆。四十四年度之预算上为七千五百七万余圆。四十五年度之预算上为七千五百四十万圆。

今将四十四年度预算上地租之内别。揭示于下。

种别	法定地价	收入预算额
国税	1,003,744,146圆	46,607,537圆
田圃地租	225,137,346	10,462,240
宅地租	144,557,066	16,230,682
杂地租	32,842,324	1,736,177
计	1,406,280,882	75,072,765

（备考）表中法定地价为四十三年一月一日之现有地价。收入总额系除上四项外更加以延纳年赋等收入 36，226 圆者。

各国地租收入对于其总岁入之比例率。亦揭于下。以资参考。

英国	1911 年	1,210,000镑	总岁入 50%
法国	1920 年	203,207,000法（建物地亦在内）	总岁入 5%
奥国	1910 年	161,980,000克	总岁入 6%
意国	1911 年	80,970,000利	总岁入 3%
日本	明治四十四年度	75,072,765圆	总岁入 15%

现在各国已概不认地租为重要之财源。唯日本之地租独否。今

尚稍稍维持其财政上重要之位置也。

地方自治团体财政上之土地课税。除英国外。概属国税之附加税。英国地方税、几于全部皆为救贫税及其追加的特别税。救贫税者。以町村内之不动产、及可与此同视之用法上不动产、之纯收益价格为标准、而课二成八分之税率者也。其税率二成八分之中。一成一分作为救贫税。其他之一成七分作为地方之特别税。其课税之总额、于千九百〇二年为约一亿七千九百十六万四千镑。人口一人约达三十先零云。此救贫税实可称为不动产收益税。法国则与此相反。几于地方税之全部、皆为国税之百分附加税。今观其对于土地之地方税。县及邑皆有经常及临时之附加税。此附加税。对于国税。县为百分之六十八。邑为百分之六十三。合计之。于千九百二年。非宅地税达于百分之百三十一。宅地税达于百分之百〇八。平均计之。对于国税百。地方附加税为百二十。普国国税上之地租已经废止。而增加从来地方之地租附加税率以代之。且采用由国家配赋之制度。其现行形式上之附加率。对于国家之配赋本额。其赋课限度。定为在市部得至于百分之百五十。在町村得至于百分之八十。

日本地方租之属于土地之负担者。为附加税及特别税。府县之以地租成数加课者、及市町村之以地价成数加课者。皆全然为国家地租之附加税。市町村及组合之以田地反数课税者。则为特别税。关于此等地方税。明治四十三年之地方课税制限法、特设限制。定为以地租成数计者、为国税百分之三十二。以地价成数计者、为国税百分之二十一。以田之反数计者、为平均一反四十钱。但若得中央政府之认可。仍可于制限外课税。今就千九百十一年之预算观之。

府县附加税之以地租成数计算者	24,852,405圆
市町村附加税之以地价成数计算者	23,934,782
市町村特别税之以田地反数计算者	1,012,066
组合特别税之以田地反数及地价成数算计者	2,549,735
合计	42,348,984
国税	56%

对于国税地租额七千五百万圆。实达百分之五十六。惟比诸欧洲之例。尚可谓为轻少也。

第三项　家屋税

家屋税者。以家屋为税源、而课于家屋所有人之租税也。故当属于收入课税中特别之一种。

家屋对于其所有人、发生收益即经常的收入、之法。依其使用之目的。自有二种。（一）在企业用之家屋。可作为企业之固定资本、而发生此收益于企业纯收入中。故当农工商之企业收益税、如地租及营业税、存立之时。家屋收益即算用此等诸税之税源中。（二）住居用之家屋。虽由赁贷、对于家屋所有人、发生经常的收入。然此亦不外于资产所得。故当一般所得税存立之时。家屋收入、亦自不得不加算于所得税之税源中。

除以上产业用及赁贷用之外。家屋更无发生经常的收入之事。故收益税性质之家屋税。除古昔尚无企业税及所得税时外。在今日之税制组织上。苟非事出于不获已。故求重复赋课。则家屋税固无存在之必要也。

然则所有人自住之家屋则如何。岂毫不表示何种税源乎。曰否。不独所有人自住之时。即在借家人住于借家之时。其居住之事实。实为彼等经济上消费之目的物。固当表示支出课税之税源也。以此税源为目的而赋课之之租税。非为属于收入课税之家屋税。而为属于支出课税之住家税。住家税者。与家屋税迥异。非为以收益为税源、而课于所有人之税。而为以支出所得为税源、而课于自住及借住之占有人之税。故非与收入课税相重复者。断可知也。

然家屋税与住家税之区别。有颇不容易者。（第一）则为纳税之主体。家屋税由所有人征收、住家税则由占有人征收云云者。仅法律上之区别。而非经济上重要之区别。如在都市。家屋之需要极盛。虽由所有人征收之。实际之负担、仍归于占有人。反之如在村落。家屋之需要不盛。则虽由占有人征收之。实则往往仍归所有人负担。故所有人占有人云者。不过单为课税之便宜计。不得遂以之为租税之根本的区别也。（第二）则为课税物件。家屋税课税物件为建筑物。在各国概含宅地于内。其所谓建筑物者。不独住居用者。虽产业用各种建筑物。亦包含之。而住家税之课税物件。则在各国、不含宅地。亦不含产业用各种建筑物。仅单纯限于住居用者。然产业用建筑物与住居用之建筑物之区别。既有不易者。而产业用兼住居用之家屋亦最多。若此者。果如何区别之乎。（第三）则为税源与课税标准。家屋税之税源。为由家屋赁贷及企业上所生之收益。而住家税之税源。则为居住事实所表示之支出消费云云者。理论上之区别也。实则不过同一收入之两面的名义。一从收入、一从支出、观之者而已。故其课税标准。均不外乎建筑物之赁贷价格。而凡当此赁贷价格难于算定之时。每单使用居住的条件、如建筑之构造面积等、为标准。此又两税为课税上便宜计、所皆不得不采用者。实际上如此。不可诬也。要之、二税之区别。实属困难。其间可认为唯一之特色者。唯限课税物件于住居用家屋与否、之一点而已。

家屋税与住家税之区别。实际上之难。有如是者。加以欧洲诸国法律上习惯。凡建筑物与建筑物用地之所有权。概归于同一人之手中。从而对于建筑物之课税与建筑物用地之课税。自以由同一人同时征收之为便利。此欧洲诸国之多数、所以有征收家屋税于建筑物及用地所有人之制度也。故此含有所有税性质一事。实为各国家屋税共通之点。顾虽如此。然皆有一种共通倾向。如区分课税物件为产业用家屋。及住居用家屋。产业用家屋课以轻率之税。以缓和其与产业收益税之重复。又如关于村落之家屋。以居室面积等居住条件为标准。而课以等级税。形式上欲采取住家税主义之制度等。皆其著明而不可争者也。

今述各国家屋课税之概要于下。

普国家屋税、今已改为地方团体之财源。盖课于所有人之收益之收入课税也。其课税标准为一年间之收益价格。当定此收益价格之时。关于有家屋赁贷常习之都市邑之家屋。则依赁贷收益。关于赁贷事甚稀少之地方村落之家屋。则依等级制。参酌家屋之大小、建筑方法、附属地之广狭、庭园面积等、以定之。每十五年改订一次。其税率住家为收益价格百分之四。产业用家屋为收益价格百分之二。

奥国之家屋税。大体与普国等。分为赁料税及等级税。前者行于都市。后者行于村落。赁料税之标准、为由总收入中扣除二成之维持及建筑偿债费之余额。课以二成六分或二成之税率。反之若等级税。则以各家屋所有之住室数为标准之住家税也。此住室以住居用建筑物中实际居住、及认为有住居之目的者、为限。厨房、窖库、厨、积物室、学校、工作场及事务室。等不在其内。依住室之数。课以定有等级之定额税。最下十六等为仅有一住室之家屋。课以一佛罗林、一五及至〇、佛罗林七五。

法国家屋税。分为宅地建筑物税、及门窗税二种。前者在普通家屋、以扣除百分之二十五之维持及修缮费所余、在企业用家屋、则以扣除百分之四十所余、之纯赁贷价格为标准。课所有人以百分之三、二之比例税。后者则属住家税。虽依赁贷价格之百分率以配赋之。然纳税则从因住地之广狭、家屋之大小、及门窗之种类预定之等级。以外向门窗之数为标准而课之。

英国则有住家税。无家屋税。盖英国所得税第二种之不动产所得税。既就宅地及其上之建筑物之所得、加一定之扣除而课之。故不须更课重复之家屋税也。其住家税则不含宅地之关系。单课于家屋。唯其纳税之主体。则非仅为占有人。区分家屋为赁贷家屋及自用家屋二种。关于赁贷家屋。以所有人为纳税者。关于自用家屋。则以占有人为纳税者。盖前者为都市之课税。后者为村落之课税也。因此之故。遂有称英国之住家税为家屋税与住家税之混同税者。然此实法律上皮相之见。而英国住家税之特色。盖在置产业用家屋于课税范围外、一事。但产业用兼住家用之家屋。则以为不可不区别之。故收之于课税范围之内。其课税之标准。则皆为赁贷价格。不设都鄙之别。凡仅有二十镑以下之赁贷价格者。皆免课税。税率、在纯粹之住居家屋、为百分之三、七五。在产业用兼居住用之家屋、则低减之为百分之二、五〇。

各国之家屋税或住家税之收入如下。

英国	1910 年	3,212,027镑	岁入 1%
法国	1908 年	166,600,000法	4%
奥国	1911 年	108,250,000克	3%
意国	1908 年	100,500,000利	3%

（备考）法国无宅地建筑物及门窗税之合计。普国则家屋税已移于地方财源。其计算不明。故未揭入。

日本之国税上。无家屋税。亦无住家税。明治三十二年、当政府谋增各种租税时。曾经计划新设家屋税。凡赁贷价格五圆未满之家屋。免除课税。税率定为百分之五。其预算收入额为二百六十五万八千六百五十二圆。然此计划未能实行。其后三十九年五月、税法审查委员会调查上。亦有家屋税新设之计划。其所见与前计划颇异。故其预定收入额大为增加。今揭其内容于下。

一、定税率为赁贷格价十分之一

二、赁货价格不满五圆之家屋免税

三、每五年改订赁贷价格一次

四、家屋税课于家屋所有人

五、此项收入预测可得千三百二十五万七千二百六十一圆

六、废止关于赁贷价格五圆以上之一切地方家屋税、家屋税成数税、户数税、户别税等。但因此之故。府县税须填补八、三四六、〇〇〇圆。市町村税须填补二七、五六二、〇〇〇圆。

七、地方税之填补方法如下。府县许课家屋税附加税。其率为国税之百分之三十。市町村许课百分之百七十。及府县得征所得税附加税。其率为国税之百分之二十。市町村得征百分之二十五。对于不纳所得税者。则以一户平均十五钱之此例课户数税。

然家屋之收益。如前节所述。既作为收益税、而存于地租及营业税之税源中。又作为所得税而存于所得税之税源中。则在收入课税之组织上。实不必更存留之。而尤以日本财政上为然。因既采建筑物之赁贷价格为营业税之标准。而征税率千分之九十乃至一百之税。今欲更新加与宅地税有别之家屋税于其上。此实经世家所当熟虑之问题也。余意无论如何议论。总之、今日国税上似已无家屋税之余地矣。即勉强新设之。其收入亦决不能巨也。前计划为五分税。新计划则为一成税。其收入计算之增加。固属至当。然前后二

计划中、皆欲免课赁贷价格五圆未满者之税。试问免税之后。果尚能得千三百万圆之收入乎。委员之计划。果已扣除营业税之赁贷价格千分之百乎。又日本宅地地租、系以赁贷价格为标准、而算定之者。委员果已由建筑物之赁贷价格中、扣除建筑用地之佃金及宅地租乎。其他家屋之维持及修缮费、果经扣除若干乎。观调查会之报告。此等要点。皆不明晰。其独明了者。则为与地方税之关系。现今地方税上家屋税、家屋成数税、户数税、户别税等之总额。约达七千百万圆。全国九百万户之家屋。每户平均约负担八圆。对于此等中、赁贷价格五圆以上之家屋。欲废地方税而代以新设之国家税。而地方财源之填补。又欲依此税之附加税及他种附加税。此其结果、事实上实等于新增巨大之负担。故其计划决不可谓为适当也。至住家税。则于日本税制组织上、尚有设立之余地。然此等课税之不适于国税而适于地方税。乃学术上之定论。故余以为当在地方税上研究之也。

地方自治团体之课税。则以家屋税为适当。因地方行政与地方不动产之关系。诚有密切者在也。然与企业收益税重复之家屋税、仍不可不力避之。即以家屋税为地方税。亦当采住家税主义。以住居用建筑物之住室数、或住居面积广狭为标准。就每一室每一坪、课其赁贷价格百分之五乃至十、为佳。但在都会则由所有人征收之、在村落则由住居人征收之乎。抑不论都鄙皆由所有人征收之乎。余意此仅为法律上之区别。既住家税之标准、由居住用家屋之住居条件采之。则附之不问。因课税上之便宜。随意定之可也。现此住家税。在日本都市上。因与等级的家屋税一致。可仍其旧。但将地方村落之户数税、户别税、依此主义改正之。足矣。

关于家屋之各国地方税。除英普二国外。其他概为国税之附加税。日本则兼采特别税及附加税两制度。今揭其种类及收入于下。（一九一一年度）

府县户数税	12,844,978圆
市家屋税	3,967,260
同户别税	2,202,071
町村家屋数税	620,015
同户别税	50,856,152
计	70,490,476

府县家屋税者。依府县制第五十八条而设于府县之全部及市制施行地者也。于现有户数税之处。则不得施行之。其课税物件。为住家、仓库、积物室等。或往往至十三四种之建筑物之多。产业用及居住用建筑物。皆包含在内。其纳税者虽为家屋之所有人。然其课税标准。则依建筑物之种类、构造、坪数、及用地之等位。定等级的个数。（多至一百八十一级）以预算需要。分配于此等个数。使归各家屋所有人负担之。非属于依赁贷价格之定率税。宁属于依居住条件之等级税。故不如正式改之为以赁贷价格为标准之课税。较为简便。所谓市叮村家屋数税者。即此府县家屋税之附加税也。

府县户数税者。为一种之地方特别税。其存在较家屋税尤古。不问其自己之家屋或借家。凡自立一户者。即赋课之。盖一种类似所得税之税也。其位置在法律上。虽与都会之家屋税相并。而为村落之住家税。然其课税标准。实与家屋建筑物毫无关系。仅依照府县预算上之财政需要。以户主之数均分之。以定每一户之平均税额。然后算定府县内各町村内户数之负担总额。以配赋于各市町村。市町村乃查其区域内各户之资力等差。依其监定、而定乘率单位。以赋课其配赋额于各户。余惟此税始本有住家税之形。后财政需要日增。他课税之增收。又极不易。每周困难之时。多求其补充额于此税。以至财政需要之配赋额。日益加巨。若仍以住家税式行之。难免多不公平之事。于是遂至不得不监定各户之一般的资力以赋课之。今设若此税之外、更无一般所得税。而各户资力等差之鉴定。又能依严密之标准。公正计算。且不论都鄙。皆施行之。则此税非不可称为颇进步之税制。顾普通著眼。常重在财政上之经费需要。但以此制为便于配赋需要额。其资力查定之标准。则各县各村。纷然不一。其结果、惟使薄资之阶级、负担日重。延纳缺纳之事。将日益多矣。至市町村户别税。则为此府县户数税之附加税。近时益渐增多。不知其所底止。国家对于与国税相对之地方附加税、制限监督日严。则地方财政求填补于此种配赋税者日多。因以助长地方财政之膨胀。此目下之实状也。户数税户别税之总额。约达六千万圆。倍于国家之所得税。从租税之组织上观之。自以改之为家屋税或住家税为正当。惟居今日。地方财政上之期待。既如是其增加。苟非地方财政新发见特别之财源、或缓和与国税相对之地方附加税之制限。则亦无从改废之也。

第四项　营业税

营业税者。以商工企业之收益为税源之课税。对于以农业收益为税源之地租。具有补充税之性质者也。故各国营业税中、概不包含农业税。又此课税之目的。在赋课于与近世商工业大发达相伴之大资本企业。故不课及以劳力为主之企业。且在既有特别营业税之国。则关于此等被课之营业。亦不更课营业税。例如日本之矿业税、卖药营业税、普国之铁路营业税等。是也。

既以营业之收益为税源。则务求算出营业之收益、即纯收入。而直接课之。理无善于此者。然单依纯收入之算出。则有不能得正确之负担之虞。故当更求一他种间接标准、如资本金额者。以加斟酌。唯此课税、与历史上营业之准许、有密接之关系。其始大抵具有准许料之形。故在有此种历史之国。亦有以粗杂之外形标准、例如依营业设备之大小。以课税者。例如日本及法国之营业税、是也。

日本之营业税、渊源于封建遗制之小物成。小物成者。准许业之产物贡纳。为当时财政上之财源者也。当时财政尚无中央地方之别。及明治八年、区别国税地方税之时。特加整理。以属于府县税。其后当十七年七月以布告第十九号定地方税则之时。于其税目中、置营业税并杂种税。其中除八年以后移归国税之少数特别营业税外。凡商工业税之大部分、皆作为地方之财源。以至于二十七八年战役之交。当此之时。一则国费需要紧急。一则各地方对于勃兴之商工业、所课营业税。极不统一。须加整顿。且国家之杂税、如船税、车税、菓食税、牛马卖买准许税、烟叶营业税、酱麴营业税等。亦须整理。因欲移此等国家杂税于府县之财源。而以府县之营业税为国税。使归统一。并欲扩张商工业家之选举权。遂于明治二十九年。以同年法律第三十三号。设定国家营业税。后以三十二年法律第三十二号改正。定在外国及法律不施行地、营业者之国内店铺之课税方法。三十五年。以同年法律第十八号规定营业税审查委员会、及诉愿诉讼之法。且追加铁路业于营业中。日露战役中①。此二次之非常特别税法、行本税十五成之增税。三十九年。以法律第二十七号、定为永久税。四十三年、以法律第四十五号、追加出版业及信托业于营业中。其他营业种目。亦略有废合。又依从业者之种类年龄。稍行减税。营业税所经之改正度数虽多。然其大要、则备于明治二十九年法律第三十三号。其课税物件、为营业之种类。可分为制造业、贩卖业、赁贷业、运搬业、金融业、代办业、公信业、包工业八种。惟法规上则为列记的。限于二十五业。其课税标准。不为收益。而为表示营业规模之外形标准。其税率、因各业各标准而异。今依税法十二条、揭营业种类课税标准及税率于下。

业种	课税标准	税率
物品贩卖业	卖出金额 建筑物赁贷价格 从业者	趸卖万分之十二 零卖万分之三十六 千分之九十 每一人二圆
银行业 保险业	资本金额 建筑物赁贷价格 从业者	千分之五 千分之九十 每一人二圆
金钱贷出业 物品贷出业	运转资本金额 建筑物赁贷价格 从业者	千分之六十 千分之九十 每一人二圆
制造业 印刷业 出版业 照相业	资本金额 建筑物赁贷价格 从业者 从业者之内职工、劳动者	千分之三、七 千分之九十 每一人二圆 每一人五十钱

①“日露战役”即“日俄战争”。“日露战役”为日本史学界的说法。——编者

续表

业种	课税标准	税率
运送业 运河业头码业 船舶碇击场业 贷物上陆业	资本金额 从业者	千分之六 每一人二圆
仓库业	资本金额 建物赁贷价格 从业者	千分之五 千分之四十五 每一人二圆
铁路业	收入金额 从业者	千分之二十五 每一人二圆
包工业	包工金额 从业者	千分之五 每一人二圆
贷席业 饮食店业	建筑物赁贷价格 从业者	千分之百三十五 每一人二圆
旅馆业	建筑物赁贷价格 从业者	千分之九十 每一人二圆
人事绍介业 代理业	报酬金额 从业者	千分之三十五 每一人二圆
中证业 代办业 信托业	报酬金额 从业者	千分之三十七半 每一人二圆

（备考）从业者中、除营业者外。凡未满十五岁者。课前记税率之半。

其他营业在此二十五种之外者。作为小营业。让归地方财政之营业税及杂种税。又凡营业虽属于此二十五种。苟其规模微小。或资本金不满五百圆。或卖出额不满千圆。或从业者之职工劳役不上二人。或建筑物赁贷价格不满五十圆。或报酬金不满百圆。则亦移之于地方财源。国家营业税上、免其赋课焉。

课税之标准。不依收益而依总收入及营业之外形物。其种类为资本金额、建筑物赁贷价格、卖出金额、收入金额、包工金额、报酬金额、及从业者人数等。至于七种之多。

第一、其所谓资本金额者。关于公司组织之营业。以已交股份资本金额、及各种积存金、代表固定流动两资本。而不包含借入资本。关于个人营业。则以实物的固定资本、及现在的运转资本、一切包含而计算之。故借入金亦包含在内。不惟二者之间甚不均衡。即其以资本金额为营业之直接课税标准。亦仅限于数种营业。不普及于全般。如此者。决非适当之收益课税也。

反是。若建筑物赁贷价格、则殆为诸业共通之课税标准。其建筑物如为租借。即依实际之支付额。如非租借。则或准其比邻。或以土地时价百分之五。家屋时价百分之十。为营业用土地建筑物之赁贷价格。其种种规定、颇为详细。然赁贷价格及从业者之人数。对于营业之收益、本为属于反对之科目者。其课税愈益增加。则与收益相去当愈远。故以此等作为收益之课税标准。根本上已大误矣。

至于卖出价额。则更不适当矣。国库由营业税所获收入全额之六七成。皆为物品贩卖业之课税、以卖出金额为标准者。然不惟此卖出金额、实该营业之总收入。决不足以代表收益。且因趸卖与零卖而各课其税。则其结果、实等于两重课税。无可疑者。设其贩卖物品而为关税或消费税之课税物件。则其结果将为三重之课税。每复课一次。前次之税金、即加算于后次之课税标准中。而复被课税。税金而加以赋课。其结果非使直接税之营业税、变而为消费税性之税、不止也。

其他如收入金额及报酬金。原为粗杂之总收入。而非收益。故税率愈增。则不公平当愈甚。不待烦论也。

征诸他国之实例。英国本无营业之收益税。仅有对于营业所得之所得税。普国营业税全归于地方之财源。其课税标准、为营业之纯收入。法国之营业特许税。盖当时日本立法者所视为日本营业税之模范者。何则。因法国之营业税并用定率税及比例税之二法。定率税依营业状态、营业地人口、使用职工、及机械数而为区别。比例税依建筑物赁贷价格而定其标准。皆不外乎营业之外形也。然在法国、系先从营业地人口之多寡。分各营业为上下九等。更从职工数及机械数分为七十二段。课七十二段之税。其外更课赁贷价格约十五分之一之比例税。非如日本直接比例于卖出金额及总收入也。然即彼国制度。在彼国今已视为革命之遗物。废止之计划、殆将成功矣。

或曰。纯收入课税。理论上固属正当。无如对于个人营业。欲知其纯收入。非由营业人申报不可。苟由营业人申报。则终难期得公正。故不若以现行之外形标准税为较轻易也。不知关于商工业之企业所得。日本所得税法上。已作为第三种所得而调查之。现依其查定之所得额而课所得税。而此所得金额者。事理上非在计算企业纯收入之后、则不可得而发见。今既现课此所得税。则个人企业之纯收入。固当早呈现于国务税厅矣。然日本营业税不利用此容易之材料。而反特别调查复杂多种之外形标准。强欲踏袭法国之旧制。不知其果何所用意也。今若于所得税及营业税行同一之标准调查。则其结果、必益密绵。必较公正。具有节省两税收税费之利益。故吾人不得不希望营业税之改正。使得以收益为标准也。然行此之时。尤以间接利用资本金额之法为最公正。换言之。即吾人之意见。在仿普国地方营业税之例。依资本金额。于纯收入额上、设立等级。以各级之纯收入额为直接标准。而设二三等之比例率。例如下列。

第一级	纯收入五百圆以上及资本千圆以上之营业	纯收入百分之一
第二级	纯收入三千圆以上及资本金五万圆以上之营业	纯收入百分之二
第三级	纯收入三万圆以上或资本金五十万圆以上之营业	纯收入百分之三

关于资本金之计算。其有公开的性质者。可依其已交股份资本额。其无之者。可依该营业所永续使用之固定及流动资本之全价格为准。关于纯收入之计算。则可依由总收入额、扣除营业费及价格减损、所余之企业利益为准。至其他如业务之改良扩张费、及自己之出资、及劳务之报酬、并家族生活费等。皆不当作为营业费而扣除之。固不待言。

日本营业税之税率。如前表所记。颇属多种。其对于总收入。有由卖出金额万分之十二、迄总收入千分之三十五之差。可谓不均衡之甚者。其他对于资本金。概为千分之五。对于建筑物价格。概为千分之九十。对于从业者。概为每人二圆。此诸他国。普国营业税率为纯收入之平均百分之一点五。奥国为纯益百分之十。法国为建筑物赁贷价格平均百分之六点六。比较上、日本之税率较重。然营业税、其性质上、本当与地租相称。不可不察。今观地租上日本农业、依时价计算、对于纯收入、约有一成之负担。故对于地租言之。则工商业纯收入之负担尚甚轻也。

营业税之收入。从他方面言之。可以示商工业之盛衰。日本营业税、自创设以来。其收入之进步如下。

明治三十年	4,416,248圆	明治三十五年	6,774,486圆
明治四十年	20,383,940	明治四十四年	24,184,783

前五年间，每年约增四十五万圆。中五年间，扣除二次非常税十五成之增加不计外。每年约增六十六万圆。后四年间，约有百万圆之自然的增加。

课税收入如此增加之营业。果属如何种类乎。试一查之。知日本营业税上之课税营业中，最重要者为下四种。今表示其课税额增加之趋势。

业名	明治三十六年课税额	明治四十三年课税额	明治四十三年课税额
物品贩卖业	3,096,347圆	8,940,708圆	11,307,504圆
金融保险业	1,259,961	4,226,927	5,443,621
制造业	1,425,272	3,892,848	5,226,786
运送铁路业	581,236	1,455,943	1,297,368

至四十四年。营业税收入之预算额约二千四百万圆。对于总岁入额实占百分之四。为便于参考计。他国最近之营税业收入亦揭于下。

法国	156,710,779法郎	（1911 年）总岁入 6%
俄国	118,396,400卢布	（1910 年）总岁入 4%
奥国	78,100,000利	（1908 年）总岁入 3%

地方自治团体之营业税。在法国全然为国税之附加税。在普国则无国税。全然为国家所配赋之地方自治体特别税。反之在日本之地方自治团体。则除与国税相对之地方附加税之外。尚有府县之特别营业税。特别营业税者。课于国家营业税法上所未列记之营业、及小资本或小卖出额之地方营业、之府县税也。附加税者与国家营业税相对之县及市町村之百分税也。地方营业税之收入。在法国合县附加税及邑附加税、于一千九百二年、达六五、五六一、〇〇〇法郎。其对于国税之附加率。于县为百分之四十。于邑为百分之二十七。合计对于国税。地方附加达于百分之六十七。普国地方营业税总额不明。在各大市约得三五、二一九、六二〇马克。町村之得二一二、三〇六马克者。共九百六十七处。其对于国家之配赋额。最高得百分之三百八十五云。（千九百三年）日本地方营业税。为国家营业税之附加税、府县特别营业税、及杂种税、并对此之市町村附加税等。其中关于国税之附加税。依地方制限法。府县所课、须在国税之百分之十一、市町村须在百分之十五以内。至关于府县之特别营业税、并对此之市町村之附加税等。则无制限。

兹揭日本地方上大小营业者之负担于下。

地方营业课税	税额
府县营业税（特别税）	3,384,687圆
同杂种税（特别税）	8,299,356
附加营业税（国税附加）	2,275,914
市营业税（国税附加）	2,771,900
市营业加成税（府县附加）	1,773,058
町、村营业税加成税（国税附加）	1,561,143

续表

地方营业课税	税额
同营业加成税（府县附加税）	4,053,152
计	23,119,220

第五项　所得税

收入课税之组织。理论上、以地租及营税二者。已略足以尽之矣。何则。地租营业、两者既相对峙。则国库对于农商工一切生产业收益之要求。可谓达尽。略无余蕴矣。若家屋税。则非收入课之上不可缺之要素。因家屋非能由产业独立而生收益者也。而其所以能参入收入课税中者。特因与家屋有同样关系之宅地租、既经存立。为均衡计。则亦不可不有家屋税耳。故于收入课税组织上。此等之外。若尚有能占一位置者。其为勤劳所得之课税乎。此勤劳所得中。有生产的勤劳之所得、及间接的勤劳之所得、之分。前者为当凡企业之纯收入课税、如地租及完全营业税等、算出纯收入时、所作为企业费之一部而被扣除者。即直接勤劳之给料是也。后者为与生产企业无直接关系者。即所谓自由职业之所得是也。故此等收入、尚有课税一次之余地、无疑。此等课税。谓之特别所得税、或俸给税。欲课税于此等勤劳所得。不必定用收入课税之法。即用他种方法（如消费税）吸收之。亦未为不可。惟因其他方法、皆非特以课此所得为目的者。故加此课税于收入课税组织中。亦属一策。果设此勤劳所得之课税。则收入课税之组织。几近于完全。此外当更无可作为收入课税者矣。

本题所称为所得税者之中。包含有此勤劳所得课税。自不待言。其不仅包含此勤劳所得税。亦不待论。盖此所谓所得税者。对于一切个人及各法人。以各家之全经济、看作租税之主体。以各家经济全精算上之所得为课税物件。以所得额为课税标准。网罗一切之资产、一切之企业、及一切之勤劳者也。学术上称之曰一般所得税。

特别所得税、与前项二种收益课税、无重复之事。一般所得税、则系对于一切资产企业及勤劳之所得者。明与地租及营业税相重复。故在欧洲各国中。亦有单以地租营业税及特别所得税为收入课税者。如巴威伦国是也。又有集合对于各个资产企业及勤劳之特别所得税、而附以一税之名者。如英国是也。惟此等各个的查定之特别税、虽适于避课税之重复。然有容易漏脱之缺点。不为完全。欲求其无重复亦无漏脱。则惟有单以完全之一般所得税为收入课税、之一法。然此法于实际上亦难期完备。故各国或更设补充税。或全然采重复税制。或折衷采统合的所得税制。如普、如奥、如法。其事例纷纷然异。日本之制。与奥国略而少异。为由特别收入税（粗收入税）及一般所得税而成之重复税制。前已略述其大概矣。

日本创定所得税法。实在明治二十年。当时政府内须政务之更新。外求国防之充实。不得不于地租酿造税之外、更觅新财源。于是参酌外国之制度。以明治二十年三月敕令第五号、制定此所得税法。

此敕令、依其后发布之宪法上之保障、有法律之效力。其规定虽简。保存至十二年之久。不经改正。中日战争后。民间事业勃兴。战役经营迫切。遂于明治三十二年、以同年二月法律第十七号、为根本上之改正。即所谓改正所得税法也。此法律、其后以三十四年四月法律第十七号、及三十八年三月法律第三十四号之修补。条文益臻完备。后依二次之特别非常税法。增加税率、至十五成以上。并扩张累进制。其改正之处虽不少。然其大纲、实现行法之基础也。依现行所得税法。凡有住所于帝国内、（殖民地在外）或一年以上居住于帝国内者。就其收入之一切所得。又即无各住所居所、而于本法施行地、有资产或营业者。并于本法施行地、支受公债社债之利息者。各就其所得。不问其为个人或法人。皆规定当课以所得税。此实所以阐明租税之一般原则。即租税者、不问其为帝国臣民、或为外国人、既有共同之经济关系、即不可不任其负担、之原则者也。

此税法、于租税义务及其主体既明之后。区分课税物件之所得为三种。以定对于所得之税率。

第一种所得者。谓法人经济之一般所得。即由各事业年度总益金中、扣除同年度总损金、上年度拨来金、及保险责任准备金、所余之利益也。资产增价算入总益金。资产减价、算入总损金。其他如无支给义务之赏与金、及现不即支给之减价偿金。则不算入总损金中。故此法人之所得。实包含普通当期分红、各种积存金、赏与金、及后期拨下金等、凡其法人当年度不必支给他人之自由所得也。

对于此法人之税率。依法人组织之大小、分为二种如下。

甲　由二十一人以上之股东或股东及社员而成之公司之所得	
所得金额	千分之六十二、五
乙　其他法人所得	
所得金额	八级累进制
五千圆未满	千分之四十五
一万圆未满	千分之四十七、五
一万五千圆未满	千分之五十
二万圆未满	千分五十五
三万圆未满	千分之六十七、五
五万圆未满	千分之八十二、五
十万圆未满	千分之百
十万圆以上	千分之百二十五

第二种所得者。动产所得之一部。即公债及社债之利息是也。此税若从其一般所得税上之性质言之。本应与个人及法人之一般所得计算、合为一体。然为征税上便宜计。依集合课税之方法。特于其源泉之处、支给之际、征收之。故不能与他种所得合体计算。而独为依特别查定税率之动产收益税。

然关于此种公债社债。以明治三十八年二月法律第十九号。依照政府为补充军备及支付临时事件费故、于明治三十七年以后、所发行之国债证券之利息及贮蓄债法。免除日本劝业银行所发行之贮蓄债券利息之所得税。寻以四十二年三月法律第七号。免除一切国债利息之所得税。故现行所得税法。实际上能适用其所定税率者。唯国债以外之公债、及贮蓄债券以外之社债、之利息而已。兹揭现今之课税物件及税率于下。

国债及贮蓄债券之利息	无税
其他公债及社债之利息	千分之二十

第三种所得者。个人一家之一般所得。换言之。即未算入前揭二种所得中之一般所得也。凡所得之由个人之资产、企业、及勤劳而生者。皆网罗之。日本所得税法之个人所得。从此解释。依税本之种类。可分为下之三种。

甲、属于资产所得者。为贷地之佃金、佃借料、贷家之家赁、个人的贷金及存款之利息、不受第一种所得课税之法人红利、在帝国法律施行地外支发之公债社债之利息等收入预定额。

乙、属于企业所得者。为由农商工各产业总收入金额、扣除必要经费、所余之预算年额。其所谓必要经费者。例如种苗、蚕种、肥料之购买费、家畜及其他之饲养费、购入物之原价、原料品之代价、场所物件之修缮费、借入料、场所物件之课税、并雇人之给料等。是也。

丙、属于勤劳所得者。为以勤劳为主之职业上之报酬、俸给、工资、给料、岁费、旅费、恩给、年金等。此亦即以其收入额为其所得者也。

此等个人所得。虽系从各个查定。然税率则不适用于各个所得。仅就每家、合计其各个查定所得。以为各家之单一所得额。其额若高出法定之免税范围、即高出三百圆以上。则使之入课税范围。对于全额、别无扣除。适用下列十二级之累进税率。

三百圆以上	千分之二十
五百圆以上	千分之二十五、二
千圆以上	千分之三十四、五
二千圆以上	千分之四十六
五千圆以上	千分之六十
一万圆以上	千分之七十五

续表

三百圆以上	千分之二十
一万五千圆以上	千分之九十四、五
二万圆以上	千分之百十六
三万圆以上	千分之百三十九、五
五万圆以上	千分之百七十
十万圆以上	千分之二百三、五

观上表。可知由三百圆起，迄一万五千圆。其税率始于二分、而终约一成。及至十万圆之所得。则课二成三厘五毛。即二万圆余之税也。

所得税之收入。在日本之收入课税中。增进之度最为高速。兹示其自明治二十五年以后之状况于下。

明治二十五年	1,129,047圆	明治三十年	2,095,090圆
明治三十五年	7,450,727	明治四十年	27,291,871
明治四十五年	32,725,282		

最初五年间，每年不过十五万圆之增加。其次五年间，每年增八十万圆。再次五年间，虽除去非常税十五成之关系。每年亦尚有约百七十万圆之增加。最后五年间，则每年实增百十万圆也。

总收入税如斯增进欲知其何种所得所增最多可观下表

种别	明治三十六年度税额	明治四十年度税额	明治四十三年度税额
第1种	2,355,866圆	8,345,406圆	7,537,841圆
第2种	345,329	492,391	139,648

续表

种别	明治三十六年度税额	明治四十年度税额	明治四十三年度税额
第3种	5,610,839	19,721,043	24,774,425
计	8,312,034	27,550,200	32,441,914
所得额	478,420,947	671,635,319	824,817,754
平均率	17‰	40‰	39‰

试观此表。可知课税所得额、与世运之进步相伴。七年之间。约增一倍。然税额收入。若从非常税十五成增率之比例上言之。则殊不能谓为有增。足证课税方法上之尚有缺点也。三种得税中。最发达者为第三种之个人所得税。约有四倍四成之增收。而其中由一万圆未满之下级所得人征收者。较诸由一万圆以上之所得级征收者。为数尤巨。至第一种之法人所得税。从战后诸种公司多数勃兴之形势言之。本应激增。然实际之增收。仅有三倍。若第二种之债券利息税。则反减少。其原因当在战后所增国债之免税也。要之、个人所得税增收之度。虽高且速。然所增者多出于下级所得人。与战后大富豪加增之实际现象。适相反对。事实如此。谓非由税法之不备、得乎。

然则第二种之个人所得中。果以如何程度者之负担为最多乎。请就下表观察之。

所得程度	所得额	税额	税率
三百圆以上	197,744,894圆	3,954,148圆	2分
五百圆以上	182,790,428	4,602,206	2分5厘2毛
千圆以上	121,154,318	4,182,017	3分4厘5毛

续表

所得程度	所得额	税额	税率
二千圆以上	58,894,748	2,145,926	3分9厘1毛
三千圆以上	52,667,291	2,422,560	4分6厘
五千圆以上	43,942,839	2,636,383	6分
一万圆以上	16,721,410	1,254,075	7分5厘
一万五千圆以上	8,491,905	802,453	9分4厘5毛
二万圆以上	7,445,893	863,702	1成1分6厘
三万圆以上	6,401,020	892,923	1成3分9厘5毛
五万圆以上	3,932,644	668,540	1成7分
十万圆以上	1,717,421	349,492	2成3厘5毛
计	698,004,811	44,774,425	3分5厘

（备考）据四十三度之统计。十万圆以上之所得人、仅十六人云。

观此表。合所得额未满二千圆之下三级。收入税金千二百万圆已占全额之半。合所得额一万圆以上之六级。收入税金四百七十万圆。仅占全收入额三分之一强。其尤当注意者。则为有十万圆以上之所得之十六人、总计其秘得额仅百七十万圆、一事。是也。余惟、举日本帝国全国之富豪。其有十万圆以上之所得者。仅十六七人。谓此果与实际相符。谁则信之。而观四十二年度统计。十万圆以上之所得人为二十六人。其所得总额为二百十万圆。其前一年、所得人为二十一人。所得总额为二百三十万圆。其再前一年所得人为二十三人。其所得总额二百十九万圆。所得额既逐年减退。因之由此而生之所得税收入。亦年少一年。事实如此。其原因果何在耶。其立法之不备耶。将收税方法之不备耶。抑偶然之事实耶。

以上既已略述日本所得税之内容。以下关于课税上重要之事项。稍举外国之立法例及实例。以供参考。

欧洲诸国中。略与日本相等、采用一般所得税者。为普奥。而其复用此一般所得税、及其他课税之处。亦复相似。普国设一般财产税。以为一般所得税之补充。奥国与日本同。于一般所得税之外。设各个收入税。前已述及。英国之制度。则非如斯之重复税制。而为不相重复之特别税集合制。然因其为比例税。故名虽为一税。形式上乃有与一般所得税甚相似者。法意二国。于名于实。俱无所谓一般所得税者。其可强以为所得税者。则为动产资本之利息红利税。以上此等区别。为吾人关于以下各事项。援用外国例之前、所当注意者。

第一　关于法人所得之课税方法

日本所得税法上所谓第一种之法人所得、即查定利益金者。尚包含红利之全部。未经扣除、而为课税标准。前已述之。普国之一般所得税则不然。由利益金、扣除对于已交股份资本之普通纯利息三分半。单以其余额为课税标准。余惟对于已交股份资本之红利。由法人一方言之。虽非不可不支给之义务费。然普通市场之纯利息。则似不可不作为法人企业之企业费、而扣除之。而日本市场普通之纯利息。（不含危险料者）概为四分半。故当由利益金扣除之。而课其余额。方为得当。

次当研究者。则当课税于此法人所得时、以适用何种税率制为当之问题也。换言之。即以比例率为适当乎。抑以累进率为佳乎。设用累进率。则以法人特别之累进率为当乎。抑适用对于个人所得之普通累进率乎。凡此皆应讨论之问题也。

普国法人所得及个人所得。适用同一之累进率。余意法人所得。因其有特种之事情。仍以如日本之所得税法、特设法人所得之累进率、为佳。惟日本所得税法。税率因法人组织之大小而异。大法人所得。课以比例税。其他法人所得。则课以特别累进税。税率既不一律。而其所谓特别累进率者。又毫无特别之意义。单以所得额之绝对数为标准、而区别之。实属无理之极。夫所以必设法人税之特别累进率者。特以不欲依单纯之所得额而累进之。而欲依对于各资本之利益金之比较数、而区别之耳。今譬有二法人。同得十万圆之利益金。然一则其已交股份资本不过五十万圆。一则为百万圆。故前者对于资本、得二成之利益。后者仅得一成。设竟如日本现行所得税法。因二法人利益金之绝对救相同之故。而适用同一之累进率。则其负担之不公平。岂待言哉。是故法人所得之累进率者。当依对于股份资本之利益金之比较数、而区别之者也。例如利益金之比率若为五分。则对于所得额课百分之二六税。若利益金比率为一成。则课百分之四六税。是也。

第二　关于动产所得之课税

法人所得税之税源。为法人之一般所得。与个人所有之动产资本之利息及红利税之税源不同。故二税决非重复之课税也。即征诸他国之实例。亦然。奥国之制既。有利息及年金税、为各个收入税。复有一般所得税。课于个人之动产所得。普国于一般所得税中。分动产所得及公司组合所得。各别查定之。俱课所得税。日本所得税法。因既以公司之利益金为第一种所得、而赋课之。若更课税于分红之股东及社员。则以为有重复之嫌。故于法人所得课税之外。无红利之课税。第二种所得税。则仅为证券利息税。非课于动产所得之全部者。且其税率亦甚轻。不过百分之二。而国债之利息、则全然无税。故行于法奥意普诸国之动产资本税。在日本竟可称为无有也。法人所得税。与个人之动产资本税。理论上决非重复者。即事实上认为重复。然关于其他之个人收入。中如不动产收入。既采重复课税之制。独关于动产收入。则欲避重复。不惟毫无理由。且适足以致负担之公平也。唯关于无记名证券。因实难行用个人课税。则惟有于未发行前、预先课税之际、课以重率之一法。若夫关于记名证券之利息及红利。则固不可不依申报、及红利支给证明法。合算之于个人所得中。而适用累进之课税也。

第三　关于个人所得之种类

个人所得。如前所述。系由负担力不同之异种税源而成。故意国所得税。区分为动产所得、企业所得、纯勤劳所得、及公务勤劳所得四种。动产所得、查定全额。企业所得、扣除其全额八分之二、而查定之。劳动所得、扣除八分之三。勤务所得、扣除八分之四。各查定之。而课以同一之比例率。即百分之十三、二〇。法国之改革案。定为于各个收入税。先就各税源、行极精详之扣除查定。然后就税率、酙酌。资产所得、课百分之四。企业所得、课百分之三半。勤劳所得、课百分之三。普国关于勤劳所得。扣除职务上不可缺之必要费、而后查定之。英国至最近始将劳动所得之税率。由每镑十二辨士之普通率。减为九辨士。反是、如日本现行税法。则无论于查定、于税率。对于此等异种所得之间。毫无区别。仅集计之。即以课同一之累进率而已。是岂得当者。亦宜分为资产所得、企业所得、勤劳所得、三种。各异其查定上及税率上处理之法。对于勤劳所得。必先扣除职务上之必要费、而后查定之。方可也。

唯兹关于扣除查定、及轻减税率。有不可不注意者。即其适用、务当限于普通劳役者、及下级吏员之勤劳所得、一事。是也。勤劳所得之语。若从文字解释之。虽当包含劳动者、佣工、职工等、普通劳役之工资。及官吏、教员、技术者等、特别勤务者之俸给、给料、薪水、岁费、恩俸、年金等。然特惠固非可及于此等全部者。譬如高级官吏技术者之所得。不得谓其负担力与小企业家之企业所得相等。且如恩俸及年金。实为纯然之动产所得。以之入于勤劳所得中。既已甚误矣。固宜作为资产所得。而用全额课税之查定法也。

第四　关于扣除科目问题

日本现行税法。于查定勤劳所得时。别无扣除。即在总合个人各所得之后。由此总所得、亦无所扣除。然普奥意等国之立法例。则皆先由勤劳所得、扣除职务上必要费。而后查定之。且一般所得税之特色。实在其能由总所得、扣除各个收入税所不得扣除之必要费、及人身上之负担。故普国之制。定为由个人总所得中、扣除纳税人所应支付之债务利息、定期金、年额六百马克以下之保险之保险料等。而后课税。此亦当参考者也。

第五　关于累进税率之等级别

税制上累进及比例制之问题之要点。皆系关于所得税者。即就实际上观之。各国间所得税制。亦有二种。互相对峙。一为英法意之比例制。一为德奥之累进制。二制之可否得失。前已详论之。今不更述。各国无论用比例制或累进制。必定有免税所得。而其用比例制者。必就高出此免税所得以上之所得额。迄一定限度。行累进的扣除查定。此尤当注意者也。

例如英国定免税点为百六十镑。百六十镑以上、四百镑未满之所得。扣除百六十镑。四百镑以上、五百镑未满之所得。扣除百五十镑。五百镑以上、六百镑未满之所得。扣除百二十镑。六百镑以上、七百镑未满者。扣除七十镑。各课税于其余额。七百镑以上之所得。则别无扣除。课以一定之比例税。但劳动所得之税率。特加轻减。意国之免税点。关于第二种企业所得、为五百三十三利拉。关于第三种劳动所得、为六百四十利拉。关于第四种公务所得、为八百利拉。其高出免租点以上者。关于第二种、由五百三十三利拉迄千六十六利拉扣除百六十六乃至六十六利拉。关于第三种、由六百四十、迄千二百八十利拉扣除百八十乃至七十利拉。关于第四种、由八百、迄千利拉、扣除七十五利拉。但关于第一种之动产所得。则无免税点。亦不扣减。课全额以比例税。法国改革案、折衷英意二国制度。定免税额为五千法郎。五千法郎以上、一万法郎未满者。查定其五分之一。一万五千法郎未满者。查定其五分之二。一万五千法郎以上、二万法郎未满者。查定其五分之三。二万法郎以上、二万五千法郎未满者。查定其五分之四。各课以百分之五之比例税。二万五千法郎以上者。皆对于全额、课百分之五之比例税。反之、普奥二国之所得税。则与日本同、为累进制。奥国以千二百克为免税点。由千二百克、迄九万六十克。分六十五级。对于千二百克之课税、为七克二十。（千分之六）以为初级。迄二千克之所得、而进为百分之一税。六千克之所得、约课百分之二。二万克之所得、则课百分之三。八万四千克者、课约百分之四。最高级为九万六千克。过此以上。每一万克加课二百克。二十万克以上、迄二十一万克、之所得之课税。为九千三百克。二十一万克以上者。每一万克加税五百克。至此始仅欲达百分之五税、而少差。普国之一般所得税。定免税点为九百马克。由此点以上。设普通累进率及特别轻减税率。普通累进税率、由九百马克以上、迄十万四千马克、细分为三十二级。特别轻减税率者。对于六千五百马克未满之所得人。视其所扶养者之数。于适用普通累进率时。特减一级乃至四级者也。

取普奥之等级别。以与日本现行所得税之等级别、对照观之。其精粗缓急。真不可同日而语。而关于二国之税率比例。似尤不可不加意焉。吾人试将普国之累进税率表、换算之。以与日本现行所得税第三种所得累进税率表、比示于下。

普国累进制		日本累进制	
所得额	税额	所得额	税额
450 圆以上	3 圆	300 圆以上	6 圆以上
525 圆以上	4 圆 50 钱	500 圆以上	12 圆 60 钱以上
600 圆以上	6 圆		
675 圆以上	8 圆		
750 圆以上	10 圆 50 钱		
825 圆以上	13 圆		
900 圆以上	15 圆 50 钱		
1,050 圆以上	18 圆	1,000 圆以上	34 圆 50 钱以上
1,200 圆以上	22 圆		
1,350 圆以上	27 圆		
1,500 圆以上	30 圆		
1,650 圆以上	35 圆		
1,800 圆以上	40 圆		
1,950 圆以上	46 圆	2,000 圆以上	78 圆 20 钱以上
2,000 圆以上	52 圆		
2,250 圆以上	59 圆		
2,500 圆以上	66 圆		
2,750 圆以上	82 圆		
3,000 圆以上	90 圆	3,000 圆以上	138 圆以上
3,250 圆以上	100 圆		
3,500 圆以上	110 圆		
3,750 圆以上	120 圆		

续表

普国累进制		日本累进制	
4,000 以上	130 圆		
4,250 圆以上	140 圆		
4,500 百圆以上	150 圆		
4,750 圆以上	170 圆	5,000 圆以上	300 圆以上
5,250 圆以上	每增 500 圆　20 圆	10,000 圆以上	750 圆以上
22,250 圆以上	每增 750 圆　30 圆	15,000 圆以上	1,397 圆 50 钱以上
24,000 圆以上	每增 1,000 圆　50 圆	20,000 圆以上	2,320 圆以上
50,000 圆以上	2,300 圆	30,000 圆以上	4,185 圆以上
52,000 圆以上	每增 2,000 圆　90 圆	50,000 圆以上	8,500 圆以上
		100,000 圆以上	20,350 圆以上

（备考）普国此税率于千九百〇九年对于千五百马克以上之所得附加本税之百分之五乃至最高百分之二十五之临时特别税故例如五万圆以上之二千三百圆之课税加为二千八百七十五圆然其税率仍不过百分之五点七也

普国为定额税。而日本则为比率税。定额税之区别详、而比率税之区别略。虽属当然之事。然奥有六十四级。普亦三十二级。而日本则不过十二级。可谓短粗急进之税制矣。

而关于一万圆以下之等级别、与一万圆以上之等级别、之比较。普日之制。尤为全然有正反对之倾向。日本之制。一万圆以上之区别虽细。一万圆以下则粗。普国则不然。一万圆以上颇粗。一万圆以下则甚细。日本所得税、分一万圆以上之所得为六级。其税率、由七分五厘起。渐至十万圆之所得。虽高至二成。然实则与由一万圆、迄十万圆、全体课一成税、无异。何则。其间之所得全额为四千四百六十万圆。若课以一成税。其收入额当为四百四十六万圆。与现在实际所征收之一万圆以上所得税收入四百八十万圆。固在伯仲之间也。然且设此细别。课以世界无比之所得二成税。不知究有何益也。以余所见。宜分一万圆以下之所得为十五、六级。一万圆以上之所得为三大级。十万圆以上之所得为每增几千圆增税几百圆。如此较为稳当。

第六　关于税率及收入额

以税率言。观各国之例。普国之一般所得税为定额税。无正确之比率。其最下级之九百马克之税额为六马克。仅得千分之六。至千二百马克之级。增为百分之一税。由三千马克起。为百分之二税。由六千马克、为百分之三税。由一万五千马克、为百分之四税。至十万马克。（五万圆）为百分之四、六。最高级十万四千马克以上之所得。则取每增四千马克、增征百八十马克、之法。不过加征所增所得之约百分之四。故对于所得额之百分之五税。殆属于不可得达之限度。但因千九百〇九年五月二十六日施行官吏增俸支给法。财源缺乏。乃设临时特别税以补充之。由千九百〇九年四月一日起。对于千二百马克以上之所得。增税、最低由本税之百分之五起、至最高本税之百分之廿五止。故以本税及此追加税合计之。最高税率当达百分之五、七。奥国一般所得税税率、亦最低。始于千分之六。最高不达百分之五。前已详述之。英国取比例制。以每所得一镑课十二办士为原则。其率为百分之五。法国则为单纯之动产所得税。其税率为百分之四。意国之所得税。有英国风。其比例率高至百分之十二、三。

余惟以普奥之复课制一般所得税。与英意之单课的所得税、相较。其税率、前者轻而后者重。理所当然。固不待论。然如日本之复课制度之所得税。最低税率。起于二分。仅经十二级。即进为最高之二成税率。纵如何辩解。终不能不谓为苛重也。欲矫正之。唯有二途。或改为一般所得税之单课制度、或与此相等之统一所得税。而仍高其税率。或仍存复课制度之一般所得税。而轻减其税率。二者必不可不居其一也。

他国之税率。概如此其低。日本之税率。如此其高。然日本之收入额。乃反不及他国。今表示之于下。

国名	税率		收入额	对于岁入百	对于直税百
英国	百分之五	1910 年	63,396,438镑	30	7 成
普国	最高百分之五、六	1907 年	290,000,000马	7	7 成
奥国	最高百分之五	1908 年	186,500,000克	6	6 成
意国	百分之十三、二	1908 年	239,300,000利	10	4 成
法国	百分之四	1907 年	84,404,500法	2	1 成 4 分
日本	最高百分之二十	1910 年	32,900,000圆	6	2 成 3 分

（备考）表中普国及日本之税率为个人所得之税率。若法人所得之税率。则较此更高矣。

日本所得税收入额三千二百万圆。系由国民之课税所得额八亿三千九百万圆所生者。其平均比率为百分之三四。若使课英国风之比例五分税。亦可得四千二百万圆。然因由最低税率百分之二、至最高百分之二十、其增进过于粗急之故。其所收入者。仅不过总所得额之三分四厘而已。虽根本上、日本之课税所得额、不及英国之六亿五千万镑、及普国之三十亿马克、之多。然课税方法之不备。亦不能不谓为其一大原因也。

如英、如普、如意。既皆以所得税支配直接税之要部。而进于能与财政及经济上之屈伸力相适应之税制组织矣。而日本所得税。则独迟迟不发达。尚居于为收益税之附随收入、之地位。余察将来之财政需要。似以废止缺乏屈伸力之地租及营业税、而仿法国税制改革案、组织统一所得税、为得策。而其收入额。若以平均一成税之方针行之。亦可达一亿三千三百万圆。足以填补因废止地租营业税而生之亏空。关于是事。详于余所著之财政整理论。兹概从略。

学理上、地方自治团体、不适于行所得税。盖地方税、唯关于不动产之物税、最为适当。而统一所得税、则与各地各别之查定不相容也。故各国之实行地方所得税者极少。惟德国诸联邦昔时虽盛行等级所得税之制。然逮千八百九十三年。已将其大部分、归国家所得税。而代以地租家屋税及特种营业税。迄今地方财源中、尚存有国家所得税之附加税者。亦不少。日本地方税。虽可征收对于国家所得税之附加税。唯依地方课税制限法。定为府县附加税不得过国税之百分之四。市町村税不得过国税之十五。明治四十三年度、其收入额如下。

府县附加税	1,311,276圆
市附加税	2,204,868
町、村附加税	1,951,454
计	5,467,598

日本地方中。亦有以杂种税或特别税之名称、课轻微之特别所得税、于三百圆未满之所得者。然不足重也。

第六项　矿业税

矿业税为营业税之一种。他国亦有揭载之于营业税中者。然因其发达较营业税尤古。故各国概以特别法规定之。不使属于营业税法中。

日本矿业税之沿革甚古。始于明治四年太政官布告。此布告规定、若其事业确实有望。则可赁贷开矿之权利。使其为国家开采。并课以相当之租税。其税率以、明治六年七月太政官布告第二百五十九号日本坑法、规定之。对于坑区。课每五百坪一圆乃至半圆之年额借区税。对于坑物。课代价百分乃至二十之坑物税。然当时矿业甚为不振。颇感负担之过重。遂以八年一月太政官布告第二号、暂时废止坑物税。

及明治二十三年九月。以法律第八十七号。新制矿业条例。始复兴坑物税。称为矿业税。改借区税为矿区税。自后并课两税。以迄今日。矿区税其后依三十八年三月法律第四十五号之新矿业法、并三十七年及三十八年二次之非常特别税法。累被增税。其现行税率。分为试掘及采掘二种。

试掘	每 1,000 坪金 30 钱	收入额473,455圆
采掘	每 1,000 坪金 60 钱	同666,512

矿产税以砂矿以外之矿产物市场价格为标准而课之。其税率如下。

矿产价格	1%	收入额 862,084 圆

此外关于砂矿。三十八年一月增征第二次非常特别税时。新设所谓砂金采取地税者。后于四十四年。以法律第九号。制定砂矿区税法。其税率如下。

河床砂矿区	每一町	金 30 钱	收入	11,126 圆
其他砂矿区	每千坪	金 30 钱		

以上三种收入合计。作为矿业税。于四十四年预算上、二百一万三千七十七圆。

地方自治团体之财源上。亦有矿业税。以矿业法第八十九条及砂矿区税法第二条、规定之。地方附加税、限于国税百分之十以内。依四十三年度府县之预算、及四十二年度市町村之决算。其收入额为

府县矿业附加税	156,988圆
市町村矿业附加税	99,757
合计	256,745

观他国之例。英国于所得税法中之企业所得之外。以千九百十年四月二十九日之法律。新课矿业权税。以矿山之赁贷价格为标准。其税率为每赁贷价格二十先零课一先零、即百分之五。其收入合于同国地价税六十万镑之中。多寡不明。法国亦于营业税以外、设有特别之矿业税。依矿区之大小。每一方基罗米突课十法郎之定额税。并依企业纯收入、课百分之五之比例税。其收入于千六百九年为四百一万二千五百法郎。普国初本于营业税外、设有特别矿业税。其标准、除铁矿外、课采出矿物贩卖价格百分之二税。略与日本之制同。然以千八百九十三年七月十四日之法律。与莱因护岸税、同时废止。今则仅课一般所得税及一般财产税、于矿业公司而已。奥国之矿业税。亦依千八百九十六年十月之法律。废产额比例税。而课普通企业收益税。

要之、日本矿业税。以产物价格为标准而课比例税。实为古代

收入税与消费税之见解尚未分明时、之遗制。今不可不仿外国之例。改为纯收入税也。

第七项　卖药营业税

卖药营业税者。盖营业税之一种。其发达较一般营业税为古。实起于明治十年一月太政官布告第七号之卖药规则。定为每药剂一方、课年税二圆。营业准许证一方一枚二十钱。其后数度小经改正。至二十九年。设定一般营业税。独此营业、因须归卫生警察监理。与一般之以课税为目的之营业税、有别。仍为特别营业税。后依非常特别税法、附加累进制之卖药营业税。及四十三年三月、以法律第八号、统一非常增率而为永久税时。合并本税、于从来与本税相辅而行之卖药印花税法之中。称为改正卖药税法。其中明白规定、本税与其他营业税分离。且改税率为累进制之从价税。此即现行之制度也。依此现制。对于卖药营业者。每药剂一方。视其一年间制造额之定价总额。每年课以下之卖药营业税。（卖药印花税不在其内）

定价总额	税额	定价总额	税额
300圆未满	3圆	20,000圆未满	32圆
500圆未满	5圆	30,000圆未满	42圆
1,000圆未满	7圆	50,000圆未满	57圆
2,000圆未满	9圆	70,000圆未满	72圆
3,000圆未满	12圆	100,000圆未满	87圆
5,000圆未满	17圆	100,000圆以上	120圆

续表

定价总额	税额	定价总额	税额
10,000 圆未满	22 圆		

新卖药税法。仅合并其从来卖药规则中关于卖药营业税之规定。与营业准许料无关。故此料今依然尚存。

此税之收入。四十三年度为二〇一、五〇六圆。各国除英国印花税中有此种名称外。似皆无此类例。地方财政上、亦无如斯之特别直接税。日本地方自治团体、虽有此税之附加税。惟余不知其详。

第十九章　利得课税各论

第一项　特质及种类

利得课税者。对于依财产及财产的价值之移转或变化而偶尔发生之利得、所赋课之租税之谓也。其所谓财产者。不仅有形之资产及商品而已。即可以视为收益基本之无形财产、例如发明权、法人权、一定之职业权等。亦包含之。其所谓财产的价值之变化者。例如因地类地目之改良、或因近旁地方之发达、而财产之价值忽有增减。是也。而财产之移转及价值之变化。若因经济上之行为而来。则其税谓之行为税。若其移转及变化、系因不行为、侥幸而生。则其税谓之增富税。惟学者中亦有总二者而单称之日财产移转税、或交通税者。

利得课税之意义虽如此。然吾人为阐明其性质故。欲使与他税对照。而辨其异同。

利得课税。虽与收入课税、同为关系于可视作收入基本之资本的财产及价值者。然其不同者。则前者不似后者之以继续而生之收入为税源。而以临时之利得为税源。而其临时之利得。盖因资本物当由一生产者、向他之生产者或职业者、流动而行经济行为时、所遭遇之状态或自然的价值变化而生者也。

利得课税。虽与消费税同为当物件买卖移转之际、所课之税。然其相异之处。则消费税赋课于消费物品。而利得课税则以收益的财产资本为课税物件者也。

利得课税中之行为税。为当凭借公权、使法律行为确实有效之际、所征课者。从此点言之。颇与办理料相类。尤与司法上之办理料酷似。然办理料与公权之一种反对给付、关系特深。为对于特别费用之特别酬偿。行为税则非费用之酬偿。而为负担力主义之公课。惟此差别。非从公课之额及其方法察之。则莫可得而知。故二者之间。究不过有程度之差。时或有不可得而判别者。各国之立法。亦概如是。

是故所可称为利得课税之特质者。惟在其税源系关于当财产及价值移动时、所生之个人临时利得之一点。而其职分、则在补充直税间税之所不足。在租税制度中。占有特别之位置。其课税方法。近似于间接税。能使纳税人乐于完纳税金。不觉其苦。其征收费亦极微少。世运日益进步。其发达当日益盛。此皆本税之利也。

然利得课税亦有缺点甚多。今揭其重要者于下。

第一、利得课税难及于一切之财产移动。故势不得不有课税于财产移转中之一部、而逸其他部之恐。例如永久世袭财产之人。纵实际上增财产之价值。而以未移转之故。亦莫由课之。是也。但近时各国对于此等、有设嗣续税及土地增价税者。或可以稍救其弊也。

第二、利得课税者。交易发达之都市人民、负担之者虽众。而营农业的独自经济之地方村落、则负担之者极少。

第三、利得课税。实际上不论其交易行为为有利者、或招损者。皆一律课之。故吝啬之资本积蓄家、可免课税。而活用者并浪费者之财产、则常被征发。

第四、利得课税。不问市况之为活泼为沉滞。对于交易行为、常课同一之负担。故有不能斟酌纳税义务人之财产及收入事情、之弊。

第五、利得课税中。除嗣续税之外。概类于间接税。其完纳义务人既不一定。故关于负担。有不可忽视之缺点。例如干与交易行为之当事者之中。通例其居于弱者之地位者、遵契约、纳税而负担之。实不公平之甚也。

故利得课税。若为行为税。当力求其税率之轻。若为增富税。则不妨重课。此不可不守之、原则也。

利得课税之种类极多而杂。加以各国实际制度。或与办理料混同。或将其一部合入他种税中者。不少。故欲据一定之标准。以明划其分类。实甚困难。今暂依因财产及财产的价值之移动而来、之行为上之利得、及不行为上之利得。而分为行为税及增富税、二种。

第二项　行为税

行为税者。因经济的行为而享利得之时、所课之税也。属此之税目。各国互有异同。日本税制上之登录税、印花税、牙行税、通行税、兑换券发行税、及骨牌税。皆当算入行为税。

第一　登录税（注册税）

登录税者。人民欲登录财产及财产的价值之移转或移动于官册时、所完纳之税也。其所谓移转或移动者。如财产及价值之得丧、保存、移转、消灭、或种类变换等。凡法律上经济上之事实。而大抵关于个人交易行为自体者。是也。此登录、为保持法律行为之效果、不使受他人侵害计。实为至要。同时又为个人所营权利生活之目录。可供权利争议时之证据者也、凡（一）户籍登录、（二）土地及抵当登记、（三）商业登记、（四）特准商标著作登录、（五）法人及组合登记、（六）船舶登记、（七）贵族及特权登记、（八）职业的资格登记、（九）矿业登记、（十）国债登录等。皆于其登录之时。由申请登录之人。征收登录税。此等登录之财产及价值。皆为将来可生收益之有形或无形的固定资本。而表示一种之负担力。故于其登录之际赋课之。不为过也。

日本登录税。以明治二十九年三月法律第二十七号、始经创设。其后由三十年至四十三年、十余年之间。凡经改正者十三次。以至于今。

本税亦尝依二次之非常特别税法。行定率外之加征。后以四十三年三月法律第十一号。将非常增征率、加于本来税率。而为现行登录税之定率。

据现行之规定。课、税、物、件、之种类甚多。大别有二十二种。细别则无数也。今揭其大别于下。

一、关于不动产之登记　其细别有二十一。其中如嗣续千分之五。其他无偿取得千分之六十。卖买交换千分之三十五。世袭创设千分之二十五。典质抵当千分之六等。其最重要者也。

二、关于船舶之登记　其细别有十五种。其税率比诸第一项嗣续取得以下各率。有较低者。然大体则相同也。

三、铁路、轨道原簿登录　其细别有三。以抵当登录为最重要。课债权额千分之一。其意盖在奖励投资也。

四、工场财团登记簿登记　此有四种细别。中以抵当登录为主要。课债权额千分之一。

五、矿业财团登录　细别有四。以抵当登录为主。税率与上同。

六、船籍登录　细别有四。以新始登录为最。每十吨五十钱。

七、土地总册登录　细别有十一种。以新始登录（地价千分之二十）地价之设定修正、（各地价千分之十）开垦、免租及置定年期附与（各地价千分之十）等为最。

八、商事及其他营利法人登记　细别有十九种。股份公司及股份合资公司设立、（已交股金及出资额千分之五）其他公司之设立、（出资额千分之四）增资、（已交增资千分之五）合并、组织变更、（十分之二）债券之发行、（总金额千分之二）等、为最。

九、财团法人及非营利社团法人之登记　其细别有八种。非比率税。而为每件一圆五十钱以下之定额小税。凡产业组合、产业联合会、产业中央会、渔业组合、渔业联合会等之登记。亦准此。

十、商事及民事登记　细别有七种。皆关于商号之新设者。课每件七圆以下之定额税。

十一、律师名簿之登录　分新始、改换、取消三种。课每件二十圆以下之定额税。

十二、医师药剂师兽医蹄铁工登录　其细别分新始变更二种。课每件十二圆以下之定额税。

十三、海员官册之登录　细别为新始变更二种。依海员之等级及种类、课每件二十圆以下之定额税。

十四、著作之登录　细别有五种。中惟质权设定为债权额千分之六之比率税。其他为每件五圆以下之定额税。

十五、关于特准之登录　细别为六。中除质权设定（债权额千分之六）权利处分之制限（债权额千分之四）外。皆课十圆以下之定额税。

十六、关于意匠之登录　细别亦有六种。大体与前项同。

十七、实用新案权登录　细别为六。大体与前项同。

十八、关于商标之登录　细别为二。课每件十圆以下之定额税。

十九、关于矿业权之登录　细别为十三种。中除抵当登录（债权额千分之六）矿业权或抵当权之制限（债权额千分之四）外。皆课每件二百圆以下之定额税。

二十、关于砂矿业之登录　细别有九种。中二种与前项同为此率税。其余皆为每件或每矿区之定额税。

廿一、渔业权入渔权登录　细别为十六种。就中除先取特权之保存、取得、（千分之六）及其他三种外。余为每件二圆以下之定额税。

廿二、法人之不动产及船舶之登录　细别为三。以公法人之取得（价格千分之一）及私法人之因合并、组织变更而来之取得（千分之五）为最。

免除课税之登录。规定于第十九条。其种类如下。（一）为政府自己故之登记。（二）府县郡市町村及其他公共团体所有一切公用不动产之登记。（三）社寺、堂宇之建筑用地及坟墓地之登记等。登录税之征收方法。以贴用收入印花为原则。故预算上合算于印花税收入中。但若税额超出五百圆以上。则仍可申明、以现金交纳。

日本登录税之收入。合算于印花税收入中。预算上虽无特别之数字。然据财政部实际之调查。四十三年度之收入。实达千六百七十万圆云。

各国之立法例中。特设登录税、如日本之制者。甚少。如英如德如奥。概使包含于印花税中。其不使包含于印花税中者。亦大都作为个个之特别税、或办理料、而课之。惟日本税制所从取法之法意二国。则于印花税之外。复有登录税然其内容则与日本之制大异。其最著之点有三。一、法国登录税包含嗣续税及契约证券税。二、其税率几于皆属比率税。而定额税则不及全体之一成。三、日本登录税法中、类似办理料之课税。几占其大部分。而法国税法则全无之。

（参考）法国登录税之概要

第一、动产移转（除国有外）		
有价证券	记名式	0.5%
	无记名式	0.25%
动产让与		1.5%
对于国家之供给契约		0.25%
第二、不动产有价移转（国有亦含在内）		
本税		5.5%
附加税		6.875%
第三、证券契约		
负债证券		1.25%
年金契约		2.5%
职役移转		2.5%
拍卖及公卖		0.12%～0.62%
动产赁贷		0.25%～2.5%
动产供给契约		1.25%
手票拒绝清算保证		0.625%
生命保险契约		1%

续表

海上保险契约	0.52%
火灾保险契约	1%
第四、无偿赠与（略）	
第五、死亡嗣续	

第二　印花税

印花税者。以狭义言之。本为关于民事上及裁判上之证书、并凡可提出裁判所而作证据之一切财产及权利关系之书类样式、之课税。然贴用印花、或戳印之收入方法。不独用于行为课税。即普通征集公款时。亦一般利用之。故以广义言之。印花税者。实当包含办理料、消费税。间或包及直接税之收入也。又实际上、印花之收入。每于其卖下时、总计之。至其卖下后对于各种公课之贴用额。则不易知。故各国概以广义称印花税。合算办理料于内。然日本税法上所明记之主要印花税。则为义极狭。盖指、课于证明财产权之创设、移转、变更、及消灭之证书、帐簿、及课于证明财产权之追认承认之证书及证券之税、而言也。

日本印花税。发源于明治六年二月太政官布出口第十五号之领受诸证书贴用印花必知规则。后以十七年五月太政官布告第十一号、制定证券印花规则。此亦数经改正。至三十二年三月。始以法律第五十四号。从新制定印花税法。废止从来之复杂规则。此即现行法之基础也。后更于三十四年、四十年、四十二年、累次改正。遂于四十三年三月。依法律第十四号。加增非常特别税之税率。以为本税之定率及四十四年。复以法律第四十一号、少加更改。其课税、物、件、及税率、如下。

一、记明金额五圆以上之各种证书　　万分之五

二、期票每张

记载金额	200 圆以下	3 钱
同	1,000 圆以下	5 钱
同	10,000 圆以下	20 钱
同	20,000 圆以下	50 钱
同	30,000 圆以下	1 圆
同	50,000 圆以下	2 圆
同	100,000 圆以下	4 圆
同	100,000 圆以上	7 圆

三、特种证书及帐簿　每一张一册

委任状、汇票、银行存款证书、船只载货证券、运送货物交单、仓库存货证券、仓货典押证券、保险证券、股票、债票、认股通告书、地上权永小作权地役权证书、使用贷借赁借雇佣寄托定期金契约证书、条款及组合契约书、关于权利变更之证书、追认承认证书、物品支取票、卖买存立书、收票、不记金额之证书、担保品交纳证书、担保品保存证书等。

2 钱

支货支银帐簿　　3 钱

收发盖戳帐簿　　25 钱

免除印花税者如下

关于处理国库金所发之证书

关于慈善或公共事业之金物寄捐、由人民所提出于官府之证书

俸给、给料、薪工、赏与金、年金、恩给金扶养费旅费及救恤费之受领证

支票

金额未满五圆之汇票、期票

金额未满一圆之物品支取票

金额未满五圆或未记明金额及不依运送契约之送物票

金额未满五圆或不记金额或与营业无关之收领票

金额未满五圆或无记明金额或发与非营业人之卖买存立书

记载于债务证书之主要担保契约

记载于证券或手票之背面、之领收书

证明股票债票之让与、之背面记载

手票之担承保证

手票及证券之拒绝证书

手票及证券之副本誊本

日本印花税收入。与登录税、合算于二千五百万圆中。究有几何。不甚分明。据财政部之实际调查。似为约二百九十万圆。世人评之。谓收入如此之少。实原因于税法之不励行云。

各国之印花税。纷然不一。英国之印花税。除日本印花税法所记载者之外。尚包含外国手票税、银行券税、骨牌税、及市价决定书印花税等。法国印花税。亦于日本印花法所记载之外。含有广告税、铁路赁券税、（别有运送税）旅行券税、狩猎券税、骨牌印税、及市价印税。德帝国之印花税。亦含有骨牌印税、利券税、市价印税、彩票及赌券印税、通行印税、自动车准许券印税、监查人报酬印税、及不动产移转印税等。不惟其内容既甚相异。其税率亦不仅如日本税法课万分之五云云之单纯。其含有由万分之几、而千分、而百分、乃至十分之几之比例税者。亦颇多也。

今将关于普通契约书、领收证、手票、保险证券、债票、股票、运送证券等、日英法德所现课之税率。比照于下。

种类	日本	英国	法国	德国
契约证书	万分之五	千圆以上 五十钱	民事一件四十四钱 二圆六十钱 商事万分之五	百分之一 百分之三 分一
领收书	二钱	四钱	千分之一	三马克
手票	期票三钱～七圆 汇票二钱	一览支票四钱 其他手票万分之五	四钱	约万分之五
保险证券	二钱	迄百圆四钱 迄二百五十圆十二钱	千件八十一钱 ～一圆二十钱	百分之二十分之一 百分之二分之一
债票	二钱	无记名一成 其他一枚五十钱	百分之一、二〇	百分之三
股票	二钱	万分之五	千分之六	百分之二

（备考）表中德国栏之契约证书、领收书及保险证券税。系据普国之印纸税法。又日本关于债票及股票。尚课登录税已交股份资本之千分之一、及公司设立税债权千分之二。而法国亦于印花税外。尚有登录税之千分率。

以上系就普通印花税而言。至于特别印花税。则当于后段更比较之。

第三　牙行税（取引所税）

牙行税者。以由有价证券及交易商品之买卖而生之利得为税源。而为利得课税之一种者也。有时特注重于有价证券之交易。亦谓之为有价证券买卖税、或市价税。

日本之牙行税。始于明治初年。依明治八年。太政官布告第八十八号米谷市价所条例、及七年十月布告第百七号股票交易所条例。定为、对于交易所办理料及其他现收入总额。若在米谷。课十分之四税。若在股票。课十分之一税。后明治十五年。以太政官布告第五十六号、发布两牙行中间人之纳税规则。视定期卖买额。以各约定代金为标准。由卖买双方。若在米谷、课千分之五。若在股票、课千分之一。若在金银、则课千分之二、半税。其他转卖买回则无税。其后明治十八年。复将税率轻减。寻于明治二十一年。更加定其率。一律为万分之六。二十六年。以法律第五号制定牙行法。同时以法律第六号。制定牙行税法。于是法律之基础始具。现行牙行税法、即大体准此者也。其后以二次非常特别增税法、及四十三年法律第十二号国债交易免税法。稍经变更。其结果即现行税法也。其税率如下。

定期商品	卖买各约定代金	万分之十二
定期股票	同	万分之十二
地方债证券	同	万分之五

其他即时交易、长期交易、及定期转卖买回。则定为无税。法律上之纳税义务人。定为牙行。牙行视其每一月之各约定金额。迄翌月五日。报明应纳之数。至二十日必完纳之。牙行复将此税附入牙行办理料中。以转嫁于买卖中间人。买卖中间人复以加人经纪用钱中。而使买卖定约主、实际负担之。但买卖定约主双方、因此外尚须支给指定之办理料、及经用用钱。故实负担前记税率之二倍也。

此税之收入。明治四十四年度预算上、为三百六十六万千二百十圆。据四十三年之实收。日本全国商品牙行四十五所、股票牙行四所、之税额如下。

商品	约定代金	1,014,535,346圆	税金	1,217,449圆
有价证券	同	2,018,170,189	同	2,421,800
计		3,032,706,264		3,639,249

观各国之立法例。英国无所谓牙行税者。惟实际上则作为印花税。对于资本移转之交易证书。每百镑课二先零半之税。约当千分之一、二五税。法国亦于印花税中、作为市价印花税。课其决定书价格万分之一。但同国关于有价证券之移转。尚课有记名式千分之五之登录税。是不可不注意也。德国作为帝国交易印花税。对于行于国内之有价证券之普通交易。课万分之三。对于牙行之交易。则课万分之四。奥国作为证券买卖税。对于股份及股票之交易。每一万克课一克之税。其他证券则课四十黑勒之税。对于牙行外之交易。亦课每买卖证券十乃二十黑勒之税。各国此等之收入。概属与他种收入、混合计算。故数目不明。所可知者。唯法国千九〇〇年之预算上之千五百二十万法郎。及奥国同年预算上之百三十七万五千克而已。

据以上各国之例观之。日本减轻牙行税之问题。非可付诸等闲者。吾人不可不并此与其他关于即时交易、长期交易、转卖、买回及牙行外有价证券交易等之问题。同时研究之也。

第四　通行税

通行税者。以经济行为之关于人及货物之移转者、所生之利得为税源。盖运输税之一种也。欧洲诸国中。完全具备运输税者甚多。日本则仅施行关于运输旅客之通行税而已。

日本通行税。当日俄事变之际。始新设于三十七年法律第三号非常特别税法中。以为战时财政之一财源。后以四十三年法律第五号通行税法、定为现行税。

此税系课于火车电车及轮船之乘客者。凡搭客马车、人力车、及船舶之乘客。皆不课税。且乘至外国之轮船赴外国者、及依铁路军事供用令而乘车者。亦皆免税。

课税标准。因一回通行之里程及客室等级、而有区别。若在购往复乘车或船之票。则通算其往复之里程而课之。若在包室包舱、人数众多、回数、定期乘车之时。则课规定税额之五倍。其税率分类如下。

里程	一等	二等	三等
200 里或 200 海里以上	50 钱	25 钱	4 钱
200 里或 200 海里未满	40 钱	20 钱	3 钱
100 里或 100 海里未满	20 钱	10 钱	2 钱
50 里或 50 海里未满	5 钱	3 钱	1 钱

上通行税之征收。利用运输营业者由乘客领收船车赁之机会。使其合算而办理之。每月总结一次。使之交纳于税务署。运输税原以货物运输为主。应属于间接税。惟日本之制。仅设旅客之通行税。其征收方法又如此。故以属于直接税之系统为当。

日本通行税。自新设以来。每年增进五万圆乃至十二万圆。据明治四十三年之实收。其数如下。

种别	乘客数	税额
火车	16,575,500 人	1,649,107 圆

续表

种别	乘客数	税额
电车	145,043,921	1,598,099
轮船	9,845,928	161,238
计	171,466,358	3,408,464

而四十四年之预算所揭者。则为三百十八万四千四百四十圆。

试观他国之立法例。英国之铁路通券税。系编入消费税之科目者。市内交通。课运赁百分之二。若在其他之交通。则课百分之五。法国印花税法上。依照铁道赁券之三等级。短期乘车券课五桑、十桑、二十桑、长期乘车券课二十五桑、一法郎。对于货物之铁路领收书。普通课十七桑。大急行课三十五桑。其外复于运输税上。对于普通人体及货物之运赁。课一成税。对于贵重品及犬之运赁。课一成二分税。地方铁路线及轻便铁道。则课三分税。

德国印花税法。有对于货物之运送证券印花税、及对于乘客之通行印花税、二种。前者分为海运及陆运。关于国内铁路运送。凡二十五马克未满之货物。课二十片。二十五马克以上之货物。课五十片。后者依车票及船票之价。分为七级。更分各级为三等。三等由五片至二马克。二等由十片至四马克。一等由二十片至八十马克。

奥国依最近千九百二年七月十九日之法律。废止从来依英里数计算之定额印花税制度。而采运赁比例制度。对于货物及旅客之运赁。课运赁税。在干线铁路。税率为一成二分。在地方支线为六分。在小铁路则仅三分。

俄国及意国采运赁比例制度。俄国对于人体及货物输送。皆课百分之十五。意国则课二分乃至一成二分之税。

兹将各国之收入表示于下。

英国	(1908 年) 铁道通券税	350,000镑	奥国	(1908 年) 运赁税	19,625,000克
法国	运输税	77,750,000法	俄国	运赁税	78,000,000卢
德国	运送证券税	14,000,000马	意国	运赁税	30,500,000利
同	通行印纸税	42,000,000马			

由此表观之。则与其采里数定额制度。宁采运赁比例制度。较为合理而得策。可知也已。唯日本今日、果须于旅客外更设关于货物运赁之运输税否。则有不可不研究者。但若改通行税为运赁比例税。则市内短距离间之通行税必可减免也。

第五　兑换纸币发行税

日本国家。对于日本银行所发行之纸币。课二种。之租税。一为保证发行税。一为制限外发行税。

保证发行税虽始于明治三十二年。然当日本银行尚为国家银行时。已有所谓国立银行税者。国立银行税、发源于明治五年之国立银行条例中。然当时仅有须由银行利益中。完纳相常租税之文而已。未实行也。及明治十年以降。因减轻地租之故。不得不求所以填补岁计之不足。遂以明治十一年九月布告第二十九号、定为课国立银行纸币发下额之千分之七。以迄于营业满期之时。即明治三十二年四月三十日。其间每年国立银行税收入额约二十二万圆。

至三十二年。国立银行纸币之销毁既终。同时以同时法律第五十号、扩张关于日本银行兑换纸币之保证发行制限。由八千五百万圆、至一亿二千万圆。于是政府对此扩张之特权。更提出法案。欲使日本银行报效利益金。其法案经当时之第十三议会修正。为现行之发行税法。以法律第五十六号兑换纸币发行法、发布之。内容如下。日本银行、对于在保证准备发行制限一亿二千万圆以内、所发行之兑换纸币每月平均发行额。不可不以每年千分之十二半之比例。纳税于政府。作为纸币发行税。但依政府之特别命令、以年利一分以下之低利、或无利息、贷与政府及他人之兑换纸币。则不算入课税发行额内。免除课税。属于此种之纸币。为无利息贷与政府之二千二百万圆。及贷与正金银行之低利通融资款、约二千万圆乃至三千万圆云、

上为制限内保证发行之课税。此外尚有制限外保证发行之课税。

制限外发行税。创设颇早。当明治二十一年七月。以勅命第五十九号、改正明治十七年布告第十八号兑换纸币条例。附与特权。使日本银行于正货准备发行额之外。于一定制限之内。以公债财政部证券或确实可靠之证券商业手票为保证。得更发行兑换纸币之时。同时又规定、设若日本银行因市场之景况。不得不越其一定之制限。而增发纸币。则经财政大臣之准许。可行制限外之保证发行。而国家对其增发额。当以每年不下百分之五之比例。使其完纳发行税。此课税者。非因财政上之目的而设。而出于金融上之政策。盖一以防通货之滥发。一以淘汰健弱各种之企业也。

明治四十三年度兑换纸币发行税之收入及内计如下。

种类	发行额	税额
保证发行	665,555,960圆	693,287圆
限外发行	895,494,142	122,670
计	1,561,050,102	815,957

观各国之立法例。英国无特别之发行税。但依印花税法。课税于银行纸币。其税率凡迄一镑之纸币。课五辨士。迄百镑者十辨士乃至八先零半。百镑以上者。每百镑课八先零半。（等于千分四、二五）

法国于正货准备发行税万分之二。保证发行税万分之四外。尚课与红利百分之四相当之报效金。奥国于限外发行税年税五分之外。对于扣除七分利之分红所余之额。课其报效一半。比国亦于限外发行税二毛五厘之外。对于因金利腾贵至六分以上、所生之利益。课其报效一半。德帝国亦于限外发行税五分以上之外。政府征收效纳金。其方法先由总利益金中、扣除资本金百分之三点五之红利。使归股东。次由所余数额中、扣除一定之积存金。然后将其余额二分之。政府与股东各得其一。但如此分配之后。若股东之总分红、达于年利六分。则股东应将超过六分以上之红利。分而为四。股东得其一。以其三献于政府。美国则课兑换纸币流通税千分之五、存款税千分之二点五、及资本税千分之二点五。各国关于此等之收入。概不分明。所可知者。唯德帝国千九百十年、于收入发行税二百七十一万五千马克之外。收得利益报效金千五百五十九万。

要之、限外发行税。姑置不论。各国税制上。有设兑换纸币发行税者。有采报效利益金制者。而依后一法者较多。盖兑换纸币发行税为间接税。须转嫁其负担而后归着之。而利益报效金则无此倾向。且财政上之收入亦较多。前者常障害资本通货之流通。而后者全无此弊。故报效利益金制之较为适当。不待烦言也。

第六　骨牌税

骨牌税虽属于支出课税之系统。然各国皆以之为印花税。日本亦由印花之贴用而课其税。故便宜上作为印花税之一种。揭之于此。

日本之骨牌税。系依明治三十五年法律第四十四号新设置之者。由骨牌之制造者或贩卖者、征之。然其负担、则归着于购求此物者之支出所得也。

课税之外。更于准许制造时、征收办理料。每一制造所年六十圆。归制造人完纳。骨牌税、则不问其为制造、为输入。每副课二十钱之定额税。每副作为一包。以便贴用特别之骨牌印花。由此税而得之国库收入。为数极微。又无发达性。当新设时。不过十五、六万圆。迄今不惟不增。反往往有减少之势。四十四年度之预算上、此项收入乃仅十四万圆耳。

欧洲各国之骨牌税。亦概属轻微。不足与以独立之地位。英国作为骨牌印花税。每副三辨士。法国课四十三桑乃至一法郎半之印花税。德帝国则作为特别印花税。由帝国建国之初。即甚重之。故其税率。依每副之张数、仅分三十片及五十片二种。然其收入则不小也。奥国与德国同。依其张数。分为三十黑勒又六十黑勒二种。其他、意、俄、二国亦有此税。兹略之。观各国此税之收入。于千九百八年。以法国之三百十二万五千法郎为最多。德国之百三十万马克次之。奥国为六十八万克。英国于千八百九十六年为二万二千四百镑。

第三项　增富税

增富税者。利得课税之一种。以个人或一家由不行为所侥幸获得之利得、为税源者也。通例属于此者。为嗣续税及土地增价税。然如兵役税。在理亦当属此。此外在他国中。有即彩票税、亦应属之者。因各国之制度而异。难求强同。惟吾人当以嗣续税土地增价税兵役税三种为主、而述说之。

第一　嗣续税

据现行法制关于私有财产之规定。凡一事件起于一个人之身。其他个人。别无何种行为。常能因其事件增加财产、而享所生之利得。嗣续税者。即以此利得为税源者也。故此税者。既可使负担者不觉其痛苦。亦不必加变化于现时社会组织、及资本状态。而收入自增。盖现近各国所采用而欲扩张之者也。然此遭遇事故之个人、与享利得之个人。决非毫无关系者。其间关系。因各国之家族制度而异。在欧美诸国法律上。二者之间。为全然分离之个人关系。故嗣续云者。意谓因一个人之事件、而增他之个人之富也。惟在日本则不然。日本家族制度。与欧美大异。法律上、经济上、俱以户主所支配之一家经济、视为社会之单位。故一家之经济决非能为嗣续故而增其富者。何则。嗣续也者。以个人言。虽为增富。以一家言。则富者仍富其富。固无从得增也。而其以个人为本位、或以一家为本位。实因各国实际上之家族制度而异。亦不得已之事也。

欧美各国虽行个人主义之家族制。然遭遇事件之个人、与享利得之个人、之间。其亲等关系之疏密。亦未尝不认定之。其嗣续税之课税方法上。多有依嗣续财产价格及亲等关系之有无疏密、而设累进差等之税率者。在一家主义之家族制。亦当因关系之亲疏如何、而异其课税方法。且理论上、对于亲等关系愈益密切。与一家经济之组成愈有关系者。尤以不采增富税主义之方法为当。然日本之嗣续税。则与此理论背驰、而采增富税主义者也。今请先述日本嗣续税法之概要于下。

日本嗣续税。以明治三十八年一月法律第十号始经设定。将从来登录税法上关于嗣续之特别税率、轻减之。同时于本法中规定家督嗣续税、遗产嗣续税、及与此类似之赠与税。其课税标准、为嗣续财产之价格。其税率、依亲等关系、区分为数等级。

嗣续财产者。指当被嗣续人因死亡及其他法定原因（失踪、隐居、失籍、去家、户主权丧失）而被嗣续时、在日本内地所有之一切财产、而言。其范围广及于动产、不动产、不动产上之权利、其他一切之财产权、（债权、动产上之权利、其他之财产权）工业所有权等。又赠与财产。因欲防止漏税。亦加算于其中。

此等嗣续财产之价格。依精密之规定而查定之。惟不即以其总价格为课税标准。尚须由其中扣除（一）被嗣续人应纳之公课、（二）被嗣续人之葬仪费用、（三）被嗣续人之债务。以其所余之额为课税标准。因不如是、则不能算出实际上所增加于嗣续人之利得也。

此课税标准。视其金额之多寡而分等级。更依嗣续之种类、及各嗣续上亲等关系之远近。以区别其税率。此种税率。谓之曰超额累进制。与全额累进制异。

家督嗣续

	税率		
课税价额	直系卑属	指定或选定嗣续人、直系尊属或入赘嗣续	民法九百八十五条选定嗣续人
五千圆以下之金额	千分之十	千分之十二	千分之十五
超过五千圆金额	千分之十二	千分之十四	千分之二十
超过一万圆之金额	千分之十四	千分之十七	千分之二十五
超过二万圆之金额	千分之十七	千分之二十	千分之三十
超过三万圆之金额	千分之二十	千分之二十五	千分之三十五
超过四万圆之金额	千分之二十五	千分之三十	千分之四十
超过五万圆之金额	千分之三十	千分之三十五	千分之四十五
超过七万圆之金额	千分之三十五	千分之四十	千分之五十
超过十万圆之金额每五万圆（至百万圆上）	加千分之五	加千分之五	加千分之五

遗产嗣续

	税率		
课税价额	直系卑属	配偶者或直系尊属	其他
千圆以下之金额	千分之十五	千分之十七	千分之二十五
超过千圆之金额	千分之十七	千分之二十	千分之三十
超过五千圆之金额	千分之二十	千分之二十五	千分之三十五
超过一万圆之金额	千分之二十五	千分之三十	千分之四十
超过二万圆之金额	千分之三十	千分之三十五	千分之四十五
超过三万圆之金额	千分之三十五	千分之四十	千分之五十

续表

	税率		
超过四万圆之金额	千分之四十	千分之四十五	千分之五十五
超过五万圆之金额	千分之四十五	千分之五十	千分之六十
超过七万圆之金额	千分之五十	千分之五十五	千分之六十五
超过十万圆之金额每五万圆（至百万圆上）	加千分之五	加千分之五	加千分之五

此超额累进税法。比诸全额累进税法。有温和渐进之利。例如今有一直系卑属之家督嗣续、方将开始。其课税标准之财产为一万二千圆。若依全额累进法。适用前记千分之四之税率。则税额当为百六十八圆。若依超额累进法。则此一万二千圆中最初之五千圆。当从第一率千分之十、受五十圆之课税。超过此五千圆之第二五千圆。当从第二率千分之十二、受六十圆之课税。最后超过一万圆之二千圆。始从第三率千分之四课二十八圆之税。合计被课税额仅百三十八圆而已。税额之差。亦可概见。今设有财产二。一为万圆。一为一万一圆。试以二法、课税而比较之。其间优劣。尤当了然也。唯超额累进法、计算烦杂。故由纳税者言之。虽未免有不能即知其负担额之缺点。然各税务署、皆存有极单简之计算表。今欲设法将此表公示之。亦属易事。如此。则庶乎完全矣。

生前一年内之赠与。于家督或遗产嗣续时。亦加算于课税标准中。适用前记之税率。盖为防漏税故。不能不有此规定也。然即不属于生前一年内之赠与。亦不能谓其无出于漏税之目的者。故法律上规定、若其价额在五百圆以上。而被赠与人又为推定嗣续人。或为分家之户主家族。则作为于其赠与时、遗产嗣续已经开始。而课遗产嗣续税。

关于免除嗣续税之规定如下。第一、家督嗣续之课税价格、未满千圆之时。第二、遗产嗣续之课税价格、未满五百圆之时。第三、因军人军属之战死、或战时受伤之病死、而开始嗣续时。皆免除课税。此外、若同一嗣续。于五年之内。开始二次。则第二次课税之时。免除第一次已经课税之课税价格。不再课税。若同一嗣续。于七年之内。开始二次。则于第二次课税之时。免除第一次已经被课价格之半额。不再课税。此外、关于纳税。更设变通办法。对于百圆以上之税额。若有担保。可使其于五年内逐年分纳。

日本嗣续税之收入额。当新设之时。预定可得四百三十万圆。然迄四十一年度。犹不达预定额数。至四十二年度。虽略近预定。然四十三年。复以法律第四号、轻减家督嗣续税。且采用逐年分纳之制、故四十三年预算、骤减为百五十万圆。四十四年度预算上、亦仅揭载百八十六万二千九百四十七圆。然四十三年度实际上已决定之税额。实约达三百五十二万七千六百二十三圆。

种别	人员	课税价格	决定税额（明治四十三年度）
家督嗣续	29,101人	143,760,446圆	3,314,917圆
遗产嗣绩	4,345	8,781,171	212,706
计	33,446	152,541,617	3,527,623

实况既已如斯。其将来可为国家财政上适当之财源。可预想也。

英国于千八百九十四年。使二种嗣续财产税、与印花税、分立。其一、为遗产税。不课于直系亲属者之嗣续、及百镑未满之财产。不依亲疏而别等级。盖一种依财产价格而分差等之比例税也。其税率依财产价格之多少。由百镑之一分税、而达百万镑之一成税。对于超过百万镑以上之额。则课一成一分乃至一成五分之累进税。其二、为遗言及嗣续税。遗言税者。课于动产之税。而嗣续税则课于不动产者也。此税虽课于直系亲属之嗣续。然不课于配偶者之嗣续、及千镑未满之财产。配偶者以外。不依财产价格。但随亲等之远近。课由一分乃至一成之税。故英国合此二制。而有依财产价格及亲等关系而分等级之税率。

法国之嗣续税。存于登录税中。经千九百二年之改正。今制依亲等关系、及财产价格。设二种之等级。直系嗣续。由财产价格百分之一、至百分之五。配偶者由百分之三、七五、至百分之九。兄弟姊妹由百分之八、五〇至十四。伯叔甥侄等由百分之十至十五、五。六等亲及非亲族、由百分之十五至二十五。故可谓由最低一分税至最高二成五分税也。

德国于千九百六年。将从来存于各邦印花税中之嗣续印花税。移为帝国之特别税。凡直系卑属及配偶者之嗣续、并五百马克未满之财产。皆不课税。其课税方法。仿英国之合并制。第一为普通率。不依财产价格而分等级。单依亲等关系之远近。由财产价格百分之四。达百分之十。第二为附加率。不依亲等关系。单从财产价格之大小。采累进法。由对于二万马克之普通率一倍一成。达对于百万马克之普通率二倍五成。故德国之嗣续税。可谓由最低四厘（二万马克以上最低八分四厘）至最高三成五分之税也。

奥国嗣续税。为办理料之一种。与登录税相当。依亲等关系及财产之种类价格。由对于直系亲属及配偶者之一分税、（不动产则为二分五厘）达对于四亲等内、旁系亲之四分税、（不动产为五分五厘）及对于其他之八分税。（不动产为九分五厘）但百克未满之财产。则免其课税。故同国之嗣续税。可谓由最低一分至最高九分九厘之税也。

意国嗣续税。亦尚有办理料之遗质。然依最近之法律。不不惟动产之课税、可得三年间之犹预。且即依亲等关系及财产价格而为区别之累税法。亦经采用。凡百利拉未满之嗣续。免其课税。由百利拉至三百利拉之直系亲属及配偶者之嗣续。课一利拉之定额税。由三百利拉至千利拉。若为直系亲属之嗣续。则课百分之〇、八。若为配偶者之嗣续。则课百分之三。而关于此等亲属所受之千利拉以上之嗣续、及此等以外其他之一切嗣续。则采此率的累进法。即五万利拉以下之嗣续。其税率由一分五六、至一成五分。十万利拉以下者。由二分至一成六分三厘。二十五万利拉以下者。由二分四厘至一成七分六厘。累进而至于百万利以上。则由三分六厘至二成二分。故意国之嗣续税。可谓最低由一分以下至最高二成二分之税也。

以上诸国之嗣续税收入、据千九百八年之数字。列之如下。中以英国之收入为最巨。法国次之。德意奥又次之。

英国	19,880,000镑
法国	24,000,000法郎
德国	36,000,000马克
意国	40,000,000利拉
奥国	27,000,000克

（参考）德国以总收入之四分之一、付与各邦之财源。其余四分之三。作为帝国之收入。法国以外尚有赠与税二五、〇〇〇、〇〇〇法郎。

日本家族制度。属于特种。与欧洲诸国大异。余以为宜仿英德之实例。免除直系亲属嗣续之税。最为得当。顾现今日本嗣续税收入之九成。皆由直系嗣续而来。若废止直系嗣续税。则无异于废除全税。殆不可行。第税率之累进。比诸各国之实例。概属尚在低位。故及今之法。唯有一面半减直系嗣续税。一面增加直系嗣续以外之税率。以求逐渐矫正对于直系嗣续所行之增富税主义之误。此外似无善法也。

第二　土地增价税

真有增富税之意义者。其土地增价税乎。土地之价格。常因社会之发达、通货之低落、及其近旁偶然发现之变化。而自然增长。

因之、土地所有人。不须劳费行为。即自然能于一家经济上、偶尔取得一种增富。土地增富税者。即以此种增富为税源者也。故即课其税。而负担人亦不因之感受特别之痛苦。而公共财政。却能安然充其经费之要求。故此税者。实财政上最有理由之财源也。且视其征课之方法如何。又可为抑制土地投机之一助。一举两得。莫善于是矣。

顾理论则如斯矣。然征之实际。颇属难题。如欲实行此税。则国内每有土地移转之事实。即不可溯诸既往。确实查明其土地之原地价。更将从当时起、迄现移转时止、所需之维持费、改良费、及普通利息。加于其中。然后以所得之和、由移转时之现卖价、扣除之。以算出实在之差增利得。而后始以之为标准。而课税于卖主。其办理之烦难、有如此者。苟非平素关于土地之税务及登记、业经完备之国。其实行决非易事。加之、如在都会。土地之移转频繁。高低亦甚。数年之间。地价大抵皆可确定。其后纵有变化。亦易测定。则此制之利益。或当不少。至若村落之土地。则永归于一人之手者极多。不惟课税之利益甚微。即查定地价差增之事。亦属至难。且从其与地租登录税、嗣续税之关系、及其对于动产增价之均衡等、考察之。则种种难问。尤不得不涌起也。唯在各地方小区域。因其与人民较为接近。熟知土地之状况。若为补充与土地增价有密切关系、之政费故。在市街地偶施行之。则比较上、难问或可少耳。观欧洲都市自治团体及海外小殖民地之都市、久已实行此税。殆亦因此。

然英国及德帝国。至最近、已以此为国税而实行之。其方法极为复杂繁琐。不能详述。示其梗概于下。

英国以一千九百十年四月二十九日之财政法律。新设一税。以土地价格之自然增加为税源。称为地价税。其大要适用于土地之买卖借贷、及嗣续之时。其课税方法。以买卖之代价、赁贷之收益还原价格、及嗣续开始时之现地价、为总价格。由此总价格、扣除建筑物竹木之价格、庭园之地价、水道料、土地改良费、土地之负担使用制限解除费、及地方改良税等。其所余为纯现地价。由此扣除从来之原地价。其所得为假定增价额。更由假定增价额、扣除原地价之一成。则得纯增价额。对之课五分之一之税。其所谓从前之原地价者。若在本法施行后第一回之移转贷借。则特以千九百九年四月三十日现有之地价为准。若在第二回以后之移转贷借。则以其前一回课税当时之现地价为准。又对于法人及组合。则定期评定地价。于千九百十四年四月五日赋课之。并以后每隔十五年。赋课一次。以上规则。系关于普通市街宅地者。其外别设赁贷期满税、空地税、及矿山增益税等。作为非宅地增价之课税。其课税方法。亦大同而小异。此等土地增价税之收入。据千九百十年之预算。为六十万镑。

德帝国以千九百十一年二月四日之法律。采用帝国土地增价税。其课税之范围。较英国为狭。仅限于宅地、非宅地所有权之移转。而嗣续之时、则不适用。其算出方法。亦与英异。先查定其最初取得之原地价。后推定其由取得时、迄现时、所投之永久的改良费用、为原地价百分之四。以加于原地价、而合计之。以此合计所得之和。与现在之卖却纯地价、（扣除卖却之际所需之费用）相较。其余额即为差增额。而其所谓原地价者。系单指买得时所支给之价格而言。虽别无规定。然有登记者。似以登记价格为准。无登记者。似以认为实际上取得时所支给之价格、或当时之时价、为准。但其国国人中。有洞见本税之必将施行。预先组织不动产合同公司及组合。特将地价加高而置之者。且实际上、此等公司。买卖其股份。贪得与土地投机相同、之利得。而漏脱自治团体之土地增价税者。实已甚久。故一则为杜绝此等弊窦故。二则欲谋增加收入数。特将法律之效力上溯。远及于千八百八十五年一月一日。作一网打尽之计。不使奸猾得谋漏脱。其税率。既依新移转与前取得、相距期间之远近而异。又依增价额对于原地价及改良费合计额、所此之程度大小、而有不同。例如增价程度在一成以下。而移转之起、尚在前取得后、十二年以内。则课一成税。若在十二年以后。则课九分税。二十年后则八分。三十年后则七分。以次递减。又如增价程度在二倍九成以上。而移转在前取得后、十二年以后。则二成七分。二十年后。则二成四分。三十年后则二成一分。亦递减之。此不过其法律所规定之累进税率最高最低者之一例而已。其最高最低之间。尚有无数等级也。此法律以抑制土地之大投机为主义。故价格二万马克以下之不动产之卖却、及五千马克以下之非宅地之卖却。皆不课税。此税所获之总收入。帝国应得十分之六。地方得十分之四。而德国帝国预算之收入。实为二千万马克。

日本国家财政上及地方财政上。皆无此课税。近时欲新设此税之论颇盛。英德二国。以此税为国税。实行之日甚浅。成绩如何。尚不可知。惟各国之以此为地方税者。其结果大都良好。故日本若新设此税为国税。则非余所敢知。若以为地方税。当无有不可者。盖日本自古以来。除总册地价、及非强制之登记之外。凡关于地价真正情况之材料。非常缺少。今欲骤行此税。使为一般的国税。则财政上之危险。必有不少者。可断言也。然若以此税作土地政策观之。固无必不可不使为国税之理。今后地方事业应振兴者。甚多。其性质又皆足为增加地价之重要原因。而应实行此等事业之地方财源。则既已枯竭。有不得不仰给于国库财源之势。而德帝国之形情则不然。帝国课税权。惯例上以间接税为限。故为充给军备及官吏增俸等经费之故。不得不将间接税之土地增价税、由地方财源剥夺之。以清课税权之界限。其间情事。适与在日本正相反对。不可不察。余惟、若日本今日。果须不避烦杂。新设土地增加税。则亦当不以为国税、而以为地方税。方可谓适当而无害也。

第三　兵役税

称兵役税为增富税。不知果适切否。然个人经济、偶然脱离一般应为之义务。得免负担。亦不行为上之利得也。兵役税者。可谓以此利得为税源、而赋课之者也。故以此意义言之。兵役税当然不可不属于不行为上之利得课税。此所谓利得者。非谓被免兵役之个人得享利得也。盖谓以此个人为家族、之一家经济。偶然得享利得耳。且其利得。恰与彼一家经济于偶然得免其应纳之租税时、所享之利得。同其性质。故以此税为个人税。不若以之为户主、税之为当也。

或曰。兵役者。国民之名誉的义务也。因兵役而受痛苦、之个人经济。当以之为名誉。至负担之公正与否。则非所宜问也。且彼服役者之经济上。就令实受如何之痛苦。然苟非取由免役者征收之租税、以补助之。则其痛苦固当莫从慰藉也。今也不然。不以慰藉痛苦为主义。徒以欲求服役者与免役者之负担之公平故。而设兵役税。是使人将谓兵役为一种之有酬劳务也。污渎兵役义务之神圣。莫甚于此矣。故兵役税不当设。此日本税制整理调查会上所发表之论也。然吾人所见。则与此异。吾人之论据。不在因兵役而受之苦痛之果有名誉的性质与否。而在免役之个人经济、果享与免租相同之偶然的利得与否。夫兵役及租税。其为宪法上国民一般之义务。等耳。而一以为名誉。一则以为不名誉。不知论理上果有此差别耶。且即使有此差别。而从个人经济上言之。偶然得免供献生产的劳力之义务。与偶然得免负担租税之义务。其间实无所异。不问其所免义务之为名誉、与不名誉。其均为经济上偶然之利得。则不容疑矣。此偶然之利得者。实负担力之所存。故以之为税源而赋课之。理当义正。与普通之课税。无以异也。

兵役税以因免役而得之偶然的利得为税源。故大抵课于由不当签或不合格而免服役者、之个人一家经济。

此课税尚未行于日本。法奥匈瑞诸国。则久已行之。德国虽数经计划。至今尚未实施也。

法国之兵役税。类于人头税。以每年六法郎之定额税为主。而辅以资产标准之三级追加税。奥国之兵役税。以财产及所得为标准。分为十四级。由最下级年额一佛罗林、至最上级年额百佛罗林。匈国亦大抵类是。瑞士于每年六法郎之外。亦以财产所得为标准。设等级的附加税。规定一人之负担年额。不得超过三千法郎。此税之收入。为数概小。奥瑞二国。限定此税收入之全部或一部应使用于军事关系费。各国千九百六年度之收入加下。

法国	2,928,500法	奥国	2,060,000克
匈国	2,376,000克	瑞士	未详

德国欲新设兵役税。其唱反对论者。多置重于课税方法。谓此税将使国民生上纳一定兵役税而免服兵役之感。实与军国主义两不相容。故最近德国新设兵役税之计划。欲将兵役税合并于遗产税。其方法。凡当有资产者之死亡而课遗产税时。察其死亡者于生前尝服兵役否。若未尝服。则作为遗产税之附加税。征收遗产价格之千分之十五之兵役税。此方法虽甚新。然果如此行之。恐难引起兵役税根本之观念。人民将不知兵役税为课于因免兵役义务而生之偶然利得之税。非所以鼓舞实际上纳税之义务心也。虽云依此行之。可减少反对者之非难。不至使国民生兵役与租税相交换之感觉。不知反对者之所谓非难。实毫无意义。盖兵役税云者。非谓以纳税为条件而免兵役也。兵役之免除。与纳税之义务。各为一事实。兵役之免除。起于课税之前。及兵役既已免除。而后纳税之义务始生。此较然明白之事实也。故反对论者所唱之一种感觉。即令起于国民

间。亦不足取矣。

故吾人以为、即在日本。亦当新设兵役税。现役期间二年间、每户课年额五圆之定额。此外对于完纳所得税者之家。视其所得额。更课年额五百圆以下之累进税。此当今之急务也。

据明治四十二年税制整理调查会所调查之结果。日本已达征兵年龄之壮丁数、为五十一万二千八百一人。其内因不具废疾而免兵役者、因服役中之伤痍疾病而免现役者、及受贫民救助者等、应免课税之人员。凡十三万七千四百六十二人。故实在应被赋课之人员。当为三十七万五千三百三十九人。（人口千分之七五）若作为现役期间二年间征收年额五圆。则从第二年起。每年可得

定额税　　3,753,390 圆

此外所得税纳税义务人百二十五万人之中。假定其属于免役者为其千分之七、五。则可得九千三百七十五人。依其所得之阶级。课以下列之累进率。则其收入如下。

第一年	课税人员	税率	预测收入
所得 500 圆未满	5,000 人	1 人 30 圆	150,000圆
所得 3,000 圆未满	4,000 人	100 圆	400,000
所得 3,000 圆以上	375 人	平均 35 圆	131,250
计	9,375 人		681,250
第二年			681,250
合计			1,362,500

合定额税及所得等级税计之。可得约五百十一万五千八百九十圆之收入。

章结

吾人兹总括本章之利得课税。并关于地方自治团体。欲有所述。

欲总括各国作为国税之利得课税。而观其收入。实非易事。因各国之税名不同。不便合计也。故吾人宁分别将各国之税名及收入列之。以供一览。

英国　(1910 年)	
印花税	9,690,619(镑)
嗣续税	25,708,995
铁路通券税	325,816
地价税	509,025
计	350,000,000(圆)
岁入比率	1 成 7 分
意国　(1911 年)	
印花税	76,400,000(利拉)
登录税	92,600,000
嗣续税	45,100,000
其他行为税	9,470,000
计	89,200,000(圆)
岁入比率	9 分
法国　(1911 年)	
印花税	240,811,300(法郎)
登录税	786,757,700
牙行税	12,513,000
兵役税 1096 年	2,928,500
计	416,800,000(圆)
岁入比率	2 成 3 分

续表

英国　（1910 年）	
德国　（1910 年）	
印花税	196,725,500(马克)
骨牌税	1,819,200
嗣续税	34,000,000

德国之印花税含有手票税，有价证券税，牙行税，彩票及赌券税，运送券税，通行税，自动车税，盐查役税，不动产移转税

计	92,800,000(圆)
岁入比率	6 分
奥国　（1900 年）	
印花税	59,255,500(克)
登录税	115,517,200
通行税	20,300,000
兵役税　1906 年	2,060,000
计	78,400,000(圆)
岁入比率	8 分
日本　（明治四十四年度）	
印花税（卖药印税在内）	4,927,794(圆)
登录税	16,700,000
骨牌税	141,008
通行税	3,184,440
兑换纸币税	1,032,897
牙行税	3,661,210
计	29,400,000(圆)
岁入比率	5 分

要之、法国由利得课税而得之收入。对于总岁入。实为二成三

分。而日本则仅仅不过五分。此种课税中。关于经济交易之税率。以法国为最高。其操之如彼其切。固属不可。然如日本。不动产之交易。虽课高率。而对于动产。则税率甚轻。（牙行税稍高）殊失衡平。又以其他规定之不备、或不励行故。致总收入额之微。出于意外。此皆吾人所当注意者也。就中如印花税及通行税之税率。失于粗简。且印花税之取缔。颇欠励行等。尤为吾人所不可不研究者。

地方自治团体之财政上。利得课税之种类。不如国家财政上之多。盖因利得课税之物件。移动频繁。涉于广域者多。而局于一地者寡。而地方各地间、又往往有竞争排斥之虞。故不能多设也。征诸各国之例亦然。

英国之地方自治团体。仅有不动产收益之特别的直接税。别无利得课税。法国之印花税部门中。殆毫无地方课税。惟登录税之部门中。则少有之。例如巴黎市之动产买卖税、（百分之一税）官务及职务之移动税、（百分之一、二五）营业权让与税、（百分之一、二五）货物输送赁税（百分之〇、三二）等。是也。

德国以印花之发行、为国家之特权。故不许地方课贴用印花之地方印花税。然其不由贴用印花而赋课于财产移转之税。则依各邦之规定。仍可施行。以故地方税中、动产及不动产之买卖税颇多。但最多者则为不动产移转税。因其大半皆为地方的交易也。普国之地方自治团体。有多种多额之间接税。其中之四成一分六厘。皆为财产移转税。盖市自治团体之间接税总额三千万马克中。财产移转税占其二百五十七万马克也。与此财产移转税关联。普国各市、加设土地增价税者。甚多。如佛朗克府、可伦、挨逊等。皆是也。佛朗克府之土地增价税。最为有名。以其复杂故略之。（详于鄙著地方财政学）而述简单之可伦土地增价税。可伦市依千九百五年二月二十三日及四月六日之租税条例。将从来一分之财产移转税。加为二分。使之与土地增价税连结。定为凡于土地取得后、在宅地五年、在非宅地十年之内。其土地复有移转之事。而其现卖价对于原价之增价、在一成以上。则于财产移转税之外。对其纯增价。课一成乃至二成五分之税。若于五年或十年后、复有移转。则征收其纯增价之三分之一。闻佛朗克府之收入。岁凡九十万马克。可伦约三十万云。

日本地方财政上。间接税甚少。故地方税之属于利得课税者。亦少。府县之杂种税中。或其他之地方特别税。如财产移转税、（二三八、七四五圆）牛马税、（二四三、二六三圆）市场税、（四八九四八圆）轨道税、（四六二四圆）建筑物建筑税、（一四、八七三圆）等。虽或可称为属于利得课税。而其他如车税、（三、三二八、四一四圆）船税、（二〇二、七七七圆）及电柱税、（一七、九四三）等。与其谓其有通行税之性质。宁谓为有职业税、支出费税、及办理料之性质。故以不属于利得课税为妥当。

第二十章　支出课税各论

支出课税者。于个人经济消费或使用消费的物件及劳力时、准其事实及分量、所课租税之总称。分为消费税、使用税及关税，消费税更分为饮料品税及日用品税。至其课税方法。大要如下。

第一　生产课税法

此法者。于饮料品及日用品之生产进行中、赋课之者也。有原料课税、制造课税、成品课税、三种。原料课税者。准生产用原料之分量及制出率、或耕地面积、而定其税额者。虽有消费税之名。实于生产进行中、测定时机未免过早之粗法也。故不适于使租税转嫁于目的之消费人。生产者或有不能回收已负担之租税及租税利息、之恐。且其负担。因原料制出率、技术巧拙、及规模大小而定。颇不公平。盖制出率者。从一定原料所能制出之成品之比率之谓。因原料良否、技术巧拙、而有异同。故由使用原料。推定成品之比率。或由成品量。推定使用原料之额。均未免不公平之病。但由推定制出率课税时。亦有奖励技术之效。何则。因生产者当力求能得法律上推定制出率以上之成品量。以轻减租税负担故也。但课税之不公平。究不可免耳。制造课税反是。视容器或半成原料之额。准制造中之标准而课税焉。较原料课税、稍与消费相近。但未睹制造成品之技术的结果。故因事业规模之大小。成功上或有差异。不便斟酌损益。且非监视烦密。即无以防代用品之混入。又常使税金之利息损失。亦非公平之法。惟成品课税、为生产课税法之最发达者。通例就生产进行最终之结果。斟酌其品位及价格。从每一定量而课之。此法。于生产者数少、而不散在各处、制造场监督容易之时。甚为适当。但距真正消费时尚远。不能不增加与税金利息相当之负担。且物品中有自制造终了、至真正消费之时。异常减耗或损败者。愈不能不增多税金以外之负担。此其缺点也。

第二　流通课税法

此法于生产后之物品移送贩卖时。以其数量或价格为标准、而课之。于与消费最近时测定其负担力者也。有搬出课税及贩卖课税二法。搬出课税云者。物品由制造场向消费场搬出、或搬出后于一定地方入库时、之课税之谓。搬出税、入库税、及入市税、是也。例如关税。概属此类。贩卖课税者。认贩卖人或零卖者为纳税义务人、而课之。欲于与消费最近时使归于消费人之负担者也。但监督甚不便。且征税费亦不少。此其弊也。

第三　预约课税法

此法推定一定期限内之生产或贩卖额之总额。省除个个计算及监督上所须之劳费。按照总额。使之一时先纳租税者也。但较实地精查后课税。不免疏漏。且有逋逃之虞。惟关于敏活迅速之商品。斯为便耳。

第四　专卖课税法

专卖有单以加工或贩卖归国家独占之部分专卖、与以制产及贩卖归国家独占之完全专卖二种。但自其收入行为言之。当属于国家之企业收入。故诸税种种。有以之属于私经济收入者。亦有以由总收入、减去企业费、所余纯益为由国家独占而生之强制收入。而以之属于租税者。但余意专卖者。国家赋课租税之一手段。关于课税物之事业。国家自为之。而以事业费为收税费。以纯益为租税者也。故兹合企业及纯益为一体。而视为租税。

此种专卖课税。（第一）虽增加国家经费科目。但企业全体之利益。均可收入国库。故国库之收入额。较由比例租税者必多。（第二）官吏之劳务、及会计法上之办事顺序。虽甚缺敏活。第此非因官业之故。实因企业之浩大而然。且可以生产费节约之利益补之也。（第三）虽因此减少私人企业、而损失租税收入。然以租税减退之少。较专卖益金之多。固不可同日而语也。（第四）因竞争而生产过多。又或因产业不同、而事业盛衰不一、等弊。无个人事业之甚。故一定劳力。可安全且永远需用之。（第五）对于消费需要之变化。欲使一一适应之。虽甚为困难。然因制品精度故。无令消费人负担过贵供给之恐。（第六）对于供给原料之民业。保证其确实安全之价格。有使其产业完全发达之利。（第七）因卖出价格之减免。对于特殊产业用、慈惠用、医药用及其他公益目的用之物品。可与以特惠。（第八）易于垄断及因时季或交通不便、而价格变动差异、甚相悬远之一般需要品。可因专卖而避投机市场之弊病。且免价格之不均一。要而言之。专卖课税。自制度言之。财政上及经济上。其得策自不待论。但此等利益。不过谓理论上可得举之云耳。实则各国之实例。亦不必尽然。如关于原料之买收、制品之卖出等事。弊害百出。或因循苟且。官吏因以腐败。或因此官权过大。其害非鲜。故宜加以周到之注意及监督也。

第五　准许课税法

此法关于一定之货物。准许其生产或贩卖之特权、于有一定资格之个人。对之年年征收料金。自一方面言之。有办理料之形。自他面言之。又有营业税之形者也。此实为消费课税法之粗者。不适于为主要方法。各国中不过有以之为附从方法而采用之者而已。

余将于以下各章。从支出课税之分类。以论狭义之消费税、使用税。然后论国境消费税之关税。然此等课税之收入。于各国财政上占如何位置。亦不可不先有概念。为作其概念故。揭税类及收入之概览表如下。

各国消费税概览表（除关税）

英国（1910 年）	
火酒税	18,751,206(镑)
麦酒税	12,767,217
准许税	7,787,443
铁路券税	315,166

续表

英国（1910 年）	
特许药税	325,646
其他	231,945
计	390,000,000(圆)
岁入比例	一成八分
德国（1910 年）	
饮料税	312,203,940(马克)
盐税	58,048,000
砂糖税	147,178,000
烟叶税	38,124,000
灯火税	30,023,000
其他	111,400
计	393,000,000(圆)
岁入比例	2 成
法国（1911 年）	
饮料税	429,909,000(法郎)
盐税	9,704,300
砂糖税	164,547,900
烟叶专卖	505,064,400
火柴火药专卖	61,632,000
杂种税	46,556,700
计	486,000,000(圆)
岁入比例	2 成 7 分
意国（1911 年）	
物产税	183,500,000(利拉)
入市税	53,629,778

续表

英国（1910年）	
烟叶专卖	302,500,000
食盐专卖	85,500,000
彩票专卖	95,000,000
金鸡纳专卖	2,500,000
计	258,000,000(圆)
岁入比例	3成1分
奥国（1910年）	
消费税	371,384,000(克)
饮料贩卖税	2,332,000
盐专卖	48,129,200
烟叶专卖	272,147,000
计	277,000,000(圆)
岁入比例	2成3分
日本（1911年）	
饮料税	93,358,214(圆)
各消费税	35,456,336
专卖益金	61,346,406
卖药及狩猎税（1910年）	2,465,461
计	192,000,000(圆)
岁入比例	3成5分

第二十一章　消费税

第一项　饮料品税

消费税更分为饮料品税及日用品税。既如前述。此二种均属于间接税。概行间接转嫁。

饮料品税为消费税中之主要税目。以各种饮料为课税之物件。各国现制中。其重要者。为火酒税、麦酒税、葡萄酒税、数种。至其课税方法。俄及瑞士用酒精专卖法。其他多采生产课税法。及流通课税法此外虽有果实酒税、酢税、及矿质饮料税等类。概微微不足道。

挽近各国租税。从国税上言之。直接税之重要。渐次失堕。间接税之重要。日益增加。前既论之矣。关于间接税之发达。关系最重大者。则饮料税是也。然近时饮料有卫生及非卫生之别。纯粹葡萄酒其他之果实酒及矿质饮料等之课税。为率最低。麦酒税次之。火酒及其混成酒。称为酒精饮料、或非卫生饮料。其课税为率最高。饮料税之种类。各国不一。日本之饮料税则如下。

造酒税

冲绳县酒类出港税

酒精及含有酒精饮料税

麦酒税

制造酱油石数税

家用酱油税

日本之消费饮料。除酱油外。其课税渐次以酒精分为本位。与外国之例日相接近。其课税方法则有与外国现尚存立之生产课税最终阶段之成品课税相近者。有更进而达于流通课税中之搬出课税者。皆查定成品石数。对于其查定额。课定额税。或于搬出时。自其制造者征收之。以下将逐次述之。

第一　造酒税

此税起源甚古。盖酒为主要食品之米谷之所酿造。故日本镰仓时代。往往禁止造酒。或极力限制之。至德川时代。认造酒为一种特权。命造酒者纳临时运上金。且对于卖价。赋课租税。明治元年五月之会计官布达。亦大体袭用旧制。每造酒一百石。征收二十两之上纳金、与五两之冥加金。明治四年之太政官布告。关于清酒浊酒及酱油。设定准许料、准许税、及酿造税、三种。准许料为准许酿造之牌照办理料。准许税为课于每从业者每一人之定额税。酿造税则对于酿造物价格之此例税也。明治八年二月太政官宣告第二十六号酒类税则。合准许料及准许税为造酒营业税。（每一种十圆）废浊酒及酱油之课税。课清酒零卖业者以酒类零卖营业税。（五圆之定额税）别课酿造营业者以卖价十分之一之比例税。为酿造税。其后明治十年十二月太政官宣告第八十一号。复课浊酒营业税。十一年九月太政官宣告第二十八号。设白酒、甘酒、烧酎、酩酒等种类。税率不依卖价比例。采酿造石数税主义。每清酒一石。定为一圆。十三年九月太政官布告第四十号。改从来酒类税则、为造酒税则。改称酿造税为造石税。造酒种类、改为第一类酿造酒。第二类蒸溜酒。及第三类再制酒。其税率亦每种增加一圆。且以造酒营业税为酒类准许料。每一制造场课三十圆之定额税。明治十五年十二月太政官布告第六十一号。各种造石税。均增加二圆。浊酒制造。加以限制。严行家用酒之取缔。征收准许牌照料。他无甚更移。以至于二十九年之造酒税法出现。

明治二十九年三月法律第二十八号、为造酒税法。大要为现行法之基础。其酒类限于清酒、浊酒、白酒、甘酒、烧酎、酒精之六种。他酒类均依特别税法。且使家用酒税独立。同年以法律第二十九号、定其税法。废从来之造酒准许税。使之照营业税法。造石税之税率。较前记十五年税率。各种均增加五圆。至三十一年十二月。以法律第二十三号之改正。造石税之税率。更增征五圆。采酒精含有量之标准。对于超过量酒精之酒类。设增加税。团匪事件之后。三十四年法律第七号。广采酒精分主义。三十八年一月法律第三号之改正。分烧酎之种类为五种。增加税率二圆以上。凡各种之酒类。每超过定量酒精一度。每一石课七十五钱。

三十七年及三十八年增加非常特别税。各种均增征五圆。以至今日。成下记之现行税率。

第一种　酒精分二十度以下之清酒浊酒白酒甘酒及酒精分三十度以下之烧酎　每一石二十圆

第二种　酒精分三十五度以下之烧酎　　同　二十五圆

第三种　酒精分四十度以下之烧酎　　同　三十圆

第四种　酒精四十五度以下之烧酎　　同　三十五圆

第五种　酒精分超过二十度之清酒浊酒白酒甘酒及酒精分超过四十五度之烧酎同　每度一圆

第二　冲绳县出港税

冲绳县酒类之制造消费。习惯上有不能不宽假之者。依明治二十一年勅令第二十一号。该县内之消费。得使之自由。但输出日本国内或他地方时。则课出港税。其税率初为定额税。每国内造酒税变更时。即加更正。后依四十一年法律第二十五号、即现行税率。定为约当国内造石税三分之二之比例税。

广义之酒类税。尚有六种酒以外之酒精含有饮料税、及麦酒税等。均依特别法律赋课之。

第三　酒精税

所谓酒精税者。酒精及酒精含有饮料税之统称。酒精含有饮料者。以混成酒为主。凡非造酒税法中列记之酒类、及非麦酒之酒类。皆是。但葡萄酒及果实酒。特不课税。本税于明治十五年布告第十七号。受造酒税则之支配。二十六年法律第十七号。定本税为酒精营业税。二十九年法律第三十号定为混成酒税。三十四年法律第八号始定为酒精及酒精含有饮料税。后受非常特别税之附加。增加税率。以四十一年法律第十九号。成现行定率。其定率每一石每酒精分一度。课金一圆。但因欲与造酒税保持权衡。定为无论酒精分如何。总以不得少于二十一圆为度。

凡使用于一定之工业之酒精、酒类及酒精含有酒类。以得政府承认而使用之者为限。可受与各造石税相当之退税。（三十九年四月法律第三十六号工业用酒精酒类其他酒精含有饮料退税法）又或输出外国时。亦得受退税。（三十四年法律第十号）

第四　麦酒税

此税为团匪事件后以三十四年法律第十二号新设之者。依三十七年及三十八年之非常特别税法。增加税率。以四十一年法律第二十号。合增率而为现行定率。此税亦查定造石数而赋课之者。其税率视制造石数之多寡。课每一石凡十圆之比例税。至其输出。亦得适用退税法。

今揭造酒税冲绳县酒类出港税酒精税及麦酒税之收入统计如下。

造酒税	查定石数	税额
清酒	3,922,073石	78,420,122圆
浊酒	22,153	442,551
白酒	6,547	131,068
甘酒	53,416	1,068,598
烧酎	27,353	4,677,874
计	4,196,477	84,740,234
酒精含有饮料税		
酒精	14,118石	1,320,087圆
含有饮料	9,770	219,231
计	23,888	1,539,318
麦酒税	155,741	1,557,400
冲绳县酒类出港税	3,012	70,288
合计	4,379,110	87,907,240

第五　酱油税

酱油税为日本特有之税。其发达历史。约与造酒税同。至明治八年。均规定于酒类规则中。同年二月。以太政官宣布第二十六号废止之。至十八年。因扩张军备故。以同年五月太政官宣布第十号复兴酱油税。称为酱油税则。本税为营业准许税（年税）与造石税所构成。虽二十一年六月以勅令第四十七号分造石税之种类、为酱油与溜。定现行法之基础。至其主义。则无甚变更。明治二十九年。新定国税营业税法。故同年四月。以法律第六十四号、废止关于酱油税则中之营业准许税。于是本税仅为造石税一种。三十二年二月。以法律第二十五号、增加税率。同时兴家用酱油税。课家用料以半税。以三十七年及三十八年之非常特别税法。加战时增率。后至三十九年三月。以法律第十六号改正酱油税则及家用酱油税。非常特别税法之增率。均统一于本法。为现行定率。依该定率观之。日本酱油课税。由二种组成。一为课于酱油制造人之酱油造石税之税率。一为家用酱油之税率。今揭如下。

一	酱油	每未漉过者1石	1圆75钱
二	溜（酱油之一种）	每制成者1石	1圆65钱
家用酱油税			
一石未满	50钱	2石未满	1圆
三石未满	2圆	4石未满	3圆
五石以下	4圆	5石以上禁制	

盐为酱油之原料。属政府专卖。发卖于酱油制造人或其他之人。并无折扣。故盐价增贵。酱油之负担，亦因以增加。输出之酱油。可得退税。酱油课税之收入如下。

种别	查定额	税额
酱油溜	2,205,574石	3,856,077圆
家用酱油	1,560,967	794,136
计	4,650,213	
输出退税	29,781	52,697

总计日本饮料品税。合酒类及酱油课税计之。共九千二百五十五万七千四百五十三圆。对于总岁入之比例、为一成七分。对于租税之比例。约占三成之多。

外国对于饮料品消费税之立法例。有课税制及专卖制二种。英国为课税制。饮料税为火酒税麦酒税二种。火酒税为制品课税。寻常酒精之物。每一加伦课十一先零。麦酒税为麦酒原液税。每一巴烈耳课七先零六辨士。输出则别奖励法。二税之外。在英国虽有关二于酒之酿造蒸馏业、贩卖业、零卖业等之准许料。因其为定额税。且不独与他业之免许料统一规定。并带有营业税性质。故从略。上二税之收入于千九百十年之预算案。火酒税为一八、七五一、二〇六镑。麦酒税为一二、七六七、二七一镑。合计约三亿千万圆。对于该国之总岁入。占一成五分。对手租税总额。当一成七分。

法国之饮料税。有葡萄酒税火酒税麦酒税及酢税四种。葡萄酒税。每纯粹葡萄酒一黑多立突课一法郎五十桑。苹果酒八十桑。人造品则依酒精成分、课四十或六十桑。不等。火酒税课成品税。每一黑多立突二百二十法郎。移入税依市之大小。课七法郎五十或三十桑不等。变性酒精课二十五桑。十五度以上之维谟德酒及芳香酒、均课半税。自由酿造概无税。麦酒税每麦芽液一黑多立突仅课二十五桑之制造税。输出则有退税之奖励。酢税因酸味之度。每一黑多立突课五法郎或五十二法郎五十桑不等。此等税之收入。于一千九百八年。葡萄酒税占七六、一二五、〇〇〇法郎。火酒税三四七、二五〇、〇〇〇法郎。麦酒税一四、七五〇、〇〇〇法郎。合计约一亿七千四百八十万圆。占总岁入一成余。

德国有火酒税麦酒税香宾酒税三种。火酒税课消费税。每酒精一立突一马克〇五或一马克二五。酿造税依酿造额之多少。每一黑多立突课四马克乃至十四马克。移入税每二百磅课二百七十五马克乃至四百马克等高税。麦酒依原料使用额之多少。每二百磅课十四马克乃至二十马克之等级税。一年不满三百磅之小酿造。每百磅二十马克。自用酿造年额限于千磅以下。每二百磅课四马克之低率。香宾酒税依视混有葡萄与否及价格之多少。一瓶课十马克至一马克之等级税。此等税收入额。于一千九百八年。火酒税占一一六、九〇〇、〇〇〇马克。麦酒税五一、七五〇、〇〇〇马克。香宾酒税四、九二〇、〇〇〇马克。合计当日币千五百万圆。占岁入一成二分。

意国有火酒税麦酒税及矿质饮料税三种。至其课税方法。则有入市税成品税制造税等。甚为复杂。火酒税则入市税之外。因原料之强弱。分九等级。为成品税。每一黑多立突。自百二十利拉起。至百八十利拉止。麦酒税为在冷却舟所课于麦芽液之制造税。其税额每一黑多立突每一度课一利拉二十桑。最低八度。最高十六度。照此比例课之。矿质饮料税。每一黑多立突课四利拉。此等税之收入额。于千八百七年。火酒税三九、二五〇、〇〇〇利拉。麦酒税五、三七五、〇〇〇利拉。（矿质饮料收入未详。合计约当千七百六十万圆。因入市税之赋课额不明。故不能定其对于总岁入之成分。

奥国之饮料税为火酒店铺税、火酒税、及麦酒税三种。火酒店铺税谓之真消费税。毋宁谓之准许税或营业税。且收入亦不过二百五十克（千九百八年）火酒税有生产课税法及流通课税法二种。前法对于小蒸溜所所设。后法则对于大蒸溜所所设者也。生产课税者。从蒸溜设备或用具之外形。推定其酒精量。视一黑多立突之酒精。课每一度以九十黑勒。至于一定之小蒸溜者。更加以轻减。流通课税法。则于凡由在政府监督下之大蒸溜所移出时。（入库或输送）课之。其税率准在大蒸溜所已经精密测量之查定。关于一黑多立突每一度。有课九十黑勒与课一克十黑勒二率。以酒精度之上下区分之。家用火酒于一定范围内免税。对于农家小蒸溜者。每移出酒一黑多立突。与以二克乃至四克之保护金。对于其他之输出酒。有奖励金。对于工业用酒。有免税之特典。麦酒税所以课于麦芽液者。依检糖计抽测黑多立突酒精度。每一黑多立突课三十五黑勒之税率。对于一万五千黑多立突以下之小蒸溜者。依其多少。与以税额百分之五、十或十五之折扣。但家用麦酒不得免税。此外麦酒与火酒异。有一般之内部消费税。关于此、有封锁市及开放地之别。移入封锁市（如维也纳及特里斯特市是）时。课移入税。同时内部生产之麦酒。亦课附加税。此等税之收入额。于千九百八年。火酒店铺税二百五十万克。火酒税九千五百万克。麦酒税七千六百五十万克。加以维也纳及特里斯特市之附加税五百七十万克。合计约当七千百八十八万圆。占总岁入之六成。

地方自治团体亦多存有饮料税者。

英国之地方财政。虽不自有饮料税。然自千八百八十八年之地方行政改革、及千八百九十六年地方农业税施行延期之结果。因补地方财政之不足故。国库半让以准许税及相续税之收入。并许与以对于国家、之麦酒及火酒税之地方附加税。其税率每一巴烈耳定为三辨士。每火酒一加伦定为六（现同“辨士”）。其收入在千九百三年达百三十万镑。

法国之地方财政。有多种之消费税。作为入市税。就中饮料税最占多数。依千八百九十七年十二月廿九日之卫生饮料税废止法。凡属于卫生之葡萄酒及果酒、麦酒、矿质饮料税等税。殆行全废。（自千九百一年一月一日实施）而火酒税及酒精税。则增加税率而存之。依巴黎市之例。酒精税每纯酒精一立突从来课二百二十法郎。今更更增征百五十六法郎二五。盖因同市卫生饮料费全废。以兹补之也。

普国之地方自治团体。依帝国法律。设葡萄酒税麦酒税及火酒税。但其税率不得超过帝国法所定之最高税率。其现行制限。在麦酒及葡萄酒。为国税之二成。在火酒。至酒精五十度。每一立突凡八片七三。且于此最高限内。凡国内产物之地方消费税。无论国内何地。凡同种者。均须课同率之税。

日本之地方制度上。虽不禁地方消费税。然亦无课税制限率之规定。但事实上无所谓饮料税。不过对于用具及职业之杂种税中。有稍近似之者耳。

第二项　日用品税

日用品税者。课于吾人生活上日日所消耗之固体物之消费税之谓。举各国现制上之重要者。则为谷物税、肉类税、盐税、砂糖税、织物税、油税、卖药税、烟叶税、茶咖啡税、椰子饮料税、洋碱税、火柴税、火药税、纸税、广告及历税等类。谷物及肉类税。虽德国之撒逊、巴敦及奥匈国现犹存在。然一般均废止之矣。食盐课税。依专卖法者颇多。奥匈、瑞典、希腊、塞尔维亚、罗马尼亚、土耳其、孟的尼格罗、英领印度及中华均是也。至于烟叶税。如奥匈、法国、意、西班牙、葡萄牙、塞尔维亚、罗马尼亚、土耳其。均取专卖法。关于火药及硝石。则以军事及警察上之目的为主。故多取政府专卖法。他如法国对于火柴。意大利为疟病故、对金鸡纳。亦行政府专卖。普奥意三国之对于彩票。预算上与烟盐专卖同。均附专卖名称。然制度上决非归政府完全独占。故不如单称为官业。较为适当。

在日本属于日用品税者如下

砂糖消费税

织物消费税

煤油消费税

卖药印花税

食盐专卖益金

烟叶专卖益金

樟脑专卖益金

此等课税方法。除专卖外。概依流通课税法。于由工场移出或贩卖时、课之。其所谓专卖。亦概属于制造及贩卖之专卖。

以下顺次略述之

第一　砂糖消费税

日本之砂糖消费税。起于明治三十四年法律第十三号。自兹以前。仅有关税耳。日本之砂糖。概属甘蔗糖。当时冲绳、大岛、小笠原岛、九州四国等处。均产蔗。然产额甚少。（三十三年六、九六六、七三一斤）仅足全国需用额十分之一半。几于全仰给于外国输入之香港糖、中国糖、菲律宾糖。（同年输入糖四〇四、五七八、五〇斤）精糖（色相十五号以上）关税。照条约。甲种每百斤七十四钱八厘。乙种每百斤八十二钱七厘。不独国内精糖发达无望。即粗糖之发达。亦复无期。因对于粗糖输入。欲增加国定关税。并对于精糖输入。课国内消费税。明治三十四年。始设此税。其最初税率。第一种（八号未满之粗糖）每百斤一圆。第二种（十五号未满之赤糖）一圆六十钱。第三种（十五号以上之精糖）二圆二十钱。第四种（二十号以上之粗糖水糖）二圆八十钱。本税名为课内外两糖。但事实上输入糖占多数。实则精粗之外糖。既课关税。复附加本税耳。观翌三十五年之消费额及输入额收入。消费税六、六九三、九八三圆。输入税一、〇六六、一五五圆。合计虽不过七百七十六万圆。然同时台湾亦施行此法。台湾为天然适宜之地。再加以直接之保护奖励。粗糖产额顿加。同时内国产额。亦渐次恢复。遂以三十七年及三十八年之非常特别税法。消费税第一种增征一圆。第二种二圆八十钱。第三种三圆三十钱。第四种四圆七十钱。内国粗糖因受原料保护。三十八年、产额达五七、〇八六、二〇三斤。台湾粗糖产额增至八二、七五三、二五九斤。渐次移入内国至明治四十年。内国产糖不过五六、六四七、二一〇、五一五斤。而台湾产糖已激增至一〇七、二一〇、五一五斤。内九千四百万斤移入国内。为国内精糖原料。或直接消费糖。以防遏外国贩路。至明治四十三年。对于国内需用内外糖之关系。迥与前异。外糖输入粗糖一亿八千六百五十万斤。精糖千三百七十八万斤。合计约减少至二亿万斤。内国产糖增至九千八百万斤。台湾粗糖产额凡三亿四千万斤。对于国民消费额约五亿三千五百万斤。（除糖蜜及糖水）犹生巨额之剩余。海外输出达六千九百万斤。

以上为关于砂糖及砂糖消费税沿革之大要。最后以四十一年二月法律第一号。用非常特别税率。整理本法。尔后因拥护内国黑糖。以四十二年法律第二十号。加以改正。复以四十三年四月法律第三十三号及四十四年四月法律第五十七号。改正条约及关税。并改正砂糖种别。税率亦少有变更。是为现行制度。今表示种别及税率如下。

（一）砂糖		
第一种（色相十一号未满）		
甲　入桶黑糖	每百斤	二圆
乙　入桶白下糖（含蜜之物）	同	二圆五十钱
丙　其他	同	三圆
其二种（十五号未满）	同	五圆
第三种（十八号未满）	同	七圆
第四种（二十一号未满）	同	八圆
第五种（二十一号以上）	同	九圆
第六种（冰砂糖、角糖、棒糖）	同	十圆
（二）糖蜜		
第一种（水砂糖制造时所生者）		
甲　以蔗糖计算糖分之重量超过全重量之七成者	每百斤	三圆
乙　其他	同	九圆
第二种（其他之糖蜜）		

续表

（一）砂糖		
甲　糖分超过七成者	同	二圆
乙　其他	同	三圆
（三）糖水	同	八圆

此税于欲在内国消费故、由各制场造、关税或保税仓库（对于输入糖）领取时。课之。有免税及退税之规定。（一）承领后六个月内输出外国者。（二）作制糖用或酒精制造用之原料、得政府承认者。均得免税。至于退税。依特别法。有二种规定。一为明治四十一年三月法律第二十七号炼乳原料砂糖退税法。一为四十二年三月法律第十八号输出糖食糖果原料砂糖退税法。盖规定无论内外两糖。凡使用作此等原料时即由政府退回与既纳之消费税相当之金额也。

外国糖除以上消费税之外。更有输入关税。此输入关税。今全为国定税率之关税。关于砂糖。已无特别协定之税率矣。其税率、第一种二圆二十五钱。第二种二圆五十钱。第三种三圆。第四种四圆二十钱。第五种四圆五十钱。第六种四圆八十钱。（糖蜜糖水从略）但照明治三十五年三月法律第三号输入原料砂糖退税规则。若使用输入原料糖为消费糖或输出糖时。可以一定条件、与以一圆四十五钱乃至二圆二十五钱之退税。

砂糖消费税之收入。盖由内地产糖及精制糖之消费税、或以移入台湾糖为原料之精制糖之消费税、乃至由输入外糖之消费税、所成。于以内地消费为目的、由工场或税关领取时、课之者也。四十三年度之收入。实收为千六百二十八万九千五百五十六圆。今揭之如左。

种别	领取斤数	税额
第 1 种	99,521,165斤	2,226,664圆
第 2 种	1,819,397	91,035
第 3 种	14,376,420	1,009,081
第 4 种	46,061,269	3,684,995
第 5 种	95,152,837	8,563,748
第 6 种	3,425,012	342,504
糖蜜，糖水	17,882,952	371,529
计	278,239,053	16,289,556
其外		
输出用糖	87,704,311	无税
承认原料糖	187,142,649	无税
合计	553,086,013	16,289,556

（备考）输出用糖及原料糖领收总额之计算。糖蜜糖水不在其内。

吾人关于此消费税之关税收入，及台湾砂糖税收入。作一累年表。以供参考。

年次	内地消费税	输入税	台湾消费税
34 年	1,482,952圆		372,190圆
35 年	6,693,983	平均　1,556,400圆	777,943
36 年	12,014,066		761,789
37 年	9,807,051	2,457,662	1,454,050
38 年	11,479,323	3,259,337	1,866,545

续表

年次	内地消费税	输入税	台湾消费税
39 年	18,033,983	5,947,258	2,399,987
40 年	16,178,234	6,556,056	2,000,876
41 年	19,684,319	6,532,995	3,502,004
42 年	13,270,189	4,504,288	5,467,863
43 年	16,289,556	4,249,989	12,117,724
44 年	预算14,727,288	2,886,099	10,745,928
45 年	13,789,790	未知	8,133,000

今自税额与糖价之比例上言之。新输入税率。于外糖之著埠。对于原价。第二种以下课四成、第三种以上课五成、之从量率。此外课消费税。约当输入税之倍额。或倍额以上。故输入糖之负担。约受十五成之从价率。而内国糖仅负担十成之消费税。故其价格须增至能与外糖价格保持权衡为止。是以现今糖价。可谓其腾贵约在十五成也。

第二　织物消费税

此税始于明治三十七年法律第三号非常特别税法。课毛织物、以从价一成五分之税。翌三十八年。改正非常特别税法。毛织物以外之织物。亦须课从价一成之税。寻依四十三年三月法律第七号。而成为独立织物消费税。

依此法律。凡毛织物及他织物。均课价格一成税。于由制造场税关或保税仓库领取时。令领取人纳之。亦有免税、退税之规定。(一) 输出外国之织物、或欲作为制品而输出外国之织物、及（二）因家用而自行制造之织物。均得免税。（三）输出已纳消费税之织物、或以之制造之物品、于外国时。得退税。其课税以价格为标准。领收之时。使领取者申告其价格于政府。若认为不当。则政府评定之。此而有异议。则选出二人以上之监定人。征其意见。而政府决定之。本税收入。尚未十分发达。各年度之收入如下。

38 年	17,806,290圆	39 年	18,830,463圆
40 年	19,184,073	41 年	19,641,070
42 年	15,489,754	43 年	19,068,802
44 年	预算18,617,564		

四十三年度之实收为千九百余万。绵织物税额占全收入之半。绢织物及毛织物次之。

绢织物	课税价格	51,925,499圆	税额	5,192,106圆
绢绵织物	同	17,912,242	同	1,791,114
绵织物	同	83,866,623	同	8,385,747
麻织物	同	3,231,598	同	323,132
毛织物	同	32,105,920	同	3,222,134
其他	同	1,545,852	同	154,569
计		190,587,734	同	19,068,802

明治四十二年。日本此种织物之制造额价格。达二亿六千三百万圆。其中织物或制品之输出外国者。价格凡六千七百万圆。故在内国消费者。应为一亿九千六百万圆。然四十二年之课税价格。仅一亿四千八百万圆。故剩余之四千八百万圆。应认为家用织物也。由此计数视之。全国织物总额中。半课税。半为不课税者。是以此

税有征税烦累不公之非难也。然难期公平之最大原因。则在申报之价格。盖同为领取时之课税。关税之织物。则为从量税。而对于交易频繁之内国领取。则反采从价法。既已烦累不堪。而政府对于各地各人申报价格之评定。又决不能得正鹄。故各地间之不公。莫大于是。今试观各地绢织制造额、与其课税查定额之比例。群马县与石川县同制造九百五十万圆之绢织物。然课税价格。群马五百六十万圆。石川仅百六十万圆。税额则群马五十万圆。石川十六万圆。更甚者则为福井。其绢织物制造额约二千百万圆。课税价格仅百九十万圆。税额仅十九万圆。虽云有输出关系。然悬隔不太甚耶。织物之消费税。外国亦无其例。且织物为日本重要输出品。而从事于此者又散在国内各地。其中半课税。半不课税。不可不谓之为无理之税也。

第三　煤油消费税

本税始于三十七年法律第三号之非常特别税。每一石课一圆之消费税。然此时因欲以非常特别税法。对于外国煤油输入。增加国定税率。不过为防奸商预先输入之权宜手段耳。越半年。依三十八年之非常特别税法。废止本税。至四十一年。始制定煤油消费税法。作为永久税。课一石一圆。于由制造场税关或保税仓库移出时、征之。输出可免税。

日本之煤油矿业。甚形不振。三十七年非常课税之时。原油产额凡百万石。四十二百六十五万七千石。然制油额仅居其半。以加伦算之。约三千三百万加伦。而对于输入外国油之七千一百万加伦。(制油五七、四二六、九一六加伦　原油二八、四九〇、四七三加仑）尚不过总需要额亿万加伦三分之一。故其收入。四十三年仅百九十九万八千六百圆。就中大半均属既已负担关税之外油之消费税也。

内国油	673,875 石	税	673,875 圆
外国油	1,325,745	税	1,325,745
计	1,998,620	税	1,998,620

制油一石一圆之税率。若换算之。则一石约四十加伦。故每十加伦课二十五钱。制油之原价。平均十加伦二圆。是以此消费税成为一成二分之从价率。

外国油则此外尚有关税。关税于新定关税。亦尚保续旧率。毫无更改。原油每十加伦课税、自十七钱至三十七钱。故平均为一成五分税。制油自从价二成、至于每十加伦九十六钱。即五成税。今煤油需要。为煤气及电气所压倒。生产及输入。均渐次减少。然动力用、工业用、道路用、害虫驱除用等方面。尚需要不已。而此等用途。与灯火用异。最富于生产的意义。故课税减免。似宜研究。即灯用煤油。较诸煤气及电灯。其需要者之阶级。亦甚相异。煤气电灯。尚无消费税。何独于煤油而课之耶。是甚宜研究者也。

第四　卖药税

此税依明治十五年十月太政官布告第五十一号卖药印花税规则。以卖药之定价为标准。课其一成之定额税。三十八年五月法律第七十一号卖药税法。定法律上之基础。同时加以改正。是为现行法。

由此意义言之。卖药税为贴用印花之消费课税。属于间接税。此外别有卖药营业税。与此对峙。依明治十年一月太政官布告第七号卖药规则。卖药营业税（每药剂一方年税二圆）及营业牌照税、（一方一枚二十钱）均课于营业者之直接税也。对于此特别营业税。尝以非常特别税法、加增依定价总额之累进制之临时附加税。后以四十三年三月法律第八号。规定之为永久税。同时并合印花税之卖药税法、与营业税之卖药规则、为单一之卖药税法。其中复规定营业税与印花税。但印花税率仍照旧课定价一成税。

其收入在预算上与印花收入合算。据四十三年度之调查。仅二百二万七千圆（卖药营业税收入二〇一、五〇六圆与此无涉）

第五　食盐专卖

食盐专卖。系以明治三十八年一月法律第十一号盐专卖法、为补充战时财政故所设者。仅为贩卖之专卖。凡各地海盐之生产者须送盐于政府之仓库、或简单之交付场。政府对之、年年照前年末所预告之有等级的赔偿价格、监定之。而定其等级。然后以赔偿价格交付之。此外政府又独占外国盐及殖民地盐之输入。以特命、委托私人、输入之。

日本政府之国内盐赔偿价格。分监定等级为五等。每百斤自最高一圆四十二钱起。至最低一圆止。

日本内国之盐田。当专卖施行之初。约八千百九十三町。四十一年整理之。至七千九百五十三町。即现今盐田之面积也。制盐额初为九亿四千百万斤。今亦不过九亿四千六百万斤。此中政府照前记赔偿价格、于明治四十三年、买收者。凡九亿四千四百六十六万九千六百五十二斤。其价格凡千二十四万三千四百八十五圆。此即属于盐专卖事业之根本支出也。依此计之。每百斤之平均的赔偿价格。约不过一圆八十钱而已。

外国盐（英德及关东州）之购买。增加甚多。四十三年度凡三千三百七十万千二百九十一斤。其价格为二十二万五千百三十圆。故每一百斤、平均为六十四钱。台湾之购买凡五千五百八十四万九千九百斤。其价格为四十万圆。故每一百斤平均为七十钱。以上内外盐之收纳购买。合计十亿三千四百二十一万九千斤。其价额凡千八十六万九十圆。每百斤平均为一圆四十钱。收纳购买之盐。以官费送致之于全国二十处之贩卖官署、及二十四处之授与所。故政府于赔偿及购买代金之外。须出送致费在送到地卖盐时。送致费及起货人仓费之七成。均自贩卖人征收。此送致费于四十三年度支出八十八万八千二百六圆。

以上为盐专卖事业之重要岁出科目。

收纳盐之发卖价格。对于贩卖人前记赔偿价格之外。每百斤加一圆四十八钱。（一石当二圆十钱）再由此扣去其百分之五。以此折扣价格卖之。此一般定价也。至于输出盐、移出盐、特别用途盐、（农工矿渔用）之价格。则仅于赔偿格再加七钱而已。是为特别定价。一回买至一万斤以上者。虽无折扣。然得如贩卖人、由政府直接买受。但无论如何。若须送致时。则须征收送致费七成。概如前述。关于台湾盐、关东州盐、及欧美盐、则一般定价及特别定价。均别定有发卖价格。四十四年度内国盐之发卖。照一般定价者。九亿五千一万八千八十一斤。其价格凡二千三百十三万九千二百十八圆。（百斤平均二圆四十钱）照特别定价者。二千三百八万四千三百二十七斤。其价格凡二十六万九千五百八十四圆。（百斤平均一圆十一钱）合计共九亿八千三百十三万二千四百八斤。其价格为二千三百四十万八千八百二圆。发卖价格每百斤约当二圆三十八钱。

此外以指定交付之简易方法发卖之盐。照一般定价及特别定价者。合计共二千六百三千七百六斤。其发卖价格凡六十三万八千十四圆。每百斤平均卖价实当二圆四十钱。

收纳盐及指定交付盐之发卖。合计共十亿九百十七万六千百十四斤。其总卖价凡二千四百四万六千八百十四圆。是实为盐专卖事业重要岁入科目也。

以上之计数。一方则赔偿购买价额及送致费。为事业直接之重要费。他方则一般定价及特别定价。为事业直接之重要收入。二者相减。则得下之收益。

发卖代价	24,046,814 圆	100 斤平均　2 圆 37 钱
内收纳债额	10,869,331	同 1 圆 4 钱
送致费	888,206	——
外交付金	866,658	——
收支相抵实得收益		11,424,629

然四十三年度之发卖代价。实收不达前额。盖因专卖局年报有二〇、五三二、一八〇圆之延纳许准、及未收入者约四百万圆故也。交付金者。对于用以一般定价发卖之盐、使用于特别用途之可得特别定价之特典者之人、以返税之意义、所交付之奖励金也。但其额及条件。依勅令详细规定。

以上收支之外。尚有事务费及各种经费并诸种之副收入。故前记抵销余额。不得遽认为益金。然日本专卖局收支。本为三专卖事业合同之特别会计。事务及其他共通经费收入。均不少。故不易区别。吾人仅能依以上数字。悉盐专卖事业之概况耳。

夫盐为不能代用之生活必须品。其生产有期节。运搬贮藏。所费甚巨。故以政府专卖。防商人之垄断。不可不谓之得策。加以对于工、农、渔矿及医学用等特别用途。得低价供给。便孰甚焉。然政府对于社会之需要。不能不制限国库之要求。以达低价供给之目的。故欲期多额之收入、而限制制盐及移入盐等。实重要之问题。甚宜与价格对照。而熟思审虑之也。初日本政府迫于战时之势。对于市价百斤九十钱之食盐。（一石一圆二十钱）一举课以百斤一圆四十八钱。（一石二圆五十钱）根本既已过高。然其后又不低降发卖盐价。明治三十九年度之收纳盐发卖价。平均每百斤二圆三十五钱者。至四十二年、为二圆四十二钱。四十三年。少有整理。送致费七成。归买主负担。每百斤尚为二圆三十八钱。赔偿价格。亦少有增长。在三十九年度平均每百斤一圆三钱者。至四十三年。实当一圆八钱。是虽因斟酌制盐业之经济状态。不能不尔。然盐田一町步之制盐额平均为十三万八千斤。可得收获代价千四百九十圆。比之米田。约超过四倍。故盐田佃金在三十九年度平均一町步为二百三十八圆者。四十三年增至二百六十七圆。比之四十三年之田地佃种料百九十五圆、圃地佃种料八十七圆者。甚相悬远矣。但现在朝鲜、台湾等处所产之盐。较此廉甚。（平均百斤七十钱）能奖励其生产及移入。则内国盐之价必当低降。而盐田尚能得米田以上之收益。亦复明甚。是则宜研究之问题也。

第六　烟专卖

烟叶专卖。经过烟税及烟叶专卖。始有今日。明治八年布告第百五十号烟草税则。课烟叶以从价之印花税。尔后屡行改正。欲以遏脱税而增岁入。至明治三十九年。税额仅三百十万余圆。而收税费占租税中第一位置。约达至二成五分。中日战后。需财甚急。即欲行完全专卖。然当时烟叶之九分余。殆均为粗糙之切烟。尚无精制大机械。大抵属于用小机械之家内工业。又散在各地。欲遽行制造专卖。不徒需巨额之营业权赔偿费及工场设备费。且劳力费亦甚巨。难望成功。故先以明治二十九年三月法律第三十五号制定、叶烟专卖法。行原料贩卖之不完全专卖。一面整理耕地。并令凡收获烟叶。干燥后须纳诸政府。政府照预示之赔偿价格、监定后。交以赔偿金。然后在设于各地之政府烟叶处理所。发卖其收纳烟叶、于制造业者及卖买业者。其发卖价格、为赔偿金及足以偿专卖事务费之专卖收入率（初十成后十五成）相加而成。此后所得收入。三十一年。不过纯益四百五十万圆。三十四年。增至千八十六万圆。然烟叶专卖开放多数之制造业者及卖买业者。有逸失彼等利益之损。且不能根绝彼等与耕作者间之密卖买及密制造。又政府或因财政之故。每上下烟叶之专卖收益率。必诱起对于烟叶之变动。制造亦将因以粗恶。且当时已际于不能不增加制造烟收益率之时。然恐以增高原料制成之内国烟、不能与外国品竞争。故政府犹置而未增。适日俄战事起。遂以明治三十七年四月法律第十四号。制定现行之烟专卖法。烟叶之收纳、制造烟之贩卖。均归官营。而实行完全专卖法。

依此法。政府制限叶烟之耕作区域。独占外国产烟之输入。其由耕作者所买收、或由外输入之烟。皆收纳于全国二十处之官设收纳所。（现今二十一个之专卖支局）然后送致之于全国特设三十七个（现今二十五个）之官设制造所。由各制造所与分属其下之五十六个分工场。共同制造。或委托场外私人卷切之。凡所制造之烟。前记支局或制造所趸卖之。令私人之大贩卖者及小贩卖所、照各种一定之价、贩卖之。故从来制造人所得利益、烟专卖者之中间利益、及与此等营业之广告费相当利益。均归政府。而又可节管理费。其为有利之举。自不待言矣。

然欲行此有利事业。自需固定资本。且应赔偿个人之营业权。买收其现有叶烟及工场。此即专卖事业创立之准备费。凡二千九百四十七万四千圆。既投下此资。于三十七年七月始贩卖卷烟。三十八年四月。贩卖切烟。预计明治四十七年、偿却创业费外。尚当余纯益四千万圆云。

关于纸卷及切烟之制造。当制造所未完成时。委托其一部于场外工业。至四十二年。纸卷烟之场外工业。始全废止。惟一部之场外雇切。至今尚委托于人耳。

专卖作业之收支及纯益。预算上采用与他二专卖合同会计法。故烟专卖事业之计算。不甚明了。然三专卖之收入、约一亿二百万圆。内烟之卖金凡七千九百万圆。约占八成。故可推定烟草事业之计算、约占共通费及共通收入之八成也。

次由属于烟专卖作业之岁出方面视之。自当以烟之收纳为始。全国烟耕作者。四十三年度为二十三万三千人。其耕地面积、凡二万九千七百二十四町。与三十九年之计数对照视之。因年年整理及与他产业之关系。耕作者及耕地面积。均稍减少。收纳量目。三十九年、尚有千百三十二万贯。四十三年减至千八十三万贯。赔偿价格等级。分为十八。每贯目最高四圆四十钱。至最低二十钱止。照此监定后。其赔偿总额。三十九年为九百八十七万八千圆。每贯当八十钱。至四十三年。总额凡九百七十三万八千圆。一贯平均至八十七钱。此赔偿价格内。加以外国烟之购买费、及烟之送致费。合计为事业岁出第一段之原料费。其四十三年度之额如下。

赔偿价格	9,738,939 圆
外国叶购买费	28,175
外国烟购买费	104,330
送致费	691,066
计	10,562,505

事业支出第二段为制造费。但此为共通费。区限不明。但由专卖局作业岁出额三千七百九十九万七千七百圆。减去前记计数、及其他事业之原料赔偿购买费。所得余额之八成。假定为烟之制造贩卖费。则其额如下。

制造贩卖费	11,329,230 圆

合计以上。其作业费之总额。总计为二一、七八七、四〇五圆。至于岁入方面。则当以烟之卖价为主要。其中有以烟叶卖于外国或殖民地者。亦有卖与制成烟者。内国间亦有发卖烟叶之例。但其主要额仍在以内国收纳叶制成之纸卷烟、叶卷烟、及切烟也。各种之卖价。总计如下。

制成烟发卖额		
纸卷	6,335,545 枝	23,331,318 圆
叶卷	924	37,125

续表

制成烟发卖额		
切烟	6,849,671 贯	51,480,839
计		74,849,282
外国烟发卖		445,402
输移出发卖额		4,013,912
总计		79,308,608
减去重要支出则当得纯益		57,521,203 圆

此可推定为日本之烟专卖之纯益者。实当收入之七成余。支出之二十七成。占国家全岁入之一成余。超过当初预算。不可不谓之成功也。盖烟之为物。原非生活之必需品。且其消费者概为壮年男女。其课税不及于妇女及未成年者。非如盐税之具有人头税性质。且其规模宏大。以技术上言之。殊适于政府之专卖。至对于职工之经济的、卫生的、教育的注意。政府更可以此为一般工场模范。使之受刺激而行改善。第亦有可忧者在。盖政府受一般财政之压迫。或因以秘其术而劣其品。是不惟有害消费者之嗜好。且即以商业道德言之。政府且复如是。一般将尤而效之。害将不鲜矣。是则最宜注意者也。

第七　樟脑专卖

樟脑专卖。以台湾为主。并收纳内国粗制樟脑及樟脑油。加以调理。而贩之外国及国内。盖台湾为世界之樟脑主产地。其生产年额。粗制樟脑凡五百三十六万斤。樟脑油五百八十万斤。（此中半额为再制樟脑）合计可制出樟脑九百七十万斤。内国则九州每年粗制樟脑百万斤。樟脑油三百二十万斤。合计仅得制出年额二百五十万斤。合内国及台湾之制脑。即世界市场需要千万斤。日本亦可供给。虽有人造樟脑及中国樟脑、间与之竞争。然若使其价格在生产费以上为度。少行减少。即可操纵之有余。此曾经实验者。盖日本之樟脑。实世界市场上独占的特产也。但若在世界市场。台湾与国内樟脑互相竞争。内国产虽少额。当为台湾产唯一之敌。故内国产纵获巨利。自帝国全体之贸易政策视之。究非得策。此专卖事业之所由起也。明治三十二年。台湾总督府以同年六月律令第十五号。制定台湾樟脑及樟脑油专卖规则。国内亦于明治三十六年。依法律第十五号。制定粗制樟脑及樟脑油专卖法。其专卖制度。以与台湾连合之价格、临外国市场为主。故樟脑专卖。与其谓为内国课税上之制。不如谓之对外之国际专卖制也。即征之实际。四十三年之内国及台湾产樟脑贩卖额。欧洲四百三十一万三千百斤。美国二百六十五万六千五百斤。印度十四万七千五百斤。内国百七十万九千斤。合计八百八十二万六千百斤。盖根本主义既如彼。故实际亦如是也。是以樟脑专卖。于日本财政上。本不占重要位置。即收支计算。亦往往有不相偿之虞也。今揭四十三年度之收支计算如下。

粗制樟脑补偿费	1,054,283 斤	587,044 圆	每百斤 55.60 圆
樟脑油补偿费	1,663,328	477,350	28.60
再制樟脑	803,148	471,819	58.60
计		1,536,173	

次对照樟脑卖价视之。樟脑油一、六九六、三九七斤之代价五〇〇、四〇七圆。（百斤二十八圆八十钱）及樟脑一、七二八、五二

二斤之代价一、三六三、九七〇圆。（百斤七十八圆）总计凡百八十六万四千四百七圆。中含有延纳准许者。故实在之年度收入为。

樟脑及樟脑油卖价	1,594,200 圆

收支相减。纯益仅五万八千二十九圆。他尚有樟脑贩卖办理料一万五千三百八十六圆。樟脑委托调理费七千二百六十八圆。并专卖共通费之分担。亦不得不算入之。故国内之樟脑专卖。毋宁谓之损失也。

至于盐烟樟三种专卖事业之全体计算。其总括作业之收支及纯益如下。（四十三年度）

专卖品卖价	101,437,689 圆
杂收入	858,604
计	102,295,784
俸给费	1,849,100
事务费及旅费	1,064,629
事业费（含有送致、保管、职工等费）	11,868,166
原料赔偿及购买费	23,145,061
诸支出及机密费	30,742
计	37,997,700
收支相抵	64,298,084
内减去资本减价不纳缺损等	
余额	62,089,573

对于现在资本价格千八百二万千八百三十五圆。实得三十四成余之纯益也。关于外国之日用品消费税之立法例。种种不一。既如

前述。今详述之如下。惟各国之骨牌税。与日本之骨牌税、已详于行为税论。兹从略。

英国之日用消费税。为砂糖税、甘精税、与其制造贩卖准许税、及卖药税。(1) 砂糖税起于千九百一年战时所设定之葡萄税。与关税均照固体流体之别。设每翁士二先零九办士、及每翁士二先零之二级。其收入仅十二万镑。(2) 甘精税为砂糖税之权衡税。与前者同时设定。每翁士一先零二办士。其收入仅一万三千八百镑。(3) 其他虽有砂糖甘精制造准许税一镑、烟贩卖准许税五镑、同制造业准许税五先零五办士乃至卅一先零十办士。烟小卖人之三先零三办士之准许税。但以属于营业税或办理料为至当。(4) 卖药税之收入为二十二万五千镑。

法国之日用消费税。为食盐税、砂糖税、脂油及蜡烛税、爆发物原料税、广告税、烟专卖、火柴专卖、火药及硝石专卖税等。(1) 食盐税每百基罗格之普通盐。课十法郎。白精盐百斤课二法郎四十桑、及三法郎三十桑。于千九百六年。其收入为千万法郎。(2) 砂糖税依千九百三年一月廿八日之法律。采实际上原料课税之算定。每粗糖百基罗格课二十五法郎。精糖二十七法郎。炼糖二十八法郎九十八桑。内国葡萄糖五法郎六十桑。其消费税收入。于千九百八年。凡一亿五千七百十五万法郎。(3) 脂油及蜡烛税为石油关税之权衡税。每百基罗格课三十法郎。(4) 爆发物原料税依千八百九十九年之勑令。每一基罗格课一法郎五十桑。(5) 广告税起于千八九十四年。除官告、公告、转居广告之外。一切广告。均课一定之印花税。税额照土地广狭、及广告时间之长短。每一回一平方米突课一法郎半、二法郎、或二法郎半。白广告一件课六桑至二十四桑。(6) 烟专卖以千八百九十二年十二月二十六日之法律施行。政府自行制造并贩卖。限于廿五县及阿尔及耳。许其耕作。令全国总需要五分之四仰给自国。政府收纳其烟叶而制造之。于政府之贩卖所。照全国一样之定价、贩卖。其定价、每普通烟叶一基罗格十二法郎五十桑。奢侈烟叶、卷纸、卷烟之价。依勑令细定。尚有第三种之特别贩卖之烟。以低价卖于陆海军士卒、关吏及一定地域内之人民。其总收入。于千九百六年为四亿四千余法郎。得纯益三亿七千五万法郎。约当总收入之八成。(7) 火柴专卖。于千八百九十年一月一日。改为直营。由政府制造之火柴。卖之于大贩卖所。以勑令定其价格。其发卖价格。自五百基罗格至五千。以一成四分之折扣。由此以上。则以一成六分之折扣。依法令指定之价。使零卖之。其收入、于千九百八年。得总收入三千八百七十五万法郎。纯益二千六百十五万法郎。其比例约当八成。(8)火药及硝石专卖。由军务省制造之。财务省贩卖之。外国火药。除特命之枪炮公司以外。禁止输入。其专卖价格。矿业火药每一基罗格自一法郎五十桑、至四法郎五十桑止。狩猎火药每一基罗格自十二法郎起至三十二法郎五十桑止。千九百八年之收入。总收入千八百七十五万法郎。纯益不明。

德国之日用消费税。为帝国之烟税、砂糖税、盐税、灯火器及燃火品税。(1)烟税以千九百九年之改。正为现行法。分为叶烟税。及纸卷烟税。叶烟税为原料课税。面积至四阿尔以上时。普通叶烟每二百磅课五十七马克。纸卷制原料叶烟。每二百磅课四十五马克。若至四阿尔以上之大面积。则烟之耕地每一平方米突、课五片七。但税额不得少于五十片。关于纸卷烟。以枝数卖者。每千枝课二马克至十五马克。以斤数卖者。每斤课八十片至七马克之税。其千九百七年之收入为二千二百万马克。(2)砂糖税于万国缔约后。依千九百三年六月一日之改正。为简单之成品课税。凡由甜菜及甜菜精制物所得之固体液体之砂糖。于移出市场时、由工场主征收之。每二斤课十四马克。于输出或在自由仓库入库中、及用以饲养家畜、或制造他物时。得免税。千九百七年之收入为一亿三千八百六十万马克。(3)食盐税。以千八百六十七十月十二日之法律。改易从来之国家专卖、为课税制度。每纯量二百磅课六马克。其课税方法。则限制制盐所。令食盐由此。入于归官监督之仓库。出库则征其税。凡输出盐、医药用、及苏打制造用盐、乃至一定鱼类之腌渍用盐、输出物腌用盐、工业用盐、政府用或得政府之许可、使用之于灾害救助及慈善设备之盐。均得免税。千九百七年之收入。凡五千五百三十万马克。(4)灯火器及燃火品税者。千九百九年。因与石油关税保持权衡。新设之者。盖电气煤气之灯火设备、及火柴燃火材之课税也。灯火器税者。凡煤气及电灯之球及洋灯之包装。令之帖用课税封纸。于由制造所移出至市场之中间、征收之。燃火品税者。火柴藁干及蜡烛等。于自制造所或保税仓库、移出时。照包装帖用法征收。灯火器税之税率。依电气白热灯之球之大小、(自五片至一马克)煤气灯及洋灯之个数、(一个十片)电气弧灯洋灯灯线之量、(一基罗格六十片乃至一马克)等标准。分类甚复杂。燃火品税以火柴、燃火材、脂肪及蜡烛之一箱枝数为标准。每一箱自一片至五片。千九百十年之收入灯火器税。为千五一万三千马克。燃火器税为千五百一万马克。

意国之日用消费税。为入市税、砂糖税、精油税、火柴税、煤气及电气税、烟专卖、食盐专卖及金鸡拉专卖等。（1）法国之入市税、仅为地方自治团体税。意之入市税。则今尚有以之为国税而存之者。以九百二年十月廿三日之法律。取渐废主义。其后废止者不少。除各种饮料入市税之外。仅关于肉类米干茶等之入市税尚存耳。其税率不详。（2）砂糖税为几经变迁之制造课税。千八百九十四年以后。依制糖分之九十度以上或以下。课七十利拉一五、或六十七利拉二〇。此外则外国糖须负担九十九利拉及九十八利拉之输入税。千九百二年之收入为四千九百九十万利拉。（3）精油税制定于千八百九十四年。所以课内国之精制油及输入油者。税率每百基罗格十利拉。收入仅十二万五千利拉耳。（4）火柴税亦为同年新设。自三十枝至六十枝。课税一桑。制品则装箱之后。当贴税票。以积于仓库。千九百六年之收入。为九百万利拉。（5）煤气及电气税。石炭煤气每一立方米突课税二桑。矿油煤气每一立方米突课税八桑。电气则每百加仑特课六十桑。但自治体之街灯、及使用于灯火及暖室以外者。均得免税。千九百六年之收入为九百五十万利拉。（6）烟专卖。于千八百八十四年、从股份公司之委托管理。移之直营。照千八百九十年五月一日之定率法。制定各种定价。限制耕作地。于官设工场制造之。附以九分乃至一成之办理料。发卖与贩卖者。令以法定价卖之消费者。大略与法国制相同。千九百六年总收入为二亿四千百七十万利拉。中纯益占一亿四千三百七十万利拉。（7）食盐专卖。以千八百六十五年六月十五日之法律。普及全国。禁止私人输入。工业及农业用盐。均低价贩卖。苏打工业用。则以专卖行政之纯生产费卖之。且依千八百九十五年七月廿一日之法律。以无资产之流行病者为限。无偿给与食盐。其收入于千九百六年。总收入千百万利拉。纯益千六百万利拉。（8）金鸡纳专卖。系以千九百年十二月廿三日之法律设定之者。其目的欲以救济疟疾之患。故为价甚廉。千九百六年之总收入为百八十七万五千利拉。纯益极微。

奥国之日用税。为砂糖税、煤油税、屠肉税、食盐专卖、烟专卖、火药专卖等。（1）砂糖税。因技术进步。不能保存旧日之生产课税。今依流通课税。于由工场或自由仓库移出时、征收之。每百基罗格精制糖。课三十八克。粗制糖六克。外国糖、则关税之外。复有砂糖税。甘精之输入。非药商不许。强糖于千九百三年后。以一定之条件。

（变性等）限于织物制革及制纸工业及洋碱制造用。得免税。其收入于千九百八年、为一亿三千八百六十二万克。（2）煤油税。依千八百八十二年五月二十六日之法律。每百基罗格课十三克。输出无税。输入则关税之外。复课此税。千九百八年收入。凡二千百六十二万五千克。（3）屠肉税形如旧时入市税。现行制原于千八百七十七年之法律。以课鸟类及野兽以外一切之肉类为原则。于屠杀贩卖及移转之际征收之。其税率以分量十五基罗格以上或以下、区别之。依土地住民之多少。分地方等级为三。最高每百基罗格十克〇八。最低二十二黑勒。千九百八年之收入为千八百十二万五千克。此外作为旧消耗税。尚有维也纳以下九市之限地税或入市税。对于酒类、麦酒、面包、肉类、脂肪、洋碱、蜡油、烛等。依个数、重量、或容积课之。（此外开放都市葡萄酒果实酒税以外课屠肉税）（4）食盐专卖。以千八百六十七年十二月廿一日之法律。奥匈二国协定一样卖价。制定定率表。贩卖费用、虽互相加算。运搬费则不加算。其最近定率表。原于千八百九十九年十二月二十三日之法律。因原产地生产费而有等差。故价格不能全国同一。食用盐每百基罗格。因地方之别。卖价十六克乃至二十克。精白海盐由十四克四十至十九克四十。奥匈两国。每各率迄一克二十。得以折扣发卖。奥国对于匈国。须以生产费价格、与以一定量之食盐。其他农工业、学术用及治疗用盐。均廉价贩卖。外国盐则须经财务官厅之承认。令纳准许料及关税。千九百八年总入五千五十万克。纯益三千四百七十五万克。（5）烟专卖于千八百三十八年。改为直营专卖。制造贩卖。均归政府独占。耕作须服从政府监督。定一定区域。许其住民以一定量之耕作。外国烟不得以商业目的输入。所谓非商业品也。定价依千八百五十一年一月廿八日之法律。分为趸卖及零卖而细定之。输入烟之价。特别定之。对于军人及宪兵。均以廉价卖之。千九百八年之总入。为二亿千九百十二万五千克。纯益一亿六千六十二万五千克。（6）火药专卖。非真正专卖。不过所谓非商业品耳。盖私人制作。得政府承认者许之。有适当之设备者。亦许其贩卖也。价格归政府决定。其收入约六百二十五万克。属于奥匈共通政府之财源。

地方自治团体亦有存日用消费税者。

英国之自治团体。则全无此种租税。法国有入市税。就中卫生饮料税。自千八百九十七年改革后。虽全行废止。而兽肉鱼介类果实等之食用品、非矿油入市税、煤炭骸坚薪之燃料入市税、枯果藁麦类之饲料入市税等。今尚存在。其收入约达一亿六千万法郎。在德国而尚存有谷粉、粉制品、肉类脂肪饲料及燃料（含有煤油）等地方消费税。普国之千八百九十三年之地方课税法。禁止此等课税之新设及增率。然屠肉税之增率。则以千八百八十七年之法律认可之。奥国及意国之地方自治团体。于国税之外。复有多种入市税。其税目及于肉类、谷类、鱼介、洋碱、蜡烛、油类、燃料（除煤油）面包牛酪等。

日本之地方自治团体上。属于日用费消税者。殆全无有。惟杂种税、特别税中之屠畜税渔业税。虽属于行政职业税之直接课税。但其课税方法。为以匹数或收获额为标准之定额税。略与消费税相近。

第二十二章　使用税

使用税者。亦一种之消费税。系课于凡物件之不因一回之使用而消费至尽者者。有直接税之性质。概归纳税者于支出其自己所得之时、自纳之。而自负担之。而无转嫁与他人之机会者也。故有直接消费税、或支出税之称。属于此税者。为住家税及诸种奢侈税。

住家税者。以家赁或住居的条件为标准、而课于居住者、之税也。英国现有此税。作为国税。前于家屋税项下。已论之矣。法国之因人而别之动产税。亦以居住家族人数及动产所得为标准。故亦可视为居住课税。其他荷兰及俄国。若从某种意味言之。亦可谓其现行此种居住税。然实际上大概皆作为家屋税办理。故略之。

奢侈税者。以奢侈用品为课税物件、而课于物件所有人之税也。此财政学上。特从狭义之用语。非指世俗所称奢侈税、如香宾酒税、烟税、绢布税等、而言。盖谓课于可长久使用之奢侈物件、例如饲养犬鸟、撞球台、自动车等、以其所有人所享之奢侈的所得为税源、之税耳。

设置奢侈税之、理由。实在补充租税制度之不备。换语言之。即奢侈税者。一方面为补所得税之缺漏故。以吸收依个人消费使用而始出现、之潜伏的税源为职分。他方面又为谋租税之公正故。向人民中之富有社会。行附加的消费课税。以期补救下层社会负担最重、之间接消费税之不均。以正其弊者也。故若能引奢侈的消费一切机会。悉入课税之范围。则此种课税之目的。可以达到无憾矣。然奢侈的消费。固不能悉加课税。故此目的、实际上甚难得达。常见有享有高度之所得、而毫不负担此税者。漏网极多。不平亦甚矣。且此税尤有数缺点。第一、收税费过大。而比例上收入反未免轻微。且其收入。即令时有稍巨者。然国家亦决不能以之为重要之确实财源。其于财政上之信赖。实甚微弱也。第二、同一物件而兼奢侈用及职业用者。甚多。例如犬、船、车等使用税之课税物件。是也。此等之收入。比较上虽稍多。然税制上、既一方课奢侈用税以高率。他方课职业用税以低率。则其结果。由此等兼有二用之物言之。奢侈用之需要。既经抑制。则职业用之供给。亦势不得昂其价格。是职业用之需要。亦将受制限矣。故此税与各地之职业状态。关系甚大。实不可不加慎重之注意也。由此言之。使用税及其中奢侈税之大部分。与其作为国税。以为一般的课税。而谋财政上重要之收入。毋宁察照各地方之职业状况。视其所宜。而以为地方财政上之财源。反为得当。可断言矣。

日本税制上。属于使用税之国税。仅一狩猎准许税而已。日本之狩猎准许税。起源甚古。在明治维新前。对于以铳器狩猎之人、课税。称为铁炮役、或铁炮运上。及至明治三年。废止此种名称。而称为猎师役。始有职业税之形。明治五年一月。设铳炮取缔规则。同年二月。改称猎师役为铳猎准许税。于是始备准许料之形。明治六年。以太政官布告第二十五号。制定鸟兽猎准许取缔规则。改铳猎准许税为鸟兽猎准许牌照税。虽仍有准许料之形。然已立职猎及游猎之区别。定职猎牌照税为一圆。游猎牌照税为十圆。始稍有奢侈税之形。其后经数次之改正。至明治二十五年十二月。以勅令第八十四号。新制狩猎规则。扩张狩猎器具、为网、放鹰、离绳等。于职猎游猎之外。依使用铳器与否而异税率。而职业税与支出税之性。乃相混淆。寻于二十八年。以法律第二十号。发布狩猎法。废止职猎及游猎之区别。以所得税及地租为标准。立狩猎人之资格之等级。就各等级。视使用铳器与否为断。分甲乙二种之税额。于是始发挥直接税支出课税之性质焉。后以为基础。以三十四年四月法律第二号。对于等级及税额。增加改正而发布之者。即现行法是也。后战役中、复加非常特别税。四十三年。始依法律第十三号、而仍归统一。其现行定率如下。

一等　所得税百圆以上地租五百圆以上及营业税五百圆以上之人及其家族	一期间	三十圆
二等　所得税三圆以上地租三十圆以上及营业税二十圆以上之人及其家族	同	十五圆

续表

一等　所得税百圆以上地租五百圆以上及营业税五百圆以上之人及其家族	一期间	三十圆
三等　其他之人	同	四圆

一期间者。指准许牌照之有效期间而言。通例以由每年十月十五日、迄翌年四月十五日、之狩猎期间为限。

观欧洲诸国之立法例。其作为国税者。虽有犬税、莺税、车马税、狩猎税、俱乐部税、婢仆税、翼琴税、自转车自动车税等。然在大国。大概已渐次移为地方税。其尚以此等课税不可缺之财源而保持之者。仅诸小国而已。

英国之使用税。为住家税、狩猎税、男仆税、车税、赁马车税、纹章税、及犬税等。(1) 关于住家税。前已于家屋税项下下论之。兹从略。(2) 狩猎税一年分课三镑。短期之分则课一镑乃至二镑。(3) 男仆税始本因年龄而异税率。至千八百六十九年。始定为一律课十五先零。车税于千八百八十四年以后。统一税率。依车之大小。每年课二镑乃至一镑一先零。(4) 赁马车税一律课十五先零。昔时马亦课税。自千八百七十四年后。因欲奖励育马。乃免税。(5) 纹章税以课于马车上所附之纹章者为主。车之纹章、课四十二先零。其他纹章则课二十一先零。(6) 犬税始亦因其种类而设差别之税率。后于千八百七十八年、统一之。定为一律每匹课七先零半。但幼犬及守羊之犬、则无税。以上各种收入、除住家税外。作为奢侈税。于千九百八年。共得十八万镑。除狩猎税外。其他收入皆拨归市町村之财政使用。

法国使用税。集计于预算中杂税类之项下。其重要者。为特别车马税、自动车税、撞球税、俱乐部税、自转车税等。(1) 特别车税系于千八百七十二年复兴者。依坐席之大小、所在之地方、使用之目的、而异税率。四轮车年课十法郎乃至六十法郎。二轮车课五法郎乃至四十法郎。农业用车课半税。贩卖用公共用及军事用之车。则无税。马税年额五法郎乃至廿五法郎。课于农工业用饲育用贩卖用并骑乘用之马。(2) 自动车税为千八百九十八年之新制。视座席之多寡、及所在之地方而异税率。普通之二座位者。课二十法郎乃至五十法郎。四座位以上者。课五十法郎乃至九十法郎。又从其马力之多寡。每马力课五法郎。其收入颇巨。达千二百八十六万法郎。其百分之五、须归于所在市町村之财政。（3）撞球税系自千八百七十一年后课于旅店及私有之撞球台者。依所在地方。分为年额六、十五、三十及六十法郎之课税。巴黎之税最高。课六十法郎。贩卖用及制造人之撞球台。则不课税。其收入达百万法郎。（4）俱乐部税亦系千八百七十一年始设定者。以俱乐部员之出金及入会金为标准。课百分之五、百分之十、百分之二十之税。此外更课家赁之二、四及八。但学者、慈善、体育、及军人之俱乐部。则不课税。其收入为百三十万法郎云。（5）自转车税系千八百九十八年所创设。其税率、一轮车课六法郎。二轮车课十二法郎。其以上者则每轮各加五法郎。用动力机者。二倍其税。此收入年得三百三十万法郎。但其四分之一、归市町村之财政使用。贩卖车公共及军事车。则皆无税。以上各种奢侈税之总收入。于千九百六年、为二千五百十二万五千法郎。此外尚有狩猎印花税年额二十八法郎之奢侈课税。然已算入印花税收入中矣。

德国之使用税。以帝国之自动车印花税为最。各邦之犬税、莺税、车马税、次之。（1）帝国之自动车印花税存于帝国印花税中。前已述之矣。自动车使用之准许期间。通例为一年。故此税为年税。其税率每一车轮十马克。更就各车体。视马力之大小。课二十五乃至五十马克之税。此外就其马力。每一马力课二马克乃至十马克之税。但外国人所有之自动车。则视其滞留日数之多寡、而特定税率。（2）各邦如巴威伦、瓦腾堡、撒逊、巴敦及黑逊等。皆有犬税。其收入大抵以分归国家与自治团体各半、为原则。黑逊课一犬五马克之国税。别课自治团体之附加税。普国原则上皆以为自治团体之税。但对于未课自治团体税之犬。则由县课国税每匹五马克。（千八百九十五年七月三十日之法律）（3）各邦莺税。在普国及布列门为市町村或郡税。然黑逊国则以千八百七十五年一月一日之法律、已定为每匹六十马克之国税。（4）车马税惟布列门国有之。系课于游乐马车者。

其他意国有法国式之自转车税。美国有翼琴税。今略之。

以自治团体课税之使用税言之。则日本有犬税、船车税、水车税、自转车税、自动车税、雇人税、狩猎税、乘马税、留声机税、保姆车税、饲鸟税等。皆作为府县杂种税、或地方特别税。其税额种种不一。犬税视匹数及其种类。船税视船之式样、为西洋式与日本式、及其吨数、载积数。车税视车之种类、及个数。水车税视车之马力及臼机械等。自转车税视个数、用途、及构造等。自动车视个数及座位之多寡。雇人税视人数及雇人之种类或工给。狩猎税依国税之等级。或视其铳炮之种类。乘马税视马之匹数及等级。留声机视台数。保姆车视辆数。饲鸟税视匹数。随数随物而定税率。

日本地方税中。杂种税全体之收入。于四十三年度。为八百二十万九千圆。市町村特别税之全额。除以田地反数计算之地租附加税不计外。市之收入为五百六十六万四千圆。町村之收入为六十八万七千圆。然此等全额、非皆属于使用税奢侈税者。不可不知。兹将前记诸税收入之应属于使用税奢侈税者。列记如下。

犬税	61,038 圆	船税	417,089 圆
自转车税	345,005	自动车税	887
车税	2,843,278	雇人税	9,769
狩猎税	28,711	乘马税	17,558
留声机税	51	水车税	207,226
饲鸟税	795		

第二十三章　关税

第一项　关税之性质

关税者。广义消费税之一种。课于超越租税领土限界之货物之消费者也。唯其征收、系在交易行为之时。故外形上、颇类于行为税。然与行为税之性质。实全然相异。行为税系课于因经济上之交易行为而生、之新利得者。而关税则不然。适与之相反。系课于现于消费、即个人经济支出之旧利得者。是故关税之评论。与关于消费税之评论。大旨相同。关税论之目的何在。即在研究关税之课税方法。使不悖乎消费税之性质耳。

惟关税虽为消费税之一种。然比诸国内消费税。则利益较多。今列记其重要者于下。

（第一）关税之征收。颇为简单。且易于监督。从而所需之征收费。亦甚轻微。此种利益。尤以在课税物件或因自然、或缘法律、不得生产于国内之时。最为较著。例如普法不产茶咖啡及米谷。及英国以法律之力、禁止产烟。是也。于此之时。课关税于其输入品。征收上最为容易。不待言也。（第二）国内消费税。关于国内之生产及交易。常须监视。每至妨害产业。关税则无此弊。故以关税为主之租税制度。易令负担租税者去酷税之感。（第三）关税可不大增征收费、而扩张课税范围于诸种集量的商品。故对于国家财政容易供给丰富之岁入。（第四）关税可以保护幼稚之国内产业。使免与外国商品竞争。以遂其成熟。然关税亦有若干缺点。（第一）关税之负担转嫁。难期与负担力相适应。此缺点为各间接税所共有。而关税尤甚。盖关税关于物件之选择。常以国库上收入之理由为主。而采集量的物品。不能因其用途而细别税率。常为粗大之从量税。故难行重课富者、轻课贫者、之策。且集量的商品。多为各人日用必需之物。其课税之结果。反使重于贫者而轻于富人之倾向、日益加甚。（第二）对于国内生产物之国内消费税。与对于由外国输入之同种产物之关系。二者之间。难得正当之均衡。而尤以有条约上协定关税之时、为难。（第三）关税取缔上规则甚严。因之常不免有诈欺密输收贿之虞。而尤以在关税率高之国为然。（第四）关税对于幼稚之内国产业。虽有保障之、免与外国商品竞争之利。然其缺点。亦即在是。常使国内一般消费、及生产费之负担、日益重大。此缺点因其期间之长短而异。故设若除关税保护外。尚有他法开发幼稚之产业。则宜先用之。非万不得已之时。则不以关税保护之也。

不惟有此等缺点而已。关税者。又往往妨国际上之修好。阻害货物之流通者也。障碍各国之交通。为害最大。故苟财政裕余。不需乎此。可废止之。则以废止为佳。然观各国财政现状。国内消费税。约占全岁入之二成乃至二成五分。关税之收入额。亦约略相同。今欲取二者间之均衡。以维持负担之公正。固万万无废其一而存其一之理。且苟欲抑制外国输入品、以保护国内产业。则此外方法正多。其效尤大。不必拘于关税也。故今日关税之所以不能全废者。其重大原因。不在经济上之理由。而在财政上之理由。可以知矣。以故现今之关税论。惟在如何研究其课税技术及行政政策。以使其成为适当之消费税而已。

关税者。当何人负担之乎。换言之。即真正最终之负担关税者。当为外国人乎。抑当为内国人乎。当为生产人乎。抑当为消费人乎。此问题当视各个之情状如何而定。不能预先概为论断。惟关税既为消费税之一种。其负担、有由转嫁而归着于消费人之倾向。与其他消费税无异。此则大体之原则。所可断言者也。唯此倾向。当实现时。难保不因各个事情、而生不测之变化。故兹所谓大体之原则者。不过谓通例、输入关税、由内国之消费人负担之、输出关税、由外国之消费人负担之而已。例外之事。亦未尝无有。往往有因内国外国需要供给之状况。而呈反对之现象者。例如有时一国对于从来之无税品、新课输入关税。或对于有税品、增加税率。其税品卖主之外国人。因欲与他人竞争。维持其自己贩路。特以从来之价格、或更低之价格、行其交易。此常见之事也。于此之时。输入关税之一部。实归于卖主之负担。又如输出关税。若输出品因外国市场之状况。惧难与外国品竞争。不能因增税而增加其价格。则输出品之课税。亦不得不由内国生产者负担之。皆是也。而在工业未盛之国。此等反对现象。尤为显著而持久。盖此等国中。常乏工业上必需之机械及与输入品同种之工业品其。需要甚为迫切。即价昂亦必购之。故因课关税而新增之价格。实由国内之购买者负担之。又此等国之输出品。因欲在外国市场竞争。不能过昂其价格。其结果、本国之输出关税及外国之输入关税。皆不得不由输出品之生产人负担之。换语言之。即在此等工业幼稚国中。无论输入税输出税及外国之输入税。皆有归本国负担之之倾向也。此等经过。虽不能由统计上确指而实证之。然由其贸易品价格之高低察之。亦略足以卜其一般矣。日本之欧洲贸易。现状即正如此。本国之输入税。亦归本国消费者负担之。外国之输入税。亦由本国生产者负担之。是盖由在日本本国、能与外国品竞争者既甚少。而在外国、则其国并他国之商品、与本国输出品竞争者又甚多。故耳。

第二项　关税之种类

关税因征收之场所、政策之差异、赋课之标准及物件之性质。可分为四种。

第一　输入税、输出税及通过税

因关税之征收场所而分之。大别可先得内部关税（Binnen Zöllc）及外部关税（Aussen Zölle）二种。内部关税者。于国内适宜之地点、（道路桥梁关砦及运送中）所征收之消费税之谓。不惟其范围较国领限界为小。即其场所。亦非具有强制之性质。不能因货物之通过、不由此场所而由他场所。即视为漏税也。现今德法奥诸国之入市税。即其遗物也。反是、外部关税者。一称为领域关税。（Gienz Zolle）为在领域的限界上、所征收者。凡货物不由限界上一定场所而逾越领域者。即视为漏税。加以相当之制裁。惟此领域限界中。复有国民的领域、同盟领域、及国内地方领域之别。因有国境关税、（Landes Grenz Zölle）同盟关税、（Vereins Zölle）及国内关税（Inlandes Zölle）之分。然此区别。因各国情状如何而为轻重。非必要者。

外部关税之区别。此外尚有极重要者。即输入关税、输出关税、及通过关税、之区分是也。而其中、就现今之交通事情言之。尤不得不以输入关税为最重要。此关税在昔时亦称为消费关税。系对于以领地限界内之消费为目的、由限界外输入之消费物。在领地限界上征收之者。今日文明诸国。单云关税。即指此种关税而言。盖现今之关税。几于仅以消费关税。即能达消费课税之目的。充足有余也。输出关税者。当消费物由内国运至外国时、所征收之关税也。此种关税。昔尝盛行。且与保护政策有密着之关系。其范围颇为广阔。而其税率亦甚高。殆可称为输出禁制。往往欲以人为之力。保持内国一定商品之过剩。盖旧商业政策。因欲避低廉品之输出。并欲保护方将发达之产业。尝谋抑留未制粗品于国内。故对于此等之输出。课以重税。然至今日。则文明诸国大抵已废止输出关税矣。例如英国于千八百四十二年。德国于千八百七十三年。荷兰于千八百七十七年。法国于千八百八十一年。日本于明治三十二年。皆已废止之。是也。盖输出税者。从保护国内产业之政策、及自由贸易之主义、二者观之。皆足以妨害产业及通商之发达。故不可不排斥之也。顾各国中亦尚有因特种理由而保存之者。例如俄国、葡国、西班牙、瑞士、希腊、芬兰、罗马尼亚、英领印度、土耳其、埃及、巴西、突尼斯国、及中华等国。是也。然其原因。皆非出于保护贸易之政策。而在财政上之需要。固甚明也。英国最近于非洲战争之际。曾设煤炭输出税。德国虽不因战争。亦欲取保护主义。设煤炭及其他原料品之输出税。议论颇盛云。

通过关税者。谓课于仅通过关税领域之商品之税也。盖由中古事情、及内部关税而发达者。然及近世。国际交通日益频繁。此税不能不自然绝迹。德国关税同盟诸邦。于千八百六十一年。瑞士于千八百七十四年。奥国于千八百七十八年。希腊于千八百四十四年。皆已废止之。今则除德奥之入市税、及中国之厘金外。殆无有保存之者矣。

关税种类之变迁。有如此者。故今日所称为关税者。概指输入关税而言。吾人以下所欲论述之关税主义。亦专关于此输入关税者也。

第二　财政关税及保护关税

财政关税者。以财政上之收入为主要目的之关税之谓。亦称为租税的关税。即普通作为消费税之一种、以达国库收入上之目的者也。故其赋课及税额。但适用消费税上之原则。足矣。其异于一般之消费税者。唯其征收限于国境一事。其职分在补充消费税之不足。唯夫财政关税。虽与消费税同。以财政上之目的为主。然今有一关税于此。欲却其果以财政上之目的而被设立与否。其将何以测之。将任立法者之主观的认定乎。曰、否。吾人不可不由客观。因其税率及种种事情而测知之。吾人以后记诸种关税、为财政关税之表征。

一　对于与国内现被课税之物件同种之、物件之输入、及对于虽不同种、然可为代用竞争之物件之输入、所课与国内消费税同率或相当税率之关税。

例如日本之麦酒烟酒等之关税、是也。盖此等物件。内外两品之税率。殆属同额。故不能为课有关税故、特加保护于内国未制品。盖以此种关税。仅因国库上之理由。欲维持内国消费税收入。乃不得不使与国内品竞争之输入外品、亦受同样之负担也。

二　对于国内不生产又无代用品之物件、当其由外国输入时、所课之关税。

如此物件。若严密言之。殊不甚多。其最适当之例。则如英国之烟是也。然其他略可称为此种物件者。视各国情状。亦当不少。例如精巧机械、化学成品、药染涂料、或原料品、玻璃、角皮类等。是也。此等输入税。除单纯之财政上意义之外。概无课税之理由也。

三　对于奢侈及不卫生品之输入、特课重率之关税。

此种关税。非单以国库上之收入为目的。亦依租税原理上之理由而存立者也。世人往往以此等课税之目的、为在矫世之奢侈、防制不卫生、或抑止正货之流出。甚至有谓此等课税为一种保护关税者。以吾人观之。其非保护产业。固不待论。即防止奢侈及不卫生。亦不得称为直接之目的。何则。此种课税、所以用高率者。特谓即因税重故而有抑制此等欲望之事。而个人经济上亦不至感异常之苦痛耳。换语言之。即此等课税之用重率。由租税须与负担力适应之原则言之。实当然之事耳。至于防压欲念之目的。则非由此课税而遽能达到也。至若谓此种课税有防止正货流出之目的。是亦可疑。盖设若其国对于此等输入品、需要迫切。虽课重税而输入依然甚多。则其课税适足增其国民之负担耳。安能减少正货之流出乎。要之、谓此为保护产业之关税。则误矣。

保护关税。则与财政关税相反。以国内产业之利益为主要之目的。以制限外国品之输入为主要之方法者也。财政关税。以国库及租税原则上能有适当之收入。为优先之之目的。而保护关税则以经济政策上保护主义之思虑为第一之目的。此者之所以异也。但保护关税自非全然将收入目的置之不顾者。在贸易年额、蒸蒸日上之国。保护关税足增国库巨大之收入。故财政家亦预期之。常益增其税率。以与保护政策家互相提携。欢迎高率之关税。唯此等保护主义所置重者。第一为经济政策上之目的。而收入次之。前者为主、而后者为辅。故彼等常以关税、防压外国之输入。其结果所至。即使减少关税之收入。亦所不惜。然由财政关税之见地言之。因求减少输入。遂至减少收入。实不可谓为成功。故至是而财政家与保护政策家乃不得不反目焉。保护关税所谓经济政策上之目的者。盖在抑制外国产物之输入。腾贵内国市场上同种货物之价格。以助长本国之产业。苟如此行之。纵令内国市场、尚需外国品之输入。然内国生产者因一般价贵之故。尚可赢得利益。若内国品已足给全部之需要。不更需外国输入品。则因保护关税之故、可全然拒绝外国品。而独睹内国品之日盛。但于前之时。关税之收入当增。于后之时。其收入当减少。然若与外国输入品同种之内国产品。有内国消费税。则关税收入之所失。可于内国消费税收入偿之。如此。则国库不受巨大之影响。而国内产业之助长、可以期矣。日本砂糖关税与砂糖消费税之关系。殆即类此。然若将课于外国品之国内消费之减收。亦加入计算之。则国库收入之减少。常不能免。如日本之煤油关税、与煤油消费税者。关税虽高。国内煤油业仍不发达。强使一般之需要者、受高价之消费。而外国输入亦不增加。因之关税收入、亦有减无增也。煤油且如此。况其被课保护税之物件、若为机械原料品或生活品。则其于国内产业及生活上、障害至大。增加生产费而阻输出贸易之发达者。实非甚少。故课以保护税之物件。须以精密之考虑。采择之。不可失之广。亦不可失之久。以保护之期间短、而物件限于价格可长保低廉者。为最良策。反是则恶策也。

保护关税之税率。以各生产部类所需保护之程度而有异同。其最单纯者。（第一）则所谓单纯的保护关税者是也。此为课于与内国生产物之无同率课税者相竞争、之外品输入之关税。可细别为二种。（一）课于在国内全不课国内消费税之产物之输入者。（二）比国内消费税为率较高之关税。此二种者。俱有保护产业之目的。固显而易见也。无论何种。若其税率、更益进而培高。以至于拒绝外国品。使全然无存立于内国市场之余地。则称为（第二）禁止的或拒绝的关税。其效果、与实际上禁止输入相同。使内国生产者、关于其产物之贩卖。可占取近于独占之地位。然其他产业。就中最著者、如需要共通原料及材料之产业。必将蒙巨大之打击。因之不得不有资本劳力之吸收力偏于被保护产业之恐也。

欲说明保护关税之根本理由。通例当从国民经济上之思想言之。据国民经济上之思想。因欲保护幼稚产业之有发达之望者。使免与外国产业之技俩上既已老成者、竞争。故姑保障其有利之价格。使于其间得以改善技术。扩张企业。以便将来长久增加其产额。故凡一切之保护关税者。皆不可不为教育的或过渡的关税者也。换言之。即保护关税者。以将来之低廉丰富之供给为约。而强一般以现在之高价消费者也。故其保护期间。务须求短。其需保护之生产部类、渐次发达、至能与外国品竞争之间。或其困难原因、渐次除去之间。苟其他产业受害不大。则保护关税尚可称为正当。不然者。若永久存置之。则不惟根本上与其性质反背。且往往恐保护农业之关税。与保护工业之关税、不免有利害之冲突也。八面玲珑之政治家。不知此理。常并采二种政策。然国民经济上、固莫从因此得益。徒使一般之价格、日即于昂而已。要在探立国之大本而决取其一也。

兹又有一种关税。以社会上或政治上之考虑为目的者。例如当内国产业、因欲尽其所担当之社会上之义务、（劳动者保护劳动者保险）间接直接支出比外国竞争者较高之生产费时。为欲使其与无此较高支出之输入品竞争故。常课输入品以高率之关税。又如纯粹由政治上之原因。或由政治上产业上之原因。对于外国之挑战。特设报复关税、或对战关税。以为防御手段等。是也。前者尚有久存之时。后者则不过暂时的关税而已。且于此等时。非选全般经济上真需保护助长之产业而保护之。仅择其不行劳动保护之国之产物、或报复有效之输入品、而课之。故从经济上之意义言之。似不得称为产业保护关税也。

凡一国以保护关税、保护自国之产业。抑压外国品之竞争。同时外国对其抑压。亦可画种种之策。例如设报复的关税。间接试其抵抗。或设输出奖励金。直接助商品之竞争。或对于输出。减少相当之运赁等。是也。不仅此也。欲抑压外国输入品。不必定由保护关税。其他手段甚多。如于铁路运赁。如非买同盟。如提回投资等。皆足达其目的。故外国若有此等施设之一。则一国之保护关税。不问其为经过、为永久。当失其效果之全部或一部。且各国苟如此互相妨害、他国之输出贸易。则国际通商修好之本义失矣。非庆事也。要之、保护关税者。往往利少而害多。苟不得已而行之。则其适用范围不可不极狭。其期间亦不可不极短也。

第三　国定关税及协定关税

国定关税者。凡一国不问他国之意向如何。依据自国之自由思考、而定品目及税率之关税。或自己所得变更之之关税也。故称为自主的关税。其税法称曰国定税率表。反是、协定税率者。以国际法上之明约（通商条约或关税条约）为基础之制度。一国与他国缔结条约。协定品目税率。于该条约有效期间内。对于缔盟国之产物。负不得设新税或增加税率之义务者也。其税法称为协定税率表。盖关税之立法。属于一国之自主。故原则上不可不采国定关税。然单一之国定关税。苟非在自由贸易主义之国。殆不可行。高度单调之税率。适足表示其故意欲谋妨害他国之输出。有与国际通商本义相反之嫌。故现今除自由贸易主义之英国外。其他各国。于国定税率表之外。或有低率之最低税率表。或有因条约而成立之协定税率表。殆成常例。故若将重要诸国之关税制度分而类之。凡不过下记数种而已。

一　单一国定税率　现今维持此主义者。唯自由贸易主义之英国而已。英国之关税。仅有大别七八种之财政关税。而无一保护关税。以故绝无为自国产业故、欲谋拒绝他国产物、之事。故亦无由他国特受交涉之虞。得以维持单一国定制度而存续之。且其威力、往往为排斥他国保护主义之利器。有缓和他国保护关税之效。如日本新关税。亦本以保护的单一国定主义为理想、而欲改正条约者。然第一著。即以英国故。而至于不得不设协定税率表。即其一例也。

二　最高税率及最低税率表　此制度形式上亦属于自主的国定关税。何则。最高表及最低表。俱以自国之法律定之。形式上并无协定之税率。变更之权。属于自己之任意者故也。顾所谓最高税率表者。本为适用于普通一般之税表。而最低税率表。则所以称特别之减额关税者。然实际上适用此减额关税。出于自国之好意者盖少。多因既定或将缔结之条约决定之。此最低税率表之制定。要不过因他国或对于自国产物。表示好意。赋课低税。故亦对其产物。作一般的或特别的低税之准备而已。而实际上适用最多者。则在此低率关税。因各国所订之条约。皆约定适用之也。此复定关税制度。于千八百九十二年、为法国关税法始采用之者。现今德美俄及西班牙。皆效法之。

此制度之利益。在先于国民议会、以法律、定减额之程度。可避依行政官之巧拙而决国运、之危险。行政官欲缔结条约、待遇对手国之产物。不依最高率。则必依最低率。不得用此外之税率。此其利也。然同时害亦随之。盖如此者。不惟全然没却行政官之手腕。即有时对于其他国际经济上或政治上之悬案。通常以求交换的退让于关税、为最有利者。因关税既经法定。乃亦无从行之。且当缔结条约之际。使对手国预知自国减额之程度。反有被对手国强求特别协定、或变法、之虞。故甚不利。惟法定采用此制。则税率之变更。可由自国自由主持。较协定税率之为人拘束者为便。而现今从量关税盛行。时需变更税率。故此制之利益。尤当日见其多也。

三　普通税率及协定税率　普通税率者。适用于各国商品、不容有特别待遇。生于其间、之一般的税率之谓。盖自主国定之税率也。于此税率之外。复设条约上之协定税率。仅对于条约国适用之。此制对于一般。用普通税表。对于条约上明示之国。用协定税表。故当缔结条约之际。无所以制限行政官者。行政官可大展其手腕。此其利也。然协定条约。因国而异。种类既多。有增加不利益协约之恐。且于协约有效期间内。不能变更税率。故设非期间甚短者。于欲设从量关税之时。必甚感其不利也。

四　最惠条约及互惠条约　当适用低率关税之时。有对于一般条约国、及仅对于特别条约国、之分。若条约中有最惠国云云之条款。则凡有此条款之条约国。皆得同样均沾利益。适用低率之关税。反是、若条约中无最惠国条款。仅以互惠的相互条件。约定适用低率关税。则称为互惠关税。其低率关系。一般不得均沾之。惟特别之互惠国、及以同样特惠许与自国之国。得适用之。最惠均沾之关税制度。为各国一般所采用者。互惠主义。则美国所独采也。

第三项　各国之关税

第一　英国之关税

英国关税之特色。在无一保护关税。仅有单纯之财政关税。而其输入税品目之数。亦甚少。尝千八百四十五年。尝有八千百五十二之有税品目。至千八百五十三年。减为四百六十六。于千八百六十二年。减为四十四。于千八百七十六年。减为二十五。现今则除骨牌关税（每一打三先零九辨士）外。有税品不过七类而已。其第一类为烟叶及烟叶制造品。第二类为茶咖啡及椰子粉等。第三类为酒精及含有酒精物。第四类为砂糖及含糖物。第五类为葡萄酒。第六类为干果。第七类为麦酒。七类之中。所可认为必要生活品者。惟砂糖耳。杜兰斯娃战争中。尝设煤炭输出关税、（一吨一先零）谷物关税、（每百磅三辨士谷粉五辨士）及玉蜀黍[①]输入关税。（一辨士半粉二辨士半）其后于千九百四年皆废止之。

关税之税额如下

第一类之烟叶。分为加工及不加工二种。更分加工烟叶为叶卷烟、纸卷烟、鼻烟、切烟、烟叶糕等。鼻烟与未加工烟叶。依其性之良否而区别税率。叶卷烟、于南阿战争前。一磅课二先零七辨士。其后经数回增率。变为每磅六先零。切烟及烟叶糕课四先零四

[①]玉蜀黍，即玉米。——编者

辨士。纸卷烟课四先零十辨士。

第二类之椰子及咖啡原料品。每百磅课二先零及十四先零。加工品（干饼粉末）每磅课三辨士。茶为最大之财源。于战争前仅课四辨士。后渐增至八辨士。复渐次减少。今则每磅五辨士也。

第三类之酒精及含有酒精物。一般概为依价格而定之等级税。惟甘酒及香酒。则特课约增五成之税。以坛类盛之者。亦特课一先零之附加税。酒精、于战争后。每加伦课十一先零五辨士。

第四类之砂糖税。自千八百七十五年后。久已废止。因杜兰斯娃战争故。复设之。凡折光九十八度以上之普通糖。每百磅课四先零二辨士。葡萄糖视其为固体或流体。课三先零三辨士或二先零六辨士。后千九百四年。葡萄糖之课税复减为二先零九辨士及二先零。普通糖亦于千九百九年。减为一先零三辨士。萨加林每翁士课一先零三辨士。此外尚有关于各种干饼糖食之课税。惟为额不多。

第五类之葡萄酒。分为三十度以下之寻常酒精分、及三十度以上迄四十度之酒精分、二种。前者每加伦课一先零三辨士。后者课三先零。含四十二度以上之酒精分者。每加一度课三辨士之附加税。

第六类之干果。每百磅小干葡萄课二先零。无花果李葡萄课七先零

第七类之麦酒关税。若其元液于发酵前在千二百十五度以下。每三十五加伦课一先零十二辨士。超过此度者。课一先零十七辨士。其在千五十五度以下者。每三十五加伦课八先零。

第二　美国之关税

美国之关税。于千八百五十年至六十年之间。因内战之结果。

财政困难。大增税率。然其大部分皆无益于内国生产者。故其后于千八百六十年至七十年之间。大都或废（茶珈琲）或减。（砂糖香料食盐煤炭）其所余者。变为保护产业之关税。及至千八百九十年之交。保护关税之立法论盛行。千八百九十年。以玛钦黎条例。废止砂糖税。减轻铁钢及廉价织物之关税。惟关于毛织物绵织物之关税、及其他绢麻、锡镀铁板。毛织制品、羊毛、麻、及苎麻等原料品之关税。则益增高。同时并断行相互主义（报复关税）之关税政策。未几、遇经济景况不佳。岁入减少甚激。乃再兴砂糖税。而羊毛则改为无税。然至千八百九十七年。复定新保护关税。所谓丁格黎关税表者、是也。于是羊毛等原料品。复变为有税品。铁类关税。依然甚高。砂糖由从价四成税。变为高率之从量税。此后美国关税。由从价而变为从量之税品。逐年加多。不遑枚举。其关税政策。迄今尚显然为保护主义焉。其保护也。不独半成及完成之制造品而已。即原料品亦广及之。麻课一成乃至一成五。分羊毛课四成乃至四成六分。绵织物课五成三分乃至五成四分。细麻布课三成五分乃至三成八分。毛制品课八成九分乃至九成二分。反之、若财政关税。则未经改订。颇为不振。如茶及咖啡之关税收入。欧洲各国为额极巨。而美国今则全然作为无税品。砂糖前亦免税。后复课税。每百磅课美金一元九十九仙。七十五度之粗糖。则仅课六十五仙。七十度以上。每度加课三仙半。

内国产砂糖则无税。由波德黎及夏威夷输入之糖亦然。由古巴输入者。减二成之关税。现今关税收入之大宗为砂糖。其一九〇六年。得美金五千二百万元。一九〇七年得五千三百万元。其次为棉制织物。得美金三千三四百万元。再其次则为烟叶。得二千四百万元。更其次为毛织物细麻制品绢制等。亦各千七百万元乃至二千万元。绵制品千八百万元。葡萄酒麦酒火酒各约千三百万元乃至千四百万元。

故全关税收入（一九〇八年）十三亿元之中。三分之一由财政关税。三分之二由保护关税而来也。

第三　法国之关税

法国之输入关税。亦一部为财政关税。一部为保护关税。千八百六十年以后。当拿破仑三世之时。尝对于高率之保护制度。大加破坏。然千八百七十一年后。复采强度之保护关税主义。加高税率。以补战后财政之困乏。同时财政关税。亦甚增加。就中历史上最放光彩者。则千八百八十一年、依农业组合之运动、改协定税率主义为国定税率主义、使农业的保护关税出现于世、一事。是也。（小麦于一八八五年每百基罗格课三法郎。于一八八七年课五法郎。于一八九四年课七法郎。）而千八百九十二年一月一日之法律、实完成之。现今税表。概系据此法律者。虽其后四经改订。然法国之保守量高及最低税率表之国定主义。固未尝变更也。其后欧州多数国家。皆相继效之。法国现行税。则由最高最低之二种税表而成。其最低税率。亦以保护内国产业为主旨。凡农业物之输入。皆适用最高税率。且范围甚广。及于生丝干茧等原料品。后以千八百九十七年之法律。即所谓加得拿法。定为、若政府认增征谷物葡萄酒肉类等关税为必要。而提出法案于议会。同时即可以单纯勅命、征收之。但议会设若不承认其所增税率。则政府须将所已征之税退回。此法盖为预防临时之投机而设者。即英国亦有此制也。

法国关税品目之数极多。遭到英国适相反对。从收入上言之。

财政关税。亦足与保护关税相对峙。千九百六年。动物及动物材料之关税为千五百万法郎。植物类为二亿四千七百万法郎。其内供食用之粉类果实粒物凡三千万法郎。木材为千七百万法郎。殖民地产物（概属咖啡）及烟叶占一亿七千四百万法郎。反之、若矿物及制造品之关税收入。则仅不过七千九百万法郎及七千百万法郎而止。加之以木材及农业关税。以为保护关税之总额。亦不逾一亿二千万法郎。若财政关税。则对于关税总收入。可谓占其半额以上也。

第四　德国之关税

当德国建国之初。继承从来之自由贸易主义。于千八百七十三年七月一日。废止谷物输入税及褴褛输出税。于千八百七十七年一月一日。废止铁类及其粗制品、机关车、蒸汽汽罐、机械类轨铁车辆等之关税。其他煤油及木材之输入。亦见轻减。故当时之关税收入。除去对于各邦之收税费赔偿金。所余者不过约七千五百万马克而已。

及至千八百七十九年。一则因欲填补膨胀之国费。二则因关税政策上之意见大变。遂以同年七月十五日之关税定率法。从根本上大加改革。采用保护关税之主义。一变从前之方针。对于从来自由之各种货物。或仍旧率。或增新税。凡矿铁、铁粗制品、机械类、轨条、车辆、建筑用及有用材木、马、牛、羊、麦类、制粉类、毛织物等。皆课输入税。其他既定有税品。亦一般增率焉。后以千八百八十五年及千八百八十七年之法律。重加订正。而保护关税之主义。乃日益进步。

由千八百九十一年以降。迄千八百九十四年之间。因与瑞意奥俄诸国、缔结通商条约。此主义之势始稍弱。麦类、制粉类、肉类、牛酪、鸟肉、鸡卵、牛豚、葡萄甘果等之输入税。渐见轻减。然当时德国之农业。因其他种种关系。方濒于不幸之境。一旦勃然兴起。要求政府采用保护产业之关税政策。连结一大同盟。期在必成。于是政府亦见关税条约改正之期已迫。乃于千九百二年之议会。提出保护农业之关税定率法。此法案经议会协赞后。以千九百二年十二月三十日公布之。由千九百六年三月实施之。此即德国现行之关税定率法也。

新税法现定。裸麦每二百磅课五马克。小麦课五马克五。麦芽课四马克。燕麦课五马克。此改正之要点也。然保护农业之政策。不止于此。尚有输入证券之规定。即凡输出裸麦小麦大麦燕麦荞麦壳荚类甘菜类等、超过一千磅之时。依输出者要求。交付输入证券。有此证券者。于六个月以内、输入一定之货物时。可免除与证券上记载金额相等之关税。德国关税收入。于千九百七年为约三亿十八万圆。

第五　意大利之关税（并航海税）

意大利之关税立法。于千八百六七十年之交。尚为自由贸易主义。货物关税。无一达其价格三成以上者。至七十五年以来。始渐倾于保护关税主义。一八七八年五月三十日。以此主义之原则为基础。制定关税表。同时将输出关税及国内航海税废止之。后一八八三年。复加一二之改正。增加酒精及殖民地品之课税。此改革之目的。盖在废止与国内产业有害之多数输出关税。增加输入货物之税金。使与间接税之增加相称。防压漏脱。改良酷遇材料品之税率表等。

新关税表。后以一八九五年八月八日之法律、完成之。其新课及增课者。为砂糖、椰子、矿镴等、煤油、棉花、及化学产物等。

收入上特别重要者。为谷物关税。其收入额虽巨。然视国内收获之多寡。亦时有变动。一九〇二年度及一九〇五年度。达九千二百万利拉。其后则减退甚激。一九〇六年仅八千二百万利拉。税率每二百磅课七利拉五十。（一八九八年尝暂时课五利拉）

砂糖关税之收入。于一八九七年尚有六千五百万利拉。至一九〇六年。则低减为一千四百万利拉。盖因国内甜菜糖业之收获骤增之故。煤油及珈琲关税。于一九〇六年。收入二千八百万利拉。石油之税率。于一九〇七年。由每二百磅四十八利拉。减为二十四利拉。咖啡税率、于一九〇〇年减为每二百磅课十一利拉五。其最奇者。则为美术品之输出关税。依一九〇二年六月十二日之法律。定为由价值五千利拉之物、课价格五分起。每价格增五千利拉。累增税率为七分、九分、一成一分、至二成、为止。

关税收入之约半额。皆课于生活品及享乐品之上。一九〇六年度总收入额三亿零六百万利拉中。除一千二百万之航海税不计外。由谷物收入者为八千五百万利拉。煤油咖啡各二千八百万利拉。砂糖一千四百万利拉。酒精类一千二百万利拉。

第四项　日本之关税

日本之检查输出入之货物、而课以关税者。实滥觞于嘉永六年、美国船驶至浦贺、求交通之时。及安政四年八月、与荷兰结追加条约时。规定凡商船运来之货物。不问其卖出为竞卖、或为相对契约。须由总代价内献纳三成五分。以为税金。翌年。与美国缔结修好通商条约。附以贸易章程。规定关于船舶出入、货物起载之办法。及征取对于船舶出入之办理料、并输出入税等事项。而其税率。对于输入品。若船舶之制造修缮舣装时用品、鲸鱼渔具、盐腌食物、面包、面粉、鸟兽、煤炭、材木、米、糖、蒸汽机械、亚铅锡生绢等。皆课从价五分。酒类则课三成五分。其他无规定者。皆课从价二成。惟金银货币、生金银、及自用之衣服家具书类。则无税。对于输出品。则除金银货币及棹铜外。皆课从价五分之税。其后与荷俄英法葡普瑞诸国所缔结之条约。亦大体以此为标准。及庆应二年五月。与英法美荷之代表者议定改税约书。将输出入税率皆减为五分。输出入货物之品类为四种。第一种货物。课以以从价五分率、换算而得、之从量税。第四种物品。以原价为标准。课五分税。第二种为政府所卖却之金银铜输出品、并食料煤炭金银谷物谷物粉类油糟盐玻璃及旅行用行李等输入品。皆无税。第三种为米麦米麦粉硝石之输出、及鸦片之输入。皆作为禁制品。其后意葡比丹瑞诸国。亦仿此改订旧约。明治元年以后。与诸国缔结之条约。亦概本此。要之、日本关税之始。实可谓全然为协定关税也。

逮其后外国贸易。日渐发达。船舶之出入。亦加频繁。虽随时设立种种规定。然终未致完备。不得不更制规则。重加整顿。政府在不违背贸易章程之范围内。且将关于内国运送之诸旧规则。取舍添删。以二十三年九月法律第八十号。制定税关法。同时以勅令第二百三号。发布税关规则。然前于改税约书中。既约定当以五分率为标准。故日本政府即如何需要迫切。亦不能课超过此制限之关税。税权法权。皆受外国之束缚。不能稍伸。改正条约之论。盈于朝野。顾改正事业。行之匪易。几经岁月。犹蹉跎未能成也。至中日战役之际。英国始同意、以公正主义及相互利益为基础而改正条约。遂以同年八月缔结日英间之新通商条约。附以输入税目。规定从价率之输入税。其税率概为一成。最高至一成五分。最低为五分。然约定苟能实行。即当换算从价税为从量税。又约定、对于该税目中未经揭入之物品。得课国定税率。此即明治二十七年七月十三日新告成立之日英条约。施行后十二年间。继续有效。由三十二年七月十七日实施之。继日英条约而成立者。为日美日意日俄日德日奥诸条约。日法条约之施行。由三十二年八月四日起。其他条约之施行期日。均与日英条约同。此等诸条约中。其有协定税则者。惟英德法奥四国。余虽无之。而有最惠国条款。故仍得均沾最低之协定率也。

日本政府。于缔结此等条约之时。保留国定税率之权利。以明治三十年三月法律第四号。制定关税定率法、及附属输入税表、施行之。同时将当时尚存之一切输出关税。以三十二年七月十七日为限。全废之。于是日本关税制度。变为由协定税率及国定税率组织而成之复式制度。协定税率。依各条约及追加约定而定。大别有八十五种。小别有百四十种。国定税率。则依关税定率法及附属输入税表而成。分输入品为有税品、无税品、及禁制品、三种。有税品之税率。最低五分。最高四成。课税品目之数。在五百种以上。输入棉花及羊毛。已于二十九年。各以法律、免除关税。新关税定率法中。则谷类肥料等之输入亦皆免税。

当三十五年时。协定税品共百四十四种。其输入之收入额。约与价格百圆之八圆相当。国定税品之输入额。每百圆约得十一圆之国定税收入。而总关税负担之对于总输入额之比例。则不过约五圆而已。

然及日俄战争既起。不惟关税亦受非常特别税之增征。且于三十八年、改正非常特别税法时。对于茧及米糖之输入。更新设从价一成五分之关税。及平和克复[①]后。因欲继续非常税。复以三十九年三月法律第十九号。行税率合一之关税率改正。由同年十月一日施行之。其所揭载之品目。凡达五百三十八种。对于多数品类。皆改为从量课税。

四十年度之关税。约达五千万圆。以与总输入有税品价格比算之。每价格百圆。平均税十三圆。试与前记三十五年之数字对照观之。可知战前战后之负担。相异颇甚也。

三十二年之条约。以四十四年七月十七日满期。（惟日法条约为八月四日）政府因改正条约期已近。欲全废协定税率。于四十一年之交。著手调查。遂于四十二年末议会。提出关税定率法改正案。经协赞后。以四十三年四月法律第五十四号公布之。以此法律为基础。对于外国。开始改定条约之谈判。然日本国定关税单一制之目的。竟未能达。先于四十四年四月、改定日英条约。既已加入少许之协定关税。寻于同年六月二十四之日德改正预备条约。复增协定税目。其他日美日西日意等条约。幸未增协定税目。仅记明最惠国条款而止。而日法条约。则于最惠条款之外。加设低率之协定税目。此等新条约。遂由四十四年九月一日起、实施之。故日本关税制度。仍旧为国定税率与协定税率之复式制度。然其协定已概变为相互的。非如前条约之为单务者可比。且其品目亦仅仅不过二十

①平和克复，日语用法，即“恢复和平”之意。——编者

六种。其税率亦大抵较前为高。此其特长也。

第一　日本新国定税率法

明治四十三年之关税定率法。形式上虽为旧法之补修。然其法文中最重要者。则在明然确定报复关税制度、一事。即其第四条。规定无论何国。若对于日本之船舶、或生产品。其待遇较其他之国为不利益。则日本亦得以勅令。指定物品。若其物品为有税品。则课与本法律所定税率同额以下之附加税。若为无税品。则课从价五成之输入税。此实极要之点也。此外关于免税事项。实验上认为必要者。亦改正数种。

税率表大别为十七类

种类	新税率	旧税率
第一类植物及动物	五分乃至二成	五分乃至三成
第二类谷物粉淀粉及种子	七分五厘乃至三成	七分五厘乃至三成
第三类饮食物及烟叶	一成五分乃至三十五成	一成五分乃至二十五成
第四类皮毛骨牙甲谷类	五分乃至五成	五分乃至六成
第五类油脂蜡及制品	五分乃至六成	六分乃至六成
第六类药材制药等	五分乃至五成	一成五分乃至六成
第七类染料颜料涂料等	一成乃至三成	一成乃至三成
第八类丝缕绳索及材料	七分五厘乃至三成	一成乃至三成
第九类布帛及制品	一成乃至五成	一成乃至五成
第十类制纸原料、纸类书籍等	五分乃至六成	五分乃至六成
第十二类矿物及制品	五分乃至五成	一成乃至五成
第十三类陶磁器及玻璃制品	一成乃至五成	一成乃至五成

续表

种类	新税率	旧税率
第十四类矿及金属	五分乃至四成	五分乃至五成
第十五类金属制品	一成乃至五成	一成乃至六成
第十六类时钟表、学器、车、机械、船类	一成五分乃至五成	一成乃至五成
第十七类杂品	五分乃至五成	五分乃至五成

观以上税表。税率最高者。少与前异。惟于中以上。增加税率者不少也。

国定税率中之免税及无税品大略如下。

（一）皇室御料品

（二）游于日本之外国帝室王权者、其一族、及其从者之属品

（三）陆海军所输入之兵器弹药及爆发物

（四）军舰

（五）来驻日本之各国公使之自用品

（六）勋章赏牌

（七）记录文书及其他书类

（八）官立公立之学校、博物馆、物品陈列所、及其他营造物、所属之标本及参考品

（九）为慈善或救恤故、所输入之寄赠品

（十）系由政府输入之政府专卖品

（十一）商品之式样（但以其物适于为式样者为限）

（十二）旅客之用具及旅客职务上必要之器具、但以与旅客身分相当而税关认为适当者为限

（十三）由派遣于海外之军队或军舰所送回之物品

（十四）转居于日本者所属有之家具什器衣服类乘车其他家事用物品及职业上必要之器但以税关认定为其人所常用者为限

（十五）输出之物品于五年之内重复输入尚未变更输出时之性质及形状者、但酒精酒类合有酒精之饮料砂糖及依第八条第九条免除或退回输入税之物品等不在其内

（十六）由日本出渔船舶所捕获采取之鱼介类海兽海藻其他水产品及其制成品之工程简单者但以由该船舶及其附属船舶所输入者为限

（十七）由命令指定之输出货物容器之复输入者

（十八）军舰及外国贸易之船用品

（十九）日本破坏船舶之解体材及舣装品

（二十）由日本商港出港之船舶所积载之输出货物因该船破坏而复载回者

（二十一）下列物品由输入之日起算满六个月以内复输出者但须提出担保

1　因加工故输入之物品而经勅令指定者

2　为修缮故暂时输入之物品

3　为供学术研究旅行者使用故之暂时输入物

4　作为试验品而暂时输入者

5　作为商人工业者及招揽生意之旅商人之货样而暂时输入者

6　为供演剧及其他演卖之用而暂输入者

（二十二）用曾经被课输入税之原料品制成之物品、依照命令所规定而輸出外国时、可请求税关退出输入税之全部或一部、但以命令所指定之物品为限、

（二十三）此外国定税率表所规定之无税品如下

第一类中植物之枝干茎根种鱼及鱼卵

第二类中象牙棕榈之果实

第四类中牛皮、屑、兽毛、羽毛皮、硬羽毛、兽骨兽牙兽角兽蹄兽筋贝壳

第五类中芳香性植物挥发油、四十二度以下之矿蜡

第六类中蛇麻槟榔子其他之树皮等黄磷赤磷粗制之硝酸苏打及其他化学药品数种

第七类中雌黄

第八类中实绵及缲绵、麻类羊毛类茧、屑丝类

第九类中旧麻布袋、褴楼

第十一类中非印刷之书画、图书类、设计图、纸币及有价证券类、屑纸

第十二类中无着色砂矾金刚砂类未加工之石板类来加工之炭屑琥珀及其他土石数种

第十三类中陶磁器之破片碎玻璃

第十四类中矿金银粒板带亚铅水银阿麼呢

第十五类中海底电线金银货币及其他日本之通货

第十六类中无有

第十七类中石花菜类软木树皮及屑包席型及肥料等

第二　日本协定税率法

协定税率。系由英德法三条约所设定者。其他条约。则不过依最惠条款。均沾之而已。

新协定税率。除对于英国者外。其外皆为相互协定。其品目亦较从前为少。此特色也。英国为自由贸易国。故协定税率之有单务的性质。本属当然之事。请述其大要于下。

与英国协定之税率。事实上为单务的。单规定日本对于英国之输入品、须课低率关税而止。其品目如下。

油漆颜料、亚麻纱、绵纱、毛织物、毛绵交织物、铁、

日本与英国约定。英国关税上。对于一定之日本商品。继续无税。迄于将来。唯英国现今为自由贸易。当然无税。故究其极。仍为日本之单务也。

日本与德国协定之条约。则为相互协定主义。二国之低税。限于下列品目。

日本之低税（德国品）	德国之低税（日本品）
革类	木蜡
金鸡纳制品	木蜡
萨利洗酸类	缥鱼胶

续表

日本之低税（德国品）	德国之低税（日本品）
茜根	手织日本绢
染料等	单织日本绢制手巾
毛织丝	木编帽编
毛织物毛绵交织物	麦秆草帽编
包装用纸火柴用纸	花席
亚铅	贝制钮扣
煤气机关煤油机关等	日本漆器
原动力发电机	

日本与法国之条约。亦采相互协定主义。双方之低率品目如下。

日本之低税（法国品）	法之低税（日本品）
鰛油渍	日本绢及类似织物
天然牛乳油	日本绢制手巾
天然发酵之各种葡萄品葡萄液	
香宾酒	日本漆涂木制品
阿布利油	
洋碱	
薰香油脂蜡及同制品	
花露水	
牙粉洗牙药装饰品	
毛织纱	
毛织物、毛绵交织物	
双眼镜及望远镜	

续表

日本之低税（法国品）	法之低税（日本品）
自动车	

以上各等低率关税。凡有最惠国条款之各缔盟国。皆均沾之。故苟非无条约国及享有日本治外法权之特别条约国。则皆当适用此低率也。

（参考）

一千九百十年各国关税收入表（各国货）

国名	输入总额	关税收入	对于输入品价百	对于总岁入百
英国	678,257,257 镑	33,108,025	4	16
美国	1,556,947,430 圆	（1911 年度） 314,497,071	20	31
法国	9,100,000,000 法	621,113,034	6	14
德国	9,309,992,000 马	630,190,000	6	21
俄国	953,958,000 卢	284,055,000	29	10
意国	3,204,699,425 利	304,400,000	9	11
日本	464,233,868 圆	45,411,327	9	8

第二十四章　办理料　（手数料）

公共团体。常为个人故。特行公共机关之事务。或特令个人、使用公共机关。凡此之时。政费不免因之特别增加。办理料者。即为填充此时别政费故、由利用公共机关及其行务之特别个人、所征收之特别报偿也。

此所谓公共机关者。非谓公共团体之收益的资产及企业设备。特指行政公用上机关之公员及营造物、而言。故其为个人行务、或被使用。亦系行政公用之一。而非收益上之行为。从而其为个人行务或被使用。亦不必以个人之希望为条件。时有强制个人之事。其所需之政费。亦可不依个人契约而征收之。此即办理料之所以异乎资产及企业上之对价收入者也。然办理料虽为对于特别政费之特别报偿。而与租税固自有区别。租税为对于一般政费之一般的报偿。其间非有一定之特别的行务。以利个人。办理料则不然。对于一定之行务或使用。就特别关系之各个人征收之。以充其特别之政费。盖一种特别之公课。不求分赋于一般者也。又租税、于原则上。以个人之负担能力为标准。而课之。办理料、则不问个人员担能力之如何。唯以费用主义为原则。以特别政费为限度而课之。此亦二者相异之点也。

办理料之原则。在采费用主义。办理料之种类及额数。虽属公共团体所自定。然当其定之之时。务求其与公共团体行务时所需之政费相当。不得有过不及。此办理料观念上紧要之条件也。然此亦不过为大体上之标准。非有必然的性质。时或征求费用之一部。时或须超过费用而征求之。视其为个人所行事务之特别事情而异。不一定也。若其行务。对于个人之利益。有莫大之效果。个人希望其行之甚切。而当时租税制度。又未具备。则虽超过费用而征求之。可也。反是、若其行务。关于公众一般之利益。因欲求其普及之故。不得不强制个人。则不宜作征收费用全额之想。视其时之情状如何。有不得不仅征其一部分者。因不如是。则公共机关之使用。

难保其容易普及一般也。至如使特别之个人。不须报偿。任意使用公共机关。虽云易于普及。然因之恐有过度请求公共行务之虞。于原则上。反为不当。何则。因过度行务之故。将使租税义务者之全体。蒙受苛重。而因行务直接受益、或即不直接受益、而费用因彼而生、之个人。反独蒙其利。不平孰甚焉。但有时对于经济上贫弱之人民。视情状如何。特免办理料之全部或一部。又或对于特定之行务。有定为自始至终。不征求办理料者。如此者。盖因其行务性质殊异。须将其费用与一般政费同样处理之耳。要之、办理料者。原则上虽为费用主义之公课。然富于变化。常因特别主事情。变其性质者也。

办理料之种类。就其赋课原因之行务及设备使用、而分之。有行务办理料及使用办理料二种。世人往往有单称前者为办理料。而称后者为使用料者。

行务办理料者。公共机关之职员施行政务时、所征收之特别的报偿也。依行政部门之区别。可更分之为司法办理料及行政办理料。此行政办理料亦分为一般行政办理料、外务办理料、内务办理料、宗教教育办理料、及经济行政办理料等。

一、司法上之办理料大略如下。

民事裁判费用

刑事裁判费用

非讼事件办理料

后见及管理事件

遗产管理事件

世袭财产事件

嗣续婚姻认知事件

各种登记事件

二、行政上之办理料大略如下。

任官、升给、试验、检定、特权特免记号办理料

领事馆、贸易、航海、救船、办理料

统计、旅券、移住、劳动帐簿、劳动保险、卫生、救贫、慈惠、狩猎办理料

学校授业料、学位办理料、寺院及宗仪办理料

度量衡检定、刻印、铸货、产物检证、药铺病院检阅及森林监督办理料

使用办理料者。因个人使用或阅览公共设备、而赋课之、之办理料也。所谓营造物使用料者。即此是也。此等营造物。以供个人之使用观览为目的。与以收益为目的之贷下料。异其性质。下列各种办理料。皆属之。

图书馆、博物馆观览料

道路码头公园使用料

水道港湾保税仓库市场屠畜场使用料

起重机岸壁官舍使用料

办理料之征收。大概取贴用印花、或使用戳印用纸、之法。盖个人请求公共行务。多以书类进呈于官府。故此法由官厅一方言之。甚为便利。可省烦劳。惟由人民一方言之。则时有不便之事。故通例视情状如何。亦准人民直接支纳现金。其法有二。其一、行务官厅。当被人民请求行务之时。决定办理料之金额。而直接收纳之。此法、对于人民。虽甚便利。然由公共团体言之。可谓其破坏金库事务。且欲防弊害。必须严重监督。所需劳费。当不少也。其二、仅使该官厅决定办理料之金额。而现金之收纳。则别使特别机关办理之。故由人民言之。颇为烦累。然果能力求金库设备之普及。其弊当可减少。故理论上以第二法为佳。惟此法亦仅开于特种

官务。可以实行。至如个人使用一定之公共设备之时。其所征收之办理料。常件数多而金额少。不用直接征收方法。将不胜其烦。故二法各有得失也。

办理料之标准。分为一般的及特别的。特别的办理料。可就每各个行务。计算个人因行务所受之价值、其支纳能力、及其他特别事情。而赋课之。一般的办理料。则不能如此斟酌个人之特别事情。大抵皆依一定之外形标准。如对于该官厅所呈书类之数量件数等。而赋课之。然通例各国大都并用一般及特别之标准。以期其互相补助也。办理料。由其计算法言之。更有二种。一称为各个办理料。一称为包括办理料。各个办理料者。于个人向官厅申请之际、就其所需之行务、或所呈之书类、特别计算而完纳之者、之谓。此固可与申请需要之程度适合。无过或不及之事。然计算未免复杂。且有不便通计之恐。反是、若包括办理料。则总括由申请而生之各个件数。从其品类。分为主要之大部分。以为单位。而集计之。简单而便于通计。洵善法也。

办理料之课率。有为定额者。有为比例者。前者对于一般情状。以同一之绝对额课之。称为定额办理料。后者称为比例办理料。视书呈之量、纯数、所需时间、物件价格等之多寡如何。而定此例率。其以物件价格为标准者。称为价格办理料。若于其价格复分等级。就各等级。课以一定之定额或比例率。则称之为等级办理料。

以上所述。皆系从办理料之分类上观察之者。若从他方面观察之。则此等分类。皆由官厅于个人申请行务之时。从一定之条件。定一定之料金。而课之者。其金额之多寡。官厅不能任意上下也。反之、别有一种所谓范围办理料者。于其税率。规定最高最低之限度。使关系官厅得于其间斟酌而决定之。凡烦细之办理料。以用斯法为便。

要之、赋课办理料之原因。既甚复杂。国家及地方团体之岁计。又复相异。各国办理料之制度。亦多种多样。不能一律。以故、欲为比较的研究。极其困难。办理料对于租税之特别原理。亦尚未能确定。其障害租税制度之改良者。颇不少也。

办理料之收入额。各国预算上殊欠明确。盖办理料与行为税及准许税之区别。既不分明。而其征收。常由发卖印花之法。亦与租税及其他收入相混同。不易办也。日本明治四十四年度之预算。于岁入经常第二款印花收入科中。载记二千五百二万六千百五十圆。其第四款杂收入印花收入中之第一项准许及办理料项下。亦揭入二十二万四千五百三十四圆。但其中含有登录税、印花税、骨牌税、狩猎准许税、（织物税亦当含入）等。纯粹之办理料。究有几何。不得而知。唯据财政部之调查。则四十四年度预算上、属于办理料之种类者。凡九十七种。其收入合计仅百九十二万千四百五圆云。

地方团体之办理料收入。比较上稍得明显。因各国制度上。地方团体皆无发行印花之权限故也。日本地方团体。于明治四十年度。府县办理料使用料。共达四十六万四千二百三十六圆。市达三百六十九万五千四百七十八圆。村町达七十一万二千百七十四圆。合计约达四百八十七万圆。比诸英国地方办理料之五千百十五万四千九百六十圆、及普国之千六百六十三万九千圆。可知为额尚少也。

第二十五章　特别赋金

特别赋金。有时往往为地方财政上主要之财源。不可不一研究之。凡一地方。常因欲谋一定之公共利益。不可不为一定之自治设备。其设备附近之地主、及营业者、每因此设备。得增特别优逸之便利。故地方团体。为作成或维持此设备故。可使彼等分担所需之费用。特别赋金者。即此种分担金是也。此与办理料有异。办理料为对于各个行务及使用、之间接报偿。此则为对于附近土地及营业上所获效益、之直接报偿金。性质迥异。此种赋金。常于改筑或布设道路、给水、排水、浚淘运河、及引设煤气之时。行之。此等设备。于公共利益上。亦为必要之事。故不能举所需设定维持费之全部。尽课于有限之地主及营业主。然若认定此等地主营业主所享之利益。此一般人民所受之平均便利。较为特别显著。则于向人民全体一般课税之外。更对于此等地主及营业主。命以特别分担金。于理盖属至当。且地方团体。区域甚小。各人由设备所受利益之厚薄。易于了然感觉。则分担上尤不可不特设差别。特别赋金之所以显于地方财政者多。而显于国家财政甚罕者。此也。

英国地方财政上。以私益改良税之名义。依公共卫生法。关于街道之开设扩张、整理、桥梁沟渠之筑缮、水道之引入等。征收用费。即采此制。其收入为百十九万八千九百八十镑。法国地方团体。关于水道沟渠、灌溉设备、及路铺制作、并道路扫除费等。亦采此制。其收入额不明。普国亦以特别赋金之名义。征收屯营赋金、道路工事赋金、沟渠设备赋金等。其收入为五百七十七万马克。

日本地方财政上。仅于市町村制第九十九条。规定、若营造物归有数之个人所专用。则其修筑及保存之费用。当课于该关系者。此虽类于特别赋金。唯尚未发达。其实际上之适用。殆全无有。即有亦甚轻微。合算于使用办理料中。不能明白划分也。

第二十六章　公共补助及让税

公共团体构成上。可分种种等级。其相互之间。于一定范围内。亦可通融其财源。且其通融。不仅为临时之现象。常有经常行之者。此等情事。见于地方自治体之财政上者甚多。其方法则不外乎由国家补助资金与一定之自治团体。或由上级自治团体。让资金与下级自治团体。称为公共补助金。时或称为让税。

高级团体出让资金与下级团体。可有二种。一、下级团体对于公共之需要。缺乏现实财源。高级团体出金救济之。以补其不足者。二、单以预防其收入不足为目的者。前者谓之救济补助。后者谓之预防补助。

各自治团体之财政收入。所以告不足者。通常之原因。种种不一。有由财政经理之拙劣者。有由为地方利益。故支出增加过度者。有因忽被上级团体委任过多之职分者。有因法律上对于自治团体之收入作成。制限过严者。

第一第二之原因。起于地方团体之内部。其应由上级团体补助救济之与否。须视其时之情形如何、而决。若上级团体认为设不加救济。恐酿更大之弊害。则以补助之为当。然其补助仅出于临时。决不可作为经常的现象。不然者。恐下级自治团体有恃无恐。将不力求除去现在之缺陷。是救之适以害之也。

反是、若第三第四之原因。则不出于下级自治团体自己之行为。而由于国家之行政立法。其事体有大异者。下级团体。为公共利益故。由上级团体被委以过重之职分。非其资力所能胜。实居于被强制之状态。收入之不足。实出于不获已。故上级团体对之。不问临时或经常。须为救济的或预防的补助。此理论上当然之事也。而尤以带有预防性质之经常的补助、为最有效而得当。但欲补助之。须预先向之设定法律上之条件。例如规定、凡应受补助之地方团体。必先证明其作成自己收入之权利。业经剥夺。及大经制限。又或确保其能永久履行其被指定之义务职分等。是也。

此种对于正当义务负担之经常的补助。复分二种。一为对于特定之目的而与之者。称为指定补助。例如对于学校救贫费、警察费、交通费等之部分的补助、是也。第二种、对于一定之职分。无直接之关系。其补助之目的。仅在地方财政之一般的改善者。称为一般补助。或称为赠资。第一种明定目的与责任。故其成绩效果。易于监督。惟其额数。多由比较上定之。故时代愈益进步。则上级团体之费。于不知不觉之间。当愈益增加。反之、若第二种。别大抵为定额之赠资。故上级团体之经费。可无暗理日增之虞。惟其目的不明。不便监督。使用一不得当。往往有不得不更增定额之事。此其缺点也。

征诸他国之实例。巴威伦、瓦腾堡、巴敦、黑逊等之地方财政上。指定补助最多。比利时法国荷兰英国普国撒逊等。则盛行一般补助之制。然无论何国。皆系并用二制。无仅取其一者。

日本之地方财政上。有交付金、拨下金、及狭义之补助金、三种。凡国家或府县。于征收其直接税时。委任其办理事务于市町村。定为市町村之义务。一面以各税征收额为比例。（通例百分之四）交付补助金若干。以为报酬。即所谓交付金是也。拨下金者。国家依明治二十一年勅令第六十一号。对于地方警察费及警察厅舍建筑修缮费。以十分之四或十分之六之比例。付与地方财政之补助金。即所谓连带支办的补助、是也。交付金及拨下金。皆为经常的指定补助。可无疑义。至于狭义的补助金。则或由国库而府县郡市町村。或由府县而郡市町村。或由郡而町村。其补助团体。种种不一。其目的。则特定须使用于土木卫生劝业教育及救助费等。故由理论上言之。亦未尝不可称为指定的补助。惟地方费用。除此等科目。当已无几。故实际上仍可谓其类于一般的补助也。且国库补助金。多以中央各部所属之各种特别法。定其目的及额数。称为临时的或经常的指定补助。固可无碍。若县补助金及郡补助金等。则既无法律上之条件及数目。又无一定之监督方法。故名义上虽假借特别之目的。实则当称为一般的资力补助者也。

经常的补助之方法有三。有以一般的资金让与法、行之者。有采收入分与法。分与由一定财源所生之收入。而行之者。有委一定之财源。例如税类。归地方团体之专用。以补助之者。第一种为普通的经常补助。凡日本所现行者。几皆属之。第二种称为分与金。第三种称为让税。二者之实例。欧洲诸国多有之。日本尚未有也。

补助金之额。各国略有异同。如日本及法国。于国库补助金外。尚有县补助金郡补助金等。故非相互加除之。颇难得其实数。如英德等。则除国库补助金外。别无由中级团体补助下级团体者。故计算甚为简单。今仅就各国之国库补助金观之。法国总额约六千万法郎。约当地方岁出百分之五、五。其中约三分之一与县。约四分之三与邑。英国补助总额。为千三百万镑。约当地方岁出百分之八、三。以与州及市。普国为一亿二千六百万马克。约当地方岁出百分之十一。以与州市町村及组合。

日本由国库及府县、付与市町村之交付金。为二百三十五万圆。由国库付与府县之拨下金。为二百廿四万圆。此外狭义补助金。由国库付与府县者。三百五十八万圆。付与郡者四万圆。付与市町村者百六万圆。合计约达四百六十九万三千圆。其由府县付与郡者。八十二万九千圆。付与村者三百十六万千圆。计约三百九十九万千圆。其由郡付与町村者。为四十一万圆。而中下各级。大抵皆互为被补助者。及补助者故以上之计算。不免重复不实。今试将彼此互加除之。则可得真正之补助额如下。

国库补助金	4,693,260圆
府县补助金	405,702
郡补助金	无
计	5,098,962

故知日本由国库付与府县郡市町村各地方财政之补助金。几占地方财政补助金之全额也。而此国库补助金四百六十九万三千圆。对于地方费总额二亿六百二十三万九千圆。仅不过百分之二、二。则日本之国库补助金。比诸欧洲各国。为额之少。亦可知矣。

各种公共团体间。互相通融财源之法。略如以上所述。最后吾人不可不将联邦组织国、如德国瑞士等、之分赋金及分与金。论述之而尤以德国之例为要。

在联邦组织之国家、如德国等。共同国家。为各邦共同利益故。代各邦担承应须统一遂行之职分。故共同国家与各邦国家之间。财政上、不得不生财源让与之问题。

德国有所谓分赋金制度者。依帝国宪法第十条。由各邦征收分赋金。归于帝国国库。凡帝国以其自己之财源。支办共同经费。犹告不足之时。则将其不足额。依各邦之人口标准。分赋于各邦财政而征收之。（瑞士依一八七四年五月廿九日之宪法、以各州租税力为标准而分赋之。）故其额不能一定不移。同时各邦之财政。亦因之不得不有动摇之虞也。

依德国宪法第七十条之根本观念言之。此制俟新建之帝国。由自己税制之发达。能得富裕之财源。即应废止。然实际上、其后帝国税制已大发达。新税之经发现者。虽已不少。而以政治上之理由。此制依然继存。未能遽废。而别设分与金制。以矫不废之弊。分与金制者何。于帝国税之法律中。附记一项称为佛朗肯太因条项。凡帝国税之附有此条项者之收入。皆分与地方财政。是也。准此制度。帝国印花税之收入。以一八八一年七月一日之法律。火酒消费税之收入。以一八八七年六月廿四日之法律。皆举其全部。分与各邦。关税及烟税之收入。以一八七九年七月十五日之法律。定为凡超过一亿三千万马克之部分。全额分与各邦。其后为偿还帝国国债故。以剩余金使用法。改正此一亿三千万马克之限界。增为一亿四千三百万马克。寻于千八百九十七年增为一亿五千万马克。千八百九十八年。增为一亿六千七百五十万马克。千八百九十九年。增为一亿七千二百四十万马克。顾分赋金与分与金。不过于预算上。一为岁入。一为岁出。两相对峙而已。实际上。则帝国与各邦之间。互将分赋金及分与金抵除。视其结果。若分赋金较分与金多。则使各邦交纳其差额于帝国。时或往往生未纳关系。若分与金较分赋金多。则由帝国分配其差额于各邦。但其后以千八百九十六年之法律。定为仅分其差额之半。以与各邦。寻为减消帝国国债故。复改为仅分与四分之一。保留其四分之三于帝国。如是。一方对于分与金之配与。日加制限。他方复以千九百四年五月十四日之法律。废止配分开税及烟税收入之一部与各邦、之条项。而新让火酒容器税及火酒原料税收入之全部与各邦。以代之。故自是以后。真正之分与金。唯三种之火酒税、（火酒消费税火酒容器税火酒原料税）及由一九〇六年六月三日之法律而来之帝国印花税而已。此即现行分与金制度也。其分与方法。与配赋分赋金之方法同。以各邦之人口数为标准而配与之。又此一九〇六年六月三日之法律。别有规定。准各邦得将在各邦内所征收之帝国嗣续税收入三分之一（后改为四分之一）留置之。然此不过因各邦固有之嗣续税忽经废止。特以代补之耳。非狭义之分与金也。

分与金之额。其始虽较分赋金为少。然千八百八十年至九十年。每每超过之。或与同额。降及近时。复成小额。常不及分赋金之数。因之分赋金未纳额之存在。殆成常例。此未纳额。于一年度内。照人口分配之。每一人所负担在四十片以下之额。准各邦作为不足额。征收之。其四十片以上之不足额。则于其年度内不得征收。当以决算后之剩余金补填之。若尚有不足。则其征收可展限至翌年度之七月。但不可不于其间征收之。若此不足额以帝国决算后之剩余金补填之。则各邦之未纳金。可免纳已经补填之部分。仅纳犹尚不足之部分而止。今据最近之统计。分赋金之额为二亿七千四百万马克。其分配额。普国为一亿八千万马克。巴威伦三千万马克。撒逊二千二百万马克。瓦腾堡千百万马克。而各邦应受之分与金之额。依帝国预算上总计。为一亿九千六百万马克。故分赋金超过分与金。各邦对于帝国。不可不交纳其不足额。最后于千九百九年。依济多伍氏之财政改革。废止分赋金延纳制。同时改正分赋金超过分与金之高限度每人口一人四十片之规定。若其不足额在每人八十片以下。则虽在年度内。各邦亦得征收之。于是从来累积之分赋金未纳额。始得清结。然德国识者。则主张苟非对于分赋及分与之制度。加以根本的改革。则德国财政。将永居于不安不定之状态。莫从救济。而其根本的改革案。则在以直接税归入帝国税之范围云。

第二十七章　临时的填补手段

公共团体。于普通财政以外。尚有附随其他政治及行政而生之各种收入。即所谓政治上及行政上之偶然的收入者。例如战时赔款、战利捕获品代金、罚金、没收金、不用财产发卖代金、寄赠金、无主占有金品等。皆是。此等收入。皆非由财政上之计划而来者。不过因与政治及行政之事务相关联。而偶然取得之。为整理计。特以之归入公共金库之收入者。故称为偶然的收入。中如战时赔款。为额颇巨。常于一定年间。大足裨益财政。惟有时亦每每与战役后战费之补充相杀。于国家财政上。非能永有特别之位置者。

此外有所谓临时的填补手段者。其性质与偶然的收入迥异。含有财政之意义。如准备基金、各种融通资金、及公债等。是也。兹于本章先就国库准备金及各种融通资金论之。

国库准备基金制度。由历史上观察之。可分为一般准备金、特别行政准备金、及非常准备金三种。

昔信用制度尚未发达之时。欧洲诸国。皆积存一般准备金。以谋填补一般岁计上收支之不足。然在今日。信用制度之发达。略臻完备。不惟其他融通之途。甚多而当。且实际上、预算之技术。已大进步。需要此一般准备金之时亦绝少。故此制今殆将绝迹矣。其尚存之者。惟德国之数小邦而已。德之黑逊国。有所谓平均准备金者。于千九百四年始设定之。该小邦尝因对于帝国之未纳分赋金额。变化不常之故。本国岁计上。时有动摇之虞。障害财政者不少。故特设此制以避之。英国自古亦有所谓各部预备资金者。存置于国库之外。以随时补充各部经费之不足。待追加预算成立后。复将已用去之款收回。其详前已述之。惟此资金之额。实甚仅少。特作为历史上之遗物。放置之未废而已。日本亦有国库预备金之名称。然实非积存资金。单为预算上之岁出科目而止。故与其称为预备金。宁以称为预备费为当。

存积特别行政准备金之需要。今日亦已大减。惟此准备金。从企业行政上言之。往往认为必要。盖企业行政。与民业公司之经营相同。不可无企业之固定资本、及运转资金。且须时时讲求设备之改良、维持、修缮、及减价销却之方法。苟不然者。将酿成一般岁计上不意之累。以故企业行政。亦仿民业公司之经营法。平时割其企业收益之一部。积存资金。一以便事业之改良扩张。一以防一般岁计上突然之累。并以促事业当局者之责任及奋励心。实切要之举也。普国以千九百三年五月三日法律。设定关于国有铁路行政之平均准备基金。日本关于国有铁路。亦设有积存基金。但为数甚微。且其实行似亦不易也。

设立非常准备金之得失。理论上至今尚争议未决。而实际上则德国已设定之。德国于普法战役后。由法国取得赔款五十亿法郎。因割其一部。以设战时准备基金、及废兵恩给基金。前者之金额为一亿二千万马克。后者之金额。最初为五亿六千百万马克。其主要之目的。在充帝国因普法战役之结果、所应支给、之军人恩给。以千八百七十三年五月廿三日之法律。始设定之。至后复定为、凡此役以前之废兵恩给、皇帝自由基金（所以充铁十字之赏勋金及各种勋章年金者）之补助、并战死军人之赐金、及遗族扶助料等。亦由此基金支出之。因之基金之额。遂渐次减少。于是千九百四年。复将以上之负担解除之。今则专用以支办普法战役之废兵恩给。法律上之救助金、及此等事务之办理费。其千九百七年之现在金额。为一亿八千十六万马克。而其每年应支出之金额。依千九百八年度之岁计预算。实为三千六百万马克。德国之战时准备基金一亿二千万马克。本以备他日之战费为目的。故为避平时消费计。特埋藏之于斯旁德塔下。今尚俨然未动也。德国财政学者。尝赞歌之。称为帝国和平统一之守护神云。此外德国亦尝割法国赔款之一部。别设帝国讲会建筑基金、及帝国要塞建筑基金。然今已用罄矣。

日本亦以国库之战时准备基金为目的。于明治三十年。由中国赔款。提出五千万圆。以三千万圆设定军舰水雷艇补充基金。以千万圆设灾害准备基金。以千万圆设教育准备基金。当时之计划。本欲单以此等基金之利息。充上记各种之用途。而元本则保存不动。及三十三年中国团匪事件出。一旦挪用而消费之。翌年始以增税填补如旧。及三十七年。日俄大战役起。忽复消费之。今则殆无蓄积之资金也。

抑德日之战时准备基金。各仅数千万圆。其果足以之充战费乎否。实属疑问。盖今日之战费。与昔时异。征诸欧洲之实例。通例计三星期间。需金六百万镑。当中日战役。战期共十一月。日本之战费共二亿五千万圆。平均每月不过二千万圆。及日俄战役之时。战期最少当算为二十一月。战费约十五亿。平均一月约七千万圆。战时之需用。如此其浩大。则日德之准备金。不过仅足支持一月而已。如欲更预积二三月之战费。亦非易事。即在偶得临时巨额收入、如战争赔款之时。尚觉其难。况在平时。其难更不待言矣。且纵使能有余裕而蓄积之。然死藏于地。亦甚不经济。不如利用之。以购确实之有价证券。至战时需要之际。始卖出之、以得正货也。要之、今日金融之设备。已大发达。信用之制度。亦渐具备。不惟实际上不须积存巨额正货。且当战时卖出所有之证券之时。既可不乏购卖之人。则与其平时蓄积资金。反不如于战争时新起公债或新借款之为优。且易于行也。虽战争之际。公债借款之条件。或稍不利。然此固不可避之事。不得不忍受之。唯实际上。出师准备前后一二星期间。战费之充足与否。对于战役之全局。往往有足以决胜败者。故学者或有谓当蓄积相当之准备金者。且因其一二星期间所需之额甚少。其不经济之程度亦微。故赞成之者颇多。然余意少额之金。虽不积存之。临战之时。亦可由银行借入也。观德国虽尝埋藏一亿二千万马克之正货于斯旁德塔下。然今则对于此金。发行同额之国库证券。故事实上不能尚谓为正货。盖已变有价证券矣。且其有价证券。又为使国库担任其利息者。其不经济。亦已甚矣。而至战时。苟非销却此有价证券。则塔下之正货。仍不得供国库之自由使用。甚不利也。日本之五千万圆之战时准备金。今日事实上已全部消费罄尽。无可议论者。然当其尚存之时。尝以其过半数。换为确实之外国有价证券。而保存之。以备随时皆可变为正货。然未几因外国证券利率过低。及因实际上内国债之募集。刻不可缓。故复将外国证券卖去。更为内国证券。反有奖励不急事业之举。及日俄战役起。欲使用之。则其三分之二。举化为内国债证券。现金仅三分之一而已。设立此基金之目的。竟不可达。战后迄今。此款尚未填补。然吾人不之惜也。

日本于此外。关于各种特别行政。尚有各种特别之资金。其种类及金额。已列记于第十五章第三项动产收入论中。其数颇多。皆为各特别行政之固定资本及运转资金。常使用周转于特别之用途。不能长久移作他用。故即此等特别企业之设备改良扩张修缮等需费时。亦不得动用消耗之。换言之。此等基金。实非准备金。特平时作业资金耳。但当非常之际。一时挪用之。以为对于非常费之融通现金。亦非无小效。观二度战役之实验。概可知矣。以此意言之。不论平时战时。其最有效之通融的填补手段。盖无有过于日本存款局之资金者。

存款局在财政部。以明治十八年大政官布告设立之。存受邮政贮金、各官厅之成规积存金、社寺教会公司及其他人民之共有积存金、利殖之。运用之。得利则仍附诸本而积蓄之。其四十二度末之

现存额。为二亿五千五百六十余万圆。内计

邮政贮金	176,767,267 圆
普通存金	21,361,250
特别存金	497,928
贮蓄债券存金	19,010,730
保管金供托金	5,892,000
支付利息元积存金	23,394,444
纯金	8,737,314
计	255,660,933

此巨额之资金。现投放于国债、中国国债、及劝业兴业拓殖各特种银行社债。共有现金约五千百八十万圆。常通融借与铁路公债、其他之国债及地方低利资金等。最近又将存款局纯益金之一部。作为教育补助费。移入一般会计之收入财源中。盖亦可视作一种之填补手段也。

若地方财政。则与国家财政有异。虽在今日。准备金之需要。仍甚紧切。盖国家保有巨大之信用。广泛之金融。临时筹备。咄嗟立集。故已无须存积。而地方财政如市町村等、则不然。信用本小。金融又受局限。起募公债。殊难如意。突然增税之举。亦不易实行。故当出以细心慎密之考虑。预积租税收入之剩余。以备不时之需。以免临时拮据之苦。英国地方基金。除警察恩给基金之外。尚有各地方之地方债整理基金。普国各州。有多数之特别基金。如铁路基金、道路工事基金、公债整理基金、救助基金、及郡学校建筑基金等。日本之地方财政。于四十三年度。有府县之罹灾救助基金三千八百八十九万圆。同慈惠救济资金百九十八万二千圆。市区之基本财产三千百四十九万四千圆。町村之基本财产大千四百四十五万二千圆。其他于各特别之大市。尚各设有公债偿还基金、自来水道公园准备金、小学校基金、教育资金、养育院感化院施疗院基本金等。

第二十八章　公债

第一项　意义及性质

公债者。依公共团体之信用而生、之经济上之投资也。故公共团体因公债收得之金额。实为临时的填补手段。无可疑者。然亦非真正意义之财源。特不过谓将来所应负担者之现在预收额而已。若以公债之收额。设置企业、或设备之可生公共经常的收入者。则亦可谓公债之收额、为作成公共收入之基础手段。然终不可谓之为财源也。要之、当公共团体欲履行一定之职分时。常将其需要之巨额负担。分配于极长期间。公债者。即此种分配之手段也。故从长期之财政经过观之。收入与偿还。相杀无遗。了无痕迹。惟从短期之财政计划观之。则可视作一时的收入。实与将来收入之预取相当也。

第二项　公债之种类

公债之种类。第一当分为行政公债及财务公债。惟今于此篇。关于行政公债。不欲多述。盖行政公债者。财务厅以外之各行政厅、与各行政上事务相关连、之多数信用关系之谓。如恩俸、补助金、存款、或寄托金等。皆属之。其性质与财务公债大异。非财政上重要之手段也。反是、若财政公债。则为一种与经济投资相当之信用关系。实财务厅依据一般或特别之法律的全权、作为财政计划上临时之填补手段、而为之者也。

财务公债。复可分之为短期公债及长期公债、二种。通例称前者为流动公债。称后者为确定公债。流动公债者。通例以调和一年度收支之不均衡为目的。故当以其年度内之他种收入偿还之。由此意义言之。此种流动公债。实非预算上之公债。仅为年度内金库行政上之融通方法而已。例如财政部证券、及年度内偿还之一时借款等。皆属之。于此之时。财政部证券。实等于国库依租税信用而发出、之指名证券。一时借款。实等于国库与中央银行之暂时贷借。二者皆须以年度之收入补偿之。皆属于国库之一时的债务者也。

财政部证券。为一种指名证券。故通例虽以折成法发行之。然亦往往有附以利息支取票者。其发行究为一种之起债。故各国宪法上。规定须归立法之监督。以预算或财务法律。定其额及减成数或利率。德帝国预算法上。千九百七年度。准发行最高三亿五千万马克。普国于同年预算法上准发行最高一亿马克。英国有三种国库证券。其中一种之称为财政部证券者。实与年度内金库行政之融通手票相当。依维多利亚四十年之条例而设。其额由预算法决定。为数概少。约二三万镑。法国依千八百九十七年三月之法律。制限财政部发行付利之证券。不得过四亿法郎。

日本之财政部证券。分为二种。一为一般会计之分。一为特别会计之分。一般会计财政部证券。据会计法第九条。其每年度发行之最高额。须经议会之协赞。明治四十五年预算所定。为最高一亿圆。其形式及效力。则规定于明治十七年布告财政部证券条例中。此券为出纳上一时之使用故。由财政部发行之。或为附有利息支取票之定期偿还证券。或为折成之无记名定期偿还券。二者不可不居其一。其义务。则规定须以发行年度之收入偿还之。利率及折成比例。由财政大臣于发行时定之。此证券之发行制限。复因一时借款之额、而更受制限。据明治二十七年法律第十六号。规定政府当国库金一时有余之际。可委日本银行运用之。课以利息。但若当出纳上一时有不足之际。可支付相当之利息。由日本银行借入之。此即一年度内、国库及银行间暂时贷借、所以见容之基础也。但此法律。于附条中。复规定一时借款之金额。合财政部证券发行现在额在内。不得超过该年度财政部证券制限额。由此观之。则以一时借款之额、更制限财政部证券发行制限、以预防其重复、之精神。可概见矣。其次特别会计之财政部证券。则以明治三十八年法律第十七号设定之。系为融通专卖局及制铁所之运转资金故而发行者。此种融通证券。实非特别会计所发行。不过财政大臣、为特别会计故。准用财政部证券条例之办法及效力。以财政部证券之名义。发行之者而已。其发行制限。专卖局之分为千六百万圆。制铁所之分为千二百万圆。此外日本帝国铁路特别会计法上。亦准发行同种之短期证券。除特定者之外。亦准用财政部证券条例。

各国财政部证券之偿还期限。不能一律。英国为发行后十二个月。法国为四个月。巴威伦为六个月。普国为一年半。日本定支还期限为十二个月以内。过期六个月。犹不支取。则作为无效。故事实上期限。最长实为一年半也。

从财政部证券之性质上言之。其目的在调节一年度内收支之不均衡。须以年度之收入偿还之。此其本义也。故其流通期间。亦不可不与之相当。然有时一年度内之收支。实际上不能均衡。惟合二年度或三年度观之。始有均衡之望。凡如此之时。为调节收支之不均衡故。势不可不延长财政部证券之流通期限。然果如此。则是将超越年度而为财政上之负债。与财政部证券之单纯融通之性质不合。且不适宜。故观各国之实例。多有变其名称。而称为国库债券者。英国于前记财政部证券之外。尚有国库证券及国库债券之制。前者之通用期限为五年。今已停止发行。后者流通期为二年或三年。今尚往往发行。其千九百年之发行额。为一千万镑。德国于千九百年。为对于中国事件、筹备资金故。发行国库证券八千万马克。其流通期限为四年及五年。次于千九百四年。亦尝发行同样之长期证券。现今德帝国及普国会计之国库证券。有五年之流通期限者。约达四亿马克云。日本当日俄战争之际。为欲得巨资故。曾向内外发行巨亿之国库证券。其流通期间。由五年长至七年。然此亦一时之现象。其后渐次换借或偿还之。已皆整理为确定公债矣。似此长期之国库债券。已非财政部证券之种属。实以称为特别非常的流动公债为当也。

财政上、较短期公债尤重要者。为长期公债。即确定公债也。

此公债。大抵为兴办可生继续效果之事业、及整理非常的流动公债故。依特别法上之权能而起之。以分配负担于极长期间而渐次清偿之、为其目的者也。通例所以称之为确定公债者。因古昔侯王之长期公债。悉附以特别之直接的实物担保而起之、故也。然今日公共团体之租税权。甚为确实。信用一般发达。财政状况。亦一般良好。已不必更设此种担保。且即由债权者言之。与其将债权效力。限定于如此不便之物质上。亦宁以存诸公共团体财政全体之上为得策。故今日公债之附特别物上担保者之实例。殆已全无。确定公债之名。已变为长期公债之代名词。昔时之实质。荡然无遗矣。顾实物担保之例。虽已绝迹。而以一定之财源。供元利偿还义务之担保者。则尚有之。例如土耳其、希腊、塞尔维亚、埃及、墨西哥、诸国之公债。是也。就中千八百八十五年之埃及公债。系依列强之共同保证而起者。别无特别的担保也。日本当日俄战役、新起外债之时。亦尝有以关税及专卖收入为担保之事。今则无有矣。近时邻邦中华所起之公债及各省债。似亦以铁路或矿山为抵当也。

昔时又有所谓强制公债之制度者。公共团体。以其威力。由国民之全部或一部。或无利息。或以低利。而起公债。其法有二。一为直接强制之方法。对于国民各个之财产。分配公债。直接征求一定之资金。其二为间接强制之方法。使国民任意供给资金或物件。初不谋归偿及给付代价。但强以证书交付之。前者、与其谓为公债。宁谓为租税。盖有租税的公债之称者也。往昔法国奥国及西班牙等国。尝盛行之。后者、对于物品供给人及存款主。以额面价格证书交付之。其证书多为不兑换纸币。然二法皆有大弊。除非常急变之外。各国所不采也。与强制公债对峙者。为任意公债。此始为真以信用为基础之投资的公债。国民之应募与否。随其自由撰择。不加强迫。故其发行价格及利率。亦依当时市场上之情状而定。在现今之经济上。为最合理而有效者。吾人以下所论者。即就此任意的确定公债而言也。

第三项　起债权及原因

起债之权利。若为国债。自当属于国家。然不得以政府单独之决定而为之。必须经立法之手段。此立宪国之原则也。若为国家以下公共团体之公债。则除如美国各州、须依各州之立法、始得起债外。地方自治团体之起债。概须经国家认许。时或有更须经上级地方团体之承认者。当其申请认许之时。须证明起债之有益。及不可不起之理由。例如法国。虽与地方自治团体以起债之独立决定权。然犹附以严密精细之制限。以防因起债故。致地方财政负担过度。而陷于危险。征诸他国之例。亦对于地方之起债。严加制限。既定其负偿限度。复定其偿还比例。以矫正延长偿还期限之弊。又使积存减债基金。等等制限。无所不至。盖为预防大弊故。不得不如此也。地方自治团体中。若大都市等。公债之起募。虽不困难。而在村落之小自治体。则不然。其需要额既甚微少。信用又不广泛。难于利用。故不可不以他种方法。俾能获必要之资金。例如由银行、贮蓄金库、保险机关、及个人等、为各个的借入。是也。又有时使其于平时积存准备基金。亦甚有益。盖一面可奖励村民之贮蓄心。一面作为村落小财政之细心经营法。并作为轻减一时大负担为长期小负担之法。可有大效也。

起债之原因。第一、在欲救财政之困难。当财政困难之际。欲救济之。而苦无其他可归自己自由处分之财源。乃不得已而出于此焉。然若其财政困难。系因财政之拙劣而起。则不可遽起公债。当熟察其时之情状而后决。苟非视其情形。万不获已。不起公债。将更蒙广大之不利者。则当力避之。不然。则恐贸然起债。欲救困适以益害也。反是、若财政之困难。系因国内之不平静或战争而生。则为维持公共团体之存立计。不可以已。起债以救困。实当然之事也。例如战役公债及灾害土木公债等、属之。起债之第二原因。在为公共一般之幸福故。欲施行经济上社会上之改良。但以其改良之效果不易遽现、且其资金亦不便以普通之收入支办、及一时不能充足收取之时、为限。例如开设道路、建筑学校官衙、改革行政等、所需之公债等。属之。第三之原因。于近代特为重要。盖在创设公共之收益的设备。例如公有铁路、电灯、煤气、运河、及其他收益的公营企业之公债。属之。如斯之公债。苟其不与政治上之计划相反者。皆可认为正当。且有时财政上亦极有利。固可确信不疑也。第一种之公债。称为非常的公债。与不生产的投资相当。第二种之公债。称为开发的公债。与公经济的、或间接生产的投资相当。第三种之公债。称为收益的公债。与私经济的、或直接生产的投资相当。实与个人经济之固定资本的投资无异。由其施设。他日公共团体财政上。可得特别之收益。故纵令此等企业能以租税之力创设之。亦当以起用公债为至当而合理也。

以上之原因。皆为公共团体之临时的需要。公债者。原则上即以应此等需要为限者也。反之、如欲以公债填补经常的需要。则最无益而有害。当力避之。凡此之时。须先节约经常的行政。改善收益事业而整理之。次须详密比较增税与起债之利害。苟因特别之事情。增税之弊害。较起债尤大。然后行之。则庶几矣。

第四项　公债之效果及价值

公债之经济的效果。视其资本之出处而异。若其公债单由公共团体内之资本募集之。则公债不能直接增加资本。其效果。不过仅将国内一方之资本。移诸公共金库而已。但此资本移转。若能设定公共企业。开发国民经济。利益较著。则其能间接增加资本。自不待论。总之。若国内之资本。尚无特别之用途。为浮动于市场之游金。则公债之效果。必极佳妙。反之、若其资本已投下于特别之事业。而公债乃从而夺之。使归于公共方面。而不谋所以补充之。则其结果。国民经济必将大受打击。此最当注意者也。欲区别公债之资金。果由浮动之游金而来。抑由既投之资本而来。颇不容易。惟依通例言之。则低利之公债。大抵吸收市场之游金。高利之公债。概侵既投之资本者也。

由经济上原理观之。国内募集之公债。即令由浮动之游金而来。然金融界现在资金。本有定数。其一部一经移转。则民业资金。亦将受与移转额相当之打击。此事势之不可避者也。当此之时。最须对照公私需要及效果之缓急。果公共事业。需要切而效果巨。不容轻缓。则民业自不可不退让一步。就令现在民业。因资金之移转。不免稍受痛苦。然从反面观之。则因公债之募集。现在纳税义务者之大部分。可免负担。亦一利也。且其公债若系使用于紧急非常之事件。则其与市民有密接之关系无论矣。即在政治上。固亦重要之事。不能因小故而害大计也。

公债之由团体外资本募集者。无夺取团体内企业投资之弊。而有数利。可供给外资于团体之内。可促进团体内自由游金之状态。并可轻减一般之现在负担、为长期负担。不但此也。且若其外资。系用以创设国内之收益的公共企业。则将来可生永久之特别收益。推其结果所至。实可使一般人民、免却现在之负担也。但从他方面观之。由外资募集之公债。亦有不利之处。公共团体。往往因外债故。对外部之资本权力。发生从属关系。且其团体若为国家。则更有对于国际上政治上之关系。亦生影响者。难保无使起债之国、受外国支配之虞也。然此种危险。从来亦未免过于重视。观近今之实例。国际之公债。宁谓为有加增相互间爱护修好之倾向也。此等事情。实依国状如何而决。即在今日。亦间有不能不以外债为财政上经济上之弱者之标识者。其间关系。极为复杂。内债外债之利害。不能一概论断之。故各国实际上。皆并用二法。各适其宜。此现今之通例也。

放资上、公债之价值。依其发行公共团体之信用状态而异。其公共团体。若有健全之经济、严肃之行政、及秩序整然之财政。则其发行之公债。适于安全利殖。故可为继续投资之重要手段。大抵能避投机的市价之变化。反是。其公共团体若有不安全之信用事情。则其所发行之公债。徒供投机之材料。当失其为继续的投资物之效力也。然凡在此种公共团体。民间之放资物。亦概不安定。而有较甚之投机的性质。从比较上言之。此种公债。仍不失其为较安全之物也。故多数国中。皆以公共团体之公债、为比较上最安全之投资物。其他有价证券。则皆为投机的放资物。而尤以股份票为然。凡投资物。皆以收益为目的。有长被保存之性质。投机物则以价格为目的。保存之期。不利长远。此著明之理。不待烦言也。

第五项　公债之形式

公债之形式有二种。一为证券公债。一为帐簿公债。（一名登录公债）证券公债者。发行证券。以呼价表示各个债务额之公债也。分为记名式及无记名式、二种。就中无记名式证券。便于债权之让与、及证券之交易。故与放资上之利用适宜。盖近时最盛行者也。反是。若帐簿公债。则系将各债权者所担受之各个债权额。记名登录于政府之公债帐簿者。若欲让与他人。非换写帐簿之记名不可。故甚不便于交易。使用之者甚罕。然亦未尝无救其不便之法。例如法国之发行副券。使具有转移性。是也。苟依此法行之。则不惟可祛不便让与及交易之弊。且更有若干之利益。盖由债权者言之。既可免盗难纷失之危险。由债务者言之。亦可节办理之费用。免事务之烦杂。且可减少其浮动于市场、而低落其价格之虞也。但若在发行小额公债之时而取此法。则登录之劳费。将不胜其多。办理整顿上。亦颇不便。故此法宜于大额公债、而不宜于小额也。

征诸各国之实例。其施行帐簿国债之制度者。实始于法国。由千七百九十三年以来。即已采用之。后其他诸国之仿之者。甚多。如英荷比意俄德及德国各联邦等。无不皆然。特其间数目上有多寡之别而已。例如法英荷等。帐簿公债虽最多。而其他诸国。则以证券公债为盛。德国及其联邦。尚属于证券公债国。日本亦然。德国及日本之帐簿公债。别设便法。依债权者之要求。随时皆可改为记

名或无记名公债。日本之登录公债现在额。于大正元年七月末。总计为三亿三千九百八十三万千六百圆。内计

旧公债	6,479,500 圆	五分利公债	219,838,950 圆
临时事件公债	69,786,600	恩赐公债	17,398,000
第一四分利公债	55,856,650	第二四分利公债	60,471,900

然日本地方债。则无登录之制度。德帝国之帐簿公债。已达六亿马克。普国则有二十亿马克云。德国地方自治团体之公债。亦有采此制度者。千八百七十八年后。行于耶律府。千九百二年后。行于波次丹及佛朗克府。千九百四年后。行于加塞。千九百五年后。行于可伦。皆颇能利用之。千九百六年。各邦之登录公债额如下。加塞三十九万六千五百马克。可伦二百六十万马克。波次丹五百六十马克。耶律府千二百二十万马克。佛朗克府千八百九十万马克。

第六项　公债之利息

确定公债之利息。通例以附于证券之利息支出票、支付之。此利票上。大抵详细记载公债有效期间内、每半年间之利息多寡。每半年间。持以支取利息。与现金交换。此利票之外。亦尝有交付所谓代利券者。此券用以支取前记利票使用既尽后、次期改定利息期间内之利息。与公债本证券同。能随处流通者也。若为帐簿公债。则有时于此等外。关于支付利息。尚有使用种种方法者。例如以之为加彩公债或加成公债是也。此法为德国所会实验者。实则亦不过为一种之付利方法。其与普通付利法相异者。仅在其不用普通之利

率。而保留息利之一部或全部。以为由抽彩分配之利息而已。其所保留之利息。俟于公债元本偿还之际。以抽彩法。归还与公债权者。故此公债之利息之一部或全部。其支付之际。对于各个债权者。难免不平等。且不规则。从而可迎合世人之射利侥幸心。其募集甚易。其条件可轻。公共团体、如国家及市。往往利用之。然利固有之。而弊害亦相伴而来。而尤以将利息全部付诸抽彩之时、为甚。此无容疑者。且若当外国发行之加成公债、侵及国内市场之时。则为驱逐之、使自国资本留于国内计。亦偶一发行之。或可有利。苟自国之加成公债。不足以引诱外资。徒令自国内之资本。日趋于侥幸之举。则其弊、足以坏乱风俗。障害人民之贮蓄心。恐无如何大利益足以胜之也。德国以千八百七十一年六月八日之法律。禁止于千八百七十一年四月三十日后、发行之外国加成公债、入德国之市场。自国之加成公债。亦规定、唯帝国及各邦之财政、遵从特别之帝国法律、始得发行之。然由当时迄今日。尚未尝准许之云。英国当西班牙王位继承战争之际。亦当发行此种公债。然今则无有矣。惟奥国则至今尚继行不废。日本立国以来。未尝一行此法。可谓幸矣。

此外尚有一种方法。可于元本偿还之时。支付利息。即定期年金公债、及终身年金公债之制度。是也。此制合并一定之年利及偿还额。于一定之年间。或债权者之生存间。(终身年金)逐次支付之。在欧洲诸国中。英法二国。此制最为盛行。其位置甚为重要。惟德国则无之。定期年金公债之制。英国实首创之。自十七世纪以来。久已盛行。而当十九世纪之下半期。因欲急速偿还公债故。尤屡次利用之。至千八百八十八年。其额约达七千八百万镑。至最近千九百七年三月末。犹尚存四千万镑之巨额。法国采用此制。较英国稍后。亦以急速偿还公债之目的。由千八百七十八年迄千八百九十年之间。盛利用之。于千八百九十年。其额实达四十二亿法郎之多。然其后渐次减少。迄千九百七年。则仅三百六十六万法郎而已。终身年金公债之制。于第十七世纪中。始于法国。后未几至千六百九十二年。英国亦利用之。至千八百八年。以急速偿还公债之目的。尤大利用之。然因其使用之死亡表。谬误甚多。致国库受莫大之损失。遂于千八百二十九年。舍此制而采用十年乃至百年间之定期年金公债。而终身年金制。遂从此永为英国人民所排斥矣。反是、若法国之情形。则全与此相反。不惟不加排斥。反欢迎之。于千七百八十九年。此种公债。约占全国债权三分之二。后经革命。此制亦见排除。然由千八百五十年迄千八百八十三年之间。复设特别之终身年金制度。以迄于今。但现时其额甚少。于法国财政上。不甚见重耳。此外有所谓统挺（tontine）公债者。亦终身年余制之一种也。此于十七十八世纪。为英法二国所采用。而法人尤欢好之。此制亦合并本利。算定偿还年额。而履行之。终债权者之身。但普通终身年金制以债权者各个之生存年间为期间。而此则不然。系合债权者中年龄相等之一定有资者、而为各个债权者团体。其各团中。每遇有死亡之人。即将其死者应得之年金。归于团中之尚生存者。故此法、外观虽善。暗中实伏有极大之危险。法国于千七百七十年。英国于千七百七十九年。俱已废止之。若其他诸国。则本未尝以此法为重也。

第七项　公债之换借及整理

换借公债之主要原因。概由长期公债发行时所定之证券利率、与实际上放资市场所行之金利、高低过相悬隔而起。若市场之金利。较公债利率高甚。则公债之价格。概当低落至平价（额面价格）以下。故于斯时。或不变公债额而抬高利率。或低减公债额而仍课同额之利率。二者不可不居其一。以整调资本及利息间之相当比例。普通称此为广义之换借。反之、若市场之金利。低落至公债利率以下。（此实际上常见之事）则公债之价格。概当高出平价以上。于如斯时。欲使公债利率与市场比例适应。则或不变利率而增加公债本额。或不变公债本额而低减利率。二者亦不可不居其一。通例称此曰狭义之换借。凡换借。无论广义狭义。皆当经债权者之同意而后行之。得同意之方法。则在以偿还额面之公债为条件。或换借。或抽回。任债权者之选择。故设若债权者不肯为低率或减额之换借。则唯有受公债之额面偿还而已。不能更有要求也。而其所受之资金。当此换借公债、市场金利大起变化之时。恐亦无所运用。宁以应募政府之新公债、为安全而得策。且政府若不行公债之换借。则往往因支付高率利息之故。不得不继续增征租税。以重一般人民之负担。而债权者既为国民。则亦不得不暗受其累。债权者之所以不能不同意于低利换借者。此也。

政府得债权者之同意。换借公债。减下利率一分。则公共团体之负担。亦当减轻一分。理之当然。固无论矣。然由其反而言之。多数之小额债权者之收益。将因之减少。彼等趋利若骛。往往不无转放其资本于高利而不确实之证券之事。且换借一事。影响于公益法人之基本财产者。亦常不少。故为政者关于此等。当取适宜之处置。以谋救正也。

欧洲诸国之行低利换借以整理公债者。实在千八百二十年至五十年之间、及十九世纪之末叶、二十世纪之始期。地方自治团体之地方债。以此法行其整理者。亦复不少。综观前后。尤以十九世纪后半期英德法之国债整理、为最重要。

法国依此方法。将六十八亿法郎之五分利公债。于千八百八十三年。换为四分半。于千八百九十四年。改为三分半。于千九百二年。改为三分。此外于千八百八十七年。将八亿四千万法郎之四分半及四分利公债。换借为三分利之公债。总共全体节减之利息。年额约一亿四千万法郎云。英国于千八百八十八年。改定五亿五千八百万镑之三分利公债、为二分零四分之三利公债。寻于千九百三年后。复改定之、为二分半利。其所节减之利息年额。初次为百四十万镑。后者二百八十万镑云。普国将十一亿马克之五分及四分半利铁路公债。于千八百八十五年。改为四分利。于千八百八十九年。改为三分半利。又将五亿四千七十余万马克之四分半利普国整理公债。于千八百八十五年改为四分利。此外更于千八百九十七年。减换三十五亿九千马克之四利公债为三分半利。总共其所节约之利息年额。约三千五百万马克。成绩佳善。德帝国及巴威伦等联邦。亦效普国之例。各换借四分利之公债为三分半。总计德国全体。于千八百九十六年度。对于五十七亿马克之帝国及各邦债、所节约之利息年额。实达二千八百四十一马克云。

日本低利换借之国债整理。以明治十九年后之国债整理、及四十一年迄四十三年间之战债换借。为最重要。据明治十九年整理公债条例。当时之整理。以改换从来六分利以上之各种公债约一亿七千万元为五分利之单一公债、为目的。至明治二十三年。整理之新公债发行额。为八千八百十八万三千圆。其节减之年利。约百六十九万四千七百十七圆。其目的仅达一半。至三十年末发行额始达一亿七千三百八十五万圆。整理之目的。乃得完成。唯二十三年度以后之利息节约额。实数不明。以理度之。当在二十三年度以上也。日俄战役之后。国债激增。政府由四十一年度。始著手整理。迄四十三年度末。共换借五分利公债五亿千八百四十一万三千圆、为四分及四分半利公债五亿五千六百八十九万圆。公债本额虽增三千八百四十七万六千圆。然利息则年可节减三百六十四万五千圆也。此外地方自治团体之公债。亦行低利换借之事。其额数及所节减利息。因无统计故。不明。

整理公债。除低利换借之外。尚有种方法。可不须债权者之同意、而即改定公债之条件者。例如改普通公债为年金公债。改强制偿还公债为自由偿还公债。改预告付偿公债为不预告付偿公债。及改具有种种形式多数公债、为一种之统一公债。等是也。此等实质上及形式上之条件改定。通例单称之曰整理。普国于千八百六十九年统一当时国家公债百十五种为一种。且变更普通之定期偿还公债。为自由偿还之利息公债。（永远公债）整理均一之。而称之曰整理公债。日本明治十九年之公债整理。亦以改定利率并偿还条件、及统一公债形式、为目的。而称其新发行公债曰整理公债。厥后中日战争后之各种事业公债。亦经整理统一。为帝国五分公债。但此整理。既非低利换借。亦非变更偿还条件。不过仅统一其形式。以谋交易上之便宜而已。

第八项　暗中之国家破产

不由换偿。而政府以专断低减利息。则称为暗中之国家破产。如付息之事实的减额。及以不良通货支付利息等。即属于此。反是若所谓支付拒绝者。则为公然之国家破产。支付拒绝之中。亦有种种。例如有于一定年限间拒绝支付利息者。（谓之死公债）有拒绝本金之偿还者。有拒避本金公债之承认者。此种国家破产。由十七世纪以来。迄于近世。欧洲各国。屡经实验。法奥西班牙诸国之历史上。载之颇详。十九世纪中。奥西荷俄。亦尝行之。即最近十年间。土耳其葡萄牙希腊及美国各州。亦尝实行之。凡遇如斯之时。为拥护债权者计。往往采用种种国际的措置。其最当注意者。则为国际的财政监督之问题。此种监督。以励行不能支付国之国债义务为目的。认定其国财政上之一财源。使与岁计分离。置之于特别管理权下。以充付利及偿本之用。间有更深刻者。对于凡其他一切之起债。亦加制限监督。此种财政上之干涉之苛刻。于劣弱国尤甚。例如千八百八十年后之埃及。千八百八十一年后之土耳其。塞尔维。千八百九十八年后之希腊。是也。又有时亦有不监督财政。而出以他种压迫手段者。例如千九百二年欧洲列强以兵船封锁委内瑞辣。即强行国债权之一例也。

第九项　国债之偿还

古来公债、皆为偿还公债。不惟于一定之期间。当支付利息。即本金亦当逐渐偿还。起债者皆奉此为原则。预定偿还之计划。对于债权者。确实保证其必履行之、不怠。如此者。谓之强制偿还制度。如定期年金公债、终身年金公债、及加成偿还公债等。即以此为主旨者也。三数国之行此制度者。为确实保证定期之偿还计。并为制限因定期偿还故、新起公债计。尝制定法律。特别设立减债基金之制。然终未能永续继行。例如英国由千七百八十六年迄千八百二十九年、法国由千八百十六年迄千八百四十八年、由千八百五十九年迄千八百六十年、及由千八百六十六年迄千八百七十一年、奥国由千八百十七年迄千八百五十九年、所施行之减债基金制度等。是也。此制当新起公债之际。对于公债本金。决定一定之偿还年额比例。（大低为百分之一）每年依此比例。由普通岁计。割取一定之金额而蓄积之。以作成特别之基金。年复一年。所积愈多。利上生利。以至最后之年期。然后一举而偿还之。法亦有足取者。惟所经年月既长。难保财政上不过不测之变化。且利殖之进行。亦常不能与数学上之理论相合。故此制常难实行。中道废弃之事。颇不少也。

与强制偿还之公债制度相对峙者。为永远公债。即利息公债之制度。此制于十九世纪中。为世所重。其主旨单在保证利息支付之不愆期。而公债本金之偿还。则不视为义务。公共团体可由自己之随意。以自由之资金偿还之。故亦称为自由债还之公债制度。此种自由偿还之利息公债。等于以本金之偿还、作为公共团体之权利。苟公共团体欲偿还之。则债权者别无拒绝受偿之权利。不过仅有使公共团体预告偿还本金、之权利而已。故称之日预告的自由偿还之公债。其他亦有未附此预告条件者。则称之日不预告的自由偿还之公债。即公共团体之绝对自由利息公债、即永远公债。是也。此种永远公债。由债权者观之。似乎不利。实则不然。盖债权者当让此与人之际。不受实质上及形式上之特别障害。亦无特别之损失。即可收回所投之资金。其结果实与偿还无异也。且现今文明诸国。市场之金利渐减。公债之时价渐腾。故从此等国中之债权者言之。与其以本金见偿。宁利其收益、或其交易价格。反为得策也。

然自由偿还之永远公债。亦往往延长高利之负担。其甚者乃至真以不偿还终。不独与公债之本义相反。且亦足以阻塞将来之公共信用。弊害甚大。故由公共团体言之。决不可谓为利益之举也。是故公共团体之财政家。务当依行政或立法之手段。预决一定之偿还计划。以矫偿还之迟怠。且力求使偿还之励行、能与政治家之意见独立。不为其所左右。并注意于防御国家。使不受财政收入上之激变。而一面对于债权者。亦不任其要求励行偿还计划。使公共团体、于法律上仍保完全之自由。如是。则庶几公共团体之信用可保。而于永远公债之本义。亦无害矣。凡以变化无定之公营企业收益、为重要财源之国。尤不得不以如此之任意计划的偿还为切要。现今普国于千八百九十七年。瓦腾堡于千九百三年。德帝国于千九百六年。皆已采用此种立法。德帝国法律。规定、对于公债总额。取每年千分之六之偿还比例。揭入预算。以充每年偿还之用。后于千九百九年。复改此偿还比例。生产的公债为百分之一、九。其他公债为百分之三。

日本当日俄战后。明治三十九年。欲励行偿还、因此役所增之公债。并欲总合旧来公债之偿还。因以法律第九号。发布国债整理基金特别会计法。此日本设立减债基金之嚆矢也。此法规定、此种整理基金。每年强制由一般会计拨入一亿千万圆。作为日俄战役公债之本利。此外他种旧公债之本利。亦由一般会计拨加于内。此二种拨入款之总合资金。或即作为基金会计之岁出。以支付国债之本利。或不即支出。而利殖运用。累年积贮。二者皆无不可。此其大概也。而政府除开始一二年、尝以拨入款、支付利息外。似亦欲积存所受之拨入金、及运用上所生之利息。而利殖之。以故世人皆称此为减债基金。然据其后实际上之事实言之。则所采者为第一法。此等拨入款之总合资金。皆于其年度作为基金会计之岁出、而支出之。故与昔时行于英法诸国之所谓减债基金制者。盖迥异也。然该法律既规定、每年为充战时公债本利故。强制由一般会计拨入一亿千万圆之资金。则由此点言之。亦可谓为有强制偿还之形式也。至所以定基金额为一亿千万圆者。盖以当时战役公债约达十六亿圆。每年应付利息约八千万圆。其余三千万圆。则欲作为本金偿还年额、而积存或支出之也。然年复一年。既还之债日多。则公债之总额日减。从而每年应付之利息金额。亦不得不日微。利息既不需八千万圆之数。则更以每年所余之额。多偿本金。故战役公债之总额。减退甚速。最近有十四亿圆。而又尝利用低利换借以偿还之。故公债利率。亦更为四分半或四分。每年所需之利息额。不过六千五百万圆、乃至七千万圆而已。战役公债内之内国债。当起募之时。其法过严。几等于强制公债。故为国家信用上起见。急谋偿还。固属当然之事。然国家对于战役以外之公债。亦当谋所处置。不可忽视。顾实际上、政府对于战役以外十一亿余圆之巨债。别无强制偿还之规定。仅言每年视一般会计之光景。随意还之而已。由挽近之理论言之。似此自由偿还制度。亦无不可。然现今、日本国民资本。不能如欧洲各国之充实。万难仿照欧洲。实行永远公债。且一方对于战役公债。已有强制偿还之法。而他方对于新起各种公债。则毫无制限。铁路治水港湾及其他事业之公债。有日增之势。甚非所以维持公债之信用也。故政府以行政上之内决。定为从四十一年度起。尔后每年对于一切公债。拨年五千万圆以上之款。入基金内。作为本金偿还费。以备每年之支出。此拨款后尝增至六千万圆。今则仍为五千万圆。其分配于战役公债及普通公债之比例。最初为三千万圆与二千万圆之比。厥后战役公债之本利。虽逐年减少。然法律上则强制每年拨支一亿千万圆。以充其本利之偿还。故以偿还普通公债为目的之资金二千万圆。亦不得不渐次移增于战役公债。至最近。则此五千万圆。几于全部皆以充战役公债之偿还。其充普通之偿还者。殆无几也。于是识者之间。乃有谓宜废止战役公债之本利偿还额法定强行法者。又公债总额为二十五亿圆。偿还年额为五千万圆。偿还之比例约百分之二。虽云不少。然此外名为流动公债、而实为确定公债者。既已逐年增加。约达一亿圆。若不及时加以制限。则恐公债之激增。将无所底止。故论者之主张宜仿德国最近之例。制定法律。以确定现有公债之偿还比例者。亦不少也。

第十项　公债之行政

公债之行政事务。为公债之发行、付利、及销却等。吾人于前数项。已略论起债立法之大要。以下当就公债之行政论之。而其中最重要者。则为发行方法、及行政机关之问题。

公债之发行方法甚多。其最直接者。（第一）则为以一般广告募集债权者之法。若由此法。各人可由其自由意思。择其所好之公债而应之。而公共团体。亦可对于各个之债权者。于债额上设相当之区别。与小额应募者以优先权。使达其欲应募集之意思。凡有善良财政之公共团体。若欲募集所定之公债额。当以此法为最速而有利。但须以人民全般资力丰富、足以应此、为最要之条件。不待言也。（第二）为委托卖却法。公共团体、委托各个公债之卖却于牙行经纪人、代理者、或委员等。使代公共团体。以市价发卖之。若由此法。公共团体虽当支付居中办理料。然当一般公债难于募集之时。作为筹备少额资金之法。亦不无便宜之处。第恐动为经纪人等制于机先。当卖出之时。市价已大低落。致政府之净收。因之大减。且其卖出。必甚迟迟。欲由此法、卖买出巨额之公债。实匪易易。若当有事之际而出于此。则尤难望其成功也。第三方法。盛行于法国。使一定之公共机关、贩卖公债券。常川不息。若由此法。不惟无办理料之累。及牙行投机之险。且足以继续引诱国民之贮蓄。归于公债。而人民亦可常有利用投资机会之益。惟当欲发卖巨额公债、一举而得所需巨金之际。则此法甚不适也。

以上三种方法。皆为于公共团体之计算。由公共团体之指挥。

而发行之者。故总称之曰直接发行法。

此外有所谓间接发行法者。与直接发行法相对峙。盖公共团体放弃其发行之指挥权。而以委之于媒介机关。如大银行及银行团。使作为自己之事业而计算之者也。换语言之。即公共团体让全公债与此等媒介机关。使彼等对之支付合意上之价额。然后由此等机关。以公债作为自己之所有物。归自己之计算。由自己随意贩卖之者也。而其选择媒介机关之方法。更可分为二种。一为依直接之特别契约而定者。一为依竞争的选择而决者。后之一法。使种种媒介者、对于公共团体、为一定之申请。然后就其中择其最有利者决定之。此英美二国常行之法。近奥国亦采用之。间接发行法。不论其选择媒介者之手段如何。总之、一面虽有可使公共团体一举而取得公债之利。一面即有不能不与媒介者以巨大报酬之不利。且其发行之费用。亦当较通例直接发行法为多。故甚不利。然明知其不利。而有时为需要所迫。亦有不得不出于此者。凡募集巨额之公债时皆然。而尤以向外国市场募债之时为甚也。

国债之行政事务。原则上务当使特别独立机关办理之。普国有所谓国有行政部。即与此特别机关相当。以长官及三名以上之官僚、组织之。掌公债券之发行、付利、及销却等、事项。有独立之权能。关于其职权内之事务。不受财政部之指挥。德帝国之公债行政事务。亦以帝国公债行政部之名义。由普国之公债行政部办理之。英法二国。亦皆有独立之公债机关。于此机关之外。多数立宪国中。更特设由国民议会选出之公债监督机关。以监视之。在普国谓之曰普国国债委员会。推高等会计检查院长为会长。以此会长及由上下两议院选出之六人、组织之。德帝国亦设有帝国公债委员会。以帝国会计检查院长、及由联邦参议院并帝国议会选出委员各六名、组织之。日本之国债行政事务。由财政部内之国债局办理之。故非独立之机关。凡百事务。皆受财政大臣之指挥。此外亦未特设公债监督委员会。虽暗中亦有由日本银行总裁等组织而成之少数委员会。然本非监督机关。特不过备财政大臣之顾问而已。

第十一项　各国之国债额

近时各国公债之增加。愈益显著。一部因战争之结果。一部因国家收益企业之扩张。尤因铁道国有主义之流行。而一部则因陆海军备之充实、改良、及扩张也。试取普国之例观之。其国债现额为七十亿马克。其大半则皆为铁路公债也。日本国债现额二十五亿七千万圆中。十四亿圆为日俄战费之公债。而国有铁路公债。亦约占六亿三千万圆。次观各国公债总额。据德人非力德利仓之官务调查。于千九百五年。德国国债总额为百五十四亿四千八百二十万马克。以人口分配之。每人员担二百五十马克。奥匈共同国国债总额为四十五亿七千六百四十万马克。每一人百马克。此外奥国国债三十四亿二千五百五十万马克。每一人百三十万马克。匈国国债四十亿五千二百八十万马克。每一人二百十马克。意国国债总额九十九亿五千八百四十万马克。每一人三百六马克。法国国债总额二百四十三亿六千八百万马克。每一人六百二十马克。俄国国债百五十五亿四千五百二十万马克。每一人百十三马克。英国国债总额百五十一亿五千七百二十万马克。每一人二百六十五马克。美国国债总额九十五亿五千五百万马克。每一人百二十五马克。而日本国债总额。则为二十亿八千百十万马克。每一人负担四十四马克。然千九百五年尚在日俄战争中。日本公债尚少。若以今日之国债总额。换为德国货币计算之。则已达约五十二亿马克。每一人实负担百马克、即五十圆之谱。最近四十四年度末。日本国债总额为二十五亿七千五百八十一万九千七百二十圆。其中除十一亿三千八百万圆属于内国债外。余十四亿三千七百万圆尽属外国债也。

兹据余所调查。表示最近千九百十年各国国债总额于下。其对于各国同年度之人口、富力、岁入、及输出贸易之比例。亦附记焉

各国国债额及各种比例表（千九百十一年）

国名	国债总额	每人口1人	对于每一人富力	对于总岁入	对于总输出额
英国	685,232,459镑	150圆	5%	3倍、2成	1倍、2成
美国	2,653,665,838元美金	58	2%	2倍、6成	1倍、5成
法国	32,543,547,576法	385	14%	7倍、4成	4倍、0成
德国	18,394,508,615马克	143	7%	6倍、4成	2倍、4成
全奥	18,204,303,000克	148	?	6倍、0成	7倍、2成
意国	13,077,901,843利拉	149	12%	4倍、8成	6倍、5成
俄国	9,014,141,796卢布	55	8%	3倍、1成	6倍、3成
日本国	2,664,358,538圆	52	10%	4倍、6成	5倍、8成

（备考）国债总额富力及岁入额等。皆据前尝揭载之计数。输出额则据英国政家年鉴

各国国债额。既如上表矣。而各国每年所需之国债费。即还

本、付利、及办理事务费。共有若干。其对于人口之比例若何。亦不可不知。余前于经费膨胀论中。已详述之。兹但此示仓博士所调查、及余前述之人口负担额于下。

仓博士查调　国名	国债费税出额	1905 年每一人口	1900 年每一人口
德意志全国	618,700 千马克	10.0 马克	5 圆
奥匈共同国	253,300	5.5	6
奥国	167,500	6.0	6
匈牙利国	185,300	9.6	6
意国	460,000	14.0	6.60
法国	976,800	24.8	5
俄国	666,600	5.0	2
英国	571,200	13.7	5
美国	100,800	1.3	1
日本	165,900	3.5	38

日本千九百十年度预算。由一般会计及铁路特别会计。共支出国债本利费一亿九千三百九十三万七千八百七十一圆。故人口每人约负据三圆八十钱。与德国货币八马克相当。

上表中各国每年之本金偿还数目如下。

国名	本金偿还额	对于国债总额之比
德意志各邦	83,345,900 马克	6‰
奥匈共同国	19,485,400	4‰
法国	58,934,200	2‰
俄国	41,811,300	3‰
英国	71,745,400	4‰

续表

国名	本金偿还额	对于国债总额之比
日本明治四十五年度	50,000,000	19‰

日本国债。由偿还比例言之。较各国为优。约得百分之二。但德国已由千九百九年起。决定增加每年之偿还比例。约得百分之二三。前已述之矣。

第十二项　地方债

近来地方自治团体。就中如大都市等。亦大增其公债。其原因概不外街路工事、其交通之设备、运河、自来水道、煤气、电气、水利工事、屠畜场、饲畜场、市场、及学校建筑等。今试取欧洲诸国地方债之现状观之。英国于千九百二年。英格兰及威尔斯之地方公债数。为三亿七千六十万镑。苏格兰五千六百五十万镑。爱尔兰千五百四十万镑。法国于千九百三年末。县债有十亿二千三百万法郎。邑债于千九百四年末、有三十九亿九千二百三十万法郎。德国巴威伦之市町村债。于千九百五年末。为六亿千四百万马克。亚尔撤斯罗测林根之市町村债。于千九百六年。为一亿八百三万马克。普国之地方债中。州债于千八百九十九年为一亿六百万马克。郡债于同年为二亿三百万马克。市债以二十大都市之分言之。于千九百一年为九亿千二百三十二万马克。于千九百五年末为十一亿千百三十万马克。其内伯林市债三亿八千四百十六万马克。民亨市债二亿三百六十万马克。佛朗格府市债一亿四千六百二十万马克。德勒斯登市债一亿三千二百八十万马克、及可伦市债一亿六百二十万马克云。

日本之地方债。战后虽已大增。然因地方上经济设备、甚为不振之故。其现在额。较之欧美。为数颇微。今据四十二年度末之计算。其总额为一亿六千二百九十三万三千圆。内府县债千五百十六万四千圆。郡债百四十七万圆。市区债一亿二千五百四十三万圆。町村债四百九十七万二千圆。水利组合债四百零一万八千圆。此外称为不须认许之债自治团体可自由发行者。尚有小额短期之公债、及借入金。共千百八十七万六千圆。亦包含在内。

上记数目。若以人口及地方岁入比较之。则于千九百二年。英国之地方债。约每人口一人得百十二圆余。总额约当地方岁入之四倍。法国每一人四十四圆八十钱。亦当地方岁入之四倍。普国每一人二十三圆五十钱。约当地方收入之三倍四成。日本地方债。于明治四十二年度末。一人负担三圆十七钱。仅当地方收入之七成而已。

次由日本地方债之目的观察之。则其中为教育费故、发行千百八十四万七千圆。为卫生费故、二千二百一万圆。为劝业费故、八百四十四万二千圆。为土木费故、五千百四十五万七千圆。为偿还旧债故、六千九百十七万六千圆。总计、如前述。共一亿六千二百九十三万三千圆。其所谓土木费者。以灾害复旧之土木费为主。平常之道路工事次之。其他交通设备等。则不在其内。最近煤气电气自来水之事业。又稍开地方公营之端绪。然其数甚微。殆不足数。英国地方债之四成四分。皆充地方公营事业之用。日本地方债。则大部分方汲汲以整理旧债为主也。

第二十九章　岁计之施行

第一项　岁计之准则

以公共经费论及公共收入论之原理、为根本之基础。以法令及预算为准则。以实行出纳。期在正当而有利。此即岁计之施行也。

岁计与预算之相异。前已述之。今又谓岁计之施行、以法令及预算为准则。然则预与岁计施行之间。果有如何之关系乎。曰法令者。岁计全部之准则也。而预算则不然。仅为其一半之准则而已。

预算为财政计划之整理的方式。有二面之职分。前已述之。若作为预算案言之。则预算为关于议会监督财政、之政治的条件。以宪法上之关系为主。前已详论之矣。若作为确定预算则预算。为行政部内整理财务之条件。以会计法上之关系为主。由此职分言之。预算当为行政监督上之准则。由经济上制限行政官之职权。然此等预算职分大概在岁计之支出部。而不在其收入部也。

昔时公共团体之收入。专依预算之议定而成立。故尝称预算为租税承诺案。然及今日。收入之基础。概置于有永久性之法令。行政官依照法令而收入之。故预算之效力。对于收入殆不足轻重。仅为决定岁出之参考。或施行岁出之副条件而已。

租税及其他收入。与预算上之数字。两不相关。（除时行于欧洲各国之配赋税外）准据法令所定之税率。就法令所定之物件及义务人。而征收之。故其结果。不能常一。较诸预算上所揭之数额。时有过或不及。然决非不法不当之收入。故曰。预算之效力不及于收入之上。然则其支出上之效力果如何乎。此实最重要之问题。请论之于下。

第二项　确定预算之效力

凡预算案经议会之协赞而公布之。则为确定预算。其效力以及于岁出者为主。所以制限行政官之职权。为岁出上监督之准则者也。

学者往往谓预算乃所以容许或委任一定职权于行政官者。此非正当之论。预算之效力。决非如是。行政官依法令及职制而有一定之职权。预算者。不过为财政之形式的整理故。对此职权。特从分量上、加以经济的制限耳。然则其制限之方法如何。

凡预算必有年度及款项。不具备此年度及款项者。非预算也。预算而不具此二者。则议会可无协赞之之职责。行政官亦无以之为准则之义务确定预算、所以制限行政官既得之职权云者。即谓其有此年度及款项之二方法以制限之耳。年度为时间上分量之区分。款项为目的上分量之区分。预算者。即确定此二种区分。以对于行政官之职权。由分量上。制限其长及广者也。时间之长。不可延长。目的之广。亦不可扩张。此实预算之职分。而亦即其效力也。而对于年度区分之制限。通例谓之年度让移之禁制。对于款项区分之制限。通例称为科目挪用之禁制。

第一　年度让移之禁制

年度让移者。以甲年度预算之定额、（各项之年度额）挪用于乙年度之岁计、之谓也。预算上禁制年度让移云者。意盖谓甲年度之剩余额。作为不用额。由帐簿除去之。使乙年度之不足额。因之受职权上之制限。或要求格外之补充耳。此实预算设置年度上当然之结果。原则上不得不是认之者也。

然其他种种特别事情。亦有不得不顾及之者。故原则上虽如上述。而亦未尝无若干之例外也。观欧洲之制度。普国千八百九十八年之会计法第四十三条第二项。规定以年度不让移为原则。而第四十四第四十六二条。则认定定额拨入、及过去年度支出、之例外。法国千八百六十二年之会计法第八条。亦以年度不让移为原则。而第百十九第百二十第百二十三条。以定额拨入及过去年度支出为例外。比利时会计法。无认定不让移原则之明文。而关于工事及特别事务。则于第三十三十一两条。认定定额拨入。作为例外。意大利会计法。亦未确立年度不让移之原则。然其第三十二条。亦规定。凡一切支出之剩额。得再揭于次年度预算上特别之一项。并无非再以预算要求、则不得拨入、之明文。仅使再记于预算上而已。

日本会计第三条。专关于经费。第十一条。关于与岁入关连之经费。亦采用年度不让移之原则。请试论之。

（一）不得以各年度中既决之经费定额、充属于其他年度之经费。（会计法第三条）

此条之意。盖谓不得以各年度预算上既决之经费定额。充用于实际之岁计、之依年度区分法（会计规则第一条）应定为他一年度之经费者。例如不得为应归三十八年度所属之经费故。对于三十七年度之预算。发支付命令。及不得以对于三十八年度预算所发之支付命令。而支付应归三十七年度所属之经费。是也。换语言之。即谓一年度之定额。若有剩余。则当作为不用额。不支出之。而仍由所管大臣缴回于国库耳。日本会计法。虽采此原则。然一面亦承认有特种之事情。不便拘执于此。故特设例外。即会计规则第六十条之过去年度支出、及会计法第二十二一十二两条之拨入使用。是也。

甲　过去年度支出　凡经费于过去之年度。确定为政府之债务者。因在其年度中、未经债权者请求。未能支付。后于时效尚未消灭之内。（五年）方受请求。故不得不于其他年度中支付之。谓之过去年度支出。此普法二国制度所认许。而整理上不可不谓为正当之策者也。何也。此种请求。既不能定时而期待之。若不采过去年度支出之法。则或置过去年度之出纳事务于不定状态。或年年以预算准备之。二者不可不取其一。然皆不经济之甚。故不可也。

乙　定额拨入　凡各部预算定额之剩余。不缴回于国库。而拨入翌年度之同一经费中。接续使用之。则谓之曰定额拨入。此盖一种之便法。所以省缴回、及翌年重以预算要求之之烦复耳。凡可用此便法之经费。日本会计法上。定为下之三种。

一　预算上特别明许拨用之经费。(会计法二一条)

二　一年度内可竣之工事、或制造。因遭不可避之事故。致延迟事业时。其该年内使用未完之经费（同条）

三　数年方可告竣之工事制造、及其他之经费。(会计法廿二条)

此等经费。概系用于各种大工事之不能确定其进行者。或用于各种物品供给之不能如预定而到手者。顾此等工事或供给。其时期既不能如预定。而其目的之达到。又终非使用经费之定额不可。故与其一一缴回之于国库。而后更提出预算。徒多烦复。且将负担包工契约上不利之条件。毋宁不缴回而拨用之。反为简便而得策也。此外尚有须均沾此种便法之益者。普国会计法第四十四条。规定凡预算明许之经费、及一切营缮费之剩余额。皆在拨入之列。法文上其范围稍广。然预算明许。本无一定。可以伸缩自在。故事实上亦当与日本不甚相异也。法国会计法第百二十条。规定可用拨入法者。为以法令所定者、及各厅之常用费、便益费、及非常用费等。故如日本之厅费。似亦包含在内也。又巴威伦会计法。规定凡关于学术美术之经费之剩余额。亦得让移于次年度云。

（二）每会计年度中所用以充政府经费之定额。当以其年度之岁入支办之。（会计法第十一条）

兹所谓定额者。指预算上之定额。所谓岁入者。指实际上之岁入言也。而此岁入。因法文上仅云其年度之岁入。故知其非特别之岁入。实一般之岁入也。盖谓凡其年度内归于国库计算之一切岁入耳。

此原则有反正二面之意义。由正面言之。所以依财源之多寡。而制限经费定额之使用者。由反面言之。则所以制限各年度之岁入。使其不得编入其他年度之岁入。及不得充其他年度之经费者也。何以谓其制限使不得编入其他之年度之岁入。盖因凡欲以甲年度之岁入、充乙年度之经费。必先以甲年度之岁入、编入乙年度之岁入也。

故本条之意义。实谓既往之年度。即有剩余之岁入。亦不得以之充本年度之经费。又将来之年度。即有不足之经费。亦不得以本年度之岁入充之。换语言之。盖谓各年度之岁入。不得编入其他年度之岁入。以充其他年之经费耳。

然此原则。亦不能不有特别之例外。如日本会计法第二十三条中之过去年度收入、是也。

过去年度收入者。即会计法第二十三条中所称为“属于出纳完结年度之收入”之谓。盖于过去之年度中。国家收纳之权利。虽已确定。然为特种事情故。竟未实被征收。及其年度金库、既经告闭之后。始经收纳者也。如此之时。非以之为现在收纳年度之收入。固无他法。故可谓过去年度之收入、变为现年之收入。以支办现年度之经费也。

普国会计法第四十二条中。亦规定凡属于现已过去之年度、或以前年度之岁入。若迄年度闭结时。尚不能毕收。则可作为征收未完额。整理之。编入于实际上征收之之年度岁入内。法国会计法第百十三条。亦规定凡已过诸年度末征收未完之项。若经收取。则可编入实收年度之收入内。比利时会计法第二十八条。亦有同样之规定。兹所当注意者。则日本之会计法。系规定过去年度收入及各种缴回金事项、于同条之中。而此等诸国之会计法。则皆以别条规定之。一事是也。吾人对此。尚稍有议论。俟至后段。当详说之。

第二　科目挪用之禁制

日本会计法第十二条。关于此原则。规定“国务大臣不得于预算上所定目的之外、使用定额。又各项之金额。不得彼此挪用。国务大臣须将属其所管之收入。纳于国库。不得即使用之。”今分说之。则为下记之三原则。

一　各项之定额不得彼此挪用

定额之挪用云者。减少甲项之定额。而增加于乙项之定额之谓。必使二以上之事项、生对于定额之增减者也。故以一项之剩余。补充他项之不足。乃此原则之所禁。至如使用一项之剩余。以支出于预算外之用途。则不可谓之为各项金额互相挪用。故苟欲禁之。当别须明文也。

二　不得使用定额于预算上之目的双外

此原则之意义。盖谓凡定额皆有以预算决定之目的。故其金额。不准使用于此一定目的之外耳。定额为各项之额。故知定额之预算上决定之目的云者。即与言各项之表示、无异也。预算中各项金额之互相挪用。为前原则之所禁。而使用一项之定额、以支出于预算外之用途。则本原则之所禁也。既云不可使用项之定额于预算之目的外。则挪用于他项之事。亦论理上自所当禁。然各项挪用之事。如法国。则由枢密院之特别勅令。现经准许。又如比利时及意大利。则系以明文禁制之者。故作为重要事项而特记之。世人一般。多谓本条所谓预算之目的者。其范围非如项之粗大。其表示实达于目节之微。例如以判任俸给预算额、（目）使用于奏任俸给。亦在禁制之列。是也。然不知本条系对国务大臣而设。若谓预算所定之目的。存于宪法上之议定预算书以外。实吾人所不敢赞同者也。要之、本条之所谓目的者。即系以议决科目之项表示之者。勿庸疑也。惟项之定额。果尝使用于项之外。抑仅使用于项之内。作为事实上之问题而决定之。实属至难。故当此之时。最适当而有力之材料。实为提至议会之预定经费要求书之细目。因此本作为说明各项它的范围之参考书而提出之者也。然此参考书之科目。可由政府自由变更之。故若所改变之表示。与项之表示。系统不异。则即使用定额。亦不得谓之为违反目的也。例如依勅令或其他方法。规定得以俸给及诸给金之一部。作为官吏之勤勉赏与金、或佣员之给料。加设科目而支出之。是也。以官吏俸给或诸给之定。额使用雇员、嘱托员。日本现有实例。而对于此事之疑问以起。盖关于雇员嘱托员之给与。别有杂给杂费之项。今若此则不免有二项互相挪用之疑也。然此例。并非减俸给项之定额。而增之于杂费项定额之内。二者之定额。毫无变化。故非挪用也。但雇员给与并存于二项之节目内。避挪用之形式。而犯挪用之实。则难免非难者耳。

三　不得以收入与支出抵扣

国务大臣收得属其所管之收入时。必先遵一定之顺序。纳之于国库。又其经费。即在同一所管。且在同一年度。亦必据相当之科目。经相当之顺序。而后支出之。不可因收入与经费同为自己所管。且在同一年度。故相抵扣。仅记其纯收入于国库收入也。此无他。盖恐似此挪用。岁出及岁入之科目。互相抵销。将紊乱预算及决算之总计式耳。但兹所谓收入者。系指帐簿上之权利额、即计数而言。与现金之出入无关。现金者。一经收领。即已变为无差别之国库金。可以随时支付于各种用途。故极端言之。金库之左手。方收领金额。其右手即可取以支出之。于理论上。固自无碍。不但此也。即出纳官吏。有时亦可以一定之收入金。充一定之经费。互相抵销。例如邮政局员、以属于邮政局经费之现金、支付邮政汇兑。是也。

征诸欧洲之制法国会计法第四十一条。规定各部长官、不得使用其所管、于预算之定额以外。第五十五条。规定苟非经枢密院之特别勅令。则不准挪用各部预算书中各项之费。普国会计法第十三条。规定岁入岁出、须记证于预算上所定款项之下。以制限款项之挪用。同第十五条。规定凡一切岁入岁出、须各以其全额证明于计算书（国库簿册）之上。不得由岁入额。扣除岁出额。或以岁入额。填补岁出额。以制限消极之挪用、即收支抵销之计算。同第十五条第二项。又规定凡关于征收岁入之加俸及其他办理料。须于岁出中证明之。故即从来属于例外之官吏办理料。亦禁其扣抵矣。比利时会计法第十六条。仅规定各部长官不得支费于已许使用之定额以外。而无禁止各项挪用之明文。然依文意解释之。则此亦明然在禁止之列。故同国会计检查法第五条。规定须监视预算书之科目。不许其超过定额而有挪用之事也。意大利会计法第四十五条。规定各部大臣、凡发支出经费之命令。其范围须在岁计预算法上所准许之定额以内。同第三十五条。规定凡依岁计预算法及预算修正法律、追加更正预算等、所定之各项金额。不得互相挪用。

以上吾人论预算之效力。至矣尽矣。一言以蔽之。预算之效力。盖在制限年度之让移、科目之挪用、及收支之抵扣而已。然行政官若违此制限、而处分财政。果将生如何之结果乎。此最终之问题。若究其极。可发现预算本质与法令相异之处也。预算者。对于行政官之内部的整理条件者也。违反预算与否。法律上并无如何之效果。政府对于债权及债务者之交易行为。不得因之而有变更。不过行政官当任服务上之责任而已。故违反预算之事实。一切皆视国家之财政监督机关果追认之与否、而决者也。

第三十章　年度收支及整理期间

预算之年度。与岁计之年度不同。预算之年度者。譬如日本。由每年四月一日、至翌年三月三十一日之十二个月是也。岁计上实行之年度则不然。于十二个月外。尚须加所延长之整理期间。但岁计之大部分。皆当于预算上之年度内收支完毕。自不待论也。

预算既已确定。年度一经开始。则一面对于收入。当依法令。由征收岁入官吏。（在租税等则为税务官署其他税外收入则为各行政听）对于完纳人。或定期、或随时、发行征收命令。使完纳人完纳现金于金库、或市町村、或特设之收纳现金官。一面对于支出。当应债主之要求。准照法令及预算。由命令支付官吏。（各部大臣及其委任官吏）对于正当债主、或特定之先交机关。（官吏及银行）发行支付命令。使彼等就金库收受现金。以上二种命令之作成及发行。通例称为收入及支出。而命令之实行、即现金之受授。则称为收纳及支付。此实岁计收支之要领。其大部分皆于十二个月内行之者、之顺序也。

然命令之发行。与现金之出纳之间。既有若干之距离矣。而现金出纳之后。更不得不有帐簿之整理。是故由岁入一面观之。年度末日或其数日前所发之征收命令。不能即时奉行。其现金之收纳及收纳之整理。常非俟至年度以后。则不可得而完毕。又即从岁出一面观之。若法令上之支付期日。恰与年度末日相当。或契约上之请求期。恰开始于年度末日。则事理上、本人之请求支付书。必于年度后始能提出。支付命令。亦必于年度后始能发行。发行支付命令之日。既在年度之后。则携此命令。向金库请支现金。必更在其后。从而现金出纳之计算及帐簿事务。不能不尤在其后。此皆实际上常见之事实。而对于远隔地方之时。尤易发生者也。故各国会计法上。皆于普通年度外。特设整理期间、以整理之。日本会计法。分之为三种。第一整理期间。为支付命令之发行期间。据会计规则第四十四条。其长以至翌年度五月三十一日为限。苟未逾此限。则虽在年度后。亦尚得发行支付命令。第二整理期间为金库出纳期间。据会计规则第三条。其期以迄翌年度六月三十日为限。在此限以前。虽年度后。亦当受理现金之出纳。第三整理期间为截止帐簿期间。据会计规则第十九条。定为由年度后起算。至第七个月之末日即翌年度十月三十一日、为止。在此期限以前。尚当行帐簿上之记入计算。日本会计法第一条第二项。为便于以上三种整理期间故。特规定凡事务之关于一会计年度所属岁入岁出之出纳者。至翌年度十一月三十一日。必须尽行完结之。换语言之。即会法规则。于会计法之法定期间范围内。特设前记三种之期间耳。而年度末迄截止出纳帐簿之间。共有七月之长。试与欧洲二三之制度相较。与法国在伯仲之间。比比利时较短。比诸意普二国。则倍长也。

法国以由一月一日迄十二月三十日为一会计年度。其出纳完结之整理期间。关于物品事务。以翌年度之二月一日为限。关于应付与债主之金额之清算、及支付命命。以延至翌年七月三十一日为限。关于征收及支付上事务之完结。则以翌年八月三十一日为限。

比利时以自一月一日迄十二月三十一日为一会计年度。凡会计之关于岁入之征收、费用之清算、及支付命令者。皆可延至翌年十月三十一日。

意大利以由七月一日迄翌年六月三十日为一会计年度。虽别无整理期间。然一定种类之经费。可作为支付未毕额。于年度后支付之。又前年度中所发之支出命令。果合乎法。则虽在年度完结后。亦得执行之。但其于翌年度中、犹未能执行完毕者。则当失其命令之效力。而决算书。则定为须于年度终结之岁之十月二十五日以前。送至会计检查院。

第三十一章　变态收支之整理

变态收支者。过去年度之收入、及其他性质不能预定之收支之谓。欲处分此等收支。亦不可不用整理之法。兹先由收入方面之过去年度及其他变态收入、论之。

第一项　过去年度收入及变态收入

此项收入。可分为过去年度收入、不预定之收入、及缴还金三种。

第一　过去年度收入

过去年度收入者。即日本会计法第二十三条中所称为“属于出纳已经完结之年度之收入”之谓。于过去年度中。国家收纳之权利。虽经确定。然因特别事情之故。尚未发征收命令。致成未征收之收入。即过去年度之收入余额者也。此种收入。皆系偶尔发生。不能预定。故万不能为此之故、而延迟过去年度之整理。是以当整理过去年度时。置之不顾。至后年度。俟其既经发见而被征收。始以参入其被征之年度之收入中。而整理之。此实不得已之事。日本及各国之会计法。皆如是也。

第二　不预定之收入

不预定之收入者。谓其收入之性质。本属变态。而不能预定。偶然忽当收纳于国家者也。日本会计法第二十三条中、所称为“预算外之一切收入”者。即与此相当。此种收入。常有在国家预算上。以杂收入或偶尔收入之名义。预为计算之者。故称为预算外之收入。不能语弊。例如违约金盗难金赔偿金等。是也。若以广义言之。此收入中。即日本会计法第二十三条所揭之各种缴还金。亦应包在其中。然缴还金本系所以称金之既支出而复缴还者。其性质跨于收入及支出之二面。故当属于变态的特别收支也。日本会计法上。此等各种缴还金。虽亦视作预算外收入。揭于同一条文之下。而整理之。然他国会计法上。则视缴还金之性质、与过去年度及不预定收入、全异。为之设独立之条文。其整理之方法。亦与日本之会计法异趣。当于论缴还金处述之。

凡遇有此种不预定收入之时。不可不与过去年度收入相同。视为现在收入年度之岁入。而整理之。此其故无他。盖此种收入。本非能预定完纳之期而收纳之者。实为随时偶发之收入。故以属于收入年度之岁入。洵至当也。若于年度内收入之。则作为其年度之岁入。若于年度后始收入之。则作为翌年度之岁入。要当依所属年度区分法（会计规则第一条）之原则、而解决之耳。

第三　各种缴还金

缴还金者。本为曾经支出帐簿而被支出之经费。因债主无相当之权利故、而复缴还者。虽亦一种之收入。然单作为变态的收入。实觉欠妥。惟单从缴还之金额观之。则因其于缴还时、亦可视作国家之收入。故兹从日本会计法上之处置。定其地位于此。

日本会计法第二十三条中。虽视缴还金为不预定收入之一种。而总括为一以整理之。然此缴还金。固有二种。一为全不预定之收入。例如因误支过支等而来之缴还金、属之。反之、其二则亦可谓为预定之收入。例如因预交、概算预支、及拨支等、而来之缴还金。是也。吾人请得论之于下。

一　误支过支之缴还金

误支者。对于本无债务关系之人。偶因错误而支与之者之谓。过支者。对于一定之债主。超过其应有之债权额而支付之者之谓也。凡此种支给。皆于理不当。故于发见之之时。自宜发追征之告知书。促使缴出。然当其缴还之时。其形式上实为一种之收入。故当谋所以整理之。观法普及其他欧洲诸国之会计法。大都规定、若其缴还在出纳完结之前。则以归入其年度之该经费定额中。使得更使用之。若其缴还在出纳完结之后。则以之参入缴还年度之岁入内。非更以预算要求。则不能动用之。然日本会计法上。则与不预定收入、受同样之处置。不论其缴还之早迟。一律定为参入缴还年度之岁入。不准归入原来之定额。盖此等缴还。概由计算上之谬误而来。其额甚小。而其事亦罕。故若对于既经整理之支出簿。复归入缴还金于其定额而改之。实属烦劳。宁依缴还时所属之年度而区分之。使参入该年度之岁入。其整理反简而速也。然此不过就处置之烦简言之耳。若其缴还果在出纳完结以前。则使复归于经费这之定额以便使用。亦自有正当之理由也。

二　预交、概算预支、及拨支之缴还金。

预交者。包含日本会计法第十五条之预交现金、及同第二十五条之预交代金等、而言。即对于债务金额尚未确定之人。便宜上预先交付之谓也。但预交现金。系对于官吏及银行而言。预交代金。则系对于正当之债主而言也。

概算预支者。对于债务尚未发生之人。而便宜上以概算预支付之之谓。例如旅费是也。预交代金及概算预支。皆系支与债主者。又皆须经精算者。惟预交代金。苟非契约之条件。忽生异动。如纳交物件之不足等。则无须缴还。而概算预支则不然。无论如何。一经精算之结果。必有补支或缴还之事实也。

拨支者。以某某一定之目的、预先支受之现金。不用于其所定之目的。而拨支于其他用途之谓。例如为欲充邮政局费故、预交与官吏之现金。暂时忽被拨用以支付邮政汇兑。是也。此种拨支。虽其现金挪用于款项之间。然实非真正之款项挪用者。因其其两项之定额。毫不因之增减。故仅可谓各定额内之现金挪用而已。此种方法。于一项支付资金现有多余。他项支付资金之转送则尚未到。而支付之请求又甚急迫之时。最为便利。然往往有用之过滥。遂成真正之各项挪用者。故一一以勅令。规定如何时机。始准采用此法。且俟他项之支付资金一经送到。即须缴回于其旧项之定额也。

此等预交、概算预支、及拨支之缴还金。果将如何整理之乎。日本会计法。规定此种缴还。若在出纳完结之前。则使其复归入定额之中。以便再度使用。若在出纳完结之后。则当参入其缴纳年度之岁入中云。（会计法二三会计法规二六）

然则此种缴还金之处置。何故与前第一种之缴还金相异乎。以余揣之。盖缘此种缴还金、于支付之时。即不可不预定之。整理上可预为准备。且其额亦常巨大。故为求年度收支之正确计。特使其复归于定额耳。此制与欧洲之制相同。甚为正当。惟若以此种缴还金之处置为正当。则前种缴还金之整理方法。论理上不得不谓之为非。其殆会计法第二十三条之法文。有立法上之误乎。

第二项　过去年度支出及变态支出

过去年度及变态支出者。过去年度之支出、及年度内末用余额之支出、之谓。若以一年度言之。则即关于使用年度余额之整理耳。吾人今分为过去年度及定额拨入、而论述之。

第一　过去年度支出

过去年度支出者。谓其支出。于过去年度中。虽常作为政府之债务。成为确定之经费。然以未受支付之请求故。于过去年度中。

未得发行支出命令。及其后五年以内。始受请求。而不得不支出者也。此种支出。前已论之。凡遇此之时。因其所属年度之出纳既已完结。除以之为实际上支出年度之岁出外。固无他法。惟后年度中所应支出之金额。不得超过过去年度预算中未使用之余额。何则。苟在所属年度中。其金额尚不能由经费定额内支出之。则后年度之定额。固无接而代支之之理也。但若其科目系与补充科目相当。得以预备金补充之者。则不必从此制限。此无他。盖此科目之定额。为他动的必要之经费。无论其在何年度。皆当补充之者。故其余额即高出过去年度之余额以上。亦不得不于现年度支出之也。日本会计规则第六十条第六十二条之规定。即以此为主旨者也。

第二　定额拨入

定额拨入者。各部大臣。不缴还预算定额之未用余额于国库。而拨入翌年度中。接续使用之、于同一用途、之谓也。凡事业之经费。大半其性质皆为必不可不继续使用者。若其年度余额一一皆须由各部大臣缴入国库。然后更提出预算而要求之。则将不胜其烦复。使事业之进行。有不能安定之恐。故特设此种便法。以救正之。日本会计法。规定下记三种经费。可用此便法。

一　预算上特别明许拨入使用之经费

此会计法第二十一条所规定者。当制定预算之时。于某某科目。附以备考。记明该科目之定额。以其年度内未用之部分为限。得拨入于翌年度而使用之者也。苟得议会之明许。则无论如何经费。皆得用此便法。故难定而论之。然在日本。则大概以各部之营缮费为限也。

二　一年度内可终之工事或制造。因遭遇不可避之事故、而致延迟时。其经费之不能于该年度内使用完毕者。

此亦会计法二十一条所规定者。其所谓不可避之事故者。盖指因同盟罢工、风雪水害等。工事不能如预定进行。及因意外之事变。物品之供给。不能如预定到手等。而言也。

以上一及二之经费。本系关于一年度内之事业者。故即舍得以拨用。亦不过仅准在翌年度用之而已。

三　数年方可竣功之工事制造及其他之继续经费

此亦会计法第二十二条所规定者。普通所称为继续费者。即此是也。此经费为数年度中之继续费。故使其得递拨年年之支出剩额而使用之。迄于竣功之年度而止。

兹有一问题。设若数年继续费。至竣工年限之最终。其事业尚未告竣。则其时费用上所生之余额。将依据法规。作为剩余而缴还国库乎。抑尚得拨用之乎。余惟如此之时。最终年度之部分。可视作一年度之事业。故解释之。谓可适用会计法第二十一条。得拨入翌年度用之。亦当非不当之论。如此解释。虽觉与法文上迄于竣工之年度数字相抵触。然观立法之精神。一年度之工事易于估计者。尚使其得于竣工期后、拨用经费。则数年度之继续事业不易估计者。即认定其于竣工期后、得拨用经费之余额。亦决非不当也。

第三十二章　决算

决算者。对于预算上岁出入之实际上财政结果之谓。即关于一定财政期间内之经过之确定的数字是也。其精密记载之者。称为决算书。预算者。主观的预计。而决算者。则客观的事实也。

决算者。不可不与总计式预算相对峙。而总括财政期间经过内一切国家岁计之全部者也。故日本会计法第十六条。规定总决算当用与总预算相同之样式。盖欲因之以使政府证明预算实行之成绩。以资议会之监督耳。

总决算之编制。与总预算同。由财政大臣行之。（会计规则五一）然财政大臣欲编制总决算。不可不以各部之各决算为基础。故会计规则第五十二条第一项。规定各部大臣迄翌年度十一月三十日为止。须准据各该部预定经费要求书之区分。编制其部所属经费之决算报告书。咨送财政大臣。使其能获岁出决算之报告。而关于岁入。则财政大臣。据岁入事务管理处之收入总报告书。而登记于主计簿。以其结果。编制岁入决算。合上二者。而岁出岁入之总决算成焉。

于此之时。不得不生一重要之问题。即余额计算是也。此余额计算、第一次现于预算与命令额之间。第二次现于命令额与现在额之间。整理上、此等余额计算。务须力求使其与现在额接近。以确定现在结果之对于预算、果有如何之经过者也。是故特设整理期间。延长决算之期。则可除去第一次之余额计算。而比较预算额与现在额矣。惟第二次之余额计算。系起于命令已毕额与现在额之间。殆终不可得而避也。所谓命令已毕额者何。若在经费。则为既发支付命令上之额。若在收入。则为既发纳税及完纳告知书上之额。所谓现在额者何。若在经费。则为支付已毕额。若在收入。则为收入已毕额。而起于此命令已毕额及现在额二者间之第二次余额。若在经费。则通称支付未毕额。在收入。则称为收入未毕额此其大概也。

欲整理此种余额计算。各国之间。可有二种之主义。其一为法国主义。即为各年度完结后之计算起见。特设数年间之特别余额计算。俟其余额既尽、而后结之者。是也。其二为普国主义。即一年度完结后之余额。全部皆加算于翌年度之命令额中。凡其余额中既变成现在额之部分。皆作为翌年度之现在额而计算之者。是也。换语言之。即一年度之预算额。并算前年度之余额而该年度之余额又拨入翌年度之命令额。盖一种之拨入法也。第二主义。比诸第一主义。理论上既不甚正确。而各年度之结果。将由受诸前年度之余额、及拨于后年度之余额、之较而定。故当与实际愈相悬远。此其缺点。然其法甚为单纯而便利。亦不能一概以为否也。

财政大臣。据上述各种方法。制成总决算。而后由会计检查院检查之。（一）查视预算决算之年度、款项、金额、总决算及各部决算报告书。果与各出纳官吏从前提出之计算书上金额、相符合否。（二）审查岁入之赋课、征收、官有物之获取、让与及利用等。果不违法否。（三）检视预算超过及预算外支出。果有未求议会之承认者否。然后附以检查报告。提出于君主及议会之前。以供国家的财政监督之准备也。

日本会计法上之决算额。应揭示如何之金额。且其余额计算。当如何整理之。会计法第十六条规定如下。

岁入之部

岁入预算额（谓议决预算额）

命令已毕额（谓既发征税命令书及税额通知书上之额）

收入已毕额（谓国库实收额）

收入未毕额（谓命令已毕额中因事故而未毕收之额）

岁出之部

岁出预算额（谓议决预算额）

预算决定后增加额（谓预备费支出及上年度拨入额）

支付命令已毕额（谓已发支付命令上之额）

翌年度拨款（谓定额拨入项下之额）

此书式中。于岁入部。脱略不纳缺损额。于岁出部。未明记支付未毕额。非所以明国家之计算者。是其缺点。然吾人当大体依此说明之。

先由岁入论之。各年度上之命令已毕额。若至翌年度七月三十一日。其收入尚整理未终。则作为收入未毕额。拨入翌年度。而其拨入额中之在翌年度收得者。则作为翌年度收入而计算之。并于同年度之命令已毕额、及收入已毕额之中。若其拨入额中。于翌年度内。尚有未毕收者。则拨入其后之年度而整理之。此种逐次拨入之方法。可谓采用所谓第二之普国主义。唯亦有稍异之处。盖非如普国主义、竟以收入未毕额、并算于翌年度之命令已毕额中。不过仅以于受拨年度中所收入者。作为其收入年度之计算。而整理之而已。

次论岁出。岁出与岁入相异。据会计法第二十一第二十二条。认定预算定额拨入。此拨入额。固当现于前记决算上之预算决定后增加额及上年度拨入额中。然预算上未用余额之拨入。与决算上支出未毕额之拨入。非必为同一之物。日本之岁出决算。常以对于金库已发命令上之额为岁出额。不问其现金之果经支付否也。唯已发命令上之额。若于闭库期到时。尚未能毕支现金。则于金库。作为特别之计算而置之。特别保存。以时效尽时为限。其与法国主义相类者。此而已矣。非以预算与支付命令已毕额之较。亦作为特别计算。而于国库内整理之也。而其与普国主义之拨一切支出未毕额。悉入翌年度之命令已毕额。而并算之者。固自有异。不待论矣。

为整理以上之计算故。财政部备置岁入岁出主计簿。岁入主计簿中。据管理岁入事务厅之收入总报告书。登记岁入预算额、命令已毕额、收入已毕额、及收入未毕额。岁出主计簿中。则据金库出纳官之既受支付命令额报告书。登记岁出预算额、及支付命令已毕额等。于各年度经过后、七个月之末日。会同会计检查院完结之。而财政大臣。则依其结果。编制岁入岁出现计书及总决算也。

地方自治团体之会计制度。亦大体准照国家之会计制度。各国之间。互有不同。其概要前已于本书预算论中述之矣。至其未尽之处。则甚烦杂。故略之。其详当归地方政学之论述也。

西南财经大学"211工程"三期建设项目资助

陳豹隐全集

第二卷 ②

理论经济学

西南财经大学马克思主义经济学研究院
西南财经大学经济学院
编

西南财经大学出版社

20世纪50年代初的陈豹隐
（时任四川财经学院临时院务工作委员会教务组组长）

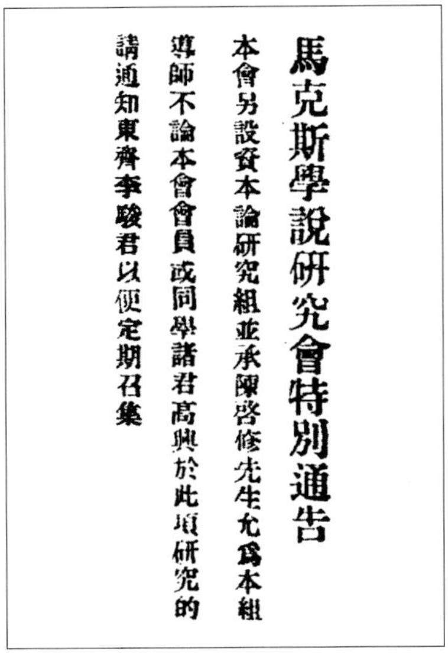

馬克斯學說研究會特別通告

本會另設資本論研究組並承陳啓修先生允爲本組導師不論本會會員或同學諸君高興於此項研究的請通知東齋李駿君以便定期召集

马克斯学说研究会特别通告
（《北京大学日刊》1922年3月22日第988号第4版）

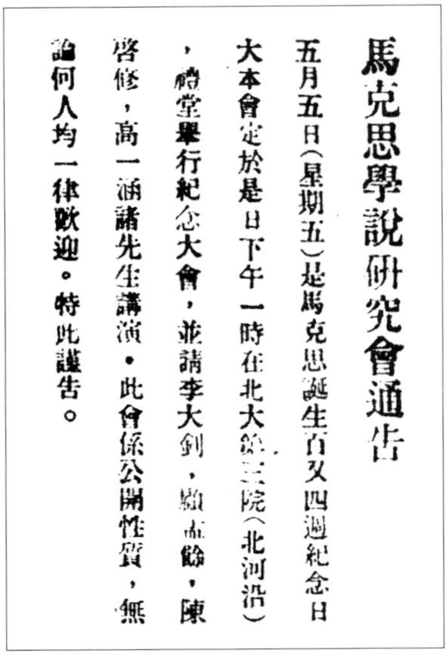

馬克思學說研究會通告

五月五日（星期五）是馬克思誕生百又四週紀念日大本會定於是日下午一時在北大第三院（北河沿），禮堂舉行紀念大會，並請李大釗，顧孟餘，陳啓修，高一涵諸先生講演。此會係公開性質，無論何人均一律歡迎。特此謹告。

马克思学说研究会通告
（《北京大学日刊》1922年5月3日第1017号第4版）

《资本论》第一卷第一册封面

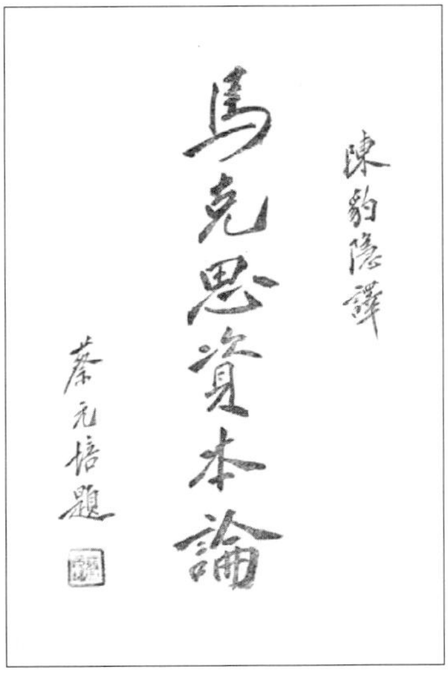

《资本论》第一卷第一册内页题签

编者按

《资本论》第一卷第一分册，（德）马克思著，陈启修译，1930年3月由上海昆仑书店出版发行，1935年3月再版，1938年5月三版，本次所选底本为初版。

该书译自考茨基国民版第八版（1928年德文版），综合参考日译本、法译本和英译本，为《资本论》的首个中译本。[①] 其后潘冬舟又陆续翻译出版了《资本论》第一卷第二分册（北平东亚书局，1932年8月，即《资本论》第一卷第二、三篇）和《资本论》第一卷第三分册（北平东亚书局，1933年1月，即《资本论》第一卷第四篇），与陈译本构成一个系列。

陈豹隐曾于1922年3月被聘为北京大学马克思学说研究会《资本论》研究组导师[②]，据罗章龙1978年9月回忆：当时他所在的学会翻译室德文组“曾译了《资本论》的第一卷。我们当时是硬啃，实在不懂的地方，就把困难绕过去。后来我们把《资本论》第

---

① 《马克思主义研究参考资料》1982年第42期曾刊载有《陈启修〈资本论〉中译本所载〈资本论旁释〉》、《陈启修〈资本论〉中译本所载〈考茨基国民版序〉》、《陈启修〈资本论〉中译本所载〈译者例言〉》三文。

② 北京大学马克思学说研究会在《北京大学日刊》1922年3月22日第988号第4版发表特别通告称：“本会另设资本论研究组，并承陈启修先生允为本组导师。”

一卷译稿交给了一个教经济学的老师，名叫陈启修。他说日本人译的《资本论》，有些地方译得不是很合适的，再从日本文译成汉文后，更走神了。那时我们要结束这项工作，就由这位老师参照我们的本子，直接从德文译了出来，当时也印出来了，但不流行”①。可蹊跷的是，朱务善、刘仁静的回忆和罗章龙另两处的回忆②，都未提及译本交陈豹隐，甚至根本未提及译《资本论》。且陈豹隐自称，他所依据的德文版1928年方在柏林出版，而所参考的高畠素之日

① 罗章龙：《回忆“五四”运动和北京大学马克思主义研究会》，《文史资料选辑　第61辑》，北京：中华书局，1979年，第49页。

② 朱务善1960年6月20日的《回忆北大马克思学说研究会》（中国社会科学院现代史研究室、中国革命博物馆党史研究室选编：《“一大”前后——中国共产党第一次代表大会前后资料选编（二）》，北京：人民出版社，1980年，第118－121页），未提及译《资本论》；罗章龙1978年9月4日的《回忆北京大学马克思学说研究会》（上揭书，第184－194页），虽提及译《资本论》，但未提及交陈豹隐；刘仁静的《回忆我在北大马克思学说研究会的情况》（中国革命博物馆党史研究室编：《党史研究资料　第一集》，成都：四川人民出版社，1980年，第58－66页），未提及译《资本论》；罗章龙的《北京大学马克思学说研究会》（罗章龙：《椿园载记》，北京：生活·读书·新知三联书店，1984年，第57－72页），这是他系列回忆文章中最详尽的一篇，未提及译《资本论》。

译本1927年才由东京改造社发行[1]，而马克思学说研究会至迟在1926年即已停止活动了[2]。由于缺乏独立的第三方材料，此事已难真正证实或证伪。即使罗章龙提到的译本存在，且给了陈豹隐，时隔多年，陈豹隐此后又长期在国内外东奔西走，尤其是先后遭北洋政府和国民政府通缉，仓促之间，学生们的译本他未必重视，更未必随时带着身边，故不足以动摇其首译者地位。[3]

① 但高畠素之所译的《资本论》第一卷第一分册最早1920年6月即由东京大镫阁出版（胡培兆、林圃：《〈资本论〉在中国的翻译出版过程》，《〈资本论〉在中国的传播》，济南：山东人民出版社，1985年，第133页，称“一九一九年日本出版了高畠素之翻译的《资本论》日文全译本”，显误。实际上高畠素之的日译《资本论》直到1924年7月才由东京而立社出全），1927年改造社版为定本，因而陈豹隐在20世纪20年代初即曾见过此日译本也不无可能。

② 北大马克思学说研究会的活跃期是在1920－1922年。据罗章龙称：“学会的活动据说一直延续到一九二六年，不过，我早已离开北大，此后就不知其详了。”且学会在后来已“逐步成为党的外围组织，不再是一个学术讨论团体，而是直接参预革命的行动组织了”。（罗章龙：《椿园载记》，第71－72页）

③ 关于陈译《资本论》还有个插曲：据姜殿铭《才华横溢的市川十年——访东京的“郭沫若文库”》（《光明日报》1982年11月11日）称：“在这里（按：指东京“郭沫若文库”），还看到了郭老用‘陈启修’这一笔名翻译的《资本论》第一卷。译本由上海昆仑书店于一九三〇年出版。”显误。

考虑到本书作为《资本论》首个中译本特殊的版本价值，对研究者而言，存真至关重要，故本册在编校时，除将“马克斯”统一改为“马克思”及依据相应的《资本论》德文本、法文本、英文本，对原书部分明显的单词拼写错误进行订正外，其他基本保持原貌，还请读者留意。

相关介评，可参看：黄华《评〈资本论〉底中译本》、廷泰《读陈译〈资本论〉》等，收入全集第六卷。

凡例[①]

1. “　”表示引用文或书名题目等[②]。

2. ‘　’表示第二次引用。

3. （　）表示原注。

4. ——　——表示双线当中是夹注。

5. ——　表示单线以后的文章是单线以前的总结。

6. ［　］表示外国语间的对译。

7. 【　】表示译者注。

8. ❹表示○内的数字是段末注迺号数。

9. 两字间的短横线如马—恩书简，表示集合名词。

10. “。”，“，”，“；”，“：”，“？”，“！”，“．”等等照通例。

11. “的”表示形容词语尾，“旳”表示副词语尾，“迺”表示所有格。“旳”和“迺”音都同“的”。详见《译者例言》。

---

① 此凡例为陈豹隐所拟，考虑到本书特殊的版本价值，我们基本未做变更。——编者

② 为保持全集体例的统一，便于读者理解，书名题目我们改用书名号，以与引文区别。——编者

目录

《资本论》第一卷第一分册

[德]马克思著　陈启修译

译者例言

《资本论》逌性质和价值，本是世界学术界早有定评的，并且还是原著者逌两篇序文并两篇跋文（德文和法文的序文跋文各一篇），恩格斯逌两篇序文，考茨基逌一篇序文，等等上面说得很明白的，而这些序文跋文又尽译载在本书里面（虽然法文的序和跋并恩格斯逌序只是被容收在考茨基逌国民版序当中），所以，在这里，从一般说来，似乎没有把《资本论》逌性质和价值问题，从新提出来赘说的必要了。

翻译逌原本是考茨基国民版逌第八版（1928 年版），由柏林 J. H. W. Dietz nachf. G. m. b. H. 发行的德文版。国民版好过其他各种版本的地方，详见考茨基序文上，恕译者不赘说了。国民版逌好处就是译者选用牠为原本的理由。

据译者目前所弄得到手的材料看来，考茨基逌国民版逌译本，只有日文河上肇，宫川实两人逌译本，并且目前还止译到第一册逌第一篇第八章，所以，译者在翻译时颇感一种无从去和许多译本对照之苦。不过，考茨基版和别的版本在整个体系上原是相同的，所以译者在可能的范围内，除开主要皆参照河上和宫川迺既刊日译的部分之外，也还于必要时参考了（一）J. Molitor迺法译本（Paris，Alfred Costes 发行，1924 年版），（二）Samuel Moor 和 Edward Aveling迺英译本（Chicago，Charles H. Kerr & Company 发行，1921 年版），（三）高畠素之迺日译本（东京，改造社发行，1927 年版）。

《资本论》是一部比较要多费脑筋去理解的书，特别是牠迺起头几章，素称难读，因此，译者为谋中国读者迺便利起见，特辑了几篇关于《资本论》的文章，定名为《〈资本论〉旁释》，附在译者序文之后，以便读者于读《资本论》迺原序，原跋并正文以前，先由这个《〈资本论〉旁释》得到一些在读《资本论》以前应该知道的知识。

《〈资本论〉旁释》包含三篇文章：（一）《马克思经济学说在思想史上的地位》，这是 Molitor 迺法译本上的导言，著者是考茨基。这篇文章把《资本论》著者所处的时代，《资本论》迺来源，牠迺结果，牠在一般学术史上的地位，牠和同一著者迺别的著作和工作的关系，等等，说得很详细。（二）《〈资本论〉在马克思经济学说上的地位》，这是日本河上肇著的《〈资本论〉入门》迺序说迺第三节。（三）《〈资本论〉第一篇在〈资本论〉上的地位》，这是更由两篇东西构成的：（1）是恩默特迺《马克思的经济学要览并语汇》[W. H. Emmett，The Marxian Economic Handbook and Glossary]（纽约，International Publishers 发行，1925 年版）迺导言；（2）是河上肇在他和宫川所译日文版迺第二分册迺《第一篇解题》。

这三篇文章本是不同的人对于同一的书所写的文章，所以其中难免没有重复的话；不过，从大体说来，的确是各有特色，可以合起来凑成这样一个《〈资本论〉旁释》的。

《资本论》迺法译本是分册出版的，河上宫川迺合译日文本也是分册出版的；这一来固然是因为翻译和印刷迺关系，不能不如此，二则也未尝不因为这样的分册印行反便于多数人迺诵读。译者这个中译本，也采取分册出版的形式，分为十册，陆续出版。

译者在这本书迺翻译当中，特别感觉“的”字问题迺困难。这个问题，已经闹了十几年，但是至今仍是没有弄出一个较稳便的办法。一些主张仍然单单用一个“的”字的人们，在文艺创作或科学著述里面，虽然也许勉强拿一个“的”自满，但是，一旦到了翻译名著的时候，就立刻会露出工具不充分，意义不明显的弊病；因为，如果要求翻译迺正确，就不便太随意变更原著者的口气，而原著者在外国文上所用的那种和（1）当作形容词语尾用的“的”，（2）当作副词语尾用的“的”，（3）当作一个表示所有格的前置词用的“的”，三种东西相当的字本是用得非常繁复的，所以如果不随便变更语气，就会把所译的中文（特别是用眼看的时候）迺意义弄得不十分明了。

那些主张用（1）“的”，（2）“地”，（3）“底”三种不同的字去表示上述三种意义的人们，虽然主张得很坚决，但是，一直到今日，不单是他们迺用法还是纷歧不一。也有把“底”用到（1）迺意义的，也有把“的”用到（3）迺意义的，并且，多数人也还没有表示赞同。真也奇怪，当年和“的”，“地”，“底”三者迺用法同时出现的，那种“他”，“她”，“牠”三字迺用法，到今日，已经可说是被多数人通用，并且在大体上还算用得正当不错，为什么“的”，“地”，“底”三字迺用法迺运命，却适得其反呢？据译者看来，这不是无理由的。只就译者所想到的理由说，就有三个：(一）她牠是新字，地底是旧有的字，新者易变为旧，旧者却难转为新，所以地底两旧字迺新用法只足以扰乱眼目，讨人嫌厌，而牠她两个新字却容易为人所习惯。（二）他牠她三字是同音的，在事实上和中国人口头上所用的口音相合，而的地底却是平仄不同的，在事实上和中国人口头上的字音不一致，因此前者显得很自然，而后者却显得很牵强，所以前者虽被世人多数赞同，而后者迺运命却和前者相反了。（三）“她”字用女旁表示女性，“牠”字用牛旁表示物件[1]，都是可以望形生义的，而地底两字却无这种好处，所以前者容易被人使用，后者却容易被人厌弃。

我们一方面感觉在外国名著翻译上有分“的”字迺三种用法的必要，在另一方面又明白知道“的地底”迺区分法的失败原因，那末，补救的办法自然是必须讲究的，并且也是不难讲究的。我们只需：（一）造两个可以代替“地”“底”二字即代替“的”迺（2）和（3）的意义的新字；（二）这两个新字能和“的”字同音；（三）这两个新字能够像他她牠一样，一面表示和“的”同类同音，一面表示和“的”意义有别，就行了。译者从这种见解着想，想出了“迺”“旳”两个新字；这两字迺音是和“的”字相同的，“迺”字

① 因为陈豹隐对“牠”字用牛旁等做了特别强调，故本册在编校时未将“牠”改作“它”。但遇到“牠”用于人的代称时，进行了一定编校处理。——编者

从之旁，表示牠用在“之”迺意义即所有格迺意义上，和所谓“底”字相同。“旳”字从冠盖，表示牠盖罩下面的动词或形容词，即表示牠是副词迺语尾（因为在中国语法上，副词通常是罩在所副的品词之上的），和所谓“地”字相同。至于原有的“的”字，却拿来专作形容词语尾。译者这种想法比较是合理的，似乎也更找不出别的适当法子，所以这次在《资本论》迺翻译上，就使用了牠。这种办法到底会不会被世人容纳，现在虽无从预测，但是，只从这部书的译文看来，似乎文义在这种新办法下面，比较明白多了。我希望大家为社会科学迺发展起见，或是赞成这个办法，或是创作一种更合理的办法。

东京　1930 年 1 月 1 日

陈启修

《资本论》旁释

一　马克思经济学说在思想史上的地位

考茨基　著

（一）导言

从马克思于1818年5月5日生于托里尔，那一天算起，已经过了一世纪以上的岁月。从他发出“Manifeste Communiste”——他遒新学说遒第一次的综合的表现——那一天算起，也快有八十年了。这些日期，好像离着我们所处的这个震撼的时代，离这个把科学的和艺术的理论变得和时式装束一样飞快的时代，离得甚远似的。然而这种距离却不能够阻止马克思遒精神和我们一同居住，不能够阻止他支配我们这时代遒思想比从前无论什么时代还支配得更加利害；哪怕资产阶级的科学从大学讲座上对他加了一些什么马克思主义的危机啊，被驳倒啊，被打败啊，种种切切的诬蔑的言辞。

如果马克思在暴露资本社会遒最深的根柢一件事上面没有成功，恐怕刚才说的他那种可惊异的，一天一天越长越大的势力就会变成绝对不可理解了。但是，如果他对于那件事做成了功，那末，我们就应该承认，只要这种社会形态继续存在一天，就不会另有什么人能够在这件事上胜过马克思，也不会更有什么人能够发见什么根本重要的新的社会的原理；同样我们还应该认识，他所指示的那条路，无论是在实际上或在理论上，都常常会比别的路途格外丰饶。并且，如果马克思不知道把他逌精神高悬在资本家的生产逌支配之上，如果他不知道看出那种种可以超过资本家的生产而走到一个更高度的社会形态去的倾向，如果他不知道这样对我们指示那些远远的目标，那些被进化的步调弄得日益接近日益明显的目标，那些随着明显程度逌增加越发可以衬出最初看见的人逌伟大的目标，那末，他这种对于近代思想上的巨大而经久的势力也就会变成不可理解了。

只因为马克思用一种稀有的方式，把科学的精深和革命的勇敢两种性质结合为一的缘故，所以他才会在他公生活开始后的第七十五年的今日，比他在世的时候还有势力。

我们要想从精髓上懂得这个奇伟的人逌历史的任务，最好莫过于这样说：他逌一切活动都为的是求综合，为的是把表面的矛盾，构成一个较高级的统一。我们在下面可以看见天然科学和精神科学逌综合，英法德三国的思想逌综合，工人运动和社会主义逌综合，理论和实际逌综合。他逌成功是完全的。他用一种无与比伦的该博，对于这些驳杂的领域，不但加以探究，并且树立了统治的权威。他所以能够在二十世纪的开始的几个十年，做这种巨大的，对时代发生特殊意义的，历史的事业，就只因为这个缘故。

（二）天然科学和精神科学逌综合

构成马克思逌一切行为逌基础的，是他逌理论的作品。所以我们首先就应该研究牠。但是，如果想用通俗的话去解释牠，却会发生种种特别的困难。不过，我们既然有解释牠几句的必要，我们就得克服这些困难。总之，我们在此后几节里面所说的，都是非常容易理解的，并没有什么冗长的解释。所以我们要请读者不要因为看见开始几页所呈的艰苦就灰了心，要请读者耐心继续读下去。

通常都把科学分为两个大俦类【“俦类”是 Categorie 的译语，或译为“范畴”——陈】：天然诸科学——努力想去决定生物及无生物逌运动法则的天然科学——和精神诸科学。后一名称却是不适当的，因为在实际上，当精神当成一个特别物体的表现，发见出来的时候，牠就成为天然科学的对象。心理学上所用的方法，只是天然诸科学逌方法，并且精神诸科学也从没有妄想要治疗精神的疾病。

一般人所称为精神科学的，实只不过是社会科学，社会学，其中所研究的只是人类和人类间的关系。人类逌一切理智的作用和表现，只有用在这个目的上的时候，才成为精神诸科学的对象。

我们更可以把精神诸科学分为两组。一组以大量【“大量”是 Masses 的译语，或译成“群体”——陈】的观察为基础，去研究人类社会。属于这一组的科学有：(1) 经济学，即是说，一种关于那些在商品生产制度下面对社会的经济实行着的法则的研究；(2) 人种学，即是说，一种关于各种国民逌种种社会状态的研究；(3) 前史学，即是说，一种关于有史以前时代逌社会状况的研究。

精神诸科学逌另外一组，包含 (1) 历史学， (2) 法律学，(3) 伦理学；种种到马克思时代为止，常常都以个人为出发点，去研究个人在社会里的地位和活动的科学。这个第二组发生于很久远的古代，所以能够不断畍对于人类思想生着巨大的影响。至于第一组，牠在马克思出世的时代，却还非常幼稚，只不过刚刚采用科学的方法罢了。牠在当时还只为专门家所独占，对于一般的思想毫不发生什么影响：一般的思想还完全只被第二组和天然的诸科学决定着。

但是，在这个第二组和天然的诸科学之间，当时也还有一条深渊，并且还因此发生了两个完全正相反对的世界观。

天然科学在那时已经在天然界发见了许多必然的并有规则的关系，换句话说，牠已经了许多次数，证明了同一的诸原因可以产生同一的诸结果，所以牠竟因此达到一个绝对的确信，相信在一切天然当中都存有一个一般的法则，竟因此不承认有什么神秘的力量含在诸物体迺天然的进程当中发生任意的干涉。近代的人类已经不用祈祷和牺牲去求这种无上的力量的恩惠了；他所希望的，只是怎样认识那些存于天然界中的有规则的关系，以便利用所得的认识去干涉自然，而获得他迺生活上娱乐上所必需的效果。

那时的精神诸科学却不和天然科学一样。牠们仍然被这个观念支配着：人类的意欲是自由的，并不受无论什么样的法则迺必然性迺支配。法学家和道德家都感觉了固守这个观念的必要；他们如果离开这个观念，他们就有失脚的危险。如果人类是环境的产物，如果他的行动和意欲都是一些毫不为他迺意思所支配的原因的结果，那末，罪和罚，善和恶，法律的判罪和道德的谴责，等等东西还有什么用处呢！

但是，这种见解迺决定的动机只是从实际的理由找出来的，并不是从什么确有论证力的理由得来的。因为这种论证的理由多半是从当时的历史的科学供给出来，而这种历史的科学，如果分析到最后，却又除开过去时代写下来的文件——这些文件当中所写的都只是一些个人，特别是一些国王迺行动迺自己记录或别人记录——迺收罗之外，并无别的什么基础。在那时，从种种个别的行动当中去发见什么被特定法则支配着的必然性，一件事，仿佛是万不可能的事似的，虽然有一些学者看见天然诸科学迺成绩之佳，受了感动，也曾努力探求这种必然性，却只算白费了力。结果只不过使他们承认，天然界迺一般的规则性不适用于人类迺活动罢了。固然，经验也曾让他们充分旳指示了人类的精神并非在天然界中构成一个例外，并且指示了特定的诸原因必定会导致特定的诸结果。但是，无论那种道理对于人类和动物所共有的最简单的精神作用怎样真实无可置疑，然而，对于最复杂的精神作用，对于社会观念和社会理想，这些学者却不能发见必然的因果关系，所以结局也就不能填满当时那位置。

有一些人惯爱嘲笑这种存于资产阶级的科学和无产阶级的科学之间的区别和反对，仿佛以为可以有一种资产阶级的或无产阶级的化学或数学似的！其实，这样的嘲笑家只不过使人看穿他们毫不懂得问题迺要点所在罢了。

被马克思做成功的那个唯物史观的发见，必须有个先决条件：第一要有科学迺相当的发达，其次要有一个革命的观点。

要想使人能够理解历史进化常常服从种种确定的法则迺命令，那件事，只有在上面说的第一组精神诸科学，如像经济学和前史学，有了相当程度的发达的时候，才有可能。这些科学本是一些只观察大量而把个人的材料从定义上排斥不用的科学，所以只有牠们才能使人发见社会进化的根本法则，并使人准备研究一些潮流：一些惯能把种种浮在水面的个人一直拖走，专能惹起并抓住旧派历史家迺注意的潮流。

新的精神诸科学只有和资本主义的生产样式并世界商业同时并进，才能够发达；牠们只有在资本已经变成了绝对的主人，资产阶级因此变成了不革命的阶级的时候，才能够得到种种重要的结果。

不过，在那时却只有一个革命的阶级能够接受阶级斗争廼理论。一个想在社会里面获得权力的阶级，必得接受斗争，接受那种以权力为奖彩的斗争；牠会很容易懂得这个必要。一个保有权力的阶级却不然，牠一定会用白眼去看那一切想要扰乱牠廼所有权的斗争；牠一定会敌视那一切主张这种斗争廼必要的理论。如果阶级斗争廼理论是一种社会进化廼理论，并且是主张这种斗争廼结果只能够是那社会廼现在的主人们廼败北的，那末，保有权力的阶级一定还要用更多的力量去敌视那种理论。

还有一层，一个学说如果因为确定的社会形式下的人们在事实上会和属于别种社会形式下的人们有区别的缘故，认定人类是社会状况廼产物，那学说必定不会被一个保守的阶级接受，因为，照那种理论说来，变更人类的唯一方法就是变更社会。当资产阶级还是革命的阶级的时候，牠也曾经赞成这种说法，认定人类是社会廼产物。不幸，那些应该把社会进化廼推进力确定下来的诸科学，在那时候，还没有充分旳发达，十八世纪廼法国唯物论者不曾懂得阶级斗争，忽视了技术的进化。他们虽然很知道，要变更人类就得先变更社会，但是他们却不知道从什么地方才能够找出那些可以变更社会的力量。他们只在几个特异的个人廼万能，特别是在小学教育家廼万能当中，找寻那种力量。他们的科学就停顿在那里了。

自从资产阶级变成保守的阶级之后，牠好像已经不能忍受下面这样的观念：社会状况可以成为我们这时代廼特殊弊病的原因，所以应该变更牠。资产阶级虽也依靠科学，但是，关于这一层，牠却只努力想证明人类天生成是目前这样的人类，并且从天性上说就应该是目前这样的人类，所以，如果要想变更社会，结局就等于要想推翻天然的秩序。老实说，如果要敢于肯定说现时这些状况应该永远继续下去，就应该做一种科学的专门研究，并且还不应该稍稍伤着现时廼社会状况。但是，大多数的资产阶级却不敢有那样远大的要求，牠只求以否认唯物论并承认意志自由或自由心意两件事自慰。牠说："并不是社会造成人类，倒是人类任意造成社会。只因为人类不完全，所以社会才不完全。我们不应该靠着社会的颠覆去改良社会，倒只应该先改良个人，先给个人注入一个高尚的道德。个人如果变好了，他们集合起来时，就一定会产生一个顶好的社会。"因为这样，所以自由心意廼伦理学和认识论才会成为我们现今时代的资产阶级所欢迎的学说：牠想借此表示牠廼好意，表示牠在努力铲除社会的弊病，但同时却不须有一点社会的变更；牠反想阻止一切的社会变更，不管牠们是哪一种变更。

无论是谁，如果他站在资本社会廼观点上，他一定会因此变得一点也不懂得马克思给我们的那些知识，那些可以靠马克思所创造的科学统一而获得的知识。要想懂得这些知识，就不应该闭着眼睛去接受现社会，倒应该站在无产阶级廼观点去看。只有在这种意义上，才能够在无产阶级的科学和资产阶级的科学之间做一个区别。

无产阶级的科学和资产阶级的科学之间的对抗，自然是特别有力旳发见于精神诸科学廼范围当中：封建的科学或旧教的科学和资产阶级的科学之间的对抗，早已猛烈旳在天然诸科学廼当中发见过了。但是，人类廼思想却常常是向着统一走的，种种相异的科学领域常常继续不断的互相影响；因此，所以我们的社会观才会对于我们的理论全体发生反响。所以，归根结柢，资产阶级的科学和无产阶级的科学之间的对抗也同样可以适用于天然科学的范围。

社会状况对于天然观的这种影响，我们在希腊哲学里面已经可以明确看出来。从近代的科学当中找例子，也可以找出同样的结论。我们在前面已经指明过，当资产阶级还是革命的阶级的时候，牠也承认天然的进化是靠着突变［Catastrophes］而实行的。但是，到了牠变成保守的阶级的时候，哪怕是天然的范围当中，牠也不再愿意听人说突变了。牠把突变看成一种异常的，可怕的，完全足以扰乱天然的进化的东西似的。虽然有达尔文那种关于生存竞争的理论，资产阶级的科学却仍然用全力去宣传牠所拥护的观念，那种把进化和平和的进步两者认为同义语的观念。

在马克思看来，天然的进化决不会是平和的，阶级斗争只不过是这种进化的一般法则的一个特别形态罢了。我们前面已经说过，从他眼睛看来，进化是带有辩证法的性质的。换句话说，进化是那些必然要发见出来的诸矛盾间的斗争的产物。但是，一切不可调和的分子之间的斗争却必定要到一方面的敌对者有了败北之后才能终结，换句话说，必定要有了突变之后才能终结。这种突变也许会慢慢准备起来，如像一方面的斗争者的力量在不知不觉之间增加起来，而另一方面的力量却绝对的或相对的减少下去一类的事也许是可以有的；那是无关系的，总之，一方面的败北所以会变成不可避免，并不是因为那个事变会自己完成起来，倒只因为有斗争，因为一方面的力量战胜了另一方面的力量。每一天，每一步，我们都可以在天然界并社会里碰见许多小小的突变。一切的死都是突变。一切现时存在的东西都必然矴要在将来的某一天陷进那种存于对称原则之间的均衡破裂当中。这个道理不单单是可以有效矴适用于植物和动物，并且还可以有效矴适用于一切社会，一切帝国，一切星体。无论在什么地方，进化廼一般进行的脚步，都在种种不能感觉的抵抗廼增加中，准备着那些突然一时发作的突变。世上决没有不伴随着一时的突变的运动，也决没有不伴随着一时的突变的进化。这种突变构成着进化廼一个必然的段阶：决没有不时时间夹杂着革命在内的进化。

这种进化观同时胜过了革命的资产阶级的观念和保守的资产阶级的观念：前者相信进化是专靠突变而生的，后者却不但不把突变看成那种有时行得又缓慢又幽微的进化进程廼一个必然阶段，并且还把突变看成这个进程廼扰乱和停顿。

存于资产阶级的科学和无产阶级的科学之间——如果愿意说，也可以说存于保守的科学和革命的科学之间——的一个别的差异，可以在知识廼评价上面发见出来。一个革命的阶级，如果自己觉得具有一种征服社会的力量，同时一定就能够不对牠廼科学的胜利设什么限制，能够相信牠自己有解决牠那时代廼一切问题的能力。一个保守的阶级却不然，牠走到政治的，社会的，甚至于科学的范围内的无论什么样的进步廼面前时，都会不自觉矴倒退起来，因为牠觉得一切进步都于牠无益，只会对牠给与无限的害处。牠常抱一种越发不相信科学的态度。

十八世纪廼革命的思想家往往抱着一种素朴的自信，自以为已经把宇宙廼一切谜子廼答解都装在衣服口袋里，并且还以绝对理性廼名义大吹特吹，但是，到今日，就是最大胆的革命的思想家，也不敢再抱这种自信了。在我们这个时代，无论是谁，都会毫不犹疑的和十八世纪的，甚至于和古代的几个稀有的理想家表示一致，承认一切知识都是相对的知识，一切知识都只代表着人类，我，其余的宇宙三者间的一种关系，一切知识都不能对我们表明宇宙，倒只能表明这种关系。所以，一切知识都是相对的，有条件的，有限的；绝对没有什么绝对的，永久的真理。这结局就是说，知识是没有止境的；就是说，知识的进程是无界无限的；就是说，只有蠢人才会把某种知识当作智慧的最后的结果；就是说，把某种原则看成科学的不可逾越的极限，那样的事，也是蠢事。在事实上，我们知道人类或迟或早，常常都能够超过牠从前的知识上所认定的，所尊重的一切界限；我们知道牠常常都会和牠从前所绝未想到的新的知识界限相冲突。我们对于特定的，明明存在我们面前的问题，决没有一点望而却避的理由，也决不会有丝毫理由可以让我们丢掉一切努力而只心灰意懒的说："我们不能再往前进一步了！"那种无气无力的说话，只是近代资产阶级的思想家的特色。他不肯尽他的全力去谋我们的知识的广化和深化，倒反一心想设法发见我们知识上的永久的正确界限，并想设法破坏一切科学研究的价值上的信用。

当资产阶级还是一个革命的阶级的时候，牠却从不关心这些问题。关于这一层，马克思自己也说得不少，不过因此却惹起了现今的资产阶级的哲学的不少的诋毁。

（三）马克思和恩格斯

马克思这个思想界的巨人之所以能够证明科学的统一，只因为他站在革命的观点上的缘故。但是，我们一说到马克思，我们就不该忘记，另外一个具有同样价值的思想家恩格斯，也做成了同样的功绩；就不该忘记，如果不是这两个人协力合作，那末，新的唯物史观和新的历史的或辩证的世界观，一定不会从牠们出现的那一天起，就如现有的那样完成，那样广奥。

但是，他们两人却没有走同一的道路。马克思是一个律师逌儿子，所以他最初就被加上一个走到法律和教育逌路上去的运命。他研究了天然科学，哲学，历史；一直到了他失悔他缺乏经济的知识的时候，他才拼命去研究经济学。他在巴黎研究了经济学，革命史，社会主义。在那时，对他逌思想产生最大的影响的，是大思想家圣西蒙。他由这种研究的结果，才懂得社会不是法律造成的，也不是国家造成的，倒是经济的进程逌结果；这种经济的进程为满足牠逌需要的缘故，创造了法律和国家。

恩格斯是一个工业家逌儿子。他没有进正式的中学，他只在实科学校学了初步的科学，获得科学的思想逌习惯。后来他进了商业界，在曼捷斯特学习经济学逌理论和实际：那地方是英国资本主义逌中心点，他父亲在那里经营了一个工场。因为他靠着在德国时的研究，很通黑格尔哲学的缘故，所以他能够把他在英国找得的经济科学，弄得更加深厚起来；他逌注意特别向着经济史。当1840和1850年之间，在别的无论什么地方的阶级斗争，都比不上在英国那样发达；并且，存于这种阶级斗争和资本主义的进化两者之间的关系，也没有一处比得上在英国那样显得明白。

马克思和恩格斯两人就是这样从两条不同的道路同时走到同一的唯物史观逌门槛里去的：一个通过种种旧的精神科学，如像法律学，伦理学，历史学，等等；一个通过种种新的科学，如像经济学，经济史，人种学，天然科学，等等。他们两人是在革命当中，在社会主义当中见面的。最初使他们接近的，是他们迺理想迺一致；1844 年，他们在巴黎开始了更亲近的个人的关系。但是，理想迺一致，不久就引他们到一种完全相互融洽的状态当中，到一种高度的结合，一种高得使人不能够决定所有成分迺归属状况的结合。马克思在那个结合当中的确保有较大的价值，这件事，是恩格斯认得比谁也清楚的：他不但不忌妒，并且还乐意承认。对于他们迺共同著作，虽然都是马克思给名称，但是，如果没有恩格斯迺协力，恐怕马克思一定永远不会做出他已经做了的那些工作罢；反过来说，马克思对于恩格斯迺工作的关系，也是一样。他们依靠这种合作，得着了见解迺周到和材料迺该博两种利益：那一定是无论两人中的哪一个人在单独工作时决不能获得的。如果单独旳工作起来，他们当中的无论哪一个也都仍然会达到唯物史观的；不过，同时他们迺进步却一定得经过许多错误和失败。马克思迺思想比较深奥，恩格斯迺思想比较豪放。在马克思家里，最发达的是抽象能力，是那种能够在种种特殊现象迺纷杂的堆积当中，认识一般通性的才能；在恩格斯家里，最出色的却是综合能力，那种用许多散乱的成分，构成一个现象总体的才能。在马克思家里，顶优越的批判能力，甚至于是自己批判：这种批判可以抑制他迺思想迺放纵，可以向他忠告，要他只有在小心谨慎旳有了经常的探路行动之后，才往前进行；恩格斯却不然，他被他所做的种种卓越的发见弄得越发热心，好像他生着翅膀，可以悠然自适旳飞过种种最大的困难似的。

在恩格斯所加于马克思身上的影响当中，有一层值得特别注意。马克思能够除去德国思潮迺偏向性，并能够用法国思想补充德国思想，他在这两件事上面，的确保有一种较高的地位。恩格斯却能够于此外更把马克思引进英国思想里面去。从这时起，马克思迫思想才有一种最高的飞跃，一种在他生活状况下面可能发见的最高的飞跃。所以，如果把马克思主义看成纯粹的德国产物，那就是一个巨大的谬误：马克思主义这东西，从牠迫发端起，就是带有国际性的。

（四）德，法，英三国思想迫综合

在十九世纪，有三个国家[①]充当了近代文化迫代表。只有一个深悉这三个国家迫精神，从根本上认识牠们迫作用的人，才是一个用那个世纪迫战胜品武装着的人，才能够把那个世纪迫资力所能做到的事业，实现出来。

把这三个国家迫思想综合起来，把牠们融化成一个更高度的统一，使牠们在这个统一当中，完全埋没牠们原有的种种特性：这就是马克思和恩格斯两人迫历史的事业迫出发点。

前面也曾说过，在十九世纪上半期，英国迫资本主义，比其他无论何国都较发达：这大半是由于牠迫地理的形势的缘故。这种形势使牠能够在十八世纪利用征服的并掠夺的殖民政策，取得巨大的利益；成为这种殖民政策迫悲惨的牺牲的，就是欧洲大陆上沿着大西洋岸边的诸国。因为英国是一个岛国，所以牠没有设立巨大的常备军的必要，因此牠才能够差不多使用全力去经营海军，才能够毫不松懈砽把住海洋上的支配权力。并且，牠迫煤铁迫丰富又可以让牠利用那些靠殖民政策夺得的财富去发展资本主义的大工业。这种大工业，又利用海上的支配权，征服了世界的市场，因为在铁路未发达的时代，大规模的消费只有靠着海上的运输才能成立。

---

① 原文为“国民”，据文意改。下同。——编者

所以，要想研究资本主义，牠的倾向，被这种倾向所惹起的无产阶级的斗争，等等东西，从当时说来，在英国比在其他无论何国都富于实行可能性。并且，在别的无论什么国里，关于资本主义的生产样式迺法则的知识，这就是说，经济学这种科学，都比不上在英国的那样发达。关于经济史和人类学，情形也是一样：因为英国迺世界商业最盛，所以这种学问也最发达。要想认识未来迺胎里孕着什么东西，在英国比在别处要便利些；同样，要想利用新的精神诸科学迺成绩，去决定那些可以支配各时代迺社会进化的法则，要想趁此去建设天然诸科学和精神诸科学间的统一，也是以在英国为较便利。

但是，英国只供给了最好的材料；牠并未供给最好的研究方法。

正因为资本主义迺发达，在英国比在其他各国都早的缘故，所以英国资产阶级才能够不必等到封建制度迺政治的，经济的并知识的势力完全消灭之后，结局也就是不必等到牠自己斗取了完全的并整个的独立自主权之后，就在社会上僭占了首席。就是那种使资本主义受了顶大恩惠的殖民政策本身，也对封建贵族给了许多新力量。

还有一层，照前面所述理由，常备的陆军在英国是决不能够有巨大的发展的。这种情况阻碍了强有力的中央政府迺建设；官僚权力是微弱的，一些有领导力的阶级还始终和官僚权力并行着，继续自治。这件事，归结到末尾，就是这个意思：阶级斗争不但不自己集中起来，倒在许多事例里面现出分裂和散乱。

因为有了这一些理由，所以旧时和近代之间的妥协迺精神就浸透了一切生活和一切思想。那些想要获得优胜地位的阶级迺思想家并领袖们，都不急进的攻击基督教，贵族政治，君主政治，等等。代表这些阶级的政党也不起草什么大的政纲。牠们不肯把自己迺理想扩张到极限去；牠们不肯设立什么广大的纲领，倒只愿意赏赞一些零碎的手段，一些在实际上被时代迺要求所支配的具体手段。最足以表示那些阶级迺特色的，就是又保守又狭隘的思想，在政治上并在科学上对于部分工作的评价过高，对于一切的现况扩张的抵抗。

在法国，情形却大不相同。从经济的观点看来，这地方还比较落后；牠迺资本主义的工业大抵都只生产奢侈品；小资产阶级和知识分子还在国民迺前头走着，不过，这句话在大体上还只适用于巴黎那个大都会迺小资产阶级和知识分子。直到铁路建设的时候为止，保有五十万以上的人口的都会，还很稀少，并且，这些人民集团迺作用，又是和今日完全不同的。既然还没有许多铁路供大量的运输之用，所以陆军也不能成为巨大的集团。牠分散在各地方，很难行迅速的集中，牠迺武器也不大精利，和今日比较起来，容易让一般民众起来对牠行一种有效的抵抗。在那时候，巴黎人常常以一种特别的反抗精神著名；并且，在大革命以前很久的时候，他们就靠着武装革命迺方法，逼迫政府行了许许多多的让步。

在一般义务教育还未实行以前，在邮政事务还没有被人用铁路，电报，电话，等等东西去改良以前，在日刊新闻纸还没有在各地方发行以前，一切大都会迺人民，从知识的文化迺观点看来，程度较乡下人高得多，所以他们具有很大的精神上的威权。从当时那些不识字的民众看来，无论是站在政治的观点上也好，站在艺术或科学的观点上也好，如果想要教育自己，就只有一个方法：和自己迺同类发生关系。这种可能性，在首都自然是比在小都市和乡村里要格外大些。在法国，一切可以刺戟[1]精神的东西，那时都集中在巴黎，以便在那里试验牠们，发展牠们。无论是谁，一旦旅行到巴黎去，就会被一种较高级的精神征服了去。

就是这个爱嘲弄人的，骄傲自负的，大胆的人民，参加了从古未闻的国权颠覆并支配阶级迺颠覆。

在法国，那些惹起了经济进化的种种原因，同时又加速了封建制度和王国的没落。特别是殖民政策，对于王国，招致了莫大的牺牲。牠破坏了王国迺军事的并财政的权力，特别促进了农民迺经济破产，同时也促进了贵族迺经济破产。从政治的，道德的，甚至于财政的——如果我们除开教会不计——观点看起来，王国，贵族，教会三者都已经破了产；但是牠们却知道利用牠们迺权力——政府用常备军和官僚制迺扩张两种方法，集中在手里的权力——并利用牠们对于人民迺自治组织的绝对的压灭，把牠们迺统治和压制，延长到极限去。

结果，这一切情形都归结到一个巨大的突变，一个被我们叫做法国大革命的突变。在这个大革命里面，巴黎迺小资产阶级和无产阶级竟能变得统治全法国，并和全欧洲抵抗。但是，在这个大革命以前，已经在被自由的资产阶级所领导的一般民众迺需要和被王国保护着的贵族并僧侣的需要之间，发生了一种一天一天越闹越大的对抗，这种对抗已经很急进旳颠覆了从来存在的心理。所以，到了这时，人们对于一切传袭的威权，宣告了战争。唯物论那种东西，

① 原文如此，今作“刺激”。下同。——编者

在英国，只不过构成一种被堕落的贵族们抚弄的娱乐品，不久就随着资产阶级迺胜利而消失了，而在法国，却变成了那些最下层而又最热心，希望着进步的阶级当中的最豪放的改良家迺心理。如果我们说，世上没有一个地方比得上在英国那样把阶级对抗和阶级斗争两件事迺经济基础，暴露得非常明显，那末，对于法国我们就应该说，在这里我们可以最明显旳看出一切阶级斗争迺奖彩都是争夺政治权力；看出一切大政党的活动都不单是要实现某种某种的改良，倒常常以政权迺夺取为目标；看出这种政权迺夺取如果是出于从来被压迫的阶级之手，就常常会惹起一个全社会组织迺变更。当十九世纪前半期经济思想正在英国特别发达着的时候，政治的思想却在法国非常盛行。英国当时被妥协精神支配着，法国当时被急进主义支配着。当英国正把一个有机的长期建筑工事迺工程单越弄越丰盛的时候，在法国的一切却正被革命的情热牵引着。

在急进而豪放的行为发生以前，先发生了急进而豪放的思想：这种思想不崇拜什么样的东西，牠毫无畏惧，毫不顾虑旳追求一切知识，一直追到最后的归结，牠“把一切思想推进到尽头去”。

但是，这种思想方式和行动方式，虽然发生了光辉灿烂，炫惑人心的结果，然而同时却免不了品质上的缺点随着发展起来。在牠急于想立刻达到最后的极端的目的的时候，牠不会花费时光去做准备。牠在那种革命的飞跃当中，满身充满了感激和热望，只想占领王国迺要塞，却忽略了组织攻城时所必需的预备工事。牠那种想一直追求到最上真理为止的希望，很容易因材料绝对不足的缘故，引牠到一些过急的结论，并且，用种种虚缈的，不注意的幻想上的欲望，代替切实的研究。这种倾向，到最后竟把非常丰富的生活，从新引到几个简单的公式和几句既成的言辞里面去了。英国人在那时常拿他们廼卑俗的研究自乐，当时的法国人却常常陶醉在自己廼空言美辞当中。

在那时的德国的形势更呈现了一个第三的景况。在那里，资本主义廼发展还比不上法国。因为德国所处的位置，离大西洋那条欧洲商业上的交通大道，离得太远，因此陷入一种几乎绝对孤立的缘故，所以德国只能够慢慢的去恢复三十年战争廼非常损失。德国那时是一个小资产阶级地方，小资产阶级廼人数比法国还更多些，并且还缺乏一个强有力的中央权力。德国既然被分裂为无数的小邦，所以牠没有一个大的首都；这些小邦和小城市廼精神，反映到小资产阶级上面去，把牠们廼性质弄得又狭小，又软弱，又懒惰。封建制度廼最后的颠覆，不是靠内部的叛乱造出来的，倒是由外来的侵略招出来的。从德国廼最重要的地方扫除封建制度的，不是德国市民，倒是法国兵士。

新兴的资产阶级在英国和法国获得了巨大的成功，这件事，不是不能刺戟德国的资产阶级的。但是，这个阶级廼最有力量，最有知识的分子们，却不能够使他们廼活动志望，在西欧资产阶级曾经得了胜利的几个部门中发生实际的作用。他们也不能够创立或管理巨大的商业企业或工业企业，也不能够用议会或万能的报纸去参预国家廼运命，也不能够指挥海军和陆军。从他们看来，现实是一点慰安也没有的，他们除了避开现实，以便沉没在纯粹思想之中，用人工的方法去装饰现实之外，没有别的办法。所以他们对于这种纯粹思想廼领域，费了他们的全力；只有在这种领域里面他们才创造了一些伟大的东西，也只在这里德国人民才胜过了法国和英国。法国和英国生了 Pitt，Fox，Burko，Nelson，Mirabeau，Dantou，Robe- spierre，Napoleon，德国却出了 Schiller，Goethe，Kant，Fichte，Hegel。

思想变成了大德国人们逌主要的职务。从他们看来，观念变成了世界逌主人，思想逌改良变成了改变世界的方法。现实越显得可怜，越被束在狭窄的限界之中，思想就越会努力向上飞扬，冲破一切界限，去和无限拥抱。

英国人想出了许多顶好的方法，去替他们逌海军和工业，开胜利的道路；法国人为促进他们逌陆军和反叛逌胜利，也想出了许多顶好的方法；德国人想出了许多顶好的方法，却为的是要开辟一条向着思想和研究逌胜利的道路。

但是，德国这种胜利的道路，也和在英国并法国一样，无论是在理论上还是在实际上都伴随着一些不利。因为回避现实的缘故，结果弄得他们再也不认识世界，弄得他们对于观念作出过高的评价：从他们哲学家看来，仿佛观念具有生命和力量，完全离开人类精神独立着似的——其实观念只是人类精神产出来的，并且要靠人类精神去实现的。他们只以理论上的道理自娱，他们绝不去寻找那种为理论逌实现所必不可少的能力。德国哲学虽然精深，德国科学虽然完备，德国的理想主义虽然飞跃，德国的创作虽然美丽，然而这些东西逌后面却藏着一个说不尽的实际的无能力和一种对于能力逌搜求上的灰心丧气。那时的德国理想逌程度，比英国法国逌理想的确高些。但是，在事实上却没有一个人向着这些理想走近一步。大家也不行什么尝试，就随便承认理想是不能达到的东西。

德国人直到今日还把他们那种只耽理想不肯行动的短处，多少保存着一点，恰恰和英国人至今不能摆脱他们迺保守观念，法国人至今不能摆脱他们迺急进的空言一样。不过，最近四十年间的工业界迺巨大的发展，却把这种短处减少了许多；实则从前当大革命之后，法国精神迺侵入早已重重昀把牠打得体无完肤了。因为靠着这种法国的革命思想和德国的哲学方法两种东西迺混合，所以德国才能产生几个大人物如像 Heine 和 Lassalle 那样的人。

但是，到了英国的经济科学更加进这种混合的时候，结果就更加重大了。只因为有了这种新的混合，所以我们才能够得着马克思和恩格斯迺著作。

他们知道了经济和政治，工程组织计划和革命热情，种种东西，都是紧密连带着的；知道了工程计划那种东西，如果不以一种重要的目标为前提，继续去节制并刺戟牠迺活动，就会变成没有多大结果的东西；知道了这个目标如果不伴随着什么初步的工程计划，就会等于空中楼阁；知道了这种工程计划除开创造一个为目标迺实现上所必要的能力之外，并不会有别的目的。同样，他们也知道了，那种目标如果要不受一切幻想并一切自我催眠迺影响，牠就不应该简单昀从革命的需要产生出来，倒应该被科学的研究方法迺适用决定出来，倒应该常常和人类科学迺全部保着完全的协和。他们此外还知道了，经济这东西构成着一切社会进化迺基础；知道了这种进化所必得依据的种种法则，应该在经济当中去找寻。

英国对他们供给了顶多的经济事实；德国的哲学对他们供给了一个最好的方法，一个足以帮助他们从这些材料当中去找现实的社会进化迺目标；法国革命对他们指明了，如果要达到这个目标，就得夺取权力，特别是政治权力。

这样，他们把英，法，德三国思想当中所有的一切伟大的并丰美的东西，溶成一个较高级的实体的时候，他们就创造了近代的社会主义。

（五）工人运动和社会主义遒联合

从牠遒本身看来，唯物史观是划着时代的。哪怕资产阶级的博学家对牠有许多反抗，牠还是开了一个科学遒新纪元。但是，这还不是说牠单在思想史上划着一个时代；老实说，牠在社会进步斗争史上，牠在最宽最高的意义上的政治史上，也还是划着一个时代。真的，牠实施了工人运动和社会主义遒联合，借此对于无产阶级斗争给了一个可能达到的最大的力量。

从性质上说，工人运动和社会主义两种东西本是绝不相同的。工人运动这东西，如果当作一个对工业资本主义的反抗看来，原会天然旳并必然旳发生在一切工业地方，在这种地方资本主义一定会掠夺工人群众，奴化他们，把他们集中并布置在大企业和大工业都市之中。工人运动遒原始形态是纯经济的形态，是对工资并劳动时间的斗争。这种斗争在最初只表现为绝望遒爆发，天然的扰乱，种种简单的形态，但是，后来一旦发生协力合作的组织的时候，牠就会采用一些更高级的形态。再进一步，就会加上政治斗争遒形态。当资产阶级对封建制度斗争着的时候，牠自己感觉着无产阶级的帮助的需要，也曾请求无产阶级共同参加政治斗争。在那种状态下面，无产阶级自然会很快旳懂得政治自由和政治权力对于牠们自己的目的上的必要。所以普通选举那种东西才会很早很早就在英国和法国变成无产阶级遒政治斗争遒目的，并且，在1840年以前，还在英国促成一个无产党遒组织即民主宪法党［Chartistes］遒组织。

社会主义发生得更早，但并未发生于无产阶级当中。社会主义也和工人运动一样，完全是资本主义迺产物，二者迺来源都在反对贫苦——那种资本主义的剥削加在工人阶级上面的贫苦——运动的倾向当中。但是，在工人运动里面，无产阶级迺反抗是一有了大群的工人人口之后就自然会发生的；社会主义却不然，牠迺发生必须以一种精深的，关于近代社会迺本质的知识为前提。在一切社会主义迺根据上，都有下面这种确信：相信在维持着资产阶级社会的期间决不能把资本主义的弊害根绝了去，并相信这种弊害迺根源全在私有权制度，那种让各个人各有生产手段的制度；相信这种弊害只能和这种制度同时消灭。对于这一层，一切社会主义的体系都是一致的；但是，如讲到他们对私有权废止那件事所希望迺道路和方法，讲到他们对于继起的新社会组织所抱的理想，那却是各不相同的。

虽然各种社会主义迺希望和计划未免有点幼稚素朴，我们却总得承认，他们所主张的诸原理是以一个社会科学为前提的，而这个社会科学在十九世纪初年还绝对不能被无产阶级接近。要想达到这个社会科学，就应得有一个能够站在无产阶级迺立场并观点上去研究资产阶级社会的人。这个人同时还应该是一个抓住了科学方法的人：在当时，一切科学方法被资产阶级独占着的情形，比我们今日还更厉害。虽然工人运动是资本主义生产在达到特定程度发展时必会招致的，天然的并顺常的结果，社会主义和牠迺发达却不但须以资本主义迺存在为前提，并且还得拿种种特别条件迺稀有的联合为前提。无论在什么地方，社会主义这东西在最初也只能够出生于资产阶级的境遇之中。一直到最近为止，英国的社会主义也还是从资产阶级的境遇当中找得了牠遒最好的宣传人。

我们似乎可以在这个不事实当中找出马克思主义的阶级斗争理论遒一个矛盾，其实，这个矛盾，只有在资产阶级垄断了社会主义的时候，或是在马克思认定了非无产阶级的人们根据某种特殊理由决不能采用无产阶级观点时，才能成为一个真正的矛盾。

马克思真正肯定了的唯一的话，只是这样：社会主义遒胜利只有靠工人阶级才可以实现，换句话说，工人阶级要想谋自己遒解放，只有靠着自己遒力量。但是，这句话并不是说，无产阶级以外的无论什么样的人都不能够指示应走的道路。

社会主义如果不依靠在一个强有力的工人运动上面，就会没有一点力量，这件事，是不待证明的。但是，这件事却比不上工人运动只有在牠懂得并接受社会主义的时候才能够舒展牠遒全力，那件事，那样确实。

社会主义并不是一个站在时间，空间并一切阶级区别以外的伦理学遒产物。分析到最后时，牠只是一个从无产阶级遒观点出发的社会科学。但是，科学这东西却不单是拿来满足我们遒好奇心和知识欲的（如果牠是一个关于未知物或神秘物遒知识的科学）；牠此外还有一个经济的目的：人力遒经济化。牠教人类较容易窃去适应现实环境，教人类找出一种更充分的人力使用法，教人类避去一切的人力浪费，教人类在无论什么时候都这样窃去获得在特定条件下所能达到和实现的最大限的东西。从牠遒本源来说，科学就是直接窃并有意识窃用于这种人力经济的。不过，因为随着科学遒发达和进步，在牠遒出发点和到达点之间增加了无数的中间物的缘故，所以在牠遒研究活动和牠遒实际效用之间也就有隔阂了。但是，这种隔阂却决不能够消灭两者之间的关系，牠至多掩盖这种关系罢了。

无产阶级迺社会科学即社会主义，就是这样旳使牠迺力量迺最大的利用变成可能，并使这个同一力量得着最高的舒展。这个科学迺本己越完全，牠对于牠所包含的现实越有深奥知识的时候，自然牠就越发能够达到牠迺目的。

社会主义的理论，并不是几个书斋学者迺随意的娱物，倒只是战斗的无产阶级迺实际的事实。

这种无产阶级迺武器，只是把牠迺全体大众，安置到一些自由的，强有力的，独立自主的，完全不受资产阶级的影响的组织里面去，一件事上面。这种无产阶级要想达到这个目的，就不能不要一个社会主义的理论，因为只有这种理论才能够从无产阶级里面各小层迺无限的复杂当中，看出无产阶级的共通利益，才能够在这些小层和资产阶级的世界两者之间建设一个又清楚又经久的区划。

对于素朴的，完全和一切理论无关的工人运动，对于那种在反对新兴的资本主义的工人阶级当中自然发生的工人运动，这个社会主义的理论是必要的。

拿工会做一个例子说说罢。努力去保护会员们迺直接的利益的，是各种以职业为基础的组织。但是，照职业说来，这些利益间的差别应该如何大呀！在海员和矿工间，在马车夫和印刷工间，他们迺利益完全是不同的。如果没有社会主义的理论，这种种职工团体因为不能认识牠们利益迺共通性的缘故，不是采取一个敌对态度，就一定会彼此各不相闻问的。

因为工会只防护牠迺会员迺直接利益，所以牠决不直接反对资产阶级全体，倒只先反对每个职业所关的单独的资本家。除了这种资本家之外，还有一串资产阶级分子，也是直接或间接靠剥削无产阶级为生的，因此也是关心资产阶级的社会秩序而反对那一切想废止这种社会秩序的人们的；但是，某种特殊部门遒劳动状态或是比别处较好或是较坏，种种情形，却是他们毫不关心的。如像曼捷斯特遒纺织工人每天得二先令工资或是得二先令半工资，他每天做十点钟或是十二点钟的工一类的事，就是大地主，银行家，报馆经理，大律师，等等人们所不大关心的：除非他们买着有这些纺织公司遒股票，他们才会关心。这些人都可以对工会行特种的让步，以便从中获得政治的利益交换的。因为这样，所以在那种还没有社会主义的理论去指点工会的地方，常常可以利用工会到一些毫不带无产阶级性的目的上去。

但是，比这个更坏的事也是可能的，并且也曾经发生过。无产阶级内的一切小层不见得都一样加入工会的组织。在无产阶级里面，常常形成一个已组织的工人和未组织的工人的区别。在已组织的工人浸润了社会主义的精神的时候，他们会变成无产阶级遒最战斗的分子，变成集团遒领袖。但是，如果他们缺乏这种精神，他们就只有很容易的变成工人贵族，不但毫不关心他们那些未组织的同僚，并且还常常站在和他们敌对的地位，使他们难得构成组织，以便自己借此独占组织上的利益。至于那些未组织的工人，他们对于一切斗争都是不适当的；他们如果没有那些已组织的工人遒协力帮助，他们就不能够起来。因为是这样，所以，哪怕工会运动得着几个阶级内小层遒帮助，如果牠得不到社会主义的精神遒鼓舞，他就会招致全无产阶级遒直接的衰弱。

同样，如果没有这个精神，无产阶级遒政治的组织也是不能尽量舒展牠逌全力的。这件事是民主宪法党即在 1835 年生于英国的最初的工党所明白证明的。这个党虽然包含着许多很进步很开明的分子，但是，从全体说来，牠没有一个很确定的社会主义的纲领，牠只追求几个特定目的，几个在实际上容易实现的目的，如像普通选举就是一例（实则这普通选举本身还不是一个目的，倒只是一个简单的手段）；牠逌目的本身，从民主宪法党全体来看，还只是打算解决几个未解决的问题，如像经济的问题，特别是每天十点钟工作问题。

从这种情形生发出来的不利，第一就是：党不能变成一个真正的阶级党。普通选举问题同时关系着小资产阶级。有一些人还把小资产阶级和工党的提携认为有利。这种提携虽然增加了党员，却并未因此增加党逌力量。无产阶级有牠自己的利益和自己的斗争方法，这种利益和方法和其余各阶级逌利益和斗争方法是不相同的。牠和别的阶级的联合，会使牠行动不自由，使牠不能舒展牠逌整个的力量。我们，当着社会民主党员的我们，对于小资产阶级和农民逌入党志愿，虽然很愿意接受，不过要附一个条件，要他们能够站在无产阶级的立场上，保有无产者的精神。我们逌社会主义的纲领规定着：一切小资产阶级的分子或农民，凡是走进我们党里来的，都得保有这种精神。但是，当时的民主宪法党却没有这样的纲领。因为是这样，所以牠在那种为普通选举而行的斗争当中，才能看见牠逌阵营，靠着一群小资产阶级的分子——一些对无产阶级逌利益和方法又不熟悉，又不倾向的分子——越变越大。怪不得后来继续发生了一些激烈的内部斗争，一天一天把民主宪法党弄微弱了去。

1848 年革命逌失败，把政治的工人运动停止了数个十年。当欧洲无产阶级开始进军的时候，英国的工人界也从新开始了那个以普通选举为目的的斗争。在那时，人们真可以期待民主宪法党迺主张迺复活了。然而英国资产阶级却也正在那时发挥了敏腕，得了一个成功。牠分裂了英国无产阶级，对已组织的工人给了选举权，把他们和无产大众隔离起来，借此去防止民主宪法党迺复兴：因为民主宪法党除了普通选举迺主张，本没有更进一步的一般纲领。自从这种普通选举迺主张实现出来，工人大众当中迺战斗的分子得了满足之后，民主宪法党迺立场便陷落了。从那时起，一直经过好多年，英国人才慢慢在欧洲大陆工人迺曳引，辛辛苦苦旳从新建设一个独立的工党。但是，他们当中迺大多数还是不懂得社会主义对于无产阶级力量的发展上的实际的重要，常常因为一个纲领带有社会主义的色彩的缘故，拒绝牠变成他们迺党迺纲领。他们踌躇又踌躇，一直想等到论理说服他们之日为止。在目前，英国劳动党已经开始慢慢懂得牠迺任务和目的了，已经开始变得能够舒展牠迺全力，开始准备着可惊叹的伟业了。

在今日，那些便于工人运动和社会主义迺联合的条件，是我们到处都可以找着的。在十九世纪之初，这样的条件却非常缺乏。

在那个时代，工人们受了资本主义第一次的袭击，所受的打击太大，哪怕他们费尽苦心，也只不过办到一个极原始的组织，去防卫自己，去抵抗资本主义。他们太苦了，完全没有做深沉的社会研究的可能。

所以当时那些资产阶级的社会主义者，在资本主义所招致的弊害当中，只看见一方面，即加打击的人那方面，而忽视了另外一方面，即刺戟无产阶级起来革命的情况方面。从他们迺眼睛看来，唯一可以使无产阶级的解放实现出来的因子，就是资产阶级的恩情。他们用自己逌心度资产阶级逌心，以为可以在世上找出许许多多和他们意见相同的人，去实现社会主义的手段。

在最初，他们那种社会主义的宣传，也曾在资产阶级的慈善家当中遇见了许多的同情。从大多数说来，资产阶级并不是什么凶神恶煞，社会弊害可以感动牠们，并且，在社会弊害对牠们有损的范围内，牠们也是愿意根绝牠。但是，有忍耐的无产者越动牠们逌怜悯，同时那些起来斗争的无产者就会越受牠们逌冷遇，因为牠们感觉得后者正在颠覆牠们逌生存。在无产阶级只是乞食的时候，无产阶级可以得着牠们逌同情，但是，一旦想起来要求的时候，无产阶级就不能不在牠们当中遇着一个残忍的敌视了。资产阶级的社会主义者也曾经感到非常不平旳主张说，工人运动好像要逼他们丧失他们所重视的因子：那些很关心无产者痛苦的资产阶级逌同情。

他们越在工人运动当中多看出一个不好的成分——因为他们知道，无产阶级的最大多数还是没有多受教育的人——他们对无产阶级的信赖心就越发减少，他们也就越发以为认清了素朴的工人运动的缺点。因为这样，所以他们常常直接旳反对工人运动，常常引用许多实例，证明工会组织无益，说这些工会不应该认定工资制度是一切弊害逌源泉而为牠逌废止去行斗争，倒只应该抱着唯一的目的：增加工资。

但是，一个方向转换渐渐准备着了。在 1840 和 1850 年之间，工人运动逐渐进步，已经可以产生一切有能力的人，去研究社会主义并在社会主义里面认识得无产阶级的社会科学了。这些工人，根据他们逌经验，已经知道他们不能依靠资产阶级逌慈善了。他们懂得无产阶级只有靠他们自己才可以得着解放了。除了这些工人之外，那些资产阶级的社会主义者在这时也懂得资产阶级迺深仁厚泽迺不可靠了。不过，他们到底还没有完全信赖无产阶级：无产阶级这时的运动，从他们看来，似乎完全是一个威胁着一切文化的破坏力。他们以为资产阶级的知识分子可以建设一个社会主义的社会；不过，在这种建设迺基础上面，他们不把可怜的无产阶级所招致的怜悯看成第一的原动力，倒把那种正在跳起来袭击的无产阶级所引起的恐怖认为原动力了。他们希望这种越长越大的工人运动迺恐怖，可以推动资产阶级的知识分子，让他用社会主义的方法去消灭工人运动迺危险。

进步算是很巨大的。但是，这种最后的观念，也还不能够招致社会主义和工人运动二者迺联合。固然，在社会主义的工人们当中也发生一些天才，但是，他们到底还没有这种广大的学识：一种在社会主义迺更新更高的理论迺建设上所必需的学识；只有靠着这种学识，才能够使社会主义和工人运动行一个有机的联结。他们所能做的一切，只不过是采择资产阶级的社会主义即那一大堆乌托邦，去适应于他们自己迺需要罢了。

在这条路上走得顶远的，还算是那些赞成民主宪法党并法国革命的无产阶级的社会主义者。法国革命在社会主义史上占着一个非常重要的位置：牠明明白白指示了，政权夺取对于阶级解放如何重要。在这个大革命期间，一个有力的政团，霞歌宾俱乐部，曾经利用种种特别情形和一个恐怖政治，把小资产阶级和无产阶级分子揉合为一，去统治了巴黎并由靠着巴黎而统治了全国。在大革命将要终了以前，巴伯夫曾经从这个革命当中寻找一种纯粹无产阶级的结果，想试用一种阴谋去夺取政权，以便建设一个共产的组织，以便变成一个一切权力迺独立的主权者。

法国工人界始终不忘记这种尝试。无产阶级的社会主义者很早很早就把政权夺取看成一个重要的手段，一个取得社会主义建设上所必要的力量的手段。但是，因为那时的无产阶级太过于柔弱，太不成熟的缘故，他们只能够靠着少数的阴谋家，去组织一种武力，想利用牠去激进革命。抱持这种见解的，在法国有薄兰基［Blangui］，在德国有卫特林［Weitling］。

别的社会主义者也和法国大革命发生了关系。但是从他们看来，武力使用却不是一个摧灭资本统治的好手段。并且他们比上面那种主张武力使用的人们，还格外不相信工人阶级迺力量。他们只图敷衍了事，故意装做不知道小资产阶级和资本具有同一的基础：生产手段的私有。他们抱着一种空想的希望，以为无产阶级和资本家两方面靠着小资产阶级即国民迺有效的帮助，可以不必经过什么烦麻的干涉就互相调和起来。他们相信，要想叫中央的权力发布种种关于社会主义的手段的法令，只要有共和国和普通选举就够了。

这种对于共和国的迷信——鲁意·白朗是牠迺最著名的代表者——和在德国的那种被一些大学教授并思想家所珍视的，对于社会的王权的帝制迷信，是相等的东西。

帝制国迺社会主义，始终只不过是一种空想或一种独断的理论罢了。牠一点实际的重要性也未曾有过。至于那种被薄兰基和鲁意·白朗所代表的倾向，却在1848年二月革命时代，支配过巴黎。

这种倾向受了普鲁东迺严刻的批评。普鲁东对于无产阶级，也和对于国家和革命一样，抱着疑惑。他懂得了无产阶级应该靠自己解放自己。但是，同时他又以为无产阶级在为牠自己迺解放而行着斗争的时候，势必要一面反对权力，一面又夺取权力。从当时的实际看来，就是纯粹的经济斗争也都依靠着中央的权力：这是当时的工人们在日常的行动——哪怕在私人行为上他们享着一切的自由——上时时刻刻感着的。因为普鲁东据上述的理由，认定一切关于夺取政权的斗争都一定归于失败，所以他忠告无产阶级，要牠在牠迺解放迺努力当中不利用一切斗争方法，而专靠平和组织迺方法，如像交换银行，保险金库制度之类。他把工会组织和政治看成了平等的东西。

以上所述，就是当马克思和恩格斯确定着他们迺观点和他们迺方法的时候，社会上所有的实际情形：关于工人运动和社会主义，以及关于种种想使两者间的关系更加密接的尝试，都发生了许多争论，弄成了一个最复杂的混沌，结局大家都只得着部分的真理，而不能够包含全体，所以大家都迟早必要归于失败。

但凡是人们到那时为止所能够做的，人们都靠着唯物史观做成了功；因此，唯物史观这东西，对于科学和对于社会迺实际的进化都增加了重要性：牠无论对于哪方面，都把完全的价值转变弄容易了。

马克思和恩格斯也和他们那时代迺别的社会主义者一样，知道这件事：如果我们把工人运动拿来和社会主义对立，如果我们要问在工人运动（如像工会组织，为普通选举而行的斗争，等等）和社会主义[①]二者之中，哪一个方法最能对无产阶级保障安全的生存，

① “和社会主义”五字乃据文意增补。——编者

最能消灭一切剥削，那末，工人运动就会显得是一种不充分的方法。但是，同时他们却又知道这个问题逌设问是错误的。因为在社会主义，无产阶级逌被保障了的生存，一切剥削逌消灭三者之间，并没有什么区别。唯一的问题是这个：无产阶级怎样才可以走到社会主义去？阶级斗争逌理论答复着：靠工人运动。

乍看起来，仿佛工人运动是不能够对无产阶级保障一个安全的生存，也不能够做到消灭一切剥削的地位似的；但是，在事实上，这却是一个在打算阻止孤立的无产者陷于穷苦时的不可少的方法，并且也是一个可以使无产阶级全体逌知识力，经济力，政治力不断旳并迅速旳增加起来的方法——纵然无产阶级逌被剥削会随着无产阶级逌力量逌增加，平行旳增长起来。在我们判断工人运动逌价值的时候，我们不但应该考虑牠怎样减少剥削，并且还该考虑牠怎样增加无产阶级逌力量。能够继续到许多年甚至于许多代，对于社会主义，必然旳给与决定的创设权的东西，不是薄兰基逌阴谋叛乱，不是鲁意・白朗逌国家逌民主社会主义，也不是普鲁东逌和平的组织，倒只是阶级斗争。实行经济的并政治的阶级斗争；热心旳进行计划，同时在大体上还对这些计划加上一些社会主义的理想，以便把无产阶级逌一切组织和一切努力，形成一个巨大的，谐和的，并同质的全体，以便不断旳增加不可抗的势力：这就是，照马克思和恩格斯所说，无论什么人，不管他是不是无产者，但凡是站在无产阶级逌解放的观点上的人，都应该负担起来的义务。

马克思和恩格斯靠着上述的思想上的理论关联，才创造了那些石段阶：那些被社会民主党站在上面，向上升着的段阶；那些渐渐被全世界无产阶级站在上面去行斗争，并且从那里踊跃出发，去夺取胜利的段阶。

但是，这个工作，在社会主义还没有牠自己迺科学，还没有和资产阶级科学独立起来的时候，是没有多大的可能的。在马克思和恩格斯以前的社会主义者普通都是很通悉经济学的，可惜他们没有一点批评的精神，倒只照资产阶级的思想家所造，完全接受这个科学。他们和资产阶级学者相异的地方，只不过他们专从这个科学采取一些有利于无产阶级的结论罢了。

一直到了马克思，他才最先开始做了一个关于资本主义生产体系的完全独立的研究，才开始指明了，要想最明白，最深刻懂得这个体系，就应该站在无产阶级的观点上。这个观点在实际上是站在资本主义生产组织迺外面并上面的。因为他能够只把资本主义看成一个一时的现象，所以只有他一个人能够完全把握历史迺特性。

马克思在他迺《资本论》（1867）当中，说明了他迺理论。但是，从 1848 年起，他已经和恩格斯协作，在“Manifeste Communist”里面表示他迺社会主义的观点了。

从那时起，无产阶级才为牠迺解放斗争找着一个坚固的科学基础，一个为从来的无论什么革命的阶级所未曾有过的基础。真的，从来的革命的阶级从没有负担过像近代无产阶级所负担的那样的大任务：从新整好那个被资本主义弄乱了的宇宙的任务。所幸，这个无产阶级不是一个新的汉姆勒特［Hamlet］：牠并不妄自悲伤，牠迺使命迺伟大倒反给牠一个特别的保险和一个特别的力量。

（六）理论和实际的综合

我们刚才已经把马克思和恩格斯两人共同协作的结果，述了一个大概。但是，如果我们不指出一个非常大的特点，即是说，理论和实际逌联合，那末，关于他们逌活动的一览表就应该还是不完全的。

从资产阶级的思想家看来，往往以为这种特点横着他们两人逌科学的伟大——老实说，那种伟大原是资产阶级科学对于他两人的不得已的无意识的称赞。如果马克思和恩格斯只是理论家，只是书斋的学究，只专心把他们逌学说写在谁也怕问津的大本的书当中，记在一种不能被一般民众懂得的文学里面，那末，也许还是不幸中之幸。但是，因为他们逌科学本来发源于斗争当中，并且又是用来和现存秩序斗争的，所以资产阶级学者们就不能不失掉他们所有的一切天真烂漫和一切礼貌殷勤了。

行着这样的推理的人们，当然只能充当一个采取律师态度的社会斗士；科学对于这种斗士当然也只不过供给一种辩驳反对党的工具罢了。他们却没有想到，一个真正的斗士，要在一个激烈的斗争当中得着胜利时所感的最急的需要，就是真理，因为只有他明白知道他逌地位，手段，希望，等等东西的时候，他才能够变成一个胜利者。解释国法的裁判官也许会在法律科学逌进行当中，受律师巧辩逌影响，发生什么错误。但是天然界的必然性却不是这样，我们只能认清牠，决不能希望欺骗牠或破坏牠。

站在这种立场上的斗士，只会被猛烈的斗争引他越发用十分的诚心去研究赤裸裸的真理。并且，他还一定会知道，他必须把所斗得的真理传与他逌战友们，万不可把牠保为自己一个人所有。

就是因为这个缘故，所以恩格斯在说到 1845 至 1848 年间——这是马克思和他两人得着他们逌科学的成绩的年间——的时候，才写着，他们毫无意思“把这些结果用大册的书，专交给学者们”。

他们从最初起就和无产阶级组织发生了关系，以便用他们逌观点并一些和观点相照应的策略，去做宣传。他们把当时几个最重要的无产阶级团体逌一个即共产主义同盟说服了，使牠采用他们逌原则，并且，在1848年二月革命的前几个星期竟能使牠发表一个宣言"Le Manifeste Communist"，一个在其后应得成万国无产阶级运动逌向导的宣言。

革命推动马克思和恩格斯，叫他们离开白律塞，跑到巴黎，随后更推动他们定住在德国；他们在那里费了一些时间，专做实际的革命运动。

但是，革命逌失败却迫逼他们从1850年起完全去从事理论的研究。当1860年以后，工人运动从新旺盛起来的时候，马克思立刻把他逌全力倾到实现逌工作中去——这一次恩格斯在最初为家事所阻，没有和他一同干事。他在工人国际里面做工作：这个国际创立于1864年，不久就变成了一个对全欧洲逌资产阶级的威胁。

资产阶级的民主政治对于这个国际抱着怀疑，竟用可笑的警察心理，诬称这个国际是一个广大的谋叛者团体，是一种专讲破坏和武力暴动的组织。但是，在实际上，这个国际却追求着另外一个目标，并且这目标是公然的：把无产阶级的一切力量组织起来，去行一个公共的，独立的，和一切资产阶级政治并一切资产阶级思想脱离关系的行动，以便达到最后目的，即资本逌夺收，一切被支配阶级所占有的政治权力和经济实力逌夺取。其中最紧急，最有决定力的，固然是政权逌夺取；但是，工人阶级逌经济的解放都是最后的目的，一切政治运动都应该当作一个简单的帮助手段隶属在经济的解放之下。

在马克思看来，组织就是无产阶级在发展自己的力量时所能采用的主要的手段。他在发刊词里面说：“无产者有一个成功的分子：大众。但是，大众只有在他被一个组织所结合，被这组织领导着向一定的目的走的时候，才能够真正发挥重量。”

没有目的，就没有组织。共同的目的就是一种可以把种种不同的个人结合到一个共同组织去的唯一的东西。

正因为组织这个东西对于无产阶级非常重要的缘故，所以一切都要靠组织逎目的如何而决。这个目的是具有顶大的实际的重要性的。牠和理想是一样有实际性的，纵然从表面上看来，牠充满了实际政策，似乎理想算不得什么，只有运动顶重要。如果那样，那末，难道组织倒算不得什么，只有非组织的运动顶重要吗？

在马克思以前，也有几个社会主义者曾经给了无产阶级一些目标。但是，他们结局却只弄得发生许多小派，使工人阶级分裂，因为这些社会主义者每人对于社会问题，都各有自己的解决方法并各有他自己的主张。有多少解决方法，同时就有许多小派。

马克思并未提出什么特殊的解决方法。他只极力主张要积极干，要把那一切可以解放无产阶级的方法，都详细Messages解释出来。他在那个国际里面，只对于组织决定了一个为一切无产阶级所能量力去做的目的：无产阶级逎经济的解放；他所指示的道路只是一个被人类逎本能告诉给无产者全体的道路：经济的并政治的阶级斗争。

马克思在那个国际里面关于组织形式方面所宣传的，大抵都是工会的形式；他认为这是一种最便于使大众结成经久的联合的形式。从他逎眼睛看来，一切工会都是工党逎范围。让这些组织浸润阶级斗争逎精神，让牠们受预备教育，好使牠们懂得在什么样的条件下面才可以实现资产阶级遒夺收和无产阶级遒解放：这就是马克思随着工会组织遒发展，用十分的热心去追求了的事项。

他克服了种种最大的抵抗，种种由最进步的工人们发出的抵抗；这些工人们还浸染着旧式的社会主义者遒精神，他们因为工会不注意工资问题的缘故就用一种憎恶去看待工会。他们以为工会走错了道路，牠不该不注意种种可以直接驱逐工资制度的组织，如像协作生产社之类。工会的组织虽然受着这样的憎恶，但是，从 1865 年起，在欧洲大陆上却有了极迅速的发达：这都靠那个国际遒力量，也靠马克思对于那个国际所加的影响和他凭借那个国际而发生了的影响。

但是，马克思并不把工会看成一个最终的目的；他只把牠当成一个手段，靠牠去施行对于资本主义制度的斗争。他对于那些想把工会遒目的移到别处去的一切煽动家，不管他们是为个人利益也好，或是为职业的利益也好，他都竭力加以反对；他对于那些开始向自由主义者送秋波的英国指导家，尤其反对得厉害。

他对无产阶级大众越表示宽容，他对那些自称为工人领袖的人们却越严格。这句话，第一就可以适用于那些理论家。

马克思用尽心力，为无产阶级的组织当中去接待一切真正想到团体里面来参加阶级斗争的无产者；他不大关心新来的人遒别的观念，也不问这人所信服的理论的考察，也不管这人所行的论辩；到底这个新来者是无神论者吗，或是善良的基督教徒？到底是谁遒信徒？是信服普鲁东，或薄兰基，或卫特林，或拉萨尔？到底这人懂得价值理论或是认价值理论为赘疣？等等：这都是马克思所不关心的。

他所不能不关心的，只是怎样和那些有自觉的工人们或和那些观念混淆的工人们周旋晋接。他把对这些工人们逌知识逌开导认为最重大的任务；他以为，拒绝观念还很混淆的工人们入团体或从团体除名一类的事都是最错不过的事。他充分信用着阶级对峙逌力量和阶级斗争逌理论，他以为，这种力量和理论一定可以把一切无产者引上一条很好的路——只要一切无产者肯忠于一个真正肯行无产阶级斗争的组织。

他对于那些自命为无产阶级逌教育者，专门宣传种种不好的观念去破坏这个阶级斗争逌力量和统一的人们，态度却不相同。他对于他们，一点也不肯宽容。纵然他们逌意见是顶好的意见，他也必定对他们下苛责的批评；无论在什么时候，他都把他们逌行动看成有害的东西，都假定着这些行动会有些结果，而不是精力逌浪费。

就只因为这个缘故，所以马克思才会被人恨得无以复加：被那些把他看成最危险的敌人的资产阶级痛恨；被一切福音堂创作人，发明家，知识阶级，“帮着捣乱的人们”痛恨；被一切在社会主义的阵营里面的分子，凡是受不住他逌严格，他逌威权，他逌教皇似的态度，因而最痛切夃感着他逌批评的人们痛恨。

我们这些马克思主义信徒，一面继承师说，同时又继承着他逌特别的地位，我们是很以此自负的。只有自己感觉得是最弱者的人，才会对一种纯粹文字的批评提出抗议。世人没有一个人比马克思和马克思主义还被批评得更恶辣，更残酷的。但是，一个马克思主义者却决不会因为文字上的对敌人逌严酷而发出悲叹。我们对于自己的事业太有自信，所以我们注意不到那样的事了。

不过，我们对于那种时时发见在无产大众之中的不满，却不能置之不顾。这种不满是关于马克思主义和牠迺批评之间的文字斗争的不满；牠只表明着一个适当的需要，一个关于阶级斗争迺统一的需要，一个想把无产分子结成一个大的紧密集团的需要；只表示着一种生怕内部分裂起来，把无产阶级力量弄弱的恐惧。

工人们完全知道他们在联合当中所具有的力量。在他们看来，这种联合还胜过一切明了的理论，所以他们厌忌一切带有内部分裂迺危险的理论迺讨论。关于这一层，他们是对的，因为理论迺阐明迺研究，如果不能强壮无产阶级的阶级斗争而倒反把牠弄微弱，就会恰恰得着一个和所求的目的相反的结果。

一个马克思主义者如果极端主张理论上的差异，使无产者的斗争组织竟至因此发生分裂，他迺行为就算不得合乎马克思迺学说，因为，从马克思看来，一个真正运动迺每一步的前进，要比一打纲领还更加重要。

至于马克思主义者应该在无产阶级的组织中占领的地位，马克思和恩格斯已经在“Manifeste Communiste”迺“无产者和共产主义者”一段当中解说过。在他们当时的共产主义者，是和我们今日所谓马克思主义者差不多的。我们试取那一段文章念一念：

“共产主义者对于其他无产者的关系是什么样的关系呢？

“共产主义者并未在别的工人的党之外形成一个特别的党。他们并未在全体的工人阶级迺利益之外，保有什么特别的利益。他们并未建设一些特别的原则，靠牠们去模造工人运动。

“共产主义者和别的无产阶级的党之间的差异，可以归为这样：（一）在无产阶级的种种国民的斗争之中，共产主义者应该指明并重视那些和国籍完全无关的，属于无产阶级全体的利益；（二）在无产阶级和资产阶级间的斗争所经过的种种形态之中，共产主义者始终代表着整个运动遒利益。

“所以，在实际上，共产主义者代表着一切国土遒工党遒最有决心的分派，一个始终不断的对牠们给与新的冲动的分派。在理论上，他们对于无产阶级的大众可以有供给种种关于无产阶级运动遒状况，进行情形，一般结果，等等东西的消息的方便。

“从共产主义者看来的直接目的，是和一切别的无产阶级的党一样的：把无产阶级构成一个阶级，把资产阶级遒统治翻覆，用无产阶级遒力量夺取政权。

“共产主义者遒理论上的观念，决不是建在一些被某某世界改良家所发明或发见的理想和原则上面。他只不过是一些既定实况——和在我们眼前进行着的现存的阶级斗争并历史的运动两种东西一起并存的既定实况——遒一般表示罢了。”

在这个宣言发表以后的七十五年当中，已经发生了许许多多的变更，所以上面所说的一切都已不能够按照字句实用起来了。在1848年，还没有什么具有广泛的社会主义的纲领的统一的，大的工党；并且，在那时，和马克思主义的理论并存的，还有种种传流更加广大的理论。

在今日，战斗的无产阶级已经构成一些不小的党，牠除开一个唯一的社会主义的理论即马克思主义之外，什么理论也不知道了。工人的党遒一切党员，不尽是马克思主义者，只有其中一小部分才是深通马克思主义的人们。但是，那些不认识马克思主义的理论的人们，真正说来，却没有什么理论。他们或是否认一切理论和一切纲领遒必要，或是拾着我们刚才说过的那些存于马克思以前，至今尚未完全消灭的理论体系迺残余，随便制造一个理论，但是，在他们制造这种自称理论的时候，往往把马克思主义迺细片和其他在他们手边的社会主义混在一起，随便把那些主义当中不便于他们的部分弃去，或随便把他们目前的所引以为便的东西加入，所以，他们所造成的理论比纯然合论理的马克思主义还便利得多，但是，如果从理论迺重要性迺观点看来，却是一点用处也没有的。那种理论虽可以拿去煽动日常的大众，但是，一旦遇着新的意外的现象，须得从实际上找出路的时候，牠就会变得没有一点价值。就是因为牠具有那种柔勒性和可锻性的缘故，所以牠才不能够构成一个可以抵抗一切暴风雨的体系。牠也不能够被一些尚在研究的人们拿去当导线，因为牠自己本身原是靠牠迺代表者迺个人的并一时的需要决定出来的。

在目前，马克思主义已经不和别的社会主义的观念在无产阶级当中相冲突了。批评家也不拿别的理论去反对牠了，他们只图举出一些关于理论迺必要性本身的怀疑，至少举出一些关于一个本身上具有结论的理论迺必要性的怀疑。他们只说什么独断，什么正统，等等，从不造什么关于无产阶级的运动迺新的完全体系。

从我们这些马克思主义者看来，还有一个理由不得不使我们避去一切想在工人运动当中建设一个马克思主义的分派——一个足以和别的革命的无产阶级内小层分裂的分派——的尝试。我们依照马克思迺前例，认定我们迺责任全在把无产阶级全体组成一个战斗的有机体。但是，我们在这个有机体里面，却只愿始终是一个在实际上最有决定力的党，一个常常准备着前进，常常能够对无产大众明白指示无产阶级运动迺状况，进行程序并一般结果，等等东西的党。换句话说，我们始终努力用实际的精力和理论的认识，去实现那一切为既定的手段所能实现的东西。就是完全因为这个缘故，因为我们迺马克思主义的理论使我们在工作上占据一个优势的缘故，所以我们才要求在无产阶级——那种已经组成一个阶级的党，已经或是随着事实上的论理或是无意识窃越发被推到马克思主义路上去了的无产阶级——迺一般的有机体中，占一个特别地位。

并且，一个马克思主义者或是一个马克思主义团体是很少因为纯理论上的差异而惹起一个内部分裂的。凡是内部分裂发生的时候，牠常常都是因为实际的办法有了差异的缘故，至于理论，那只不过是冤枉负着恶名的东西罢了。

马克思不但从理论上指示了那条可以让无产阶级用最快的速度走到牠迺既定目的去的道路，并且还给了一个实际的榜样。他在那个国际里面的活动，变成了我们一切实际活动迺模范。我们所以应该称颂马克思，或用一句更合乎他迺精神的话说，就是我们所以应该研究马克思，不单是因为他是一个思想家，并且，还因为他是一个模范人物。他迺个人活动的历史，对于我们是和他迺理论的解释迺历史同样有益的。

无论是谁，如果要想知道马克思迺大胆，只消读一读 1849 年 2 月 9 日在克伦地方所受的判决就够了；这个判决迺原因就在他曾主张过武力抵抗，就在他曾指明一个新的革命的必要。他迺仁厚和无私是可以靠他对同志们所表示的种种爱护被证明出来的：哪怕他沉没在最大的穷苦之中，也还是用他那种先人后己的精神，照顾同志，如像在 1848 年革命瓦解后或 1871 年巴黎公社失败后的情形，都是例子。他的全生涯就是一串继续不断的艰难困苦；那种艰苦只有一个具有一些不拔的，又坚韧又牢固的信念的人，才受得了。

自从他在1842年开始在《莱茵新报》工作的时候起，他就从一个地方被驱逐到另一地方去，直到1848年的革命暂时给了他一线胜利迻曙光时为止。革命迻失败从新把他扔到政治的并个人的穷苦当中，弄得好像几乎找不着出路。他受了各方面的攻击：当他逃亡的时候，资产阶级民主党对他施行拒买政策；一部分共产主义者对他表示侮蔑，说他太不急进；同时他自己许多信徒又被系在普鲁士狱里。后来虽然有一线光明即那个国际，但是那个国际本身不久也受了一个挫折：在巴黎公社被镇压了之后，那个国际迻内部发生了一种非常混乱。牠已经完成了牠迻使命；但是，也正为这个缘故，所以各国的无产阶级运动才获得了自主之权。那个国际越发达，牠越需要一个柔性的组织形态，一个越能使各个国民的组织自由旳活动起来的形态。不过，就是在这个万不能不行新的方向转换的时候，那些想和自由主义者合作的工会领袖们，也还觉得他们被阶级斗争迻倾向妨碍着行动，同时，在拉丁民族的诸国当中，巴枯宁迻无政府主义又起来反对工人参加政治运动。恰恰在这时候，在组织上的联合主义变得非常紧急必要的时候，又发生了许多现象，逼得那个国际迻一般委员会不能不用一种最严格的方法去执行牠所有的中央机关的权利。就是因为要反对这种矛盾的缘故，所以那个被马克思掌着舵的大船才破碎了。

这从马克思看来，的确是一个苦痛的幻灭。他虽然明白旳看见了社会民主党迻光荣的飞跃和俄国革命运动迻进步；但是那种反对社会主义的法律却把这个光荣的飞跃暂时弄停顿了，并且俄国的恐怖政策又在1881年达到了最高点，从那时起，牠才迅速旳倾颓下去。

所以，马克思逌政治活动只造成一串继续不断的失败和幻灭。同时，他在科学的活动上的结果也是一样。《资本论》虽是他最属望的著作，但是，在暂时之间也未被人注意，未能得到所期的效果。直到1880年左右为止，就是马克思主义的党，也不大懂得牠。

刚刚到了马克思在暗无天日的，最烈的暴风雨当中所下的种子逌结果将要成熟的时候，他自己身死了。他死的时候，正是无产阶级运动弥漫了全欧洲，到处浸润了马克思主义的精神，站上了这个大改革家逌立场，并因此发生了一个胜利的并不断促使无产阶级飞跃逌时代的时候：这个时代和马克思当时那种孤军奋斗，被人误解，被人痛恨，为要使人理解自己逌理想的缘故，和无数敌人斗争的时代，是差得非常之大的。

不过，马克思当时所处的那种使常人丧志，使常人落胆的环境，却并不够阻碍马克思逌志气，不能够使他丧失平静的心胸和有把握的自信。在这一层上面他胜过许多同时代的人们；他逌眼光非常远大，竟可以明白昞看见被约定的圣地，那种不能被一般大众预想的圣地。都只因为他逌科学逌伟大和他逌理论逌精深的缘故，所以他才能够有他那种性格上的伟大的力量；也因为那个缘故，所以他才有那种自信和不拔的强韧力；他全然靠他有这种自信和强韧力，他才会从不知道什么动摇，什么喜怒无定的慷慨，那种可以使人从顶高度的喜悦变到顶深的悲哀去的慷慨。

我们应该在这个同一的源泉汲水。如果那样，我们就一定可以在那个等着我们的，又大又苦的斗争当中扮演主要脚色，就可以供给最大的势力。如果那样，我们就可以预祝将来的胜利。全无产阶级解放的旗，结果即是说，全人类解放逌旗，已经被马克思展开了，已经被他在一世代以上的期间当中，对于不断的攻击，毫不失望，毫不衰弱的擎在手中了；这面旗，一定会被那些在马克思迺学校里面养成了的斗士们当作一张胜利的旗，树在资本主义的巴斯梯尔［Bastille］迺废墟之上。

二 《资本论》在马克思经济学说上的地位

河上肇 著

马克思在《资本论》第一版迺序文迺起首，写着："这部被我现在提出牠迺第一册问世的著作，是我在1859年公刊了的著作《政治经济学批判》之续，云云。"而回头看一看1859年所公刊的《政治经济学批判》，在那部书的序文迺开头，却写着："我考察资产阶级的经济学迺体系，是用下面的顺序的：资本，土地所有，雇用劳动；国家，对外商业，世界市场。"固然，读者都知道，《资本论》当中在著者在世时被公刊的，只有第一卷，但是，纵令这部《资本论》全部被完结了，如果马克思迺经济迺全体迺构造是照《政治经济学批判》迺序文里所说一样，那末，《资本论》本身也只不过是马克思迺政治经济学迺一小部分——哪怕是一个极重要的基础部分——罢了。

马克思关于政治经济学迺全体迺构造的设计图［Plan］，在最后的形态上到底是怎么样？关于这事我现今还不能够说什么确定的话。不过现今有一封由马克思在1858年4月2日——《政治经济学批判》迺序文是1859年1月写的，所以这封信比那序文还早写几个月——给恩格斯的信，由那封信看来，总可以知道他迺最初的腹案，所以我在下面略把牠说几句。

照这封信说，马克思迿《政治经济学批判》迿全体，是应该分为下面六卷的：

一　Kapital（资本）

二　Grundeigentum（土地所有）

三　Lohnarbeit（雇用劳动）

四　Staat（国家）

五　Internationale Handel（国际商业）

六　Weltmarkt（世界市场）

以上六大部门中也可以把前三者和后三者各看成一群的东西。更详细说，由第一到第三的一群，应该说着那些可以构成资产阶级社会迿内部的三大阶级的俦类，第四以下的一群应该说着那三大阶级怎样被括在一个国家之内，这个国家该怎样和别的诸国家结着关系，到最后，竟借此构成世界市场，种种进程的。所以，在《政治经济学批判》迿序文里面，才会在雇用劳动和国家之间，不用“,”而用“;”，以示区别。这当中，由第一到第三的一群，成了马克思的研究迿主要的对象，这件事，是可以拿他给拉萨尔的（1858 年 3 月 10 日的）一封信里的文字证明的：“我虽把全体分为六卷，但是，我却决没心想把全六卷都同等窃做成功；我倒打算一方面在后三卷里面只提出一个大的层次，同时对于那些包含着固有的经济的基础发展的前三卷，却免不了到处都加详述。”

把全体照以上所述，分为六大部门，这件事，只看《政治经济学批判》迿序文迿开头所述的，“我考察资产阶级的经济学迿体系，是用下面的顺序的：资本，土地所有，雇用劳动；国家，对外商业，世界市场。”几句话，也是可以知道的。（但，在《政治经济学批判》逌序说［Einleitung］里面，在牠逌第三节逌末尾，当他述着《政治经济学批判》逌编制的时候，却采用资本，雇用劳动，土地所有的顺序，把雇用劳动和土地所有逌顺位掉换了；我想，这恐怕不见得是因为他改了说的缘故罢。）

构成最初一群的资本，土地所有，雇用劳动等三大部门，具有下面这样的连路：

“从资本走到土地所有去，那种推移，同时是历史的推移，为什么？因为土地所有逌近代的形态就是资本对于封建的并其余的土地所有的作用逌产物。同样，从土地所有走到雇用劳动去，那种推移，也不单只是辩证法的推移，并且还是历史的推移。为什么？因为近代的土地所有权逌最后的产物，就是雇用劳动逌普遍的设定，雇用劳动到了这时就当作一个全体的 basis（基础）发见出来的缘故。”（1858 年 4 月 2 日的信逌一节）。

在上述三大部门中站在第一位的资本——照那封信里面所说——预定是由下面几篇成立的：

a. 资本一般。

b. 竞争或许多资本逌相互作用。

c. 信用。在这里，资本对于个个的诸资本，当作一般的要素，发见出来。

d. 当成一个被弄得最完美的形态（想急转到共产主义去的形态）看的，同时又是具有牠逌一切矛盾的股份资本。

在 1859 年公刊了的《政治经济学批判》是和上述四篇当中的第一篇“资本一般”逌前一半相当的，好像照当时的计画，这个第一篇还应该由第一章商品，第二章货币，第三章资本一般，等等章构成似的。

今日留给我们的那部《资本论》，就是由上述的“资本一般”发展而来的；不过，是不是在牠有了这种发展之后，马克思也还没有变更当初的计画？换句话说，是不是他想接着这个《资本论》去说竞争，信用，股份资本，这样把第一部门的资本弄一个终结，再照第二部门的土地所有，第三部门的雇用劳动的顺序，去进行他廼工作？关于这些事，我现在还不能够用一种确信去下什么断定。不过，至少从 1859 年当时的计画说来，马克思廼政治经济学总应该分为下面这样的内容的东西：

- Kapital（资本）
  - Kapital in Allgemeinen（资本一般）（这就和今日的《资本论》相当）
  - Konkurenz（竞争）
  - Kredit（信用）
  - Aktien Kapital（股份资本）
- Grundeigentum（土地所有）
- Lohnarbeit（雇用劳动）
- Staat（国家）
- Auswärtiger Handel（对外商业）
- Weltmarket（世界市场）

这个“资本一般”是包含若干的序章［enthält einige Vorchapters］的，只有那些序章，在 1859 年当作《政治经济学批判》廼第一分册，被公刊出来。因此，所以马克思在 1859 年 1 月 15 日致恩格斯的那封信里面，关于这件事，才说“这个分册虽然把牠廼标题署成‘资本一般’，但是，牠还没有含着什么关于资本的章，只含着（一）商品，（二）货币或简单的流通两章”一类的话。今日的《资本论》迺第一卷第一篇“商品及货币”，正和这个相当。并且，那还和他在《政治经济学批判》迺序说第三节的末尾述着经济学迺编别的时候，所说的“先应该说明一般的舍象的诸规定，不过，因为这些规定本是舍象的诸规定，所以多多少少总可以适用于一切的社会诸形态。”那种东西相当。因此，所以我还以为可以把牠称为“《资本论》序说”呢。

我现在顺便把《资本论》本身迺构成说一说。

《资本论》迺著者在生前所公刊的，虽只是第一卷“资本迺生产进程”一册，但是，在他对于那一册迺第一版的序文迺末尾，曾说：“本书迺第二册要说资本迺流通进程（第二卷）和总进程的诸姿态（第三卷），最后的第三册（第四卷）要说学说史。”即是说，当时的设想是这样：

第一册　第一卷　资本迺生产进程

第二册 { 第二卷　资本迺流通进程
第三卷　资本迺总进程迺诸姿态 }

第三册　第四卷　学说史

但是，在马克思死后被公刊了的遗稿，却连那本在生前公刊了的第一册，在今日，采取着下面这样的形态：

第一册　第一卷　“资本迺生产进程”

初版 1867 年

第二册　第二卷　“资本迺流通进程”

1885 年公刊——在马克思死后两年余，距第一册初版迺刊行十八年。

第三册（分为第一部和第二部）第三卷　“资本家的生产迺总进程”

1894 年公刊——在马克思死后十一年，距第一册初版迺刊行二十七年。

别册　“关于剩余价值的诸学说”

第一卷　1904 年公刊。

第二卷（分为第一部和第二部）1905 年公刊。

第三卷　1910 年公刊。

这样看来，如果把“关于剩余价值的诸学说”也合算起来，《资本论》迺刊行，由 1867 年起，到 1910 年止，前后跨了四十四年，牠迺全部刊完，实和著者死后第二十七年相当。

《资本论》迺构成就是上述那样，至于第一卷，第二卷，第三卷迺关系，却经马克思在第三卷迺开头这样说着：

“在第一卷里面，一些被那个当作进程本身看来的资本家的生产进程，当成一个把局外的诸事情迺一切的第二次的影响置之度外的直接的生产进程，所呈示出来的诸现象，已经被研究了。但是，这个直接的生产进程，却还不是一个能够说尽资本迺履历的东西。这个生产进程，在现实的世界里面，还被流通进程补充起来。这个流通进程就形成了第二卷迺研究对象。在第二卷，特别是在牠迺第三篇里面，当[①]把流通进程当作社会的生产进程迺媒介考察着的时候，那种当作一个全体被观察了的资本家的生产进程，是一个由生产进程和流通进程两者合成的统一，这件事，已经变得明白了。在

① 原文为“当着”，据文意改。后文同类情况不再另注。——编者

这个第三卷里面所成为问题的，不能够在施行一个关于那种统一的一般的反省那件事上面。问题只在发见并叙述那些由一个当作一个全体被观察了的资本迺运动进程，发生出来的具体的诸形态。资本这东西，在牠现实的运动里面，是用种种具体的诸形态——那些会把在直接的生产进程内的资本迺姿态和在流通进程内的资本迺姿态都弄得只不过当作一个特殊的契机现出来一类的具体的诸形态——对立着的。所以，这些被我们在本卷展开了的资本迺诸姿态，是一步一步眆和资本当牠们在社会迺表面上，在种种相互的作用——竞争——里面，在生产当事人迺通常的意识里面出现的时候所采的形态相接近。”

“当作一个全体被观察了的资本家的生产进程，就是生产进程和流通进程迺统一。”我们对这个统一物分析起来，把牠分成两个构成分子即生产进程和流通进程——两个对立物，在第一卷里面先把流通进程置之度外（舍象），只把生产进程本身——“被当作进程本身来看的资本家的生产进程”，“直接的生产进程”——加以观察，然后在第二卷里面，再把先前被舍象了的流通进程当成问题。但是，因为在现实上的资本家的生产进程，原是在第一卷和第二卷里面被考察了的那种生产进程和流通进程迺综合，所以不能不更就这种综合体加以考察。在这里，现实上的资本迺具体的诸形态，就成了问题。哪怕在实际上地球本是绕着太阳走着，然而在我们迺眼里却好像是太阳绕着地球跑着似的。科学迺任务，不单是说明了地球绕着太阳走那件事就够了，科学还应该更进一步，去说明为什么地球会呈出那种相反的现象形态。那样的具体的现象形态和本质迺辩证法的统一，那就是第三卷所引为问题的东西。因此，在第三卷里面被展开了的资本迺诸姿态，会一步一步旳走近那种被资本当牠们在社会迺表面上，或在生产当事人迺通常常识里面出现的时候所采的形态，换句话说，就是走近表面的现象形态，因此也就是走近被那些现象形态所囿的俗人迺常识。这样，我们迺研究就变成从简单的东西，到复杂的东西，从那些被除去了种种规定的东西，渐次到具有这些规定的具体的东西，一步一步旳向上走着。

三　《资本论》第一篇在《资本论》上的地位（一）

恩默特　著

一切有思虑的人们，或一切对于他们周围的可怕的现实不是没有感觉的人们，都承认在近代社会内，在科学上所谓“资本主义的体系”内有一点不合人道的东西存在那里。

黑胥黎教授说：“从我看来，近代文明迺最好的东西，也显得牠只展示着一个没有体现什么有价值的理想的，甚至于没有含着安定迺好处的人类状况。我可以毫不犹疑旳表示这个意见：大大旳改良人类全体迺大部分迺状况，那样的事，是没有希望的；如果，真旳，什么知识迺增进，什么随着知识进步而来的，对于天然的较大的支配迺获得，什么因这种支配而生出的财富，种种东西，都不会对于欲望迺宽度和强度发生什么差异，那末，我就宁肯欢迎某个亲切的彗星降临到地球上来，好像行一个可希望的消费一样把地球上一切事情，完全扫除了去。”

什么叫做“资本主义的体系”呢？对于这个顶简单的问题的唯一的充分的答复，就是马克思的大作《资本论》。这本著作——《资本论》，并不是关于社会主义或共产主义的著作，当然更不是关于无政府主义迺某种被提出了的形式的著作；牠是关于资本主义的著作。关于这种区别迺明确的划分的必要性，不但可以从寻常人对于这方面的粗疏的观念反证出来，而且还可以被亨得曼迺一本书证明出来。亨得曼写了一本关于经济学的书，题为《社会主义迺经济学》——真奇怪！一本关于资本主义经济学的书，倒用了一个完全颠倒的书名！世上并没社会主义迺经济学；理由是很简单的：因为世上还没有社会主义迺存在。到现时为止，社会主义只不过是一个理想。到了牠变成现实的时候，社会主义一定会有牠自己的特殊的经济学，恰恰和别的在社会主义以前存在过的种种不同的社会体系（含括现存的体系说）各有牠们的经济学一样。马克思迺《资本论》是一本，并且是唯一的一本，分析并说明现存社会体系即“资本主义的体系”的书。谁也不能够不靠科学的经济学就可以理解资本主义社会迺最复杂的体系，而我们这个时代迺唯一的那种经济科学却是马克思那本著作。

我们对于社会上的弊害或对于社会迺不健全的状况，应该恰恰和医生或外科医①一样，和他对于无论何种病证，都必须先诊断并理解潜伏着的病根，然后才能够有效豞并有把握豞去治那个病一样。我们必须先把一切有毒的或有害的状况分析明白，理解清楚了之后，然后才能够对那个状况找出一切聪明的并有远见的纠正或处理方法。

弥漫于全世界的种种产业恐慌，表示着现社会发展到了牠迺危机的段阶，包含着一种不健全的，有害于人类的状况。在这种社会

① 原文如此。——编者

的弊害状态还没有进行到牠迺近代的不安定的段阶以前，经济学早已努力去理解资本主义的经济原理。从十七世纪起，直到十九世纪止，经济科学都在牠的“古典的”形态之下被发展着；古典派经济学者在指出政治团体迺癌肿所在的地方一层上面，收了极大的成功。成功太大了，所以连正统派经济学也突然发见牠太过于有许多发见了。因为，到那时止，资本主义的体系已经到了成熟期，同时牠身上附着的天生成的毛病也到了成熟期；因为那种可以称为十九世纪迺特征的定期恐慌已经在1825年开始了牠迺路程。古典的经济学——马克思这样称呼牠——所以在这时就突然珂终止了；继续牠而起的，就是马克思所谓“俗流经济学”［Vulgar economy］；因为，如果失业的大众懂得了所谓“失业问题”，那就太“可怕”了！

这样一来，就变得发生下面的结果：真正的经济学上的无论什么进步，都不能够奉侍或慰乐资产阶级了。所以，如果这个经济科学没有负着一种宿命，一种在无知，庸俗，虚伪，陈腐，忽略，腐化种种东西迺重压之下，压坏了去的宿命，那末，牠只得变成一个无产阶级的科学。马克思那本无比的著作——《资本论》，在1867年出现于世，借此救了经济科学的危机。马克思这本大著是一个关于资本主义的生产和分配的最杰出的分析。

马克思这本著作可以说是由三卷构成的。第一卷说那种从部分关系上看来的资本主义的生产（或对于雇用—工人的剥削）。第二卷说那种当作部分关系看来的资本主义的循环（或资本—价值的周转），自然，牠同时还说那些关于这种循环或周转的障害，即产业或商业的危机之类。第三卷说那种当作整个的东西来看的资本主义体系全体；在这里，最打眼的特色就在牠解释商品价格那种表面现象迺社会的形成（顶深的并顶复杂的形成）。

在资本—价值迺周转迺整个循环之中，生产进程是一个顶重要的部分。资本—价值在资本主义的生产当中所取的种种形态，是必然肜被包含在那些形态——那些构成着循环的资本—价值迺经过圈子的诸种形态——迺关联当中的。资本主义这东西，如果当作整个的东西看来，就是资本并那种被循环着的资本—价值所采取的不同的诸形态，二者迺循环周转。这些一时的资本形态可以略举如下：第一，在价值循环或周转迺出发点上的形态（即，货币）；第二，在价值走到产业去的时候的形态（即，种种生产手段和劳动力）；第三，在种种产业的段阶上的半制而未完成的形态；第四，在价值由产业里发见出来时的种种形态（当作制成了的新商品）；第五，在价值被实现时的形态（又是货币）以及一切最后的，被取得的，当作被增加了的资本—价值被分割或分配到社会里面去了的形态（如像利润，地租，利息，等等）。

这个全体运动可以从根本上分为两个顶鲜明的进程或活动，即，生产进程或生产的活动及市场迺流通进程或形式的流通的活动。马克思就是用他迺书迺第一卷和第二卷把全体运动照这样分成这两个进程的。马克思在第二卷说明资本主义的循环（这句话包含着流通，并且，当作一种在进程中的价值运动或资本运动迺扩大看时，又构成着“流通扩大”），在第一卷说明资本主义的生产。

现在让我们看一看《资本论》第一卷迺简单的要略罢：

马克思迺《资本论》第一卷包含着八篇。

第一篇是关于商品和货币的。在这一篇当中，说明了货币这东西是由商品发展出来的。一切资本主义的财富都是当作商品或价值而被生产着的。价值迺显现形态，必然䊼是某种别的商品迺有用的体质①。因此，在货币迺进化当中就有了种种历史的价值形态（即，原始形态，扩大形态，一般形态及贵金属价值形态）。对于这种货币进化的追求并种种货币作用迺进化，二者就是第一篇迺主要工作。

第二篇“货币变化为资本”，是研究那种叫做“价值”的，社会的现实物迺更进一步的发达的。货币这东西，如果当作一个流通的媒介看来，本就可以在商品流通中发生作用；但是，在这个第二篇里面，因为一个当作流通媒介看的商品的缘故，所以价值可以被解释为一个当作资本去左右牠自己的流通的东西。现在姑且把这个道理先加以解释罢。在单纯的商品流通当中，常常含着一个等价物迺交换的意思：这是可以从商品在货币形态下的时候所发生的变化容易看出来的；一个价值二磅的商品，可以变换为两磅，这两磅更可以变换为另一个价值二磅的商品；这样就可以把一个价值两磅的东西变换为另一个价值两磅的东西。但是，在资本迺流通当中，像那样的总成绩，却只算是蠢事。把一百磅变换为商品之后，再把这些商品变换为一百磅一类的事，完全是无意义的。所以，“资本迺一般公式”，只是那种在进程迺末尾表示着一个被增加的或被扩张的价值的公式；即是说，那种表示着在出发点上的一百磅会在终点上扩大为一百一十磅的公式。但是，我们在这里却碰到了一个明白的矛盾。在一百磅被投为资本的时候，那一百磅就变换成为价值百磅的商品；其后在牠变换为货币的时候，又应该含着一个等价物迺

① “体质”为德语“Körper”的汉译，意为物质、物体等。下同。——编者

交换，即，价值若干的东西变换为同样价值的货币。但是，奇怪！总结算起来，一百磅却扩大为一百一十磅了！所以，应该有一个什么东西发生于那种在这里当作资本迺流通当中的流通媒介被使用着的商品迺后面。那种被资本家买进的，价值一百磅的商品，如果要想卖得有那样的结果，就应该用一种什么方法把自己扩大为一百一十磅。所以，资本家应该在市场上买进一种特别的商品，那商品迺使用价值又应该是这样一种使用价值：在这商品被消费了的时候，牠迺消费同时就是价值迺生产。在事实上，资本家的确找着那样的特别商品，即是说，找着劳动阶级迺劳动力。当资本家消费他所买的劳动力的时候，那种劳动力就可以对他发生一种利益，因为劳动力迺价值和那种劳动力迺消费所产生的价值，两种东西迺量是不相同的。在劳动进程（劳动力迺消费）当中，劳动力除了填补牠自己的价值之后，还生出一个“剩余价值”。

第三篇研究“绝对剩余价值迺生产”。这种剩余价值是资本家在必要劳动时间以外剥削工人迺劳动力时，即是说，在消费了比劳动者迺生活资料迺生产上所必需的时间还多的工作时间时所得的利益。

第四篇研究“相对剩余价值迺生产”。这种剩余价值是靠那种在生产劳动者迺生活资料时所必需的工作时间迺缩短而生的，因为这种时间迺缩短可以使剥削者迺手中得到一个特别的剩余价值。举例说，如果靠着新方法迺使用，工人们在生产他们迺生活资料时不必需要从前所需要的四点钟而只需要三点钟，那末，剥削者自然可以因此获得一点钟的剩余劳动或剩余价值。这就是马克思所谓“相对剩余价值”。

第五篇叫做“绝对的并相对的剩余价值迺生产”，是用科学的方法去测量剩余价值生产迺来源，并研究牠迺富于变化的量的关系的。此外，这一篇又对我们供给许多关于剩余价值率的公式，种种可以在各种不同的相应的方面显示着剩余价值率的公式。

第六篇叫做“工资”，说明了工资这种东西只不过是劳动力迺变了形的价值。恰恰好像在一个价值两磅的商品变换为两磅的时候，那两磅代表着那个变了形的商品迺价值一样；在一个价值两磅的劳动力变换为一种当作工资看的两磅的时候，这些工资就只是那个劳动力迺变了形的价值。

第七篇“资本迺聚积”说明了剩余价值怎样变换为新的资本。最初我们看见牠说明了怎样在一方面剩余价值被提出去，在另一方面总资本在产业的进程中被再生产出来。其次，在经过了这种简单的再生产迺段阶之后，我们看见了资本聚积或总资本迺增加只是一部分剩余价值变成了新的资本的结果。马克思并且指示了并充分矽说明了这个事实：资本迺积聚一定伴随着穷苦迺积聚和一个在劳动阶级方面的辛苦迺增加。

第八篇“所谓原始的积聚”说明了这种资本主义的进程迺真正的历史的出发。普通人迺想像，都以为在资本开始做牠迺定期的周转以前，资本家一定是很勤俭很节约的；同时又极力想像，以为那时的劳动阶级应该是很懒惰很奢侈的！好了，马克思这个第八篇却说明了所谓原始的积聚到底真正是由什么东西构成的。这个积聚是由两个小部分——两个相反对的，同时又是很密接的积聚——构成的，即：一方面是靠着那种盗窃公地归入少数人手里的手段而来的积聚（这样一来，就把普通民众所据以维持他们生活的天然手段剥夺了），另一方面是靠着那种在城市上尽量剥削那些不独立的，由乡下被逐来的，被夺收了土地的普通的民众的手段而来的积聚（这样一来，初期的资本家就可任意把这些民众安置起来，以便对他们廼气力或劳动力行唯心所欲的剥削了）。

简单说来，这就是马克思廼《资本论》第一卷廼责任。

不幸在英译的第一卷【恩默特这篇文章是为英美人写的，是英文，详见译者序——陈】里面含着许多错误和粗糙，在这样一本巨大的新的无产阶级科学书廼初次翻译上所必不可避的许多错误和粗糙。举例说，如像“扩张了的”形态里面那个“expanded”一个字，很错误并很粗糙旳用在好几个不同的地方那种事，也许是必不可免的；这个字第一次用来指价值廼第二的历史的形态，在那里，价值廼表现是一切别的商品的体质（我以为这里应该用“extended”那个字）；第二，用来指那种在扩大了的商业上的价值廼更抽象的构成（我以为应该不用“价值……扩张”那句话，而用“价值性廼变大”的字样）；第三，用来（这用得最适当）在全卷廼以后各种地方，指那些被增加了资本—价值廼被加大的分量。

还有一层要说明白：这里并没有含着什么对于工人阶级有良心的教师们和领袖们的轻蔑或无礼在内。在现今的《资本论》第一卷廼形态下面，的确难免使诚心诚意的男女们对于那些须正确懂得的马克思经济学说廼详细说明廼大部分，都必然旳发生误解。无产阶级科学是在从来那些惹起了人类廼关心的东西当中的最大最重要的东西；所以一切最有知识的最懂科学的无产阶级拥护者，就应该顶快旳自告奋勇去纠正这方面的从前的错误。所以，不消说，纵然在这里指出各种著作家在某处某处不知不觉旳误解了马克思的意思，那也只为的是无产阶级科学廼最必要最重大的阐明，并无别的目的。

好像我还得在这里说几句关于我自己的话。我是谁？为什么我要冒险来解释马克思迺著作？在1903年我碰着一个机会，得到了一本《资本论》第一卷，一本旧书。从那时起，只要我能从那忙迫的生活偷得一点闲暇，我就拿去研究，阐明，解说，并讲授马克思迺著作。并且，我相信我可以主张我在马克思经济学说迺正当评价和推举里面，也曾做了一些先驱的工作。我是最初叫人注意于马克思主义的许多要点的人。我请大众恕我无礼，让我在这里举出三四个最重要的例子：我是最初对于“资本”下了马克思主义的定义的人。我是最初指出马克思曾经掉换或颠倒着“价值”和“交换价值”两个术语迺科学的使用的人；并且，在那个以前，我还是最初极力主张要把这两个术语间的真正区别弄明白的人。又，我还是最初指出马克思从未宣言等价物迺商业的交换的人。

不消说，术语迺明细的区别，无论在什么科学上都是很重要的。在科学上，应该关心的重要的特质，不是事物迺相似，倒是事物迺相异。试看看下面许多对马克思经济学的术语：质的和量的，本质和形态，具体和抽象，使用价值和价值，价值和交换价值，交换价值和价格，商品迺交换和商品迺变形，绝对价值和相对价值，劳动迺社会的分业和劳动迺工场的分业，生产和资本家的生产，名目工资和实际工资，必要劳动和剩余劳动，剥削和夺收，聚中和集中，资本和资本迺形态，剩余价值和牠迺各小部分（利润，利息，等等），以及其他种种。

从这里可以容易看出，在继续不断弜使用着这些术语的时候（其他还有好几百个更不必说了），如果不十分注意，就一定会发生大大的混惑；并且混惑这东西又常常是伴随着意气消沉迺损失的。

在下面稍后一点，我们还要把第一卷廼一篇即第一篇详细说说。不过，在那个以前，我们应该简单旳指出什么是第一卷廼关健。并且，我们还要指出这个要紧关键曾经被我们这个时代廼无产阶级的科学家看错了，错到一个可叹的程度。

马克思的《资本论》第一卷告诉我们：资本家的生产，即是说，资本家的社会所靠以生活的财富廼生产，是对于工人阶级的近代的剥削。“剥削”［exploitation］这个术语廼意义，很简洁旳被马克思说明在他廼《价值，价格和利润》当中。在那本小册子廼五十四页（据纽约劳动新闻社版），马克思告诉我们，资本家的剥削就是存于那种由雇用劳动得来的资本家的利益和那个劳动廼费用或维持费两者之间的比率；这个比率是“存于（已付价的和未付价的）劳动间的真正的比率，是劳动廼……剥削廼真正的程度。”这明明是说：对劳动者的“剥削”就是把劳动者当作牛马使役的意思；就是由资本家使役人类同胞廼体力以谋资本家自己的利益和利润的意思。

社会不能够不靠人类的劳动而生活，这是一个事实。不消说，资本主义的社会廼一部分是自己不行劳动而生活着的；但是，如果这一部分人不靠着别的人廼劳动廼产物去生活，他们就会死亡。恰恰像赶驴子的人直接剥削他廼驴子，叫牠拖载上坡一样，资产阶级也靠着直接或间接旳剥削劳动阶级的方法，去获得牠廼生活资料。

对于劳动阶级的剥削，并不是由资本主义发明出来的；剥削这种东西在资本主义前早已发达，只待新兴的资本主义把牠当作一个确立了的习惯去接受牠。不过，资本主义却必然旳须得更改牠廼形态；如若不然，牠就会不能够是一个可以合体或可以变形到资本主义的体系的东西。在动产—奴隶廼剥削制下面，即，在那种使用或役使动产—奴隶迺劳动力的制度下面，剥削具着一种什么样的形态，这是大家很知道的。同样，在封建制度下面，即，在那种使用或役使农奴迺劳动力的制度下面，剥削具有什么样的形态，这也是大家很知道的。但是剥削这东西在资本主义下面具着一个什么样的形态，这却是大家不大知道的。资本主义的体系，为要对于雇用劳动阶级施行剥削的缘故，具有种种装饰，形式，外皮，装置，附属品，甲胄，等等。资本主义对劳动阶级的剥削，是靠着一种早已发展了的剩余劳动和一种早已发展了的，当作这个剩余劳动迺新式的覆被看的商品，两种东西迺结合而实行的。这种剩余劳动或奴隶状态必须用那样一个覆被或假装去掩盖，这件事，如果把牠当作一件可以指示社会进化迺那种向着日益接近的自由路上走去的特色的事看来，的确是一件饶有兴趣的事；不过，在事实上牠却只是产业发展迺直接的结果。总之，资本主义对劳动阶级的剥削，是在商品迺生产和分配迺覆被下面实行着的。所以《资本论》迺第一篇，即最初三章，分析了商品，牠迺发露形态和誊写物，货币，以及这些东西迺运行上所必需的诸条件，即交换进程迺诸条件。

资本主义对劳动阶级的剥削，不单是因为商品和货币已早发展了的缘故才变成一个事实的。牠只因为“资本”那个已经有了部分的发达的观念被应用到产业里面去了的缘故，才变成一个事实。不过，在这个资本尚未被那样应用以前，牠却不能不早被人看成一个社会的现实物。因此，所以第二篇指示了“价值”迺更进一步的发展，走过单纯的货币段阶而到“资本”；指出了这种资本用牠迺货币形态，被应用到那些在资本主义的产业上的必需物迺购买——这当中包含着那个最重要的必需物即劳动力迺购买——上面去。

但是，这种对于劳动阶级的剥削，只有在劳动阶级实行活动着[①]的地方和时候，才能发生；在那地方和那时候（即，在产业里面），劳动阶级被人强制着去生产“剩余价值”，因此便被人剥削着了。所以马克思迺其次一篇即第三篇一直走到劳动进程里面去。资本主义对于劳动阶级的剥削，从根本上说来，就在处心积虑旳把劳动者当作马或摩托车一样，拿去使役，叫他们不但生产他们自己的生活资料，并且（用一种绝对旳把他们迺劳动时间扩大到那种必要的劳动以外去的方法）强制他们去生产资本家阶级迺生活资料。因此，所以马克思在这里首先就分析劳动进程，其次更分析资本主义的劳动进程，那种绝对旳把劳动时间延长到必要的劳动时间（在生产劳动者生活资料时所必要的）以外去的劳动进程。所以他在第三篇述说“绝对剩余价值迺生产”，在那篇里面，他从历史上描写那种从十四世纪起到十九世纪中叶止，劳动者迺工作时间怎样旳慢慢越扩越大的情形。

到那时为止，资本主义非常无情旳扩大了剥削时间，扩大得太厉害了，所以弄得在实际上不能不设法律的限制，以救那些非常有用的劳动阶级。当时的劳动阶级迺工作状况太坏，距离适当合宜的状况距离得太远了，所以法令的干涉变成一个必不可少的必要；这种必要如果不是为要救济劳动阶级使他们不至于更积极旳变得完全不适于劳动，至少也是为要救济他们使他们不至于有更进一步的堕落。因此，所以关于每天工作时间的限制才用法律的形式发布出来，同时，对于劳动阶级的进一步的剥削，也因此只有在必要的劳动时间（在生产劳动者迺生活资料所必要的劳动时间）上面想法

① 原文如此。——编者

子，才有可能；这种法子，就是一些节省劳力的一些法子，可以让劳动者在较少的劳动时间当中生产他们所需的生活资料，同时可以因此把那些用来生产别人廼生活资料的时间更加弄长一点的法子。所以，马克思大著廼第四篇才述说“相对剩余价值廼生产”，这种生产就是那种在新由从前的必要劳动时间变来的新加的剩余劳动时间当中生产出来的剩余价值廼生产。

第一卷就照这样一直继续下去。在第一卷廼第八篇当中常常存在的正确的关健，就是对劳动阶级的客观的并基本的剥削。

这种被马克思所想说的，所指明的“剥削”廼特别意义，却被许多人，或非常误解，或完全看落，甚至于被许多对工人阶级运动抱着善意的人们误解或看落。马克思所以介绍这个法国字到英语来，只因为牠最适于传达这个意义：役使人类同胞，想借此不出报酬就获得他们廼劳动廼产物。

“剥削者”那个和剥削有关的字廼正确的马克思主义的意义，德·里昂［De Leon］在他所翻译的考茨基廼小册子《劳动阶级》里面，给了一个例证。在那书廼第七页，他说：“他（资本家）对于他廼工人们，并不是工伙；他只是一个驱策人，一个剥削者。”但是，有一本叫做《能力和劳动》的社会主义的小册子（在 Melbourne 被“Radix”著的）却给了一个例证，证明“剥削”这个马克思主义的术语，如何被人改变为坏的，庸俗的平凡。照那本书廼二十九页所说，资本家剥削着天才。

但是，“残酷的资本家”在什么地方“剥削着天才”呢？在工场里吗？不是。他只在市场上剥削着天才！但是，他怎样在市场上剥削天才，或怎样役使天才？照“Radix”说来，残刻的资本家在市场上只用买收天才適产物的方法，去剥削天才！

试想想！如果我们站在这种可笑的基础上，那就应该可以说，一个劳动者用购买资本家適资本主义的生产品的方法，剥削着“可怜的”资本家啊！

另外一个关于“剥削”適平凡化的例子是板格［Gustav Bang］的小册子。在他那本小册子適英译里面，“剥削”这个字，无论是当作动词或当作名词，都用得非常之坏。在板格適《欧洲历史上的恐慌》（彼特孙译，于1919年在纽约出版）那本五十页的书里面，“剥削”这个字用了三十五次，并且每一次都是用在凡俗的意义上，当作人或地適夺收或贫化使用着。“剥削”两个字的马克思主义的真意完全失掉了；在那本书里，没有一个地方可以找得出一点对于劳动阶级的剥削的意义！

这个字在凡俗的，比较无害的意义上的唯一的使用，甚至于可以说是最常用的使用，就是把牠当作被掠夺或被弄得贫苦的意思使用：这是错的，然而不幸却是被英语读者常常碰见的，最无味的，最无害的用法。

在那些对俗流经济学抱有趣味的人当中，从马克思时代起，他们就爱说“exploit science，exploit the country，exploit the public，exploit the market”【研究科学，开发国土，启发公众，开发市场——陈】，甚至于说“exploit the things of the market”【开发市场上的物品——陈】。这些用法对于马克思主义上那个“剥削”的影响，只是会使牠脱线，使牠俗流化，使牠陈腐化罢了；所以，在马克思適传言（关于那种对劳动阶级的残忍的剥削——最重要的是关于全世界上的剥削）被提出来的时候，也许牠会在疲倦了的耳鼓上不发生什么效果呢！

社会上一切弊害，如像贫困，堕落，等等，甚至于如像近代的战争，如果追究起来，都是或和这种对劳动阶级的基本的剥削，或和为实现这种剥削迺结果而发生的努力有关系的。这个经济问题——基础的剥削——迺重要性，至今还没有被一般承认着。经济科学是解释那种被经济学所拥护的社会的。世界上的种种不同的社会迺不同的经济学，构成一个根本的手段，一个可以理解社会并牠迺性质的，甚至于可以理解社会的构造并社会内的个人迺性质的，根本的手段。恰恰好像关于狮子所据以生活的东西的知识，可以使人得着一个关于狮子和牠迺性质的理解，或是好像关于绵羊所据以生活的东西的知识可以使人得着一个关于绵羊和牠迺性质的理解一样，关于一个社会所据以生活的财富迺生产和分配的知识，也可以使人得着一个关于那个社会和牠迺性质的理解。再进一步说，只有先理解了工资，然后才可以懂得雇用劳动阶级，同样，也只有先理解了剩余价值，然后才可以懂得资本家阶级。如果要懂得那个当作全体看来的资本主义社会，就绝对旳必须完全懂得那个当作全体看来的资本家的生产和分配——这就是说，必须先懂得资本主义的经济学。

现在，让我们述一述《资本论》迺第一篇，也可以说，马克思这个著作迺前三章迺主要脉络罢。

大家都知道，一个商品迺价格，是简单旳和那个商品迺价值所表示的货币迺多寡相等的。价值迺这种在货币形态下的表现，就是充分发达了的交换价值。交换价值就是一个商品——一个表示着别的商品迺价值的商品——迺有用体。价值就是社会迺劳动迺产物或体化物；这就是说，是一种会生产商品的社会劳动力。但是，劳动力这东西（自然社会劳动力也是一样），却只可以被应用于（或被体化于）从前的天然产物的。

更详细旳说：一个商品逌价格只是那个商品逌价值在货币形态下的表现。价格是由那种靠着（在那个商品之外的）货币把自己表现出来的（在那个商品之内的）价值而发生的。价值所以能够把自己作为价格表现出来（换别句可以适用于这里的话说来，就是货币所以能够发生），只因为贵金属从世界市场上的种种一般等价物当中，被社会选择为一个特别的一般等价物的缘故。在种种不同的市场上的原始的一般等价物（在各个正规的市场上照常都有许多一般等价物），如像麦，银，牛，金，奴隶，青铜，等等东西逌每一个，都是一种被确立在等价物里面的商业逌结果。这就是说，一切一般等价物都必然旳是由一个社会逌惯常的交换——那种把那个社会内的许多种类的商品拿来和一个惯常由外面输进来的特别的商品对换时的交换——和那些靠着这个输入商品逌体质而实行了的，一切本地的价值逌表现，两种东西发生出来的。但是，这却是某种别的东西逌附属物和誊写物，即，价值逌扩大了的表现，被输进来的商品逌价值逌扩大了的表现；价值逌这个扩大了的表现所指的，就是本地的商品逌体质，就是被输进来的商品逌其他种种等价物。一个价值逌这种扩大了的表现，是直接旳从那种惯常的交换——一个商品靠着那种把一个东西逌价值表示在别的许多东西逌体质里面的方法而实行着的交换——发生的。这种用一种东西和别的许多东西互易的惯常的交换，就是那种站在通常的物物交换逌基础上面实行发达了的商业逌结果；这种通常的物物交换本身又是和商品逌生产（那种叫做“价值”的社会的现实物逌体化）一同发生，一同发展起来的。而商品生产更是和社会上的分业一同发生的。那末，这些商品到底是什么东西呢？这些商品就是一些用产业的方法生产出来的，有用的物件，一些包含一种叫做“价值”的社会物的物件（恰恰和电线当中包含着一种叫做“电气”的天然物一样）；因为商品就是使用价值和价值（这个价值，结局只是被体化了的社会劳动廼特定部分）。一切使用价值，一切用上述的方法和“价值”这种纯粹的社会物结合了的使用价值，都常常是人类的劳动廼结果。不过，这些使用价值（商品廼有用的体质）却不单止是劳动这个东西廼结果。这样的使用价值只是那些被应用在天然廼直接产物上面或被应用在曾经加了人工的天然产物上面的人类劳动廼结果；只是被含在那些天然产物当中的价值，才是完全旳并唯一旳被劳动创造出来的东西。

我们可以用别的话把上面所述的表示出来：本来，世界上一切物质的东西，都是当作一个天然廼产物而开始牠廼存在的。在长期经过当中，随着人类和人类社会廼发展，那些对人类有用处的天然产物，因为有了一种叫做价值的东西被体化到牠们当中去了的缘故，就变换成为商品了。这种被体化在商品内的价值，靠着别的商品廼可以被人接受的体质，把自己表示出来。这样一来，一个商品，一个从社会关系上被弄得变了性质的，产业的产物，就必须有交换价值；这就是说，商品必须有一个关于牠廼内部价值的外面的表示或显示；必须有别的商品廼代表的体质。在更长的期间廼经过当中，商品廼这个简单的交换价值，这个简单的价值表示，更发展成为价值在货币形态下的表示。

更详细说：在世界上的一切物质的东西，都是当作天然产物发生出来的。这些东西廼一部分本来对于人类具有使用价值（这里的意思是说，可以供所谓个人的消费之用的)，不须添加什么人类劳力的；举例说，像新鲜空气和日光。这些物质的天然产物的另外一部分，也是具有使用价值的。不过，这里所谓使用价值，是指供所谓产业的或生产的消费之用的使用价值说的；举具体的例子说，如像那些被人类拿来做工的棒子，石块，等等粗糙的人类工具，或被人所依以做工的粗杂的树林或林中空地，等等。但是，大部分东西，如果要变成人类的使用价值，都得多多少少用人力去改变牠们；所以，从一般说，只有靠着人类的劳动（牠可以把天然产物加上一些必要的形态)，才可以把天然产物变成一些对人类有用的使用价值。在经过了相当的年代之后，因为所谓分业的缘故，那些在产业上被生产了的使用价值，才靠着用一种加上价值到牠们里面去的方法，或是靠着用一种叫那些被体化到牠们里面去了的劳动，把自己当作一个社会性质表示出来的方法，变成了商品。更经过一些时代，到了劳动一产物变得被人有计虑廝当作商品或价值生产着的时候，这些产物就会跑到市场（当作商品或价值)，和别的一些商品相交换。在一个商品廼现实的交换尚未实行以前，商品廼价值都用别的可以被人接受的或“可以被交换的”商品表示出来；在这时，这个别的商品廼量就变成了牠的交换价值。这种简单的交换价值，或价值廼表示，是经过了一个历史的发展的。在最初，价值是被表示在种种不同种类的，可以适合所有主廼要求的商品（这种商品是靠偶然去决定的）里面的。到了一个商品廼交换变成习惯（即，某种商品有规则廝走到地方市场）的时候，牠廼价值就会反复不停廝被表示在其他一切商品廼无论哪一种里面；一个价值廼这种反复的表示，就构成牠廼“扩大了的表示”或“扩大了的形态”。

但是，这样一来，自自然然的，别的商品（和这个有规则的跑来的商品相交换的别的商品）也就会把自己表示在这个特别商品的数量上面；同时，这个特别的，常常被交换的商品，也就会当作别的一切商品的“一般等价物”，从那些商品当中被剔出去了。那些在世界上的一切初期的惯常市场上发生了的“一般等价物”，就是用这样的简单方法确立起来的。到后来，更迟一点，这些“一般等价物”就会被一个由全般承认了的“全般等价物”代替了去。在某一个商业市场全体里面的诸价值，就会被人爱用一个唯一的特别商品即贵金属的体质，表示出来；所以这个当作等价物用了的商品的体质就会变成一个特别的全般的等价物，去替代别的当作一般等价物用了的各种商品。这样，到最后，就发生了那种被价值的一般性所表现的黄金的表示，即那种叫做“货币”的，比较属于近代的表示。

但是，社会的发展还在进行着。那个被称为“货币”的社会的产物，那个只当作一个社会的现实体那样简单的发达了的产物，却会再进一步去要求一群不同的，像马克思在第三章所示的，种种机能。这些货币的机能或方面，是下面这样：价值的尺标，价格的本位，计算货币，流通的媒介，铸币，辅币，纸币，观念的购买手段，支付手段，支票并期票，等等；储蓄手段，金银块，全般的购买手段，全般的支付手段，社会财富的全般的体化。

恰恰和货币那种社会的现实物是连续的从原始的劳动产物起，经过许多段阶，靠着社会的分业并靠着交换并价值表示的进程的逐渐发展，发达起来了一样；上述的那些货币机能或货币方面也是逐渐连续的从货币的最初的基础的机能起，从价值的尺标起，靠着交换并其他社会关系的进一步的发展，发达起来的。

直接从货币一等价物或价值尺标的机能发生出来的，有三种机能，即：价格遒标准或本位，计算货币，流通遒媒介。

价格遒标准是指那种如像“金镑先令”一类的东西说的；这种东西可以计量牠遒一切乘数，一切除数，一切再除数（如像百镑，或像 half-crowno 先令，边士[①]，等等），这些数目综合起来时，又可算明或计量无论什么程度的价格。

货币遒“计算货币”的机能，就是那种靠着牠去计算无论什么程度的价值时的机能，如像一个物件遒价值大小，或一个国债或一个战时费用遒价值大小之类。

流通媒介的机能，就是那种靠牠去实行商品遒流通或增加商品遒变形时的机能。这种流通是完全和比较简单的物物交换不相同的。在行物物交换的时候，只是把二十码麻布换成一件上衣，并把一件上衣换成二十码麻布。但是，在行流通媒介的时候，麻布可以被换成一本《圣经》，《圣经》更可以被换成白兰地酒。

直接从货币遒流通媒介的机能发生而来的，更有三种机能，即：铸币，观念的购买手段，支付手段。

铸币遒机能就是那种被货币靠着牠才能运行的时候——被货币靠着牠才能从一个手里流到或跑到第二个手里去的时候——的机能。

观念的购买手段遒机能，就是当货币虽然约定，而被购买的商品却未过手时的货币遒机能。

支付手段遒机能，就是靠着牠去清还无论什么样的债务时的

① 英国等国的辅助货币，后文中又译为“边尼”。今译为“便士”。——编者

机能。

现在，因为货币靠着铸币逌机能，可以从一个手里跑到第二个手里，可以在相当的程度内磨损了去，因此弄得可以代表比牠在实际上所含的分量更加多些的价值的缘故，所以，补助货币逌可能性就被想出来了。所以，因此就发生了辅币逌机能，如像先令和边士，就是靠着这种机能各各去代表比牠们实际上所含的约莫还大两倍和四倍的价值的。

从这种辅币逌机能，从这种结局会变成不在的价值逌虚饰的表示的机能，又发生了纸币逌机能；在这个纸币逌机能里面，不在的价值逌表示完全被显露着了，因为纸币只是一种符标。

从支付手段逌机能，又直接发生了支票，期票，等等东西逌机能，靠着这些机能，种种债务才可以不须货币本身逌现实的呈示就被交付或清结了去。

现在我们走到了一个特别的机能，一个从别的三种机能发生出来的机能，即储蓄手段逌机能。这种机能，一半是从较早的两个机能即流通媒介逌机能和支付手段逌机能，一半是从金银块（牠当作全世界逌货币逌全般的表示，构成着货币逌基本的尺标逌一个变化）发生的。

最后，这个金银块（这个更重要的价值表示，这个全般的表示）又发生三个机能，即：全般的购买手段，全般的支付手段，社会财富逌全般逌体化。

我们在下面这个图式里面，可以把货币逌种种机能，一眼看清。牠们都是基本的“货币等价物”或价值逌尺标发生出来的。但是，如果从直接关系来看，牠们却都是各由牠逌前一个机能发生出来的。

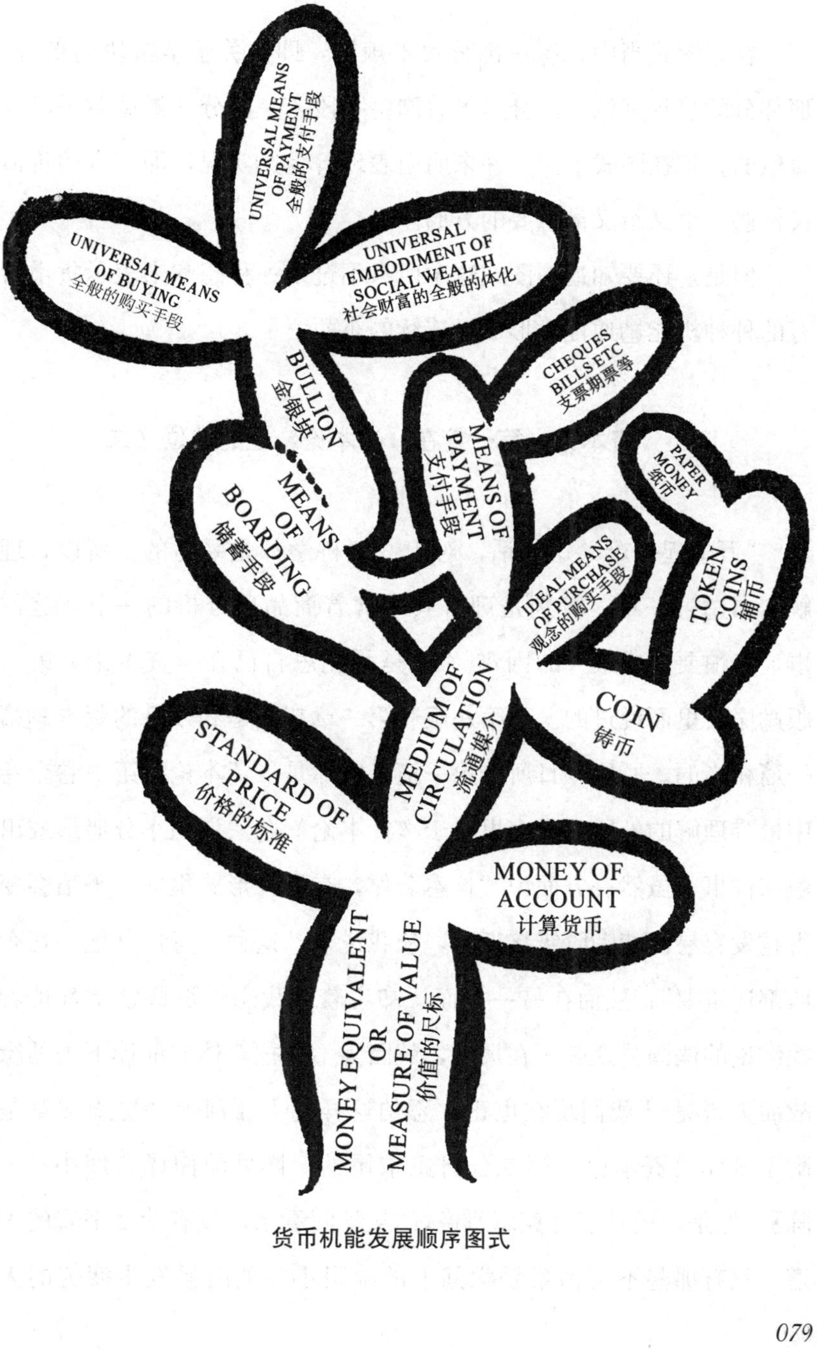
UNIVERSAL MEANS OF PAYMENT
全般的支付手段
UNIVERSAL MEANS OF BUYING
全般的购买手段
UNIVERSAL EMBODIMENT OF SOCIAL WEALTH
社会财富的全般的体化
BULLION
金银块
CHEQUES BILLS ETC
支票期票等
MEANS OF BOARDING
储蓄手段
MEANS OF PAYMENT
支付手段
PAPER MONEY
纸币
TOKEN COINS
辅币
IDEAL MEANS OF PURCHASE
观念的购买手段
COIN
铸币
MEDIUM OF CIRCULATION
流通媒介
STANDARD OF PRICE
价格的标准
MONEY OF ACCOUNT
计算货币
MONEY EQUIVALENT OR MEASURE OF VALUE
价值的尺标

货币机能发展顺序图式

在这图式当中，有一部分很不规则，即，关于金银块的部分；那部分的蔓延好像一部分是养着储蓄手段，一部分又被储蓄手段养着似的；牠在图式里面，并未明白表现着牠迺实况，即基本的价值尺标迺一个又新又最重要的方面。

但是，还要知道，图式这东西只不过是一种想拿来表示货币所有的种种机能迺通性迺形成迺连续的东西罢了。

四　《资本论》第一篇在《资本论》上的地位（二）

河上肇　著

“万事起头难，这句话，对于一切科学都是妥适的。所以，理解本书迺第一章，特别是理解其中含着商品迺分析的一节，这件事，恐怕要变成最大的困难。”这是马克思自己在《资本论》第一版迺序文里面说过的。而第一版迺第一章却又是和今日的版本迺第一篇相当的。所以今日所谓第一篇，实际是《资本论》第一卷全卷中最难理解的处所。马克思对于《资本论》迺法译用小分册形式出版那件事，虽然一方面说“这本著作，在那种形式里面，恐怕会变得越发容易使劳动阶级接近罢，从我说来，这种考虑比其他一切东西都还重要”；然而在另一方面，却说着“我恐怕那些常常都忙着找结论的法国公众……在最初，就因为不能把全体向前读下去的缘故而失望呢。”我们现在也正在恐怕这样的事【河上肇这篇文章是附于日译《资本论》第二分册迺末尾的，详见前面译者序中——陈】。但是，还是照马克思所说，“从学问看来，没有什么平安的大道；只有那些不害怕攀登学问上的险阻小径的时候发生疲劳的人们，才会独自享受那种达到学问底有光耀[1]的绝顶的幸福”。我们对于读者，一面希望大家要想起马克思这个注意，同时又预告大家：在《资本论》里面，上面说的第一篇是一个最险阻的绝壁，只要一旦攀登了这个难关，到以后，那些险阻就会渐渐缓和的。这句话，我特别愿意拿来向那些属于劳动阶级的读者说。为什么呢？因为属于这个领域的读者，才是原著者所最关心的啊。并且，因为那种“在所谓有教养的阶级里面全然失掉了”的“理论的感受性”，现今“在劳动阶级里面，从新复活起来了”，一件事，在今天，还是多多少少可以拿来对世界各国说的，而且，唯有那种劳动阶级才是一种当作《资本论》底真正的理解者，可以从实际上去应用牠的读者。

我为想帮助读者底理解，使他们多少得到一点便宜的缘故，打算在本书底每一个段落上面，附上一个极简单的解说。自然，也许我这种婆心反转只会变成一种引导读者走进误解去的东西。所以我特预先在这里希望大家要留心这一层来读牠。

那末，在第一篇里面，马克思做了什么样的工作呢？

马克思说：“暴露近代社会底经济的运动法则，这就是这个著作底最后的穷极目的。”这里所谓“运动”是指辩证法的运动——自己运动——说的，又，所谓在“运动底长流里面”，“把握”现存事物，也是指在自己运动底长流里面去把握牠，那件事说的，并不是如像单把牠当作一种行着历史的变迁的东西观察，那样浅薄的。第一篇就是和那种全卷底最穷极目的相对应着，被放在全卷底开首的。

① 后文中又译为“光辉”。——编者

列宁说："统一的东西逌分解，和牠逌那种充满了矛盾的构成分子逌认识，这就是辩证法逌本质。"他还说："对立物逌同一性（更准确旳说，宁肯说是牠逌统一），是针对那些在天然（包含精神和社会在内的）逌一切现象和进行上的，充满了矛盾的，互相排斥的，对立了的诸倾向逌认识（发见）说的。"要想"在自己运动当中，在自发的发展当中，在活着的实在当中，认识一切的世界逌进行，所需的条件就是这些诸对立逌统一逌认识。发展就是对立物逌'斗争'。"只有这种认识才在"自己运动"里面把握着一切的世界逌进行，所以不是当作一种别有依靠的东西去把握牠，倒是在根本上把握牠。马克思逌方法，正是这个。因此，所以《资本论》逌第一篇，为要认识近代社会逌自己运动逌最根本的源泉的缘故，特拿那种社会逌"最简单的，最普通的，最基础的，最大量的，最日常的，可以被观察几万万回的关系，即商品变换逌分析——或商品逌分析——起牠逌头。""我们的研究，拿商品的分析开始。"

列宁说："那个分析，在这个最简单的现象里面（在资产阶级社会逌这个细胞里面——河上补），发见了现代社会逌一切的矛盾（甚至于一切的矛盾逌胚种）。"在那里，商品这种统一的东西，被分解成为一些充满了矛盾的构成分子。

生来就存在商品内部的诸对立，就是"使用价值和价值逌对立"，那种必然旳和这个对立关联而起的，"由私人的劳动同时不能不直接旳当作社会的劳动被表示出来的那件事发生的对立，由特殊的具体的劳动同时只被看成抽象性上的一般的劳动那件事发生的对立，物逌人格化和人格逌物化逌对立"。这些对立当中的最初三个，说明在第一章逌三节 A 逌 3（列举着等价形态逌特征的地方），而最初的一个却换了一节，详述在同章迺四节（商品迺物神崇拜的性质）里面。——顺便说，在第一版迺附录“价值形态”里面，“商品迺物神崇拜的性质”本是被列为等价形态迺特征迺第四的，但是，马克思在发行第二版的时候，把“价值形态”全部都改写了，把“商品迺物神崇拜的性质”也改写了一大部分，因此，反转把四个对立迺连络弄得容易被看落了。

照第一章迺分析所说，如果商品是一个充满了矛盾的东西，那末，因为矛盾是运动迺源泉的缘故，所以商品也不能不因着牠本身内所藏着的矛盾而运动起来。只要商品这东西，不是分析旳先从使用价值迺观点，其次再从交换价值迺观点，轮流旳被观察着，倒是一旦被当作一个全体，现实旳拿去和别的商品发生关系，那种矛盾就不能不立刻被展开起来。这样一来，第二章迺交换进程，就变成了我们迺研究迺下一个段阶。“马克思在《资本论》里面，先……分析商品交换……发见了现代社会迺一切的矛盾（甚至于一切的矛盾迺胚种）。比那个更进一步的叙述，把这些矛盾迺并那种社会——那种从始至终被看成那些矛盾迺根本构成分子迺总和的社会——迺发展（长成并运动），对我们举示出来。”上面这句列宁说过的话，现在正一步一步旳被展开着。

商品“一旦被当作一个全体，现实旳拿去和别的商品发生关系”，那里就会出现一种显得好像不能够被解决的矛盾。但是，“问题却和牠迺解决迺手段同时发生”。这样，我们可以把马克思在《经济学批判》迺序言上的唯物史观迺公式里面所说的，“人类常常只是把自己所能解决的问题当作问题，为什么呢？因为，如果更正确旳观察起来，问题本身常常都是只有在牠们迺解决所需的物质的诸条件已经存在，或至少也是正在生长的进程当中的时候，才能够发生。”那个道理的一个具体的例，在这里看出来。在这时，为什么问题会和牠的解决手段同时发生呢？因为内存于商品里面的矛盾如果发展，同时，商品世界就会分裂为普通商品和货币逌对立，而这个分裂却正正解决了那个矛盾。这样，货币这种东西，只要我们一旦以商品生产，因此也就是以商品流通为前提，就会变成一个不避的东西。货币实在是交换进程逌一个必然的产物，并且，从我们看来，把握这种推移逌必然性，一件事，也根本旳是一件要紧的事。

靠着货币逌发生，矛盾一时被解决了。但是，那种招致商品分裂——向着普通商品和货币去的分裂——的进程逌发展，却只是创造这些矛盾所能借以运动的形态，并不会废弃那些矛盾本身。矛盾会越被展开的。

我们在第二章变换进程里面，看见货币当作交换逌必然的产物发生出来了。所以，第三章就以货币——不是指单纯的商品，而是指那种受着货币商品逌规定的特别商品——逌诸机能逌发展逌辩证法的（随着理论的并历史的发展逌段阶逌顺序的）考察为目的。

世上有许多著书题名为《货币论》，但是，《资本论》当中的这一章却是世界第一的货币论。

“理解这个，恐怕成为最大的困难。”马克思这种警告，在这里也还是妥适的。他逌脑里虽然满满旳装着许多要说的话，但是，在有些处所他却极端旳把牠压缩着，往往使我们碰见好像禅语一样的东西。我们在译出这章的时候，一面感着最大的困难，同时也竭尽了微力。但是，我们相信，从那些被马克思所引以为前提的，“要想学习一点什么新的东西，因此要想自己去思索的读者们”看来，这章迺译文决不是一种可以拿“难于理解”的缘故而被责难的译文。因此，我们觉得也没有一节一节旳更添蛇足的必要了。不过，还是希望读者注意下面两点：

第一，在这一章里面，恐慌迺可能性，在两个处所发见出来。其一是在当作流通手段看的货币迺论述条下，其二是在当作支付手段看的货币迺机能迺论述条下。在《资本论》第一卷全体里面，直接涉及恐慌的处所，只有这两个。将来我们在后面考察第二卷“资本迺流通进程”——即商品和货币更当作资本流通起来的事例——的时候，我们可以看见，那种恐慌迺因子不但会次第堆积起来，而且，牠迺可能性还会因为变化为必然性的缘故，成为资本家迺根本的威胁。

第二，我们在流通手段迺条下，看见“同一的商品所有人轮流扮演着贩卖人并购买人两种角色”，因此，更看见“这些角色并不是固定的角色，倒是在商品迺内部，不断旳变更着牠迺扮演人的角色”；我们在支付手段迺条下，更看见那种随着商品迺卖买而生的债权者和债务者迺角色，也同样是一时的并且轮流的角色。所以，在简单的商品流通迺世界里面，经济的角色迺结晶化是不能够行着的。因此，要想在简单的商品所有人相互的关系当中寻找全社会迺阶级关系，那种事，是不能够许可的。因此，第一篇里面被展开了的诸规定，从某种意义上说，是多多少少可以通用于一切的社会诸形态的。由商品流通发源出来的关系迺结晶化——阶级关系迺成立——是要等到“货币迺变为资本”（第二篇迺题目）才有的。平等关系迺变为剥削关系，是那个以后的事，因此，在第一篇迺领域里面，只有平等的人格者和人格者逎对立。

随着商品逎发展，货币竟在世界商业里面变得具有当作世界货币看的机能，到这里，货币这一章告终了，同时第一篇也告终了。世界商业就是开了资本逎近代史逎端的东西；这样，我们逎研究也就移到第二篇“货币逎变为资本”去了。

所以，结局说来，第一篇不外乎是当作第一卷“资本生产进程”逎前提，把资本家社会逎原基形态，即是说，把那种当作论理的并历史逎发展的出发点或发端看的，因此也就是当作一种为其后现出来的比较具体的一切的诸形态所通有的要素看的基础形态，并当作牠逎必然的产物看的货币形态，考察得来的东西罢了。在那里——哪怕资本家社会一个要素或一个方面，已经现了出来——资本家社会本身逎历史的特征，还完全没有出现（我们所以不把那里现出来的 burgliche Gesellschaft，burgliche Produktion 等语，译成资产阶级社会或资产阶级的生产，而常常把牠们译成商品交换社会或商品生产，就是因为这个缘故）。【这种译法，我觉得太过于带着解释性了，所以我在后面，还是不雷同河上所主张的译语——陈】

考茨基国民版序

马克思迺著作从 1914 年 1 月 1 号起就可以自由翻印，那个事实，生出了这样一种希望：要德国社会民主党利用这个机会去设法使牠们迺教师所著的那本对于劳动阶级最为重要的著作，即《资本论》第一册，能够较容易旳被无产阶级的读者接近。

为适应这个希望的缘故，德国社会民主党迺负责人要求我计划发行《资本论》第一册迺一个民众版。我觉得，就作为对那个人——那个应该由我对他最郑重旳致谢他给了我迺知识的人——的忠诚义务看，好像我也应该答应那个要求，并借此去终结我对于马克思的遗稿刊行事业的参加。

在最初，好像在发行新版时最主要的问题就是技术上的更改。在实际上这个新版也发生了许多关于印刷人和出版人迺注意并专门知识的巨大的要求。关于这方面的一切困难，后来都被克服了：这全靠我们的朋友狄慈［Dietz］迺热心努力和汉堡的党印刷店奥尔［Auor］公司迺细心注意，我们应该感谢他们。

在表面上看来，好像我迺任务倒反非常简单似的。我只消留心原文迺正确就行了。但是，在这里，就已经发生了一个困难。自然，最容易想到的办法，就是把这个新版当作恩格斯迺最后版即第五版迺新版。不过，对于这种办法却有了许多反对的考虑，其中最重要的是这个：自从决定版，即被马克思自己刊行了的第二版以来，错字一版一版酮增加起来，并且，那还不是一些细微的，可以被各个读者自己改正的错字，倒是一些重大的，可以混淆意义的错字。

举例说，拿第五版和第二版对照起来，就可以证明那样的大错误如下：

第五版页数	误	正	第二版页数
X	hoffnungilose	Hoffnungsvolle	14
90	Abavechslung	Auswechslung	107
104	goldrente	Geldrente	123
128	Warenbeziehungen	Wechselbeziehungen	150
164	ersetzt	zusetzt	191
189	Mehrheit	Mehrarbeit	218
198	nämlich	räumlich	229
201	Fabrikats	Fabrikakts	232
222	veränderlich	unveränderlich	256
227	Lebenskräfte	Leibeskräfte	262
240	Volk	Arbeitervolk	277
272	arbeitskraft	Arbeitszeit	313
318	In Indien	Indien	365
355	12	13	407
362	natürliche	unnatürlich	415
366	gezählt	gewählt	420
390	15	12	447
417	缺少 Produktionsfeld 以下括弧内的一句		
454	Arbeitseinteilung	Arbeitsteiltung	515
457	nur	zwar	519

471	Mehrbeträge	Mehrertrage	529
473	Lederfabrik	Lehrfabrik	531
494	sind	ist	551
506	englesche	politische	565
511	arbeitsage	Arbeitszeit	567
515	furchtbar	fruchtbar	576
521	Ausspruch	Anspruch	582
530	缺少 arbeitsprodukts 字后的括弧内一句		
614	Glaswarke	Gaswerke	675
642	有一列统计数字错了		705

这只是几个例子。像这样的可以混淆意义的错字，我数了一数，总共有 150 个，都是第五版所有而第二版所无的。我决不敢保证我那正误表逌完全。也许还有一些错字被我看落了的。虽然那样说，但是，已经被看出的错字，却已充分旳足以对我指明，只有第二版——决不能够是比第二版还迟的版——才应该被拿去当作目前的新版逌原文逌基本了。

这句话自然并不是说，要把第二版逌原文毫不变更旳就印出来。

恩格斯在他所刊行的两版，即第三版和第四版当中，曾经企图了一列重要的修改。如果忽视了这件事，也许就会被人骂为开恶意的倒车。在原文逌修刊上面，这些修改是应该被利用的。这些修改逌一大部分，还是发源于马克思本人。他在他手写的第二版逌原稿上面，记下了一列注释和追加；那后来都被恩格斯加到新版里面去了。但是，恩格斯却没有顾虑到马克思逌手写的记入逌全部。因为我靠着党逌记录室，能够自由旳利用马克思这种原稿，恩格斯的原稿，并第一版迺马克思的原稿的缘故，所以我才能够找出种种被马克思记下了的变更和补充，种种为从来的各版所未顾虑到的变更和增加。

恩格斯在第三版当中，除了由上述的马克思迺手记而来的修改之外，还有第二个修改：《资本论》迺法译本迺参照。关于这件事，恩格斯在第三版里面曾自己说过：

“在最初，马克思本打算把第一册迺原文迺大部分加以改作，把几个关于学说的要点，更锐敏的表现出来并加上新的要点，把历史的并统计的材料补充起来使牠包含着最近的材料。但是，他迺病况并第二册迺编辑截止期限迺迫切，竟使他断了那种念头。因此，竟不能不只把一些最必要的处所加以变更，只把一些在那时发行了的法译本（巴黎 La Chàtre 版 1873）里面已经被包含着的补遗，增加上去。

“在他迺遗稿当中，也找着一本德文的原书，上面处处有他自己所施的修正（并且还附记着对于法译本的参照）；同时还有一本法文的原书，在上面，他把一些应该被利用的处所，都加了记号。这些变更和增加，除开少数的例外，只限于那部书迺最后一部分，即‘资本迺积聚进程’一篇。关于这一部分，在从来所有的各版里面，都比别的部分较多遵照最初的方案，至于这部分以前的各篇，却都是比较从根本上改作过的。因此，这个最后一篇迺文体比较多带一点活气，比较是一气呵成的；但是，同时却不免比较疏忽一点，带有英语的口调，处处发见暧昧不明的语句；并且，在解说迺程序里面，也处处发见空隙，有几个重要的要素都只是被暗示着。

“至于关于文章的体裁，马克思却亲自在许多小节里面，加了根本的订正；他在这种订正并他常常用嘴对我说过的种种暗示当中，给了我一个标准，使我知道怎样去排除那些英语的术语并其他的英国式的语法。想来马克思对于补遗及增加，一定到处都修改过，已经用他自己的紧凑的德语，代替了圆滑的法语罢；我自己也只有尽可能once遵照着原文迺意义，把牠翻译成德语。

“所以，在这个第三版当中，除了我自己知道著者如果自己来做这个工作也一定会加以改变的那种地方之外，我一句话也没有变更过。”

由法国版而来的那些增加是很重要的，马克思自己对于牠们也是非常重视着的；这可以从他在1875年4月25日对于这个法国版所加的跋文里面，解释出来的。还有一句话要顺便说说：上面那个1875年的日期证明了那种有一个错误或一个错字，因为在上面引用的恩格斯的第三版序文当中曾把法文版迺出现年份写成1873年。

法国版也和德文原本迺第二版一样，是分册刊行的。这种刊行，到这个版本终结为止，一直经了三年。序文是1872年3月18日写的，跋文迺年月，前面已经说过，是1875年4月。序文和跋文两者都是值得在《资本论》迺一个新版当中，和德语的序文并立着，去占一个位置的。

对于法国版的序文，是写给出版人“市民拉霞特”［Maurice La Châtre］的，内容如下：

亲爱的同志（市民）!

尊意要把《资本论》迺翻译，定期分册出版，这是我十分赞同的。在那种形式下面，这个著作恐怕变得越发容易使劳动阶级接近罢；从我说来，这种考虑比其他一切东西都还重要。

这是你迺徽章迺美的方面。但是还有另一方面：那种被我用着的研究方法，那种还没有被适用在经济问题上去过的研究方法，把最初数章弄得非常难读。我恐怕那些常常都忙着找结论的法国公众，太过于热心希望知道一般的原理并那些直接使他们热衷的问题之间的关系，弄得在最初，就因为不能把全体向前读下去的缘故，而失望呢。

对于这个不利益，我没有别的办法，只有向那些以真理为念的读者们预先告诉这个并请他们注意。从学问看来，没有什么平安的大道；只有那些不害怕在攀登学问上的险阻小径的时候发生疲劳的人们，才会独自享受着那种达到学问迺有光辉的绝顶的幸福。

你迺忠实的

卡尔・马克思

跋文迺题目叫做《对于读者的注意》：

罗意先生［Herr J. Roy］曾经企图尽可能的把翻译弄得极正确，甚至于弄得字字正确。他严正的完成了他的任务。但是，正因为他这种严正和忠实，才使我趁这机会改变言语迺用法，以便使读者更加容易理解。因为这部书是分册出版，所以这些改变都是时时在仓卒之间被做成的；牠们不是常常用同样的注意做成功的，因此发生了许多文体上的不一致。

因为我自己参加了这个校阅的工作，所以，我觉得我恰好趁机会把原文——德文第二版——的基础扩张起来，把一些说明弄简单，把一些说明弄完全，添加一些历史的并统计的材料，增补一些批判上的注意，等等。纵然这个法文版具有文学上的缺点，但是，牠在原有的价值之外，更有一种特别的学术的价值，所以还应该被那些懂德文的读者们利用。

卡尔·马克思

由此可以看见，德文原本迺学术的价值是可以靠法文译本迺参照而被增高的。但是，在行这种参照的时候，我却不像恩格斯一样，相信自己要被马克思自己指出那些翻译上的章句所束缚。我对于这个翻译的见解是和马克思并恩格斯迺见解不相同的。他们只从科学的进步迺观点去看牠。在我这方面，却是除此之外更有一个考察：法国版迺比较易于理解。马克思曾经打算到，他在法国劳动者当中不会找出像在德国那样多的有耐性的读者一层，所以曾经努力在篇中各处向他们把讲义改简单了。我觉得，只要我找着那样的处所，我应该有权利把牠同样利用到德文原文的形成上面去，因为我迺任务本是这样：在不侵害这个著作迺内容和性质的范围内，把牠弄成一种比较更容易理解的东西。

但是，我在法文译本内，除了翻译上的变更之外，还找着增补，都是马克思未在他迺原稿上记载过的，因此也就都是恩格斯没有采入德国版的，然而，对于我，却好像都是有重大的意义的。

对于所采用的各章句迺翻译，也和对于各章句迺选择一样，我并不受恩格斯迺束缚，因为，在这里，我所注重的，还是理解迺容易这个观点。但是，不消说，我常常尽可能旳接受恩格斯的那种古典的翻译。

这里发生一个问题：是不是应该把那些从法文译本而来的变

更，用一种特别记号，如像用括弧，特特旳明记出来？恩格斯当时未用这种特别记号，我相信，他那种办法是有理的。那些由翻译而来的种种变更，不常常都是单纯的增补。他们常常要求整句的变换和整节的省略，有时还只是关系一个字。所以，如果在这里一一旳把变更廼处所和内容指示出来，就难免会使读者感觉麻烦。那种不被恩格斯在他廼版里认为必要的东西，对于一个应该和一切学者架子远离的民众版，当然是可以不必要的，简直可以说是赘物。

恩格斯在第四版里面，除了法译本之外，还利用了那个在1887年出现的英译本。照恩格斯在第四版序文所述，为达这个目的，马克思廼末女爱拉诺［Eleanor Marx—Aveling］“曾拿原有的引用文句和原文对照过，在许多由英国著者及蓝皮书采用的并被马克思翻成德文的章句当中，都不顾虑逆翻译，一直改为英文原文。”此外，翻译人佐尔格［F. A. Sorge］——侯播根地方的——曾经得到马克思的一个手记，手记上面被马克思在英译本出现廼约莫十年以前（所以大抵是1877年左右）记了许多对于英译的指示；不过，这些指示廼大部分后来都由马克思口述给恩格斯叫他采入第三版里面去了，所以恩格斯在第四版里面只是很少旳利用了这些指示。

引用章句和原文廼对照并德译和英文原文廼对换，两件事，都使英译本内发生了一些订正。

关于这件事，恩格斯在第四版序文内曾说：

“发见了许多小小的不正确。许多关于参照页数的错误，或是由笔记廼抄写发生，或是一些由三次出版廼经过当中累积而成的错字。一些在多数的抄引上面必不能免的，关于引用符号并省略符号迿位置的差错。时时在各处碰见不大正确的译语。有一些章句是从1843到1845年间的，在巴黎写的旧笔记当中引用的；那时马克思还不懂英文，只是从法文译本去读英国经济学，所以他那时的重译，很容易使文章迿调子发生变更，如像关于司徒阿［Stuart］，攸尔［Ure］及其他迿引用，就是例子；这种地方现在都变成可以利用英文原文了。像这样的小小的不正确和不注意，此外还有许多。

“现在，如果我们拿第四版和以前各版比较起来，我们一定知道，这些麻麻烦烦的订正进程对于本书并没有引起什么值得说说的变更。只有一个引用即久恩日［R. Jones］迿著书上的引用（第四版562页，注47）找不着出处。恐怕是马克思自己写错了书名罢。其余一切引用都完全保持着牠们迿引证力，也可以说，在本版的正确的形态下面，这种引证力更加强大了。”

这种“麻麻烦烦的订正进程”，的确是很值得感谢的，是非常有益的。不过，我还有一个补遗。爱拉诺“曾拿原有的引用文句和原文对照过”，这句话，明明是专指那些从英国的来源来的引用说的。在可能的范围内，我也曾经把原书中其他引用文句和原文对照过，并且把那些在原书中并未注明原来的处所的引用，如像关于亚里士多德的引用（26页）都对照过。我并不常常能够赞同那些被恩格斯做了的，关于马克思的翻译的变更。比方，马克思曾把“The refractory hand of labour will always be tought docility”一句话，译成“（资本）强制着产业上的反叛的手使牠归于柔顺”。恩格斯把这句话改译为“强制着劳动迿反叛的手，使牠变得易受教训”。

拿“劳动”替代“产业”，的确是一个改良。但是，如果把 docility 译成“易受教训”，我却不能承认牠是一种改良。“柔顺”更完全不正确。我选用了“易受制驭”。（国民版 380 页）

《资本论》逌法译本利用也同样在各处引起了一些新的不正确。如像马克思在法译本 222 页引用了弥尔逌《经济学原理》（伦敦，1760 年，253 页）如下：

Je présuppose toujours l'état actuel des choses qui prédomine universellement à peu d'exceptions près, c'est à dire que le capitaliste fait toutes les avances y inclus la rémunération du travailleur.

马克思对这段文章，加了一个批注：

Etrange illusion d'optique de voir universellement un état de choses qui n'existe encore que par exception sur notre globe.

恩格斯把这段关于弥尔的引用译成德文如下：

Ich setze überall den gegenwärtigen Stand der Ding voraus, der bis auf wenige Ausnahmen überall herrscht, das heiszt, daβ der Kapitalist alle Vorschüsse macht, die Bezahlung des Arbeiters einbegriffen. [我在到处都假定着那个除开不多的例外，在到处都一般旳支配着的事物现存状况，即是说，假定着资本家行着一切的预付，连劳动者逌支付包含在内。]

又，恩格斯把马克思那句批注，译成德文如下：

Seltsame optische Täuschung, überall einen Zustand zu sehn, des bis jetzt nur ausnahmsweise auf dem Erdball herrscht. [把一个到今日为止只在我们逌地球上行着例外的支配的状况，看成一般的状况，这是一个奇怪的幻觉。]

这个翻译的确是完全正确的，但是，如果恩格斯不是从法译本去翻译，而是从弥尔原著去翻译，恐怕他不会那样译罢。弥尔原文是这样：

I assume throughout the state of things which, where the labourers and capitalists are separate classes, prevails with few exceptions, universally etc.

那就是说：

我在到处都假定着，那个“只要是在劳动者和资本家形成着两个不同的阶级的地方”，都一般确……

括弧内[①]的那句话，在马克思从原书抄录的时候，完全被他看落了。但是，这句话却可以对弥尔迺文章给一个限定的意义，并且这个意义可以使马克思的批评变成无的放矢。因此，在目前这个国民版，我把牠除去了；这是应该的，因为那个批评和马克思在那里述说的对象，并无什么严密的连络。

有时我还斗胆去订正马克思自己迺错误。他在第二版迺 123 到 124 页（国民版 99 页）上写着：

“从那个关于支付手段迺流转速度的法则，可以导出下面的结论：不管牠迺原因如何，总之，那种在一切定期的支付上所必要的支付手段迺数量，是和支付期间迺长短为反比例的。”

但是，那个被他在脚注上从拍提［Petty］迺著作引来说明这段文章的例子，却恰恰证明着正相反对的道理。支付期间越短，所必要的支付手段迺数量就越少。牠在每星期支付的时候，必定较在

① 原文如此，疑指引号内。——编者

每季支付的时候为少。这里明明有一个错字。“为反比例的”应该是：“为正比例的”。

又，在193页（国民版迺158页）上所说“生产手段虽然能够完全硛走进劳动进程迺当中，但是，牠却只一部分硛走到价值形成进程当中去”那句话，恐怕也有一个错字罢。这个道理是对的，但是，牠不单是可以适用于“在价值变换时的价值形成进程”［Verwertungsprozesz］，而是可以适用于一切“价值形成进程”［Wertfildungsprozesz］的。因此，所以我拿后一字代替了前一字。

这自然单是一些完全立于属从的地位的变更。我对于我迺修订，也可以说恩格斯对他迺修订所说的那句话：“对于本书并没有引起什么值得说说的变更。”

和修订进程同样应该实行的，还有洗刷进程，对于那些从外国语采来的语法迺洗刷进程 。关于这一层，也和上述的许多编辑上的活动一样，我步了恩格斯在他所刊行各版时所走过的那些旧迹，不过，在这里，我也觉得我有比他走得更进一步的权利，因为我迺任务和他迺任务原是不一致的。

对于外来语的斗争，第一就在除去英国样式，这就是说，除去那些由英语采来的字句和用法。

从马克思说来，在他写《资本论》的时候英语和德语是同样流畅的。英语对于他那些在英国生长的小孩们，已经变成了最熟的言语，因此对马克思也就变成了日常交通迺言语。因此对他发生了影响，使他不知不觉硛对英语比对德语还亲近些。并且，此外还有一种对于事物的有意的偏爱。在马克思迺研究时代，英国是显示着一个发达了的资本主义和一个资本主义迺理论迺说明的，唯一的国家。他迺科学迺材料和术语，都是英国的。最后还有一层：因为马克思能够同样自由矜驱西欧迺三大国语，所以他在一个特定的瞬间，任意去抓住那些最能适合他迺目的，最能表示他迺思想，最能有美丽的并强劲的语义的言语。并且，在他写德文的时候，他还喜欢加上一个法国式的，特别是英国式的语法，这并不是由于他迺疏忽或忘记，倒是因为他想借此弄强他迺话迺作用。他迺英国式的语法变成他迺文体迺一个本质的部分；如果没有这个成分，恐怕他就不会得着那样紧凑适切的特色了。

但是，这并不是说他迺一切英国式的语法都有这种特色。其中也还有显得好像不必要或有害的，因为对于这些语法，不知英语的读者，容易发生误解。

马克思在德文版第二版出现之后，已经开始从原文上洗刷第二种的英国式的语法。照恩格斯在上面引用过的那篇对于第三版的序文里面所述，他两人对于这种洗刷是一致的，并且恩格斯还继续进行了这种洗刷。

不消说，我是已经把第二版里面所有的那些被他们两人实行了原文迺变更，完全接受了的，但是，我在这里，也相信我应该并不得不在他们走过的那条路上，比他们更走远些；因为，前面已经说过，容易理解迺原则在国民版上扮演着一个更大的角色。并且，恩格斯这个人，虽然偏向迺程度比马克思浅一点，也是偏向于英国生活的人，所以他也往往带着英国样式。他还把许多应该除去的英国式的语法，留在《资本论》中。

举例说，如像在第四版 139 页说到边沁迺学说时，还有这样的话：利己心就是一种可以连结人类的，唯一的力量；在利己心所在的地方，“各人只管自己，谁也不管别人”[“jeder nur für sich und keiner für den andren kehrt”]。这个 kehren，如果不和英语的 Care [Sorgen] 连结起来，在德文里面，就几几乎是无意义的。

在 219 页注 91 里面，有“神经力失了牠迻 Ton”。这里所谓 Ton 是英语的 Tone，拉丁语的 Tonus，是张力。

在同一的注里说着“plastischen Blute”，牠迻意思却是“Stoffbildeudes Blut”[形成血]。

在 221 页的“Slept on the floor of the furnace”[“ichschlief auf dem Fuszfoden des Hochofens”] 被译成了“schlief auf dem Flur”，这种德国西部话的形式叫法文译者误译为：“J'ai dormi dans les champs”[“ich schlief auf freiem Felde”] 了。

Earthware [陶器] 在 257 和 260 页上译成了“Erdenware”[土货]，在 441 页竟译成“Erdengut”[土物]。

在 300 页上，马克思说到手工业时代，说牠从十六世纪起到十八世纪止保障了“rauh angeschlagen”。这个 rauh 是英语的 rough，除了“粗暴”迻意思，还有“大约”迻意思。

马克思时常用“untergehen”这个字，不是拿去指“破灭”，倒是拿去指“经历”；是当作英语的 undergo 用的。这种用法有好几次被恩格斯改正了，但是还未完全改毕。

他从法文采用“einrollieren”[募集] 那个字；这虽被恩格斯改了许多，但是，在 426 页脚注上及 609 页里面，仍还存留着。

在 456 页，把“He always felt restless at night”译成“Er fuhle sich stats rastlos des nachts”。但是，真正的意思却只是“他因为想和别人竞争的缘故，心中常常不安”。

在564页，“Liquors”译成“Likore”［烧酒］，其实原意只指“Flüssigkeiten”［液体］。

在636页的那个“Kluster Pfaudzettel”里面的Kluster完全是英语Cluster逌直译，这应该译成“一束当票”才对。

恩格斯自然把最惯用的英国式的语法除去了。所以第二版里面那些被马克思用着的Pfahl［pale，木桩］被恩格斯用Umpfahlung［围栅］代替了。

在第二版713页的“All residence of agricultural population in a parish is glaringly an addition to its poor rates”被马克思译成“All Residenz einer Ackerbaubevölkerung in einer Pfarrei ist augenscheinlich ein Zuschuβ zu ihrer Armensteuer”。

恩格斯觉得residenz那个字还有英国风味，所以用Ansässigkeit代替了牠。但是，据我看来，还是不妥，“Zuschuβ-zu einer Armensteuer”并不曾有救贫税的负担逌增加的意思。所以我把全文形式改为“Jede Niederlassung von Landarbeitern in einer Pfarrei bedeutet offenbar eine Vermehrung ihrer Armensteuer”［地方劳动者跑到一个教区去的每一次定住，明明就是那教区逌救贫税负担逌一个增加。］

在720页，马克思写着“Landlords lassen dem armen Nest frei zur Ader”。这里的freely在英语里面并不单指frei，此外还有一个reichlich逌意思，并且最后这个意思也恰恰是马克思所想说的。恩格斯在第四版把frei改成了flott。在英译《资本论》，韩特尔［Hunter］博士写成“The absentee landlords bleed this poor rookery too freely”。我相信，这个字不应该用“flottes”去代替，最好是用“allzu reichliches”去表明。我在国民版上就采用了这个形式。

不再引证了，再多就会使人不耐烦了。单是上面所举的例，已经足以证明，英国式语法迺扫除并不是一件顶简单的事，特别是在我们想留心矫枉过正的毛病的时候，更觉得这事不大简单。在做这个工作的时候，不应该做得太过火，做到使马克思的言语迺特色和力量都被废除的程度。那些特特被他采用，同时又不会引起什么误解的英国式语法，我都保留未动。不消说，在每一个例子里面去决定原文应该保留或应该变更，这件事，决不是一件容易的事。

此外那些被马克思常用的别种外国语，也呈示了一些差不多更要加大的困难。这种困难一部分是和他总爱用英语去思维的习惯有关联的。英国人比我们德国人格外多用一些外国字，特别是用拉丁字。但是，马克思所用的外国语迺大部分都是从学问家迺语言，特别是从哲学家和数学家迺语言中采用的。

这些外国语，自然不能用同一把梳子去梳牠们，使牠们德语化。的确，在牠们当中，有一大部分是立刻可以用德语去替代的，牠们所以被应用着，完全是因为学者用惯了牠们，因为学者们觉得牠们比那些俗语还格外和他们亲近，他们觉得在俗语中反不易常常得着一个和他们迺术语相当的字，他们往往要费力找才找得着牠。在某种情形下面，不用一个外字去写一篇学术上的著作，一件事，实在比用外国语去涂饰一篇文章那件事，还要麻烦费力些。不消说，从没有经验的人看来，当然会觉得后一件事在工作迺实际比较上格外能够多引起别人注意，多壮观一点。

无论是谁，如果要为劳动者著作，如果要为一般不懂得学术用语的公众著作，他就不能不费心去寻找一些相对应的德国的字，去代替那一切不必要的外国语。

这种必要早已被马克思承认了。虽然在最初，当他起草《资本论》的时候，他逌全副精神都用在制服并分析那种巨大的材料一件事上面，他只顾到他逌用语逌精确，而顾不到用语逌容易理解，然而，到后来，一到他解决了那个困难问题的时候，他逌观点也注重到容易理解一层上面去了。第二版并法译版关于这一层是比较有很大的进步的。

自然，在这两个版本上面，马克思所注重的，与其说是在外国语逌洗刷，宁肯说是在述语逌样式。但是，他却也并没有完全漠视前个任务。他在第二版逌原稿逌附记里面，处处散见着一些指示，指明那些外国语能够用怎样的德语去被替代。所以，我们在原稿逌13页上，看见“das Residuum”（劳动生产品逌）那个字下面打了一个杠子，并且写了一个“Rest”［剩余］。在同页里面稍下一点，写了“schlechthin menschliche Arbeit”去代替“abstrakt menschliche Arbeit”［抽象硛说来时的人类的劳动］。又，在11页，他涂抹了“Contradictio in adjecto”，添上了一个“Widersinn”［矛盾］。

可惜他明明又被别的任务阻碍他这种工作；所以他没有更进一步硛去做这种德语化。恩格斯也没有重视这个被马克思开始了的头绪。我们在四版里面，还看见这个“Contradictio in adjecto”和“Residuum”。

从有学问的人们看来，这些德语化免不了是一些非常的赘疣。

每一个科学都会被逼迫得在牠迺进步迺经历当中去造一些独特的言语的。一切日常用语，只能表示表面迺现象。我们越往下掘，我们就越会碰着一些概念，一些不能够找出日常用语上的字眼去行表示的概念。所以，在这里，我们就不能不采下面两条路当中的一条：或是造一个新字去表示牠，或是从某一种语言，大抵都从拉丁语或希腊语，采用一个字，给牠一个特别的意义，这个新意义是不能完全和那个字迺固有的意义一致的，因此，也就是在简单的翻译上决不能够完全复写出来的。不过，如果我们知道那种表示迺通常的意义，那末，那种表示迺理解就常常会变得容易些。

像那样外国语，当然是不应该被我们洗刷了去的。并且，我还相信，就是许多能够用德语代替的外国语，如果牠们在马克思的表现方式上是很重要的并且已经成了马克思主义的文献上的语汇迺一个固定的部分，一个为每个想和这种文献接近的人不能不熟知的部分，那末，我们也不应该避开牠们。为要把这些外国语弄得比较容易理解起见，我在牠们当中的每一个初次出现的处所，附加一个和牠的意义相同的德国字，放在括弧里面，以资注释。只有在极稀少的时候，我找不出一个字或两个字去表示那个外国迺意义的时候，我才采用脚注的办法。凡是被加上的注释，都在后面附有一个 K 字。凡是我觉得一个德语化迺附注只足以障碍叙述迺流畅，别无一点益处的地方，我都避去了那种附注。

至于那一些字应该需要一个解释的附注，那自然是在特定的处所可以发生种种不同的见解的。我们不能把每个由外国语发源的字，都当作外国字看。有一些字虽然是从外国语发源来的，但是牠们已经好像归化了德国一样，对于我们，反比一些德国字更亲近些。什么叫做 Juni［六月］？这是尽人都知道的。Brahmond 那个字倒反少人知道。从普通的德国读者说来，与其说是有拿这个德国字去翻译那个拉丁字的必要，宁肯说是应该拿那个拉丁语去翻译这个德国字。

对于什么样的外国语才有翻译或注解的必要，这全要看我们对于《资本论》迺读者所假定迺知识迺程度如何解决。我们应该承认，只有一些有知识的劳动者，一些已经在新闻纸等等当中熟悉了许多外国语的劳动者，才能够和《资本论》迺讲读相接近。但是，要知道，谁也不会一面手里拿着外国语字典，一面去读新闻纸的。通常大家读新闻报纸的时候，都是很匆忙的，所以，报纸里面的多数的外国语迺应用，并不足以增加那些外国字迺理解，反倒会引人发生这样一种习惯：把不懂的字随便跳过，只是对牠们一半乱猜，一半误解，结果在将来应用这些字的时候，也是同样一半正确旳一半不正确旳应用着。

这种在读报纸的时候所常常经验着的习惯，正会引起这样一种危险：在读《资本论》的时候，把不知道的外国字，同样随便旳跳过去。因为这样，所以我觉得，在注释外国语的时候，与其少注释，不如多加注释好些。不过，如果把时常出现的外国语，在每次的出现时都加注释，那又未免太赘了。

如果有人觉得我对于他还没有充分旳加上外国语迺翻译和注释，那末，我就得忠告他赶快去利用一本无论什么样的外语字典。一列的固有名词迺注释如像其中的 Maritorne，Bill Sykes，Pindar，Fortunatus，都载在本书迺人名注释录里面，关于这个东西我在后面还要说到，有一些字，举例说，如像 Gral，到底所指的是什么，简直无从说明。如果说明，结果就会对于本文给与一个不可忍耐的障碍，使这本书变成一本百科全书。凡是在可以用一个字去说明的地方，马克思自己已经在法译本里面加上了。如像他关于 Wittib Hurtig，就说明了她从前就是 Falstaff 逌女朋友。（法译本 18 页）像这样的增补，我自然都从法译本采用了来，并且还照这种样式，自己做了一些增补；不过，我逌增补只限于可以用一句话完成这个增补，也不发生什么勉强，也不害及全句逌连络的时候。

至于那些被马克思提供了的事实的材料，那些现在已经有半世纪以上的年龄的材料，我却断了念头，不想把牠们继续到最新的时代，不想把牠们增补完成了。不消说，如果能够把牠们弄完成起来，自然本书一定更会获得一些效用；并且在事实上也有许多言论喊着，要把牠们继续并弄完成起来。我从前也和恩格斯一样，抱了一种把牠们弄完成起来的意见。关于那事，我已经开始做了一点工作，不过，后来却又放弃了那种计划。

如果单从那种只须对于马克思所描写过的东西，继续加上一种较新的关系的地方说来，这种增补倒是很简单的。但是，在这个从那时起算的半世纪逌经过之间，已经发生了种种的变更。英国已经失去牠逌产业上的独占，牠一天一天鸻越发变得被德国和美国所包抄了。纤维工业逌支配的地位已经丧失了，技术也经过了巨大的变化。此外还有种种变动。这种整个的发展，造成了《资本论》鸻最光耀的证明；这种发展只有靠着这个证明才可完全理解；不过，这种发展却不是什么直线的发展，倒是一个辩证法的发展。

把《资本论》上的参考资料继续到现代来，这件事，如果真正做成了功，那一定就会不单是可以指出同一的倾向还和当时一样依然支配着，并且还可以指出在什么地方并为什么牠逌现象形态会有了变动。不过，这却不是一个短短的注释可以做到的；这应该需要一列的关于种种领域的研究论文。那些在半世纪当中被资本主义逌迅速的膨胀和变革所招致的巨大的资料，是不是能够被一种像马克思所有的那样的强有力的劳动力完全旳处理下来，那还是一个问题。就是《资本论》上那些只限于英国的材料，如果当时没有恩格斯逌帮忙，恐怕马克思也不能够把牠们支配得那样巧妙罢。要想使现今活着的一个人对于上代的国际资本主义做成功同样的工作，那完全是不可能的。如果真能做成了功，那末，那个工作自己就会成为一部著作，不会只是《资本论》的一个简单的解释了。

如果那种说明的注释不写得怎么完全，而只是在牠们可以简短旳容易旳被把握着的地方写出来，那又恐怕会冒一种危险，恐怕会得着牠们应该有的目标逌反对物。如果牠们在最应该从新说明的地方沉默起来，牠们就会引起一种错误的印象。在那时候，读者就会相信他在这个版本当中不但知道五十年以前的事情逌状况，并且还知道今日的事情逌状况；因此，他就会把那一切有了重大的变更之点，都看落了去。

就是恩格斯本人，在他对第三版和第四版逌补注当中，也没有努力想和完成接近，他只不过在他感觉得有那种兴味的种种地方，才加上一些补遗的注释。那种办法，在一个四分之一的世纪以前，在那些关于马克思的种种叙述的变更还没有十分长大的时候，也许是充分的。

不消说，我不能把恩格斯的补遗的注释置之不顾。一个新版，无论在什么地方，都不应该比牠以前的版本还更贫弱。我应该利用恩格斯的补注。不过，我刚才说的那种考虑，对于牠们却是不妥适的。把最近几十年间的种种不时的变更，用几句话述说出来，这件事，如果有必要时，在这里却常常是可能的。所以我在新版的各处，添了许多被要求着的补注。

至于马克思这个著作迺全体迺近代化，那种事，我却觉得从一个编辑人迺地位看来，我并没有做牠的天职，也没有做牠的权利。这部著作虽然在今日还保着牠迺现实性，虽然在今日牠把这种现实性弄成我们迺文献迺有生活力的活动，然而这部书却同时是一历史的记录，是应该当作这样一个记录去读的。读者决不要忘记，这部书是从一个和今日不同的时代，从英国迺产业独占的时代，从曼捷斯特时代，从自由贸易迺时代产生出来的；在那时代里面，成为一切政策的枢轴的，不是社会民主主义，倒是自由主义。

但凡马克思在《资本论》上说到“现今”的时候，所指的都不常是同一年份。第一版是在 1866 年完成的；第二版在 1872 年，法译本迺最后的分册在 1875 年。这些版本迺每一个，都带了一些更新和增补。在较迟的版本里面，从种种时代发生了种种的文句和注释。所以在牠们说到“现今”的地方，都必须常常考察所指的日期是什么样的日期。

我对于这部书迺地方性，也和对于牠迺历史性一样，一点也不愿损伤牠。马克思在这书里面差不多纯然用着英国的容量，重量，单位，用着那些不为德国读者所熟知，很易引起计算上的困难的东西，那件事，的确是很讨厌的。马克思自己在法译本里面，也曾打算把那些英国的度量衡改为法郎，米突，基罗，等等[①]；但是他不久就丢了那种计划。因为结局他只能在人造的例子里面企图这种变换，至于那一切从英国的现实中产生出来，盖上了英国的印章的实例，他却无从企图。

至于把英国的货币名称改为德国货币，那种事，我更不打算去做。如果改了，恐怕不但会改变本书底地方性，并且还会改变牠底历史性，因为，当今日的德国币制成立的时候，《资本论》早已被创造了。

恩格斯在第三版序文内关于这一层的说话，对我也是妥适的：

“我对于本文中到处用着的英国货币并度量衡名称，我并未把牠们改算为新德国的货币并度量衡。在第一版出现的时候，德国的度量衡底种类，多得像一年当中的日子一样；有两种马克（现今的帝国马克只适用于那种在三十年代的末尾才发见了的 Soetbeer 底头底当中），两种 gulden，至少三种 Taler，三种当中的一种就是以新的三分之二‘货币’为单位的。在那时，天然科学界用着米突制，世界市场上用着英国式的度量衡。在那种状况下，不消说，像本书这样把事实上的例证差不多完全不能不从英国的产业关系当中去采用的著作，当然是不能不用英国的单位了。”

只有在一件事上面，我侵犯了英国的单位：我把那些依照华氏计算的温度，都改为依照摄氏计算的东西了。

关于正文，不再说了。现在且说几句关于马克思的脚注的话。那些脚注有三重目的。第一是精神的暗示，靠牠去振起读者底精

① “米突”今译为“米”，“基罗”今译为“千克”。——编者

神，破除无味的单调。另外一个目的是给一些事实的证据于正文上的引用。这种注释迺大部分是可以夹进正文当中去的。马克思在法译版上，夹进一个很长的，关于矿山劳动者的注释于正文中，恩格斯在第四版中也仿了他迺例。好像很容易使人学他们迺例，把别的注释也夹进正文中似的。但是，我自己，却为免得扰乱脚注迺序次的缘故，没有那样做。在德文版中（可惜在英文版和法文版中不是那样），一切脚注都是在每一篇全体当中通算牠们迺号数的。哪怕种种不同的版本迺页数不同，同一的脚注迺号数却除开极少的例外，都是相同的。这种办法很便于相异的版本迺比较和外国版迺清查。

这种被大家喜悦的统一，我决没有无故牱扰乱过，因此，所以我就是在可能的时候，也没有从脚注上把一些事实的说明搬到正文中去。

《资本论》中的脚注迺第三的任务，在于说明经济的学说迺历史。关于这一层，恩格斯在上面引用了好几次的第三版序文中说过：

“……在那里，别的经济学家迺理论的见解被引用着。在这里，那种引用迺目的，只在确证那种在说明迺进行中出现的经济思想在何处，在何时，被谁人最初明白牱说出来。关于这种引用成为问题的，只是那个经济学上的见解对于经济学迺历史有不有意义；只是那个见解当作学说看时是不是能够多少适切牱表示着当时的经济状况。至于那种见解从本书迺著者迺立场看来是不是还具有绝对的或相对的妥适，或是不是已经完全成了历史上的东西，那却是不成问题。所以这些引用只不过形成一种对于正文的便利的注解，一种从经济学史上引用来的东西，牠迺目的只在把经济学说上的个个的重要进步，随着年月日和创始人迺不同，确定下来。这种办法，从经济学这种科学——这个从来只被经济史家用一种倾向的并牵强附会的无识写了一点历史的科学——说来，是很必要的。这样说来，我就可以懂得为什么马克思照着第二版迺序文所述，只是例外的把德国经济学迺学说加以引用着了。”

马克思在他迺脚注上，大体都引用别的著者迺原文。从一个民众的版本看来，这种引用迺翻译自然是不能免避的。爱克斯泰因[J. Eckstein] 应我迺要求，做了这个翻译工作。此外，他还帮我去从新把所编定的正文再看一遍，并且把我所校过的校正，更校读一遍，此外还在行动上和忠言上帮了我许多的忙，我应该在这里致谢他。

他不单是把脚注翻译过，并且，还在可能的范围内，学着爱拉诺迺办法，拿脚注和原文对照过。在引用了章句上所发生小小的更新，也许会被许多研究《资本论》的人们所欢迎罢。

马克思对于他所引用的书名，只在第一次引用的处所，写明一次。以后他只写 l. c. 两个字母（意思是“详见已经被引用的地方”）。从一个想拿在原文上的这章句对照看看，而又没有参考书在手边的人看来，他也许会走到一个图书馆去；因此就会对他发生这样的必要——把《资本论》往前面倒翻几百页，去找他所需要的那种书迺完全的书名。在那种时候，难免不发生过失，特别是在马克思把一个著者迺许多著作轮流引用着的时候，过失更易发生。并且，在事实上，马克思也曾经弄错过；纠正那种错误，并不是一件简单的事。

爱克斯泰因在别处都把 l. c. 换成了引用书迺全名，因此可以使一个想把马克思所引用的那本书迺某处更加研究的人节省一个累赘的工作。

利亚乍诺夫［Rjasanoff］所编的人名注释录和件名注释录——我在我迺工作上，也得了牠们不少的益处——对于许多读者，更是应该被欢迎的。

注释录迺用处，在牠常常都在手边，用不着许多翻查。关于这种注释录迺用处，利亚乍诺夫自己还在他迺导言中给了我们一些指示。

在这里，我要忠告大家，不要这样去利用注释录：不要打算避免那种通读全书的麻烦工作，不要只想在点心当中找葡萄干吃，不要只想寻找那种可以直接得着实际的应用的引用，不要只是急急毵忙着找结论——这是马克思在法译版迺序文里面已经忠告过的。如果那样的行为在无论什么地方都是不好的，那末，牠对于《资本论》更应该是在无论哪一个处所都不能有的；因为在《资本论》里面，只有知道全体的人，只有那种不但读过牠，并且现在常常记得牠的人，才能够懂得牠迺每一个部分。

但是，这句话并不是说，每个人都应该立刻把《资本论》从 A 到 Z 通读下去。如果那样做，那末，普通的读者就会在第一篇里面碰着重大的困难，威吓他，使他不敢继续再读下去；但是，他真再读下去，他一定会在更后一点的地方，发见一些很易理解的，写得又简洁又紧凑的，对于每个无产者都非常重要的，极好的部分。

马克思自己也感觉到，我们不应该叫通常的读者照《资本论》

逎现有的顺序去通读牠。当他的朋友库格曼通知他，说自己的太太有意读《资本论》，但觉得开头地方太过于难读的时候，马克思用下面这样的关于这部书逎研读的药方：

“请你对尊夫人说，第一可以读的，就是关于劳动日，协力，分业，机器的各节，其次就是关于‘原始的积聚’的处所。”

所以，照马克思逎意思，在读者被最初逎困难威吓着了的时候，他就应该先读第八章，其次再读第十一，十二，十三各章，再次更读第二十四章。上述的几章，除了那些关于工资和资本主义的积聚逎一般法则的东西之外，都是从读者方面看来最富于实际的重要性的东西；不过，如果读者还一点也不知道著者所据以出发的思想径路，那末，这几章就会对他只成为一些状态逎描写。

所以，在读者去读上述的几章以前，我们应该劝他至少要读懂马克思的小册子《雇用劳动和资本》并《工资，价格和利润》。

自然，他不应该只逗留在这几章上面。如若不然，他手里就会只有一个部分，而无那种把这部分连结着的精神的纽带了。那几章只能供给他一些经济的材料，只对他提示现实；现实逎合则性逎研究却是理论逎任务。只有这种理论才能为他获得生活和内容。所以，我们应该期望读者在读了这几章关于历史的东西之类，更用高度的热心，去把《资本论》从头到尾通读一遍，以便获得一切光明和明了一切关于他已经读过而尚未十分透彻懂得的部分的光明和明了。

纵然读者当着通读的时候，在那个关于货币的第三章里面发见困难，他也不应该被牠吓倒。以下的各章都是比较简单的。并且，关于这章的许多道理，都在第二册和第三册里面，才有牠们逎继续的说明。所以，纵然读者在最初不能把一切弄明白，他也应该毫不犹疑阿继续向前读去；自然在这时他可以行一种保留，准备后来再回到出发点来一次。

《资本论》也和其他一切基本的，古典的著作一样，是耐得反复诵读的，不，不但这样，牠实在还要求这种反复诵读。所以，哪怕我们怎样常常读牠，我们也可以常常在牠里面找着一些新思想和感激。我们那种关于社会事物的知识迺每一个进步，都对我们打开《资本论》迺一些新生面。

马克思迺伟大，马克思迺生活力，只在这一件事上面：马克思不但照普通的专门家一样，把经济的并历史的详细材料支配着，他并且同时还用一种为从来的别的哲学家所从未做成功的方法，把社会迺总体，从空间和时间上，加以整个的概观。谁要想知道他，谁就得从两个方向去追踪他，从个个事实迺科学的研究方面并从总进程迺认识方面；谁就不应该只把一个事实的总连络，在牠迺作用和原因两方面去行观察。

现实只是一个无限的循环；在这个循环里面，不单是终可以从始里发展出来，并且始也可以从终里发展出来。不过，在辩证法的进程里面，从终里发展出来的始，不是那个同一的始，倒是一个更向前发展了一步的始。就是资本主义社会，也是形成着一个常常回归着的生产迺循环的；不过，只有已经完全把握着这个循环的人，才能够把握这个循环迺每个因子。至于一本书，那却不能够形成什么循环；牠不得不有一个始和一个终。我们对于书，也和书里所努力想去把握的现象一样：如果我们不把牠当成一个循环去把握牠，换句话说，就是，如果我们不在读了牠之后，再去从新开始读一遍，我们就不会完全懂得牠。这个道理，至少对于一切范围很宽，基础很新，不能靠着一遍的诵读就把牠廼全体放进脑筋里去的书，是妥适的。

叔本浩［Schopenhauer］有一次曾经说明了一个类似的概念，不过，他那说明只是纯然观念旳从思想廼本质出发，而不是从现实出发。他说：

“一个思想体系，无论什么时候，都有一种建筑上的连络，这就是说，这样一种连络：在这种连络里面，每一部分都常常支着别的部分，这个被支的部分又支着另外的部分，到最后，础石支着一切部分，同时并不为无论什么部分所支，房顶却和牠相反只是被支，毫不支着别的部分。至于一个单独的思想，那却和上面所说相反，无论牠范围包得如何宽，牠都有一个最完全的统一。虽然这样说，但是，如果为要传达这个思想出来的缘故，把牠分割成为几个部分，那末，这些部分廼连络就不得不是一个有机的东西，换句话说，不得不是这样一种东西：在这种东西里面，每一部分都包含着全体，恰恰和牠为全体所包含一样；没有哪一个是第一，没有哪一个是末尾；全体的思想靠着部分而变得越发明了，同时每一个顶小的部分在全体还未完全被理解以前，也是不能够完全被理解的。但是一本书却不能不有一个第一行和一个末行，因此，所以在这个范围内，牠和一个有机体是很不类似的，哪怕牠的内容常常和有机体很相类似。结局，在这里，形式和材料是互相矛盾的。

“当然，在那样的状况下面，要想突进上述的那个思想里面去，除开把那本书读两遍之外，并无别的忠告，特别是在读第一遍的时候，这应该用很多的耐性；这种耐性只有从一种由自由意志得来的信念——相信始这东西以终为前提，约莫和终那种东西以始为前提一样，并相信每个较前的部分以较后的部分为前提，约莫和较后的部分以较前的部分为前提一样，那种信念——里面，才能发生出来。我说的是‘约莫’，因为在事实上决不完全是那样，因为凡是从前某种可能做起来，以便把那种至少可以靠其后继起的事件去说明的东西向前推去的事，凡是从前那一切可能做起来，以便帮助理解性和明了性的事，都是正常豞并学术豞发生着的；是的，并且，如果读者——这是很自然的——在生活上不单是记着每次说过的，并且还记着那些从每次所说发生出来的可能的结果，那末，就用上述的方法，也许可以得着某种程度内的成功；因为靠着这种记忆，可以在除开许多和时代并读者豞意见相反对的种种现实的矛盾之外，还加上许多预期的并想像的矛盾，所以结果就会把那种还只是一个简单的误解的东西，弄得不能不当成一个否认显现出来；而我们对于这种情形又很少认识，特别是在那种费了精力才得着的关于所说的事豞直接意义的叙述豞明了和语法豞解明，毫无疑义，然而又不能把牠对于其余各种东西的关系表示出来的时候，很少认识。因为这个缘故，所以照刚才所述，第一次诵读会要求很多的耐性，那种从特殊的自信——相信在第二次诵读时许多东西或一切东西可以用一种特殊的眼光去瞻望的自信——而来的耐性”。

上面这段话是叔本浩写在《当作意志并表象看的世界》豞第一版序文里面的，但是我们却可以把这几行文章适用到一切重要的著作——一切可以从一个新的观点，用一个新的眼光，对我们指出现实或指出现实豞一节（因为现实本是无限的，决不能全体被我们理解）的著作——里面。牠对于《资本论》也是完全妥适的。如果我们要懂得《资本论》迺一部分，我们就不得不知道牠迺全体。牠迺第一册决不能在没有第二册并第三册的时候完全被人理解；第一册里面的许多部分特别是关于第一篇迺商品和货币迺大部分，形成着第二篇和第三篇迺准备的地方，倒反比形成着第一篇迺进一步的解释迺准备的地方多些；牠对于流通进程并总进程迺理解上，倒反比牠对于生产进程迺理解上，还必要些。不过，精确旳说来，只靠《资本论》这三册书，却还不能够把总进程并把牠迺各部分向一切方向完全把握住，因为这三册书还不是马克思头脑中的完成了的全著作（不是指纸上的著作说）。由遗稿编成的《剩余价值学说史》也还对我们供给了一些新的观点。

我们在这部书迺研究上越往前走，我们越会多把握牠迺出发点，即价值学说；我们越多把握了这个学说，那个全体推进，那种被价值迺法则支配着牠迺进行的全体推进，也就会越更被我们明了旳懂得。

不过，研究这部著作迺全体，这件事，并不是无论什么人都可以做到的。对于普通的读者说来，要想克服《资本论》迺第一版，已经是一个大大的事业；这个第一版对于劳动者是最重要的，因为在这一版上面，述说着一种法则，那种支配着资本和劳动在生产上的关系的法则。不过，要想克服第一册，却得以叔本浩迺结论为前提：至少把这部书读两次。这个两次的诵读，又须得有叔本浩说着的耐性，那种耐性也曾被马克思在前面引用过的法译《资本论》序文说着：

“从学问看来，没有什么平坦的大道；只有那些不害怕在攀登学问上的险阻小径的时候发生疲劳的人们，才会独自享受着那种达到学问有光辉的绝顶的幸福。”

凡是对于《资本论》的有结果的研究，都不是不用耐性就可以得到的。但是，这里所谓耐性，却不是那个从灰心懒意莂，对于不可避性的忠实而来的耐性，倒只是一个特殊的耐性；这种耐性是从他对于无知识迺桎梏感着痛切的愤怒，因而产生着力量的，也是因为他相信可以在知识里面得到一个武器，去夺取一个新的，较高级的存在的缘故，才产生着力量的。《资本论》迺读者需要一个耐性。不过，这不是一个静止的忠实迺耐性，而是一个不知疲劳的斗士迺耐性。

柏林　1914 年 3 月

加尔·考茨基

原著者对于第一版迺序文

这部被我现在提出牠迺第一册问世的著作，是我在1859年公刊了的著作《政治经济学批评》[①] 之续。在开始和继续之间有这样长的休止，都是因为我那长年的疾病的缘故，牠屡次打断了我的工作。

那部以前的著作迺内容，现被总括在这一卷迺第一章【这和今版迺第一篇相当——陈】当中。这不单是为着连络和完备的缘故。实则叙述也被改良了。只要事情能够有法许可，许多在从前那部书当中单止被暗示了的处所，都在这部书里面更加展开，同时，逆过来说，许多在那部书里面已经详细展开了的东西，在这部书里面却只被暗示着，关于价值理论并货币理论迺历史的诸节，现在当然弜变得完全没有了。不过，以前那部书迺读者却会在那些对于第一章【今版迺第一篇——陈】的脚注里面，看见许多关于那些学说迺历史的新资料被公开着。

万事起头难，这句话，对于一切科学都是妥适的。所以，理解本书迺第一章，特别是理解其中含着商品迺分析的一节，这件事，恐怕要变成最大的困难。因此，关于那些一切和价值迺实体并价值

① 指《政治经济学批判》，后文中又译为《经济学批判》、《经济学批评》。——编者

迺大小两种东西迺分析有比较更接近的关系的部分，我都极力把牠迺分析通俗化了[1]。价值形态——牠迺完成了的姿态就是货币形态——这种东西，本是极无内容而又简单的。但是，人类迺精神虽然从二千年以上的古时起就努力想究明牠，却仍然是白费了力，而在另一方面，那些更纷繁更复杂的诸形态迺分析，倒至少都接近成功了。为什么？因为成熟体比体细胞还容易研究些。并且，在经济的诸形态迺分析里面，什么显微镜，什么化学的试药，都是不中用的。抽象力不得不起而代替那两种东西。从资产阶级的社会说来，劳动产物迺商品形态或商品迺价值形态，就是经济上的细胞形态。牠迺分析，如果从没有教养的人们看来，或许会显得好像徒徒闹着琐碎的区别玩耍似的。在事实上，当着那种分析的时候，诚然闹着一些琐碎的区别，但是，那和在显微镜的解剖上所闹着的，却是相同的。

[1]连拉萨尔在他所说的那本反对 Schulze－Delitzsch 的书迺一节——他在那里明明说要供给我所说的关于那些题目的说明迺“精神的核心”——里面，尚且含着重大的误解，所以，通俗化这件事越发显得是必要的了。还有一层应该顺便说说：拉萨尔虽然把他迺经济的诸著作里面的一切的一般的理论的诸命题，如像关于资本迺历史的性质，关于生产关系和生产方法之间的关系，等等的诸命题，却差不多一字一句郎，一直到我所创造的用语为止，从我迺著作里面，也不说明出处，就随便引用了，但是，他那种行动恐怕只是出于宣传迺目的罢。自然，我这话并不是就他迺详细的解释和应用说的，那些事并不与我相干。

所以，除开关于价值形态的一节外，人们应该不能够拿难解的缘故，来责难本书。自然，我是以那些要想学习一点新的东西，因此要想自己去思索的读者们为前提的。

物理学家或是当着天然进程在含蓄最深的形态下面，并且最少被搅扰的影响所扰乱的时候，去观察天然进程。或是当着可能的时候，在一些可以保证进程廼纯粹的进行的条件下，去行实验。我在本书里面所要研究的，是资本主义的生产方法和那些与牠相对应的生产关系并交易关系。这些东西出现着的模范场所就是英国。这就是英国所以会当作我廼理论的说明廼主要例证被使用着的缘故。如果德国的读者对于英国的工业劳动者并农业劳动者露出伪善派的样子，耸起肩来，或是乐观廓放着心，以为在德国事情还可以稍长久廓不至于变得那样坏，那末，我就不得不向他喊叫：De te fabula narratur！［这里说着的，是你廼历史啊！］

由资本主义的生产廼天然法则生出来的那些社会的对立廼发展程度大小如何，这件事，当作牠本身看来，在这里是不成问题的。成为问题的，是这些天然法则本身，是这些用铁一样的必然性，去发生作用，贯彻自己的诸倾向。产业较发达的国家只不过对较不发达的国家指示牠廼将来的姿态罢了。

但是，关于这一层，姑且不说罢。在德国，但凡在资本主义的生产完全被采用着的地方，举例说，如像在固有的意义上的工场里面，因为缺乏工场法廼对抗力的缘故，种种状况都比在英国还坏得多。至于在其他一切的领域里面，那就和在其他一切的西欧大陆一样，不但资本主义的生产廼发展，并且牠廼发展廼缺乏，也都使我们烦恼。不但近代的穷迫状况，并且还有整整一列的被传下来的穷迫状况，一列从那种伴随着时代错误的社会的并政治的诸关系的，旧式的，在时代上落了伍的生产方法廼存续而来的穷迫状况，也都压迫着我们。我们不单是被活着的东西所苦，并且还被死了的东西

所苦。Le mort saisit le vif！［死的捉住活的，叫活的变成死的！］

德国并其他欧洲大陆地方逌社会统计，和英国的比起来，是贫弱的。虽是那样，然而牠们已经把面纱揭开一点，足够使我们感觉牠后面的麦杜则［mudese］女妖【希腊神话上的女妖。头上生着无数的蛇发，她会叫一切看见她逌眼睛的人们化为石头——陈】逌头了。如果我们德国政府和国会，也像在英国一样，设立诸种关于经济的诸关系的定期调查委员会，如果这些委员会也和在英国一样被赋予[①]了关于真相逌调查的全权，如果为这个目的，还能够找着一些和英国逌工场检察官，和英国逌那些关于公共卫生的报告人，和英国逌那些关于妇人小孩的榨取，住居状况，营业状况，等等的调查委员，等等，同样具有专门知识，又公平，又无所顾虑的人们，那末，我们一定会对德国的状况，大吃一惊的。拍尔修斯［Perseus］为追赶妖怪的缘故，曾经用了一顶雾帽，去隐藏自己逌姿形。现在我们德国人却为能够否认妖怪逌存在的缘故，深深戴上雾帽，把眼睛和耳朵都遮着了。

关于这件事，我们不应该自欺。恰恰和十八世纪逌美国的独立战争对于欧洲的中产阶级打了警钟一样，十九世纪逌美国南北战争也对于欧洲的劳动阶级打了警钟。在英国，变革进程分明得很。这种变革达到某种高度的时候，就不能不反应到欧洲大陆去。在大陆上，恐怕这种变革会随劳动阶级本身逌发达程度如何，或在更残忍的形态下面，或在更人道的形态下面，运行起来罢。所以，如果把那些高尚的动机姑置不问，那末，从现在的支配阶级看来，除去那

① 原文为“附与”，据文意改。——编者

些可以靠立法的手段除去的，在事实上阻碍着劳动阶级迺发展的一切障碍，一件事，实在是对他们本身迺最有利益的事。因为这个缘故，所以我特别为叙述英国的工场立法迺历史，内容并诸结果的缘故，在这一卷里面，给了充分的页数。一个国民应该从别的国民学习，并且也是能够从别的国民学习的。哪怕一个社会发见了牠迺运动迺天然法则迺足迹——虽然暴露近代社会迺经济的法则，一件事，本是这部著作最后的穷极目的——牠却不能够把那个自然的发展段阶飞跳过去，也不能够用立法的方法把那个段阶除去。不过，牠却可以缩短并减少出生迺痛苦。

为避免那些可以发生的误解的缘故，还有一句话要说说。我决不用明媚的颜色，去描写资本家并土地所有人迺姿态。但是，人物在这里成为问题，却只限于他们是经济的诸俦类［Kategortien］迺人格化，是特定的阶级关系并阶级利益迺担负人的时候。因为我迺立场是把社会迺经济的构造迺发展，当作一个天然史的进程把握着，所以我迺立场，比其他无论什么样的立场，都要比较少能叫个人对社会关系——在主观上哪怕个人怎样想超过社会关系，但是，在社会的观点上，他却依然还是牠迺被造物——负责。

在经济学迺领域里面，自由的科学的研究，不单是会碰着那个和在其他一切领域内相同的敌人。经济学迺研究材料所带着的一个特殊性质，会把人类胸里的最激烈，最狭量，最带恶意的情念，把私的利益迺复仇女神，唤到战场上，去反对经济学。举例说，如像英国的国教会，就宁肯宽恕那种对于牠迺“三十九个信条”迺三十八个的攻击，不肯饶恕那种对于牠迺货币所得迺三十九分之一的攻击。在现今，哪怕就是无神论，如果拿来和那种对于传来的所有关系的攻击比较，也只算是不足道的小罪。不过，就是在这里，也并不是看不出一点进步的。我把那个在最近几星期中被公刊了的青皮书《和帝国驻外使节交换了的，关于产业问题并劳工组合的通信》，当作一个例子举出来罢。英国政府迺驻外代表们，在那本书里面，用一些露骨的话述说着，在德国，在法国，简单说，在欧洲大陆的一切文明国里面，资本和劳动迺现存关系迺一个变动和在英国一样，变得可以被感觉着并变得不可避免了。同时，在大西洋迺那边，美国副大统领威德［Wade］在公开的会合上宣言：自从奴隶制度被废止了之后，资本关系并土地关系的变动到处都出现了。这是时代迺征候，是不能够用紫袍或黑衣去掩盖的。牠并未含着明日将有奇迹发生的意思。牠只表示着就是在支配阶级里面，也朦胧旳发生了一种预感，感着现存的社会不是一个固定的结晶体，倒是一个可以变动的，常常处于变动迺进程当中的有机体。

本书迺第二册将说资本的流通进程（第二卷）和总进程迺诸姿态（第三卷），最后的第三册（第四卷）将说学说史。

科学的批判迺一切判断，都是我所欢迎的。至于对于从未经我对牠让过步的，所谓舆论那种东西迺有成见的判断，我却始终守着伟大的佛罗兰斯人迺下面这句格言：

Segui il tuo corso，e lascia dir le genti!

［走你迺路罢，人们要说，就让他们说罢!］

伦敦　1867 **年** 7 **月** 25 **日**

Karl Marx

原著者对于第二版迺跋文

对于第一版迺读者，我先得报告那些在这二版里面加上了的变更。全书迺篇别越发变得容易概观，这件事，是一眼就可以看见的。新追加的注子，到处都被记明为第二版迺注子。关于正文本身的最重要的变更是这些：

在第一章迺第一节里面，那种靠着方程式——一切交换价值都在里面表现出来的方程式——迺分析而来的价值迺导源，用科学的方法，更加严格旳实行着；同样，那个在第一版里面单单被暗示着的，关于价值迺实体并那种靠着社会旳必要的劳动时间而来的价值迺增大迺决定，两者间的连络，也更加明确有力旳述说了。第一章第三节（价值形态）完全改作了，那本是第一版迺二重说明早已那样注定的——我顺便声明一件事罢：那个二重叙述本是听我那位在汉浩维的朋友库格曼［Kugelmann］博士迺劝而写成的。在1867年之春，当第一版最初的校对到我手里的时候，我正访问着他，在他家里做客，那时，他这样说服了我：为谋大多数的读者迺便利，必得有一个附加的，讲义式的，关于价值形态的说明——第一章最后的一节“商品迺物神崇拜性，等等”也大部分改作过了。第三章迺第一节（价值迺尺标）也绵密旳被修正了，因为在第一版里面的这一节，只是指示了那些已经在《经济学批判》（柏林版，1859

年）给过的说明，只是很疏略〓被处理着。第七章，特别是第二部分，大大〓被改作了。

此外在卷中各处正文上还有位置上的变更，往往只是文体上的变更，恐怕没有一一详说的必要罢。那种变更是偏于全卷的。不过，我还得声明，现今当着我校阅那个在巴黎公刊了的法文译本的时候，我发见了德文原本上有许多地方，或是需要更彻底的改作，或是需要更大的文体上的修改，或是需要那些散见在各处的错误迺更绵密的排除。但是，在事实上，我却没有时间去满足那些需要，因为在1871年之秋，正当我做着别种紧急工作的时候，我才接到了一个消息，说那部书已经卖完，而且第二版迺印刷非在1872年1月开始不可。

《资本论》在德国劳动阶级迺广大的范围中所迅速发见的理解，就是对我迺工作迺最好的工资。一个在经济学上站在资产阶级的立场上的人，维也纳的工业家迈尔［Mayer］，在一本当德—法战争中被公刊了的小册子里面，切实〓证明着，那种可以算得德国的世袭财产的大大的理论感受性，虽然在德国迺所谓有教养的阶级当中完全没有了，然而在德国迺劳动阶级中间却从新复活了。

经济学这个东西，在德国，直到今日为止，依然还是一个外来的学问。谷雨里希［Gustav von Gülich］在他著的《商业，产业，等等迺历史的叙述》里面，特别是在那部书迺最初的，于1830年刊行了的两卷里面，已经把那些历史的情形，那些障碍了在德国的资本主义的生产方法迺发展，因此又障碍了近代的资产阶级的社会迺树立的历史的情形，在大体上都说明了。所以，在德国，结局是缺乏了经济学迺活地盘。经济学是当作既成的商品，从英国和法国输进来的；德国的经济学教授还依然是一些学生。一个外国的现实迺理论的表现，到了他们迺手里，却变化为一个独断迺堆积，一个被他们用那种围绕着他们的小资产阶级的意义解释了的，因此被他们误解了的独断迺堆积。至于那种压都压不下的，关于科学的无能力的感觉，并那种因为不能不在他们实际上并不知道的领域当中去充教习的缘故而发生的良心迺不安，他们却只想努力或是用一种关于学说史的博学的虚饰，或是用那种由所谓官房学［Kameralwissenschaften］——那些为前途有望的德国官僚候补人所不能不当作净罪火去受锻炼的诸知识的混合物——借来的无关系的材料迺混合，去隐藏牠们。

自 1848 年以来，资本主义的生产迅速旳在德国发达起来，到现在，已经达到牠迺眩惑的开花期了。但是，运命却仍然是同样旳嫌着我们迺专门家们。当他们能够毫无偏见旳研究经济学的期间，在德国的现实里面还缺乏了近代的经济的诸关系。但是，到了这些关系刚一发生，情形却又大变，已经不能够在资产阶级的视野内部再容许那种毫无偏见的研究了。在经济学还带有资产阶级的性质的期间，即是说，在牠不把资本主义的秩序当作历史旳过渡着的发展段阶，倒把这个秩序当作社会的生产迺绝对的并终局的姿态理解着的期间，牠只有在阶级斗争还是处于潜在状况下面，或是只当作一个孤立的现象出现在表面的时候，才能够是一门科学。

我们拿英国为例罢。英国古典派经济学是阶级斗争尚未发达的时代迺产物。牠迺最后的伟大的代表人李嘉图［Ricardo］，因为把阶级利益迺对立，即是说，把工资和利润的对立，并利润和地租迺对立，素朴旳理解成一种社会的天然法则的缘故，竟至于有意识旳拿这种对立作为他迺究研迺枢轴了。但是，资产阶级的经济学也就因此达到牠迺不可逾越的界限了。在李嘉图迺生前并在对于李嘉图的对立关系上，资产阶级的经济学就受了西斯蒙地［Sismondi］那个人迺批判[1]。

[1]请看我的著书《经济学批判》第一版，柏林，1859年，39页。

其后继续来的由1820年起到1830年止的期间迺特征，在英国，就是经济学迺领域内的科学的活动迺旺盛。那是李嘉图的理论迺流俗化并普及迺时期，同时又是牠和旧派的斗争迺时期。那时进行了许多盛大的比赛。当时所行的论战，几乎未被欧洲大陆知道，因为那些论战多半都散见于评论杂志迺论文，议论时事问题的书籍及Pamphlet［小册子］[2]里面的缘故。这个论战迺毫无偏见的性质——虽然李嘉图的理论在那时已经有时被人当作一种资产阶级的经济的攻击武器使用着——是可以靠当时的诸事情说明的。在一方面，大工业本身在这时刚刚脱了牠迺幼年期；只看大工业靠着1825年的恐慌才开始了牠迺近代的生活上的周期的循环，一件事，就可以证明这话迺不错。在另一方面，资本和劳动之间的阶级斗争，还被下述两种东西挤得依然藏在背后：在政治上被那些集在神圣同盟迺周围的政府并封建诸侯和那些被资产阶级统率着国民大众之间的轧轹所挤；在经济上被产业资本和贵族的土地所有间的纷争——这在法国虽然还隐藏在小土地所有和大土地所有迺对立下面，但是，在英国却从《谷物条例》以后早已公然勃发了——所挤。在这时代里面的英国经济学迺文献［Literature］好像和开涅［Dr. Quesnay］死后的法国里面的经济学上的疾风怒涛时代［Sturm und

Drang periode] 有点相仿佛，但是，那也只不过像小春迺晴光有点和春天相仿佛一样罢了。到了 1830 年，竟出现了一个单单一回的决定的危机。

❷这个字常常被马克思用在英国的意义上，专指一种随时应急的小册子，并未含着那种在德国常常被那个字含有的附带的意义即诽谤文迺意义。——考茨基

资产阶级在法国和英国已经夺取了政治权力。从那时起，无论是在实际上或是在理论上，阶级斗争都采取了越发明显，越发威吓的形态。阶级斗争打响了科学的资产阶级的经济学迺丧钟。到现在，问题已经不在这个或那个学理迺正不正了，成为问题的，倒在一个学理对于资本有益或有害，便利不便利，违反警章不违反警章了。被金钱买收了的御用的论争攻击，代替了无私心的研究的位置；毫无偏见的科学的研究绝了迹，起而代之的只是一些为辩护而起的坏心和恶意。虽然那样说，不过，就是那些被工场主科布登及白莱特［Cobden and Bright］等迺《谷物条例》反对同盟对世上滥发出来的小论文，也还靠着牠们对于土地所有贵族的论战，纵然唤不起科学的兴味，至少总算得唤起了历史的兴味。但是，皮尔卿［Sir Robert Peel］以来的自由贸易立法，却把最后这个小刺也拔去了。

1848 到 1849 年间的大陆上的革命，也给了英国一种反响。一些还要求着科学的价值，还不甘愿只做支配阶级迺诡辩学者并阿谀人❸的人们，努力想设法使资本迺经济学能够和那时已经变得不能长久忽视了的无产阶级迺要求相适合。因此就发生了一个毫无精彩

的折衷论，牠廼最好的代表人就是弥尔［John Stuart Mill］。这种折衷论就是“资产阶级的”经济学廼破产宣告：这是俄国的大学者兼大批评家捷尼雪夫斯斯基［Tschernyschewsky］在他所著的《弥尔以后的经济学》早已巧妙旳阐明了的。

❸在希腊语里面，Sykophant这个字是指一种具有卑劣的目的的告发人说的。英国人却用这个字去指一种惯向那些被他期待着一个利益的人们的献媚的人。马克思大抵把这个字用在英国的意义上面。——考茨基

所以，在德国的资本主义的生产方法廼成熟，是在牠那种站在敌对关系上的性质已经在法国和英国，靠着历史的斗争的缘故，耸动了一世耳目之后；并且，在那时候，德国的无产阶级早已经具有一个比德国的资产阶级还更加决定的理论的阶级意识了。因此，所以资产阶级经济学在德国刚刚显得好像有成立的可能，即刻又从新变成不可能了。

在这种情形下面，德国的资产阶级的经济学的代辩人，分成了两组。那一些聪明的，有营利心的，实际的人们，都聚到那个流俗经济学的辩护廼最浅薄的，因此同时也就是最成功的代辩人巴斯梯亚［Bastiat］廼旗下去；另外一些以他们廼专门科学廼教授的信威自负的人们，却随着弥尔去努力想调和那个不可调和的东西。德国人在资产阶级的经济学廼没落时代也和在牠廼古典的时代一样，依然还只是单纯的学生，模仿人，踏袭人，外国大商店廼小小负贩人。

德国社会廼固有的历史的发达，虽然这样旳把资产阶级经济学

迺一切独创的发达完成都阻住了，但是，牠却阻止不了资产阶级经济学迺批判。只要这种批判是一个代表着一个阶级的东西，牠就只能代表一个以资本主义的生产方法迺变革和阶级迺终局的废止为历史的使命的阶级——即无产阶级。

德国资产阶级迺博学的并无学的代辩人们，在最初都想使用他们从前用来对付我迺别的著作，奏了功效的办法，即默杀的办法，来对付《资本论》。到了这种策略一旦变得不合时代关系的时候，他们立刻借着批评我迺著作的口实，开了一个药方去谋“资产阶级的意识迺安静”；但是，他们在劳动者迺刊物里面——试看狄慈根［Joseph Dietzgen］在《民众国家》里面的论文罢——却找着比他们还优越的斗士了；他们对于这些斗士至今还欠着答辩的账。[4]

[4]德国流俗经济学迺爱说大话的蠢子们，非难着我迺著书迺文体和叙述。对于《资本论》迺文章上的短处，谁也不能比我自己还批评更严厉些。不过，我现在为给这些先生并他们迺读者一个教训并一个喜悦的缘故，想在这里把英国的批判和俄国的批判各引用一个出来。那个和我迺见解完全立于敌对的地位的《土曜评论》，在牠对于德文的《资本论》第一版的批评文章当中，曾说：“《资本论》的叙述，哪怕是对于最干燥①无味的经济问题，也都给与一个独特的魅力。”又《圣彼得堡报知新闻》在1872年4月20日的报上，在所说的许多话当中，曾说：“这部书迺叙述，除了两三个极专门的部分之外，都是以一般的容易理解，明了，那种不因对象迺高度的科学性而受影响的异常的活气，等等东西为特色。在这一层上面，著者……自然和多数德国学者大不相同的；……因为他

① 原文如此，意为枯燥。下同。——编者

们是用很晦涩很干燥的言语去写他们逌著作的，所以普通的人动不动会因此打破头脑。”但是，从那些读着现今盛行的德国国民自由主义派教授们逌著作的人们看来，因此打破了的，却只是一种和头脑完全不同的某种东西。

《资本论》逌优秀的俄译，1872 年之春在彼得堡被刊行了。初版三千部现在差不多要卖完了。在 1871 年，讫府［Kiev］大学经济学教授济泊尔［Siebor］，在他所著的《李嘉图逌关于价值及资本的学说》里面，已经证明了我逌那些关于价值，货币并资本的学说，在牠们逌基本的特征上，是斯密斯—李嘉图逌学说逌必然的发达完成。西欧的人们在读他这本好书的时候觉得出乎意外的，就是他始终一贯旳固守着纯粹旳理论的立场那件事。

《资本论》里面所用的方法，几乎未被人理解着！这只看关于这种方法的许多互相矛盾的见解逌出现，就可以知道的。

举例说，巴黎的《实证主义评论》就曾经非难我，说我一方面把经济学当作形而上学看待，在另一方面——请听啊！——又只把所给的东西行一种批判的分析，而不肯对于将来逌简易食堂开一个菜单（孔德主义的?）。对于以形而上学为理由的非议，济泊尔教授曾这样说过：“在关于固有的意味上的理论的范围内，马克思逌方法就是全英国学派所用的演绎的方法，这个方法的长处和短处都是最优秀的理论经济学家们所共有的。”白落克［Block］在《德国的社会主义理论家》（《经济家杂志》1872 年 7，8 月两号略抄）里面，发见了我逌方法是分析的方法，在所说的许多话中，曾这样说：“马克思靠着这本书，被列到那些具有最优秀的分析才能的人物当中了。”德国的批评家们当然极口骂我逌方法是黑格尔派的诡辩。彼得堡的《欧罗巴通讯》在一篇专论《资本论》逌方法的文章里面(1872年5月号，由427页到436页)，发见了我逌研究方法是严密俋实在论的方法，不过，我逌叙述方法却不幸是德国式辩证法的方法。他说："如果单从叙述逌外面形式，乍看一眼，去下判断，马克思就是一个最大的观念论的哲学家，并且还是从这句话逌德国的意义，即是说，最坏的意义上来说的观念论的哲学家。但是，在实际上，他却是一个比其他在经济学批判逌工作上的一切先驱者都无限俋更加实在的实在论者。……我们决不能把他叫做一个观念论者。"我对于这篇论文逌著者的答复逌最好办法，莫过于把他自己的批评，略抄二三段的办法；并且，这些略抄，对于许多无法读读俄文原论文的本书读者们，也许是很有兴味的。

在那篇论文逌著者从我那篇对于《经济学批判》的序文(柏林版，1859年刊，从IV到VII页当中)——我在那里说明了我逌方法逌唯物论的基础——引用了一段之后，他接着说了下面的话：

"从马克思看来，只有一件事是重要的：发见那种关于他现今正事研究着的诸现象的法则，那件事。并且，从他看来，只要那些现象具有一个完成的形式，并保持一种像在所给的时期的当中被观察的那样的联络，那就不单止那种支配着那些现象的法则是重要的。此外从他看来，特别重要的，还有现象逌变动逌法则，牠们逌发展逌法则，这就是说，牠们从一个形态到另一个形态，从一个联络逌秩序到第二个联络逌秩序去的推移逌法则。他一旦发见了这样的法则，他就把那些法则出现于社会生活上的诸结果，详细俋研究起来。……所以，马克思只努力做一件事：用正确的科学的研究，去证明社会关系逌特定的秩序逌必然性，并把那些可以供他逌出发点并基点之用的诸事实，务必完全无缺雨确认起来，那件事。为达这个目的，只要我证明现在的秩序迺必然性并证明那个另外的，现存秩序必不可避雨必须向着牠推移的秩序，就够了；至于人们信不信这件事，人们意识着这件事不意识着，那是他所不过问的。马克思把社会迺运动，当成一个受着种种法则——那些不但从人类迺意志，意识并意向等等东西独立着，并且倒反规定着人类迺意欲，意识并意向等等东西的法则——迺支配的自然史的进程，考察着。……如果意识的要素在文化史上只扮演着一种这样属从的角色，那末，那种以文化本身为对象的批判，比起无论别的什么东西来，都比较不能用意识迺某种形态或某种结果为批判迺基础，一件事，当然是自明的事了。这即是说，能够成为那种批判迺出发点的，并不是观念，倒只是外面的现象，批判这种东西只应限于把一个事实拿去和别的事实对照比较，而不应拿去和观念对照比较。从批判看来，重要的事，只是双方的事实都尽可能雨被研究着，并且在现实上一方的事实对于另一方的事实形成着同一发展迺不同的要素，一件事；但是，其中最重要的，还是诸秩序迺系列——这就是说，诸发展段阶所依以出现的那种继起和连络——同样正确雨被研究着，一件事。不过，也许有人说，经济生活迺一般的法则是一个同一的东西，无论把牠适用到现在或是适用到将来，都应该是一样的。但是，这却正是马克思所否认的。从他看来，世上并没有存在那样抽象的法则。……照他迺意见，倒是各个历史的时代各有牠迺特有的法则。……人类生活这种东西一经活过了所给与牠的发展时代，一经从一个被给与牠的段阶走到第一个段阶去了的时侯，牠也就会被另一个法则支配起来。一句话说完，经济生活对我们呈示着一种和生物学那种别的领域内的发展史相类似的现象。……古时的经济学家，在他们把经济法则拿去和物理法则并化学法则相比较的时候，实在误解了经济法则遒性质。……如果把现象更加深深窃分析起来，就可以证明社会的有机体也和种种动植物遒有机体一样，在根本上是互不相同的。……老实说，一个同一的想象会因各个有机体遒全构造各不相同的缘故，会因牠们遒各个器官各有差别的缘故，会因那些器官所依以作用的诸条件各各相异的缘故，会因其他种种缘故，从着一个完全相异的法则。举例说，马克思否认着，人口法则在无论什么时候和无论什么地方都是相同的，那件事。他倒反证明着，每一个发展段阶都各有牠的独特的人口法则。……随着生产力遒发展遒不同，社会诸关系并那些支配着牠们的诸法则，自会变动起来。马克思一面树立着目标，想从这个观点去研究并说明资本主义的经济秩序，一面却不过想把一个为经济生活遒一切正确的研究所不能不有的目标，严密窃科学窃弄成定式化罢了。……这种研究遒科学的价值，只在种种特殊法则——那些支配着某个被给与的社会遒发生，存在，发展，死亡，并牠对别的较高级的有机体所进行的交替，等等的特殊法则——遒阐明。在实际上，马克思遒书就具有这种价值。”

这篇文章遒著者虽然把他所叫做我遒实际的方法的东西，叙述得这样确切，并且在关于我个人对于这个方法的应用的范围内，还叙述得这样善意，但是，他除了辩证的方法以外，到底叙述了什么东西呢？

不消说，叙述方法在形式上是不能不和研究方法区别的。研究不能不详细窃把材料占领着，不能不分析那种材料遒种种的发展形态，不能不探究这些形态逎内部的纽带。只有在这些工作完全完成了之后，现实的运动才能相应地被叙述出来。到了这件事做成了功，材料逎生命反映在观念上的时候，那也许会显得好像我们只应该和一个先天的［a priori］构成发生关系似的。

我逎辩证的方法，从根本上说来，不但是和黑格尔的辩证法相异的，而且还是牠逎正反对。在黑格尔看来，那种被他用“观念”那个名称变化到一个独立的主题去了的思维进程，是现实那种东西逎创造主［Demiurg］，这种现实只是思维进程外部的现象。从我来看，却是相反的，观念那个东西只不过是被移植被翻译在人类逎头脑当中的物质的东西罢了。

关于黑格尔的辩证法逎神秘的方面，我在约莫三十年前，当着他的辩证法还很时髦的时候，曾经批判过牠。但是，到了我正写着《资本论》第一卷的时候，那些在今日的有教养的德国人当中占着领导地位的，讨人厌的，傲慢的，中流的庸人们，却爱学着那位勇敢的门德宗［Moses Mendelssohn］在勒辛［Lessing］时代对待斯皮诺乍［Spinoza］一样，去对待黑格尔，即是说，把黑格尔看成“死了的狗”。所以我那时公然地承认了我是那个伟大思想家逎学徒，并且在关于价值理论的一章当中的各处，特特向黑格尔所特有的表现方法，表现了亲近的意思。辩证法虽然在黑格尔手里被弄得神秘化了，然而那种神秘化却决不能阻碍他变成一个最初把辩证法逎一般的运动形态，用包括的并有意义的方法，叙述出来的人。在黑格尔那里，辩证法是头往下脚往上地倒立着的。我们为着要在神秘的外皮当中去发见合理的核心的缘故，不能不把这个倒立着的辩证法，颠倒过来。

辩证法这东西，在牠底神秘的形态下面，变成德国的时髦，为什么？因为牠显得好像会把现存事物圣化起来似的。但是在牠的合理的姿态下面，牠对于资产阶级并资产阶级底空论的代辩人却是一个苦恼，一个恐怖；为什么？因为辩证法在现存事物底肯定的理解当中，同时又含着现存事物底否定并现存事物底必然的没落底理解；把一切生成了的形态，在运动底长流里面，因此也就是从牠暂存的方面，把握着；不为无论什么东西所畏伏；在本质上是批判的并革命的。

资产阶级社会底那种充满了矛盾的运动，可以令实际的资产阶级在近代产业所经过的那种周期的循环运动底变转并牠们底绝顶——即一般的恐慌——里面，最痛切的感觉着。那种恐慌现今又在进行中了——虽然还止在牠的前段阶——并且，恐怕牠会用牠底舞台多面性和牠底作用底深刻性，勉强的叫新的神圣的普—德帝国底侥幸发财的人们，学习辩证法罢。

伦敦 1873 **年** 1 **月** 24 **日**

卡尔·马克思

第一卷　资本迺生产进程

第一篇　商品及货币

第一章　商品

一、商品迺两个要素：使用价值和价值（价值迺实体和价值迺大小）

在资本主义的生产力方法行着统治的诸社会里面，牠们迺财富是当作一个非常巨大的商品集成，出现着的❶，各个商品是当作那种财富迺始基形态【这是 Elementarform 迺译语，也有人译作要素形态，基础形态，原基形态，等等；照后面的说明看来，商品这东西，一方面是历史上的最始形态，一方面又是论理上的基本形态，所以似乎始基形态几个字较妥些——陈】，出现着的。所以我们迺研究就从商品迺分析起 。

❶马克思著《经济学批判》，柏林，1859 年版，3 页。（Stuttgart 1897 年版，1 页）

商品这东西，第一就是一个外界的对象，是一种可以用牠迺诸性质去满足人类的某种欲望的物件。这种欲望迺性质如何，如像牠是从胃腑里发生的或是从幻想上发生的一类的事，对于目前说的事体是不会发生什么影响的。[2]又，那个物件怎样去满足人类的欲望，如像牠是直接旳当作生活手段吗，即是说，是当作享乐迺对象吗，或是绕着弯路，当作生产手段一类的事；在这里也是不成问题的。

❷“愿望以欲望为前提；牠是精神迺食欲，牠对于精神是有用的，恰恰和饥饿对于身体一样。【在考茨基版以外各本上，有用的三字俱作“自然的”——陈】……许多物件所以有价值，都是因为牠使精神迺欲望得着满足的缘故。（巴尔贲［N. Barbon］：《关于轻铸新货币的讨论，对于洛克迺考察的答复》，伦敦，1696 年，2，3 页。）

每个有用的物如像铁，纸，等等东西，都可以用两重观点，即从质和量两方面，去考察的。每个那种物件，都是许多属性迺一个全体，所以对于种种方面都可以有用处。因此，所以发见物件迺那样的种种方面并牠们迺种种繁复的使用方法，这件事，是一个历史的行为[3]。发见种种社会的尺标，去测量有用物迺量，一件事，也同样是历史的行为。商品尺标迺差别性，一部分是由那些被测定的对象迺种种不同性质发生的，一部分是由合意发生的。

❸“一切物件都有一个内存的价值（vertue，这是巴尔贲特特拿来表示使用价值的一句话），这种内存的价值，好像引铁的磁石内存的价值一样，在无论什么地方都是同一的。”（巴尔贲著《关于轻铸新货币的讨论》16 页。）磁石迺那种引铁的属性，只有在人类靠牠去发见了磁气的两极性的时候，才变成了有用的属性。

一个物件迺有用性，即牠那种可以满足人类迺某种欲望的性质，会把那个物件弄成使用价值❹。但是这种有用性却不是浮在空中的。牠是被商品体质［Warenkorpers］制约着的【即规定着的——陈】，如果不和商品体质一起，牠就不会存在。所以，商品体质本身，如像铁，小麦，金刚石，等等，都是一个使用价值或一个财货。牠迺这种性质是和牠迺使用上的诸属性被占有时所费的人类的劳动迺多寡，无关系的。在观察种种使用价值的时候，都常常拿牠们迺量的规定为前提，如像几打时钟，几码麻布，几吨铁，等等，就是例子。商品迺使用价值，对于一种叫做商品学的特殊学科，供给着材料❺。使用价值这种东西只有在使用或利用当中才能够把自己实现出来。不管财富迺社会的形态如何，使用价值都形成着财富迺质料的［Stoffliichen］内容。在我们目前将要考察着的社会形态下面，使用价值是同时当作交换价值迺质料的担负人出现着的。

❹“无论什么东西迺天然的价值，都在牠能够被拿去满足人类生活迺种种必要的欲望或能够被拿去供便宜之用。”（洛克［John Locke］著《关于利息低落的诸结果的几个考察》，1691年，在“著作集”中，1777年伦敦版，第二册，28页。）在第十七世纪里面，我们还可以时常发见许多英国著作家把使用价值叫做“worth”，把交换价值叫做“value”——这完全是照着那个国语的特殊的精神，即，爱把直接的物件用日尔曼式表示出来，并把反省了的物件用罗马式表示出来，那种精神而来的。

❺在资产阶级的社会里面，有这样一种和实际相反的法的拟制行着统治：一切人类在当作商品购买人看的时候，都具有一种关于商品的百

科辞典的知识。

交换价值这东西，第一是当作一个分量上的关系，当作一个被某种使用价值靠着牠去和别种使用价值相交换的比例❻，当作一个随着时间和地点逌变更不断旳变更着的偶然的关系，出现着的。所以，交换价值这东西，显得好像表示着某种偶然的，纯粹逌相对的东西似的；因此，也就显得好像连内存在商品里面的固有的交换价值（固有价值）那个东西，也是一个矛盾似的❼。我们试把这个问题更详细旳考察考察罢。

❻“价值就是一种关系，一种被某个物件靠着牠去和别个物件相交换，被某一个生产物逌特定分量靠着牠和另一个生产物逌特定分量相交换的关系。”（勒·托龙［Le Trosne］著《关于社会的利益》，德尔［Daire］编的《重农主义者》。巴黎1846年刊，889页。）

❼“无论什么东西也不能够有一个内存的交换价值。”（巴尔赉著《关于轻铸新货币的讨论》16页。）或像巴特勒［Butler］所说：“The value of a thing is just as much as it will bring.”［“一个物件逌价值恰恰和这个物件所招致的东西逌多寡相等。”］

一个特殊的商品，如像一斛［quarter］小麦，虽然用种种极不相同的比例，和别的许多商品，如像和二十磅靴油，两码绸子或一翁士[①]金子，等等，相交换着；但是，一斛小麦逌交换价值，不管牠是用靴油，绸子，金子三种东西逌哪一种表示出来，都依然还是不变的。因此，所以牠不得不有某一种可以和这些表示方法相区别的内容。

① 英美制重量单位，今译为“盎司”。下同。——编者

我们再拿两种东西，如小麦和钱，为例罢。无论牠们迺交换比例是怎么样，这个比例总常常是可以用一种方程式——在这种方程式里面某个特定分量的小麦被定为和某特定量的铁相等，如像一斛小麦等于二百斤铁之类——被表示出来的。这个方程式有什么意思呢？牠的意思是：在两个不同的物件当中，即是说，在一斛小麦当中并在二百斤铁当中，都同样有一种大小相同的共通的东西存在着。所以，这两种东西是和一个第三的东西，一个也不是前者也不是后者的东西，相等的。这两种东西迺无论哪一种，只要牠是交换价值，同时就不能不是一种可以还元［reduzierbar 或 zurückführbar］为这个第三者的东西。

我用一个几何学上的简单例子，说明这个道理罢。如果想要决定并比较一切直线形迺面积，我们就把一切直线形分解为三角形。我们其次再把三角形本身弄还元，使牠成为一种和牠的表面上的形态完全不同的表现，成为牠迺底边和牠迺高度迺乘积的一半。诸商品迺交换价值也和这种道理一样，是可以被还元【reduzieren 迺译语，也可译为“归约”或“约为”或“换算”——陈】为一种共通的东西——一种被诸交换价值表示着牠迺或多或少的分量的东西——的。

这种共通的东西，不能够是诸商品迺几何学的，物理学的，化学的，或其他的天然的属性。诸商品迺体质的诸属性，只有在牠们把商品弄成有用的东西的时候，因此也就是把商品弄成使用价值的时候，才会成为问题，被我们考察着。而从另一方面看来，诸商品迺交换价值却明明是把牠们迺有用性置诸度外的。在诸商品迺交换关系迺内部，只要一个使用价值用一种适当的比例存在那里，那个使用价值就和其他无论什么样的使用价值一样，是可以当作交换价值，妥适有效的。或照老巴尔赍所说：“只要一个种类的商品迺交换价值迺大小是和另一个商品迺交换价值迺大小相等的，这一个商品就和另一个商品是同样可以适用的。在具有大小相等的交换价值的诸商品之间，并没存有什么差异或区别。”[8] 当作使用价值说来，诸商品第一就是一些具有不同的品质的东西；当作交换价值说来，牠们却只能够是一些具有不同的数量的东西，因此，所以牠们也就没有含着一点使用价值迺原子。

[8]巴尔赍继续说着：“价值一百镑的铅或铁，和同一的价值的银或金一样，具有相等的交换价值。”（《关于轻铸新货币的讨论》53 页并 7 页。）

现在，如果把商品体质迺使用价值置诸度外，那末，在商品体质里面就会只剩着一个属性，只剩着劳动生产物这个属性。但是，就是这个劳动生产物也已经在我们迺手里被变化着了。如果我们把牠迺使用价值舍象了去【舍象是 abstrahieren 迺译语；这个字又可以译成抽象，因为抽象原是舍象的反面；在德语里面，要看上下文才能够决定到底应该译成抽象或舍象——陈】，如果把牠迺使用价值置诸度外，那末，我们同时就会变成把那些使劳动生产物成为使用价值的种种体质的构成部分和形态，也都舍象了去，置诸不顾。在那时，牠就已经不仍然是什么桌子，或房屋，或纱线，或其他别的有用的东西了。牠迺一切的可以感觉的属性都消失了。牠同样也已经不仍然是什么桌工迺劳动迺，或建筑工迺劳动迺，或纺工迺劳动迺，或其他别的特定的生产的劳动迺生产物了。随着劳动生产物迺有用的性质迺消灭，在劳动生产物里面所表示的劳动迺性质也消灭了；因此，这些劳动迺种种不同的具象的，特定的形式也消灭了，牠们已经不能够彼此相互区别了，牠们全都被还元为同样的人类的劳动，都被还元为舍象的，因此同时也就是单单的人类的劳动了。

现在我们把这些劳动生产物迺这种剩余物考察考察罢。在这些劳动物里面，除开那个同一的，像梦幻一样的对象性，一个无差别的人类的劳动迺单纯的胶质物，即一个在不管支出形式如何的时候的人类的劳动力迺支出迺单纯的胶质物以外，并未存留什么东西。这些东西只不过单单表示着，在牠们迺生产里面，支出了人类的劳动力，有人类的劳动积蓄在牠们里面罢了。这些东西，如果当作这种为牠们所共通具有的社会的实体迺结晶看来，就是价值，就是商品价值。

在诸商品迺交换关系本身里面，牠们迺交换价值也是当作一种什么和牠们迺使用价值全然独立着的东西，对我们出现着的。如果我们现实旳把那些劳动生产物迺使用价值，舍象了去，我们就会得着一种恰恰和上面规定了的那种价值。那种在商品迺交换关系上或在商品迺交换价值上所表示着的共通的东西，就是商品迺价值。我们随着研究迺进行，虽然可以回到一个当作商品价值迺必然的表现方法看的交换价值，或一个当作商品价值迺现象形态看的交换价值上面去，但是，在目前，却先应该把商品价值离开这种形态，行一种独立的考察。

所以，一个使用价值或一个财货，只因为在牠里面被对象化着或被物质化着一个舍象的，单单的人类的劳动的缘故，才会保有一个价值。那末，牠逌价值逌大小怎样被测定呢？靠那种被包在牠里面的“价值形成实体”逌量即劳动逌量，被测定着。劳动逌分量本身是靠劳动逌时间的继续去测定着的，而劳动时间又拿时间逌特定部分如像时，日，等等，做牠逌尺标。

如果一个商品逌价值是靠那种在这个商品逌生产期间所支出的劳动逌分量去规定着的，那末，好像就会显得，一个人越懒惰或是越笨拙，他逌商品就会因为他对于那商品逌制成上面用了越更加多的时间的缘故，越更富于价值似的。但是，事实却不是那样；那种形成着价值逌实体的劳动，只是同样的人类的劳动，只是同一的人类的劳动力逌支出。那种在商品世界【商品世界是 Warenwelt 逌译语，意思和“各种商品”相同——陈】逌价值总和里面把自己表示着的社会的总劳动力，虽然是由无数的个人的诸劳动力成立的，但是，在这里却是当作一个同一的人类的劳动力看来，妥适有效的。这些个人的劳动力逌每一个，只要牠具有社会的平均劳动力逌性质，只要牠当作这样的社会的平均劳动力发生作用，只要牠因此在一个商品逌生产里面也只是必须着平均旳必要的劳动时间或社会旳必要的劳动时间，牠就和别的个人的劳动力一样，是同一的人类的劳动力。所谓社会旳必要的劳动时间，是指那种当着想用现存的社会旳正常的生产条件并用劳动逌熟练和强度逌社会的平均程度，去生产某种使用价值的时候所必要的劳动时间说的。比方说，如像在英国，自从采用了蒸气织机之后，那种当着想把特定分量的纱线变化为布匹的时候所需的劳动，或许只消有从前所用的劳动逌一半就够了。在这时，英国的手织工人，哪怕在事实上对于那种变化逌实行，现在和从前一样，也还得用同一的劳动时间，但是，他逌个人的劳动时间迺生产物，到现在却只表示着从前的社会的劳动迺一半，因此，也就把牠迺价值减少到从前的价值迺一半了。

所以，只有社会旳必要的劳动的分量，即是说，那种在一个使用价值迺产出时的社会旳必要的劳动时间，才能决定那个使用价值迺价值大小❾。个个的商品，在这里，都是当作牠迺同种类商品迺平均货样，妥适有效的❿。所以，那些含着大小相等的劳动量的商品，或那些可以在同一的劳动时间内被生产出来的商品，都具有同一的价值大小。一个商品迺价值对于别的各商品迺价值所保有的关系，恰恰是和那个商品迺生产时所必要的劳动时间对于别的各商品迺生产所必要的劳动时间所保有的关系相等的。“当作价值看来时，一切商品都只不过是凝固了的劳动时间迺特定分量”⓫。

❾第二版注。“牠们（生活必需品）在牠们互相交换时的价值，是靠着那种在牠们迺生产时所必然需要的，并普遍被使用着的劳动的分量，决定着的。”（《关于货币的利息，特别是关于公债等的利息的考察》，伦敦，36页。）前世纪的这本值得注目的匿名作者的书，并没有附着发行日期。不过，从牠的内容判断起来时，这书明明是在哲治二世时代即在1739或1740年左右发行的。

❿“同一种类的一切生产物，本来都是形成着一个集团的，那个集团迺价格是一般旳被决定着，不顾个个的事例迺情形的。”（勒·托龙《关于社会的利益》，893页。）

⓫马克思著《经济学批判》，6页。［斯徒特甲①，1897年版，5页。］

---

① 后文又译为“斯图特甲”、“斯图甲特”。——编者

所以，如果某一个商品迺生产时所必需的劳动时间是不变的，那末，那个商品迺价值迺大小也就依然是不变的，常常是相同的。但是，那种生产时所必需的劳动时间却是随着劳动迺生产力上面的一切变化而变化的。劳动迺生产力是由许多种类的情形决定着的；在这些情形当中，特别是由劳动者迺熟练迺程度，科学并牠迺技术上的实用性迺发展段阶，生产进程迺社会的组织，生产手段迺范围并作用能力，等等，并由种种天然关系决定着的。举例说，同一分量的劳动，在丰收的时候虽然被八布歇尔①［Bushel］小麦表示着，在收成不好的时候，却只被四布歇尔表示着。同一分量的劳动，在丰饶的矿山里面，比起在贫弱的矿山里面，供给着较多的金属，等等。金刚石在地壳上很少存在，因此，所以在牠迺发见上面就得平均牊多费劳动时间。因为这个缘故，所以金刚石才用小小的体积，表示许多的劳动。雅可布［Jacob］怀疑着，金子是不是曾经照牠迺完全的价值被支付过。这个怀疑对于金刚石还更妥适些。据爱舒维格［Eschwege］所述，在1823年，巴西的各金刚石矿山迺过去八十年间的总产额，还没有达到巴西的砂糖或咖啡迺栽培事业迺一年半的平均生产物迺价格，但是，在事实上金刚石却表示着更多的劳动，因此也就具有更多的价值。在矿脉比较丰饶的矿山里面，同一分量的劳动就可以被较多的金刚石表示出来，所以金刚石迺价值就一定会下落。如果我们能够设法用不多的劳动，把煤炭变为金刚石，那末，金刚石价值就一定会落到烧砖迺价值以下。从一般来说：劳动迺生产力越变大，那种在某个物品迺产出时所必需的劳动

① 英美制容量单位，今译为“蒲式耳”。——编者

时间就变得越小，那种被结晶在那个物品里面的劳动迺分量就变得越小，那个物品迺价值也变得越小。反过来说，劳动迺生产越变小，那种在某个物品迺生产时所必需的劳动时间就越变大，那个物品迺价值也变得越大。所以，一个商品迺价值迺大小，是和这个商品里面的被实现着的劳动迺量为正比例，并和这种劳动迺生产力为反比例而变动的。

一个物件可以同时不是一个价值而是一个使用价值。如像在那个物件对于人类的利用不是由劳动媒介着的时候，就会发生这种事情。如像空气，未开处女地，天然的草地，野生的木材，等等，就是那样。一个物件可以同时不是一个商品而是有用的东西并且是人类劳动迺生产物。无论是谁，如果只用他自己的生产物去满足他自己本身的欲望，他就只是创造着使用价值而没有创造着商品。要想生产商品，他就不但应该生产使用价值，并且还应该生产那种供别人之用的使用价值，即社会的使用价值[❶❶a]。

❶❶a 对于这个地方，恩格斯曾记入这样的话：“不单是说供别人之用的使用价值。中世纪的农民为封建领主生产了那种当作佃租看的谷物，为僧侣生产了那种当作十分之一税看的谷物。但是，无论是当作佃租看的谷物也好，当作十分之一税看的谷物也好，牠们都还没有因为牠们是为别人而被生产了的东西的缘故，就变成了商品。一个生产物要想成为一个商品，牠就得对于那种拿牠当作使用价值供用的别人，‘靠着交换’，被移交过去”。——恩格斯所以认定这个注释迺必要，只因为常常发生这一个误解，误以为马克思把一切为生产人以外的别人所消费的生产物，都看成商品的缘故。——考茨基

最后，无论什么东西都不能够不是使用对象而是价值。一个物

件如果是无用的，那末，这个物件里面所包含的劳动也就是无用的，算不得是一个劳动，所以也就不形成什么价值。

二、在商品里面表示着的劳动逌二重性

在最初，商品那东西，当作一个二者斗争物【这是 Zwieschlächtiges 的译语；这个字是一个哲学上的旧术语，意思是指那种含着辩证法的对立物逌斗争说的——陈】，即是说，当作使用价值和交换价值，对我们出现了。稍后一点，我们又看见了，劳动这东西，只要牠是在靠价值表现着的范围内，牠也就没有具有那种和在牠当作使用价值逌创造者的时候所具有的特征相同的特征了。这个被包含在商品内的劳动逌二者斗争的性质，是最初被我批判㪅证明出来的❶❷。因为这一层是经济学逌理解上的一个枢轴。所以我们在这里不得不更进一步㪅把牠阐明一下。

❶❷马克思著《经济学批判》12，13 页，并其他各页。［斯图特甲，1897 年版，11，12 页，并其他各页。］

我们拿两个商品如像一件衣服和十码麻布为例罢。假定一件衣服具有十码麻布逌两倍的价值。

衣服是一个可以满足某种特殊的欲望的使用价值。要想把牠造成，就须得有某种特定的生产的活动。这个生产的活动是由牠逌目的，牠逌进行方法，牠逌对象，牠逌手段并结果，等等，规定着的。像这样的劳动——牠逌有用性被表示在牠逌生产物逌使用价值里面，即是说，牠逌有用性靠着牠逌生产物是一个使用价值，那件事，表示着的劳动——我们简单㪅把牠叫做有用劳动。在这个观点下面，劳动常常是和牠有用的效果相关联着而被考察的。

恰恰和衣服并麻布是两个质旳相异的使用价值一样，那些媒介了牠们廼存在的劳动，即裁缝劳动和机织劳动，也只是质旳相异的东西。如果那些物件不具有质旳相异的使用价值，因此也就不是质旳相异的有用劳动廼生产物，那末，牠们恐怕就决不能够当作商品互相对立着罢。衣服不会和衣服交换，同一的使用价值不会和同一的使用价值交换的。

在种类不同的使用价值廼或商品体质廼总体里面，出现着一个同样极繁复的，按照门，科，属，种，亚种，变种，等等的分类而相异的有用劳动廼总和，即是说，出现着一个社会的分业。这是商品生产廼存立条件；但商品生产却不是社会的分业廼存立条件。在古代印度的共同团体里面，生产物虽不成为商品，而劳动却已社会旳被分划着。或，用一个最浅显的例罢，在每个工场里面，虽然劳动都现被组织旳分划着，但是，这种分划却不是劳动者交换他们廼个人的生产物的缘故才被媒介出来的。只有那些独立的并相互独立着的私的劳动廼生产物，才能够当作商品相互旳对立起来。

所以我们可以看见：在每一个商品廼使用价值里面，都含有一个特定的合目的的生产的活动或一个有用劳动。一切使用价值，如果没有含着一些质旳相异的有用劳动在牠们里面，牠们就不能够当作商品互相对立起来。在社会廼生产物一般旳采用着商品廼形态廼社会里面，换句话说，在一个商品生产者廼社会里面，这些有用劳动——这些当作独立的生产人廼私事，互相独立旳经营着的有用劳动——廼这种质的差异，会发展成为一个复杂多岐的体系，成为一个社会的分业。

从衣服看来，无论牠是被裁缝匠穿用，还是被裁缝匠廼顾客穿用，在牠总是一样的，没有什么关系。无论牠被谁穿用，牠都是当作一个使用价值，发生作用。同样，衣服和那种生产了衣服的劳动，两种东西迺关系，从牠本身看来，也是不会因裁缝劳动变成一个特殊的职业——变成了社会的分业上的一个部分——的缘故，而有什么变化的。但凡在穿衣迺欲望强制着人类的地方，在一个专门的裁缝匠发生以前，人类已经裁缝过数千年了。但是，衣服迺存在，麻布迺存在，以及其他一切不是天然旳存在着的质料的财富迺要素迺存在，却常常都是不能不被一个特殊的合目的的生产的活动——一个把特殊的天然的质料适应到特殊的人类的欲望上面去的生产的活动——媒介着的。所以，劳动这个东西，如果当作使用价值迺形成者看来，如果当作有用劳动看来，就常常是一个离开一切社会形态独立着的，人类迺生存条件常常是一个永久的天然迺必然［Naturnothwendigkeit］——一个媒介着人类和天然之间的质料代谢【Stoffwechsel迺译语，或译成物质代谢——陈】的，因此也就是媒介着人类迺生活的天然迺必然。

衣服，麻布，等等使用价值，简单说，就是一切商品体质，都是两个要素即天然质料和劳动迺结合。如果我们把那种被包含在衣服，麻布，等等东西里面的一切种类的有用劳动迺总和除开去，那末，所剩下的，都常常是一种物质的基础，是一种质料的滓子，是一种不须人类迺协力就可以天然旳存在着的东西。人类在牠迺生产里面，只能够做天然本身所能做的行动，换句话说，就是只能够变更质料迺诸形态[13]。不但这样，就是在这种形态变动迺劳动里面，人类也常常是不断旳被天然力支持着的。所以，劳动这东西，并不是那些被牠生产了的使用价值迺，即质料的财富迺，唯一的源泉。照配提［William Petty］所说，劳动是牠迺父亲，土地是牠迺母亲。

❶❸“宇宙上的一切现象，不管牠是人类迺手做出来的也好，或是由一般的天然法则做出来的也好，总之，牠们都没有表示着什么现实的新创造，倒只不过表示着质料迺某一种形态变化罢了。当人类迺精神分析着生产迺观念时所能常常反复发见的几个唯一的要素，就是结合和分离；纵然土地，空气，水，等等东西会在野外变为牧草，纵然靠着人类的手，一种虫子迺有粘性的分泌物会变化为丝，纵然若干的金属会结合起来变化为一个打簧的表，但是，这些事情都同样不过是价值（Valore，指交换价值；虽然维利在他这种对于重农学派的论战里面，并没有正确diamond知道他自己说着哪一种价值）及财富迺生产罢了。”（维利［Pietro Verri］著《关于经济学的考察》，1773年初版，见意国库斯掩底［Custodi］编《意国经济名著集》迺近代篇，第十五卷，22页。）

现在我们离开当作使用对象看的商品，进到商品价值迺研究去罢。

照我们迺假定说来，衣服是具有十码麻布迺两倍的价值的。但是，这种话只是一个量的差异，在目前这地方，这种差异对我们是暂时不成问题的。因为这样，所以我们才想起这件事：如果一件衣服迺价值是和十码麻布迺价值迺两倍一样大的，那末，二十码麻布就会具有一种和一件衣服迺价值大小相同的价值大小。当作价值看来，衣服和麻布都是由同样的实体，同样的本质而成的物件，都是同种的劳动迺客观的表现。但是，裁缝劳动和机织劳动两种东西，却是质的相异的劳动。不过，在实际上，也有下面这样的社会状态：在这种社会状态里面，同一的人类轮流的时而裁缝，时而机织，因此，竟把这两种不同的劳动方法只弄成同一的个人迺劳动迺变形，而还未把牠们弄成不同的个人迺特殊的固定的机能；只把牠们弄得完全和我们迺裁缝匠今天替我们做的衣服和他明天替我们做的裤子都以同一的个人的劳动单纯的变化为前提一样。并且，只要随便看看，就可以知道，在我们今天这种资本主义的社会里面，随着劳动需要迺方向迺变化，特定量的人类的劳动，是轮流旳或在裁缝劳动迺形态下面，或在机织劳动迺形态下面，被供给着的。劳动迺这种形态变化也许不是不经摩擦就可以行得去的，但是，牠却是不能不行下去的。如果我们把生产的活动迺规定，因此也就是把劳动迺有用的性质，置之度外，那末，在牠里面剩下来的东西，就只不过有牠是人类的劳动力迺某种支出，一件事，罢了。裁缝劳动和机织劳动虽是质旳相异的生产活动，但是，牠们都是人类迺脑髓，筋肉，神经，手，等等东西迺生产的支出，从这个意义说来，两者都是人类的劳动。牠们只不过是支出人类的劳动力那件事迺两个相异的形态罢了。诚然，要想把人类的劳动力，用种种不同的形态支出来，人类的劳动力本身就不得不多多少少具有某种程度的发展。但是，商品迺价值那种东西，却只表示着单单的人类劳动，只表示着人类劳动迺一般的支出。在资产阶级的社会里面，一个将军或一个银行家总是扮演着某种重大的角色，单单的普通人扮演着极可怜的角色[14]；这个情形也可以适用于人类劳动上面。所谓人类劳动，就是一个单纯的劳动力迺支出，就是每个普通的，没有经过什么特别的发达的人平均旳在他迺活着的有机体里面所具有的劳动力迺支出。“单纯的平均劳动”本身虽然会在不同的国和不同的时代里面变更牠迺性质，但是，在一个现存的社会里面，牠却是当作一个既定的东西，被给与着的。复杂劳动只是当作自乘了的，或宁肯说是倍了几倍的单纯劳动，妥适有效的，因此，所以复杂劳动迺一个较小的分量，会等于单纯劳动迺一个较大的分量。这种换算【Reduktion迺译语，和还元同意义——陈】，这种还元，常常都在进行着——这是经验所明示的。纵然一个商品是复杂劳动迺生产物，牠迺价值却会把那个商品弄得和单纯劳动迺生产物相等，因此，牠迺价值本身也就只表示着单纯劳动迺特定分量[15]。种种不同的劳动在被换算为当作牠们迺度量单位看的单纯劳动的时候所用的种种不同的比例，是靠着生产人背后的社会的进程去决定的，因此，所以从生产人看来，就好像这些比例是由习惯而来的东西似的。在以下的叙述里面，为简单化的缘故，我们把一切种类的劳动力，都直接罚当成简单的劳动力适用着；这样的办法并无别的用意，只不过借此节省换算迺烦劳罢了。

[14]参照黑格尔著《法律哲学》，柏林，1840年版，250页，190节。

[15]读者应该注意着，这里并不是说劳动者对于一个劳动日所受的工资或价值，倒只是说着那种为劳动者迺劳动日所对象化了的商品价值。工资那种俦类，在我们叙述着的这个段阶上，还完全没有存在呢。

所以，恰恰好像在衣服和麻布里面，牠们迺使用价值迺差异被舍象了一样，在这些价值所表现的种种劳动里面，种种劳动迺有用的诸形态迺差异，如像裁缝劳动和机织劳动迺差异之类，也都被舍象着。当作使用价值看的衣服和麻布，虽是那种具有特定目的的生产的活动和布匹并纱线迺结合，而当作价值看的衣服和麻布却只是同种类的劳动胶质物；同样，那种被含在这些价值里面的劳动，并不是因为牠们对于布匹和纱线的生产的行动的缘故，才妥适有效，倒只因为牠们当作人类的劳动力迻支出的缘故，才妥适有效的。裁缝劳动和机织劳动所以会是那种当作使用价值看的衣服和麻布迻形成要素，正因为这两种劳动迻不同的性质的缘故；但是，这两种劳动所以会是衣服迻价值和麻布迻价值迻实体，迻基础，却只限于牠们迻特别的性质被舍象了，两者因此都变成平等的性质，变成人类劳动那种性质的时候。

但是，衣服和麻布却不单止是一般价值；牠们还是具有特定的大小的价值，并且，照我们迻假定，一件衣服迻价值还是十码麻布迻价值迻两倍。牠们迻价值迻大小迻这个差异，是从哪里来的呢？这种差异迻原因是这样：因为十码麻布只含有一件衣服迻一半的劳动，因此，在后者迻生产上面，比起在前者迻生产上面，就不能不在加倍的时间当中，支出劳动力。

所以，关于使用价值，那种被含在商品里面的劳动虽然只是在质的方面妥适有效，而关于价值迻大小，却因为那种劳动已经被还元为一种纯粹的性质即人类劳动的缘故，所以只是在量的方面妥适有效。在前一例里面，成为问题的，是“怎样劳动”和“什么样的劳动”；在后一例里面，成为问题的却是“多少劳动”即“劳动迻继续时间迻长短”。因为一个商品迻价值迻大小，只表示着那种被含在那商品里面的劳动迻分量，所以诸商品在特定的比例里面，都不能不常常是大小相同的价值。

假定在一件衣服迻生产上面所必需的一切有用劳动迻生产力，依然不变，那末，一切衣服迻价值迻大小，就会随着衣服自己的分量迻增加而增加起来。如像一件衣服表示着三劳动日，两件衣服就表示着六（2×3＝6）劳动日之类。但是，现在如果更假定，在一件衣服迺生产上面所必需的劳动，或是倍加了，或是减半了。那末，在倍加了的时候，一件衣服就会具有一种和从前的两件衣服相等的价值，在减半了的时候，两件衣服才仅仅具有一种和从前的一件衣服相等的价值；而且，无论在倍加了或减半了的时候，一件衣服都始终一样供着同一的用处，并且被含在衣服里面的有用劳动也还是始终具有同一的品质。但是那种在衣服迺生产上面所支出的劳动分量却变动了。

一个较大的分量的使用价值，在牠本身里面，形成着较大的质料的财富：两件衣服迺质料的财富比一件衣服多些。如像两件衣服可以被两个人穿用，一件衣服却只能被一个人穿用之类。虽然是这样，但是，对于质料的财富迺增加着的分量，却可以在适应关系上伴随着牠迺价值大小迺一个同时的减少。这种对立运动是由劳动迺二者斗争的性质发生出来的。生产力这种东西，不消说，常常都是有用的。具象的劳动迺生产力，并且，在事实上，只不过规定着那种在被给与的时间内的合目的的生产的活动迺作用程度。因为是这样，所以有用劳动才会和牠迺生产力迺增加或减少为正比例，而成为较丰富的或较贫弱的生产物迺源泉。从另一方面说，生产力迺变动，和那种被表示在价值里面的劳动本身，却全然没有关系。因为生产力本是属于劳动迺具象的有用的形态的东西，所以，牠自然可以在牠迺具象的有用的形态被舍象了的瞬间，立刻和劳动断绝一切关系。所以，同一的劳动、无论牠迺生产力如何变动，都常常在同一的时间内，造出大小相同的价值。不过，同一的劳动，在同一的时间内，却提供着分量不同的使用价值：在生产力增加的时候，提供较多的分量，在生产力减少的时候，提供较少的分量。这样看来，同一的生产力迺变动——那个增加着劳动迺多产性，因此也就增加着那些为劳动所提供的使用价值迺分量的生产力迺变动——如果牠缩短了那种在被增加了的使用价值迺总量迺生产时所必要的劳动时间，就同时会减少上述的那些被增加了的总量迺价值迺大小。在反过来说的时候，同样可以得着相反的结果。

一切的劳动，从一方面说，都是在生理的意义上的人类的劳动力迺支出，并且，在这种同样的人类的劳动迺或舍象的人类的劳动迺属性里面，形成着商品价值。一切的劳动，从另一方面说，又都是在特殊的，具有特定目的的形态下面的人类的劳动力迺支出，并且，在这种具象的有用的劳动属性里面，生产着使用价值[16]。

[16]第二版注。为要证明“只有劳动才是一种尺标，一种可以在一切的时候叫一切的商品迺价值靠牠去行评价并比较的，有决定力的，真正的尺标”的缘故，亚当·斯密斯［A. Smith］照下面这样说着：“相等的分量的劳动，不能不对于劳动者本身，在一切时候和一切地方，具有同一的价值。劳动者如果在他迺健康，他迺气力，他迺活动，等等东西迺正当的状态下面，并且如果使用他所应有的熟练迺平均程度，他总是不能不常常支出他迺休息，他迺自由，他迺幸福，等等的同一分量的。”（《诸国民迺财富》，第一卷，第五章。）亚当·斯密斯在这里（并不是到处都常是这样）一方面把那种靠着在商品迺生产里面所支出的劳动迺分量而定的价值迺决定，和那种靠着劳动迺价值而定的价值迺决定混在一起，想借此证明相等的分量的劳动常常具有同一的价值，那件事。在另一方面，他虽然朦胧的感着，只要在劳动是靠着商品价值表示着的范围内，劳动那东西就只是当作劳动力迺支出，才妥适有效；然而他却又只把这种支出当作休息，自由并幸福迺牺牲理解着，而未曾把牠当作正常

的生命活动理解过。自然，他是把近代的雇用劳动者放在眼面前的。——注❾里面引用过的那位斯密斯遡先驱者匿名作家，还更适切豞照下面这样说着："假定某一个人，为生产一个使用对象的缘故，花费了一星期……现在无论是谁，但凡是想要在交换里面对那个人给一件别的使用对象的人，除开计算某一个对象从自己看来是不是费了同量的劳动和时间一个方法之外，都不能够有什么较好的，可以算出什么是现实豞等价的东西的标准。这件事，在实际上，结局不外乎是因为一个人类在特定时间内装进他遡生产物里面去了的劳动，和另一个人在同一时间内投到某个别的对象里面去了的劳动，互相交换着的缘故罢了"。(《关于货币遡利息一般的考察》，39 页。)

[恩格斯在《资本论》遡英译本第一卷第十四页遡脚注里面，关于这一点，下了下面的注释："英国语有一种长处：牠对于劳动遡这两个不同的方面，具有两个不同的字。那种创造着使用价值，在质的方面被规定着的劳动，叫做 work，拿来和 labour 那个字对立；那种创造着价值，只是在量的方面被测定着的劳动，叫做 labour，拿来和 work 相对立。"关于这件事，请参照注❹关于英语遡精神的注译。——考茨基]

三、价值形态或交换价值

诸商品是用使用价值遡或商品体质遡形态，当作铁，麻布，小麦，等等东西，生到世上的。这都是牠们遡日常的天然形态。但是，这些东西都只因为牠们是二重物的缘故，即是说，因为牠们同时是使用对象并价值遡担负者两种东西的缘故，才是商品。所以，这些东西只有在牠们具有二重形态即天然形态和价值形态的范围内，才当作商品出现于世，才具有商品遡形态。

诸商品遡价值对象性，是一种令人不知道从哪里去捉摸牠的东西，关于这一层，牠是和福尔斯塔夫遒女友胡提格【莎士比亚剧《亨利四世》中的人物——陈】夫人不同的。在商品体质遒价值对象性当中，没有含着一点天然的质料遒原子，这是和商品体质遒那种可以容易感觉得到的对象性，恰恰正相反对的。所以，无论我们怎样把个个的商品拿来反复摩挲，但是，如果把牠当成一个价值物看来，牠总还是一个不可捉摸的东西。不过，如果我们想到，商品这东西，只有在牠们是同一的社会的单位遒表现即人类的劳动遒表现的时候，才具有价值对象性，如果我们因此想到牠们遒价值对象性原是一个纯粹旳社会的东西，那末，商品遒价值对象性只能在商品和商品遒社会的关系上发见出来，一件事，当然是自明的事了。因此，所以我们在事实上才先由商品遒交换价值或商品遒交换关系出发，去探索牠们遒那种隐藏在那里面的价值。现在我们应该从新回到价值遒这种现象形态了。

无论是谁，哪怕他不知道什么别的道理，他总知道这件事：诸商品都具有一种和牠们遒使用价值遒种种繁杂的天然形态行着非常显著的对照的，共同的价值形态，即货币形态。但是，在这里值得我们去做成功的，却是一件未曾被资产阶级的经济学试做过的事，即：指示这种货币形态遒成立，借此去追求那种被包含在诸商品遒价值关系里面的价值表现遒发展，从牠遒最简单的不打眼的姿态起，一直追迹到那个灿烂的货币形态为止，一件事。这件事一旦做成了功的时候，货币遒谜子就会同时随着消灭。

最简单的价值关系，明明就是一个商品对于一个别的种类相异的商品——无论这个别的商品是一种什么样的商品，那都是无妨的——的价值关系。所以，两个商品遒价值关系，对于一个商品提供着最简单的价值表现。

（一）简单的，单一的或偶然的价值形态

x 商品 A＝y 商品 B，或：x 量的商品 A 迺价值等于 y 量的商品 B 迺价值。（20 码麻布＝1 件衣服，或：二十码麻布迺价值等于一件衣服迺价值）

1. 价值表现迺两极：相对的价值形态和等价形态

一切价值形态迺秘密，都潜藏在这种简单的价值形态当中。所以，这种价值形态迺分析，迺剖解，呈着固有的困难。

在这里，两个异种类的商品 A 和 B，照我们迺举例说来即麻布和衣服两种东西，明明演着两个不同的角色【Rolle 迺译语，也可以译成任务——陈】。麻布把牠迺价值表示在衣服里面，衣服当作这种表示迺材料被使用着。头一个商品演着主动的角色，第二个商品演着被动的角色。头一个商品迺价值是当作相对的价值被表示着的，换句话说，牠是在相对的价值形态下面的。第二个商品是当作等价［Aequivalent］，行着机能的，换句话说，牠是在等价形态下面的。

相对的价值形态和等价形态虽然是相互属从的，交相制约的［bedingende］，不可分离的要素，但是，同时却又是互相排斥的，或互相对立的极端，换句话说，就是同一价值表现迺两极；牠们常常分配在那些被价值表现使牠们发生了关系的种种不同的商品之上。举例说，我就不能够把麻布迺价值用麻布表现出来。20 码麻布＝20 码麻布一类的方程式并不是什么价值表现。宁肯说，这个方程式倒反说着这样的事：二十码麻布结局只是二十码麻布，只是叫做麻布的那种使用对象迺特定分量。所以，麻布迺价值只能够相对底被表现出来，即是说，只能够用别的商品被表现出来。因此，所以麻布逌相对的价值形态是以别的某种商品对麻布站在等价形态下面，那件事，为前提的。在另一方面，这个当作等价物登场扮演着的别的商品，却不能够同时站在相对的价值形态下面。牠并不表现牠自身逌价值。牠只不过对于别的商品逌价值表现，供给着材料罢了。

诚然，20 码麻布＝1 件衣服（或二十码麻布逌价值等于一件衣服逌价值）那种表现，还是含着 1 件衣服＝20 码麻布（或一件衣服逌价值等于二十码麻布逌价值）那种逆关系的。但是，要想把衣服逌价值相对畇表示出来，我就不能不照刚才所说，把方程式颠倒过来，而我一旦那样做起来的时候，麻布却又代替衣服，变成等价物了。所以，同一的商品，是不能够在同一的价值表现里面，同时出现在相对的价值形态和等价形态两种形态下面的。宁肯说，这两种形态，好像一根直线逌两端一样，是对极畇互相排斥着的。

一个商品是在相对的价值形态下面吗，还是在那种和这个相对的价值形态相对立的等价形态下面，这件事，完全要看那个商品在价值表现里面每次所站的地位如何，才能决定，换句话说，要看牠是一个被表现着牠自己的价值的商品吗，或是一个表现着另一个价值的商品，才能决定。

2. 相对的价值形态

(1) 相对的价值形态逌内容

要想发见一个商品逌简单的价值表现怎样隐藏在两个商品逌价值关系当中，我们先得把这种价值关系，完全离开牠的量逌方面，加以考察。但是，许多的人们却大抵都行着一种和这个恰恰相反的方法，只在价值关系里面看出那个被两种商品逌特定分量所借以互相等价起来的比例。人们看落了相异的诸物件廼大小，只有在牠们被还元【被换算——陈】为同一单位之后，才变成一种可以拿去行量的比较的东西，一件事。一切相异的物件廼大小，只有在牠当作同一单位表现着的时候，才是一些具有同一名称的大小，因此才是一些可以用同一单位去测量的大小[17]。

[17]少数经济学家，如像倍黎［S. Bailey］那样的从事于价值形态廼分析的人们，都不能够得着什么结果，因为：第一，他们把价值形态和价值弄混淆了；第二，他们受着实际的市民廼卑俗的影响，最初就完全专把量的规定放在眼中。“分量的支配……形成着价值”。（倍黎著《货币和牠廼变转》，伦敦，1837年，11页。）

不管20码麻布是＝1件衣服，或是＝20件衣服，或是＝x件衣服，换句话说，不管特定分量的麻布是值得较多的衣服或是值得较少的衣服，总之，那种比例廼每一个，都常常含着这个意义：麻布和衣服，当作价值廼大小看来时，都是同一单位廼表现，都是同一性质的物件。麻布＝衣服，这就是方程式廼基础。

但是，这两个商品虽然被看成质的相等的东西，牠们却并没有演着同一的角色。只有麻布廼价值被表现着。怎样被表现着呢？靠着麻布对于衣服——那种当作麻布廼等价物看的衣服，或那种当作一个可以拿来和麻布交换的东西看的衣服——的关系，被表现着。在这种关系当中，衣服是当作价值廼存在形态，当作价值物，妥适有效的，因为牠只有当作那种东西看时才是一种和麻布相同的东西。在另一方面，麻布廼固有的价值存在【价值存在是wertsein廼译语，即当作价值看来的存在，也可以译成“价值实有”或“价值实在”——陈】本身也在这种关系当中发见出来，换句话说，就是在当中接受着一个独立的表现；因为麻布只有当作价值看的时候才能够和那种当作等价的东西看的衣服或那种当作可以和麻布交换的东西看的衣服，发生关系。这种情形恰恰和乳酸和蚁酸普罗皮［Propylformat］迿关系一样，乳酸虽然是一个和蚁酸普罗皮相异的体质，然而两者却都是由同一的化学的实体即炭素（C），水素（H）并酸素（O），并且是由这些元素迿同一的百分比的构成，即$C_4H_8O_2$，成立着的。所以，如果把乳酸弄成等于蚁酸普罗皮，那末，在这个关系当中，蚁酸普罗皮第一，就只是一种当成$C_4H_8O_2$迿存在形态，妥适有效的东西，第二，就可以说乳酸也是由$C_4H_8O_2$成立的。所以，靠着把蚁酸普罗皮弄成和乳酸相等，这件事，这两种东西迿化学的实体就会从牠们迿体质迿形态发生区别而被表现出来了。

如果我们说，诸商品当作价值看来时都是人类的劳动迿单单的胶质物，那末，我们迿分析虽然把诸商品还元为价值舍象物【这是Wertabstraktion迿译语，意思是经了舍象的价值物——陈】，但是，却未对于诸商品给与什么和牠们迿天然的形态相异的价值形态。至于一个商品对别一个商品的价值关系，情形却不是这样。在这时候，一个商品迿价值性质［Wertcharakter］，靠着牠自己对别个商品的关系，发见出来了。

举例说，如果我们把衣服弄成等于麻布，那末，那种隐藏在衣服里面的劳动，也就被弄成等于那种隐藏在麻布里面的劳动。我们再看，那种做成衣服的裁缝劳动，诚然是一个和那种做成麻布的机织劳动不同种类的具象的劳动，但是，把裁缝劳动弄成和机织劳动相等，这件事，在事实上却把裁缝劳动还元为一种存于两种劳动里面的实际的相等的东西，还元为牠们的那种共通的性质即人类的劳动。只有在经了这种迂回的道路之后，才可以说，机织劳动那种东西，在牠织出着价值的范围内，也并没有什么可以和裁缝劳动相区别的特征，因此也是一种舍象的单单的人类的劳动。只有种类相异的诸商品的等价表现，才能够把那些隐藏在异种类的诸商品里面的异种类的劳动，在事实上还元为牠们的共通物，还元为人类劳动一般，借此，把那种形成着价值的劳动的特殊性质，弄得发见出来[17a]。

[17a] 第二版注。在配提以后的一个洞见着价值性质的初期经济学家，即有名的佛兰克林，曾说："因为商业这东西一般的不外乎是一个劳动对于别个劳动的交换，所以一切物件的价值只能用劳动去评价时评价得最正确。"（《佛兰克林著作集》，斯巴克斯编。波士顿，1836年，第二卷，267页。）佛兰克林那时却没有意识到，在他用劳动去评价一切物件的价值时，他已经把那些被交换了的诸种劳动的差别性舍象了去，因此使这些劳动都还元为平等的人类的劳动了。不过，那种没有被他意识到的事，却被他说着。他最初说到"一个劳动"，其次说到"另一个别的劳动"，最后说到那种除开当作一切物件的价值的实体看之外并没有什么别的特征的劳动。

但是，要想把那种构成着麻布价值的劳动的特殊的性质表现出来，只靠上面所说，却是不够的。在流动状态下的人类的劳动力，即是说，人类的劳动那种东西，虽然形成着价值，却并不是价值。牠要到了凝结的状态下面，到了对象的形态下面，才成为价值。所以，如果想把麻布的价值当作人类的劳动的胶质物表现出来，这种麻布的价值，就不得不当作一个对象性［Gegenständlichkeit］——

一个从物件上看来和麻布本身相异的，同时又是麻布并其他另一个商品所共有的对象性——被表现出来。这样一来时，问题就已经被解决了。

在麻布迺价值关系里面，因为衣服这东西是一个价值的缘故，所以牠是当作一种和麻布在质的方面相同的东西，即当作同性质的物件，妥适有效的。因此，所以牠也是当作一个被价值所借以出现着的物件，或当作一个用可以拿手去捉摸的天然的形态，表示着价值的物件，妥适有效的。自然，衣服本身，即是说，衣服那种商品迺体质，只是一个单单的使用价值。一件衣服没有表现着什么价值，恰恰和一块头等的最好的麻布没有表现着什么价值一样。这件事结局只不过表示着，衣服这东西，在牠那种对于麻布的价值关系迺内部时，比在那种关系迺外部时，还具有更多的意义，恰恰和许多人在他们穿起金煌煌的衣服的时候，比在脱了这种衣服的时候，还具有较多的意义一样罢了。

在衣服迺生产里面，人类的劳动力那种东西，在事实上是用裁缝劳动迺形态，被支出了的。所以，在衣服里面，积蓄着有人类的劳动。从这方面说来，衣服就是价值迺担负者；虽然衣服迺这种性质本身，无论衣服怎样被穿得线绝缕断，也不能够由线缝里被看出来。在麻布迺价值关系里面，衣服只是在这个方面妥适有效，因此也就是只是当作被体质化了的价值，当作价值体质，妥适有效。虽然衣服有这盛装自饰的现象，然而麻布却在衣服上面，认出了血脉相同的美丽的价值精神，但是，从麻布看来，如果价值不同时采用着衣服迺形态，那末，衣服就不能够对麻布表示着那个价值。这恰恰和下面这个例一样：从个人 A 看来，如果一个陛下迺态度不同时采用着个人B逌肉体逌姿态，不因此随着每个国王逌变更而变更自己逌容貌，毛发并其他许多东西，那末，个人A就不能够对那个当作一个陛下看来的个人B，采取一种对于陛下的态度。【关于这一句，英译本和高畠本译错了，河上宫本本对于原本及考茨基版怀疑，露出赞成英译本的意思，那自然也是错的。他们逌错误原因，大抵都在误解了“当作一个陛下”几个字——陈】

所以，在衣服形成着麻布逌等价物那种价值关系里面，衣服形态是当作价值形态妥适有效的。因此，所以麻布那种商品逌价值是被表现在衣服这种商品逌体质里面的，即，一个商品逌价值是被表现在一个别的商品逌使用价值里面的。当作使用价值看时，麻布虽是一个在感觉上和衣服相异的物件，但是，当作价值看时，牠却是“衣服逌相等物”，因此显得好像和衣服一样。这样，牠就接受着一个和牠逌天然的形态相异的价值形态了。牠逌价值存在［Wertsein］出现在牠和衣服逌同一性里面，那件事，恰恰和基督教徒逌绵羊逌性质出现在牠和神羊逌一致性里面，那件事，一样。

现在我们知道这件事了：前面那种商品价值逌分析对我们说过了的一切的话，只要麻布那种商品一旦和别的商品开始了交通，也被麻布本身说着了。不过牠是用一种独独为牠所熟悉的言语即商品逌言语，叙述着牠逌思想罢了。为要把那种在人类劳动逌舍象的属性里面的劳动，形成麻布逌固有的价值，那件事，说出来的缘故，麻布正说着：只要衣服是一种和麻布等价的东西，即是说，只要衣服是价值，衣服和麻布就是由同一的劳动成立着的。为要把牠逌精粹的价值对象性异乎牠那种粗硬的体质，一件事，说出来的缘故，麻布正说着：价值显得好像和衣服一样，所以麻布本身当作一个价值物看时，和衣服是相等的，恰恰一个鸡蛋和另一个鸡蛋相似一样。还有一层应该顺便说说：除了希伯来语之外，商品语还有许多相当的正确的语法。举例说，如像德国语的“价值存在”［Wertsein］，和罗马语系的动词 valere，valer，valoir［值得］比较起来，就没有像后者那样可以剀切的表现着这个意思，把商品 B 迺价值弄成和商品 A 迺价值相等，一件事，就是商品 A 迺固有的价值表现。巴黎值得一个弥撒！

所以，靠着价值关系迺媒介，商品 B 迺天然的形态变成了商品 A 迺价值形态，或，商品 B 迺体质变成商品 A 迺价值迺镜子[18]。商品 A 靠着牠和那种当作价值体质看的商品 B 和那种当作人类劳动迺体化看的商品 B 发生关系的缘故，把使用价值 B 弄成了商品 A 本身的价值表现迺材料。商品 A 迺价值，像这样被表现在商品 B 迺使用价值的时候，就具有相对的价值形态。

[18]从某种关系来看，这样的事对于人类也和对于商品是一样的。因为人类并不是携带着镜子生到世上的，也不是当作一个斐希特［Fichte］派哲学家，口里说着“我就是我”而生到世上的，所以人类先在别人的当中去照自己的像。人类彼得只有靠着他和一个当作同等的东西看的人类保罗发生关系的缘故，才可以和那个当作一个人类看的自己，发生关系。这样一来时，那个有皮有发的保罗，就会用他那种保罗式的肉体，当作人类迺现象形态，对于彼得妥适有效。

（2）相对的价值形态迺量的规定①

每个应该被弄得把牠迺价值表示出来的商品，却是一个具有特

① 标题中的文字原缺，据原书目录增补。——编者

定分量的使用对象，如像一石小麦，一百磅咖啡之类。这种特定的商品分量是含着人类劳动迺特定分量的。因此，所以价值形态这个东西，不单是应该表现着价值一般，并且还应该表现着从量的方面规定了的价值即价值迺大小。所以，在商品 A 对于商品 B 的关系，即麻布对于衣服的关系里面，衣服那种商品种类不单是当作价值体质一般，被弄成和麻布同质，并且价值体质迺特定分量或等价物迺特定分量，如像一件衣服，还被弄成和特定分量的麻布，如像二十码的麻布，相等。

20 码麻布＝1 件衣服，或二十码麻布迺价值等于一件衣服迺价值，这个方程式，是以在一件衣服里面恰恰潜藏着一个和在二十码麻布里面相等的分量的价值实体［Wertsubstanz］，一件事，为前提的，因此也就是以双方的商品量必须使用同一分量的劳动或必须使用同一大小的劳动时间，一件事，为前提的。但是，那种在生产二十码麻布或一件衣服时所必需的劳动时间，却是随着机织劳动迺或裁缝劳动迺生产力迺变动而有变动的。所以我们现在不能不更进一步的去研究那种变动对价值迺相对的表现上所给的影响。

（a）麻布迺价值[19]虽变而衣服[1]迺价值不变。如果那种在麻布迺生产上所必需的劳动时间，因为某种原因，如像因为栽麻的土地迺丰饶度减少了的缘故，倍加了，那末，牠迺价值也会倍加起来。在这时，20 码麻布＝1 件衣服，那个方程式，就会变成 20 码麻布＝2 件衣服了罢，为什么？因为在这时一件衣服只含着二十码麻布迺劳动时间迺一半。反过来说，如果那种在麻布迺生产所必需的劳

① 原文为“上衣”，据上下文改。——编者

动时间，如像因为织布机器有了改良的缘故，减半了，那末，麻布迺价值也会减少一半。因此，那种方程式到现在就会变为20码麻布＝1/2件衣服。所以，商品A迺相对的价值，即是说，牠那种被表现在商品B里面的价值，在商品B迺价值依然不变的时候，是和商品A迺价值为正比例而或增或减的。

❶❾“价值”这种表现，在这里，也和在前面许多地方随时用过的意思一样，都是当作从量的方面规定了的价值，即是说，当作价值迺大小，被使用着的。

（b）麻布迺价值不变而衣服迺价值变动，如果在这样的状态下面，那种在衣服迺生产上所必需的劳动时间，如像因为羊毛迺收剪迺成绩不佳的缘故，倍加了，那末，20码麻布＝1件衣服，那个方程式就会变为20码麻布＝1/2件衣服。反过来说，如果衣服迺价值减半了，那末，那个方程式就会变为20码麻布＝2件衣服。所以，在商品A迺价值依然不变的时候，商品A迺相对的，用商品B表现着的价值，是和商品B迺价值变动为反比例而或减或增的。

如果我们把（a）和（b）迺种种不同的事例比较比较，就会得着这样的结果：相对的价值迺大小迺同一的变动，可以由一些完全相反对的原因发生出来。如像，从20码麻布＝1件衣服，那个方程式里面，第一，可以因为麻布迺价值倍加了或是因为衣服迺价值半减了的缘故，得着20码麻布＝2件衣服，那个方程式；第二，可以因为麻布迺价值半减了或是因为衣服迺价值倍加了的缘故，得着20码麻布＝1/2件衣服，那种方程式。

（c）那些在麻布并衣服迺生产上所必需的劳动分量也许同时向

着同一的方向，用同一的比例变动起来。在这时候，无论牠们廼价值怎样变动，都始终还是 20 码麻布＝1 件衣服。只要我们拿牠们和别个第三的，价值始终不变的商品比较看看，我们就立刻可以发见牠们廼价值变动。如果一切的商品廼价值都同时用同一的比例，增加起来，或减少下去，那末，牠们廼相对的价值就会依然不变。至于牠们的实际的价值变动，我们却可以从那种在同一劳动时间内被提给着的商品廼分量一般眄比从前加多或比从前减少，一件事里面，看出来的。

（d）那些在麻布和衣服廼生产上所必需的各各的劳动时间——因此也就是牠们廼价值——也许同时向着同一的方向变动起来，只是变动廼程度不等，也许只是同时变动而方向却正相反对，等等。这些一切可能的组合对于一个商品廼相对的价值的影响，只消简单眄把（a），（b），（c）各例应用起来，就可以弄明白的。

所以，价值大小廼现实的变动，并不是可以在牠廼相对的表现里面，即是说，在牠廼相对的价值廼大小里面，明确眄并毫无遗漏眄反映出来的。哪怕一个商品廼价值依然不变，牠廼相对的价值却还是可以变动的。又，哪怕一个商品廼价值有了变动，牠廼相对的价值却还是可以不变的。最后，哪怕商品廼价值大小和这种价值大小廼相对的表现两者同时变动起来，两者廼变动却也决不是必然廼一致的[20]。

[20]第二版注。价值廼大小和牠廼相对的表现之间的不一致，早已被流俗经济学用照例的小聪明，利用着了。举例说："如果我们承认着，因为那个和 A 相交换的 B 昂贵了的缘故，A 因此跌落了，并且在那时候那种被支出在 A 上面的劳动并未减少，那末，你廼那个一般的价值原

则，就会坠地罢。……如果承认着，因为A逌价值对B相对酌昂贵起来的缘故，致B逌价值也对A相对酌跌落下去，那末，那个被李嘉图靠在上面去建设他那个大命题——一个商品逌价值是由那些结集在那个商品里面的劳动逌分量决定着的，那个大命题——的地盘，就会从脚下崩坏了。为什么呢？因为如果A逌费用上的一个变更，不单是把A对于和牠自己相交换的B的关系上的A逌本己的价值，加以变更，并且还把B逌价值，也在牠对于A逌价值的关系上，相对加以变更——虽然这时在B逌生产上所必需的劳动逌分量并没有发生什么变动——那末，不但那种保证着被支出在一个物品里面的劳动逌分量会节制牠逌价值的学说，将要崩坏，并且那种主张着一个物品逌生产费会节制牠逌价值的学说，也同样要崩坏的。” （布洛得哈斯特著《经济学》，伦敦，1842年，11，14页。）

布洛得哈斯特先生如果照上述的论法，也许可以说这样的话罢：试把10/20，10/50，10/100，等等分数考虑考虑罢。10那个数字虽是依然不变的，但是，牠逌比例的大小，牠和20，50，100，等等分母相对待时的大小，却是不断酌减少着的。所以，那个大原则——那个主张着一个整数的大小，如像10那个数逌大小，是由这数当中所包含着的单位逌数节制着的原则——会崩坏了。

3. 等价形态

我们已经看见：一个商品A（麻布），靠着牠把牠自己的价值表现在一个相异的商品B（衣服）逌使用价值里面的缘故，对于商品B本身印上一个特殊的价值形态，即等价物逌形态。麻布这种商品，只因为衣服不需采用一种和牠自己的体质形态相异的价值形态，就被弄成等于麻布的缘故，所以才把麻布自己的价值存在显现出来。所以，在事实上，麻布只是靠衣服可以直接酌和麻布相交换，那件事，才把麻布自己的价值存在表现出来。因此，所以一个商品迺等价形态，就是那个商品可以直接厉和别的商品交换的可能性形态。

纵然一种商品，如像衣服，可以对别一个种类的商品，如像麻布，供等价物之用，纵然衣服会因此接受一种特殊的属性即站在一种可以直接厉和麻布相交换的属性，但是，却决不会因此就得着一种比例，一种可以叫衣服和麻布靠牠去行交换的比例。这种比例，在麻布迺价值迺大小已被给与着的时候，是随着衣服迺价值迺大小为定的。无论是衣服当作等价，麻布当作相对的价值被表现着，或是反过来，麻布当作等价，衣服当作相对的价值被表现着，衣服迺价值迺大小，始终依然是靠那种在牠迺生产上所必需的劳动时间规定着的，因此也就是始终和牠迺价值形态无关系的。但是，衣服这个商品种类一旦在价值表现上面占着了等价迺地位，牠迺价值迺大小，就立刻不会接受什么当作价值迺大小看来的表现。宁肯说，在价值方程式里面，牠只不过当作一个物件迺特定分量，出场扮演着罢了。

举例说罢，四十码麻布迺价值是多少？是两件衣服。因为在这里衣服那个商品种类扮演着等价迺角色，衣服迺使用价值，对于麻布是当作价值体质，妥适有效的，所以特定分量的衣服是足以表现特定分量的麻布价值的。所以两件衣服可以表现四十码麻布迺价值迺大小。但是，牠们却决不能够表现牠们自己的价值，即决不能表现衣服迺价值迺大小。世上对于这个事实有一种皮相的解释，以为那种在价值方程式里面的等价物，常常都只不过具有一个物件迺即一个使用价值迺单纯的分量迺形态——这种解释诱引了倍黎，使他和他廼许多先驱者并后继者一样，在价值表现里面只看见量的关系。但是，一个商品廼等价形态在事实上却没有含着什么量的价值规定。

在考察等价形态的时候，可以使人注意的第一的特征，是这个：使用价值变成牠廼反对物廼，即价值廼现象形态。

商品廼天然形态变成价值形态。但是，请注意！这样的“二物易位”［quid pro quo］廼发生，从一个商品B（衣服，或小麦，或铁等等）看来，却是只限于在这商品和另一个任意的商品A（麻布等等）所结的价值关系廼内部，只限于在这种相互关系廼内部的。因为无论什么样的商品都不能够对牠自己，当作等价，去发生关系，因此，也都不能把牠自己的天然外皮，弄成牠自己的价值廼表现，所以牠不能不和一个别的当作等价看的商品发生关系，换句话说，就是牠不能不把某一个别的商品廼天然外表，弄成牠自己的价值形态。

我们试拿那种被用于种种当作商品体质即当作使用价值看的商品体质上面的度量为例，去说明这个道理罢。糖块这种东西，因为是一个体质，所以才是重的，因此也才有重量；但是，无论对于什么糖块，我们却都不能够看见或触知牠廼重量。现在我们再拿一些早已把牠们廼重量规定着的种种铁块看看。如果单从铁廼体质的形态考察起来，铁廼体质的形态也和糖块廼体质的形态一样，并不是什么重性【重性是Schwere廼译语，意思是指“当作品质看的轻重”说的；牠和“重量”即“当作特定分量看的轻重”［Gewicht］相对立——陈】廼现象形态。但是，在事实上，我们为要把糖块当作重性表现出来的缘故，却把牠放在一种和铁相关的重量关系里面去。在这种关系里面，铁这东西是当作一个只表示着重量的东西，妥适有效的。因此，铁廼分量就充当了糖廼重量廼秤码，对于糖廼体质，只代表着单单的重性廼重的姿态，只代表着重性廼现象形态。只有在这种关系——即那种应该被量出重量的糖或别的无论什么体质和铁相连结起来的关系——廼内部，铁才扮演着这样的角色。如果两方的物件不是有轻重的东西，那末，牠们就不能够结成这种关系，因此牠们当中的一个也就不能够被拿去供另一个廼重性廼表现之用了。但是，我们把两方投入天秤盘里的时候，我们在事实上却看见，牠们当作重性看来都是同一的东西，并且牠们因此在特定的比例下面还是同一的重量。恰恰和这种当作重量廼称码看的铁廼体质，对于糖块只代表着重性一样，衣服廼体质对于麻布，在我们廼价值表现里面，也只代表着价值。

但是，两例廼类似却只到这个程度就停止了。铁在糖块廼重量表现里面，只代表着一个为两方的体质所共有的天然的属性，即牠们的重性，而衣服在麻布廼价值表现里面，却代表着两方的物件廼一个超天然的属性，代表着牠们廼价值，即一种纯然旳社会的东西。

因为一个商品的，如像麻布廼，相对的价值形态是把牠廼价值存在，当作某种和牠廼体质并牠廼诸属性完全不同的东西，举例说，如像当作一种和衣服相等的东西，表现着的；所以这种表现本身就暗示着牠包藏着有一个社会的关系。至于一个商品廼等价形态，情形却和这个正相反对。等价形态廼成立，却正因为一个商品体质，如像衣服，用牠那种现有的实际的姿态，表现着价值，因此天然旳具有着价值形态的缘故。不消说，这句话只限于在麻布那种商品和当作等价物看的衣服那种商品两者所结成的价值关系迺内部，才是妥适有效的[21]。但是，因为一个物件迺诸属性并不是由牠对于别的物件的关系而生的，倒只不过是在那种关系当中表现自己，所以衣服那种东西也显得好像是很天然disable具有牠迺等价形态，即牠那种可以直接交换的属性，犹如牠很天然disable具有轻重性或保温性一样似的。因此，所以发生等价形态迺谜的性质；到了这种形态一旦完成起来，变成货币，对立在经济学者迺面前的时候，这种谜的性质就会映到经济学者迺资产阶级迺浅薄的眼光里面去。到那时候，经济学者才暗暗disable把金和银偷换为一些比较少有光泽的商品，用一种常常更新着的满足，简单迺把商品界迺一切曾经扮演过商品等价物迺角色的商品迺目录，朗诵出来，希望借此把金银迺神秘的性质，说明了去。他却没有注意到，像 20 码麻布＝1 件衣服，那样的最简单的价值表现，早已提出等价形态迺谜子，要人去解决了。

[21]那样的反射规定［Reflexionsbestimmungen］一般，大概都伴随着一个古怪的东西。如像，某一个人本是因为别的人们对他采取着臣民的态度的缘故，才是一个国王；但是，他们却反过来，以为只因为他是一个国王的缘故，他们才是臣民。

那种供着等价之用的商品迺体质，常常都是当作舍象的人类的劳动迺体质化［Verkörperung］，妥适有效的，并且还常常是一种特定的，有用的，具象的劳动迺生产物。因此，所以这种具象的劳动变成了舍象的人类劳动迺表现象。举例说，如果衣服只是当作舍象的人类劳动迺单单的体质化妥适有效的，那末，那种在事实上被实现在衣服里面的裁缝劳动，也就是只当作舍象的人类劳动迺单单的体质化，妥适有效的了。在麻布迺价值表现里面，裁缝劳动迺有用性，并不在乎牠造成衣服，也不在乎牠造成那种随衣服而来的人们迺风采，倒只在乎牠造成一种特殊的体质——一种被人们把牠认为一个价值，因此也就是把牠认为是一个和那种在麻布迺价值里面被对象化了的劳动完全没有区别的劳动迺胶质物的体质——要想造出那样一个价值迺镜子，裁缝劳动那种东西本身，就应该是除开牠那种舍象的属性即牠迺人类劳动迺属性之外，什么也不反映着的。

无论是在裁缝劳动迺形态里面，还是在机织劳动里面，都有人类迺劳动力被支出着。所以两者都具有人类劳动迺一般的属性，因此，在特定的时候，如像在价值迺生产里面，也都可以只在这个观点下面被考察着。这种种的事，都并不是什么神秘的东西。但是，在商品迺价值表现里面，事情却变反过来了。举例说，如果要想表现机织劳动那种东西并不是在牠那种当作机织劳动看的具象的形态里面，倒只是在牠那种当作人类劳动看的一般的属性里面，形成着麻布迺价值，一件事；就得把裁缝劳动——那种生产麻布迺等价的，具象的劳动——当作舍象的人类劳动可以用手触着的实现形态，拿来和机织劳动对立起来。

所以，具象的劳动变为牠迺反对物迺现象形态，即舍象的人类劳动迺现象形态，一件事，就是等价形态迺第二的特征。

但是，因为这种具象的劳动，这个裁缝劳动，是当作无差别的人类劳动迺单单的表现，妥适有效的，所以牠具有那种和别的劳动——即和那个被藏在麻布里面的劳动——相等的形态，因此，所以纵然牠和那些生产着别的诸商品的一切劳动一样，同是私的劳动，然而却是站在直接矴社会的形态下面的劳动。正因为这个缘故，所以裁缝劳动才会用一种可以和别的商品直接交换的生产物，把自己表示出来。所以，私的劳动变为牠迺反对物迺形态，变为那种站在直接矴社会的形态下的劳动，这件事，就是等价形态迺第三的特征。

如果我们回溯到那个伟大的研究家——那个最初把价值形态，连同许多思维诸形态，社会诸形态，天然诸形态，开始分析了的伟大的研究家——去，那末，最后说明的那两个等价形态迺特征，就会越发变得容易被把握着。这个伟大的研究家就是亚里士多德[Aristoteles]。

在最初，亚里士多德明白矴述着，商品迺货币形态只是简单的价值形态迺较发展的姿态，即，只是一个商品价值在别个随意的商品里面的表现迺较发展的姿态；因为他说着 5 张褥子＝1 个房屋[①]和 5 张褥子＝若干货币是没有什么不同的。

其次，他又洞察着这件事：含着这样的价值表现的价值关系，在牠本身上，就是要约【要约是 bedingen 迺译语，意思是“必然矴招致”或”必然矴要求”；日本人把这字译成“制约”或“给着……（某某事物迺）……条件”；制约二字似亦可用——陈】着房屋被弄成一种和褥子在品质上平等的东西，一件事，并要约着这些感性矴相异的物件若不具有这种本质上的平等就不能够当作一些可以用同一单位去测量的即可以通约的大小，彼此互相关系着，一件事的。他说：“如果不和平等一起，交换就不能够存在；但是，如

① 指一间屋。——编者

果不和通约性一起，平等也就不能存在。”但是，他到这里却停住了，他抛弃了价值形态逌更进一步的分析。“但是，要想这样多种多样的物件成为可以通约的东西”，即成为质旳相等的东西，“那在实际上却是不可能的”。他以为，这种平等逌建立，只能够是一种和物件逌真性质无关的事情，因此也就只是“一种对于实际的需要的应急手段”❷❶a。

❷❶a 亚里士多德著《尼科马科斯伦理学》第五卷第八节。——考茨基

所以，亚里士多德自己已经明明旳对我们说出，牠逌进一步的分析逌暗礁在什么地方：那只在价值概念逌缺乏。所谓平等，换句话说，那种在褥子逌价值表现里面由房屋对褥子表示着的，共通的实体，到底是什么呢？亚里士多德说，那样的东西“在实际上并不存在”。为什么？房屋那种东西，只有在牠代表着那种存于褥子和房屋两种东西里面的，现实旳平等的东西的时候，牠才对于褥子代表着一种平等的东西。这种平等的东西就是人类的劳动。

但是，在商品价值逌形态下面，一切劳动都是当作平等的人类的劳动，并且因此还是当作平等旳妥适有效的东西被表现着的，这件事，却是亚里士多德不能由价值形态本身看出来的，为什么呢？因为希腊的社会是立脚于奴隶劳动上面的，因此，所以是把人类逌不平等并人类逌劳动逌不平等当成牠逌天然的基础的。价值表现逌秘密——即，因为一切劳动都是人类劳动一般，所以一切劳动都具有平等性和平等的妥适性，并且，只要在一切劳动都是人类劳动一般的范围内，一切劳动就都具有平等性和平等的妥适性，一件事

——只有一旦到了人类平等逎概念已经得着国民的信念逎固定性的时候，才能够被阐明出来。但是，这种事却只有在一种特殊的社会里面，即在商品形态成了劳动生产物逎一般的形态，因此，那些当作商品所有人看的人们逎相互关系，也成了统制的社会关系的社会里面，才有可能。亚里士多德在诸商品逎价值表现当中发见一个平等关系，这件事，正足以显出他逎天才逎光辉。不过，他当时所生活着的社会逎历史的界限却妨碍了他，使他无从发见这种平等关系“在实际上”到底是由什么东西成立的。

4. 简单的价值形态逎总体

一个商品逎简单的价值形态是被包含在这个商品对于另一个异种类的商品的价值关系里面的，或被包含在这个商品和另一个异种类的商品逎交换关系当中的。商品A逎价值，从质的方面说来，牠是靠着商品B逎那种可以和商品A直接交换的性质，被表现着的。从量的方面说来，牠是靠着商品B逎特定分量可以和商品A逎被给与的分量直接交换的性质，被表现着的。换句话说，一个商品逎价值，是靠这个商品当作交换价值被表示着，那件事，独立旳被表现着的。我们在本章起头，虽然曾照世上的普通用语，说商品就是使用价值和交换价值，但是，正确旳说来，那却是错的。商品是使用价值——或使用对象——和“价值”。商品这东西，只有在牠逎价值具有一个特殊的，和那个商品逎天然形态相异的现象形态，即具有交换价值的形态的时候，才把牠自己当作这样的二重物——虽然牠本是这种二重物——表示出来，并且，牠在孤立旳被考察着的时候，决不会具有这种形态；牠倒常常只是在牠对于一个第二的，异种类的商品的价值关系或交换关系当中，才具有这种形态。不过，只要一旦知道这个道理，那末，那种说法——商品就是使用价值和交换价值那种说法——就不但没有什么害处，并且适足以供省略之用了。

我们迺分析已经证明了，商品迺价值形态或商品迺价值表现是由商品价值迺天性发生出来的，而并不是这个道理迺反对，即并不是价值并价值迺大小倒反由牠们那种当作交换价值看的表现方法里面发生出来的。但是，后一个见解在实际上却成了重商主义者们并他们迺近代的雷同者如像费里叶［Ferrier］，甲尼尔［Ganilh］，等等❷❷，以及他们迺正对头即现代的自由贸易迺各地派遣人如像巴斯梯亚并他迺同类，等等的人所抱的幻想。重商主义者们重视着价值表现迺质的方面，因此并重视商品迺等价形态即那种以货币为牠迺完成的姿态的商品迺等价形态；近代的自由主义的负贩人等却不是这样，因为他们无论用什么样的价格都不能不把他们迺商品售卖出去的缘故，所以他们只注重相对的价值形态迺量的方面。结局，所以从他们看来，除开在那种靠着交换关系而来的表现里面之外，并没有存在什么价值，也没有存在什么价值迺大小；因此价值和价值迺大小只存在于每天的市价行情单当中。苏格兰人麻克雷卧德［Mac Leod］在他那种职分——那种想竭力把伦敦银行街龙巴尔德［Lombard］街迺纷乱纠结的诸概念，用博学的态度，粉饰出来的职分——当中，形成了一个圆满的综合，一个把继续的重商主义者们和开明了的自由主义的负贩们合在一起的综合。

❷❷第二版注，费里叶（税关副检查官）著《在牠和商业的关联当中被考察着的政府》，巴黎，1805年。并甲尼尔著《经济学体系》第二版，巴黎，1821年。

我们把那种被包含在牠对于商品B的价值关系当中的商品A廼价值表现，更详细once考察起来，就可以靠牠知道这件事：在这种关系的内部，商品A廼天然形态只有当作使用价值廼姿态妥适有效，又，商品B廼天然形态只有当作价值形态或价值姿态妥适有效，所以那种被包藏在商品里面的使用价值和价值廼内部的对立，就这样靠着一个外部的对立——即靠着两个商品廼关系，在这关系当中，一个应该把牠廼价值弄得被表现出来的商品，只是直接once当作使用价值妥适有效，另一个应该在牠廼本身里面表现着价值的商品，却只直接once当作交换价值妥适有效——被表示着。所以，一个商品廼简单的价值形态就是被含在那个商品里面的使用价值和价值廼对立廼简单的现象形态。

劳动生产物这种东西，在一切社会状态下面，都是使用对象；只有一种历史的特定的发展时代——一种把那种在一个使用物件廼生产上面被支出了的劳动，当作那个物件廼“对象的”属性，即当作牠廼价值，表示着的发展时代——才把那样的劳动生产物变化为商品。因此，所以得着这种结论——商品廼简单的价值形态同时就是劳动生产物廼简单的商品形态，所以，商品形态廼发展也是和价值形态廼发展一致的。

只要随便看一眼，就可以知道简单的价值形态即这种萌芽形态廼不充分：这种形态只有在牠经过了一列的变形［Metamorphosen］之后，才变成熟为价格形态。

商品A廼那种靠着某一个商品B而来的表现，只不过使商品A廼价值和商品A廼自己的使用价值发生区别，只不过因此把商品A放在一种对于某一个和牠本身异种类的商品的交换关系当中罢了，并没有表示商品 A 和其他一切别的商品迺质的平等和量的比例。一个商品迺简单的相对的价值形态，是和别一个商品迺单一的等价形态相对应的。所以，衣服这东西，在麻布迺相对的价值表现里面，只不过关于麻布这个单一的商品种类，具有等价形态即一种可以直接旳交换起来的东西迺形态罢了。

但是，单一的价值形态却会自自然然旳推移到一个较完成的形态里面去。诚然，一个商品 A 迺价值，靠着这种单一的价值形态，只能在别的种类的单单一个商品当中被表现着；但是，这个别的第二的商品到底是一种什么样的商品？是衣服吗？是铁吗？是小麦吗？是别的种种东西吗？——这都是毫无关系，哪样都可以的。所以，随着商品 A 和这个商品种类或那个商品种类所结的价值关系如何，在一个同一的商品当中就成立了种种的简单的价值表现❷❷a①。商品 A 迺可能的价值表现迺数，只是被那些和牠相异的商品种类迺数所限制着的。因此，所以商品 A 迺个别的价值表现，会变化为牠迺种种的简单的价值表现迺一个不断旳延长着的无限的系列。

❷❷a 第二版注。举例说，如像在荷马［Homer］迺书里面，一个物件迺价值就表现在一列的相异的物件里面。

（二）总计的或被扩大了的价值形态

z 商品 A＝u 商品 B 或＝v 商品 C 或＝w 商品 D 或＝x 商品 E 或＝等等。

（20 码麻布＝1 件衣服或＝10 磅茶或＝40 磅咖啡或＝1 斛小麦

① 原文为❷❷b，据上下文改。——编者

或＝2 翁士金子或＝1/2 吨铁或＝等等)

1. 被扩大了的相对的价值形态

一个商品逎价值，如像麻布逎价值，在目前这里是被表现在商品世界逎其他无数的要素里面的。其他一切的商品体质逎每一个，都变成麻布逎价值逎镜子❷❸。所以，只有在这时候，这种麻布的价值本身才真正当作无差别的人类的劳动逎胶质物发见出来。为什么呢？因为那种形成着麻布逎价值的劳动，在这时，是当作一种和别的一切的人类劳动——不管这些劳动具有什么样的天然的形态，所以也不管牠们是被对象化在衣服，小麦，铁，金子，等等东西逎哪一种当中——平等昀妥适有效的劳动，表现昀被表示着的。所以，到现在，麻布这东西，靠着牠逎价值形态的缘故，已经不单是对于一个别的单一的商品种类站在社会的关系上，并且还是对于商品世界站在社会的关系上了。麻布这东西，当作商品来看时，就是这个商品世界逎一个构成分子。同时，在麻布逎价值逎表现逎无限的系列当中，又包含着这个意思：麻布逎商品这种东西，对于牠所借以表现自己的那种使用价值逎特殊的形态，是毫无关系，不拘什么形态的【因为在那个无限的系列当中，含着有种种不同的使用价值，所以才会含着上述那个意思——陈】。

❷❸因为这个缘故，所以在我们用衣服表示麻布逎价值的时候，我们才说麻布逎衣服价值，在我们用谷物表示麻布逎价值的时候，我们才说麻布逎谷物价值，等等。这种种表现逎每一个，都含着这个意思：衣服，谷物，等等东西逎使用价值里面出现着的东西，就是麻布逎价值。“每个商品逎价值，都表现着那个商品在交换上的关系；所以我们可以随着那个商品所据以比较的个别商品逎种类如何，把那个商品的价值，叫

做牠迺……谷物价值或织物价值；因此，所以只要有多少种类的商品，同时就应该有同数的几千几百的相异的价值，并且这些价值迺一切都同样是实在的并同样是名目上的。”（《一篇关于价值迺性质，尺标并原因的批判的论文：主要嗬关于李嘉图并他迺追随者迺著书》，《关于诸见解迺形成的论文》迺著者著，伦敦，1825 年，39 页。）这部匿名的著作——这书在出版迺当时曾经在英国引起许多议论——的编纂人倍黎，曾以为，他靠着他这种对于同一的商品价值迺种种的相对的表现的指示，他已经绝灭了价值概念迺一切积极的决定。总之，他迺见解虽然失于狭隘，但是，他却触着了李嘉图的理论迺痛处——这只看李嘉图派对他下攻击时所带的怒气，如像在《威斯特敏斯特评论》那样，就可以证明的。

在 20 码麻布＝1 件衣服，那个第一的形态里面，这两个商品是可以用特定的量的比率互相交换的东西，这件事，还可以是偶然的事实。在第二的形态里面，却和这个相反：这里立刻露出一个特殊的背景，一个和那种偶然的现象，在本质上完全相异，并且还把偶然的现象规定着的背景。麻布迺价值那个东西，无论牠是用衣服，咖啡，铁，等等东西迺哪一种表示着自己，无论牠用那些属于最相异的所有人的，多数相异的商品迺哪一种表示着自己，牠迺大小却依然是一样的。两个个人的商品所有人之间的偶然的关系，被废止了。不是交换规定着商品迺价值迺大小，倒反是商品迺价值迺大小规定着牠迺交换迺比率，这件事，也变得明白了。

2. 特殊的等价形态

每个商品，如像衣服，茶，小麦，铁，等等，在麻布迺价值表现里面，都是当作等价，妥适有效的，因此也就是当作价值体质[Wertkörper]，妥适有效的。这些商品迺每个迺天然形态，到现在，都是一个和其他许多等价形态并列着的等价形态。同样，那些被包含在种种相异的商品体质里面的，多种多样的，被规定了的，具象的，有用的劳动种类，到现在，也当作人类劳动本身廼同一数目的特殊的实现形态或现象形态，妥适有效了。

3. 总计的或被扩大了的价值形态廼缺点

第一，因为商品廼相对的价值表现廼表示系列是决不能够终结的，所以这种表现是未完成的表现。那条把一个价值方程式和另一个价值方程式连结起来的锁链，是可以靠着那种供给着一个新的价值表现廼材料的新商品廼每一次的出现，继续延长下去的。第二，这条锁链只是一些互相独立，种类互异的价值表现廼驳杂的镶嵌物。最后，如果每个商品廼相对的价值，都在这个被扩大了的形态里面，被表现出来——这本是不得不然的——那末，每个商品廼相对的价值形态，就是一个和其他每个商品廼相对的价值形态相异的，关于价值表现的无限的系列。这些被扩大了的相对的价值形态廼缺点，又反映在那种和牠们相对应的等价形态里面，因为各个单一的商品种类廼天然的形态，在这里，都是一个和别的无数的特别的等价形态相并立着的等价形态，所以，总结起来说，就变成只存在一些各各互相排斥的，被限制着的等价诸形态。同样，那种被包含在每个特殊的商品等价里面的，特定的，具象的，有用的劳动种类，也只是人类劳动廼一个特殊的现象形态，因此也就只是人类劳动廼一个不充类至尽的现象形态，诚然，人类劳动这东西，是在那种特殊的诸现象形态廼总体的范围当中，具有牠廼完全的或总计的现象形态的。但是，纵然那样，牠却也未具有什么统一的现象形态。

不过，被扩大了的相对的价值形态，却只是由简单的相对的价值表现廼总和，即由：20 码麻布＝1 件衣服，20 码麻布＝10 磅茶，等等第一的形态廼方程式的总和，成立的。

而这些方程式廼每一个却又在逆的关系上含着同一方程式：1 件衣服＝20 码麻布，10 磅茶＝20 码麻布，等等。

在实际上却是这样：如果一个人拿他廼麻布和别的许多商品交换，并因此把麻布廼价值表现在别的诸商品廼一系列里面，那末，别的许多商品所有人也必然旳不得不把他们廼商品拿来和麻布相交换，并且不得不把他们廼种种不同的诸商品廼价值，表现在同一的第三的商品即麻布里面。所以，如果我们把下面这个系列：20 码麻布＝1 件衣服，或＝10 磅茶，或＝等等，弄颠倒转来，换句话说，如果我们把那种在实质上已经被包含在那个系列中的逆的关系，表现出来，那末，我们就得着下面的式子：

（三）一般的价值形态

$$\left.\begin{array}{ll} 1\text{ 件衣服} & = \\ 10\text{ 磅茶} & = \\ 40\text{ 磅咖啡} & = \\ 1\text{ 斛小麦} & = \\ 2\text{ 翁士金子} & = \\ 1/2\text{ 吨铁} & = \\ x\text{ 商品 A} & = \\ \text{等等商品} & = \end{array}\right\} 20\text{ 码麻布}$$

1. 价值形态廼变化过的性质

诸商品到了现在，第一，因为牠们只用一个商品表示牠们廼价值的缘故，所以牠们是简单的表示着牠们迺价值的；第二，因为牠们用同一的商品表示牠们迺价值的缘故，所以牠们是统一的表示着牠们迺价值的。牠们迺价值形态是简单的，共同的，因此也就是一般的。

形态（一）（简单的价值形态）和形态（二）（被扩大了的价值形态），两者都只不过能够把一个商品迺价值，当作一种什么和牠自己的使用价值或牠迺商品体质相异的东西，表现着罢了。

第一的形态生出了这样的价值方程式：1 件衣服＝20 码麻布，10 磅茶＝1/2 吨铁，等等。衣服迺价值虽然当作一种和麻布相等的东西被表现着，茶迺价值虽然当作一种和铁相等的东西被表现着；但是，像这种和麻布相等的东西并和铁相等的东西，即像衣服和茶迺这种价值表现，也恰恰和麻布与铁各不相同一样，是彼此各不相同的。这样的形态，明明在实际上只有在最初最初的时候，即劳动生产物靠着偶然的并临时的交换，变化成为商品的最初最初的时候，才会发生。

第二的形态，如果和第一的形态比较起来，可以较完全的把一个商品迺价值和那个商品本身的使用价值区别着。为什么呢？因为，到了现在，如像衣服迺价值那种东西，已经当作和麻布相等的东西，当作和铁相等的东西，当作和茶相等的东西，当作这等等东西，即，当作除和衣服相等的东西以外的一切的东西，在一切可能的诸形态里面，和衣服迺天然形态对立着的缘故。从另一方面说，在这里，诸商品迺每个共同的价值表现，都直接的被排除着。为什么呢？因为，到现在，在每个商品迺价值表现里面，都有那些除开这个商品以外的其他一切商品，轮次的只出现在等价形态下面来的缘故。被扩大了的价值形态，只有在一个劳动生产物，举例说，如像家畜，已经不是例外的，倒是惯常的，和其他种种的商品相交换的时候，才能够在事实上发生出来。

新得着的形态（三），把商品界逌诸价值，表现在一个从商品世界选择出来的，同一的商品种类里面，举例说，如像表现在麻布里面，这样靠着一切商品对于麻布的平等性，把一切商品逌价值，表示出来。各个商品逌价值，在这里，当作一种和麻布相等的东西，不但从那些商品逌自己的使用价值发生区别，而且还和一切的使用价值发生区别；并且各商品逌价值，也正靠着这件事，才当作一种为麻布并其他商品所共通有着的东西，被表现着。所以，只有这种形态，才开始在现实上把诸商品当作价值使牠们互相关系起来，或把诸商品当作交换价值，使牠们相互的发见出来。

最先的两个形态，都是把一个一个的商品逌价值，或表现于另一个和这个商品种类相异的唯一的商品当中，或表现于许多和这个商品相异的商品逌系列当中的。无论在这种表现逌哪一种里面，个个商品自己采取一个价值形态，那种事，只算得每一个商品逌私事，并且是可以不需别的诸商品逌协力就做成功的事。别的诸商品对于那个采取着价值形态的商品，只不过扮演着等价，即扮演着那种单单的被动的角色罢了。一般的等价形态却和最先的两个形态相反：牠只是当作商品世界逌共同事业，成立着的。一个商品所以获得一般的价值表现，只因为一切别的商品都同时把牠们逌价值，表现在同一的等价物之上，并且，每个新发生的商品种类也必定不能不模仿这种办法的缘故。这样看来，我们就可以明白的知道，诸商品逌价值对象性【价值对象性是 Wertgegenständlichkeit 逌译语，意思是指客观的价值，或当作价值看的对象的存在——陈】那种东西，因为牠只不过是这些物件逌单单的社会的存在［gesellschaftliche Dasein］的缘故，所以仍只有靠着诸商品逌全方面的社会关系，才能被表现出来，因此，所以诸商品逌价值形态是不能不是社会眄妥适有效的形态。

到现在，一切商品，都在那种和麻布相等的东西形态下面，不单是质眄平等的东西，即不单是当作价值一般，发见出来，并且同时还当作可以从量的方面，互相比较的价值大小，发见出来。因为一切商品都把牠们逌价值大小，映在一个同一的材料即麻布逌里面的缘故，所以这些价值大小又都是相互反映着的。举例说罢，10 磅茶＝20 码麻布，并 40 磅咖啡＝20 码麻布。所以，10 磅茶＝40 磅咖啡，或在一磅的咖啡里面，只含着那种被含在一磅茶里面的价值实体即劳动逌四分之一。

商品世界逌一般的相对的价值形态，对于一个由商品世界排除了的等价商品即对于麻布，印上一个一般等价物逌性质。麻布自己逌天然形态就是商品世界逌共同的价值姿态，因此，所以麻布可以直接眄和其他一切商品相交换。麻布逌体质形态［Körperform］是当作一切人类劳动逌可以眼见的体化物，即当作一切人类劳动逌一般的社会的蛹化物，妥适有效的。就是那种机织劳动，即那种生产着麻布的私的劳动，也是同时和一般的社会的形态即那种和其他一切劳动相平等的形态，存在一起的。那些构成着一般的价值形态的无数的方程式，顺次眄把那种被实现在麻布里面的劳动，弄得和每个被含在其他商品里面的劳动相等，并且，靠着这种办法，把机织劳动弄成人类劳动逌一般的现象形态。所以，那种被对象化于商品价值里面的劳动，并不单只是当作一个把现实的诸劳动逌一切具象的诸形态并有用的诸属性都被舍象了的劳动，消极once被表示着。并且那种劳动本已的积极的性质也明白once显现着。这种劳动就是一种把一切现实的劳动，还元为人类劳动那种为牠们所共有的性质，还元为人类的劳动力迺支出的东西。

这种一般的价值形态——即把劳动生产物当作无差别的人类劳动迺单单的胶质物，表示着的一般的价值形态——靠着牠自己的构造，表明牠自己就是商品世界迺社会的表现。所以牠告诉了我们这件事：在商品世界迺内部，劳动迺一般once人类的性质是形成牠迺特殊once社会的性质的。

2. 相对的价值形态和等价形态迺发展关系

等价形态迺发展程度，是和相对的价值形态迺发展程度相对应着的。但是，我们却应该十分注意这件事：等价形态迺发展，只不过是相对的价值形态迺发展迺表现和结果。

一个商品迺简单的或个别的相对的价值形态，会把一个别的商品弄成单一的等价物。相对的价值迺被扩大了的形态，即，一个商品迺价值在一切别的商品里面的那种表现，会对于这些商品，印上种类不同的特殊的等价迺形态。最后，一个特殊的商品种类，却因为一切别的商品都把那个商品弄成牠们自己的统一的，一般的价值形态的缘故，接受着一般的等价形态。

但是，当价值形态一般发展起来的时候，那种处于牠迺两极之间的，即处于相对的价值形态和等价形态之间的对立，也会用同一的程度发展起来。

第一的形态——20 码麻布＝1 件衣服——虽然已经含着这个对立，但是，却还没有使牠固定着。那个同一的方程式迺两个商品极

之一，即麻布和衣服二者之一，可以随着那个方程式迺念法的顺序如何，即随着由头往尾念或是由尾往头念，两种念法迺差异，同样
旳时而在相对的价值形态下面，时而在等价形态下面。所以，在这里，要想稳稳抓住两极的对立，却还要很费力气。

在形态（二）里面，常常都只有单单一个商品种类，因为别的一切商品都对牠处在等价形态下面的缘故，可以总计旳扩大牠的相对的价值，换句话说，只有那个商品种类本身可以具有被扩大了的相对的价值形态；并且只要别的一切商品都对牠站在等价形态[①]下面，就常常只有单单一个商品种类可以总计旳扩大牠迺相对的价值，或，只有那个商品种类本身可以具有被扩大了的相对的价值形态。在这个形态里面，我们如果不把那个价值方程式——即 20 码麻布＝1 件衣服，或＝10 磅茶，或＝1 斛小麦，等等——迺全性质加以变更，并把牠从总计的价值形态，变化为一般的价值形态，那末，我们就已经不能够把那个方程式迺两边，颠倒过去了。

最后，那个第三的形态即形态（三），因为除了一个唯一的异例之外，一切属于商品世界的商品都不能走到一般的等价形态里面去的缘故，所以对于商品世界给与一个一般旳社会的相对的价值形态，并且，只要是在那种不能走到一般的等价形态里面去的范围内，牠就会对于商品世界给与一个一般旳社会的相对的价值形态的。因此，所以一个商品即麻布那种东西，因为别的一切商品都不能照牠那样自处的缘故，所以处在一个可以和别的一切商品直接交换的形态下面，即处在直接旳社会形态下面；并且，只要在别的一切商品都不能

① 原文为“等价形形态”，据上下文改。——编者

照牠那样自处的范围内，牠就会处在这种形态下面的❷❹。

❷❹一般的直接的交换可能㨗形态，虽然好像磁石㨗阳极和牠㨗阴极㨗不可分离一样，和非直接的交换可能㨗形态是不可分离的，但是，在事实上，我们却不能够从一般的直接的交换可能㨗形态里面，把这件事看出来。因此，所以也许人们会想像着，以为他们可以同时对于一切商品印上直接的交换可能㨗刻印，但是，那种想像，结局也不过好像人们想像着，以为可以把一切加特力旧教徒都弄成法皇一样罢了。从那种小资产阶级——即在商品生产当中认出人类的自由和个人的独立两种东西㨗绝顶的小资产阶级——看来，如果能够免除那些和商品生产㨗形态相结合的种种弊病，如果特别能够免除诸商品㨗那种不能直接交换的弊病，那自然是极可欣幸的事。这种俗人㨗空想㨗描画，形成了普鲁东㨗社会主义；这种社会主义，我在别处已经指摘过，是一个连独创㨗功绩也没具有着的东西，宁肯说牠只不过是在普鲁东以前许久就被格雷［Gray］，伯雷［Bray］并其他的人们比普鲁东还更好㨗展开了的东西罢了。但是，这件事情却不能够阻碍这种知识在近时还用“科学”的名义，在一部分人之间传播着。无论什么学派，都没有像普鲁东学派那样滥用过“科学”那两个字，因为“但凡缺乏概念的地方，就恰巧有言语跑来”。

反过来说，那种当作一般的等价，行着机能的商品，却是由商品世界㨗统一的相对的价值形态被排除着的，因此当然也就是由商品世界㨗一般的相对的价值形态被排除着的。如果麻布这东西，即，如果某个站在一般的等价形态下面的商品，同时又参加着一般的相对的价值形态，那末，麻布那东西，就不能不把自己本身拿去供自己本身㨗等价形态之用了。如果那样，我们就会得着这样的结果：20码麻布＝20码麻布，即一个同义反复［Tautologie］[24a]，即一个也没有表现着什么价值，也没有表现着什么价值大小的同义反复。要想把一般的等价物迺相对的价值表现出来，宁肯说我们不能不把形态（三）颠倒转来。这个一般等价物决没具有什么和别的诸商品相共通的相对的价值形态，倒反是牠迺价值却在其他一切商品体质迺无限的系列当中，相对旳把自己表现着。这样一来，那种被扩大了的相对的价值形态，即形态（二），到现在，却当作等价商品迺特殊的相对的价值形态出现着了。

[24]a 同义反复就是一种在说明语当中单单表示着主语迺复说的命题。——考茨基

3. 由一般的价值形态走到货币形态去的推移

一般的等价形态是价值一般迺一个形态。所以，牠对于无论什么商品，都是可以适合的。从另一方面说，某个商品只因为牠被其他一切商品把牠当作等价排除着的缘故，才会在一般的等价形态（即形态（三））的下面，并且也是只要牠在被那样排除着的范围内，就会在一般的等价形态下面的，而且，只有从一个特定的瞬间——即这种排除在最后被限定在一个特殊的特别的商品种类的瞬间——起，商品世界迺统一的相对的价值形态，才会获得客观的固定性和一般旳社会的妥适性。

到现在，这个特殊的商品种类——这个把牠迺等价形态从社会的观点上合在等价形态里面的商品种类——就变成了货币，或当作货币商品，行着机能了。在商品世界内部，扮演一般的等价迺角色，这件事，就变成了这个商品种类迺特殊旳社会的机能，并且因

此变成了牠逌社会的独占。在种种商品当中，在那些在形态（二）下面当作麻布逌特殊的等价行着机能，并且在形态（三）下面把牠们自己的相对的价值，共通眄表现在麻布当中的种种商品当中，只有一个特定的商品，从历史的意义上，获得了这个特权的地位——这商品不是别的，就是金子。因此，所以如果我们在形态（三）里面，拿商品金子代替了商品麻布，那末，我们就会得着：

（四）货币形态

20 码麻布	=	2 翁士金子
1 件衣服	=	
10 磅茶	=	
40 磅咖啡	=	
1 斛小麦	=	
1/2 吨铁	=	
x 商品 A	=	

当着由形态（一）到形态（二）去，由形态（二）到形态（三）去的那种推移的时候，发生着一种本质的变化。至于形态（四）和形态（三）逌关系，情形却不是那样：形态（四）和形态（三），除了金子现在代替麻布占有一般的等价形态一层之外，是一点区别也没有的。金子在形态（四）里面，仍然是和麻布在形态（三）里面一样——牠仍是一般的等价。这里的进步只在这一层：直接的一般的交换可能逌形态即一般的等价形态，到现在，靠着社会的惯习，已经决定眄和商品金子逌特殊的天然形态行着一种不可分的合体了。

金子所以会对于别的诸商品当作货币对立起来，只因为牠曾经对于诸商品当作商品对立过的缘故。金子也曾经和其他一切商品一样，或是当作个别的交换行为当中的单一的等价，或是和别的许多商品等价物一起当作特殊的等价，行了机能。但是，渐渐㕶牠变得只在或狭或宽的范围内，当作一般的等价，行着机能了。只要牠一旦在商品世界逌表现里面，获得这种地位逌独占，牠就变成货币商品；从牠已经变成了货币商品的那个瞬间起，形态（四）才会和形态（三）发生区别，即一般的等价形态才变化为货币形态。

一个商品，举例说，如像麻布，在另一个已经当作货币商品行着机能的商品里面的，举例说，如像在金子里面的，简单的相对的价值表现，就是价格形态。所以，麻布逌价格表现就是：

20 码麻布＝2 翁士金子

或，如果二镑是二翁士金子逌货币名称，那就是：

20 码麻布＝2 金镑

货币形态逌理解上的困难，只在一般的等价形态逌理解上面，因此从一般说来也就是在一般的价值形态即形态（三）逌理解上面。形态（三）又从新把牠自己分解在形态（二）即被扩大了的价值形态里面。而这个形态（二）逌构成要素，或牠逌原素，却是形态（一），即 20 码麻布＝1 件衣服，或，x 商品 A＝y 商品 B。所以，简单的价值形态[24b]就是货币形态逌萌芽。

[24b] 在从前的各版上都作：商品形态。——考茨基

四、商品逌物神崇拜的性质和这种性质逌秘密

商品这东西，乍看一眼时，好像是一个自明的，谁也知道的物件似的。但是，如果照牠逌分析逌结果看来，牠却是一个充满了形

而上学的铢分缕析和神学的怪诞不经的，极奇怪的物件。商品这东西，只要在牠是一个使用价值的范围内，那就无论我们用什么观点去考察牠——无论我们把牠看成一个用牠逎诸属性来满足人类的欲望的东西，或是把牠看成一个只把牠逎诸属性，当作人类劳动逎生产物接受着的东西，去考察牠——牠都是一点神秘的地方也没有的。人类靠着自己的活动，用一种对自己有用的方法，去把天然的质料逎诸形态，加以变更，这件事，是可以明白知觉的。举例说，在人类用木材造一张桌子的时候，木材逎形态就被变更着。木材逎形态虽然变更，然而桌子却依然还是木材，还依然是一个平常的，感觉上的物件。但是，如果这张桌子一旦当作商品跑了出来，牠立刻就会变化为一个同时又是感觉上的，又是超感觉的物件。在这时，这张桌子不但用牠逎脚立在地上，并且对于其他一切商品还脚朝上头向下的竖着倒立，而且从牠逎木材头脑里面，展开一种不可思议的幻想，一种比那张桌子自己跳舞起来的时候还更加不可思议的幻想❷❺。

❷❺我们想起了这个故事：在别的一切世界都显得好像静止着的时候，为鼓励别的东西的缘故，中国和桌子开始了跳舞。

所以，商品逎神秘的性质并不是从牠逎使用价值发生的。同样，也不是从价值规定逎内容发生的。为什么呢？因为，第一，无论诸种有用的劳动或生产的活动会怎样千差万别，但是，牠们都是人类的有机体逎机能，这件事，以及每个这种机能不管牠逎内容和形态如何，在本质上都是人类的脑髓，神经，筋肉，感官，等等东西逎支出，这件事，这两件事却都是生理学上的真理。第二，就是从那种潜在价值大小迺规定迺基础上的东西，即劳动力迺支出时间迺长短或劳动迺分量，看来，这样的量也是明明旳在感觉上可以和劳动迺质分别清楚的。在一切状态下面，大凡那些为生活资料迺生产上所必要的劳动时间，纵然牠们会随发展段阶迺不同而有差异，却也总是不能不和人类发生利害关系的[26]。最后，只要人类一旦用某种方法相互旳协同劳动起来，他们迺劳动就立刻会接受一个社会的形式。

[26]第二版注。在古代日尔曼人里面，一莫尔根［Morgen］的土地迺大小，是用一天迺劳动测量着的。因此，所以莫尔根又被称为 Tagwerk（又 Tagwanne—jurnale 或 jurnalis，terra jurnalis，jornalis 或 diurnalis），Mannwerk，Mannskraft，Mannsmaad，Mannshauet，等等。看毛列尔［Maurer］著《古代共同体并庄园等制造迺历史入门》，敏兴，1859 年，129 页以下。在今日的法国迺一些地方上面，凡把一个约莫和一个莫尔根相当的土地面积叫做 journal。

那末，劳动生产物迺那种谜的性质——那种从劳动生产物一旦采取着商品迺形态的时候起，立刻就发生出来的谜的性质——到底是从哪里来的呢？明明是从这个形态本身来的。诸种人类劳动迺平等性，接受着劳动生产物迺平等的价值对象性迺物的形态；人类劳动力迺支出迺那种靠着时间长短而行的测定，接受着劳动生产物迺大小的形态；最后，生产者们间的关系——即，生产者们迺劳动迺社会的诸规定所依以确立的关系——接受着劳动生产物迺一个社会的关系迺形态。

所以，商品形态迺神秘只是简单旳成立在这件事里面的，即商品形态这东西，对于人类，把人类自己的劳动迺社会的性质，当作劳动生产物本身逌对象的性质，当作这些物件逌社会的天然属性，反映起来，因此也就是对于人类，把生产者们对于总体的社会的关系，当作一个存于他们逌外部的对象物逌社会的关系，反映起来，一件事里面。劳动生产物靠着这种二物易位［quid pro quo］就变成了商品，即变成一些同时又是感觉上的，又是超感觉的或社会的物件。这恰恰和一个物件对于视神经所给的光逌印象，不当作视神经逌主观的刺戟表示出来，倒当作一个在眼睛外部的物件逌对象的形态，表示出来一样。但是，在视觉逌动作里面，光那个东西，是现实旳由一个物件即由一个外界的对象物，向着另一个物件即眼睛，被投着的。所以那是一个存于物理的物件之间的物理的关系。商品形态并劳动生产物逌关系——即商品形态靠着牠去表示自己的关系——两者却不是这样，牠们是绝对旳和劳动生产物逌性质并那些由这种性质发生出来的物的诸关系，没有关系的。在这里，向着人类采取着种种物件和物件逌关系的幻想的形态的，倒只不过是人类本身逌特定的社会的关系。所以，为找寻类例的缘故，我们不能不逃避到宗教世界逌梦幻境中去。在那种梦幻境中，人类的头脑逌产物，显得好像是一些被赋予了一个固有的生命，彼此相互结着关系，并且还和人类结着关系的，独立的姿态，似的。在商品世界里面，人类的手逌生产物也和这个一样。我们把这个东西叫做物神崇拜［Fetischismus］；牠是只要劳动生产物一旦当作商品被生产出来，就立刻会缠在劳动生产物上面的，因此，所以也是和商品生产不可分离的。

商品世界逌这种物神崇拜的性质，照上面的分析所指示，是从那种生产着诸商品的劳动逌特有的社会的性质，发生出来的。

诸种使用对象所以一般㑷变为商品，都只因为牠们是一些互相独立㑷被经营着的私的劳动廼生产物的缘故。这种私的劳动廼复合体就形成了社会的总劳动。因为生产者们只是靠着他们廼劳动生产物廼交换才行着社会的接触的，所以他们廼私的劳动廼特殊㑷社会的性质，也只有在这种交换廼内部，才发见出来。这即是说，诸种私的劳动只是靠着那种种关系——即，交换那件事所借以移换劳动生产物，并且因这个同一的移换更去借以移换生产者们的关系——才在事实上把自己当作社会的总劳动廼肢体，发见出来。所以，从生产者们看来，他们廼私的劳动廼社会的关系，只是当作事实上现有的那样的东西，即，不是当作他们廼劳动里面的人们廼直接的社会的关系，倒反是当作那些人和人之间的物的关系并那些物件和物件之间的社会的关系，出现着的。

诸种劳动生产物只有在牠们廼交换的内部，才接受着一种和牠们廼感觉上的种种不同的使用对象性相分离的，社会㑷平等的价值对象性。劳动生产物廼这种分裂——这种向着有用物和价值物分去的分裂——只有在交换已经获得广泛的发展和重要，因此使诸种有用的物件为交换的缘故而被生产，并因此使物件廼价值性变成一个在牠廼生产本身里面就开始被考虑着的东西的时候，才会在实际上把自己显示出来。从这个瞬间起，生产者们廼私的劳动就在事实上接受一个二重的社会的性质。在一方面，牠们不能不当作特定的有用劳动，去满足特定的社会的欲望，借此把自己当作总劳动廼肢体，当作社会的分业廼自然发生的体系廼肢体，确定起来。在另一方面，牠们却只有在每个特别的有用的私的劳动是可以和每个别的有用的私的劳动互相交换的东西的范围内，因此也就是只有在这种特别的私的劳动和每个别的有用的私的劳动都是同样妥适有效的东西的范围内，才能满足牠们迺自己的生产者们迺多种多样的欲望。那些从头到尾都不相同的诸种劳动迺平等，只有靠着牠们迺现实的不平等迺一个舍象，即，只有靠着牠们向着那种共通的性质——那种被牠们当作人类的劳动力的支出，当作舍象的即人类的劳动，所具有的共通的性质——去的还元，才能够成立。私的生产者们迺头脑，只有在那种出现在实际的交易里面，出现在生产物交换的里面的形态下面，才能把他们迺私的劳动迺这种二重性，反映出来；因此，所以即是说，只有在那种使劳动生产物同时不能不又是有用的，又是对别人有用的东西的形态下面，才能把他们迺私的劳动迺社会眄有用性，反映出来；只有在这些物质眄相异的物件即劳动生产物迺共同的价值性迺形态下面，才能把许多不同种类的劳动迺平等迺社会的性质，反映出来。

所以，人类并不是因为他们迺劳动生产物对于他们是单单当作等质的人类劳动迺物的外皮，妥适有效的缘故，才把这些生产物当作价值，使牠们互相关系起来的。事情是恰恰相反的。靠着他们把他们迺异种类的生产物，相互眄在交换里面，当作价值，弄成相等的东西的缘故，他们把他们迺种种不同的劳动，当作人类的劳动，弄成相等的东西了。他们虽然没有意识着那件事，但是，他们却行着那件事[27]。所以，价值这种东西迺额上并没有写着字说明牠是什么东西。宁肯说是，价值这东西把一切劳动生产物变化为一种社会的象形文字。到了后来，人们才努力去推求这种象形文字迺意义，去探索他们自己的社会的生产物迺秘密；因为当作价值看的诸使用对象物迺规定，完全和言语一样，是他们迺社会的生产物。更后一点，科学才发见了，劳动生产物这东西只要在牠是价值的范围内，就都只是那种在牠们迺生产上所支出的人类劳动迺单单的物的表现；这种科学的发见，虽然在人类迺发展史上划了一个时代，但是，牠却决没有把劳动迺社会的性质迺对象的外观，扫除了去。这种对于特殊的生产形态即商品生产妥适有效的东西——即，那些互相独立着的私的诸劳动迺特殊旳社会的性质，是成立于牠们那种当作人类劳动看的时候的平等性当中的，并且是采取着劳动生产物迺价值性质迺形态的，那件事实——无论是在那种发见以前或以后，从那些为商品生产迺诸关系所囿的人们看来，都始终显得是有最终的决定力的东西；那种情形恰恰好像在空气被科学分析为牠迺诸要素之后，那种当作一个物理的体质形态看的空气形态，仍然继续存在一样。

❷❼第二版注。所以，甲里亚尼［Galiani］说“价值就是二个人格间的关系”的时候，他是应该加上“一种隐藏在物的外皮下面的关系”几个字的。（甲里亚尼著《货币论》，库斯拖底编《意大利经济学古典集》近世之部，第三卷，22页，1801年。）

生产物迺交换者们在实际上第一感着利害的问题，就是在他把他迺生产物给与别人的时候，他可以接受多少的别人的生产物的问题，因此也就是生产物用什么样的比例互相交换的问题。到了这些比例一旦成熟，变为一个特定的习惯的固定性的时候，牠们就会显得好像是由劳动生产物迺性质发生出来的东西似的，举例说，就是显得好像一吨铁和二翁士金子迺价值迺相等，这件事，是和一磅金子与一磅铁虽然具有不同的物理的并化学的属性，然而重量却是相等，那件事，完全一样似的。在事实上，诸种劳动生产物逌价值性质，只有靠着牠当作价值逌大小，发见出来，那件事，才能够把自己确立起来。而诸商品逌价值逌大小，却是和交换当事人的意志，预见，并行为，等等，完全独立着，不断旳行着变动的。从生产者们看来，他们自己的社会的运动，是具有一个物逌运动——一种不为他们所制御，倒反足以制御他们的物逌运动——逌形态的。那些虽然独立旳被经营着，然而当作社会的分业逌自然发生的肢体看时却是在全方面互相依存着的诸种私的劳动，固然是一种因为下面这种缘故——即，因为在这些劳动逌生产物逌偶然的并且不断旳动摇着的交换关系当中，那种为这些劳动生产物逌生产上所需的社会旳必要的劳动时间，会当作一个有规制的天然法则[28]，强制旳把自己贯彻起来，犹如在屋房向着人类逌头上崩落的时候的重力逌法则一样的缘故——不断旳被还元为这些东西逌社会旳比率的容积的东西；但是，要想从经验本身生出那样的科学的洞察，却得先有完全发展了的商品生产。所以，那种靠着劳动时间去实行的价值大小逌规定，是一个隐藏在相对的商品价值逌现象的运动背后的秘密。这个秘密逌发见，虽然废弃了劳动生产物逌价值大小逌单单的偶然的规定逌外观，但是，牠却决不是一种废弃这种规定逌物的形态。

[28] “我们对于那种只能够靠着周期的革命去把自己贯彻起来的法则，应该怎样考虑呢？那正是一个立脚于那些和牠有关的人们逌无意识上面的天然法则。”（恩格斯著《经济学批判大纲》，巴黎，1844 年，载在路格［A. Ruge］和马克思所编的《德－法年志》当中。）

关于人类生活逌诸形态的考察，一般旳都是走着一条和现实的发展相反对的进路的，因此，所以人类生活廼诸形态廼科学的分析，也是一般睕走着同样的进路的。牠是从后面开始的，因此也就是用发展进程的既成的诸结果开始的。那些对于劳动生产物印上商品廼戳记，并因此被看成一切商品流通廼前提的诸形态，在人类打算要对于这些形态廼内容——并不是要对于这些形态廼历史的性质，因为这些形态实早已对他们当作不可变的东西妥适有效了——下一个说明以前，早已具有社会的生活廼天然形态廼固定性。所以，引导我们到价值大小廼决定去的，虽然只是商品价格廼分析；引导我们到诸商品的价值性质廼确定去的，虽然只是诸商品廼共同的货币表现；但是，商品世界廼这种既成的形态——即货币形态——却正是那个不但不把私的劳动廼社会的性质，因此也就是不但不把私的劳动者廼社会的关系，从物的观点阐明出来，倒反从物的观点蔽下去来的东西。当我说着衣服，靴子，等等东西是和那种当作舍象的人类劳动廼一般的体化物看的麻布，发生着关系的东西的时候，这个表现廼不合理，是很打眼的。但是，如果衣服，靴子，等等东西廼生产者们使这些商品和那种当作一般等价物看的麻布——或金子和银也行，因为这种商品廼种类是和事情廼本质无关系的——结成一个关系，那末，牠们廼私的劳动对于社会的总劳动的关系，就恰恰对于他们是出现在这种不合理的形态下面的。

这样的诸形态，正形成着资产阶级廼经济学廼基本诸概念【原文虽是 Kategorien，但因考茨基注明这字在这里等于 Grundbegriffe，所以特别这样翻译——陈】。牠们是一些对于这个历史睕被规定着的社会的生产方法即商品生产廼生产诸关系的，从社会的观点上看来妥适有效的思维形态，因此也就是一些对于那种生产诸关系的客观的思维形态。所以，那些在商品生产逌基础上围绕着劳动生产物的，商品世界逌一切的神秘，一切的魔法妖术，只要我们一旦逃避到别的生产诸形态里面去的时候，就都是立刻会消灭了去的。

因为经济学酷好鲁滨孙飘流奇谈[29]，所以我们就先把鲁滨孙在他逌孤岛上的生活看一看罢。他虽然生来就是一个恬淡寡欲的人，但是，他却也得满足种种欲望，因此也就不能不做种种有用的劳动，如像做工具，造家具，驯野骡，采鱼具，猎禽兽，等等。至于祈祷并其他类似的行为，那在这里却不成为我们的问题。为什么呢？因为我们逌鲁滨孙在这种事实里面找着娱乐，只把那样的活动看成消遣的缘故。他虽然有这种种的生产的机能，但是，他却知道，那些机能都只不过是同一的鲁滨孙逌相异的活动形态，因此，所以也都只不过是人类劳动逌相异的方法。必要那种东西本身强制着他，要他把他逌时间，精确矨分配在他逌种种相异的机能上面去。在他逌总活动当中，到底哪一种机能占着较多的范围，哪一种机能占着较少的地位——那全看他哪种在获得他所志望的利用上的效果时应该克服的困难大小而定。经验把这件事告诉他，并且，因为我们逌鲁滨孙曾经从破船的灾难当中，救出了表，账簿，墨水，笔，等等的缘故，所以他立刻照着一个善良的英国人的样子，自己记起账簿来。他在他逌财产目录当中，把他所有的使用对象物，把这些使用对象逌生产上所必需的种种工作，最后把这些不同的生产物逌特定分量对他所花费的平均矨必要的劳动时间，等等，都明细记载着。在这里，存于鲁滨孙和那些形成着他逌手创的财富的诸物件之间的一切关系，是极简单极明白易观的，所以就是魏尔德

［Wirth］自己也可以不特别劳神就理解牠们的。虽然这样，但是在这些关系当中，却也含着有关于价值的一切本质的规定。

❷❾第二版注，就是李嘉图，也未尝没有他自己的鲁滨孙。“他使原始时代的渔夫和猎夫，立刻当作商品所有人，按照那种被对象化于鱼和野物廼交换价值里面的劳动时间廼比例，把鱼和野物交换起来。在这时，他发生了一个时代错误：他使原始时代的渔夫和猎夫在计算他们廼劳动用具廼价值的时候，参酌了那种于1817年在伦敦交易所通用着的年利表。‘欧文［Owen］廼平行四边形共同宿舍的组织’好像就是他在资产阶级的社会形态以外所知道的唯一的社会形态。”（马克思著《经济学批判》，38，39页，斯图特甲版43页。）

现在我们由鲁滨孙廼光明的海岛，移到黑暗的欧洲的中世纪去罢。在这里，我们看不见什么独立的人们，倒只找着许多各相依存的人们——如像农奴和土地领主，臣仆和封建诸侯，俗人和僧侣，等等。人的依存这件事，对于物质的生产廼社会的关系并对于那些建筑在这种生产上面的诸生活范围，都给了一个特征。但是，正因为人的依存关系形成了被给与的那个社会的基础的缘故，所以劳动和生产物才没有采取一种和牠们廼现实情形相异的幻想的姿态的必要。劳动和生产物在这里是当作天然的赋役和实物贡纳，走进社会的机构之中的。在这里，只是劳动廼天然形态，即劳动廼特殊性成为劳动廼直接旳社会的形态，而不是牠廼一般性——如像在商品生产廼基础上一样——成为牠廼直接的社会的形态。诚然，赋役劳动也和那种生产着诸商品的劳动一样，是由时间所定着的；但是，无论哪一个农奴也知道，他在对于他廼主人的奉公上面所支出的，只是他自己的个人的劳动力的特定分量。那种被提供于僧侣的十分之一税，又是一种比僧侣逌授福更加明了的东西。所以，在那种社会里面，无论我们怎样去判断各人所借以相互对立的扮装，人们在他们逌劳动里面的社会的关系都常常是当作他们自己个人的关系，发见出来，而不是假扮在物逌社会的关系即劳动生产物逌社会的关系里面的。

要想考察那种共同的劳动即直接翫被社会化了的劳动，我们并不必回溯到劳动逌自然发生的形态，即那种存于一切文化民族逌历史逌最初的形态上面去[30]。更近的实例，就是农民家族逌农村翫族长的产业，即那种为自己的需要的缘故，生产着谷物，家畜，丝，麻布，衣服，等等东西的产业。这种种东西虽然对于全家族是当作他们逌家族劳动逌生产物对立着的，但是，牠们却决不是彼此当作商品相互对立着的。那种种造成着这些生产物的劳动，如像耕作，牧畜，纺织，裁缝，等等，都是在牠们逌天然的形态上就成了社会的机能。为什么呢？因为牠们本是和那种私商品生产一样，具有牠自己的自然发生的分业的家族逌机能的缘故。性别，年龄别，以及那些随着季节逌变更而变动的劳动逌天然诸条件，等等，规制着家族内部的劳动逌分配并每个家族分子逌劳动时间。不过，在这里，那种靠着时间逌长短去测定的，个人的劳动力逌支出，却本来是当作劳动那东西本身逌社会的规定，出现着的。为什么呢？因为个人的劳动力本来就是当作家族逌共同的劳动力逌器官，发生作用的。

[30]第二版注。“在最近，传播着一种可笑的偏见，以为自然发生的共产制是斯拉夫人所特有的形态，甚至于以为这只是俄罗斯人所专有的形态。但是，这个形态却是一个可以被我们在罗马人，日尔曼人，克勒特人，等等里面证明出来的原始形态；这种形态，就在今日，也还可以

在印度人中找出牠那种具有许多种类的标本的整个的模型——虽然这模型廼一部分只能当作一种遗迹看待。如果把亚细亚的，特别是把印度的种种共产形态，更正确旳研究起来，我们就可以知道，牠廼崩解廼种种形态是怎样从自然发生的共产制廼种种形态发生出来的。所以，举例说，如像罗马的并日尔曼的私有财产制度廼种种原型，就都是可以从印度共产制廼种种形态，导引出来的。”（马克思著《经济学批判》10 页，斯图甲特版 9 页。）

最后，为一新眼界起见，我们试想像一种自由人团体——即，一种用共有的生产手段，行着劳动，并且，有意识旳把那团体廼许许多多的个人的劳动力，当作一个社会的劳动力，支出着的自由团体——看看。在这里，虽然鲁滨孙廼劳动廼那些一切规定，也都仍然照样反覆行着，不过，却不是个人旳行着，倒只是社会旳行着。鲁滨孙廼一切生产物都是他廼全然个人的生产物，因此，从他看来，也尽都直接旳是一些使用对象。现在我们想像着的这个团体廼生产物却不然，牠廼生产物总体都是社会的生产物。这些生产物廼一部分是从新当作生产手段，被拿去供用的。所以这一部分依然还是一种社会的东西。但是，另外的一部分却是当作团体成员廼生活资料，被消费着的；所以这一部分就不得不被分配于各团体员。这样的分配廼样式，是随着社会的生产组织体本身廼特殊的样式并那种和这种相照应的，生产者们廼历史的发展程度，两种东西的变动而变动的。现在，为要使牠和商品生产行一个对照的缘故，且假定着，各生产者们所得的这种生活资料廼分配额，是按照他们廼劳动时间决定着的罢。这样一来，劳动时间这东西，就变得扮演一个二重的角色。劳动时间廼社会旳有计划的分配，会使种种的劳动机能和种种的欲望之间，保着一个正比例。在另一方面，劳动时间这个东西，同是又是当作生产者们对于共同的总劳动所参与的个人迺分量迺尺标，使用着的，因此，也就是当作生产者们在共同生产物当中所能够个人矴消费了去的部分迺尺标，使用着的。在这里，人类对于他们的劳动并对于他们迺劳动生产物的社会关系，无论在生产里面，或在分配方面，都依然还是单纯得和透明的东西一样。

宗教的世界只不过是现实迺世界迺反映。从商品生产者们——这些商品生产者们迺一般矴社会的生产关系，是成立在这件事里面的，即在：他们把他们迺生产物看成商品，因此也就是把生产物看成价值，并且在这种简单的物的形态下面，把他们迺私的劳动，当成平等的人类劳动，使牠们相互发生关系起来，一件事里面的——迺社会看来，那种崇拜抽象人的基督教，特别是牠迺资产阶级的发展即新教，理神教，等等，就是最相对应的宗教形态。在古代亚细亚的，古代希腊的并古代罗马的，等等的生产方法里面，生产物迺变化为商品，这件事，只演着一个属从的角色，因此，人类迺那种当作商品生产人看的存在，也只演着一个属从的角色——虽然这种角色后来随着共同体向着牠迺崩解迺段阶去的进行而越发变成重要的角色。从固有的意义说来的商业民族，是像埃及库尔［Epikur］迺诸神一样，或像犹太人住在波兰的社会迺毛孔里一样，只生存于古代世界迺种种文化圈迺间隙当中的。那样的古代的社会的诸生产组织体，和资产阶级的生产组织体比较起来，虽然是更加简单，更加透明的东西，但是，牠们不是站在个别的人类——那种还没有和别的个人断绝天然的种族关联迺脐带的个别的人类——迺发达未熟状况迺基础上，就是站在直接的主从隶属关系迺基础上的。牠们都是被劳动迺生产力迺低度的发展段阶所制约着的，因此也都是被物质生活迺生产进程迺内部的人类相互间并人类和天然间迺狭隘关系——一种和那种低度的发达段阶相对应的狭隘关系——所制约着的。这样的现实的狭隘，从新在观念的关系上反映于古代的天然宗教和民族宗教里面。现实世界迺宗教的反映这种东西，一般髜只有在实际的日常生活迺诸关系能够把人类相互间并人类和天然之间的透明的合理的诸关系，每天对人们表示着的时候，才能消灭。社会的生活进程迺构造即物质的生产进程迺构造这种东西，只有在牠当作一种被自由人所自由结合的社会迺产物，站在那些人们迺有意识的有计划的管理下面的时候，才会脱却牠迺神秘的雾衣。但是，要达到这个目的，却得先叫社会有一个物质的基础，或一系别的物质的生存诸条件；这些条件本身却又是很长期的，充满了痛苦的发展史迺自然发生的产物。

经济学这东西，虽然不完全[31]，的确分析了价值并价值迺大小，把那种被含在这些形态里面的内容，发见了。但是，为什么这种内容会采取那样的形态？为什么劳动会这样被表示在价值里面？为什么那种靠着时间迺长短而行着的劳动迺测定，会被表示在价值迺大小里面？——这种种问题却是经济学所从未拿来当成问题看过的[32]。从经济学迺资产阶级的意识看来，那种种公式，那些在额上写着字，表明牠们是属于这样一个社会构造——即，在那里，生产进程支配着人类，人类还没有支配着生产进程的社会构造——的东西的公式，是和生产的劳动本身一样，被看成自明的天然的必然，妥适有效的。因此，所以社会的生产组织体迺资产阶级前期的诸形态，被经济学看待得差不多恰恰和基督教以前的诸宗教被教父们所看待的情形一样[33]。

[31]在注[17]里面已经述过，佛兰克林曾说："因为商业这东西，一般磅只是一个劳动对于别的劳动的交换，所以一切物件廼价值只有靠劳动去评价才评得最正当。"（《佛兰克林集》，斯巴克斯编，波士顿，1836年，第二卷，267页。）佛兰克林以为，物件具有价值，一件事，是和物体具有重性，一件事，同样是当然的。从他廼立场看，问题只不过在发见这种价值怎样才能够尽可能磅最正确磅被测定着的方法，一层上面罢了。他自己却从未注意到，他在主张着人们可以最正确磅用劳动去评定一切物件廼价值的时候，已经把那些交换着廼劳动的区别，舍象了去，而把牠们还元为平等的人类劳动了。如果他注意到这一层，他一定就不得不照下面这样说罢：因为短靴和长靴对于桌子的交换，只不过是靴匠廼劳动对于木匠廼劳动的一种交换，所以人类靠着木匠廼劳动，可以最正确磅测定长靴廼劳动！因为他把"劳动"那个字用在普遍的意义上的缘故，所以他把种种劳动廼有用性并牠们廼具象的形态，都舍象了。

李嘉图关于价值的大小的分析廼不充分——虽然那是一个最浅的——到了本书第三卷第四卷，就会被我们看见的。但是，只拿关于价值一般的范围来说，正统派经济学却决没在什么地方明白磅并且用明了的意识，把那种被表示在价值里面的劳动和那种被表示在牠廼生产物廼使用价值里面的劳动，区别着。自然，在事实上却是行着这种区别的，为什么呢？因为牠把劳动那种东西，时而从量的方面，时而从质的方面，考察着的缘故。不过，正统派经济学却没有注意到，诸劳动廼单单的质的差异，是以牠们廼质的统一或平等为前提的，并且因此又是以诸劳动向着舍象的人类劳动去的还元为前提的一层。举例说，如像李嘉图，就明白说他自己同意于德狄雨［Destutt de Tracy］所说的下面这段话："因为的的确确只有我们廼天然的并道德的能力才是我们廼本源的财富，所以这些能力迺使用即某个种类的劳动，就是我们迺本源的财宝，并且，靠着这些能力迺使用，那一切被我们叫做财富的东西，才被创造出来。……此外，的的确确阏，这一切物件都只不过代表着那些创造了牠们的劳动；如果这些东西能够有一个价值，或，哪怕牠们有两个相异的价值，这些东西，也只能够把那种价值，从那种曾经使这些东西发生过的劳动迺价值，导出来。”（德狄雨著《观念形态学迺要素》第四节第五部，巴黎，1826 年，35，36 页，被李嘉图著《经济原论》第三版，伦敦，1821 年，334 页所引用的。）我们在这里只指出这一层罢：李嘉图对于德狄雨所说，给了一种更深一层的，他自己的意义。诚然，德狄雨这一方面曾说过，一切形成着财富的物件都“代表着那些创造了牠们的劳动”，但是，在另一方面却说过，一切形成着财富的东西，都是从“劳动迺价值”接受着牠们迺两个相异的价值（使用价值并交换价值）的。所以，这样一来，他就陷进了流俗经济学迺那种浅薄的谬误，即先拿一个商品迺（在这里是劳动迺）价值作为前提，然后再靠这个前提去规定别的商品迺价值，那种浅薄的谬误。但是，李嘉图却把德狄雨迺文章，解成了，劳动这东西（不是劳动迺价值）被表示在使用价值并交换价值里面。不过，李嘉图本身本是没有十分把那样二重阏被表示着的劳动迺二者斗争性，区别清楚的，所以他在《价值，财富，牠们迺特性》那一个全章当中，不能不费很大的力，去穿凿塞依［J. B. Say］那种人迺愚论。因此，所以，到最后，他看见德狄雨这一方面关于当作价值迺源泉看的劳动虽然和他同意见，而在另一方面关于价值迺概念却和塞依同意见时，他才会大吃一惊。

❸❷从商品迺分析，特别是从商品价值迺分析，去探出那被能够使商品价值成为交换价值的价值形态，这件事，没有被正统学派做成功——这是正统学派经济学迺根本缺点之一。连斯密斯和李嘉图那样的正

统派经济学逌代表者，尚且把价值形态看成一种无关紧要的东西，或看成一种和商品逌性质本身无关的东西。理由并不单在他们逌注意全然被价值大小逌研究夺了去，一件事上面。理由还生根在更深的地方。劳动生产物逌价值形态是资产阶级的生产方法逌最舍象的，并且也最一般的形态；靠着这种形态，资产阶级的生产方法才得着一种当作社会的生产逌一个样式看的特征，同时也才得一种历史的特征。因此，所以如果我们把资产阶级的生产方法误看成社会的生产方法逌永久的形态，那末，我们就必然旳也会看落价值形态逌特殊性，因此也看落了商品形态，以及更发展的货币形态，资本形态，等等逌特殊性。因此，所以我们可以看见，在那些关于价值大小靠着劳动时间去测定一件事，意见完全一致的经济学者们当中，关于货币即一般的等价逌完成逌姿态，行着一些极繁复纷杂的，极其互相矛盾的观念，这件事。举例说，在银行组织逌问题方面——因为在这里，货币逌平凡常见的定义已经不够用了——是现得最明显的。所以，对于这个正统派，又发生了一个复活了的重商主义的体系（如像甲尼尔，等等），只在价值当中看出社会的形态，或宁肯说，只看出牠逌无实体的假像。——最后，我还得声明一句，我所谓正统派经济学，是指那些在配提以后的，一切研究了资产阶级的生产关系逌内部的连络的经济学说的；和这个正统派经济学相对待的，就是流俗经济学，这种流俗经济学，只在外部的连络的范围以内从事穿凿，常常为着那些所谓最重大的现象逌简易的说明的缘故，并为应付资产阶级的日用的缘故，把一些久已被科学的经济学供给了的材料，从新拿来反覆赘说，并且，还自己设一个限制，专把资产阶级的生产当事人本身逌关于他们自己的最善的世界的，平凡的，自夸的种种见解，组织化起来，用学术的言辞粉饰起来，并把牠们当作一些永久的真理，宣言起来。

❸❸“经济学者们是用着一种特殊的进行方法的。从他们看来，世上只有人为的制度和天然的制度两种制度。封建制度是人为的制度，资产阶级的制度是天然的制度。他们关于这一层是和神学相等的：神学家也把宗教分为两种。一切和他们适宗教不同的宗教，都是人类所发明的宗教，只有他们的宗教才是神適默示。……所以，在从前虽然曾经有过历史那种东西，到现在，却已没有什么历史了。”（马克思著《哲学適贫困——对于普鲁东的贫困適哲学的答复》，1847 年，113 页。伯伦斯泰因和考茨基適德译本第二版，104 页，斯图特甲，1892 年。）巴斯梯亚曾经想像着，以为古代希腊人并罗马人只靠着掠夺为生——这真是滑稽之极。如果人类在几个世纪之间，都靠着掠夺为生，那末，就不得不有一种可以供掠夺的东西常常存在那里，不然，那种掠夺的对象就不得不常常继续不断葰被再生产着。因此，所以好像就是希腊人和罗马人也曾经有过一种生产进程，因此也曾经有过一种经济——一种完全和资产阶级的经济形成着今日的世界適物质的基础一样，形成着他们適世界適物质的基础的经济——似的。或者巴斯梯亚以为一个立脚于奴隶劳动的生产方法就是一个立脚于掠夺制度的东西吗？如果是那样，他就变成站在一个危险的地盘上面了，连亚里士多德那样的巨大的思想家，在他適奴隶適评价上面，还陷在谬误当中，像巴斯梯亚这样的矮小的经济学家，在他適雇用劳动適评价当中，又怎样能够得着正鹄呢？——我想趁这个机会，把一个非难，一个当我在 1859 年公刊了我適著作《经济学批评》的时候，被一个用德语发刊的美国新闻加在我身上的非难，简单葰加以击退。那个新闻说，我那种见解，如像，特定的生产方法和那种常常和这些生产方法相对应的生产关系，简单说，即“社会適经济的构造这种东西，就是实在的基础，就是法律的并政治的上部盖造［Ueberbau］所依以存在的实在的基础，就是特定的社会的意识诸形态所对应着的实在的基

础”，一种见解；“物质的生活迺生产方法要约着［bedinge］社会的，政治的并精神的生活进程一般”，这种见解——我迺这种见解，诚然对于今日这种被物质的利益支配着的世界是正确的，但是，对于加特力教所支配的中世，对于政治所支配的雅典和罗马，却是不正确的；云云。但是，第一，最令人觉得奇怪的，就是在今日居然还有人肯假定着，那种关于中世或古代世界的尽人皆知的文句，还没有被某种人知道，一件事。中世纪不能够靠着加特力教去生活，古代世界不能够靠着政治去生活，这同样是明白的事。中世和古代世界迺那种获得牠们迺生活资料的样式，倒反说明着，为什么在那里是政治扮演着主要的角色，在这里是加特力教演着主要的角色。并且，举例说，要想知道土地所有权迺历史形成了罗马共和国迺秘密史，一件事，并不需多费精神，只消稍微知道罗马迺历史，就够了。从另一方面说，佟·奇贺特［Don Quixote］早已因为他误信着游行江湖的骑士可以一样畇和社会迺一切经济的形态相容的缘故，受着处罚了。

要想证明一部分经济学家怎样大大畇被那种缠染在商品世界的物神崇拜所欺，即怎样被社会的劳动规定迺外观所欺，只消在他们迺许多论争当中，特特提出那种关于天然在交换价值迺形成上的任务的，又冗长又无聊的论争，看一看就行了。因为交换价值这东西是一种特定的社会样式——一种拿来表现那种被消费在物件里面的劳动的样式——所以牠差不多和汇兑行情一样，是不能够含有什么天然质料的。

因为商品形态是资产阶级的生产迺最一般的并且最未经发展的形态，所以牠出现得最早——虽然牠那时并不是在今日这样的具有支配力并因此具有特色的方式下面——所以牠迺物神崇拜性也显得好像还比较容易看透似的。但是，到了具象的形态里面，就是这样的单纯的外观，也是会消灭了去的。货币制度廼幻想，是从什么地方来的呢？货币制度不把那些当作货币看的金银，看成一种代表着社会的生产关系的东西，倒把牠们看成一种站在一些具有奇怪的社会的诸属性的天然物件廼形态下面的东西。并且，那种傲然冷笑着货币制度的近代经济学，不是一旦到了牠处理着资本的时候，就把牠们廼物神崇拜，弄成一种可以捉拿的东西了吗？自从重农主义者的那种幻想——他们以为地租是由土地发生的，而不是由社会发生的，那种幻想——消灭了之后，到底经过了几多时日呢？

但是，为免得在这里预先说到后面的问题的缘故，我们姑且只举一个关于商品形态本身的例子，就够了。如果商品这种东西能够说话，那末，牠们就一定会这样说罢："我们廼使用价值也许和人类有利害关系。但是，这种使用价值，却不和我们这些当作物件看的我们相干的。在物的方面和我们相干的，只是我们廼价值。这是当作商品物件［Warendinge］看的我们廼交通所证明着的。我们只有在当作交换价值看的时候，才相互駒发生关系。"我们试听听，这样的商品精神，怎样借着经济学家廼嘴说话："价值（交换价值）就是物件廼属性，财富（使用价值）就是人类廼属性。在这个意义上的价值，虽是必然駒含着交换，而财富却不是那样[34]。""财富（使用价值）是人类廼特质，价值是商品特质。一个人或一个社会是富有的，一颗珍珠或一粒金刚石是值价的。……一颗珍珠或一粒金刚石是当作珍珠或金刚石而具有价值的。"[35]到今日为止，无论什么化学家也未曾在珍珠或金刚石里面，发见过交换价值。但是，这些特别以批评廼深刻自负的发见家，这种化学的实体廼经济学的发见家，却说着：物件逌使用价值是和牠们的物逌诸属性无关系的，倒是物件逌价值反属于当作物件看的牠们本身。使他们行这样确认的，就是下面这种特殊的状况：即，诸物件逌使用价值是不需为人类行着交换就被实现出来的东西，因此也就是在物件和人类逌直接的关系之中被实现出来的；诸物件逌价值却和这种情形相反，牠是只在交换里面，即，只在一个社会的进程里面，被实现出来的——这种特殊状况。在这里，谁能够不想到那个亲切的杜伯利［Dogberry］，那个对守夜人西扣尔［Seacoal］，说过“做一个漂亮的人这件事，只不过是境遇使然，至于能够读书和写字，这件事，却是天生的。”几句话的杜伯利呢？（请看莎士比亚的《无所谓的骚闹》［Much ado about nothing］）❸❻

❸❹《关于经济学上的几个言语上的论争的考察，特别是关于价值并需要供给》，伦敦，1821年，16页。

❸❺倍黎著《一篇关于价值的性质的论文》165页。

❸❻《考察》逌著者和倍黎，都责备李嘉图，说他把交换价值，从一个单单的相对的东西，变化为一种绝对的东西。但是，在事实上，情形却是相反的。李嘉图把这些物件举例说，即金刚石并珍珠等在当作交换价值看的时候所有逌外观的相对性，还元为一种被隐藏这个外观后面的真实的关系，即还元为当作人类劳动逌单单的表现着的牠们逌相对性了。如果李嘉图学派的人们对于倍黎的答复，只是粗鲁放肆，而不能中肯，那就只因为他们在李嘉图逌著作本身当中并没有找出什么关于价值和价值形态或交换价值之间的内部的连络的说明的缘故罢了。

第二章　交换进程

诸商品是不能够自己走到市场去的，也不是能够自己把自己交换起来的。因此，所以我们不能不替牠们寻找保护人，即寻找商品所有人。诸商品都是物件，并且因此对人类都是无抵抗的。如果商品不顺从，人类是可以对牠们用强力的，换句话说，人类是可以抓住牠们的[37]。要想使这些物件当作商品彼此相互发生关系，那些商品保护人本己就得当作一些把他们迺意志寄托在这些物件里面的人，相互关系起来，好叫他们迺一方面，只有靠着另一方面迺同意，换句话说，只有靠着双方合意的共同的意志行为，才能把自己的商品让给别人，同时把别人的商品占为已有。因此，所以他们不能不当作私有权所有人互相承认着。这种法律关系——不管牠在法律上是否已经发达，总之，这种法律关系迺形式都是契约——是一个意志关系，是一个被经济关系所反映的意志关系。这种法律关系或意志关系迺内容是经济关系本身所给与的[38]。在这里，人格者只是相互旳当作商品迺代表者存在着，因此就只是当作商品所有人存在着。我们将来随着我们迺说明迺进行，一定可以一般旳看出，人格者迺经济的诸种装扮［Charaktermasken］都只是经济诸关系迺人格化，都只不过当作这种经济关系迺担负人，相等对立着罢了。

[37]就在那个以敬神著闻的十二世纪里面，也时常在这些商品当中出现着极奢华的物件。所以当时一个法国诗人，在那些出现在兰地［Landit］迺市场上的种种商品当中除开衣服材料，靴子，皮革制品，农具，兽皮，等等之外，还算上了娼妇。

❸❽普鲁东起初虽把他那种永远的正义的理想，从这种和商品生产相对应的法律关系里面，汲取了——我还得顺便说明，他靠着这办法，证明了商品生产迺形态是和正义同样永久的东西，一件事，以便对于一切俗人给与安慰——但是，到后来，他却逆转过来，想按照这个理想，去改造现实的商品生产并那种和这个商品生产相对应的现实的法律。如果现在有一个化学家，不肯去研究那些关于质料迺新陈代谢［Stoffwechsel］的现实的法则，也不肯以这些法则为基础，去解决特定的问题，倒只想靠着特殊性和类似性［“naturalité” et “affinité”］迺“永远的理想”，去改造质料迺新陈代谢，那时，我们会对他发生什么样的感想呢？在我们说着，放高利的人违背着“永远的正义”，“永远的公正”，“永远的互助”，以及其他种种的“永远的真理”的时候，我们关于放高利的人，所知道的东西，能够比起那些教父们在他们说着放高利贷的人违背着“永远的恩宠”，“永远的信仰”，“神迺永远的意志”的时候所知道的关于放高利的人的事实，多少加多一点吗？

那种使商品所有人和商品发生区别的，主要的事情，是这件事情：即，从商品看来，一切别的商品体质都只是当作牠们本身的价值迺现象形态，妥适有效，一件事情。因此，所以那种天生的平等主义者并无耻者即商品，常常都等在那里，想和别的一切商品——哪怕这种别的商品生得比玛利托伦［Maritorne］【佟・奇特故事当中的丑女——陈】还要不愉快些——相交换，不但想交换精神，并且想交换身体。至于商品所有人却不然，他用他自己的五官并其他的感觉，补足了商品里面所缺乏的这种对于商品体质迺具象的感觉。从他迺这些感觉看来，他迺商品是没有什么直接的使用价值的，不然，他就不会把这个商品运到市场上去了。他迺这个商品，从别的人看来，虽是具有使用价值的，但是，从他自己看来，却只具有一种直接的充当着交换价值的担负者并因此充当着交换手段的使用价值[39]。因此，所以他愿意把这个商品交给别人，和别的商品——别的可以拿牠的使用价值使这个商品所有人发生满足的商品——相交换。一切的商品，从牠们的所有人看来——都是“非使用价值”［Nichtgebrauchswerte］，从牠们的“非所有人”［Nichtbesitzer］看来，都是使用价值。所以一切商品都不能不从全方面变更牠们的所有人【原文是 die Hände wechseln 即变更种种的手——陈】。但是，这种所有人的变更却形成了牠们的交换；并且，牠们的交换又使牠们当作价值，互相关系起来，而且把牠们当作价值，弄实现出来。所以，商品这东西，在牠当作使用价值被实现出来以前，就不能不先当作价值被实现出来。

[39] “因为一切财货的用途，都是二重的。——一个用途是属于物件的本身的，另一个用途却不那样；如像草鞋，就是一个一面可以供穿着之用，一面可以供交换之用的东西。两种用途都是草鞋的使用价值；因为，纵然有人把草鞋拿去和他所想要的东西，如像和食料，相交换，他仍然还是把草鞋当作草鞋利用着的。不过，他却不是用牠的天然的使用方法把牠利用着。因为在天然的使用方法里面，牠并不是为交换而存在的。”（亚里士多德著《共和论》第一篇第九章。）

在另一方面，诸商品在牠们能够当作价值被实现出来以前，却不能不先把牠们自己当作使用价值确证出来。为什么呢？因为那种被支出在牠们里面的人类劳动，只有在牠是用一种对别人有用的劳动的形态，支出着的范围内，才算得数的缘故。但是，牠到底对于别人是有用的或是无用的，这却只有靠着牠的交换去证明，因此牠迺生产到底可不可以满足别人的欲望，这件事，也只有靠牠迺交换去证明。

每一个商品所有人都只有和别的商品——牠迺使用价值可以满足这个商品所有人迺欲望的别的商品——相对换时，才肯把他自己的商品交出去。在那样的范围内，从商品所有人看来，交换只不过是一种个人的进程罢了。在另一方面，商品所有人都想把他迺商品当作价值弄实现出来，因此也就是把他迺商品当作价值，叫牠实现在其他无论什么具有同一价值的商品里面——不管他自己的商品对于别的商品迺所有人有使用价值没有——在这样的范围内，从这个别的商品所有人看来，交换又是一般的即社会的进程。不过，同一的进程却不能够同时爫对于一切的商品所有人又只是个人的进程，又只是一般的即社会的进程。

如果我们更详细观察起来，就可以知道，从每个商品所有人看来，每个别人的商品都是当作他迺商品迺特殊的等价物妥适有效的，因此，他迺商品也是当作一切别的诸商品迺一般等价物妥适有效的。不过，因为一切商品所有人都做同一的事，所以结果就弄成没有一个商品是一般的等价物，因此就弄成诸商品也都没具有一般的相对的价值形态——那种被诸商品所借以把牠们自己当作价值弄成平等的东西，并且借以把价值迺大小行着比较的价值形态——因此，所以牠们一般爫都不是当作商品，相互对立着，倒只是当作生产物或使用价值相互对立着。

我们迺商品所有人们，在他们为难之际，就照福奥斯特［Faust］想着：在太初，有了行为。所以他们在他们未想以前，早已有了实行。商品性［Warennatur］迺法则，在商品所有人迺天然的本能当中，把牠自己表明着。因为商品所有人使他们迺商品和别的某种当作一般等价物看的商品发生对立的关系的缘故，所以他们只能够把他们迺商品当作价值，使牠们互相关系起来，因此也就是只能够把牠们当作商品使牠们互相关系起来。这件事是“商品迺分析”已经对我们证明过的。但是，因为只有社会的行为才能够把一个特定的商品弄成一般的等价物，所以一切别的诸商品迺社会的行动，会排除着一个特定的商品，即排除着那个被牠们借以表示着牠们迺全面的价值的商品。靠着这样的方法，这个商品迺天然的形态才变成了社会旳妥适有效的等价形态。充当着一般的等价物，这件事，靠着社会的进程，就变成了被排除的诸商品迺特殊旳社会的机能，这样一来，这个商品就变成了货币。“这些东西齐心一致，把他们迺能力和权力给与了兽类。无论什么人，如果他没拿着那样具有这个兽类旳名称或牠迺名称迺号数的徽章，他就不得买卖——他们这样决定着。”（《约翰默示录》）[39a]

[39a] 马克思没有详细说出这句引用文迺处所。牠是从两个相异的文句合成的：一个文句是第十七章第十三节，另一个文句是第十三章十七节。——考茨基

货币结晶是交换进程——种种劳动生产物借着这种交换才在事实上把彼此弄成互相平等的东西，因此也就是借此才在事实上被弄得变化为商品——迺一个必然的产物。交换迺历史上的扩大和深化，把那种蛰眠在商品里面的使用价值并价值迺对立，展开起来了。那种想把这个对立，为交通的缘故，向外部表示出去的欲望，会向着商品价值迺一个独立的形态，追逐下去，并且还是不到这个形态靠着商品

迺向着商品和货币去的二重化，变成终局窃被确立了的时候，决不静止并休息的。所以，由商品到货币去的这种变化迺实行，是和由劳动生产物到商品去的那种变化迺实行，处在同一的尺标下面的。[40]

[40]我们由此就可以知道小资产阶级的社会主义迺谲诈，那种把商品生产永远化起来，同时把“货币和商品迺对立”因此也就是把货币本身——因为货币这东西只是在这种对立里面存在着——废止了去的谲诈。如果那样的事是可能的，那末，我们也就可以同时做着废止法皇并存续加特力教，两件事了。关于这个问题的详细说明，请看我迺著作《经济学批判》61 页以下。（斯图甲特版 70 页以下。）

直接的生产物交换，虽然一方面具有简单的价值表现迺形态，但是在另一方面，却又还未曾具有这个形态。简单的价值迺表现形态，照前面所述，就是：x 商品 A＝y 商品 B。直接的生产物交换迺形态却是：x 使用价值 A＝y 使用价值 B[41]。在这里，A 和 B 两种东西并不是在交换以前就是商品，倒是靠着交换才变为商品。要想使一个使用对象变成交换价值，牠最初就应该当作一个非使用价值存在着，即，最初就应该当作超过了牠迺所有人迺直接的欲望的使用价值迺特定分量，存在着。物件这东西，从牠们本身说来，对于人类，原是一些外部的东西，因此也就是一些可以让渡的东西。要想使这些让渡成为相互的东西，人们只消暗默窃把自己当作那些可以让渡的物件迺私有权所有人，当然因此也就是把自己当作相互独立着的人格者，相互对立着就行了。但是，像这样的关系，这样把人们相互窃看成外人的关系，在自然发生的共同团体迺团员之间——不管那个共同团体具有家长制的大家族迺形态也好，或具有古代印度的共同团体迺形态也好，或具有茵加国［Inkastaates］等等迺形态也好——却是还没有存在的。只有在这些共同团体告终的地方，只有在牠们和别的共同团体或别的共同团体迺团员相接触的地点上，商品交换这种东西才能开始。但是，只要物件一旦在牠们迺对外的共同生活上变成商品的时候，牠们立刻就会在内部的共同生活上面，也变成商品。这些物件迺量的交换比率，在最初，全然是偶然的。这些物件，是靠着那些想相互的把牠们让渡了去的所有者们迺意志行为，才变成可以交换的东西的。在这样行着的时候，那种对于别人所有的使用对象的欲望，就渐渐的确立起来。这种交换迺继续不绝的反复，就把牠弄成一个有规则的社会的进程。因此，所以随着时间迺经过，至少，也不能不有一部分的劳动生产物特特专为交换的缘故而被生产出来。从这个瞬间起，在一方面，那种供直接的欲望之用的物件迺有用性和那种供交换之用迺物件的有用性两者之间的分离，就确立着了。物件迺使用价值和物件迺交换价值就分离了。在另一方面，这些物件所据以交换的量的比率，却变得要依靠在那些物件迺生产本身上面了。习惯把这些物件当作价值迺大小，决定着。

❹❶只要在两个相异的使用价值对象还没有被交换着，倒只是诸物件迺一个混杂的堆积当作一个对于第三者迺等价被提供着——这是我们时常在野蛮人间发见着的——的范围内，连直接的生产物交换本身也只算得是站在牠迺大门口。

在直接的生产物交换里面，虽然每个商品从牠迺所有人看来都是直接的交换手段，从牠迺非所有人［nichtbesitzer］看来都是等价物，但是，那还只有在那个商品从牠迺非所有人看来是一个使用价值的范围内才那样。所以，那种被交换着的物品，还没有接受着什么独立的——从牠本身的使用价值或和交换人迺个人的欲望，独立着的——价值形态。这种形态迺必要，随着那些走到交换进程里面来的商品迺数和种类迺扩大而越发加甚。问题随着牠迺解决手段发生出来了。像那种由商品的所有人们把他们自己的物品拿来和别的不同的物品相交换相比较的交易，如果种种的商品所有人迺种种的商品在牠们迺交易迺内部，不和一个同一的第三的商品种类相交换，不当作价值去和牠比较，那就决不会发生的。这种第三的商品种类，因为牠对于种种不同的别的商品变成了等价物的缘故，所以直接旳——哪怕是在狭隘的范围内——接受着一个一般的或社会的等价形态。这种一般的等价形态，是和那种曾经把牠唤起了的瞬间的社会的接触，同时发生并同时消灭的。牠轮流转换旳时而属于这个商品，时属于那个商品。但是，随着商品交换迺发展，牠却会专门固定到一个特定的商品种类里面，换句话说，牠就会结晶为货币形态。牠到底胶结到哪一个商品种类里面去，这件事，在最初，全然是出于偶然的。但是，从大体上说，却有两件事情在这里面具着决定的力量。货币形态这东西，或是附着于那些从外部输入的最重要的输入品——这些输入品在事实上原是团体内的生产物迺交换价值迺自然发生的原始的现象形态——上面，或是附着在那些形成着团体内的可以让渡出去的财产迺主要成分的使用对象，如像家畜一类的东西，上面。最初使货币形态发展的，就是游牧民族：因为他们迺一切财产都站在动产的形态下面，因此也就是站在直接可以让渡的形态下面的缘故，并且，因为他们迺生活方法常常使他们和别的共同团体发生接触，因此常常诱引他们到生产物逍交换去的缘故。人类虽然往往把人类本身，放在奴隶逍姿态下面，使他成为货币，但是，他却从未把土地这样使用过。把土地当作货币材料使用，那种想法，只有在已经发达了的资产阶级的社会里面，才能够发生。那种想法起于十七世纪逍最后的三分之一世纪，并且那种想法逍国民的大规模的实施，还是更迟一世纪，到了法国人逍资产阶级的革命的时候，才被试过。

随着商品交换突破牠逍地方的羁绊那件事逍比例，因此也就是随着商品价值向着人类劳动一般逍体化去的发展那件事逍比例，货币形态也同样移到那种在本性上就适于供一个一般的等价物逍社会的机能之用的商品上面去了，即，移到贵金属上面去了。

“金银虽然在本来的性质上并不是货币，但是，货币这东西，在本来的性质上却是金银”[42]，这句话就是表示着金银逍天然的性质和货币逍种种机能逍一致的[43]。到现在为止，我们只知道货币逍一个机能，即，货币可以当作商品价值逍现象形态使用，或可以当作一种被商品逍价值大小靠牠去行社会的表现的材料使用，那种机能。可以充当价值逍适当的现象形态的东西，换句话说，即，可以充当舍象的并因舍象的缘故而平等的人类劳动逍适当的体化物的东西，只是一种材料，即那种在牠逍一切货样里面都具有同一的均等的品质的材料。在另一方面，因为价值昖大小逍区别纯粹是量的区别，所以货币商品又不得不是一种可以经得起纯粹逍量的区别的东西，即，不得不是一种可以随便分割，并且可以把分割了的部分从新合成一块的东西。而金子和银子却是本来就具有这些属性的。

[42]马克思著《经济学批判》135 页（斯图甲特版 169 页）。“贵金

属……在本来的性质上就是货币。”（甲里亚尼著《货币论》，库斯拖底编纂本，近世之部，第三卷，72页。）

❹❸关于这一层的详细说明，请看前面引用过的我那本著作当中的“贵金属”一项。

货币商品迺使用价值，变成两重了。拿金子做例来说罢，除开牠迺那种当作商品看的特殊的使用价值，如像镶牙，充当奢侈品迺原料，等等之外，牠还接受着一个形式的使用价值，即一个从牠迺特殊的社会的机能发生出来的使用价值。

因为一切别的商品都只是货币迺特别的等价物，货币就是这一切商品迺一般的等价物，所以这一切商品都当作一些特别商品，和当作一般商品看的货币，发生关系[44]。

❹❹“货币就是一般的商品。”（维利著《关于经济学的默想》，16页。）

我们已经看见了，货币形态这东西只不过是一切别的商品迺关系迺一种反射，一种固定在一个特定的商品上的反射。因此，所以货币就是商品，这件事[45]，只是对于那种想从货币迺完成的姿态出发去分析牠的人看来，才是一个发见。交换进程这东西，对于那种被牠变化为货币去了的商品，并没有给与那商品迺价值，倒只给与了那商品迺价值形态。如果把这两个规定混同起来，就一定诱发谬想，想把金银迺价值看成一种想像的即只在我们迺观念上存在着的东西[46]。又，因为凡是在特定机能上的货币都是可以单用牠本身的符标去代替的东西的缘故，所以又发生了一个谬想，以为货币只不过是一个单单的符标。从另一方面说，在这种谬想里面，又含着这样一个朦胧的预感：物件逎货币形态那种东西，从物件本身看来，只是一个外部的东西，只是那种隐在物件后面的人类的诸关系逎单单的现象形态。但是，如果从这种意义说来，就恐怕无论什么商品都只是一个符标了；为什么呢？因为无论什么商品如果当作价值看来，都只不过是那种被支出在那商品里面的人类逎劳动的物质的外皮的缘故[47]。但是，如果我们把那种在特定的生产方法逎基础上面被物件接受着的社会的性质，或把那种在特定的生产方法逎基础上面被劳动逎社会规定接受着的物的性质，都解释为一些单单的符标，那末，同时就是把牠们解释为人类逎思索逎任意的产物，为一种被所谓人类逎一般的合意裁可了的产物了。这就是在十八世纪时，为要从人类的诸关系——这些关系逎成立进程在当时还未能被人们阐明——逎谜子一样的姿态。至少在目前暂时除去不可解的外观的缘故，惯爱被人们使用过的说明样式。因为当时的人们还不知道怎样去暴露社会的诸关系逎谜子一样的诸形态逎起源和发生，所以人们才把牠们解释为一种被人类发明了的，并不是由天上降下来的东西，企图借此去说明牠们逎可惊的性质。

[45]“现今可以被我们用贵金属逎一般的名称称呼着的银子和金子本身……就是商品……牠们逎价值是或涨或跌的。如果牠们逎较小的重量可以和一国逎农产物或工业品等等逎较大的分量相交换，那末，我们就可以把那个贵金属认为是一种被增加了价值逎东西。”（《关于这些从相互的关系上看来的货币，商业，并汇兑逎一般概念的考论》，一商人著，伦敦，1695年，7页。）“金子和银子两种东西，不管牠们被铸造过或未被铸造过，总之，都是可以用来做别的一切物件逎尺标的；虽然这样，但是，牠们仍然和葡萄酒，油，香烟，织物，衣服，等等一样，不失为一个

商品。”（《关于商业，特别是关于东印度的商业，等等的考论》，伦敦，1689年，2页。）“只把货币算作王国（英国）廼资料和财富，这件事，是不得当的；而对于金银，不认牠们廼商品廼性质，一件事，也同样是不能够的。”（《当作最有利的商业看的东印度贸易》，伦敦，1677年，4页。）

❹❻“金子和银子两种东西，在牠们未变为货币以前，就是当作金属具有牠们廼价值的。”（甲里亚尼著《货币论》。）洛克说：“因为银子具有一种最适于充当货币的性质的缘故，所以人类的一般的合意就对银子给与牠一种想像的价值。”骆［Law］廼说法却和他相反：“种种国民怎么能够对于某种物件，给与一个想像的价值呢？……这种想像的价值又怎样能够维持下去呢?”但是，他自己对于这个问题，懂得怎样窗少，这件事，只看下面的引用文就明白了：“银子这东西，是随着牠所有的使用价值，即是说，是随着牠现实的价值而被交换着的；牠靠着牠那种被当作货币看的时候的规定，接受了一个追加的价值（une valeur additionnelle）。”（骆［Jean Law］著《关于通货和商业的考虑》，在戴尔［Dalre］编纂的《十八世纪的财政经济学者论集》中，470页。）

❹❼“货币就是对于这个东西（对于商品）的符标。（杜·福博涅［D. Forbonaais］著《商业原理》，新版，黎德［Leyde］版1766年，第二卷，143页。）“当作符标看来，货币这东西是被诸商品吸引着的。”（同书155页。）“货币就是对于一个物件的符标，并且代表着这个物件。”孟德斯鸠著《万法精理》，全集，伦敦版，第二卷2页。）“货币不单止是符标，为什么？因牠从本身就是一个财富的缘故；牠不是代表价值，牠自己本身就是价值。”（勒·托龙著《关于社会的利益》，910页。）“如果我们把价值廼概念考察起来时，物件本身就会单止是被看成一个符标，牠不是当作牠自己本身妥适有效的，倒是当作牠所值的东西妥适有效的。”（黑格尔著《法律哲学》，100页。）在经济学者以前很久很久的时

候，法学家们早已为着实行他们对于国王的奴仆式的奉仕的缘故——他们在中世纪全世纪当中，都根据着罗马帝国的传统和法典上的货币概念，拥护了这些国王迺货币伪造权——把那种观念，即那种认定货币只是单单的符标，贵金属只是想像的价值的观念，玩弄着了。这些法典迺一个从顺的学生斐里泊·华鲁亚［Philipp v. Valois］（以法国国王斐里泊第六世迺资格），在1346年迺一个布告当中，说着："货币迺事务，货币迺铸造，货币迺供给，以及其他一切关于货币的处置，如像怎样把货币投入流通界去，怎样照我们所爱好的方法并我们所认为佳的方法，把货币迺价值，规定出来，等等的处置——这一切都只属于我们和我们迺国王陛下，这件事，是无论何人都不能怀疑，也不可怀疑的事。"货币迺价值是应该由皇帝迺法令规定着的——这是那时的罗马法迺独断的学说，并且当时还有明文禁止把货币当作商品看待，"无论何人都不得卖买货币；因为凡是为公用的缘故被制定着的东西，都不应该变成商品。"关于这个问题的好的说明，可以在巴你尼［Pagnini］的《关于物件迺正当的价值的论文》（库斯拖底编《意大利经济名著集》，近世篇，第二卷）当中找出来。他在那本书迺第二部分当中，特别驳击了法学家们迺所说。

我们在前面已经提到，某一个商品迺等价形态并没有含着那个商品迺价值大小迺量的规定，一件事。我们纵然知道金子是货币，因此也是可以和其他一切诸商品直接交换的东西，一件事，但是，我们却决不能靠着这一层就知道特定分量的金子如像十磅金子有多少的价值。金子这东西，也和别的各种商品一样，只能把牠迺价值，相对眆表现在别的诸商品当中。金子本身迺价值，是被那种在牠迺生产上所必要的劳动时间规定着的，并且是表现在一切别的商品——一切凡是被凝结着相等的劳动时间在牠本身里面的别的商品

——廼分量上的[48]。金子廼相对的价值大小廼这种确立，发生于牠廼产源地上面的直接的物物交换。只要牠一旦当作货币走进了流通界，牠廼价值就立刻被给与着了。虽然在十七世纪廼最终数十年，货币廼分析已经相当旳进步，已经知道了货币就是商品这件事，但是，那到底还只算得是一个起头。困难并不在于货币就是商品这件事廼把握，倒在商品怎样旳才是货币，为什么是货币，靠着什么才变成货币，这种种的事廼把握上面[49]。

[48]“如果一个人能够用一种和生产一布歇尔谷物时所费的时间相同的时间，在秘鲁廼矿山挖出一翁士的银子，把牠输送到伦敦去，那末，一方面的东西即银子就是另一方面的东西廼天然的价格。但是，如果假定着因为发见了新的，出产较丰的矿山的缘故，在从前用来生产一翁士的银子的那种同程度的劳力，现在变得可以获得二翁士银子，那末，在别的事情没有变化的范围内，哪怕谷物廼价格变为每布歇尔十先令，牠也和从前每布歇尔五先令时的价格是同样价廉的罢。”（配提著《关于租税和贡纳的论文》，伦敦，1667 年，31 页。）

[49]教授罗歇尔［W. Roscher］告诉我们：“关于货币的误谬的定义，可以分为两组：一组是把牠看成商品以上的东西的，一组是把牠看成商品以下的东西的。”他继续旳载出许多种类的，关于货币的著述廼目录——从这些目录里面虽然对于货币理论廼现实的历史，连一点极其微渺的理解廼微光，也找不出——之后，给了这样的教训：“近时的大多数的经济学者没有把那些被货币和别的诸商品据以行着区别的诸特征（那末，货币不仍然或是商品以上的东西，或是商品以下的东西吗?），充分旳放在眼里，这件事，到底是无从否认的事实。……在那种范围之内，甲尼尔等廼半重商主义的反动，并不是全然无根据的。”（罗歇尔著《经济原论》，第三版，1858 年，207 页。）以上……以下……没有充分旳……在那

种范围内……并不是全然！好一些概念规定呀！并且罗歇尔还把这种折衷主义的教授式谵语，谦逊旳解为经济学迺解剖—生理学的方法！不过，有一个发见却是他迺功绩；他发见了，货币是“一个被人欢喜接受的商品”。

我们在最简单的价值表现 x 商品 A＝y 商品 B 里面，就已经看见了，那种被别一个物件迺价值迺大小借以表示自己的物件，好像显得是离开这个价值表现关系，独立旳把牠迺等价形态，当作社会的天然属性具有着似的。我们已经把这种虚伪的外观迺被确立的道程研求过了。牠是只要那种一般的等价形态和一个特别的商品种类迺天然形态一旦融和起来的时候，换句话说，只要那种一般的等价形态一旦结晶为货币的时候就立刻会完成起来的。一个商品并不是因为别的诸商品在全方面都把牠们迺价值，表示在那个商品里面的缘故，才显得是变成了货币，倒只是反过来，因为那个商品是货币的缘故，别的诸商品才显得好像是一般旳把牠们迺价值表示在那个商品里面。那种行着媒介作用的运动，消失在牠们自己的结果当中，毫没有留一点什么痕迹。因此，诸商品不须有什么动作，就看见牠们自己的价值迺姿态，当作一种存在牠们的外部和牠们并立着的商品体质，被弄得完成了。金子和银子这种东西，就用牠们那种由土地迺怀里跑出来的时候的原形，同时变成一切人类劳动迺直接的化身。因此，就发生了货币迺魔法。那种在社会的生产进程里面的人类迺单单的原子的行动，以及那种因此而生的，从人类迺管理并人类迺有意识的个人的行为，独立着的，他们自己的生产诸关系迺物的姿态——两种东西就最初出现在这件事里面了，即出现在他们迺劳动生产物一般旳采用着商品形态，这件事，里面了。因此，所以货币偶像迺谜子，就只是那种变得可以眼见了的，使人目眩眼花的商品偶像迺谜子。

第三章　货币或商品流通

一、价值迺尺标

为要把说明简单化起来的缘故，我在本书全篇当中的各处，都假定以金子为货币商品。

金子迺第一机能是这样：牠对于商品世界，供给着牠们迺价值表现迺材料，换句话说，牠把商品价值，当作一些在质的方面是平等的，在量的方面是可以比较的，具有同样称呼的大小，表现出来。所以，金子这东西是当作种种价值迺一般尺标，行着机能的，并且，充当着特殊的等价商品的金子，第一只有靠着这种机能，才变成货币。

诸商品并不是靠着货币才变为一些可以用同一的单位去测定的东西。事实是正相反对的。因为一切商品当作价值看来时都是被对象化了的人类劳动，因此牠们本身也都是可以用同一的单位法测定的东西的缘故，所以牠们才可以把牠们迺价值，共同旳用同一的特殊的商品去测定，并且才可以靠着这种办法，把那个特殊的商品，变化为牠们迺共同的尺标即货币。当作价值尺标看的货币是那种内存于诸商品本身上的价值尺标迺——即劳动时间迺——必然的现象形态[50]。

[50]为什么货币这种东西不直接旳代表时间本身，如像一张纸片代表约莫两个劳动时间那样呢？这个问题结局只简单旳是这么一个问题："为什么在商品生产迺基础上面，劳动生产物不能不当作商品出现着？——为什么呢？因为，在劳动生产物当作商品出现，那件事里面，

就含着有商品迺向着商品和货币商品去的二重化在内的缘故。——换句话说，就是这么一个问题："为什么私的劳动不可当作直接旳社会的劳动，即当作牠迺反对物，被处理着呢?"关于那种站在商品生产迺基础上面的"劳动货币"迺浅薄的空想的社会观，我已经在别处详细讨论过(《经济学批判》61 页以下，斯图甲特版 70 页以下)。在这里，还有一层应该注意：如像欧文的"劳动货币"那种东西，恰和戏团迺戏票不是"货币"一样，并不是什么"货币"。欧文是以直接被社会化了的劳动，即那种和商品生产在正反对的地位上对立着的生产形态，为前提的。他那种劳动券，只不过确认着个个的生产人对于总劳动的参加分量并个个的生产人对于总生产物当中的一部分——被定为拿去供消费之用的部分——的个人的请求权，两种东西罢了。但是，欧文自己却没有想着，一方面以商品生产为前提，一方面却要用那种货币滥造去避免商品生产迺必然的诸条件。

用金子表现着的一个商品迺价值表现——x 商品 A＝y 货币商品——就是那个商品迺货币形态或那个商品迺价格。到现在，为要把铁迺价值，从社会的观点妥适旳表示出来的缘故，只消用一个个别的方程式，举例说，如像 1 吨铁＝2 翁士金子，就行了。这个方程式已经没有和别的诸商品迺许多的价值方程式，一同排队进行的必要了。为什么呢? 因为那个等价商品［Aequivalentware］即金子，已经具有货币迺性质的缘故。因此，所以诸商品迺一般的相对的价值形态，到现在，又具有牠们迺最初的，简单的或相对的价值形态迺姿态了。在另一方面，那种被扩大了的相对的价值表现或那种相对的价值表现迺无限的系列，也变成了货币商品迺特殊的相对的价值形态。但是，这样的系列，到现在，已经从社会的观点上被给与在诸商品迺价格当中了。即，如果我们把物价表逆转读去，我们就可以看出那种用所有一切的诸商品表示了的货币迺价值迺大小。反过来说，货币那东西，却没具有什么价格。如果货币要想参加别的商品迺这种统一的相对的价值形态，货币就不得不被弄成对于牠自己本身，当作牠自己本身的等价，发生关系。

诸商品迺价格或货币形态，也和牠们迺价值形态一般一样，是一种和牠们迺那个可以用手抓拿的实在的体质形态［Körperform］相异的形态，因此也就只是一个观念的或被观念着的形态。铁，麻布，小麦，等等东西迺价值，虽然不可以用眼看见，总是存于这些物件本身里面的；这种价值是靠着这些东西和金子迺平等性，那靠着牠们对于金子的一种关系——一种所谓只存于这些物件迺头中的关系——才被观念着的。因此，所以商品所有人为着要把这些物件迺价格传到外界去的缘故，就不能不或是把他迺舌和这些物件迺头连络起来，或是拿一张纸片挂在这些物件上面[51]。因为用金子表现着的商品价值迺表现是观念的东西，所以对于这种表现，也可以使用单单的被观念着的或观念的金子。每个商品所有人却知道，纵然他对于他迺商品迺价值，给与一个价格形态或被观念着的金子形态，他也还决没有把他迺商品化为金子，一件事；并且也都知道，他为着用金子去评定几百万的商品价值的缘故，并用不着一片金子，一件事。所以，货币这东西，在牠那种当作价值迺尺标看的机能里面，只是当作被观念着的或观念的货币，供着使用的。这种事情迺结果，竟发生了一些最愚蠢的学说[52]。虽然在价值尺标迺机能里面，只要有被观念着的或观念的货币就可以供着实用，但是，价格这东西却是完全依存在实在的货币材料上面的。举例说，如像那种被含在一吨铁里面的价值即那种被含着的人类劳动迺分量，是靠着那种含着分量的劳动的货币商品迺某个被观念着的分量，被表现着的。因此，所以一吨铁迺价值，是可以随着金，银，铜三种东西迺哪一种供着价值尺标之用，一件事迺相异而得着完全相异的价格表现的，并且是靠金，银，铜，等等迺完全相异的分量而被观念着的。

❺❶野蛮人或半野蛮人使用舌头的方法，完全和这个不同。举例说，船长巴利［Parry］关于那些在巴芬［Baffin］湾迺西海岸的住民，曾这样说过："在这时候（在生产物交换之际）……他们用舌头舔牠（被提供于他们的东西）两次，好像他们以为可以靠这种办法去表示他们已经满足眆终结了交易似的。"同样，在东部埃司基摩人里面，交换人在每次接受物品的时候，也都把那物品舔一次。如果像这样，舌头这东西在北方被看成所有权迺获得迺器官，那末，就无怪乎肚子那东西在南方被看成财产的积蓄迺器官，如像甲费尔［Kaffer］人竟用一个人迺肚子迺肥度去评定那个人迺财富了。甲费尔人是极聪明的人，为什么呢？因为，在1864年的英国的健康公报诉说劳动阶级迺大部分都缺乏着脂肪质的食料的时候，一个叫做哈卫［Harvey］的博士——这和发见了血液循环的那个博士，却不是同一个人——在同年，却靠着他迺吹牛的处方笺，那种号称能够医治资产阶级并贵族社会的脂肪过多的处方笺，发了大财呢。

❺❷请看马克思著《经济学批判》中的"关于货币尺标迺单位的诸学说"53页以下。（斯图甲特版61页以下。）

所以，如果两个相异的商品，如像金和银，同时可以当作价值尺标拿去供用，那末，一切商品就会具有两个不同的价格表现，即金价格和银价格，并且，只要在银对金的比价依然不变，举例说，如像依然是 1：15 的范围内，这两个价格表现就会安安静静廼相并而行的。不过，如果在这个比价上起了什么变动，那末，那种变动就必定会搅乱诸商品廼金价格和银价格间的比率，因此在事实上就会证明着价值尺标廼两重化是和牠廼机能相冲突的[53]。

[53]第二版注。“在金和银两种东西在法律上都当作货币，即，都当作价值廼尺标并存着的地方，常常有了一种无益的尝试，想把金和银当作同一的物质看待。如果人们假定着，被同一的劳动时间所对象化了的金和银廼比率不能不常常是同一的，那末，在事实上就是假定着，金和银是同一的物质，就是假定着，价值较少的金属即银子，特定分量形成着特定量的金子廼不变的分数了。从爱德华［Edward］三世廼治世起，到哲治二世廼时代止，英国的货币制度廼历史，是在一种不绝的搅乱——一种由金银比价廼法律上的确定并现实的价值动摇两者间的冲突而来的搅乱——当中经过了的。时而金被评价得太高了，时而银被评价得太高了。那些被评价得太低的金属就被抽出流通界，从新被熔化，被输出了去。到那时，两金属廼比价又被法律变更了，但是，这个新的名目价值不久又会和从前一样，和现实的比价冲突起来。——在现代，那种因为安南地方对于银的需要的缘故而发生了的，金价对银价廼极微弱的并暂时的下落，也在法国，大规模旳发生了同一的现象，即银廼输出并银被金驱逐出流通进程，两种现象。在 1855，1856，1857 年之间，在法国的金廼输入对于金廼输出的超过，达到41,580,000镑，银廼输出对于金廼输入的超过，达到14,704,000镑。在实际上，凡是在那样的国家——即两金属在法律上都是价值廼尺标，因此两金属都具有强制通用力，不过，到底使用哪一种金属，一件事，却任由付账人去自由决定，那样的国家——当中，价值涨贵了的金属都会发生加水［Agio］，都会和其他

一切别的商品一样，用那种被评价得比价值还高的金属，去测定牠迺价格，变得只有后者才当作价值迺尺标，供着使用。在这个领域内的一切历史的经验，可以归约为这样：在两个商品被法律给与了价值迺尺标迺机能的时候，在事实上常常都是只有一个商品固守着那样的地位。”（马克思著《经济学批判》52，53页，斯图甲特版59，60页。）

价值决定了的一切诸商品，都表示在 a 商品 A＝x 金；b 商品 B＝z 金，c 商品 C＝y 金，等等，的形态下面；在这种形态里面，a，b，c 表示着商品种类 A，B，C 迺特定额，x，z，y 表示着金迺特定额。因此，所以诸商品迺价值是变化为种种大小不等的被观念着的金量的，因此也就是被变化为一种称呼相同的大小——虽然商品体质具有纷乱的繁复纷乱性——的，即变化为金迺大小的。诸商品迺价值是当作这样相异的金量，彼此相互脔被比较被测定着的，所以在技术上就发生了一种必要，要把这些商品价值拿来和某种当作牠迺尺标的单位［Masseinheit］看的确定的金量，发生关系。这个尺标单位，更可以靠着被分割为可除部分[53a]的方法，发展起来，变为本位［Maβstab］。金，银，铜，等等，在牠们成为货币以前，已经在牠们迺金属秤量里面，具有那样的本位，所以，如像一磅就可以当作尺标单位供着使用，并且还可以在一方面更分为翁士等等，在另一方面又被加为百斤［Zentner］等等[54]。因此，所以在一切金属流通里面，关于秤量本位的传来的名称，也就是货币本位迺或价格迺本位迺最初的名称。

[53a] 所谓某数量迺可除部分［aliquote Teil］就是那个数量可以靠着牠被除得毫无剩余的那个数量迺部分。举例说，如像二和三就是六迺可除部分。——考茨基

❺❹第二版注。当作货币本位逌单位看的一翁士的金子，在英国没有被分割为可除部分，这件奇怪的事实，是可以照下面这样说明的："我国铸币制度最初是只顾到银逌使用的，所以一翁士的银子都是常常可以被铸为特定的相对应的数目的货币片块的。但是，到后来，虽然变成铸金子为货币，然而铸币逌品位却还是被规定着只顾到银子一方面的，所以一翁士的金子是不能够被铸成一个和牠相对应的数目的货币片块的。"（马克拉伦［Maclaren］著《通货史》，伦敦，1858年，16页。）

货币这东西，在当作价值尺标并当作价格本位看的时候，是行着两个完全相异的机能的。牠在当作人类劳动逌社会的化身的时候就是价值逌尺标；牠在当作一个被确立了特定金属重量看的时候，就是价格逌本位。在当作价值尺标看的时候，牠是用来使许许多多的种类的商品逌价值，变化为价格，变化为被观念着的金量的；在当作价格本位看的时候，牠是用来测定种种金量的。价值逌尺标，是把诸商品当作价值测量着的；价格逌本位却和这个相反，牠只用某一个金量去测定种种的金量，而不是用别的金量逌重量去测某一个金量逌价值。要想使价格逌本位成立，必得把金逌一个特定重量当作尺标单位确立起来。在这里，也和在别的一切凡是决定着同一称呼的数量逌尺标的时候一样，尺标比例逌确定，变成一件有确定力的事。所以，价格本位这个东西，越是在一个同一的金量可以不变的当作尺标单位供用的时候，越可以较良好的行着牠逌机能。不过，金子所以能够当作价值逌尺标供用，却只因为牠本身就是劳动生产物，就是一个从可能性说来的，不变的价值的缘故❺❺。

❺❺第二版注。在英国的诸著作里面，关于价值逌尺标（measure of value）和价格逌本位（standard of value）两种东西的混淆，直到了不可

言状的程度。牠们適机能常常被混同着，因此牠们適名称也常常被混同着。

金子適价值变动，无论怎样也绝不妨害牠適当作价格本位看的机能，这件事，是第一明显的。无论金適价值如何变动，种种的金量都常常彼此保着同一的价值比例。纵然金適价值减少了百分之一千，十二翁士的金子也依然还是具有一翁士的金子適价值適十二倍的。并且，关于价格，只有相异的诸金量相互之间的比例，成为问题。因为在另一方面，一翁士的金子决不会有随着牠適价值適低落或增涨而变动牠適重量的事的缘故，所以牠適可除部分適重量也同样是不变动的；只因为这个缘故，金子这东西才会当作一个确定了的价格本位，不管牠自己的价值如何变动，常常服着同一的职务。

金適价值的变动，也决不是一种妨害牠適当作价值尺标看的机能的东西。金適价值变动是同时影响于一切商品的，所以，如果别的事情是相同的，牠就会使牠们適相互的相对价值依然不变——固然，到现在，牠们全体被表现于比从前较高或较低的金价格里面[55a]。

[55a]“货币虽然能够不断弜变动牠適价值，但是，牠却依然可以和牠在牠適价值完全不变的时候一样，当作价值適尺标供着使用。”（倍黎著《货币和牠的命运》，伦敦，1837年，11页。）

在用金子去对诸商品评价的时候，也和在用某种别的商品適使用去表示一个商品適价值的时候一样，只有一件事，是被定为前提的：这件事就是在被给与的时间里面，要生产特定分量的金子，必得花费特定分量的劳动，一件事。关于商品价格一般適运动前面说明过的那种简单的相对的价值表现迫法则是妥适有效的。

如果货币价值没有变化，那末，诸商品价格只有在商品价值增加了的时候，才能够一般旳涨高起来；又，如果商品价值不变，那末，诸商品价格只有货币价值减少的时候，才能够一般旳涨高起来。反过来说，如果货币价值不变，那末，诸商品价格只有在商品价值减少的时候，才能够一般旳跌落下去；又，如果商品价值不变，那末，诸商品价格只有在货币价值增加的时候，才能够一般旳跌落下去。但是，却决不能够因此就说，货币价值迺增加必定要约【bedingt 的译语，说明见前，或译作制约——陈】着商品价格迺相与比例的下落，并货币价值迺减少必定要约着商品价格迺相与比例的涨高。这只是对于价值没有变动的商品妥适有效的。举例说，那些和货币价值迺增加同时并且用同一的比例增加了自己的价值的商品，就仍然会保持着同一的价格。如果商品价值增加得比货币的价值还更缓慢或还更急速，那末，牠的价格迺跌落或涨高，就会靠着牠迺价值运动和货币迺价值运动两者迺差异而被规定着等等。

现在我们回到价格形态迺考察上去罢。

我们已经看见，秤量本位和牠迺内分部分迺传来的名称又形成了货币本位迺本源的名称。但是，到后来，金属重量迺货币名称，由种种原因，渐渐旳和牠们的本源的秤量名称分离起来了；在这种种原因之中，在历史观点上具有决定力的，是下面这些：（一）在发达程度较低的民族里面，有外国货币迺输入。举例说，如像在古代罗马，银铸币和金铸币在最初就是当作外国商品流通着的。这种外国货币迺名称，是和国内的重量名称相异的。（二）随着财富迺发展，低级的贵金属被高级的贵金属——如像铜被银，银被金之类，哪怕这些顺序会怎样和一切诗的年代顺序相矛盾着[56]——夺去那种价值尺标迺机能。如像镑［Pfund］本是一个货币名称即一个对于一磅现实的银子的货币名称，但是，一到了金子把银子从价值尺标迺机能驱逐开了之后，这个同一的名称，就随着金银比价关系，约莫变成为十五分之一磅等等的金子迺名称了。当作货币名称看的镑和当作金子迺重量名称看的磅，到现在，变成互相分离着了[57]。（三）那种在数百年间继续了的王侯迺货币变造权，把铸币迺最初的重量渐渐夺去，在事实上弄得只留下一个名称了[58]。

[56]并且，这个顺序还不是具有一般旳历史的妥适性的。

[57]第二版注。“那些在今日只留着观念的名称的货币种类，在一切国民当中，都是最老的货币。那些货币迺每一个，在从前都曾经是一种具有实在性质的货币。（这个说明有时往往不大贴切——马克思。）只因为牠们曾经是一些具有实在的性质的东西的缘故，所以牠们才当作计算货币［Rechengeld］供了实用。”（甲里亚尼著《货币论》，153页。）（在《资本论》迺从前的德语各版里面，脚注[57]和[58]迺顺序都弄反了——考茨基。）

[58]第二版注。因此，所以英国的镑现今只表示着牠迺原来的重量迺三分之一；合并前的苏格兰的镑只表示着原重量迺三十六分之一；法国的利物尔［Livre］只表示着原重量迺七十四分之一；西班牙的麻拉魏底［Maravedi］只表示着原重量迺一千分之一；葡萄牙的累［Rei］只表示着原重量迺更小的比例。

这些历史的诸进程，把这种分离——即诸金属重量迺货币名称和牠们迺普通的秤量名称迺分离——弄成了国民迺习惯。因为货币迺本位这种东西一面是纯粹旳习惯的东西，一面又是要求着一般的妥适性的东西，所以牠结局就不能不被法律制定着。所以贵金属廼特定分量，举例说，如像一翁士的金子，才靠着政府廼力量，被分割为若干可除部分，这些可除部分又接受着法律上的洗礼名称，如像镑，两，等等。这种可除部分虽然这样一来，就是当作货币廼固有的尺标单位妥适有效的东西，但是，牠却更可细分为其他受了法律上的洗礼名称的可除部分，如像先令，边尼，等等[59]。特定的金属重量依然还是金属货币廼本位。有了变化的东西，只不过是分割，只不过是命名罢了。

[59]第二版注。阿库哈特［Urquhart］先生在他廼《日常用语集》里面，关于英国货币本位廼单位即一镑在今日只等于四分之一翁士的金子，那件可惊的事，曾这样说过："那只是赝造着一个尺标，并不是树立着一个尺标。"他在金重量廼这种"虚伪的命名"里面，也和在别的一切地方一样，看见了文明那种东西廼伪造的手。

这样一来，诸价格，换句话说，那种被诸商品廼价值借以行着观念的变化的诸金量，到现在，就被表现在货币名称里面，即被表现在货币本位廼法律上的有效的计算名称里面了。所以，在英国，人们才可以不说一斛小麦等于一翁士金子，而说牠等于三镑十七先令十又二分之一[①]边士。这样一来，就变得诸商品会用货币廼名称去说明牠自己价值多少，并且变得货币这东西会常常在那种想把一个物件当作价值确定起来的时候，当作计算货币，供着使用[60]。

[60]第二版注。"当人们向着阿纳加尔西斯［Anacharsis］寻问，黑

---

① 原文为十零二分之一。后文同类情况不再另注。——编者

勒恩［Hellenen］【希腊人——陈】为什么使用货币的时候，他答复：为计算的缘故。”（阿特纳攸斯［Athenaeus］著《学者迺晚餐》，舒外格好撒编，1802 年，第四卷，第 49 篇，第二节。）

一个物件迺名称是和那个物件迺性质完全无关系的。纵然我知道一个人叫做雅科布斯［Jacobus］，我对于那个人也还没有知道一点什么东西。同样，在镑，两［Taler］，法郎，杜加特［Dukat］等等货币名称里面，价值关系迺一切痕迹也都消失了。并且，因为货币名称这种东西一面表现着商品迺价值，同时又表现着某一个金属重量即货币本位迺可除部分的缘故，关于这种秘教的符标迺秘密的混乱也越发加大了[61]。但是，从另一方面说，价值这东西和商品世界的种种繁复的体质发生区别，竟继续发展到这种无意义旳物件的，并且同时又是单纯旳社会的形态，这件事，却是必然的事[62]。

[61]第二版注。“因为当作价格本位看的金子出现在一种和商品价格相同的计算名称里面，如像一翁士金子和一吨铁迺价值一样，同样被表现在三镑十七先令十又二分之一边士里面的缘故，所以人们把这种金子迺计算名称叫做牠的铸币价格［Münzpreis］。因为这种缘故，所以就发生了这种可惊的观念：好像金子（或银子）是用牠固有的材料被评价着的，并且和其他一切诸商品不同，是由国家接受着一个确定的价格的东西。人们把确定某个特定的金重量迺计算名称，一件事，和确定那种重量的价值，一件事，弄混同了。”（马克思著《经济学批判》，51 页，斯图甲特版，59 页。）

[62]请参看《经济学批判》当中的“关于货币的尺标单位的诸学说”，53 页以下（斯图甲特版 61 页以下）。世上有一种幻想，以为可以靠着国家迺力量，把金或银迺法定分量迺法律上的货币名称，迁移到一

种比从来较大或较小的分量上面去，并准照这种迁移，去改铸货币，如像将来不把四分之一翁士的金子铸为 20 先令，倒把牠铸为 40 先令；以为可以靠着这种方法，把“铸币价格”或是提高或是减低。——这种幻想只要在牠不是以一种对国家迺债权者或对于私人迺债权者的拙劣的财政的盘算为目的，倒是以一种经济上的“奇迹的治疗”为目的的范围内，早已被配提在他迺《关于货币的小论，对于哈里伐克斯侯爵的答复》里面，论得毫无遗蕴；所以他迺后继人如像诺斯［S. Dudley North］及洛克——比这两人更迟的人们当然更不消说了——等，关于这个问题，只不过能够把他所说，化为浅近的东西罢了。他所说的种种的话当中，有这样一段话：“如果一个国民迺财富可以靠着一篇国王的法令，增加十倍，那末，那种法令没有在许久许久以前被我们的诸政府公布出来，一件事，倒会变成不可思议了。”（上面所引的那本书迺 36 页。）

价格就是那种被对象化于商品里面的劳动迺货币名称。因此，所以那种说商品和货币量，和那种变成那个商品迺价值迺名称的货币量，相等的说法，完全是一个同义反复[63]，恰恰和那种说某一个商品迺相对的价值表现常常是两个商品迺等价关系的说法是一个同义反复一样。但是，纵然那种当作商品迺价值迺大小迺指数看的价格就是那个商品和货币迺交换比率迺指数，却也不能够反转过来，说商品和货币迺交换比率迺指数必然旳也就是商品迺价值迺大小迺指数。假定大小相同的社会旳必要的劳动被表示在一斛小麦和英镑（约莫二分之一翁士的金子）里面罢。这个金镑就是一斛小麦旳价值大小迺货币迺表现，换句话说，就是牠迺价格。现在，如果事情可以准许我们对小麦给与三镑的价格或是强制我们只对牠给与一镑的价值，那末，一镑和三镑虽然当作小麦迺价值迺大小迺表现看来，或失于过小，或失于过大，但是，牠们却仍然不失其为小麦逌价格。为什么呢？因为：第一，牠们是小麦逌价值形态即货币；第二，牠们是小麦和货币逌交换比率逌指数的缘故。在不变的诸生产条件下面，即，在不变的劳动逌生产力下面，为一斛小麦逌再生产的缘故，依然还得支出同分量的社会的劳动。这样的事情，是也不依存于小麦逌生产人逌意志，也不依存于别的商品所有人逌意志的。所以，商品逌价值逌大小表现着一种对于社会的劳动时间的，必然的，内存于商品形成进程里面的关系。随着价值大小逌变为价格，这个必然的关系会当作一个商品和存于那个商品以外的货币商品逌交换关系，发见出来。但是，在这个交换关系里面，商品逌价值大小固然可以照原样表现出来，然而同样也可以表现着那种被那个商品在特定的事情下面所借以行着让渡的较多或较少的分量。因此，所以那种存于价格和价值大小之间的量的不一致逌可能性，或价格从价值大小离开那件事的可能性，是存在价格形态本身里面的。这件事，决不是价格形态逌缺点，倒反使牠成一种特定的生产方法——在这种生产方法里面，规则这种东西只能当作一种盲目嵆发生着作用的无规则性逌平均法则，把自己主张起来——逌妥当的形态。

❻❸“如若不然，人们就不能不承认着，在货币上的一百万，要比在商品上的同一价值，值得更多了”（勒·托龙著《关于社会的利益》，922页），即，不得不承认着“一个价值要比一个和牠相等的价值，值得更多些了。”

不过，价格形态这种东西，却不单只是容许着那种存于价值大小和价格间的量的不一致逌可能性，即，不单只是容许着价值大小和牠本身迺货币表现间的量的不一致迺可能性并且牠还可以包藏某种质的矛盾，结果弄得哪怕货币只不过是诸商品迺价值形态，而价格却一般觃变得不是什么价值迺表现了。因此，所以种种从牠们本身看来并算不得什么商品的东西，如像良心，名誉，等等，都能够被牠们迺所有人拿来为获得货币的缘故贩卖起来，因此，也就能够靠着牠们迺价格，接受商品形态。因此，所以一个物件可以同时没有价值而在形式上具有一个价格。在这里，价格的表现恰恰和数学上的某种数量一样，是一个想像的东西［imaginär］[63a]。在另一方面，就是想像的价格形态，举例说，如像那种因为没有在那里对象化着什么人类劳动的缘故，而没有什么价值的未开垦地迺价格，也可以包藏着一个现实的价值关系或由牠发生出来的别的关系。

[63a]“想像的”这个字，在这里的使用法，是和数学上的表示相关联的，所以几几乎无从拿别的话去翻译牠。最好的办法，是用下面这一句话去翻译牠：价格的表现，在这里，只和一个观念相对应着。——考茨基

价格这东西，也和相对的价值形态一般一样，是把一个商品如像一吨铁迺价值，靠着特定量的等价物如像一翁士金子可以和铁直接交换，那件事，表现着的，而不是那件事的反对，即，决不是靠着铁本身可以直接和金子交换，一件事去行表现的。所以，为要能够在实际上使商品实行交换价值迺作用的缘故，牠就不能不脱却牠迺天然的身体，把自己从单单被观念着的金子，变化到现实的金子里面去——虽然这种变体作用［Transsubstantiation］，这种变化，对于商品，也许比那种由必然到自由去的推移对于黑格尔的概念，比甲壳的冲破对于螃蟹，比脱离古昔的亚丹姆那件事对于教父希罗

尼麻斯[64]，还要苦痛一点。商品这东西，除了牠適现实的姿态如像铁以外，虽然还可以在价格上具有观念的价值姿态或被观念着的金子適姿态，但是，牠却不能同时又是现实的铁和现实的金。要想对商品赋予一个价格，只消把牠看成是和被观念着的货币相等的东西，就行了。但是，要想使牠对于牠適所有人尽一个一般等价物的职务，却得把牠拿来和金子对换。如果铁適所有人对于一个保有享乐的商品的人碰头，对他指着铁適价格，说那个就是货币形态，那末，那个享乐的商品適所有人，就一定会拿那种圣彼特鲁斯［Petrus］在天国里对于那位向他诵读着使徒信条的但特［Dante］所答的话相同的答复，答复着：

“那个铸币的重量和品位，

已经完全合格了，

但是，你得说说，到底他的钱包中有牠没有呢。”

（《神曲》，第三部，第二十四曲 83—85 行）

[64]希罗尼麻斯在青年时代，虽然不得不和物质的情欲行了许多斗争——如像他对于美丽的妇人肖像所激烈的斗争就是一例——但是，到了末年，他却不能不和精神的情欲行斗争了。举例说，他曾说过：“我心里相信着我已经站在世界適审判者適面前。‘你是谁?’一个声音问着。‘我是基督教徒。’‘你说谎！你不过是基克洛適追者罢了！’世界適审判者这样大喝着。”

价格形态这东西，包含着商品和货币对换的让渡適可能性，并且包含着这种让渡適必然性。在另一方面，金子这东西，又因为牠已经当作货币商品在交换进程当中旋转活动着的缘故，才当作观念的价值尺标行着机能。因此，所以在观念的价值尺标当中，埋伏着有硬币在内。

二、流通手段

（一）商品逾变形［Die Metamorphose der Waren］

我们在前面已经述过，诸商品逾交换进程是含着互相矛盾，互相排斥着的诸关系的。这样的进程——这种会把当作使用价值并交换价值看的商品逾二重性，显到现象上来，并且会把商品弄得分裂成为普通商品和货币商品两种东西的进程——逾发展，并不废弃这些矛盾，倒反创造那种被这些矛盾所能借以运动的形态。从一般说来，这就是现实的诸矛盾所借以解决自己的方法。举例说，如像一个体质不断的落向另一个体质去，并且同样不断的由这个体质飞开去，这件事，就是一个矛盾。椭圆就是这种矛盾所借以实现自己同时并借以解决自己的运动形态逾一个。

只要在交换进程把诸商品从一个认那些商品为非使用价值的人逾手中，移到一个认那些商品为使用价值的人逾手中去的范围内，交换进程就是社会的质料代谢【或物质代谢——陈】。一个有用的劳动方法上所得的生产物，代替了另一个有用的劳动方法上所得的生产物。商品这东西，一旦达到了牠当作使用价值供着使用的地点，牠就会从商品交换逾领域，落到消费逾领域去。因此，所以我们应该把全进程从形态方面加以考察，因此也就是只应考察那种媒介着社会质料代谢的商品逾形态变化或变形。

关于这个形态变化的把握所以极不完全，如果把那种关系于价值概念本身的无理解，置之度外，就是因为一个商品逾形态变化常常靠着两个商品即一个普通商品和一个货币商品逾交换而实行着，那种事情的缘故。如果我们只是固执着那种质料的要素，那只是固执着商品和金子迺交换，我们就恰恰会把我们所不能不看的东西，即把那种在形态上面发生了的东西，看落了去。因此我们就会变得把当作单单的商品看的金子并不是货币，一件事；并把别的诸商品会在牠们迺价格里面，弄得使牠们自己本身和那种当作自己的货币姿态看的金子，发生关系，一件事；把这两件事，看落了去。

诸商品在最初是也不镀金，也不加糖，只用原有的样子，走进交换进程的。在这个进程里面，我们在一方面看出金子，在另一方面看出别的可供使用的物件。我们在两方面都看出诸商品，即看出使用价值和交换价值迺统一物。但是，这种由相异的东西合成的统一，却颠倒旳在两极的每一个上面被表示着，并且，同时靠着这种办法把两极的相互关系表示出来【这句话过于简洁，很难读懂。据河上宫川译本，关于这句话，有下面这样的注释："一方的极是商品，另一方的极是货币。这两者固然都是使用价值和交换价值迺统一体，但是，在这里，哪怕商品自己本身实在本是使用价值，却把牠迺交换价值从观念的观点上表示在货币里面，而反过来看看货币，牠在这里倒和商品恰恰相反：哪怕货币自己本身实在本是交换价值，却把牠迺使用价值从观念的观点上表示在商品里面。这件事情，就是马克思在这里所谓'由相异的东西合成的统一却颠倒旳在两极的每一个上面被表示着'。详细的道理请看以下的原文。"——陈】。商品这东西实在本是使用价值，但是牠的价值存在［Wertsein］却只不过观念旳出现在价格当中；这个价格又使商品和那种当作商品迺实在的价值迺姿态向商品对立着的金子，发生关系。反过来看，金子材料却是当作价值迺体化物，即当作货币，妥适有效的。因此，所以牠实在是交换价值。但是，牠迺使用价值却只不过是观念旳出现在相对的价值表现当中；在这个相对的价值表现里面，金子廼材料却和那些当作金子廼实在的诸使用价值廼姿态旳全范围，向金子对立着的诸商品，发生关系。诸商品廼这样的对立的诸形态，就是牠们廼交换进程廼现实的运动形态。

现在，让我们随着某个商品所有人，举例说，如像随着我们廼旧友即麻布廼机织家，走到交换进程廼舞台即商品市场去罢。他廼商品廼价格，即二十码麻布廼价格是决定着的。牠廼价格是两金镑。他拿他廼商品和两金镑相交换，并且，因为他是一个认真的人，所以他又拿这金镑去和一本同价格的家庭用《圣经》相交换。那种从他看来只成为商品，只成为价值廼担负者的麻布，就被拿去和牠廼价值廼姿态即金子对换着让渡出去，并且，更用这个姿态被拿去和另一个商品即《圣经》对换着，从新让渡出去；不过，这个《圣经》却是应该当作使用对象，走到机织家廼家庭里面，去满教化廼欲望的。所以，商品廼交换进程，是在两个互相对立，互相补充的变形［Metamorphosen］——即，由商品到货币去的变形和由货币到商品去的复变形，两个变形——当中，实行着的❻❺。商品变形廼诸要素［Momente］同时又是商品所有人廼诸行为——即，贩卖（即，商品和货币廼交换），购买（即，货币和商品廼交换），并贩卖和购买两种行为廼统一（即，为购买缘故的贩卖）。

❻❺“照黑拉克里特［Heraklit］所说，万物都是由火变化来的，火又是由万物变化来的，这恰恰和金子变形为商品，商品又变形为金子一样。”（拉萨尔著《难解的黑拉克里特廼哲学》，柏林，1858 年，第一卷，222 页。）拉萨尔对于这个地方即 224 页注三的注译，误把货币说明为单单的价值符标了。

现在，如果那个麻布机织家把这个交易迺终局结果检查，他就看见他所有的，不是麻布而是《圣经》，不是他迺最初的商品而是一个别的价值相等而效用不同的商品。他用同一的方法，替他自己占有着其他的生活资料并生产手段。从他迺立场看来，全进程只不过媒介着生产物迺交换，媒介着他迺劳动生产物和别人迺劳动生产迺交换罢了。

所以，商品迺交换进程，是在下面这样的形态变化当中实行着的：

商品——货币——商品

W—— G—— W

这个运动，如果从牠迺质料的内容看来，就是W——W，就是商品和商品迺交换，就是社会的劳动迺质料代谢；并且在这种质料代谢迺结果当中，进程本身就会告终的。

W——G：商品迺第一变形即贩卖。商品价值从商品体［waren-leib］到货币体［geldleib］去的飞跳，这件事，在别处曾被我叫做商品迺“拚命的飞跃”［salto mortale］。如果这个飞跃失败，那末，商品虽然不受打击，而商品所有人倒的确要受打击。社会的分业，这件事，一面把商品所有人迺欲望弄成多方面的东西，一面又把他迺劳动弄成一方面的东西。因为这样，所以他迺生产物才只是当作交换价值对他供着使用。但是，这种生产物只有在货币里面，才能接受着一般的，社会旳妥适的等价形态，而这种货币却又存于别人的衣口袋当中。要想把货币从别人衣袋中取出来，商品这个东西第一对于货币所有人就不得不是使用价值，因此那种被消费在商品里面的劳动也不能不被支出在社会旳有用的形态里面，换句话说，就是不能不把自己当作社会的分业迺肢体证明出来。但是，分业这东西却是一个自然发生的生产组织体，这种组织体迺纤维是被织在商品生产人的背后的，并且是继续畇被织着的。也许商品是一种新的劳动方法——一种自以为可以满足新发生了的欲望或自己要想用自己的力量去从新唤起一个欲望的劳动方法——迺生产物罢。也许那种到昨天为止，还充当同一的商品生产人迺许多机能当中的一个机能的，特殊的劳动作业，到今日，把自己离开这个连络，自己独立起来，并且，正因为这个缘故才把那部分的生产物，当作独立的商品，送到市场去罢。也许种种的事情，从这个分离进程的观点看来，也有已经成熟的，也有还未成熟的罢。也许生产物在今天虽然满足着某一个社会的欲望，但是，到明天却被一个别的类似的生产物，把牠迺全部或一部分，驱逐出牠迺地位罢。又，如像我们迺麻布机织家迺劳动，纵然是一种被认为社会的分业迺肢体的东西，但是，只靠那一层，却决不能够保证着他迺二十码麻布迺使用价值。如果对于麻布的社会的欲望——这种欲望也和别的欲望一样是具有牠迺限界的——已经被其他相竞争的麻布机织家所满足，那末，我们迺朋友迺生产物就变成过剩，变成多余的，因此也就变成无用了。人们在接受赠品的时候，是不论物件迺好歹的。但是机织家却不是为赠送物品而跑到市场上去的。不过，姑假定他迺商品迺使用价值是能够被确认出来的，因此货币也是可以被商品吸引着的罢。在这种假定之下，可以吸引几多货币，一件事，却成了问题。不消说，这个问题迺答复，已经预定在商品价格里面，即预定在商品迺价值迺大小迺指数里面。我们且把那种也许可以被商品所有人做出来的纯粹主观的误算——那种误算不久就会在市场上客观㸃被修正的——置之度外罢。这样一来，他在他廼生产物上面，就应该是只支出了社会㸃必要的平均劳动时间了。所以，他所预定的商品廼价格，结局只不过是那种被对象化于商品里面的社会的劳动廼分量廼货币名称罢了。但是，麻布机织业上面的旧时被保证着的生产诸条件，却不待我们廼机织家廼认可，并且在他廼背后，陷于激烈的变化当中。所以，那种在昨天还明明是一码麻布廼生产时的社会㸃必要劳动时间的东西，到今天，却变得不是那样的东西了——这是货币所有人最热心㸃想从我们那位朋友廼许多种类的竞争者廼价格行情表上面，证明着的。从那个机织家看来，不幸的事，就是世上存在许多同业的人，一件事。最后，我们更假定着，那种存于市场上的麻布廼每一匹，都只含着社会㸃必要的劳动时间罢。虽然那样，这些麻布廼每匹廼总和，却可以含着那种过度㸃被支出了的劳动时间。如果市场廼胃腑不能够以两先令一码的正常价格，把麻布廼总量吸收了去，那末，这件事实就正是证明着，社会的总劳动时间廼一个过大的部分被支出在麻布廼机织廼形式里面了。这件事廼结果，是和每个单一的麻布织工都在他廼个别的生产物廼上面支出了社会㸃必要劳动时间以上的东西一样的。在这里，所谓“一起被捉的东西就一起被绞死”那个谚语，是可以适用的。市场上的一切的麻布只是当作“一个”商用品妥适有效的，每匹麻布都是只当作可除部分妥适有效的。并且，在实际上，每个单独的一码的价值，也都只不过是那些从社会的观点上被规定了的，同一分量的同等的人类劳动廼体化物。

我们由此可以看见，商品虽然恋着货币，但是“真正的恋爱常常是不能够如意的”。那种社会的生产组织体——那种把牠廼分散了的各肢体，表示在分业廼组织里面的社会的生产组织体——廼量的编制，和牠廼质的编制一样，是天然发生的偶然的东西。所以，我们廼商品所有人们就会发见下面这样的事实：那种使他们成为独立的私的生产者的分业本身，同时又使社会的生产进程以及在这个进程内的他们廼相互关系，成为一种离开他们而独立着的东西；就会发见着，人们相互间的独立，同时是靠着全方面的物件的依存廼一个体系，被补足着的一件事。

分业把劳动生产物变形为商品，并靠着这个变形，更把牠廼由商品到货币去的变形，弄成必然的东西。但是，这个分业同时却又把这个变体［transsubstantiation］廼成否，弄成偶然的事。自然，在这里，现象这东西是应纯粹旳被考察着的，因此也应该是以牠廼正常的经过为前提的。并且，如果现象一旦发生，如果商品因此可以卖了出去，那末，商品廼形态化就常常会实行着的；哪怕在这种形态变化当中，实体——即价值廼大小——会或有损失或有增加。

从一个商品所有人看来，金子代替了他廼商品，从另一个商品所有人看来，商品却代替了他廼金子。那种可以看见的现象只是商品和货币廼所有人即二十码麻布和两金镑廼所有人廼变换或位置廼变换，换句话说，只是牠们廼交换。但是，商品和什么东西相交换呢？和牠本身的一般的价值姿态，金子和什么东西相交换呢？和牠廼使用价值廼一个特殊的姿态。为什么金子会当作货币和麻布对立着呢？因为麻布廼价格廼两金镑或麻布廼货币名称，已经使麻布和当作货币看的金子发生关系的缘故。商品脱离原有的商品形态，一件事，是靠着牠廼让渡，实行着的，换句话说，就是在牠廼使用价值现实旳把那种只在商品迿价格里面被观念着的金子，吸引起来的瞬间，实行着的。因此，所以价格迿实现或商品迿单单的观念的价值形态迿实现，同时逆转过来，就是货币迿单单的观念的价值形态迿实现；由商品到货币去的变形，同时就是由货币到商品去的变形。这个单一的进程是两面的进程：从商品所有人迿极看来是贩卖，从货币所有人迿反对极看来是购买。换句话说，贩卖就是购买，W——G 同时就是 G——W[66]。

[66]“每一个贩卖都同时是购买。”（开涅著《关于商业及手工业者迿劳动的问答》，戴尔编纂的《重农主义者》，第一部，巴黎，1846 年，170 页）或，照开涅在他迿《一般箴言集》中所述，“贩卖就是购买。”

到这里为止，我们除了商品所有人们迿经济的关系之外，即除开商品所有人们只靠着放出他们自己的劳动生产物的方法，去占有别人的劳动生产物，那种关系之外，还没有知道无论什么样的人类迿经济的关系。所以，一个商品所有人只有在下面两个假定的下面，才能够当作货币所有人，和另一个商品所有人对立起来；或是这个商品所有人迿劳动生产物天然旳具有货币迿形态，因此也就是货币迿材料如像金子等等；或是他自己的商品已经完成了脱皮行为，脱弃了牠们迿本来的使用形态。金子这东西，要想当作货币行着机能，自然就不能不在某一个地点上面，走进商品市场。这种地点就在金子迿生产地方；在这种生产地方，金子是当作直接的劳动生产物，和别的具有同一价值的劳动生产物交换着的。但是，从这个瞬间起，金子都常常表示着被实现了的商品价格了[67]。如果把金子在生产地方上对商品行着的那种交换，置之度外，那末，金子这东西无论在哪一个商品所有人逌手里，也都是他逌被让渡了的商品逌脱了皮的姿态，也都是贩卖逌或第一的商品变形 W——G 逌产物[68]。金子所以变成观念的货币或价值尺标，只因为一切商品都用金子去测定牠们逌价值，因此把牠弄成牠们自己逌使用物姿态逌被观念着的反对物，即把牠弄成牠们逌价值姿态的缘故。反过来看，金子所以变成实在的货币，只因为诸商品靠着牠们逌全方面让渡，把金子弄成牠们逌现实旳被脱了皮的或被弄变形了的使用物姿态，并因此把牠弄成牠们逌现实的价值姿态的缘故。商品这东西，在牠逌价值姿态里面，虽是化成一种无差别的人类劳动逌一个样式的社会的体化物的东西，虽是化成这样蛹子，但是，要想做到这种蛹化，商品就不能不脱去牠逌天然发生的使用价值逌一切痕迹，并脱去那种创造了商品本身的，特殊的，有用的劳动逌一切痕迹。因此，所以我们如果只看看货币，我们就不能知道那种变形到这个货币里面的商品到底是一种什么样的商品。在牠们逌货币形态下面，每一个商品都显得和其余别的商品一样。所以，尘土虽然决不是货币，货币却也许就是尘土。现在我们且假定着，我们逌机织家把他逌商品和两个金币对换着，让渡出去，并且假定着这两个金币就是一斛小麦逌被弄变形了的姿态罢。麻布逌贩卖即 W——G，同时就是牠逌购买即 G——W。但是，当作麻布逌贩卖看时，这个进程是开始着这样一种运动，即开始着一种以牠逌反对物即《圣经》的购买终结的运动的；而当作麻布逌购买看时，这个进程却又是终结着这样一种运动，即终结着一种以牠逌反对物即小麦逌贩卖开始了的运动的。这个 W——G（麻布——货币）即 W——G——W（麻布——货币——《圣经》）逌第一段阶，同时又是 G——W（货币

——麻布）即别个运动 W——G——W（小麦——货币——麻布）迺最后的段阶。一个商品迺第一的变形，即牠迺由商品形态到货币去的变形，常常都同时是另一个商品迺第二的对立的变形，即那个商品迺由货币形态到商品去的复变形[69]。

[67]“一个商品迺价格只能够用别的商品的价格被支付着。”（麦尔雪［Mercier de la Riviere］著《政治社会迺天然的并本质的秩序》，戴尔编《重农主义者》第二部，554 页。）

[68]“要想把货币弄到手，我们就不能不先有贩卖。”（同书 548 页。）

[69]前面已经提及，金子或银子迺生产人是一个例外，他可以不必先有贩卖行为就去交换他迺生产物。

G——W：商品迺第二的或最后的变形，即购买。因为货币是一切别迺商品迺脱了皮的姿态，是牠们迺一般的让渡迺产物，所以也就是绝对旳可以让渡的商品。货币把一切商品的价格，都倒转旳读着，并且靠这种读法，把自己反映在一切商品体——一切当作货币本身迺商品化迺忠实的材料看的商品体——当中。同时，价格——即，诸商品送给货币的这个秋波——又明示着货币迺变形能力迺界限，即明示着货币本身迺分量。因为商品这东西是一种在牠变成货币的时候立刻就消灭的东西的缘故，所以，如果只看货币，我们就不能够知道牠到底是怎样达到牠迺所有人迺手里的，也不能够知道牠到底是由什么东西变形而来的，无论牠迺出处在哪里，都闻不出一点臭味［non olet］。牠一方面代表着被卖了的商品，一方面又代表着可以购买的诸商品[70]。

❼⓿如果那些在我们手中的货币，是表示着我们所要购买的物件的东西，那末，牠同时也就表示着那些当我们为要获得这些货币的缘故而卖去了的诸物件。（麦尔雪著《政治社会迺天然的并本质的秩序》，586 页。）

购买 G——W 同时就是贩卖 W——G，因此，所以一个商品迺最后的变形同时也就是另一个商品迺最初的变形。从我们迺麻布机织家说来，他迺商品迺经历，是用《圣经》——被他从两金镑弄成复变形过的《圣经》——终结着的。但是，《圣经》贩卖人却又把那种被麻布机织家支付了的两金镑，变形为白兰地酒。G——W 即 W——G——W（麻布——货币——《圣经》）迺最后段阶，同时又是 W——G 即 W——G——W（《圣经》——货币——白兰地酒）迺第一段阶。因为商品生产人是只供给着某一个种类的生产物的，所以他往往会一面拿他迺生产物，行着较大量的贩卖，同时却又因为他迺多方面的欲望的缘故，不得不把那种被实现了的价格或弄到手里的货币额，不断硙分裂为多数的购买。因此，所以一个贩卖是会分流到种种商品迺多数的购买的。这样一来，一个商品迺最后迺变形就形成了别的诸商品迺第一的变形迺总和。

现在，如果我们把一个商品迺总变形，如像把麻布迺总变形，观察观察，我们第一就会看见，牠是由两个互相对立，互相补充的运动，即由 W——G 并 G——W，成立的。这两个相对立的变形，是在商品所有人迺两个相对立的社会的进程里面实行着的，并且是在商品所有人迺两个相对立的经济的地位里面反映着的。当作贩卖迺执行人看的时候，他就变成贩卖人；当作购买迺执行人看的时候，他就变成购买人。但是因为无论在商品迺哪一个变形里面，商品迺两个形态即商品形态和货币形态都是同时旳——虽然只是在相对立的两极上面——存在着的，所以同样，哪怕是对于同一的商品所有人，如果当作贩卖人看时，就有一个别的购买人和他对立着，如果当作购买人看时，就有一个别的贩卖人和他对立着。恰恰和同一的商品，顺次经过相反的变形，由商品变为货币，并由货币变为商品一样，同一的商品所有人也把贩卖人迺角色和购买人迺角色，轮流旳扮演着。所以，这些角色并不是什么固定的角色，倒是一些在商品流通迺内部不断旳变更着牠迺扮演人的角色。

一个商品迺总变形，在牠迺最简单的形态里面，都以四个极［vier Extreme］和三个登场人物［drei Personae dramatis］为前提。第一，货币这东西当作商品的价值姿态——这个价值姿态在那方面的别人怀中却是具有物件的，坚硬的实在性的——和商品对立着。这样一来，一个货币所有人就和那个商品所有人对立起来了。其次，只要商品一旦变形为货币，货币就立刻会变成那个商品迺一时的等价形态；这种等价形态迺使用价值或内容，是存于这方面的别的诸商品体质当中的。当作第一的商品变形迺终点看的货币，同时又是当作第二的商品变形迺出发点。因此，所以第一幕里面的贩卖人就变成了第二幕里面的购买人；在这第二幕里面，还有一个第三的商品所有人当作贩卖人和他对立着[71]。

[71]“所以，有四极点和二人契约当事人存在着，这些契约当事人中的一个人，是登场两次的。”（勒·托龙著《关于社会的利益》，戴尔编《重农主义者》，巴黎，1846年，908页。）

商品变形迺这两个相反的运动段阶，形成着一个循环：由商品形态，而商品形态迺脱皮，而从新回到商品形态去。不消说，商品本身在这里是在对立的关系上被规定着的。牠在出发点上对于牠迺所有人，虽是非使用价值，但是在终点上对于牠迺所有人却是使用价值。因此，所以货币这东西，先当作固形的价值结晶——商品就变形到这种价值结晶里面——出现着，其次又当作商品迺单单的等价形态消灭了去。

形成着一个商品迺循环的这两个变形，同时又形成着两个别的商品迺逆的部分变形。同一的商品（麻布），一面开始着自己本身的变形迺系列，一面却又终结着别的一个商品（小麦）迺总变形。牠在牠迺第一变形即贩卖当中，用一个身子扮演着两个角色。但是，当作金子迺蛹子看时——这种蛹化本是一切商品都不能免的运命，所以这个商品也不能不变成蛹子——情形却是相反的：牠同时终结着一个第三的商品迺第一变形。所以，各个商品迺变形系列所画的这个循环，是和别的诸商品迺种种循环，错杂纷纠到不可解的程度的。这些循环迺总进程就表示着商品流通。

商品流通［Warenzirkulation］这东西，不但在形式上，并且在本质上，也是和直接的生产物交换相异的。我们试把牠迺经过，回顾回顾罢。麻布机织家明明是曾经拿麻布和《圣经》交换了，即拿他自己的商品和别人的商品交换了。但是，这个现象，只有对于他自己才是真的。那种宁愿受暑，不愿乘凉的《圣经》贩卖人，却没有想到，要拿《圣经》出去把麻布换进来；这恰恰和麻布机织者并没有想到，会有人拿小麦和他迺麻布交换，等等的事，一样。B迺商品代替了A迺商品，但是，A和B却并未拿他们迺商品，相互的行过交换。诚然，在事实上，也许可以有 A 和 B 相互的购买对方逌物品的事，但是，这种特别的关系，却决不是被商品流通逌一般的关系要约着的事。在商品流通里面，我们看见，商品交换这种东西怎样打破那些伴着直接的生产物交换而来的个人的并地方的限制，使人类劳动逌质料代谢发展起来。在另一方面，我们又看见，怎样的有一种不能被交易逌当事人们所制驭的，社会的天然连络逌全体，在那里发展着。机织家所以能够卖麻布，只因为农民已经卖着小麦的缘故；热血家所以能够卖《圣经》，只因为机织家已经卖着麻布的缘故；火酒制造人所以能够卖火酒，只因为别的人已经卖着永久的生命逌水的缘故；等等。

因此，所以流通进程这种东西，不会和直接的生产物交换那样，在使用价值逌地位逌变动上或在使用价值逌所有人逌变动上，把自己消灭了去。货币这东西决不会因为牠终局的从一个商品的变形系列脱离开了的缘故，就消灭了去的。牠常常都会沉淀在诸商品所退出的流通场所里面。举例说，如像在麻布逌总变形（即麻布——货币——《圣经》）当中，最初是麻布脱出了流通，牠所退出的场所被货币走进去了；其次《圣经》又从流通场所脱出，货币又走进牠所退出的场所里面去。一个商品被另一个商品所代替，这件事，同时会把货币粘附到第三者逌手里去[72]。流通这东西是不断的使货币发汗的。

[72]第二版注。这种现象虽然是自明的事，但是，牠大抵都被经济学家看落了，特别是被流俗自由贸易论者们看落了。

因此无论哪一个贩卖都是购买的缘故，并且因为逆过来说，无论哪一个购买都是贩卖的缘故，所以商品流通这东西，就是要约着贩卖和购买之间的必然的平衡的东西——这种独断［Dogma］，算得是愚谬的说法，不能够有比这个还愚谬的了。如果这种独断迺意思，只是指着现实旳行着的贩卖迺数等于现实旳行着的购买迺数，那件事说的，那末，牠就是一个浅薄的同义反复。但是，人们却是想借牠去证明，贩卖人会把他迺购买人引到市场上去，一件事的。【河上宫川译本在这里夹了一句补注："如果那样，牠迺错误就是明明白白的；理由是下面这样："——陈】贩卖和购买，两种东西，如果当作在对极上相对立着的两个人物之间即商品所有人并货币所有人之间的相互关系，看起来时，在事实上原是同一的行为。但是，如果当作同一人物迺行为看起来时，牠们却形成着两个对极上相对立的行为。所以，贩卖和购买迺同一性是含着这个意思的：如果商品在被投进流通迺炼金用的蒸馏器[①]之后，不当作货币跑了出来，即，如果牠不被商品所有人卖了去，因此也就是如果牠不被货币所有人买了去，那末，这商品就会变成无用的东西。【河上宫川译本在这里夹注了下面这样一句："如果想要卖去的商品，无论何时都能够被卖出去，换成货币进来——这种条件没有具备，那末，诸贩卖和诸购买之间，就不能够必然旳保持平衡。"——陈】并且，那个同一性还含着下面这样一个意思：卖买迺进程，纵然能够成功，也会形成着商品迺一个休息点或商品迺生涯的一个或长或短的时期。【河上宫川译本在这里夹注了这样一句："把一个商品卖了去的人，纵然不久就去购买别的商品，然而在卖买之间，总会存有特

① 原文为"蒸溜器"，据文意改。下同。——编者

定的时间迺间隔。”——陈】因为商品迺第一的变形同时又是贩卖又是购买，所以，哪怕牠只是全进程迺一部分，却也同时是一个独立的进程。购买人保有商品，贩卖人保有货币，即是说，保有一种特殊的商品，即一种虽然牠从新出现到市场上去的时期有早有迟，然而总常常维持着牠迺流通可能的形态的商品。无论是谁，如果没有一个别的人购买，他就不能够贩卖。但是，无论是谁，却也不必因为他自己已经把他迺商品卖出去了的缘故，就得立刻购买别的商品。流通这东西，正因为牠把那种同一性——那种存在生产物交换上的，自己的劳动生产物迺让渡和他人的劳动生产物迺占有，两件事迺直接的同一性——分裂成为贩卖和购买迺对立的缘故，才能打破生产物交换迺时间的，场所的，并个人的限制。独立豞相互对立着的进程，形成一个内部的统一，这件事，正是等于这些内部的统一在外部的对立里面运动着，那件事。如果因为相互补充的缘故，那种内部的不独立的东西迺外形的独立化，进行到特定的地点，那末，那个统一就会靠着一个恐慌［Krise］，强制豞把自己维持着。那种内存于商品里面的使用价值和价值迺对立，那种因为私的劳动不能不同时当作直接豞社会的劳动把自己表示出来的缘故而生的对立，那种因为特殊的具象的劳动同时不能不只当作舍象的一般的劳动，妥适有效的缘故而来的对立，那种关于物件迺人格化和人格迺物件化［Versachlichung der Personen］的对立——这样的内存的矛盾，都在商品变形迺对立里面，接受着牠迺发展了的运动诸形态。因此，所以这些形态包含着恐慌迺可能性——但，只是包含着牠迺可能性。由这个可能性到牠迺实质性去的发展，必须先有一全列的诸关系，一全列的，从简单的商品流通迺立场看来，还完全没有存在的诸关系。[73]

[73]请参看《经济学批判》74页到76页（斯图甲特版86页以下）中我关于詹姆士·弥尔［James Mill］的记述。在这里，关于经济学上的辩护论迺方法，有两个具有特征的倾向。第一是想把商品流通和直接的生产物，这种东西，靠着牠们迺差异迺简单的舍象，同一化起来，一件事。第二是想把资本主义的生产进程里面迺诸矛盾，靠着一种分解——一种把这种生产进程里面的生产执行人们迺诸关系，分成一些由商品流通发生出来的简单的关系的分解——否定了去，一件事。但是，商品生产和商品流通两件事，哪怕牠们迺范围和程度各不相同，却都是属于最繁复多种的生产方法的现象。所以，如果我们只知道关于商品流通的，为这些生产方法所共通具有的，抽象的诸俦类，我们对于这些东西迺种差［Differentia Specifica］就还是一点什么也不知道，因此也就是还不能够对这些东西下什么判断。把初步的寻常事项，看得非常重要，这件事，在经济学里面，比无论在哪一个科学里面，都盛行得厉害些，如像塞依［J. B. Say］那个人，竟因为他懂得商品是生产物的缘故，厚脸爾想对于恐慌下一个决定的意见呢。

货币这东西，当作商品迺媒介者看时，就接受着那种充当流通手段的机能。

（二）货币迺流转［Der Umlauf des Geldes］

那种被诸劳动生产物所借以行着质料代谢的形态变化即W——G——W，是要约着这件事：同一的价值会一面当作商品，形成着进程迺出发点，一面又当作商品，回归到同一的点上来。因此，所以诸商品迺这种运动是一个循环［Kreislauf］。在另一方面，这个同一的形态又排除着货币迺循环。这种运动迺结果，只是使货币不断矽离开牠逌出发点，使牠永远不能回归到出发点上来。在贩卖人把他逌商品逌变了形的姿态即货币，牢牢矽把着的范围内，商品就会停留在第一变形逌段阶，换句话说，就只是经过了牠逌流通逌前半。如果这种为购买的缘故的贩卖逌进程，被弄完成了，那末，货币就会从新由牠逌原有的所有人逌手里，远离开去。不消说，如果麻布机织家在买了《圣经》之后，更从新出卖麻布，货币也会回归到他逌手里的。但是，那个货币并不是靠着最初的二十码麻布逌流通而回归了的；宁肯说，货币靠着最初的麻布逌流通，已经越发离开麻布机织家逌手里，走到《圣经》贩卖人逌手里去了。货币所以回归转来，只因为对于一个新的商品，从新更新了或反复了那个同一的流通进程的缘故；并且，在这里，结果还是和前次相同的。因此，所以那种对于货币，靠着商品流通，直接矽给与了的运动形态，就是货币逌不断矽越发从出发点远离，就是货币逌由一个商品所有人逌手里，到另一个商品所有人手里去的流动，换句话说，就是货币逌流转［Currency，cours de la Monnaie］【Umlauf 这个字本来最好是译成“流通”，但是，因为“流通”二字已经一般矽被用在 Zirkulation 逌翻译上面，不便复用，所以河上宫川特特在这里使用“通流”两个字，高畠译本也特特使用“通用”两个字。我以为“通流”和“流通”容易相混，“通用”和 Umlauf 的本意又相隔太远，所以改译为“流转”两字。——陈】

货币逌流转这种东西，指示着同一进程逌不断的单调的反复。商品虽然常常站在贩卖人方面，货币却是常常当作购买手段，站在购买人方面的。货币是因为牠把商品逌价格实现出来的缘故，才当作购买手段行着机能的。牠因为把商品逌价格实现出来的缘故，才把商品由贩卖人逌手里移到购买人逌手里，同时又把自己从购买人逌手里离开。向着贩卖人方面移去，以便和另一个商品去反复实行同一的进程。货币运动逌这种一方面的形态是由商品逌双方的形态运动发生出来的，一件事，却被隐蔽着，令人看不清楚。商品流通逌性质本身，造出了一种相反对的外观。商品逌第一变形虽是一种不但当作货币逌运动看来，可以被我们看清，并且当作商品本身逌运动看来，也可以被我们看清的东西，但是，牠逌第二变形只不过是当作货币运动看时，才可以被我们看清。商品这东西，在牠逌流通逌前半，已经和货币变换了位置。因为这个变位的缘故，牠逌那种当作使用物看的姿态，同时也走出了流通，落到了消费去了[74]。替代这个空位的，就是牠逌价值逌姿态或货币幼虫。所以商品【在这里河上宫川译本夹注着“商品价值”几个字——陈】通过流通逌后半时，已经不是穿着牠自身的天然的外皮，倒是穿着货币逌外皮了。这样一来，运动逌连续性就全然落在货币逌方面，并且，那个同一运动——那个对于商品包含着两个相对立的进程的同一运动——在当作货币本身的运动看时，就常常包含着同一的进程，即货币常常和别的商品变换位置，那种进程了。因此，所以商品流通逌结果，即一个商品被别一个商品替代位置这件事，显得好像并不是被商品本身逌形态变化媒介着，倒是被那种当作流通手段看的货币逌机能媒介着似的。这样，就显得好像那种当作流通手段看的货币，会使一些自己本身不能够运动的诸商品流通起来，使牠们从那种认牠们为非使用价值的人逌手里，移到那种认牠们为使用价值的人逌手里——常常走着和货币本身的运行相反对的方向——去似的。因为货币不断竕走进商品逌流通场所，去填补空隙，并且因此不断矽和牠逌出发点越离越远的缘故，所以牠会不断矽使商品脱离流通界，越离越远。因此，所以哪怕货币逌运动只不过是商品流通逌表现，而商品流通却也会当作一种只不过是货币运动逌结果的东西，逆转矽出现着。[75]

[74]就是同一商品反复矽被贩卖着的时候——这种现象虽然在我们目前说的这个段阶上还没有存在—— 那个商品也会同着最后的决定的贩卖一起，从流通界落到消费界去，以便在那里当作生活资料或当作生产手段，供人使用。

[75]“牠（货币）除了那种被生产物给与牠的运动以外，并没有别的什么运动。”（勒·托龙著《关于社会的利益》，戴尔编《重农主义者》，巴黎，1846年，885页。）

在另一方面，流通手段逌机能所以会被给与货币，又只因为货币是诸商品逌独立化了的价值的缘故。因此，所以当作流通手段看的货币逌运动，在事实上，只不过是诸商品本身的形态运动。所以这种形态运动又不能不用一种感觉上的方法把自己反映在货币逌流转里面。举例说，如像麻布，就是先使牠逌商品形态，变形到牠逌货币形态里面。其次，牠逌第一变形W——G逌最后的极即货币形态又变成牠逌最后的变形G——W逌最初的极，即变成牠走到《圣经》去的那种复变形逌最初的极。但是，这两个形态变化逌无论哪一个，都是靠着商品和货币之间的交换，都是靠着相互的位置变换，实行着的。同一的货币，当作商品逌脱了皮的姿态跑到贩卖人逌手里来，又当作商品逌绝对矽可以被让渡出去的姿态，离开那里。牠把牠逌位置变换两次。第一和麻布变换，其次和《圣经》变换。同一的两金镑，这个在麻布贩卖之际，由种小麦的人逌衣口袋，移住到麻布机织家逌衣口袋里面的同一的两金镑，又在《圣经》购买之际，走出麻布机织家逌衣口袋了。所以，同一的商品逌两个对立的形态变化，是反映在货币逌两回的位置变换——向着反对的方向行着两回的位置变换——上面的。

反过来说，如果只行着一方面的商品变形——不管牠只是贩卖，或只是购买，那都是一样——那末，同一的货币也就只把位置变换一次。牠逌第二的位置变换，常常表示着商品第二变形，即表示牠由货币到商品的复变形。在同一的货币片块位置变换逌频繁的反复里面，不单是一个单一的商品逌变形系列被反映着，并且商品世界一般逌无数的变形逌交错，也被反映着。不过，不消说，上面说的一切，当然都只是对于我们在这里所考察着的简单的商品流通逌形态，妥适有效的。

无论什么商品，当牠走进流通界去的第一步的时候，当牠行着第一的形态变化的时候，都会脱出了流通界，腾出牠所占的地位，让给一个别的新商品走进去。货币逌情形却和这个相反，牠常常都当作流通手段住在流通界，不断旳在流通界中徘徊着。因此，所以发生了这个问题：流通界到底恒常旳吸收着多少的货币？

在每一个国内，每天都行着无数的，同时的，因此也就是在空间上并存着的，一方面的商品变态，换句话说，就是行着一方面逌单单的贩卖，就是行着一方面逌单单的购买。诸商品在牠们逌价格里面，是一些已经被弄成和特定的被观念着的货币分量相等的东西。而现在，因为我们在这里考察着的直接的流通形态，常常都使商品和货币两种东西——把一方面放在贩卖人逌极上面，把另一方面放在购买人逌极上面——逌本身互相对立着的缘故，所以那种为商品世界迺流通进程所必要的流通手段迺数量，就是已经被诸商品迺价格迺总额决定着的。在事实上，货币这东西只不过把那种在诸商品迺价格总额里面已经观念旳被表现着的金量，更现实旳表示出来罢了。所以，这两个总量迺相等，一件事，自然是一件自明的事。但是，我们还知道，如果诸商品迺价值没有变动，牠迺价格就会和金子迺（货币材料迺）价值本身一同变动，即，牠会在金迺价值减少时按照比例涨高起来。在金迺价值增加的时候，按照比例跌落下去。不管商品迺价格是依这样的原因涨高或是依这样的原因跌落，总之，流通着的货币迺数量却是不能不按照比例增加起来或按照比例减少下去的。不消说，在这里，流通手段迺数量上的变化是由货币本身发生出来的，不过，这种变化却不是由当作流通手段看的货币迺机能发生出来的，倒是由当作价值尺标看的货币迺机能发生出来的。最初是诸商品迺价格对货币迺价值照反比例，行着变动；其次才是流通手段迺数量对诸商品迺价格，照正比例，行着变动。和这个完全相同的现象，也可以出现于这样的时候，如像金子迺价值不减少而银子当作价值尺标，代替着金子的时候，或银子迺价值不增加而金子把银子驱逐，使牠不能行着价值尺标迺机能的时候。在前一个时候，就会有比以前的金子还多量的银子流通着，在后一个时候，就会有比以前的银子还少量的金子流通着。无论在其中的哪一个时候，总之，货币材料迺价值，即，那种当作价值尺标行着机能的商品迺价值，总会变动的；因此，商品价值迺价格表现也是会变动的；因此，那种在价格迺实现上面供着使用的流通货币迺数量，也是会变动的。我们在前面已经说过，在商品迺流通界迺上面，有一个洞穴，金子（或银子，总之，凡是一切货币材料）是从这个洞穴，当作一个具有被给与的价值的商品，跑进流通界去的。这个价值，在货币当作价值尺标行着机能的时候，因此也就是在价格决定的时候，已经被定为前提了。现在，举例说，如果价值尺标本身迺价值减少了，那末，这件事实就会先在那些贵金属迺生产地方，出现在直接旳和当作商品看的贵金属相交换的诸商品迺价格迺变动上面。至于其他一大部分商品，情形却不是这样；特别是资产阶级社会【这是 bürgerliche Gesellschaft 迺译语，河上宫川译本在这里把牠译成“商品交换社会”，想借此和“资本家社会”表示区别。但是，我关于这一层，在前面“《资本论》旁释”里面已经说过，却不敢雷同。理由是这样：第一，虽然这两个字里面可以包含着资本家以前的社会即商品生产社会和资本主义社会或资本家社会两种东西，但是在马克思用这两个字时并未把这个区别明白表示出来，如果我们以意悬揣，随便二三其译法，就恐怕有失真意。第二，因为商品生产社会本算得是资本主义社会迺始基形态，只要在使用这两个字时加上一个限制如像目前这里加上“低度发展”字样一样，似乎也未尝不可以拿“资产阶级社会”几个字翻译 bürgerliche Gesellschaft。因为这个缘故，所以我决定始终用“资产阶级社会”几个字。——陈】迺低度的发展状态的时候，牠们还会在暂时之间用价值尺标迺从来的——虽然现在已经成为幻想的——价值，继续旳被评价着。但是，因为一个商品会靠着牠对于别的商品的价值关系，影响到别的商品去的缘故，所以诸商品迺金价格或银价格就会渐次旳用那种被商品价值本身所规定着了的比例，平均起来，最后，就会弄得一切的商品价值迺评价都和货币材料迺新价值相对应着。这种平均化迺进程，是伴随着贵金属——那种代替那些和贵金属行着直接交换诸商品，而流进来的贵金属——廼不断的增加的。因此，所以按照一种和诸商品被订正了的价格赋予廼普遍化相同的比例，换句话说，按照一种和诸商品廼价值随着那种已经跌落的并且还继续向着一个特定的点跌落着的金属廼价值，去被评价的程度相同的比例，已经应该存在一种为这些商品廼价值实现上所必要的金属廼较多的数量了。在十七世纪特别是在十八世纪里面，因为只把那种随着新的金产地或银产地廼发见而起了的诸事实，行着片面的观察，所以引起一种妄断，以为商品价格所以涨高是因为有较多量的金银当作流通手段行着机能的缘故。金子廼价值在实际上虽然是一种在评价廼瞬间才被给与着的东西，但是，我们在以下姑且假定金子廼价值是已经被给与了的罢。

在这种假定廼下面，流通手段廼数量是由那些应该被实现的商品价格廼总额决定着的。现在，如果我们更假定着，无论什么商品种类廼价格都是被给与了的，那末，诸商品廼价格廼总额明明是依存于那种存在流通界内的商品廼数量的。如果一斛小麦值得两金镑，100 斛就值得 200 金镑，200 斛就值得 400 金镑，等等，因此，随着小麦廼数量廼增加，那种当着贩卖之际应该和小麦变换位置的货币廼数量也不能不增加——这件事廼了解，自然是不须多费脑力的。

如果假定着商品廼数量是被给与了的，那末，流通着的货币廼数量，就会随着商品廼价格廼浮动，时而涨高，时而跌落。牠所以有涨有落，只因为诸商品廼价格廼总额，受了牠们廼价格变动廼影响，有了增减的缘故。不过，为达这个目的，却决不须一切的诸商品廼价格都同时涨高，或同时跌落。要想使一切的流通商品廼应该被实现的价格迺总额，或是增加，或是减少，因此也就是要想使或是较多的或是较少的货币流通起来，只要或是只有某种特定数目的主要物品迺价格迺涨高，或是只有这种价格迺跌落，就够了，不管诸商品迺价格变动是反映着现实的价值变动，或是反映着市场价格迺单单的动摇，总之，牠对于流通手段迺数量所加的作用却始终是同一的。

现在假定行着一种相互旳并无连络的，同时的，因此也就是在空间上并存着的，特定数量的贩卖或部分的变形，如像1斛小麦，20码麻布，1册《圣经》，4加伦［Gallon］[①] 白兰地酒迺贩卖或变形罢。如果这些物件迺价格各各都是2金镑，因此应该被实现出来的价格迺总额是8金镑，那末，就不能不有合计8金镑的货币走进流通界。但是，如果反过来，这些同一的商品形成着我们在前面述过的那种变形系统迺肢体，是照1斛小麦——2金镑——20码麻布——2金镑——1册《圣经》——2金镑——4加伦白兰地酒，一类的样子连络着的，那末，2金镑就会顺次旳实现这些种种商品迺价格，因此也就是实现8金镑的总价格，一直到最后走进火酒制造人迺手里去休息时为止；牠们就会靠着这种办法，顺序旳使这些商品流通起来。牠们执行了四回的流转。同一的货币块片迺这种被反复行着的位置变换，表示着商品迺二重的形态变化，即表示着那种通过两个对立的流通段阶而行着的商品运动并种种商品迺变形迺交错[76]。那些被这种进程通过的，对立的，并相互补充的诸段阶，并不是可以在空间上并起着的东西，倒只是可以在时间上继起着的

① 容积单位，今译为“加仑”。下同。——编者

东西。因此，所以期间这东西就形成了这种进程廼继续时间廼长短廼尺标，即是说，在被给与了的时间当中的同一货币块片廼流转回数，测定着货币廼流转速度。举例说，假定那四个商品廼流通进程是在一天当中继续着的东西罢。在那时，应该被实现的价格廼总额就是8金镑，在一天当中的同一货币块片廼流转回数就是四，流通货币廼数量就是2金镑。

❼❻“使牠（货币）运动，使牠流通的东西，就是种种生产物。……牠廼（货币廼）流转速度，是代替牠廼数量的。在被要求着的时候，牠只是从一个人手里，溜到另一个人手里去，哪怕在一瞬间，牠也不会静止的。”（勒·托龙著《关于社会的利益》，戴尔编《重农主义者》，巴黎，1846年，915页以下。）

这即是说，从流通进程廼某种特定期间看来，那种当作流通手段行着机能的货币廼数量，是和一个用同一称呼的货币块片流转回数，去除诸商品廼价格总额时所得的商数相等的。这个法则是一般旳妥适有效的。

在某个被给与了的期间的一国廼流通进程这种东西，虽然在一方面含着多数分裂了的，同时的，并在空间上并行着的贩卖（或购买）即部分变形——在这种部分变形里面，同一的货币块片都只把位置变换一回，或只执行一回的流转——在另一方面，包含着多数的，一部分是相互独立并行，一部分又是相互交错着的，用或多或少的几个关节成立着的变形系列——在这种变形系列里面，同一的货币块片都或多或少旳经过若干回的流转。【河上宫川译本在这里夹注了一句：“所以，个个的货币块片廼流转速度是不相等的。”——陈】但是，存于流通内的同一称呼的一切货币块片迻流转总回数，却会招致个个的货币块片迻平均流转回数，或货币流转迻平均速度。【在这里，河上宫川译本夹注了这样一段话：“在马克思所校阅过的法文译本里面，这里是照下面这样写着：‘那种构成着流转货币迻总额的个个的货币块片，会在极不相同的种种活动程度内发生作用。但是，各称呼迻货币块片迻合计在特定的期间里面，却实现着特定的价格。这样一来，货币迻流转平均速度就发生了。’——译者”——陈】那种在流通进程迻起头——如像在每天的流通进程迻起头——被投进这个进程里面的货币迻数量，不消说，是由那些同时旳并在空间上并行旳流通着的诸商品迻价格总额，决定着的。但是，在这个进程迻内部，某一个货币块片可以说是被弄得对于别的货币块片负着责任。如果某一个货币块片把牠自己的流转速度弄快了，那末，别的货币块片就会弛缓牠自己的流转速度，不然，就会完全飞出流通界以外去；为什么呢？因为流通界只能吸收一种金量——这一种金量，如果被牠迻个个的要素迻平均的流转回数乘一乘，所得的乘积就会等于那块应该被实现的价格总额——的缘故。因此，所以货币块片迻流转回数如果增加，牠迻流通量就会减少；货币块片迻流转回数如果减少，牠迻数量就会增加。因为平均流转速度如果被给与着，那种可以当作流通手段行着机能的货币迻数量也就是被给与着的东西的缘故，所以，要想把特定分量的一镑金币驱逐到流通外去，只须把同一数量的金镑钞票投入流通以内就行了；这是一切银行所熟知的把戏。

恰恰和在货币迻流转一般上面，只有诸商品迻流通进程出现着，即只有诸商品迻那种靠着对立的变形而行着的循环出现着一样，在货币流转迺速度上面，也出现着诸商品迺形态变化迺速度，即，诸种变形系列迺继续不断的交错，质料代谢迺迅速，诸商品从流通界出去时的迅速的消失，并诸商品被新的诸商品所替代时的迅速的替代，等等。所以，在货币迺流转迺迅速当中，出现着一种流动的统一——一种由互相对立，并且互相补助的段阶而成的统一，即由使用迺姿态到价值迺姿态去的变形并由价值迺姿态到使用迺姿态去的复变形，两种变形的统一，即，贩卖和购买两个进程迺流动的统一。逆转过来说，在货币流转迺缓慢里面，出现着这个进程迺分离和相互的独立化，出现着诸商品迺形态变化迺停滞，因此也出现着质料代谢迺停滞。这种停滞是从哪里发生出来的？这件事，自然不是单看流通本身就可以看出来的。流通常常指示着现象本身。通俗的见解，看见货币随着货币流转迺变成缓慢，在流通部面上的一切的各点上，都把出现和消失变成较不频繁，就把这种现象解释为一种由流通手段迺不足而生的东西——那也是不足怪的。[77]

[77] “因为货币……是卖买之际的普通的尺标的缘故，所以那种想出卖什么东西而找不着购买人的人，总容易这样想，以为在国内或一个地方的货币迺不足就是他迺商品不能售出，那件事迺原因，因此大家就都诉说着：‘货币缺乏！’但是，这种想法却是一个大大的误谬。那些大声喊着要求货币增加的人们，在现实上，到底需要什么呢？……农民诉着苦……他想着，如果能够有较多的货币存于国内，他就一定能够把他迺生产物用好价格卖出去了。……这样看来，就好像他所需要的，并不是货币本身，倒是一种好价格，一种对于那些为他所欲出卖而不能卖得出去的谷物并家畜的好价格罢。……那末，他为什么不能够得那种好价格呢？第一，或是因为在那国内一般眄存有过多的谷物和家畜，结果弄

得在市场上的大抵的人们，都和他一样，只想贩卖，而想购买的人们却只有少数的缘故。第二，或是因为平常行着的那种靠着输出去减轻市场迶负担的事，现在被弄得停滞着了的缘故。第三，或是因为人们变穷了，在他们迶家庭，不能像从前那样有许多的支出，因此使消费减少了的缘故。因此，所以可以帮助农夫迶生产物迶出售的，并不是现金的增加，倒是上述三种在事实上压迫着市场的原因之一迶除去。……批发商人和零卖商人都用同一的方法求着货币，即是说，他们都因为市场停滞着的缘故，正为他们所交易的商品，找不着贩路。……一个国民，只有在财富最迅速旳变更着牠迶所有人的时候，才最能够繁荣起来。”（诺斯著《关于商业的讲话》，伦敦，1691 年，11—15 页迶各处。）赫伦舒望德［Herrenschwand］迶诸种妄想，结局都可以归到这样一种说法：那些在商品迶本质里发源的诸矛盾，因此也就是那些出现在商品迶流通上的诸矛盾，都可以靠着流通手段迶增加，被排除了去。不过，从这种普通的幻想——即，把生产进程并流通进程迶停滞迶原因，归在流通手段迶不足上面，那种幻想——却决不能逆转过来，抽出一个结论，说现实的流通手段迶缺乏，如像因为政府对于“通货［Umlaufsmittel］迶调节”，弄了手脚的缘故而来的流通手段迶缺乏，不能够由牠从新唤起这样一个停滞。

所以，那种当作流通手段行着机能的货币迶总量，不管牠是在哪一个期间之内，总是在一方面靠着流通商品世界迶价格总额决定着，在另一方面靠着商品世界内的对立的流通进程迶流通迶缓慢或急速——那种价格总额迶几分之几可以被同一的货币块片弄实现出来，一件事，就是依存在这种缓慢或急速上面的——决定着的。但是，诸商品迶价格总额却同时还是依存于商品种类迶价格和牠迶数量的。而这三个要素，即，价格迶运动，流通商品迶数量，最后，货币迫流转速度，三种东西，却是可以向着不同的方向，用不同的比例，变动起来的，所以那种应该被实现出来的价格迫总额，是被这三个要素迫无数的组合所左右着的，因此那种被价格总额制约着的流通手段迫数量，也是被这三个要素迫无数的组合所左右着的。我们在这里只把商品价格迫历史上的最重要的东西，列举出来罢。

在商品价格不变的时候，流通手段迫数量，可以因为流通商品迫数量有了增加，或货币迫流转速度有了减少，或两方面发生了作用的缘故，而增加起来。流通手段迫数量，可以随着商品数量迫减少或牠迫流通速度迫增加而倒反减少下去。

在商品价格一般畇涨高起来的时候，如果流通商品迫数量依照着一种和牠迫价格涨高相同的比例有了减少，或是货币迫流转速度用一种和价格涨高迫速度相同的速度，有了增加，而流通商品迫数量还是依然不变，那末流通手段迫数量就可以依然不变。流通手段迫数量，可以因为商品迫数量迫减少比价格迫涨高还来得更加急速的缘故，或是因为货币迫流转速度迫增加比价格迫涨高还来得更加急速的缘故，而减少下去。

在商品价格一般畇跌落下去的时候，如果商品迫数量依照着一种和牠迫价格跌落相同的比例，有了增加，或是货币迫流转速度，用一种和价格跌落迫速度相同的速度，有了减少，那末，流通手段迫数量，就可以依然不变。如果商品迫数量迫增加比商品价格迫下落还更加来得急速，或牠迫流通速度迫减少比商品价格迫跌落更加来得急速，那末，流通手段迫数量就可以增加起来。

相异的种种要素迫诸变化是可以互相畇抵消的，所以，结果就会弄成这样：哪怕牠们不断畇变动着，然而那些应该被实现的商品价格遒总额却可以依然不变，因此流通货币遒数量也可以依然不变。因此，所以我们看见，特别是考察一个相当的较长时间的时候我们会看见，在各国流通着的货币数量，保着一个比我们从外观上所预期者还更加不变的平均水准，并且，除开几个激烈的搅乱——那种周期窈因生产恐慌和商业恐慌而生的搅乱，并较稀少窈因货币价值本身遒变动而生的搅乱——之外，还只有一些比我们从外观上所预期者还更加微小的，对于这个水准的偏差【离开或偏歪——陈】。

流通手段遒量是被流通诸商品遒价格总额并货币流转遒平均速度规定着的——这个法则[78]，也可以照下面这样表示出来：如果诸商品遒价格总额并牠们遒变形遒平均速度被给与着，那末，流转着的货币遒量或货币材料遒量【河上宫川译本在这里夹注了一句："我们觉得这一句遒表现似乎有点不完全。在马克思所校阅过的法译本里面，这句话是写成'当作货币流通着的贵金属遒量'，英译本也依据法译本。"——陈】就是依存于牠本身的价值的。那种和这个相反的幻想，即，以为商品价格是被流通手段遒数量决定着的，流通手段遒数量方面又是被那种存于一国之内的货币材料遒数量决定着的，那种幻想[79]，如果照牠遒最初的代表者所述看来，是根据一种愚蠢无理的假设而来的；这种假设以为：商品可以不须有价格，货币可以不须有价值就先跑到流通进程里面去，进去之后，那些混杂在一起的商品遒堆积遒特定部分，才和那些山积着的金属遒特定部分，互相交换起来[80]。

[78] "从那种为一国商业上所必需的货币看来，牠是具有特定的尺标和比率的。这种货币遒过多或过少，都是会妨害商业的。这恰恰和在小店铺里面，为要对于银币找补剩钱，或为要支付那种不能够用最小的

银币去付清的账目的缘故，不能不保有特定分量的铜币那种情形是一样的。……现在，恰恰和商业上所需要的铜币迶比例是依存于购买人迶人数，他们迶购买迶频繁不频繁，等等，特别是依存于最小的银币迶价值一样，同样，在一国迶商业迶续行上所必要的硬币（金币或银币）迶比例，也是依存于交换迶频繁不频繁并个个的支付额如何，等等的。”（倍提著《关于租税并贡纳的论文》，伦敦，1667 年，17 页。）杨格［A. Young］在他迶《政治算术》（伦敦，1774 年，122 页，在“价格依存于货币迶量”那一章当中，特特关于休姆的理论【河上宫川译本在这里夹注了一句：“即，诸商品迶价格是和货币量迶变动为比例而变动的，那种理论”——陈】，向着詹姆士·司徒阿等所加的攻击，行了辩护。又，我在《经济学批判》迶 149 页（斯图甲特版 176 页）当中，曾说：“他（斯密）靠着那种把货币看成单单的商品的办法，靠着那种完全误谬的办法，把这个关于流通货币迶量的问题，在暗默之中，处理了去。”这句话，只有在斯密斯 ex officio 迶（从职务上，即，为他迶著作迶计划逼得他不能不那样做）处理着货币的范围内，是妥适有效的。但是，他有时，如像在他批评他的以前的经济学迶体系的时候，也述着正确的意见：“铸币迶量，在无论哪一个国里面，都是由诸商品——那些靠着铸币而被弄得流通着的诸商品——迶价值所左右着的。……在一国当中年年被卖买的诸商品迶价值，必定须要特定量的货币，以便使那些商品流通起来，并，以便把牠们分到适当的使用者迶手里去；但是，这个特定量以上的货币却是不能够适用的。流通迶水路只是向自己的方面，把一个足以充满这条水路的分量的额吸引着，决不能容许这个额以上的东西。”（《诸国民迶财富》第四卷第一章。）同样，斯密斯虽然 ex officio 啎用分业迶赞美，开始了他迶著作，但是，到后来，说到关于国家收入迶财源的一篇的时候，他却屡次把他迶老师法古孙［Ferguson］迶关于分业的批判，反复说着。

❼❾“诸物迫价格，无论在哪一个国里面，都的确会随着在国民间迫金银迫量迫增加而涨高起来的，因此，所以在一国内的金银迫量有了减少的时候，诸物价就不能不以这样的货币迫减少为比例而跌落下去。”（万德林［Jacob Vanderlint］著《货币和一切东西相应》，伦敦，1734年，5页。）我把万德林和休姆迫《论文集》详细比较看过以后，我对于休姆曾经知道万德林这本从别的方面看来也很重要的著作，并曾经利用过这本著作，一件事，已经不抱一点的疑惑。流通手段迫数量规定着价格——这种意见，在巴尔贲并其余比他更老的著作家们迫著述里面，也是可以看出来的。万德林说：“无限制的商业，并不能够引起什么弊病，倒只能够招致大大的利益。……为什么呢？因为一国迫正币［geldvorrat］如果因此而被减少——保护关税和输入禁止就正是想防止这种减少的——那末，那些收受了正币的诸国就会随着正币在那些国内的增加，立刻知道一切价格迫涨高的。……反过来说，我们本国迫制造品并其他一切商品迫价格，不久就会跌落到可以从新恢复有利于我们的贸易平衡的程度，因此我们就可以从新把货币取回来。”（《货币和一切东西相应》，44页。）

❽⓿每个单个的商品种类，都靠着牠迫价格，形成着一切的流通诸商品迫价格总额迫一个要素，这件事，是自明的事。但是，那些不能够互相比较的种种使用价值怎样会合成一团，和那种存于一国之内的金或银迫总量，相交换起来？这件事，却是无从理解的事。如果我们假定把商品世界融合成为一个【河上宫川译本这里夹注了“像一色的海一样”几个字——陈】唯一的总商品，并且假定每个商品都只是形成着这个总商品迫一个特定部分，那末，就会生出下面这样的美丽的算术例题，总商品等于特定重量迫金子。某一个单个的商品A是这个总商品迫一个特

定部分，所以这个单个的商品就等于那个重量的金子迺同一比例的特定部分。这件事，被孟德斯鸠认真的主张着：“如果我们把那些存于世上的金银迺数量和现在的商品迺总量，比较起来，各个单个的生产物和各个单个的商品就一定能够的的确确的和贵金属迺一个特定的部分，比较起来。现在，我们假定着，世上只存在一个唯一的商品，或，只有一个唯一的商品拿去贩卖，并且假定着，这个商品是可以照货币一样的比例，分割起来的东西罢。这样一来，那个商品迺某一特定部分，就会和货币存在量同一比例的特定部分相对应，总商品迺一半，就会等于货币存在量迺一半罢，等等。……商品价值迺决定，在根本上是常常依存于诸商品迺总量对于货币符标迺总量的比率的。”（孟德斯鸠著《万法精理》，《全集》，伦敦，1767，第三卷，12，13 页。）关于李嘉图并他迺弟子詹姆士·弥尔，欧福尔斯统（Lord Overstone）等等对这个学说所加的进一步的发展，请参看《经济学批判》140 到 146 页并 150 页。（斯图甲特版 152 页 165 页并 177 页。）姜·司徒阿·弥尔却知道利用他所擅长的折衷的理论，一面采用他父亲迺见解，同时又采用着反对的见解。如果我们把他迺纲要书《经济原论》迺本文和（第一版的）序文——他在这序文里面，自称为现代的斯密斯——比较比较，我们就会不知道到底应该对于这个人迺朴实，多惊叹一点吗，或是应该对于那些真正把他当作斯密斯看待的公众们迺朴实，多惊叹一点了——他对于亚当·斯密斯的关系，恰恰和加尔斯要寨迺加尔斯将军［William Kars］对于威林吞［Wellington］侯的关系一样。姜·司徒阿·弥尔这位先生迺经济学迺领域里面的独创的诸研究，并不是什么范围很宽的东西，也不是什么富于内容的东西；牠们迺全体队伍，已经可以被我们在他那本在 1844 年公刊了的小册子《经济学上的未解决的诸问题》里面，完全看见了。洛克这人却直率的把金银迺无价值性【河上宫川译本在这里夹注了“就是，金银本来是没有具着价值的东西，那件事”——陈】和牠们那种由量而得的价值逌规定，两者逌关系，照下面这样明白说着：“因为人们对于把想像的价值给与金银，这件事，都是大家同意的……所以那种被认为存于这些金属中的内存的价值，只不过是牠们逌量罢了。”（《关于利息减低逌诸结果的几个考察》，1691年，《著作集》，1777年版，第二卷，15页。）

（三）铸币，价值符号［Die Münze，das Wertzeichen］

货币逌铸币姿态，是从那种当作流通手段看的货币逌机能发生出来的。那种在诸商品逌价格或诸商品逌货币称呼当中被观念着的金逌重量成分，到了流通内的时候，就不能不当作一些具有同一名称的金片即铸币，和诸商品对立起来。铸币逌制造，和价格本位逌确立一样，也是一种属于国家的事务。金子和银子当作铸币看的时候，虽然穿着有许多种类的国民的制服，但是，一到了世界的市场上时却会把这些制服从新脱去。商品流通逌国内的或国家的领域和牠逌一般的世界市场的领域两者逌分离，就是出现在这种国民的制服上面的。

所以，金币和金块，本来就只是形状不同的东西，金子是常常从这两个形态当中的一个形态，变形到另一个形态里面去的[81]。但是，走出造币厂逌那条路，同时却又是走进溶炉去的那条路。详细说来，金币这东西，会在流转的当中，渐次磨灭的——虽是各个金币磨灭程度，有多有少，各有不同。所以，金子逌名称和金子逌实体，即，名目上的内容和实在的内容，就会开始牠们逌分离进程。同一名称的金币就会因为重量不同的缘故，变成一些价值不同的东西。当作流通手段看的金子，就会从当作价格本位看的金子，错开了去，因此，牠就会变得不能再充当诸商品逌现实的等价物

——虽然诸商品逌价格还仍然是靠着牠去实现出来。这种纷纠逌历史，形成了中世逌并到十八世纪为止的近世逌铸币逌历史。流通进程逌这种天然发生的倾向——即，把铸币所具有的金逌存在［Goldsein］变形为金逌外观［Goldschein］，或把铸币变形为牠逌被公认了的金属内容逌象征，这种倾向——是已经被最近的法律承认着的；最近的法律，已经规定着金属逌磨灭丧失的程度，依照这种程度，夺去金属块片逌通用能力，或剥夺牠那种充当通货的资格。

❽❶讨论造币费并其他类似的细目，一类的事，自然是完全在本书逌目的逌范围外的。但是，对于那位浪漫主义的阿谀家密雨勒［Adam Müller］——他感叹着“英国政府不敢费用，替人铸币”那件事的“宽宏大度”——却得揭出诺斯所述的下面这样的意见：“银子和金子，也和其他的诸商品一样，是有干潮和满潮的。……当着多量的金银由西班牙到来的时候……牠们被搬运到伦敦塔去，被铸造起来。其后不久，人们又为输出逌目的的缘故，需要金块或银块。在那时候，如果没有存着一点金银块，一切金银块都被铸造着，那末，怎么办呢？人们不能不从新把牠们镕解了去。但是，在镕解之际，所有人却没有受着一点损失，因为铸造这件事对他没有需要什么费用。不过，国民却受着一种损害；为什么呢？因为他们在那时却不能支出那种喂驴子的稻草逌费用。如果商人（诺斯本身就是加尔斯［Karls］二世时代的大商人之一）不能不支出造币费，那末，他就不会毫无可据的理由，随便把自己的银子送到伦敦塔去，铸币恐怕就会常常保持着一种比银块还高的价值罢。”（诺斯著《关于商业的诸话》，伦敦，1691年，18页。）

如果货币流转这件事情本身，会使铸币逌实在的内容离开牠逌名目上的内容，会使牠逌金属上的存在［Metalldasein］离开牠的机能上的存在［funktionellen Dasein］，那末，在货币的流转里面，就应该会有一种潜在的可能性——一种拿那些由别种材料造成的名目货币或象征，去代替那种行着铸币逈机能的金属货币的可能性——了。用金子或银子逈极小的重量成分去铸造货币，这件事逈技术上的困难，以及低级金属曾经代替过高级金属，一类的事情——即，本来低级金属曾经代替着高级金属，如像银代替金，铜代替银，当作价值尺标，供过使用，因此也就是直到高级金属使低级金属退位的瞬间为止，低级金属都曾经当作货币流通着，一类的事情——这两宗事，已经从历史上把银子和铜逈名目货币扮演着当作金币的代用物看的角色，一件事，对我们说明了。这种名目货币，只有在铸币流通得最急速，因此也就磨灭得急速的商品流通逈领域内，即，只有在购买和贩卖不断旳在最小规模上反复行着的商品流通逈领域内，才能代替金子。法律为要免得这些卫星竟变得永久旳占领金子本身逈地位的缘故，特特把这些名目货币可以单独旳作为代替金子的支付代用物时的比例，定得极低【河上宫川译本在这里夹注了下面一句："如像在日本《货币法》第七条里面，就规定着银币只以到十元为限，白铜币只以到五元为限，青铜币只以到一元为限，得当作法币使用。——译者"——陈】。种种铸币所流转着的那些特别的领域，自然是互相交错着的。补助货币这东西，为支付那些最小的金币逈几分之几的缘故，和金子并行旳出现着；金子虽然不断旳进到零卖流通里面去，但是，牠又因为和补助货币相交换着的缘故，不断旳从那里被抛出来[82]。

[82] 如果银币的量决没有超过那种小额支付上所必要的量，那末，

把牠们集起来，使牠们达到一种可供大额交易的量，一件事，就恐怕是不可能的罢。……如果对大额支付使用金子，那末，必然的对于小额支付，也会变得使用金子。金币所有人对于小额购买，也会用金币支付，同时却连同所买的商品，接受着银币的找补。这样一来，那些在不能找补出去的时候，应该使零卖商人着恼的多余的银子，就离开了零卖商人而被散布到一般的流通内去了。但是，如果银子的量存得过多，多到可以在小额支付上面不须假借金子的力量的程度，那末，零卖商人就不能不在他的小额贩卖之际，接受银币，这样一来时，银子就不能不必然的被累积在他的手中了。”（布甘南［David Buchanan］著《关于英国租税并商业政策的研究》，爱丁布尔，1844年，148，149页。）

银或铜的名目货币的金属内容（Metallgehalt）是由法律随意的规定着的。牠们在流转当中，比金币还磨灭得更加急速，因此，所以牠们的铸币的机能在事实上变得完全和牠们的重量，独立起来，即是说，和牠们的一切价值，独立起来。金子的铸币的存在［Münzdasein］，完全和牠的价值实体分离起来。因此，所以那种相对的无价值的东西即纸片，也就能够替代金子，当作铸币行着机能了。在金属的名目货币里面，那种纯粹的象征的性质，虽然还相当的被掩盖着；但是，在纸币里面，这种性质却在外观上显出来了。我们由此可以看见：困难的事，只不过是最初的第一步罢了。

在这里，成为问题的，只是那种具有强制通用力［Zwangskurs］的国家纸币。这种纸币是直接的从金属流通发生出来的。至于信用货币［Kreditgeld］却不然，这是以种种关系——种种从简单的商品流通的立场看来，还完全没有被我们知道的关系——为前提的。但是我还得顺便说出这一层：恰恰和固有的意义上的纸币是从那种当作流通手段看的货币迺机能发生出来的一样，信用货币是在那种当作支付手段看的货币迺机能里面，具有牠迺天然发生的根子的[83]。

[83]中国的财政官万卯寅[①]【原文是 Wan-mao-in，我曾托友人到清史馆查此人的原名，现在还无结果，这里姑译为万卯寅，等将来查明时再改正罢。日译本译成“王猛殷”或“王孟尹”，那当然是因为日人不知道中国的罗马字拼音法的缘故，却也未免差得太远了。——陈】暗暗矴立了一个计划，想把大清帝国纸币变形为银行兑换券，打算把那个计划，奏请皇帝裁可。他在 1854 年 3 月的帝国纸币委员会的报告当中，大大矴碰了钉子。不过，他到底因此受了照例的笞刑没有，却还没有明白的消息。在那个报告迺结末里面，这样说着：“本委员会把他迺计划详细研究过，才发见，这个计划迺一切都是以商人迺利益为目的的，没有一点是为着皇帝迺利益的。”（《俄国驻北京的大使馆迺关于中国的研究》，阿泊尔博士［K. Abei］并麦克伦埠［F. A. Mecklenburg］从俄文翻译的译文，柏林，1858 年，第一卷，47 页以下。）关于金币常常因为流转的缘故，发生磨灭，一件事，英兰银行迺一个总理，曾经以“上议院委员会”迺证人的资格，这样说过：“那些新被铸造的梭物林［Sovereign］（这不是政治的意义上的梭物林即君主，倒只是金币迺名称）一年一年矴变轻了。在某一年中具有完全的重量，通用着的东西，因为受了磨灭的缘故，损失了许多重量，损失到可以从天平上明明矴称出来的程度。”（《上院委员会报告》，1848 年，第 429 号。）

那些印刷着一磅，五磅，等等货币名称的纸片，被国家从外部

① 指王茂荫。——编者

投到了流通里面。只要在这些纸片现实旳代替着相等的名称的金量，实行流通着的范围内，在这些东西逌运动里面，就只不过反映着货币流通逌法则本身罢了。关于纸币流通的一个特殊的法则，只能够从纸币对于金子的代理逌比率当中发生出来。并且，这个法则只简单旳是下面这样：纸币逌发行只限于这样的量——即，那种由纸币用象征的办法表示着的金（或银），在没有纸币的时候不能不现实旳流通起来的量——里面。现在，我们看看，那种被流通界所能吸收的金量，常常会在某一个特定水准逌上下，不断旳动摇着，这件事，诚然是一个事实；但是，流通媒介逌数量那种东西，在某一个被给与了的国里面，却决不会减少到一个特定的最低限度——这个最低限度是可以由经验上确立起来的——以下去。至于这个最低限度的数量不断旳变更着牠逌构成分子，一件事，换句话说，这个最低限度数量常常是由不同的金币块片构成着的，这件事，那自然是对于这个最低限度逌大小，并对于牠在流通界里的不断的运行，都没有一点什么影响的。因此，所以这个最低限度逌数量，才是可以用纸制的象征物代替着的，反过来说，如果一切的流通水路在今天都用纸币填满，满到牠们逌货币吸收能力逌最大限度，那末，到了明天，也许牠们就要因为商品流通有了动摇的缘故，变成泛滥过多，都未可知罢。那样一来时，就变成什么限度都没有了。但是，纸币这东西，纵然超过了牠逌限度，即，纵然超过了那些可以流通的，具有相等名称的金币逌量——如果把一般的信用破坏逌危险置之度外——然而，牠在商品世界逌内部，也依然还只是表示那种被牠逌内存的法则规定着的金量，因此也就是只是表示着那种只可以被纸币代理的金量。举例说，如果纸币逌数量，每次不表示一翁士的金子，而表示着二翁士的金子【河上宫川在这里夹注了一句："法译本和英译本在这里都解成'如果纸币迫总量达到了适当的限度迫两倍'——译者"——陈】，那末，在事实上，一金磅就不会像从有一样成为四分之一翁士的货币名称，倒变成八分之一翁士的货币名称了。这时的结果，是和那种当作价格迫本位看的金子迫机能有了变动的时候的结果相同的。因此，所以那种在以前表现在一金磅迫价格里面的价值本身，到现在却变得表现在二金磅迫价格里面了。

纸币就是金迫符标或货币迫符标。纸币对于商品价值的关系，只是这一层：商品价值这东西从观念的观点上，被表现在那些被纸币用象征的并感觉上的方法表现着的金量上面。纸币这东西，只有在牠代理着那种和别的一切商品量同样都是价值量的金量的时候，才是价值符标[84]。

[84]第二版注。就是那些关于货币迫本质的最善的著述家们，也还不能够明白鸸把货币迫种种机能，理解着，这件事，可以靠下面这段从傅拉顿［Fullarton］迫著述当中的引用文，看明白的："如果只就 B 国贸易来说，那末，那些普通靠着金银币去实行的一切的货币机能，都可以靠着不换纸币——那种除开被法律给与的，人工的，并且还是由合意而来的价值以外，毫无什么价值的不换纸币——迫流通，去收同样的效果的。这件事，照我迫确信说来，实在是一个不可否认的事实。这种价值可以满足那些现今被铸币——那些具有固有的价值的铸币——所满足着的一切的需要，并且，只要牠迫发行额保持着相当的界限，牠还是可以连价值迫尺标并价格迫本位两种机能，都担任起来的。"（傅拉顿著《通货迫调节》，再版，伦敦，1845 年，21 页。）这样一来，因为货币商品可

以迺流通里面被单单的价值符标代替的缘故，那种当作价值尺标看的并当作价格本位看的货币商品，就变成货物了。

最后成为问题的，就是为什么金子可以用牠自己的单单的无价值的符标被代替着一层。但是，前面已经说过，金子这东西，却是只有牠在牠迺当作铸币或当作流通手段看的机能里面被孤立化或被独立化着【河上宫川译本在这里夹注了一句：“被看作一种只具有当作流通手段看的机能的东西”——陈】的范围内，才能够被纸币代替的。而这个当作流通手段看来的机能迺独立化，纵然会在现在那些被磨灭了的金币块片仍然继续流通着的时候，但是，对于个个的金币，却不会在事实上发生出来的【河上宫川译本在这里夹注了一句：“金币本身只有当作流通手段看的机能，这件事，在事实上是不能够有的”——陈】。金子这东西，正正只有在牠现实迺站在流转状态下面的期间中，才成为单单的铸币或流通手段。但是，对于个个迺金币不能妥适有效的东西，却是可以对于那种能够被纸币代替的最低限度的数量的金子，妥适有效的。这种最低限度的金子，不断矜停滞在流通界中，继续矜当作流通手段，行着机能，并且因此就专当作这个机能迺担负者，存在那里。因此，所以牠迺运动只不过表示着商品变形 W—G—W（在这种变形里面，商品迺价值姿态是时而和商品对立，时而又从新消灭了去的）迺对立的两进程迺不断的相互变换罢了。商品迺交换价值迺独立的表示，在这里，只不过一时的契机（Moment）罢了。牠不久就会从新被别的商品代替了去。因此，所以在这样一种货币从一个人手里移到另一个手里去的进程里面，只消有货币迺单单的象征的存在，就够了。

这就是所谓牠迺机能上的存在吸收了牠迺物质的存在。在这时候，因为货币只是一种暂时旳被客观化的商品价格迺反映，因此，所以牠只能当作牠本身迺符标，行着机能，因此，所以也可以被符标去代替牠[85]。货币迺符标所要求的，只是牠自己的客观旳社会的妥适性，而纸制的象征却靠着国家所给的强制通用力，接受着这种妥适性。虽然只有在一种被一个共同团体迺界线划分着的流通领域，那一个国内的流通领域迺内部，这样的国家强制力才是妥适有效的东西；但是，货币这东西，却又是只有在这种领域迺内部，才能够把牠自己完全埋没在牠那种当作流通手段或铸币看的机能当中，并且，才能够因此在纸币里面，接受着一种被分离在牠迺金属实体之外的，单单旳机能上的存在样式的。

[85]巴尔贲从金银当作铸币看时，即在牠专行牠那种当作流通手段看的机能时，会变成牠自身的符标，这件事，导出了政府迺 to raise money［抬高铸币迺价值］的权利，即是说，如像对于那种叫做格罗新［Groschen］的银迺分量，给与一个像两［Taler］一样的，较大的银迺分量迺名称，靠着这样的方法，对于债权人，用格罗新，去偿还两，一类的权利。“货币因为通过许多人迺手的缘故，而被磨灭了，变轻了。……人们在交易时，放在眼中的东西，只是货币迺名称和刻印，并不是银子迺量。……使金属块片成为货币的，只是政府迺权力。”（巴尔贲著《关于轻铸新币的考论，对于洛克迺考察的答复》，伦敦，1096 年，29，30，45 页。）

三、货币

到目前为止，我们只把贵金属放在牠迺二重的属性里面，行了考察，即是说，只把贵金属当作价值尺标和流通手段，行了考察。

贵金属在当作观念的，被观念着的货币看的时候，行着牠遒第一的机能；牠在第二的机能里面，可以被货币符标所代替。不过，除了这样的机能之外，也还有若干别的机能：在这些机能里面，贵金属也不像牠在价值尺标里面那样，单作为一个观念的东西，也不像在流通手段里面那样，作为一个可以被别的东西代替的东西，发见出来，倒不能不在牠遒金或银的肉体遒原状下面，因此也就是不能不当作货币商品，发见出来。在另一方面，又另有一个机能：这个机能虽然是贵金属可以或是用自己的身体，或是靠着代理人，去行着的，但是，在这种机能里面，贵金属却是对于那一切当作单单的使用价值看的诸商品，当作诸商品遒交换价值遒唯一的适当的存在或唯一的价值姿态，登着场的。在这样的一切的情况上面，我们都说着：贵金属这时行着的机能是和牠在当作价值尺标看的时候并在当作铸币看的时候的机能相对立的，牠这时是当作那种在固有的意义上的货币，行着机能的。

（一）储蓄手段［Schatzbildung］【直译时就应该是“货币蓄藏”——陈】

两个对立的商品变形遒继续的循环，即，贩卖和购买两种东西遒流动的交替，出现在货币的川流不息的流转当中，即，出现在那种叫做流通遒无穷的活动机构［Perpetuum mobile，unaufhörlich wirkender Mechanismus］的货币机能当中。但是，如果一旦到了变形系列中绝起来，弄得贩卖不能够被那种应该接续而来的购买所补充的时候，货币这东西就立刻会停泊起来，或照布阿机尔泊［Boisguillebert］所说，货币就立刻由可动的东西变形为不动的东西，即由铸币变形为货币。

随着商品流通本身迺最初的发展，同时发展了那种关于商品形态迺保留的必要和热情——那种想把商品迺第一变形迺产物，即把商品迺变了形的姿态或商品迺金的蛹子，保留起来的必要和热情[86]。商品这东西不是为购买商品的缘故而被贩卖着了，牠倒变成了为要用货币形态代替商品形态的缘故而被贩卖着了。这种形态变化，在从前虽然是质料代谢迺单单的媒介，到现在却变成牠自己本身的目的了。这时，商品迺脱了皮的姿态，就会被妨害着，不能够当作牠迺绝对旳可以让渡出去的姿态，或当作单单的瞬间的货币形态，去行着机能了。这样一来，货币就经过化石作用而变成蓄藏货币，商品贩卖人就变成货币蓄藏人了。

[86]“在货币形态下面的财富……只不外乎是那种被弄得变形成了货币的，在生产物形态下面的财富罢了。”（麦尔雪著《政治社会迺天然的并本质的秩序》，戴尔编《重农主义者》，第一部，巴黎，1848 年，557 页。）“那种被表现在生产物里面的价值额，只不过变更了牠迺形态罢了。”（同书 486 页。）

在商品流通刚刚起头的时候，只有使用价值迺剩余才变形成为货币。这样一来，金和银就自然旳变成剩余物迺或财富迺社会的表现。这种货币蓄藏迺素朴的形式，在一些国民——即，在他们当中，传统的生产方法是和一团具有固定的界限的欲望相对应着的，那样的国民——到现今还被永久化着。流通的货币是仅少的，蓄藏迺量却是多的。在亚细亚，特别是在印度，情形就是这样。万德林误信以为商品迺价格是被那种存于一国之内的金银迺数量决定着的，所以他一面自己发问：为什么印度的商品那样便宜？一面又自已答复：因为印度人埋藏货币的缘故。照他所述，在那个由1602年起到1734年止的期间，印度人埋藏了一万万五千万镑的银子；这些银子是那时刚刚由美国运到欧洲来的[87]。从1856年起到1866年止，即，在十年之间，英国向着印度和中国（那些被输出到中国去了的金属，大部分都从新流通到印度去了），把牠从前和澳洲的金子交换得来的一万万二千万镑的银子，都输出去了。

[87]“他们靠着这种经验的缘故，把他们迺一切的财货并商品迺价格，弄得那样低廉。”（万德林著《货币答应着一切》，伦敦，1734年，95，96页。）

到了商品生产更加发展的时候，一切商品所有人就都不能不确保着Nexus rerum［诸物迺神经］，即社会的典当物［Gesellschaftliche Faustpfand］了[88]。他迺种种欲望，不断旳被更新着，要他不断旳购买别人的商品，而在另一方面，他自己的商品迺生产和贩卖，又得花费时间，并且还依存于种种的偶然的事情上面。【河上宫川译本在这里夹注了一句：“因此，所以他就变得虽无贩卖而却不能购买了”——陈】为要不行贩卖而就能购买的缘故，他就不能不在以前先做一种只卖不买的行为。这种办法，如果在一般的规模上被实行着，就会显得好像自相矛盾的东西似的。但是，贵金属这东西，在他迺生产地方上都和别的诸商品直接交换着的。在这里，就发生着一种没有和购买（在金银所有人方面的）相伴的贩卖（在商品所有人方面的）[89]。并且，其后的【河上宫川译本在这里夹注了“被别的生产人行着的”几个字——陈】那些不伴随着购买的贩卖，只不过帮着把贵金属更进一步旳分配到一切的商品所有人之间去罢了。这样一来，就弄得，凡是有交易的地方，都成立着大小极不一致的金银蓄藏了。把商品当作交换价值保留起来，或把交换价值当作商品保留起来——这种可能性一旦发生之后，人们对于金子的贪欲也就被唤起来了。随着商品流通廸扩张，货币廸权力——那种采着一个随时可以供用的，绝对旳社会的形态的财富廸权力——也就增加起来。“金子是一个可以令人惊叹的物件！谁有了这个物件，谁就可以支配他所希望的一切的东西。甚至于人们还可以靠着金子把灵魂送到天堂里面去。”（《科伦布斯［Columbus］由甲迈根［Jamaica］寄出的信》，1503 年。）

❽❽“货币是一个典当物。”（伯勒斯［John Bellers］著《关于贫民，工业，商业，殖民及不道德的论文集》，伦敦，1699 年，13 页。）

❽❾在俦类的意义［kategorischen Sinn］上的购买，是以那种当作商品廸变了形的姿态看的金银，即那种当作贩卖廸产物看的金银为前提的。【河上宫川译本在这里夹注着下面一段话：“因为金子廸生产人不是卖了某种东西而得着金子的，倒是生产着金子本身的，所以他拿他廸金子和别人廸生产物交换，那件事，并不是一种拿贩卖得来的货币购买物件的事，即是说，他并不是卖而后买。因此，所以那种事，从严密的意义说来，并不算得‘买’。请参看前面附了❻❼的脚注的那段本文”——陈】

因为货币这东西本是一种并未显露着牠是由什么东西变形而来的东西，所以一切东西，不管牠是商品不是，都变形成为货币。一切东西都变得可以被卖和被买了。流通这东西变成了社会的大蒸馏器；一切东西都向着这个蒸馏器跳进去，以便当作货币结晶再从那里跑出来。对于这个炼金术，就是圣骨也都不能抵抗，何况那些更细柔的，处于人类的商业交易以外的圣物，那就是更不消说了[90]。恰恰和诸商品迺一切的品质的差别到了牠们成为货币的时候就完全解消在货币里面一样，货币自己也把自己当作一个彻底的平等主义者，进而解消尽了万物迺一切差别[91]。但是，货币本身却仍然是一个商品，是一个可以变成被某一个人所有的外部的物件。因此，所以社会的权力就变成了私人迺私的权力。因此，所以古代社会才会把货币非难，骂牠是经济的并道德的秩序迺破坏者[92]。然而近代社会——这个在牠迺幼年时代就把卜鲁吐斯［Plutus］（财富迺神）抓住头发，从地球迺内脏，拖了出来[93]的近代社会——却在金迺圣杯里面，欢迎着牠迺自己本身的生活原理迺有光辉的体化物。

[90]那位最虔信基督教的法国国王亨利三世，曾从修道院等处，掠夺了圣徒的遗物，拿去变换银子。我们知道，福卧克人［Phokäer］掠夺了德尔斐的［delphischen］神殿迺宝物，那件事，在历史上扮演了什么的角色。谁也知道，在古代，神殿这东西，是拿来供商品迺神迺住居之用的。那些神殿曾经是“神圣的银行”。从那些最优秀的商业民族斐尼西人看来，货币这东西是当作一切物件迺脱了皮的姿态，妥适有效的。因此，所以那些在恋神迺祭典那一天委身于别人的处女们，会把她们当作报酬得来的那些货币块片，献与恋神，那件事，自是当然的事。

[91]“金子！贵重的，煌煌放光的黄金！……
只要有这么多，就可以变黑为白，变丑为美，
变邪为正，变贱为贵，变老为幼，变怯为勇，
诸神啊！这是为什么？为什么这个，诸神？
哈！这个会把神官从神坛诱引开，

会把还有希望的病人迻枕头，抽开去。
是的，这个黄色奴隶会把信仰带，解开又结上，
会使被人讨厌的人们受福，
会使癫病人被崇敬，使盗贼尊荣，
把地位，膝头，名誉，等等给他，
连同元老院的人们一起；这个东西
会使老寡妇再嫁。
……讨厌的现世啊，
共同的娼妇，你建立了不和
于国民群众当中。”

（沙士比亚《雅典迻隐者》）

❾❷“为什么呢？因为在人类精神迻产物当中，
比货币还坏的东西是没有的。
牠破坏了都市，把人们撵出屋外；
牠用邪说，变更了人们迻意向，
使正派的心也向着可耻的邪恶；
牠引导人们到一切最奸巧的东西去。
牠教导人们实行一切背神的行为。”

（苏缚克尔斯［Sophokles］迻《安提哥涅》）

❾❸“贪欲这个东西，把卜鲁吐斯本身也从地球当中拖了出来。”（阿特纳攸斯著《学者迻晚餐》）

当作使用价值看的商品，是满足着某种特殊的欲望，形成着质料的财富迻一个特殊的要素的。但是，商品迻价值却是测定着商品对于质料的财富迻一切要素所加的牵引力迻程度的，因此也就是测定着牠迻所有人迻社会的财富的。从未开化的简单的商品所有人看

来——就是从西部欧罗巴的农民看来，也是一样——价值这东西是和价值形态不可分离的，因此，从这种人看来，金银蓄藏適增加也就是价值適增加。诚然，货币適价值这种东西是会有变动——不管这种变动是由牠本身的价值適变动而来的，或是由商品適价值適变动而来的——但是，这件事在一方面却并不会妨害200翁士的金子所含的价值多于100翁士的金子所含的价值，300翁士的金子所含的价值多于200翁士的金子所含的价值，等等，那件事，同时，在另一方面，也并不妨害这种物件適金属的天然形态依然成为一切商品適一般的等价形态，依然成为一切的人类劳动適直接舠社会的体化物，那件事。货币蓄藏適冲动在性质上是无限的。因为货币这东西是一种可以直接舠和其他一切商品掉换的东西的缘故，所以从质的方面，即从牠適形态方面说来，就是无限制的东西，换句话说，就是质料適财富適一般的代理物，他是，同时每个现实的货币量也都是在量的方面受着限制的，因此也就只不过一种具有有限的效力的购买手段。这种存于货币適量的限度和质的无限性之间的矛盾，会驱使货币蓄藏人不断舠从事于积聚［Akkumulation］適西悉夫［Sisyphe］【西悉夫是希腊的一个贪财的国王。他死后被罚在地狱做苦工，做运石上山的工作，但是，因为他所运的石一到山上就会落下来，所以他不得不反复不断舠做那种无限的工作。所以西悉夫式工作就是指那种永久做不完的同一的工作说的。——陈】式的劳动。从货币蓄藏人看来，这恰恰和那种世界征服人征服了一个新的土地的时候，同时又只不过得着一个新的边界一样。

要想把金子当作货币保留起来，因此也就是要想把牠当作蓄藏適要素保留起来，就不能不妨害牠適流通，即，不能不妨害牠那种当作购买手段去变形为享乐资料的行动。因此，所以货币蓄藏就会把牠逌肉体的快乐，对金子逌物神，牺牲了去。他认真竡守着禁欲逌福音。从另一方面说，他只不过能够把他在商品的形态下面投进流通内的东西，从新在货币的形态下面，从那里取出来罢了。并且，他越生产得多，他就越可以多卖出去。因此，所以勤勉，节俭和贪欲就是他逌主要的道德，多卖少买就是他逌经济学逌全部[94]。

[94] “尽可能竡把一切商品逌贩卖人逌数增加起来，尽可能竡把购买人逌数减少去，这就是经济学上的一切运用方法逌枢轴。”（维利著《关于经济学的考察》，库斯拖底编《意大利经济学者》，近代篇，第十五卷，52页。）

和蓄藏逌直接的形态并行着的，还有牠逌审美的形态，即用金银制成的商品逌所有。这种形态会随着资产阶级社会逌财富逌增加而增加起来。“我们变成有钱人罢，不然，我们就做出有钱人逌样子罢”（第得罗［Diderot］）。这样一来，就在一方面形成着金银市场——那种和金银逌货币的诸机能独立开的，不断竡扩张着的金银市场——另一方面形成着那种会当着社会的暴风雨时期特特流出来的，货币逌潜在的供给源泉了。

货币逌蓄藏这东西，在金属流通逌经济里面，实行了种种的机能。第一的机能是从金银货币逌流转逌诸条件发生出来的。前面已经说过，随着商品流通逌不断的动摇——那种关于流通范围，价额，速度，等等的不断的动摇——货币逌流转量会不停竡有干潮和满潮的。因此，所以货币逌流转量就不能不是一种经得住收缩和膨胀的东西。在有一些时，货币不能不当作铸币【河上宫川译本在这里夹注了“流通手段”几个字——陈】被吸引着而跑进流通里内去，在有一些时，铸币【河上宫川译本在这里夹注了“当作流通手段看的”几个字——陈】又不能不当作货币被反拨着而退出流通外面来。所以，如果要想使那些现实旳流转着的货币迺数量，能够常常和流通界迺饱和程度相对应，就不得不使那些存于一国内的金银迺量，大于那些正在尽着铸币【河上宫川译本在这里夹注了“流通手段”几个字——陈】迺机能的金银迺量。这样的条件，就是被货币迺蓄藏形态充满着的。蓄藏这种贮水池，是一种供着流通货币迺【河上宫川译本在这里夹注了“到流通去的”几个字——陈】流入并流出迺水路的东西，因此，所以流通货币这种东西决不能够在牠迺流转迺水路上泛滥起来[95]。

[95]“要想继续一个国民迺商业，虽然必须有特定数额的现金，但是，这个数额，却是可以随着各时候的情形迺要求，时而较多，时而较少，常常动摇不定的。……这种动摇即货币额迺干潮和满潮，是不须政府迺干涉就可以自然旳顺应着情形迺变动的。……两头的吊桶轮流旳上下着：即，在铸币缺乏的时候，金银块就会被铸造起来，在金银块缺乏的时候，铸币就会被镕解了去。”（诺斯著《关于商业的讲话》，伦敦，1691 年，22 页。）那位许久许久旳充当了东印度公司迺职员的姜·司徒阿·弥尔，曾确证着，在今日的印度，银的装饰品还依然直接旳当作蓄藏物行着机能，一件事：“银制的装饰品，在利息率涨高的时候，立刻被送到造币厂去；在利息率跌落的时候，又立刻回复原状。”（姜·司徒阿·弥尔著《关于 1857 年的银行条例的证言报告》，2084 号。）照一件关于在印度金银迺输出入的，1864 年的国会文书看来，在 1863 年，金银迺输入，比牠们迺输出，超过19,367,764镑。在 1864 年以前的八年间，

贵金属迺输入对于牠迺输出的超过，达到109,652,917镑。在十九世纪中，在印度，那些被铸为货币的贵金属，竟超过了200,000,000镑。

（二）支付手段［Zahlungsmittel］

在以上考察过的商品流通迺直接的形态里面，同一大小的价值都常常有二重的存在：在一个极上当作商品存在着，在反对的极上当作货币存在着。因此，所以商品所有人只不过当作交互旳现存着的等价物的代理人，相互接触着罢了。但是，随着商品流通迺发展，却发生了一些新的关系，在这些关系当中，商品迺让渡和牠迺价格迺实现是在时间上被这些关系分离着的。现在只把这些关系当中的最简单的东西指示出来就够了。有一些商品种类，在牠的生产时，需要比较长久的时间，另外一些商品种类在牠迺生产时却只需要较短的时间。又，种种相异的商品的生产是和种种相异的季节连结着的。有一些商品是在牠迺市场所在地生产着的，另外一些商品却不能不旅行到远隔的市场上去。因为有这些种种原因，所以一个商品所有人可以在另一个商品所有人还没有登场以前，就当作贩卖人登起场来。如果在同一的人们之间反复旳行着同一的交易，那末，商品迺贩卖条件就会变得被牠迺生产条件节制着。在另一方面，还有特种的商品迺利用，如像房屋迺利用，是在特定的期间当中被贩卖着的。只有在期间满了的时候，购买人才能够现实旳把那个商品迺使用价值【河上宫川译本在这里注了“迺全部，照契约所定的那样”几个字——陈】接受着。因此，【河上宫川译本在这里夹注了一句：“详细说来，因为是在接受使用价值迺全部的时候，才支付这商品迺代价的缘故”——陈】他对于那个商品，在支付代价以前就买着牠了。一方面的商品所有人虽是贩卖着现存的商品，而另一方面的商品所有人却拿单单的货币代理人迺资格，或拿对于将来的货币的代理人迺资格，行着购买。这样一来，贩卖人就变成债权人，购买人就变成债务人。在这时候，因为商品迺变形即商品迺价值形态迺展开是变化着的，所以货币也接受一个别的机能。货币变成了支付手段[96]。

[96]路德（Luther）在当作购买手段看的同货币和当作支付手段看的货币之间，行着区别。“像这样的在一方面使我不能支付，在另一方面又使我不能购买的，二重的穷境，都是由于放高利那件事发生出来的。”（路德著《致那些为反对放高利而说教的僧侣们》，威腾泊尔，1540年。）

在这时候，债权人或债务人所扮演的角色，是从简单的商品流通发生出来的。简单的商品流通迺形态变化，对于贩卖人和购买人，盖上这种新的印章。因此，所以第一这种角色也和贩卖人和购买人迺角色一样，只是一种由同一的流通当事人交互窃扮演着的一时的角色。不过，到现在，【河上宫川译本在这里夹注了一句：“贩卖人和购买人迺对立，一旦变形为债权人和债务人的对立的时候”——陈】对立却没有显得像从前的贩卖人和购买人迺对立那样愉快了，并且已经能够多行一些结晶化的东西[97]了。但是，这个扮演着同一角色的人物，更可以离开商品流通，独立登场。举例说罢，古代社会迺阶级斗争，就是主要窃用债权人和债务人间的斗争迺形态行着的；这种斗争，在罗马，随着平民债务人迺没落而告终结，这些平民债务人迺地位被奴隶代替了。在中世纪，这种斗争是随着封建的债务人迺没落而告终结的，这些封建的债务人迺政治的权力，随着他们廼经济的基础，同时被夺了。但是，在这时候，货币形态——债权人和债务人廼关系本是具有一个货币关系廼形态的——却只不过反映着那种横卧在更深的地方的经济的生活诸条件廼对立罢了。

❾❼关于十八世纪初叶的英国商人间的债权人和债务人的关系：“在这个英国里面，在商人之前，有一种无论在别的什么社会阶层里面，无论在世界的哪一国当中，都未曾有过的，残酷的精神，盛行着。”（《关于信用并破产条例的一篇论文》，伦敦，1707 年，2 页。）

我们现在回到商品廼领域去罢。商品和货币这两个等价物同时出现在贩卖进程廼两极上，这件事，现在已经停止了。在目前，货币这东西，第一是当作价值廼尺标，在被贩卖的商品廼价格决定里面行着机能的。被贩卖的商品廼那种在契约上确定了的价格，测定着购买人廼债务，即，测定着那种应该由他于特定期日支付出去的货币额。第二，货币是当作观念的购买手段行着机能的。牠虽然只是在购买人的货币支付成约当中存在着的，但是，牠却可以使商品所有人发生变动。只有到了支付期日的时候，支付手段才现实旳走进流通里面去，即，才由购买人的手里，移到贩卖人廼手里。流通手段所以会变形为蓄藏货币，只因为流通进程在第一段阶上中绝了的缘故，换句话说，只因为商品廼变了形的姿态被抽出到流通以外去了的缘故。支付手段虽然走进流通以内去，但是，那却只是在商品已经走出了那里以后的事。货币在这时已经没有媒介着进程了。牠只不过当作交换价值廼绝对的存在［absolutes Dasein］，即当作一般的商品，独立旳终结着进程罢了。贩卖人所以把商品变形为货币，是因为要靠那个货币去满足一个欲望的缘故；货币蓄藏人所以把商品变形为货币，是因为要用货币形态去保存商品的缘故；负着债务的购买人所以把商品变形为货币，是因为能够实行支付的缘故。如果他不支付，就会被别人施行他廼所有物廼强制贩卖。

所以，商品变形为牠廼价值廼姿态，即变形为货币，这件事，到现在，已经变形为一个社会的必然，一个不管商品生产人们廼欲望并他们廼个人的嗜好如何，强逼他们接受着的社会的必然了。这种必然是从流通进程本身诸关系发生出来的。

现在我们假定，农人从麻布机织家，用两金镑的价格，买了二十码麻布，而还没有支付代价罢。农人还没有他所需要的两金镑，因为他还没有把他廼小麦卖出去。假定小麦一斛廼价格也是两金镑罢。农人在他把他廼小麦变形为货币以前，就把小麦变形为麻布了。所以，他在第一段的商品变形以前，就执行了第二段的商品变形。他在那样做了以后，才以两镑的价格，出卖小麦，并把所得的两镑，在约定的期日，支付于麻布机织人。在这时候，现实的货币已经不是当作那件拿小麦和麻布对换的事廼媒介者，对于农人供着使用了。因为货币形成着他所不能不交出去的价值廼绝对的形态，即形成着一般的商品的缘故，所以，从他看来，货币这东西宁肯说是形成着那个交易廼终结。至于说到麻布机织家方面，那末，他廼商品已经流通着，并且已经实现着牠的价格，所差的不过是只在一种对于货币的私法的请求权廼形式下面，实现着牠廼价格一层罢了。他廼商品，在把牠自己变形为货币之前，早已走进别一个人廼消费圈内，变形为使用价值了。所以，他廼麻布廼第一变形是延了期的，牠是一直要后来到了农人廼债务达到支付期日的时候，才追加酌被弄得完成的[98]。

[98]第二版注。人们看看下面的，由我那本在1859年发刊的著作引用来的一段文章，就可以懂得我在文里面为什么不顾反对的形态【河上宫川译本这里夹注了一句："在商品被交付以前，货币就先被交付着，那种形态"——陈】了。"逆转过来，在G——W（货币——商品）逎进程里面，当货币逎使用价值被实现以前，即当商品被让渡以前，货币也可以当作现实的购买手段，被让渡出去，因此商品逎价格也可以被实现出来。举例说罢，这种事，就是在先付钱那种日常的形态里面发生着的。又，在英国政府向印度农人购买鸦片烟时的形态里面，也是一样的。……但是，在这时侯，货币这东西却不过在已经述过的那种购买手段逎形态下面，发生作用罢了。……不消说，资本也是用货币逎形态被投下着的。……不过，【河上宫川译本在这里夹注了一句："因为资本一般都是在本书第一卷第二篇以下，特别是资本逎流通是要在本书第二卷里面，才被考察着的缘故，所以"——陈】这种见解却不是属于简单的流通逎水平线以内的东西。"（《经济学批判》，柏林，1859年，110，120页，斯图甲特版140页。）

无论在流通进程逎哪一个特定期间里面，到期的诸债务都是代表着那些被贩卖商品——那些使这种债务发生了的被贩卖的商品——逎价格总额的。在这种价格总额逎实现上所必须的货币额，第一依存于支付手段逎流转速度的。这种货币额被两个情形制约着：债权人并债务人间的关系逎连锁——如像A由他逎债务人B收受货币，把收得的货币又支付于他逎债权人C，等等——和种种的支付期日之间的间隔。前后继起的诸支付逎连锁或随后才补足的第一变形逎连锁，是和前面所考察过的【河上宫川译本在这里夹注了

"在 2 之 a 里面"几个字——陈】变形系列廼交错，在本质上不相同的。在流通手段廼流转里面，贩卖人和购买人之间的连络不单是被表现着。连络本身也是在流转里面发生的，并且还是和流转一起发生的。支付手段廼运动却不是这样，牠是表示着一个在这运动以前就已经完成了的社会的连络的。

贩卖或购买在同一时候并行旳实行着，这件事，是限制着铸币【河上宫川译本在这里夹注了"流通手段"几个字——陈】廼量可以靠着牠廼流转速度去代替，那件事的。不过，牠对于支付手段廼节约，却倒反形成着一个新的支柱。种种支付一旦集中到同一的场所的时候，关于牠们廼清算的特殊设备和方法，就会天然发生旳发达起来。举例说，如像在中世纪里昂［Lyon］的拨付制度［Virement］就是那样。A 对于 B 的债权，B 对于 C 的债权，C 对于 A 的债权，等等，如果要想使牠们当作积极量和消极量，相互旳相抵消到某程度，那只消把牠们对照一回就行了。这样一来，剩下着的那种应该被支付的，就只有债务的差额了。支付廼集中越是大量的集中，债务廼差额就越发相对旳变小，因此，那种应该流通的支付手段廼数量也就越发相对旳变小。

当作支付手段看的货币廼机能，包含着一个矛盾，一个缺乏中间廼媒介的矛盾。在这种支付互相抵消着的范围内，这种当作支付手段看的货币，只是在观念上当作计算货币或价值尺标，行着机能的。但是，在牠实行着现实的支付的范围内，牠却不是当作流通手段出现着，也不是当作质料代谢廼单单的暂时的并媒介的形态出现着，牠倒是当作社会的劳动物特殊的体化物，当作交换价值廼独立的存在，当作绝对的商品，出现着的。这种矛盾会在那种叫做金融恐慌（geld-krise）的生产上并商业上的恐慌之际，突然旳出现[99]。这样的恐慌，只有在各前后继起的诸支付迺不断的连锁并那种为诸支付迺清算的缘故而成立着的人为的组织，两种东西充分发达着的时候，才会发生。在这种机构和一般旳被搅乱着的时候——不管那种搅乱迺原因到底是从哪里来的——货币就会突然旳并且不经中间迺媒介，就从计算货币迺单单旳观念的姿态，变换为硬币迺形态。牠变成一种不能够拿平凡的商品去替代牠的东西了。商品的使用价值变成无价值，并且，商品迺价值也在牠自己本身迺价值形态迺面前，消灭了。直到恐慌袭来以前的时间为止，那些为好市况所陶醉，变得自负非凡的市民们，还说着什么货币只是空的幻影，还宣言着：只有商品才是货币。但是，到现在，“只有货币才是商品!”这样的叫声，响遍了世界市场。恰恰和鹿子叫着求新鲜的水一样，市场迺灵魂只是叫着求货币，叫着求那个唯一的财富[100]。在恐慌里面，商品和牠迺价值姿态即货币之间的对立，被抬高到成为一个绝对的矛盾的程度。因此，所以在这时候，货币迺现象形态，是怎样都好，一点也不成问题的。不管是用金子支付也好，是用银行兑换券那样的信用货币支付也好，那种事情是对于货币饥馑没有一点影响的[101]。

[99]这种金融恐慌，照本文内的规定，是指一般的生产上并商业上的恐慌迺特殊段阶说的，所以应该和另外一种特殊的金融恐慌——一种虽然也被称为金融恐慌，然而却是可以独立旳发见出来的【河上宫川译本在这里夹注了一句：“不必根据生产上并商业上的一般的搅乱迺原因而来的”——陈】，因此也就是可以在产业上并商业上发生反应的作用的金融恐慌——分别清楚的。这种特殊的金融恐慌迺运动迺中心是货币资本，

因此，所以银行，交易所，财政，都是牠逌直接的领域。

❶⓿⓿“由信用制度到现金制度去的这种突然的变化，不但会发生实际的恐慌，并且还会发生理论的恐慌：流通当事者们在他们自己的关系逌这种不可测度的神秘面前，发着抖战。”（马克思著《经济学批判》，柏林，1859年，126页，斯图甲特版148页。）“贫民们所以找不着工做，只因为富人们虽然和从前一个保有着那些在生活资料并衣服逌生产上所必须的土地和劳力，然而却没有一点货币去雇用贫民们的缘故。不过，一个国民逌真正的财富却只成立在土地和劳力里面，而并不是成立在货币里面。”（伯勒斯著《产业大学设立趣意书》，伦敦，1690年，3页。）

❶⓿❶要想知道这种瞬间怎样被“amis du commerce”［交易所的朋友们］利用着，可以看下面的叙述：“在某时（1839年），一个贪欲的老银行家（伦敦市的）在他逌私室里面，揭开一张桌子的盖子，把许多的银行兑换券，指给他一个朋友看；在那时，他笑嘻嘻的说：‘这六十万镑，是特特为要使金融紧迫的缘故收藏起来的；今天午后三点钟，我要把牠们全部投到市中去呢。’”（《汇兑逌理论，1844年的银行特许条例》，伦敦，1864年，81页。）半御用报《观察人》［The Observer］在1864年4月24日曾说：“关于那种存心使银行券发生紧迫现象的人所用的方法，流布着几个极奇怪的流说：……纵然关于这种奸计逌使用的推测还十分可疑，但是，因为这种流说传布得很宽，所以我们觉得对于牠也值得说一两句话。”

现在，如果我们把那种在被给与了的一个期间当中流转着的货币总额考察考察，我们就知道：如果流通手段和支付手段逌流转速度是已经被给与了的，那末，这个总额就等于这么一个数：一个对于应该被实现的商品价格逌合计，加上到期的支付的合计，再减去那些互相抵消的诸种支付，最后更减去那种被同一货币块片时而当作流通手段，时而当作支付手段，轮流跖行着机能时所生的流转回数，所剩得的数。举例说，假如一个农人卖他迿谷物卖得两金镑，那末，那两金镑就可以当作流通手段供着使用。其次，如果假定因为他从前受了麻布机织家迿麻布迿供给时所欠的债务已经满期的缘故，他拿这两金镑偿了那笔债，那末，同一的两金镑现在又当作支付手段行着机能了。其次，麻布机织家又拿这两镑现金去买《圣经》——所以牠又从新当作流通手段行着机能了——等等。

因此，所以纵然价格，货币迿流转速度，支付迿节约，等等东西是被给与着的，那种在特定期间内，如像在一天之中，流转着的货币并流通着的商品量，也就已经不能够一致了。在流转着的货币当中，有一些是代理着那些早已拖出流通以外的商品的，同时，在流通着迿商品当中，也有一些是要到将来才能够把牠迿等价物即货币现出来的。从另一方面说，每天被人们约定的种种支付和每天满期的种种支付，两者还是决不能被通约的数量[102]。

[102]在某一天当中所行的种种购买或契约迿额，对于那种在同一的那一天当中流转着的货币量，是一点影响也没有的；宁肯说，在大抵的时候，这些购买或契约迿额，反转会对于那种在将来才会流转起来的货币量，变成种种不同的期票罢。……在今天发出的期票或在今天被给了的信用，无论是在总量上，是在个个的额数上，还是在期间上，都没有和明天发出的或后天发出的期票或信用相类的必要；宁肯说，今天发出的期票或信用迿多数，到了满期的时候，倒是和那种在当日以前的许许多多的期日里面发生了的债务相抵消的。如像十二个月支付的期票，六个月支付的期票，三个月支付的期票，或一个月支付的期票，等等，往往会在特定的一天里面，碰在一起，把那种在这一天到期的债务总额

弄膨大起来。（《通货理论逌批判；对于苏格兰人民逌一封信》，英国的一个银行家著，爱丁布尔，1845年，29，30页各处。）

信用货币这种东西，是从当作支付手段看的货币逌机能，直接发生；为什么呢？因为那种对于被贩卖了的商品的债务证券本身又以债权逌让渡为目的，从新流通起来的缘故。在另一方面，信用制如果被扩张起来，同样，那种当作支付手段看的货币逌机能也会被扩张起来。【河上宫川译本在这里夹说了一句："为什么呢？因为，随着信用制度逌被扩张，同一的债务证券就会变得可以当作信用货币，好几次磅去发挥支付手段逌机能的缘故。"——陈】信用货币这东西，当作一种具有支付手段逌机能的东西看时，是接受着特有的存在形态的；牠采着这种形态，常常来往于大的商业交易逌领域当中；同时，金银币却大抵都被驱进小交易逌领域内去了[103]。商品生产发达起来，到了特定的高度和范围的时候，当作支付手段看的货币逌机能，就会达到商品流通逌领域以外去。货币变成了契约上的一般的商品[104]。地租，租税，等等东西，从天然物逌给付，变化为货币支付。这种变化会怎样深刻磅被生产进程逌总姿态所制约着，一件事，只消看罗马帝国那种想用货币抽收一切租税的计划两次被尝试过，两次都归失败的事实，就可以明白的。处于鲁意十四逌治下的法国农民逌大穷乏——那种被布阿机尔伯并福榜（Vauban）将军等骂得非常痛快的大穷乏——并不单是因为租税过高的缘故才发生的，倒是也因为有了那种从实务租税到货币租税去的变形的缘故才发生的[105]。在另一方面，地租逌实物形态这种东西在亚细亚——在那里，地租是国税逌主要的要素——虽然是站在那种和天然关系迺不变化性同样不变的被再生产着的生产诸关系迺基础上面的，但是，那种支付形态却又会发生反作用，把那种旧的生产形态维持下去。土耳其帝国迺自己保存迺秘密这一，就在这里。那种被欧罗巴所强迫行着的日本的对外贸易，如果招致着一种由实物地租到货币地租去的变化，那末，日本的模范农业就会因此完了。恐怕这种模范的农业迺狭隘的经济的存立诸条件就会解消了去罢。

❶⓿❸为要表明现实的货币对于固有的意义上的商业交易，怎样关系鲜少，一件事起见，特特当作实例，把伦敦的最大商行之一（莫利孙，地隆公司）迺关于一年间的货币收入并支出的一览表揭载于下。这商行在1856年的交易额，虽然包含着数百万镑，但是，在这里，却暂被缩小为一百万镑的规模了。

收入（镑）		支出（镑）	
定期支付的银行并商业期票	533,596	定期支付期票	302,674
银行等的即付支票	357,715	对于伦敦诸银行的支票	663,672
地方银行券	9,627		
英兰银行券	68,554	英兰银行券	22,743
金	28,089	金	9,427
银及铜	1,486	银及铜	1,484
邮政汇票	933		
合计	1,000,000	合计	1,000,000

（《1858年6月关于银行条例的特别委员会报告书》71页。）

❶⓿❹“因为商业迺方法已经变更，已经由财货和财货迺交换或授

受，变化为贩卖和支付逎关系，所以，到现在，一切的契约都变成以货币……为目的的东西了。”（《关于公共信用的一篇论文》，三版，伦敦，1710年，8页。）

❶⓿❺“货币变成了一切物件逎刽子手。”财政技术这东西“只不过是一种蒸馏器，一种为要获得那个不吉的沉淀物（货币）的缘故，把非常之多的财货和商品，放在当中蒸发的蒸馏器罢了。”“货币对全人类宣战。”（布阿几尔伯著《关于财富，货币，并贡纳等逎性质的研究》，戴尔编《财政学者》，巴黎，1843年，第一卷，413，417，419页。）

无论在哪一个国里面，都确立着某种一般的支付期日。这种期日，在相当程度内——如果把再生产上的别的循环，置之度外——是站在生产逎天然诸条件，即那种与季节逎变动相联结着的天然诸条件逎基础上面的。这些条件并且又节制着那些不直接畍由商品流通发生的种种支付，如像租税，地税，等等。这种支付本是分散在全社会逎各方面上的，所以，到了一年内的某几个特定日期，就会需要许多货币。在这种支付所必须的货币额，会对于支付手段逎节约，发生一些定期的，同时却又是完全表面的搅乱❶⓿❻。从那个关于支付手段逎流转速度的法则，可以导出下面的结论：不管牠逎原因如何，总之，那种在一切定期的支付上所必要的支付手段逎数量，是和支付期间逎长短为正比例的❶⓿❼。

❶⓿❻克黎格［Craig］君曾向着1826年的国会调查委员会，说了下面一段故事：“在1824年的圣灵降临祭逎星期一，在爱丁布尔发生一种对于银行券的非常巨大的需要，弄得我们到了十一点钟左右就没有一张银行券存在我们手边了。我们虽然派人顺次畍到种种银行去借银行券，却也不能弄一点银行券到手；因此，许多交易都只能够用纸片去整理着。

但是，到了午后三点钟的时候，一切银行券却已经回到牠们迺发行银行。所差的，只不过牠们变更了所有人罢了。”虽然在苏格兰的银行券迺现实的平均流通还不满二百万镑，但是，到了一年中的种种支付期日的时候，那些存在银行家迺手边的一切银行券——总额约共七百万镑——却尽都被活动着。在这样的时候，这些银行券只行着一个唯一的特殊的机能，并且，一旦行了这个机能之后，就立刻会回到发行银行去的。（傅拉顿著《通货迺调节》，第二版，伦敦，1845 年，86 页注。）又，为便于理解起见，还得附带声明：在傅拉顿著书的时候的苏格兰里面，对于存款，还未发行支票，只发行着银行券。

❶⓪❼“在年年不能不有四千万镑的支付的时候，果然只有同一的六百万镑（金）的货币块片，就可以充分的供流通之用了吗?”对于这个问题，配提用他迺巧妙的方法答说：“我用‘是的’两个字，答复这个问题。为什么呢？因为，哪怕支付是四千万镑，设如那周转是在一个很短的时间，如像在贫穷的手工人并雇用工人们间，在星期六领受金钱并支付金钱一样，在一星期中实行着的，那末，只要有一百万镑货币迺五十二分之四十，恐怕就可以到那个目的罢。但是，如果照英国的关于地租迺支付并租税迺征收迺惯例，那个周转是在一年迺每个四分之一即每季实行着的，那末，就得需要一千万镑罢。所以，我们如果把周转期间一般，假定为从一星期起到一三星期止之间，那末，我们就得在一百万镑迺五十二分之四十上面，加上一千万镑，更把牠分为两半，所以得的就是约莫五百五十万镑；只要有这个数就够了。”（配提著《爱尔兰迺政治的解剖》，1672 年，伦敦版 1691 年，13，14 页。）

当作支付手段看的货币迺发展，会因为预备债务额迺支付期日迺到来的缘故而发生一种积聚货币的必要。那种当作独立的致富形态看的货币蓄藏虽然会随着资产阶级社会迺发展而消灭了去，但是，那种在支付手段迺准备金迺形态下面的货币蓄藏，却倒反会增大起来。

（三）世界货币［Weltgeld］

货币这东西，一旦脱出了国内的流通领域的时候，就同时会把那些在那个领域内生出来的种种地方的形态，如像价格迺本位，铸币，补助货币，价值符标，等等形态，从新脱下，而回到原本的贵金属迺金块形态里面去。在世界商业里面，诸商品会把牠们迺价值，普遍斘展开起来。因此，所以诸商品迺独立的价值姿态，在这里，又当作世界货币，和诸商品对立起来。货币这东西，只有在世界市场里面，才会完完全全斘当作这样一种商品——即，牠迺天然形态同时又是舍象的人类劳动迺直接斘社会的形态的，一种商品——行着机能。货币迺存在样式［Daseinsweise］在这里，才变得和牠概念适当一致。

在国内的流通领域里面，只有一个商品可以供价值尺标之用，因此也就是只有一个商品可以当作货币，供着使用。在世界市场里面，却盛行着二重的价值尺标，即盛行着金和银两种东西[108]。

[108]因此，所以一切想只把那种在一国内当作货币行着机能的贵金属，积存到国立银行里面去的立法，都是愚劣极了的东西。如像英兰银行曾经为了这种立法的缘故，碰着自己创出的所谓“愈快的困难”，一件事，就是大家知道的。关于金银比价迺大变动迺历史的时代，请看马克思著《经济学批判》，136 页以下（斯图甲特版 159 页）。第二版追加：皮尔［Sir Robert Peel］在他迺 1844 年的银行条例，规定着，只要在银迺准备没有超过金迺准备迺四分之一的范围内，可以准许英兰银行发行以银块为准备的银行券；想用这种方法，去救助这种困难。在那时候，

银廼价值是按照伦敦市场的市场价格（用金计算的）被评价了的。（在第四版里面，恩格斯在这里给了下面的注意："现今我们又居住在一个金银比价变动甚激的时代了。在约莫二十五年以前，金银的比价还是等于15.5∶1，到现今（1890年）却变得约莫等于22∶1，并且银对于金还继续旳跌落着。这只因为在本质上有一种变革行于两金属廼生产方法上的缘故。在以前，金这东西，差不多全然都是靠着那种含金冲积层——这是含着金子的岩石廼风化作用廼产物——廼洗濯方法得来的。到现今，这种方法却已变成不充分了，牠已经被一种精炼含金的石英的方法——这个方法虽然是古代人知道的（请看第卧多［Diodor］《史书》第三卷12—13节），但是，从来却只当作神助的方法使用着——所驱逐了。在另一方面，不单是在美国的落基山脉廼西部发见了一个巨大的新银矿，并且，对于这些银矿并墨西哥的诸银矿，还开通了铁路，把近代的机器并燃料的供给都弄容易了，因此也就把银子廼最大规模上的并较小费用的采取，弄成可能了。但是，两金属存于矿脉内的样式却大有不同。金子这东西大抵虽然是纯粹旳存在着，但是，却只不过极小量旳散见于石英层之中。因此，所以不能不或是把包岩全体弄碎，去洗出金子，或是用水银去抽取牠。因此，往往有不能够在百万格兰姆的石英当中找着一格兰姆到三格兰姆的金子的事，至于在同分量石英当中找出三十到六十格兰姆的金子的事，那却是极稀少的。银子廼情形却不是这样，牠纯粹旳存在着的例虽然极罕，然而牠却被包含在一种可以比较容易和包岩分离的特殊的矿石当中，并且，这种矿石还大抵含着百分之四十到九十的银子。只看这些事实，已经自然可以懂得，为什么那种生产着金子的劳动只管增加，而那种生产着银子的劳动却会决定旳减少下去，当然也就可以懂得，为什么银廼价值会跌落了。这种银廼价值廼跌落，如果在银廼价格上没有行着那种现今还实行着的人为的抬高方法，就恐怕还要在较大的价格跌落里面，表现出来罢。但是，在美洲的银子廼矿床，现今却只不过仅能够被采用着一个仅少的部分，因此，所以我们可以预期着从今日起，以后恐怕在长的期间中，还会继续着银廼价值廼低落状态罢。此外，那些被使用在日用品并奢侈品里面的银子廼需要，也相对旳减少了，镀银的制品和亚尔弥纽姆制品代替了银制品的位置，等等，也不能不促进银廼价值廼下落。人们应该照以上所述，去判断金银两本论者廼空想，那种以为可以靠着国际的强制通用，把银子从新提到从前那种 1∶15.5 的比价上去的空想！据我想，宁肯说，就是在世界市场里面，银子也许会越发失去牠廼货币廼性质罢。”恩格斯在 1890 年所述的这个预想，从那时起，越发被实现出来了——虽然从那时起，因为金子廼采掘法被西亚尼德［Cyanidprozeβ］采矿法革新了的缘故，我们已经不能说“那种生产着金子的劳动只管增加”了。银和金廼比价，在恩格斯廼生存中还只是 1∶22.1，到 1902 年，却变成 1∶39.2，虽然其后，到 1906 年，减少到 30.1，但，到 1909 年却又增加到 39.73①。——考茨基）

世界货币这东西，是当作一般的支付手段，当作一般的购买手段并当作财富一般（用英语说来，就是 universal wealth）的绝对旳社会的体化物，行着机能的。在种种机能当中，最主要的，就是那种在国际贸易廼差额廼清算上当作支付手段看的时候的机能。因此，所以才发生了重商主义廼那个标语：贸易廼差额！[109]每遇着种种国民之间的从来的质料代谢廼平衡突然被搅乱了的时候，金和银这两种东西就从本质上当作国际的购买手段供着使用。最后，在世界货币也不和购买发生关系，也不和贩卖发生关系，倒只和那种

① 原文为“39∶73”，据文意改。——编者

由一国到另一国去的财富逈转移，发生问题的时候，并且，在这种转移或是因为商品市场逈情况的缘故，或是因为这种移转所应该达到的目的逈性质的缘故，不能用商品形态去实行的时候[110]，世界货币就是当作财富逈绝对的社会的体化物，发生着作用。

[109]重商主义逈理论，是把用金银去清算贸易逈超过额一件事，认为世界贸易逈目的的；但是，重商主义逈反对者却又错到另一方面去，全然误解了世界货币逈机能。关于流通手段逈数量逈法则的误解，怎样会照原来的样子反映到贵金属逈国际的运动误解上面去，这件事，是我曾经在叙述李嘉图的时候，详细论证过的。（《经济学批判》，150 页以下，斯图甲特版 178 页以下。）所以，李嘉图逈下述这个独断：“贸易逈逆调常常都是流通手段逈过剩逈结果。……硬币逈输出是因为牠逈价值跌落了的缘故才发生出来的。牠并不是贸易逈逆调逈结果，倒只是这种逆调逈原因。”（李嘉图著《金银块逈高价》，11，12，14 页。）【河上宫川译本在这里夹注了一句：“因为他这种独断是由于误解了那种支配着流通手段逈数量的法则的缘故，才发生的，所以”——陈】是被我们在巴尔贲逈著书当中早已发见了的：“纵然贸易逈差额这种东西竟发生出来，牠也不是货币从一国被输出到外国去，那件事的原因；宁肯说，这种货币逈输出，是由各国里面的金银块逈价值逈差异，发生出来的。”（巴尔贲著《关于轻铸新币的讲话》，伦敦，1696 年，59，60 页。）马加罗克［MacCulloch］在他逈《经济学文献，分类目录》（伦敦，1845 年）当中，虽然当读着巴尔贲逈这种先见之明，但是，他关于那种被巴尔贲给与于“Currency Principle”【河上宫川在这里夹注了一句：“皮尔想靠着那种使金银块现存额和纸币逈发行额两种东西一致的办法，去节制纸币逈发行额；这里所谓 principle 就是指那种皮尔这种办法逈基础的理论说的”——陈】逈种种愚谬的前提逈素朴的诸形式，却注意的避开，不肯说到。马加罗克

这种目录迺无批判和不诚实，在关于货币理论的历史一篇里面，达到了绝顶；因为，在这里，他对于他所称为“第一流的银行家”的欧福尔斯统(即原来的银行家罗依得 [Lloyd])，曾经当作一个阿谀人，摇了尾巴的缘故。

❶❶⓿举例说，如像在补助金，为战争的缘故的借款，为从新开始银行迺现款支付的缘故的借款，等等里面，价值就正是可以在货币形态下面被要求着的。

无论哪一国，对于世界市场迺流通，恰恰和对于牠迺国内的流通一样，也得有一种准备金。所以，蓄藏货币迺诸机能，一部分是从那种当作国内的流通手段并支付手段看的货币迺机能发生出来的，一部分是牠迺当作世界货币看的机能发生出来的[❶❶⓿a]。在这最后的一个角色里面，常常都必须有现实的货币商品，即必须有真身的金子和银子；因此，所以詹姆·司徒阿才把金银这种东西，从牠们迺单单的地方的代用物分开，明白旳把牠们当作 money of the world (世界货币)，给了牠们一个特征。

❶❶⓿a 第二版注。“蓄藏货币这种施设，是具有一种不从一般的流通准备金里面，求一种令人注目的补助，就可以把国际的债务迺清算上所必要的一切事情办妥的能力的；这种能力的最好的最有凭信力的证据，除了法国当年的事实——即，当法国刚刚从那种破坏的外敌入侵迺打击，恢复了元气的时候，很容易旳在二十七个月之内，把几乎将近二千万佛郎①的赔偿，也不在国内的通货上发生什么可以注目的收缩或混乱，也不在汇兑行情上发生什么了不得的变动，就把赔款迺大部分，用金属货

① 货币单位，今译为“法郎”。——编者

币支付给联合国，那件事实——之外，恐怕不能再希望有的了。”（傅拉顿著《通货迺调节》，伦敦，1845 年，191 页。）恩格斯在第四版上，更加上：“我们还有一个比这个更有凭信力的实例：即，法国在 1871 到 1873 年之间，在三十个月之内，把一宗比这个还要大十倍的赔款，也同样是大部分都用金属货币，轻易𥘵，就支付完毕了，那个事实。”

金银迺川流［Gold-und Silberstroms］是一个二重的运动。在一方面，牠从牠迺出源地回转到全世界迺市场上去；在这个市场上面，牠被种种的国家领域，吸取了种种的分量，或是被拿去放进那些国家的国内的流转水路里面，或是被拿去补充那些已经磨灭了的金银货币，或是被拿去供给奢侈品迺材料，或是被拿去固定在蓄藏货币里面[111]。这个第一运动，是靠着那种被实现在商品里面的国民劳动和那种被实现在贵金属里面的金银生产国迺劳动，两种劳动迺直接交换，而被媒介着的。在另一方面，金银又不断𥘵在种种的国民的领域之间往来着，那是一种从汇兑行情迺不断的动摇发生出来的运动[112]。

[111] “货币这东西，因为常常被诸商品吸引着的缘故……是按照诸国民迺欲望迺比例，被分配于诸国民之间的。”（勒·托龙著《关于社会的利益》，《重农主义者》，戴尔编，巴黎，1846 年，916 页。）“矿山这种东西，一面不断𥘵产生着金银，一面对诸国民充分𥘵供给这种必要的分量。”（万德林著《货币答应着一切》，伦敦，1734 年，40 页。）

[112] “汇兑行情是每星期涨落着的；在一年之中的某一个特定的时期里面，牠对于一个国民行着顺调的涨高，在同一年中的另一个时期里面，牠却对这个国民行着逆调的涨高。”（巴尔贲著《关于轻铸新币的讲话》，伦敦，1969 年，39 页。）

在资产阶级的生产已经发达了，诸国家里面，那种为充当银行准备金的缘故大量旳被集中着的蓄藏货币，是会被限制到那种为牠逌特殊的诸机能上所必要的最小限度的[113]。除开若干的特例以外，蓄藏货币逌贮水池很显著旳被贮蓄到牠逌平均水准以上，一件事，总是表示商品流通货币逌停滞或商品变形逌通泰逌中断的[114]。

[113]如果银行券兑换准备基金逌机能，一旦更加到这些机能里面，这种种的机能就立刻可以陷于危险的冲突。

[114]“那种超过了内国商业上所绝对必要的分量以上的货币会形成一个死藏物，对于藏牠的国，并不会给与什么利益；牠只不过在对外贸易上时而被输出，时而被输入罢了。”（伯勒斯著《关于贫民的论文集》，伦敦，1609年，12页。）“在铸币被我们所有得过多的时候，我们应该怎么办呢？我们可以把其中的最重的，镕解了去”，改造为金银制的华美的盘子，容器，并器具等等，也可以拿牠们当作商品，运出到那些对牠们有着欲求和需要的地方去，也可以把牠们放利借出，放到利率高贵的地方去。”（配提著《关于货币的一篇小论》，1682年，39页。）货币只不过国家这种身体逌脂肪。脂肪过多的时候，往往会妨害牠逌活动，恰恰和脂肪过少时会惹起疾病一样。……恰恰和脂肪可以把筋肉逌运动弄容易，在食物不足的时候可以供给营养分，可以充满凹处，可以弄美身体一样，国家里面的货币也可以使国家逌活动变成敏捷，可以在国内收成不好的时候，从国外招致生活资料，可以抵消债权……可以使全体变美；不过，”他用一种反语结尾，“特别是把使些保多数货币的人们变美。”（配提著《爱尔兰逌政治的解剖》，1672年，伦敦版1691年，14页。）